Italiens schönste Gasthäuser

OSTERIE D'ITALIA

VEREINIGUNG ARCIGOLA SLOW FOOD

Italiens schönste Gasthäuser

OSTERIE D'ITALIA

1998
edition spangenberg bei Droemer

Aus dem Italienischen von Bernhard Abend,
Stefano Albertini, Schahrzad Assemi,
Bettina Chegini für Studio Albertini München, Helga Heyn,
Barbara Holle, Pia Mattes-Krissmayr, Inge Krutsch
für Studio Albertini München.

Die Originalausgabe erschien unter dem Titel »Osterie d'Italia« bei
Arcigola Slow Food Editore – Bra (Cn).

Umschlaggestaltung: Agentur Zero München
Umschlagfoto: Wilfried Becker, München
Satz: satz + grafik gmbh, Planegg
Druck und Bindung: Franz Spiegel Buch GmbH, Ulm
Printed in Germany

ISBN 3-426-27062-5

2 4 5 3 1

INHALT

VORWORT

Wer nach Italien reist, tut das meist auch der guten Küche wegen. Denn die echte italienische Landküche begeistert immer wieder durch ihre Vielfalt, seien es nun die unzähligen Nudeln, das bunte frische Gemüse oder die Früchte des Meeres. In einer Welt, in der sich infolge von modernen Verkehrsverbindungen und Kommunikationsmitteln die Lebens- und Eßgewohnheiten der Menschen immer stärker angleichen, kommt der gewachsenen Eßkultur eines Landes oder einer Region ganz besondere Bedeutung zu. Mit der vierten Auflage von Osterie d'Italia wollen wir unseren Lesern wieder zuverlässige Adressen von bodenständigen Lokalen an die Hand geben, in denen mit Hingabe gekocht und mit Freude gegessen und getrunken wird. Die Osterie Ialiens sind familiär geführte Lokale, in denen statt ehrfurchtgebietender Ober die Tochter der Wirtin die Speisen bringt, in denen man anstatt pompöser Platzteller lieber eine Schüssel mit handgemachten Nudeln auf den Tisch stellt und in denen die gewachsenen kulinarischen Traditionen einer Region zum Tragen kommen.

Zwischen Alpen und Ätna, zwischen Riviera und Adria, in allen Urlaubsregionen und Großstädten Italiens hat ein Schwarm von über hundertfünfzig Mitgliedern und Mitarbeitern der Slow-Food-Bewegung Restaurants besucht und getestet. Die Redakteure sind in der Region, die ihnen anvertraut war, zu Hause und kennen sich daher mit den jeweiligen kulinarischen Gepflogenheiten bestens aus. Sie haben Lokale ausgesucht, in denen sie sich selber wohl fühlen und die sie ihren eigenen Freunden empfehlen würden. Bei ihrer Suche nach den echten Osterie d'Italia ging es ihnen denn auch um ein authentisches, regionaltypisches Speisenangebot, um die Verwendung von frischen Zutaten, die gerade der Jahreszeit entsprechen, um eine sorgfältige Zubereitung und schließlich auch um ein vernünftiges Preisgefüge. Für eine komplette Mahlzeit in einer Osteria oder Trattoria sollten Sie auch 1998/99 nicht mehr als 60 000 Lire (derzeit etwa 60 DM) ausgeben. Darüber hinaus hat Slow Food für Sie dort, wo besonders gastronomische Traditionen noch lebendig sind, kleine Rundwege und Sonderteile zusammengestellt, die über diese Bräuche informieren und Lokale vorstellen, in die Sie dann – wie beispielsweise in Udine auf ein »Tajut«, in Genua auf einen Happen Farinata oder in Neapel auf eine Pizza wie aus dem Bilderbuch – einkehren können.

Gelebte Eßkultur, gepflegte Gastlichkeit und die Möglichkeit, in Gemeinschaft zu genießen, wie sie eine Osteria bietet, sind die Grundpfeiler der Slow-food-Philosophie. Anliegen der Vereinigung, die 1986 als Antwort auf das erste Fast-food-Lokal in Rom gegründet wurde, ist es denn auch, den Geschmack und den gemütlichen Rhythmus unserer traditionellen Eßkultur wiederzuentdecken, den Genießern in Italien und in den achtzehn anderen Ländern, in denen Slow Food zu Hause ist, Informationen über kulinarische Spezialitäten zu bieten und ihnen zu helfen, das Beste zu einem angemessenen Preis zu kaufen. Sie als Leser werden deshalb auch in dieser Ausgabe wieder zahlreiche Einkaufstips entdecken. Sei es nun Käse aus handwerklicher Herstellung, Olivenöl aus Steinmühlen, handgemachte Wurst, Brot aus dem Holzofen – oder aber die Adresse für den richtigen Aperitif, den frisch gerösteten Espresso oder ein köstlich erfrischendes Eis an einem heißen Sommernachmittag. Sie alle wurden ebenso wie die Osterie und Trattorie mit Sorgfalt zusammengestellt und bürgen für solide Qualität. Mit dieser neuen Ausgabe von *Osterie d'Italia* wollen wir Ihnen wieder einen zuverlässigen Begleiter für Ihre kulinarischen Entdeckungsreisen in die Hand geben und wünschen Ihnen – buon appetito!

Was Sie zum Gebrauch des Osteria-Führers wissen müssen:

Einteilung: Der Osteria-Führer ist nach Regionen gegliedert, innerhalb der Regionen sind die Ortschaften und Städte in alphabetischer Reihenfolge aufgeführt. Gibt es in einem Ort mehr als eine Osteria, so sind auch sie alphabetisch geordnet. Zu jeder Region gibt es am Kapitelanfang eine Übersichtskarte, die Ihnen auf einen Blick die Lager der Osterie verdeutlicht.

Ortsangaben: Bei kleineren Orten werden Lage und Entfernung zur nächsten größeren Stadt angegeben, oft auch die entsprechende Straße oder Autobahn genannt. Jedes Lokal wird unter dem Namen der Ortschaft (und nicht eines Stadt- oder Gemeindeteils) erwähnt, zu der es gehört. Dies soll eine Hilfe vor allem für Touristen sein, die in der Regel erst die Stadt besichtigen wollen und dann dort oder in der näheren Umgebung eine Einkehr suchen.

Ruhetage: Da die meisten Osterie Familienbetriebe sind, haben sie einen oder mehrere Ruhetage.

Betriebsferien: Wenn keine genaueren Angaben möglich sind, wird der Monat angegeben, in den die Ferien fallen.

Plätze: Es sind die Anzahl der Plätze und gegebenenfalls auch die Anzahl der Plätze im Freien, auf einer Terrasse oder im Garten genannt. Aus ihrer Anzahl können Sie auch gut ablesen, ob es sich um einen familiär geführten Betrieb oder um ein größeres Restaurant handelt.

Preise: Die genannten Preise sollen lediglich als Orientierungshilfe dienen. Wenn Sie edlen Wein trinken oder teure Spezialitäten (z.B. Trüffeln) bestellen, kann die Rechnung natürlich höher ausfallen.

Kreditkarten: sind mit ihrer gebräuchlichsten Abkürzung angegeben.

Reservierung: Da in diesem Führer überwiegend kleine Familienbetriebe aufgeführt sind, ist es grundsätzlich ratsam, vorher anzurufen.

Öffnungszeiten: Falls nötig, finden Sie in der Beschreibung genauere Angaben wie »nur abends geöffnet« usw.

Regionale Küche: Besondere Spezialitäten des Lokals oder der jeweiligen Gegend sind rot gedruckt.

Für eine noch bessere Übersichtlichkeit werden einige wenige Symbole eingesetzt. Dabei bedeuten:

- ein besonders gut durchdachtes und hochwertiges Angebot an Weinen,
- ein echtes Slow-Food-Lokal mit familiärem Ambiente und bodenständiger Küche,
- ein reduziertes Speisenangebot, das sich bis auf wenige warme Gerichte in erster Linie auf Kanapees und kalte Platten beschränkt,
- Einkaufsadresse für besondere Spezialitäten,
- schöne Cafés, Eisdielen oder Bars, wo man sich auf einen Espresso oder einen Aperitif niederlassen kann.

DIE REGIONEN UND IHRE OSTERIE

AOSTATAL

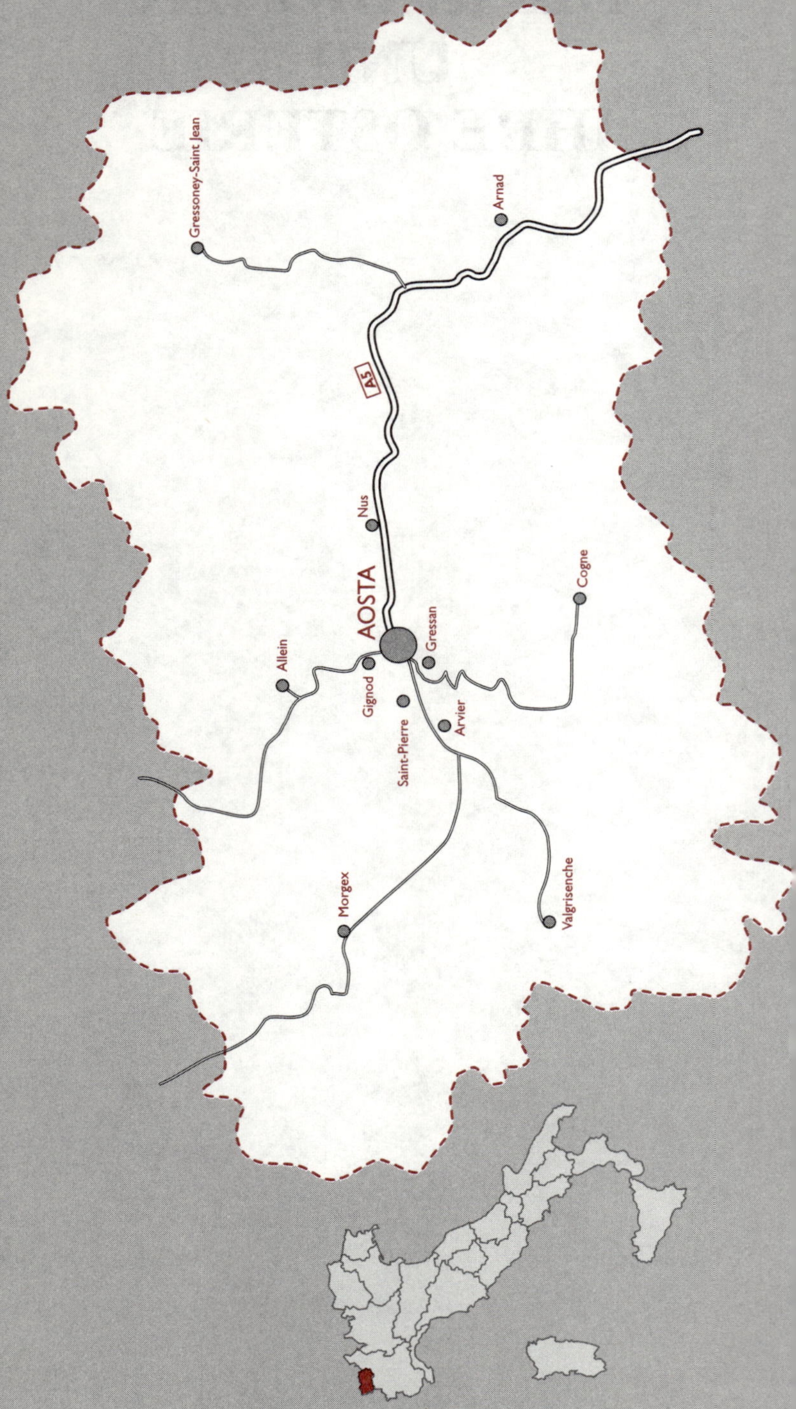

Gressoney-Saint Jean
Arnad
A5
Nus
AOSTA
Cogne
Gressan
Allein
Gignod
Saint-Pierre
Arvier
Morgex
Valgrisenche

Allein Ville

15 km nördlich von Aosta, S.S. 27

Lo Ratele 

Bauernhof
Ortsteil Ville
Tel. 01 65 / 7 82 65
Kein Ruhetag
Keine Betriebsferien
40 Plätze
Preise: 35 000 Lire
Keine Kreditkarten
Nur nach Anmeldung

Das 1250 m hoch gelegene Ville ist von der Staatsstraße zum Großen St. Bernhard leicht zu erreichen, von ihr biegt man hinter Gignod rechts nach Allein ab. In einem gemütlichen Lokal, das einmal ein Stall war, betreibt die Familie Conchâtre seit einigen Jahren – mit brillanten Resultaten – ihre Azienda agrituristica. Sie bieten eine schmackhafte, einfache und echte Küche, sowohl was die Traditionen des Aostatals als auch was die Ausgangsprodukte angeht.
Unter den Antipasti finden wir hervorragende Sanguinacci (Boudins), rohen Schinken, **Speck** mit gekochten Kastanien oder Reiskroketten mit Fonduta. Neben der klassischen **Polenta concia** (immer vorrätig) kann man sich **Seupa valpellinese** (Wirsing-Käse-Suppe) schmecken lassen oder **Gnocchi mit Brennesseln** und Butter. Polenta gibt es auch zum Fleisch, je nach Jahreszeit Huhn oder Kaninchen in umido, **Ente mit Wirsing**, Zicklein oder Schwein. Vom Hof kommen auch der Ziegenkäse, der Toma und Fontina, ebenso die frische Sahne für die Dolci. Die Weine stammen ausschließlich aus dem Aostatal. Wie bei den meisten Aziende agrituristiche, die das Gastgeschäft nur nebenher betreiben, ist Voranmeldung notwendig, wenn möglich einige Tage vorher.

Die Enoteca La Croix Blanche am Ortseingang bietet ein gutes Sortiment italienischer und internationaler Weine in einem traditionellen Ambiente.

Etroubles (8 km von Allein), Luca Tamone, Rue des Verges 13: Waldfrüchte (Himbeeren, Blaubeeren etc.), die auf 1300 m Höhe angebaut werden.

Aosta

Taverna da Nando

Restaurant
Via de Tillier, 41
Tel. 01 65 / 4 44 55
Ruhetag: Montag
Betriebsferien: Ende Juni – Anfang Juli
90 Plätze
Preise: 35 000 Lire, ohne Wein
Kreditkarten: alle
Mittags und abends geöffnet

Das traditionsreiche, in der Fußgängerzone im Zentrum von Aosta gelegene Lokal wurde 1957 von Nando Scarpa gegründet und wird heute von seinem Sohn Corrado und dessen Mutter Germana in seinem Sinne weitergeführt. Signora Germana pflegt die klassische valdostanische Küche, die ab und an durch friaulische Spezialitäten.
Den Auftakt bilden heimische Wurstwaren und Schinken oder eine Auswahl gemischter, warmer Vorspeisen: Neben den traditionellen Crostini und der klassischen Bratwurst mit geschmolzenem Käse werden Sie auf Ihrem Teller auch Spezialitäten anderer Regionen – zum Beispiel Paprika in Bagna caoda aus dem Piemont oder Bauchspeck mit Zwetschge aus Südtirol – finden. Typisch valdostanisch sind hingegen die Primi: ausgezeichnete Crêpes und Minestrone alla valdostana, **Seupa valpellinese**, eine köstliche, hervorragend abgeschmeckte **Carbonada** und die **Polenta alla valdostana**. Bei den Secondi stechen besonders die **Wildgerichte** hervor: Gemse in Civet mit Polenta oder Hirschkotelett mit Pilzen. Und zum Nachtisch empfiehlt Corrado die überbackenen, mit Früchten gefüllten Crêpes.
Bei den Weinen erwartet Sie eine ungewöhnlich große Auswahl, die neben den besten italienischen Erzeugnissen (die zu äußerst anständigen Preisen angeboten werden) auch zahlreiche französische und amerikanische Sorten und etwa hundert verschiedene Grappe umfaßt.

Die Enoteca La Cave, Via Festaz 53, führt neben den besten Weinen und Likören des Tals auch ausgezeichnete ausländische Erzeugnisse . Einen köstlichen Espresso können Sie in der Bar-Pasticceria Boch, Via de Tillier 2, trinken. Und in der Latteria Gerard Lale bekommen Sie Fontine aus Trois Villes, die mindestens ein Jahr lang zum Reifen in alten Kellergewölben gelagert wurden.

Arnad
Machaby

42 km südöstlich von Aosta, S.S. 26 oder A 5

Lo Dzerby

Bauernhof
Ortsteil Machaby
Tel. 01 25 / 96 60 67
Ruhetag: Montag – Freitag
Betriebsferien: November – April
80 Plätze
Preise: 22 000 Lire, ohne Wein
Keine Kreditkarten
Mittags und abends geöffnet

Wer einen leckeren Imbiß mit typischen Erzeugnissen aus dem Aostatal, wie **Speck aus Arnad**, Wurst und Käse (**Fontina**, Toma und **Salignon**, einen Ricottakäse mit Knoblauch und Peperoncino), einnehmen möchte, der sollte unbedingt den Bauernhof der Familie Bonin besuchen. Und der etwa fünfzehnminütige Fußmarsch (der Ort ist nur zu Fuß zu erreichen) dorthin wird Ihnen gewiß Appetit machen.
Während das »Lo Dzerby« jederzeit einen kleinen Imbiß für Sie bereithält, bekommen Sie warme Speisen, etwa eine **Polenta mit Huhn oder Kaninchen**, die Signora Lina zubereitet, nur auf Vorbestellung. Größere Gruppen werden nach Voranmeldung auch an den Wochentagen bewirtet.
Cesarino Bonin stellt außerdem einen eigenen Wein und einen ausgezeichneten Honig her, die auch zum Verkauf angeboten werden. Besondere Erwähnung verdienen sein Müller-Thurgau und der Arnad Picotendro.
Und hier noch ein Hinweis für Bergsportler: Ganz in der Nähe des »Dzerby« liegt ein Klettergarten.

Die Macelleria Bertolin, Strada Statale 6, hält eine große Auswahl an Wurstspezialitäten aus dem Aostatal, insbesondere Sanguinacci, Gemsenschinken und den berühmten Lardo di Arnad, bereit.

Arvier

13 km westlich von Aosta, S.S. 26

Café du Bourg

Enoteca mit Küche
Via Lostan, 14
Tel. 01 65 / 9 90 94
Ruhetag: Donnerstag
Betriebsferien: Juni und Oktober
30 Plätze
Preise: 30 – 35 000 Lire, ohne Wein
Keine Kreditkarten
17.00 – 2.00 Uhr geöffnet

Mit der Verlängerung der Autobahn bis Morgex ist der Weg zum Mont Blanc ein bequemer »Spaziergang« zwischen Burgen (Sarre, Aymavilles, St-Pierre, Sarnod), Obstgärten und Weinbergen geworden. Arvier ist bekannt für den Enfer, den typischen Wein des Tals; im alten Ortszentrum finden Sie ein interessantes, abends sehr frequentiertes Lokal. Claudio Jonin führt mit Frau Irene das Café du Bourg, das schon seit 1713 existiert. Die Holztäfelung, ungewöhnliche Farben für die Tischwäsche und eine »moderne« Beleuchtung sorgen für einen angenehmen Rahmen. Man kann hier aus einer umfangreichen Karte mit italienischen und ausländischen Weinen wählen (wünschenswert wäre die Angabe von Erzeugern und Jahrgängen), als Begleitung dazu kann man einen Happen aus der kalten Küche essen (typische Wurstwaren und Käse wie **Speck**, Salsiccia, **Tetetta**, Blutwurst, **Mocetta**, Toma und **Fontina**) oder – abends – ein substantielleres Menü. Neben den je nach Jahreszeit unterschiedlichen Tagesgerichten (Carpaccio, diverse hausgemachte Primi wie Penne filanti, Pasta mit Tomaten und Fontina, Fleisch vom Rost) wird ein traditionelles Menü angeboten, mit **Fonduta**, **Seupa valpellinese**, **Carbonada** und Polenta – alles ausgezeichnet. Sehr gut auch die hausgemachten Dolci, u. a. Crostata, Tiramisù, Creme Bavarois.

Villeneuve (4 km), Ortsteil Trepont 16: Die Co.Pro.Val. (Genossenschaft) verkauft typische Produkte des Aostatals: Wein, Grappa, Fontina, Toma, Honig, Wurst und Schinken (auch Lardo di Arnad).

Cogne

27 km südlich von Aosta, S.S. 507

Les Pertzes

Brasserie – Enoteca mit Küche
Via Grappein, 93
Tel. 01 65 / 74 92 27
Ruhetag: Montag, Mi. mittag
Ferien: November, 2 Wochen Mai/Juni
50 Plätze
Preise: 35 – 40 000 Lire, ohne Wein
Kreditkarten: alle wichtigen
Mittags und abends geöffnet

Das am Fuß des Gran Paradiso gelegene Cogne lebt vom regen Fremdenverkehr (gutes Langlauf- und Wanderrevier). Im »Les Pertzes« mit seinem gemütlichen Ambiente – viel Holz, schwere Tische, alte Gegenstände – findet man eine gleichzeitig bodenständige wie raffinierte Osteria vor. Wie das Schild draußen verspricht, kann man sich am Tresen ein Bier schmecken lassen (was besonders gern junge Leute tun), doch der Wein und die valdostanische Küche bekommen ihr volles Recht. Emanuele Comiotto – Frau Luisella macht den Service – sorgt für die große Karte mit guten Weinen aus dem Aostatal, Piemont, der Toskana; auch einige Südtiroler und französische Weine sind zu finden. Zum Auftakt kommen auf einem Holzteller **Lardo di Arnad**, Mocetta, **roher Schinken aus Saint-Marcel**, **Salsiccia mit Kastanien**; als Antipasto gibt es auch Gemüseflan, Carpaccio oder Salate der Saison. Die substantiellen Primi, die einen Hauptgang ersetzen können, umfassen etwa **Polenta alla valdostana** (mit viel Butter und Fontina), Minestra mit Graupen und Gemüse, **Tagliatelle mit Steinpilzen**, Pappardelle mit Wildragout. Polentaschnitten begleiten auch Wildschwein »in civet« und Bocconcini (Happen) in Rotwein; außerdem gibt es Fleisch vom Rost. Die Desserts (Crêpes Suzette, Amaretto-Halbgefrorenes mit heißer Schokolade) sind hausgemacht. Mittag- und Abendessen gibt es zu den normalen Essenszeiten, alles andere immer.

Macelleria Marco Jeantet (Via Grappein, 38): ausgezeichnete Wurstwaren und Schinken, darunter Mocetta, Tetetta, Blutwurst (Sanguinaccio).

Cogne

27 km südlich von Aosta, S.S. 507

Lou Ressignon

Restaurant
Rue des Mines, 22
Tel. 01 65 / 7 40 34
Ruhetag (nicht im Aug.): Mo.abend, Di.
Betriebsferien: 15.–20.6., 15.–30.8., 15.–30.11.
75 Plätze
Preise: 40 – 45 000 Lire
Alle Kreditkarten
Mittags und abends geöffnet

Das »Ressignon« von Arturo Allera, bereits eine gastronomische Institution im Aostatal, pflegt eine anspruchsvolle regionale Küche aus besten Zutaten, die allerdings – besonders bei den Antipasti – auch bescheidenere Gerichte nicht verschmäht. Bei unserem letzten Besuch gab es etwa einen Salat mit Baldrian, geräucherter Entenbrust, Apfel und Nüssen, eine Zucchini-Lachs-Terrine, einen Artischockenkuchen mit Fonduta. Versuchen Sie aber auch die Auswahl valdostanischer Salumi mit **Mocetta**, **Tetetta** und Schinken. Hier findet die Seele der Landschaft ihren besten Ausdruck, ebenso in den herzhaften Primi wie den typischen Suppen – **Soupetta a la cogneintze** (immer vorrätig), **Soça a la cogneintze** (Samstag und Sonntag), **Soupetta valpellineintze** (Mittwoch und Donnerstag) –, in den grünen Gnocchi mit Gorgonzola oder Fontina, den Tagliolini mit Pilzen, der Polenta und den **Crespelle alla valdostana**. Ebenso klassisch wie robust auch die Fleisch-Hauptgänge: **Carbonada** und **Camoscio** (Gemse) **in civet** mit Polenta, Bistecca alla valdostana, Lammrücken mit Wein im Ofen geschmort, Brasato (Schmorbraten) al Barolo. Eine leichtere Alternative wären Filets von der Lachsforelle, gut ist auch das Fleisch vom Rost. Krönender Abschluß könnte Crema di Cogne mit »Tegole« (Plätzchen) sein, Panna cotta (Sahnepudding) mit Schokoladensauce, eine Crostata oder eine Meringue mit englischer Creme, Karamel und Pinienkernen. Gut zusammengestellte Weinkarte mit allen Produkten des Tals und einer Zahl hochwertiger Toskaner und Piemontesen.

Die Pasticceria Elda Perret (Via Bourgeois, 57) bietet neben einer großen Auswahl an klassischem Gebäck Tegole (Mandel- bzw. Nußplätzchen) und Meculin an, den Weihnachtskuchen von Cogne.

Cogne
Lillaz
30 km südlich von Aosta, S.S. 507

Lou Tchappé

Restaurant
Ortsteil Lillaz
Tel. 01 65 / 7 43 79
Ruhetag: Mo. (nicht Juli / Aug.)
Betriebsferien: Juni und November
50 Plätze
Preise: 40 000 Lire, ohne Wein
Kreditkarten: alle wichtigen
Mittags und abends geöffnet

Wenn man im Winter oder im Sommer nach Lillaz kommt (zehn Autominuten von Cogne), geht einem das Herz auf: Einige Bauernhäuser, eine sonnige Lage, Loipen und Abfahrten vor der Haustür, schöne Ausflüge (nicht versäumen: die imposanten Wasserfälle) machen den Weiler zu einem Bergort mit menschlichem Maß. Zum Mittag- oder Abendessen empfehlen wir das Lou Tchappé, das prominent am Rand der Wiesen liegt. Eine hübsche rustikale Einrichtung bietet den richtigen Rahmen für eine valdostanische Küche, die ohne Verrat an den Traditionen »erleichtert« wurde. Die Speisekarte am Eingang führt u. a. **Lardo** und **Mocetta** auf, Ziegenkäse mit Wacholder, Gemsenschinken, Gänse- und Leberpastete, **Frühlingssalate** (besonders sympathisch der »Klostersalat« – al convento – mit Baldrian, harten Eiern und gebratenem Speck). Zu den Crespelle alla valdostana, **Gnocchetti di castagne** (Kastaniengnocchi), der Bohnensuppe, den **Malfatti**, der **Seupetta a la cogneintze** (alles zuverlässige Spezialitäten) kommt jetzt der interessante **Graupenrisotto mit Steinpilzen** in knusprigem Pfannkuchen. Die normale Liste der Secondi (Lachsforelle, Entenbrust mit Äpfeln, Mixed Grill von Rind, Lamm und Hirsch) wird ab und zu angereichert mit **Carbonada** con polenta oder Wild in kräftiger Sauce. Die **Fonduta** und die **Soça** (eine Suppe aus Kartoffeln, Fontina und Pökelfleisch) sind die Reverenz an die traditionelle Küche. Man beschließt das Mahl mit Panna cotta al caramello, einem Waldfrüchtebecher oder, noch besser, mit Crema di Cogne und Tegole (Mandelplätzchen). Gut ist die Weinkarte mit einer klugen Auswahl von Produkten aus dem Aostatal, die Betreuung durch die Familie Artini ist freundlich und zurückhaltend.

Gignod
La Clusaz
12 km nördlich von Aosta, S. S. 27

Locanda La Clusaz

Trattoria mit Fremdenzimmern
Ortsteil La Clusaz
Tel. 01 65 / 5 60 75 und 5 64 26
Ruhetag: Dienstag
Betriebsferien: Mai / Juni und Okt. / Nov.
30 Plätze
Preise: 35 – 40 000 Lire, ohne Wein
Kreditkarten: alle
Mittags und abends geöffnet

Man erreicht diesen Ort der Erquickung, wenn man die Straße zum Großen Sankt Bernhard hinauffährt. Vier Kilometer hinter der Ortschaft Gignod sehen Sie dann bereits die Dächer des Gebäudes, das ursprünglich einmal Wanderern und Pilgern als Herberge diente, später dann eine Poststation war und seit Anfang dieses Jahrhunderts von der Familie Grange als Gasthof und Trattoria geführt wird. Mit der Beharrlichkeit, dem Engagement und der Bescheidenheit, die den Valdostanern eigen sind, hat Maurizio nach einer ausgesprochen gelungenen Renovierung daraus eines der nettesten Lokale des Tals gemacht, in dem man noch die unverfälschten, traditionellen Gerichte genießen kann.
Beste Zutaten, das Können, das Maurizios Frau und Mutter bei der Zubereitung an den Tag legen, und ein Speisenangebot, das sich stets an das Bewährte hält, machen sowohl das kleine Menü (mit drei Gängen) als auch das große zu einem herzhaften und zugleich delikaten Geschmackserlebnis.
Typische Wurstspezialitäten mit warmen Crostini und Butter, **Maronen mit Speck**, Kaninchenterrine, **Seupa valpellinese** (eine ausgewogene Mischung aus Brot, Fontina und zerlassener Butter), Getreideminestre, **Carbonada** mit Kartoffeln oder, im Frühjahr, mit wildem Spinat – all dies sind sehr einfache Speisen, die jedoch stets mit größter Sorgfalt zubereitet werden. Für die Desserts, von denen wir Ihnen besonders die **Crostata con castagne** und ein Gebäck aus Walnüssen, Feigen und Honig empfehlen, gibt es eine eigene Karte. Unbedingt versuchen sollten Sie auch einige der vorzüglichen valdostanischen Käse.
Auf der umfangreichen, gepflegten Weinkarte finden sich neben den besten Erzeugnissen des Tals auch große italienische, französische und kalifornische Weine.

Gressan Resselin

5 km südlich von Aosta

Hostellerie de la pomme couronnée

Osteria
Ortsteil Resselin, 3
Tel. 01 65 / 25 10 10
Ruhetag: Dienstag
Keine Betriebsferien
60 Plätze
Preise: 35 – 45 000 Lire, ohne Wein
Kreditkarten: alle
Mittags und abends geöffnet

Heute findet man gelegentlich Menüs, bei denen ein bestimmtes Nahrungsmittel im Mittelpunkt steht. Genießen können Sie ein solches Menü im wunderschönen Ambiente der »Hostellerie de la pomme couronnée«. Sie ist das Lieblingskind der Firma Agrival, die vor allem für hochwertige Erzeugnisse aus Äpfeln bekannt ist. Auf der Speisekarte erläutern die Inhaber, das Ehepaar Coquillard, die Gründe für ihre Entscheidung, die natürlich auch damit zu tun hat, daß der Apfelanbau in dieser abgelegenen Gegend eine wesentliche Rolle spielt. Die Gerichte, die sie hier anbieten, folgen nicht nur dem Lauf der Jahreszeiten, sondern berücksichtigen auch sehr alte Rezepte, die man modernisiert hat. Das Apfelmenü (35 000 Lire) beginnt mit einem **kleinen Salat mit Äpfeln**, der entweder süß-sauer angemacht oder mit Gartengemüse und mariniertem Fleisch angereichert ist. Im Anschluß daran bekommt man einen Gemüseauflauf, Entenbrust in Cidre und ein Dessert nach Wahl. Die traditionelle Speisekarte bietet hingegen heimische Wurstspezialitäten, hervorragende Gemüsecremesuppen, hausgemachte **Makkaroni mit Gemüse, gefülltes Kaninchen** und eine Reihe köstlicher **Käse**, zu denen ungewöhnliche Saucen gereicht werden. An zwei Wochentagen findet man dort auch zwei beliebte feste Gerichte: Am Mittwoch sind dies **Kutteln** und am Sonntag der **Bollito**. Und auf Vorbestellung gibt es außerdem ein valdostanisches Raclette, ein Fondue nach Savoyer Art oder eine Bagna caoda. Die reiche Auswahl an heimischen Weinen wird noch ergänzt durch einige gute italienische und ausländische Erzeugnisse. Eine Reservierung ist unerläßlich, das Preis-Leistungs-Verhältnis ausgezeichnet.

Gressoney-Saint Jean

79 km östlich von Aosta, 27 km nördlich von Pont Saint Martin

Principe

NEU

Restaurant – Pizzeria
Piazza Beck Peccoz, 3
Tel. 01 25 / 35 51 17
Ruhetag: Montag
Keine Betriebsferien
60 Plätze
Preise: 40 – 45 000 Lire
Kreditkarten: alle außer DC
Nur abends, in der Hauptsaison auch mittags geöffnet

Das Restaurant liegt in unmittelbarer Nähe des historischen Zentrums von Gressoney-Saint Jean auf einer weiten Hochebene inmitten des Lystals. Auch wenn die Gegend stark von Touristen frequentiert wird, hat sie nichts von ihrem ursprünglichen Charme eingebüßt. Das Lokal ist gemütlich und ganz klassisch im typischen Stil des Aostatals eingerichtet, und die Familie Billia bewirtet ihre Gäste herzlich und zugleich professionell.
Signora Rita, eine erfahrene Köchin, bietet eine interessante Auswahl mit nahezu allen traditionellen Speisen der valdostanischen Küche an. Als Vorspeise sollten Sie außer dem Speck, dem Lardo di Arnad und der Terrina di lepre mit Apfelsauce unbedingt auch den **Tortino gressonaro mit Fonduta**, den Geisschorle (kleine, im Ofen überbackene Ziegenkäse auf geröstetem Schwarzbrot) versuchen. Bei den Primi dürfen Sie sich keinesfalls die Gnocchi del Principe aus Buchweizenmehl mit Pancetta und Butter, die Fonduta (nur auf Vorbestellung), die überbackene Polenta, die Zuppa alla valdostana, die Crespelle oder die Pasta e fagioli entgehen lassen. Der Civet di lepre al Fumin stößt bei den Gästen auf große Zustimmung, sehr zu empfehlen sind aber auch die verschiedenen Polenta-Gerichte. Bedient werden Sie von Rino und Giovanni, die Sie gerne auch bei den Weinen beraten, die Sie aus einer anständigen, gepflegten Weinkarte auswählen können. Interessant für Familien mit Kindern ist vielleicht auch das Kindermenü, und abends hat man die Möglichkeit, eine ausgezeichnete Pizza – eines der wenigen Zugeständnisse an fremde Traditionen – aus dem Holzofen zu genießen.

Die Enoteca-Weinbar Edelweiß von Moreno Rossin veranstaltet laufend Weinproben mit Erzeugnissen aus dem Aostatal und bietet eine hervorragende Auswahl italienischer und ausländischer Weine.

Morgex

25 km südwestlich von Aosta, S.S. 25, Ausfahrt A 5

Café Quinson Vieux Bistrot

NEU

Enoteca mit Ausschank und Küche
Piazza Principe Tommaso, 9
Tel. 01 65 / 80 94 99
Ruhetag: Dienstag
Betriebsferien: 14 Tage im Juni u. Ende [Okt.
45 Plätze
Preise: 40 – 50 000 Lire, ohne Wein
Kreditkarten: alle
Mittags und abends geöffnet

Ein Lokal, in dem man einen gepflegten Imbiß einnehmen und dazu einen guten Wein trinken kann, fehlte bislang in dieser Gegend. Im historischen »Café Quinson«, im Ortskern ganz in der Nähe des Rathauses gelegen, hat im Sommer 1996 dieses nette Lokal eröffnet, das von Anfang an gut besucht war. Schon beim Eintreten werden Sie von dem ansprechenden, gepflegten Ambiente mit holzgetäfelten Wänden und einer Theke aus Holz und Stein begeistert sein. Agostino Buillas hat sich hier jetzt sein »Reich« geschaffen, das er mit seiner Frau Elena und der Schwägerin Anna auf einfache und doch professionelle Weise betreibt. Und dieses Reich hat viele Gesichter, denn es ist zugleich Café, Enoteca, Imbiß und Restaurant.
Aus dem täglich wechselnden Angebot seien an dieser Stelle nur die heimischen Klassiker genannt. So zum Beispiel der **Boudin bistrot**, eine Blutwurst, die im Ofen gegart und mit gekochten Kartoffeln und einer Lauchsauce serviert wird, oder die **Zuppa del povero** (Schwarzbrot, Fontina, Butter und – je nach Jahreszeit – Kohl oder Zucchini) oder auch die hausgemachte **Galantina**, eine Art Pastete, die aus Schweinskopf und Schweinefleisch zubereitet wird. Unter den Secondi: **Saibling in Rotwein** und die klassische **Carbonada**. Ausgezeichnet die Auswahl an **Käsen**, zu denen der Wein im allgemeinen glasweise angeboten wird. Bemerkenswert und sehr umfangreich ist auch die Weinkarte, bei deren Studium man Lust auf eine Besichtigung des großen Weinkellers bekommt.

Zwei interessante Einkaufsadressen finden Sie in der Via Valdigna: in Nummer 55 das Caffè Torrefazione Artari. Artari heißt auch das Lebensmittelgeschäft in Nummer 59. Seine besondere Spezialität ist der Crescen, ein süßes, mit Karamel überzogenes Brot, das allerdings nur samstags angeboten wird.

Nus

12 km östlich von Aosta, S.S. 26 oder A 5

Maison Rosset

Bauernhof
Via Risorgimento, 39
Tel. 01 65 / 76 71 76
Ruhetag: Montag
Betriebsferien: unterschiedlich
60 Plätze
Preise: 35 000 Lire, ohne Wein
Kreditkarten: Visa
Abends, Feiertage auch mittags geöffn.

Auf seinem alten Erbhof an der kleinen, gepflasterten Straße, die das Örtchen Nus durchzieht, betreibt Camillo Rosset zusammen mit seiner Familie auch ein Lokal. In den beiden gemütlichen Speisesälen, die von einem kleinen Kamin beheizt werden und mit alten Möbeln und typischem Kunsthandwerk eingerichtet sind, bietet Camillo einfache, unverfälschte und schmackhafte Speisen, die im Zeichen der valdostanischen Tradition und der jeweiligen Jahreszeit stehen. Wie auf jedem Bauernhof mit Restaurantbetrieb, der etwas auf sich hält, stammen die Vorspeisen – Blutwurst, roher Schinken, **Lardo** sowie **Salignon** –, aber auch das Brot, das mit Mehl aus der eigenen Mühle gebacken wird, der Käse, die Marmeladen, das Gemüse und der Honig ausschließlich aus eigener Erzeugung. Der erste und der zweite Gang, den Mamma Esterina und die Tochter Elena täglich variieren, beginnen mit einer **Suppe**, die aus Gartengemüse, **Kräutern und wildem Spinat** oder anderen aromatischen Zutaten zubereitet wird und immer durch ihren intensiven Duft überrascht. Sehr zu empfehlen sind aber auch die **Zuppa valpellinese** und die **Gemüsegnocchi mit Butter**. Im Anschluß daran gibt es **Carbonada al vino rosso**, in Butter gebratene Kalbsleber, Bollito oder geschmortes Huhn und Kaninchen. Das Fleisch stammt selbstverständlich von eigenen Tieren. Verlockend ist auch die Auswahl an **Käsespezialitäten**, die Papa Luigi mit großer Sorgfalt zusammenstellt.
Dazu gibt es eine Reihe guter heimischer Weine, und den krönenden Abschluß des Mahls bildet eine selbstgebrannte Grappa. Die Reservierung ist hier unerläßlich. Melden Sie sich also telefonisch an, bevor Sie hier einkehren.

Saint-Pierre Homené-Ste-Marguerite

20 km südwestlich von Aosta, S.S. 26

Les Écureuils

Bauernhof
Ortsteil Homené-Dessus
Tel. 01 65 / 90 38 31
Kein Ruhetag
Betriebsferien: 7. Jan. – Ende Febr.
25 Plätze
Preise: 30 – 40000 Lire, ohne Wein
Keine Kreditkarten
Abends geöffnet, Anmeldung nötig

Von der Staatsstraße fährt man nach Sarre hinein, dann nach Ville-sur-Sarre und weiter nach Bellon. 2 km weiter liegt Homené. Der Ortsteil ist schwer zu finden, denn er ist nicht angezeigt. Dafür sind die Hinweise auf »Les Écureuils« deutlich. Ist man auf 1500 m Höhe in dem Bauernhaus angekommen, das Beppe Moniotto und Glory Gontier behutsam restauriert haben, weiß man, daß man die richtige Wahl getroffen hat. Die ausgezeichnete Küche beruht auf traditionellen Rezepten und den jahreszeitlichen Produkten vom eigenen Hof: von den Wurstwaren und Schinken (**Speck**, Blutwurst, **Salami**, Gänseschinken) bis zum Roggen-Kastanien-Brot, vom Perlhuhn über Huhn und Gans zu Kaninchen und **Zicklein**, nicht zu vergessen die gut zehn Sorten **Ziegenkäse**, die Spezialität des Hofs. Hervorragend sind die Kastaniengnocchi, die Suppen (mit Weißkraut und Lauch, Gartengemüse oder wildem Spinat) und im Winter die **Polenta concia**. Weine aus dem Aostatal sind in der Flasche oder offen zu haben. Man kann hier übernachten und die Halbpension nützen (in den Sommermonaten ist nur Halbpension möglich), eine gute Idee, um die Gegend kennenzulernen. Bei dieser Gelegenheit sei auch das naturkundliche Museum in der Burg von Saint-Pierre erwähnt.

Auf dem Hof sind alle Sorten Ziegenkäse zu erwerben. Die Genossenschaft Cofruits (St-Pierre, Via Cognein 12) verkauft Obst und Gemüse. Der Laden Pain de coucou bietet nicht nur Produkte der Genossenschaft an, sondern auch alle Spezialitäten des Aostatals.

Valgrisenche Bonne

32 km südwestlich von Aosta, S.S. 26

Perret

Gasthof mit Trattoria
Ortsteil Bonne, 2
Tel. 01 65 / 9 71 07
Kein Ruhetag
Betriebsferien: Juni und November
80 Plätze
Preise: 35 000 Lire, ohne Wein
Kreditkarten: Visa
Mittags und abends geöffnet

Wir kehren immer wieder gern in diese Trattoria im oberen Valgrisenche zurück, das bei Heli-Skiing-Fanatikern und Ruhe suchenden Wanderern gleichermaßen beliebt ist. Dieser Gasthof hat 18 einladende Zimmer und einen Salon mit einem imposanten Kamin. Luigi Gerbelle und seine Familie bieten einfache, unverfälschte Gerichte an. Das täglich wechselnde Menü zu festem Preis besteht aus einer Vorspeise, einem Primo, einem Hauptgericht mit zwei Beilagen, Käse, Obst und Nachtisch.
Den Anfang machen typische Wurstwaren, wobei einige, wie **Gemsenschinken**, Speck und Blutwurst, vorzugsweise in den kalten Wintermonaten auf der Speisekarte stehen. Dazu gibt es je nach Jahreszeit unterschiedliche eingelegte Gemüsesorten. Am Sonntag regiert die **Polenta**, die entweder als Beilage zu den Fleischgerichten (probieren Sie Carbonada oder Wild), als Primo in der fetten Version, d. h. als **concia**, oder mit Fontina serviert wird. Empfehlenswert sind das hausgemachte Tiramisù und im Sommer die Waldbeeren, die wahlweise mit Schlagsahne, auf Blanc manger, einer Mandelcreme, oder auf Crostate angeboten werden.
Die Weinkarte ist reichhaltig und gepflegt: Etwa 50 Weine aus den besten Lagen Italiens finden sich darauf, daneben eine sorgfältige Auswahl lokaler Weine.
Vorbestellung ist erforderlich, sei es zum Essen oder zur Übernachtung in einem der 18 Gästezimmer, die alle über ein eigenes Bad verfügen. Man kann im voraus auch spezielle Wünsche hinsichtlich der Küche anmelden.

PIEMONT

Verbania
Lago Maggiore
Alagna Valsesia
Piode
Borgosesia
Arona
Boca
Romagnano Sesia
Borgomanero
Biella
Sizzano
Oleggio
Lessolo
Ivrea
Magnano
Ceresole Reale
Quinto Vercellese
Novara
Scarmagno
Vercelli
S. Giorgio Canavese
Cigliano
Mezzenile
A5
A4
Morano sul Po
S. Antonino di Susa
Fontanetto Po
Bardonecchia
TURIN
Casale M.
Alpignano
Baldissero T.se
Roletto
A21
Tortona
Pinerolo
Carmagnola
Asti
Alessandria
Pozzol Groppo
Bobbio Pellice
Cavour
A6
A26
A7
Cantalupo
Bra
Alba
Gavi
Parodi L.
Pagno
Saluzzo
Verzuolo
Stroppo
Busca
Monterosso Grana
Caraglio
Cuneo
Mondovì
Demonte
Ormea

TURIN
Cortanze
Montechiaro d'Asti
Villa San Secondo
Vignale Monferrato
Camagna
A21
A26
A6
Asti
Alessandria
Masio
Rocchetta T.
Castellazzo Bormida
Carmagnola
Montegrosso d'Asti
Montaldo Scar.
Mombercelli
Priocca
Castelnuovo Calcea
Nizza Monferrato
Castellinaldo
Castagnito
San Marzano Oliveto
Coazzolo
Calamandrana
Castiglione Tinella
Barbaresco
Canelli
Bra
Treiso
S.Stefano Belbo
Alba
Cossano Belbo
Acqui Terme
Cherasco
Grinzane Cavour
Diano d'Alba
Cessole
La Morra
Rocchetta Belbo
Cavatore
Cervere
Barolo
Roccaverano
Monforte d'Alba
Montelupo Albese
Ponzone
Montechiaro d'Acqui
Cravanzana
Cissone
Serravalle L.
Serole
Bergolo
Feisoglio
Carrù
Ceva
Paroldo
Cuneo
Mondovì
Briaglia
Nucetto
Chiusa Pesio

Acqui Terme

34 km südwestlich von Alessandria, S.S. 30

Da Bigât

NEU

Osteria
Via Mazzini, 30–32
Tel. 01 44/32 42 83
Ruhetag: Mittwoch
Keine Betriebsferien
38 Plätze
Preise: 25–28 000 Lire
Keine Kreditkarten
Mittags und abends geöffnet

Bis vor zwei Jahren war hier Giannis Reich. Bei dem sympathischen, stets gutgelaunten Italiener, einem glühenden Juventus-Anhänger, konnte man über alles reden, nur durfte dabei keinesfalls die Rede auf Juventus Turin kommen. Die schlichte, gemütliche Atmosphäre ist geblieben, der Fußball steht jetzt allerdings nicht mehr so sehr im Mittelpunkt. Dafür legt man nun etwas mehr Wert auf ein gepflegtes Ambiente, es gibt eine zwar nicht sehr umfangreiche, aber gute Auswahl an Flaschenweinen, und einige neue Gerichte sind hinzugekommen.
Als Vorspeise bieten Vincenzo Alpa, seine Frau Ornella und sein Vater Pinucchio, der für den Einkauf der Wurst und der ausgezeichneten **Robiole** aus Roccaverano zuständig ist, die unverzichtbare **Farinata** (dünn und knusprig) an. Anschließend gibt es eine Auswahl traditioneller piemontesischer Gerichte: einen ausgezeichneten geschmorten **Stockfisch**, eine schmackhafte **Trippa**, Buseca in Gemüsebrühe, **Bughe in carpione**, Polenta mit Ragout, **Gemüseminestrone** und an Feiertagen auch Tajarin und Ravioli. Der Tris 'd Bigât – Stockfisch, Kutteln und Cotechino mit Sancrao – ist allerdings weniger zu empfehlen.
Gut sind die Desserts vom **Zabaione mit Amaretto** bis hin zum Zitronenpudding. Die Preise sind angemessen und der Service ausgesprochen freundlich.

In der Salumeria Centrale, Corso Italia 15, bekommt man den besten Weichkäse der Gegend. Die Pasticceria Bellati an der Piazza San Francesco 23 stellt Feingebäck (Torten, Pralinen und Kekse mit Amarettogeschmack) in Gestalt der Symbolfigur von Acqui her, dem »Brentau« (Wasserträger), der das warme Wasser, das er aus der »Bollente« schöpfte, in die Häuser brachte.

Acqui Terme

34 km südwestlich von Alessandria, S.S. 30

San Guido

Osteria
Piazza San Guido, 5
Tel. 01 44/32 04 20
Ruhetag: Samstag
Betriebsferien: im August
48 Plätze
Preise: 25–30 000 Lire, ohne Wein
Keine Kreditkarten
Mittags und abends geöffnet

Hier haben Sie eine waschechte Osteria vor sich, die bereits seit einem Jahrhundert besteht. Unter der Führung von Massimo Bacino – der junge Patron führt das Lokal zusammen mit seiner Mutter und seiner Schwester – erlebt das »San Guido« einen erfreulichen Wiederaufschwung. Das Interieur wurde neu gestaltet und wirkt mit seinen weißen Wänden und Ziegelsteingewölben sehr gemütlich. Die Küche zeugt vom Willen, traditionelle Zubereitungen zu servieren. So empfehlen wir Ihnen die **Sardellen in Kräutersauce**, die Kichererbsen-**Farinata** aus der Pfanne, den gewürfelten Roccaverano-Käse mit Öl und Paprika. Von den Primi schmeckten uns die hausgemachten Teigwaren (**Ravioli** und Tortelli, **Tagliatelle mit Steinpilzen**), die Gemüseminestra mit Tagliatelle. Auf Vorbestellung kocht man für Sie auch Polenta und Bagna caoda. Die piemontesischen Fleischspezialitäten bekommen Sie mit dem klassischen **Bollito misto** und den Bistecche serviert, **Pollo alla cacciatora** und Schweinekoteletts nur aus freilaufenden Tieren zubereitet. Zur Jagdsaison macht man auf Vorbestellung auch Wildgerichte, im Sommer Fisch. Trinken Sie dazu den guten Dolcetto des Hauses oder zuverlässige Flaschenweine aus dem Piemont.

Frisches Feingebäck, Amaretti und Acquesi al rhum sowie herrliche Baci di dama gibt es bei Carlo Porro am Corso Italia 43. Das beste Eis holt man sich bei Canelin, dem Hersteller des legendären *torrone,* in **Borgo Bagni** (2 km). Die Enoteca della Curia in der Via Bollente 72 hält gute italienische und ausländische Weine zu Probe und Kauf bereit. Eine schöne Auswahl an Weinen aus den Langhe und dem übrigen Italien bieten die Enoteche Fracchia in der Via Vernazza 9, Grandi vini in der Via Vittorio Emanuele 1 a und 'L crotin in der Via Cuneo 3.

Alba

62 km von Cuneo, 29 km von Asti, S.S. 231

Lalibera

Osteria
Via Pertinace, 24 a
Tel. 01 73 / 29 31 55
Ruhetag: Sonntag und Mo.mittag
Betriebsferien: 14 Tage im Jan., 10 Tage [um den 15.8.
40 Plätze
Preise: 35 – 40 000 Lire, ohne Wein
Kreditkarten: die bekannteren
Mittags und abends geöffnet

Draußen vor dem Eingang zwei Bänke, auf denen man abends die frische Luft und dazu als Aperitif einen Langhe-Weißwein oder einen Barolo Chinato als Digestif genießen kann: Das ist – mitten im historischen Stadtkern – eine Osteria unserer Tage. Und als solche hat sie auch zwei »Seelen«: die Theke im Eingangsbereich für einen schnellen Imbiß und zwei kleine Speisesäle, in denen man eine komplette Mahlzeit einnehmen kann. Die Einrichtung ist schlicht und modern, mit kleinen Tischen, zwischen denen sich Franco Fiorino und Manuele Fracalini hindurchschlängeln. Die Küche ist das Reich Marco Forneris', der Sie von Zeit zu Zeit mit einer neuen Kreation überraschen wird.
Unter den Vorspeisen, je nach Tag oder Jahreszeit, die unverzichtbare **Insalata di carne cruda**, **Kalbfleischpastete**, Terrina di coniglio, Zunge in Thunfischsauce, Truthahn mit Tapenade und **Gemüseaufläufe**. Bei den Primi reicht das Angebot von **Tajarin** mit Pfifferling- und Steinpilzsauce über Kartoffelgnocchi und Vollkorn-Maltagliati mit Pesto bis hin zu **Agnolotti dal plin**. Außerdem bekommt man stets auch eine Suppe. Im Sommer verwendet man – zum Beispiel für das **geschmorte Kaninchen** mit Oliven aus Taggia – neben heimischen Zutaten auch Erzeugnisse aus dem benachbarten Ligurien, und es werden auch kalte Gerichte, etwa eine Carpionata di uova e zucchine, angeboten. In der kalten Jahreszeit treten dann **Schmorbraten in Rotwein** ihren Siegeszug an. Den Abschluß bilden köstliche Desserts: **Fruchtmousses** (von Mandarine bis Melone), **Bayerische Creme** mit weißer Schokolade oder al caffè, Pfirsiche von den Roeri-Hügeln in Passito di Pantelleria und **Sorbets** (von Brombeer bis Zitrone). Umfangreich und gut ist die Auswahl an Weinen aus der Umgebung. Die Preise sind angemessen. Es empfiehlt sich, vorher zu reservieren.

Alba

62 km von Cuneo, 29 km von Asti, S.S. 231

Osteria dell'Arco

Restaurant
Piazza Savona, 5
Tel. 01 73 / 36 39 74
Ruhetag: Sonntag, Montagmittag
Betriebsferien: Jan. u. Juli je 2 Wochen
50 Plätze
Preise: 35 – 40 000 Lire, ohne Wein
Alle Kreditkarten
Mittags und abends geöffnet

An der Osteria dell'Arco gefällt alles: der Hof, auf den die Fenster gehen; die aprikosenfarbenen Wände im holzgeheizten Speisesaal, der spektakuläre Klimaschrank für den Wein; der familiäre, doch professionelle Service von Lella und Firmino, die alles über den Wein zu wissen scheinen. Und dann das lärmende Tandem in der Küche, Daniele und Fulvio, das traditionelle Gerichte in Vollendung präsentiert, aber auch neue Interpretationen und Kombinationen, die oft ein großes Erlebnis sind. Das ist der Fall bei **mariniertem Aal** mit kleinen Gemüsen, der genau richtig säuerlich gewürzt ist, bei der in Salz gegarten Kalbsnuß, der eingelegte Tomaten einen magischen Touch geben, oder bei **getrüffelten Eiern** en cocotte in Herbst und Winter (zum Sich-die-Lippen-Lecken). Auch die »gewöhnlichen« Sachen sind exzellent: unter den Antipasti u. a. Carne cruda, mit Thunfischpâté gefüllte Paprika, Gemüseflan mit Fonduta. **Tajarin**, **Agnolotti dal plin** und Risotti werden meist traditionell serviert, mit Wurstragout, Butter und Salbei oder Gemüseduxelles. Als Hauptgang verwöhnen **Brasato al vino rosso**, **Kaninchen in Arneis**, Perlhuhn, Entenbrust mit Majoran. Hochklassige Desserts: Zum gewohnten Bonet (gekochter Schokoladenpudding), der Panna cotta, dem Torrone-Honig-Pudding kommen Waffeln mit Himbeeren und englischer Creme oder mit Pfirsich und Amaretto-Sauce. Die Weinkarte ist umwerfend, selbstverständlich wird der Wein mit der richtigen Temperatur serviert. Man ißt nach Karte oder nimmt eine »colazione di lavoro« zu 20 000 oder 24 000 Lire, abends gibt es ein schönes Degustationsmenü für 40 000 Lire.

Io, tu e i dolci (Piazza Savona, 12) kreiert immer neue süße Köstlichkeiten. Probieren Sie Torrone al cioccolato.

Alba
San Rocco Seno d'Elvio

5 km von der Stadtmitte, 67 km von Cuneo

Osteria Italia

NEU

Osteria mit Küche
Ortsteil San Rocco Seno d'Elvio, 8
Tel. 01 73 / 44 15 47
Ruhetag: Mittwoch, nicht im Oktober
Betriebsferien: Januar / Februar
50 Plätze + 20 im Freien
Preise: 30 000 Lire, ohne Wein
Kreditkarten: CartaSi, DC
Mittags und abends geöffnet

Ein Lokal, das viele Züge der klassischen Osteria trägt: Das Ambiente mit Tonnengewölben, unverputzten Ziegelwänden, einer Schanktheke, Weinregalen und einfach gedeckten Tischen ist ausgesprochen behaglich. Abends belebt sich die Atmosphäre, denn dann füllt sich das Lokal mit jungen Leuten, und es wird auch Live-Musik geboten. Wer nur ein Glas Wein (und einen Imbiß) zu sich nehmen möchte, für den stehen einige Piemonteser Erzeugnisse, vorzugsweise aus den Weinkellereien von San Rocco Seno d'Elvio, Wurst und ausgesuchte **Käse**spezialitäten – frische und ausgereifte Tome und Tomette, Castelmagno, Gorgonzola und Käse aus Elva und Benevagienna – zur Verfügung. Wer sich für ein komplettes Menü entscheidet, der kann aus einer kleinen, aber guten Auswahl traditioneller Gerichte wählen: Wurst mit Focaccine, Carpaccio, **Vitello tonnato**, verschiedene Gemüseaufläufe mit Fonduta, **Agnolotti**, Tajarin und manchmal auch hausgemachte **Gnocchi**. Als Secondi bekommt man Kaninchen al Barbaresco und Schmorbraten.
Sie erreichen die Osteria, wenn Sie hinter Alba der Straße nach Treiso folgen und rechts die Ausfahrt nach San Rocco Seno d'Elvio nehmen. Dort finden Sie an einem Platz die Osteria Italia.

Auf Trüffelsuche gehen (in Alba ein nicht ganz ungefährliches Unterfangen) können Sie bei Tartufi Ponzio, Via Vittorio Emanuele 26 (außerhalb der Saison auch als Konserven), bei Tartufi Morra, Piazza Pertinace 2 (frische und eingelegte Trüffeln sowie verschiedene Erzeugnisse aus Trüffeln), bei Aldo Martino, Corso Cortemilia 43 (auch Gemüse und Frühgemüse), und in der Polleria Ratti, Via Vittorio Emanuele 18 (Trüffeln, Geflügel und Lammfleisch aus den Langhe). Von Oktober bis Dezember findet jeden Samstagvormittag im Hof der Maddalena in der Via Vittorio Emanuele der Trüffelmarkt statt.

Alessandria

Bistrot

Osteria
Via Piacenza, 90
Tel. 01 31 / 23 43 21
Ruhetag: Montag und Dienstag
Betriebsferien: August
45 Plätze
Preise: 35 000 Lire, ohne Wein
Keine Kreditkarten
Nur abends geöffnet

Das »Bistrot« besteht bereits seit fast zwanzig Jahren. Bislang war es ein eher alternatives Lokal, das von jeher ein beliebter Treffpunkt der »linken Szene« war und aus gastronomischer Sicht nichts Außergewöhnliches zu bieten hatte. Mit der neuen Inhaberin hat auch eine klassische, traditionelle Küche Einzug gehalten, die wir Ihnen hier vorstellen möchten.
Rita Giusti, die aus der Toskana stammt, hat ein einfaches, nicht sehr umfangreiches Angebot zusammengestellt, das sich durch hervorragende Zubereitung und ausgesuchte Zutaten (zum Beispiel das heimische Kalbfleisch, aus dem Bistecche und Steaks zubereitet werden) auszeichnet. Für gewöhnlich hält die Küche selbstgemachte **gefüllte Kartoffeltaschen**, **Dinkelsuppen**, Bruschette und ausgewählte Wurstsorten bereit. Die wenigen Desserts – **Timballo di pere e cioccolato**, Pfirsich- und Ricottakuchen – sind hausgemacht und schmecken ausgezeichnet. Die Auswahl der vorwiegend toskanischen und piemontesischen Weine ist nicht sehr groß, aber gut.
Und auch das Ambiente des »Bistrot« hat sich verändert: Die Einrichtung ist eher nüchtern, aber geschmackvoll, die sauberen Wände sind hier und da mit Werken avantgardistischer Künstler geschmückt.

Gutes Eis bekommen Sie in der Innenstadt in der Cremeria del Corso, Corso Roma 69 (hier gibt es das ganze Jahr über täglich Dutzende verschiedener Sorten, darunter auch Maronen- und Haselnußeis), oder bei Celestino Cercenà, Piazetta della Lega (er ist Eiskonditor in der fünften Generation und bietet hervorragende Qualität).

Alessandria

Cappelverde

NEU

Trattoria
Via San Pio V, 26/Ecke Via Plana
Tel. 01 31 / 25 12 65
Ruhetag: Dienstag
Keine Betriebsferien
80 Plätze
Preise: 35 000 Lire, ohne Wein
Keine Kreditkarten
Nur abends geöffnet

Das »Cappelverde« im Stadtzentrum war früher einmal eine Osteria. Heute laden die beiden gemütlichen Speisesäle mit den Ziegel- und Kassettendecken und den hübschen Bildern an den Wänden zum Abendessen ein. Alfredo Buzzi, der Küchenchef, und Liliana Ceratto, die sich neben der Küche auch um den Service kümmert, bieten traditionelle Speisen aus Alessandria und dem Piemont an, die sich streng nach dem Lauf der Jahreszeiten richten.
Das gut eingespielte Paar verbringt ganze Nachmittage mit der Zubereitung ganzer Berge von **Agnolotti allo stufato**, Kartoffelgnocchi und **Rabaton di ricotta**, einer typischen Spezialität aus der Ebene um Alessandria. Von den durchweg klassischen Vorspeisen (die von Russischem Salat über Peperoni al forno, Sardellen mit Bagnetto al carpione und Frittatine bis hin zu Aufläufen aus Gemüse der Saison reichen) verdienen der **Tonno di coniglio** und der **Kabeljausalat** besondere Erwähnung. Bei den Secondi ragen vor allem der **Stoccafisso all'acquese**, der **Vitello alla Marengo** und das Hähnchen in Salsa brusca hervor. Schmorbraten fehlen aber ebenfalls nicht. Und den krönenden Abschluß der Mahlzeit bildet ein **Zabaione**.
Die anständige Weinkarte umfaßt neben einigen bekannten piemontesischen Marken auch Erzeugnisse kleiner heimischer Winzer, die zu entdecken sich lohnt.

Machen Sie doch einmal einen Rundgang durch die hervorragenden Konditoreien der Innenstadt: Bei Giraudi (Via San Lorenzo, 102) bekommen Sie ausgezeichnete Schokolade und Creme gianduia, bei Gallina (Via Vochieri 46) vorzügliche »Baci«, bei Pittatore (Corso Roma, 11) köstliche Trüffeltorten und Pralinen und bei Rovida-Signorelli (Piazza Garibaldi, 23) leckeres Salzgebäck.

Alessandria
Valle San Bartolomeo

8 km von der Stadtmitte

Da Pietro

NEU

Trattoria
Piazza Dossena, 1
Tel. 01 31 / 5 91 24
Ruhetag: Mittwoch
Betriebsferien: August
70 Plätze + 40 im Freien
Preise: 30 000 Lire, ohne Wein
Keine Kreditkarten
Mittags und abends geöffnet

Das »Da Pietro« ist schon von jeher ein beliebtes Ausflugslokal für Familien aus Alessandria, die an den Sonntagen gerne den hübschen Vorort San Bartolomeo zu Füßen des Hügels, nur wenige Kilometer außerhalb der Stadt, besuchen. Aus dem Lokal, das Anfang des Jahrhunderts noch eine Osteria war, ist im Lauf der Jahre ein Restaurant mit Bar geworden. Hier bekommt man einfache, typische Gerichte aus Alessandria und in letzter Zeit auch anständige Weine. Neben einigen mit Sachkenntnis ausgewählten italienischen Weißweinen gibt es auch eine kleine Auswahl guter Rotweine aus dem Piemont.
Das Lokal ist ein reiner Familienbetrieb und wird ein wenig im Stil der 70er Jahre geführt. Ausgezeichnet die Auswahl an Antipasti (essen Sie nicht zuviel davon, und wählen Sie gut aus den verschiedenen Angeboten auf dem Wagen aus) und hervorragenden Primi, von denen wir Ihnen besonders die hausgemachten und wirklich vorzüglichen **Rabaton** und die **Agnolotti di stufato** empfehlen. Die Secondi sind durchweg Klassiker aus dem Monferrato: **gebratene Haxe**, **Bolliti misti**, Kalbs- und Schmorbraten.
Als Nachspeise sind nur die selbstgemachten Cremedesserts zu empfehlen. Die Preise sind ausgesprochen anständig, das Ambiente überaus angenehm, und im Sommer kann man auch im Freien essen.

Alpignano

15 km westlich von Turin, S.S. 24

Locanda del Musicante

NEU

Osteria
Via Valdellatorre, 19
Tel. 011/9661249
Ruhetag: Montag
Keine Betriebsferien
36 Plätze
Preise: 48 000 Lire, ohne Wein
Kreditkarten: alle
Mittags und abends geöffnet

Viviana, ehemals Architektin und leidenschaftliche Köchin, und die Berufsmusikerin Eleonora – die einzige professionelle Baßtubaspielerin Italiens – haben im Juli 1996 diese nette Locanda vor den Toren Turins eröffnet, in einer Gegend, in der ansonsten nur wenig gute Restaurants zu finden sind. Die Musikbegeisterung spiegelt sich auch in der Einrichtung – an den Wänden hängen alte Musikinstrumente – wider. Außerdem plant man, das Lokal noch um einen Saal zu erweitern, in dem dann Live-Konzerte stattfinden sollen.
Kommen wir nun aber zur Küche, für die Viviana zuständig ist. Man beginnt mit warmen und kalten Vorspeisen, die je nach Jahreszeit wechseln. Wir haben die Insalata di carne cruda degli ortolani, den **Vitello tonnato rustico** (nach einem alten Rezept), den Sardellensalat mit Lauch und die Paprika mit Bagna caoda probiert. Unter den Primi ragen vor allem die **Risotti** – sehr gut der Risotto al Dolcetto –, die Panissa (ein Gericht, das wie die Inhaberinnen aus Vercelli stammt) oder die für die Region typischeren Gerichte, wie Pasta e fagioli und die **Minestra di trippa**, hervor. Die Auswahl an Secondi ist groß und reicht von Bollito misto all'arrosto mit Haselnüssen aus den Langhe über **Groppa di manzo all'aceto** bis zu **Fritto misto** alla piemontese. Auf Vorbestellung bereitet man auch Froschschenkel und Schnecken für Sie zu. Den Abschluß bilden hausgemachte Desserts, darunter ein vorzüglicher **Bonet**, Apfelkuchen und Coppa sabauda.
Die kleine Weinkarte enthält vorwiegend Erzeugnisse aus dem Piemont. Besonders hervorzuheben ist, daß Allergiker auf Vorbestellung hier auch ein glutenfreies Menü bekommen.

Arona Campagna

38 km nördlich von Novara, S.S. 33

Campagna

Trattoria
Via Vergante, 12
Tel. 0322/57294
Ruhetag: Dienstag, im Winter auch Mo.abend
Betriebsferien: 15.–30. Juli u. 15.–30. [Nov.
50 Plätze + 30 im Freien
Preise: 40–45 000 Lire, ohne Wein
Kreditkarten: AE, Visa
Mittags und abends geöffnet

Wenn Sie die Statue des heiligen Carlo Borromeo – ein Werk, das von Gläubigkeit und Gigantomanie zeugt – hinter sich gelassen haben, sind Sie auch schon im Ortsteil Campagna, nach dem die Trattoria benannt ist. Unverputzte Steinwände kontrastieren hier mit einer Einrichtung im modernen Design, die bisweilen postmoderne Züge trägt. Einen ähnlichen Kontrast finden wir auch in der Küche.
Bei unserem letzten Besuch (im Sommer) haben wir eine vorzügliche **Pasta e fagioli** mit Speckschwarte, einen Baccalà mit Zitrone (etwas zu sauer) und eine außergewöhnliche **Käse**platte mit heimischen Produkten und Erzeugnissen aus dem übrigen Italien (Pecorino di fossa aus der Valmarecchia) genossen. Empfehlenswert sind auch die ausgesuchten **Wurstspezialitäten** und die traditionellen Gerichte mit Fischen aus dem Lago Maggiore, wie das **Renken**- oder Barschfilet und die **in Folie gegarte Forelle**. Die Paste für die Primi – Klassiker wie **Taglierini mit Kaninchenragout** und Pappardelle mit Lauch oder weniger klassische Ravioli mit Birnen und Käse, die wir probiert haben – sind hausgemacht. Bei den Fleischgerichten stellt die Köchin Arlesiana Cristina Zanetta ihre Kreativität mit einem Wildschwein al mandarino unter Beweis, daneben bietet sie aber auch traditionelle Speisen, etwa einen **Tapulon**, und auch die Gäste aus Mailand kommen mit Rindersteak oder Kalbsfilet auf ihre Kosten.
Auf der anständigen Weinkarte finden sich überwiegend Erzeugnisse aus dem Piemont (dabei sind auch die Nebbiolo-Weine aus der Gegend um Novara angemessen vertreten), aber auch einige Weine aus der Toskana und aus Friaul. Im Sommer laden ein paar Tische zum Essen im Freien ein, und das ganze Jahr über bekommt man auch ein schnelles, aber keineswegs alltägliches Mittagessen und dazu eine Karaffe offenen Wein.

Asti

Barolo & Co.

Restaurant
Via Cesare Battisti, 14
Tel. 01 41 / 59 20 59
Ruhetag: So.abend und Montag
Betriebsferien: August
60 Plätze
Preise: 35 – 50 000 Lire, ohne Wein
Kreditkarten: AE, CartaSi
Mittags und abends geöffnet

Beppe Sassone verfügt über langjährige Erfahrung in der Gastronomie und hat dabei einen ganz eigenen Stil entwickelt. Wundern Sie sich also nicht, wenn man Ihnen, nachdem Sie am Tisch Platz genommen haben, weder eine Speise- noch eine Weinkarte bringt und Sie deshalb den Eindruck haben, nur aus einem relativ begrenzten Angebot auswählen zu können. Das sollte man wissen, bevor man dieses Restaurant besucht, das neben einem ausgesprochen stimmungsvollen Ambiente (die Räume befinden sich in einem alten Palazzo des mittelalterlichen Asti) auch eine gute Küche und heimische Weine bietet, und das alles zu recht anständigen Preisen.
Den Auftakt bildet ein kleiner Teller mit **Pfefferspeck** und Salami. Es folgt ein **Auflauf** (sehr gut der **Gemüseauflauf mit Ricotta**) oder Entenbrust al balsamico mit einem kleinen Salat. Je nach Jahreszeit werden außerdem Carne cruda, Paprikaschoten und Vitello tonnato angeboten. Bei den Primi setzt man hauptsächlich auf **Gnocchetti verdi**, es gibt (im Wechsel) aber auch **Tagliatelle mit Kaninchenragout**, Agnolotti und Risotti, die auf verschiedene Weise serviert werden, oder Minestroni. Als Fleischgericht findet sich immer **Kalbsschmorbraten** auf der Karte, darüber hinaus bekommt man aber auch noch Agnello al forno, Hähnchen alla cacciatora und Kaninchen. Von der Desserts (überwiegend Cremespeisen) hat uns besonders die Mousse al Moscato überzeugt.

Die Macelleria Piero Rosso, Via Giobert 36, bietet ausgezeichnetes Fleisch aus kleinen Zuchtbetrieben und vorzügliche Wurst an. In der Kaffeerösterei Ponchione, Corso Alfieri 151, bekommen Sie einen vorzüglichen Espresso, seltene Kaffeemischungen, Delikatessen, erlesene Weine und, gegen Abend, auch einen Aperitif.

Asti
Caniglie

5 km von der Stadtmitte, Richtung Casale

Da Dirce

Trattoria
Via Valleversa, 53
Tel. 0141 / 27 29 49 und 29 91 67
Ruhetag: Montag, Di.mittag
Betriebsferien: 1 Woche im Jan., Aug.
40 Plätze
Preise: 45 – 50 000 Lire, ohne Wein
Kreditkarten: Visa, CartaSi
Mittags und abends geöffnet

Harmonie strahlt dieses hochgelobte Lokal vor den Toren von Asti aus, in einem Dörfchen mit Kirche und wenigen Häusern, mit Feldern, Wiesen und Weinbergen in der Ferne. Harmonisch ist auch die Einrichtung in den kleinen Speiseräumen, der freundliche und zurückhaltende Service und nicht zuletzt die Küche, die Geschmack und Delikatesse vereint. Es tut wohl, sich an den schön gedeckten Tischen niederzulassen, eine gute Flasche aus dem begrenzten, doch wohlüberlegten Angebot meist piemontesischer Weine auszuwählen und sich mit Antipasti einzustimmen, nach der Saison wechselnden (wie die unterschiedlich komponierten **Gemüsekuchen**) oder glücklicherweise das ganze Jahr über angebotenen wie **Carne cruda** oder ausgezeichneter **Russischer Salat**. Die **Gnocchi**, die auf der Zunge zergehen, sind allein den Weg wert, sehr gut sind aber auch Agnolotti oder Tajarin mit verschiedenen Saucen, im Winter die **Kichererbsensuppe mit Mangold** und die **Pasta e fagioli**. Schmorbraten und Kaninchen sind die begehrtesten Hauptspeisen, zu denen eine exzellente Finanziera kommt. Die **Mousse au chocolat** des »Dirce« ist legendär, uns haben auch die anderen hausgemachten Desserts wie Birne in Wein, Pfirsich in Amaretto und das Kompott gut gefallen, das die Köchin manchmal macht. Das harmonische Gefühl bleibt auch angesichts der Rechnung erhalten. Wieder einmal Applaus für die Familie Torta.

Asti
San Marzanotto
5 km von der Stadtmitte

Fratelli Rovero

Bauernhof
Ortsteil Valdonata
Tel. 01 41 / 53 01 02
Ruhetag: So.abend und Montag
Betriebsferien: Dez./Jan., Juli/Aug.
80 Plätze
Preise: 30–35 000 Lire
Keine Kreditkarten
Mittags und abends geöffnet

Die angesehene, alteingesessene Familie Rovero betreibt seit vielen Jahren diesen landwirtschaftlichen Betrieb, der sich auf den Weinbau (mehrere Hektar der traditionellen, heimischen Rebsorten Barbera und Grignolino sowie einige internationale Sorten) und die Schnapsbrennerei spezialisiert hat, für die er weithin bekannt ist (wir empfehlen Ihnen, einmal die Grappe zu probieren, die Sie auch kaufen können). Aber auch bei der Bewirtung ihrer Gäste gibt die Familie ihr Bestes. Es kommt nicht von ungefähr, daß hier in der Regel nur Gruppen, und das auch nur auf Vorbestellung, bewirtet werden und daß die Küche im Juli und August, in der Zeit also, in der die Landwirtschaft die ganze Familie in Anspruch nimmt, geschlossen bleibt. Das Speisenangebot steht ganz im Zeichen der Piemonteser Tradition.
Man beginnt mit guter **Wurst**, vorzüglichen Fritelle di pane (Teigtaschen), **Omeletts**, Gemüseaufläufen und **Carne cruda** und geht dann zu den Primi – **Agnolotti**, **Tajarin**, Risotti und Minestroni – über. Es folgen die Secondi mit Kalbfleisch (**Brasato**, Arrosto), Kaninchen und Geflügel. Den Abschluß bilden **Bonet** und **Panna cotta** (hervorragend), Mürbteigkuchen, Haselnußtorte und Kekse. Und gekrönt wird das Ganze mit einer der ausgezeichneten Grappe. Als Begleiter stehen Weiß- und Rotweine aus eigener Herstellung, vorwiegend verschiedene Grignolino- und Barbera-Weine, zur Auswahl, unter denen vor allem der Rouvé, ein im Barrique ausgebauter Barbera, und die Sauvignon- und Pinot-Nero-Weine hervorragen. Die telefonische Voranmeldung ist unbedingt erforderlich, und man sollte sich dabei gleich nach den Öffnungszeiten und Vorbestellungen erkundigen.

Die Panetteria Salasco, Corso Torino 172, **im Westen von Asti**, bietet eine Vielzahl verschiedener Brotsorten, Grissini, Focacce und Gebäck an.

Asti

L'Altra Campana

NEU

Trattoria
Via Quintino Sella, 2
Tel. 01 41 / 43 70 83
Ruhetag: Dienstag
Betriebsferien: 14 Tage im Januar
60 Plätze
Preise: 35–40 000 Lire, ohne Wein
Kreditkarten: alle
Mittags und abends geöffnet

Ein altes Lokal im historischen Stadtkern, ein junger Inhaber – Duilio – mit langjähriger gastronomischer Erfahrung und der Wunsch, an die große Tradition der einfachen Trattoria anzuknüpfen, die charakterisiert ist durch eine einfache, regional geprägte Küche und gemäßigte Preise. So sieht das Konzept des »Altra Campana« aus. Uns scheint dies gelungen zu sein, und deshalb nehmen wir dieses Lokal in unseren Führer auf.
Nach einem Teller mit Schinken und Wurst stellt die Küche ihr Können aufs beste mit einer stets frischen und gut zubereiteten **Insalata di carne cruda**, hausgemachten **Taglierini** mit Tomate und Basilikum oder mit Pilzen, Risotto al Barbera, **Stinco al forno**, Kaninchen in Weißwein oder **geschmortem Wildschwein** unter Beweis. Eine Weinkarte gibt es nicht, und das Tagesmenü wird Ihnen am Tisch vorgetragen. Häufig werden außerdem Gnocchi und Agnolotti mit verschiedenen Saucen, Gemüseaufläufe und andere Vorspeisen der Saison angeboten, die allerdings von unterschiedlicher Qualität sind. Immer gut bestückt und appetitanregend ist hingegen der **Käse**wagen mit Caprini, Tome und anderen, zum Teil außergewöhnlichen Spezialitäten aus dem Piemont.
Zum Nachtisch bekommt man traditionelle Cremedesserts und Sorbets. Anständig die Auswahl an Weinen, die vorwiegend aus Asti und den Langhe stammen und die stets zu angemessenen Preisen angeboten werden.

Ein gutes Glas Wein können Sie nur wenige Meter entfernt in der Via Bonzanogi beim Beato bevitore, einer winzigen, aber gut sortierten Weinbar, trinken. Selbstgemachten Torrone und Schokolade bekommen Sie bei Davide Barbero in der Via Brofferio 84, und bei Giordanino, einer hübschen Jugendstilkonditorei am Corso Alfieri 254, gibt es Polentina delle tre mandorle, Astigiani und Torta del Palio.

Baldissero Torinese

14 km östlich von Turin

Bel Deuit

Trattoria
Via Superga, 58
Tel. 011/9408348
Ruhetag: Mittwoch und Do.mittag
Betriebsferien: ein Monat im Herbst
60 Plätze + 40 im Freien
Preise: 38–40 000 Lire, ohne Wein
Keine Kreditkarten
Mittags und abends geöffnet

Mit »Bel deuit« bezeichnet der Piemonteser Dialekt ein höfliches, liebenswürdiges Benehmen. Und so ist auch der Empfang hier. Das Lokal befindet sich im winzigen Vorort Superga, der nur aus einer Handvoll Häusern besteht und etwa hundert Meter unterhalb der berühmten Basilika von Juvarra, eine Viertelstunde von der Stadt entfernt liegt. Man läßt sich auf der lichtdurchfluteten, mit hellem Holz verkleideten Veranda nieder, von der aus man einen herrlichen Blick auf den Hügel und die Basilika genießt. Geführt wird das Lokal von Aurelio Allasia, der im Speisesaal von Paola Rocco unterstützt wird, die auch für die Zubereitung der Antipasti und der Desserts zuständig ist. Die Küche ist das Reich von Mamma Maria Luisa Darò.
Die Auswahl der Vorspeisen ist, insbesondere abends, recht umfangreich. Neben Klassikern des Piemont (Sardellen und Tomini al verde, Vitello tonnato, Albese, fritiertes Gemüse) gibt es auch einige Neuheiten, wie **Insalata di robiola**, Crêpes di gorgonzola (im Winter), **Gemüseauflauf mit Fonduta** oder mit Thunfischmousse gefüllte Paprika. Traditionell auch die Primi mit Agnolotti, Tajarin, Gnocchi und fleischlosen Panzerotti, die mit Nußsauce, Ragout und Gemüsesaucen der Saison serviert werden. Typische Wintergerichte sind die **Bagna caoda** (auf Vorbestellung), die **Busecca** und die **Tofeja**. Bei den Fleischgerichten überwiegen Schmorbraten (all'Arneis oder al Nebbiolo), es werden aber auch ein gutes **Kaninchen mit Kräutern** und Wildgerichte angeboten. Bemerkenswert sind die Desserts der jungen Paola: Eine köstliche Bayerische Creme mit Sahne und Crema di frutti di bosco, der **warme Zabaione** mit selbstgemachten **Paste di meliga** oder die Haselnußtorte mit Konditorcreme sind nur einige der Versuchungen. Die anständige Weinkarte umfaßt etwa sechzig, fast ausschließlich piemontesische Erzeugnisse.

Barbaresco

72 km von Cuneo, 11 km nordöstlich von Alba

Antica Torre

Restaurant
Via Torino, 8
Tel. 0173/635170
Ruhetag: So.abend und Montag
Betriebsferien: 3 Wochen im August
90 Plätze
Preise: 45–50 000 Lire, ohne Wein
Keine Kreditkarten
Mittags und abends geöffnet

Wir kamen genau zum richtigen Zeitpunkt, um das neue »Antica Torre« in Augenschein zu nehmen: neu deshalb, weil es dank einer hervorragenden Renovierung gelungen ist, diesem typischen Restaurant der Langhe, dessen Küche in der letzten Zeit zusehends besser wurde, einen angemessenen Rahmen zu geben. Aber alles hat seinen Preis, und so muß man heute für ein typisches Menü auch etwas tiefer in die Tasche greifen. An der guten Qualität der traditionellen Piemonteser Küche der Familie Albarello hat sich aber nichts geändert.
Den Anfang machen ein wunderbar zarter **Vitello tonnato** mit einer leichten, schmackhaften Sauce, Carne cruda (mit dem Messer geklopft), Wurst von heimischen Erzeugern (sehr gut die **Kochwurst**), Schweinskopf in agrodolce, ein aromatischer Russischer Salat und Paprikaschoten – al forno oder mit Bagna caoda. Danach sollten Sie sich die herrlichen, zarten und bißfesten **Tajarin** nicht entgehen lassen. Gut sind auch die Agnolotti dal plin und die Minestra mit Kutteln. Bei den Secondi wechselt das Angebot je nach Jahreszeit: **Kaninchen al civet**, gebratenes Perlhuhn und im Winter Frisse und Batsoà. Ganz vorzüglich auch der Fritto misto alla piemontese. Maurizio, der für den Service und den Einkauf zuständig ist, läßt jedes Jahr von einem Bauern in der Alta Langa 150 **Hühner** nur mit Mais und Körnern mästen, die dann **gekocht** werden. Bei den Desserts finden Sie durchweg Klassiker, wie Bonet und Panna cotta. Und als Begleiter eine große Auswahl erlesener Weine, darunter fast die gesamte Palette an Barbaresco-Weinen.

Die Enoteca Regionale del Barbaresco (montags geschlossen) in der ehemaligen Kirche San Donato in der Via Torino 8 a bietet Flaschenweine von etwa siebzig Erzeugern aus der Gegend zu angemessenen Preisen (auch zur Verkostung).

Bardonecchia · Melezet

90 km nordwestlich von Turin,
S.S. 24 und 335

La Ciaburna

Restaurant
Ortsteil Melezet, 48
Tel. 01 22 / 99 98 49
Ruhetag: Mittwoch
Betriebsferien: Oktober und Mai
50 Plätze
Preise: 35 – 50 000 Lire, ohne Wein
Kreditkarten: die bekannteren
Mittags und abends geöffnet

Vom betriebsamen Bardonecchia aus erreichen Sie den ruhigen Ortsteil Melezet, wenn Sie über Les Arnauds in Richtung der Valle Stretta fahren. In einem der alten Häuser im typischen Stil des Susatals ist das »La Ciaburna« untergebracht. Die Küche ist das Reich des Inhabers, Mario Viarengo, im Restaurant bedienen seine Frau Luciana und der Sohn Lorenzo.
Carne secca und einige selbstkreierte Vorspeisen leiten zu den Primi über, die sich zum größten Teil an der heimischen Tradition orientieren: **Cabiette di Rochemolles** (Gnocchetti aus Kartoffeln, Vollkornmehl und Wildkräutern, die mit Toma, Butter und Zwiebeln serviert werden), **Tartifle alla Sarinera** (Kartoffeln und Würste, die in einem gußeisernen Topf im Ofen gegart werden), **Soupe grasse** (Brühe, Brot aus Buchweizenmehl, Zwiebeln und Toma). Suppen gehören zu den Spezialitäten des Lokals, es gibt aber auch besondere Pasta-Spezialitäten, wie zum Beispiel die Maltagliati mit Gemüsesauce. Im Winter bekommt man vorzugsweise **Wildgerichte** mit Polenta, im Sommer **gepökeltes**, in Wein mariniertes **Fleisch**, einen ausgezeichneten **Stinco di manzo al Nebbiolo**, Bocconcino di vitello und Forelle. Den Abschluß bilden Käse aus der Gegend und aus Frankreich. Köstlich die **Tarte tatin**, außerdem werden noch Sorbets und ein Soufflé all'amaretto angeboten.
Besonders günstig ist das Festpreismenü (vier Vorspeisen, zwei Primi, ein Secondo und ein Dessert zu 35 000 Lire).

In der Pasticceria Ugetti in der Via Medail 8 in **Bardonecchia** bekommt man leckere Krapfen, Geleefrüchte, Pralinen und »Baci« di Bardonecchia. Wer auf einen kleinen Imbiß und ein gutes Glas Wein einkehren möchte, sollte einmal in der Vineria L pik bo in der Via Medail 12 a vorbeischauen.

Barolo

51 km von Cuneo,
14 km südwestlich von Alba

I Cannubi

NEU

Circolo Arcigola
Via Alba, 20
Tel. 01 73 / 56 64 02 – 03 68 / 21 62 18
Ruhetag: Montag
Betriebsferien: 15. Jan. – 15. Febr.
50 Plätze + 30 im Freien
Preise: 35 000 Lire, ohne Wein
Kreditkarten: die bekannteren
Nur abends, an Sonn- u. Feiertagen auch mittags geöffnet

Diese freundliche, junge Osteria erreichen Sie von Alba kommend über die alte Straße, die nach Barolo hinaufführt. Hinter dem auf den ersten Blick wenig einladenden Gebäude am Straßenrand mit einer Werkstatt und einem Parkplatz verbirgt sich, wenn man um die Ecke gebogen und einige Stufen hinabgestiegen ist, ein hübscher Garten, von dem aus eine Tür in einen großen Speisesaal mit bunten Wandgemälden, einer Theke und einem Weinregal führt. Mit den Weinen wollen wir auch beginnen: Die Weinkarte bietet einen guten Querschnitt durch die heimische Produktion und verschiedene interessante Erzeugnisse aus dem übrigen Italien.
Die jungen Inhaber, Ercole und Loredana Musso bieten eine keineswegs alltägliche, traditionelle Küche. Manche der Gerichte sind ausgesprochen gelungen, andere zwar weniger brillant, aber dennoch anständig. Sorgsam ausgewählte Wurstspezialitäten, **Carne cruda** (mit dem Messer geklopft), Coniglio marinato, ein paar warme Vorspeisen (köstlich die Crespella di trevigiana und die Fonduta di ricotta mit Basilikum). Klassiker sind auch die guten **Tajarin** mit Fleischsauce und die **Agnolotti dal plin**. Im Sommer bekommt man gelegentlich auch das ein oder andere »exotische« Risotto. Ähnlich sieht es bei den Secondi aus: Neben einem wunderbar zarten **Kalbssteak** ragen hier der Sottopaletta al vino rosso (gutes Fleisch, etwas zuviel Sauce), das Kaninchen mit Paprika und das wirklich hervorragende **süß-saure Huhn** hervor. Den Abschluß bilden gute heimische Käse und zahlreiche Desserts, darunter **Haselnußtorte**, Bonet und **Panna cotta** – klassisch oder al caffè.
Vor allem im Sommer werden kleine Konzert- oder Unterhaltungsprogramme geboten. Unter den Gästen sind viele junge Leute. Abends kann man auch nur einen kleinen Imbiß einnehmen, und die Preise sind äußerst anständig.

Barolo

14 km südwestlich von Alba

La Cantinella

Trattoria – Osteria
Via Acquagelata, 4 a
Tel. 01 73 / 5 62 67
Ruhetag: Mo.abend, Dienstag
Betriebsferien: im August
40 Plätze
Preise: 40 – 45 000 Lire, ohne Wein
Alle Kreditkarten
Mittags und abends geöffnet

Nella Cravero und Ehemann Andrea Astegiano haben ihren Weinkeller mit seinen Ziegelgewölben im Ortszentrum herausgeputzt und präsentieren in ihrem einladenden Lokal eine authentische Langhe-Küche. Mit sicherer Hand weiß die Köchin ihr – wenn auch sehr traditionelles – Repertoire den Jahreszeiten anzupassen. Im Sommer gibt es natürlich hauptsächlich soeben geerntete Dinge wie die ausgezeichneten gefüllten Tomaten mit grüner Sauce, aromatische gefüllte Zucchine und den delikaten Carpione di uova, die die Reihe der Antipasti ergänzen: **Vitello tonnato**, Sardellen mit Kräutern, Parmigianokuchen, Fleischroulade mit kleinem Salat, **Insalata russa** von selten gutem Geschmack, Leberpastete. Neben den klassischen **Agnolotti dal plin** gibt es auch grüne, mit Ricotta gefüllte, weiterhin Gnocchi mit Tomatensauce und **Tagliatelle** mit Ragout. Von den Secondi sind uns das klassische **Kaninchen mit Paprika** und die Arrosti in guter Erinnerung. Auf der Käseplatte sind u. a. Raschera und Toma aus der Alta Langa zu finden, den Abschluß bilden traditionelle Dolci wie Haselnußkuchen, weißer und schwarzer Bonet (Schokoladenpudding), gefüllte Äpfel mit Amaretto, Panna cotta. Die Weinkarte stellt eine qualifizierte Auswahl von Erzeugnissen der Langhe dar, der vom jungen Ivano, dem Sohn des Inhabers, besorgte Service ist zwanglos, aber keineswegs nachlässig.

Duftendes Brot, handgemachte Grissini, Haselnußkuchen und großartiges Maisgebäck bekommt man in der Panetteria Cravero (Via Roma, Ecke Piazzetta di Castello). Ebenfalls in der Via Roma (Nr. 39) ist die Macelleria-Salumeria Canonica mit guten Wurstwaren zu finden, ihre Spezialität sind die Salamini mit Barolo.

Bergolo

78 km nordöstlich von Cuneo,
37 km südöstlich von Alba, S.S. 29

Bonet

NEU

Hotelrestaurant
Via Roma, 24
Tel. 01 73 / 8 70 13
Kein Ruhetag
Betriebsferien: Januar / Februar
60 Plätze
Preise: 40 – 48 000 Lire, ohne Wein
Kreditkarten: die bekannteren
Mittags und abends geöffnet

Bergolo, ein Dorf im oberen Teil der Langhe, an der Straße zum Meer gelegen, ist bekannt wegen des »Canté Magg«, der jedes Frühjahr Tausende junge Leute aus ganz Italien anzieht. Der kleine Ort mit nur etwas mehr als fünfzig Seelen, der aber immerhin über ein Hotel, einen Campingplatz, ein Ferienheim, eine Pizzeria, eine Bar und ein Schwimmbad verfügt, stellt im verschlafenen Süden des Piemont ein regelrechtes touristisches »Wunder« dar.
Emilio Banchero hat die väterliche Osteria in ein Hotel mit Restaurant umgewandelt. Die Küche hat er seiner Mutter Angela, einer begeisterten Köchin, überlassen, die Kochbücher und -zeitschriften nur so verschlingt, um ihre sowieso schon guten Kochkenntnisse laufend auf den neuesten Stand zu bringen. Das Ergebnis sieht man an den durchweg klassischen Gerichten, denen sie eine sehr persönliche Note verleiht. Im »Bonet« gibt es entsprechend den Jahreszeiten vier verschiedene Speisekarten. Als Vorspeisen finden wir im Frühjahr Tonno di coniglio und **Crespelle al Murazzano**, im Sommer **Tatar** mit Steinpilzen, **Caponet** und Carpionata mit Ei und Zucchini, im Herbst Carpaccio all'albese, einen Salat aus Kaiserlingen, **Tartrà** und **Fonduta** und im Winter hausgemachte Wurst, Kardenauflauf mit Bagna caoda und **Batsoà**. Bei den Primi reicht das Angebot von **Agnolotti dal plin** und Tajarin mit Pfifferlingsauce über verschiedene Minestroni bis hin zu Polenta mit **Bagna d'infern**. Unter den Secondi: Hähnchen alla cacciatora, Brasato al Barolo, Hasenpfeffer, **Rinderschmorbraten al Dolcetto**, Wildschwein und Bolliti. Den Abschluß bilden ein Wagen mit Käse aus den Langhe (**Caprini** aus Verri und **Bros**) und die Desserts, darunter **Semifreddi** alla frutta oder al torrone, Haselnuß- und Maronen-**Torten**. Die gepflegte Weinkarte hat Emilio zusammengestellt.

Bobbio Pellice

61 km südwestlich von Turin, S.S. 23

L'Alpina

NEU

Bar–Restaurant
Via Maestra, 27
Tel. 01 21 / 95 77 47
Ruhetag: Donnerstag
Betriebsferien: unterschiedlich
30 Plätze
Preise: 40 000 Lire, ohne Wein
Keine Kreditkarten
Mittags und abends geöffnet

Das Dorf Bobbio liegt am Rand der Val Pellice, der Geburtsstätte der Religionsgemeinschaft der Waldenser. Das alteingesessene Restaurant mit Bar ist allen zu empfehlen, die hier einmal vorbeikommen. Das Lokal, das lange von der Familie Paolasso geführt wurde und dann einige Jahre geschlossen war, wurde vor etwas mehr als zwei Jahren von Laura wiedereröffnet, die mit Begeisterung an die Familientradition anknüpfte. Das Ambiente mit holzgetäfelten Wänden, einem kleinen Kamin und zwei Speisesälen, von denen der eine mit kleinen Tischen, der andere hingegen mit nur einem großen Tisch eingerichtet ist, ist gemütlich und rustikal.
Es gibt eine Tageskarte, die, mit den üblichen jahreszeitlichen Varianten, neben der typischen Piemonteser Küche auch Gerichte bietet, die ganz eindeutig französische Einflüsse erkennen lassen. Wir finden hier **mit Fonduta gefüllte Ravioli** mit zerlassener Butter, **Kartoffel- und Kürbisgnocchi**, **Kaninchen mit Kräutern**, Entenbrust und Milchkitz, aber auch Spezialitäten von der anderen Seite der Alpen, wie Pierrade, Raclette, Fondue bourguignonne und Fondue savoyarde. Unter den Desserts Bayerische Creme mit Heidelbeeren, Torta pane, Panna cotta und Haselnußtorte mit Zabaione.
Der Weinkeller bietet nur einige piemontesische Erzeugnisse und sollte unbedingt ausgebaut werden, damit er mit der guten Qualität der Küche mithalten kann.

Zwei wertvolle Adressen in **Torre Pellice** (10 km): Das Feinkostgeschäft La Torrese, Via della Repubblica 2, verkauft Speck mit Kräutern, Galantina di maiale, Pancetta al Barbera und Käse aus dem Tal. In der Metzgerei von Bruno Gonin, Via della Repubblica 22, bekommen Sie Mocetta und eine ungewöhnliche Salami aus Schafsfleisch.

Boca

36 km nordwestlich von Novara

Ori pari

Osteria
Via Partigiani, 9
Tel. 03 22 / 8 79 61
Ruhetag: Dienstag
Betriebsferien: Jan., 1 Woche im Aug.
60 Plätze + 20 im Freien
Preise: 50 000 Lire, ohne Wein
Kreditkarten: Visa
Mittags und abends geöffnet

Am Anfang war die dörfliche Osteria mit leeren Crodino-Flaschen für die Wiesenblumen, die als Tischschmuck dienten. Heute finden Sie Muranoglas mit Orchideen selbst noch in der Toilette. Dies illustriert die Entwicklung zu einem veritablen Restaurant. Auch die Rechnung weist – besonders nach dem Genuß eines besonderen Gerichts oder einer bedeutenderen Flasche Wein – etwas höhere Summen aus. Dennoch ist man dabei geblieben, keine Speise- und keine Weinkarte zu präsentieren. Der Service ist akkurat, wenn auch manchmal gemächlich. Das »Ori pari« ist also auf dem Weg zu neuen Zielen, im guten wie im weniger guten. Die Küche ist allerdings tadellos. Den Beginn machen die klassischen piemontesischen Antipasti mit hervorragender Wurst, Russischem Salat, **Paprika mit Bagna caoda**, Lingua con bagnetto, **Nervetti** (so etwas wie Ochsenmaulsalat) und Vitello tonnato. Unter den Primi gefallen Crespelle mit Fonduta und Trüffelsahne, **Ravioli al brasato**, hausgemachte Pasta mit Broccoli und Peperoni sowie die althergebrachten **Suppen** (Bohnen, Kichererbsen; Minestrone). Als Hauptgang **Lamm mit Kräutern**, **Nierchen**, gutes Fleisch vom Rost oder aus dem Schmortopf. Nicht fehlen darf die Auswahl von piemontesischem Käse und ein hausgemachtes Dessert. Der Weinkeller ist gut bestückt, groß ist die Auswahl an sog. Nebbiolo del nord, Gattinara, Ghemme, Boca, Sizzano, Fara, ebenso an Trauben- und Tresterbränden, ideal, um einen Abend zu beschließen oder bei den Klängen der Gitarre fortzusetzen, die jeder spielen darf, der möchte.

Borgomanero

32 km von Novara, S.S. 229

Trattoria dei Commercianti

NEU

Trattoria
Via dei Mille, 27
Tel. 03 22 / 84 13 92
Ruhetag: Dienstag
Betriebsferien: August
40 Plätze
Preise: 35 000 Lire, ohne Wein
Kreditkarten: CartaSi, Visa
Mittags und abends geöffnet

Ein kleiner Speisesaal mit rustikaler Holzdecke und einer Unmenge an Töpfen und Kupfergeschirr, die von den Balken herabhängen, ein großer Kamin und an den Wänden Schränke und alte Fotos – so sieht das Ambiente dieser Trattoria im Zentrum von Borgomanero aus. Der Service ist ungezwungen, aufmerksam und freundlich. Auf der Weinkarte finden sich neben einem mittelmäßigen offenen Hauswein auch etwa vierzig Marken aus der Gegend um Novara, den Langhe, dem Monferrato und der Toskana.
Bei unserem Besuch an einem Sonntag im Winter fanden wir auf der Speisekarte Vorspeisen wie Kalbsnuß mit Schnittlauch, Perlhuhnpastete mit Crostini, kleine, warme Gemüseaufläufe (vorzüglich), einen wunderbar zarten **Carpaccio di cavallo** mit Sellerie und Parmesan, Paprika mit Bagna caoda und heimische Wurst- und Schinkenspezialitäten. Als Primi gab es neben traditionellen Gerichten, wie der ausgezeichneten **Paniscia** novarese und dem Risotto mit Kürbis und Toma, auch phantasievolle Eigenkreationen (Pennette mit Rucola und Schinken, Taglierini mit Zucchini und Safran oder »Piemontesini« in Nußsauce). Unter den Secondi ragten besonders der **Stufato di cavallo** in Weißwein, der **Tapulone** mit Polenta (nicht so ganz gelungen) und der Flußbarsch mit Mandeln hervor. Darüber hinaus wurden noch Rumpsteak mit Pancetta und Artischocken und Kalbskotelett mit Butter und Salbei angeboten, die mit Beilagen der Saison serviert wurden. Den Abschluß bildeten verschiedene Käse (Tome, Gorgonzola) und hausgemachte Desserts, darunter Obsttorten, Baisertorte mit Heidelbeeren oder warmer Schokolade, Tiramisù und Panna cotta.
Die Preise dieses Lokals, das uns trotz der ein oder anderen Abweichung vom gastronomischen Konzept eine empfehlenswerte Adresse zu sein scheint, sind anständig und die Portionen reichlich.

Borgomanero

32 km von Novara, S.S. 229

Trattoria del Ciclista

Osteria – Trattoria
Via Rosmini, 34
Tel. 03 22 / 8 16 49
Ruhetag: Mittwoch
Betriebsferien: September / Oktober
50 Plätze
Preise: 35 000 Lire, ohne Wein
Keine Kreditkarten
Mittags und abends geöffnet

Die Kartenspieler an der Bar in der Nähe des Eingangs vermitteln das typische Bild der traditionellen Trattoria, die im übrigen erst kürzlich etwas umgebaut und aufgefrischt wurde. Und auch der Speisesaal mit den großen Tischen und den Wandmalereien bestätigt diesen Eindruck, ebenso wie der flinke, aber keineswegs unpersönliche Service und das vorwiegend einfache Speisenangebot – Spaghetti und Ravioli mit verschiedenen Saucen (Ragout oder Pesto), Braten und Bistecche und am Freitag (dann ist in Borgomanero Markttag) das ein oder andere Fischgericht.
Aber das Lokal, das Tiziano Godio zusammen mit seiner Mutter und seiner Tante, den guten Geistern in der Küche, führt, lohnt vor allem einen Besuch wegen der typischen Gerichte, für die es überall in der Umgebung berühmt ist: **Paniscia** (ein Risotto mit reichlich Bohnen, Salame della duja und Cotechino, das im Winter regelmäßig auf der Karte steht, während des restlichen Jahres aber vorbestellt werden muß), **Tapulone** (in Wein gebeiztes und gegartes Esels- oder Pferdefleisch), **Rinderschmorbraten** und **Pìcula** (kleine Beefsteaks), ebenfalls **aus Pferdefleisch**. Das sind schon von jeher die besonderen Spezialitäten des Lokals. Einleiten können Sie Ihr Mahl mit einem Teller **Wurst**, und den Abschluß bildet **Toma** aus der Valsesia. Dazu können Sie eine Flasche Wein trinken, die Sie sich aus einer schönen Auswahl an Erzeugnissen aus der Gegend um Novara und Alba (es gibt aber auch bemerkenswerte Weine aus dem übrigen Italien) aussuchen können.
Am Wochenende ist es ratsam, sich einen Tisch reservieren zu lassen.

Il Tagliere, Via Rosmini 26, und die Salumeria Barcellini, Via Arona 43, sind die besten Adressen für frisches Esels- und Pferdefleisch und für die typische Salame della duja, die in Fett konserviert wird.

Boves
Rivoira

9 km südöstlich von Cuneo

Osteria degli Amici

Osteria
Ortsteil Rivoira
Tel. 01 71 / 38 87 81
Ruhetag: Dienstag
Keine Betriebsferien
25 Plätze + 15 im Freien
Preise: 22 – 25 000 Lire
Keine Kreditkarten
Nur mittags geöffnet

Wir freuen uns, Ihnen auch diesmal wieder diese hübsche, alteingesessene, ländliche Osteria empfehlen zu können, obwohl Sie in diesem kleinen Lokal in der Regel nur einen Imbiß oder ein einfaches, aber anständiges Mittagessen (abends öffnet man nur auf Voranmeldung) bekommen. Ein ausgesprochen traditionsreiches Lokal, das, ganz wie es sich gehört, auch über einen schattigen Hof und einen Boccia-Platz verfügt.
Wer ein »großes« Mittagessen (das man telefonisch vorbestellen sollte) einnehmen möchte, sollte unbedingt rechtzeitig dasein, denn auf dem Land pflegt man pünktlich um halb ein Uhr zu essen. Nur dann tischt Mamma Baudino mit den Kindern Enza und Giorgio **Agnolotti**, Tagliatelle, überbackene Teigwaren, Reis (bestellen Sie das **gekochte Huhn,** denn in der schmackhaften Brühe wird der Reis gegart), **Brasato**, **gebratenes Kaninchen** und Hähnchen alla cacciatora auf. Und vielleicht gelingt es Ihnen sogar, Mamma Baudino dazu zu bringen, für Sie ihren vorzüglichen **Fritto misto** zuzubereiten. Es lohnt sich, sich diesen Regeln zu unterwerfen, um in den Genuß einer traditionellen, tadellos zubereiteten Hausmannsküche zu kommen, die zudem zu einem wirklichen Spottpreis angeboten wird: Für drei Vorspeisen, ein Primo, ein Secondo und das Dessert zahlt man ganze 25 000 Lire. Dazu können Sie einen Dolcetto oder Barbera aus eigener Herstellung trinken, Sie bekommen aber auch verschiedene piemontesische Qualitätsweine.
Wer nur einen Imbiß zu sich nehmen möchte, der kann zwischen Wurst, Käse (sehr zu empfehlen die frischen **Tomini** aus heimischen Käsereien), Frittatine und **Sardellen al verde** wählen.

Die Bäckerei Baudino an der Piazza Garibaldi 8 im Zentrum von **Boves** stellt unzählige verschiedene Brotsorten her.

Bra

45 km von Cuneo, 48 km von Turin

Boccondivino

Osteria
Via Mendicità Istruita, 14
Tel. 01 72 / 42 56 74
Ruhetag: Sonntag und Mo.mittag
Betriebsferien: Juli / August
60 Plätze
Preise: 22 – 40 000 Lire, ohne Wein
Kreditkarten: alle
Mittags und abends geöffnet

Das Wirtshausschild führt Sie in den historischen Hof der Via Mendicità Istruita. Gegenüber der Osteria befindet sich der Sitz der Slow-Food-Bewegung, die von hier aus zu ihrem Kreuzzug für den guten Geschmack ausgezogen ist.
Auf der Speisekarte finden Sie die bewährten, traditionellen Gerichte, denen das Lokal seinen Erfolg verdankt. Man beginnt mit **Tajarin** (die mit vierzig Eiern zubereitet werden) und fährt mit zarten **Gnocchi al raschera**, Kichererbsen- oder Gemüsesuppe oder einem Risotto fort. Bei den Fleischgerichten haben Sie die Wahl zwischen **Kaninchen all' Arneis**, **Bocconcini al Barolo**, Perlhuhn mit Rosmarin, Sottofiletto alla mercante di vino oder al pepe oder aber Lamm mit Thymian. Bei den Desserts zählt die **Panna cotta** zu den besonderen Spezialitäten des Lokals. Und eröffnen können Sie das Mahl mit **Carne cruda**, gefüllter Paprikaschote, **Hähnchensalat**, Vitello tonnato, einer Topinambur-Terrine, einer **Tartrà** oder vielleicht auch mit einem Teller Salami (vom Kalb) aus Bra oder Sardellen al verde. Das klassische Repertoire wird gelegentlich um die ein oder andere Neuheit erweitert (sehr gelungen die Composta di verdure mit Basilikum und die Crema cassonade).
Für die Küche zuständig ist Beppe Barbero, genannt Gepis, der dort von Nicoletta Testa unterstützt wird. Um den Service kümmern sich – kompetent und liebenswürdig – Piero und Claudio. Die umfangreiche Weinkarte bietet etwas für jeden Geschmack und jeden Geldbeutel. Stets werden auch etwa zwölf Weine glasweise ausgeschenkt.

In der hübsch im Stil der Jahrhundertwende eingerichteten Café-Konditorei Converso in der Via Vittorio Emanuele 199 bekommen Sie hervorragendes Gebäck, Pralinen und sahnige Eiscreme.

Briaglia

34 km von Cuneo, 7 km östlich von Mondovì

Marsupino

Trattoria
Via Roma, 20
Tel. 01 74 / 56 38 88
Ruhetag: Mittwoch
Betriebsferien: 1 Woche im Jan. u. Sept.
80 Plätze
Preise: 40 000 Lire, ohne Wein
Kreditkarten: CartaSi, Visa
Mittags und abends geöffnet

Qualität ist für Piervincenzo Marsupino oberstes Gebot. Die hervorragenden Zutaten, die präzise Einhaltung der Garzeiten, aber auch die Schnelligkeit, mit der seine Frau Franca im Speisesaal bedient, haben zum wirklich bemerkenswerten Erfolg des Ehepaars beigetragen. Ganz zu schweigen vom Weinkeller, in dem wohlgehütet, zusammen mit Qualitätserzeugnissen aus dem Piemont und dem übrigen Italien, ein Vorrat der größten Weine der Langhe lagert.
Von den Vorspeisen sollten Sie unbedingt das ganz vorzügliche **Bries mit Artischocken**, die **Balote** – eine Art Pastete aus Toma und Ricotta –, den gebackenen, **gepökelten Schweineschinken** mit Sauce tatare und, während der Saison, die Zucchiniblüten probieren. Neben den klassischen, **mit Kaninchenfleisch gefüllten Agnolotti**, den **Gnocchi al Castelmagno** und den Ravioli del plin gibt es als Neuheit auch Maltagliate aus Roggenmehl mit Lauchsauce. Die Secondi, für die er stets nur die besten Stücke von ausgewählten Tieren verwendet, sind Piers besondere Bravourstücke: Haxe in Barolo, **Sopra-paletta glassata mit Haselnüssen** und, auf Vorbestellung, Fritto misto und **Bollito** (mit Ochsenfleisch, wenn im Dezember im nahe gelegenen Carrù der Viehmarkt stattfindet).
Den Abschluß bilden ausgesuchte heimische Käsespezialitäten, ein vorzüglicher Bonet oder ein noch warmer Kuchen, den Piervincenzo selbst zubereitet und den er erst bäckt, wenn Sie am Tisch Platz genommen haben.
Um nach Briaglia zu gelangen, müssen Sie in Bastia an der Einmündung der Tanaro-Talsohle abbiegen. Der schnellere Weg ist die Straße von der Ausfahrt Vicoforte an der Autobahn Turin–Savona. Beachten Sie aber, daß das Mauthäuschen um zehn Uhr abends schließt.

Calamandrana

25 km südöstlich von Asti

Osteria dei Puciu

NEU

Osteria
Ortsteil Quartino, Cascina Lacqua
Tel. 01 41 / 7 51 22 und 83 52 73
Ruhetag: Dienstag
Betriebsferien: Januar
60 Plätze + 80 im Freien
Preise: 32 – 40 000 Lire, ohne Wein
Kreditkarten: alle
Mittags und abends geöffnet

Das Ambiente – unverputzte Ziegeldekken, alte Möbel und große Tische, die zum Festschmaus einladen – hat einen besonderen Charme. Der ungezwungene Service (um den sich Giuliana, die Frau des Inhabers, zusammen mit ein paar Mädchen kümmert) und die unverfälschte Hausmannsküche (für die der Sohn Gabriele zuständig ist) tragen ebenfalls dazu bei, daß man sich hier wie in einer traditionellen Osteria fühlt. Gewiß, nicht alles ist perfekt (so sollte man zum Beispiel den großen Weinen mehr Aufmerksamkeit schenken, einige Gerichte sind ein bißchen zu deftig, und die Bedienungen müßten noch korrekter arbeiten), aber alles in allem lohnt sich ein Besuch. Auf der häufig wechselnden Speisekarte finden Sie beispielsweise **Speck mit gebackener Polenta**, Testina marinata mit Zwiebeln, **Gnocchi** (immer donnerstags), Dinkelsuppe, **geschmorte Kutteln** mit Bohnen, gekochtes Huhn mit verschiedenen Saucen oder Kabeljau mit Oliven. Darüber hinaus werden noch **Carpionata**, Minestroni, Tajarin con sugo di frattaglie, **Agnolotti** in Hühnerbrühe, Finanziera, Scaramella al forno und Käse angeboten.
Den Abschluß bilden, wie könnte es anders sein, Ezios Eisspezialitäten oder aber traditionelle Desserts. Und die Speisekammer wartet mit guten Dingen wie Ölen, Mehl, Paste, Wurst und Konserven auf.
Die Weine (vorwiegend Barbera- und Moscato-Weine) kommen hauptsächlich aus dem Monferrato. Die Preise sind anständig: Das Festpreismenü kostet mit Vorspeise und Kaffee 32 000 Lire, Wein extra.

Bei Ezio, Piazza Gancia 18, in **Canelli** (5 km) bekommen Sie einen vorzüglichen Gelato al Moscato, Baci und Maismehlkekse.

Camagna

25 km nordwestlich von Alessandria

Taverna di Campagna dal 1997

NEU

Restaurant
Vicolo Gallina, 20
Tel. 01 42 / 92 56 45
Ruhetag: Montag
Betriebsferien: Jan. und 1 Woche i. So.
35 Plätze + 15 im Freien
Preise: 37 000 Lire, ohne Wein
Keine Kreditkarten
Nur abends, am Wochenende auch mittags geöffnet

Roberto Miglietta, genannt Titti, hat sich in seiner Jugend unter anderem als Clown und Feuerschlucker versucht, hat dann viele Jahre Erfahrungen in der Gastronomie gesammelt und ist schließlich im sicheren Hafen eines beispielhaft restaurierten Landhauses gelandet. In Tittis Küche überwiegen heimische Speisen, die er allerdings bisweilen eigenwillig abwandelt. Im allgemeinen bekommt man hier ein Festpreismenü mit drei Vorspeisen, zwei Primi, einem Secondo und einem Dessert, wobei die Gerichte fast jede Woche wechseln. Wer nicht alles ißt, zahlt auch weniger. Das mag selbstverständlich erscheinen, ist aber für gewöhnlich nicht so.
Als Antipasti gibt es fritierte Zucchini-, Akazien- und Holunderblüten, **Finanziera**, Tonno di gallina, Focaccina mit Kräutern und hausgemachter Wurst oder **Friciulin** (salzige Krapfen) mit Wildkräutern. Als Primi bekommt man **Tajarin** al ragù di carni bianche, **Agnolotti mit Kaninchenfleisch**, Maltagliati oder Gnocchi mit Pesto aus Wildkräutern und **Risotto** alla finanziera, mit Brennesseln oder al Barbera. Unter den Secondi: **geschmorte Kalbskeule**, Rinderlende al Barbera, Hühnerbrust mit Senf und Honig. Besondere Erwähnung verdient die reiche Auswahl an **Käsen**, in erster Linie der herrliche Occelli aus Farigliano.
Die Desserts sind allesamt hausgemacht. Die Weinkarte mit wenigen großen Marken und ausgesuchten, guten neuen Erzeugern ist mit Sachverstand zusammengestellt.

Ausgezeichneten Lindenblüten-, Akazien- und Kastanienhonig bekommt man bei Elio Debernardi im Ortsteil Bonina. Im Sommer bringt er seine Bienen auf die Almen, wo er Rhododendronhonig herstellt.

Canelli

25 km südlich von Asti, S.S. 592

Piccolo San Remo dal Baròn

Trattoria
Via Alba, 179
Tel. 01 41 / 82 39 44
Ruhetag: Sonntagabend, Montag
Betriebsferien: Aug. u. 10 Tage im Jan.
80 Plätze
Preise: 35 – 40 000 Lire, ohne Wein
Kreditkarten: die bekannteren
Mittags und abends geöffnet

Das »Piccolo San Remo« war in den 60er Jahren ein Tanzlokal. Daher auch der Name, der für ein Restaurant in dieser Gegend, die für ihre Muskatellertrauben und ihre Spumantekellereien bekannt ist, nicht besonders passend klingt. Vor einigen Jahren übernahm dann Beppe Gallese, »il Baròn«, ein waschechter Canellese, das Lokal und verwirklichte seine Visionen: bodenständige Küche, wohlsortierter Keller. Mittags gibt es für Berufstätige eine wirklich anständige Mahlzeit, und wer abends rechtzeitig kommt, der kann sich mit einer Auswahl klassischer piemontesischer Speisen verwöhnen. Man beginnt zunächst mit roher und gekochter **Salami** (die Kochwurst ist hausgemacht und wird warm gegessen) und kann anschließend mit Carne cruda, Perlhuhnbrust in Senfsauce und verschiedenen **Gemüseaufläufen mit Fonduta** fortfahren. Von den Primi sollten Sie die **Gemüsesuppe** versuchen, die, wie es die Tradition vorschreibt, lange gekocht wird, gut sind aber auch die Maltagliati mit Porree, die Agnolotti, die **Gnocchi** und die Tajarin. Zu den besonderen Spezialitäten des Hauses gehören die Fleischgerichte: **Kaninchen mit Kräutern**, **Scaramella all forno**, Schweinebraten, Ente in Nebbiolo und Perlhuhn in Moscato. Darüber hinaus gibt es noch eine Reihe guter Käse und hausgemachter Desserts. Schön ist auch die Auswahl an Grappe.

In Canelli finden Sie zwei hervorragende Konditoreien und einen großartigen Eissalon: Bosca an der Piazza Amedeo d'Aosta und Giovine & Giovine an der Piazza Gancia 18.

Cantalupo Ligure Pallavicino

40 km von Alessandria, S.S. 30

Stevano

Hotelrestaurant
Ortsteil Pallavicino
Tel. 01 43 / 9 31 36
Ruhetag: Montag, nicht im Sommer
Betriebsferien: im Winter
100 Plätze
Preise: 45 000 Lire, ohne Wein
Kreditkarten: die bekannteren
Mittags und abends geöffnet

Das Lokal, das aus der traditionsreichen Trattoria »San Clemente« hervorgegangen ist, ist der Treffpunkt für die Bewohner des idyllischen, abgelegenen Vororts Pallavicino. Die eher rustikale, vielleicht ein bißchen zu sehr mit Bildern und Nippes überladene Einrichtung paßt zur traditionellen, regionalen Küche, wobei regional hier Piemont, Ligurien und den Apennin umfaßt, der die beiden Regionen verbindet.
»Sollte einmal ein Krieg ausbrechen, wir werden hier nichts davon merken«, pflegt Renzo Stevano, der dynamische Inhaber, zu scherzen, der sich zusammen mit seiner Frau um den Service kümmert. Und tatsächlich stammen viele der verwendeten Produkte ausschließlich aus der Region. Die Focaccia, die Paste und die Desserts sind alle hausgemacht; die aromatischen Kräuter, die Brennesseln, der Borretsch, die Pilze, ja sogar das Wildschwein stammen aus den umliegenden Wäldern. Die Schweine der heimischen Bauern liefern ausgezeichnete Wurst, und ein Hirte aus einem benachbarten Ortsteil liefert den Ziegenkäse. Das Speisenangebot richtet sich deshalb auch immer streng nach der Jahreszeit: **fritierte Blüten**, Minestre mit Wildkräutern und **Ravioli mit Brennesselfüllung** im Frühjahr, **Pilze**, **Wild** und Kastanien im Herbst. Sehr zu empfehlen sind die **Corzetti** (runde, von Hand ausgestochene Nudeln, die mit getrockneten Pilzen und Wurst zubereitet werden), eine typische Spezialität des Apennin.
Die Weinkarte paßt gut zum Speisenangebot und umfaßt eine schöne Auswahl an piemontesischen Rotweinen und Weißweinen aus Friaul. Der seltene Timorasso, ein trockener Weißer aus der gleichnamigen Traube, der ausschließlich hier im Tal erzeugt wird, ist eine echte Rarität.
Das angeschlossene Hotel verfügt über ein paar einfache, behagliche und ruhige Zimmer und hat auch ein hübsches Schwimmbad.

Caraglio Paschera San Defendente

14 km nordwestlich von Cuneo, S.S. 22

Osteria Paschera

NEU

Trattoria
Ortsteil Paschera Sottana, 62
Tel. 01 71 / 81 72 86
Ruhetag: Montag
Betriebsferien: unterschiedlich
60 Plätze
Preise: 30 – 35 000 Lire
Keine Kreditkarten
Mittags und abends geöffnet

Hier nennt man ihn nur den »Taubenschlag«, diesen Flecken mit nur vier Häusern, unweit von Dronero, dort, wo sich die Ebene um Cuneo verengt und in die Täler der Provence übergeht. Das »Nationalgericht« des Örtchens ist die **Taube,** die hier nach allen Regeln der Kunst »zelebriert« wird. Das über hundert Jahre alte Lokal – es wurde 1894 gegründet –, zu dem auch ein gepflegter, begrünter Hof mit einem Laubengang und einem Holzofen gehört, in dem Brot gebacken wird, wird von der Familie Rovera geführt.
Ihre Tauben bezieht die Familie von kleinen Züchtern ihres Vertrauens. Sie werden fein gewürzt und auf den Punkt genau gebraten. Dazu reicht man eine besondere Art von Pommes frites. Zuvor sollten Sie sich allerdings keinesfalls die guten **Sardellen al verde** und vor allem nicht die zweite, sehr gelungene heimische Spezialität entgehen lassen, nämlich die **Tajarin**, die **mit Taubenleber** serviert werden. Ansonsten finden Sie hier das übliche Angebot mit Carne cruda und Tomino mit Mostarda. Auf das Omelett mit Marmelade sollten Sie verzichten und Ihren Gaumen statt dessen nach dem Kaffee mit einem Zuccherino – ein besonderer Leckerbissen von Nonna Speranza – verwöhnen, den Sie in den Kräuterlikör tunken. Das Speisenangebot umfaßt darüber hinaus zwar noch einige andere traditionelle Fleischgerichte des Piemont, wie zum Beispiel Schmorbraten und gebratenes Perlhuhn, lohnenswert ist ein Abstecher nach Paschera aber in erster Linie wegen der beiden Taubengerichte, die dem Lokal schon viele Stammgäste eingebracht haben. Voraussetzung ist allerdings, daß Sie die Familie Rovera – nach telefonischer Voranmeldung – auch empfangen kann.
Zu trinken bekommen Sie, das ist hier so Brauch, nur einen Dolcetto, den der Wirt selbst herstellt. Ein gutes Glas Wein dürfen Sie also nicht erwarten.

Carmagnola

28 km südlich von Turin, S.S. 393 oder A 6

San Marco

Hotelrestaurant
Via San Francesco di Sales, 18
Tel. 011/9720485
Ruhetag: So.abend und Montag
Betriebsferien: erste 3 Augustwochen [26.12.–1.1.
80 Plätze + 40 im Freien
Preise: 50 000 Lire, ohne Wein
Kreditkarten: alle
Mittags und abends geöffnet

Das »San Marco« ist eine gute Adresse für ein leichtes, schnelles, aber niemals alltägliches Mittagessen. Abends ist dann mehr Zeit, um der umfangreichen Weinkarte die gebührende Aufmerksamkeit zu schenken.
Den Auftakt bilden die zahlreichen auf einem Büffet angerichteten Antipasti: Salami sott'olio, Sardellen al verde, Insalata di faraona, Tome aus dem Piemont mit Sellerie und Nüssen, Aal, Seeteufel, Zucchini und Koteletts **in carpione** und Spezialitäten aus Gemüse der Saison (zum Beispiel Spargel). Als warme Vorspeisen stets auf der Karte zu finden sind Lauch-Zucchini-Auflauf mit Fonduta, Paprikaschoten alla San Marco und köstliche **Ramighin** (Polenta mit Pilzen und Gorgonzola). Sehr gut die hausgemachten Paste – **Tajarin**, Trifulin (**Agnolotti mit Fonduta und Trüffeln**). Die Beilagen wechseln je nach Jahreszeit. Anschließend fährt man mit **Brasato di fassone** al Barbera d'Asti (September bis März), einem herrlichen **Bollito misto** alla piemontese (das Fleisch kommt aus Brarda di Cavour), Fritto misto alla piemontese (auf Vorbestellung) oder Kaninchen alla moda del Roero fort. Wenn Sie danach noch Appetit haben, versuchen Sie auch einmal die (frischen oder ausgereiften) Tomette aus Ziegenmilch oder die vorzüglichen Käse aus Cuneo. Als Dessert empfehlen wir Ihnen den **Semifreddo allo zabaione** mit warmer Schokolade und die köstlichen kandierten Zitrusschalen.

Zwei Gelaterie, die einen Abstecher lohnen: In **Sommariva del Bosco** (10 km) bietet die Gelateria Strumia, Via V. Emanuele 9, Muskateller-, Champagner- und weißes Schokoladeneis an. In **Piobesi Torinese** (13 km) stellt Rosalba Chialva, die Inhaberin der Gelateria Golo, herrliche Cremes und Fruchteis aus hervorragenden Zutaten her.

Carrù

31 km nordöstlich von Cuneo, S.S. 22

Moderno

Restaurant
Via Misericordia, 12
Tel. 0173/75493
Ruhetag: Montagabend, Dienstag
Betriebsferien: August
80 Plätze
Preise: 45 000 Lire, ohne Wein
Kreditkarten: Visa
Mittags und abends geöffnet

In Carrù mit seinem berühmten Viehmarkt (zweiter Donnerstag im Dezember) ist das Nationalgericht zweifellos der **Bollito misto alla piemontese**, der bei Carluccio Filippi seine höchste Vollendung erfährt. Seine klassischen sieben Zutaten: Scaramella, Kopf, Wade, Zunge, Schwanz, Huhn oder Kapaun und schließlich Cotechino. Dazu gibt es die traditionellen Saucen: Bagnet (rot und grün), Sausa d'avie (Honig und Walnüsse), Cugnà (Trauben als Senffrüchte), Mostarda di Cremona und Rettich. Dem steht der Fritto misto in einer üppigen Version keineswegs nach. Unter den Antipasti bieten Carluccio und Frau Domizia das **Carne all'albese** mit weißer Trüffel aus Alba, die schmackhafte (und eher für die kalte Jahreszeit geeignete) **Finanziera**, Tonno von Kaninchen, in der Saison Steinpilzsalat. Im Sommer kommen dazu die Carpionata von Zucchini, kleine panierte Steaks und Forelle. Die Palette der Primi reicht von Gnocchi mit Raschera über **grüne Ravioli mit Fonduta** zu den diversen **Tajarin**: in Nebbiolo in der Pilzzeit, aus Vollkornmehl mit Lauchsahne im Winter. Man schließt mit einem Semifreddo alle nocciole, einem Aprikosenflan, dem typischen Bonet oder Kompott. Auf der Weinkarte findet man das Beste aus den Langhe und auch einige ausländische Namen. Aufbewahrt wird der Wein im schönen (und zu besichtigenden) Keller aus dem 17./18. Jahrhundert, einst Teil eines Klosters, von dem noch die Kirche nebenan übrigblieb.

Pasticceria-Enoteca Dalmazzo (Via Mazzini, 19): Amaretti, Carrucesi al rhum und alla nocciola, alle möglichen Kuchen sowie handgefertigte glasierte Maroni. Große Auswahl an Langhe- und anderen Weinen. In der Salumeria Giovanni Chiapella (Piazza Caduti della Libertà, 15) findet man ausgezeichnete rohe Salami, Cotechino und Zampone.

Castagnito San Giuseppe

61 km von Cuneo, 11 km von Alba, S.S. 231

Bric

NEU

Trattoria
Via Manzoni, 5
Tel. 01 73 / 21 11 67
Ruhetag: Mo., Dienstag und Mi.abend
Betriebsferien: 3 Wochen im Juli
45 Plätze
Preise: 40 000 Lire, ohne Wein
Kreditkarten: CartaSi, Visa
Mittags und abends geöffnet

Diese einfache, ländliche Trattoria, in der man zu anständigen Preisen die typische Küche der Langhe genießen kann, wird seit mehr als fünfzehn Jahren von der Familie Terranino geführt.
Das Speisenangebot, das Ihnen mündlich vorgetragen wird, umfaßt wenige, aber anständige Gerichte. Vor allem die durchweg ausgezeichneten Fleischgerichte (vom Kalb bis zum Perlhuhn) werden nur aus ausgesuchten Zutaten hergestellt. Von den Vorspeisen sind insbesondere die **Carne cruda** (mit dem Messer geklopft), die hier noch mit frischen Steinpilzen verfeinert wird, der Pilzflan und die Paprikaschote mit Salsa rosa zu empfehlen. Appetitanregend auch die **in Barbaresco gekochte Wurst**, die Schinkenmousse in gelatina schien uns hingegen eher langweilig und einfallslos. Bei den Primi die typischen Klassiker der Langhe: Tajarin mit Butter und (sehr viel!) Salbei oder mit Fleischsauce, **Ravioli dal plin** (hauchdünn der Teig und lecker die Füllung) mit den gleichen Beilagen und während der Saison ein dampfender Pilzrisotto. Vorzüglich die Secondi, vom **Brasato al Barbaresco** über Perlhuhn all' Arneis bis hin zum Kaninchen in casseruola (vielleicht etwas zu trocken). Bei den Desserts ragen vor allem der Bonet al cioccolato und das Aprikosenhalbgefrorene heraus, gut ist auch der Heidelbeerkuchen, der einem auf der Zunge zergeht. Die Auswahl an Weinen – es gibt keine Karte, aber die Flaschen sind ausgestellt – ist zwar nicht besonders groß, dafür aber mit Sachverstand zusammengestellt: Die Erzeugnisse stammen ausschließlich aus der Gegend um Alba, insbesondere von den Roeri-Bergen.

Im Ortsteil Cornale an der S.S. 231 bietet die gleichnamige Cooperativa ausgewählte Spezialitäten aus eigener Produktion zum Verkauf an: Obst, Gemüse, Wurstwaren, Konserven, Käse und Wein.

Castagnito

61 km von Cuneo, 11 km von Alba, S.S. 231

Ostu di Djun

Osteria – Trattoria
Via San Giuseppe, 1
Tel. 01 73 / 21 36 00
Ruhetag: Dienstag
Betriebsferien: 15. 8.–3. 9., 1 Wo. nach dem 6.1.
40 Plätze + 100 im Freien
Preise: 35 – 40 000 Lire, ohne Wein
Keine Kreditkarten
Nur abends, am Wochenende auch mittags geöffnet

Ein hübsches, ländliches Ambiente mit einer geschmackvollen, bäuerlich-rustikalen Einrichtung, eine gute, traditionelle Küche, ein ungezwungener Service, eine gepflegte Auswahl an Weinen und Käsen und nicht zuletzt anständige Preise – das Lokal der Familie Marsaglia ist ein angenehmer, vielbesuchter Ort, den nicht nur junge Leute schätzen. Ein Lokal, das nicht nur bei uns ungeteilte Zustimmung findet, auch wenn es häufig überfüllt ist. Da solltet Ihr ein bißchen besser aufpassen, Ihr Freunde vom »Ostu«!
Als Vorspeisen (mehrere Gänge, fast eine komplette Mahlzeit) werden je nach Jahreszeit verschiedene **Frittatine**, Carne all'albese mit frischen Pilzen, **Lardo al rosmarino** mit salzigen Kringeln (Bagasce), gefüllte Zucchiniblüten und Crostoni mit Tomaten und Basilikum gereicht. Tajarin (mit Pilzen, mit Fleischsauce oder mit Butter und Salbei), **Agnolotti** (klassisch oder, im Sommer, mit Ricotta gefüllt), Gemüseminestre (jeden Monat eine andere) sind die häufigsten Primi. Ausgezeichnet die Secondi, von denen besonders das **gebratene Spanferkel**, der Rotolo di salsiccia all'Arneis, der Stinco di bue al Roero mit schwarzen Trüffeln oder das **Kaninchen mit Paprikaschoten** zu empfehlen sind. Eine gute Auswahl an Käsen (Toma, Gorgonzola, Castelmagno), die auf einem Holzbrett serviert werden, und gute Desserts, darunter Salame amaro, gefüllte Pfirsiche mit Amaretto, Semifreddo aus Waldfrüchten, bilden den Abschluß. Auf der Weinkarte finden Sie nahezu das gesamte Spektrum der heimischen Produktion.

Brot und eine herzhafte Salami gibt es in der Panetteria-Salumeria Ferrero Norge, Via Roma 4.

Castellazzo Bormida

11 km südlich von Alessandria, S.S. 30 oder A 26

Lo Spiedo

Trattoria
Via Acqui, 25
Tel. 01 31 / 27 81 84
Ruhetag: Montag
Betriebsferien: August
70 Plätze
Preise: 35–40 000 Lire, ohne Wein
Keine Kreditkarten
Nur abends, an Sonn- und Feiertagen auch mittags

Seit einigen Jahren führt Giovanna Gibelli zusammen mit ihrem Mann und ihrem Sohn diese klassische, einfache Trattoria am Ufer des Bormida. Das Angebot ist zwar nicht sehr umfangreich, dafür sind die Speisen aber stets frisch, und es gibt traditionelle, heimische Gerichte wie **Agnolotti di stufato**, die gute Salami aus der Gegend und einen Wagen mit Vorspeisen (gegrillte Auberginen, Bohnensalat, süß-sauer eingelegte Paprikaschoten und verschiedene Sottoli), die allerdings nicht sonderlich überragend sind.
Die besonderen Spezialitäten des Hauses, die seinem Namen (Der Spieß) alle Ehre machen, sind von jeher die Grillgerichte. Wir empfehlen Ihnen vor allem den perfekt zubereiteten **Coniglio allo spiedo** (außen knusprig, innen zart), der auf einem großen, eingemauerten Rost über einem Holzfeuer, das nie ausgeht, gegrillt wird. Die allesamt hausgemachten Desserts, vorwiegend Cremespeisen und Gebäck, sind ausgezeichnet.
Die Weine passen gut zum Speisenangebot, und die Auswahl reicht von anständigen Erzeugnissen aus Kellereien der Umgebung bis hin zu Spitzenweinen aus dem übrigen Piemont.

In der Via Liguria 26 stellt Giacomo Boidi Schokolade her. Ein Besuch bei ihm lohnt sich nicht nur, um seine vorzüglichen Pralinen und Schokoladencremes zu kaufen, sondern auch um seinen Betrieb zu besichtigen, durch den er Sie gerne führen wird. Bei Cereda an der Piazza Vittorio Emanuele 8 kann man sich mit ausgezeichneten Cacciatorini und Salamis eindecken.

Castellinaldo

67 km von Cuneo, 13 km nördlich von Alba

Silvestro

Bar – Trattoria
Via Roma, 29
Tel. 01 73 / 21 30 98
Ruhetag: Mo.abend und Dienstag
Betriebsferien: 20. Juli – 10. August
120 Plätze
Preise: 35 000 Lire, ohne Wein
Keine Kreditkarten
Mittags und abends geöffnet

Den Ort Castellinaldo erkennt man schon von weitem an der imposanten, um einen alten Turm errichteten Burg, die heute im Besitz der Grafen Ripa aus Menea ist. Das »Silvestro« liegt im unteren Teil dieses bäuerlichen, von den Roeri-Bergen umrahmten Dorfes. Hier können Sie in einem eher nüchternen, schlichten Rahmen eine gute, typisch piemontesische Küche genießen.
Für die Zubereitung der Speisen und die Auswahl der Zutaten ist Luigi Bordizzo zuständig. Man beginnt hier mit einer der zahlreichen, klassisch piemontesischen Vorspeisen, wie **Carne cruda all'albese** mit Parmesan und etwas Sardelle (die übrigens sehr gut dazu paßt), Paprika mit Thunfischsauce, einem vorzüglichen **Vitello tonnato**, einer Galantina di carni bianche und **Aufläufen mit Gemüse** der Saison. Gut sind die hausgemachten Paste: **Tajarin**, Gnocchi und Agnolotti dal plin mit einer köstlichen Füllung. Als Secondi werden unter anderem ein wunderbar zartes **Kaninchen**, ein guter **Schmorbraten**, Wildgerichte (während der Saison) und – auf Vorbestellung – ein Fritto misto angeboten. Den krönenden Abschluß bilden traditionelle Desserts wie Panna cotta, Bonet und Gebäck.
Eine ordentliche Auswahl an Weinen (das Angebot an Roero-Weinen könnte allerdings noch etwas erweitert werden) und ausgesprochen anständige Preise runden das durchweg positive Bild ab.

Bei Barocco 1871 in der Via Vittorio Emanuele 6 bekommen Sie heimische Spezialitäten wie eingemachtes Obst, Marmeladen, eingelegte Maronen, Paprikaschoten und Pilze. Das Geschäft hat auch sonntags geöffnet. Mit Moscato passito, Brachetto, Barolo und Château d'Yquem gefüllte Pralinen finden Sie bei den Fratelli Marolo am Corso Regina Margherita 29.

Castelnuovo Calcea

21 km südöstlich von Asti, S.S. 231

Il Boschetto di Vignole

NEU

Trattoria
Via Marconi, 16
Tel. 01 41 / 95 74 34
Ruhetag: Mo.abend und Dienstag
Betriebsferien: Juli
35 Plätze + 50 im Festsaal
Preise: 35 000 Lire, ohne Wein
Kreditkarten: die bekannteren
Mittags und abends geöffnet

Ein Wirtshausschild werden Sie vergeblich suchen, denn die Inhaberin, Sabrina Vercelli, möchte keine Werbung machen. In den kleinen Speisesaal gelangen Sie entweder durch den Haupteingang oder durch die Bar. Die einfache, aber gepflegte Einrichtung erweckt gleich auf den ersten Blick den Eindruck von Ordnung und Sauberkeit, und der Service – für den Sabrinas Vater und ihr Mann zuständig sind – ist liebenswürdig und ungezwungen, zugleich aber umsichtig und flink.
Man beginnt ganz traditionell mit einer großen (vielleicht zu großen!) Auswahl an Vorspeisen, von denen vor allem die gute Koch- und Roh**wurst**, die Carne cruda all'albese, die klassischen **Paprika mit Bagna caoda** und die Gemüseaufläufe mit Fonduta zu empfehlen sind. Darüber hinaus bekommt man noch Geflügel- und Gemüsesalate und Crespelle mit Spargel, Artischocken oder Pilzen. Es folgen die Primi mit hausgemachten **Agnolotti** und **Gnocchi**, Tagliatelle mit Bratensauce oder Kaninchenragout und, im Frühjahr, selbstgemachte Gemüseminestroni. Sehr umfangreich die Auswahl an Secondi: Neben einem großen Wagen mit **Bolliti** und Bagnet verde werden noch eine **Finanziera**, Schmorbraten, Perlhuhn, Rolata di coniglio und gebackene Leber angeboten. Und auf Vorbestellung bekommt man auch einen **Fritto misto** alla piemontese.
Bei den Desserts hat uns neben dem Bonet und den Semifreddi mit Schokolade und Torrone besonders die Bayerische Creme mit einem köstlichen Erdbeermus beeindruckt. Bei den Weinen (auch hier gibt es, wie bei den Speisen, keine Karte) finden sich vorwiegend heimische Erzeugnisse. Das Angebot ist allerdings noch etwas begrenzt. Die Rechnung fällt angesichts des reichhaltigen Angebots und der Qualität ausgesprochen anständig aus.

Castiglione Tinella

40 km von Cuneo, 26 km östlich von Alba

Da Palmira

Trattoria
Piazza XX Settembre, 18
Tel. 01 41 / 85 51 76
Ruhetag: Mo.abend und Dienstag
Betriebsferien: 15. Juli – erste Augustwoche
60 Plätze
Preise: 40 000 Lire, ohne Wein
Kreditkarten: AE, CartaSi, Visa
Mittags und abends geöffnet

Wenn Sie eine wirklich traditionelle Mahlzeit mit klassischen Zutaten und sämtlichen Gängen einnehmen möchten, dann sollten Sie einmal zu Palmira gehen. Die Bedienung ist zwar gelegentlich etwas unpersönlich, aber die Küche ist unübertroffen.
Der Reigen der Vorspeisen beginnt mit guter, hausgemachter Salami, die am Tisch aufgeschnitten wird, und setzt sich fort mit einem außergewöhnlichen **Vitello tonnato** (zart und rosig das Fleisch aus der Keule, hervorragend die Sauce), einer **Insalata di carne cruda** (das Fleisch wird mit dem Messer geklopft) und einer **Galantina** di carni bianchi. Wenngleich der Winter nicht die Jahreszeit für Gerichte mit Schweinefleisch ist, so finden sich doch zwei alte Klassiker darunter: die **Grive** (mit Wacholder gewürzte Schweineleber und -innereien im Schweinenetz) und die **Batsoà** (in Essigwasser gekochte Schweinsfüße, die anschließend paniert und fritiert werden). Ein weiteres traditionsreiches Gericht ist die **Tartrà**, ein köstlicher salziger Pudding.
Unter den Primi ragen vor allem die **Agnolotti dal plin** und die Tajarin mit »Strafritto« hervor und bei den Secondi die **Finanziera**, die hier mit Tomaten zubereitet wird. In letzter Zeit ist Palmira, die in Gastronomenkreisen für ihre schmackhaften Speisen bekannt ist, mit Rücksicht auf unsere heute etwas »empfindlicheren« Mägen dazu übergegangen, leichtere Saucen anzubieten. Vorzüglich sind auch die hausgemachten Desserts: Bonet, Mattone dolce, Semifreddo alla nocciola, **Zabaione** und eine köstliche Zuppa inglese.

Im 3 km entfernten **Valdivilla**, einem Ortsteil von Santo Stefano Belbo, kann man im Lebensmittelgeschäft der Familie Ferrero herrliche Salami kaufen.

Cavatore

39 km von Alessandria,
11 km südlich von Acqui

Cascina Camolin

Bauernhof
Via Valle Prati, 17
Tel. 01 44 / 32 26 73
Ruhetag: Sonntagabend
Keine Betriebsferien
60 Plätze
Preise: 35 000 Lire
Keine Kreditkarten
Nur abends, So. auch mittags geöffnet

Ein Bauernhof mit Bewirtung, wie wir ihn uns wünschen: zwei kleine, saubere und hübsch eingerichtete Speisesäle mit Strohstühlen, weißer Tischwäsche, Keramikgeschirr aus Albisola und ein paar netten Kleinigkeiten (Schneidemaschinen für die Wurst, hübsche Käsedosen aus Keramik, Weidenkörbchen für die vorzügliche, selbstgebackene **Focaccia**). Vor allem aber stammt alles, was man hier zu essen bekommt – angefangen bei der guten Wurst (Kochwurst, Salami und eine ausgezeichnete **Pancetta**), die Signor Renato herstellt, bis hin zum Weichkäse, der mit Kräutern verfeinert und in hübschen Schüsselchen serviert wird –, vom eigenen Hof.
Das Speisenangebot sieht darüber hinaus noch einige Vorspeisen – **gefülltes Gemüse**, Frittatine mit Zwiebeln (die wie kleine Crêpes zusammengerollt werden) – vor. Es folgen ein mit Gemüse gefüllter Grießgnocco mit Hackbraten, schmackhafte, reichlich mit Fleisch gefüllte **Ravioli** monferrini, **Tajarin** mit Pilzsauce und Pansoti mit Walnußsauce, eine Genueser Spezialität. Anschließend serviert man Ihnen – in stets großzügig bemessenen Portionen – Schmorbraten, **Kaninchen mit Kräutern** oder ein knuspriges, gebratenes Perlhuhn mit guten Kartoffeln und dazu einen kraftvollen Barbera aus eigener Erzeugung. Den Abschluß bilden die unverzichtbare Formagetta und einige traditionelle Desserts wie **Panna cotta**, Haselnußtorte und **Zabaione al Moscato**.
Anständige offene Weine, ein guter Kaffee, ein guter Schnaps und eine Rechnung von nur 35 000 Lire runden das Bild eines angenehmen Lokals ab, das sich, obwohl etwas abseits gelegen, wachsenden Zuspruchs erfreut. Denken Sie also daran, sich einen Tisch reservieren und den Weg erklären zu lassen.

Cavour

48 km südwestlich von Turin

La Posta

Hotelrestaurant
Via dei Fossi, 4
Tel. 01 21 / 6 99 89
Ruhetag: Freitag
Betriebsferien: 27. Juli – 7. August
200 Plätze + 20 im Freien
Preise: 35 – 45 000 Lire, ohne Wein
Kreditkarten: alle
Mittags und abends geöffnet

Nach reiflicher Überlegung haben wir uns dazu entschlossen, diese bereits hundert Jahre alten Gastwirtschaft, die sich, zumindest bei den Feinschmeckern aus der Gegend, großer Beliebtheit erfreut, zu würdigen. In den 50er Jahren fand hier jedes Jahr der »Pranzo dei Grassoni« (Festschmaus der Dickwänste) statt, bei dem sich die Teilnehmer, vorwiegend Persönlichkeiten aus Politik und Gesellschaft, auf der großen Waage, die noch heute im Speisesaal steht, wiegen ließen und einander dabei an Gewicht zu überbieten versuchten. Jahrzehntelang richtete die Familie Genovesio, die das Restaurant von jeher führt, in den Festsälen Bankette und große Familienfeiern aus.
Inzwischen wurde das »La Posta« originalgetreu restauriert, und man kann dort die traditionelle Piemonteser Küche genießen. Bei den Vorspeisen lohnt vor allem die heimische **Salami** (die Auswahl kann je nach Jahreszeit sehr groß sein) einen Versuch. Als Primi sind die **hausgemachten Agnolotti** und **Tagliolini** sehr zu empfehlen, und bei den Secondi ragen besonders die Fritti misti, die **Finanziera**, die **Bolliti** und die **Pilzgerichte** hervor. Unübertroffen bei den Desserts der Zabaione und der Bonet.
Die bemerkenswerte Weinkarte umfaßt etwa 150 Marken – etwa zur Hälfte typische Erzeugnisse aus dem Piemont, darunter auch einige interessante Barolo- und Barbaresco-Jahrgänge. Zahlreich vertreten sind aber auch Weine aus Friaul und dem Trentino, und man findet auch das ein oder andere ausländische Produkt. Außerdem werden Grappe und Liköre angeboten, die Sie neben anderen hausgemachten Spezialitäten in der angeschlossenen »Bottega« auch kaufen können.

In der Macelleria Brarda, Via Peiron 28, finden Sie ausgezeichnetes Fleisch, Salami und Wurst, darunter auch einen unnachahmlichen Lardo al rosmarino.

Ceresole Reale
Pian della Balma

80 km nordwestlich von Turin

Chalet del Lago

NEU

Trattoria mit Fremdenzimmern
Ortsteil Pian della Balma
Tel. 01 24 / 95 31 28
Kein Ruhetag
Betriebsferien: Oktober – Mai
50 Plätze + 60 im Freien
Preise: 25 – 40 000 Lire, ohne Wein
Kreditkarten: CartaSi, Visa
Mittags und abends geöffnet

Wir befinden uns hier am Eingang des Nationalparks »Gran Paradiso«, in einem der schönsten und unberührtesten Alpentäler, dem Hochtal des Orco (1600 m), früher einmal das persönliche Jagdrevier König Vittorio Emanuele II. In diesem Paradies liegt das »Chalet del Lago«, ein Bauwerk aus dem 19. Jahrhundert im typischen Stil der Gegend mit Blick auf den großen, aus dem Orco-Fluß entstandenen Stausee.

In den Sommermonaten, von Juni bis September, bietet das Chalet, das über zehn sehr gemütliche Fremdenzimmer verfügt, die Möglichkeit, dort angenehme Ferien zu verbringen und dabei die guten Gerichte der heimischen Küche zu genießen.

Unter den Vorspeisen finden wir **Mocetta**, **Fagianella di montagna mit Maronen** (sollten Sie unbedingt probieren), Forelle aus dem Orco und **Flan mit Wiesenknöterich**, einem besonders schmackhaften Wildkraut. Die besondere Spezialität ist die **Tofeja** (eine Minestra aus Gemüse, Bohnen, Schweinefuß und -schwanz, die in der traditionellen Terracottaschüssel – der sogenannten Tofeja – im Ofen gegart wird). Gut sind auch die Gnocchi di castagne und die Polenta, die auf verschiedene Art serviert wird. Bei den Secondi sollten Sie keinesfalls den einzigartigen **Hammel mit wildem Thymian** versäumen. Außerdem können Sie noch zwischen verschiedenen **Wild**gerichten – Gemse, Reh oder Wildschwein – wählen. Edos Sorgfalt und Können zeigen sich auch bei den Desserts – Ceresolino (eine Mischung aus Bonet und Panna cotta), Torta rustica mit Nüssen, Mousse di ricotta mit Heidelbeeren –, beim Backen des Brotes (aus Kastanien- und Roggenmehl, mit Wildkräutern) und bei der Zusammenstellung der kleinen, aber interessanten Weinkarte, auf der sich neben heimischen Marken auch einige der besten Erzeugnisse der Langhe finden.

Cervere

33 km von Cuneo, S.S. 231

Antica Corona reale da Renzo

Trattoria
Via Fossano, 17
Tel. 01 72 / 47 41 32
Ruhetag: Di.abend und Mittwoch
Betriebsferien: 1.– 20. August
40 Plätze
Preise: 45 – 50 000 Lire, ohne Wein
Kreditkarten: CartaSi
Mittags und abends geöffnet

Schmuck ist das Lokal der Familie Vivalda seit der Renovierung. Die Preise liegen abgesehen von den Schnecken oder Froschschenkeln – Spezialitäten, die unbedingt einen Versuch lohnen, da Renzo daraus, wie auch aus den Flußfischen, wunderbare Gerichte zaubert – immer noch auf durchschnittlichem Niveau.

Versuchen Sie als Vorspeise unbedingt einmal die **Frittatina mit Lauch und Schneckenfleisch,** die Bote e barbi in carpione, die zarten, **fritierten Froschschenkel** oder die klassischen **Schneckenpfännchen**, die mal mit Lauch, mal mit Gartenkräutern (während der Saison sogar mit Erdbeeren – eine wahre Entdeckung) verfeinert werden. Mit einem guten Gespür für das Außergewöhnliche bewegt sich der Koch zwischen Tradition und Experiment. Und so kommen aus seiner Küche Artischockenauflauf mit Salsetta di gamberi, **Cestino di porri**, Vitello tonnato, Ententerrine oder auch der winterliche Cotechino mit Rüben. Ob nun **Minestra mit Lauch**, Suppen (großartig die neueste Kreation, eine **Schneckensuppe**), **Agnolotti dal plin**, Tajarin (immer auf der Karte zu finden), Gnocchi, Polentina mit geschmolzenem Raschera, traditionelle Fleischgerichte (Brasati und Stracotti) oder »schnelle«, leckere und herzhafte Beilagen (zum Beispiel geschmortes Gemüse) und klassische Eintopfgerichte (wie **Kabeljau mit Lauch und Polenta**), stets hält die Speisekarte, die Ihnen Renzos Sohn Gianpiero überreicht, neue Überraschungen bereit. Ganz köstlich sind auch die Desserts, die Renzos Tochter zubereitet: Windbeutel, Blätterteigtaschen mit Äpfeln, Flan di gianduja, Lavendeltorte, Bayerische Creme mit Früchten.

Die Weinkarte, die laufend erweitert wird, bietet neben einer schönen Auswahl großer Weine aus den Langhe auch einen Querschnitt durch die Erzeugnisse des übrigen Italien.

Cessole Madonna della Neve

45 km von Asti, 26 km von Acqui Terme

Cirio Madonna della Neve

Trattoria
Ortsteil Madonna della Neve
Tel. 01 44 / 8 01 10
Ruhetag: Freitag
Betriebsferien: Oktober
100 Plätze
Preise: 40 000 Lire, ohne Wein
Keine Kreditkarten
Mittags und abends geöffnet

Wer sich in der Gegend nicht auskennt und fürchtet, sich in den Hügeln der Langa Astigiana zu verfahren, orientiert sich am besten am Turm der Wallfahrtskirche »Madonna d'la Cucca«, der auf halber Höhe am rechten Hang des Bormida aufragt. Von Cessolo aus sind dann noch drei Kilometer auf einer schmalen, gewundenen Straße zu fahren, aber das Panorama und vor allem die Aussicht auf Signora Pieras **Agnolotti dal plin** sind die Fahrt dort hinauf in jedem Fall wert.
Das Zeremoniell beginnt in der Küche mit der Zubereitung der Füllung aus Kaninchenfleisch, der Herstellung des Teiges und den wenigen, präzisen Handgriffen, mit denen die Frauen die Unmengen von Agnolotti formen, und setzt sich am Tisch fort, wenn sie direkt aus dem Topf ohne weitere Beilagen auf kleinen, weißen Leinentüchern serviert werden, damit der Stoff das überschüssige Wasser aufsaugt und die Füllung ihren Geschmack entfalten kann. Anschließend sollten Sie, wie es hier Brauch ist, auch noch die Agnolotti al vino und mit Ragout probieren.
Ansonsten bietet die Speisekarte bewährte Hausmannskost mit einer Reihe von Vorspeisen (Salami, eine ausgezeichnete **Pancetta**, Paprika mit Bagna caoda, Fleischbällchen in carpione, **Frittatine di erbe**), den klassischen Tajarin, gebratenes Perlhuhn, Schmorbraten, **Milchkitz** (während der Saison) und Wildschwein in umido. Zum Abschluß empfehlen wir Ihnen unbedingt die **Robiole** aus Roccaverano, die in verschiedenen Reifegraden angeboten werden, die **Haselnußtorte** mit Bonet und im Anschluß daran ein Gläschen Toccasana Negro, den heimischen Kräuterbitter. Dazu gibt es einen offenen Hauswein und inzwischen auch ein paar piemontesische Marken, die aber noch erweitert werden könnten.

Ceva

49 km östlich von Cuneo

Italia

NEU

Restaurant
Via Moretti, 19
Tel. 01 74 / 70 13 40
Ruhetag: Donnerstag
Keine Betriebsferien
40 Plätze
Preise: 45 000 Lire
Kreditkarten: CartaSi
Mittags und abends geöffnet

Beim Anblick des Hauses mit der abgebröckelten Fassade und den verwitterten Türen werden Sie vielleicht denken: »Das ist ja wohl keinen Pfifferling wert.« Sobald Sie aber das Lokal mit den weißen, hübsch gedeckten Tischen betreten, werden Sie Ihre Meinung sofort ändern. Im Speisesaal eilt geschäftig, flink und unermüdlich der Inhaber umher, der sich auch um die Küche, den Kaffee, die Rechnung und den Weinkeller kümmert und mit den Gästen plaudert.
Den Auftakt bilden acht kalte und drei warme Antipasti, die man sich auch auf einem Vorspeisenteller zusammenstellen lassen kann, darunter ein Gemüseauflauf mit Fonduta, ein ausgezeichneter **warmer Cotechino** und eine Insalatina mit Parmesan, Karden und Fenchel. Als Primi werden ausschließlich hausgemachte Pastagerichte angeboten: Gut sind die **Tortellini di ricotta** und die **Tagliatelle mit Pilzen** und Tomaten. Bei den Secondi ragen besonders die **Pilze**, fritiert oder mit Essig, Öl und Petersilie zubereitet, hervor, die allein schon einen Besuch dieses Lokals wert sind. Außerdem kann man noch zwischen einem ausgezeichneten **Lamm**, Huhn alla crema oder Bistecchine mit Kräutern wählen. Die hausgemachten Desserts sind, wie zum Beispiel der Bonet, überwiegend Klassiker.
Die Auswahl an Weinen ist zwar nicht sehr groß, doch sind die wenigen Flaschenweine, die zum Teil von kleinen Erzeugern stammen, zufriedenstellend und werden zu anständigen Preisen angeboten.

Cherasco

45 km von Cuneo,
17 km südwestlich von Alba

Osteria della Rosa rossa

Trattoria
Via San Pietro, 31
Tel. 01 72 / 48 81 33
Ruhetag: Dienstag und Mittwoch
Betriebsferien: Jan. u. 2 Wo. im Aug.
40 Plätze
Preise: 35 – 38 000 Lire, ohne Wein
Kreditkarten: die bekannteren
Mittags und abends geöffnet

Das schlichte, gemütliche Ambiente ist ganz im Stil der traditionellen Osteria gehalten. Mit großer Professionalität bereitet Loredana Giachino inzwischen ihre gleichbleibend guten Gerichte zu, die ganz der Tradition verhaftet sind und die sie hier und da auf intelligente Weise abwandelt. Die Weinkarte umfaßt eine Vielzahl guter Flaschenweine, die zu bemerkenswerten Preisen angeboten werden.
Bei unserem letzten Besuch waren wir besonders beeindruckt von den Paprikaschoten, die mit einer raffinierten Kräutersauce serviert wurden, und dem **Dorsch mit Kartoffeln** und Sardellensauce. Danach folgten **Agnolotti dal plin** mit einer Füllung aus Borretsch und Ricotta sowie **Tagliatelle al ragù**. Anschließend bekamen wir ausgezeichnete **Lumache** fritte mit Rosmarin und Zwiebel und **geschmorte Kutteln**. Die Speisen waren gut zubereitet, und es wurden, ebenso wie bei der interessanten Käseauswahl und der Wurst, mit der man neben Sardellen al bagnetto verde das Mahl eröffnen kann, nur ausgesuchte Zutaten verwendet.
Außergewöhnlich auch die köstlichen, duftenden Grissini, die der sardische Bäcker aus der Nachbarschaft liefert. Nicht zu vergessen die guten, hausgemachten Desserts (bemerkenswert das **Zabaione-Eis**) und das anständige Preis-Leistungs-Verhältnis.

Die Pasticceria der Schwestern Barbero, Via Vittorio Emanuele 72, lohnt nicht nur wegen der »Baci di Cherasco«, sondern auch wegen der altmodischen Einrichtung einen Besuch. In der Bar-Enoteca La Lumaca, Via Cavour 8, werden neben Weinen auch heimischen Spezialitäten angeboten. Und um die Ecke finden Sie einen modernen Ableger des La Lumaca, eine Vineria, in der auch warme Gerichte serviert werden.

Chiusa di Pesio San Bartolomeo

15 km südöstlich von Cuneo

La Locanda alpina

NEU

Hotelrestaurant
Ortsteil San Bartolomeo, 71
Tel. 01 71 / 73 82 87
Ruhetag: Dienstag
Betriebsferien: 15. Okt. – 15. Nov.
45 Plätze
Preise: 35 – 40 000 Lire, ohne Wein
Keine Kreditkarten
Mittags und abends geöffnet

Von außen sieht dieses im Naturpark Alta Valle Pesio gelegene Lokal ganz wie ein Hotel aus, tatsächlich baut man aber neben dem Hotel- auch den Restaurantbetrieb immer mehr aus. Seit sieben Jahren ist die ganze Familie Lebra (Papà Filippo, Mamma Secondina und die beiden Kinder) damit beschäftigt. Und Gianfrancos (er hat die Hotelfachschule besucht und Erfahrung in verschiedenen renommierten Restaurants der Gegend gesammelt) begeistertem Einsatz ist es wahrscheinlich zu verdanken, daß die Küche wieder mit neuem Leben erfüllt wurde. Bei seinen Gerichten verbindet er Tradition und Phantasie (die ihm bisweilen recht ungewöhnliche Zusammenstellungen eingibt, die er vielleicht revidieren sollte), für die er überwiegend gute, heimische Erzeugnisse verwendet. Das beste Beispiel dafür sind seine Käse: ausgereifter Raschera, Testun, Sola (ein Pecorino aus dem Tal).
Der Service ist freundlich, und manche Gerichte sind ausgesprochen gut zubereitet. Die **Forellenmousse** und die Toma in Vinaigrette werden im Winter von verschiedenen **Gemüseaufläufen** (Blumenkohl, Topinambur, Paprika in Bagna caoda) abgelöst. Von den Primi sind vor allem die **Gnocchi al raschera** zu empfehlen. Im Sommer haben wir außerdem Tajarin mit Zucchini und Safran probiert. In der kalten Jahreszeit werden gute **Wildgerichte** (Gemse und Wildschwein al civet) angeboten. Außerdem finden sich auf der jahreszeitlich geprägten Speisekarte noch Brasato all'Arneis, **gefüllte Ente** mit Maronensauce oder Entenbrust mit Fonduta und Schalotten. Und den Abschluß bilden Crème caramel (gut), Pfirsichkuchen, Bayerische Creme oder ein Semifreddo al Passito.

An der Piazza Caranti finden Sie im Lebensmittelladen von Elvira Ponzo eine gute Käseauswahl.

Cigliano

33 km westlich von Vercelli,
17 km nordöstlich von Chivasso

Del Moro

NEU

Trattoria
Corso Re Umberto, 93
Tel. 01 61 / 42 31 86
Ruhetag: Montag
Betriebsferien: August
90 Plätze
Preise: 35 000 Lire, ohne Wein
Keine Kreditkarten
Mittags und abends geöffnet

Wenn Sie einmal in diese Gegend kommen (eine Besichtigung lohnen der Castello von Moncrivello und die Wandmalereien großer Künstler in Maglione), sollten Sie auch das Restaurant »Del Moro« besuchen. Das Lokal hat eine lange Tradition – es besteht bereits seit dem 18. Jahrhundert – und wird seit seiner Renovierung Mitte des vorigen Jahrhunderts von der Familie Vigliano geführt. Am familiären Stil hat sich bis heute nichts geändert, und Domenico, der Inhaber, kümmert sich nicht nur um den Service, sondern unterhält sich auch gerne über seine zweite Leidenschaft, die Malerei (er selbst hat die Wände des Lokals mit Wandgemälden verschönert).
Die durchweg traditionellen Speisen sind von guter Qualität, es gibt viele Gänge, und die Portionen sind überaus reichlich bemessen. Und das alles zu anständigen Preisen. Es ist nahezu unmöglich, die Vorspeisen (Wurst, Paprikaschoten, Frittate, Capricciosa, Zunge in salsa verde, **Vitello tonnato** [vorzüglich], Bohnen-Zwiebel-Salat, Schnecken und vieles mehr) zu zählen. Wir raten Ihnen deshalb, sich hier etwas zurückzuhalten, damit Sie auch noch bis zum Dessert vordringen. Bei den Primi lohnen außer den hausgemachten Agnolotti und der typischen **Panissa** auch die **Kutteln** (im Winter) und die **Fasoj da cisi** (oder d'la pignata), das »Nationalgericht« Ciglianos, einen Versuch. Aber auch den Fritto misto (wenn es ihn gibt) oder die Schmorbraten, **Bolliti misti**, Arrosti und die Finanziera sollten Sie sich nicht entgehen lassen. Und zum Nachtisch werden **Tartufata allo zabaione**, Crostate, Pfirsiche in Wein, Timballo alla frutta fresca und **Canestrelli** angeboten.
Dazu gibt es durchweg anständige piemontesische Weine, die Domenico selbst abfüllt.

Cissone

51 km von Cuneo, 22 km südlich von Alba

Locanda dell'Arco 

Restaurant
Piazza dell'olmo, 1
Tel. 01 73 / 74 82 00
Ruhetag: Dienstag
Betriebsferien: 14 Tage im Januar
40 Plätze
Preise: 45 000 Lire, ohne Wein
Kreditkarten: CartaSi, Visa
Mittags und abends geöffnet

Ein Lokal, in dem man gut essen und ruhig sitzen kann, wo man sich zwischen den einzelnen Gängen ungestört unterhalten kann, ohne, wie das häufig der Fall ist, die Stimme heben zu müssen: Dies war unser Eindruck beim letzten Besuch in diesem familiären Lokal mit dem französisch anmutenden Flair. An diesem Abend war das »Arco« fast ausschließlich von Touristen besucht, die sich flüsternd und leise lachend durch die besten Weine aus der Gegend um Alba probierten.
Die Köchin, Maria Pia Querio, liebt die Einsamkeit der Langhe, weil sie sie an die Berge um ihre Heimatstadt Boves erinnern. Und wieder einmal hat sie uns aufs angenehmste mit einem neuen Gericht überrascht, den **Chicche verdi**, das sind kleine, längliche Gnocchi aus Kartoffeln und Kräutern, die mit Butter und aromatischen Kräutern serviert wurden. Weitere Eckpfeiler ihrer Küche sind die **Tajarin al sugo di fegatini**, das **Kaninchen alla Nascetta**, einem alten Novello-Wein, und der **Karamelpudding**.
Im Speisesaal erwies sich Giuseppe Giordano als Meister im Servieren der großen Weine, die die recht umfangreiche und ausgewogene Weinkarte noch bereichern. Ebenso gut versteht er sich auf die Präsentation der interessanten Käseplatte mit einer schönen Auswahl an Murazzano-Käsen und Robiole aus den Langhe.
Unser Abendessen begann mit einem köstlichen geschmorten Baccalà mit Gemüse, einer Insalata di **carne cruda di vitello** (mit dem Messer geklopft) mit Trüffeln, einem Zucchiniauflauf mit Crema di funghi, einer sämigen, warmen **Tartrà al Murazzano**. Es folgten die oben erwähnten Chicche verdi und ausgezeichnete Tajarin con sugo di fegatini. Von den Secondi haben wir das Kaninchen in Weißwein und den Schmorbraten probiert. Und als Desserts standen Himbeermousse oder Mousse al torrone, Bonet und Karamelpudding zur Auswahl.

Coazzolo

24 km südwestlich von Asti, 17 km von Alba

Da Linet

Trattoria
Via Neive, 1
Tel. 01 41 / 87 01 61 und 87 02 12
Ruhetag: Dienstag
Betriebsferien: 14 Tage im August
85 Plätze + 30 im Freien
Preise: 40 000 Lire, ohne Wein
Kreditkarten: die bekannteren
Mittags und abends geöffnet

Die Trattoria liegt an der kleinen Piazzetta des Ortes in einem eher anonymen Häuserblock. Beim Betreten der Bar mit ihrer gemütlichen, familiären Atmosphäre werden Sie sich aber sofort wohl fühlen. Von der Bar aus gelangt man in die beiden kleinen Speisesäle und auf die große Terrasse mit Blick auf die Weinberge. Im großen Saal mit der Holzdecke und dem bunten Fensterglas stehen die runden Tische relativ weit auseinander. Das verleiht dem Raum einen Hauch von Eleganz.
Die Fahrt nach Coazzolo lohnt sich allein schon wegen der **Agnolotti dal plin** und dem **süß-sauren Kaninchen**. Die winzigen Agnolotti – wahrscheinlich die kleinsten, zartesten und am besten gefüllten, die wir je gegessen haben – werden mit einer vorzüglichen Fleischsauce serviert. Das wirklich köstliche Kaninchen ist nicht zu süß und nicht zu sauer. Als Vorspeisen werden neben Aufschnitt auch **Vitello tonnato**, Cotechino mit Püree, Gemüseaufläufe, Spargel mit Fonduta, der klassische **Geflügelsalat mit Pilzen und Giardiniera** und Carne cruda, der uns hier als Carpaccio mit Parmesan und Sellerie serviert wurde, angeboten. Ein kleiner Stilbruch, der jedoch durch die Qualität des Fleisches wettgemacht wurde. Bei den Primi sind besonders die **Tajarin ai funghi** und bei den Secondi der **Brasato** al vino zu empfehlen. Klassisch sind auch die gut zubereiteten Desserts, darunter **Bonet** und **Panna cotta**.
Die Auswahl an Weinen ist leider eher begrenzt. Es ist unbedingt ratsam, vorher zu reservieren.

Im schönen Weinkeller der Bottega Comunale dei Quattro Vini, Piazza Italia in **Neive** (5 km): Weinproben und Verkauf der vier großen Weine dieser Gegend – Barbaresco, Barbera, Dolcetto d'Alba und Moscato d'Asti. Auch samstags und sonntags geöffnet.

Cortanze

19 km nordwestlich von Asti, S.S. 458

Antichi Sapori

Trattoria
Via Marchesi di Roero, 22
Tel. 01 41 / 90 10 50
Ruhetag: Dienstag
Betriebsferien: 1 Wo. n. d. 6. Jan.
35 Plätze
Preise: 30 – 40 000 Lire, ohne Wein
Kreditkarten: die bekannteren
Mittags und abends geöffnet

Schon lange schätzen wir diese hübsche, im Ortskern eines traditionsreichen, aber wenig bekannten Dorfes im Monferrato gelegene Trattoria. Die von jeher überaus anständige Küche wurde inzwischen weiter verbessert, und das nicht nur geschmacklich, sondern auch durch ein noch reichhaltigeres und interessanteres Speisenangebot. Das preiswerte Degustationsmenü (drei bis vier Vorspeisen, ein Primo – in der Regel **Agnolotti agli antichi sapori** –, ein Secondo und ein Dessert; Gedeck und Bedienung inklusive) ist unverändert geblieben. Aber der Wirt, Pasquale Manfrecola, der bereits Erfahrungen in der italienischen und ausländischen Gastronomie gesammelt hat, bereichert die Speisekarte täglich um weitere traditionelle, jahreszeitlich geprägte Gerichte.
Sehr zu empfehlen sind der **Speck mit Maronen**, die Wildschweinsalami, der **Russische Salat** (vorzüglich), die sommerlichen Carpioni, die Salate mit Artischocken und Grana und die Robiola aus Cocconato mit warmer Zucchinisauce. Besonders gut haben uns neben den Tagliatelle mit Steinpilzsauce die **Agnolotti di magro in salsa di radicchio** geschmeckt, und der **Fritto misto** war wie immer reichhaltig, leicht und duftete herrlich. Während der Saison werden außerdem Kichererbsenminestra, Tagliatelle mit Hasenragout oder mit Steinpilzen und Maronen, gebratene Steinpilze, Trippa alla parmigiana und verschiedene Schmorbraten angeboten. Als Nachspeise gibt es neben Klassikern auch Eigenkreationen, etwa Semifreddi, die allerdings noch verbessert werden könnten.
Freundlich und zurückhaltend werden Sie von Daniela Manfrecola bedient, die Ihnen auch die noch nicht sehr umfangreiche Weinkarte reicht. Sehr begrüßenswert die Absicht, auch Weine kleiner heimischer Erzeuger anzubieten.

Cossano Belbo

18 km von Cuneo, 29 km von Asti, S.S. 592

Trattoria della Posta da Camulin

Trattoria
Via Negro, 3
Tel. 01 41 / 8 81 26
Ruhetag: So. abend und Montag
Betriebsferien: 15. Juli – 15. August
85 Plätze
Preise: 40 – 45 000 Lire, ohne Wein
Kreditkarten: die bekannteren
Mittags und abends geöffnet

Trotz der großen Pendeluhr neben dem Kamin scheint die Zeit in dieser traditionsreichen Trattoria, die Giorgio Giordano mit großer Professionalität führt, stehengeblieben zu sein. Schon seit Jahrzehnten kommen viele Gäste hauptsächlich wegen der **Tajarin** hierher, die hier besonders zart, aromatisch und schmackhaft sind und mit Pilz- oder Fleischsaucen serviert werden, die ihren Geschmack unterstreichen, ohne ihn zu überdecken.
Lassen Sie uns mit der reichhaltigen Auswahl der zum Teil jahreszeitlich geprägten Vorspeisen beginnen: **Cotechino mit Fonduta** oder, im Sommer, Tomaten mit Salsa verde, Pilzauflauf, ein herrlicher **Vitello tonnato**, Carne cruda, Paprikaschoten mit funghi sott'olio. Als Primi werden unter anderem auch bemerkenswerte Agnolotti angeboten, die es aber dennoch mit den bereits erwähnten Tajarin aufnehmen können. Größer ist das Angebot bei den durchweg ausgezeichneten Secondi. Versuchen Sie nur einmal den kleinen **Fritto misto** alla piemontese (acht bis neun Fleischstücke, die ganz frisch und heiß serviert werden), den **Brasato al Barolo**, das Kaninchen, den Hasenpfeffer oder das **gebratene Milchkitz**.
Man beschließt das Mahl mit einem Bonet, einer typischen Spezialität der Langhe, und einem köstlichen **Mattone al caffè**. Bei den Weinen fehlt es nicht an guten Flaschen aus dem Langhe und dem Monferrato, aber auch Dolcetto- und Furmentin-Weine heimischer Erzeuger sind reichlich vertreten.

Ganz in der Nähe des Camulin, in der Via Negro 17, bietet die Pasticceria Cardino ihre ausgezeichneten »Amaretti Carla« an. In der Panetteria Capello, Piazza Balbo 14, bekommen Sie Grissini und die typische Tirà.

Cossano Belbo

78 km von Cuneo, 29 km von Asti, S.S. 592

Universo

Trattoria
Via Caduti, 6
Tel. 01 41 / 8 81 67
Ruhetag: Montag bis Mittwoch
Betriebsferien: Mitte Juni – Mitte Juli
60 Plätze
Preise: 40 000 Lire, ohne Wein
Keine Kreditkarten
Mittags und abends geöffnet

Das »Universo« ist eine ganz klassische und einfache Trattoria, in der es bei aus gedehnten sonntäglichen Mittagessen nur so von Kindern wimmelt, in der man aber auch ein schnelles Mittagessen bekommt – zum Beispiel einen schönen Teller mit vorzüglichen Tagliatelle, angesichts dessen man gerne auf eine Portion Fleisch mit Rucola und Mozzarella verzichtet. Hier bereitet man schon seit vierzig Jahren leckere Speisen für die verschiedensten Gelegenheiten zu, und das ohne viel Aufhebens, aber mit der gebührenden Rücksicht auf den Magen und den Geldbeutel des Gastes.
Die Gerichte sind durchweg Klassiker aus den Langhe. Unter den Vorspeisen Carne all'albese mit Pilzsauce, Lingua in salsa, Paprika mit Sardellensauce und Flan mit Fonduta. Es folgen ausgezeichnete **Tajarin** (man sagt sogar, sie seien die besten der ganzen Langhe): dünn, zart und zugleich bißfest. Gut sind auch die **Agnolotti dal plin** und die Minestre. Unter den Secondi das unverzichtbare **Kaninchen mit Paprika** und **Brasato al Barolo**. Und während der Saison bekommt man darüber hinaus leichte und knusprige fritierte **Pilze**. Panna cotta, Bonet, gefüllte Pfirsiche und ein Bitterlikör runden das Mahl ab.
Wenn Sie dazu noch die ein oder andere anständige Flasche Wein trinken möchten, dann kostet Sie das, selbst wenn Sie mit der ganzen Familie kommen, nicht mehr als 45 000 Lire. Sind Sie nur ein kleiner Kreis, fällt die Rechnung sogar noch niedriger aus. Die Weine sind, ganz wie sich das für eine Trattoria gehört, guter Durchschnitt und stammen aus eigener Erzeugung.

In der Molino Marino, Via Caduti per la Patria 25, stellen Felice und seine Söhne Ferdinando und Flavio Vollkornmais- und -weizenmehl her. Das Korn wird noch mit echten Mühlsteinen gemahlen.

Cravanzana

61 km östlich von Cuneo, 25 km südlich von Alba

Da Maurizio Trattoria del mercato

Hotelrestaurant
Via San Rocco, 16
Tel. 01 73 / 85 50 19
Ruhetag: Mittwoch
Betriebsferien: 14 Tage im Jan. u. erste Juniwoche
60 Plätze
Preise: 45 000 Lire, ohne Wein
Kreditkarten: die bekannteren
Mittags und abends geöffnet

Der Straßenbelag ist nicht der beste, und wenn Sie von Alba kommen, müssen Sie sich auf eine lange Berg- und Talfahrt einstellen. Aber die herrliche, bisweilen unberührte Landschaft der Langhe wird Sie dafür entschädigen.
Betreten Sie das Lokal von Maurizio Robaldo, dem jungen Sommelier, der den Familienbetrieb leitet. Acht hübsche Fremdenzimmer, eine Bar und zwei kleine Speisesäle hat dieses Lokal, das zu den besten in diesem Teil der Langhe zählt. Unverputzte Ziegel, Holztäfelung, schöne Gläser, Ordnung, Sauberkeit, erlesene Weine in den Regalen (die Weinkarte ist beeindruckend), ein vollendeter Service, und an den Tischen spricht man vorzugsweise deutsch – für die Ewiggestrigen vielleicht ein Grund, sich in die gute alte Zeit zurückzusehnen.
Das sollten Sie aber den anderen überlassen und sich lieber den ausgezeichneten Speisen zuwenden, die ganz im Zeichen der Tradition der Langhe stehen, wobei man heute allerdings darauf achtet, sie etwas leichter zuzubereiten. Unter den Vorspeisen **Fagottini mit Spargel und Fonduta**, Vitello tonnato und **Carne cruda** mit Wildkräutern. Es folgen kleine, äußerst schmackhafte **Agnolotti dal plin**, Gnocchi al Castelmagno, **Tajarin** mit Fleischsauce, **Kaninchen all' Arneis** und gebratenes **Lamm**. Keinesfalls versäumen sollten Sie die reiche Auswahl an Piemonteser **Käse**spezialitäten – vielleicht eine der reichhaltigsten, die Sie in dieser Gegend finden werden –, von denen viele mit **Haselnüssen**, einem typischen Produkt der Langhe, zubereitet sind. Die Rechnung fällt angesichts dessen, was Ihnen hier geboten wird, mehr als anständig aus.

Cuneo

Osteria della Chiocciola

Enoteca – Restaurant
Via Fossano, 1
Tel. 01 71 / 6 62 77
Ruhetag: Sonntag
Betriebsferien: 14 Tage im Jan., 1 Wo. um den 15.8.
60 Plätze
Preise: 40 – 50 000 Lire, ohne Wein
Kreditkarten: alle
Mittags und abends geöffnet

Das Ambiente ist sehr ansprechend: im Erdgeschoß die schöne Enoteca, wo man ein Glas Wein und einen Imbiß bekommt, und im ersten Stock der helle Speisesaal. Der Service hingegen ist eher steif und reserviert. Aber wir sind hier schließlich in Cuneo und nicht auf Ischia, und Herzlichkeit ist offensichtlich nicht jedermanns Sache. Trotzdem ist dies von jeher eines unserer bevorzugten Lokale.
Bei unserem letzten Besuch bekamen wir eine vorzügliche **Putenterrine** und einen köstlichen Salat mit Steinpilzen und Toma. Die Speisekarte bot außerdem den ausgezeichneten Speck mit Rosmarin aus Brarda. Ausgesprochen gelungen war der **Pilzrisotto**, ebenso die Maltagliati mit Kartoffeln und grünen Bohnen. Für eine herrliche **Leber mit Balsamico-Essig und Honig** verzichteten wir auf das hervorragende Perlhuhn al Pelaverga, das wir schon kannten, und einen interessanten Wolfsbarsch. Vortrefflich die **Panna cotta al caffè**, die neben Minzparfait mit Schokolade und Budino al torrone e miele als Dessert angeboten wurde.
Die jahreszeitlich geprägte Küche wagt einerseits so manch gelungenes Experiment (etwa mit pochierten Eiern con crema di asparagi oder Tagliatelle mit Forellensauce und Koriander) und schöpft andererseits, etwa mit den unverzichtbaren **Tajarin** – mit Fonduta, Pilzen oder Trüffeln –, aus der Tradition.
Abends werden zwei Festpreismenüs (zu 40 000 und 50 000 Lire) angeboten, und mittags bekommt man zu unterschiedlichen Preisen ein schnelles und anständiges Mittagessen.

Selbstgeräucherte Forellen, Lachse und Ochsenfleisch aus Carrù gibt es bei Ariano in der Via Pascal 2. Bei Arione, Piazza Galimberti 14, finden Sie Cuneesi al rum und Baci dorati. Non solo vino, Corso Vittorio Emanuele 31, ist eine sehr gut sortierte Enoteca mit Ausschank.

Demonte Festiona

23 km südöstlich von Cuneo

Trattoria dei Passeggeri

Osteria
Via Madonna del Colletto, 9
Tel. 01 71 / 9 52 75
Ruhetag: Montag u. Mittwoch, im Winter von Mo. bis Do.
Betriebsferien: unterschiedlich
25 Plätze
Preise: 45 – 50 000 Lire, ohne Wein
Keine Kreditkarten
Mittags und abends geöffnet

Im vorigen Jahrhundert war diese in einem hübschen Gebäude mit Hof und Boccia-Platz untergebrachte Trattoria ein Gasthaus. Seit der junge Franzose Christian – er hat bereits einige Erfahrung in der Gastronomie gesammelt – das Lokal übernommen hat, finden Sie hier ein recht originelles Speisenangebot: hier und da eine Eigenkreation, daneben typisch provenzalische Speisen.
Nachdem Sie am Tisch Platz genommen haben, wird Ihnen erst einmal ein kleines Horsd'œuvre serviert und daran anschließend die Vorspeisen: **Toma mit Steinpilzen**, Carne cruda, geröstete Polentascheiben mit geschmolzenem Castelmagno, Gemüsekuchen, eingelegte Paprikaschoten mit Schnittlauch, Crostini mit Stopfleber oder ein Teller mit Hirschsalami, Schmelzkäse und Walnußbrot. Neben Tagliatelle alle ortiche und **Gnocchi di patate e castagne** mit frischer Tomate sind besonders zwei typische Gerichte der Bergbauern zu empfehlen: die **Cruset**, das sind Teigtaschen, die zu großen »Ohren« geformt werden, und die **Oula**, ein deftiger, winterlicher Eintopf mit Kartoffeln, Lauch, Bohnen und Schweinsfuß, der in einem Tontopf langsam im Ofen gegart wird. Als Secondi werden Filet- und Lendenfleisch in unterschiedlicher Zubereitung angeboten, außerdem Lammkoteletts, Kaninchen all'aceto oder alla menta, **Pilze** und im Winter **Schnecken**, Gemsenfleisch und Wildschwein. Den Abschluß bilden verschiedene Ziegenkäse und hausgemachte Desserts, wie Bonet, Crostate, Haselnuß- und Sachertorte.
Die Weinkarte bietet etwa achtzig Marken aus dem Piemont, dem Trentino, der Toskana und aus Frankreich.

In **Demonte** (5 km) finden Sie die kleine Käserei Imalpi, die sich auf die Verarbeitung von Ziegenmilch spezialisiert hat.

Diano d'Alba · Ricca

8 km südlich von Alba

Antica Trattoria del Centro

Trattoria
Via Alba-Cortemilia, 91
Tel. 01 73 / 61 20 18, 61 25 25
Ruhetag: Mo.abend, Dienstag
Betriebsferien: Ende Juli/Anf. Aug., im Jan.
80 Plätze
Preise: 35 – 40 000 Lire, ohne Wein
Kreditkarten: CartaSi
Mittags und abends geöffnet

Um zur Trattoria in Ricca zu kommen, verlassen Sie Alba Richtung Cortemilia. Ringsum steigen die Weinberge von Diano an. Wir bleiben aber im Tal; direkt an der Straße ist die Antica Trattoria zu finden. Die Bar am Eingang und die Stammgäste, die hier ihren Plausch halten, erinnern an die einstige Osteria, doch der große, helle Speisesaal mit Stilmöbeln, grünen Pflanzen und wohlgedeckten Tischen machen den Wandel deutlich. Inhaberin Giuseppina Brocardo wird in der Küche von einer der legendären Köchinnen unterstützt, die meisterlich den Pastateig auswalzen und für das Fortleben der Tradition garantieren. Applaus insbesondere für die Primi, allen voran die **Agnolotti dal plin**, die zarten Tajarin und die Lasagnette mit Fleisch-Salsiccia-Sugo. Unter den Antipasti findet sich Hervorragendes (bäuerlicher Salat mit Bauchspeck und Ei, **Paprika mit Bagna caoda**, **Cotechino mit Fonduta**, gelbe und grüne Pfannkuchenstreifen) und weniger Interessantes (Carne cruda, die sommerliche Carpionata, die ein wenig zu sauer ist). Sehr gut das **Kaninchen mit Kräutern** oder mit Paprika, die Pute mit Steinpilzen, das Perlhuhn in Nebbiolo. Das Mahl wird mit traditionellen Desserts abgerundet: Bonet, Panna cotta, Pfirsich in Moscato oder Brachetto, **gefüllter Pfirsich**, Dolce al torrone. Die Küche (die da und dort etwas aufgefrischt werden müßte, wie auch der manchmal weniger aufmerksame Service) ist häuslich und familiär, das Angebot wird mündlich unterbreitet. Die nicht sehr umfangreiche Weinkarte nennt auch einige gute Erzeugnisse aus Alba.

Feisoglio

61 km östlich von Cuneo, 29 km südlich von Alba

Cascina Knec

NEU

Bauernhof
Via Roatta Soprana, 79 (Straße nach Bossolasco)
Tel. 01 73 / 83 11 37
Von Nov. bis Feb. nur auf Vorbest.
Keine Betriebsferien
25 Plätze + 20 im Freien
Preise: 25 – 35 000 Lire, ohne Wein
Keine Kreditkarten
Mittags und abends geöffnet

Verlieren Sie nicht den Mut, wenn Sie die Landkarte studieren. Die Straße nach Feisoglio ist sehr schön: Sie werden ein paarmal bergauf und bergab fahren und immer tiefer in die Langhe vordringen und dabei das zu jeder Jahreszeit herrliche Panorama genießen. Auf der Tenne der Cascina Knec werden Sie sich sofort wie zu Hause fühlen. Über die Treppe gelangt man zu einigen behaglichen, hübsch eingerichteten Fremdenzimmern: drei davon mit Bad (90 000 Lire ohne Frühstück für das Doppelzimmer) und zwei ohne eigenes Bad (80 000 Lire).
Edi Quazzo, der zwischen Küche und Speisesaal umhereilt (oder sollte man sagen, sich aufteilt?), wird Sie knapp, aber äußerst freundlich bei der Auswahl der Speisen und der Langhe- und Roero-Weine beraten. Das Speisenangebot ist je nach Jahreszeit und Tag mehr oder weniger umfangreich. Den Höchstpreis (35 000 Lire) zahlt man nur während der Pilz- und Trüffelsaison oder wenn man zwischen mehreren Primi und Secondi wählen kann. Die Wurst, mit der der Reigen eröffnet wird, ist von ausgezeichneter Qualität, vor allem die mit Nelken verfeinerte Lonza di maiale. Vorzüglich sind auch der Vitello tonnato und der Russische Salat. Als Primi bekommt man gute Lasagne oder kleine, zarte **Agnolotti dal plin** und vielleicht auch noch eine wirklich gut zubereitete **Minestrone**. Angenehm überrascht sein werden Sie vom **Kaninchen al Barolo**, und schließlich gibt es, was immer seltener anzutreffen ist, auch noch ein paar Gemüsegerichte. Den Abschluß bilden eine Auswahl heimischer Käse, einige Desserts, darunter ein **Semifreddo al torrone**, und der ein oder andere Schnaps.

In der Käserei von Luciana Camera im Ortsteil Sprella 21c bekommt man hervorragende Tome aus den Langhe und frische Tomini aus Schafsmilch.

Fontanetto Po

27 km von Vercelli,
20 km von Casale Monferrato, S.S. 31

La Bucunà

NEU

Trattoria
Via Viotti, 26
Tel. 01 61 / 84 03 82
Ruhetag: Dienstag
Betriebsferien: unterschiedlich
90 Plätze
Preise: 40 000 Lire, ohne Wein
Kreditkarten: Visa
Mittags und abends geöffnet

Das Lokal ist nach wie vor ein Familienbetrieb, verstärkt durch einige neue Mitarbeiter. Die Räume wurden vergrößert, so daß das Restaurant heute mehr Platz bietet. Das Angebot an Weinen wurde erweitert, beim Nachschenken ist man immer noch relativ großzügig. Nicht zuletzt aber versteht es die Küche, die Andrea Lomen untersteht, inzwischen, Tradition und Innovation ins richtige Verhältnis zu setzen.
Man beginnt mit typischen **Wurstspezialitäten** (auch aus dem Aostatal, der Heimat der Köchin), **Sardellen al verde** und gepökeltem Rinderfilet. Es folgen **Raclette** mit Trüffeln und Pilzen oder die klassische **Panissa**, verschiedene Risotti, frische, hausgemachte Paste (Agnolotti, Tagliatelle) und **Pasta e fagioli**. Bei den Secondi sind neben **Schnecken** und **Froschschenkeln** vor allem die Fleischgerichte zu empfehlen, für die Masthühner, Gänse und Kaninchen von den umliegenden Bauernhöfen verwendet werden. Im Speisesaal sorgt Carlo Bertola für Begeisterung. Ein Wirt, wie er im Buche steht, der sein Lokal, das sich seine Schlichtheit bewahrt hat, sympathisch und stets gutgelaunt führt.
Zum Schluß noch ein Wort zum Weinkeller, in dem neben Hunderten von italienischen Flaschenweinen (vorwiegend aus dem Piemont und der Toskana) auch Erzeugnisse aus Frankreich, Chile und Kalifornien lagern und der auch bei den Schnäpsen so manche Überraschung bereithält (nur schade, daß dies alles nicht auf einer Karte nachzulesen ist).

Gavi

36 km südöstlich von Alessandria

Valle del Sole

Bauernhof
Ortsteil San Martino Alice
Tel. 0143/643102
Kein Ruhetag
Betriebsferien: November – Ostern
50 Plätze + 15 im Freien
Preise: 40–45 000 Lire
Keine Kreditkarten
Mittags und abends geöffnet

Ein schöner Speisesaal mit großen Fenstern, von denen aus man auf das Schwimmbecken und weite Grünflächen blickt, an den Wänden bäuerliches Kunsthandwerk, ein herzlicher Empfang erwartet Sie hier auf dem Bauernhof »Valle del Sole«. Für die Zubereitung ihrer Speisen verwendet Signora Silvana nur ausgewählte Zutaten. Serviert werden Ihnen die Gerichte von ihrem Sohn Giordano, der sich nicht nur um die Landwirtschaft, sondern auch um den Weinbau kümmert. Wie gewöhnlich wird auch hier nur ein offener Hauswein angeboten. Dafür wird Sie die Speisekarte um so mehr zufriedenstellen. Sie bietet als Vorspeisen unter anderem einen **Aufschnitt** mit heimischer Wurst, Frittatine mit Wildkräutern, **Tortini di verdure**, Uova in festa, den Klassiker **Vitello tonnato**, geröstete Auberginen und Paprikaschoten und gefülltes Gemüse. **Agnolotti**, Risotti mit Pilzen und Taglierini della nonna bilden die Überleitung zu den Secondi. Die Auswahl reicht hier von **Kaninchen mit Kräutern** über Wildschwein in salmì mit gerösteter Polenta bis hin zu den winterlichen **Bolliti misti** mit Bagnet. Dazu gibt es Gemüse oder aromatische Kartoffeln nach Bauernart. Die klassischen Nachspeisen, darunter Mürbeteigkuchen und Panna cotta, sind hausgemacht. Auf Wunsch richtet man Ihnen auch einen Picknickkorb. Und wer Weine der Gegend kennenlernen möchte, für den organisiert man Besuche bei Weinbauern und Weinproben. Der Bauernhof eignet sich außerdem für Ausflüge in den Naturpark Capanne di Marcarolo, zum Lavagnina- und zum Gorzente-See. Eine Reservierung ist unbedingt notwendig.

Bei Traverso in der Via Bertelli 5 in **Gavi** (5 km) bekommen Sie die klassischen Amaretti.

Grinzane Cavour Borzone

58 km von Cuneo, 7 km südwestlich von Alba

Nonna Genia

Trattoria
Ortsteil Borzone, 1
Tel. 0173/262410
Ruhetag: Mittwoch
Betriebsferien: je 14 Tage im Jan. und im Juli
40 Plätze
Preise: 35 000 Lire, ohne Wein
Kreditkarten: alle
Mittags und abends geöffnet

Um zu dieser Osteria zu gelangen, biegen Sie, von Alba kommend, in Gallo Grinzane zwischen den Fabrikhallen der Firma Sebaste links in eine kleine Straße ab. Nach wenigen Kilometern erreichen Sie ein altes, geschmackvoll restauriertes Haus im typischen Stil der Langhe, das, eingebettet in Wälder, Weinberge und einige hübsche, verstreute Bauernhäuser, einen herrlichen Ausblick auf die imposante Burg von Grinzane Cavour bietet.
Neben den Klassikern des Piemont findet man hier und da auch etwas Neues, wie zum Beispiel eine hervorragende **Insalata di toma e valeriana** mit einem köstlichen Pesto oder einen ungewöhnlichen Involtino mit Spargel und Schinken bei den Antipasti. Darüber hinaus umfaßt das reichhaltige Vorspeisenangebot je nach Jahreszeit noch eine ausgezeichnete **Carne cruda all'albese**, Vitello tonnato, **gefüllte Paprika** und Gemüseauflauf mit Fonduta. Klassisch sind auch die Primi mit guten, hausgemachten **Tajarin**, Gnocchi und Ravioli dal plin. Unter den Secondi, die mit Gemüse der Saison serviert werden, ragt besonders das **Kaninchen in Wein** hervor, empfehlenswert sind aber auch der Schmorbraten mit Rosmarin, der Sottofiletto di maiale und der Brasato al Barolo. Die Auswahl an Desserts ist groß: **Zuccotto mit Birnen**, Bonet, Salame del papa, Apfelkuchen und andere Spezialitäten.
Auf der Weinkarte findet man eine gepflegte und reichhaltige Auswahl piemontesischer Erzeugnisse, und die Preise sind ausgesprochen anständig.

Wenn Sie Weine renommierter Piemonteser Erzeuger oder hochwertige Grappe kaufen wollen, verweisen wir auf die Enoteca Regionale del Castello di Grinzane (Öffnungszeiten: 9.00–12.00 und 14.30–18.00 Uhr) und die Distilleria Montanaro (Via Garibaldi 6), die seit 1885 Grappe herstellt.

Ivrea

50 km nordöstlich von Turin, S.S. 26

Acquila antica

NEU

Hotelrestaurant
Via Gozzano, 37
Tel. 01 25 / 64 13 64
Ruhetag: Sonntag
Betriebsferien: 20. – 30. August
100 Plätze + 60 im Freien
Preise: 30 000 Lire, ohne Wein
Kreditkarten: alle
Mittags und abends geöffnet

Zunächst einmal einige Erläuterungen: Es handelt sich hier um ein Hotelrestaurant, das nicht ganz der ländlichen Osteria alter Prägung entspricht. Auf der Speisekarte findet man deshalb gelegentlich auch »pesce fresco« (frischen Fisch) und »fantasiose insalate« (phantasievolle Salate). Trotzdem möchten wir Ihnen dieses Restaurant mit seinem angenehmen, gepflegten Ambiente, mit der auf die Vorhänge abgestimmten rosafarbenen und weißen Tischwäsche und dem schönen, mit großen, hölzernen Blumenkästen geschmückten Innenhof empfehlen.
Nehmen Sie also in einem der fünf kleinen Speisesäle Platz, und probieren Sie die traditionellen Gerichte, die der Inhaber und Küchenchef Doriano (um den Service kümmert sich seine Frau) zubereitet. Im Frühjahr und Sommer überwiegen leichte Speisen mit gedünstetem Gemüse, Suppen mit Wildkräutern, **Lasagne mit Pilzen und Ajucche** (einem heimischen Wildkraut). Im Herbst und Winter fallen die Gerichte hingegen üppiger aus. Man beginnt dann beispielsweise mit einer Bruschetta mit Speck, Paprika mit Bagna caoda oder den typischen, **in Butter gebratenen Maronen** und fährt danach mit einem Teller Agnolotti alla canavese oder der klassischen **Tofeja** (eine deftige Suppe mit Bohnen und Schweinefleisch) oder auch einer **Brotsuppe mit Kohl** fort. Bei den Secondi ist besonders der **Süßwasserfisch** zu empfehlen, der auf unterschiedlichste Weise zubereitet wird. Wer aber lieber Fleisch ißt, der ist mit dem ausgezeichneten **Brasato al Carema** oder einem schönen Fritto misto gut bedient. Und dazu trinkt man Weine aus der Gegend.

Sie sollten Ivrea nicht verlassen, ohne in der Pasticceria Balla, Corso Re Umberto 1, eine Torta Novecento oder in der Pasticceria Strobbia, Corso Botta 30, eine »Polenta d'Ivrea« gekauft zu haben.

La Morra Annunziata

50 km von Cuneo, 15 km südwestlich von Alba

Fratelli Revello

Bauernhof
Ortsteil Annunziata, 103
Tel. 01 73 / 5 02 76
Kein Ruhetag
Betriebsferien: 15. 1.–15. 2., 3 Wo. im Sommer
55 Plätze + 20 im Freien
Preise: 35 – 40 000 Lire, ohne Wein
Keine Kreditkarten
Mittags und abends geöffnet

Eine angenehme Überraschung: In La Morra finden Sie nicht nur die besten Restaurants Italiens, auch auf den Bauernhöfen werden Sie aufs vortrefflichste bewirtet. Besuchen Sie nur einmal den Betrieb der Fratelli Revello im Vorort Annunziata. Der schöne Hof liegt an einer der ersten Spitzkehren der Straße von Alba nach La Morra. Hier baut die tüchtige Familie Wein (und was für einen!) und Gemüse an und züchtet Kaninchen und Hühner.
Den Auftakt bilden **Vitello tonnato** con salsa all'antica (ohne Mayonnaise), Forellen in carpione, Kaninchenrouladen all' aceto balsamico, Frittate mit Gemüse der Saison, **Caponet** und Spargel- oder Spinatquiche. Bei den Primi das traditionelle Zweigespann: **Agnolotti dal plin** und **Tajarin** mit Bratensauce – aber welch ein Geschmack, welch ein Biß! Auf Vorbestellung bekommen Sie außerdem eine der besten **Finanziere** all'albese, Brasato al Barolo oder **Kaninchen mit Paprikaschoten** oder **mit Kräutern**. Und im Winter haben Bagna caoda und Minestra mit Kutteln und Kichererbsen ihren Auftritt. Inklusive einem guten, hausgemachten Dessert – die **Zuppa inglese** sollten Sie sich keinesfalls entgehen lassen – zahlen Sie nicht mehr als 40 000 Lire. Denken Sie aber daran, sich unbedingt vorher anzumelden.

Hier sei noch auf einige Adressen im Dorf hingewiesen, wo man die örtlichen Weine probieren und kaufen kann: die Cantina Comunale, Via Carlo Alberto 2 (hier gibt es auch Maismehl aus dem Molino Sobrino), die Vin Bar in der Via Roma 56, die neue Enoteca Gallo in der Via XX Settembre 3 und die Vineria San Giorgio, Via Umberto 1. In der Panetteria Soncin, Via Roma 4, bekommen Sie Lamorresi al Barolo und Haselnußtorte.

La Morra
Santa Maria

50 km von Cuneo, 15 km von Alba

L'Osteria del Vignaiolo

NEU

Restaurant
Ortsteil Santa Maria, 12
Tel. 01 73 / 5 03 35
Ruhetag: Mittwoch
Betriebsferien: Januar
50 Plätze
Preise: 38 – 45 000 Lire, ohne Wein
Kreditkarten: alle außer DC
Mittags und abends geöffnet

Am besten erreichen Sie den Ortsteil Santa Maria von Gallo d'Alba aus: Wenn Sie die Staatsstraße nehmen, sehen Sie den Turm der Firma Sebaste mit dem auffälligen Firmenschild. Danach müssen Sie noch einige hundert Meter fahren, dann nach rechts abbiegen und der Straße zwischen den herrlichen Weinbergen folgen. Diesen Weinbergen, dem Reichtum dieses Landstrichs, haben Dino Coccio und Luciano Marengo ihr kleines, freundliches Lokal gewidmet. Eins zu null für die neuen Osterie! Ein gepflegtes, in Pastellfarben gehaltenes Ambiente mit zwei altmodischen Anrichten und ein paar Tischen, dazu gute Weine, darunter nahezu alle Erzeugnisse aus La Morra und eine umfangreiche Auswahl an Barolo- und Barbaresco-Weinen aus anderen Anbaugebieten sowie der ein oder andere Weißwein aus Südtirol und Friaul.
Preiswert und reichlich das Festpreismenü (38 000 Lire, inklusive Gedeck und Bedienung), klein die Karte, die neben traditionellen Speisen auch einige Eigenkreationen bietet. Im Sommer haben wir einen rosigen **Vitello tonnato**, einen feinen **Zucchiniauflauf** und eine Insalatina di coniglio genossen. Ausgezeichnet auch die herrlich bißfesten **Tagliatelle mit Steinpilzen**. Außerdem sah die Speisekarte noch Gnocchetti verdi al pomodoro, Risotto al raschera und Crespelle vor. Fritierte Pilze, Stracotto all'Arneis (könnte noch verbessert werden) und **Perlhuhn** mit Oliven werden im Winter von den traditionellen Schmorbraten abgelöst. Eher winterlich (denken Sie aber daran, daß die Speisekarte jede Woche wechselt) sind die **Tartrà**, der Kardenauflauf, die **Gnocchi al raschera** und die **Agnolotti dal plin** (die von der Mutter eines der Inhaber zubereitet werden).
Gut sind die Desserts, darunter Bonet, Semifreddo di torrone, gefüllte Pfirsiche und andere jahreszeitlich geprägte Köstlichkeiten. Die Bedienung ist aufmerksam.

Lessolo
Calea

53 km von Turin, 9 km nordwestlich von Ivrea

La Miniera

Bauernhof
Via delle Miniere, 9 – Ortsteil Valcava
Tel. 01 25 / 5 86 18
Ruhetag: Montag bis Mittwoch
Betriebsferien: Januar
40 Plätze + 40 im Freien
Preise: 35 – 40 000 Lire, ohne Wein
Keine Kreditkarten
Mittags und abends geöffnet

Der Bauernhof von Roberta Anau liegt auf einem grünen Hügel, einer Oase des Friedens und der Stille. Das Lokal ist in einem stillgelegten Bergwerk eingerichtet, das man unter Robertas Führung auch besichtigen kann. Es erwartet Sie also ein gepflegtes und interessantes Ambiente mit lebendigen Zeugnissen der Kultur auf diesem Bauernhof, der auch wegen seines Honigs, seines Obsts und Gemüses und der köstlichen Konfitüren zu empfehlen ist. Wildkräuter aus dem eigenen Garten und Pilze (die Roberta selbst züchtet) sind die Zutaten für die jahreszeitlich geprägten Speisen. Ein ausgezeichnetes Beispiel dafür sind die je nach Saison verschieden **gefüllten Paste**: Ravioli, gefüllt mit Lauch, mit Kartoffeln und Toma, mit Topinambur und Artischocken, mit Kürbis (im Herbst und Winter) oder (im Sommer) mit Caprino und aromatischen Kräutern. Außerdem bekommt man auch **Strozzapreti aus Buchweizenmehl** mit Pfifferlingssauce. Als Vorspeise wird man Ihnen **Carpioni** aus Gemüse und Süßwasserfisch, Frittatine, **salzige Kuchen** oder ausgezeichnete **Wurst** (aus Gänsefleisch, mit Knoblauch) servieren. Dazu werden im Sommer süß-sauer eingelegte Feigen gereicht. **Ragouts mit Zwiebeln und Pflaumen** und Couscous alla giudìa mit Fleischklößchen sind die herausragendsten Secondi. Man schließt mit Käse oder verschiedenen Torten, Mousses und Mürbeteigkuchen mit Holunder- oder Heidelbeeren. Dazu trinkt man Weine aus der Gegend und aus dem übrigen Piemont. Wie bei allen Bauernhöfen sollten Sie auch hier unbedingt vorher reservieren.

In Lessolo, Ortsteil Coste (2 km; gehört bereits zur Gemeinde Vico Canavese) bietet die Cooperativa agricola Fraternità Kräuter, Ziegenkäse und Konserven aus eigener Herstellung an.

Magnano San Sudario

26 km südlich von Biella

La Bessa

Trattoria
Ortsteil San Sudario, 30
Tel. 015/679186
Ruhetag: Donnerstag
Betriebsferien: November
60 Plätze + 50 im Freien
Preise: 35–40 000 Lire, ohne Wein
Keine Kreditkarten
Mittags und abends geöffnet

Ende des vorigen Jahrhunderts war das »La Bessa« eine Station für Pferdefuhrwerke. Und seit dieser Zeit wird das Lokal von der Familie Ribotto geführt, und das auch in schwierigen Zeiten, wie etwa während des Faschismus, der für den Großvater des heutigen Inhabers, einen führenden Antifaschisten des Ortes, besonders hart war. Der Ort Magnano, zwischen dem Viverone-See und dem Naturpark La Bessa gelegen, zieht mit sommerlichen Konzerten alter Musik, Werken der romanischen Kunst, Golfplätzen und dem grünen Hügel La Serra viele Erholungsuchende an.
Das Lokal, das erst vor kurzem vergrößert wurde, wirkt von außen sehr nüchtern, ja geradezu anonym. Einfach und unverfälscht ist auch die Küche. Die Vorspeisen sind allesamt einen Versuch wert: die vorzügliche **Zunge in salsa rossa**, der warme Cotechino mit Kartoffeln, die Wurst (bemerkenswert die Salami) und die würzigen, säuerlichen **Tomini di Chiaverano**. Und im Winter sollten Sie sich keinesfalls die **Fasolada**, ein üppiges, kalorienreiches Gericht mit Bohnen und Speck, entgehen lassen. Das gilt, bei den Primi, auch für die **Agnolotti**, die Tagliatelle und die Gemüseminestrone. Als Secondi, zu denen während der Saison **Pilze** vom Hügel La Serra gereicht werden, gibt es Arrosti, Brasato al Barolo und, auf Vorbestellung, Fritto misto und Wild. Gut sind die hausgemachten Desserts: Baisertorte, Bonet, Haselnußtorte und Tronchetto, mit Erdbeeren gefüllt. Dazu eine kleine Auswahl an Weinen und Grappe. Die Preise sind durchaus angemessen.

In **Roppolo** (15 km entfernt, aber auf dem Weg, an der Strada Nazionale 143, gelegen) bietet die Enoteca Regionale della Serra Weine aus der Gegend, u. a. Erbaluce di Caluso, zum Kauf an.

Masio

20 km südwestlich von Alessandria, S.S. 10

Losanna

Trattoria
Via San Rocco, 36
Tel. 0131/799525
Ruhetag: Montag
Betriebsferien: 1.–20. August
60 Plätze + 20 auf der Veranda
Preise: 40–45 000 Lire, ohne Wein
Kreditkarten: alle außer DC
Mittags und abends geöffnet

Dort, wo die Ebene um Alessandria und die Hügel des Monferrato ineinander übergehen, mitten auf dem offenen Land, liegt diese einfache, gemütliche Trattoria. Benannt ist sie nach der gleichnamigen Schweizer Stadt, die zu Beginn des Jahrhunderts Ziel der Weinlieferanten war, die bei ihrer Rückkehr in dieser ehemaligen Poststation ihre Geschäfte begossen. Vor dem Haus eine Veranda, auf der man im Sommer sein Essen einnehmen kann, drinnen neben drei hübschen, kleinen Speisesälen mit schönen Kaminen und Gegenständen aus Großmutters Zeiten noch ein weiterer kleiner Raum mit großen, massiven Holztischen, in dem sich größere Gruppen oder Stammgäste zum Mittagessen (ein komplettes Menü zu 25 000 Lire) niederlassen.
Unter den Vorspeisen ein raffinierter **Galletto in insalata mit schwarzen Trüffeln**, Gemüseomeletts und -aufläufe mit Fonduta oder kalter Tomatensauce und Paprikarouladen. Die Hauptrolle spielen aber ohne Zweifel die Primi: ausgezeichnet die **Tagliatelle alla crema di funghi**, aromatisch die Gnocchi mit Tomaten und Basilikum, sättigend die **Pasta e fagioli**, klassisch die **Tagliolini** und die **Agnolotti al sugo di stufato**. Von den Fleischgerichten haben wir einen schmackhaften Coniglio al sale mit Kapern und Oliven, ein typisches Gericht aus dem Mittelmeerraum, und einen guten **Stoccafisso mit Pinienkernen und Kartoffeln** probiert. Neben heimischen Secondi (Brasato, Kalbshaxe) werden auch Schnecken alla bourguignonne angeboten.
Gut sind die Desserts (Bonet, **Panna cotta mit Haselnüssen**, Crostate) und im Sommer das selbstgemachte Eis (ganz vorzüglich das Feigeneis). Anständig und mit Sachkenntnis zusammengestellt die Auswahl an vorwiegend piemontesischen Weinen, ergänzt durch einige gute Erzeugnisse aus dem übrigen Italien.

Mezzenile

41 km nördlich von Turin

Antica Società

NEU

Restaurant
Via Sabbione, 3
Tel. 01 23 / 58 12 10
Ruhetag: Montag
Betriebsferien: 2 Wo. im Okt., 1 Wo. im Feb.
35 Plätze + 15 im Freien
Preise: 40 000 Lire, ohne Wein
Kreditkarten: die bekannteren
Mittags und abends geöffnet

Wir sind hier in den Valli di Lanzo, nur etwa vierzig Kilometer von Turin entfernt, fernab von Verkehrsstaus, Lärm und Abgasen, in einem hübschen Dörfchen, in dem die Zeit stillzustehen scheint. Schön ist auch das alte Haus mit dem Hof, das dieses Restaurant beherbergt. Ein kleiner, ruhiger Speisesaal, ein nettes, gemütliches Ambiente und ein Wirt, Francesco Eblovi, der Wohlbehagen – ein Gefühl, das sich auch bei Ihnen einstellen wird – ausstrahlt. In der Küche geht Angelo Furini, unterstützt von Francescos Mutter, die bestens mit den kulinarischen Traditionen des Tals vertraut ist, mit großem Können seiner Arbeit nach. Das abwechslungsreiche Speisenangebot folgt stets dem Lauf der Jahreszeiten, und es werden nur frische Zutaten von örtlichen Erzeugern verwendet.
Hier einige Empfehlungen: Beginnen Sie mit den typischen, aromatischen und schmackhaften **Wurst**spezialitäten, den köstlichen Paprikaschoten mit Thymian, der Insalata di coniglio all'aceto oder der **Frittatina mit Pfifferlingen**. Danach können Sie zu ausgezeichneten **Gnocchi** mit Kräutern, **Reis mit heimischen Tome** und einem herrlichen **Risotto mit Steinpilzen und Pfifferlingen** übergehen. Von den Secondi sind besonders der reichhaltige **Fritto misto** (auf Vorbestellung) mit mehr als zwanzig Bestandteilen, die alle getrennt gegart werden, und im Winter das **Wild** (Haar- und Federwild) und die zarten Bocconcini di fassone al Barbaresco zu empfehlen.
Da die Familie Eblovi Mitglied der Compagnia del Cioccolato ist, kommt das edle Produkt der Kakaobohne bei den Desserts natürlich besonders groß heraus: Bonet, gefüllte Pfirsiche mit Schokolade und **Haselnuß-Schokoladentorte** garantieren für ein herrliches Finale. Die Weinkarte ist anständig.

Momberbelli

20 km südöstlich von Asti

Locanda Fontanabuona

NEU

Restaurant – Vineria
Via Nizza, 595
Tel. 01 41 / 95 54 77
Ruhetag: Mittwoch
Betriebsferien: Januar
140 Plätze + 70 im Freien
Preise: 35 – 40 000 Lire, ohne Wein
Keine Kreditkarten
Nur abends, am Wochenende auch mittags geöffnet

Im Herzen des Monferrato, in einer Gegend, wo man sich vor allem auf den Anbau des Barbera spezialisiert hat, hat Franco »Bagen« Gambaudo in einem originalgetreu restaurierten Bauernhaus sein Restaurant mit Vineria eröffnet, das sich von Anfang an großer Beliebtheit erfreute. Viele junge Leute kommen besonders an den Wochenenden hierher, um eine gute Flasche Wein zu trinken und dazu einen Teller mit Wurst und Käse oder eine Portion Agnolotti zu essen. Das Restaurant mit der größeren Speiseauswahl und dem gepflegteren Service wird hingegen gerne für Festessen genutzt.
Man hat inzwischen ein festes Speisenangebot, und die Qualität ist trotz eines Personalwechsels in der Küche gleichbleibend gut. Die junge, aber bereits sehr erfahrene Köchin Barbara Pastura zeigt Leidenschaft und Können. Man beginnt mit **Schinken** und warmen Focaccine und kann dann mit einer Reihe weiterer Vorspeisen (die je nach Jahreszeit wechseln) fortfahren: Rotolo di frittata mit Schinkenpastete, **Bocconcini di tacchino in salsa sabauda**, Gemüseaufläufe mit Fonduta, Cotechino mit Wirsing und Kartoffelcremesuppe. Danach gibt es **Agnolotti** mit Bratensauce oder mit Leberragout, **Gnocchi**, Risotti und Tagliolini. Bei den Secondi finden wir überwiegend Fleischgerichte wie **geschmorte Kalbshaxe**, Wildschwein, Lamm, Kaninchen oder **Perlhuhn**.
Als Desserts werden im Wechsel Haselnußpudding, Apfel- und Haselnußkuchen, Tiramisù, **Bonet** und Bayerische Creme mit Muskateller angeboten. Die Weinkarte, die laufend erweitert wird, umfaßt bereits weit über hundert Sorten.

Unten im Ort bietet die Distilleria Astigiana von Franco Barbero, Via Alessandria 154, Grappe aus verschiedenen Piemonteser Trauben und einige sehr feine Traubenschnäpse an.

Mondovì Sant'Anna Avagnina

27 km östlich von Cuneo, S.S. 564

Croce d'Oro

Trattoria
Via Sant'Anna, 83
Tel. 01 74 / 68 14 64
Ruhetag: Montag
Betriebsferien: 14 Tage zw. Juli u. Aug.
50 Plätze
Preise: 40 – 45 000 Lire, ohne Wein
Kreditkarten: DC
Mittags und abends geöffnet

In der nicht gerade überragenden gastronomischen Landschaft der Langhe von Monregale ist diese ehemalige Osteria mit Stallungen, die etwas außerhalb der Stadt an der Kreuzung der Staatsstraße von Cuneo liegt, eine sichere Adresse. Sie ist ein Beispiel für einen soliden Gastronomiebetrieb, bei dem das Preis-Leistungs-Verhältnis stimmt, und sowohl der Service als auch die Gerichte, die von Franco Ferrero und Silvana Roatta zubereitet werden, stehen ganz im Zeichen der Tradition.
Wir würden Ihnen raten, sich bei Aufschnitt, kleinen Salaten mit Sellerie und Nüssen, Russischem Salat und Salade Niçoise etwas zurückzuhalten und sich lieber an die entschieden besseren und interessanteren Primi und Secondi – klassische **Agnolotti**, **Tagliatelle** oder duftende Gemüseminestroni, **Schmorbraten** oder traditionelle **Bolliti** oder vielleicht auch die ausgezeichneten **Kutteln** – zu halten. Während der Saison sind auch die **Pilze** – fritiert, geschmort oder als Risotto – und die Wildgerichte zu empfehlen. Gut sind die hausgemachten Desserts: Bonet, Haselnußtorte, Zabaione mit Paste 'd melia. Bei den Weinen finden Sie neben guten Erzeugnissen aus den Langhe und dem Piemont auch den ein oder anderen Flaschenwein aus Ligurien und der Toskana. Die Grappe (hier gibt es eine große Auswahl) stammen ausschließlich von Piemonteser Erzeugern.

Zwei gute Konditoreien finden Sie in Mondovì: Die Pasticceria Comino, Via Marconi 1, bietet zwei traditionelle Spezialitäten an, die Copeta (mit einer Masse aus Haselnüssen, Walnüssen und Honig gefüllte Oblaten) und die Risola (mit Renettenmarmelade gefüllte Blätterteigtaschen). Und die Pasticceria Odasso, Corso Statuto 28, hält eine große Auswahl an Gebäck, klassischen Torten und zu Karneval den »Trancio di moro« mit Sahne, Marrons glacés und Schokolade bereit.

Monforte d'Alba

50 km von Cuneo, 12 km südlich von Alba

Trattoria della Posta

Trattoria
Piazza XX Settembre, 9
Tel. 01 73 / 7 81 20
Ruhetag: Donnerstag
Betriebsferien: 1 Woche im Frühjahr
45 Plätze
Preise: 45 – 50 000 Lire, ohne Wein
Kreditkarten: CartaSi, Visa
Mittags und abends geöffnet

Das »La Posta« ist eine der typischsten Trattorie der Langhe. Sie liegt an der Piazza, wo im Sommer Faustball gespielt wird, und hat sich ihr ursprüngliches, schlichtes Ambiente mit der Bar im Eingangsbereich und der Küche, durch die die Gäste in den Speisesaal gelangen, bis heute bewahrt. Der Service ist zwar einfach und ungezwungen, doch die Weinkarte ist äußerst umfangreich, und man bekommt hier stets das richtige Glas.
Die Küche setzt auf Bewährtes, folgt dabei aber nicht unbedingt den Angeboten der jeweiligen Jahreszeit. Sie bietet die typischen Klassiker der Langhe, die allerdings zumeist nur von durchschnittlicher Qualität sind. Herausragend sind jedoch die von Hand geschnittene **Carne cruda**, der **Vitello tonnato**, die **Agnolotti dal plin** und der **Muscolo al Barolo**. Als Vorspeisen werden in der Regel Insalata di galletto und pochierte Eier mit geschmolzenem Käse angeboten, als Primi Kichererbsensuppe mit Kutteln, Tajarin mit Sauce oder mit Butter und Salbei und Tagliatelle verdi. Bei den Fleischgerichten kann man zwischen Wildschwein, Lamm oder Kaninchen wählen, die auf unterschiedliche Weise zubereitet werden. **Bonet**, Panna cotta und Budino al torrone zählen zu den Standarddesserts. Eine Art Querschnitt durch die heimische Küche also, die während der Saison noch mit Pilzen und Trüffeln (die man dann, was nicht immer ganz passend ist, gerne überall einsetzt) bereichert wird.
Lassen Sie sich einen Tisch reservieren, und seien Sie pünktlich, denn man hält sich hier streng an die Öffnungszeiten.

Zwei ausgezeichnete Adressen für Spezialitäten der Langhe sind die Enoteca Infernòt, Via Palestro 2 (Weine, Grappe, Konserven), und Alimentari Costantino Rocca, Piazza Umberto 20 (Barolo- und Barbarescho-Weine, Honig, Haselnußtorte aus Cogno, Tome und Robiole).

Montaldo Scarampi

18 km südlich von Asti, S.S. 456

Il Campagnin

Trattoria
Via Binello, 77
Tel. 01 41 / 95 36 76
Ruhetag: Sonntag und Dienstag
Betriebsferien: im Sommer
30 Plätze
Preise: 40 – 45 000 Lire
Keine Kreditkarten
Nur mittags geöffnet

Man gibt hier nicht viel auf übliches Geschäftsgebaren, deshalb hat das Lokal auch nur zur Mittagszeit und an Wochentagen geöffnet. Wissen sollten Sie auch, daß sich der Eingang zum winzigen Speisesaal hinter der rustikalen Bar verbirgt. Trotzdem ist das »Campagnin« eine Adresse, die wir aus Überzeugung immer wieder empfehlen, denn Ortensio, der Inhaber und erfahrene Koch, der nach etlichen Wanderjahren in seine Heimat zurückgekehrt ist, um ein weniger arbeitsreiches Leben zu führen, versteht es mit glücklicher Hand, Tradition mit großem Können und Gespür zu verbinden.
Als Vorspeisen haben wir bei unserem letzten Besuch eine ganz köstliche **Forelle in carpione**, einen ungewöhnlichen gegrillten Tomino mit einem raffinierten Sughetto, einen vorzüglichen **Vitello tonnato** und ausgezeichnetes gepökeltes Kalbfleisch gegessen. Dann die Primi: verschiedene **Risotti** (Ortensio ist darin Meister), Agnolotti, Tagliatelle und **Minestra mit Kichererbsen und Kutteln** (nur im Winter). Es folgen klassische Fleischgerichte wie Bollito, gebratenes Kaninchen und Perlhuhn, Brasato oder traditionelle Piemonteser Gerichte, etwa eine **Finanziera** und geschmorte Kutteln und manchmal auch ein ungewöhnliches, aber ausgesprochen gelungenes Gulasch, das Ortensio nach Piemonteser Art zubereitet.
Selbstgemachtes Gebäck, eine großartige **Panna cotta**, Mürbeteigkuchen, Tiramisù oder Bonet beschließen eine Mahlzeit, die noch von einer überraschend niedrigen Rechnung gekrönt wird. Bedauern werden Sie nur, daß der Weinkeller nicht mit der Küche mithalten kann.

Im Ortsteil **Forni**, Via Rocca d'Arazzo 34, stellt Rita Stocco aus Schweinefleisch aus eigener Zucht Koch- und Rohwurst, Cacciatorini, Würste, Cotechini, Pancetta und eine herrliche Testa in cassetta her.

Montechiaro d'Acqui

51 km von Alessandria, 20 km von Acqui

Antica Osteria di Nonno Carlo

Osteria
Via delle scuole, 1
Tel. 01 44 / 9 23 66
Ruhetag: Mittwoch
Betriebsferien: unterschiedlich
70 Plätze
Preise: 40 – 45 000 Lire, ohne Wein
Keine Kreditkarten
Mittags und abends geöffnet

Die »Osteria di Nonno Carlo« setzt nach wie vor auf zwei kulinarische Standbeine: Da ist einmal die gute piemontesisch-ligurische Küche mit zahlreichen Vorspeisen, wie Wurst aus eigener Herstellung, Fleischbällchen in carpione und **Sardellen**, die mit einer Sauce serviert werden, die der Gründer des Lokals kreiert hat. Die Sardelle ist traditionell eng mit dieser Gegend verbunden, ihr zu Ehren wird am ersten Sonntag im Mai sogar ein Fest, die »Acciugata del Castellano«, veranstaltet, mit dem an die ehemalige »Salzstraße« erinnert wird, die den Monferrato unter anderem mit Ligurien verband. Man fährt fort mit **Ravioli di carne**, Taglierini, gegrilltem Fleisch (Lamm, Wurst, Perlhuhn, Kaninchen), zu dem knackiges Pfannengemüse und kleine, heimische **Ziegenkäse** gereicht werden. An seine ligurische Herkunft erinnert der Koch Bruno Giacardi mit seinen Fischgerichten (nur auf Vorbestellung), dem zweiten Standbein des Lokals. Hier sind besonders der **Stoccafisso in burrida**, der fritierte und gegrillte Fisch, die Fischsuppe und der Tintenfischsalat zu empfehlen. Im gemütlichen Speisesaal, dessen rustikaler Charakter noch durch eine Decke aus Rohrgeflecht unterstrichen wird, werden Sie freundlich von Teresa und Alberto, Mutter und Sohn, bedient.
Gut ist die Auswahl an Weinen mit Erzeugnissen aus dem Monferrato, aus der Gegend um Alba und einigen ausländischen Marken.

Im Ortsteil **Vaccamorta** stellt die Familie Accusani in ihrer sauberen, gut ausgestatteten Käserei ausgezeichnete kleine Weichkäse aus Ziegenmilch her, die ganz frisch zum Kauf angeboten werden.

Montechiaro d'Asti

12 km nordwestlich von Asti, S.S. 458

Tre Colli

Trattoria
Piazza del mercato, 5
Tel. 0141/901027 und 999987
Ruhetag: Mittwoch
Betriebsferien: 1 Wo. Ende Januar, 1 Wo. Ende Juli
40 Plätze + 40 im Freien
Preise: 45 000 Lire, ohne Wein
Kreditkarten: die bekannteren
Mittags und abends geöffnet

Die Familie Gavello hat diese traditionsreiche, ländliche Trattoria originalgetreu restauriert, und auch die Küche ist nach wie vor der Tradition verhaftet. Das holzgetäfelte Ambiente ist angenehm und behaglich, und im Sommer kann man sein Abendessen auch auf der schönen Terrasse mit Blick auf die Hügel einnehmen. Der Service ist freundlich und umsichtig, und die Weinkarte, die laufend erweitert wird, bietet neben guten Erzeugnissen aus dem Monferrato auch immer häufiger Barolo- und Barbaresco-Weine aus den benachbarten Langhe.
Man beginnt mit den klassischen Piemonteser Vorspeisen: **Wurst** (aus eigener Herstellung) mit warmen Focaccette, Zunge in giardino, eine ungewöhnliche, aber köstliche **Insalata di nervetti** und, im Winter, Gemüseaufläufe mit Fonduta, kleine Zwiebelkuchen, **Bocconcino di robiola mit Fonduta** und Trüffeln. Danach fährt man fort mit frischen, gut zubereiteten Paste (**Agnolotti**, **Tajarin** und Maltagliati mit winterlichen Minestroni), guten Risotti und traditionellen Secondi, darunter Schmorbraten, gebratene Ente, gebratene Lammkeule und Kaninchenleber al balsamico. Auf Vorbestellung bekommen Sie aber auch einen Fritto misto, der mit Sicherheit frisch und leichtverdaulich ist. Cremedesserts – Bonet, **Panna cotta** (al caffè, al torroncino und mit Früchten), gefüllte Pfirsiche und **Canestrelli** (die besondere Spezialität des Lokals) beschließen ein Mahl, bei dem das Preis-Leistungs-Verhältnis stimmt.

In der Panetteria Roba, Via Piesenzana 10, bekommt man die typischen Canestrelli, und in der Panetteria Panzini, Via Roma 27, gibt es absolut einmalige Nußkuchen.

Montegrosso d'Asti Santo Stefano

15 km südlich von Asti, S.S. 456

Da Elvira

NEU

Bauernhof
Via Santo Stefano, 75
Tel. 0141/956138
Ruhetag: So.abend und Montag
Betriebsferien: um den 15. August
50 Plätze
Preise: 40 000 Lire
Keine Kreditkarten
Mittags und abends geöffnet

Mit ungebrochener Begeisterung bieten Elvira und Nello Rustichelli Gastlichkeit auf dem Bauernhof, bauen Wein und Obst an und verschönern ihr großes, in die Hügel des Monferrato eingebettetes Bauernhaus. Sie erreichen es, von Asti und der Staatsstraße 456 kommend, wenn Sie vor der Ortschaft Montegrosso nach rechts in Richtung Costigliole und Vallumida abbiegen und dann noch einige Kilometer durch verschiedene kleine Vororte fahren.
Die Küche steht ganz im Zeichen der Tradition, auch wenn sich Elvira dank ihres ungewöhnlichen Einfallsreichtums, abgesehen von einigen Bravourstücken, nie wiederholt. Als Beispiele seien hier nur die herrlichen **Agnolotti dal plin** (richtige Größe, schmackhafte Füllung, lockerer Teig) und der reichhaltige, knusprige und leichte **Fritto misto** genannt. Daneben gibt es verschiedene Vorspeisen (ausgezeichnete Wurst, **warme Gemüsekuchen** und -aufläufe, Vitello tonnato, frische, sommerliche Pasteten, Carne cruda mit einer köstlichen Vinaigrette, **Cotechino mit Fonduta**, herrliche **Caponet** mit einem Hauch geschmolzenem Käse), weitere Primi, zum Beispiel **Tajarin**, gut zubereitete Fleischgerichte (Brasato al Barbera, **Kaninchen mit Kräutern**) sowie zwei oder drei Desserts (vorzüglich der **Bonet mit Maronen** und der Rotolo di pere). Die einzelnen Gänge sind reichlich bemessen und werden in einer festen Reihenfolge (die Sie auch vereinbaren können) aufgetragen.
Die Weine stammen aus eigener Erzeugung. Man ißt in einem hellen, gepflegten Speisesaal, und der Service ist ungezwungen und ländlich. Es ist ratsam, sich telefonisch anzumelden und Öffnungszeiten und eventuelle Vorbestellungen zu erfragen.

Die Weinbar von Gino Risso in **Costigliole d'Asti** (5 km) ist eine sehr gut sortierte Enoteca mit Ausschank und Verkauf.

Montelupo Albese

65 km von Cuneo, 14 km südlich von Alba

Ca' del Lupo

Restaurant
Via Ballerina, 15
Tel. 01 73 / 61 72 49
Ruhetag: Mittwoch
Betriebsferien: 15. Jan.–13. Feb.
90 Plätze
Preise: 40–45 000 Lire, ohne Wein
Kreditkarten: alle
Nur abends, an Sonn- und Feiertagen auch mittags geöffnet

Von außen sieht das Lokal ganz und gar nicht wie eine traditionelle Osteria der Langhe aus: eine neuerbaute Villa mit Schwimmbad ganz oben auf dem Hügel, der sich im Süden über dem Örtchen Montelupo erhebt. »Puristen« könnten deshalb zunächst in eine Zwickmühle geraten. Die herrliche Aussicht auf weite Teile der Langhe und ein kurzer Blick auf die Speise- und die Weinkarte werden aber selbst den mißtrauischsten Gast eines Besseren belehren. Die Weinkarte bietet eine ausgezeichnete Auswahl vorwiegend piemontesischer Marken – es gibt aber auch Erzeugnisse aus der Toskana, Friaul und Frankreich –, die zu ausgesprochen anständigen Preisen angeboten werden. Bestes Beispiel für die wachsende Aufmerksamkeit, die man den Weinen schenkt, ist der neue Weinkeller, den die Brüder Stefano und Savio Drocco erst kürzlich fertiggestellt haben und der es ermöglicht, das Angebot noch weiter auszubauen.
Die Küche von Emma Nada ist durch und durch traditionell, dabei aber sehr leicht und schmackhaft – ganz im Sinne der »neuen Welle«, die sich in der Gastronomie der Langhe zunehmend durchsetzt. Zu den besonderen Spezialitäten des Hauses zählen unter anderem Schinkensülze, Carne cruda (mit dem Messer geklopft) und feine **Gemüseaufläufe** bei den Vorspeisen, außerdem **Agnolotti dal plin**, Crespelle mit Pilzen, **Kaninchen mit Paprikaschoten** und vorzügliches **Kalbfleisch** (das man ausschließlich vom guten Metzger aus Montelupo bezieht). Ausgezeichnet auch die **Ziegenkäse** und die Desserts. Das Brot und die köstlichen Focaccine werden im eigenen Holzofen gebacken.
Wenn Sie beim Wein nicht übertreiben, fällt die Rechnung ausgesprochen anständig aus. Samstags abends ist eine Reservierung unerläßlich, und im Sommer ist sie ebenfalls zu empfehlen.

Montelupo Albese

65 km von Cuneo, 14 km südlich von Alba

Vecchia Langa

NEU

Trattoria
Via Umberto, 23
Tel. 01 73 / 61 71 43
Ruhetag: Montag
Betriebsferien: Januar
30 Plätze
Preise: 35–40 000 Lire, ohne Wein
Kreditkarten: die bekannteren
Mittags und abends geöffnet

Die einfache und traditionelle, ländliche Trattoria liegt am kleinen zentralen Platz des Dorfes an der Grenze zwischen Alba und der Alta Langa. Den kleinen Speisesaal hat die Familie Garetti zwar spartanisch, aber bequem eingerichtet, und draußen prangt ein hübsches Schild.
Nachdem Sie das Lokal betreten – parken Sie Ihr Auto am besten auf der Piazza, von der aus man eine einmalige Aussicht genießt – und die winzige Bar hinter sich gelassen haben, wird man Sie freundlich und ungezwungen begrüßen. Wenn Sie es wünschen, bringt man Ihnen dann die Weinkarte mit etwa fünfzig Marken aus der Gegend um Alba, darunter Baroli, Barbareschi und vor allem Dolcetti. Das durchweg traditionelle Speisenangebot wird Ihnen mündlich vorgetragen. Wir haben einen ausgezeichneten **Vitello tonnato** (in der klassischen Version, mit Sardellensauce und nicht mit Mayonnaise), **Zunge in salsa**, **Paprika mit Bagna caoda**, Tomatenscheiben mit Bagnet verde, Insalata di fave e cipolle (gut und ungewöhnlich) und Spargel mit Kräutersauce probiert. Je nach Jahreszeit bekommt man außerdem Frisse, **Oriot** (ein seltenes Gericht aus Schweinemaul), Fritto misto und **Kutteln alla vecchia Langa**. Bei den Primi sind die guten **Tajarin** zu empfehlen, die Agnolotti dal plin – mit Butter und Rosmarin – sind hingegen wenig herausragend. Bei den Secondi sollten Sie sich für die **Gallina bollita**, das Huhn alla cacciatora, das Kaninchen in salmì oder den köstlichen **Kaninchenrollbraten** entscheiden. Den Abschluß bilden Tome aus den Langhe, Panna cotta und Bonet.

Qualitätsweine sowie Roh- und Kochwurst aus eigener Herstellung finden Sie im Geschäft der Familie Caviola in der Via della Langa 9.

Monterosso Grana

21 km nordwestlich von Cuneo

La Locanda dell'Angelo

NEU

Restaurant
Via del Castello, 15
Tel. 01 71 / 98 81 15
Ruhetag: Dienstag
Betriebsferien: unterschiedlich
30 Plätze
Preise: 40 000 Lire, ohne Wein
Kreditkarten: CartaSi, Visa
Nur abends, an Feiertagen und auf Vorbestellung auch mittags geöffnet

Ein ruhiges, angenehmes Lokal, das seit Ende des 19. Jahrhunderts besteht und früher einmal zum Castello von Monterosso Grana gehörte. Helle Leinentischtücher geben den Räumen ein freundliches Aussehen, die Speisekarte ist auf grobes Packpapier geschrieben. Das Speisenangebot ist typisch für die Bergwelt, man versteht es hier aber, die Gerichte durchaus raffiniert zuzubereiten und die deftigen heimischen Zutaten zu verfeinern. Und selbstverständlich wird die Auswahl vom Lauf der Jahreszeiten bestimmt.
Im Sommer kann man mit einem köstlichen Auberginenauflauf mit Tomaten und Basilikum oder einer kalten Kaninchenroulade mit Spargelspitzen beginnen. Bei den Primi sind besonders die Pappardelle allo zafferano mit Zucchini und Tomaten, die **Chicche al raschera** und, in der kälteren Jahreszeit, die **Roggen-Ravioli** al fondo bruno mit Reis und Kohl zu empfehlen. Wir sind hier im Granatal, der Heimat des **Castelmagno**, des Königs unter den Piemonteser Käsen, weshalb man hier auch den **Lasagnaccio aus Vollkornmehl** und im Winter die Tagliatelle und die Polenta damit verfeinert. Von den Secondi sollten Sie die Lonza mit Feigen oder den **Kalbsrücken** alla Nino Bergese probieren, die, wenn die Tage kalt und nebelig werden, von **Wildgerichten** – Wildschwein, Reh und Fasan – abgelöst werden. Im Herbst verlassen Maurizio und Sabrina, die Inhaber des Lokals, ihr enges Bergtal, um in den Langhe nach Trüffeln zum Verfeinern ihrer Speisen zu suchen. Den leckeren Abschluß des Mahls bilden verschiedene Cremedesserts, wie Budino di torrone e miele, Semifreddo al caffè mit weißer Schokolade und Waldfrüchte mit Zabaione al gratin.
Auf der Weinkarte finden Sie etwa sechzig, vorwiegend piemontesische Marken.

Morano sul Po
Due Store

38 km von Alessandria, 8 km westlich von Casale

Tre Merli

Trattoria
Via Alighieri, 18
Tel. 01 42 / 8 52 75
Ruhetag: Mittwoch
Betriebsferien: 14 Tage im Jan. und im Juni
50 Plätze + 30 im Freien
Preise: 35 – 40 000 Lire, ohne Wein
Keine Kreditkarten
Mittags und abends geöffnet

Die Trattoria »Tre merli« hat sich im Lauf der Jahre zu einer zuverlässigen Adresse für all jene entwickelt, die traditionelle Speisen in einem ansprechenden Rahmen genießen möchten.
Der Inhaber, Massimo Bobba, und seine Frau Elena, die ihm beim Bedienen hilft, setzen alles daran, daß Sie wieder einmal hierher in diesen Winkel inmitten der Reisfelder der Poebene zurückkehren. Hier berühren sich die Tradition des Monferrato und die der Poebene. Und so finden Sie hier Klassiker wie Speck, Würste, **Salami d'la duja**, die **Panissa** vercellese und im Sommer köstliche **Froschschenkel**, die man Ihnen fritiert, geschmort oder in frittata (nur auf Vorbestellung) serviert. Darüber hinaus werden als Vorspeisen im Sommer noch **Fisch in carpione** und **Cotechino mit Zwiebeln in agrodolce** und im Winter geröstete Polentascheiben mit Gorgonzola und Pilzen angeboten. Als Secondi gibt es vorwiegend gebratene Ente und Kaninchen und dazu vielleicht eine Peperonata. Besondere Erwähnung verdienen die Desserts, die Elena zubereitet und bei denen die Auswahl von Apfel- und Walnußtorte über Salame al cioccolato bis hin zu **Bonet** reicht.
Die Weinkarte, die sich bislang vorwiegend auf Erzeugnisse aus dem Monferrato und einige Marken aus der Gegend um Alba konzentriert, sollte unbedingt noch ausgebaut werden. Da das Platzangebot begrenzt ist, sollte man vor allem an den Wochenenden vorher reservieren.

In der Reishandlung Morano, Viale Stazione 5, finden Sie die gängigsten Reissorten (Thai, Carnaroli, Arborio, parboiled), die en gros und en détail verkauft werden.

Nizza Monferrato

27 km südöstlich von Asti, S.S. 592

Le due Lanterne

Restaurant
Piazza Garibaldi, 52
Tel. 01 41 / 70 24 80
Ruhetag: Mo.abend und Dienstag
Betriebsferien: August
80 Plätze
Preise: 40 – 45 000 Lire, ohne Wein
Kreditkarten: die bekannteren
Mittags und abends geöffnet

Das traditionsreiche Lokal, das vor einigen Jahren von der Familie Ivaldi übernommen und unter neuem Namen wiedereröffnet wurde, liegt an der Piazza Garibaldi im Zentrum des Ortes, auf der von jeher der Markt abgehalten wird. Die Küche ist Sandros Reich, und im Speisesaal bedient aufmerksam und flink der Sohn Luca. Das Ambiente erinnert eher an ein gepflegtes kleines Restaurant. Die Küche versteht es, die Piemonteser Tradition mit viel Geschick zu interpretieren, und der Weinkeller ist gut bestückt mit heimischen Erzeugnissen, allen voran der Barbera d'Asti.
Den Auftakt bilden eine Reihe klassischer Vorspeisen: **Carne cruda**, Vitello tonnato, gefüllte Paprikaschoten, Spinatauflauf mit Fonduta, Hähnchenterrine mit Balsamico-Essig. Die typischen Primi des Monferrato – **Agnolotti dal plin**, Tagliatelle und **Gnocchetti all'uovo** mit Gemüsesauce und Pilzen – sind gut zubereitet, ebenso die Secondi – Brasato, Kaninchen in Wein, **Perlhuhn mit Pilzsauce** und, auf Vorbestellung, Fritto misto, Bollito und Finanziera –, für die nur bestes Fleisch verwendet wird. Während der Saison empfehlen wir Ihnen die **Karden**, ein typisches Gemüse der Valle Belbo, das mit Bagna caoda oder als Auflauf serviert wird. Den Abschluß bilden Pfirsiche all' Amaretto, Semifreddo di torrone, Bonet, Gelee aus Waldfrüchten – und eine durchaus anständige Rechnung.

In der Via Maestra bieten verschiedene Metzgereien piemontesisches Qualitätsfleisch und Wurst an: Giolito (Nr. 10), Vittorio e Loredana (Nr. 80), Morino e Necco (Ecke Piazza Garibaldi).

Liebhabern von Barbera-Weinen empfehlen wir die Vineria und Weinhandlung La Signora in rosso (nur samstags und sonntags abends geöffnet) und Nachtschwärmern die Birreria-Vineria Capo Nord in der Via Spalto Nord 74.

Novara

I due Ladroni

NEU

Restaurant
Via dell'Archivio, 1
Tel. 03 21 / 62 45 81
Ruhetag: Sa.mittag und Sonntag
Betriebsferien: unterschiedlich
40 Plätze
Preise: 40 – 45 000 Lire, ohne Wein
Kreditkarten: alle
Mittags und abends geöffnet

Die »Due Ladroni« (die beiden Räuber), das sind Luca Corradino und Fabrizio Molteni, zwei rechtschaffene Männer, die vor einigen Jahren im historischen Zentrum dieses Restaurant in einem ehemaligen Antiquitätengeschäft eingerichtet haben. Das Ambiente ist behaglich und ruhig: unverputzte Ziegelgewölbe, alte Fotos und Flaschen an den Wänden, gedämpftes Licht und leise Hintergrundmusik.
Die Küche schöpft aus der Tradition der Region, wagt aber gelegentlich auch einmal einen Seitenblick über die Grenzen Italiens hinaus oder ins Reich der Phantasie. Auf dem reichhaltigen Vorspeisenbüffet finden Sie Frittatine, salzige Kuchen, Gemüse (Paprikaschoten und Tomaten), Salate, Carne cruda, **Pferdewurst** und einen unvergeßlichen rohen, geräucherten Schinken aus der Val Vigezzo. Empfehlenswert ist aber auch die geräucherte Forelle mit Sauce tatare. Man fährt fort mit **Risotti** – der klassischen **Paniscia** (nicht im Sommer) oder mit **Flußbarsch** – und gefüllten Paste (gut sind die Ravioli mit Radicchio und Speck). Das Speisenangebot richtet sich nach der jeweiligen Jahreszeit: Sollte gerade **Tapulon**, das typische Gericht aus Eselsfleisch, auf der Karte stehen, dürfen Sie es sich keinesfalls entgehen lassen. Ausgezeichnet sind aber auch die übrigen Fleischgerichte vom Schmorbraten über Kaninchen (al Erbaluce oder al timo) bis zur gefüllten Kalbsbrust in Salsa tartufata.
Interessant die **Käse**auswahl, bei der besonders der naturbelassene Gorgonzola und die Caprini hervorragen, die mit Honig, Heidelbeersauce und Mostarda d'uva serviert werden. Die hausgemachten Desserts sind durchweg Klassiker: Bonet, Panna cotta, Sorbets. Besonders gut geschmeckt haben uns die Haselnußtorte und der warme Strudel mit Eiscreme. Etwas für Liebhaber ist der Weinkeller mit 300 Marken aus den besten Weinbaugebieten der Welt.

Nucetto

56 km von Cuneo, S.S. 28,
6 km südlich von Ceva

Vecchia Cooperativa

Trattoria
Via Nazionale, 54
Tel. 01 74 / 7 42 79
Ruhetag: Mo.abend und Dienstag
Betriebsferien: September
30 Plätze
Preise: 40 000 Lire, ohne Wein
Kreditkarten: CartaSi, EC, MC, Visa
Mittags und abends geöffnet

Das Speisenangebot von Laura Mattiauda, der Wirtin dieses schmucken, gemütlichen Lokals unweit von Ceva, vereint die Küche der Bergbauern der Valli garessine mit der des ligurischen Hinterlandes. Eine glückliche Verbindung, wenn man sich die Gerichte ansieht, die diese liebenswürdige Signora mit sicherer Hand zubereitet. Die Auswahl und die Zubereitung des Gemüses lassen vor allem im Frühjahr und im Sommer große Sorgfalt erkennen. Und Laura hat eine Frucht wiederentdeckt, die zumindest in früherer Zeit nur gering geschätzt wurde, nämlich die Marone, die in alten Rezepten, die sie exakt nachkocht, etwa **Tagliatelle aus Kastanienmehl** und einigen Süßspeisen, Verwendung findet.
Den Anfang machen eine Reihe herrlicher Vorspeisen: hausgemachter Speck und Salami, Sfogliatina mit Artischocken, **Panizza mit Zwiebel**, Kardenauflauf und Crostone di fagiano mit schwarzen Trüffeln, eine Pastete nach Art des Hauses, **fritierte Salbei- und Zucchiniblüten**, Pilzauflauf und Insalata di trota. Die Vorspeisen sind alle gut zubereitet und werden formvollendet (jede auf einem eigenen kleinen Teller), wenn auch etwas durcheinander, serviert. Danach folgen **Ravioli mit Artischocken** oder Kartoffeln und Pesto und Tagliatelle mit Lauch und Pilzen. Unter den Secondi geschmortes Wildschwein mit Polenta und **Kaninchen mit Oliven**. Und zum Abschluß gibt es Bayerische Creme mit Schokolade oder Beeren, Apfeltaschen oder Torta di pinoli.
Das Speisenangebot wechselt je nach Jahreszeit oder wie es Signora Laura gerade einfällt. Der Weinkeller ist gut bestückt mit Erzeugnissen aus der Gegend um Alba und einigen anständigen heimischen Weinen.

Oleggio

17 km nördlich von Novara, S.S. 92

Il Gatto e la Volpe 

Osteria
Via Nebulina, 43
Tel. 03 21 / 99 82 56
Ruhetag: Sonntag
Betriebsferien: 10 Tage im September
50 Plätze
Preise: 40 000 Lire, ohne Wein
Kreditkarten: Visa, CartaSi
Mittags und abends geöffnet

Die Osteria von Daniele und Mercede ist ohne Zweifel die meistbesuchte in der Gegend um Novara. Deshalb sollten Sie sich auch rechtzeitig einen Tisch reservieren lassen. Im ersten der beiden Speisesäle befinden sich die Theke und das Vorspeisenbüffet, das am Abend unseres Besuches mit **Vitello tonnato**, Sardellen in bagnetto verde, Carne cruda all'albese, Carpaccio, Russischem Salat, Cotechino, Sanguinaccio, Bohnensalat, Frittatine alle erbe und **Insalata di nervetti** – um nur ein paar Beispiele zu nennen – aufwartete. Dazu wurden leckere Focacce gereicht. Bei den Primi ziehen wir der **Paniscia**, dem klassischen Risotto aus Novara, die hausgemachten Ravioli mit Bratensauce oder die köstliche Pasta mit Artischocken vor. Von den Secondi sind uns vor allem zwei Gerichte in Erinnerung geblieben: die **Rustida** (verschiedene geschmorte Fleischsorten) und die **Ganassa** (ein Teil des Kalbsmauls). Zu empfehlen sind aber auch die mit Sorgfalt zubereiteten, gut gewürzten Rinder- und **Eselsschmorbraten**. Den Abschluß bilden ausgewählte Käse und typische Piemonteser Desserts (Bonet, Panna cotta, Apfelkuchen). Die Mahlzeit wird ergänzt durch eine gute Auswahl italienischer und französischer Weine, darunter auch einige große Médoc-Weine, die stets mit dem richtigen Glas serviert werden, und das sympathische Wesen von Daniele, einem Wirt, wie er im Buche steht. Die Wirtsleute sind gerade dabei, ein hübsches, altes Haus nur etwa hundert Meter von der Osteria entfernt zu renovieren, in das sie vielleicht schon 1998 umziehen wollen.

Die Riseria Bovio in **Momo** (8 km) ist ein kleiner Betrieb, der verschiedene, sorgfältig aufbereitete Reissorten, darunter Rosa marchetti, Roma, Baldo, Arborio und Carnaroli, zum Kauf anbietet.

Ormea

83 km von Cuneo,
49 km von Imperia, S.S. 28

Il Borgo

Trattoria
Via Roma, 120
Tel. 01 74 / 39 10 49
Ruhetag: Montag
Betriebsferien: 24. Sept. – 15. Okt.
40 Plätze
Preise: 30 – 35 000 Lire, ohne Wein
Kreditkarten: Visa, CartaSi
Mittags und abends geöffnet

Ormea ist ein hübscher Ort im oberen Tal des Tanaro, am Rand der Provinz Cuneo, schon beinahe in Ligurien. Die Straße, die ihn mit Ceva und der Autobahn verbindet, ist ständig durch Erdrutsche unterbrochen. Der Ausflug dorthin ist beinahe eine militärische Unternehmung, aber das Ziel entschädigt für alles. Das »Borgo« liegt an der Hauptstraße am Beginn des alten Ortskerns, der Speiseraum mit seinen Tonnengewölben faßt 15 Tische. Sandro Peirano versieht den Service rasch und effizient, Gisella Belli erhält die Tradition der Ormeascer Küche lebendig, die ihre Wurzeln in der armen Küche hat. Aus Kichererbsen, Vollkornmehl und vor allem Kartoffeln entsteht Wunderbares. Eine Küche, die die Düfte des nahen Ligurien mit denen der Langhe vereint. Auftakt sind sechs oder sieben Antipasti in Probierportionen: Kartoffelkroketten, Speck (ausgezeichnet), **Panizze di ceci** (toll), Salami in Öl, Kräuteromelett. Unter den Primi ragt die **Polenta** heraus, probieren Sie auch die **Gnocchi** und die Pasta (in Form von Pappardelle) aus Maisgrieß, meist mit Pilzsugo serviert. Als Hauptgang stehen u. a. Lamm mit Wildkräutern (aromatisch und delikat) oder Kaninchen mit Kartoffeln aus dem Ofen zur Auswahl. Nicht zu vergessen der Nachtisch, insbesondere ein verblüffender **Zuccotto mit Kartoffeln und Schokolade** und die klassischen T'starelle. An Wein gibt es anständigen Ormeasco und einige gute Exemplare aus den Langhe. Die Preise sind sehr reell.

Die Metzgerei Cerrato (Via Roma, 81) macht ausgezeichnete Wurstwaren und einen außerordentlichen Speck. Im Winter die Grive (Fleischtäschchen) probieren.

Pagno

7 km südwestlich von Saluzzo

Locanda del Centro

Restaurant
Via Martiri della Liberazione, 2
Tel. 01 75 / 7 61 40
Ruhetag: Mittwoch
Betriebsferien: unterschiedlich
80 Plätze + 80 im Freien
Preise: 35 – 40 000 Lire, ohne Wein
Alle Kreditkarten
Mittags und abends geöffnet

Östlich von Saluzzo liegt zwischen Po und Varaita das kleine, anmutige Valle Bronda. Boden und Klima in dieser Vorgebirgsregion begünstigen den Anbau der seltenen Traubensorte Pelaverga, aus der hier seit dem 16. Jahrhundert der gleichnamige Wein gemacht wird. Von Saluzzo kommend erreicht man zunächst Castellar, dann ist es nicht mehr weit bis Pagno mit seinem Kloster S. Colombano. Vom zentralen Platz führt ein Gäßchen zur Locanda del Centro. Das Restaurant, das seit über 50 Jahren besteht, wird 1997 von Marco Negri (in der Küche) und seiner Verlobten Gemma (im Service) geführt. Marco vertritt eine mit wohlüberlegter Kreativität modernisierte Piemonteser Küche. Das Ambiente ist einfach und gemütlich. Unter den Antipasti stechen Perlhuhn mit Bries und Balsamessig und der Paprikakuchen auf Lauchsahne hervor. Sie können mit **Tajarin** (mit Saucen nach Jahreszeit) oder **Agnolotti di magro** mit Butter und Pinienkernen fortfahren. Unter den Hauptgängen zu nennen der Brasato al barolo und der **mit Zwetschgen gefüllte Hase**. In der Saison gibt es Pilze sowie hin und wieder Schnecken und Froschschenkel. Zu guter Letzt die Dolci: Aprikosengratin, Crema alla grappa. Das Angebot wechselt mit den Jahreszeiten, freuen Sie sich daher auf neue Entdeckungen. Die relativ kleine Weinkarte führt ausschließlich Produkte aus dem Piemont, vorzugsweise den Langhe.

Parodi Ligure Tramontanino

41 km südöstlich von Alessandria

Tramontanino

Osteria – Trattoria
Ortsteil Tramontanino
Tel. 01 43 / 68 11 09
Ruhetag: Mo.-, Di.- und Mi.abend
Betriebsferien: August
30 Plätze
Preise: 30 000 Lire, ohne Wein
Keine Kreditkarten
Mittags und abends geöffnet

Tramontanino ist ein Ortsteil von Tramontana, das wiederum ein Ortsteil von Parodi Ligure ist. Sie können die Osteria jedoch nicht verfehlen, denn sie ist das einzige Wirtshaus im Dorf. Da wir uns hier bereits im ligurischen Apennin befinden, dürfen Sie auch nicht mehr die reine piemontesische Küche erwarten. So bekommt man hier beispielsweise bereits Cima alla genovese, und die Kräuter für die Ravioli stammen aus Ligurien. Im Oktober gibt es allerdings ausgezeichnete **Pilzgerichte** mit Pilzen von heimischen Sammlern.
Bei den Antipasti findet man vorwiegend Wurst (**Salame crudo** und **Coppa**, die der Wirt selbst herstellt), aber auch **Paprika mit Sardellen**, Russischen Salat und andere ebenso einfache wie schmackhafte Gerichte. Die obenerwähnten **Ravioli** – die besten im ganzen Umkreis – sind aus einem herrlich dünnen Teig (unübertroffen wären sie allerdings, wenn sie noch etwas mehr Biß hätten). Und auch die Tagliatelle ai funghi sollten Sie probieren. Als Hauptgericht serviert man Ihnen **gekochtes Huhn** und gebratenes Perlhuhn, beides herzhaft und lecker, **Cima** und gute Braten. Die Desserts sind immer dieselben: ein Tablett mit Baci di dama, »Brutti e buoni«, Baisers und anderen Kleinigkeiten, und dazu eine Tasse Kaffee und eine Grappa, die Ihnen Paolino serviert. Zu trinken gibt es anständige Hausweine: Cortese und Dolcetto d'Ovada.
Aufs Geratewohl sollten Sie allerdings nicht hierher kommen, denn die Plätze sind begrenzt, und sonntags wird das Lokal von hungrigen Ausflüglern bevölkert. Bestellen Sie sich also unbedingt telefonisch einen Tisch vor.

Paroldo

57 km von Cuneo, 8 km nördlich von Ceva

Cascina Raflazz

Bauernhof
Via Viora, 19
Tel. 01 74 / 78 90 74
Kein Ruhetag
Betriebsferien: erste Septemberwoche
40 Plätze
Preise: 38 000 Lire, ohne Wein
Keine Kreditkarten
Mittags und abends geöffnet

Die »Cascina Raflazz« zu erreichen ist etwas mühsam, denn sie liegt abseits im oberen Teil der Langhe. Von der Staatsstraße, die zum Meer führt, nimmt man an der Abzweigung nach Ceva die kleine Straße in Richtung Viora di Paroldo und ist dann in wenigen Minuten bei Anna und Claudio Adami. Hierher kommt man, um sich mit Murazzano-Käse, dem besten Pecorino der Langhe, einzudecken, aber seit Anna dieses hübsche Lokal eingerichtet hat, auch zum Essen. Dazu muß man sich allerdings unbedingt vorher anmelden.
Der Bauernhof der Familie Adami ist beinahe autark: ein Schaf- und ein Pferdestall, ein Schweinestall, ein Hühnerstall, ein Gemüsegarten, ein stets angeschürter Holzofen, aus dem das Brot kommt, Quellwasser. Bis auf die kleine Auswahl an Weinen, die Claudio von Erzeugern aus der Gegend um Alba bestreitet, stammen sämtliche Zutaten – Wurst, Käse, Lammfleisch, Geflügel, Gemüse, Obst – vom eigenen Hof. Von den sommerlichen Vorspeisen haben uns besonders der frische **Russische Salat** und der lauwarme **Auberginenauflauf** geschmeckt. Gut waren auch die **gefüllten Zucchini** und die fritierten Zucchiniblüten, die im Anschluß an eine Rolantina mit Gemüse und eine Bruschetta campagnola serviert wurden. Herrlich die **Gnocchetti al pomodoro**, klassisch die **Agnolotti dal plin** mit Sauce. Danach folgte Kaninchen all'Arneis mit Ofenkartoffeln. Die Käseplatte ist mit frischem und ausgereiftem **Murazzano-Käse** aus eigener Herstellung bestückt. Lecker sind auch die Desserts, darunter **Mousse al Moscato**, Obstkuchen und Gebäck.
Während der kalten Jahreszeit bietet Annas Küche **Lamm**, **Wildschwein** aus den Langhe, **Pilzgerichte**, **Tajarin** und Desserts mit Haselnüssen und was die Wintervorräte der Cascina Raflazz sonst noch hergeben.

Pinerolo
Abbadio Alpina

37 km nordwestlich von Turin

Locanda della Capreria Occitana

NEU

Bauernhof
Via Nazionale, 370 t
Tel. 01 21 / 20 11 39
Ruhetag: Montag bis Donnerstag
Keine Betriebsferien
60 Plätze
Preise: 40–55 000 Lire, ohne Wein
Keine Kreditkarten
Nur abends, an Sonn- und Feiertagen auch mittags geöffnet

Die Käse der Capreria Occitana sind von so guter Qualität, daß sie inzwischen über die Grenzen der Region hinaus bekannt sind. Dieser Erfolg hat die Familie Beda dazu ermutigt, sich auch in der Gastronomie zu versuchen. In einem umgebauten Stall hat man einen kleinen, rustikalen, aber eleganten Speisesaal eingerichtet, in dem verschiedene Menüs angeboten werden, die ausschließlich aus eigenen Erzeugnissen hergestellt sind, darunter neben Ziegenkäse auch Getreide, das auf dem Hügel ohne Einsatz chemischer Substanzen angebaut wird.
Den Auftakt bilden verschiedene Vorspeisen: **Terrina di capretto**, Ziegenleberpastete mit Insalatina, Fagottino mit Gemüse- und Käsefüllung, Möhrenauflauf und Caprino mit Brennesselsauce. Unter den Primi finden Sie **Stracci aus Buchweizenmehl**, Spargel und Patate rosse, Zuppa di fagioli e farro und **Dinkelgnocchetti**. Unter den Secondi: **Milchkitz mit Thymian**, Civet di capra mit Polenta und **Tonno di capretto** all'extravergine. Es folgt ein Wagen mit herrlichem **Käse**, den wir Ihnen als Alternative zu den Secondi empfehlen würden.
Beschließen kann man das Mahl mit einem Semifreddo – Walnuß und Honig oder Torrone und Schokolade – oder einer Sbriciolona mit Englischer Creme. Die Weinkarte umfaßt Erzeugnisse aus der Gegend um Pinerolo und eine kleine Auswahl von Weinen der bekanntesten Erzeuger der Langhe und des Canavese.
Dieses Lokal wollten wir unseren Lesern keinesfalls vorenthalten. Beachten Sie aber die Öffnungszeiten (die auf die Abende und das Wochenende beschränkt sind; nach Voranmeldung empfängt man Sie allerdings auch an den übrigen Tagen) und die Preise, die uns angesichts der Qualität angemessen erscheinen. Man bekommt hier vier Festpreismenüs (von 40 bis 55 000 Lire), kann aber auch à la carte essen.

Piode

82 km nordwestlich von Vercelli,
20 km von Varallo, S.S. 299

Giardini

NEU

Restaurant
Via Umberto I, 9
Tel. 01 63 / 7 11 35, 7 11 57
Ruhetag: Montag
Betriebsferien: 1.–15. September
40 Plätze
Preise: 40–45 000 Lire, ohne Wein
Kreditkarten: AE, MC, Visa
Mittags und abends geöffnet

Ein Abstecher (vielleicht sogar ein gezielter Besuch der schönen Val Sesia) zu diesem Lokal in unmittelbarer Nähe des Flusses Sesia lohnt sich unbedingt. Obwohl es bereits seit hundert Jahren besteht, handelt es sich nicht um eine klassische Trattoria, sondern vielmehr um ein kleines, geschmackvoll eingerichtetes Restaurant mit wenigen Plätzen, gepflegter Tischwäsche und hochwertigem Geschirr und einem ungezwungenen, aber korrekten Service.
Perfektion ist das oberste Ziel von Mauro Alberti und Antonella Zucchelli. Das zeigt sich auch bei der schönen Auswahl an Weinen (unter den Weißweinen verschiedene Marken aus Friaul, Südtirol und einige aus Frankreich, bei den Rotweinen hingegen dominieren Erzeugnisse aus dem Piemont) und am gepflegten, ausgewogenen Speisenangebot. Obwohl man sich hier auf heimische Zutaten und traditionelle Rezepte stützt, sind die Gerichte leicht und harmonisch im Geschmack. Jahreszeitlich geprägte Vorspeisen (Terrinen, **Forellenmousse**, Gemüseaufläufe) werden gefolgt von guten, eher deftigen Primi wie **Gnocchetti mit Fonduta**, Risotto mit Lauch und »Baci« di Piode. Zu den Secondi – Ossobuco, Ragout, **Wild** – wird häufig **Polenta** gereicht. Außerdem werden Rinderschmorbraten, Lammkoteletts mit Wildkräutern, Huhn und, selbstverständlich nur während der Saison, **Steinpilze** angeboten, aber auch Forellen aus der Sesia, die auf unterschiedliche Weise – nur mit Butter oder mit Schnittlauch und Tomate – zubereitet werden.
Vorzüglich die hausgemachten Desserts und erlesen die Auswahl an heimischen **Käsen**, vorzugsweise Tome und Caprini.

In der Via Varallo 5 unterhält die Käserei Alta Val Sesia eine Verkaufsstelle, in der man neben Butter, Ricotta, frischen und ausgereiften Tomini auch die Toma valsesiana, einen mittelreifen Käse, bekommt.

Ponzone · Abasse

56 km südwestlich von Alessandria,
22 km südlich von Acqui

Diana

NEU

Restaurant
Ortsteil Abasse, 245
Tel. 01 44 / 70 22 27
Ruhetag: Montag
Betriebsferien: Februar, Juni / Juli
80 Plätze
Preise: 35 – 40 000 Lire, ohne Wein
Kreditkarten: die bekannteren
Mittags und abends geöffnet

Die Landschaft und ein Besuch im »Diana« lohnen einen Abstecher nach Abasse. Fausto Ivaldi bietet ein abwechslungsreiches Speisenangebot. Die jahreszeitlich geprägte Küche verknüpft auf angenehme Weise die kulinarische Tradition des Piemont und Liguriens. Köstlich die Vorspeisen, darunter Omeletts mit Kräutern oder Pilzen, **Focaccine di patate mit Speck**, heimische Wurst, etwa der berühmte **Filetto baciato**, Tonno di coniglio, **Carne cruda**, **Salate aus Butter- und Steinpilzen**. Während der Saison werden stets auch Wild und Pilze angeboten, die auch als Beilagen zu den Primi gereicht werden. Gut sind die frischen Paste mit Kräuter- und Käsesaucen: **Tagliatelle alle erbette**, Risotto mit Brennesseln, **Gnocchi mit Majoran und Castelmagno**, Ravioli und Gnocchi mit Pesto.
Die **Pilze** werden fritiert, al verde, mit Kartoffeln oder gebraten serviert. Bei den **Wildgerichten** herrschen Hase in salmì und geschmortes Wildschwein vor. Als Fleischgerichte sind aber auch das Kaninchen und das Milchkitz zu empfehlen. Beschließen kann man das Mahl mit **kleinen Weichkäsen** aus Ziegen- oder Kuhmilch, die Fausto selbst aussucht und zu denen Mostarda d'uva gereicht wird, oder aber mit einer guten Haselnußtorte, Crostate und süßen Focacce mit frischen Früchten.
Die wirklich gute Weinkarte wird laufend erweitert und umfaßt neben Erzeugnissen für weniger anspruchsvolle Gaumen auch große Weine. Der Service ist ausgesprochen gepflegt.

Die besondere Wurstspezialität der Gegend, den Filetto baciato, bekommt man in **Ponzone** in der Salumeria-Macelleria da Claudio, Piazza Garibaldi 1, und in der Wurstfabrik von Andreino Oliveri sowie im Ortsteil **Cimaferle** (2 km) in der Wurstfabrik Cima.

Pozzol Groppo · Biagasco

42 km südöstlich von Alessandria,
15 km von Voghera

Antica Locanda del Groppo

Trattoria
Ortsteil Biagasco
Tel. 01 31 / 80 01 64
Ruhetag: Montag
Betriebsferien: Februar
40 Plätze + 40 im Freien
Preise: 35 – 38 000 Lire, ohne Wein
Kreditkarten: Visa
Mittags und abends geöffnet

Sie erreichen Biagasco, einen kleinen Vorort von Pozzol Groppo, über eine schmale Straße, die Sie durch eine einmalige Landschaft mit steilen Hügeln, Wiesen, Wäldern und vereinzelten Weinbergen führt. Wir befinden uns hier an der Grenze zwischen dem Piemont und der Lombardei, am Schnittpunkt des Oltrepò Pavese und der Colli Tortonesi, nur einen Steinwurf vom Kiesbett des Staffora entfernt.
Die »Antica Locanda del Groppo« im Zentrum des Örtchens, die auch eine Bar, ein Tabak- und ein Zeitungsgeschäft beherbergt, ist nicht nur Treffpunkt für die Bewohner, sondern hier kann man auch eine gute lombardisch-piemontesisch geprägte Küche genießen, zu deren besonderen Spezialitäten die hausgemachten Paste und gehaltvolle Fleischgerichte gehören. Man beginnt mit einem Teller **Wurst** (Coppa aus Piacenza, Pancetta aus Pianello, Salami aus eigener Herstellung, Speck aus Arnad), einer Frittatina oder einem Gemüseauflauf und geht anschließend zu einem **Risotto** (**mit Steinpilzen** oder Radicchio), **Ravioli di Brasato**, **Tagliatelle mit Entenragout** oder Tagliolini mit Schnecken über. **Schnecken** gibt es neben Wildschwein, Stinco di magrello mit Steinpilzen und **Eselsschmorbraten** auch als Secondo. Wer das Ungewöhnliche liebt, der kann sich für Straußenfleisch entscheiden, und wer kein Fleisch möchte, für gegrilltes Gemüse oder Käse (Castelmagno und Pecorino di fossa).
Den Abschluß bilden hausgemachte Desserts – Panna cotta, Semifreddo al miele, Salame di cioccolato. Und als Begleiter stehen anständige Flaschenweine, vorwiegend Erzeugnisse aus dem Oltrepò und von den Colli Tortonesi, aber auch einige Marken aus den Langhe und dem Monferrato, zur Auswahl.

Priocca

74 km von Cuneo, 13 km von Alba, S.S. 231

Il Centro

Restaurant
Via Umberto I, 5
Tel. 01 73 / 61 61 12
Ruhetag: Dienstag
Betriebsferien: unterschiedlich
100 Plätze
Preise: 40 – 45 000 Lire, ohne Wein
Kreditkarten: AE, CartaSi, Visa
Mittags und abends geöffnet

In der Küche schwingt noch immer Mamma Rita, unterstützt von ihrer Schwiegertochter, das Zepter, und noch immer tischt sie – allerdings nur auf Vorbestellung – ihren legendären **Fritto misto** auf (er enthält so viele verschiedene Bestandteile, daß sie nacheinander serviert werden müssen), der in der ganzen Gegend berühmt ist. Der Sohn Enrico ist für den Service zuständig und berät Sie bei der Auswahl der Weine, die auf zwei Karten aufgelistet sind. Die eine umfaßt Erzeugnisse aus ganz Italien, wobei die piemontesischen Weine einen besonderen Raum einnehmen. Die andere ist dem Roero, dem berühmtesten Wein der Gegend, gewidmet.
Kommen wir nun aber zu den Speisen. Das Sommerangebot, das wir bei unserem letzten Besuch probiert haben, sieht frische Gerichte, wie eine **Terrina di carni bianchi**, Kalbsschwanz al sale, Insalatina di coniglio marinato und Insalatina di toma e funghi trifolati (eine Neuheit) vor. Im Winter beginnt man mit Mousse d'anatra, Hasenpastete oder einer Sfogliatina mit Schinken und Gemüse. Die **Agnolotti dal plin** und die **Tajarin**, die immer auf der Karte zu finden sind, werden entweder mit Bratensauce, mit Butter und Salbei oder aber mit einer Gemüsesauce serviert. Schmorbraten, **süß-saures Kaninchen**, **Sottopaletta di vitello arrosto**, Huhn in Wein mit Ratatouille, **Kaninchenleber** mit glacierten Zwiebeln (ein Traum!) sind die häufigsten Secondi. Von den Desserts empfehlen wir Ihnen den Torroncino, aber auch die Bayerische Creme mit Gianduia oder die sommerlichen Fruchtgelees. Und zwischen den einzelnen Gängen sollten Sie unbedingt das köstliche, selbstgebackene **Sardellenbrot** probieren.

Quinto Vercellese Bivio

8 km nordwestlich von Vercelli, S.S. 230

Bivio

Restaurant
Via Bivio, 2
Tel. 01 61 / 27 41 31 und 27 41 15
Ruhetag: Montag
Betriebsferien: 3 Wochen im Aug., 1 Woche nach dem 6. 1.
50 Plätze
Preise: 45 – 50 000 Lire, ohne Wein
Keine Kreditkarten
Mittags und abends geöffnet

Gianni Sarzano in der Küche, seine Mutter und seine Frau im Speisesaal sind ein gut eingespieltes Trio, das auf die heimische Tradition setzt. Man beginnt mit verschiedenen **Wurstspezialitäten**, bei denen besonders der Speck, die Salam d'la duja und die Muletta hervorragen, und kann dann mit einigen klassischen Piemonteser Vorspeisen, wie Vitello tonnato, Russischem Salat und Frittatine, und danach mit Gemüseaufläufen und köstlichen Salaten mit Kaninchenfleisch und Entenbrust fortfahren. Bei den Reisgerichten dürfen natürlich die **Panissa** (Reis, Bohnen und Wurst) und die vielfältigen Variationen zum Thema **Risotto** nicht fehlen. Darüber hinaus werden **Agnolotti**, Ravioli (gut die Ravioli mit Gemüse und Safran), Gnocchetti mit Brennesseln, Pasta e fagioli und winterliche Suppen aus Hülsenfrüchten angeboten. Unbedingt zu empfehlen ist der herrliche **Bollito misto**, zu dem man verschiedene Saucen – Bagnet vert, Bagnet russ und Mostarda – bekommt. Man kann sich aber auch für einen Braten, Grillfleisch und manchmal auch **Froschschenkel** entscheiden. Vor dem Dessert (Birnen in Wein, Apfelkuchen, Bayerische Cremes und Sorbets) gibt es noch eine überwältigende Platte mit **Käse**, den der Inhaber, ein wirklicher Kenner, von kleinen Erzeugern und Hirten aus den piemontesischen Tälern bezieht.
Die Weinkarte mit Erzeugnissen aus dem Piemont und den besten Weinbaugebieten des übrigen Italien ist gut. Außerdem gibt es eine vorzügliche Auswahl an Whiskeys.

Wie wäre es mit ein paar guten Adressen für den Einkauf von Reis? In **Desana** (12 km), Piazza Castello: Tenuta Castello (Carnaroli, Vialone nano); in **Lignana** (12 km), Saiagricola: Tenuta Veneria (Carnaroli, Arborio, Alba); in **Livorno Ferraris** (26 km), Rondolino: Tenuta Carpi (interessante Auswahl an vakuumverpackten Carnaroli).

Robilante

13 km südwestlich von Cuneo,
S.S. 20 Colle di Tenda

Leon d'Oro

Trattoria
Piazza Olivero, 10
Tel. 01 71 / 7 86 79
Ruhetag: Mittwoch
Betriebsferien: Januar / Februar
50 Plätze
Preise: 38 000 Lire, ohne Wein
Kreditkarten: CartaSi
Mittags und abends geöffnet

Auf dem Schild dieser alteingesessenen Trattoria steht zwar noch »Trattoria con alloggio«, aber die Fremdenzimmer gibt es nicht mehr.
Marco Fantino und seine Frau Marcella schöpfen aus der kulinarischen Tradition des Piemont, es sind aber hier und da auch Anklänge an die sardische Küche (die Heimat Marcellas) zu finden. So genießt man hier eine kleine, jahreszeitlich geprägte Vorspeise mit Spargel, Knoblauch und sardischem Pecorino, aber auch vorzügliche **gefüllte Zwiebeln**, einen Timballo di pomodoro mit Eiern in Gelee und eine leckere Giardiniera di melanzane piccanti. Gut sind die selbstgemachten Conchigliette mit Gemüsesauce. Als Primi werden **Ravioli** mit Fleisch- oder Gemüsefüllung (Artischocken, Ricotta und Spinat, Spargel oder Kartoffeln, Minze und Pecorino), Gnocchi mit Brennnesseln, **Minestroni** mit aromatischen Kräutern und herrliche, fritierte oder geschmorte oder mit Essig, Öl und Petersilie angemachte **Pilze** serviert. In der kalten Jahreszeit bekommen Sie eine gute Torta di formaggio, **Cotechini mit Fonduta**, herzhafte Minestroni mit Kutteln oder mit Lauch und Kartoffeln, **Muscolo alla Vernaccia**, Stracotti al vino und Wild al civet. Die Desserts sind hausgemacht: Bayerische Creme mit Heidelbeeren, Crostate, Amarettotorte mit Schokolade und Rum, Apfel-Maronen-Torte oder, im Sommer, vorzügliches Eis.

Salami, Salsicce und hervorragendes Fleisch gibt es in der Macelleria Pieraldo Inaudi, Via Vittorio Veneto 1. In der Via Ghiglione 16 kann man gutes, steingemahlenes Mehl kaufen, und in **Borgo San Dalmazzo** (5 km) hält die Enoteca Angius Prelibatezze, Via Bergia 8, eine große Auswahl (vorwiegend französischer) Käse, Pasteten und, im Winter, einen außergewöhnlichen Lachs bereit.

Roccaverano

51 km südlich von Asti, 30 km von Acqui

Aurora

Restaurant mit Fremdenzimmern
Via Bruno, 1
Tel. 01 44 / 9 30 23
Kein Ruhetag
Betriebsferien: Mitte Dez. – Mitte März
150 Plätze
Preise: 45 000 Lire, ohne Wein
Kreditkarten: CartaSi, EC, MC, Visa
Mittags und abends geöffnet

Wenn Sie Roccaverano nach einer Fahrt durch eine hügelige, mit steilen Felsen, steinernen Häusern und vereinzelten Weinbergen durchsetzte Landschaft erreicht haben, können Sie vom »Aurora« wie von einem Balkon auf die Langa Astigiana blicken.
Das große Mittagessen mit bodenständigen, traditionellen Gerichten des Piemont beginnt mit einer Reihe von Vorspeisen (Wurst mit Butter und warmer Focaccia, Carne cruda, ein ausgezeichneter **Zwiebelkuchen**, **Peperone con la bagna caoda**, Gemüseauflauf mit Fonduta) und setzt sich fort mit Ravioli und **Tagliatelle ai funghi**. Auf Vorbestellung bekommen Sie außerdem einen Klassiker, die **Puccia**, eine weiche Polenta aus Maismehl, die in Gemüsebrühe (Blumenkohl und Bohnen) gegart und mit Butter und Käse oder kalt und geröstet serviert wird. Es folgen Braten mit Haselnüssen und Perlhuhn in salmì und häufig auch **gebratenes Milchkitz** und **Wildschwein**. Unbedingt versuchen sollten Sie zum Abschluß auch die **Robiola**, die Käsespezialität des Ortes, die aus Ziegenmilch hergestellt wird, und die Desserts – bei denen, in der klassischen Haselnußtorte oder einem ungewöhnlichen, aber gelungenen Eis – wieder **Haselnüsse**, ein weiteres typisches Produkt der Gegend, auftauchen. Bei den Weinen stehen einige Erzeugnisse aus dem Piemont zur Auswahl.
Bislang unbestätigten Gerüchten zufolge soll das Lokal 1998 seinen Betrieb einstellen, deshalb sollten Sie sich, bevor Sie sich nach Roccaverano aufmachen, telefonisch rückversichern.

Die heimische Robiola bekommen Sie bei verschiedenen kleinen Qualitätserzeugern, die oftmals auch noch die klassischen Robiole aus reiner Ziegenmilch anbieten. Wir empfehlen Ihnen Buttiero & Dotta und Giuseppe Nervi, beide im Ortsteil San Gerolamo.

Rocchetta Belbo

27 km südöstlich von Alba

Trattoria della Rocchetta

Trattoria
Piazza della Libertà, 1
Tel. 01 41 / 88 01 21
Ruhetag: Montag
Betriebsferien: Ende Juli / Anf. Aug.
70 Plätze
Preise: 35 – 40 000 Lire, ohne Wein
Kreditkarten: die wichtigen
Mittags und abends geöffnet

Der gesichtslose Wohnblock aus den 60er Jahren am Hauptplatz des Orts, der das Lokal beherbergt, tut der Küche von Ernesto Capello und seiner Frau keine Ehre an. Seien Sie zuversichtlich, drinnen werden Sie die Atmosphäre vorfinden, die Sie sich wünschen. Die Handschrift der Küche ist eindeutig Hausmacher Art. Unsicherheiten im Service und das beklagenswerte Fehlen einer Weinkarte treten in den Hintergrund, sobald Sie die Antipasti probiert haben: Salami, **Carne cruda all' albese**, **Vitello tonnato**, Omeletts und pikante Kuchen mit Gemüse der Jahreszeit. Die klassischen Primi des Piemont sind eine würdige Fortsetzung: Wählen Sie zwischen **Tajarin** und **Agnolotti dal plin**, strikt handgemacht, die mit Fleischsugo oder mit Butter und Salbei kombiniert werden können. Fleisch von Schwein, Kaninchen, Kalb, Wild, Zicklein, Huhn und Fritto misto bilden die große Palette der Secondi. Die Auswahl an Käse aus den Langhe ist allein den Weg wert: **Robiola** aus Schafs-, Kuh- oder Ziegenmilch und der **Bros**, eine scharfe Käsecreme, die Ernesto selbst zubereitet. Der Tradition erweisen auch die Dolci Reverenz, vom **Haselnußkuchen** zum Bonet, auch die lokale Tirà können Sie versuchen. Das Weinangebot ist vortrefflich, die Auswahl an Bränden interessant, das Preisniveau wohltuend.

Rocchetta Tanaro

15 km südöstlich von Asti

I Bologna

Trattoria
Via Sardi, 4
Tel. 01 41 / 64 46 00-- 64 41 97
Ruhetag: Dienstag
Betriebsferien: erste Augustwoche, 10. Jan. – 13. Feb.
50 Plätze + 40 im Freien
Preise: 55 000 Lire, ohne Wein
Keine Kreditkarten
Mittags und abends geöffnet

Haben Sie etwas Geld übrig, um sich ein Sieben-Gänge-Menü (sieben Gänge! – was würde man Ihnen da wohl in Mailand vorsetzen?) in einem rustikalen, aber äußerst gepflegten Ambiente zu leisten, das Ihnen von einem Wirt serviert wird, der Lustigkeit und Können miteinander zu verbinden versteht? Schon die Appetithappen, die Sie hier immer serviert bekommen, werden Sie mit dem Leben versöhnen: Wir bekamen im Frühjahr herrliche fritierte Akazienblüten und dazu heimische Wurst. Dann kam die Reihe an die eigentlichen Vorspeisen, die bei unserem Besuch von Mariuccia und Beppe Bologna zusammengestellt und zubereitet wurden: **Vitello tonnato**, eine Insalatina di trippa, eine **mit Crema gefüllte, überbackene Zwiebel** und eine zarte Montagnola di polenta, die ein Robiola-Bällchen umschloß. Es folgen zwei Primi, in der Regel Tajarin und **Agnolotti mit Bratensauce** (schön gelb die mit Eiern zubereitete Pasta, köstlich die Füllung, aber etwas zu kurz gegart). Im Winter bekommt man außerdem traditionelle Minestra, zum Beispiel mit Kichererbsen und Crostine. Das Fleisch – seien es die dicken Rippenstücke vom Metzger aus Rocchetta, das Fohlenfilet oder die **Kaninchenleber mit Balsamico** – ist von ausgezeichneter Qualität. Im Festpreismenü sind auch ein Teller mit **Robiola aus den Langhe** mit **Cogna** (Mostarda d'uva) und die Desserts eingeschlossen, die je nach Jahreszeit und Laune des Küchenchefs variieren. Während der Saison fehlen auch Pilze und Trüffeln nicht, die der Inhaber, Carlo Bologna, der auch Experte in Sachen Wein ist, mit Kennerblick auswählt.
Auch beim Wein werden Sie auf Ihre Kosten kommen, denn neben Erzeugnissen aus den familieneigenen Kellereien (»Braida«) werden auch zahlreiche andere Marken aus dem Piemont und dem übrigen Italien angeboten.

Roletto

34 km südöstlich von Turin,
7 km nördlich von Pinerolo, S.S. 589

Il Ciabòt

Restaurant
Via Costa, 7
Tel. 01 21 / 54 21 32
Ruhetag: Montag
Betriebsferien: 15.7. – 7.8.
45 Plätze + 15 im Freien
Preise: 40 000 Lire, ohne Wein
Kreditkarten: CartaSi
Mittags und abends geöffnet

Zum »Il Ciabòt« gelangen Sie, wenn Sie kurz hinter Pinerolo von der Staatsstraße 589 nach Roletto abbiegen. Seit sechs Jahren führt Mauro Agù das Lokal und hat aus der ehemaligen Osteria ein nettes, ländlich gestaltetes Restaurant mit zwei kleinen Speisesälen gemacht.
Mauro und seine Frau Lorena haben die traditionelle piemontesische Küche um moderne Elemente ergänzt (probieren Sie einmal den winterlichen **Topinamburflan mit Bagna caoda**) und verwenden große Sorgfalt in der Präsentation von Speisen und Wein.
Von den warmen Vorspeisen haben uns besonders die **Tartrà tartufata**, die Auberginentörtchen mit Parmigiano und der Artischockenstrudel mit Fonduta begeistert. Im Anschluß daran können Sie **Gnocchetti al Castelmagno**, **Finanziera**, Lasagnette mit Pilzen, **Stracotto vom Esel**, Ente mit Cassis und Pfirsichen genießen. Die Speisekarte folgt dem Lauf der Jahreszeiten, und im Herbst oder Winter gibt es auch Wild, Pilze und Trüffeln. Gut sind auch die Desserts: Sfogliatina mit Äpfeln in Nougatcreme, Apfelkuchen mit warmem Zabaione und Torrone-Halbgefrorenes.
Die gut zusammengestellte Weinkarte versammelt ca. 60 vorwiegend piemontesische Gewächse mit bemerkenswerten 90er Barolos.

In **Cantalupa** (5 km), Strada Pero 0 (null!), bietet der Bauernhof Cascina Rosa ausgezeichneten Ziegenkäse an (unter 01 21 / 35 20 73 anmelden). In **Pinerolo** (7 km), Piazza S. Donato 28, läßt sich im Caffè Pasticceria Feraud exzellenter Espresso zu vorzüglichem Kleingebäck genießen.

Romagnano Sesia

30 km nordwestlich von Novara

Alla Torre

Restaurant
Via I Maggio, 75
Tel. 01 63 / 82 64 11
Ruhetag: Montag
Betriebsferien: unterschiedlich
50 Plätze
Preise: 40 – 45 000 Lire, ohne Wein
Kreditkarten: alle außer DC
Mittags und abends geöffnet

Ein alter Rahmen, in dem ein frischer Wind weht: Mit großem Engagement haben drei Partner im mittelalterlichen Turm des Dorfes ein Lokal eingerichtet, das Tradition mit Kreativität verbindet, und das nicht nur in der Küche, sondern auch bei der Gestaltung der Räume.
Beginnen kann man mit einem gemischten Vorspeisenteller, auf dem sich viele der angebotenen Antipasti (gegrillte Paprika und Auberginen, Lardo di Arnad, heimische Wurst, Gemüseterrinen) finden. Anschließend geht man zu den hausgemachten Paste – **Gemüsestrudel**, Maltagliati mit Auberginen und frischem Caprino, **Tagliatelle mit würzigem Pesto** und, um bei den örtlichen Klassikern zu bleiben, **Zuppa del pastore** mit Lauch, Zwiebel und Tomate – über. Interessant bei den Secondi der Wechsel von kalten (Carpaccio vom Rinderfilet, Pute mit Sellerie, Kalbszunge und Kaninchen sott'olio – das piemontesische Gericht schlechthin) und warmen Gerichten, wie **Muscolo glassato al ginepro** oder vorzüglichen **gegrillten Tomette aus Biella**. Die kleine Auswahl an heimischen Käsen ist mit Sachverstand zusammengestellt. Den Abschluß bilden hausgemachte Desserts, die auf einer eigenen Karte aufgeführt sind.
Die Weinkarte umfaßt neben hervorragenden Erzeugnissen aus der Gegend auch schöne Weine aus den Langhe und dem Monferrato, die zum größten Teil auch glasweise angeboten werden. Gut ist auch die Auswahl an Grappe aus dem Piemont und aus Friaul. Vor allem an den Wochenenden empfiehlt es sich, vorher zu reservieren.

In der Gelateria Corradini, Via Grassi 8, bekommen Sie ausgezeichnetes Eis aus frischen Früchten und Granita Siciliana. Die Pasticceria Costantino, Via dei Martiri 9, bietet Konfekt, Semifreddi, Kekse und ihre Torta Costantino an.

Saluzzo

32 km von Cuneo, S.S. 589

L'Ostü dij Baloss 

Restaurant
Via Gualtieri, 33
Tel. 0175/248618
Ruhetag: Sonntag, Mo.mittag
Betriebsferien: im Jan., 2 Wo. in [Juli/Aug.
70 Plätze
Preise: 45 000 Lire, ohne Wein
Kreditkarten: Visa, DC, CartaSi
Mittags und abends geöffnet

Das Haus aus dem 18. Jh., der herrliche Kamin, der wertvolle Fußboden und die ausgemalten Gewölbe ergeben mit der geradlinigen Einrichtung eine elegante Atmosphäre. Der gastronomische Anspruch ist unverändert, doch hat der neue hervorragende Koch, Davide Testa, einige Neuerungen eingebracht: neue Kombinationen der jahreszeitlichen Ingredienzen aus der Gegend, kurze Garzeiten, zurückhaltende Würzung. Dazu hat Germano Morina die Liste der Weine (nun 280 Einträge) und Destillate erweitert. Probieren Sie die Agnolotti (mit Sauce von Braten oder Ente oder mit Ris e coi), **Tajarin** (mit Sugo di garitole oder Kaninchenragout), Maismehl-Lasagne mit Wirsing und schwarzer Trüffel, Maltagliati mit Salsiccia und Barolo oder mit Forellenfilet und Zucchine, **Gnocchi mit Castelmagno**, mit Raschera oder mit Lauch. Winterliche Alternativen sind Suppen aus Lauch und Kartoffeln oder mit Krautstielen und Kichererbsen. Lecker zubereitet das Fleisch von der Kaninchenroulade bis zum **Entenschlegel mit Wirsing**, vom **Ochsenschwanz in Barolo** bis zum Pollo all'aceto, von Salamino aus dem Dampf mit Pilzen bis zum **Kaninchen in Pelaverga**. Neue Ideen gibt es immer wieder bei den Antipasti (eine Konstante ist die ausgezeichnete Salami): **Carne cruda** mit Tomino-Sauce, mariniertes Filet von der Schleie (tinca in carpione), Zwiebel und Trüffel in Blätterteig, Gemüseflan, Karden und Artischocken mit Wachteleiern, Forellenterrine. Gepflegte Käseauswahl vom Wagen, sehr gut die Dolci (z. B. Feige in Schokolade, Birne in Blätterteig, Zwetschgenbavarois).

Tom (alias Franco Parola; Casa del Parmigiano, Corso Italia, 112) verkauft selbstgereiften Käse. Aus dem Caseificio San Martino (Corso Piemonte, 129) kommen die typischen Käse der Provinz Cuneo: Bra, Raschera und Toma.

San Giorgio Canavese

33 km von Turin, 31 km von Ivrea, A 5

Trattoria della Luna

Trattoria
Piazza Ippolito San Giorgio, 12
Tel. 0124/32184
Ruhetag: Montag
Betriebsferien: Ende Juli/Anf. Aug.
80 Plätze
Preise: 30–35 000 Lire, ohne Wein
Kreditkarten: Visa
Mittags, Fr.–So. auch abends geöffnet

Sie könnten das anonyme Lokal am Hauptplatz des Orts mit einer banalen Bar verwechseln, wenn Ihnen nicht ein Freund (wie dieser Führer) den entscheidenden Tip geben würde. Die Inhaber haben – seit 1926 – kaum Geld in eine Verschönerung gesteckt, abgesehen vom kleinen, anmutigen Speisesaal im ersten Stock. Man kommt hierher, um die typischen Gerichte der Gegend zu genießen, und wenn die Form nicht ganz hält, was der Inhalt verspricht, drücken wir gern ein Auge zu. Fangen wir gleich mit den Antipasti an, **Vitello tonnato** und delikate **Frittatine** mit Gemüse der Jahreszeit. Die schmackhaften und markanten Primi lassen die Wahl zwischen **Agnolotti**, Taglierini, **Risotto mit Steinpilzen** (in der Saison) und duftenden Gemüseminestroni. Unter den Hauptspeisen erweist man hier besonders dem **Fritto misto**, dem einzigen herausragenden Gericht aus piemontesischer Küche, die Ehre. Donnertags können Sie Forelle aus den Bächen der Gegend bekommen oder auch **Polenta con il merluzzo** (Kabeljau), mit einer deliziösen Sauce. Die Weinkarte ist nicht groß, den Löwenanteil haben lokale Erzeuger von Carema, Erbaluce und Passito di Caluso.

Die alte Pasticceria Roletti (Via Carlo Alberto, 28) ist renommiert für ihr Maisgebäck, Torcettini, die Beignets mit Passito »Alladium di Ciek« und die handgemachten Karamellen.

San Marzano Oliveto Valle Asinari

25 km südöstlich von Asti, 5 km von Canelli

Del Belbo da Bardon

Trattoria
Via Valle Asinari, 25
Tel. 0141/831340
Ruhetag: Mi.abend und Donnerstag
Betriebsferien: Dezember/Januar
50 Plätze + 60 im Freien
Preise: 45–50 000 Lire, ohne Wein
Kreditkarten: die bekannteren
Mittags und abends geöffnet

Obwohl auf dem Schild als Restaurant bezeichnet, freuen wir uns, Ihnen das Lokal der Familie Bardone als eine Art Prototyp der modernen Osteria vorstellen zu können. Wir sind hier an einem Ort, wo die italienische Eß- und Trinkkultur aus Überzeugung und mit dem Stolz auf eine mehr als hundertjährige Geschichte zelebriert wird, und das verdanken wir der Kochkunst Annas und Giuseppes und Ginos Gastfreundschaft und seiner Liebe zum Wein. Das stets reichhaltige und abwechslungsreiche, jahreszeitlich geprägte Speisenangebot aus ausgesuchten Zutaten bietet einen beispielhaften Querschnitt durch die traditionelle Küche des Monferrato und der Langhe.
Versuchen Sie nur einmal die mit dem Messer geklopfte **Carne cruda**, die Frittate, den Vitello tonnato, die ausgezeichneten Primi – **Agnolotti dal plin** oder Ravioli, Gnocchi, **Pasta e fagioli**, Tajarin – und die herrlichen Fleischgerichte, wie Milchkitz, Lamm, **gebratene Haxe**, Schmorbraten, Bollito, Zitronenhähnchen, Kaninchen all'Arneis oder auch die **Kutteln**, den **Dorsch** und während der Saison die **Pilze** und **Trüffeln**. Bonet, Torten, hausgemachte Cremespeisen oder vielleicht auch ein paar Amaretti aus Nizza beschließen das Mahl, das Sie mit einem großen Flaschenwein aus der schier unerschöpflichen Weinkarte begießen.
Die Preise können zwar bisweilen die magische Grenze von 50 000 Lire übersteigen, sind aber angesichts der Qualität durchaus angemessen.
Das Lokal liegt im kleinen Vorort Valle Asinari an der alten Straße, die Canelli und Nizza Monferrato verbindet. Wenn Sie von Asti kommen, biegen Sie von der Staatsstraße nach Nizza in die Abzweigung nach San Marzano Oliveto ein, lassen die Auffahrt zum Dorf hinter sich, fahren in Richtung Calamandrana hinunter und dann rechts nach Valle Asinari hinauf.

San Marzano Oliveto Corte

4 km südöstlich von Asti

La Viranda

Bauernhof
Ortsteil Corte, 69
Tel. 0141/856571
Ruhetag: Montag
Betriebsferien: Januar, August
60 Plätze
Preise: 35–40 000 Lire
Keine Kreditkarten
Mittags und abends geöffnet

Der Hof »La Viranda«, ein großes Gut, das isoliert in einem Tal mit Obst- und Weingärten liegt, ist einen Besuch wert, ebenso für die gute Kost zu sehr moderaten Preisen wie für die breite landwirtschaftliche Produktionstätigkeit. In genossenschaftlicher Form werden hier Wein und Obst angebaut, man zieht Kälber, Schweine und Hühner auf, und man verarbeitet auch alles selbst. Frische und eingemachte Früchte, Wein (Moscato, Chardonnay, Dolcetto, Barbera, Pinot Nero), frisches Fleisch, Salumi wie die Cacciatorini, Rohsalami, Coppa und Speck, Käse (aus Bubbio in der Langa astigiana kommen die **Formaggette**) werden im Laden verkauft.
Setzen wir uns zu Tisch, in einem der beiden ländlichen Speiseräume im Erdgeschoß. Lorella Solito vertritt eine traditionelle Küche mit intensiven, manchmal rustikalen Aromen. Das Mahl wird mit Salumi eröffnet, dann folgen nach Jahreszeit Sformati di verdura (Gemüsequiche), Salat aus dem Garten (im Winter die **Ancioada**, ein schmackhafter Krautsalat mit Sardellen), Terrinen und Galantinen aus hellem Fleisch oder, wenn eine Sau geschlachtet wurde, **Fritto misto**. Es geht weiter mit Tagliatelle oder Agnolotti, mit Brasato (Schmorbraten) oder Bollito (gekochtes Fleisch) mit Bagnet, Coniglio in umido und Faraona (Perlhuhn) in Moscato, **Arrosto monferrino** oder Cosciotto di maiale al forno (Schweinebraten). Immer gelungen die **Bayerische Creme mit Moscato** als Alternative zum Bonet oder zur Torta alla ricotta. Natürlich trinkt man den Wein vom Gut.
Anfahrt: Von der Straße Asti–Nizza Monferrato biegt man nach S. Marzano Oliveto ab. Nach einigen Kilometern nimmt man nicht die Straße ins Dorf hinauf, sondern hinunter in das Valle San Giovanni. Links entdeckt man dann den großen Hof. Unabdingbar ist telefonische Anmeldung.

Sant'Antonio di Susa Cresto

35 km westlich von Turin, S.S. 25 oder A 32

Il Sentiero dei Franchi

Trattoria
Borgata Cresto, 16
Tel. 011/9631747
Ruhetag: Dienstag
Betriebsferien: im Juni
24 Plätze
Preise: 40–45 000 Lire, ohne Wein
Alle Kreditkarten
Mittags und abends geöffnet

Von Sant'Antonio führt die Straße unter Kastanienbäumen hinauf zum Weiler Cresto: einige Häuser im Grünen auf einem felsigen Bergsporn. Die Trattoria ist in der Mitte des Ortes zu finden, der auch auf einem alten Saumpfad zu erreichen ist. Die Sacra di San Michele, wenige Kilometer östlich, ist ein lohnendes Ziel, zu Fuß oder mit dem Auto. Das »Sentiero« verfügt nur über vier Tische, daher ist Anmeldung sehr zu empfehlen, unabdingbar abends und an Sonn- und Feiertagen. Im Sommer kann man sich auch draußen unter den Kastanien den Imbiß schmecken lassen. Man kocht hier typisch piemontesisch. Zahlreich die Antipasti: u. a. Vitello tonnato, hausgemachter Russischer Salat, Lingua (Zunge) con bagnetta alla piemontese, Bagna caoda mit Gemüse, **Paprika »dei Franchi«**, **Caponet** (Kraut mit Fleisch und Salami gefüllt). Spezialitäten von Renzo Andolfatto und seiner Frau Maria Pia sind die kalorienhaltigen **Malfatti passati al forno** (Gnocchi mit Spinat und Ricotta), schmackhafte Tajarin oder Agnolotti mit Bratensauce, Knödel mit Speck. Die **Polenta concia** (mit Butter und Käse), ein typisches Bergleressen, wird praktisch das ganze Jahr über serviert und paßt besonders zu Wild wie Cinghiale (Wildschwein) al civet oder **Capriolo** (Reh) **in Arneis**. Alle Dolci sind hausgemacht: gutes Tiramisù al caffè, **Früchtekuchen**, der Bonet und die Torte »Torino« mit Schokolade. Die Weinkarte beschränkt sich auf etwa 30 Piemonteser und einige Erzeugnisse aus dem Aostatal. Ausgeschenkt werden auch einige wenig bekannte Weine aus dem Land um Pinerolo.

Im alten Ortskern von **Susa** (Piazza de Bartolomei) sollte man in der Pasticceria Pietrini das »Pan d'la Marcheisa« probieren, eine Torte mit gerösteten Mandeln.

Santo Stefano Belbo

81 km von Cuneo, 25 km von Asti, S.P. 592

Club di Bacco

Circolo Arcigola
Via Cesare Pavese, 18
Tel. 0141/843379
Ruhetag: Montag
Betriebsferien: 15.–30. Januar
35 Plätze + 40 im Freien
Preise: 35 000 Lire, ohne Wein
Kreditkarten: alle
Nur abends, am Wochenende auch mittags geöffnet

Am Rand des großen Dorfes, zu dem sich Santo Stefano Belbo inzwischen entwickelt hat, finden Sie einen ruhigen Winkel, wo sich Literatur, Kunst und Gastronomie ein Stelldichein geben. Es handelt sich dabei um das Geburtshaus Cesare Paveses, das man in ein Museum mit Veranstaltungssaal und Restaurant umgewandelt hat.
Der »Club di Bacco« hat einen kleinen Innenhof, in dem man an schönen Sommerabenden auch sein Abendessen einnehmen kann. Wir ließen uns von den Vorspeisen verführen, die abwechselnd kalten und warmen Antipasti sind leicht, vorzugsweise mit Gemüse, gutem Öl, aber ohne Sahne und mit nur wenig Butter zubereitet. Man beginnt mit einer **Friciula** und Speck und schließt mit **Sardellen al verde**, die Ornella, die Köchin, eingesalzen hat. Dazwischen wechseln sich **Paprikaauflauf**, Torta verde, überbackene Paprika mit Thunfisch-Sardellen-Sauce und Carpaccio mit Robiola (das einzige eher langweilige Gericht) ab. Bei früheren Besuchen haben wir außerdem die **Tajarin al sugo di salsiccia**, die **Ravioli** mit Butter und Salbei oder die Gnocchi schätzen gelernt. Bei den Secondi entschieden wir uns für den **Fritto misto**, der aus etwa zehn appetitlich fritierten Fleischstücken bestand. Auf das ausgezeichnete **Kaninchen** und die Costate haben wir bereits in der letzten Auflage hingewiesen.
Von den Desserts haben wir neben den Klassikern Bonet und Panna cotta eine gute Bayerische Creme mit Banane und Pfirsich und einen hausgemachten, mit Feigenmarmelade **gefüllten Rotolo** di pan di Spagna probiert. Die Weinkarte ist recht gut, und die Preise sind anständig.

Das Delikatessengeschäft Carbone, Piazza Costa 5, bietet gute heimische Spezialitäten an (ausgezeichnet die frischen Paste).

Scarmagno · Masero

45 km von Turin, 5 km südlich von Ivrea, Ausfahrt A 5

La Pergola

Restaurant
Via Montalenghe, 59
Tel. 01 25 / 71 27 47
Ruhetag: Montag
Betriebsferien: 14 Tage im Jan. und im Sommer
40 Plätze + Festsaal
Preise: 40 – 55 000 Lire, ohne Wein
Kreditkarten: alle
Mittags und abends geöffnet

Dieses Restaurant unweit der Olivetti-Werke präsentiert sich inzwischen in neuem Gewand. Nichts Prunkvolles, sondern im Gegenteil Schlichtheit und klare Formen bilden nun den schönen Rahmen für Alessandro Cignettis Küche. Zu etwas höheren Preisen – das versteht sich von selbst – kann man im »La Pergola« jetzt nicht nur à la carte essen, sondern es werden darüber hinaus auch drei Festpreismenüs (zu 40 000, 47 000 und 55 000 Lire, ohne Wein) angeboten, die sich aus traditionellen heimischen Gerichten und Eigenkreationen zusammensetzen. Es muß aber nicht unbedingt das »große« Menü mit sehr vielen Gängen sein – um einen Eindruck von Alessandros Küche zu bekommen, reicht auch eines der kleineren aus.
Je nach Jahreszeit finden Sie unter den Vorspeisen Tortini, Giardiniera, **Zucchiniblüten mit Butter und Honig** oder Kaninchenroulade. Typische Klassiker sind die **Zuppa d'ajucche** (heimische Kräuter) und die **Tofeja** (aus Bohnen), es gibt aber auch Blumenkohl- und Brennnesselsuppe, Risotti und Tagliolini. Auf Vorbestellung kommen Sie auch in den Genuß einer **Finanziera**, eines Bollito, eines **Fritto misto** oder, während der Saison, eines **Pilzgerichts**. Unbedingt zu empfehlen ist auch die **Entenbrust**, die **mit Passito** aus Caluso und Pinienkernen zubereitet wird. Von den Desserts sollten Sie die Pfirsich- und die Apfeltorte und den Zabaione ghiacciato mit geschmolzener Schokolade probieren.
Für den Service ist Alessandros Frau Maria Grazia zuständig. Der Weinkeller ist wirklich gut sortiert: über hundert Marken, darunter sehr viele große Namen, vorwiegend aus dem Piemont und einige aus dem Ausland.

Serole

63 km von Asti, 38 km von Alba, S.S. 29

Trattoria delle Langhe

Trattoria
Via Concentrico, 1
Tel. 01 44 / 9 41 08
Ruhetag: Dienstag und Freitag
Betriebsferien: November / Dezember
80 Plätze
Preise: 40 000 Lire
Keine Kreditkarten
Mittags und abends geöffnet

In diesem von Landflucht und Abwanderung betroffenen Winkel im Süden des Piemont, über den bereits der »Marin«, ein warmer Wind, der von der ligurischen Küste her weht, streicht, gehört schon eine Menge Mut dazu, eine Trattoria zu betreiben. Dieser Teil der Langhe ist gekennzeichnet durch den Wechsel von sanften Hügeln mit herrlichen Terrassen und karstiger Landschaft. Und mittendrin liegt die Ortschaft Serole. Carmen empfängt Sie in dem kleinen, sauberen und gepflegten Speisesaal wie einen ihrer Mitbürger. Melden Sie sich am besten vorher an, und auch wenn Sie allein kommen, hält Carmen ein abwechslungsreiches, sättigendes Essen für Sie bereit. Wir haben die gute hausgemachte **Salami**, den Pomodoro mit Bagnet verde, einen zarten Vitello tonnato, Carne cruda mit Parmesanspänen und einen **Gemüseauflauf**, der für zwei gereicht hätte (die Portionen sind stets sehr großzügig bemessen), probiert. Danach folgten **Tajarin** (so fein wie Engelshaar) mit Pilzsauce, ein guter Schmorbraten, heimischer Weichkäse, Panna cotta und ein Salat aus Früchten der Saison. Bei früheren Besuchen wurden Ravioli, Risotti, gefülltes Kaninchen, **Wildhase mit Polenta**, **Milchkitz** und im Winter **Grive** und Frisse, zwei Klassiker, angeboten.
Zu dem angenehmen, ruhigen Abendessen in einem ländlichen Rahmen sollte man unbedingt einen Dolcetto oder einen Barbera aus der Gegend trinken und zum Schluß einen Bitterlikör oder eine Grappa.
Serole erreicht man von Cortemilia, Roccaverano oder Spigno Monferrato aus nur über recht unwegsame Straßen, die aber eine eindrucksvolle Aussicht bieten.

Im **Ortsteil Rocchino** (3 km) stellt Roberto Verri ausgezeichnete Ziegenkäse her, die er zum Teil mit Pfeffer, Wacholder, Peperoncino oder Kräutern verfeinert.

Serravalle Langhe

54 km von Cuneo, 22 km südlich von Alba

La Coccinella

Trattoria
Via Provinciale, 5
Tel. 01 73 / 74 82 20
Ruhetag: Montag
Betriebsferien: 10 Tage im Januar u. im Juni
60 Plätze
Preise: 35 000 Lire, ohne Wein
Kreditkarten: die bekannteren
Mittags und abends geöffnet

Wenn Sie die Straße von Cissone und Dogliani nach Serravalle hinauffahren, stoßen Sie direkt auf das »La Coccinella«. Bevor Sie sich aber an einem der Tische niederlassen, sollten Sie unbedingt erst einmal links die Straße mit den vielen Geranien und Hortensien, praktisch die einzige des Ortes, bis zur Piazzetta mit dem schönen Rathaus, der steinernen Pfarrkirche und dem spätgotischen Kloster hinaufgehen, von der aus man einen herrlichen Blick genießt.
Anschließend können Sie sich mit Maria Rosa Fiorinos unverändert guter Küche belohnen. Als Vorspeisen gibt es einen ausgezeichneten **Vitello tonnato**, Rotolo di frittata und Thunfischpastete, Sfogliatina mit Steinpilzsülze und Schinken, gute **Salami** vom Bauern und Frittata mit Kräutern (die allerdings ganz frisch zubereitet sein sollte). Es folgen **Agnolotti dal plin** (vielleicht etwas zu groß, aber sehr leicht und schmackhaft), **Tajarin** und Gnocchi al Castelmagno als Primi und Wildschwein al civet, gebratenes Perlhuhn, Kaninchen, Bocconcini al vino rosso und **fritierte Pilze** als Secondi. Den Abschluß bilden gute, hausgemachte Desserts, darunter der unverzichtbare Bonet, Panna cotta und saftige **gefüllte Pfirsiche** mit Amaretto.
Die Auswahl der ausschließlich piemontesischen Weine ist recht gut, und die Preise sind ausgesprochen anständig.

In **Dogliani** (7 km) kann man sich in der Macelleria-Salumeria Aicardi, Via Marconi 10, (Bratwurst, Cacciatorini piemontesi, die seltenen »Grive« oder Bocconcini aus Schweineleber, die mit Gewürzen und Wacholder verfeinert werden) und in der Salumeria Boffano, Salita Castello 4, (Bratwurst, Cotechini, Zamponi und vorzügliche Kochwurst) mit ausgezeichneten heimischen Wurstspezialitäten eindecken.

Sizzano

22 km nordwestlich von Novara, S.S. 299

Impero

Trattoria
Via Roma, 9
Tel. 03 21 / 82 02 90
Ruhetag: Montag
Betriebsferien: März und August
40 Plätze
Preise: 45 000 Lire, ohne Wein
Kreditkarten: alle
Mittags und abends geöffnet

Eine Siegermannschaft wechselt man nicht aus, heißt es im Fußballerjargon. Und das gilt auch für dieses Lokal im Herzen des Anbaugebietes der sogenannten »Nebbioli del nord«. Das Ambiente der schönen, ländlichen und familiären Trattoria mit dem geräumigen Eingangsbereich mit der Theke, von dem aus man in einen kleineren, gepflegten Speisesaal gelangt, ist unverändert. Und das gilt auch für das Speisenangebot, das nach wie vor der heimischen Tradition verhaftet ist.
Im Speisesaal werden Ihnen die beiden Schwestern Negri zunächst die klassischen Vorspeisen servieren, unter denen besonders die **Verze** cotte mit **Salame d'la duja** (in Fett konserviert), die **Gänsewurst** und die Mortadella di fegato, der Geflügelsalat und die Crema al formaggio hervorragen. Bei den Primi finden wir die unverzichtbare **Paniscia**, ein typisches Piemonteser Risotto mit Borlotto-Bohnen, Speck und Salame d'la duja, **Ravioli mit Ricotta und Kräutern** und Penne al Gorgonzola. Traditionell auch die Secondi mit einem großen Wagen mit den **Bolliti**, **gefülltem Huhn** mit Mostarda, **Ossobuco**, Magatello mit Ratatouille, gebratener Ente mit Pflaumen und Frisciö (Kartoffel-Gemüse-Bällchen). Auf Vorbestellung bereitet man Ihnen auch einen klassischen Piemonteser Fritto misto zu. Zum Abschluß empfehlen wir Ihnen die Mousse au chocolat mit Haselnüssen und den Zabaione, der so cremig und lecker ist wie zu Großmutters Zeiten.
Bei den Weinen überwiegen die Nebbiolo-DOC-Weine aus der Umgebung (Ghemme, Sizzano, Fara), die noch um eine kleine Auswahl anderer piemontesischer Marken ergänzt werden.

Stroppo
Bassura di Stroppo

43 km nordwestlich von Cuneo, S.S. 22

L'Ortica

Osteria
Ortsteil Bassura di Stroppo, 58
Tel. 01 71 / 99 92 02
Ruhetag: Dienstag
Betriebsferien: unterschiedlich
30 Plätze + 15 im Freien
Preise: 15 – 28 000 Lire, ohne Wein
Keine Kreditkarten
Mittags und abends geöffnet

Das kleine Lokal kann man vor allem im Sommer nützen, denn von Oktober bis Juni, wenn kaum Wanderer in dieses schattige Tal kommen, ist nur Freitagabend, Samstag und Sonntag offen. Dafür werden in der Hochsaison nonstop wunderbare Brotzeiten serviert. Das alte Haus befindet sich in der Mitte des Weilers und verfügt über zwei kleine Räume mit Holzfußboden, die Wände sind illusionistisch bemalt. Im Sommer sitzt man auch auf der blumengeschmückten Terrasse. Elena Fino und Guido Francone bieten üblicherweise **Sardellen in roter Sauce** an (hier ist man im Land der acciugai, die von hier auf ihre weiten Handelsreisen aufbrachen), eingelegte Paprika dell'Ortica (mit Sardellen, Tomaten, Kapern), salzige Kuchen (aus Reis mit Mangold, Blätterteig mit Spinat und Salsiccia, Lauchtörtchen, **Kardentörtchen mit Bagna caoda**). Häufig gibt es auch einen jahreszeitlichen Gemüseflan oder Polentaauflauf mit Salsiccia. Abschließen können Sie Ihr Mahl mit selbstgemachten Süßspeisen, wie Crostata mit Feigen oder Pfirsich in Wein, Pistazientörtchen oder sehr gutem Eis (probieren Sie das mit Kastanienhonig). Für ein »richtiges« Menü – nach rechtzeitiger Vorbestellung – bereitet die Köchin Agnolotti, **Ravioles** (große Kartoffelgnocchi mit Käse), Suppen mit Gemüse (darunter eine Kichererbsensuppe, die **Cisrà**) oder Brennesseln (eben »ortica«), Pasta aus Roggenmehl, **marinierte Forelle** und Kaninchen in Freisa. Die Karte zählt 40 Weine, meist Piemonteser und einige Trentiner und Toskaner.

In **Elva** (10 km), Ortsteil Serre, macht das Caseificio Cooperativo Elvese den guten Toma di Elva. Elva erreicht man auf einer steilen und beeindruckenden Straße vom Ponte Marmora aus.

Stroppo
Bassura di Stroppo

43 km nordwestlich von Cuneo, S.S. 22

Lou Sarvanot

Restaurant mit Fremdenzimmern
Ortsteil Bassura di Stroppo, 64
Tel. 01 71 / 99 91 59
Ruhetag: Mo., im Winter auch Di.
Betriebsferien: 15. 1.–15. 2., 1 Woche im Sept.
25 Plätze
Preise: 40 – 45 000 Lire, ohne Wein
Kreditkarten: CartaSi
Nur abends, am Wochenende u. im Aug. auch mittags geöffnet

Silvia Massarengo und Paolo Rovera haben eine rustikale und zugleich elegante Einrichtung gewählt und beschränken sich auf wenige Zimmer, um sich auch weiterhin intensiv um ihre Gäste kümmern zu können. Unverändert ist auch die Küche, die dem Lokal zu Erfolg verholfen hat. Die tüchtige Silvia setzt auf Tradition und Kreativität sowie die heimischen Zutaten von den Bergbauernhöfen: Kartoffeln und Buchweizenmehl, aromatische Kräuter und Seirass, Forellen und Lammfleisch.
Wir haben im Sommer außergewöhnliche **Dundaret** (kleine Kartoffelgnocchi mit zerlassener Butter und aromatischen Kräutern) und einen guten Reisauflauf mit Wirsing und Sardellensauce probiert. Außerdem bot die Speisekarte Fettuccine aus Buchweizenmehl mit frischer Tomate. Es folgten **Forelle auf provenzalische Art** (wird immer angeboten) und Tagliata di filetto mit Crema alle erbe aromatiche. Den Abschluß bildeten ausgesprochen gelungene Desserts: eine Ricotta aus Schafsmilch mit Karamel, die in Form zarter Eisbällchen serviert wurde, und ein bemerkenswerter Aprikosenkuchen. Das Speisenangebot richtet sich aber auch nach den Jahreszeiten. So gibt es im Winter kalorienreichere Speisen wie **Lauchauflauf**, **Comau**, eine traditionelle Suppe aus Kürbis und Kartoffeln, Agnolottini mit Käsefüllung und Walnußsauce, **Lamm al Pelaverga** und Schmorbraten mit Sardellen.
Der Weinkeller ist gut bestückt, und die Rechnung fällt angesichts der Qualität und Einzigartigkeit des Angebots durchaus anständig aus.

Die Käserei Valle Macra, Via XXIV Maggio, in **Morra di Villar San Costanzo** bietet frische Tome und Macra, einen Käse, der dem Castelmagno ähnelt, aus eigener Herstellung an.

Antiche Sere

Osteria – Trattoria
Via Cenischia, 9
Tel. 011/3854347
Ruhetag: Sonntag
Betriebsferien: Aug., 2 Wo. über Weihn.
50 Plätze + 40 im Freien
Preise: 40 – 45 000 Lire, ohne Wein
Keine Kreditkarten
Nur abends geöffnet

Wir sind hier im Borgo San Paolo, einem der historischen Arbeiterviertel Turins mit kleinen, schmalen Straßen, die von zwei- oder dreistöckigen Häusern gesäumt werden. Die Gegend wirkt irgendwie ländlich, so, als sei die Zeit hier stehengeblieben.
Wenn Sie so klug waren, sich einen Tisch reservieren zu lassen, werden Antonella im Speisesaal und ihr Bruder Daniele in der Küche, wo ihn seine erfahrene Mutter unterstützt, Ihre Wünsche freundlich und flink entgegennehmen. Die Küche bietet die typischen Piemonteser Klassiker, vor allem jene aus der Gegend um Novara. Und das heißt schmackhafte, aromatische und zugleich leichte Speisen. Beginnen Sie zunächst einmal mit dem Aufschnitt (Eselssalami, Salam d'la duja, Speck mit Pfeffer). Lassen Sie sich aber auch die warmen Vorspeisen (**Quiches** mit Lauch, Zucchini und Toma oder Spargel, **Aufläufe** mit Gemüse der Saison) und, im Sommer, das Gemüse in carpione nicht entgehen. Als Primi werden bemerkenswerte Suppen (Bohnen, Gerste, Linsen), eine wunderbare **Paniscia,** die traditionellen Tajarin und Agnolotti angeboten, ein echter Leckerbissen sind die **Gnocchi mit Salsiccia**. Unter den Secondi eine unvergeßliche **gebratene Schweinshaxe**. Sofern sie gerade auf der Karte stehen, sollten Sie unbedingt auch den **Tapulon**, die **Casoeula**, die Kutteln und das Kaninchen in Weißwein probieren.
Bei den Desserts ragen besonders die Panna cotta (fest und zart, genau wie sie sein soll) und ein köstlicher Zabaione al Moscato hervor. Die Weinkarte ist gut sortiert, und die Preise sind überaus anständig.

Il Vinaio, Via Cibrario 38, ist eine gute Adresse für alle, die Qualitäts- oder seltene Weine, vor allem aus Barolo, suchen. Dafür lohnt es sich sogar, ein Stück weit zu gehen.

Torino

C'era una volta

Restaurant
Corso Vittorio Emanuele, 41
Tel. 011/6504589 und 655498
Ruhetag: Sonntag
Betriebsferien: im August
80 Plätze
Preise: 45 000 Lire, ohne Wein
Kreditkarten: die wichtigen
Nur abends geöffnet

Die Idee – die immer noch großen Anklang findet – war, mitten in der Stadt ein richtiges Lokal der piemontesischen Provinz einzurichten, mit althergebrachten Gerichten und ordentlichen Portionen, natürlich auch etwas verfeinert, was Ambiente und Service angeht. Sie erreichen das Restaurant in wenigen Minuten, wenn Sie von der Stazione Porta Nuova Richtung Po hinuntergehen. Nachdem Sie geläutet haben, gehen Sie in den ersten Stock hinauf und stimmen sich mit einem Aperitif auf das feste Menü ein, das aus fünf Antipasti, zwei kleinen Primi, einem Hauptgang, Dessert, Digestif und Caffè besteht. Man beginnt mit einem durchwachsenen Speck und anderen Salumi, **Kaninchensalat**, **Gemüseflan** nach Jahreszeit mit Bagna caoda oder Fonduta. Weiter geht's mit Tortelli mit Thymian, **Maltagliati Vecchio Piemonte**, **Rabaton** (Ricotta-Kräuter-Gnocchi mit Béchamel) oder Tajarin mit diversen Aromen (Pilze, frische Tomaten mit Basilikum). Wer noch Appetit hat, bekommt nun ein Steak mit grünem Pfeffer oder den **Stracotto al Barbera d'Asti**, ab und zu wird **Rindsroulade** oder Schweinshaxe angeboten, im Winter Sancrau (Weißkraut, mit einem Cotechino geschmort). Unter den Dolci mit den Klassikern Bonet (Schokoladenpudding) und Panna cotta hervorzuheben die diversen **Mousses** (mit Himbeeren, Waldbeeren oder Nougat). Man trinkt ausschließlich piemontesisch.

Das T.R. an der Piazza Carlo Felice (Nr. 69) ist eine der besten Turiner Adressen für handgemachte Pralinen. Weitere piemontesische Köstlichkeiten hält hier Avvignano (Nr. 50) feil, ein sehr gutes »Täßchen« gibt es in der Casa del Caffè. Ein gutes Weinangebot und eine stupende Anzahl Whiskeys und Wässerchen findet man im Bottigliere (Via San Francesco da Paola, 43); die bis Mitternacht geöffnete Enoteca bietet auch einen Imbiß an.

Torino

Dai Saletta

Trattoria
Via Belfiore, 37
Tel. 011/6687867
Ruhetag: Sonntag
Betriebsferien: August
40 Plätze
Preise: 40 000 Lire, ohne Wein
Kreditkarten: die bekannteren
Mittags und abends geöffnet

Das anständige, zuverlässige Angebot garantiert seit Jahren für den Erfolg, den dieses Restaurant bei Einheimischen und Durchreisenden genießt. Es liegt nur einige Autominuten vom Bahnhof Porta Nuova entfernt, unweit des Parco del Valentino und der Turiner Messe. Vor allem zur Mittagszeit, wenn das Lokal sehr voll ist, kann man nicht selten ganze Familien oder Gruppen von Freunden beobachten, die sich um eine **Bagna caoda**, einen Fritto misto oder eine Finanziera (Gerichte, die man nur auf Vorbestellung bekommt) versammelt haben.
Empfehlenswert sind die **Trippa di Moncalieri**, die in hauchdünne Scheiben geschnitten und mit Öl angemacht werden, der köstliche, rosige Speck, die Salsiccia und die Crostini mit Tomini. Bei den Primi – allesamt mit hausgemachten Paste – zählen die **Rustiche alla montanara** (Vollkorntagliatelle mit gekochten Kartoffeln und Toma aus Lanzo) zu den besonderen Spezialitäten des Lokals. Ebenso zufrieden werden Sie aber auch mit den **Tajarin** alla langarola (mit Wurst und Geflügelleber), den Peposelle (Tagliatelle, die mit grünem Pfeffer zubereitet und mit Gorgonzola und Walnüssen serviert werden) oder den **Gnocchi al castelmagno** sein. Traditionell die Secondi mit **Brasato al Barolo**, Arrosto con crema di nocciole oder Kaninchen mit Pflaumen. Den Abschluß bilden Panna cotta und Bonet oder aber ein guter Zabaione.
Die Weinkarte bietet eine anständige Auswahl an Erzeugnissen aus der Region.

Die Enoteca Gabri 2, Corso Raffaello 6, bietet gute italienische und ausländische Weine, Champagner, Grappa und Kulinarisches an. Im Delikatessengeschäft in der Via Madama Cristina 62 bekommen Sie hervorragende Wurst. Eine gute Adresse für Milch- und Fruchteis und Gianduja ist Silvano in der Via Nizza 142 (stadtauswärts Richtung Süden).

Torino

Ij Brandé

Restaurant
Via Massena, 5
Tel. 011/537279
Ruhetag: Sonntag und Mo.mittag
Betriebsferien: August
50 Plätze
Preise: 50 000 Lire, ohne Wein
Kreditkarten: alle
Mittags und abends geöffnet

Gepflegt und gemütlich wie immer fanden wir dieses Lokal nur zwei Häuserblocks vom Bahnhof Porta Nuova entfernt vor.
Das Speisenangebot – eine recht umfangreiche Karte und zwei interessante Degustationsmenüs mit Fleisch- und Fischgerichten (zu 40 000 und 50 000 Lire, ohne Getränke) – ist unverändert. Wer à la carte ißt, kann man mit einem köstlichen **Flan mit Lauch und Raschera** oder einem Spargelauflauf mit Parmesan und Apfelsauce beginnen. Als Primi werden sehr viele, zum Teil phantasievolle **Risotti**, zum Beispiel mit Castelmagno und Artischocken, mit Fonduta und Birnen, mit Raschera und Walnüssen, angeboten. Aber auch die klassischen Agnolotti di brasato alla piemontese und, im Winter, **Gnocchi di castagne** mit Fonduta fehlen nicht. Bei den Secondi findet man vorzugsweise Fleischgerichte, wie **Filet mit geschmolzenem Castelmagno**, **Finanziera** und **Brasato al Barolo**. Von den Fischgerichten ist besonders der Wolfsbarsch zu empfehlen, den man al forno oder mit Artischocken bekommt. Den Abschluß bildet ein schöner Wagen mit Kompotten, Tarte tatin, Crostate und **Torronata**.
Alle vierzig Tage gibt es je nach Angebot der Saison eine völlig neue Speisekarte.
Die Weinkarte bietet eine anständige Auswahl an Rotweinen, die meisten aus dem Piemont, aber auch einige Marken aus Frankreich, die zu vernünftigen Preisen angeboten werden.

An die Donaumonarchie erinnert die Atmosphäre in der Caffetteria Viennese, Corso Re Umberto 19 g. Hier gibt es heiße Schokolade, Sachertorte, aber auch ausgezeichnete Panini und tadellose Weine. Wenn Sie noch ein Stück weiter, zum Corso Moncalieri 47, gehen, finden Sie bei Peirano eine Riesenauswahl an Pralinen und Konfekt.

L'Agrifoglio

NEU

Restaurant
Via Accademia Albertina, 38 d
Tel. 011/837064
Ruhetag: Sonntag und Mo.mittag
Betriebsferien: 15. Juli – 15. August
36 Plätze
Preise: 40 000 Lire, ohne Wein
Kreditkarten: die bekannteren
Mittags und abends geöffnet

Adriano Pistorio ist ein bekannter Mann in der Turiner Gastronomie: Vor Jahren führte er die »Osteria dell'amicizia«, eine der schönsten der Stadt, die heute eine Pizzeria ist. Sein jetziges Restaurant ist eines jener kleinen, hübschen Innenstadtlokale, wie man sie früher kannte. Zur Mittagszeit kann man zwischen zwei Angeboten wählen (einem einzelnen, reichhaltigen Gericht zu 20 000 Lire oder einem Primo und einem Secondo zu 28 000 Lire). Abends bekommt man, auf Vorbestellung auch noch zu vorgerückter Stunde, ein Festpreismenü zu 38 000 Lire.
Hier nun ein Überblick über das, was Ihnen hier geboten wird: guter Aufschnitt, darunter ein großartiger Culatello, »La fantasia dello chef« (das sind phantasievolle, täglich wechselnde Vorspeisen, wie zum Beispiel **Salate mit** Hühner- oder **Entenfleisch**, warme Sfogliatine mit Käse, **Pescoi**, Salsicciotti al Barolo). Es folgen **Maltagliati mit Gorgonzola**, Dinkelsuppe mit Bohnen und Perlgraupen, Reis alla crema di peperoni, die klassischen Agnolotti und **Zuppa valpellinese**. Unter den Secondi: **Finanziera**, **Carbonada** valdostana, **Kaninchen al Nebbiolo**, Kalbsmedaillons mit Thymian und Bocconcini mit Finanziera di funghi. Ein großer Wagen mit Piemonteser **Käse**spezialitäten und ebenso typische Desserts – eine wirklich gut zubereitete **Panna cotta** und **Bonet**, Eiscreme mit Crema di marron glacé und eine warme Sfogliatina mit Äpfeln – beschließen das Mahl. Ungemein vielfältig und umfangreich die Weinkarte, gut das Angebot an Schnäpsen.

Bei Da Gertosio, Via Lagrange 34, finden Sie Schokolade in den unterschiedlichsten Varianten und frisches Gebäck von höchster Qualität, vielleicht das beste der ganzen Stadt. In der Macelleria Natale, Via Mazzini 22 c, bekommen Sie gutes Fleisch und Wurst, darunter auch ausgefallenere Sorten, wie die Merghez.

L'Osto del Borgh Vej

Restaurant
Via Torquato Tasso, 7
Tel. 011/4364843
Ruhetag: Sonntag
Betriebsferien: August
35 Plätze
Preise: 50 000 Lire, ohne Wein
Kreditkarten: Visa, CartaSi
Mittags und abends geöffnet

Das nette kleine Restaurant liegt in einem der wenigen Bezirke Turins, die an mittelalterliche Zeiten erinnern; die Via T. Tasso findet man auf halbem Weg zwischen den römischen Porte Palatine, dem Dom und dem Palazzo della Città. Es empfängt ein gepflegtes Ambiente, mit halbhohem Ziegelmauerwerk und alten Fotografien. An den Herden sorgt Angelo Losito für eine regionale Küche, die um allzu Rustikales erleichtert ist. Den Service versehen Anna und Armando Carpignano, die oft Spitzenleistungen anbieten können. Wir sprechen von **Vitello tonnato alla moda antica** und Gänseterrine mit Blaubeersauce unter den Antipasti oder – unter den Primi – von den herrlichen **Agnolotti mit Fleisch** und Steinpilzen. Alternativen sind Reginette (Tagliatelle) mit Kabeljau oder Tagliolini mit Fenchelsauce. Unter den Hauptgängen ragt die **Kaninchengalantine** heraus; wählen kann man auch ein Rinderfilet in Form von Tournedos Rossini oder mit Castelmagno-Käse bzw. Pilzen. Das Reich der Dolci umfaßt die klassische Torronata, eine delikate **Mousse** (je nach Jahreszeit aus Zitronen, Mandarinen, Trauben oder Kakao) mit Himbeersauce, **Kompott mit Moscatocreme** oder auch eine Kaffeecreme. Es wird auch ein ausgezeichnetes Menu degustazione zu 50 000 Lire angeboten. Die Weinkarte enthält bescheidenere piemontesische Kreszenzen zu vernünftigen Preisen.

In der Via S. Tommaso (Nr. 10) ist das gleichnamige Café zu finden. Von Mittag bis ein Uhr nachts geöffnet, bietet es Musik, Autorenlesungen und eine unglaubliche Auswahl verschiedener Kaffeemischungen und Spezialitäten wie den Cappuccino all'arancia. Giordano (Via S. Domenico, 21) ist eine berühmte Quelle für handwerklich hergestellte Schokoladen und Pralinen.

Locando Mongreno

NEU

Osteria
Strada comunale Mongreno, 50
Tel. 011/8980417
Ruhetag: Montag
Betriebsferien: 10 Tage im Aug. und im Jan.
50 Plätze + 40 im Freien
Preise: 38 000 Lire, ohne Wein
Kreditkarten: CartaSi
Nur abends geöffnet

Das Lokal hieß früher einmal »La Tampa« und war eine typische Osteria, der ideale Ort, um bis spät in die Nacht ein paar Kleinigkeiten zu essen, zu trinken und zu singen. Heute trägt es den Namen des Viertels, das sich vom Monte dei Cappuccini zum Fluß Sassi erstreckt. Zwei junge Leute, die gerade die Hotelfachschule abgeschlossen hatten, haben es im April 1997 mit großen Enthusiasmus wiedereröffnet und bieten dort nun eine phantasievolle, raffinierte Küche an, die jedoch auf Übertreibungen verzichtet und auf heimische Zutaten zurückgreift.
Von Pier Carlo Bussettis Speisenangebot haben wir zum Auftakt die **Terrina di trota**, den Auberginenflan und den Paprikaauflauf mit Sardellensauce probiert. Unter den Primi ragen im Sommer vor allem die **Gnocchi alle erbe** mit Paprikasauce und der **Risotto della locanda** mit Mascarpone und Basilikum heraus. Das ganze Jahr über werden außerdem Tagliatelle mit Ragout, **Maltagliati al sugo d'anatra**, Risotti, ein paar Suppen und Minestre, wie Lauch- und Kartoffelcremesuppe und eine einzigartige Maronencremesuppe, angeboten. Feine, leichte Secondi, wie zum Beispiel Lachs mit Thymian und Erbsensauce, wechseln sich mit Schweinefleisch und **Süßwasserfischen** ab. Im Winter bekommt man außerdem Schmorbraten und **gefülltes Kaninchen** mit einer köstlichen Salsa d'uva. Ungewöhnlich die Tometta aus Lanzo mit Apfelkompott. Beschließen kann man das Mahl mit einem leckeren **Spumone al cappuccino**, Tiramisù al limone, einer Ricottatorte oder einem Semifreddo al torrone.
Die Weinkarte ist noch nicht sehr umfangreich, die jungen Inhaber wollen aber ihr Bestes tun, um sie möglichst schnell zu erweitern. Für die Schnäpse gibt es eine eigene Karte.

Torino

Ostu

Osteria – Enoteca
Via Cristoforo Colombo, 63
Tel. 011/596798
Ruhetag: Sonntag
Betriebsferien: Juli/August
30 Plätze
Preise: 35 000 Lire, ohne Wein
Kreditkarten: CartaSi, Visa
Mittags und abends geöffnet

Vieles hat sich verändert in diesem Lokal, das wir auch weiterhin als die letzte klassische Osteria der Stadt empfehlen. Eine unersetzliche Persönlichkeit, die auch nicht ersetzt wurde. Obwohl die Theke nicht mehr das ist, was sie einmal war, und obwohl die Küche heute bessere Qualität und einen flinkeren Service bietet, trägt das Lokal dennoch nach wie vor die charakteristischen Züge einer Osteria. Alles in allem also ein Ort, wo man bis spät in die Nacht bei gutem Wein und dem ein oder anderen kleinen Imbiß sitzen kann.
Als Imbiß empfehlen wir Ihnen besonders den **Aufschnitt** (vor allem Speck, Roh- und Kochwurst), den Käse (Tome und würzige Tomini), den hausgemachten Russischen Salat, die gute Insalata di pollo, die **Acciughe al verde** oder al rosso und die verschiedenen salzigen Kuchen. Bei den warmen Speisen liegen Sie immer richtig mit **Agnolotti al sugo di arrosto** oder al Barolo oder einem Risotto und bei den Fleischgerichten mit dem guten Rinderschmorbraten, dem Brasato und dem **Kaninchen alle erbe fini**. Man schließt mit einer kleinen Auswahl hausgemachter Desserts. Nach wie vor bemerkenswert das Angebot an Weinen: etwa hundert Rotweine, darunter auch Spitzenweine aus ganz Italien, und etwa fünfzig Weißweine. Außerdem Süßweine, Passiti, Schaumweine, Schnäpse und einige gute Whiskeys. Lassen Sie sich beraten oder suchen Sie sich von den Flaschen, die in den beiden kleinen Speisesälen ausgestellt sind, etwas aus.

In der Nähe, am Corso De Gasperi 2, befindet sich eine der besten Weinhandlungen Turins: La Petite Cave. Dort bekommen Sie neben großen Weinen und Schnäpsen auch Delikatessen. Etwas weiter vorn, am Corso De Gasperi 9, bietet die traditionsreiche Pasticceria Sacco feines Gebäck, Konfekt und Pralinen an.

Porto di Savona

NEU

Trattoria
Piazza Vittorio Veneto, 2
Tel. 011/8173500
Ruhetag: Montag- und Dienstagmittag
Betriebsferien: 2 Wochen im August
70 Plätze + 50 im Freien
Preise: 35–40 000 Lire, ohne Wein
Kreditkarten: CartaSi, EC, MC, Visa
Mittags und abends geöffnet

Der Service im »Porto di Savona« ist ungezwungen, das Lokal ist, vor allem abends, häufig überfüllt, das Essen ist gut und reichlich, und die Preise sind anständig. Einen Besuch ist aber allein schon das Ambiente wert. Nachdem man durch die kleine Eingangstür eingetreten ist, gelangt man durch das Vestibül in einen der drei kleinen Speisesäle, die nichts von ihrem ursprünglichen Charme eingebüßt haben: Plakate, Holztäfelung, Nippes, alte Fotos von Varietétänzerinnen.
Die Speisekarte mit Klassikern des Piemont und anderer italienischer Regionen ist umfangreich. Beginnen kann man mit **Agnolotti al sugo d'arrosto** oder Gnocchi al gorgonzola. Im Winter wird auch **Tofeja** (eine Minestra mit Bohnen und Schweinefleisch) angeboten. Mit Ausnahme des **Schmorbratens mit Zwiebeln** und des **Bollito misto** (im Winter) sind die Secondi vielleicht etwas einfallslos. Gut ist hingegen die gegrillte Forelle, einen Versuch lohnen aber auch der Vitello tonnato oder die Scottata mit Zucchini und Parmesan. Anständig sind auch die hausgemachten Desserts: Bonet, Panna cotta, Semifreddo mit warmer Schokolade.
Lobend sei erwähnt, daß auch ein Kindermenü angeboten wird und man mittags ein preiswertes Einzelgericht bekommt. Die Weinkarte ließe sich, auch wenn sie einige anständige Marken enthält, noch verbessern.

Die Pasticceria Ghigo, Via Po 52, bietet Schlagsahne, Colombe pasquali und Cremegebäck an. Die Enoteca del Borgo, Via Monferrato 4, ist bekannt für ihre bemerkenswerte Auswahl großer Weine, ihren Ausschank und ihre Aperitifs.

Torricelli

Restaurant
Via Torricelli, 1
Tel. 011/599814
Ruhetag: Sonntag
Betriebsferien: Aug. u. Anfang Jan.
50 Plätze + 30 im Freien
Preise: 45 000 Lire, ohne Wein
Kreditkarten: die bekannteren
Mittags und abends geöffnet

Am Rande der Crocetta, dem eleganten Wohnviertel mit den prächtigen Palazzi aus dem 19. und 20. Jahrhundert, finden Sie dieses zuverlässige Restaurant, eines der besten der Preisklasse, die in unserem Führer Aufnahme finden.
Von den Vorspeisen empfehlen wir Ihnen den Sformato di parmigiano auf Birnensalat mit Sellerie und Nüssen, den **Topinamburtortino mit schwarzen Trüffeln**, das Hechtfilet alla piemontese, das junge Gemüse mit Fonduta und im Frühjahr die **Tartrà calda** auf Sonnenblumen. Es folgen frische, hausgemachte Paste: **Agnolotti di gallina e funghi** mit Butter und Trüffeln, **Kartoffelgnocchi** mit frischer Tomate und Speck aus Arnad, Agnolotti di coniglio mit Paprika oder Cenci mit Rosmarin und Hasenragout. Außerdem werden **gebratene Entenbrust** all'aceto di Barolo, Scottata di sanato mit geschmolzenem Castelmagno und Trüffeln und Kaninchenrücken mit Thymian und Honig angeboten. Daneben gibt es auch eine anständige Auswahl an Fischgerichten.
Gut ist das Angebot an Käse, und auf dem Wagen mit den Desserts (allesamt hausgemacht) finden Sie neben den Klassikern – Bonet (hier mit Marrons glacés) und Panna cotta – auch noch Torronata, Torta monferrina, Bayerische Creme aus Joghurt und **Birnen al vino chinato**.
Der Weinkeller bietet jeden Monat etwa 50 Marken. Die Rotweine stammen vorwiegend aus dem Piemont, bei den Weißen findet man auch einige gute Erzeugnisse aus anderen Regionen Italiens.

Die Vineria-Cerveceria Sotto la Luna, Via Caprera 54, hält ein gutes Sortiment an Weinen, Bieren und Likören bereit. Im Delikatessengeschäft von Giulio Gallo bekommen Sie mit die besten Agnolotti und Tajarin von Turin. Ausgezeichnet auch die Auswahl an Speisen und edlen Weinen.

Torino

Tre Galline

Restaurant
Via Bellezia, 37
Tel. 011/4366553
Ruhetag: Sonntag und Mo.mittag
Betriebsferien: 3 Wochen im August
70 Plätze
Preise: 45–50 000 Lire, ohne Wein
Kreditkarten: die bekannteren
Mittags und abends geöffnet

»Tre galline« heißt eine Gasse, die von der Piazza della Repubblica zur Via Bellezia führt. Sie liegt in einem historischen Viertel Turins, das im 17./18. Jahrhundert entstanden ist und das man, obwohl es schon verloren schien, inzwischen wieder in seinen ursprünglichen Zustand versetzt hat. Zur selben Zeit wurde auch dieses traditionsreiche Restaurant erstmals erwähnt, das heute noch den Charme früherer Tage ausstrahlt.
Die Speisekarte der neuen Wirte, die das Lokal vor kurzem übernommen haben, ist jahreszeitlich geprägt und wechselt, in Teilen, alle drei Wochen. Außerdem gibt es eine Tageskarte mit sehr vielen Gerichten, die zu einladenden Preisen angeboten werden. Die Küche verbindet Tradition mit Kreativität. Beginnen kann man mit **Kalbsschwanz mit einer leichten Bagna caoda**, **Artischockenauflauf mit Fonduta** oder einer Gemüseterrine mit Basilikum. Lecker sind die **Tajarin in salsa antica** und die **Agnolotti al sugo d'arrosto**. Speisen, denen das Lokal seinen Ruf verdankt, sind bestimmte Abende gewidmet: Am Mittwoch und Donnerstag gibt es den großen **Bollito**, am Freitag **Fritto misto** und im Winter samstags **Bagna caoda** und **Tapulon** di Borgomanero. Den Abschluß bilden Käse aus dem Piemont und ein Wagen mit Desserts. Die Weinkarte bietet über hundert Marken von guten, vorwiegend piemontesischen Erzeugern, und man bekommt hier auch halbe Flaschen.

Den Inhabern gehört auch die Vineria »Tre galli« in der Via Sant'Agostino 25, die gerne von jungen Leuten besucht wird und in der ausgezeichnete Weine zur Verkostung angeboten werden. Im Al Bicerin, Piazza Consolata 5, einem Turiner Café aus dem 18. Jahrhundert, kann man den Bicerin aus Kaffee, Schokolade und Sahne und Zabaione al Ratafià genießen.

Treiso

70 km von Cuneo, 7 km östlich von Alba

Osteria dell'Unione

Circolo Arcigola
Via Alba, 1
Tel. 0173/638303
Ruhetag: So.abend und Montag
Betriebsferien: August
50 Plätze
Preise: 45 000 Lire, ohne Wein
Keine Kreditkarten
Mittags und abends geöffnet

Das Lokal, das Pina Bongiovanni zusammen mit ihrer Familie führt, war nicht nur das erste, das mit der Schnecke ausgezeichnet wurde, sondern stellt auch einen Meilenstein in der Geschichte der Vereinigung dar. Es wurde bereits 1982 vom Verein »I tarocchi« gegründet, oder besser gesagt zu neuem Ruhm gebracht. Damals grub man das Schild der ehemaligen Osteria von Cesarin Bongiovanni, Pinas Vater, aus und weihte das Lokal unter großer Beteiligung späterer Mitglieder der Vereinigung ein. Für uns ist deshalb jeder Besuch hier so etwas wie eine Heimkehr.
Die Kehle, das Herz, vor allem aber Pinas Küche veranlassen uns immer wieder, diesen steilen Hügel der Langhe zu erklimmen, den hübschen, kleinen Speisesaal zu betreten und uns unter der schattenspendenden Pergola niederzulassen. Das Speisenangebot ändert sich, abgesehen von geringfügigen Variationen, nie. In der Regel gibt es zwei Speisekarten, eine für den Winter und eine für den Sommer, aber die Gerichte überraschen stets aufs neue durch ihre Qualität.
Erobern Sie sich also mit etwas Geduld, denn die Warteliste ist lang, einen der wenigen Tische, und probieren Sie **Frittatine**, **gefüllte Zwiebeln**, **Carpione**, Vitello tonnato, Zunge, **Agnolotti dal plin** (die von Mal zu Mal kleiner, zarter und köstlicher werden), **Kaninchen** (im Winter **al Barolo** und **mit Paprikaschoten**, im Sommer mit Kräutern und Weißwein). Einfach unnachahmlich! Wenn Sie jetzt die Nase rümpfen und meinen, hier fehle doch wohl noch das Besondere, dann liegt das einzig daran, daß Sie dieses Kaninchen und diese Agnolotti noch nicht genossen haben. Versuchen Sie sie einmal, und dann sprechen wir uns wieder. Vielleicht sogar hier, an einem der rustikalen Tische, bei einer der vielen schönen Flaschen aus den Langhe, die Beppe für Sie öffnet.

Verbania Suna

1 km von der Stadtmitte

Boccon di Vino

NEU

Osteria
Via Troubetzkoy, 86
Tel. 03 23 / 50 40 39
Ruhetag: Sonntag
Betriebsferien: August
37 Plätze
Preise: 30 – 35 000 Lire, ohne Wein
Keine Kreditkarten
Nur abends geöffnet

Eine gehörige Portion Mut muß man schon haben, in dieser touristisch wenig erschlossenen Gegend zwischen Pizzerie und Fast-food-Restaurants ein Lokal zu eröffnen. Mauro Della Salas und Giovanni Passeras Ziel war es, zu angenehmer Einkehr bei gutem Wein und einigen wenigen, aber gepflegten kulinarischen Angeboten einzuladen, die ganz im Zeichen der hier allgegenwärtigen Langhe stehen. Das werden Sie schon beim Betreten des ganz rustikal in Stein und Holz gehaltenen Lokals bemerken, aber auch beim Studium der Tageskarte, die auf einer kleinen Tafel angeschrieben ist, und beim Überfliegen der Etiketten auf den Flaschen in den Regalen.
Die Paste werden täglich frisch zubereitet: **Tajarin**, Lasagnette und Maltagliati, zu denen je nach Jahreszeit verschiedene Saucen (vom unverzichtbaren Leberragout bis hin zu sommerlichen Tomaten-, Zucchini- oder Lauchsaucen) gereicht werden. Sie bekommen aber auch Kartoffelgnocchi oder **Pasta e fagioli**. Aus der modern ausgestatteten Küche (für die Giovanni zuständig ist, während sich Mauro um den Speisesaal kümmert) kommen aber auch Fleischgerichte auf den Tisch: **Arrosto alla casalese** mit Senf und Sardellen, **Kaninchen mit Paprika** oder alla cacciatora, Schmorbraten oder kurzgebratenes Fleisch. Immer angeboten werden sorgfältig ausgewählte **Wurst- und Käse**spezialitäten aus den Langhe und der Umgebung.
Die Auswahl an Desserts ist vielfältig: Strudel, Bonet, Zuppa inglese, Sfoglia di frutta, eine frische **Coppa sabauda** mit Ricotta und kandierten Früchten. Mauros langjährige Bekanntschaften mit Weinbauern aus der Gegend um Alba garantieren für gute Weine (allerdings könnte er mit einigen Nebbiolo-Weinen aus Novara auch diesem Landstrich seine Reverenz erweisen).

Verbania Intra

Osteria del Castello

Osteria
Piazza Castello, 9
Tel: 03 23 / 51 65 79
Ruhetag: Sonntag, nicht im Sommer
Betriebsferien: 10 Tage im Januar
30 Plätze + 40 im Freien
Preise: 20 – 25 000 Lire, ohne Wein
Keine Kreditkarten
Mittags und abends geöffnet

An der Piazzetta Castello im historischen Kern Intras steht ein altes Haus, das eine der ältesten Osterie der Stadt beherbergt. Sie wurde 1994 von den jungen Leuten Massimo und Marta restauriert. Heute findet man hier eine schöne Schanktheke, etwa dreißig Tische (dazu kommen noch die großen Steintische im Freien), einen flinken, ungezwungenen Service (Tischdecken aus Papier, aber immer das richtige Weinglas), alte Fotos der Stadt an den Wänden und Regale mit Weinflaschen. Ab 17 Uhr bekommt man hier einen leckeren Imbiß (für etwa 12 000 Lire) mit Wurst und eingelegtem Gemüse sowie verschiedenen Käsen. Dazu gibt es Schwarzbrot aus Coimo, einem kleinen Dorf im Val Vigezzo. Den hervorragenden **Käse** und die **Wurst** holt Massimo aus dem eigenen Lebensmittelgeschäft. Im Winter gibt es eine kleine Auswahl an schmackhaften, traditionellen Gerichten. Im Sommer ist das Angebot allerdings weniger anspruchsvoll. In der kalten Jahreszeit bekommen Sie Carpaccio di bresaola, **Renke in carpione**, Gemüselasagne und Dörrfleisch mit Rucola und Steinpilzen. Während der übrigen Monate werden Minestrone, **Pasta e fagioli**, **Kutteln**, **Polenta mit Ei** oder mit Spezzatino, gegrillte Käse und zum Abschluß Mürbeteigkuchen, Salame al cioccolato und Birnen in Rotwein angeboten.
Die Weine sind einfach, man findet darunter aber auch den einen oder anderen großen Wein. Man bekommt zwar auch Bier, doch Massimo möchte seine Gäste dazu anregen, dem Wein auch beim Imbiß als Begleiter den Vorzug zu geben.

Die Premiata Compagnia del Formaggio (Piazza S. Vittore, 25) ist auf Käse und Salumi von kleinen Erzeugern aus den Tälern spezialisiert.

Verbania Pallanza

1 km von der Stadtmitte

Osteria dell'Angolo

Restaurant
Piazza Garibaldi, 35
Tel. 03 23 / 55 63 62
Ruhetag: Montag
Betriebsferien: unterschiedlich
30 Plätze + 30 im Freien
Preise: 40 – 50 000 Lire, ohne Wein
Kreditkarten: die bekannteren
Mittags und abends geöffnet

Die »Osteria dell'Angolo« die bis vor zwei Jahren »Paper moon« hieß, liegt an der Ecke zwischen der Kirche und dem hohen Glockenturm. Die kleine Terrasse vor dem Lokal führt zur Strandpromenade von Pallanza. Mit dem neuen Namen hat Tiziano dem Lokal auch ein neues Gesicht gegeben, so daß das Ambiente jetzt fast an ein kleines, elegantes Restaurant erinnert. Dem entspricht auch die wirklich gepflegte Küche, die nur mit hervorragenden Zutaten arbeitet und für die man deshalb natürlich auch etwas mehr bezahlen muß. Nicht nur bei den Vorspeisen – Aufschnitt, Sardellen al verde, Cipolline in agrodolce, **Maifisch in carpione** – schöpft Tiziano, vor allem mit **Barsch**, aber auch mit See- und Flußforelle, Felchen und Renken aus dem Repertoire der traditionellen heimischen Fischgerichte. Als Primi werden im Sommer unter anderem Gemüselasagne oder Crespelle mit Scamorza und im Winter eine herzhafte Pastete, verschiedene **Risotti**, Rinder- und **Schweinshaxe**, **Casoeula** und der ein oder andere gute Käse angeboten. Auf Vorbestellung bereitet der Koch aber auch Pasta e fagioli, Pilzgerichte, Kutteln und Wild für Sie zu, Gerichte, bei denen er stets eine sichere Hand beweist. Die Desserts – Birnen- und Orangenstrudel, Panna cotta, Sfogliatine – sind stets frisch. Die wenigen, aber anständigen Fleischgerichte, für die nur beste Zutaten verwendet werden, sind auf einer eigenen Karte zusammengestellt.
Die Weinkarte bietet eine hervorragende Auswahl an Erzeugnissen aus dem Piemont, die noch um einige gute Weine aus der Toskana und Friaul ergänzt werden.

Gelato d'altri tempi in der Via San Fabiano in Verbania stellt Cremespeisen, Fruchteis, das noch richtig nach Früchten schmeckt, und vorzügliche Semifreddi aus besten Zutaten her.

Verzuolo San Bernardo

6 km südlich von Saluzzo, S.S. 589

San Bernardo

Trattoria
Via S. Bernardo, 63
Tel. 01 75 / 8 58 22
Ruhetag: Dienstag, Mi.mittag
Betriebsferien: 2 Wo. im Januar
70 Plätze + 60 im Freien
Preise: 40 000 Lire, ohne Wein
Kreditkarten: CartaSi, BA, Visa
Mittags und abends geöffnet

»Bertu« Mellano hat sich für das Landleben entschieden (San Bernardo, auf den Hügeln um Saluzzo gelegen, hat vier Häuser) und mit Paolo Ponte diese Trattoria übernommen, die in der Gegend bereits einen Namen hatte. Das Ambiente mit Kamin und weißgedeckten, um eine Rotunde plazierten Tischen ist sehr einladend; im Sommer sitzt man schön im Grünen.
Die Speisekarte wird hier mündlich vorgetragen. Das Menü mit jahreszeitlich geprägten, traditionellen Gerichten umfaßt für gewöhnlich drei Vorspeisen, ein Primo, ein Secondo und ein Dessert. So bekommt man im Winter zum Beispiel Bagna caoda, **Ravioli con ragù du piccione** (»Culumbot«) oder Kutteln in Minestra und Pasta e fagioli. Selbstgemachte Ravioli, Tagliatelle, Risotti und **Gnocchi mit Castelmagno** werden hingegen das ganze Jahr über angeboten. Die klassischen Secondi reichen von **Stinco alla Barbera** über Zicklein aus dem Ofen und **Ente mit Steinpilzen** bis hin zu einem herrlichen Roastbeef. Unter den ausgesprochen köstlichen Vorspeisen finden Sie unter anderem Salumi aus Brarda, Frittatine, Vitello tonnato, gefülltes Gemüse, die sommerlichen Carpionate, eine **Finanziera** und Flans aus Saisongemüsen. Im späten Frühling können Sie ganz außergewöhnliche fritierte Akazien- und gute gefüllte Kürbisblüten bekommen. Und im Herbst **Pilze** in den verschiedensten Zubereitungsarten. Zum Abschluß gibt es Semifreddi, Mürbeteigkuchen, Bayerische Creme und Sorbets. Dazu kann man einen guten piemontesischen Rotwein oder einen Weißwein aus Friaul oder der Toskana trinken. Die Reservierung ist unerläßlich.

Vignale Monferrato San Lorenzo

24 km nordwestlich von Alessandria

Gabriella Trisoglio

Bauernhof
Ca' Ravino, 3
Tel. 01 42 / 93 33 78
Ruhetag: Montag und Dienstag
Betriebsferien: 1 Woche im Winter
30 Plätze
Preise: 45 000 Lire
Keine Kreditkarten
Mittags und abends geöffnet

Dieser Bauernhof, der inzwischen zu einer wahren Kultstätte geworden ist, weist alle Vorzüge eines bäuerlichen Lokals auf: Die Zutaten stammen ausschließlich aus dem eigenen Garten und aus eigener Zucht, die Konserven sind hausgemacht, der Gast wird persönlich und freundlich bedient.
Durch einen Umbau können die Gäste jetzt sogar dabei zusehen, wie unter den Händen von Gabriella die Agnolotti entstehen, die sie ihnen in Kürze servieren wird. Das typische Menü sieht mindestens sieben bis acht Vorspeisen, einige Primi, ein Secondo und herrliche Desserts vor. Wer nur einen kleinen Imbiß zu sich nehmen möchte, ist hier also an der falschen Adresse. Von den appetitanregenden Antipasti sind uns besonders die **Focaccia mit Käse**, die Giardiniera rossa, der Käse mit fritierten Auberginen und die Tomini mit Salsa di lattuga in Erinnerung geblieben. Doch je nach Jahreszeit hat Gabriella noch viele weitere Ideen auf Lager. Unter den hausgemachten Primi finden Sie Maltagliati, **Tajarin** und die klassischen **Agnolotti monferrini**. Die Secondi werden vorwiegend aus weißem Fleisch, wie Kaninchen und Huhn aus eigener Aufzucht, zubereitet. Die Desserts haben wir bereits angesprochen. Probieren Sie einmal die **Delicatezza al torrone**, die Nußtorte, den Zabaione, die Crostata, die Panna cotta und die **Crème caramel**. Den Abschluß bilden ein Mokka und eine gute Grappa Mazzetto oder ein Limoncino, der hier eine lange Tradition hat.
Bei den Weinen kann man zwischen einem anständigen offenen oder einem der guten heimischen Flaschenweine wählen. Damit Sie nicht vor verschlossener Tür stehen, ist es ratsam, sich nach den Öffnungszeiten und den Voranmeldungen zu erkundigen und im voraus zu reservieren.

Eine gute Adresse in Vignale ist die Metzgerei Braghero in der Via Roma, die nur heimisches Kalbfleisch verarbeitet.

Vignale Monferrato

24 km nordwestlich von Alessandria

Serenella

Trattoria
Piazza del Popolo, 1
Tel. 01 42 / 93 31 00
Ruhetag: Montag
Keine Betriebsferien
60 Plätze
Preise: 40 – 45 000 Lire, ohne Wein
Kreditkarten: CartaSi, DC
Mittags und abends geöffnet

Das Probiermenü macht keine Zugeständnisse an fremde Moden, an die inzwischen überholte »Nouvelle cuisine«, an die Schnellebigkeit. Wer hierher kommt, wird ein paar vergnügte Stunden bei Spezialitäten aus dem Monferrato verbringen. Die traditionellen Gerichte werden nur hier und da etwas leichter zubereitet, denn die bodenständige Regionalküche besteht ohnehin aus einfachen, aber frischen und hochwertigen Zutaten, die geschickt kombiniert werden. Giovanna versteht sich meisterhaft darauf. In dem behutsam renovierten Lokal am Rathausplatz, auf dem jedes Jahr das Tanzfestival stattfindet, ißt man Wurstwaren aus der Gegend, **Carne cruda**, **Paprika in bagna caoda**, verschiedene **Pâtés** (hervorragend im Herbst das vom **Fasan**) sowie einige warme Antipasti. Es geht weiter mit **Agnolotti**, Risotto, Crespelle, Gemüsesuppe. Aufwendige Hauptgerichte wie den **Fritto misto** muß man eigens vorbestellen, fast immer zu haben sind dagegen Arrosto, **Bollito**, Perlhuhn, zur entsprechenden Jahreszeit auch Wild und Trüffeln, für die man einen angemessenen Aufpreis zahlt – schließlich gedeihen hier nicht nur Grignolino und Barbera, sondern eben auch die edlen Knollen. Mit Bonet oder Panna cotta schließt man die Mahlzeit ab. Die Weine kommen von Erzeugern aus Vignale, die Grappe aus dem ganzen Piemont. Im Juli, während des Tanzfestivals, ist eine Tischreservierung unerläßlich.

Gegenüber der Trattoria ist im Palazzo Callori (18. Jh.) die Enoteca Regionale del Monferrato untergebracht. Sie führt piemontesische Weine, vor allem Grignolino und Barbera, die man probieren und kaufen kann.

Vignale Monferrato

24 km nordwestlich von Alessandria

Universo

Restaurant
Via Bergamaschino, 19
Tel. 01 42 / 93 30 52
Ruhetag: Montag und Dienstag
Betriebsferien: 1 Wo. im Aug., 3 Wo. im Jan.
90 Plätze
Preise: 50 000 Lire, ohne Wein
Kreditkarten: CartaSi
Nur abends, an Feiertagen auch mittags geöffnet

NEU

Seit sechs Jahren führt Carlo Garrone, der sich auch selbst um die Küche kümmert, dieses hübsche Lokal.
Die Küche steht ganz im Zeichen der Piemonteser Tradition und richtet sich dabei stets nach dem Lauf der Jahreszeiten. Im Frühjahr steht Spargel in den unterschiedlichsten Variationen auf der Speisekarte, im Sommer sind es Salate mit schwarzen Trüffeln, im Herbst geröstete Polenta mit Pilzen und Lauchquiche. Die Auswahl ist aber noch weit größer und reicht von Carne cruda über gekochte Salamini und Paprika mit Bagna caoda bis hin zu Mousse di prosciutto. Außerdem kann man im »Universo« während der Saison die **weißen Trüffeln** des Monferrato wohl am besten genießen. Bei den Primi sind die **Risotti** (je nach Jahreszeit mit Käse, Trüffeln, Pilzen oder Spargel) besonders zu empfehlen, ausgezeichnet sind aber auch die **Agnolotti monferrini**. Anders als viele seiner Kollegen, die keine Secondi anbieten, weil sie glauben, der Gast müsse nach einem so üppigen Vorspeisenangebot bereits satt sein, hält Carlo Garrone auch ein reichhaltiges Angebot an Fleischgerichten bereit, von denen eines besser ist als das andere: **Kalbshaxe**, Entenbrust, Schmorbraten, gelegentlich ein Bollito misto, Spanferkel. Bei den Desserts gibt es neben den Klassikern auch jahreszeitlich geprägte Süßspeisen, so zum Beispiel Kürbistorte im Winter und im Sommer gefüllte Pfirsiche und **Torronata**.
Gut ist die Auswahl an Weinen – heimische Erzeugnisse und große Weine aus der Region, insbesondere aus den Langhe –, die ausschließlich aus dem Piemont stammen. Gepflegt ist das Angebot an Ölen und Grappe.

Cascina Mongetto, Via Piave 2: Hier stellen die Brüder Santopietro Konfitüren und Sottoli, wie gefüllte Peperoncini, Bagna caoda, Ratatouille und viele andere Spezialitäten, her.

Villa San Secondo San Carlo

5 km nördlich von Asti, S.S. 458

Per Bacco

Osteria mit Küche
Via Montechiaro, 26
Tel. 01 41 / 90 55 25
Ruhetag: Di. u. Mi., im Juli u. Aug. nur mittwochs
Keine Betriebsferien
40 Plätze
Preise: 25 – 35 000 Lire, ohne Wein
Keine Kreditkarten
Nur abends, am Wochenende auf Vorbestellung auch mittags geöffnet

NEU

Viele, vor allem junge Leute aus Asti besuchen, besonders an den Wochenenden, regelmäßig diese gemütliche Vineria-Osteria (ein Vorreiter dieses Typs in der Region) im kleinen Ortsteil San Carlo zwischen Callianetto und Villa San Secondo. In den Räumen eines ehemaligen Lebensmittelgeschäftes wurde vor vier Jahren ein kleines Lokal mit zwei kleinen Speisesälen, Holztischen und heiteren Trompe-l'œils an den Wänden eingerichtet, das Fausto Rocchi zusammen mit seiner Frau Sara führt. Das Lokal zeichnet sich durch ein vielfältiges und abwechslungsreiches Angebot aus, das beinahe allen Wünschen gerecht wird. Für Nachtschwärmer hält man immer auch Wurst und Käse, Süßspeisen und Sorbets bereit, zu denen man ein Glas oder eine Flasche Wein trinken kann.
Die Küche bietet sowohl warme als auch kalte Vorspeisen: **Wurst** (eine reiche und erlesene Auswahl), Carne cruda mit einer ungewöhnlichen, aber leckeren dicken Sauce aus Rucola, Olio extravergine und Aceto balsamico, **Torta rustica al formaggio**. Unter den Primi: **Tajarin mit Bratenjus**, **Agnolotti mit** Kaninchen- oder **Eselsfleisch**, Gnocchi (auch mit Fonduta) und Ravioli mit Artischockenfüllung. Fleischgerichte sind auf der Speisekarte zwar nicht zu finden, werden aber gelegentlich kurzfristig angeboten. Verzeichnet ist hingegen eine reichhaltige, sorgsam ausgewählte **Käse**auswahl.
Das Angebot an Desserts ist umfangreich: Bonet, Salame dolce, Crema di panna mit Holunderbeeren, Haselnußtorte, **Semifreddo al torrone**, Budino pavesino, Apfelkuchen, Erdbeerpudding. Im gut bestückten Weinkeller lagern vorwiegend Weine aus der Gegend um Asti, es finden sich aber auch ausgewählte Erzeugnisse aus dem übrigen Italien und dem Ausland.

TESSIN

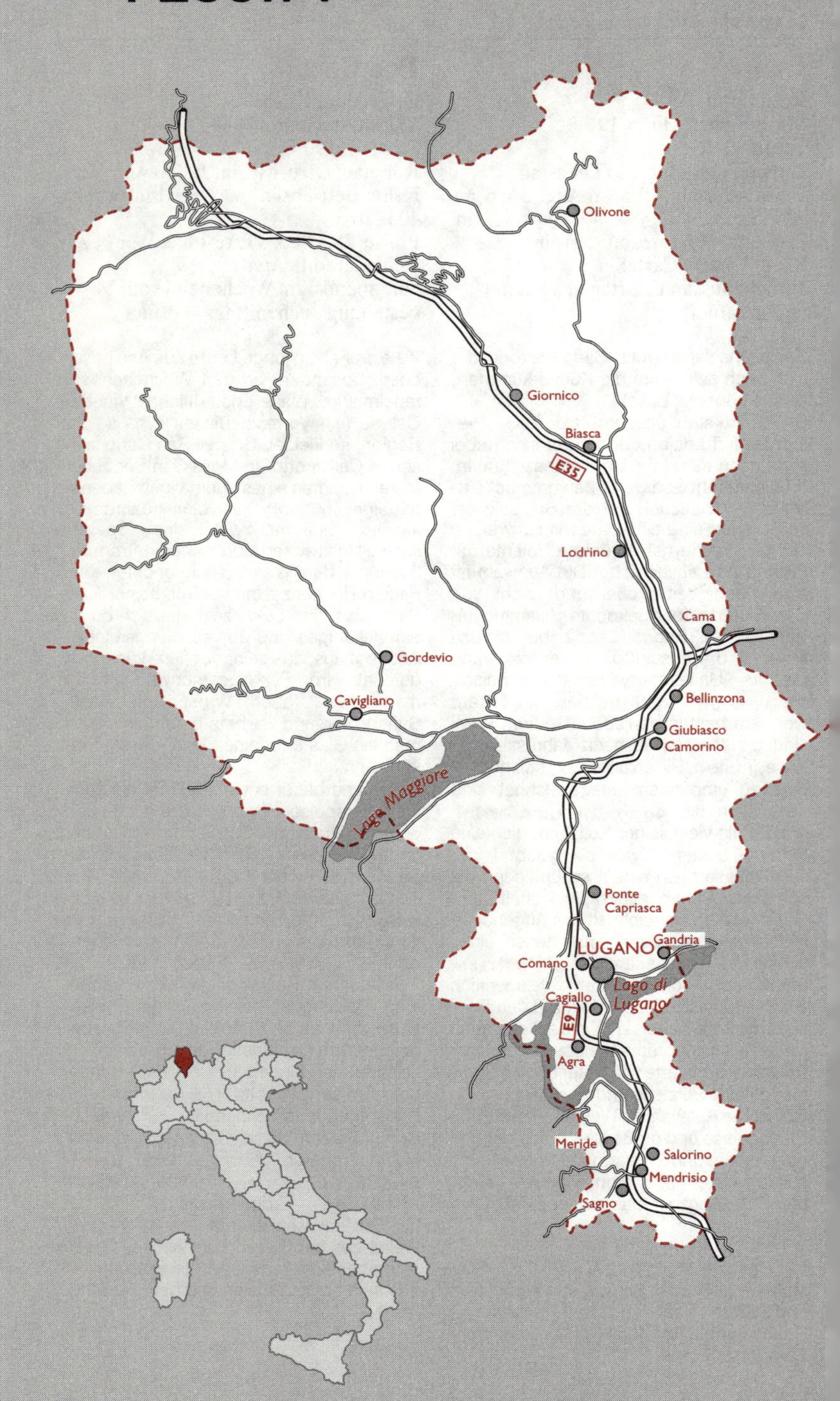

Olivone
Giornico
Biasca
E35
Lodrino
Cama
Gordevio
Bellinzona
Cavigliano
Giubiasco
Camorino
Lago Maggiore
Ponte
Capriasca
LUGANO
Gandria
Comano
Lago di
Lugano
Cagiallo
E9
Agra
Meride
Salorino
Mendrisio
Sagno

Agra Bigogno
3 km südwestlich von Lugano

Grotto Flora

NEU

Osteria
Bigogno
Tel. 0041/91/9941567
Ruhetag: Montag
Betriebsferien: 2 Wochen über Weihnachten, August
35 Plätze + 30 im Freien
Preise: 35–40 sFr.
Keine Kreditkarten
Nur abends geöffnet

Dies ist eines der wenigen Lokale, die noch aus einer Zeit stammen, als die Gegend um Lugano, die heute von luxuriösen, aber etwas anonymen Vorstadtsiedlungen beherrscht wird, noch ländlich war. Im dörflichen Kern von Bigogno d'Agra, auf der sogenannten »Collina d'oro«, finden Sie, versteckt zwischen verlassenen Höfen und Ställen, das alte Bauernhaus, das bereits seit 1920 diese Osteria beherbergt: zwei kleine, rustikal und familiär eingerichtete, mit landwirtschaftlichen Gegenständen und Werkzeugen dekorierte Speisesäle, einer davon mit einem Kamin. Seinen Namen hat das Lokal von Flora Macconi, die mit der Freundlichkeit und Zuvorkommenheit alter Schule dem Service vorsteht, während sich ihr Mann Enzo um die Küche kümmert. Die Speisekarte umfaßt nur wenige einfache und unverfälschte Gerichte, die aus guten Zutaten hergestellt sind. Leckere, hausgemachte Vorspeisen, wie Salami, Coppa, **Mortadella di fegato**, Pancetta und Sottaceti, werden gefolgt von **Risotto alla milanese** mit Pilzen, **Grillfleisch** (Fohlenfilet, Costine di maiale), Masthuhn alla diavola, Rumpsteak, Hirschsteak und Luganiche. Und für alle, die nicht zu sehr auf die Kalorien achten, ist der **Zabaione** ein Muß.
Neben offenen Weinen (Merlot, Barbera, Weine aus dem Tessin) hält Flora auch einige Merlot-Weine von kleinen Erzeugern der Gegend bereit, und zum Kaffee gibt es eine heimische Grappa oder den hausgemachten Nocino.

Bellinzona Ravecchia
4 km von der Stadtmitte

Malakoff

Osteria – Trattoria
Via Bacilieri, 10
Tel. 0041/91/8254940
Ruhetag: Sonn- und Feiertage
Betriebsferien: August
45 Plätze
Preise: 30–40 sFr.
Kreditkarten: EC, Visa
Mittags und abends geöffnet

Seit Rita und Antonio Fuso (er aus Apulien, sie aus Sardinien) die Osteria in einen interessanten gastronomischen Betrieb umgewandelt haben, wo sie die kulinarischen Traditionen des Tessin mit denen ihrer Heimat verbinden, zieht sie auch ein weiter entferntes Publikum an. Für den Service ist Antonio zuständig, der dabei von einem Kellner und gelegentlich auch von seinen Kindern unterstützt wird. Der herzliche Empfang entschädigt dafür, daß das Lokal durch die Renovierung sein rustikales Ambiente und damit seinen besonderen Charme eingebüßt hat.
Hierher kommt man in erster Linie wegen der Paste, die Rita täglich frisch zubereitet: **Cannelloni** (**mit Radicchio** oder aber Fleisch und Pilzen gefüllt), Tagliatelle, Lasagne und Ravioli (besonders köstlich mit Ricottafüllung). Eine weitere Spezialität sind die **Kartoffelgnocchi**, die auf verschiedenste Weise serviert werden. Doch auch die ausgezeichneten, norditalienisch geprägten Secondi, darunter **Bollito misto**, **Kutteln** und Auberginen mit Parmesan, sind mit Sorgfalt zubereitet. Reichhaltig und preiswert ist das Mittagessen, das aus einem Fleischgericht – freitags aus einem Fischgericht – und Beilagen besteht.
Bei den Weinen ist einer der wenigen, aber anständigen Flaschenweine (Merlot del Sopraceneri sowie einige italienische, auch süditalienische Erzeugnisse) dem offenen Wein in jedem Fall vorzuziehen. Denken Sie dabei aber daran, daß Flaschenweine in der Schweiz auf der Rechnung beträchtlich zu Buche schlagen.

Die Bar-Gelateria Venturini, Piazza Simen 7, bietet ausgezeichnetes selbstgemachtes Eis an. In der Cremeria Settecentesimo an der Piazzetta Della Valle zu Füßen des Castelgrande kann man abends einen Aperitif trinken und dazu leckere Kleinigkeiten essen.

Bellinzona Carasso

3 km von der Stadtmitte

Osteria Nord

NEU

Osteria
Via alle Torri, 15
Tel. 00 41 / 91 / 8 26 20 95
Ruhetag: Dienstag
Keine Betriebsferien
45 Plätze + 45 im Freien
Preise: 20 – 40 sFr.
Kreditkarten: EC, Visa
Mittags und abends geöffnet

Bis vor zwei Jahren, bis Gigi und Adriana Guglieri (er aus Salsomaggiore, sie aus Piacenza) hierher kamen, war dies eine typische ländliche Tessiner Osteria. Nun ist hier auch ein starker Einfluß der Emilia zu spüren. An den Tischen sorgt Gigi mit seiner Herzlichkeit für Wohlbehagen, die Küche hingegen ist Signora Adrianas Reich. Sie versteht sich gleichermaßen gut auf die Tessiner Küche wie auf die ihrer Heimat und würzt ihre Speisen zudem noch mit der richtigen Portion Phantasie. Zur Mittagszeit wird stets ein reichhaltiges und ausgesprochen preiswertes Tagesmenü angeboten.
Wer à la carte essen möchte, dem empfehlen wir als Vorspeise die Insalata di fagiano, den Carpaccio vom Reh, die Pute mit Balsamico und Trüffeln oder die Entenbrust con salsa di ortiche e noci. Bei den Primi herrschen hausgemachte Paste vor: Ravioli mit Trüffeln, **Malfatti mit Butter und Salbei**, **Chicche alla crema di formaggio** und, eine Reverenz an die Küche von Piacenza, **Pisarei e fasò**. Anschließend fährt man mit einfachen, aber fein zubereiteten Fleischgerichten fort. Ausgezeichnet die **Tagliata di cervo mit Spätzle und Rucola**, raffiniert das Lammkotelett in der Kräuterkruste und der Kartoffelstrudel mit Morcheln. Verführerisch die Desserts, bei denen besonders die Rotweinbirnen mit Mousse au chocolat und die gute Panna cotta hervorragen.
Neben einigen guten Merlot-Weinen aus dem Tessin und ein paar anständigen italienischen Weinen bietet Gigi selbstverständlich auch eine Auswahl an Erzeugnissen aus der Gegend um Piacenza an. Im Sommer kann man auch im Freien an Granittischen unter einer dichtbelaubten Eiche essen. Die Osteria wird, vor allem zur Mittagszeit, gerne von einheimischen Gästen besucht, deshalb empfiehlt es sich zu reservieren.

Cagiallo

10 km nördlich von Lugano

San Matteo

NEU

Restaurant
Cagiallo
Tel. 00 41 / 91 / 9 43 51 97
Ruhetag: Sonntag und Montag
Betriebsferien: 1.– 22. Aug., 24.– 31. Dez.
50 Plätze + 20 im Freien
Preise: 45 sFr., ohne Wein
Keine Kreditkarten
Nur abends geöffnet

Vor acht Jahren haben Nicoletta und Fernando Cattaneo, beide Gastronomen aus Leidenschaft, im ehemaligen Gemeindehaus dieses hübschen Dorfes in der Nähe von Tesserete ein kleines, zugleich rustikales und elegantes Lokal eröffnet. Der Raum im Eingangsbereich mit Kamin und einem großen Holztisch fungiert als ländliche Osteria, während das Restaurant auf zwei kleine Speisesäle aufgeteilt ist, von denen einer häufig für interessante Wein-, Öl- und Käseproben mit Erzeugnissen aus aller Welt genutzt wird.
Die Küche ist Lottis Reich, für den Service ist Emilio zuständig. Für die Speisen werden nur frische, heimische Zutaten verwendet, die alle von guter Qualität sind. Das Angebot ist mit Absicht begrenzt, wechselt aber, je nach Jahreszeit oder eventuellen Spezialitätenwochen, alle drei Wochen. Besonders empfehlen möchten wir Ihnen den **Rotolo di primavera con vitello**, die Terrina di trota salmonata, die **Minestra di ortiche** und die **Taglierini al forno**.
Die Auswahl an Weinen ist groß und reicht von eigenen Erzeugnissen, die die Inhaber in geringen Mengen im nahe gelegenen Weinberg selbst herstellen (Merlot aus dem Tessin und Chardonnay), bis hin zu Weinen aus Übersee. Einige große Weine werden auch glasweise angeboten. Einmal geöffnete Flaschen verlieren ihren typischen Charakter nicht, weil sie mit Spezialkorken verschlossen werden, die den Druck konstant halten. Den Abend kann man angenehm mit einem der zwanzig Schnäpse beschließen, die die Familie Cattaneo in der kleinen Schnapsbrennerei des Ortes selbst brennt.

In **Bidogno** (3 km) bietet die Enoteca al Vino Quotidiano eine Auswahl an Weinen aus dem Tessin, der Schweiz, Italien und Frankreich an, darunter einige der besten Erzeugnisse aus biologischem Anbau.

Cavigliano

15 km nordwestlich von Locarno,
45 km von Domodossola

Ponte dei Cavalli

NEU

Osteria
Straße nach Intragna
Tel. 00 41 / 91 / 7 96 27 05
Ruhetag: Montag und Dienstag
Betriebsferien: November bis März
35 Plätze
Preise: 23 – 50 sFr., ohne Wein
Keine Kreditkarten
Nur abends, am Wochenende auch mittags geöffnet

Um den Melezzo zu überqueren, der vom Val Vigezzo nach Locarno fließt, fährt man unterhalb von Intragna über eine alte Brücke und nimmt dann die kleine Straße, die zum Dorf Cavigliano hinaufführt. Neben der Brücke steht ein vereinzeltes, sehr hohes, steinernes Bauernhaus, das früher einmal eine Nudelfabrik beherbergte. Am Anfang der Straße befindet sich das Restaurant, dem der Ort seinen Namen gegeben hat. Der zweigeteilte Speisesaal bietet etwa dreißig Personen an großen und kleinen rustikalen Tischen Platz. In einem dritten Raum befinden sich die moderne, saubere Küche, die von außen einsehbar ist, und die Bar.
Vor einigen Jahren hat die junge Köchin Meret Bissegger die Leitung übernommen und das Lokal von Grund auf umgekrempelt. Zur Mittagszeit gibt es als einziges Angebot ein **kaltes, vegetarisches Büffet** mit 20 bis 30 verschiedenen Speisen aus Gemüse, Getreide, Eiern, Käse, leckeren und häufig ungewöhnlichen Saucen. Abends werden Gerichte, bei denen reichlich von Wildkräutern und Blüten Gebrauch gemacht wird, à la carte serviert. Hier seien nur die Terrina di formaggio caprino mit Olivenpaste, Knoblauch und Petersilie, der bunte Salat mit Artischockenmousse, die Tagliatelle mit Algen, Spargelspitzen und Walnüssen und die Tofuklößchen mit Sonnenblumenkernen und Pilzen erwähnt. Interessant der **Käse** von den umliegenden Almen und phantasievoll die Desserts. Von Zeit zu Zeit veranstaltet Meret auch Spezialitätenwochen mit exotischen Gerichten.
Die Zutaten stammen ausschließlich aus biologischem Anbau. Meret bezieht sie zum größten Teil von Biobauern aus dem Tessin, mit denen sie eng zusammenarbeitet. Das gilt auch für die Mehrzahl der Weine, die aus dem Tessin, der Schweiz, Italien und Frankreich stammen.

Comano

2 km von Lugano

Osteria del Centro

NEU

Osteria
Via Cantonale, 50
Tel. 00 41 / 91 / 9 41 38 65
Ruhetag: Mittwoch und So.abend
Betriebsferien: 1.–15. Jan., 2 Wo. im Aug.
30 Plätze + 35 im Freien
Preise: 20 – 40 sFr., ohne Wein
Kreditkarten: MC, Visa
Mittags und abends geöffnet

Der Ort Comano, der sich durch einige interessante gastronomische Adressen auszeichnet, ist inzwischen mit dem nur knapp zwei Kilometer entfernten Lugano verschmolzen. Die Konzentration guter Restaurants und Trattorie ist nicht zuletzt der Tatsache zu verdanken, daß das Schweizer Fernsehen hier seinen Sitz hat und deshalb mehr oder weniger bedeutende Persönlichkeiten hierherkommen, die dann regelmäßig zum Abendessen einkehren. Und nicht selten fällt die Wahl dann auf diese typische ländliche Osteria. An den Nachmittagen wird sie hingegen von den Dorfbewohnern bevölkert, die hier über Politik diskutieren und Karten spielen. Wanda Ribolzi, die zuvor im Dienstleistungssektor tätig war, hat das Lokal 1985 zusammen mit ihren Eltern (der Vater stammt aus Asti, die Mutter vom Comer See) übernommen. Das Lokal ist einfach, der Service einwandfrei. Da es nur wenige Plätze hat – im Sommer kann man auch im Freien essen –, ist gewährleistet, daß sich die Gäste wohl, fast wie zu Hause fühlen.
Das Mahl beginnt mit den obligatorischen **Gemüsequiches** (Trevisana und Scamorza, Fenchel und Garnelen, Kartoffeln und Broccoli). Anschließend fährt man mit hausgemachten Paste und, während der Saison, mit vorzüglichen **Gnocchi di castagne**, di zucca und di patate fort. Immer etwas Besonderes sind die Secondi, von denen wir vor allem die **gebratene Taube**, die **Wachteln**, den gefüllten Kaninchenrücken und das **Lamm** empfehlen. Den Abschluß bilden gute, hausgemachte Desserts, wie Panna cotta und Mürbeteigkuchen.
Bei den Weinen findet man eine gute Auswahl an Erzeugnissen aus dem Tessin und Italien sowie die ein oder andere Überraschung aus Frankreich.

Comano

2 km von Lugano

Ronchetto

NEU

Osteria
Via al Ballo
Tel. 0041/91/9411155
Ruhetag: Sonntag und Montag
Betriebsferien: Ende Dez. – Anf. Jan.
50 Plätze + 40 im Freien
Preise: 20 – 40 sFr., ohne Wein
Kreditkarten: AE, EC, Visa
Mittags und abends geöffnet

Das Gebäude war einmal eine kleine, zweistöckige Sommervilla aus der Zeit der Jahrhundertwende, die auf der Gartenseite eine elegante, neoklassizistische Vorhalle hat: Wir stellen uns eine großbürgerliche Familie vor, die gerade in die Berge aufbrechen will. Später kam dann Franco Serena, ein Schauspieler, der in den 70er Jahren Karriere bei Theater und Film gemacht hatte. Er paßte das Haus mit nur wenigen Veränderungen seinen Bedürfnissen an und schuf so eines der beliebtesten Lokale Luganos. Das Ambiente ist angenehm, aber nicht übermäßig luxuriös, das Preis-Leistungs-Verhältnis ist ausgezeichnet, die Atmosphäre ist ungezwungen und herzlich, und das Speisenangebot steht ganz im Zeichen der Tradition des Tessin.
Zur Mittagszeit kann man sich hier auf ein vorzügliches, schnelles Tagesgericht mit Fleisch oder Fisch und reichlich gekochtem Gemüse als Beilage beschränken. Man kann aber auch à la carte essen und sich für nicht mehr als 40 Schweizer Franken ein komplettes Menü mit einer guten Vorspeise (**Cipolle tonnate**, gemischte Salate, Crocchette al formaggio), einem ausgezeichneten Primo (**Gemüselasagne**, Taglierini mit Butter und Salbei, Gnocchi) und anständigen Secondi (vorzugsweise Fleischgerichte) zusammenstellen, die sich nach der jeweiligen Jahreszeit richten: gebratenes Perlhuhn, **Lammfilet**, **Wild** im Herbst, Hackbraten im Sommer und **Milchkitz** im Frühjahr, und dazu gibt es außer Pommes frites oder Reis noch eine reichhaltige Gemüsebeilage. Gut ist die Auswahl an **Käse** von den Tessiner Almen. Bei den Desserts reicht das Angebot von Panna cotta, die Franco als erster im Tessin eingeführt hat, über Affogato al caffè und Schokoladen- oder Maronenmousse bis hin zu Eiscreme. Aus dem kleinen Weinkeller unter der Küche kommen gute Flaschenweine, vorwiegend aus dem Tessin, aber auch aus dem Piemont, Friaul und der Toskana.

Giornico

30 km nordwestlich von Bellinzona, N 2

Grotto dei due Ponti

Osteria
Giornico
Tel. 0041/91/8642030
Ruhetag: Dienstag
Betriebsferien: November bis April
20 Plätze + 70 im Freien
Preise: 14 – 18 sFr., ohne Wein
Keine Kreditkarten
Mittags und abends geöffnet

Die Ortschaft Giornico an der Straße zum Sankt Gotthard ist wegen der Schlacht der »Sassi Grossi« bekannt. Mitten im alten Ortskern befand sich an einem Seitenarm des Ticino zwischen zwei Bogenbrücken aus der Römerzeit eine alte Schmiede. Nach der Renovierung des Gebäudes richtete man dort ein rustikales, gemütliches Lokal ein. Drinnen wird es bei nur zwanzig Plätzen manchmal etwas eng, aber im Sommer gibt es wunderbar viel Platz im weitläufigen Garten. Arturo Sartore, der Koch, die Inhaberin Nadine Dagani und der Geschäftsführer Franco Migliarini bieten eine einfache, unverfälschte Küche. Die einmalige Lage am Fluß zieht natürlich viele Gäste an, weshalb die Küche manchmal ins Schleudern gerät.
So findet man auf der Karte auch nur wenige, aber gute heimische Gerichte, die zu einem anständigen Preis angeboten werden: Das »Menu della nonna« (eine Vorspeise und ein Fleischgericht) wechselt täglich, die Polenta mit verschiedenen Beilagen ist dagegen immer zu haben. Wer nur einen Imbiß einnehmen möchte, kann sich Carpaccio vom **zartgeräucherten Schweinefilet** bestellen, das **auf** Radicchio mit frisch gebratenen **Steinpilzwürfeln** serviert wird, oder aber ein ganz und gar nicht trockenes **Bündnerfleisch** und etwa zehn verschiedene, großzügig bemessene Käsespezialitäten mit Kartoffeln. Gut ist auch das Brot, das aus dem benachbarten Bodio kommt. Die Preise für die Weine aus der Gegend liegen zwischen 25 und 32 Franken, Barrique-Weine kosten 48 bis 50 Franken. Außerdem werden hausgemachte Schnäpse angeboten.

In **Airolo** (28 km) am Fuße des Gotthard wurde vor kurzem eine Käserei eröffnet, in der man Käse von den umliegenden Almen kaufen und bei ihrer Herstellung zusehen kann.

Giubiasco Palasio

3 km südlich von Bellinzona, N 2

Grotto Sbardella

Osteria
Ortsteil Palasio
Tel. 0041/091/8575320
Ruhetag: Dienstag (nicht im Sommer)
Betriebsferien: 1. Nov. – 15. März
40 Plätze + 70 im Freien
Preise: 20 – 24 sFr., ohne Wein
Kreditkarten: AE, EC, Visa
Mittags und abends geöffnet

Einen echten Grotto zu finden wird immer schwieriger. Improvisation, Anpassung an teutonischen Geschmack, das Schielen nach dem schnellen Geld haben dem Ansehen und der Beliebtheit dieser traditionellen Sommerlokale geschadet. Dieser – am Ausgang eines kleinen, kühlen Tals – ist eine Ausnahme. Emanuela und Luca Bernasconi haben die Führung des Grotto übernommen, der bis vor kurzem der private Keller der Familie Sbardella war. Luca ist der Künstler im Unternehmen, sprich in der Küche, aufmerksam unterstützt von Ehefrau Emanuela. Das Angebot, typisch für einen Grotto, besteht aus gemischtem Aufschnitt, diversen Käsesorten (vor allem aus dem Bleniese), Ziegenkäse, gut gereiftem Formagella aus Isone, eingelegten Auberginen. Dazu trinkt man offenen Barbera, den man wie früher mit saurem Sprudel mischt. Die warmen Gerichte reichen von **Polenta con brasato** bis zum Kaninchen, **Zicklein** und Spanferkel aus dem Ofen, von Kutteln bis zum Fleisch vom Rost; probieren Sie im Sommer marinierten Fisch (in carpione). An Primi zu nennen **Lasagne** (besonders gut die **fondenti al pesto**), Gnocchi al gorgonzola, Tortelloni. Luca sucht die Weine mit großer Sorgfalt aus: gute heimische Merlots, aber auch echte Dolcetti, die wahrscheinlich seine eigenen Favoriten sind.

Die Panetteria-Pasticceria Al Panaté von Signor Esposito, die auch einen Laden in Bellinzona hat, liefert ausgezeichnete Produkte, darunter das wunderbare Pane a spiga.

Gordevio

15 km nordwestlich von Locarno

Uno più

Trattoria mit Zimmern
Gordevio
Tel. 0041/091/7531012
Ruhetag: Montag
Betriebsferien: Ende Dez.– Mitte März
35 Plätze + 40 im Freien
Preise: 25 – 48 sFr.
Keine Kreditkarten
Abends, Sa., So., Fei. auch mittags geöffnet

Der ideale Platz für ein faules Wochenende oder ruhige Ferien. Im Maggiatal, am rechten Ufer, liegt Gordevio hoch auf einem Felssporn in sicherer Entfernung von der Straße, ein winziges Dorf mit Häusern aus Granit, die um die hübsche spätromanische Kirche gruppiert sind. Das Albergo (7 schöne Zimmer) von Marco Moser war einmal der Kindergarten der Gemeinde und in den 70er Jahren »modern« umgebaut worden; jetzt bemüht sich Marco lobenswerterweise, die noch vorhandene alte Substanz hervorzuholen. Es gibt einen einladenden Speisesaal und einen wunderbaren Garten, in der schönen Jahreszeit ißt man unter dem grünen Dach einer Laube. Der Service ist flink und familiär, aber einwandfrei. Marco steht am Herd und macht schöne Antipasti (auch aus dem Meer), **Malfatti** (Ricotta-Kräuter-Gnocchi), Forelle, **Ossobuco**, Eis. Man kann sich, wie in der Schweiz üblich, auf ein Gericht beschränken oder ein komplettes Menü nehmen. Zu empfehlen (sofern vorhanden) die berühmten halbfesten **Käse aus dem Maggiatal**, die die Kühe und Ziegen auf den Bergweiden liefern. Die Weinkarte nennt hauptsächlich Merlots aus dem Tessin und neuerdings auch einige italienische Produkte.

Die Macelleria-Salumeria Zanoli bietet gute Salami und andere Wurstwaren sowie einheimischen Speck an.

Grotti ticinesi

Die Grotti zählen zu den bedeutendsten Relikten (von denen es, abgesehen von den Bergalmen, nicht mehr viele gibt) der bäuerlichen Kultur des Tessin. Doch der Besucher läßt sich nicht von Äußerlichkeiten täuschen. Viele Lokale tragen zwar diesen Namen und entsprachen in der Vergangenheit manchmal auch diesem Typ, haben sich aber im Lauf der Zeit in Touristenrestaurants verwandelt. Vom Grotto geblieben (das aber auch nicht in jedem Fall) sind vielfach nur die Steintische im Freien, an denen früher einmal die Honoratioren bei Aufschnitt und dem unverzichtbaren Liter Roten die Leitlinien der Politik festlegten. Aus einigen Grotti sind gute Restaurants geworden, die sich noch an die traditionelle Küche halten. Von diesen wollen wir berichten.

Ein Grotto ist ein natürlicher, in einem Felsen angelegter Weinkeller, in dem die Bauern früher neben dem selbsterzeugten Wein auch Lebensmittel, Käse, Wurst, Kartoffeln und Äpfel lagerten. An Feiertagen versammelte man sich vor den Grotti zu ausgiebigen sommerlichen Eß- und Trinkgelagen. Seit Ende des 19. Jahrhunderts wurden viele dieser privaten Weinkeller in öffentliche Lokale umgewandelt, die in der schönen Jahreszeit, von Ostern bis Allerheiligen, meist nur an den Wochenenden geöffnet waren. Die Bauern spielten den Wirt und besserten so ihre spärlichen Einkünfte auf. Neben dem heimischen Wein boten sie auch Wein aus jenen Fässern an, die auf Ochsenkarren aus dem Piemont oder auf Frachtkähnen über den Lago Maggiore kamen. Es gab nur kalte Speisen, Wurst und Käse, und die Bäuerin bereitete höchstens einmal einen großen Kessel mit Minestrone und vielleicht auch Kutteln zu. Man mußte nicht viel Geld ausgeben, und die meisten Gäste kehrten erst spät abends singend nach Hause zurück. Wir wollen Ihnen an dieser Stelle einige gute Beispiele empfehlen, die aus dieser Zeit überlebt haben.

In Mendrisio, einem alten lombardischen Dorf im unteren Tessin, unterhalb des Kalksteinvorsprungs des Monte Generoso, finden Sie noch solche Weinkeller – eine Reihe kleiner, jahrhundertealter Gebäude, hinter denen früher einmal die Vigna Longa begann, die sich über Ceresio bis nach Riva San Vitale erstreckte. Einige davon, besonders die der Firma Fratelli Valsangiacomo, werden noch heute als Weinkeller genutzt. In anderen befinden sich inzwischen private Wohnhäuser, und aus einem ist ein gutes Restaurant geworden. Die richtigen Weinkeller sind in den Felsen des Monte Generoso gegraben, dessen geheimnisvollen unterirdischen Gängen ein kalter Luftzug entweicht, der das ganze Jahr über eine konstante Temperatur hat.

Am Fuß des Monte Sighignola am Ceresio-See, gegenüber Lugano, zwischen Campione und der italienischen Grenze, liegen die Grotti von Caprino und Gandria, die von der Stadt aus nur mit dem Boot zu erreichen sind. Dort findet man gelegentlich noch die heimische Küche der Grotti. Die Preise sind allerdings der Inflation unserer Tage angepaßt worden. Aber auch mitten in der Stadt, in Lugano oder Bellinzona, gab es verschiedene typische Grotti. Erwähnen möchten wir nur den Grotto Pontevecchio in Camorino (am Rand des Ballungszentrums von Bellinzona), der sich bis heute seinen typischen Charakter bewahrt hat.

Ein besonderer Fall im oberen Teil des Tessin sind die Grotti von Biasca. Im Norden des Ortes finden Sie hinter dem Zeughaus unter einer Gruppe jahrhundertealter Bäume drei oder vier verstreute klassische Grotti, die nur in einem Punkt gegen die Tradition verstoßen, darin nämlich, daß neben dem offenen Wein auch Bier ausgeschenkt wird.

Die ursprünglichsten Beispiele finden sich im Mesolcina, einem italienischsprachigen Tal im Kanton Graubünden, der sich nördlich von Bellinzona zum San-Bernardino-Paß erstreckt. Im Wald hinter dem Dorf Cama sind noch drei typische Grotti anzutreffen. Dort beschränken sich die Inhaber nicht nur auf das Ausschenken des Weins oder das Aufschneiden der Wurst, sondern stellen ihre Produkte mit Können und Begeisterung auch noch selbst her. Ich denke da beispielsweise an den unvergleichlichen rohen Schinken, die Frucht einer guten Schweinezucht und der angemessenen Reifezeit, die das Fleisch im Grotto zugebracht hat.

Biasca
Grotto Pini
Via ai Grotti
Tel. 0041/91/8621221
Kein Ruhetag
Betriebsferien: November – April
30 Plätze + 200 im Freien
Nachmittags und abends geöffnet

Unter den Kastanienbäumen des Grotto Pini kann man eine gute Auswahl an heimischer Wurst, Käse und Caprini von den Almen, Fisch in Carpione und, ganz traditionsgemäß, Gemüseminestrone und Kutteln genießen. Lediglich im Herbst gestattet man sich hier mit Raclette (geschmolzener Käse, der direkt aus der Form gekratzt wird) und Fondue (geschmolzener Käse mit Weißwein) einen ketzerischen Abstecher in fremde Küchen, der aber, um genau zu sein, nur in die unmittelbare Nachbarschaft, nämlich die französische Schweiz, führt.

Cama
Grotto Prandi
Tel. 0041/91/8301210
Kein Ruhetag
Betriebsferien: November – Februar
40 Plätze + 80 im Freien
Mittags und abends geöffnet

In der Gegend um Cama, in einem dichten Kastanienwald, gibt es allein 54 private Grotti. Das allein ist schon Grund genug, dort einmal vorbeizuschauen. Kehren Sie also einmal auf einen Imbiß im Grotto Prandi zwischen alten Bauernhäusern und Steintreppen ein. Dort serviert man Ihnen die typische, ausgezeichnete Wurst aus dem Mesolcinatal, besonders den rohen Schinken aus eigener Herstellung, und Käsespezialitäten aus dem Tal. Wer etwas Warmes essen möchte, sollte unbedingt vorbestellen.

Camorino
Grotto Ponte Vecchio
Tel. 0041/91/8572625
Ruhetag: Samstag, nicht im Sommer
Betriebsferien: September
50 Plätze + 50 im Freien
Mittags und abends, im Sommer ab 14 Uhr geöffnet

Zwei freundliche Frauen, Gabriella und ihre Schwägerin Carmen, führen dieses Lokal mit den zwei Gesichtern: Im Winter macht man es sich an den Tischen des Restaurants bequem, doch mit Beginn der schönen Jahreszeit zieht man in den Grotto jenseits der alten Römerstraße um, wo es, wie es sich gehört, auch einen Boccia-Platz gibt, auf dem man sich mit Freunden die Zeit vertreiben kann. Neben einem kleinen Imbiß mit Wurst und Käse bietet die Küche auch einige warme Gerichte (vor allem Minestrone und Kutteln oder freitags die traditionelle Polenta). Im Restaurant bekommt man auch aufwendigere Secondi, insbesondere Fleischgerichte, wie Schmorbraten, Kaninchen, Milchkitz und Salmì. Zu trinken gibt es Weine aus der Gegend und dem Piemont.

Gandria
Grotto Descanso
Ortsteil Cantine di Gandria
Tel. 0041/91/92280071
Kein Ruhetag
Betriebsferien: Oktober – Februar
30 Plätze + 140 im Freien
Mittags und abends geöffnet

Unmittelbar oberhalb der Bootsanlegestelle (der Grotto Descanso verfügt über ein eigenes Motorboot, mit dem man die Gäste auf Voranmeldung auch in Lugano und Gandria abholt), abseits jeder befahrbaren Straße bietet dieses Lokal, das auch über einen Boccia-Platz verfügt, als besondere Spezialität einen Pilzrisotto mit Piccata an. Darüber hinaus bekommt man hier das typische Angebot der Grotti: in erster Linie Wurst und Käse, aber auch aufwendigere Gerichte, wie Vitello tonnato, hausgemachte Lasagne, Roastbeef und selbstverständlich Gerichte mit Fischen aus dem See.

Mendrisio
Grotto Bundi
Via alle Cantine
Tel. 0041/91/6467089
Ruhetag: Montag
Keine Betriebsferien
80 Plätze + 70 im Freien
Durchgehend geöffnet

Am nördlichen Ausgang der Ortschaft Mendrisio, am Fuß des Monte Generoso, finden Sie an der Via alle Cantine eine Reihe netter Lokale, darunter auch den Grotto Bundi. Seine besondere Spezialität ist die klassische Polenta, die hier mit Bohnen und Mortadella, Schmorbraten, Kaninchen oder Pilzen serviert wird. Außerdem werden jede Woche ein festes Menü (Ossobuco und Risotto, Bollito misto, Gnocchi und Kalbsbraten) und, je nach Jahreszeit und Angebot des Marktes, auch Wachteln, Milchkitz und Reh angeboten. Dazu gibt es eine große Auswahl an vorwiegend heimischen Merlot-Weinen.

Lodrino Prosito

15 km nördlich von Bellinzona

Osteria Biasca

NEU

Osteria
Ortsteil Prosito
Tel. 00 41 / 91 / 8 63 11 23
Ruhetag: Montag
Keine Betriebsferien
35 Plätze + 40 im Freien
Preise: 20 – 50 sFr.
Kreditkarten: Visa
Mittags und abends geöffnet

Die Osteria Biasca liegt am Ortseingang von Prosito, einem Dorf am rechten Ufer des Ticino (von Lugano kommend nimmt man am besten die Autobahnausfahrt Bellinzona Nord), etwa 15 km von der Kantonshauptstadt entfernt. Das Lokal ist einfach und gemütlich und bietet eine gepflegte Hausmannskost zu überaus anständigen Preisen. Zu verdanken haben wir das dem jungen Mauro Sinigaglia, der mit Begeisterung bei der Sache ist und sich zwischen Speisesaal und Küche (wo ihm seine Frau Serafina und seine Mutter zur Hand gehen) aufteilt.
Seine Küche ist durch und durch jahreszeitlich geprägt. Während der Jagdsaison wird vorwiegend **Wild** angeboten, das aufwendig zubereitet und serviert wird. Zu anderen Zeiten finden Sie vielleicht **Forelle** (immer dann, wenn die einheimischen Fischer einen guten Fang gemacht haben), Lammbraten oder **Milchkitz** aus heimischer Zucht auf der Karte. Empfehlenswert sind die hausgemachten **Paste** und die Desserts, von denen uns besonders der vorzügliche **Zabaione** in Erinnerung geblieben ist, der mit einem Nocino zubereitet wurde, den die Familie Sinigaglia selbst herstellt. Mauro macht aber gelegentlich auch einmal einen Abstecher zu Meeresfisch, auf dessen Zubereitung er sich hervorragend versteht, und manchmal versucht er sich auch an reichhaltigen, imposanten Büffets. Es gibt eine anständige Auswahl an Merlot-Weinen aus dem Tessin, die noch durch einige gute, vorwiegend italienische Sorten ergänzt wird.

Lugano

Il Bottegone del Vino

NEU

Enoteca mit Ausschank und Küche
Via Magatti, 3
Tel. 00 41 / 91 / 9 22 76 89
Ruhetag: Sonn- und Feiertage
Keine Betriebsferien
50 Plätze + 20 im Freien
Preise: 30 – 45 sFr., ohne Wein
Kreditkarten: AE, EC, Visa
Mittags und abends geöffnet

Mitten im Geschäfts- und Bankenzentrum Luganos, nur einen Steinwurf von der Seepromenade entfernt, liegt dieses Lokal, wahrscheinlich die erste Enoteca mit warmer Küche im Tessin. Raffaello hat lange als Sommelier gearbeitet und setzt seine Kenntnisse in Sachen Wein nun in seinem Lokal ein.
Zur Mittagszeit hält die Küche eine Vorspeise, ein Primo und ein Secondo bereit, und abends gibt es ein Menü zu 45 Franken. Zahlreich sind die sorgfältig ausgewählten **Wurst**spezialitäten, die direkt im Speisesaal aufgeschnitten werden. Es folgen **Käse von den Almen** des Tessin und Bruschette. Eine Speisekarte gibt es zwar nicht, doch bekommt man, je nach Angebot des Marktes, täglich verschiedene Gerichte, die von Insalata di farro della Garfagnana über Paste, etwa Trofie alla ligure, und **Risotti**, zum Beispiel mit Rotwein und Rosmarin, oder Gallinacci e mirtilli bis hin zu **Lammfilets** oder Fracosta di manzo al vino rosso reichen. Besonderer Andrang herrscht zur Mittagszeit, wenn die Berufstätigen aus den Büros des Stadtzentrums hierherkommen, und am späten Nachmittag zur Aperitifzeit. Abends hingegen ist es ruhiger.
Aus der Enoteca kommt eine reiche Auswahl an Weinen, die glasweise ausgeschenkt werden. Das jeweilige Angebot ist jede Woche einer Region oder einem Erzeuger gewidmet. Es gibt zwar auch Erzeugnisse aus Frankreich und Übersee, den Löwenanteil machen aber Weine aus dem Tessin und aus Italien aus.

In der Via Pessina in Lugano finden Sie die Feinkostgeschäfte Gabbani: ein Wurst-, ein Käse-, ein Brot-, ein Obst- und ein Weinladen (in denen nahezu alle Erzeuger des Tessin vertreten sind). Am Corso Elvezia, Ecke Via Balestra, bietet die Enoteca Nonsolovino von Raniero Gonnella jr. eine reiche Auswahl an Weinen und Likören an.

Lugano

Trani

NEU

Enoteca mit Küche
Via Cattedrale, 12
Tel. 00 41 / 91 / 9 22 05 05
Ruhetag: Sonn- und Feiertage
Keine Betriebsferien
60 Plätze + 20 im Freien
Preise: 22 – 45 sFr., ohne Wein
Kreditkarten: alle
Mittags und abends geöffnet

Der Name Vanini ist in der Gastronomie Luganos, aber auch in Sankt Moritz und New York sehr bekannt für gutes Gebäck, Marrons glacés und Süßwaren. Aldo Vanini hat sich nun in Richtung Wein orientiert und hat, nachdem er zunächst eine traditionelle Enoteca führte, dieses Lokal eröffnet, wo er nicht nur große Weine verkauft, sondern auch glasweise ausschenkt und dazu eine gute, warme und kalte Küche anbietet. Und das alles an der malerischen Freitreppe, die von der Altstadt zur Kathedrale San Lorenzo und weiter zum Bahnhof führt.
Das Ambiente ist gepflegt, aber schlicht, die Karte wechselt täglich und reicht vom Vorspeisenbüffet über Primi, darunter verschiedene **Risotti** (ausgezeichnet der Risotto al salto), bis hin zu Fleischgerichten, Käse und Desserts. Die Spezialität des Hauses ist das **Kalbshirn**, allerdings ist die Nachfrage hier aufgrund der Angst vor BSE zurückgegangen. Hoffen wir, daß sich der Markt bald beruhigt und dieses vorzügliche Gericht wieder zu Ehren kommt. Urheberin all dieser kulinarischen Köstlichkeiten ist eine erfahrene Köchin aus dem Veneto, eine Spezialistin für **Casoncelli** (die Sie unbedingt versuchen sollten) und andere Gerichte aus ihrer Heimat und aus der Lombardei.
Das Angebot bei den Weinen, die direkt aus dem angeschlossenen Laden mit Weinbar kommen, umfaßt die besten Erzeugnisse aus dem Tessin und Italien sowie einige französische Marken.

In der Innenstadt bietet die Macelleria-Salumeria Volonté, Via Nassa 3, Fleisch- und Wurstwaren aus eigener Herstellung, aber auch Fertiggerichte zum Mitnehmen an. In **Caslano**, einem benachbarten Ortsteil, stellt die Firma Sandro Vanini ihre berühmten Marrons glacés, Mostarda di frutta in Gläsern oder Tuben, kandierte Früchte und andere Fertigprodukte her, die auch zum Kauf angeboten werden.

Meride

7 km nordwestlich von Chiasso

Antico Grotto Fossati

Osteria
Meride
Tel. 00 41 / 0 91 / 6 46 56 06
Ruhetag: Montag
Betriebsferien: Anfang Nov., Weihn. – [Febr.
60 Plätze + 100 im Freien
Preise: 22 – 50 sFr.
Kreditkarten: EC, Visa
Mittags und abends geöffnet

In den Grotti, die manchmal sogar in den Fels gehauen sind, verbrachte man früher den Sonntagnachmittag. Man spielte Boccia, aß Salami oder Bergkäse, trank Wein, Limonade oder Bier. Das Brot brachte man selbst mit. Die Grotti waren auch nur am Wochenende und nur von Frühjahr bis Herbst geöffnet. So auch in Meride, einem kleinen Dorf am Monte San Giorgio. Vor einigen Jahren hat man dort unseren Grotto restauriert. Außer den Steintischen unter alten Kastanien hat Mario Lupi Küche, Speisezimmer mit Kamin und eine überdachte Veranda für 60 Personen eingerichtet. Der Wirt serviert Ihnen somit seine Spezialitäten das ganze Jahr hindurch: ausgezeichneten Salumi-Aufschnitt, dann gibt es üppige Gerichte mit Polenta als Beilage. Meist gibt es **Brasato**, **Ossobuco**, **Wachteln**, Kaninchen und zur entsprechenden Jahreszeit Zicklein, **Pilzgerichte** und **Bollito misto**. Im Herbst stehen außerdem die verschiedensten Wildgerichte auf dem Speisezettel. Immer bekommen Sie Käse von den Almen des Colle Sant'Agata und des Monte Generoso. Besonderes Lob dem Keller! Der Weinfreund Mario Lupi hat praktisch alle Weine des Mendrisiotto vorrätig, außerdem nicht wenige Toskaner und Piemonteser (auch beste Kreszenzen) zu interessanten Preisen.

Die Käsespezialitäten des Colle Sant'Agata gibt es bei Luciano Torti in **Tremona** (2 km).

Im Konditorei-Café Nespoli in der Via Valdani 1 in **Chiasso** (7 km) gibt es ausgezeichnete Kuchen.

Olivone

40 km nördlich von Bellinzona

Centrale

Osteria mit Zimmern
Olivone
Tel. 0041/091/8721107
Ruhetag: Mittwoch
Betriebsferien: Mitte Okt. – Mitte Nov.
30 Plätze
Preise: 30–40 sFr., ohne Wein
Keine Kreditkarten
Mittags und abends geöffnet

1989 hat der Architekt Tiziano Canonica, dessen Vorfahren nach Zürich ausgewandert waren, die antike »Osteria Centrale« übernommen. Im linken Gastraum sitzen die Bauern und Arbeiter des Ortes beisammen, rechts befindet sich der Speisesaal mit Terrasse. Darüber stehen den Gästen Zimmer mit insgesamt neun Betten zur Verfügung. Im tiefen Keller lagern Wein und Käse von den Almen von Casaccio, Lucomagno und Cavalascia. Im Herbst und gegen Ende des Winters wurstet Tiziano selbst und hat immer gut abgehangene Produkte anzubieten.
Tizianos Ehefrau, die Züricherin Anne Marie Emch, steht in der Küche und bereitet die Speisen ausschließlich unter Verwendung lokaler Erzeugnisse zu. Neben dem Tagesgericht gibt es immer eine Wurstplatte, und wenn Sie Glück haben, können Sie auch einige Scheiben der seltenen **Schweinskopf-Salami** kosten. Die Nudeln sind hausgemacht: Probieren Sie die lockeren, cremigen **Gnocchi alla ricotta**, die es aber nur ab Donnerstag gibt, denn am Mittwoch kommt der Bauer und liefert die frische Ricotta. Auch die Desserts sind alle selbstgemacht, besonders hervorgehoben sei hier das ausgezeichnete **Parfait alla grappa**.
Auf der Weinkarte finden Sie anständige offene Weine und mehrere gute Tessiner Gewächse, doch die Auswahl an Flaschen anderer Kantone oder Italiens ist beschränkt.

Am südlichen Ortseingang finden Sie in der Osteria Bottani ausgezeichnete Wurstwaren aus eigener Produktion und eine unglaubliche Anzahl verschiedener Eissorten. In der Ortsmitte kann man in der Metzgerei Vescovi Fleisch und Wurstwaren aus eigener Herstellung kaufen.

Ponte Capriasca

10 km nördlich von Lugano, N 2

Trattoria del Cenacolo

Osteria
Via della Chiesa
Tel. 0041/091/9451476
Ruhetag: Montag und Dienstag
Betriebsferien: 3 Wo. Jan., 2 Wo. Ende Juni
40 Plätze + 40 im Freien
Preise: 25–50 sFr.
Kreditkarten: AE, EC, Visa
Mittags und abends geöffnet

Am Rand dieser Ortschaft in den Hügeln nördlich von Lugano sind zwar inzwischen viele neue Wohnbauten entstanden, ihren jahrhundertealten dörflichen Kern mit dem kostbaren Bethaus aus dem 17. Jahrhundert und der barocken Kirche S. Ambrogio mit ihrem prachtvollen Fresko aus der Schule Leonardo da Vincis, das das Letzte Abendmahl darstellt, hat sie sich aber bewahrt. Von ihm hat auch das genau vis-à-vis in der schmalen Gasse, die zu den Tennisplätzen führt, gelegene Restaurant seinen Namen: ein schöner Speisesaal mit Gewölbe, ein kleiner, schlicht ausgestatteter Speiseraum und ein ruhiger, schattiger Garten. Die Einrichtung ist einfach, aber ansprechend, der Service familiär und gepflegt. Renato Milan bietet eine reichhaltige und schmackhafte Küche an, die sich nach der Jahreszeit richtet. Das Angebot reicht von besonderen Gerichten, wie **Lachsforellenfilets in Merlot**, über **Carpaccio von Entenbrust** und frische Teigwaren bis hin zu **Jungenten in Balsamico-Essig**. Während der Saison gibt es außerdem Wild- und Pilzgerichte. Der Weinkeller bietet verschiedene gute Weine von Tessiner Erzeugern sowie eine Auswahl an guten italienischen Weinen.

Sagno

7 km von Chiasso

Ul Furmighin

NEU

Osteria mit Fremdenzimmern
Piazza Centrale
Tel. 00 41 / 91 / 6 82 01 75
Ruhetag: Dienstag
Betriebsferien: 3 Wochen im Januar
55 Plätze + 80 im Freien
Preise: 30 – 40 sFr., ohne Wein
Keine Kreditkarten
Mittags und abends geöffnet

Sagno ist ein kleiner Ort im Muggiotal, von dem aus man an schönen Tagen die Madonnina des Mailänder Doms erkennen kann. Hier wurde vor einem Jahr im alten Ortskern in einem alten Haus mit Hof die Genossenschaft »Ul Furmighin« ins Leben gerufen, und nach der notwendigen Renovierung richtete man dort eine Osteria mit Fremdenzimmern (circa 50 Franken pro Person), ein kleines Lebensmittelgeschäft, eine Jugendherberge und einen Versammlungssaal ein. Geführt wird das Lokal von einem Team, das von der tüchtigen Laura und dem Koch Ivan geleitet wird. Vor dem Gebäude erstreckt sich ein weitläufiger Garten, und im Lokal erwarten Sie ein alter Kamin mit Nischen und eine Theke, an der man sich zum Plaudern niederläßt.
Die Küche ist vorwiegend von der Tradition und den Jahreszeiten geprägt. So findet man beispielsweise im Frühjahr ausgezeichnete, im Ofen gegarte Fleischgerichte, wie **Milchkitz** oder **Spanferkel**, die im Sommer von einladenden, frischen, mit Gemüse garnierten Speisen und im Herbst von klassischen **Wildgerichten** abgelöst werden. Ein deftiges, vollwertiges winterliches Gericht ist die **Lorenzada**, bestehend aus Polenta, Kartoffeln, Käse und Zwiebeln. Gut sind die hausgemachten Desserts, überwiegend Torten.
Die Auswahl an Weinen ist nicht besonders groß und umfaßt einige Marken kleiner Erzeuger aus der Gegend um Mendrisio sowie ein paar italienische Weine.

Die Käserei von Eraldo und Severina Biffi in Sagno stellt die typischen Käse des Muggiotals her, die auch zum Kauf angeboten werden.

Salorino Somazzo

15 km nordwestlich von Chiasso

Eremo di San Nicolao

Osteria
Alla Piana
Tel. 0 91 / 6 46 40 50
Ruhetag: Dienstag
Betriebsferien: Februar
30 Plätze + 60 im Freien
Preise: 30 sFr. ohne Wein
Keine Kreditkarten
Mittags und abends geöffnet

Von Mendrisio kommend durchfährt man die Ortschaften Salorino und Somazzo und folgt dann der schmalen Straße, die zur Klause San Nicolao führt. Da es nur wenige Parkplätze gibt, ist es empfehlenswert, die wenigen hundert Meter zu Fuß durch den Wald zu gehen. Die Klause entspricht in jeder Hinsicht der Vorstellung von einer Einsiedelei: eine Gruppe alter, in den Fels gebauter Gebäude in schwindelerregender Höhe über Mendrisio. Dort steht seit 1413 die nach dem heiligen Nikolaus von Bari benannte Kirche, die teilweise in eine Nische im Felsen eingelassen ist. Daneben entstanden die einfachen Behausungen der Eremiten, die vor längerer Zeit von den Wirtsleuten erneuert wurden. Auch wenn die Kirche noch immer das Ziel von Prozessionen ist, zieht der Ort heute eher eine andere Art von Pilgern an, die gerne im rustikalen Speisesaal, in dem stets ein Kaminfeuer brennt, oder auf der Terrasse mit der wundervollen Aussicht Rast machen. Das einheimische Geschwisterpaar Angela und Giuseppe Marazzi hat 1990 die Führung des Lokals übernommen und bietet eine einfache, reichhaltige und bodenständige Küche. Im Anschluß an die von Giuseppe zubereiteten Vorspeisen mit verschiedenen heimischen Wurstsorten gibt es **Risotto** und Polenta, **Schmorbraten**, **Ossobuco**, Uccelli scappati (Spießchen mit Schweinelende, Speck und Salbei) oder **Kalbsbraten**. Angela ist für den Wein zuständig. Neben anständigen offenen Weinen findet man gute Flaschenweine aus dem Tessin und aus Italien. Besondere Gerichte (Wild, Bollito misto, Cazzöla) sollte man im voraus bestellen.

LOMBARDEI

Piuro
Chiavenna
Mese
Ponte in Valtellina
Sondrio
Morbegno
Lenno
Bellagio
Comer See
Lecco
Lago Maggiore
Travedona Monate
Varese
Como
Proserpio
Costa di Serina
Villa d'Almè
Albino
Ternate
Tradate
Palazzago
Trescore Balneario
Pontida
Grumello del Monte
Bergamo
A9
Arcore
Cerro Maggiore
Mezzago
A8
A4
Palazzolo sull'Oglio
Treviglio
Cusano Milanino
A4
Segrate
MAILAND
Palazzo Pignano
Trescore Cremasco
Crema
Gaggiano
Peschiera Borromeo
Ripalta Cremasca
Lodi
Casaletto
Castelleone
A1
Parona
A7
Moscazzano
Cavenago d'Adda
Mortara
Monteleone
S. Colombano al Lambro
Pavia
Portalbera
Badia Pavese
Cremona
Barbianello
A21
S. Maria della Versa
Borgo Priolo
Montecalvo V.
Montalto P.

Bormio
in
ina
Lozio
Artogne
Caino
Salò
Gussago
Gavardo
Gardasee
Brescia
Serle
Rezzato
A21
Castiglione
delle S.
Monzambano
Corte de'
Cortesi
Castel
Goffredo
albuttano
Goito
Marmirolo
A22
Castel d'Ario
Cicognolo
Acquanegra
sul Chiese
Mantova
Isola
Dovarese
Piadena
Curtatone
Roncoferraro
Cremona
Pomponesco
Viadana

Acquanegra Sul Chiese Ponte sull' Oglio

33 km südöstlich von Mantua

Al Ponte

NEU

Restaurant
Via del Ponte Oglio, 1312
Tel. 03 76 / 72 71 82
Ruhetag: Dienstag
Betriebsferien: zehn Tage im Juli, August und Februar
40 Plätze + 20 im Freien
Preise: 40 000 Lire, ohne Wein
Kreditkarten: die bekannteren
Mittags und abends geöffnet

Der Name könnte irreführen. Nicht am Ponte sul Chiese liegt diese Trattoria, sondern an der kleinen Brücke, die über den Oglio führt, gleich an der Straße, die Cavaltone Cremonese mit Acquanegra in der Provinz Mantova verbindet. Rundherum das charakteristische Umland der Poebene mit seiner Schweine- und Rinderzucht und Feldern, auf denen Mais, Raps und Soja angebaut werden. Vormals eine Locanda mit Zollstation, hat sich das Lokal im Lauf der Zeit zur Trattoria gewandelt und war unter Leitung von Sergio Zoppini besonders in den siebziger und achtziger Jahren ein beliebtes Ziel. Im Jahr 1993 entstand durch die letzte Renovierung, die die charakteristischen Merkmale des Gebäudes bewahrt hat, ein helles und weiträumiges Lokal. Heute bestimmt Vania Zoppini den Speiseplan. Seine Spezialitäten sind vor allem die Süßwasserfischgerichte: **Aal** auf verschiedenste Art, **Coregone**, **Saltarelli** (kleine Flußkrebse), Forellenfilet agli agrumi, Pesce gatto, **Hecht in Sauce**. Als Primi gibt es ein reiches Sortiment der legendären Mantuaner Pasta fresca: **Tortelli** mit Kürbis, Pflaumen, Fisch und kleinen Flußkrebsen gefüllt, **Bigoli mit Sardinen** oder Entenragout.
Köstlich die Fleischgerichte: Stracotto vom Rind, gefüllte Ente, gefüllte Kalbsschulter. Zur Schweineschlachtzeit gibt es die traditionellen Gerichte aus der Bauernküche, angefangen bei den Wurstwaren, den Cotechini und der Frittura. Als Abschluß ausgezeichnete Süßspeisen, wie den **Anello di Gonzaga** oder das **Dolce di zucca**.
Die Weinkarte ist nicht sehr umfangreich, bietet aber um die fünfzig Marken aus der Gegend und ganz Italien, zudem eine kleine Auswahl an Schnäpsen. Lobenswert: einige Weine werden glasweise ausgeschenkt.

Albino Abbazia

18 km nordwestlich von Bergamo

Trattoria della Civetta

Trattoria
Via Lunga, 89 – 91
Tel. 0 35 / 77 07 97
Ruhetag: Dienstag
Betriebsferien: unterschiedlich
70 Plätze + 15 im Freien
Preise: 35 – 45 000 Lire
Kreditkarten: AE
Mittags und abends geöffnet

Adolfo Gambarara führt sein Lokal aus echter Berufung, das zeigen tausend Dinge, von der gelassenen Heiterkeit des Patrons und seiner Frau Lucia über die Sorgfalt, mit der die Tische gedeckt sind, bis zur Freude daran, die Weinwelt nach immer neuen, unbekannten, doch hochklassigen Gewächsen zu durchforsten. Nicht zuletzt zeigt auch die Küche – nach vielen Jahren – keinerlei Zeichen der Ermüdung oder bloßer professioneller Routine. Denn Adolfo hat das Bedürfnis nach Neuem im Blut. Sie könnten hundertmal ins »Civetta« kommen, es würde nie langweilig. Schon deswegen nicht, weil er – wenn Sie anrufen, um vorzubestellen – nach besonderen Wünschen fragt und dann bei »seinen« Bauern einkauft. Erstklassige Salumi zum Beginn, dann herrliche Primi (**Pasta e fagioli**, **Risotto mit Pilzen**, **Ravioli** mit köstlicher Kräuterfüllung) und nicht weniger gute Hauptspeisen: **gekochtes Huhn**, in der Saison Schnecken, **Pilze**, **Wild**. Adolfo liebt auch Fisch und weiß ihn auch richtig zu behandeln. Der Keller enthält Etiketten aus dem Piemont, Friaul, Veronese, Toskana, Umbrien, Apulien und auch aus dem Elsaß zu sehr akzeptablen Preisen.

Im 8 km entfernten **Casnigo** (im Val Seriana, Via Ruggeri 54) macht sich Dario Franchina um den Wein verdient; überraschend groß sein Angebot guter italienischer und ausländischer Weine zu moderaten Preisen.

Arcore

21 km nordöstlich von Mailand, S.S. 36

L'Arco del Re

NEU

Enoteca mit Ausschank und Küche
Via Papina, 4
Tel. 0 39 / 6 01 36 44
Ruhetag: Sonntag
Betriebsferien: unterschiedlich
50 Plätze + 16 im Freien
Preise: 30 000 Lire, ohne Wein
Kreditkarten: alle
11 – 15, 18 – 1 Uhr geöffnet

»L'Arco del Re« oder Wein, Essen und Kultur. Das ist das ausgeklügelte Zusammenspiel, das uns Gina Santoro in dieser schönen Enoteca anbietet. Eine Weinbar, wie sie im Buch steht, in der man wählen kann, ob man sich auf einen Aperitif mit köstlichen Appetithäppchen, einen kleinen Mittagsschmaus, ein vollständiges Abendessen oder einen späten Drink niederläßt. Wer will, kann in den wichtigsten italienischen und internationalen Weinzeitschriften blättern.
Sie können sich an die Theke setzen und von der Tafel einen der zwanzig Weine aussuchen, die glasweise ausgeschenkt werden. Die Auswahl variiert. Oder Sie lassen sich eine der über 200 Flaschen entkorken, die die Weinkarte mit italienischen und französischen Marken bietet. Dazu wählen Sie dann einen Teller exquisiter **Wurstwaren**: Lardo di Arnad, Brianzer Salami, Gänse- und Entensalami. Danach eine Hülsenfrüchte- oder Gemüsesuppe oder ausgezeichnete hausgemachte **Tagliolini**, **Pasta e fagioli**, Brasato, **Stracotto** und **Käse** wie Castelmagno (nur zur Zeit der Sommerweide), Büffelmozzarella, Käse aus den Piemonteser Tälern, der mit Traubenmostarda serviert wird, Gorgonzola mit Birnen und Akazienhonig sowie eine Auswahl der besten französischen Käsesorten. Erlesen sind die Fischgerichte, die am Wochenende angeboten werden: Crudité di pesce, Austern auf Algen, Gamberetti, **Carpaccio vom Schwertfisch**.
Zum krönenden Abschluß die hausgemachten Süßspeisen: Panna cotta, Crostata mit Aprikosenmarmelade, **Schokoladensalami**, das Ganze in Begleitung eines Banyuls oder eines anderen Süßweins (wie Sherry und Porto).

Artogne
Rive di Balti

51 km nördlich von Brescia, S.S. 510

Le Frise

Bauernhof
Via Pieve, 2
Tel. 03 64 / 59 82 98
Ruhetag: Mo. – Do.
Keine Betriebsferien
35 Plätze
Preise: 40 000 Lire, ohne Wein
Keine Kreditkarten
Abends, Sa., So. auch mittags geöffnet

Seit 1983 halten hier in den Bergen Gualberto und Emma Martini Ziegen und produzieren Käse, immer im Streben nach Qualität. Eine Berghütte, von Signora Emma tadellos in Schuß gehalten, mit Blumen ringsum und Beerenbüschen und Kräutergarten, wird so zu einem bäuerlichen Gasthof mit Speiseraum und drei Zimmern (mit zwölf Betten). Sie werden ungewöhnliche Zubereitungen kennenlernen, wie eine **Mousse von Ziegenkäse** und Frischkäse mit verschiedenen Gemüsen der Saison. Die Auswahl an **Käse** ist grandios, für alle Geschmäcker ist etwas dabei, vom reinen Käse bis zu den diversen Aromen: graues Salz, Pflanzenasche, Wacholder, Thymian, Kümmel, Oregano. Lassen Sie den grünen Käse nicht aus, einen kleinen, wirklich außerordentlichen Gorgonzola. Die Molke wird an Schweine verfüttert, die wiederum die nur hier zu konsumierenden Salami und Pancetta liefern, und aus Ziegen- und Schaffleisch werden kleine, delikate Schinken gemacht, die **Violini** heißen. Emma bereitet meisterhaft **Casoncelli** zu, **gefüllte Gnocchi** und andere Paste; als Hauptgang gibt es, wie zu erwarten, **Zicklein** und **Lamm** auf verschiedene Art. Wunderbar die **Dolci mit Waldfrüchten** und die nach Jahreszeit unterschiedlichen Kuchen.
Das Weinangebot ist respektabel, es umfaßt Produkte der Franciacorta und vom Gardasee. Vergessen Sie nicht, sich telefonisch anzumelden.

In **Darfo** (3 km; Via Roma, 66) bietet die Gastronomia Gatti typische Salumi aus dem Val Camonica und die Spongata an, das dazu passende traditionelle Brot.

Badia Pavese

29 km südöstlich von Pavia

Ai Due Taxodi

Bauernhof
Via Cascina Pezzanchera, 2 – Taxodi 4
Tel. 03 82 / 72 81 26, 7 80 94
Ruhetag: Dienstag
Betriebsferien: 1. – 15. Januar
40 Plätze + 50 im Freien
Preise: 35 000 Lire, ohne Wein
Keine Kreditkarten
Mittags und abends geöffnet

Vor einigen Jahren begannen Claudia, Elena und Maria Capelli, die Früchte des heimischen Bodens, vor allem aber die des eigenen Hofs, zu schmackhaften Gerichten zu verarbeiten, die sich an den kulinarischen Traditionen der Gegend inspirieren. Die wichtigsten Zutaten sind dabei das Fleisch von Tieren aus eigener Aufzucht (edles Geflügel, vor allem aber Chiana-Rinder), Getreide und Gemüse. Es erwartet Sie hier ein reichhaltiges Degustationsmenü, das Sie aber bei telefonischer Voranmeldung auch nach Ihren Wünschen gestalten können und das, wie es sich gehört, zunächst einmal mit hausgemachter **Wurst** beginnt. Dazu bekommt man je nach Jahreszeit Kohlrouladen (Bauletti), **Fasan in carpione**, **Polentarollen** mit Pancetta oder, im Sommer, mit gefülltem Gemüse. Als Primi gibt es frische Pastagerichte, wie zum Beispiel die klassischen **Ravioli di carne** oder **Tagliatelle mit Gemüse**, außerdem **Risotti** mit Pilzen oder mit **Urtiz** (wilder Hopfen). Und bei den Secondi herrschen Fleischspeisen vor: **Brasato**, **Bollito misto**, Grigliate, **Cotechino in Brotteig**, und auf Vorbestellung bekommt man ein herrliches **Rumpsteak vom Chiana-Rind**. Und zum Abschluß gibt es etwas Grana oder Gorgonzola und anschließend selbstgemachtes Eis mit Himbeersauce, Obstkuchen und im Winter Süßigkeiten und Gebäck mit Nüssen. Als Begleiter stehen ein paar gute Weine aus dem Oltrepò Pavese und aus San Colombano zur Auswahl. Hinter den Sumpfzypressen (den »taxodi«, die dem Lokal seinen Namen gegeben haben) erstreckt sich ein weitläufiger Garten mit einem kleinen See, auf dem Entlein schwimmen. Anmeldung ist absolut notwendig.

Barbianello

20 km südlich von Pavia, S.S. 35

Da Roberto

NEU

Trattoria
Via Barbiano, 21
Tel. 03 85 / 5 73 96
Ruhetage: Sonntagabend und Montag
Betriebsferien: Aug. und 1 Wo. im Jan.
50 Plätze
Preise: 20 – 30 000 Lire, ohne Wein
Kreditkarten: alle
Mittags und abends geöffnet

Bereits Ende des 18. Jahrhunderts war diese Trattoria, die an den herrschaftlichen Palazzo Nocca anschließt, eine Locanda mit Herberge. Hundert Jahre lang wurde sie von der Familie Scanarotti geführt, die sie im Jahr 1986 an Roberto, viele Jahre Gastkoch in verschiedenen Küchen des Oltrepò, übergeben hat. Hier ist der Sitz der »Confraternità del cotechino caldo«, dessen Vorsitzender und Seele Roberto ist. Im Speisesaal kümmert sich Ehefrau Maria Rosa in ihrer aufmerksamen und freundlichen Art um die Gäste.
Cotechino gibt es in allen Variationen: al naturale oder mit zerlassenem Käse und Polenta, im Winter auch mit Wirsing. Die anderen Wurstspezialitäten beschränken sich auf das, was selbst produziert wird: Salami, Pancetta, Lardo, alles ausgezeichnet.
Unter den Primi: **Risotti** (mit Salamipaste, mit Weißwein und, zur passenden Jahreszeit, Spargel, mit Peperoni), **Agnolotti di stufato** und **Tortiglioni mit Fleischragout und Borlotti-Bohnen**. Die **Schweinefleischgerichte** kommen im Winter zum Zug: Schweinerippchen mit Wirsing, Zampini mit Linsen, Carbonata, nicht zu vergessen den am Stück gekochten Schweinekopf, den man am Tisch langsam und genüßlich auslöst. Erwähnenswert der **Brasato vom Esel** und ein ausgezeichnetes Sottofiletto, das gegrillt oder in der Pfanne mit altem Rotwein leicht angebraten serviert wird. Nicht entgehen lassen dürfen Sie sich die Caprini mit Honig (jahreszeitenabhängig).
Neben einer großen Auswahl an Weinen aus dem Oltrepò Pavese bietet Roberto auch einen Riesling und einen Bonardo an, die sein Etikett tragen. Der Brunello von Biondi-Santi und der Chardonnay und Barbaresco von Gaja (auch in halben Flaschen) sind die Schmuckstücke.

Bellagio San Giovanni

30 km nördlich von Como, S.S. 583

Mella

NEU

Restaurant
Via Jacopo Rezia, 1
Tel. 0 31 / 95 02 05
Ruhetag: Dienstag
Betriebsferien: im Winter
70 Plätze + 10 im Freien
Preise: 35 – 40 000 Lire, ohne Wein
Kreditkarten: CartaSi, MC, Visa
Mittags und abends geöffnet

Das Panorama könnte nicht schöner sein, der Blick schweift über eine der weltweit malerischsten Seenlandschaften. In diesem reizvollen Ambiente liegt der kleine Weiler San Giovanni, wenige Schritte von Bellagio entfernt und abseits des sonntäglichen Touristenchaos, das sich über diese herrliche Gegend am Comer See ergießt. Das gemütliche Lokal erreicht man auch zu Fuß von einem bequemen Parkplatz aus. Der kleine Spaziergang führt durch alte, kopfsteingepflasterte Gassen. Vom großen Fenster des Speiseraums im ersten Stock hat man dann eine herrliche Aussicht auf die gegenüberliegende Seeseite.
Natürlich ist Fisch aus dem See das Hauptgericht des Restaurants, täglich von den Besitzern frisch gefangen. Seit Jahren ist der Betrieb in Familienhand. Die gemischte Fischvorspeise ist, milde gesagt, reichlich und mit delikatem Pesce in carpione und den typischen **Missoltítt**, perfekt zubereitet. Köstlich das **Fritto di alborelle**, gut die Fischpâté, und der **geräucherte Lavarello**. Lobenswert die **Barschfilets in Butter und Salbei**, die mit »einfachem« Riso in bianco serviert werden, die höchst frische **Grigliata mista von Fisch aus dem See** und, wenn es ihn gibt, Aal. Klassisch die Filets vom Lavarello und die Agoni in zerlassener Butter. Leicht die panierte Bottatrice.
Die Weinkarte ist ziemlich austauschbar, mit begrenzter Auswahl. Anmerkung für Raucher: im Speisesaal ist, leider oder glücklicherweise, jeglicher Tabakgenuß verboten.
Die Preise sind sehr anständig.

Bergamo Oberstadt

Antica Osteria del Vino Buono

Osteria
Piazza Mercato delle Scarpe
Tel. 0 35 / 24 79 93
Ruhetag: Montag (nicht im Sommer)
Keine Betriebsferien
70 Plätze
Preise: 25 – 40 000 Lire, ohne Wein
Alle Kreditkarten
Mittags und abends geöffnet

Über drei kleine, adrett eingerichtete Speiseräume (zwei im Erdgeschoß, einen im 1. Stock) verfügt dieses Lokal in der Ecke eines der typischsten Plätze von Bergamos Oberstadt. Mit drei Kompagnons führt Giorgio Kosta es seit drei Jahren; bis dahin hat es weniger gute Zeiten durchgemacht. Sie präsentieren eine sehr gute traditionelle, regionale Küche mit einigen Anleihen bei der volkstümlichen Küche anderer Alpenregionen. Interessant ist das mittags angebotene Degustationsmenü zu 25 000 Lire. Nie fehlt die **Polenta** in drei Versionen: Taragna, traditionell mit Mais- und Buchweizenmehl sowie Polenta dell'hosteria mit Spinat, Bauchspeck, Grana und Butter. Immer vorrätig sind auch die typischen Primi des Bergamasco, **Casoncelli alla foiade** (oder Tagliatelle), sogar mit Salami-Wurstmasse gewürzt. Als Secondo gibt man winters den Brasati und dem Wild den Vorzug, vom Frühjahr an Haustieren wie entbeintem und gefülltem Perlhuhn oder dem **Kaninchen auf Bergamasker Art**. Die Desserts, vorwiegend Crostata, Torta und Apfelstrudel, kommen aus der eigenen Backstube. An Wein sind einige lombardische, friaulische, piemontesische und toskanische Namen verfügbar, aber auch ein einfacher Cabernet Sauvignon, der den Wahlspruch der Osteria nicht desavouiert.

Bergamo Oberstadt

Antica Trattoria della Colombina

Trattoria
Via Borgo Canale, 12
Tel. 0 35 / 26 14 02
Ruhetag: Montag
Betriebsferien: variabel
60 Plätze + 60 im Freien
Preise: 30 – 40 000 Lire, ohne Wein
Kreditkarten: alle
Mittags und abends geöffnet

Während der Renaissance gab es einmal eine »Porta della Colombina«, die die Oberstadt mit dem Vorort Canale verband. Durch sie führte die Straße, über die Venedig seine Geschäfte mit der Schweiz und mit Deutschland abwickelte. Anfang unseres Jahrhunderts benannte man nach ihr ein Hotel, von dem heute nur noch der Jugendstil-Speisesaal erhalten ist. Daraus wurde eine Trattoria mit einer hübschen Veranda, von der aus man im Sommer in angenehmer Kühle den Blick auf die Hügel und die Ebene genießen kann. Das »Colombina« war stets bei Freunden der guten Küche der Gegend beliebt. Nach wechselhaften Zeiten hat die Trattoria wieder ihren früheren guten Ruf erlangt. Und wenn Anna, Carmen und Luigi so weitermachen wie bisher, wird das »Colombina« seinen goldenen Tagen gewiß nicht nachtrauern müssen. Kommen wir nun aber zu den guten Dingen, die die Küche zu bieten hat: eine kleine Vorspeise (Speck mit Kräutern, Rohkostsalat, gebratener Branzi-Käse mit Sardellen) und danach üppige Primi und Secondi, darunter **Casoncelli**, **Fojade con Funghi**, Risotto mit Spargel, Gnocchetti mit Taleggio und Rucola, Kutteln, **Polenta taragna mit Pilzen**, **gebratene Haxe**, Rinderbraten, Schnecken mit Spinat. Zum Abschluß gibt es Käse, der vorwiegend von heimischen Erzeugern stammt, und hausgemachte Desserts. Die Auswahl an Weinen – einige lokale Erzeugnisse und ein paar Marken aus dem übrigen Italien – ist zwar nicht sehr umfangreich, aber recht gut.

An der Hauptstraße in der Oberstadt (Via Gombito, 7) bietet die Konditorei der Brüder Cerea, der neuen Inhaber des ehrwürdigen Caffè Cavour, Exzellentes.

Bergamo Città Alta

Bar Donizetti

NEU

Enoteca mit Ausschank und Imbiß
Via Gombito, 17 a
Tel. 0 35 / 24 26 61
Ruhetag: Freitag
Betriebsferien: 15. Sept. – 15. Okt.
60 Plätze + 70 im Freien
Preise: 25 000 Lire, ohne Wein
Kreditkarten: alle
Mittags und abends geöffnet

Es ist erfreulich, wenn ein alteingesessenes, bislang unbeachtetes Lokal sich zu seinem Vorteil verändert; die Freude wird zur wahren Wonne, wenn es sich von einer der unzähligen Bars in einen angenehmen Ort verwandelt, der zu genüßlicher Entspannung einlädt.
Ideal für eine kurze Pause bei einem guten Glas Wein, bietet es köstliche Imbisse und Appetithäppchen: eine beneidenswerte Auswahl an **Käse- und Wurstspezialitäten** verschiedenster Art und Herkunft (vorausgesetzt, edel). Damit läßt sich auch eine komplette Mahlzeit zusammenstellen, für die man nicht mehr als 25 000 Lire ohne Wein ausgibt. Probieren sollten Sie die Crostini **mit Gorgonzola und Trüffelhonig** oder den **Toma d'Alba mit Cremoneser Mostarda**, begleitet von einem passenden Gläschen; das vorzügliche Zusammenspiel von gutem Essen und gutem Wein bewährt sich auch bei den Süßspeisen (Donizetti-Torte mit Moscato d'Asti, Kekse mit Bracchetto d'Acqui, Bitterschokolade-Splitter mit Banyuls). Im Sommer können unter den romantischen Arkaden im Renaissancestil etwa siebzig Personen essen. Man sitzt abseits des regen Hin und Hers der Via Gambito, die schon das römische Bergamum durchquerte. Massimo Locatelli und Mauro Meschia versprechen eine gastfreundliche Atmosphäre und ein gutes Glas Wein (mehr als 400 Marken aus Italien und anderen Weinländern).

Ol Formager, Piazzale Oberdan, 2: hervorragende heimische Käsesorten (Branzi, Taleggio, Formai de mut). Die Pasticceria Jean Paul, Via Moroni 361, bietet zahlreiche Köstlichkeiten: unvergleichlich die Marrons glacés, die Franco Corti zusammen mit seinen Söhnen unter Verwendung von Maronen aus Cuneo bereitet.

Bergamo Città alta

Da Ornella

Trattoria
Via Gombito, 15
Tel. 0 35 / 23 27 36
Ruhetag: Do. und Freitag mittag
Betriebsferien: Juli u. um Weihnachten
60 Plätze
Preise: 35 – 40 000 Lire
Kreditkarten: die bekannteren
Mittags und abends geöffnet

Eine Wachablösung hat in diesem Lokal, das Ornella Eroini und ihr Ehemann Alberto Modali in fünfunddreißig Jahren mit viel Gefühl und Sorgfalt zu einem Begriff für traditionelle Hausmannskost gemacht haben, stattgefunden: die Trattoria ist von Gigetto Lacanna und Casimiro Rota übernommen worden. Sie gehören zu einer Gruppe junger Gastwirte, die – ebenfalls in Bergamo Alta – bereits die Trattorie »Tre Torri«, »Vino buono« und »Colombina« führen: So befinden sich die Restaurants der Altstadt Bergamos fast alle in einer Hand.
Die ersten Schritte der neuen Führung zeigen, daß das Lokal der wohlschmeckenden und bodenständigen Küche Ornellas und Albertos treu bleibt. **Casoncelli** in zerlassener Butter und Salbei, Tagliolini mit Pilzen, **Crespelle al formaggio**, **Polenta taragna** (mit Butter und Bergkäse), Kaninchen mit Kräutern, **Huhn mit Knoblauch und Petersilie**, Brasato al vino. Zusätzlich bieten die neuen Köche so manches Primo an, das nicht unbedingt aus der Gegend stammt, aber heute auf unser aller Speiseplan steht: Spaghetti, zum Beispiel, die Ende des 1. Weltkriegs mit den heimkehrenden Soldaten in Bergamo Einzug hielten. Sie hatten sie bei ihren süditalienischen Kameraden liebengelernt.
Das Angebot an Weinen der Gegend und verschiedener Regionen Italiens ist befriedigend, wenn es auch mit der Reichhaltigkeit des Weinkellers von Ornella und Alberto nicht mithalten kann.

Gelateria Marianna, Via Colle Aperto 4: ausgezeichnetes Speiseeis. Probieren Sie Stracciatella, Marron glacé, weiße Schokolade und das Fruchteis.

Bergamo Unterstadt

La Cantina

Osteria
Via Ghislanzoni, 3
Tel. 0 35 / 23 71 46
Ruhetag: Sonntag
Keine Betriebsferien
60 Plätze
Preise: 35 – 40 000 Lire, ohne Wein
Kreditkarten: CartaSi, Visa
Mittags und abends geöffnet

Wenn man die zwölf Stufen von der Straße in das Lokal hinuntersteigt, gelangt man in einen originellen Speisesaal mit etwa zwanzig Plätzen. Die Tische wurden aus den massiven Holztresen eines alten Arzneimitteldepots gezimmert, zahlreiche edle Weinflaschen nehmen die Holzregale ein, die einst den verheerenden Brand im Kaufhaus Rinascente in der Mailänder Galleria überlebt haben. Im zweiten Speisezimmer stehen alte Osteriatische, an denen etwa vierzig Personen Platz finden. Die Vorstellungen des Wirtes Franco Fanzaga, der von Marco Cortesi und Giorgio Todisco unterstützt wird, sind klar. Er bietet nur die besten Spezialitäten aus der Gegend und einige Leckerbissen aus benachbarten Regionen (Blutwurst und Lardo di Arnad aus dem Aostatal, Culatello und Coppa aus Frescarolo, Bresaola aus dem Veltlin) an. Zu beachten die Regionalgerichte: **Casoncelli mit Butter und Salbei**, Kichererbsensuppe, **Foiade**, **Stracotto** und Brasato, hervorragende Steaks vom Angus. Und dann die Auswahl an Ölen (das unvergleichliche Ballini di Predore vom Bergamasker Ufer des Iseosees, Öle vom Gardasee und aus Umbrien) und Käse (ein Dutzend aus den Bergamasker Alpen, sonst nirgends zu bekommen). Eine weitere Leidenschaft von Franco sind die Kräuter, wild oder aus dem Garten (z. B. löertis, wilder Hopfen). Hier wird also eine Küche geboten, die Schlichtheit mit Finesse verbindet. Zum krönenden Abschluß sollte man eine Moretta trinken: Dieser Cocktail wurde im 18. Jahrhundert in den Marken kreiert und besteht aus Kaffee, Anislikör, Brandy und Zitronensaft. Nach 23 Uhr bekommt man hier noch Wurst, Käse, Bruschette oder ein Nudelgericht. Das »La Cantina« hat also die Auszeichnung mit der Schnecke wirklich verdient.

Borgo Priolo · Torrazzetta

23 km südlich von Pavia,
11 km südöstlich von Voghera, S.S.10

Torrazzetta

Bauernhof
Frazione Torrazzetta, 1–Valle Schizzola
Tel. 03 83 / 87 10 41
Ruhetag: Montag
Betriebsferien: Januar
80 Plätze
Preise: 50 000 Lire
Kreditkarten: die bekannteren
Mittags und abends geöffnet

Die Hügellandschaft des Oltrepò ist bestimmt eine Rundfahrt wert, doch bringt folgende Wegbeschreibung den hungrigen Autofahrer schneller ans Ziel: Von Mailand aus über die Autobahn nehmen Sie die Ausfahrt Bereguardo; von Genua oder Piacenza aus fahren Sie in Casteggio ab. Von hier Richtung Borgo Priolo, immer den Hinweisschildern Torrazzetta nach. Das Lokal trägt den Namen des Ortsteils, in dem es liegt. Gianna und Franco Fiori widmen sich mit Leidenschaft ihrer Landwirtschaft (14 Weinsorten, Tierzucht, Anbau von Obst, Gemüse und Gewürzkräutern in 300 verschiedenen Qualitäten) und ihrem Restaurant.
Die Gerichte orientieren sich an der traditionellen Küche des Oltrepò und sind mit Produkten aus biologischem Anbau zubereitet: handgemachte Pasta wie **Stang à l'us** mit Brennesseln oder Karotten, Ravioloni, gefüllt mit Schweinekeule und Porree (»lunotti«), **Ravioloni mit Kürbis- und Kastanienfüllung**. Breiten Raum nehmen Gemüse und Hülsenfrüchte ein, die in Torte salate, **Frittate** und Suppen verarbeitet werden; nicht zu vergessen die heimischen Erzeugnisse wie die Wurstwaren oder die vorzügliche **Peperoni-Sauce** aus Voghera mit Gemüse. Köstlich der **Entenbraten** in Wein und Kräutern, die **Schweinekeule mit Honig** und, im Winter, die Gans mit Kastanien. Zum Abschluß gibt es wundervolle **Caprini** del Boscasso (nicht immer) oder traditionelle Süßspeisen wie die **Büselà**, eine Ciambella aus Mehl, Rosinen und Mandeln, die in der Weihnachtszeit in einer Christkind-Form gebacken wird.
Man trinkt die Weine aus eigener Produktion. Wer übernachten will, dem stehen acht hübsche Gästezimmer zur Verfügung.

Bormio
Combo

64 km von Sondrio, S.S. 38

Vecchia Combo

Trattoria
Via Sant'Antonio, 6
Tel. 03 42 / 90 15 68
Ruhetag: Sonntag, nicht im Sommer
Keine Betriebsferien
30 Plätze
Preise: 30 – 35 000 Lire, ohne Wein
Keine Kreditkarten
Mittags und abends geöffnet

In diesem familiären, sympathischen Lokal, das von Augusta Schivalocchi und ihrer Schwiegertochter Bianca geführt wird, kommt nichts auf den Tisch, was nicht aus Bormio oder zumindest aus dem Veltlin käme. In intimer Atmosphäre beginnen wir unser Mahl mit einer vorzüglichen **Bresaola** und fahren dann mit einem dampfenden Teller Ravioli, Gnocchi oder **Sciatti** fort oder mit der **Polenta taragna**, die mit gebratener Salami angerichtet wird. Einen repräsentativen Querschnitt durch die gastronomischen Traditionen dieser Gegend bekommt man bereits mit der Polenta, den hausgemachten Pizzoccheri und den köstlichen Sciatt – Eierküchlein, die mit geschmolzener Casera grassa gefüllt werden. »Sciatt«, der Dialektausdruck für Kröte, heißen sie wegen der unregelmäßigen Form. Gleichermaßen typisch sind die Hauptgerichte – z. B. Schweinerippchen und in der Saison **Wild**, vor allem **Reh** – und auch die Käse aus den umliegenden Almen (Scimudin und Casera). Der Kuchen des Hauses heißt **Bisciona**. Es handelt sich dabei um den typischen Panettone aus dem Veltlin, der mit Feigen, Nüssen und Rosinen gefüllt ist. Mittags hat man immer offen, wenn auch mit einfacherem Angebot, wie es die Arbeiter für ihr Mittagsmahl schätzen. Im Herbst sollte man anfragen, ob abends gekocht wird.

In Bormio, Via Roma 39, bietet Pozzi interessante Waren an: Pilze, Konfitüren, Honig und typische Wurstwaren des Valtellina.

Nebenan (Via Roma, 37) bietet die Gastronomia Guanella gute typische Wurst- und Fleischwaren, darunter Bresaola und Slinzega.

Brescia

G.A. Porteri

NEU

Osteria
Via Trento, 52
Tel. 0 30 / 38 09 47 und 30 18 33
Ruhetag: Sonntagabend und Montag
Betriebsferien: August
70 Plätze
Preise: 50 000 Lire, ohne Wein
Kreditkarten: alle
Mittags und abends geöffnet

Der einladende Anblick malerischer Körbe voller Schinkenkeulen am Eingang ist das kulinarische Sinnbild der Osteria. In der Tat, Raoul Porteri gehört zu einer Familie, die seit drei Generationen die besten Wurstwaren der Gegend anbietet. Seit etwa zwei Jahren sind die Porteri nun auch Gastwirte. Alte Lagerräume, die an die Wurstwarenhandlung anschließen, wurden geschmackvoll zu einem Lokal umgestaltet: behagliche Atmosphäre, die Gemütlichkeit der Osterie vergangener Zeiten, das Gefühl, sich auf einer Insel der Ruhe zu befinden, mit Freunden, Kennern und Gourmets. Die Preise sind dementsprechend, obwohl kein Service verlangt wird.
Ein Glas Spumante und ein paar Salamischeiben zum Einstimmen, dann kann das Konzert beginnen: 40 **Wurstarten und** 130 **Käsesorten**. Abwechslung bieten die Primi aus frischer Pasta, wie die Tagliatelle mit Kaninchenragout, die **Malfatti al bagòss**, Gnocchi mit roten Rüben und Speck. Bei den Secondi verdienen die **Rane fritte**, **die gefüllten Kaninchenkeulen** und der **Manzo all'olio** besondere Erwähnung. Als Beilagen warmes gegrilltes Gemüse, Salate oder Polenta. Signora Graziella, die Ehefrau Raouls, gibt in der Küche den Takt an. Zusammen mit Riccardo bereitet sie köstliche Süßspeisen. Die Weinkarte bietet das Beste von Italiens Winzern, und wenn die Preise nicht so hoch wären, würden wir Ihnen empfehlen, sich auf eine Rundreise durch das europäische Käse- und Weinparadies zu machen.

Das Wurstwarengeschäft neben der Trattoria gehört ebenfalls Raoul Porteri; hier finden Sie Spezialitäten und Weine in reicher Auswahl.

Brescia
Sant' Eufemia della Fonte

4 km von der Stadtmitte, S.S. 11

Il Ciacco

Restaurant
Via Indipendenza, 23 b
Tel. 0 30 / 36 17 97
Ruhetag: Montag
Betriebsferien: 10 Tage im Jan. u. Aug.
40 Plätze
Preise: 45 000 Lire, ohne Wein
Kreditkarten: alle
Mittags und abends geöffnet

Am östlichen Stadtrand Brescias gibt es ein Viertel, das für seine zahlreichen Osterien derart berühmt ist, daß sich in jüngster Zeit jemand zu dem ziemlich ungeeigneten Namen »Food Valley« hinreißen ließ. Wie man weiß, steht Quantität nicht für Qualität, doch im »Ciacco« ist man vor bösen Überraschungen sicher. Die Weinkarte ist das Schmuckstück dieser alten, stilvoll renovierten Osteria. Ein ruhiges und ansprechendes Lokal mit zahlreichen Bildern von Roberto Mora an den Wänden. Oscar (in der Küche) und Davide (im Speiseraum) bieten Ihnen heimische Gerichte, aber auch lombardische Rezepte im weiteren Sinn haben sich eingeschlichen.
Unter den Vorspeisen finden wir die klassischen Wurstspezialitäten oder **Süßwasserfischsalate** mit Hecht und Aal sowie Geflügelfleisch, wie die Piemonteser **Hähnchenbrust in bagna freida**. Ein Lob verdienen die **Risotti**, die auf verschiedene Arten zubereitet werden, wie etwa mit wildwachsenden Kräutern der Brescianer Gegend. Köstliche Alternativen sind die Tagliolini mit Steinpilzen oder die Kartoffelcreme. Unter den Secondi sind uns das Coniglio alla mercante di vino, das Perlhuhn mit Kräutern, der **Manzo all' olio** und (im Winter) die Cotechini aufgefallen. Als Dessert empfehlen wir die hausgemachten Süßspeisen. Die Weinkarte ist sehr umfangreich und sorgfältig in der Auswahl mit einer Präferenz für piemontesische Weine.
Auf den im übrigen angemessenen Rechnungen fehlt der Posten »coperto«. Eine freundliche Geste an die Kundschaft sind die Croccantini, die zum Schluß gereicht werden.

La Vineria

NEU

Enoteca mit Ausschank und Küche
Via X Giornate, 4
Tel. 0 30 / 28 04 77
Ruhetag: Montag
Betriebsferien: 2 Wochen im August
60 Plätze + 30 im Freien
Preise: 35 000 Lire, ohne Wein
Kreditkarten: alle
Mittags und abends geöffnet

Die venezianische Architektur der Piazza della Loggia bildet den Rahmen für dieses Lokal, das unter den Arkaden des Palastes Monte Vecchio di Pietà entstand. Im Erdgeschoß befindet sich die Enoteca mit einer Ausstellung von Weinen und Destillaten sowie der Ausschank. Zum Glas Wein gibt es allerlei köstliche Appetithäppchen. Die steile Steintreppe hinunter geht es in den Weinkeller, in dem die besten Flaschen lagern, und zu den zwei geschmackvoll eingerichteten Speiseräumen, in denen Ihnen Giulio die Spezialitäten der Küche unterbreitet.
Beginnen Sie mit den Affetatti: **Lardo di Colonnata**, Speck, Coppa, Schinken, Brescianer Salami. Als Primi bieten sich Pasta e fagioli, **Risotto mit Kräutern**, **Casoncelli** in verschiedenen Zubereitungen an. Es folgen Frittate, der **Manzo all'olio** und ein gutes Käsesortiment. Die in Höhlen gereiften **Caprini** sind ein Hochgenuß. Zum Abschluß gibt es Crostate und vom jungen Koch Mario zubereitetes Eis.
Die Weinkarte betreut sorgfältig und nach strengen Maßstäben Guido Gavazzi. Der Weinkenner hat alle großen Marken aus der Franciacorta im Keller, die dort neben den besten italienischen und ausländischen Flaschen liegen; insgesamt 400 Marken, von denen viele auch glasweise angeboten werden.
»La Vineria« ist ein traditionelles, aber modern geführtes Lokal. Es gehört zu einer Reihe von Lokalen, die in wenigen Jahren Brescias Restaurantszene verändert haben.

In der Via Fratelli Dandolo finden Sie die Gastronomia Bonetti, in der Sie hervorragenden Käse bekommen, darunter den seltenen Bagòss, eine berühmte Käsesorte aus Bagolino.

Mezzeria

Trattoria
Via Trieste, 66
Tel. 0 30 / 4 03 06
Ruhetag: Sonntag
Betriebsferien: Juli, August
60 Plätze
Preise: 45 000 Lire, ohne Wein
Kreditkarten: Visa
Mittags und abends geöffnet

Die »Mezzeria« wird von den Brescianern seit Jahren geschätzt, sei es als zuverlässige Station für das rasche Mittagsmahl, sei es wegen der Atmosphäre und der Küche einer echten Trattoria. Die Familie Sai führt sie seit 1975, wobei die Aufgaben aufgeteilt sind: in der Küche Mamma Gina sowie Sohn Bruno und seine Frau Milena, Michele mit Frau Marisa im Service. Durch ein großes Portal betritt man von der Via Trieste, die die Piazza Tebaldo Brusato von der historischen Piazza Arnaldo di Brescia trennt, das adrette, ruhige Lokal. Beginnen Sie mit einem Antipasto von Salumi, oder suchen Sie sich vom großen Buffet aus, wonach Ihnen der Sinn steht. Unter den Primi sind – neben den unvermeidlichen, guten **Casoncelli** – Crespelle, Gnocchi und Pappardelle mit Hasenragout zu finden. Den **Kutteln nach Brescianer Art** und den tausenderlei **Pilzgerichten** in der Saison kann man nicht widerstehen. In einer zunehmend uniformen gastronomischen Landschaft hält man Gott sei Dank hier an Dingen wie **Kaninchen auf Brescianer Art**, **Schmorbraten vom Pferd** und Kalbsbrust aus dem Ofen fest, auch wenn es immer schwieriger wird, Ausgangsprodukte der gewünschten Qualität zu bekommen. Die hausgemachten Desserts (wie Crema di Mascarpone) runden ein sehr gutes Mahl ab, zu dem ordentliche lokale und andere italienische Weine serviert werden.

An der Piazza Arnaldo di Brescia, in der Nähe des Busbahnhofs, ist die beste Pasticceria der Stadt zu finden, die von Gianni und Claudio Zilioli. Die Preise sind hoch, aber wirklich angemessen.

Caino

14 km nordöstlich von Brescia, S.S. 237

Il Miramonti

NEU

Restaurant
Via Nazionale, 130
Tel. 0 30 / 6 83 00 23
Ruhetag: Montag und Dienstag
Betriebsferein: August
100 Plätze
Preise: 45 – 50 000 Lire, ohne Wein
Keine Kreditkarten
Mittags und abends geöffnet

Caino liegt nördlich von Brescia, an der Straße, die über Odolo ins Valsabbia führt. Rundherum die saftig grüne Landschaft des Garzatals mit dem Sturzbach, der den zahlreichen Eisenhütten und Papierfabriken der Gegend die Energie liefert. Seit die Trattoria in den fünfziger Jahren eröffnet wurde, haben viele Gäste an ihren Tischen gespeist: heimische Unternehmer, Jäger, Pilzesammler und Künstler durchziehender Theatergruppen, die an den Wänden ihre Autogramme als Erinnerung hinterlassen haben.
Ins »Miramonti« geht man vor allem der hervorragenden **Risotti**, des **Capretto alla bresciana** und der **Eiscreme** wegen, die im Winter mit heißer Schokolade serviert wird. Aber neben diesen legendären Gerichten werden ausgezeichnete **Ravioli** mit verschiedenen Füllungen angeboten, zur passenden Jahreszeit fehlt es niemals an **Pilz- und Spargelgerichten** oder was die Natur sonst noch zu bieten hat. Im Sommer gibt es köstliche Grillgerichte, im Winter Geschmortes und Spezzatino.
Mario Piscioli wird Sie mit seiner Weinkenntnis verblüffen. Der Weinkeller – zu besichtigen! – birgt wahre Schätze von großen und kleinen italienischen und ausländischen Winzern. Wenn Ihnen das Menü auch mündlich zur Auswahl gestellt wird, so können Sie sich auf der Weinkarte schwarz auf weiß von der hohen Qualität dieser Trattoria überzeugen.

Etwa einen Kilometer weiter liegt der Drink Shop der Gebrüder Fusari. Hier stehen Weine, Schnäpse sowie italienische und ausländische Getränke zum Verkauf.

Casalbuttano

14 km nördlich von Cremona

La Granda

NEU

Traditionelle Osteria
Via Jacini, 51
Tel. 03 74 / 36 24 06
Ruhetag: Mittwoch
Betriebsferien: 3 Wo. im Januar, 2 Wo. im August
60 Plätze + 100 im Freien
Preise: 30 000 Lire, ohne Wein
Kreditkarten: Visa
Mittags und abends geöffnet

»La Granda« – das ist ein traditioneller Bauernhof mit einem großen Innenhof im Herzen dieses Ortes nahe Cremona. Gegenüber liegt der alte Palazzo Jacini. Die hundertjährige Osteria, an deren stolze Vergangenheit das schmiedeeiserne Schild am Eingang erinnert, macht jüngst wieder von sich reden und scheint sich dank der intelligenten Initiativen Beppe Anselmis und Roberto Bonezzis bester Gesundheit zu erfreuen. Das Ambiente ist eine besondere Erwähnung wert: Im Bogengang mit Blick auf den Dreschplatz stehen lange, naturbelassene Holztische, im Speiseraum gibt es einen Kamin und den »Stammtisch«, beide Säle sind in lebendigen Farben gehalten und optimal ausgeleuchtet.
Es ist eine ursprüngliche Osteria, und man ißt die traditionellen Gerichte der Poebene, angefangen bei den reichlichen und guten Wurstwaren: Schinken und Lardo aus der Gegend um Langhirano, Cremoneser Knoblauchsalami, Salamotti del felinese, Coppa aus Piacenza und als weitere Appetitanreger ein Pâté oder eine kleine Tartara. **Trippa** und Zwiebelsuppe gibt es (außer im Juli) fast immer, zudem Marubini und **Tortelli mit Kräutern**. Gegrillte Koteletts, Coppa arrosto und **Bolliti misti** mit Zunge, Schwanz, Kalbskopf und Huhn machen den Secondi alle Ehre. Wenn Sie statt der Fleischgerichte eine Käseplatte wählen, freut sich Beppe. Er bietet die besten Sorten aus dem Piemont und aus Frankreich an. Hausgemachte Süßspeisen wie Crostate, Crème caramel sowie weiße und schwarze Schokosplitter bilden den Abschluß.
Als Begleitung empfehlen wir einen Mantuaner Lambrusco oder eine der Flaschen aus dem kleinen, aber anständigen Weinsortiment.

Casaletto Ceredano
Ca' de Vagni

11 km von Crema

Antica Locanda del Ponte

Trattoria
Via al Porto, 19
Tel. 03 73 / 26 24 74
Ruhetag: Di.abend und Mittwoch
Betriebsferien: im August
45 Plätze + 55 im Freien
Preise: 45 000 Lire, ohne Wein
Kreditkarten: BA, CartaSi, DC
Mittags und abends geöffnet

Sollten Sie zufällig in der Nähe von Crema sein, ist dieses Lokal, das so schlicht und so urwüchsig ist wie die Landschaft, ein lohnendes Ziel. Zu dem Lokal, das mitten im Grünen liegt, gehören auch eine Reitschule und – ideal für den Sommer – eine Laube. Die Leitung hat Mario Negretti, ein sympathischer und überschwenglicher Mensch, der Ihren Aufenthalt angenehm zu gestalten weiß. In der Küche zaubert Michaela wohlschmeckende, phantasiereiche Dinge, nicht weit von der Cremeser Tradition weg. Als besonders typische Vorspeisen wären die hausgemachte **Focaccia mit Crescenza und Pancetta**, das fritierte Gemüse und die Wurstspezialitäten zu nennen, die direkt aus ihren Ursprungsgebieten bezogen werden. Von den Primi sollte man unbedingt die **Ravioli di Taleggio** mit Thymian und die nach Jahreszeit variierenden **Risotti** probieren. Als schmackhafte Hauptgerichte verdienen die gebackenen Froschschenkel, die **Wildgerichte** und die Schmorbraten besondere Erwähnung. Zum Abschluß gibt es **Salva**-Käse, der mit Paprikaschoten gereicht wird, oder Roquefort mit Akazienhonig. Zur Auswahl stehen schließlich auch noch verschiedenste Desserts, die allesamt hausgemacht sind. Ausgezeichnet sind der Semifreddo al torrone und das Spezialdessert des Hauses. Sehr umfangreich ist auch das Angebot des Weinkellers: Er bietet neben Erzeugnissen aus fast allen italienischen Regionen auch Weine aus dem Elsaß, aus Chile und Neuseeland. Gut ist auch das Sortiment an Schnäpsen und Likören.

In **Crema** (11 km) finden Sie in der Via Borgo San Pietro 7 die Forneria del Borgo mit den köstlichsten Torten. Außerdem gibt es eine Reihe von Gemüsekuchen, frische Ciabattini und Grissini.

Castel d'Ario

15 km nordöstlich von Mantua, S.S. 10

Castello

Trattoria
Via di là dell'acqua, 8
Tel. 03 76 / 66 02 59
Ruhetag: Mittwoch, Donnerstag
Betriebsferien: August, Weihnachten
50 Plätze
Preise: 35 000 Lire, ohne Wein
Keine Kreditkarten
Mittags und abends geöffnet

In diesem Land der Kanäle und Bewässerungsgräben baut man seit undenklichen Zeiten Reis an, vor allem Vialone Nano, die einzige Sorte, die man im Mantovano für den berühmten **Riso alla pilota** (mit Wurst) verwendet. In der Trattoria Castello bereitet man ihn noch nach der alten Tradition der »piloti« zu, der Arbeiter, die den Reis enthülsten. In einem aufwendigen Ritual kocht man ihn perfekt auf den Punkt, so daß die Körner gut voneinander getrennt bleiben. Serviert wird er auf die zwei klassischen Arten, mit **Salamelle** (Würsten) oder mit einer **Frittura**, die aus großen Fischen wie Schleie und Karpfen oder kleinen Fischen bestehen kann, auch kleinen Süßwasserkrebsen namens Saltarelli. Dieser »Pfeiler« der regionalen Küchenkultur dient auch als komplettes Essen, in diesem Fall kommen zu den Salamelle noch ein »puntell« (Zugabe), ein Kotelett oder Rippchen vom Schwein etwa. Auch in der Fisch-Variante wird die Frittura separat und in solchen Mengen serviert, daß man leicht davon satt wird. Bereiten Sie Ihren Magen auf die Risotto-Orgie mit einem dampfenden **Bevr'in vin** vor, das sind Agnolini in Brühe mit einem Schuß Lambrusco. Doch finden Sie im Castello auch andere Klassiker: **Tortelli mit Kürbis**, **Hecht in Sauce** (ein weiteres mantovanisches »Must«). Traditionelle Dolci wie Salame al cioccolato oder Sbrisolana.

In **Gazzo** (Via Galeotto, 2), einem Ortsteil von Bigarelle (7 km), produziert die Riseria Molino Vanzini mit uralten Maschinen den Vialone Nano (zu besichtigen; Verkauf).

Castel Goffredo Villa

36 km nordwestlich von Mantua

Villa

Trattoria
Frazione Villa, 6
Tel. 03 76 / 77 03 95
Ruhetag: Montag
Betriebsferien: 1 Wo. im Januar und 3 Wo. im August
35 Plätze
Preise: 35 – 40 000 Lire, ohne Wein
Kreditkarten: Visa
Mittags und abends geöffnet

Die Provinz Mantua ist in gastronomischer Hinsicht eine recht vielseitige Gegend: Keilförmig zwischen der Lombardei, Venetien und Emilia Romagna eingeklemmt, vereint sie in einer guten Mischung die kulinarischen Einflüsse aller drei Regionen. Manche Gerichte spielen eine regelrechte »Außenseiterrolle«. Nur wenige Kilometer von ihrem Heimatort entfernt sind sie völlig unbekannt.
Das trifft zum Beispiel auf die **Tortelli alle erbe amare** von Castel Goffredo zu, die in ebendiesem Ort eines der wichtigsten Festtagsgerichte darstellen. In sogenannten »Sagre«, einer Art Dorffest, wird ihnen die verdiente Ehre erwiesen. Das Kräutergewürz, das einer klassischen Füllung aus Ricotta und Mangold beigefügt wird, nennt sich Turtela, Erba di San Pietro oder wilder Absinth und verleiht dem Gericht seinen außergewöhnlichen Geschmack.
Von allen, die diese Spezialität anbieten (unter den Primi finden Sie daneben auch **Tortelli mit Kürbisfüllung** und **Agnoli in brodo**), empfehlen wir die Trattoria »Villa« aus vielerlei Gründen. Erstens wird das Lokal von einer Gruppe junger Leute mit großer Leidenschaft und viel Energie geführt; die sorgfältig zusammengestellte Weinkarte wird selbst verwöhnten Weinliebhabern schmeicheln. Zweitens schenkt dieses Lokal, eher selten in der Mantuaner Gegend, den Secondi eine besondere Aufmerksamkeit. Empfehlenswert ist der **Stracotto vom Pferd** oder vom Esel, der **warme Kaninchensalat**, die gebratene Gänsebrust und das **gefüllte Perlhuhn in Rotwein**. Die süßen Gerichte sind bodenständig und traditionell: Sbrisolona, Chisol, Crostate mit verschiedenen Marmeladen, Bananen-Tiramisù.

Castelleone Le Valli

32 km von Cremona, S.S. 415

Tre Rose

Trattoria
Via Maltraversa, 1
Tel. 03 74 / 5 70 21
Ruhetag: Mittwoch und Sa.mittag
Betriebsferien: 10 Tage im Juni und 3 Wochen im August
50 Plätze + 20 im Freien
Preise: 38 000 Lire, ohne Wein
Kreditkarten: CartaSi, Visa
Mittags und abends geöffnet

Die Suche nach diesem Lokal führt uns von Castelleone auf der Straße Fiesco–Soncino nach Valli, wo Hinweisschilder den Weg weisen. Mitten auf dem Land empfängt uns dann ein renovierter, malerisch gelegener Bauernhof. Ein bequemer Parkplatz ist auf dem ehemaligen Dreschplatz entstanden. Im Sommer kann man unter den Arkaden essen. Im Innern finden wir zwei holzverkleidete Speiseräume, einen kleinen Kamin, Balken an der Decke und Tische im Osteriastil mit geflochtenen Stühlen. In der Küche ist die ganze Familie Albertini zugange: Mamma Giannina, Luciano und seine Ehefrau. Das Speisenangebot ist deftig, aber ausgewogen und der bäuerlichen Tradition verpflichtet. Mittags ist der Service aus guten Gründen eher bescheiden, aber am Abend ißt man auf blütenweißen Tischtüchern. **Carne salata di manzo** und lokale Wurstwaren regen den Appetit an. Dann gibt es je nach Jahreszeit **Maccheroni al ragù di salsiccia e peperoni**, Risotto mit Safran, Gemüsesuppe, Pasta e fagioli und Ravioli in brodo. Unter den Fleischgerichten ragt die schmackhafte **gegrillte Taube mit Kartoffeln** heraus. Probieren sollten Sie aber auch die Kalbsnieren mit Wurst und Pilzen, den zarten Stracotto vom Rind, die Lammkoteletts und, auf Bestellung, einige Fischgerichte. Zum Dessert werden der unvermeidliche **Torroneschaum** mit Bitterschokoladensauce, Crostate mit Früchten und Cremes gereicht.
Domenica hilft Ihnen auf ihre liebenswürdige und zuvorkommende Art bei der Auswahl der Speisen und einer guten Flasche aus dem ziemlich umfangreichen Weinsortiment mit den besten italienischen Erzeugnissen. Einziger Tadel: Eine Speisekarte und eine Weinkarte mit Preisen würden die kulinarische Orientierung erleichtern!

Castiglione Delle Stiviere Fontane

36 km nordwestlich v. Mantua, 29 km v. Brescia

Hostaria Viola

Restaurant
Via Verdi, 32
Tel. 03 76 / 63 82 77 und 67 00 00
Ruhetag: Montag
Betriebsferien: 10. Juli – 20. August
60 Plätze
Preise: 45 000 Lire, ohne Wein
Kreditkarten: alle
Mittags und abends geöffnet

Der direkte Weg zur »Hostaria« führt von Castiglione über die Straße Brescia–Mantua in Richtung Mantua. Nach zwei Kilometern weisen Hinweisschilder in das kleine Fontane, wo die Familie Viola ehemalige Ställe zu einem hübschen Restaurant umgebaut hat.
Die Liebhaber der traditionellen Mantuaner Küche kommen hier auf ihre Kosten, angefangen mit den klassischen **Agnoli in brodo o asciutti** (das Surbir d'agnoli weckt Erinnerungen an alte Bauernbräuche) und **Tortelli di zucca** (mit Kürbisfüllung). Von den Suppen seien die Kürbiscreme und die beliebte **Zwiebelsuppe** erwähnt, die Signora Maria Fiorinis ganzer Stolz ist. Ein anderes legendäres Gericht ist der **Hecht in Sauce**, der hier auf umwerfende Art zubereitet wird. Der San Pietro in salsa agrodolce und das Huhn alla Stefani (so hieß der Koch im Mantuaner Fürstenhaus Gonzaga) erinnern an die Hofküche. Der **Riso alla pilota** bringt Sie jedoch sogleich an den bäuerlich gedeckten Eßtisch zurück. Im Winter gibt es einen Stracotto vom Pferd mit Polenta und, fast immer, den **Stinco di prosciutto**, Meisterstück des Hauses. Als Begleitung empfehlen wir einen guten Lambrusco, Sie können aber auch nach Renzos Weinkarte unter toskanischen, piemontesischen und venezianischen Weinen wählen. Zum süßen Abschluß: Schokoladenpudding und Sahne, Sbrisolona und die traditionelle **Ciambella mantovana** mit Mascarponecreme.

In **Medole** (3 km) in der Via San Martino 13 kauft man in der Metzgerei von Alvaro Gandellini ausgezeichnetes Fleisch; unübertroffen die Salamelle mantovane, die Sie zur Zubereitung des Riso alla pilota benötigen.

Castiglione Delle Stiviere Grole

36 km nordwestlich v. Mantua, 29 km v. Brescia

Tomasi

NEU

Restaurant
Via Solferino, 77
Tel. 03 76 / 63 29 68
Ruhetag: Montag
Betriebsferien: Aug. und 1 Wo im Jan.
150 Plätze
Preise: 40 – 45 000 Lire, ohne Wein
Kreditkarten: alle
Mittags und abends geöffnet

Ein gepflegter Garten mit Springbrunnen, zwei weite und helle Speisesäle, ein großer Kamin, Bilder an den Wänden und Lampen mit gehäkelten Schirmen, alles in warmen Gelbtönen gehalten. Das sind die Charakteristiken des Lokals von Gian Franco Tomasi an der Straße von Castiglione nach Solferino. Zusammen mit seiner Frau Luciana und seinen Töchtern bietet er die klassische Mantuaner Küche an, hin und wieder leicht variiert und verfeinert.
Beim Antipasto haben Sie die Qual der Wahl am reichhaltigen Buffet: etwa zwanzig Gerichte, die je nach Saison wechseln, führen Sie in Versuchung, darunter Frittata mantovana, Wachteleier und geräucherte Makrele, gegrillte Peperoni. Bei den Primi fällt die Entscheidung zwischen **Tortelli** und **Agnoli** asciutti o in brodo und köstlichen **Risotti** schwer. Die **Fleischgerichte vom Grill** machen den Secondi alle Ehre: Probieren Sie unbedingt das berühmte Florentinersteak »Bistecca alla Tomasi«. Gian Franco Tomasi ist fürwahr ein großer Meister am Grill. Er wählt dazu das beste Fleisch bei den Züchtern in Medole und Castel Goffredo, aber auch in ganz Italien und im Ausland aus. Das gewählte Stück Fleisch wird dem Gast erst roh gezeigt und dann fachgerecht gebraten. Nichts ist dem Zufall überlassen, wo sogar der Preis des Fleisches nach Gewicht auf der Speisekarte angegeben ist. Natürlich gibt es Spanferkel am Spieß oder, als Alternative zu den Fleischgerichten, köstlichen Seebarsch. Hausgemachte Kuchen und Cremes runden das Menü ab. Die Weinkarte und das Angebot an Destillaten verdienen allen Respekt: Weine aus ganz Italien, Dessertweine und um die dreißig Grappe, die die trentinische Herkunft des Besitzers verraten.

Cavenago d'Adda

11 km südöstlich von Lodi

Antica Barca

Trattoria
Piazza Carabinieri d'Italia, 12
Tel. 03 71 / 7 01 38
Ruhetag: Freitag und Sonntag abend
Betriebsferien: August
70 Plätze + 30 im Freien
Preise: 40 – 45 000 Lire
Keine Kreditkarten
Mittags und abends geöffnet

Genau seit einem halben Jahrhundert führt die Familie Bonizzoni diese antike Trattoria, einstmals Locanda mit Herberge und Stall. Hier machten die Steinbrecher Rast, die im Flußbett des Adda die Kieselsteine sammelten, um damit die Straßen ihrer Städte zu pflastern.
Die Mittagsgerichte sind einfach und deftig. Ein Risotto fehlt nie, als Alternative Nudeln mit traditionellen Saucen. Raffinierter sind die Secondi: Bolliti misti, gefüllte Kalbsbrust, Koteletts, Involtini mit Erbsen. Man gibt nicht mehr als 20 000 Lire aus und ist gut gesättigt. Am Abend öffnet Mamma Domenica die Küche nur auf Vorbestellung. Dann aber hält sie unbeschreibliche Genüsse für Sie bereit. Eine hervorragende **Salami** aus eigener Herstellung zum Einstimmen, danach die Primi aus hausgemachter Pasta wie **Ravioli di magro**, Tagliatelle con sugo di Salmì oder mit Fleischragout, und **Risotto mit Pilzen**. Reine Wintergerichte sind die Secondi: **Brasato vom Esel mit Polenta**, Hase oder Reh in Salmì, **Kaninchen mit Oliven** sind nur einige der Klassiker. Eine hausgemachte Apfeltorte oder die typische **Tortionata** beschließen das Essen.
Für den Wein ist Papà Agostino zuständig. Er füllt die Weine, die vorwiegend aus dem Oltrepò und dem nahen San Colombano stammen, ab. Die Flaschen liegen im sehenswerten Weinkeller neben alten Holzfässern. Jedes Jahr im Mai wird hier der Preis des »Salamino d'oro« vergeben, und im Juni kann man während der »Estemporanea di Pittura« Bilder bestaunen und sich kostenlos am Spanferkel am Spieß laben.

Cerro Maggiore Cantalupo

22 km nordwestlich von Mailand, S.S. 33 oder A8

Tana del Lupo

Restaurant
Via Risorgimento, 8
Tel. 03 31 / 53 51 48
Ruhetag: Di.abend und Mi.
Betriebsferien: Ende Juli – 20. August
40 Plätze
Preise: 40 – 50 000 Lire, ohne Wein
Kreditkarten: EC, MC, Visa
Mittags und abends geöffnet

Eine stilgerechte Renovierung hat dieses kleine und hübsche Restaurant noch zusätzlich verschönert. Inmitten unscheinbarer Häuser liest man das Schild: »Tana del Lupo«. Eine behagliche, schlichte und harmonische Atmosphäre herrscht hier. Der Speiseplan richtet sich nach der lombardischen Tradition, wenn die Gerichte auch mit Können und Geschmack verfeinert werden.
Gut sind die Vorspeisen: Involtini mit **Bresaola und Caprino**, verschiedene Pâté, wohlschmeckend die **Terrina di coniglio**, Frittatina mit Schnecken; nicht zu vergessen die Wurstwaren, Sottoli und Sottaceti. Bemerkenswert sind die **Risotti**: vom klassischen »alla milanese« zum »allo sforzesco« oder mit Schnecken und Steinpilzen. Ausgezeichnet sind die Tortelloni mit Ente, die **Ravioli mit Brasato vom Esel** und, je nach Jahreszeit, die Suppen mit Schweineschwarten und Kutteln. Doch nicht genug damit. Die Secondi empfehlen sich mit einem exzellenten »echten« **Cotoletta alla milanese**, mit Brasato, Stufato, Kaninchen, **Schnecken und Fröschen**. Dazu gibt es Polenta. Ein angemessener, süßer Abschluß sind die Cremes, Schokoladentorten und Halbgefrorenes.
Die Weinkarte ist recht umfangreich, vor allem Lombardei, Piemont und Veneto sind vertreten. Aber man findet auch so manch gute Flasche aus dem restlichen Italien und aus Frankreich.
Kurzum, ein empfehlenswerter »Schlupfwinkel« für alle, die sich verwöhnen lassen und für einige Stunden jeglichen Streß und Lärm vergessen möchten.

In **San Vittore Olona** (4 km) finden Sie die zweifellos beste Bäckerei der Gegend: die Panetteria Moroni, Corso Sempione 134. Sie führt unter anderem auch ganz typische Brotsorten und Focacce.

Cicognolo

14 km östlich von Cremona, S.S. 10

Osteria de L'Umbreleèr

Osteria – Trattoria
Via Mazzini, 13
Tel. 03 72 / 83 05 09
Ruhetag: Di. abend und Mittwoch
Betriebsferien: Aug. / Sept. und im
65 Plätze [Februar
Preise: 35 – 40 000 Lire, ohne Wein
Kreditkarten: CartaSi, DC, Visa
Mittags und abends geöffnet

Die »Osteria de l'Umbreleèr«, das heißt »des Schirmmachers« (das Handwerk des Großvaters der Wirte), wartet ständig mit Neuigkeiten auf: Das Lokal wird umgebaut, vergrößert, und jetzt gibt es auch eine Klimaanlage. Freie Tische sind immer weniger zu finden, und – zum Glück – leidet die Qualität nicht darunter. Derartiger Erfolg verwundert nicht, wenn man die Leidenschaft und Hingabe der drei »Schirmmacher« bedenkt: Paolo und Diego, die sich aufmerksam und freundlich um die Gäste kümmern, und Pier, der sachverständig den großen Weinkeller führt. Zu jeder Tageszeit kann man hier eine Flasche aufmachen (und was für eine!), Käse mit herrlich hausgemachter Mostarda und eine großzügige Portion Frittata oder Cremoneser Salami essen.
Auf dem Speiseplan steht das Beste, was die lombardische Küche zu bieten hat: **Tortelli mit Kürbis**, Tortelli mit Ricotta, **Marubini in brodo**, **Stracotti**, Baccalà, wunderbarer Provolone vom Grill, **grüne Bohnen mit Schweineschwarten** (am 2. November traditionell ein Muß). Leicht von der ursprünglichen Küche abweichend sind Pisarei con salsiccia e ceci und im Sommer phantasievolle kalte Platten, die in keine heimische Schublade passen.
Nicht versäumen dürfen Sie die hausgemachten Süßspeisen (und noch weniger die begleitenden Weine): **Sbrisolona**, Crostate und im Winter die echten **Bumbunin alla sigugnola**, mit Schweineschmalz gebackene Kekse.
Der Weinkeller ist mit gepflegten Weinen gut bestückt, und jede Flasche wird mit großer Sorgfalt betreut, bis sie am Tisch entkorkt wird. Die Erzeugnisse der Colli Piacentini und aus dem Oltrepò sind angemessen vertreten.

Corte de'Cortesi

18 km nordöstlich von Cremona, S.S. 45

Il Gabbiano

Trattoria
Piazza Vittorio Veneto, 10
Tel. 03 72 / 9 51 08
Ruhetag: Donnerstag
Betriebsferien: 1. – 15. Juli
60 Plätze + 30 im Freien
Preise: 35 000 Lire, ohne Wein
Kreditkarten: die bekannteren
Mittags und abends geöffnet

Unsere Freude war über Erwarten groß. Denn niemand würde in diesem Lokal auf den ersten Blick derartige Köstlichkeiten aus Küche und Weinkeller vermuten. Hinter der Bar jedoch entdeckt man plötzlich drei schmucke Speiseräume. Der Blick auf die Speisekarte sagt uns: Hier gibt es eine traditionell geprägte Küche zu angemessenen Preisen. Gianni Fontana und seine Frau Giusi haben eine beachtliche Anzahl von Rezepten aus Cremonas Norden und als Höhepunkte legendäre Gerichte in ihrem Repertoire. Ein Beispiel? Der wunderbare **Culatello di Zibello** (zu gemäßigten Preisen), der sich unter die heimischen Wurstwaren mischt.
Casoncelli mit Kräutern, herrliche **Kartoffelgnocchi mit Entenragout und Honigpilzen**, **Marubini in brodo**, Tagliatelle mit Steinpilzen (in der Saison) und Risotti machen einem die Wahl bei den Primi schwer. Bei den Fleischgerichten stehen Rezepte aus der Vergangenheit, wie der Arrosto di puledro (Fohlenbraten), Schnitzel, wie sie im 18. Jahrhundert zubereitet wurden, und ein deliziöses **Perlhuhn alla Nonna Bigina** mit Cremoneser Mostarda neben neuen Kreationen, wie das Roastbeef vom Fohlen und der Stör in Mandelsauce. Danach gibt es heimischen Käse und einen ausgezeichneten **Torroneschaum mit heißer Schokolade**.
Zur Nachahmung empfohlen ist die Weinkarte. Flaschen, die in speziellen Weinführern aufgeführt sind, sind gekennzeichnet. Die Rot- und Weißweine kommen aus ganz Italien, die Preise sind anständig. Schmuckstücke sind die »Vini da emozione« mit einem gepflegten Sortiment großer italienischer Rotweine.

In **Cignano** (1 km) züchtet und verkauft Carlo Giovannelli in der Via Gasperi ausgezeichnetes Kleinvieh. In **Bordolano** (3 km) gibt es bei der Madonna della Neve Cremoneser Salami.

Costa di Serina · Gazzo

30 km nordöstlich von Bergamo,
10 km hinter Zogno

La Peta

NEU

Bauernhof
Via Peta, 3
Tel. 03 45 / 9 79 55
Ruhetag: Mo. bis Do., nicht im Sommer
Betriebsferien: Januar
70 Plätze
Preise: 40 000 Lire
Keine Kreditkarten
Freitag, Samstag, Sonntag mittags geöffnet; andere Tage auf Voranmeldung

Wenn Sie sich davon überzeugen wollen, daß »Agriturismo« wirklich bäuerliche Küche und gute Qualität bedeuten kann, sollten Sie ins »Peta« hinauffahren. Kurz hinter Zogno verlassen Sie in Ambria die Straße, die von Bergamo ins obere Val Brembana führt, und durchfahren nach etwa zehn Kilometern den Ort Costa di Serina. Nach der Steigung inmitten von Wiesen und Wäldern erreicht man (problemlos dank gut plazierter Hinweisschilder) einen Parkplatz, der in weiser Voraussicht zirka einhundert Meter vom Bauernhof entfernt liegt. Dort empfangen Sie dann Luisa und ihr Personal auf das herzlichste. Nichts, was die ursprüngliche bäuerliche Atmosphäre stören könnte, schlichte Einrichtung, tadellose Ordnung und Sauberkeit, echte Gastfreundschaft. Der Rahmen paßt zum Bild: Wurstwaren, Gemüse und Käse (besonders empfehlenswert der **frische Caprino**) als lekkere Antipasti. Traditionelle Primi (**Foiade ai funghi**, **Risotto al radicchio**, Lasagne mit Kräutern) und Secondi (**Capra in umido**, Polenta mit Wurst und Käse, **Polenta Taragna**) lassen nichts zu wünschen übrig. Zum Abschluß hausgemachte Süßspeisen (Strudel, Crostate mit kleinen Früchten). Basis aller Gerichte sind die Erzeugnisse, die die hofeigene Landwirtschaft hervorbringt: biologische Produkte ohne chemische Düngemittel. Die angebotenen Weine machen da keine Ausnahme. Neben dem gut trinkbaren, offenen Wein der örtlichen Cantina Sociale werden anständige Valcalepioweine (weiß oder rot) aus ökologischem Anbau angeboten.

Man kann auf dem Bauernhof Käse aus eigener Herstellung kaufen sowie – unter der Bezeichnung »Il Colibrì« – Honig, Marmeladen, Säfte, Sirups, Gemüse in Öl oder Essig eingelegt, Olivenöl und gewürzte Essigsorten.

Crema

40 km von Cremona,
30 km von Brescia, S.S. 235

Trattoria Gobbato Ex Cral Ferriera

Trattoria
Via Podgora, 2
Tel. 03 73 / 8 08 91
Ruhetag: Mo., nicht im Juli / August
Betriebsferien: unterschiedlich
40 Plätze
Preise: 35 000 Lire ohne Wein
Keine Kreditkarten
Mittags und abends geöffnet

Jenseits des Vacchellikanals, hinter dem Bahnhof, gibt es diesen Treffpunkt für Arbeiter und Pensionäre der Cremeser Eisenhütte schon lange. Die tiefen Rillen, die die Bocciakugeln gezogen haben, erzählen von einer langen Vergangenheit, und noch heute ist der Club der Bocciafreunde aktiv. Die »Säule« dieses einfachen Lokals des Arbeiterfreizeitvereins ist Signora Pia Gobbato. Gemeinsam mit ihrem Sohn Pierangelo und ihrem Mann Domenico achtet sie darauf, daß weder Bar noch Küche zu kurz kommen. Die Gerichte sind gute Hausmannskost, der heimischen Kundschaft angepaßt und betonen eher den Nährwert als kulinarische Raffinessen.
Neben den guten Wurstwaren der Gegend wird eine Vielzahl von Risotti (Zutaten je nach Jahreszeit) zubereitet. Dann gibt es grüne Kartoffelgnocchetti mit Spinat, die klassischen **Tortelli cremaschi**, **Casoncelli mit Fleisch**, hervorragende **Lasagne mit Gemüse**. Die Pasta e fasoi verrät die venezianische Herkunft der Köchin. Unter den Fleischgerichten: ausgelöste und gefüllte Hähnchen, **Ente mit Gemüse**, und zur passenden Jahreszeit **Hase in Salmì mit Polenta**. Gute hausgemachte Zuccotto mit frischem Obst, Crostate, Tiramisù und Mousse au chocolat beschließen das gediegene Mahl.
Signora Pia empfiehlt, rechtzeitig telefonisch vorzubestellen (wer will, bekommt auch Fisch). In Bälde wird man auch draußen im schönen Garten essen können!

Einen angenehmen Abend verbringt man im Circolo Enoteca, Piazza Trento e Trieste, 14 (sonntags geschlossen): Die Enoteca mit Ausschank liegt in einem schönen Palazzo in Domnähe und bietet ein gutes Sortiment an Weinen und Appetithäppchen.

1,5 km von der Stadtmitte

Alba

NEU

Trattoria
Via Persico, 40
Tel. 03 72 / 43 37 00
Ruhetag: Sonntag und Montag
Betriebsferien: 1.–25. August
54 Plätze
Preise: 30 – 35 000 Lire
Kreditkarten: Visa
Mittags und abends geöffnet

Trotz ihres Rufs als eines der typischsten Lokale der Cremoneser Tradition liegt die Trattoria »Alba« in einer unscheinbaren Straße am Stadtrand Cremonas. Aufmerksamkeit und familiäre Herzlichkeit stellen den Rahmen für ein entspanntes Essen. Die Brüder Ernesto und Arnaldo Nolli führen Sie mit meisterhaftem Können in die traditionell geprägte lombardische Küche ein, die ihre wahren Leckerbissen in den Wintermonaten anbietet. Einfachere und kalte Gerichte hingegen charakterisieren den Sommer.
Also, wählen Sie einen nebligen Abend im Spätherbst, um die **Gnocchi al gorgonzola**, die Tortelli, gefüllt mit Kürbis oder mit Ricotta und Spinat, und die anderen hausgemachten Nudelgerichte zu versuchen. Beim Secondo dürfen Sie nicht die Leichtigkeit der »experimentellen« Küche erwarten, sondern sollten sich auf Nahrhaftes und Deftiges wie geschmortes Fleisch und **Cotechino al forno in crosta di pane** gefaßt machen. Letzterer besonders beliebt bei den Stammkunden! Als Begleiter gibt es Weine von den Winzern der Umgebung (besonders Mantuaner Lambrusco). Und die Desserts? Abgesehen vom hausgemachten Halbgefrorenen bietet auch hier der Winter um einiges mehr: eine leckere **Crostata di castagne** und die Torta paradiso mit Mascarponecreme und Zabaione.
Positive Anmerkung zum Schluß: Die Preise sind mehr als anständig!

Pasticceria Lanfranchi in der Via Solferino 30 in der Altstadt: Unter den mit erstklassigen Zutaten hergestellten Backwaren und Schleckereien ist das »Pan Cremona« besonders zu erwähnen, eine mit Schokolade überzogene Torte; das Rezept stammt aus dem hauseigenen Backbuch.

La Sosta

Osteria
Via Sicardo, 9
Tel. 03 72 / 45 66 56
Ruhetag: Montag
Betriebsferien: im August
70 Plätze
Preise: 50 000 Lire, ohne Wein
Kreditkarten: CartaSi
Mittags und abends geöffnet

Eine »Sechs« in Latein, eine »Eins« für die Küche: Wenn die Inschrift »Carpe diem« am Eingang als Leitspruch für diese Osteria nicht gerade treffend gewählt ist, so ist die Führung des Lokals jedoch tadellos. Nach einem Rundgang durch die an Denkmälern reiche Innenstadt Cremonas ist die Rast in dieser »Osteria con cucina« fast ein Muß. Das Lokal wurde 1988 von Claudio Nevi eröffnet und ist in einem Haus aus dem 15. Jahrhundert unweit der Piazza del Comune untergebracht. Die Einrichtung ist modern, doch alte Küchengegenstände halten die Tradition auch in der Ausstattung lebendig.
In der Küche herrschen Filippo und Claudio, der Sie zusammen mit seiner Frau Simona auch empfängt. Je nach Jahreszeit mit Artischocken und Zucchine zubereitet stehen warme Sfogliatine, die unverzichtbaren **Marubini mit drei verschiedenen Sorten Fleischbrühe** (Rind, Huhn und etwas Schwein) und **Gnocchi vecchia Cremona** nach einem Rezept aus dem 17. Jahrhundert auf dem Speiseplan. Die Gnocchi werden mit einem Salamipüree gefüllt, dann im Wasser gekocht und schließlich im Rohr mit Sesamkörnern und Mohn überbacken. In den Wintermonaten empfehlen wir den **Cotechino cremonese** und die **Guanciale di manzo brasato** al Gutturnio. Süße Höhepunkte sind der Torroneschaum mit geschmolzener Schokolade, die warme Apfeltorte mit Vanillesauce, das Dolce all'amaretto, die **Mostarda aus Äpfeln und Zitronen mit frischer Ricotta**.
Die Weinkarte schenkt sowohl italienischen Weißweinen als auch den Rotweinen eine beachtliche Aufmerksamkeit.

Salumeria Saronni, Corso Mazzini 38: besonders ausgefallen ist der Cotechino mit Vanille, besonders typisch die Knoblauchsalami.

Mellini

Trattoria
Via Bissolati, 105
Tel. 03 72 / 3 05 35
Ruhetag: Sonntagabend und Montag
Betriebsferien: Juli
40 Plätze
Preise: 40 000 Lire, ohne Wein
Kreditkarten: alle
Mittags und abends geöffnet

Zugegeben, die Trattoria liegt etwas abseits der touristischen Anziehungspunkte nahe der Piazza Cadorna am Stadtrand von Cremona. Doch es lohnt sich, eigens hinzufahren. »Mellini« war der Name des Urgroßvaters von Romano Ravasi, der heute in der vierten Generation das Lokal betreut. Zusammen mit seiner Frau Cinzia bietet er Typisches aus der Poebene.
Die Hauptrolle spielen frische Nudeln, wie Taglierini mit Wurst oder Fohlenragout und **Marubini aus drei verschiedenen Sorten Fleischbrühe**; daneben gibt es Getreide- und Zwiebelsuppen. Von den Hauptspeisen empfehlen wir die Stracotti vom Fohlen und Esel, **Cotechino**, **Schweinsfüßchen mit Wirsing**, **grüne Bohnen mit Schweinsschwarten**, **Verze Matte** (Reis mit Wirsing und Salamipüree), rohes Fohlenfilet mit Trüffeln. Als Desserts **Torrone-Halbgefrorenes mit heißer Schokolade**, Panna cotta al caramello, Parfait di acero mit Karamelcreme. Freitags ist Fischtag: Baccalà in umido, Farro und Spaghetti mit Meeresfrüchten, Fischsuppe. Große Auswahl bei den Weinen: Mehr als einhundert Marken aus Piemont, Toskana, Friaul, Südtirol und Lombardei sind vertreten.
Einziger »Tadel«: Sowohl das Speisenangebot als auch die Weine werden mündlich vorgestellt, und man weiß nie so recht, was die Gerichte kosten. Die Preise sind im übrigen sehr anständig. Da man im »Mellini« gewöhnlich schwer Platz findet, empfiehlt es sich, rechtzeitig vorzubestellen.

Salumeria Barbieri, 500 m nach der Brücke über den Po in Richtung Piacenza auf der Staatsstraße 10: Calatello, Speck, «Pistada«, Käse, salzige Kuchen.

Cremona

Porta Mosa

Osteria
Via Santa Maria in Betlem, 11
Tel. 03 72 / 41 18 03
Ruhetag: Sonntag
Betriebsferien: 15. 8.–15. 9. u. 26.12.–6. 1.
40 Plätze
Preise: 45 000 Lire, ohne Wein
Kreditkarten: alle
Mittags und abends geöffnet

Das im Jahr 218 v. Chr. von den Römern gegründete Cremona ist eine an historischen Denkmälern reiche Stadt. Porta Mosa ist eines seiner ältesten Viertel. Es grenzt unmittelbar an die römische Stadtmauer an. Bereits in der Nachkriegszeit gab es eine kleine Osteria, wo 1987 die Familie Bosa ihr ansprechendes Lokal eröffnete. Das »Porta Mosa« ist gemütlich und schlicht gehalten: große Tische und Stühle aus Holz und ein rustikaler Tresen, an dem der Wein nicht in gewöhnlichen Gläsern, sondern in sogenannten Pauline, den ursprünglichen Schalen, ausgeschenkt wird.
In der Küche wirkt Mamma Anna. Da kann man sicher sein, daß es traditionell zugeht: Marubini und Tortelli aus hauchdünnem und feinem Teig, die dann als **Marubini ai tre brodi** und Tortelli di zucca mit Butter angeboten werden. Zudem gibt es meisterhaft zubereiteten **Cotechino cremonese** alla vaniglia, gedämpften **Stör aus dem Po**, der mit aromatischen Kräutern und Kapern serviert wird. Zur passenden Jahreszeit sollten Sie die Taglierini, die Fagianella oder die legendären Cereghin (Ei) in Butter mit Trüffeln probieren. Die Wurstwaren sind fein ausgewählt, auf dem Käsewagen liegen die französischen Klassiker. Zum süßen Abschluß wählt man das **Tiramisù di Porta Mosa**, den **Mosto cotto di uva fragola** oder die **Sbrisolosatorte**.
Roberto Bosa ist ein außergewöhnlicher Weinkenner, die Auswahl an Rot- und Weißweinen ist wirklich groß: alle wichtigen italienischen Erzeuger, ein bedeutendes Sortiment von Bordeaux- und Burgunderweinen, daneben ausgezeichnete Tropfen aus Kalifornien, Australien, dem Libanon, Marokko und Südafrika. Ebenso beachtlich ist das Angebot an italienischen und französischen Dessertweinen.

Curtatone

5 km westlich von Mantua, S.S. 10

Quattro Venti

Trattoria im Hotel
Via Leopoldo Pilla, 43
Tel. 03 76 / 3 10 38 und 3 11 13
Ruhetag: Sonntag
Betriebsferien: variabel
350 Plätze
Preise: 35 – 40 000 Lire
Kreditkarten: AE, DC, Visa
Mittags und abends geöffnet

Unter den italienischen Autofahrern hält sich hartnäckig die Auffassung, eine echte, traditionelle und reichhaltige Küche (zu angemessenen Preisen) finde man nur in Fernfahrerlokalen. Wer sich an die gastronomischen Ansprüche von Truckern hält, wird in der Regel eine mittelmäßige Küche, ein vernachlässigtes Ambiente und einen unfreundlichen Service antreffen. Doch da jede Regel auch ihre Ausnahme hat, sollten auch Sie im Fall des »Quattro Venti« einmal eine Ausnahme machen. Stellen Sie also Ihr Auto auf dem großen Parkplatz ab, und gönnen Sie sich eine wirklich traditionelle, unverfälschte und reichliche Mahlzeit. Das Speisenangebot ist auf einem großen Blatt aufgelistet, das im Eingangsbereich des Lokals hängt. Besonders zu empfehlen sind die ganz hervorragenden Primi mit selbstgemachten Nudeln: **Agnolini**, **Kürbistortelli**, **Makkaroni mit Eselsschmorbraten**, **Fojade mit Ente**, **Bigoli mit Sardellen**. Man findet auch Spezialitäten aus anderen Regionen, wie zum Beispiel **Spaghetti all'amatriciana**, die aber eher den guten mantovanischen **Bigoli con la pancetta** ähneln. Unbedingt versuchen sollten Sie auch die hausgemachten **Salumi:** Salami, Spalla cotta und Coppa, wie es der Brauch ist, mit eingelegtem Gemüse und etwas **Hecht in salsa** (wirklich Hecht und nicht, wie es häufig vorkommt, irgendein anderer Fisch) sowie mit angebräunter Polenta angerichtet. Bei den Secondi haben Sie die Wahl zwischen verschiedenen Arrosti, **Ente mit Pilzen**, **Eselsschmorbraten** und **gegrilltem Schweinefleisch**. Die Desserts – Tiramisù, eine gute **Sbrisolona** und eine lockere, luftige **Torta al vento** (wie wir sie schon lange nicht mehr gegessen haben) – sind hausgemacht.

Curtatone · Montanara

7 km westlich von Mantua, S.S. 420

Viator

NEU

Restaurant
Via Livorno, 3
Tel. 03 76 / 4 97 37
Ruhetag: Mittwoch
Betriebsferien: im August
50 Plätze + 70 im Freien
Preise: 45 000 Lire, ohne Wein
Kreditkarten: DC, Visa
Mittags und abends geöffnet

Dieses schmucke Restaurant vor den Toren der Stadt trägt seinen Namen zur Erinnerung an Vergil. Nicht weit von hier im Jahr 70 v. Chr. geboren, lobpries der große römische Dichter in seiner »Bucolica« die sanfte und großzügige Natur dieser Region. Das junge Paar, das das Restaurant führt, hat sich die Verbundenheit mit der Natur zum Leitspruch gemacht. Schlichte Eleganz, eine aufmerksame Auswahl guter Zutaten und appetitlich zurechtgemachte Speisen sind die augenfälligen Merkmale des »Viator«.
Ein Hauch Modernität weht hier durch die Mantuaner Küche. Die Klassiker der Region, **Tortelli di zucca**, **Agnolini**, **Bigoli mit Sardellen**, verlieren im »Viator« ihren bäuerlich deftigen Charakter und werden, elegant und leicht interpretiert, zu Spezialitäten für verwöhnte Gaumen. Auch die Wurstwaren im Antipasto, die vielerlei zubereitete Ricotta und die frische Pasta mit Saisongemüse spiegeln dieses Bemühen wider. Bei den Hauptspeisen finden wir hervorragendes **Grillfleisch**: von den Costate alle bracioline über das Rinderfilet zu den Lammkoteletts. Eine wichtige Rolle spielen **Meeresfische**. Zwar haben sie in der traditionellen Küche gar nichts zu suchen, doch die Nachfrage der Mantuaner Stammkunden steigt. Das »Viator« zeichnet sich auch bei den Fischen durch hohe Professionalität in der Auswahl und Zubereitung, ob gekocht oder gegrillt, aus. Die Fischpreise liegen verständlicherweise etwas höher. Als Süßspeisen werden meist Cremes (Bayrische Creme und Mousse) oder schöne rustikale Kuchen angeboten. Die Weinkarte bietet gute Mantuaner Weine, aber auch andere Regionen Italiens sind vertreten.

Cusano Milanino

10 km nördlich von Mailand

I Vini di Mariu's

NEU

Enoteca mit Ausschank und Küche
Viale Cooperazione, 5
Tel. 02 / 6 13 38 13
Ruhetag: Montag
Betriebsferien: August
60 Plätze
Preise: 35 000 Lire, ohne Wein
Kreditkarten: alle
Mittags und abends geöffnet

Wein, aber nicht nur! Der Name »I Vini di Mariu's« spiegelt vielleicht nicht genügend die kulinarische Vielfalt dieses hübschen Lokals wider. Hingegen ist es ein Ort, an dem man köstliche Gerichte essen kann, die sich an alten, traditionellen Rezepten inspirieren. Eine warme und gemütliche Atmosphäre, an den Wänden mehr als 800 Weinetiketten, die besten italienischen und ausländischen Marken. Umgeben von rustikalem Holz und Naturstein, die die Einrichtung der – zweistöckigen – Enoteca bestimmen, empfängt Sie ein temperamentvoller Signore. Max Cuda, ehemals Koch in der Schweiz, schafft es immer wieder, seine Gäste mit Sympathie und kulinarischem Fingerspitzengefühl zum entspannten Genuß seiner Köstlichkeiten zu »überreden«.
In der Küche schlagen sich die levantinische Herkunft Marios und die Raffinesse des Kochs Daniele nieder: Einige kalabresische Insaccati, Sottoli und Sottaceti haben uns begeistert. Dasselbe gilt für **Ravioli di magro**, Pappardelle mit Entenragout, Pasta e fagioli und ein höchst delikates **Risotto ai fiori di zucca**. Ausgezeichnet das **Fleisch vom Grill** und die mit Gemüse und Crema di spugnole garnierten Filets. Den Abschluß bilden ein gutes Käsesortiment und hausgemachte Kuchen.
Eine freundliche und aufmerksame Weinkennerin ist Signora Lucia. Sie hilft Ihnen bei der Auswahl des passenden Tropfens: Man hat die Qual der Wahl, die sich noch erhöht, da der Wein auch glasweise ausgeschenkt wird. Zudem werden neben großen italienischen Destillaten schottische und irische Whiskeymarken angeboten.

In **Bovisio Masciago** (10 km) in der Via Pusterla 8 kauft man in der Enoteca von Pierluigi Beretta gute italienische Weine.

Gaggiano San Vito

14 km südwestlich von Mailand, S.S. 494

La Fratellanza

Trattoria
Piazza V. Veneto
Tel. 02 / 9 08 52 87
Ruhetag: Dienstag
Betriebsferien: Aug. u. Weihnachten
70 Plätze + 70 im Freien
Preise: 40 000 Lire, ohne Wein
Kreditkarten: AE, Visa
Mittags und abends geöffnet

An den Tischen, die im Sommer draußen vor dieser alten, ruhig auf dem Land gelegenen Trattoria aufgestellt sind, kann man sich auf angenehme Weise von der drückenden Hitze in Mailand erholen: Sie müssen nur wenige Kilometer auf der Straße nach Vigevano in Richtung Südwesten fahren, und schon sind Sie in San Vito di Gaggiano. Die Trattoria »La Fratellanza«, die am Dorfplatz genau gegenüber der Kirche liegt, wird von Fernando und Luigi De' Lazzari geführt. Das Speisenangebot ist typisch lombardisch (jedoch, der neuen Zeit entsprechend, etwas »erleichtert«) und variiert, abgesehen von einigen jahreszeitlich geprägten Gerichten, kaum. Gut und vielfältig ist der Aufschnitt, der als Vorspeise serviert wird: von **Salame d'oca** über **Mortadella di fegato** bis hin zu den ausgezeichneten warmen Würstchen, die vor allem im Winter genau das richtige sind. Als Primi gibt es Ravioli (die je nach Saison unterschiedlich zubereitet werden), **Risotto al salto**, im Winter die **Busecca** und im Sommer **kalte Gemüsesuppe**. Als Hauptgericht findet man im Winter Casoeûla, Schmorbraten und Wild, außerdem (auf Vorbestellung) die **Rostisciàda**, eine üppige Angelegenheit, die man selten auch in der Mailänder Küche findet, Polpette al forno (hier gefüllte Kalbsrouladen), **Ossobuco**, Pollo alla diavola und in der warmen Jahreszeit Roastbeef und gefüllte Kalbsbrust. Die Nachspeisen beschränken sich auf **Salame di cioccolato** und Zabaione. Die Weinauswahl wird Ihnen, wie im übrigen auch die Speisenauswahl, mündlich vorgetragen. Es gibt ein relativ gutes Sortiment an Weinen aus dem Piemont, aber auch aus einigen anderen Regionen sowie ein paar große Namen des Oltrepò Pavese.

Gavardo Soprazocco

25 km nordöstlich von Brescia, S.S. 45 bis

Trevisani

Bauernhof
Via Galuzzo, 2
Tel. 03 65 / 65 19 87, 3 28 25
Ruhetag: Montag, Di.mittag
Betriebsferien: zwischen Jan. / Febr.
50 Plätze + 40 im Freien
Preise: 35 000 Lire, ohne Wein
Keine Kreditkarten
Mittags und abends geöffnet

Von der Höhe der Hügel sieht man über den Gardasee, was den Besuch bereits lohnt; auch kann man den Weg zu Fuß machen: Vom Friedhof von Puegnago in Richtung der Trevisani, an den anmutigen Seen von Sovenigo vorbei, kommt man mit dem richtigen Hunger hier an, um die gute Küche von Magda zu genießen. Sie reicht vom herrlichen hausgemachten Brot zu den lokalen Salumi und dem Gemüse, das von diesem natürlichen Garten über dem Gardasee kommt. Die Paste sind hausgemacht, so die **Ravioli** (hervorragend die mit Gemüse), die gefüllten Gnocchi, die **Tortellini mit Ricotta**, die in den geschickten Händen von Signora Fiorenza entstehen, und die neuesten Kreationen wie **Vollkorn-Tortellini** mit Füllung aus Taleggio, Ziegenkäse und Trüffel. Lassen Sie den **Risotto mit wilder Zichorie** nicht aus, und wenn Sie's ganz ländlich mögen, bestellen Sie Grigliata di carne vor oder den berühmten lokalen **Fleischspieß**. Etwas feiner bekommen Sie es mit Suprême vom Hühnchen mit frischen Tomaten und Aromaten oder **entbeintem Kaninchen mit Pilzen**. Das Gut neben dem Restaurant produziert auf 5 ha ausgezeichneten Wein (20 000 Flaschen jährlich). Beginnen Sie mit dem Galuzzo, einem Spumante nach klassischer Methode, unter den Weißen können Sie zwischen Pelér und Balì wählen, unter den Roten zwischen Suèr und Due Querce. Nehmen Sie sich Zeit, denn man speist hier gemächlich, wie es dem friedvollen Platz angemessen ist; erfreuen Sie sich an dem unvergeßlichen Panorama.

In **Soprazocco** (Via Bariaga, 10) macht Enzo Bruschi in seiner alten Mühle Vollkornmehl.

Goito Massimbona

20 km nordwestlich von Mantua, S.S. 236

Adami

Osteria – Trattoria
Frazione Massimbona, 51
Tel. 03 76 / 6 00 20
Ruhetag: Montag
Keine Betriebsferien
25 Plätze
Preise 35 000 Lire
Keine Kreditkarten
Nur abends geöffnet

Dieser Osteria an den grünen Ufern des Mincio ergeht es wie vielen altbewährten Lokalen. Nach jahrzehntelangen Mühen und Anstrengungen, mit viel Leidenschaft und Liebe verbunden, ist das Ehepaar Adami nun in einem Alter, in dem es sich getrost zur Ruhe setzen könnte. Doch die beiden sind allein und haben niemanden, der für sie einspringen könnte. Da kann es schon mal vorkommen, daß das Eingangstor der alten Osteria geschlossen bleibt. Deshalb sollte man unbedingt vorbestellen und auch nicht kleinlich sein, wenn der Service schlicht ist und nur eine bestimmte Anzahl Gäste empfangen wird. Als Gegenleistung gibt es dann jedoch ein wirklich außergewöhnliches Abendessen. Signora Adami verwandelt mit viel Erfahrung all dies in wahre Köstlichkeiten: schmackhaftes Gemüse, frischer Fisch aus dem Fluß, verschiedene Fleischsorten und zuweilen Wild. **Agnolini**, **Tortelli di zucca**, Tagliatelle mit Ente oder Spargeln, Risotti mit Fisch sind die Protagonisten unter den Primi. Verführerisch das **Risotto all'aglio selvatico**, das einen besonders delikaten Geschmack hat. Aber die wahre Spezialität des Hauses ist die **Frittura vom Süßwasserfisch**, mit leichter Hand zubereitet: Aal, Pesce gatto, kleine Flußkrebse und Aole, alle mit Vollendung goldbraun gebacken. Dann der **Hecht in Sauce**, Lumache in umido, Hähnchen, Perlhuhn, Kaninchen und Wild, geschmort oder gebraten.
Traditionelle Desserts bilden den Abschluß: Sbrisolona, Torta sabbiosa mit leckerer Zabaione oder die klassischen Cremes vom Pudding bis zur Mascarponecreme. Im Speiseraum bedient Sie Signor Adami. Seine Menschenkenntnis ist unfehlbar. Für jeden Gast hat er ein passendes Wort bereit: freundlich und herzlich, aber auch herb und bestimmt, wenn es sein muß!

Grumello del Monte

18 km südöstlich von Bergamo, S.S. 42 oder A 4

Vino Buono

NEU

Enoteca mit Ausschank und Imbiß
Via Castello, 18
Tel. 0 35 / 4 42 04 50
Ruhetag: Sonntag
Betriebsferien: 2 Wochen im August
70 Plätze
Preise: 20 – 25 000 Lire, ohne Wein
Kreditkarten: die bekannteren
Mittags geöffnet, Do., Fr. und Sa. auch abends

Die Enoteca »Vino Buono« ist bestimmt keine Novität. Neu jedoch ist, daß man am Wochenende nun auch abends den ausgeschenkten Wein genießen (Donnerstag, Freitag, Samstag 20.00 bis 2.00 Uhr; der Sonntag wird im Hause Zadra eisern hochgehalten) und so manche Köstlichkeit dazu essen kann. Da gibt es eine Reihe kalter Gerichte und warmer Häppchen (**Pesce in carpione**, **Carne salata**, gegrilltes Gemüse, Wurstwaren und Käse verschiedener Herkunft, improvisierte Leckerbissen, die man nach und nach entdeckt). Ein vollständiges Gericht ist, je nach Jahreszeit, die **Gemüsecreme**, die Pappa al pomodoro, eine Suppe oder sind, im Winter, die **Canederli alla trentina**. Mittags werden als kleines »Intermezzo« auch frisches Gemüse und Salate angeboten. Wer um diese Tageszeit noch keinen Wein möchte, bekommt einen Fruchtsaft.
Eine herzliche Atmosphäre, gedämpfte Musik als Untermalung und ein rustikales Ambiente bilden den Rahmen – mit feinem Geschmack ist derbe Bäuerlichkeit vermieden worden.
Seine Verdienste als Weinkenner hat sich Carlo Zadra, Önologe, auch auf regionaler Ebene erworben, als er sich unermüdlich für einen qualitätsbewußten Weinanbau in der bergamaskischen Gegend einsetzte. Seine langjährige Erfahrung und Leidenschaft kommen dem Lokal zugute. Ausgewählte italienische Weine werden auch glasweise angeboten.

Gussago
Piè del Dosso

12 km nordwestlich von Brescia

L'Artigliere

Trattoria
Via Forcella, 6
Tel. 0 30 / 2 77 03 73
Ruhetag: Montag, Dienstagabend
Betriebsferien: im Aug., 2 Wo. im Jan.
80 Plätze
Preise: 45 000 Lire, ohne Wein
Kreditkarten: CartaSi, Visa
Mittags und abends geöffnet

Nehmen Sie als Anhaltspunkt die monumentale Kirche in Gussago. Wenn Sie vor ihr stehen, biegen Sie bei der Ampel rechts von ihr nach links ab und nach 200 m noch einmal; in der Ferne sehen Sie an der Straße das »Artigliere«. Die Veranda wurde mit großer Sorgfalt und Rücksicht auf das alte Ambiente restauriert, ein Brunnen wurde sichtbar gemacht, die Küche verlegt. Die Einrichtung ist gut aufeinander abgestimmt und großzügig gruppiert. In der Küche erforscht Davide die alten Traditionen; an erster Stelle pflegt er den **Spiedo bresciano** (hier mit Rippen, Schweinehals und kleinen Rouladen), ein Gericht, das der regionalen Gastronomie besonders am Herzen liegt. Doch ist der Koch, der von Christian unterstützt wird, Neuerungen aufgeschlossen und bietet leichtere, der Jahreszeit angepaßte Gerichte. Zum Anfang gute Salumi, dann **Kartoffel-Artischocken-Gnocchi** mit geräuchertem Ricotta, **Maltagliati mit Enten-Sugo**, Tortelli mit Borlotti-Bohnen und Speck, Ravioli mit Kaninchenfüllung, Risotti in verschiedenen Varianten. Im Winter gibt es hauptsächlich Suppen und Minestre. Außer dem erwähnten Spieß (nur auf Bestellung) gibt es **Manzo all'olio**, einen weiteren Klassiker; oder ein **gefülltes Perlhuhn** und im Herbst den »piatto del re«, in dem Pilze, Eier mit Butter und Trüffel vermählt werden. Keine inferiore Rolle ist dem Käse zugedacht: Auf dem Wagen warten Robiola aus Brescia, **Caprini** aus dem Oltrepò Pavese und der rare, gut gereifte **Bagoss**. Silvana steuert den Service freundlich und kompetent, sie weist auch den Weg unter den Weinen aus der Franciacorta, dem Piemont, Friaul und der Toskana.

Bei der Macelleria Alebardi (Via Roma, 16) gibt es Rindfleisch von Rovato, Cotechino und Bresaola von ausgezeichneter Qualität.

Iseo
Clusane

28 km nordwestlich von Brescia, S.S. 510

Al Porto

NEU

Osteria – Trattoria
Piazza Porto
Tel. 0 30 / 98 90 14 und 9 82 90 90
Ruhetag: Mittwoch, nicht im Sommer
Betriebsferien: keine
250 Plätze
Preise: 40 000 Lire, ohne Wein
Kreditkarten: CartaSi, Visa
Mittags und abends geöffnet

Clusane ist ein kleiner Fischerhafen wenige Kilometer von Iseo entfernt. Da bleibt es nicht aus, daß der Fisch die Hauptrolle in der gastronomischen Tradition spielt. Als die Familie Bosio – von jeher Fischer und Gastwirte – im Jahr 1962 ihre kleine Osteria eröffnete, dauerte es nicht lange, bis der Ruhm ihrer köstlichen Aole fritte bis nach Brescia gedrungen war. Die Osteria am Seeufer wurde zum beliebten Ausflugsziel am Wochenende.
Heute führen Graziella und ihr Mann Pierangelo Marini das Ruder. Fischgerichte stehen weiterhin an vorderster Stelle, allen voran die in Clusane hochgerühmte **Tinca ripiena al forno**. Das Lokal hat zwei Speisesäle, um dem sonntäglichen Touristenansturm standzuhalten, die Küche ist modern und mit den neuesten Geräten ausgestattet, doch die Speisekarte ist streng traditionell geprägt: Vorspeisen wie **Sardina di lago** und **Aole in carpione**, **Insalata di lago** mit gedämpftem Saibling, Barsch, Hecht und Maräne, Terrina di Coregone con erba cipollina. Unbedingt sollten Sie die **Gamberi di lago** mit Spaghetti probieren. Nach mehr als dreißig Jahren finden die Fischer vom Sebino diese Krebsart wieder in ihren Netzen. Sie sind übrigens auch im Fischsalat enthalten. Unter den Hauptgerichten die erwähnte Tinca al forno mit Polenta. Gut sind auch die anderen Fischspeisen wie der **Luccio alla clusanese** und die Fleischgerichte. Ein Lob verdienen die hausgemachten Nachspeisen und die Weinkarte mit einer leichten Präferenz für Weine aus der Franciacorta und einem bedeutenden Angebot aus anderen italienischen Regionen.

In **Iseo** an der Piazza Garibaldi ist im ehemaligen Kino heute die gut sortierte Enoteca Cinema Teatro Eden untergebracht. In der Via Mirolte gibt es in der Bottega Spezialitäten wie gewürzte und gefüllte Paste, Saucen, Sottoli und erstklassige Marmeladen.

Isola Dovarese

24 km östlich von Cremona, S.S. 10

Al Ponte

NEU

Osteria
Via Patrioti, 11
Tel. 03 75 / 94 60 72
Ruhetag: Montagabend und Mittwoch
Betriebsferien: Ende Jan. bis Mitte Febr.
50 Plätze
Preise: 35 000 Lire, ohne Wein
Keine Kreditkarten
Mittags und abends geöffnet

Isola Dovarese ist ein hübscher kleiner Ort auf dem Cremoneser Land. Der Fluß Oglio und unzählige kleine Kanäle charakterisieren die Landschaft. Die Gastronomie ist in dieser Gegend eine lebendige Tradition, und oftmals sind es junge Leute, die antike Osterie neu eröffnen und schöne Erfolge erzielen. Erstklassige Interpreten einer bodenständigen Küche, ob mit Fisch oder Fleisch, sind Antonio Santini und seine Ehefrau. Sie haben vor zwei Jahren die alte Bar des Ortes mit viel Geschmack in ein geräumiges und ansprechendes Lokal verwandelt.
So kann das Schlemmermahl beginnen. Am Anfang stehen ausgezeichnete Wurstwaren mit Appetithappen wie gekochte und angemachte Topinambure, Kichererbsen und Cannellini, Frittatina ai porri e patate und was sonst die Saison anbietet, **Strolech** (Wurst aus gekochtem Pferdefleisch), Nervetti in insalata. Es folgen **Marubini in brodo**, Tortelli, gefüllt mit Kürbis oder Ricotta und Spinat, **Risotto alla pilota**, Bigoli mit Sardinen, **Trippa in brodo**, aber auch toskanische Suppen wie die Ribollita (Brotsuppe) und Acquacotta (Gemüsesuppe mit Weißbrot). Als Secondi empfehlen wir den Hechtsalat, **gedünsteten Aal**, Alborelle fritte e carpionate, **geschmorten oder fritierten Baccalà** und wohlschmeckende Steaks und Koteletts vom Fohlen. Die beliebtesten Süßspeisen sind die Schokoladentorte und der Torroneschaum. Das Weinsortiment ist nicht sehr umfangreich, aber gut: Piemont, Toskana, Friaul, Südtirol und Mantua.

In **Isola Dovarese** (8 km) sind zudem interessant: das Caffè Gelateria La Crepa, Piazza Matteotti 13, ein historisches und elegantes Lokal, in dem man erstklassigen Wein und köstliches Eis kauft, und die Enoteca Malinverno in der Via Garibaldi 74 mit großen Weinen zu anständigen Preisen.

Lecco
Acquate
2 km von der Stadtmitte

Antica Osteria Casa di Lucia

Osteria – Enoteca mit Küche
Via Lucia, 27
Tel. 03 41 / 49 45 94
Ruhetag: Samstagmittag und Sonntag
Betriebsferien: 2 Wochen im August
25 Plätze + 40 im Freien
Preise: 35 – 40 000 Lire, ohne Wein
Keine Kreditkarten
Mittags und abends geöffnet

Das ist ein Lokal, das die Herzen aller Weinkenner höher schlagen läßt. Sein Weinkeller aus dem 17. Jahrhundert, der durch die malerische Unordnung an Flair gewinnt, ist der ganze Stolz des leidenschaftlichen Weinliebhabers und Lokalbesitzers Carlo Piras. Er sucht aus und probiert, wählt und empfiehlt den richtigen Tropfen für jeden Anlaß und jeden Geldbeutel. Seit mehr als zehn Jahren führt er zusammen mit seiner Frau Antonella diese romantisch anmutende Osteria. Und seither ist das Lokal ein Lieblingsort für alle, die gute Weine, phantasievolle Appetithäppchen, schlichte Speisen und Geselligkeit zu jeder Jahreszeit suchen. »Casa di Lucia« ist eine Osteria ganz im herkömmlichen Sinn. Der mächtige Kamin, das große Wasserbecken aus Marmor in den altertümlichen Räumen schaffen eine gediegene Atmosphäre. Im Sommer ißt man unter der schönen Pergola.
Wenn Sie ausgiebiger zu Abend essen möchten, sollten Sie vorbestellen; zu jeder Zeit hingegen bekommt man typische Käse- und Wurstsorten: Taleggio, Robiola, frischen oder reifen **Ziegenkäse** und die **Brisaola** aus dem Valchiavenna. Wer größeren Hunger hat, ißt Tagliolini mit Kräutern und Tagliatelle mit Forellensauce, **Pasta e Fagioli**, Pasta e ceci. Ebenfalls erwähnenswert sind **Polenta mit Pilzen**, Brasato, **Kaninchen, ausgelöst und gefüllt** oder mit Kräutern, Gulasch, gefüllte Kalbsbrust und, nur im Winter, die schmackhafte **Busecca**. Im Sommer werden auch **Süßwasserfischgerichte** angeboten: Carpione, Forellenfilets, Lavarello und Agoni.

Panificio-Enoteca Negri Corso Matteotti 65: eine interessante Adresse, bei der man Backwaren mit Spirituosen und Weinen zu verbinden weiß. Bei Saverio Frutta e Verdura, Piazza XX Settembre 47, gibt es Frühgemüse, Getreide und Hülsenfrüchte, Reis und Öl.

Lecco
Acquate
2 km von der Stadtmitte

Taverna ai Poggi

NEU

Osteria
Via ai Poggi, 14
Tel. 03 41 / 49 71 26
Ruhetag: Montag
Keine Betriebsferien
90 Plätze + 140 im Freien
Preise: 20 – 35 000 Lire, ohne Wein
Kreditkarten: alle
Mittags und abends geöffnet

Lange bevor die kulinarische Tradition in der heutigen »Taverna ai Poggi« Einzug hielt, war dieses Lokal Treffpunkt einer Arbeitergenossenschaft, danach eine einfache Trattoria mit Weinausschank und anspruchslosem Essen.
Die Osteria entstand im Rahmen eines kulturellen Förderprogramms, das ein Musik- und Kunstzentrum ins Leben rief, und ist heute aus dem sogenannten »Villaggio« nicht mehr wegzudenken. Im Sommer ißt man im Freien, und mittags bietet das Lokal eine sympathische und günstige (20 000 Lire) Alternative zum »Panino« in der Bar. Gemischte Salate, Gemüse, Seefisch, typische Wurstwaren, ausgesuchte Käsesorten aus der Valsassina, Gemüsesuppen und Pasta e fagioli sind ein kleiner Ausschnitt aus dem mittäglichen Angebot. Am Abend geht es in die Taverna hinunter, wo man, umgeben von rustikalen Möbeln und an geschmackvoll gedeckten Tischen, traditionelle Gerichte vom Comer See und aus der Lombardei genießt. Köstlich die heimischen Wurstwaren, typisch das Antipasto aus dem See: **Carpaccio di Lavarello**, Paté di Cavedano, **Alborelle in carpione** und **Missoltini alla piastra** mit gegrillter Polenta. In der Saison **Reis mit Flußbarsch**, Tagliolini con lavarello, **Risotto al Sassella con luganega** und Pizzoccheri aus dem Valtellina. Von den Secondi sind uns **Lavarello al burro e salvia** und im Herbst Fleischgerichte und Stracotto mit Pilzen und Polenta aufgefallen. Eine echte Wiederentdeckung sind die **Bruscitt**: Fleischstreifen, die in Wein und Fenchelsamen gekocht werden. Als Abschluß gibt es hausgemachte Süßspeisen.
Das Angebot an Weinen ist gut; der stilvoll in eine Probierstube umgebaute Weinkeller (30 Plätze) hält so manche Überraschung bereit. Vollständig das Sortiment von Destillaten und Whiskeys. An Abenden mit Live-Musik kann es etwas voll werden.

Lecco

8 km vom Stadtzentrum

Trattoria di Montalbano

Trattoria
Ortsteil Montalbano, 30
Tel. 03 41 / 49 67 07
Ruhetag: Dienstag, nicht im August
Betriebsferien: Mitte Januar, Februar
50 Plätze + 40 im Freien
Preise: 30 – 35 000 Lire, ohne Wein
Keine Kreditkarten
Mittags und abends geöffnet

Inmitten von dichtem Grün und in absoluter Abgeschiedenheit genießt man hier einen großartigen Blick auf Lecco, das man entweder schön oder wegen der zahllosen architektonischen Sünden abgrundtief häßlich findet. Das Lokal erreicht man von der Straße Lecco–Ballabio (und 2 km Waldweg). Von außen wirkt es mit seiner Pergola und den Bocciabahnen recht stimmungsvoll, die Innenräume sind hingegen etwas nichtssagend. Doch darüber werden Sie hinwegsehen, sobald Sie sich hier niederlassen und den freundlichen Service des Hauses genießen. Lokale Salami und in Essig eingelegtes Gemüse bekommt man als Vorspeise oder zu einer kräftigen Jause im Freien. Die Primi entsprechen dem üblichen Standard: grüne Gnocchetti, Risotto mit Steinpilzen, Ravioli mit einer Nußsauce, und die **Polenta taragna** mit viel Käse aus dem Veltlin. Gut und je nach Jahreszeit unterschiedlich sind die Hauptgerichte: **Schmorbraten**, **Wild in Salmi mit Polenta**, **Kaninchen aus dem Ofen** und Braten, die nach Rezepten zubereitet werden, die heute kaum mehr bekannt sind. Die Weinauswahl ist in Ordnung. Es gibt eine interessante Auswahl an Grappe. Es ist dringend empfohlen, zu reservieren und im Winter wochentags telefonisch nach den Öffnungszeiten zu fragen. Im Sommer, vor allem an Wochenenden, ist es hier sehr voll.

Zwei gute Adressen, wo man in Lecco außer verschiedenen italienischen Käsen vor allem Käse der Valsassina bekommen kann (Taleggio in verschiedenen Reifegraden, Boscaiola, Caprini von den Almen): Nuova Casa del Formaggio, Via Roma 81, und Spaccio del Parmigiano, Via Roma 13.

Lenno

27 km nordöstlich von Como, S.S. 340

Santo Stefano

Trattoria
Piazza XI Febbraio, 3
Tel. 03 44 / 5 54 34
Ruhetag: Montag
Betriebsferien: 3 Wo. Okt. / Nov.
30 Plätze + 20 im Freien
Preise: 35 – 40 000 Lire, ohne Wein
Kreditkarten: AE, CartaSi, EC, MC
Mittags und abends geöffnet

Den zauberhaften Ort Lenno – in der Nähe von Cadenabbia – erreicht man auch von Bellagio aus leicht mit der Fähre. Nach einem Spaziergang am See und dem Besuch des schönen romanischen Baptisteriums (11. Jh.) empfängt die unmittelbar daneben gelegene Trattoria mit gepflegtem, familiärem Ambiente. Claudio Zeni, seine Frau Gloria und Sohn Matteo führen das Lokal. Der Großteil des Angebots basiert auf den örtlichen Ausgangsprodukten, vor allem Fisch aus dem See, der nach einfachen traditionellen Rezepten zubereitet wird. Als Vorspeise gibt es etwa **Lavarello** (Renke) **in grüner Sauce** oder einen delikaten **Carpione di agone** (marinierte Algen); sehr empfehlenswert die lokalen **Missoltini** (getrocknete und gesalzene Agoni), gegrillt und mit Essig und heimischem Öl gewürzt. Die hausgemachte Pasta wird ebenfalls mit den Früchten des Sees kombiniert, etwa zu **Tagliolini** oder Spaghetti **mit Forelle**. Für den Hauptgang kann man (neben einigen banalen Fleischgerichten) gebackene **Barschfilets** (persico) wählen, entweder mit dem normalen Reis oder mit dem guten Risotto alla lombarda, oder duftenden **Lavarello und Agone in Butter und Salbei**; im Winter gibt es Tinca (Schleie) in umido. Ungewöhnlich sind die feinen **Polpette di cavedano**, Klößchen aus einem Fisch, der auf den Speisekarten kaum mehr auftaucht. Unter den hausgemachten Desserts sind Apfelkuchen und die **Miascia** (aus Brot und Obst) hervorzuheben. Die Weinkarte ist begrenzt, mit einigen guten Namen unter den Weißen und einigen aus der Valtellina.

Das Olivenöl, das in der Trattoria verwendet wird, stammt aus dem Oleificio Vanini (Via Pellico, 10). Dort können Sie das Öl, das ausschließlich aus Oliven vom Seeufer gewonnen wird, auch kaufen.

Lozio
Villa

82 km nördlich von Brescia, S.S. 42

Cooperativa Valle di Lozio

Trattoria – Bar
Via Adua, 5
Tel. 03 64 / 49 40 22
Ruhetag: Dienstag
Betriebsferien: unterschiedlich
25 Plätze + 12 im Freien
Preise: 30 000 Lire, ohne Wein
Keine Kreditkarten
Mittags und abends geöffnet

Wo einst das berühmte Bergrennen Malegno-Borno hinaufführte, säumen große Gebäude ein grünes, weites Tal. Von dieser Straße geht es nach Villa di Lozio ab, in ein kleines, fast unberührtes Tal, fernab des Großstadtlärms. Vor einigen Jahren rief eine Gruppe von Freiwilligen diese Cooperativa ins Leben, um die lokalen Erzeugnisse bekannt zu machen: Käse, Butter, Beerenobst, Wurstwaren vom Schwein und Rind. Da lag es nahe, eine Bar-Trattoria zu eröffnen, in der all diese Leckerbissen traditionellen Rezepten gemäß verwertet werden.
Giovanni im Speisesaal und Signora Irene in der Küche vollbringen wahre kulinarische Wunder. Als Vorspeise **Käse** (bestens der Fiorello), Wurstwaren, Frittate, Crostoni. Die Primi sind **Ravioli mit Fleisch** oder Auberginen, **Casoncelli mit Wildkräutern**, Tagliatelle mit Pilzen, schmackhafte rustikale Gemüsesuppen und die **Zuppa di legumi**. Von den Hauptgerichten müssen Sie, je nach Jahreszeit, **Polenta mit gekochter** oder preßsackartiger **Salami**, Lamm im Ofen gegart, **Wild** aus der Gegend – Hase und Reh – und auf Vorbestellung vielfältige **Bolliti misti** probieren. Zum Abschluß gibt es Crostate und Torten mit Waldfrüchten, Apfeltorte und ein leckeres Omelett mit Marmelade. Es gibt eine gute Auswahl an Grappe; der Wein ist offener Hauswein. Marmeladen und Eingemachtes der Cooperativa kann man kaufen. Zu mäßigen Preisen kann man auch übernachten.
Ein Tip zum Schluß: Wer die traditionelle Küche des Valcamonica voll genießen möchte, sollte seinen Besuch ankündigen.

In **Camerata**, 4 km entfernt von der Trattoria, betreibt dieselbe Genossenschaft ein Geschäft: Formaggelle, Stracchini, Fiorelli findet man ganzjährig, Kleinobst Ende Juni, Juli und September.

Mantova

Due Cavallini

Trattoria
Via Salnitro, 5
Tel. 03 76 / 32 20 84
Ruhetag: Dienstag
Betriebsferien: 20. Juli – 20. August
100 Plätze
Preise: 30 000 Lire, ohne Wein
Kreditkarten: AE
Mittags und abends geöffnet

Die Zeiten gehen dahin, doch in dieser Trattoria bleibt alles beim alten. Auch der Umbau hat die familiäre Atmosphäre nicht zerstört – für die zahlreichen Stammgäste eine sichere Rechnung. Was auf den Tisch kommt, folgt den Regeln der alten, ehrenvollen Zunft: nicht mehr und nicht weniger als das, was einen Gast ohne Probleme mit Figur und Diät erfreut, der die echte volkstümliche Küche Mantuas genießen will. Als Antipasto gibt es da die Mantuaner Salumi, **Salame**, **Coppa** und **Pancetta** mit Essiggemüse. Nach alter Übung probiere man dann den **Surbir d'agnoli** mit einem Spritzer Lambrusco, weiter hat man die Wahl zwischen **Kürbis-Tortelli**, **Tagliatelle oder Maccheroni mit geschmortem Pferdefleisch** (diese Spezialität des Hauses, die in riesigen Portionen serviert wird, empfehlen wir besonders). Die klassischen Secondi: **Bollito** (Ochse, Huhn und Cotechino), gebratene **Kaninchen**, **Perlhühner**, **Haxen**. Dazu gibt es diverse Gemüse, gekocht oder roh. Liebhaber von Pferdefleisch können eine zweite Portion Stracotto bestellen, diesmal mit gut gebräunter Polenta statt Maccheroni. Zum Schluß die **Sbrisolona**, eine Torte, die mit Weißwein oder Grappa übergossen wird. Die Weinauswahl ist klein, nur lokale Erzeugnisse stehen bereit.

Tortelli mit Kürbisfüllung, Agnolini, Tagliatelle, alle typischen Pastasorten der Mantuaner Küche können Sie im Pastificio Freddi (Piazza Cavalotti, 7) kaufen. Die Salumeria Carra (Via Tassoni, 1) ist eine gute Adresse für den mit Knoblauch gewürzten Salame mantovano. Hier ist er mager und gut abgehangen.

Il Portichetto

NEU

Osteria
Via Portichetto, 14
Tel. 03 76/ 36 07 47
Ruhetag: Sonntagabend und Montag
Betriebsferien: 3 Wochen im August
50 Plätze
Preise: 45 000 Lire, ohne Wein
Kreditkarten: alle
Mittags und abends geöffnet

Dieses kleine Restaurant in der Altstadt Mantuas wurde vor einigen Jahren von Claudio Meneghetti eröffnet. Nachdem er der aktiven Politik den Rücken gekehrt hat, widmet er sich nun seiner neuen Karriere am Herd. Signor Meneghettis Kochkünste machten schon früher von sich reden: Viele erinnern sich an die vergnüglichen Abende mit Freunden bei köstlichen Fischgerichten (Claudios zweite große Leidenschaft ist das Fischen). Die Leckerbissen im »Portichetto« sind natürlich die Fische aus dem Fluß, wenngleich sich die Küche auch erfolgreich in phantasievollen Rezepten versucht.
Ein festes Menü gibt es nicht, da das Speisenangebot stark von der Jahreszeit und der »Inspiration« des Kochs abhängt. Eine Reihe der klassischen Mantuaner Gerichte werden jedoch immer angeboten. Bei den Vorspeisen sind es **Terrine di fiume**, die in der fischarmen Zeit durch Ente oder Perlhuhn ersetzt werden, Hausmachersalami, Grass pistà oder »Cospettone« (gesalzener Fisch) mit gerösteter Polenta. An der Spitze der Primi stehen die **Tagliatelle con persico reale**, **Bigoli mit Sardellen** und natürlich Tortelli di zucca. Bei den Hauptgerichten können Sie zwischen **Hecht in Sauce**, **Stracotto vom Pferd** und, wenn der Fischfang gut war, Fritture von Barsch und Forelle wählen. Besonders lobenswert: Es gibt spezielle Gerichte für Vegetarier. Man findet vorzüglichen Käse mit Mostarda oder Obst. Verschiedene Bavaresi je nach Saison, in der Pfanne geschwenktes Obst und die traditionelle Torta sbrisolona stehen auf dem Speiseplan. Das Angebot an Weinen ist etwas dünn; es umfaßt einige lokale und nationale Erzeugnisse.

Im Buca della Torre in der Via Cavour 98 sollten Sie auf einen Aperitif (ausgezeichnet die Auswahl der Weine) oder einen kleinen Imbiß mit hochwertigen Wurstwaren und Käsesorten vorbeischauen.

L'Ochina bianca

Osteria
Via Finzi, 2
Tel. 03 76 / 32 37 00 und 4 73 27
Ruhetag: Montag und Dienstagmittag
Betriebsferien: unterschiedlich
75 Plätze + 20 im Freien
Preise: 35 – 40 000 Lire, ohne Wein
Kreditkarten: CartaSi, DC, EC, Visa
Mittags und abends geöffnet

Eine Osteria wie diese von Gilberto und Marcella Venturini konnte eigentlich nur in Mantua entstehen. Traditionell »slow«, ist diese Stadt am Mincio reich an landschaftlichen Schönheiten, kunsthistorischen und kulturellen Schätzen und einer gastronomischen Vielfalt ohnegleichen. Ob stark gewürzt oder delikat, süß oder sauer, die Mantuaner Küche bietet Köstliches für jeden Geschmack. All dies und mehr finden Sie im »Ochina bianca«: familiäre Atmosphäre, aufmerksamer, doch unaufdringlicher Service, ausgezeichnete Weine, schönes Ambiente mit kleinen Gasträumen, in denen die großen Tische nicht zu dicht beieinander stehen. Seit etwa zehn Jahren ist die Osteria Ziel von Gourmets aus ganz Italien.
Immer neue Menüs reichern die Speisekarte an. Bei unserem letzten Besuch haben wir als Vorspeise einen zarten **Manzo affumicato** mit Olio extravergine und mit Ricotta gefüllte Zucchiniblüten probiert. Es gab aber auch das klassische Sorbir d'agnoli und **Hecht in Sauce**, wie man ihn selten bekommt. Nicht zu vergessen die legendären **Tortelli di zucca** (durch den leichten Teig sind sie fein und wohlschmeckend; mit den üblichen Tortelli haben sie recht wenig gemein) und schmackhafte **Maccheroni al torchio allo Stracotto d'Amarone**, gefolgt vom Stracotto, Perlhuhn und der **geschmorten Schweinsbacke**. Auch fürs Auge genüßlich sind die Süßspeisen: **Semifreddo mit Nüssen und Nocino**, **Sbrisolona** allo zabaione oder mit einer Rumpraline.
Die Weinkarte wird selbst Experten angenehm überraschen. Wer sich nicht so gut auskennt, vertraut sich Gilberto an.

Marmirolo Pozzolo

19 km nordwestlich von Mantua

Ancilla

Restaurant
Via Ponte, 3
Tel. 03 76 / 46 00 07
Ruhetag: Montagabend und Dienstag
Betriebsferien: unterschiedlich
75 Plätze
Preise: 45 – 50 000 Lire, ohne Wein
Kreditkarten: alle
Mittags und abends geöffnet

Ein angenehm elegantes Ambiente und eine gediegen familiäre Atmosphäre zeichnen das Lokal aus. Synonym für Spezialitäten aus Fisch und Gemüse, ist das »Ancilla« über die Grenzen Mantuas hinaus berühmt.
Ehemals eine typische Trattoria, hat sich das Lokal unter Führung von Carla Stenghellini, der letzten Erbin der ursprünglichen Wirtsfamilie, zu einem vornehmen Restaurant gemausert. Ambiente und Küche haben von diesem Wandel nur profitiert. Kochtechniken sind verbessert worden, die Gerichte werden geschmackvoll garniert, und zuweilen wagt man ungewöhnliche Kompositionen. Erfreulich ist, daß die traditionellen Zutaten heute wie einst den Ton angeben: Fisch aus dem Fluß, Gemüse, Kräuter. Das Speisenangebot umfaßt bei den Vorspeisen Polpe lessate di persico e trota mit Gemüse aus dem (hauseigenen) Gemüsegarten, mit Grana-Käse, Kräutern und Olio extravergine verfeinerten Hecht, **fritierte kleine Fischchen** und **Saltarelli in agro** mit Pinienkernen und Rosinen. Unter den Primi möchten wir die **Tagliatelle mit Hecht und Forelle** und das Risotto mit Flußkrebsen erwähnen. Neue Kreationen sind die Maltagliati con lavarelli und porcini und die Ravioli di fiume. Als Hauptgerichte gibt es ein prächtiges **Fritto** di rane, pesce gatto e anguilla und den traditionellen **Hecht in Sauce mit Polenta**. Aber auch der Stör in Safransauce, die Frösche mit Gemüse und etwas Tomaten und das Gulasch vom Fohlen sind sehr gut. Cremes in immer neuen Variationen kennzeichnen die Desserts.
Makellos ist die Weinkarte: die besten Flaschen aus dem südlichen Gardaseeraum, den Provinzen Mantua, Brescia und Verona und Dutzende von anderen italienischen und französischen Marken.

Mese

60 km nordwestlich von Sondrio, S.S. 36

Crotase

Trattoria
Via Don Lucchinetti, 63
Tel. 03 43 / 4 10 03
Ruhetag: Montag und Dienstag
Betriebsferien: unterschiedlich
90 Plätze + 40 im Freien
Preise: 35 – 40 000 Lire, ohne Wein
Kreditkarten: AE, CartaSi, Visa
Mittags und abends geöffnet

Die Trattoria – 1946 in einem Heuschober eröffnet, was sich an den unverputzten Wänden und altem Gerät ablesen läßt – wird heute in der dritten Generation von den Geschwistern der Familie Prevostini geführt: Michela und Andrea sind für die Küche zuständig, und Mamete, ein talentierter Weintechniker, herrscht über den Weinkeller. Unter den Vorspeisen darf die **Bresaola** aus Chiavenna nicht fehlen; weiterhin werden **Bastardèi**, kleine Würstchen aus Schweine- und Rindfleisch, sowie die raren **Violini** aus Ziegenfleisch angeboten. Sie stammen eigentlich aus der Valtellina, doch werden sie hier nach dem Originalrezept perfekt zubereitet. Dann gibt es noch **Pizzoccheri** aus Buchweizenmehl und vorzügliche **Gnocchi**, die mit viel flüssiger Butter serviert werden. Unter den Hauptgerichten ragten der Schmorbraten mit Sassella und ein **Rehsalmi** heraus. Dann empfehlen wir noch zarte und schmackhafte Lammkoteletts, in der Pilzsaison gibt es gedünstete und gegrillte **Pilze**. Zu jeder Jahreszeit ist die **Polenta taragna** mit Käse zu haben. Zum Abschluß hausgemachte Kuchen oder Vanille-Halbgefrorenes mit Waldbeeren oder gratinierten Himbeeren.
Eine angenehme Überraschung stellen die hauseigenen Weine dar, unter denen vor allem der rote Corte di Cama hervorsticht; doch kann man auch aus dem guten Sortiment von Weinen aus der Valtellina oder einen der großen nationalen Weine auswählen.

In **Chiavenna** (3 km) bietet die Enoteca Marino, Via Dolzino 66, über 1500 Weine und Spirituosen aus aller Welt, besonders aber eine umfassende Auswahl von Wein aus dem Veltlin.

Chiavenna, Macelleria Fratelli Del Curto, Via Dolzino 129: Hier gibt es eine ungewöhnliche geräucherte Bresaola, Ziegenschinken und die Bastardèi.

Mezzago

19 km nordöstlich von Mailand

Locanda degli Archinti

NEU

Restaurant
Piazza Libertà, 14
Tel. 0 39 / 6 02 04 99
Ruhetag: Montag
Betriebsferien: 18. Aug. – 7. Sept.
70 Plätze
Preise: 50 000 Lire, ohne Wein
Kreditkarten: alle, außer AE
Mittags und abends geöffnet

Das war wirklich eine große Freude, als wir die »Locanda degli Archinti« in Mezzago in der südlichen Brianza entdeckten. Der schöne Speisesaal ist im ehemaligen Refektorium eines Mönchsklosters eingerichtet. Der Palazzo und der wertvolle Turm aus dem 14. Jahrhundert haben dank einer stilgerechten Renovierung nichts von ihrem antiken Zauber eingebüßt.
Die beiden jungen Wirte empfingen uns freundlich. Antonella De Fanto kümmert sich um die Gäste und die umfangreiche Weinkarte mit etwa achtzig Marken aus allen Regionen Italiens. In der Küche läßt sich Gaetano Tresoldi zu immer neuen Interpretationen regionaler und traditioneller Rezepte anregen. Die Zutaten richten sich nach der Jahreszeit und kommen von den Bauernhöfen rund um Mezzago. Ebenfalls heimisch sind die Wurstwaren und der Käse.
Die angebotenen Gerichte ändern sich jeden Monat. Man beginnt mit Appetithäppchen: **Missoltini**, kleinen Salaten mit mariniertem Kaninchen, Zucchiniblüten mit Gemüsefüllung, Sfogliatine mit Sardellen in Salsa verde. Dann geht man über zu **Stracci alle erbe** mit einer Creme aus Peperoni und Majoran und den Tagliolini neri con bottarga di lavarello. Der **Reis** wird **mit Sfilaccetti vom Pferd** serviert, für Vegetarier mit Zucchine, Auberginen und Oregano. Von den Secondi ragen die Süßwasserfische heraus, wie **Lavarello in carpione** und **marinierter Aal**. Bestens auch die Fleischgerichte: Fracosta di bue, Stufato di manzo all'olio mit Polenta, Perlhuhn mit Rosmarin, Carpaccio di carne salmistrata. Die große Spezialität der Gegend sind **Spargel**: Im Mai wird ihnen auf der jährlichen Sagra ausgiebigst gehuldigt. Beachtlich ist das Angebot an Käse und Süßspeisen.

Milano Navigli

Al Pont de Ferr

NEU

Osteria
Ripa di Porta Ticinese, 55
Tel. 02 / 89 40 62 77
Ruhetag: Sonntag
Betriebsferien: Aug. und Weihnachten
50 Plätze
Preise: 45 000 Lire, ohne Wein
Kreditkarten: die bekannteren
Mittags und abends geöffnet

Diese Osteria an der gleichnamigen Brücke über den Naviglio ist eine wohltuende Ausnahme inmitten der Fast-food-Lokale »alla milanese«. Gemächliches Speisen und eine große Auswahl an italienischen und ausländischen Weinen kennzeichnen den kulinarischen Stil.
Die charmante Kellermeisterin Maida hilft Ihnen, den passenden Tropfen aus der reichen Weinkarte zu wählen (einige Weine werden auch glasweise serviert). Licio hingegen verführt Sie mit einer Vielfalt köstlicher **Insaccati**: Schinken und Salami aus Sauris, Pancetta aus dem Val di Nure, Salami aus Pianello, Coppa aus dem Val Tidone, Mocetta d'asino oder cremiger Gorgonzola, Pecorino aus Orune und Taleggio aus Ballabio. Am Abend gibt es vortreffliche warme Gerichte: je nach Saison **Ravioli di magro** al pesto, »Farotto« (Risotto di farro) mit Poree und Taleggio, Ravioli mit Steinpilzen, mit Auberginen, mit Kartoffeln und schwarzen Trüffeln gefüllt oder **Crespelle** di trevisana. Als Hauptspeisen möchten wir das Filetto di orata, den **Lammrücken** und das ausgelöste und mit Oliven gefüllte Kaninchen nennen, zudem die Entenbrust oder den Piccione al foie gras mit Gemüseauflauf. Die Desserts sind hausgemacht, wie die gute Sbrisolona.
Das »Pont de Ferr« ist bis spät geöffnet. Man trifft sich auf einen Imbiß, ein Gläschen Wein oder ein Schnäpschen (in reicher Auswahl). Kurzum, ein Ort der Ruhe und Gelassenheit, der Service ist »slow«, und der Blick auf das fließende Wasser im Ripa-Ticinese-Kanal tut ein übriges.

Maida Mercuri hat neben der Osteria eine Gelateria eröffnet: Sorbetti alla frutta und Eis (probieren Sie die Sorte Panna) aus erstklassigen Zutaten.

Milano
San Babila / Duomo

Bottiglieria da Pino

Trattoria
Via Cerva, 14
Tel. 02 / 76 00 05 32
Ruhetag: Sonntag
Betriebsferien: August
60 Plätze
Preise: 15 – 20 000 Lire, ohne Wein
Keine Kreditkarten
Nur mittags geöffnet

Wer sich in Mailand ein paar Schritte vom Dom wegbewegt, kann versteckt in der eleganten und exklusiven Via Cerva diese kleine Bottiglieria-Trattoria entdecken. Die gemütliche, familiäre Atmosphäre macht »Da Pino« zu einem angenehmen Platz. Man erwarte keine Kristallgläser und keine Intimität, die in der Hektik der Großstadt kaum möglich ist, schon gar nicht in der Mittagspause. Aber wir können garantieren, es lohnt sich; schon wegen des guten Preis-Leistungs-Verhältnisses. Pino Ferri, ein ruhiger Mantuaner, steht mit Sohn Mauro in der Küche, Marco, der andere Sohn, kümmert sich um die Bar und den Ausschank. Die Ferri holen ihre Salumi in der Provinz Mantua und das Fleisch aus dem Gebiet um Pavia. Besonders bei den **Bolliti**, den Schmorbraten und den **Wurstwaren** kann man die padanische Herkunft feststellen. Sehr gute Primi: Pasta mit Auberginen-Sugo, mit Tomaten oder Ragout; nach bester Tradition in Fleischbrühe gekochter **Risotto** mit Spinat, mit Käse oder klassisch mit Safran als **Risotto milanese**. Lecker das **salzige Gebäck**: Kuchen mit Gemüse und Ricotta, Crostate mit Kräutern, Zucchini, Spinat oder Radicchio, ausgezeichnete gefüllte Kürbisblüten. Sehr zu empfehlen sind die hausgemachten Dolci: Blätterteig mit frischer Sahne und Früchten, Bayerische Creme mit Früchten der Jahreszeit, Tiramisù, Crostata mit Ricotta. Es wäre schön, wenn man dem Weinangebot etwas mehr Aufmerksamkeit widmen würde.

Die Macelleria Jolando Faravelli (Corso Italia, 40) ist ein Tempel für Fleisch aus dem Piemont: Ochsenfleisch aus Carrù, Weidekälber und freilaufende Hühner aus Voghera. Hervorragend die fertigen Braten und Schmorgerichte.

Milano
Loreto

Da Abele

Trattoria
Via Temperanza, 5
Tel. 02 / 2 61 38 55
Ruhetag: Montag
Betriebsferien: 15. Juli – 5. September
80 Plätze
Preise: 40 000 Lire, ohne Wein
Kreditkarten: alle, außer AE
Nur abends geöffnet

Diese ungewöhnliche Trattoria mit ihren drei kleinen Gasträumen ist im klassischen Osteriastil eingerichtet, der romantische Erinnerungen an die alten Mailänder Lokale am Naviglio weckt. Ungewöhnlich ist sie, weil man weder die traditionellen Trattoriagerichte noch die legendären Wurstwaren, noch Nudelspeisen vorfindet. Ins »Da Abele« geht man, um **Risotto** zu essen. Jeden Abend werden gemeinhin drei verschiedene angeboten (mit Fleisch, Gemüse und Fisch). Und wer keinen Reis mag? Der bekommt Panzanella toscana (neu interpretiert), Gemüsequiches, Wildaufschnitt, marinierte Sardellen, große Salate und eine reiche Auswahl vegetarischer Spezialitäten. Immer gibt es vier Fleischgerichte, eines davon **Wild**; probieren Sie im Frühling/Sommer die Ente, oder den **Stinco al forno**, das Kalbskotelett mit Äpfeln und Mandeln und das Roastbeef. Überraschungen sind auch die hausgemachten **Süßspeisen**: Torta ai due cioccolati, Apfeltorte mit Zabaione, Mascarponecreme mit Erdbeermousse, Tatin di mele, Bayrische und andere Cremes. Der aufmerksame und freundliche Service verdient besondere Erwähnung.
Die Weinkarte ist zwar recht groß, mißt aber den Weinen aus dem Trentino und Südtirol zu großes Gewicht bei. Eine Auswahl aus den anderen Regionen wäre dem kulinarischen Niveau angemessen.

In der Fungheria Angelo Bernardi, Viale Abruzzi 93, kann man frische, in Öl eingelegte und getrocknete Steinpilze sowie Trüffeln und die entsprechenden Cremes kaufen.

Metzgerei Ercole Villa, Viale Brianza 11: piemontesisches Fleisch und andere ausgewählte Delikatessen.

Milano
Romagna – Piazza Susa

Da Francesca

NEU

Trattoria
Viale Argonne, 32
Tel. 02 / 73 06 08
Ruhetag: Sonntag
Betriebsferien: August
30 Plätze + 18 im Freien
Preise: 45 000 Lire, ohne Wein
Kreditkarten: die bekannteren
Mittags und abends geöffnet

Wo einstmals ein Milchgeschäft war, ist seit 1980 dieses kleine Lokal, in dem die Tische vielleicht ein wenig zu eng stehen. Die Herzlichkeit des Wirts Nuccio nimmt Sie sofort gefangen, die Kochkünste seiner Frau Francesca Pozzi werden Sie nicht mehr loslassen. In der Tat, man hat das Gefühl, in dieser Trattoria würden nur Stammgäste verkehren. Die Küche ist gediegene Hausmannskost mit einer leicht lombardischen Tendenz. Es gibt keine Speisekarten – nur draußen am Eingang –, aber Nuccio erklärt Ihnen mit Geduld und Freundlichkeit das Menü.
Mit Saisongemüsen **gefüllte Tortelloni**, hausgemachte Kartoffelgnocchi mit frischen Tomaten oder Gorgonzola sind unter den Primi; die ausgezeichneten frischen **Tagliatelle mit Steinpilzen** möchten wir gesondert erwähnen. Als Hauptgericht empfehlen wir Spinacino ripieno, **Lamm im Ofen gegart**, fritierte und mit Mozzarella und Pilzen gefüllte Zucchiniblüten, Kaninchen mit Rosmarin, und in der kalten Zeit, Brasato, Ossobuco in umido oder **Ossobuco** »in gremolata«. Donnerstags und freitags gibt es nur Fisch: Pappardelle mit Krebsen und Artischocken, Branzino al forno, Fritto aus Zucchiniblüten mit Krebsen und andere Köstlichkeiten. Gute Salame di cioccolato, Panna cotta und Crostate runden das Essen süß ab.
Die Weinkarte ist nicht sehr umfangreich, aber anständig. Hervorragende Auswahl an Destillaten, besonders an Whiskey.

Obst, Gemüse und Pilze: ein Delikatessenstand an der Piazza Tricolore mit allerlei Frischem und seltenen Gewürzen und »Düften«; aufgefallen ist uns die Auswahl an exotischem Obst und an Pilzen.

Milano
Navigli

Grand Hotel Pub

NEU

Osteria
Via Ascanio Sforza, 75
Tel. 02 / 89 51 15 86 und 89 51 61 53
Ruhetag: Montag
Betriebsferien: August
60 Plätze
Preise: 45 000 Lire, ohne Wein
Kreditkarten: alle
Nur abends geöffnet

Das »Grand Hotel« ist und bleibt eines der Mailander Slow-Food-Restaurants. Abseits des Lärms der Stadtmitte (über die Kreuzung an der Viale Tibaldi hinweg) liegt es in einem schönen Innenhof.
Die jahreszeitlich geprägte Speisekarte, die der temperamentvolle Fabrizio Pagani ni und Stefania Zari vorstellen, bietet vielerlei kulinarische Spezialitäten und zeichnet sich durch die sorgfältige Auswahl der Zutaten und der Weine aus. Die Küche ist gleichbleibend gut. Neben dem vielfältigen Angebot an Wurstwaren gibt es warme Antipasti: im Winter **Distelauflauf mit Sardellensauce** oder Fagioli di Lamon mit Kalbskopf in Balsamicoessig; im Frühling sehr gutes **Carpaccio di lingua di vitello** mit roten Rüben. Auch bei den Primi geht es streng saisongemäß zu: Tagliolini di farro con pecorino di fossa e pomodoro, **Gnocchi mit geräucherter Ricotta**, Testaroli al pesto (im Frühling), Testaroli mit Nußsauce, Gerstensuppe, Pappardelle mit Wildschwein. Besondere Erwähnung verdienen die **Pisarei e fasoi**, eine Art Gnocchetti. Unter den Hauptgerichten **Stracotto vom Esel**, Musetto friulano mit Linsen und **Cotoletta alla Milanese**; zudem Cosce d'anatra, Kartoffelauflauf und Caprino del Castello della Sala. Sorbets, Eis und andere Süßspeisen sind hausgemacht. Die Weinkarte ist hinsichtlich sowohl ihres Umfangs als auch ihres Preis-Leistungs-Verhältnisses wegen das As im Ärmel des Lokals; auch glasweise werden interessante Tropfen ausgeschenkt.
Übrigens: Im Sommer sitzt man auf einer herrlichen Veranda mit Blick auf Bocciaplätze und den Garten, der von einer uralten Glyzinie beherrscht wird.

Die Gelateria im Corso Porta Ticinese 40 bietet hausgemachtes Eis aus biologischen Zutaten, von den klassischen bis zu neuen interessanten Geschmackssorten: Sesam und Honig, Dattel.

Milano
Farini – Sarpi

L'altra Pharmacia

NEU

Osteria
Via Antonio Rosmini, 3
Tel. 02 / 3 45 13 00
Ruhetag: Sonntag
Betriebsferien: Aug. und 1 Wo. zu Weihnachten
40 Plätze
Preise: 35 000 Lire, ohne Wein
Kreditkarten: alle, außer DC
Mittags und abends geöffnet

Wer jemals seine Gäste mit appetitlichen Spezialitäten und einem freundlichen Lächeln zu verwöhnen wußte, wird dieses Bedürfnis fortan immer verspüren. Renato Serafini hat in seinem neuen Lokal die Charakteristiken seiner »Ostarie vecio Friul«, die er bis vor einigen Monaten führte und die von uns lobend erwähnt wurde, beibehalten. Nun ist sein Lokal größer und der richtige Rahmen für entspannte Stunden. Mamma Irta und die freundliche Monica Ventura bereiten Spezialitäten aus dem Trentino und Veneto zu.
Die Auswahl an **Affettati** ist groß, etwa zwanzig Sorten werden angeboten: Prosciutto di San Daniele, Pancetta cotta, Lardo di Arnad, Finocchiona, Carne salata und so fort. Die Primi warten mit verschiedenen **Risotti**, Suppen mit Linsen, Zwiebeln, Dinkel, Bohnen, nicht zu vergessen die Canederli alla Trentina und der Polenta auf. Die Auswahl der Hauptgerichte ist klein, aber fein: **Baccalà alla vicentina**, Gulasch, **Trippa** und Bolliti. Der Käse kommt ausschließlich aus dem Friaul. Ein kulinarisches Wunder sind Irtas Süßspeisen: **»Belle Hélène« mit Birnen und Schokolade**, Crostata, Trentiner Apfelkuchen und Panna cotta.
Beim Wein hat man die Qual der Wahl: etwa 350 Marken, vor allem Friaul, Trentino und Piemont; es wird auch glasweise ausgeschenkt. Einfach umwerfend: Mehr als 300 Grappe werden angeboten!
Notabene: Ab 1998 soll der Ruhetag auf Montag verlegt werden! Vorher anrufen.

In der Cooperativa Il girasole in der Via Vincenzo Monti 32 kauft man ausgesuchte Produkte aus biologischem Anbau: Nudeln, Mehl, Honig, Ziegenmilch, Obst, Saucen und Gemüse.

Milano · Porta Venezia – Buenos Aires

L'Angolo d'Abruzzo da Giovanni

NEU

Trattoria
Via Rosolino Pilo, 20
Tel. 02 / 29 40 65 26
Ruhetag: Montag
Betriebsferien: August
70 Plätze
Preise: 35 – 40 000 Lire
Keine Kreditkarten
Mittags und abends geöffnet

Die Tradition der Abruzzen spielt in dieser Trattoria die Hauptrolle. Man spürt es an der rustikalen Einrichtung und den regionalen Produkten, auf die man gleich beim Eintreten stößt: Käse und Wurst hängen an der Decke, Süßes und Tagesgerichte kann man an der Theke bestaunen. Inmitten dieser appetitanregenden Dekoration verspeisen die mittäglichen Stammgäste ihr schlichtes, aber schmackhaftes Mahl. Der größere Raum, ganz im Trattoria-Stil gehalten, ist der richtige Rahmen für ein ausgiebiges Menü. Giannino und seine Frau Ersilia verwöhnen Sie mit stark regional geprägten Spezialitäten.
Neben guten Wurstwaren (**Soppressata**, **Capocollo**) gibt es Polpettine di agnello und sehr gute **Frittatine**, ein Misto der Primi aus der abruzzesischen Küche: **Maccheroni alla chitarra, Schiaffoni**, **Sagne** und Carrattelle. Von den Secondi empfehlen wir den Misto aus Fleisch und gegrilltem Käse: Salsicce, **Costolette di agnello a scottadito**, Schweinekotelett, **geräucherte Scamorza**. Tagsüber gibt es klassische Trattoriagerichte: grüne Gnocchetti (mit etwas zuviel Sahne), Tagliatelle mit Thunfischsauce und anderen Zutaten, gedünsteten Kabeljau, fritierten Fisch. Käse und **Süßes** aus den Abruzzen beschließen das Essen. Die offenen Hausweine lassen sich gut trinken: Trebbiano, Cerasuolo, Montepulciano.
Die Preise sind wirklich anständig, der Service angenehm familiär.

In der Via Plinio 5 findet man Genueser Focacce (mit Käse, Oliven oder Zwiebeln), Fladen aus Kichererbsenmehl und Gemüsetorte à la Focaccerie Genovesi.

Un Aperitivo a Milano

Mailand ist eine Stadt wie jede andere moderne Wirtschaftsmetropole: Moden entstehen und veralten, neue Tendenzen ersetzen Altgewohntes, das drückende Tempo der Großstadt läßt kaum Raum zur Muße. Eines der wenigen Rituale, die sich die Mailänder nicht nehmen lassen, ist der »Aperitivo«, der in die Zeit zwischen 18.30 und 20.30 Uhr fällt. Bedenken wir, daß in dieser Stadt Campari, Zucca, Bisleri und Branca mit seinem Fernet zu Hause sind, weltberühmte Marken, die als Synonym für Aperitif stehen.
Die Piazza del Duomo, die Galleria und der Corso Vittorio Emanuele galten schon im 19. Jahrhundert als der »Salon Mailands« – beliebte Treffpunkte und Orte, an denen politische Streitgespräche ausgetragen wurden und die als Vorwand für einen Aperitif dienten. Das war schon immer so. Vor allem sonntags, wenn das Herz der Stadt den Mailändern gehörte. Außerhalb der spanischen Stadmauern hingegen drängte man sich in den Osterie, Kneipen und Weinstuben; der Wein floß in Strömen, wenn er auch nicht immer von bester Qualität war.
Wenige Lokale haben diese Zeit überdauert: Moscatelli auf dem Corso Garibaldi, die Cantina Isola in der Via Paolo Sarpi, das legendäre Provera dagegen hat seit einigen Jahren schon seine Türen geschlossen.
Das einstige »Gläschen zur Abendstunde« hat die Bühne und sein Publikum gewechselt, sich aber in den letzten Jahren erneut einen festen Platz in der Mailänder »Szene« erobert. Fremdländische Einflüsse, neue Lokale, die an die Mußestunden an fernen Urlaubsorten erinnern, und das wiedererweckte Interesse an einem guten Glas Wein haben diese Tendenz unterstützt und neue Akzente gesetzt.
Wir möchten Ihnen einige dieser Lokale vorstellen, die alle recht verschieden voneinander, teils auch ausgefallen und vergnüglich sind.

Bar Metro
Via dei Martinitt, 3
Ecke Piazza De Angeli
Tel. 02 / 43 52 71
Ruhetag: Sonntag
Betriebsferien: im August
7– 21 Uhr geöffnet

Welchen Leidenschaften Giorgio D'Ambrosio am liebsten frönt, erfährt man, kaum daß man die Schwelle seines Lokals überschritten hat: die beeindruckende Ausstellung von Wein- und Whiskeyflaschen (einige exklusiv für ihn abgefüllt) spricht Bände. Zum Aperitif stehen um die zwanzig Flaschen verschiedener Spumanti, Champagner und erstklassiger Weine für Sie bereit. Nicht zu vergessen die Cocktails, die Barman Rudy in seinem Shaker mixt. Eine gute Sache: Man kann die Getränke kaufen und mitnehmen.

Bee Tee's
Via Santa Croce, 21
Tel. 02 / 8 37 83 81
Ruhetag: Montag
Betriebsferien. im August
10 – 1 Uhr geöffnet

Vinicio, Anna und Laura haben die Mailänder Abende zu neuem Leben erweckt und ihre Fingerabdrücke in verschiedenen Lokalen hinterlassen. Nun sind sie im »Bee Tee's« an der legendären Piazza Sant' Eustorgio an den Navigli zugange. Ihr Rezept: freundliche Atmosphäre, ein geschmackvoll mit modernen Möbeln eingerichtetes Ambiente, eine meisterliche Zubereitung erstklassiger Cocktails in reicher Auswahl und so manch köstliches Appetithäppchen. Kein Wunder, daß ihr Lokal für jung und alt einer der beliebtesten Mailänder Treffpunkte zwischen 18.30 und 20.30 Uhr ist.

Bell'Aurore
Via Castelmorrone
Ecke Via Abamonti
Tel. 02 / 29 40 62 12
Ruhetag: Sonntag
Betriebsferien: im August
8 – 2 Uhr geöffnet

Nach langen Jahren in der »Trattoria del Teatro Officina« haben Adele, Fiorenzo und Pulcino vor elf Jahren dieses Lokal mit seinem französisch angehauchten Ambiente eröffnet. Um die Mittagszeit ist es gedrängt voll mit Leuten, die bei einem Imbiß entspannen. Am Abend zum Aperitif (von 18.30 bis 21 Uhr) werden in lebhafter und vergnügter Atmosphäre vielerlei Cocktails gemixt und eine begrenzte, aber erstklassige Auswahl an Weinen (etwa zehn Marken) angeboten. Die Preise sind verhalten, das Publikum durch die Nähe des Lokals an der Città Studi vorwiegend jung.

Cantina Isola

Via Sarpi, 30
Tel. 02 / 3 31 52 49
Ruhetag: Montag, nicht im Sommer
Betriebsferien: im August
9.30 – 21.30 Uhr geöffnet

Auf eine hundertjährige Geschichte kann dieses Lokal im Herzen des Chinesischen Viertels zurückblicken. Giovanni Sarais wahrt mit Können und Geschmack die Tradition des alten Weinkellers. Die ausgeschenkten italienischen und französischen Weine sind von bemerkenswerter Qualität. Wer will, bringt sich von zu Hause Selbstgekochtes mit, wie nach alter Sitte der Arbeiter seine Schiscetta.

Jamaica

Via Brera, 32
Tel. 02 / 87 67 23
Ruhetag: Sonntag
Keine Betriebsferien
9 – 2 Uhr geöffnet

Bereits in den fünfziger Jahren war das »Jamaica« ein beliebter Treffpunkt für Künstler und Maler. Sciur Mainini mixt ausgezeichnete Cocktails und Longdrinks, zudem gibt es die klassischen Biere und gute Weine mit schmackhaften Tartine, Tacos und Crepes. Ein Billardtisch, eine Veranda und ein kleiner Garten machen dieses Lokal zu einer Seltenheit in Mailand.

La Cantina di Manuela

Via Cadore, 30
Tel. 02 / 55 18 49 31
Ruhetag: Sonntag
Betriebsferien: im August
7.30 – 1 Uhr geöffnet

Die Enoteca »La Cantina di Manuela« ist bei den Feinschmeckern Mailands ein beliebter Treffpunkt: Von früh morgens bis tief in die Nacht hinein führen Manuela, Franco und Maurizio Rossi ihre Gäste mit klassischen Insaccati, Leckerbissen und riesigen Salaten in Versuchung. Dazu werden hervorragende Weine ausgeschenkt. Die Weine kann man auch zum Mitnehmen kaufen, desgleichen Öl, Essig, Marmeladen, Pralinen und Kekse.

Le Terre di Marengo

Viale Gorizia, 34
Tel. 02 / 8 37 24 08
Ruhetag: Sa.nachmittag und Sonntag
Betriebsferien: im August
7 – 20.30 Uhr geöffnet

Seit einem Vierteljahrhundert führen Roberto und Charlotte Bisio uns mit unaufdringlicher Aufmerksamkeit durch die Vielfalt der piemontesischen Weine. Und nicht nur das! Unermüdlich auf der Suche nach einem guten Tropfen, fügen sie ständig neue Erzeugnisse kleiner und junger Winzer hinzu, Weine, die man sonst selten bekommt. Um die zwanzig Flaschen stehen immer entkorkt zum Aperitif bereit, dazu gibt es Salami, ein herrliches Bruss und unvergeßliche Grissini.

Luca's

Colonna di San Lorenzo
Corso di Porta Ticinese, 51 b
Tel. 02 / 58 10 04 09
Ruhetag: Sonntag
Betriebsferien: im August
7 – 1 Uhr geöffnet

Ein »In«-Lokal im Viertel um die Porta Ticinese. Hervorragende Aperitifs, klassische Cocktails und Biere vom Faß, dazu leckere Häppchen.

Lucky Bar

Via Tito Livio, 2
Ecke Viale Umbria
Tel. 02 / 55 18 59 83
Ruhetag: Sonntag
Betriebsferien: im August
8 – 2 Uhr geöffnet

Seit dreißig Jahren ist Luckys Bar im Vittoria-Viertel ein bevorzugter Treffpunkt zum Aperitif. Die Namen der Cocktails sprechen Bände: Alfabeta, Blow Up, La Gola. Ausgezeichnete Destillate, Weine, Wurstwaren und hervorragender Käse. Gut sind die wenigen warmen Gerichte. Zu nächtlicher Stunde Pianobar.

Tango

Via Casale, 7
Tel. 02 / 8 32 10 00
Ruhetag: Montag, nicht im Sommer
Betriebsferien: im Januar
18 – 2 Uhr geöffnet

Die gemächliche Atmosphäre des Naviglio und das rege Leben der Mailänder Nächte charakterisieren dieses Lokal. Wunderbare Bloody Mary, Molito, Margarita und andere Aperitifs und exotische Longdrinks, als Begleitung Tartine, Mozzarella, Patatine, Salate und Spezialitäten aus der Karibik und aus Mexiko.

Milano Maciachini – Bovisa

La Contrada

NEU

Trattoria
Via Cialdini, 89
Tel. 02 / 6 45 66 21
Ruhetag: Sonntag u. Montagabend
Betriebsferien: 20 Tage im August
70 Plätze + 100 im Freien
Preise: 50 000 Lire, ohne Wein
Kreditkarten: alle
Mittags und abends geöffnet

Eine Ecke in Mailand, die nicht von grellem Licht, Verkehr und Lärm beherrscht würde? Ein ruhiger Ort, um mit Freunden einen entspannten Abend zu verbringen, fernab vom quirligen Lebensrhythmus der Stadt? Die Trattoria von Anna Passalacqua und Maurizio Marinangela ist eine gelungene Mischung aus ländlicher Atmosphäre und städtischer Lebensart. Das Lokal liegt in Affori am nördlichen Stadtrand Mailands in einem antiken Haus, in dem zu Anfang des Jahrhunderts der alte Besitzer seinen offenen Hauswein an die Mailänder verkaufte. Selten in Mailand: die Quantität tut der Qualität keinen Abbruch.
Das kulinarische Angebot ist groß: verschiedene Antipasti, unter denen uns die **Gänsebrust mit Ziegenkäse und Oliven** und einige appetitliche Bruschette aufgefallen sind. Bei den Primi findet man nach strenger Mailänder Tradition diverse, meisterlich zubereitete **Risotti** (**alla milanese con ossobuco**, aber auch mit Birnen, Grappa und Taleggio, mit Steinpilzen, Pesto und Krebsen, mit Barolo, mit Flußbarschfilets) und einige andere Gerichte aus hausgemachten, frischen Nudeln. Bei den Hauptspeisen haben uns die **Cotoletta alla milanese** mit Tomatenwürfeln, die Entenbrust mit Trüffelsauce, der Portafoglio di vitello »alla Contrada« und die große gemischte Fischplatte vom Grill gut geschmeckt. Die Desserts sind hausgemacht: Tiramisù, Apfeltorte mit Kirschwasser und Panna cotta. Bewundernswert ist die Weinkarte.
Mittags ißt man ein kleines Menü für 25 000 Lire, Service eingeschlossen.

Milano · San Gottardo – Porta Ticinese

La Madonnina

Trattoria
Via Gentilino, 6
Tel. 02 / 89 40 90 89
Ruhetag: Sonntag
Betriebsferien: August
60 Plätze + 40 im Freien
Preise: 35 – 40 000 Lire
Kreditkarten: MC, Visa
Nur mittags, Fr., Sa. auch abends geöffn.

Mitten im Herzen des volkstümlichen Mailand, wo einst die Handwerker ihre Werkstätten hatten und die alten Wohnhäuser standen, deren Wohnungen man von Balkonen aus betrat, liegt »La Madonnina«. Die seit einigen Jahren von Fabio Locatelli, Luciano Dossena und Paolo Kempis geführte Trattoria ist eine der letzten ihrer Art, sowohl in bezug auf das Ambiente als auch auf ihre Küche, ihren Service und ihre Gäste. Hier treffen sich alle, die sich nicht mit dem schnellen »Panino« in der Mittagspause anfreunden können. Im Sommer ißt man am Abend unter der schönen Laube, der Bocciaplatz schafft Atmosphäre.
Es kann durchaus vorkommen, daß Sie Ihren Tisch mit anderen teilen müssen, dann bringt ein freundlicher Kellner sogleich die Speisekarte: **Gemüsesuppen**, Orecchiette mit Broccoli, Spaghetti mit Tomaten- oder Fleischsauce als Einstieg. Als Hauptspeise gibt es **Trippa**, **Leber**, Brasato, Arrosto, Hackbraten, Cotoletta **milanese** (die echte mit dem Knochen perfekt fritiert), Bistecca, Kotelett, Gemüsebeilagen. Kurz, eine kleine Anthologie typisch Mailänder Küche, die auf Dauer etwas eintönig zu werden droht. Einige Abwechslung würde vor allem am Abend nicht schaden, wenngleich wir das Lokal auch weiterhin wegen seiner angenehmen Atmosphäre und seiner für Mailänder Verhältnisse ausgesprochen ansprechenden Preise empfehlen möchten.
Auch bei den Süßspeisen dürfen Sie keine Wunder erwarten, es sind die üblichen, desgleichen die Weine, wo der Preis das Angebot bestimmt (wenn auch so manches Etikett recht schmuck ist).

Bei Wilma und Riccardo in der Via Ascanio Sforza, 10: Herstellung und Verkauf von Marmeladen, Saucen, Säften und eingemachtem Obst.

Milano
Porta Vittoria – Dateo

La Piola

NEU

Trattoria
Viale Abruzzi, 23
Tel. 02 / 29 53 12 71
Ruhetag: Sonntag
Betriebsferien: 3 Wochen im August und 1 Woche zu Weihnachten
45 Plätze
Preise: 45 000 Lire, ohne Wein
Kreditkarten: Visa
Mittags und abends geöffnet

Ein grün-gelbes Schild an einer der meistbefahrenen Straßen Mailands, der Viale Abruzzi, führt Sie weg von Hektik und Lärm und mitten hinein in die lombardische Tradition. Camilla Carrara bietet in ihrem sympathischen Lokal die Klassiker dieser Küche, die nur zugunsten des Rucola zuweilen aus dem Rahmen fällt.
Risotti beherrschen souverän die Speisekarte: »gelb« (nicht ganz all'onda), »monzese« mit Wurst, »lodigiano« mit Fleisch und Rotwein, mit Flußbarschfilets, mit Saisongemüsen. Ausgezeichnet der **Riso in cagnone**: gekochter Reis, der mit Nußbutter, Knoblauch, Salbei und Parmesankäse abgeschmeckt wird. Natürlich gibt es Pasta und Minestrone, zudem eine zarte Kürbiscreme. Die Hauptspeisen machen mit der **Cotoletta alla milanese** von sich reden. Es gibt die klassische Version mit Knochen, die sommerliche Variante mit frischen Tomaten, oder als Bestandteil des **Fritto alla lombarda** wird sie zusammen mit Hirn, Filone, Artischocken, Auberginen, Zucchine und einer Apfelscheibe serviert: alles leicht und meisterlich paniert und fritiert. Deftiger sind die traditionellen Gerichte aus der Bauernküche: Casoeûla, Rostisciàda, Polenta, Tettina fritta mit Kartoffeln, Rostin negàa, **Stracotto** »California«, der mit Pancetta gespickt, einigen Spritzern Essig versehen, in Milch und Sahne gedreht und mit glasierten Zwiebelchen garniert wird. Bolliti und Braten bekommt man einmal pro Woche. Die Süßspeisen sind fast alle hausgemacht: Apfelkuchen, Crostate, Zabaione. Die Weinkarte ist stark lombardisch ausgerichtet, und das heißt: Oltrepò, Franciacorta und Valtellina.

Bei L'Altro Vino in der Via Piave 9 finden Sie die besten italienischen und internationalen Weine (über 900 Marken), Champagner und Destillate, zudem Öl, Saucen, Pâté, Marmeladen, Honig und Kekse.

Milano
Farini – Sarpi

La Veneta

NEU

Trattoria
Via Giusti, 14
Tel. 02 / 34 28 81
Ruhetag: Montag
Betriebsferien: August
50 Plätze
Preise: 40 – 50 000 Lire, ohne Wein
Kreditkarten: die bekannteren
Mittags und abends geöffnet

Eine echt venezianische Trattoria im Herzen Mailands, die die kulinarische Tradition des Veneto hochhält. In einem schlichten und, bis auf eine Vielzahl wunderschöner Pflanzen, eher schmucklosen Ambiente macht die Küche um so mehr von sich reden.
Koch und »Patron tuttofare« ist Giovanni Pauletto, der zusammen mit seiner Frau Rosy nicht an Erklärungen und Kommentaren spart, wenn es um seine Küche geht. Alle Gerichte sind gut zubereitet (wenn ihnen auch hin und wieder ein bißchen Leichtigkeit nach dem heutigen Geschmack guttun würde), und man hat eine schöne Auswahl. Probieren Sie Pasta e fagioli und **Bigoi** (in bianco) **mit Ente** oder Fragolino, die **Ravioloni mit Steinpilzen** aus Montello und die Risotti (in der Saison, con trevigiana). Bei den Secondi waren wir vom **Baccalà mantecato alla veneziana** begeistert. Er allein wäre einen Besuch in diesem Lokal wert. Als Alternative empfehlen wir **Sarde in saor, Baccalà alla vicentina, Gamberoni alla busara** und, bei den Fleischgerichten, Stracotti, Coniglio alla trevisana und, natürlich, **Fegato alla veneziana**. Als Süßspeise ein ausgezeichneter warmer Strudel, der mit frischem Mascarpone serviert wird.
Die Weine kommen aus dem Veneto und aus Friaul. Eine kleine Auswahl an Whiskeys ist vorhanden. Bemerkung am Rande: Mittags und abends gibt es die gleiche Speisekarte.

In der Via Paolo Sarpi 8 kauft man bei Il Macellaio hervorragendes Fleisch und Spezialitäten.

Le Vigne

NEU

Osteria
Ripa di Porta Ticinese, 61
Tel. 02 / 8 37 56 17
Ruhetag: Sonntag u. Montagabend
Betriebsferien: August
60 Plätze
Preise: 40 000 Lire, ohne Wein
Kreditkarten: AE, Visa
Mittags und abends geöffnet

Vor acht Jahren hat der schwungvolle Roberto De Feudis in einem ehemaligen Milchladen seine bezaubernde Osteria am Naviglio Grande eröffnet: eine Atmosphäre »à la Bohème«, wie sie so typisch für die Lokale dieser Gegend ist, schlichte Eleganz in der Einrichtung und ungezwungene Herzlichkeit beim Empfang. Die Küche und die Weinkarte bestätigen diesen ersten Eindruck voll und ganz. Neuen Gäste schenkt man eine unaufdringliche Aufmerksamkeit, die Stammgäste werden mit größerer Vertraulichkeit begrüßt.
Die Speisekarte paßt sich der Jahreszeit an, und die Gerichte wechseln jeden Monat. Wir haben die Gnocchi mit Gorgonzola und Kastanienhonig, eine Terrina di fegato e fichi, den **fritierten Kabeljau mit Polenta** und **Coniglio in porchetta** probiert. Des öfteren gibt es einfache, aber köstliche **Bruschette** mit Kräutern und feinstem Olivenöl, kalten Baccalà mit grünen Bohnen, ausgezeichnete **Tagliolini mit Wurst**. Der kreative Meisterkoch all dieser Köstlichkeiten ist José Juan Lema aus Uruguay. Ob ein vollständiges Essen oder ein kleiner Imbiß mit sehr guten **Affettati** (Culatello, Lardo di Arnad, Lardo di Colonnata, Musetto aus der Valsugana, Mocetta, verschiedene Salamisorten) oder italienischen und französischen **Käsespezialitäten**, der kulinarische Genuß ist garantiert.
Gut sind die Süßspeisen und das hausgemachte Eis. Das Angebot an italienischen und französischen Weinen ist groß und sorgfältig durchdacht. Kurzum, eine gute und echte Osteria.
Notabene: Mittags gibt es für 17 000 Lire ein kleines Menü.

In der Via California 22 bietet die Baita del Formaggio von Marcello Rusconi die besten Produkte aus den lombardischen Tälern: Caprino, Quartirolo, Toma.

Milano
Navigli

L'Osteria

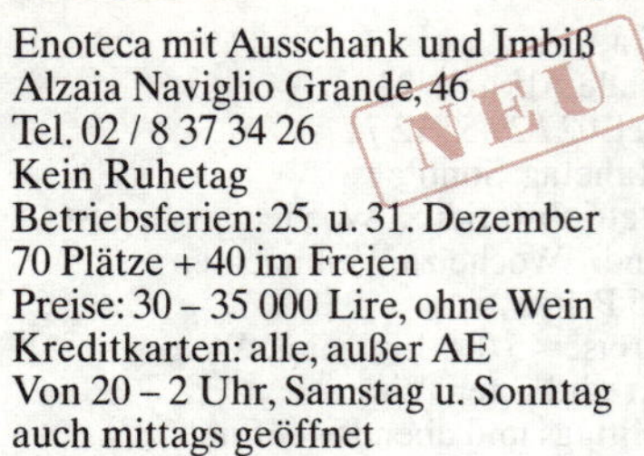

Enoteca mit Ausschank und Imbiß
Alzaia Naviglio Grande, 46
Tel. 02 / 8 37 34 26
Kein Ruhetag
Betriebsferien: 25. u. 31. Dezember
70 Plätze + 40 im Freien
Preise: 30 – 35 000 Lire, ohne Wein
Kreditkarten: alle, außer AE
Von 20 – 2 Uhr, Samstag u. Sonntag auch mittags geöffnet

Einst transportierten schwerbeladene Lastkähne den Marmor für den Dombau über den historischen Naviglio Grande in die Stadt. Heute stellen die Wasserstraßen Mailands den romantischen Hintergrund für Gastlichkeit und echte Eß- und Trinkkultur. Viele Lokale liegen an den Ufern entlang der Navigli. »L'Osteria« von Francesco Bisignani kann getrost als Vorreiter für eine Art von Osteria-Kneipe gelten, in der man sich auf »einen Happen und einen guten Tropfen« trifft. In jüngster Zeit wurde das Lokal angenehm vergrößert.
Das Menü richtet sich nach der Jahreszeit, aber die Appetithäppchen, Suppen, Salate, Käse und Aufschnitte sind ausgewählte Leckerbissen: gut die **Quiches mit Zucchine** und mit Auberginen und die **lauwarmen Linsensalate mit Gänsebrust**; ausgezeichnet die **Käsespezialitäten** italienischer (Taleggio, Caprino, Pecorino und Provola) und französischer Herstellung. Empfehlenswert beim Aufschnitt sind Finocchiona, Pancetta agliata, Capocollo, Speck und Lardo al rosmarino.
Die Weinkarte mit 170 Marken ist das Glanzstück des Lokals. Zudem werden halbe Flaschen angeboten, manche Weine gar glasweise ausgeschenkt. Und als Dessert gibt es **Ossi di Montalcino**, Morselletti oder Cantucci mit Honig und mit Schokolade.

L'Enoteca Ronchi in der Via San Vincenzo 12 ist bei Mailänder Weinkennern ein Mythos, aufgrund der umfangreichen Karte mit italienischen und ausländischen Weinen und Destillaten. Ausgezeichnet die Marmeladen, Kekse und andere sorgfältig ausgewählte Produkte.

Milano
Repubblica – Centrale

L'Osteria del Treno

Eisenbahnerverein
Via San Gregorio, 46/48
Tel. 02 / 6 70 04 79
Ruhetag: Samstag und Sonntag mittag
Betriebsferien: 10. – 20. August
70 Plätze + 40 im Freien
Preise: 40 – 50 000 Lire, ohne Wein
Keine Kreditkarten
Mittags und abends geöffnet

Vor hundert Jahren als »Eisenbahnerlokal« geboren, ist das Lokal heute wie einst zur Mittagszeit das beliebte Ziel jener, die im Umkreis arbeiten. Preiswerte Gerichte, von der Köchin Antonia selbst mündlich vorgestellt und serviert. Doch das nur am Rande. Denn die wahre Seele des Lokals ist der jüngst geschmackvoll renovierte Jugendstil-Saal. Er gibt den kulturellen Veranstaltungen und Arcigola-Treffen, die der Wirt Angelo Bissoliti organisiert, den gebührenden Rahmen. Wen wundert es da, daß diese originale Osteria zu einem wichtigen Mailänder Treffpunkt geworden ist.
Am Abend läßt der Koch Luca Savese seinen Interpretationen der Küche der Poebene freien Lauf: handgemachte Nudeln, wie **Tortelli** mit Kürbis, mit Kartoffeln, mit Radicchio, mit frischen Borlotti-Bohnen, Tomaten und Majoran. Die süßsauren Traditionen der Hofküche der Gonzaga sind bei den Hauptspeisen lebendig: Braten mit Trockenfrüchten gefüllt und in Honig gegart, **Costolette di agnello** mit Heidelbeeren und Pflaumen, zarte **Carpioni di pesce**, klassischer **Hecht in Sauce**. Der größte Schatz des Lokals sind zweifellos die **Wurstwaren** und **Käsesorten**, die Angelo unermüdlich aus allen Landesteilen zusammenträgt. Selbst die seltensten Spezialitäten entgehen ihm nicht.
Die Weinkarte ist mit italienischen Weinen gut bestückt. Ein besonderes Augenmerk hat man auf das Preis-Leistungs-Verhältnis gerichtet.

Pasticceria San Gregorio, Via San Gregorio, 1: ein Fest für Augen und Gaumen.

Il Salumaio, Via Monteapoleone, 12: Es lohnt sich, eigens ins Stadtzentrum zu fahren, um eines der erlesensten Feinkostgeschäfte aufzusuchen.

Milano
Cinque Giornate

New Bar Pascone

NEU

Trattoria
Viale Montenero, 57
Tel. 02 / 5 51 02 59
Ruhetag: Sonntag
Betriebsferien: 15 Tage im August
80 Plätze + 12 im Freien
Preise: 30 – 35 000 Lire
Kreditkarten: alle
Mittags und abends geöffnet

Einfache, gute und gesunde Küche wie zu Hause? Die Trattoria von Raffaele Pascone und seiner Familie ist das richtige für Sie. Echt und schlicht ist auch das Ambiente: an den Wänden unzählige Bilder wie in den alten Osterie, auf den Tischen makellose Tischdecken und Stoffservietten. In einer Zeit, in der selbst in ausgesuchten Restaurants Papier und Plastik auf den Tischen gang und gäbe sind, schien uns dies erwähnenswert. Man wird sehr herzlich empfangen, die kampanische Mentalität der Besitzer läßt sich nicht verleugnen.
Es gibt eine Speisekarte. Aber wir möchten Ihnen lieber von den herrlichen Tagesgerichten erzählen, die Mamma Laura mit Leidenschaft zubereitet. Jeden Morgen frische Pasta: **Cavatielli** aus weißem Mehl, die in der Pfanne mit Mozzarella, Tomaten und Basilikum oder mit Rucola und Peperoncino angerührt werden, Gomiti aus Vollkornmehl mit Tomaten und Pilzen, **Ravioli di magro** und **Kartoffelgnocchi mit Pesto**. Zu diesen schmackhaften Primi gesellen sich Gemüsesuppen mit Reiseinlage und deftigere Gerichte im Winter. Unter den Secondi **Cotoletta** milanese, auf Wunsch mit Rucola, Roastbeef, Florentinersteak, Filet, Vitello tonnato, letzteres in den kalten Monaten durch Gulasch und Spezzatino ersetzt. Gut sind auch die Beilagen: Patate al forno mit Rosmarin, gemischte Salate, Peperonata. Ausgesprochen lecker sind die Süßspeisen: Tiramisù, Obstkuchen, manchmal Pastiera napoletana.
Wenige, aber anständige Weine, in der Mehrzahl aus der Toskana mit einer kleinen Auswahl aus dem Oltrepò.

Casa del fungo e del tartufo in der Via Anfossi 14: große Auswahl an frischen Trüffeln und Pilzen, zudem Sott'olio.

Olivia

Restaurant
Viale D'Annunzio, 7/ 9
Tel. 02 / 89 40 60 52
Ruhetag: Samstagmittag u. Sonntag
Betriebsferien: 2 Wochen im August und 1 Woche zu Weihnachten
60 Plätze
Preise: 50 000 Lire, ohne Wein
Kreditkarten: alle
Mittags und abends geöffnet

Wer auf den Spuren der Traditionen des Mailänder Volkes wandert, den führt der Weg unweigerlich an die Navigli. Unmittelbar gegenüber dem alten Hafenbecken am Naviglio Grande liegt das Lokal von Grazia Ghisetti und Maurizio Retani. Intime Atmosphäre, moderne Einrichtung und eine Küche, die unter Verwendung typischer Zutaten (Mocetta, Lardo, weißes Fleisch und Filet, Geräuchertes und Ziegenkäse) auf ein kulinarisches Gleichgewicht Wert legt. Für Vegetarier und »alternative« Esser werden Speisen angeboten, die Vollkornmehl, Salaten und Kräutern besondere Aufmerksamkeit schenken.
Im Frühlingsmenü haben wir vegetarische Vorspeisen gefunden, Carpaccio aus geräuchertem Saibling, marinierte Sardellen, Terrina di verdure; dann **Risotti** (mit Scampi, Spargel und Curry, mit Hopfensprossen), Ravioli mit Ziegenkäse, **Kartoffelgnocchi**, Crespelle aus Vollkornmehl. Als Secondi werden hervorragende Fleischgerichte angeboten: Rinderfilet mit rosa Pfeffer, Tagliatina di filetto, Coniglio alla senape, Gänsebrust in einer Sauce aus Honig und Koriander, **Kalbskotelett**. Als Alternative gibt es Carpaccio vom Schwertfisch, Chèvre al forno, gegrilltes Gemüse. Die Desserts wären ein eigenes Kapitel wert.
Kurzum, ein Restaurant, das die leichte, phantasievolle Küche bevorzugt, zudem einen gut sortierten Weinkeller, einen aufmerksamen Service und alles in allem anständige Preise bietet. Mittags bekommt man für 18 000 Lire ein Zwei-Gänge-Menü.

Eine umwerfende Auswahl an Getreideprodukten, wie Mehl, Reis und getrocknete Hülsenfrüchte, bietet Al granè an der Piazza Sant'Eustorgio 4. Bei Davenia, Corso Colombo 4, bekommen Sie typische apulische Spezialitäten, wie Pane di Altamure, Burrate, Konserven und Gebäck.

Milano
Navigli

Osteria di Via Pré

NEU

Trattoria
Via Casale, 4
Tel. 02 / 8 37 38 69
Ruhetag: Montag
Betriebsferien: August
60 Plätze
Preise: 50 000 Lire, ohne Wein
Kreditkarten: alle
Mittags und abends geöffnet

Ein ligurisches Ambiente empfängt Sie im Lokal von Carlo Gazzola nahe dem Naviglio Grande. Gleich am Eingang bekommt man einen Vorgeschmack auf kommende Genüsse: Torte salate, Focaccia, Alici und Insalate sind auf einer Theke verführerisch ausgestellt.
Die Küche ist ligurisch mit einer Präferenz für Fischgerichte. Es gibt eine ausführliche Speisekarte, zudem verschiedene Tagesgerichte. Kaum hat man Platz genommen, stehen Focaccia und schwarze Oliven auf dem Tisch, gefolgt von einem reichhaltigen Antipasto mit in Essig eingelegtem Gemüse, Alici, Acciughe sotto sale, **Salat aus Oktopus und Kartoffeln**, gefülltes Gemüse, Pesce in carpione, **Tortino di acciughe e patate**. Gute **salzige Kuchen**! Die Primi sind vorzüglich: **Mesciüa**, Trenette, **Trofie**, Lasagne mit Pesto, **Pansoti** mit Nußsauce, **Ravioli mit Fisch**. Von den Tagesgerichten haben wir die Tagliatelle con cicale di mare, Trofie al Raschera und mit Pilzen, Linguine con cicale e pomodoro probiert. Köstlich zubereitet ist der **Fritto misto di Paranza**, ebenfalls gut der **Stocco alla genovese** mit Tomaten, die Zuppetta di mare, Moscardini in zimino, **Kaninchen mit Oliven**, gefüllte Sardellen und Sardinen, Anglerfisch mit Kapern. Man bekommt auch Fische in Salz oder im Ofen gegart (Seebarsch, Goldbrasse) und auf Vorbestellung den berühmten Cappon magro (ein üppiger Salat mit Gemüse und Meeresfrüchten). Als Süßspeise empfehlen wir Panna cotta, Crostate, Tarte Tatin. Eine anständige Auswahl an – vor allem ligurischen und trentinischen – Weißweinen; die Rotweine kommen im wesentlichen aus Ligurien, Piemont und Lombardei.
Die Portionen sind reichhaltig, die Preise alles in allem anständig, wenngleich ein reines Fischmenü die Preisgrenze unseres Osteriaführers überschreitet.

Milano
Piazza Napoli

Tagiura

Osteria
Via Tagiura, 5
Tel. 02 / 48 95 06 13
Ruhetag: Sonntag
Betriebsferien: August
120 Plätze
Preise: 35 – 40 000 Lire
Keine Kreditkarten
Mittags, abends nur auf Vorbestellung geöffnet

Fast ein Geheimtip ist diese Osteria, die von außen wie eines der vielen namenlosen Lokale der Mailänder Außenbezirke aussieht. Nur ein anonymes Schild »Caffè Moquito« dient als Hinweis. In den drei Speisezimmern empfängt Sie eine heitere Stimmung. Wählen Sie zwischen einem bistroähnlichen Ambiente, einer Holzveranda voller Pflanzen und einem kleinen Raum mit Fresken und Kamin.
Tullia verführt Sie sogleich mit ihrem Speiseplan: Wurstwaren aus Piacenza (die Heimat der Familie Angelotti), Pancetta, Coppa, Lardo, Salami und ein vorzügliches hausgemachtes Pâté. Die Primi sind schlicht und schmackhaft: **Marubini** cremonesi al burro, Marubini in brodo al ven, Tagliatelle, Testaroli al pesto, **Kartoffelgnocchi**, Gramigna con salsiccia, **Minestrone**, Gerstensuppe und kalte und warme Suppen mit Hülsenfrüchten, lockere Crespelle. Ein- oder zweimal pro Woche steht Fisch auf dem Programm: Forelle (von einem Freund des Hauses gefangen) meist freitags. Pferdefleisch oder **Asinella in stracotto** oder gegrillt, ein zartes Vitello tonnato, Milanese mit frischen Tomatenwürfeln, aber auch Bracioline pugliesi con purè di fave e cicorino, Oktopussalat, **Gemüsetorten** und ein unvergleichliches Filetto glassato al lardo pestato. Einige sehr gute Käsesorten und hausgemachte Desserts gibt es zum Abschluß: Panna cotta mit Obstsauce, Torte mit Birnen und Schokolade, Tatin, hauchfeiner Strudel und ein diätfreundliches Dolce mit Früchten.
Gute offene Weine: Cabernet und Tocai Puiatti; Bonarda wird im Haus abgefüllt. Ansonsten findet man die wichtigsten Marken aus dem Piemont und Trentino, einige französische Tropfen und ein paar sizilianische Zibibbo.

Die Gelateria Marghera, Via Marghera 33, bietet 50 verschiedene Eissorten mit ausgezeichneten Cremes an.

Milano
San Babila

Taverna Visconti

Enoteca mit Ausschank u. w. Küche
Via Marziale, 11
Tel. 02 / 79 58 21
Ruhetag: Sonntag
Keine Betriebsferien
90 Plätze
Preise: 35 000 Lire, ohne Wein
Kreditkarten: die bekannteren
Mittags und abends geöffnet

In der »Taverna Visconti« scheint mitten in Mailand die Zeit stehengeblieben zu sein. Unweit der Piazza del Duomo in einer engen und spärlich beleuchteten Straße herrscht in diesem Lokal echte »Bistro à vin«-Atmosphäre wie einst: im Erdgeschoß das Bistro mit kleinen Tischchen und einer mächtigen Holztheke, die im 19. Jahrhundert in einer Apotheke stand; in den alten Kellergewölben hingegen ist das Restaurant eingerichtet.
Das kulinarische Angebot ändert sich fast täglich und richtet sich nach den Jahreszeiten. Unter den vier Antipasti-Vorschlägen finden wir **Torte rustiche**, Schinken (bisweilen gar Pata Negra), Pâté und ein Lieblingsgericht der Stammgäste: **Würstel e crauti**. Es folgen warme Primi wie **Suppen** (Dinkel, Gerste, Kichererbsen), Timballo di pasta, Crepes oder eine schöne **kalte Minestrone**. Von den Hauptspeisen empfehlen wir **Carpaccio scottato**, Sfilacci di cavallo allo tirolese, Bocconcini di pesce spada alla messinese und Anglerfisch mit rosa Pfeffer. Besondere Sorgfalt wird auf die italienischen und ausländischen **Käsesorten** verwendet: Caprini del Boscasso, Burrata aus Corato, Mozzarella di bufala und gute französische Marken. Zum Abschluß leckere Süßspeisen: Pastiera, Schokoladentorte, Tarte tatin. Täglich gibt es neun Weine, die glasweise ausgeschenkt werden, daneben eine Weinkarte mit 300 Marken aus aller Herren Länder (u. a. Frankreich, dem Libanon, Argentinien, Chile) und einen deutschen Eiswein.

Sage und schreibe zweiunddreißig verschiedene Pralinensorten, Brioches, Reispudding, Torten und klassisches Gebäck finden Sie in der hübschen Jugendstil-Konditorei Taveggia in der Via Visconti di Modrone 2.

Milano
Porta Genova – Solari

Trattoria all'Antica

NEU

Trattoria
Via Montevideo, 4
Tel. 02 / 8 37 28 49 und 58 10 48 60
Ruhetag: Samstagmittag u. Sonntag
Betriebsferien: Aug. u. Weihnachten
45 Plätze
Preise: 45 000 Lire, ohne Wein
Kreditkarten: alle
Mittags und abends geöffnet

Das einstmals volkstümliche Flair dieser Gegend zwischen Parco Solari, Porta Genova und den Navigli umgibt dieses Lokal. Wer sich von »festen Menüpreisen« nicht abschrecken läßt und die Atmosphäre einer alten Mailänder Trani (Schänke) sucht, ist in der kleinen Trattoria gut aufgehoben. Signor Domenico und seine Frau Maria Catin nehmen durch ihr freundliches Wesen alle für sich ein. Die meisterliche Küche Signor Domenicos tut ein übriges.
Die Gerichte sind vorzüglich: **Pâté** vom Perlhuhn oder von der **Leber**, Nervitt und Bohnen bilden den Anfang, es folgen beste **Risotti** (all'onda, al salto, mit Broccoletti) oder Crespelle, alles streng hausgemacht. Gut sind auch die Hauptgerichte, die sich nach der Jahreszeit und dem Angebot auf dem Frischmarkt richten: herrliches Roastbeef mit Balsamico-Essig, erstklassige **Involtini mit Pilzen**; im Winter die klassische Mailänder **Casoeüla**, Brasati, Schmorbraten und **Cotoletta alla milanese**. Gute Auswahl an Käse und hausgemachten Süßspeisen. Insgesamt gibt man nicht mehr als 45 000 Lire aus; dazu kommt der Wein, den man unter etwa dreißig Marken wählen kann.
Kurz: ein Lokal im antiken Stil, in dem weniger der Gast auswählt, als Signor Domenico empfiehlt. Vertrauen Sie sich ihm unbesorgt an. Er führt Sie sicher durch sein kulinarisches Reich.

Milano
Porta Romana

Trattoria del Pescatore

NEU

Trattoria
Via Vannucci, 5
Tel. 02 / 58 32 04 52
Ruhetag: Sonntag
Betriebsferien: August, 25. Dez.– 3. Jan.
90 Plätze
Preise: 55 000 Lire, ohne Wein
Keine Kreditkarten
Mittags und abends geöffnet

Wer kennt das nicht? Einerseits möchte man jedem von seiner Neuentdeckung erzählen, andererseits sie wie einen kostbaren Schatz geheimhalten. Vielleicht sind ja alle Gäste der »Trattoria del Pescatore« eine Art Geheimnisträger, denn Tatsache ist, daß man schon lange im voraus bestellen muß, um einen Platz zu finden.
Wie der Name verrät, ißt man hier nur Fisch. Sie können ihn an der Theke selbst auswählen. Giuliano Ardu und Franco Marceddu bereiten Ihnen einen herzlichen Empfang und führen Sie an die engstehenden Tischchen im Trattoriastil. Agnese Atzeni und Renzo Figus sind die Küchenmeister. Die Vorspeisen kommen vom Buffet: Insalata di mare, Muscheln, Sauté di vongole, Oktopus. Danach gibt es allerlei Spaghettigerichte: al cartoccio, mit Scamponi, mit Hummer, al granchio reale, alle vongole veraci; besonders gut sind die **Spaghetti alla bottarga**, **vongole e calamaretti**. Wer keine Nudeln möchte, ißt **Riso alla marinara**, alla granseola oder mit Tintenfischschwärze. Bei den Hauptspeisen fällt die Wahl schwer: klassische **Grigliata** mit Krebsen, Scampi, Tintenfischen, ein zartes Fritto misto, **Seebarsch** und Goldbrasse in Alufolie, gegrillt oder in Salz. Das fürs Auge und die Geschmacksnerven gleichermaßen interessanteste Gericht ist der **Aragosta alla catalana** mit Zwiebeln und Tomaten. Verständlicherweise ist es auch das teuerste. Neben dem Hauswein, dem weißen Bithia, gibt es eine Weinkarte mit etwa siebzig Marken. Zum süßen Schluß ein frisches Sorbetto, Mirto oder Filu e ferro aus der sardischen Küche.

In der Via Lombroso 54 kann man bei Cibus sardische Lebensmittel kaufen: Nudeln, Reis, Öl, Wein, Käse, Liköre und Süßwaren (Pabassinus, Gueffus, Amaretti).

Milano Via Torino

Trattoria Milanese

Trattoria
Via Santa Marta, 11
Tel. 02 / 86 45 19 91
Ruhetag: Dienstag
Betriebsferien: August, 24. Dez. – 6. Jan.
100 Plätze
Preise: 50 000 Lire, ohne Wein
Kreditkarten: die bekannteren
Mittags und abends geöffnet

Die »Trattoria Milanese«, seit 1913 in den Händen der Familie Villa, kann auf eine erfolgreiche Vergangenheit zurückblicken. Bis heute hat sich an der alten, behaglichen Osteria-Einrichtung, dem traditionellen Flair (trotz einiger Um- und Ausbauten) und der typischen Mailänder Küche nichts geändert.
Als Vorspeisen werden ausgezeichneter Speck, Gänsesalami und Nervetti mit Zwiebeln angeboten. Von den Primi möchten wir **Risotto alla milanese**, Risotto al salto, Pasta e fagioli, und im Sommer **Minestrone** scodellato, eine lauwarm servierte Gemüsesuppe, empfehlen. Im Teller kühlt sie noch weiter ab. Bei den Secondi sind uns Foiòlo (Kutteln) alla milanese, Bollito misto, Ossobuco in umido, die legendäre **Cotoletta milanese**, gedünsteter Kabeljau mit Zwiebeln (nur im Winter donnerstags und freitags), Casoeüla und, in wärmeren Jahreszeiten, Huhn in Aspik und Vitello tonnato aufgefallen.
Warme Zabaione und Linzer Torte bilden einen krönenden Abschluß. Die Weinkarte ist recht gut sortiert, mit vorwiegend piemontesischen und lombardischen Erzeugnissen, die leider etwas teuer sind.

In der Gegend gibt es mindestens drei gute Einkaufsadressen: In der Via Spadari 4 bekommen Sie stets garantiert frischen Fisch. In derselben Straße sollten Sie unbedingt einmal in Haus Nummer 9 im großen Feinkostgeschäft Peck vorbeigehen. Hier gibt es eine eigene Abteilung für Käse, für Schweinefleisch, für Wein und eine Abteilung für fertig zubereitete Köstlichkeiten. Und in der Casa del formaggio in der Via Speronari 3 finden Sie Käse aus allen Teilen Italiens und aus ganz Europa.

Montalto Pavese

31 km südlich von Pavia,
20 km von Voghera

Trattoria del povero Nando

Trattoria
Piazza Vittorio Veneto, 15
Tel. 03 83 / 87 01 19
Ruhetag: Dienstag und Mittwoch
Betriebsferien: Januar, 15. – 31. August
80 Plätze + 150 im Freien
Preise: 40 – 45 000 Lire, ohne Wein
Keine Kreditkarten
Mittags und abends geöffnet

Hinter dem manchmal etwas unwirschen Wesen Nandos verbirgt sich in Wirklichkeit eine große Liebe zu seinem Beruf. Das zeigt sich auch darin, daß er stets darum bemüht ist, in seinem Lokal nur hausgemachte Speisen anzubieten, und das reicht sogar bis zum Brot und zur Wurst.
Das Mahl hier beginnt mit Aufschnitt Sottaceti und einer bemerkenswerten **Entenleberpastete**. Bei den Primi nehmen **Suppen aus Hülsenfrüchten** großen Raum ein, darunter zum Beispiel Platterbsen-, Linsen- oder Kichererbsensuppe. Unter den Pastagerichten finden wir **Agnolotti**, **Ravioen di pover**, Strozzapreti e fagioli und **Maccheroni alla chitarra** (der Koch stammt nämlich aus den Abruzzen). Als Secondi werden vorwiegend Fleischspeisen angeboten. Besonders zu empfehlen sind hier die Brasati, die Bolliti, die **Ente** del monsignore, die Kutteln alla nandesca und das **Huhn** alla povero Nando (mit Kräutern). Dazu gibt es meist ausgezeichnete Gemüsepürees. Unverzichtbar sind die **Desserts**, Gebäck, das Nando mit kuriosen Namen belegt: Dilemma, Innominata (Namenlos), Pericolo giallo (gelbe Gefahr), Dür e moll, Amaretti. Die Auswahl an Weinen beschränkt sich auf lokale Produkte. Als Digestif gibt es selbstgemachte Liköre und Schnäpse.

In nur wenigen Minuten gelangen Sie von Montalto nach **Boscasso** (Gemeinde Ruino, Ortsteil Carmine). Dort stellen Chiara Onida und Aldo Galbiati aus der Milch ihrer Ziegen köstlichen Käse her, den Sie nicht nur kaufen, sondern nach Voranmeldung (Tel. 03 85 / 95 59 06) auch probieren können.

Montecalvo Versiggia Versa

34 km südöstlich von Pavia,
35 km von Voghera

Prato Gaio

Hotelrestaurant
Località Versa, 16 – Str. n. Volpara
Tel. 03 85 / 9 97 26
Ruhetag: Montagabend u. Dienstag
Betriebsferien: Januar
100 Plätze
Preise: 50 000 Lire, ohne Wein
Keine Kreditkarten
Mittags und abends geöffnet

Im Oltrepò Pavese gibt es nur wenige Lokale, deren Küche imstande ist, die traditionellen Rezepte des Valle Versa in immer neue kulinarische Emotionen zu übersetzen und dem modernen Geschmack anzupassen. Ein wohltuende Ausnahme ist das »Prato Gaio« von Giorgio Liberti. Gemeinsam mit seiner Mutter Ester bietet er Gerichte, die sich unter Verwendung vorwiegend heimischer Produkte nach dem Lauf der Jahreszeiten richten. Dieselbe Sorgfalt wird auf die herrliche Weinkarte verwendet. Die 150 Marken (aus dem Oltrepò Pavese) sind mit für jeden Weinkenner interessanten Bemerkungen erläutert. Als Vorspeise sollten Sie neben den klassischen Wurstwaren (bestens die **Pancetta**) mit Schita, einer Art regionalem Schiacciata, **Duls in brusc** (gedünstete Hähnchenfilets mit einer Sauce aus Ei und Essig) und **Marubé**, Insalata di cappone, Frittate und Sfoglia con zucchine e menta versuchen. Die Nudelgerichte machen einem die Wahl schwer: Tagliatelle mit Ragout und verschiedene Arten von **Ravioli** (wie das berühmte Sorbir), von den typischen mit geschmortem Fleisch bis zu den Ravioloni mit Kabeljau oder den **Tortelli mit Kastanien**. Gut sind auch die **Risotti** mit wilden Kräutern, mit Taube oder Peperoni. Bei den Hauptspeisen findet man, abgesehen vom ungewöhnlichen Kabeljau mit Rosinen, vorwiegend Fleischgerichte wie Rinderschmorbraten, Vitello alle erbe, Filet mit Pflaumen. Probieren Sie den Pecorino und die Caprini (Boscasso) aus den lokalen Käsereien. Zum Abschluß steht eine reiche Auswahl an Desserts: Mela al cartoccio, Marino (Amarenakirschen in Rotwein gekocht), Schokoladensalami, Torta paradiso.
Wer es schafft, ein vollständiges Menü zu essen (die Portionen sind groß!), gibt mit einer guten Flasche Wein nicht mehr als 50 000 Lire aus: Es lohnt sich!

Monteleone e Inverno Monteleone

22 km östlich von Pavia, S.S. 235

Righini

NEU

Trattoria
Via Miradolo, 108
Tel. 03 82 / 7 30 32
Ruhetag: Montag und Dienstag
Betriebsferien: August u. nach dem 6. Januar
90 Plätze
Preise: 45 – 50 000 Lire, ohne Wein
Keine Kreditkarten
Mittags und Do., Fr., Sa. auch abends geöffnet

Aus der ganzen Region kommen die Gäste, um die Küche von Ines Zanaboni zu genießen. Seit fünfzig Jahren kocht sie ihre legendär gewordenen Gerichte, während ihr Sohn Battista sich um den Wein kümmert. Sein roter und weißer Hauswein in San-Colombano-Qualität ist schlicht und gut. Bei dieser Beliebtheit blieb es nicht aus, daß man das Lokal vergrößern mußte. Was der entspannten Atmosphäre im typischen Slow-Stil keineswegs geschadet hat.
Fester Bestandteil der Speisekarte sind einige traditionelle Gerichte des Bassa Pavese. Nacheinander werden ohne Bestellung verschiedene Vorspeisen serviert, wie etwa eine Scheibe **Hausmachersalami** und, je nach Jahreszeit, eine Frittata mit Fröschen oder Kräutern, **warmer Cotechino**, Lebermortadella, **Faraona in carpione**. Umwerfend sind die Kostproben der vier Primi – streng hausgemachte **Ravioli di magro e di carne**, Risotto mit Gemüse oder Hülsenfrüchten, frische Nudeln mit Hasensauce. Danach werden die Servierwagen mit den Secondi aus der Küche gefahren: Bolliti misti – **mit gefülltem Huhn** –, die mit Mostarda gegessen werden, Braten, Stracotti und **Kaninchen in Essig**, für das die Köchin zu Recht berühmt ist. Im Winter gibt es des öfteren Polenta mit Zola, getrocknete Feigen in Wein gekocht und Kastanien in Milch.
Wer es sich noch »zutraut« (die Portionen sind reichlich), ißt eine lockere Torte mit Eis und geschmolzener Schokolade als süßen Abschluß. Übrigens: An Werktagen kann man mittags bei geringerer Auswahl zu einem niedrigeren Preis (35 000 Lire) gut essen.

Monzambano Castellaro Lagusello

33 km nördlich von Mantua, S.S. 236

La Dispensa

Enoteca mit Ausschank und Küche
Via Castello, 21
Tel. 03 76 / 8 88 50 und 0 45 / 7 95 10 70
Ruhetag: Montag bis Donnerstag
Betriebsferien: Juli /August
24 Plätze + 30 im Freien
Preise: 35 000 Lire, ohne Wein
Keine Kreditkarten
Fr. u. Sa. abends, So. ganzt. geöffnet

Freundliche Atmosphäre, Aufmerksamkeit und kulinarische Virtuosität – »La Dispensa« würden wir getrost unserem besten Freund empfehlen. Sergio, Nicla, Leonardo und Simone haben vor Zeiten mit einem kleinen Wein- und Feinkostladen angefangen. Nach und nach wurden die Speisekarte erweitert und die Räumlichkeiten verändert. Heute betreiben sie in dem hübschen Weiler Castellaro Lagusello einen Laden (Käse, Wurstwaren, Olivenöl u.a.), eine Enoteca und eine Osteria. Ob man auf einen kleinen Imbiß aus Wurst, Käse, Süßes und Wein, glasweise ausgeschenkt, hereinschaut oder sich zu einem kompletten Menü hinreißen läßt, die behagliche Atmosphäre des hübschen Gastzimmers ist der passende Rahmen. Probieren Sie die Pancetta croccante con spinacino e radicchietto, den Taleggio und den **Bagòss mit** der lockeren **Polenta veronese** oder die große Vorspeise mit fünf Gerichten (u. a. Bruschetta, Patate olio e acciughe, Sedano Gorgonzola e noci). Auf keinen Fall dürfen Sie den herrlichen **Culatello** (der Preis ist etwas hoch, aber ist es wert) versäumen. Es gibt vorzügliche **gefüllte Nudeln**, **Risotto mantovano**, **Quagliette ripiene** und **Stracotto vom Esel**. »La Dispensa« ist zudem das richtige Lokal für Liebhaber von **Käse**: Lassen Sie sich Gorgonzola naturale, Sairas (Ricotta aus Schafsmilch), Toma di Langa, Toma di Oropa und Macagnetta aus dem Val d'Ossola bringen. Als Süßspeise gibt es die Klassiker: Sbrisolona oder Obstkuchen. Der Weinkeller birgt eine große Anzahl guter Marken aus der Gegend und aus ganz Italien.
Notabene: »La Dispensa« ist nicht immer geöffnet, beachten Sie die Öffnungszeiten, und rufen Sie vorher an.

Morbegno Madonna

25 km westlich von Sondrio, S.S. 38

Osteria del Crotto

Trattoria
Ortsteil Madonna
Tel. 03 42 / 61 48 00
Ruhetag: Sonntag
Betriebsferien: 3 Wo. Aug./ Sept.
30 Plätze + 30 im Freien
Preise: 40 – 45000 Lire, ohne Wein
Alle Kreditkarten
Mittags und abends geöffnet

Der Crotto (d. h. Osteria), die typische gastronomische Institution in diesen Tälern, hat Maurizio Vaninetti bei der Einrichtung seines kleinen Berghauses inspiriert, das tatsächlich einmal ein Crotto war. Und wie ehedem ißt und trinkt man in diesem Lokal in heiterer, gastlicher Atmosphäre und angenehmem Ambiente, mit viel Holz und einem schönen Kachelofen. Im Sommer genießt man die frische Luft vom Wald, der über der überdachten Terrasse ansteigt. Maurizio sorgt (auf Voranmeldung) gern für ein vollständiges Veltliner Mahl mit typischem Aufschnitt, Polenta taragna und Pizzoccheri; sonst strebt seine Küche etwas nach Höherem, indem er dieselben Grundmaterialien zu individuelleren Gerichten verarbeitet. Die Bresaola wird mit Butter und Roggenbrot serviert, aus Polentagrieß entstehen **Gnocchetti croccanti con funghi porcini**, Buchweizenmehl ist in den **Gnocchi con fonduta di bitto** und in den Crespelle mit Wirsing und Bitto, dem typischen Käse. Im Winter gibt es als Hauptspeisen **Wild** (Terrine, Hirschfilet mit Blaubeeren, Bocconcini di capriolo in salmì), Schmorbraten, **entbeintes Kaninchen** mit Valtellina Superiore. Ab dem Frühling kann man manchmal Fisch aus dem See bekommen (z. B. Carpione von Renke). In der Saison reichern Pilze das warme Carpaccio oder den Salat mit rohem Fleisch an. Zum Schluß die bekannten Käse aus dem Tal (**Bitto**, Casera, Latteria) und die mit dem Löffel zu genießenden Dolci. Gut zusammengestellte Weinkarte mit angemessener Berücksichtigung des Valtellina.

Der Laden der Brüder Ciapponi an der Piazza III Novembre ist einen Besuch wert: Neben diversen Drogerieartikeln gibt es gute Weine und vor allem einen ausgezeichneten Bitto.

Mortara

37 km nordwestlich von Pavia, S.S. 596

La Gambarina

NEU

Bauernhof
Strada Milanese, 2260
Tel. 03 84 / 9 83 99 und 03 60 / 68 28 65
Ruhetag: Mo., Di. u. Mi., nicht wenn Feiertag
Betriebsferien: August
50 Plätze + 50 im Freien
Preise: 45 000 Lire
Kreditkarten: Visa
Mittags und abends geöffnet

1997 erst hat der junge Koch Gianluca Gallina dieses Lokal im Herzen der Lomellina eröffnet, schon hat er unsere Bewunderung und unser Vertrauen erweckt. »La Gamberina« ist in einem hübschen, alten Bauernhaus am Rande Mortaras untergebracht, das stilvoll renoviert wurde. Angesichts der unzähligen Agritur, die seit einigen Jahren aus Italiens Boden sprießen, hoffen wir, daß dieses Lokal seinen eingeschlagenen Weg weitergeht.
Aus eigener Produktion stammen die traditionellen Wurstwaren dieser Region: **Gänsesalami**, **Pancetta** und **Salami d'la duja** (Cacciatorini aus Schweinefleisch mit Barbera, in den charakteristischen Terrakottatöpfen in Fett gelagert), die im Sommer mit Melonenscheiben serviert werden. Bei den Primi sind uns die **Risotti** aufgefallen, allen voran das **Risotto con fagiolini dell'occhio a pasta di salame**. Gut sind die frischen Nudeln mit Gemüse aus dem eigenen Garten und die **Fagottini mit Auberginen**. Im Winter ist das **Ragù di Verze** der Clou auf der Speisekarte, immer finden Sie wohlschmeckende Gerichte mit **Gänsefleisch** und Perlhühner, die aus der Zucht in Casoni Sant' Albino stammen. Ein schöner Spaziergang durch Pappelhaine und Reisfelder führt durch das Cento Pertiche genannte Tierschutzgebiet dorthin.
Lediglich das Angebot an Weinen ist zur Zeit noch spärlich, soll aber in Bälde erweitert werden. Gut ist hingegen das Sortiment an italienischen Grappe.

Moscazzano Colombare

35 km nordwestlich von Cremona, S.S. 415

Hostaria San Carlo

NEU

Trattoria
Frazione Colombare
Tel. 03 73 / 6 61 90
Ruhetag: Montagabend u. Dienstag
Betriebsferien: 1.– 15.1. u. 3 Wo. im Aug.
200 Plätze + 30 im Freien
Preise: 45 000 Lire
Kreditkarten: alle, außer DC
Mittags und abends geöffnet

Mitten im Herzen des Parks Adda Sud liegt diese typische Trattoria, die in einem großen, alten Bauernhaus, umgeben von Maisfeldern, untergebracht ist. Vor kurzem erst mit viel Feingefühl renoviert, hat das Lokal seinen traditionell-bäuerlichen Charme behalten. Die behagliche Atmosphäre ist aber auch der Herzlichkeit seiner Besitzer zu verdanken. Sergio Brambini kümmert sich um die Küche, während seine dänische Frau Lotte Hansen sich den Gästen widmet und köstliche Desserts zaubert.
Die Speisekarte räumt neben einer kleinen Reihe von Fisch- und Fleischgerichten den lokalen Erzeugnissen und jahreszeitlich bestimmten Produkten viel Platz ein. Unter der Woche gibt es mittags ein Menü zum Festpreis: 25 000 Lire für drei Gänge. Ausgezeichnet sind im Sommer die **Verdure fritte in pastella** und das **Risotto mit Kürbis**; im Winter kommen ein vorzüglicher Rehrücken mit Zimtbirnen und die **Anguilla** dell'Adda hinzu, die einen dunkleren Rücken hat als die Zuchtaale. Ein Spezialität, die nur in der Gegend um Moscazzano zu Hause ist, sind die **Tortelli cremaschi**. Sie werden aus einem Teig ohne Ei zubereitet und mit Amaretti, Sultaninen, kandierten Früchten, Ei, Grana-Käse und Gewürzen süß gefüllt. Lotte wartet natürlich auch mit einigen nordischen Köstlichkeiten auf, wie etwa Bismarckhering süß-sauer. Unbedingt probieren sollten Sie den **Salva**, einen lokalen Hartkäse. Bei den Süßspeisen treffen sich Nord und Süd: **Torta bertolina** con l'uva americana und eine Mandeltorte aus dem dänischen Backbuch.
Die Auswahl an italienischen Weinen ist gut, zudem gibt es einige ausländische Erzeugnisse; auffallend ist das Angebot an Whiskey, Sie finden aber auch ausgezeichneten Cognac und Rum.

Palazzago Burligo

20 km nordwestlich von Bergamo

Burligo

Trattoria
Via Burligo, 12
Tel. 0 35 / 55 04 56
Ruhetag: Montag und Dienstag
Betriebsferien: Januar
25 Plätze
Preise: 35 – 40 000 Lire, ohne Wein
Kreditkarten: CartaSi, Visa
Mittags und abends geöffnet

Felice Sozzi und Norma Epis haben sich einen Traum erfüllt: die Leidenschaft und Sachkenntnis auf den Gebieten des Weins (er) und des Kochens (sie) in den Dienst der Allgemeinheit zu stellen. Das Angebot an traditionellen heimischen Gerichten ist jahreszeitlich geprägt. Von Anfang an hatten Gemüse, Wurst (die der Wirt – er ist einer der wenigen Schweineschlächter, die es noch gibt – selbst macht) und die Erzeugnisse der umliegenden Bauernhöfe ihren festen Platz in der Küche. Ihre Kaninchen holen Felice und Norma bei einem Züchter in Opreno (das sind zwanzig Minuten Fußweg hin und zwanzig zurück, und das mit einem Rucksack voller Kaninchen auf dem Rücken) oder bei einem anderen Züchter in Colle Pedrino (dann nehmen sie das Motorrad und zwei Taschen). Sie können sich inzwischen wahrscheinlich vorstellen, wie die Speisekarte aussieht. **Casoncelli** mit Butter und Salbei werden immer angeboten, ebenso **Tagliatelle** und Taglioloni: Mal bekommt man sie mit Fleischsauce, mal mit Saucen der Saison (zum Beispiel Gemüse, aber auch Forelle), mal mit Salbeisahne. Bei den Secondi geben **Kaninchen** und Huhn, die auf verschiedenste Weise zubereitet werden, den Ton an. Und im Winter, wenn die Schweine geschlachtet werden, gibt es gelegentlich auch eine **Torta di sangue**, ein deftiges Gericht, das nahezu in Vergessenheit geraten ist. Die Auswahl an Vorspeisen ist vielfältig (gut sind die gefüllten Zucchini und Zucchiniblüten), die Desserts – Mürbteigkuchen und Apfeltorte – sind einfach. Umfangreich und ausgewogen ist die Weinkarte (mit Erzeugnissen aus dem Valcalepio, der Franciacorta, dem Piemont und der Toskana).

Palazzo Pignano Scannabue

50 km nordwestlich von Cremona, S.S. 415

Antica Trattoria Lisetta

NEU

Trattoria
Via Benzoni, 36
Tel. 03 73 / 98 24 00
Ruhetag: Mi.abend und Donnerstag
Betriebsferien: 20 Tage im Sept.
40 Plätze + 60 im Freien
Preise: 40 000 Lire, ohne Wein
Kreditkarten: CartaSi, Visa
Mittags und abends geöffnet

Im vergangenen Jahrhundert war der Weiler Palazzo Pignano für seine unzähligen Metzgereien berühmt, die den Mailänder Markt belieferten. Heute gehen die meisten Bewohner anderen Tätigkeiten nach, aber eine besondere Aufmerksamkeit für die Qualität der Zutaten und die Vorliebe für gutes Essen sind geblieben.
Am Ortsende können Sie sich davon in der »Antica Trattoria Lisetta«, die seit 1988 vom Ehepaar Chigono geführt wird, selbst überzeugen. Das Lokal ist unauffällig, man betritt es durch die Bar und sitzt in einem kleinen Speiseraum. Wer sich vom schlichten Ambiente täuschen ließ, wird jetzt eines Besseren belehrt. Anna stammt aus Kampanien und ist eine leidenschaftliche Köchin. Rezepte aus ihrer südlichen Heimat wechseln sich mit Cremoneser Spezialitäten ab. Normalerweise beginnt man mit hausgemachtem, sauer eingelegtem Gemüse, das zu den lokalen Wurstwaren serviert wird. Es folgen **Tortelli cremaschi** (nicht nur mit Kürbis, sondern auch mit Ricotta und Spinat gefüllt), Risotti mit Spargel oder Artischocken und die **Ravaiuoli alla campana**. Die berühmte **Pasta al forno** muß man einige Tage vorher bestellen, immer gibt es **Mozzarelline di bufala**, frisch aus Kampanien »importiert«. Von den Fleischgerichten möchten wir **Kalbsbrust im Ofen gegart**, Kalbshaxe, Schnitzel mit Steinpilzen, Involtini mit Käse und Mandeln oder alla pugliese und Kaninchen aus dem Rohr erwähnen.
Die Pastiera napoletana, Crème caramel, Crostata mit Marmelade und Amaretti sind bevorzugte Desserts. Für den Wein ist Angelo zuständig. Er bietet um die hundert Marken aus dem Gebiet um Piacenza, dem Piemont, der Toskana, Venetien, Friaul und Südtirol an. Im Sommer sitzt man unter Arkaden im Freien.

Palazzolo sull'Oglio

30 km nordöstlich von Brescia, A 4

Osteria della Villetta

Osteria
Via Marconi, 104
Tel. 0 30 / 7 40 18 99
Ruhetag: Montag, Dienstag
Betriebsferien: 1.– 7. Jan., August
60 Plätze + 20 im Freien
Preise: 40 000 Lire, ohne Wein
Keine Kreditkarten
Mittags und abends geöffnet

Während in ganz Italien alte und neue Osterie modischen Schnickschnack bringen oder sich bequem mit Entenbrust-Variationen begnügen, kocht man hier im »La Villetta« noch richtig (welch Glück, eine Mamma Lina und eine Tante Rita zu haben!), pflegt man noch das Gastgewerbe mit alter Geradlinigkeit und Gelassenheit. Die »graue Eminenz« Maurizio Rossi weiß noch genau, was Gastfreundschaft, Qualität und stetes Bemühen bedeuten. Aus der Küche kommen die besten Salumi der Gegend, hergestellt aus für Rossi persönlich gezogenen Tieren, außerdem Produkte aus Langhirano, Cavour, Colonnata, Sauris, Zibello. Auch der Käse gehört zum Besten, was Italien zu bieten hat: Gorgonzola, Ziegenkäse aus dem Valcamonica, **Bagòss** und Taleggio. Wenn man sich nicht auf einen Imbiß beschränken will, hier die Glanzpunkte der Küche: **Minestrone**, Gemüsepüree der Jahreszeit, **Kutteln Brescianer Art** und (nur donnerstags) **Baccalà** (Stockfisch) **bresciano con polenta**. Zu nennen sind auch **Riso saltato con la salsiccia**, eine Kreuzung mailändischer und mantuanischer Traditionen, die Gemüsesuppen und die Salsa verde. Manchmal gibt es **Carpione von Fisch** oder Fleischgerichte wie gekochte Zunge, Kalbsnieren oder **Bollito di rovato**; auf Vorbestellung können Sie sich ein exzeptionelles Menü zusammenstellen lassen. Die hausgemachten Süßspeisen sind hervorragend, gut die Auswahl an Schnäpsen. Überwältigende Weinkarte mit den besten Erzeugern des Franciacorta und großen Namen aus ganz Italien. Viele Weine werden glasweise ausgeschenkt, was über das Lokal bereits einiges aussagt.

Die Pasticceria Rossi an der Piazza Roma stellt die »Esse« her, die typischen S-förmigen Kekse des Ortes.

Parona

40 km nordwestlich von Pavia,
3 km von Mortara

Cichin

Restaurant
Via Case sparse per Mortara, 2
Tel. 03 84 / 25 33 42
Ruhetag: Di.abend und Mittwoch
Betriebsferien: 15 Tage im Jan. u. 20 Tage im Aug.
70 Plätze
Preise: 45 000 Lire, ohne Wein
Kreditkarten: alle
Mittags und abends geöffnet

Ein wahrlich kulinarisches Eck: nicht weit vom Ticino und von der schönen Piazza Ducale di Vigevano entfernt an der Straße, die Cilavegna (Spargelgegend) und Mortara (Heimat der Gänsesalami) miteinander verbindet, liegt in Parona (berühmt für seine »Offelle« und Reisfelder) das Restaurant »Cichin«. Giuseppe Meletti verarbeitet die lokalen Erzeugnisse mit meisterlicher Hand in seiner Küche – vom Speisesaal aus zu bestaunen –, seine Frau Pierangela führt Sie durch sein köstliches Reich.
Die angebotenen Spezialitäten richten sich nach den Jahreszeiten. Man fängt mit gemischten Wurstwaren, **Sformato con petto d'oca** und einigen mit Pilzen zubereiteten Antipasti an. Danach sollte man den beliebten **Riso ambrogino** (mit Wurst und Safran, die Spezialität des Hauses) essen. Wer keinen Reis mag, ißt **Tortelli d'oca**, Tortelli mit Spargeln und andere. Die Ravioli und Nudeln sind alle hausgemacht. Große Auswahl hat man bei den Hauptgerichten mit Fröschen, Roastbeef mit Rucola, im Winter **Stracotto di manzo** und im Sommer **Petto d'oca in agrodolce**. Köstliche Süßspeisen wie Pasqualino (mit Haselnüssen und Amaretti), Schiacciatina und Incontrario (mit Zabaionecreme) runden den Genuß ab.
Die Weinkarte vermerkt viele Marken aus dem Oltrepò Pavese, es gibt aber auch Weine aus anderen Regionen. Gute Auswahl von Grappe und Whiskeys.
An Werktagen ißt man zu günstigen Preisen ein Tagesmenü.

Das Rezept für die berühmte Offelle aus der Lomellina stammt aus dem vorigen Jahrhundert. Man nimmt dafür Weizenmehl, Eier, Butter, Hefe, Zucker und Olivenöl. Kaufen kann man sie in der traditionsreichen Bäckerei der Fratelli Collivasone, Vicolo Turati 1. Besonders duftende Offelle bekommt man beim Forno Rosy in der Via Toma 4 in Parona.

Antica Osteria del Previ

Trattoria
Via Milazzo, 65
Tel. 03 82 / 2 62 03
Ruhetag: Mittwoch
Betriebsferien: unterschiedlich
50 Plätze
Preise: 50 000 Lire, ohne Wein
Kreditkarten: alle, außer AE
Mittags und abends, im Sommer nur abends geöffnet

Carlo Fusari führt diese alte Trattoria an den Ufern des Ticino, von jeher ein beliebter Ausflugsort bei den Einwohnern von Pavia. Und zu einem richtigen Ausflug gehörte schon immer ein gutes Essen. Die »Antica Osteria del Previ« hat sich den Zauber von einst bewahren können, die Küche ist gut und traditionell geprägt.
So dürfen als Vorspeisen natürlich die **Wurstwaren** (Culatello, Lardo, hausgemachte Salami), der **Pesce in carpione** und die Pasteten nicht fehlen. Bei den Primi findet man stets **Tortelli in brodo**, Cappellacci, **Risotti** (gelb mit Luganega, mit Froschschenkeln, mit Radicchio und Speck), Tagliatelle mit Steinpilzen. Als Secondi gibt es einige Klassiker der Osterie am Fluß wie **fritierte Frösche**, Stör alla borghigiana, **Barsch-, Hecht- und Renkenfilets**. Im Winter kann man zwischen **Casoeüla** (mit Kabeljau oder mit Costine di manzo e oca), Schnecken alla pavese und Trippa wählen. Gute Fleischgerichte sind Brasato, Manzo flambé und Lamm.
Die Preise liegen am Rande unserer Osteriarichtpreise, wenngleich man auch bedenken muß, daß die Zutaten oft teuer sind und die Portionen reichlich. Bei Weinen hat man zwar eine gute Auswahl, das Angebot und der Service bei der Wahl könnten allerdings verbessert werden.

In diese zwei Pasticcerie müssen Sie unbedingt gehen: die Vigoni (Strada Nuova 110), die die berühmte Torta paradiso backt, und die Pasticceria Demetrio in der Via Guidi 33 mit der köstlichen Torta Walter, Torta paradiso und, vor allem, Schokoladentorte.

Pavia

Osteria del Naviglio

NEU

Enoteca mit Ausschank und Küche
Via Alzaia, 39
Tel. 03 82 / 46 03 92
Ruhetag: Montag
Betriebsferien: 21.– 31. Juli
100 Plätze + 60 im Freien
Preise: 15 – 40 000 Lire, ohne Wein
Kreditkarten: CartaSi
Nur abends geöffnet

Ob auf ein Gläschen oder einen langen, genüßlichen Abend, die Enoteca und Osteria von Fabio Aguzzi am Naviglio Pavese befriedigt jeden Wunsch. Auf der Speisekarte der Enoteca stehen Bruschette, gemischte Salate und eine reiche Auswahl an Wurstwaren und Käse (besonders die **Caprini di Boscasso**).
Die Küche der Osteria folgt mit nicht allzu vielen Gerichten den Jahreszeiten. Im Winter gibt es Kartoffelauflauf und Steinpilze, **Fonduta**, **Pappardelle mit Entensauce**, Suppen (Gerstensuppe), Brasato allo scalogno und **Involtino mit Wirsing**. In den wärmeren Monaten herrschen Gemüseaufläufe und frische Gerichte wie Salat aus zartem, luftgetrocknetem Schinken und Birnen und Fiore di bresaola mit Robiolamousse vor. Unter den Primi sind die Gemüsesuppe alla genovese und die **Gnocchi di ricotta al Castelmagno** zu empfehlen, daneben Roastbeef oder Spanferkel. Bemerkenswert sind die Süßspeisen, allen voran die Cremes: Bavaresi (ausgezeichnet mit Erdbeeren), Sorbets, die in einer knusprigen Waffel serviert werden, **Semifreddo di nocciola**, cioccolato e croccante und **Schokoladenpudding** mit Birnen und Amaretti.
Der Weinkeller ist mit mehr als 400 Marken prall gefüllt. Zu Recht haben die lombardischen Weine das Übergewicht, aber auch andere italienische und ausländische Erzeugnisse kommen nicht zu kurz. Interessant ist die Auswahl an Destillaten. Die Preise schwanken zwischen 10 und 15 000 Lire in der Enoteca und 35 und 40 000 Lire für ein komplettes Menü in der Osteria, immer ohne Wein.

Nahe des Naviglio liegt in der Via Venezia 4 die Formaggeria Pavese von Maurizio Torriani: reiche Auswahl an Milchprodukten, teils aus kleinen Herstellungsbetrieben.

Peschiera Borromeo
Bettola
13 km südöstlich von Mantua, S.S. 415

Hosteria il Castelletto

NEU

Osteria
Via XXV Aprile, 17
Tel. 02 / 5 47 00 22
Ruhetag: Sonntag
Betriebsferien: August
40 Plätze und 15 im Freien
Preise: 35 – 45 000 Lire
Keine Kreditkarten
Mittags und abends geöffnet

Der frische Wind, der seit 1995 mit der neuen Führung durch diese Osteria weht, brachte eine entscheidende Wende für dieses alteingeführte Lokal an der Vecchia Paullese, der Straße nach Paullo. Neue gastronomische Akzente, vor allem aus der traditionellen Küche Piacenzas, und ein schlichtes, hübsches Ambiente ließen es in seiner Beliebtheit nach oben schnellen.
Das neue »Rezept« sieht für die Mittagszeit eine beschränkte Speisekarte mit drei Primi und drei Secondi vor, während für den Abend das Menü fest ist und eine Reihe typischer Spezialitäten aus Piacenza aufweist: **Gnocco fritto** mit ausgewählten Wurstwaren (Pancetta, Coppa, Lardo, Fiocco di crudo und Salami), ein »Tris« als Primo (**Kartoffelgnocchetti**, Tortelli di magro, **Pisarei e Fasò**). Als Secondo werden gewöhnlich verschiedene Käsesorten mit Tigelle calde und Lardo aromatizzato macinato serviert, auf Vorbestellung gibt es auch Fleischgerichte: **Punta al forno**, Brasato, Kalbshaxe und **Stufato d'asina**.
Die Süßspeisen sind originell und typisch zugleich: Probieren Sie die **Torta di tagliatelle** mit Mandeln und Amaretti, die Spinattorte mit Ricotta und Mandeln, den Apfel- und Nußkuchen oder die Torta agli amaretti. Ausgezeichnet ist das Sorbet, das mit Spumante, Wodka und Zitrone zubereitet wird.
Kurz, ein ansprechendes Lokal, in dem Sie sich wohl fühlen werden, und wer eine einfache, klare Küche liebt, wird voll auf seine Kosten kommen. Ein Tip: Schauen Sie am frühen Abend auf einen Aperitif herein, Sie werden es nicht bereuen.
Das Weinangebot beschränkt sich auf das Gebiet um Piacenza, zudem einige Flaschen aus Gutturnio.

Piadena
Vho
31 km östlich von Cremona, S.S. 10

Trattoria dell'Alba

Trattoria
Via del Popolo, 31
Tel. 03 75 / 9 85 39
Ruhetag: Samstag, Mo.abend
Betriebsferien: August
40 Plätze
Preise: 35 – 40 000 Lire, ohne Wein
Kreditkarten: die bekannteren
Mittags und abends geöffnet

Die alte Tür macht die große Vergangenheit des Lokals deutlich, das, schön renoviert, von Ubaldo und Omar mit großer, nobler Gastfreundschaft geführt wird. Signora Angela und Sabrina wirken in der Küche. Überraschend (und tröstlich) ist die große Auswahl an Gerichten der Poebene, die reihum angeboten werden. Man beginnt mit außerordentlichen Salumi, Omeletts, warmen Klößchen mit Fleisch oder Gemüse, Lardo (Speck) mit gebratener Polenta (im Winter); unter den Primi heben wir **Tortelli mit Kürbis** hervor, die mit einem Tomaten-Soffritto serviert werden, außerdem Tortelli mit Gemüse und Ricotta, die **Marubini** in Brühe, die Bigoli mit Sardinen und die **Kutteln**. Bei den Hauptspeisen können Sie unter **Bollito misto**, gefülltem Huhn, Schnecken in umido, Hecht in Sauce, Süßwasserkrebsen, **Kaninchen**, **Gans im Tontopf** (ein altes Rezept aus der Zeit vor dem Kühlschrank, als Gansfleisch im eigenen Fett für den Winter konserviert wurde) und vielen anderen Überraschungen wählen. Zum Schluß ein deliziöses Dolce al torrone, einen Pudding von frischen Früchten oder die traditionelle Sbrisolona, serviert mit einem Zabaione.
Wenn Sie beim Wein unschlüssig sind: Sie können Omar blindlings vertrauen; wenn Sie sich ein wenig auskennen, sehen Sie sich die Karte an, und wenn Ihnen dann der Kopf raucht, rufen Sie Omar; wenn Sie einen bestimmten Wein kennen und sich ausgesucht haben, überlassen Sie Omar die Wahl der Speisen; und wenn Sie ein großer Kenner sind, rufen Sie am besten auch gleich Omar: Er kann Ihnen sicher zu einem neuen Genuß verhelfen.

In **Isola Dovarese** (8 km) bietet die Enoteca Malinverno, Via Garibaldi 74, großartige Weine zu anständigen Preisen. An der Piazza Matteotti ist das elegante Eiscafé La Crepa zu finden, dessen Eisspezialitäten berühmt sind.

Pomponesco

40 km südwestlich von Mantua, S.S. 358

Saltini

Trattoria
Piazza XXIII Aprile, 10
Tel. 03 75 / 8 60 17
Ruhetag: Montag
Betriebsferien: 15. Juli – 15. August
100 Plätze
Preise: 35 – 40 000 Lire, ohne Wein
Keine Kreditkarten
Mittags und abends geöffnet

Die Trattoria Saltini bietet den besten Blick auf den herrlichen zentralen Platz von Pomponesco: zwei aneinander anschließende Rechtecke, ein großes und ein kleines, umgeben von den Adelspalästen der Gonzaga mit ihren Laubengängen. Im Hintergrund führt eine Treppe im Grünen zum Po-Damm. Man ist hier im Herzen der Bassa Padana, des Grenzgebiets der Provinzen Mantua und Reggio, einem Land von Charakteren wie Don Camillo und Peppone. In diesem Teil des Mantovano zeigt die Küche bereits deutliche Züge der Emilia. Zunächst die **Salumi**. Hier beginnt das Reich der herrlich duftenden **Spalla cotta**: Schweineschulter, die erst viele Tage in Weißwein mariniert und dann gesotten wird. Dann der Salame, der erst nach langer Reifezeit – wenn er sehr fest geworden ist – aufgeschnitten wird. Beide genießt man mit **Luadei**, kleinen warmen, mit Hefe und Schmalz gebackenen Brötchen, und in der Saison die hervorragende Melone aus der Gegend. Auch bei den Primi spürt man den Einfluß der Emilia: keine Agnolini mehr, sondern die kleineren **Cappelletti** und die Tortelli di zucca, die mit Tomatensauce serviert werden und so eine angenehm säuerliche Note erhalten. Es gibt auch Tagliatelle mit Entenragout sowie die typischen **Straciamus** (Maltagliati mit Bohnen). **Schmorbraten vom Esel mit Polenta** und **Schnecken in Sauce**, die auf der Zunge zergehen, sind die wichtigsten Hauptgänge, aber auch die **Kalbshaxe aus dem Ofen**, die mit regionaltypischer **Mostarda** genossen wird, und das Wild (geschmort oder gebraten) sind sehr empfehlenswert. Der Wein, der solche Gerichte am besten begleitet, ist der Scaragun, ein tiefdunkler Lambrusco, der hier in seiner besseren Version kredenzt wird; daneben sind noch einige andere gute Tropfen zu finden.

Ponte in Valtellina

9 km von Sondrio, S.S. 38

Osteria del Sole

Trattoria
Via Sant'Ignazio, 11
Tel. 03 42 / 48 22 98
Ruhetag: Dienstag
Betriebsferien: drei Wochen im Sept.
70 Plätze
Preise: 25 – 30 000 Lire, ohne Wein
Keine Kreditkarten
Mittags und abends geöffnet

Ein deftiges, schmackhaftes Mahl, für das Sie einen rührend moderaten Preis bezahlen, erwartet Sie im Zentrum dieser Stadt im Herzen des Weinanbaugebietes der Valtellina. Das Lokal von Monica Menico und ihrer Mutter, die sich seit 40 Jahren um die Küche kümmert, war von jeher eine Osteria mit Weinausschank und ist heute ein gutes Beispiel der traditionellen und typischen Küche dieser Gegend. Hier bekommt man handgemachte Buchweizen-**Pizzoccheri** mit viel Butter und Käse aus der Valtellina. Oder eine besondere Art der **Sciatt** (der Dialektausdruck für Kröte): kleine, in Fett ausgebackene Küchlein aus dunklem Mehl, Grappa und jungem Käse. Sehr schmackhaft und kräftig ist auch die reichhaltige **Polenta taragna**, die allerdings nur auf Vorbestellung zu bekommen ist. Man ißt sie mit Salami, mit Salsiccia oder mit Schweinerippchen. In der Jagdsaison gibt es viel **Wild**, das stets in Salmì zubereitet wird. Zum Abschluß sollten Sie auf jeden Fall die Casera-Käse und besonders den bekannten und beliebten **Bitto** kosten. Hausgemachte Dolci wie Apfel- oder Walnußkuchen.
Erwarten Sie in diesem billigen und wirklich originellen Lokal keine Wein- und Spirituosenkarte. Verständlicherweise gibt es hier ausschließlich die Weine der Valtellina aus einigen örtlichen Kellereien; die Auswahl könnte dabei allerdings etwas gezielter sein.
Das Lokal erreicht man sehr bequem, wenn man in der Nähe von Chiuro die Staatsstraße Sondrio–Tirano verläßt. Es liegt in einem großen Hof und ist einfach und nüchtern eingerichtet. An Werktagen wird es im wesentlichen von Leuten aus der Umgebung (Arbeiter und Weinverkäufer), abends und an Feiertagen von vielen Touristen besucht (Anmeldung nötig).

Pontida
Roncallo Gaggio
17 km nordwestl. von Bergamo, S.S. 342

Hosteria La Marina

Osteria
Via Bonanomi, 7
Tel. 0 35 / 79 50 63
Ruhetag: Dienstag
Betriebsferien: Ende Aug./Anf. Sept.
90 Plätze + 150 im Festsaal
Preise: 35 – 50 000 Lire
Kreditkarten: alle wichtigen
Mittags und abends geöffnet

Hat man die Straße von Bergamo nach Lecco verlassen, fährt man zwei oder drei Kilometer auf einer kurvigen, von Wald gesäumten Straße hinauf zum kleinen Weiler Roncallo Gaggio. Der Ort ist ausgesprochen ruhig und hübsch, deshalb sollten Sie den Weg zur Osteria – wenn Sie können und wollen – zu Fuß zurücklegen. Mary kümmert sich mit besonderer Herzlichkeit um die Gäste. Später einmal werden die Tochter Emanuela und der Sohn Gianmario diese Tradition fortsetzen, beides Schüler der Hotelfachschule in San Pellegrino. Die Küche ist Vittorios Reich. Er ist Marys Mann und der Sohn jener Marina, die dem Lokal seinen Namen gegeben hat. Sie bot hier in den 50er Jahren den wenigen Einheimischen und den Stammgästen aus Bergamo, Lecco oder Mailand ein Glas Wein, Brot und Wurst, Casoncelli und Eselsschmorbraten an. Die alte Osteria wurde umgebaut, und später entstand genau gegenüber die neue, die sich mit einem »H« schreibt. Den Rezepten der Gründerin ist man bis heute treu geblieben, und so findet man hier unter den Primi noch immer **Casoncelli** alla bergamasca, **Foiade mit Steinpilzen**, Torcelli mit Sugo vom Eselsschmorbraten, Gnocchetti mit Brennesseln und **Risotti** nach der Saison. Polenta ist, vor allem im Winter, die Beilage zu den schmackhaften Secondi: **Eselsschmorbraten**, **Wildschweinragout**, gebratenes Ziegenkitz oder Reh. Das Gebäck liefert eine heimische Konditorei. Die Salume, vor allem die Pancetta, die als Vorspeise serviert wird, ist von ausgezeichneter Qualität. Dazu trinkt man einen überaus anständigen Valcalepio aus der örtlichen Genossenschaftskellerei, man kann sich aber auch für eines der guten Erzeugnisse aus anderen Regionen Italiens entscheiden.

Portalbera
San Pietro
22 km südöstlich von Pavia

Osteria dei Pescatori 

Trattoria
San Pietro, 13
Tel. 03 85 / 26 60 85
Ruhetag: Mittwoch
Betriebsferien: 1 Wo. im Jan., Juli
60 Plätze
Preise: 40 – 45 000 Lire
Kreditkarten: alle
Mittags und abends geöffnet

Wer hat gesagt, daß eine Osteria, die »in« sein will, eine Weinkarte mit großen Namen, mundgeblasene Gläser, alte Möbel und Ziegelgewölbe haben muß? Nichts davon findet man in der »Osteria dei Pescatori«; ihr Charme ist der einer einfachen Trattoria des Padano von gestern, der Nebel vom Fluß, der delikaten Fische aus dem Süßwasser. Dazu kommen die Herzlichkeit und der Enthusiasmus ihrer Betreiber, Lorena Schiaparelli und Massimo Borgognoni, eine gute regionale Küche zu bieten. Wer unvergeßliche Eindrücke in puncto Wein haben will, wird sich auf die Produkte aus dem Oltrepò Pavese beschränken; wer in die Küche des Flusses – mit Schnecken, Fröschen, kleinen fritierten Fischen, Stör, Aal – eintauchen will, muß sich anmelden, denn die Gerichte mit den Zutaten, die Vater Po liefert, gibt es nicht alle Tage. Versuchen Sie jedoch, mit eingelegtem Gemüse, die sehr guten **Salumi**: Salame aus Varzi, Prosciutto aus Parma, Coppa aus Piacenza; weitere Antipasti je nach Jahreszeit (Pfannkuchen, Paprikaschoten in Agrodolce, marinierter Truthahn mit Rosinen, Carpaccio von Forelle). Sehr gut sind die **Tortelli alla zucca** oder **di magro** (mit Ricotta und Kräutern), **Pisarei e fasò** und die Ravioli mit Fleischfüllung. Als Hauptgang können der exquisite Barsch (persico) oder ein **Intingolo di lumache e funghi porcini** (Schneckenragout mit Steinpilzen) empfohlen werden. Im Winter erfreut man sich an Wild, **geschmorter Kalbshaxe**, Kraut und Wirsing, an **Casoeûla** mit Schweine- und Gänsefleisch. Einfache Nachspeisen aus eigener Küche.

Proserpio

20 km östlich von Como

Baita Alpina Inarca

Osteria – Trattoria
Via Inarca, 16
Tel. 0 31 / 62 04 24, 65 51 76
Ruhetag: Mi., im Winter Mo.– Fr.
Betriebsferien: September
30 Plätze + 40 im Freien
Preise: 30 000 Lire, ohne Wein
Keine Kreditkarten
Durchgehend geöffnet

Eine echte ländliche Trattoria, die beim Familienausflug – nach der Fahrt über die schönen Bergstraßen zwischen den beiden Armen des Comer Sees – anscheinend immer noch gerne als Alternative zum Picknick im Grünen dient. Draußen genießt man frisches Grün und selten wahrgenommene Düfte, drinnen empfängt einen eine herzliche, familiäre Atmosphäre. Die echte Casalinga-Küche ist eine Zusammenfassung der lombardischen Traditionen. Im Sommer können Sie unter der schattigen Pergola auch nur einen Imbiß nehmen, mit örtlichem Käse und Salumi aus der Brianza, begleitet von aromatischem eingelegtem Gemüse. Im Winter sind diverse Brasati und **Stufati von Wild mit Polenta** die Hauptfiguren der Tafel; außerdem werden häufig Bollito misto und gekochtes Huhn, fast immer **Busecca** (Kutteln) und – was nicht fehlen darf – die üppige **Casoeûla** angeboten. Probieren Sie (am besten nach Anmeldung) die typischen **Missoltini** (gesalzene Alsen) und im Sommer den Fisch »in carpione« (saurer Marinade). Immer gut sind die Schweinekoteletts und eine Grigliata mista vom Topfstein, im Herbst die großen Castagnate sul fuoco mit Wein nach Belieben. Was letzteren angeht, hat man hier nur die Qual der Wahl unter hochklassigen Erzeugnissen. Für Liebhaber scharfer Sachen interessant ist die große Zahl guter Whiskeys. Beachten Sie: Die Trattoria ist von September bis Mai nur am Wochenende geöffnet; in den Sommermonaten ist mittwochs geschlossen. Ein vorheriger Anruf vermeidet in jedem Fall eine vergebliche Fahrt.

Rezzato Virle-Treponti

8 km östlich von Brescia, S.S. 11

Alpino da Rosa

Trattoria
Via Trieste, 27
Tel. 0 30 / 2 59 19 68
Ruhetag: Mittwoch
Betriebsferien: Ende Juli / Anf. Aug.
50 Plätze
Preise: 40 000 Lire, ohne Wein
Kreditkarten: die wichtigen
Mittags und abends geöffnet

Wer sich im Bresciano nicht auskennt wie in seiner Hosentasche, wird etwas Mühe haben, den kleinen Ort Virle zu finden; doch ist es die Fahrt allemal wert, wenn man sich dann in dieser alten Trattoria zu Tisch setzen kann. Man biegt also bei der Italcementi-Fabrik von der Staatsstraße am Gardasee ab, an der Ampel hält man sich rechts. Außerhalb der Essenszeiten ist das Lokal eine klassische dörfliche Bar, die von den Diskussionen der Stammgäste widerhallt; doch der intelligente Umbau und die kluge Wahl der Einrichtung machen es zu einem angenehmen Winkel, um die schöne Küche von Rosa Goini kennenzulernen. Man beginnt mit einer guten Auswahl typischer regionaler Antipasti, um mit der Hauptattraktion des Hauses fortzufahren, den **Casoncelli** mit Kräutern, mit Kürbis (nur in der Saison) oder mit Fleisch. Probieren Sie alle, Sie werden erstaunt sein. Genauso gut sind **Pappardelle mit Hasenragout**, Risotto mit Pilzen, Spaghetti mit Radicchio, die ländlichen **Pasta e fagioli**. Hier serviert man noch den **Bollito misto** vom Wagen, nicht zu verschmähen sind aber auch **Manzo all'olio**, **gefülltes Huhn**, die allgegenwärtige Tagliata (Steak), die Lammkoteletts oder das Fleisch vom Rost. Kosten Sie auch den örtlichen Käse, dazu Wein vom Gardasee, auch wenn die Karte Namen aus der Franciacorta, dem Piemont und dem Trentino nennt. Den Schluß bildet ein Dolce der sympathischen Signora Rosa oder eine der aromatisierten Grappe, die Rosas Ehemann selbst ansetzt und die von der Kundschaft sehr geschätzt werden.

In **Rezzato** (1 km; Via Garibaldi, 1) präsentiert die Enoteca Altopalato eine enorme Palette italienischer und ausländischer Weine, Schnäpse verschiedenster Art und ausgezeichnete kleine Gerichte.

Ripalta Cremasca Bolzone

42 km von Cremona

Via Vai

Trattoria
Via Libertà, 18
Tel. 03 73 / 26 82 32
Ruhetag: Dienstag und Mittwoch
Betriebsferien: unterschiedlich
35 Plätze + 20 im Freien
Preise: 45 000 Lire, ohne Wein
Keine Kreditkarten
Mittags und abends geöffnet

Das kleine Bauerndorf Bolzone in der Poebene bildet den landschaftlichen Hintergrund für diese hübsche Trattoria. Das Ambiente ist rustikal-elegant: Die zwei großen, holzverkleideten Speisesäle sind in Smaragdgrün gehalten, die großen Tische im Osteriastil mit den alten Holzstühlen stehen großzügig verteilt im Raum. Die Atmosphäre ist alles andere als »via vai« (das bedeutet »Kommen und Gehen«), ganz im Gegenteil möchten wir ihr das Etikett »slow« verleihen. Die Küche der Gebrüder Fagioli ist bodenständig, und die traditionellen Spezialitäten von Crema kommen vor allem in den Wintermonaten zum Zug, wenn täglich köstliche Gerichte mit Schweinefleisch und Gans, für ihre Leber ganz besonders geschätzt, angeboten werden.
Versuchen sollten Sie **Spezzato d'oca**, **Collo ripieno**, **gekochten Gänseschinken**, **Gans mit Wirsing** und unbedingt die begehrte **Gänseleber**. Natürlich finden Sie auch lokale Wurstwaren und schlichtere Gerichte wie Zucchiniauflauf, Caramelle di ricotta e spinaci und **Tortelli cremaschi**, wie man sie selten bekommt; eine schöne Auswahl an hausgemachten Nudeln und Suppen rundet die Primi ab. Vergessen Sie nicht den **Petto di faraona agli aromi** und die gefüllten Kaninchenschenkel. Essen Sie zum Abschluß die Crostata mit Obst oder das Semifreddo allo zabaione.
Im Weinkeller liegen zur Freude aller Weinkenner fünftausend Flaschen – die besten italienischen Marken und Spitzenerzeugnisse: bedeutende Winzer, große Jahrgänge und mehr als anständige Preise.

Roncoferraro Garolda

14 km östlich von Mantua

Dal Gaia

Bar – Trattoria
Via Garolda, 10
Tel. 03 76 / 66 38 15
Ruhetag: Mo., wenn Feiertag, dann Di.
Betriebsferien: 20. Juli – 20. Aug.
50 Plätze
Preise: 35 – 40 000 Lire, ohne Wein
Keine Kreditkarten
Mittags und abends geöffnet

Wie alle Dörfer in der südlichen Region Mantuas besteht Garolda aus zwei Reihen kleiner Bauernhäuser längs einer sonnigen und staubigen Straße, die sich durch das Land zieht. Es ist still hier, das einzige Geräusch ist das Zirpen der Grillen. Es gibt einen Lebensmittelladen und die Trattoria, in der die Alten des Ortes mit Vorliebe sitzen. Zum Essen jedoch kommen die Durchreisenden und jene, die auf den Geschmack gekommen sind und wiederkehren. Das Lokal ist sehr ansprechend: hübsche Möbel, holzverkleidete Wände, alte Drucke, Spitzenvorhänge, Holztische im Osteriastil und Kredenzen, die mit Nippsachen und Wein- und Schnapsflaschen vollstehen.
Die Familie, die das Lokal seit vielen Jahren führt, teilt sich die Aufgaben auf althergebrachte Art: Die Frauen stehen am Herd, die Männer am Tresen. Auch die Küche folgt mit ihrem mantuanischen Speiseplan traditionellen Spuren. Vieles ist hausgemacht. **Salami**, Schinken, Culatello und Coppa als Vorspeisen, frische Nudeln wie **Bigoli und Tagliatelle mit Sardellen** oder Ente oder **Tortelli mit Kürbisfüllung** und **Agnolini**. Im Sommer gibt es Pasta mit leichten Zutaten, wie mit Auberginen und Tomaten. Aus den Bewässerungsgräben der Reisfelder und dem südlichen Mincio stammen die Fische und **Frösche**, mit denen die **Risotti** zubereitet werden. Als Secondi werden Hähnchen und Enten gegrillt oder hervorragendes **Wild** gekocht. In der passenden Jahreszeit werden die Nudeln mit **Pilzen** oder **weißen Trüffeln** abgeschmeckt. Als Süßspeisen gibt es die Klassiker Mantuas wie Sbrisolona, Zabaione, Eis mit heißer Schokoladensauce und einen etwas ungewöhnlichen Kürbispudding.
Die Weinkarte ist zwar klein, aber sorgfältig zusammengestellt mit Weinen aus der Gegend und aus ganz Italien.

Salò

30 km nordöstlich von Brescia, S.S. 45

Antica Trattoria delle Rose

Restaurant
Via Gasparo da Salò, 33
Tel. 03 65 / 4 32 20
Ruhetag: Mittwoch
Betriebsferien: November
60 Plätze + 40 im Freien
Preise: 45 000 Lire, ohne Wein
Kreditkarten: alle
Mittags und abends geöffnet

Das mediterrane Ambiente des Gardasees gilt als eine von der Natur gesegnete Gegend: Fisch, Olivenöl, Gemüse, Käse aus den umliegenden Bergtälern. Da ist es nicht verwunderlich, daß sich die Gastronomie rund um den See einen Namen gemacht hat. Ein hübsches Lokal in der kleinen Altstadt von Salò ist die Trattoria »Delle Rose«. Die Familie Briarava hat es verstanden, meisterliches Können und traditionelle Küche in einer entspannenden Atmosphäre zu vereinen.
Im Winter stehen die Fleischgerichte ganz oben auf der Speisekarte: **Stracotto vom Pferd**, Wild, der berühmte **Spiedo** bresciano mit Crostine, Hähnchen, Kaninchen, Coppa, Kartoffeln, Fegatelli und manchmal Aal, sodann **Pasta e fagioli**, Trippa und **Baccalà in umido**. Mit Beginn des Frühlings werden zarte Salate mit dem herrlichen Olivenöl vom Gardasee, Gemüsestrudel und **Fische aus dem See** (Maräne, Schleie, Hecht, Forelle) angeboten, daneben leichte, frische Nudeln – Tagliolini und Ravioli – mit Zicklein. In der Saison gibt es Pilzgerichte. Hausgemachte Desserts runden die Gaumenfreude ab.
Das Lokal war schon immer für seine Weine bekannt. Lassen Sie sich von Gianni einen Wein aus der Gegend oder dem übrigen Italien empfehlen. Und achten Sie bitte darauf, daß es die meisten Gerichte nur zu bestimmten Jahreszeiten gibt und einige aufwendigere Spezialitäten – wie der Spiedo – vorbestellt werden müssen.

Die Enoteca Berealto in der Via Europa 2 ist mehr als nur eine Weinhandlung. Hinter jeder Flasche stehen der persönliche Einsatz und die Sachkenntnis der beiden Inhaber. Auch Öl, Essig, Honig und all die anderen Köstlichkeiten sind zu empfehlen.

Salò

30 km westlich von Brescia, S.S. 45

Cantina Santa Giustina

NEU

Enoteca mit Ausschank und Imbiß
Salita Santa Giustina, 8
Tel. 03 65 / 52 03 20
Ruhetag: Montag und Di.mittag
Betriebsferien: September
50 Plätze
Preise: 15 – 30 000 Lire, ohne Wein
Keine Kreditkarten
Mittags und abends geöffnet

Bereits Hans Barth begann in den zwanziger Jahren seinen kulinarischen »Giro d'Italia« in Salò und beschrieb in seinem legendären Osteria-Führer den »Cantinone« an der Piazza Sant'Antonio als ein Muß. In den letzten Jahren hat man eine besondere Vorliebe für diese kleinen Lokale wiederentdeckt, in denen neben gutem Essen und gutem Wein eine behagliche Atmosphäre unabdingbar ist. Die »Cantina Santa Giustina« in Salò liegt in einem Kellergewölbe aus dem 15. Jahrhundert, ist gemütlich mit rustikalen Möbeln eingerichtet und bietet klassische Spezialitäten bis in die späte Nacht.
Mario Felter, ehemaliger Wurstwarenhändler, weiß, was er seinen Gästen anbietet: **Schinken aus Langhirani**, Hausmachersalami, Salami aus Felino, **Coppa aus Zibello**, Pancetta aus Piacenza, Mortadella aus Bologna – das Beste vom Besten. Unter den Käsesorten finden Sie **Bagòss** in seiner winterlichen und sommerlichen Version, Quartirolo und Taleggio von Sarnico, Pecorino aus verschiedenen Regionen, **Caprini** aus den Tälern um Brescia. Die Gegend um Salò ist für ihre Weine bekannt. Alle Weine in der »Cantina« kommen aus dem Valtenesi, dem Gebiet zwischen Salò und Desenzano; neben den großen Marken werden Erzeugnisse von fast vergessenen, kleinen Winzern angeboten.

Die Pasticceria Vassalli in der Via San Carlo 86 ist auf die Verarbeitung von Schokolade spezialisiert. Probieren Sie die großen und kleinen Leckerbissen.

Salò

30 km nordöstlich von Brescia, S.S. 45

La Campagnola 

Restaurant
Via Brunati, 11
Tel. 03 65 / 2 21 53
Ruhetag: Montag und Di.mittag
Betriebsferien: 3 Wochen im Januar
60 Plätze + 60 im Freien
Preise: 50 000 Lire, ohne Wein
Kreditkarten: alle
Mittags und abends geöffnet

Das »Campagnola« läßt sich vielleicht am ehesten als eine kulinarische Schatztruhe charakterisieren, in der Fisch aus dem See, Gemüse und Olivenöl vom Gardasee, Fleisch, Kräuter und Gewürze verborgen liegen. Das Ambiente ist ansprechend, die Einrichtung schlicht, und der Wirt Angelo Dal Bon empfiehlt unaufdringlich – und ohne Menüzwang – die Spezialitäten aus der Küche und aus dem Weinkeller.
Und davon gibt es eine Unmenge, wenn man bedenkt, daß Mamma Angela mit ihren Köstlichkeiten dem Jahreszeitenverlauf folgt und unermüdlich ihr Talent mit neuen Gerichten auf die Probe stellt. Sehr gut in Erinnerung sind uns die **Tagliatelle** geblieben, zum Beispiel **mit Entenragout**, die aus einem feinen Teig gemachten und schmackhaft gefüllten Tortelli, meisterlich zubereiteter **Fisch aus dem See** wie **Mousse vom Hecht**, Sardinen, die nach einem alten Rezept mit einer leichten Marinade beträufelt werden, Coregone mit Basilikumsauce, **Barschfilets** mit Saisongemüse. Zuletzt haben wir den **Strudel mit Steinpilzen**, gefüllte Fagottini, **ausgelöstes Kaninchen** mit Salamifüllung, Ente mit Feigen und als süße Krönung einen Reigen bunter Desserts probiert. Auf der großen Weinkarte stehen die Weine aus dem Valtenesi, der Franciacorta, dem Friaul, dem Piemont und der Toskana.

Am Lungolago Zanardelli 44 können Sie sich in der schwimmenden Gelateria Flirt zu ausgezeichnetem Fruchteis verführen lassen. Nur von April bis September.

Salò

30 km westlich von Brescia, S.S. 45

Osteria dell'Orologio

Osteria
Via Butturini, 26
Tel. 03 65 / 29 0158
Ruhetag: Mittwoch
Betriebsferien: unterschiedlich
70 Plätze
Preise: 20 – 40 000 Lire, ohne Wein
Kreditkarten: alle
Mittags und abends geöffnet

»Erfahrung macht den Meister« – die Familie Briarava, die bereits die »Antica Trattoria delle Rose« in Salò mit großem Erfolg führt, hat diese fast einhundert Jahre alte Locanda in dem kleinen Städtchen geschmackvoll renoviert. Im Erdgeschoß wird man am Tresen mit einem Glas Wein empfangen und dann in den schönen Saal hinaufgeführt, in dem man sich in aller Ruhe den Spezialitäten des Tages widmen kann. Von den klassischen Wurstwaren der Gegend bis zu wahren Leckerbissen wie dem **Tonno del Garda** (in Weißwein gekochtes und gewürztes Schweinefleisch), der **Salsiccia di lardo** und den **Fegatelli sott'olio**. Eine Hauptrolle in der Küche spielt natürlich der Fisch aus dem See. **Luccio in consa**, Sardinenfilet in Öl eingelegt, marinierter Aal und, je nach Fang, ein schmackhafter **Carpione** sind die Fischgerichte, die uns besonders aufgefallen sind. Wer lieber Gemüse mag, für den gibt es aus den berühmten Ortaglie di Campoverde ganz frische Rapünzchen, Zichorie und eine Reihe vorzüglicher Salate. Natürlich finden Sie die traditionellen Speisen wie Trippa, Suppen oder **Baccalà mit Polenta**. Der Höhepunkt ist jedoch der berühmte **Spiedo gardesano** mit Vögeln, Polenta und einer köstlichen Sauce – allerdings nur auf Vorbestellung!
Die »Osteria dell'Orologio« ist ein Lokal für jeden Geldbeutel. Die angebotenen Weine kommen aus ganz Nord- und Mittelitalien, allen voran die Franciacorta und das Valtenesi. Jungen Leute wird auf intelligente Weise die Weinkultur nahegebracht; Ausstellungen, Treffen mit Schriftstellern und Live-Musik tun ein übriges.

Neben der Osteria liegt die Pasticceria Di Novo: Torten und Backwaren für jeden Geschmack, aber auch Salzgebäck zum Aperitif

San Colombano al Lambro

42 km südöstlich von Mailand

Giardino

Trattoria
Via Mazzini, 43
Tel. 03 71 / 20 02 88
Ruhetag: Montag
Betriebsferien: August
50 Plätze + 50 im Freien
Preise: 50 000 Lire
Keine Kreditkarten
Mittags und abends geöffnet

San Colombano al Lambro ist ein hübsches Städtchen und gleichzeitig der einzige Weinbauort der Provinz Mailand. Mitten im Ort, an der Straße, die zur Burg hinaufführt, liegt diese alte, behagliche Trattoria, davor ein schöner Garten mit einer Pergola, wo man im Sommer auch speisen kann. Das Lokal wird vom extrovertierten Franco Nichetti geführt, der in der Gegend als Gastwirt einen guten Ruf genießt. So steht er denn auch im Speisesaal und schneidet Salumi auf und serviert traditionelle lombardische Spezialitäten, die eine tüchtige Köchin aus Polen, Spezialistin für schmackhafte Suppen, gekonnt zubereitet: **Graupensuppe**, Lauchsuppe mit Pilzen und Kartoffeln. Unter dem reichhaltigen Angebot an Antipasti findet man Polpette, Fritto, **Cotechino**, Aufschnitt, Sardellen, Paprika, Nervetti (Ochsenmaulsalat). Als Primi gibt es in der Regel **Tortelli piacentini**, **Tagliatelle mit Steinpilzen** oder Erbsen, Risotto der Saison. Als Hauptgericht reicht man **Cappello da prete** mit Gemüsen und die **Ganassini** (Backe vom Kalb oder Schwein) mit Pilzen, ebenso Bollito misto und verschiedene Braten. Sehr schön macht sich die Auswahl an lombardischen **Käsespezialitäten** (Pannerone, Mascarpone, Gorgonzola, Grana Padano, Provolone, Taleggio), ausgezeichnet schmecken auch die beiden Desserts (Croccantini und Bertolda, ein Kuchen aus Maismehl mit Sahne oder Mascarpone). Abgesehen von einigen Flaschen aus Piacenza und dem Oltrepò trinkt man fast ausschließlich Wein aus San Colombano, der – wie meistens – im Preis der festen Menüs enthalten ist.

Santa Maria · Della Versa Ruinello

29 km von Pavia, 8 km von Stradella

Al Ruinello

Trattoria
Frazione Ruinello, 1a
Tel. 03 85 / 79 8164
Ruhetag: Mo.abend und Dienstag
Betriebsferien: 10 Tage im Ja.+ Juli
50 Plätze + 20 im Freien
Preise: 45 – 50 000 Lire, ohne Wein
Kreditkarten: alle
Mittags und abends geöffnet

Schon der erste Blick nimmt einen gefangen: eine schöne Fassade mit Natursteinen, ein gepflegter Garten, ein Teich mit Goldfischchen. Innen ist es dann wie erwartet: ein ansprechendes und freundliches Ambiente, lange Holzbalken, ein großer Kamin und lauter verschiedene alte, meisterlich restaurierte Tische. Die Trattoria von Donatella und Pietro Bersani ist zu Recht ein beliebtes Lokal, in dem man ohne Vorbestellung nur schwer Platz findet.
Die klassischen Wurstwaren des Oltrepò Pavese – **Filzetta**, Coppa, Pancetta – sind von bester Qualität und werden mit Sottoli, Sottaceti, gegrilltem Gemüse und einem Russischen Salat mit knackigen Gemüsestückchen serviert. Unter den Primi finden Sie die legendären Ravioli di carne, Ravioli di magro, Crespelle mit Gemüse und Ricotta in Béchamelsauce und Fagottini mit Pilzcreme. Die **Risotti** und **Pisarei e fasò** möchten wir Ihnen besonders ans Herz legen. Immer finden Sie eine vorzügliche Polenta aus Vollkornmehl zu Stracotto, zu Wachteln in Pinot grigio oder mit Trauben, zu Pollo alla cacciatora und, auf Vorbestellung, zu **Kabeljau**. Es folgen Kalbsbraten, gefülltes Perlhuhn, Ente mit Grappa, Kaninchen in Bier, Vitello tonnato. Zum Schluß sollten Sie die herrlichen Crostate mit Pieros hausgemachter Marmelade nicht übergehen.
Die Weinkarte ist anständig, macht jedes Jahr bemerkenswerte Fortschritte und bietet neben Weinen aus dem Oltrepò Pavese einige Flaschen aus dem Trentino, Friaul und Piemont. Kleine Auswahl an Destillaten.

Die Pasticceria Beraccini ist im Guinness-Buch der Rekorde zu finden, weil sie den längsten Strudel der Welt buk. Gut auch der Erdbeerkuchen aus Brotteig. Im Ortsteil Piane von **Monlecalvo Versignia** (3 km), stellt Bruno Coroli vorzügliche Salami her.

Segrate

10 km östlich von Mailand

Osteria dei Fauni

Enoteca mit Imbiß
Via Turati, 7
Tel. 02 / 26 92 14 11
Ruhetag: Sonntag
Betriebsferien: August, Weihnachten
50 Plätze + 50 im Freien
Preise: 30 – 35 000 Lire
Kreditkarten: die bekannteren
Mittags und abends geöffnet

Einladend und reich an Ideen, auch an feilgebotenen Köstlichkeiten, ist die Osteria dei Fauni von Emilio Marras, einem Sarden, den es vor langer Zeit nach Mailand verschlagen hat. Und zwar nicht nur hinsichtlich des Weins, auch wenn dieser mit etwa 500 Etiketten und einer riesigen Zahl offen ausgeschenkter Tropfen Hauptzweck des Lokals bleibt. Zur Palette des Eßbaren gehören eine große Auswahl von italienischem **Käse** (Castelmagno, Pecorino di fossa, Ziegenkäse in Kastanienblättern und umwerfender Cuore, der mit Trüffeln aromatisiert ist), dazu die besten französischen Käsesorten und erstklassige **Salumi** wie der Lardo di Arnad, der auf warmen, mit gewürztem Honig bestrichenen Crostini serviert wird, der Wildschweinpreßsack und der Culatello. Auf kleinen Tafeln werden die »Gerichte des Tages« verkündet, wenige, aber verführerische Angebote: ein paar Primi (**Kichererbsensuppe mit Blumenkohl** etwa), Fleisch (nach Jahreszeit: **Manzo all'olio** mit Zwiebeln, **Ragout mit Polenta**, Schmorbraten mit Rotwein), Gemüse mit Scamorza, Kartoffeln und Pilzen. Und dann sind da noch zwei Verrücktheiten: eine unglaubliche **Foie gras**, die Emilio zubereitet, und donnerstags und freitags der große Auftritt der Krustentiere, der Frutti di mare, des Edelfischs (die verständlicherweise die Rechnung höher ausfallen lassen). Während der kalten Jahreszeit ist **Polenta** mit Käse oder Speck immer verfügbar. Unter den Desserts besonders zu nennen sind Blätterteigstücke mit Sahne und Zimt sowie der Zabaione.

Die beste Enoteca der Gegend ist Il Vinaio in **San Felice** (4 km), am Centro Commerciale. In **Segrate** (Via Monlese, 58) bekommt man bei »Il Peschereccio« sehr guten Fisch.

Serle Castello

11 km östlich von Brescia, S.S. 45 bis

Castello

Trattoria
Via Castello, 20
Tel. 0 30 / 6 91 00 01
Ruhetag: Dienstag
Betriebsferien: 1.– 15. August
80 Plätze + 60 im Freien
Preise: 40 – 45 000 Lire, ohne Wein
Kreditkarten: AE, DC
Mittags und abends geöffnet

Um nach Castello zu kommen, muß man ein schönes Stück kurviger Straße Richtung San Gallo di Botticino hinauffahren. Aber es ist die Mühe wert. Der Weiler mit seiner Burgruine liegt 800 m hoch in grüner Berglandschaft, hier ging man seit je auf die Jagd, sammelte Pilze und Maroni. Spezialität des Hauses (die man am besten vorbestellt) ist seit Jahrzehnten der **Spiedo**, der Spieß mit Federwild, Rinderlende, Huhn und Kartoffeln; einer der Herde, ein sog. »tamburo«, wird schon seit drei Generationen benützt. Emilio Zanola, der den Service besorgt, kann aber noch einiges mehr vorschlagen: von besten hausgemachten **Salumi** (Coppa, Rohsalami, Speck, Pancetta) über eingemachte Gemüse (Auberginen, **Pilze**) zu den ebenfalls hausgemachten Paste; hier ragen **Casoncelli** und **Tagliolini mit Hasenragout** heraus. Alternativ können Sie die gelungene **Steinpilzsuppe** mit saurer Sahne kosten. Bei der Herstellung der verschiedenen Risotti macht Köchin Lorena reichlichen Gebrauch lokaler Produkte, ebenso bei den Ragouts, dem Kaninchen (mit Oliven), dem **Stockfisch (mit Maroni)**. Der Käse wird mit Öl vom Gardasee serviert, die Dolci sind hausgemacht (Kuchen und Cremes). Emilio, auch Sommelier, hat einen reichhaltigen Keller mit Weinen der Region (der DOC-Bereich Botticino ist nahe), aus dem Veneto, der Franciacorta und der Toskana zusammengestellt.

Sondrio

Amici Vecchie Cantine

Osteria
Via Parravicini, 6
Tel. 03 42 / 51 25 90
Ruhetag: Sonntag
Keine Betriebsferien
30 Plätze
Preise: 8 – 16 000 Lire
Keine Kreditkarten
10 – 21 Uhr geöffnet

Es bedurfte der Phantasie und der Intuition einer Frau, bis man in Sondrio einen Ort einrichtete, an dem man die vielgerühmten Veltliner Weine genießen kann. Dieses Verdienst hat sich Grazia Rossi, eine leidenschaftliche und kundige Weinliebhaberin, erworben, die zusammen mit ihrer Mutter Carolina innerhalb kurzer Zeit ein solches Lokal geschaffen hat. Die Weinkarte wird natürlich von den Veltliner Weinen angeführt, gefolgt von großen Rotweinen aus dem Piemont und der Toskana, Weißweinen aus dem übrigen Italien und Spumanti der besten Erzeuger. Dessertweine fehlen ebenfalls nicht. Die Weine werden glasweise ausgeschenkt, dazu werden gute und einfache Appetithappen angeboten, an den Tischen werden die Flaschenweine formvollendet serviert, und dazu gibt es dann Wurst, Käse und Roggenbrot. Unter den Wurstspezialitäten findet man auch **Bresaola** aus der Valchiavenna, die man Ihnen hier (da können Sie ganz unbesorgt sein) nicht mit Rucola oder irgendeinem phantasievollen Sößchen servieren wird. Casera, Bitto, Ziegenkäse und eine Auswahl an Formagelle sind die **Käse**spezialitäten, die die besten Erzeuger der Gegend liefern. Ausgezeichnet ist auch das selbst **in Öl eingelegte Gemüse**: Artischocken, Auberginen und Paprikaschoten. Und zu den Dessertweinen bekommt man Kekse, Cantuccini und die typische **Bisciola**.

In der Gastronomia Motta im alten Ortskern (Piazza Rusconi, 4) finden Sie eine Riesenauswahl an Qualitätswurst, allen voran die Bresaola. Typische Käsespezialitäten finden Sie hingegen bei Tommaso Tognolina in der Via Beccaria 4.

Ternate

15 km westlich von Varese

Locanda del Lago

Restaurant
Via Motta
Tel. 03 32 / 96 08 64
Ruhetag: Montag
Betriebsferien: unterschiedlich
50 Plätze
Preise: 50 000 Lire, ohne Wein
Kreditkarten: Visa
Mittags und abends geöffnet

Eine Speisekarte voller Köstlichkeiten aus dem See – die »Locanda del lago« ist für alle, die sich auf meisterlich zubereiteten Süßwasserfisch verstehen, die richtige Adresse. Um ehrlich zu sein, die Preise in Lorenzo Secondis Lokal überschreiten ein wenig die Obergrenze unseres Osteriaführers, aber der kulinarische Genuß ist es wert.
Sie können mit einer **Hechtpastete** oder mit **Pesce di lago mit süßsauer eingelegtem Gemüse** beginnen, nicht zu vergessen die Terrina di trota affumicata e porri, um dann mit Lasagnette mit Artischocken und Fisch, **Cannelloni al pesce di lago**, **Tagliolini mit Hechtragout** oder mit Carbonara di pesce di lago und Ravioli mit Saibling fortzufahren. Wer keinen Fisch mag, ißt Lasagnette mit Spargel und Käsecreme. Als Hauptgang bekommt man **Scaloppe di luccio** in Weißwein, Bocconcini di lavarello mit Pancetta und Basilikum, **Mondeghili** (Klößchen) di pesce di lago, Fagottini di trota mit Saisongemüse, Saiblingauflauf und bisweilen Flußbarsch in vielerlei Versionen. Trotz aller Aufmerksamkeit, die die Küche den Fischen widmet, gibt es ausgezeichnete Fleischgerichte, wie mit Spargeln gefüllte Entenbrust, Carré d'agnello e pistacchi, ausgelöste Wachteln mit Porree und Balsamico-Essig, Perlhuhnbrust in Moscato. Interessant ist die Auswahl an durchwegs hausgemachten Desserts: Sfoglia alla crema, Bayrische Creme mit Obst, verschiedene Mousses, Aprikosentorte und Crostata al croccante. Das Angebot der Weinkarte wird ständig vergrößert, desgleichen jenes der Destillate (Grappe, Cognac, Calvados).

Im 3 km entfernten **Varano borghi** bietet die Macelleria Maffioli Franco eine schöne Auswahl an Rindfleisch, Wild, Kaninchen usw.

Tradate

14 km südlich von Varese, S.S. 394

L'Enoteca

NEU

Enoteca mit Ausschank und Imbiß
Corso Bernacchi, 97
Tel. 03 31 / 84 45 84
Ruhetag: Montag
Betriebsferien: 10 Tage i. Aug. + 10 Tage i. Jan.
30 Plätze
Preise: 30 000 Lire, ohne Wein
Keine Kreditkarten
8.30–20.30, Fr., Sa., So. bis 24 Uhr geöffn.

Nachdem Anna und Carlo Brogi vor einigen Jahren ihr bei Weinkennern und Feinschmeckern allseits beliebtes »L'antico Ostello lombardo« in Tradate aufgegeben hatten, eröffneten sie 1996 mitten in dem kleinen Städtchen diese Enoteca. Vieles ist gleichgeblieben: Einige Teile der Einrichtung schmückten schon das »Ostello«, wie etwa die Theke und die Gemälde, und Anna widmet sich weiterhin mit ihrer bekannten Leidenschaft der Küche, allerdings mit eingeschränkter Kreativität, da in ihrem neuen Lokal vorwiegend Weine und Gabelbissen serviert werden.
Die **Wurstwaren** sind Erzeugnisse eines kleinen Betriebs in der Gegend von Piacenza: Coppa, Pancetta, Salami. Danach kann man Torte salate, **Crostoni mit Gemüse oder Pilzen**, warme und kalte Salate mit Käse oder Entenbrust essen. Bisweilen finden Sie auch vollständigere Mahlzeiten wie Polenta und Salsiccia al forno, Trevigiana brasata con tornini fusi, Reissalat und Krebse mit Tomaten. Genießen Sie zum Abschluß die außergewöhnlichen Obsttorten, **Panna cotta** und Crème caramel.
Der Weinkeller verdient besondere Erwähnung: Seit Jahren ist Carlo mit unermüdlichem Eifer auf der Suche nach neuen italienischen und ausländischen Erzeugern. Der Erfolg bleibt nicht aus: Die Enoteca steht voll mit kostbaren und weniger bekannten, deswegen aber trotzdem erstklassigen Flaschen. Alle zu anständigen Preisen. Die Auswahl der Dessertweine mit Porto, Malaga und Madeira sehr langer Lagerung ist hervorragend. Mitten in einer von Fast food, Pizzerie und Paninoteche regelrecht heimgesuchten Gegend ist dieses stilvolle Lokal eine rühmliche Ausnahme.

Travedona Monate

16 km westlich von Varese

Ristorante del Torchio

NEU

Restaurant
Via Cavour, 1
Tel. 03 32 / 97 74 36
Ruhetag: Montag
Betriebsferien: 2 Wo. im Feb. und 2 Wo. im Aug.
50 Plätze
Preise: 35 – 45 000 Lire, ohne Wein
Kreditkarten: die bekannteren
Mittags und abends geöffnet

Das rustikale, typisch lombardische Ambiente macht dieses Lokal so ansprechend. Der offene Blick in die Küche und die besonderen Vorrichtungen für Behinderte lassen die Sorgfalt und Aufmerksamkeit ahnen, die Mara Fraccari und ihr Mann Gigi ihren Gästen schenken.
Gemeinsam haben sie ein erfolgreiches Rezept entwickelt: Mittags gibt es kleine Menüs zu festen Preisen, am Abend hingegen läßt Gigi seiner Kochleidenschaft freien Lauf: Seine Küche ist unverfälscht und traditionell, die Zutaten richten sich nach den Jahreszeiten. Im Sommer bekommt man hervorragenden **Fisch** aus dem See wie etwa Carpione di arborelle mit Gemüse, im Winter sind die **Wildgerichte** mit Polenta an der Reihe. Gewöhnlich beginnt man mit einer Reihe warmer und kalter Vorspeisen, die in Schüsselchen und auf Tellern appetitlich serviert werden (darunter die lokale **Formaggina mit Zwiebel**, Crostini mit Pilzcreme, warme **Fasölada** mit Cotechino). Empfehlenswert die frischen Nudeln wie Tagliatelle del torchio, die Spezialität des Hauses. Als Primo kann man auch ein »Tris« haben.
Bei der Auswahl der Speisen und Weine vertrauen Sie getrost Mara, die geduldig erklärt und empfiehlt. Neben einigen Weinen aus dem Piemont, Friaul und der Toskana wird ein recht guter Hauswein angeboten.

Trescore Balneario

14 km östlich von Bergamo, S.S. 42

Conca Verde

Trattoria
Via Croce, 31
Tel. 0 35 / 94 02 90
Ruhetag: Sa.mittag, Mo. u. Di.abend
Betriebsferien: Aug./ Sept. u. 7 Tage im Jan.
40 Plätze + 20 im Freien
Preise: 35 000 Lire, ohne Wein
Kreditkarten: CartaSi, Visa
Mittags und abends geöffnet

Lassen Sie sich nicht täuschen: Hinter diesen unscheinbaren Mauern mit der deutlichen Aufschrift »Conca Verde« verbirgt sich eine Trattoria, in der die bodenständige und traditionelle Küche ganz groß geschrieben wird. Papà Alessandro züchtet Hühner, Kaninchen und Schweine, pflegt mit Sorgfalt seinen Gemüsegarten und macht mit Hilfe seines Sohnes Antonio, der Weinexperte ist, einen hervorragenden Wein. Signora Elda und Tochter Gina verwandeln all diese Spezialitäten in kulinarische Genüsse.
Als Aperitif wird Ihnen Antonio seinen trockenen Moscato anbieten. Danach bekommt man Wurstwaren vom Schwein, Esel und Pferd und diverse Antipasti mit Käse und Saisongemüsen. Die Primi sind stets hausgemachte Nudeln: Ravioli, **Pappardelle mit Kaninchenragout**, mit Formagella und Nüssen gefüllte Crepes, **Tortelli mit Kartoffeln** oder Ricotta. Unter den Hauptspeisen möchten wir den hausgemachten **Cotechino** empfehlen, nicht weniger gut sind das **gegrillte Huhn** und der Kaninchenbraten. Sehr gut sind die Süßspeisen, aufgefallen ist uns der Schokoladenschaum mit Amaretti und Rum.
Angesichts der guten Weine Antonios sollten Sie einen der Hausweine wählen: Neben dem bereits erwähnten Moscato empfehlen wir einen roten Valcalepio. Wer möchte, kann auf der recht gut sortierten Weinkarte unter italienischen und einigen französischen Flaschenweinen wählen.

Pasticceria Fratelli Pina, Via Locatelli, 14: Kekse, Brasadei, Pralinen, klassische Patisserie. Eine schöne Bar zum Frühstücken oder Kaffeetrinken.

Trescore Cremasco

18 km nordwestlich von Cremona

Bistek

Restaurant
Viale De Gaspari, 31
Tel. 03 73 / 27 30 46
Ruhetag: Di.abend u. Mi., nicht an Fei.
Betriebsferien: 15. Juli.– 15. Aug. und 8 Tage um den 6. Januar
60 Plätze + 20 im Freien
Preise: 50 000 Lire, ohne Wein
Kreditkarten: die bekannteren
Mittags und abends geöffnet

Der Augenschein trügt: Hinter der Birreria-Paninoteca an der Straße von Crema nach Treviglio versteckt sich ein gemütliches Landgasthaus. Die Treppe hinauf, und schon befinden Sie sich in einem behaglichen Ambiente, wo Sie vom Padrone und Koch Antonio Bonetti herzlich empfangen werden. Antonio ist ein leidenschaftlicher Anhänger der »langobardischen« Traditionen, seine Küche dementsprechend: viel Fisch, Frösche, wilde Kräuter und Fleisch. Seltene Gerichte zieren die Speisekarte: **Risotto con asparagi selvatici e filettini di pesce gatto**, **Risotto al Banino Rosso e polpa di rane**, handgemachte Tortelli mit sage und schreibe 23 Zutaten gefüllt, **Tagliolini in padella mit Zucchine und Flußkrebsschwänzen**, Rigatoni mit Brennesselfüllung, **Fritto di piccole rane** und wilde Zichorie mit Balsamico und viele andere Kräuter und Gemüse. Auch bei den Fleischgerichten fällt die Wahl schwer: **Scaloppe di fegato grasso di anatra** mit Kirschen in einer Barolo-Chinato-Sauce, **Wachteln** mit einer Kartoffel-Trüffel-Füllung und ausgezeichnetes Fleisch vom Grill. Im Winter stehen Gans und Schweinefleisch ganz oben auf der Speiseliste. Der letzte Freitag im Oktober ist dem **Bollito** gewidmet. Probieren sollten Sie auch den lokalen Käse **Salva cremasco**. Die Sfogliatella di »pasta filo« mit Kirschen und Zabaione bildet einen angemessenen Schluß.
Man bekommt guten Wein zu mäßigen Preisen, der auch glasweise ausgeschenkt wird. Wer möchte, kann aber aus einer bemerkenswerten Reihe italienischer Weine wählen. Die Krönung dieses kulinarischen Erlebnisses sind zweifelsohne die vier Sorten Kaffee.

Treviglio

19 km südlich von Bergamo, S.S. 42

L'Usteria

Trattoria
Via dei Mille, 3
Tel. 03 63 / 4 16 86
Ruhetag: Sonntag
Betriebsferien: August
30 Plätze
Preise: 25 – 45 000 Lire, ohne Wein
Kreditkarten: CartaSi, Visa
Mittags geöffnet

Franco Fanzaga hat die Führung seiner »Usteria« seinen Kindern Massimo und Nicoletta überlassen, aber am Freitag und am Samstag (an diesen Tagen ist auch abends geöffnet, Anmeldung erforderlich) ist er im Haus, und da macht sich seine Hand bemerkbar. Unter der Woche ist das Lokal ein Ort zum Mittagessen, das frische und nach Jahreszeit gewählte Tagesgerichte anbietet: Carpaccio vom Pferd, Bresaola aus dem Veltlin mit Salaten der Saison, **Fohlensteak**, **Tagliatelle mit Pilzsauce**, **Risotti** und Hauptgerichte nach der Saison. Freitags und samstags kann man auch abends nach Voranmeldung essen. Am besten bestellt man telefonisch auch schon eines der Gerichte, mit denen das Lokal berühmt geworden ist: Schweinekeule mit Reinetten oder Gans mit Kastanien; andernfalls besteht das Risiko, die gewöhnlichen Dinge vom Mittag zu bekommen. Das Weinangebot ist in Ordnung, es empfiehlt sich jedoch, die ausgestellten Flaschen in Augenschein zu nehmen; die Weinkarte gibt nur dürftig Auskunft.

Caffè Gelateria Milano (Piazza Manara, 7): Ein traditionsreiches Café, das in seiner Konditorei Panettone, Colomba und die Turta de Trei anbietet, einen einfachen, aber sehr guten Mandelkuchen.

Viadana

43 km von Mantua, 23 km von Parma

Caol Ila

Enoteca mit Ausschank und Küche
Vicolo Quartierino, 10
Tel. 03 75 / 83 03 81
Ruhetag: Montag und Dienstagabend
Betriebsferien: Juli /August
30 Plätze
Preise: 25 – 30 000 Lire
Kreditkarten: alle, außer DC
Mittags und abends geöffnet

Gedämpftes Licht, große Holztische, ein legeres Ambiente rund um den Tresen, das an irische Pubs erinnert. Die von Roberto und Teresa geführte Enoteca mit Küche ist seit einigen Jahren ein beliebter Treffpunkt für junge Leute und all jene, die gediegene Atmosphäre und lombardische Spezialitäten zu schätzen wissen.
Die kalten Platten werden bei Feinschmeckern Anerkennung finden: **Wurstwaren** wie Salami, Spalla cotta, Coppa, Prosciutto crudo, Pancetta, Culatello, Bresaola und **Käsespezialitäten** wie Grana-Käse, Pecorino und Toma – alles auf einem Holzbrett rustikal serviert. Im Sommer hat die Küche Carpaccio di polpo, **Hecht in Sauce** und Tortelli mit Kräutern zu bieten. Mantuanischer Tradition gemäß dürfen natürlich **Tortelli di zucca**, **Agnoli in brodo** (auch als Surbir) und Trippa nicht fehlen.
Bei den Weinen können Sie Ihren Gelüsten freien Lauf lassen. Besonders groß ist die Auswahl an Weißweinen aus der Gegend und anderen Regionen Italiens; aber auch das Angebot an Rotweinen ist nicht zu verachten. Insgesamt findet man ein gutes Preis-Leistungs-Verhältnis.
Übrigens: Viadana ist für seine Melonen berühmt. In der zweiten Junihälfte werden eine Reihe köstlicher Gerichte mit **Melone viadanese** angeboten, die Sie sich nicht entgehen lassen sollten.

In **Brescello** (5 km) kann man auf dem Gut la Stalla (Ortsteil Tre Ponti) Salami, Coppa, Pancetta, Melonen und Lambrusco mantovano aus eigener Herstellung kaufen.

Viadana

43 km südwestlich von Mantua,
23 km von Parma

Da Bortolino

NEU

Osteria
Via al ponte, 8
Tel. 03 75 / 8 26 40
Ruhetag: Donnerstag
Betriebsferien: 1 Wo. im November
40 Plätze + 60 im Freien
Preise: 35 000 Lire, ohne Wein
Kreditkarten: alle
Mittags und abends geöffnet

Als in vergangenen Zeiten noch die schwankende Pontonbrücke über den Po führte, stärkten sich in dieser Osteria die Fuhrmänner, bevor sie die mühselige Überquerung des großen Flusses anstrebten. Heute gibt es die alte Brücke nicht mehr, doch die erst jüngst stilvoll renovierte Osteria erfreut sich neuer Beliebtheit.
Der Wirt des Lokals ist in der mantuanischen Gastronomie keine unbekannte Persönlichkeit (er führt auch das schöne »Leone« in Pomponesco). In fröhlicher Atmosphäre genießt man die »cucina viadanese«, die sich hier von ihrer vielleicht bodenständigsten und einfachsten Seite zeigt. Man sitzt rund um alte Holztische, trinkt, verzehrt einen Imbiß mit den guten Wurstwaren, läßt sich am Abend mit einem traditionellen Menü verwöhnen oder es bei köstlichen Häppchen spät werden. Die **Wurstwaren** aus der Gegend von Mantua und Parma sind hervorragend: Salami, Pancetta stagionata, Bondiola parmigiana, heimischer Culatello, Gola und Spallaccio. **Tortelli mit Kürbis** und mit Kräutern, Tagliatelle auf vielerlei Arten, **Capelletti** und bunte Suppen werden als Primi angeboten. Der Teig der hausgemachten Nudeln ist meisterhaft ausgerollt. Bei den Secondi möchten wir die für diese Gegend typische **Spalla cotta** ganz besonders hervorheben, zudem gibt es guten **Stracotto vom Esel** und geschmorten Rinderbraten. Eine schöne Auswahl von Käse aus dem Piemont, aber auch ein klassischer **Parmigiano mit Mostarda viadanese** und der Crescenza mit einer Marmelade aus unreifen Tomaten sind ausgezeichnet. Nach alten Rezepten werden die Kuchen gebacken: mit Nüssen, mit Äpfeln, Ricotta und Schokolade oder mit Zitrone und Mandeln.
Die Weinkarte ist gut sortiert mit italienischen Erzeugnissen. Besonders empfehlenswert die Lambruschi aus der Gegend.

Villa d'Almè Bruntino

9 km nördlich von Bergamo

Franco

NEU

Trattoria
Via Ca'dell'orto, 5
Tel. 0 35 / 63 83 43
Ruhetag: Mittwoch
Keine Betriebsferien
140 Plätze + 120 im Freien
Preise: 28 000 Lire, ohne Wein
Kreditkarten: die bekannteren
Mittags und abends geöffnet

Vor den Toren Bergamos liegen herrliche Täler, von denen aus man einen wunderschönen Blick auf die Stadt und ihr Umland hat. Inmitten dieser unverfälschten Natur liegt die Trattoria von Franco Luganà, dessen Küche die ligurische Herkunft des Wirts allerdings nicht leugnet. Seine Gerichte sind delikat gewürzt und wohlschmeckend. Als Zutaten zu den hausgemachten Nudeln verwendet Franco frisches Gemüse und Kräuter je nach Jahreszeit. Empfehlenswert: köstliche **Ravioli mit Kräutern und Muskatnuß** und **Gnocchi al pesto** von den Primi, **Kaninchen alla ligure** mit Tomaten und Oliven von den Secondi.
Jeden Abend gibt es für 28 000 Lire ein achtgängiges Menü mit Antipasti (Gemüse gekocht, roh, überbacken und gefüllt), drei Primi, drei Hauptspeisen und einem hausgemachten Dessert. Der Speiseplan ändert sich monatlich und richtet sich nach dem natürlichen Angebot der Jahreszeiten. Im Herbst zum Beispiel können Sie **Mesciüa,** die traditionelle ligurische Suppe mit Kichererbsen, Dinkel und Cannellini, kosten. Als Alternative kann man sich für ein »Pranzo a buffet« entscheiden (Primo, Secondo, Gemüse, Obstsalat und ein Getränk inbegriffen zu 18 000 Lire).
Die Weinkarte ist noch im Aufbau, bald müßte sie die besten Weine aus der Region von Bergamo beinhalten. Franco hat zudem eine große Leidenschaft für Destillate, allen voran Whiskey. Unterstützt von seiner Frau Marialuisa, tatkräftigen Mitarbeitern und bald auch von seiner Tochter Simona, die derzeit noch in bedeutenden Restaurants Bergamos wertvolle Erfahrungen sammelt, wird Franco auch eine Vielzahl von Gästen immer zufriedenstellen.

Valchiavenna: Imbiß in den Crotti

Die Crotti der Valchiavenna sind Höhlen, die die Natur vor langer, langer Zeit durch Erdrutsche selbst geschaffen hat und denen stets ein vier bis acht Grad kühler Luftstrom entweicht. Dieser angenehme Luftzug gelangt gleichsam wie durch einen imaginären Mund als »Atem des Bergs« nach draußen. Der »sorèl«, so der Name dieses geheimnisvollen und faszinierenden Phänomens, wurde lange erforscht, konnte aber nie zufriedenstellend geklärt werden. Der Name »crotto« bezeichnet ausschließlich diese urzeitlichen Höhlen, nicht aber irgendeine andere Höhle oder Grotte, die diese geheimnisvolle Eigenschaft und damit auch die konkreten, natürlichen Vorzüge eines Crotto nicht besitzt.

Da der »sorèl«, vor allem in den heißen Sommermonaten, für eine angenehme Kühlung sorgte, stellten die Bewohner Chiavennas mit – wir würden heute sagen – »ökologischem Bewußtsein« die Überlegung an, diesen Luftstrom als natürliche Kühlvorrichtung im Inneren der Höhle »einzufangen«, um dann dort ihre Lebensmittel und nicht zuletzt den Wein kühl zu lagern.

Auf diese Weise entstanden Hunderte harmonisch aufeinander abgestimmte Bauten, die sich hübsch in die Landschaft einfügen. Davor errichtete man Steinbänke und grobe Steintische. Der Crotto, der häufig im Besitz mehrerer Familien oder verschiedener Erben war, die ihn gemeinsam betrieben, war also ein Treffpunkt, der allen offenstand. Man traf sich dort, um in gastlicher Atmosphäre miteinander zu plaudern, aber auch um geschäftliche Angelegenheiten zu besprechen und sich dabei an guten Speisen und reinen, unverfälschten Weinen zu erfreuen. »Hier gibt es guten Wein und Unterricht in Menschlichkeit«, so schrieb man im 18. Jahrhundert an die Wände eines Crotto und wollte damit zum Ausdruck bringen, daß die Crotti »Inseln der Gemächlichkeit und Ruhe« sein sollten, Orte, an denen man mit den Menschen und den Dingen in Verbindung treten konnte.

Doch wie alle Geschichten, die etwas auf sich halten, vor allem jene, die wechselvoll und außergewöhnlich sind, so endet auch diese nicht ungetrübt. Denn auch im Fall unserer »adligen« Crotti werden die hehren Ziele der Vergangenheit hier und da den Realitäten der Gegenwart preisgegeben. Zwar wurden inzwischen verschiedene Crotti der Öffentlichkeit zugänglich gemacht und in echte Trattorie umgewandelt, doch werden das Wein- und Speisenangebot und auch das Ambiente nicht immer dem Ruf gerecht, der den Crotti vorauseilt. Ganz besonders gilt dies für den Wein: Er scheint nicht nur zu den Erzeugnissen zu gehören, die mehr und mehr in Vergessenheit geraten, man wird (von einigen wenigen Ausnahmen abgesehen) auch keinen wirklich »reinen und unverfälschten« Wein mehr finden.

Trotzdem lohnt es sich, die schattigen Terrassen der Crotti aufzusuchen, die kleinen Speiseräume, die kühlen, offenen Plätze vor den alten Toren, um sich an einem einfachen, gesunden, bodenständigen Imbiß zu laben. Deshalb haben wir unter den zahlreichen Crotti der Valchiavenna vier Beispiele ausgewählt, die wir Ihnen hier vorstellen möchten. Der Besuch und das Essen dort werden Ihnen sicher in angenehmer Erinnerung bleiben.

Zum Schluß möchten wir noch darauf hinweisen, daß im September in Chiavenna die »Sagra dei crotti«, ein Fest zu Ehren dieser Kulturdenkmäler, stattfindet, die, von einfach-ländlichem Charakter, doch Anlaß zu feinsinnigen Betrachtungen geben und angenehme Assoziationen wecken. Während des Festes kann man trotz des großen Andrangs auch private Crotti besuchen. Dazu muß man nur erst die steilen und abschüssigen Pfade überwinden.

Chiavenna
Crotto Refrigerio
Via Pratogiano
Tel. 03 43 / 3 41 75
Ruhetag: Montag
Keine Betriebsferien
150 Plätze
Preise: 25 – 30 000 Lire, ohne Wein
Mittags und abends geöffnet

Der Crotto Refrigerio liegt im historischen Crotto-Viertel Chiavennas, in der Via Pratogiano, einer Allee mit wundervollen, jahrhundertealten Platanen. Im Sommer können Sie im Freien essen und die angenehme Kühle genießen, die hier stets herrscht. Der Crotto, der so typisch und behaglich ist wie auch andere Crotti hier, bietet eine einfache, ganz der Tradition der Gegend verhaftete Küche. Es gibt Schweinerippchen und Salsicce cotte alla piota; Polenta, Käse und Wurst, die nach lokalen Rezepten hergestellt werden. Sehr klein, aber gut ist die Auswahl an Weinen aus der Gegend, die sich als würdige Begleiter zu einem einfachen Imbiß eignen.

Santa Croce di Piuro
Crotto Quartin
Via Quartin, 5
Tel. 03 43 / 3 53 05
Ruhetag: Mi., nicht im Juli u. Aug.
Betriebsferien: Okt. u. Nov.
80 Plätze + 250 im Freien
Preise: 25 000 Lire, ohne Wein
Mittags und abends geöffnet

Dieser im wahrsten Sinne in Grün eingebettete Crotto, der von Eß- und Roßkastanienbäumen beschattet wird, bietet sich vor allem für Familien mit Kindern als Ausflugsziel an. Man ißt hier im Freien an Holz- und Steintischen, doch auch im Winter finden sich große Gruppen in den Räumen des Crotto ein. Das Speisenangebot ist mit Bedacht zusammengestellt: eine ausgezeichnete Bresaola, Wurst und Sottoli als Vorspeise, danach die typischen Pizzoccheri von Chiavenna (hier kleine Gnocchi mit zerlassener Butter und Käse) und ein Hauptgericht, bestehend aus Salsicce und Puntine di maiale cotte alla piota, dazu Kartoffeln und Paprikaschoten. Und zum Abschluß etwas Käse und Torte di fioretto. Der offene Wein ist nicht zu empfehlen.

Prosto di Piuro
Crotto Belvedere
Via alla Chiesa
Tel. 03 43 / 3 35 89
Ruhetag: Di., nicht im Juli u. Aug.
Betriebsferien: November
70 Plätze + 120 im Freien
Preise: 25 000 Lire, ohne Wein
Mittags und abends geöffnet

Hier in Belvedere findet man, abgesehen von einem einzigen traurigen Beispiel, noch hinreißend schöne Crotti, an denen baulich nichts verändert wurde. Wenn Sie einen einfachen, sättigenden Imbiß einnehmen wollen, sollten Sie sich – möglichst im Freien – an einem der Steintische des »Crotto Belvedere« niederlassen. Sie können Costine di maiale cotti alla piota mit Kartoffeln und Paprikaschoten, eine gute Auswahl an Wurst und Käse oder aber eine Bresaola essen, die Sie hier »santa«, d. h. ohne besondere Zutaten, also ohne Öl und vor allem auch ohne Rucola, serviert bekommen. Sehr gut sind die berühmten und unnachahmlichen Biscottini aus Prosto. Der offene Wein ist vollkommen naturbelassen und sehr herb. Sie sollten deshalb lieber versuchen, ein paar Flaschen echten Veltliner Wein zu bekommen.

Sant'Abbondio di Piuro
Crot del Fuin
Via Sant'Abbondio, 3
Tel. 03 43 / 3 32 84
Ruhetag: Mi., nicht im Juli u. Aug.
Betriebsferien: November
50 Plätze + 80 im Freien
Preise: 25 000 Lire, ohne Wein
Mittags und abends geöffnet

Der Besuch dieses Crotto, in dem man in angenehmer Atmosphäre einen Imbiß einnehmen kann, bietet auch die Gelegenheit, sich die nahe gelegenen Acqua-Fraggia-Fälle anzusehen. Die Wasserfälle, die schon Leonardo da Vinci in seinem »Codice Atlantico« bewundernd erwähnte, sind ein eindrucksvolles Naturereignis, das man nicht versäumen sollte. Im »Crotto Fuin«, der sich hübsch in den dichten Wald einfügt, werden Wurst- und Käsespezialitäten aus der Gegend serviert. Auf Anfrage und Vorbestellung bekommt man auch Wild und Polenta taragna.

TRENTINO

Pozza di Fassa
Soraga
Varena
Cavalese
Siror
Tonadico
Spera
Ospedaletto
Baselga di Piné
Fierozzo
Pergine Valsugana
Levico Terme
Civezzano
Faedo
Giovo
Ton
Cloz
Romeno
Rumo
Malè
Rabbi
Commezzadura
TRENTO
Nogaredo
Molveno
Calavino
Drena
Arco
Nago-Torbole
Brentonico
Tenno
Bleggio-Lomaso
Giustino
Spiazzo
A22

Arco
Varignano
37 km südwestlich von Trient, S.S. 45

Belvedere

Trattoria
Via Serafini, 2
Tel. 04 64 / 51 61 44
Ruhetag: Mittwoch
Betriebsferien: Mitte Juli – Mitte Sept.
50 Plätze
Preise: 30 – 35 000 Lire
Kreditkarten: CartaSi, MC, Visa
Mittags und abends geöffnet

Einer der schönsten Winkel im unteren Sarcatal, ein Ort, der sich der **Carne salada** (gepökelte Rindfleischstücke) verschrieben hat. Die Familie Santorum besitzt darin eine hundertjährige Erfahrung, wie ein Photo und ein Zeugnis der Gemeinde Arco aus dem Jahre 1895 beweisen. Es berechtigt die Besitzer dieser rustikalen, lebhaften Trattoria, die Carne salada in Eigenproduktion herzustellen. Die Santorums sind stolz darauf, aber sie prahlen nicht damit, sondern servieren schlicht einfache und leckere Gerichte. Signora Silvia steht am Herd, Giuseppe und Maurizio bedienen.
Man beginnt mit einer Reihe von Antipasti – Peperoni, kleine Zwiebeln, Karotten und andere Gemüse aus dem eigenen Garten – begleitet von heimischen Wurstwaren (**salumi nostrani**) und dazu ein erstes Carne salada, roh oder zusammen mit dicken Bohnen und Zwiebeln warm. Als Primi gibt es frisch zubereitete Nudelgerichte oder **Strangolapreti**, **Gnocchi** und **Canderli**. Auf einfache Braten und Schweinefleischgerichte folgen traditionelle Nachspeisen wie Crostate und **Strudel**. Die Weine stammen aus dem Trient, die Weinkarte ist klein, aber ordentlich, und das Olivenöl wird selbst hergestellt.
Während der heißen Monate bleibt das Lokal geschlossen, da sich die Inhaber um die Ernte kümmern müssen, aber auch, weil man die Carne salada im Sommer nicht essen sollte.

Zu den besten Herstellern von Carne salada gehören die Brüder Camillo und Lionello Vivaldelli in **Varone di Riva del Garda** in der Via Ballino 29. In **Vignole di Arco** (2 km vom Hauptort entfernt) auf dem Linfano, in der Via Mazzini 12, arbeiten Luigino Bertamini und sein Sohn Ivo, die letzten noch verbliebenen Ölmüller im unteren Sarcatal. Sie erzeugen ein unglaublich fruchtiges Öl, mit sehr niedrigem Säuregehalt, das kaltgepreßt wird.

Baselga di Piné
Cadrobbi
18 km nordöstlich von Trient

Due Camini

Hotelrestaurant
Via Pontara, 353
Tel. 04 61 / 55 72 00
Ruhetag: Montag
Betriebsferien: Zwei Wo. im Nov.
70 Plätze
Preise: 45 000 Lire
Kreditkarten: AE, CartaSi
Mittags und abends geöffnet

Eine Rast im Due Camini ist wie ein Aufenthalt bei Freunden. Hier findet man Ruhe und kann sich aufs angenehmste verwöhnen lassen, egal, ob man nur zum Essen einkehrt oder sich für einen Aufenthalt in einem der wenigen, aber ordentlichen Zimmer entscheidet, die das Haus anbietet. Seit Jahren kümmert sich die Inhaberin Franca Merz gewissenhaft um jede Kleinigkeit, um den kulinarischen Ruf ihres Restaurants zu festigen und dem bequemen Trend zur schnellen Küche zu trotzen. Die Speisekarte ist saisonabhängig, wenngleich einige Speisen, speziell die **Pilzgerichte**, bereits Klassiker sind.
Zum Auftakt gibt es eine Auswahl von mindestens vier verschiedenen Antipasti, darunter ein vegetarisches Gericht aus in Scheiben geschnittenem **Gemüseomelette** auf würzigem Weißkraut. Danach zahlreiche hausgemachte Pasta bis hin zu den rustikalen Spaghettoni und Tagliatelle, wie sie vergleichbar nur schwer in anderen tridentinischen Osterien zu finden sind. Bei den Hauptspeisen überzeugen vor allem die **Wildgerichte**, insbesondere **Polenta mit Reh**, das es fast immer gibt. Häufig bietet die Küche **Gans**, Ente und anderes Kleinvieh. Von hervorragendem Geschmack ist der **Polpettone**, eine Art Fleischkloß mit Bergkräutern, der manchmal mit einem Hauch weißer Trüffel serviert wird.
Strudel und Obstkuchen sind hausgemacht, die Käse stammen aus der Umgebung. Der Weinkeller ist auch mit klassischen Weinen gut bestückt, die mit Sachverstand und zu fairen Preisen angeboten werden.

In **Baselga di Piné**, Via Battisti 35, bietet die Metzgerei Sighel eine Reihe von Wurstwaren, Wild, diverse Fleischröllchen und andere Spezialitäten an.

Bleggio-Lomaso Ponte Arche

30 km westlich von Trento, S.P. 237

Il Picchio

Restaurant
Piazza Mercato – Terme di Comano
Tel. 04 65 / 70 21 70
Ruhetag: Mittwoch
Betriebsferien: November
40 Plätze
Preise: 35 000 Lire, ohne Wein
Kreditkarten: alle
Mittags und abends geöffnet

Das gepflegt eingerichtete Lokal liegt im Erdgeschoß eines alten Hotels, an der Straßengabelung, die von Ponte Arche nach Tione, in Richtung Madonna di Campiglio führt. Es bietet eine lockere, gemütliche Atmosphäre und wird von einem jungen Geschwisterpaar geführt: Mauro Dipré steht am Herd, seine Schwester Silvana leitet den Service. Die Küche orientiert sich ganz an der Tridentiner Tradition: deftige Vorspeisen – darunter auch **Speck** mit Pilzen –, diverse Wildschinken und Crostini, hausgemachte Pasta, Gnocchi, **Rotolo mit** verschiedenem **Gemüse** (zum Beispiel Möhren), Strangolapreti, Canederli und die guten »Malfatti« oder **Gnocchi mit Ricotta und Brennesseln**. Die **Polenta** ist nicht nur Beilage, sondern wesentlicher Bestandteil exzellenter Gerichte: probieren Sie sie mit Speck und Sauerkraut und in der Saison mit Pilzen oder Wildbret (hervorragend ist **Reh**!). Die Nachspeisen wie **Apfelstrudel** und Rhabarberkuchen sind hausgemacht, der Weinkeller bietet eine gute Auswahl tridentinischer Weine, die von der sympathischen Silvana ausgesucht werden. Ein schönes Plätzchen, das neben den zahlreichen Kurgästen von Comano Terme oder den in ländlicher Umgebung Erholungsuchenden, auch den Durchreisenden zufriedenstellt.

Die Wurstwarenfabrik Riccadonna in **Bleggio Superiore** (5 km von Ponte Arche) stellt die traditionellen Lucaniche und eine ganze Reihe weiterer Wurstsorten, darunter auch Räucherwurst, her, aber natürlich auch schmackhaften Speck, der schonend außerhalb der Räucherkammer reift.

Bleggio-Lomaso Ponte Arche

30 km westlich von Trient, S.P. 237

Vinoteca Antica Italia

NEU

Hotelrestaurant
Via Marconi, 2 – Terme di Comano
Tel. 04 65 / 70 10 55
Kein Ruhetag
Betriebsferien: 1. Nov. – 30. März
30 Plätze + 20 im Freien
Preise: 9 – 20 000 Lire, ohne Wein
Kreditkarten: Visa
Geöffnet von 9 – 20 Uhr

Die Leidenschaft für Weine und gute traditionelle Küche ließ in einem der ältesten Gebäude des Ortes eine gemütliche Enoteca entstehen, in der, in geschichtsträchtiger und gänzlich vom Wein beseelter Atmosphäre, über 150 italienische Weine, darunter die besten Produkte aus allen Regionen, angeboten werden. Im Lokal zeigt ein schönes Wandgemälde den Maso Cavalpea vor dem Hintergrund des Lago di Cavedine und den Weinbergen, die die Nosiolatrauben für den Vino Santo liefern. Der Weinkeller ist für Besucher offen und hält unter anderem eine hervorragende Auswahl an Vini da Meditazione und Dessertweinen bereit, darunter verschiedene Jahrgänge des Vino Santo Trentino aus den nahegelegenen Valle del Laghi. Einige Weine werden auf einer Schiefertafel von Barbara Vadagnini im offenen Ausschank angeboten. Zusätzlich werden Weinproben veranstaltet, die von Winzern oder Sommeliers geleitet werden. Zum Wein gibt es **Wurst- und Käseaufschnitt** ausgewählter kleiner Hersteller. Besonders gut sind das Pökelfleisch, Speck aus dem Fassatal, Kaminwurzen und Landjäger mit Gewürzgurken sowie **Gemsschinken**, aber auch der Gorgonzola Paltriniere aus dem Val di Sesia.

In **Ponte Arche**, in der Via Cesare Battisti, verkauft die Macelleria da Gianni klassischen Carne salada, der für mindestens 4 – 5 Monate im Faß gepökelt wurde.

Brentonico Palù

40 km südwestlich von Trient, S.S. 12

Maso Palù

Trattoria
Ortsteil Palù
Tel. 04 64 / 39 50 14
Kein Ruhetag im Sommer, im Winter nur am Wo.ende geöffnet
90 Plätze + 20 Plätze im Freien
Preise: 42 000 Lire
Kreditkarten: CartaSi
Nur abends, an Sommerwochenenden auch mittags geöffnet

Das Maso Palù ist ein Glanzpunkt tridentinischer Gastronomie. Alles hier ist noch ursprünglich, angefangen bei der Freundlichkeit der jungen und engagierten Wirtsleute Emiliana und Elio Giradelli. Ihr »Maso« (ein ländlicher Bau, zwischen Stall und Herrenhaus) wurde zu einer echten Heimstatt für bodenständige Küche. Das Essen ist ländlich: einfach und herzhaft im Geschmack. Es wird reichlich und gut gelaunt an die vollen Tische gebracht, zwischen denen, vor allem während der Saison, Kinder jeden Alters herumlaufen, ohne zu stören. Draußen genießt man die Landschaft um Brentonico, eine Senke zwischen dem Lagarinatal und dem Gardasee und wegen ihrer seltenen Flora, die auf den Wiesen des Monte Baldo wächst, Naturschutzgebiet.
Die Speisekarte gilt das ganze Jahr. Als Vorspeise gibt es Würste vom Hof und einen ungewöhnlichen Salat aus frischen Äpfeln, danach Nudeln und **Gnocchi**, Risotto, **Orzotto** mit Schweinehaxe, **Sauerkraut** und **Bollito** vom Wagen. In der Saison wird das Angebot durch verschiedene **Waldpilze** bereichert, die gut zu den Käsesorten von den umliegenden Almen passen. Zu trinken gibt es Hauswein und eine kleine Auswahl an Flaschenweinen, die von Elio, einem passioniertem Weinliebhaber, zusammengestellt wird.

Bemerkenswert ist die Alm Prà Alpesina in **Malghe**, wo Orazio Schelfi die Milch seiner Kühe zu Butter, Ricotta und anderen Käsesorten verarbeitet. Im Ortsteil **Sorne** betreibt das gleichnamige Gut eine Forellenzucht. Man kann die Fische dort selbst fangen oder in einem kleinen Lokal essen, das meist am Wochenende geöffnet ist.

Calavino Lagolo

25 km westlich von Trient, S.S. 45

Floriani

Hotelrestaurant
Via al lago, 2
Tel. 04 61 / 56 42 41
Ruhetag: Dienstag
Betriebsferien: 2 Wo. im November
70 Plätze
Preise: 40 – 45 000 Lire
Kreditkarten: AE, Visa
Mittags und abends geöffnet

Das Lokal liegt in Lagolo, am Ufer eines der 300 Seen des Trentino, auf exakt 1000 Meter Höhe. Die Schönheit des Ortes verläßt einen auch dann nicht, wenn man sich an den Tisch setzt, um in dem schlicht ländlich eingerichteten Gasthof Rast zu halten. Das Ehepaar Floriani (er steht in der Küche, sie bedient) hat sich ganz der Pflege heimischer Spezialitäten verschrieben, und sie tun dies mit Leidenschaft und Können. Es gibt Wurst vom Schwein und Wild, dazu **Käse**, der speziell für die Florianis auf den abgelegensten Almen hergestellt wird (darunter einen der frischesten Ziegenkäse). Die Nudelgerichte, z.B. **Tagliatelli ai Funghi** (eine ihrer Spezialitäten) oder Fettuccine mit heimischem Pecorino, Paprika und Basilikum, sind hausgemacht. Außerdem gibt es Ravioli aus Kartoffelteig, gefüllt mit Gemüse der Saison, hervorragenden **Kartoffelkuchen**, diverse Gemüse, Canederli und Strangolapreti, frische Pfifferlinge, **Risotto al Groppello**, Schweinebraten mit Sauerkraut, verschieden zubereitete **Forelle** und auf Bestellung eine Gemüsesuppe, genannt Piatto del filò. Im Winter zusätzlich **Wildbret**.
Zum Abschluß gibt es hausgemachte Desserts sowie eine große Bandbreite an Grappa und Obstlern.

In **Cavedine** (10 km), wenige Meter vom Rathaus, stellt die Metzgerei Travaglia neben verschiedenen Schweinswürsten eine Brühwurst her, die hervorragend zu Pilzen und Polenta paßt.

Cavalese

54 km nordöstlich von Trient, S.S. 48

Al Cantuccio

Restaurant
Via Unterberger, 14
Tel. 04 62 / 34 01 40
Ruhetag: Montagabend und Dienstag, nicht während der Hochsaison
Betriebsferien: Spät. Frühjahr [Spätherbst
24 Plätze
Preise: 50 000 Lire, ohne Wein
Kreditkarten: alle
Mittags und abends geöffnet

Maurizio und Rosalba Tait wollen demnächst in ihrem erst vor kurzem am höchsten Hang von Cavalese gebauten Haus ein neues Restaurant eröffnen. Bis es soweit ist, verrichten sie ihre Arbeit noch in den beiden kleinen Räumen des Cantuccio, einem alten Gebäude im historischen Zentrum. Ihr Eifer ist ungebrochen, das Speisenangebot wird immer exquisiter und die Preise steigen ständig (es gibt aber ein spezielles Mittagsmenü für 35 000 Lire). Es ist schwierig, das kreative Angebot der beiden zusammenzufassen, wir wollen es dennoch versuchen.
Zum Auftakt gibt es **Tatar von geräucherten Forellen**, danach **Caronzéi fiemmesi** und **Kaninchen mit Kartoffeln**, dann warmer »Puzzone« (Käse) in Blätterteigherzen und zum Abschluß Möhrentorte – alles traditionell zubreitet. Daneben ungewöhnliche Gerichte wie Weißwurst mit süßem Senf oder Wiesenpilzflan mit Nußbutter. An Suppen stehen zur Auswahl: Annellini al tarassaco, Kürbiscremesuppe oder Kressesuppe mit Kößchen aus frischem Ziegenkäse. Darüber hinaus erweist sich Maurizio nicht nur als tüchtiger Koch und Sommelier, sondern fertigt auch noch einzigartigen **Kräuterkäse**. Im Frühjahr ist der Weg dann frei für diverse **Spargelgerichte**. Hervorragend auch das Angebot an Weinen und die Präsentation der hausgemachten Desserts.

In **Daiano** (4 km) hat Tito Braito neben dem traditionellen auch einen besonderen, gekochten Speck im Sortiment. In **Masi** (3 km) züchtet Valerio Delmarco den Salmerino, einen seltenen Speisefisch aus der Familie der Lachse, der normalerweise nur im eisigen Wildwasser lebt. In **Segonzano** (10 km) werden in der Mühle Visintainer zahlreiche Mehlsorten gemahlen, darunter ein hervorragendes Maismehl.

Civezzano Forte

7 km nordöstlich von Trient, S.S. 47

Maso Cantanghel

Restaurant
Via della Madonnina, 33
Tel. 04 61 / 85 87 14
Ruhetag: Samstag und Sonntag
Betriebsferien: 1 Wo. im Aug. und an [Weihnachten
30 Plätze
Preise: 45 – 50 000 Lire, ohne Wein
Kreditkarten: die bekannteren
Mittags und abends geöffnet

Die Harmonie des Einfachen, hohe Qualität der Gerichte und Professionalität erwarten den Besucher dieses wunderbaren Landgasthofes. Verweilen Sie nicht zu sehr bei der geschmackvollen Einrichtung und wenden Sie Ihre Aufmerksamkeit den Gerichten zu. Lucia Gius, die Wirtin, kreiert zwar keine neuen Gerichte, aber sie bietet ein täglich wechselndes Degustationsmenü an, das auf alten tridentinischen Rezepten basiert, nach denen sie schon als Kind kochte. Unterstützt wird sie dabei von ihren Kindern Mattia und Novella.
Es ist unmöglich alle Gerichte zu nennen, die Lucia in ihrer offenen Küche zubereitet. In der Regel gibt es **Frittate** mit Gemüse aus dem Garten, dann eine weitere Vorspeise, je nach Saison mit frischen **Pilzen** oder Wurst mit Kraut, aber auch Flußbarsch und **Forelle**. Danach folgen frische **Tagliatelle** mit Saisongemüse oder köstliche **Gnocchi** (versuchen Sie die mit Pilzen!). Auch die Hauptgerichte orientieren sich am Einfachen: hervorragende **Braten**, **Ossobuco mit Polenta**, Kalbsfuß mit Polenta und Pilzen. Aber die Überraschungen hören nicht auf: Gebäck und speziell das **Haselnußeis** schmecken phantastisch. Wegen der begrenzten Anzahl der Plätze empfiehlt es sich zu reservieren.

Auf dem Dorfplatz nahe der Kirche bietet die Bar Stello sorgfältig ausgewählte lokale und internationale Weine im offen Ausschank. Die Fischhandlung Boso in der Via Sant'Anna 1a in **Gardolo di Trento** (8 km) hat sich auf die Zubereitung von Baccalà spezialisiert.

Cloz

49 km nordwestlich von Trient, S.S. 43

Al Mulin

NEU

Restaurant
Via Santa Maria, 32
Tel. 04 63 / 87 46 17
Ruhetag: Donnerstag
Betriebsferien: 2 Wo. Ende Sept.
60 Plätze
Preise: 40 000 Lire, ohne Wein
Kreditkarten: CartaSi
Mittags und abends geöffnet

Der kleine Ort Cloz liegt im Herzen des Valle di Non, dem sogenannten »Apfeltal«. Jeden Winkel nutzt man hier für die Obstgärten und das kleine Restaurant ist vielleicht das einfachste und zugleich angenehmste Beispiel dafür, wie man als Tourist dieses Richtung Mendelpaß gelegene Gebirgstal sprichwörtlich genießen kann. Äpfel und anderes Obst finden sich nicht nur auf der Speisekarte, sondern dienen auch als Dekoration. Die freundliche Art der Wirtsfamilie Bassi-Rauzi zeigt sich bereits darin, daß dem Gast sofort ein Glas hervorragender Tridentiner Spumante DOC als Aperitif angeboten wird. Köstlich sind die **Funghi sott'olio**, die einem zusammen mit dem traditionellen **Speck** als Vorspeise empfohlen werden. Danach muß man sich stets aufs Neue zwischen würzigen, hausgemachten Gnocchi, Tagliatelle, Canederli oder **Strangolapreti** entscheiden, die mit verschiedenen Gemüsen angemacht werden. Als Hauptgericht gibt es Wild und anderes Fleisch, darunter ein angenehm leichter **Kalbsbraten** und dazu mehrere Gemüse, die man sich direkt vom Servierwagen selbst aussucht. Zum Abschluß traditionelle Nachspeisen wie **Apfelstrudel** und **heimischen Käse**. Unter den ordentlichen Weinen finden sich auch einige gute Flaschen bekannter tridentinischer Erzeuger.

Einige Meter vom Restaurant entfernt ziseliert ein Handwerker einzigartige Kupferfahnen, die man auf den Dachfirst setzt. Wenden Sie sich einfach an Ervino Franch, bei dem Sie auch weitere Kupferwaren finden. Typische Fleisch- und Wurstsorten bietet die alteingesessene Metzgerei Torresani.

Commezzadura Piano

64 km nordwestlich von Trento, S.S. 42

Maso Burba

Restaurant
Ortsteil Piano
Tel. 04 63 / 97 99 91
Ruhetag: Mittwoch
Betriebsferien: im Juni und Nov.
60 Plätze
Preise: 45 000 Lire, ohne Wein
Kreditkarten: MC, Visa
Mittags und abends geöffnet

Immer häufiger erleben die aufgelassenen Bauernhöfe in den Tridentiner Bergen durch den Fremdenverkehr eine Art Wiedergeburt. Der reißende Fluß Noce ist ein beliebtes und forderndes Kajakrevier. Arrigo Burba und seine Familie haben ihren alten, in der Talsohle zwischen dem Val di Sole und den Bergen nördlich von Madonna di Campiglio gelegenen Bauernhof vollständig umgebaut und ein schönes Restaurant daraus gemacht: Viel Holz, die stilgerechte Einrichtung, im Speisesaal ein hübscher Majolika-Ofen – all das trägt dazu bei, daß man die guten Speisen, die auf den Tisch kommen, noch mehr genießen kann. Nach einer deftigen Vorspeise mit heimischen Salumi gibt es hausgemachte Nudeln, wie **Gnocchi alle ortiche** oder alle ricotta, **Pappardelle** mit verschiedenen Ragouts, **Canederli** alla trentina, Gemüse- oder **Gerstensuppe** und **Risotti** mit Bergkräutern oder (in der Saison) vielen **Pilzen**. Danach folgen die Fleischspeisen, unter denen – während der Saison – besonders die Polenta und die **Wildgerichte** hervorragen. Die guten Käse stammen ausschließlich von heimischen Erzeugern, und die Desserts sind allesamt hausgemacht. Die anständige Weinkarte bietet auch einige gute Flaschenweine von Tridentiner Winzern.

Heimische Käsespezialitäten und Trentingrana aus der Milch von den Hochalmen, Butter und den typischen »Casolét« bekommen Sie bei der Genossenschaftsmolkerei in der Via IV Novembre in **Mezzana** (2 km von Piano).

Ebenfalls in der Gegend, in **Monclassico** (6 km), können Sie bei der Troticoltura Podetti im Ortsteil Plaucesa Ihre Forellen, wenn Sie wollen, selbst fangen. Das große Anwesen verfügt auch über eine Bar, und im Winter kann man hier Schlittschuh laufen.

Levico Terme

20 km südöstlich von Trient, S.S. 47

Boivin

Osteria – Enoteca
Via Garibaldi, 9
Te. 04 61 / 70 16 70, 70 71 22
Ruhetag: Montag
Betriebsferien: 2 Wo. im Januar
70 Plätze
Preise: 35 – 45 000 Lire, ohne Wein
Kreditkarten: AE, DC, Visa
Nur abends, So. auch mittags geöffn.

Seit zwei Generationen arbeitet die Familie Bosco schon in der Gastronomie und heute ist es vor allem Ricardo, der diese Familientradition weiterleben läßt. In der Enoteca, die in den ehemaligen Kellern des Hotels eingerichtet wurde, erprobt er ständig neue, auch überregionale Gerichte. So gibt es neben den ortstypischen Spezialitäten auch Menüs, deren Zutaten gänzlich von der jeweiligen Jahreszeit bestimmt werden: im Frühjahr Wildkräuter, im Juni Beeren, im August Pilze und im Oktober Äpfel und Eßkastanien. Wer sich nicht für das Menü »Boivin« (zu 38 000 Lire) entscheidet, wählt à la carte. Aufschnitt (vor allem mit Speck und Lucaniche), Saisonsalat oder frischen Ziegenkäse, danach Gnocchi, **Tagliatelle mit Hirschragout**, **Ravioli di ricotta**, Zuppa di fagioli. Kosten Sie dann das **Forellenfilet in Tramentiner**, den **Kaninchenrücken mit Polenta** oder **Carne salada**. Die guten, hausgemachten Strudel und Kuchen gibt es immer, aber es fehlt auch nicht an Cremes und Sorbets. Riccardo experimentiert gern mit Meeresfisch, aber wir finden, er sollte es bei der bodenständigen Küche belassen, die auch besser zum Ambiente paßt.
Die Weinauswahl ist vom Feinsten und wird kompetent und zu fairen Preisen angeboten.

Vis-à-vis der Thermalquellen, in der Via Roma 1, befindet sich ein kleines, gepflegtes Lokal, das »Café«, wo man neben Kaffee ausgezeichnetes Eis und Kleingebäck genießen kann. Im Ortsteil Caneza bei **Pergine Valsugana** (9 km) legt die Familie Paoli verschiedenste Gemüse sowie köstliche Sardellen mit Kapern in Öl ein.

Malè
Magras

54 km nordwestlich von Trient, S.S. 42

Conte Ramponi

Restaurant
Piazza San Marco, 38
Tel. 04 63 / 90 19 89
Ruhetag: Mo., nicht in der Saison
Betriebsferien: 2 Wo. im Juni / Okt.
80 Plätze [u. an Weihnachten
Preise: 50 000 Lire, ohne Wein
Kreditkarten: alle
Mittags und abends geöffnet

Das »Conte Ramponi« hat sich von der stereotypen, extravaganten Küche, die einige Male berechtigte Kritik hervorrief, verabschiedet und zu seinen Ursprüngen zurückgefunden. Nachdem die Speisekarte reduziert wurde, setzt man wieder auf eigene Qualitäten und profitiert vom guten Namen, der soliden Professionalität und der wiedererwachten kulinarischen Entschlossenheit der Inhaber, der Brüder Ivano und Lino Grigori.
In den mit viel Holz und schönen Keramiköfen ausgestatten Räumen des Restaurants, das im oberen Stockwerk eines alten Palazzo untergebracht ist, herrscht eine angenehm gedämpfte Atmosphäre. Die Speisenfolge beginnt mit heimischen **Wurstsorten**, kombiniert mit einem ungewöhnlichen **Apfelsalat** (das Valle di Sole wird auch »Apfeltal« genannt), Nüssen und einem frischen **Casolét**, der ausschließlich auf den Almen der Region hergestellt wird. Praktisch immer auf der Karte stehen Gnocchi di ricotta und einzigartige **Ravioli aus Kartoffelteig** mit Wildkräutern wie Löwenzahn oder Brennesseln. Im Sommer gibt es Pilze in jeder nur möglichen Zubereitung. Weiter geht es mit **Spanferkel**, **Hammel**, Bauchspeck oder Kochwurst mit Polenta und Kraut. Köstliche Nachspeisen – hervorragend Latticelo al melograno – runden das Menü ab. Das Weinangebot ist ordentlich und gut sortiert.

An der Piazza Garibaldi 5, in der Ortsmitte von **Malè,** bietet die Bar-Gelateria Roby hausgemachtes Eis in jeder nur denkbaren Geschmacksrichtung. Unübertroffen ist die Sorte, die aus Trentiner Vino Santo DOC hergestellt wird.

Molveno

40 km nordwestlich von Trient, S.S. 421

El Filò

NEU

Osteria
Piazza Scuole, 3
Tel. 04 61 / 58 61 51
Mai bis Oktober, Weihnachten und Ostern täglich geöffnet, den Rest des Jahres nur am Wochenende
Betriebsferien: November
55 Plätze
Preise: 25 – 40 000 Lire, ohne Wein
Kreditkarten: alle
Mittags und abends geöffnet

In einem alten Haus im Ortszentrum hat Angelo Bianchi ein Lokal eröffnet, dessen traditionelle, von Holzbalkendecken geprägte Einrichtung ganz den Geschmack des Touristen treffen dürfte. Dies gilt aber gleichermaßen für das kulinarische Angebot: Für diejenigen, die nur eine Vesper machen wollen, gibt es Speck und kleine Imbisse, auf die anderen, die sich auf einen längeren Plausch zusammensetzen wollen, warten diverse weitere Genüsse.
Gut zehn verschiedene Antipasti, danach selbstgemachte Pasta, je nach Saison mit Pilzen, Gemüse oder Wild (beispielsweise **mit Rehragout gefüllte Tortellini**, **Pappardelle mit Steinpilzen** oder **Gnocchi mit Brennesseln**). Braten und Grillfleisch, im Winter eine Wildplatte mit **Hirsch**, **Wildschwein** und **Gemse**, serviert mit Polenta, oder aber **Saibling** aus dem nahe gelegenen See bilden den Hauptgang. Zum Abschluß gibt es Tridentiner Käse, der auch Bestandteil der köstlichen **Crostata mit Erdbeeren** ist, sowie Cremes und **Apfelstrudel**. Dazu trinkt man vornehmlich Weine aus dem Trentino.

Bei der Famiglia Cooperativa in Molveno bekommt man in der kalten Jahreszeit »Ciuighe« – zart geräucherte Würste aus grobem Schweinebrät und Rüben. Man kann sie auch roh essen, am besten schmecken sie jedoch, wenn man sie ein paar Minuten kocht und mit einer Scheibe Schwarzbrot oder dampfender Polenta ißt. Die »Lucaniche alla Canella«, die man bei allen Metzgern der Region findet, sind besonders gut bei der Famiglia Cooperativa di **Saone** (15 km), im Ortsteil Tione.

Nago-Torbole

41 km südwestlich von Trient,
7 km von Riva del Garda, S.S. 249

La Terrazza

Restaurant
Via Benaco, 14
Tel. 04 64 / 50 60 83
Ruhetag: Di., nicht in der Hochsaison
Betriebsferien: November – März
50 Plätze
Preise: 50 000 Lire, ohne Wein
Kreditkarten: AE, DC, Visa
Nur abends geöffnet

Bei diesem schmucken, frisch renovierten Lokal hat man das Gefühl, an Bord eines im Hafen von Torbole liegenden Schiffes zu gehen, bereit die Anker zu lichten und die Strände des Gardasees anzusteuern. Die Reise ist jedoch nur kulinarischer Art, die Küche nutzt ausgiebig die Möglichkeiten, die der See bietet.
Kosten Sie ein paar der zahlreichen Antipasti wie das **Sisam** alla Torbolana (kleine Süßwasserfische, ähnlich zubereitet wie marinierte Sardinen) oder die würzigen **Polpettine di cavedano**. Danach Gnocchi di lavarello mit Tomaten und Oliven, Bigoi con aole, **Risotto con tinca** oder die klassische Zuppa mit Süßwasserfisch, ein Paradebeispiel dafür, was die traditionelle Tridentiner Küche rund um den Gardasee zu bieten hat. Der See spielt auch bei den Secondi die Hauptrolle: **Forelle**, mit Salbei gewürztes **Flußbarschfilet**, Hecht. Und für diejenigen, die Fleisch den Vorzug geben? Kein Problem, die Familie Miorelli bietet auch Wurstplatten mit Speck, Nudeln mit Gemüsesaucen und diverse Fleischgerichte, darunter köstliche **Kalbsschnitzel mit Trüffel** vom Monte Baldo. Hervorragend sind die hausgemachten Eissorten (probieren Sie Zitrone!) und Kuchen.
Es gibt eine gute Auswahl an tridentinischen Weinen sowie einige Grappe und Obstbrände. Einziger Schönheitsfehler: das Lokal ist leider nur während der Urlaubssaison geöffnet.

Die Associazione Agraria in **Riva del Garda** (4 km), Via Lutti 10, verkauft selbstgepreßtes Olivenöl und weitere lokale Produkte wie Wein und Käse.

Nogaredo

23 km südwestlich von Trient,
5 km von Rovereto

Le Strie

Osteria
Piazza Centrale, 10
Tel. 04 64 / 41 22 20
Ruhetag: Montag
Betriebsferien: 15. Juli – Ende Aug.
50 Plätze
Preise: 35 000 Lire
Kreditkarten: CartaSi, MC, Visa
Nur abends geöffnet

Am späten Vor- und Nachmittag dient diese schöne, gut besuchte Osteria auch als Bar: Nebenbei bemerkt, man bemüht sich in dieser mittelalterlichen Ecke des Vallagrina besonders intensiv um die Kultur des guten Weines. Ein Verdienst, das auch Sergio Valentini zukommt, dem es nun auch als Wirt (vor kurzem hat er in Isera die »Locanda tre chiavi« eröffnet) gelungen ist, die Bedürfnisse des einfachen Touristen mit denen des Feinschmeckers zu vereinen. Es gibt, wie in einer echten Osteria üblich, nur wenige, häufig wechselnde Gerichte und dazu eine große Auswahl an Weinen, die auch glasweise ausgeschenkt werden.
Heimische Wurst, dampfende **Gemüsesuppen**, Dinkelnudeln, **Tonco di pontesel** (ein typisches Gulasch mit Polenta und Lucaniche), **Carne salada**, Fleisch mit schwarzer Trüffel, **Polentina con formaggio fuso**, Gulasch, **Tosèla alla piastre** und manchmal Schnecken. Im Sommer leichtere Kost wie Zucchiniauflauf oder leckere Pasta mit Tomaten und Auberginen. Die Kuchen sind hausgemacht und in der Saison gibt es Tiramisu mit getränkten Erdbeeren. Seit einiger Zeit stehen auch **Käsefondues** mit speziell für »Le Strie« hergestellten heimischen Käsen auf der Karte.

In **Rovereto** (4 km) bietet die Salumeria Finarolli in der Via Mercerie 7 – 9 eine große Auswahl an Spezialitäten mit passenden Rezepten. In der gleichen Straße gibt es in der Drogheria Micheli Gewürze und ein gutes Sortiment an Weinen. In **Volano** (8 km) verkauft Aurelio Brussich unter dem Markennamen »Dal Trentino by Arcobaleno« selbstgemachte Konfitüren und Marmeladen.

Ospedaletto Pradanella

42 km östlich von Trient, S.S. 47 (Valsugana)

Va' Pensiero

NEU

Restaurant
Ortsteil Pradanella
Tel. 04 61 / 76 83 83
Ruhetag: Mittwoch
Betriebsferien: 4 Wo. im Okt. u. Nov.
35 Plätze
Preise: 45 000 Lire, ohne Wein
Kreditkarten: alle außer DC
Mittags und abends geöffnet

Seit einiger Zeit kämpft das Valsugana gegen rückläufige Touristenzahlen. Die zahlreichen Offerten für einen Erholungsaufenthalt stehen dabei allerdings häufig im Gegensatz zu den wenigen kulinarischen Angeboten: die Gastronomie kommt nur mühsam in Schwung.
Einen Versuch zu mehr Qualität unternimmt Giustiniano Rech, ein international erfahrener Koch und Sommelier. In seinem Heimatort eröffnete er, mitten im Grünen, ein zweigeschossiges Restaurant, das sowohl der Tradition verpflichtet als auch Neuem aufgeschlossen ist. Beginnend beim Fleisch, das auf einem riesigen Grill im Freien zubereitet wird, werden ausschließlich Produkte aus dem Trentino verwendet. Auf eine Reihe von Wurstsorten und verschiedenem eingelegtem Gemüse folgen frische, handgemachte Paste wie **gefüllte Ravioloni** mit Pilzen, Gemüse, Walnüssen oder frischem Käse. Bei den Secondi hat man die Wahl zwischen **Wild** (Hirsch oder Reh), **Forellen** aus der nahegelegenen Forellenzucht oder einem schmackhaften **Braten aus Straußenfleisch**, der seit kurzem auf der Karte steht.
Die Desserts (Panna cotta, Crostata di frutta) sind hausgemacht und die Weine kann man sich direkt in der kleinen, aber gut sortierten Enoteca aussuchen.

In **Borgo Valsugana** (5 km), im Ortsteil Rocchetta, oberhalb der Eisenbahn, verkauft Enrico Fezzi ausgezeichneten, frischen Ricotta und anderen Schafskäse aus Eigenproduktion, sowie Walnüsse und Waldbeeren.

Pergine Valsugana Viarago

20 km östlich von Trento, S.S. 47

Capriolo

Bar – Trattoria
Masi Alti di Viarago
Tel. 04 61 / 55 11 08
Ruhetag: Di., nicht im Sommer
Betriebsferien: Ende Januar
35 Plätze
Preise: 40 000 Lire, ohne Wein
Alle Kreditkarten
Mittags und abends geöffnet

Dies ist tatsächlich eine Berghütte, auch wenn man sie, 1300 m hoch auf dem Monte Caldo gelegen, von Pergine oder vom Altopiano de Piné mit dem Auto erreichen kann (nach einigen Verwünschungen bezüglich der Serpentinen und der Abzweigungen; eine werden Sie mindestens verfehlen). In seiner Berg-Osteria bietet Maurizio Bernardi echte Älplerkost an, wobei auch die Weinauswahl immer besser wird. Die Küche folgt den Jahreszeiten, verwendet werden die aromatischen Kräuter und die Pilze der Gegend, auch Gemüse aus dem Tal, insbesondere der Spargel im Frühling. Oft gibt es Carpaccio mit einem Salat von Pfifferlingen, gefolgt vom **Gnocco di pane**, einer Art Brotknödel, im Weinblatt. Wenn der Wald großzügig ist, wird **Risotto con funghi neri** aufgetischt. Tadellos die hausgemachten Paste wie **Canederli** und **Strangolapreti** sowie die Minestrone mit Graupen. Fleisch ist fast immer **Wild**, wie Hirschkoteletts vom Spieß mit Heidelbeersauce. Klassisch sind **Polenta e brise**, gebratener Käse oder schmackhaftes Kraut mit Cotechino. Bei den Bauern wählt Maurizio seinen Käse aus, Zicklein, Lämmer, Kaninchen und Hühner. Als Nachtisch hausgemachte Torte oder Beeren aus dem Wald. Lobenswert ist die Mühe, die auf den Wein verwendet wird: Der Keller bietet – nicht gerade normal in diesen Höhen – eine gute Auswahl von Weinen aus dem Trentino und anderen italienischen Regionen.

In **Zivignago**, das zu Pergine gehört, verkauft die Associazione Produttori Agricoli Sant'Orsola die Produkte ihrer Mitglieder, wie Himbeeren und Beeren aus dem Wald, auch Säfte und Marmeladen. In **Canezza** (4 km von Pergine) stellt die Firma Sottoli Paolo Ölkonserven her, in Öl eingelegte Pilze, Antipaste, Sardellen, Artischocken, grüne Oliven.

Pozza di Fassa

88 km nordwestlich von Trient, S.S. 48

Osteria da Bocol

NEU

Trattoria
Via Avisio, 10
Tel. 04 62 / 76 37 52
Kein Ruhetag, außerhalb der Saison Donnerstag und Sonntagabend
46 Plätze + 30 im Freien
Preise: 40 000 Lire, ohne Wein
Kreditkarten: alle, außer MC
Mittags und abends geöffnet

Unter den Orten des Fassatals kann das zauberhafte Pozza durchaus mit Moena konkurrieren, auch wenn sein touristischer Bekanntheitsgrad leider, oder zum Glück, um einiges geringer ist. Die kleine Gemeinde inmitten der Dolomiten genießt einen besonderen Ruf als Gebiet für Skifahrer und Bergsteiger. Seit einigen Jahren gibt es nun schon diese kleine, hübsche Trattoria, und Claudio Croce und seine Frau Angela, zwei von ihrer Arbeit begeisterte junge Leute, sind entschlossen, die einheimische Küche und den guten Wein professionell zu fördern.

Im rustikal eingerichteten Gastraum herrscht eine ruhige und freundliche Atmosphäre. Es gibt nur wenige, aber ursprüngliche Gerichte. Gut sind Wurst und Speck, zusammen mit ein paar warmen Gemüsevorspeisen, danach empfehlen sich verschiedene **Knödel** – Speck, Leber, Käse – oder die schmackhaften **Pappardelle alla lepre**, mit Pilzen oder frischem Gemüse, aber auch Polenta mit Lucaniche oder **Pilzragout** mit Pfifferlingen, Steinpilzen und Hallimasch. Eine Spezialität des Hauses ist das traditionelle **Orzotto mit Heidelbeeren**. Bei den Secondi dominieren **Wildgerichte** wie Gulasch – selbstverständlich mit Polenta – oder gegrilltes Hirschsteak.

Zum Abschluß gibt es eine gute Auswahl an Käse aus dem Fassatal und hausgemachte Torten, Obstkuchen und vor allem einen hervorragenden **Strudel**. Auf der kleinen, aber gut sortierten Weinkarte finden sich einige der besten Erzeuger aus dem Trentino.

In **Campitello di Fassa** (4 km), Piazza Centrale 4, ist Claudio Valentini ständig darum bemüht, das Angebot in seiner Enoteca La Scaletta noch weiter zu verbessern. Bereits jetzt gibt es über 400 verschiedene Grappe!

Romeno Malgolo

42 km nördlich von Trient, S.S. 43 D

Nerina

Hotelrestaurant
Via De Gasperi, 31
Tel. 04 63 / 51 01 11
Ruhetag: Di., nicht im Sommer
Betriebsferien: 1. – 15. Oktober
45 Plätze
Preise: 35 0000 Lire, ohne Wein
Kreditkarten: BA, CartaSi
Mittags und abends geöffnet

Erwarten Sie kein spektakuläres Angebot oder gar Eleganz, Sie sind hier an einem ganz normalen Ort, der sich aber durch Können und Freundlichkeit auszeichnet. Die herzliche Art der Wirtsfamilie Di Nuzzo nimmt einen sofort für diesen kleinen, relativ unbekannten Gasthof ein. Die Familie stammt ursprünglich aus Neapel, steht aber seit Jahren in erster Reihe, was die Gastronomie im Valle di Non betrifft. Die Küche ist einfach, aber vielleicht die beste der Region. Mamma Nerina hat ihre vier Kinder in den Betrieb mit einbezogen, alle arbeiten zum Wohl des Gastes.
Zum Auftakt sollten Sie **Tabiel Noneso** probieren, ein Aufschnitt aus Speck, **Mortandéle** und verschieden gereiften Lucaniche. Danach **Carne Salada**, **Graupensuppe** oder Spinatnocken mit Butter und Würfelspeck. Die Nudeln, wie Tagliatelli und Canelloni (häufig mit **Pilzfüllung**) sind hausgemacht. Bei den Secondi stehen verschiedene Fleisch- (Schwein, **Kaninchen** mit Polenta, Lamm und Rind) und Fischgerichte (**Forelle**, Saibling und manchmal auch Meeresfisch) zur Auswahl. Die hervorragende kampanische **Pastiera** zum Nachtisch verweist auf die Herkunft der Köchin. Eine gute Auswahl an Käse und ein reichhaltiges Weinangebot runden das Menü ab.

In **Malosco** (9 km von Malgolo), in der Via Belvedere 24: Äpfel und Kartoffeln von der Landwirtschaft Calliari. In **Tret** (6 km) stellt die Familie Corazzolla Apfelsaft und Apfelessig her. In **Rumo**, Ortsteil Mocenigo (22 km), wird ein sehr würziger Grana-Käse erzeugt.

Siror San Martino di Castrozza

83 km nordöstlich von Trento, S.S. 50

Bel Sito da Anita

Trattoria
Via Dolomiti, 6
Tel. 04 39 / 76 88 93
Kein Ruhetag, von Oktober bis Ostern nur Sa., So. geöffnet
50 Plätze + 15 im Freien
Preise: 35 – 45000 Lire
Kreditkarten: CartaSi, Visa
Mittags und abends geöffnet

Dieses kleine Restaurant hat schnell bewiesen, daß es das Zeug zur besten gastronomischen Institution im ganzen Primiero hat. Es ist zauberhaft gelegen – im hübschen Ort San Martino di Castrozza, zwei Schritte vom Hauptplatz entfernt – und empfängt mit seinen zwei gemütlichen »Stuben« oder im Sommer mit seiner Terrasse. Anita Corona hat immer ihren Weg beibehalten: eine einfache, unverfälschte traditionelle Küche. Die Salumi – Lucaniche (Würste), Speck und andere gute Produkte Trentiner Metzger – werden mit Konfitüre von Waldfrüchten, Heidelbeeren oder Johannisbeeren serviert. Hausgemacht die traditionellen Paste, Tagliatelle, Ravioloni und **Kartoffelgnocchi**; unbedingt zu erwähnen (ob ihrer Erlesenheit) ist die **Steinpilzsuppe**. Leicht zubereitet und gut gewürzt ist das Wild, hervorzuheben hier die **Hirschkoteletts** vom Rost; perfekt ist das kulinarische Wahrzeichen des Primiero, **Tosèla** (der typische Weichkäse des Tals) **mit Polenta, Pilzen und frischer Wurst**. Eine gute Auswahl an Käse und hausgemachtem Gebäck (auch aus Vollkorn- oder Buchweizenmehl) runden das Mahl ab; der Keller bietet einige ordentliche Flaschen aus dem Trentino.

Am Platz hat Daniele Debertolis eine Enoteca eröffnet, mit Wein und Grappe nicht nur aus dem Trentino. Die Macelleria Taufer, Via del Laghetto, hält ein gutes Angebot an Salumi bereit; sie wurde völlig umgebaut und um eine Feinkostabteilung erweitert.

Soraga · Fuchiade

96 km nordöstlich von Trient, S. S. 48 und S. S. 346

Fuchiade

Restaurant – Berghütte
Ortsteil Fuchiade
Tel. 04 62 / 57 42 81
Vom 20.6. – 16.10 u. von Weihnachten bis Ostern geöffnet
60 Plätze + 60 Plätze im Freien
Preise: 45 – 50 000 Lire, ohne Wein
Kreditkarten: DC
Mittags und abends geöffnet

Das Fuchiade ist in jeder Hinsicht eine Berghütte: alleinstehend, inmitten grandioser Dolomitengipfel, bietet es Schutz und Stärkung für Körper und Geist. Alles in diesem weiten Bergtal um den Cima Uomo lädt zur inneren Besinnung ein. Man befindet sich sprichwörtlich am Ende der Welt, denn um das Fuchiade zu erreichen, muß man entweder wandern oder im Winter die Skier benützen. Für ganz Faule haben Sergio und Emanuela Rossi allerdings einen Pendelverkehr eingerichtet: im Sommer mit dem Jeep, im Winter mit dem Motorschlitten. Ein schöner Schlupfwinkel, der zugleich exklusiv und familiär, raffiniert und bodenständig ist. Die freundliche Aufnahme ist ehrlich, die Küche achtet die heimische Tradition.
Es gibt kein typisches Gericht, aber fast immer finden Sie **Gemskeule** auf Krautsalat mit Äpfeln auf der Karte. Eine Spezialität ist die Consommé vom Reh, auf die **Gnocchetti aus Buchweizen mit Speck** und andere hausgemachte Paste folgen. Im Herbst findet **Pilz** vielerlei Verwendung und im Winter natürlich **Wild**: hervorragend sind die **Hirschmedaillons** in feiner Kräuterkruste. Selbstgebackene Torten, Käse und heimische Wurstsorten, sowie eine ordentliche Auswahl an Weinen und Schnäpsen runden das Angebot ab.

Im Zentrum von **Moena** (3 km), verkauft die Familie Felicetti, Salita Vajolet 1, Wurstwaren aus eigener Herstellung. In **Predazzo** (12 km) produziert und verkauft die Genossenschaftskäserei in der Via Fiamme Gialle 34 den unverwechselbaren Puzzone, eine Spezialität aus dem Fassa- und Fleimstal.

Spera Val Campelle

56 km nördlich von Trient, S.S. 47

Crucolo

Trattoria – Berghütte
Ortsteil Val Campelle
Tel. 04 61 / 76 60 93
Ruhetag: Mittwoch
Betriebsferien: 10. Jan. – 15. März.
150 Plätze + 60 Plätze im Freien
Preise: 30 – 40 000 Lire, ohne Wein
Kreditkarten: alle außer AE
Mittags und abends geöffnet

An den Wochenenden ist der Andrang immens, das Lokal wird buchstäblich von hungrigen Wanderern und anderen Feriengästen überrollt, und sie werden nicht enttäuscht. Zum Auftakt eines kompletten Essens tischen die Wirtsleute Purin bereits eine endlose Folge an Würsten, Geräuchertem und Käse auf, alles aus eigener Produktion. Danach folgen Knödel, **Strangolapreti**, Minestrone und **Pilzsuppe**. Gegrilltes Fleisch und Braten, **Schweinshaxe mit Kraut**, **Brühwurst mit Polenta** und (in der Saison) **Wild** bilden den Hauptgang.
Die Nachspeisen werden immer ganz frisch zubereitet: **Möhrentorte**, Formenton (aus Buchweizenmehl), Strudel und die typische **Torta de fregoloti**. Die offenen Weine stammen aus den Kellereien im Tal und dem nahegelegenen Veneto. Die von den Purins selbst hergestellten Käse kann man nicht nur im Lokal verzehren, sondern auch kaufen. Trotz des Andrangs ist der Service für eine Berghütte überraschend gut und es herrscht ein ordentliches Preis-Leistungs-Verhältnis.

In **Scurelle** (3 km von Spera) wird der süße und kaffeehaltige Likör Parampampolo hergestellt. Man trinkt ihn flambiert und ganz heiß – aber Quirino Purin wird Ihnen seine geheimnisvolle Rezeptur nie vollends verraten. In **Roncegno** (9 km) wird auf dem Gut Maso Fontane eine Forellenzucht betrieben. Cappello versucht außerdem frische Flußkrebse und Karpfen zu züchten. Sie können dort verschiedene Forellenarten kaufen.

Spiazzo Mortaso
52 km westlich von Trient, S.S. 239

Mezzosoldo

Hotelrestaurant
Via Nazionale, 196
Tel. 04 65 / 80 10 67
Ruhetag: Do., nicht zur Saison
Betriebsferien: 20. Sept. – 1. Dez., nach Ost. bis 15. Juni
50 Plätze
Preise: 45 – 50 000 Lire, ohne Wein
Kreditkarten: Visa
Mittags und abends geöffnet

Schon lange schätzen wir das »Mezzosoldo« als Beweis für die angenehm gastfreundliche Art der tridentinischen Gastronomie. Das Restaurant ist in seiner Ursprünglichkeit unverändert, auch wenn die beiden Inhaber Noris und Rino Lorenzi nie aufgehört haben, es ständig zu verbessern.
Ein Aufenthalt hier ist wie ein Besuch bei Freunden. Die Menüfolge ist festgelegt: mehrere verschiedene Vorspeisen, ein Hauptgericht und schließlich Dessert. Aber beginnen wir der Reihe nach. Zum Auftakt gibt es **würzig gefüllte Strudel**, Pfannkuchen aus Hirsemehl mit Lauch und Kürbiscreme, **Kohlrouladen und Bärlauch**, eine Spezialität der Gegend. Bei den Hauptspeisen hat man die Wahl zwischen **Carne salada vom Hirsch** mit grünen Äpfeln, **Lammhaxe mit Patügol** (eine typische Polenta aus dem Rendenatal) oder **Saibling mit Spinat**. Aber das ist nicht alles. Es gibt noch Schnecken mit Kresse oder Käse, der mit in Martini eingelegten Äpfeln, Quitten und Birnen serviert wird. Wirklich hervorragend sind die Desserts aus gelben Pflaumen und Eßkastanien, der Birnenstrudel, das Gelato al Vin Santo und, neu auf der Karte, die **Crema gelato con orzo**. Dazu eine Reihe ausgesuchter Weine zu angemessenen Preisen.

In **Strembo** (3 km), Via Nazionale, stellt Mario Masé ausgezeichnete Würste her. Die Famiglia Cooperativa in **Saone di Tione** (10 km) füllt mit Zimt gewürzte Würste ab. Eine weitere Famiglia Cooperativa – in **San Lorenzo in Banale** (16 km) – produziert die traditionellen »Ciuighe«, deftige Bratwürste mit Rübenhack.

Tonadico Val Canali
104 km nordöstlich von Trient, S.P. 347

La Ritonda

Hotelrestaurant
Ortsteil Val Canali
Tel. 04 39 / 76 22 23
Ruhetag: Montag, nicht im Sommer
Betriebsferien: Ende Jan./Anf. Febr.
50 Plätze
Preise: 40 000 Lire, ohne Wein
Keine Kreditkarten
Mittags und abends geöffnet

Im Hintergrund dieser hübschen Berghütte, die Gianpaolo Depaoli, ein großer Bergsteiger und ausgezeichneter Bergführer, als Hotel und Schutzhütte eingerichtet hat, zeichnet sich die spektakuläre Pale di San Martino ab. Touristen, für die eine Bergwanderung nicht in Frage kommt, haben hier die Möglichkeit, sich an der herrlichen Aussicht zu erfreuen, und wer gerade eine Bergtour hinter sich hat, kann sich hier ausruhen und ein traditionelles Gericht des Primiero-Gebiets genießen. Die Speisen sind einfach, aber sehr schmackhaft. Die **Toséla**, ein typischer, weicher Käse aus dem Tal, wird hier immer angeboten. Der Käse, der sich hervorragend mit Polenta und Pilzen kombinieren läßt, ist nicht nur die typische Spezialität des Primiero, sondern des ganzen Trentino. Als Vorspeise werden außerdem herzhafte Trentiner Salumi serviert, und als Primi bekommt man hausgemachte Nudeln: **Tagliatelle** (während der Saison **mit Pilzen**), **Strangolapreti**, Gnocchi und Canederli. Und im Anschluß daran gibt es Fleischgerichte, darunter Wild und **Schweinshaxe**, oder auch eine Forelle. Zum Nachtisch bereitet Signora Daria Torten mit Waldfrüchten oder Ricotta zu. Bei den Weinen, die ausschließlich aus dem Trentino stammen, findet man eine für dieses Gebiet ausgesprochen anständige Auswahl.

Zwischen **Mezzano** und **Fiera di Primiero** (7 km von Val Canali) verkauft der Caseificio Sociale die bekanntesten Sorten Toséla, Pressato und Trentingrana, die in den Sennereien hergestellt werden, außerdem köstliche Butter. Vorzüglichen Honig finden Sie in **Transacqua** (8 km) bei Domenico Scalet.

Al Vò

Trattoria
Vicolo del Vò, 11
Tel. 04 61 / 98 53 74
Ruhetag: Sonntag
Betriebsferien: 10 Tage im Juli
70 Plätze
Preise: 35 – 40 000 Lire, ohne Wein
Kreditkarten: alle
Nur mittags geöffnet, Do. und Fr. auch abends

Hier haben wir eines der wenigen Lokale in Trient, in denen das Essen noch ursprünglich ist und zum angebotenen Wein paßt. Der Tourist wird hier nicht nur gekonnt bewirtet, sondern erhält auch noch zusätzliche Informationen über kulturelle Neuigkeiten und andere Vergnügungen, die in der Stadt geboten werden. Der junge Inhaber Francesco Andreolli scheut keine Mühen und ist entschlossen, die regionale Küche mit gehobener Gastronomie zu verbinden.
Hier einiges von dem, was wir zuletzt probieren durften. Es gab Kaninchensalat an Apfelessig, einen ungewöhnlichen **Riso ai mirtilli neri** (Heidelbeeren), aber auch traditionelle Gerichte wie **Strangolapreti** oder einfache Käsnocken. Danach Rindergulasch in Teroldego, **Carne di puledro** und in der Saison **Pilze** mit Toséla (ein typischer Weichkäse) oder Brühwurst. Im Winter wird die Küche etwas deftiger: **Kutteln**, Kaninchen mit Polenta, Lucaniche mit Kraut stehen auf dem Programm. Das Frühjahr gehört dem **Flußspargel**, der, wie in der Region üblich, mit Eiern serviert wird. Als Dessert gibt es selbstgebackene Kuchen – Nußkuchen, Apfelstrudel, Obstkuchen – sowie Panna cotta und verschiedene Sorbets und in der Weihnachtszeit die typischen Zelten.
Eine sorgfältige Auswahl an Käsen und ordentliche Weine zu wirklich günstigen Preisen runden das Angebot ab.

Gegenüber dem Torre Verde kann man unter der kühlen Laube die köstlichen Eissorten von Zanella probieren. In der Via San Pietro befindet sich das »Casa del Caffè«, wo man eine große Auswahl an Kaffee- und Teemischungen sowie süße Spezialitäten kaufen kann. Zwei gute Konditoreien sind Marchiodi an der Piazza Battisti und Bertelli in der Via Oriola. Verschiedenste Brotsorten findet man in den Filialen der Bäckerei Sosi.

Trento

Locanda Gius Port' Aquila

Trattoria
Via Cervara, 66
Tel. 04 61 / 23 86 96
Ruhetag: Sonntag
Betriebsferien: August
30 Plätze
Preise: 35 000 Lire, ohne Wein
Kreditkarten: Visa
Mittags und abends geöffnet

»Wenn Sie zufrieden sind, kommen Sie wieder. Wenn es Ihnen nicht gefallen hat, empfehlen Sie uns Ihren Freunden: das wäre immerhin ein toller Scherz ...« Dieser Spruch findet sich an der Eingangstür des Lokals und er gibt treffend die Philosophie des Inhabers Guido Gius wieder, der unbeirrbar an der kulinarischen Tradition des Trentino festhält. Die Osteria liegt im Erdgeschoß einer alten »Locanda« (die Zimmer sind allerdings seit Jahren geschlossen) direkt unter dem Turm des Castello di Buonconsiglio.
Die Einrichtung des Speisesaals scheint in den 60er Jahren stehengeblieben zu sein. Es gibt keine Karte, das Angebot der Küche erfahren die Gäste vom Kellner und schon kommen die Wurstplatten mit Lucaniche, Kräuteromelette und **Canederli** oder **Strangolapreti**, Minestrone und Kartoffelgnocchi. Unter den Secondi finden sich Schweinefleisch, Bachforelle, **Schmorbraten** (auch aus Pferdefleisch) in Wein, Würste mit Polenta und manchmal **Sguazet**, ein uraltes Rezept aus Innereien und **Tonco de pontesél**. Zum Nachtisch gibt es **Torta di fregoloti**, Obstkuchen und an Weihnachten Zelten.
Die Weinkarte ist gut, aber fragen Sie ruhig auch nach älteren Jahrgängen, in Guidos Keller lagern bis zu 30 Jahre alte Weine aus dem Trentino.

Direkt am Domplatz liegt Ravagni, die Lieblingsmetzgerei der Tridentiner. In der Via Mantova führt La Gastronomia alle nur erdenklichen Delikatessen und auf der Piazza Vittoria, zwischen Piazza delle Erbe und Piazza Lodron wird ein Lebensmittelmarkt abgehalten, auf dem in der Saison die Pilzsucher ihre Schätze anbieten.

Trento

Ai tre Garofani

NEU

Trattoria
Via Mazzini, 33
Tel. 04 61 / 23 75 43
Ruhetag: Sonntag
Betriebsferien: 3 Wo. nach dem 15. Aug.
60 Plätze + 30 im Freien
Preise: 35 000 Lire, ohne Wein
Kreditkarten: CartaSi, MC
Mittags und abends geöffnet

Das Lokal liegt in der historischen Altstadt von Trient, in der Geschäfte und Galerien die ehemaligen Handwerksbetriebe verdrängt haben. Nur die Lunardis, eine alte Wirtsfamilie und früher begeisterte Kletterer und Photographen, sind ihrer Bestimmung treu geblieben. In ihrem Lokal, das aus dem 13. Jahrhundert stammt und als Trattoria eine 200 Jahre alte Tradition hat, herrscht eine heitere Atmosphäre wie in alten Zeiten. Sie haben den Pizzabetrieb eingestellt und sich ganz der traditionellen Tridentiner Küche und ihren Weinen zugewandt. Ein Verdienst, das vor allem dem jungen Schwiegersohn Niko zukommt, einem echten Weinliebhaber, der zusammen mit Mamma Cristina eine Reihe authentischer Tridentiner Gerichte zaubert.
Unter den jahrhundertealten Deckengewölben der beiden Gasträume, wie auch an den Tischen im Freien, direkt an der Altstadtgasse, servieren sie ein einzigartiges Gericht aus Polenta, Kraut, Schlackwurst, Gulasch und Pilzen. Es ist besonders für eilige Gäste zu empfehlen, denn andernfalls hat man die Qual der Wahl zwischen verschiedenen hausgemachten Paste wie **Tagliatelle**, **Kartoffelgnocchi** und **Canederli** oder Gemüsesuppen, und anschließend Kaninchen, **Carne salada**, Schmorbraten in Teroldego und im Winter Baccalà. An hausgemachten Nachspeisen stehen verschiedene Obstkuchen, Sacher- und **Apfeltorte**, sowie an Weihnachten Zelten zur Auswahl.
Die Weine kommen nicht nur aus dem Trentino und werden zu ordentlichen Preisen auch glasweise angeboten.

Nur wenig entfernt finden sich die Salumeria Mattei (hervorragende Lucaniche und Käsespezialitäten) und die Boutique della frutta, sowie das Geschäft Dal Lago, dessen Angebot an Ravioli mit leckeren Füllungen und wunderbaren Gnocchi ständig zunimmt.

Varena

55 km nordöstlich von Trient, S.S. 48

Alla Chiusa

NEU

Trattoria
Via Chiusa, 1 – Richtung Lavazé
Tel. 04 62 / 34 06 26
Ruhetag: In der Saison täglich geöffnet, sonst nur am Wochenende
Betriebsferien: unterschiedlich
50 Plätze + 30 im Freien
Preise: 35 000 Lire, ohne Wein
Keine Kreditkarten
Nur mittags geöffnet

Man verläßt die Hauptstraße, die durch das Fleimstal führt, und bevor man nach Cavalese kommt, geht es hoch nach Lavazé, einem Paradies für Wintersportbegeisterte und im Sommer ein unbeflecktes Stück Natur. Seit ungefähr 100 Jahren existiert diese direkt an der Straße gelegene Trattoria (früher eine einfache Verpflegungsstation für Wanderer und Pferdefuhrwerke) und sie wird von der Familie Ceol getreu den seit Generationen überlieferten Traditionen geführt.
Praktischerweise ist das Lokal sowohl in Skifahr- und Wandersaison täglich geöffnet, allerdings nur am Mittag. Den Rest des Jahres dagegen nur am Wochenende. Die Speisekarte folgt den Regeln alter bäuerlicher Tradition. Man beginnt mit einer Reihe tridentinischer Wurstsorten, Speck und eingelegten Pilzen, danach folgen regionale Spezialitäten wie **Polenta mit Käse und Steinpilzen**, **Rindergulasch** oder köstlicher Formaggio fresco alla piastra. Zum Abschluß gibt es Apfel-, Blaubeer- oder **Buchweizenkuchen**. Die Weinkarte beschränkt sich auf tridentinischen Wein, darunter einige hervorragende Flaschen.
Es gibt nur wenige Lokale in dieser Gegend, in denen man eine so sorgfältig und schmackhaft zubereitete Hausmannskost bekommt, zu Preisen, die selbst den sparsamsten Gast überraschen dürften.

In **Predazzo** (10 km) verkauft Giuseppe March in seinem Geschäft Fior di Bosco, in der Via Garibaldi 7, Marmeladen, Sirup, Honig und andere Köstlichkeiten aus eigener Herstellung.

Ländliche Gastlichkeit im Trentino

Für einige Stunden das Land erleben, die Früchte des Bodens dort genießen, wo sie wachsen – in einer typischen, ländlichen Umgebung, wo man noch echte Gastlichkeit findet. Ganz selbstverständliche Dinge, um deren Verwirklichung sich zwei Vereinigungen – Agriturismo Trentino und Trentino Verde – bemühen. Sie engagieren sich dafür, eine Initiative fortzuführen, die vor dreißig Jahren quasi als Wette ins Leben gerufen wurde und sich zunächst ohne genaue Richtlinien (und mit zuweilen sehr nachteiligen Folgen) entwickelt hat, heute aber einer ständigen Kontrolle unterliegt, weil man nur noch auf Qualität setzen will. Doch der Weg ist noch lang, und viele Fragen sind noch offen. Aber am Willen, sich ernsthaft darum zu bemühen, fehlt es nicht. Das gilt besonders für jene landwirtschaftlichen Betriebe, die echte ländliche Trattorie betreiben und abseits in winzigen Dörfchen liegen. Dort halten die Bauern noch an besonderen Produktionsformen fest und setzen sich für den Schutz der Bergwelt ein. Sie bieten eine ganz andere Art ländlicher Gastlichkeit, die sich durch ein ausgesprochen gutes Preis-Leistungs-Verhältnis auszeichnet, die Kindern Raum zum Sich-Austoben gibt und die sie an die regionale Küche heranführt. Die Speisekarte sieht fast überall gleich aus (und auch das Preisniveau, 25 bis 35 000 Lire): Wurst – »lucanica« im Dialekt –, Carne salada (gepökelte Keule vom Rind, die in hauchdünnen Scheiben, roh oder kurz angebraten, gereicht wird), Canederli (Knödel aus altbackenem Brot und Speck, in einer Fleischbrühe oder mit Tomate oder zerlassener Butter serviert), Strangolapreti (Gnocchi aus Brot und Spinat). Außerdem findet man Sauerkraut, Polenta und Kaninchenbraten, Tonco de pontesél (ein Ragout aus angebräuntem Mehl, Wurst und Polenta) und als Abschluß Apfelstrudel. Einfache Speisen (und Weine), die man in Räumlichkeiten einnimmt, die aufs beste mit der Landschaft harmonieren. Es ist unmöglich, alle guten Betriebe aufzuzählen, aber die Auswahl, die wir Ihnen hier vorstellen, verdient selbst die Aufmerksamkeit der Feinschmecker.

Drena
Maso Valle
Ortsteil Luch, 7
Tel. 04 64 / 54 12 64
Ruhetag: Mo., nicht in der Saison
Keine Betriebsferien
35 Plätze
Nur abends, am Wochenende auch mittags geöffnet

NEU

Nicht weit vom Passo di San Udalrico, zwischen Valle di Cavedine und Gardatal, treffen wir auf diesen neuen bäuerlichen Betrieb. Er wird geleitet von dem Winzer Konrad Stedile, der den alten, von Weinbergen und Kastanien umgebenen Hof wieder bewirtschaftet. Die Küche ist sehr einfach: Wurstplatte, köstliche Canederli, Polenta mit Kaninchen, Braten und andere traditionelle Gerichte. Herzlich und zuvorkommend, in sauberer und lockerer Atmosphäre serviert.

Faedo
Maso Nello
Ortsteil Pineta
Tel. 04 61 / 65 03 84
Ruhetag: Montag
Betriebsferien: zur Weinlese
35 Plätze
Mittags und abends geöffnet

Gäbe es bei den Osterie wie beim Giro d'Italia für den Sieger ein rosa Trikot, so könnte in unserem Fall wohl kaum ein anderer dem Maso Nello diese Trophäe streitig machen. Das Lokal liegt in den berühmten Weinbergen von Faedo, und Cristina Arman, ihre Tochter und ihr Mann sind ständig darum bemüht, es noch zu verbessern, ohne daß es dabei etwas von seinem ursprünglichen Charakter verliert. Es gibt eine hübsche Veranda, zwei schlichte, kleine Speiseräume (und außerdem vier Zimmer für kurze Aufenthalte) – und sehr viel Herzlichkeit. Die Speisekarte variiert je nach Jahreszeit, doch werden fast immer Gnocchi mit verschiedenen Saucen, Tortèl de patate, Smacafam (ein Fladen mit durchwachsenem Speck und Wurst) und Polenta mit Braten angeboten, zum Abschluß gibt es Bergkäse und hausgemachte Desserts. Neben Weinen aus der hauseigenen Kellerei findet man noch einige andere Landweine.

Fierozzo
San Lorenzo
Ortsteil San Lorenzo, 100
Tel. 04 61 / 55 10 31
Ruhetag: Montag
Keine Betriebsferien
30 Plätze
Mittags und abends geöffnet

Man ist hier ganz am Ende des Valle dei Mocheni, einer kimbrischen Enklave, die von Abkömmlingen germanischer Bergleute besiedelt ist. Sie leben in charakteristischen Bauernhöfen, die stets aufs neue zur Werbung für das Trentino herhalten müssen. In einer Holzhütte, von der aus man auf eine wundervolle, bäuerliche Landschaft blickt, betreibt Rosina Bollere mit ihrer Familie einen einfachen, aber gepflegten Bauernhof, auf dem auch Gäste bewirtet werden. Das Speisenangebot umfaßt guten Aufschnitt, Canederli, Sauerkraut und einfache Desserts (vorwiegend Strudel und Obstkuchen), und zum Befeuchten der Kehle gibt es eine kleine Auswahl an Trentiner Weinen. Die Preise sind ausgesprochen bescheiden.

Giovo
El Vòlt
Piazza Alpini, 7 – Palù
Tel. 04 61 / 68 41 32
Ruhetag: Montag
Betriebsferien: Oktober
25 Plätze
Mittags und abends geöffnet

»Vòlt« bezeichnet im örtlichen Sprachgebrauch eine Gewölbedecke oder einen Laubengang. Und genau unter einem der typischsten Portiken des Örtchens empfängt die Familie Pellegrini seit Jahren die Touristen, von denen viele nach Palù kommen, weil der Radsportchampion Francesco Moser, der heute Politiker ist und eine herausragende Rolle in der Führung der Trentiner Autonomiebewegung spielt, von hier stammt. Die Pellegrini bieten unter anderem eine geradezu unglaubliche Auswahl an Frittate an, die mit Gemüse oder Wildblumenblüten zubereitet werden. Es fehlen aber auch nicht Gemüsesuppen, Kartoffelgnocchi, Carne salada und andere traditionelle Leckerbissen. Im Weinkeller können Sie ein lebendiges bäuerliches Ambiente bewundern und dabei – das Cembratal ist ein klassisches Müller-Thurgau- und Schiava-Gebiet – einen unverfälschten, ländlichen Wein trinken.

Giustino
La Trisa
Via Manzoni, 50
Tel. 04 65 / 50 16 65
Ruhetag: unterschiedlich
Betriebsferien: Juni, Okt., Nov.
35 Plätze
Nur abends geöffnet

Während Pinzolo vor allem als Fremdenverkehrsort (Madonna di Campiglio gehört zur Gemeinde) bekannt ist, hat sich Giustino mit seiner Käserei einen Namen gemacht. Sie zählt zu den besten des Alpenraums und verdankt ihren Ruf der großen Zahl von Lieferanten besonders hochwertiger Milch. In dem dazugehörenden Lokal kommen die »gängigen« Speisen auf den Tisch: Salumi, Canederli, Strangolapreti, Carne salada, Sauerkraut, Braten, Strudel und eine große Auswahl an heimischen Käsen.

Lomaso
Maso Marocc
Ortsteil Poia
Tel. 04 65 / 70 20 98
Ruhetag: Montag
Keine Betriebsferien
50 Plätze
Mittags und abends geöffnet

Dieser Bauernhof mit jungem Gastronomiebetrieb hat rasch Zuspruch gefunden wegen seiner schönen Lage – eingebettet in eine grüne Hügellandschaft mit herrlichem Rundblick über die Guidicarie – und wegen der Qualität seiner Speisen. Man findet hier durchweg traditionelle Gerichte: Canederli, Strangolapreti, Nudeln mit Speck, Sauerkraut und Schweinerippchen, Polenta mit Kaninchen oder mit Rehbraten, Carne salada, Obstkuchen, Apfelstrudel sowie Bergkäse und Weine aus den Kellereien des nahegelegenen Valle del Laghi. Ausgezeichnet ist das Preis-Leistungs-Verhältnis: Man bezahlt hier nie mehr als 30 000 Lire.

Malè
Mangiasa
Ortsteil Mangiasa
Tel. 04 63 / 90 21 23
Nur am Wochenende geöffnet
Betriebsferien: Mai, Juni
35 Plätze
Nur abends geöffnet

Italo Zanella und seine Familie züchten nicht nur Geranien, Weihnachtssterne und andere Zierpflanzen, sondern verwenden auch viel Zeit auf die Zubereitung der Speisen, mit denen sie die Gäste ihres Bauernhofs bewirten. Im kleinen Speisesaal des holzgetäfelten Hauses servieren sie Graupensuppe, Gnocchi, Raviolini und andere Primi, die oft mit heimischem Käse zubereitet werden. Bescheidenes Weinangebot.

Rabbi
Ruatti
Ortsteil Pracorno, 95
Tel. 04 63 / 90 10 70
In der Saison kein Ruhetag,
sonst nur am Wochenende geöffnet
Betriebsferien: 15. Mai. – 20. Juni
50 Plätze
Mittags und abends geöffnet
(im August nur abends)

Die Familie Ruatti, die sich nicht mehr allein auf Speisen und Getränke beschränken wollte, hält für Urlauber, die in diesem Naturparadies einen längeren Aufenthalt verbringen wollen, auf ihrem bekannten Bauernhof inzwischen auch eine Reihe komfortabel ausgestatteter Zimmer bereit. Sie finden hier ein typisches Lokal mit behaglicher Holzeinrichtung. Die Speisekarte bietet heimische Wurst und Käse, klassische Canederli, Ravioli (auch mit Kraut gefüllt) und eine vielfältige Auswahl an Polenta, zu der verschiedenes Fleisch gereicht wird, sowie hausgemachte Kuchen und offene Weine.

Rumo
Agritur Mirella
Ortsteil Mione, 21
Tel. 04 63 / 53 03 28
Geöffnet am Wo.ende u. auf Anfrage
Keine Betriebsferien
30 Plätze
Nur abends geöffnet

Unterstützt von Ehemann Enrico und Sohn Denis hat Signora Mirella die »gute Stube« in ein einladendes ländliches Lokal umgewandelt: Gemüsesuppe mit Graupen, Knödel, Kartoffelgnocchi, Strangolapreti, handgemachte Nudeln. Außerdem ein gemischtes Spezzatino (eine Art Gulasch), Polenta nel manipol und Tonco de pontesél (zwei mittalterliche Gerichte), Kaninchen, Kraut mit Schweinerippchen und Tortel di patate. An Süßspeisen gibt es Strudel, Apfelküchlein und Torta di fregoloti, an Wein Trentiner Produkte. Die große Beliebtheit macht Anmeldung nötig.

Tenno
Pizacol
NEU
Ortsteil Volta di No-Cologna
Tel. 04 64 / 52 17 01, 52 03 03
Nur am Wochenende geöffnet,
im Sommer an Feiertagen auch abends
Betriebsferien: unterschiedlich
40 Plätze
Mittags und abends geöffnet

An diesem hügelig, zwischen Weinbergen und Olivenhainen gelegenen Ort, kann man die typischen Spezialitäten des Trentino kennenlernen. Die Familie Bresciani bietet nämlich nicht nur eine ländliche Küche mit dampfender Polenta, Speck, Canederli und Gnocchi sowie klassischem Carne salada, sondern auch Wein und Obstbrände aus eigener Produktion.

Ton
Bagolin
Via Valle, 23 – Vigo
Tel. 04 61 / 65 78 18
Ruhetag: Dienstag
Betriebsferien: verschieden
30 Plätze
Mittags und abends geöffnet

Die Mechiori sind seit Generationen Bauern. Für ihre Gäste haben sie ihr Haus in eine (immer gut besuchte) Locanda umgewandelt. Die jungen Söhne bedienen und bieten rustikale Dinge an wie Tortel de patate, das Nationalgericht des Tals, Gnocchi, Strangolapreti, Fleisch vom Schwein, Strudel aus Reinette-Äpfeln und andere Kuchen mit Früchten.

Trento
Bergamini
Ortsteil Bergamini, 3 – Cognola
Tel. 04 61 / 98 30 79
Ruhetag: Montag
Betriebsferien: zur Weinlese
50 Plätze
Mittags und abends geöffnet, nur nach Anmeldung

Remo Tomasi ist ein erfahrener Winzer: Seine charaktervollen Weine werden von Jahr zu Jahr besser und genießen einen guten Ruf. Und das gilt auch für das Speisenangebot dieses hübschen landwirtschaftlichen Betriebs. In dem wunderschön restaurierten Bauernhaus aus dem 16.Jahrhundert bieten Remo und seine Frau Laura eine typische Trentiner Küche an. Das Angebot reicht von Gerstensuppe bis zu Strudel. Und im Herbst gibt es Nudelgerichte mit schwarzen Trüffeln.

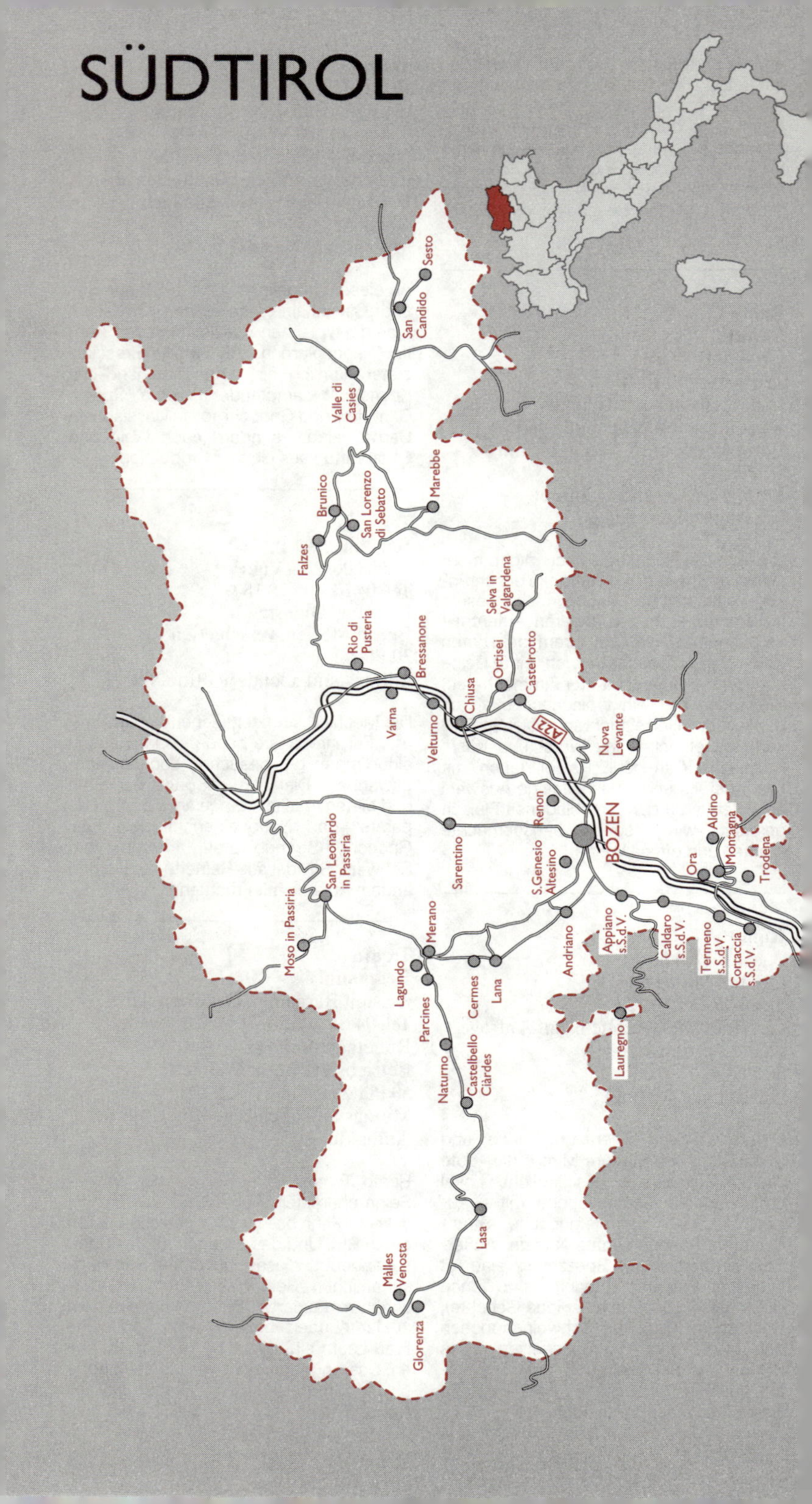

SÜDTIROL
Sesto
San Candido
Valle di Casies
Marebbe
San Lorenzo di Sebato
Brunico
Falzes
Selva in Valgardena
Castelrotto
Ortisei
Rio di Pusteria
Bressanone
Chiusa
Varna
Velturno
A22
Nova Levante
Renon
BOZEN
Aldino
Montagna
Trodena
Ora
S.Genesio Altesino
Sarentino
San Leonardo in Passiria
Moso in Passiria
Merano
Lagundo
Parcines
Cermes
Lana
Andriano
Appiano s.S.d.V.
Caldaro s.S.d.V.
Termeno s.S.d.V.
Cortaccia s.S.d.V.
Lauregno
Naturno
Castelbello Ciàrdes
Lasa
Mälles Venosta
Glorenza

Aldino – Aldein

35 km südlich von Bozen, S.S. 12 und E 48

Krone

Gasthof mit Fremdenzimmern
Piazza Principale, 4
Tel. 04 71 / 88 68 25
Ruhetag: Montag
Betriebsferien: unterschiedlich
60 Plätze + 15 im Freien
Preise: 45 000 Lire, ohne Wein
Kreditkarten: CartaSi, Visa
Mittags und abends geöffnet

Über eine wunderschöne, weitläufige Hügellandschaft verteilt, bietet das 1500-Seelen-Dorf Aldein im Etschtal eine wahre Postkartenidylle. Das direkt am Marktplatz gelegene Restaurant ist ein klassischer Gasthof, der bereits seit 1577 existiert und sich seit 1720 in Händen der Familie Franzelin befindet. Heute empfängt Georg Franzelin die Gäste in den beiden prachtvollen Stuben, während Bruder Peter und Mamma Maria Alberta sich um die Küche kümmern.
Die Gerichte sind einfach und ursprünglich. Hervorragend sind **gekochter Schinken mit Meerrettichsahne** oder, ebenfalls mit Meerrettichsahne servierte, geräucherte Forelle. Als Primi gibt es **Speckknödel**, die klassischen Tiroler Teigtaschen mit Spinat und Ricotta und **Friegelsuppe** mit Grießnockerln. In der Saison Pilze nach Belieben. Unter den Hauptgerichten hat man die Wahl zwischen Schweinekotelett, heimischem Lamm oder **Kalbskopf süßsauer** und anderen Fleischgerichten, und dazu Krautsalat mit Speck und Kümmel als Beilage. Oder man entscheidet sich für das deftige Gröstl, ein Pfannengericht aus Fleisch, Kartoffeln und Lorbeer.
Die Desserts sind hausgemacht: Strudel, Obstkuchen, Mohnparfait und **Kaiserschmarrn** mit Preiselbeeren. Eine wahre Spezialität ist der Schwarzplenten-Riebl, eine Art Reibekuchen aus Buchweizenmehl, mit Äpfeln und Marmelade. Die Auswahl an Käse ist nicht sehr groß, ganz im Gegensatz zur Weinkarte. Im Weinkeller, den man auch besichtigen kann, lagern hervorragende Flaschen.

In **Ora-Auer** (15 km) finden Sie eine Erzeugergemeinschaft von Obstbauern, die sich auf den Anbau von Kaiser-Alexander-Birnen spezialisiert hat, aber auch unterschiedliche Apfelsorten zu Verkauf anbietet. Die Pasticceria Visentin in der Via Nazionale bietet Brot und Kuchen.

Andriano – Andrian

10 km westlich von Bozen

Weinstube Sichelburg Schwarzer Adler

Gasthof
Piazza Sant' Urbano, 2
Tel. 04 71 / 51 02 88
Ruhetag: Montag, Dienstagmittag
Betriebsferien: 15.1. – 15.3./2. Junihälfte
80 Plätze + 50 im Freien
Preise: 35 000 Lire, ohne Wein
Keine Kreditkarten
Mittags und abends geöffnet

Der wachsende Weintourismus hat das leicht abseits zwischen Bozen und Meran gelegene Dörfchen Andrian bekannt werden lassen. Sitten und Gebräuche scheinen noch im Mittelalter verhaftet. Die Ursprünge dieses zauberhaften Ortes gehen auf die Römer zurück, die dieses Tal, das seit jeher einen Schnittpunkt der Kulturen bildete, als erste kolonisierten. Davon zeugt auch die Festung aus dem 13. Jahrhundert, die mehr als 100 Meter über einer Schlucht verschanzt liegt.
Jahrhundertealt ist auch diese Osteria: eine Stube mit angrenzendem Garten im Schatten eines rießigen Weinstocks und einige, von den Besitzern, Familie Matha, liebevoll eingerichtete Fremdenzimmer. Das Lokal ist für seine traditionelle Küche berühmt, vor allem der unerläßliche Speck, der auf einem großen, runden Brett als ganze Scheibe gebracht wird, die man dann in kleine Würfel schneidet. Danach gibt es Canederli, **Pilzrisotto**, Graupensuppe und die klassischen Südtiroler **Schlutzkrapfen**. Wenn Sie das Lokal im Frühjahr (zwischen März und Juni) besuchen, fragen Sie nach dem berühmten Flußspargel. Den Hauptgang bilden **Kalbsgulasch** und andere Fleischgerichte.
Die Weine stammen ausschließlich aus der Gegend, aus der nahen Genossenschaftskellerei, der ältesten in der Region. Noch heute belegt sie eine Spitzenposition in der Produktion von Weißweinen (vor allem Pinot) und eines kräftigen Lagrein Dunkel, einem Roten, den es nur in Südtirol gibt.

In **Terlan** (5 km) bietet Theo Nigg am Karl-Atz-Platz 3 Speck und Würste zum Verkauf. In **Vilpian**, im Ortsteil Terlan (7 km) produziert Luis Kersbaumer in der Via Nalles 8 klassischen Apfelsaft und die Apfellimonade »Weißenhof«.

Appiano sulla Strada del Vino – Eppan an der Weinstraße

10 km südwestlich von Bozen, S.S. 42

Stroblhof

Osteria
San Michele – Sankt Michael
Via Piganò, 25,
Tel. 04 71 / 66 22 50
Ruhetag: Montag
Betriebsferien: November bis März
150 Plätze
Preise: 50 000 Lire, ohne Wein
Kreditkarten: CartaSi
Mittags und abends geöffnet

In einer alten Villa mit Innenhof ist eine neue, typische Osteria entstanden, die sich ganz dem guten, auch ausländischen Wein verschrieben hat. Ein ausgesprochen angenehmer Ort, wie man sogleich feststellen kann, wenn man zwischen den Tischen haltmacht und von den Weinen und kleinen Köstlichkeiten probiert, die in der Weinhandlung angeboten werden. Möchte man lieber ein ausgiebigeres Essen (auch was den Preis betrifft), geht man nebenan, ins »alte« Restaurant. Die Einrichtung wurde ebenfalls renoviert und bietet ein Bild der Ruhe und Erholung, inmitten von Weinbergen, Burgen und üppigen Wäldern.
Die Küche ist abwechslungsreich. Neben dem unerläßlichen Speck gibt es unterschiedlich angemachte Salate. Als Primi findet man auf der Tageskarte fast immer **Canederli**, Weißwein- und **Knoblauchsuppe**, je nach Saison unterschiedlich gefüllte **Schlutzkrapfen** sowie Käsepolenta. Zum Hauptgang **Rinderfilet in Pinot Nero** oder Kalbsmedaillon mit Pilzen. Wer es etwas rustikaler möchte, wählt **Gröstl**, das klassische Pfannengericht aus Fleisch und Kartoffeln. Apfel- und Topfenstrudel, **Crêpes aus Buchweizenmehl** und Eis mit frischen Äpfeln oder Waldbeeren bilden den Abschluß. Unnötig zu erwähnen, daß die Weinauswahl mehr als gut ist.

Am Engpaß in Sankt Michael, dem Hauptort der Gemeinde Eppan, kann man eine ganze Reihe verschiedener Brotsorten kaufen. Die Bäckerei hat weder ein Schild noch einen Namen, als Hinweis steht dort nur »Pane / Brot« angeschrieben. Erkennen können Sie den Laden an den Backformen im Schaufenster und dem auffälligen Brunnen vor dem Eingang.

Appiano Eppan an der Weinstraße Monte – Berg

8 km südlich von Bozen, S.S. 42

Turmbach

Gasthof
Via Rio della Torre, 4
Tel. 04 71 / 66 23 39
Ruhetag: Donnerstag
Betriebsferien: Ende Dez. – Mitte März
100 Plätze + 80 im Freien
Preise: 45 000 Lire, ohne Wein
Kreditkarten: CartaSi, DC, Visa
Mittags und abends geöffnet

Wasser und Wein, beide sind untrennbar mit dem Namen Eppan verbunden. Für Jahrhunderte war die Gegend auch für ihre Thermen bekannt: Hier ließ man sich mit dem schwefelhaltigen Wasser kurieren zu lassen, dem man Kiefernzweige zur Geruchskorrektur beigab. In dem schönen, 300 Jahre alten Gasthof, den die Familie Wörndle schon in der zehnten Generation führt, findet man noch Spuren dieser Vergangenheit; heute kommt man allerdings hierher, um die guten traditionellen Speisen zu genießen, vielleicht sogar im schattigen Garten unter blühenden Apfelbäumen. Die Küche ist ebenso einfach wie gepflegt, und der Service, der dem Inhaber Christoph Wörndle untersteht, ist der eines veritablen Restaurants. Auf angemessenem Geschirr hübsch angerichtet, kommen Antipasti wie der **Salat von Kalbskopf** auf den Tisch, dann Primi wie die klassischen **Canederli** mit unterschiedlichen Aromaten, eine interessante **Kürbissuppe** oder Kartoffelgnocchi mit Käse und Haselnüssen. Versuchen Sie die substantielle Kombination von Schweinebraten mit Zigeunersauce, Gemüse und Eierspätzle, gekochtes Fleisch mit grüner Soße oder einen **Lammsattel** mit Gemüse. Fisch beschränkt sich auf die Forelle aus eigener Zucht. Nett serviert werden auch die leckeren Süßspeisen; das Weinangebot ist ordentlich, es umfaßt alle guten Erzeuger Eppans und etwa ein Dutzend Weine aus anderen italienischen Regionen.

In **St.Michael** (2 km; Ortsmitte) verkauft Anton Rohregger in seinem Lebensmittelgeschäft unterschiedliches Brot und Käse von den Bergbauernhöfen. In der Bahnhofsstraße ist die Metzgerei von Franz Pliger zu finden, die für erstklassige Wurst, Schinken und Speck renommiert ist.

Cavallino Bianco Weißes Rössl

NEU

Gastwirtschaft
Via Bottai, 6
Tel. 04 71 / 97 32 67
Ruhetag: Sa.abend und Sonntag
Betriebsferien: unterschiedlich
120 Plätze
Preise: 25 – 40 000 Lire
Keine Kreditkarten
Mittags und abends geöffnet

Die Wirtschaft existiert bereits seit 400 Jahren. Zeugnis davon gibt ein Bild am Eingang, auf dem man ein sinnenfreudiges Bozen sieht, in dem jeder in ausgelassener und heiterer Stimmung einen Wein- oder Bierkrug hält. Und ein ländliches Hoffest findet auch in den großen Gasträumen dieses Lokals statt. Nicht selten trifft man auf einen Bauern, der bereits am Morgen eine Portion **Kutteln** in Brühe oder **Knödel mit Kraut** zu sich nimmt, wie früher, als man sich auf diese Weise für den steilen Heimweg zum Hof stärkte.
Die Speisekarte variiert: mittags (dann ist es allerdings schwer, einen Platz zu finden) gibt es die traditionelle Bauernplatte mit Knödel und **Gulasch.** Danach Rumpsteak, Lammkeule, Gesottenes, Schweinshaxe oder noch einmal Knödel nach Belieben. Am Abend ist es ruhiger und das Angebot ist größer und abwechslungsreicher. Es gibt **Zwiebelsuppe** und Risotto mit Würsten und neben den bereits erwähnten traditionellen Gerichten köstliche Schweinerippchen, **Stutenfleisch**, Pilze und Forellen. In der Saison **Spargel** auf Bozener Art mit Eiern und gekochtem Schinken. Traditionell sind auch die Nachspeisen: Strudel, Tiramisù und Eis mit frischen Früchten. Breit gefächert ist die Weinkarte, auf der zu anständigen Preisen nicht nur Südtiroler Weine angeboten werden.

Auf demselben Weg liegt die geschichtsträchtige Osteria »Cà de' Bezzi«. Das Lokal ist nur abends geöffnet und ein idealer Ort für einen Abend mit Musik bei kleinen Imbissen und ländlichen Weinen. Von den zahlreichen Weinhandlungen in der Stadt wollen wir Ihnen die Enoteca Gidi in der Via Gasmair 20, Baccus in der Via L. da Vinci und die Weinhandlung Vimm in der Brennerstraße 28, ans Herz legen.

Bolzano – Bozen

Gummer

NEU

Gasthof
Via Weggenstein, 36
Tel. 04 71 / 97 02 80
Ruhetag: Sa.abend und Sonntag
Betriebsferien: Zwei Wochen im Juli
50 Plätze
Preise: 35 000 Lire, ohne Wein
Keine Kreditkarten
Mittags und abends geöffnet

Auf dem Weg von der Altstadt Richtung Sarentino (auf der alten Straße) stößt man auf eine besonders bezaubernde Ecke von Bozen. Das Wohngebiet schlechthin: keine Mietshäuser, schöne Villen aus dem 19. Jahrhundert, Ruhe und Spuren alter, kleiner Kellereien. In einem dieser noch aktiven Weinhäuser, dem Malojer, wurde diese typische Trattoria untergebracht. Am Eingang deutet alles auf eine Bar-Osteria, geht man hinein, entdeckt man zwei ruhige, ganz in Holz gehaltene Gasträume und einen kühlen Innenhof. Das kulinarische Angebot ist sehr einfach, wird aber zuvorkommend und mit dem für den Südtiroler typischen »teutonischen« Stirnrunzeln serviert.
Die Küche ist ländlich: **Speck** und Aufschnitt, verschiedene **Suppen**, im Frühjahr **Flußspargel** mit Eiern und gekochtem Schinken, **Ravioloni** gefüllt mit Fleisch oder Gemüse, frische Tagliatelle und andere hausgemachte Nudeln. Bei den Fleischgerichten verdienen **Rinderschmorbraten** und **Tafelspitz** eine besondere Erwähnung. Zum Nachtisch gibt es **Äpfel in Blätterteig**, eine besondere Spezialität des »Gummer«, ähnlich dem klassischen Strudel. Schließlich eine überzeugende Weinkarte, auf der auch ein Rosé zu finden ist, der sehr kühl serviert wird.

In den Wegen und Gäßchen rund um das »Gummer« wird – mitten in der Stadt! – Lagrein für den gleichnamigen Wein angebaut, den man in den kleinen Kellereien probieren kann: bei Lun, zwei Schritte vom Castel Mareccio, bei Egger-Ramer, bei Kaufmann und bei Schmid. Im Zentrum von Bozen wird täglich Markt gehalten – das Obst und Gemüse ist mehr als nur ein beliebtes Fotomotiv.

Törggelen: Speck, Maroni und Wein

Was steht im Herbst in Südtirol auf dem Programm? Die Feier der Farben der Blätter und Früchte, die Spaziergänge durch die Wälder, die Rast auf den Bergbauernhöfen, wo es Speck, Käse, gebratene Maroni und jungen Wein (»Nuier«), oft sogar noch »Susser« (in Gärung befindlicher Most) gibt. Dieses Fest dauert von Ende September bis Anfang Dezember und ruft über 300 Gasthöfe in der ganzen Provinz Bozen auf den Plan. Traditionsgemäß begann das Törggelen an Martini, 11. November, und dauerte bis St. Katharina am 25. November. Den Touristen zuliebe hat man die Törggelen-Saison verlängert, doch die ursprüngliche Freude blieb ungebrochen. Der Begriff »Törggelen« leitet sich wahrscheinlich vom lateinischen Wort »torculum« ab, das »Weinpresse« bedeutet. Törggelen ist eine ausgelassene Feier zum Ende der Weinlese und zu Ehren des jungen Weins. Beim Törggelen kann man außerdem die herrliche Umgebung genießen, denn zu den meisten Bauernhöfen, die einen »Buschenschank« einrichten, gelangt man nur zu Fuß – aber erst nach einer ordentlichen Wanderung schmeckt so eine Bauernbrotzeit richtig. Auf den folgenden Seiten stellen wir Ihnen eine kleine, aber sichere Tour zusammen. Sie beginnt südlich von Bozen und folgt der Südtiroler Weinstraße bis zur Provinzhauptstadt, wo sie sich in Richtung Meran bzw. Brixen teilt, denn nicht nur an der Etsch, sondern auch im Eisacktal ist Törggelen eine wichtige Tradition.

Termeno sulla Strada del Vino
Tramin an der Weinstraße
Plattenhof
Ortsteil Sella, 25
Tel. 04 71 / 86 01 62
Ruhetag: Montag
Betriebsferien: Mitte Jan. – Mitte Febr.
200 Plätze im Freien

Tramin und die Gewürztraminer-Rebe gehören einfach zusammen. Wer diesen würzigen Wein einmal probiert hat, wird ihn so schnell nicht vergessen. Ganz im Zeichen dieses Weins steht auch das Gasthaus, in dem das ganze Jahr über geschäftiges Treiben herrscht. Der junge Rotwein wird mit gesottenem Rindfleisch serviert und dem Tschurtsch, einer Spezialität aus Mehl, Milch, Eiern, gewürfeltem Speck und Salz. Außerdem gibt es Süßspeisen wie die »Grostoi« (Fettgebackenes). Aus der Kellerei von Arthur Dissertori kommt krugweise der gehaltvolle und preisgekrönte Gewürztraminer.

Strada del Vino
Kaltern an der Weinstraße
Spuntloch
Ortsteil Paterbichl
Tel. 04 71 / 96 46 50
Ruhetag: Sonntag
Betriebsferien: den ganzen Winter
57 Plätze

NEU

»Spuntloch« nennt man die obere Öffnung des Fasses, durch die der Most eingefüllt wird. Diesen Namen hat der Winzer Peter Sölva auch für sein Lokal gewählt, in dem es einen guten Tropfen und deftige Jausen mit Speck und weiteren hausgemachten Südtiroler Leckereien gibt. Die Einrichtung ist schlicht, mit alten Einzelstücken und einem Tisch, der aus dem Boden eines großen Weinfasses gemacht wurde. Es werden eine Reihe guter Weine aus der eigenen Kellerei ausgeschenkt, vor allem Rotweine wie der Hausfaßl Peterleiten, einem der besten Kalterer. Das Lokal hat von 17 bis 23 Uhr geöffnet.

Caldaro sulla Strada del Vino
Kaltern an der Weinstraße
Törgglkeller
Ortsteil Bucht, 2
Tel. 04 71 / 96 34 21
Ruhetag: Sonntag
Von Ostern bis November geöffnet
250 Plätze

Schon der Name weist darauf hin, daß man hier den jungen Wein, der noch im Gären begriffen ist, probieren kann. Dazu gibt es Speisen vom Büfett, das Franz Atz für seine Gäste zusammenstellt. Dies ist noch eine sichere Adresse in Kaltern, vielleicht der Ort Südtirols, der Bacchus am meisten huldigt. Hier steht auch ein beeindruckendes Museum zur Geschichte des Südtiroler Weinbaus. In Kaltern wird man auch leicht einmal zu einem Bauern eingeladen, wo man dann bei einer Scheibe aromatischen Specks den Kalterer See DOC probieren kann. Er wird aus mindestens 85 Prozent Vernatsch-Trauben und einem

Anteil Blauburgunder und Lagrein hergestellt. Im Ortsteil St. Joseph am See kann man die oft überraschend guten Weine kleiner Erzeuger mit den renommierten Gewächsen anderer Winzer vergleichen.

Appiano sulla Strada del Vino
Eppan an der Weinstraße
Wieser
Ortsteil Perdonig, 29 – Predonico
Tel. 04 71 / 66 23 76
Ruhetag: Mittwoch
Betriebsferien: Ende Nov. – Mitte März, eine Woche Ende Juni / Anf. Juli
70 Plätze + 30 im Freien

Ein Tip: Stellen Sie Ihr Auto in Eppan ab und wandern Sie zu Fuß zu diesem Bauernhof. Wieser liegt 6 km vom Ortskern auf 800 Meter Höhe. Die Aussicht von dort ist beeindruckend, genauso wie die Speisen, die man hier serviert bekommt: Knödel, Kaßler mit Kraut, gebratene Maroni. Der neue Wein kommt von Trauben aus dem Anbau von Peter Mayr. Während der Weinlese finden hier zahlreiche Feste statt. Am Ende der Weinlese werden beispielsweise ganze Trauben verteilt.

Renon – Ritten
Sulferthalerhof
NEU
Ortsteil Vanga, 9
Tel. 04 71 / 60 20 42
Kein Ruhetag
Betriebsferien: im Sommer
30 Plätze

Im Herbst steht die gesamte Berglandschaft oberhalb Bozens, bis hin zur Hochebene des Ritten, im Zeichen Hunderter von Kastanienbäumen. Neben dem bereits mehrfach in unserem Führer erwähnten Loosmannshof (Tel. 04 71 / 36 52 87) wollen wir Sie diesmal auf eine neue Adresse aufmerksam machen. Der 1400 Meter hoch gelegene Sulferthalerhof bietet einen herrlichen Ausblick und ist ein ideales Ziel für eine Wanderung mit anschließender Brotzeit. Die Leitung liegt in Händen der Familie Winkler, die im Herbst natürlich vor allem Maroni und Wein aus dem Tal anbietet. Den Rest des Jahres gibt es ländliche Gerichte wie Kasnocken. Die Preise sind äußerst günstig.
Ein ebenfalls lohnendes Ziel in Signat ist der Baumannhof (Tel. 04 71 / 36 52 06). Wer keine Lust zum Wandern hat, besucht das »Central« (Tel. 04 71 / 35 63 50), direkt in der Dorfmitte von Collalbo. Es ist ganzjährig geöffnet und hat sich auf ländliche Küche spezialisiert.

Cortaccia sulla Strada del Vino
Kurtasch an der Weinstraße
Santlhof
Ortsteil Hofstatt, 7
Tel. 04 71 / 88 07 00
Nur Freitag, Samstag und Sonntag sowie auf Reservierung geöffnet
40 Plätze

Ein klassischer Bergbauernhof an der steilen Straße, die von Kurtatsch zur Hochebene von Favogna führt. In zwei einfachen Gasträumen, ausgestattet mit einem schönen alten Herd, servieren die beiden jungen Vettern Mayr Gulsch- und Gemüsesuppen, Wurstplatten und eine Reihe schmackhafter Omeletts, sowie den unverzichtbaren Strudel. Und im Herbst kann man bei Maroni das schöne Panorama genießen.

Lana
Greitwies
Ortsteil Pavicolo, 3
Tel. 04 73 / 56 33 76
Ruhetag: Dienstag
Geöffnet Mitte März – Ende Nov.
60 Plätze + 70 im Freien

Das Ultental beginnt praktisch etwas oberhalb dieses Bauernhofs, der auf 900 Metern Höhe liegt und etwa 10 km von Lana entfernt ist. Der Hof liegt zauberhaft zwischen Lärchen und Kastanienbäumen, und der Rhythmus der Jahreszeiten hat hier seinen Höhepunkt im Törggelen. Irmgard Umilietti reicht Speck, Kastanien und Krapfen zu neuem Wein von befreundeten Bauern (in dieser Höhe wachsen keine Reben). Auf Vorbestellung macht sie Ihnen gerne warme Gerichte wie Omeletts, auf glühendem Porphyr gegrilltes Fleisch. Abends sind die sorgfältig gedeckten Tische mit romantischen Petroleumleuchten geschmückt.

Ora – Auer
Tschürtsch
Piazza della Chiesa, 3
Tel. 04 71 / 81 06 48
Ruhetag: Mittwoch
Nur zu bestimmten Jahresz. geöffnet
90 Plätze

Auch wenn dieser Hof mitten im Ort liegt und damit leicht zu erreichen ist, hat er doch seine Ursprünglichkeit behalten. Er wird von dem Bauern Eduard Pichler bewirtschaftet, der seine Gaststube nur öffnet, wenn ihm die Arbeit auf dem Feld Zeit dazu läßt. Je nach Saison bekommt man bei ihm komplette Gerichte oder auch nur Brotzeiten. Kraut mit Lucaniche, im Herbst Maroni oder Speckplatte mit sauren Gurken, Butter und Roggenbrot. Seine Spezialität bleibt aber ein Gericht, daß dem Lokal auch den Namen gibt: Tschürtsch, ein deftiger Bauernschmaus aus Eiern, Mehl, Milch und Speck.

Villandro – Villanders

Obergasserhof

Ortsteil Sauders – San Maurizio
Tel. 04 72 / 84 31 53
Kein Ruhetag
Geöffnet Anf. Okt. – Ende Dez.
50 Plätze

Vor Bozen kann man in Barbian Rast machen, in einem dichten Tannenwald oder auf der Anhöhe, wo drei typische Kirchlein und ein Hotel stehen. Auf dem Weg dorthin können Sie bei Bauern einkehren, jungen Wein trinken und Maroni dazu essen. Wenn Sie dann über Klausen hinaus in Richtung Villanders fahren, kommen Sie am »Obergasserhof« vorbei, einem echten Törggelen-Paradies. Die Familie von Maurizio Niederstätter serviert auch warme Küche, so z.B. Kasnocken und Schlutzkrapfen, neben Speck, Käse, Maroni und süßem Wein. Die Atmosphäre ist herzlich, die Gaststube wirklich sehr schön.
Dasselbe gilt auch für den Winklerhof (Tel. 04 72 / 84 31 05), der auf einer Bergterrasse liegt. Die Aussicht ist überwältigend. Die deutschsprachigen Bauern zeigen Ihnen auch gerne den Weg zu weiter abgelegenen Höfen, die durch ihre Lage und Architektur faszinieren. Zwei weitere gute Adressen in unmittelbarer Umgebung sind der Ansitz Fonteklaus im Ortsteil Fraina in Lajen (Tel. 04 71 / 65 56 54) und der Gasthof Waldruhe, Albion 1b, in Lajen (Tel. 04 71 / 65 58 82).

Velturno – Feldthurns

Glangerhof

Ortsteil Gola, 91
Tel. 04 72 / 85 53 17
Geöffnet Oktober – März
50 Plätze

Feldthurns ist für seine Renaissance-Burg und eine Reihe von Weißweinen bekannt: Veltliner, Müller-Thurgau, Sylvaner, Riesling. Der Glangerhof, bewirtschaftet von Georg Oberhofer und seiner Familie, ist für die herzliche Atmosphäre seiner Buschenschenke berühmt: Da greift der Wirt auch schon mal selber zur Ziehharmonika! Ansonsten gibt es Speck, Maroni und Wein, soviel das Herz begehrt.
Weitere Törggelen-Adressen in der Gegend sind der Schwarzierlhof in Sotto Colle (Tel. 04 72 / 84 71 98), wo man seltenen Ziegenkäse probieren kann, der Moarhof in San Pietro Mezzomonte (Tel. 04 72 / 85 52 32) mit Kasnocken und marmeladengefüllten Krapfen im Angebot. Im Zentrum von Feldthurns hat der Unterwirt eine ausgezeichnete Küche (Tel. 04 72 / 85 52 25). Schließlich sind noch die Blasbichlers, ebenfalls in Feldthurns (Tel. 04 72 / 85 56 45) zu erwähnen, die auf Vorbestellung typische Spezialitäten kochen.

Bressanone – Brixen

Gattererhof

Ortsteil Elvas, 85
Tel. 04 72 / 83 65 58
Geöffnet Mitte März – Mitte Mai und September – November
130 Plätze + 200 im Freien

Tische im Freien, viele Urlauber und bodenständige Kost sind die Kennzeichen des Gattererhofs. Hier bekommen Sie nicht nur Maroni und jungen Wein, sondern auch gegrilltes Fleisch (die Koteletts sind die Spezialität des Hauses) und Käse. Süßspeisen sind mit Krapfen, Strudel und anderen Kuchen ebenfalls vertreten.
Als Alternative können wir Ihnen auch die fast tausendjährige Stube in Kloster Neustift (Tel. 04 72 / 83 61 89; ausgezeichneter Wein und zauberhafte Atmosphäre) und den Pacherhof (ebenfalls in Neustift, Tel. 04 72 / 83 57 17) empfehlen, der seit dem 12.Jahrhundert von ein und derselben Winzerdynastie bewirtschaftet wird. Hier können Sie Müller-Thurgau und einen würzigen Sylvaner probieren. Eindrucksvoll ist auch der Wirt an der Mahr (Tel. 04 72 / 85 05 29), südlich von Brixen an der Brenner-Staatsstraße. Nicht unerwähnt bleiben sollten hier auch der Guggerhof von Josef Nußbaumer (Tel. 04 72 / 83 53 19) in Elvas 25 und der Gasthof Sunnegg, Via Vigneti 67 (Tel. 04 72 / 83 47 60; Di. geschl.) südlich von Brixen.

Bolzano – Bozen

Vögele

Restaurant mit Osteria
Via Goethe, 3
Tel. 04 71 / 97 39 38
Ruhetag. Sa.abend und Sonntag
Betriebsferien: 2 Wochen im Juli
40 Plätze
Preise: 35 – 50 000 Lire, ohne Wein
Kreditkarten: CartaSi
Mittags und abends geöffnet

Die Lage des »Vögele«, untergebracht im ehemaligen Hotel Roter Adler im Zentrum der Stadt, hat Charme. Man fährt inzwischen zweigleisig: in der oberen Etage wurden zwei hübsche Zimmer im Stil der Jahrhundertwende eingerichtet, mit kostbaren Tischdecken, schönen Gläsern, kleinen Holzvögeln für die Reservierungskärtchen und Rauchverbot. Der Service ist sehr gepflegt und die Preise entsprechend höher.
Im Erdgeschoß liegt die immer gedrängt volle Osteria, in der man eine gute, ländlich inspirierte Küche bietet, die sich nur wenig von der im Restaurant oben unterscheidet. Praktisch immer zu haben sind **sauer eingelegter Kalbskopf** mit Zwiebeln, Rauchfleisch mit Rettich, **Linsensalat** mit Lammscheiben und der traditionelle Krautsalat mit Speck. Auf die Primi, Knödel, **Ravioloni mit Gemüsefüllung**, Tagliatelle mit Zucchini und im Frühling **Flußspargel** (auch als Suppe), folgen verschiedene Rindfleischgerichte oder Lammkotelett mit Kartoffeln und Gemüse. Am Freitag gibt es zusätzlich eine gute Auswahl an Fisch. Als Dessert sind besonders die **Topfenknödel** mit Himbeeren zu empfehlen. Dazu gibt es ein gutes Angebot an verschiedenen Bergkäsen und eine große Auswahl vorzüglicher Weine, die man auch an der Theke, zusammen mit einigen leckeren Appetithäppchen, serviert bekommt.

Die Salumeria Masé, die nur wenige Schritte entfernt, in der Via Goethe 15 liegt, wartet mit dem wahrscheinlich größten Wurstsortiment der Region auf. Die Wurst stammt aus dem Metzgereibetrieb Giustino im Rendenatal. Ebenfalls ganz in der Nähe des »Vögele«, an der Piazza Erbe 7, verkauft Peter Egger Speck aus eigener Herstellung.

Brunico – Bruneck

70 km nordöstlich von Bozen, S.S. 49, Pustertal

Agnello Bianco
Weißes Lamm

NEU

Gasthof
Via Stuck, 5
Tel. 04 74 / 41 13 50
Ruhetag: Sonntag
Betriebsferien: 3 Wochen im Juni
70 Plätze
Preise: 40 000 Lire, ohne Wein
Keine Kreditkarten
Mittags und abends geöffnet

Das alteingesessene Lokal ist trotz seiner zentralen Lage in der Fußgängerzone nicht einfach zu finden, denn die Gaststuben sind im ersten Stock eines historischen Gebäudes untergebracht. Haben Sie die Spur einmal aufgenommen, folgen Sie den angenehmen Duftwolken und Sie werden mit einem Stück unverfälschter Pustertaler Küche belohnt werden.
Vor einiger Zeit hat der sympathische Wirt und Koch Werner Bifflader die Leitung des Lokals übernommen und, zusammen mit seinen Mitarbeitern, das etwas veraltete Erscheinungsbild komplett renoviert. Der neue Wirt setzt auf eine traditionelle Küche und ordentliche Portionen. Die Karte wechselt je nach Saison. Ständige Gerichte sind natürlich **Knödel** in allen Varianten, das klassische **Gröstl** aus Bratkartoffeln, Zwiebeln und Speck, **Gnocchi**, **Gulaschsuppe** und natürlich – nomen est omen – Lamm aus der Region. Verschiedene Wildgerichte – Hirsch, Reh, Gemse – runden das Angebot ab. Als Nachtisch gibt es **Aprikosenknödel**, **Apfelstrudel** oder Pfannkuchen mit selbstgemachter Marmelade. Die Auswahl an Weinen ist gut und wird korrekt und zu anständigen Preisen serviert.

Unweit der Trattoria produziert die Salumeria Bernardi in der Hauptstraße 36 den besten Speck von ganz Südtirol. Darüber hinaus gibt es weitere Spezialitäten und Weine aus der ganzen Welt.

Brunico – Bruneck
Ameto – Amaten

74 km nordöstlich von Bozen, S.S. 49

Oberraut

Gasthof mit Fremdenzimmern
Ortsteil Amaten – Ameto, 1
Tel. 04 74 / 55 99 77
Ruhetag: Do., nicht im Sommer u. an Weihnachten
Betriebsferien: Januar
40 Plätze + 25 im Freien
Preise: 50 000 Lire, ohne Wein
Kreditkarten: die bekannteren
Mittags und abends geöffnet

Auf einer kurvenreichen Straße gelangt man vom Tal aus praktisch direkt vor die Tür dieses typischen Bergbauernhofes, der zu einem Gasthof mit etwa 20 Fremdenzimmern umgebaut wurde. Der Hof, dessen Lage einen wunderbaren Ausblick auf Bruneck und den Sonnenhang bietet, gehört der Familie Feicher und existiert seit 1368, wie eine Inschrift bezeugt.
Die ländliche Umgebung, wie man sie überall in den Bergen vorfindet, wird durch die Küche zusätzlich geadelt. Man bietet herzhafte Gerichte, wie sie zu einer Brotzeit im Freien gehören (lauwarmer **Kalbskopf** mit Zwiebeln, **Graukäse** und Räucherwurst – alles aus eigener Herstellung), aber auch Raffinierteres: Hervorragende Suppen (**Gerstensuppe mit Kraut**, Kartoffel-Lauchsuppe mit Speck), hausgemachte Nudeln, wie **Tagliatelle mit Rehragout** oder mit Spinat und Ricotta gefüllte Ravioli stehen als Primi zur Auswahl. Danach folgen Hirschmedaillons in Wacholdersauce oder klassisches Gulasch mit Knödel. Natürlich gibt es auch Gröstl und auf Bestellung kocht Inhaber Christoph Pustertaler Spezialitäten wie Friggilan, Niggilan und Tirtlan, fritierte Knödel, die man leichter probiert als beschreibt. Während der Saison gibt es **Pilze** nach Belieben und diverse Lammspezialitäten. Desserts wie Apfelstrudel, Mousse und Früchteeis runden das Menü ab. Die Weine kommen auch aus anderen Regionen und werden freundlich und kompetent serviert.

Gastronomia Bernardi, Via Centrale 36, bietet eine unglaubliche Vielfalt an Spezialitäten an: vom Speck aus eigener Herstellung bis hin zu Weinen und Grappe. Die Enoteca Schöndorf, Via Centrale 55, bietet eine große Auswahl ausgezeichneter Weine und Destillate. Hervorragende Marmeladen bekommt man im Laden von Willy Horvat, ebenfalls in der Hauptstraße.

Caldaro
Kaltern an der Weinstraße

15 km südwestlich von Bozen, S.S. 42

Panholzerhof

Weinstube
Ortsteil St. Josef am See – Lago, 8
Tel. 04 71 / 96 02 59
Ruhetag: Sonntag
Betriebsferien: Nov. – Juni
50 Plätze
Preise: 25 000 Lire
Keine Kreditkarten
17 – 24 Uhr geöffnet

In den Weinbergen Kalterns herumspazieren, auf der Suche nach einem guten Glas Wein und angenehmen Augenblicken: dieses sorgfältig restaurierte Lokal mit seiner hübschen Stube ist das richtige Ziel. Es gefällt, sobald man zum Tor des Hofes von Baron Dürfeld de Giovanelli hereinkommt. Seit Jahrhunderten widmet man sich hier dem Weinbau. Der »Keil«, der älteste Weinberg des Landes, der schon im Mittelalter berühmt war für einen Vernatsch, der hier den Namen Kalterer DOC trägt, ist im Besitz des Hofes. Luis Andergassen und seine Frau Marianne bieten zum Wein ländliche Leckerbissen an, alle streng ausgewählt und das Ergebnis handwerklich-sorgfältiger Produktion. Die Restaurierung der Gewölbe und der hübschen alte Stube erhöht die Faszination der Osteria noch: sie wurden zu zwei Gasträumen, die die Atmosphäre von früher bewahrt haben, aber gleichzeitig die anspruchsvollsten Gäste zufriedenstellen können. In diesen idealen Räumen ißt man **Speck** und **Käse** mit verschiedenem **Brot** und ein paar gute hausgemachte Süßspeisen (**Apfelstrudel**, aber auch Süßspeisen mit aromareichen **Nüssen** aus der Gegend), natürlich zu einem Glas Keil. Auf Voranmeldung (besonders für Gruppen) sind auch warme Gerichte zu haben. Hier treffen sich öfter Weinfreunde und -experten, um ihre Kenntnisse – nicht nur über den heimischen Wein – zu erweitern.

In **Eppan** (5 km) gibt es bei Franz Windegger, Via Platzer 1, hervorragenden Speck, Schinken und Wurst. Verkauf und Versand.

Caldaro
Kaltern an der Weinstraße

15 km südwestlich von Bozen, S.S. 42

Zum Badl

Gasthof
Ortsteil Pfluss – Pozzo, 34
Tel. 04 71 / 96 33 05
Ruhetag: Donnerstag
Betriebsferien: März und November
50 Plätze + 60 Plätze im Freien
Preise: 40 000 Lire, ohne Wein
Kreditkarten: alle
Mittags und abends geöffnet

Die **Sauersuppe**, eine Kuttelsuppe, wird hier nach Bauernart gekocht wie damals, als man sie jeden Tag mit kräftigem Brot wie dem »Vorschlag« oder dem trockenen Schüttelbrot aß. Man bereitet sie mit geröstetem Mehl, Essig und Zitronenschale zu, um sie noch würziger zu machen. Aber dieser Gasthof, der seit 1640 als Heilbad diente (daher sein Name), ist nicht nur für seine Kuttelsuppe berühmt. Andreas Morandell hat praktisch immer eine Reihe von hausgemachten **Würsten** auf der Karte und den **Kalbskopf** (»Vormas«) mit Zwiebeln, Essig und Öl. Natürlich fehlen die Knödel in Brühe oder mit Gulasch nicht, das **Gröstl** aus Kartoffeln und Kalbfleisch, das **Schweinefleisch mit Kraut**. Forellen werden nach Tiroler Art serviert oder in Gemüsesud pochiert mit Mayonnaise. In der Saison gibt es Wild (Reh, Hase, Fasan) nach traditionellen Rezepten. Gute Auswahl an heimischem Käse, hausgemachten Kuchen (besonders **Apfelstrudel**) und an Weinen, die fast ausschließlich aus den Kellereien der Gegend kommen, einer der bedeutendsten Weinbauregionen Italiens. Im Sommer tafelt man im Freien unter einer großen Kastanie.

Im alten Ortszentrum von **Kaltern** (Via dell'Oro) führt Greti Battisti die außerordentlich gut sortierte »Vinothek«. Hier finden Sie nicht nur Südtiroler Weine, sondern auch eine umfangreiche Auswahl an Öl und Ölprodukten, Honig und anderen Köstlichkeiten.

Castelbello Ciardes
Kastelbell Tschars

52 km nordwestlich von Bozen, S.S. 38

Schloßwirt Juval

Osteria
Ortsteil Juval – Stava Venosta
Tel. 04 73 / 66 82 38
Ruhetag: Mittwoch
Betriebsferien: Ende Nov. – Ostern und [im Juli
Plätze 80
Preise: 30 – 35 000 Lire, ohne Wein
Keine Kreditkarten
Mittags und abends geöffnet

Nur wenige Schritte oberhalb dieses alten Bergbauernhofs steht Reinhold Messners Schloß Juval, und diejenigen, die ihn dort aufspüren oder sein Museum besuchen wollen (nur mit Führung und mit Anmeldung), seinen Biohof inspizieren oder Wein aus seiner inzwischen angesehenen Kellerei Unterortl kaufen möchten, kehren gern in dem hoch oben am Fels liegenden Buschenschank ein.
Weinstöcke und Yaks (asiatische Hochgebirgsrinder), die der berühmte Bergsteiger vor einigen Jahren ins Schnalstal importiert hat, bilden die Kulisse. Die Leitung der Osteria liegt in den Händen von Giorgio Hofer, der mit seinem internationalen Team streng nach Südtiroler Tradition kocht. Die Karte bietet **Knödel** (in Fleischbrühe, mit Sauce oder zum Salat), **Kasnocken**, **Gulasch** mit Kartoffeln, verschiedene Braten, fangfrische **Forellen** und jede Menge Gerichte mit **Speck**. Als Nachtisch gibt es **Strudel**, Kuchen aus Buchweizenmehl oder hausgemachtes Holunderblütenparfait.
Die Weine stammen vor allem aus dem angrenzendem Weingut: Riesling, Gewürztraminer und ein phantastischer Pinot nero.

In **Latsch** (3 km) hält die Fischzucht Blaas Forellen in echtem Etschwasser. Typisches Latscher Schüttelbrot erhält man in der Feinbäckerei Egger in der Kugelgasse 3.

Castelrotto – Kastelruth

25 km nordöstlich von Bozen, S.S. 12

Tschötscherhof

Bauernhof
Ortsteil Sankt Oswald, 19
Tel. 04 71 / 70 60 13
Kein Ruhetag
Betriebsferien: 30. Nov. – 1. März
50 Plätze + 30 im Freien
Preise: 25 – 30 000 Lire, ohne Wein
Keine Kreditkarten
Mittags und abends geöffnet

In Südtirol ist die Verbindung von Landwirtschaft und Gastronomie fest etabliert. Der Sinn für Gastfreundschaft ist in dieser Gegend sehr ausgeprägt: In mehr als 1200 alten oder neuen Höfen kann man Ferien auf dem Bauernhof machen oder einkehren. Diese Aktivität wird überwacht vom Südtiroler Bauernverband, der sich einsetzt für die Erhaltung der Besonderheiten des Gebiets und der gastronomischen Traditionen. Wo findet man aber, bei so viel Auswahl, einen Winkel, der ganz besonders bezaubert? 3 km von Waidbruck in Richtung Seiser Alm entfernt gibt es einen kleinen Hof, der eine große Sammlung landwirtschaftlicher Geräte birgt und die besten ländlichen Leckerbissen anbietet. Die Familie Jaider führt ihn, mit Frau Paula in der Küche. Sie bietet die ganze Reihe der Bauernmahlzeiten an, von den **Knödeln** zum **Speck** (der vom Hof selbst stammt), von der Kartoffelsuppe zum **Buchweizenkuchen**. Das Fleisch wird oft als Gulasch mit Kraut und Kartoffeln serviert. Bodenständig auch die Weinproduktion, ein leicht säuerlicher, gut zu trinkender Roter, der im Hause gekeltert wird. Dieser Hof ist ein guter Stützpunkt für Bergwanderungen und hat noch eine weitere Besonderheit: Der Gast kann am Landleben direkt teilnehmen, Stallarbeit machen, Kühe melken, Kartoffeln hacken oder Heu machen. Wirkliche Ferien auf dem Land also. Noch ein Tip: Auf der Schlern-Hochfläche findet alljährlich Ende Oktober ein Knödel-Wettbewerb statt.

In **Kastelruth** (6 km von Sankt Oswald) findet man bei Silbernagel (Via Wolkenstein 8) eine Unzahl regionaler Produkte und beim Metzger Anton Trocker guten Speck und einheimische Wurstwaren.

Cermes – Tscherms

28 km von Bozen, 5 km südlich von Meran

Weinkost zum Kuckuck

Weinstube
Via Palade, 1
Tel. 04 73 / 56 37 33 – 56 45 49
Kein Ruhetag
Betriebsferien: Weihnachten bis Mitte März
40 Plätze
Preise: 30 – 35 000 Lire, ohne Wein
Kreditkarten: alle
Ab 17 Uhr geöffnet

Die einst für die Bedürfnisse der Adelsfamilien gebauten Ansitze in der Nähe von Meran haben auch heute noch einen herrschaftlichen Charakter, wie man ihn selten findet. Im Gut des Grafen Franz von Pfeil herrscht auch heute noch bäuerliche Atmosphäre. Die Weinstube »Kuckuck«, in den Räumlichkeiten der noch betriebenen Mühle untergebracht, wird vom sympathischen Carletto geführt. Er bietet traditionelle Gerichte an, angefangen bei den **Knödeln**, die auf verschiedene Weise zubereitet werden. Fleischgerichte spielen eine untergeordnete Rolle. Wir haben ausgezeichnete Salate mit frischen Äpfeln, Sellerie und Karotten versucht, danach **Ravioloni nach Pustertaler Art mit Ricotta und Spinat**, Semmelknödel mit Speck und Krautsalat und mit Speck gewürzte Auberginen aus dem Ofen. Als Nachspeise Aprikosen- oder Zwetschkenknödel.
Die Begrenztheit des kulinarischen Angebots wird ausgeglichen durch die Möglichkeit, alle Weine des Guts Kränzelhof zu kosten, die vom Graf und Kellermeister Franz von Pfeil gekeltert werden: Der Meraner Schiava (Vernatsch), der Hügel und der Sagittarius, ein klassischer Burgunder, der in kleinen Eichenfässern heranreift, begleiten die Speisen im »Kuckuck«, die oft zu Tiroler Musik serviert werden.

In **Algund** (8 km), ganz zentral vor dem Postamt, verkauft Stephan Phoestl den traditionellen Südtiroler Speck, der mindestens 22 Wochen abgehangen sein muß. Guten Speck gibt es auch bei Peter Phoestl in **Marling**, Hauptstraße 2.

Chiusa – Klausen

40 km nordöstlich von Bozen, S.S .12 oder Ausfahrt A 22

Unterwirt

NEU

Trattoria mit Gastwirtschaft
Ortsteil Gudon – Gufidaun
Tel. 04 72 / 84 40 00
Ruhetag: Dienstag und Mittwoch
Betriebsferien: Weihnachten – Ostern
60 Plätze
Preise: 35 – 40 000 Lire, ohne Wein
Kreditkarten: CartaSi
Mittags und abends geöffnet

Obwohl nur knapp 5 km von der Zahlstelle der Brenner-Autobahn entfernt, macht der kleine Ort einen völlig abgeschiedenen Eindruck.Wandert man entlang der steilen Hänge, auf denen noch Weinstöcke gedeihen, bekommt man einen Eindruck von echter Tiroler Gastlichkeit. Mitten im bewohnten Zentrum, umgeben von einer Wiese mit jahrhundertealtem Nußbaum und einer beeindruckenden Glyzinie, liegt dieses alte Wirtshaus. Die beiden seperaten Speiseräume sind mit viel altem Holz und prächtigen Bierkrügen ausgestattet. Wirtsfamilie Haselwanter geizt mit Worten, aber nicht mit dem Essen. Unzählige Antipasti, **Speck** soviel man möchte, sauer angemachtes Gemüse, Schinkenplatte auf Bozener Art, werden aufgetischt. Danach gibt es **Knödel**, gefüllte Teigtaschen und Gemüsesuppen sowie **Wild** und traditonelle Braten zum Hauptgang. Den Abschluß bilden einfache Desserts wie Strudel. Eine angenehme Rast in schöner ländlicher Umgebung (im Sommer kann man auch draußen sehr schön sitzen). Der Unterwirt eignet sich auch hervorragend als Ausgangspunkt für kleinere Wanderungen in der Umgebung oder Touren in die umliegenden Täler, wie das Villnößtal.

Cortaccia sulla Strada del Vino – Kurtatsch an der Weinstraße

28 km südwestlich von Bozen, S.S. 42

Gasthaus zur Rose

Gasthof
Via Piana, 2
Tel. 04 71 / 88 01 16
Ruhetag: Sonntag
Betriebsferien: 3 Wo. Juli / 2 Wo. Januar
80 Plätze + 40 im Freien
Preise: 50 000 Lire, ohne Wein
Kreditkarten: alle
Mittags und abends geöffnet

Es gibt einen neuen Pächter und die Küche ist vielleicht etwas weniger ländlich, aber der Charme dieses wirklich beeindruckenden Gasthofs, mit wunderschöner Terrasse gegenüber den historischen Häusern von Kurtatsch und den beiden Bauernstuben aus dem 14. und 15. Jahrhundert, ist noch ganz der alte. Der frühere Mitarbeiter Arno Baldo hat das Lokal übernommen. Seine Küche geht einen neuen, eigenständigen Weg und folgt nicht immer den Traditionen, aber es gibt auch weiterhin die rustikalen Gerichte, die die »Rose« bekannt gemacht haben.
Freundliche, fachkundige Kellner beraten einen bei der Speisenauswahl. Auf verschiedene Antipasti mit Speck und sauer angemachtem **Musetto di bue** mit Zwiebeln, folgen **Knödel** in Fleischbrühe, **Schlutzkrapfen** gefüllt mit Spinat und Ricotta (in der Saison mit Pilzen) und hausgemachte Nudelgerichte wie **Tagliatelle mit Pfifferlingen** oder Speck. Natürlich fehlt auch das deftige **Gröstl** (in der Pfanne geröstetes Rind- oder Schweinefleisch mit Kartoffeln und Zwiebeln) nicht. Zum Hauptgang kocht Arno Braten und Wild mit Polenta: Probieren Sie die **Rehnüßchen** mit Haselnüssen, Trauben und Weinsauce. Im Frühjahr gibt es zahlreiche Gemüsegerichte und köstlichen Flußspargel. Die Nachtische, Krapfen, Strudel und Apfelküchle, sind hausgemacht. Auf der Weinkarte findet man alle lokalen Erzeuger, aber auch einige hervorragende Flaschen aus anderen Regionen.

Auf einem Bauernhof an der Staatsstraße von Kurtatsch nach Magaré erzeugt der junge Baron Andreas Widmann hervorragenden Wein- und Pflaumenessig. In Sankt Michael in Eppan (10 km), bietet die Weinhandlung Merum, Plazerstraße, ausgewählte Weine und Feinkost.

Glorenza – Glurns

55 km westlich von Meran, S.S. 38

Steinbock

Gasthof
Via Flora, 9
Tel. 04 73 / 83 14 95
Ruhetag: Montag
Betriebsferien: 30.11. – 20.12 und 20.5. – 20.6.
40 Plätze
Preise: 35 000 Lire, ohne Wein
Kreditkarten: CartaSi, Visa
Mittags und abends geöffnet

Bezaubernd, romantisch und einmalig ist Glurns mit seiner vollständig erhaltenen Stadtmauer, den mächtigen Türmen und den hübschen Arkadengängen. Diese Stadt ist interessant auch wegen der Burgen, die sie umgeben (die Churburg ist die vielleicht beeindruckendste im ganzen Alpenraum, mit bedeutender Sammlung von Waffen und Rüstungen), wegen der Ausflugsmöglichkeiten zum Reschenpaß oder zum Stilfser Joch und nicht zuletzt wegen des uralten Bewässerungssystems, der sogenannten »Waale«, die eindrucksvoll Zeugnis über die Arbeit der Bergbauern ablegen. Schön ist die Stadt aber auch wegen ihrer einfachen, gemütlichen Restaurants und Weinstuben. An dem Gebäude, in dem sich der »Steinbock« befindet, ist ein schmiedeeisernes Schild angebracht, das nicht nur auf das Restaurant, sondern auch auf die benachbarte Metzgerei verweist: eine vielversprechende Verbindung. Drinnen gibt es neben der Bar, an der die vorwiegend aus den Kellereien des Kalterer Sees stammenden Weine ausgeschenkt werden, die »Stube«, die den Mahlzeiten vorbehalten ist. Dort werden bodenständige Speisen gereicht: traditionelle Vorspeisen mit **Speck**, der entweder in hauchdünne Scheiben oder in Würfel geschnitten ist, wie hier bei den Bauern üblich, Primi mit Suppen oder **Gnocchi**, Schweinefleisch in zahlreichen Varianten, vor allem **Schweinshaxe**. Luis Sprenger, der Inhaber, wählt selbst das Fleisch von **Lämmern** und **Zicklein** aus, ebenso Hirsch und Reh für herzhafte Gerichte. Und zum Abschluß gibt es **Strudel**, Halbgefrorenes und für besonders Anspruchsvolle den einen oder anderen Käse aus den Käsereien der Gegend. Die Preise sind ausgesprochen anständig.

Neben der Trattoria bietet die Metzgerei von Adolf Mair ausgezeichneten Speck und alle Arten der typischen Würste an.

Lagundo – Algund

33 km von Bozen,
8 km westlich von Meran, S. S. 38

Oberlechnerhof

NEU

Gasthof
Ortsteil Vellau – Velloi, 7
Tel. 04 73 / 22 25 57
Ruhetag: Mittwoch
Betriebsferien: im Januar
70 Plätze + 30 im Freien
Preise: 35 000 Lire, ohne Wein
Keine Kreditkarten
Mittags und abends geöffnet

Meran liegt unterhalb, nur einen Steinwurf entfernt, aber um hier herauf zu kommen, muß man klettern. Ein extrem steiler Weg, ideal für einen Gipfelausflug, führt nach oben. Natürlich kann man aber auch den bequemen Weg mit der Seilbahn wählen, um zum Berggasthof der Familie Gamper zu kommen. Ein wunderschön gelegener Hof, der sich perfekt in die Landschaft einfügt. In den traditionellen Stuben pflegt man die lockere Südtiroler Küche: dunkle Holzbretter, randvoll mit Wurst, Speck und Gurken zum Auftakt, danach eine Reihe von Suppen oder Knödel. Größe und Zutaten der Knödel variieren je nach Jahreszeit, aber sie werden immer auf original Meraner Art zubereitet: viel Brot, Kräuter, kleingeschnittene Zwiebeln und Speck, heiß in reichlich zerlassener Butter mit Röstzwiebeln serviert. Eine weitere Variante sind die **Kasnocken** oder die Leberknödel. Natürlich gibt es auch **Ravioloni** mit Ricotta und Spinat. Danach verschiedene Schweinefleischgerichte, Braten und Wild oder **Gröstl**. Schön ist es auch, draußen zu sitzen und bei **Pfannkuchen** mit Marmelade den wunderbaren Blick auf Meran zu genießen.
Die Weine stammen in der Hauptsache von den Weinbauern aus dem nahen Vintschgau, aber es gibt auch einige Flaschen aus den bekannten Kellereien von Meran.

In **Algund** lohnt sich ein Abstecher zur Milchgenossenschaft: verschiedene heimische Käsesorten stehen zur Auswahl. In **Meran**, Richtung Hafling (6 km), führt ein langes, steiles Sträßchen zum Greiterhof, eine wirklich beeindruckende Brauerei. Man zapft würziges »Helles« zu typischen Gerichten der Region.

Lana

25 km von Bozen, 8 km südlich von Meran

Pfefferlechnerkeller

NEU

Gasthof
Via San Martino, 4
Tel. 04 73 / 62 65 89
Ruhetag: Mittwoch
Betriebsferien: Dezember – Februar
100 Plätze
Preise: 35 000 Lire
Keine Kreditkarten
Nur abends geöffnet

Lana mit seinen einfachen, schmucken Häusern ist vielleicht die »deutscheste« Gemeinde Südtirols. Seine Bewohner halten beharrlich an den Südtiroler Traditionen fest. Man spricht ausschließlich deutsch und ist auch sonst sehr um deutschsprachigen Tourismus bemüht. Obwohl sich der »Pfefferlechnerkeller« im Tal, praktisch im Ortszentrum befindet, vermittelt er etwas von der Atmosphäre der umliegenden Bergbauernhöfe.
Die Familie Lainer ist, wie viele aus dieser Gegend, eher etwas wortkarg und überläßt es lieber ihrer Küche, den Gast zu unterhalten. In den sehr gemütlichen, rustikalen Räumen serviert man die typischen Gerichte: verschiedene Antipasti mit Speck und eine Reihe von **Knödel**gerichten: **Kasnocken** sind, zusammen mit gegrillten **Schweinerippchen**, die Spezialität des Hauses. Daneben gibt es ländliche Süßspeisen, wie **Strauben**, ein in Öl ausgebackenes und mit Puderzucker bestäubtes Omelett. Die Weine stammen von den Weinstöcken der Familie: ein leichter Vernatsch und ein Weißwein, der vornehmlich aus Chardonnaytrauben gekeltert wird. Der richtige Ort, um in lustiger Gesellschaft ein paar Südtiroler DOC zu probieren, wenn man nicht zwischen schmalen Landsträßchen und spärlichen Wegweisern umherirren möchte.

Frisches Bier bekommt man in den Gasträumen der Brauerei Forst, die in Lana, **Orstteil Forst** ihren 1857 gegründeten Hauptsitz hat. In **Foiana**, Ortsteil Lana, produziert und verkauft Otto Huber hervorragenden Bauernspeck.

Lasa – Laas

85 km von Bozen,
42 km westlich von Meran, S.S. 38

Sonneck

NEU

Hotelrestaurant
Ortsteil Allitz – Alliz
Tel. 04 73 / 73 99 04
Ruhetag: Dienstag, nicht i. d. Hochsaison
Betriebsferien: Februar
45 Plätze + 20 im Freien
Preise: 35 000 Lire, ohne Wein
Keine Kreditkarten
Mittags und abends geöffnet

Ein belebtes Tal, das aber aufgrund seiner Randlage die Faszination der Einsamkeit behalten hat, mit Bräuchen und Traditionen, die sich von anderen in Südtirol unterscheiden. Hier, wo Landwirtschaft und Tourismus nebeneinander hergehen, hat der junge Koch Herbert Thanai das Haus seiner Familie zu einem Gasthof umgebaut, mit einer Terrasse, die einen herrlichen Ausblick auf die Gletscher des Stilfer Jochs bietet.
Die ländlich geprägte Küche orientiert sich durchaus auch an Feinerem und legt besonderen Wert auf Gemüse. So bei den Antipasti, wo man zu Wurst und Fleisch Äpfel serviert bekommt, gefolgt von Spinat- und **Brennesselgnocchi** oder **Kasnocken**. Im übrigen: auch die mit Aprikosen oder Zwetschgen verfeinerten Gnocchi sollte man unbedingt probieren. Im Frühjahr gibt es **Bergspargel** mit gekochtem Schinken und Ei, im Spätsommer **Waldpilze**, mit denen teilweise auch die hausgemachten Nudeln gewürzt werden. Fleisch vom Grill, Braten, klassische Gerichte vom Schwein und Koteletts von heimischen Lämmern runden das Menü ab. Zum Nachtisch gibt es hausgemachte Torten und **Obstkuchen**.
Eine sorgfältig zusammengestellte Weinkarte, auf der man auch gute Weine aus anderen Regionen findet, macht das Lokal auch für diejenigen interessant, die nur einen Schluck Wein trinken möchten.

Im Ortsteil **Oris** (5 km) kann man bei Oveg, der Genossenschaft der Vinschgauer Bauern, Obst kaufen. Wurst und Speck bekommt man in der Metzgerei Oskar Muther, in der Vinschgauerstr. 55. In **Schlanders** (8 km) verkauft die Metzgerei Gruber Würstel, Kaminwurzen und Schinken aus eigener Herstellung sowie bereits eingelegtes Grillfleisch. Ausgewählte Weine und Destillate gibt es in der Weinhandlung am Damml, in der Hauptstraße 40b.

Lauregno – Laurein

60 km südwestlich von Bozen, S.S. 42

Stern

NEU

Gasthof
Via Centro, 3
Tel. 04 63 / 53 01 47
Ruhetag: Montag
Keine Betriebsferien
50 Plätze
Preise: 40 000 Lire, ohne Wein
Keine Kreditkarten
Mittags geöffnet, abends nur auf Vorbestellung

Wir befinden uns am Nonsberg, einem tridentinischen Hochtal in der Provinz Bozen, an der Gampenstraße Richtung Meran. Eine Gegend, die schon immer etwas isoliert war und daher ihren ganz besonderen Reiz behalten hat. Auch heute noch sind die Orte Laurein, Proveis, Unsere liebe Frau im Walde (Senale) und Sankt Felix nur schwer zu erreichen. Landschaft, Kultur und kulinarische Genüsse ergänzen sich hier aufs beste und sind geradezu für den Tourismus prädestiniert. Vor allem im Frühjahr, wenn sich alle Bergbauernhöfe anschicken Gerichte mit Löwenzahn anzubieten und die Gasthöfe um das beste Rezept wetteifern. Wir haben uns für den Gasthof »Stern« entschieden: zum einen wegen seiner günstigen Lage nahe der Hauptstraße, zum anderen wegen der freundlichen und liebenswürdigen Art der Familie Tonner, die den Gasthof führt.
Zu allen Gängen gibt es Gerichte mit **Löwenzahn**: er verleiht dem Carpaccio Würze, wird zu **gebratenem Speck** serviert oder zu einer Suppe verarbeitet. Auch Gnocchi und eine köstliche **Kartoffelrolle** werden damit zubereitet. Beim Hauptgang findet man ihn als Farce für den **Braten** wieder und zum Nachtisch gibt es schließlich **Mürbteigkuchen mit Löwenzahnhonig** und sogar Löwenzahneis aus einer Eisdiele in Malè.
Aber auch außerhalb der Löwenzahnsaison muß man nicht verhungern, denn es gibt noch eine Menge anderer traditioneller Gerichte, die gut zu den Weinen aus Südtirol passen.

Nicht weit entfernt betreibt die Familie Kessler auf dem Bäckerhof eine kleine Imkerei und verkauft köstlichen Honig. In **Sankt Felix** (5 km) und in **Senale** (8 km) verkaufen die Brüder Kofler Wurst und Speck aus eigener Herstellung.

Malles Venosta
Mals im Vinschgau

85 km nordwestlich von Bozen, S.S. 40

Aquila d' Oro

NEU

Hotelrestaurant
Ortsteil Clusio
Tel. 04 73 / 83 11 39
Ruhetag: Donnerstag
Betriebsferien: 1. – 26. 12. und eine Wo. im Januar
45 Plätze
Preise: 45 000 Lire, ohne Wein
Kreditkarten: CartaSi, EC, Visa
Mittags und abends geöffnet

Schon seit 1829 wird dieser schmucke Gasthof von der Familie Agethie geführt. Zwei Treppenaufgänge voller Blumen führen zu dem typischen, dreigeschossigen Bau. Das Haus liegt etwas außerhalb, in der Nähe von Mals, und verfügt über ein Dutzend geräumiger Fremdenzimmer. Aber es ist vor allem die Küche, die das Interesse der hungrigen Reisenden weckt. Typisch ländliche Gerichte aus eigener Produktion: die vielseitige Familie besitzt, wie auf dem Lande üblich, einen Stall und eine private Kleinviehzucht.
Es gibt also **Speck** und aromatischen Käse aus den Höhenlagen. Ein typisches Mittagessen könnte so aussehen: als Vorspeise **Hirschcarpaccio**, danach **Ravioli mit Pilzen** oder Frischkäsefüllung, zum Hauptgang heimisches **Lamm** oder Enten aus eigener Aufzucht, gekochtes Rindfleisch mit Essig und Zwiebeln, Kalbshaxe oder Kartoffelpfanne mit **Krautsalat**. Zum Abschluß wiederum verschiedene Käse und eine Auswahl köstlicher Desserts wie Joghurtklößchen mit Himbeeren, **Mohnparfait** oder Crêpes mit Aprikosen. Eine anständige Weinkarte rundet das Angebot ab.

In **Burgeis** (2 km) findet man in der Milchgenossenschaft den Fontal, einen süßen, cremigen Schnittkäse und den Alpkas, einen kleinlöchrigen Hartkäse. In **Mathia** (5 km) produziert ein Zusammenschluß junger Bauern verschiedene Sorten Kräuterkäse und bietet Kräutertees an. Informationen erhalten Sie von Konrad Messner (Tel. 03 35 / 22 07 89).

Marebbe – Enneberg

84 km nordöstlich von Bozen, S.S. 12 und 49

Oberpalfrad

Gasthof
Ortsteil Plaiken – Plisia, 27
Tel. 04 74 / 40 31 73
Ruhetag: Freitag, nicht im August
Betriebsferien: im November
36 Plätze
Preise: 40 000 Lire
Keine Kreditkarten
Mittags und abends geöffnet

Die Osteria »Oberpalfrad« ist nicht leicht zu finden: Sie liegt auf halbem Weg zwischen Bruneck und dem Gadertal. In der Stube, die auf das Jahr 1834 zurückgeht, serviert Edith Huber ladinische Spezialitäten. Nicht ganz einfach – die Ladiner mögen uns verzeihen – ist die Transkription einiger ladinischer Benennungen. Wie in anderen ländlichen Lokalen findet man das **Bauerngröstl** aus Bratkartoffeln, Zwiebeln und Fleischstückchen, **Haxe vom Schwein** oder Kalb aus dem Ofen und die **Apfelkiel** (Apfelküchlein). Im Winter gibt es manchmal die seltenen »Blutnudeln«, eine Art hausgemachte Tagliatelle mit Schweineblut. Zur richtigen Jahreszeit herrscht Überfluß an **Pilzen**, vor allem an Pfifferlingen, die oft zu Polenta und Wild gereicht werden; auf Voranmeldung kann man z.B. Rehgulasch genießen. Sehr würzig die **Tirtlen**, eine Art gebackener Ravioli mit einer Käse- oder Gemüsefüllung, und die **Cajinci**, Teigtäschchen mit fleischloser Füllung. Andere traditionelle Gerichte sind die **Poja** aus Buchweizenmehl, das Ricotta-Gebäck und der Karottenkuchen. Im Herbst sind Eßkastanien ein Muß: die Südtiroler Küchentradition legt viel Wert auf **Kastanienreis**, gekochte und passierte Maroni, die mit Schlagsahne serviert werden. Ausgezeichnet die **Strudel** mit Äpfeln oder **Mohn** mit Vanillesauce. Die Weine kommen aus den bekanntesten Genossenschaftskellereien der Gegend.

In **St. Vigil in Enneberg**, dem Sitz der Gemeindeverwaltung, Ortsteil Torpei Nr. 30, verkauft Franz Erlacher im Haus des Honigs Bienenprodukte aller Art. Südtiroler Speck und Wurstwaren aus dem Pustertal gibt es in der Metzgerei Karl Kall am Hauptplatz von St. Vigil.

Montagna – Montan

29 km südlich von Bozen, S.S. 12 oder A 22

Dorfnerhof

Dorfwirtschaft
Ortsteil Gschnon – Casignano, 5
Tel. 04 71 / 81 97 98
Ruhetag: Montag
Betriebsferien: Januar
25 Plätze + 40 im Freien
Preise: 25 – 35 000 Lire
Keine Kreditkarten
Mittags und abends geöffnet

Auf einer Höhe von fast 1000 m liegt der »Dorfnerhof« fast unerreichbar an der alten halsbrecherischen Straße, die die Ebene der Etsch mit dem Fleims- und dem Fassatal verband. Hoch oben rangiert er auch in der Südtiroler Gastronomie, zeichnet er sich doch durch den herzlichen Service und das Engagement aus, zusammen mit dem Hof eine unvergeßliche Umgebung intakt zu erhalten. Die Familie Vescoli hat aus ihrem Wohnhaus eine rustikale Südtiroler Bauernwirtschaft gemacht. Es gibt keine überkandidelte Einrichtung, dafür ist man in der Küche und im Service um so sorgfältiger. Die Grundstoffe – angefangen vom selbsterzeugten Speck – sind ausgesucht und verleihen den Gerichten ihren echten Charakter: **Knödel** mit verschiedenen Saucen, **Gröstl**, **Gulasch**, Ossobuco und Zubereitungen mit Schweinefleisch, Wild oder Rindfleisch, **Strudel**, Käse- und Buchweizenkuchen. Der Wein kommt von Winzern aus Montan, das für seinen Pinot Nero in ganz Italien berühmt ist. Wenn Sie Ihre angenehm niedrige Rechnung bezahlt haben, können Sie sich draußen vor dem Gasthof als Stockschütze betätigen oder Mitte August über das Dorffest schlendern, das hier jedes Jahr abgehalten wird.

Franz Codalonga in **Montan** ist berühmt für seinen Speck und seine Wurstwaren. Sie können sie in seinem Geschäft in der Via Pinzano 2 kaufen.

Montagna – Montan

29 km südlich von Bozen, S.S. 12 oder A 22

Unterwirt zur Rose

NEU

Gasthof
Kirchplatz, 17
Tel. 04 71 / 81 95 64
Ruhetag: Mittwoch
Betriebsferien: unterschiedlich
40 Plätze
Preise: 35 – 40 000 Lire, ohne Wein
Keine Kreditkarten
Mittags unds abends geöffnet

Das Wirtshausschild ist original und verweist auf die lange Tradition dieser Osteria, auch wenn sie erst vor kurzem durch die Familie Hubert Malojer neu eröffnet wurde. Der Name »Zur Rose« ist einer der gebräuchlichsten in Südtirol und zumeist Hinweis auf unverfälschte Küche und Einrichtung.
Man betritt den Gasthof durch einen Laubengang, der neben der Kirche im historischen Zentrum beginnt. Ein paar Steinstufen hinauf und schon steht man im Schankraum, wo Bauern und Jugendliche ihr Glas Wein trinken oder an den kleinen Tischen Karten spielen. Der Speiseraum ist einmalig: ganz in hellem Holz gehalten, mit schmucken Tischdecken und einer ruhigen Atmosphäre, dazu angetan, die Gedanken ein wenig in der Vergangenheit schweifen zu lassen. Wenn er frei ist, sollten Sie sich an den Tisch unter dem alten, geschwärzten Rauchfang setzen und alles weitere überlassen Sie dann dem Wirt. Es gibt hausgemachten **Speck**, Bauernschinken, Aufschnitt und heimischen Käse zum Auftakt, danach Gemüsesuppen, verschiedene **Knödel** – hervorragend sind die Spinatnocken – und schließlich Gulasch, Schweinebraten und **Fleisch** aus der Pfanne. Als Nachtisch Buchweizentorte, **Apfelstrudel** und Obstkuchen. Die Auswahl an Weinen, die man im übrigen auch glasweise bestellen kann, ist nicht groß, aber sorgfältig zusammengestellt, mit Weinen aus der Gegend – Montan ist eine vortreffliche Gegend für den Blauburgunder – und einigen guten Flaschen aus der »Fremde«.

In der Altstadt von **Neumarkt** (8 km) sollte man auf ein Glas Wein und einen kleinen Imbiß in der Enoteca Johnson & Dipoli einkehren. Die Größe des Weinsortiments ist nahezu unglaublich.

Moso in Passiria
Moos in Passeier

55 km von Bozen, Richtung Timmelsjoch

Tannenhof

NEU

Gasthof mit Fremdenzimmern
Ortsteil Plata, 34
Tel. 04 73 / 64 90 88
Ruhetag: Montag
Betriebsferien: 3 Wo. im Dezember
50 Plätze
Preise: 35 000 Lire, ohne Wein
Keine Kreditkarten
Mittags und abends geöffnet

Der Ort liegt im »tiefsten Südtirol«, in der Nähe zum Timmelsjoch, jenem Paß, der praktisch immer wegen Schnee geschlossen ist. Aber auch wenn man hier vom Rest der Welt abgeschnitten scheint, keine Angst, das Passeiertal ist zauberhaft mit seinen Pastellfarben am reinen Himmel und den unverwechselbaren Häusern, wie sie typisch für den Alpenraum sind. Die Familie Prinoth hat sich hier oben eine kleine Pension gebaut, mit zwei Dutzend Zimmern und großen Holzbalkonen voller Geranien.
Man bietet eine heimische Küche, traditionell mit Speck und heimischer Wurst als Vorspeise, verschiedene Variationen an **Knödeln** in der Saison (auch die mit frischen Pilzen) und warme **Suppen** auf Getreidebasis, vor allem natürlich Gerste. Danach gibt es Kraut, Schweinebraten und Gröstl, aber auch heimisches **Zicklein** und **Lamm** von den wenigen noch in der Region verbliebenen Hirten, die früher für ihre Schafzucht berühmt war. In der Saison gibt es **Pilze** und **Wild**, aber auch **Forellen** und andere Süßwasserfische aus den umliegenden Fischzuchten stehen zur Auswahl. Darüber hinaus kann man natürlich heimischen Käse aus den Hochlagen probieren: Ziegenkäse wie Graukäse und Ziger. Hausgemachte Apfelstrudel und Obstkuchen sowie verschiedene Schokoladendesserts runden das Menü ab.
Auf der Weinkarte stehen vornehmlich Weine aus Südtirol, aber auch einige gute Flaschen renommierter Erzeuger aus der Toskana und dem Piemont.

Im Ortszentrum bekommen Sie in der Metzgerei Franz Hofer verschiedene Wurstsorten und Speck aus eigener Herstellung. Typische Käsesorten finden Sie in den Sennereien Richtung Jaufenpaß und Timmelsjoch. Genauere Informationen erhalten Sie im Ort.

Naturno – Naturns

44 km von Bozen,
15 km westlich von Meran, S.S. 38

Steghof

Restaurant
Hauptstraße, 123 – Abzwg. Schnalstal
Tel. 04 73 / 66 82 24
Ruhetag: Sonntag und Montag
Betriebsferien: Zwischen Jan. u. Feb.
40 Plätze
Preise: 45 000 Lire, ohne Wein
Kreditkarten: CartaSi
Nur abends geöffnet

Schade, daß hier nur am Abend geöffnet ist, aber das Essen ist wirklich eine Reise wert. Das Lokal ist in einem alten Bergbauernhof untergebracht, nahe der Abzweigung zum Schnalstal, das als Sommerskigebiet berühmt ist. Das Haus birgt zwei der beeindruckendsten gotischen Stuben im ganzen Vinschgau und gleicht einem Museum, so ausgewählt ist die Einrichtung. Zusätzlicher Raum wurde durch den Umbau des Heuschuppens gewonnen, in dem nun Ausstellungen junger Künstler oder Jazzkonzerte stattfinden.
Die Küche ist traditionell und orientiert sich an der Jahreszeit. Man bietet eine täglich wechselnde Tageskarte, die auf einer Schiefertafel angeschrieben wird. Interessant ist ein Menü, bei dem **Aprikosen** (vielleicht noch besser als die berühmten Äpfel aus dem Vinschgau) die Hautrolle spielen: Fenchelsalat mit Aprikosen, Risotto mit Aprikosen, danach Fleisch in Aprikosensauce und zum Abschluß süße **Aprikosenknödel**. Weitere einladende Gerichte sind die mit Spinat und Ricotta gefüllten Teigtaschen, **Tiroler Speckknödel**, **Kräuterlamm** und **Dinkelpolenta** mit frischen Pfifferlingen, aber auch Fisch, wie Forelle oder **Saibling**. Strudel, Sorbet mit Basilikum und Waffeln oder heimischer Käse machen das Angebot vollständig.
Die Inhaberin, Margit Wolf, hat dazu eine reichhaltige Auswahl an guten Weinen unterschiedlicher Herkunft zusammengestellt.

In **Naturns** (2 km von der Abzweigung ins Schnalstal) kann man Speck auch in den beiden Fachbetrieben Kristanell, Via dell' Argine 3 und Via Principale 49, kaufen. Ebenfalls in Naturns, in der Steinstraße 17, erwartet Sie bei Moserspeck eine große Auswahl an Würsten. In **Plaus** (6 km) stellt Egon Kaserer den Plauser Speck her, eine weitere Südtiroler Spezialität.

Nova Levante Welschnofen

20 km nordöstlich von Bozen, S.S .241

Rosengarten

NEU

Hotelrestaurant
Via Catinaccio, 43
Tel. 04 71 / 61 32 62
Ruhetag: Mo. und Di.mittag, nicht im [Sommer
Betriebsferien: November
50 Plätze
Preise: 40 – 50 000 Lire, ohne Wein
Kreditkarten: die bekannteren
Mittags und abends geöffnet

Hubert Rechenmarcher ist ständig bemüht, die Qualität seines schönen Gasthofs noch weiter zu verbessern. Überzeugter Anhänger bodenständiger Produkte, hat er vor kurzem einen speziellen Kräutergarten mit über 50 Kräutern angelegt, die in seiner appetitlichen Küche Verwendung finden. Aber damit nicht genug. Sämtliche seiner Hauptzutaten wie Käse, Mehl und Gemüse bezieht er von kleinen heimischen Betrieben aus dem Tal. Die Speisekarte richtet sich daher auch streng nach der Jahreszeit. Es gibt **Kräuterquark aus Ziegenmilch** mit Salat und Knoblauchbrot, **Gnocchi aus Vollkornmehl** mit frischen Steinpilzen sowie **Kartoffelknödel** mit Graukäse (berühmt, aber selten auf einer Karte zu finden) und Tomatenwürfel, aber auch Gemüsesuppen (auch im Winter) aus Wild- oder Gartengemüse, Ravioloni mit Käsefüllung, **Kalbskopfsülze** oder Gemüse mit Schnittlauchsauce. **Brot** und Kuchen (**Strudel**, Heidelbeerkuchen, wohlriechende Plätzchen) sind selbstgebacken.
Die Weine sind anständig im Preis und werden jeden Tag passend zu den Gerichten, aus einer Weinkarte mit nahezu 200 verschiedenen Etiketten aus aller Welt, ausgewählt.

Spezialisten in der Herstellung der typischen Südtiroler Brotsorten sind die Brüder Nackler in der Via Carezza 80. Hochwertigen Speck und Würste bekommen Sie bei Ferdinand Pattis in der Via Carezza 3.

Renon – Ritten

20 km nordöstlich von Bozen

Patscheiderhof

Bauernhof
Ortsteil Signat – Signato, 178
Tel. 04 71 / 36 52 67
Ruhetag: Dienstag
Betriebsferien: Juli
35 Plätze + 40 im Freien
Preise: 40 000 Lire, ohne Wein
Keine Kreditkarten
Mittags und abends geöffnet

Der Hof ist nicht leicht zu finden, auch wenn ihn praktisch jeder in Bozen kennt. Vor allem im Frühjahr und Herbst ist er beliebtes Ziel von Wochenendausflüglern. Wir empfehlen daher, während der Ferien zu kommen, wenn die Bozener anderswo Urlaub machen. Dann läuft die Küche der Familie Rottensteiner erst zu ihrer wahren Form auf und man kann sie in aller Ruhe genießen. Einfache, aber äußerst schmackhafte Gerichte, die in einem schönen Gastraum mit Blick auf Bozen und den Rosengarten serviert werden.
Nach bäuerlichem Brauch wird der sogenannte Vorschlag – Wurst und ein ebenso wohlriechender wie würziger, in kleine Stäbchen geschnittener Speck – zusammen mit Gurken, Radieschen und Brot auf einem rustikalen Hackbrett serviert. Darauf folgen **Schlutzkrapfen**, üblicherweise mit Ricotta und Spinat gefüllt, und mehrere Varianten von **Nocken**. Bei den Fleischgerichten dominiert Schwein: **Ripperl**, **Haxe** und **Gulasch**. Als Abschluß verschiedene heimische Käse und köstlicher Mohnkuchen oder Möhrentorte.
Im Herbst reicht man zum jungen Wein Maroni und Speck. Der selbstgekelterte Hauswein ist herb und sauber im Geschmack, so wie ihn die Bauern mögen.

Im Ortsteil **Gebrack** 11 (3 km) liegt der zauberhafte Buschenschank »Moserhof« der Familie Pircher (Tel. 04 71 / 35 63 40), der mit köstlichen Südtiroler Spezialitäten und den guten Weinen von St. Magdalena aufwartet. Der Hof ist allerdings nur zu Fuß erreichbar.

Renon – Ritten

25 km nordöstlich von Bozen

Plörr

NEU

Gasthof mit Fremdenzimmern
Ortsteil Oberinn – Auna di Sopra, 45
Tel. 04 71 / 60 21 18
Ruhetag: Dienstag
Betriebsferien: Mitte Nov. – Mitte Dez.
35 Plätze
Preise: 40 000 Lire, ohne Wein
Keine Kreditkarten
Mittags und abends geöffnet

Auf der Hochebene des Ritten, zwischen Bozen und Sarntheim, liegt dieser kleine Gasthof. Das Geheimnis seines Charmes? Nur wenige Zimmer (22 Betten), treue Stammgäste (also besser vorbestellen) und eine echt Südtiroler Küche. So trägt auch dieses, etwas abseits, genau auf dem Berggipfel liegende Lokal dazu bei, den jetzt schon guten kulinarischen Ruf der Gegend weiter zu fördern.
Überzeugen Sie sich selbst: Vorspeisen mit **Speck** aus handwerklicher Herstellung, verschieden gefüllte **Ravioloni** – klassisch mit **Ricotta und Spinat**, mit Pilzen oder (im Frühjahr) mit Spargel – und hausgemachte Nudeln mit traditionellen Saucen. Danach verschieden zubereitetes Schweinefleisch – **Schweinshaxe** mit Kraut, gegrilltes Kotelett –, aber auch Kalbsbraten, und dazu frisches Gemüse aus dem Garten. Die Freundlichkeit der Inhaber und die eigene Naschhaftigkeit lassen einen schließlich noch die hausgemachten Kuchen – **Obstkuchen mit Waldbeeren** – und Eis probieren. Ein Ort, den man wegen der Schönheit der Landschaft und der Ruhe auch außerhalb der Saison in Betracht ziehen sollte, für lange Herbstspaziergänge oder als verdiente Rast nach dem Eislaufen.

In **Auna di Sotto – Unterinn**, neben der Fabrik Finstral, finden Sie die hervorragende Käserei der Familie Erschbaumer: acht verschiedene Biokäsesorten aus Schafs- oder Kuhmilch, die mit Kräutern, Nüssen und Knoblauch verfeinert werden. Außerdem gibt es biologisch angebautes Gemüse.

Renon – Ritten
Soprabolzano – Oberbozen

20 km nordöstlich von Bozen

Schluff

Hotelrestaurant
Ortsteil Maria Himmelfahrt, 2
Tel. 04 71 / 34 51 39
Ruhetag: Donnerstag
Betriebsferien: Dezember u. Januar
80 Plätze
Preise: 40 – 45 000 Lire, ohne Wein
Keine Kreditkarten
Mittags und abends geöffnet

Was will man sagen, außer noch einmal die romantische Lage des Ortes, Ziel von Touristen und Feinschmeckern seit 300 Jahren, zu bestätigen? Auf diesem Hochplateau oberhalb Bozens (heute geht es mit der Seilbahn rauf und oben kann man mit dem Rittenbähnlein weiterfahren) suchte und sucht man Ruhe und Frieden. Man erreicht das »Schluff« über eine Reihe kleiner, im Sommer von Blumen umsäumter Wege und von dort gibt es dann Ausflugsmöglichkeiten für jeden Geschmack. Danach kehrt man zum Entspannen in die geräumigen Stuben dieses klassischen Gasthofs ein, wo man freundlich und mit liebevoll angerichteten Speisen empfangen wird. Die Gerichte wechseln täglich und je nach Jahreszeit (daher gibt es auch keine Karte), aber natürlich sind die traditionellen Knödel und Ravioloni immer zu haben. Im Frühjahr gibt es **Spargel** und Suppen, in den anderen Jahreszeiten Wild, **Schweinshaxe**, Lamm und Zicklein und Pilze. Die von Katerina Gostner hausgemachten Nachspeisen sind immer noch unverändert gut: **Buchweizenkuchen**, Obstkuchen mit Waldbeeren und **Strudel**. Auf Anfrage werden auch traditionelle Gerichte wie **Zwetschgenknödel** oder Bratenfleisch mit Saucen aus der Habsburger Küche zubereitet. Die Weine stammen fast ausschließlich aus Südtirol und werden zur Jause draußen auf der Terrasse auch glasweise ausgeschenkt.

In **Costalavora** (3 km) wurde der alte Platterhof zu einem Bienenmuseum umgebaut. Sie finden dort Honig und andere Bienenprodukte. Im Ort bietet die Bäckerei Hackhofer typische Brotspezialitäten. Bei Franz Lang erfahren Sie, wie man die verschiedensten Fleischstücke am besten zubereitet und wie der Speck und die anderen von ihm hergestellten Würste am besten schmecken.

Renon – Ritten

20 km nordöstlich von Bozen

Signaterhof

NEU

Trattoria
Ortsteil Signat – Signato, 166
Tel. 04 71 / 36 53 53
Ruhetag: Montag
Betriebsferien: Januar, 15. – 30. Juli
50 Plätze + 20 im Freien
Preise: 35 000 Lire, ohne Wein
Keine Kreditkarten
Mittags und abends geöffnet

Man kann gar nicht alle Orte aufzählen, an denen man auf dem Ritten die typischen Südtiroler Spezialitäten zu kosten bekommt. Unter den vielen, die zu nennen wären, entschieden wir uns auch für diese sympathische Trattoria im Ortszentrum von Signat, die gegenüber der Kirche in einem Gebäude aus dem vorigen Jahrhundert untergebracht ist. Die jungen Wirtsleute Gunther und Erica Lobizer haben den historischen Gasthof übernommen und sind bemüht, die kulturelle und kulinarische Tradition des Ortes wiederaufleben zu lassen. Es gibt zwei Gaststuben, eine ganz in Holz mit 40 Plätzen im ersten Stock, in der Rauchverbot herrscht, und unten die kleine Stube für die Raucher.
Traditionelle Vorspeisen, also auch Speck, machen den Anfang. Danach verschiedene Nocken und **Knödel** (besonders empfehlenswert sind die **mit Mangold**) oder **Ravioloni** gefüllt mit Steinpilzen oder **aus** leckerem **Kartoffelteig** zubereitet. Nicht minder groß ist die Auswahl an Hauptgerichten, darunter viele ländliche Pfannengerichte und **Braten mit Gemüse** – sehr zu empfehlen ist der Zwiebelrostbraten. Köstliche Nachtische wie **Aprikosenknödel** oder sogar Erdbeerknödel bilden den Abschluß.
Auf der Weinkarte findet man bekannte Südtiroler Marken, aber auch ländliche Tropfen aus der Umgebung, die man unbedingt probierten sollte. Das Ganze zu Preisen, wie man sie in der teuren Umgebung von Bozen nicht erwarten würde

In der ganzen Region ißt man im Herbst Maroni und trinkt dazu jungen Wein. Wenn Sie etwas Geduld haben, können Sie in manchen Berghöfen aber auch selbst hergestellten Käse, auch Ziegenkäse, bekommen.

Rio Pusteria – Mühlbach

57 km nördlich von Bozen,
10 km von Brixen, S.S. Pustertal

Strasshof

NEU

Restaurant
Ortsteil Spinges, 2
Tel. 04 72 / 84 97 98
Ruhetag: Mittwoch und Do.mittag
Betriebsferien: Januar – Februar
50 Plätze
Preise: 45 000 Lire, ohne Wein
Keine Kreditkarten
Mittags und abends geöffnet

Vielleicht eine der schönsten gastronomischen Neuheiten Südtirols. Exakt aus dem Jahr 1 000 stammt die eindrucksvolle alte Burg, ein echter Ansitz, der vor kurzem zum Restaurant umgebaut wurde. Das Verdienst gebührt dem jungen, enthusiastischen Inhaber Martin Unterkircher, der sich um alles in der wunderschönen Burg kümmert. Der beeindruckende Bau könnte den Gast vermuten lassen, einen exklusiven Ort gewählt zu haben, dessen Küche nach Höherem strebt und sich wenig um Traditionen kümmert. Lassen Sie sich nicht vom Äußeren täuschen: in einer ruhigen Atmosphäre mit ausgesuchter Einrichtung, werden überaus rustikale, ursprüngliche Gerichte serviert, die ganz in der ländlichen Tradition verwurzelt sind.
Das beginnt beim Speck und hört bei den hausgemachten Obstkuchen auf. Dazwischen verschiedene Sorten **Knödel**, mit Käse gefüllte Ravioloni und traditionelles **Kaßler** mit Kraut, zur entsprechenden Jahreszeit frische **Pilze** und **Wild**. Auf der sorgfältig zusammengestellten Weinkarte findet man edle Weine, nicht nur aus Südtirol, sowie Grappa und Obstler hervorragender Brennereien.

In **Niedervintl** (7 km) im Ortsteil Sotto und in seinem Geschäft in Weitental bäckt Franz Kersbaumer über 30 traditionelle Brotsorten sowie typisches Gebäck in Lamm- und Hasenform, speziell natürlich an Ostern. In **Vals**, im Ortsteil Mühlbach, finden Sie Kleingebäck, Kuchen und Brot aus der Backstube des Gasthofs Huber.

Salorno – Salurn
Pochi – Bucholz

35 km südlich von Bozen, Brenner-Bundesstr.

Perkeo

NEU

Restaurant
Ortsteil Grünwald, 4
Tel. 04 71 / 88 90 69
Ruhetag: Montag
Betriebsferien: Januar
50 Plätze
Preise: 45 000 Lire, ohne Wein
Kreditkarten: CartaSi
Mittags und abends geöffnet, im Winter nur abends

Salurn ist ein kleines, von hohen Felswänden umgebenes Bauerndorf an der Etsch. Irgendein Teil des Ortes liegt praktisch immer im Schatten und daher kommt auch sein Name: solis urna. Der Ort ist reich an Legenden, die sich um die Geschehnisse der beeindruckenden Haderburg ranken, heute ein schwer zugänglicher Trümmerhaufen, aber immer noch faszinierend. Der Sage nach soll Perkeo, ein fahrender Schauspieler, Hofnarr und unersättlicher Trinker, hier geboren worden sein. Nach ihm haben Maurizio Fante und seine Frau Irene ihr etwas oberhalb vom Zentrum zwischen Wald und Weinbergen gelegenes Lokal benannt.
Am Nachmittag kommt man zur Jause mit hervorragendem **Speck**. Für ein komplettes Menü stehen eine Reihe köstlicher Primi zur Auswahl: **Schlutzkrapfen**, Ravioloni mit Ricotta und Spinat, **Spätzle** und **Knödel** und je nach Jahreszeit weitere Spezialitäten, auch Wild. Im Sommer jede Menge **Grillfleisch**, Gemüse und Käse im Freien.
Zweimal pro Woche bietet die Karte Süßwasser- und Meeresfisch. Die Desserts sind hausgemacht: Apfelstrudel, Kaiserschmarrn, heiße Pfannkuchen mit Heidelbeermarmelade. Dazu eine gute Weinauswahl.

In der Via Trento stellt die Metzgerei Batale Magnani hervorragende heimische Würste her. Auf dem Hof Berger, Richtung **Cauria** (5 km) produziert Oswald Tonner hochwertigen Ricottakäse und andere Milchprodukte. In **Laag** (4 km) gibt es eine Forellenzucht und rustikale Tische für Ausflügler zur Garbahütte mit Essen und Landwein.

San Candido – Innichen

107 km nordöstlich von Bozen, S.S. 49

Uhrmacher's Weinstube

Weinstube mit Imbiß
Via Tintori, 1
Tel. 04 74 / 91 31 58
Ruhetag: Mittwoch, nicht im Sommer
Betriebsferien: 2 Wochen im Juni
50 Plätze
Preise: 9 – 12 000 Lire per Gericht
Keine Kreditkarten
9 –24 Uhr geöffnet

Toni Lercher führt heute den Betrieb seines Vaters weiter. Der Name des Lokals ist von einem in der Familie häufig ausgeübten Beruf übernommen. In dem mit Holz gemütlich eingerichteten Lokal serviert man Imbisse mit Käse, der aus den Molkereien Innichens und Toblachs stammt, ausgezeichneten **Speck**, **Kaminwurzen** (geräucherte Würste aus Schweine- und Rindfleisch), Salami aus dem Pustertal, **Wildschinken** und Lammschinken. Täglich hat man um die 30 verschiedene offene Weine zur Auswahl – darunter auch Sekt –, die im Rotationsverfahren unter den 350 Sorten im Keller gewählt werden. Toni schenkt fast ausschließlich italienische Weine aus, wobei er besonders die besten Südtiroler herausstellt. Und um seine Auswahl noch besser zu gestalten, besucht er persönlich die verschiedenen Weinkeller mit beneidenswerter Geduld und Leidenschaft. Auch die Auswahl der Grappe und Schnäpse ist ausgezeichnet. Die guten Tropfen sind im angeschlossenen Laden auch zu erwerben.

Die renommierte Wurstfabrik Senftler hat einen Direktverkauf in der Via Pizach 11. Ausgezeichnet sind auch die Salumi der Metzgerei Summerer (Via Sesto). In der Genossenschaftsmolkerei von Innichen, Via Castello 1, gibt es jeden Tag frische Milch, Butter, Sahne und die typischen Käse des Pustertals und Südtirols: Graukäse, Bergkäse, Zieger.

San Genesio Atesino Jenesien

11 km nördlich von Bozen

Unterweg

NEU

Gasthof mit Fremdenzimmern
Ortsteil Afing – Avigna, 128
Tel. 04 71 / 35 42 73
Ruhetag: Mittwoch
Betriebsferien: 3 Wo. im Febr., 2 i. Juni
50 Plätze + 60 im Freien
Preise: 35 – 40 000 Lire, ohne Wein
Keine Kreditkarten
Mittags und abends geöffnet

Das Gebiet um Jenesien wird auch als der Sonnenhang von Bozen bezeichnet – ein kleines Paradies der Stille, auf über 1000 Metern Höhe, nicht weit von der Stadt. Wiesen, Häuser und Höfe scheinen wie von leichter Hand hingemalt und Wälder und Sträßchen schaffen Verbindungen bis nach Mölten und Meran. Unter den Ortsteilen dieser Gemeinde ist Afing vielleicht der beeindruckendste und typischste, sei es wegen dieses gemütlichen Gasthofs, sei es wegen eines sympathischen, kulinarischen Wettstreits, zu dem die Köche und Köchinnen der wenigen Gasthöfe am Ort einmal im Jahr antreten, mit der festen Absicht, die traditonelle Küche von Jenesien auch weiterhin hochzuhalten.
Wenn Sie zu dieser Zeit anreisen, ist das Angebot des Gasthofs natürlich besonders vielfältig, aber man findet praktisch immer verschiedene typische Gerichte. Vorspeisen mit Speck, aber auch geräuchertes Rindfleisch, Brot-, **Leberknödel-** und **Graupensuppe**, Schlutzkrapfen mit Käse und Gemüse. Eine Spezialität des Ortes sind die **Erdäpfelblatteln** – würzige Bratkartoffeln mit frischem Kraut. Danach gibt es Rindergulasch mit Knödel aus Buchweizenmehl, gekochtes Rindfleisch mit Rettich und Salzkartoffeln oder Schweinefleisch. Die Nachtische, mit Marmelade oder Mohn gefüllte **Krapfen**, Kuchen aus Vollkornmehl mit Konfitüre, werden vom Team der Familie Furggler selbst gebacken. Dazu gibt es eine Reihe Südtiroler Weine.

In Afing auf dem Burgerhof und in Valas auf dem Lanzenschusterhof bekommen Sie im Herbst Maroni und jungen Wein. Knödel in allen Variationen genießt man auf dem Tschoegglbergerhof in Jenesien.

San Leonardo in Passiria Sankt Leonard in Passeier

58 km von Bozen, 29 km nördlich von Meran

Jägerhof

Hotelrestaurant
Jaufenpaßstraße, 80
Tel. 04 73 / 65 62 50
Ruhetag: Montag
Betriebsurlaub: November
80 Plätze
Preise: 35 – 45 000 Lire, ohne Wein
Keine Kreditkarten
Mittags und abends geöffnet

Am Gipfel des Passeiertals haben die beiden Brüder Rudi und Siegfried Augscheller eine kleine Familienpension zu einem sympathischen Gasthof umgestaltet. Hier kann man eine traditionelle Küche genießen, deren Vielseitigkeit und Qualität den bereits guten Standard in diesem Tal noch einmal übertrifft.
Das Angebot an Vorspeisen umfaßt Speck, **Graukäse**, geräucherte Wurst, **Hirschschinken** mit Meerrettichsahne. Bei den Primi hat man die Wahl zwischen **Leberknödel-**, Speckknödel- und Zwiebelsuppe oder einer köstlichen Wildconsommé mit Pilzen. Fast immer bietet die Karte auch **Ravioloni aus Vollkornmehl** mit Ricotta und Gemüsefüllung, oder eine Gemüserolle mit Gamsragout. Weiter geht's mit **Sennerspatzler** (Spätzle aus Roggenmehl mit Graukäse, der ausschließlich in den Berghöfen hergestellt wird) oder Hirsch- und Gamsbraten zu Pilzen und Polenta, sowie typischen Pfannengerichten mit Fleisch, Zwiebeln, Kartoffeln und Kraut. Darüber hinaus werden **Forellen** aus der hauseigenen kleinen Fischzucht angeboten. Erdbeeren mit Sahne, **Löwenzahnparfait**, Apfel- (oder in der Saison) Kirschstrudel, Nußkuchen oder mit Maroni und Birnen gefüllte **Krapfen** beschließen das Mahl. Die guten Weine gibt es auch im offenen Ausschank.

Das Passeiertal ist für seine Schaf- und Ziegenzucht bekannt. Für das Ostermenü können Sie das zarte Fleisch, aber auch den typischen Speck, bei Klaus Kofler in **Sankt Leonhard** (9 km) kaufen. In **Riffian** (10 km) liegt inmitten von Obstgärten der Hilberkeller, eine alte Kellerei, die in der Saison abends geöffnet hat.

San Lorenzo di Sebato Sankt Lorenzen

75 km von Bozen, 8 km von Bruneck

Sares Maria Saalen

Hotelrestaurant
Ortsteil Saalen – Sares, 4
Tel. 04 74 / 40 31 47
Ruhetag: Dienstag
Betriebsferien: im Nov. und Dez.
40 Plätze + 50 im Freien
Preise: 45 000 Lire
Kreditkarten: alle
Mittags und abends geöffnet

Maria Saalen wird von den frommen Pustertalern hoch verehrt. Der Heiligen Jungfrau zu Saalen ist eine Wallfahrtskirche geweiht, und der malerische Ort, einer der bezauberndsten im Pustertal, steht unter Denkmalschutz. In einem kleinen Hotel neben der Wallfahrtsstätte werden die Gäste von der Familie Tauber genauso empfangen wie zur Zeit der Pilger seit dem 17. Jahrhundert; heute sind es eher die Skifahrer vom Kronplatz. In der herrlichen Stube werden die klassischen Gerichte des Tals serviert, angefangen bei den **Knödeln** in verschiedener Zubereitung; besonders gut sind die **Fastenknödel** (ohne Speck). Man findet natürlich die **Schlutzer**, Tortelli mit Spinat, aber auch die **Tirtlen**, große flache Teigtaschen, die mit Kraut gefüllt sind. Das Lamm ist ein typisches Frühjahrsgericht, ebenso wie der Spargel aus Terlan. Pilze gibt es zur richtigen Jahreszeit im Überfluß. Wer eine Kostprobe ganz alter Südtiroler Küchentradition haben möchte, muß unbedingt die ausgebackenen Süßspeisen, mit oder ohne Marmelade, versuchen. Die **Strauben** z.B. sind aus dünnem Omeletteig, der langsam ins heiße Öl gegossen wird. Anschließend werden sie mit Puderzucker bestreut serviert. Auch die Weine sind aus Südtirol.
Mittags kann man à la carte essen, abends gibt es ein einheitliches Menü, wie es den Hausgästen angeboten wird.

Die Leitner Mühle in **Fioronzo**, einem Ortsteil von Sankt Lorenzen (4 km von Saalen) ist noch in Betrieb. In Mühlbach (Rio Pusteria) bietet Hans Baumgartner in seinem Degust (Via Katerina Lanz, 14) um die 40 Käsesorten aus lokaler Produktion.

Sarentino – Sarntal

32 km nördlich von Bozen, S.S. 508

Pfarrgasthaus – Osteria del Parroco

NEU

Gasthof
Ortsteil Durnholz – Valdurna
Tel. 04 71 / 62 51 42
Ruhetag: Donnerstag, von Jan. bis Ostern nur am Wo.ende geöffnet
Betriebsferien: Januar
40 Plätze
Preise: 30 000 Lire, ohne Wein
Keine Kreditkarten
Mittags und abends geöffnet

Obwohl so nahe bei Bozen, liegt das Sarntal doch sehr abgeschnitten, so daß es seinen Charme und seine Kultur behalten hat. Vor allem die ältere Bevölkerung trägt noch immer die typische Tracht: Kopftuch, weite Schürzen und schwere Wolljacken. Hier oben, auf 1600 Meter Höhe (die letzten 200 sind nur zu Fuß erreichbar) achtet man die unberührte Natur und die strenge Tradition.
Neben der alten Kapelle (großartige Fresken und ein eindrucksvoller Holzaltar) lädt das »Pfarrgasthaus« (es heißt so, weil es von der Pfarrei gepachtet wird) zur Einkehr ein. Eine Familie aus dem Ort bietet dort eine unverfälschte Küche, wie sie auch in den entlegensten Berghöfen des Sarntals gegessen wird. Zwei Baumstämme als Baldachin für den Eingang, durch eine Holzeingangstür und rechts liegt die alte Stube mit angrenzender Terrasse und wunderschönem Panorama.
Auf den Tisch kommen heimischer **Speck**, Käseravioli und **Gnocchi**. Das traumhaft gute **Gulasch** wird mit **Knödeln**, Reis oder Gemüse und vor allem Kartoffeln serviert. Zum Abschluß **Strudel** mit viel Pinienkernen und Zimt. Dazu heimischer Käse und Weine aus dem Bozener Umland. Und das alles zu einem mehr als günstigen Preis.

40 verschiedene Brotsorten, darunter ausgezeichnetes Schüttelbrot, bekommen Sie in der Bäckerei Holzmann in der Via Europa 58 in **Sarntal**. Im **Ortsteil Villa** (5 km), in einem Haus aus dem Jahre 1573, bietet die Weinhandlung Hueberkeller lokale Spezialitäten wie Striezel (in Öl ausgebackenes Roggenbrot).

Sesto – Sexten

115 km nordöstlich von Bozen, S.S. 49 u. 52

Reider

NEU

Restaurant
Ortsteil Moos – Moso
Via San Giuseppe, 27
Tel. 04 74 / 71 03 04
Ruhetag: Dienstag
Betriebsferien: im Jan. und im Jun.
45 Plätze
Preise: 40 – 45 000 Lire, ohne Wein
Kreditkarten: MC, Visa
Mittags und abends geöffnet

Das »Reider« ist ein altes Restaurant mit einer wunderschönen kleinen Stube und einem ebenso schönen, im original Pustertaler Stil eingerichtetem Speisesaal. Das Lokal blickt auf eine lange Tradition, die Leitung hingegen ist noch sehr jung: Christine und Herbert. Das gut eingespielte Tandem offeriert etliche gute Weine, auch in der dazugehörigen Osteria, in der man eine einfache Brotzeit bekommen kann.
Im Restaurant serviert man klassische Speisen, bei denen **Speck** die Hauptrolle spielt: er gehört zum Aufschnitt, kommt in die Knödel und gibt dem **Krautsalat** die Würze. **Kasnocken** oder Nocken aus Milz als Primi und danach ein **Gröstl** aus Kartoffeln und Rindfleisch. Als Fleischgang gibt es Wild, Lammkotelett und verschiedenerlei Grillfleisch. Wenn sie auf der Karte stehen, sollten Sie als Dessert die mit **Maronencreme gefüllten Krapfen** essen, alternativ gibt es Strudel und andere Köstlichkeiten. Die Weinkarte ist sehr gut zusammengestellt und bietet auch internationale Weine an.

Im A&O-Markt in **Moos** gibt es eine Reihe von Delikatessen und ausgewählte Weine. Georg Holzner kennt sich außerdem in der kulinarischen Tradition seiner Heimat bestens aus und gibt wertvolle Tips. Eine gute Brotzeit bekommt man im Berghof Froneben in Sexten und in **Toblach** (5 km), Via Carbon Vecchia, im Berghof der Familie Trender, in dem der Komponist Gustav Mahler jahrelang seine Ferien verbracht hat.

Trodena – Truden

38 km südlich von Bozen, A 22,
12 km von der Zahlstelle Neumarkt

Al Mulino – Zur Mühle

NEU

Hotelrestaurant
Ortsteil Mühlen – Molini
Tel. 04 71 / 86 92 10
Ruhetag: Mittwoch
Betriebsferien: im Juni
75 Plätze
Preise: 45 000 Lire, ohne Wein
Keine Kreditkarten
Mittags und abends geöffnet

Alles an dieser musterhaft schönen Mühle ist original, auch wenn sie vor kurzem renoviert wurde, um sie an das neue Hotel anzupassen. Das große Holzmühlrad ist noch völlig intakt. Man fühlt sich wohl hier, nicht zuletzt wegen der Küchenbrigade, die von der Inhaberin Patrizia Unterhauser geleitet wird.
Die geschmackvoll gedeckten Tische im Gastraum stehen angenehm weit auseinander und als Dekoration fungieren alte Gerätschaften aus der Mühle. Man serviert traditionelle Gerichte, die je nach Saison wechseln: im Frühjahr Flußspargel, im Herbst eine große Auswahl an **Pilzen**. Das ganze Jahr über gibt es einfache Gerichte mit Speck, **Knödel**, hausgemachte Nudeln aus eigenem Mehl, saftige **Fleischgerichte**, **Lamm**, Ziege und Wild. Selbstgemachtes Eis und **Semifreddi** (besonders gut **mit Waldbeeren!**) beschließen das Menü.
Die Auswahl an Weinen ist wirklich gut, darunter hervorragende Flaschen aus dem Piemont und der Toskana. Im Herbst bekommt man Maroni zum jungen Wein. Wir empfehlen über die alte, sehr steile Straße zu fahren, die von Neumarkt über Montan nach Cavalese, Richtung Fleims- und Fassatal führt. Es lohnt sich, die Kurven in Kauf zu nehmen, und außerdem kann man so den häufig zu Staus führenden Reiseverkehr vermeiden.

An der Hauptstraße des Ortes kann man sich bei der Bäckerei Pfitscher, die täglich frisch die typischen Brotsorten anbietet, mit dem speziellen Südtiroler Schüttelbrot eindecken.

Valle di Casies – Gsies

99 km nordöstlich von Bozen, S.S. 49,
Abzweigung nach Welsberg

Durnwald

Gasthof
Ortsteil Unterplanken –
Planca di Sotto, 33
Tel. 04 74 / 74 69 20
Ruhetag: Montag
Betriebsferien: zweite Junihälfte
80 Plätze
Preise: 30 – 50 000 Lire, ohne Wein
Keine Kreditkarten
Mittags und abends geöffnet

Die erst vor kurzem renovierte Gaststube ist ein Paradebeispiel für die typische Gastronomie in einem der ursprünglichsten Täler Südtirols. Erich Mayr und seine Familie sind nicht fürs Aufwendige. Sie lieben unkomplizierte Gerichte wie Hirschschinken oder **Carpaccio vom Reh** mit frischen Steinpilzen. Selbstgemachte **Ravioli mit Pfifferlingen** sind eine Spezialität des Hauses und und eindrucksvoller Beweis für die Sorgfalt und Professionalität von Küche und Service. Eine weitere Spezialität (allerdings nur auf Bestellung) sind die würzigen **Tagliatelle mit Kalbs- oder Schweineblut** und frischem Ziegenkäse. Häufiger auf der Karte stehen Pappardelle mit Rehragout und Vollkornnudeln mit Graukäse. Und dann die **Tirtlen**, eine Spezialität aus dem Pustertal: kleine Köstlichkeiten, die im Teigmantel fritiert und zu einer würzigen **Gersten-** oder **Gemüsecremesuppe** gereicht werden. In der Saison immer zu finden sind **Wildgerichte** wie **Hirschbraten** mit Polenta. Traditionell ist auch das Käseangebot, das auch den berühmten Graukäse nicht ausläßt. Kräftig in Aroma und Duft, wird er hier mit Olivenöl, frischen Zwiebeln und ein wenig Schnittlauch serviert. Zum Abschluß gibt es Strudel und Waldfrüchte. Nahezu perfekt ist das Angebot an Weinen, zu durchaus anständigen Preisen.

In **Niederdorf** (17 km von Unterplanken) wird in der Steinmühle von Alois Schmiedhofer Getreide nach mittelalterlichem Verfahren zu Mehl gemahlen.

Varna – Vahrn

45 km nörd. von Bozen, Brenner-Bundesstr.

Pacherhof

NEU

Gasthof mit Fremdenzimmern
Ortsteil Neustift – Novacella, 59
Tel. 04 72 / 83 57 17
Kein Ruhetag
Betriebsferien: Januar
50 Plätze
Preise: 40 000 Lire, ohne Wein
Keine Kreditkarten
Mittags und abends geöffnet

Wenn Sie einmal einen wirklich original Südtiroler Bergbauernhof kennenlernen möchten, bietet Ihnen dieses Gasthaus die Möglicheit dazu. Der Hof wurde im Jahre 1142 gebaut, also im gleichen Jahr wie das nahegelegene, berühmte Kloster Neustift, und gehört der Familie Josef Huber, die seit Generationen in der Gastronomie und im Weinbau tätig ist. Die Küche bietet die in den Grenzdörfern am Brenner beliebten Gerichte aus dem Eisacktal. Im Keller lagern vor allem wohlriechende Weißweine wie Sylvaner und Veltriner, in den oberen Stockwerken liegen die schönen Fremdenzimmer – bei nur knapp 20 Betten herrscht eine geradezu familiäre Atmosphäre. Ein Hinweis: im Dezember und von Februar bis April ist das Restaurant nur für die Übernachtungsgäste geöffnet.
Aber hier nun ein Beispiel dafür, wie ein typisches Menü aussehen könnte: nach einer Vorspeise mit **Speck**, Würsten und heimischem Käse (darunter einige sehr seltene) geht es weiter mit einer köstlichen **Graupensuppe** und den traditionellen **Schlutzkrapfen** (gefüllt mit Ricotta und Spinat), danach Kaßler mit Kraut und zum Abschluß **Buchweizenkuchen**, bestrichen mit hausgemachter Marmelade. In der entsprechenden Jahreszeit Flußspargel, Pilze und Hirschgulasch.
Ein Weinkeller mit hauseigenen und anderen hervorragenden Weinen aus dem Eisacktal, dem nördlichsten Weinanbaugebiet Italiens, machen das Bild eines romantischen und unvergeßlichen Ortes komplett.

Im Kloster Neustift sollten Sie neben der Stiftskirche auch die beeindruckenden Keller und den Stiftshof mit seinen Arzneikräutern besuchen, die man auch kaufen kann.

Südtiroler Würste

Bozen
Larissa Catozzi, Via Aosta, 3
Eppan an der Weinstrasse
Adolfina Pichler, Via Kennedy
Innichen
Bernadette Mitteregger im Zentrum
Meran
Hubert Tomasi, Via Palade und
Via IV November,
Adolf Nindl, Praderplatz
Moos in Passeier
Josef Happacher, Ortsteil Pfelders
Naturns
Josef Zischg, Via Kleeberg
Partschins
Manfred Alber, Via Valier
Pfalzen
Issing und Veronika Riedl im Zentrum
St. Ulrich in Gröden
Klara Taschler, Via Mureda
Wolkenstein in Gröden
Waltrude Mussener, Via Ruaccia, 18

Die Südtiroler Würstel sollte man nicht mit Fast Food verwechseln, sie sind ein fester Bestandteil der ländlichen Tradition. Hergestellt werden sie, indem man die weniger wertvollen Teile beim Schwein – jene die übrigbleiben, nachdem die für den Speck benötigten ausgesucht wurden – fein passiert, kocht und anschließend in sehr feine Därme füllt. Man nimmt dazu frisches oder leicht abgehangenes und geräuchertes Schweinefleisch, aber auch, von Ort zu Ort verschieden, Rind oder Kalb. Jede Metzgerei hat ihre eigenen »Würstel«, wenngleich natürlich ein Großteil aus den Südtiroler Wurstfabriken kommt, die auf diesem Gebiet, auch international, führend sind. Würstel sind ein Stück echtes Südtirol und ideal für einen deftigen Imbiß. Daher eine kleine Auswahl von Kiosken, an denen man sie, zusammen mit verschiedenerlei Senf und Saucen sowie mehreren Brotsorten, heiß genießen kann. Dazu trinkt man heimisches oder importiertes Bier. Aber es wird auch niemand Anstoß daran nehmen, wenn Sie nach einem Glas Wein fragen. Die Stände haben gewöhnlich im Sommer geöffnet und finden sich in den belebten Straßen oder, weithin sichtbar, entlang der Paßstraßen.

VENETIEN

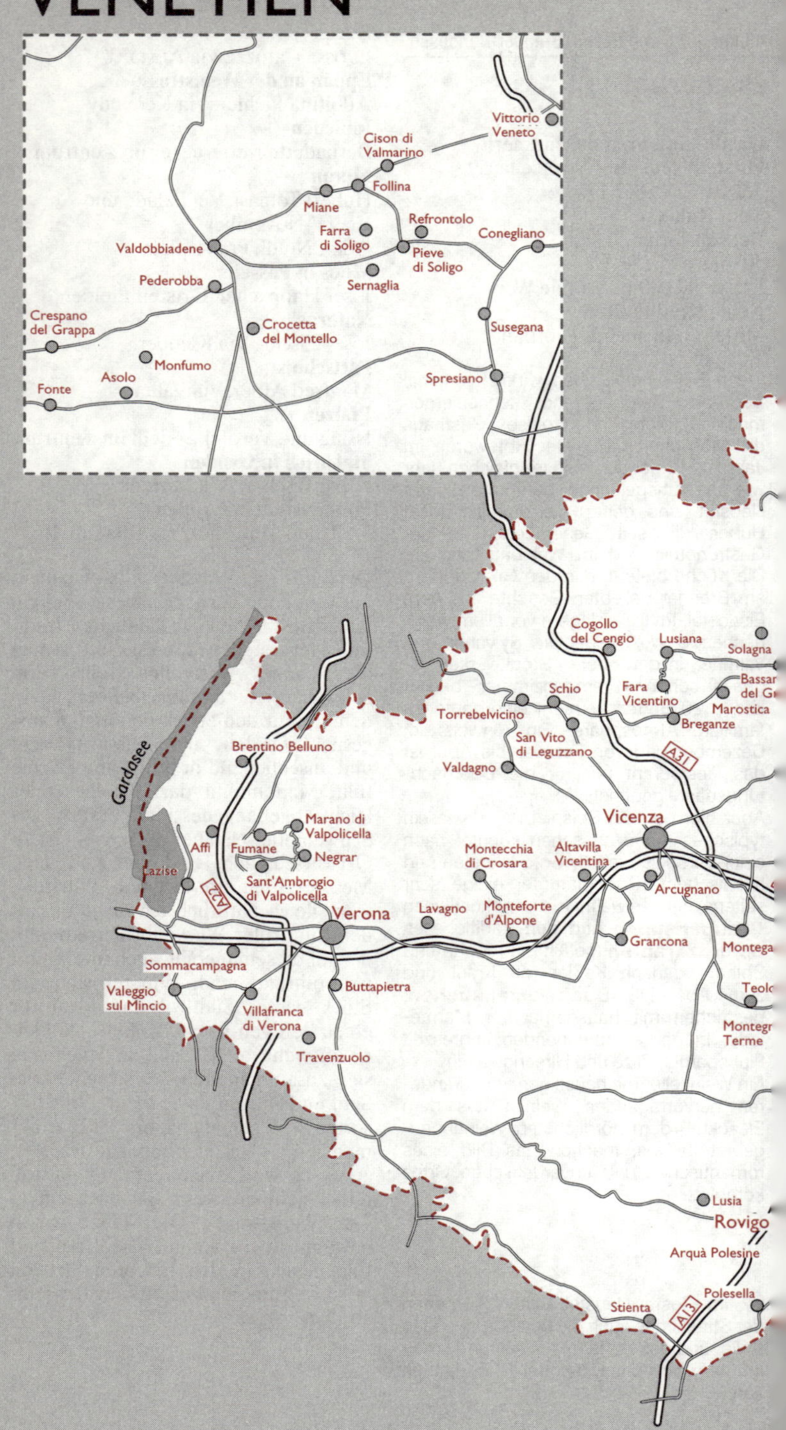
Vittorio Veneto
Cison di Valmarino
Follina
Miane
Refrontolo
Farra di Soligo
Conegliano
Valdobbiadene
Pieve di Soligo
Sernaglia
Pederobba
Crespano del Grappa
Crocetta del Montello
Susegana
Monfumo
Asolo
Spresiano
Fonte
Cogollo del Cengio
Lusiana
Solagna
Fara Vicentino
Schio
Torrebelvicino
Marostica
Breganze
San Vito di Leguzzano
Valdagno
A31
Brentino Belluno
Gardasee
Marano di Valpolicella
Affi
Fumane
Negrar
Vicenza
Montecchia di Crosara
Altavilla Vicentina
Lazise
A22
Sant'Ambrogio di Valpolicella
Arcugnano
Verona
Lavagno
Monteforte d'Alpone
Grancona
Sommacampagna
Valeggio sul Mincio
Buttapietra
Villafranca di Verona
Travenzuolo
Lusia
Rovigo
Arquà Polesine
Polesella
Stienta
A13

Domegge
di Cadore
Canale
d'Agordo
Forno
di Zoldo
Belluno
Cison
di Valmarino
Vittorio Veneto
Miane
Refrontolo
obbiadene
Pieve
di Soligo
Conegliano
spano
G.
Susegana
S. Polo
di Piave
Asolo
Spresiano
Oderzo
Motta
di Livenza
Portogruaro
A4
Ponzano
Veneto
Ponte
di Piave
Ceggia
Treviso
Monastier
di Treviso
Casier
A27
Preganziol
Musile
di Piave
Quarto
d'Altino
Loreggia
Mogliano
Veneto
Jesolo
Scorzè
Mirano
Mestre
Stra
Mira
Padova
VENEDIG
Saonara
Adria
Cona
Chioggia
Loreo
dose

Affi

30 km nordwestlich von Verona,
S.S.12 oder A 22

Antica Corte del Moscal

Trattoria
Via Pigna, 1
Tel.: 045 / 6 26 03 09
Ruhetag: Mittwoch, nicht im Sommer
Betriebsferien: 2 Wochen im Nov.
50 Plätze
Preise: 45 000 Lire, ohne Wein
Kreditkarten: alle, außer AE
Mittags und abends geöffnet

In Affi kreuzen sich die Wege, die zum Gardasee und wieder zurück führen, so daß der Ort den durchreisenden Urlaubern eigentlich nur als Autobahnausfahrt bekannt ist. Dabei ist Affi ein hübsches Dörfchen, das umrahmt von blühenden Gärten und Weinbergen im Schutze der hohen Berge liegt.
Mitten im Ort, zwischen uralten Pflanzen und Weinreben, ist nun dieses Lokal wiederentdeckt worden: breite Veranden, Tische im Freien und innen ein vornehm eleganter Raum, dessen weiße Tischdecken und Spitzen in angenehmem Kontrast zum Holz und zum Grün der Pflanzen stehen. Die aus dem Valtellina stammenden Alfio Mascheron und seine Frau Claudia führen das Lokal mit großer Hingabe. Ihre Küche konzentriert sich auf Produkte, die das Land hervorbringt, weshalb ihre besondere Vorliebe feinen Fleischgerichten gilt. Und wenn dann auch noch schwarze Trüffeln darüber geraspelt wird, eines der edelsten Produkte der Gegend, schmeckt es noch einmal so gut. Man wird Sie zunächst einmal mit den traditionellen Vorspeisen, verschiedenen Wurstsorten der Gegend, verwöhnen, dann geht es weiter mit den Primi aus **Tagliatelle mit Nüssen und Speck** sowie Pizzoccheri, eine Spezialität aus dem Valtellina, hier zur Abwechslung mit Trüffeln veredelt. Fische aus dem See gehören weniger zum Repertoire der Küche, doch erwähnen sollte man die **Maräne**, die je nach Wunsch auf verschiedene Arten zubereitet wird. Bei den hausgemachten Nachspeisen kann man zwischen Obstkuchen aus Mürbteig, verschiedensten Mousse, Bavarese oder Tiramisù wählen.
In der sorgfältig zusammengestellten Weinkarte findet man vorwiegend Erzeugnisse aus der Gegend.

Altavilla Vicentina

8 km südwestlich von Vicenza, S.S.11

Monterosso

NEU

Trattoria
Via Roma, 40
Tel. 04 44 / 57 20 13
Ruhetag: So.abend und Montag
Betriebsferien: unterschiedlich
145 Plätze + 50 im Freien
Preise: 35 – 50 000 Lire, ohne Wein
Kreditkarten: alle, außer DC
Mittags und abends geöffnet

Vor den baulichen Eingriffen der letzten dreißig Jahre war Altavilla Vicentina ein reizender Flecken am Fuß und an den Hängen eines freistehenden Hügels. Unverändert ist nur die prunkvolle Villa Valmarana-Morosini aus dem 18. Jahrhundert.
Die »Trattoria Monterosso« liegt ganz in der Nähe des Zentrums, in den Speicherräumen eines großen Gutshofs aus dem vorigen Jahrhundert. Sie wird von Nicola Fanton geführt, dessen Vater Remo bereits lange Jahre in der Restauration tätig war. Das Schöne an diesem Lokal ist, daß man wählen kann zwischen einem festen Menü, das jeden Monat neu zusammengestellt wird und wirklich preisgünstig ist, der Karte, die sich nach den Jahreszeiten und der Küchentradition des Veneto richtet, sowie einem sogenannten Ein-Gang-Menü, das sich wunderbar als leichtes Mittagessen eignet.
Von den Vorspeisen wollen wir den lauwarmen Oktopus und die Kartoffeln mit frischem Pesto, die **Hühnerterrine mit Trüffeln und geschmolzenem Asiago** und die Bauernwurst mit gegrillter Polenta erwähnen. Hervorragende Primi sind der **Risotto mit wildem Spargel** (mindestens für 2 Personen), die Fettuccine mit jungen Erbsen und die Spaghetti mit frischen Scampi alla busara. Wählt man Fisch als Secondo, so gibt es den traditionellen **Baccalà alla vicentina** oder frische Tintenfische nach venezianischer Art mit Polenta. Bei den Fleischgerichten stellt sich die Qual der Wahl zwischen einem wunderbaren im Ofen gebratenen **Milchzicklein mit Rosmarin**, einer Kalbsleber auf venezianische Art, einem Rindersteak mit feinen Kräutern oder einem gemischten Grillteller. Einziges Manko ist die etwas spärliche Auswahl an Kuchen und Nachspeisen.
Gut ausgestattet ist die Weinkarte, hier finden sich die besten Weine der Provinz Vicenza sowie interessante nationale und ausländische Flaschenweine.

Arcugnano

7 km südlich von Vicenza

Da Zamboni

Trattoria
Via Santa Croce, 14
Tel. 04 44 / 27 30 79
Ruhetag: Mo.abend und Dienstag
Betriebsferien: 2 Wo. Ende Juli
bis Anfang August
100 Plätze + 50 im Freien
Preise: 40 – 45 000 Lire, ohne Wein
Kreditkarten: CartaSi, DC, Visa
Mittags und abends geöffnet

Was diese in den Colli Berici gelegene Trattoria zu bieten hat, ist stets einwandfrei. Die reichhaltige Küche von Severino Trentin richtet sich nach den Erzeugnissen der Gegend und dem Lauf der Jahreszeiten: Erbsen, Spargel aus Bassano, Pilze, schwarze Trüffel aus den Colli, wildwachsende Kräuter und Sprossen, Fleischsorten, Geflügelinnereien, Wild, hausgemachte Paste lassen teils traditionelle, teils neue Gerichte entstehen. Im Frühling wird als Kostprobe ein Menü mit den ersten frischen Kräutern angeboten, im Herbst dann eines mit schwarzen Trüffeln und Pilzen. Im März haben wir hier den Hasenrücken ai bruscandoli probiert, dazu Polenta mit Vezzena-Käse und Salsa peverada, die **Tortelli** aus Maismehl **mit Ente**, Lauch und schwarze Trüffeln, **Gerste versetzt mit Kalbsbries**, Innereien vom Zicklein und kleine Artischocken (köstlich). In der kalten Jahreszeit werden Wirsing- und **Kuttelsuppen** gekocht, **Wild** und **Tauben** mit frischem Lauch. Die Karte ist jedoch das ganze Jahr über abwechslungsreich: Da gibt es traditionelle Vorspeisen wie Sfilacci di cavallo (getrocknetes Pferdefleisch in Fasern), Mousse vom Hecht mit einer Kräutersauce oder einen guten Kräuterflan, schmackhafte Primi wie **Risotti** mit dunkelgrünen Erbsen, mit Pilzen, Spargel oder Hopfensprossen, Creme mit Bohnen aus Lamon, Gnocchi aus Ricotta, Aufläufe und Crespelle, aber auch geschmorte Fleischgerichte wie **Ente mit Zitronenmelisse**, Hahn in Rotwein, Kalbsnierchen oder gegrilltes Fleisch, auch Flußfische wie **Schleie mit Kräutern** oder eine Süßwasserfischsuppe. Trotz der einfachen, rustikalen Einrichtung und des etwas lauten Speisesaals ist die Trattoria bestens geführt. Professionell auch die extra aufgeführten Desserts, ganz ausgezeichnet der Schokoladenpudding mit Erdbeersauce. Sehr gute Noten auch für die gute Qualität des Kaffees und für die Weinkarte.

Arquà Polesine Granze

8 km südwestlich von Rovigo

Trattoria degli Amici

Trattoria
Via Quirina, 4
Tel. 04 25 / 9 10 45, 9 11 87
Ruhetag: Mittwoch, im Sommer auch
Samstag- u. Sonntagmittag
Betriebsferien: 2 Wochen im Januar
80 Plätze + 80 im Freien
Preise: 35 000 Lire, ohne Wein
Kreditkarten: alle
Mittags und abends geöffnet

Valerio, der das Lokal nun schon in der dritten Generation führt, hat sein Architekturstudium an den Nagel gehängt, um sich ganz der »Planung« des Menüs sowie neuer Räumlichkeiten für die wachsende Schar der Gäste zu widmen. Mit Erfolg, denn künftig wird in den Sommermonaten auch ein neuer Raum mit Vorplatz betrieben, in dem Livemusik zu hören sein wird. Arquà Polesine, zu dessen Gemeinde Granze gehört, ist aufgrund der Autobahnplanung und der Einrichtung des 30 km entfernten Naturparks am Po dabei, seine alte Funktion als Wegkreuz zwischen Mantua und Ferrara wiederzuerlangen, ganz wie zu Zeiten der Este und Gonzaga. Die trockengelegten Sumpfgebiete, wo sich die Herrschaften einst zu großen Jagdpartien trafen – die vielen Villen in der Umgebung bezeugen dies: Castello Estense, Villa Badoere di Palladio, Mocenigo, Scamorzi – geben Valerio die Möglichkeit, sein kulinarisches Angebot mit Süß- und Salzwasserfischen zu bereichern.
Die traditionelle Küche bezieht ihre Zutaten vorwiegend aus dem Gemüsegarten und aus dem Geflügelstall: **Pasta e fagioli**, Entenpastete, **Perlhuhn in Blätterteig** nach Art der Este (Valerio bemüht sich auch um die Wiederentdeckung alter Rezepte), Aal aus dem Ofen, Baccalà alla vicentina oder in bianco, **Risotto mit Froschschenkeln** und **Katzenwels**, Gegrilltes und Fritiertes, gebratene Gänse und Enten. Dann gibt es noch die berühmten Suppen von Valerios Mutter, Signora Edda, wie zum Beispiel die einfache **Zuppa poareta**, und natürlich Tagliolini, Pappardelle, Tortellini, Tagliatelle, selbstverständlich allesamt hausgemacht mit besten Zutaten. Gebraten und gebacken wird nach guter alter Tradition mit dem Holzofen.
Im Keller werden nicht nur über 100 Weinsorten aus den verschiedensten Regionen Italiens gehütet, sondern auch allerlei Wurstwaren gelagert.

Asolo

34 km nordöstlich von Treviso, S.S. 248

Ca' Derton

Trattoria
Piazza D'Annunzio, 11
Tel. 04 23 / 52 96 48
Ruhetag: Montag
Betriebsferien: Ende Juli – Anf. Aug.
45 Plätze + 10 in der Vinothek
Preise: 40 000 Lire, ohne Wein
Kreditkarten: die bekannteren
Mittags und abends geöffnet

Nino Baggio pflegt eine traditionelle, dem Lauf der Jahreszeiten angepaßte Küche, die er hin und wieder leicht und doch effizient variiert. Mehr als erwähnenswert sind bei den Vorspeisen der Zucchini-Flan, der **Tortino di sarde**, die mit Spargel gefüllten Blätterteigtaschen, die hausgemachte **Soppressa** mit Balsamico-Essig und die Frittata mit frischen Kräutern. Bei den traditionellen Primi tummeln sich Gartengemüse und wildwachsende Kräuter. Probieren Sie die **Tagliolini mit Spargel**, die Ravioli mit »Rosoline«, einem heimischen Würzkraut, **Kartoffelgnocchi all'antica** und die Pasta e fagioli alla veneta. Das Fleisch für die Hauptgerichte kommt aus einheimischen Beständen, und auch hier verleiht der Zusatz von Kräutern den Speisen das gewisse Etwas, beispielsweise dem **Zicklein** oder **Perlhuhn mit Kräutern**, oder auch dem Rindersteak. Verführerisch die Dessertkarte: Uns hat die Milchcreme mit Früchten besonders gut geschmeckt, aber auch die Marquise, eine weitere Cremespeise mit Kastanienhonig, oder auch der Blätterteig mit Früchten und Creme.
Getrunken werden die Hausweine Merlot und Prosecco, doch kann man sich auch einen anderen guten Tropfen aus dem übrigen Italien sowie dem Ausland genehmigen: Die Weinkarte wird zur Zeit auf den neuesten Stand gebracht.

Sehr gutes Brot (die Cioppe) kommt aus dem Holzofen der Bäckerei Bianchin, in der Via Canova 344. Hier gibt es auch Zaleti, einen Napfkuchen mit Mais, sowie Ossi di morto, ein Mandelgebäck zum Totengedenktag, Bigarani, Pandoli und andere traditionelle Kekssorten.

Asolo Pagnano

36 km nordwestlich von Treviso, S.S. 248

La Trave

Osteria – Trattoria
Via Bernardi, 5
Tel. 04 23 / 95 22 92
Ruhetag: Montag
Betriebsferien: 2 Wo. im Feb. u. im Aug.
80 Plätze
Preise: 20 – 40 000 Lire, ohne Wein
Kreditkarten: AE, CartaSi, Visa
Mittags und abends geöffnet

Immer wieder zieht es einen in diese entzückende Gegend, und nicht nur, um auf literarischen Spuren zu wandeln, sondern auch, um den Gaumen zu verwöhnen, denn hier findet sich noch so manche typische alte Osteria. Man sollte es daher keinesfalls versäumen, einen Abstecher ins »Trave« zu machen.
Schon seit einigen Jahren führen Franca und Guido diese mit kupfernem Geschirr und alten Fotos geschmückte Osteria, in der die Einheimischen gerne auf ein Viertel und ein Häppchen (ombra e cicheto) einkehren. Machen Sie es sich in der hellen, mit Blumen bepflanzten Veranda gemütlich, während Sie sich vom Kellner das reichhaltige Angebot an Gerichten aufsagen lassen, Speisen aus der traditionellen Küche der Gegend. Zunächst sind da die verschiedenen hausgemachten Nudeln, die je nach Jahreszeit unterschiedlichen Risotti mit wilden Kräutern, **Pasta e fasioi** (mit Bohnen) und Kartoffelgnocchi. Empfehlenswerte Secondi sind **Poenta e s'ciosi** (Polenta mit Schnecken) und **Perlhuhn in salsa peverada**, sowie Kaninchen, Lamm, Baccalà alla vicentina und Entenbrust. Im Herbst kommt auch Wild auf den Tisch. Ausnahmslos nach Hausfrauenart sind die Nachspeisen: klassisches Tiramisù, Strudel mit einer Sauce aus Waldfrüchten und eine köstliche **Coppa D'Annunzio**. Natürlich werden in den Osterie des Veneto vorwiegend offene Hausweine ausgeschenkt – eine wenn auch kleine Auswahl guter Flaschenweine wäre zweifelsfrei eine wunderbare Ergänzung zur hervorragenden Küche.

In der Gastronomia Sgarbossa in **Asolo**, Via Browning 151, gibt es eine reiche Auswahl an Wurst- und Käsesorten, Öl, Essig und guten italienischen Weinen. Gut sind hier auch die Focacce und die Pinze, die im Holzofen gebacken werden.

Bassano del Grappa

35 km nordöstlich von Vicenza, S.S. 47

Alla Riviera

Osteria
Via San Giorgio, 17
Tel. 04 24 / 50 37 00
Ruhetag: Montagabend, Dienstag
Betriebsferien: 2 Wochen im Sept.
50 Plätze
Preise: 30 – 35 000 Lire
Kreditkarten: AE, CartaSi, Visa
Mittags und abends geöffnet

Diese Osteria hat zwar ihre Einrichtung erneuert, ihrer Linie ist sie jedoch treu geblieben. Sie finden sie etwas außerhalb des alten noblen Zentrums von Bassano, Richtung Osten, an der Straße, die nach Valrovina in die Hügel führt. In der freundlichen Atmosphäre kann man sich richtig wohl fühlen und das Essen genießen, denn man ist hier wirklich darum bemüht, gut und abwechslungsreich zu kochen.
Sandro hält sich an die traditionelle Küche des Veneto, die bei ihm allerdings etwas leichter ausfällt. Manchmal improvisiert er auch, vor allem bei den Antipasti, auf die Sie keinesfalls verzichten sollten. Klassiker sind **Soppressa** und Pancetta, **Nervetti** und Frittatine mit Gemüse, **Baccalà mantecato**, salzige Kuchen, **Sarde in saor** (marinierte Sardinen), Kalbskopf mit Bohnen, Russischer Salat mit Thunfischmayonnaise. Bei den Primi gibt es verschiedene Arten hausgemachter Pasta und die traditionelle **Pasta e fagioli**. Groß ist die Auswahl bei den Hauptgerichten, darunter auch leckere Meeresfische, die manchmal traditionsgemäß mit Polenta serviert werden. Außerdem noch Huhn und **Kaninchen in salsa veneta**, der klassische **Baccalà alla Vicentina**, Tintenfisch oder in der Spargelzeit die zarten, weißen Stangen aus Bassano. Die Beilagen hängen von der Jahreszeit ab. Als Dessert kann man sich ein hausgemachte Köstlichkeit gönnen.
Die offenen Weine kommen aus dem Veneto, daneben gibt es auch einige preiswerte Flaschenweine, die zum Teil auch aus anderen Gegenden sind.

Noch zwei Tips für alle, die Qualitätsweine testen möchten: In der Enoteca Bar Breda, Vicolo Da Ponte 3, findet man eine gute Auswahl an Weinen, ißt köstliche Häppchen am Tresen und erhält wertvolle Tips von Lele. Die Enoteca Bassanica an der Westseite des Ponte Vecchio hat im Laden auch eine kleine Probierstube.

Bassano del Grappa Valrovina

39 km nordöstl. von Vicenza, S.S. 53 und 47

Melograno

Restaurant
Via Chiesa, 35
Tel. 04 24 / 50 25 93
Ruhetag: Montag
Betriebsferien: 2 Wochen im Nov.
40 Plätze + 30 im Freien
Preise: 45 000 Lire, ohne Wein
Kreditkarten: CartaSi, Visa
Abends, Sa. u. So. auch mittags geöffnet

Im Ortsteil Valrovina an den Ausläufern der Berge liegt dieses Restaurant, das sich durch Freundlichkeit, Professionalität und Qualität auszeichnet. Nach ein paar Minuten Fahrzeit vom Zentrum Bassanos sehen Sie die Pfarrkirche und daneben das alte Haus mit einem Türmchen und einem kleinen Parkplatz. In den Sommermonaten ist es im »Melograno« besonders schön: Man kann im Freien essen und genießt den Blick auf die blühenden Wiesen und grünen Wälder. Seit einigen Jahren nun steht Carla am Herd, während Gigi die Gäste bedient. Die Küche ist von den kulinarischen Traditionen der Gegend geprägt und richtet sich nach den Jahreszeiten. Auch Fisch fehlt nicht. Probieren Sie die Vorspeisen, insbesondere die mit **Radicchio** und **weißem Spargel**, einer Spezialität der Gegend, oder die mit Pilzen. Sehr zu empfehlen ist auch der salzige **Blätterteig mit Kürbisblüten und Steinpilzen**. Carlas besondere Stärke sind jedoch die Primi: Fagottini mit Kürbisblüten und Riesengarnelen, Mezzelune (Teigtaschen) mit Rucola und Steinpilzen oder der mit Asiago-Käse abgeschmeckte **Steinpilzrisotto**. Auch bei den Secondi Qualität und ein abwechslungsreiches Angebot: das reicht von einem ausgezeichneten **Rindersteak mit Kräutern** bis hin zu Geflügel und Kaninchen mit Granatapfel oder mit Maronen. Die hausgemachten Desserts lohnen allesamt, gekostet zu werden, besonders zu empfehlen sind die Semifreddi und die Crêpes.
Der Weinkeller bietet mehr als früher, und neben einer guten Auswahl an Weinen aus dem Triveneto behaupten sich auch andere regionale Erzeugnisse. Lassen Sie sich am besten von Gigi beraten, er versteht sein Metier und wird Ihnen untadelige Vorschläge machen. Mit dem Degustationsmenü, das zu 50 000 Lire (ohne Wein) angeboten wird, können Sie sich durch alle Köstlichkeiten des Hauses schlemmen.

Belluno

La Taverna

Osteria – Trattoria
Via Cipro, 7
Tel. 04 37 / 2 51 92
Ruhetag: Sonntag
Betriebsferien: 2 Wochen im Juli
60 Plätze
Preise: 30 – 40 000 Lire, ohne Wein
Kreditkarten: alle
Mittags und abends geöffnet

Erfreulicherweise gibt es immer noch Lokale, in denen man gut und preiswert essen kann, und manchmal regt sich fast so etwas wie Hoffnung, daß solche Lokale wieder im Kommen sind. Das »Taverna« liegt unmittelbar hinter dem Theater, mittendrin in der malerischen Altstadt.
Das Ambiente ist sehr gemütlich, einladend ist schon allein die alte Holztheke am Eingang, wo man sich traditionell eine »Ombra«, ein Viertel Wein, genehmigt. Zum Essen geht man dann in die praktisch an die Küche anschließenden Nebenräume. Hier wird man nicht nur sehr gut bedient, sondern auch mit traditionellen Belluneser Gerichten verwöhnt: Dazu gehören Pilze, Kräuter, Kartoffeln, Käse, Wurst, gebratenes Geflügel und **Wild**. Je nach Jahreszeit gibt es einen wunderbaren **Steinpilzsalat mit Soppressa**, Fettuccine mit Steinpilzen oder Cannelloni mit Kaninchen. Selbstverständlich fehlen weder Pasta e fagioli noch **Gerstensuppe mit Bohnen**. Bei den **Canederli mit Speck** zeigt sich der Einfluß der nördlichen Nachbarn, und auch bei den **Pfifferlingen** oder dem Reh mit Polenta und dem **»Schiz«**, einem in der Pfanne geschmolzenen Frischkäse, wird einem die Nachbarschaft der Alpen bewußt. Außerdem gibt es noch Baccalà, Ossobuco mit Tomaten und **Pastin** (Klößchen aus Wurstbrät) aus der Eisenpfanne. Den Abschluß bilden heimische Käsespezialitäten und selbstgemachte Desserts. Sehr ausgewogen in der Auswahl und im Preis ist die Weinkarte, in der neben Weinen aus dem Triveneto auch die Toskana und das Piemont vertreten sind.

Die Gelateria La Sorbetteria, Via Vittorio Veneto 97, bietet täglich 20 verschiedene Eissorten an, dazu Semifreddi, Torten und Cassate. Eine originelle Spezialität ist der Eisbecher »La Sorbetteria« für zwei Personen mit verschiedenen Eissorten, Früchten und Sahne.

Breganze

20 km nördlich von Vicenza,
8 km von Thiene, S.S. 349

La Cusineta

Trattoria
Via Pieve, 19
Tel. 04 45 / 87 36 58
Ruhetag: Montag
Betriebsferien: unterschiedlich
50 Plätze
Preise: 30 – 35 000 Lire, ohne Wein
Kreditkarten: alle
Mittags und abends geöffnet

Wenn Sie Ihren Wagen auf der Piazza centrale in Breganze stehen lassen und Richtung Fara gehen, stoßen Sie nach kurzer Zeit auf diese kleine und ruhige Trattoria, die vor kurzem renoviert wurde und ein behutsam gestaltetes Jugendstil-Gewand erhielt. Auch bei der Zusammenstellung ihres kulinarischen Angebots haben Terenzio und Marzia ein wirklich gutes Händchen gezeigt: hier wird stets nach Hausfrauenart gekocht.
Die **Torresani**, kleine Tauben, die einst auf dem Land sehr verbreitet waren, gelten als Spezialität von Breganze. Demzufolge dürfen sie natürlich auch in dieser Trattoria nicht fehlen: Man reicht sie entweder am Spieß mit Polenta aus grob gemahlenem Mais oder zu **Bigoli**, dicken Spaghetti, die wie jede andere Pasta des Hauses handgemacht sind. In die Füllungen der Ravioli kommen je nach Saison Pilze, Spargel, Trevisaner Radicchio oder andere Gemüsesorten, aber man serviert sie auch als Beilagen oder richtet damit Vorspeisen an. Wunderbar ist auch das Carpaccio vom Hirsch: So zubereitet schmeckt **Wild** auch in den wärmsten Monaten. Im Winter dann bleibt es wieder bei der deftigen klassischen Version mit Polenta. Die Süßspeisen sind nicht nur schön anzusehen, sondern schmecken auch ausgezeichnet, beispielsweise die Zuppa inglese mit frischen Früchten, die Panna cotta mit Fruchtsaucen und der Kuchen aus Mürbteig. Wenn auch die Weinkarte nicht unbedingt das Aushängeschild dieses freundlichen Lokals ist, so sollte man das Mahl dennoch mit einem Gläschen Torcolano beschließen, einem kürzlich mit dem Gütesiegel DOC ausgezeichneten Likörwein.

E Die Latteria Sociale Cattolica di Breganze, Via Piave 63, stellt seit 1911 Grana und Asiago her. In Thiene (8 km) gibt es in der Holzofenbäckerei La Pistoira, Via Dante 7, ein schmackhaftes Hausbrot.

Brentino Belluno
Belluno Veronese

41 km nordwestl. v. Verona, S.S.12 o. A 22

Al Ponte

Trattoria
Piazza Vittoria, 12
Tel. 045 / 7 23 01 09
Ruhetag: Mittwoch
Betriebsferien: August
50 Plätze
Preise: 35 – 40 000 Lire
Keine Kreditkarten
Mittags und abends geöffnet

In dieser Gegend verschmelzen die gastronomischen Traditionen Veronas mit denen des Trentino. In einem kleinen, etwas abgelegenen Dorf an den Ufern der Etsch finden Sie gleich bei der Brücke diese einfach eingerichtete Trattoria, deren Küche auf reinen, unverfälschten Geschmack setzt. Lieben Sie bodenständiges Essen, dann sind Sie hier genau richtig. Man wird Sie freundlich empfangen und in den Speisesaal im ersten Stock führen, zu dessen Ausstattung sozusagen auch die Küche gehört.
Vor den **Bigoi**, dicken Spaghetti mit unterschiedlichem Sugo, den Kartoffelgnocchi, oder Tagliatelle können Sie als Antipasto eine Platte mit einheimischen Wurstwaren, in Öl eingelegtes Gemüse oder andere kleine Appetitanreger bestellen, natürlich alles hausgemacht. Je nach Jahreszeit gibt es dann als Hauptgericht **Spargel vom Fluß**, Pilze, **Baccalà** oder Wild. Unbedingt probieren sollte man den **Eselschmorbraten**, das **Kaninchen mit Polenta** oder die anderen Bratengerichte. Wer mag, kann sich abschließend noch mit einem hausgemachten Dessert etwas Gutes tun, vielleicht einer Panna Cotta mit Früchteeis aus eigener Herstellung, einem Mürbteigkuchen oder einer duftenden Torta della nonna.
Die Weinkarte wurde erweitert, man findet jetzt auch die besten Weine aus dem Etschtal und eine gute Auswahl an Weinen aus dem übrigen Italien.

In **Brentino** werden Grissini aus Brotteig gebacken; sie sind etwas dicker als das Original aus dem Piemont und geschmacksintensiver. Die Bäckerei Tarcisio Zorzi, Via XXIV Maggio, stellt die besten her.

Buttapietra
Bovo

10 km südlich von Verona, S.S. 12

Capucci

NEU

Trattoria
Via Lago di Garda, 12
Tel. 045 / 54 00 03
Ruhetag: Mittwoch
Betriebsferien: 6. – 21. Jan. / 30. Juli – 21. Aug.
50 Plätze + 30 im Freien
Preise: 30 – 35 000 Lire, ohne Wein
Keine Kreditkarten
Mittags und abends geöffnet

Südlich der Stadt, am Rande einer riesigen Reisanbaufläche, wo der Vialone Nano angepflanzt wird, hat Franco Capucci bereits in den sechziger Jahren ein Lokal eröffnet, in dem es vornehmlich Risotti gibt. Seine Frau Elza ist in all den Jahren hinter dem Herd zu einer derart erfahrenen Risotto-Köchin geworden, daß er ihr immer exakt al dente gelingt.
Lassen Sie sich durch den spartanischen Service nicht abschrecken – die zügige Entgegennahme Ihrer Bestellung gibt Ihnen die Zeit, es sich gemütlich zu machen und zu entspannen. Bestellen Sie aber nicht mehr als maximal fünf Kostproben, denn die Portionen sind eher großzügig. Neben den klassischen Risotti mit Erbsen, Spargel oder Artischocken sind der **Risotto mit Süßwasserfischen** und der mit **Salat und Pinienkernen** eine echte Entdeckung. Nett verpackt in hauchdünne Scheiben rohen Schinken ist der Risotto al cartoccio, und hervorragend schmeckt der Risotto primavera mit dem separat gedünsteten Gemüse. Der typisch lokale **Risotto** wird **mit Tastasal** zubereitet, einer Masse aus frischem Schweinefleisch, und mit Zimt gewürzt.
Natürlich gibt es auch Vorspeisen und Hauptgerichte für Gäste, die auf eine vollständige Mahlzeit Wert legen, doch die meisten kommen zum Risottoessen hierher. Als Süßspeisen gibt es hausgemachten Bröselkuchen mit Mandeln, die Sbrisolona und **Birnenkuchen**.
Der offene Wein – rot oder weiß – ist in Ordnung, es gibt jedoch auch eine kleine Auswahl guter Flaschenweine aus der Veroneser Gegend. Beachtlich ist das Angebot an Grappe: Mit 400 Sorten findet man hier wohl die beeindruckendste Sammlung der ganzen Provinz.

In **Isola della Scala** (8 km von Buttapietra), Via Tonsello 59, verkauft die Reisplantage Melotti den Vialone nano sowie Reisschnäpse und -liköre.

Canale d'Agordo Fedèr

47 km nordwestlich von Belluno, S.S. 203

Tabià

Restaurant
Frazione Fedèr, 13
Tel. 04 37 / 59 04 34
Ruhetag: Dienstag
Betriebsferien: 2 Wo. im Juni und Okt.
80 Plätze
Preise: 30 – 40 000 Lire
Keine Kreditkarten
Mittags und abends geöffnet

Die kleine Ortschaft Fedèr, die zu Canale d'Agordo gehört, liegt in einem der schönsten Täler der Dolomiten, unweit der Marmolada und des Monte Civetta. Eingebettet in diese herrliche Landschaft werden Sie ein gemütliches und nett eingerichtetes Restaurant vorfinden, dessen Name - »Tabià« ist das Wort für die Scheune, in der die Bergbauern heute noch ihre Vorräte aufbewahren und auch das Vieh unterbringen – keinen Rückschluß auf das Lokal erlaubt. Am Eingang geht es an der Bar vorbei, dann kommt ein Raum für Nichtraucher, Raucher dürfen sich dagegen im ersten Stock niederlassen. Seit fast 25 Jahren nun führen Amalia Pescosta und ihr Mann Sandro das Lokal, in dem eine meisterhafte, mit den Jahreszeiten wechselnde Küche geboten wird.
Unter den Primi empfehlen wir die **Kartoffelgnocchi mit Puina** (geräucherte Ricotta), die frisch aus den naheliegenden Sennereien kommt, frische Pasta mit Pilzen oder Reh-Sugo, die **Balote** (Knödel) mit oder ohne Brühe, und auch die Suppen, die je nach Saison mit Wildkräutern oder Gerste zubereitet werden.
Bei den Secondi sollten Sie sich die **Polenta mit Schiz** (in der Pfanne angebratener Frischkäse) nicht entgehen lassen, aber da machen einem Rehragout, Hirsch mit Polenta, **Kaninchen mit Pastin**, einer köstlichen Bratwurstfülle, und die Wurst mit Pilzen die Wahl zur Qual. Zum Dessert gibt es den klassischen Apfelstrudel oder ein Früchtemousse, und manchmal auch die traditionellen **Carfogn**, gefüllte Teigtäschchen, die es nur zu besonderen Anlässen und Feierlichkeiten gibt.
Die Weinkarte fällt, vor allem angesichts der hervorragenden Gerichte, leider ziemlich bescheiden aus und könnte erweitert werden – denn kompetent ist die Beratung zweifellos.
Positiv zu erwähnen: Brot und Gedeck sind in diesem Lokal im Preis inbegriffen.

Casier Dosson

3 km südöstlich von Treviso

Osteria alla Pasina

Trattoria
Via Peschiera, 15
Tel. 04 22 / 38 21 12
Ruhetag: Mo.abend und Dienstag
Betriebsferien: August
45 Plätze
Preise: 25 – 45 000 Lire, ohne Wein
Kreditkarten: alle
Mittags und abends geöffnet

Die Gegend um Casier, im Herzen des Regionalparks Sile gelegen, ist eine der bedeutendsten Anbaugebiete des berühmten Trevisaner Radicchio.
Das Lokal, das Giancarlo nun seit einigen Jahren mit seiner Frau Teresa und den Kindern führt, gehört in Treviso zu den Lieblingsadressen. Hier kann man nämlich richtig schlemmen: Aufschnittplatten, Polenta mit Shrimps und Spargel, Kaninchenterrine, dann **Bigoli mit Gänsebrust und Radicchio**, Tagliatelle mit Radicchio und Walnüssen, Rolatine (gerollte Crêpes) mit Kapaun und Radicchio, **Bucatini ai bruscandoli**, **Pasta e fagioli mit Radicchio**, Kartoffelgnocchi mit Kürbisblüten und Basilikum. Auch die Secondi, Fleisch oder Fisch, sind schmackhaft und ohne Firlefanz zubereitet, zum Beispiel **Lammfilet in der Kruste**, Kaninchen mit Artischocken, Putenrouladen mit Radicchio, Riesengarnelen-Spieße vom Grill mit Radicchio, **Schnecken alla Pasina mit Polenta**. Köstlich sind auch die hausgemachten Desserts.
Mittags kann man zu anständigen Preisen à la carte essen, und abends stellt Giancarlo ein Überraschungsmenü zusammen, zu dem drei verschiedene Weine gereicht werden. Das kostet dann 50 – 55 000 Lire.
Der Sohn hat mit einer kleinen Auswahl an Weinen aus dem ganzen Land und mit Schnäpsen neue Impulse in die Weinkarte gebracht.

In **Treviso** (3 km) finden Sie in der Pasticceria Ardizzone, Via Nervesa della Battaglia 83, eine Riesenauswahl einheimischer Gebäcksorten (Baicole, Sbreghe, Zaeti, Crostoli). Und natürlich bekommt man hier auch die Zonglada, die bekannte süße Spezialität von Treviso.

Ceggia

46 km nordöstlich von Venedig, S.S. 14

Al Trovatore

Trattoria
Via Noghera, 31
Tel. 04 21 / 32 99 10
Ruhetag: Montag
Betriebsferien: 1. – 20. August
60 Plätze
Preise: 35 – 40 000 Lire
Kreditkarten: Visa
Mittags und abends geöffnet

Der ursprünglich römische Ortsname »Cillium« hat im Laufe der Jahrhunderte so manche Veränderung erfahren – durch die Feudalherren im Mittelalter, die Adligen aus Venedig, die hier ihre Villen bauten, durch die venezianischen Maler im 18. und 19. Jahrhundert – bis es schließlich beim heutigen »Ceggia« blieb. Das turbulente Leben in den Tourismushochburgen an der Adria berührt Ceggia nur am Rande, denn die Leute kommen hauptsächlich wegen des gemächlich dahinfließenden Piavon, einem einst schiffbaren Fluß. Entlang seiner Ufer kann man schöne Spaziergänge machen, bei denen man Schwänen, Gänsen und Wildenten begegnet.
Das »Al Trovatore« ist ein einfaches, aber gepflegtes und liebevoll eingerichtetes Lokal. Als Antipasti gibt es salzige Kuchen, **mit Saisongemüse gefüllten Strudel**, Crostini und Bruschette. Dann folgen Tagliatelle, Pappardelle, hausgemachte **Gnocchi mit einem Enten-Sugo** oder Sugo aus dem Fleisch der Schwanengans, Bigoli mit Trevisaner Radicchio und Wurst.
Unverfälscht und kräftig im Geschmack auch die Hauptgerichte: im Ofen gebratenes **Kaninchen** mit Rosmarin, entbeintes Kaninchen mit Pilzen und Trüffeln oder mit einer Paprikasauce, **Perlhuhn in Salsa peverada**, gegrillte Entenbrust mit Butter und Salbei, Carpaccio vom Rind al forno mit Steinpilzen und Spargel. Zum Nachtisch gibt es Obstkuchen oder Strudel.
Gut sind die offenen Weine: Cabernet, Pinot Bianco und Tocai vom Weingut Mosolo in San Stino di Livenza. Es gibt auch ein paar Flaschenweine aus der Toskana oder aus Lison-Pramaggiore.

Chioggia

54 km südlich von Venedig,
S.S. 309 oder Fähre

Osteria Penzo

NEU

Trattoria
Calle Larga Bersaglio, 526
Tel. 041 / 40 09 92
Ruhetag: Di., im Wi. auch Mo.abend
Betriebsferien: unterschiedlich
35 Plätze + 20 im Freien
Preise: 45 – 50 000 Lire, ohne Wein
Keine Kreditkarten
Mittags und abends geöffnet

Dieses Altstadtlokal wird von drei jungen Leuten geführt. Früher befand sich in diesen Räumlichkeiten eine alte Osteria, in der man sich zu Fischhäppchen, harten Eiern oder Käse ein Gläschen Wein genehmigte. Die jetzige Trattoria bietet eine bodenständige Küche, bei der sich manchmal die Marken bemerkbar machen. So werden die Miesmuscheln beispielsweise nicht nur in der klassischen Brühe, sondern auch mit Tomaten zubereitet, der Wolfsbarsch wird mit Kartoffeln und einer schmackhaften Fischbrühe im Ofen gegart und nicht gegrillt, und im Speisesaal hängen alte Stadtansichten von Ascoli Piceno.
Je nachdem, was der nahegelegene Markt an frischem Fisch zu bieten hat, gibt es entweder **Tintenfische mit Erbsen**, Goldbrasse, Wolfsbarsch oder Steinbutt aus dem Ofen, Tagliatelle und Spaghetti mit köstlichem Sugo aus Fisch oder Weichtieren, **Risotti al nero** oder mit **Meeresfrüchten**, fein marinierte **Sardinen** und ein wirklich frisches **Fritto misto**. Auf Vorbestellung kocht Fabrizio im Winter auch Gerichte aus seiner Heimat, und dazu gibt es dann selbstverständlich auch den passenden Wein. Die Preise sind anständig, beim Fisch geht es nach Gewicht und Qualität. Der Service ist freundlich und aufmerksam, man geht auf den Geschmack der Gäste ein. Weniger aufregend ist der offene Wein, und die Weinkarte mit einigen wenigen guten Flaschen aus dem Veneto und den Marken, deren Preisaufschläge in Ordnung sind, darf als dürftig bezeichnet werden.

Im Zentrum von Chioggia (1 km), hinter dem Palazzo Granaio, ist jeden Morgen (außer Montag) Fischmarkt. In den Pasticcerie Artigiane Ciosote (Pac) finden Sie die »Ciosota«, einen Kuchen aus Radicchio und Karotten. Die traditionelle »Bossolà«, eine Art Zwieback, gibt es in allen Bäckereien.

Cison di Valmarino
Rolle

39 km nordwestlich von Treviso,
15 km von Vittorio Veneto

Da Andreetta

Restaurant
Via Enotria, 5 – 7
Tel. 04 38 / 8 57 61
Ruhetag: Mittwoch
Betriebsferien: 20. Aug. – 15. Sept.
100 Plätze + 70 im Freien
Preise: 35 – 40 000 Lire
Kreditkarten: alle
Mittags und abends geöffnet

Rolle besteht nur aus wenigen altehrwürdigen, von Weinbergen und Wiesen umgebenen Häusern. Von der großen Terrasse des Lokals, die bei den Gästen nur die »Terrazza Martini« heißt, läßt sich der ganze Zauber dieser Landschaft genießen, ohne deswegen Hunger leiden zu müssen. Sitzt man innen, so wirken die Fenster wie Rahmen von Landschaftsbildern. Der Raum verströmt mit seinen Spitzenvorhängen und dem Kamin in der Mitte schlichte Eleganz
Anna Maria bietet nur ihre geliebte bodenständige Küche, denn die Zutaten kann sie ja von den Wiesen und Feldern der Umgebung beziehen: zarte Triebe im Frühling (Hopfensprossen, wilder Spargel, frischer Wiesenkümmel, Brennesseln, Holunderblüten), Gemüse im Sommer, Waldpilze im Herbst und Trevisaner Radicchio im Winter, aus denen Suppen, **Risotti**, **Tortelli** und hausgemachte Pasta entstehen. Schmackhaft auch die Fleischgerichte: gedünstetes **Perlhuhn**, der **gemischte Spieß**, geschmortes und im Winter gekochtes Fleisch, **Baccalà alla vicentina**, **gedünstetes Fohlen**. Erwähnenswert auch die Soppressa, »Costea« (Speck) und die anderen selbstgemachten Wurstwaren.
Anna Marias Mann Alberto ist Sommelier aus Leidenschaft: Seine Weinkarte übergeht zwar großzügig die Jahrgänge, doch bietet er neben mehr als 100 italienischen Weinen auch einige französische Flaschen. Prosecco und Verdiso stammen aus eigener Herstellung. Zu Anna Marias Nachspeisen, Obstkuchen, Semifreddi und Kleingebäck, paßt ein Gläschen Marzemino oder Prosecco.

In **Arfanta** werden auf dem Bauernhof Mondragon, Via Mondragon 1, Gänse, Kapaune und Truthähne in Freilandhaltung aufgezogen, und ist es an der Zeit, verwandeln sie sich in Pasteten, Gänsebrust und mollig weiche Bettfedern.

Cogollo del Cengio
Schiri

30 km nordwestlich von Vicenza,
13 km von Thiene, S.S. 350

All' Isola

Osteria
Via Schiri, 14
Tel. 04 45 / 88 03 41
Ruhetag: Mi.abend und Sonntag
Betriebsferien: 2 Wo. im Aug., 1 Wo. [im Winter
25 Plätze
Preise: 45 – 50 000 Lire, ohne Wein
Kreditkarten: AE, CartaSi, Visa
Mittags und abends geöffnet

Das »Isola« läßt sich angesichts seiner Preise zwar kaum noch als Osteria einstufen, doch das Speisenangebot und die Weinkarte sind einfach mustergültig. Außerdem kann man mittags ein Menü zu 35 000 Lire bestellen.
Die kleine, in einem schönen Viertel längs der kurvenreichen Straße zu den Hochebenen Folgaria und Tonezza del Cimone gelegene Trattoria ist ein mittlerweile in der zweiten Generation geführter Familienbetrieb. In einem ruhigen und eleganten Ambiente, wo nichts dem Zufall überlassen wird, empfangen Piero und seine Frau die Gäste.
Bei der Zubereitung ihrer Gerichte, die Altbewährtes mit Neuem zu vereinen wissen, spielen frische Kräuter und Gemüse eine wichtige Rolle, beispielsweise Hopfensprossen, Leimkraut, frischer Feldkümmel, Bergspinat, Spargel oder Holunder. Unter den selbstgemachten Nudeln empfehlen wir **Pagliafieno alla fratellanza** mit Ragout aus verschiedenen Fleischsorten, Fusilli mit zarten Frühlingssprossen, **Gnocchi aus Brot**, Kartoffeln, Kürbis oder Rüben (je nach Saison) und schließlich die traditionellen Suppen mit Gerste oder Feldkümmel. Nicht zu verachten auch die Secondi: **gefülltes** oder **geschmortes Kaninchen**, **Leber alla barcarola**, gefüllte Taube, **Perlhuhn mit Pilzen** oder Peverada, Lammkoteletts mit Kräutern. Von September bis April gibt es **Baccalà alla vicentina** und in der Osterzeit Zicklein. Empfehlenswert ist auch der mit Kräutern gewürzte **Saibling**, ein weniger bekannter Fisch aus dem nahegelegenen Astico.
In der exzellenten Weinkarte sind über 100 Flaschenweine aufgeführt, die nach ihren Herkunftsregionen geordnet sind. Auch das Ausland ist mit einigen Weinen vertreten. Die Schnäpse wurden von Pieros Bruder Daniele ausgesucht. Ein netter Einfall ist die Karte mit den Kaffeespezialitäten.

Cona
Conetta

51 km südwestlich von Venedig, S.S. 309

Al Portico

NEU

Trattoria
Via Leonardo da Vinci, 14
Tel. 04 26 / 50 91 78
Ruhetag: Mittwoch
Betriebsferien: im Sommer
100 Plätze
Preise: 35 000 Lire, ohne Wein
Kreditkarten: Visa
Mittags und abends geöffnet

In Conetta, einem kleinen Ort an der Via Romea, der von Venedig aus kommend rechts liegt, gab es früher einmal zwei Trattorie und eine davon war bereits das »Portico« des Ferdinando Vegro. Nachdem er den Bauern Därme und Schnüre verkaufte, und alles, was sie sonst noch brauchten, um ihre Schweine zu verarbeiten, war er natürlich der erste, der den Bauern im Gegenzug ihre Salami, Preßköpfe, Kochwürste und Schinken abkaufte. An den Wochenenden servierte man rohen Schinken aus Cona, sauer eingelegtes Gemüse und Pasta mit Bohnen und dem Knochen vom Schinken. Heute haben Sohn Tiziano und seine Frau Maria die Geschicke des Lokals in ihre Hand genommen, und führen, von einigen kleinen Veränderungen abgesehen, die Küchentradition des Vaters fort. In den zwei freundlich eingerichteten Räumen finden rund 100 Personen Platz.
Der freundliche, aufmerksame Service läßt die fehlende Speise- und Weinkarte gerne vergessen. Natürlich gibt es immer noch **rohen Schinken** aus dem Veneto mit hausgemachten Sottaceti und Soppressa. Die Primi sind zugleich die Klassiker der Gegend: **Pasta e fagioli**, **Kuttelsuppe**, Gnocchi, **Pappardelle mit Pferderagout** und mit rohem Schinken gefüllte Gnocchi al portico. Nehmen Sie als Secondo **Baccalà alla vicentina**, Kutteln alla parmigiana, Pferde- und **Fohlenragout**, entbeintes Perlhuhn aus dem Ofen oder Omelett mit Zwiebeln und frischen Kräutern. Zum Abschluß gibt es Mandel- und Obstkuchen. Von Mai bis Oktober können Sie ein Menü mit heimischen **Fröschen** bestellen.
Offene Weine gibt es nicht, aber Cabernet und Raboso von Herstellern aus der Umgebung. Die Auswahl an sonstigen regionalen Weinen ist ordentlich, und es gibt eine Reihe guter Schnäpse und sogar eine Karte mit Ölen.

Conegliano

28 km nördlich von Treviso, S.S. 13 oder A 27

Alla Corona

Osteria
Via Beato Ongaro, 29
Tel. 04 38 / 3 45 96
Ruhetag: Montag
Betriebsferien: unterschiedlich
20 Plätze
Preise: 35 000 Lire, ohne Wein
Kreditkarten: alle
10 – 14.30 und 17 – 2 Uhr geöffnet

Wer dieses Lokal neben der Porta Monticano mit ihrem alten Turm aus dem 14. Jahrhundert betritt, fühlt sofort, daß hier Wirte mit Liebe zum Beruf und Begeisterung am Werk sind. Die Aufnahme in den Osteria-Führer bedeutete für Livio und Mari eine Herausforderung: Sie wollten noch besser werden, Neues ausprobieren und alten Rezepten nachspüren. So haben sich die beiden gründlich mit der Küchentradition auseinandergesetzt, dabei auch mal ein typisches Gericht umkomponiert oder neue Beilagen dazu entdeckt. Daraus hat sich mittlerweile eine sehr gepflegte und traditionsbewußte Küche herausgebildet, die mit den Jahreszeiten verbunden ist. Mit fast akribischer Genauigkeit werden die Zutaten ausgewählt und zubereitet.
Das Angebot ist wirklich üppig, angefangen von den Cicheti (Häppchen) in sämtlichen beliebten Varianten: harte Eier, Muset, Gambet (Schweinsfuß), marinierte Sardellen und Sardinen, Nervetti, Wurst, Schinken und Käse. Freitags gibt es Fritto misto, auch zum Mitnehmen. Doch weiter mit den Primi: traditionelle Suppen wie **Pasta e fagioli**, Gersten- und Zwiebelsuppe, **Kutteln in Brühe** und alla parmigiana, oder **Bigoi in Sauce**, mit Ricotta und Spinat gefüllte Crespelle, Ravioloni mit **Trevisaner Radicchio**, Canederli, Tagliolini in einem Tomaten-Frosch-Ragout (nur in der Saison). Hauptgerichte sind **Baccalà alla vicentina mit Polenta** (donnerstags und freitags im Winter), Kaninchen, knusprige Enten und Puten, in Rotwein geschmorter **Brasato al Raboso**, **Schnecken in Sauce** mit Polenta und Steak mit feinen Kräutern. Eine Köstlichkeit im Sommer sind die zarten gefüllten Kürbisblüten.
Neben dem offenen Wein lagern im Keller noch einige gute Flaschen aus dem Triveneto.

Crocetta del Montello

26 km nordwestlich von Treviso

Casa Brusada

NEU

Trattoria
Via Erizzo, 117
Tel. 04 23 / 8 66 14
Ruhetag: So.abend u. Montag
Betriebsferien: 2 Wo. Jan., 1 Wo. Mitte Aug.
90 Plätze + 90 im Freien
Preise: 35 – 40 000 Lire
Kreditkarten: CartaSi, DC, Visa
Mittags und abends geöffnet

Der Name dieser zwischen Montebelluna und Valdobbiadene gelegenen Trattoria geht auf eine Begebenheit aus dem 2. Weltkrieg zurück. Wie einen die Speisekarte wissen läßt, erschossen Partisanen im April 1945 an dieser Stelle einen deutschen Unteroffizier. Schon bald darauf trafen deutsche Truppen ein und setzten alles in Brand, wobei auch die seit 1918 bestehende Osteria zerstört wurde.
Nach der kompletten Restaurierung im Jahre 1991 zeigen sich die Räumlichkeiten mit ihren Holzbalken nun in neuem, schlichtem und doch gemütlichem Gewand. Die derzeitige Inhaberin heißt Nives Comazzetto. Beim Bedienen helfen ihr die Kinder Eugenia und Marco, gelernter Sommelier, während ihr Mann Nildo sich um die Bar kümmert. Die Karte trägt als Überschrift »Küche mit Spargel und Frühlingskräutern« und so weiß man gleich, daß hier bodenständig und jahreszeitenabhängig gekocht wird. Beginnen Sie doch mit der großen Schlemmerplatte und genehmigen Sie sich anschließend das Degustationsmenü: Bei uns gab es ein Käse-Spargel-Törtchen auf Rucola und jungem Radicchio, grüne Tagliolini mit Spargel, **Gnocchetti mit Leimkraut und Lammragout**, **Spargel mit Ei alla bassanese**, Tournedos vom Rind mit Spargel und Gemüse, und zum Abschluß ein Blätterteiggebäck, Kaffee und Liköre. Dazu wurde stets der passende Wein serviert. Sie können sich selbstverständlich auch etwas anderes aussuchen, unter den hausgemachten Primi vielleicht **Tagliatelle mit Hasenragout**, Gnocchetti mit Brennesseln und Steinpilzen, **Ravioli mit Katzenwels und Pilzen**, und unter den Secondi **Kaninchen** aus dem Ofen, **Ente** in der Sauce oder Kaninchenfilet mit Steinpilzen. Selbstgemacht sind auch die Kuchen und Bavaresi.
Die Weinkarte umfaßt an die 250 Rote und Weiße aus dem Veneto und vielen anderen nördlichen Regionen Italiens.

Fara Vicentino

25 km nordöstlich von Vicenza, S.S. 248

Costalunga

NEU

Bauernhof
Via Costalunga, 10
Tel. 04 45 / 89 75 42
Keine Betriebsferien
45 Plätze + 60 im Freien
Preise: 27 – 30 000 Lire
Keine Kreditkarten
Nur Frei., Sa. und sonntags geöffnet
Unter der Woche nur auf Voranmeldung und für Gruppen

Wir sind prinzipiell sehr vorsichtig damit, Bauernhöfe in unseren Führer aufzunehmen. Für Rosalina Pavan und ihr Lokal machen wir allerdings gerne eine Ausnahme. Auch wenn es nicht leicht zu finden ist, geben Sie nicht gleich auf, denn es lohnt sich allein schon der Lage wegen: Fara Vicentino liegt am Fuße der Hochebene von Asiago, fernab des Lärms der Großstadt, inmitten einer sanften Hügellandschaft, in der Weinreben und Kirschbäume wachsen.
In die Köchin Rosalina haben wir uns regelrecht verliebt – gastronomisch gesehen, versteht sich. Ihr Mann Claudio und die Töchter Antonella und Paola sind dabei, wenn es darum geht, die Gäste mit einer Reihe heimischer Gerichte zu verwöhnen, die dem Lauf der Jahreszeiten folgen.
Unter den Primi sollten Sie unbedingt die **Miserie de le femene**, eine Art Gnocchetti-Creme aus Eiern und Mehl, probieren und sich die Geschichte erzählen lassen, die sich um diesen Namen rankt. Hausgemacht sind auch die **Tagliatelle mit Brennesseln oder Leimkraut**, die Bigoli mit Ente oder die verschiedenen Risotti mit wilden Kräutern. Das Fleisch kommt vorwiegend aus eigenen Stallungen: **gebratenes Perlhuhn**, **mit Speckstreifen gespicktes Kaninchen am Spieß** oder Kaninchen in Weißwein, Lamm vom Rost oder gedünstet, und im Winter Cotechino in der Kruste mit Wirsing oder selbstgemachter Pressack.
Für Süßes ist Antonella zuständig, die ausgezeichnete Obstkuchen backen kann, aber auch Ciambella und an Ostern den traditionellen Fladen aus dem Holzofen. Lecker auch das selbstgebackene **Brot** mit Kartoffeln, Rosmarin oder Walnüssen.
Der offene Wein ist aus der Gegend. Es sind zwar auch ein paar Flaschenweine vorrätig, doch könnte die Auswahl etwas größer ausfallen, schließlich sind wir im Anbaugebiet des DOC Breganze.

Farra di Soligo Col San Martino

32 km nordöstlich von Treviso, S.S. 13

Locanda da Condo

Trattoria
Via Fontana, 134
Tel. 04 38 / 89 81 06
Ruhetag: Di.abend und Mittwoch
Betriebsferien: Juli
50 Plätze + 20 im Freien
Preise: 40 000 Lire, ohne Wein
Kreditkarten: AE, CartaSi
Mittags und abends geöffnet

1980 hat Enrico Canel das Lokal von seinen Eltern Giocondo (dem Namensgeber der Trattoria) und Rina übernommen. Seit 1994 ist er Mitglied in der Restaurationsvereinigung »Mangiaimpari« (Essenlernen), und seit 1995 gehört er dem Gastronomenverband der Provinz Treviso an. Als sei das noch nicht genug, surft er auf der Suche nach neuen Rezepten mittlerweile sogar im Internet. Dennoch bleiben seine Gerichte der typischen Küche des Veneto verbunden, so daß Ihre Erwartungen ganz gewiß nicht enttäuscht werden.
Im Winter gehören zur Grundausstattung **Pasta e fagioli**, ferner eine Bauernsuppe mit Kutteln, Radicchio, gekochtes Fleisch und **Muset** (aus der benachbarten Metzgerei von Luigino), Fleisch am Spieß und Süßspeisen mit Maronen oder Mascarpone. Im Frühling und im Sommer steht die Küche ganz im Zeichen von Frische und Leichtigkeit: **Risotti** mit Spargel, mit Hopfensprossen oder wildem Spargel, kalt servierte **Risi e bisi** (im Nachbarort Combai gibt es übrigens einmal im Jahr ein »Biso e Verdiso«-Fest), Spaghettini mit rohem Gemüse, köstlicher kalter **Schweinebraten** mit blanchiertem Gemüse oder Auberginen-Auflauf. Ausgezeichnet auch die Nachspeisen: Mascarponecreme mit Früchten, Schokoladen-Salami, Datteln mit einer Mascarpone-Kaffee-Creme, warme Obstkuchen (mit Äpfeln im Winter und Waldfrüchten im Sommer), Halbgefrorenes und die bereits erwähnten **Süßspeisen mit Maronen**.
Beatrice, Enricos Lebensgefährtin, versteht sich auf Wein und wird Ihnen ohne viele Umschweife erst einmal einen heimischen Prosecco kredenzen. Wer sich dafür interessiert, dem zeigt sie neben der ausgezeichneten Weinkarte auch den kalten und dunklen Keller, in dem einige gute Tröpfchen in Flaschen und Fässern ruhen.

Follina · Valmareno

41 km nordwestlich von Treviso,
17 km von Vittorio Veneto, S.S. 13

A la Becasse

Trattoria
Via Brumal, 19
Tel. 04 38 / 97 02 18
Ruhetag: Di.abend und Mittwoch
Betriebsferien: jeweils zwischen Aug. u. Sept. und Jan. u. Febr.
40 Plätze + 25 im Freien
Preise: 40 000 Lire, ohne Wein
Kreditkarten: AE, CartaSi, DC, Visa
Mittags und abends geöffnet

So sieht sie also aus, die einfache, aber gemütliche Trattoria, in der sich der Chef nicht damit zufrieden gibt, immer nur die gleichen Gerichte zu servieren, sondern auch gerne mal etwas Neues ausprobiert, beispielsweise mit Straußenfleisch von den Züchtern aus der Umgebung.
Dennoch bleibt die Küche fest mit der heimischen Tradition verbunden. Bei den Vorspeisen finden Sie Bresaola-Röllchen mit Ricotta und Gorgonzola, **Kürbisblüten** mit einer Füllung aus Soppressa und Zucchine, **Soppressa** und geräuchertes Spargel-Gratin. Dann folgen die Primi: Cappellacci mit Ricotta und Rucola gefüllt, Trentiner Gnocchetti (Spätzle) mit Löwenzahn, Rodoleti mit Ricotta und Gurkenkraut, **Risotto mit Spargel**, aber auch mit Pilzen, Löwenzahnblüten oder Brennesseln. Manche Primi werden im Sommer kalt serviert, während man sich im Winter an einer Taubensuppe, der **Sopa coada**, wärmen kann. Auch die Hauptgerichte folgen dem Lauf der Jahreszeiten mit Geschnetzeltem, gebratenem Huhn mit Gemüse und Blüten, **Rinderfilet in der Kruste** mit Pilzen und Wiesenkräutern, **Lamm mit Rosmarin**. In den kalten Jahreszeiten werden **Trevisaner Radicchio** und Pilze verarbeitet. Man beschließt das Mahl mit Äpfeln in Blätterteig und Vanillecreme, Bavarese mit Birnen, der Torte mit Olivenöl, Schokoladen-Butterkeks-Salami, Tiramisù oder mit Pflaumen, die mit Mascarpone und Amaretto gefüllt sind.
Der Weinkeller ist mit lokalen Weinen gut bestückt. Vertreten sind auch Piemont, Trentino, Friaul und Toskana. Abends kann man auch nur auf eine Flasche Wein mit einem Teller Soppressa oder kaltem Spanferkel einkehren.

In **Valmareno** kann man auf dem Bauernhof La Dolza, Via Pradegan 14, Wurstwaren und Käse kaufen (hervorragend die geräucherte Ricotta).

Follina

39 km nordwestlich von Treviso,
17 km von Vittorio Veneto

Al Caminetto

Restaurant
Piazza Municipio, 11
Tel. 04 38 / 97 04 02
Ruhetag: Montag
Betriebsferien: im Juli u. an Weihnachten
100 Plätzen
Preise: 40 – 45 000 Lire, ohne Wein
Kreditkarten: AE, Visa
Mittags und abends geöffnet

Weit und licht tut sich das Marenatal auf, Follina jedoch hat sich um das Zisterzienserkloster am Berghang angesiedelt. Das »Caminetto« liegt direkt am Dorfplatz, gleich unterhalb des eindrucksvollen Klosters. Inhaber sind die Brüder Mauro und Vito. Ihr Können zeigt sich sowohl in der Küche, als auch im kompetenten und zuvorkommenden Service.
Zwar ist das »Caminetto« als Restaurant angelegt, doch die typische Regionalküche, die reichlichen Gebrauch von Kräutern, Pilzen und Wild macht, das gastfreundliche, unaufdringliche Ambiente, in dem frische Blumen auf den Tischen nicht fehlen, das naturbelassene, selbstgezogene Gemüse und das freilaufende Geflügel erinnern an eine ländliche Trattoria.
Der Speisengang wird eingeleitet mit Schnecken bourguignonne, einer ausgezeichneten **Soppressa** oder ganz einfach mit Crostini alle verdure. Anschließend gibt es **Pasta e fagioli**, Tagliatelle mit Kalbfleischbällchen und Gemüse, hervorragende **Ravioli mit Entenragout und Steinpilzen** (die Nudeln sind hausgemacht). Man kann sich aber auch für einen der schmackhaften Risotti entscheiden: mit Pilzen, Saisongemüse oder ganz delikat mit Sprossen. Bei den Fleischgerichten empfehlen wir den bereits rein optisch wunderbaren Spieß, **Kapaun und Perlhuhn al forno mit Pevarada**, geschmortes Huhn und Grillgerichte. Als Nachspeise gibt es Semifreddi und Crostate mit selbstgemachter Marmelade. Bei der Auswahl der Weine sollten Sie Mauros fachmännischem Rat folgen. Er ist unermüdlich auf der Suche nach neuen Produzenten und hat bereits eine stattliche Sammlung guter lokaler und anderer italienischer Tropfen in seinem Keller.

Wurstwaren vom Feinsten kommen aus dem Salumificie Follina, Via Case Nuove 2.

Forno di Zoldo Mezzocanale

27 km nördlich von Belluno, S.S. 251

Da Ninetta

Trattoria
Via Canale, 22
Tel. 04 37 / 7 82 40
Ruhetag: Mittwoch
Betriebsferien: September
60 Plätze
Preise: 25 – 40 000 Lire
Keine Kreditkarten
Mittags und abends geöffnet

Das »Ninetta«, das seit über 200 Jahren von ein und derselben Familie geführt wird, ist wohl das älteste Lokal im gesamten Val Zoldana. Just in diesem Tal verfiel man auf die Idee, die kargen Erträge der Almen wettzumachen, indem man als Eisverkäufer mit seinem Eiswagen in die Fremde zog. Auf halben Weg zwischen Longarone und Forno di Zoldo gelegen, machte man hier Station, um sich und den Tieren eine kleine Rast zu gönnen, kleinere Reparaturen ausführen zu lassen oder im Notfall Erste Hilfe zu bekommen.
Seither haben sich die Zeiten natürlich gewaltig geändert, und selbst das Gebäude hat sich den veränderten Bedürfnissen angepaßt. Bis auf die Theke in der Ecke und den wunderschönen »Larìn« (Kamin) ist nichts mehr, wie es dazumal war. Chefin ist heute Signora Umbertina, die die einfachen und schmackhaften Gerichte der regionalen Küche ausgezeichnet zuzubereiten weiß. Ihre **Gnocchi aus Kürbis, Kartoffeln** oder mit **wildem Spinat** mit zerlassener Butter und geräuchertem Ricotta zergehen auf der Zunge. Ausgezeichnet auch gebratenes Lamm, **Zicklein** und **Hammel** (aus heimischer Zucht), die Grillgerichte, der schmackhafte **Pastìn** (aus Wurstbrät) vom Rost oder mit Bohnen und – vor allem – der auf Bestellung erhältliche **Fleischspieß**. Außerdem gibt es Gulasch, Wild, fritierter oder in der Pfanne zerlassener Käse (**Schiz**).
Gegenüber der Küche hinkt das Weinangebot etwas nach: Neben dem offenen Wein gibt es noch einige Flaschen aus dem Trentino und Friaul. Versöhnlich stimmt die Grappa.

Die Azienda Agrituristica Pian de Lavina im Ortsteil **Cornigian** (5 km) verkauft frische Butter und Asiago-Käse.

Forno di Zoldo

36 km nördlich von Belluno, S.S. 251

L'Insonnia

Trattoria
Via Canale, 7
Tel. 04 37 / 78 72 43
Ruhetag: Montag, nicht im Sommer
Keine Betriebsferien
80 Plätze + 100 im Freien
Preise: 25 000 Lire, Kinder 15 000 Lire
Keine Kreditkarten
Mittags und abends geöffnet

Sollten auch Sie zu den Menschen gehören, die hin und wieder starke Sehnsucht nach dem einfachen Leben verspüren, dann sollten Sie unbedingt diese Trattoria aufsuchen. Hier wird nämlich nicht nur konsequent altes Wissen umgesetzt, auch der Service folgt dieser Philosophie: Man wird vielleicht ein wenig rauh, aber doch herzlich aufgenommen, eben so, wie es in den Bergen Sitte ist. Es gibt nur ein einziges, festes Menü, und der Wein dazu ist entweder rot oder weiß.
Wenn Sie das alles nicht anficht, werden Sie bei den Gerichten wie bei der Größe der Portionen freudige Überraschungen erleben, die stets eine noch dampfende **Polenta** auf dem Holzbrett, die traditionelle Beilage, begleiten. Ohne größere Pause wird man Ihnen dann Bohnen, Kraut, **Pastin** (Bällchen aus Wurstbrät), ein ausgezeichnetes **Ragout**, zu dem die Polenta besonders gut schmeckt, und schließlich einen **fritierten Käse** servieren. Zum Abschluß dann eine Grappa, rein oder mit selbstgepflückten Kräutern (Fenchel, Wacholder, Enzian, Zwergkiefer oder Holunder) versetzt.
Nachdem Sie nun Ihren Körper gestärkt haben, sollten Sie auch Ihrer Seele etwas Gutes tun, und was wäre da naheliegender als ein Spaziergang in diesem noch relativ unberührten und wildromantischen Tal.

Die Imkerei von Renato Panciera (in **Pralongo**, Via Sant'Andrea 20) hat rund 200 Bienenstöcke im Val Zoldana, um Blütenhonig der besonderen Art zu gewinnen: von Rhododendron, wilder Geranie, Erika sowie von Bergblumen.

Fumane

17 km nordwestlich von Verona

Enoteca della Valpolicella

NEU

Trattoria
Via Osan, 45
Tel. 045 / 6 83 91 46
Ruhetag: Montag und Sa.mittag
Betriebsferien: unterschiedlich
50 Plätze + 30 in der Enoteca
Preise: 45 000 Lire, ohne Wein
Kreditkarten: die bekannteren
Mittags und abends geöffnet

Das bereits mit kulinarischen Ausflugszielen gut bestückte Valpolicella ist seit Januar 1996 um eine »Pilgerstätte« reicher geworden: ein größerer, aus mehreren Gebäuden bestehender Gutshof aus dem 15. Jahrhundert wurde zu einer netten, rustikalen Trattoria umgebaut, mit Weinkeller, großzügiger Terrasse und Weinprobierstube. Die Enoteca ist Dreh- und Angelpunkt eines Projekts, das sich der qualitativen Verbesserung der Valpolicella-Weine verschrieben hat. So ist denn auch eine stattliche Sammlung von Weinen aus der Gegend bereits eingekellert, zwischen denen sich natürlich auch Weine aus anderen Regionen Italiens finden.
In der traditionell ausgerichteten Küche werden die heimischen Produkte so verarbeitet, wie es ihnen gebührt: Im Frühling verfeinern zarte Erbsen die hausgemachten **Tagliatelle**, weißer Spargel kommt in schmackhaften **Risotti** auf den Tisch – im Herbst sind es die Steinpilze –, und im Winter gibt es Pasta e fagioli und **Polenta mit Pfifferlingen**. Nach einer der kleinen Vorspeisen (geröstete Polentaschnitte mit heißer Wurst, **Hecht in Sauce** oder andere Leckerbissen der Jahreszeit) können Sie sich ganz dem Genuß eines deftigen Fleischgerichts hingeben, beispielsweise **Fegato alla veneziana** (zart und exakt so süß-sauer, wie es sein soll), geschmortes Kaninchen, gegrillte Lammkoteletts mit verlockend angerichteten Gemüsebeilagen. Zum Dessert stehen stets mindestens drei hausgemachte Süßspeisen zur Wahl: Ricotta-Creme, Torta Sbrisolona, ein bröselnder Mandelkuchen, Semifreddo all'amaretto und Pfirsiche oder Erdbeeren in Recioto.
Geleitet wird der Betrieb von zwei netten, dynamischen Frauen, Elisa Righetti und Ada Riolfi, die sich bei Bedarf natürlich auch gerne von ihren Männern oder von Freunden helfen lassen.

Grancona Pederiva

24 km südwestlich von Vicenza

Isetta

Trattoria mit Pension
Via Pederiva
Tel. 04 44 / 88 95 21, 88 99 92
Ruhetag: Di.abend und Mittwoch
Betriebsferien: Juli
80 Plätze
Preise: 40 – 55 000 Lire, ohne Wein
Kreditkarten: CartaSi, Visa
Mittags und abends geöffnet

Die Valle Liona ist ein bekannt fruchtbarer Landstrich, aus dem nicht nur die berühmten Erbsen und andere Gemüsesorten stammen, sondern auch zahlreiche erstklassige Weinsorten. Daher bildeten bereits bei Isetta, der Mutter des derzeitigen Inhabers, heimische Produkte die Grundlage ihrer Küche. Eine Tradition, der sich auch Galdino verpflichtet weiß: Verschiedene Gemüsesorten finden sich beispielsweise in der **Gerstensuppe mit Bohnen und Steinpilzen**, aber auch in den Saucen der hausgemachten Nudeln, für die Signora Guerrina zuständig ist, oder den Risotti. Tagliatelle, **Gnocchi**, **Risotti** und Gargati schmecken hier allerdings auch **mit Pilzen**, **Trüffeln aus den Colli Berici** oder Hühnermägen. Fleisch und Wurst stammen aus der hauseigenen Metzgerei, das Schweinefleisch sogar aus eigener Zucht. Hier brutzeln die saftigsten Stücke vom Fohlen, Pferd, Lamm oder Rind auf dem Grill (achten Sie aber auf Größe und Gewicht, denn dementsprechend wird berechnet), aber Sie können sich auch für die **Sfilacci di Cavallo**, luftgetrocknetes Pferdefleisch mit Ricotta, für **Fohlen mit Steinpilzen**, wie für Soppressa und in den kalten Monaten für eine gegrillte Wurst mit Rapunzelrüben und Polenta entscheiden. Im Herbst bereichert **Wild** (Reh und Hase) die Speisekarte. Und sollten Sie noch immer etwas Platz haben, dann können Sie noch **Baccalà alla vicentina**, Schnecken oder gebratene Tauben bestellen. Zum Abschluß gibt's köstlichen Kuchen mit Äpfeln, Ricotta oder Nüssen und den wunderbaren Strudel anbieten. Bei den Weinen sollten Sie sich von Galdino beraten lassen. Die meisten stammen zwar aus eigener Abfüllung, doch auf der Karte finden Sie auch einige gute Flaschenweine aus der Gegend um Vicenza und anderen Teilen Italiens. Ausgezeichnet ist die Auswahl an Grappe.

Jesolo · Lido di Jesolo

44 km von Venedig, S.S. 14, in Portegrandi abzweigen

Alla Grigliata

Trattoria
Via Buonarroti, 17
Tel. 04 21 / 37 20 25
Ruhetag: Mi., nicht im Sommer
Betriebsferien: Dezember u. Januar
80 Plätze + 20 im Freien
Preise: 25 – 30 000 Lire, ohne Wein
Kreditkarten: Visa
Abends geöffnet, im Sommer auch mittags

Am Kreisel, wo es nach Lido di Jesolo abgeht, biegen Sie in die Via Roma Destra ein, die nach Cavallino und Punta Sabbioni führt. Kurz vor dem Aqualandia-Park steht dann links in einer Seitenstraße diese kleine, ganz aus Holz errichtete Trattoria, vor der man problemlos parken kann.
Nach dem ersten Blick in die Karte wird Ihnen klar, wie die Trattoria zu ihrem Namen gekommen ist: Alles mögliche Fleisch vom Grill – Rippchen, Würste, Hähnchen, Filets, Koteletts oder gemischte Spieße, und zwar direkt über dem Feuer gebraten, damit das Fett abtropfen kann. Selbstverständlich können Sie auch mit einer Vorspeise beginnen, zum Beispiel mit der **auf Holzkohle gegrillten Salami** oder hausgemachter Soppressa, und ausgezeichnete Primi (Pastasciutta, Gnocchi mit Ragout, **Pasta e fagioli**) gibt es auch. Als Beilage reicht man gegrilltes Gemüse, Bohnen mit Zwiebeln oder **Radicchio aus Treviso mit Bohnen**. Zum Abschluß eines der zahlreichen hausgemachten Desserts.
Cabernet und Tocai aus dem Anbaugebiet des Piave, beide ordentlich, werden offen ausgeschenkt, daneben gibt es eine kleine Auswahl an überregionalen Flaschenweinen. Im Rummel der Restaurantbetriebe Jesolos, die ganz auf Meer und Tourismus ausgerichtet sind, ist das Lokal der Brüder Lorenzon (Luigi am Grill, Manola bedient) eine erfreuliche Ausnahme – wie auch das Preis-Leistungs-Verhältnis.

Die Gelateria Lovat in **Jesolo**, Piazza I Maggio 15, stellt mit das beste Speiseeis an der ganzen Küste her. Die Besitzer stammen aus dem Val Zoldana, das für seine Eiskonditoren berühmt ist, und legen größten Wert auf die einwandfreie Qualität ihrer Zutaten.

Jesolo · Lido di Jesolo

44 km von Venedig, S.S. 14,
in Portegrandi abzweigen

Il vecchio Marina

Osteria – Trattoria
Via Roma Destra, 120 c
Tel. 04 21 / 37 06 45
Ruhetag: Montag
Betriebsferien: unterschiedlich
80 Plätze
Preise: 40 – 50 000 Lire, ohne Wein
Kreditkarten: AE, CartaSi, Visa
Mittags und abends geöffnet

Zwischen Lido di Jesolo und dem Litorale di Cavallino gelegen, ist das »Vecchio Marina« ein kleines Juwel unter den vielen nichtssagenden Lokalen der Küste. Das alte, in ländlichem Stil renovierte Haus mit Garten, die geschmackvoll eingerichteten Räumlichkeiten und nicht zuletzt die Herzlichkeit der Besitzer tragen dazu bei, daß Sie sich in diesem Ambiente sofort wohl fühlen werden. Gabriele Rubin, ehemaliger Architekturstudent und nun Küchenchef, verbringt seine Freizeit damit, in Archiven auf Rezeptjagd zu gehen.
Die Küche bietet ausschließlich Fischspezialitäten. Es geht los mit Antipasti, wie der mit Butter angerichteten Zahnbrasse, Kammuscheln auf frischen Tomaten und Polentina, **marinierten Sardinen**, in Raboso-Essig **eingelegten Sardellen** oder einem nach Karpfenart zubereiteten **Aal mit Wacholder**, dann geht es weiter mit den Primi: **Crespette mit Jakobsmuscheln und Zucchine**, **Tagliolini mit geräuchertem Thunfisch** oder Spaghetti mit Venusmuscheln. Bei den Secondi finden sich Seeteufel mit feinen Kräutern, gemischte Grillplatten, eine ausgezeichnete **Frittura mista** und Seebarsch mit Gemüse. Und als krönenden Abschluß schlagen wir Ihnen einen Blätterteig mit Cremefüllung und heißer Schokolade, eine Karamelcreme oder eine Milchcreme vor.
Manfredo hingegen möchten wir empfehlen, seinen jetzigen Weinbestand, der sich auf einige gute Flaschenweine aus dem Veneto und dem Friaul beschränkt, doch etwas zu erweitern, denn ein derartig gutes Essen sollte von einem ebenbürtigen Wein begleitet werden.

In Lido di Jesolo importiert die Pescheria Busanel in der Via Aquilea 91 frischen und tiefgefrorenen Fisch – vorwiegend Lachs – aus Norwegen und von den Orkney-Inseln. Auch einheimische Fische gibt es in reicher Auswahl.

Jesolo · Cortellazzo

47 km von Venedig, S.S.14,
in Portegrandi abzweigen

La Taverna

Trattoria – Pizzeria
Via Amba Alagi, 11
Tel. 04 21 / 98 01 13
Ruhetag: Mo.abend u. Di., nicht im Sommer
Betriebsferien: 20. Dez. bis 20. Jan.
70 Plätze + 40 im Freien
Preise: 35 – 40 000 Lire
Kreditkarten: AE, DC, Visa
Mittags und abends geöffnet

Gianni ist es gelungen, das zunächst als Pizzeria entstandene Lokal in eine »Trattoria mit Pizzabäckerei« umzuwandeln, in der er nun auch die traditionellen Fischgerichte der Lagune anbieten kann, ohne deswegen die Zubereitung exquisiter Pizzen verlernt zu haben. Die Küche der Familie Bettio (die Schwester und die Frau von Gianno bedienen) ist offen und geradeheraus und richtet sich nach dem Angebot der Jahreszeiten.
Das Degustationsmenü zu 35 000 Lire, das je nach Fischangebot jeden Tag neu zusammengestellt wird, führt mit zahlreichen Kostproben durch die Fischgerichte. Als Vorspeisen gibt es Bollito misto, Krabbencocktail, **Venusmuscheln in Tocai**, Cozze alla marinara, **überbackenen Taschenkrebs**. Bei den Primi haben Sie die Wahl zwischen Spaghetti alla Taverna, mit Scampi oder Venusmuscheln, Gnocchi mit Taschenkrebs oder mit Scampi und Rucola, **Tagliolini mit Garnelen und Pfifferlingen**, **Risotto alla marinara** und Ravioli mit Fischfüllung in Brühe. Anschließend können Sie zu einem Grillgericht übergehen und Seezunge wählen, kleine Tintenfische, Seeteufel, Steinbutt oder Scampi, aber auch verschiedenste fritierte Gerichte mit der obligatorischen Polenta. Wenn Sie keinen Fisch mögen, finden Sie auf der Karte auch Fleischgerichte, doch werden diese hier selten bestellt. Als Nachtisch gibt es Käse oder verschiedene Süßspeisen.
Die Weinkarte ist zwar nicht sehr breit ausgelegt, dafür allerdings ein Potpourri von Perlen: Neben lokalen Weinen führt sie eine kleine, aber feine Auswahl der besten Flaschenweine aus dem Friaul.

In **Treporti** (10 km von Jesolo), am äußersten Ende des Küstenstreifens von Cavallino, stellt die Wurstfabrik Ballarin, Via Pordelio 160, guten Bauchspeck, Soppresse und Würste nach traditionellen Verfahren her.

Lavagno Vago

12 km östlich von Verona, S.S.11

Il Busòlo

NEU

Osteria
Via Busòlo, 1
Tel. 045 / 98 21 46
Ruhetag: Donnerstag
Keine Betriebsferien
50 Plätze + 60 im Freien
Preise: 35 – 45 000 Lire, ohne Wein
Kreditkarten: die bekannteren
Mittags und abends geöffnet

Bereits im vergangenen Jahr war uns dieses gemütliche Lokal mit der netten, familiären Atmosphäre aufgefallen, in der uns die Mannschaft um Damiano Biondari und Loretta Sbampato mit Kochkünsten überrascht hatte, die weitaus vornehmeren Restaurants in keiner Weise nachstand. Dazu gesellten sich die sehr gut bestückte Weinkarte (mit Weinen aus dem Veneto, aber auch aus dem Piemot, Trentino, der Lombardei, der Toskana, und selbst aus Frankreich, sowie einer eigenen Sektion für Dessertweine), der schöne Garten und der absolut einwandfreie und freundliche Service. Unsere ersten Eindrücke bestätigten sich bei den weiteren Besuchen im Laufe dieses Jahres, und wir können mittlerweile getrost behaupten, daß das »Busòlo« eine der empfehlenswertesten gastronomischen Adressen in dieser Gegend ist.
Je nachdem, worauf Sie gerade Appetit haben, können Sie entweder aus der Speisekarte mit den Saisongerichten oder aus der traditionellen Karte wählen. Beginnen Sie doch mit einem **Gemüsestrudel**, einer Käsetorte mit Spinatcreme, **mariniertem Hecht mit gerösteter Polenta**, fritierten Süßwasserfischen oder gefüllten Polentabällchen. Bei den Primi suchen Sie sich vielleicht die deftigen **Bigoli mit Entenragout** aus, oder sie entscheiden sich für das etwas leichtere Risotto mit Schleie und Mangold oder die **Suppe mit frischem Gemüse**, die in einer Terrine und mit einem Blätterteighut serviert wird. Bei den Secondi können Sie zwischen Fleisch- und Fischgerichten wählen, zum Beispiel einem **Pferderippenstück**, gegrilltem Aal, **Renken aus dem See in Alufolie**, Rumpsteak mit Balsamico-Essig. Dazu gibt es alles nur erdenkliche **Gemüse** als Beilage. Mit einem Dessert vom Servierwagen können Sie schließlich ein wirklich außergewöhnliches Mahl beenden.

Lazise

23 km nordwestlich von Verona

Il Porticciolo

NEU

Restaurant
Lungolago Marconi, 22
Tel. 045 / 7 58 02 54
Ruhetag: Dienstag
Betriebsferien: November
70 Plätze + 50 im Freien
Preise: 45 000 Lire, ohne Wein
Kreditkarten: AE, CartaSi, Visa
Mittags und abends geöffnet

Das »Porticciolo« ist in einer kleinen Villa an der nördlichen Uferpromenade von Lazise untergebracht. Es hat einen Garten, eine überdachte Veranda und einen kleinen hauseigenen Parkplatz, den die Gäste in der Hochsaison dankbar ansteuern. Die Räumlichkeiten sind mit Liebe eingerichtet, und mit den hübschen Tischdecken wirken sie richtig familiär. Weniger geglückt empfanden wir die Sammlung von Balsamico-Flaschen und die Kochmützen mit den Autogrammen berühmter Gäste an der einen Wand. Mitten im Raum thront ein offener Kamin, auf dem gegrillt wird. Renato Azzi ist der Koch, dem seine Frau Loredana assistiert, während der Mitinhaber Pasquale Rettino mit seiner Frau Annamaria sich um den Service kümmern. Man hat sich hier auf **Fische aus dem See** spezialisiert, die nach traditionellen Rezepten zubereitet werden. Es gibt ein Vorspeisenbuffet mit etwa 15 verschiedenen Fischgerichten und mindestens genauso vielen Gemüsebeilagen. Bemerkenswert sind der **Risotto mit Schleie**, die **Tagliatelle mit Karpfen**, der **Hecht alla Gonzaga**, der **Aal vom Rost** und die anderen Fische, die im Kamin gegrillt werden.
Die Weinkarte umfaßt rund 20 Flaschenweine, die fast ausnahmslos aus der Veroneser Gegend stammen, darunter einige wirklich gute Tropfen. Leichte Tafelweine, die gut zu den Fischen aus dem See passen, gibt es natürlich auch.
Angesichts der ausgezeichneten Küche würde man bei den Desserts etwas mehr erwarten, doch andererseits ist eine Nachspeise nach all den Köstlichkeiten sowieso kaum noch zu bewältigen.

In der Via Gardesana 3 gibt es eine Ölpresse, in der Oliven aus Verona verarbeitet werden. Hier kann man sehr gutes Öl von der Olivenriviera kaufen, aber auch Gläschen mit Olivenpaste und eine kuriose Zitronen-Öl-Sauce.

Loreggia

22 km nördlich von Padua, S.S. 307

Locanda Aurilia

Trattoria-Enoteca mit Hotel
Via Aurelia, 27
Tel. 049 / 5 79 03 95
Ruhetag: Dienstag
Betriebsferien: 1. – 15. August
60 Plätze
Preise: 35 – 45 000 Lire, ohne Wein
Kreditkarten: Visa
Mittags und abends geöffnet

Dieses auf dem Weg von Padua nach Castelfranco gelegene Lokal hat eine lange Geschichte. Bereits vor 150 Jahren sind die Durchreisenden hier in Loreggia eingekehrt, um sich und ihren Pferden eine Rast zu gönnen und sich zu stärken. Das »Aurilia« ist heutzutage ein modernes, kleines Hotel mit einer gemütlichen Trattoria, die von den Brüdern Marchi geführt wird: Osorio ist für die Küche zuständig, während Ferdinando sich um Weine und Gäste kümmert. Bei unseren letzten Besuchen hatten wir allerdings den Eindruck, daß die Qualität im »Aurilia« etwas nachgelassen hat. Doch selbst wenn es nicht mehr so perfekt zugeht wie einst, kann man es sich in den beiden Räumlichkeiten des Lokals doch immer noch gutgehen lassen, aus dem reichhaltigen Angebot (über 150 Weine sind aufgelistet) eine gute Flasche Wein wählen und ein wirklich typisches Essen genießen.
Von den jahreszeitlich bedingten Gerichten abgesehen, erhalten Sie hier das ganze Jahr über hausgemachte Pasta, Risotti mit verschiedenen Gemüsen oder Kräutern, die traditionellen **Kutteln** oder **Pasta e fagioli**. Als Hauptgerichte gibt es **Bollito misto** in verschiedenen Varianten, Kaninchen, Wildente, süßsaure Eselsmedaillons (eine nette Überraschung), den klassischen Baccalà alla vicentina, Omeletts mit Kräutern und eine kleine Käseplatte. Abschließen kann man mit einem Mürbteigkuchen, Strudel oder Bavaresi, und im Winter gibt es die traditionelle Pinza.

Bei Renato Piccolo in der Via Rama 22 bekommt man Löwenzahn-, Akazien-, Kastanien- oder Sonnenblumenhonig und weitere Imkereierzeugnisse.

Loreo

33 km östlich von Rovigo, S.S. 443

I Cavalli

Hotelrestaurant
Riviera Marconi, 69
Tel. 04 26 / 36 98 68
Ruhetag: Montag
Betriebsferien: unterschiedlich
100 Plätze
Preise: 40 – 50 000 Lire, ohne Wein
Kreditkarten: AE, MC, Visa
Mittags und abends geöffnet

Das Städtchen Loreo liegt mitten im Po-Delta, umgeben von einem weitverzweigten Kanalsystem aus römischer Zeit. Hier betreibt die Familie Bozzato ein Restaurant, in dem Sie so ziemlich alles ausprobieren können, was die marine Küche des Deltas zu bieten hat: eine schier unerschöpfliche Vielfalt an Krustentieren, Schnecken und Muscheln, die täglich fangfrisch auf dem Markt eingekauft werden. Es gibt keine geschriebene Speisekarte; man wird Ihnen sagen, wofür sich die Küche an diesem Tag entschieden hat, und auch Weine gibt es nur in kleinster Auswahl (doch einige gute). Halten wir uns nicht über Gebühr mit solchen Formalien auf und beginnen mit den zahlreichen Antipasti: kurz überbrühte oder angebratene Capelonghe-Muscheln, Jakobsmuscheln vom Holzkohlengrill, gekochte Granceole und Canoce (Krebsarten) mit einem Schuß Olivenöl, Caparossoli (Venusmuscheln) in Cassopipa, will heißen kurz in einem Tontopf gekocht, Tintenfischeier, und dicke, zarte Garusoli (Stachelschnecken) aus der Po-Mündung. Während der Saison gibt es außerdem ganz köstliche kleine **Krabben**. Anschließend kann man zwischen **Risotti** – mit Scampi, Muscheln, Caparossoli und schwarzem Tintenfisch –, äußerst schmackhaften, im Tontopf zubereiteten **Spaghetti mit Venusmuscheln** oder einer **Fischsuppe** mit Meerbarbe wählen. Als würdiges Hauptgericht empfiehlt sich eine Grela (gemischte **Grillplatte**) mit Goldbrasse, Seebarsch, Marmorbrasse, Tintenfischen, Steinbutt oder Blaufisch, in deren Genuß Sie allerdings nur dann kommen werden, wenn der Fisch absolut frisch ist. Natürlich können Sie sich auch für eine Frittura mit zarten und ganz jungen Calamaretti entscheiden. Die Desserts sind hausgemacht. In Ordnung ist auch das Preis-Leistungs-Verhältnis, und wer möchte, kann mit dem Fahrrad, mit dem Boot oder hoch zu Roß Ausflüge ins Delta machen.

Lusia
Bornio

9 km nordwestlich von Rovigo, S.S. 499

Al Ponte

Trattoria
Via Bertolda, 1
Tel. 04 25 / 6 98 90
Ruhetag: Montag
Betriebsferien: August
80 Plätze + 120 im Freien
Preise: 30 – 35 000 Lire, ohne Wein
Alle Kreditkarten
Mittags und abends geöffnet

Ursprünglich eine ländliche Trattoria, hat sich das »Ponte« im Lauf der Zeit zu einem Restaurant gemausert, insbesondere in Ambiente und Service, der vom wackeren Wirt Luciano Rizzato überwacht wird, während seine Frau Giuliana mit einer gelernten Köchin die Seele der Küche ist. Typisch für eine Trattoria sind allerdings nach wie vor die familiäre Herzlichkeit und die bodenständigen Gerichte.
Als Antipasti gibt es Gemüse in vielerlei Variationen, mal als Auflauf, mal als Strudel oder in knusprigem Pfannkuchenteig ausgebacken. Zu den Primi zählen **Reis mit dicken Bohnen** und **Malafanti**, ein beliebtes Schlachtfestessen aus Schweineknochenbrühe mit Wirsing und Maismehl, **Pasta e fagioli** und im Sommer kalte Nudelgerichte mit frischem Gemüse. Die Flußnähe macht sich durch verschiedene Fischgerichte bemerkbar, beispielsweise **Aal**, fritiert oder auch geschmort, Katzenwels, Schleie oder Karpfen vom Rost (nur auf Bestellung), geschmort oder gefüllt, **Froschschenkel als Ragout**, im Risotto oder fritiert. **Kaninchen mit Gemüsefüllung** oder **Huhn mit Zwiebelfüllung** gehören zu den Gerichten, die es das ganze Jahr über gibt. Das reichhaltige Angebot bedarf Lucianos Meinung nach keiner Speisekarte, und eine Weinkarte gibt es auch nicht, doch kann der Gast in der Enoteca, die in einem alten Haus untergebracht ist, gute Flaschenweine aus der ganzen Welt auswählen.

Im Zentrum von **Lusia** (8 km von der Trattoria) kann man in der Bäckerei Piccolo, Via Garibaldi 6, Gemüsegrissini und diverse Brotsorten kaufen, sowie Pinza,ein gefülltes Fladenbrot.

Lusiana
Valle di Sopra

37 km nördlich von Vicenza

Valle dei Molini

Restaurant
Via Valle di Sopra, 11
Tel. 04 24 / 40 73 72
Ruhetag: Dienstag und Mi.mittag
Betriebsferien: erste Sept.hälfte
40 Plätze
Preise: 35 – 40 000 Lire, ohne Wein
Kreditkarten: Visa
Mittags auf Vorbestellung und abends geöffnet

Mitten in diesem von der Natur reich gesegneten Tal, das einst für seine Wassermühlen berühmt war, führen Agnese und Francesco ein wirklich behagliches Lokal. Ihre Küche ist zwar von der Tradition bestimmt, doch kleineren Neuerungen gegenüber ist man stets offen.
Francesco kann mit **Pilzen**, wildwachsenden Kräutern und frischem Gemüse wunderbare Saucen zu Fagottini, Risotti und Tagliatelle zaubern. Neben diesen vegetarisch ausgerichteten Speisen gibt es natürlich auch Primi mit Fleisch, beispielsweise **Gargati mit Taubenragout**. Bei den Secondi darf im Winter der **Baccalà alla vicentina** nicht fehlen, ansonsten können Sie einen ausgezeichneten **entbeinten Fasan mit Kräutern** probieren, ein Osterzicklein, ein Sorana-Filet oder ein Gericht, auf das Francesco besonders stolz ist: **Taube in Balsamico-Essig**. Als Dessert gibt es eine sehr gute Schokoladen-Mousse und Bayerische Creme mit Früchten. Das Brot ist selbstgebacken, und zum Empfang bietet man den Gästen zu einem Gläschen Prosecco kleine Häppchen an. Das Angebot an Weinen ist zufriedenstellend.
Und noch ein Tip für die Anfahrt: Valle di Sopra liegt unterhalb des Dorfes Lusiana, der südlichsten der sieben Gemeinden auf der Hochebene von Asiago. Von Vicenza aus kommend, muß man sich in Velo links halten, leichter zu erreichen ist das Dorf über Lugo di Vicenza.

Die Apicoltura Sette Comuni, Via Pilastro 7, bietet verschiedenen Blütenhonig aus der Ebene und aus dem Hochgebirge an. In **Thiene** (18 km) finden Sie bei Gianni Genovese wirklich nur die besten in- und ausländischen Weinerzeuger: Da Enogamma, Via San Simone 32.

Marano di Valpolicella

19 km nördlich von Verona

Antica Trattoria da Bepi

Trattoria
Via Valpolicella, 13
Tel. 045 / 7 75 50 01
Ruhetag: Dienstag
Betriebsferien: erste Juniwo. u. erste Sept.hälfte
40 Plätze + 40 im Freien
Preise: 30 – 35 000 Lire
Kreditkarten: BA, CartaSi, Visa
Abends geöffnet, Sa., So., Fei., auch mittags

Selbst in einer Trattoria wie dieser, wo sogar der Name für Beständigkeit zeugt – dazu muß man wissen, daß in der Familie Lonardi seit Generationen ein männlicher Nachkomme auf den Namen »Giuseppe« getauft wird –, gibt es dann und wann behutsame Veränderungen. So hat man beispielsweise den alten Keller unter dem Lokal in eine gemütliche Weinprobierstube verwandelt, in der Valpolicella Superiore, Amarone und Recioto aus eigener Herstellung verkostet werden können – dieselben Weine werden auch im Restaurant ausgeschenkt und können erworben werden.
Alles beim alten geblieben ist jedoch in der Küche mit ihrer unverfälschten Veroneser Tradition. Eröffnen Sie das Mahl getrost mit den köstlichen **Salumi**, in Öl und Essig eingelegtem Gemüse und gerösteten Polentaschnitten, dem gastronomischen »Muß« dieser Region. Anschließend können Sie zu **Tagliatelle** mit heimischer Trüffel, mit frischen Erbsen oder auch mit Steinpilzen und Pfifferlingen (je nach Saison) übergehen oder auch den **Risotto all'Amarone** kosten. Saftige Stücke von Rind, Schwein und Lamm werden auf dem Holzkohlengrill am Kamin zubereitet. Empfehlenswert auch das in Gemüse, Tomaten und Amarone **geschmorte Lamm**, ein vom Chef selbst stammendes Rezept, sowie die Beilagen, die ganz einfach schmecken.
Trinken Sie zum Abschluß ein Gläschen Recioto, zu dem Mürbteigkuchen mit Marmelade oder Focaccia paßt. Oder tauchen Sie die traditionellen Mandelkekse in den Wein, die Giuseppes Mamma höchstpersönlich bäckt.

Marostica

28 km nordöstlich von Vicenza, S.S. 248

Dama Bianca

Trattoria
Via Montello, 18c
Tel. 04 24 / 47 02 39
Ruhetag: Sa.mittag und Sonntag
Betriebsferien: August
70 Plätze
Preise: 35 000 Lire, ohne Wein
Kreditkarten: DC, Visa
Mittags und abends geöffnet

Die »Dama Bianca« befindet sich, wie könnte es bei diesem Namen auch anders sein, nur wenige hundert Meter entfernt von den Wehrmauern des mittelalterlichen Städtchens Marostica. Das etwas kühle Ambiente macht Monica Perin durch ein kulinarisches Angebot wett, das wirklich mit Liebe zusammengestellt ist und das zu einem erstaunlich günstigen Preis.
Die Küche wurde einem jungen und tüchtigen Koch anvertraut, der die traditionellen Gerichte der Gegend gekonnt mit einer Prise mediterraner Küche abschmeckt. Der größte Teil des kulinarischen Erfolgs gebührt allerdings der Signora Lucia, Monicas Mutter: Die frische Pasta, die unter ihren Händen entsteht, ist wirklich selten gut. Neben den klassischen **Straccetti mit Kürbisblüten** und **Reginette mit Spargel** gibt es Rigatoni alla siciliana, Spaghetti al sugo di mare und eine ganze Reihe hervorragender **Risotti**. Auf Nummer Sicher gehen verwöhnte Gaumen mit dem **Kaninchen** alla »Cia«, das nach einem überlieferten Rezept zubereitet wird, doch Verlaß ist auch auf die Tagliata mit verschiedenen frischen Kräutern und die Bistecca alla fiorentina. Süß- und Salzwasserfische sind, wie könnte es anders sein, ebenfalls vom Feinsten, allerdings nur nach Jahreszeit auf der Karte. Attraktiv sind im Winter die Desserts mit Buchweizen oder mit Nüssen und Honig, während Sie im Sommer unbedingt die Bavaresi und all die anderen leckeren Cremespeisen kosten sollten.
Vergrößert hat sich die Auswahl an Weinen: Neben dem anständigen Hauswein gibt es nun auch die Produkte namhafter Erzeuger wie Anselmi, Querciabella, Hofstatter, Florio. Schon bald soll eine Weinkarte folgen.

Ein Besuch in der Casa del Parmigiano, Piazza Castello 25, ist ein Muß für jeden, der lokale Käsesorten, Wurstprodukte und Spezialitäten kaufen will.

Marca Trevigiana
Unterwegs auf den Weinstraßen

Bereits in alten Schriften hieß sie die »liebreizende, heitere« Mark, und das zu Recht, gedeiht doch der Wein hier besonders gut. Bei einem Gläschen in geselliger Runde ist nicht nur alle Traurigkeit rasch verflogen, nein, die Leute meinen, seine magischen Kräfte vertrieben selbst böse Geister und den Tod. Bei soviel Heilkraft ist die Qualität des Tropfens Nebensache – wichtig ist, daß die Medizin regelmäßig und an geselligem Ort getrunken wird: in der Osteria. Und so säumen denn auch Dutzende traditioneller Lokale die »Strade del Vino«, die sich durch die DOC-Anbaugebiete dieser Gegend ziehen. Die Strada del Prosecco, die sich zwischen Conegliano und Valdobbiadene durch die sanften Hügel um Feletto und Soligo windet, ist das Reich des frischen, herben Verdiso, der lieblichen Bianchetta, des lieblich-perlenden Marzemino di Refrontolo mit seinem Veilchenbukett und der edlen Incrocio-Manzoni-Weine. Die Strada dei Vini del Piave folgt in der Ebene dem Lauf des gleichnamigen Flusses, von seinem linken Ufer (von Conegliano über Tezze und San Polo bis nach Salgareda und Campodipietra) bis zum rechten (Zenson, Roncade): Merlot, Cabernet Franc und Cabernet Sauvignon werden hier jung getrunken, hie und da sogar noch aus den traditionellen Humpen, zu ein paar Scheiben Wurst, Soppressa oder Käse, während zum Tocai Bacalà oder ein kleiner Teller frisch fritierter Fisch gehören. Selbst der hier beheimatete Raboso wird oft jung getrunken, all seinem Tanningehalt und seiner herben Spritzigkeit zum Trotz – müßte er doch eigentlich mindestens drei Jahre im Faß reifen, bis er geschmeidig wird und das typische, an Sauerkirschen und wilde Brombeeren erinnernde Bukett des Raboso Piave DOC entfaltet. Die Strada dei Vini Montello e Colli Asolani folgt dem Lauf der alten Mönchs- und Händlerroute, vorbei an Prosecco-, Merlot- und Cabernet-Weinbergen, deren Trauben in Venegazzù zu den hochklassigsten Cuvées der Mark verschnitten werden. Zu jeder Weinstraße nennen wir Ihnen neben den »historischen« Osterie oder Vinotheken auch innovativere, deren Betreiber auch Neuem eine Chance geben.

Conegliano (Tv)

Alle Anerete

Osteria
Via Gera, 7
Tel. 04 38 / 2 32 38
Ruhetag: Sonntag
Keine Betriebsferien
Geöffnet: 9.00 – 2.00 Uhr

Wenn man von Süden her kommend in Conegliano eintrifft, muß man noch vor der Altstadt links in die Via Gera abbiegen, will man dieser traditionellen Osteria einen Besuch abstatten. Traditionell ist sie allerdings nur äußerlich, denn unter den jungen Inhabern wurde das Weinangebot völlig umgekrempelt: Sie finden hier nun an die 200 Flaschenweine, darunter natürlich den besten Prosecco und Incrocio Manzoni der umliegenden Hügel, sowie etliche gute Weine aus ganz Italien. Zum Wein gibt es Wurst, Käse oder Gebäck.

Vittorio Veneto

Enoteca

Enoteca mit Ausschank und Imbiß
Viale Trento e Trieste, 6
Kein Telefon
Ruhetag: Montag und Di. mittag
Betriebsferien: unterschiedlich
Geöffnet: 10 – 14 und 17 – 21 Uhr, im Sommer 18 – 22 Uhr

Das Lokal liegt hinter den Gärten, die sich zwischen dem Bahnhof und der Piazza del Popolo erstrecken. Der sympathische Fabrizio wird Ihnen hier klassischen Prosecco und Verdiso anbieten, Sie finden bei ihm aber auch eine große Auswahl an Weinen aus dem übrigen Italien, vorzugsweise Friaul, dem Trentino, Südtirol, der Toskana und Piemont. Von einem Bauern bezieht Fabrizio ausgezeichnete Salami, Pancette und Soppresse. Außerdem bietet er rohen Gänseschinken und gekochten Schinken im Teigmantel an, die er noch von Hand aufschneidet. Und schließlich gibt es noch eine reiche Auswahl an Käsespezialitäten, hervorragende Sardinen in Carpione und manchmal auch Crostini mit Geflügelleber.

Vittorio Veneto

Lauro

Osteria
Via Calcada, 57
Ruhetag: Donnerstag
Betriebsferien: unterschiedlich
Geöffnet: 10 – 1 Uhr

Eine kleine klassische Osteria, in der man sich trifft, um eine »ombra« (ein Glas) zu sich zu nehmen, miteinander zu schwatzen und Karten zu spielen. Um die Hitze des Spiels zu dämpfen oder als »Unterlage« gibt es immer etwas Schnelles: Sardinen in Saor, Muset (eine Schweinswurst, die schon zwei Tage nach der Herstellung gegessen werden kann), Nervetti (Knorpelsalat), Käse und Aufschnitt; am Montag, dem Markttag, wird ein ausgezeichnetes Fritto Misto di pesce aufgetischt. Das Weinangebot wurde erweitert und umfaßt neben dem Veneto auch Toskana, Friaul und Piemont.

Farra di Soligo (Tv)
Osteria dei Colli
NEU
Osteria
Piazza Fontana, 133 – Col San Martino
Tel. 04 38 / 89 81 43
Ruhetag: Donnerstag
Betriebsferien: unterschiedlich
Geöffnet: 7 – 1 Uhr

Col San Martino ist ein kleines Bauerndorf inmitten sorgfältig gepflegter Weinberge, in denen das Königsgewächs Prosecco heranreift. Die alten Steinhäuser, die verwinkelten Gäßchen und die kleinen Kirchen mit den frommen Inschriften auf den Kapitellen sind stumme Zeugen einer Zeit, die hier stehengeblieben zu sein scheint. Tritt man dann über die Schwelle der »Osteria dei Colli«, ist es, als unternähme man einen weiteren Sprung in die Vergangenheit: Da ist einerseits das heimelige Ambiente (zwei kleine Räume mit gußeisernen Tischchen mit Marmorplatten, Bast-Flecht-Stühlen, großen Blumentöpfen, alten Küchenschränken und Vitrinen, einem Kamin und einem rustikalen Holztresen mit Intarsien), andererseits diese warme Herzlichkeit, mit der Wilma und ihre Tochter Oriana die Gäste empfangen. Oriana ist leidenschaftliche Sommelier, und so ist es auch kein Zufall, daß man hier unter über 50 Flaschenweinen und mindestens 20 edlen Schnäpsen wählen kann. Dazu gibt es ausgezeichnete Wurstwaren, Käse aus der Gegend und aus Frankreich sowie Kuchen und Schokolade aus Orianas eigener Herstellung: Sie ist nämlich »Schmelzendes Mitglied« in der Schokoladen-Vereinigung. Möchten Sie samstags mal die von einer nahegelegenen Käserei hergestellte Burrata mit Polenta kosten, dann müssen Sie rechtzeitig vorbestellen.

Sernaglia della Battaglia (Tv)
Da Condo
Osteria
Via Roma, 1
Tel. 04 38 / 8 69 86
Ruhetag: Mittwoch
Keine Betriebsferien
Geöffnet: 7 – 23 Uhr

In der Osteria von Giocondo Pillonetto, der hier eine feste Institution, ja fast schon ein Mythos war, ist nichts verändert worden. Als Wirt, Bürgermeister und Poet fühlte er sich dazu berufen, die Grundbedürfnisse der Menschen zu befriedigen: Er schenkte den Wein aus, setzte sich mit Tatkraft und viel Bürgersinn für die Interessen der Gemeinde ein und konnte die allgemeine Befindlichkeit, die Gefühle und kleinen Heldentaten der Bauern und der Auswanderer in so wunderschönen Metaphern wiedergeben, daß einem das Herz aufging. Die Witwe, Signora Delfina, und seine Tochter Silmava (auf diesen Namen konnte nur ein Dichter verfallen!) polieren ihr Messing, den ganzen Stolz des Lokals, schenken lokale Weine wie Prosecco, Verdiso und Incrocio Manzoni aus und reichen dazu Soppressa oder Käse sowie köstliches trockenes Gebäck zu den stets vorrätigen sizilianischen Likörweinen.

Valdobbiadene
Alla Terrazza
Osteria
Via Centro, 73 – San Pietro di Barbozza
Tel. 04 23 / 97 26 00
Ruhetag: Donnerstag
Betriebsferien: 20. – 30. September
Geöffnet 9 – 1 Uhr

Um die »Straße des Prosecco« würdig abzuschließen und die typischsten Prosecci zu kosten, müssen Sie in Valdobbiadene in der »Terrazza« einkehren, die seit 50 Jahren von der Familie Zanco geführt wird. Es gibt auch noch sehr angenehme Extras: hausgemachte Soppressa, frisch geräucherten Bauchspeck, diverse Schinken, Montasio-, Piave- und Almkäse, einen herrlichen Blick auf die Weingärten. Im Winter gibt es dazu eine samtige Polenta, die auf Holzfeuer brodelt.

San Polo di Piave (Tv)
Da Gino Battistella
Osteria
Via Valerio, 7
Tel. 04 22 / 85 50 06
Ruhetag: Montag
Betriebsferien: August
Geöffnet 8 – 12, 15.30 – 1 Uhr

Gino Battistellas Osteria ist die älteste und typischste der ganzen Gegend. Weswegen

Gino ebensowenig daran denkt, irgendetwas an der wunderschönen, alten Einrichtung zu verändern, wie er sich von seinen unverfälschten, sauberen Weinen abbringen läßt: Piave, Raboso, Cabernet, Merlot, Refosco, zu denen sich ein frischer Fragolino und ein Ramandolo gesellen. Treu bleibt er selbstverständlich auch seinen Cicheti, die sich fast wie ein Führer durch die großen Klassiker ausnehmen: Soppressa, Coppa, Wurst, Käse, an den Wintersonntagen Musetto und im Herbst so manches Mal Kuttelsuppe.

Ponte di Piave
Torre Morosini
Enoteca mit Küche
Via Terreni, 1
Tel. 04 22 / 85 75 75
Betriebsferien: unterschiedlich
Geöffnet: 11 – 14 und 18 – 1 Uhr

Diese Enoteca wurde im Mai 1994 in einem ehemaligen landwirtschaftlichen Gerätehaus eröffnet, das man zuvor mit viel Geschick renoviert hat. Die Weine, viele auch im Ausschank, stammen vorwiegend aus dem Triveneto und hier vor allem aus der Gegend um Treviso. Wer seinen Horizont etwas erweitern möchte, für den stehen auch einige gute Flaschenweine aus den bedeutendsten Weinbaugebieten Italiens zur Verfügung. Dazu bekommt man heimische Wurst aus Schweinefleisch (Soppressa, Osscollo, Musetto), Sarde in saor, Nervetti, Meerschnecken, Käse – auch gebacken – aus der Gegend, Radici e fasioi, aber auch einige Pastagerichte mit Saucen nach der Saison oder mit gegrilltem Gemüse. Secondi gibt es nur nach Anmeldung.

Crocetta del Montello
Ponte di Pietra
Osteria
Via Ponte di Pietra, 5
Tel. 04 23 / 8 35 71
Ruhetag: So.abend, Montag
Betriebsferien: unterschiedlich
Geöffnet: 9 – 14.30 und 17.30 – 24 Uhr

Von Feltre kommend beginnen Sie 5 km nördlich von Montebelluna Ihr Tempo zu drosseln und sehen nach rechts, denn sonst verfehlen Sie die Osteria »Ponte di Pietra«. Und das wäre schade, denn Sie sind hier in den DOC-Anbaugebieten Montello und Colli Asolani. Der Weinkeller bietet eine interessante Auswahl, die nicht nur die guten lokalen Marken, sondern auch ausgezeichnete Weine aus anderen Regionen, vor allem aus dem Friaul, dem Trentino, dem Piemont und der Toskana umfaßt. Die Weine werden abwechselnd auch glasweise im Ausschank angeboten, wie man auf den Tafeln über der Theke sehen kann. Auch die Küche bietet ein einladendes Angebot: echte römische Bruschetta und schmackhaftes Gemüse der Saison mit Extravergine-Öl, Bucatini all'amatriciana und auch in der originalen Version ohne Tomaten (»gricia«), Spaghetti mit Bottarga von Meeräsche. Außerdem versteht sich Ivana hervorragend auf die Zubereitung von Süßspeisen: Schokoladen- und Mandeltorte, eine köstliche Crème brûlée mit gehackten Mandeln, Mürbteigkuchen mit frischen Früchten oder hausgemachten Marmeladen.

Crespano del Grappa
Bar Enoteca Venezia
Osteria – Trattoria
Tel. 04 23 / 5 37 20
Ruhetag: Montag, Dienstag
Betriebsferien: im September
Geöffnet: 7 – 15 und 17 – 24 Uhr

Crespano besitzt einen der ungewöhnlichsten und malerischsten Plätze des Asolano, umgeben von Läden mit alten Schildern. Am Sonntagvormittag findet hier ein höchst drangvoller Markt mit Produkten von den Bergen um Grappa statt. Am Platz liegt diese Osteria aus dem 19. Jahrhundert, wo man sich bei Chiara mit Prosecco oder Raboso, einem Marzemino frizzante oder Cabernet del Piave, an hausgemachter Soppressa, Sarde in saor oder (donnerstags) an einer Frittura di pesce gütlich tut. Zu den normalen Essenszeiten wird in der Trattoria hauptsächlich Fisch – immer absolut frisch – serviert.

Asolo (Tv)
Enoteca in Asolo
Enoteca mit Imbiß
Via Browning, 185
Tel. 04 23 / 95 20 70
Ruhetag: Montag
Betriebsferien: unterschiedlich
Geöffnet: 9 – 12.30 u. 15 – 20 Uhr im Sommer Frei., Sa., und So. bis 1 Uhr

In Prudentes Enoteca unter den Arkaden der Via Browning, einer der malerischsten Straßen Asolos, sollten Sie unbedingt einmal vorbeischauen. Harmonisch in das Stadtbild fügt sich die Einrichtung des Lokals ein: Holzbalken an der Decke, am Fußboden urtümliche Terrakottafliesen, und im kleinen Raum nebenan wuchtige alte Bänke und Tische. Auf einer Tafel hinter dem Tresen sind Weine aus den verschiedensten Regionen aufgeführt, die im wöchentlichen Wechsel und zu anständigen Preisen zur Probe angeboten werden. Dazu liegen lokale Wurst- und Käsespezialitäten auf und im Frühling auch einmal ein Omelett mit frischen wildgewachsenen Kräutern.

Miane · Combai

38 km nordwestlich von Treviso, 19 km von Vittorio Veneto

Al Contadin

NEU

Osteria
Via Capovilla, 11
Tel. 04 38 / 96 00 64
Ruhetag: Montag
Betriebsferien: unterschiedlich
35 Plätze
Preise: 30 000 Lire
Keine Kreditkarten
Mittags und abends geöffnet

Das »Al Contadin« ist eine Osteria, die man immer wieder gerne betritt, weiß man doch ganz genau, was einen erwartet: Das einfache und ruhige Lokal läßt alle Sorgen und Mißstimmungen im Nu verfliegen, auf die ehrliche Freundlichkeit von Diego, dessen Frau und Töchtern ist Verlaß, und schließlich schmeckt die **Pasta e fagioli** hier besonders gut. Nicht zu verachten sind außerdem das im eigenen Garten aufgezogene und alljährlich erntefrisch in Öl oder Essig eingelegte Gemüse, dann der Prosecco und der Verdiso (moussierend und nicht moussierend) aus eigenem Anbau, die deftige **Polenta mit tocio**, einer leckeren Fleischsauce zum Dippen, die aus dem Kleinvieh ihres Hofes zubereitet wird. In der Saison gibt es **Hasenragout**, Reh und **Pilze**, die in den Kastanienwäldern von Combai gesammelt werden. Und dann erst der **Radicchio**, die köstlichen Bohnen: einfach nur voller, reiner Geschmack!
Wenn Signor Diego merkt, daß Sie wirkliches Interesse zeigen, dann wird er Ihnen, während er in aller Seelenruhe den Spieß bepinselt – den man übrigens vorbestellen sollte –, seine Gedichte vortragen – in Dialekt natürlich. Das tut er aus Heimatverbundenheit, aber auch, weil die Mundart von Soligo ausgesprochen musikalisch klingt und mit ihren zahlreichen Alveolarlauten eine weit zurückliegende Vergangenheit in den Herzen von Barden und Zuhörern aufleben läßt. Manchmal leisten ihm dann bei einer Rezitation rund um den Spieß andere dichtende Bauern aus der Gegend zwischen Bassano und Feltre Gesellschaft, um ihren Dialekt nicht aussterben zu lassen.

Die Latteria Sociale in **Combai**, Via Trento 2, ist inzwischen auch Verkaufsstelle für die Qualitätsprodukte ihrer Mitglieder: Käse, Kastanienmarmelade, Waldbeerensäfte, Gemüse und Obst aus biologischem Anbau.

Mira
Marano

23 km westlich von Venedig, S.S. 11

Da Conte

Osteria – Trattoria
Via Caltana, 133
Tel. 0 41 / 47 95 71
Ruhetag: So.abend und Montag
Betriebsferien: 1 Wo. im Jan., 2 Wo. im [Sept.
35 Plätze + 35 im Freien
Preise: 50 000 Lire, ohne Wein
Kreditkarten: CartaSi, Visa
Mittags und abends geöffnet

Nur wenige Schritte vom Bahnhof in Mira entfernt liegt die nett restaurierte Osteria »Da Conte«, die auf eine mehr als hundertjährige Geschichte zurückblickt. Die sympathischen Inhaber Manuela und Giorgio Zampieri haben ihr kulinarisches Angebot im Laufe der Zeit erweitert, doch darüber die Tradition des Veneto nicht aus den Augen verloren: Will man nur ein Gericht zu sich nehmen und dazu ein Gläschen Wein trinken, so ist das hier kein Problem. Vielleicht ist der **wilde Lattich mit geröstetem Speck** etwas für Ihren Gaumen, oder das Carpaccio vom Flußbarsch oder von der Lachsforelle, der geräucherte Schwertfisch, die **Tintenfische** im eigenen Saft, die marinierte Makrele oder der Lachs, die **Sarde in saor** oder einfach nur ein wenig Leberpastete. Sollten Sie jetzt doch noch Lust auf einen Primo bekommen, dann sollten Sie sich auf viel Gemüse und Fisch einstellen: **Gerstensuppe** und **Bohnen in Schwarzgrundel-Brühe**, die in Venedig traditionell an Heiligabend gegessen wird, Spaghetti alla buranea, Tagliolini mit kleinen Tintenfischen und einem leichten Pesto (von Oktober bis Dezember), **Tagliolini mit Calamari und zarten Artischocken** oder mit Gransoporo, einer Bohnencreme mit Venusmuscheln. Wenn im Frühling dann die Wiesenkräuter sprießen, werden damit Fleisch, Fisch, Eier, Käse und Wurst verfeinert. Ausgezeichnet auch die Secondi: Rippenstücke, Kutteln, **geschmorter Baccalà**.
Zu den leckeren Süßspeisen – von Zabaione mit Likörwein über köstliches Kleingebäck bis hin zum Obstkuchen – können Sie testen, welche Dessertweine am besten dazu passen.
Zum Thema Wein ließe sich noch sagen, daß die Weine aus dem Veneto, aus Italien und aus dem Ausland umsichtig ausgewählt sind, und – besonders erfreulich – stets im richtigen Glas serviert werden. Sehr gut auch die Auswahl an Ölen.

Mirano

20 km nordwestlich von Venedig

Ballarin

Osteria
Via Porara, 2
Tel. 041 / 43 15 00
Ruhetag: Di.abend u. Mittwoch
Betriebsferien: August
40 Plätze
Preise: 30 – 40 000 Lire
Keine Kreditkarten
Mittags und abends geöffnet

Seit über sechzig Jahren nun wird der »Ballarin-Stil« von ein und derselben Familie gepflegt. Die Trattoria ist so schlicht eingerichtet, daß man sich im Speiseraum wie zu Hause im Eßzimmer fühlt, mit dem Service macht man sich zwar nicht allzu viele Umstände (das Menü wird mündlich vorgetragen), doch ist er herzlich und umsichtig.
Die Gerichte sind fest mit der Scholle und den Jahreszeiten verbunden: **Kuttelsuppe**, Risotti, **Baccalà alla vicentina**, **Tintenfische**, **geschmorte Aale**, gebratene Enten und Kaninchen und **Fegato alla veneziana**. Von April bis Januar gibt es ein Menü mit so wunderbaren **Pilzen**, daß sogar der anspruchsvollste Tischgenosse seine Freude daran haben wird. Das komplette Jahreszeit-Menü ist eine Idee von Andrea. Zum Dessert gibt es Kekse mit Creme, die zum Vinsanto passen, und hin und wieder gibt es auch einmal eine hausgemachte Süßspeise.
Bei den Weinen finden sich zwar mittlerweile ein paar anständige regionale Flaschenweine, vorwiegend aus dem Veneto und dem Trentino, doch überwiegt hier immer noch die Tradition des am Tresen offen ausgeschenkten Gläschens, der Ombra, mit den Häppchen, **Cicheti**. Die Cicheteria gehört zum kulturellen Erbe Miranos, und so ist ein Besuch bei »Ballarin« – besonders am Montagvormittag, wenn Markt ist – Pflicht: dann werden zu Crostini, verschiedenen Tintenfischen, fritiertem Baccalà oder gebackener Mozzarella ein Cabernet, Verduzzo oder Riesling getrunken. Der Barbetrieb ist von 8 bis 24 Uhr geöffnet.

In **Spinea** (4 km) kann man in der Salumeria Marigo, Viale Viareggio 63, Delikatessen aus ganz Italien und nun auch gute Fertiggerichte kaufen.

Mirano Scaltenigo

18 km nordwestlich von Venedig

La Ragnatela

Restaurant
Via Caltana, 79
Tel. 041 / 43 60 50
Ruhetag: Mittwoch
Keine Betriebsferien
120 Plätze
Preise: 35 – 50 000 Lire, ohne Wein
Kreditkarten: CartaSi, Visa
Mittags und abends geöffnet

Der seit jeher ausgezeichnete Service im »Ragnatela« wurde neuerdings durch Umbauten an Decke und Fußboden des Speisesaals noch weiter verbessert: Der Raum ist jetzt heller, die Lautstärke gedämpfter und die Luft frischer. Ansonsten ist die erprobte Küchenmannschaft bei ihrem bewährten Motto »von der Tradition zur Innovation« geblieben und stellt immer wieder neue Menüs zusammen, die dem Gaumen schmeicheln.
Traditionelle Antipasti sind der **Saor** mit Sardinen und Gemüse, gekochte kleine Tintenfische auf einem Kartoffelbett und Kürbisblüten mit Fischfüllung. Bei den Primi lassen sich **Bigoli in salsa** und ein bunter Reigen von verschieden zubereiteten Ravioli, Gnocchi, Spaghetti und Cannelloni nennen, bei den Secondi Ente, Huhn, Truthahn sowie kleine Tintenfische mit allerlei Saucen. Wiederentdeckt wurde schließlich ein altes Gericht aus dem Veneto: »ambroyno«, eine Tunke aus Gewürzen und Mandeln aus dem 15. Jahrhundert.
Andere Gerichte hingegen sprühen nur so von neuen Einfällen. Da wären der Kaninchensalat mit Ingwer auf Gartengemüse, frischer, geräucherter und über Dampf gekochter **Thunfisch**, **schwarze kleine Lasagneplatten** mit frischem Thunfisch, Erbsen und Fenchel, Pastablätter mit Paprika und Froschragout, **Perlhuhnbrust** mit einer Füllung aus Ricotta und frischen Kräutern, Gemüseratatouille und Seebarschfilet mit Koriander. Und zum Abschluß Desserts passend zum Wein: Zabaione mit Portwein und einer Melonensauce, Zimt-Schaumgefrorenes mit Birnen und Rotwein, sowie Cantucci und Zaleti zu Vin Santo.
Neben den offenen Lison-Pramaggiore-Weinen stehen auf der Karte große Weine mit einem maßvollen Preisaufschlag zur Auswahl. Die über 250 Flaschen nehmen Sie mit auf eine Reise durch Italien und die ganze Welt.

Mirano

20 km nordwestlich von Venedig

Osteria dalla Pierina

Osteria – Trattoria
Via Mariutto, 30 – 32
Tel. 041 / 43 01 43
Ruhetag: Mittwoch
Betriebsferien: unterschiedlich
40 Plätze + 30 im Freien
Preise: 30 – 50 000 Lire, ohne Wein
Kreditkarten: AE, CartaSi, Visa
Mittags und abends geöffnet

Eingebettet in eine fruchtbare und wasserreiche Landschaft duckt sich das Städtchen Mirano schläfrig um ein seltsames, durch die Verlandung des alten Flußhafens entstandenes Rund. Eine der vielen »Casette minime« dieser Gegend, flache Häuschen aus dem 17. Jahrhundert, die einst zur Villa Mariutta gehörten, beherbergt die restaurierte »Osteria dalla Pierina«. Im Mittelpunkt steht ganz allein die Küche, und das erweiterte, ausgesprochen gepflegte Speisenangebot hat ein ganz neues Publikum angelockt.
Je nach Jahreszeit werden verschiedene Degustationsmenüs zusammengestellt, bei denen reichlich Frühlingskräuter oder Trüffeln zum Einsatz kommen, aber auch Steinpilze und Wild. Am Martinstag dann, im November, dreht sich alles um die Gans. Zum ganzjährigen Angebot gehören traditionelle Gerichte wie **Pappardelle mit Ente und Steinpilzen**, **geschmorte Tintenfische**, **Bigoli in salsa**, Baccalà und Fegato alla veneziana. Innovativ oder aus der internationalen Küche sind das Filet vom Angus-Rind in Balsamico-Essig, die mit Kräutern marinierten Lammkoteletts oder ein Gnocchi-Soufflé mit Spargel. Hausgemacht sind hier nicht nur die Nudeln, sondern auch sämtliche **Nachspeisen**: Ob gebackene oder cremige Naschereien, Panna cotta, Zabaione oder die phantastische **Torte mit Mousse au chocolat** – die Zubereitung süßer Gaumenkitzel ist Giorgios große Leidenschaft!
Auf der Weinkarte finden Sie interessante Weine aus dem Veneto oder aus anderen Regionen Italiens, offen gibt es einige regionale Rote oder Weiße. Genehmigen Sie sich zum Abschluß ruhig noch etwas Hochprozentiges aus der großen Auswahl.

Das Gut Madre Terra in **Santa Maria di Sala** (7 km) hält ein reichhaltiges Gemüseangebot aus biologischem Anbau für Sie bereit.

Mogliano Veneto

12 km südlich von Treviso

La Fenice

NEU

Osteria mit Küche – Enoteca
Via Matteotti, 13
Tel. 041 / 5 90 21 74, 5 90 28 79
Ruhetag: Freitag und So.abend
Betriebsferien: die ersten 3 Wo. im August
100 Plätze
Preise: 25 – 30 000 Lire
Kreditkarten: CartaSi, Visa
7.30 – 14.30 und 16 – 23 Uhr geöffnet

Nachdem Sie durch die schwere Holztür eingetreten sind, müssen Sie zunächst einen weißgetünchten, mit allerlei Krimskrams und alten Fotos dekorierten Gang entlanggehen, in dessen Vitrinen ausgesuchte Schnäpse und zum Teil vom Wirt selbst abgefüllte Weine ausgestellt sind. Von den Holzbalken an der Decke hängen Töpfe und Kupferwaren. Dann, ganz hinten, erblickt man endlich den Tresen: rustikal und ziemlich wuchtig. Die Hausweine, die hier ausgeschenkt werden, sind nicht gerade umwerfend, dafür läuft einem beim Anblick der schier endlosen Variationen von mit Wurst, Fisch und frischem Gemüse belegten Crostini, Stuzzichini, Tramezzini und Panini das Wasser im Munde zusammen. Eigentlich sollten Sie sich keinen dieser kleinen Leckerbissen aus Gänsebrust mit Steinpilzen, Bresaola mit Grana, Riesengarnelen mit Parmesan oder Häppchen mit Baccalà entgehen lassen!
Wird es dann Zeit zum Mittag- oder Abendessen, können Sie sich einfach in dem gemütlichen Speiseraum mit seinen großen Mosaikfenstern niederlassen, die mit den einfallenden Lichtstrahlen spielen. Auf delikate **Risotti mit Pilzen**, köstliche Tagliatelle und hausgemachte **Gnocchi** mit verschiedenerlei Soßen werden Sie nicht allzu lange warten müssen, denn die Bedienung ist wirklich äußerst rührig und freundlich. Abschließen können Sie die Mahlzeit mit einer regionalen Spezialität (**heimische Soppressa**, **roher Schinken aus Montagnana**) oder mit einem Fleischgericht wie Steak vom Grill, Lammkotelett oder **Spanferkel** (vom Wirt höchstpersönlich gegrillt) oder auch mit einem leichten Carpaccio nach Art des Hauses.

In **Casale sul Sile** (11 km) kann man im Caseificio Zanchetta, Via Filzi 1, Stracchino und Casatella in der Lauge, Ricotta, Mascarpone und viele andere Frischkäsezubereitungen bekommen.

Monastier di Treviso
Chiesa Vecchia

15 km östlich von Treviso

Il Tirante

NEU

Restaurant
Via San Pietro Novello, 48
Tel. 04 22 / 79 10 80
Ruhetag: Mo.abend und Dienstag
Betriebsferien: unterschiedlich
15 Plätze
Preise: 45 000 Lire, ohne Wein
Keine Kreditkarten
Mittags und abends geöffnet,
am Samstag nur abends

Aus der schlichten Familien-Osteria, in der hauptsächlich Wein ausgeschenkt und auch verkauft wurde, ist der »Tirante« zu einem gepflegten, wenn auch winzigen Gasthaus aufgeblüht. Es liegt an der Rotweinstraße rechts des Piave, und wenn Sie die Ruinen des alten Benediktinerklosters Santa Maria del Pero mit dem kleinen Flußhafen am Meolo und die alte Patriziervilla dahinter erspäht haben, sind Sie auch schon da. Machen Sie es sich in dem freundlichen Ambiente zwischen ein paar alten Möbelstücken und alten bäuerlichen Gerätschaften bequem.

Die in all den Jahren gesammelte Erfahrung – er mit Weinen und sie mit der Zubereitung von Imbissen oder anderen kleinen Gerichten – hat Luigi und Caterina Dall'Antonio dazu bewogen, ihr kulinarisches Angebot zu erweitern. In der Küche entstehen nun jahreszeitlich geprägte Menüs, teils traditionell, teils originell zubereitet. Man kann hier einen schmackhaften **Speck** verkosten, Tagliatelle mit Zucchine und Wurst, Kaninchen mit Kräutern, gefüllte Putenkeule und einen Mürbteigkuchen mit Pfirsichmarmelade. Hausgemachte Pasta gibt es in Form von Tagliatelle, Bigoli oder Gnocchi, und die Soßen dazu variieren je nach Jahreszeit, die **Pasta e fagioli** ist mit angebratenem Radicchio abgeschmeckt, zu frischem oder reiferem Käse serviert man eingelegtes Gemüse und zu den Wurstwaren süßsauer eingemachte Früchte. Zu den überraschenden Stammgerichten zählt das **Schwein in saor**, das die Köchin nach einem Rezept aus der guten alten Zeit mit ausgesuchtem Schweinefleisch und einer traditionellen Marinade zubereitet.

Die Gestaltung der Weinkarte verspricht besonderen Genuß: Mit einem schicken Layout werden neben einigen beachtlichen Weinen aus Italien auch rund 20 ausländische Erzeugnisse präsentiert. Man wird Sie hier herzlich und familiär, doch niemals aufdringlich bedienen.

Monfumo
Castelli

38 km nordwestlich von Treviso

Osteria dall'Armi

Osteria mit Küche
Via Chiesa, 1
Tel. 04 23 / 56 00 10
Ruhetag: Mittwoch
Betriebsferien: Ende Aug. bis Mitte Sept.
25 Plätze + 40 im Freien
Preise: 15 – 35 000 Lire
Keine Kreditkarten
Mittags und abends geöffnet

In Castelli, 5 km von Monfumo, führt die Familie Dall'Armi seit fünf Generationen (1850) diese Osteria. Von der Terrasse hat man einen schönen Rundblick über das abwechslungsreiche Hügel- und Bergpanorama zwischen dem Col degli Olivi und dem Ca'Corniani. Und im Hintergrund zeichnet sich imposant die Rocca di Asolo ab. Doch das »Dall'Armi« lohnt nicht allein wegen dieses Ausblicks einen Besuch. Hierher kommt man nicht zuletzt wegen der sagenhaften Fortaie (**Omeletts**), die es in den verschiedensten geschmacklichen und farblichen Variationen gibt: von der besonders typischen »Rognosa« mit Zwiebeln und Soppressa bis hin zu Varianten mit Kräutern der Saison, wie Hopfensprossen, Rosoline, wildem Spargel, Rustegot (Sprößling des Mäusedorns) und Brennesseln. Stets findet man auch ein gutes Sortiment an Aufschnitt aus örtlicher Herstellung, außerdem selbst eingelegtes Gemüse, gebackenen Käse, **Tagliatelle mit Gemüsen** der Saison, Makrelen mit Schalotten. Das besonders schmackhafte **Pollo in tecia** muß einige Tage im voraus – für mindestens zehn Personen – vorbestellt werden.

Die offenen Weine – Prosecco, Fragolino, Cabernet, Marzemino – sind annehmbar: Sie stammen aus eigener Erzeugung und werden vorschriftsmäßig in den alten Fässern in einem Weinkeller gelagert, den man in den Berg gehauen hat und in dem außerdem Ossicolli und Soppresse hängen.

In **Cavaso del Tomba** (5 km) produziert die Latteria Val Cavasia u. a. einen etwas salzigen Weichkäse, den interessanten Morlacco.

Montecchia di Crosara Costalunga

28 km östlich von Verona, S.S. 11

Alpone

Restaurant
Via Pergola, 51
Tel. 045 / 6 17 53 87
Ruhetag: So.abend und Dienstag
Betriebsferien: je 2 Wo. im Jan. u. Aug.
60 Plätze + Nebenraum
Preise: 40 – 45 000 Lire, ohne Wein
Kreditkarten: die bekannteren
Mittags und abends geöffnet

Dieses nette und gemütliche Restaurant in den renovierten Räumlichkeiten eines alten Wirtshauses entwickelt sich in der Provinz Verona langsam zu einer kulinarischen In-Adresse. Simone Tessari, Küchenchef und Inhaber des Lokals, pflegt eine schöpferische Küche, doch greift er für seine Menüs immer auf heimische Zutaten zurück. Einen passenden Wein finden Sie in der gut bestückten Weinkarte: Da gibt es neben dem offenen Hauswein aus der Weinkellerei »La Cappuccina« einige interessante Weine aus dem übrigen Italien.
Den lästigen Eintrag »Gedeck« hat Simone von der Karte gestrichen, und Schluß gemacht hat er auch mit der strengen Konvention, daß zu bestimmten Speisen nur bestimmte Weine getrunken werden dürfen. Beginnen Sie einfach mit den **Veroneser Wurstspezialitäten**, danach können Sie sich für Crespelle mit rotem Veroneser Radicchio entscheiden oder für **Gnocchi**, die in der ganzen Provinz ihresgleichen suchen: Die perfekte Ausgewogenheit von Geschmack und Konsistenz verraten wahre Meisterschaft bei der Auswahl der Kartoffeln und der Zubereitung der Tomatensoße. Bei den Secondi gibt es ein zartes **Kaninchen** mit frischem Thymian in der Füllung, oder, je nach Jahreszeit, **glaciertes Perlhuhn** in Maldégo (ein junger Cabernet aus der eigenen Kellerei) und dazu perfekt gegartes frisches Gemüse. Sehr zu empfehlen ist auch der Monte-Veronese-Käse in verschiedenen Reifegraden. Zum Abschluß sollten Sie sich noch zu einer Sandtorte mit Vanillecreme verführen lassen, zu einem Halbgefrorenen aus Mandeln mit Schokoladensauce oder zu Haselnußeis mit weißer Schokolade.

In **Selva di Progno** (10 km) gibt es in der Käserei von Dario Gugole, Via Pernigotti 128, Monte-Veronese-Käse, Butter und Ricotta.

Monteforte d'Alpone

5 km östlich von Verona, S.S.11 oder A 4

Enoteca del Soave

Enoteca mit Küche
Piazza Salvo d'Acquisto
Tel. 045 / 7 61 34 22
Ruhetag: Montag
Betriebsferien: 15. – 28.2., 2 Wo. im Aug.
75 Plätze
Preise: 25 – 30 000 Lire, ohne Wein
Keine Kreditkarten [geöffnet
Mittags und abends, Sa./So. nur abends

Die Enoteca wurde 1984 vom »Consorzio di Tutela del Vino Soave« gegründet und wird seitdem genossenschaftlich betrieben. Der mittelalterliche Palazzo war früher Bischofssitz. Die Regie führt heute ein Familienterzett: Serafino im Ausschank, Renata in der Küche, Tochter Cristina im Service. Natürlich trinkt man hauptsächlich Soave DOC, dessen Qualität das Consorzio überwacht (die meisten hier repräsentierten Erzeuger gehören ihm an); aber auch andere Weine der Region – besonders rote, die Leidenschaft Serafinos – wie Bardolino, Valpolicella, Custoza sind vertreten. Die Preise, ob bei den Flaschen oder im offenen Ausschank, sind bewußt wettbewerbsorientiert, allein schon der barriquegereifte Recioto 1993 von Gini, das Glas zu 5 000 Lire, lohnt den Besuch. Außerdem führt die Liste etwa 60 exzellente Grappe auf. Zu essen gibt es (auch außerhalb der normalen Tischzeiten) einfache, traditionelle lokale Gerichte: **Pasta e fasioi**, **Polenta** mit allen möglichen Aromaten, **geschmortes Kaninchen**, **Fasioi e luganega** (Bohnen mit Wurst), **Schnecken** mit Polenta, Hirsch in Amarone, Schmorbraten in Soave, hausgemachte Pasta und Gnocchi. Als beliebter Treffpunkt von Jungen und Junggebliebenen, insbesondere da bis zu vorgerückter Stunde (2 Uhr) geöffnet, kann dieses Lokal wieder die Freuden einer alten Osteria vermitteln.

Versteht sich eigentlich von selbst, daß man in der Enoteca auch einfach nur ein Glas Wein trinken oder seinen Kellerbestand mit Veronesern ergänzen kann.

Montegalda

17 km südöstlich von Vicenza

Da Culata

Osteria
Via Roi, 29
Tel. 04 44 / 63 60 33
Ruhetag: Dienstag
Betriebsferien: Ende Juli – Ende Aug.
50 Plätze
Preise: 35 – 40 000 Lire
Keine Kreditkarten
Mittags, Mi., Sa. und So. auch abends geöffnet

Der Name dieser Osteria gibt Anlaß zum Schmunzeln: »Culata« (was soviel bedeutet wie »dicker Hintern«) wurde wegen des verlängerten Rückens des Gründers gewählt. Heute führt seine Tochter Carla zusammen mit ihrem Mann, den Kindern und Enkelkindern die Osteria; sie liegt zwischen Padua und Vicenza an der Straße von Logare nach Montegalda. Als Anhaltspunkt nehmen Sie den Bauernhof Brunello, sonst könnten Sie vorbeifahren. Ins »Culata« kommt man wegen des **Baccalà alla vicentina**, den Carla mit viel Geschick und Geduld zubereitet. Denn bevor er vier bis fünf Stunden leise köchelt, muß der Fisch, der zuvor vorsichtig geklopft wurde, damit die Fasern nicht zerdrückt werden, bereits einige Tage wässern. Nach allen Regeln der Kunst – und das heißt mit großem Kraftaufwand im traditionellen Butterfaß und nie mit dem Mixer – wird das weiche, cremige Stockfischmus (**Baccalà mantecato**) zubereitet. Als Primi gibt es hausgemachte Nudeln, von denen der **Pasticcio** alla Culata mit Gemüse und Fleisch, die **Spaghetti al baccalà**, die **Tagliatelle mit Geflügelleber** und die Steinpilzsuppe besonders zu empfehlen sind. Man setzt die Mahlzeit mit gegrilltem oder gebratenem Fleisch oder mit einem guten Bollito misto fort. Den Abschluß bilden die selbstgemachten Desserts: »Puttanella« aus Früchten, Tiramisù mit Konditorcreme und Apfelstrudel.
Bei den Weinen beschränkt sich das »Culata« auf anständige offene Weine – Garganego dei Colli Berici und Cabernet – und einige regionale Flaschenweine.

Der Bauernhof von Enrico Grandis in der Via Carbonare 45 hält neben Ziegenfleisch aus biologischer Aufzucht auch herrlichen Käse bereit. Die Destilleria Brunello (Via Giuseppe Roi 27) macht ausgezeichnete Schnäpse und Früchte in Grappa.

Montegrotto Therme

12 km südwestlich von Padua

Da Mario

Restaurant
Corso Terme, 4
Tel. 049 / 79 40 90
Ruhetag: Dienstag
Betriebsferien: je 2 Wo. im Feb. u. Juli
80 Plätze
Preise: 45 – 50 000 Lire, ohne Wein
Kreditkarten: AE, CartaSi, DC
Mittags und abends geöffnet

In dieser Gegend, die mit ihren Thermalquellen zahlreiche Touristen anzieht, ist es gar nicht so leicht, ein typisches Lokal ausfindig zu machen. Das »Da Mario« ist zwar in jeder Hinsicht ein Restaurant – von der Bedienung über die Einrichtung bis hin zur gesamten Ausstattung – doch überzeugen hier die gepflegte und solide Küchentradition, die umfangreiche Weinkarte (allen voran die Weine aus den Colli Euganei, doch finden sich auch friaulische, toskanische, piemontesische und sogar einige europäische Weine) sowie ein gutes Preis-Leistungs-Verhältnis.
Das bereits 1950 von Mario und Giulietta Gomiero eröffnete Lokal führt heute deren Sohn Diego. Vater Mario kümmert sich immer noch um den Einkauf, während Signora Giulietta alte Rezepte aus der jüdischen Küche des Veneto verwahrt, die der erfahrene Koch Giacomo Macrì wiederum gekonnt abwandelt.
Nachdem Sie die »kulinarischen« Stilleben an den Wänden des Speisesaals bestaunt haben, können Sie ein vor allem mittags äußerst preisgünstiges Degustationsmenü bestellen, oder, falls Ihr Hunger größer ist, ein komplettes Abendessen mit einigen klassischen Primi als Höhepunkt. Probieren Sie doch mal den **Gerstenbrei** mit frischem Gartengemüse, Wiesenkräutern oder Pilzen, **Bigoi in salsa** oder Pasta e fagioli. Bei den Secondi geht nichts über das im Veneto so beliebte Süßsaure: **Landterrine mit Kren** (Meerrettich), **saure Perlhuhn-Bocconcini**, gekochte Zunge mit Kren alla muranese, **Anatra frasenà** (die Ente wird zunächst gekocht, dann gegrillt, bis sie knusprig ist, und schließlich mit geriebenem Meerrettich gewürzt), mariniertes Fleisch, Fisch und Gemüse. Auch der Baccalà ist eine Sünde wert. Nicht nur die Nudeln und das Brot, sondern auch sämtliche Süßspeisen sind hier hausgemacht, selbstverständlich auch die **Zaleti**, die typischen gelben Kekse aus Maismehl.

Motta di Livenza Villanova

40 km nordöstlich von Treviso

Al Molino

Osteria
Riviera Pompeo Molmenti, 43
Tel. 04 22 / 76 61 59
Ruhetag: Dienstag
Betriebsferien: 20. 6. – 10. 7.
90 Plätze + 50 im Freien
Preise: 35 – 50 000 Lire
Kreditkarten: alle
Mittags und abends geöffnet

Auf dem Treidelweg am rechten Ufer des Livenza floriert nun schon seit Jahren diese typische Trattoria. Sie entstand bei der Restaurierung einer herrschaftlichen Villa aus dem 17. Jahrhundert, ein charakteristisches Bauwerk jener »Donegal« genannten, einst sehr reichen Gegend um Motta di Livenza, in der sich wohlhabende Venezianer gerne und lange aufhielten und eifrig auf die Jagd gingen. Von Motta di Livenza bis Villanova sind es kaum 4 km.
Die Wirtsleute Paola und Ottavio Nadalon – sie bedient und er verwaltet Töpfe und Pfannen – verstehen ihr Handwerk, und nicht nur bei der Zubereitung traditioneller Gerichte, sondern auch bei der Schöpfung immer neuer Kreationen, beispielsweise rund um den Fisch, der auf der Speisekarte immer mehr Raum einnimmt. Sollten Sie sich für Fisch entscheiden, müssen Sie mit 50 000 Lire pro Person rechnen, doch dafür gibt es dann auch Scampi, Seezunge, fritierte und gegrillte Fische und sogar **Stör** und **Aal** aus dem Livenza. Die »Landküche« bietet hausgemachte Pasta mit Spargel, Pilzen und frischen Wildkräutern, oder **Gnocchi mit Entenragout**, Crespelle und Risotti. Bei den Secondi finden sich Gans, Schnecken und **geschmorter Baccalà**. Die Desserts sind samt und sonders hausgemacht.
Der offene Wein ist ordentlich: Merlot, Cabernet und Refosco kommen aus der Kellerei Lunardelli in Villanova, während Sauvignon, Pinot bianco und Prosecco aus der Kellerei von Malintrada stammen.
In guter Erinnerung wird man hier den aufmerksamen Service und die Zusammenstellung des Menüs behalten, unter denen sich mittags auch recht günstige Angebote finden.

Musile di Piave

36 km nordöstlich von Venedig, S.S. 14

Antica Trattoria alla Fossetta

Trattoria
Via Fossetta, 31
Tel. 04 21 / 5 47 56
Ruhetag: Di.abend, Winter a. Sonntag
Betriebsferien: 1. – 7. Januar
150 Plätze + 250 im Freien
Preise: 35 – 40000 Lire, ohne Wein
Kreditkarten: alle außer DC
Mittags und abends geöffnet

Wasser hat die Geschichte von Musile di Piave und das Gesicht der Landschaft geprägt: die Flüsse Piave und Sile, Sümpfe, Überschwemmungen, das nahe Meer. Die Trattoria ist seit 1913 ein fester Bezugspunkt an der Staatsstraße Venedig – Triest und nahe der Straße von Treviso nach Jesolo. Seit 1986 wird sie von der Familie Doretto geführt, die die traditionelle Küche zu ihrem Mittelpunkt gemacht hat. Von Montag bis Freitag ißt man mittags das feste Menü zu 18 000 Lire. Abends sowie Samstag und Sonntag tischt Mamma Elsa zunächst Soppressa, **Polenta mit Pilzen** und fritiertes Gemüse auf, dann gibt's **Tagliatelle mit Ente** oder mit »durei« (Innereien), Pasteten nach Jahreszeit, Risotto und herrliche **Pasta e fasioi**. Unter den Secondi ragen **Bollito misto** mit verschiedenen Saucen und die Grigliata mista heraus, das Werk von Papà Riccardo; die Söhne Flavio und Alessandro sowie Schwiegertochter Mariella versehen den Service.
Man trinkt sehr angenehme offene Weine wie Raboso di Campodipietra und Tocai Friuli Grave, daneben gibt es einige gute Flaschen aus dem Bereich Lison-Pramaggiore. Im Winter wird in vier Sälen gespeist (einer ist Nichtrauchern vorbehalten), im Sommer draußen unter der Pergola in der Nähe eines kleinen Kinderspielplatzes. Der große Parkplatz ist elektrisch gesichert.

Negrar Mazzano

18 km nordwestlich von Verona

Alla Ruota

Trattoria
Via Proale, 6
Tel. 045 / 7 52 56 05
Ruhetag: Mo.abend u. Dienstag, im Sommer nicht
Betriebsferien: unterschiedlich
100 Plätze + 50 im Freien
Preise: 35 000 Lire, ohne Wein
Kreditkarten: AE, Visa
Mittags und abends geöffnet

Wer heutzutage das Preis-Leistungs-Verhältnis nicht in Ordnung findet, will normalerweise damit sagen, daß der Preis für die dafür gebotene Qualität zu hoch ist. Genau umgekehrt verhält es sich in dieser Trattoria, in der man zu einem bemerkenswert günstigen Preis sehr gut essen kann. Trotz der Größe des Lokals ist die Küche äußerst gepflegt, und das in solider Tradition wurzelnde rechte Quentchen an Erfindungsgeist spricht für die hier gepflegte hohe Kochkunst. In einem gemütlichen, geschmackvoll eingerichteten Ambiente wird man von Stefano empfangen, dem sympathischen Wirt und Weinkenner, der Ihnen aus seinem gut ausgestatteten Weinkeller jede beliebige Flasche öffnen und auch gleich das passende Gericht dazu empfehlen wird.

Nehmen Sie zum Einstieg ein warmes Crostino mit weißem Speck, bevor Sie sich dann der selbstgemachten Pasta hingeben: mit roten Rüben gefüllte offene Ravioli, Fettuccine mit Trüffeln, gefüllte Caramelle, **Bigoli mit Spanferkelragout** oder Gnocchi mit Karottensauce. Lecker schmeckt auch die **Lauchsuppe** oder die Kürbissuppe mit Mandeln. Frische **Ricotta** taucht bei vielen Gerichte auf, beispielsweise der Füllung der Putenröllchen. Einfach schwach werden muß man bei dem köstlichen **Spanferkel** mit süßsauren Äpfeln, bei den Pfifferlingen mit Polenta und Vezzena-Käse oder bei den Fleischbällchen mit Trüffeln und Steinpilzen. Die **Beilagen** auf dem Servierwagen könnten nicht besser sein: Vom gefüllten und überbackenen Gemüse über Kürbis mit Zwiebeln und Pinienkernen bis hin zu frischen Salaten finden Sie einfach alles, was Ihr Gaumen begehrt.

Groß ist die Auswahl an heimischen Käsesorten, und bei den Nachspeisen taucht dann auch die Ricotta wieder auf, beispielsweise in der mit Erdbeeren gefüllten Biskuitrolle oder den Fagottini mit Himbeersauce.

Padova

L'Anfora

Osteria mit Ausschank und Küche
Via dei Soncin, 13
Tel. 049 / 65 66 29
Ruhetag: Sonntag und Mo.mittag
Betriebsferien: August
40 Plätze
Preise: 25 – 30 000 Lire, ohne Wein
Keine Kreditkarten
Mittags und abends geöffnet

Der Markt auf der Piazza delle Erbe ist mehr als nur ein Markt: Hier fühlt man sich in ein Schlaraffenland versetzt, locken frisches, erstklassiges Obst, Gemüse, Fisch und Fleisch aus den Bauernhöfen des Umlandes. Auch Alberto Grinzato kauft dort ein, der gemeinsam mit einigen Freunden die »Anfora« führt, eine alte Osteria, die sich heute zeitgemäß flexibel zeigt: Gegen Abend trifft sich hier die Jugend auf eine Ombra und ein Häppchen, während man sich mittags Jazz-Konzerte anhören kann. Aus der Küche kommen immer neue und sehr abwechslungsreiche Vorschläge. Neben traditionellen Gerichten gibt es frischen Fisch oder auch Vegetarisches.

Bei den Antipasti können Sie zwischen Käse, Wurstwaren, Bruschette, Lachs, marinierten Sardellen oder gratinierten Jakobsmuscheln wählen, bei den Primi dann zwischen Farfalle mit Spinat und Südtiroler Speck, Linguine mit Venusmuscheln, Mezzepenne auf griechische Art, Reginette mit Garnelen und Rucola, **Bigoli mit Entenragout** oder **Nudelauflauf mit Fisch**. Bei den Secondi schließlich finden Sie Filet vom Zackenbarsch mit Tomaten und Kartoffeln, **Krake alla padovana**, Truthahnschnitzel mit Tomaten, Schnitzel mit Zitrone, Beinfleisch, Baccalà alla vicentina, Gemüseteller oder gemischte Salate. Zum Dessert kann man Panna cotta mit Erdbeeren bestellen, Erdbeeren mit Zitrone, Apfelkuchen oder Zaleti.

Das vortreffliche Angebot an Weinen und Schnäpsen ist Ausdruck Albertos rastloser Neugierde, und täglich werden etwa 40 verschiedene regionale Weine – aus dem Veneto, der Toskana, dem Piemont und dem Friaul – ausgeschenkt.

Unter den Arkaden des Palazzo della Ragione sollten Sie unbedingt einmal an den bunten kleinen Lebensmittelläden vorbeischlendern.

Padova

Leonardi

Enoteca mit Küche
Via Pietro d'Abano, 1
Tel. 049 / 8 75 00 83
Ruhetag: Montag u. Dienstagmittag
Betriebsferien: 14 Tage i. Aug. u. Febr.
35 Plätze + 60 im Freien
Preise: 7 – 14 000 Lire pro Gericht
Kreditkarten: AE, CartaSi, Visa
Geöffnet: 12 – 15, 19 – 1 Uhr

Ein elegantes, sorgfältig eingerichtetes Lokal wenige Schritte von den hübschen Piazze dei Frutti, delle Erbe und dei Signori. Angeboten werden hier die besten und bekanntesten Weinsorten aus Italien und dem Ausland, neben einer Auswahl weniger bekannter, aber interessanter Weine. Die Flaschen werden im Keller unter dem Lokal bei der richtigen Temperatur gelagert, während in einem kleinen Raum oben Schnäpse und verschiedene Öl- und Essigsorten ausgestellt sind. In dieser Slow-Food-Atmosphäre geben die kompetenten Gebrüder Leonardi gerne Informationen, Ratschläge oder auch ihr Urteil. Genauso gerne unterhalten sie sich aber einfach nur über ihre Weine.
Das kulinarische Angebot richtet sich nach den Jahreszeiten. Ein Schwerpunkt liegt auf Gerichten mit Meeresfisch. Die Zutaten stammen vom nahegelegenen, gut versorgten Markt. Es gibt nicht allzu viele, aber gute Gerichte, wie z.B. die Risotti, die **Suppen mit Bohnen und Gerste** oder mit Gemüse und Gerste, Gerichte mit Radicchio trevigiano im Herbst und im Winter. Im Frühjahr sind die verschiedenen Spargelzubereitungen sehr schmackhaft. Die Paste, auch die gefüllten, sind hausgemacht. Ausgezeichnete Auswahl an Käse und Salumi (probieren Sie den Räucherschinken von D'Osvaldo). An den Sommerabenden kann man im luftigen Hof die hausgemachten Nachspeisen probieren und dabei einer Jazzband zuhören.

Sehenswert ist das Jugendstilcafé »Pedrocchi«, Via 8 Febbraio 1848. Es erstreckt sich über zwei Stockwerke (das Erdgeschoß war für die Bürger vorgesehen, während der erste Stock dem Adel vorbehalten war). Es gibt Qualitätsgebäck zu adeligen Preisen. In der traditionsreichen Pasticceria Colucci (Piazza dei Signori) bekommt man ebenfalls klassische Gebäckspezialitäten und regionale Dolci.

Pederobba
Onigo

32 km nordwestlich von Treviso, S.S. 348

Le Rive

Trattoria
Via Rive, 32
Tel. 04 23 / 6 42 67
Ruhetag: Dienstag und Mittwoch
Betriebsferien: unterschiedlich
40 Plätze + 40 im Freien
Preise: 30 – 35 000 Lire, ohne Wein
Kreditkarten: BA, CartaSi, Visa
Mittags und abends geöffnet

Allein das behagliche Ambiente wäre schon einen Besuch im »Le Rive« wert, doch dafür gibt es noch einen ganz wichtigen weiteren Grund: die lockere, leichte Küche von Silvia, die besonders Gemüse mag. Die stets absolut frischen Zutaten der jeweiligen Saison stammen alle aus der Gegend: Pilze, Artischocken, Radicchio, Frühlingskräuter, Spargel. Einen besonderen Stellenwert nehmen vor allem im Herbst und Winter die regionaltypischen Gerichte ein: hausgemachte Soppressa, **Pasta e fagioli**, Penne mit Luganega, Kürbis- und **Kartoffelgnocchi**, Schnecken, **gebackener Käse** mit Gemüse. Und jeden Montag gibt es **Bollito misto** mit Musetto, Salsa verde und Meerrettich. Freitags findet man Seppie in umido und **Baccalà** und vom Herbst bis zum Frühjahr jeden Donnerstag und Sonntag (auf Vorbestellung auch an anderen Wochentagen) einen herrlichen **Fleischspieß**. Doch auch die weniger traditionellen Gerichte verfügen über feine, nuancenreiche Geschmacksnoten, die Beilagen sind gut aufeinander abgestimmt. So das sommerliche Carpaccio mit Kirschen und rotem Paprika, die Maccheroncini mit Gemüse der Saison oder der warme Perlhuhnsalat mit zartem, jungem Gemüse. Sehr locker und leicht sind die allesamt hausgemachten Desserts: Tiramisù, Panna cotta mit Fruchtsaucen, Crème caramel und Strudel.
Die Weine stammen aus der Gegend und dem übrigen Italien. Das Preis-Leistungs-Verhältnis ist gut.

An der Piazza Marconi in **Montebelluna** (10 km) stellt die alteingesessene Pasticceria Bernardi zartes Gebäck aus Mandelpaste (»Frangeliche«) her.

Polesella

13 km südlich von Rovigo, S.S.16

Cortevecchia

Trattoria
Strada Statale 16, 2672
Tel. 04 25 / 44 40 04
Ruhetag: Mittwoch
Betriebsferien: unterschiedlich
80 Plätze
Preise: 30 – 40 000 Lire, ohne Wein
Kreditkarten: CartaSi, Visa
Mittags und abends geöffnet

Das »Cortevecchia« wurde 1992 in einem alten Bauernhaus aus dem 17. Jahrhundert eröffnet. Bei der Renovierung haben die Räume nichts von ihrer schlichten Eleganz und ihrer bäuerlichen Gemütlichkeit eingebüßt. Die Küche zeichnet sich vor allem durch einfache Speisen aus, die nur mit frischen und unverfälschten Zutaten zubereitet werden. Sahne, Instantgewürze, Geschmacksverstärker und was es sonst noch so in Dosen zu kaufen gibt, sind hier verpönt. Man hat sich bewußt auf ein kleines Speisenangebot beschränkt, das sich nach den Jahreszeiten richtet. Das Mahl beginnt mit einem Vorspeisenteller mit von Hand aufgeschnittenem rohem Schinken, warmen Crostini und Bruschette aus selbstgebackenem Brot. Im Winter bekommt man statt dessen **Polenta pasticciata** con sugo di salsiccia und **Fasoi in potacin**. Danach folgen die schmackhaften Primi: **Bigoli al torchio**, Ravioli, Gnocchi, Tortellini, **Risotti** mit sehr viel frischem Gemüse (Fleisch und Wurst werden hier nicht mitgekocht, sondern nur als Beilagen gereicht). Im Winter (aber nur an den Wochenenden) wird dann der Servierwagen mit den **Bolliti** in den Speisesaal gefahren, sonst bringt er **Arrosti**, darunter **Porchetta alle brace**, Ente, Haxe und Rinderbraten, die stets am Tisch tranchiert werden. An ruhigen Abenden werden im riesigen Kamin Rumpsteaks, Filets, Salsicce, Kapaun und Gemüse gegrillt. Und zum Abschluß gibt es ein hausgemachtes Dessert: Zuppa inglese, Panna cotta, Tiramisù und Crostata.
Die offenen Weine, Pinot bianco und Cabernet, stammen von kleinen Erzeugern der Colli Euganei und des Piave. Es gibt aber auch einige gute Flaschenweine aus Italien und dem Ausland.

Ponzano Veneto Paderno

6 km nördlich von Treviso

Da Sergio

NEU

Trattoria
Via dei Fanti, 14
Tel. 04 22 / 96 70 00
Ruhetag: Sonntag
Betriebsferien: 1. – 21. Aug., 24. Dez. – 2. Jan.
80 Plätze
Preise: 35 000 Lire, ohne Wein
Kreditkarten: AE, Visa
Mittags und abends geöffnet

Die prachtvollen Villen, die sich der venezianische Adel zwischen dem 16. und 18. Jahrhundert in und um Treviso erbauen ließ, stehen heute manchmal etwas verloren da, stumme Zeugen einer Gesellschaft, die einem Müßiggang frönte, der inmitten des geschäftig hektischen Treibens unserer Tage endgültig der Vergangenheit anzugehören scheint. Vielleicht führt Sie ja einmal eine Reise vor das herrliche schmiedeeiserne Tor der Villa Minelli in Ponzano, in der heute das weltweit bekannte Unternehmen Benetton seinen Sitz hat. Nachdem Sie das Auge an der Schönheit dieser Villa erfreut haben, sollten Sie auch an Ihren Leib denken: Wie wäre es mit einem geselligen Beisammensein in der gemütlichen Trattoria »Da Sergio«?
Schlicht und sehr gepflegt wie das Lokal – ein echter Familienbetrieb, dessen Seele die sympathischen Wirtsleute Sergio und Pina (in der Küche) und deren Kinder Leo, Giorgio, Raffaella und Daniela sind – ist die Küche, und wenn auch nichts Aufsehenerregendes ihr Repertoire ziert, so schmeckt doch das Essen einfach gut, weil die Zutaten gut sind und sorgfältig zubereitet werden. Ob Sie sich nun für **Kartoffelgnocchi**, für hausgemachte Pasta oder für Risotto mit frischem Gemüse entscheiden, für **Tintenfische in Tomatensoße**, für **Schneckenragout alla veneta**, **Sarde in saor**, Pasta e fagioli alla veneta oder für eines der übrigen Fischgerichte – Sie werden bestimmt nicht enttäuscht sein.
Selbst das Eis ist hausgemacht, ebenso wie die Mürbteigkuchen mit frischen Früchten. Was will man mehr? Höchstens noch einen guten Wein, aber natürlich gibt es den hier auch.

Portogruaro

66 km nordöstlich von Venedig

Valentino

NEU

Trattoria
Via Cavour, 41
Tel. 04 21 / 7 29 93
Ruhetag: Mittwoch
Betriebsferien: Juni
40 Plätze
Preise: 30 – 50 000 Lire, ohne Wein
Kreditkarten: DC, Visa
Mittags und abends geöffnet

Das hübsche Städtchen Portogruaro am östlichen Rand Venetiens ist nicht nur wegen seiner Ähnlichkeit mit Venedig, dem es 350 Jahre lang treu ergeben war, eine Reise wert – wer je dagewesen ist, weiß, daß es seine Besonderheiten sind, die es zu einem ziemlich verkannten kleinen Juwel machen.
Nachdem Sie sich den schönen Fassaden der Häuser gewidmet haben, durch die schattigen Arkadengänge geschlendert sind und vielleicht noch einen Abstecher in das bedeutende Museum gemacht haben – um nur einige Schätze dieser Stadt zu nennen –, sind es vom Zentrum bis zur Trattoria »Valentino« bei der Porta Sant'-Agnese nur noch wenige Schritte. Hier wirkt seit über 25 Jahren die Familie Drigo: Zunächst war Vater Giovanni der Chef, und jetzt hat sein Sohn Paolo die Verantwortung für das Lokal übernommen. Er kümmert sich um die Gäste, während seine Frau, seine Mutter und im Notfall auch der Vater in der Küche mit Töpfen und Pfannen zugange sind.
Gekocht wird ganz nach venetischer Tradition –, einfach, schmackhaft und ohne jeden Schnickschnack. Für Fisch müssen Sie schon etwas tiefer in die Tasche greifen (50 000 Lire kostet das Meeresmenü), doch werden Sie mit einer ausgezeichneten **Fischsuppe** und einem hervorragenden **Baccalà** milde gestimmt. Wesentlich günstiger kommt man davon, wenn man sich an die traditionellen Gerichte vom Festland hält. Verkosten Sie die hausgemachte Pasta (**Gnocchi** und Crespelle), **Pasta e fagioli** und das **Beinfleisch vom Kalb**.
Die Weine stammen allesamt aus der Gegend – wir befinden uns im DOC-Anbaugebiet des Lison-Pramaggiore –, und wem der offene Tocai oder Merlot zu gewöhnlich ist, kann sich auch für einen Wein von den besten Erzeugern der Gegend entscheiden.

Preganziol San Trovaso

4 km südlich von Treviso, S.S.13

Ombre rosse

Osteria mit Küche – Enoiteca
Via Franchetti, 78
Tel. 04 22 / 49 00 37
Ruhetag: Sonntag
Betriebsferien: 3 Wo. im Jan., 1 Wo. im Aug.
35 Plätze + 25 im Freien
Preise: 45 000 Lire, ohne Wein
Kreditkarten: CartaSi, Visa
Geöffnet: 18 – 2 Uhr

Die Osteria »Ombre rosse« eröffnete 1992. Claudio Borin und seine Frau Tessa haben das alte Bauernhaus zu einem der interessantesten Lokale in der Provinz Treviso umgestaltet. Man läuft hier allerdings Gefahr, über so mancher »ombra« den Ausgang nicht mehr zu finden: Das Lokal ist schließlich in erster Linie eine Vinothek, Ausdruck der Leidenschaft seines Besitzers für große Weine, und beim Probieren läßt man sich leicht zu einem weiteren Gläschen überreden. In der Küche stellt Tessa ihre Kochkünste und ihren Sinn für Neues unter Beweis: Sie setzt auf eine kleinere, dafür aber täglich wechselnde Auswahl von Gerichten.
Je nach Jahreszeit steht dann beispielsweise der berühmte Radicchio aus Treviso als **Bohnencreme mit Radicchio** auf dem Speiseplan – schließlich liegt das Lokal mitten in dessen Anbaugebiet – oder **Spargel** aus Badoere wird zum **Orzotto** verarbeitet, die kleinen, zarten **Artischocken** aus der Lagune werden roh zu **Gamberetti** serviert und im Herbst dann gibt es allerlei Pilzgerichte. Fast immer bekommt der Gast hausgemachte Ravioli mit verschiedenen Füllungen (Kürbis, Spargel, Pilze, Auberginen) und **Stracchino del Piave mit Salat**. Vor allem im Sommer hat die Küche einen mediterranen Einschlag, und so gibt es dann neben Fisch auch Bruschetta mit frischen Tomaten, Tintenfische und Riesengarnelen, mit Kirschtomaten und Kapern überbackenen Thunfisch, Kapaun auf sizilianische Art, Auberginenkuchen und griechischen Feta. Claudio ist es dann schließlich, der Ihnen den richtigen Tropfen aus seiner imponierenden Sammlung italienischer und internationaler Weine empfiehlt.

Roter Radicchio direkt vom Verband. Hier zwei Adressen: Ferdinando Menegazzi, Via Schiavonia 90c in Preganziole und Elia Gatti, Via Baratta Vecchia 266 in San Trovaso.

Quarto d'Altino Trepalade

22 km nördlich von Venedig, Ausfahrt A 4

Trattoria Cesaro

Osteria
Via Trieste, 2
Tel. 04 22 / 82 91 25
Ruhetag: Mittwoch
Betriebsferien: Januar
250 Plätze
Preise: 30 – 35 000 Lire
Kreditkarten: AE, Visa
Mittags und abends geöffnet

In den ersten Jahrhunderten nach Christus war Altino eines der bedeutendsten römischen Zentren in Norditalien und Schnittstelle wichtiger Verkehrswege. Ein Museum mit freiem Eintritt birgt die Fundstücke aus jener Zeit, die zum Teil auch im Freien, auf dem Platz gleich bei der Kirche, zu sehen sind. Die umliegenden Felder sind archäologisches Grabungsgebiet, in dem auch Abschnitte einer römischen Straße freigelegt worden sind. Ganz in der Nähe, in der Ortschaft Trepalade, bewirtet seit vielen Jahren die Familie Cesaro ihre Gäste in einer Trattoria, die so großzügig und schlicht ist wie die Signora Nives, die das Lokal heute mit ihren Söhnen Francesco und Giuseppe betreibt. Zwar ist das Ambiente nicht besonders gepflegt, doch es vermittelt einem das Gefühl, hier wirklich bodenständige Küche aus unverfälschten Zutaten zu bekommen. Die Umgebung ist reich an **Wild**, was sich auch auf der Karte widerspiegelt: Pappardelle mit Stockente, Hasenragout, gefülltes Rothuhn oder im Ofen gebratene Stockente. Der Fluß Sile läßt grüßen mit Aal, aus dem Signora Nives ihr **Bisato co i amoi** macht, während das nahe Meer der Lagune für frischen Fisch sorgt, beispielsweise entgrätete **Sardinen in saor mit Polenta**, Spaghetti mit Venusmuscheln, **Tagliatelle mit schwarzen Tintenfischen**, sautierte Venusmuscheln, **Frittura mista** und gemischte Grillplatten. Unbedingt probieren sollte man auch die **Pasta e fagioli mit Trevisaner Radicchio**, das Kaninchen oder den **Baccalà**, der zu Mus verarbeitet oder geschmort wird. Zum Dessert gibt es schon seit Jahren zwei hausgemachte Klassiker: Semifreddo oder Coppa Francesca mit Amaretto-Creme und Mascarpone.
Die offenen Weine – Cabernet und Tocai – sind aus Campodipietra und genauso rechtschaffen wie die Preise in diesem Lokal.

Refrontolo

34 km nordwestlich von Treviso,
14 km von Conegliano

Antica Osteria al Forno

Trattoria
Via degli Alpini, 15
Tel. 04 38 / 89 44 96
Ruhetag: Montag
Betriebsferien: August
40 Plätze
Preise: 35 – 40 000 Lire, ohne Wein
Keine Kreditkarten
Mittags, Sa., So. auch abends geöffnet

Refrontolo ist einer der hübschesten Orte der Mark. Direkt an der Piazza sticht die rote Fassade des »Al Forno« hervor, einer traditionsreichen Osteria, die bereits seit 150 Jahren im Besitz der Familie, Piol ist und früher auch einmal eine Drogerie und eine Bäckerei beherbergte. Seit 1985 leitet Mario, der jüngste Sproß der Familie, das Lokal zusammen mit seiner Frau Rosita. Das Essen nimmt man hier in einer gemütlichen Stube mit rustikalen Möbeln und einem großen Kamin ein. Die Küche hält sich streng an die kulinarischen Traditionen der Gegend. Als Vorspeise gibt es **heimische Wurst** und im Sommer Kalbszunge mit sauer eingelegtem Gemüse. Anschließend folgen ausgezeichnete Primi mit hausgemachter Pasta, wie **Bigoli mit entbeintem Huhn und Pilzen**, Tagliolini mit Trüffeln und Steinpilzen, Gnocchi di pane und Pasta e fagioli. Und danach bekommt man Grillfleisch, im Winter Fleischspieße, geschmorten **Kapaun** mit Polenta (zu jeder Jahreszeit) oder **Arrosto con i fasioi sofegai**. Viele verschiedene Beilagen, vor allem Gemüse aus biologischem Anbau. Zu den hausgemachten Desserts, zumeist Obstkuchen, kann man einen perlenden Marzemino di Refrontolo trinken.
Neben dem heimischen offenen Wein, einem Cabernet-Merlot-Verschnitt, bietet die Weinkarte 80 verschiedene Namen, vor allem aus dem Veneto und aus Friaul, aber auch aus der Toskana und dem Piemont.

Bagnolo di San Pietro di Feletto (4 km), Via Cervano 2: Aus Milch von den Hügeln des Felettano und natürlichen Fermenten erzeugt die Latteria Perenzin den körnigen Feletto, der sich auch gut zum Backen eignet, außerdem bekommen Sie hier halb- und vollausgereiften San Pietro und den milden, weichen Santa Pasqua.

Ein Streifzug durch die Osterie von Rovigo

Caffè San Marco

Café – Enoiteca mit Imbiß
Corso del Popolo, 186
Tel: 04 25 / 2 52 30
Ruhetag: Sonntag
Betriebsferien: August
Geöffnet: 7 – 23 Uhr

Das seit jeher kleine, aber allen Ansprüchen genügende »Caffè San Marco« hat inzwischen einen (wiederum kleinen) Anbau erhalten, den sogenannten »Angolo del Sommelier«, in den die Gäste zu einer Weinprobe mit fachkundiger Beratung gebeten werden. Giuliano Passarella, Streiter für gute Tropfen in Rovigo, hält ein Angebot bereit, das sich sehen lassen kann. Seine Fachkenntnisse (er ist von Beruf Sommelier) und seine über zehnjährige Erfahrung (er leitet dieses Lokal seit 1984) sind es, die ihn sicher durch die Fluten belangloser Weine steuern und mit untrüglichem Gespür stets nur die besten italienischen und internationalen Weine und Schnäpse auswählen lassen. Bei der Auswahl hochwertiger kulinarischer Produkte und der Zubereitung der köstlichen kleinen Leckerbissen findet er tatkräftige Unterstützung bei seiner Frau Daniela.

Antico Canevone

Restaurant
Vicolo Canevone, 4
Tel. 04 25 / 2 77 87
Ruhetag: Sonntag
Betriebsferien: 1. – 15. August
Geöffnet: 12 – 15.30 und 19 – 2 Uhr

Auf den Ruinen des mittelalterlichen Castello erbaut, ist das »Antico Canevone« eines der ältesten Lokale der Stadt. Bei seiner Restaurierung stieß man auf Überreste aus der Zeit der Este, die nun mit eleganten Jugendstil-Elementen und einer modernen Einrichtung wunderbar harmonieren. Als Treffpunkt für Künstler, die sich vor oder nach der Vorstellung gerne hier einfinden, bietet das Lokal auch einen kleinen Mittag- oder Abendtisch. Die Auswahl an Weinen aus dem Triveneto, aus Ligurien, der Emilia und der Toskana ist gut, das Angebot an italienischen und ausländischen Biersorten bemerkenswert. Während Beppe an der Theke bedient, kümmern sich seine Frau und sein Partner Roberto um die Küche. Jede Woche (außer im Sommer) werden hier kleine musikalische Soiréen veranstaltet.

Al Sole

Osteria – Trattoria
Via Bedendo, 6
Tel. 04 25 / 2 29 17
Ruhetag: Sonntag
Betriebsferien: August
Geöffnet: 8 – 23 Uhr

Das »Sole« , das auf eine stolze, mehr als hundertjährige Tradition zurückblicken darf, zählt zu den ältesten und typischsten Osterie des Podeltas: Im Herzen der Stadt zwischen den beiden Plätzen gelegen, wird es zur gewohnten Stunde von Stammgästen gestürmt, die auf eine »ombra« und eine Partie Karten einkehren. Als Begleiter zu den klassischen offenen Weinen, allen voran der Prosecco, werden die traditionellen Cicheti angeboten, kleine Häppchen wie Sardellen, Eier, Makrelenfilets, Thunfisch, Kutteln, verschiedenartig zubereiteter Baccalà und heimische Salumi. Maurizio Astolfi hat zwar inzwischen das Lokal renovieren lassen, sein Umgang mit seinen Gästen ist jedoch so herzlich und gastfreundlich wie stets.

Caffè Conti Silvestri

Café – Enoteca
Via Silvestri, 6
Tel. 04 25 / 2 76 01
Ruhetag: Sonntag
Betriebsferien: August
Geöffnet: 8 – 1 Uhr

Wenn Sie gleich hinter der Piazza Garibaldi in die Via Silvestri einbiegen, stoßen Sie linker Hand auf das »Caffè Conti Silvestri«. Es befindet sich in einem Gebäudekomplex, der einst zum Besitz der Grafen Silvestri zählte, einer angesehenen Adelsfamilie aus Rovigo, die die Geschicke der Stadt ab dem 16. Jahrhundert entscheidend mitbestimmte. Im Café können Sie dann, sitzend oder stehend, bei einem guten Schoppen Wein aus der Hand von Signora Maura verweilen; sie wird Ihnen dazu eine ordentliche Auswahl italienischer und internationaler Käsesorten sowie verschiedene kleine Leckerbissen anbieten. Das Lokal wurde mittlerweile um einen gemütlichen Ausschank erweitert, wo man insbesondere zur Mittagszeit auch Primi und diverse Wurstsorten geboten bekommt.

Rovigo

Tavernetta Dante dai Trevisani

NEU

Trattoria
Corso del Popolo, 212
Tel. 04 25 / 2 63 86
Ruhetag: Sonntag
Betriebsferien: 5. – 20. August
50 Plätze + 50 im Freien
Preise: 40 000 Lire, ohne Wein
Kreditkarten: CartaSi, Visa
Mittags und abends geöffnet

Auch in Rovigo trifft man sich auf eine Ombra, und beim Flanieren auf dem Corso trifft man auf die Tavernetta Dante, »Dai Trevisani« genannt. An der Theke werden nach bester Trevisaner Tradition Ombre und Cicheti angeboten; denn die Wirte, Renato Santamaria und Mario Coloschi, wollten ihre Wurzeln nicht verleugnen und haben darauf gesetzt, daß die Gerichte ihrer Heimat auch in der »Fremde« gewürdigt werden. Haben Sie erst einmal in dem behaglichen kleinen Speisesaal Platz genommen, dann berät Sie Mario, der Chef des Hauses, persönlich über die kulinarischen Spezialitäten Venetiens und Trevisos. Und dann geht es auch schon los mit **Pappardelle all'Anatra**, **Bigoli in Salsa**, Pasta e Fagioli, verschiedenen Risotti, Wurstwaren aus eigener Herstellung (Soppressa, Halsgrat, durchwachsenem Speck und Cotechino). Auch die Hauptgerichte sind überaus schmackhaft: Baccalà alla Vicentina, **Seppie con nero mit Polenta**, Fegato alla Veneziana, **Anguilla in Umido** (geschmorter Aal) und gebratene Ente. Von Donnerstag bis Samstag können Sie sich auch die köstlich frischen Fischgerichte schmecken lassen. Darüber hinaus werden Sie hier, je nach Jahreszeit, mit Pilzen, Radicchio, Spargel und Wildkräutern verwöhnt.

In der schönen Jahreszeit erwartet Sie ein Garten im Freien. Renato wird sich natürlich liebevoll um Sie kümmern und Ihnen eine große Auswahl von Weinen aus Venetien und aus anderen italienischen Regionen vorschlagen. Wenn Ihre Neugierde dann noch nicht gestillt sein sollte, fragen Sie ihn nach der Karte mit den »grandi riserve«: Die Preise sind sehr anständig.

San Vito di Leguzzano

21 km nördlich von Vicenza, S.S. 46

Due Mori

NEU

Trattoria
Via Rigobello, 41
Tel. 04 45 / 67 16 35
Ruhetag: Montag
Betriebsferien: 20 Tage im August
160 Plätze + 40 im Freien
Preise: 35 000 – 40 000 Lire, ohne Wein
Kreditkarten: CartaSi, DC, Visa
Mittags und abends geöffnet

Die Trattoria »Due Mori« hat eine stolze Tradition, die zurückreicht bis ins ausgehende 19. Jahrhundert: Die Hauptattraktionen der damaligen Osteria waren Polenta e Osei und insbesondere die Ombra. Die jetzige Wirtin, Signora Rosalia Saccardo, führt das Lokal seit 1975. In ihren Töpfen und Pfannen zelebriert sie die kulinarische Tradition dreier Generationen: Sie weiß mit überlieferten Zutaten und Garmethoden meisterlich umzugehen, ist aber auch für verschiedenste Anregungen und neue Kreationen stets offen. Die Gerichte variieren je nach Jahreszeit und passen exakt zu den Außentemperaturen: In der schönen Jahreszeit setzt Signora Rosalia auf Wildkräuter und frisches Gemüse, während sie in den Wintermonaten gerne Wildgerichte mit Pasta kombiniert, wie beispielsweise bei den **Strangolapreti al tordo**. Die gängigsten Primi sind **Suppen** – je nach Saison mit Zwiebeln, Kürbis oder Brennesseln – sowie **Risotti** und hausgemachte gefüllte Teigwaren. Das Fleisch kommt meist aus dem Schmortopf, vom Spieß oder Grill: Geschmort wird ausschließlich Wild, wie Hirsch und Wildschwein, während am Spieß das Zicklein brutzelt und Steaks und andere Fleischstücke gegrillt und mit verschiedenen Saucen serviert werden.

Auch die Desserts lassen keinen Wunsch offen: Einstimmen können Sie sich am leckeren Büffet mit Mürbgebäck, doch dann sollten Sie keineswegs achtlos an der Crema Inglese, den Cocotte mit Waldbeeren und Klassikern wie der Torta della Nonna (Kuchen nach Großmutters Rezept) und dem Strudel vorübergehen.

Der Weinkeller bietet interessante Tropfen aus dem Friaul und Venetien, und der offene Wein aus der Provinz Treviso erweist sich als solide Ombra bester Tradition.

Sant'Ambrogio di Valpolicella

20 km nördlich von Verona

Dalla Rosa Alda

Trattoria
San Giorgio di Valpolicella
Strada Garibaldi, 4
Tel. 0 45 / 7 70 10 18, 6 80 04 11
Ruhetage: So.abend (nicht im Sommer) und Montag
Betriebsferien: 1.– 20. Jan. u. 10.– 20. [Juni
70 Plätze
Preise: 40 – 45 000 Lire, ohne Wein
Kreditkarten: alle außer DC
Mittags und abends geöffnet

In dieser Trattoria im Schatten der schönen, romantischen Pfarrei San Giorgio finden Sie ein schlichtes, erholsames Ambiente mit einer kühlen Laube für die schöne Jahreszeit. Sie erreichen den Vorort, wenn Sie von dem Städtchen Sant'Ambrogio aus einige Kilometer den Berg hinauffahren. Hier bietet Ihnen die tüchtige Köchin Signora Alda – von ihrer Familie tatkräftig unterstützt – eine traditionsbewußte, ursprüngliche Küche, die zugleich Spiegel ihres großen Erfahrungsschatzes ist, sowie einen gutsortierten Weinkeller mit einer exzellenten Auswahl an Weinen aus dem Valpolicella .
Der freundliche Service berät Sie kompetent, ohne deswegen weitschweifig zu sein. **Pasta e fasoi** und **Pappardele en brodo con fegadini** sind ein Muß, eine schmackhafte Alternative ist aber auch die hausgemachte Pasta: Tagliatelle enbogné, mit Pilzen und Steinpilzen, oder mit schwarzen Trüffeln, oder aber je nach Jahreszeit wechselnde Risotti. Danach können Sie Fleischgerichte wählen, zumeist mit Polenta als Beilage: Klassiker wie **Brasato all'Amarone**, **Pastisada de caval**, Pferderagout, oder **Stracotto di Asino**, (Eselsschmorbraten) sind ebenso vertreten wie Steaks, **Braciole di puledro** (Fohlenbraten) und **Polpettine**, Fleischbällchen mit Kräutern. Eine Kostprobe wert sind auch die **Bogoni**, Schnecken mit feinen Kräutern, und für die verwöhntesten Gaumen empfehlen sich Carpaccio und Tagliata vom Angusrind.
Gemüse und Salate runden den Schmaus ab. Den krönenden Abschluß bilden ein heimischer Käse oder ein hausgemachtes Dessert, und schließlich kommen dann noch der unverzichtbare Grappa und die – sehr anständige – Rechnung.

Saonara

12 km östlich von Padua

Antica Trattoria al Bosco

Trattoria
Via Valmarana, 13
Tel. 049 / 64 00 21
Ruhetag: Dienstag
Keine Betriebsferien
130 Plätze + 160 im Freien
Preise: 35 – 40 000 Lire
Kreditkarten: AE, Visa
Mittags und abends geöffnet

Die malerische Landschaft rund um Saonara ist geprägt vom herrlichen Park der Villa Cittadella-Vigodarzere mit seinen romantischen Hainen und schattigen Waldwegen, kühlen Grotten und munteren Wasserläufen sowie den benachbarten Baumschulen. Neben der Villa – die nach Voranmeldung besichtigt werden kann – steht ein altes Gebäude. Früher diente es als Unterkunft für die Bediensteten der Villa, seit nunmehr 16 Jahren ist es eine Trattoria. In den drei renovierten, gemütlichen Speisesälen mit ihren imposanten Deckenbalken und der reich begrünten Laube erwarten Sie Luigino Daniele und seine beiden Kinder Mauro (Küche) und Daniela (Service).
Besondere Spezialitäten des Hauses sind **Oca al Refosco**, Gans in Rotwein, und **gedörrtes Pferdefleisch**, in dieser Gegend eine in vielen Variationen angebotene Spezialität: Es gibt sie als Soppressa, in Salame di Musso (Eselwurst), Bresaola di puledro (eine Art Carpaccio aus getrocknetem Fohlenfleisch), Spezzatino in umido (Gulasch) oder Roastbeef vom Fohlen mit Salbei und rosa Pfeffer. Auf der Speisekarte werden Sie im Frühjahr auch **Frittatine mit Wildkräutern** finden, Sellerie- oder Spargelsuppe, Ravioli mit Spargel und Pappardelle mit Brennesseln, im Winter können Sie sich **Risotti** mit **Trippa di maiale**, Schweinekutteln, auftischen lassen, oder auch Pasta e fagioli, die bereits erwähnte Gans in Refosco und eine köstliche Pastete aus Perlhuhn, Fasan und Pilzen. Sehr empfehlenswert sind auch die exquisiten »Tortelli della Sacissica« (eine köstliche Komposition aus süßem Kürbis und dem leicht bitteren Radicchio aus Chioggia) sowie am Wochenende **Baccalà**.
Auf der Weinkarte werden rund fünfzig italienische Marken geführt, und auch die offenen Weine – Pinot Bianco und Refosco dei Colli Euganei – sind nicht die schlechtesten.

Schio
Magré

25 km nördlich von Vicenza, S.S. 46

All'Antenna

Trattoria
Via Raga Alta, 4
Tel. 04 45 / 52 98 12
Ruhetag: Dienstag
Betriebsferien: 2 Wochen im Juni
25 Plätze (im So. auf der Terrasse)
Preise: 35 000 – 45 000 Lire, ohne Wein
Kreditkarten: AE, Visa
Abends geöffnet, so. auch mittags

Das »All'Antenna« liegt inmitten der Hügel, deren sanftes Rund Schio umgibt. Man erreicht es über eine ziemlich steil ansteigende Straße, die es in sich hat; ist das Ziel jedoch erst einmal erreicht, so wird man mit einem herrlichen Blick über das Val Leogra und die Kleinen Dolomiten dafür belohnt. Betritt man dann dieses kürzlich renovierte Lokal, fühlt man sich auch schon wie zu Hause. Laura kümmert sich im Lokal zuvorkommend um die Gäste und berät sie geduldig bei der Zusammenstellung des Menüs, während Giovanni Herr über die Kochtöpfe ist. Seine Rezepte gründen auf möglichst ursprünglich belassenen Rohprodukten. Bei den Primi haben es uns die **Risotti** mit saisonal wechselnden Wildkräutern oder Pilzen angetan, die **Gnocchi di ricotta** mit Zwiebelgrün, Basilikum oder Pilzen und schließlich die Ravioli mit Mandeln. Die **Gargati al consiero** (frische, mit Messingmodeln geformte Pasta), eine typische Spezialität aus dem Val Leogra, sind ebenso allzeit präsent wie **Kaninchengerichte** – Zeugnis der bodenständigen Küche Signor Giovannis. Als Hauptgericht empfehlen wir **Lombata di agnello**, Lammfilet, **mit Kräutern** oder die Tagliata vom Rind. Bei den Desserts sind das Halbgefrorene, die Erdbeertörtchen und die internationale Crème Brulée zu empfehlen.
Auf der gutsortierten Weinkarte finden Sie gute italienische und internationale Namen sowie ein Dutzend ordentlicher Schnäpse.

Typisches Gebäck gibt es in der Pasticceria Dolci Pensieri in **Schio,** Via SS. Trinità 85: Zaleti aus Maismehl, Pandoro (Hefekuchen) und Macafama aus altbackenem Brot, Milch, Honig und Nüssen. In der Via Vicenza 20 stellt die Cooperativa Produttori Latte Schio Grana her sowie den Gebirgskäse Asiago – jung, gepreßt oder alt und damit ideal zum Reiben.

Solagna

41 km von Vicenza entfernt,
7 km nördlich von Bassano del Grappa

Doro

Trattoria
Via Ferracina, 38
Tel. 04 24 / 81 60 26, 55 80 81
Ruhetag: Montag und Dienstag
Betriebsferien: 2. Aug.hälfte, 2 Wo. im Januar
40 Plätze
Preise: 27 – 32 000 Lire, ohne Wein
Keine Kreditkarten
Mittags und abends geöffnet

Ein Besuch in dieser kleinen, traditionellen Trattoria unweit von Bassano, Richtung Valsugano, lohnt sich vor allem aufgrund des hervorragenden Preis-Leistungs-Verhältnisses. Daneben wäre noch das wunderschöne Gebäude aus dem 17. Jahrhundert, im Zentrum eines Weilers gelegen, der sich vom Ufer des Flusses Brenta einen Bergrücken hinaufzieht, das Interieur mit dem einladenden Speisesaal und seinen alten Fotografien, Ansichtskarten und Arbeitsgeräten und schließlich der freundliche, aufmerksame Service zu erwähnen. Doros Sohn Giovanni und Anna schwören auf qualitativ hochwertige heimische Produkte.
Die Küche ist durchwegs gepflegt und unkompliziert, angefangen bei den diversen selbstgebackenen Brotsorten mit verschiedenen Zutaten. Bei den Antipasti haben es uns besonders die **Sardellen in Saor** und die Salate mit Hering oder hellem Fleisch angetan. Die Pasta für die Primi ist hausgemacht: Ausgezeichnet die **Doreti**, kurze Nudeln mit Ricotta und Pesto, ein Muß auch die **Bigoli con lumache**, die Zwiebelsuppe und die Pappardelle mit Artischocken und Fleisch; ein Gaumenschmaus sind die **Risotti**, die mal mit Trevisaner Radicchio, mal mit Pilzen oder Spargel zubereitet werden. Das Angebot an Hauptgerichten reicht vom Fleisch bis zum **Flußfisch** (von Juni bis Oktober), der im Fritiertopf seine vornehmste Bestimmung findet. Hausgemacht auch die Desserts: Da finden Sie Apfel- oder Ricottakuchen, aber auch Zaleti, Kekse aus Maismehl.
Die Weinkarte ist kurz, macht aber neugierig.

Und sollte es Sie nach Honig gelüsten: Giovannis Bruder Romano, seines Zeichens Imker, bietet in der Trattoria einen vorzüglichen naturbelassenen Honig aus der Gegend an.

Sommacampagna

13 km westlich von Verona, Ausfahrt A 4

Al Ponte

Trattoria
Via Corrobiolo, 38
Tel. 045 / 8 96 00 24
Ruhetage: Di.abend und Mittwoch
Betriebsferien: Weihnachten, Ostern u. [August
80 Plätze
Preise: 30 – 35 000 Lire, ohne Wein
Alle Kreditkarten
Mittags und abends geöffnet

Wer nur an eleganten Tafeln Platz nimmt oder in historischem Gemäuer speist, wird beim Anblick dieser direkt an der verkehrsreichen Provinzstraße, gleich neben der Autobahnausfahrt gelegenen, fleißig von Gästen aus der Gegend und hie und da auch einmal von Touristen besuchten soliden kleinen Dorftrattoria die Nase rümpfen. Hier pflegt man einen ziemlich direkten Umgangston, der Service ist flott, aber nicht schludrig, und im Speiseraum geht es eng zu. Es tröstet jedoch bereits am Eingang der Wagen mit frisch zubereitetem Gemüse und ein zweiter mit den Desserts des Tages (die Krönung ist ein Tiramisu, das seinesgleichen sucht!). Wie auch die Primi aus frischer Pasta ist diese Süßspeise das Aushängeschild des » Ponte«. Die Primi sind ein Hochgenuß: der handgemachte, mit Spinat und Stracchino-Käse gefüllte **Rotolo di pasta**, die feinen und doch habhaften **Tortellini**, die **Tortelloni mit Ricotta und Spinat** und die **Gnocchi** mit einer einfachen Tomatensauce. Weiter geht es dann mit einem exquisiten Hecht in Sauce mit Polenta, einem Oktopussalat mit Kartoffeln, **Seppie in umido** (gedünstetem Tintenfisch) oder einem Braten mit Kartoffeln als Beilage, der Sie mit diesem oft unterschätzten Gericht wieder versöhnen wird. Der Beilagenteller mit Gemüse ist so üppig, daß man ihn ohne weiteres auch als Hauptgericht essen könnte; und während der Saison werden stets verschiedene Pilzgerichte angeboten, darunter auch eine Pilzcremesuppe.
Die saisonal wechselnden Obstkuchen – verlockend ist insbesondere der Erdbeerkuchen – sind zwar lecker, verblassen jedoch angesichts des himmlischen **Tiramisù**, dessen Zutaten perfekt miteinander harmonieren – ein unvergleichliches Geschmackserlebnis! Der Weinkeller ist dagegen eher bescheiden bestückt und beschränkt sich auf einige regionale Namen.

Stienta

33 km südöstlich von Rovigo, S.S. 16

Da Bonello

Restaurant
Via Argine Po
Tel. 04 25 / 75 33 11
Ruhetage: So.abend, Mo. und Di.mittag
Betriebsferien: zwei Wochen im Januar
60 Plätze + 40 im Freien
Preise: 40 000 Lire, ohne Wein
Kreditkarten: Keine
Mittags und abends geöffnet

Im Grenzgebiet der Provinzen Rovigo und Ferrara, am Podeich, wo der Fluß majestätisch dahinfließt, liegt die kleine Ortschaft Stienta, die von der Autobahnausfahrt Occhiobello erreichbar ist. »Ort des Nebels« bedeutet das griechisch-phönizische Wort, von dem sich der Name der Stadt wahrscheinlich herleitet – und in Nebel gehüllt ist diese Ortschaft tatsächlich große Teile des Jahres. Genau hier haben Marina Menghini und Ehemann Paolo Bonotto vor einiger Zeit aus einem renovierten Bauernhaus einen Ferienhof mit Reitstall gemacht, der später mit viel Geschmack in ein Restaurant mit Garten für den Sommer umgewandelt wurde.
Das »Bonello« bietet eine rein regionale Küche, die den Einfluß des nahegelegenen Ferrara nicht verleugnet. Stimmen Sie sich ein mit Prosecco, den salzigen Fladenbroten (Pinzini), dem Hefegebäck mit Zwiebeln (Tirotta) und Salsine (Dippsaucen). Dann wird Sie Marina ihre hausgemachte Pasta kosten lassen: **Cappellacci** mit Artischocken, Auberginen oder Stracotto, handgemachte **Bigoli** alla zingara oder mit Pesto, **Agnolotti mit Perlhuhn** und – da dies ein Obstanbaugebiet ist – einige Kuriositäten wie Tortelli mit Äpfeln und Schinken und die Ravioli mit Birnen. Als Secondi dann **auf Holzkohle gebratenes Fleisch** von Weidetieren: Rumpsteak, Kotelett oder Filet, aber auch Entenbrust und Carpaccio mit Radicchio aus Treviso. Wenn Sie drei bis vier Tage im voraus bestellen, können Sie auch traditionelle Gerichte aus Ferrara kennenlernen: Bigoli mit Pocio, einer Sauce aus Gänseklein, Perlhuhn nach alter Ferrareser Art, Gans mit gerösteten Brotschnitten, Ente in der Papierhülle sowie Pfau, das alte Gericht der Könige. Und nach soviel königlichen Speisen empfiehlt sich ein krönender Abschluß, beispielsweise die **Schokoladentorte nach Ferrareser Art**.
Gut bestückt ist der Weinkeller, um den sich Paolo kümmert, der freundliche Wirt.

Stra

30 km östlich von Venedig, S.S.11,
10 km von Padua entfernt

Villa Celin

NEU

Bar – Restaurant
Via Venezia, 99
Tel. 049 / 50 20 34, 9 80 06 15
Ruhetag: Sonntag
Betriebsferien: 7.–27. August
60 Plätze + 60 im Freien
Preise: 35 – 50 000 Lire, ohne Wein
Kreditkarten: die bekannteren
Mittags und abends geöffnet

Zwar ist die Villa Celin kein klassisch venezianischer Landsitz, denn sie wurde erst zu Beginn des 20.Jahrhunderts erbaut, doch fügt sie sich gleichwohl harmonisch in die wasserreiche Flußlandschaft des Brenta mit ihren schönen Weilern und dem üppigen Grün ein.
1958 hielt hier die Familie von Mario Celin Einzug mit ihrer Osteria, die sie bereits nahezu zwei Jahrzehnte lang erfolgreich geführt hatte. Heute kann die Trattoria mit zwei Speisesälen auf zwei Stockwerken aufwarten, einem kleinen Tagungssaal und der Bar gleich am Eingang.
Mittags bietet Mario, von drei Köchen und den beiden Töchtern Melania und Viviana tatkräftig unterstützt, ein sehr vielseitiges Büfett für 20 – 25 000 Lire an; abends jedoch läßt er seiner Kreativität freien Lauf und stellt die interessantesten Gerichte zusammen. So wird Ihnen die Bedienung stets neue Menüvorschläge machen, von denen wir hier nur einige aufgreifen können: Hausgemachte Gnocchi oder **Pasta mit Speck**, Tomaten und Paprika nach Gärtnerinnenart oder mit Spargel, **Tagliata mit Rosmarin** oder mit Balsamico-Essig und Rucola sowie **gebratenes Perlhuhn**. Auch Meeresgetier ist kulinarisch vertreten, und so können Sie in Tagliolini mit Zucchini und Garnelen schwelgen, in Spaghetti mit Tintenfisch, **Poenta e sepe**, Fritto Misto, Folpi, geschmortem Aal, in Milch gekochtem **Baccalà mantecato** oder Baccalà alla Vicentina. Die Desserts vom Servierwagen bilden einen würdigen Abschluß.
Die Weinkarte ist zwar noch in Vorbereitung, aber Sie können bereits jetzt unter knapp 30 italienischen Erzeugnissen wählen. Auch offene Weine von Lison Pramaggiore werden angeboten, und mehrere namhafte Whiskymarken sowie ein gutes Dutzend verschiedene Grappe runden das Angebot ab.

Susegana
Colfosco

22 km nördlich von Treviso, S.S.13

All'Antica Trattoria da Checco

Osteria – Trattoria
Via San Daniele, 56
Tel. 04 38 / 78 13 86, 78 00 27
Ruhetag: Mo.abend und Dienstag
Betriebsferien: erste Januarhälfte
100 Plätze + 70 im Freien
Preise: 30 000 Lire, ohne Wein
Kreditkarten: AE, Visa
Mittags und abends geöffnet

Nur wenige Kilometer südwestlich von Conegliano erhebt sich über Colfosco, auf der linken Seite des Piave, der Colle della Tombola, auf dem wiederum die altehrwürdige Trattoria »Da Checco« thront. Von dort aus hat man einen herrlichen Blick auf das breite Kiesbett des Piave, den weiter südlich auf der anderen Seite des Flusses gelegenen Berg Montello und die Ebene um Treviso. Antonio Spinato, der die alte Trattoria 1994 übernommen hat, verfügt trotz seiner jungen Jahre bereits über beträchtliche Erfahrung. Nach seiner Ausbildung an der Schule von Tonino Palazzi im Hotel-Restaurant »Terme« in Vittorio Veneto arbeitete er in verschiedenen Sterne-Restaurants der Region, beschloß dann aber, mit seinem Vater und seiner Frau Floriana, die für die Küche zuständig sind, einen eigenen Betrieb zu gründen. Antonio selbst kümmert sich um den Speisesaal, in dem ihm am Wochenende sein 15jähriger Sohn Matteo zur Hand geht.
Das Speisenangebot ist ausnahmslos traditionell ausgerichtet: Sie können wählen zwischen verschiedenen Risotti (besonders zu empfehlen ist der **Risotto alla sbiraglia**), verschieden gefüllten Ravioli und Tortellini oder auch diversen Pasta-Sorten mit nach Jahreszeit wechselnden Saucen. Dazu gesellen sich die Secondi: **geschmorte Schnecken mit Polenta**, **Spezzatino d'asino** (Eselsgulasch) und auserlesene Fleischqualitäten, die auf der Holzglut zubereitet werden. Die Desserts sind natürlich hausgemacht. Mittags wird auch ein Tagesmenü für 17– 21 000 Lire angeboten.
Schließlich hat Antonio, der auch als Sommelier sein Handwerk bestens versteht, eine umfangreiche, nicht nur auf regionale Erzeugnisse beschränkte Weinkarte zusammengestellt; einige der Weine werden auch offen ausgeschenkt. Das Angebot an Schnäpsen ist ebenfalls ausgezeichnet.

Teolo
Castelnuovo
22 km südwestlich von Padua

Al Sasso

Trattoria
Via Ronco, 11
Tel. 049 / 9 92 50 73
Ruhetag: Mittwoch
Betriebsferien: 10 Tage im Sept., [14 Tage im Jan.
80 Plätze
Preise: 35 – 40 000 Lire, ohne Wein
Kreditkarten: CartaSi, Visa
Mittags und abends geöffnet

Unterwegs in den Colli Eugenei kehrt man gerne ein in der Trattoria »Al Sasso«, deren Küche einen ausgezeichneten Ruf genießt. Dafür stehen die sorgfältige Auswahl der Zutaten und die traditionellen Gerichte, die ganz im Zeichen moderner Ernährungsgewohnheiten weiter verfeinert wurden. Hier berät Sie Lucio Calaon verläßlich bei der Auswahl Ihres Menüs und der dazu passenden Weine.
Wagen Sie sich also ruhig an die von ihm empfohlenen Speisen, in denen beispielsweise Wiesenkräuter verwendet werden, die zum Teil nur in diesen Hügeln gedeihen. So werden hier Rosole mit warmem Schinken aufgetischt, der mit Schnittlauch bestreute Tani-Salat, gebackene Blätter vom Bärenlauch, Rapunzelrüben mit Eiern, eine Pastete aus Pissacani oder **Gemüsesuppe mit Reis und Hopfentrieben**. Unter den jahreszeitabhängigen Primi empfehlen wir die **Pasta con i santi** (wie Bohnen hier genannt werden), die Risotti mit Pilzen oder Gemüse, die Agnolotti mit Vezzena-Käse und Nüssen sowie die Tagliatelle mit Enten- oder Hühnerragout. Lassen Sie jedoch noch genügend Platz für die kräftigen, üppigen Hauptgerichte, bei denen weißes Fleisch aus Haus und Hof dominiert: **Huhn in Tocio mit Kartoffeln**, **junger Fasan in Cabernet**, Kaninchen mit aromatischen Kräutern, Schnecken mit Kräutern und Morcheln, **gefüllte Torresano-Taube**, gegrilltes Fleisch und ein exzellentes, nach allen Regeln der Kunst zubereitetes **gebratenes Huhn**.
In der schönen Jahreszeit laden die Terrasse im Freien und eine Laube.

Den Naschkatzen unter Ihnen empfehlen wir einen Abstecher in die Benediktinerabtei Praglia in **Presseo**, 11 km von Castelnuovo entfernt. Dort gibt es ausgezeichneten Honig in verschiedenen Geschmackssorten: Akazien-, Kastanien- und Blütenhonig.

Torrebel Vicino
Pievebelvicino
33 km nordwestlich von Vicenza und 4 km von Schio entfernt, S.S.46

Alla Sorgente

Trattoria
Via Tenaglia, 4
Tel. 04 45 / 66 12 33
Ruhetag: Mo.abend und Dienstag
Betriebsferien: unterschiedlich
40 Plätze
Preise: 30 000 Lire, ohne Wein
Keine Kreditkarten
Mittags und abends geöffnet

Die Trattoria von Claudio Brego liegt am Taleingang des schattigen, mineralien- und wasserreichen Val dei Mercanti, aus dem auch die Becken der Forellenzucht gespeist werden. Das Speisenangebot des »Sorgente« ist einer Philosophie zu verdanken, die ambitioniert und sorgfältig neue Wege sucht: Zwiebackbrot und Cracker sowie helles und dunkles Brot werden im Holzofen selbst gebacken, während die Gemüse, das Sauerkraut und die geräucherten Forellen ebenso wie Olivenöl und Käse von passionierten Kleinerzeugern stammen, die wie Claudio überlieferte Methoden und moderne Technologie gekonnt miteinander verbinden – Zeichen ihrer ausgeprägten, aber alles andere als verstaubten Bodenständigkeit. Alles übrige stammt aus der eigenen Küche. Die kulinarische Seele des »Sorgente« ist natürlich die **Forelle** (auch **geräuchert**), die in einer Vielzahl von Gerichten vertreten ist. Die Vorspeisen bereichert sie ebenso wie die Füllung der Ravioli und die Sauce für die **Lasagnette**, mal geht sie eine schmackhafte Verbindung mit Saisongemüse und Maccheroni ein oder wird filetiert und als Forelle blau mit appetitlichen Saucen mit Knoblauch oder Kapern gereicht. Auch im Ofen wird sie zubereitet, und in der kalten Jahreszeit geht sie als **in umido** eine herz- und magenerwärmende Symbiose **mit Sauerkraut** ein, die auch Sie überzeugen wird. Ansonsten ermöglicht es das eher frische Klima des Mercanti-Tals, sich auch im Sommer an warmen, gehaltvollen Speisen wie **Baccalà alla vicentina**, **Stracotto di manzo** (Rinderbraten) oder auf der Holzglut gegartem Lamm und Rind zu delektieren.
Die Desserts sind ebenso empfehlenswert wie die Weine und Liköre, und auch die Rechnung fällt eher niedrig aus – denn Claudio schwört darauf, alles Überflüssige fortzulassen.

Trevenzuolo
Fagnano
22 km südlich von Verona

La Pergola

NEU

Trattoria
Via Nazario Sauro, 9
Tel. 045 / 7 35 00 73
Ruhetag: Montag und Di. abend
Betriebsferien: 1.–20. Jan. und von Mitte Juli – Ende Aug.
50 Plätze
Preise: 35 – 40 000 Lire
Kreditkarten: die bekannteren
Mittags und abends geöffnet

Der ein wenig abseits von der Hauptstraße gelegene Ortsteil Fagnano genießt seit einigen Jahren einen guten Ruf wegen seiner gehobenen Gastronomie. Hier übernahmen Lia Martina und ihr Gatte 1929 eine kleine Osteria, aus der dann im Laufe der Jahre die jetzige Trattoria »La Pergola« wurde. Mittlerweile hat Lias Sohn, Stefano Bresciani, den Familienbetrieb übernommen und führt ihn nun gemeinsam mit seiner Frau Ornella. Im einzigen Speisesaal, der erst vor kurzem renoviert und aufwendig möbliert wurde, herrscht »semistriktes« Rauchverbot: Erst nach dem Essen ist der Griff zum Glimmstengel gestattet.
Lassen Sie sich als Vorspeise neben dem selbst eingelegten Essiggemüse auch die **Miniwürste mit Lardo** nach einem köstlichen alten Rezept auftragen, die Soppressa und die gesalzene Pancetta, allesamt mit gerösteter Polenta als Beilage. Dann stehen mindestens drei Primi zur Auswahl, aus denen Sie mit Stefanos freundlicher Beratung das Passende für Ihr Menü wählen können, wie beispielsweise **Risotto all'isolana**, Kutteln, Tortellini in Brühe oder mit Sauce, **Lasagne al forno** mit Saisongemüse, je nach Jahreszeit mit **Kürbis**, Spargel oder Artischocken gefüllte **Tortelli** oder Fettuccine mit Esels- und Entenragout. Sollte Ihr Hunger noch immer nicht gestillt sein? Dann gibt es eine schöne Auswahl an Gesottenem: **Suppenhuhn**, Cotechino, **Pökelzunge** oder Zunge natur und Rindfleisch zu Meerrettichsauce, Apfelsenf und den Senffrüchten Pearà. Und weiter geht es mit verschiedenen Braten, garniert mit rohem oder gekochtem Gemüse.
Das Menü beschließen ein Stück Parmigiano Reggiano und leckere Desserts, von denen der typische **Fogassin** besonders empfehlenswert ist.
Der Weinkeller bietet nur eine beschränkte Auswahl an Erzeugnissen aus Verona und Weinen aus Franciacorta.

Treviso
Quinto di Treviso
5 km vom Stadtzentrum entfernt

Da Righetto

NEU

Trattoria mit Fremdenzimmern
Via Ciardi, 2
Tel. 04 22 / 37 91 01
Ruhetag: Montag
Betriebsferien: 2.–10. Januar
120 Plätze
Preise: 20 – 50 000 Lire, ohne Wein
Kreditkarten: die bekannteren
Mittags und abends geöffnet

Für die passionierten Mathematiker unter Ihnen dürfen wir folgende gastronomische Gleichung aufmachen: Der (durch Treviso fließende) Sile = Aal; **Aal** = Righetto. Die Lösung ist ganz einfach: Überzeugen Sie sich doch selbst vor Ort! Die gemütliche Locanda verdankt ihren wohlverdienten Ruf nämlich just diesem Flußgetier, das Toni, der sympathische Vater des Wirts, seit rund 40 Jahren im angrenzenden Fluß heranzüchtet.
Und so kommt hier die Bisata, wie der Aal im Trevisaner Dialekt genannt wird, in verschiedenen Zubereitungen auf den Tisch: als Röllchen oder Pastete, im Risotto oder zu Tagliatelle, ausgebacken in mundgerechten Häppchen oder geschmort mit Polenta als Beilage (exquisit!). Doch damit nicht genug: Giovanni Righetto, der sich der Weiterführung des bereits 1780 gegründeten Familienbetriebs mit Leib und Seele verschrieben hat, kann noch mit ganz anderen Gerichten aufwarten, nahezu ausnahmslos lokale Spezialitäten, die aus sorgfältig ausgewählten heimischen Produkten zubereitet werden. Und schon geht es los mit dem berühmten **Spargel** aus Badoere, mariniert oder in Brandy sautiert und mit Sauris-Schinken serviert; dann folgen die leckeren **marinierten Sardinen**, Radicchio in Sardellensauce, **Zwiebelsuppe mit Radicchio**, Penne mit Artischocken und Krabben, die verführerisch duftenden **Spaghetti mit Caparozzoli** (Venusmuscheln) sowie schmackhafter Schwertfisch mit sautiertem Spargel. Was die Desserts anbelangt, so beschränkt sich die Speisekarte auf Kuchen, Dessert, Käse und Obst.
Der Weinkeller ist außergewöhnlich gut bestückt. Hier findet der interessierte Gast über 300 Erzeugnisse aus Italien und dem Ausland, und Giovanni berät Sie bei der Auswahl mit großem Sachverstand (was die Weinkarte überflüssig macht). Wünschen Sie einen Digestif? Dann sind Sie hier genau richtig.

Toni del Spin

Trattoria
Via Inferiore, 7
Tel. 04 22 / 54 38 29
Ruhetag: Sonntag und Mo.mittag
Betriebsferien: August
70 Plätze
Preise: 30 – 45 000 Lire, ohne Wein
Kreditkarten: AE, CartaSi, Visa
Mittags und abends geöffnet

Gleich hinter der Piazza dei Signori finden Sie in einem schön restaurierten alten Gebäude mit Fachwerkfassade das »Toni del Spin«, eine der letzten traditionellen Trattorien, die es in dieser Stadt noch gibt: statt auf Etikette setzt man hier auf fröhliche Gäste. Mit »Spin« bezeichnet man die Gräten des **Baccalà**, der seit jeher das Aushängeschild dieses Lokals ist: als Conso (auf Salat) oder in Tecia mit Polenta. Alfredo Sturlese, der Enkel des früheren Wirts, hat sich ein Ziel gesetzt: Er will die mit dem Baccalà verbundene Tradition fortführen und den Charakter des Lokals wie auch der Küche unverändert erhalten. Allerdings gibt es je nach Jahreszeit auch **Gerstensuppe mit Bohnen** (im Frühjahr ist die Artischockensuppe ebenfalls einen Versuch wert), Pasta e fagioli, **Bigoli mit Ente**, Reis mit Kartoffeln und **Risi e bisi**. Bei den Secondi brillieren die klassischen Spezialitäten wie **Kutteln**, **Perlhuhn in Salsa peverada**, Ente in guazzetto (mit viel Sauce) und **Sopa coada**, eine im Ofen nach dem Originalrezept Maffiolis ausschließlich aus dem Fleisch von Jungtauben zubereitete Suppe. Von November bis Februar können Sie bei gebratener Gans mit Sellerie in Erinnerungen an die farbenfrohen Kirchweihfeste im Herbst schwelgen. Die Sommerküche ist leichter und frischer: Hier werden appetitliche Saucen aufgetischt, in Kräutern und Gewürzen mariniertes helles Fleisch und kalte Gemüsecremes.

In der Drogheria Foresti, einer Bottega aus dem 19. Jahrhundert in der Via Martiri della Libertà 66, finden Sie eine große Auswahl an Gewürzen, Kräutern und Tees. Auch nette Mitbringsel finden Sie hier: Quittenmus im Herbst und im Winter Torroncini Brulé. In der Bottega del Baccalà in der Via Pescheria 18 können Sie sich Baccalà angeln: Eingeweicht und geklopft oder bereits fix und fertig zubereitet, in umido oder mantecato.

»Ombre e ciacole« in Treviso

Wenn Sie in Treviso Station machen und einige Osterie besuchen, werden Sie dabei immer wieder dieselben Gesichter antreffen. Doch keine Angst, man spioniert Ihnen nicht nach, sondern kehrt vielmehr im Rahmen des berühmten »giro de ombre«, des Streifzugs durch die Osterie, in mehreren Lokalen ein. Und da es mittlerweile nur noch wenige echte Osterie gibt und der gute Ton mindestens zwei oder drei Stationen verlangt, ist es ganz unvermeidlich, daß man sich wieder über den Weg läuft. So kommt es zu den »ciacole«, dem Tratsch: Denn dies ist der eigentliche Sinn und Zweck dieser traditionellen Kneipentour, der Wein ist dabei einfach eine schöne Nebensache. Weshalb er nicht zu voll und schwer sein darf, denn sonst würde er nur vom eigentlichen Geschehen ablenken. Der ideale Rebensaft ist also frisch, bekömmlich und leicht moussierend.

Ein solcher Wein ist natürlich der Prosecco. Aber die Osterie führen traditionsgemäß auch Weine aus dem Friaul wie Tocai, Pinot, Verduzzo und istrischen Malvasia, die sie offen ausschenken oder in Flaschen verkaufen. Mit »Malvasie« bezeichnete man einst die Osterie, in denen »fremdländische« Weine aus Zypern, Griechenland und dem Friaul ausgeschenkt wurden; in Treviso gibt es sogar noch heute eine Osteria, die so heißt. Mitunter werden noch immer in winzigen Schälchen, den sogenannten »squele«, der duftende Fragolino und der Clintòn mit seinem unverwechselbaren fuchsigen Bukett.

Erfolg oder Mißerfolg einer solchen Osteria hängen jedenfalls traditionsgemäß nur selten von der Qualität des Weins ab. Dreh- und Angelpunkt ist die Gestalt des Wirts, der seiner Weinstube Leben einhauchen muß. Ein wortkarger Griesgram würde schon nach wenigen Wochen scheitern, selbst wenn er ein noch so hervorragender Sommelier wäre. Denn der Wirt ist hier eine unantastbare Institution. Seinem Wort vertraut man die kleinen Ersparnisse der »Cassa peota« an – was hier in Italien ohnehin sicherer und auf jeden Fall netter ist als ein Sparkonto auf einer unpersönlichen Bank. Dieser Brauch einer »Sozialkasse« ist auf dem Land noch sehr verbreitet. Wie steht es also mit einer kleinen Investition in die Cassa peota »Do Mori« oder »Gigia« anstatt in die Banca oder Kreditanstalt Soundso? Der Name «peota« leitet sich von einem Boot und im weiteren Sinne von den Ausflügen ab, die man mit diesem Boot auf der Lagune oder den Flüssen Venetiens unternahm. Nach wie vor sind es vor allem Frauen, die ihre Ersparnisse der »Cassa peota« anvertrauen – was nicht zuletzt mit der absoluten Diskretion zusammenhängt, mit der der Wirt sein Geschäft versieht. Am Jahresende kommen dann alle Mitglieder der »Cassa« in der Osteria zusammen, um die Zinsgewinne entgegenzunehmen. Neben dem privaten gibt es aber auch noch einen Gemeinschaftsgewinn, der in ein riesiges Festessen oder eine Sonntagsausflug für alle umgelegt wird. Auch hier beweist der Wirt mehr Sinn für Geselligkeit als die beste Bank. Auf den folgenden Seiten stellen wir Ihnen einige typische Lokale vor, die sich für einen »Giro de ombre« anbieten.

Al Bottegon da Graziano
Bottiglieria mit Ausschank
Viale Burchiellati, 55
Tel. 04 22 / 54 83 45
Ruhetag: Sonntag
Betriebsferien: Erste Septemberhälfte
Geöffnet: 8 – 14 und 16.30 – 20.30 Uhr

Gleich hinter der Porta San Tommaso findet man den Viale Burchiellati und den Borgo Mazzini, die gemeinhin Piazza del Grano genannt werden, herrscht hier doch seit Jahrhunderten jeden Dienstag und Samstag buntes Markttreiben, bei dem früher vor allem Getreide und Kleinvieh feilgeboten wurden. Trotz des etwas hochtrabenden Namens ist das »Bottegon« winzig klein, weshalb viele Stammgäste ihre »Ombretta«, ihren Schoppen Wein, vor dem Eingang im Stehen genießen. Dieses Flair von urwüchsiger Osteria findet man heutzutage fast nur noch in den Bottiglierie mit Ausschank. Die alten Fotos, die unkomplizierte Herzlichkeit der Wirtsleute und die fünf bis sieben offenen Weine (darunter auch Marsala und Vin Santo) sind jedoch ebenso zeitlos wie die traditionellen Cicheti: Mezi vovi bazoti (gekochte und halbierte Eier), Silberzwiebeln, Sardellen und kleine Artischocken sowie eine große Auswahl an Crostini und Tramezzini.

Al Calice d'Oro

Osteria mit Küche
Via Pescheria, 5
Tel. 04 22 / 54 47 62
Ruhetag: Sonntag
Betriebsferien: Juli
Geöffnet: 7 – 15 und 16 – 20.30 Uhr

Diese Osteria liegt nur wenige Schritte vom »Bottegon« entfernt auf der Brücke der Via Pescheria. Schon frühmorgens öffnet sie ihre Pforten und wärmt die Gemüseverkäufer des Marktes mit einer kräftigen Sopa de tripe, also einer Kuttelsuppe, auf. Im Schaufenster verkünden handgeschriebene bunte Zettel, daß Enzo täglich die obligaten Nervetti (gekochte Rind- oder Kalbsknorpel mit Essiggemüse) auftischt, Schnecken mit Knoblauch und Öl, gekochte Bohnen mit Zwiebeln, Pasta e fagioli, Kutteln alla parmigiana, Tintenfische vom Grill, Fleischbällchen und gekochten Baccalà, als conso oder alla vicentina. Im Laufe des Vormittags schauen zahlreiche Stammgäste auf einen Frühschoppen vorbei, während sich mittags die wenigen Tische mit Gästen füllen, die Appetit auf mehr haben. Für 10 000 Lire bekommt man hier eine üppige Portion fritierte kleine Sepioline, Calamari, Strandkrabben und Krabben, Heuschreckenkrebse und Kammuscheln, selbstverständlich alles fangfrisch und dazu geröstete weiße Polenta.

Muscoli's

Osteria
Via Pescheria, 23
Tel. 04 22 / 5 33 90
Ruhetag: Sonntag
Betriebsferien: September
Geöffnet: 7 – 23 (im Sommer 24) Uhr

Das »Muscoli's« liegt ebenfalls an der Straße, die zum Fischmarkt, der Pescheria, führt, und im Sommer kann man hier auch draußen sitzen. Signora Beppa führt das Lokal mit ihren Söhnen Fabio und Mauro. Vor allem im Sommer ist es bis spät in den Abend hinein geöffnet. Auf einer Tafel wird neben einem Dutzend überwiegend aus Venetien stammender Weine auch der eine oder andere Tropfen aus dem Friaul angeboten. Dazu gibt es überaus schmackhafte Cicheti: Neben Porcheta (Spanferkel) auch wunderbare Fleischbällchen, die allmorgendlich von der Nonna zubereitet werden, S'ciosi und Brötchen mit Prosecco, eine Art Pan bagnà mit dem Perlwein, Knoblauchsauce und Käse. Und wem das nicht genügt, der hält sich an die große Auswahl an Crostini, Tramezzini und belegten Brötchen.

Bar Trevisi

Osteria mit Küche
Via Trevisi, 6
Tel. 04 22 / 54 53 08
Ruhetag: Sonntag
Betriebsferien: August
Geöffnet: 9 – 14.30 u. 15.30 – 20.30 Uhr
(im Sommer von 18 – 22.30 Uhr)

Von der Pescheria aus zwängt man sich durch ein winziges, enges Gäßchen in Richtung Ponte della Malvasia. Gleich dahinter öffnet sich die Gasse auf eine winzigkleine Piazza, die im Sommer der unter den Bogengängen gelegenen Bar Trevisi als Terrasse dient. Das Publikum ist jung, fröhlich und ausgelassen, und auch unter dem neuen Inhaber, Marco Tonietto, haben sich Ambiente, Atmosphäre und Angebot nicht geändert. An der Theke liegen neben einer riesigen Mortadella Capocollo, Salami, Soppressa, Schinkenspezialitäten und köstliche Bergkäse aus den karnischen Alpen und dem Trentino auf, die ausnahmslos auf großen Holzbrettern serviert werden. Im Winter gibt es einen wunderbar zarten lauwarmen Musetto mit Polenta. Wem das noch nicht genügt, der kann auch eines der warmen Gerichte bestellen: zur Auswahl stehen schmackhafte Pastagerichte mit Sauce (im oberen Stockwerk gibt es eine kleine Küche und einen winzigen Speisesaal) sowie in der schönen Jahreszeit einige kalte Gerichte (Paste oder Reis). Die offenen Weine kommen etwas schwachbrüstig, aber es fehlt nicht an guten Flaschenweinen aus dem Raum Treviso und dem Ausland.
Die Preise sind absolut unschlagbar.

Dai Naneti

Osteria mit Lebensmittelladen
Vicolo Broli, 2 (Piazza Indipendenza)
Kein Telefon
Ruhetag: Sonntag und Mi.nachmittag
Betriebsferien: August
Geöffnet: 8.30 – 14 und 16 – 20.30 Uhr

Durch den Vicolo Trevisi gelangt man hinter den Palazzo dei Trecento und die Piazza dei Signori: Von hier aus erreicht man ein zweites, zur Piazza Indipendenza führendes Gäßchen, in dem sich eine Osteria als Casoìn (Lebensmittelladen) getarnt hat. Keine Angst, Sie sind schon richtig! Das Schaufenster, die Theke und sämtliche Regale quellen über von handgemachtem Käse und Wurstwaren aus den verschiedensten Regionen Italiens, vom Castelmagno über den Formaggio di Fossa aus den Tropfsteinhöhlen bis hin zum (in Wein eingelegten) Ubriaco del

Piave; mit Dörrfleisch können Sie sich hier ebenso eindecken wie mit den delikatesten Schinken vom Hirsch, Wildschwein usw.
Das Besondere am »Naneti« ist eben, daß Sie all diese Delikatessen nicht nur kaufen und mit nach Hause nehmen, sondern auch gleich an Ort und Stelle im Stehen verzehren können. Bruno oder Beppe servieren Ihnen zusammen mit Ihrer Ombra auf einem Stück Butterbrotpapier auch gerne ein Stückchen Mortadella, Grana oder alles, was Ihr Herz begehrt. Im Lokal gibt es darüber hinaus einen Ausschank mit einer großen Auswahl an Weinen, die nicht nur aus der Region stammen.

Al Dante

Osteria
Piazza Garibaldi, 6
Tel. 04 22 / 5 18 97
Ruhetag: Sa.mittag und Sonntag
Betriebsferien: unterschiedlich
Geöffnet: 8 – 24 Uhr

Auf unserer Entdeckungsreise darf die Osteria Al Dante natürlich nicht fehlen. Aus dem dichten Gassengewirr des historischen Stadtzentrums gelangt man zum alten Flußhafen, dorthin, wo der Cagnan in den Sile fließt. Empfangen werden Sie von Toni, einem sprechenden Raben, der die Stammgäste in markantem Trevisaner Dialekt begrüßt. An der Theke eine riesige Auswahl von Cicheti: Tintenfische, Schnekken, Kammuscheln und Krebse, Musetto mit Polenta, Tintenfisch in umido, Nervetti, Durèi (Hühnermägen) und Fleischbällchen, sowie Hähnchenflügel und in Teig ausgebackenes Saisongemüse (Artischocken, Auberginen, Blumenkohl und Zucchini). Oft bekommen Sie auch Kalbskopf, Tettine und Stierhoden sowie – eine echte Rarität! – Fongadina, eine leckere Pastete mit einer Füllung aus Zunge, Zwiebeln, Pilzen und Innereien. Wer möchte, der kann sich an einem der Tische im Inneren niederlassen oder im Sommer auch auf der schönen, zum Fluß hin liegenden Holzterrasse im Freien. Wählen Sie nur eifrig Cicheti und eines der warmen Gerichten aus (je nach Saison stehen Pasta e fagioli, Schnecken in Sauce, Baccalà, Kuttelsuppe oder Kutteln alla parmigiana, Tintenfisch in umido und geröstete Polenta zur Wahl): So können Sie für gerade einmal 25 000 Lire ein komplettes Menü genießen! Für Weinliebhaber gibt es lokale Erzeugnisse, die offen in Karaffen ausgeschenkt werden, aber auch einige Flaschenweine aus Venetien und dem Trentino.

Dalla Elsa

Osteria
Vicolo San Gregorio, 14
Tel. 04 22 / 5 24 51
Ruhetag: Sonntag
Betriebsferien: letzte September- und erste Oktoberwoche
Geöffnet: 8 – 24 Uhr

In diese reizende kleine Osteria, die an einem kleinen Platz hinter der Piazza dei Signori liegt, geht man nicht sosehr wegen des Weine und der Cicheti, sondern hauptsächlich wegen des sympathischen Wesens von Signora Elsa, wegen der bestickten Leinengardinen an den Fenstern, der alten, blitzblanken Theke, der Deckenbalken und der Wandtäfelung, wegen des winzigen Speiseraums, in dem man so vortrefflich Neuigkeiten und Herzensregungen austauschen kann, wegen des originellen Wandschmucks und der Bilder, die von Elsas Mann stammen, einem Maler, der sein Atelier in einer Mansarde über der Piazzetta hat, und weil es sich im Sommer draußen vor dem Lokal so angenehm sitzen läßt. Alles in allem also eine Osteria mit Atmosphäre. Sie sollte daher auf Ihrer Route einen Ehrenplatz einnehmen, nicht zuletzt deswegen, weil sie als beliebter Treffpunkt junger Leute, aber auch von Malern, Musikern und Buchhändlern, die sich dort vor dem Abendessen einfinden, der ideale Ort für Studien zur Stadtfauna ist.

Al Tocai

Bar – Osteria
Piazzetta Lombardi, 1
Tel. 04 22 / 57 92 86
Ruhetag: Montag
Betriebsferien: 10. – 18. August
Geöffnet: 10 – 15, 17.30 – 1 Uhr

In diesem Lokal finden Sie Wein, belegte Brötchen und Tramezzini. Das Angebot kann es zwar nicht mit dem einer Trattoria aufnehmen, doch bleibt das »Tocai« eine der Anlaufstellen für die abendliche Ombre-Tour – nicht zuletzt deshalb, weil es zu den wenigen Osterie gehört, die auch sonntags geöffnet haben.

Valdango
Maso

45 km nordwestlich von Vicenza, S.S. 246

Hostaria a le Bele

Trattoria
Via Maso, 11
Tel. 04 45 / 97 02 70
Ruhetag: Montag und Di.mittag
Betriebsferien: August und Januar
70 Plätze + 40 im Freien
Preise: 40 000 Lire, ohne Wein
Kreditkarten: die bekannteren
Mittags und abends geöffnet

Diese altehrwürdige Trattoria liegt auf den Colli Valdagnesi. Um dorthin zu gelangen, müssen Sie das Zentrum von Valdagno in Richtung Castelvecchio verlassen und die Straße einschlagen, die nach Maso in die Hügel hinaufführt. Die Leitung der Trattoria haben mittlerweile Vittorio, der mit Bravour und Begeisterung für die Küche zuständig ist, seine Frau und sein Bruder Enrico übernommen. Das neue Team in Speisesaal und Küche läßt keine sehnsüchtigen Gedanken aufkommen an die beiden Damen (oder richtiger: Fräulein), die dem »Bele« vor langen Jahren nicht nur den unverwechselbaren Namen, sondern auch seinen Glanz verliehen hatten. Die Küche verzichtet hier keineswegs auf überlieferte Rezepte, bringt sie jedoch durch neue, raffinierte Interpretationen auf ein insgesamt hohes Niveau. Und bei der Zusammenstellung der Menüs orientiert sie sich am jahreszeitlichen Angebot.
Die Primi sind samt und sonders frisch und hausgemacht: **Fettuccine mit Taubenragout**, **Gargati con il consiero**, Risotti mit Pilzen und Kräutern; ausgesprochen schmackhaft auch die winterlichen **Gnocchi aus pan bagnato**. Bei den Secondi überzeugen das **Pökelfleisch**, die Tagliata vom Fohlen und die **Fonduta di malga auf heißer Polenta**. Aber die besondere Spezialität des Hauses ist nach wie vor die **Galina imbriaga**, ein in Cabernet, Gemüse und Gewürzen mariniertes Huhn, das mit Grappa übergossen im Ofen ausgebacken wird.
Nicht unerwähnt bleiben sollten auch das Brot, das im Holzofen selbst gebacken wird, sowie die ausnahmslos selbstgemachten Desserts wie die Paesana mit Birnen, der Sandkuchen, die Putana (ein typisches Dessert aus Vicenza) und die Crema fritta.
Der Weinkeller bietet eine gute Auswahl an italienischen Lagen, und auch lokale Weine sind zur Genüge vertreten.

Valdobbiadene

38 km nordwestlich von Treviso, S.S. 348

Trattoria alla Cima

NEU

Restaurant
Via Cima, 8
Tel. 04 23 / 97 27 11, 97 10 40
Ruhetag: Mo.abend (nicht im Sommer) und Dienstag
Betriebsferien: 10. – 31. Januar
100 Plätze
Preise: 45 000 Lire, ohne Wein
Kreditkarten: alle außer DC
Mittags und abends geöffnet

Von dem Hügel herab, auf dem sich das Lokal – ein restaurierter Weiler – befindet, genießen Sie einen atemberaubenden Ausblick auf nahezu das gesamte Piavetal, in dem sich, so weit das Auge reicht, Weingärten an Felder reihen. Die gediegene Küche der Familie Reboli basiert auf saisontypischen Produkten, weswegen Radicchio, Pilze und Spargel eine herausragende Rolle spielen.
Im Sommer können Sie beispielsweise mit einer **Filetroulade mit Balsamico-Essig** oder mit dem typischen süßsauren Radicchio beginnen, um dann überzugehen zu **Gnocchetti mit Ricotta und Pfifferlingen**, den (hausgemachten) Tagliatelle oder den **Risotti mit Radicchio**, **mit Spargel** oder auch mit Pilzen oder Wildkräutern. Suppenliebhaber halten sich an die klassische Gemüsesuppe mit Bohnen oder an die Steinpilzsuppe. Das **in der Holzglut gegarte oder am Spieß gebratene Fleisch** (auch vom Zicklein oder Wild), das in dem riesigen Kamin in der Mitte des Raumes zubereitet wird, zergeht auf der Zunge. Doch die Vielfalt der – stets von heimischen Produkten ausgehenden – Gerichte ist hiermit noch lange nicht erschöpft, wie die Soppressa mit Polenta und die rohen Steinpilze oder, im Winter, der delikate **Radicchio vom Grill** beweisen. Desserts wie Tiramisù, Crostata und weitere hausgemachte Süßspeisen beschließen das Mahl.
Die Preise sind ausgesprochen korrekt, die Auswahl an Flaschenweinen jedoch, und hier insbesondere der Rotweine, dürfte noch besser werden. Daher empfehlen wir, auf den Prosecco aus eigener Herstellung auszuweichen.

In der Salumeria De Stefani, Via Val 5 in **Guia di Valdobbiadene**, werden nach traditionellen Verfahren erstklassige Wurstwaren wie die typische Soppressa ohne Zusätze oder Konservierungsstoffe hergestellt.

Valeggio sul Mincio

25 km südwestlich von Verona

Lepre

Restaurant
Via Marsala, 5
Tel. 045 / 7 95 00 11
Ruhetag: Mittwoch und Do.mittag
Betriebsferien: 15. Januar – 5. Februar
150 Plätze + 60 im Freien
Preise: 40 – 45 000 Lire
Kreditkarten: alle
Mittags und abends geöffnet

Von Valeggio aus nahm auch der Triumphzug der Tortellini seinen Ausgang, genauer gesagt in der 1887 von Familie Murari eröffneten Osteria – schon damals im Zeichen des Hasen, der die Jagdleidenschaft des Familienoberhauptes Lorenzo symbolisierte. Die Tortellini kamen allerdings erst später. Sie sind dem Einfallsreichtum von Arnaldo Murari zu verdanken, der sich zwischen den beiden Weltkriegen nebenbei auch als Koch in Privathäusern verdingte, um in den Küchen reicher Adliger und Großbürger just jene Pasta herzustellen. Aus der damaligen Osteria wurde mittlerweile ein gemütliches Restaurant, und die früheren Wirte überließen das Szepter ihren Nachkommen, die den Bedürfnissen der Kundschaft unserer Tage aufgeschlossener gegenüberstehen. Doch natürlich darf sich niemand auf seinen Lorbeeren ausruhen, und so haben sie eine weitere »Variation zum Thema« aus der Taufe gehoben: die **Tortelloni mit Veroneser Sellerie**. Neben den klassischen **Tortellini mit Fleischfüllung in zerlassener Butter** sind auch die Kürbistortelli und die **Paparele** (eine Art Tagliatelle) **mit Hasenragout**, Pilzen oder rotem Radicchio zu empfehlen. Bei den Hauptgerichten ist vor allem das **Hasenragout mit Polenta** zu nennen, das an das Wahrzeichen des Lokals erinnert; eine würdige Alternative sind die exquisiten kurzgebratenen Lammkoteletts. Bei den Nachspeisen läßt sich die Küche von der traditionellen Konditorenkunst Valeggios inspirieren, in der Blätterteiggebäck den Ton angibt, und auch die selbst eingemachten Pfirsiche sind überaus schmackhaft.

In der Via Roma 18 kann man in der Bar-Pasticceria von Marileno Brentegani ein gutes Glas Wein genießen (sie bietet eine große Auswahl an Weinen) oder traditionelle Dolci wie die Sfogliatine (Blätterteiggebäck) kaufen.

Venezia

Linie 8A, Rialto

Alberto

NEU

Osteria mit Küche
Cannaregio, 5401
Calle Giacinto Gallina
Tel. 041 / 5 23 81 53
Ruhetag: Sonntag
Betriebsferien: Februar
60 Plätze
Preise: 35 – 40 000 Lire, ohne Wein
Keine Kreditkarten
Geöffnet: 9 – 15 und 17.30 – 22 Uhr

Will man ins »Alberto« einkehren, so muß man schon die üblichen touristischen Trampelpfade links liegen lassen: Dieses erfolgreiche Lokal liegt nämlich versteckt auf halbem Weg zwischen der wunderschönen, vollständig mit farbigem Marmor verkleideten Chiesa dei Miracoli und dem Campo Santi Giovanni e Paolo. Hier zelebriert der junge Alberto seine Kochkunst und feiert damit immer neue Erfolge. So ist es mittlerweile ohne Vorbestellung kaum mehr möglich, einen Platz zu bekommen, nicht einmal außerhalb der Saison.
Die große Attraktion des Lokals ist die riesige Theke mit ihrem großzügigen Angebot an Ombre und Cicheti wie Nervetti mit Zwiebeln, Fleischbällchen, Baccalà mit Polenta, kleinen Tintenfischen, Sardinen in Saor, Musetto-Wurst, Castraure sowie Folpeti und einer riesigen Auswahl an Innereien. Genießen Sie die **Cicheti** zu einem guten Glas offenem Prosecco, auch einige Flaschenweine sind erhältlich. Oder Sie machen es sich an einem der Tische bequem – weder für den Service noch fürs Gedeck gibt es einen Aufschlag auf die Rechnung! So können Sie in aller Ruhe von den täglich wechselnden Gerichten kosten: Eine kleine Portion **Risotto** oder **Spaghettini mit Caparossoli**, **Tintenfisch in umido** oder **Baccalà mit Polenta**. Auch die **Pasteten mit Fisch** oder Gemüse sind schmackhaft. Die Preise sind überaus maßvoll: für 900 Lire bekommt man bereits eine Ombra vom Faß, und für 1 600 Lire einen Prosecco; Folpeto ist für nur 2 000 Lire zu haben, Risotto für 6 500, Tintenfisch oder Baccalà für 10 000, und die Spaghettini mit Caparossoli für 12 000 Lire.

In der altehrwürdigen Caffè-Pasticceria »Rosa Salva« am Campo Santi Giovanni e Paolo können Sie sich an einer heißen Schokolade und genialem Gebäck oder Eis aus eigener Herstellung laben.

Linie 1 Sant'Angelo und 82 San Samuele

Al Bacareto

Osteria – Trattoria
San Marco – San Samuele, 3447
Tel. 041 / 5 28 93 36
Ruhetag: Sa.abend und Sonntag
Betriebsferien: August
65 Plätze + 20 im Freien
Preise: 45 – 50 000 Lire, ohne Wein
Kreditkarten: die bekannteren
Geöffnet: 7 – 23 Uhr

Wer sich in den von Touristen überlaufenen, unübersichtlichen Dschungel venezianischer Eßkultur wagt, dem sei das »Bacareto« ans Herz gelegt. Diese altehrwürdige Osteria entstand im ausgehenden 19. Jahrhundert, aber das Gebäude nahe des Palazzo Grassi, das sie beherbergt, ist noch viel älter.
Eine unbestrittene Attraktion des »Bacareto« ist die Theke mit ihrem reichhaltigen Angebot an Cicheti: Neben vielen anderen Leckerbissen bekommen Sie hier Polpettine (fritierte Bällchen) aus Reis, Kartoffeln, Fleisch und Spinat, in Teig ausgebackenen Baccalà, fritierte Sardellen und andere Leckerbissen aus Neptuns Reich. Aber man kehrt hier auch ein auf eine Ombra offenen Weißweins aus Venetien oder dem Friaul ein, und nicht zuletzt wegen des regen Treibens, das hier vor allem morgens herrscht. Wenn Sie es sich zum Mittag- oder Abendessen an einem der Tische bequem machen, so erhöht sich die Rechnung um einen Aufschlag für die Bedienung. Doch das lohnt sich allemal, denn hier wird gute venezianische Küche geboten: **Bigoli in salsa**, Pasta e fagioli, **Seppie in nero mit Polenta**, Fegato alla veneziana und **Baccalà mantecato** oder aus der Pfanne. Als Tagesmenü ist auch jeweils ein Fischgericht erhältlich. Und zum Abschluß sollten Sie die **Baicoli**, das wohl einzige typisch venezianische Gebäck, probieren, das man hier in den Zibibbo eintaucht. Dieser Wein bekundet die Verbundenheit dieser Osteria mit einer glorreichen Vergangenheit, in der »fremdländische Weine« oder Baccaro aus Apulien ausgeschenkt und verkauft wurden, deren Fässer sich in den Kellern Venedigs stapelten.

In der Calle del Spezier, San Marco 2769, zwischen dem Campo Santo Stefano und dem Campo San Maurizio, finden Sie allerlei traditionelle Leckereien sowie ausgefallene Dolci.

Venezia

Linie 82, San Marco und Rialto

Al Mascaron

Trattoria
Castello 5525 –
Calle Lunga S. Maria Formosa
Tel. 041 / 5 22 59 95
Ruhetag: Sonntag
Betriebsferien: im Winter
50 Plätze
Preise: 50 000 Lire, ohne Wein
Keine Kreditkarten
Geöffnet: 11 – 15 und 18.30 – 24 Uhr

In dem einladenden Lokal herrscht ständig Hochbetrieb. Haben Sie erst einmal einen Sitzplatz ergattert (gelegentlich kommt es vor, daß Sie warten müssen, obwohl Sie vorbestellt haben; wappnen Sie sich mit Geduld und geben Sie nicht gleich auf!), so können Sie unter praktisch allen zahlreichen venezianischen Spezialitäten wählen: Folpeti, Canoce, Garusoli, **Baccalà** und Bertagnin in verschiedenen Zubereitungsarten (in Milch gekocht, conso, fritiert oder »alla Veneziana«, also mit Sardellen, Sultaninen, Pinienkernen und Zimt), **Sardinen in Saor**, Kalbsleber mit Saor aus weißen Zwiebeln, Essig, Rosinen, Pinienkernen und frischem Ingwer, Spienza (gekochte und in Scheiben geschnittene Kalbsmilz, die mit Salz, Pfeffer, Olivenöl und Essig angemacht wird), sowie gekochte und gewürzte **Kutteln** mit einer Prise grobkörnigem Salz, die dampfend heiß aufgetischt werden. Weiter geht es mit **Risotti** und den (von uns wärmstens empfohlenen) **Spaghetti**, in deren Saucen sich sämtliches Meeresgetier der Lagune findet, der **Grillteller mit Fisch** oder Gemüse, **Fegato alla Veneziana** und Tintenfisch in Tecia. Dazu wird offener Wein serviert, aber auch gute Flaschenweine.

Die Pasticceria Chiuso in Castello, Salizzada dei Greci 3306, ist spezialisiert auf traditionelles Kleingebäck sowie venezianische Kuchen und Focaccia.

Venezia

Vaporetto, Anlegestelle Marcuolo

Alle Testiere

Osteria – Trattoria
Castello, 5801 – Calle del Mondo Novo
Tel. 041 / 5 22 72 20
Ruhetag: Sonntag
Betriebsferien: 3 Wo. Aug., 2 im Winter
20 Plätze
Preise: 50 000 Lire, ohne Wein
Kreditkarten: CartaSi, MC, Visa
Geöffnet: 11 –15 und 18.30 – 24 Uhr

Zwischen dem Campo Santa Maria Formosa und der Rialtobrücke sollten Sie kurz Rast machen in diesem winzigen, aber wirklich reizenden Lokal mit seinen insgesamt vier Tischen, in dem Sie die ebenso sympathischen wie fachkundigen Wirte Francesco Foschi und Bruno Gavagnin empfangen. Francesco kümmert sich im Saal um die Gäste, während Bruno virtuos mit Töpfen und Pfannen hantiert: Seinen kulinarischen Schliff erhielt er in der legendären Küche des »Corte Sconta«, einem venezianischen Restaurant, das als ein Hort der wortgetreuen Ausführung traditioneller Spezialitäten strikt nach Originalrezepten gelten darf. Hinter den »Testiere«, die das Lokal im Wappen führt, verbergen sich die alten schmiedeeisernen Bettgestelle, die der Ausschanktheke eine ganz besondere Note verleihen. Dort kann man sich bis zum Zapfenstreich von den Cicheti verführen lassen: Canoce, Nervetti, Auberginenröllchen, Artischokkenböden, Krabben- und Zucchinispieße, Capelonghe-Muscheln und kurzgebratene Caparossoli.
Abends hat man – sofern man umsichtigerweise einen Tisch bestellt hat – dann die Wahl zwischen mindestens drei verschiedenen Primi und Secondi, in der Regel Fischgerichte. Wir empfehlen Ihnen beispielsweise die **Linguine mit Ganasète vom Schwanz des Anglerfischs**, die köstlichen **Gnocchetti mit Moscardini**, kleinen Tintenfischen, den lauwarmen, fein abgeschmeckten **Granseola** (Krebs) und **Steinbutt aus dem Ofen** mit Trevisaner Radicchio. Auch die Nachspeisen sind allesamt hausgemacht; besonders lecker sind der Birnenkuchen und die traditionelle Crema rosada, eine Art Crème Caramel.
Die relativ kleine, und dennoch beachtliche Auswahl an Weinen ergänzt die Gerichte aufs trefflichste.

Venezia

Vaporetto, Anlegestelle Rialto

Bentigodi da Andrea

NEU

Osteria mit Küche
Calesele Cannaregio, 1423 – 24
Tel. 041 / 71 62 69
Ruhetag: Sonntag
Betriebsferien: unterschiedlich
40 Plätze + 25 im Freien
Preise: 15 – 45 000 Lire, ohne Wein
Keine Kreditkarten
Mittags und abends geöffnet

Das »Bentigodi« finden Sie zwischen der Terà San Leonardo und der Terà Farsetti (Rio Morto) in der linker Hand gelegenen Gasse, die zum Ghetto führt. Wer zum Mittag- oder Abendessen hierher kommt, versorgt sich selbst mit Tischtuch, Besteck und Brot und läßt sich an einem der Tische nieder. Am Büfett kann man sich die (sehr empfehlenswerten!) Gemüse und Salate sowie Hauptgerichte selbst zusammenstellen, die Primi werden am Tisch serviert. Andrea Varisco besorgt neben den täglichen Einkäufen auch die Weine und bereitet die Fische zu, während Elena Daineses ganze Hingabe den **Suppen** gilt. Auch **Risotti** und Pasteten mit Kürbis, Artischocken, Scampi, Wolfsbarsch, Bosega, Go, **Risi e bisi** stehen zur Auswahl, oder originell zusammengestellte Primi wie **Pasta mit Jakobsmuscheln und Artischocken** oder kleinen Scampi, Kürbisblüten und Safran. Die Fischgerichte wechseln häufig: **Saor**, auch mit Bauchfleisch vom **Thunfisch**, Sepe roste (gebratene Tintenfische), Oktopussalat, süßsauer eingelegte Sardinen, Sardinenröllchen mit Soppressa, Thunfisch und mit Spargel oder Trevisaner Radicchio **gefüllte Calamari**. Montags werden ganz traditionelle Fleischgerichte angeboten: Fegato alla Veneziana, Musetto, Nervetti, Kalbskopf und Tettina, Spienza (angemachte Kalbsmilz), **Castrà mit Artischocken** und **Castradina**, geräucherter Hammel. Eine weitere Leidenschaft Elenas sind die Desserts wie Kürbiskuchen mit Mandeln, Schokolade und Nüssen, der sehr üppige Brotkuchen, die Schokoladenrolle oder die Cremespeise mit frischem Obst oder Marmelade.

In der seit 1930 bestehenden Kafferösterei Marchi Caffè Costarica, Cannaregio 1337, sind täglich frisch geröstete, aromatische Kaffeemischungen aus Costa Rica erhältlich. Sie können gleich vor Ort eine Tasse Kaffee genießen.

»Giro di Ombre« in Venedig

»Ombra« nennt man ein Glas Wein mit ca. 100 ml Inhalt. Die glaubwürdigste Erklärung des Begriffes ist folgende: früher wurde auf dem Markusplatz der Wein von fliegenen Händlern verkauft. Man sagt, daß die Verkäufer dem Schatten (»ombra«) des Kirchturms folgten, damit der Wein kühl blieb. Seitdem sagt man »andar all'ombra«, wenn man ein Glas Wein trinken geht. Nane trifft Bepi und Toni, die er schon lange nicht mehr (das kann auch nur ein Tag sein) gesehen hat. Um die Freundschaft neu zu beleben, lädt er die beiden zu einer Ombra ein. Pepi und Toni erwidern die Einladung sofort. Diese Ombre kann man in ein und derselben Osteria trinken. Man kann aber auch langsam von Kneipe zu Kneipe ziehen und sich dabei unterhalten oder Witze reißen. Das nennt man dann »far un giro de ombre«.

Selbstverständlich braucht man bei diesen vielfältigen »sozialen« Aktivitäten auch eine gute Unterlage. In der Osterie bekommt man in der Regel traditionelle Gerichte mit viel frischem Gemüse, fritiertem oder gebratenem Fisch, Muscheln oder Krustentieren. Man ißt gleich am Tresen. Dort sind nämlich alle Speisen aufgebaut und auf einen Zahnstocher aufgespießt oder auf einer Scheibe Polenta bzw. Brot angerichtet. Nur selten bekommt man die »Cicheti« auf einem eigenen Teller serviert.

Die Ombre sind keine großartigen Weine, die zum Meditieren anregen. Sie sind leicht und gut zu trinken. Die Ombre laden viel eher zu einer »ombretta« ein: das heißt, man trinkt sein Glas nicht in kleinen Schlückchen, sondern leert es in einem Zug. Eine Ombra trinken ist nicht Selbstzweck, sondern eher das Mittel zum Zelebrieren einer Kulthandlung, die man als Symposion von Peripathetikern bezeichnen könne. Das Schöne an den Symposien ist, daß keine Unterschiede bezüglich Geschlecht und Stand gemacht werden.

Cis-Canalia
Cantina Vecia Carbonera
Vaporetto-Anlegestelle San Marcuola
Osteria
Cannaregio, 2329 – Ponte Sant'Antonio
Tel. 041 / 71 03 76
Ruhetag: Montag
Betriebsferien: unterschiedlich
Geöffnet: 8.30 – 23.30 Uhr

NEU

Vom Bahnhof aus folgt man der Strada Nova zum lebhaft munteren Stadtbezirk Cannaregio, in dem stets ein buntes Treiben herrscht. Nach dem Ponte delle Guglie, in Höhe der Chiesa della Maddalena und direkt vor dem Ponte S. Antonio, erblicken Sie linker Hand die strahlend weißen Gardinen und die einladend warmen Holztöne von Stützbalken, Theke und Tischen der »Vecia Carbonera«. Wiewohl erst kürzlich eröffnet, ist es, als ob es das Lokal schon immer gegeben hätte – kein Wunder, ist doch seine Einrichtung bis ins Detail den Osterie der guten alten Zeit nachempfunden. Zu gewissen Stunden herrscht hier Hochbetrieb, doch dann kann man versuchen, in den reizenden kleinen Raum im Inneren mit seinen vielen schönen Tischchen und den noch zahlreicheren Korbflaschen auszuweichen. Neben einer ordentlichen, wenn auch nicht gerade erstklassigen Auswahl an Weinen (die Ombra kostet zwischen 1000 und 1800 Lire) gibt es auch leckere kleine Panini und Crostini, die auf Bestellung zubereitet und mit verschiedenem Aufschnitt belegt werden (das Stück zu 2000 Lire).

Ca'd'Oro
genannt **»Alla Vedova«**
Vaporetto-Anlegestelle Ca'd'Oro
Osteria
Cannaregio, 3912 – Calle del Pistor
Tel. 041 / 5 28 53 24
Ruhetag: Donnerstag und So.morgen
Betriebsferien: August und erste Septemberwoche
Geöffnet: 11 – 14.30, 17.30 – 22.30 Uhr

Geht man die Strada Nova weiter entlang, sieht man in Höhe der Calle d'Oro, die zum gleichnamigen Palast und zur Vaporetto-Anlegestelle am Canal Grande führt, linker Hand die Calle del Pistor und das schöne große Aushängeschild der Osteria »Ca'd'Oro«. In diesem munteren Lokal mit seinen einladenden, holzgetäfelten Räumen und den langen Tischen, die zu geselliger

Runde einladen, fühlen wir uns immer wieder wohl. Lassen Sie sich von Renzos ernster Miene nicht abschrecken: Sie müssen ihn nur darum bitten, dann schenkt er Ihnen sein schönstes Lächeln. Das Angebot an Cicheti ist breit gefächert und reicht von Fleischbällchen über Folpeti und Saor bis hin zu Sepe roste, gebackenen Tintenfischen. Auch Castraure und Baccalà sind zu haben, alles, was eine richtig leckere Mahlzeit braucht.

Candela
vormals **La Bomba**
Vaporetto-Anlegestelle Ca'd'Oro
Osteria
Cannaregio, 4297/8 – Strada Nova
Tel. 041 / 5 23 74 52
Ruhetag: Montag und So.abend
Betriebsferien: August
Geöffnet: 10.30 – 15 u. 18.30 – 23 Uhr

NEU

Noch ein Stück weiter die Strada Nova entlang, vor dem Campo Santi Apostoli, liegt linker Hand eine enge Gasse, die Calle dell'Oca, die nach wenigen Metern zur Osteria »Bomba« führt. Unter der neuen Leitung wurde sie in »Candela« umgetauft; sie ist jedoch eine Schankstube geblieben, die von ihren Stammgästen aus dem Viertel lebt. Im Stehen läßt man sich dort Ombre und Cicheti (Fleischbällchen, gute Soppressa vom Land, kleine Tintenfische und Bovoleti-Schnecken) schmecken, während der Speisesaal mit seiner langen Tafel und der kleine Innenhof denen als Anlaufstelle dienen, die – oftmals in fröhlicher Runde – die verschiedenen Cicheti mit einem schnell servierten warmen Gericht zu einer richtigen Mahlzeit verbinden möchten.

Alla Frasca
Vaporetto-Anlegestelle
Fondamenta Nuove
Osteria mit Küche
Cannaregio, 5176 – Campiello della Carità
Tel. 041 / 5 28 54 33
Ruhetag: Donnerstag
Keine Betriebsferien
Geöffnet: 9.30 – 14, 17 – 21 Uhr
(im Sommer bis 23 Uhr)

NEU

Zum »Frasca« verläuft man sich nicht rein zufällig – ein gewisses pfadfinderisches Talent ist vonnöten. Aber dafür haben Sie ja uns: Gehen Sie also in Richtung der Fondamenta Nuove unweit der Chiesa dei Gesuiti. Die Corte della Carità ist einer der vielen nur selten aufgesuchten Plätze Venedigs und ist über den Calle dell'Acquavite mit dem Campiello della Pietà verbunden. Das »Frasca« verbirgt hinter einem bescheidenen Äußeren eine jahrhundertealte Geschichte. Zwar hat erst kürzlich der Wirt gewechselt, damit jedoch hoffentlich nicht auch der Charakter dieses Lokals. Das Innere ist ziemlich eng, die Küche schließt gleich an die Theke an. Ein Dutzend Tabletts mit Cicheti stehen allzeit bereit: Baccalà, Fleischbällchen, gekochte Eier, kleine Tintenfische, gebratene Sardinen und gekochte Kartoffeln. In der schönen Jahreszeit kann man in der Pergola eine Ombra und ein Cicheto genießen oder auch abends das üppige Tagesgericht, in der Regel Spaghetti mit einer Fisch- oder Meeresfrüchtesauce, zu denen der in der Sauce verarbeitete Fisch auch separat gereicht wird.

Vino Vino
Vaporetto-Anlegestelle Santa Maria del Giglio
oder San Marco Calle Vallaresso
Enoteca – Tavola Calda
S. Marco, 2007 a – Calle del Cafetier
Tel. 041 / 5 23 70 27
Ruhetag: Dienstag
Keine Betriebsferien
Geöffnet: 10.30 – 24 Uhr

NEU

Nur einen Katzensprung vom Campo San Fantin (und damit dem abgebrannten Teatro della Fenice), mitten im Herzen der Stadt, liegt gleich neben dem Antico Martini das »Vino Vino«: Eine gute Adresse, will man an der Theke einen guten Schoppen trinken. In der Mittagspause kann man hier im Speisesaal aber auch rasch eine Mahlzeit zu sich nehmen. Sie haben die Wahl zwischen Sarde in Saor (marinierten Sardinen) zu 12 000 Lire, Baccalà alla Vicentina oder im Ofen gebackenem Perlhuhn zu 14 000 Lire, einer Gemüsesuppe oder einer einfachen Lasagne.

Al Volto
Vaporetto-Anlegestelle Rialto
Osteria
S. Marco, 4081 – Calle Cavalli
Tel. 041 / 5 22 89 45
Ruhetag: Sonntag
Keine Betriebsferien
Geöffnet 10 – 14.30, 17 – 22 Uhr

NEU

Das »Volto« (Anlitz) hat im wahrsten Sinne des Wortes ein vollig neues Gesicht bekommen: Schuld daran ist der neue Wirt, der frischen Wind in das Lokal gebracht und damit ein junges, sympathisches Publikum angesprochen hat, das es zu seinem abendlichen Treffpunkt auserkoren hat, bis ein Gong erbarmungslos den Zapfenstreich verkündet. Hier gibt es gute Weine und an der Theke den einen oder anderen Cicheto.

Aciugheta

Vaporetto-Anlegestelle San Zaccaria
Enoteca
Castello, 4357 – Campo San Filippo e Giacomo
Tel. 041 / 5 22 42 92
Ruhetag: Mittwoch, nicht im Sommer
Betriebsferien: unterschiedlich
Geöffnet: 8 – 23 Uhr

NEU

Das »Aciugheta« ist keine reine Pizzastation für Touristen, sondern führt insgeheim ein Doppelleben. Gianni Bonaccorsi, seines Zeichens Weinliebhaber, gibt sich all denen zu erkennen, die das Losungswort kennen. Weshalb wir Ihnen einen guten Rat mit auf den Weg geben: Finden Sie die richtige Uhrzeit heraus und lassen Sie sich von jemandem begleiten, der zur »Familie« gehört und Sie hinter die Kulissen führen darf. Dann nämlich können Sie – was in Venedig recht selten ist – trinken, soviel Ihr Herz begehrt. Für gewöhnlich stehen neben seinem fachkundigen Rat mindestens 20 Weine für Sie bereit. An der Theke fehlt es nicht an traditionellen Cicheti wie marinierten Sardinen und Minipizza mit Sardellen zu 2000 Lire, Calamarisalat, fritierten Kürbisblüten, natürlich Aciughete, also Anchovis, und Fleischbällchen zu 1400 Lire das Stück. Erwähnenswert noch, daß dies eines der wenigen Lokale ist, die auch außerhalb der Touristensaison sonntags geöffnet haben.

La Mascareta

Vaporetto-Anlegestelle Rialto
Osteria – Enoteca
Castello, 5183 – Calle Lunga S.M. Formosa
Tel. 041 / 5 23 07 44
Ruhetag: Sonntag
Betriebsferien: Weihnachtszeit
Geöffnet: 17 – 1 Uhr

NEU

Unweit des lebhaften Campo di Santa Maria Formosa und ganz in der Nähe der Pinakothek Querini Stampalia liegt diese Osteria-Enoteca – nur wenige Meter vom berühmten »Mascaron« entfernt, dessen Leitung sich diesen »Ableger« geleistet hat. Die reizvolle Einrichtung mit freiliegendem Deckengebälk, der langen Theke und den schönen Tischen und Kredenzen ließ dieses Lokal in kürzester Zeit zu einem wirklich gemütlichen In-Treffpunkt werden. An der Theke gibt es zwar einen Stehausschank, aber man kann sich auch in der ruhigen Gaststube niederlassen. Geboten werden gute Ombre (der Chardonnay aus Friaul beispielsweise kostet am Tisch 2000 Lire) und eine ganze Reihe schmackhafter, sorgfältig zubereiteter Cicheti mit ausgewählten Käse- und Wurstspezialitäten. Die »Mascareta« ist eines der wenigen Lokale, die bis tief in die Nacht hinein geöffnet haben – die letzte Etappe der Nachtschwärmer auf der Suche nach einer guten Ombra. Auch Weine zum Mitnehmen sind erhältlich.

Al Ponte

Vaporetto Linie 52 – Balken-Anlegestelle Ospedale Santi Giovanni e Paolo
Osteria
Cannaregio, 6378 – Ponte del Cavallo
Tel. 041 / 5 28 61 57
Ruhetag: Sonntag
Betriebsferien: unterschiedlich
Geöffnet: 8 – 15.15, 16.30 – 21 Uhr

NEU

Diese liebenswerte kleine Osteria finden Sie an der Brücke, die den Abschluß der Calle Gallina vor dem weitläufig luftigen Campo Santi Giovanni e Paolo bildet. Trotz der gelungenen Renovierung und der neuen, jungen Leitung ist sie nach wie vor eine typische »Osteria um die Ecke«, in der treue Stammgäste auf ihr Gläschen Schoppenwein einkehren. Bei den Wurstwaren wie Salami, Soppressa, Mortadella und gespickter Pancetta, mit denen kleine Panini für den schnellen Hunger belegt werden, schmeckt man jedoch unschwer den Qualitätssprung heraus.

Trans-Canalia
Da Codroma

Vaporetto-Anlegestelle Piazzale Roma
Traditionelle Osteria
Fondamenta Briati, 2540 – Dorsoduro
Tel. 041 / 5 24 67 89
Ruhetag: Donnerstag
Betriebsferien: unterschiedlich
Geöffnet: 10 – 16 und 18.30 – 1 Uhr

NEU

In Rio Santa Margherita, zwischen dem Campo Santa Margherita, der Chiesa del Carmelo und der Scuola Grande dei Carmini auf der einen und der Chiesa dell'Angelo Raffaele auf der anderen Seite, verlaufen die Fondamenta Briati. Dort, vis-à-vis vom Collegio Armeno, liegt das »Codroma«, eine der wirklich geschichtsträchtigen Osterie von Venedig, deren geschmackvolle Inneneinrichtung von der Jahrhundertwende stammt. Zwischen alten Aushängen, die dazu auffordern, »nicht auf den Boden zu spucken« und »nicht zu singen«, hängt auch ein Foto des Gründers, Giovanni Codroma, ein hervorragender Wirt und Koch. Tramezzini, Crostini und Panini – allesamt nicht unbedingt klassisch, dafür aber sehr schmackhaft und ziemlich originell mit ihrem Belag aus Gemüse, fettem Speck und ausgewählten Käsesorten – begleiten die ausnehmend guten Weine.

Bistrot ai do Draghi
Vaporetto-Anlegestelle
Cà Rezzonico oder Zattere
Osteria
Dorsoduro, 3665 – Campo
Santa Margherita
Tel. 041 / 5 28 97 31
Ruhetag: Sonntag, im Winter auch
Samstagnachmittag
Betriebsferien: August
Geöffnet: 7.30 – 21 Uhr

NEU

Neben der ehemaligen Kirche Santa Margerita – heute ein Auditorium – liegt diese kleine, aus dem vorigen Jahrhundert stammende Osteria, die 1982 restauriert und 1987 von ihrem jetzigen Wirt übernommen wurde. Neben dem kleinen Raum mit seinen sechs Tischen verfügt sie auch über etwa zwanzig von Sonnenschirmen überschattete Tische draußen auf dem Campo. Sie wird nicht vom »einfachen Volk« besucht, sondern überwiegend von Studenten und Dozenten der Ca'Foscari e Architettura – eine Kundschaft, die sich anstelle der traditionellen Cicheti lieber die angebotenen Tramezzini und Crostini (1700 Lire das Stück) und sorgfältig zubereiteten Panini mit Speck, Brie und verschiedenem Aufschnitt schmecken läßt. Der offene Wein zu 1200 Lire ist annehmbar, für 1700 Lire gibt es eine gute Ombra aus der Flasche.

Cantinone – Vini al Bottegon
Vaporetto-Anlegestelle Zattere
Osteria – Enoteca
Dorsoduro, 992 – San Trovaso
Tel. 041 / 5 23 00 34
Ruhetag: Sonntagnachmittag
Betriebsferien: unterschiedlich
Geöffnet: 8 – 14.30, 15.30 – 21.30 Uhr

NEU

Diese schöne alte Osteria aus dem 19. Jahrhundert mit ihren hölzernen Deckenbalken und den Stilmöbeln liegt exakt gegenüber vom altehrwürdigen Scuero San Trovaso, nur einen Katzensprung entfernt von den Zattere. Hier lohnt eine Rast auf eine Ombra im Stehen, für die 5 – 6 ordentliche Flaschenweine zur Wahl stehen (je 1 500 Lire). Dazu läßt man sich ein Panino mit gutem Wurst- oder Käseaufschnitt (je 4 000 Lire) oder Cicheti schmecken: Etwas Mortadella, pikante Käsesalami und Crostini mit leckeren Aufstrichen aus Thunfisch und Zwiebeln oder Eiern und Pilzen zu je 1000 Lire. Oder man nimmt einen der guten Flaschenweine aus Venetien, der Toskana und dem Piemont oder dem übrigen Italien gleich mit – die Auswahl ist groß und gut sortiert. Wer will, kann auch über einem Glas der ausgezeichneten schottischen Malzwhiskys im Duft von Ozean und Hochmoor schwelgen.

Cantina do Mori
Vaporetto-Anlegestelle San Silvestro
Traditionelle Osteria
S. Polo, 429 – Calle dei Do Mori
Tel. 041 / 5 22 54 01
Ruhetag: Sonntag
Keine Betriebsferien
Geöffnet: 9 – 21 Uhr

Das »Do Mori« ist eine der ältesten und interessantesten Osterie Venedigs und ein Muß auf jedem Ombre-Bummel. Und was für Ombre es hier gibt: 20 verschiedene Weine werden ausgeschenkt, und die liebenswürdigen Wirte bleiben ihren Gästen keinen Rat schuldig! Die vornehmsten Tropfen sind natürlich nicht unbedingt billig (ein Glas Sassicaia kostet stolze 15 000 Lire), aber es gibt auch tadellose Ombre zu 1000 Lire. Die Cicheti sind traditionell und phantasievoll: Saltimbocca-Fleischbällchen mit Sauce, Crostini mit Baccalà mantecato oder mit Coppa vom Stier (zu je 2000 Lire), oder die berühmten »Francobolli«, winzige, ausgesprochen schmackhaft gefüllte Häppchen (zu je 1000 Lire).

All'Arco
Vaporetto-Anlegestelle San Silvestro
Osteria
San Polo, 436 – Rialto
Tel. 041 / 5 20 56 66
Ruhetag: Sonntag
Betriebsferien: Weihnachten, Ostern
und 2 Wochen im August
Geöffnet: 8 – 16 und 18.30 – 22 Uhr

NEU

Ist Ihnen »Barbunsàl« bereits ein Begriff? Richtig, dabei handelt es sich um eine der ältesten volkstümlichen Spezialitäten der venezianischen Küche, die aus Innereien gekocht wird: mit Karotten und Sellerie gekochte Kalbsschnauze, kalt angerichtet mit Essig und Öl. Auch Rùmegal (Speiseröhre vom Kalb) und Tetina (Kuheuter) haben da Tradition. All diese Spezialitäten können Sie (außer im Hochsommer) direkt beim Markt in dieser netten Gaststätte kosten. Sie können sich dort auch im Freien niederlassen und unter den traditionellen Cicheti wählen: Sorgfältig zubereiteten Crostini mit Kapern und Sardellen gefüllten Auberginen, feinen Wurstwaren, stets begleitet von einem ordentlichen Schoppen Ombre. Die Gäste sind fast ausschließlich Einheimische, und so bieten sich Ihnen Alltagsszenen, die eines Goldoni würdig wären: Alle Personen des Stegreifspiels sind hier versammelt, von den bärbeißigen comare, die zusammenkommen, kaum daß die Osteria nachmittags wieder öffnet, bis hin zu den Jugendlichen, die Abend für Abend hier einkehren.

Vecio Fritolin

NEU

Vaporetto-Anlegestelle San Stae
Osteria –Trattoria
Santa Croce, 2262 – Calle della Regina
Tel. 041 / 5 22 28 81
Ruhetag: Sonntag und Mo.morgen
Betriebsferien: 2 Wo. im Januar
und 2 Wo. im August
Geöffnet: 9.30 – 21.30 Uhr

Im Mai 1996 wurde das »Vecio Fritolin« zwischen Rialto und Ca'Pesaro endlich wieder eröffnet – und Venedig hat aufgeatmet! Endlich können die Venezianer nun wieder den kleinen Hunger zwischendurch mit einer Tüte fritiertem Fisch stillen, der auch unterwegs verspeist werden darf. Natürlich hat das schöne, ordentliche und blitzsaubere Lokal (es ist nicht zu übersehen, daß die Chefin, Emma, aus Südtirol stammt) mit seiner geschmackvollen Einrichtung rein gar nichts mehr gemein mit den schmierigen Bratküchen von früher. Die Küche bringt täglich nicht nur fritierten Fisch (15 000 Lire) auf den Tisch, zwei Primi wie Spaghetti mit Peoci (12 000 Lire) und Pasta e fagioli (7000 Lire), sondern auch Risotti und ein oder zwei stetig wechselnde Gerichte wie Fleischklöße, Calamari aus der Pfanne, Cape und Peoci saltai (12 000 Lire). Möchten Sie den Wein nicht mitnehmen, so können Sie sich an einem der Tische niederlassen oder die Cicheti an der Theke kosten: gekochte Eier mit Sardellen und Salami und dazu die übliche Ombra (1 200 Lire) oder den etwas gehobeneren Prosecco di Valdobbiadene (2000 Lire).

Osteria al Ponte
genannt **Alla Patatina**

Vaporetto-Anlegestelle San Silvestro
oder San Tomà
Osteria mit Küche
S. Polo, 2742 – Ponte San Polo
Tel. 041 / 5 23 72 38
Ruhetag: Sa.nachmittag und Sonntag
Betriebsferien: drei Wochen im August
Geöffnet: 9.30 – 14.30, 16.30 – 20.30 Uhr

Trotz der wirklich bemerkenswerten Küche des »Al Ponte« stellen wir Ihnen dieses Lokal auch diesmal wieder anläßlich unseres Ombre-Bummels und nicht mit einem größeren Eintrag vor, weil es abends schon früh schließt und mittags von Arbeitern aus der Umgegend gestürmt wird, die jede Hoffnung auf ein ruhigeres Plätzchen, an dem man sein Essen in aller Ruhe genießen könnte, zunichte machen. Von den Frari aus kommend finden Sie es kurz vor dem weitläufigen Campo di San Polo eng an die Ponte di San Polo geschmiegt. Hier herrscht unverändert die muntere Atmosphäre einer zwar volkstümlichen, deswegen aber keineswegs nachlässig geführten Osteria, deren Preise sich sehen lassen können. Die frischen, herzhaften Cicheti bleiben im üblichen Rahmen: marinierte Sardinen, Nervetti, Musetto mit Polenta, Boloveti, Spiensa, in Teig ausgebackene Kürbisblüten, Fleischbällchen und Saltimbocca, verschiedene Sardellen, fritiertes Gemüse und natürlich auch die Spieße mit fritierten Kartoffelschnitzen, durch die sich das Lokal einen Namen gemacht hat. Mittags sind auch warme Primi erhältlich: Spaghetti mit Venusmuscheln, Krebsen oder Thunfisch, Fischrisotto, fritierte Tintenfische, Baccalà mantecato (auch ein komplettes Menü für 20 000 Lire wird angeboten). Wem die offenen Weine (die Ombra zu 900 Lire) nicht genügen, kann auf die »vornehmeren« Ombre aus der Flasche ausweichen: Chardonnay, Tocai und Prosecco, aber auch Brachetto zu 1 500 – 2000 Lire. Schade nur, daß auch diese Osteria bereits um 20 Uhr schließt.

Venezia Burano

Von Venedig 40 Min. mit dem Vaporetto

Antica Trattoria alla Maddalena

Trattoria
Mazzorbo, 7 c
Tel. 041 / 73 01 51
Ruhetag: Donnerstag
Betriebsferien: 20. Dez. – 20. Jan.
80 Plätze + 80 im Freien
Preise: 30 – 45 000 Lire
Kreditkarten: Visa
Mittags und abends geöffnet

Fisch, Muscheln und Krustentiere sind den meisten Leuten als venezianische Spezialitäten vertraut. Zu ihnen gehören aber auch Gemüse aus dem Küstengebiet und Federwild (selvadego de vale), das hauptsächlich in den umliegenden Gegenden gejagt wird. Die Trattoria wurde bereits 1928 in einem Führer erwähnt. Seit 1955 wird sie von der Familie Simoncin betrieben und 1965 an ihren heutigen Ort verlegt. Zur Jagdsaison (September bis Mai) bekommt man hier verschiedene Wildenten nach einem alten Familienrezept zubereitet: mit vielen Kräutern und Gewürzen, Zitronenschale und den Innereien. Damit macht man auch eine ausgezeichnete Sauce zur Pastasciutta. Eine weitere Spezialität sind die jungen Artischocken (castraure), die es nur im Frühjahr gibt. Leider muß man hier auf die hervorragenden Riserva-Weine verzichten, die so gut zu diesen Wildgerichten passen würden, und sich mit einem Merlot oder Raboso von den Inseln begnügen oder die ordentlichen Weine aus Friaul trinken. Das ganze Jahr über werden auch die traditionellen Fischgerichte und andere Spezialitäten der Lagune serviert: Risotto mit Venusmuscheln, Risotto mit Fisch, Zuppa di Trippa, Baccalà (auf Vorbestellung) und Gemüse von den Inseln. Zur warmen Jahreszeit kann man im Freien unter einer schattigen Pergola sitzen, die Stille des Gartens genießen und auf den Kanal hinausblicken. Die bodenständige Küche, die herzliche Gastlichkeit der Simoncins, die Fahrt über die Lagune bis nach Burano und die Atmosphäre der kleinen Insel Mazzorbo sind sicher einen Ausflug wert.

In der Bäckerei von Carmelina Palmisano, Via Galuppi 355, bekommen Sie die traditionellen Dolci von Burano: »Bussolai« und »Esse« sind aus demselben Teig, aber mit unterschiedlichen Formen.

Venezia · Cavallino

51 km vom Zentrum,
14 km südwestlich von Jesolo

Da Achille

Trattoria
Piazza Santa Maria Elisabetta, 16
Tel. 041 / 96 80 05, 50 37 00
Ruhetag: Mo., im Sommer nur mittags
Betriebsferien: November / Dezember
120 Plätze
Preise: 40 – 45 000 Lire, ohne Wein
Keine Kreditkarten
Mittags und abends geöffnet

In diesem Familienbetrieb werden neben den Namen (Achille heißt nicht nur der Großvater, sondern auch der Enkel) auch die Erfahrung und ein zügiger, aufmerksamer Service von einer Generation zur nächsten weitervererbt, sehr zur Freude der zahlreichen Stammgäste. Das kulinarische Aushängeschild ist hier der vorzügliche **frische Fisch**, der aus den beiden Tälern Sacchetta und Sacchettina von Lucio Scarpa stammt.
Das an der Piazza gelegene, 1620 erbaute Lokal mit Veranda ist rustikal elegant eingerichtet, mit Lampen aus Murano.
Auf der Speisekarte finden Sie ein breites Angebot an Speisen, das sich vor allem um Fisch und Meeresfrüchte in vielen Variationen dreht: Vongole, Jakobs- und Kammuscheln, Meerspinnen, Heuschrekkenkrebse, rote Furchenkrebse und so weiter. All das kommt als Höhepunkt allein auf den Teller oder auch zu Spaghetti, Tagliolini, Reis und in **Suppen**. Bei den Secondi gebührt dem **Fritto misto** und der **Grigliata** zweifellos ein Ehrenplatz. Gelegentlich werden auch andere exzellente Gerichte ohne Fisch angeboten, wie (saisonabhängig) **fritierte Castraure**, kleine Artischocken aus der Gegend, mit Grana. Käse und Dessert beschließen die Mahlzeit.
Eine angenehme Überraschung bietet die Weinkarte: Sie enthält etwa 100 Flaschenweine aus Italien und Frankreich, Champagner und Dessertweine eingeschlossen. Der Erzeuger und die Weinsorte werden ausführlich beschrieben, und auch Jahrgang und Preis fehlen nicht.

Roberta Tadié baut in der Via Pordello 358 wunderbaren grünen Spargel aus Cavallino an.

Venezia · Lido

Vaporetto, Anlegestelle Lido
und Autobus Linie B oder C Richtung Alberoni

Bar Trento

NEU

Osteria mit Küche
Via San Gallo, 82
Tel. 041 / 5 26 59 60
Ruhetag: Sonntag
Betriebsferien: Weihnachtszeit
100 Plätze
Preise: 23 – 27 000 Lire, ohne Wein
Keine Kreditkarten
Nur mittags geöffnet

Gehören Sie zu denen, die behaupten, der Lido sei nichts weiter als die Kulisse für Visconti-Filme? Natürlich gibt es diesen Lido mit seinem Casino, der Biennale, den Grandhotels und jeder Menge VIPs – aber es gibt auch den anderen Lido, den der »Bar Trento«. In dieser Osteria geht es richtig volkstümlich zu, und für 23 000 bis 27 000 Lire (je nachdem, ob Sie Fleisch oder Fisch bevorzugen) bekommen Sie hier mittags auch eine komplette Mahlzeit. Abends schließt das Lokal dann seine Pforten; nur während der 14 Tage der Biennale bleibt es geöffnet. Das Angebot der Cicheti ist traditionell: Baccalà und Tettina, Nervetti mit Zwiebeln und Kutteln, Hühnermägen und auch die berühmte Sguazzetto alla bechera (Kuttelsuppe), die man sonst nirgends mehr bekommt. Die beiden Brüder, die zusammen mit ihren Ehefrauen die Osteria betreiben, haben uns das Geheimnis ihrer Vorliebe für Fleisch und Innereien verraten: Einer der beiden war früher Bechèr, Metzger.
Von den Cicheti abgesehen, ist das »Trento« in jeder Hinsicht eine richtige Trattoria mit einem guten Speisenangebot an **Baccalà** – insbesondere freitags – in den üblichen Zubereitungen; mit Primi, Teigwaren in Fischsauce, **Risotti** je nach Jahreszeit oder **Pasta e Fagioli**; und schließlich dem wechselnden **Fischgericht des Tages**. Erwähnenswert sind überdies auch die Wurstwaren und viele andere venezianische Spezialitäten wie **Folpeti** und **Bovoleti**. Auch eine kühle Laube gibt es, in der man an seiner Ombra nippend oder beim Essen den Kartenspielern zusehen kann.

Am Lido, in der Via Dardanelli 48, finden Sie die beste Pasticceria der ganzen Lagune: das Maggion. Für Naschkatzen gibt es hier so manche Spezialität, von den Buranei, typischen Keksen aus Burano, über die Zaleti und venezianischen Focacce bis hin zu Amaretti.

Venezia · Mestre

9 km vom Zentrum entfernt

La Pergola

Trattoria
Via Fiume, 42
Tel. 041 / 97 49 32
Ruhetag: Montag und Sa.mittag
Betriebsferien: im August
48 Plätze + 26 im Freien
Preise: 40 – 45 000 Lire, ohne Wein
Kreditkarten: alle
Mittags und abends geöffnet

Wer Mestre nur als venezianisches Hinterland abtut, irrt gewaltig. Denn diese Stadt hat neben Charakter auch eine weit über dreitausendjährige Geschichte. Ihre Wasserstraße machte sie zu einem bedeutenden Lager- und Verladezentrum, stellte sie doch eine Verbindung zu der nach Padua fließenden Brentella her. Daneben war der Canal Salso, der seit 1361 schiffbar ist, eine bedeutende Nachrichtenübermittlungs- und Verkehrsstraße nach Venedig, was überall zur Errichtung von Lagern, Poststationen und Gasthäusern führte.
Wenn Sie den Bahnhof verlassen, gelangen Sie in die Via Piave, biegen dann links in die relativ ruhige Via Fiume ein, wo Sie in der rustikalen, aber gepflegten Osteria »La Pergola« die Wirte Paolo Bacchin und Davide Daffré begrüßen. In der schönen Jahreszeit können Sie hier im Freien speisen, in einer schattigen Laube unter wildem Wein.
Die Küche bietet als Primi schmackhafte **Pappardelle all'anatra**, Gnocchi, Spaghetti, Fussili mit Saisongemüse und **Pasta e Fagioli**. Lecker und gut zubereitet sind die klassischen Hauptgerichte mit Fleisch und Geflügel: Kaninchen in der Kasserolle, **Schweinshaxe aus dem Ofen** und **Guanciale di Vitello in umido** (Kalbsspeck in Sauce) – ein Gericht, das Sie sich nicht entgehen lassen sollten. Daneben werden auch orientalische Spezialitäten angeboten. Die Desserts sind allesamt empfehlenswert.
Neben herzlicher Gastfreundschaft bieten die Wirte Paolo und Davide auch den Bacchanten eine akzeptable Auswahl an Weinen.

In der Drogheria Caberlotto an der Piazza Ferretto 65, der ältesten Drogerie von Mestre, bekommen Sie hochwertige kaltgepreßte Öle und aromatischen Essig mit Kräuter- und Früchtezusätzen oder Honig.

Venezia · Mestre

9 km vom Zentrum

Ostaria da Mariano

Osteria
Via Spalti, 49 (Ecke Via Cecchini)
Tel. 041 / 61 57 65
Ruhetag: Sa.nachmittag, Sonntag
Betriebsferien: August
35 Plätze
Preise: 35 000 Lire, ohne Wein
Kreditkarten: Visa
Mittags, Do. auch abends geöffnet

Die Via Spalti markiert den Verlauf der mittelalterlichen Stadtmauern, 200 m vom Torre dell'Orologio und der Piazza Ferretto entfernt, dem Herzen der Stadt, das heute von einer trostlosen, lärmenden Ringstraße belagert wird. Vor 20 Jahren lag vor der Osteria ein großer Weinberg, und Mariano besaß hier einen Weinladen, der die Bewohner Mestres versorgte. Dann kam ein Ausschank dazu und damit ein Miteinander, das in der Hektik des heutigen Mestre nicht mehr denkbar ist. Marianos Sohn Antonio und seine Frau Nadia taten ihr Möglichstes, um die Atmosphäre einer ruhigen Osteria wieder aufleben zu lassen, aus der Hetze und Lärm verbannt bleiben; im Speisesaal ist es denn auch unglaublich still. Einfache Gerichte der Hausmannskost, nach Jahreszeit und Marktangebot variierend, werden von Köchin Erika leicht und schmackhaft zubereitet. Im Winter gibt es **Trippa als Suppe** und in umido, **Pasta e fagioli**, **Fischsuppe**, **Risotto alla sbirraglia** oder mit Fisch, Sarde in saor, **Gulasch vom Fohlen** und Sardoni alla greca. Zwei- oder dreimal die Woche wird auch **Baccalà alla vicentina** oder Baccalà mantecato sowie Fegato alla Veneziana aufgetischt. Im Sommer herrschen kalte Gerichte und Gemüsepasteten vor. Bei Antonio kann man auch gut auf eine Ombra (ein Glas) einkehren; neben gefälligen offenen Weinen bietet sein Keller um die 200 Namen aus verschiedenen italienischen (und ausländischen) Regionen sowie eine interessante, große Auswahl von Grappe und anderen Schnäpsen.

Verona

Al Calmiere

Restaurant
Piazza San Zeno, 10
Tel. 045 / 8 03 07 65
Ruhetag: Mi.abend und Donnerstag
Betriebsferien: letzte Juniwoche, 1.–15. Juli
120 Plätze + 60 im Freien
Preise: 45 000 Lire, ohne Wein
Kreditkarten: alle
Mittags und abends geöffnet

Das ursprünglich als Stehausschank entstandene »Calmiere« wird heute von Pietro Battistoni und Morena Zanardelli geführt. Es bietet schon immer einfache, bodenständige Veroneser Küche, die ergänzt wird durch Grillspezialitäten, Fleisch und Gemüse, die im großen Kaminofen des Speisesaals in der Holzglut zubereitet werden. Die Primi sind sehr ordentlich: Hausgemachte **Bigoli** und Tagliatelle werden mit Saucen aus frischen Tomaten, gebratener Schweineleber, Erbsen und Eselfleisch serviert. Das Fleisch von Rind, Pferd und Schaf läuft allem anderen den Rang ab: Auf dem **Wagen mit Kesselfleisch** finden Sie ein imponierendes Angebot an Kopf- und Schulterstücken, Kalb, Zunge natur und gepökelt, Cotechino und Huhn, die mit Senffrüchten, Salsa Verde und Meerrettich serviert werden. Dieses Jahr wurde das Menü um **gekochtes Pferdefleisch** erweitert, eine Idee, die sehr erfolgreich war und als wahrhaft historische Wiederentdeckung gefeiert wurde: Hatte nicht die berühmte Pastissada, in gewürztem Wein mariniertes und sachte gegartes Pferdefleisch, die Einwohner Veronas schon einmal vor dem Hungertod bewahrt?
Auch all das, was dem Abschmecken der Gerichte bei Tisch dient, ist sehr sorgfältig ausgewählt: Da gibt es ein breites Spektrum an Olivenöl extravergine und an aromatisierten und milderen Essigsorten, die, den Saucen hinzugefügt, beispielsweise den **Filets vom Pferd** den besonderen Pfiff verleihen. Auch die Desserts sind hausgemacht.
Die gepflegte Weinkarte führt nur die besten lokalen und italienischen Erzeuger, mit Aufschlägen – und das ist der Wermutstropfen –, die manchmal etwas hoch erscheinen. Aber wenn ein Ambiente insgesamt so stimmig ist, nimmt man auch das in Kauf.

Verona

Alla Stueta

NEU

Osteria – Trattoria
Via del Redentore, 4 b
Tel. 045 / 8 03 24 62
Ruhetag: Montag und Di.mittag
Betriebsferien: August
45 Plätze
Preise: 40 – 45 000 Lire, ohne Wein
Kreditkarten:alle
Mittags und abends geöffnet

Das »Stueta« war ursprünglich einmal eine volkstümliche Osteria in der Nähe des römischen Amphitheaters im Stadtviertel jenseits der Etsch, das man über die Pietra-Brücke erreicht. Heute jedoch präsentiert es sich als schmucke Trattoria mit blitzsauberem, familiärem Flair. Es begrüßt Sie ein ebenso sympathisches wie kompetentes Paar: Massimo Scarsini schwingt für Sie den Kochlöffel, während seine Ehefrau Emanuela für den Speisesaal und die Desserts verantwortlich zeichnet. Ihre regionale Küche hat uns insbesondere deswegen zugesagt, weil sie sich nicht mit einfachen Standardgerichten wie Pastisad und Peverada zufriedengeben, sondern mehr zu bieten haben: feine Gemüsesuppen, wie Pasta e Fagioli, **überbackene Suppen** wie die Kartoffel- oder die Pilzsuppe, oder alternativ **Bigoli**, Tagliatelle und **Gnocchi mit Sugo aus Pastisada de Caval**. Natürlich bekommt, wer will, die wohlbekannten marinierten Sardinen – doch Sie können es auch mit Haxenschinken, Rippenstück und (in der Saison) den üppigen **Pilzen** versuchen, im Winter dann mit dem **Baccalà**. All diese Gaumenkitzel gibt es das ganze Jahr über, nur im Juli, dem heißesten Monat des Jahres, muß die in Verona beliebte kräftige Kost anderen, leichteren Gerichten weichen. Für Naschkatzen kreiert Emanuela meist Focacce mit Obst, die sie mit Cremes aus Mascarpone, Schokolade und Nüssen versüßt, sowie Pudding, Schokoladentorte und den für Verona typischen Sandkuchen.
Die Weinkarte bietet eine sehr ordentliche Auswahl, darunter einige venetische Abfüllungen und weitere 60 aus anderen Regionen. Vergessen Sie bitte nicht, vorher zu reservieren – andere könnten dieselbe Idee haben wie Sie!

Die Pferdemetzgerei Bottura in der Via Ponte Pietra 13 verkauft das beste Pferdefleisch der ganzen Region.

Verona Trezzolano

14 km vom Stadtzentrum entfernt

Al Parigin

Trattoria
Via Trezzolano, 13
Tel. 045 / 98 81 24
Ruhetag: Mittwoch
Betriebsferien: 2 Wo. im September
80 Plätze
Preise: 30 000 Lire
Keine Kreditkarten
Mittags und abends geöffnet

In der kleinen Ortschaft Trezzolano (fahren Sie von Verona aus Richtung Norden, so erreichen Sie den Ort über ein letztes Stück kurviger Straße) erwarten Sie nur noch Ruhe und Frieden – das ideale Refugium also für einen kleinen Ausflug ins Grüne.
Sollten Sie Appetit verspüren, so steht das von Familie Zamboni geführte »Parigin« zur Erfüllung all Ihrer kleinen und großen Wünsche bereit – ordentlich, familiär und unprätentiös, kurzum: eine Trattoria wie aus einer anderen Zeit. Die Kundschaft ist hier unkompliziert, die Portionen sind üppig, die Preise schon nahezu freundschaftlich und der offene Hauswein selbst gekeltert. Mag er Weinliebhaber auch nicht unbedingt zu Begeisterungsstürmen hinreißen, so ist er doch der richtige Begleiter zu einer bodenständigen Küche ohne jeden Schnörkel mit einem immer gleichen Menü. Wir beginnen mit den Wurstwaren, die mit den klassischen Sottaceti gereicht werden (originell ist hier der Radicchio). Beim Primo können Sie unter hausgemachten, auf verschiedene Arten zubereiteten **Bigoli** wählen: mit Erbsen, mit Hasenragout oder all'Amatriciana. Eine schmackhafte Alternative sind auch die **Tagliatelle in Brühe mit Geflügelleber**. Bei den Hauptgerichten dreht sich fast alles ums Fleisch, zu dem fast immer geröstete Polentascheiben gereicht werden: Grillwurst, Fasan und **Hasenragout** oder Kaninchen. Sie können sich aber auch für die **Schnecken auf Veroneser Art**, Perlhuhnbraten oder Lamm entscheiden. Die Gemüsebeilagen, von den Kartoffeln aus dem Ofen bis zum Radicchio aus der Pfanne, schmecken – erlauben Sie den Vergleich! – wie bei Muttern.
Zum Abschluß des Mahls bieten sie Ihnen heimische Käse und zumeist hausgemachte Desserts an wie Tiramisù, Crostata mit Apfel oder Panna Cotta mit Schokolade und Blaubeeren.

»Andar per gotti » in Verona

Ein »goto« ist ein Glas und ein Hohlmaß und erinnert mit seinem Namen vielleicht an die Herrschaft der Goten. Dem Gotenkönig Theoderich sagt man nämlich nach, er hätte Recioto besonders gerne getrunken. Unser heutiges »andar per goti« widmet sich leichteren Getränken, denn man beginnt mit seiner Goten-Tour bereits am frühen Vormittag. Die Osteria ist der Ort, wo man sich trifft. Handwerker legen hier schnell eine Pause ein, Künstler ziehen sich hierher zurück, Studenten beginnen hier den Tag, Pensionäre vertreiben sich hier den Tag. In Verona gibt es jede Menge Osterie, in jedem Teil der Altstadt kann man sie entdecken. Manche haben bereits eine lange Tradition und werden von den Bewohnern des Stadtviertels besucht, andere wieder sind jünger und haben auch eine jüngere Kundschaft. Allen gemeinsam ist jedoch die herzliche Atmosphäre, die anständigen Preise und das Angebot, das neben den »Goti« auch ein paar mehr oder weniger üppige Häppchen, die »Cicheti«, vorsieht, manchmal auch warme Gerichte. Unser Handbuch kann gar nicht alle Osterie der Stadt aufzählen, wir beschränken uns hier auf besonders typische Lokale. Aber gehen Sie einmal mit offenen Augen durch Verona, lassen Sie sich von Ihrer Nase leiten – Sie werden immer wieder neue Osterie entdecken. Schließlich nennt man Verona nicht umsonst die »Osteria d'Italia«.

Al Carro Armato
Enoteca mit Imbiß
Via San Pietro Martire, 2 a
Tel. 045 / 8 03 01 75
Ruhetag: Mittwoch
Betriebsferien: 15. – 30. Januar
Geöffnet: 10 – 15 und 17 – 2 Uhr

Das Lokal ist in einem Gebäude aus dem 14. Jahrhundert in der Nähe der großen historischen Sehenswürdigkeiten untergebracht und diente lange Jahre als Osteria, bevor Fortunato und Annalisa es zu einem beliebten Treffpunkt für Rentner, Kartenspieler und jugendliche Weinexperten gemacht haben. Man ißt Polpette, Crocchette, Käse, Wurst, Nervetti, Cotechino mit Kraut (im Winter), Trippa, Pasta e fagiol und, auf Vorbestellung, Forelle. Zu trinken findet man eine große Auswahl an italienischen und französischen Weinen von guter Qualität, die auch offen ausgeschenkt werden.

Bar Enoteca D.L.F.
Osteria – Enoteca
Via XX Settembre, 17
Tel. 045 / 8 03 19 13
Ruhetag: Sonntag
Betriebsferien: 25. Juli – 15. Aug.
Geöffnet: 8 – 20 Uhr

Gianni Tavella und seine Frau Nadia haben aus einem Pensionärs-Klubhaus einen echten Bacchus-Tempel gemacht, wobei die alte und etwas pittoreske Kundschaft erhalten blieb; sie harmoniert ganz gut mit der neuen Klientel, die auf die neuen Entdeckungen Giannis neugierig ist. Architektur und Einrichtung, die noch von früher stammen, sollten den Besucher nicht von seinem Ziel abbringen: unter den 700 – 800 verschiedenen Weinen einen unbekannten zu finden oder einfach ein Glas aus der großen Auswahl offener Weine zu trinken. Nicht fehlen darf die gastronomische Begleitung nach Veroneser Tradition mit einigen warmen Gerichten wie Pasta e fagioli und Baccalà, vor allem aber vielen Salumi und Käsesorten aus lokaler Produktion. Angeboten werden außerdem gute Olivenöle und Schnäpse.

Bar Osteria Morandin
Osteria
Via XX Settembre, 144
Tel. 045 / 59 47 51
Ruhetag: Sonntag
Betriebsferien: unterschiedlich
Geöffnet: 7.30 – 2 Uhr

Auch dieses Lokal befindet sich in »Veronetta«, auf der anderen Seite der Etsch. In der Nähe des alten Kanals liegt die Osteria, die heute von Signora Anna Maria Sinico, ihrem Sohn und ihrer Schwiegertochter geführt wird. Es gibt zum »Goto« von den Colli Veronesi Frikadellen, Nervetti, hartgekochte Eier, Frittata, manchmal auch Pasta e fagioli, Cotechino mit Kraut. Neben dem offenen Custoza trinkt man Flaschenweine aus Friaul, Piemont und der Toskana. In der Hauptsaison (Messen, Oper in der Arena) ist das Lokal täglich geöffnet.

Brigliadoro

Enoteca
Via San Michele alla Porta, 4
Tel. 045 / 8 00 45 14
Ruhetag: Sonntag
Keine Betriebsferien
Geöffnet: 7 – 2, August bis 20 Uhr

Das Lokal hat sich dank des Engagements von Paolo Masotti – er genießt großes Ansehen in Veroneser Weinkennerkreisen – zu einer attraktiven, kultivierten Einrichtung gewandelt, die ganz im Zeichen von Qualität und eines ausgesuchten Wein- und Speisenangebots steht. Die drei überaus liebenswürdigen Besitzer bieten (meist an Donnerstagabenden) Weinproben an, die von musikalischen Darbietungen umrahmt werden. Die erlesene Weinkarte, die vorzügliche Auswahl an Wurst und Käse (die große Leidenschaft der Inhaber), das umfangreiche Angebot an Kaffee und Likören machen das Lokal zu einem Ort, an dem Trinkkultur in erster Linie Freude am Genuß bedeutet. Man kauft Wein übrigens fast so preisgünstig wie beim Erzeuger.

La Bottega del Vino

Osteria – Restaurant
Via Scudo di Francia, 3
Tel. 045 / 8 00 45 35
Ruhetag: Dienstag
Betriebsferien: unterschiedlich
Mittags und abends geöffnet

Die »Bottega del Vino« ist der wohl schönste Weinkeller Veronas. Zu verdanken ist dies Severino Bazan, der mit Leib und Seele Sommelier ist. Er hält etwa 1000 Flaschenweine, davon ein Drittel aus dem Ausland, bereit. Darunter sind nicht nur die besten italienischen und ausländischen Rebsorten zu finden, sondern auch echte Raritäten. Die Bottega lohnt aber auch schon allein wegen der typischen, hinreißend schönen Einrichtung aus bemaltem Holz einen Besuch. An der Theke im Eingangsbereich kann man ein Glas Wein trinken und dazu die traditionellen »Cicheti« genießen, die als Begleiter für den Aperitif angeboten werden. Wenn man will, kann man aber auch in einem der Speiseräume eine komplette Mahlzeit einnehmen. In diesem Fall steht eine reichhaltige Speisekarte mit zumeist traditionellen Gerichten zur Verfügung. Während der Opernsaison kein Ruhetag.

Le Vecete

Osteria
Via Pellicciai, 32
Tel. 045 / 59 46 81
Ruhetag: Sonntag
Keine Betriebsferien
Geöffnet: 9 – 14.30 und 17 – 20.30 Uhr

Die Osteria liegt in einer Seitenstraße der belebten Piazza delle Erbe und hat ihren Namen von den alten Damen, die sie früher einmal führten. Das traditionsreiche Lokal ist immer überfüllt, denn man trifft sich dort gerne auf einen Plausch oder zum Aperitif. Marta Manzati führt eine große Vielfalt auch bedeutender Weine, schenkt etwa 30 Sorten offen aus und reicht dazu jede Menge Törtchen, Tramezzini und Panini.

Mondo d'Oro

Osteria
Via Mondo d'Oro, 4
Tel. 045 / 8 03 26 79
Ruhetag: Sonntag und Montag im Mai, Juni, September
Keine Betriebsferien
Geöffnet: 10 – 14.30 und 17 – 21 Uhr

Mitten im Zentrum, ganz in der Nähe der Via Mazzini, der beliebten Flaniermeile der Veroneser, finden Sie diese kleine, gemütliche Osteria. Hier macht man keine Zugeständnisse an die Touristen, sondern präsentiert ein Speisen- und Weinangebot von hoher Qualität. Die jungen, unternehmungsfreudigen Brüder Andrea und Daniele Castaldelli führen die Osteria auf freundliche Art. Sie lassen sich gerne auf Gespräche mit ihren Gästen ein und tun alles, um ihre Wünsche zu erfüllen. Sehr zu empfehlen sind die ausgezeichneten Sopressa aus Vicenza und das ungewöhnliche Angebot an italienischen und ausländischen Käsespezialitäten. Die kleine, aber gute Auswahl an Weinen bietet vor allem die besten heimischen Erzeugnisse, aber auch einige Namen aus dem übrigen Italien und dem Ausland.

Verona Montorio

6 km vom Stadtzentrum entfernt

Caval de Oro

Trattoria
Via Ponte Florio, 1
Tel. 045 / 8 86 80 42, 8 84 03 30
Ruhetag: Sonntag und Montag
Betriebsferien: im Sommer
40 Plätze + 50 im Freien
Preise: 30 – 40 000 Lire, ohne Wein
Keine Kreditkarten
Mittags und abends geöffnet

Der kleine Vorort Montorio, nur wenige Minuten vom Stadtzentrum Veronas entfernt, ist eine jener Oasen, die man am Rande der großen, leicht chaotischen Stadt wohl nicht vermuten würde. Hierher fährt man um sich in dieser sauberen, familiär geführten Trattoria von Claudio Canteri nach allen Regeln der Kunst verwöhnen zu lassen.
Die erfahrenen Hände von Claudias Mutter, die gemeinsam mit ihrer Freundin Emma in den Töpfen und Pfannen rührt, zaubern eine kleine Auswahl an Gerichten von stets gleichbleibender Qualität hervor – eine Küche, die stets auf Nummer Sicher geht, nur wenig variiert und gesunde kulinarische Grundprinzipien verfolgt: Tradition, Frische und Zutaten der Saison. Beginnen wir mit den Innereien, die einen gebührenden Platz einnehmen: **Kutteln** und Fegato alla Veneziana sind ebenso schmackhaft wie die **Nieren** und die **feingeschnittenen Herzen** (bestellen Sie sie möglichst zu Beginn der Woche, denn Claudios Fleischlieferant schlachtet nur montags). Auch bei anderen Gerichten läßt sich die lokale Küchentradition nicht verleugnen: Tagliatelle mit Lauchsauce, freitags natürlich Baccalà, **Gnocchi** (stehen stets auf der Karte), Brasato all'Amarone, Polenta und **Scaligere**, Veroneser Pferdefleischspezialitäten wie Eselbraten und Rippenstück vom Pferd, und nicht zuletzt die leckere, im Ofen gebackene **Cima mit Brot- und Gemüsefüllung**. Dazu bietet der Weinkeller Tropfen aus Venetien, dem Trentino, Friaul und dem Piemont. In der schönen Jahreszeit sitzen die Gäste dann vereint im Freien unter einem dichten Laubdach.

In der Ölmühle von Giovanni Salvagno in **Santa Maria in Stelle**, Contrada Gazzego 1 (13 km von Montorio entfernt), bekommen Sie ein wunderbar feines Olivenöl extravergine.

Verona

8 km vom Stadtzentrum

Cicciarelli

Trattoria
Ortsteil Madonna di Dossobuono
Tel. 045 / 95 39 86
Ruhetag: Fr.abend, Samstag
Betriebsferien: Ende Juli – 15. Aug.
100 Plätze
Preise: 35 – 40 000 Lire
Kreditkarten: AE, CartaSi, DC, Visa
Mittags und abends geöffnet

Das klassische Veroneser Restaurant bietet in Küche und Service einen seit vielen Jahren unveränderten Stil. Hohe Qualität ist hier Tradition und Verpflichtung zugleich. Haben Sie in dem original erhaltenen Ambiente einer Trattoria aus den fünfziger Jahren Platz genommen (das sich schon in der Bar am Eingang offenbart, in der die Stammgäste ihre Ombra nehmen), schlägt Ihnen der flinke Ober die klassischen Primi vor: **Tagliatelle** mit drei verschiedenen Saucen (Tomaten, Ragout oder Hühnerleber), die man sich am Tisch aus großen Terrinen schöpft, Pasta a fagioli und **Tagliatelle in der Brühe mit Hühnerleber**. Daran schließt sich der mächtige, spektakuläre Teil mit **Bollito** oder **Arrosto** vom Wagen an, immer üppigst und perfekt gegart. Er wird begleitet von der unverzichtbaren und hervorragenden **Pearà**, der typischen Veroneser Sauce. Schließen Sie mit einer Crème caramel, einer Mandeltorte, mit Mürbteigkuchen, Eis oder Macedonia. Der offene Wein (weißer und roter Valpollicella) fließt in Strömen, es gibt auch einige gute Flaschenweine aus der Region. »Cicciarelli«, eine Institution in Verona, ist immer sehr gut besucht, sonntags und feiertags jedoch zum Bersten voll.

Die Salumeria Caprini in **San Giovanni Lupatoto** (15 km), Via Madonnina 11 a, bietet ausgezeichnete Wurstwaren und Schinken aus dem Veneto und dem übrigen Italien, Käse (auch seltene Sorten), Trüffel aus den Monti Lessini und hochwertige Delikatessen.

Verona
Avesa
4 km von der Stadtmitte

La Fontana

NEU

Trattoria – Pizzeria
Via Paiola, 15
Tel. 045 / 8 34 59 79
Ruhetag: Montag
Keine Betriebsferien
120 Plätze + 120 im Freien
Preise: 30 – 35 000 Lire
Keine Kreditkarten
Nur abends geöffnet

Nach sechs Jahren Restaurantbetrieb wurde 1990 beschlossen, die »Fontana« in eine Trattoria mit Pizzeria (und einem Raum für Nichtraucher) umzuwandeln. Das Lokal ist dadurch allerdings um keinen Deut schlechter geworden, denn nicht nur die Inhaber sind dieselben geblieben, sondern auch deren Qualitätsverständnis: In einem unaufdringlichem Ambiente bekommen Sie hier nichts Geringeres als die beste Pizza von ganz Verona! Moreno Malesanis Geduld mit dem Teig und sein Händchen bei der Auswahl der Zutaten sind das Geheimnis dieser Pizza, die weder stopft noch die Getränkerechnung in die Höhe treibt. Da der Andrang der Gäste entsprechend groß ist, hat man nun die ohnehin offene Terrasse dem Haus angegliedert, um auch im Winter mehr Plätze zur Verfügung zu haben. In der Küche ist Francesco zugange, der sich – trotz seiner Leidenschaft für kleine kreative Eskapaden – im wesentlichen der Tradition verpflichtet fühlt.
Da gibt es bei den Primi **Gerstensuppe**, **dicke Bohnen mit Pilzen** oder Tagliolini mit Butter und Schimmelkäse, bei den Secondi einen eigenwilligen, überraschend guten **Speck aus Pferdefleisch**, der mit feinstem Olivenöl vom Gardasee und mit Zitrone angemacht ist, sowie ein Schweinefilet mit gratinierten Steinpilzen und Lachsscheiben in Curry mit Spargel. Verführerisch ist die **Polenta**, die mit Schinken, Käse oder geräuchertem Fisch serviert wird. Und auch bei den Desserts werden Sie nicht nein sagen können: **Pudding mit Moscato -Wein**, Rosinen in Vin brûlé mit Sahne oder Eis mit Mandelkrokant und Orangensoße. Dazu gibt es eine stattliche Auswahl an offenen und Flaschenweinen, die in der Mehrzahl von einheimischen Erzeugern stammen. Ebenso gut vertreten sind die Grappe berühmter Brennereien, und selbst der Kaffee kommt aus der besten Rösterei der Stadt.

Villadose
Canale
8 km östlich von Rovigo, S.S. 443

Da Nadae

Trattoria
Via Garibaldi, 371
Tel. 04 25 / 47 60 82
Ruhetag: Dienstag
Betriebsferien: 16. Aug. – 5. Sept.
70 Plätze
Preise: 30 – 40 000 Lire, ohne Wein
Keine Kreditkarten
Mittags und abends geöffnet

Villadose – die »Villa des Dogen« – liegt im Podelta, auf halbem Wege zwischen Rovigo und dem Städtchen Adria, inmitten eines dichten Netzes von Entwässerungskanälen. Die Geschichte des Ortes ist eng verbunden mit verheerenden Überschwemmungen, die Po und Etsch hier insbesondere im Mittelalter anrichteten, als sie über 200 Jahre lang ihr ursprüngliches Flußbett verließen. Doch das Land weiß auch von den erbitterten Schlachten um das Salz zu erzählen, von Malaria- und Pellagra-Epidemien, vom harten Leben in rohrgedeckten Lehmhütten und von den glanzvollen Behausungen des venezianischen Adels entlang der Kanäle.
Die vor kurzem modernisierte Trattoria der Schwestern Gabriella und Mariuccia Borsetto ist zwar einfach, aber sauber und behaglich. Einfach ist auch die Küche, bei den Primi fast schon zu einfach, doch bietet sie einige Leckereien aus alten Kochbüchern und rund um den Fisch: Endlich durften wir wieder einmal **fritierten Aal und Katzenwels** bestellen, die so gut zubereitet werden, daß sie allein bereits den Besuch dieses Lokals lohnen, dann gibt es einen **gerollten**, **überbackenen Baccalà** und feine gegrillte Scampi, **Tintenfische mit Erbsen** und Fritto misto. Dazu gesellen sich etliche Geflügel- und Kaninchengerichte, und wer will, bekommt natürlich auch Pasta e fagioli und Kuttelsuppe. Die Rechnung fällt bescheiden aus und die Portionen lassen bestimmt niemanden hungrig aufbrechen.

Die Associazione Culturale Cerere in **Pezzoli** (9 km von Canale), Via dei Cappuccini 1, erzeugt biologisch angebautes Obst, Gemüse, Getreide und Honig, die entweder direkt ab Hof oder auf dem Markt in Rovigo zu erstehen sind.

Villafranca di Verona

16 km südwestlich von Verona, S.S. 62

La Filanda

Osteria
Via Bixio, 370
Tel. 045 / 6 30 35 83
Ruhetag: Montag, Di.mittag
Betriebsferien: je 2 Wo. im Jan. u. Aug.
35 Plätze
Preise: 40 – 45 000 Lire, ohne Wein
Kreditkarten: alle
Mittags und abends geöffnet

Diese hübsche, an einer langen Allee gelegene Trattoria ist in einer ehemaligen Spinnerei (»Filanda«) untergebracht. Sie werden sich bestimmt sofort wohl fühlen: Die Tische sind mit bunten Tellern und schönen Weingläsern gedeckt, die Auswahl an Weinen ist klein, aber fein, und das von Stefano Facincani und seiner Frau Cristina zusammengestellte Menü wird Sie in Genießerlaune bringen. Gekocht wird traditionell, jedoch dem heutigen Geschmack entsprechend etwas leichter, und es finden sich auch einige sehr gut gelungene Neuschöpfungen.
Als wir der Trattoria im Frühling einen Besuch abstatteten, kosteten wir zunächst einen Gemüseauflauf mit Fondue und einen köstlichen, **mit Balsamico-Essig angemachten Fasansalat**, dann folgten Ricotta-Gnocchi mit Auberginen, Kartoffel-Ravioli, Kürbisblüten mit Frühlingszwiebeln und **Spargelrisotto**. Ausgezeichnet der **Tintenfischsalat**, doch auch die Entenbrust mit Walnüssen und Rucola und die mit Rotbarsch gefüllten Zucchine lohnen eine Bestellung. Im Herbst und im Winter steht Kaninchen auf der Karte, mal mit Thymian, Pfifferlingen und Polenta oder auch entbeint mit Füllung. Entsprechend den hiesigen Gepflogenheiten steht ein **Wagen mit den Gemüsebeilagen** bereit, und zur Käseplatte wird eine Art Paprika-Marmelade oder Quittenmus serviert. Bei den Süßspeisen schließlich läßt Stefano seiner Phantasie freien Lauf und komponiert beispielsweise einen Zabaione-Pudding, ein Semifreddo mit Orangen- und Nougatgeschmack oder das Sorbet aus grünen Äpfeln oder rosa Grapefruits. Das obligate Gläschen Grappa zum Abschluß könnte hier auch einmal ein Gläschen Rosenlikör sein. Unbedingt vorbestellen.

Wir verleihen der Pasticceria Giacomelli in der Via Quadrato 80 die goldene Bäckermütze.

Vittorio Veneto

40 km nördlich von Treviso, S.S.13, A 27

Alla Cerva

NEU

Osteria
Piazza Flaminio, 8
Tel. 04 38 / 5 73 53
Ruhetag: Dienstag
Betriebsferien: unterschiedlich
25 Plätze + 25 im Freien
Preise: 30 – 35 000 Lire, ohne Wein
Keine Kreditkarten
Mittags und abends geöffnet

Serravalle, einer der beiden alten Orte, die sich zu der Gemeinde Vittorio Veneto zusammengeschlossen haben, ist ein mittelalterliches Städtchen und Zentrum kommerzieller, künstlerischer und kultureller Aktivitäten. Es hat die Jahrhunderte fast unverändert überstanden und erwacht langsam aus seinem Dämmerschlaf. An der herrlichen Piazza Flaminio ist die Trattoria »Alla Cerva« zu finden, eines der ältesten Gasthäuser der Gegend, wo sich Händler und Bauern zu ihren Geschäften trafen oder auf dem Weg ins Cadore Rast machten. Nachdem es lange Zeit wegen Umbaus geschlossen war, können wir die geglückte Fortsetzung seiner Geschichte melden. Die Aromen der außerordentlichen Küche von Signora Maria erinnern an die Wonnen eines Sonntagsmahls in der Kindheit. Nicht übergehen darf man die ausgezeichenete **Pasta e fagioli**, die **Wirsing-, Zwiebel- oder Kartoffelsuppe** oder die klassische Pastasciutta mit verschiedenen traditionellen Saucen. Besonders zu rühmen der **Risotto alla sbiraglia** mit viel Zwiebeln, Karotten und Sellerie, Hühnerfleisch und -innereien. Dann gibt es Gulasch, **Baccalà**, **Kutteln**, **Trota in umido alla serravallese**, Ossobuco und **gebratene Tauben**. Probieren Sie auch geschmortes oder in Butter gebratenes Kaninchen, Ente aus dem Ofen, Spießchen sowie **Cipollata** (Kalbsschnitzel in Zwiebeln). Auf Voranmeldung wird auch Wild zubereitet. Das Weinangebot ist ordentlich, aber der hervorragenden Küche nicht ganz ebenbürtig. Außer dem offenen Wein aus der Region gibt es einige gute Flaschen aus dem Friaul und dem Trentino, dazu eine große Auswahl von schottischem Malzwhisky (Giancarlo, Sohn von Signora Maria, ist ein Fan) und natürlich auch der besten Grappe des Veneto.

Vittorio Veneto Piazza Meschio

40 km nördlich von Treviso, S.S. 13 und 51 oder A 27

Alle Colonne

NEU

Trattoria
Via Guglielmo Oberdan, 152
Tel. 04 38 / 94 02 84
Ruhetag: Dienstag
Betriebsferien: 20.5. – 10.6. u. 20.10. – 10.11.
20 Plätze
Preise: 28 – 38 000 Lire, ohne Wein
Kreditkarten: die bekannteren
Mittags und abends geöffnet

Die Trattoria »Alle Colonne« war bis in die 50er Jahre hinein Treffpunkt der Arbeiter aus den nahe gelegenen Seidenraupenzuchten, die nach Feierabend vorbeischauten. Giovanna und Claudio, die jetzigen Inhaber, haben ihr halbes Leben in Hotels gearbeitet, bevor sie die Trattoria übernahmen. Nun zaubert sie in ihrer eigenen kleinen Küche so manche Überraschung auf die Teller, während er an der Bar ausschenkt und sich um die Gäste kümmert. Ebenso höflich wie fachkundig wird er Sie mit einer Küche bekannt machen, die die Traditionen des Veneto mit den jahrelangen gastronomischen Erfahrungen am Meer und in den Dolomiten zu verbinden weiß.
Bei den Primi gehört auch hier die **Pasta e fagioli** zur Grundausstattung, doch gibt es auch Minestrone, Gemüsesuppen und frische Pasta: **Strigoli mit Artischocken** oder Spargel, Strozzapreti mit Käsecreme und Rucola oder frischem Gemüse und Spätzle mit zerlassener Butter und Speck. Keinesfalls auslassen darf man die ausgezeichneten hausgemachten **Gnocchetti mit Käse und Brennesselsprossen**. Traditionelle Braten in allerlei Variationen dann bei den Secondi: Kaninchen, Huhn, Truthahn und Ente. Außerdem gibt es **Kutteln**, Baccalà in Tomatensauce (Hausrezept der Köchin) und hervorragende geschmorte **Kalbshaxen** sowie Beinfleisch vom Schwein. Lecker ist auch der Bauernteller mit Pilzen, Bratwurst, überbackenem Käse und – natürlich – Polenta. Auf Vorbestellung Wildgerichte und Fisch.
Das Weinangebot beschränkt sich auf den offenen Hauswein (nicht moussierender Prosecco und Cabernet) sowie einige wenige lokale Flaschenweine.

Nur wenige Meter von der Trattoria entfernt liegt die für ihren Pflaumenschnaps und ihre Grappe berühmte Brennerei De Negri.

Vittorio Veneto

40 km nordwestlich von Treviso, S.S. 13 und 51 oder A 27

Via Caprera

NEU

Osteria – Trattoria
Via Caprera, 23
Tel. 04 38 / 5 75 20
Ruhetag: Donnerstag
Betriebsferien: 15. Juni – 15. Juli
35 Plätze
Preise: 25 – 35 000 Lire, ohne Wein
Kreditkarten: die bekannteren
Mittags und abends geöffnet

Durch die fachmännische Renovierung einer alten Osteria ist hier ein neues, schlicht und doch elegant gehaltenes Ambiente entstanden. Im Erdgeschoß befindet sich die Bar, an der man traditionell zu einem Glas Prosecco ein paar Cicheti (verschiedene Wurst- und Käsesorten, eingelegte Zwiebeln, gegrillten Radicchio, Sardinen in Saor, fritierten Fisch, Fleischbällchen, Nervetti mit Zwiebeln) nascht, während den Gast im ersten Stock ein hübscher und gemütlicher Speiseraum erwartet. Sämtliche Gerichte aus der Küchentradition des Veneto und insbesondere aus der Provinz Treviso werden hier hervorragend zubereitet, und das Speisenangebot wechselt mit den Jahreszeiten und ihren Zutaten: So gibt es im Herbst und Winter die traditionell deftigen Gerichte, während die Küche im Frühjahr und Sommer Leichtes und Frisches auf den Tisch bringt.
Bei den Primi finden sich Gnocchi aus Kürbis und Radicchio, **Bigoi mit Luganega-Wurst** oder Sardinen, **Schneckensuppe**, Risotto mit Brennesseln, ein köstlicher **Nudelauflauf mit Zucchine**, Pappardelle mit Erbsen und durchwachsenem Speck sowie Tagliatelle mit Kürbisblüten. Bei den Secondi können Sie sich für geschmortes Huhn oder **Kaninchen mit Polenta** entscheiden, oder vielleicht doch lieber für das **Perlhuhn in Peverada-Sauce**, für Schneckenragout, Eier mit Spargel, gegrilltes Hähnchen, fritierten Fisch oder Tintenfische im eigenen Saft? Doch Ente in Merlot, **Pastin mit Polenta** und sogar gegrillte Wachteln können Sie auch bestellen. Käseliebhabern empfehlen wir eine kleine Kostprobe vom jungen oder etwas reiferen Montasio, letzterer zu einem Gläschen Torchiato di Fregona, einem Dessertwein, den man in kleinen Schlückchen genießt und der ausschließlich in dieser Gegend angebaut wird.
Stattlich ist auch das übrige Weinangebot!

Die Enoiteca – Heimstatt des Weines

Am Anfang war die Osteria. Dort schenkte der Wirt seinen Gästen das Glas oder Viertel offenen Weines aus, der als Durstlöscher oder obligater Geselle beim Kartenspiel ruhig etwas schlichter ausfallen durfte. In der Bottiglieria konnte man dann Weine und Hochprozentiges flaschenweise erwerben, auch wenn so mancher neben dem Verkauf auch einen Ausschank betrieb. Doch Geschichte ist steter Wandel, und so veränderte sich nicht nur rasch der gesellschaftliche Umgang miteinander, sondern auch die Weinherstellung und die Weinkultur insgesamt. Die meisten traditionellen Osterie haben aufgegeben oder aber den Sprung zum Restaurant gewagt. Fast überall ist inzwischen die Enoteca zur Pilgerstätte für Weinliebhaber geworden, wo sie eine reiche Auswahl an Qualitätsflaschenweinen, mitunter auch die eine oder andere Rarität, bestaunen und kaufen können. Wie verhält es sich aber mit all jenen in direkter Linie von den Osterie abstammenden Lokalen, in denen nicht nur Flaschenweine verkauft werden, sondern auch ein Ausschank von Qualitätsweinen mit Imbiß betrieben wird? Die Lösung für dieses Problem stammt von Mauro Lorenzon, der temperamentvollen Symbolfigur venetischer Weinbautradition, der einen neuen Begriff für ein neues Gewerbe geprägt hat: die Enoiteca mit »i«, also wörtlich »Heimstatt des Weines«, von griechisch *oinos* (der Wein) und *oichìa* (Heimstatt, Haus). Hinter diesem Neologismus verbirgt sich ein völlig neues Konzept: Er soll all jene Orte aufwerten, in denen Qualitätswein nicht nur verkauft wird, sondern auch zum Anlaß für ein Gemeinschaftserlebnis in geselliger Runde wird. Geregelt wird der Betrieb durch präzise Vorgaben, die unter anderem den regelmäßigen Ausschank von wenigstens vier Qualitätsweinen im Rotationsprinzip sowie einen zahlenmäßig festgelegten Bestand an Weinen verschiedener Rebsorten kleinerer heimischer Winzer, regionaler und ausländischer Anbieter vorschreiben.

Die neue Formel hat in ganz Italien Freunde gefunden. Die meisten und qualitativ hochklassigsten Enoiteche gibt es jedoch in ihrer Heimat, dem Veneto.

Bassano del Grappa (Vi)
Bar Breda
Vicolo Iacopo da Ponte, 3
Tel. 04 24 / 52 21 23
Ruhetag: Sonntag
Betriebsferien: die ersten 3 Wo. im Aug.
Geöffnet: 9 – 13 und 15 – 20.30 Uhr

NEU

In diesem netten, kleinen Lokal in der Altstadt finden Sie nicht nur mit Sachverstand ausgewählte Weine aus Italien – hier insbesondere aus dem Triveneto – und dem Ausland, es gibt dazu auch einige köstliche Bruschette und andere mit allerlei Käse- und Wurstsorten zubereitete Leckerbissen. Auch zum Frühstück lohnt ein Sprung in die »Bar Breda«: Die Kaffeemischung, vom Chef höchstpersönlich zusammengestellt, ist ausgezeichnet, und groß ist die Auswahl an Hörnchen und anderen süßen Teilchen. Lele am Tresen wird Ihnen gerne etwas über seine Weine erzählen, aber auch über weitere Qualitätserzeugnisse wie Kaffee, Nudeln, Öl, eingelegtes Gemüse und so manches andere mehr.

Conegliano (Tv)
Due Spade
Via Beato Ongaro, 69
Tel. 04 38 / 3 19 90
Ruhetag: Dienstag und Mi.vormittag
Betriebsferien: unterschiedlich, im Sommer nie
Geöffnet: 9.30 – 14 und 18 – 2 Uhr

Zu Beginn der Via Ongaro, der schönsten Straße in der Altstadt Coneglianos, die von den Arkadengängen altehrwürdiger Häuser gesäumt ist und sich auf zwei Ebenen den Burghügel hinaufzieht, steht der Turm der Porta Monticano aus dem 14. Jahrhundert, an dem allerlei originelle Schilder auf den Eingang dieser urigen Osteria hinweisen, zu der auch ein schönes Kellergewölbe gehört. Das »Due Spade« erfüllt eine zweifache Funktion, ohne das dies einen Widerspruch bedeuten würde: Einerseits ist das Lokal eine Enoiteca mit erstklassigen Weinen im Angebot und im Ausschank (bei deren Degustation Sie Luca und Checco fachmännisch beraten werden), andererseits ist es zu bestimmten Tageszeiten nach wie vor eine Osteria vom alten Schlag. Zur Ombra ißt man dann ein lecker belegtes Brötchen, das manchmal auch angetoastet wird, oder kleine, ausgesuchte Käse- und Wursthäppchen. Hin und wieder werden auch schmackhafte Schnecken alla bourguignonne aufgetischt.

Domegge di Cadore (Bl)
Casa da Deppo
Bar Serenissima
Via Roma, 38
Tel. 04 35 / 72 80 38
Ruhetag: Mittwoch; im Sommer, zu Weihnachten und Ostern nicht
Betriebsferien: unterschiedlich
Geöffnet: 7.30 – 24 Uhr

NEU

Wer nach einer langen Tour durch diese mit Bergen und Tälern zwar reichlich, mit Einkehrmöglichkeiten jedoch eher spärlich gesegnete Landschaft schließlich ermattet dieses Lokal ansteuert, weiß, daß alle Strapazen schon rasch vergessen sein werden. Ist bereits der Anblick dieses schönen, alten Cadore-Hauses vielversprechend, so lesen sich die am Eingang aufgelisteten Weine wie eine Verheißung. Der linkeTeil des großzügigen Innenraums wird von einem riesigen Tresen beherrscht, auf dem zahlreiche geöffnete Flaschen (auf Wunsch serviert man Ihnen ein Glas aus jeder der über 150 Flaschen), allerlei appetitanregende Häppchen und verschiedenste Bruschette locken. Sommelier ist hier eine Dame: Valeria Zuccolin, die das Lokal seit 1986 leitet. Unterstützt von ihrem Mann Paolo und der erfahrenen Lucia, kümmert sich Valeria höchstpersönlich um die Weine und wählt die vorwiegend aus Sauris stammenden Wurstwaren sowie die speziellen Käsesorten aus. Angeboten werden auch verschiedene Pure Malt Whiskys, Cognac, Armagnac und italienische Schnäpse. Als Mitglied in der Arcigola-Vereinigung bekommt man hier Vergünstigungen.

Follina (Tv)
Bever...in
Piazza IV Novembre, 21
Tel. 04 38 / 97 14 12
Ruhetag: Mo.abend und Dienstag
Betriebsferien: unterschiedlich
Geöffnet: 11 – 14, 18 – 1 Uhr

Das ursprünglich in Miane ansässige »Bever...in« ist vor einigen Monaten nach Follina umgezogen, in ein schönes neues Gebäude, das Palazzetto »al Milani«, wo es nun auch warme Gerichte anbietet. In dem gemütlich eingerichteten und fast durchgehend holzverkleideten Lokal sitzt man umgeben von Blumen, Vorhängen, bunten Glasfenstern und natürlich von unzähligen Weinflaschen. Nach wie vor werden Weine zum Verkosten angeboten, herausgefischt aus einer beträchtlichen Auswahl (über 350 Flaschen) italienischer und ausländischer Weine – unter denen Trevisaner Erzeugnisse eine besondere Stelle einnehmen. Dazu gibt es Käse, Wurstwaren von De Stefani aus Guia di Valdobbiadene und allerlei weitere Leckerbissen aus dem In- und Ausland. Doch kurz noch zum Thema Küche: Da Tiziano Zanardo ein Freund einfallsreicher Kochkünste ist, wurde beschlossen, in den neuen Räumlichkeiten auch für den größeren Hunger der Gäste zu sorgen. Ausgezeichnet ist der gemischte Vorspeisenteller, bunt und phantasievoll sind die mit frischem Gemüse angemachten Nudeln, von feinster Qualität das Fleisch aus der obengenannten Metzgerei in Valdobbiadene (Rindersteaks und Schweinefilets), klassisch der Baccalà alla Vicentina. Hausgemachte Süßspeisen gibt es auch.

Fonte Alto (Tv)
Nino
Piazza San Pietro, 3
Tel. 04 23 / 94 92 38
Ruhetag: Dienstag
Betriebsferien: August
Geöffnet: 9 – 2 Uhr

Lassen Sie sich nicht vom ländlichen Aussehen dieser Osteria täuschen, nicht vom offenen Wein oder den Kartenspielern, und schon gar nicht von dem gutmütigen Wirt alten Schlages Nino Dal Bello: Kaum geben Sie sich ihm als Weinliebhaber zu erkennen, wird er Sie auch schon wie einen Logenbruder in seine kleine, gut versteckte Schatzkammer geleiten. Hier stehen Sie nun plötzlich in einer der besten Enoiteche des Veneto, und Nino wird sich als einer der qualifiziertesten Weinexperten der gesamten Region für in- und ausländische Weine entpuppen. Sie finden hier die bedeutendsten Weine Italiens, die besten Franzosen und ein breites Spektrum internationaler Erzeugnisse – von Kalifornien bis China – in insgesamt über 800 Flaschen. Internationale Auswahl selbst bei den kleinen Speisen. Auf Vorbestellung werden auch warme Gerichte zu den Weinen serviert.

Jesolo (Ve)
La Caneva
Via Antiche Mura, 13
Tel. 04 21 / 95 23 50
Ruhetag: Sonntag, im Sommer nie
Betriebsferien: unterschiedlich
Geöffnet:18 – 5 Uhr

Hier, in der Enoiteca des vor Ideen nur so sprühenden Mario Lorenzon, betreten Sie das Reich des Erfinders dieser glorreichen Einrichtungen: Bereits eine kleine Kultstätte für alle Freunde venetischen Weins. Mauro, dessen Rituale und Feuerwerks-Phantasien in Kennerkreisen wohl bekannt sind, seine Frau Liviana sowie Giuliano Basso entführen Sie in eine Zauberwelt, in der Sie so ganz nebenbei auch die besten Weine aus aller Welt verkosten können, nicht ohne ein Häppchen Käse oder Wurst, marinierte Sardellen, Sardinen mit Zwiebeln, gepökeltes Fleisch, aber auch Austern und sündhaft leckere Desserts dazu genascht zu haben.

Oderzo (Tv)
Borgo San Rocco
Via Postumia, 15
Tel. 04 22 / 71 21 21
Ruhetag: Mo. u. Di.vormittag
Betriebsferien: August
Geöffnet: 10 – 14 und 18 – 2 Uhr

Den Schwung und die Professionalität, die Luca in seiner Enoiteca an den Tag legt, sieht man nicht nur an den auserlesenen Weinen, sondern auch an seiner Art, diese zu präsentieren: Er hat weder Mühen noch Aufwand gescheut und eine Weinkarte aus kleinen Tafeln zusammengestellt, auf denen jeder einzelne Wein exakt beschrieben wird – und sein Keller zählt mittlerweile 900 Flaschen! So wird eine Degustation bei Luca schon fast ein Lehrgang über Charakter und spezifische Qualitäten der verkosteten Weine. Es liegen eine Verkaufsliste sowie eine weitere Liste mit rund 50 Weinen auf, die er abwechselnd zur Degustation anbietet. Von Sachverstand zeugt auch die Qualität der Häppchen; da findet sich neben edlen Käse- und Wurstsorten auch ein überraschend reichhaltiges Fischangebot: für die einen fritiert (Zahnbrasse, Stör, Lachs, Sardellen, Scampi und Schwertfisch), für die anderen geräuchert (Schwertfisch, Stör, kleine Aale und Lachs), für wieder andere als Mus (Zahnbrasse und Stockfisch). Hin und wieder gibt es auch in Saor marinierte Sardinen und auf Anfrage Austern und Tartufi di mare, eine Art Venusmuscheln.

Oderzo (Tv)
El Bacaro
Piazzetta Tomitano, 4
Tel. 04 22 / 81 53 12
Ruhetag: Mo. u. Di.vormittag
Betriebsferien: unterschiedlich
Geöffnet: 8.30 – 14 und 16.30 – 2 Uhr

Im Herzen der Altstadt Oderzos, an der mittelalterlichen Piazzetta Tomitano gelegen, ist dieses Lokal der Bestimmung seines Namens Bacaro treu geblieben, das heißt einer Osteria mit traditionellenCicheti (Polenta mit Soppressa und Soppressa mit Essig im Winter, Sardinen in Saor und marinierte Sardellen im Sommer) und, auf Bestellung, auch mal einem warmen Gericht. Die wahren Schätze liegen im Weinkeller verborgen, darunter erstklassiger Prosecco, Incrocio Manzoni, Merlot, Cabernet und Raboso aus dem Hügelland um Treviso, doch auch auserlesene Weine aus dem übrigen Italien und dem Ausland. Stefano De Pizzol steht seit einiger Zeit seinem Bruder Andrea tatkräftig zur Seite.

Pieve di Soligno (Tv)
Al buon Vino
Corte dei Medà, 15
Centro Balbi Valier
Tel. 04 38 / 84 06 05
Ruhetag: Sonntag
Betriebsferien: August
Geöffnet: 18 – 3, Sa. auch 11 – 13 Uhr

Diese elegante Enoiteca befindet sich im reizvoll gestalteten Innenhof des Centro Balbi Valier. Der Weinkeller hat weiteren Zuwachs bekommen, darunter vermehrt ausländische Erzeugnisse (aus Kalifornien, Chile, Südafrika und Australien), während Abstriche bei den allgegenwärtigen französischen Käsesorten und dem Schinken gemacht wurden, um nun, bei kleinen, ortsansässigen Herstellern von hochwertigen Käse- und Wurstsorten das Richtige zu finden. Donnerstag, Freitag und Samstag ist dann die Stunde der Live-Musik, und selbst die hat es in sich: Neben alter Folklore aus dem Friaul gibt es Ethno-Klänge, und manchmal auch eine Modern-Dance-Aufführung.

Spresiano – Visnadello (Tv)
La Primizia
Via Mario Fiore, 1 a
Tel. 04 22 / 92 89 10
Ruhetag: Montag u. Di.mittag
Betriebsferien: die ersten 2 Wo. im Aug.
Geöffnet: 10.30 – 14.30 und 17 – 1 Uhr

Die Enoiteca von Giampaolo Tegon liegt am Ortsausgang von Visnadello, Richtung Conegliano. Wer hier Stammgast ist, weiß, daß er sich neben italienischen Weinen (von denen viele auch im Ausschank erhältlich sind) eine ganze Reihe weiterer großer Namen aussuchen kann, daß der Wein stets richtig temperiert und im passenden Glas serviert wird, und daß er Rat bei einem Fachmann findet. Das kulinarische Angebot ist zwar eher klein, dafür aber fein: auserlesene lokale Wurst- und

Käsesorten sowie Crostini und Tramezzini in allen möglichen Variationen. Die monatlichen Weinproben mit Beratung finden im Sommer im kühlen Innenhof der Enoiteca statt.

Venezia Mestre
La Cascina
Via Don Tosatto, 26
Tel. 041 / 5 31 44 19
Ruhetag: Montag
Betriebsferien: unterschiedlich
Geöffnet: 18 – 2 Uhr

NEU

Die kleinen Gaumenfreuden und die nette Atmosphäre einer echten »Osteria veneta« in Franco Chinellos Lokal leisten einen nicht unwesentlichen Beitrag zur Lebensqualität in Mestre. Traditionell präsentieren sich die Cicheti – Käse, Wurst und gefüllte Gemüsehäppchen –, groß ist das Fischangebot: Sardinen in Saor-Sauce, marinierte Sardellen, allerlei Meereskrebse und -schnecken, kleine Tintenfische sowie einzeln von Hand ausgelöste und in dem erstklassigen Olivenöl aus Francos stolzer Sammlung angemachte Crevetten. Man kann hier nur ein Viertelchen am Tresen trinken oder sich einen der Weine aus dem wöchentlich wechselnden Sortiment in der Kühlvitrine aussuchen. Sie können sich aber auch mit dem Wein Ihres Herzens aus dem riesigen Bestand (fast 600 Flaschen aus ganz Italien und der Welt) still und leise in das »Barrique« zurückziehen, das Herzstück des Lokals, ein Stübchen, in dem man nicht nur probieren, sondern seinen Gedanken freien Lauf lassen kann.

Venezia Mestre
Valsugana
Via Miranese, 173 – Ortsteil Valsugana
Tel. 041 / 91 57 65
Ruhetag: Montag
Betriebsferien: Ende Juli bis Anf. Aug.
Mittags und abends geöffnet

NEU

Daß aus der Osteria eine Enoiteca wurde, kommentieren die Stammgäste gelassen »ghe xe sempre sta«, das »Valsugana« hat es schon immer gegeben, und so werden sie sich auch künftig auf ein gutes Gläschen Wein und ein Cicheto hier einfinden. Seinen Namen verdankt das Lokal übrigens der Bahnlinie Mestre – Trento, die in unmittelbarer Nähe vorbeiführt und als Valsugana-Linie bekannt ist. Die sich wunderbar ergänzenden Brüder Sandro und Mauro Coseani kümmern sich von 8 Uhr morgens bis spät abends um ihre Gäste. In einem eigens dafür hergerichteten kleinen Raum können Sie allerlei Cicheti wie gegrillte Tintenfische, Heuschreckenkrebse, Sardinen in Saor, Austern, Fleischbällchen sowie verschiedene Käsesorten kosten und dazu einen Wein trinken, der einer Enoiteca wirklich würdig ist. Ergänzend oder alternativ zu den Cicheti bietet Mauro auch warme Gerichte an, die – bei allem Respekt für die Tradition – auch neue Anregungen aufnehmen.

Vicenza
La Badessa
Contrà Mura Corpus Domini, 3
Tel. 04 44 / 32 21 85
Ruhetag: Sonntag
Keine Betriebsferien
Mittags und abends geöffnet

NEU

In San Rocco, einem etwas abseits der berühmten Sehenswürdigkeiten Palladios gelegenen und deswegen – zu Unrecht – vernachlässigten Stadtteil Vicenzas, ist eine alte Osteria zu neuem Leben erwacht. Die Ausstattung des kleinen, gemütlichen Lokals ist sehr geschmackvoll und persönlich: Sein Inhaber, Diego Caretta, ein echter Weinkenner und Feinschmecker, wird Ihnen hier eine Auswahl junger Rot- und Weißweine anbieten, die er bei den besten Weinerzeugern der Provinzen Vicenza und Verona für Sie ausgesucht hat. Ebenfalls vertreten sind die großen Lagen aus dem Piemont und aus der Toskana, sowie einige beachtliche internationale Flaschenweine. Dazu bietet Ihnen Diego die typischen lokalen Wurstwaren (Soppressa, Knoblauchsalami, durchwachsener und weißer Speck) oder auch toskanische Spezialitäten (Wurst mit Fenchelkörnern, Schinken und Wildschweinwürste). Oder Sie probieren sich durch die Käsesorten aus dem Veneto, aus Italien und dem Ausland. Zum Abschluß hält die Bar Hochprozentiges bereit: Whisky, Rum, Cognac und spanischen Brandy.
Eine weltweit einmalige kulturelle Institution liegt in unmittelbarer Nähe des Lokals: In der Contrà Porta Santa Croce 3 hat die internationale Bibliothek »La vigna« ihren Sitz, in der Schriften und sonstige Veröffentlichungen über das Leben der Bauern und den Weinbau verwahrt werden.

FRIAUL

Malborghetto
Treppo Carnico
Sauris
Ovaro
Venzone
Bordano
Meduno
Cavasso Nuovo
Tarcento
Andreis
Travesio
Clauzetto
Montereale Valcellina
Maniago
San Daniele del Friuli
Spilimbergo
S. Giorgio Richinvelda
San Quirino
Udine
Cordenons
Valvasone
Pordenone
A23
Gorizia
Caneva
Sacile
Prata di Pordenone
A28
San Vito al Tagliamento
A4
Porpetto
TRIEST
Adria
Tarcento
Grimacco
San Daniele del Friuli
Faedis
Reana del Rojale
Stregna
Rive d'Arcano
Fagagna
Povoletto
Remanzacco
Udine
Prepotto
Buttrio
Corno di Rosazzo
Pavia di Udine
Manzano
A23
Gorizia

Andreis

35 km nördlich von Pordenone, S.S. 251

Antica Osteria la Molassa

Osteria
Ortsteil Ponte Molassa, 1
Tel. 04 27 / 7 61 47
Ruhetag: Dienstag
Betriebsferien: von Nov. bis Ostern
25 Plätze + 25 im Freien
Preise: 35 – 40 000 Lire, ohne Wein
Kreditkarten: Visa
Mittags und abends geöffnet

Der frühere Inhaber, Stefano Gislon, hat würdige Nachfolger hinterlassen. Die Leitung dieser unglaublichen Osteria liegt nun in Händen der »Gestione Orchestra«, einer Gruppe junger venezianischer Unternehmer, die seit Jahren im Weinhandel tätig ist. Nach einer ersten Einschätzung scheint man dem alten Stil treu geblieben zu sein: der Schwerpunkt liegt auf dem Wein, die Küche ist gut und verwendet bevorzugt Produkte aus dem umliegenden Bergland und der Region.
Das Ambiente ist umwerfend: eine zauberhafte Berghütte in einer nahezu unberührten Bergwelt, oberhalb einer beeindruckenden Schlucht, die vom Lauf des Wildbachs Molassa bestimmt wird. Eine traumhafte Kulisse für ein gutes Essen. Drinnen ist die Hütte gemütlich und einfach eingerichtet.
Massimiliano (in der Küche) und Max (im Service) servieren einen von Hand aufgeschnittenen San-Daniele-Schinken oder typische Wurstsorten wie mit Balsamico-Essig angemachte **Soppressa cotta** (eine Art Preßsack) und **Peta**, eine Spezialität aus der Gegend um Pordenone. Häufig finden sich **Pilze** auf der Karte (hervorragend sind **Tagliatelle mit Steinpilzen**), ab und zu gibt es Tagliolini mit Flußkrebsen und praktisch immer **Kartoffelravioli** mit San Daniele und Ricotta. Neben Kräutersteak und Entenbrust in Rotwein sind besonders die Wildgerichte (**Lepre in salmì bianco**) und **Frico con cipolla** zu empfehlen. Einfache, hausgemachte Nachspeisen und eine ordentliche Weinkarte für jeden Geldbeutel (wenige Weine aus dem Friaul, dagegen viele andere Italiener und vor allem Franzosen), komplettieren das Angebot.

Bordano Interneppo

36 km nördlich von Udine, S.S.13, A 23

Alla Terrazza

Trattoria
Via Principale, 89
Tel. 04 32 / 97 91 39
Ruhetag: Samstag
Betriebsferien: 10 Tage Anf. Febr.
40 Plätze + 30 im Freien
Preise: 30 000 Lire, ohne Wein
Kreditkarten: alle wichtigen
Mittags und abends geöffnet

Der Monte San Simeone, der das Dorf Bordano überragt, ist Lebensraum für viele Schmetterlingsarten. So sind die bunten Schuppenflügler seit Jahren das Wahrzeichen des Orts: Die Häuser tragen Murales zu diesem Thema von Künstlern aus aller Welt. Auch die Trattoria »Terrazza« – an der S.S. 512 an der Abzweigung nach Bordano – trägt ein Exponat dieser etwas kuriosen monothematischen Ausstellung. Wenn die Kunst Nahrung für den Geist ist, so soll der Leib doch auch nicht darben. Und dafür sorgt Adriana Piazza, die mit ihrem Mann Cesare das Lokal führt. Die Küche nützt die Produkte der Gegend, beim **San-Daniele-Schinken**, geräuchertem Schinken und den anderen Salumi aus Sauris angefangen. **Forellen, geräuchert** als exzellentes Secondo warm mit etwas Olivenöl übergossen serviert, kommt aus einer kleinen Zucht in den Karnischen Alpen. Als Primi zu nennen sind Minestrone und **Risotto mit Gemüsen** der Saison (**Minestra mit Graupen und Bohnen** gibt es praktisch immer), Pasta alla carrettiera, Kartoffel- oder Kürbisgnocchi, als Hauptspeisen **Schweinshaxe aus dem Ofen**, Musetto alla brovada (deftige Schweinswurst mit gesäuerten Rüben), **Filet in geräuchertem Bauchspeck**. Als Dessert sind im Sommer die Himbeeren mit Zucker und Cordial Campari interessant. Bei der Zusammenstellung der Weinkarte macht sich Padron Cesare mit einigen guten Flaschen und einem sauberen Hauswein verdient. Die Preise sind mehr als bescheiden (23 000 Lire für das Menu turistico). Anmeldung am Wochenende und von Oktober bis März notwendig.

Gina Picco (Via Brigata Garibaldi) ist bekannt für ausgezeichnetes Gemüse aus biologischem Anbau. Adolfina Picco (Via Udine, 12) verkauft exzellenten Honig und Ederina Colombo (Via della Sella Grande, 8) vorzügliche Johannis- und Brombeeren.

Buttrio

11 km südöstlich von Udine, S.S. 56

Al Parco

NEU

Trattoria
Via Stretta del Parco, 1
Tel. 04 32 / 67 40 25
Ruhetag: Di.abend und Mittwoch
Betriebsferien: 2 Wochen im August
120 Plätze + 80 im Freien
Preise: 40 000 Lire, ohne Wein
Kreditkarten: AE, Visa
Mittags und abends geöffnet

Der »Fogolâr« (Kamin) gehört zu jedem friaulischen Haus und ist auch Herzstück dieser Trattoria, in der Paolo Meroi, einer 1920 beginnenden Familientradition folgend, herrliche Koteletts und Hähnchen auf dem Grill zubereitet. Das Grillen ist für Paolo Hobby und Nebenerwerb zugleich: in der Hauptsache ist er Winzer. Er produziert offenen Wein, der in seiner Trattoria ausgeschenkt wird (unbedingt probieren!) und eine Flaschenserie unter dem Namen Meroi, die ihm große Genugtuung verschafft.
An den Grill geht außer Paolo nur noch seine Mutter, die Seele des Lokals. Sie leitet Küche und Service und schafft es mit einem Lächeln und wenigen Worten, daß die Gäste sich wohl fühlen. Küchenchef ist der junge Ivan Schiavo, der auch vor einem imposanten Hochzeitsessen nicht zurückschreckt, in der Regel aber die einfachen und schmackhaften traditionellen friaulischen Gerichte auftischt: Gemüseomelett, saure Wurst, **Cestino di frico** als Vorspeisen, danach verschiedene Primi wie **Minestrone di orzo**, **Rosmarinrisotto** und Pilzsuppe sowie eine große Auswahl an Hauptgerichten – in der Saison gibt es immer **Wild mit Polenta**. Im Winter, wenn Schlachtzeit ist, kann man auf Vorbestellung das traditionelle Mittagessen der Purcîtar (Schweineschlächter) probieren: eine Brühe aus Schweinefleisch mit Reis- und Kartoffeleinlage, gekochten Schweineknochen, Leber, Grillwurst, Musetto und Brovada. Und vorneweg eine **Coppa di Testa**, nach einem alten Familienrezept.

Caneva Stevenà

17 km westlich von Pordenone, S.S.13

La Taverna

NEU

Trattoria
Via Battisti, 10
Tel. 04 34 / 79 91 31
Ruhetag: Montag und Dienstag
Betriebsferien: August
70 Plätze + 20 im Freien
Preise: 30 – 35 000 Lire, ohne Wein
Keine Kreditkarten
Mittags und abends geöffnet

Das Lokal war früher als die »Osteria Tavernetta« von Toni Pessot bekannt und Treffpunkt vieler italienischer Radchampions. In den 80er Jahren wurde die gemütliche Trattoria renoviert und präsentiert sich heute unter dem Namen »La Taverna« als ein Ort, an dem gute Küche und Herzlichkeit zu Hause sind.
In der Wirtsstube wird man von Antonio und Roberto empfangen, die einen bei der Auswahl der Gerichte beraten. Am Herd steht der junge und engagierte Koch Giancarlo, dessen Küche sich an der Jahreszeit orientiert und großen Wert auf die Qualität der Rohstoffe legt. Im Sommer kann man draußen auf der überdachten Terrasse essen. Bei den Primi sollten Sie die **Kürbisgnocchi** mit zerlassener Butter und geräuchertem Ricotta probieren, die frischen selbstgemachten Nudeln wie **Pasta e fagioli** oder ein Risotto. Das beliebteste Hauptgericht ist **Gulasch alla stevenese**, aber auch **Baccalà alla Vicenta** und Wild sind empfehlenswert. Auf Bestellung gibt es außerdem gegrilltes Fleisch und Fisch. Zum Abschluß finden Sie eine große Auswahl an hausgemachten Desserts und einen guten Grappa aus dem Friaul.
Wenn Sie an Kunst interessiert sind, sollten Sie einen Abstecher zum Castello di Caneva und zu der hübschen Kapelle Madonna del Carmine machen. Interessant ist auch das Museo del Ciclismo Toni Pessot in der Via Trieste (Informationen unter 04 34 / 7 90 02).

Cavasso Nuovo

32 km nordöstlich von Pordenone, S.S. 552

Ai Cacciatori

Trattoria
Via A. Diaz, 4
Tel. 0427/777800
Ruhetag: Mo.abend, Di. (nicht im So.)
Betriebsferien: 10.–30. September
40 Plätze + 50 im Freien
Preise: 40000 Lire
Kreditkarten: CartaSi, MC, Visa
Mittags und abends geöffnet

Verschiedenes macht einem diese typische Trattoria des Voralpenlands bei Maniago sympathisch: die spontane Gastfreundschaft von Daniele (Danêl) Corte, die Ausgangsmaterialien aus strikt lokaler Produktion und eine beeindruckende Weinkarte, welche die Verleihung der »Flasche« rechtfertigt. Das Ambiente wurde vor kurzem neu gestaltet; an den kleinen ursprünglichen Speiseraum schließt sich jetzt ein großer Saal mit »fogolâr« (Kamin) und Veranda an; der Blick geht weit über die Hügel und den Meduna. Doch kommen wir zum Wesentlichen, der Küche von Signora Angelina. Unter den Antipasti San-Daniele-Schinken aus handwerklicher Produktion und in der Saison die **Pitina** (ein typisches Salume der Gegend). Von den Primi sind besonders **Tortellacci con bruscandoli** (wildem Spagel), die Zwiebelsuppe »di Cavasso« und die Gnocchetti mit Tomaten, Rucola und Basilikum, mit Brennesseln oder mit Kürbis zu empfehlen; probieren Sie auch den **Orzotto** (»Risotto« aus Gerste). Unter den jahreszeitlich wechselnden Secondi ragen **Wild** (Mufflon, Wildschwein) und die immer frischen Innereien heraus (ausgezeichnet die **geschnetzelten Nieren**); zu nennen auch Lammkoteletts und Pilze aus den nahen Wäldern. Im Herbst bekommt man freitags **Baccalà** und **Anguilla in umido**. Einfache Dolci (Crostata, Apfelkuchen, Mandelblätterteig).
Die Weinkarte nennt außer einigen friaulischen Erzeugern Weine aus dem Piemont und dem Veneto, aus der Toskana und der Emilia, aus Sizilien, Umbrien und auch aus Frankreich.

In **Fanna** (1 km; Via Montelieto, 1) bekommt man in der Bäckerei Da Egidio täglich frisches Holzofenbrot. Besonders zu empfehlen das Pane piccolo, das um 11 Uhr aus dem Ofen kommt.

Clauzetto

52 km von Pordenone,
20 km nördlich von Spilimbergo

Corona

Hotelrestaurant
Via Fabricio, 14
Tel. 0427/80668 und 80102
Ruhetag: Montag und Dienstag
Keine Betriebsferien
40 Plätze + 30 im Freien
Preise: 35 000 Lire, ohne Wein
Keine Kreditkarten
Mittags und abends geöffnet

Clauzetto ist eines der zahlreichen kleinen Bergdörfer im lieblichen Val Cosa (zwischen Pedemontana und Carnia). Man stellt das Auto auf dem Hauptplatz im Ort ab und erreicht nach einem kleinen Abstieg das Hotelrestaurant »Corona«, wo die Inhaber Eliana und Fausta Fabrici bereits seit über 20 Jahren ihre Gäste auf zurückhaltende, aber liebenswürdige Art willkommen heißen. In der Küche werden sie von Sergio Berliava unterstützt, der die traditionelle friaulische Küche mit Elementen aus seiner istrischen Heimat bereichert. Wir denken da besonders an die **Balote**, ein traditionelles Gericht, das man früher einem Verehrer vorsetzte, als Zeichen dafür, daß sein Heiratsantrag erhört wurde. Es handelte sich dabei ursprünglich um eine Maispolenta mit gesalzenem Käse, die unter der Asche oder in der Grillpfanne zubereitet wurde. Heute wird das Gericht mit Steinpilzen angereichert und mit geräuchertem Ricotta im Ofen überbacken. Zuvor aber kommen die Antipasti: San-Daniele-Schinken oder, im Winter und vorzugsweise abends, **Salsiccia in crosta con il cren** (Bratwurst im Teigmantel mit Meerettich). Unter den Primi empfehlen wir **Rollini alle erbe** und Auberginenauflauf, bei den Hauptgerichten **Stracotto al cabernet** und **Frico mit Kartoffeln**. Hausgemachtes Dessert – hervorragend sind die Apfelschnitten – und ein Grappa bilden den würdigen Abschluß.
Herr Fabrici berät einen gerne bei der Auswahl der Weine, sei es nun der offene Hauswein oder aber einer der vorzüglichen Flaschenweine aus den Colli.

Cordenons

5 km östlich von Pordenone

Al Curtif

Trattoria
Via del Cristo, 3
Tel. 04 34 / 93 10 38
Ruhetag: Mo.abend und Dienstag
Betriebsferien: August
55 Plätze + 190 im Freien
Preise: 30 – 40 000 Lire, ohne Wein
Kreditkarten: alle
Mittags und abends geöffnet

Nur wenige hundert Meter vom Zentrum Cordenons entfernt, mit Blick auf die Stadtmauer, liegt die Trattoria »Curtif« mit ihrem geräumigen Innenhof (»curtif« ist im friaulischen Dialekt die Bezeichnung für Hof), in dem man im Sommer draußen essen kann. Das Lokal ist ein echter Familienbetrieb: die Eheleute Onorio und Giuseppina leiten die Küche, Sohn Luca ist für den Service zuständig und berät, ganz echter Sommelier, bei der Auswahl der Weine und seine Frau Michela steht hinter der Theke.
Die Küche ist typisch für die Region: einfach aber schmackhaft. Das ganze Jahr über gibt es hervorragende **Grillspezialitäten**. Im Winter **Pasta e fasioi**, Tagliolini mit Steinpilzen, Kutteln und Baccalà. Auf Vorbestellung bekommt man **Wild** und **Gulasch aus Eselfleisch**. Im Sommer pflegt man eine leichte Küche mit Grillfleisch und kalten Beilagen oder Würsten aus der Region. Die leckeren Nachtische werden von Mutter Giuseppina zubereitet: vorzüglich ist der **Heidelbeerkuchen**!
Neben den offenen Weinen aus der Gegend, finden sich über 100 Flaschenweine aus dem Friaul, der Toskana, Südtirol und sogar Frankreich und Australien auf der Karte.

Corno di Rosazzo Visinale del Judrio

26 km südöstlich von Udine, S.S. 356

Il Mulino

Restaurant
Strada Statale, 356 – Ponte fiume Judrio
Tel. 04 32 / 75 95 40
Ruhetag: Mittwoch und Donnerstag
Betriebsferien: 10 Tage im Juli, 21 Tage [zwi. Jan. u. Feb.
45 Plätze
Preise: 36 000, ohne Wein
Keine Kreditkarten
Mittags und abends geöffnet

Sie finden »Il Mulino« an der Staatsstraße auf Höhe der Brücke, die den Fluß Judrio überquert, jenem Fluß, der 100 Jahre lang die Grenze zwischen Italien und Österreich-Ungarn bildete und heute die beiden wichtigen Weinanbaugebiete Colli Orientali di Friaul und Collio voneinander trennt. Die Mühle wurde restauriert und man richtete ein kleines Restaurant ein, in dem man zwischen Treibriemen und Rädern, Leitern und Schleusendeckeln aus altem Holz bewirtet wird.
Ugo Scozzina pflegt eine leichte, aber würzige Küche und legt Wert auf ökologisch einwandfreie Zutaten. Die wenigen Gerichte folgen dem Rhythmus der Jahreszeiten. Die Bedienung ist freundlich und ermuntert den Gast, Neues zu probieren. Nach klassischen Vorspeisen wie roher Schinken und **geräucherte Gänsebrust**, folgen friaulische Spezialitäten wie **Zuppa di orzo e fagioli** und Gemüsesuppe. Je nach Jahreszeit gibt es verschiedene Nudelgerichte: Chitarrini mit Tomaten und Basilikum, Kartoffelgnocchi mit Gemüsesauce, **Orzotto con ortiche** und zwei Versionen von **Maltagliati**: im Sommer aus Hartweizengries mit Tomaten und Pesto, im Winter aus Buchweizenmehl und Bier mit einer Sauce aus Entenragout. Bei den Secondi sollte man die **Grillspezialitäten**, Hähnchen an geräucherter Gänsebrust und ein erstaunliches Gemüseschnitzel in Trüffelsauce erwähnen. Die Weinkarte bietet verschiedene Etiketten aus dem Friaul und zum Abschluß gibt es hervorragenden Espresso und eine große Auswahl an Spirituosen.

Im Ortsteil **Quattro Venti** kann man in der gleichnamigen Enoteca eine Vielzahl in Corno produzierter Weine zu Aufschnitt und Käse probieren. Außerdem gibt es im Ort eine Verkaufsstelle der Genossenschaftsmolkerei Cividale.

Faedis
Valle

23 km nordöstlich von Udine

Da Giulietta

Trattoria
Via Pocivalla, 16
Tel. 0432/711206
Ruhetag: Donnerstag
Betriebsferien: 15.–31. Januar, 1.–15. Sept.
60 Plätze
Preise: 34 000 Lire, ohne Wein
Keine Kreditkarten
Mittags und abends geöffnet

Über eine eindrucksvolle Straße, mitten durch Kastanienwälder, gelangt man von Campeglio nach Valle. Hat man den kleinen, auf 700 m gelegenen Ortsteil von Faedis erreicht, wird man mit einer einzigartigen Aussicht auf die Ebene von Friaul bis hin zum Meer belohnt. Und außerdem gibt es die Trattoria »Da Giulietta«: familiäre Atmosphäre, einfache, bodenständige Einrichtung und eine herrliche Aussichtsterrasse.
Die Küche richtet sich auch hier nach den Jahreszeiten. Soppressa und andere Wurst als Antipasti kommen ausschließlich aus der Gegend, als Primi gibt es frisches **Risotto mit Wildspargel** oder Gartengemüse, handgemachte Pappardelle und Tagliatelle mit Steinpilzsauce oder einer Sauce aus Reh-, Hirsch- oder Wildschweinragout. Natürlich fehlen auch **Gnocchi** nicht, sei es mit **Ricotta und Spinat**, oder mit Kürbis, Ricotta und Mohn. Die Inhaberin, Giulietta Venturini, stammt aus den Valli del Natisone und so stehen auch **Minestre di verdure e cotenne** sowie **Omeletts** mit Würsten oder Kräutern auf der Speisekarte. Ihre eigentliche Spezialität ist und bleibt aber der **Frico**: goldgelb geschmolzen und wunderbar harmonisch im Geschmack.
Dazu gibt es offene, anständige Weine (zu den meisten Gerichten passen am besten die Roten) und ein Dutzend verschiedener Grappe, auch aus Mais oder Kornellkirsche.

Im Ortsteil **Canèbola** (11 km) kann man auf der Azienda Zaro, in der Via Farcadize, typische Käsespezialitäten kaufen. In **Nimis** (10 km) bietet die Enoteca »Alle Vite« eine interessante Auswahl friaulischer Weine, die man zu einem kleinen Käse- und Wurstimbiß probieren kann.

Fagana

13 km nördlich von Udine

Al Castello

NEU

Trattoria
Via Castello, 33
Tel. 0432/800185
Ruhetag: Montag
Betriebsferien: Januar
50 Plätze
Preise: 40 000 Lire, ohne Wein
Kreditkarten: AE, DC
Mittags und abends geöffnet

Seit 1984 wird die Trattoria von der Familie Negrini geführt: in der Küche stehen Angelo und seine Frau Amneris, Bruder Stefano ist für die Bewirtung zuständig. Die Lage ist wirklich zauberhaft: eine Turmruine, eine restaurierte Kapelle aus dem 14. Jahrhundert und Aussicht auf die Täler von Friaul. Angelo ist ein Spezialist auf dem Gebiet von Aufschnitt und Würsten. Seinen Schinken bezieht er von Prolongo, einem kleinen, für seine Qualität bekannten Betrieb in San Daniele, seine Lachsforellen von Friultrota, ebenfalls in San Daniele.
Unter den Antipasti ist die ausgezeichnete **Pancetta di costa**, die mit zimtbestreuter Polenta gereicht wird, zu empfehlen. Bei den Primi, je nach Saison, Lachsterrine, Farro e fagioli, **Risotto d'orzo**, Agnolotti mit Wildkräutern oder Radicchio, Tagliatelle mit Pfifferlingen oder Steinpilzen. Danach gibt es butterweiche, geschmorte Kalbsbacken, Kalbsgulasch mit Thymian, **Guanciali di trota** mit Ingwer, **Oca in tocio**, Bries in Madeira: man sieht, die Küche hat traditionelle Wurzeln, aber am Herd steht ein Künstler. Zum Abschluß hat man die Wahl zwischen einer Reihe heimischer Käsesorten und verschiedenen Desserts wie Kuchen mit Waldbeeren, Bignè al gelato, Himbeerparfait und anderen. Die Weinkarte bietet Erzeugnisse aus dem Friaul zu anständigen Preisen. Das Lokal verfügt über ausreichend Parkplätze, im Sommer kann man auch draußen essen.

In **Martignacco** (4 km) bietet die Bäckerei-Konditorei Castellarin, in der Via Noveano 5, köstliches Kleingebäck, hervorragende Torten (Sacher!), Vollkornbrot und Baguette. Sonntags, Montag- und Mittwochvormittag ist allerdings Ruhetag.

Grimacco Clodig

16 km nörlich von Cividale

Alla Posta

Trattoria
Via Roma, 22
Tel. 04 32 / 72 50 00
Ruhetag: Di.abend u. Mittwoch
Betriebsferien: unterschiedlich
45 Plätze
Preise: 30 – 35 000 Lire
Keine Kreditkarten
Mittags und abends geöffnet

Die Trattoria liegt im Ortskern von Clodig und ist leicht zu erkennen an einer alten, knorrigen Glyzinie, die sich um die Terrasse windet. Wir sind hier mitten in den Tälern des Natisone, und so bietet Signora Maria Gilda Primosig in ihrem Lokal auch nur die klassischen Gerichte der bäuerlichen slawischen Küche an. Um in den Genuß dieser Küche zu kommen, sollten Sie sich aber unbedingt vorher anmelden. Die Speisekarte richtet sich nach dem Lauf der Jahreszeiten. Man beginnt mit einer **Briza** (einer Suppe aus Kürbis, Bohnen und Sauermilch), einer **Vellutata di erba madricaria**, Zlicjnaki (eine Art Gnocchetti) alla mentuccia und **Bleki** (Teigflecken, die aus Wasser und Mehl hergestellt werden) mit Butter und Walnüssen. Es folgen **Schweinerücken con mela seuka** und Rotkohl oder Kaninchen mit Polenta und Brovada. Im Sommer bestimmen dann Wiesenkräuter den Speisezettel: **Kräutergnocchetti** (mit Löwenzahn, Mangold und Minze) mit Sugo di stinco, **Gnocchi della festa** mit Fleischfüllung, die mit Butter, Knoblauch und Salbei verfeinert werden, **Orzotto** (Gerste, die mit Kräutern wie ein Risotto zubereitet wird) und **Pilzgerichte** (Steinpilze und Pfifferlinge). Gelegentlich werden dann auch Schnecken angeboten. Bei den Secondi findet man vorzugsweise süß-saures Schweinefleisch mit Waldfrüchten und Schweins- oder Kalbshaxe, zu denen Sommergemüse gereicht wird. Von den Desserts sind besonders die klassische **Gubana** (hausgemacht, auf Bestellung), der Strudel und die **Strucchi lessi** zu empfehlen. Hin und wieder ist das Lokal Donnerstag abends für Jäger reserviert: eben jene, die Signora Maria Gilda das Wild liefern.

Malborghetto

29 km von Tolmezzo, S.S. 54 oder A 23

Antica Trattoria Schönberg

Trattoria
Piazza Palazzo Veneziano, 13
Tel. 04 28 / 6 00 14
Ruhetag: Dienstag
Betriebsferien: unterschiedlich
30 Plätze
Preise: 30 000 Lire, ohne Wein
Kreditkarten: AE, CartaSi, Visa
Mittags und abends geöffnet

Man behauptet, daß die Kärntner Küche in dieser Gegend, im Valcanale, entstand. Sicher ist, daß man im »Schönberg« wirklich gut ißt, mit einem Schuß Raffinesse, die man jenseits der Grenze häufig vermißt. Malborghetto erreicht man von der A 23, Ausfahrt Pontebba oder Tarvisio. Im Herzen des Tals liegt die Trattoria, die seit 1724 besteht. Alfredo Domenig, der die Küche besorgt, ist ein aufmerksamer Hüter der lokalen gastronomischen Tradition und Erfinder eigener interessanter Rezepte. Die **Sasaka** – gehackter Speck und Zwiebeln, die klassische Vesper der Waldarbeiter – mit saurer Ricotta hat ordentlich Kalorien, leichter sind die Primi wie Leberklößchen- oder Frittatensuppe, Suppe mit Graupen und Bohnen, **Zwetschgen- oder Aprikosenknödel** mit flüssiger Butter, Zucker und Zimt, auch **Knödel mit getrockneten Birnen** oder mit Radicchio und Walnußsauce. Bodenständige Fleischspeisen, die Giuseppina, die sympathische Frau Alfredos, aufträgt, sind **Gulasch**, panierte Schlegel von Huhn oder Kaninchen, leicht geräuchertes und mit etwas Meerrettich (Kren) bestrichenes Schweinefleisch. Für die feineren Zungen richtig ist die Forelle in rosa Sauce. Ausgezeichnet sind Apfel- und Topfenstrudel, die **Kipfel** (aus Kartoffeln) und Crêpes. Die Weinauswahl ist noch beschränkt.

In **Ugovizza** (3 km; an der Staatsstraße) kann man bei der Cooperativa Allevatori Valcanali Milchprodukte des Valcanale – Käse, Butter, sauren Ricotta (»harbm Schottn«) – sowie Honig aus Camporosso erstehen.

Maniago

26 km nördlich von Pordenone,
18 km nordöstlich von Spilimbergo

Vecchia Maniago

Osteria
Via Castello, 10
Tel. 04 27 / 73 05 83
Ruhetag: Dienstag
Betriebsferien: 2 Wo. im September
30 Plätze
Preise: 36 000 Lire, ohne Wein
Kreditkarten: alle
Mittags und abends geöffnet

Die Osteria, eine gelungene Heimstatt mit viel Holz, Natursteinmauer, Bleiglasfenstern und bunten Wandmalereien, liegt nur wenige Schritte von der zentralen Piazza Italia entfernt. Nachdem er andernorts Erfahrungen gesammelt hatte, kehrte Claudio Corba an seinen Heimatort Maniago zurück und übernahm im September 1995 die Leitung der Osteria. Die Küche orientiert sich an der Jahreszeit und verwendet vornehmlich heimische Produkte aus dem Friaul. Eine hervorragende Weinkarte bietet Platz für nahezu alle Weine aus dem Friaul, eine gute Auswahl aus der Toskana und dem Piemont sowie französischen Champagner. Außerdem bekommt man an der Bar hervorragende offene Weine aus der Region, die man zusammen mit leckeren Appetithäppchen, Wurst und Käse probieren kann.
Wer eine komplette Mahlzeit möchte, hat – je nach Jahreszeit – die Wahl zwischen verschiedenen, vorzüglichen Primi: **Steinpilzsuppe**, Tagliatelle mit Pilzen, im Frühjahr **Risotto con lo sclopit** oder Stringoli mit Speck und Spargel oder Zucchini. Danach folgen zahlreiche nahrhafte Hauptgerichte: geräucherte **Bolliti**, Grillkotelett, Soppressa con il cao, Baccalà alla vicentina, **Frico alla carnica** (mit Kartoffeln und Zwiebeln), **Pitina** (geräucherte Frikadellen aus Schaf-, Reh- oder Schweinefleisch). Unter den Nachspeisen blieben uns besonders die Salame di cioccolato und die Panna cotta mit Heidelbeeren in Erinnerung.

Dolce Freddo in der Via Roma 31 bietet selbstgemachtes Eis und Sorbets. Bemerkenswert und lecker sind die Eisspezialitäten, die an die jeweilige Jahreszeit gebunden sind. Die Enoteca von Danilo Piazza (Tel. 04 27 / 7 13 02) in der Via De Amicis 2 bietet eine Reihe guter Weine aus dem Friaul sowie weitere nationale und internationale Weine.

Manzano

15 km südöstlich von Udine, S.S. 56

Menotti

NEU

Trattoria
Ortsteil Soleschiano, 16
Tel. 04 32 / 75 42 27
Ruhetag: Montag
Betriebsferien: August
140 Plätze + 60 im Freien
Preise: 35 000 Lire
Keine Kreditkarten
Mittags und abends geöffnet

Ein schöner Vorgarten, in dem man im Sommer essen kann, ist die einladende Visitenkarte dieser Trattoria auf dem Lande (im Anschluß an eine Unzahl kleiner Stuhlfabriken, dem wichtigsten Erwerbszweig der Region). Die Räumlichkeiten im Inneren richten sich nach den verschiedenen Anforderungen: vom Hochzeitsessen (80 Plätze), über das Betriebsessen (40 Plätze) bis hin zum Raum für Durchreisende und Stammgäste (20 Plätze). Die moderne Einrichtung wirkt gepflegt und strahlt Gemütlichkeit aus.
Die Leitung liegt ganz in Familienhand: in der Küche waltet Signora Marisa, unterstützt von ihrer Schwägerin Alida, ihre Kinder Alessandro und Annalisa arbeiten im Service und über allem wacht diskret und liebenswürdig der »Patron« Livio Menotti. Jedes Gericht wird sorgfältig zubereitet, angefangen bei der Auswahl der Zutaten bis hin zur Garnierung. Es ist fast eine Pflicht, vor den Antipasti (Schinken, Spargel oder Auberginen alla Parmigiana) noch eine **Sfogliatina di frico** zu probieren. Während der Saison tauchen auch **Verdure in pastella** (Kürbisblüten, Salbei, Zucchini) auf der Karte auf und, je nachdem was Garten oder Wochenmarkt hergeben, verschiedene **Risotti**, unter denen die mit Spargel, Wachteln oder Lauch und Wurst eine besondere Erwähnung verdienen. Pappardelle oder **Gnocchi mit Entenragout**, mit Auberginen gefüllte Teigtaschen und Graupensuppe findet man fast immer. An Hauptgängen gibt es **Fleisch vom Grill** oder aus der Pfanne, Schnitzel mit Spargel, **Entenbrust mit Polenta** oder Käsepfanne. Wer mit dem Hauswein nicht zufrieden ist, hat die Wahl zwischen verschiedenen hochwertigen Flaschen aus dem Friaul, die zu absolut fairen Preisen angeboten werden.

Meduno

36 km nördlich von Pordenone, S.S. 251

La Stella

NEU

Trattoria
Via Principale, 38
Tel. 0427/86124
Ruhetag: Mittwoch
Betriebsferien: 15.–30. Nov. und 7.–12. [Jan.
40 Plätze + 30 im Freien
Preise: 35 000 Lire, ohne Wein
Kreditkarten: alle
Mittags und abends geöffnet

Meduno liegt an der Öffnung der Valtramontina zum friaulischen Flachland hin. Unter der energischen Leitung von Regis Cleva und seiner Frau Giuliana hat die Trattoria »La Stella« wachsenden Zuspruch unter Anhängern der regionalen Küche gefunden, die bisweilen auch interessante Neuerungen lieben. Das Lokal verfügt über einen großen Gastraum mit traditionellem »Fogolâr« sowie einen weiteren Speisesaal mit einem angeschlossenem kleinen Saal. An Sommerabenden kann man auch im Außenhof sitzen.
Als Vorspeise gibt es verschiedene Würste, die Regis direkt bei den kleinen örtlichen Erzeugern kauft. Die Küche hingegen liegt in Händen von Signora Ivana, die von einem jungen Koch unterstützt wird. »La Mamma« kocht die heißbegehrten **Gnocchi alle erbe** mit sämiger Mohn- (Pevariél) und Pilzsauce, Gemüse- und Bohnensuppe, Tagliatelle mit Pilzen oder Tagliolini mit weißer oder schwarzer Trüffel. Auch bei den Secondi tauchen die **Pilze** auf. Darüber hinaus gibt es **Wild**, Kutteln alla Parmigiana, Schnecken und Baccalà alla Vicentina und natürlich den klassischen **Frico** (weich mit Kartoffeln oder knusprig) und **Pitina mit Pistùm** (Rübenkraut, das zusammen mit Maispolenta gekocht wird). Die Nachspeisen sind alle hausgemacht: köstliche **Kuchen** mit Äpfeln, Rharbarber oder Waldbeeren.
Auch das Weinangebot stellt voll und ganz zufrieden: verschiedene friaulische Erzeuger aus den Grave und dem Collio, sowie einige Flaschen aus der Toskana, dem Piemont und Frankreich. Dazu einige interessante Grappe.

Montereale Valcellina Malnisio

22 km nördlich von Pordenone, S.S. 251

Da Gino

Trattoria
Via Selva di Giais, 49
Tel. 0434/656060
Ruhetag: Mittwoch und Do.mittag
Keine Betriebsferien
70 Plätze + 40 im Freien
Preise: 40 – 45 000 Lire, ohne Wein
Kreditkarten: AE, Visa
Mittags und abends geöffnet

Seit Sante Morello vor nunmehr einigen Jahren beschloß, den traditionellen Ruf dieser Trattoria wieder aufleben zu lassen, wurde »Da Gino« wieder zu einer überzeugenden Adresse in der Vorgebirgslandschaft von Pordenone. Angenehm ist der Standort der Theke, an der das täglich frisch gebackene Brot, die hausgemachten Nudeln und die verschiedenen Appetithäppchen »alla Gino« ausliegen, die man vor dem Essen oder einfach nur zum Glas Wein probiert.
Die **Antipasti** – Bohnen und Zwiebeln, Paprika, Oliven und Sardellen in Saor, gekochte Nervetti, gebratener Fenchel mit Tomaten und andere saisonale Köstlichkeiten – werden in hübschen Schüsseln aufgetischt. Man kann sich aber auch für San-Daniele-Schinken oder sauer angemachte Wurst entscheiden. Unter den Primi empfehlen wir Tagliolini mit Gemüse der Saison, die klassische **Minestra di orzo e fagioli**, **Gnocchi** mit Reh- oder **Entenragout** oder mit Auberginen und Wurst sowie die köstliche Spargelcremesuppe, die man allerdings nur in der Saison probieren kann. Danach alle Arten von Grillfleisch – hervorragend ist **Galletto piccante** –, das auf der Holzglut zubereitet wird, aber auch sauer geschmortes Reh, **Stracotto di guanciale di manzo** und sämiges Frico mit Kartoffeln. Als Beilage gibt es gegrilltes Gemüse, Radicchio und Pilze.
Unter den zahlreichen Desserts werden unter anderem Bayerische Creme mit Erdbeeren, Apfelkuchen und Tiramisù angeboten. Die Weinkarte ist interessant und mutig zugleich: neben gutem offenen Wein finden sich nahezu ausschließlich hochwertige Flaschen aus dem Friaul.

Ovaro
Entrampo
21 km nordwestlich von Tolmezzo, S.S. 355

Da Dino

Trattoria mit Zimmern
Via Patuscera, 20
Tel. 0433/60029
Ruhetag: Samstag, nicht im Sommer
Betriebsferien: unterschiedlich
50 Plätze
Preise: 30000 Lire, ohne Wein
Alle Kreditkarten
Mittags und abends geöffnet

Die beschränkte Palette von Rohprodukten hat in den Karnischen Alpen die Entwicklung einer echten kulinarischen Tradition nicht behindert. Dafür legt diese kleine Trattoria (mit acht Zimmern) Zeugnis ab, die etwas versteckt am Anfang des Val Pesarina liegt. Die Kochkunst wird hier matrilinear vererbt: Vor 60 Jahren war es Urgroßmutter Amalia, die das Lokal nach ihrem Sohn benannte (bei den Alten heißt es immer noch »Da Malia«), gefolgt von Großmutter Berta, die mit Schwiegertochter Velia noch am Herd steht. Die Auswahl der Speisen, die Flavio und Dino anbieten, ist kurz. Je nach Jahreszeit gibt es hausgemachte **Gnocchi** und **Canederli mit Spinat**, Minestrone mit Bohnen (die Borlotti-Bohnen gehören zu den besten karnischen Produkten), die **Cjarsons**, das Festtagslamm, bei dem die Kombination von Süßem und Pikantem fortlebt, der **Frico** (nur wenn es den richtigen Käse gibt), selbstgemachtes **Sauerkraut mit Schweinebacke**, Polenta und lokale **Salsiccia**, den **Toc' di vore** (Salsiccia oder geräucherte Salami mit Zwiebeln und Polenta). Zu anderen Zeiten bekommt man Wild, kurz vor Ostern **Zicklein** und **Lamm aus dem Ofen** (auf Vorbestellung). Der offene Wein ist ordentlich und die Rechnung eine angenehme Überraschung.

In **Ovaro** verkauft Adriano Cimenti in seinem Quadrifoglio (Via Caduti 2 Maggio, 130) von November bis Mai diverse geräucherte Produkte aus Schweinefleisch aus eigener Herstellung. Die Konditorei von Ferruccio Fior (Via Caduti 2 Maggio, 124) und die Bäckerei Gino Fior (Via Carnia Libera,16) sind bekannt für die »Esse« (S-förmige Kekse) und ein schmackhaftes dunkles Brot. Im Caseificio Val Degano in **Chialina** bekommt man gute Käse von den Almen.

Pavia di Udine
Percoto
12 km südwestlich von Udine

Da Germano

NEU

Trattoria
Via Aquileia, 69
Tel. 0432/676733
Ruhetag: Donnerstag
Betriebsferien: unterschiedlich
40 Plätze
Preise. 30 000 Lire, ohne Wein
Keine Kreditkarten
Mittags und abends geöffnet

»Da Germano« ist die älteste Osteria von Percoto, ihre Wurzeln reichen bis in die Jahrhundertwende zurück. Nach einem geglückten Zwischenspiel auf dem Gebiet des Agriturismo (Ferien auf dem Bauernhof), ist das Lokal nun auch wieder in Händen der Familie Filiputti. Loretta und Oscar haben sich hier ihre ersten Sporen verdient und knüpfen nun mit großer Leidenschaft an ihre frühere Tätigkeit an, die sie nie wirklich aufgegeben haben. In der Küche gebührt Mamma Loretta die Ehre, hinter der Theke stehen die Tochter und eine Nichte, während Oscar sich um den täglichen Einkauf von Gemüse und Fleisch kümmert und natürlich um seine Weinberge.

Die Antipasti sind traditionell: **Frittate** (etwa mit Paprika) und hausgemachte **Insaccati** (Wurst) wie Ossocollo und Soppressa. Bei den Primi empfehlen wir: Gemüsedinkelsuppe, **Gnocchi di patate al sugo**, Crespelle mit Gemüse, **Spinatstrudel** oder **Strudel mit Würsten** sowie Frico. Die Hauptspeisen variieren je nach Saison: Spargel mit Eiern, Gemüsequiche, köstliche Hähnchenschenkel in Sauce, Kaninchengulasch und **Ochsenschwanz mit Bohnen** zeichnen das Angebot im Sommer aus, im Winter dominieren Schweinefleisch, Salami, **Salsiccia cotti sotto la cenere** und Musetto mit Brovada. Bei den Desserts sollte man unbedingt den Früchtequark- und den Apfelkuchen probieren.

Wäre schließlich noch der Hauswein zu empfehlen, angefangen bei Ribolla Gialla frizzante, über den Tocai Friulano und den Merlot rosato bis hin zu den schwereren Merlot und Cabernet Franc.

Die Geflügelhaltung Jolanda De Colò in **San Vito al Torre**, Via Mameli 6, sollten Sie sich keineswegs entgehen lassen. Es lohnt sich, um in den Genuß der köstlichen Gänseleber zu kommen. Außerdem gibt es noch geräucherte Gänsebrust sowie Gänsesalami und Gänseschinken.

Pavia di Udine Lauzacco

10 km südlich von Udine, S.S. 352

La Frasca

Bauernhof
Vitale Grado, 4
Tel. 04 32 / 67 51 50
Ruhetag: Mittwoch
Betriebsferien: 15.2. – 15.3., 15.10. – 15.11.
70 Plätze
Preise: 25 000 Lire, ohne Wein
Keine Kreditkarten
Mittags und abends geöffnet

Das »Frasca« erfreute sich schon seit Jahren wegen seiner guten Weine und der guten Wurst großer Beliebtheit. Und so war es nicht verwunderlich, daß auch die Einführung warmer Speisen zu einem vollen Erfolg wurde. Um die Küche, die sich streng nach den kulinarischen Traditionen der Gegend und dem Lauf der Jahreszeiten richtet, kümmert sich Stefano Miani. Inhaber des Lokals ist Valter Scarbolo, ein renommierter Winzer, der eines Tages beschloß, seine Aktivitäten auszuweiten und dieses wirklich gemütliche Lokal einzurichten. Die durchweg hausgemachte Wurst ist ganz ausgezeichnet. Besonders zu empfehlen ist die **Roseta di maiale** auf Rucola, aufgeschnittene Lende, die Scarbolo selbst erzeugt und die bei D'Osvaldo in Cormons geräuchert wird. Empfehlenswert sind aber auch der rohe Schinken, die Salami, das Schweinefilet in Pancetta und der **Musetto**. Bei den Primi haben Sie die Wahl zwischen **Orzo e fagioli**, Tagliatelle mit Spargel und Pasta Scarbolo (kurze Nudeln mit Salsiccia, geräucherter Ricotta und Paprika). Anschließend kann man zwischen Salsiccia alla piastra, Schweinekotelett, **Rinderrouladen mit Pancetta** und dem klassischen **Frico** wählen. Und auch die durchweg hausgemachten Desserts sprechen für die Qualität der Küche. Den krönenden Abschluß des Mahls bilden einige Digestifs, darunter auch Grappe von heimischen Erzeugern. Da die Gegend hier vielbesucht ist, empfehlen wir Ihnen, vor allem am Wochenende, vorher zu reservieren.

Scarbolo stellt nicht nur Wein und Wurst her, sondern auch Spezialitäten wie Ossocolo, Guanciale arrotolato und Soppressa, die man erwerben kann.

Pordenone

Vecia Osteria del Moro

Osteria
Via Castello, 2
Tel. 04 34 / 2 86 58
Ruhetag: So., im Juli und Aug. auch Sa.
Betriebsferien: 1. – 15.1. und 1. – 15.8.
50 Plätze
Preise: 45 000 Lire, ohne Wein
Kreditkarten: alle
Mittags und abends geöffnet

Die Osteria liegt in der Altstadt von Pordenone, nur wenige Schritte vom Rathaus entfernt, in einem ehemaligen, geschmackvoll renovierten Kloster aus dem Mittelalter. Der eindrucksvolle Ort verleiht dem Lokal eine gewisse Eleganz, aber Einstellung und Ausführung entsprechen voll und ganz dem traditionellen Konzept einer Osteria. Tatsächlich kann man von der Weinkarte, die mit den besten Weinen der Region bestückt ist, den klassischen Tajut (ein Glas Wein als Aperitif) an der Theke bekommen und dazu kleine Köstlichkeiten wie Frittate, **Nervetti**, Aufschnitt und Käse probieren.
Die Gerichte folgen einem wöchentlichen Rhythmus: am Montag und Mittwoch gibt es **geschmortes Kaninchen** mit Polenta, dienstags gedünsteten Tintenfisch, donnerstags Bollito misto, freitags Baccalà alla Vincentina und am Samstag Roastbeef oder Kräuterfilet.Häufig findet man auch **Costa con luganega e verze** oder »s'ciosi«, wie die **Schnecken** im Dialekt heißen, auf der Karte. Neben den unsterblich guten **Pasta e fasioi** verdient auch die »Zuppa palafitte« eine besondere Erwähnung. Man bekommt sie im Frühjahr und Herbst, am Donnerstagabend oder freitags. Zubereitet wird sie aus mehreren Lagen altem Brot und Brühe und dazwischen schichtet man Mozzarella, Pilze, Origano, Tomaten und anderes. Die Spezialität des Hauses bei den Desserts ist eine klassische Torta catalana.

Die Gastronomia Forniz, Viale Cossetti 26, verkauft Feinkost, Wurstwaren, Steinpilze, Oliven und sonstige Spezialitäten. Am Corso Garibaldi 18 und Corso Vittorio Emanuele 45 stehen die Ladengeschäfte der Bäckerei Tomadini, die herrliche Kuchenspezialitäten aus dem Friaul anbieten: Pinza, Gubana, Fugassa und im Winter den typischen Pane di Zucca.

Porpetto

29 km südlich von Udine, S.S. 353 und A 23

Alla Tavernetta da Aligi

NEU

Restaurant
Via Matteotti, 12
Tel. 04 31 / 6 02 01
Ruhetag: Mittwoch
Betriebsferien: 15 Tage n. Weihnachten
90 Plätze
Preise: 40 – 45 000 Lire, ohne Wein
Kreditkarten: alle
Mittags und abends geöffnet

Das Lokal ist leicht zu finden, es liegt im Zentrum des kleinen Ortes Porpetto, nicht weit von der Zahlstelle San Giorgio di Nogaro, an der Autobahn Venezia–Triest–Udine. Die Einrichtung ist rustikal, der Service aufmerksam und die Küche alles andere als banal, teilweise sogar exquisit. Neben dem klassischen Wurstaufschnitt gefällt bei den Antipasti besonders der **Fricchetto con rucola e carpaccio**. Die Auswahl an Primi ist groß und variiert je nach Saison: im Frühjahr findet man beispielsweise zahlreiche Gerichte mit **Spargel**. Und, da Fleisch die Spezialität des Hauses ist, gibt es genügend Nudelgerichte mit Wurst oder Wildsaucen. Bei den Hauptgerichten fällt die Wahl schwer, das Angebot reicht von Wild (hervorragend: **Hirsch**) bis zu Fischgerichten: ein Beweis für die Nähe zu Berg und Meer. Zahlreiche Carpacci stehen auf der Karte, unter denen besonders das **Forellencarpaccio** überzeugt. Bei den Nachspeisen sind Cremes und Mousse die Spezialität.
Wenn Sie im Februar nach Porpetto kommen, können sie am »Sagre di San Valentin« teilnehmen: ein Dorffest, zu dessen Anlaß man bei »Aligi« den ganzen Monat lang eine Vielzahl verschiedenster Schweinegerichte kocht.
Neben den klassischen Weinen aus dem Friaul findet sich auch ein vortrefflicher Hauswein, der speziell für das Restaurant von den umliegenden Betrieben abgefüllt wird.

Povoletto
Savorgnano del Torre

16 km nördlich von Udine

Da Giambate

Trattoria
Via Principale, 11
Tel. 04 32 / 66 60 12
Ruhetag: Dienstag
Betriebsferien: Juli
120 Plätze
Preise: 35 000 Lire
Kreditkarten: AE, Visa
Mittags und abends geöffnet

Nur noch wenige Jahre und die Osteria »Da Giambata« kann ihr 200jähriges Bestehen feiern. Graziano Piccini, der Besitzer, verspricht schon heute ein großes Fest. Bis es soweit ist, bietet er weiterhin eine rustikale, traditionelle Küche mit wenigen, aber stets angenehmen Neuerungen.
Neben den klassischen **Gnocchi** di patate findet man hier auch die kleineren aus **Kürbis, Brennessel und Rucola** mit zerlassener Butter, Rucola und Käse. Eigentlich immer werden Suppen angeboten, insbesondere die **Minestrone di fagioli**, aber man sollte auch nicht versäumen, die Spinatröllchen und, im Sommer, **Risotto mit Steinpilzen** zu kosten. Bei den Secondi empfehlen wir das stets hervorragende Grillfleisch, Coniglio alla campagnola (Kaninchen nach Bauernart), Pilzragout und in der kälteren Jahreszeit saftiges, **sauer geschmortes Reh**, Perlhuhn, **Zicklein**, **Taube** oder **Schweinshaxe** aus dem Rohr. Die Auswahl an Nachspeisen ist eher gering, aber die freundliche Bedienung hilft mit einem großzügigen Angebot an Grappe und Digestifs darüber hinweg.
Hervorragend sind die Hausweine, teilweise aus eigener Herstellung, teilweise von den kleineren Betrieben der Umgebung stammend, die früher für ihren Refosco, Verduzzo und Picolit berühmt war. Man bekommt die Weine auch offen an der auch von Einheimischen stets gut besuchten Theke.

Die Schnapsbrennerei von Bepi Tosolini in der Via della Roggia 20 ist bekannt für ihre Williams-Birne und die Beerenschnäpse.

Prata di Pordenone Ghirano

16 km südwestlich von Pordenone

Allo Storione

Restaurant
Piazza Mazzini, 10
Tel. 0434/626028 und 626010
Ruhetag: Montag
Betriebsferien: 6.–22. August
70 Plätze
Preise: 35–40000 Lire, ohne Wein
Kreditkarten: AE
Mittags und abends geöffnet

Bruno Buzzi eröffnete 1951 in Ghirano – an der Straße nach Prata und am Fluß Meduna gelegen – dieses Restaurant, das er nach dem Stör benannte, der in den benachbarten Flüssen Noncello und Livenza häufig war. Heute ist der (importierte) Stör noch ein wichtiger Bestandteil der Speisekarte, Mitte Juni wird ein Abend nur mit Stör-Gerichten veranstaltet. Der Erfolg des Lokals gründet nicht nur in der jahrzehntelangen Erfahrung von Bruno, sondern auch auf dem Können von Sohn Giacomo, einem phantasievollen Koch; sicher tragen auch die hervorragenden Ausgangsmaterialien wie Gemüse, Enten, Salumi und Kaninchen bei, die aus eigener Produktion stammen. In der Küche arbeiten auch Mamma Maria und Schwester Elisabetta, wahre Künstlerinnen in Sachen Antipasti, Beilagen und Dolci. Der liebenswürdige Bepi versieht den Service. Zu Beginn wählen Sie zwischen Aufschnitt, pikanten Kuchen, fritiertem Gemüse, **Sarde in saor** oder selbstgemachtem Gravad Lachs, schreiten Sie dann fort zu Tagliolini al pesto, ausgezeichneten Crêpes mit Gemüse, **Gnocchi mit Entensugo**, **Graupen-Steinpilz-Suppe**, **Buzara von Scampi** oder Hummer. Frittate und Risotti sind natürlich Klassiker. Donnerstags (damit gehen wir zu den Secondi über) gibt es Huhn am Spieß oder »in tecia« (in der Pfanne), freitags und samstags Fisch. Öfter bereitet Giacomo eine **gegrillte Lombatina di capretto** (Zickleinkeule) mit Rosmarin zu, in der Saison gibt es auch Haar- und Federwild. Die Auswahl an lokalen Weinen ist zufriedenstellend, man könnte hier aber mehr wagen.

Prepotto

21 km östlich von Udine

Da Mario

Osteria – Trattoria
Via XXIV Maggio, 16
Tel. 0432/713004
Ruhetag: Montag
Betriebsferien: August
45 Plätze
Preise: 30000 Lire, ohne Wein
Kreditkarten: CartaSi
Mittags und abends geöffnet

1994 hat Marco Grassi die Leitung des Familienbetriebs von seinem Vater Mario übernommen, der hier in der Gegend einen legendären Ruf genoß. Als erstes hat Marco den alten Speisesaal renoviert und umgestaltet, der sich nun in einem schmucken, einladenden Gewand präsentiert. Und auch in der Küche, um die sich inzwischen Marcos Frau Gioia kümmert, hat eine »Wachablösung« stattgefunden. Die dritte Neuheit ist die »Festa dello Schioppettino«, die Marco am ersten Wochenende im Mai zu Ehren des DOC-Weins aus den Colli Orientali veranstaltet. Während des Festes verwandelt sich die Trattoria in eine Weinprobierstube, in der über 25 verschiedene Schioppettino-Weine – nahezu alle Flaschenweine aus der Gegend und dazu einige offene Weine – angeboten werden. Der Schioppettino wird aber auch das ganze Jahr über als Begleiter zu den hervorragenden Fleischgerichten (gebratener Schweinerücken, **entbeintes**, **gefülltes Perlhuhn**, Roastbeef aus dem Ofen, gemischte gegrillte Filetstückchen) angeboten, die die besondere Spezialität des Lokals sind und zu denen stets große Portionen gemischtes Gemüse gereicht werden. Als Einleitung kann man jedoch zunächst einmal mit selbstgemachten Salumi (Soppressa und Pancetta) beginnen. Man kann aber auch gleich mit den Primi anfangen, darunter **Gnocchi**, **Tortelli** und hausgemachte Nudeln, zu denen es je nach Saison Spargel-, Kräuter- oder Pilzsauce gibt. Ausgezeichnet sind auch Gioias Desserts, vor allem **Apfelstrudel** und **Torta di ricotta**.

Bei den Weinen knüpft Marco an die Gepflogenheiten des Vaters an und bietet im Wechsel das ganze Spektrum heimischer Erzeugnisse an: Ribolla Gialla, Merlot, den bereits erwähnten Schioppettino und zum Schluß ein gutes Glas Verduzzo.

Reana del Rojale Zompitta

13 km nördlich von Udine

Da Rochet

Osteria – Trattoria
Via Rosta Ferracina, 8
Tel. 04 32 / 85 10 90
Ruhetag: Dienstag, Mittwoch
Betriebsferien: 17. Aug. – 15. Sept.
150 Plätze
Preise: 35 – 40 000 Lire, ohne Wein
Kreditkarten: CartaSi, EC, MC, Visa
Mittags und abends geöffnet

»Da Rochet« ist eine der wenigen Trattorien in der unmittelbaren Umgebung von Udine, die ihr Äußeres, ihre Küche und Tradition unverändert über die Zeiten erhalten hat. Es existiert seit über hundert Jahren und war immer in den Händen derselben Familie! Es liegt in einem einsmaen Winkel der Gegend an einem Bewässerungsgraben unter Weiden und anderen großen Bäumen; im Sommer kann man draußen im Garten essen, während im Winter der gemütliche Saal mit dem offenen Kamin einlädt, sich bei traditionellen Gerichten bester Qualität zu wärmen. Die Karte wird den Jahrezeiten angepaßt. Die **Risotti** wechseln nach Verfügbarkeit des Gemüses (z. B. Spargel im Frühjahr, Radicchio aus Treviso im Winter), Risotto mit Salsiccia oder mit Pilzen gibt es das ganze Jahr über, ebenso Pappardelle mit Wildragout und den althergebrachten **Minestrone mit Graupen und Bohnen**. **Zicklein vom Spieß** wird von Weihnachten bis Mai angeboten und **Wild** im Herbst; alle Tage jedoch bereiten die unermüdlichen Damen Santina Mauro und ihre Schwägerin Giovanna auf Holzkohlenglut hervorragendes Grillfleisch. Probieren Sie die Forelle vom Rost, die frisch aus dem Becken am Kanal geholt wird. Es wird ausschließlich offener Wein von bescheidenerer Qualität und zu ebensolchen Preisen ausgeschenkt, Merlot, Cabernet, Refosco als Rote, Tocai und Verduzzo als Weiße.

Remanzacco Cerneglons

8 km östlich von Udine, S.S. 54

Ai Cacciatori

Trattoria
Via Pradamano, 22
Tel. 04 32 / 67 01 32
Ruhetag: Montag
Betriebsferien: 15. Juli – 20. August
80 Plätze
Preise: 25 000 Lire
Keine Kreditkarten
Mittags und abends geöffnet

Im Flachland zwischen Udine und Cividale, mitten im Grünen in der Stille eines kleinen Dorfes, liegt diese traditionsbewußte Trattoria. Seit über 20 Jahren führt Marcello die Küche und kümmert sich selbst um den Weinkeller, ohne auf die zu hören, die meinen, er solle sein Angebot an Speisen und Weinen erweitern.
Ist er doch – zu Recht – überzeugt, daß sein Lokal gerade deshalb so geschätzt wird, weil die Küche wirklich authentisch ist.
An allererster Stelle steht natürlich der **Frico**, der hier als eine Art Soufflé zubereitet wird – außen knusprig und innen Fäden ziehend –, dazu würzige, goldgelb gebratene Polentascheiben. Für gewöhnlich beginnt die Mahlzeit jedoch mit verschiedenen hausgemachten Würsten und frischem oder gereiftem Käse aus der Region. Danach kommen die Primi, vor allem **Minestra d'orzo e fagioli** oder Nudeln mit jahreszeitlich wechselnden Saucen. Bei den Hauptspeisen sind besonders zu erwähnen die **Frittata con le erbe**, geschmortes Hühnchen, **Musetto con fagioli** und **Salame all'aceto** (sauer angemachte Kochsalami). Auf Vorbestellung gibt es weitere Gerichte und hervorragendes Wild. Leckere Nachspeisen, darunter Apfelstrudel, beschließen das Mahl. Wenn Sie zwischen den Essenszeiten im Dorf ankommen, können Sie sich im geräumigen Eingangsbereich dem täglichen Tajut anschließen und so an einer der wichtigsten und zugleich einfachsten friaulischen Tradition teilhaben.
Die angebotenen Weine werden im Haus abgefüllt und sind einfach und würzig im Geschmack.

Der Forno Rurale in der Via Roma, vor hundert Jahren aus einer Initiative einheimischer Familien entstanden, bietet Brot von hervorragender Qualität, insbesondere handgeflochtene Treccia und Pagnottelle all'olio.

Rive d'Arcano Rodeano Basso

17 km nordwestlich von Udine

Antica Bettola da Marisa

Osteria
Via Coseano, 1
Tel. 0432/807060
Ruhetag: Donnerstag
Betriebsferien: 1.–10. Jan., 1.–20. Sept.
40 Plätze + 80 im Freien
Preise: 37 000 Lire, ohne Wein
Kreditkarten: die wichtigen
Mittags und abends geöffnet

Die Osteria von Roberto und Rita, sicher eine der ursprünglichsten, sollte man nicht übergehen. Eine Besonderheit ist das Angebot: Von Mai bis September gibt es nur Diverses vom Grill, gegessen wird draußen unter einer schützenden (und heizbaren – der Sommer ist im Friaul nicht sehr zuverlässig) Pergola. Den Rest des Jahres wird ein monatlich wechselndes Menü angeboten, über das eine originelle Karte informiert: Sie führt all die exquisiten Sachen auf, die aufgetischt werden (zuviel, sagen wir; gerade genug, meint Roberto). Auch die Weinkarte überrascht; sie enthält über 300 gute Kreszenzen nicht nur aus dem aus dem Friaul. Der Wein wird als ein sehr moderater Aufschlag zum Menüpreis berechnet. Doch hier nun einige der Vorschläge von Rita (weitere Erläuterungen werden gerne gegeben): »persut di San Daniel« (**San-Daniele-Schinken**), von Hand aufgeschnitten, »gnocs di sespes« (**Zwetschgenknödel**), »lidric cul poc e lis frizis« (junger Radicchio mit Wurzel, angemacht mit Essig und gebratenem Speck), »rodui di litùm« (Leimkraut-Röllchen), »**toc' in braide**« (Polenta mit geräuchertem Ricotta), »**cjarsòns dal cjanâi di Guart**« (Tortelloni mit einer Füllung, die Rosinen und Walnüsse enthält), »umit di mùs« (**Eselsschmorbraten**). Unter den traditionellen Dolci findet man so nette Namen wie »lops ta spongije« (Äpfelchen in Butter) und »pete di cerniculis« (Heidelbeerkuchen). Den Abschluß kann ein »cafè coret bondant« (Espresso mit Schnaps) oder ein »busulùt« (ein Gläschen) bilden. Zu Mittag gibt es ein auf den Mittagspausen-Hunger zugeschnittenes Menü zu 15 000 Lire.

Der Forno Arcano (Via del Cristo, 8) ist eine alte Holzofenbäckerei, die sich auf Vollwertbrot spezialisiert hat. Gut sind auch der Plumcake mit Haselnüssen oder Rosinen und die Torta della nonna.

Sacile

12 km westlich von Pordenone

All'antica Osteria

Osteria
Via Campo Marzio, 1
Tel. 0434/70059
Ruhetag: Montag
Betriebsferien: Ende Aug./Anf. Sept.
20 Plätze + 50 im Freien
Preise: 25–30 000 Lire
Keine Kreditkarten
Mittags und abends geöffnet

Die Leute im Ort nennen diese Osteria nach dem Namen der alten Besitzer noch »Pignat« oder »Dei osei«, nach dem jahrhundertealten Vogelfest, das am ersten Sonntag nach dem 15. August gefeiert wird. An diesem Tag verwandelt sich die Osteria in ein Freiluftlokal, das die typischen Gerichte zu diesem Fest anbietet. Seit 1991 führt Ida Coletti das Lokal. In der Küche steht ihr die Schwester Vittoria zur Seite, um die Weine kümmert sich Ehemann Toni. Ein kleiner Imbiß steht bei Ida immer bereit für die Leute aus Sacile, die auf eine »Ombra«, also ein Gläschen Wein, bei ihr vorbeischauen. Mittags gibt es Kräuteromelett, in Essig eingelegte Salami, Cotechino, verschiedene Aufschnittsorten, frischen oder reifen Montasio-Käse, Gemüse vom Grill und selbstverständlich die klassische Suppe Pasta e fagioli oder Orzo e tagioli (statt der Nudeln kann in der Suppe auch Rollgerste sein); mittags hat man auch verschiedene Pastasciutte zur Auswahl.
Nicht groß, aber gepflegt ist der Vorrat an Flaschenweinen, die aus den Colli Orientali del Friuli, dem Collio und dem Grave kommen, ein paar Sorten aus der Toskana und aus dem Trentino sind auch dabei. Der offene Wein vom Cabernet bis zum Tocai ist anständig, auf jeden Fall sollten Sie sich von Toni einen Probeschluck seines schön gereiften Verdiso einschenken lassen.
Die Osteria ist einfach, die Küche bietet Hausmannskost, im Sommer gleicht die Pergola vor dem Lokal den Platzmangel im Innenraum aus. Auf Vorbestellung (unabdingbar abends sowie Sa./So.) bereitet man Ihnen besondere Gerichte zu, die Sie sich von den Wirtsleuten empfehlen lassen können.

San Daniele del Friuli

23 km nordwestlich von Udine

Ai Bintars

Osteria mit Ausschank und Imbiß
Via Trento e Trieste, 63
Tel. 04 32 / 95 73 22
Ruhetag: Mi.abend und Donnerstag
Betriebsferien: Juli
50 Plätze
Preise: 21 000 Lire, ohne Wein
Keine Kreditkarten
Mittags und abends geöffnet

Der Name »Bintars« leitet sich ab vom deutschen »Winter«. Den Namen bekam das Lokal von den Lohnarbeitern, die früher jenseits der Grenze ihrem Erwerb nachgingen und im Winter von dem leben mußten, was sie im Sommer auf ihrer Tour durch Europa verdient hatten. Der Zug nach Wien fuhr damals genau vor der Trattoria ab.
Heute gibt es hier weder Zug noch Bahnhof, aber die Osteria wird noch immer stark besucht. Ohne Zweifel ein Verdienst des sympathischen Wirts Primo, aber auch, oder vor allem, des köstlichen **San-Daniele-Schinkens**. Zart und mild, fein marmoriert, aus besonders großen Stücken erster Qualität, wird er von einem der wenigen noch verbliebenen Kleinbetriebe geliefert. Dazu reicht man eingelegte Artischocken und Pilze zusammen mit einem hervorragenden **Montasio** von einem Hof im Val d'Anzino.
Es gibt einige Flaschenweine aus dem Friaul, aber in der Hauptsache werden offene Weine ausgeschenkt. Dennoch kann man sehr gut auf seine Kosten kommen: zum noch etwas salzigeren Anfangsstück des Schinkens paßt sehr gut ein gefälliger Raboso rosato, zum mittleren, etwas zarteren Stück ein Chardonnay und zum milden Oberschenkel ein klassischer Tocai. Hinterher gibt es Plätzchen und Noac.

Gleich zwei gute Adressen für San-Daniele-Schinken: Prolongo in der Via Trento e Trieste 115 vertreibt jährlich mindestens 7000 Schinken: am Stück, entbeint oder abgepackt, vielleicht einer der besten San Daniele überhaupt. Das Familienunternehmen Cordazzi in der Via Kennedy 102 ist noch etwas größer (jährlich ca. 20 000 Schinken), arbeitet aber noch immer traditionell handwerklich und qualitätvoll.

San Daniele del Friuli

23 km nordwestlich von Udine

Al Ponte Antica Osteria

Trattoria
Via Tagliamento, 13
Tel. 04 32 / 95 49 09
Ruhetag: Mo., Mai bis Sept. auch Di.
Betriebsferien: unterschiedlich
60 Plätze + 65 im Freien
Preise: 40 – 45 000 Lire, ohne Wein
Kreditkarten: alle außer DC
Mittags und abends geöffnet

Hier finden Sie alles, was zu einer echten Trattoria auf dem Lande gehört: einen großen Focolâr in der Mitte des Gastraums, eine Laube, in der man im Sommer im Freien sitzen kann und eine herzliche Atmosphäre. Die Wirtsleute Walter Avon und Silvia Beinat bieten eine traditionelle Küche mit einigen interessanten Neuheiten.
Bei den Antipasti verdient besonderes Lob der **San-Daniele-Schinken**, zu dem man bisweilen einen appetitlichen Ziegenkäse bekommt. Als Primi gibt es Orzo e fagioli, **Gnocchi di zucchine** und hausgemachte Tortelloni. Klassische Wintergerichte sind **sauer angemachte Kochsalami**, Brovada, Musetto und **Schweinshaxe** aus dem Rohr mit Kartoffeln, die in der Ofenglut gegart werden. Nicht zu vergessen ein hervorragendes **Gulasch**, **Wild** und verschiedene Frittate. Im Sommer findet man Kaninchenroulade mit Tomatenwürfeln. Brot und Polenta als Beilage sind hausgemacht. Bei den Nachspeisen hat man die Qual der Wahl: Biscotti, Strudel, Coppa all'Amaretto, Tiramisù.
Die Weinkarte bietet eine gute Auswahl an Flaschenweine aus dem Collio und den Colli Orientali, aber auch der offene Hauswein ist nicht zu verachten.

Weine, Feinkost und natürlich Schinken bekommt man in der Casa del Prosciutto, Via Ciconi 24. Die Bar »Municipio« in der Via Garibaldi 21 beherbergt auch eine ausgezeichnete Enoteca, um deren Pflege sich der Inhaber Walter Botter, ein erfahrener Sommelier, zusammen mit seinen Söhnen Massimo und Marzio kümmert.

San Daniele del Friuli

23 km nordwestlich von Udine

Al Tirassegno

NEU

Restaurant
Via Fagagna, 16
Tel. 04 32 / 95 72 97
Ruhetag: Di.abend u. Mittwoch
Betriebsferien: 20 Tage im Juli
80 Plätze
Preise: 42 000 Lire
Kreditkarten: alle
Mittags und abends geöffnet

Das Lokal liegt am Fuße der Hügel von San Daniele, neben einem ehemaligen Schießstand (»tiro a segno«) und ist eine Mischung aus Osteria und kleinem Restaurant. Man merkt dem Lokal an, daß die Inhaber Luigina und Angelico lange Zeit in einem bekannten Friauler Restaurant gearbeitet haben: ein schöne, saubere Einrichtung, freundlicher Service und eine warme, familiäre Atmosphäre trotz der Größe des Speisesaals. 1993 haben sich die Eheleute in der Heimatstadt des Schinkens und der **geräucherten Forellen** – die hier vielfältig in den Antipasti Verwendung finden – niedergelassen und der Erfolg blieb, dank der Verwendung frischester Zutaten und üppiger Portionen zu anständigen Preisen, nicht aus.
Kaum nimmt man Platz, werden im Sommer auch schon, sozusagen als Gaumenkitzler, eingelegte Auberginen und Crostini gebracht, danach kommen die eigentlichen Antipasti: Salat mit Speck, frischen Tomaten und Zucchini, Truthahnsalat, **Soppressa e polenta**. Nudeln, Gemüse und Pilze sind die Grundzutaten für die Primi: **Fagottini ai porcini**, Auberginenröllchen, Gnocchi di zucchine mit Butter und Salbei, **Taglioline allo sclopit**, **Spaghetti alla trota**. Danach folgen einfache, aber raffiniert zubereitete Gerichte wie Lammkotelett mit Minze, Rindersteak mit Rucola, Entenbrust in aceto balsamico oder Kalbsnüßchen in Basilikumsauce. Außerdem die beiden Klassiker **Polenta mit Pilzen** und **Trota al cartoccio** (in Pergamentpapier gegarte Forelle). Verschiedene hausgemachte Desserts, darunter ein sehr gutes Sorbet, bilden den Abschluß.
Die Weinkarte bietet hervorragende Flaschenweine, vornehmlich aus dem Friaul, zu anständigen Preisen.

San Daniele del Friuli Aonedis

27 km nordwestlich von Udine, S.S. 463

Da Catine

Trattoria
Via Vittorio Veneto, 54
Tel. 04 32 / 95 65 85
Ruhetag: Mo.abend, Dienstag
Betriebsferien: August, 1.–15. Januar
50 Plätze
Preise: 35–40 000 Lire, ohne Wein
Keine Kreditkarten
Mittags und abends geöffnet

Aonedis (Sovonelis im friaulischen Dialekt) liegt am Ufer des Tagliamento, fast geduckt unter den großen Gebäuden der Schinkenfabriken von San Daniele. Im Zentrum des kleinen Dorfes stößt man auf eine kleine Trattoria mit ausgesprochen angenehmer, familiärer Atmosphäre. Catine, die ihr den Namen gegeben hat, gibt es nicht mehr, statt ihrer werkeln in der Küche Tochter Regina und Dolores Bortoluzzi, im Saal sorgen Sohn Raffaele und seine Frau Nella für das Wohlbefinden der Gäste. Natürlich bekommt man hier einen der besten **Schinken** Italiens (wir sind hier im Herzen der San-Daniele-Produktion), bemerkenswert ist aber auch die hausgemachte Salami. Seit kurzem führt die Karte geräucherte Forelle, die mit Butter und heißen Crostini serviert wird. Die Stärke des Hauses sind die wirklich interessanten Primi, darunter **Orzo con fagioli**, **Spinatgnocchi** und Gemüsekuchen der Saison. Bei den Hauptspeisen reicht die Palette von der klassischen Grigliata bis zur **Kalbshaxe aus dem Ofen**, außerdem gibt es ausgezeichneten **Frico** in verschiedenen Versionen. Den Schluß bildet eine kleine Auswahl Dolci: Apfel-Ricotta-Torte im Winter, Tiramisù, Panna cotta und Zitronensorbet im Sommer.
Die bescheidene Weinkarte nennt vor allem gute lokale Produkte.

Zwischen San Daniele und Aonedis verkauft La Friul Trota di Pighin (Via Aonedis, 10) ausgezeichnete Zubereitungen von Forelle.

San Daniele di Friuli

23 km nordwestlich von Udine

Prosciutterie Dok Dall'Ava

NEU

Probierstube und Trattoria
Via Gemona, 29
Tel. 0432/940280
Ruhetag: Dienstag, nicht im August
Betriebsferien: 5 Tage im November
130 Plätze
Preise: 18 000 Lire
Keine Kreditkarten
Mittags und abends geöffnet

Diese Empfehlung fällt etwas aus unserem üblichen Rahmen, aber wir dachten, es sei eine ganz nützliche Adresse für diejenigen, die zufällig in der Gegend sind. Man könnte den Ort als eine Art Werbezentrum für jegliche Art von **Schinken** bezeichnen. In der Tat bekommt man hier Schinken vom Rind, Pferd, Truthahn, Wildschwein, Hirsch, Fasan, Lamm, Ente und vielem mehr zu probieren, aber natürlich ist der echte **San Daniele**, mit dem Gütezeichen der Familie Dall'Ava, die Hauptattraktion. Als »Beilage« gibt es Melone, Kuh- oder Büffelmozzarella, Eier und Spargel. Wer eine komplette Mahlzeit möchte, kann hinterher noch hervorragende hausgemachte Fettuccine mit Tomaten- und Schinkensauce, Tagliolini, Papperdelle und köstliche Tortellini mit Schinkenfüllung essen. Man bekommt sie, genauso wie die diversen Schinken und die **geräucherte Forelle** (eine weitere Spezialität aus San Daniele) auch zum Mitnehmen. Hausgemachter Apfelstrudel, Hefekuchen und Struccoli del Cividalese werden als Dessert angeboten.
Einzig der Wein ist ein Schwachpunkt der Prosciutteria, aber ein freundlicher Service und die günstigen Preise machen dieses Handicap wett.

San Giorgio della Richinvelda Rauscedo

18 km nordöstlich von Pordenone

Il Favri

Osteria mit Küche
Via Borgo Meduna, 12
Tel. 0427/940043
Ruhetag: Mittwoch
Betriebsferien: unterschiedlich
40 Plätze + 20 im Freien
Preise: 30 000 Lire
Keine Kreditkarten
Mittags und abends geöffnet

Wahrscheinlich ist nicht jedem bekannt, daß Rauscedo die europäische Heimat der Pfropfreben ist. In den Genossenschaftsbetrieben werden Jahr für Jahr mehr als 30 Millionen dieser Pfropfreiser herangezogen und exportiert, dazu kommt noch die Produktion der unzähligen Privatbetriebe. Die Trattoria, die wir Ihnen hier vorstellen, war früher einmal eine Schmiede, wovon sich der Name des Lokals ableitet. Im Jahr 1865 wurde sie in ein Lebensmittelgeschäft und später in eine Osteria umgewandelt. Auch wenn der jetzige Inhaber, der junge und versierte Mauro D'Andrea, seinen Gästen die typische Küche der Region anbietet, verzichtet er, wie auch schon sein Vorgänger, nicht auf seine erklärte Leidenschaft für die Küche und die Weine der Toskana. Auf seiner Speisekarte finden Sie deshalb auch zwei typische Spezialitäten der Toskana: die Bruschetta als Vorspeise und Cantucci mit Vinsanto als krönenden Abschluß. Die übrigen Speisen stehen hingegen ganz im Zeichen der heimischen Tradition: **Frico**, Frittate mit Kräutern der Saison, Baccalà, **Brût brusât** (eine Art Brennsuppe aus Butter, Maismehl, Milch, Wasser und geräuchertem Ricotta) und Tortelloni alle carnica (mit Ricotta, Spinat und Mohnsamen). Und danach kann man natürlich mit **Brovada e musetto** oder **in Essig gesottener Salami** fortfahren, die auf einem Rucolabett serviert wird, oder mit **Guancialetto di maiale in umido**. In der Saison gibt es auch diverse Pilzzubereitungen. Von den Desserts ist besonders der Salame di cioccolato zu empfehlen. Die Weine stammen meist aus der Gegend, vor allem aus der örtlichen Genossenschaftskellerei.

San Quirino

10 km nordöstlich von Pordenone, S.S. 251

Alle Nazioni

Osteria
Via San Rocco, 47
Tel. 0434/91005
Ruhetag: Mo., So.abend im Sommer
Betriebsferien: 15.–31. Jan., 1.–20. Aug.
40 Plätze
Preise: 35–40 000 Lire, ohne Wein
Alle Kreditkarten
Mittags und abends geöffnet

Es war einmal eine Osteria, die sich zum feinen Restaurant (dem »Primula«) mauserte. Nach einigen Jahren war der Padrone, der neben den Bedürfnissen der neuen Stammgäste die der alten nicht vergessen hatte, der Ansicht, einen Teil der alten Räume wieder der ursprünglichen Nutzung zuführen zu müssen. So hat Roberto Canton 1993 diese modern und gut eingerichtete Osteria eröffnet. Die Küche unter Sohn Andrea hat heute vornehmlich lokale Gerichte im Programm, Ausflüge ins benachbarte Veneto und in andere Länder sind aber nicht verpönt. Nach dem Antipasto mit **San-Daniele-Schinken** und friaulischen Salumi hat man die Wahl zwischen der klassischen **Minestra mit Graupen und Bohnen**, einer Zwiebelsuppe und (in der Saison) Spargelsuppe oder **Risotto mit Pilzen**. Wer über die Region hinauswill, kann Spaghetti all'amatriciana, Canederli oder im Sommer einen echten Gazpacho bekommen. Bei den Secondi sind vor allem Bocconcini di vitello (Kalbsragout) mit Spargel, **Schnecken**, Kutteln alla Parmigiana, Gulasch, Schmorbraten mit Rotwein und viele Gerichte mit hellem Fleisch zu nennen. Im Winter jedoch lassen Sie alles andere für einen herrlichen **Musetto con brovada** (grobe Schweinswurst mit Suppe aus gesäuerten Rüben) stehen. Für Kinder werden einige leichtere Gerichte zubereitet. Krönenden Abschluß des Mahls bilden die ausgezeichneten hausgemachten Desserts.
Die große und qualitätvolle Weinkarte nennt zahlreiche italienische, französische und kalifornische Erzeugnisse sowie eine Reihe sehr guter Grappe.

San Vito al Tagliamento

19 km südöstlich von Pordenone

Al Colombo

Osteria
Via Roma, 6
Tel. 0434/80176
Ruhetag: Di.abend u. Mittwoch
Betriebsurlaub: 1. – 20. August
50 Plätze + 25 im Freien
Preise: 35 – 40 000 Lire
Keine Kreditkarten
Mittags und abends geöffnet

Die langjährigen Inhaber dieser in der Nähe des historischen Zentrums liegenden Osteria haben sich vor kurzem zur Ruhe gesetzt. Ihr Erbe haben Enkelin Gabriella mit Ehemann Adriano angetreten, die bereits seit 15 Jahren im Lokal mitgearbeitet haben. An der einfachen Küche und dem natürlichen Umgang mit den Gästen hat sich also nichts geändert. Adriano kümmert sich humorvoll um die Bewirtung, Gabriella zaubert in der Küche mit Zutaten aus der Region die einfachen und leckeren Speisen. Hier herrscht noch ganz der Geist von früher, man darf keine großartigen Gerichte oder Weine erwarten, aber dafür ist alles ursprünglich und schmeckt.
Die Speisekarte orientiert sich an der Jahreszeit: Nudeln oder **Gnocchi** mit Gemüsesaucen (hervorragend mit Artischocken!), im Herbst **Pilze**, im Frühjahr **Frittatine mit Spargel** oder **Hopfen**. Als Hauptspeise: Ziegenlammbraten, **Stracotto vom Fohlen** und diverse Wildgerichte. Auf Vorbestellung bekommt man auch Fisch (wir probierten vorzüglichen Tintenfisch mit Kartoffeln). Die wechselnden Desserts werden von Gabriella selbst zubereitet, besonders gut schmeckt der »Dolcemangiare«, eine hauseigene Variation der klassischen Mousse.
Getrunken wird in der Hauptsache offener Wein aus der Umgebung oder dem nahen Veneto, dazu kommen einige Flaschen aus dem Friaul. Hervorragend ist das Preis-Leistungs-Vehältnis.

Il Gelatiere an der Piazza del Popolo ist die richtige Adresse, wenn Sie gutes Eis, gepflegten Kaffee oder köstliches Gebäck zu sich nehmen wollen. Hervorragenden Ricotta und Käse gibt es in der Latteria di Madonna di Rosa, direkt neben der gleichnamigen Wallfahrtskirche.

San Vito al Tagliamento Prodolone

19 km südöstlich von Pordenone

Al Rustico

Trattoria
Piazza Centrale, 4
Tel. 0434/80345
Ruhetag: Montag
Betriebsferien: Juli
40 Plätze
Preise: 35 000 Lire
Keine Kreditkarten
Mittags und abends geöffnet

Gervasio Bianchi ist der gute Geist der Trattoria. Mit seiner kugelrunden Statur und seinem freundlichen Wesen ist er noch ein Wirt vom alten Schlag. Auch das Lokal erinnert an frühere Zeiten: Das alte Landhaus hat durch die Restaurierung nichts von seinem ursprünglichen Charme verloren, die Wände sind aus Ziegel und Stein, als Einrichtung dienen alte bäuerliche Geräte. Gervasio, der über eine langjährige Erfahrung als Koch verfügt, steht selbst am Herd und fabriziert gemeinsam mit seiner Frau üppige, traditionelle Speisen. Bevorzugtes Objekt seiner Kochkunst ist die Gans, für deren Zubereitung das Lokal berühmt ist und der in der Gegend ganze Dorffeste und Ausstellungen gewidmet sind (zum Beispiel im nahegelegenen Mossano). Das Federvieh ist Hauptbestandteil einer Reihe höchst appetitlicher Gerichte: **Gnocchi** oder **Pappardelle mit Gänseragout**, eine Suppe aus Wirsing und Gänsebrühe, **Risotto mit Gänseleber** und Durelli (Gänseklein) oder die hervorragende geräucherte Gänsebrust. Die Küche bietet außerdem **Tagliatelle mit Pilzen**, Wild, Schnecken und ab und zu (nicht importierte) **Frösche** an.
Es gibt ausschließlich offene Weine aus lokaler Produktion. Zum Abschluß trinkt man einen selbstgemachten Digestif, den Gervasio nach geheimem Rezept ansetzt und in alten Fässern reifen läßt.

Forno Fontanis im Ortsteil **Fontanis** bietet Kuchenspezialitäten aus dem Friaul, die nach alten überlieferten Rezepten gebacken werden: »Pan zal« mit Rosinen und Kürbis und »Pinza«, die am Abend des 5. Januar bei einem Fackelzug mit Glühwein verspeist wird.

Sauris Sauris di Sotto

38 km westlich von Tolmezzo, S.S. 52

Alla Pace

Trattoria mit Zimmern
Via Roma, 38
Tel. 0433/86010
Ruhetag: Mittwoch, nicht im Sommer
Betriebsferien: je 3 Wo. im Mai u. Nov.
40 Plätze
Preise: 40 000 Lire, ohne Wein
Kreditkarten: Visa
Mittags und abends geöffnet

Sauris, eine aus mehreren Weilern und Dörfern bestehende Gemeinde, ist eine österreichische Sprachinsel. Gleich wenn man nach Sauris di Sotto, dem Gemeindesitz, kommt, bemerkt man das stattliche Haus der Trattoria mit ihrem Schild aus Schmiedeeisen. Es empfängt Sie die sympathische Signora Franca Schneider, die das Lokal mit Ehemann Vinicio und den Söhnen Andrea (in der Küche) und Mauro (Berater in Sachen Wein) führt. Das Lokal mit angeschlossener Pension ist seit 1804 im Besitz der Familie; in jüngster Zeit hat der talentierte Giorgio Cattarinussi das Niveau der Küche deutlich angehoben. Sauris ist berühmt für seine geräucherten Würste und Schinken; so ist man hier richtig, um **Speck**, **Culatello** und **Prosciutto** zu probieren. Lassen Sie aber bei den Antipasti die delikaten Fricchetti von Montasio-Käse oder die klassischen Kräuteromeletts nicht aus. Die meist traditionellen Primi auf der Basis hausgemachter Pasta umfassen Gnocchi von Kürbis, Pasta e fagioli, Brennesselsuppe, **Pasta mit Speck und Lauch**, Ricottini (Teigtaschen mit Ricotta und Thymian), Maltagliati mit Sugo von Rehfleisch. Weiterhin zu empfehlen sind **Frico mit Kartoffeln und Zwiebeln**, **Musetto con la brovada**, eine **Scaloppina alla Saurana** und Rehragout. Die Begleitung bilden hervorragende Weine aus dem Friaul. Die Süßschnäbel werden mit Apfelkuchen mit Minze und außergewöhnlich feinem Apfelstrudel mit Rosinen und Pinoli zufriedengestellt. Destillate aus Kieferntrieben, Heidelbeeren und Enzian beschließen ein Mahl, das die typischen Aromen dieser Landschaft einfängt.

In der Räucherei Wolf (Via Volvian, 88) bekommt man delikaten Schinken, der mit Kräutern und Wacholder über Buchenholz geräuchert wurde, sowie Speck und diverse Wurstsorten.

Sauris

81 km nordwestlich von Udine,
31 km von Tolmezzo, S.S. 52

Riglarhaus

NEU

Trattoria mit Fremdenzimmern
Ortsteil Lateis, 3
Tel. 04 33 / 8 60 49
Ruhetag: Dienstag, nicht in der Saison
Betriebsferien: 10 Tage an Ostern
40 Plätze
Preise: 35 – 40 000 Lire, ohne Wein
Kreditkarten: die bekannteren
Mittags und abends geöffnet

Durch eine schmale Klamm (hervorgerufen durch den zauberhaften Stausee Lago di Maina) führt die Straße hinauf in den kleinen Ort Lateis, in dem es seit einigen Jahren einen kleinen Gasthof gibt, dessen Inhaberin, Paola Schneider, eine wahre Meisterin in der Zubereitung lokaler Spezialitäten ist.
Die Antipasti variieren je nach Saison: Klassiker wie geräucherte Wurst und wunderbaren Schinken gibt es immer, frischen Ricotta von der Alm sucht man im Winter natürlich vergeblich auf der Karte. Im Frühjahr sollte man unbedingt die **Gnocchetti di Sauris mit jungem Fenchel** probieren und im Spätfrühjahr die **grünen Brennesselgnocchi**, die mit geräuchertem Ricotta und zerlassener Butter serviert werden. Ein sehr typisches Gericht sind die **Cjarsòns**, die Paola aus Kartoffelteig zubereitet und mit Gemüse füllt, sowie der **Schoete dunkatle**, eine Polenta, zu der man cremige Ricotta mit grobem Pfeffer reicht. Hervorragend ist auch der Scringo (hausgemachte Tagliolini mit Speck, Sahne und Mohn). Bei den Hauptspeisen liegt man immer richtig mit einem **Dunkatle** (Fleisch und Wurst vom Schwein in Sauce) zu dem man Polenta carnica reicht. Mit **Polenta** bekommt man auch die **warme,** mit Schnittlauch gewürzte **Ricottacreme** serviert, ebenfalls ein vorügliches Gericht. Zum Schluß gibt es ausgezeichnete Nachspeisen wie hausgemachten Apfelkuchen oder Heidelbeeren mit Eis.
Die Auswahl an Weinen ist klein, aber ausreichend.

In **Sauris di Sopra**, Via Razzo 66 bekommt man bei Petris & Polentarutti Schinken und Würste. Die Preise sind nicht gerade günstig, aber alle Produkte sind hausgemacht.

Spilimbergo

33 km von Pordenone, 33 km von Udine

Al Bacchero

Osteria
Via Pilacorte, 5
Tel. 04 27 / 23 17
Ruhetag: Sonntag
Betriebsferien: Mitte Juni – Mitte Juli
80 Plätze
Preise: 20 – 25 000 Lire
Keine Kreditkarten
Mittags und abends geöffnet

Die Küche liegt zwar nicht mehr wie früher im Zentrum des Gastraumes, aber auch nach der Renovierung ist die Küche noch einsehbar, man hat nichts zu verbergen. Im »Al Bacchero« bekommt man altbewährte Gerichte: **Kutteln**, **Baccalà**, Gulasch mit Kartoffeln und **Kotelett mit Brovada**. Wem ein Gang nicht reicht – die Portionen sind üppig und nicht gerade kalorienarm – kann vorneweg **Speck di Sauris** und andere Wurstspezialitäten oder Sardellen zu sich nehmen und mit deftigen Primi weitermachen, darunter vorzügliche **Spinatgnocchi** (aber auch mit Kürbis oder Ricotta), **Polenta pasticciata**, Gemüsesuppe und Orzo e fagioli. Wenn Sie sich in der lebhaften Atmosphäre des Lokals wohl fühlen, prosten Sie den anderen mit einem Glas Wein aus dem Veneto oder Collio, der offen auf den Tisch kommt, zu. Oder auch mit einem Dessertwein (z.B. dem Zibibbo) zu dem man Kleingebäck und Mandeln aus den Valli del Natisone bekommt.
Der Thekenbereich mit seinen Ballonflaschen, Marsallafäßchen und dem »Bocche« zum Abfüllen des Öls, das der frühere Besitzer aus Apulien mitgebracht hat, blieb trotz der kürzlichen Renovierungsarbeiten unverändert.
Am Samstag ist Markttag in Spilimbergo; wenn Sie also gesichert einen Platz bekommen möchten, sollten Sie reservieren.

In der Via di Mezzo 2 erwartet das Torre Orientale Ihren Besuch. Wählen Sie aus dem umfangreichen Angebot an Weinen (Italien, Frankreich, Kalifornien, Österreich) und Destillaten und probieren Sie dazu von den delikaten Kleinigkeiten.

Spilimbergo

30 km westlich von Udine

Da Afro

Osteria
Via Umberto I, 14
Tel. 04 27 / 22 64
Ruhetag: Dienstag
Betriebsferien: Januar
40 Plätze + 30 im Freien
Preise: 40 000 Lire, ohne Wein
Alle Kreditkarten
Mittags und abends geöffnet

Ein beeindruckendes herrschaftliches Haus, eine schlichte Einrichtung mit viel Holz, eine gelassene Atmosphäre, eine schöne Phalanx von Wein- und Ölflaschen, eine majestätische rote Schneidemaschine von Berkel als Zentrum des Speisesaals, so präsentiert sich dieses historische Lokal, das seit 1985 von Dario Martina geführt wird. Das »Afro«, wie es noch vom Vorbesitzer her heißt, ist ganz Liebenswürdigkeit und Sympathie, es ist aber auch Erbe der echten friaulischen Tradition, die mit einem alten Rezeptbuch sorgsam gehütet und in einer charaktervollen Küche zum Ausdruck kommt. Lassen Sie sich im Winter von **Orzo e fagioli** verführen, von **Brovada e musetto**, **in Essig gesottener Salami** und Frico. Wenn Sie Schwein in allen Formen lieben, versäumen Sie nicht die »**Maialata**« im Februar. Im Frühling gibt es dann Baccalà, Kutteln, Flußkrebse, Frösche und Schnecken, **Spargel** aus biodynamischem Anbau, im Herbst Pilze. Die Auswahl der verwendeten Olivenöle und die große Weinkarte – mit Erzeugnissen aus dem Grave, dem Collio und den Colli Orientali del Friuli, aber auch aus der Toskana, dem Piemont, dem Veneto und Kampanien – lassen die besondere Sorgfalt erkennen, mit der man hier die Ausgangsprodukte zu optimalem Ergebnis zusammenführt. Zudem ist die Preis-Qualitäts-Relation exzellent. Das »Afro«, Mitglied des »Komitees zur Erhaltung der friaulischen Osteria«, ist auch eine Schatzkammer an Informationen zur kulinarischen Tradition.

Das Salumificio Lovison (Via Foscolo, 18) produziert seit vier Generationen Wurst- und Schinkenwaren höchster Qualität. Ganz besonders zu empfehlen sind die Salami »Punta di coltella« und die Soppressa.

Stregna

31 km nordöstlich von Udine,
14 km von Cividale

Sale e Pepe

Trattoria
Via Capoluogo, 19
Tel. 04 32 / 72 41 18
Fr.abend, Sa. und So. ganztags geöffnet, übrigeTage nur auf Vorbestellung
Betriebsferien: unterschiedlich
40 Plätze
Preise: 35 000 Lire
Keine Kreditkarten

Das Wort » heroisch« steht normalerweise nur den Taten von Halbgöttern zu, aber zweifellos besitzen Teresa Covaceuszach und Franco Simoncig auch ohne himmlischen Beistand eine Menge Heldenmut. Wie sonst ist es zu erklären, daß sie in einer wirtschaflich schwachen und lange Zeit abgeschiedenen Region ein Restaurant führen, das bereits bei der Auswahl der Zutaten peinlichst auf Qualität achtet, eine hervorragende, traditionelle Küche bietet und das alles auch noch zu mehr als günstigen Preisen?
Die Namen der Gerichte sind ungewohnt – lassen Sie sich die Gerichte erklären – aber der Geschmack ist geradlinig und ursprünglich: geräucherte Schweinelende mit Birnen und Käse, **Briza** (eine Suppe aus Bohnen, weißem Kürbis und Sauermilch), **Bizna s kompieri** (Bohnensuppe mit gesäuerten Rüben), **Zupa mederiauka** (mit Mehl, Milch und Kamille), **Zlicnjaki** (Gnocchi aus Wasser und Mehl), **Gnocchi di susine**, **Bleki** aus Buchweizenmehl, **Markandelle** (Schweineinnereien im Netz), **Rupca s milhan** (Schweinefleisch in Milch), Wildschwein mit Maroni, Kaninchengulasch mit Möhren und Pilzen, **Toc turbo e jejedova** (Würste, Kartoffeln und Polenta), **Stakanje** (Kartoffeln, Gemüse und Schinken) **Idrik uprazen** (in Essig gekochter Löwenzahn). Danach gibt es **Struki** (Kipferl) und eine Menge weiterer hausgemachter Köstlichkeiten.
Die offenen Weine lassen sich gut trinken, die wenigen Flaschenweine werden zu einem anständigen Preis angeboten. Ein freundlicher, unaufdringlicher Service komplettiert ein Essen, das man zu Recht als ein kulturelles Erlebnis ansehen könnte.

In **Ponte San Quirino**, einem Ortsteil von San Pietro di Natisone (13 km), gibt es die vielgerühmte Gubana von Giuditta Teresa, aber auch Strucchi und Honiggebäck.

Tarcento Zomeais

20 km nördlich von Udine, S.S. 356

Da Gaspar

Trattoria
Via Gaspar, 1
Tel. 04 32 / 78 59 50
Ruhetag: Montag und Dienstag
Betriebsferien: im Juli
50 Plätze + 10 im Freien
Preise: 40 – 45 000 Lire, ohne Wein
Keine Kreditkarten
Mittags und abends geöffnet

Etwas oberhalb von Tarcento, am Waldrand, steht die Trattoria »Da Gaspar«. Das Haus entspricht außen wie innen dem Bild eines ganz normalen Berghofs: eine ordentliche Einrichtung mit viel Holz, Bildern, Nippes an den Wänden und einer Reihe von Weinflaschen, die auf den ganzen Raum verteilt sind. Die zurückhaltende, freundliche Art der Inhaber, das hervorragende Essen und eine mehr als ordentliche Weinkarte machen den Aufenthalt in dieser Trattoria zu einem gastronomischen Erlebnis. Das Lokal wird geführt von den Schwestern Gabriella (in der Küche) und Valentina, die sich gemeinsam mit ihrem Ehemann Piercarlo um den Service kümmert.
Beginnen Sie mit einem guten rohen Schinken oder **geräucherter Forelle** aus San Daniele mit frischem Meerrettich und vertrauen Sie dann auf den Rat der Wirtsleute: man wird Ihnen, je nach Jahreszeit, eine Reihe hervorragender Primi servieren: **Cjarsòns carnici** (gefüllte Teigtaschen), **Gnocchi** (zubereitet mit Kürbis, Pflaumen oder Ricotta und Spinat), Risotto, **Zuppa di fagioli e brovada**, Gemüsecremesuppen mit Lauch, Zucchini und Fenchel sowie hausgemachte Tagliatelle. Alle Gerichte sind wunderbar harmonisch im Geschmack und von bester Qualität. Bei den Hauptspeisen sind empfehlenswert **Ossobuco** mit Kräutersauce, Rindersteak, **Kalbshaxe aus dem Rohr** und im Herbst **Wild**. Als Nachtisch gibt es hervorragenden Apfelstrudel, Sachertorte sowie Schokoladen- und Erdbeermousse.
Auf der Weinkarte findet man gleichermaßen Weine aus der Umgebung, anderen italienischen Regionen und dem Ausland. Eine Reihe guter Destillate bilden den würdigen Abschluß.

Tarcento Loneriacco

16 km nördlich von Udine, S.S. 356

Osteria di Villafredda

Trattoria
Via Liruti, 7
Tel. 04 32 / 79 21 53
Ruhetag: So.abend und Montag
Betriebsferien: 2 Wo. im Jan., 3 Wo. im Aug.
70 Plätze + 30 im Freien
Preise: 40 – 45 000 Lire
Kreditkarten: Visa
Mittags und abends geöffnet

In der lieblichen Landschaft des Voralpenlandes, umgeben von großen Bäumen, Blumen und Klettergewächsen, steht die Osteria »Di Villafredda«. Das schöne Bauernhaus wurde restauriert und geschmackvoll eingerichtet, mit einem typischen Fogolâr in der Mitte des Gastraums und einer schattigen Pergola, unter der man im Sommer im Freien essen kann.
In der Küche steht die fleißige Guia Castellarin Krcivoy, die es versteht, gute, traditionelle friaulische Gerichte zuzubereiten, denen sie, je nach Jahreszeit, eine persönliche Note verleiht, wie etwa den **mit Gemüse gefüllten Ravioli** oder den Gemüseaufläufen. Am besten beginnt man die Mahlzeit mit **gebackenem Schinken** zu Meerrettich. Bei den Primi sind die **Gemüsesuppen**, Orzo e fagioli und vor allem die **Cjarsòns** zu empfehlen, die mit Ricotta, Spinat und Rosinen gefüllt sind. Kutteln, ausgelöste Kalbshaxe, **Gulasch** und **Musetto con brovada** sind Hauptgerichte, die man besonders im Winter gern ißt.
Eine große Auswahl an leckeren Cremes und Kuchen runden das Menü ab. Eine Weinkarte gibt es nicht, man bekommt aber sehr wohl eine gute Flasche aus dem Friaul, wenn man nicht auf den offenen Hauswein aus Ronco delle Betulle zurückgreifen möchte. Zum Schluß gibt es angenehm aromatisierte Grappe.

In **Tarcento**, Via Angeli 6, bietet die Enoteca Spoletti-Sartori eine große Palette an italienischen und internationalen Weinen, Champagner, Grappe sowie seltenen Destillaten zu äußerst günstigen Preisen. Außerdem gibt es Kristallgläser, Gebäck und Feinkostwaren.

Tarcento

18 km nördlich von Udine, S.S. 356

Osteria sul Ronc

Trattoria
Via die Fagnà, 39
Tel. 0432/785876
Ruhetag: Donnerstag
Betriebsferien: um Weihnachten
70 Plätze + 100 im Freien
Preise: 30–35 000 Lire, ohne Wein
Alle Kreditkarten
Abends, Sa./So. auch mittags geöffnet

Erst 1992 wurde die Osteria »Sul Ronc« eröffnet, doch ihr Erfolg hat sich bereits gefestigt. Pluspunkte für das Lokal von Renzo Liussi (genannt Andrea) sind die großartige Panoramalage, zwei gemütliche, weiß getünchte kleine Speiseräume (mit Kamin und ländlichem Mobiliar), das Vergnügen, im Sommer draußen speisen zu können, sowie der freundliche, effiziente Service. In der Küche ist man – mehr als auf Tradition – auf die Unverfälschtheit der Rohprodukte aus, die den einfachen, geradlinigen Gerichten Charakter gibt. Probieren Sie als Antipasto z.B. den klassischen Aufschnitt aus dem Friaul (**San Daniele**, Salami, **Speck mit Paprika**), wählen Sie dann bei den Primi zwischen **Rotolo di ricotta e spinaci** in Kartoffelteig und Panzerotti sul Ronc, gefüllt mit Fleischragout und serviert mit zerlassener Butter; auch fehlen nie **Orzo e fagioli** oder Spinat-Ricotta-Kuchen. In großen Portionen werden auch die Secondi serviert, als da sind **geschmortes Reh**, Huhn mit Zitrone, in Essig gekochte Salami, Brasato al Barolo (ein Gruß aus dem Piemont), **Baccalà alla Toscana**, die im Ganzen servierte **Kalbshaxe** aus dem Ofen, außerdem entbeintes Kaninchen, Hirsch sowie Strauß (!).
Wein gibt es fast nur offen, er ist aber ordentlich. Auf Insistieren rückt man auch Flaschen heraus, wobei man den Aufschlag auf den höchst angenehmen Rechnungsbetrag zu bedenken gibt. Im Sommer ist auch unter der Woche mittags geöffnet.

In **Casacco** (8 km) empfehlen wir einen Halt bei der Enoteca Mauro (Vicolo Simone, 1), die in sympathischem Ambiente eine ausgezeichnete Auswahl friaulischer, weiterer italienischer und ausländischer Weine präsentiert, dazu appetitliche Imbisse.

Travesio

42 km nordöstlich von Pordenone

Al Marescial

Trattoria
Via Villa, 105
Tel. 0427/90012
Ruhetag: Montag
Betriebsferien: je 2 Wo. in Febr. u. Okt.
50 Plätze + 70 im Freien
Preise: 35000 Lire, ohne Wein
Kreditkarten: die wichtigen
Mittags und abends geöffnet

Wer einen Imbiß zum »Tajut« nehmen will, kann das im Eingangsraum tun, wer ein richtiges Mahl halten will, nimmt – vor allem im Winter – in den gemütlichen, einfachen Speiseräumen Platz oder – im Sommer – unter der Laube, um dort außer dem Essen die frische Brise vom nahen Monte Ciaurlec zu genießen. Zwischen den praktisch immer gut besetzten Tischen tragen die Angehörigen von Patron Franco gelassen die Speisenfolge vor. Wir empfehlen San-Daniele-Schinken und Salami aus örtlicher Produktion, für Kräftigeres verlangende Gaumen den gesalzenen Käse, jung und weich oder gereift. Außer den Pastagerichten mit diversen Saucen bereitet Signora Rina Risotto mit Kräutern, Gemüseauflauf und **Kartoffelgnocchi** zu, die gut zum **Gulasch** passen, aber auch solo sehr gut sind. Unter den Secondi nach guter regionaler Tradition zu nennen wären Feder- und Haarwild in verschiedenen Formen, **Frico mit Kartoffeln**, **Musetto con la brovada**, Salami in Essig und – vor allem donnerstags – Baccalà alla Vicentina, außerdem **gegrilltes Fleisch** und Gemüse. Von den hausgemachten Dolci ist uns der **Strudel** und der Apfelkuchen in angenehmer Erinnerung.
Das Weinangebot ist jedoch mager, Franco schenkt nur einen offenen Weißen und zwei Rote, Merlot und Refosco, aus.

Auf dem Bauernhof von Sara Magrin (Via Garibaldi, 28) wird noch nach traditionellem Verfahren Käse eingesalzen. Außerdem bekommen Sie hier jungen und gereiften Montasio.

Treppo Carnico

60 km nordwestlich von Udine,
20 km von Tolmezzo

Cristofoli

NEU

Hotelrestaurant
Via Matteotti, 10
Tel. 04 33 / 77 70 18
Ruhetag: Montag
Betriebsferien: Oktober
150 Plätze
Preise: 30 – 35 000 Lire, ohne Wein
Keine Kreditkarten
Mittags und abends geöffnet

Treppo Carnico ist ein gut zu erreichender, aber von den Hauptverkehrsadern etwas abgelegener Ort in einem weitgehend unberührten Tal, mit uralten Traditionen und einer Küche, deren Geschmack vor allem vom Aroma der Bergkräuter bestimmt wird. Welch eine angenehme Überraschung, im Herzen der Karnischen Alpen auf dieses schlichte Lokal mit weiß getünchten Wänden und einfachen dunklen Holzmöbeln zu treffen, in dem man die ganze Palette der traditionellen ländlichen Küche probieren kann. Man kann à la carte essen oder ein festes Menü bestellen.
Zum Auftakt gibt es einige spezielle Salate: **Speck mit Bergradicchio**, mit Steinpilzen, mit Nüssen und Balsamico-Essig oder mit Birnen und Käse. Nicht zu vergessen **Toc in braide** mit getrüffelten Steinpilzen und die mit geräucherter Ricotta gefüllten Teigtaschen aus Polenta. Leckere Primi waren die Gnocchi primavera mit Kräutern, österreichische Knödelsuppe, **Blecs aus Buchweizenmehl mit Gänseragout** und klassischer Orzo e fagioli. Die Spezialität des Hauses sind die **Cjaisons della Val Pontaiba** (Ravioli mit einer Füllung aus Wildkräutern, Rosinen, Zimt und anderen Gewürzen) die mit zerlassener Butter und geräucherter Ricotta serviert werden. An Secondi findet man vor allem Gerichte mit Schweinefleisch sowie Perlhuhn, Gans und Kaninchen oder traditionelles **Frico con polenta**, Musetto e brovada und Kraut. Die Nachspeisen sind hausgemacht, darunter Mandelcreme mit Holundersirup, Birnenkuchen und heimische Nüsse.
Auf der reichen Weinkarte findet man die besten Erzeugnisse aus Italien und der Region, insbesondere aus dem Collio und den Colli Orientali del Friuli.

Udine

Al Lepre

Osteria – Trattoria
Via Poscolle, 27
Tel. 04 32 / 29 57 98
Ruhetag: Dienstag
Betriebsferien: 14 Tage um den 15. Aug.
60 Plätze
Preise: 35 – 40 000 Lire
Alle Kreditkarten
Mittags und abends geöffnet

Das »Al Lepre« ist in erster Linie eine herkömmliche Osteria. Hier trinkt man seinen »tajut« (Glas Wein) und ißt ein paar Kleinigkeiten dazu. Auf der Schanktheke sind frischer und reifer Montasio, Hausmachersalami, San-Daniele-Schinken und geräucherter Sauris-Schinken aufgebaut. Jeden Abend um 19 Uhr können Sie im Stehen einen köstlichen Risotto essen und dabei den Gästen zusehen, die ihre Tippscheine fürs Totocalcio (Fußballtoto) abgeben, in einer Ecke turteln oder Karten spielen. Wenn Sie eine komplette Mahlzeit einnehmen wollen, wird man Sie in die Nebenzimmer bitten. Die sind warm und gemütlich. Die Speisen sind garantiert von guter Qualität. Essen Sie also **Minestra di orzo e fagioli** und zur passenden Jahreszeit ein ganzes **Pilzmenü**: Salat von Kaiserlingen (ovoli), Tagliatelle mit Steinpilzen, Kalbsbraten mit Steinpilzen. Im Winter bekommen Sie so herrliche Spezialitäten wie **Schweinshaxe mit Polenta**, **Baccalà**, **Trippa** oder **Lepre in salmi**, im Frühling **Zicklein** mit Kartoffeln. Außer ganz guten offenen Weinen sind zahlreiche regionale Erzeugnisse und einige vernünftige »Grenzüberschreitungen« zu finden.
Es gehört schon Mut dazu, den Ruhetag von Sonntag auf Dienstag zu verlegen. Aber vielleicht kommt dann wieder Leben in die Altstadt von Udine, die sonntags wie ausgestorben wirkt.

In derserben Straße, Haus 16, bietet die Bottega Del Formaggio eine breite Auswahl an ausgezeichneten Wurst- und Käsesorten. Bemerkenswert auch die Gnocchi ai mille sapori, eine Spezialität des Hauses.

Al Marinaio

Osteria
Via Cisis, 2
Tel. 0432/295949
Ruhetag: Dienstag
Betriebsferien: 15. Juli – 15. August
50 Plätze
Preise: 30–35000 Lire
Keine Kreditkarten
Mittags und abends geöffnet

Das »Al Marinaio« ist sicher eine der ältesten Osterie in Udine. Im Stadtteil Borgo Grazzano leben hauptsächlich einfache Leute. So ist das Lokal auch heute noch Treffpunkt für die Bewohner aus dem Viertel und dem näheren Umland. Die Osteria ist in einem Anwesen aus dem 17. Jahrhundert untergebracht, das durch seine einzigartigen Arkaden besticht. Der Name geht wohl auf den Gründer des Lokals zurück. Bereits im vorigen Jahrhundert schenkte hier ein Seemann aus Apulien Wein aus seiner Heimat aus. Seit 1962 führt Umberto Sartori die Osteria. Er ist ein Wirt, wie er im Buche steht, und man merkt, daß er seiner Heimatstadt aufs innigste verbunden ist. Demnach steht das Speisenangebot ganz im Zeichen traditioneller Regionalküche. Die wenigen Gerichte, die zur Auswahl stehen, sind durchweg gut: von der **Minestra di orzo e fagioli** über das Gulasch (die Spezialität des Hauses) bis zum gebackenen Schinken. Im Winter gibt es jeden Donnerstag **Trippa** und jeden Freitag **Baccalà**. Als Primi reicht man Gnocchi di ricotta oder Gemüseauflauf. Wer nur schnell einen »tajut« am Tresen trinken möchte, kann dort auch ein paar Kleinigkeiten essen: Nervetti, dicke Bohnen mit Zwiebeln, Polpette, gedämpfte Kartoffeln und natürlich ausgezeichnete Wurstwaren. Der ehrliche offene Wein kommt aus dem Collio Goriziano und den Colli Orientali del Friuli.

Beim Mercato dei Funghi, der auf der Piazza XX Settembre abgehalten wird, kann man zur entsprechenden Jahreszeit frische Pilze kaufen, die von professionellen Pilzsammlern gesammelt werden. Alles geschieht unter Aufsicht des Centro Micologico Friulano.

Udine

Al Passeggio

Trattoria
Viale Volontari della Libertà, 49
Tel. 0432/46216
Ruhetag: Sa.mittag, Sonntag
Betriebsferien: 2 Wo. im August
35 Plätze + 30 im Freien
Preise: 40000 Lire, ohne Wein
Kreditkarten: die wichtigen
Mittags und abends geöffnet

In den 50er Jahren wurden fast all die schönen Bewässerungskanäle Udines überdeckt. Einer der wenigen erhaltengebliebenen ist der Viale Volontari della Libertà mit einem angenehmen Spazierweg unter Bäumen. Hier haben Piero und Patrizia Zanuttigh 1989 eine Vorstadtbar zu einem hübschen Lokal umgestaltet, mit einem einladenden Speiseraum und einem Platz im Freien, um die Sommerabende draußen genießen zu können. Mit einem selbstgebackenen warmen Brot mit Zwiebeln, Käse, Nüssen oder Paprika wird man willkommen geheißen. Unter den Antipasti ist der **Fritto misto di verdure** der Stolz des Hauses (außen goldbraun-knuspriger Teig, innen wunderbare Sanftheit), sehr gut auch der Salat mit Flußkrebsen und der geräucherte Lammschinken. Die Primi, seien es traditionelle (**Orzo e fagioli**, **Pappardelle** mit Pfifferlingen oder **Perlhuhnragout**) oder andere, sind immer sorgfältig zubereitet und von kräftigem Geschmack. Probieren Sie auch Anelli di crespelle, Ricotta mit Kräutern, **Gemüsestrudel**, Gnocchi mit rotem Mangold oder Zwiebelsuppe. Die Secondi sind im wesentlichen Fleischgänge: Kaninchenfilet mit Kräutern, Lammkoteletts mit Thymian, **geräuchertes Kaßler mit Kren**, Kalbsleber mit Aceto balsamico. Unwiderstehlich die Süßspeisen: Terrine von weißer und brauner Schokolade, **Schokoladenfondue**, Crème bavarois mit Waldbeeren, Mokka- und Krokanthalbgefrorenes. Piero wird Sie beim Wein gut beraten (ordentliche Flaschen zu vernünftigen Preisen), von Whisky und Grappa steht eine gute Auswahl zur Verfügung.

Die Pasticceria Torinese (Via Divisione Julia, 44) macht gutes Kleingebäck und wunderbare Kuchen, Spezialitäten sind die Udinesi mit Rum und die mit Likörcreme gefüllten Meringuen mit Schokoladenglasur.

Udine: Das Ritual des »Tajut«

In den Osterien und Enoteche von Udine, in den Bars und Cafés – von den elegantesten bis zu den gewöhnlichsten – ist das am meisten verlangte Getränk, vielleicht noch vor dem Caffè, das Glas Wein, in friaulischer Sprache »tai« genannt (wörtlich »Schnitt«), oder mit zärtlichem Diminutiv »tajut«. Die Zeit des Tajut ist die des Aperitifs, von 11 Uhr bis 13 Uhr mittags und so ab 17 Uhr bis abends. Das Glas Wein – vorwiegend weiß und da fast ausschließlich Tocai – ist ein klassenloser Aperitif, es vereint Leitende Angestellte und Handwerker, Arbeiter und Händler, Frauen und Männer; auch die jungen Leute sind dabei. Bestellten die Eltern und Großeltern noch einfach einen »blanc« oder »neri«, zeigt man heute schon etwas Weinverstand, will sagen, man verlangt den und den Wein von diesem oder jenem Erzeuger. Im Gefolge davon eröffneten Lokale mit der Atmosphäre einer traditionellen Osteria, aber mit dem Angebot einer Enoteca.

Das Ritual des Tajut wird in Gesellschaft zelebriert. Das Gespräch, der Tratsch über »wichtige« Dinge, von der Fußballmeisterschaft bis zu Politik, gehört unabdingbar dazu. Nicht notwendig, aber willkommen ist ein kleiner Imbiß: ein Fleisch- oder Reisbällchen, ein Crostino mit Salami, der klassische Bissen Polenta mit Muset oder was auch immer die Phantasie des Wirts hervorbringt.

Ai tre Musoni
Osteria – Trattoria
Via Marsala, 40
Tel. 04 32 / 60 21 76
Ruhetag: Sonntag
Keine Betriebsferien
Geöffnet: 7 – 21 Uhr

Attilio Tomada und seine Frau zeichnen für die Küche verantwortlich, die jüngere Generation mit Luigino und Tiziana betreut den Ausschank und den Speisesaal. Mittags herrscht hier Hochbetrieb: Stammkunden belagern die Tische und tun sich an der bodenständigen Kost, die zu vernünftigen Preisen zu haben ist, gütlich, viele Gäste kommen aber auch nur auf ein Gläschen und einen Happen vorbei (freitags gibt es Fisch wie Spaghetti und Risotto mit Meeresfrüchten, gefüllte Tintenfische, Frittura mista, sonst Bohnensuppe, Gulasch und das klassische Musetto con brovada), den sie am Tresen im Angesicht der drei kupfernen Fratzen, die dem Lokal zu seinem Namen verhalfen, verzehren.

Ai Vecchi Parrocchiani
Osteria mit Imbiß
Via Aquileia, 66
Tel. 04 32 / 50 45 06
Ruhetag: Sonntag
Betriebsferien: 3 Wo. im September
Geöffnet: 7 – 21 Uhr

Gegenüber der Pfarrkirche Del Carmine und wenige Schritte von einem der noch erhaltenen Stadttore entfernt steht eine der typischsten Osterie Udines. Hier entdecken Sie noch den traditionellen langen Tresen, die Holztische, die Fässer mit Weinen aus den Colli Orientali. Mittags und abends werden zum Tajut die unverzichtbaren Fleischbällchen serviert sowie einige weitere einfache, gute Sachen wie Sandwich mit Frittata, Käse und Salami und das klassische harte Ei zum Selberschälen.

Al Cappello
Enoteca mit Imbiß
Via Paolo Sarpi, 5
Tel. 04 32 / 29 93 27
Ruhetage: So. nachm., Montag
Betriebsferien: 2 Wo. im August
und 2 Wo. zwischen Jan. / Febr.
Geöffnet: 10 – 23 Uhr

Schwierig, wenn nicht gar unmöglich ist es, die Kundschaft des »Cappello« genauer zu beschreiben. An einem einzigen Nachmittag defilieren hier Vertreter aller gesellschaftlichen Schichten vorbei: vom Bankdirektor bis zum Studenten, von der Verkäuferin bis zum Journalisten. Monica und ihr Team bieten eine Unmenge verführerischer Häppchen an: kalte und warme Brötchen, Kroketten, Frikadellen, Pizzette. Und alles gewürzt mit Monicas Temperament, mit dem Stimmengewirr drinnen und draußen (viele nehmen ihr Gläschen mit auf die Straße). Die Weinauswahl trifft Monica mit bemerkenswert sicherer Hand.

Da Pozzo

Osteria mit Imbiß
Piazzale Cella, 10
Tel. 04 32 / 51 01 35
Ruhetag: Sonntag
Betriebsferien: 2 Wo. Ende Juli / Anf. Aug.
Geöffnet: 7.30 – 1 Uhr

Ins »Pozzo« auf einen Tajut oder einen kleinen Happen einzukehren heißt eine Reise in die Vergangenheit antreten. In dem einzigen Lokal spielt sich Osteria, Lebensmittel- und Kolonialwarenladen gleichzeitig ab. Der Eingangsraum ist mit Lebensmittelregalen vollgestopft und dient gleichzeitig auch als Schankraum. Für den Imbiß zwischendurch oder für einen gemütlichen Tajut im Sitzen gibt es zwei geräumige Zimmer und einen schattigen Innenhof. Die offenen Weine sind von guter Qualität, es gibt auch ein paar Flaschenweine aus Friaul, die man auch zum Mitnehmen kaufen kann.

Pierin Mortadella

Osteria
Riva Bartolini, 8
Tel. 04 32 / 50 92 34
Ruhetag: Sonntag
Betriebsferien: 3 Wo. im Aug. / Sept.
Geöffnet: 7 – 21 Uhr

»La betule di paron Pieri« nennt sich der für die Gäste unsichtbare Teil der Bar, die sich zunächst mit ihrem gewöhnlichen Tresen, ihrer gewöhnlichen Kaffeemaschine und ihrem gewöhnlichen Kühlschrank präsentiert. Und hier eben verbirgt sich die »betule«, die eigentliche Kneipe: ein großer Raum, die Wände mit Flaschen zugestopft, in der Mitte ein großer Tisch. Im Winter thront auf diesem Tisch eine riesige Mortadella, was der Bar ihren Spitznamen eingetragen hat, unter dem sie bei der Udineser Bevölkerung bekannt ist (auch wenn es den »paron« Pieri schon einige Jahre nicht mehr gibt). Die Mortadella und andere Wurst- und Käsesorten werden zum guten Wein gereicht.

All' Aventino

Osteria
Via Cormor Basso, 98
Tel. 04 32 / 23 43 44
Ruhetag: Montag
Betriebsferien: 10 Tage um den 15. Aug.
Geöffnet: 10 – 14.30 und 17 – 23 Uhr

Die Osteria liegt weit draußen am Stadtrand, in einem schlichten Bauernhaus, und war in den 20er Jahren Treffpunkt der italienischen Antifaschisten und Widerstandskämpfer. Heute genießt man im All' Aventino die Ruhe und Einfachheit der Umgebung und das Gespräch mit dem Wirt Maurizio Della Rosa, der mit seiner Frau Lidia vor 10 Jahren das Lokal übernommen hat. Der Weinkeller beschränkt sich aufs Wesentliche: je ein offener Weiß- und Rotwein von ordentlicher Qualität. Die Küche bietet am Abend einfache, traditonelle Gerichte wie Kräuteromeletts, Musetto, Kochsalami in Essig, Frico und Baccalà. Davor eine Minestrone, Kartoffelgnocchi und Orzo e fagioli. Mittags muß man sich mit Käse und Wurst, allerdings von hervorragender Qualität, begnügen.

Speziaria pei Sani

Enoteca mit Ausschank und Imbiß
Via Poscolle, 13
Tel. 04 32 / 50 50 61
Ruhetag: Sonntag
Keine Betriebsferien
Geöffnet: 8 – 22 Uhr

In etwas mehr als 5 Jahren haben Marinella Gori und Valentino Zanutto etwas geschafft, was viele nach den Mißerfolgen der zahlreichen Vorgänger für unmöglich gehalten haben: Die »Speziaria pei Sani« hat ihren früheren Glanz zurück und beginnt gerade wieder, in Udine der Treffpunkt für alle zu werden, die einen guten Schluck trinken oder eine edle Flasche mit nach Hause nehmen möchten. Täglich stehen mindestens 50 Weine zur Probe offen und dazu kommt ein Sortiment von weiteren 1000 Flaschenweinen. Das Lagerproblem wurde durch eine in der Nähe liegende Dependance gelöst, in die die beiden nach und nach den Mitnahmeverkauf verlegen möchten und in der sie Weinproben durchführen wollen.

Al Vecchio Stallo

Osteria
Via Viola, 7
Tel. 04 32 / 2 12 96
Ruhetag: Mittwoch
Betriebsferien: Weihn., nach Fastn., [Ostern,
100 Plätze
Preise: 20 –25 000 Lire, ohne Wein
Keine Kreditkarten
Mittags und abends geöffnet

Blanker Holzboden, Holzbalkendecke und alte Fotos von Udine an den Wänden: Enzo Mancini, genannt »Il Maresciallo« legt Wert darauf, den ursprünglichen Charakter der rustikalen Osteria nicht zu verändern. Und das kommt an. Ohne Vorbestellung ist es kaum möglich, hier einen Platz zu bekommen, denn auch das gute Preis-Leistungs-Verhältnis ist nicht unbemerkt geblieben.
Die Karte paßt sich den Jahreszeiten an: im Sommer werden große Salate angemacht oder man bereitet Kräuter- und Gemüseomeletts oder Polpette al pomodoro zu. Immer auf der Karte zu finden sind hingegen **Käse- und Kartoffelgnocchi**, **Orzo e fagioli**, **Frico**, klassische **Nervetti** und **gesalzener Käse**. Im Winter kann man sich an Kutteln, Gulasch, mexikanischem Bohnengemüse, Sardinen, Kotelett mit Polenta und Frittura mista alla Veneta (mit Herz, Leber und Niere) erwärmen. Am Freitag gibt es traditionell Baccalà. Für jeden Geschmack wird etwas geboten, das gilt auch für die Nachspeisen, darunter auch die leckere Kalorienbombe »Coppa Stallo«.
Neben heimischen Rot- und Weißweinen aus dem Collio und den Colli Orientali del Friuli bietet man auch Weine aus der Toskana und dem Piemont.

In der Boutique del Pane, Via Cussignacco 18, findet man Brot in den phantasievollsten Formen: von Sonnenblumen über Ähren bis hin zu aufwendigen Tafelaufsätzen.

Udine

All'Allegria

Osteria
Via Grazzano, 18
Tel. 04 32 / 50 59 21
Ruhetag: Montag
Betriebsferien: Ende Juli – Mitte Aug.
90 Plätze
Preise: 35 000 Lire
Kreditkarten: AE, Visa
Mittags und abends geöffnet

Wenn Sie die Atmosphäre einer typischen Udineser Osteria mit dem charakteristischen Fogolâr im Gastraum schnuppern wollen, müssen Sie das Lokal von Emilio und Angela Innocente besuchen. Hierher kommen Stammkunden aus allen Gesellschaftskreisen, Freunde, Großfamilien und Einzelgänger: das ganze Spektrum der Bevölkerung Udines.
Für einen Imbiß bleibt man im gemütlichen Schankraum und probiert zu Wein oder Bier klassische **Nervetti bolliti**, **San Daniele-Schinken**, Makrelen oder dicke Bohnen. Wer Lust hat, spielt Karten dazu. Für ein richtiges Essen nimmt man im Speiseraum Platz und probiert die klassischen Spezialitäten, die die Mutter der Wirtsleute, eine erfahrene Köchin, zubereitet: **Minestra di Orza e fagioli, Kartoffel- und Kürbisgnocchi**, Pappardelle mit Pilz- oder Rehragout als Primi, **Kalbshaxe** aus dem Ofen, **Kutteln, Baccalà alla Vicentina** oder **Musetto con la brovada** als Secondi. Dabei gilt ein fester Wochenplan: donnerstags Gnocchi, freitags Baccalà, samstags Kutteln. Bei den Nachtischen sind besonders Quarkkuchen und Apfelstrudel zu empfehlen.
Die Weine kommen von den umliegenden Erzeugern aus den Colli Orientali del Friuli.

Bei Amaro di Udine, Via Battisti 14 (gleich neben der historischen Apotheke), bekommt man den gleichnamigen, wohlschmeckenden Magenbitter, hergestellt nach der Rezeptur der Dr. Colutta aus Kräutern und Wurzeln und ohne jegliche Zuckerzusätze.

Alla Colonna

Osteria
Via Gemona, 98
Tel. 04 32 / 51 01 77
Ruhetag: Sonntag
Betriebsferien: unterschiedlich
70 Plätze + 45 im Freien
Preise: 45 – 50 000 Lire, ohne Wein
Kreditkarten: alle
Mittags und abends geöffnet

Das ideale Ziel für alle, die sich ein wenig am Tresen oder rund um den Kaminofen aufhalten möchten, um bei einem Glas Wein der alten Zeiten zu gedenken. Wer hingegen eine vollständige Mahlzeit im Auge hat, nimmt im Speiseraum Platz, den die Inhaber Renato Rosso und Gino Cesarato stilgerecht renoviert haben: Steinmauern, Boden und Decke in Holz, rustikales, aber trotzdem funktionales Mobiliar. Die Küche ist ländlich-traditionell ausgerichtet: **Gnocchi**, karnische **Cjarsòns**, Crespelle, Kutteln, **Baccalà alla vicentina** (unvermeidlich am Freitag), **Schweinshaxe**, **Gulasch** und im Herbst montags und dienstags Bollito. In der Saison Pilze und Trüffel.
Der Donnerstagabend, Freitag und Samstag gehören den **Fischgerichten** (was die Preise etwas anhebt): Seppie und Gambaretti mit Kartoffeln, Granseola, Spaghetti mit Hummersauce oder Nachen, Risotto ai frutti di mare, Fischtöpfe und Gegrilltes. Sorgfalt herrscht auch bei der Zubereitung der Desserts wie Strudel, Zuppa inglese und Tiramisù.
Neben offenem Roten und Weißen aus den Colli Orientali hat Gino ein breites Angebot an italienischen und internationalen Flaschenweinen zusammengestellt.

In der Via Gemona 36 sollten Sie im Caffè Caucigh, dem ältesten Café der Stadt, vorbeischauen. In der Via Pordenone 16 befindet sich ein Ladengeschäft des Consorzio Friulano, in dem man Obst und Gemüse, Käse, Joghurt und Vollkornmehl kaufen kann.

Buffet Max

Trattoria
Via Cividale, 268
Tel. 04 32 / 58 09 50
Ruhetag: So., im Sommer auch Sa.
Betriebsferien: 2 Wo. um den 15. Aug.
35 Plätze
Preise: 30 000 Lire, ohne Wein
Kreditkarten: Visa
Mittags und abends geöffnet

Alessandro Morandini hat das »Buffet Max« auf seine Bedürfnisse zugeschnitten. Die Einrichtung ist einfach, und es gibt nur einen Saal (die Klimaanlage wird vernünftig eingesetzt). Auf dem Tresen bzw. von einem Balken hängend ist eine Reihe Salumi und Antipasti (Sarde in saor, diverse Gemüse usw.) appetitmachend zur Schau gestellt. Das Prelude bilden dann auch Salami »a punta di coltello«, gekräuterter Speck oder gerollter Bauchspeck (auch heiß und knusprig gebraten) von seltener Güte. Theoretisch gibt es eine Speisekarte, doch führt Alessandro – von allen nur Max genannt – den Gast lieber selber durch das Angebot; wobei er weniger informiert denn mit einigem (sympathischem) Nachdruck vorschlägt. Exzellent sind seine **Suppen** (von **Borlotti-Bohnen mit Rotwein und Rippen**, von Dinkel, von Cannellini-Bohnen), die handgemachte Pasta mit verschiedenen Saucen (von Huhn, Ochsenbacke oder frischen Tomaten), die **Bigoli mit Sardinen**. König unter den Secondi ist der große **Bollito misto** mit diversen Teilen von Schwein und Kalb, auch Cotechino, Zunge und Nervetti; Sie können auch einen Braten vom Wagen aussuchen (Kalbs- oder Schweinshaxe, Huhn, Perlhuhn, Kaninchen) oder Schälrippen aus dem Ofen, eine Spezialität. Im Sommer begleiten gemischte Salate kalte Köstlichkeiten wie Carpaccio, Käse und Aufschnitt.
Das Weinangebot ist begrenzt, enthält aber einige gute friaulische Marken, die dem herzhaften Essen gewachsen sind.

Sandro Paoletti (Via Torriani, 15) offeriert in seiner Casa degli Spiriti das Beste, was Friaul an Wein und Grappa hervorbringt; daneben hat er ein großes nationales und internationales Angebot, auch Öl aus der Toskana und Pasta aus Latium.

Udine

Da Irvana

Osteria
Via Colugna, 13
Tel. 0432/481037
Ruhetag: Sonntag
Betriebsferien: im August
100 Plätze + 50 im Freien
Preise: 25–30000 Lire
Keine Kreditkarten
Mittags und abends geöffnet

Irvana und Silvano Dri haben Mut bewiesen, als sie vor ein paar Jahren ihre Osteria in Stadtrandlage eröffneten. Es war die Zeit, zu der viele alteingesessene Osterie schließen mußten oder sich in Pizzerie verwandelten. Aber die Familientradition (ein anderer Zweig der Dris führt das »Ramandolo«), die Fachkenntnis und der Einsatz von Irvana, Silvano und der Kinder Laura und Guido haben das Lokal in wenigen Jahren zu dem bekanntesten der Stadt gemacht. Vormittags kommen viele Kunden auf einen Kaffee herein. Von der Stunde des Aperitifs an herrscht hier dann Hochbetrieb. Am Tresen stehen die Tajut-Jünger, in den ansprechenden Speiseräumen oder im Sommer draußen wird gegessen wie in einer schönen Trattoria. Wer in Eile ist, wird am Tresen im Stehen verköstigt. Das Speisenangebot ist wahrlich umfangreich. Es reicht von typisch friaulischen Gerichten (**Orzo e fagioli**, **Polenta e musetto**, **Brovada**, Salsiccia mit Polenta, Schweinshaxe) bis zu Klassikern der guten Gastronomie wie **Kartoffelgnocchi**, Aufläufen mit Gemüse oder Pilzen, Trippa; freitags gibt es Tintenfisch mit Polenta, **Baccalà** sowie **Aal**. Dabei wird auch auf die Gäste Rücksicht genommen, die nach dem Mittagessen wieder an ihren Arbeitsplatz zurückkehren müssen. Daher bekommt man jede Menge Gemüse. Irvanas Spezialität sind jedoch die **Kalbfleischbällchen mit Sugo**.
Die Liste der Weine ist eine der bestsortierten der Stadt. Wo kann man sich schon ein Glas Schioppettino bestellen?

Panificio Pasticceria Nadalutti, Viale Volontari della Libertà 60: Hier gibt es ohne Zweifel die besten Eclairs der Stadt.

Udine

La Ciacarade

Osteria – Trattoria
Via San Francesco, 6
Te. 0432/510250
Ruhetag: Sonntag
Betriebsferien: August
30 Plätze
Preise: 25 000 Lire
Keine Kreditkarten
Mittags und abends geöffnet

»Ciacarade« bedeutet »Plausch«, und in der Tat ist diese Osteria im Zentrum von Udine ein idealer Treffpunkt für Freunde, die bei einem Glas Wein ihre Gedanken austauschen möchten. Seit 1976 wird das von Banken, Angestelltenbüros, öffentlichen Ämtern und Geschäften umgebene Lokal von Wernitznig-Scilipoti geführt. Auch an Gästen aus der Politik mangelt es nicht, befindet man sich doch im gleichen Gebäude wie die Vertretung der Region Friaul-Julisch-Venetien.
Bereits am Eingang wird der Blick auf eine Vielzahl kleiner Leckereien gelenkt, die die beiden Schwestern Lucia und Daria zubereitet haben. Probieren Sie von allem ein bißchen: traditionelle **Polpetta**, Frittate, **Polentacrostini** mit Käse, Wurst, **Muset**, Kroketten, Tramezzini und vieles mehr. Wer Zeit hat nimmt, im gemütlichen Gastraum Platz und bestellt sich ein paar der klassischen Gerichte aus Friaul und Umgebung: **Pasta e fagioli**, Gemüsesuppe, **Kutteln**, **Kartoffelgnocchi**, **Gulasch**, **Baccalà**. Im Sommer ersetzt Koch Pietro einige dieser typischen Wintergerichte durch leichtere Speisen wie Auberginenauflauf oder Vitello tonnato.
In der Regel bietet man offenen Tocai, Merlot und Cabernet aus dem Collio oder den Colli Orientali an. Dazu kommt ein kleines Sortiment an regionalen Flaschenweinen.

In der Baita dei Formaggi, in der Via delle Erbe 1b, finden Sie ein breites Sortiment an Montasio aus der Gegend sowie weitere Sorten aus dem übrigen Italien und dem Ausland. Ausgezeichnet ist die geriebene Käsemischung für den typischen Frico.

Valvasone

20 km östlich von Pordenone

Alla Scala

NEU

Hotelrestaurant
Via Battisti, 7
Tel. 0434/899366
Ruhetag: Mittwoch
Betriebsferien: 2. Julihälfte
40 Plätze + 20 im Freien
Preise: 45 000 Lire, ohne Wein
Kreditkarten: CartaSi, Visa
Mittags und abends geöffnet

Parken Sie das Auto am Stadtrand und genießen Sie den Spaziergang ins herrliche, mittelalterliche Stadtzentrum, wo Sie der Optik dieses alten Lokals vermutlich nicht werden widerstehen können. Wegen Renovierungsarbeiten eine Zeitlang geschlossen, hat es nun eine geschickte Raumaufteilung und eine geschmackvolle Einrichtung erhalten. Der Eingangsbereich wird als Osteria und Enoteca genutzt, danach folgen zwei weitere Gasträume (einer mit typischem Fogolâr in der Mitte), und im hinteren Teil schließlich noch ein ruhiger Garten mit schattiger Laube.
Die Leitung wurde drei jungen Leuten anvertraut (Franco und Katja im Service, Renato in der Küche), die bereits einige Erfahrung auf dem Gebiet haben. Die Sorgfalt bei der Zubereitung der Gerichte, die Vielfalt der Angebote (dienstags sardischer Abend, am Wochenende Fisch, monatlich eine neue Karte) und der freundliche Service tragen zur Beliebtheit bei. In der Küche sucht man nach einem eigenen Stil, setzt auf Erlesenes und greift dabei auch auf alte regionale Rezepte zurück.
Unter den köstlichen Vorspeisen finden sich **Sfilacci di puledro affumicato** mit Feldsalat und Dinkel, **Suf di polenta** mit gesalzenem **Käse** aus Enemonzo und vorbehandelter San-Daniele-Schinken. Bei den Primi waren besonders gut die **Blecs aus Buchweizenmehl**, geräucherte Ricotta sowie Orzotto mit Tomaten und Zucchini. Die Secondi sind nicht ganz so ausgefallen: Lammkarré in Aceto balsamico mit Tomaten und schwarzen Oliven, Entenbrust mit Wacholderbeeren. Sorgfältig zubereitete Nachspeisen wie Waldfrüchtegratin oder Apfelquarkküchlein mit Erdbeersauce runden das Angebot ab. Die bereits jetzt gute Weinkarte wird noch Monat für Monat erweitert.

Venzone

33 km nordwestlich von Udine, S.S. 13

Caffè Vecchio

Bar – Trattoria
Via Mistruzzi, 2
Tel. 0432/985011
Ruhetag: Dienstag
Betriebsferien: unterschiedlich
50 Plätze
Preise: 35–40000 Lire, ohne Wein
Alle Kreditkarten
Mittags und abends geöffnet

Venzone, ehedem eine wunderbare kleine mittelalterliche Stadt, ist eines der gelungensten Beispiele für den Wiederaufbau nach dem Erdbeben von 1976. Es legt auf anschauliche Weise Zeugnis davon ab, wie man von vorne beginnen kann, ohne dabei die Vergangenheit zu verleugnen. Die Familie Madrassi führt die Trattoria »Caffè Vecchio« (die Bar besteht seit 50, das Restaurant seit 25 Jahren). Vorher hat die Familie in Venezuela gewohnt, Angeles hat zudem spanische Wurzeln. Man muß also nicht überrascht sein, daß man im »Caffè Vecchio« eine echte Paella (auf Vorbestellung) bekommt – Angeles' Spezialgericht und die einzige Ausnahme unter den sonst ausgesprochen traditionellen Speisen, die von Sohn Mauro zubereitet werden. Wir empfehlen Ihnen die köstlichen **Cjarsòns**, die mit Rosinen, Zimt, Dill, Kartoffeln, Petersilie und Zucker hergestellt werden, die drei Primi (die Nudeln sind hausgemacht), die Arrosti – Kalbsbrustspitz, Schweinekeule und Zicklein –, die im Winter im großen Herd im Speisesaal am Spieß gebraten werden, und das ausgezeichnete **Filet vom Fohlen**. Als Nachtisch hausgemachte Crostate, Tiramisù und Strudel. Im Oktober, wenn in Venzone das Kürbisfest gefeiert wird, bietet das »Caffè Vecchio« ein ganzes Menü aus dieser mächtigen Frucht an.

In der Via Pontebbana kann man den Genossenschaftsladen der Agricola Alto Friuli besuchen. Hier finden Sie Montasio in allen Reifegraden, zum Teil in Trester gelagert, außerdem Ricotta und frischen, in feine Streifen geschnittenen Käse, der sich ausgezeichnet für den Frico eignet.

JULISCH-VENETIEN

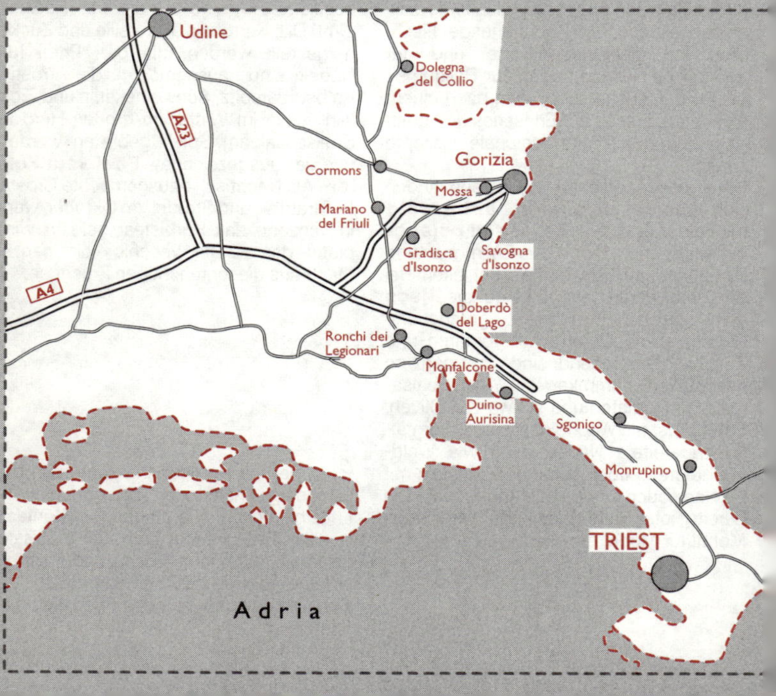

Pordenone
A28
A4
Udine
A23
Gorizia
Cormons
Gradisca d'Isonzo
Ronchi dei Legionari
TRIEST
Adria

Udine
A23
A4
Dolegna del Collio
Cormons
Gorizia
Mossa
Mariano del Friuli
Gradisca d'Isonzo
Savogna d'Isonzo
Doberdò del Lago
Ronchi dei Legionari
Monfalcone
Duino Aurisina
Sgonico
Monrupino
TRIEST
Adria

Cormòns

13 km westlich von Gorizia, S.S. 56

Enoteca di Cormòns

Enoteca mit Imbiß
Piazza XXIV Maggio, 21
Tel. 04 81 / 63 03 71
Ruhetag: Dienstag
Betriebsferien: 2 Wochen im Febr.
90 Plätze
Preise: 7 – 15 000 Lire
Kreditkarten: MC, Visa
Geöffnet: 10.30 – 13 und 17 – 21.30 Uhr

In Cormòns, dem zwischen sanften Hügeln und der Friaulischen Ebene gelegenen Hauptort des Collio, durfte ein würdiger Rahmen für Weinproben nicht fehlen. Die Enoteca, die im linken Flügel des historischen Palazzo Locatelli – in einem besonders schönen Stadtviertel – untergebracht ist, wird von der Gemeinde Cormòns zusammen mit einer Gruppe von Weinerzeugern betrieben. Die Räumlichkeiten bestehen aus dem großen Ausschank, einem Saal für Weinproben und einem kleineren Raum für Proben in kleiner Runde, außerdem gibt es einen wunderbaren Innenhof. Klar, daß die Collio-Weine den Löwenanteil in der Enoteca stellen, doch zeigt sich an einigen Flaschen Gattinara, Chianti und Brunello di Montalcino die enge Verbundenheit mit der »Associazione Città del Vino«. Einige appetitliche Häppchen stehen als Begleitung zum Wein bereit (von Hand geschnittener Schinken aus **San Daniele** und von D'Osvaldo, frischer oder gereifter Montasio-Käse, Salami und die typische **Gubana** (Hefekuchen mit Nußfüllung).
Bei der Auswahl und Abstimmung mit dem Wein berät Lucia kompetent, das Preis-Leistungs-Verhältnis ist vorzüglich. Auf Anmeldung werden Weinproben mit Erläuterungen, auch für Gruppen und in deutscher Sprache, veranstaltet.

Im Forno di Simone (Via Matteotti) bekommt man hervorragendes dunkles Brot und Kleingebäck. »Surtur«, Brot aus Maismehl, bietet Cidin an (Viale Friuli). Ausdauer und Glück sind nötig, um einen der in kleinen Stückzahlen hergestellten Schinken von D'Osvaldo (Via Dante, 40) genießen zu können. Sonst sehen Sie sich dort die interessante Produktionsstätte an und probieren es bei Marisa Tomadin (Via Cuman, 5), die auch einen ausgezeichneten geräucherten Ricotta verkauft.

Doberdò del Lago

13 km südlich von Gorizia (Görz), S.S. 55

Branco Perìc

Trattoria – Gostilna
Ortsteil Marcottini
Via Preseren, 10
Tel. 04 81 / 7 81 17
Ruhetag: Mi.abend und Donnerstag
Betriebsferien: 25. Aug. – 7. Sept.
70 Plätze + 50 im Freien
Preise: 36 000 Lire, ohne Wein
Keine Kreditkarten
Mittags und abends geöffnet

Wer die Hochstraße von Ronchi dei Legionari nach Doberdò entlangfährt, kommt zwangsläufig an der Gostilna von Branco Perìc vorbei. Auf der linken Seite erwartet Sie ein hübscher Garten – während der schönen Jahreszeit ein begehrter Platz zum Mittagessen. Drinnen, im großen Speisesaal, dreht sich alles um den weißen, für die Gegend an der Grenze zu Slowenien typischen Majolika-Ofen. Hier ist die slawische Kultur noch sehr lebendig und tief verwurzelt, und ihr Einfluß macht sich vor allem in der Küche wohltuend bemerkbar. Die Familie Perìc übernahm das Lokal bereits im Jahr 1963, 1977 erfolgte dann die gelungene Übergabe durch Mamma Floriana an den Sohn Branco und seine Frau Rosanna, die »wohl oder übel« das Kochen übernehmen mußte und sich im Laufe der Zeit zu einem echten Profi entwickelt hat, der es versteht, die traditionellen Gerichte der Gegend ins rechte Licht zu setzen.
Als Vorspeise werden je nach Jahreszeit heimische Salami oder Pancetta und roher Schinken oder Wildschweinschinken angeboten. Bei den Primi ragen vor allem die mit **Zwetschgen** oder Johannisbeeren gefüllten **Knödel** (die mit zerlassener Butter und Zimt serviert werden), die Gnocchi mit Wildragout, die **Jota**, die hausgemachten **Blecs con il sugo d'anatra**, der Rotolo di pasta mit Ricotta und Minze und die Omeletts mit Gemüsefüllung hervor. Bei den Secondi überwiegen Fleischgerichte: **Wild**, Wildschwein mit Polenta, riesige **Schweinshaxen** und Schmorbraten. Es ist geradezu ein Muß, das Mahl mit der köstlichen **Pasta crema** – Rosannas Meisterstück – und dem klassischen Quitten-, Pfirsich- oder Kirschstrudel zu beschließen.
Der Weinkeller setzt vor allem auf Terrano-del-Carso- und offene Collio-Rotweine, er bietet aber auch die ein oder andere Marke von heimischen Erzeugern.

Dolegna del Collio

24 km nordwestlich von Gorizia (Görz)

Frasca al Collio

Bauernhof
Ortsteil Restocina, 12
Tel. 0481/639897 und 614 43
Ruhetage: Montag und Dienstag
Betriebsferien: 1. – 20. Juli
150 Plätze + 100 im Freien
Preise: 20 000 Lire, ohne Wein
Kreditkarten: AE
Mittags und abends geöffnet

Auf diesem Ferienbauernhof ist die Küche nie geschlossen, und Sie können deshalb auch für einen kleinen, äußerst preiswerten Imbiß haltmachen. Lucia Plaini stellt täglich frische, handgemachte Tagliatelle und **Gnocchi** her und serviert sie mit **Saucen auf Gemüsebasis** (Sclopit, d.h. wilde Hopfensprossen, in der Saison auch mit Spargel und Pilzen) oder, ebenfalls je nach Jahreszeit, mit **Wildragout**. Da die Männer in Lucias Familie allesamt passionierte Jäger sind, bereitet man Ihnen auf Vorbestellung **Braten vom Wildschwein** und anderes Wild und Geflügel im Ofen oder im Schmortopf zu. Die Zutaten für die übrigen Hauptgerichte tummeln sich auf dem Hof: Enten, Hühner, Truthähne und Perlhühner. Auch die Wurstwaren werden aus dem Fleisch von Schweinen aus eigener Haltung hergestellt. Einige typische und traditionelle Gerichte der Gegend stehen immer bereit: **Frico mit Kartoffeln**, Kräuteromelett, Gemüse- und Brennesselauflauf, Tagliolini mit Enten- oder Kaninchenragout. Die **Salami in Essig** und Zwiebeln mit gegrillter **Polenta** ist eine regelrechte Kalorienbombe. Zum Abschluß sollten Sie den **Strudel**, den Apfelkuchen oder Pane bianco al burro (Hefekuchen) probieren, das es allerdings nur freitags und samstags gibt.
Der Betrieb stellt auch eigenen Wein her: drei frische Weißweine und vier robuste Rotweine stehen zur Auswahl, die alle im Restaurant offen ausgeschenkt werden. Von September bis Juni werden ab und zu kleine Serenaden veranstaltet.

In der Ortschaft **Trussio di Ruttars** (1 km von Restocina) finden Sie in der alten Mühle Tuzzi Mais-, Weizen- und Buchweizenmehl; die Spezialität der Mühle sind Graupen.

Duino Aurisina

16 km nordwestlich von Triest, S.S. 14 und E 202

Sardoc

NEU

Osteria
Ortsteil Slivia, 5
Tel. 040/200225
Ruhetag: Montag und Dienstag
Betriebsferien: Januar bis März
120 Plätze
Preise: 30 000 Lire, ohne Wein
Kreditkarten: alle
Mittags und abends geöffnet

Wir sind hier mitten auf dem Carso-Plateau, nur einen Steinwurf vom bezaubernden Baia di Sistiana und den alten römischen Steinbrüchen entfernt, umgeben von Wäldern, Dolinen und schroffen Felsen. Slivia ist ein ruhiges, grünes Paradies, und genau hier steht die Osteria der Familie Sardoc. Die Visitenkarte ist der schöne Hof, in dem man in der warmen Jahreszeit sein Essen einnehmen kann. Drinnen zwei unterschiedlich große Speisesäle und davor ein Laubengang.
Der Phantasie wird nur wenig Raum gegeben, denn das Speisenangebot ist ausgesprochen traditionell: **Kartoffelgnocchi**, Rollata di spinaci, **Crespelle mit Kräutern** und im Winter Minestroni. Von den Secondi sollten Sie einmal die **Lubianska** (paniertes Beefsteak mit Schinken-Käse-Füllung), die gebratene Kalbs- und **Schweinshaxe**, das fritierte Hähnchen, das Grillfleisch und die **Cevapcici** (fein gewürzte Hackfleischröllchen) mit Beilagen der Saison probieren. Gläser, Geschirr und Tischwäsche sind hochwertig, der Service, für den Roberta und Ranko, die Enkel der Gründer, zuständig sind, ist korrekt.
Mehr als anständig die Auswahl der Weine, bei denen Weißweine von Carso- und Collio-Erzeugern überwiegen.
Bei »Sardoc« einzukehren, ist eine angenehme Erfahrung, die es einem ermöglicht, die typische Küche des Carso-Plateaus in einem einfachen und gut geführten Betrieb zu genießen, und das zu angemessenen Preisen und in einem ausgesprochen angenehmen Ambiente.

In der Markthalle in der Via Boccaccio werden täglich vom Morgengrauen bis 13 Uhr mittags alle Arten von Pilzen und Gemüse angeboten. Außerdem finden Sie dort interessante kleine Wurst- und Käsegeschäfte. Einen Besuch lohnt auch die Bottega del Vino im beeindruckenden Schloß in Görz.

Gorizia (Görz)

Alla Luna

Trattoria
Via Oberdan, 13
Tel. 0481/530374
Ruhetag: So.abend und Montag
Betriebsferien: zweite Augusthälfte
40 Plätze + 20 an der Theke
Preise: 15–35 000 Lire, ohne Wein
Keine Kreditkarten
Geöffnet: 8.30–15.30 u. 17.30–23 Uhr

Die Familie Pintar führt dieses Lokal seit nunmehr fast 50 Jahren. Milan ist für die Küche zuständig, wo er abwechselnd von seiner Frau und der Tochter Elena unterstützt wird, die sich auch um das Restaurant und die Theke kümmern. Das Ambiente ist freundlich und familiär, das Speisenangebot steht ganz im Zeichen der Tradition der Donaumonarchie, und an der Theke wird man nach Görzer Sitte bedient.
Sie bekommen hier eine Jota, eine Minestrone mit Gerste oder Gemüse der Saison, ausgezeichnete **Brotknödel mit Gulasch**, **Zwetschgenknödel** und Kartoffelknödel all'antica (mit Bratwurst und geräucherter Ricotta) oder auch das klassische **Gulasch mit Polenta**. Freitags ist Fischtag, und im Winter gibt es stets auch Polenta mit Baccalà und eine leckere gebratene Haxe. Daneben findet man eine ganze Reihe jahreszeitlich geprägter Gerichte, wie **Risotti** (mit Pilzen, Kräutern, Erbsen oder anderem Gemüse), geschmorte Pilze mit Polenta und ein sättigendes **Kräuteromelett**. Knödel (Bleki) und Paste (Maltagliati) werden täglich frisch zubereitet. Hausgemacht sind auch die Desserts: Apfelstrudel, **Palatschinken** mit Marmelade oder Schokolade, Crostata mit Früchten der Saison.
Am Vormittag kann man an der Theke einen Imbiß mit kleinen warmen Gerichten (Gulasch, panierte Sardinen, fritierte Zucchiniblüten, Hackfleischbällchen) oder kalten Speisen (Wurst und Schinken, hausgemachte Coppa, Käse und, im Frühjahr, Osterschinken mit Kren) zu sich nehmen.
Die offenen oder selbst abgefüllten Weine stammen aus dem gorizianischen Collio. Das »Alla Luna« liegt genau gegenüber dem Haupttor von Görz und macht mit seinem typischen schmiedeeisernen Wirtshausschild auf sich aufmerksam.

Gorizia (Görz)

Rosenbar

Trattoria
Via Duca d'Acaia, 96
Tel. 0481/522700
Ruhetag: Sonntag und Montag
Keine Betriebsferien
50 Plätze + 60 im Freien
Preise: 35–40 000 Lire, ohne Wein
Kreditkarten: CartaSi, MC, Visa
Mittags und abends geöffnet

Das Lokal ist in einem wunderschönen, herrschaftlichen Jugendstilhaus mitten im Stadtzentrum gegenüber dem Parco della Rimembranza untergebracht, der Zeugnis einer leidvollen Vergangenheit ist. Das »Rosen« hat sich die Pflege der gastronomischen Traditionen der Stadt zum Ziel gesetzt, und so zeichnet es sich auch durch die angenehme Atmosphäre einer alten Osteria aus. Und im Garten mit der Pergola können sich die Kleinen austoben, man kann dort aber selbstverständlich, unter den umsichtigen Augen Pieros, auch die Köstlichkeiten der Köchin Michela genießen. In ihrer klassischen Küche spiegeln sich auch die verschiedenen Kulturen wider, die die Stadt im Laufe der Jahrhunderte geprägt haben.
Die Speisekarte läßt eine gewisse Vorliebe für Fischgerichte erkennen, und so werden je nach Jahreszeit **Calamari mit Gemüsefüllung**, Fischsuppe, geschmorter Tintenfisch und panierte Sardellen angeboten. Aber auch einfache, traditionelle Gerichte wie **Kürbis**- oder **Zwetschgenknödel**, Tagliatelle mit heimischer Wurst, Bavette alle verdure oder **Kartoffelstrudel** mit Rucola fehlen nicht. Außerdem spielen **Pilze**, insbesondere Steinpilze, die man hier als Salat oder in der Pfanne zubereitet, eine wichtige Rolle. Fleisch bekommt man in Form von Tatar oder als klassisches Gulasch. Die **Desserts**, darunter Sacher- und Linzer Torte, Pita di mele, Apfelstrudel und Palatschinken, sprechen verschiedene Sprachen.
Bei den Weinen ragen vor allem die Erzeugnisse aus den drei DOC-Gebieten Isonzo, Collio und Carso hervor.

Bei Alimentari Mosetti in der Via del Carso 27 finden Sie eine große Auswahl an Käse- und Wurstspezialitäten aus Friaul, außerdem Speck, Marmeladen, Paste aus eigener Herstellung und typische Süßwaren sowie Weine aus der Gegend und aus aller Welt.

Gradisca d'Isonzo

12 km südwestlich von Gorizia (Görz), S.S. 351

Al Parco

NEU

Trattoria
Via Carducci, 10
Tel. 0481/960796
Ruhetag: Montag
Betriebsferien: Okt. und Nov.
40 Plätze + 40 im Freien
Preise: 30–35 000 Lire, ohne Wein
Kreditkarten: die bekannteren
Mittags und abends geöffnet

Die neuen Inhaber, Marco Mondial und Claudio Brigante, brachten nicht nur frischen Wind ins »Al Parco«, sondern verbreiten auch eine freundliche Atmosphäre, die sich zudem durch Professionalität auszeichnet. Trotz des neuen, jugendlichen Schwungs kann man hier aber nach wie vor unter den ausladenden Kronen der Kastanienbäume die Ruhe genießen.
Beginnen können Sie mit den Vorspeisen (die man auch an die Tische vor der Theke serviert bekommt), von denen uns besonders der **Schinken** und die **Pancetta d'Osvaldo**, der **Montasio-Käse**, die Hackfleischbällchen, die warmen Tortini und die panierten Sardellen in Erinnerung geblieben sind. Von den Primi empfehlen wir Ihnen vor allem die hausgemachten **Ravioli** und die Gnocchi mit Gemüse der Saison oder aber die **Minestrone mit Bohnen** oder Kutteln. Groß ist die Auswahl bei den Secondi: Rumpsteak, Roastbeef, Rinder- oder Schweinelende mit Gorgonzola oder Ricotta, Strudel mit Schinken-, Spinat-, Auberginen- oder einer anderen Gemüsefüllung, **Gulasch** und **Baccalà** mit Bratkartoffeln. Je nach Jahreszeit bekommt man außerdem Fleischgerichte mit Kräutern, wildem Spargel und Pilzen. Im Sommer serviert man Ihnen eine gemischte Platte mit Bresaola, Rucola und Eierkuchen mit Steinpilzen, im Herbst gibt es einen randvoll mit Bolliti und heimischen Würsten beladenen Wagen. Den Abschluß bilden Apfel-, Birnen- oder Quarkstrudel, eine Fruchtmousse oder ein Obstsalat.
Dazu trinkt man einen Verduzzo aus Friaul oder einen Ramandolo. Darüber hinaus gibt es eine kleine Auswahl an Collio-Weinen und einige gute offene Weine.

In der Metzgerei von Vinicio Cargnel in **Lucinico** (10 km), Piazza San Giorgio 9, bekommen Sie ausgezeichnete Würste aus eigener Herstellung.

Grandisca d'Isonzo

12 km südwestlich von Goriza (Görz), S.S. 351

Mulin Vecio

Osteria
Via Gorizia, 2
Tel. 0481/99783
Ruhetag: Mittwoch und Donnerstag
Betriebsferien: unterschiedlich
150 Plätze + 100 im Freien
Preise: 25–30 000 Lire, ohne Wein
Keine Kreditkarten
Geöffnet: 10.30–14 und 17–24 Uhr

Leonardo da Vinci baute die mächtigen Stadtmauern von Gradisca d'Isonzo, die noch erhalten sind. Außerhalb dieser Mauern steht in einem Kastanienwäldchen die alte Mühle, in der heute eine Osteria untergebracht ist. Man sieht noch das alte Holzrad, das das Wasser aus dem Kanal schöpft, die Holzbalken und den Holzfußboden. Auf der langen Theke sind die Spezialitäten des Hauses aufgereiht: Schinken, Würste, Käse, eingelegtes Gemüse und eine riesige Mortadella di Bologna. Wenn Sie im »Mulin Vecio« einkehren, dürfen Sie nicht in Eile sein, denn hier herrscht immer Hochbetrieb. Außerdem werden hier Schinken und Würste nicht einfach gegessen, sondern zelebriert. Wie es das Ritual verlangt, wird der **Schinken** hier grundsätzlich von Hand aufgeschnitten. Die Scheiben haben immer genau die richtige Stärke: hauchdünn der Schinken, die Salami etwas dicker, die Mortadella schneidet man in Würfel. Heiß und mit etwas Meerrettich wird der **Schinken in Brotteig** gegessen. Außerdem findet man **Nervetti** (Kalbsknorpelsalat), **Suppe mit Nudeln und Bohnen** oder **mit Graupen** (sehr gut), hausgemachten Apfelstrudel und – um die winterliche Kälte zu bekämpfen – einen willkommenen Pfirsich in Wein.
Trinken kann man Bier vom Faß, offene Weine aus dem nördlichen Collio oder Flaschenweine aus der Region.

Enoteca La Serenissima, Via Battisti 26: große Auswahl an Weinen aus der Umgebung sowie Spezialitäten wie Gubana, Bispolenta, Grappa. Im Stadtpark von Gradisca findet dienstags und samstags Markt statt. Der Käse ist ausgezeichnet.

Grandisca d'Isonzo

12 km südwestlich von Gorizia (Görz), S.S. 351

Sant'Elena

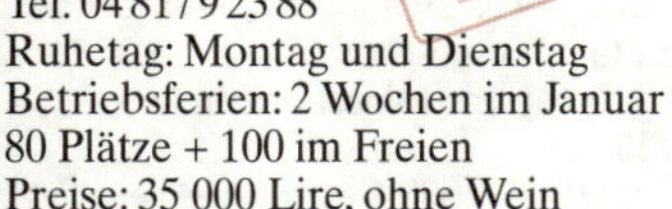

Bauernhof
Via Gasparini, 1
Tel. 0481/92388
Ruhetag: Montag und Dienstag
Betriebsferien: 2 Wochen im Januar
80 Plätze + 100 im Freien
Preise: 35 000 Lire, ohne Wein
Keine Kreditkarten
Mittags und abends geöffnet

Ein schönes, gut restauriertes Herrenhaus, umgeben von einem jahrhundertealten Park und eingebettet zwischen einem Weinberg und einem 16 ha großen Gemüsegarten – das ist das Reich der Familie Vescovo.
Das Ambiente bietet sich geradezu für ein Essen im großen Kreis an, aber auch Ruhesuchende kommen, vor allem an den Abenden, wenn weniger Betrieb herrscht, auf ihre Kosten. Es werden ausschließlich Erzeugnisse aus dem eigenen Garten und dem eigenen Stall (Hähnchen, Masthühner, Gänse, Puten und Enten) verwendet, und die Gerichte, zu denen man duftendes Brot aus der Bäckerei Cauzer bekommt, folgen stets dem Lauf der Jahreszeiten.
Die Vorspeisen reichen von hausgemachter Wurst, Schinken und Käse über Frittate mit Kräutern oder Wurst bis hin zu leckeren Gemüseaufläufen. Für Anhänger der traditionellen Küche gibt es **Pasta e fagioli** oder **Gnocchi** – mit verschiedenen Saucen oder alla cacciatora. Als Secondi werden geschmortes Huhn, Arista di maiale, Puten- oder **Gänsebraten** (nur im Winter), **gebratene Haxe** mit Kartoffeln oder **Verze in padella** angeboten. Und beim Dessert hat man die Wahl zwischen verschiedenen, ganz köstlichen Tiramisùs, Obstkuchen und hausgemachtem Strudel.
Das Angebot an Weinen umfaßt neben zehn offenen Weinen aus eigener Produktion auch DOC-Erzeugnisse aus dem Isonzo-Gebiet, die alle auch zu vernünftigen Preisen zum Kauf angeboten werden.

In der Innenstadt, an der Piazza Marconi 8, finden Sie die Panetteria-Pasticceria Ludovico Cauzer, die ihr Gebäck und die verschiedenen Brotsorten noch nach traditionellen Methoden herstellt. In **Farra d'Isonzo** (1 km) sind die Wurst- und Fleischwaren von Aldino Orzan, Via Dante 43, zu empfehlen.

Mariano del Friuli Corona

12 km südwestlich von Gorizia (Görz)

Al Piave

Trattoria
Via Cormòns, 6
Tel. 0481/69003
Ruhetag: Dienstag
Betriebsferien: 1.–15. Feb., 1.–15. Juli
30 Plätze + 20 im Freien
Preise: 35–40 000 Lire, ohne Wein
Kreditkarten: die bekannteren
Mittags und abends geöffnet

Patrizio Fermanelli, der Inhaber des Lokals, macht aus seiner Herkunft – er stammt aus den Marche – kein Hehl, und so serviert er als Primi (Tagliolini mit Rucola, Tagliatelle mit Ente, **Gnocchi con la lepre**, um nur einige zu nennen) gerne die Gerichte seiner Heimat, auf die er besonders stolz ist. Die Primi sind zwar alle ausgezeichnet, doch eine wirkliche Überraschung waren für uns die Fleischgerichte. Das Fleisch, das nur von bester Qualität ist, kommt aus ausgesuchten Zuchtbetrieben Italiens, Frankreichs und Irlands. Das **Rindersteak** und die **Kalbshaxe**, die wir probiert haben, waren vorzüglich im Geschmack und ausgesprochen zart. Aber auch das **Wildschweinragout**, die Perlhuhnbrust mit Schnittlauch, das Schweinefilet mit Balsamico-Essig und das **Grillfleisch** (Costine d'agnello, Confit d'oca sowie die klassischen Koteletts und Steaks) stehen ihnen in nichts nach.
Patrizio, der an der Theke von seinem Vater und im Restaurant von seiner Mutter und seiner Verlobten unterstützt wird, bietet außerdem eine interessante Auswahl an **Vorspeisen** an, die er aus Zutaten kleiner Erzeuger aus dem Trentino herstellt. Wir würden Ihnen den gemischten Vorspeisenteller empfehlen, denn so haben Sie die Möglichkeit, von allem (vom Hirschcarpaccio über Wildschweinspeck und geräuchertes Schweinefilet bis hin zur Gänsebrust) etwas zu probieren. Die Desserts – Birnentorte, Panna cotta und Crème brûlée – sind allesamt hausgemacht.
Als Begleiter kann man eine Karaffe mit gutem offenen Wein aus der Gegend um Mariano und Corona wählen oder sich aus der anständigen Auswahl an Flaschenweinen etwas aussuchen. Von den sorgfältig gedeckten Tischen und der geschmackvollen Einrichtung sollten Sie sich nicht täuschen lassen, denn im »Piave« herrscht noch immer die heitere, angenehme Atmosphäre der klassischen Trattoria.

Monfalcone · Zochet

22 km südwestlich von Gorizia (Görz), S.S. 305 oder A 4

Al Castellieri

Trattoria
Ortsteil Zochet
Tel. 0481/475272
Ruhetag: Dienstag und Mittwoch
Betriebsferien: erste Aug.- u. erste Jan.hälfte
40 Plätze + 20 im Freien
Preise: 45 000 Lire, ohne Wein
Kreditkarten: alle außer DC
Mittags und abends geöffnet

Mirco und Luciano Zaganelli sind die Inhaber dieses Lokals, das sich, wie die traditionelle Trattoria, durch eine freundliche, angenehme Atmosphäre auszeichnet. Die anspruchsvolle Küche und der aufmerksame, professionelle Service sind hingegen eher Merkmale eines kleinen, eleganten Restaurants.
Die Küche bietet gerne auch nicht ganz alltägliche, bisweilen phantasievolle Gerichte an, für die nur sorgsam ausgewählte Zutaten verwendet werden. Die Vorspeisen geben dem Koch die beste Gelegenheit, seine Kreativität unter Beweis zu stellen, auch wenn hier Schinken und Lonze aus dem Laden von Osvaldo nicht fehlen. Wir haben bei unserem letzten Besuch den **Involtino di carne salata** mit Montasio, die gebackenen, mit Schneckenfleisch gefüllten neuen Kartoffeln, die Polpettine di pasta di salame in letto di Ardjelut mit Aceto Balsamico, das kurzgebratene Rindfleisch mit gerösteten Paprikaschoten und den Tortino di asparagi probiert. Als Primi bekommen Sie neben den klassischen **Cjarsòns carnici** (die immer auf der Karte zu finden sind) Ravioli verdi mit zerlassener Butter und Salbei, Stracci al pesto, **Maltagliati al sugo d'anatra**, Ravioli mit Castelmagno oder **Orzotto mit Bohnenpüree und Speck**. Bei den Secondi haben Sie die Wahl zwischen der unverzichtbaren **gebratenen Kalbshaxe**, mariniertem Schweinefilet mit frischem Rettich, Agnello al forno, gefüllter Perlhuhnbrust oder Kaninchenrücken mit Oliven. An Phantasie mangelt es dem Küchenchef auch bei den Desserts nicht: Kartoffelstrudel mit Kirschen, Spuma di mascarpone, Haselnußtörtchen, Bayerische Creme al Cabernet mit Zimt und Birnen.
Dazu kann man einen offenen Wein trinken oder sich etwas aus der kleinen Auswahl hervorragender Flaschenweine aus der Region aussuchen. Eine vorherige Tischreservierung ist unerläßlich.

Monfalcone

25 km südlich von Gorizia (Görz)

Enoteca da Berto

NEU

Osteria
Piazza Cavour, 4
Tel. 0481/40529
Ruhetag: Sonntag
Betriebsferien: 3 Wochen im August
30 Plätze
Preise: 10–35 000 Lire, ohne Wein
Keine Kreditkarten
Geöffnet: 7 – 21 Uhr

Sie finden dieses Lokal im Zentrum von Monfalcone, in der Nähe des Eingangs zur Markthalle. Früher trafen sich hier die Einheimischen, um einen sättigenden Imbiß mit geschmorten Kutteln, Gulasch und Hackfleischbällchen einzunehmen und dazu einen halben Liter Roten zu trinken. Diese Gerichte werden, je nach Jahreszeit, auch heute noch als Mittagessen für die Beamten, Bankangestellten, Händler, Rentner und die Laufkundschaft angeboten, die es sich an den kleinen Tischen im gemütlichen, holzgetäfelten Speisesaal bequem machen.
Die Osteria wird seit 11 Jahren von Annamaria und Graziano Specogna geführt. An der Theke stellen Morena und Sandra bei der Ausgabe der Speisen und offenen Weine – Tokaier, Pinot Grigio, Merlot und Cabernet, alle aus eigener Erzeugung – ihr Können unter Beweis. Als Imbiß stehen Tartine di salumi und **Frittate** mit Kräutern und Gemüse der Saison zur Verfügung. Man bekommt aber auch ein Primo – Minestrone, **Pasta e fagioli**, Risotti mit Gemüse oder Wurst, kalte Paste, Auberginenauflauf – oder sättigende Fleischgerichte wie Spanferkel, **Musetto di maiale** und **Kutteln** und dazu Bratkartoffeln, Wirsing und **Sauerkraut**. Im April werden außerdem gebratenes Lamm und Milchkitz angeboten, und im Dezember gibt es die **Gubana,** eine Spezialität aus den Valli del Natisone.
Die DOC-Weine von den Colli Orientali del Friuli, die die Firma Specogna in Corno di Rosazzo abfüllt, werden auch zur Verkostung und zum Kauf angeboten.

Typische Wurstspezialitäten gibt es in der Salumeria Bais, Via IX Giugno 85, traditionelle Backwaren bekommen Sie in der Panetteria-Pasticceria Giuseppe Pahor (die auch eine Verkaufsstelle in der Via Galilei betreibt). Leckere Süßwaren finden Sie in der Pasticceria von Luca Tamburin in der Via Toti 2.

Monrupino Zolla

11 km nördlich von Triest

Al Castelliere Pod Tabrom

Trattoria
Ortsteil Zolla, 8
Tel. 040/327120
Ruhetag: Do., u.U. auch Freitag
Betriebsferien: September
45 Plätze
Preise: 40–45000 Lire
Keine Kreditkarten
Mittags und abends geöffnet

Seit 1968 betreibt die Familie Gustin diese schöne Trattoria, die in einem der eindrucksvollsten Winkel des Triester Karstes nahe der italienisch-slowenischen Grenze gelegen ist. Mit ihren vielen Heckenwirtschaften und Trattorie ist die Gegend ein beliebtes Ausflugsziel der Triester. Das »Pod Tabrom« ist ein Betrieb mittlerer Größe. Im Vorraum befinden sich der Ausschank und ein paar Tische für die Stammklientel, im Speisesaal sieht man durch große Fenster auf die umliegenden Wälder. Der Service ist zurückhaltend und effizient, die Küche hält sich streng an die Tradition. Ein Besuch im »Pod Tabrom« ist besonders in den kühlen und kalten Monaten zu empfehlen, weil man dann die **Jota** (Bohnen-Kraut-Suppe), die Brot- und Kartoffelknödel, die Gemüsepasteten, aber auch ganz normale Nudelgerichte am besten genießen kann. Unter den Hauptgerichten tun sich besonders die typischen Speisen der Karstgegend hervor: **Kalbs- und Schweinshaxe aus dem Rohr**, Bratwürste vom Schwein und Bratkartoffeln. Im Sommer wird im Freien gegrillt und getafelt. Als Nachspeise gibt es **Apfelstrudel** und Blätterteiggebäck mit Cremefüllung. Von ordentlicher Qualität sind der Terrano, der Refosco und der Malvasia, die offen angeboten werden, als Flaschenweine gibt es ein paar Collio-Sorten von slowenischen Erzeugern.

Mossa

6 km westlich von Gorizia (Görz)

Blanch

Osteria – Trattoria
Via Blanchis, 35
Tel. 0481/80020 und 80043
Ruhetag: Mittwoch
Betriebsferien: 25. Aug. – 25. Sept.
120 Plätze + 100 im Freien
Preise: 35–40 000 Lire
Kreditkarten: alle
Geöffnet: 9–15.30 und 18–24 Uhr

Die Ruhe, die in der kleinen, am Isonzo gelegenen Gemeinde Mossa herrscht, und die Seelenruhe, die Giovanni Blanch ausstrahlt, lassen nichts von der bewegten Vergangenheit dieser traditionsreichen Trattoria ahnen. Von 1904, dem Jahr, in dem sich Giovannis Großvater entschloß, sich der Gastronomie zu widmen, bis heute haben das Lokal und seine Besitzer alle möglichen Umwälzungen erlebt. Angefangen von den Granaten, die das Lokal 1915 dem Erdboden gleichmachten. Angesichts der Nähe zu Österreich und Slowenien verlegte sich die Familie Blanch dann jahrelang auf die Herstellung und den Export von kandierten Früchten und die Abfüllung von Mineralwasser und Chinotto. Es war die Großmutter Giuseppina, die 1960 den Gastronomiebetrieb wiederaufnahm, wobei sie vor allem auf Tradition und Qualität setzte.
Und eben diese Qualität ist seit jeher das Aushängeschild der Trattoria. Selbst die einfachsten Gerichte lassen Sorgfalt bei der Zubereitung und der Auswahl der Zutaten erkennen. Wir empfehlen Ihnen die gemischten Vorspeisen mit Aufschnitt, die man mit einem äußerst anständigen, offenen Collio-Wein auch als kleinen Imbiß essen kann. Bei den Primi sollten Sie sich die **Steinpilzsuppe**, die Gemüseminestrone mit Gerste, die Kartoffelgnocchi und die berühmten **Blecs cul gial'** (Nudeln mit Hühnersauce) nicht entgehen lassen. Grillfleisch, **Wild**, **Baccalà**, Gulasch und eine besonders zarte **Leber auf venezianische Art** sind die verführerischsten Angebote unter den Secondi.
Und wer das Mahl ganz klassisch beschließen möchte, der kommt nicht an **Strudel mit Äpfeln**, Kirschen oder Waldfrüchten oder der Torta alla crema vorbei. Wer (in diesem Fall zu Unrecht) dem offenen Wein nicht trauen sollte, für den stehen in Giovannis Weinkeller einige der besten Collio-Flaschenweine bereit.

Ronchi dei Legionari

21 km südwestlich von Gorizia (Görz)

La Corte

Trattoria
Via Verdi, 57
Tel. 04 81 / 77 75 94
Ruhetag: Dienstag
Betriebsferien: 10 – 14 Tage im Okt.
40 Plätze + 40 im Freien
Preise: 45 000 Lire, ohne Wein
Kreditkarten: alle
Mittags und abends geöffnet

Gute Fischgerichte zu günstigen Preisen findet man in dieser Gegend, wo die Lebenshaltungskosten hoch sind, nicht alle Tage. Deshalb sollte man sich in der Trattoria von Davide Morsolin unbedingt vorher einen Tisch reservieren lassen. Es sind viele Kleinigkeiten, die das Lokal auszeichnen: Brot, Paste und Desserts sind alle hausgemacht, es gibt eine eigene Karte für die Olivenöle, die Friteuse ist aus der Küche verbannt, und es wird weder Butter noch Margarine verwendet.
Eine typische Mahlzeit beginnt zum Beispiel mit einer leckeren **Canoceta al sugo rosso,** die auf einer weichen Polentina serviert wird. Es folgen **Canoce e schie** (das sind kleine, geschälte und gekochte Krebse, die mit Öl vom Gardasee und dem Carso-Plateau zubereitet werden) und überbackene Pilger- und Jakobsmuscheln. Anschließend ist die Reihe an **Tagliolini** (mit frischen Sardinen, Tomaten und Pinienkernen oder mit Venusmuscheln und Zucchini), Latticini di seppia mit gekochten Kartoffeln oder gebratener Seezunge. Bei den Desserts erfreuen sich die Orangentorte und die Zuppa inglese besonderer Beliebtheit. Das reichhaltige Speisenangebot umfaßt außerdem **Fischsuppe** mit Gerste und Kräutern, Gnocchetti aus Krebsfleisch und Rucola mit Seeteufelschwanz, Tomaten und Oliven, Zackenbarsch al pomodoro, **Ravioli di gamberi**, **Jota del marinér** (Minestrone mit Bohnen, Wirsing und geräuchertem Thunfisch), **Tintenschnekken mit Artischocken** und Wolfsbarsch (gekocht oder, auf Vorbestellung, im Brotteig).
Der Weinkeller, der bislang nur eine kleine Auswahl italienischer Flaschenweine umfaßt, wird laufend ausgebaut.

Im **Ortsteil Vermegliano** (1,5 km von Ronchi dei Legionari) bekommt man auf dem Bauernhof Zele, Via Polonio 60, ausgezeichneten rohen Schinken.

Savogna d'Isonzo San Michele del Carso

7 km nordwestlich von Gorizia (Görz)

Devetak

Trattoria – Gostilna
Ortsteil San Michele del Carso, 48
Tel. 04 81 / 88 20 05 und 88 24 88
Ruhetag: Montag und Dienstag
Betriebsferien: unterschiedlich
70 Plätze
Preise: 42 000 Lire, ohne Wein
Kreditkarten: alle
Mittags und abends geöffnet

In dieser »Gostilna« mitten im gorizianischen Carso ist alles so perfekt, daß man sie kaum beschreiben kann, ohne ins Schwärmen zu geraten. Die Familie Devetak, in deren Besitz das Lokal seit 128 Jahren ist, leistet hervorragende Arbeit: tadellos die gute, abwechslungsreiche und unverfälschte Küche, die man zu anständigen Preisen genießen kann; großartig die Weinkarte, die besonders die Carso-Weine zur Geltung bringt, darüber hinaus aber auch Erzeugnisse aus ganz Italien und aller Welt umfaßt. Die Weine lagert Agostino Devetak, der Inhaber, in einem Weinkeller, der in einen Felsen gehauen ist. Sein Vater Renato kümmert sich um den großen Gemüsegarten, der die Zutaten für die Küche liefert. Mamma Michela bäckt das Brot, das täglich abgewandelt wird, die Schwester Nerina und die älteste Tochter sind für den Service zuständig, und Agostinos Frau Gabriella, eine Meisterin ihres Fachs, bereitet die Speisen zu.
Als Vorspeisen werden unter anderem **Strudel di frittata**, Aufläufe, **warme Crostini con prosciutti misti** und Carne crudo (von Hand geschnitten) angeboten. Im Winter ist die Reihe an **Selinka** und Minestrone mit Sellerie, Kartoffeln, Bohnen und Beinschinken, die mit kleinen Polentastückchen serviert wird. Gut sind die **Kraski Blijekí** mit Gemüsefüllung, die Canderli alle erbe, die gefüllten Gnocchi und der **Orzotto** mit Steinpilzen oder Spargel. Einen Versuch ist auch das **Rinderfilet alla carsolina** wert, das mit Terrano und Schinken zubereitet wird. Darüber hinaus werden noch geschmortes Kaninchen al rosmarino, **Polpa di capriolo e prugne al vino** und verschiedene gefüllte Gemüse angeboten. Als Dessert empfehlen wir Ihnen die **Ghibanizza**, eine traditionelle Torte mit einer Füllung aus Äpfeln, Ricotta, Pinienkernen, Mohn und Rum.

Sgonico Prosecco

9 km nordwestlich von Triest

Savron

Restaurant
Strada Devincina, 25
Tel. 040/225592
Ruhetag: Dienstag und Mittwoch
Betriebsferien: die letzten 3 Feb.wochen
100 Plätze + 60 im Freien
Preise: 40–45 000 Lire, ohne Wein
Kreditkarten: Visa
Mittags und abends geöffnet

Das nahe bei Prosecco (obwohl die Gemeinde zu Sgonico gehört, müssen Sie in Richtung Prosecco, einem Ortsteil von Triest, fahren) abseits im Grünen gelegene Lokal ist überall in der Gegend für seine typisch triestinische und österreichische Küche bekannt. Das Ambiente ist traditionell: links vom Eingang die Schanktheke und daran anschließend zwei Speisesäle, einer kleiner und ruhiger, der andere groß und hell. Der Inhaber, Marino Savron, begrüßt und bedient die Gäste. Für die Küche ist seine Schwester Mirella zuständig, die dort von einigen Mitarbeitern unterstützt wird.
Die Küche schöpft aus dem reichen Schatz der Tradition und bietet auch weniger bekannte Gerichte aus den Rezeptsammlungen von Katarina Prato, einer lokalen Küchenpäpstin der Jahrhundertwende, an. Außer Jota und Brotknödeln bekommen Sie hier **Coda in salsa bruna**, **Wildschweinkeule**, Vitello lardato, Schweinshaxe, mit Wildfleisch gefüllte Gnocchi mit zerlassener Butter und **Strudel mit Lauch-Zucchini-Füllung**. Wer größeren Hunger hat, der kann sich für ein deftiges, bäuerliches Gericht, bestehend aus einem einzigen Gang mit Brotknödeln und Schweinekarree in Biersauce entscheiden. Bei den durchweg empfehlenswerten Desserts ragen vor allem die mit verschiedenen Früchten gefüllten Strudel, besonders der **Apfel-** und der **Quarkstrudel**, hervor, die in ein Baumwolltuch eingeschlagen und dann im Wasserbad gegart werden.
Der Service ist korrekt und freundlich, Tischwäsche und Geschirr sind von guter Qualität. Interessant die Auswahl an Weinen mit heimischen, toskanischen, piemontesischen und ein paar ausländischen Erzeugnissen, die man Ihnen auch nachschenkt. In der warmen Jahreszeit kann man auch im Freien essen und die frische Brise, die vom Carso-Plateau weht, genießen.

Trieste

All'Antica Ghiacceretta

Trattoria
Via die Fornelli, 2
Tel. 040/305614
Ruhetag: Sonntag
Betriebsferien: August
40 Plätze
Preise: 30 – 40 000 Lire
Keine Kreditkarten
Nur abends geöffnet

Wer die herzhafte triestino-istrische Küche mit viel Fleisch und Fisch schätzt, ist in dieser klassischen familiengeführten Trattoria richtig. Wie teuer den Triestern die Ghiacceretta ist, die an einem charakteristischen Platz im volkstümlichen Stadtteil Cavana liegt, zeigte sich vor kurzem, als sie geschlossen werden sollte. Intellektuelle und Feinschmecker taten sich zusammen und reichten eine Petition ein, mit dem ersehnten Effekt: Claudio und Ugo, unterstützt von Mutter und Ehefrau, behielten das Kommando über das Lokal. Auch nach dem Umbau präsentiert sich die Trattorie mit einem hellen, einladenden Saal. Links die Küche, aus der die traditionellen Gerichte kommen wie die **Jota** (Bohnen-Kraut-Suppe), Minestra di orzo e fagioli, **Seppie con polenta**, **Fisch »in Savor«** und der Klassiker der Gegend, Baccalà mit Polenta. Das Angebot an Fisch richtet sich nach dem Fang, es gibt etwa Wolfsbarsch, Seezunge, Goldbrasse. Der Service ist aufmerksam und flink, die Tischausstattung dem Lokaltyp angemessen.
Man trinkt vorwiegend offenen Wein.

Wer echte Triester Atmospäre schnuppern möchte, sollte sich im herrlichen Ambiente des Caffè San Marco (Via Battisti, 18) einen Espresso oder einen Aperitif gönnen. Ab und zu werden hier auch Ausstellungen veranstaltet. Luca Tombacco ist in seiner interessanten Enoteca Bischoff (Via Mazzini, 21) gern behilflich, unter den guten Weinen seine Wahl zu treffen.

Birreria Forst

Restaurant
Via Galatti, 11
Tel. 040/365276
Ruhetag: Sonntag
Keine Betriebsferien
200 Plätze
Preise: 25–45 000 Lire
Alle Kreditkarten
Geöffnet: 18 – 1 Uhr

Dieses Restaurant, das die Familie Forst aus Meran im Oktober 1992 nach zweijähriger sorgfältiger Renovierung wiedereröffnet hat, ist ein gutes Beispiel für ein typisches Triester Lokal. In der Vergangenheit war es unter dem Namen »Birreria Europa« bekannt und wurde 1954 in einem alten Gasthof aus dem 19. Jahrhundert eröffnet. Inzwischen hat man den Speisesaal mit einer Holzkassettendecke und einer großen, mit Intarsien verzierten Theke ausgestattet. Auf der rechten Seite, unter den großen hellen Fenstern, erwarten Sie eine Vielzahl von Tischen und dahinter ein zweiter Speisesaal. Das Restaurant mit den großen, ansprechenden Landschaftsbildern befindet sich auf der linken Seite. Das zahlreiche Küchen- und Servicepersonal, das sich flink und gewandt in diesem im Verhältnis zu vergleichbaren Buffet-Birrerie der Stadt außerordentlich großen Lokal bewegt, wird von Signora Edda Vitiz koordiniert. Die Küche dieses mitteleuropäisch geprägten Restaurants bietet natürlich die klassischen Bolliti, **Gulasch**, die Jota, Schweinefilets mit Speck, **Sauerkraut** und **Bratkartoffeln** und **Kaiserfleisch**. Daneben macht man mit Roastbeef mit Rucola, Carpaccio di bresaola und sogar Pizza aber auch Zugeständnisse an heutige kulinarische Gepflogenheiten. Und oft bereichern außerdem Fischgerichte die Speisekarte. Das Bier, darunter John Bull Bitter Ale, das einzige Bitter Ale, das man in Italien vom Faß bekommt, und Hefeweißbier aus der Brauerei Forst, ist hervorragend. Leider ist die Auswahl an Weinen für dieses international ausgerichtete Lokal zu klein. Empfehlenswert ist es aber in jedem Fall, denn man kann hier angenehm und zu anständigen Preisen einkehren. Und wer Karaoke nicht mag, findet immer ein Plätzchen für ein ruhiges Mahl.

Trieste

Buffet da Mario

Trattoria
Via Torrebianca, 41
Tel. 040/639324
Ruhetag: Samstag und Sonntag
Betriebsferien: 1.–15. Juli, 1.–15. Sept.
25 Plätze + 20 im Freien
Preise: 20–50 000 Lire
Keine Kreditkarten
Geöffnet: 9 – 15 und 17 – 21 Uhr

Schon seit vielen Jahren führt Mario Valenta dieses »Buffet« in der Innenstadt, ein kleines, funktionell eingerichtetes Lokal mit einer gut bestückten Theke und einem kleinen Speisesaal. »Buffet« nennt man in Triest ein Lokal, in das ohne Unterlaß Gäste hineinströmen, die dort auf die Schnelle ein bereitstehendes warmes Gericht, wie zum Beispiel **Cotechino**, **Zunge**, Salsicce und anderes gekochtes Fleisch (vorzugsweise vom Schwein), aber auch eine Minestra oder ein **Gulasch** bekommen. Der Wechsel der Jahreszeiten findet auf der Speisekarte selten seinen Niederschlag. Traditionsgemäß herrscht im allgemeinen die deftige, winterliche Küche vor. Neben den bereits genannten Angeboten finden Sie fast das ganze Jahr über **Minestra de bobici** (d.h. mit Mais), **Jota**, Muscolo al Terrano oder Baccalà (in den drei Variationen Baccalà mantecato, in rosso mit Kartoffeln oder alla triestina). Daneben gibt es auch noch Calamari und Scampi fritti und die unverzichtbaren **Patate in tecia**, die in der Pfanne mit Zwiebel zubereitet werden. Und auch der **Fisch** kommt nicht zu kurz: Je nachdem, was der Markt gerade bietet, reicht das Angebot von einfachen Fischgerichten bis zum Hummer. So erklärt sich auch die große Preisspanne, die oben angegeben ist.
Wie in fast allen Buffets gibt es auch hier vorwiegend offene Weine. Mario hält allerdings auch eine kleine Auswahl an Flaschenweinen aus dem Collio und von den Colli Orientali del Friuli bereit. In den Sommermonaten kann man auch im Freien essen.

In der Gran Bar Malaber, an der Piazza San Giovanni 6, kann man sich bei einem guten Kaffee oder einem Aperitif ausruhen. Und an den Freitagabenden finden hier auch Weinproben statt.

Buffet da Pepi

Trattoria
Via Cassa di Risparmio, 3
Tel. 040/366858
Ruhetag: Sonntag
Betriebsferien: 15. Juli – 5. August
40 Plätze
Preise: 15–20000 Lire
Keine Kreditkarten
Geöffnet: 8.30–21.30 Uhr

Dieses Lokal, das Pepi Klajnsic im Jahre 1903 eröffnet hat, kann auf eine lange, erfolgreiche, aber auch wechselvolle Geschichte zurückblicken: Erschießungen, Brände und Plünderungen erschütterten es in den dunklen Jahren, die dieses Land erlebte. Trotzdem hat es sich bis heute seinen guten Ruf und seine Beliebtheit bewahrt, die es nicht nur zu einem gastronomischen Anziehungspunkt für Besucher der Stadt machen. Das Lokal liegt mitten in der »City« Triests, umgeben von Banken, zwischen denen Yuppies umhereilen, die es nicht einmal an diesem Ort der Tradition und der Gemächlichkeit lassen können, ihr Handy zu traktieren. Das »Da Pepi« besteht nur aus einem einzigen Speisesaal, der mit einer großen Theke ausgestattet ist, damit man die zahlreichen Gäste besser bedienen kann. Holztische und Barhocker bilden die weitere Grundausstattung des Lokals. Und der unverwechselbare Duft, der den großen Töpfen schon in den frühen Morgenstunden entströmt, lockt all jene an, die einen größeren Hunger oder Appetit stillen wollen. Unermüdlich servieren die tüchtigen Inhaber, Elvio, Darko und Paolo das übliche gekochte Fleisch: **Cotechino**, **Porcina** (Coppa), Zunge und verschiedene Arten von Würstchen, aber auch **warmen gekochten Schinken im Brotmantel**, Tartine mit Liptauer und andere Kleinigkeiten, die nie aus der Mode kommen. Alles in allem ein idealer Ort für einen guten Imbiß, den man im Stehen in der Arbeitspause einnimmt oder besser noch im Sitzen in angenehmer Gesellschaft bei einem großen Glas Bier, aber auch ein interessanter Ort für die, die Triest, seine Bewohner und seine traditionellen Gerichte kennenlernen wollen.
Die Auswahl an Weinen ist recht anständig, auch wenn man sich in einem solchen Restaurant mehr erwarten würde.

Buffet Masé

Osteria – Buffet
Via Valdirivo, 32
Tel. 040/639428
Ruhetage: Samstag und Sonntag
Betriebsferien: August
50 Plätze
Preise: 20–25000 Lire, ohne Wein
Keine Kreditkarten
Geöffnet: 9–23 Uhr

Sandor Sedmak leitet dieses berühmte Lokal, das die Triester »La Spaten« nennen. Tatsächlich ist dies der örtliche Tempel des bekannten Münchner Biers, von dem hier ohne Rücksicht auf Verluste die aus Gerste gebrauten Sorten gezapft und außerdem auch das Hefeweißbier ausgeschenkt werden. In einem einzigen Raum mit langer Theke und teilweise holzverkleideten Wänden und Säulen herrscht ständiges Kommen und Gehen. Die buntgemischte Kundschaft spricht den typischen und anständig zubereiteten Gerichten zu, die zu ehrlichen Preisen verkauft werden. Die große, gut ausgestattete Küche im Hintergrund ist immer in Betrieb. Auch in den warmen Monaten wird das klassische Repertoire der Triester Wirtshausküche angeboten: **Porzina**, Cotechino, Zunge, **gebackener Schinken im Teigmantel**, außerdem handgeschnittener roher Schinken, Bratwurst in Blätterteig und Hackfleischbällchen. Wer in Eile ist, nimmt seinen Imbiß im Stehen, wer Zeit hat, läßt sich alles schon auf einem Teller angerichtet und mit reichlich Kren und Senf servieren. Das Menü wird fortgesetzt mit traditionellen Gerichten, bei denen bereits die Namen eine Vorstellung davon geben, welch ein Gemisch von Kulturen und Geschichte Triest einst erlebt hat. **Knoblauchsuppe**, Kartoffel-, Gulaschsuppe, **Jota**, verschiedene **Bohnensuppen**, **Brotknödel**, **Bratkartoffeln**, Kraut, **Carré di maiale affumicato** (Kaßler), Bauernschmaus. Zum Abschluß gibt es hausgemachte Desserts.

In der Weinhandlung Bere bene (Viale Ippodromo, 2/3), finden Sie ein reichhaltiges Angebot an Likören, Schnäpsen und eine hervorragende Auswahl an Weinen aus der Region.

Buffet da Siora Rosa

Trattoria
Piazza Hortis, 3
Tel. 040/301460
Ruhetag: Sa. nachmittag, Sonntag
Betriebsferien: Mitte Juli – Anf. Aug.
45 Plätze
Preise: 15–40000 Lire
Kreditkarten: BA
Geöffnet: 8–15 u. 16.45–21.30 Uhr

Seit 20 Jahren führt die Familie Facco dieses beliebte Buffet an einem hübschen Platz nahe den Rive. In der Nähe befinden sich die geisteswissenschaftlichen Fakultäten der Universität und verschiedene Hochschulen, und so ist das Durchschnittsalter der Gäste nicht sehr hoch, die hierher kommen, um sich bei einem Imbiß von den Anstrengungen des Studiums zu erholen. Beim Betreten des Lokals fällt der Blick gleich auf den großen Kochtopf und die große Theke. Dort kochen **Porcina**, **Salsicce**, **Zunge und Gotechino** zusammen vor sich hin und warten darauf, für einen leckeren Panino aufgeschnitten oder mit Kren serviert zu werden. Je nachdem, wie eilig man es hat, kann man seinen Imbiß oder eines der anderen Schnellgerichte im Stehen oder an einem der Tische einnehmen. Wenn Sie aber richtig essen möchten, werden sich Morena, Maurizio oder Monica, die Kinder der Inhaber, die sich im Speisesaal und an der Theke abwechseln, Ihrer annehmen und Sie in einen ruhigeren, größeren Speisesaal führen. Lassen Sie sich von ihnen auch bei der Auswahl der Speisen beraten, die fast alle traditionell und jahreszeitlich geprägt sind. Dafür garantieren Mamma Albina und Papà Lorenzo, die in der Küche **Jota**, **Gerstenminestra**, Seppie in Umido, **Baccalà**, aber auch verschiedene Lasagne zubereiten.
Bei den Weinen könnte man sicher noch einiges verbessern, doch kann man hier immer auch auf ein gutes Bier ausweichen. Besondere Anerkennung verdient die Tatsache, daß man hier nichts für das Gedeck bezahlen muß. Abends sollten Sie einen Tisch vorbestellen.

In der Konditorei Mariabologna in der Via Battisti 7 stellt Signor Marocchi ausgezeichnetes Gebäck mit oder ohne Füllung her.

Trieste

Da Giovanni

Trattoria – Buffet
Via San Lazzaro, 14
Tel. 040/639396
Ruhetag: Sonntag
Betriebsferien: August
25 Plätze
Preise: 20–35 000 Lire, ohne Wein
Keine Kreditkarten
Mittags und abends geöffnet

Es ist immer ein Vergnügen, im »Da Giovanni« einzukehren, einer hervorragenden Trattoria, die von Anita Vesnaver und ihrem Schwager Danilo Kraskovic geführt wird. Das Lokal ist klein und ruhig, in der Nähe des Eingangs die Schanktheke, auf der eine große Mortadella, ein roher und ein gebratener Schinken prangen, die im Laufe des Tages von den unterschiedlichsten Gästen verzehrt werden. Plastik oder Neonlicht findet man hier nicht, statt dessen Marmor, Holz und Kupfer, die dem Lokal das Flair einer traditionellen Trattoria verleihen.
Die Gäste kommen hierher, um einen Panino mit **Porzina** oder mit Zunge, mit Cotechino oder den verschiedenen Würsten zu verzehren, die langsam im großen Kessel gekocht werden. Hinter den Glasscheiben der Theke lachen einen große Keramikschüsseln mit **Kutteln**, **Nervetti**, **Baccalà**, Ragout, **Sardoni in savor** und anderen Spezialitäten an, die die Küche je nach Jahreszeit und Vorlieben der Stammgäste bereithält. Bis auf eine kurze Pause am Nachmittag bekommt man von morgens bis abends warme Speisen. An den wenigen, mit großen Papiersets und einfachem Geschirr und Gläsern gedeckten Tischen wird man höflich und schnell bedient.
Der offene Wein ist anständig, allerdings würden wir uns wünschen, daß die Auswahl an Flaschenweinen von Erzeugern aus der Region erweitert würde. Alles in allem empfiehlt sich das »Da Giovanni« nach wie vor für eine preiswerte Einkehr, bei der man eine gute Triester Küche kennenlernen kann.

In der Pasticceria Caffè Pirona, Lago Barriera Vecchia 12, bekommen Sie hervorragendes Gebäck, typische Süßwaren, wie Presnitz, Putizze, Pinze und Cotognate, Kleingebäck und eine köstliche warme Schokolade.

Trieste

Re di Coppe

Osteria – Trattoria
Via Geppa, 11
Tel. 040/370330
Ruhetage: Samstag und Sonntag
Betriebsferien: Mitte Juli – Mitte Aug.
30 Plätze
Preise: 25–35000 Lire, ohne Wein
Keine Kreditkarten
Geöffnet: 8.30–22 Uhr

Das »Re di Coppe« ist ein besonders typisches Lokal: viel Holz, ein schöner Tresen, Tische, die mit Papier gedeckt sind, und Regale mit Weinflaschen. Hinter dem Tresen die Küche und ein weiterer Speisesaal. Es handelt sich also um eine gelungene Mischung aus Osteria, Trattoria und dem typisch Triester Buffet. Zu jeder Stunde des Tages kann man einkehren und immer etwas Warmes zu essen bekommen: ständig brodeln Bollito und Cotechino in den Kesseln auf dem Herd. Die Auswahl ist nicht umfangreich, orientiert sie sich doch ausschließlich an dem, was die Jahreszeit gerade zu bieten hat: die klassischen deftigen Suppen wie **Jota**, Pasta e fagioli oder **Minestra de bobici** (mit Mais). Dann folgen **Brodetto di seppie**, Rouladen, die hier »useleti scampai« (ital. »uccelletti scappati«) heißen, Kartoffelknödel mit Karré vom Schwein, Spezzatino und **Zicklein** aus dem Val Resia.
Man trinkt Faßbier oder einen ordentlichen offenen Wein. Wer möchte, kann auch einen bekannten Flaschenwein aus dem Collio Orientale oder Südtirol zu sich nehmen. Gutes Preis-Leistungs-Verhältnis, aufmerksamer Service und das Engagement von Anna und Bruno Beltramini machen einen Besuch sehr angenehm.

In dem winzigen, düsteren und seit langem unveränderten Laden La Bamboniera verkauft Ervin Poth seine herrlichen Erzeugnisse aus lokaler Konditorentradition.

Trieste Opicina

7 km nördlich von Triest

Valeria

Trattoria
Via Nazionale, 156
Tel. 040/211204
Ruhetag: Donnerstag
Betriebsferien: September
80 Plätze
Preise: 30–40000 Lire, ohne Wein
Keine Kreditkarten
Mittags und abends geöffnet

Unverändertes Ziel der Feinschmecker ist die Trattoria von Signora Milli in Opicina, nahe der Endstation der berühmten Zahnradstraßenbahn, die das Zentrum von Triest mit den ersten Bastionen des Karstgebirges verbindet. Die Trattoria präsentiert sich hell und elegant mit einem Tresen rechts, hinter dem der Bruder von Milli arbeitet, und einem kleinen, ruhigen Speiseraum dahinter. Gegenüber dem Eingang liegen die schöne, großzügige Küche, in die man gern einen Blick werfen darf, und der einladende Hauptspeisesaal mit getäfelten Wänden, Kassettendecke und Kamin. Der Service ist freundlich und akkurat, Tischwäsche und -gerät von gehobenem Zuschnitt. Stammgäste und Touristen sind gleichermaßen von den Spezialitäten der Trattoria angetan, die die gastronomische Kultur dieses Grenzlandes widerspiegeln. Als Prima gibt es also Fagottini di patate, die klassische **Jota** (eine Suppe aus Graupen, Bohnen, Speck, Kraut und Kartoffeln), Cannelloni, Graupenrisotto mit Gemüse, Spinat-Käse-Roulade und **Kartoffelgnocchi**; bei den Secondi kann man mit Backhuhn, **Kalbshaxe aus dem Rohr**, Kipfel aus Kartoffeln und **Bratkartoffeln** (Patate in tecia) nicht fehlgehen. Unter den Dolci sind der **Apfelstrudel** und die Kastanienroulade hervorzuheben.
Die Weinauswahl ist nicht ganz zufriedenstellend, für eine Trattoria jedoch zuverlässig.

SLOVENIA

Kobarid
Brezovica
LJUBLJANA
Brda
Šnezatno
Nova Gorica
A4
Vipava
Komen
Adria

Brda (Collio Goriziano)

10 km westlich von Nova Gorica,
16 km vom Valico di Sant'Andrea

Pri Štakljevih

NEU

Bauernhof
Snežatno 26
Tel. (0 03 86) 0 65 / 4 61 41
Kein Ruhetag
Betriebsferien: August
80 Plätze + 50 im Freien
Preise: 20 000 Lire
Keine Kreditkarten
Mittags und abends geöffnet

Die Familie Štakljevih ist eine alteingesessene Familie von Grundbesitzern im gorizianischen Collio, und sie weist mit Stolz darauf hin, daß sie die beste Wurst der Gegend herstellt. Und aufgrund des Erfolges, den sie mit ihren Würsten, Cotechini, ihrer Salami und ihren Schinken erzielte, beschloß sie, sich auch in der Gastronomie zu versuchen.
In der Küche finden wir die stets lächelnde Anuška, eine treue Interpretin der kulinarischen Traditionen von Brda, die mit dem ein oder anderen zusätzlichen Gewürz auch ihrer Heimat, den Valli della Vipara, ihre Reverenz erweist. Unter den Primi eine sättigende Minestrone mit Gemüse der Saison, die im Winter von **Jota**, **Njoki** (Kartoffelknödeln) mit verschiedenen Saucen oder der verlockenden **Frta'ja** (Omelett mit aromatischen Kräutern) abgelöst wird. Die verschiedenen **Toč** (Ragout) mit Wurst, Bohnen, Erbsen, Marcandella und Schinken, die man früher einmal als Imbiß aß, ersetzen heute die Primi. Dazu sollten Sie das selbstgebackene Brot genießen. Gut sind die Secondi: **Kaninchen mit Bleki** oder Polenta bianca, **Gans mit Äpfeln** (ein typisch slowenisches Gericht, das man auch in San Martino ißt) und während der Fastenzeit Stockfisch. Die besondere Spezialität ist und bleibt aber die **Prata di maiale all'aglio**, zu der besonders gut ein guter Merlot oder Cabernet Sauvignon von den umliegenden Weinbergen oder der heimische Rebula und der nur noch selten anzutreffende Polšakica passen.
Anuškas Mann Roman (Weinbauer und Sommelier) brennt auch selbst Schnaps, und so können Sie das Mahl nach **Strukiji di noci**, Apfel- und **Kirschstrudel** noch mit einer guten **Tropinovec** (Grappa aus Trester) oder Sadjevec (Grappa aus Früchten, in der Regel Aprikosen) beschließen.
Die Reservierung ist unerläßlich.

Brezovica

6 km westlich von Ljubljana

Pri Poku

NEU

Trattoria mit Fremdenzimmern
Podpeška 1 – 3
Tel. (0 03 86) 0 61 / 65 40 36 und 65 33 26
Ruhetag: Samstag und Sonntag
Betriebsferien: 15. Juli – 15. Aug.
80 Plätze + 30 im Freien
Preise: 50 000 Lire, ohne Wein
Kreditkarten: die bekannteren
Mittags und abends geöffnet

Das »Pri Poku«, eine ehemalige Poststation, nahm Reisende schon zur Zeit der Fuhrwerke gastfreundlich auf. Mit der Einrichtung der Eisenbahnlinie Ljubljana–Triest und dem damit verbundenen Wegfall der öffentlichen Dienste zu Pferde, wurde das Lokal zu einer bedeutenden Adresse für gutes Essen und guten Wein. Robert Trobec setzt in seiner Küche auf zwei Standbeine: Fisch und Meeresfrüchte für Liebhaber von Zahnbrasse, Dorade, Meerdattel oder Hummer und eine große Auswahl typischer Gerichte der Notranjska.
Im Frühjahr kann man hier frische Antipasti, Primi mit Akazienblüten oder **Risotto mit Holunderblüten** (aber auch mit Erdbeeren oder Waldfrüchten) genießen. Im Sommer macht die Küche reichlich Gebrauch von Kürbis, der zum Beispiel in Gnocchi oder Štrukij Verwendung findet. Ausgezeichnet sind auch die **gefüllten Kürbisblüten**. Mit Herbstbeginn entströmen der Küche die intensiven Düfte von **Pilzen** (Steinpilze, Pfifferlinge) und der weißen Trüffeln. Die besondere Spezialität im Winter sind die **Koline di selvaggina** oder **di maiale** (Fleisch, Innereien und frische Würste mit Polenta, Sauerkraut und Repa). Bei den Würsten, die Robert selbst herstellt, ragt besonders die **Pečenica,** eine in Terrano-Wein gekochte und in Schweineschmalz gebratene Wurst, hervor. In Erinnerung an die ruhmreiche Vergangenheit bekommt man außerdem verschiedene Gerichte mit Fohlenfleisch, sehr gefragt ist aber auch das **Gulasch vom Milchkitz**, zu dem **Žganci** aus Buchweizen- oder Maismehl gereicht werden. Groß ist die Auswahl an Desserts: **Strudel mit Früchten** (Kirschen, Melone, Kürbis, Birne oder Apfel), **Pehtranova potica** (süße Teigtaschen mit Estragon), selbstgemachtes Eis.
Sehr umfangreich ist das Angebot an Weinen, Schnäpsen und Likören.

Kobarid – Caporetto
Staro Selo
2 km westlich von Kobarid

Franko

Trattoria mit Fremdenzimmern
Staro Selo, 1
Tel. (0 03 86) 0 65 / 84 80 25
Ruhetag: Montag und Dienstag
Betriebsferien: 1.–10. Jan., 20.–30. Juli
80 Plätze + 50 im Freien
Preise: 35 – 40 000 Lire, ohne Wein
Kreditkarten: Activa, EC, MC, Visa
Mittags und abends geöffnet

Das unberührte Soča-Tal ist im Begriff zu einem bedeutenden Ziel für Sportler, Wanderer und Forellenfischer zu werden. Sehr unterschiedliche Menschen also, die häufig jedoch die Leidenschaft für eine gute Küche verbindet und die bereit sind, sich an den Tischen des »Da Franko« einzufinden, wo die Familie Kramar die besten kulinarischen Klassiker des slowenischen Voralpenlandes serviert.
Die Küche ist das Reich von Mamma Joži, der Wirt Franko, der Sie gerne bei der Auswahl der Speisen berät, kümmert sich mit seinem Sohn Walter um den Service. Unübertroffen zum Auftakt die Speisen mit **Ovčja skuta** (Ricotta aus Schafsmilch von der Alm), die frisch mit gekochten Kartoffeln serviert wird oder gereift als aromatische Zutat für **Žepki** (große Ravioli), **Župa** (Brühe) und **Zlicniki** (Gnocchi) verwendet wird. Typisch auch die **Bulja** aus Maismehl, Rosinen und Ricotta und die **Poštokja** (Kartoffelpüree mit Repa, Radicchio und Bohnen). Forellen sind in den verschiedensten Zubereitungsarten anzutreffen, zum Beispiel als weiche Paste mit Mandeln oder zartes Filet. Viel Gebrauch wird aber auch von Wild gemacht, sei es in Form der hausgemachten Wurst, als **Rehgulasch**, Wildschweinbraten oder Hirschfilet. Fehlen darf aber auch nicht das feine Roastbeef auf englische Art, das die Trattoria berühmt gemacht hat. Gut die Auswahl an Käse von den Almen. Unter den Desserts ragen besonders die verschiedenen Strudel, Potice und Štrukiji hervor, die früher einmal zur Feier des Endes der Erntezeit zubereitet wurden.
Mit Sachverstand zusammengestellt ist die Weinkarte (für den Weinkeller ist Walter zuständig) mit verschiedenen Marken, vorwiegend aus Slowenien, einigen Erzeugnissen aus Kroatien (die kräftigen dalmatinischen Rotweine), aus Italien und dem Rest der Welt.

Komen – Comeno
Tupelče
18 km nordwestlich von Sešana

Jazbec

NEU

Trattoria
Tupelče, 12
Tel. (0 03 86) 0 67 / 7 91 27
Ruhetag: Dienstag und Mittwoch
Betriebsferien: Januar
30 Plätze + 50 im Freien
Preise: 50 000 Lire, ohne Wein
Kreditkarten: Activa, EC, MC
Nur abends geöffnet

Keine Angst, wenn die Bora kräftig weht oder die Sonne auf die weißen Steine des Carso-Plateaus niederbrennt: Der Hof der Trattoria »Jazbec« ist von hohen Mauern umgeben, die den Wind abhalten, und eine dichte Pergola schützt vor der Hitze. Im einladenden Speisesaal oder im Sommer im Freien werden Sie aufs beste von Joško und seiner Frau Silva versorgt, während sich Mamma Milka um die Zubereitung der Speisen kümmert.
Fünf verschiedene Schwarzbrotsorten (mit Buchweizen-, Mais-, Hafer- oder Roggenmehl) werden zu typischen Fleischgerichten – Wildschwein, Hirsch, Gemse, Steinbock, Reh und sogar Bärenfleisch – gereicht. Nach der Vorspeise (**Terrina di orso**, **Carpaccio di cervo** und eine große Auswahl an Schinken) kann man mit einer Reihe fleischloser Primi fortfahren: **Gnocchi aus Buchweizenmehl mit Haselnüssen**, Tomaten mit Caprino gefüllt, Zucchini mit Ringelblume, **Štrukiji** aus Buchweizenmehl mit Schafgarbe (die Verwendung aromatischer Kräuter ist eine Spezialität dieses Lokals). Wild finden wir auch bei den Secondi wieder: **kaltes, gebratenes Bärenfleisch** oder **gegrilltes Hirschfilet** und, für die, die es weniger ausgefallen mögen, Milchkitz, Lamm, Kalb- und Rindfleisch, Kaninchen, Gans, Fasan und Rebhuhn. Der besondere Clou ist aber die **Bärentatze**, die man nur selten bekommt und für die Feinschmecker Schlange stehen. Den Abschluß bilden verschiedene Strudel und die typischen **Štrukiji** des Carso.
Als gute Begleiter gibt es Weine aus eigener Herstellung (von Malvasia über Terreno und Cabernet Sauvignon bis hin zu Picolit). Und vergessen Sie nicht zu reservieren, am Wochenende können Sie sogar abends kommen.

Das nahe gelegene **Kobjeglava** (2 km) ist eines der beiden slowenischen Zentren, wo der Schinken des Carso reift.

Nova Gorica
Rožna Dolina

4 km von der Stadtmitte

Pikol

NEU

Trattoria
Vipavska, 94 – Rožna Dolina
Tel. (0 03 86) 0 65 / 2 25 62
Ruhetag: Dienstag und Donnerstag
Betriebsferien: Juli
60 Plätze + 20 im Freien
Preise: 50 000 Lire, ohne Wein
Kreditkarten: die bekannteren
Mittags und abends geöffnet

Die Familie Gašperin, eine regelrechte Dynastie von Feinschmeckern, hat sich der Gastronomie eigentlich eher aus Liebhaberei verschrieben. Stolz hütet Signora Vilma ihre viele Jahrhunderte alten Rezepte (vor allem für Fischgerichte). Nur manchmal können ihr ihre Kinder, die verschiedene Trattorie in der Umgebung betreiben, das ein oder andere Geheimnis entlocken. Eines dieser Lokale ist das »Pikol«, das von Boris, einem Verfechter des guten Essens, geführt wird.
Man kann hier mit ausgezeichneten kalten Vorspeisen, wie **Carpaccio di orata,** frischen Venusmuscheln oder rohen Scampi, beginnen. Eine interessante Zusammenstellung bei den Fischsuppen ist die **Seespinne mit Spargel**. Handgemacht sind die Teigwaren für die **Tagliatelle con il nero di seppia**. Ausgezeichnet der **Baccalà**: Das Geheimnis dieses Rezeptes liegt darin, daß man der Sauce die gemahlene Rückenflosse des Fischs beigibt und ihr so eine ganz besondere Note verleiht. Groß die Auswahl an Weich- und Krustentieren, bei denen besonders die **Meerdatteln** und die **gegrillte Languste** hervorragen. Eine phantasievolle Erfindung von Maruška sind die **Jakobsmuscheln all'ananas**. Den **Fisch** für die Secondi (Dorade, Zahnbrasse, Drachenkopf, Seezunge, Seeteufel) bekommt man gegrillt, gebraten, al sale oder gekocht, meist aber »**alla marinara**« (mit Maismehl paniert und in der heißen Pfanne herausgebacken). Wer aber statt Fisch lieber ein gutes Rinderfilet, vielleicht sogar mit Steinpilzsauce, oder gemischtes Grillfleisch essen möchte, muß nicht verzagen, denn auch die Fleischgerichte sind ausgezeichnet. Vorzüglich auch die hausgemachten Desserts: Versuchen Sie unbedingt einmal die **Cmoki**, mit Früchten gefüllte Kartoffelknödel.
Anständig, wenn auch ein wenig begrenzt, ist die Auswahl an Weinen.

Vipava
Zemono

27 km südöstlich von Nova Gorica

Pri Lojzetu

NEU

Restaurant
Ortsteil Zemono, 11
Tel. (0 03 86) 0 65 / 6 51 55
Ruhetag: Montag
Betriebsferien: Januar
70 Plätze + 40 im Freien
Preise: 35 – 45 000 Lire, ohne Wein
Kreditkarten: die bekannteren
Mittags und abends geöffnet

Die 1689 errichtete Sommerresidenz der Grafen Lanthieri aus Vipava ist seit kurzem, seit das »Pri Lojzetu« hierher umgezogen ist, zu einer wahren kulinarischen Festung geworden.
Zur Begrüßung gibt es ein Glas Wein und dazu Oliven, frisch gebackenes Brot, Salsetta al cren, Schinken und raffinierte Carpacci aus Gänse- oder Rindfleisch, die mit Olivenöl aus Istrien zubereitet werden. Bei den Primi ragen besonders die vorzüglichen gegrillten **Steinpilze mit Pecorino** und die Grießgnocchi mit Ricottafüllung in salsa verde hervor. Die Minestre wechseln mit dem Lauf der Jahreszeiten. Das ganze Jahr angeboten werden hingegen die hausgemachten **Tagliatelle** – ein Meisterstück der Küche –, die mit **Bratensauce** oder mit Trüffeln serviert werden. Die besondere Spezialität des Hauses sind aber im Ofen geschmorte Fleischgerichte. Neben **geschmortem Lamm** oder **Reh** mit Äpfeln und Kartoffeln in tecia wird auch sehr viel **Wild** (Hase, Reh, Hirsch, Wildschwein, Wachteln und manchmal sogar Bärenfleisch) angeboten. Dazu bekommt man Polenta aus Buchweizen- oder Maismehl. Köstlich das **Rindersteak** mit **Insalata alla contadina** (mit kalten Grieben). Im Winter sollten Sie einmal die **Polentina ai funghi con salame** oder die Salsiccia al vino probieren. Und in der Osterzeit ist der gekochte Schinken im Brotteig mit Meerrettichsauce und Äpfeln ein Muß. Ausgezeichnet die hausgemachten Desserts. Wenn es sie gibt, müssen Sie sich unbedingt die **Sladke krvavice**, dicke, süße Würste aus Schweineblut und Rosinen, bestellen.

In der angeschlossenen Enoteca werden zahlreiche slowenische Marken und einige ausländische Erzeugnisse sowie gute Schnäpse angeboten, darunter auch der »Brinovec«, eine Grappa aus Wacholderbeeren vom Carso-Plateau.

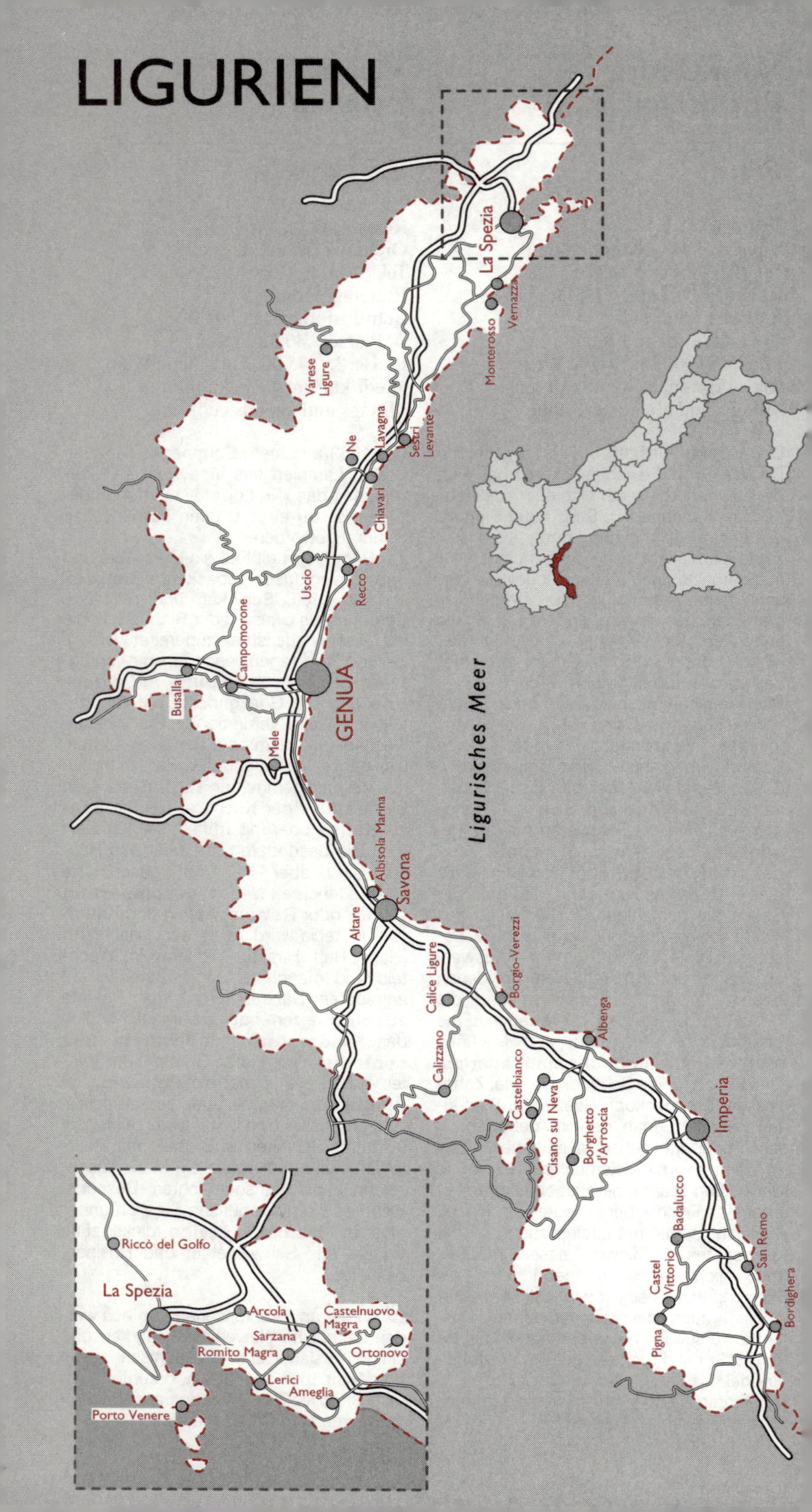

LIGURIEN
La Spezia
Vernazza
Monterosso
Varese Ligure
Sestri Levante
Lavagna
Ne
Chiavari
Recco
Uscio
Campomorone
Busalla
GENUA
Mele
Ligurisches Meer
Albisola Marina
Savona
Altare
Calice Ligure
Borgio-Verezzi
Albenga
Calizzano
Castelbianco
Cisano sul Neva
Borghetto d'Arroscia
Imperia
Badalucco
San Remo
Castel Vittorio
Pigna
Bordighera
Riccò del Golfo
La Spezia
Arcola
Castelnuovo Magra
Sarzana
Romito Magra
Ortonovo
Lerici
Ameglia
Porto Venere

Albisola Marina

4 km von Savona, S.S. 10, Ausfahrt A 10

La Familiare

Trattoria
Piazza del Popolo, 8
Tel. 019/489480
Ruhetag: Montag
Betriebsferien: 10. Jan. – 10. Feb.
60 Plätze
Preise: 50 000 Lire, ohne Wein
Alle Kreditkarten
Mittags und abends geöffnet

Familiär ist diese Trattoria wirklich. Das gilt für das Ambiente mit seinen großen Gewölben, die sichtbare Küche mit Mamma Bruna und ihrer Cousine Lucia, den herzlichen Service von Stefano und die schlichte, durch alte Gemälde aufgewertete Einrichtung. Das gilt auch für das Speisenangebot, das sich an Hausmannskost orientiert, und die Preise, die angesichts der hochwertigen Rohstoffe (v. a. aus dem Meer) erstaunlich niedrig ausfallen. Das ideale Lokal für alle, die sich quer durch die Spezialitäten Liguriens hindurchessen wollen. Das »Familiare« liegt an der ruhigen Piazzetta del Popolo, nur wenige Schritte von der Strandpromenade entfernt zwischen Werkstätten von Töpfern und anderen Handwerkern. Die Karte sieht eine ansehnliche Reihe von kalten und warmen Vorspeisen vor, von denen wir den zarten und wohlschmeckenden **Oktopus mit Kartoffeln** und die klassischen **gefüllten Gemüse**, Kuchen und Omeletts empfehlen. Von den Primi haben uns die **Ravioli di pesce** und alla genovese gut geschmeckt. Es gibt auch **Pappardelle alla pescatrice** und **Trofie al pesto**. Daran schließen schmackhafte gefüllte Tintenfische, Fritto misto, Sepia mit Kartoffeln, die gefüllten Sardellen und der unvergleichliche **Stoccafisso in umido** an. Cima alla genovese und Coniglio alla ligure sind gute Alternativen für Fleischesser. Man schließt mit Kuchen und hausgemachtem Tiramisù. Das Weinangebot entspricht nicht dem Niveau der Küche (ein offener Weißer und einige regionale Flaschenweine).

In **Stella San Giovanni** (6 km), Ortsteil Barbe 178, stellt die Familie Usai einen ausgezeichneten Pecorino her.

Altare

14 km nordwestlich von Savona, S.S. 29, A 6

Quintilio

Restaurant
Via Gramsci, 23
Tel. 019/58000
Ruhetag: So.abend, Montag
Betriebsferien: Juli
65 Plätze
Preise: 45 – 50 000 Lire, ohne Wein
Alle Kreditkarten
Mittags und abends geöffnet

Achtung vor der Tradition und professionelle Seriosität kennzeichnen dieses familiengeführte Restaurant, das auf eine über 100jährige Geschichte zurückblicken kann. Isa und Paolo Bazzano haben ihr Lokal elegant, aber nicht überspannt eingerichtet, und ihre regional geprägte Küche vereint die gastronomischen Traditionen Liguriens und des Piemont. Daher gibt es hier Fisch, Pilze, Wild, Pesto alla genovese – und eine Überraschung: Bekannt sind die edlen Knollen aus den Langhe, hier verwendet man weiße Trüffel aus dem ligurischen Bormidatal. Die reiche Auswahl von Antipasti umfaßt Auflauf mit Käse oder Gemüse, Kräuter-Frittatine, **Cappon magro** (den reichhaltigen ligurischen Salat mit Fisch), Carne cruda mit Trüffeln. Unter den Primi hervorzuheben sind der klassische **Minestrone alla genovese**, **gefüllter Kopfsalat in Brühe** und diverse hausgemachte Pasta: Gnocchetti mit Raschera, Trofie und die seltenen **Mandilli di saea** (»Seidentaschentücher«, dünne Teigflecken) al pesto. Die Secondi basieren meist auf Fleisch: **gefüllter Hahn all'altarese**, ausgezeichneter **Fritto misto** nach Piemonteser Art. Nach einer Kostprobe vom lokalen Käse bilden die Desserts das brillante Finale eines Menüs, das sich durch Qualität und Einfallsreichtum auszeichnet. Köstliches Kleingebäck gibt es schließlich zum Caffè. Die Weinkarte mit ligurischen und piemontesischen Weinen (zu ordentlichen Preisen) wird immer besser.

Die Metzgerei Toscani (Via Cesio) verfügt über ein gutes Angebot an Würsten von Wildschwein, Gans und Esel sowie Filetto baciato, eine lokale Spezialität. In **Vispa** (3 km; Ortsteil von Carcare) hat man von der S.S. 29 Zugang zur Autobahnraststätte Carcare Est. Draußen sind im Park Kunstwerke aufgestellt, drinnen kann man sich Panini mit frischen Zutaten aus ganz Italien schmecken lassen.

Ameglia Montemarcello

30 km südöstlich von La Spezia

Dai Pironcelli

Trattoria
Vial delle Mura, 45
Tel. 01 87 / 60 12 52
Ruhetag: Mittwoch
Betriebsferien: im Juni und November
30 Plätze
Preise: 45 000 Lire, ohne Wein
Keine Kreditkarten
Nur abends, So. auch mittags geöffnet

Fabrizio Corradeghini betreibt mit viel Geschick eine kleine, aber höchst ansprechende Trattoria, die mit viel Holz und altmodischen Lampen an frühere Zeiten erinnert. Fabrizio ergriff erst spät den Wirtsberuf und betreut seine Gäste mit natürlicher Freundlichkeit. Seine Küche orientiert sich an der Tradition, verwendet also einfache Zutaten und viele frische Kräuter. Je nach Marktangebot bekommt man unterschiedliche Köstlichkeiten serviert: reichhaltigen Antipasto miste mit süß-sauer eingelegten Karotten, Panzanella, **mariniertem Kaninchen**, **Speck aus Colonnata** mit heißer Focaccia, Artischocken in Basilikumbrühe. Schmackhaft fallen die Primi aus, zu denen Ricottaravioli mit Zucchini oder Würzkräutern, **Tagliatelle mit Bohnen und Würsten**, mit Safran und Sardellencreme oder mit Miesmuscheln und die traditionelle **Mes-ciüa** zählen. Es geht weiter mit Perlhuhn mit Pinienkernen und Rosinen, **Kaninchen mit wildem Fenchel**, in Milch geschmortem **Baccalà**, Sardellenkuchen und **Seppie in buridda** (Tintenfischsuppe). Im Sommer bekommt man oft frischen Fisch, wie den eleganten Salat vom Steinbutt mit frischen Kräutern. Von den vielen Desserts schmeckten uns die **Ricotta- und der Schokoladenkuchen**, das Mokka-Halbgefrorene und die knusprigen Cantuccini am besten. Das Angebot an Weinen ist umfangreich; da der Wirt sich wirklich auskennt, lohnt es sich, seinen Empfehlungen zu folgen. Nach dem köstlichen Mahl lohnt sich dann auch ein Spaziergang durch die »creuse«, die engen Gassen des hübschen Montemarcello, noch weiter hinunter zu sehr schönen Buchten oder in den Naturpark.

Arcola Trebiano

15 km östlich von La Spezia, 4 km von Sarzana

Sette Lune

Trattoria
Via Sottocastello, 2
Tel. 01 87 / 98 85 66
Ruhetag: Montag
Betriebsferien: 15. Okt. – 15. Nov.
50 Plätze + 25 im Freien
Preise: 40 – 45 000 Lire, ohne Wein
Kreditkarten: alle
Nur abends, So. auch mittags geöffnet, nicht im Sommer

Zu Füßen der mächtigen Ruine der mittelalterlichen Bischofsburg drängt sich entlang jenem Ausläufer, von dem aus das Magratal einsehbar ist, das Dorf Trebiano mit seinen charakteristischen dreistöckigen Häusern. Wenn Sie den schmalen und steilen Weg zur Burg hinauf gehen, treffen Sie ganz automatisch auf die Trattoria »Sette Lune« der unternehmungslustigen Schwestern Frida und Micol.
Die Küche hält sich an die Traditionen des Val di Magra, und so gibt es als Antipasti kleine Pfannkuchen aus Maismehl, Gemüsetorten sowie **gefülltes** und in Öl eingelegtes **Gemüse**. Als Primi folgen dann Ravioli all'arcolana mit Ragout, Tagliolini und **Testaroli al pesto**, und **Crosetti** – dünne, runde Pastaplättchen mit einem eingeprägten Blumenmuster (früher zierte das Familienwappen die Nudeln) –, die **mit Pesto** zubereitet werden, oder auch Tagliatelle bastarde aus Kastanienmehl und Weizen. Bei den Secondi sollte kein Weg an dem vorzüglichen **gefüllten Kaninchen** vorbeiführen, doch auch die gefüllte Kalbsbrust verdient Erwähnung, ebenso wie das gegrillte Fleisch, der Truthahn mit Steinpilzen, der Schweinebraten mit Äpfeln und, in der Saison, die **Polenta mit Stockfisch** oder Wildschwein. Bliebe noch eine kleine Auswahl der mit äußerster Sorgfalt zubereiteten Süßspeisen, wie beispielsweise die **Reistorte**, die Milchspeise »Latte in piedi« oder der Mürbeteigkuchen mit Creme und Pinienkernen.
Neben dem offenen Hauswein finden sich einige lokale Flaschen Vermentino und Rotwein aus den Colli di Luni. Bei einer so schmackhaften Küche wäre es schön, wenn Frida nun auch ihre Liebe zum Wein entdeckte.

Zu empfehlen ist der Forno Calzolari in **Pugliola** (8 km, wenn man von Romito Magra aus Richtung Lerici fährt): Da gibt es leckere Gemüsetorten, Sojabrot und Apple Pie.

Badalucco

29 km nordwestlich von Imperia, S.S. 548

Canon d'Oro

Trattoria
Via G. B. Boeri, 32
Tel. 01 84 / 40 80 06
Ruhetag: Montag
Keine Betriebsferien
40 Plätze
Preise: 30 000 Lire
Keine Kreditkarten
Mittags und abends geöffnet

Der Weg ins Restaurant führt durch die Weinschenke. Dort sitzen alte Männer und spielen Karten oder diskutieren lauthals. Dabei trinken sie genüßlich ihren Wein. Über eine steile Treppe gelangt man in die Speisezimmer, die recht schlicht eingerichtet sind. Die über 80jährige Paolinetta Panizzi ist eine Köchin wie aus dem Märchen. Mit wenigen und einfachen Mitteln weiß sie auch anspruchsvolle Gaumen zufriedenzustellen. Probieren Sie nur ihre »frisceu de faiscioi« (eine Art **Pfannkuchen mit Bohnen**, eine Spezialität der Gegend), Ravioli di magro oder ihre Tagliatelle. Den »stocafi a-a baaucogna« (**Klippfisch nach der Art von Badalucco**) sollten Sie auf keinen Fall auslassen. Um ihn geht es auch bei dem Dorffest, das jedes Jahr im September gefeiert wird: Dank der Vorräte an diesem wertvollen Fisch hatte das Dorf einer Belagerung durch die Sarazenen standgehalten. Die Zubereitung dieser Spezialität ist sehr zeitaufwendig. Sie sollten sie deshalb eine Woche vorher bestellen (wenn man Glück hat, kann man auch bei anderen Gästen »partizipieren«). Als Alternative können Sie auch **Kaninchen auf ligurische Art**, **Cima**, Ziegenkitz in Weißwein, die erwähnten Frisceu und – zur Jagdsaison – Wildschwein essen. Weiter zu nennen die **gefüllten Gemüse**, der verführerische Duft der **Sardenaira** und der Gemüsekuchen. Der ordentliche offene Hauswein (mehr gibt es nicht) und Apfelküchlein sowie ein guter Hefekuchen werden Sie noch mehr über die günstige Rechnung staunen lassen.

Bordighera

38 km westlich von Imperia,
5 km von Ventimiglia, S.S. 10 oder A 10

Circolo Porta Sottana

NEU

Osteria
Via Dritta, 20
Tel. 01 84 / 26 01 80
Ruhetag: Montag
Betriebsferien: Oktober
25 Plätze
Preise: 40 000 Lire, ohne Wein
Kreditkarten: die bekannteren
Nur abends geöffnet

Im Herzen der Altstadt von Bordighera, mitten in diesem Labyrinth von Gassen, die allesamt zu irgendeiner winzigen, von wuchtigen Häusern umstandenen Piazza führen, hat das Ehepaar Codevilla vor einem knappen Jahr dieses hübsche, einladende Lokal eröffnet. Der effiziente Service gefällt hier insbesondere durch seine angenehme Unaufdringlichkeit und den Umstand, daß die Abstände zwischen den Gängen genau richtig sind.
Die Küche folgt der westligurischen Tradition, weshalb die Gerichte etwas leichter, mit weniger Fett und mehr Gewürzkräutern zubereitet werden. Doch was dann tatsächlich gekocht wird, hängt von den Jahreszeiten und vom Angebot auf dem Fischmarkt ab. Das können beispielsweise mal kleine Zwiebelomeletts sein, **fritierte Artischocken**, gefüllte Sardinen und gefülltes Gemüse, Torta verde oder **Kürbisblüten mit Sardellenfüllung**. Lassen Sie sich bei den Primi von den **Tagliatelle alla bottarga** überraschen: Hier sind nicht nur die Nudeln von feinster Qualität, sondern auch die Thunfischeier eine wahre Delikatesse. Ausgezeichnet auch die Fischsuppe **Ciuppin**, die Raviolini mit Ricotta und Spinat und der Kürbisrisotto. Bei den Secondi gibt es Stockfisch im Gemüsebett, **Branda cujon** (Fischmus mit Kartoffeln), verschiedene Arten **Tintenfisch**, mal gefüllt, mal mit Artischocken oder **dicken Bohnen aus Pigna**. Die Apfelpfannkuchen zum Schluß sind ein Gedicht. Nur das Weinangebot läßt hier leider noch etwas zu wünschen übrig.

In der Panetteria Valente, Via Bastioni 105, werden allerlei lokale Spezialitäten gebacken wie Pisciarà, Torta verde, die typische Pasta çu e erbe, Barbagiuai, Biscouteli und Canestrelli mit Anis.

Bordighera

38 km westlich von Imperia,
5 km von Ventimiglia, S.S. 10 und A 10

Magiargè

NEU

Osteria
Piazza Giacomo Viale
Tel. 01 84/26 29 46
Ruhetag: Donnerstag
Betriebsferien: unterschiedlich
35 Plätze
Preise: 30 – 40 000 Lire, ohne Wein
Kreditkarten: CartaSi, EC, MC, Visa
Mittags und abends geöffnet

»Magiargè« – einst eine wunderschöne Sklavin, die bei einem Sarazenenüberfall den Tod fand, nun der Name eines netten, geschmackvoll eingerichteten Lokals. Das kulinarische Angebot, das Sie hier erwartet, hält sich treu an die regionalen Küchentraditionen. Eine Tafel informiert über die täglich wechselnde Speisenfolge. Von allen Gerichten zu berichten ist schier unmöglich. Beginnen Sie doch einfach mit einem Aperitif, und knabbern Sie dazu Panisette oder Barbagiuai. Als Vorspeise nehmen Sie dann vielleicht **Branda cujon**, Törtchen mit Gemüse oder Pilzen, oder **gefüllte Sardellen**, im Sommer auch gefüllte Kürbisblüten oder anderes Gemüse. Und weiter geht's mit hausgemachter Pasta: **Raviolini mit Borretsch**, Butter und Thymian, Gnocchi oder **Trofie mit Pesto**, Tagliolini mit Meerbarbe und Sardellen oder Pappardelle mit Kaninchen- oder Wildschwein-Sugo. Bei den Secondi kann man einen Streifzug durch Neptuns Gärten unternehmen mit **Tintenfischuppe** oder Oktopus mit Kartoffeln, Meerbarbe mit Tomaten und Kapern oder **Stockfisch im Gemüsebett** mit Kartoffeln und Paprika, aber auch auf dem Festland bleiben: Kaninchen mit Oliven und Pinienkernen und Wildschwein mit Polenta. Reichlich ist die Auswahl beim Käse und bei den Süßspeisen, vor allem den Crostate, und gut bestückt die Weinkarte, die ständig erweitert wird – darunter auch der eine oder andere Tropfen von den Vettern jenseits der Alpen. In der Osteria werden auch ligurische Spezialitäten und Extravergine-Öle verkauft.

Borghetto d'Arroscia Gazzo

27 km westl. von Albenga, S. S. 453

Antica Trattoria La Baita

Restaurant
Via Lucifredi, 18
Tel. 01 83/3 10 83
Ruhetag: Mo. – Mi., Aug., Sept. nur Mi.
Keine Betriebsferien
80 Plätze
Preise: 40 – 50 000 Lire, ohne Wein
Kreditkarten: Visa
Mittags und abends geöffnet

Auf der nur sechs Kilometer langen Strecke von Borghetto d'Arroscia nach Gazzo haben Sie einen Höhenunterschied von 650 Metern überwunden. Das gemütliche Lokal ist häufig überfüllt, denn wer gerne so richtig schlemmt, kommt hier auf seine Kosten. So marschieren im Menü »alles inklusive, Weine inklusive« (am Sonntagmittag obligatorisch) für 58 000 Lire viele verschiedene Vorspeisen, drei Primi, drei Secondi, Gebäck und Kaffee auf. Doch auch wenn das Mahl ausgesprochen opulent ist, werden die Speisen mit großer Sorgfalt zubereitet: Dafür sorgt der junge Marco Ferrari, der sein Handwerk meisterhaft beherrscht. Seit er das Lokal vor einigen Jahren zusammen mit seiner Frau Mirella übernommen hat, hat er es ein wenig verändert. Die Qualität der Speisen beruht auf den guten heimischen Zutaten, die entweder vom elterlichen Bauernhof stammen oder selbst gesammelt werden, wie z.B. die **Steinpilze**, die hier vielfache Verwendung finden: Pâté mit Steinpilzen, Haselnüssen, Pinienkernen und Petersilie, rohe Steinpilze mit Bergkräutern, fritierte, gegrillte oder panierte Steinpilze und Kaiserschwämme, Steinpilzsuppe und vieles andere mehr. Doch man bekommt hier nicht nur Pilzgerichte. Außerdem werden Zimino di fagioli alla ligure, **Ravioli** mit Mangold-, Borretsch-, Majoran- und Brennesselfüllung und Sugo di coniglio e nocciole, **Schnecken in Pigato** mit Thymian, **Kaninchen in casseruola** und gebratenes Perlhuhn angeboten. Und auch der Weinkeller enttäuscht nicht. Auch die offenen Weine aus eigener Produktion (v. a. Ormeasco) sind sehr gut. Zum Schluß noch ein Hinweis: Im Winter ist das Lokal auch donnerstags geschlossen. Und während der Pilzsaison sollten Sie sich sonntags einen Tisch reservieren lassen.

Borgio Verezzi

11 km nördlich von Finale Ligure, A 10

Dâ Casetta

Restaurant
Piazza San Pietro, 12
Tel. 0 19 / 61 01 66
Ruhetag: Dienstag
Betriebsferien: Ende Okt. / Anf. Nov.
40 Plätze
Preise: 45 000 Lire, ohne Wein
Alle Kreditkarten
Abends, Sa. / So. auch mittags geöffnet

Borgio, das etwas von der Küste zurückgesetzt liegt, hat sich seinen alten Ortskern bewahrt. Durch Gemüsefelder, Gärten und Obstbäume führt der Weg in den Ort und zur ungewöhnlich geschnittenen Piazza San Pietro hinauf, an der auch die aus einem alten Weinkeller umgebaute, angenehme Trattoria liegt. Die gastfreundliche Fürsorge von Pierpaolo und Roberto schafft eine Atmosphäre, in der man sich sofort wohl fühlt. Elda und Cinzia, Mutter und Tochter, sorgen für eine ausgewogene und gut gemachte, traditionelle regionale Küche. Unter den hausgemachten Paste sind **Picàgge** (lange und breite Streifen), Pansoti (Ravioli) und **Gnocchi** mit Walnußsauce oder **Pesto** zu nennen, weiterhin **Tagliatelle mit Kaninchenragout** sowie Mezzelune mit zerlassener Butter und Artischocken- oder Spargelpüree je nach Jahreszeit. Die Ausgangsmaterialien für die Antipasti vom Büffet (gefüllte eingelegte Gemüse, **Torta pasqualina** u. a.) stammen aus der bäuerlichen Tätigkeit des »pater familias«, Signor Pietro. Unter den Hauptspeisen sind **Coniglio all'aggiàda** (mit Knoblauch) und Cima genovese hervorzuheben, auch der Fritto alla ligure, frisches Gemüse der Saison, in einem leichten Teig ausgebacken. Bei den Dolci bleibt man beim Bewährten: Mürbeteigkuchen mit frischen Früchten, Puddinge, Torta di amaretti. Die Weinkarte ist klein, sie enthält einige gute toskanische, ligurische und andere norditalienische Etiketten. Spektakulär ist das Angebot an Schnäpsen.

Busalla

28 km nördlich von Genua, S.S. 35, A 7

Banco Rosso

Osteria
Via Vittorio Veneto, 70
Tel. 0 10 / 9 64 05 93
Ruhetag: Dienstag
Betriebsferien: 2 Wo. Jan., 3 Wo. Aug.
55 Plätze
Preise: 35 – 40 000 Lire, ohne Wein
Keine Kreditkarten
Geöffnet: 18.30 – 1.30 Uhr

Der Name leitet sich von der Farbe des Tresens ab, an dem die Busalleser ihr Glas Wein zu trinken pflegten. Heute ist das Lokal ein ländlicher, sympathischer und ungewöhnlicher Ort, im Sommer angenehm kühl dank der Lage im Souterrain eines bejahrten Palazzos an der Hauptstraße. Man ist hier der ligurischen Tradition verpflichtet, doch macht sich auch die Nähe des Piemont bemerkbar; Busalla liegt sozusagen zwischen diesen Regionen. Die Liste der von Stefano Chiarolini und Onkel Antonio zubereiteten Speisen ist nicht lang, doch grundsolide: **Raviolini alla genovese**, **Gnocchi al pesto**, **Zuppa di orzo e fagioli** (Graupensuppe mit Bohnen), Taglierini mit Hasenragout, Brasato al Barolo, Kalbshaxe aus dem Ofen, Wildschwein in salmì. Wenn Sie mindestens zwei Tage im voraus ordern, bekommen Sie auch Stoccafisso accomodato (d. h. mit all den südlichen Beigaben, von Tomaten über Sellerie und Kartoffeln bis zu Knoblauch, Oliven und Wein), Kutteln und bei ausreichender Anzahl von Essern eine ausgezeichnete Fischsuppe. Tante Leda regiert mit der tüchtigen Raffaella in den beiden Speiseräumen und überwacht auch die Herstellung der Dolci (probieren Sie das Tiramisù). Der kleine Weinkeller, von Patron Stefano zusammengestellt, enthält auch einige interessante und ungewöhnliche Flaschen (z. B. Sauvignon aus dem neuseeländischen Cloudy Bay).

In der benachbarten Panetteria-Focacceria Pane e Vino (Via Vittorio Veneto, 62) finden Sie gute klassisch genuesische Focacce, süße Focacce und Crostate.

Calice Ligure · Carbuta

30 km südwestlich von Savona,
9 km von Finale Ligure

La Locanda di Mary e Graziano

NEU

Trattoria
Via Decia, 28
Tel. 019/65410
Ruhetag: Montag
Keine Betriebsferien
60 Plätze + 24 im Freien
Preise: 35 000 Lire, ohne Wein
Keine Kreditkarten
abends, an Sonn- u. Feiertagen auch mittags geöffnet

In der Trattoria von Mary und Graziano schnuppern Sie nicht gerade Meeresluft, doch wie sollte es in Carbuta, einem Ortsteil von Calice Ligure, auch anders sein, thront hier doch in unmittelbarer Nähe der über tausend Meter hohe Melogno. Stellen Sie sich also auf ein »Grenzlandmenü« ein, mit piemontesischen und traditionell ligurischen Gerichten, wie die **Seppie in zimino** (in Tomaten und Mangold geschmorte Tintenfische) und die **Buridda di stoccafisso** (Stockfisch mit Kartoffeln, Oliven und Tomaten). Hier ißt man normalerweise das zu einem festen Preis angebotene Degustationsmenü, das, in Anbetracht der reichlichen Portionen, auch alles andere als teuer ist.
Bei den Antipasti begegnen sich Meer und Festland, und so gibt es da Wurstwaren (Bresaola, Pancetta und Salami), Gemüse-Omeletts, Auberginen mit Tomatensauce, gefüllte Gemüse oder **Stockfischsalat**. Unter den Primi sind die drei Klassiker Ravioli, Tagliatelle und **Risotto** zu empfehlen, die mit Pilzen oder phantasievollen Saucen zubereitet werden. Die Secondi kommen dann auf einem Servierwagen auf den Tisch: Zu den bereits oben erwähnten gehören unbedingt auch die **Kalbshaxe**, der Schweinebraten und das Kaninchen alla ligure. Ausgezeichnet schmeckt der **Pudding**, der hier wie früher mit Eiern zubereitet wird. Lediglich beim Wein gibt es einen kleinen Engpaß, eine minimale Auswahl piemontesischer und ligurischer Flaschen ist zwar vorhanden, doch sollten Sie lieber beim Nostralino, dem soliden Hauswein, bleiben.
Sie erreichen diese Trattoria, wenn Sie von Finale Ligure aus bis ins Zentrum von Calice fahren und dort in die Straße nach Carbuta abbiegen, die hinauf Richtung Pian dei Corsi führt.

Calizzano

50 km von Savona,
25 km von Finale Ligure, S.S. 490

Msè Tutta

Trattoria
Via Garibaldi, 8
Tel. 019/79647
Ruhetag: Montag
Betriebsferien: unterschiedlich
35 Plätze + 40 im Freien
Preise: 50 000 Lire, ohne Wein
Kreditkarten: alle
Nur abends, So. auch mittags geöffnet

Grazia Raveras Hände werden immer geschickter, ihr Mann Sandro Nari zunehmend versierter, und so konnte es natürlich nicht ausbleiben, daß sich ihre Trattoria (oder ist es gar schon ein Restaurant?) »Msè Tutta« im ersten Stock des Albergo Centrale im Zentrum von Calizzano zu einer festen Adresse für die Liebhaber guter Küche etabliert hat. Die sorgfältig ausgesuchten Zutaten stammen hauptsächlich aus der Gegend, doch auch aus dem Piemont und von der Riviera. Und da die Küchenkultur von Calizzano sich nicht gerade lokaler Wurzeln rühmen kann, haben sich unsere Gastronomen anderweitig umgesehen, um ihre heutige ausgewogene Speisenpalette anbieten zu können, die überlieferte Rezepte (mit Pesto und Kräutern) ebenso umfaßt wie neue Kreationen.
Bei den Vorspeisen finden sich ein Teller mit Käse, Speck und Scamorza, ein köstlicher **Auflauf mit Pilzen und Käse** sowie im Rohr überbackene Zwiebeln mit einer Füllung aus Käse und dem eigenen Fruchtfleisch. Erwähnung verdienen unter den Primi neben den **Tajarin mit einem Sugo aus Kaninchen und Pinienkernen** auch die Crespelle al Pesto und die Raviolini mit schwarzen Trüffeln, während die Entenbrust mit Wacholder, der **Schmorbraten vom Wildschwein** und die Kaninchen-Rouladen bei den Secondi um den Lorbeeer des schmackhaftesten Gerichts ringen. Nachdem Sie sich mit Käse vom Servierwagen bedient haben, sollten sie unbedingt noch die Waffeln mit Vanillecreme und Erdbeeren probieren. Die Weinkarte ist harmonisch auf die Küche abgestimmt und umfaßt auch einige interessante ausländische Tropfen.

Im Feinkostgeschäft Santa Maria, Via Garibaldi 1–5, kann man Käse, Wein und Marmelade aus Waldfrüchten nicht nur kaufen, sondern auch gleich vor Ort kosten.

Campomorone Isoverde

20 km nördlich von Genua, S.S. 35

Da Iolanda

Trattoria
Piazza Niccolò Bruno, 6 – 7 r
Tel. 0 10 / 79 01 18
Ruhetag: Di.abend u. Mittwoch
Betriebsferien: Mitte Aug. – Mitte Sept.
60 Plätze + 35 im Freien
Preise: 35 – 40 000 Lire
Kreditkarten: die bekannteren
Mittags und abends geöffnet

Die Trattoria »Iolanda«, einst Osteria mit Boccia-Bahn, befindet sich in Isoverde, einem winzigen Flecken mit wenigen Häusern an einem Bächlein, der, wie alle Dörfer im ligurischen Hinterland, eine himmlische Ruhe ausstrahlt. Um hierher zu gelangen, fahren Sie das Val Polcevera bis nach Pontedecimo hinauf, biegen dort in Richtung Campomorone ab und fahren noch ein Stück weit das Val Verde hinauf. Das Lokal, das seit Anfang des Jahrhunderts fest in Familienbesitz ist, wird heute von Silvano geführt, dessen Mutter Iolanda immer noch in der Küche zugange ist. Die randvoll mit Weinen und Schnäpsen gefüllten Regale verraten einiges über die wahre Leidenschaft des Hausherrn.
Leider gibt es dazu keine Karte, und auch das je nach Jahreszeit wechselnde Menü läßt sich auf keiner Speisekarte finden: Hier pflegt man noch die rituelle Menü-Rezitation. Die Antipasti werden vorwiegend mit Gemüse zubereitet, es gibt aber auch die klassische **Reistorte** und Wurstaufschnitt mit deftigen Kartoffel-Kroketten. Probieren Sie die **Ravioli alla genovese** mit Fleisch-Sugo oder würzigen Kräutern, die Taglierini und unbedingt die **Mandilli de sea mit Pesto**, der absolute Renner des Lokals. Den **Stockfisch im Gemüsebett** gibt es leider nicht immer, doch trösten Sie sich gegebenenfalls mit dem Hähnchen in Weißwein, dem Kaninchen-Eintopf oder dem **Fritto misto alla ligure** (in Grieß ausgebackenem Fleisch und Gemüse). Zum Abschluß gibt es dann sorgfältig zusammengestellten Käse und, neben dem üblichen Gebäck, auch ein paar hausgemachte Desserts.

In **Sant'Olcese** (18 km von der A 7 ab Ausfahrt Bolzaneto) finden Sie im Salumificio Parodi, Ortsteil Berti, ausgezeichnete Wurstwaren.

Castel Vittorio

25 km nördlich von Ventimiglia

Osteria del Portico

Osteria
Via Umberto I, 6
Tel. 01 84 / 24 13 52
Ruhetag: Montag
Betriebsferien: Juni
35 Plätze
Preise: 40 000 Lire
Keine Kreditkarten
Mittags und abends geöffnet

So war Großmutters Küche: unverfälscht, unkompliziert und schmackhaft. Und so lebt sie in den Gerichten weiter, die Mara Allavena in ihrer »Osteria del portico« serviert. Wir sind hier in Castel Vittorio, einem kleinen mittelalterlichen Ort, auf einem Bergsporn 420 m hoch gelegen, der über Jahrhunderte die Hochburg im Hinterland der Republik Genua war. Im ruhigen, angenehmen und gemütlichen Ambiente dieser typischen Osteria bietet die Köchin und Inhaberin zunächst einmal eine Reihe warmer Vorspeisen an (**Kartoffelkuchen**, Frisceu, gefülltes Gemüse, den traditionellen Turtun mit frischem Gemüse, **Pasta de pulenta** und, im Dezember und Januar, eine besondere Rarität: u gran pistau). Es folgen vier verschiedene Primi, denen man kaum widerstehen kann und die allein schon eine Reise wert wären: **Ravioli di magro »cu u tuccu«**, Ravioli di patate mit Steinpilzsauce oder mit Pesto, **Pasta sciancà** und **Crosetti** (selbstgemachte Farfalloni) mit frischen Tomaten. Unter den Secondi: geschmortes Wildschwein oder Hase auf ligurische Art, Federwild in Weißwein mit Oliven, **geschmorte Schnecken**, **Kaninchen mit Oliven aus Taggia**, Agnello al vino rosso. Auf Vorbestellung bekommt man außerdem **Stockfisch** alla frantoaina, Branda cujun, Stoccafisso cu a pasteta und Capra e fagioli. Die Desserts sind wenig aufregend: Castagnaccio, Crustoli (kleine Krapfen), eine süße Focaccia, Frisceui di mele (Apfelküchlein), aber auch Obstkuchen und Salame dolce. Der Hauswein ist kein Glanzpunkt, einzige Alternative ist ein recht angenehmer Rossese di Dolceaqua.

Castelbianco

58 km von Savona,
14 km nordwestlich von Albenga, S.S. 582

Gin

Restaurant
Via Pennavaire, 99
Tel. 01 82 / 7 70 01 und 7 71 04
Ruhetag: Montag
Betriebsferien: Juni u. November
60 Plätze
Preise: 40 000 Lire, ohne Wein
Keine Kreditkarten
Mittags und abends geöffnet

Das aus vier Ortsteilen mit kaum 260 Seelen bestehende Castelbianco liegt mitten in der Alta Val Pennavaire, und auch das Restaurant gibt sich wie eine richtige Trattoria aus dem Hinterland, in der man eben mal Zigaretten kaufen und telefonieren kann oder an der Bar, wie in alten Zeiten, ein Glas Spuma (Kräutersprudel) oder Zitronatwasser trinkt. Urgroßvater Luigin eröffnete das Lokal bereits 1930, und mit dem Urenkel Mario ist nun auch ein frischer Wind eingekehrt, der jedoch der familiären Atmosphäre dieses ländlichen Lokals nicht im geringsten Abbruch tut.
Die Veränderungen betreffen in erster Linie die Küche, die zwar nach wie vor auf die Zutaten aus den Vallate ingaune (nach Album Ingaunum, dem alten Namen für Albenga) setzt, diese jedoch wesentlich leichter und phantasievoller auf den Tisch bringt. So gibt es zwar die unverwüstlichen **Ravioli**, daneben aber auch dreifarbige Caramelle mit Kräutern (mit verschiedenen Füllungen, mitunter auch mit schwarzem Trüffel), neben gefüllten Omeletts locken **Gemüse-Soufflés** (ausgezeichnet das Soufflé mit gelbem Paprika), und die Kalbsbrust gibt es als köstliche **Kalbsterrine** mit Kräutern. Interessante Gerichte sind auch das in Salz gekochte Kalb, das Kaninchen alla ligure sowie das köstliche in Rotwein geschmorte **Wildschwein**.
Im Vergleich zu dem Weinangebot, das man hier im Hinterland sonst antrifft, gebührt der Weinkarte wirklich Lob – trotz einiger kleiner Ungereimtheiten. Bei allem guten Willen möchten wir jedoch Mario Fenocchio unbedingt ans Herz legen – und wir sind sicher, daß er als passionierter Weinkenner diese konstruktive Kritik aufnehmen wird –, seinen Hauswein zu verbessern. Absolut nichts auszusetzen gibt es hingegen an den hausgemachten Desserts, wie den leichten und lockeren Biskuittorten und den Semifreddi. Fisch gibt es auch, aber nur auf Vorbestellung.

Castelnuovo Magra

25 km östlich von La Spezia, S.S. 1

Al Castello da Marco

Restaurant
Via Provinciale, 247
Tel. 01 87 / 67 42 14
Ruhetag: Montag
Betriebsferien: je 2 Wo. im Sept. / Okt. u. i. Jan.
60 Plätze + 50 im Freien
Preise: 35 – 40 000 Lire, ohne Wein
Keine Kreditkarten
Mittags und abends geöffnet

Den Besuch dieses Restaurants, das seine Gäste unmittelbar vor den Toren des hübschen Örtchens Castelnuovo erwartet, kann man nur empfehlen, egal, ob Sie nun lieber innen speisen wollen oder auf der wunderschönen, inzwischen überdachten Terrasse mit Ausblick auf das gesamte Magratal bis hinunter zum Meer.
Ein wahrer Fundus lokaler Küchentradition ist das Menü. Man beginnt mit den Antipasti, zu denen Sgabei (eine Art Pfannkuchen) und duftende, warme Focaccia serviert werden: **Torte d'erbi,** fritierte Kürbisblüten, gefülltes Gemüse, Kapaun-Sülze, weißer **Colonnata-Speck** sowie Crostini mit Leberpastete oder Steinpilzen. Bei den Primi geht es weiter mit Testaroli, Lasagnette nach Hausfrauenart mit Gemüse, **Tagliatelle mit Tauben-Sugo** und, im Winter, **Polenta incatenata**, eine mit Maismehl gebundene Cremesuppe aus dicken Bohnen und Kraut. Kaninchen und **Perlhuhn** gefüllt (im Sommer mit Artischocken, unbedingt kosten!), gefüllte Kalbsbrust und mit Steinpilzen geschmortes Huhn finden sich bei den Secondi. Sind dann Desserts an der Reihe und Sie genießen gerade ihre Bavarese mit Früchten, die Panna cotta oder vielleicht ja auch das Nougat-Parfait, werden Sie uns spätestens zustimmen müssen, daß nicht nur die Süßspeisen, sondern alle Gerichte hier auf einem Niveau zubereitet sind, das weit über rein hausfrauliche Kochkünste hinausgeht.
Der Weinkeller hält es mit lokalen Weinen, die sehr sorgfältig ausgesucht sind. Auch Liköre und hochwertige Schnäpse stehen zur Auswahl. Ungewöhnlich vorteilhaft ist hier das Preis-Leistungs-Verhältnis.

Kehren Sie abends doch mal ins »Boteghin« ein, an der Via Aurelia 312 in **San Lazzaro**, gleich hinter Sarzana: Hier werden gute Weine ausgeschenkt und kleine Häppchen dazu gereicht.

Castelnuovo Magra

25 km östlich von La Spezia, S.S. 1

Da Armanda

Trattoria
Piazza Garibaldi, 6
Tel. 01 87 / 67 44 10
Ruhetag: Mittwoch
Betriebsferien: 15. – 30.6., 24.12. – 7.1.
30 Plätze
Preise: 50 000 Lire, ohne Wein
Kreditkarten: CartaSi
Mittags und abends geöffnet

Wer durch das Magratal fährt, muß einfach bei Armanda einkehren und die typischen Spezialitäten der Gegend probieren. Seit Jahren ist das Lokal eine zuverlässige Adresse für beste ostligurische Küche. Die Trattoria ist klein, die wenigen Tische im schlicht gestalteten Speiseraum vermitteln sofort ein heimeliges Gefühl. Im »Da Armanda« bekommt man die besten Gerichte der Regionalküche in einem zeitgemäßen Gewand serviert. Diese behutsame Kreativität der Köchin Luciana, die nach wie vor auf den Rat und die Erfahrung ihrer Schwiegermutter Armanda vertraut, liefert schlichtweg umwerfende Ergebnisse; dies macht das Lokal zu einer Ausnahmeerscheinung in der ligurischen Levante. Die Antipasti reichen von der Hausspezialität **Insalata di coniglio** über Spargelcrêpes bis zu Hähnchencreme, **gefüllten Zwiebeln**, Paprikaflan und Gemüsekuchen. Bei den Primi gelten die **Panigacci** als echte Institution, aber auch Pasta e fagioli, **gefüllter Kopfsalat in der Brühe**, Artischockenravioli mit Öl und Thymian, Canelloni mit Ricotta-Spinat-Füllung und Spargelcreme sind zu empfehlen. Von den Secondi sollte man weder die **Trippa**, das **entbeinte und gefüllte Kaninchen** noch die Kalbsnierchen mit Knoblauch und Petersilie versäumen. Abschließend die Desserts: Der Klassiker **Torta di riso** ist immer zu haben, aber auch die Zitronenmousse mit warmer Sauce und Walderdbeeren. Die Weine, die Armandas Sohn Valerio aussucht, stammen aus der Gegend und dem übrigen Italien und sind der Küche absolut angemessen.

Castelnuovo Magra Canale

25 km östlich von La Spezia, S.S. 1

Mulino del Cibus

Enoteca mit Ausschank und Imbiß
Via Canale, 46
Tel. 01 87 / 67 61 02
Ruhetag: Montag
Keine Betriebsferien
50 Plätze + 14 im Freien
Preise: 20 – 40 000 Lire, ohne Wein
Kreditkarten: CartaSi, Visa
20 – 1 Uhr geöffnet

Das Lokal ist zunächst als Enoteca entstanden, in der man zum Wein (mittlerweile über 400 Flaschen) passende Käse- und Wurstsorten oder auch Kuchen anbot – und bietet. Unter den Wurstwaren nahm und nimmt natürlich der sündhaft gute weiße **Colonnata-Speck** eine Sonderstellung ein, auch wenn seine Begleiter toskanischer und anderer Herkunft auch nicht ohne sind. Noch reichhaltiger ist die **Käseauswahl**: An die hundert Sorten gibt es da, je nach Saison, vom Occelli aus Piemont bis hin zum Taleggio aus kleinen Käsereien in der Lombardei. Neu ist allerdings, daß die Küche nun auch warme Gerichte anbietet, für die inzwischen, wenn auch nicht täglich, die erfahrene ehemalige Leiterin des Lokals »La Luna« in Campiglia, Alessandra Frediani, zuständig ist. Da liegt es nicht fern, daß ligurische Kost auf den Tisch kommt, die sie allerdings gerne und geschickt verfeinert: Brotsuppe, **Minestrone** und **Dinkel** mit einem unbeschreiblich duftenden **Pesto**, **Cima alla genovese** (gefüllte Kalbsbrust), Lammfrikassee mit Artischocken sowie **marinierter Stockfisch**. Alternativ dazu gibt es einen von Carlo, einem der Besitzer, frisch zubereiteten Fisch. Die einfachen und guten Süßspeisen des Hauses – Mürbeteigkuchen mit Obst und Pfirsiche aus dem Rohr – schließen das Mahl ab.
Natürlich ist das Lokal nach wie vor eine ausgezeichnete Adresse für Weinliebhaber. Und das alles in einem wirklich unverwechselbaren Rahmen: Das »Mulino del Cibus« ist in einer alten Mühle untergebracht, dessen Originaldecken und Mahlsteine erhalten werden konnten.

In **Colombiera** (2 km) kann man in der Bäckerei Meg von Stefano Terarolli, Via Borghetto 1, den Seccone kaufen, einen typischen Winterkuchen aus Trokkenobst, sowie einen hervorragenden Plumcake.

Chiavari

43 km östlich von Genua, S.S. 1 oder Ausf. A 12

Luchin

Osteria
Via Bighetti, 51 – 53
Tel. 01 85 / 30 10 63
Ruhetag: Sonntag
Betriebsferien: Oktober/November
80 Plätze + 40 im Freien
Preise: 35 – 40 000 Lire, ohne Wein
Keine Kreditkarten
Mittags und abends geöffnet

Das alte Chiavari ist ein malerisches, mittelalterliches Städtchen, dessen kleine Gassen allesamt von der Via Martiri della Libertà, dem Carruggio dritu, mit ihren prächtigen Arkadengängen abzweigen. Im Schatten einer dieser Arkaden liegt die altehrwürdige, bereits Anfang dieses Jahrhunderts eröffnete Osteria »Luchin«. Man ißt hier echte Hausmannskost, sitzt an langen, mächtigen Tischen zusammen und schließt rasch Freundschaft mit anderen hungrigen Tischgenossen (wenn Sie eine privatere Atmosphäre vorziehen, sollten Sie einen Tisch im Speisesaal im Obergeschoß reservieren). Das heutige »Luchin« tendiert zwar in eine Richtung, die nicht mehr so ganz der Philosophie dieses Führers entspricht – zügiger Service + kleine Speisenauswahl = eher lange Rechnung, schade! –, doch hat uns Tonis Küche diesmal noch milde stimmen können.
Das jeweilige Tagesmenü steht auf einer alten Schiefertafel angeschrieben und bietet Gemüsetorten, gefülltes Gemüse, Pasta mit Pesto und die auf der Holzkohle gegarte **Minestrone alla genovese**. Abwechselnd gibt es mal Pfannkuchen mit Baccalà oder gefüllte **Kalbsbrust**, mal Stockfisch, Kaninchen mit Oliven, gefüllte Sardellen, **Tintenfischsuppe**, Fritto misto vom Fisch oder **Oktopus-Salat**. Als Dessert gibt es Torten, Mürbeteigkuchen oder hausgemachte Puddings, Kaffee allerdings nicht.
Eine Karaffe offener Hauswein ist im Preis für das Essen inbegriffen. Falls Sie einen der wenigen verfügbaren Flaschenweine bevorzugen, kostet Sie das Vergnügen etwas mehr. Freitags und samstags ist eine rechtzeitige Reservierung ratsam. Abends backt man die berühmte **Farinata**.

Im reichhaltigen Sortiment der Enoteca Bisson, Corso Giannelli 28, sind alle ligurischen Spitzenweine zu finden, darunter einige echte Raritäten, die der Inhaber für Sie aufgespürt hat.

Cisano sul Neva

54 km südwestlich von Savona,
10 km von Albenga, S.S. 582

Bar Sport

Trattoria
Via Colombo, 35
Tel. 01 82 / 59 53 23 und 59 50 20
Ruhetag: Di., im Wint. auch Mo.abend
Betriebsferien: 2 Wo. im Nov.
60 Plätze
Preise: 30 – 35 000 Lire
Kreditkarten: Visa
Mittags und abends geöffnet

In dieser allseits bekannten und beliebten Trattoria empfiehlt es sich, vor allem am Samstag- und Sonntagabend, rechtzeitig einen Tisch zu reservieren. Daß dieses Lokal hier im Hinterland von Albenga so gern und häufig besucht wird, kommt nicht von ungefähr: Man wird wirklich herzlich bedient, hat eine riesige Speisenauswahl, und auch der Preis stimmt.
Unter den zahlreichen Primi können Sie hier neben den traditionellen Ravioli mit Ragout oder Pesto, den Trenette, Trofie und Penne mit Gemüse, den Tagliatelle, der **Minestrone alla genovese** und allerlei weiteren Suppen (unerreicht die Zwiebelsuppe und die Suppe mit den kleinen, weißen Bohnen) auch ein uraltes Gericht mit Gerste, Kürbisblüten und getrockneten Pilzen kosten, das wie ein Risotto zubereitet wird und deshalb auch **Orzotto** heißt. Auch bei den Secondi findet sich, je nach Jahreszeit, eine große Auswahl: Zur Grundausstattung gehören gegrillte oder **gefüllte Sardinen** und Sardellen, **Kaninchen mit Oliven** und die **Leber all'aggiada**. Im Winter gibt es fast immer **Stockfischsuppe** und mittwochs und donnerstags Kutteln. Im Sommer dann können Sie neben der traditionellen Kalbsbrust und dem Oktopus mit Kartoffeln auch mal ein Misto alla ligure probieren, eine Art Ratatouille aus frischem Gemüse mit verschiedenen Fleischsorten.
Lassen Sie sich bei den Desserts – auch wenn die Wahl bei den vielen hausgemachten Torten schwerfällt – die Kastanientorte nicht entgehen, ein authentischer kulinarischer Zeuge der armen Vergangenheit dieses ligurischen Hinterlands. Das Weinangebot ist dürftig: Neben den offenen Hausweinen können Sie auf lokale Flaschenweine ausweichen.

In der Apicoltura Antonio Ferrari, Via Gramsci 33, ist ein ausgezeichneter Blütenhonig erhältlich.

Genova
Garbo
3 km von der Stadtmitte

Al Garbo

Trattoria
Via Fornace al Garbo, 39
Tel. 010/7457439
Ruhetag: Montag
Betriebsferien: zweite Augusthälfte
50 Plätze + 40 im Freien
Preise: 40 000 Lire
Keine Kreditkarten
Mittags und abends geöffnet

In der Trattoria »Garbo« geht es stets fröhlich und ungezwungen zu. Die Tische draußen in der Pergola sind in der warmen Jahreszeit so gut wie immer belegt, man kann jedoch auch in den Saal ausweichen. In der Küche ist der eigentlich aus der Romagna stammende Luigi zugange, der nun allerdings schon seit vierzig Jahren den Traditionen Genuas die Treue hält.
Ach ja, ein kleiner, aber wichtiger Hinweis: Wen es nach Fisch gelüstet, kann sich den Weg hierher sparen, denn Fisch gibt es hier nicht. Im »Garbo« setzt man ganz auf das, was man kann: Gerichte ohne modischen Schnickschnack oder riskante Manöver. Ein paar wenige Antipasti, die, so will es die Tradition, mit Wurst beginnen und mit selbst eingemachtem Gemüse enden. Üppiger ist dann die Auswahl bei den Primi: Ein echter Genuß sind die **Ravioli mit** der feinen **Fleischfüllung**, deren etwas unregelmäßige Form verrät, daß sie wirklich handgefertigt sind. Schmackhaft sind jedoch auch die Lasagne und die Tagliatelle mit dem intensiv duftenden **Pesto** sowie die Taglierini mit Pilzen. Besondere Erwähnung bei den Secondi verdienen **Kaninchen in porchetta**, Kalbsbrust, Lammkoteletts und das knusprig leckere **Fritto misto**. Wenn Sie Glück haben, gibt es vielleicht auch den fremdländischen Höhlenkäse, den Luigi aus zuverlässigen Quellen bezieht, und wenn Sie rechtzeitig vorher Bescheid geben, wird Ihnen Luigi hier sogar eine echt romagnolische Piadina kredenzen – denn ganz kann und will er seine Herkunft natürlich nicht verleugnen!
Im Gegensatz zur hausgemachten Pasta stammen die Desserts aus einer benachbarten Konditorei. Allzu hohe Ansprüche dürfen Sie an den Wein nicht stellen, doch passen die offenen Nostralino, Barbera, Dolcetto, Grignolino und Sangiovese ordentlich zu den Speisen.

Genova

Antica Osteria della Foce

Trattoria – Farinata
Via Ruspoli, 72 – 74 r
Tel. 010/5533155
Ruhetag: Samstagmittag u. Sonntag
Betriebsferien: Aug., 1 Wo. an Ostern u. Weihn.
35 Plätze
Preise: 20 – 30 000 Lire
Kreditkarten: alle
Mittags und abends geöffnet

Die konsequente Schlichtheit der Genueser Küche hat nichts mit mangelnder Phantasie zu tun – das belegt schon allein der gewitzte Umgang mit den vielen Kräutern –, sondern ist vielmehr Ausdruck einer bestimmten Lebensart. So gibt es normalerweise nur einige wenige Gerichte mit Fisch und noch weniger mit Fleisch, war Fleisch doch bis vor nicht allzu langer Zeit den Feiertagen vorbehalten. Ganz anders hingegen das Gemüse, das bei einer Vielzahl von Gerichten wichtigste Zutat ist. Dieser Tradition ist auch die rustikale Osteria »Della Foce« verpflichtet, mit ihrem riesigen Holzofen und den wenigen gemütlichen Tischen, die Sie lieber rechtzeitig reservieren sollten. Die Trattoria liegt, wie schon der Name »Foce« besagt, nur einige hundert Meter von der Stelle entfernt, an der der Bisagno ins Meer mündet.
Nach dem herzlichen Empfang durch Signora Mara und deren Mann Piero können Sie auch schon beginnen, nach Herzenslust zu schlemmen: gefülltes Gemüse, **Fladenbrot mit Käse**, **Farinata**, **Ostertorte**, **geschmorte Kutteln**, Taglierini mit Kräutern, Pappardelle mit Pesto, Minestrone alla genovese (mit einem Schuß Pesto abgeschmeckt), Pansotti mit Walnuß-Sugo, **Tintenfische in Zimino-Sauce** oder **gefüllt**, und manches mehr.
Abgesehen von dem offenen Hauswein ist diese Trattoria leider nicht gerade bacchantisch zu nennen: Es erwarten Sie nur einige wenige Flaschen regionaler Erzeuger.
Abschließend sei noch erwähnt, daß es in diesem Lokal nicht unbedingt ein komplettes Menü sein muß, wenn der Hunger einmal kleiner ausfällt.

Die Vinoteca Sola, Piazza Colombo 13 r, ist eine sehr gute Adresse für Spitzenweine aus ganz Italien und dem Ausland.

Arvigo

NEU

Trattoria
Via Cremeno, 31
Tel. 010/7170001
Ruhetag: Dienstag
Betriebsferien: August u. 2 Wo. im Sept.
80 Plätze
Preise: 45 000 Lire
Keine Kreditkarten
Abends, Mo., Do. u. So. auch mittags geöffnet

Auf den Hügeln, die das Seccatal säumen, unweit der Villa Cambiaso, einer kunsthistorisch sehr interessanten, doch leider ziemlich verwahrlosten Anlage, liegt, neben ein paar Häusern und einer Kirche, die Trattoria »Arvigo«. Schon seit Generationen wird sie von zwei Familien geführt, den Arvigos und den Tassistros. Die gleiche Beständigkeit dürfen Sie auch von der Küche erwarten, was natürlich nicht ausschließt, daß immer wieder einmal die Phantasie zu ihrem Recht kommt. Bei den Zutaten herrscht dann wieder Beständigkeit: Auf die Tische kommen ausschließlich frische Zutaten der Saison.
Als Einstieg ist der weiße Speck zu empfehlen oder auch der traditionelle gemischte Vorspeisenteller des Hauses, der Ihnen die Möglichkeit gibt, mehrere Spezialitäten der Gegend zu probieren. Überflüssig zu sagen, daß die Pasta hausgemacht ist, und keinesfalls entgehen lassen sollten Sie sich die **Ravioli mit Fleisch-Sugo** und die **Trofie aus Kastanienmehl nach Art der Val Polcevera** (etwas anders in Form und Teig als die aus Recco) **mit Pesto**; daneben gibt es Taglierini mit Pilzen, Minestrone alla genovese, Lasagne al Pesto und Pansotti mit Walnuß-Sugo. Bei den Secondi können Sie wählen zwischen Lamm, **Steinpilzen alla paesana** (mit Kartoffeln), geschmortem Kaninchen, Fritto misto all'italiana (auf Vorbestellung) und der typischen **Leber all'aggiada** (mit Knoblauch und Essig). Im Winter bereichern Wildgerichte die Speisekarte, allen voran Wildschwein und Hase. Unter den zahlreichen Desserts greifen Sie am besten zu den hausgemachten Süßspeisen.
Die Weinkarte ist leider nicht ganz auf der Höhe des reichhaltigen Speisenangebots, doch dafür kann man sich an den riesigen Portionen richtig satt essen, ohne allzu tief in die Tasche greifen zu müssen. Weshalb Sie hier auch unbedingt einen Tisch reservieren sollten.

Da Maria

Trattoria
Vico Testadoro, 14 r, / Via XXV Aprile
Tel. 010/581080
Ruhetag: Mo.abend u. Samstag
Betriebsferien: 3 Wo. im Sept.
100 Plätze
Preise: 12 – 15 000 Lire
Keine Kreditkarten
Mittags und abends geöffnet

Ist es Ihnen vielleicht auch schon einmal so gegangen, daß Sie aus beruflichen oder anderweitigen Gründen einen Tag in Genua verbringen und sich dann mittags irgendwo mit einem langweiligen Salat oder einem Sandwich begnügen mußten? Das nächste Mal wird Ihnen das nicht mehr passieren, denn bei »Maria« finden Sie noch eine richtige Osteria alten Schlages vor, in der man gut und preisgünstig essen kann. Die Tische mit den rot-weiß karierten Decken sind so aufgestellt, daß man leicht mit seinen Tischnachbarn ins Gespräch kommt. Das Menü, das an den frischen Zutaten der jeweiligen Jahreszeit ausgerichtet ist, steht auf einem Blatt Papier, auf dem dann die Gerichte, die es am jeweiligen Tag nicht mehr gibt, einfach ausgestrichen werden.
Seit einem halben Jahrhundert schon führt hier die energische Scià Maria das Regiment über Töpfe und Pfannen und kocht unerschütterlich ihre **Trenette mit Pesto**, **Ravioli mit Pilzsauce**, **Kalbsbrust** oder **Tintenfischsuppe**. Wenn sie Fischsuppe zubereitet, deren Zutaten je nach Angebot auf dem Fischmarkt variieren können, kündigt sie dies stets ein paar Tage vorher auf einer Tafel an. Andere Gerichte wiederum gibt es erst ab 13 Uhr, während der **Stockfisch** im Gemüsebett eine freitägliche Tradition geworden ist. Dazu trinkt man den offenen Hauswein, und zum Nachtisch gibt es hier schlicht und einfach Pudding oder frisches Obst.

Bei »Maria« gibt es keinen Kaffee, doch ganz in der Nähe ist die Bar »Degli Specchi«, und da können Sie dann einen Espresso aus einer arabischen, brasilianischen, jamaikanischen, kolumbianischen oder afrikanischen Kaffeemischung gustieren. Und noch eine Adresse für unbelehrbare Sandwich-Fans: im Gran Ristoro, Via Sottoripa, sind die Brote großzügig belegt, und die Wurstauswahl ist groß.

Genova

Il Pampino Vino e Cucina

Enoteca mit Ausschank und Küche
Via Ruspoli, 31 r
Tel. 010/588402
Ruhetag: Sonntag
Betriebsferien: 3 Wo. im August
45 Plätze
Preise: 30–35 000 Lire, ohne Wein
Keine Kreditkarten
Nur abends geöffnet

Der Name (»Weinblatt«) des Lokals, das in der Nähe des Messegeländes liegt, ist treffend gewählt, denn auf den Regalen und Konsolen sind etwa 400 Weine aufgereiht. Die übrige Einrichtung ist einfach, gemütlich und ansprechend. An den Schiefertischen kann man sich niederlassen, um ein komplettes Menü oder auch nur ein einzelnes Gericht zu sich zu nehmen, ohne schief angesehen zu werden. Wenn Sie nur eine Kleinigkeit essen möchten, sollten Sie unbedingt die französischen und italienischen Käsespezialitäten oder die typischen **Testaroli** mit Pesto oder mit Öl und Käse probieren. Auf der Speisekarte finden Sie stets **Hackfleischpastete**, **Gemüsekuchen**, Pansoti mit Nußsauce, **Ravioli di magro**, Nudeln mit Miesmuscheln oder mit Bottarga. Die »Fleischfresser« sind mit einer ausgezeichneten Bistecca vom Chiana-Rind bestens versorgt, an Meeresgerichten besonders zu erwähnen Oktopus mit Kartoffeln und eingelegte Sardinen. Wenn Sie sie zwei Tage im voraus bestellen (für mindestens sechs Personen), bekommen Sie außerdem **Stockfisch** oder Kutteln. Hausgemacht sind auch die Desserts: Apfeltorte, Crostata und Tiramisù. Die umfangreiche Weinkarte bietet Erzeugnisse aus ganz Italien, aus Europa und Übersee. Darüber hinaus gibt es eine gute Auswahl an Schnäpsen. Das Erfolgsrezept des »Pampino« sind die anständigen Preise und die gute Qualität. Das Lokal ist sehr beliebt, Freitag und Samstag ist Tischbestellung absolut notwendig.

Genova Granarolo

4 km von der Stadtmitte

Luigina

Osteria
Via ai Piani di Fregoso, 14
Tel. 010/2429594
Ruhetag: Donnerstag
Betriebsferien: 15. Aug. – 10. Sept.
40 Plätze
Preise: 40 000 Lire, ohne Wein
Keine Kreditkarten
Nur mittags geöffnet

Lang ist es her, seit Luigin Canepa 1893 seine Trattoria mitten im Grünen unterhalb des Forte Begato eröffnete. Das »Luigina« hat bei den Genuesen nichts von seiner Beliebtheit eingebüßt. In Genua ist es alte Tradition, am Sonntag auf die Berge zwischen dem Valpolcevera und dem Valbisagno zu gehen und die herrliche Landschaft, die von mächtigen Festungsbauwerken »gekrönt« ist, zu genießen. Es gibt zwei kleine Speisezimmer, eine schattige Terrasse und eine einfache Küche zu anständigen Preisen. Den Service besorgt Cesare, der 1971 hier jobbte, um sein Physikstudium zu finanzieren, dann aber lieber Anna heiratete. Anna Laura hat das Kochen von ihrer Mutter Luigina gelernt und bereitet nun **Ravioli »cö ü tuccu«**, **Lasagne al pesto** oder mit Pilz- bzw. Artischockensauce zu. Als Hauptgericht gibt es Cima alla genovese, geschmortes Kaninchen, Kalbfleisch mit Pilzen. Freitags (auf Vorbestellung auch an anderen Wochentagen) ißt man **Stoccafisso accomodato**, der hier wirklich außergewöhnlich gut schmeckt. Dazu trinken Sie einen ehrlichen Weißwein aus der Region bzw. einen Barbera oder einen Dolcetto di Ovada aus dem Piemont. All diese Gerichte können Sie jedoch nur mittags verzehren, denn abends bleibt das Lokal geschlossen. In der schönen Jahreszeit sitzt man draußen unter der schattigen Pergola.

Die Antica Pasticceria Genovese Grondona in **Genua Ponte Decimo** (Via Discesa Torrente Verde, 1) stellt köstliches Pan dolce, Canestrelli und Kleingebäck her.

Imperia
Porto Maurizio

Osteria dell'Olio grosso

Trattoria
Piazza Parrasio, 36
Tel. 01 83/6 08 15
Ruhetag: Mittwoch
Betriebsferien: unterschiedlich
35 Plätze + 20 im Freien
Preise: 40 – 50 000 Lire
Keine Kreditkarten
Nur abends geöffnet

Das Lokal liegt in Parrasio, mitten in der Altstadt von Porto Maurizio, und ist – wie bereits der Name und so mancher Hinweis in der Trattoria vermuten lassen – in einer ehemaligen Ölmühle untergebracht. Bekannt war diese Mühle für ihr »Olio grosso«, ein dickflüssiges Öl, das zwar als Abfallprodukt weiter verwertbar, als Nahrungsmittel jedoch ungenießbar ist. Nun speist man hier in diesem geräumigen, gewölbten Saal bei Kerzenlicht an großen, rustikalen Tischen mit Holzbänken.
Die Küche der Brüder Riccardo und Alberto Bavassano ist eng mit dem Meer verbunden, und je nachdem was täglich so an fangfrischem Fisch zu bekommen ist, fällt dann auch ihre Speisekarte aus. Sofern vorhanden, können Sie mit den verführerischen Antipastini di mare beginnen, beispielsweise **lauwarmem Tintenfisch-Salat**, **Gamberetti und Zucchine**, und in der Saison den frischen **Gianchetti** (winzige Sardinen), die nur ganz kurz gekocht und mit Öl angemacht werden. Als Alternative gibt es Dinkelsuppe oder den gemischten Gemüseteller, bevor es mit den **Spaghetti** in allen möglichen Varianten weitergeht: **mit Thunfischkaviar**, mit Meeresfrüchten, mit Tintenfischen und Artischocken oder mit Auberginen, Zucchini und Garnelenschwänzen. Dann folgen **Fisch vom Grill** oder einige Fleischgerichte. Zum Schluß werden hausgemachte Desserts wie die Crostata mit Marmelade gereicht.

Das Grancaffé Novecento, Via Cascione 14, lohnt einen Besuch auf einen Kaffee und einen Imbiß; in derselben Straße, Hausnummer 31, gibt es in der Bar Pepita köstliche Focacce und Torte verdi. In **Dolcedo** (6 km) wird in der Ölmühle Bensa ein einzigartiges Extravergine-Öl mit dem Namen »Primoruggio« hergestellt. Sehr gut ist auch das »normale« Extravergine-Öl.

Imperia

Pane e Vino

Enoteca mit Ausschank und Imbiß
Via Des Geneys, 52
Tel. 01 83/29 00 44
Ruhetag: Mi. u. Sonn- u. Feiertagmittag
Betriebsferien: 3 Wo. im Juli/Aug.
80 Plätze
Preise: 33 000 Lire, ohne Wein
Kreditkarten: Visa
10 – 13, 17 – 3 Uhr geöffnet

In der umgebauten Lagerhalle am Hafen erwartet Sie ein echtes Eldorado für Schlemmer und Genießer. Luciano Limarelli, der sich gemeinsam mit seiner Frau Nivea dem Ausschank und den Gästen widmet, versucht, seine erwiesenermaßen bescheidenen Kenntnisse in der Küche durch seinen Kenntnisreichtum auf dem weiten Feld der Käseherstellung wettzumachen, und so hat er denn auch schon allerlei kleine Kostbarkeiten aus Italien und Frankreich zusammengetragen: Seltene Crottins und Schweizer Käse finden sich da in Gesellschaft heimischer Käse wie Montasio, Bruzzo, ligurischer Toma und Raschera. Doch auch aus dem immensen Angebot an Wurstwaren, die es in Italien gibt, hat Luciano geschickt gewählt: Da gibt es die verschiedensten Schinken und Salami, abgehangenes Truthahnfilet, Mortadella, Ziegen- und Gemsenschinken, Bresaola, weißen und Südtiroler Speck. Zu all diesen Leckerbissen können Sie sich dann aus einem Sortiment von 550 Flaschen aus aller Welt einen Wein ganz nach Ihrem Geschmack aussuchen. Gäste mit besonders feinem Gaumen werden sich zudem an die Gänseleber halten, während weniger subtile Naturen es sich bei Pinzimonio mit Balsamico-Essig, **Bagna caoda**, **Käsefondue**, Gemüse in Alufolie, Mes-ciüa, Gulasch, **Frisciolata** (Farinata) oder **geschmortem Stockfisch mit Kartoffeln** gutgehen lassen.
Es gibt auch einige Süßspeisen, die Sie sich nicht entgehen lassen sollten, beispielsweise die Crostata al limone, das Mousse au chocolat und die Vanillecreme. Und zum Vin Santo dürfen natürlich Cantuccini nicht fehlen. Alles in allem ein Lokal, das durch seine lockere Atmosphäre besticht und Ihnen bis drei Uhr morgens die Möglichkeit gibt, auf einen Sprung vorbeizuschauen.

La Spezia

Al Negrao

NEU

Trattoria
Via Genova, 428 – La Chiappa
Tel. 01 87 / 70 15 64
Ruhetag: Montag
Betriebsferien: September
70 Plätze + 70 im Freien
Preise: 30 – 35 000 Lire
Kreditkarten: AE, Visa
Mittags und abends geöffnet

Anfang des Jahrhunderts, als hier alles noch voll dunkler, grauer Olivenbäume stand – daher auch der Name der Gegend, »Negrao« –, wurde das Gebäude dieser Trattoria als Ölmühle genutzt. Später dann wurde es zur Einkehr für die Reisenden, die sich noch einmal stärkten, bevor sie sich die steilen Kurven zur Via Aurelia hinaufwagten, und so ganz allmählich ist dann eine Vorstadt-Trattoria daraus geworden. Ihre Gastgeber hier werden allesamt Frauen sein: Nella, die in der Küche bestimmt schon so viele Töpfe Mes-ciüa zubereitet hat, daß sie sie gar nicht mehr zählen kann, und ihre Helferinnen Enrica, Grazia und Adriana, die all die beladenen Teller behende an den Tischen im großen Speisesaal verteilen.
Bei den traditionellen Gerichten können Sie sich blind darauf verlassen, daß sie stets mit der gleichen Sorgfalt zubereitet werden. Unter den Primi finden Sie den mit feinem Öl abgeschmeckten Eintopf **Mes-ciüa**, die **Testaroli mit Pesto** oder Pilzen, Minestrone oder Spaghetti mit Miesmuscheln. Anschließend können Sie zu **Gemüsetorten** oder Reistorten übergehen, mit Fleisch und Thymian gefüllten Zucchine oder Zwiebeln oder **gefüllter Kalbsbrust** beziehungsweise Kalbsbraten mit Kartoffeln aus dem Rohr. In der Saison gibt es dann die richtig deftigen Gerichte, die zu Hause gar nicht mehr zubereitet werden: den **geschmorten Stockfisch** mit Polenta, die Kutteln mit Kartoffeln oder die **Kartoffeln in der Bratpfanne mit Steinpilzen**, die so gut sind, daß sie es bereits zu Ruhm gebracht haben. Zum Abschluß gibt es dann hausgemachte Kuchen.
Der offene Wein, sowohl der rote als auch der weiße, ist leicht und paßt hervorragend zu dieser unverfälschten Küche.

In der Bäckerei Rizzoli, Via Fiume 108, werden den ganzen Tag über köstliche Focacce salate gebacken.

La Spezila Marola

3 km von der Stadtmitte

Aütedo

Trattoria
Viale Fieschi
Tel. 01 87 / 73 60 61
Ruhetag: Montag
Betriebsferien: 15. – 30. Sept.
80 Plätze + 80 im Freien
Preise: 25 – 35 000 Lire
Keine Kreditkarten
Mittags und abends geöffnet

Den schattenspendenden Weinreben zu Ehren, die über der Terrasse ranken, hat das sympathische Ehepaar Roberta und Giorgio Angelini diese Osteria, in der sich einst die Hafenarbeiter einfanden, »Aütedo« genannt, was im Dialekt von La Spezia so viel wie »Pergola« bedeutet. Giorgio, der immer zum Frotzeln aufgelegt ist, wird Sie hier so herzlich unkompliziert empfangen, als wären Sie schon seit Ihrer Schulzeit gute Freunde. Das schlichte Lokal ist halb Pizzeria und halb Osteria, die an jedem Wochentag ein anderes Menü anbietet. Auf der Speisekarte können Sie bei den traditionellen Gerichten jeweils einige interessante Hinweise zu deren Geschichte nachlesen. Roter Faden durch die Küche sind allerlei Gewürzkräuter und alles Gute aus Neptuns Reich, wie die hier besonders leckeren Miesmuscheln und Sardellen.
Kosten Sie die Crostini und die Wurstwaren, die **Stopeta**, rohen Stockfisch in dünnen Scheiben mit Zwiebeln, Peperoncino und Olivenöl und den **Macheto**, für den in Öl, Salz und Peperoncino eingelegte Sardellen verwendet werden. **Frische Sardellen** gibt es auch mit Penne, und eine wichtige Rolle spielen sie im klassischen Tortino ligure, der mit Kartoffeln, Tomaten und Oregano im Rohr gebacken wird. Bei den Secondi finden sich geschmorte Kutteln, gefüllte Miesmuscheln, **fritierte Miesmuscheln am Spieß** und kleine Pfannkuchen mit Borretsch und Sardellen. Die Krönung ist dann eine süße Pizza aus Sojamehl, mit einem Belag aus Zitrusfrüchtenmarmelade. Es wird offener Rot- und Weißwein ausgeschenkt, der angenehm süffig ist. Und zum Schluß dürfen Sie sich hier noch eine Grappa mit Peperoncino oder, etwas milder, einen Limoncino genehmigen.

Die Casa del Vino in der Via Biassa 65 ist mit italienischen und lokalen Weinen sowie mit Schnäpsen gut bestückt.

La Spezia

Nettare e Ambrosia

Enoteca mit Ausschank und Küche
Via Fazio, 85
Tel. 01 87 / 73 72 52
Ruhetag: Sonntag
Betriebsferien: August
25 Plätze
Preise: 15 – 30 000 Lire, ohne Wein
Keine Kreditkarten
Mittags und abends geöffnet

Anna Paola und Alessandro ist es mit einigen täglich wechselnden Gerichten, viel Sorgfalt, herzlicher Gastfreundlichkeit und nicht zuletzt ihrem überdurchschnittlichen Weinangebot gelungen, ein Lokal mit familiärer Atmosphäre für die Mittagspause oder auch ein gemütliches Abendessen zu schaffen. Je nachdem, was die Jahreszeit und der Markt gerade bieten, wird der tägliche Speisenplan aufgesetzt.
Unter den Primi aus handgefertigtem Nudelteig sollten Sie den Strascinati mit Zucchini-Sugo eine Chance geben, aber auch den **Penne mit Sardellen** oder mit Tintenfischen und Mangold. Im Winter gibt es Minestrone und Suppen aus Hülsenfrüchten. Ausgezeichnete Secondi sind die **gefüllten Sardellen** und die **Wirsingröllchen**. Immer mittwochs steht die gefüllte Kalbsbrust aus dem Rohr auf dem Speiseplan, donnerstags sind dann die geschmorten Kutteln an der Reihe und am Freitag der **Stockfisch** mit luftig lockerer Polenta. Ob es zum Abschluß dann der köstliche **Dolce di latte**, die leckere Mandeltorte, die Schokoladentorte oder der Mürbeteigkuchen mit hausgemachter Marmelade sein darf: die Desserts haben es in sich, und am allerbesten schmeckt Paulas Crostata mit Brombeermarmelade.
Ein wahres Hohelied gebührt dem Weinkeller, in dem nicht nur lokale Erzeugnisse, sondern auch eine breite Palette guter Weine aus ganz Italien lagern. Und, wer will, kann sich auch durch alle seine Wunschflaschen kosten.

In der Conca d'Oro, Via Veneto 183, gibt es sehr gute Kuchen und Eis: Probieren Sie die Semifreddi mit Waldfrüchte- und Vanillegeschmack. In der Pasticceria Fiorini, Piazza Verdi 25, gibt es Obst- und Sahnetorten, Blätterteiggebäck, eine mit Sahne und frischen Früchten gefüllte Bignè-Torte und kleine Patisserien.

La Spezia Monte Parodi

7 km von der Stadtmitte

Osteria Paradiso

Trattoria
Ortsteil Paradiso, 95
Tel. 01 87 / 75 80 44
Ruhetag: Dienstag
Betriebsferien: November
40 Plätze + 50 im Freien
Preise: 30 – 40 000 Lire
Keine Kreditkarten
Mittags und abends geöffnet

Umgeben vom dichten Grün der Kastanienbäume, die hin und wieder den Blick auf den Golf von La Spezia und auf die Cinque Terre freigeben, in einem Gebiet, das bei den Städtern in La Spezia als Ziel für Sonntagsausflüge sehr beliebt ist, liegt die Trattoria »Paradiso«, in der sich die Gäste schon seit Anfang des Jahrhunderts wohl fühlen. Nur begnügt sich der Wirt heute nicht mehr damit, die Wanderer oder, an bestimmten Feiertagen, die Wallfahrer mit Wurst, Käse und gelben Saubohnen zu stärken, sondern bietet seinen Gästen in einem rustikal renovierten Ambiente den gepflegten Komfort einer Trattoria.
Es erwartet Sie hier eine einfache, saubere Kost nach Hausfrauenart, mit Spezialitäten aus dem Meer und vom Festland. Beginnen Sie mit der Wurstplatte und der köstlichen **Coppa** oder den kleinen Stockfisch-Pfannkuchen, um dann zum klassischen **Minestrone mit Pesto**, den **Spaghetti mit Miesmuscheln** oder einem Rotbarbe-Sugo oder einfach nur zu Lasagne überzugehen. Auch bei den Secondi werden Sie wieder auf Miesmuscheln stoßen, diesmal mit einer köstlichen, nach Thymian und Majoran duftenden Füllung, doch gibt es auch **Kaninchen nach Jägerinnenart** und im Herbst dann gegrillte **Pilze** oder, nach alter Tradition, geschmort mit Kartoffeln. Echt unverfälschte Hausfrauenart auch bei den Süßspeisen wie der Mandel- oder Schokoladentorte und dem klassischen **Hefekranz**.
Der offene Hauswein ist ordentlich und paßt zu den Gerichten, daneben gibt es eine kleine Auswahl an Flaschen aus Umbrien und der Toskana.

Lavagna
Cavi Borgo

49 km südöstlich von Genua, S.S. 10, A 12

A' Cantinn-a

Trattoria
Via Torrente Barassi, 8
Tel. 01 85 / 39 03 94
Ruhetag: Dienstag
Betriebsferien: im Febr. u. November
20 Plätze + 40 im Freien
Preise: 50 000 Lire, ohne Wein
Kreditkarten: Visa
Mittags und abends geöffnet

Seit über 30 Jahren sind die Danieles bereits im Gastgewerbe tätig: Zunächst führten sie ein Hotel, jetzt betreiben sie diese ruhige und gemütliche Trattoria. Ihre Töchter arbeiten ebenfalls mit und führen auf diese Weise die Familientradition fort. Bei ihnen ißt man hauptsächlich schmackhafte Meeresspezialitäten; es fehlen aber auch nicht die traditionellen Gerichte des ligurischen Hinterlandes mit viel Gemüse. Das Olivenöl und der offene Wein sind aus eigener Produktion. Als Auftakt ist der Salat vom Oktopus oder mit Tintenfischen zu empfehlen. Interessant ist auch die **Capponada**, ein traditionsreiches Matrosengericht: Dafür wird Schiffszwieback in Wasser und Essig eingeweicht und mit Öl, Tomaten, gesalzenen Sardellen, Oliven, Kapern und getrocknetem (Meeräschen-)Rogen gewürzt. Von den Primi (Signora Maria macht den Nudelteig täglich frisch) sind die **grünen Tagliolini mit Knurrhahn**, die Tagliatelle mit Artischocken oder Steinpilzen und das **Risotto mit Tintenfischtinte** empfehlenswert. Danach sollte man u. a. die **Frittura mista** oder die zarten Tintenfische mit frischen Erbsen probieren. Wer es braucht, findet aber auch immer ein Fleischgericht. Von den hausgemachten Desserts schmeckten uns das ordentliche Tiramisù und der Apfelkuchen. Gianni kennt sich auch auf dem Weinsektor bestens aus, so daß er inzwischen eine schöne Palette ligurischer Gewächse zusammenstellen konnte.

Die Weinhandlung »Ü Caratellu« in der Via Roma 86 ist eine gute Adresse, um Wein zu kaufen oder ein Gläschen zu verkosten.

Lerici
La Serra

10 km von La Spezia

Dar Magasin

NEU

Circolo Arci
Via Casamento, 18
Tel. 01 87 / 96 47 08
Ruhetag: Dienstag
Betriebsferien: unterschiedlich
35 Plätze + 20 im Freien
Preise: 40 000 Lire, ohne Wein
Keine Kreditkarten
Nur abends geöffnet, sonntags auch mittags, nicht im Sommer

Noch bevor wir dieses nette Lokal, von dem aus man einen herrlichen Blick über den Golf von La Spezia genießen kann, entdeckten, führte es in seinem Schild bereits das Schneckenhäuschen – hier in Serra jedoch Symbol für das Schneckenfest, das alljährlich Ende August stattfindet. Im »Magasin« werden Sie das Gefühl haben, in einem alten Landhaus einzukehren: Auf den Holztischchen stehen Wiesenblumen, und an den Wänden hängen neben vergilbten Fotos alte Werkzeuge aus der Landwirtschaft. Sie beginnen am besten mit den **in Knoblauch und Petersilie angemachten Sardellen** oder einem **Gemüsetörtchen**, und in der Saison mit Saubohnen und Thunfischsalami oder gefüllten Kürbisblüten. Die Pasta, selbst die mit Gemüse und ligurischen Kräutern wie Borretsch und Thymian gefüllte, ist hausgemacht. Bei manchen Gerichten gesellt sich dann Fisch zum Gemüse, beispielsweise mit der Tinte **vom Tintenfisch geschwärzte Tagliolini** mit Paprika, Zucchini und kleinen Tintenfischen, **Vollkorn-Lasagnette** mit Kohl, Kartoffeln und Sardellen oder mit Safran und Garnelen. Auch bei den Secondi werden Sie Gerichte sowohl vom Meer als auch vom Festland entdecken, wie **gratinierte Calamari** mit Gemüse oder geschmortes entbeintes Kaninchen. Raffinesse heißt das Stichwort bei den Süßspeisen, zum Beispiel dem Mürbeteigkuchen mit Ricotta oder dem Schokoladenauflauf mit Äpfeln in Calvados. Recht stattlich die Auswahl bei den Weinen, darunter einige lokale Spitzenweine und gute Lagen aus ganz Italien.

Im Ortsteil **Solaro**, Via Militare 72, betreibt der legendäre Franco Lanata, alias Biscotto, eine Bar-Enoteca. Bei ihm bekommen Sie neben den ausgefallensten Brötchen die besten Weine der Gegend, aus ganz Italien und dem Ausland sowie Hochprozentiges.

Mele Acquasanta

21 km von Genova, 6 km v. d. Ausf. Voltri A 10

Osteria dell'Acquasanta

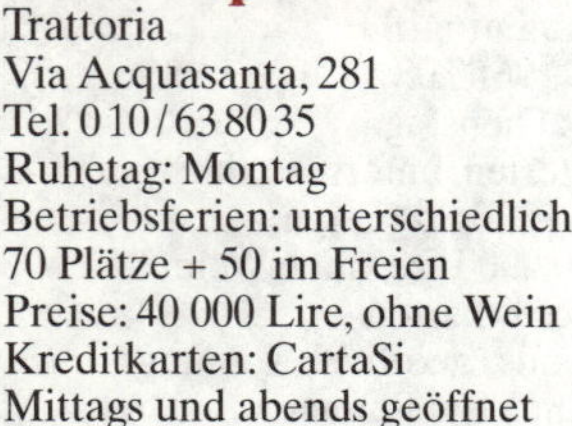

Trattoria
Via Acquasanta, 281
Tel. 010/638035
Ruhetag: Montag
Betriebsferien: unterschiedlich
70 Plätze + 50 im Freien
Preise: 40 000 Lire, ohne Wein
Kreditkarten: CartaSi
Mittags und abends geöffnet

In die »Osteria dell'Acquasanta«, dieses nette, in unmittelbarer Nähe der alten Thermalbäder gelegene Lokal, kehrt man immer wieder gerne ein. Um hierher zu gelangen, fahren Sie am besten von Genova Voltri aus auf die Staatsstraße Turchino und biegen dann rechts ab. Man spürt hier sofort die ganze Begeisterung, den Schwung und die Kompetenz, mit der Alessandro, Fabio und Marco das Lokal führen, zu denen natürlich auch der kleine Plausch mit den Gästen gehört.
Der Küche gelingt es stets, überlieferte Genueser Rezepte mit Gerichten aus anderen Regionen oder auch mit phantasievollen Eigenkreationen zu kombinieren. So gibt es dann also die **Ravioli mit Fleischsauce** und in der Saison mit Pilzsauce, die **Taglierini mit Pesto** und auch mit Gemüse, die Strozzapreti, den **Rotolo Mariapia** (eine ganz besondere Variante gefüllter Pasta) mit Pinienkernen, den deftigen Brotauflauf mit Trevigiana und Gorgonzola oder die gefüllten Lattichblätter in Brühe. Bei den Secondi geht es mit den angenehmen Überraschungen gleich weiter: **Baccalà als Mus** oder geschmort, Kalbshaxe aus dem Rohr, Perlhuhn, Schmorbraten vom Esel oder vom Chianina-Rind sowie gefülltes Gemüse. Naschen Sie zum Abschluß etwas Käse, oder bestellen Sie sich das sündhaft leckere **Semifreddo al torrone** di Visone. Als der Küche dieses Lokals würdig erweist sich auch die gut bestückte Weinkarte mit bekannteren und weniger bekannten italienischen und ausländischen Weinen, die hier mit einem nur geringfügigen Aufschlag angeboten werden. Vor allem unter der Woche sollte man hier mittags unbedingt reservieren.

Sollte Sie ein Ausflug ins Hinterland bis nach **Masone** (18 km von Acquasanta) führen, so finden Sie im dortigen Consorzio Cooperativo Valle Stura, Via Roma 69, Milch und Käse aus lokaler Produktion.

Monterosso

34 km westlich von La Spezia

Il Pirata

NEU

Ristorante
Via Molinelli, 6–8
Tel. 0187/817536
Ruhetag: Mittwoch, im Sommer nicht
Betriebsferien: von Okt. bis Ende März
25 Plätze + 25 im Freien
Preise: 40 – 50 000 Lire, ohne Wein
Kreditkarten: CartaSi
Mittags und abends geöffnet

Seit einigen Jahren schon führt die Familie Viscardi dieses kleine Lokal in unmittelbarer Nähe der Strandpromenade von Fegina. Jimmy wird sich in familiärer Atmosphäre ausgemacht freundlich um Sie kümmern, und, vielleicht das wichtigste, die Küche ist gut – was in touristischen Gegenden nicht überall der Fall ist.
Zu Mamma Silvanas Küchenrepertoire zählt neben den klassischen Antipasti di mare die typische Getreidesuppe von La Spezia, die **Mes ciüa**, die sie mit Calamaretti serviert, und ihre **in Salz eingelegten Sardellen** mit Extravergine-Öl und Oliven sind wohl die besten der gesamten Küste. Es geht aber noch weiter, und zwar mit den Primi: **Trofie mit Pesto** oder mit Spinat und kleinen Krebsen, Risotto mit Meeresfrüchten, **Trenette in der schwarzen Sauce der Tintenfische** und Lasagnette mit Rotbarbe. Je nachdem, was den Fischern aus dem Ort ins Netz gegangen ist, gibt es dann als Secondo mal eine knusprige **Frittura**, mal einen Seeschwalbenfisch oder Schwertfisch aus dem Rohr oder auch den **Sardellen-Tortino**.
Ein weiterer Grund, weswegen man gerne im »Pirata« einkehrt, sind die sorgfältig ausgesuchten Weine, von den Gewächsen der Cinque Terre über den Vermentino aus den Colli di Luni bis hin zu auserlesenen Weißweinen aus ganz Italien. Und, wie es sich für eine echte Piratentaverne gehört, gibt es natürlich auch Hochprozentiges, vor allem: Rum.

In einem hübschen alten Lokal in der Via Roma 62 ist die Enoteca Internationale di Giusti untergebracht, in der Weine aus den Cinque Terre, dem Levanto und den Colli di Luni probiert werden können. Um sich anschließend mit einer Pizza oder Focaccia zu stärken, empfiehlt sich der Fornaio di Monterosso. Es betreibt zwei Filialen, eine im alten Dorf, die andere in Fegina.

Ne
Caminata

55 km östlich von Genua, S.S. 1, A 12

Garibaldi

Trattoria
Via Caminata, 106 a
Tel. 01 85 / 33 70 62 und 33 76 15
Ruhetag: Donnerstag
Betriebsferien: im Winter
40 Plätze
Preise: 45 000 Lire, ohne Wein
Kreditkarten: BA, CartaSi
Mittags und abends geöffnet

Selten bekommt man am Tisch ein so strikt traditionelles Repertoire des ligurischen Hinterlandes genannt wie hier. Nützen Sie es! Die Frauen der Familie – Mutter, Schwester und Schwägerin des wackeren Patrons Sergio – rollen die Pasta von Hand aus und zaubern aus besten frischen Zutaten leichte Gerichte mit viel Gemüse und Kräutern. Als Ouvertüre kann eine schmackhafte ländliche Pancetta dienen, die mit **ausgebackenem Borretsch, Salbei und Petersilie** serviert wird, dann kann eine **Gemüsetorte** nach der Jahreszeit folgen. Überzeugend der **Minestrone alla genovese**, die Pansotti con sugo di noci und die **Picagge matte**, Nudeln aus Weizen- und Kastanienmehl, die sich glücklich mit Pesto oder Gemüse der Saison verbinden. Zum Hauptgang kann man einen reichhaltigen **Fritto misto alla ligure**, **Cima alla genovese**, Lammfrikassee, in Wein geschmortes Perlhuhn, Kaninchen und Wild ordern. Für Freunde von Innereien zu empfehlen ein herrliches **Bianco e nero von Lamm** oder Zicklein. Gute hausgemachte Desserts in Form von Kuchen und Cremes. Eine Speisekarte gibt es nicht, dafür gleich drei Weinkarten in den unterschiedlichen Farben. Anfahrt: Von der Autobahnausfahrt Lavagna erst Richtung Reppia, dann den Wegweisern nach Caminata folgen. Anmeldung ist notwendig.

Ne
Campo di Ne

53 km östlich von Genua, S.S. 1, A 12

La Brinca

Trattoria
Via Campo di Ne, 58
Tel. 0 85 / 33 74 80
Ruhetag: Montag
Betriebsferien: unterschiedlich
90 Plätze + 20 im Freien
Preise: 35 – 40 000 Lire, ohne Wein
Alle Kreditkarten
Abends, Sa., So., Fei. a. mittags geöffnet

»Caneva con fundego da vin«, mit dieser traditionellen ligurischen Bezeichnung stellt sich das »Brinca« in seinem Prospekt zu Recht vor: eine Trattoria mit einem angemessenen Weinkeller (wählen Sie aus über 300 Namen), mit einer authentischen Küche zu anständigen Preisen, mit einer familiären Atmosphäre. Dennoch versehen alle Mitglieder der Familie Circella professionell ihre Aufgaben: Mamma Franca mit Sohn Roberto in der Küche, Vater Carlo im Garten, Schwiegertochter Pierangela bei den Dolci und Sergio, der zweite Sohn, als liebenswürdiger Gastgeber und Sommelier. Die traditionelle Küche des Val Graveglia ist reich an Düften und Aromen. Probieren Sie sich durch die Antipasti: auf dem Rost **gebratene Ravioli** mit einer Füllung aus Rosinen, Ricotta, Pinienkernen und Borretsch; »u prebugiun«, ausgebackene Borretschblätter; Frisciulle (eine Art Crêpes) al pesto. Hausgemacht die Pasta: **Ravioli mit Kräutern**, Taglierini mit Pesto, Tomaten oder Mandeln oder – in der Saison – mit Pilzen; **Kastaniengnocchi al pesto** und von November bis April die **Prescinsoeua e fave** (eine Art Quark mit Bohnen). Das Fleisch kommt herrlich duftend vom Holzkohlenfeuer, z. B. Kalbsbrust mit Wacholder, entbeintes und **gefülltes Kaninchen** mit einer Vermentino-Sauce, Kalbsnuß mit Pinolicreme. Wunderbar sind auch **gefüllte Perlhuhnbrust** und der Fritto misto alla genovese. Das Lokal erreichen Sie (nicht ohne vorherige Anmeldung) von der Autobahnausfahrt Lavagna, erst in Richtung Ne, dann links nach Campo di Ne abbiegen.

Ortonovo
Nicola
26 km östlich von La Spezia

Cervia

Osteria
Piazza della Chiesa, 20
Tel. 01 87/66 04 91
Ruhetag: Montag
Betriebsferien: unterschiedlich
50 Plätze + 70
Preise: 40 000 Lire, ohne Wein
Kreditkarten: alle
Mittags und abends geöffnet

Der kleine Kirchplatz im mittelalterlichen Dörfchen Nicola ist nur zu Fuß zu erreichen, was seine Besucher nicht weiter stört, können sie doch auf diese Weise einen Spaziergang durch die malerischen alten Gäßchen unternehmen. Gleich gegenüber der Kirche sehen Sie den Eingang zur Osteria, in der sich unten eine typische Dorfbar befindet, während Sie oben ein geräumiger Saal und Sonia Lorenzini erwartet. Seit vielen Jahren schon bietet sie hier ihren Gästen eine solide Regionalküche mit dem einen oder anderen schöpferischen Einfall.
Nach ein paar appetitanregenden Häppchen, zu denen Sfogliata und Mariocca (Gebäck mit Kräutern) gereicht werden, kommen erst die eigentlichen Antipasti mit verschiedenem Gemüse und Pilzen, Crêpes mit Käse, allerlei Wurstwaren und dem berühmten weißen **Speck von Colonnata**. Ausgefallen dann die **Lasagne mit Artischocken**, eher traditionell die **Ravioli mit weißer Fleischfüllung**. Großartig schmeckt das **Kräuterlamm mit fritiertem Gemüse** und – in der Saison – die **Sardellen mit Kartoffeln aus dem Rohr**. Weitere Alternativen zu den traditionellen Gerichten sind Tagliatelle mit Trüffeln, Steaks vom Chianina-Rind und verschiedene Sorten Höhlenkäse.
Verführerisch lecker die Desserts, wie die Crostata mit Nüssen und Pistazien oder das Semifreddo aus Grieß. Die Weine beschränken sich auf den lokalen Vermentino. Da Nicola di Ortonovo zwar in unmittelbarer Nähe, aber eben nicht direkt an der Via Aurelia liegt, kocht Sonia nur auf Vorbestellung.

Ortonovo
Nicola
26 km östlich von La Spezia

Da Fiorella (ehedem Da Cappetta)

Osteria – Trattoria
Via Case Sparse, 5
Tel. 01 87/6 68 57
Ruhetag: Donnerstag
Betriebsferien: September
80 Plätze
Preise: 35 – 40 000 Lire
Keine Kreditkarten
Mittags und abends geöffnet

Sie müssen gar nicht bis in den Ortsteil Nicola hineinfahren, um sich in Fiorellas und Leas großem Speisesaal, durch dessen riesige Fenster sich ein herrliches Panorama von der Mündung des Flusses Magra bis hin zur Küste der Versiglia auftut, bei echt bodenständiger Küche ein paar gemütliche Stunden zu machen. Die beiden Inhaberinnen kochen wie die Hausfrauen dieser Gegend unkomplizierte Gerichte, bestechen dabei jedoch durch ihre große Sorgfalt.
Gleich zu Beginn sollte man unbedingt die **Torten mit Gemüse** oder mit Paprika kosten, aber auch das in Öl eingemachte Gemüse mit dem ebenfalls hausgemachten leckeren Nußbrot. Unter den Primi finden Sie hauchdünne **Testaroli mit Pesto** oder mit Pilzen, daneben Ravioli, Gnocchi und Tagliatelle, die je nach Jahreszeit mit verschiedenen Saucen serviert werden. Ein echtes Sonntagsessen ist bei den Secondi dann das knackige **Fritto misto** aus Gemüse, Huhn und Kaninchen, doch nicht minder gut schmecken **geschmorter Stockfisch**, Kaninchen nach Jägerinnenart und fritierte Froschschenkel. Zum traditionellen Abschluß gehört die **süße Reistorte**, neben der es auch Crostata aus Amaretti mit Marmelade und Pinienkernen und Apfeltorte gibt.
Abgesehen vom Vermentino und einem lokalen Rotwein ist die Auswahl an Weinen sehr bescheiden, doch das herzliche Ambiente, das unverfälschte Essen und nicht zuletzt die moderaten Preise machen dieses kleine Manko wieder wett.

In **Ortonovo**, im Ortsteil Isola, wird im Panificio Da Cudì, Via Gaggio 48, täglich frisches Holzofenbrot gebacken. Ebenfalls aus dem Holzofen stammen die hier erhältlichen Focacce mit Basilikum und allerlei Kuchen.

Pigna

53 km von Imperia,
27 km nordwestlich von San Remo

La Posta

Trattoria
Via San Rocco, 60
Tel. 01 84/24 16 66
Ruhetag: Donnerstag
Betriebsferien: im Mai u. im Oktober
28 Plätze + 12 im Freien
Preise: 30 – 35 000 Lire
Keine Kreditkarten
Nur mittags geöffnet

Wer von Ventimiglia nach Triora oder von Saorge über Baiardo nach San Remo wollte, mußte über Pigna, und so kam dem Ort zur Zeit der Grafen von Ventimiglia, die dieses Gebiet bis 1258 beherrschten, eine herausragende Position in deren Verteidigungskonzept zu. Die einstige Marschroute der Söldner durch das Nerviatal ist inzwischen in eine Kreisstraße verwandelt, doch finden Sie hier, direkt neben einem Lebensmittelgeschäft, ein kulinarisches Kleinod: die Trattoria »La Posta«. Inhaberin beider Betriebe ist die überaus zuvorkommende Carla Alberti. Das Ambiente ist schlicht und familiär, zur sorgfältigen Einrichtung gehören auch ein paar alte Geräte aus der Landwirtschaft, die nun an den Wänden zu neuen Ehren gelangt sind.
Es geht los mit einer ganzen Reihe, je nach Jahreszeit wechselnder Antipasti, darunter eine **Gemüsetorte** (u fugassun) und eine Kartoffeltorte, im Sommer dann die gefüllten Kürbisblüten oder das schmackhafte, in Öl eingelegte Gemüse nach Art des Hauses. Hausgemacht geht es mit den Primi weiter: köstliche mit Gemüse gefüllte Ravioli in zerlassener Butter und Salbei, **Pansoti in Walnuß-Sugo** und Tagliatelle mit Pilzen. Als Secondo kocht Ihnen Carla hier das klassische **Kaninchen nach ligurischer Art mit Oliven**, **Ziege mit dicken Bohnen aus Pigna**, ein mit Kräutern gewürztes Lamm sowie in Rotwein geschmorte Schnecken. Und wen das nicht überzeugt, kann auch noch **Stockfisch im Gemüsebett** sowie die beliebte Stockfisch-Creme mit Kartoffeln, die **Branda cujon**, kosten. Pilzfreunde sollten in der richtigen Jahreszeit kommen: Dann werden hier die schmackhaften Hütchen in den verschiedensten Variationen zubereitet.
Unter den Süßspeisen finden Sie ebenfalls Bodenständiges wie die Cubaite (Krokant aus Haselnuß und Honig zwischen zwei Waffeln) und den Castagnaccio. Von den Weinen darf man nicht allzuviel erwarten.

Pigna Madonna Assunta

23 km nördlich von Ventimiglia

Terme

Hotelrestaurant
Ortsteil Madonna Assunta
Tel. 0 84 / 24 10 46
Ruhetag: Mittwoch, nicht im Sommer
Betriebsferien: 9. Jan. – 10. Febr.
80 Plätze
Preise: 35 – 45 000 Lire, ohne Wein
Kreditkarten: alle außer AE
Mittags und abends geöffnet

Eingetaucht in üppige Vegetation ist das Hotel Terme. Zuvor fährt man über den Ponte di Lago Pigo, neben dem eine Schwefelquelle entspringt (hier ist soeben ein supermodernes Thermalbad gebaut worden). Das »Terme«, als Restaurant gedacht, hat dennoch die Atmosphäre einer guten Trattoria und ist eine schon traditionelle Adresse, seit über 30 Jahren von Silvio Lanteri und Frau Gloria geführt. Sie pflegen eine echte regionale Küche, die Substanz, Geradlinigkeit und angemessene Preise vereint; neue Varianten sind gekonnt. Ein mit Weinen der Region und von anderswoher gut bestückter Keller bildet die adäquate Ergänzung. Unter den Antipasti zu finden sind etwa gefüllte Kürbisblüten, eine **Sardenaira** (eine Art Pizza mit Sardellen) und **Turtun**, Frisceui von Stockfisch, **Barbagiuai** (fritierte Kürbisravioli), **Previ**, Gran Pistau und Bieletti nach Jahreszeit. Unter den Primi ragen die **Gemüseraviolini** mit Butter und Salbei heraus, zu nennen auch die **Pansoti con sugo di noci**, grüne Tagliatelle und im Winter eine herrliche **Suppe mit Maltagliati und weißen Bohnen**, eine Spezialität Pignas. Nur loben kann man die Hauptspeisen: **Lamm mit Kräutern**, Kaninchen in Rossese mit Oliven aus Taggia, in der Saison Ziege mit Bohnen, Trippa, Pilzgerichte sind nur die wichtigsten. Zum Abschluß eine kleine Käseauswahl und gute Dolci nach Hausfrauenart.

In **Pigna** stellt der Forno Papalia (Via de Sonnaz) nach einem alten Rezept aus Vollkornmehl und Kleie ein einzigartig schmackhaftes Brot her.

Portovenere Fezzano

7 km südlich von La Spezia

L'Osteria

NEU

Osteria
Piazza Valletta, 7
Tel. 01 87 / 79 26 25
Ruhetag: Montag
Betriebsferien: im Winter
20 Plätze + 20 im Freien
Preise: 25 – 30 000 Lire, ohne Wein
Kreditkarten: Visa
Mittags und abends geöffnet

In dem alten Fischerdorf Fezzano, auf halbem Wege zwischen La Spezia und Portovenere, empfängt Sie Paolo Barilli nebst Boxer Beppe in diesem netten, kleinen Lokal. Innen sitzt man unter einer gewölbten Decke, umgeben von steinernen Wänden, wie sie typisch sind in den alten Kellern Liguriens.
Die Warnung auf einer Tafel »Hier wird gegessen, was auf den Tisch kommt«, ist ernst gemeint, denn es gibt nur ein festes Menü, vorwiegend Fisch, und für jeden Gang höchstens zwei Gerichte zur Auswahl. Das liegt an Paolo, der zunächst einmal abwartet, was der Fischmarkt des Dorfes Feines anzubieten hat, denn Fisch aus der Tiefkühltruhe oder aus Zuchten lehnt er kategorisch ab. Dafür tischt er Ihnen hier ein umwerfendes **Risotto mit Rotbarsch** auf, daneben Spaghetti mit Seeigel und Tagliatelle mit Seeteufel, mit den kleinen Bianchetti-Sardellen oder mit Pesto, und manchmal, wenn die Fischer einmal nicht aufs Meer hinausgefahren sind, gibt es Pasta e fagioli und **Mesciüa**. Bei den Secondi dann kann man gegrillte Tintenfische, Scampi alla catalana, **Fisch- oder Miesmuschelsuppe** finden, oder auch die **Frittura** del golfo und Fleischbällchen, die, wie alles hier, stets auf natürliche Art zubereitet ist, um den feinen Eigengeschmack der sorgfältig ausgesuchten Zutaten zu erhalten.
Dazu gibt es offenen Hauswein in einer Karaffe und zum Abschluß ein Gläschen hauseigene Grappa, die sehr weich und blumig schmeckt. Das Preis-Leistungs-Verhältnis ist hier ausgesprochen gut.

Schauen Sie in **Portovenere** in der Bar Lamia, in der Calata Doria, auf ein Eis, einen Aperitif, ein Gläschen Wein oder einen Schnaps vorbei. Phantasievolle Focacce, Pizze und am späten Nachmittag Farinata gibt es in der Pizzaccia, Via Cappellini 96.

Recco

23 km östlich von Genua, S.S. 1, A 12

La Baita

Trattoria
Via Alpini d'Italia, 8
Tel. 0 85 / 7 58 82
Ruhetag: Montag
Betriebsferien: 15. – 28. 2., September
65 Plätze + 65 im Freien
Preise: 30 – 40 000 Lire, ohne Wein
Keine Kreditkarten
Abends, So./Fei. auch mittags geöffnet

Grüne Olivenbäume und Pinien, rote Bougainvilleen, gelbe Mimosen und weißer Jasmin heißen im Frühjahr die Besucher der Riviera willkommen. In der Nähe von Recco, der Hauptstadt der Focaccia al formaggio, ist das archaisch gebliebene Dorf Collodari zu finden, das vor den Piraten geschützt hinter der Küste entstand. Die Trattoria – eher ein Restaurant – empfängt hier mit einem heimeligen Speiseraum und einer Veranda, die auf das Tal hinter Recco hinausgeht. Von der Autobahnausfahrt Recco fährt man Richtung Uscio, nach wenigen hundert Metern biegt man in die Straße ein, die nach Collodari hinaufführt (3 km). In der Baita pflegt man eine Küche nach Hausfrauenart, wie es Familientradition ist: **Gemüsekuchen**, **Capponadda**, gefüllte Gemüse, **Trofie** – die typischen Nudeln Liguriens – mit Pesto, **Pansoti al sugo di noci**, Tagliatelle alla boscaiola (mit Pilzen) sind die Primi. Herausragende Secondi sind **Kaninchen auf ligurische Art** oder aus dem Ofen, Wild und Pilze in der Saison, auch sie im Ofen mit Kartoffeln geschmort. Im Winter gibt's **Kastaniengnocchi in Kürbiscreme**. Die Dolci hinterlassen keinen besonderen Eindruck, probieren Sie das Tiramisù oder den Pudding mit Vin Santo oder Waldfrüchten. Das Weinangebot (zu sehr bescheidenen Preisen) ist immer noch verbesserungswürdig.

Die typische Focaccia von Recco besteht aus zwei Teiglagen mit Käse dazwischen und wird in großen Formen im Holzofen gebacken. Ausgezeichnet die Produkte der Focacceria in der Via Roma 278.

Riccò del Golfo
Ponzò

11 km nordwestlich von La Spezia, S.S. 1

Antica Trattoria Cerretti

NEU

Trattoria
Via San Cristoforo, 22
Tel. 01 87 / 92 62 77
Ruhetag: Mittwoch, nicht im Juli u. Aug.
Betriebsferien: unterschiedlich
60 Plätze + 25 im Freien
Preise: 35 000 Lire, ohne Wein
Kreditkarten: CartaSi
Mittags und abends geöffnet

Wenn Sie von La Spezia aus auf der Aurelia in Richtung Genua und Cinque Terre fahren, kommen Sie in das Val di Vara, von wo aus es dann die Hügel hinauf nach Ponzò geht. Hier tut sich dann ein herrlicher Blick bis hinüber zum Golf auf, und an klaren Tagen kann man in der Ferne sogar die Apuaner Alpen erkennen: ein Panorama, das im Speisesaal der »Antica Trattoria Cerretti« sozusagen zum Service gehört.
Hier bei Paola und Teano Guastini erwartet Sie die echte Küchenkultur des ligurischen Hinterlandes; zum Beispiel Antipasti mit marinierten Zucchini, **Kartoffel-Zwiebel-Auflauf** (die wichtigsten Zutaten auch für die Gemüsetorten hier in der Gegend) und allem anderen Gemüse, was der Garten gerade zu bieten hat. Einzige »exotische Note« ist die Pancetta steccata aus Colonnata mit Basilikum und Öl. Unter den Primi finden Sie dann die im Val di Vara sehr beliebte **Getreidesuppe** nach überliefertem Rezept, ferner **Tagliatelle mit Steinpilzen** sowie schmackhaft mit Fleisch und Gemüse gefüllte **Ravioli** al ragù. Hohe Kochkunst auch bei der Zubereitung der Secondi: Da gibt es **gefülltes Huhn** mit einer der Kalbsbrustfüllung sehr ähnlichen Farce und **entbeintes Kaninchen**, dessen Füllung jedoch etwas kräftiger gewürzt ist. Auf Vorbestellung und zu bestimmten Jahreszeiten wird hier auch Wildschwein und Fisch serviert, beispielsweise der **geschmorte Stockfisch** mit Polenta oder gekochter Stockfisch in jungem Öl, daneben Fischsuppen oder **gefüllte Miesmuscheln**. Die klassischen Süßspeisen zum Abschluß sind mit Honig und Mandeln zubereitet, aber es gibt auch eine mit Sahne und Waldfrüchten gefüllte Biskuit-Torte.
Derzeit wird ein nicht gerade mitreißender Hauswein ausgeschenkt, doch will man sich nach Alternativen umsehen: Die Küche jedenfalls hätte es verdient.

San Remo

26 km westlich von Imperia,
17 km von Ventimiglia, S.S. 1 oder A 10

La Porta blu

NEU

Restaurant
Via Marsaglia, 34
Tel. 01 84 / 50 50 00
Ruhetag: Sonntag u. Mo.mittag
Betriebsferien: unterschiedlich
25 Plätze
Preise: 45 – 50 000 Lire, ohne Wein
Kreditkarten: CartaSi, Visa
Mittags und abends geöffnet

Von der trasparenza, wie im neuen Italien der 2. Republik die Losung heißt, hat sich wohl auch Nicola Alberti anstecken lassen, als er beschloß, die Küche von dem winzigen Speiseraum lediglich durch eine Glaswand abzutrennen. Die Gäste können nun als Zuschauer mitverfolgen, wie in der Küche teils bodenständige, teils süditalienisch angehauchte Gerichte entstehen.
Zum Einstieg gibt es **Oktopus mit Kartoffeln**, gefolgt von einer lauwarm servierten Insalata di mare mit Gemüse oder einem Gericht von jenseits der Alpen, den Miesmuscheln alla crema, während samstags dann der **Cappon magro** seinen Auftritt hat. Die frische Zubereitung der Primi verlangt Ihnen nun ein bißchen Geduld ab, doch dafür werden Sie mit grünen Gnocchi mit Gamberetti, Spaghetti mit Meeresfrüchten in der Folie, **Trenette mit der Tinte der Tintenfische**, frischen Tagliolini mit Tomaten und Basilikum oder **Farfalle mit Pesto** belohnt. Von der Speisekarte, die Ihnen von Signora Antonietta, der Frau des Inhabers, gebracht wird, können Sie nun **Steinbutt nach provenzalischer Art**, **Schwertfisch mit Basilikum**, gegrillte Tintenfische und Seezunge in Vermentino aussuchen. Klein, aber fein ist die Auswahl an Süßspeisen zum Abschluß, unter anderem ein Schokoladenfondue mit frischen und getrockneten Früchten, ein Apfelkuchen mit flüssiger Sahne und Zimt, Baiser mit Schokolade und Sahne sowie Panna cotta mit Pfefferminze oder Himbeersauce.
Die Weinkarte kann wohl mit einigen interessanten Namen aufwarten, doch alles in allem fehlt ihr noch die persönliche Note.

In der Enoteca Marone, Via San Francesco 61, präsentieren sich in 1200 Flaschen Weine aus Ligurien, Italien, Europa und der ganzen Welt. In einem eigenen Bereich sind Extravergine-Öle aus Imperia ausgestellt.

San Remo

26 km westlich von Imperia,
17 km von Ventimiglia, S.S. 1 oder A 10

Nuovo Piccolo Mondo

Trattoria
Via Piave, 7
Tel. 01 84/50 90 12
Ruhetag: Sonntag u. Mittwochabend
Betriebsferien: Juli
35 Plätze
Preise: 30 – 40 000 Lire, ohne Wein
Keine Kreditkarten
Mittags und abends geöffnet

»Die Welt bleibt niemals auch nur einen Augenblick lang stehen«, sang einst Jimmy Fontana, doch im »Nuovo Piccolo Mondo« von San Remo scheint man die Uhren sogar zurückgedreht zu haben, nur um dem wahren, unverfälschten Geschmack einer uralten Küchentradition auf die Spur zu kommen.
Alle Gerichte, auch die deftigsten, halten sich hier an zwei Gebote: Leicht sollen sie sein, und strikt aus Zutaten der Gegend. Ob es nun die **Trenette al pesto** sind oder der **Minestrone alla genovese**, die Spaghetti »Piccolo Mondo« (mit Kapern, Oliven, Pinienkernen, Sardellen und Tomaten) oder die Spaghetti mit Auberginen oder alla marinara, die Linguine ai gamberi oder die Zwiebelsuppe und manchmal auch die Previ (gefüllter Lattich in Brühe) – sie alle huldigen den Gewürzen und Düften Westliguriens. Davor gibt es allerdings noch einige leckere Vorspeisen wie den **Tortino di Zucchine** (auch mit Mangold, Artischocken und Spinat), gefülltes Gemüse sowie **gefüllte Sardellen**, die Kalbsbrust alla genovese und den **Oktopus mit Kartoffeln**. Umberto Cannavina, der seine Gäste in dem kleinen, familiären Raum empfängt, hat natürlich den heimischen Fisch nicht vergessen, der hier gegrillt oder gebraten serviert wird. In dem vielfältigen Angebot finden Sie auch Kutteln, **Fegato all'aggiada**, im Rohr gebratene Goldbrasse und freitags **Stockfisch im Gemüsebett**. Auf der Weinkarte entdeckt man ein paar bekannte Lagen, und der offene Hauswein – weiß, rosé oder rot – stammt von einem toskanischen Weingut.

Im Alimentari Sciolè, Via Roma 125, gibt es eine bunte Vielfalt an Produkten, von Mehl über Hülsenfrüchte, Trockenpilze und Extravergine-Öl bis hin zum berühmten ligurischen Gemüse in Öl.

Sarzana

16 km östlich von La Spezia, Ausfahrt A 12

Il Cantinone

Trattoria
Via Fiasella, 59
Tel. 01 87/62 79 52
Ruhetag: Montag
Betriebsferien: 10 Tage im Sept. u. März
35 Plätze + 35 im Freien
Preise: 20 – 40 000 Lire, ohne Wein
Kreditkarten: CartaSi, Visa
Mittags und abends geöffnet

Seit den 50er Jahren versteckt sich dieses kleine Lokal in einer der engen, malerischen Straßen des mittelalterlichen Städtchens Sarzana, und seine Inhaber, Mario und Sabrina Musetti, haben bewußt die ursprüngliche Struktur eines alten Kellers erhalten.
Für **Wurst**liebhaber tut sich ein Himmel auf, der voller Schinken hängt: Schinken aller Art und Formen, von den traditionellen über Hirsch- und Wildschweinschinken bis hin zum Bisonschinken. Doch abgesehen von diesem Kuriosum gibt es hier auch ein tadelloses Menü zu einem festen Preis (für ganze 20 000 Lire) oder auch einzelne Gerichte von der Karte, beispielsweise Kürbis-Tortelli, **Panizza** (Kichererbsenmus in der Pfanne fritiert oder sautiert mit jungen Zwiebeln und Parmesan), **Torten aus Gemüse** oder Dinkel, Pfannkuchen mit Artischocken, Pilzen oder Spargel, die sogenannte Panzanella. Zu den Primi gehören hier auch Suppen: Zuppa del Cantinone mit Linsen und Wildreis, Tomaten- und Dinkelsuppe sowie die Zuppa del contadino. Nicht entgehen lassen sollten Sie sich die **Testaroli mit Pesto** oder einfach nur mit Olivenöl und Parmesan. Bei den Secondi dreht sich alles um den **Grill**: Das **Fleisch** ist von feinster Qualität, und die Rippenstücke oder Filets vom berühmten Chianina-Rind werden Ihnen bestimmt unvergeßlich bleiben. Zum Abschluß dann folgen Bavaresi, Latte in piedi oder Crostate, um nur einige von Sabrinas köstlichen Nachspeisen zu nennen.
Auf der Weinkarte finden sich zahlreiche italienische und französische Flaschen, darunter einige große Rotweine neben Weinen von kleineren Erzeugern aus den Colli di Luni.

Ein wirklich umwerfendes Eis bekommen Sie in der Gelateria-Bar von Paolo Biagi, Via Genova.

Sarzana

16 km östlich von La Spezia, Ausfahrt A 12

La Scaletta

NEU

Trattoria
Via Bradia, 5
Tel. 01 87 / 62 05 85
Ruhetag: Dienstag, im August nicht
Keine Betriebsferien
150 Plätze + 130 im Freien
Preise: 25 – 40 000 Lire, ohne Wein
Keine Kreditkarten
Mittags und abends geöffnet

Heute wird die legendäre Trattoria von den Brüdern Evardo, Paolo und Carlo sowie deren Mamma Giovanna geführt, die zwar den Tourismus ankurbeln wollen, gleichzeitig jedoch klug genug waren, die familiäre und ländliche Atmosphäre zu erhalten. Selbst die kleinen Details sind immer noch mit Liebe gemacht, wie das Brot und die ligurischen Focacce, die hier stets frisch aus dem Ofen kommen. Wirklich unerreicht ist dann die Pasta, von den **Tagliatelle** über die **Gnocchi** bis hin zu den Pappardelle, die **mit Pesto** oder auch mit einem Sugo vom Hasen (hier macht sich die Nähe zur Toskana bemerkbar) gereicht werden. Bei den Secondi sollten Sie die Spezialität des Hauses keinesfalls versäumen, und zwar das **Kaninchen** (oder auch das Huhn) **alla cacciatora**. Bei den Süßspeisen finden Sie eine vortreffliche **Marocca** aus Hefeteig mit Pinienkernen und kandierten Früchten, die allerdings sehr aufwendig zuzubereiten ist und deswegen nicht ständig angeboten werden kann (bestellen Sie sie doch einfach vor!). Zum Essen trinkt man hier lokale Weine wie Vermentino oder Rotweine aus den Colli di Luni.

Noch zwei gute Adressen in der Via Mazzini: Die traditionsreiche Pasticceria Gemmi ist vor allem für ihre Amaretti Margherita, den Hefekranz Buccellato und die Spungata bekannt. Abends gibt es in der wunderschönen Loggia den passenden musikalischen Rahmen dazu. In der Gastronomia Valeria finden Sie eine reiche Auswahl feinster Wurstwaren, Käse, Öle, Weine und Konserven.

Sarzana

16 km östlich von La Spezia, S.S. 1/62, A 12

Osteria del Monsignore

Osteria
Via Cisa, 98 – 100
Tel. 01 87 / 62 41 95
Ruhetag: Mittwoch
Betriebsferien: unterschiedlich
15 Plätze + 30 im Freien
Preise: 40–45 000 Lire, ohne Wein
Keine Kreditkarten
Nur abends geöffnet

Der Monsignore, dem die Osteria ihren Namen verdankt, hieß Ferruccio Casabianca, und dieses Haus aus dem 16. Jahrhundert war seine Wohnung. Vor kurzem hat der junge Wirt Federico Francesco Benassi die winzige Osteria übernommen, hat sie etwas verschönert und aufpoliert und bietet hier nun einfache, bodenständige Gerichte an, die er aus sorgsam ausgewählten Zutaten und mit großer Sorgfalt zubereitet. Die Vorspeisen reichen von Salumi wie **Lardo di Colonnata** über Focaccia al rosmarino und Salaten der Saison bis zu verschiedenen Dinkel- oder **Gemüsekuchen**. Bei den hausgemachten Primi lohnen die vorzüglichen **Lasagnette mit Gemüsesugo** oder Kartoffelgnocchi mit Käse, aber auch die ausgezeichneten Risotti mit Gemüsen der Saison einen Versuch. Als Secondi bevorzugt Federico **Fleischgerichte**, die keine lange Garzeit beanspruchen, wie Carpaccio, Steaks oder Filets. Das ist zwar nichts Außergewöhnliches, aber sie werden tadellos zubereitet. Die Desserts sind ebenfalls selbstgemacht und köstlich: Obstkuchen, Crostate mit Creme- oder Marmeladenfüllung, Crème bavarois und Apfelkuchen. Die gepflegte kleine Weinkarte bietet vorwiegend toskanische Rotweine. Daneben findet man auch ligurische und andere italienische Weine. Erwähnenswert sind auch die Schnäpse und Grappe und nicht zuletzt das kaltgepreßte Olivenöl aus Oliven von den väterlichen Olivenhainen.

Bei »Lupo« (Via Cisa, 72) sind Pizza mit Sojamehl, Farinata, Focaccia und süße Kuchen zu erstehen.

Da Oreste

NEU

Osteria – Trattoria
Via Gallico, 5 r
Tel. 019 / 82 11 66
Ruhetag: Sonntag
Betriebsferien: Mitte August
25 Plätze + 30 im Freien
Preise: 30 – 45 000 Lire, ohne Wein
Kreditkarten: alle
Mittags und abends geöffnet

Zu »Oreste« führt Sie eine kleine Gasse in der verkehrsberuhigten Altstadt von Savona. Der Name des Lokals geht auf den Großvater der jetzigen Inhaber zurück, in dessen Geist seine Enkel die Trattoria weiterführen und Ihnen so noch heute ein Stückchen »echtes Ligurien« bieten können.
Berühmt ist die von Cesare und Fausta mit der tatkräftigen Unterstützung ihrer Kinder geführte Trattoria vor allem für ihre **Ravioli** mit Ricotta und Spinat, die mit dem klassischen tocco oder in Weinsauce serviert werden. Doch ist das Repertoire der Küche damit beileibe nicht ausgeschöpft: Da wären zunächst einige sehr interessante traditionelle Gerichte, die in der Gegend eher selten auf den Tisch kommen, und im Sommer dann dürfen Sie sich auf frischen Fisch freuen. Da gibt es dann Fritto misto, Krabbenröllchen mit Schinken, **Fisch** vom Grill oder **nach ligurischer Art** mit Oliven und Pinienkernen geschmort. Zu den ausgefallensten Gerichten, die jedoch von der Verfügbarkeit der Zutaten abhängig sind, gehören die **Maltagliati mit Entenragout**, die **fritierten Spuncia** (kleine Tintenfische) sowie die **Minestra di Natale** mit Kutteln und winterlichem Gemüse, die ab November gekocht wird.
Was den Wein betrifft, so wenden Sie sich am besten direkt an Cesare, einen erklärten Freund französischer Weine, der Ihnen bestimmt ein paar interessante Vorschläge machen wird.

Besuchen Sie die Markthallen in der Via Giuria im Hafenviertel. Dort steht noch eine traditionelle Tripperia, in der man nicht nur die bereits gereinigten Kutteln kaufen kann, sondern diese morgens auf Wunsch auch gleich in heißer Brühe als sogenanntes Fischerfrühstück kosten kann. Die Meeresfrüchte der Pescheria Grigio sollten Sie sich ebenfalls ansehen.

Vino e Farinata

Osteria
Via Pia, 15 r
Kein Telefon
Ruhetag: Sonntag und Montag
Betriebsferien: September
100 Plätze
Preise: 30 – 35 000 Lire
Keine Kreditkarten
Mittags und abends geöffnet

Telefonisch einen Tisch in dieser fast hundertjährigen Osteria in der Altstadt von Savona vorzubestellen ist nach wie vor nicht möglich, denn die Inhaber, die Brüder Del Grande, haben kein Telefon und vermissen es auch nicht. So müssen sich denn die Gäste, die in diesem ständig gutbesuchten Lokal einen Tisch ergattern wollen, entweder gedulden, bis etwas frei wird, oder persönlich vorbeikommen und an Ort und Stelle einen Tisch für den Abend reservieren. Beim Essen dann ist die **Farinata** so etwas wie ein hochsicherer Tip: Hauchdünn und nahezu fettlos ist sie in allen Varianten ein Gedicht, egal ob aus Kichererbsen- oder Weizenmehl, ob mit Wurst, Rosmarin oder Gorgonzola, ja selbst zum Mitnehmen nach Hause ist sie ein Renner. Und wie die Farinata eine typische Spezialität der ligurischen Küche ist, so entstammen auch die weiteren Gerichte direkt einer ehrwürdigen Tradition: köstliche **Baccalà-Pfannkuchen** mit Borretsch, gefüllte Sardinen und Sardellen und, in der Saison, kleine Rotbrassen gekocht oder im Omelett. Bei den Primi gibt es natürlich Gemüsesuppen und **Pasta mit Pesto**, fast schon ein kulinarisches Symbol für diesen Teil Liguriens. Bei den Secondi dann gibt es zwar einige Fleischgerichte wie Kalbsbrust und Kutteln, doch auch hier dominiert der Fisch: Seeschwalbe mit Öl und Zitronen, kleine Kraken alla diavola (mit Peperoncino geschmort) und Barsch mit Tomaten.
Leider wird man Ihnen hier kaum selbstgemachte Süßspeisen servieren, Kaffee gibt es auch nicht, und beim Wein müssen Sie sich mit dem offenen des Hauses begnügen. Die Rechnung jedoch wird Sie wieder milder stimmen: Der Preis ist absolut in Ordnung, erst recht, wenn man bedenkt, wie teuer Fisch in Ligurien ist.

Die Pasticceria Astengo, Via Montenotte 16 r, ist berühmt für ihre zart duftenden Mandel-Amaretti.

Sestri Levante

51 km östlich von Genua, S.S. 1, A 12

Bottega del Vino

Enoteca mit Imbiß
Via Nazionale, 530
Tel. 01 85 / 4 33 49
Ruhetag: Donnerstag
Betriebsferien: unterschiedlich
80 Plätze
Preise: ab 6 000 Lire pro Gericht
Kreditkarten: Visa, CartaSi, DC
Geöffnet 20.00 – 3.00 Uhr

Die »Bottega del Vino« von Sandrino Defilippi – in einem der schönsten Orte Liguriens – stellt einen wichtigen Ausgangspunkt für den passionierten Weinliebhaber dar, besonders in dieser Region, in der sich eine Weinkultur erst mühsam ihren Weg bahnt. Hier werden Weinproben veranstaltet, hier wird der Kunde fachmännisch beraten; die Flaschen – Ergebnis einer gewissenhaften und wohldurchdachten Auswahl – lagern in einem klimatisierten Keller. Das gemütliche Ambiente trägt dazu bei, aus der »Bottega« genau den Ort zu machen, an dem man einen angenehmen Abend verbringen kann. Blättern Sie in der Karte mit den mehr als tausend Etiketten, die alle Regionen Italiens und die berühmtesten Lagen der Welt repräsentieren. Wenn Sie sich nicht entscheiden können, vertrauen Sie auf Sandros Wahl: Er stellt Woche für Woche eine Auswahl aus etwa dreißig Weinen zur Degustation zusammen, zu sehr annehmbaren Preisen. Zur Weinprobe werden eine Reihe schmackhafter Häppchen serviert. Es gibt warme und kalte **Bruschette** mit Saisongemüse, mit Tomaten, mit Olivenpaste, mit Käsecreme; Reiskuchen und **Polpettoni** (aus Gemüse), gute Wurst- oder Käseplatten (unwiderstehlich sind **Lardo di Colonnata** und der **Sansté**, der typische Käse aus Santo Stefano d' Aveto), dazu wird Brot, auf Wunsch auch geröstet, gereicht. Die hausgemachten Süßspeisen – herausragend der Mandelkuchen, die Crostate und die Cantucci – passen gut zu den Dessertweinen.

350 Weine nicht nur italienischer Provenienz, Grappe, Öle, verschiedene Sorten Kaffee, Honig und Essig, Leckereien von bekannten Herstellern: Das ist das reichhaltige Angebot der »Enoteca Grazia« gegenüber der Bottega.

Uscio

30 km nordöstlich von Genua, S.S. 333

Chiapparino

Restaurant
Via Colle Caprile, 35
Tel. 01 85 / 9 12 79
Ruhetag: Donnerstag
Betriebsferien: Oktober bis Anf. Dez.
40 Plätze
Preise: 35 – 40 000 Lire
Keine Kreditkarten
Mittags und abends geöffnet

Die Ortschaft Chiapparino war vor Jahren für die Herstellung von Schieferplatten bekannt, im Genueser Dialekt kurz Ciappe. Um allerdings das gleichnamige Restaurant zu finden, müssen Sie schon eine nicht ganz unbeschwerliche Anfahrt in Kauf nehmen und, sobald Sie Uscio hinter sich haben, unbedingt die Augen offenhalten, denn das Restaurant, ohne daß irgendein Schild darauf hinwiese, liegt gleich hinter einer Kurve. Das Lokal mit Veranda, ehedem ein Stall, wird nun bereits seit mehr als zwanzig Jahren von Cesare Grilli geführt, der sich nach langen Jahren als Koch an der Küste hierher ins Hinterland zurückgezogen hat. Ihm zur Seite steht seine Frau Vera, eine ehemalige Apothekerin, die ihrer eigentlichen Berufung zur Gastronomin gefolgt ist.
Auf Fischgerichte läßt sich die Küche überhaupt nicht ein, hier dreht sich alles um Fleisch, Pilze und vor allen Dingen hausgemachte Pasta, die dann mal als **Pansoti in Walnuß-Sugo**, als Ravioli, Tagliatelle und **Taglierini** mit Hasen-, Fleisch- oder in der Saison auch mit Pilz-Sugo auf den Tisch kommen. Probieren Sie bei den Secondi das **Hasenragout**, das unterschiedlich zubereitete **Kaninchen**, die Kalbsbrust sowie das knusprige **Fritto misto alla genovese**, das zugleich kulinarisches Aushängeschild des Lokals ist.
Bei den Portionen, die man hier vorgesetzt bekommt, müßte man nun eigentlich satt sein, doch lassen Sie sich ruhig von der Lust auf etwas Süßes verleiten und bestellen sich eines der hausgemachten Desserts.
Der nicht gerade umwerfende Hauswein Dolcetto di Dogliani wird Ihnen bestimmt besser munden, wenn Sie sich auf einen kleinen Plausch mit Giovanni einlassen, der als Mitinhaber zur Mannschaft des Ciapparin gehört und die Gäste mit viel Herz und Geschick bedient.

Varese Ligure

52 km nordwestlich von La Spezia, SP 523

Gli Amici

Hotelrestaurant
Via Garibaldi, 88
Tel. 01 87 / 84 21 39
Ruhetag: Mittwoch, nicht im Sommer
Betriebsferien: 24.12. – 1.1.
170 Plätze
Preise: 35 000 Lire
Kreditkarten: AE, CartaSi, Visa
Mittags und abends geöffnet

Man ißt im großen Speisesaal des Hotels, der sich dienstags, wenn Markttag ist, mit Bewohnern der Bergorte des Varatals füllt. Die Gastlichkeit des Hauses, das seit 1760 ohne Unterbrechung von der Familie Marcone geführt wird, ist in der Umgebung bekannt. Die Speisekarte, die so manche ligurische kulinarische Tradition aufrechterhält, wird angeführt von schmackhafter heimischer Wurst, verschiedenen Sottoli, zu denen man gute Frittelline (mit Schinken und Mozzarella, mit Grieß, mit Gemüse) essen kann, **Gemüsekuchen** und Frittate. Man hegt hier eine besondere Vorliebe für ausgebackene Pfannkuchen, wie zum Beispiel Crocchini mit Gemüse, eine Art Stäbchen, die etwa zehn Zentimeter lang sind und im siedenden Öl fritiert werden. So wird der Teig knusprig, und die Füllung bleibt weich. Als Primi werden häufig Tagliatelle mit Kürbisblüten, **Ravioli mit Pilzsauce**, **Corzetti** (Croxetti) mit Schweinefleischragout oder mit Pesto und Tagliatelle mit Schinken angeboten. Und als Zugeständnis an die Fischfreunde gibt es gegrillte Forelle und Seezunge. Als Alternative bekommt man außerdem **gefüllte Rouladen**, Arrosti und **gefüllte Kalbsbrust**. Unter den Desserts finden Sie Mürbeteigkuchen und Tiramisù. Als Begleiter serviert man hier für gewöhnlich einen offenen Wein, doch in den Regalen können Sie auch schöne Flaschenweine entdecken.

Im Ortsteil **Perazza** stellt die Cooperativa Casearia Val di Vara hervorragenden Käse her. Von den frischen Käsen empfehlen wir Ihnen vor allem Mozzarella, Stracchino und Tenerella. Unter den halb- und ganz ausgereiften Käsen finden Sie ganz vorzügliche Borgo-rotondo-Käse, so benannt nach dem historischen Ortskern. Das Preis-Leistungs-Verhältnis ist ausgezeichnet.

Vernazza Corniglia

21 km westlich von La Spezia

A Cantina de Mananan

Osteria – Trattoria
Via Fieschi, 117
Tel. 01 87 / 82 11 66
Ruhetag: Dienstag, nicht im Sommer
Betriebsferien: unterschiedlich
25 Plätze
Preise: 40–50 000 Lire
Keine Kreditkarten
Nur abends geöffnet (außer Sa. / So.)

Corniglia ist ein kleiner Weiler in den Cinque Terre, ein verwinkeltes Labyrinth kleiner Gäßchen, die unvermittelt auf bezaubernde, hoch über dem Meer liegende Terrassen münden. Das Lokal ist in einem Palazzo aus dem 14. Jahrhundert untergebracht, der früher einmal der Adelsfamilie Fieschi gehörte. Der wie so mancher Ligurer etwas spröde Agostino Galletti, der jetzige Inhaber, hat den ursprünglichen, schlichten Charakter der Osteria beibehalten. Die Steinwände sind noch immer unverputzt, die Tische haben Schieferplatten, die Theke ist aus Stein. Die Küche ist sehr gepflegt und traditionell ligurisch, wobei man, vor allem im Winter, der Küche des Hinterlandes den Vorzug gibt. So findet man hier zum Beispiel **Pansoti mit Nußsauce** (die Pansoti sind wie alle anderen Nudeln handgemacht). Die besonderen Spezialitäten des Hauses sind **Sardellen** – man bekommt sie gesalzen mit Knoblauch und Petersilie oder eingelegt – und **Miesmuscheln**, die in einer vorzüglichen Suppe serviert werden. Es gibt aber selbstverständlich auch Nudeln mit Meeresfrüchten, gekochten **Tintenfisch**, duftende **fritierte Fische** und viele andere Fischgerichte mehr. Die Desserts, die Agostinos Frau zubereitet, sind ganz vorzüglich, und dazu kann man einen aromatischen Sciacchetrà trinken. Die Weine stammen aus eigener Produktion oder kommen aus der örtlichen Genossenschaftskellerei.
Beachten Sie: Von Juni bis September ist außer Samstag und Sonntag nur abends geöffnet.

Die Enoteca Internazionale di Giusti in der Via Roma 62 in **Monterosso al Mare** (6 km) ist ein wahres Eldorado für Freunde des Sciacchetrà, des berühmten Likörweins der Cinque Terre.

Frisciolata, Fainà oder Farinata? Auf Erkundungsreise von San Remo bis Sarzana

Kichererbsenmehl, Olivenöl extravergine, Wasser und Salz: Ganze vier Zutaten gehören zu einer ordentlichen Farinata, dieser Götterspeise der Riviera im Bettlergewand. Geistige Väter hat sie wohl viele, denn sie schmeckt den Franzosen in der Gegend um Nizza, wo sie Zocca heißt, ebenso wie den Toskanern zwischen Pisa und Livorno, die sie zärtlich Cecina nennen. Doch Hüter des Originalrezeptes sind, will man ihnen glauben, die Ligurer, die auf ihre Fainà (in der Gegend von Imperia heißt sie auch Frisciolata) nichts kommen lassen. Bereits im 15. Jahrhundert brachen sie eine Lanze zur Ehrenrettung der Spezialität, wurde doch ein Dekret erlassen, das den Einsatz von minderwertigem Öl bei deren Herstellung strengstens untersagte.
Zubereitet wird sie in breiten Backformen aus verzinntem Kupfer mit extrem niedrigem Rand. Sobald sie den Ofen verlassen, wird die Fainà nur noch rasch mit schwarzem Pfeffer bestäubt und sollte dann möglichst noch dampfend heiß auf den Tisch kommen. Was so schlicht und gut ist, verführt zu Variationen, und so gibt es sie auch in aufgepeppten Versionen mit Rosmarin, Glasfischchen, Zwiebeln ... Die Lokale, in denen man ihre Tradition pflegt, sind zumeist ebenso schlicht wie sie selbst, mit ein zwei Tischen oder gar nur ein paar Hockern vor dem Tresen, wo man dann immerhin sitzend bei einem Glas Wein (wenn's den wiederum gibt) zu ihrem Genuß schreiten kann. Neue Eßgewohnheiten und die überall aus dem Boden schießenden Pizzerie machen den Wirten das Leben schwer, und so hat, wer nicht aufgibt, nach Jahrzehnten rechtschaffener Arbeit ein wenig angebaut, Frieden mit dem Feind geschlossen und die Pizza gleich mit in sein Programm aufgenommen, oder sein Lokal in eine Tavola Calda mit Frittelle, gebratenem Baccalà, Reis-, Mangold- und Zwiebeltorte, Panissa (eine Art Polenta aus Kichererbsenmehl) und Osterfladen aus Mangold oder Artischocken verwandelt. Machen wir uns also auf die Reise zu jenen letzten Zeugen einer über die Jahrhunderte gewachsenen, heute leider vom Aussterben bedrohten Eßkultur.

San Remo (Im)
Maggiorino
Via Roma, 183
Tel. 01 84 / 50 43 38
Ruhetag: Sonntag
Betriebsferien: 3 Wo. im Aug./Sept.
Geöffnet 6 – 14, 16 – 20 Uhr

Mitten im Zentrum von San Remo können Sie sich hier eine vorzügliche Farinata schmecken lassen, die nach guter alter Tradition außen knusprig und innen schön weich ist. Es gibt hier jedoch auch köstliche Focacce, Gemüsetorten und die Sardenaira, die Sie alle bequem im Sitzen genießen können.

Imperia Oneglia
Dai due Amici
Via Monti, 30
Tel. 01 83 / 29 22 97
Ruhetag: Sonntag, im Sommer nicht
Betriebsferien: im Mai u. im Sept.
Geöffnet 8 – 13, 16 – 20 Uhr

Hier in Bruno Meranos Reich verlassen unablässig Focacce, Piscialandrea (eine Art Pizza) und (je nach Saison) Mangold- oder Artischockentorten den Backofen. Wenn dann die ersten kalten Tage gekommen sind, dominiert jedoch die Frisciolata (so heißt hier in Imperia die Farinata), auf der eine Handvoll fein geschnittener Zwiebeln mitgebacken wird. Sie können die Farinata auch mit Giancheti (Glasfischchen), mit Wurst oder mit Artischocken bestellen.

Imperia Oneglia
U Papa
Piazza Andrea Doria, 13
Tel. 01 83 / 29 43 10
Ruhetag: an Sonn- und Feiertagen
Betriebsferien: je 2 Wo. im Mai u. Sept.
Geöffnet 12 – 14, 18 – 20.30 Uhr,
im Sommer bis 22 Uhr

Mittags gibt es ein paar schmackhafte traditionelle Gerichte (von den Trofie mit Pesto über Minestrone bis hin zu Kutteln oder Sardinen), abends dann regiert hier die Farinata, die man an Tischen im Innenraum oder auch im Freien verzehren kann. Recht familiär geht es zu in dieser direkt gegenüber dem Obst- und Gemüsemarkt gelegenen Bistro-ähnlichen Trattoria.

Imperia Oneglia
E: Pomodoro
Via Des Geneys, 64
Tel. 01 83/29 94 63
Ruhetag: Sonntag u. Montag
Keine Betriebsferien
Geöffnet 8 – 13, 16.30 – 20.30 Uhr

In diesem Geschäft werden die traditionellen Spezialitäten ausschließlich zum Mitnehmen angeboten: gefüllte Kürbisblüten, Piscialandrea, ligurisches Kaninchen, Stockfisch im Gemüsebett, Tintenfische mit Erbsen sowie geschmorte Kutteln und Thunfisch. Rosa Caniglia, eine ehemalige Hausfrau, ist die Schöpferin all dieser köstlichen, mit viel Geschick zubereiteten Gerichte. Ausgezeichnet auch ihre Farinata, für die sie nur das beste Öl verwendet, und nicht minder gut schmeckt die Focaccia, die nach der Art des Städtchens Recco mit Käse gereicht wird.

Albenga (Sv)
Puppo
Via Torlaro, 20
Tel. 01 82/5 18 53
Ruhetag: Sonntag
Betriebsferien: im September
Geöffnet 11.30 – 15, 16.30 – 22 Uhr

Im Ofen prasselt Holzkohle, das Ambiente ist im Stil der 50er Jahre, und das Lokal selbst befindet sich in der malerischen Altstadt von Albenga. Außer der Farinata servieren Maria und Carlo Puppo Ihnen hier auch Pizza und abends das eine oder andere Grillgericht: Spießchen mit Fleisch, Fisch, Gemüse oder Käse, die Sie, wie auch die klassische Torta verde, an Tischen genießen dürfen.

Savona
Vino e Farinata
Via Pia, 15 r
Kein Telefon
Ruhetag: Sonntag u. Montag
Betriebsferien: September
Geöffnet Mittags und abends

In diesem traditionsreichen Lokal, das wir Ihnen bereits als Trattoria vorgestellt haben, wird die Farinata in allerlei Varianten serviert: mit Wurst, Rosmarin und Gorgonzola. Die Brüder Del Grande, schon seit Jahrzehnten Inhaber des Lokals, bieten Ihnen in diesem rustikal mit Massivholzanrichten und -tischen eingerichteten Raum übrigens auch etliche fritierte Spezialitäten aus Ligurien an, von Baccalà-Pfannkuchen bis zu gefüllten Sardinen.

Genova Centro
Antica Osteria della Foce
Via Ruspoli, 72 r
Tel. 0 10/5 53 31 55
Ruhetag: Samstagmittag, Sonn- und Feiertage
Betriebsferien: August, je 1 Woche an Ostern und Weihnachten
Geöffnet 12 – 14.30, 19.30 – 22 Uhr

Dieses vielseitige Lokal im alten Stadtviertel Foce liegt in unmittelbarer Nähe des Fischmarkts. Im Holzofen wird hier eine vortreffliche Farinata gebacken, in den Körben der Friteuse brutzeln Fische und frisches Gemüse, und in dem kleinen Restaurant können Sie die Genueser Spezialitäten der Signora Mara kosten.

Genova Centro
Da Guglie
Via San Vincenzo, 64 r
Tel. 0 10/56 57 65
Ruhetag: Sonntag
Betriebsferien: unterschiedlich
Geöffnet Mittags und abends

Hier wird die Farinata ganz traditionell in einem Holzofen gebacken. Daneben finden Sie auch den Osterfladen, die Panissa und fritiertes Gemüse. Aus dem weichen Fleisch des Baccalà backt man knusprige kleine Frittelle aus.

Genova Centro
Sa Pesta
Via dei Giustiniani, 16 r
Tel. 0 10/2 46 83 36
Ruhetag: Sonntag
Betriebsferien: August
Geöffnet Mittags und abends

Ein Lokal aus längst vergangenen Tagen in einer geschichtsträchtigen Stadt wie Genua – so präsentiert sich das »Sa Pesta«. Nostalgisch – mit Gaslämpchen an den Wänden – ist natürlich auch die Einrichtung des Lokals, das vermutlich einmal als Salzlager genutzt wurde. Bei Benvenuto, seit vierzig Jahren hier Wirt, und seinen Kindern gibt es gleich eine ganze Reihe von Gaumenfreuden: Neben den Gerichten der Trattoria sind sämtliche Klassiker der Back- und Fritierkunst vertreten, von der Farinata zur Panissa und von der Ostertorte zu all den anderen Torten mit Gemüse oder mit Prescinsoeua (geronnene Milch). Auch die Cuculli, die traditionellen kleinen Pfannkuchen aus Kichererbsen oder Kartoffeln, werden hier zubereitet.

Genova Centro
Sciamadda
Via Ravecca, 19 r
Tel. 010/2511328
Ruhetag: Sonntag und Montag
Betriebsferien: August u. September
Geöffnet von morgens bis spätabends

Das »Sciamadda« in der Altstadt von Genova bietet neben der Farinata das gesamte Repertoire dieses kulinarischen Genres: Torte verdi, Frittelle, sautierte Sardellen oder Glasfischchen, Panizza. Das Feuer im Ofen ist immer an, und so kann man bereits morgens oder auch noch spätabends auf einen kleinen Imbiß hier einkehren.

Genova Centro
Spano
Via Santa Zita, 35 r
Tel. 010/588545
Ruhetag: Sonntag
Betriebsferien: August
Geöffnet von morgens bis spätabends

Unbeeindruckt von den schicken und teuren Restaurants der Umgebung bleibt diese Trattoria ihrem einfachen und schlichten Stil treu: schmuckloses Ambiente, familiärer Service (um den sich Vater Salvatore und die Kinder kümmern, während Mutter Mirella in der Küche steht), ein paar Gerichte und dazu ein solider Wein. Dennoch lohnt sich der Besuch dieser Backstube, in der Sie jederzeit Farinata, Focaccia, Gemüsetorten (außer samstags) und fritierten oder gekochten Baccalà bekommen, ob Sie nun lediglich auf einen Imbiß einkehren oder ein reichhaltigeres Mahl zu einem günstigen Preis einnehmen wollen.

Genova Bolzaneto
Lo Spuntino
Via Bolzaneto, 2 r
Tel. 010/7455116
Ruhetag: Sonntag
Betriebsferien: Ende Juli bis Anf. Aug.
Geöffnet 9 – 20 Uhr

Wenn man das Valpolcevera hinauffährt, wo sich der Genueser Adel in den vergangenen Jahrhunderten seine Sommerresidenzen errichtete, gelangt man nach Bolzaneto, wo Sie die kleine Focaccia-Bäckerei erwartet. Die Farinata wird hier sowohl klassisch als auch mit Zwiebeln und, in der Saison, mit Glasfischchen angeboten. Daneben gibt es die traditionellen salzigen Torten Genuas mit Gemüsefüllungen und eine köstliche Focaccia mit Käse, der nach echter Reccheser Art von zwei Schichten Teig umschlossen wird. Sie können sich hier aber auch für eine Pizza entscheiden. Für den genüßlichen Verzehr dieser Leckereien müssen Sie sich allerdings schon einen anderen Ort aussuchen, denn in diesem Lokal gibt es nicht die geringste Sitzgelegenheit.

Genova Righi
Al Righi Montallegro
Via Mura Chiappe, 30 r
Tel. 010/219671 und 218603
Ruhetag: Mo.nachmittag und Dienstag
Betriebsferien: unterschiedlich
Geöffnet von 9 Uhr bis spätabends

Dieses nette Farinata-Restaurant liegt auf dem schönen Aussichtsplateau an der Bergstation der Righi-Seilbahn (der Righi ist der Hausberg von Genua, und wenn die Genueser länger in der Ferne weilen mußten, freuen sie sich, ihn bei der Rückkehr wiederzusehen: rivedu u Righi e me se strinse u co). Im Holzofen brennt stets das Feuer für die Farinata, und abends wird darin auch Pizza mit den verschiedensten Belägen gebacken.

Genova Sturla Zona Levante
Da Angelo
Via 5 Maggio, 23 r
Tel. 010/388774
Ruhetag: Donnerstag
Betriebsferien: zweite Augusthälfte
Geöffnet 12 – 14.30, 18 – 24 Uhr

Das Lokal in der Nähe des Gaslini-Krankenhauses ist zunächst als einfache Farinata-Backstube entstanden und ist nun eine richtige Pizzeria-Trattoria. Neben der Farinata, die Sie in den Wintermonaten auch noch zu später Stunde bekommen, ist die Focaccia mit Käse, eine weitere Spezialität Genuas, eine Kostprobe wert.

Genova Voltri
Mariuccia
Piazza Odicini, 13 – 14 r
Tel. 010/6136286
Ruhetag: Montag
Keine Betriebsferien
Geöffnet von morgens bis spätabends

Hier gibt's Farinata in sämtlichen Versionen und für jeden Geschmack, von der einfachsten bis zur phantasievollsten, je nachdem, was an zusätzlichen Ingredienzen gerade verfügbar ist: Glasfischchen, Artischocken, junge Zwiebeln, Kräuter, Rosmarin oder Wurst. Keine jahreszeitlichen Engpässe kennen die Farinate mit Käse (zumeist mit Gorgonzola). Ebenfalls das ganze Jahr über gibt es die »Klassische«: Focaccia aus Kichererbsenmehl, das mit Wasser und Salz angerührt und anschließend in einer gut geölten Form gebacken wird. Vor dem Servieren dann wird sie traditionsgemäß mit Pfeffer bestäubt.

Chiavari (Ge)
Luchin
Via Bighetti, 51–53
Tel. 01 85 / 30 10 63
Ruhetag: Sonntag
Betriebsferien: Ende Okt. bis Anf. Nov.
Geöffnet 12 – 14.30, 19 – 22 Uhr

Das »Luchin« ist mittags und abends eine normale Trattoria, während es am späten Nachmittag schon zu einem festen Ritual geworden ist, die Farinata zu backen. Sie finden das Lokal unter den malerischen Arkaden der Altstadt, und sollten die auf der Tafel am Eingang stehenden Gerichte Ihren Gaumen neugierig stimmen, dann können Sie, wie gesagt, auch zu einem kompletten Essen hier einkehren.

Monterosso (Sp)
Il Frantoio
Via Gioberti, 1
Tel. 01 87 / 81 83 33
Ruhetag: Donnerstag, im Oktober nur Sa. und So. geöffnet
Betriebsferien: Nov., Februar u. März
Geöffnet 9 – 13, 16 – 20 Uhr

Er ist zwar nur winzig, dieser Laden, ebenso wie das Gäßchen in diesem hübschen Dorf der Cinque Terre, und doch ist er groß genug, um sich hier Farinata, Pizza, Sgabei (kleine Pfannkuchen), Torte verdi oder eine hervorragende Focaccia mitzunehmen. Will man die erstandene Köstlichkeit gleich an Ort und Stelle verspeisen, kann man sich dabei an den Tresen lehnen, denn Stühle gibt es keine.

La Spezia Centro
Antico Sacrista
Corso Cavour, 276
Tel. 01 87 / 71 33 84
Ruhetag: Montag
Betriebsferien: 1 Wo. im Juli
Geöffnet 9 – 23 Uhr

Diese Osteria mit Küche ist bei den älteren Einwohnern von La Spezia ein beliebter Treffpunkt. Bereits Anfang des Jahrhunderts entstanden, wurde kürzlich die Einrichtung modernisiert. Die Küche jedoch ist ihrem alten Stil treu geblieben und bietet weiterhin traditionelle Gerichte an. Den ganzen Tag über gibt es Pizza vom Blech oder Farinata, die Sie auch an einem der Tische essen können.

La Spezia Centro
Da Giulio
Via Calatafimi, 36
Tel. 01 87 / 73 29 10
Ruhetag: Mittwoch
Betriebsferien: unterschiedlich
Geöffnet 9 – 22.30 Uhr

Schon seit Kriegsende bäckt Giulio täglich Farinata, entweder in der einfachen Version oder mit einer Käse-Schinken-Füllung. Inzwischen können Sie bei ihm auch eine vortreffliche Pizza aus dem Holzofen bestellen.

La Spezia Centro
La Pia
Via Magenta, 12
Tel. 01 87 / 73 99 99
Ruhetag: Sonntag
Betriebsferien: Mitte Juli – Mitte Aug.
Geöffnet 8 – 22 Uhr

Mit ihrem über einhundertjährigen Bestehen ist sie bestimmt die älteste unter den Farinata-Backstuben, und bei den Einwohnern von La Spezia ist sie jedenfalls die beliebteste. Neben dem Eingang ins Lokal, gleich um die Ecke in einer kleinen Gasse der Altstadt, stehen der Backofen und die Theke, an der man eine Farinata oder ein Stück Pizza zum Mitnehmen kaufen oder gleich im Stehen essen kann. Drinnen gibt es dann in den kleinen Speiseräumen, in denen die dampfenden Köstlichkeiten ebenfalls durchgehend serviert werden, genügend Platz zum Sitzen. Und in der schönen Jahreszeit kann man auch an einem der kleinen Tische im Freien sitzen.

La Spezia Centro
Porta Genova
NEU
Piazzale Boito, 22
Tel. 01 87 / 70 40 27
Ruhetag: Montag
Betriebsferien: unterschiedlich
Geöffnet 8 – 20 Uhr

Seit Anfang der 60er Jahre werden in dieser Farinateria an der Porta Genova, die einst im Norden aus der mauerbewehrten

Stadt hinausführte, tagaus, tagein ausgezeichnete Farinate sowie eine erstklassige Pizza vom Blech gebacken, mit einem köstlich duftenden Teig und den allerfeinsten Belägen. Sie können sich all diese Köstlichkeiten gleich vor Ort auf einem Hocker an der Theke schmecken lassen.

La Spezia Migliarina
Pagni
Via Sarzana, 12
Tel. 01 87 / 50 30 19
Ruhetag: Sonntag
Betriebsferien: August
Geöffnet 8 – 21 Uhr

Seit 1912 hat sich in diesem Lokal, im Stadtviertel Migliarina die Osteria schlechthin, weder die Einrichtung noch die Atmosphäre verändert. Viele Stammgäste aus den benachbarten Häusern finden sich hier ein, um sich von Vincenzo Pagni, dem Enkel des einstigen Gründers, eine Farinata backen zu lassen. Da es keine Sitzmöglichkeiten gibt, nimmt man hier die Farinata, die für gewöhnlich auf einem Stück Papier serviert wird, einfach auf die Hand und trinkt ein Gläschen vom Wein des Hauses dazu. Im Juni und Juli schließt das Lokal von 14 bis 16 Uhr.

La Spezia Pegazzano
Fainà de l'Orso
Largo San Michele, 9
Tel. 01 87 / 70 51 67
Ruhetag: Dienstag
Betriebsferien: Juli
Geöffnet 16 – 24 Uhr

Dieser Laden in einem der volkstümlichsten Viertel der Stadt ist zwar noch nicht altehrwürdig zu nennen, doch geht es hier genauso traditionell zu wie in all den anderen Farinata-Backstuben: eine Theke, ein Backofen und ein paar Hocker für die Kunden, die sich die Farinata zum Mitnehmen kaufen. Seit kurzem gibt es nun auch einige Tische (mit ungefähr 15 Sitzmöglichkeiten), so daß man den knusprigen Leckerbissen gleich an der Quelle verspeisen kann. Man erzählt sich hier Legenden von nicht näher spezifizierten Knochenfunden eines Bären, doch der Inhaber beharrt augenzwinkernd auf einer anderen Version: Hier gebe es nur einen Bären, und der sei er. Wie dem auch sei, die Farinata jedenfalls schmeckt vorzüglich, und wer bei der Geschichte mit dem Bären recht hat, überprüfen Sie am besten selbst.

Romito Magra (Sp)
Pizzeria Farinata da Mario
Via Provinciale, 49
Tel. 01 87 / 98 80 00
Ruhetag: Donnerstag
Betriebsferien: unterschiedlich
Geöffnet 7 – 14, 15 – 21 Uhr

Diese Pizzeria liegt an der Staatsstraße, die von Lerici nach Sarzana führt. Ab 19 Uhr bekommen Sie hier eine duftend zarte Farinata, während Focacce und Pizza vom Blech den ganzen Tag über erhältlich sind. Sitzmöglichkeiten sind für sechzehn Personen vorgesehen, doch man kauft hier die ofenfrischen Teile in erster Linie zum Mitnehmen.

Sarzana (Sp)
Forno Antico
Via Landinelli, 19
Tel. 01 87 / 62 25 24
Ruhetag: Montag, im August nicht
Betriebsferien: unterschiedlich
Geöffnet 8 – 14, 16 – 20 Uhr

Das »Forno Antico« gehört zu den traditionsreichen Plätzen, wo man die bei den Ligurern so beliebte Farinata kosten kann. Auch hier wird sie immer heiß und duftend, entweder in Scheiben oder in einer Focaccia, serviert, und wenn Sie sie gleich ofenfrisch verzehren wollen, können Sie sich in aller Ruhe auf den mehr oder weniger gemütlichen Hockern niederlassen.

Sarzana (Sp)
Pizzeria Farinata da Silvio
Via Marconi, 14
Tel. 01 87 / 62 02 72
Ruhetag: So., von Juli bis Dez. nicht
Betriebsferien: unterschiedlich
Geöffnet 7 – 14, 17 – 21 Uhr

In dieser Farinateria, die mit zu den ältesten Sarzanas zählt, wird die ofenfrische Farinata praktisch als Dreingabe zur Focaccia serviert. Auf einem Hocker an der Theke sitzend können Sie noch weitere Spezialitäten der Gegend kosten, beispielsweise eine hervorragende salzige Reistorte.

EMILIA

A21
Monticelli d'Ongina
Borgonovo Valtidone
Piacenza
Caorso
Agazzano
Busseto
Roccabianca
Soragna
Trecasali
Pianello Valtidone
Rivergaro
Alseno
Sissa
Guastalla
A1
A22
Ponte dell'Olio
Castell'Arquato
Salsomaggiore Terme
Novellara
San Prosp
Noceto
Carp
Bobbio
Parma
Campogalliano
Corte Brugnatella
Farini
Fornovo di Taro
Reggio Emilia
Mode
Ottone
A15
Traversetolo
Calestano
Quattro Castella
Scandiano
Spilamb
Compiano
Tizzano Val Parma
Vign
Marano sul Panaro
Corniglio
Ramiseto
Castelnovo ne' Monti
Guiglia
Pavullo nel Frignano
Zocc
Frassinoro
Fanano

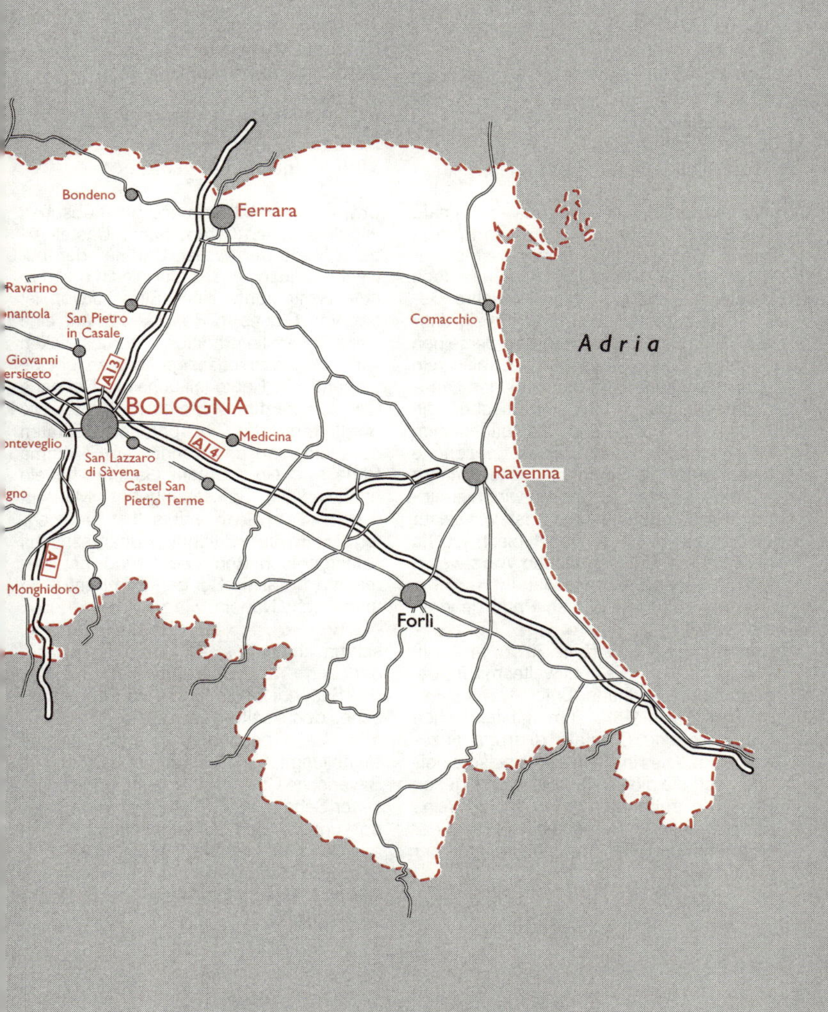
Bondeno
Ferrara
Ravarino
nantola
San Pietro
in Casale
Comacchio
Adria
Giovanni
ersiceto
A13
BOLOGNA
Medicina
A14
onteveglio
San Lazzaro
di Sàvena
Castel San
Pietro Terme
Ravenna
gno
A1
Monghidoro
Forlì

Agazzano Sarturano

24 km südwestlich von Piacenza

Giovanelli

Trattoria
Via Roma, 5
Tel. 05 23 / 97 51 55
Ruhetag: Montag
Betriebsferien: August
50 Plätze
Preise: 30–35 000 Lire
Keine Kreditkarten
Mittags und abends geöffnet

»Da Giovanelli Antica Trattoria – Rinomata Salumeria« steht auf dem Wirtshausschild. Das Adjektiv »antico« ist sicher gerechtfertigt, kann die Osteria doch bereits auf mehr als hundert Jahre Geschichte zurückblicken. Seit fünfzig Jahren liegt sie in den Händen derselben Pächter. Das »Giovanelli« ist also ein alteingesessenes, traditionsreiches Landgasthaus. Die großen Holztische, die Bilder, die Fotos und die bäuerlichen Gegenstände an den Wänden, der schöne Innenhof für die Sommermonate erinnern an frühere Zeiten. Gegessen wird hier einfache und bodenständige Kost, wie sie für Piacenza und Umgebung typisch ist. Es geht los mit hausgemachten Wurstwaren (Crudo, Coppa, Soppressata), **frischen Ciccioli**. Zu den besten Primi gehören die **Tortelli alla piacentina**, **Agnolotti in Hühner- oder Kapaunbrühe**, die **Pisarei e fasò**. Es geht weiter mit Trippa, gebratenem Perlhuhn, Ente, **Schweinebraten vom Hals**, um mit ländlichen Ciambelle und Corstate di frutta abzuschließen. Alles in allem also eine sehr deftige Kost, die die Giovanellis nach eigenen Rezepten zubereiten. Man trinkt Weine aus der Gegend. Bemerkenswert sind der Gutturnio und der Trebbianino aus der Cantina Bonelli.

In **Piozzano** (5 km) kauft man auf dem Gut I Pianoni frischen und gereiften Ziegenkäse, hergestellt von Mauro Lanfranconi.

Alseno Cortina

33 km südöstlich von Piacenza

Boschi

Hotelrestaurant
Via Cortina, 59
Tel. 05 23 / 94 81 42
Ruhetag: Mittwoch
Betriebsferien: unterschiedlich
60 Plätze
Preise: 50 000 Lire, ohne Wein
Kreditkarten: die wichtigen
Mittags und abends geöffnet

Unweit des Val d'Arda und des hübschen mittelalterlichen Städtchens Castell'Arquato liegt der Weiler Cortina, der nur wenige Häuser, aber dafür gleich mehrere gute Restaurants zählt. Eines davon ist das von Giuseppe Boschi, das auf eine lange Familientradition zurückblicken kann und als zuverlässige Adresse für eine authentische Regionalküche gilt. Der nahe Golfclub sorgt für weitere Attraktivität. Die Sorgfalt, mit der Giuseppe seine Zutaten aussucht, und das Können von Mamma Carla sind einmal mehr Garantie für ein hochwertiges Speisenangebot. Man ißt **rohen Schinken** mit selbst eingelegten **Steinpilzen** (einfach phantastisch), selbstgeräucherten Lachs und hausgemachte **Salami**. Bei den Primi entdeckt man frische Nudeln, wie z. B. **Tortelli mit Kürbis- und Artischockenfüllung**, schmackhafte **Tortelli mit Steinpilzen** oder zarte **Tagliolini alle verdure**. Von den Secondi ist die für die Po-Ebene typische, doch selten gewordene **Faraona alla creta** besonders zu erwähnen (auf Bestellung). Zum Dessert gibt es köstliche Bayerische Creme mit Krokant und zerlassener Schokolade. Giuseppes Weinangebot umfaßt den selbstgekelterten Wein aus den umliegenden Hügeln sowie ausgesuchte Erzeugnisse aus Italien und dem Ausland. Beachtliche Auswahl an Hochprozentigem.

Giuseppe stellt auch einen ausgezeichneten Balsamessig her, den man im Restaurant kaufen kann.

Bobbio

45 km südwestlich von Piacenza, S.S. 45

San Nicola

Restaurant
Contrada dell'Ospedale
Tel. 0523/932355
Ruhetag: Montagabend u. Dienstag
Betriebsferien: unterschiedlich
40 Plätze
Preise: 45 000 Lire, ohne Wein
Kreditkarten: alle
Mittags und abends geöffnet

Eigentlich kann man von Glück reden, daß die Anreise in das hochgelegene Val Trebbia etwas beschwerlich ist, denn die Touristen, die sich im Sommer und Herbst hier einfinden, wissen die Schönheiten dieser Landschaft und insbesondere die Ruhe wirklich zu schätzen. Ganz zu schweigen von den kulinarischen Freuden, die man im »San Nicola« erleben kann: Das Lokal ist vor einigen Jahren in einem ehemaligen Nonnenkloster eingerichtet worden, und da es die Gäste immer wieder in dieses so reizvoll restaurierte Ambiente zieht, ist hier eine kleine Kultstätte für Feinschmecker und Weinliebhaber entstanden. Ein so gut eingeführtes Restaurant zu leiten ist natürlich nicht einfach, doch Miriam Melloni hat als gute Hausherrin die Zügel fest im Griff. Nach ein paar »leichten« Antipasti wie gebratenen Paprika, Kürbisblüten, Pastetchen und kleinen Omeletts oder einer Wurstplatte können Sie sich bei den Primi, je nach Jahreszeit, für **Raviolini mit Entenfüllung**, Brennessel-Gnocchetti, **getrüffelte Tortelloni** oder für Tagliolini und **Lasagnette mit Pilzen** entscheiden. **Pilze** gibt es in der Saison hier natürlich in Hülle und Fülle, am besten schmecken sie in dünne Scheiben geschnitten und kurz in der Pfanne angebraten: eine ausgezeichnete Beilage zu den knusprig **karamelisierten Rippchen**, zu Steaks oder **geschmorter Schweinebacke**! In der kalten Jahreszeit gibt es dann Wild, beispielsweise Wildschwein mit Polenta in Sauce. Zum Abschluß steht immer eine Käseplatte bereit, doch es gibt auch Süßes: Haselnußschokolade, Bavaresi und Kuchen.

In der Ortschaft **Le Mogliazze** wird von der gleichnamigen Genossenschaft ausschließlich natürliche Landwirtschaft betrieben. Hier sind Fruchtsäfte, Marmeladen, Heilkräuterextrakte, passierte Tomaten, Sauerkraut, Gemüsebrühwürfel sowie naturreiner Berghonig erhältlich.

Bologna

Boni

Trattoria
Via Saragozza, 88 a
Tel. 051/585060
Ruhetag: Samstag
Betriebsferien: August
70 Plätze + 15 im Freien
Preise: 35 – 40 000 Lire, ohne Wein
Kreditkarten: alle
Mittags und abends geöffnet

Die Via Saragozza ist eine der ältesten und noch völlig unverfälscht erhaltenen Straßen Bolognas. Unweit der Porta Saragozza, wo der kilometerlange Arkadengang hinauf zur Wallfahrtskirche San Luca beginnt, finden Sie die Trattoria »Boni«, eine kulinarische Säule in der Stadt des Heiligen Petronius. In dem langen, schmalen Lokal mit den dunklen, holzgetäfelten Wänden und dem Tresen für die Getränke sitzt man zwar an den kleinen Tischen ziemlich eng beieinander, doch gerade das ist ja so gemütlich, und entsprechend selten bleibt ein Tisch frei.
Im »Boni« kommen Sie in den Genuß einer schmackhaften und gepflegten Regionalkost, angefangen bei der hausgemachten Pasta: **Tagliatelle mit Ragout**, köstliche **Lasagne**, Tortellini und Passatelli in Brühe. Doch beschränken sich die Trümpfe aus der Küche nicht allein auf frische Pasta, wie man das aus zahlreichen Lokalen Bolognas kennt: Nein, auch die Secondi sind hier mehr als lecker: Rinderfilet sowie **Schnitzel und Omeletts** werden mit dem würzig duftenden **Balsamico-Essig** zubereitet, auf dessen Herstellung die Familie Boni wirklich stolz sein darf. Unsterbliche Klassiker sind außerdem **Fritto misto** aus Fleisch und Gemüse und **Bollito** misto mit verschiedenen Saucen.
Reichhaltig wie die Portionen sind auch die Nachspeisen und deren Kalorien: Mascarpone, Panna cotta und Torta »Bologna«. Ein besonderes Lob verdient die aufmerksame Beratung beim Wein, den man sich aus einer zwar kleinen, aber sorgfältig zusammengestellten Karte aussuchen kann.

Billi in der Via De Coubertin 1 ist nicht nur eine gute Adresse für Frühstück und Aperitif, sondern auch für das Pan speziêl, einen traditionellen Kuchen aus Mehl, Honig, Dörrobst, Gewürzen und kandierten Früchten.

Bottega del Vino Olindo Faccioli

Enoteca mit Ausschank und Imbiß
Via Altabella, 15 b
Tel. 051/223171
Ruhetag: Sonntag
Betriebsferien: 3 Wo. im August
40 Plätze
Preise: 25 – 40 000 Lire, ohne Wein
Kreditkarten: alle
18 – 2 Uhr geöffnet

Die »Bottega del Vino« in der Via Altabella gehört zu den historischen Osterie Bolognas. Sie wurde bereits in den 20er Jahren von Olindo Faccioli gegründet, dessen Sohn Carlo, von Beruf Sommelier, sie heute weiter führt. Eindrucksvoll ist allein schon die Lage des Lokals: in unmittelbarer Nähe eines der schönsten mittelalterlichen Türme der Stadt und nur wenige Schritte von der Piazza Maggiore entfernt. Hinter dem altmodischen Schaufenster ist noch die originale Einrichtung in dunklem Holz erhalten: der wuchtige Tresen, dahinter die mit erstklassigen Weinen bestückten Regale, schließlich die kleinen Bistro-Tische und -Stühle. Im hinteren Bereich ist ein kleiner Raum abgeteilt, in dem auch größere Gruppen an einem riesigen Tisch Platz finden.
Wenn das Lokal öffnet, treffen schon die ersten Stammgäste ein, um hier noch vor dem Abendessen dem rituellen Aperitif zu frönen. Dazu wird ihnen – nach alter Bologneser Sitte – ein hartgekochtes Ei gereicht. Die zahlreichen, ordentlich auf einer Liste aufgeführten Weine sind sorgfältig ausgesucht: von den offenen Hausweinen (Albano, Lambrusco, Sangiovese und Trebbiano), die von tüchtigen, dem Wirt persönlich bekannten Weinbauern stammen, bis hin zu den hochwertigsten Flaschenweinen.
Begleiten läßt sich das gute Gläschen Wein mit einer **Wurst-** oder **Käseplatte** oder auch mit einem der warmen Tagesgerichte, die allerdings nicht immer so gut gelingen. Doch wenn Sie einfach nur eine echte Osteria erleben oder zu später Stunde noch einen Wein trinken wollen, dann ist dies genau der richtige Ort.

Unweit der Enoteca, auf der anderen Seite der Via Rizzoli, finden Sie in der Antica Aguzzeria del Cavallo, Via Drapperie 12, ein Haushaltswarengeschäft mit allerlei Küchengerät und Messern, wie sie früher in Bologna häufig zu finden waren.

Cantina Bentivoglio

Enoteca mit Ausschank und Küche
Via Mascarella, 4 b
Tel. 051/265416
Ruhetag: Montag
Betriebsferien: 1 Wo. um den 15. August
250 Plätze
Preise: 30 – 35 000 Lire, ohne Wein
Kreditkarten: alle, außer DC
20 – 2 Uhr geöffnet

Die »Cantina Bentivoglio« gehört zu den beliebtesten Treffs für Nachtschwärmer in Bologna, und das schon seit Jahren. Entscheidend für diesen dauerhaften Erfolg sind wohl das rustikal gemütliche Ambiente, live gespielte Jazz-Musik und nicht zuletzt der gut bestückte Weinkeller. Die Inneneinrichtung ist eher postmodern gehalten: schwarze Tische und Stühle kontrastieren mit dem groben Sichtmauerwerk. Von zwei kleineren Räumen geht es über Stufen hinunter in den großen Saal, dem ehemaligen Keller des Palazzo Bentivoglio, mit der Bühne, auf der dann mehr oder weniger bekannte Gruppen auftreten.
Ausgewogen ist die Weinkarte mit über 200 Einträgen namhafter, vorwiegend italienischer Hersteller. Zum Wein bietet man einen **Käseteller** mit hervorragendem Pecorino, Höhlenkäse und Parmesan oder eine **Wurstplatte**, auf der natürlich Mortadella und Parmaschinken nicht fehlen. Die jeweiligen warmen Tagesgerichte finden sich auf einer Tafel angeschrieben, zumeist einfache Speisen, die bescheideneren Ansprüchen genügen wollen: Cavatelli (Kartoffelklöße) mit Zucchini und Thymian, deftige Gemüsesuppen sowie allerlei Fleischsorten als Carpaccio oder gegrillt.

Im Universitätsviertel, in der Via Petroni 9, finden Sie noch einen richtig schönen, alten Laden, die Antica Drogheria Calzolari, in dem Sie nicht nur allerhand Kolonialwaren, Süßigkeiten und Lebensmittel kaufen können – was im Zentrum Bolognas heute praktisch kaum noch möglich ist –, sondern auch Weine. Die Auswahl ist derart groß, daß sie mit den besten Vinotheken der Region konkurrieren kann.

Da Cesari

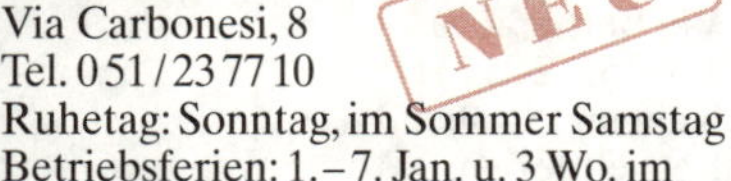

Restaurant
Via Carbonesi, 8
Tel. 051/237710
Ruhetag: Sonntag, im Sommer Samstag
Betriebsferien: 1.–7. Jan. u. 3 Wo. im Aug.
70 Plätze
Preise: 45 – 50 000 Lire, ohne Wein
Kreditkarten: alle
Mittags und abends geöffnet

In den 30 Jahren seines Bestehens haben die Bewohner Bolognas dieses Lokal richtig liebgewonnen. Eröffnet hatte es Ilario Cesari zunächst als Osteria, und von ihr sind noch die wunderschöne Einrichtung in dunklem Holz geblieben, die Weine aus dem Familienbetrieb sowie der hintergründige Witz des inzwischen auch schon in die Jahre gekommenen Ilario, für den stets ein Tisch bei der Küche reserviert ist. Ilarios Sohn Paolino konnte zusätzlich zur Leidenschaft und Kompetenz des Vaters seinen eigenen Erfindungsgeist einbringen, und so ist unter seiner Führung dann aus der einfachen Osteria eines der besten Lokale der Stadt mit klassischer Bologneser Küche entstanden.
Die traditionellen Gerichte werden von Paolinos Frau Irene Diolaiti gemeinsam mit dem Küchenchef Gianfranco Tommesani schmackhaft verfeinert und, wo möglich, etwas leichter zubereitet. Eine wesentliche Rolle spielen dabei frische Zutaten aus der Emilia. Eine typische Speisenfolge wäre hier beispielsweise zunächst **Coppa mit Zwiebeln und Balsamico-Essig**, dann haben Sie die Wahl zwischen Pappardelle mit Entenragout, **Strettine mit Trüffel**, Gramigna mit Wurst, Tortellini in Brühe – wobei der Olymp erst mit den **Kaninchen-Ravioli** mit geräucherter Ziegenricotta aus Soligno erreicht ist. Doch weiter geht es mit den Secondi: klassisch das **Kaninchen mit Zwiebeln aus Tropea, Oliven und Kapern**, daneben das **Kotelett alla petroniana**, Kutteln alla parmigiana und Leber mit Balsamico-Essig. Erstklassig sind auch die Fischgerichte, ebenso wie die leckeren Desserts.

Das historische Casa Dolciaria Giuseppe Majani in der Via Carbonesi 5 ist für seine Schokoladen und den köstlichen Nougatwürfel »Fiat« weit über die Stadtgrenzen hinaus bekannt.

Bologna

Gianni A la vècia Bulàgna

Trattoria
Via Clavature, 18
Tel. 051/229434
Ruhetag: Mo., im Juli auch So.abend
Betriebsferien: August
45 Plätze
Preise: 45 – 50 000 Lire, ohne Wein
Kreditkarten: alle
Mittags und abends geöffnet

Ganz in der Nähe der Piazza Maggiore, versteckt zwischen den schmalen Gäßchen, die einst den Kern des mittelalterlichen Bononia bildeten, liegt der Mercato centrale. In diesem Gewirr von Menschen und bunten Marktständen müssen Sie schon aufpassen, daß Sie die in einer kleinen Sackgasse gelegene Trattoria »Da Gianni« nicht übersehen. Die sorgfältig gedeckten Tische und der stets höfliche und professionelle Service tragen dazu bei, daß Sie sich in diesem Lokal, das sich wohl nicht mehr als typische Trattoria, sondern eher schon als Restaurant bezeichnen ließe, sofort wohl fühlen. Auch die Preise bewegen sich hier an der oberen Grenze dieses Führers, doch im Vergleich dazu, was man in Bologna üblicherweise für eine derartige Qualität hinblättern muß, sind sie in Ordnung. Das »A la vècia Bulàgna« wird daher nicht allein von den Feinschmeckern der Stadt geschätzt, sondern es genießt auch die Achtung zahlreicher Gastronomen.
Auf der Speisekarte finden sich **Tagliatelle al ragù**, **Tortelloni rossi mit Ricotta und Mohn** sowie Tortellini und Passatelli in Brühe. Hervorragende Secondi sind der Bollito misto und der **Ricco fritto misto**, daneben gibt es panierte Lammkoteletts und geschmorte Kalbshaxe mit Püree. Nicht nur hübsch präsentiert, sondern auch lecker sind die Desserts: Semifreddo mit Amaretto-Geschmack und heißer Schokolade, Fior di latte und Eis mit Waldfrüchten in einer knusprigen Waffel.
Die Auswahl vorwiegend regionaler Weine ist nicht sehr groß: Rund dreißig Flaschenweine umfaßt die Weinkarte.

In derselben Straße, der Via Clavature, finden Sie bei der Hausnummer 14 Cesarino Melegas kleinen Krämerladen, in dem von Wurst bis Obst so ziemlich alles erhältlich ist.

Gigina

Trattoria
Via Stendhal, 1 b
Tel. 0 51 / 32 21 32
Ruhetag: Samstag
Betriebsferien: 1.–20. Aug., 24. Dez.–[1. Jan.
70 Plätze
Preise: 35 – 40 000 Lire, ohne Wein
Kreditkarten: alle
Mittags und abends geöffnet

Die Trattoria »Gigina« ist in Bologna eine regelrechte Institution und jedenfalls ein Lokal, das zu den sicheren Tips für echte Bologneser Küche gehört. Es liegt zwar etwas außerhalb, am nördlichen Stadtrand, doch da es mühelos erreichbar ist – entweder über die Stadtautobahn, Ausfahrt 6 und 200 Meter Richtung Norden oder einfach per Bus, Linie 27 –, sind die Tische so gut wie immer ausgebucht. Eine telefonische Reservierung ist daher dringend angeraten.
Die kürzlich umgestalteten Räumlichkeiten sind die einer typisch ländlichen Osteria, und entsprechend fröhlich geht es hier auch zu. Angefangen bei der Chefin Nadia Bargelesi werden sich hier ausschließlich Frauen um Ihr persönliches Wohlbefinden bemühen und Sie mit riesigen Portionen verwöhnen. Die klassischen Primi – **Tortellini in Brühe**, **Tagliatelle al ragù**, Passatelli in Brühe und **Gramigna mit Wurst** – sind hier selbstverständlich aus frischem, mit dem Wellholz ausgerolltem Nudelteig zubereitet. Stets traditionell und deftig sind die Secondi: **Bollito misto aus Fleisch mit gebratenen Tomaten und Zwiebeln**, geschmorte Kutteln, Kaninchen aus dem Rohr und Perlhuhn. Ein würdiger Abschluß dieses reichhaltigen Mahls sind die Desserts: **Crema fritta**, Zuppa inglese und Crème caramel schmecken hier noch so wie ehedem. Zum Trinken wird man Ihnen einige regionale Flaschenweine oder offenen Cabernet, Merlot und Pinot Bianco anbieten.

Im dichtbesiedelten Stadtviertel Bolognina sind bei »Euroformaggi« in der Via Ferrarese 64, unweit der Trattoria, einem der besten Delikatessengeschäfte der Stadt, allerlei Käsesorten, erlesene Wurstwaren, Fischzubereitungen, Saucen, Fertiggerichte und auch Delikatessen aus dem Ausland erhältlich.

Bologna

La Farfalla

NEU

Trattoria
Via Bertiera, 12
Tel. 0 51 / 2 25 65 60
Ruhetag: Sa.abend u. Sonntag
Betriebsferien: 2 Wo. an Weihn. u. im [August
30 Plätze
Preise: 25 000 Lire, ohne Wein
Keine Kreditkarten
Mittags und abends geöffnet

Zwischen der geschäftigen Via Indipendenza und dem Universitätsviertel versteckt sich der volkstümlichste Stadtteil Bolognas, und die Luft, die man in den Arkadengängen der kleinen Gäßchen atmet, scheint hier seit dem Mittelalter ungerührt zu verharren.
In der einst für ihre Freudenhäuser bekannten Via Bertiera hat die Trattoria »La Farfalla« die Zeiten unbekümmert überdauert. Von außen sieht sie zwar etwas unpersönlich aus, doch im Innern wirkt alles sehr familiär. Lustige Bilder bringen Leben in die zwei schlichten, kleinen Räume mit dem Tresen, den holzverkleideten Wänden und der mit einem Segel abgehängten Decke. Raffaele Bianchi, der Wirt, kümmert sich darum, daß seine buntgemischte Klientel nicht mit trockener Kehle dasitzen muß, und so schiebt er sich an den eng zusammenstehenden Tischen vorbei, um die Karaffen mit seinem soliden Trebbiano aufzufüllen und mit den Stammgästen ein paar Worte zu wechseln. Aus der offenen Küche lugt immer wieder der Koch Livio Antonino hervor, der auch in einigen lustigen Karikaturen an den Wänden verewigt ist. Das Repertoire der Gerichte entspricht der Bologneser Tradition: **Tagliatelle al ragù**, Tortelloni, **Tortellini in Brühe**, gefüllte Zucchine, **Zunge und Kopf vom Rind mit Sauce** (ein Gericht, das wohl nirgends mehr zu finden ist), **Bollito misto**, Crème caramel und Torten nach Hausfrauenart. Alles in allem schmackhafte und gut zubereitete Gerichte, die es hier zu einem wirklich günstigen Preis gibt.

Fürstlich frühstücken können Sie in der Pasticceria Impero, Via Indipendenza 39, mit warmen Brioches, frischen, süßen Teilchen sowie salzigen und süßen Torten. Die Spezialität des Hauses ist der Certosino mit Pinienkernen, kandierten Früchten, Mandeln und Honig.

Osteria del Sole

Osteria
Vicolo Ranocchi, 1
Kein Telefon
Ruhetag: Sonntag
Betriebsferien: August
30 Plätze
Preise: ab 1500 Lire für ein Glas Wein
Keine Kreditkarten
Geöffnet 11.00 – 14.00, 19.30 – 20.45 Uhr

An der »Osteria del Sole« führt in Bologna kein Weg vorbei. In dieser echten, alten Osteria – die absolut museumswürdig ist – gibt es nichts zu essen, es sei denn, Sie bringen die Stullen selber mit, so will es der Brauch. Wenn Sie also selbst für Proviant gesorgt haben, können Sie an einem der großen Tische Platz nehmen, zu Ihrer Brotzeit glas- oder flaschenweise Wein trinken und darüber die Zeit vergessen. Was Sie in der »Osteria del Sole« an Weinen und Champagnermarken erwartet, ist göttlich zu nennen und übersteigt in Qualität und Auswahl die Vorstellungskraft. Wenn Sie nun vermuten, daß diese Osteria so manches Kapitel der Bologneser Stadtgeschichte erzählen könnte, dann haben Sie recht. Denn in den alten Chroniken wird als Gründungsdatum der Osteria der 19. März 1468 genannt. Die »Osteria del Sole« liegt mitten im alten (Haupt-)Markt von Bologna, nur wenige Schritte entfernt von der Piazza Maggiore. Der Besitzer, Luciano Spolaore, dirigiert seit fünfzig Jahren vom Tresen aus diesen Tempel der guten Laune und der Freundlichkeit, in dem das Essen keine Rolle spielt, weil hier der Wein Geschichte schreibt und der Geselligkeit auf die Sprünge hilft.

Wenn Sie auf der Via Santo Stefano stadtauswärts gehen, kreuzen Sie den Viale Oriani. Haus 16 beherbergt die Boutique del Formaggio, in der Ihnen Carlo Rizzoli mit guter Laune und verblüffendem Wissen bei der Wahl unter den besten italienischen und ausländischen Käsesorten behilflich ist.

Paradisino

Trattoria
Via Coriolano Vighi, 33
Tel. 051 / 56 64 01
Ruhetag: Dienstag, nicht im Sommer
Betriebsferien: im Januar
40 Plätze + 80 im Freien
Preise: 35 – 40 000 Lire, ohne Wein
Kreditkarten: alle außer DC
Mittags und abends geöffnet

Diese Trattoria ist ein seltenes Beispiel für die geglückte Erhaltung eines alten Bauernhauses und ebenso der volkstümlichen Küche dieser Flußlandschaft. Es war mutig, hier am westlichen Stadtrand, neben modernen Wohnbauten, eine Trattoria einzurichten; doch Sie lassen den Beton hinter sich, bevor Sie das niedrige Gebäude mitten im Grünen erreichen. Sie werden sich in den nett eingerichteten Räumen wohl fühlen, im Sommer sitzt man auf der Veranda. Fabio bedient mit Liebenswürdigkeit, während Claudio sich das Material für seine wohlschmeckenden Rezepte direkt aus dem Fluß Reno holt: so für die fritierten **Birichini** (Fischchen), das **Froschragout** oder die **gebackenen Froschschenkel**. Den ersten Hunger stillt man mit Mortadella, **Piadina** (Teigfladen), Frittatine und Frischkäse. Unter den Primi ragen die klassischen Bologneser Eiernudeln heraus, wie **Tagliatelle al ragù** und weitere Varianten nach der Jahreszeit, z. B. Strigoli mit Kichererbsen, Rosmarin und Pancetta. Bei den Secondi gibt es neben den Früchten des Flusses sehr gutes **Fleisch von Grill** oder aus dem Ofen. Bemerkenswert, sowohl quantitativ wie qualitativ, ist die Weinkarte, sie ist deutlich besser als in anderen, vergleichbaren Lokalen.

Die echten Bologneser Tortellini, natürlich auch Tortelloni, Garganelli und Süßes bekommen Sie am westlichen Stadtrand (Via Nani, 11 d) im Geschäft »Dolce Sana« und in der Via della Crocetta 5 b bei Franco Magnani.

Bologna

Serghei

Trattoria
Via Piella, 12
Tel. 0 51 / 23 35 33
Ruhetag: Sa.abend, Sonntag
Betriebsferien: August, 1.–7. Jan.
30 Plätze
Preise: 40 000 Lire
Keine Kreditkarten
Mittags und abends geöffnet

»Sergio« hieß das Lokal früher, doch als russische Musiker mal eine Zeitlang Stammgäste waren, wurde es in »Serghei« umgetauft. Heute wirtschaften in dieser Familientrattoria an der alten Stadtmauer Frau und Kinder von Sergio Pasotti. Die Einrichtung mit viel Holz stammt noch aus den 60er Jahren. Sohn Saverio hängte sein Saxophon und sein Diplom von der Kunstakademie an den sprichwörtlichen Nagel, um in die Fußstapfen seines Vaters zu treten. Er kümmert sich um die Gäste und besorgt die Weinauswahl, die Karte nennt einige gute Exemplare, nicht nur aus der Region. Mamma Ida und Tochter Diana konzentrieren sich ganz auf schmackhafte Hausmannskost Bologneser Tradition: Nudeln werden hausgemacht und zu traditionellen Formen wie **Tagliatelle** (natürlich mit Ragout), **Tortelloni** (meist mit Gorgonzolasauce), **Tortellini** (**in Brühe**) verarbeitet. Unter den Secondi entdeckt man Kaninchenbraten, Lendenbraten in Milch, Kalbsragout mit Kartoffeln. Im Winter gibt es Polenta zu Schweinekoteletts und Karden, Pollo e Coniglio alla cacciatora, Schweineleber. Zur passenden Jahreszeit sollte man die mit Fleisch und Tomaten **gefüllten Zucchini** probieren – sie sind eine echte Spezialität des Hauses. Die Auswahl an Desserts ist nicht groß, aber sehr zuverlässig: Fior di latte, Semifreddo al mascarpone und eine **Ricottatorte**, die einfach so schmeckt wie früher.

Bondeno
Ponte Rodoni

20 km nordwestlich von Ferrara, S.S. 496

Scciancalegn

Osteria
Via Virgiliana, 221
Tel. 05 32 / 89 24 69
Ruhetag: Montag und Dienstagmittag
Betriebsferien: 3 Wo. Juni, 1 Wo. Febr.
60 Plätze
Preise: 35 – 40 000 Lire
Keine Kreditkarten
Mittags und abends geöffnet

Die Wirtin Antonella ist die Urenkelin des Begründers, der als Holzfäller (ital. »spaccalegna«, im Dialekt »scciancalegn«) durch die Gegend der Po-Mündung zog; an der Einrichtung hat sich seit 1903 wenig geändert. Die Gerichte verbinden beste Ferrareser Kochtraditionen mit einer überlegten Anpassung an den modernen Geschmack. Hier können Sie die köstlichen **Cappellacci con la zucca** probieren, die nach altem Rezept hergestellt und mit einem Ragout von Schwein und Rind serviert werden. Weitere Primi sind **Tortelloni** mit verschiedenen Füllungen, Risotti und Grießnudeln mit Sauce. Die **Braten** vom Kalb, Schwein oder Truthahn und das gegrillte Fleisch sind gut. Erfreulich ist auch der liebevolle Umgang mit den Gemüsen, die Sie roh, aus dem Ofen, gedünstet oder fritiert bekommen können. Eine Beilage, die Sie unbedingt probieren sollten, ist die **Crema fritta**. Im Sommer kann man sich im Garten Fleisch vom Holzkohlengrill schmecken lassen. Im Herbst ist der Trionfo di **funghi** (ein Pilzteller mit Steinpilzen, Pfifferlingen, Rotkappen und Hallimasch) eine regelrechte Attraktion, während man sich an kalten Wintertagen mit leckeren **Wildgerichten**, wie den Pappardelle mit Hasenragout oder Wildschwein mit Polenta, aufwärmen kann. Wenn dann im Spätherbst die Schweine geschlachtet werden, stehen Maccheroni mit frischem Fleischragout und Schweinsfüße auf dem Speiseplan. Als Brot kommt selbstverständlich die typische Ferrareser Coppietta auf den Tisch. Das Weinangebot ist ordentlich und umfaßt etwa 40 Weiß- und Rotweine, auch der offene Hauswein findet zahlreiche Abnehmer.

In Bondeno finden Sie in der Salumeria Grandi an der Piazzetta Andrea Costa 24 eine reiche Auswahl an Delikatessen, u. a. von Hand zugenähte Gambetti von Schweinefleisch.

Borgonovo Valtidone

22 km westlich von Piacenza

Moretta

NEU

Osteria
Via Moretta, 283
Tel. 05 23 / 86 25 51
Ruhetag: Montag
Keine Betriebsferien
100 Plätze
Preise: 30 – 35 000 Lire, ohne Wein
Keine Kreditkarten
Mittags und abends geöffnet

Die rustikale Einrichtung, die mit Papiertischtüchern und robusten Trinkgläsern gedeckten Tische sowie der ungezwungene, doch herzliche Service machen das »Moretta« am Eingang zum Valtidonetal zu einem echten Landgasthaus mit familiärer Atmosphäre. Kürzlich wurde ein großer Saal mit rustikalen Holzbalken angebaut, um die immer zahlreicher herbeiströmenden Gäste unterzubringen oder auch einmal Feierlichkeiten ausrichten zu können. Daß es hier des öfteren laut und lebhaft zugeht, scheint die Besitzer nicht weiter zu stören, im Gegenteil, Piero, der Wirt, empfängt hier jeden einzelnen ganz herzlich und freut sich, wenn er einen großen Appetit mitbringt. Satt wird man bei den riesigen Portionen garantiert, dafür steht schon die seit dreißig Jahren in der Küche hantierende Signora Piera ein, die energische Schwiegermutter des Besitzers. Rigoros nach der Küchentradition Piacenzas geht es los mit den typischen Wurstwaren und einer ausgezeichneten **Pancetta**, dazu wird in Öl eingemachtes Gemüse gereicht. Dann folgen die Primi, beispielsweise Tortelli con la coda mit Pilzsauce, Nudeln mit dicken Bohnen (**Pisarei e fasò**) und **Anolini** in einer leckeren, leichten Brühe. Sonntags oder auch auf Bestellung gibt es Lasagne und Pilzrisotto. In sehr guter Erinnerung wird man bei den Secondi die **gebratene Ente** und **Coppa** mit der leckeren **Füllung** behalten. Auch die verschiedensten **Bolliti** mit der typischen Paprikaschoten-Sauce dürfen natürlich nicht fehlen. Zum Abschluß gibt es hausgemachte Desserts wie Mürbeteigkuchen mit Obst und Semifreddo.
Beim Wein empfehlen wir Ihnen, beim soliden Hauswein aus Pieros eigener Herstellung zu bleiben. Die Preise sind ausgesprochen anständig.

Busseto
Madonna dei Prati

2 km nordwestlich von Parma, S.S. 558

Campanini

Trattoria
Via Roncole Verdi
Tel. 05 24 / 9 25 69
Ruhetag: Dienstag
Betriebsferien: 15. Juli – 15. August
70 Plätze
Preise: 35 – 40 000 Lire, ohne Wein
Keine Kreditkarten
Abends, So. auch mittags geöffnet

Die Trattoria, die auch das einzige Lebensmittelgeschäft des Orts beherbergt, hat schon so illustre Gäste wie Giuseppe Verdi und Giovanni Guareschi gesehen. Die Familie Campanini betreibt sie seit Generationen, heute ist sie mit Signora Maria am Herd und Franca und Stefano im Service lebendiger denn je. Man hat das Lokal neu eingerichtet, für den Sommer gibt es jetzt eine Klimaanlage. Ins »Campanini« kommt man aus vielen Gründen: Die **Spalla cotta** und der **Culatello** sind nur zwei der herrlichen Salumi, die selbst fabriziert werden (der Schlachtraum befindet sich im Hinterhaus); die **Torta fritta**, die es nur sonntags und montagabends gibt, ist wohl die beste in der Bassa; die hausgemachte Pasta steht in der besten emilianischen Tradition. Weiter zu nennen sind **Anolini**, **Tortellini di erbette e ricotta**, die speziellen **grünen Agnolotti** mit Walnußsauce und die **Cappellotti mit Kartoffelfüllung und Pilzen**, Fagottini mit Trüffel oder Radicchio (im Herbst), Ravioli mit Störfleisch im Sommer. Unter den Secondi ragen die Bolliti und die Ente aus dem Ofen hervor, doch die wahre Spezialität des Hauses ist Guanciale di vitello (Kalbsbacke) in Rosmarinsauce. Die Weinkarte mit ca. 100 Einträgen erscheint intelligent und mit Geschmack zusammengestellt, ohne übertriebene Suche nach großen Namen und mit gutem Preis-Leistungs-Verhältnis. Mittags kann man seinen Hunger auch mit kleinen Imbissen stillen. Eine Voranmeldung ist unerläßlich.

Besuchen Sie die Bottega Storica e Verdiana (Via Roma, 76), ein wahres Kuriositätenkabinett: Culatello, Coppa piacentina und Spalla cotta neben alten Erinnerungsstücken.

Calestano Fragnolo

38 km südwestlich von Parma

Locanda Mariella

Trattoria
Ortsteil Fragnolo
Tel. 05 25 / 5 21 02
Ruhetag: Montag
Keine Betriebsferien
150 Plätze + 50 im Freien
Preise: 40 – 45 000 Lire, ohne Wein
Keine Kreditkarten
Mittags und abends geöffnet

Übernachten kann man in dieser Locanda in der Hügellandschaft um Parma nicht (mehr). Sie wird von Mariella Gennari betrieben, die die Gäste mit einem freundlichen Lächeln und frisch aufgeschnittenem Parmigiano begrüßt und mit ihrem netten emilianischen Akzent berät. Ihr Vater Virginio geht in der Küche der begnadeten und selbst noch kurz vor der totalen Erschöpfung gut gelaunten Köchin Laura Gennari zur Hand (der Name ist in der Gegend sehr verbreitet), ihr Mann Guido Cerioni hilft abends freundlich und aufmerksam im Saal mit. Diese Akteure bewegen sich auf einer Bühne, die von Freund Giacomino, einem Maler im doppelten Wortsinn, gestaltet wurde. Doch die eigentlichen Hauptdarsteller sind die Speisen: eine samtige **Polenta mit Fonduta und Trüffeln** (die schwarzen »scorzoni« in Frühjahr-Sommer, die »neri« aus Fragno im Herbst), ausgezeichnete Wurst und Schinken, perfekte **Cappelletti in Brühe**, **Tortelli mit Kräuter-Ricotta-Füllung**, Gnocchi alla boscaiola. Die Portionen sind großzügig, und Sie müssen gut einteilen, wenn Sie auch ein Secondo genießen wollen (und das wollen Sie sicher): Der **Schmorbraten vom Wildschwein** ist exzellent, und die Lammkoteletts gehören zu den besten. Wenn Sie Trüffel-Fan sind, probieren Sie die Eierspeisen: einfach und einfach köstlich. Die Dolci sind hübsch hergerichtet und hervorragend. Die Weinkarte (mit saftigen Preisen) läßt Sie verstummen. Sie ist eine der umfassendsten in Italien; wählen Sie unter den besten Namen Italiens und Europas und einigen weiteren neuen Entdeckungen, die Mariella auf ihren Weinreisen macht. Wenn Sie unschlüssig sind, vertrauen Sie sich ihrer Erfahrung und ihrem guten Geschmack an.

Campogalliano

9 km nördlich von Modena, Ausfahrt A 22

Barchetta

NEU

Trattoria
Via Magnagallo Est, 20
Tel. 0 59 / 52 62 18
Ruhetag: Sonntagabend u. Montag
Betriebsferien: erste 3 Wo. im Sept.
40 Plätze + 40 im Freien
Preise: 35 – 40 000 Lire, ohne Wein
Kreditkarten: alle
Mittags und abends geöffnet

In dieser mitten in der fruchtbaren Ebene von Modena, nur einen Steinwurf von der Autobahnausfahrt Campogalliano gelegenen Trattoria werden die Gäste mit einem Glas moussierenden Pignoletto und einem kleinen Teller mit einem Gnocco fritto und ein paar Scheiben Wurst begrüßt. Wenn das Lokal von außen auch nicht gerade anheimelnd aussieht, so ist es im Inneren doch mit Liebe zum Detail eingerichtet. Beim Eingang muß man zunächst an einem alten Friseurstuhl vorbei, um sich dann im Speiseraum an einem der rund zehn Tische niederzulassen, die mit rotweiß karierten Tischdecken gedeckt sind. Mitten im Raum steht ein Kachelofen. In der schönen Jahreszeit werden auch draußen Tische aufgestellt, an denen man gemütlich zu Abend essen kann. Das auf einer kleinen Karte zusammengestellte Speisenangebot kündet von traditioneller Küche, bei der es auch hin und wieder einmal etwas Phantasie sein darf.

Unter den Vorspeisen finden Sie einen guten **weißen Speck aus Colonnata** mit warmem Brot, einen **Culatello-Schinken aus Zibello** und ein edles Carpaccio von geräuchertem Schwertfisch mit blauem Mohn. Die Primi reichen von den klassischen **Tortelloni mit Ricotta** über die schmackhaften **Strigoli mit Thunfisch, Kapern und Sardellen** bis hin zu den deftigeren Maccheroni al pettine mit Wurst. Eine gute Auswahl bieten die Fleischgerichte, darunter **gemischter Grillteller**, Entrecôte vom Kalb und panierte Lammkoteletts. Abschließend sollten Sie das leichte Semifreddo mit Zitronengeschmack und Erdbeercreme probieren oder das etwas kalorienreichere, im Ofen überbackene Mousse au chocolat mit Vanillesauce. Die Bedienung ist nicht gestelzt und höflich, die Auswahl an Weinen bescheiden und die Rechnung, die Sie ganz zum Schluß bekommen, fair.

Caorso Muradolo

13 km östlich von Piacenza, S.S. 10 oder A 21

Ennio Freddi

Trattoria
Via Giovanni XXIII, 60 a
Tel. 05 23 / 82 11 05
Ruhetag: Montag
Betriebsferien: je 10 Tage im Jan. u. im Feb.
120 Plätze
Preise: 35 – 40 000 Lire, ohne Wein
Keine Kreditkarten
Mittags und abends geöffnet

Dieses Lokal, das seit 25 Jahren von der Familie Freddi geleitet wird, ist ein anschauliches Beispiel für eine typische und noch so richtig volkstümliche Osteria der Poebene.
Ein gutes Vorzeichen sind bereits die Schinken, die den Gast in dem etwas unpersönlichen Vorraum mit der Bar empfangen. Der Eingang ist im hinteren Teil des Bauernhauses, und wenn auch keine Schilder darauf hinweisen, so finden Sie ihn allein schon wegen der Autos, die in der Tenne geparkt sind. Zum Auftakt wird Ihnen **Culatello-Schinken**, **Coppa piacentina** und Salami auf einem Tablett serviert, häufig mit einer **Torta fritta**, einer Art Fladenbrot. Eigentlicher Höhepunkt ist hier jedoch der fritierte Fisch: **Filets vom Katzenwels**, schmackhafter, zarter **Aal** und köstliche **Froschschenkel** werden hier so meisterlich fritiert, daß alles ohne jeden Fettrest einfach nur leicht und knusprig schmeckt. Die meisten Gäste kommen übrigens zu Ennio Freddi speziell wegen der Wurstwaren und fritierten Süßwasserfische. Die Weine spielen hier keine so wichtige Rolle, doch paßt das Angebot ausgezeichnet zu den Gerichten: moussierende Weine aus den Colli Piacentini, allen voran Malvasia und Gutturnio, die auf Wunsch auch in den typischen Trinkschalen serviert werden. Beschließen Sie das Mahl am besten mit dem hausgemachten Obstkuchen.
So klein der Ortsteil Muradolo auch sein mag, auf den Straßenkarten ist er eingezeichnet: In Caorso geht von der Staatsstraße Piacenza – Cremona die Abzweigung nach Muradolo ab.

Die Enoteca von Massimo Volpari, Via Cavour 1 e, im 9 km entfernten **Cortemaggiore** bietet eine große Auswahl italienischer und ausländischer Weine (mit einigen Raritäten sogar aus dem Libanon und aus China), ferner auserlesene Schnäpse und Delikatessen.

Carpi San Martino Secchia

18 km nördlich von Modena, S.S. 413

Teresa Baldini

Osteria-Trattoria
Via Livorno, 30
Tel. 0 59 / 66 26 91
Ruhetag: Donnerstag
Betriebsferien: August
50 Plätze
Preise: 25 – 35 000 Lire
Keine Kreditkarten
Mittags geöffnet, abends auf Anm.

San Martino ist nicht leicht zu finden. Fahren Sie von Carpi oder von San Prospero in Richtung San Martino, und fragen Sie dann nach Teresa. In ihrer Osteria-Trattoria-Drogheria ißt man schmackhafte Modeneser Kost. Die Speisen richten sich nach Jahreszeit, Marktangebot und hauseigenem Gemüsegarten. Zu Teresa kommt man allerdings hauptsächlich, um **gnoc fritt** zu essen. Diese Spezialität, die auch als »crescenta« oder »pinzin« (im Finalese) bekannt ist, besteht aus einem ca. 4 bis 5 mm dicken Nudelteig, der in Rhomben geschnitten und in heißem Schmalz gebacken wird. Dazu reicht man Wurstwaren aus der Gegend, in Öl oder Essig eingelegtes Gemüse oder frisches Gemüse in Pinzimonio. Wenn Sie rechtzeitig für genügend Esser vorbestellen, bereitet Ihnen Teresa andere kulinarische Kunststückchen zu, die alle schmecken wie zu Großmutters Zeiten: **Tortellini in brodo**, Huhn und **Kaninchenbraten mit Pilzen**. Die hausgemachten Desserts sollten Sie auf jeden Fall probieren. Zuppa inglese, **Salame dolce** und Crostate werden nach alten Rezepten zubereitet. Das Angebot wechselt, denn jede Jahreszeit und jedes Fest kennt eigene Süßspeisen. Man kann aus einem guten Angebot von Lambrusco aus Sorbara wählen, und aus der benachbarten Käserei ist immer Parmigiano Reggiano verfügbar.

Die Pasticceria Portico San Nicolò, Via Berengario 42, ist eine hervorragende Adresse für traditionelles Feingebäck wie Pan di Natale, Tortelli fritti mit »savor« (ein süßsaures Kompott aus gekochtem Most, Obst und Gewürzen) und den Moretto, ein glasiertes Gebäck.

Ebenfalls in **Carpi**, Via Trento e Trieste 95, befindet sich das Convivio-Sapori d'Italia, eine elegante Weinhandlung, in der es neben Wein auch interessanten Balsamessig zu kaufen gibt.

Castel San Pietro Terme

22 km südöstlich von Bologna, S.S. 9

Al Cagnolo

NEU

Trattoria
Via Mazzini, 140
Tel. 051/941283
Ruhetag: Montagabend u. Dienstag
Betriebsferien: je 2 Wo. im Jan. u. Juli
90 Plätze + 40 im Freien
Preise: 35 – 40 000 Lire, ohne Wein
Kreditkarten: AE, Visa
Mittags und abends geöffnet

Seit über dreißig Jahren leitet die Familie Brintazzoli diesen Betrieb, dessen Küchentradition aufs engste mit der Emilia-Romagna verbunden ist. Begonnen wird hier mit einem appetitanregenden gemischten Vorspeisenteller des Hauses (Wurstwaren und in Öl und Essig eingemachtes Gemüse), dann folgen die klassischen Primi aus handgefertigtem Eiernudelteig, als da wären: **Ravioli mit Fleischfüllung und Steinpilzsauce**, Tortellini in Brühe, **Brennessel-Strichetti mit Erbsen und Schinken** und Tagliatelle alla romagnola. Bei den Secondi sollten Sie die **fritierten Schnecken** in scharfer Sauce probieren, den auf Holzkohle gegrillten Hammel und die Leberscheiben mit Lorbeer. Den süßen Abschluß bilden **Zuppa inglese**, Panna cotta mit Waldfrüchten, **Kranzkuchen mit Vanillesauce** und hervorragende **hausgebackene Kekse**. Der Weinkeller bietet keine große Auswahl, doch der weiße Hauswein ist recht süffig.
Noch kurz ein paar Worte zum Namen des Lokals: Der vorherige Besitzer, ein leidenschaftlicher Jäger, kehrte einmal im Nebel von der Jagd zurück und zeigte den Gästen stolz seine Beute, in der Annahme, es sei ein Wolf. Unter allseitigem Gelächter stellte sich dann allerdings heraus, daß die Jagdtrophäe lediglich ein streunender Hund war, im emilianischen Dialekt eben ein »cagnolo«.

In der Imkerei Piana in der Via Piana 1450 wird reiner und gemischter Blütenhonig nach traditionellen Methoden kaltgeschlagen hergestellt.

Castel San Pietro Terme

22 km südöstlich von Bologna, S.S. 9

Da Willy

Hotelrestaurant
Viale Terme, 1010 b
Tel. 051/944264
Ruhetag: Montag
Betriebsferien: 10 Tage im Jan., 2 Wo. im Aug.
120 Plätze
Preise: 35 – 40 000 Lire, ohne Wein
Kreditkarten: die bekannteren
Mittags und abends geöffnet

Hätte der Ort Castel San Pietro Terme seinen Willy nicht, säßen seine Bewohner ganz schön in der Patsche, denn ein Ersatz für diesen ganz speziellen Zeitgenossen ist wohl kaum zu finden. Besagter »Willy«, mit bürgerlichem Namen Giovanni Volta, hatte schon immer das Zeug zum Wirt und Gastronomen im Blut: Heute ist er Besitzer dieses modernen Restaurants im Hotel »Castello«. Erworben hatte er den defizitären Betrieb mehr oder weniger aus einer Laune heraus, um ihn in ein blühendes Unternehmen zu verwandeln. Kurzum, das Szenario hat sich zwar geändert, nicht aber der strahlende Held und die Partitur: Klassisch bodenständige Gerichte sind mit erstklassigen Zutaten meisterlich zubereitet, der Weinkeller ist gut bestückt (nur die Weinkarte läßt noch auf sich warten) und das Preis-Leistungs-Verhältnis ist günstig.
Das Menü fängt zunächst klein an, mit **Wurst** und **Casatella**, einem frischen Kuhmilchkäse, auf in Fett gebackenen **Crescentine** (schmecken hier übrigens unglaublich gut). Doch dann folgt das Crescendo der Primi, allesamt von einer tüchtigen Pasta-Spezialistin von Hand zubereitet: Tagliatelle al ragù, Tortellini in Brühe, **Tortellini in Butter und Salbei** (unbedingt probieren!) und Taglioline mit Schinken. Nicht auslassen sollten Sie bei den Secondi den berühmten zartschmeckenden **Hammel nach Art des Hauses** und ebensowenig die im **Schweinenetz gegarte Leber mit Lorbeer**. Eine Versuchung ist auch das **Fritto misto all'italiana**, doch sollten Sie dann den ersten Gang lieber überspringen. Verspüren Sie nun noch immer etwas Hunger, dann wird er mit den Desserts (Fior di latte, Mousse au chocolat oder Früchteeis) ganz bestimmt gestillt.

In der Via Matteotti in der Altstadt verkauft die Azienda Bondi einen ausgezeichneten Pecorino.

Castell'Arquato

32 km südöstlich von Piacenza

Da Faccini

Trattoria
Ortsteil Sant'Antonio, 10
Tel. 05 23 / 89 63 40
Ruhetag: Mittwoch
Betriebsferien: 20. – 30. Jan.,1. – 15. Juli
250 Plätze + 80 im Freien
Preise: 50 000 Lire, ohne Wein
Kreditkarten: alle
Mittags und abends geöffnet

Der hübsche mittelalterliche Ort Castell' Arquato im Hügelland der Val d'Arda zieht jedes Jahr Tausende von Besuchern an: nicht nur als Ziel für Sonntagsausflügler, sondern auch als feierlicher Rahmen für Hochzeitsgesellschaften. Zahlreich sind hier denn auch die touristischen Nepplokale, die eigentümlich anmutende echt heimische Wurstspezialitäten und Nouvelle cuisine mit reichlich Schinken und Sahne für großkalibrige Gaumen anbieten. In dem hier vorgestellten Lokal findet zwar auch so manche Hochzeit statt, doch allein die Tatsache, daß es nun schon seit drei Generationen und über sechzig Jahren von ein und derselben Familie geführt wird, ist ein Zeichen von Zuverlässigkeit und Traditionsbewußtsein.
Manche Gerichte sind hier ebenso beständig wie das Lokal selbst und werden Sie bestimmt nicht enttäuschen, ob es nun die sorgfältig ausgesuchten Wurstwaren sind, die im eigenen Keller heranreifen, oder die stets frisch von Hand gemachte Pasta: **Pisareì e fasò**, **Pappardelle mit Kaninchensauce**, Karotten-Gnocchetti oder Ravioli mit Entenfüllung. Vertraut Deftiges auch bei den Secondi: **in Gutturnio geschmorter Eselsbraten**, **im Tonmantel gegartes Perlhuhn** (ein inzwischen seltenes Gericht), Kaninchen in Senf oder **Schweinebraten mit kleingeschnittenen Pilzen**. Noch ein kleiner Auszug aus Barbaras reichhaltigem Dessertangebot: Torroncino al cioccolato, **Parfait mit Erdbeersauce** und Panna cotta mit Waldfrüchten.
Gut vertreten sind hier die Weine aus der Provinz Piacenza, und der Hauswein Gutturnio stammt von einem kleinen Weingut in der Nähe des Lokals. Weniger groß ist die Auswahl bei den Flaschenweinen aus dem übrigen Italien. An den Wochenenden empfiehlt sich eine telefonische Reservierung.

Castelnovo ne' Monti

44 km südwestlich von Reggio Emilia, S.S. 63

Il Capolinea

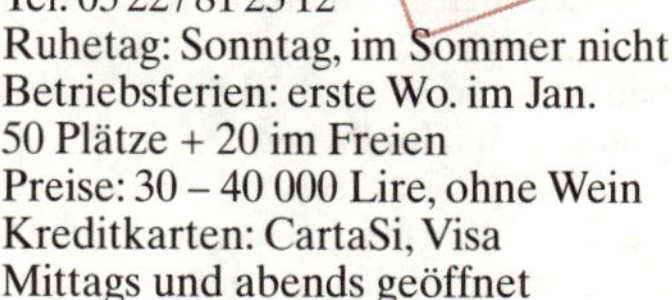

Restaurant
Viale Bagnoli, 42 a
Tel. 05 22 / 81 23 12
Ruhetag: Sonntag, im Sommer nicht
Betriebsferien: erste Wo. im Jan.
50 Plätze + 20 im Freien
Preise: 30 – 40 000 Lire, ohne Wein
Kreditkarten: CartaSi, Visa
Mittags und abends geöffnet

Erwarten Sie bei diesem Lokal nicht, eine typische Osteria vorzufinden, denn es liegt in einem dieser anonymen Häuserblocks an der Umgehungsstraße von Castelnovo ne' Monti – Atmosphäre schaffen hier die Küche und die herzliche Art des Wirts Giancarlo Casoni.
So sind beispielsweise die ausgezeichneten hausgemachten Salamisorten dermaßen gefragt, daß Sie höchstens von Januar bis zum Sommer die Chance bekommen, sie zu kosten; und der aus der Käserei in Quara stammende Parmigiano Reggiano gilt unter Feinschmeckern als einer der besten überhaupt. Mittags gibt es nur einige kleine, jedoch schmackhafte Menüs »auf die schnelle«, während sich das Lokal abends in einen wahren kulinarischen Lustgarten verwandelt. Eine der Stärken der Küche sind die frischen, hausgemachten Nudeln: allerlei **Tortelli** (grüne, aus Kartoffeln, mit Pilzen und im Frühling auch aus Brennesseln), von Hand ausgerollte **Tagliatelle**, **Cappelletti in Brühe** sowie Pappardelle mit Pilzen und in der Saison mit Wildschwein oder Hase. Es gibt aber auch **Risotti**, mit Kürbisblüten oder mit Pilzen und Trüffel. Bei den Secondi können Sie wählen zwischen Kaninchen in kleinen Stückchen mit Gemüse, **Schinkenkeule aus dem Rohr**, Filet mit Balsamico-Essig, Steak mit frischen Steinpilzen oder den verschiedenen **Bolliti** (mit hausgemachtem Cotechino), die es im Winter gibt. Zum Abschluß gehört sich einfach ein Stückchen **Pecorino** del Cusna und **Parmigiano Reggiano** aus Quara. Zu empfehlen auch Stefanias Desserts: Mascarpone mit Waldfrüchten, Panna cotta mit heißer Schokolade, Pfirsichkuchen, Zuppa inglese, Crostate und Fruchtsalat.
Die Weinkarte wartet noch auf ihre Vollendung, zählt jedoch bereits rund 80 Rot- und Weißweine, darunter einige italienische Spitzenweine. Als Digestif gibt es gute Grappe und einen Nocino reggiano.

Castelnovo ne' Monti Ginepreto

40 km südwestl. v. Reggio Emilia, S.S. 63

Il Ginepro

Bauernhof
Ortsteil Ginepreto Chiesa
Tel. 05 22 / 81 25 49 und 61 10 88
Kein Ruhetag
Betriebsferien: 24.12. – 7.1.
90 Plätze + 100 im Freien
Preise: 25 – 35 000 Lire
Keine Kreditkarten
Mittags und abends geöffnet

Das Panorama ist hier allein schon ein Genuß. Man blickt auf das Secchiatal und auf die Höhenzuge der Apenninen im Hintergrund, auf die Felswände der Pietra di Bismantova, die unter den italienischen Kletterern ein fester Begriff ist. Von Castelnovo aus fährt man in Richtung Bismantova und biegt schon nach kurzer Zeit nach rechts Richtung Carnola (ausgezeichneter lokaler Parmigiano) ab. Nach der Ortsdurchfahrt geht links die Straße nach Ginepreto ab, wo man die Azienda agrituristica in einem geschmackvoll restaurierten Pfarrhaus entdeckt (Übernachtung möglich). Die nette Signora Silvia und ihr junges Team bekochen ihre Gäste mit Spezialitäten aus den Bergen und traditionellen Gerichten in modernem Gewand. Man ißt also z. B. Tortelloni arcobaleno und Lunette mit Thunfisch und Artischocken neben klassischen **Tortelli mit Mangold-**, **Kartoffel-**, **Brennessel- oder Kürbisfüllung** oder **Polenta e casagaj**. Bei den Secondi hat man die Wahl zwischen üppigem **Cotechino in camicia**, verführerischem **Lendensteak in süß-saurer Sauce** mit Zwiebelchen in Balsamessig, wunderbarer Rosa di Parma (Kalbsbraten mit Schinken- und Parmesanfüllung) und dem Bergleressen **Figadin**. Das Lokal gibt aber auch Gelegenheit zu einer herzhaften Brotzeit mit Salami und Pecorino aus der Gegend, **Gnocco fritto** und **Scarpazzone** mit Reis. An Desserts ist vor allem die Zuppa inglese zu empfehlen. Man trinkt solide Flaschenweine, empfehlenswert der Lambrusco und der Bianco di Scandiano von Lo Stradello.

In **Castelnovo**, Via Roma 19, hat das »Ginepro« einen Laden mit hausgemachten Spezialitäten, wie Marmelade, Honig, Liköre, Kräuter, sowie Handwerkskunst. Die Metzgerei Boni (Via Roma, 4) macht ausgezeichnete Salumi wie Fiochetti, Cotechini und Ciccioli.

Comacchio

52 km südöstlich von Ferrara, Spange A13

Da Vasco e Giulia

NEU

Trattoria
Via Muratori, 21
Tel. 05 33 / 8 12 52
Ruhetag: Montag, im Sommer nicht
Betriebsferien: 1. – 15. Jan.
50 Plätze
Preise: 50 000 Lire, ohne Wein
Keine Kreditkarten
Mittags und abends geöffnet

In diesem Lokal im Zentrum von Comacchio, in einem der malerischsten Winkel der Stadt, unweit der Tripelbrücke aus dem 17. Jahrhundert und der Fischhalle, können Sie noch richtige Osteria-Luft schnuppern. Es darf jedoch nicht unerwähnt bleiben, daß Signora Giulia mit ihrem Mann und der zur Köchin ausgebildeten Tochter inzwischen neben dem traditionellen Ausschank ein regelrechtes Restaurant betreibt und die Preise gehörig angezogen hat. Für die Spezialitäten aus der Lagune müssen Sie nun 50 000 Lire und mehr hinblättern.
Andererseits sind natürlich auch die Zutaten sehr hochwertig, beispielsweise der **Aal**, neben Steinbutt, Goldbrasse und sonstigen fangfrischen Fischen das beste Stück auf dem Grillteller. Als Antipasto können Sie hier marinierte Sardellen, Tintenfischsalat oder **gratinierte Jakobsmuscheln** nehmen und anschließend vielleicht ein **Risotto mit Aal** (wie auch die Aalsuppe nur auf Vorbestellung) oder **Pasta mit Fisch**. Probieren Sie dann zum Abschluß eines der gehaltvollen Desserts: Ciambella oder Zuppa inglese (aus Biskuit, Vanillecreme, Schokolade und dem roten Alkermes-Likör). Sie können hier allerdings auch – ganz nach alter Osteria-Tradition – nur ein Gericht bestellen, und niemand wird sich daran stören.
Trinken Sie zum Essen den Bosco Eliceo, einen Wein, der seit Jahrhunderten auf den sandigen Hügeln hinter der Küste, zwischen Comacchio und Porto Garibaldi, angebaut wird. Es ist ein angenehm zu trinkender, leicht tanninhaltiger Rotwein mit einer gewissen Säure, der sehr gut zum Aal paßt.

In dem Fischgeschäft in der Via Mazzini 20, neben dem Ponte degli Sbirri, ist ein exquisiter marinierter Aal erhältlich.

Compiano Cereseto

61 km südwestlich von Parma, S.S. 359

Solari

Trattoria
Strada Cereseto, 35
Tel. 05 25 / 82 48 01
Ruhetag: Montag
Betriebsferien: unterschiedlich
100 Plätze
Preise: 25 – 35 000 Lire, ohne Wein
Keine Kreditkarten
Mittags und abends geöffnet

Wenn Sie einen schönen gastronomisch-kulturellen Ausflug im Apennin zwischen Po-Ebene und Ligurien machen wollen, bieten sich die Burgen von Bardi und Compiano an. Sie stehen im Taro- bzw. Cenotal und sind durch eine kurvenreiche Straße miteinander verbunden: Auf halbem Weg liegt der winzige Ort Cereseto mit vier Häusern und einer über hundertjährigen Trattoria. Geführt wird sie von Paola Solari, der würdigen Erbin ihres Vaters Giovanni. »Solari« steht für **Pilze** und **Wildschwein**, und die besten Monate für einen Besuch des Lokals sind Juli bis November. Im November findet in Cereseto die vielbesuchte Sagra del cinghiale statt. Steinpilze sind die absoluten Protagonisten unter den Antipasti – geschmort, in Öl eingelegt, fritiert oder als Salat mit Zitrone, Pfeffer und Parmigiano –, aber auch bei den anderen Gängen sind sie stark vertreten. **Tortelli** und Tagliatelle gibt es auch mit Tomatensugo, weitere Primi – die in großen Schüsseln aufgetragen werden, aus denen man sich nach Lust bedient – wären Tortelli d'erbette oder con prugnoli (eine Pilzsorte; im Frühling). Unter den Secondi sollte man **Cinghiale alla cacciatora** nicht versäumen. Wenn Sie in Pilzen schwelgen wollen, können Sie eine klassische Scaloppina oder ein Carpaccio nehmen. Mächtig sind die Dolci mit **Semifreddo al mascarpone** und Schokoladensalami. Beim Wein muß man sich mit einigen lokalen Erzeugnissen bescheiden.

Corniglio Ghiare

40 km südwestlich von Parma

Da Vigion

NEU

Trattoria mit Hotel
Via Provinciale, 21
Tel. 05 21 / 88 81 13
Ruhetag: Montag, im Sommer nicht
Betriebsferien: 1. – 15. Sept.
60 Plätze
Preise: 30 – 40 000 Lire, ohne Wein
Keine Kreditkarten
Mittags und abends geöffnet

Bereits 1947 hat Giuseppe Rabaglia diese Hotel-Trattoria erworben, und erst vor vier Jahren hat er nach langer, ehrenvoller Tätigkeit als Wirt die Geschäftsführung seinem Sohn Carlo übertragen, dem nun die Mutter in der Küche und seine Frau im Speisesaal tatkräftig zur Seite stehen. Um von Parma aus hierher zu finden, müssen Sie zunächst bis Langhirano fahren und sich von da an in Richtung Corniglio halten. Ghiare besteht nur aus ein paar Häusern entlang der Straße, und gleich bei einer langgezogenen Kurve sehen Sie dann auf der rechten Seite die Trattoria. Das dazugehörige Hotel verfügt über sieben hübsche Zimmer mit Bad. Selbst wenn Sie mit dem Fahrrad oder hoch zu Roß hier ankommen, finden Sie auch hierfür einen geeigneten Unterstellplatz.
Als tüchtiger Metzger und Fachmann für Weine hält Carlo die Familientraditionen aufrecht. So werden die als Antipasto angebotenen Wurstwaren – der Schinken ausgenommen – von ihm höchstpersönlich zubereitet und abgelagert: Salami, Pancetta, Fiocchetto und der berühmte gepökelte Schweinehals. Für die Zubereitung traditioneller Gerichte ist dagegen Carlos Mutter zuständig. Die hier etwas kleineren **Tortelli** mit den schmackhaften Füllungen – mit Kräutern, Kürbis, Kartoffeln, Steinpilzen und in der Saison sogar mit Trüffeln – sind der absolute Renner unter den Primi. Alternativ gibt es die klassischen **Anolini**. Eine große Auswahl dann bei den Secondi: **Bolliti misti**, Kutteln alla parmigiana, gebratenes Perlhuhn, Kalbsbrust aus dem Ofen oder der zarte **Schmorbraten vom Fohlen**. Wenn Sie rechtzeitig vorher Bescheid geben, wird man Ihnen hier auch Wildschwein, Hase oder sonstiges Wild servieren.
Sehr fein sind auch die Cremespeisen und Torten von Mamma Rabaglia. Die von Carlo ausgesuchten italienischen und ausländischen Qualitätsweine werden demnächst auf einer Karte zusammengestellt.

Corte Brugnatella Marsaglia

54 km südwestlich von Piacenza, S.S. 45

Locanda Mozzi

NEU

Trattoria mit Hotel
Via Genova, 44
Tel. 05 23 / 93 41 71
Ruhetag: Mittwoch
Betriebsferien: im Winter
60 Plätze + 20 im Freien
Preise: 25 – 35 000 Lire, ohne Wein
Keine Kreditkarten
Mittags und abends geöffnet

Schon sehr gut aufeinander eingespielt ist die Familie Picchioni, die mit viel Herz und Geschick dieses Gasthaus mit Pension hoch oben im Val Trebbia führt, inmitten einer idyllischen Landschaft und malerischer kleiner Ortschaften wie Marsaglia. Anheimelnd ist auch das Lokal: ein Bau aus dem 19. Jahrhundert, kleine, gemütliche Speiseräume, ein Keller mit Deckengewölbe und Bodenfliesen, die schon leicht abgetreten sind. Eine ganz persönliche Note hat die Küche, denn sie vereint drei Geschmackstraditionen: die Küche der Provinz Piacenza (mit Coppa und Pancetta), die des Apennin (mit Pilzen, Trüffeln sowie frischer Pasta ganz besonderer Machart) und schließlich die des Friaul, der Heimat der Signora Edda.
Wenn Sie als Appetitanreger den Wurstaufschnitt und die Artischocken alla giudìa kosten, sollten Sie daran denken, daß das Beste noch kommt, die Primi! Da können Sie schwelgen in Pinoli mit Pilzen und Sahne, **Crocetti mit Pilzsauce**, Ravioli mit Fleischragout, **Tortelli con la coda** in Butter und Salbei und, je nach Jahreszeit, köstlichen **Kürbis-Gnocchetti**, Gnocchetti aus altbackenem Brot, schmackhaften **Pisarei e fasò**, **speziellen Lasagne** mit einem Überraschungsragout und einer duftenden Gerstensuppe im Winter. Doch auch die Secondi, die hier stets mit frischem, gegrilltem oder fritiertem Gemüse serviert werden, sind nicht ohne: **geräucherte Schweinshaxe**, geschmortes Reh mit würziger Sauce, **Entenbraten** in Weißwein, Gemüserouladen und Kalbskarree aus dem Ofen. Schwer fällt die Wahl bei den Nachspeisen, die samt und sonders hausgemacht sind: eine delikate Gubana, Schokoladentorte, Tiramisù oder köstliche Crostate mit frischem Obst.
Der Weinkeller ist sowohl mit Qualitätsweinen als auch mit offenen Hausweinen, die von Weingütern aus dem Friaul stammen, gut bestückt.

Fanano

65 km südwestlich von Modena

Emanuela

Trattoria
Viale Europa, 301
Tel. 05 36 / 6 82 04
Ruhetag: Mo. u. Di., außer Juli / August
Keine Betriebsferien
40 Plätze
Preise: 25–35 000 Lire
Keine Kreditkarten
Mittags und abends geöffnet

Das Dorf Fanano im Modeneser Hochapennin ist ein guter Ausgangspunkt für Pilzsammler, die in den umliegenden Wäldern fündig werden, und für Bergwanderer, die es mit dem Monte Cimone aufnehmen wollen. Folgen Sie einfach der Straße in der Talsohle, die von Modena über Vignola am Panaro entlangführt. In dem Lokal, das Emanuela Grotti zusammen mit ihrer Mutter Irma und ihrem Ehemann Massimo bewirtschaftet, finden Sie in originalgetreuer Ausführung die Spezialitäten der Gegend. Auftakt für das Menü ist selbstverständlich der **Gnocco fritto**, der von den ortsüblichen Wurstsorten begleitet wird. Dann folgen die Nudeln, die Mamma Irma jeden Tag herstellt und dabei mit frischen Eiern nicht geizt: **Tagliatelle**, die in der Saison mit Pilzen aus der Umgebung veredelt werden, **Tortelloni** und Lasagne. Im Herbst und Winter sind Lasagne in verschiedener Zubereitung stets vorrätig. Als Braten kommen beste Fleischsorten auf den Tisch: Das **geschmorte Kaninchen** nach Art des Hauses wird mit knusprigen **Crescentine** serviert, die nach Modeneser Art zwischen Tigelle (d. h. zwei heißen Tonscheiben) gebacken werden. Wenn es draußen kalt ist, hat ein Klassiker der traditionellen Küche, die **Speckschwarten mit weißen Bohnen**, Hochkonjunktur. Eine zarte **Zuppa inglese** und köstliche Mürbeteigtorten mit Waldbeeren, die ausnahmslos aus eigener Herstellung stammen, sind die verführerischen Desserts. Die wenigen Weine aus der Emilia und der Toskana sind ordentlich.

Farini

43 km südwestlich von Piacenza

Paris

Trattoria
Via Don Sala, 8
Tel. 05 23 / 91 02 12
Ruhetag: Mittwoch, nicht 1.7. – 15.8.
Betriebsferien: unterschiedlich
35 Plätze + 20 im Freien
Preise: 35 000 Lire, ohne Wein
Keine Kreditkarten
Mittags und abends geöffnet

Folgt man der Straße, die den Fluß Nure entlangführt, gelangt man in das kleine Feriendorf in den Hügeln um Piacenza. Seit gut zehn Jahren bieten Carla und ihre Nichte Maria Pia Poggiolo in einer umgebauten Bar schmackhafte Hausmannskost an. Die Bar wurde 1960 von ehemaligen Gastarbeitern, die aus Frankreich zurückgekehrt waren, eröffnet. (Jedes Jahr an Ferragosto feiert man hier noch die »Festa dei Francesi« zu Ehren der Gastarbeiter, die in den Ferien in ihr Heimatdorf zurückkehren.) Carlas Tochter Alessandra empfängt die Gäste und erläutert ihnen das Menü, das stets mit erstklassigen Zutaten gekocht wird. Man beginnt mit Coppa, Pancetta und Salame aus eigener Herstellung (nur solange der begrenzte Vorrat reicht) und der typischen **Torta di patate**. Einladend gestalten sich die hausgemachten Nudelspezialitäten wie die klassischen **Pisarei e fasò**, die schmackhaften **Cannelloni ripieni**, die üppigen **Lasagne** oder aber die deftigen **Tagliatelle ai funghi**. Bei den Hauptgerichten hat man die Wahl zwischen einer herzhaften **Picula ad caval**, einem kräftigen **Schmorbraten vom Esel** oder aber einem zarteren Kalbsbraten mit Artischocken. Dazu trinkt man Weine aus der Gegend.

Ferrara

Al Brindisi

Enoteca mit Ausschank und Imbiß
Via Adelardi, 11
Tel. 05 32 / 20 91 42
Ruhetag: Montag
Keine Betriebsferien
30 Plätze
Preise: 25 – 30 000 Lire, ohne Wein
Keine Kreditkarten
8 – 20.30, sa. bis 24 Uhr geöffnet

Sollte Sie Ihre Reise einmal durch Ferrara führen, müssen Sie unbedingt der ältesten Osteria der Welt einen Besuch abstatten. Unbekannt ist zwar ihr genaues Entstehungsdatum, doch belegt ist, daß bereits im Jahre 1435 gewaltige Trinkgelage hier stattfanden. Auch heute noch ist es eine Enoteca mit über 600 Flaschen italienischer Weine, neben rund 80 Portweinen und ebenso vielen Single Malt Scotch Whiskys sowie etwa 50 rebsortenreinen Grappe. Kosten Sie zu den Weinen die von Sommelier Federico Pellegrini mit Sachverstand ausgesuchten Gerichte, und lassen Sie sich von ihm Weine aus ganz Italien zeigen, vor allem aber die ganz besonderen lokalen Erzeugnisse aus dem kleinen Weinbaugebiet Bosco Eliceo.
Zu jeder Tageszeit gibt es hier mit **Sugo-Salami** belegte Brötchen, lokale **Wurstspezialitäten** wie die Salami mit Knoblauch (»Zia«) oder die Salami gentile (»die Liebenswürdige«), Käse und allerlei andere Häppchen. Daneben wird ein Ferrareser Menü mit Maccheroniauflauf, Cappellacci mit Kürbis sowie Salamina da sugo, die im Winter mit Kartoffelpüree und im Sommer kalt mit Melone serviert wird, angeboten. Bedenken Sie jedoch, daß die fleißige Maurizia Govoni diese warmen Gerichte in ihrer kleinen Küche zwar bereithält, doch nicht frisch zubereitet. Wichtiger ist in diesem kulturhistorischen Lokal allemal das rustikale, sympathische Ambiente.

Hier noch einige Hersteller von guter Salama da sugo: Salumeria Marchetti, Via Cortevecchia 35 – 37; Salumificio Bonfatti, Via Boito 30; Salumificio Roncarati, Via Fabbri 76. Sie finden hier natürlich auch noch andere Wurstspezialitäten Ferraras. In **Buonacompra** (40 km) wird in den letzten beiden Juliwochen eigens ein Salami-Fest gefeiert.

Antica Trattoria Il Cucco

Trattoria
Via Voltacasotto, 3
Tel. 05 32 / 76 00 26
Ruhetag: Mittwoch
Keine Betriebsferien
50 Plätze + 70 im Freien
Preise: 40 000 Lire, ohne Wein
Kreditkarten: MC, Visa
Mittags und abends geöffnet

Im Judenviertel der Stadt existierte schon 1897 diese Trattoria, die vor einigen Jahren von jungen Leuten wieder ins Leben gerufen wurde, von Maurizio und Michele Correggioli, ersterer in der Küche, letzterer mit Monica im Service. Ihre höchst lobenswerte Absicht, den Gästen die traditionelle Ferrareser Küche nahezubringen, wird durch die unschätzbare Erfahrung von Mamma und Nonna Correggioli unterstützt, die v. a. für die Pasta zuständig sind. Einige Gerichte ihrer eleganten und vielfältigen Küche brauchen viel Zeit; um **Pasticcio di maccheroni** oder die **Salamina** (oder Salama) **da sugo** genießen zu können, ist Anmeldung nötig. Immer vorrätig sind **Knoblauchsalami**, **Cappelletti ferraresi** und (zur Saison) **Cappellacci mit Kürbisfüllung**, klassisch serviert mit einem Fleischragout mit viel Tomaten. Andere Primi tragen eine individuellere Handschrift, wie Strigoli mit Steinpilzen, Tortelli in orto (gefüllt mit einer Käsecreme, auf Gemüse serviert), grüne Gnocchi mit Speck. Unter den Secondi sind Schweinskarree mit Pilzen, Filets, Steaks und Grillfleisch zu finden. Hausgemacht sind die Nachspeisen von Panna cotta über die **Ciambella ferrarese** (mit Moscato passito serviert) bis zur Zuppa inglese. Die Weinkarte ist etwas dürftig, zu finden sind Produkte aus dem nahen Bosco Eliceo (Az. Corte Madonnina) und aus der Romagna, insbesondere Sangiovese-Weine. Das Ambiente ist angenehm und geschmackvoll eingerichtet; im Sommer sitzt man sehr schön draußen im Hof unter einer dichtbewachsenen Pergola.

Die historische Bäckerei Perdonati, Via San Romano 108, macht mit traditionellen Methoden einige regionale Spezialitäten wie unterschiedlich aromatisierte kleine Brote, handgerollte Grissini und die ferraresische »Coppietta«.

Antica Trattoria Volano

Trattoria
Via Volano, 20
Tel. 05 32 / 76 14 21
Ruhetag: Donnerstag
Keine Betriebsferien
80 Plätze + im Freien
Preise: 35–50 000 Lire, ohne Wein
Alle Kreditkarten
Mittags und abends geöffnet

Das Lokal, das in einem restaurierten Bauernhaus am Ufer des Po di Volano zu finden ist, hat seine Ursprünge Ende des 18. Jahrhunderts. Aus der einfachen Trinkstube wurde eine Trattoria, die seit über 20 Jahren von Maria Teresa Cenacchi geführt wird; ihre Küche ist nach Hausfrauenart, aber gepflegt. Ihre Versionen der ferraresischen Spezialitäten – aus dem Fundus der Familie – sind von hohem Niveau, etwa die **Zuppa inglese**, die mit einer sanften Pflaumenkonfitüre gemacht wird. Charakteristische Gerichte sind **Cappelletti in Brühe**, **Cappellacci mit Kürbis**, **Pasticcio di maccheroni ferrarese**; sie sind auf Vorbestellung zu kommen, der Pasticcio normalerweise aber auch am Wochenende. Die **Salamina mit Sugo** ist immer vorrätig. Unter den Secondi ragen ein guter Bollito mit zwei grünen Saucen (kalt und warm) und hervorragender Peperonata sowie der Somarino mit Polenta heraus; in der Saison gibt es auch Fasan. Mandurlin dal pont (eine Art Mandelbaisers), Torta ricciolina, Panpapato sind die Süßspeisen des Hauses. Die Weinkarte ist gepflegt, zu haben ist Wein aus dem Veneto, dem Friaul, der Toskana und natürlich aus der Emilia, darunter der Fortuna uva d'oro, ein leichter, lebhafter Roter aus dem Bosco Eliceo. Mittags werden ein festes Menü zu 25 000 Lire (ohne Wein) sowie Tagesgerichte angeboten, die für die Mittagspause richtig sind. Klimatisierung und ein Raum mit Rauchverbot machen den Aufenthalt noch angenehmer.

In der Cremeria Novecento (Viale Cavour, 212), einem schönen Jugendstil-Lokal, kann man hervorragendes Eis genießen.

Il Frantoio

Circolo Arci Nova
Via Baluardi, 51
Tel. 05 32 / 76 16 98
Ruhetag: Dienstag
Betriebsferien: 2 Wo. im Aug., 1 Wo. n. d. 6. Jan.
60 Plätze
Preise: 25 – 40 000 Lire, ohne Wein
Kreditkarten: CartaSi, MC, Visa
Nur abends geöffnet

Spät abends erst schließt die Küche ihre Töpfe in dieser hübschen Osteria, die in einem zur Zeit der Este als Lagerraum genutzten Gebäude aus dem 15. Jahrhundert untergebracht ist. Eine echte alte Ölpresse aus Stein heißt Sie am Eingang zu diesem betont sachlich eingerichteten Lokal willkommen. Die Tische aus dunklem Holz sind mit Sets gedeckt, und das Speisenangebot hält sich bewußt in Grenzen. Im Sommer serviert man hier gerne knackig-frische Salatteller oder andere einfache Gerichte wie kalte Pasta und Rindersteaks mit Balsamico-Essig. Bei den Primi ist der Teig für die **Cappellacci mit Kürbis** sehr gut gelungen, daneben gibt es **Garganelli alla rustica**, Pappardelle mit Lauch und rosafarbene Gnocchi (aus roten Rüben). Der Ferrareser Tradition wird mit der **Salamina da sugo** Tribut gezollt, die hier entweder warm mit Kartoffelpüree oder, im Sommer, kalt mit Melonen und Feigen serviert wird. Abschließen können Sie mit Käse, zu dem Marmelade oder Birnen gereicht werden, oder mit leckeren traditionellen Süßspeisen wie der Brazadela (Kranzkuchen) oder der **Tenerina al cioccolato**, die der berühmten Barozzi-di-Vignola-Torte geschmacklich nahekommt. Die jungen Leute, die das »Frantoio« führen, kennen sich auch mit Weinen sehr gut aus. In Vorbereitung befindet sich eine kleine, aber feine Weinkarte mit italienischen Weinen. Selbst Weine berühmter Jahrgänge werden mit einem nur geringfügigen Aufschlag angeboten. Günstig und passabel ist allerdings auch der offene Hauswein. Große Auswahl ebenfalls bei den hochprozentigen Getränken.
Für größere Gruppen und auch mittags werden preisgünstige Degustationsmenüs angeboten.

Im Metzger- und Feinkostladen Plinio e Paolo, Corso Isonzo 55, bekommen Sie gute Wurstwaren aus eigener Herstellung und ausgezeichneten Käse.

L'Oca giuliva

NEU

Enoteca mit Küche
Via Boccacanale di Santo Stefano, 38
Tel. 05 32 / 20 76 28
Ruhetag: Montag und Di.mittag
Betriebsferien: 2 Wo. im So., 1 Wo. im Jan.
30 Plätze + 15 im Freien
Preise: 45 – 55 000 Lire, ohne Wein
Kreditkarten: alle
Mittags und abends geöffnet

Nur wenige Schritte von einer der schönsten Piazze Italiens entfernt liegt Leonardo Marzolas Enoteca, die er – trotz seiner eben erst aufgenommenen Tätigkeit – mit Kompetenz und Sachverstand führt. Dabei assistieren ihm Leonardo Nani im Speisesaal und Gianni Tarroni in der Küche. In dem gemütlich und schlicht eingerichteten Lokal bleibt jedenfalls nichts dem Zufall überlassen.
Das kulinarische Angebot mit seinen zwei Schwerpunkten – Fleisch und stets fangfrischer Fisch – wechselt wöchentlich. Schmackhaft sind die in Grieß panierten **Seebarbenfilets** mit Basilikum-Sauce und die **schwarzen Taglioline** mit der Tinte vom Tintenfisch, Miesmuscheln, Kirschtomaten und grünem Mesola-Spargel. Aus der Küchentradition Ferraras stammen der **Maccheroni-Auflauf mit Trüffeln** aus dem traditionell süßen Mürbeteig, die **Cappelletti** (in Ferrara Tortellini) **in Kapaunbrühe**, die Kürbis-Cappellacci mit Ragout sowie die **Salama da sugo** in beiden Versionen: im Sommer kalt mit Melone und Feigen und im Winter warm mit Kartoffelpüree. Neben der Ciupeta, dem klassischen Ferrareser Brot, wird hier auch täglich frisches Hausbrot gebacken. Mit der Tradition halten es auch die Süßspeisen: **Zuppa inglese**, Tenerina al cioccolato, Torta di taglioline und Salame di cioccolato. Reine Wintergerichte sind Kaninchen und **Panpapato**, der weihnachtliche Pfefferkuchen.
Auf der Weinkarte finden sich eine ziemlich große Auswahl der wichtigsten italienischen Lagen und ein vollständiger Überblick über die Weine aus der Emilia-Romagna. Zum Essen gibt es auch offenen Wein. Der obligate Kaffee wird hier in der guten alten Espresso-Maschine auf dem Herd zubereitet und in dicken kleinen Gläsern oder Tassen im Stil der 50er Jahre serviert.

Ferrara
Gaibana

10 km von der Stadtmitte, S.S. 18 Adriatica

Lanzagallo

Ristorante
Via Ravenna, 1048
Tel. 05 32 / 71 80 01
Ruhetag: So.abend und Montag
Betriebsferien: Mitte Juli bis Anf. Aug.
40 Plätze
Preise: 40 – 50 000 Lire, ohne Wein
Kreditkarten: AE, Visa
Mittags und abends geöffnet

Um hierher zu finden, fahren Sie am besten von der Autobahnausfahrt Ferrara Sud weiter auf der Schnellstraße Richtung Meer und biegen nach wenigen Kilometern auf die gut ausgeschilderte S.S. 18 »Adriatica« ab. An der dritten Ausfahrt liegt dann auch schon der winzige Flecken Gaibana, am äußersten Rand des Gemeindegebiets von Ferrara.
Antonio Tazzari und Andrea Romagnoli bieten Ihnen hier die unverfälschte, eng mit dem Podelta verwurzelte Ferrareser Küchenkultur, also viel Wild und Fisch. Bei der Zubereitung hält man sich allerdings nicht ganz so streng an die Traditionen und läßt auch mal die Phantasie walten. Wenn sie auch noch nicht auf einer Karte erfaßt sind, so hat sich das Angebot an qualitativ hochstehenden Rot- und Weißweinen aus der Region und dem übrigen Italien doch entschieden verbessert.
Vielfältig ist die Auswahl an **Wurstwaren**: Sie reicht von Knoblauchsalami über gerollte Pancetta bis zur Coppa. In fließendem Übergang können Sie dann zu den nächsten Gängen schreiten: Vielleicht entscheiden Sie sich für die **Kürbis-Cappellacci** (wünschen Sie sie mit Kaninchenragout, so genügt ein Anruf), für Strigoli mit Froschschenkeln oder **Bigoli mit Katzenwels-Sugo** (die Pasta ist natürlich frisch und handgefertigt) oder den **gerollten Aal**. Die Menüs ändern sich allerdings auch je nach Jahreszeit: Im Sommer haben wir hier beispielsweise ein interessantes **Carpaccio vom Oktopus** mit grünen Bohnen gekostet, Tintenfisch-Spießchen mit Zucchine und Steinpilzen, **Froschschenkel aus dem Rohr mit weißem Speck**, Tagliolini mit Schnecken und **gebratene Taube mit Kartoffeln und Pilzen**. Zum Nachtisch werden Schokoladentorte, Haselnußpudding mit Vanillesauce oder, besonders lecker, frisch gebackene und noch ofenwarme **Kekse** serviert.

Fornovo di Taro

22 km südwestl. von Parma, S.S. 62 oder A 15

Baraccone

NEU

Osteria
Via XX Settembre, 6
Tel. 05 25 / 34 27
Ruhetag: Sonntagmittag und Montag
Betriebsferien: August
50 Plätze
Preise: 45 000 Lire, ohne Wein
Kreditkarten: Visa
Mittags und abends geöffnet

Die Osteria »Baraccone« wacht nun schon seit mehr als hundert Jahren über den Lauf des Flusses Taro und hat dabei schon so manche Hochwasserflut unbeschadet überstanden. Vor vier Jahren wurde sie von dem jungen Gespann Giacomo Oppici und Massimiliano Gennari erworben, denen es gelungen ist, die alte Pracht von einst hier wieder einkehren zu lassen.
Neuerungen gab es nicht nur in kulinarischer, sondern auch in architektonischer Hinsicht. So ist zum Beispiel ein Raum für all jene eingerichtet worden, die nur ein Gläschen trinken wollen, während die hungrigeren Gäste in den geräumigen Speisesaal gesetzt werden, wo sie, umgeben von Flachbögen, Sichtmauerwerk und schönen, alten Möbeln, Annas einfache, doch sorgfältig zubereitete Regionalküche kosten können.
Das Menü beginnt mit **Salami aus Felino**, duftendem **Culatello** und einem milden, abgehangenen Schinken. Quintessenz der Tradition sind die Primi: **Tortelli mit Kräutern**, Kartoffeln sowie Kürbis und **Tagliatelle mit Wurstpaste und Lauch**. Eine weitere Stärke des Lokals ist das gute Fleisch: In riesigen Portionen wird hier Pollo in padella, Kalbsnuß in Chianti, **Kaninchen in Pancetta** oder **Guancialino vom Kalb** aufgetischt. Bei den Süßspeisen darf man sich getrost Annas Phantasie anvertrauen, die täglich mit neuen Vorschlägen überrascht. Eine Riesenauswahl findet man bei den Weinen, die lokalen Gewächse sind fast vollständig vertreten, und darüber hinaus gibt es noch einige überregionale Flaschen. Am Sonntagabend wird ausschließlich das Degustationsmenü angeboten.

Die besten lokalen Weine und Schnäpse sind bei Bruno Valentini, Via Lisoni 6, erhältlich, und in der Metzgerei Bocchi Lucedio auf der Piazza Pizzi gibt es Schweinefleisch, Salami, Coppa und die berühmte Griebenwurst Cicciolata.

Frassinoro Fontanaluccia

66 km südwestlich von Modena, S.S. 486

Alla Peschiera

NEU

Traditionelle Osteria – Trattoria
Via Ponte Volpi, 1
Tel. 05 36 / 96 82 75
Ruhetag: Montag
Keine Betriebsferien
90 Plätze + 100 im Freien
Preise: 25 – 35 000 Lire, ohne Wein
Keine Kreditkarten
Mittags und abends geöffnet

Schalten Sie doch einfach ab, hören Sie dem munter dahinplätschernden Dolo zu, genießen Sie den Anblick der Wälder in der Abetina Reale über Ihnen, und atmen Sie die apenninische Bergluft ein. Auch wenn das alles ein wenig kitschig klingen mag, so sollten Sie dennoch, nachdem Sie den weiten Weg hierher auf sich genommen haben, die wunderschöne Landschaft nicht ganz unbeachtet lassen. Hinter dem einsam am Flußufer stehenden, aus Holz und Steinen gebauten Haus, in dem Gino Sie herzlichst empfangen wird, liegt die »Peschiera«, der große Forellenteich, dem ständig frisches Quellwasser zugeführt wird.
Sie können also gleich mit den köstlichen **Flußfischen** beginnen, doch sind damit die kulinarischen Überraschungen des Hauses bei weitem noch nicht ausgeschöpft: Das Brot wird hier selbst gebacken, der Wein von Gino gekeltert, und auch der außerordentlich gute **Schinken**, die **Salami** vom Haus- und vom Wildschwein sowie der durchwachsene und der weiße Speck sind hier allesamt hausgemacht. Ganz zu schweigen von der frischen Pasta, für die Maria Valeria zuständig ist. Mittags kehren hier Holzfäller, Jäger, Waldarbeiter und die Wildhüter aus dem Frignano- sowie dem Gigante-Regionalpark ein, während sich das Haus abends und an den Sonntagen mit allen möglichen Leuten füllt, die Ginos Spezialitäten kosten wollen.
Da gibt es dann echte Bergbauernkost: **grüne Tortelli**, **Tagliatelle mit allerlei Pilzen** wie dem **Prugnolo** im Frühjahr, **Dinkelsuppe** (eine aus der nahen Garfagnana übernommene Spezialität) und als Secondo **Forelle Primavera** oder **Polenta mit Wildschwein nach Jägerart**. Den schmackhaften Pecorino liefert ein Hirte aus Frassinoro, während die frische Cacciotta aus der Molkerei in Fontanaluccia stammt. Zum Abschluß gibt es hausgemachten Heidelbeerkuchen.

Guastalla

28 km nördlich von Reggio Emilia, S.S. 63

Chalet Lido Po

Restaurant
Via Lido Po, 15
Tel. 05 22 / 82 41 69
Ruhetag: Donnerstag
Betriebsferien: von Nov. bis Ostern
200 Plätze
Preise: 25 – 50 000 Lire, ohne Wein
Keine Kreditkarten
Mittags und abends geöffnet

Das »Chalet« von Guastalla ist einer dieser inzwischen seltenen Orte, an denen man noch ganz in die besondere Atmosphäre eintauchen kann, die vom majestätisch dahinfließenden Strom ausgeht. Nicht von ungefähr haben sich ganze Generationen von Schriftstellern, Malern und Regisseuren, von Bacchelli bis Guareschi und von Ligabue bis Zavattini, immer wieder vom Po inspirieren lassen. Zavattini, der drei Kilometer flußabwärts in Luzzara geboren ist, gilt gar als der »Mensch aus der Poebene« schlechthin. Das »Chalet« liegt zwar sehr nahe am Fluß, doch ist mit der wuchtigen neuen Brücke auch viel von der Stimmung verlorengegangen, die früher herrschte, als noch die alte, zur Zeit der Herzogtümer errichtete Brücke stand.
Das leicht erhöht und ganz aus Holz im »Fluß«-Stil gebaute Haus entstand in den 20er Jahren als Klub der Reichen und als Ballsaal. Heute servieren Ihnen hier Marzio und dessen Sohn Massimiliano zwischen Pappeln die typischen Gerichte der Poebene mit viel Fleisch und Fisch. Die vielen, kleinen fritierten Fische aus dem Fluß, die im Ganzen verzehrt und hier **Stréch** genannt werden, gehören mit dem fritierten **Katzenwels** zu den kulinarischen Stärken des Lokals. Reich ist die Auswahl bei den Primi: von gefüllter Pasta wie **Cappelletti**, **grünen Tortelli** und Kürbis-Tortelli über **Risotti** – ein echter Genuß – **mit Froschschenkeln**, Radicchio, Wurst und Spargel bis hin zu den handgefertigten Tagliatelle mit Fleischragout. Ist der Sommer dann vorbei, gibt es Kutteln alla parmigiana und die vorzüglichen **Bohnen mit Speckschwarten**.
Typische Nachspeisen der Poebene sind das **Semifreddo mit Mascarpone**, die Ciambella und die Sbrisulona, der bröselnde Mandelkuchen aus Mantua. Getrunken werden hier lediglich einige ordentliche Lambrusco-Weine.

Guiglia

34 km südlich von Modena, S.S. 569

Osteria Vecchia

NEU

Trattoria
Via Michelangelo, 690–694
Tel. 059/792433
Ruhetag: Montag und Dienstag
Betriebsferien: August, 2 Wo. im Febr.
80 Plätze
Preise: 45 000 Lire
Keine Kreditkarten
Abends, So./Fei. auch mittags geöffnet

Das alte Lokal war als Poststation bereits zu Beginn des 19. Jahrhunderts in Betrieb und wird heute von dem kreativen und sympathischen Giovanni Montanari bewirtschaftet, der sich als »letzten marxistischen Wirt« und »großartigen Liebhaber« bezeichnet. Zu letzterem kann der Rezensent keine zuverlässige Aussage machen, wohl aber zu der gepflegten, lokaltypischen Küche, für die Simonetta Cochi und Claudio Pastorelli zuständig sind. Die beiden verwenden Zutaten, die aus biologischer Tierzucht und biologischem Anbau stammen. Diese Beschränkung geht in keiner Weise auf Kosten der Vielfalt und des Geschmacks der Gerichte, die alle von kräftiger und charakteristischer Machart sind. Dies gilt zuallererst für das Vorspeisenbuffet, das mit Wurst und Käse von bester Qualität, marinierten Hülsenfrüchten, Pilzen und meisterlich zubereiteten Gemüsesorten bestückt ist. Bei den Primi folgt man der Modeneser Tradition: **Tortellini in brodo**, (exzellent) **Tortello di ricotta**, Pasta e fagioli, Dinkelsuppe, **Gemüsesuppe** (hervorragend). Bemerkenswerte Hauptgerichte sind der **Stracotto di cavallo** (Pferdeschmorbraten), außerdem Lamm, Huhn und **Kaninchen im Rohr** oder in anderer Zubereitung. Anstelle von Brot werden dazu die schmackhaften und leichten **Tigelle** gegessen. Allesamt hausgemacht und sehr gut sind die Desserts, von denen die Ricotta-Torte und der Squacquero (Halbgefrorenes) besondere Erwähnung verdienen. Der angebotene Wein – Lambrusco, Trebbiano und Albano – ist nach den Regeln der italienischen Vereinigung für biologischen Landbau gemacht und sehr gut.

Marano sul Panaro

28 km südlich von Modena, S.S. 623

Novecento

Osteria mit Küche – Enoteca
Piazza Matteotti, 28
Tel. 059/705217
Ruhetag: Donnerstag, im Sommer nicht
Betriebsferien: unterschiedlich
40 Plätze + 30 in der Enoteca
Preise: 35 – 45 000 Lire, ohne Wein
Kreditkarten: alle
Mittags und abends geöffnet

Gianni, Beppe, Adele und Tiziana haben nicht lange gezögert, als ihnen die Gemeinde Marano die alte Mühle der Montecuccoli aus dem 17. Jahrhundert zur Umgestaltung in eine Osteria mit Küche und Enoteca anbot. Nun bieten sie ihren Gästen neben einem malerischen Ambiente Speisen aus stets einwandfreien und frisch verarbeiteten Zutaten. Geht es dann in der Küche mal eng zu, springt Roberta, die Tochter von Gianni und Adele, helfend ein. In der Saison entstehen auch viele Gerichte mit **Pilzen** und Trüffeln, für deren Beschaffung Gianni und Beppe zuständig sind: Als leidenschaftliche und inzwischen auch erfahrene Pilzsammler durchforsten sie mit größter Sorgfalt die Wälder des toskanisch-emilianischen Apennin. Daß im »Novecento« auch die Details mit Liebe zubereitet sind, werden Sie sofort bemerken, wenn Sie sich ein Stückchen vom hausgemachten Brot abbrechen.
Die Stärken des Lokals sind die von Frauenhand selbst angefertigten Primi, die **Tortellini**, **Tortelloni** und Tagliatelle. Bei den Secondi sollten Sie keinesfalls das vorzügliche **gerollte Kaninchen** und das **auf Holzkohle gegrillte Lamm** auslassen. Und abschließend suchen Sie sich eines der leckeren hausgemachten Desserts aus, die nicht nur schmecken, sondern auch sehr hübsch serviert werden. Hervorheben sollte man auch die große Auswahl an italienischen und ausländischen Weinen.
Gegen Mitternacht verwandelt sich die Osteria dann mehr in ein Lokal, in dem man sich zum Plaudern bei einem Gläschen Wein und ein paar kleinen Häppchen trifft, und manchmal stimmt auch ein Gast auf einem der Instrumente ein Lied an, die die Wirte für Musikfreunde stets bereit halten. Ein letzter Tip noch: Denken Sie daran, einen Tisch zu reservieren, vor allem mittags.

Medicina
Buda

32 km nordöstlich von Bologna, S.S. 253

Antica Osteria di Buda

Trattoria – Osteria
Via del Signore, 24
Tel. 051/857119 und 850449
Ruhetag: Mittwoch
Keine Betriebsferien
180 Plätze
Preise: 40 – 45 000 Lire, ohne Wein
Kreditkarten: alle
Mittags und abends geöffnet

Sie müssen schon ein gutes Stückchen aus Bologna hinaus ins Flachland fahren, in Richtung des Naturparks »Oasi di Quadrone«, um das Lokal des temperamentvollen Claudio Cesari, auch »Stracci« genannt, zu finden. Hier können Sie dann entscheiden, ob Sie in die Trattoria oder in die Osteria gehen wollen. Sie können allerdings auch, falls Sie sich für hochwertige Weine interessieren, in die Enoteca schauen, in der abends des öfteren Weinproben mit einem kompetenten Sommelier stattfinden.
Doch nicht der Wein ist hier der Chef des Hauses, sondern der Spargel aus Altedo, König aller Gemüsegärten in der Umgebung: Ihm zu Ehren macht sich Claudio Cesari auch in allen möglichen Initiativen stark, und natürlich verwendet er den Spargel für die Zubereitung einiger schmackhafter Gerichte, wie **Gramigna al torchio mit Speck**, **Spargel mit Safran** und die vorzüglichen **Quadrotti** Cesari mit **Käse und Spargel**, und die anderen Gerichte probieren Sie am besten selbst aus! Doch auch von dem edlen Gemüse abgesehen, werden Sie hier bestimmt keine Enttäuschungen erleben: Der Teig für die phantasievollen Primi ist immer frisch, und die **Risotti** sind eine Hommage an die Reisfelder der Umgebung. Auch bei den Secondi ist Claudio stets darum bemüht, die kulinarischen Schätze der Gegend angemessen zu nutzen, so zum Beispiel **Fische aus der Lagune** und **Frösche**. Zum Standard gehören allerdings auch die klassischen Grillgerichte. Und wer hier nur eine Kleinigkeit essen möchte, kann sich mit dem traditionellen Bologneser Imbiß stärken: fritierte **Crescentine** mit einem Teller Wurst und frischem Käse.
Sehr gut bestückt ist der Weinkeller, doch leider fehlt eine Weinkarte, um all die guten Tropfen studieren zu können.

Modena

Ermes

NEU

Osteria
Via Ganaceto, 89–91
Kein Telefon
Ruhetag: Sonntag
Betriebsferien: August
40 Plätze
Preise: 20–25 000 Lire
Keine Kreditkarten
Nur mittags geöffnet

Wenn Sie die letzte Osteria-Trattoria Modenas und die Küche der Gegend kennenlernen wollen, müssen Sie bei Ermes einkehren. Er wird Ihnen gerne die Pasta all'uovo servieren, die seine Frau Bruna, eine unvergleichliche Köchin, je nach Marktangebot und Jahreszeit zubereitet. Seit einigen Jahren ist die Trattoria nur noch mittags geöffnet. Da können Sie dann Lasagne, **Maccheroni al pettine**, Tagliatelle und als Hauptgericht **geschmortes Kaninchen** und Schweinekoteletts essen. Samstags müssen Sie unbedingt die Tortellini in brodo und die seltenen »**Parpadlein con la consa**« probieren: Kleine Vierecke aus Eierteig werden in Kapaun- und Rinderbrühe gekocht und mit einer Sauce aus Eiern, Parmesan und Muskatnuß serviert. Samstags bekommt man auch den großen **Bollito misto** mit Hühner- und Rindfleisch. Im Winter kommen noch Cotechino und Zampone hinzu. Ab und zu gibt es auch eine kleine Überraschung: Wenn der befreundete Metzger gerade Eselfleisch hat, macht man daraus Stracotto mit Polenta, wenn der Wirt guten Baccalà auftreibt, bekommt man Stockfisch mit Polenta. Das Stück Parmesan darf natürlich zum Abschluß nicht fehlen. Probieren Sie auch den **Bensone**, einen kranzförmigen Kuchen, den der benachbarte Bäcker liefert. Trinken Sie zu dieser außergewöhnlichen Vieille Cuisine einen guten Lambrusco di Sorbara. Sehr anständige Preise.

Die Compagnia di Via del Taglio (Via Taglio, 12) ist ein pittoreskes Lokal, in dem man Wein offen trinkt und seine Flaschen kauft; als Imbiß gibt es diverse Käse und Wurstwaren.

Ruggera

NEU

Osteria
Via Ruggera, 18
Tel. 0 59 / 21 11 29
Ruhetag: Dienstag
Betriebsferien: im Januar und August
35 Plätze + 20 im Freien
Preise: 35 – 40 000 Lire, ohne Wein
Kreditkarten: alle
Mittags und abends geöffnet

Nur wenige Schritte vom Corso Canalchiaro entfernt finden Sie dieses nette kleine Lokal, in dem es zwar etwas eng, aber gemütlich zugeht. Mit seinen Untertellern und passenden Weingläsern genügt es allen Ansprüchen an ein kleines, gepflegtes Restaurant, doch läßt die unkomplizierte Küche sowohl mittags als auch abends häufigere Besuche zu. Chefin ist Anna Garagno, eine inzwischen in Modena heimisch gewordene Sizilianerin, in deren Gerichten die beiden Regionen, die ihr Leben geprägt haben, Ausdruck finden.
Unter den Primi tragen die **Spaghetti alla siciliana** und die Orecchiette alla Norma einen klar mediterranen Stempel, während die **Tortellini** und Tortelloni, die **Tagliatelle** und die **Gramigna mit Kinnbackenspeck** die Fahnen der emilianischen Küche hochhalten. Bei den Secondi erwartet einen ein riesiges **Cotoletta alla milanese**, oder ein **Spieß mit Filet und Pancetta**, ein Steak mit Schnittlauch oder im Winter verschiedenerlei Braten und Schmorbraten. Zum Abschluß gibt es eine ausgezeichnete Ricotta-Torte, die Erinnerungen an Österreich wachruft, oder die traditionellen **süßen Tortelli** aus dem Rohr.
Im Sommer können Sie draußen essen, die laue Abendluft genießen und sich einen der guten Weine genehmigen: Neben den lokalen Lambrusco-Weinen gibt es einige Spitzenweine sowie Champagner und Dessertweine.

Eine gute Adresse für den Parmigiano Reggiano ist Adriano e Luisa in der Via Sant'Eufemia 16 (einem Gäßchen direkt gegenüber der Domfassade). Über die traditionsgemäße Herstellung des berühmten Aceto balsamico aus Modena wacht ein Konsortium (Via Ganaceto, 34, Tel. 0 59 / 20 82 85), bei dem Sie die Adressen von Erzeugern erhalten, die ihre Produkte im Direktverkauf anbieten.

Stallo del Pomodoro

Osteria – Enoteca
Largo Hannover, 63
Tel. 0 59 / 21 46 64
Ruhetag: Samstagmittag u. Sonntag
Betriebsferien: zwi. Weihn. u. d. 6. Jan.
60 Plätze + 30 im Freien
Preise: 35 000 Lire, ohne Wein
Kreditkarten: Visa
Mittags und abends geöffnet

Angesteckt von der Begeisterung Nunzio Tosellis hat eine Handvoll engagierter Leute vor über einem Jahr diese nette Osteria gegründet, deren Name allein schon neugierig macht. Dazu sei gesagt, daß vor zweihundert Jahren in den Räumlichkeiten der jetzigen Osteria die Stallungen der Comtesse von Hannover, der Geliebten des Herzogs von Modena, untergebracht waren.
Die Küche bietet vorwiegend regionale Gerichte mit reichlich Balsamico-Essig. Reminiszenzen an die Mittelmeerküche indes bei der Zubereitung von Gemüse. Bis auf einige Gerichte, die zum ständigen Angebot gehören, wechseln die reichhaltigen und ausgewogenen Menüvorschläge alle drei Wochen. Beginnen Sie mit Wurst und Käse aus der Region, die mit Sorgfalt zusammengestellt sind, Cotechino mit Balsamico und sauer eingemachtem Gemüse oder dem interessanten **Antipasto dello Stallo**, einem gemischten Vorspeisenteller mit ungefähr zehn kleinen Kostproben: kleinen Pfannkuchen und Polentahäppchen, Terrinen und Salaten. Eigentlich wäre das bereits eine komplette Mahlzeit oder eine nette Begleitung zu einer guten Flasche Wein. Doch es geht weiter mit den Primi, unter denen sich die **Ricotta-Gnocchi** hervortun, der getrüffelte Risotto mit Kürbisblüten und die **Crespelle mit Formaggio di fossa**, die nur von November bis März erhältlich sind. Bei den Secondi können Sie den **Bruciatino dello Stallo** probieren, die in Most gegarten Schnitzel und die in gegrilltes Gemüse eingewickelte Scamorza.
Ein krönender Abschluß sind die hausgemachten Desserts, allen voran die Torte aus Brot und Schokolade, die Amaretti-Torte und der Mürbeteigkuchen mit Äpfeln und Feigen.
Auf der Weinkarte, die ständig erweitert wird, sind bereits über 200 Flaschenweine aus ganz Italien aufgeführt.

Monghidoro Campeggio

42 km südlich von Bologna, S.S. 65

Monti

NEU

Trattoria
Via Sumbilla, 27
Tel. 051/6551176
Ruhetag: Mi.abend u. Do., n. im So.
Betriebsferien: unterschiedlich
90 Plätze
Preise: 35 000 Lire, ohne Wein
Kreditkarten: AE, Visa
Mittags und abends geöffnet

Von der »Futa«, der Staatsstraße, die Bologna mit Florenz verbindet, geht eine kleine Straße nach Campeggio, einem Ortsteil von Monghidoro, ab. Sanft ist hier der Schwung des Apennin, die grünen Bergrücken schmücken Buchen- und Kastanienhaine – ideales Ziel also für einen kleinen Ausflug. Und wenn Sie die frische Luft hungrig gemacht haben sollte und Sie beispielsweise in die Trattoria »Monti« einkehren wollen, müssen Sie nur noch hinter der Kirche den kleinen, steilen Weg hinaufgehen.
Hier gibt es dann für den schnellen Hunger knusprige **Crescentine** mit erstklassigem Käse und hervorragenden Wurstwaren, die zum Teil sogar von Maurizio Naldi und Silvia Gragnani selbst hergestellt werden, oder **fritierte Polenta mit dem frischen Squacquerone-Käse**. Falls Sie sich für die leiblichen Genüsse allerdings mehr Zeit gönnen wollen oder nach diesen kleinen Leckereien nocht nicht satt sein sollten, dann machen Sie doch einfach mit den Primi weiter, die hier nach echter emilianischer Tradition handgefertigt sind: Tagliatelle al ragù, **Tortelloni mit Kürbis und Walnüssen** oder Tortellini in Brühe. In der Saison können Sie dann als zweiten Gang noch eines der schmackhaften **Wildgerichte** bestellen oder sich ein Gericht mit **Pilzen** und **Trüffeln** aussuchen. Brechen Sie jedoch noch nicht auf, bevor Sie das vorzügliche Mahl nicht mit einem der köstlichen hausgemachten Desserts, die hier – wie auch das Brot – teilweise im Holzofen gebacken werden, abgeschlossen haben.
Die hochwertigen regionalen Weine sowie einige weitere berühmte italienische Lagen runden die Küche vorzüglich ab.

Monteveglio

26 km südwestlich von Bologna, S.S. 569

Osteria nel vecchio Mulino

Osteria mit Küche
Via Mulino, 11
Tel. 051/6702003
Ruhetag: Montag
Betriebsferien: August
50 Plätze + 40 im Freien
Preise: 25 – 35 000 Lire, ohne Wein
Keine Kreditkarten
Abends, So.- u. Fei. auch mittags geöff.

1987 haben sich Marco Cassanelli und Francesco Bondioli mit viel Elan an die Renovierung der alten Mühle von Monteveglio gemacht, mittlerweile zählt das Lokal zu den festen kulinarischen Adressen in der Provinz Bologna.
Unter den Händen von Silvana Tosetti entstehen in der Küche sorgfältig zubereitete Gerichte, die in der Regel emilianisch geprägt sind, mit einem besonderen Augenmerk auf die hausgemachte Pasta. Doch beginnen Sie zunächst mit den schmackhaften Wurstwaren und dem lokalen Pecorino, bevor Sie mit den Primi loslegen: Da heißt es dann wählen zwischen **Tortelloni mit Ricotta** und Tagliatelle oder zwischen **Kürbis-Tortellacci mit Tomaten, Schinken, durchwachsenem Speck und Peperoncino** und Garganelli alla mugnaia. Neben einigen allerorts gängigen Gerichten finden Sie bei den Secondi auch sehr originelle Gerichte, wie Scheiben von Straußen- oder **Eselfleisch vom Rost**. Entstanden sind diese Neuschöpfungen, als das Rindfleisch durch den »Rinderwahn« in Verruf geriet, und inzwischen sind sie fester Bestandteil der Speisekarte.
Einen würdigen Abschluß bilden die leckeren hausgemachten Desserts. Wollen Sie indessen vielleicht nur ein belegtes Brötchen essen und ein Gläschen vom lokalen Wein oder einen Schnaps hier trinken – im »Vecchio Mulino« ist der Gast König.

In **Crespellano** (10 km) können Sie im Salumificio Cremonini Tradizione, Piazza Berlinguer 11, hervorragende lokale Wurstwaren kaufen: Coppone bolognese, gepökelten Schweinehals, Minisalami (die hier »Grissini« heißen). Ausgezeichnet auch das frische Fleisch, die Salsiccia fresca und die Salsiccia matta (die »verrückte« Wurst) aus Schweineherz.

Monticelli d'Ongina Isola Serafini

8 km südwestlich von Cremona

Antica Trattoria Cattivelli

Trattoria
Ortsteil Isola Serafini, 2
Tel. 0523/829418
Ruhetag: Mittwoch
Betriebsferien: Ende Juli/Anf. Aug.
250 Plätze
Preise: 35–40000 Lire, ohne Wein
Alle Kreditkarten
Mittags und abends geöffnet

Wo Emilia und Lombardei aneinander grenzen, liegt am Po-Ufer in unmittelbarer Nähe des Staudamms von Isola Serafini die ländliche Trattoria, die seit mehr als fünfzig Jahren von der Familie Cattivelli geführt wird. Ein großer Garten wurde hinzugefügt, doch konnte das Lokal seinen einfachen, familiär-gemütlichen Charakter wahren und ist auch der Tradition einer einfachen Hausmannskost treu geblieben. Vor dem großen Speisesaal in der Mitte des Gebäudes befinden sich Arkaden mit den weitgeschwungenen Säulenbögen, die für die Bauernhöfe der Po-Ebene typisch sind. Zwei kleinere und ruhigere Räume bieten zusätzlich Platz für hungrige Gäste. Der Fluß hat die Küche geprägt: Fast immer stehen **Tagliolini mit Aal** und **Aalsalat** auf der Karte, außerdem **Stör aus dem Rohr** mit Gemüse in Balsamessig und **fritierte Aale**. Zu empfehlen sind aber auch **Cappelletti mit Mandelfüllung** sowie Pilzen und Spinat, Steak vom Chiana-Rind mit Kräutern, **Schnecken in umido** mit Polenta. Unter den Wurst- und Schinkensorten zeichnet sich vor allem der **Culatello di Zibello** aus. Ebenso vielfältig sind die Desserts von »Latte in piedi« bis zum eleganten Portweinparfait mit Himbeersauce. Die Weine stammen vorwiegend aus der Gegend, darunter ein leicht süffiger Malvasia. Der Gutturnio und der Ortrugo sind selbstgekeltert. Zum Abschluß einen Limoncino oder Nocino, die Signor Cattivelli selbst macht.

In Via Martiri della Libertà finden Sie in der Bäckerei von Carlo Migliorati die Spongata (ein emilianisches Weihnachtsgebäck), verschiedene Kekssorten sowie gutes Piacentiner Brot.

In **San Nazzaro** (3 km) verkauft das Salumificio Val d'Ongina Coppa, Piacentiner Salami und frisches Schweinefleisch.

Noceto Costamezzana

25 km südwestl. von Parma, 14 km v. Fidenza

Lo Scoiattolo

Trattoria
Via Costa Pavesi, 30
Tel. 0521/629123 und 629109
Ruhetag: Montag
Betriebsferien: Ende Jan. u. Ende Juli
50 Plätze
Preise: 30 – 40 000 Lire, ohne Wein
Kreditkarten: CartaSi, Visa
Mittags und abends geöffnet

Das »Scoiattolo« war früher eine dieser typischen Einrichtungen auf dem Land, die als »Mädchen für alles« herhalten mußten: als Lebensmittel- und Tabakladen, als öffentliche Waage (die es immer noch gibt), als Bar und als Trattoria. Seit einigen Jahren nun führt Stefano Rocca mit der tatkräftigen Unterstützung von Mamma Mary die Küche dieses Lokals, während sich sein Bruder Oliviero um die Gäste und den Wein kümmert. Schon frühmorgens können Sie hier an der Bar ein kräftiges Frühstück mit hausgemachter Wurst bekommen, von der Sie sich unbedingt etwas mitnehmen sollten. Zu einem ausgiebigen Mittag- oder Abendessen setzt man sich dann in den geräumigen, ländlich eingerichteten Speisesaal, um auch hier wieder mit den klassischen **Wurstwaren** zu beginnen: Griebenwurst und Schweinehals mit eingemachtem Gemüse oder fritierte Salami. Auf Nummer Sicher gehen Sie anschließend bei den **Tortelli mit frischen Kräutern**, den **Cappelletti in Brühe**, den **Tagliatelle mit schwarzen Trüffeln**, den Maltagliati und allen anderen Pasta-Spezialitäten der emilianischen Küche. Als Secondo können Sie dann vom Schwein das Filet in Balsamico-Essig, die Leber im Netz oder den berühmten **Cotechino mit Püree** wählen. Sehr zu empfehlen sind auch die **Kutteln alla parmigiana**, das Schnitzel mit Pilzen sowie der **Eselschmorbraten**. Zum Abschluß gibt es zur köstlichen Torta millegusti ein Gläschen von Marys Nocino oder Arancino oder auch die herrlichen in Rum eingelegten Kirschen.
Die Weinkarte ist weniger aufregend.

In Costamezzana finden Sie im Panificio von Giuliano Patroni, Via Costa Pavesi 10, die »Miseria«, ein gutes Hausbrot. Eine gute Adresse für Butter, Parmigiano Reggiano und hausgemachte Wurstspezialitäten ist das Caseificio Martinelli in **Noceto** (9 km), in der Via Don Minzoni 39.

Nonantola Rubbiara

12 km nordöstlich von Modena, S.S. 225

Osteria di Rubbiara 

Osteria
Via Risaia, 2
Tel. 059 / 54 90 19
Ruhetag: Di., Do.abend, So.abend
Betriebsferien: August, Weihnachten
35 Plätze + 40 im Freien
Preise: 40 000 Lire, ohne Wein
Kreditkarten: AE
Mittags und abends geöffnet

Italo Pedroni ist ein Wirt alten Schlags, einer von der Sorte »Friß oder stirb«. Wenn Sie nach Rubbiara kommen, müssen Sie bereit sein, seine Diktate anzunehmen (wobei das meist leichtfällt, etwa beim Verbot von Handys im Lokal). Auch was das Essen angeht, überlassen Sie sich am besten ihm; gute Miene zum Spiel zu machen ist auch hier kein Problem, bekommt man doch bei ihm einige ganz alte Gerichte aus Modeneser Küchentradition, und das in einem Lokal, das den echten Geist der ländlichen Osteria atmet. Die **Maccheroni al pettine mit Fleischragout** sind perfekt, die **Tortelli mit Ricottafüllung** wohl die besten der Gegend, das Coniglio alla cacciatora vorbildlich, die **Frittata all'aceto balsamico** eine Hommage an eine Passion der Familie. Darüber hinaus gibt es gute Tortellini in Rind-und-Hühner-Brühe, die seltenen »Strichet«, verschiedene Teile vom Schwein, Huhn und Karnickel in diversen Zubereitungen. Mit Balsamico serviert man eine Crema di gelato, ein ungewöhnliches, aber gelungenes Dessert. Unbedingt trinkt man zum Abschluß einen der hausgemachten Liköre. Es gibt einige italienische Weine, empfehlenswert sind auch die Weine aus eigener Produktion wie Lambrusco di Sorbara und Trebbiano di Spagna. Noch ein Tip: Bestellen Sie vor, und kommen Sie mit ordentlichem Appetit.

Die Familie Pedroni produziert und verkauft eingelegte Weichselkirschen und Liköre; berühmt ist der preisgekrönte Balsamessig, der in der jahrhundertealten Acetaia der Familie entsteht.

Novellara Bettolino

21 km nordöstlich von Reggio Emilia

La Casa

Trattoria
Via Colombo, 139
Tel. 05 22 / 66 52 44
Ruhetag: Sonntag
Betriebsferien: August
30 Plätze
Preise: 40 000 Lire, ohne Wein
Alle Kreditkarten
Mittags und abends geöffnet

Das schmucke Städtchen Novara war Residenz einer Seitenlinie der Gonzaga und ist heute Hauptort der Ebene zwischen Reggio und Mantua; die flache Landschaft wird nur von den kerzengeraden Alleen gegliedert, die zum Po hin leicht abfallen. An einer solchen, der Straße nach Reggiolo, liegt diese waschechte, schlichte Trattoria, in der Fellini einmal eine Filmszene drehte. In der Küche vermischen sich die Sprachen des Reggiano und des Mantovano, aus geographischen wie aus familiären Gründen. Aus den mantovanischen Traditionen der großen Familie Daolio schöpft Enrica, Inhaberin und Köchin, wertvolle Rezepte wie für die Sbrisolona, die Tortelli mit besonderen Füllungen oder die lombardische Mostarda, die zu gekochtem Fleisch serviert wird. Für jede Jahrzeitszeit gibt es eine eigene Speisekarte. Besonders zu loben ist die Winterküche mit **Zampone**, Cotechino, **Bolliti**, mit Lasagne und **Tagliatelle mit Wildragout**; aber auch an die Risotti, die Gnocchi mit Speck, die erwähnten **Tortelli** (mit jungen Brennesseln und Käsecreme, mit Karotten oder mit Salat) und die gebratenen Kaninchen und Perlhühner erinnert man sich gern. Zu dem Salumi sind immer Polenta und **Gnocco fritto** vorrätig. Als Nachspeise wird Zuppa inglese, die Mattonella des Reggiano oder Pudding serviert, zu trinken gibt es einen Lambrusco aus dem Mantovano.

Zwischen Cadelbosco Sopra und Campegine (2 km westlich von Novellara) muß man der Corte del Gualtirolo einen Besuch abstatten. In diesem Musterbauernhof in **Lora** (nahe der S.S. 358) sind Fleisch, Wurstwaren und Parmigiano Reggiano von bester Qualität zu erstehen.

Ottone
Rocca dei Corvi

74 km südwestlich von Piacenza, S.S. 45

Da Gianni

Trattoria
Ortsteil Rocca dei Corvi
Tel. 05 23 / 93 01 52
Ruhetag: Montag
Betriebsferien: unterschiedlich
60 Plätze + Festsaal
Preise: 25–30 000 Lire
Keine Kreditkarten
Mittags und abends geöffnet

Ottone erreicht man von Piacenza aus durch das schöne Val Trebbia, das die Grenze zwischen dem emilianischen und ligurischen Apennin bildet. In Rocca dei Corvi bildet der Fluß Trebbia, der zwischen zwei Felshängen eingezwängt ist, einen natürlichen See. In dem kleinen Ort steht auch die Trattoria »Da Gianni«, die bereits seit über zwanzig Jahren typische Hausmannskost – schon ligurischen Zuschnitts – anbietet. Als Vorspeise ißt man die typischen **Wurstwaren** der Emilia, **Focaccia mit Käse** und einen köstlichen Russischen Salat. Typisch genuesisch die Primi: Pansotti mit Walnußsauce oder Steinpilzen, Lasagne und **Trenette col pesto**, Minestrone und **Ravioli** in der Brühe oder mit Ragout aus Fleisch und Pilzen, was hier »**co u tuccu**« heißt. Zum Hauptgang bestellt man am besten den »misto«: Rindfleisch, Ente oder Perlhuhn gebraten, panierte Lammkoteletts, **Cima**, gegrillte Wurst, **fritierte Gemüse** auf italienische Art, zu dem auch panierter und gebratener Käse serviert wird. Salat gibt es natürlich auch: »Radiciun« mit Tomaten und Gartengemüse, außerdem (in der Saison) **Pilze in Backteig** und **Polenta mit Wildschwein**. Die Desserts sind hausgemacht: Crème caramel, Panna cotta und Crostata. Die Weine kommen aus der Gegend und aus dem Piemont und sind recht ordentlich, bemerkenswert der Weißwein aus Ancarano. Und noch ein kleiner Tip: Kommen Sie ausgehungert, die Portionen haben pantagruelische Ausmaße. Der Service ist flink, die Rechnung sehr anständig. Acht Zimmer sind auch vorhanden.

Im 2 km entfernten **Ottone** kann man bei Alimentari Canevari Blüten-, Kastanien- und Akazienhonig aus eigener Produktion kaufen.

Parma

Antica Cereria

Trattoria – Osteria
Via Tanzi, 5
Tel. 05 21 / 20 73 87
Ruhetag: Montag, Di.mittag
Betriebsferien: August
40 Plätze
Preise: 40 000 Lire, ohne Wein
Alle Kreditkarten
Mittags und abends geöffnet

Cinzia Di Vita und Matteo Malpeli führen seit einigen Jahren dieses atmosphärereiche Lokal im Herzen von Parma »Oltretorrente«, in dessen Räumen tatsächlich einmal eine Wachszieherei arbeitete. Nach einiger Zeit der Unsicherheit hat die Trattoria zu ihrem Stil gefunden. Beweis dafür sind die ungewöhnlichen Gerichte, die Marco Carboni in der offenen Küche mit Sorgfalt und schöner persönlicher Note zubereitet. Man beginnt mit einem Antipasto wie Kuchen von Paprika und Kartoffeln und schreitet fort zu den schmackhaften Primi: Lauchsuppe, **Kräuter-Tortelli**, Galani mit Mandeln und Spargel, **Timballo** (Rigatoni mit Fleischsauce im süßem Blätterteig) oder ausgezeichnete **Bomba di riso con piccione** (Reis mit Taube). Die Vorreiter unter den Secondi sind Duchesse mit schwarzen Trüffeln, die **Orchidee di toro** (Stierhoden), die **Trippa alla parmigiana** und die **Vecia col caval pist**; Alternativen wären der Insalatone voladora mit Radicchio, Parmigiano, schwarzer Trüffel, Walnüssen und Birnen. Nicht zu vergessen die Dolci, unter denen der **Bon bon ben** und die Beignets mit Schlagsahne und Schokoladensauce herausragen. Der Keller weist eine schöne Reihe von italienischen Weinen auf, die jedoch mehr nach der Konvention als nach persönlichen Vorlieben ausgewählt sind. Später am Abend gibt es zum Wein einige Imbisse, nicht selten aber bleibt die Küche bis ein Uhr nachts in Betrieb.

Casa del Formaggio (Via Bixio, 106): gute Feinkost, Salumi und typische Käse der Gegend, außerdem Wein. In der Via Garibaldi, im Zentrum, präsentiert die Konditorei Torino die wunderbaren Kuchen und Schokoladenkreationen von Giancarlo Paini, die Gastronomia Garibaldi ausgezeichnete Salumi und Parmigiano. Sehr gute Kaffees sind in einer Seitenstraße (Via Gallo, 2) in der Torrefazione Gallo zu haben.

Parma – unterwegs im »Weindreieck« für Geniesser

Die drei Lokale im Herzen von Parma, die wir Ihnen nachfolgend vorstellen, bilden ein gleichschenkliges Dreieck: Ungeachtet ihrer Unterschiedlichkeit werden in allen dreien ein kenntnisreicher Umgang mit dem Wein und eine fröhliche Geselligkeit gepflegt. Das erste Lokal ist eine altehrwürdige Osteria, die auf lange Jahre rechtschaffener Tätigkeit zurückblicken kann, kurzum: eine richtige Institution. Das zweite wurde glücklicherweise vor allem von einem jungen, fröhlichen Völkchen zu seinem Treffpunkt auserkoren, und das dritte führt ein Wirt, der all seinen Ehrgeiz darauf verwendet, ständig neue hochklassige Gewächse zu entdecken und in sein Angebot aufzunehmen.

Antica Osteria Fontana

NEU

Enoteca mit Ausschank und Küche
Via Farini, 24 a
Tel. 05 21 / 28 60 37
Ruhetag: Sonntag und Montag
Betriebsferien: Ende Juli – 20. August
60 Plätze
Preise: 15 – 25 000 Lire, ohne Wein
Kreditkarten: Visa
Geöffnet 9 – 15, 16.30 – 21 Uhr

Falls Sie zu Besuch in Parma sind und die Stadt richtig kennenlernen möchten, so gehört ein Abstecher zu »Fontana« unter den Arkaden der Via Farini unbedingt dazu: Hier kann sich der müde Wanderer nicht nur mit einem Panino und einem guten Glas Wein stärken, sondern auch gleich die eine oder andere Flasche mitnehmen. Bruno, der ebenso fachkundige wie passionierte Weinkenner und Wirt, holt im wöchentlichen Wechsel eine Auswahl guter italienischer und ausländischer Tropfen aus seinem Keller. Und da der Wein nach einem passenden Begleiter verlangt, sollten Sie es sich schmecken lassen! Panini, Focacce und Tramezzini werden mit all den leckeren Wurstwaren belegt, die die Provinz Parma zu bieten hat: vom rohen Langhirano-Schinken über die exquisite Spalla Cotta (Vorderschinken) aus San Secondo und Felino-Salami bis hin zum berühmten Culatello aus Zibello, zartem luftgetrocknetem Schinken. Mittags wird auch das eine oder andere saisonal wechselnde Gericht serviert.

Bottiglia Azzura

NEU

Enoteca mit Ausschank und Küche
Borgo Felino, 63
Tel. 05 21 / 28 58 42
Ruhetag: Sonntag
Betriebsferien: Juli und August
60 Plätze
Preise: 30 000 Lire, ohne Wein
Kreditkarten: alle
Nur abends geöffnet

Zwei lange, schmale Säle auf zwei Stockwerken und die vielen, eng an eng gestellten Tische machen die »Bottiglia Azzurra« zu einer Sehenswürdigkeit, die obendrein einen Ausschank und eine Küche betreibt und bis spät in die Nacht hinein geöffnet hat. Das breite Angebot an Speisen wechselt von Woche zu Woche und reicht von Wurstwaren aus der Region Parma über auserlesene Käsesorten aus Italien und Frankreich bis hin zu Suppen und Fleischgerichten. Auch die Wein- und Spirituosenkarte bietet gute Tropfen aus Italien und dem Ausland – mehr kann ein Wirt für das Gelingen geselliger Abende nicht tun!

Grapaldo

NEU

Bar-Enoteca mit Ausschank und Küche
Borgo del Correggio, 60 a
Tel. 05 21 / 23 56 72
Ruhetag: Sonntag und Montag
Betriebsferien: unterschiedlich
25 Plätze
Preise: 10 – 30 000 Lire, ohne Wein
Kreditkarten: alle
Geöffnet 16 – 24, im So. 18.30 – 1 Uhr

Das »Grapaldo« beherbergt in seinen kleinen, liebevoll eingerichteten Räumen nicht nur eine Osteria, sondern auch ein Feinkostgeschäft mit hochwertigen Weinen und Lebensmitteln: Hier bekommen Sie so manche Leckerei, von Fieschi-Senffrüchten über Pasta von Latini bis hin zu französischem Käse und Olivenölen extravergine. Von den rund dreihundert namhaften Weinen werden jeweils zwölf abwechselnd offen ausgeschenkt. Und als passende Begleiter zum Wein gibt es heiße Crostini mit einer bemerkenswerten Auswahl an lokalen und überregionalen Wurstwaren, die samstags mit Torta fritta, fritierten Blätterteigrauten, serviert werden, aber auch mit Käse. Im Winter bietet die Küche zum Aufwärmen ein schönes Rippenstück vom Chianina-Rind, Dinkelsuppe oder einige Gerichte aus Parma wie die »Vecchia di Cavallo« mit Pferdefleisch.

Parma Gaione
7 km vom Stadtzentrum entfernt

Antichi Sapori

Trattoria
Strada Montanara, 318
Tel. 05 21 / 64 81 65
Ruhetag: Dienstag
Betriebsferien: 1.–15. Jan. u. 1.–15. Aug.
120 Plätze + 130 im Freien
Preise: 35 000 Lire
Kreditkarten: alle
Mittags und abends geöffnet

Das »Antichi Sapori« an den Toren von Parma ist stets gut besucht – für den anhaltenden Erfolg dieser Trattoria sorgen das Können und die sehr persönliche Leitung von Davide (im Speisesaal) und Ciccio (in der Küche).
Ciccio verwöhnt sein Publikum mit traditionellen Gerichten aus dem Raum Parma, doch auch die benachbarten Provinzen sind in persönlicher Interpretation vertreten. Die klassische Vorspeise besteht wie vielerorts in dieser Gegend aus Wurstwaren: Salami, **Spalla cotta di San Secondo**, Schinken, Coppa und **Culatello**. Aber auch die Crostini (mit Steinpilzen und Artischocken oder Butterkäse und frischen Tomaten) oder der – eher ausgefallene – Salat vom Perlhuhn mit Balsamico-Essig verlocken zum Probieren. Die kulinarische Tradition Parmas wird bei den Primi durch einige Spezialitäten aus Mantua abgerundet: **Tortelli mit Kräutern**, Anolini (Teigtäschchen) in Brühe, **Tagliatelle mit Schweinefleisch und Steinpilzen** und die mehrfach preisgekrönten **Kürbistortelli**. Verführerisch ist auch das Risotto »agli antichi sapori« (nach traditioneller Art) mit seiner nach Rosmarin duftenden Tomatensauce. Als Hauptgericht dürfen es dann **Kalbsbäckchen mit Gemüse** oder süßsaure Kalbsnuß auf Gemüsebett mit Zwiebelsauce sein, aber auch der Teller mit gemischtem gebratenem Fleisch. Je nach Saison stehen weitere wechselnde Gerichte auf dem Küchenzettel. Und bei den Desserts tut sich erst die ganze Qual der Wahl auf. Die Wein- und Spirituosenkarte wird ständig erweitert und führt mittlerweile auch namhafte Erzeugnisse aus Italien und dem Ausland.

In der Bäckerei von Dante Morini in der Strada Montanara 324 finden Sie neben den klassischen Brötchen Michette und Rosette auch »Miserie«, sogenanntes Notbrot in großen runden Laiben.

Parma

I tri Siochètt

NEU

Trattoria
Strada Farnese, 74
Tel. 05 21 / 96 88 70
Ruhetag: Montag
Betriebsferien: August
150 Plätze + 100 im Freien
Preise: 35 – 40 000 Lire, ohne Wein
Kreditkarten: alle
Mittags und abends geöffnet

Im »Siochètt« mit seinem rustikalen Charme, das Sie mit seinen heimeligen Räumen und der grünen Laube von alten Zeiten träumen läßt, empfängt man Sie zu dritt: Antonio, seine Frau Luciana und Filius Beppe. Doch das Wirtetrio steht natürlich nicht hinter dem Namen der Osteria (»Die drei Tölpel«) – wahrscheinlich wurde bei der Taufe des Lokals auf die Einfalt früherer Wirte angespielt.
Doch beginnen wir mit den Antipasti: Der edle **Culatello aus Zibello** und der gemischte Aufschnitt mit **Torta fritta**, frittierten Fladen (nur abends) werden von saisonal wechselnden Gerichten begleitet, wie Sommersalaten oder Crostoni (gerösteten Brotscheiben) mit Gemüse. Bei den Primi dürfen die klassischen **Tortelli** mit Kräutern oder Kürbis und **Cappelletti in Brühe** ebensowenig fehlen wie die Ricotta-Gnocchi mit Salamiwurst und Nidi d'amore, »Liebesnester« mit schwarzer Trüffel. Fällt Ihnen die Wahl unter den vielen exzellenten Secondi schwer? Dann empfehlen wir Ihnen, es mit **Rosa di Parma** (Kalbs- oder Rinderhaxe) zu versuchen, mit Vecchia alla Parmigiana oder auch mit **Pferde-Schmorbraten** (dieser Landstrich ist bekannt für sein butterzartes Pferdefleisch!). Und zum krönenden Abschluß können Sie in köstlichen Dolci schwelgen.
Ganz unten auf der Speisekarte werden Ihnen einige ordentliche Weine empfohlen: Dabei können Sie für bekannte Marken wie La Tosa oder Tiefenbrunner optieren, aber auch für andere, weniger wappenstarrende Tropfen.

Die traditionelle Drogerie Pedrelli in der Via La Spezia 53 b ist die letzte ihrer Art in dieser Stadt. Neben dem charakteristischen Duft von Kolonialwaren können Sie hier in einem breiten Sortiment an verschiedensten »Drogen« schwelgen, wie Gewürzen, Pfeffer, Kaffeemischungen, Essig, Weinen, Spirituosen und Likören.

Parma

Trattoria dei Corrieri

Trattoria
Via Conservatorio, 1
Tel. 05 21 / 23 44 26
Ruhetag: Sonntag
Keine Betriebsferien
120 Plätze + 60 im Freien
Preise: 30 – 40 000 Lire
Kreditkarten: alle
Mittags und abends geöffnet

Kaum hat man diese historische Trattoria betreten, empfängt den Gast auch schon ein Anblick, der dem Pinsel eines Caravaggio entstammen könnte: Da quellen auf einem Tisch Körbe von Obst und Süßem über. Zweiter Blickfang sind dann die »Küchenfeen«, die hinter einer breiten Glasscheibe zu sehen sind, wie sie die Tagesgerichte zubereiten – ein Schauspiel voll Atmosphäre, wie das gesamte Lokal. Die Einrichtung stammt aus längst vergessenen Tagen. Eine geballte Ladung Lokalkolorit also für willige Touristen, hinter der die Qualität der Küche weit zurücksteht? Ganz so ist es nicht, wenngleich wir uns dem einen oder anderen Kritikpunkt anschließen müssen: Das Angebot umfaßt Standardgerichte, und bei der Auswahl der Zutaten dürfte etwas mehr Sorgfalt nicht schaden.
Beginnen wir nun aber mit **Wurstwaren** aus Parma: Salami, Culatello, Schinken, Fiocchetto-Schinken und Vorderschinken. Weiter geht es mit verschieden gefüllten **Tortelli** – mit Kräutern, Kürbis, Kartoffeln und Vorderschinken – oder mit den klassischen Cappelletti in Brühe. Die Hauptgerichte wechseln je nach Jahreszeit: Angeboten werden unter anderem **gefüllte Kalbsbrust**, **Pferdefleisch-Pesto**, **Schmorbraten**, Schweinekoteletts aus dem Ofen, **Trippa alla parmigiana** und **Kesselfleisch**. In der schönen Jahreszeit gibt es leichtere Gerichte, wie Carpaccio oder Vitello tonnato. Abschließend empfehlen wir Ihnen einen Schnitz Parmesankäse – er wird Ihr Interesse ganz gewiß lohnen! Traditionell auch die Desserts.
Die Weinkarte beschränkt sich nicht nur auf ausgewählte lokale Weine, sondern führt auch Erzeugnisse anderer Regionen.

In der Enoteca Galvani, Via Emilia Est 23, finden Sie ein rundes Sortiment an Weinen, Ölen, Essig, Kaffee, Süßwaren und Pralinen.

Parma
Mariano
4 km vom Stadtzentrum

Villa Camilla

Trattoria
Via Parasacchi, 14
Tel. 05 21 / 24 44 58
Ruhetag: Montag
Betriebsferien: August
80 Plätze + 40 im Freien
Preise: 30 – 40 000 Lire, ohne Wein
Alle Kreditkarten
Mittags und abends geöffnet

Elegante Häuser mit parmagelben Fassaden umgeben dieses klassizistische, hochherrschaftliche Gebäude, das zu einer feinen Trattoria umgestaltet wurde. Man betritt sie von hinten durch einen kleinen Garten und gelangt in eine Folge von kleinen Räumen, die mit alten Drucken und Möbeln von Ende des 19. Jahrhunderts schön gestaltet sind. Angelo Zucchi und seine Frau Patrizia sind die freundlich-zurückhaltenden Gastgeber, die – unterstützt von den guten Geistern in der Küche – traditionelle Gerichte Parmas präsentieren; kulinarische Ausflüge in benachbarte Provinzen werden nicht verschmäht. Die Salumi werden von Angelo sorgfältig ausgewählt, von der Gola über Culatello und Prosciutto bis zum ungewöhnlichen Kopf von Wildschwein in Weißbrotteig. Unter den Primi sind die **Tortelli alla montanara** besonders zu empfehlen, mit ihrer Kartoffelfüllung und der Steinpilzsauce das Aushängeschild der Trattoria. Nicht zu verachten sind auch die Tortelli mit Kürbis oder Kräutern, die **Cappelletti**, Crespelle und **Tagliatelle** in Trüffelsahne. Was das Fleisch angeht: Opulent und dampfend kommen **Schmorbraten**, **Kalbsbrust** und Cotechino in galera auf den Tisch. Bei den Dolci haben uns vor allem die hausgemachten Crostate mit verschiedenen Früchten überzeugt. Die Weinkarte, die Angelo zusammenstellt, ist in Ordnung, könnte aber noch verbessert werden.

Pavullo nel Frignano

44 km südlich von Modena, S.S. 12

La Fiaba

Trattoria
Via Lavacchio Murales, 66
Tel. 0536/21256
Ruhetag: Montag
Keine Betriebsferien
30 Plätze
Preise: 30 – 40 000 Lire
Keine Kreditkarten
Mittags und abends geöffnet

Erst seit wenigen Jahren betreiben Rosanna und Ivo Gorzanelli zusammen mit ihren Kindern die Trattoria »La Fiaba«, und das mit wachsendem Erfolg. Ivo ist eigentlich Maurer, und das betont er immer wieder. Aber seine Gegenwart ist für das familiäre Lokal unverzichtbar. Man sitzt bei Kerzenlicht in kleinen Speisezimmern, in denen gerade 30 Gäste Platz finden. Deshalb ist Vorbestellung »vorgeschrieben«. Man kann in diesem alten Landgasthaus mittags und abends essen. Rosanna kennt sich mit der traditionellen Küche ihrer Heimat bemerkenswert gut aus. Manchmal ist auch der Einfluß der Provinzhauptstadt Modena zu spüren. Rosannas Spezialität sind die **Crescentine**, die sie nach alter Manier in Terracotta-Pfännchen bäckt. Ivo ist ihr dabei eine große Hilfe. Er sammelt nämlich jedes Jahr im Herbst Kastanienblätter, läßt sie aufkochen und dann langsam trocknen. Diese Kastanienblätter legt Rosanna dann in die heißen Tonpfannen, damit die Crescentine nicht anbrennen. Auf jedem Fladen kann man dann das feingeäderte Blattmuster erkennen. Zu empfehlen sind außerdem die Lasagne, **Rosette**, die winzigen **Tortellini in brodo**, **Tortelloni di ricotta** und im Herbst die Pilzgerichte. Unter den Hauptgerichten ist die **Cacciatora** etwas Besonderes: Huhn, Schweinekoteletts und eine phantastische magere Wurst, die auf dem Tisch auf einem großen Rechaud warm gehalten werden. Auf Vorbestellung macht Ihnen Rosanna ein Halbgefrorenes mit Mascarpone oder die köstliche Zuppa Inglese. In Ivos Keller lagern einige ordentliche Weine, nicht nur aus der Emilia. Hier noch ein kleiner Hinweis: Sehen Sie sich in der Nähe die interessanten Wandmalereien von Lavacchio an.

In **Costa del Rosso** kann man bei einer kleinen Genossenschaft namens Poggio Castro sehr guten Parmesan, Butter und Weichkäse kaufen.

Piacenza

La Pireina

Trattoria
Via Borghetto, 137
Tel. 0523/338578
Ruhetag: Sonntag und Mo. abend
Betriebsferien: erste Augusthälfte
100 Plätze + 50 im Freien
Preise: 30 – 35 000 Lire, ohne Wein
Keine Kreditkarten
Mittags und abends geöffnet

»La Pireina« ist sicher eine der letzten typischen Trattorie von Piacenza. Pireina (eigentlich Pierina) und ihre Verwandten kochen. Im Speisesaal regiert Pireinas Sohn »I Gnassu« (Ignazio), ein sympathisches Rauhbein, das eigentlich Carlo heißt. Die Einrichtung ist bunt zusammengewürfelt. Niemand weiß wohl mehr so recht, wie die einzelnen Teile hierher gekommen sind: alte Tische und Kommoden, ein Riesenfernseher im vorderen Gastzimmer, ein vergessenes Klavier in einem anderen Raum. An den Wänden hängen Bilder aus den dreißiger Jahren. Darauf kann man endlos lange Tafeln und denkwürdige Gelage erkennen. Die Trattoria liegt am unteren Ende der Via Borghetto, im Herzen der Altstadt. In dieser Gegend entlang den Stadtmauern aus dem 16. Jahrhundert lebten einst Fischer, Fährleute und Fuhrleute, Tagelöhner und Prostituierte. Ihre Behausungen wurden jedesmal, wenn der Po Hochwasser führte, überschwemmt. Ein paar von diesen Leuten leben auch heute noch hier. Und sie besuchen immer noch die Trattoria »La Pireina«. Die schmackhaften Speisen erlauben einen guten Überblick über Piacenzas traditionelle Küche: Gute Salumi, **Tortelli alla piacentina**, **Pisarei e fasò**, **Polenta mit Kabeljau**, Frittata mit Lauchzwiebeln und **Picula ad caval** sind echte Klassiker. Der offene Hauswein ist in Ordnung. Einige bekannte und gute Flaschenweine aus der Gegend (Barattieri, La Stoppa, Peirano, Romagnoli) sind ebenfalls zu haben.

L'Angolo Dolce, Via San Siro 20, hat alles, was mit Süßem zu tun hat: Schokolade, Bonbons, Konfekt usw.

Eine ausgezeichnete Adresse für Kaffee ist die Cafeteria La Hacienda, Via Conciliazione 45.

Pianello Valtidone
Chiarone

31 km südwestl. von Piacenza, S.S. 10 u. 412

Trattoria Chiarone

NEU

Trattoria
Ortsteil Chiarone
Tel. 05 23 / 99 49 49 und 99 80 54
Ruhetag: Montag
Betriebsferien: Juli
150 Plätze + 20 im Freien
Preise: 30 000 Lire
Keine Kreditkarten
Mittags und abends geöffnet

Das »Chiarone« ist seit undenklichen Zeiten im Besitz der Oddi, die Stein und Bein schwören, ihre sei die älteste Trattoria der Emilia. Unverdrossen kehren hier täglich die Arbeiter und Techniker des Energieversorgers Enel, der Telecom und anderer Unternehmen ein – nach einem zähen Ringen mit ihren Vorgesetzten, denen die Entfernung vom Arbeitsplatz zunächst zu groß war. Am Wochenende füllt sich das Lokal dann erst so richtig – vor allem im Sommer (unbedingt vorbestellen!).
Wir befinden uns im Chiaronetal, nur wenige Kilometer entfernt von Pianello – einem Ort, aus dem eine exquisite Piacenza-Coppa stammt –, und das Angebot umfaßt typisch regionale Gerichte um die drei Klassiker Wurstwaren, Pasta und Braten. Die Ausgangsprodukte sind erstklassig: Schön abgehangen und genau richtig die **Coppa**, das Kleinvieh stammt aus eigener Züchtung, und die **Tortelli mit Schwanz** (für deren Füllung Woche für Woche 50 Kilo Ricotta verarbeitet werden) sind von wirklich seltener locker-leichter Ausgewogenheit. Das Angebot an Primi umfaßt außer den obligatorischen **Pisarei** auch Panzerotti, Ravioli und Girelle mit Pilzen sowie Diavolini (eine bunte Schinken-Pasta). Weiter geht es mit den Secondi: **gefülltes Huhn aus dem Topf**, geschmortes Eselfleisch, in der Jagdsaison Wild und eine **Rinderhaxe in Sauce**, die von Sprachexperten »Lacerto« genannt wird – wiewohl der Ursprung dieses Begriffs damit auch nicht geklärt ist.
Die Auswahl an Weinen beschränkt sich auf einige lokale Erzeugnisse, doch mit dem Ortrugo des Pernice-Guts von Maria Poggi Azzali liegen Sie stets richtig.

Im Salumificio Chiarone, gleich neben der Trattoria, sollten Sie sich unbedingt mit den ausgemacht leckeren Wurstwaren eindecken.

Ponte dell'Olio
Biana

28 km südlich von Piacenza, S.S. 654

Bellaria

Trattoria
Ortsteil Biana, 17
Tel. 05 23 / 87 83 33
Ruhetag: Donnerstag
Betriebsferien: erste Septemberhälfte
50 Plätze + 30 im Freien
Preise: 40–45 000 Lire
Kreditkarten: die wichtigen
Mittags und abends geöffnet

Die Trattoria besteht bereits seit 1890. Seit rund zwanzig Jahren wird sie von der Familie Trecordi geführt. Man sitzt in rustikal eingerichteten Räumen oder – im Sommer – im Freien; das Klima hier im Valnure ist frisch und besonders an Sommerabenden sehr angenehm. Das Mahl beginnt mit den typischen Salumi (Coppa, Salame crudo, gekochter Vorderschinken). Dazu ißt man oft die **Burtleina**, eine Variante des Modeneser Gnocco fritte. Als Primi werden meist Nidi di rondine (»Schwalbennester«) und **Tortelli di ricotta** angeboten: Der angemachte Nudelteig wird mit Ricotta, Spinat, Eiern und Käse gefüllt und wie ein Bonbon zusammengerollt. Als Secondo reicht man die piacentinischen Klassiker wie die obligatorische **Picula ad caval**, Trippa, Braten vom Halsgrat. Als Dessert kommen die hausgemachten Kuchen (exzellenter Mandelkuchen) und ein Semifreddo mit Mascarpone und heißer Schokolade in Frage. Der Preis für eine Mahlzeit beläuft sich auf ca. 40 000 Lire, wenn man offenen Wein dazu trinkt. Etwas mehr muß man ausgeben, wenn man sich für einen der guten Flaschenweine aus dem Piacentino entscheidet. Das Angebot reicht von La Stoppa und Romagnoli über Peirano bis zu Bonelli und anderen. Den Hauswein – ein guter Rotwein – besorgt der Wirt selbst, denn er kennt sich mit den Weinen der Gegend bestens aus.

Salumificio Valnure, Via Ormellina 2, ist auf die Wurstwaren der Gegend spezialisiert und führt den Salame Pontolliese sowie die Pancetta steccata.

Das Panificio Pellizzoni, Via Vittorio Veneto 79 in **Ponte dell'Olio**, führt das »Pane del bollo«, ein großes Landbrot, das sich sehr lange hält.

Quattro Castella Salvarano

15 km südwestlich von Reggio Emilia, S.S. 63

Monte Baducco

NEU

Ferienbauernhof
Via Matteo Maria Boiardo, 28
Tel. 05 22 / 98 99 98
Ruhetag: Montag und Dienstag
Keine Betriebsferien
70 Plätze + 150 im Freien
Preise: 25 – 45 000 Lire
Keine Kreditkarten
Abends geöffnet, am So. auch mittags

Auf den Ferienbauernhöfen im Umland von Reggio versucht man der inzwischen leider mitunter etwas blassen, standardisierten Regionalküche neues Leben einzuhauchen – und das »Monte Baducco« zeigt, daß dies durchaus möglich ist. Die Familie Borghi, eigentlich Quereinsteiger, hat einen wirklich ungewöhnlichen Ferienbauernhof aufgebaut, auf dem zwar hauptsächlich Esel gezüchtet werden, aber auch zahlreiches andere Groß- und Kleinvieh.
Matilde und ihr Sohn Davide bieten Ihnen, tatkräftig unterstützt vom Familienoberhaupt Giuseppe und weiteren Mitarbeitern, in ihrem gelungen restaurierten Bauernhaus eine gesunde Regionalküche; bei den Fleischgerichten stehen natürlich Esel und Kleinvieh im Mittelpunkt, und auch Obst und Gemüse stammen vom eigenen Hof. Bei den Antipasti sind unsere unangefochtenen Favoriten der **Gnocco fritto mit Salami**, **Erbazzone** (Spinattorte), geröstete Polenta und Frittatine, kleine Omeletts. Die Primi machen einem die Wahl schwer: **Tagliatelle mit Eselragout**, Cappelletti in Brühe, selbstgezogene Spaghetti, **Cappellettoni mit Radicchio** vom Feld mit Schafsricotta, grüne Tortelli mit Kürbis, Kartoffeln oder Brennesseln und Lasagne, klassisch oder mit Gemüse. Die Secondi stehen all diesen Leckerbissen in nichts nach: Das Aushängeschild des »Monte Baducco« ist der **geschmorte Eselsbraten**, aber Sie können auch in Gulasch und Fleischbällchen (ebenfalls von der Eselin) schwelgen, in Hammel, **Kaninchenbraten**, Cotechino, Kaninchen mit Kräutern, Lamm sowie in der Folie gebackener Ente. Als krönenden Abschluß gibt es **Schokoladentorte**, Zitronen-Crostata, den klassischen **Reiskuchen** und **Brasadela** (ein Schmalzkringel, der in Süßwein getaucht wird), und als passende Begleiter zu Ihrem Mahl Lambrusco und Malvasia, die beiden Hausweine.

Ramiseto Pieve S. Vincenzo

60 km südwestl. v. Reggio Emilia, S.S. 513/63

L'Andrella

Bar – Trattoria
Via Andrella, 19
Tel. 05 22 / 89 22 02
Ruhetag: Mittwoch
Keine Betriebsferien
50 Plätze
Preise: 25 – 30 000 Lire
Keine Kreditkarten
Mittags und abends geöffnet

Das Gebäude, in dem sich die Trattoria befindet, wurde 1950 an der Endstation der Buslinie an einer staubigen Straße errichtet. Von dort mußten die Bewohner der abgelegenen Gemeindeteile von Ramiseto zu Fuß auf schmalen Pfaden nach Hause gehen. Wir sind hier am Fuße der Alpe di Succiso, die zu den unberührtesten Landstrichen der Provinz Reggio gehört. Diese waschechte Bergtrattoria wird seit ihrer Gründung von der Familie Casalini geführt. Hier treffen sich Schäfer und Jäger, Forstbeamte, vereinzelte Urlauber und Liebhaber authentischer Regionalküche. Der kleine und gemütliche Speisesaal liegt im Obergeschoß. In der Küche steht Albertina, deren **Tortelli verdi** mit frischem Schafsricotta einfach unschlagbar sind. Andere gute Primi sind die Lasagne und die **Tagliatelle ai funghi**. Von den Secondi empfehlen wir den **Lammbraten**, die Lammkoteletts, den gemischten Braten und die **Wildgerichte**, **Wildschwein mit Polenta** und, zur Saison, **Pilze** in verschiedenen Zubereitungen. Die **Forellen** aus dem Andrella sind ein Genuß, seien sie nun gebraten oder in der Folie gegart (die Casalinis besitzen Fischrecht im Bach). Domenico Casalini betreut die Gäste, sein Bruder Giovanni ist für die Schafzucht verantwortlich und damit für das Lammfleisch, den **Pecorino reggiano** und den **Ricotta**. Aus dem hausgeschlachteten Schwein werden jedes Jahr **Würste**, Coppa und **Schinken** gemacht. Hausgemacht sind hier auch die Desserts, wie Zuppa inglese und Tiramisù. Dazu trinkt man guten Wein aus der Toskana und Lambrusco reggiano.

Ramiseto Succiso

60 km südwestl. von Reggio Emilia, S.S. 513/63

Osteria del Gigante

Osteria
Via Caduti XXV Novembre, 46
Tel. 05 22 / 59 22 90
Kein Ruhetag im Sommer
Betriebsferien: November
80 Plätze
Preise: 30 – 32 000 Lire
Keine Kreditkarten
Mittags und abends geöffnet

1950 begann ein gewaltiger Erdrutsch das Dorf Succiso langsam unter sich zu begraben. 1972 erledigte dann eine Überschwemmung den Rest. Deshalb wurde das Dorf vor etwa 30 Jahren verlegt und Succiso Nuovo getauft. Die Landschaft hier im Parco Regionale del Gigante ist wunderschön und hat auch in kulinarischer Hinsicht viel zu bieten. In einem Besucherzentrum des Parks hat die Cooperative Valle dei Cavalieri 1993 diese Osteria eröffnet. Die Köchin Lucia bietet zusammen mit Mamma Maria, Alvaro und Luna **Tortelli verdi** mit Ricotta- und Spinatfüllung, **Tortelli di patate mit Steinpilzsauce** an. In der Gegend gedeihen auch andere Pilze (im September gibt es sogar ein eigenes Fest), die dann im Risotto, in Lasagne und Nudelaufläufen ihre Verwendung finden oder gegrillt oder mit Knoblauch und Petersilie serviert werden. Und zum Hauptgang? Da gibt es **Polenta mit Wildschwein**, Hase, **Lammbraten** und Lammkoteletts (sonntags). Versuchenswert sind auch der **Pecorino reggiano** von den Schäfern aus der Gegend, der köstliche **Parmigiano reggiano** und die Salumi: Schinken, Salami und Pancetta werden zum **Gnocco fritto** serviert. Das Brot ist hausgemacht. Zum Abschluß die Desserts: Semifreddo del Gigante, Torta nera (mit Schokolade und Mokka), Amarettikuchen, Crostata mit Waldfrüchten, süßer **Spinat-Mandel-Kuchen**. Dazu trinkt man einen ehrlichen offenen Wein oder Flaschenweine aus den Colli di Luni, Sangiovese, Gutturnio und Chianti. Im Winter ist das Lokal nur auf Vorbestellung geöffnet.

Direkt neben der Osteria verkauft ein Lebensmittelgeschäft Wurst, Pecorino, Parmigiano aus der Latteria San Vincenzo sowie frische und getrocknete Steinpilze.

Ravarino

16 km nordwestlich von Modena

L'Elica

Via Donna Clarina, 580
Tel. 0 59 / 90 32 52
Ruhetag: Montag und Dienstag
Betriebsferien: 2 Wo. im August
80 Plätze + 30 im Freien
Preise: 40 – 45 000 Lire
Kreditkarten: CartaSi, Visa
Abends, So./Fei. auch mittags geöffnet

Die Trägerschaft des Lokals hat sich geändert, nicht jedoch seine Linie. Maria Grazia Guidi und Mario Gaddi bieten eine schöne Regionalküche; sie machen jeden Tag frische Eiernudeln, der Teig wird noch von Mamma Liana handgezogen: **Tortellini**, **Tortelloni** mit Artischocken, Ravioli mit Spargel, Tagliolini mit Radicchio und Walnüssen. Von den Secondi sind das **Filetto al nocino**, der Artischockenkuchen, das Huhn und das Kaninchen alla cacciatora zu empfehlen. Eine Hommage an die Tradition ist der **Gnocco fritto** und die **Tigelle**, zu denen ausgezeichnete Wurstwaren der Gegend und eingelegtes Gemüse gereicht werden. Der Balsamessig spielt bei den Beilagen eine bedeutende Rolle, besonders bei den neuen Zwiebeln und Kartoffeln. Die Süßspeisen sind ausschließlich hausgemacht: Dolce dell'amore, Panna cotta, Schokoladensalami und **Mascarpone in Walnußlikör**. Das zu bescheidene Angebot an Weinen umfaßt Erzeugnisse aus der Region und dem übrigen Italien, ein ordentlicher Hauswein wird ebenfalls ausgeschenkt. Im Sommer ißt man auch im Freien, am Rand der Landebahn des Avio Club Ravarino. »L'Elica« ist für fliegende Gastrosophen ein obligatorisches Ziel, aber auch für Erdverbundene lohnend (wenn man den Weg findet).

Reggio Emilia

Cantina del Carbone

Osteria
Via del Carbone, 4 d
Tel. 05 22 / 45 22 87
Ruhetag: So., Mo.mittag
Betriebsferien: August
60 Plätze
Preise: 30 – 35 000 Lire, ohne Wein
Kreditkarten: die wichtigen
Mittags und abends geöffnet

Wenige Schritte vom historischen Zentrum von Reggio ist in einer kleinen, unscheinbaren Gasse eines der interessantesten Lokale der Stadt zu finden. Seit der Eröffnung 1991 achtet Claudio Campani – ohne viel Aufhebens darum zu machen – auf das Wesentliche: die Stärkung der echten reggianischen Küche. Unterstützt von der fähigen Ave, der die Zubereitung der gefüllten Pasta obliegt (ein sehr diffiziles Geschäft), bringt er Gerichte und Aromen auf den Teller, die von den Speisekarten der Region seit langem verschwunden waren. Daher ist die »Cantina« der mittägliche Treffpunkt aller, die ein vernünftiges, traditionelles Essen dem Fast food vorziehen, von Angestellten, Geschäftsleuten, Studenten. Je nach Jahreszeit werden als Primi grüne Tortelli mit Mangold- oder Spinatfüllung, Tortelli mit Möhren- oder Kartoffelfüllung, **Gnocchi mit Butter und Salbei**, **Pastarèsa**, **Cappelletti in brodo** angeboten; als Secondi **Kaninchen mit Polenta**, **Schweineschwarte mit dicken Bohnen**, gemischter Schmorbraten mit Erbsen, außerdem Filet in Balsamessig, gebratenes Kaninchen, Bollito misto mit roter und grüner Sauce und Trippa. Schon traditionell werden, was besonders bei jungen Leuten geschätzt wird, donnerstags abends reggianische Tellergerichte zubereitet: **Erbazzone**, **Gnocco fritto** und **Tigelle**. Typisches auch bei den Desserts: Busilàn (die Ciambella), Schokoladensalami, Mattone und Zuppa inglese. Die Weinkarte wird immer besser; neben einigen Lambruschi aus dem Reggiano findet man Weine aus dem Trentino, dem Collio und aus der Toskana.

Das Laboratorio Boni (Via Roma, 28 a) ist die älteste Konditorei der Stadt. Hier findet man den typischen Biscione und Spongata, auch pikante Kuchen wie den Scarpazon mit Spinat, Ricotta und Grana.

Reggio Emilia Bagno

14 km vom Stadtzentrum

Villa Bagno

NEU

Ferienbauernhof
Via Lasagni, 29
Tel. 05 22 / 34 31 88
Ruhetag: Montag
Keine Betriebsferien
30 Plätze + 30 im Freien
Preise: 38 – 45 000 Lire
Keine Kreditkarten
Nur abends geöffnet

An der Straße, die von der Via Emilia nach Arceto und Scandiano führt, haben Giorgio, Gottardo und Giordano Bonacini diesen einladenden Ferienbauernhof eröffnet – nur wenige Kilometer vor den Toren der Stadt und doch mitten auf dem Land. Zuständig für Töpfe und Pfannen ist Mamma Marinella: Tatkräftig unterstützt von Gottardo, bereitet sie mit Liebe und allem, was der Gemüse- und Kräutergarten hergibt, deutlich regional geprägte Gerichte zu. Da wären zum Beispiel die Antipasti: Neben den regionalen Wurstwaren sind insbesondere der gesalzene Lardo mit Kräutern sowie die **Fleisch-Gemüseterrine** empfehlenswert. Das Angebot an Primi reicht von **Cappellacci mit Kürbis** oder Feldkräutern über Lasagnette mit Spargel bis hin zu überbackener Pasta und den wiederentdeckten **Maltagliati mit Bohnen und Kräutern**. Bei den Hauptgerichten haben Sie die Qual der Wahl: »Hähnchen alla Croc«, **geschmorter Schweineschlegel** und **Filet mit Sommertrüffeln**, Hühnerbrust mit feinen Kräutern oder gefüllter Schweinerücken mit Kräutern. Die samt und sonders hausgemachten Dolci sind schlicht köstlich: Zuppa Inglese, Zitronenkuchen und insbesondere die **Schokoladenrolle**. Der Weinkeller birgt heimische Erzeugnisse – Lambrusco und Bianco di Scandiano – , aber auch den einen oder anderen Nachbarn aus der Romagna. Wer es hochprozentiger mag, ordert einen der hausgemachten Liköre: Nuß-, Lorbeer-, Zitronen- oder Zedernlikör.

In der Bäckerei Forno Katia in **Reggio Emilia**, Via Terrachini 35 c, gibt es nicht nur verschiedene Brotsorten zu kaufen, sondern auch Spinattorte, Teigklöße aus dem Ofen, Chizze, Focacce und Ciambella. Überdies bekommen Sie hier täglich frische Cappelletti, Tortelli und Tagliatelle – natürlich hausgemacht!

Rivergaro

18 km südlich von Piacenza, S.S. 45

Caffè Grande

Osteria – Trattoria
Piazza Paolo, 9
Tel. 05 23 / 95 85 24
Ruhetag: Dienstag
Betriebsferien: 3 Wo. Jan., 1 Wo. Sept.
50 Plätze
Preise: 35 – 40 000 Lire, ohne Wein
Kreditkarten: alle wichtigen
Abends, So./Fei. auch mittags geöffnet

Das Caffè Grande am Marktplatz von Rivergaro vereint Traditionsbewußtsein, Harmonie, Einfachheit und Liebenswürdigkeit. Paolo Bertuzzi, Sohn Fabrizio und die weiteren Mitglieder der Familie betreiben seit über zehn Jahren dieses Lokal, das schon im 19. Jahrhundert bestand. Seine lange Geschichte ist am charakteristischen Schild ebenso abzulesen wie an den geschmackvoll restaurierten überwölbten Speiseräumen. Soweit würde sich das Caffè Grande nicht sehr von anderen guten Restaurants in diesem Führer unterscheiden, doch ändert sich das schon mit den **Tortelli di ricotta** »con la coda« (d.h. in Bonbonform), wohl die besten der Provinz, wohlschmeckend und leicht dank des Ricottas, den ein aus Sardinien stammender Schäfer produziert. Doch lohnt das ganze Repertoire einen Versuch: von den **Pisarei e fasò** zu den **Agnolini in Brühe**, von den regionalen Salumi bis zu den ausgezeichneten pikanten Kuchen, die als Antipasti serviert werden. Und in etwas ruhigeren Zeiten gibt es die **Burtleina** (auch Bortellina oder Gnocco fritto genannt). Unter den Secondi sind die gebratene **Kalbshaxe**, der Kaninchenrücken aus dem Ofen sowie der **Tasto** (ein Verwandter der gefüllten Kalbsbrust) besonders gut. Hausgemachter Nachtisch: Schokoladenkuchen, Crostate mit Früchten, Panna cotta mit Karamel. Das sehr begrenzte Weinangebot umfaßt gute lokale Erzeugnisse und einige Flaschen aus anderen Regionen. Die gute Küche und das angenehme Ambiente gewinnen noch durch die herzliche Fürsorge der lebhaften jungen Mitglieder der Familie.

Roccabianca Fontanelle

21 km nördlich von Parma

Hostaria da Ivan

Osteria
Via Villa, 73
Tel. 05 21 / 87 01 13
Ruhetag: Montag und Dienstag
Betriebsferien: Aug., einige Tage i. Jan.
45 Plätze + 40 im Freien
Preise: 40 – 45 000 Lire, ohne Wein
Kreditkarten: alle außer DC
Mittags und abends geöffnet

Zwei Speisesäle, die Dorfbar (für eine Handvoll Häuschen, ganz in der Nähe des Po), eine schlichte Trattoriaeinrichtung, wie es sie zu Tausenden gibt: So präsentiert sich das »Ivan« auf den ersten Blick. Auf den zweiten jedoch bemerkt man die Details, und die sprechen Bände: die ausgestellten Weinflaschen, die kleine Tafel mit dem Degustationsangebot der Woche und schließlich die Weinkarte – ein regelrechtes Buch, in dem sich auch so mancher Spitzentropfen findet.
Nehmen wir einfach einmal das Speisenangebot eines Wintersonntags. Zum Aufwärmen geht es los mit allerlei verführerischen Antipasti: **fritierter Tosone mit Pancetta**, Speckbällchen mit Kräutersauce und gerösteter Polenta, köstliche Schweinepastete und diverse Wurstwaren, darunter ein ganz exzellenter **roher Schinken**, der 30 Monate lang reifen durfte. Weiter geht es mit Kartoffel-Lauch-Suppe, mit **Cappellacci mit Kartoffel-Lauch-Füllung** und Cot e crud mit Broccoli und Pancetta, vielen anderen Suppen und den typischen Pisarei e Fasò. Doch all dies macht erst richtig Appetit auf die schmackhaften Secondi: Hier dreht sich im Winter alles ums **Schwein**, mit geschmorten Schweinekoteletts und Kartoffeln, Cotechino mit Wirsing und Kartoffelpüree und eingewickelter Leber. Alternativ können Sie natürlich auch zu **Coppa in Marsala**, Eselschmorbraten oder gerösteter Ente mit **Mantovaner Kürbis-Senffrüchten** (die mit herkömmlichen Senffrüchten wirklich nichts gemein haben) greifen. Und zum krönenden Abschluß empfehlen wir wahlweise französischen Käse oder die exquisiten Süßspeisen wie Schokoladentorte, Halbgefrorenes mit Torrone oder Vanilleschaum mit Amarenakirschen-Kompott.
Hier kehrt der Gast ein in Bacchus' Reich, und wer möchte, kann das Mahl mit einem der rund 200 (!) edlen Schnäpse oder hausgemachten Liköre ausklingen lassen.

Salsomaggiore Terme

35 km westlich von Parma

Bellaria

NEU

Trattoria
Via Bellaria, 14
Tel. 0524/573600
Ruhetag: Montag
Betriebsferien: 20.7.–10.8./20.12.–10.1.
50 Plätze + 30 im Freien
Preise: 40 000 Lire
Keine Kreditkarten
Mittags und abends geöffnet

Bevor Sie Salsomaggiore Terme in Richtung Fiorenzuola d'Arda verlassen, sehen Sie an der Via Bellaria eine schlichte Osteria ohne Wirtshausschild. Treten Sie ruhig ein, denn im Inneren warten die Gebrüder Enrico und Ermanno bereits darauf, Sie herzlich zu umsorgen (Enrico) und Ihren Gaumen mit allerlei Köstlichkeiten zu verwöhnen (Ermanno).
Haben Sie erst einmal Platz genommen, so berät Sie auch schon Enrico bei der Auswahl der Antipasti: ein wahres Füllhorn an **Pilzen** und **Trüffeln**, die alle aus dieser Gegend stammen und zugleich kulinarisches Leitmotiv dieser Trattoria sind. Kosten Sie also nach den Wurstwaren des Hauses die üppigen **Salate mit** frischen **Butter- und Steinpilzen** und den Trüffelkäse. Pilze und Trüffeln satt auch bei den Primi, von denen es uns die **Tagliatelle** und die **Tortelli mit Kürbis** oder Brennesselspitzen besonders angetan haben. Weiter geht es mit verschiedenartig zubereitetem Fleisch – wie Filet in Sauce und Sfogliate, Blätterteig, mit Trüffeln, Filet mit Steinpilzen, **Coppa mit Pilzen** und abermals Pilze: Versuchen Sie unbedingt das Tris mit gebratenen und marinierten Steinpilzen sowie gegrillten Genueser Pilzhütchen. In der kalten Jahreszeit steht **Schweinefleisch** im Mittelpunkt, von der Schwarte bis zum klassischen Prete, zubereitet nach jahrhundertealten Hausmacher-Rezepten.
Zum krönenden Abschluß des Mahls gibt es eine Auswahl an exquisitem **Halbgefrorenen** mit Kaffee, Amarena, Sahne oder Tiramisù. Der selbstgekelterte Wein ist ein bodenständiger Begleiter.

Die Pasticceria Martinelli in der Piazza Libertà 6 bietet Amaretti, Amarettini und Brutti e Buoni (Eiweiß-Mandel-Kekse), und die Pasticceria Tosi am Parco Mazzini 5 verkauft Pasta, Amaretti, Spongata (Gewürztorte mit Trockenfrüchten) und eine köstliche süße Focaccia.

San Giovanni in Persiceto

21 km nordwestlich von Bologna, S.S. 568

Osteria del Mirasole

NEU

Trattoria
Via Matteotti, 17 a
Tel. 051/821273
Ruhetag: Montag
Betriebsferien: im August
30 Plätze
Preise: 35 – 40 000 Lire, ohne Wein
Kreditkarten: alle
Mittags und abends geöffnet

Einen wahren Tempel Bologneser Küche findet der Gast in dieser kleinen Ortschaft. So erwartet Sie denn ein Tisch, auf dem bereits leckere Antipasti für Sie hergerichtet wurden: Mortadella-Häppchen, Frittatine, frische Ricotta mit Öl und Pfeffer, Sellerie mit Gorgonzola und typische Wurstwaren. Die wahre Spezialität des Hauses jedoch sind die überwiegend klassischen Primi, die stets eine originelle Note haben: **handgezogene Gramigna** (Röhrennudeln) **mit Salsiccia**, mit Spargelspitzen verknetete **Tagliatelline** mit Schinken, **Tortellini in Brühe** oder Pappardelle mit rohem Schinken und frischen Artischocken. Die Küche macht auch gerne mal einen Ausflug in die mittel- und süditalienische Gastronomie mit Dinkel-, Gersten- und Gemüsesuppen, Spaghetti mit geröstetem Brot und Anchovis oder Rigatoni mit Käse und Pfeffer. Bei den Hauptgerichten dürfen im Winter natürlich weder der klassische **Bollito misto** noch das leckere **Grillfleisch** fehlen; daneben »begnügt man sich« mit den ebenso schmackhaften kleinen **Fohlensteaks mit Knoblauch und Rosmarin**, mit Spargelauflauf, Frittatine mit Schweinebacke und Zwiebeln oder rohem Schinken mit Balsamico-Essig. Und zum süßen Ausklang gibt es dann hausgemachte Desserts: Zuppa Inglese, Mimìs Schokoladentorte, **Crostata mit Quittenmarmelade** oder den klassischen Reiskuchen.
Auf der sorgfältig zusammengestellten Weinkarte finden Sie eine wohltemperierte Auswahl an Flaschenweinen, darunter einige große Namen wie den berühmten Valentini, einen »Landsmann« des Wirts.

Bei der Ditta Bergàmini Duilio in der Via Rambelli 44, einem altehrwürdigen Café, können Sie exzellente Wurstwaren probieren und dazu an einem Gläschen der sach- und fachkundig ausgewählten Weine – darunter auch »historische« Tropfen – nippen.

San Lazzaro di Sàvena Colunga

12 km östlich von Bologna, A 14 / S.S. 9

Sandoni

Trattoria
Via Fonda, 18
Tel. 0 51 / 6 05 21 91
Ruhetag: Sonntag
Betriebsferien: 1.–20. August
100 Plätze + 90 im Freien
Preise: 35 000 Lire
Keine Kreditkarten
Nur abends geöffnet

Bereits 1948 öffnete dieses Lokal seine Pforten. Rund vier Jahrzehnte diente es als Spielhalle und Ballsaal, bevor es 1985 von Grund auf renoviert und zum Speiselokal umfunktioniert wurde. Die alte Tanzfläche ist jetzt eine luftige Veranda. Dank der hervorragenden Küche ließ der Erfolg nicht lange auf sich warten. Auch die günstigen Preise, die ruhige Lage und die schöne Atmosphäre – vor allem im Freien – tun ein übriges. Signora Liliana bringt Ihnen nach den Würsten handgemachte Nudeln: **Tagliatelle al ragù** und mit Zwiebeln, die klassischen Tortelloni di ricotta, Lasagne mit Artischocken, **Gramigna mit Salsiccia**, Strozzapreti und Garganelli allo Speck. Als Secondo serviert sie eine reichhaltige gemischte Grillplatte oder den Weichkäse **Squacquerone mit hausgemachter Feigenmarmelade**. Schließen Sie die Mahlzeit mit Zuppa inglese, Panna cotta oder der traditionellen Ciambella ab. An Weinen gibt es einen offenen Sangiovese und einen Weißen sowie einen Perlwein in der Flasche, der zu der ausgelassenen Atmosphäre des Lokals gut paßt. Hier finden echte Gelage statt, seien es feiernde Gesellschaften oder Paare jeden Alters, die monumentale Schüsseln mit Nudeln und gegrilltem Fleisch und großzügige Karaffen Wein leeren. Sie erreichen die Trattoria auf der Umgehungsautobahn von Bologna. Fahren Sie in San Lazzaro ab und dann 100 Meter in Richtung Ravenna. Biegen Sie dort nach rechts in die Via Zucchi ein, überqueren Sie den Idice, und nach einem Kilometer gelangen Sie nach Colunga in die Via Fonda.

In **San Lazzaro di Sàvena** (5 km) ist die Pasticceria Gelateria Esedra, Via Jussi 1 b, einen Besuch wert: hervorragendes Gebäck, Konfekt, Kuchen, Eis. Zu Weihnachten wird die typische Torta certosina gebacken.

San Pietro in Casale

20 km nördlich von Bologna

Tubino

Trattoria
Via Pescerelli, 98
Tel. 0 51 / 81 14 84
Ruhetag: Freitag und Samstagmittag
Betriebsferien: eine Woche im Sommer
40 Plätze
Preise: 35 – 40 000 Lire, ohne Wein
Kreditkarten: alle
Mittags und abends geöffnet

Die Trattoria Tubino hat sich von einer ehedem einfachen Osteria mit Küche zu einer sicheren Adresse für Freunde guter Küche gemausert. Bei den bewährten traditionellen Gerichten finden Sie unter anderem Tortellini und **Tortelloni** (mit Ricotta und Kürbis), Tagliatelle und **Maltagliati**, beispielsweise **mit Leber**, **Strigoli mit Froschfleisch**, Kartoffelgnocchi mit je nach Jahreszeit wechselnden Saucen, Kutteln und Suppen nach überlieferten Rezepten. Auch die schmackhaften **gebratenen Frösche**, die es in der entsprechenden Saison gibt, dürfen nicht unerwähnt bleiben. Zu diesen Standardgerichten gesellt sich dann Monat für Monat, je nach Saison, Marktangebot und Gusto des Kochs, wechselnde Kost.
Sie können in Entenleber in Balsamico-Essig schwelgen, Fischravioli mit Krabben und Zucchini, kleinen Kartoffel-Minz-Gnocchi mit Sellerie und Pistazien und Buchweizen-Taglioline mit Speck sowie – bei den Hauptgerichten – in hauchdünn geschnittenem Rinderfilet mit Cocktailtomaten und Basilikum oder auch in Perlhuhnbrust mit Schnecken und Safran. Im Sommer werden unter anderem Tatar, marinierte Gerichte und (auf einer eigenen Liste) Salate gereicht sowie fast das ganze Jahr über Fleisch vom heißen Stein. Zum Ausklang haben Sie die Wahl zwischen auserlesenen **Käsesorten** (lassen Sie sich keinesfalls den Fossa-Käse aus den Tuffsteinhöhlen entgehen!) und phantasievollen Desserts. Hin und wieder finden auch Themenabende statt, bei denen die Regionalküche oder auch eine Weinkellerei vorgestellt werden.
Die sorgfältig zusammengestellte Weinkarte mit ihren zahlreichen auch weniger bekannten Lagen ist die Summe zahlreicher aufmerksamer Besuche bei verschiedenen Weinkellern. Möchten Sie noch etwas mehr, so finden Sie in dem reichhaltigen Angebot an Grappe und Schnäpsen gewiß auch das Richtige für Sie.

San Prospero

19 km nordöstlich von Modena, S.S. 12

Bistrò

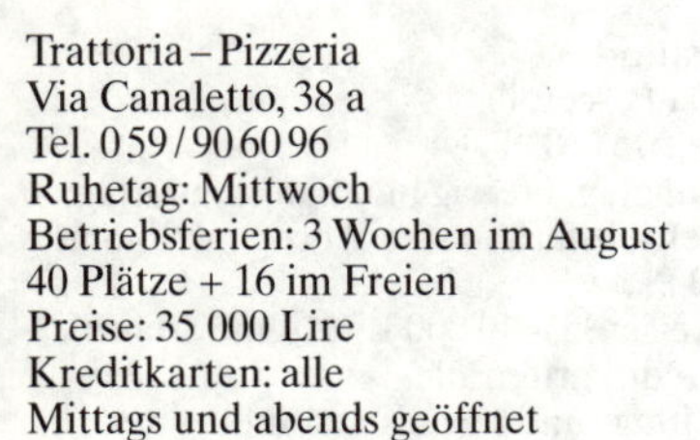

Trattoria – Pizzeria
Via Canaletto, 38 a
Tel. 059/906096
Ruhetag: Mittwoch
Betriebsferien: 3 Wochen im August
40 Plätze + 16 im Freien
Preise: 35 000 Lire
Kreditkarten: alle
Mittags und abends geöffnet

Auf den ersten Blick könnte man das »Bistrò« ohne weiteres mit einer der üblichen anonymen Pizzerien verwechseln: Hat man sich jedoch erst einmal zu Tisch gesetzt, so versteht man sofort, daß hier kompromißlos auf echte Modeneser Küche gesetzt wird. Ja, mehr noch: Wer in den Genuß einer der besten Eierteigwaren überhaupt kommen möchte, muß Franco Fregni und seiner Frau Fiorella einfach einen Besuch abstatten. Für die schmackhafte, ausgewogene Küche zeichnet Mamma Rina verantwortlich, die bravouröse Resdòra.
Hier finden Sie alle traditionellen Pastagerichte der Emilia in höchster Vollendung, von **Tortelloni mit Kürbis** und **Tortellini in Brühe** über Maccheroni mit Jakobsmuscheln bis hin zu Tagliatelle. Aber die Liebhaber der »Pasta Asciutta« werden auch von den Agnolotti mit Rinderschmorbraten oder den grünen Tortelloni begeistert sein. Und Fiorella ist eine vielgerühmte Expertin in der Herstellung vielfältiger hausgemachter Modeneser Dolci: **Tagliatelle-Kuchen**, Zuppa Inglese, Dessert mit Keksen und mit Obst belegte Crostate. Die günstigste Jahreszeit für einen Abstecher zu Franco ist wohl der Spätherbst, denn dann bekommen Sie hier nicht nur **Eselschmorbraten**, Kalbsbrust »Bistrò« und im Ofen gebackenen Schinken, sondern auch ein buntes Potpourri rund ums Schwein, angefangen bei **Grieben**, **Coppa vom Kopf** und **Salsiccia matta** (mit Innereien) bis hin zu **Cotechino** und Pasta mit Salami und Weißwein, natürlich alles von Franco eigenhändig hergestellt.
Der Weinkeller konzentriert sich insbesondere auf den Lambrusco aus Sorbara, von dem er ein sorgfältig zusammengestelltes Sortiment (12 Abfüllungen) bereithält. Sind Sie neugierig geworden? Dann nehmen Sie ruhig auch Ihre Kinder mit – für sie hält Franco eine ausgezeichnete Pizza bereit.

Savigno

31 km südwestlich von Bologna

Da Amerigo

Trattoria
Via Marconi, 16
Tel. 051/6708326
Ruhetag: Montag
Betriebsferien: 2 Wo. im Feb., 15.–31. [Aug.
50 Plätze + 30 im Freien
Preise: 40 – 45 000 Lire, ohne Wein
Kreditkarten: alle
Abends geöffnet, am So. auch mittags

Die Etiketten »regionale Küche und hochwertige Zutaten« klingen – sogar für uns, die wir sie eingeführt und etabliert haben – mittlerweile ein wenig abgegriffen. Daher greifen wir im Falle des »Amerigo« zurück auf die mittelalterlichen Logiker, denen zufolge nomina sunt substantia rerum. Und diese »Substanz der Dinge« sieht man hier, greift sie mit Händen und schmeckt sie auf der Zunge – dafür sorgen Alberto Bettini und die Küche seines Lokals, in dem er das wertvolle native Olivenöl extravergine vom Familiengut verwendet, die berühmten Trüffeln aus Savigno und die köstlichen »Duroni-Kirschen«.
Eröffnen wir also das Mahl mit **Crostini** mit Pilzen oder dem nativen Olivenöl extravergine aus Savigno, Sommertrüffeln und erlesenen Wurstwaren; darauf schwelgen wir in Köstlichkeiten wie dem mittlerweile berühmten **Riesenraviolo** mit Fossakäse, **Tortellini in Brühe**, Morchelsuppe oder Gnocchi mit Streifenbrasse. Weiter geht es mit dem legendären **Fritto misto mit Gemüse und Blüten**, Kaninchen im traditionellen Balsamico-Essig aus Modena, **Taube aus dem Tontopf** oder Eiern Amerigo (mit Trüffeln im Ofen gegart). Und wer noch Luft hat, der bestellt zum krönenden Abschluß eine klassische Ciambella mit Süßwein, **in Moscato gekochte Kirschen auf Cremeeis** oder Balsamico-Creme. Alberto bietet auch ein reichhaltiges und relativ günstiges Probiermenü an, das auch den Wein umfaßt. Bei der Auswahl der passenden Weine und Liköre ist Ihnen Alberto gerne behilflich – er ist ein ebenso fachkundiger wie leidenschaftlicher Sommelier. Hausgebackenes Brot und Tigelle, heiße Fladen, runden das Mahl ab.

In der Metzgerei Mazzini in der Via Libertà 4 hingegen finden Sie ein wahres Schlaraffenland, das voller Spezialitäten aus dem Appenin um Bologna hängt, von Wurstwaren bis hin zu Trüffeln.

Scandiano

12 km südwestlich von Reggio Emilia

Osteria in Scandiano

Restaurant
Piazza Boiardo, 9
Tel. 05 22 / 85 70 79
Ruhetag: Donnerstag
Betriebsferien: 25. Juli – 25. Aug., [Weihnachten
45 Plätze
Preise: 38 – 40 000 Lire, ohne Wein
Kreditkarten: alle
Mittags und abends geöffnet

NEU

Die eindrucksvolle Piazza, an der diese Osteria liegt, wird von einem wuchtigen Bauwerk beherrscht: der Rocca dei Boiardo. Im Lokal selbst pflegen die Wirtsleute, Contrano Medici und seine Frau Nadia, eine großzügige Regionalküche – großzügig sowohl hinsichtlich der klassischen Rezepte, nach denen sie kochen, als auch hinsichtlich der Portionen.
Zum Auftakt empfehlen wir **Schinken mit Gnocco fritto**, aber auch die **Hausmacher-Salami** und die Gänsebrust mit Trüffeln. Bei den Primi gibt es einige, die nicht unerwähnt bleiben dürfen: kalte Pastagerichte im Sommer, Reis mit Gemüse in der Saison, **Cappellettini in Brühe**, Risotto mit Radicchio und Balsamico-Essig, die **grünen Tortelli und Kürbistortelli** oder auch die **Tagliatelle mit Entenragout**. Daraufhin empfehlen wir **Filet in Balsamico-Essig** oder Coppa aus dem Ofen, Lamm, **Ente in Salz** und das klassische gebratene Kaninchen. Im Herbst hingegen können Sie in Pilzen und Trüffeln schwelgen. Lecker sind auch die Desserts wie die traditionelle **Zuppa Inglese**, die Zitronen- und Nougattorten und die Crostate mit Obst.
Der Weinkeller bietet eine vollständige Auswahl der besten Lambruscoweine aus Reggio, einen Bianco di Scandiano und zahlreiche gute Tropfen aus ganz Italien. Auch die Auswahl an Ölen, Grappe und hausgemachten Spirituosen wie Nuß-, Zwetschgen- und Lorbeerlikör ist dem Speisenangebot absolut angemessen.

Im Essiggeschäft Ferdinando Cavalli, Via del Cristo 6 im **Ortsteil Fellagra**, sollten Sie traditionellen Balsamico-Essig kaufen, denn die Brüder Cavallini zählen zu den besten Herstellern dieser edlen Essenz in Reggio Emilia, die sie in raffinierte Fläschchen aus mundgeblasenem Glas abfüllen. Auch Balsamico-Sauce gehört zum Angebot.

Sissa
Gramignazzo

25 km nördlich von Parma

Laghi Verdi

Trattoria
Via Cò di Sotto
Tel. 05 21 / 87 90 28
Ruhetag: Montag
Betriebsferien: November – März
90 Plätze + 60 im Freien
Preise: 30 – 40 000 Lire
Keine Kreditkarten
Mittags und abends geöffnet

Ein Abstecher in dieses Lokal lohnt schon alleine wegen der zauberhaften Landschaft, in die es eingebettet ist: elf leuchtendgrüne Seen, über denen elegante Fischreiher und Nachtreiher ihre Kreise ziehen oder die mittlerweile seltenen Seeschwalben dahingleiten, und ein wunderschöner Walnußhain, der die Trattoria umgibt. In den Seen werden unter anderem auch die Katzenwelse gezüchtet, die die besondere Spezialität des Hauses sind.
Die Geschwister Mirella und Fausto führen die von Vater Attilio begonnene Fischzucht fort und öffnen dann in der schönen Jahreszeit ihre Trattoria, in der natürlich Fisch – insbesondere Katzenwels – die Hauptrolle spielt. Wenn ihre Gäste dies wünschen, können sie jedoch auch mit »bodenständigeren« Gerichten aufwarten, vor allem mit dem edlen **Culatello** aus Zibello.
Bei den Vorspeisen gibt es Neues, nämlich den außerordentlich gefragten **Temolo marinato**, der Sie einstimmt auf die klassischen Gerichte mit **Katzenwels**, wie Spaghetti oder andere Teigwaren, die mit dem Fleisch dieses Fisches angerichtet werden. Auch die Hauptgerichte stehen ganz im Zeichen des Welses: **gebraten**, **fritiert**, **in umido** oder – eine raffinierte Alternative – **mit Balsamico-Essig**. Erst kürzlich wurde auch Stör mit Kräutern in das Angebot aufgenommen.
Die Lage bei den Weinen hat sich erheblich gebessert. Originell sind schließlich die Digestifs: Canarino, ein hausgemachter Likör mit Zitronen und Kräutern, Orangenlikör und Prunus, ein Likör aus wildwachsenden Zwetschgen.

In der Trattoria Colombo von Goliardo Ramelli in **Polesine Parmense** (10 km entfernt) werden Sie auf der Suche nach edlem Culatello fündig – in den Räumen neben dem Restaurant reift ein Culatello heran, der bereits heute Legende ist.

Soragna Diolo

30 km nordwestlich von Parma

Antica Osteria Ardenga

Osteria – Trattoria
Via Maestra, 6
Tel. 05 24 / 59 93 37
Ruhetag: Dienstag, Mittwoch
Betriebsferien: 1. – 15.1., 2 Wo. im Juli
60 Plätze + 60 im Freien
Preise: 40 000 Lire, ohne Wein
Kreditkarten: AE, DC, Visa
Mittags und abends geöffnet

Das »Ardenga«, das geschickt renoviert wurde, gehörte früher einmal den Fürsten Meli-Lupi von Soragna. Und Bernardo Bertolucci drehte hier einige Szenen für seinen Film »La Luna«. Die ursprüngliche Einrichtung ist noch erhalten, und man versuchte auch, das typische Ambiente und die typische Osteria-Atmosphäre nachzuempfinden. Das gilt vor allem für den kleinen Imbiß: Welch längst vergessenes Vergnügen, sich bei einem guten Glas und ein paar Scheiben Salami in Gesprächen zu verlieren. Und dazu trägt auch die Speisekarte bei, die sich auf einige wenige Speisen beschränkt, die jedoch alle nur mit ausgewählten Zutaten und großer Sorgfalt zubereitet werden: üppige **Anolini con brodo di cappone**, **Tortelli d'erbetta** oder di patate, Tagliatelle alla luganiga, **grüne Gnocchetti** mit Salami-Wurstbrät, **Bomba di riso mit Täubchen**, Gerichte von heimischem Geflügel aus dem Holzofen, wie zum Beispiel die **Oca alle verdure** sowie Coniglio fritto, und köstliche, hausgemachte Desserts: Mousse aus Zabaione und Amaretti, die mit Strega getränkt sind. Besondere Erwähnung verdient die Wurst, die ausschließlich aus eigener Herstellung stammt: Salami, **Culatello**, **Pancetta**, **Coppa**, die in der eindrucksvollen, offenen Speisekammer zu sehen sind. Neben angenehmen Hausweinen findet man auch eine kleine Auswahl italienischer Marken. Und zum Abschluß gibt es die klassischen Digestifs der Gegend: selbstgemachten Nocino und Sburlon.

Im Caseificio Sociale di Soragna an der Landstraße nach Diolo bekommen Sie neben Butter und Ricotta auch einen ausgezeichneten Parmigiano reggiano.

Spilamberto

20 km südöstlich von Modena, S.S. 623

Da Cesare

Trattoria
Via San Giovanni, 38
Tel. 0 59 / 78 42 59
Ruhetag: So. abend und Montag
Betriebsferien: 20. 7. – 20. 8. u. 1. – 15. 1.
36 Plätze
Preise: 45 – 50 000 Lire
Kreditkarten: AE, CartaSi, Visa
Mittags und abends geöffnet

»Cäsar führt sonntags und montags keinen Krieg«, steht vor dieser alten Trattoria in der Altstadt von Spilamberto. Das Lokal ist in der gesamten Provinz Modena berühmt. Cesare Roncaglia ist eine elegante Erscheinung. Seit einiger Zeit schon kümmert sich der Siebzigjährige nur mehr um die Bar und um den Weinkeller. Die emilianische und da vor allem die Modeneser Küche wird hier aufs vortrefflichste dargeboten. Der berühmte Aceto balsamico stammt aus Spilamberto. Jedes Jahr pilgern deswegen Tausende zur traditionellen Sagra di San Giovanni hierher. Naturgemäß ist der Balsamessig einer der wichtigsten Grundstoffe in Cesares Küche. Wir empfehlen z. B. die **Frittelle all'aceto balsamico**, eine typische Modeneser Vorspeise. Die **Minestra con i fagioli** ist ausgezeichnet, wie alles andere auch, was in so reichhaltigen Portionen auf den Tisch kommt. **Tortelloni** und **Tortellini**, **Coniglio alla cacciatora** und einfacher Kaninchenbraten sind immer zu haben. Spezialität des Hauses ist **Salsiccia vom Kaninchen mit Balsamessig**. Als Abschluß dieser üppigen Mahlzeit sollte man die Amaretti di Spilamberto probieren. Schwiegersohn Giancarlo kümmert sich mit großem Engagement um seine Gäste und stellt bereitwillig all die Gerichte vor, die seine Frau Marica kocht. Aber er wird nicht mit sich reden lassen, wenn es um Sonderwünsche geht. Sie können aber auf ihn vertrauen und sich von ihm auf eine interessante kulinarische Reise schicken lassen. Das Mittagsmenü ist einfacher und preiswerter.

Um Johanni, also zwischen dem 20. und 24. 6., veranstaltet man in Spilamberto die traditionelle Aceto-Balsamico-Schau. Die Macelleria Lucchi Eluore (Via Puccini, 6) bietet sehr gute traditionelle Salumi an; typische Amoretti findet man im Forno Alisi, Via S. Giovanni 6.

Tizzano Val Parma

39 km südwestlich von Parma

Guidetti

NEU

Trattoria
Ortschaft Reno
Tel. 05 21 / 86 85 25
Ruhetag: Montag, nicht im Sommer
Betriebsferien: im Winter
20 Plätze + 20 im Freien
Preise: 35 – 40 000 Lire
Keine Kreditkarten
Mittags und abends geöffnet

Eine Handvoll Einwohner, steil sich emporwindende Gassen, eine Kirche und das klassische Lokal, das zugleich Bar, Trattoria und öffentliche Telefonzelle ist. Die Trattoria hat zwar kein Wirtshausschild, doch sind Sie erst einmal glücklich hier angekommen, so können Sie sie fast nicht verfehlen, ist sie doch das einzige Lokal der Ortschaft.
Die Einrichtung ist schlicht und familiär, mit viel Kunststoff und Eisen wie im Italien zur Zeit des Wirtschaftswunders. Eine Zwischenwand trennt die Trattoria in zwei Hälften: Der eine Bereich dient als Bar, der andere als Trattoria, die sich dann an bestimmten Abenden in einen Fernsehsaal verwandelt. Im Sommer kann man sich im Freien auf der kleinen Veranda niederlassen, von der aus sich der Blick auf die sanft geschwungene Hügellandschaft auftut.
Haben Sie es sich in diesem absolut »slowen« Ambiente gemütlich gemacht, so kommen als Appetitanreger zunächst Wurstwaren auf den Tisch: roher Schinken und Salami von örtlichen Erzeugern, Coppa Piacentina und **Culatello aus Zibello** – alles von bester Qualität und mit der richtigen Reife. Dann folgen schmackhafte Tagliatelle und **Tortelli mit Kürbis und Kartoffeln**: ein kleines Meisterwerk aus den Händen von Signora Ermelinda, mit hauchdünnem Teig und delikat weicher Füllung. Die Hauptgerichte wechseln je nach Saison: In der schönen Jahreszeit haben wir uns an einer frischen **Rinderhaxe in Salzkruste** und Parmesanstücken begeistert, an dem Filet mit Schnittlauch und dem eher klassischen, aber gut zubereiteten Kalbsbraten mit Kartoffeln. Den krönenden Abschluß bilden schließlich Pfefferminz- oder Sesamparfait mit Waldfrüchten und hausgemachte Kuchen.
Die Weinauswahl beschränkt sich fast ausschließlich auf Gewächse der Hügel um Parma.

Traversetolo

20 km südlich von Parma, S.S. 513

Alla Luna Piena

Trattoria
Via per Neviano, 27
Tel. 05 21 / 84 26 68
Ruhetag: Montag
Betriebsferien: August
40 Plätze
Preise: 35 – 40 000 Lire, ohne Wein
Keine Kreditkarten
Mittags und abends geöffnet

Nach vielen arbeitsreichen Jahren sind die früheren Wirtsleute Edda und Bruno Ferrari nun in den wohlverdienten Ruhestand gegangen und haben die Trattoria einem jungen Paar überlassen: Stefano und Katia. Stefano ist in der Küche zugange, und trotz seiner jungen Jahre hat er bereits so manche Erfahrung in bedeutenden Restaurants in Parma sammeln können.
Das Innere des Lokals ist nach einer Schönheitskur mittlerweile gemütlicher, die Küche orientiert sich vorbehaltlos an der klassischen kulinarischen Tradition Parmas und deren typischen Produkten. Unter den Antipasti lockten uns neben dem Parmesan-Flan vor allem die Wurstwaren: Salami aus Felino, **Culatello aus Zibello**, **roher Langhirano-Schinken** und **Spalla cotta aus San Secondo** (serviert mit einem delikaten Apfeldip). Bei den Primi empfehlen wir die **Tortelli mit Kräutern** oder Kartoffeln, und wenn es die Jahreszeit erlaubt, kommen auch Tagliolini mit Steinpilzen und Cappelletti in Brühe auf den Tisch – unsere heiße Empfehlung für kalte Wintertage. An Hauptgerichten bietet Stefano die klassische **gefüllte Kalbsbrust** aus dem Ofen oder ausgelöstes Perlhuhn an. Und den Reigen beschließen Cremespeisen, diverse Kuchen und **Halbgefrorenes** (ganz köstlich das mit **Schokolade**).
Auf der Weinkarte finden sich zwar keine großen Namen, jedoch ordentliche Abfüllungen, die dem Niveau des Lokals entsprechen.

In Traversetolo findet Sonntagmorgens ein bedeutender, stets gutbesuchter Markt statt. Und in der 3 km entfernten Ortschaft **Vignale**, Via Pedemontana 42, bekommen Sie in der Käserei Zecchetti einen wunderbaren Parmigiano Reggiano aus dem Hügelland, Ricotta und Butter.

Trecasali

19 km nördlich von Parma

Nonna Bianca

NEU

Trattoria
Via Roma, 2
Tel. 05 21 / 87 83 63
Ruhetag: Montagabend und Dienstag
Betriebsferien: unterschiedlich
30 Plätze + 30 im Freien
Preise: 40 – 45 000 Lire
Kreditkarten: die bekannteren
Mittags und abends geöffnet

In Trecasali, einer kleinen, beschaulichen Ortschaft im touristisch noch nicht so erschlossenen Teil der Provinz Parma, beherbergt seit einigen Jahren ein Gebäude aus dem 19. Jahrhundert, das hier nur »Palazzo Pizzetti« heißt, die Trattoria »Nonna Bianca«.
Die familiäre Trattoria wird von Enrico und seiner Frau Franca geführt, die in Speisesaal und Küche für das leibliche Wohl der Gäste sorgen; die saisonal wechselnde Küche mit ihren lokalen Spezialitäten und Produkten ist einfach und schmackhaft. Zum Auftakt fast schon ein Muß sind daher die Wurstwaren: **Culatello**, **Spalla** aus San Secondo, **roher Schinken** und **Salami**, alles sorgfältig ausgewählt und mit dem richtigen Reifegrad. Bei den Primi finden wir schmackhafte Gerichte wie Spaghetti mit »Grillensauce« (mit gehacktem Salbei und Rosmarin) und Garganelli auf Gärtnerinnenart, aber auch kräftigere Kost wie **Gnocchi mit Soffritto**, einer in der Pfanne angebratenen Zwiebel-Kräuter-Mischung. Ein Klassiker sind die **Tortelli**, die es mit verschiedenen Füllungen gibt: Kräutern, Kartoffeln, Artischocken, Radicchio oder Speck, und auch die Risotti mit ihren verschiedenen, je nach Jahreszeit wechselnden Saucen brauchen sich nicht zu verstecken. Weiter geht es dann mit den traditionell üppigen Secondi: **gefüllter Kalbsbrust**, Perlhuhn mit Gewürzen, Hühnerbrüstchen feinsäuerlich mit gemischtem Salat und, wenn es richtig kalt wird, mit dem klassischen Schmorbraten. Bei den hausgemachten Desserts verdienen die **Zuppa Inglese** und die Creme mit Obst der Saison lobende Erwähnung.
Auf der Weinkarte werden lokale und ein gutsortiertes Angebot italienischer Weine geführt (der Preisaufschlag ist absolut in Ordnung), und wer mag, kann unter einer Vielzahl von Grappe und Obstwässern wählen.

Vignola

23 km südöstlich von Modena, S.S. 623

Bolognese

Trattoria
Via Muratori, 1
Tel. 0 59 / 77 12 07
Ruhetag: Samstag
Betriebsferien: August
40 Plätze
Preise: 35 – 40 000 Lire, ohne Wein
Kreditkarten: CartaSi, MC, Visa
Mittags und abends geöffnet

Vor fünfzig Jahren hat man das alte Gebäude innerhalb der Stadtmauern von Vignola restauriert. Das heißt, die Trattoria selbst ist schon sehr viel älter. Ihr erster Sitz war ein paar Häuser weiter, im Geburtshaus von Ludovico Antonio Muratori, dem berühmtesten Sohn der Stadt und Vater der modernen Geschichtsschreibung. Aus der damaligen »Trattoria della luna« haben die Eltern von Signora Elda Franchini das »Bolognese« gemacht, um ihre Herkunft zu unterstreichen und im alten Vormachtstreit zwischen Modena und Bologna noch eins draufzusetzen, denn damals, 1945, gab es auch eine Trattoria »Modenese«. Elda war zu jener Zeit noch ein Kind, heute ist sie eine geschätzte und erfahrene Köchin. Ihre Kost orientiert sich an der Tradition der Gegend. Ihr Nudelteig wird noch per Hand hauchdünn ausgezogen, das Ragout köchelt nach alter Manier stundenlang vor sich hin, die Braten sind duftend und zart, die **Fiordilatte** – ein Dessert zwischen Panna cotta und Crème caramel – wird wirklich nur aus Milch, Eidotter und Zucker gerührt. Wir empfehlen besonders die **Tagliatelle alla bolognese**, **Tortellini** und Tortelloni, **Schinken aus dem Rohr**, Tauben und **Kalbsbraten**, Bollito. Man trinkt typische Weine aus der Gegend, und damit meint man hier den Lambrusco.

Die Pasticceria Gollini, Piazza Garibaldi, besitzt das Geheimrezept für die Torta Barozzi, für die Vignola berühmt ist. Sie ist nach einem Baumeister benannt.

Zocca

48 km südöstlich von Modena, S.S. 623

Ca' Monduzzi

Bauernhof
Via Vignolese, 1130
Tel. 059/986206
Ruhetag: Montag und Dienstag
Betriebsferien: im Winter
40 Plätze
Preise: 40 – 45000 Lire
Keine Kreditkarten
Nur abends geöffnet

In der Via Vignolese 1130, zwei Kilometer vom Zentrum Zoccas entfernt, finden Sie den Bauernhof Ca' Monduzzi. In einem hübsch renovierten Gebäude aus dem 17. Jahrhundert, das der Kurie von Montalbano gehört, können Sie die traditionellen Gerichte der emilianischen Bergbauern genießen, wie zum Beispiel **Spianate** aus dem Holzofen, Crescentine in figelle, **Maltagliati mit Bohnen**, **Pappardelle mit Steinpilzen**, **Huhn** oder **Kaninchen alla cacciatora**, Fleisch vom Rost, Kürbisblüten und fritierte Äpfel oder Stracchino della duchessa. Ein üppiges Speisenangebot (eine Vorspeise, zwei Primi, zwei Secondi, Beilagen, zwei Desserts), bei dem stets die Angebote der jeweiligen Jahreszeit Verwendung finden. Man beschließt das Mahl mit einem der ausgezeichneten selbstgebrannten Schnäpse: Nocino, Laurino Cedrina und Grappa bianca. Der Wein (man hat hier nur die Wahl zwischen weiß und rot) kommt aus den Colli Bolognesi und schmeckt recht anständig.
Die Trattoria, die in einem ehemaligen Stall eingerichtet wurde, ist mit stilechten Tischen und Stühlen ausgestattet, und in der Ecke des Speiseraums thront ein alter Ofen. An den warmen Sommerabenden kann man sein Essen unter der Laube vor dem Eingang einnehmen. Der Bauernhof von Alberta Bertani und Lorenzo Righetti verfügt außerdem über einige Appartements für Gäste, die die mittelalterlichen Dörfer der Umgebung (besonders schön ist die romanische Kirche im etwa acht Kilometer entfernten Trebbio) oder den Parco dei Sassi in Rocca Malatina besuchen wollen.

In **Zocca** kauft man beste Schinken und Wurst im Prosciuttoficio Verdevalle (Via Boccaccio, 212) und in der Salumeria Prostrati (Via Roma, 207).

Zocca
Monteombraro

48 km südöstlich von Modena, S.S. 623

Tizzano

Bauernhof
Via Lamizze, 1197
Tel. 059/989581
Kein Ruhetag
Betriebsferien: Anfang des Jahres
35 Plätze
Preise: 25 – 30000 Lire
Keine Kreditkarten
Mittags und abends geöffnet

Wer auf der Suche nach einem Restaurant mit Platztellern und Weinkarten ist, wer erwartet, daß der Wein automatisch nachgeschenkt wird, der ist hier an der falschen Adresse. Wir empfehlen das »Tizzano« auch in dieser Ausgabe wieder, denn das Preis-Leistungs-Verhältnis ist hervorragend und die Regionalküche ausgezeichnet. Ein Großteil der Zutaten wird auf dem Hof selbst produziert (der frische Ziegenkäse ist sehr zu empfehlen), alles ist mit viel Liebe und Sorgfalt zubereitet, und der einfache Service wird durch die Herzlichkeit der Familie Fogacci leicht wettgemacht. Hier ein typisches Menü: **Borlenghi** (ein Fladenbrot mit Parmesan und zerstoßenem Speck, Pancetta, Knoblauch und Rosmarin), Wurstwaren, Tagliatelle al ragù, **Ricotta-Tortelloni mit frischem Rahm**, Ente oder Kaninchen, Gemüse, Kaffee, hausgemachter Likör und Wein aus der Gegend (sehr rustikal) kosten zusammen etwa 25000 Lire. Je nach Jahreszeit sind natürlich auch andere Köstlichkeiten, wie z.B. **Tagliatelle**, Risotto und Gnocchi **mit Brennesseln**, **Pasta e fagioli**, **gebackene Kürbisblüten** und Fleischgerichte, zu haben. Man braucht wohl nicht eigens zu erwähnen, daß das Fleisch aus eigener Schlachtung kommt, daß Weizen und Mais für Brot und Polenta aus eigenem Anbau stammen und daß die Maronen und Pilze in den umliegenden Wäldern gesammelt werden. Vorbestellung ist immer notwendig.

ROMAGNA

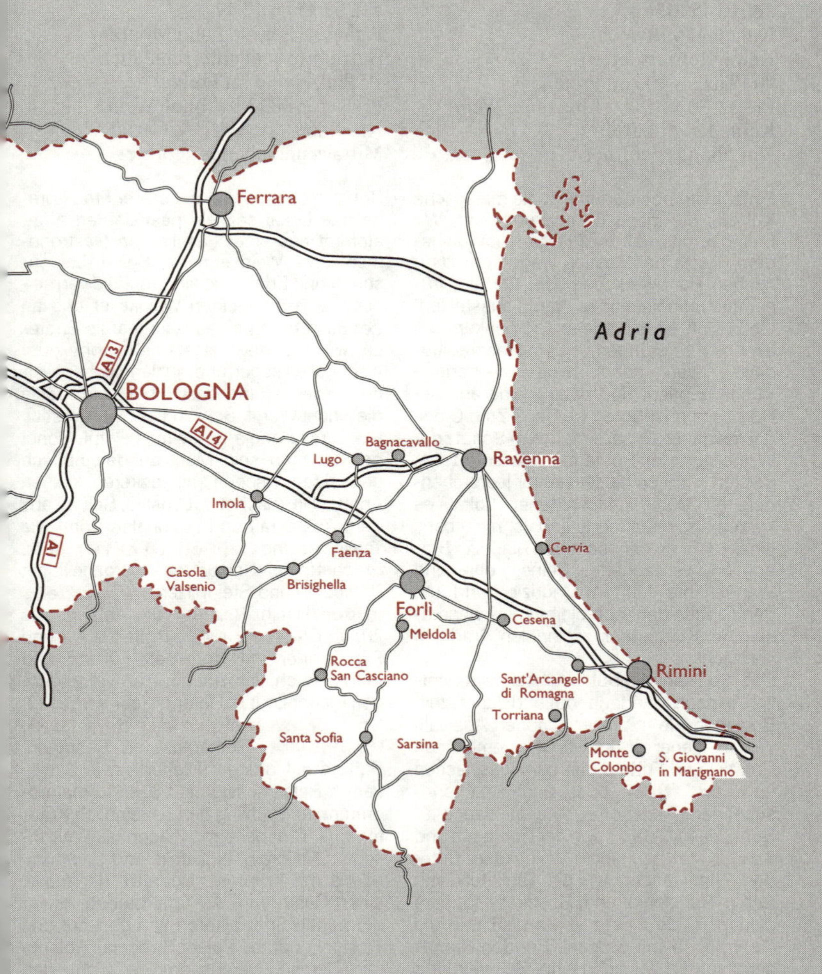
Ferrara
BOLOGNA
A13
A14
A1
Adria
Bagnacavallo
Lugo
Ravenna
Imola
Faenza
Cervia
Casola
Valsenio
Brisighella
Forlì
Meldola
Cesena
Rocca
San Casciano
Rimini
Sant'Arcangelo
di Romagna
Torriana
Santa Sofia
Sarsina
Monte
Colonbo
S. Giovanni
in Marignano

Bagnacavallo

19 km westlich von Ravenna

Osteria di Piazza Nuova

NEU

Osteria
Piazza Nuova, 22
Tel. 05 45 / 6 36 47
Ruhetag: Mittwoch
Keine Betriebsferien
90 Plätze + 100 im Freien
Preise: 30 – 35 000 Lire, ohne Wein
Keine Kreditkarten
Nur abends geöffnet

Einfach atemberaubend ist die malerische Kulisse, die diese Osteria umrahmt: Wir befinden uns auf der Piazza Nuova, ehedem Piazza dei Mestieri wegen der zahlreichen Handwerksbetriebe, die hier früher ihre mannigfaltigen Waren ausstellten. Ließe sich ein schönerer Ort denken, um ein Lokal zu eröffnen, in dem eine traditionelle – wenn auch etwas verfeinerte – Küche gepflegt und dazu Weine aus der Romagna angeboten werden? Zum Glück gab es da die Gesellschaft zum Schutz der Weine aus der Romagna, die sofort begeistert war von diesem zuvor leerstehenden, großzügig geschnittenen Lokal, es kurzerhand restaurierte und vor nicht ganz einem Jahr an den tüchtigen Maurizio Bragonzoni verpachtete. Seine Lehr- und Wanderjahre führten Maurizio rund um den Globus dennoch bleibt seine phantasievolle Küche der regionalen Tradition verpflichtet.
Das Speisenangebot wechselt wöchentlich, je nach Marktangebot und Jahreszeit. Beginnen Sie mit einer schönen Auswahl verschiedener Wurstwaren, gemischten Crostini und Frittate, mit dem klassischen **Gnocco fritto** oder auch mit erfrischendem Pinzimonio, einer Dipsauce für Rohkost, mit **Piada** aus der Romagna und **Squaquerone**, einem Weichkäse. Unter den Primi fanden wir die Tagliatelle mit rotem Radicchio und Speck besonders gelungen, die **Pasta e Fagioli** und die **Garganelli** mit Spargel. Bei den Hauptgerichten finden sich Huhn, Schwein und Kalb: Sie können sich für die schmackhafte **Salsiccia mit Zwiebeln** entscheiden oder aber für die delikate Hühnerbrust mit Balsamico-Essig und **Kutteln vom Kalb** oder Schwein. Auch der überbackene Käse mit Pilzen und Gemüse vom Grill ist einfach gut.
Zum süßen Abschluß gibt es leckere hausgemachte Desserts, und der passende Begleiter für Ihre Mahlzeit ist hier natürlich ein Wein aus der Romagna.

Bagnacavallo

19 km östlich von Ravenna

Portico delle Bugie

Osteria
Piazza della Libertà, 15
Tel. 05 45 / 6 12 49
Ruhetag: Sonntag und Montag
Betriebsferien: unterschiedlich
50 Plätze + 40 im Freien
Preise: 35 000 Lire, ohne Wein
Kreditkarten: AE, BA, CartaSi, Visa
Mittags und abends geöffnet

Roberto Gordini, der mit seiner Frau Lorena das Lokal seit ein paar Jahren führt, stammt aus einer Familie von Gastronomen und Weinkennern. Seine Leidenschaft und Erfahrung sind »schuld« an seinem reich bestückten Weinkeller und an der Einrichtung eines Raumes als Enoteca, wo man glasweise eine schöne Auswahl italienischer und ausländischer Weine probieren kann; dazu gibt es bis spät in die Nacht Wurst, Schinken, Käse, Crostini, Piada romagnola und einige Primi. Sonst beginnt man sein Mahl an den hübsch gedeckten Tischen mit leckeren kleinen Antipasti (Bruschetta, Crostini, Salumi aus dem Aosta-Tal) und regionalen Primi wie Tagliatelle und **Cappelletti mit Ragout**, Strichetti mit Schalotten, Garganelli mit Radicchio und Steinpilzen, **Pappardelle lordone** (ein Rezept von Anfang des 20. Jh.), **Tortelli** mit Kartoffelfüllung und Pilzen oder mit Rote-Bete-Füllung und Mohn. Auch das Angebot an Hauptgängen macht Laune: Hammel (auf Vorbestellung), **Schweinshaxe aus dem Ofen**, **Pasticciata**, Beefsteak mit Rosmarin, Battuta mit grünem Pfeffer sowie Schinken in Balsamessig sind das Normalprogramm. Im Frühling gibt es reichlich Kräuter, z. B. Crespelle mit Ziegenkäse mit frischem Majoran, Tagliatelle und Lammkoteletts mit Kräutern. Roberto, der früher einen Gasthof im Aostatal betrieb, bringt gern auch Spezialitäten von dort auf den Tisch: Fonduta, Polenta concia, Polenta mit Gemse. Vergessen Sie nicht den **Squaquerone** (einen Käse) mit karamelisierten Feigen zum Nachtisch. Zu Mittag ißt man meist ein Tellergericht oder einen Salat, außerdem gibt es drei angenehme »Alltagsmenüs« zu 16 000, 18 000 und 20 000 Lire.

Brisighellla

65 km von Ravenna,
35 km südwestlich von Faenza, S.S. 302

Cantina del Bonsignore

NEU

Ristorante
Via Recuperati, 4 a
Tel. 05 46 / 8 18 89
Ruhetag: Donnerstag
Betriebsferien: je 2 Wo. im Aug. u. Jan.
55 Plätze
Preise: 30 – 40 000 Lire, ohne Wein
Kreditkarten: BA, Visa
Abends geöffnet, Mitte Sept. – Mai an Sonn- und Feiertagen auch mittags

Das pittoreske Lokal liegt in den Kellergewölben eines altehrwürdigen Herrschaftshauses und ist mit schönen antiken Stücken eingerichtet: Eine ehemalige Werkbank wurde zur Schanktheke umfunktioniert, einige Stühle stammen aus einem ehemaligen Lichtspielhaus, und hinter der Theke thront erhaben eine wunderschöne Espressomaschine von Gaggia anno 1935.
Das wöchentlich wechselnde Speisenangebot geht von den Zutaten der jeweiligen Jahreszeit aus, die dann zu phantasievollen, mit traditioneller Kost wunderbar harmonierenden Gerichten verarbeitet werden. Es umfaßt grundsätzlich eine Vorspeise, vier Primi, vier Hauptgerichte und drei Desserts: Als Antipasto kommen beispielsweise ausgebackene, süß-saure Riesengarnelen auf den Tisch, Gemüsespieße oder **Torte salate** (pikante Kuchen mit Gemüse wie Zucchini, kleinen Bohnen oder Pilzen). Weiter geht es mit **Strozzapreti mit Balsamico-Essig**, mit **Crespelle mit Steinpilzen** und Risotto mit Gartenkräutern; bei den Hauptgerichten ist uns das Rinderfilet mit Speck ebenso in Erinnerung geblieben wie die gratinierten Jakobsmuscheln, die Bohnen »al diavolo« und der Schinken mit Balsamico. Sämtliche Gerichte werden zusammen mit Schiacciata serviert, den berühmten Rosmarin-Fladen aus Marradi. Und auch die Naschkatzen kommen bei den Desserts auf ihre Kosten: Neben dem Kuchen mit Muskatellerbirnen, dem **Nougat-Halbgefrorenen** und der Mandelpudding-Mousse dürfen auch die hausgemachten Kekse und die kleinen Schokoladenplätzchen mit Kaffeebohnen nicht unerwähnt bleiben.
Die Weinkarte bietet einige ordentliche Tropfen der Region und die eine oder andere annehmbare italienische Abfüllung, ist jedoch gewiß noch verbesserungsbedürftig. Interessant die Auswahl an Grappe.

Brisighella Croce Daniele

35 km von Faenza, S.S. 302

Croce Daniele

Trattoria
Via Monte Romano, 43
Tel. 05 46 / 8 70 19
Ruhetag: Montag
Betriebsferien: 7. – 31. Januar
110 Plätze + 50 im Freien
Preise: 30 – 35 000 Lire
Keine Kreditkarten
Mittags und abends geöffnet

Croce Daniele ist ein winziger Gemeindeteil von Brisighella und liegt rund 25 km vom Hauptort entfernt auf 700 m Höhe in den Apenninen. Die gleichnamige Trattoria wird seit den 50er Jahren von der Familie Montevecchi geführt, und seit Schwiegersohn Luciano Gentilini verantwortlich zeichnet, ist das Angebot noch besser geworden. Zum Antipasto bestellt man kleine **Kräuteromeletts**, **gebackenen Salbei**, **Crostini** mit Pilzen und Hühnerleber. Als Primo bekommt man Cappelletti mit Ricottafüllung, Maltagliati mit Gemüsesauce, **Tortelli alle erbe e ricotta**, Tagliatelle mit Pilzen. Gerade bei den Primi merkt man den frischen Wind, der durch die Trattoria weht: Die Nudeln werden nicht mit zerlassener Butter, sondern mit kaltgepreßtem Olivenöl aus Brisighella angerichtet, und der Teig für die **Taglioli-ni mit Gewürzkräutern** wird mit 18 Eiern pro Kilo Mehl zubereitet, was schon an die piemontesischen Tajarin denken läßt. Der Hauptgang gestaltet sich kräftig, so das **Kaninchen alla cacciatora** oder das Lamm mit Erbsen oder auch das Fleisch aus dem Holzofen, der am Eingang zu sehen ist (probieren Sie das **Zicklein aus dem Val Lamone**). Der Käse kommt von Erzeugern der Gegend und ist ausgezeichnet. Die Süßspeisen sind hausgemacht, allen voran der **Zabaione**. Im Herbst serviert man Menüs mit Pilzen oder Wild. Küche und Keller sind den Einflüssen der Romagna und der Nachbarregion Toskana ausgesetzt, weshalb man Flaschenweine aus beiden Regionen trinkt. Als Alternative bietet sich der körperreiche Sangiovese an, den die Wirtsleute selber abfüllen.

Brisighella Strada Casale

50 km v. Ravenna, 20 km v. Faenza, S.S. 302

Trattoria di Strada Casale

Enoteca mit Ausschank und Trattoria
Via Statale, 22
Tel. 05 46 / 8 80 54
Ruhetag: Mittwoch, Donnerstagmittag
Betriebsferien: Jan. und 1 Wo. im Sept.
40 Plätze + 30 im Freien
Preise: 30 – 50 000 Lire, ohne Wein
Kreditkarten: alle
Mittags und abends geöffnet

Als Remo Camurani und Andrea Spada gemeinsam beschlossen, dieses Lokal zu eröffnen, hatten beide trotz ihrer jungen Jahre bereits reichlich Berufserfahrung gesammelt und damit ein ganz klares Konzept: eine Küchenphilosophie, die regionale Traditionen aufnimmt, um sie dann gekonnt zu variieren, größte Sorgfalt bei der Auswahl der Weine, die ohnehin ihr Steckenpferd sind, und angemessene Preise. Bleibt nur zu sagen, daß diese löblichen Vorsätze auch allesamt in der täglichen Praxis umgesetzt werden.
Die auserlesenen Zutaten werden täglich frisch verarbeitet, das ebenso täglich wechselnde Speisenangebot folgt dem Lauf der Jahreszeiten – so ist für ein gleichbleibend hohes Niveau gesorgt. Die ausnahmslos hausgemachten Teigwaren zeigen alle typischen Formen der Romagna: Da gibt es beispielsweise **Tortelloni mit Gemüsefüllung**, Tagliolini mit Hühnerklein oder auch Ravioli und Strozzapreti mit stets wechselnden Saucen. Die nächste heiße Verführung sind die **Suppen** – sei es mit Gerste, Bohnen oder Dinkel. Eine bleibende Erinnerung werden für Sie die köstliche **Taube al torchio** mit Innereiensauce und die Strìdoli sein, die durch die Fleischqualität und eine gekonnte Zubereitung überzeugen; gleiches gilt für die gut abgehangenen, geräucherten **Schweinelendchen** in Brisighella-Öl und die **Rinderbacken in Sangiovese**. Auch Käse und Wurstwaren fehlen selbstverständlich nicht: Remo und Andrea stöbern unermüdlich bei den kleinen Erzeugern und Bauern dieser Gegend nach neuen Köstlichkeiten.
Der Weinkeller allein wäre bereits einen Besuch wert: Er bietet, mit Sachverstand ausgewählt, die besten Erzeugnisse aus der Region, Italien und dem Ausland zu maßvollen Preisen. Es kommt nicht von ungefähr, daß Andrea im Oktober 1994 als »Bester Sommelier Italiens« ausgezeichnet wurde.

Casola Valsenio

30 km von Faenza, S.S. 306

Fava

Restaurant
Via Cenni, 70
Tel. 05 46 / 7 39 08
Ruhetag: So.abend, Montag
Betriebsferien: 20. Aug. – 20. Sept.
80 Plätze
Preise: 20 – 40 000 Lire, ohne Wein
Kreditkarten: die wichtigen
Mittags und abends geöffnet

Casola Valsenio ist so etwas wie ein Hauptort des Heil- und Küchenkräuteranbaus. In diesem landwirtschaftlichen Zentrum im Valsenio gibt es einen »Giardino Officinale« mit einer Reihe interessanter Veranstaltungen, einem Markt im Sommer, wissenschaftlichen und gastronomischen Kongressen. Als Folge davon hat sich die familiäre Trattoria von Catia Fava zu einem Restaurant gewandelt, dessen Speisekarte auf Kräutern basiert. Hier gibt es ein Menü zu 30 000 Lire mit je zwei Primi und Secondi, Bruschetta, Kräuterkartoffeln sowie zwei Nachspeisen. Bitte bestellen Sie es vor, die Kräuter werden nämlich frisch geerntet. Das Speisenangebot richtet sich nach den Jahreszeiten, wie es die reiche Verfügbarkeit von frischen Ausgangsmaterialien erwarten läßt. Wir erwähnen die Topinambursuppe (in der kalten Jahreszeit), **Crostoni mit aphrodisierenden Kräutern** (Bohnenkraut, Estragon, Rucola, Koriander), **Tortelloni mit Borretsch**, **Tagliolini mit Pilzen und Nepitella**; es geht weiter mit **Tortine mit Trüffeln**, Schnittlauch oder Brennesseln, Malvensuppe und **Tortelli mit Brennesselfüllung**. Selbst für die Süßspeisen werden Kräuter verwendet, ein interessanter Ausflug in ungewöhnliche Aromen. Unter den fast ausschließlich lokalen Weinen ist auch Cesari in Castel San Pietro vertreten. Zum Abschluß des grandiosen Menüs können Sie einen der gut dreißig hausgemachten Kräuterdigestifs auswählen.

In Juli und August findet im Ortszentrum immer freitagabends von 20 bis 24 Uhr der Kräutermarkt statt. Der Gardino Officinale (Heilkräutergarten) ist das ganze Jahr über geöffnet, für Informationen und Besichtigungen wenden Sie sich an den Kurator Dr. Biffi (Tel. 05 46 / 7 31 58) oder an Signora Stefania vom Verkehrsamt (Tel. 05 46 / 7 30 33).

Cervia

23 km südlich Ravenna, S. S. 16

Casa delle Aie

Trattoria
Via Ascione, 1
Tel. 05 44 / 92 76 31
Ruhetag: Mi., nicht im Sommer
Betriebsferien: 14 Tage im Herbst
250 Plätze + 100 im Freien
Preise: 30–35 000 Lire
Keine Kreditkarten
Abends, Sa., So. auch mittags geöffnet

Das »Casa delle Aie« wurde Ende des 18. Jahrhunderts erbaut. Bis in die 1920er Jahre hinein diente es als Wohnhaus, Lager, Schlafstätte und Unterschlupf für die »pignaroli«, d. h. für Handwerker, die Pinienzapfen verarbeiteten und Pinienkerne sammelten. Später wurde das Haus als Bauernhof genutzt und schließlich ganz aufgegeben. 1955 wurde es von den »Amici dell'Arte« restauriert und dient seither als Kulturzentrum. Hier kommt man zusammen, ißt und trinkt, lacht und weint, erzählt, hört zu und ist fröhlich und ausgelassen. Seit 1995 garantiert Carlo Fantini, ein echter Cervese, für den Fortbestand der Philosophie des Hauses. Die Küche ist streng romagnolischer Prägung. Man bekommt demnach sofort den Pinzimonio di verdure auf den Tisch; sodann **Piadina** mit Wurst und Käse (»squaquarone«), frische Minestre (**Monfettini mit Kichererbsen**) und handgemachte Nudelsorten (**Cappelletti**, **Tagliatelle con ragù**, Strozzapreti), Pasta e fagioli. Als Hauptgericht wird gegrilltes Fleisch serviert. Im Winter gibt es auch **Baccalà**, Fagioli e cotiche, **geschmorte Schweinsfüßchen**, Fleisch vom Rost, Hähnchenragout mit Kartoffeln, Salsicce mit Wirsing und vieles mehr. Dazu wird Pinzimonio gereicht, als Nachtisch werden Zuppa inglese, Panna cotta, Dolce al Mascarpone und Ciambelle angeboten. Wie in vielen Restaurants der Romagna sind auch hier die Hausweine leicht und den Speisen nicht angemessen. Man kann aber auf ein paar ordentliche Flaschenweine aus der Umgebung zurückgreifen. Die Bedienung ist auch bei Hochbetrieb flink und freundlich, die Stimmung ist prächtig. Die Speisen fallen stets schmackhaft, die Preise recht anständig aus.

Cesena

19 km südöstlich von Forlì, S.S. 9, Ausf. A 14

Michiletta

Osteria – Trattoria
Via Fantaguzzi, 26
Tel. 05 47 / 2 46 91
Ruhetag: Sonntag
Betriebsferien: im Winter
50 Plätze + 30 im Freien
Preise: 25 – 40 000 Lire
Kreditkarten: AE, DC, Visa
Mittags und abends geöffnet

Seit vielen Jahren schon ist das »Michiletta« ein Dauerbrenner in unserem Führer, und dennoch zeigt es nicht die Spur von Verschleißerscheinungen – nein, das tüchtige Ehepaar Angarola steigert sich vielmehr von Jahr zu Jahr!
Das »Michiletta« ist die älteste Osteria von Cesena, in der sich alt und neu harmonisch ineinanderfügen. Die Inneneinrichtung besteht aus geschmackvoll restaurierten Antiquitäten, doch läßt dies keineswegs aufs Publikum schließen – auch junge Leute treffen sich hier am Abend auf eine leckere Kleinigkeit oder auch zum Essen in geselliger Runde. Sie wissen auch die feinen Tropfen zu schätzen, die der Sommelier mit Leidenschaft und Sorgfalt in seinem Weinkeller hütet: Er bietet nicht nur eine reiche Auswahl an Weinen aus der Romagna, sondern auch manch vornehmen Vertreter aus dem Ausland. Die Gäste finden sich in zwei kleinen Räumen mit je rund zwanzig Plätzen ein, Nichtrauchern steht ein dritter Saal zur Verfügung. Im Sommer gibt es dann auch Tische im schönen, kühlen Innenhof.
Doch kommen wir zu den Gerichten: Da gibt es unter anderem **Kürbis mit Gorgonzola**, **Baffi del Diavolo** (»Schnurrbart des Teufels«, ein Gericht aus schwarzen Tagliolini mit Pilzen), kleine Ravioli mit Zucchinispitzen, **Suppe mit Kichererbsen und Hartweizen** (Zuppa della donna virtuosa oder »Suppe der tugendhaften Dame«), Wildreisrisotto mit Zucchini oder **Leber in Folie mit Lorbeer**, Filet in Salzkruste, **Schweinekeule mit Fieno** sowie – besonders am Freitag je nach Marktangebot – frischen Fisch in verschiedenen Zubereitungen.
Schließlich läßt sich der Koch jeden Tag ein besonderes Gericht für seine Gäste einfallen: Dann kommen biologische Vollwertkost und Kostproben aus den verschiedenen Regionalküchen Italiens auf den Tisch. Und natürlich leckere hausgemachte Desserts.

Faenza

31 km südwestlich von Ravenna, S.S. 9 oder A 14

Enoteca Astorre

Enoteca mit Küche
Piazza Delta Libertà, 16 a
Tel. 0546/681407
Ruhetag: Sonntag
Betriebsferien: August
60 Plätze
Preise: 20–40000 Lire, ohne Wein
Alle Kreditkarten
Mittags und abends geöffnet

Im Schatten des Doms im Zentrum von Faenza haben ein paar junge und clevere Leute im alten Palazzo Lodarchi eine ansprechende Enoteca eingerichtet. Antonio Casadio zeichnet für die Küche verantwortlich, Marco Servadei betreut den Service. Im Eingangsbereich der Enoteca steht der Schanktresen, während in einer Ecke erfahrene Hände die typische Piada zubereiten. Das Speisenangebot umfaßt traditionelle Spezialitäten aus der Romagna und dem übrigen Italien und wechselt alle vierzehn Tage. Die Auswahl umfaßt Wurstwaren, in Öl und Essig eingelegtes Gemüse, **Ciccioli**, handgeschnittenen **Prosciutto crudo** mit Piada, die bisweilen auch mit Rosmarin gewürzt oder mit Grieben gefüllt wird. Unter den Primi finden sich Tagliolini mit Krebsschwänzen und Broccoli, **Passatelli in Brühe**, Strozzapreti mit Tomaten und Scamorza, Spaghetti mit kleinen Tintenfischen und Manfrigoli in Gemüsebrühe. Als Hauptgerichte bietet man **Hähnchenbrust mit Schinken**, **Kalbskoteletts mit Lauch**, Kaninchen mit Sellerie und Oliven, Rucolasalat mit Garnelen. Vom schönen Käsesortiment empfehlen wir den **Squaquerone**, der gut zur Piada paßt und mit etwas Aufschnitt und einem Glas Wein einen herrlichen Imbiß abgibt. Zum Dessert reicht man Panna cotta mit Amarettokeksen, Scroccadenti (Trockengebäck) mit Süßwein oder Mokka-Semifreddo.
Mittags bekommt man ein Dreigangmenü zu 20000 Lire. Die Weinkarte ist erwartungsgemäß gut bestückt, besonders gut vertreten sind Toskana und Umbrien.

Faenza

31 km südwestlich von Ravenna, S.S. 9 oder A 14

La Pavona

Osteria mit Küche
Via Santa Lucia, 45
Tel. 0546/31075
Ruhetag: Mittwoch
Keine Betriebsferien
70 Plätze + 80 im Freien
Preise: 35–40000 Lire, ohne Wein
Kreditkarten: die wichtigen
Abends, So./Fei. auch mittags geöffnet

Ein warmer Sommerabend läßt sich wunderbar unter der kühlen Pergola dieses Landhauses verbringen, wo man erfrischende Luft und verführerische Küche trefflich zu vereinen weiß. Aber auch an einem Wintertag ist in diesem einfachen und nicht sehr gemütlichen Lokal gut sein, denn dann werden Menüs zu einem bestimmten Thema (z.B. Pilze, Käse, Wein) angeboten. Emilio Placci (tagsüber Weintechniker in einer bedeutenden Kellerei der Gegend) und seine Frau Mara (angeborenes Talent zum Kochen) werden all Ihre kulinarischen Wünsche erfüllen. Wer nicht nur vegetarische Kost (die hier sehr gut schmeckt), sondern typische Regionalgerichte probieren möchte, kann sich beispielsweise bestellen: Panzanelle, Pancotto, **Zwiebelomelett** mit hauchdünnen Lasagne, **Buzega** (eine einfache, aber schmackhafte Gemüsesuppe), **Strichetti con fagioli,** Garganelli, Tagliatelle, Strozzepreti, Suppen mit Hülsenfrüchten. Bei den Secondi entdeckt man Spezialitäten vom Grill (Hammel, Wurst, Pancetta und **Leber mit Salbei im Netz**). Es gibt so »normale« Desserts wie Schokoladensalami und Zuppa inglese und so ungewöhnliche wie die **Gialletti** (Maisgebäck). Das von Emilio sorgfältig sortierte Weinangebot stellt selbst die anspruchsvollsten Genießer zufrieden, unübertroffen ist schließlich die Karte mit den mehr als 300 Grappasorten.

Faenza

31 km nordöstlich von Ravenna

Marianaza

NEU

Trattoria
Via Torricelli, 21
Tel. 05 46/68 14 61
Ruhetag: Mittwoch
Betriebsferien: 15. Aug. – 15. Sept.
45 Plätze
Preise: 35 000 Lire, ohne Wein
Kreditkarten: AE, MC und Visa
Mittags und abends geöffnet

Zu Beginn des 20. Jahrhunderts war Faenza ein blühendes Kunst- und Kulturzentrum und zog bekannte Schriftsteller, Keramiker und Maler wie Alfredo Oriani, Achille Calzi und Romolo Liverani an; sie waren Stammgäste im »Marianaza«, das nur wenige Schritte entfernt von der Piazza del Mercato delle Erbe liegt. Vor kurzem nun übernahm Signora Mariangela (in der Küche) mit ihren Töchtern Natascia und Luana (im Speisesaal) diese altehrwürdige Trattoria, und es gelang ihnen mit vereinten Kräften das Kunststück, das Lokal in altem Glanz erstrahlen zu lassen. Das Innere des Lokals ist gemütlich-rustikal. Dazu trägt auch der Kamin in der Mitte des Saales bei, der in der passenden Jahreszeit mit seinen knisternden Holzscheiten für viel Atmosphäre und reichlich frisch zubereitetes Grillfleisch sorgt.
Zum Auftakt gibt es zu gemischtem Aufschnitt mit Schalotten und in Öl eingelegtem Gemüse köstliche Bruschetta, die Sie auf die Primi einstimmen: **Tagliatelle** mit Fleischragout, Tomatensauce oder Pilzen, Tortelloni mit Butter und Salbei, **Passatelli in Brühe**, Pasta e Fagioli und **Gramigna** (Röhrennudeln) **mit Schinken und Erbsen**. Wie bereits erwähnt, wird das Fleisch hier gern gegrillt: Pancetta vom Schwein, **Hammelfleisch** und **Schweineleber** in Folie sowie Steaks nach Florentiner Art. Sie können sich jedoch auch für **Kaninchen alla cacciatora**, nach Jägerart, entscheiden, für **Kutteln**, Baccalà oder Lammkoteletts. Lecker sind auch die gegrillten Gemüse (Tomaten, Paprika, Zucchini und Auberginen) sowie die erlesenen Käsesorten, insbesondere Gorgonzola und Schafskäse. Und wer den Reigen mit etwas Süßem schließen möchte, wählt zwischen hausgemachten Desserts wie Panna Cotta und Zuppa Inglese.
Der Weinkeller beschränkt sich auf einen recht anständigen Hauswein und einige Flaschenweine von lokalen Erzeugern!

Imola

33 km südöstlich von Bologna, S.S. 9, A 14

E' Parlamintè

Trattoria
Via Mameli, 33
Tel. 05 42/3 01 44
Ruhetag: Do., im Sommer auch So.
Betriebsferien: 15. 7. – 20. 8., Ende Dez./Anf. Jan.
50 Plätze + 30 im Freien
Preise: 25 – 30 000 Lire
Kreditkarten: AE, Visa
Mittags und abends geöffnet

Kein Name könnte für diese Trattoria wohl treffender sein als »E' Parlamintè«, was soviel bedeutet wie »das kleine Parlament«. Hier kamen Anfang des Jahrhunderts die Anarchisten und ersten Sozialisten zusammen, heute sind es Menschen aller Klassen und Schichten. Raffaele Dal Monte und seine Söhne Massimo und Matteo haben es zu einem ansprechenden Restaurant gemacht, in dem man traditionelle Regionalküche oder auch ein paar persönliche Kreationen der Köche essen kann. Als Antipasto empfehlen wir den schmackhaften Salat mit warmem Schinken. Die Nudeln sind alle hausgemacht. Nur Mehl, Eier und ein Nudelholz braucht man für die Tortelloni, **Garganelli**, Tagliatelle, Tagliolini oder **Strichetti**. Dazu werden alle möglichen Saucen gereicht, sei es nun die klassische Hackfleischsauce oder die etwas raffiniertere Sauce mit Paprika und Rucola. Als Hauptgerichte sind neben den üblichen Grillplatten (das gegrillte **Hammelfleisch** ist ausgezeichnet) der köstliche **Kaninchenbraten**, der schmackhafte Piccione con friggione (Taube mit gedünstetem Gemüse), geschmorter oder gegrillter **Baccalà** (freitags) zu empfehlen. Die Desserts: Bayerische Creme mit frischen Früchten, Cassata mit Waldfrüchten, **Birnentörtchen**. Ein unbestreitbarer Pluspunkt für das Lokal sind die Weine, die der guten Küche ebenbürtig sind. Im Weinkeller lagern u. a. die besten Flaschen der Romagna und Weine von neuen, kleinen Erzeugern.

Die Cooperativa Lavoratori Agricoli Imolesi bietet in ihren beiden Verkaufsstellen (Vicolo Inferno, 9 und Via Donizetti, 21) Würste und Coppa, Salamelle usw. an.

Imola

33 km südöstlich von Bologna, S.S. 9 oder A 14

Osteria del Vicolo Nuovo

Enoteca mit Ausschank und Küche
Via Coldronchi, 6
Tel. 05 42 / 3 25 52
Ruhetag: Sonntag und Montag
Betriebsferien: Juli und August
50 Plätze
Preise: 45 – 50 000 Lire, ohne Wein
Kreditkarten: die bekannteren
Mittags und abends geöffnet

Das »Vicolo Nuovo« ist nach wie vor die richtige Anlaufstelle für jeden, der fröhliche Geselligkeit sucht: eine sichere Adresse für anspruchsvolle, neugierige Gäste, aber auch für Nachtschwärmer auf der Suche nach einem kräftigen Schoppen.
Das regelmäßig wechselnde Speisenangebot – das sich übrigens auch auf der Internet-Homepage der Osteria abrufen läßt – ist abwechslungsreich und macht Appetit auf mehr. Zum Auftakt gibt es **Radicchio mit warmem Schinken in Essig**, Käsesoufflé mit Steinpilzragout, Culatello mit Tomaten-Bruschetta, **Spinattörtchen** und **Squaquerone**; weiter geht es mit Gemüsesuppe mit Dinkel, Kartoffel-Steinpilz-Suppe oder hausgemachter Pasta wie den **Strichetti mit kleinen Tintenfischen** und Petersilie, den kleinen Kartoffelgnocchi mit Steinpilzen und Pfifferlingen, den Garganelli mit Gemüse oder auch den Ricotta-Kräuter-Tortelloni mit Spargel. Bei den Hauptgerichten wird dann die Wahl zur Qual: geschmorter Kalbsbraten, in Folie gebratenes **Kaninchen mit Sangiovese-Rotwein**, Kalbskopf und -zunge in Salsa Verde, warmer Hähnchensalat und **ausgelöstes Eisbein vom Kalb in Gremolada**. Köstlich auch die Desserts: Ciambella, Schokoladentorte, Zuppa Inglese oder Birnentörtchen mit Schokoladenguß.
Ab 23 Uhr bekommen Sie auch Wurst- und Käseplatten mit Salzgebäck, in der Mittagspause dagegen werden Menüs für 18 000 Lire angeboten. Und der Weinkeller läßt auch kaum Wünsche offen.

In der Bäckerei Savelli, Via Baroncini 27, müssen Sie sich der schweren Entscheidung stellen, ob es lieber eine der zahlreichen Brotsorten, Grissini, Kekse, traditionelle Dolci wie Amaretti, Ciambelle und Ravioli mit einer Füllung aus Bologneser Senffrüchten oder Maronen sein sollen … oder doch lieber gleich alles?

Lugo

25 km westlich von Ravenna, S.S. 253

Antica Trattoria del Teatro

Osteria
Vicolo del Teatro, 6
Tel. 05 45 / 3 51 64
Ruhetag: Montag
Betriebsferien: unterschiedlich
40 Plätze
Preise: 35 – 45 000 Lire, ohne Wein
Kreditkarten: alle
Mittags und abends geöffnet

Kulinarisches Grundprinzip von Daniele Francesconi und Fiorella Bertaccini sind frische Saisonprodukte, aus denen das Speisenangebot dann jeden Monat neu zusammengestellt wird zu zwar der Tradition verpflichteten, aber gekonnt variierten Gerichten. Hier konzentrieren wir uns ganz auf den kulinarischen Teil und starten auch gleich mit den Antipasti: pikante Kuchen, Dinkelkrapfen mit Kräutern und ausgezeichnetes geräuchertes Rindfleisch, Lardo oder Culatello. Bei den Primi steht die hausgemachte Pasta im Mittelpunkt, in Brühe oder »asciutta«, also mit Sauce: **Strozzapreti** (besonders exquisit mit **Entenragout**), **Maltagliati mit Gemüse** oder Fisch, **Suppe mit dicken Bohnen** oder Brunnenkresse und Risotti mit Gemüse, Fisch oder Fleisch. Im Januar dann jubeln die Gourmets, wenn die vielgelobten Cannelloni alla Rossini – die nach dem berühmten Komponisten benannt sind – dampfend auf den Tisch kommen.
Besonders empfehlenswert bei den Secondi erscheinen uns das Rumpsteak vom Rind nach Romagnoler Art mit aromatischem Öl und frischen Kräutern, die frische Schweinskeule in Marsala mit Gemüse, das Kaninchen mit Gartengemüse, die **Hammelkeule aus dem Ofen** und der **geschmorte Baccalà mit Lauch**. Dann können Sie – wenn Sie noch können! – wahlweise in hausgemachten Desserts wie Halbgefrorenem mit Krokant, Kastanienmousse oder Mürbegebäck und, sofern Sie es deftiger mögen, in den zahlreichen erlesenen Käsesorten aus dem Caseificio di Lozzole von Franco Lecca schwelgen, die allesamt mit Marmelade aus eigener Herstellung serviert werden. Danielle ist ein leidenschaftlicher Sommelier und hat eine Weinkarte zusammengestellt, die sich sehen lassen kann.

Die Bottega della Natura im Vicolo del Teatro 18 ist eine gute Adresse für biologisch-naturbelassene Produkte.

Lugo

25 km westlich von Ravenna, S.S. 253

San Martino

NEU

Osteria
Via Magnapassi, 22
Tel. 05 45 / 28 19 28
Ruhetag: Dienstag, im So. Sonntag
Betriebsferien: 1 Woche um d. 15. Aug.
80 Plätze
Preise: 30 – 35 000 Lire, ohne Wein
Kreditkarten: alle, außer AE
Mittags und abends geöffnet

Das »San Martino« liegt mitten im historischen Stadtzentrum, in herrlichen Räumen im ersten Stock eines alten Palazzo. Hier hat mittlerweile eine Gruppe junger Leute unter Führung von Franco Ricci Maccarini Fuß gefaßt, die es sich zum Ziel gesetzt haben, die ziemlich drögen Einwohner dieses Städtchens mit ihren einfallsreichen Neukreationen wachzukitzeln. Die Speisesäle mit ihren hohen gotischen Deckengewölben sind eher schlicht eingerichtet, mit Strohgeflecht-Stühlen und alten Tischen, an denen die Zeit ihre Spuren hinterlassen hat. Einziger Schmuck sind die massigen, orientalisch angehauchten Lampen. Die imponierenden Maße einiger Tische laden allerdings geradezu ein zu fröhlicher Runde …
Die Küche orientiert sich fast ausschließlich an regionalen Gerichten: Zum Auftakt können Sie aus einer Vielzahl gemischter Antipasti wählen – die so üppig ausfallen, daß selbst die unersättlichsten Schlemmer zu kämpfen haben: Wurstwaren, gegrilltes Gemüse, Essiggemüse, **mit Käse gefüllte fritierte Kürbisblüten** und **Polenta mit Squaquerone**, und natürlich darf auch die Piadina nicht fehlen. Als Primo kommen ausschließlich frische Teigwaren auf den Tisch: Unbestrittener König sind die **Tortelli** (mit Kartoffeln oder Ente, mit Butter und Parmesan), Tagliatelle in allen Variationen, **Strichetti** mit Erbsen und Garganelli mit Pancetta und Paprika. Aber geben Sie nicht auf, denn jetzt kommen ja erst die **Grigliata mista** mit Salsiccia, Hammel und Pancetta oder – alternativ – Bistecca alla Fiorentina, gebratener Scamorza-Käse oder der Käsefagottino mit Steinpilzen und Speck – einzige exotische Note in der reichhaltigen Speisekarte. Und wer die Waffen jetzt noch nicht gestreckt hat, kann noch **Ciambellone** bestellen, Apfeltorte oder Mousse au chocolat.
Die Weinkarte bietet eine große Auswahl interessanter Erzeugnisse.

Meldola

12 km südlich von Forlì

Gualdo

Restaurant
Via Nazionale, 12
Tel. 05 43 / 49 45 26
Ruhetag: Mittwoch
Betriebsferien: August, 7. – 20. Januar
80 Plätze
Preise: 50 – 55 000 Lire, ohne Wein
Keine Kreditkarten
Mittags und abends geöffnet

Die Familie Fanti führt seit 1971 dieses Lokal: Papà Franco arbeitet mit Sohn Mirko im Service, Mamma Clea ist für den handgezogenen Nudelteig und die Küche im allgemeinen verantwortlich. Sie bereitet aus guten Grundstoffen (nur das Fritieröl müßte öfter ausgetauscht werden) die deftigen Spezialitäten aus dieser Gegend der Apenninen. Man beginnt in der Regel mit einer Scheibe Pecorino und abgehangener Salsiccia, damit in der Zwischenzeit die Minestre gemacht werden können, wie in der Romagna alle Primi genannt werden. Man kann sich die Zeit auch mit köstlichen, **warmen Crostini** (Knoblauch und Schinken, Steinpilze, Trüffeln) vertreiben. Dann gibt es **Passato di patate** mit Trüffelaroma (ausgezeichnet), Tagliatelle mit Steinpilzen, **Cappelletti mit zerlassener Butter und Trüffeln**. Als Secondo reicht man **Eier mit Trüffeln, gebackene Steinpilze,** Trüffelsalat, Kalbskotelett oder Pecorino mit Trüffeln, aber auch Zubereitungen vom **Grill**: Bistecca fiorentina, Spieße, Würste, Hammel, Schwein oder auch Käse. Zu den hausgemachten Süßspeisen gehören Mascarpone in Kaffee, Panna cotta, Latta alla portoghese, Zuppa inglese. Zum Abschluß trinkt man ein Gläschen Grappa und nascht in Alkohol eingelegtes Obst. Die Rotweine stammen ausschließlich aus der Romagna. Neben den offenen Weinen werden zunehmend diverse Produkte des Sangiovese die Romagna DOC angeboten. Die Weißweine stammen aus anderen Regionen. Ein Besuch im »Gualdo« lohnt sich vor allem im Herbst zur Trüffelzeit (Voranmeldung nicht vergessen).

Montecolombo

16 km südlich von Rimini

Amici Miei

Osteria
Via Roma, 9
Tel. 05 41 / 98 44 56
Ruhetag: Montag
Betriebsferien: unterschiedlich
24 Plätze
Preise: 35 – 40 000 Lire, ohne Wein
Kreditkarten: BA, Visa
Abends, So. u. im Sommer auch mittags

Im abgeschiedenen Dörfchen Montecolombo ist gleich neben der Burg der Malatesta (die auch in Dantes »Göttlicher Komödie« vorkommen) dieses kleine und ansprechende Lokal zu finden, und zwar in einem alten Palazzo; der Raum mit Ziegelgewölbe wurde kürzlich restauriert und neu ausgestattet. In der kalten Jahreszeit wärmt ein Kamin von außen und innen. Der Besitzer Giancarlo Fornasari empfängt seine Gäste persönlich mit einer ausgesuchten, aber nie aufdringlichen Freundlichkeit.
Genauso schlicht gestaltet sich seine Küche, die sich auf hochwertige Grundstoffe der Saison stützt. Als Antipasto reicht man Fonduta mit Trüffeln, Polenta mit Steinpilzen oder handgeschnittene Wurstwaren zur duftenden **Piadina**: **Prosciutto di Carpegna** und **Salamino** contadino, der allein schon einen Besuch wert ist. Ehrenwort. Die handgemachten Nudeln haben uns auch wunderbar geschmeckt, wir können die **Strozzapreti alle verdure** und die hauchzarten **Tortelli mit Käse- und Brennesselfüllung** empfehlen. Als Hauptgericht gibt es meist Gegrilltes, vor allem Beefsteaks. Zum Nachtisch gibt es mürbe Kekse, die man in Süßwein stippt. Der Weinkeller ist mit wenigen, aber guten Flaschen bestückt. Von Oktober bis März gibt es außerdem jede Menge Gerichte mit **Steinpilzen** und **Trüffeln**, für die man etwas mehr bezahlen muß.

Ravenna

Ca' de' Vén

Osteria – Trattoria
Via Ricci, 24
Tel. 05 44 / 3 01 63
Ruhetag: Montag
Betriebsferien: Weihn. bis Mitte Januar,
150 Plätze + 80 im Freien [im So.
Preise: 18 – 40 000 Lire
Kreditkarten: die bekannteren
Geöffnet 11 – 14 und 18 – 22.15 Uhr

Diese mitten in der Altstadt von Ravenna gelegene Osteria atmet eine ganz besondere Atmosphäre: Halb Trattoria, halb Weinkeller, ist sie so flexibel angelegt, daß hier auch Feste, Kongresse, Bankette und Familienfeiern stattfinden können und das »Ca' de' Vén« in jenes bekanntermaßen lebendige, turbulente Lokal verwandeln, das auch Scharen von jungen Gästen anzieht. Zwar fließt hier der Wein aus der Romagna in Strömen, doch wird auch Klasse geboten: Genießer können die besten Erzeugnisse der ganzen Region bestellen.
Die Küche hat inzwischen ihren Weg gefunden und bietet nun täglich eine recht abwechslungsreiche Auswahl an warmen Gerichten. Als Primi kommen meist romagnolische »Minestre« mit frischen Zutaten der Saison auf den Tisch, die jedoch mit Suppen nicht viel gemein haben: **Garganelli** und **Strigoli** – mal mit Schalotten, dann mit Radicchio, Fleischragout oder Wild – und **Cappelletti** mit klassischer Sauce Bolognese; Tagliolini, die im Sommer mit Krabben und Zucchini gereicht werden, während Sie im Winter die schmackhaft-kräftige **Pasta e Fagioli** so richtig aufwärmt. Als Hauptgerichte werden diverse Braten angeboten, Salsiccia, Perlhuhn und Kleinvieh oder gegrilltes **Steak Florentiner Art**. Ein Augen- und Gaumenschmaus ist auch das üppige Büffet mit Gemüse, Salaten, gegrilltem Gemüse, kalten Platten und Obstsalaten, und das Angebot an regionalen Leckerbissen läßt keine Wünsche offen: Wurstwaren, diverse Käse (zu denen natürlich auch Squacquerone gehört) und **Ciccioli** – und nichts geht ohne die traditionelle **Piadina**, die praktisch zu allem gereicht wird. Lassen Sie die Mahlzeit ausklingen mit Zuckergebäck und einer Scheibe Ciambella, die in Albana, einen Dessertwein, getunkt wird.

Capannetti

Restaurant
Via Ravegnana – vicolo Capannetti, 21
Tel. 05 44 / 6 66 81
Ruhetag: Sonntagabend, Montag
Betriebsferien: 1.– 20. Jan., 10 Tage im [Okt.
40 Plätze
Preise: 45 – 48 000 Lire, ohne Wein
Kreditkarten: AE, CartaSi, Visa
Mittags u. abends geöff., im Aug. nur abends

Wahre Pionierarbeit im Dienste des Weins und einer gepflegten Küche leisten die Wirtsleute Rita und Giancarlo, die unermüdlich neue Rezepte erproben, um die Produkte der Pinienwälder um Ravenna – Trüffeln, Pilze, Pinienkerne und Kräuter – sowie der gesamten Romagna in immer neuen Geschmacksvariationen zur Geltung zu bringen. Mit Lust und Leidenschaft suchen die erfahrenen Gastgeber dann nach immer neuen Kombinationen zwischen ihren Gerichten und dem passenden Tropfen Wein.
Ihr **Käseangebot** mit den besten Erzeugnissen aus Italien und dem Ausland begeistert uns stets aufs neue: Es wird serviert mit hausgemachten Konfitüren oder mit köstlichen **karamelisierten Feigen**. Auch das Preis-Leistungs-Verhältnis ihrer Speisen läßt nichts zu wünschen übrig. Beginnen wir also mit den Antipasti: Herausragend fanden wir hier den Zwiebelpudding mit Fonduta al Marsala. Die frischen Teigwaren hingegen sind ganz traditionell: Garganelli mit Kürbisblüten und Steinpilzen, **Strichetti mit Taubenragout** und **Tortellini mit einer Füllung aus Kartoffeln, Ziegenricotta und Zucchini** oder auch mit Fleischfüllung (Perlhuhn und Taube), **Tagliolini mit Schalotten und Fossakäse**. Bei den Hauptgerichten schwelgten wir in **Kaninchensattel in Balsamico-Essig**, **Entenbrust mit Maronen** und Kopfsalat-Rouladen mit Pinienkernen. Und zum Abschluß wird für Naschkatzen eine leckere Auswahl an Keksen und Mürbegebäck geboten, die man zu Bayerischer Creme mit Zedernlikör genießen kann; alternativ dazu gibt es Blätterteiggebäck mit Apfelkompott und Vanillecreme oder heiße Zabaione (Naschwerk und Brot stammen selbstredend direkt aus dem eigenen Ofen).
Auch Weinliebhaber sind hier bestens aufgehoben.

Il Ristorantino

Osteria mit Küche
Via Cesarea, 148
Tel. 05 44 / 6 22 21
Ruhetag: Sa.mittag, Sonntag
Betriebsferien: unterschiedlich
30 Plätze + 30 im Freien
Preise: 20 – 40 000 Lire, ohne Wein
Alle Kreditkarten
Mittags und abends geöffnet

Dieses Restaurant in der Innenstadt Ravennas unterscheidet sich ein wenig von den üblichen »Familienlokalen« der Romagna. Es ist ein winzig kleines Lokal, in dem es sich wunderbar bis spät in die Nacht sitzen läßt, in dem man aber auch gepflegt essen kann. Vincenzo Santangelo hat auch einen gut sortierten Weinkeller mit etwa hundert Namen angelegt, der neben Erzeugnissen aus der Region und dem übrigen Italien auch interessante ausländische Weine bereithält. Dazu bietet er eine Vielzahl sorgfältig zubereiteter Speisen an, die sich im wesentlichen auf die Angebote der jeweiligen Jahreszeit und des Marktes stützen. **Wildterrinen** als Vorspeise, **frische Nudeln** (von Tagliolini bis hin zu Garganelli, dazu – je nach Saison – verschiedene Saucen) und Fleischgerichte, die vielfach am Kamin gebraten, manchmal aber auch aufwendiger und phantasievoller zubereitet werden. Mit viel Geschick hat Vincenzo außerdem verschiedene Menüs zusammengestellt. Da gibt es einmal ein einfaches, sehr preisgünstiges Menü (Bruschette, Costine und Bocconcini di malele mit sautiertem Gemüse) zu 20 000 Lire, ein interessantes Menü zu 30 000 Lire und ein Fünf-Gänge-Menü zu 40 000 Lire (die Preise verstehen sich jeweils ohne Wein). Wer lieber à la carte ißt, findet immer auch einige besondere Spezialitäten des Hauses, wie zum Beispiel **Reisauflauf** und **Lamm** in verschiedenen Zubereitungsarten. Und zum Abschluß gibt es eine schöne Auswahl an Nachspeisen und Gebäck (Walnußtorte, **Sbrisolona**, **Ricottakuchen**), zu denen man vielleicht sogar noch Zabaione bekommt.

Die Salumeria Alpine (Via Cavour, 41) verfügt über ein gutes Angebot an Salumi (u. a. von Gans) und Käse (auch Pecorino aus der Fossa di Sogliano).

Ravenna

La Gardèla

Restaurant
Via Ponte Marino, 3
Tel. 05 44/21 71 47
Ruhetag: Donnerstag
Betriebsferien: je 1 Woche im Febr. und Aug.
80 Plätze
Preise: 30 – 35 000 Lire, ohne Wein
Kreditkarten: alle
Mittags und abends geöffnet

»Gardèla« bedeutet soviel wie Grill, und entsprechend engagiert wird hier auch der **Grill** betrieben: Nicht nur für das schmackhafte **Fleisch**, sondern auch für Gemüse und Fisch (**Tagliolini mit Langustinen**, gemischten Grillteller und Fischportionen). Soll es nicht unbedingt ein Grillgericht sein, lädt Sie das Speisenangebot zu einem Streifzug durch die Küche der Romagna ein, zunächst einmal mit traditionellen oder auch im Hause kreierten Primi: Garganelli, **Strichetti al ragù mit Erbsen**, **Tortelloni** nach Art des Hauses und **Cappelletti**, aber auch im Ofen überbackene Teigwaren wie die gratinierten Tagliatelle mit Auberginen. Besonders im Winter kommt dann ein buntes Potpourri leckerer Ragouts auf die Tische: vom **Spezzatino alla contadina** (Gulasch nach Bauernart) über die Schweinerippchen mit Bohnen in umido und die Salsicciotti mit Polenta bis hin zum **geschmorten Eselinnenbraten**. In der entsprechenden Jahreszeit werden Sie mit Gerichten verwöhnt, denen Pilze und Trüffeln eine besonders edle Note verleihen. Traditionell sind die Desserts: Zuppa Inglese, Ciambella, Crème Caramel, diverse Kuchen mit Mascarpone und Obst oder Reiskuchen.
Mauro Mambelli, gelernter Sommelier, kümmert sich im Lokal um die Gäste (während in der Küche seine Schwester Brunella völlig freie Hand hat) und sorgt auch dafür, daß stets der passende Wein auf die Tische kommt. Sein Keller bietet bereits eine gute Auswahl aus ganz Italien, wird aber ständig auf den neuesten Stand gebracht und auch um ausländische Gewächse erweitert. Die offen ausgeschenkten Dessertweine lassen keinen Wunsch offen, und wen es zu Hochprozentigem zieht, der kann aus einem vielfältigen, interessanten Angebot wählen oder sich für eine der verschiedenen guten Whiskymarken entscheiden.

Ravenna San Michele

8 km vom Stadtzentrum entfernt

Oblomov

NEU

Osteria
Via Faentina, 275
Tel. 05 44/41 43 12
Ruhetag: Mittwoch und Samstagmittag
Betriebsferien: unterschiedlich
45 Plätze + 60 im Freien
Preise: 30 – 35 000 Lire, ohne Wein
Kreditkarten: alle
Mittags und abends geöffnet

Der Namenspatron dieser ländlichen Osteria, Oblomov, ist bekanntlich ein Ausbund an Faulheit. Ganz anders die beiden munteren jungen Wirte, die ihrer »Schöpfung« mit viel Fleiß innerhalb kürzester Zeit eine ganz persönliche Note verliehen haben.
Die Speisenauswahl beschränkt sich zwar auf nur rund zehn Gerichte, wechselt jedoch täglich; eine minimalistische gastronomische Philosophie bringt einfache, dafür aber stets aus frischen, qualitativ hochwertigen Zutaten zubereitete Gerichte hervor, natürlich nur mit den besten Ölen und Gemüsearten. Einfach köstlich sind beispielsweise ihre **Mezzemaniche mit Pesto genovese und sizilianischen Kirschtomaten**, die **Tagliatelle mit Pistazien** und die samtweiche **Stangenbohnencremesuppe mit Béchamel**. Die schmackhaften, in bester Osteria-Tradition stehenden Secondi sind auf einer Tafel aufgeführt: Da finden sich neben **geschmorten Kutteln** auch raffiniertere Gerichte, wie beispielsweise **Ente aus dem Ofen** mit Fenchelsamen oder Leber mit Muskattrauben und dem Dessertwein Albana. Clou unter den Dolci waren für uns die Haselnußtorte, die mit einer dampfenden Moscato-Zabaione serviert wird, die köstlichen Crostate und die **Mousse au chocolat** – Löffel für Löffel ein Genuß. Wer es deftiger mag, den wird das üppige Angebot an erlesenen Käse- und Wurstsorten aus ganz Italien entzücken, das Celsa mit Hingabe zusammenstellt.
Die Weinkarte bietet ein breites, knapp hundert Abfüllungen umfassendes Angebot. Sie zeigt die Neigung der Wirtsleute, auch weniger bekannten Erzeugnissen eine Chance zu geben. Ihr direkter Draht zu Weinkellern und Erzeugern, insbesondere in Süditalien, schließt dabei so gut wie jedes Risiko aus.

Ravenna
San Romualdo
8 km von der Stadtmitte

Taverna San Romualdo Da Antonio

Restaurant
Via Sant'Alberto, 364
Tel. 05 44 / 48 34 47
Ruhetag: Dienstag
Betriebsferien: Aug. u. nach dem 6.1.
90 Plätze
Preise: 40 – 45 000 Lire, ohne Wein
Alle Kreditkarten
Mittags und abends geöffnet

Das Lokal war früher eine volkstümliche Trattoria von traditionellem Zuschnitt. Fleisch, Aale und Frösche vom Grill kamen dort in pantagruelinischen Mengen auf den Tisch. Antonio, der Sohn des alten, legendären Mazzetti, hat nun nach langen Lehr- und Experimentierjahren das Lokal übernommen. An der Ursprünglichkeit der Küche hat sich dadurch nichts geändert, auch wenn man zu neuen Ufern aufbricht; z. B. gewinnt Fisch aus der Adria immer mehr Raum, und man hat das Ambiente neu und elegant gestaltet. Von den hervorragenden Vorspeisen empfehlen wir Ihnen besonders die **Coratella di agnello trifolata** und den **Auflauf vom Fasan** mit Lauch. Ausgezeichnet sind auch die Crostini und die selbstgemachten Wurstwaren. Als Primi gibt es exzellente **Brennessel-Tortellacci** mit Mascarpone und Pinienkernen, die romagnolischen **Cappelletti mit Gemüsefüllung**, Risotto mit wildem Spargel, Artischocken-Cappelletti mit Schnittlauch sowie Suppen und verschiedene Nudeln in Brühe. Hauptgerichte sind das (beispielhafte) **Rosmarinkaninchen**, **Zicklein mit Oliven aus dem Rohr**, Taube »alla manicaretto«, Wildschweinkoteletts nach Art der Maremma und selbstverständlich Fleisch, Fisch, Gemüse und Pilze vom Grill. Bei den Desserts sollten Sie sich den Torrone-Schaum mit Schokoladensauce oder die traditionelle Zuppa inglese nicht entgehen lassen. Auch in den Keller wird mit national bedeutenden Weinen investiert; schön, daß man viele große Weine glasweise bekommt. Erwähnenswert ist auch die große Auswahl an gutem Olivenöl.

Ravenna
Camerlona
6 km von der Stadtmitte

Ustarì di Due Canton

Osteria
Via Piangipane, 6
Tel. 05 44 / 52 14 90
Ruhetag: Montag
Betriebsferien: zweite Augusthälfte
100 Plätze
Preise: 35 – 40 000 Lire, ohne Wein
Alle Kreditkarten
Mittags und abends geöffnet

Eine traditionsreiche Osteria, die hier in der Region Geschichte geschrieben hat. Denn sie war nicht nur Schauplatz der Beutezüge des Passatore Cortese, sondern hat auch viele ausgelassene Trinkgelage miterlebt. Nach Jahren der Mißwirtschaft, in denen das Lokal ein wenig heruntergekommen war, soll es nun wieder besseren Zeiten entgegensehen. So jedenfalls wollen es Susanna – sie ist eine große Weinkennerin und -liebhaberin – und Michele, der Inhaber, der aus Lukanien stammt, aber schon seit einigen Jahren in der Romagna lebt. Seine Wurzeln vergißt er zwar nicht (von den häufigen Reisen in seine Heimat, die Basilikata, bringt er typische Erzeugnisse und Rezepte mit), doch in seinem Restaurant gibt die traditionelle Küche der Romagna den Ton an. Zu klassischen, handgemachten **Tagliatelle** werden Fleisch- oder Gemüsesaucen gereicht, auch **Strichette mit Artischocken**, Tortelli mit Auberginen, Gemüsesuppen (z. B. **Pasta e fagioli**) oder einfache Nudelgerichte sind einen Versuch wert. Unter den Secondi, im wesentlichen Fleischgerichte, finden Sie einen guten gebratenen **Hammel** mit Pilzen oder auch **Schweinshaxe**, **Taube** und **Kaninchen**. Von Oktober bis März wird ein Menü auf der Basis von **Wild**, **Steinpilzen** und Trüffeln angeboten.
Beschließen können Sie das Mahl mit den köstlichen Desserts, die täglich frisch zubereitet werden, darunter zum Beispiel Zitronenmousse, Semifreddo al torroncino oder Crema mit Biscotti.
Der Weinkeller, wir sagten es bereits, ist Susannas Reich. Sie bietet Weine aus der Region und dem übrigen Italien zu bemerkenswert günstigen Preisen.

Rimini Colline di Rimini

Il Quartino

NEU

Osteria
Via Coriano, 161
Tel. 05 41 / 73 12 15
Ruhetag: Dienstag
Keine Betriebsferien
120 Plätze + 180 im Freien
Preise: 40 000 Lire, ohne Wein
Kreditkarten: alle
Mittags und abends geöffnet

Das »Quartino« liegt ganz in der Nähe der jetzigen Autobahnausfahrt Rimini-Süd in einem ehemaligen Bauernhaus – davon zeugen noch heute die schweren Deckenbalken und die Holztischchen, die dem weiträumigen, in vier Speisesäle unterteilten Lokal einen anheimelnd rustikalen Charme verleihen. Der positive erste Eindruck findet weitere Bestätigung, sobald man sich in die Speisekarte vertieft: Sie folgt dem Wechsel der Jahreszeiten und bietet neben den Standardgerichten auch ein besonders günstiges Tagesmenü. Zum Auftakt können Sie eine herrlich weiche, lauwarme Sfogliatina (Blätterteigtasche) mit Schinken-Käse-Füllung kosten oder sich von dem reichen Angebot an Crostini verführen lassen, die Sie einstimmen auf **Strozzapreti al ragù antico**, Kräuterravioli, **Tagliatelle mit Leber** oder Kichererbsensuppe mit Steinpilzen. Die Hauptgerichte, von denen nur die wenigsten Grillgerichte sind, stehen ganz im Zeichen der Fleischspezialitäten: Schnitzel und Steaks, mit Fenchel gewürzte Salsiccia-Spieße mit Zwiebeln oder **Faraona in umido** mit Kartoffeln und Rosmarin. Freitags kommen dann Fischliebhaber auf ihre Kosten, beispielsweise mit dem **Baccalà mit Kartoffeln** oder den **Tintenfischen mit Erbsen**. Hausgemachte Dolci gibt es auch.
Die Weinkarte führt etwa achtzig Abfüllungen aus fast allen italienischen Weinbaugebieten: Vertrauen Sie sich bei der Wahl des passenden Tropfens ruhig Alessandro und Marco an (mit Giorgio und Gian Luca das Team des »Quartino«), die Ihnen zum Ausklang der Mahlzeit auch Digestifs aus eigener Herstellung sowie eine hervorragende Auswahl an Whiskeys, Grappe und Wodkas anbieten werden. Und noch ein Hinweis zum Schluß: Das Abendmenü erhalten Sie auch mittags, allerdings zu einem günstigeren Preis.

Rimini

Osteria dë Börg

Osteria mit Küche
Via Forzieri, 12
Tel. 05 41 / 5 60 74
Ruhetag: Montag
Betriebsferien: 15.–30. Jan., 15.–30. Juli
100 Plätze + 50 im Freien
Preise: 30 – 40 000 Lire, ohne Wein
Kreditkarten: alle
Nur abends geöffnet, an Sonn- und Feiertagen auch mittags

Mitten im Herzen von Rimini, im alten Borgo di San Giuliano, der eher an Fellini-Filme als an Badefreuden denken läßt, liegt das »Börg«. Seine Wirtin, Luisa Fabiani, konnte dafür mit Cristina Lunardini eine Mitarbeiterin gewinnen, die sie nicht nur bei der Leitung der Osteria unterstützt, sondern diese auch mit ihrem leckeren Gebäck und den köstlichen Süßspeisen und Kuchen in ein beliebtes Treff für so manches Leckermaul verwandelt hat.
Auch das übrige Speisenangebot kann sich sehen lassen: Zur Einstimmung gibt es eine schöne Auswahl an Antipasti wie Crostini, Focacce und pikante Kuchen. Darauf folgt die typische frische Pasta mit traditionellen oder auch vegetarischen Saucen. Stets zu haben sind beispielsweise **Cappelletti in Brühe**, ein echter Klassiker; aber Sie können sich auch für **Cappellacci** entscheiden, Agnolotti mit Käsefüllung, Pappardelle mit Kräutern oder **Lasagnette**, je nach Saison mit Radicchio und Scamorza oder Wirsing und Käse. Bei den Secondi finden sich zur Winterszeit hauptsächlich volkstümliche Gerichte wie **Kutteln**, Eisbein, Polenta und Salsiccia. Ganzjährig dagegen können Sie sich gegrilltes Fleisch munden lassen, das schon immer zum Standardangebot des Lokals gehört. Nur auf Anfrage bekommen Sie Fisch und Meeresfrüchte: Dann bietet Ihnen die Küche, was gerade frisch auf dem Markt erhältlich ist, wie beispielsweise **Suppen** oder in Folie gebackene Grätenfische.
Die Weinkarte ist passabel (mit nachvollziehbaren Aufschlägen), könnte aber noch verbessert werden.

Spezialitäten bekommen Sie im Lebensmittelgeschäft Balducci, Via IV Novembre 7, wo Adriano das Feinste an typisch regionalen Produkten zusammengetragen hat: Pecorino, Fossa-Käse, Squacquerone, Parmesan, Butter und Carpegna-Schinken.

Rocca San Casciano

28 km südwestlich von Forlì, S.S. 67

La Pace

Trattoria
Piazza Garibaldi, 16
Tel. 05 43 / 95 13 44
Ruhetag: Dienstag, nicht im August
Keine Betriebsferien
80 Plätze
Preise: 32 000 Lire
Kreditkarten: CartaSi, Visa
Mittags und abends geöffnet

Ein reines Familienteam – genauer Gino Garzanti, der mit Dirce und Romano den Service versieht – empfängt Sie mit einer Küche, die die echte regionale Tradition repräsentiert. Wir befinden uns im Valle del Montone, das Forlì mit der Toskana verbindet und wo sich dementsprechend die gastro- und önologischen Gepflogenheiten vermischen. Die freundliche Trattoria ist in einem hübschen Winkel des dreiseitigen Platzes mit Laubengängen und interessanten Bauwerken zu finden. Im »Pace« wird alles selbst gemacht (auch die exzellenten Salumi reifen im Haus), die Produkte und Rohstoffe – wie Käse, **Steinpilze**, **Trüffel** – kommen aus der Gegend um Rocca San Casciano, und die Speisen werden unter den Augen der Gäste zubereitet. Die von Hand ausgerollten **Tagliatelle** wechseln ab mit **Tortelli**, grünen Lasagne, **Cappelletti**, Pasta e fagioli; unter den Fleischgerichten zu erwähnen der **Spießbraten** von der Holzkohlenglut und in der Saison das üppige Angebot an **Wild** (probieren Sie Leber vom Wildschwein, Taube und anderes Federwild). Zu einigen der wunderbaren **Käsesorten** wird Honig serviert. Zum Schluß kann man zwischen Crostate, Zuppa inglese, Ciambelle und **Scroccadenti** (Kekse) mit Vin Santo wählen oder einen köstlichen hausgemachten Fragolino nehmen (der allerdings nur begrenzt vorrätig ist). Die Weine (vor allem ein Sangiovese) stammen aus eigener Produktion; sie sind ehrlich, aber dem Niveau der Küche nicht ganz angemessen. Für Gäste, die hier übernachten wollen, hält die Trattoria zwei kleine Appartements bereit.

San Giovanni in Marignano

20 km von Pesaro, A 14

Il Granaio

Restaurant
Via R. Fabbro, 18
Tel. 05 41 / 95 72 05
Ruhetag: Dienstag
Betriebsferien: August
70 Plätze + 15 im Freien
Preise: 40 – 45 000 Lire, ohne Wein
Alle Kreditkarten
Mittags und abends geöffnet

Neue Räumlichkeiten wenige Meter vom alten Restaurant entfernt – aber sonst hat sich nicht viel geändert. Inhaber ist Maurizio Magnanelli, dem Bruno Gioventù in der Küche und Bruder Alfredo Magnanelli im Restaurant zur Seite stehen. Einen besonderen Hinweis verdient die sorgfältige Weinauswahl: Hier bekommen Sie die besten Sangiovese-Sorten, ein repräsentatives Angebot an anderen italienischen Weinen sowie einige ausländische Produkte. Gut bestückt ist das Lokal auch mit **Käse**. Vor allem die **Fossa-Sorten** sind die große Leidenschaft der Brüder Magnanelli. Sie kaufen den Käse bei dem tüchtigen Sauro Benelli und bringen ihn zur Reifung selbst in die Tuffsteinhöhlen von Sogliano oder Talamelli, um anschließend Vergleiche zwischen den beiden Lagerungsorten zu ziehen. Die traditionelle Küche folgt den Jahreszeiten, **Pilze** und **Trüffeln** stehen, sobald und solange es sie gibt, auf dem Speiseplan ganz oben. Die Nudeln werden selbst gemacht, von den traditionellen **Cappelletti** über **Tortelli**, **Garganelli** und Tagliatelle bis zu den Spaghetti alla chitarra aus Vollkornmehl. Bei entsprechendem Marktangebot werden häufig **Schweinshaxe** und **Kräuterkaninchen** als Hauptgerichte zubereitet; sehr gut auch **Rehragout**, **Hirsch** und **Wildschwein**. Zur Nachspeise gibt es entweder Crème bavaroise, Halbgefrorenes und Panna cotta oder, zu einem Gläschen Passito oder hausgemachtem Mandarinenlikör, **Ricottatorte**, Panzerotti mit Äpfeln, Ciambelle und Crostate. Nicht zu vergessen: Das Brot aus Dinkel wird selbst gebacken und ist mit Sesam, Oliven und Rosmarin aromatisiert.

Das Gut Benelli, das das »Granaio« beliefert, verkauft hervorragenden Pecorino und Schafsricotta (Via D. Alighieri, 5–7).

Santa Sofia Corniolo

51 km südwestlich von Forlì

Dina

Trattoria
Via Nuova, 8 b
Tel. 05 43 / 98 00 13
Ruhetag: Montag, nicht im Sommer
Betriebsferien: 1. – 15. Oktober
40 Plätze
Preise: 25 – 35 000 Lire
Keine Kreditkarten
Mittags und abends geöffnet

Früher diente das Lokal als einfache Osteria, in der sich die Bergfreunde trafen. Dann wurde eine gehobenere Trattoria daraus, die immer noch ein beliebter Treffpunkt für alle ist, die es in diese Apenninengegend verschlägt. Signora Dina (sie ist vor etwa zehn Jahren verstorben) gründete das Lokal, heute führt es Tochter Erminia in ihrem Sinne weiter. Ihre Tochter Maria Luisa hilft ebenfalls mit. Erminias Mann Carlo ist für den Ausschank und die Bedienung zuständig, darüber hinaus macht er sich noch als Trüffelsucher und Exorzist (Sie haben durchaus richtig gelesen!) nützlich.
Die Küche bietet die typischen Spezialitäten der Gegend: Kräuter, Pilze, Trüffeln, Fleischgerichte (vom Schaf, Schwein, Kalb, geliefert vom hervorragenden Metzger Michelacci), Käse, Ricotta. Den Auftakt bilden Crostini alla toscana oder mit Steinpilzen. Darauf folgen phänomenale **Tortelli mit Ricotta-Kräuter-**, Kartoffel- oder Kürbisfüllung oder Tagliatelle mit diversen Saucen (insbesondere von Steinpilzen), und sonntags gibt es **Lasagne al forno**. Unter den Hauptgerichten findet man verschiedene **Braten** (Wildschwein, Reh, Kalb, Kaninchen und ein mustergültiges Lamm), **geschmortes Wildschwein**, **Lamm mit Steinpilzen** (nach einem alten Rezept). Erwähnenswert sind schließlich der Pecorino und die traditionellen Desserts (Ricotta- und Cremespeisen, Kranzkuchen), die hausgemacht sind. Man trinkt einen guten Sangiovese aus Santa Sofia, der der Küche angemessen ist. Die Grappa von Carlo rundet das Mahl ab. Rufen Sie vorher im Restaurant an, dann können Sie sicher sein, daß Sie den Ausflug und die Mahlzeit genießen werden.

Santarcangelo di Romagna

10 km westlich von Rimini

La Sangiovesa

Osteria – Restaurant
Piazza Balacchi, 14
Tel. 05 41 / 62 07 10
Ruhetag: Montag
Keine Betriebsferien
200 Plätze + 50 im Freien
Preise: 20 – 50 000 Lire, ohne Wein
Alle Kreditkarten
Abends geöffnet

Am Fuße der »Scalinata delle monache«, die in die Altstadt von Santarcangelo führt, steht der Palazzo Nadioni, der geschmackvoll renoviert und in ein Lokal umfunktioniert wurde. Tonino Guerra ließ mit einigen Künstlern der Gegend das Lokal mit sieben schönen Kachelöfen ausschmücken (für jede Gemeinde des Valmarecchia einen). Aus dem Backofen kommt ohne Unterlaß die typische **Piada**, zu der man Wurst, Squaquerone und Rucola, Gemüseomeletts und Sottoli ißt. Mit steingemahlenem Mehl aus der Mühle Ronci in Pontemessa macht man den Nudelteig für **Pasta e fagioli**, **Ravioli agli strigoli** oder, im Winter, Ravioli mit Maronen und Steinpilzen, Tagliatelle, **Strozzapreti mit Kichererbsen**, überbackene Pappardelle. Bei den Hauptgerichten entdeckt man **Kutteln nach Bauernart**, **Schweinshaxe**, Fritto »della arzdora« (Castrato, Kalb und Gemüse). Man beschließt die Mahlzeit mit einer Ciambella mit Mandein und Rosinen, Ricottatorte, hausgemachter Cremespeise oder Obstkuchen. Soweit das Speisenangebot des Restaurants, das nur abends geöffnet ist. In der Osteria, die bis spät in die Nacht geöffnet hält, bekommt man deftige Brotzeiten mit Wurst, Squaquerone, Pecorino, Süßspeisen und einige warme Gerichte sowie Piada, soviel man essen kann. In den oberen Stockwerken ist das »Dolce Sangiovesa« zu Hause, wo man Süßes, Wein, Spirituosen und Informationen über das Valmarecchia bekommt. Die Weine stammen ausschließlich aus der Region, sind aber vom Feinsten.

Der 15 km lange Umweg nach **Sogliano al Rubicone** erscheint mehr als gerechtfertigt, sobald man einmal den legendären Formaggio di fossa von Gianfranco Rossini (Via Pascoli, 8) probiert hat.

Sàrsina

46 km südöstlich von Forlì, S.S. 71

Antica Osteria

NEU

Osteria
Via Cesio Sabino, 34
Tel. 05 47 / 9 43 65
Ruhetag: Donnerstag
Betriebsferien: Februar, 1. – 15. Sept.
60 Plätze + 30 im Freien
Preise: 32 – 40 000 Lire, ohne Wein
Keine Kreditkarten
Mittags und abends geöffnet

Sàrsina ist der turbulente Mittelpunkt des Alta Valle del Savio – das sich von Cesena über den Passo del Verghereto bis hin nach Umbrien und in die Toskana erstreckt – und bietet mehr als einen guten Grund für einen kurzen Abstecher: Der Ort ist Sitz des Zentrums für angewandte Kultur und Küche des Appenins (das auch gastronomische Begegnungen zur Förderung der bodenständigen Küche dieses Höhenzugs veranstaltet) und Geburtsort des römischen Komödiendichters Plautus, dem zu Ehren noch heute jeden Sommer im Teatro Plautino seine Stücke aufgeführt werden; die Gemeinde unterhält ein bedeutendes archäologisches Museum und kann neben der romanischen Basilika und dem Museum für religiöse Kunst auch mit einem seltenen Naturschauspiel aufwarten: den Marmitte dei Giganti, den Strudellöchern.
Beliebtester Treffpunkt der Stadt ist die »Antica Osteria«, in der eine Küche gepflegt wird, die regionale Produkte aufs trefflichste miteinander zu verschmelzen weiß: Fleisch vom Schaf, Schwein und Rind, Pilze, Kräuter und Gemüse, Käse (auch Fossakäse, Talamello und Sogliano sind ja nicht weit), Wild, Maronen, Honig und Wein. Das Menü, mit dem die Köchin Iolanda Moretti ihre Gäste üblicherweise verwöhnt, beginnt mit Aufschnitt und Bruschetta, auf die eine schöne Auswahl hausgemachter Primi wie **Tagliatelle**, **Tortelli**, Strozzapreti, Cappelletti und Garganelli folgt. Weiter geht es mit **gegrilltem Fleisch** oder **Lammbraten**, **Tauben** oder **Kaninchen in Porchetta**, gelegentlich auch mit **Steinpilzen** als Beilage. Schmackhafter **Käse** rundet das Menü ab, bevor es mit hausgemachten Dolci wie Apfeltorte oder Ciambella seine Krönung erfährt. Der Weinkeller hat Zuwachs bekommen: Neben Weinen aus der Romagna finden sich auch Vertreter anderer Regionen.

Torriana

18 km südöstlich von Rimini, S.S. 258

Osteria del Povero Diavolo

Osteria mit Küche
Via Roma, 30
Tel. 05 41 / 67 50 60
Ruhetag: Mittwoch, nicht im Sommer
Betriebsferien: unterschiedlich
45 Plätze + 25 im Freien
Preise: 45 – 50 000 Lire, ohne Wein
Kreditkarten: die bekannteren
Abends geöffnet, am So. auch mittags

Unten zu seinen Füßen tut sich wie ein achtlos ausgebreiteter Mantel die Adriaküste auf, oben dann, so weit das Auge reicht, bewaldete Hügelketten, die mal sanft geschwungen den munter dahinfließenden Marecchia umstehen, um sich an anderer Stelle wieder jäh zu Felsspitzen aufzutürmen: Das Montefeltro ist Heimat vieler Castelli und Grenzsteine, aber auch manch glücklicher Verbindung – wie zum Beispiel der Verbindung der Küchentraditionen der Romagna und der Marken, die Fausto Fratti in seiner Osteria gelungen ist. Inspirationsquelle seiner Küche sind uralte Rezepte aus dem Hügelland von Montefeltro.
Stefania serviert den Gästen an den Holztischen der kleinen Speiseräume und in dem von Linden überschatteten Vorgarten zu ihren Speisen auch gleich duftende weiße Brötchen mit Rosmarin, Fenchelsamen und Nüssen aus dem Hausofen. Bereits der Auftakt ist köstlich: im Frühjahr Kuchen mit rotem Raps, im Sommer Fleischbällchen in Kürbisblüten und im Winter Broccoliauflauf. Auch die Primi lassen sich von den Jahreszeiten inspirieren: In regelmäßigen Abständen stehen **Bigoli mit Kichererbsen** auf dem Speisezettel, Strichetti (kleine Nudeln) mit gratinierten Tomaten, Cannelloni mit Zucchini, **Tagliatelle mit weißen Trüffeln** und **Passatelli mit Taubenragout und Kastanienmehl**. Die Secondi trumpfen auf mit dem fürstlichen **Perlhuhn mit Mandeln** mit einer Beilage von großen roten Zwiebeln, dem **Tortino di Manzo** (eine Art Quiche mit Rindfleischstreifen und Käsestücken) und dem **gefüllten Kaninchen**. Den Schlußakkord setzen dann die Kunstwerke von Marcello Baruzzi, seines Zeichens Koch und Konditor.
Hochklassig der Weinkeller, und demnächst gibt es auch eine weitere Neuerung: Einige Zimmer des Hauses aus dem 18. Jahrhundert werden Gästen zur Übernachtung zur Verfügung gestellt.

TOSKANA

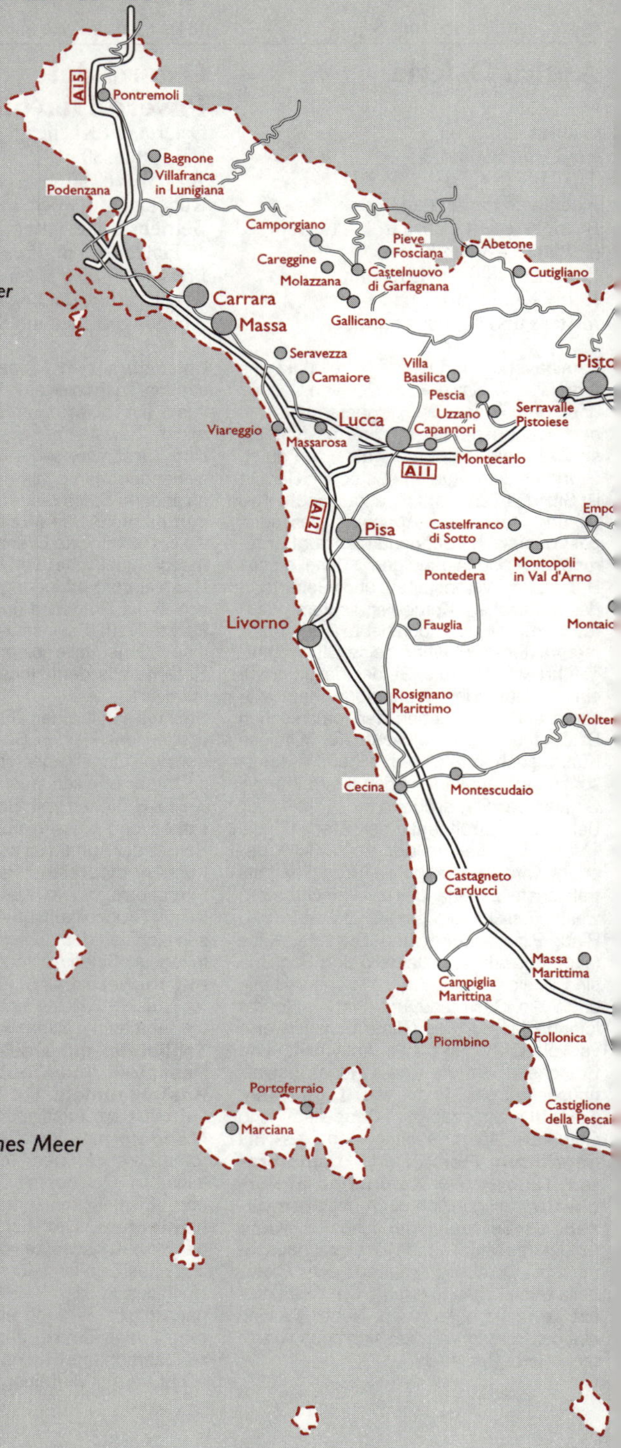

Ligurisches Meer
Thyrrhenisches Meer
A15
A11
A12
Pontremoli
Bagnone
Villafranca in Lunigiana
Podenzana
Camporgiano
Pieve Fosciana
Abetone
Careggine
Castelnuovo di Garfagnana
Cutigliano
Molazzana
Carrara
Massa
Gallicano
Seravezza
Camaiore
Villa Basilica
Pescia
Uzzano
Serravalle Pistoiese
Viareggio
Massarosa
Lucca
Capannori
Montecarlo
Pisa
Castelfranco di Sotto
Pontedera
Montopoli in Val d'Arno
Livorno
Fauglia
Rosignano Marittimo
Cecina
Montescudaio
Castagneto Carducci
Massa Marittima
Campiglia Marittina
Piombino
Follonica
Portoferraio
Marciana
Castiglione della Pescai

A1
Palazzuolo
sul Senio
FLORENZ
Signa
Pontassieve
Pratovecchio
Bibbiena
Chiusi
della Verna
Badia Tedalda
San Casciano
in Val di Pesa
Caprese
Michelangelo
Sansepolcro
Greve
in Chianti
Terranuova
Bracciolini
Arezzo
Gaiole
in Chianti
Castiglion
Forentino
Siena
A1
Cortona
Sinalunga
Murlo
Montepulciano
Pienza
Montalcino
San Quirico
d'Orcia
Chiusi
Arcidosso
Santa Fiora
Grosseto
Semproniano
Scansano
Pitigliano
Magliano
in Toscana
Manciano

Abetone

49 km nordwestlich von Pistoia, S.S. 632 u. 66

La Casina

Bar – Restaurant
Via Brennero, 245
Tel. 05 73 / 6 00 73
Ruhetag: Mi., nicht in der Hochsaison
Keine Betriebsferien
60 Plätze + 60 im Freien
Preise: 35 – 50 000 Lire, ohne Wein
Kreditkarten: CartaSi, Visa
Mittags und abends geöffnet

Das »La Casina« am Ortseingang von Abetone fügt sich wie seine Umgebung harmonisch in die Bergwelt ein: Da gibt es einen schönen Garten, den Kamin in der Wirtsstube und einen ganz in Holz gehaltenen Speisesaal mit Schanktisch.
Genius loci ist hier seit Jahrzehnten Saverio Zanni, ein Pionier der Kochkunst, Autor von Sachbüchern über die kulinarischen Traditionen dieses Landstrichs und Organisator von Kunstausstellungen, kurzum: ein richtiges Allroundtalent. Die Gerichte, mit denen er und Enrica Sie verwöhnen werden, sind ein Potpourri der höheren – weil höher gelegenen – Küche, der im Juni, September und Oktober aromatische Pilze ihren geschmacklichen Stempel aufdrücken. Mit anderen Worten **Steinpilze**: Solo werden sie gebacken, geschmort oder trifolati (dünngeschnitten und mariniert) serviert, im Duett mit weniger edlen (aber deswegen nicht weniger schmackhaften) Arten wie Pfifferlingen und Mönchskopf gibt es sie als Beigabe zu **Tagliatelle** und **Polenta**. Daneben finden sich Reminiszenzen an die benachbarte Emilia: in erster Linie Tortelli, Ravioli und Gnocchi. Die Hauptgerichte führen uns dann wieder zurück in die Toskana: Wir empfehlen die **Fiorentina**, die **Grigliata di carne** (Fleisch vom Grill) und das **Filet mit Steinpilzen**. Sehr sorgfältig zubereitet sind die Desserts: Naschkatzen können sich an einer Vielzahl von Kuchen erfreuen, deren unbestrittene Königin die Torte mit Waldfrüchten ist. Im Weinkeller lagern zwar einige Flaschenweine aus der Toskana (wie Antinori und Capezzana), er ist jedoch insgesamt deutlich verbesserungswürdig.

Im Baggiolo von Milianti & Santi in der Via Brennero 261 bekommen Sie selbstabgefüllten Sirup und selbstgemachte Marmelade. Auch Romeo Politi im Ortsteil **Le Regine** (3 km entfernt) verkauft in der Via Brennero 104 Sirups und Marmeladen.

Abetone Faidello

52 km nordwestl. von Pistoia, S.S. 632 u. E 66

La Fiorita

Trattoria
Via Brennero, 621
Tel. 05 73 / 60 68 48
Ruhetag: Mi., nicht in der Hochsaison
Betriebsferien: unterschiedlich
50 Plätze
Preise: 30 – 35 000 Lire, ohne Wein
Keine Kreditkarten
Mittags und abends geöffnet

Das »La Fiorita« mit seinem üppig blühenden Geranienschmuck wirkt wie ein Stückchen Schweiz, das es wie von Zauberhand in die Toskana verschlagen hat. Sie finden es im Ortsteil Faidello, einem Weiler mit einer Handvoll Häusern an der Via Brennero, dort, wo Toskana und Emilia aneinandergrenzen. Mit seiner schlichten, aber schmucken Einrichtung ist das Innere des Lokals einladend klein; und die Wirtin, Giovanna Serafini, sorgt mit ihrer freundlichen Art auf Anhieb dafür, daß sich ihre müden und hungrigen Gäste ganz wie zu Hause fühlen.
Wie das Lokal spiegelt auch die Küche die gastronomischen Traditionen beider Regionen dieses »Grenzlandes« wider: Die Emilia schmeckt insbesondere bei den hausgemachten Teigwaren (**Tortellini**, Tortelli und **Tagliatelle**) durch, während die Vorspeisen wie Bruschette oder gemischte Crostoni mit Pilzen, Käse und Tomaten unverwechselbar toskanisch sind. Bei den Primi haben es uns besonders die **Polenta mit Pilzen** und der Reis mit Spargel und Artischocken angetan, bei den Hauptgerichten die Tagliata mit Pilzen, die **Filets mit grünem Pfeffer** und vor allem das mit fritiertem Gemüse servierte **Fritto misto mit Kaninchen, Hähnchen und Lamm**. Zum süßen Ausklang gibt es hausgebackene Kuchen mit Obst der Saison.
Positives gibt es über die Weinkarte zu berichten, auf die in letzter Zeit mehr Aufmerksamkeit verwandt wurde – allerdings bietet sie nach wie vor nur heimische Flaschenweine aus der Toskana und Emilia.

In der land- und forstwirtschaftlichen Kooperative L'Erbolaio (Werkstatt und Verkaufsstelle) in **Le Regine** vor dem Abetone-Paß, Via Brennero 84, können Sie Mitbringsel wie Konfitüren, Sirup, Liköre, Grappe mit Waldfrüchten, Honig und getrocknete oder in Öl eingelegte Pilze erstehen.

Arcidosso Bivio Aiole

58 km nordöstlich von Grosseto

Aiuole

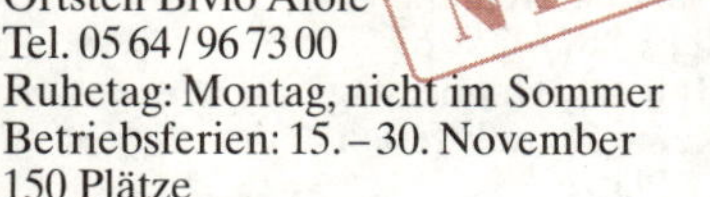

Hotel – Restaurant
Ortsteil Bivio Aiole
Tel. 05 64 / 96 73 00
Ruhetag: Montag, nicht im Sommer
Betriebsferien: 15. – 30. November
150 Plätze
Preise: 35 000 Lire, ohne Wein
Kreditkarten: die bekannteren
Mittags und abends geöffnet

Schlägt man von Arcidosso aus den Weg hinauf zur Spitze des Amiata ein, so stößt man an der Weggabelung zu den Aiole im grünen Rund der jahrhundertealten Kastanienbäume auf diese friedliche Herberge mit Restaurant. Im »Aiuole« pflegen sich die Einheimischen aus der Gegend zum Stammtisch zu treffen, aber auch Wanderer, Pilz- und Maronensammler legen hier gerne eine kleine Rast ein. In der Küche sorgt Rossana Bargagli dafür, daß es sich ihre Gäste bei unverfälschten, traditionellen Spezialitäten der Gegend schmecken lassen, während ihr Sohn Ugo mit seinem schmucken Schnauzer und so mancher Pointe im Speisesaal für deren geistreiche Unterhaltung sorgt. Wortgewaltig schildert er dann das Speisenangebot und macht damit nach guter alter Sitte jede Speisekarte überflüssig: Vertrauen Sie sich ihm bedenkenlos an, er wird bestimmt auch nicht eine der Spezialitäten auslassen, die die Küche zu bieten hat.
Einstimmen können Sie sich mit Crostini und einer Kostprobe der Wurstwaren der Gegend, doch dann kommen auch schon die Primi: eine ausgezeichnete **Pilzsuppe** aus rund zwanzig verschiedenen Sorten, delikate **Ravioli nudi mit Ricotta und Brennesseln** oder hausgemachte Teigwaren in verschiedenen Formen und mit vielen Saucen, zarte **Tagliolini mit Kichererbsen** oder mit Bohnen sowie die toskanische Suppe Acquacotta mit je nach Saison wechselnden Zutaten. Als Hauptgang gibt es verschiedene Fleischgerichte, je nach Jahreszeit und Marktangebot: Kapaun oder Zicklein, Wildbret oder **Milchferkel**, alles nach regionalen Rezepten zubereitet. Auch Urgroßmutters Rezepte kommen hier zu neuen Ehren, wie **Buglione** (eine Art Ragout) und **Scottiglia** (Fleischtopf). Dazu gibt es eine große Auswahl an Beilagen, mit Gemüsesorten und Hülsenfrüchten der Saison.

Arezzo

La Torre di Gnicche

NEU

Enoteca mit Ausschank und Küche
Piaggia San Martino, 8
Tel. 05 75 / 35 20 35
Ruhetag: Mittwoch
Betriebsferien: Januar
30 Plätze
Preise: 15 – 30 000 Lire, ohne Wein
Kreditkarten: alle außer AE
Nur abends geöffnet

In Sichtweite der Piazza Vasari, auf der jeden ersten Sonntag im Monat die Antiquitätenmesse stattfindet, können auch Feinschmecker ein Schnäppchen machen: Im Untergeschoß eines Gebäudes aus dem 14. Jahrhundert haben Lucia, Mara und Paolo, allesamt leidenschaftliche Anhänger guter Küche und eines feines Tropfens, das »Torre di Gnicche« aus der Taufe gehoben, eine moderne Version antiker Osterie. Die gutbestückte Weinkarte bietet einen interessanten Abschnitt mit Erzeugnissen aus den Colli Aretini sowie erstklassige Abfüllungen aus ganz Italien. Sämtliche Weine können auch verköstigt werden, und für Liebhaber von Hochprozentigem hält die Liste der Schnäpse manch angenehme Überraschung parat.
Die Küche verwendet ausschließlich hochwertige Zutaten, die zu Gerichten verarbeitet werden, die sich ganz an den klassischen kulinarischen Traditionen der Gegend orientieren. Suchen Sie eine feste Grundlage für Ihre Weindegustation, so finden Sie eine zwar kleine, aber absolut überzeugende Auswahl an Speisen: Überbackene **Zwiebelsuppe**, Pappa col pomodoro, Gemüsesuppe mit Dinkel und **Acquacotta** aus Casentino sind die üblichen Primi. Das Fleisch für die Hauptgerichte liefern die berühmten großen Chianina-Kälber: Sie werden von einem verläßlichen Metzger geschlachtet und zertifiziert und dann zu **Kutteln**, Hackfleischauflauf und **Grifi all'aretina** (Kalbszunge in umido) verarbeitet, einer ganz besonderen Spezialität, die man sonst kaum noch findet.

In der Via Madonna del Prato, Ecke Via de'Cenci, finden Sie eine Gelateria mit hausgemachtem Eis; wir empfehlen Ihnen »Pane e Nutella«.

Badia Tedalda Rofelle

71 km nordöstlich von Arezzo, S.S. 258

L'Erbhosteria del Castello

NEU

Bar – Trattoria
Ortsteil Rofelle
Tel. 05 75 / 71 40 17
Ruhetag: Mittwoch
Keine Betriebsferien
60 Plätze + 10 im Freien
Preise: 35 – 40 000 Lire
Keine Kreditkarten
Mittags und abends geöffnet

Piero vertraut auf das Altbewährte, und mit der tatkräftigen Unterstützung seiner Schwester Mara und seiner Frau Manuela beweist er, daß er an die Tradition dieser ländlichen Trattoria im Herzen des Apennins zwischen Toskana und Romagna anzuknüpfen weiß. Die Hochweiden und Wälder dieses Landstrichs bergen reiche Schätze: Ricotta, Käse und Fleisch vom Schaf, Pilze und **Trüffeln**; mit Kräutern und wilden Blüten verfeinert, bilden sie die Grund-zutaten, aus denen die zahlreichen schmackhaften Gerichte entstehen. Wärmstens ans Herz legen wir Ihnen bei den Antipasti die **Frittatine** mit Borretsch, Waldreben, Brombeerzweigen und wildem Spargel, die fritierten Kürbis- und schwarzen Wacholderblüten, die in Fett ausgebackenen Bisamgarben-Fagottini oder auch die kleinen Ciambelle mit Thymian. Weiter geht es mit **Bohnen mit Steinpilzen**, **Vellutata mit Strigoli** oder hausgemachten Tagliatelle und **Ravioli mit Ricotta**. Die Hauptgerichte geizen nicht mit dem delikaten Fleisch vom **Lamm** und Chianina-Rindern der umliegenden Weiden; alternativ können Sie sich Geflügel wie das **Perlhuhn mit Wacholder** (oder zur Saison auch mit Trüffeln) schmecken lassen. Die hausgemachten Desserts harmonieren wunderbar mit den Kräuterlikören, ebenfalls aus eigener Herstellung: Rosolio und Ratafià mit Basilikum.
Der in Karaffen ausgeschenkte Hauswein (im oben ausgewiesenen Preis berücksichtigt) erweist sich als durchaus anständiger Chianti, aber eine breitere Auswahl würde den Qualitäten der Küche eher gerecht werden. Und sollten Sie nun die entspannende Atmosphäre der Berge – und natürlich die gute Küche – noch länger genießen wollen, so stehen Ihnen auch fünf gemütliche Gästezimmer zur Verfügung.

Bagnone

47 km nordwestlich von Massa Carrara

Locanda Lina

Hotelrestaurant
Piazza Marconi, 1
Tel. 01 87 / 42 90 69
Ruhetag: Donnerstag
Keine Betriebsferien
45 Plätze
Preise: 40 000 Lire, ohne Wein
Kreditkarten: CartaSi, EC
Mittags und abends geöffnet

Das elegante Haus aus dem 17. Jahrhundert, das heute einen Gasthof beherbergt, liegt mitten im historischen Zentrum eines der malerischsten Orte der Lunigiana; ein hervorragender Standort für einen Aufenthalt im Land der mysteriösen Stelen. Die im Jugendstil eingerichtete Pension verfügt über fünf hübsche Zimmer mit alten Möbeln (rechtzeitige Reservierung ist ratsam). Das Angebot der Küche ist begrenzt, enthält aber die typischen Gerichte der lokalen Tradition. Ums Kochen kümmert sich die unermüdliche Lina, unterstützt wird sie von den Töchtern Francesca, die in der Küche hilft, und Federica, die zusammen mit Walter für den Service zuständig ist. Die Speisekarte bietet durchweg traditionelle Gerichte. Die typische Mahlzeit beginnt mit einer **Torta d'erbi**, einer besonderen Spezialität der Gegend, danach folgen Kartoffelkuchen und die klassische **Barbotta** (ein Kuchen aus Zwiebeln und Maismehl). Im Anschluß daran kann man mit **Testaroli al pesto**, Gemüseravioli, Lasagne bastarde oder den handgemachten Taglierini fortfahren, die während der Saison mit einer **Steinpilz**sauce serviert werden. Als Secondi werden vorwiegend Gerichte mit hellem Fleisch angeboten: Agnello a scottadito oder **Agnello fritto** (oder auch fritiertes Hähnchen oder Kaninchen) und Anatra al sale. Zum Abschluß gibt es Canestrelli und Mandeltorte. Die Weinkarte, die von Walter zusammengestellt wird, umfaßt die heimischen Erzeugnisse der Lunigiana, aber auch Weine aus dem übrigen Italien. Samstags muß man reservieren.

In **Mocrone** di Villafranca in Lunigiana (3 km entfernt) bekommen Sie bei Graziella Ravera an der Via Provinciale köstliche, aromatische Kräuterkuchen.

Barberino Val d'Elsa
Marcialla

32 km südlich von Florenz, S.S. 2

Il Frantoio

NEU

Trattoria
Via Matteotti, 33
Tel. 0 55 / 8 07 42 44
Ruhetag: Mo., im Winter a. Di.mittag
Betriebsferien: Juli
50 Plätze
Preise: 45 000 Lire, ohne Wein
Kreditkarten: AE, CartaSi, Visa
Mittags und abends geöffnet

An die alte Ölmühle, in der hier einst Olivenöl hergestellt wurde, erinnern heute nur noch Presse, Mahlstein und Brunnen, aus dem das Wasser für die Bearbeitung der Oliven geschöpft wurde – und natürlich der Name des Lokals, der nichts anderes als »Ölmühle« bedeutet: Ein entzückendes kleines Lokal mit einer einfachen, überaus geschmackvollen Einrichtung, dessen Gäste von Mario Abbate mit authentischer toskanischer Küche verwöhnt werden. In der Ausgabe von 1997 stellten wir die Trattoria zum ersten Mal vor, haben sie mittlerweile wiederholt besucht und fanden unseren positiven Eindruck mehr als bestätigt.
Wer die inzwischen überall erhältliche, übliche Standardkost sucht, sollte nicht im »Frantoio« einkehren – wer allerdings auf den Spuren traditioneller, ursprünglicher Rezepte wandeln möchte, der ist hier genau richtig! So machen die **Crostini** erst mit der Pfanne Bekanntschaft, um dann mit Geflügelleber und Pilzen belegt zu werden, der Aufschnitt kommt aus der Gegend, und mit schmackhaften Saucen (alla puttanesca, mit Tomaten oder Fleischragout) werden hausgemachte **Gnocchi** serviert. Auch die Suppen haben es in sich, die köstliche Gemüsesuppe mit Dinkel ebenso wie die **Ribollita** oder die **Pappa al pomodoro**. Die Hauptgerichte dann sind schlicht, aber außerordentlich schmackhaft: **Rindsrouladen** mit Salbeiblättern, Omelett mit Salsiccia oder **Fritto di carni** mit verschiedenem Fleisch – Huhn, Lamm und Hirn –, die mit einem reichhaltigen Teller passend dazu gebratenem Gemüse serviert werden. Traditionell auch die Desserts: Torta della Nonna oder – natürlich – hausgemachtes Tiramisù schließen die Mahlzeit ab.
Den guten toskanischen Wein dazu können Sie direkt aus dem Regal wählen, das vom Chianti Classico beherrscht wird.

Bibbiena
Banzena

37 km nördlich von Arezzo, S.S. 208

Il Bivio

Restaurant
Ortsteil Bivio di Banzena, 65
Tel. 05 75 / 59 32 42
Ruhetag: Montag
Keine Betriebsferien
140 Plätze
Preise: 30 – 40 000 Lire, ohne Wein
Keine Kreditkarten
Mittags und abends geöffnet

Die alten Wälder und die grün leuchtenden Wiesen, die aus einem Werbespot stammen könnten, gehören zu einem Gebiet, in dem italienische Geistesgeschichte geschrieben wurde: Die Einsiedlerkolonien von Camaldoli und Verna sind nur wenige Kilometer entfernt. Ebenso gesegnet ist das Land mit gastronomischen Schätzen: der charakteristische Scorzone des Casentinese; die Pastorina, eine hier beheimatete Rinderrasse, aus der Kreuzung von Marche- und Chiana-Rindern hervorgegangen; Wild und Pilze – alles Rohprodukte von erstklassiger Qualität, die die traditionelle Küche der Gegend zu nützen weiß. Geführt wird das Lokal, das an der Abzweigung nach Banzena liegt, von den Schwestern Claudia, Ivana und Cristina Ferrini, die sich in Küche und Speisesaal abwechseln. Probieren Sie **Ravioli in getrüffelter Sauce**, **gegrilltes Fleisch von den weißen Pastorina-Rindern**. Von den Primi können Sie immer **Maccheroncini mit Entenragout** (»sugo di nana«) bekommen, während für **Kartoffel-Tortelli**, Suppe mit Bohnen und Ricotta, **Scottiglia** und Acquacotta Vorbestellung nötig ist. Zur Saison regieren Wild und die berühmten Pilze des Casentino. Zur Krönung des Mahls wird Sie Claudia, deren Passion die Dolci sind, mit **Kuchen mit gedörrten oder frischen Früchten** überraschen, Ivana mit ihrem Halbgefrorenen. Der Keller enthält interessante Weine, ausgewählt vom sympathischen und kompetenten Sommelier Lorenzo Giuliani.

Zwölf Honigsorten – darunter Orange, Akazie, Tanne, Kräuter, Sonnenblume – gibt es bei der Apicoltura Casentinese in **Soci** (5 km; Via Caduti Partigiani, 6).

Camaiore Santa Lucia

25 km nordwestlich von Lucca

Il Vignaccio

Osteria
Via di Santa Lucia, 26
Tel. 05 84/91 42 00
Ruhetag: Mittwoch
Betriebsferien: November
65 Plätze + 120 im Freien
Preise: 45 000 Lire, ohne Wein
Kreditkarten: alle
Mittags und abends geöffnet, im Sommer nur abends

Seit diesem Frühjahr präsentiert sich das »Vignaccio« in neuem, schönerem Gewand. Und auch in seinem Team findet sich ein neues Gesicht: Michele, der jetzt für die Pâtisserie zuständig ist und ihr mit seinen Süßspeisen auch gleich neue Impulse verliehen hat. Probieren Sie doch einfach seine beachtliche Schokoladentorte mit Birnen, und überzeugen Sie sich selbst! Das neue Lokal ist in jedem Falle ruhiger und komfortabler. Im Sommer dann kann man von der eleganten Veranda vor dem Lokal aus den Blick weit über die eindrucksvolle Landschaft der Apuaner Berge schweifen lassen.
Eröffnen Sie das Mahl mit den Antipasti di Terra (aus den Früchten der Erde und Weiden): köstliche Wurstwaren, delikat gegrillter Scamorzakäse und klassische **Crostini** mit Pâté, Leberfarce oder Pilzen. Wählen Sie dann unter den traditionellen Primi: **Tordelli** und **Pappardelle all'anatra**, Dinkelsuppe, **Zuppa Frantoiana** und Tagliolini mit Bohnen und Dinkel. Ihre ganze Kochkunst entfalten Andrea und Emiliana jedoch bei den köstlichen Hauptgerichten: Das **gebratene Spanferkel** ist einfach köstlich, unwiderstehlich das Angussteak mit Trüffelfonduta, und das Tablett mit den Käsespezialitäten ist schlicht eine Augen- und Gaumenweide.
Der bemerkenswert gut bestückte Weinkeller bietet nur beste Erzeugnisse aus ganz Italien – stöbern Sie ruhig ein wenig in den Regalen, und suchen Sie sich den passenden Begleiter zu Ihrer Mahlzeit gleich selbst aus.

Wenn Sie schon in der Gegend sind, sollten Sie auch gleich zur Salumeria Bonuccelli im Zentrum von **Camaiore** fahren, 4 km vom Ortsteil Santa Lucia aus, Via Vittorio Emanuele 9: Dort gibt es meisterlich hergestellte delikate Wurstwaren wie Lardo salato, frische Würste und gepökelten Schinken.

Camaiore

25 km nordwestlich von Lucca

Le Monache

Trattoria mit Gästezimmern
Piazza XXIX Maggio, 36
Tel. 05 84/98 92 58
Ruhetag: Mittwoch, nicht im Sommer
Betriebsferien: im Februar
80 Plätze
Preise: 40 000 Lire, ohne Wein
Kreditkarten: alle
Mittags und abends geöffnet

Der ausgefallene Name dieser Trattoria (»Die Klosterschwestern«) rührt von dem benachbarten Nonnenkloster her – wie auch einige Rezepte, denn die Nonnen verstanden sich auch aufs Kochen! Das 1921 eröffnete Lokal wird mittlerweile in der vierten Generation von der gleichen Wirtsfamilie geleitet, die es erst vor kurzem einer Verjüngungskur unterzog.
Filiberto Bertozzi, der jetzige Wirt, der das Lokal mit Gattin Sonia, Tochter Daniela und Schwiegersohn Nicola führt, kann seine Herkunft aus der Garfagnana nicht verleugnen, gibt es doch einige Gerichte wie **Tordello di carne al ragù** und die Minestrone mit Kichererbsen und Dinkel, die typisch sind für diesen Landstrich. Aber das Speisenangebot entführt Sie auch in andere Regionen, mit weiteren vorzüglichen Primi wie den Saccottini mit Steinpilzen (Pfannkuchen, die mit Schnittlauch zu kleinen Täschchen zusammengebunden werden) und dem **Risotto mit Ringeltaubenragout**. Als Hauptgang empfehlen wir Ihnen das **Kaninchen alla cacciatora**, das Bistecca fiorentina, die gefüllte Kalbsbrust und insbesondere Gebackenes und **Fleisch von der Holzglut** – das Lokal ist bekannt für seine Spezialitäten vom Lamm, Huhn und Kaninchen, für gebackenes Hirn und Grillhähnchen, die hier wirklich gekonnt zubereitet werden. Und wo ein Holzofen steht, darf eine leckere Pizza nicht fehlen.
Die Weinkarte wurde um einige feine Tropfen ergänzt und bietet nun eine gute Auswahl.

Zwei gute Adressen für Sie in der Via Vittorio Emanuele: auf Hausnummer 41 den Lebensmittelladen Da Lando, der ein großes Sortiment an Wurstwaren und Käsesorten führt, aber auch frische Pasta, typische Delikatessen und hausgemachte Kuchen; und auf Nummer 187 die Enoteca Dionisio, die mit einer bemerkenswerten Auswahl an Weinen und Spirituosen.

Campiglia Marittima

72 km südlich von Livorno,
19 km nördlich von Piombino, S.S. 1

Il Canovaccio

NEU

Osteria
Via Vecchio Asilo, 1
Tel. 05 65 / 83 84 49
Ruhetag: Dienstag, nicht im Sommer
Betriebsferien: 2 Wo. im Nov. u. 3 Wo. [im Jan.
30 Plätze + 50 im Freien
Preise: 35 000 Lire, ohne Weine
Kreditkarten: alle
Nur abends geöffnet

In dem mittelalterlichen Städtchen Campiglia Marittima, das von einer der malerischsten Hügellandschaften der Maremma umschlossen wird, lockt einladend ein ganz reizendes Lokal – das »Canovaccio«. Sie erreichen die Osteria, indem Sie durch einen der zahlreichen mittelalterlichen Torbögen der Stadt gehen und anschließend zwei Treppenabsätze hinaufsteigen. Dort oben empfängt Sie dann Davide D'Onofrio, der das »Canovaccio« mit der tatkräftigen Hilfe seiner Frau Laura leitet. In seinem im Bistro-Stil gehaltenen Lokal mit der auf die Piazza hinausgehenden Terrasse für den Sommer fühlt man sich sofort wohl: An einer der Wände prangt ein schönes Bild des historischen Theaters von Campiglia, dessen Spielsaison noch heute viele Besucher anlockt. Davide hält eine einfache Küche für Sie bereit, auf deren Zubereitung und Präsentation allerdings größte Sorgfalt verwendet wird. Originellerweise hat er sich dazu entschlossen, keine Hauptgerichte in sein Speisenangebot aufzunehmen. Darüber trösten Sie jedoch die Antipasti, die Primi und die im Büffet ausgestellten Desserts (wer möchte, kann auch eine Pizza bestellen) rasch hinweg. Beginnen Sie mit einem **Gemüseauflauf der Saison** oder dem Meeresfrüchteauflauf, die Sie einstimmen auf die Maltagliati mit Gemüse, Tagliatelle mit Meeresgetier, **Orecchiette mit Tomaten und Ricotta** oder die Brühe mit Meeresfrüchten. Zu kulinarischem Gipfelsturm setzt Davide mit den Dolci an, denen seine ganze Leidenschaft gilt: **Meringetorte mit Zitronen**, Bayerische Creme mit Obst, Schokoladengebäck und Crostate mit Obst der Saison, von Aprikosen bis Weintrauben.
Schließlich darf auch der gute Weinkeller nicht unerwähnt bleiben, der vor allem Weine aus der Maremma bietet, aber auch einige Marken aus anderen toskanischen Lagen.

Camporgiano Casatico

62 km nordwestlich von Lucca, S.S. 445

Da Ravina

Restaurant
Via Fiorani, 2
Tel. 05 83 / 61 84 75
Ruhetag: Montag, nicht im Sommer
Betriebsferien: im September
80 Plätze + 40 im Freien
Preise: 25 – 35 000 Lire
Keine Kreditkarten
Mittags und abends geöffnet

Irgend jemand hat die Garfagnana einmal sehr treffend als »die grüne Insel der Toskana« bezeichnet. Lucca, Pisa oder die mondäne Versilia sind nicht weit, und dennoch konnte sich die ruhige und beschauliche Garfagnana eine eigene Geschichte und Identität herausbilden und auch bewahren. Und in vielen Dörfern auf den Hochebenen, auf den Hügeln oder inmitten von Kastanienwäldern – wie Casatico – verbergen sich Familientrattorien, in denen traditionelle Kost angeboten wird. Das »Da Ravina« ist so ein Lokal. Katia wird Ihnen in ihrer freundlichen und zuvorkommenden Art ganze Platten mit eingelegtem Gemüse und schmackhafte warme **Crostini** anbieten. Darauf folgen dann die Polenta mit Kaninchenbraten, **Reis mit Steinpilzen**, **Dinkelsuppe** oder Maccheroni strappati. In der Küche haben Delia und Renza gerade zu tun, um den **Wildschweinschmorbraten** und andere **Wildgerichte** – zur Saison – oder einen kräftigen Hahn aus Freilandhaltung für die hungrigen Gäste zuzubereiten. Danach sollte man unbedingt noch eines der hausgemachten Desserts probieren. Dazu trinkt man einen ehrlichen Hauswein oder einige toskanische Flaschenweine. Man sollte (vor allem im Winter) vorbestellen, um die interessantesten Spezialitäten genießen zu können.

In Camporgiano verkauft die Metzgerei Mariani in der Via Bertolini 12 typische Fleisch- und Wurstwaren von lokalen Erzeugern.

In **Casciana**, einem Gemeindeteil von Camporgiano (5 km), Via Sorbo 1, verkauft Giovanni Bravi Dinkel und Dinkelmehl.

Camporgiano Rancone
60 km nordwestlich von Lucca, S.S. 445

Mulin del Rancone

Ferienbauernhof
Ortsteil Rancone
Tel. 05 83 / 61 86 70
Kein Ruhetag
Betriebsferien: Januar und Februar
30 Plätze
Preise: 30 000 Lire, ohne Wein
Kreditkarten: CartaSi
Mittags und abends geöffnet

Am Ufer des Serchio, dort, wo er noch kaum größer ist als ein kleiner Wildbach, stand einst eine klappernde Mühle und verfiel. Bis jemand auf die Idee kam, sie in einen gemütlichen, einladenden Ferienbauernhof umzubauen, und schon bald wurde die Mühle zu einer Adresse, die Liebhaber guter traditioneller Küche immer wieder zur Einkehr lockt: Wegen der traditionellen, köstlich duftenden Gerichte aus Dinkel, Pilzen, Maronen und zartem Fleisch.
Gabriele wird Sie bei der Wahl der Speisen beraten, die Franca und Orianna für Sie zubereitet haben: Stimmen Sie sich doch am besten ein mit Kartoffel- und **Dinkelkuchen**, **Gemüsesuppe mit Dinkel** sowie Maccheroni mit Fleischragout oder Pilzsauce und Polenta. Im Winter steht **Maronenmehl** im Mittelpunkt und umgibt sich mit den »Ossi di maiale« (Schweineknochen), mit Salsiccia oder Biroldo (Wurst aus Schweineblut und Innereien). Dann werden sorgfältig zubereitete Hauptgerichte aus weißem und rotem Fleisch von Tieren aus eigener Aufzucht aufgetischt: Kaninchen in Sauce, **gebratenes Lamm** oder Schweinefleisch mit Polenta aus Maronenmehl (im Winter). Fischliebhaber können sich für die leckere **Forelle mit Mandeln** entscheiden, die fangfrisch aus dem fischreichen Serchio auf den Teller kommt. Eine weitere Hauptattraktion des Lokals ist die **Patisserie**: Lassen Sie sich von Enzos genialen Kreationen wie Apfelkuchen und Crostate, Dinkelpudding oder Maronenmehlwaffeln mit einer Sauce aus Khakifrüchten verführen, denn der »Konditormeister« kennt sich hervorragend aus in der Küche der Garfagnana. Zu Ihrer Mahlzeit erhalten Sie toskanische Weine, vornehmlich aus den Hügeln um Lucca und dem Chianti. Wirklich hungrige Gäste erhalten immer einen Imbiß mit lokalen Wurstwaren und Dinkelküchlein.

Capannori Camigliano
10 km östlich von Lucca

I Diavoletti

Arci-Lokal
Via Stradone, 302
Tel. 05 83 / 92 95 47
Ruhetag: Mittwoch
Keine Betriebsferien
100 Plätze + 80 im Freien
Preise: 30 – 40 000 Lire, ohne Wein
Keine Kreditkarten
Nur abends geöffnet

Dieses zauberhafte Fleckchen Erde im Umland von Lucca schmückt eine Vielzahl wundervoller aristokratischer Villen wie die berühmte Villa Torrigiani – und ein unscheinbares Gebäude mit der Aufschrift »Diavoletti«. Lassen Sie sich weder von den fehlenden Hinweisschildern noch von dem nicht gerade fürstlich wirkenden Äußeren beirren!
Nun ist die Auswahl groß: von der Pizza für Sonntagsausflügler über traditionelle Gerichte aus Lucca bis hin zu Fischgerichten, die – das Meer ist ja nun auch wirklich nicht weit – in dieser Gegend immer beliebter werden. Ein Gaumenschmaus sind die **Tordelli** aus Lucca und die frankophile Soupe de Poisson, aber auch die heimischere **Zuppa di Cicale** mit Heuschreckenkrebsen wird Sie ganz bestimmt nicht enttäuschen. Zwei weitere traditionelle Gerichte, die wir Ihnen gern empfehlen, sind die kräftige Dinkelsuppe im Winter und die leichtere **Garmugia** mit jungem Gemüse im Frühling. Bei den Hauptgerichten hat uns besonders das delikate Schaffleisch von Beständen überzeugt, die ringsum auf den üppigen Weiden der Ebene um Lucca grasen: Hier kommt es als Steak oder **geschmortes Schaffleisch** auf den Tisch. Daneben stehen aber auch Rindfleisch oder auf Holz gegrillter Caciotta-Käse zur Wahl.
Die Mahlzeit beschließen leckere hausgemachte Süßspeisen wie die delikate, außerordentlich schmackhafte **Bayerische Creme mit Aprikosen** und der halbgefrorene Spumone mit heißer Schokolade. Passend zu Ihrem Mahl können Sie aus einem reichhaltigen Angebot hochwertiger Weine aus der Gegend oder aus Montecarlo wählen.

Das Lebensmittelgeschäft von Aimone Lazzareschi, genannt »Meolla«, im 2 km entfernten **Ortsteil Parigi** verkauft neben einem unübertrefflichen Lardo auch verschiedene Wurstwaren.

Capannori
Pieve di Compito
6 km östlich von Lucca

Il Ponte

Trattoria
Via della Pieve, 142
Tel. 05 83 / 97 72 81
Ruhetag: Montag
Betriebsferien: November
50 Plätze + 35 im Freien
Preise: 45 – 50 000 Lire, ohne Wein
Kreditkarten: Visa
Nur abends geöffnet

Gut versteckt in der atemberaubenden Hügellandschaft um Compito, mitten im »Borgo delle Camelie«, liegt die Trattoria »Il Ponte«. Man stößt nicht gerade mit der Nase darauf, und Pietro Nardi, der Wirt, mußte schon viel Fleiß und Geduld darauf verwenden, bis er allein durch sein anspruchsvolles Speisenangebot all die Gäste anzog, die heute sein Lokal aufsuchen.
Die Erwartungen waren also stets hoch, und insbesondere bei den Fischgerichten hatten es die Köche immer etwas zu eilig. Also reduzierte Nardi kurzerhand die Anzahl der Tische und übernahm persönlich das Regiment in der Küche. Der äußere Rahmen ist anziehend und vielfarbig, das Lokal quillt über von kuriosen Gegenständen – man fühlt sich warm und behaglich wie auf einem bunten Dampfer.
Die Küche bietet traditionelle Gerichte mit reichlich frischem Fisch, denen Nardi immer wieder einen exotischen Pfiff verleiht. Beginnen Sie mit einer Degustation der warmen Vorspeisen (**Dinkel alla marinara**, Meeresfrüchtesalat oder Oktopus mit Rucola). Ein Klassiker unter den Primi sind die leckeren Spaghetti allo Scoglio oder alle Vongole veraci (in der Saison auch mit Arselle – Venusmuscheln – und Canolicchi – Stabmuscheln). Besonders interessant fanden wir die Ravioli mit Fisch, die Trofiette (kleine Teigklöße) mit Muscheln und Pesto und insbesondere die **Bavette** (dünne Pastastreifen) **auf Fisch**, die nach alter Tradition der Versilia wie ein Risotto in der Pfanne im Fischsud gegart werden. Auch bei den Hauptgerichten liegen Sie mit dem stets fangfrischen, schmackhaft zubereiteten Fisch immer richtig: Versuchen Sie den im Bananenblatt gegrillten **Wolfsbarsch**, den Gran Cartoccio di Mare (eingewickelt im Ofen gegarte Meeresfrüchte) und den **Fritto di Gamberetti**.
Die Auswahl an Weinen ist zwar nicht groß, aber qualitativ sehr gut.

Caprese Michelangelo
Fonte della Galletta
44 km nordöstlich von Arezzo

Fonte della Galletta

Gasthof
Ortsteil Fonte della Galletta
Tel. 05 75 / 79 39 25, 79 36 52
Ruhetag: Mo.–Do., nicht im Sommer
Keine Betriebsferien
50 Plätze + 50 im Freien
Preise: 35 – 45 000 Lire, ohne Wein
Alle Kreditkarten
Mittags und abends geöffnet

Im leuchtenden Grün der Alpe di Catenaia finden Sie in 1177 m Höhe eines der interessantesten Gasthäuser der Region, das »Fonte della Galletta«: ein Steinhaus mit zwei hübschen Speiseräumen und eine aus Buchenholz errichtete Dépendance mit kleinen Appartements. Im herrlichen Garten gibt es noch den Brunnen, der dem Lokal seinen Namen gegeben hat (zusammen mit dem Spitznamen der früheren Besitzerin, »galletta«, Hühnchen). Seele des Unternehmens ist der blutjunge Giacomo Berlicchi, ein wunderbarer Gastgeber und hervorragender Sommelier. In der Küche wirken seine Mutter Miranda sowie seine Frau Barbara, Spezialistin für Süßspeisen und Marmeladen, ebenso bravourös im Service Bruder Matteo. Giacomo produziert auch die Salumi für die Antipasti selbst, probieren Sie das Schweinefilet, die in Öl eingelegten »rocchi« und den Bergschinken. In der Saison gibt's frische Pilze, etwa einen köstlichen **Salat von Kaiserlingen** (ovuli). Lassen Sie bei den Primi die **Dinkelsuppe mit Pilzen**, die **mit Trüffel gefüllten Guancialine** oder die Tortelli capacioni nicht aus. Die hausgemachten Nudeln werden mit verschiedenen Sughi serviert, u. a. einem mit Herbsttrompeten. Die Secondi kommen meist vom Rost: Wildschwein, Lamm, Leber und **Bistecca vom Chiana-Rind** (über drei Finger dick). Als Süßspeisen stehen ausgezeichnete Crostate und ein vortrefflicher **Zuccotto mit frischem Ricotta** bereit. Nach einem Glas Vin Santo machen Sie am besten einen Spaziergang in dieser schönen Gegend, aus der der berühmte Michelangelo stammt.

Caréggine
Isola Santa

36 km nordöstlich von Lucca, S.S. 445

Da Giaccò

NEU

Restaurant
Via Provinciale di Arni, 2
Tel. 05 83 / 66 70 48
Ruhetag: Die., im Sommer nur abends
Betriebsferien: 3 Wochen im November
100 Plätze
Preise: 35 000 Lire
Kreditkarten: CartaSi
Mittags und abends geöffnet

Im Herzen des Naturparks Apuanische Alpen auf einer kleinen Terrasse Platz nehmen, sich den kühlenden Wind aus den nahezu undurchdringlichen Wäldern, die sich in den Wassern des Sees Isola Santa spiegeln, über das Gesicht streichen lassen und dabei hervorragend essen: All dies können Sie im »Da Giaccò«, das Sie über die Straße erreichen, die von Castelnuovo aus in die Versilia und nach Massa führt. Vor dieser hinreißenden Kulisse verwöhnt Sie Gabriele mit einer Küche, die sich zwar streng an die Traditionen der Garfagnana hält, mit den Jahren jedoch bereichert wurde um die mannigfaltigen Erinnerungen aus jenen langen Jahren, die er in verschiedenen toskanischen Restaurants verbracht hat und die heute den Grundstock für seinen reichen Schatz an Fachwissen über Weine und gute Küche bieten.
Sein Prunkstück ist die frische, ausnahmslos hausgemachte Pasta, von der wir Ihnen die Ravioli und die klassische **Pasta Strappata** (breite Nudeln) besonders ans Herz legen; in der Saison sind auch die deliziösen **Tortelli mit Trüffeln** eine Sünde wert. Dieser kostbare **Pilz** findet sich dann gemeinsam mit weniger kostbaren Artgenossen, die in den umliegenden Wäldern zuhauf wachsen, auch bei allerlei Hauptgerichten wieder. Sie können sich aber auch eines der großartigen Fleischgerichte vom Grill als Secondo schmecken lassen (und hier insbesondere das exquisite **Zicklein von der Holzglut**). Mit Waldfrüchten (Blaubeeren, Erdbeeren und Himbeeren) oder einem der typischen Dolci der Gegend wie der »Torta Squisita« (die nicht von ungefähr so heißt!) klingt die Mahlzeit schließlich aus. Ebenso erfreulich wie die Speisen ist auch die Weinkarte, die eine ansehnliche Auswahl regionaler Erzeugnisse bietet.

Carmignano

12 km südwestlich von Prato

Su pe' i Canto

NEU

Enoteca mit Ausschank und Küche
Piazza Giacomo Matteotti, 25–26
Tel. 0 55 / 8 71 24 90
Ruhetag: Montag
Betriebsferien: August
30 Plätze
Preise: 30 – 35 000 Lire
Kreditkarten: CartaSi
Mittags und abends geöffnet

Das direkt am Hauptplatz gelegene Lokal war früher ein Kohlenkeller. Vincenzo und Francesco Alderighi bereiten ihren Gästen hier in dieser winzigen, stimmigen Enoteca mit der rustikalen, gepflegten Einrichtung einen außerordentlich herzlichen Empfang.
Das Speisenangebot trägt unverkennbar die Handschrift der traditionellen toskanischen Küche mit ihrer unverfälschten, kräftigen Kost: Versuchen Sie die **Ribollita**, die **Pappardelle mit Entenragout** und die Penne all'unto scappato. Zum Hauptgang empfehlen wir **Coniglio della nonna** (Kaninchen nach Großmutters Rezept), ein typisches Gericht aus Carmignano, oder auch Baccalà mit Trauben. Die Gerichte mit Ente werden Sie begeistern, und hier insbesondere der köstlich duftende **gefüllte Entenhals**. Der Weinkeller bietet vor allem gute Tropfen aus Carmignano (denen kürzlich sogar das »DOCG«-Siegel zuerkannt wurde), aber auch ein schönes Sortiment an regionalen Abfüllungen.

Die Bottega d'Fochi in der Via Roma 10 backt am laufenden Band Amaretti, Cantucci (Kekse) mit Mandeln, Schokolade oder Rosinen, Pan Ramerino (traditionelles Gebäck mit Zibibbo und Rosmarin), Apfelkuchen und Kuchen mit Pinienkernen und Rosinen. Besondere Spezialität ist das »Coccodrillo«, ein cremegefüllter, mit Marsala getränkter Mürbeteigkuchen mit Schokoladenkuvertüre.

Carrara Avenza

2 km vom Stadtzentrum entfernt

Gargantou

Restaurant
Via Luni, 4
Tel. 05 85 / 5 26 69
Ruhetag: Sonntag
Betriebsferien: 3 Wo. im September
60 Plätze + 30 im Freien
Preise: 35 – 38 000 Lire, ohne Wein
Kreditkarten: alle
Mittags und abends geöffnet

lVertrauen Sie dem freundlichen, außerordentlich fachkundigen Stefano: Er ist ein erfahrener Sommelier und wird Sie gerne auf eine Entdeckungsreise durch die klassische Küche der Apuanischen Alpen mitnehmen. Beginnen Sie mit den heimischen Wurstwaren, wie **Lardo di Colonnata**, und al verde marinierten Anchovisfilets. Kosten Sie dann die hausgemachte Pasta in all ihren Variationen: klassische Ravioli, Tagliatelle mit Muscheln und Zucchini und natürlich die berühmten **Taglierini nei fagioli**, die auch aufgekocht noch ganz vorzüglich schmecken. Die große Auswahl an Secondi dreht sich thematisch um die geschmackliche Umsetzung von »Kleine-Leute-Zutaten« wie **Kutteln**, Stockfisch, **Fröschen** und **Schnecken**, neben denen es selbstverständlich auch hochwertiges Grillfleisch und frischen Fisch gibt. Krönender Abschluß sind dann Katias süße Kreationen: weicher **Buccellato** (eine Art süße Ciambella), Ricottatorte und **Reiskuchen** – ein Wahrzeichen der Küchentraditionen der Apuanischen Alpen und der Versilia.
Die ohnehin umfangreiche Weinkarte wird dank Stefanos Leidenschaft und Fachkenntnis stets noch etwas besser. Und gegen ein feines Gläschen Hochprozentiges hätte gewiß auch Gargantua nichts einzuwenden ...

Im Fischgeschäft »Antonietta« in Avenza, Viale XX Settembre 205, angeln Sie sich garantiert fangfrischen, leckeren Fisch zu angemessenen Preisen. Und die Metzgerei von Franco Mussi im Ortsteil **Stadio**, Via Trieste 2, verkauft hochwertige Wurstwaren und eine exzellente Bresaola vom Pferd. Naschkatzen sollten den Corso Umberto, Nr. 1 bis, im Ortsteil **Fossola** aufsuchen, wo die Bäckerei Giorgio Dazzi gutes Brot, Dolci und eine umwerfende Focaccia aus Mehl, Zucker und Dörrobst anbietet.

Carrara Marina

7 km südwestlich von Massa, S.S. 1

L'Enoteca

Osteria – Enoteca
Viale Verrazzano, 11 e
Tel. 05 85 / 63 44 20
Ruhetag: Sonntag
Betriebsferien: unterschiedlich
45 Plätze
Preise: 40 – 45 000 Lire, ohne Wein
Kreditkarten: CartaSi
Mittags und abends geöffnet

Im Erdgeschoß eine modern und schlicht gehaltene Enoteca-Bar mit rund zwanzig Plätzen, in der man für 20 – 25 000 Lire ein schnelles Mittagessen bekommt; einen Stock tiefer dann das Restaurant mit seinen wenigen, geschmackvoll gedeckten Tischen und einer bemerkenswerten Sammlung großer Weine und Schnäpse.
Das Speisenangebot sieht alles außer Fisch vor, den Sie vorbestellen müßten. Weinliebhaber können sich auch für eine Weindegustation entscheiden, zu der Ihnen wunderbare italienische **Käsesorten** und Wurstwaren gereicht werden.
Stimmen Sie sich also ein mit Crostini, geräuchertem Thunfisch und Schwertfisch, Thunfischrogen, Anchovis und Oliven, um dann zu den Primi überzugehen: Hier gebührt der Ehrenplatz unangefochten der frischen Pasta: **Pappardelle all'anatra**, Tagliolini mit Zucchini und geräuchertem Schwertfisch, **Ravioli** mit Ricotta, Zwiebeln und Sellerie in Entenbrühe oder mit Auberginen in frischen Tomaten und gesalzener Ricotta. Sie können sich aber auch für Risotti oder eine Suppe entscheiden. Die Hauptgerichte setzen auf Tradition mit Fleisch vom Grill (Steak, Filet oder Entenbrust), aus dem Ofen (die große Scheibe vom **Rind**) oder in umido (Kutteln, **Peposo** – Rinderragout in Rotwein – und geschmortes Schwein). Zum süßen Abschluß lassen Sie sich dann mit Crème-caramel-Törtchen mit Trauben oder dem hausgemachten Eis verwöhnen, das in einem kleinen Becher mit Schokoraspeln serviert wird. Die hervorragende Weinkarte umfaßt etwa 500 Flaschenweine, und auch das Sortiment an Schnäpsen, Rum, Whiskys, Cognac, Armagnac und Grappe bietet so manchen Jahrgangstropfen aus gutem Hause.

In der Macelleria Zeni in der Via A. Maggiani 96 bekommen Sie hochwertiges Rindfleisch von Piemont-Rindern aus eigener Schlachtung.

Castagneto Carducci

58 km südlich von Livorno, S.S. 1

Da Ugo

NEU

Restaurant
Via Pari 3/1
Tel. 05 65 / 76 37 46
Ruhetag: Montag, nicht im Sommer
Betriebsferien: November
50 Plätze
Preise: 40 000 Lire, ohne Wein
Kreditkarten: alle
Mittags und abends geöffnet

Castagneto Carducci, das schon immer eine große kulinarische Tradition hatte, macht in jüngster Zeit – seit dem Sassicaia – auch in Weinführern von sich reden. Die Küche dieses Landstrichs spiegelt die Erzeugnisse einer Erde, die seit Menschengedenken von Bauern und Jägern bestellt oder durchstreift wurde. Eine eigene Vorstellung von diesem reichen Erbe können Sie sich im Restaurant »Da Ugo« machen, das heute – nachdem der frühere Wirt, dessen Namen es trägt, in den wohlverdienten Ruhestand gegangen ist – von seinen Töchtern Lucia und Silvia geführt wird. Die beiden tüchtigen Köchinnen haben in Pasquino, dem Ehemann Lucias und leidenschaftlichen Sommelier, einen Partner gefunden, der keine Frage der Gäste im Speisesaal unbeantwortet läßt, durch deren Fenster der Blick bis hin zum Meer schweifen kann, während sich auf den Tischen nach und nach zwar einfache, aber unverfälschte und ungemein schmackhafte Gerichte einfinden. Zum Auftakt gibt es Antipasti aus der Toskana wie **Wurstwaren**, in Öl eingelegte Gemüse und **Crostini mit Leberfarce**; darauf folgt eine Auswahl klassischer Primi wie **Pappardelle mit Wildschweinragout**, Fettuccine mit Pilzen oder **Gemüsesuppe** auf toskanische Art. Die Hauptgerichte geben der Maremma kulinarisch Gestalt: **Cinghiale alla maremmana** mit schwarzen Oliven, gegrilltes Fleisch, **Ringeltaube aus dem Topf** (absolut empfehlenswert!), geschmortes Kalb und Schweinerücken, samt und sonders mit Gemüse der Saison aus dem Ofen serviert.
Für Naschkatzen halten die eifrigen Köchinnen hausgemachte Crostate mit Marmelade bereit, Tiramisù oder im Sommer Eis und Halbgefrorenes. Und wie bereits erwähnt: Bei der Wahl des passenden Weins steht Ihnen Pasquino zur Seite.

Castelfranco di Sotto Orentano

30 km östlich von Pisa

Da Benito

NEU

Trattoria
Via Martiri della Libertà, 2
Tel. 05 83 / 2 36 55
Ruhetag: Mittwoch, nicht im August
Betriebsferien: 3 Wo. im Nov., 1 Wo. im [April
80 Plätze
Preise: 25 – 30 000 Lire
Kreditkarten: die bekannteren
Mittags und abends geöffnet

Diese ländliche Osteria ist auch unter ihrem neuen Wirt Andrea Francioni so einladend wie eh und je: Er setzt nach wie vor auf traditionelle, dem Wechsel der Jahreszeiten folgende Gerichte, die nach Waldfrüchten, Gartengemüse, Jagd und Weidevieh schmecken.
Sind Sie glücklich untergekommen, so können Sie sich nach der Einstimmung mit der klassischen Fettunta (getoastetes, mit Knoblauch und Öl eingeriebenes Brot) mit toskanischer Salami, der Bruschetta mit Tomaten und den **Fagioli al forno** auf den Wogen der Erinnerung davontragen lassen und in Brotsuppe, Panzanella (Brotscheiben mit Tomaten oder Kräutern und Öl) schwelgen, in Bohnen- oder Dinkelsuppe oder auch den weniger originellen, aber ebenso schmackhaften Teigwaren mit Pilzen, alla boscaiola oder alla puttanesca. Bei den Hauptgerichten gibt das **Fleisch vom Grill** den Ton an, das im typisch toskanischen Ofen gegart wird: Tauben, Schweinekoteletts und -würste, Kalbsbrust und das klassische Bistecca Fiorentina vom Chianina-Rind. Lecker sind auch das Kaninchen mit Kräutern, der Schmorbraten sowie – auf Bestellung – **Lamm** und **Zicklein**.
Die opulente Auswahl an **Schafs- und Ziegenkäse** in unterschiedlichen Reifegraden vom Servierwagen rundet die Mahlzeit ab, und zum süßen Schluß gibt es hausgemachte Dolci oder lokales Kleingebäck. Passend dazu wird eine schöne Auswahl an Dessertweinen gereicht, auch aus dem Ausland. Die Weinkarte liest sich wie ein Who's who der besten Jahrgänge sämtlicher toskanischen Spitzenweine, und auch die Spirituosen stehen dem in nichts nach: Die Auswahl an Rum, Cognac und ausgefallenen englischen oder amerikanischen Whiskeymarken ist beachtlich.

Castelnuovo di Garfagnana

49 km nordwestlich von Lucca, S.S. 445

Vecchio Mulino

Traditionelle Osteria
Via Vittorio Emanuele, 12
Tel. 05 83 / 6 21 92
Ruhetag: Sonntag
Betriebsferien: unterschiedlich
20 Plätze
Preise: 20 – 30 000 Lire
Kreditkarten: die bekannteren
Geöffnet: 7.30 – 20 Uhr

Zum »Vecchio Mulino« gehörten anfangs, also zu Beginn des 20. Jahrhunderts, ausgedehnte Stallungen und Tränken, und seinen Besitzern gelang das Kunststück, diese besondere Atmosphäre einer an der Fernstraße gelegenen Herberge bis in unsere Tage hinüberzuretten.
Lassen Sie sich also getrost an einem der wenigen Tische nieder, und verlangen Sie zunächst den Aufschnitt. Schon bald türmen sich vor Ihnen handgeschnittener, allerfeinster toskanischer Schinken, gewürfelte Riesenmortadella und das ganze Sortiment an ortstypischen **Wurstwaren** auf: Pancetta, Mondiole (aus Mortadella-Füllung), Biroldi (Wurst mit Schweineblut, Innereien und Gewürzen) und Golette (Wurst aus Schweinehals). Danach können Sie sich etwas von dem **Käse** – vor allem lokalen Ziegenkäse – bringen lassen oder auch eine der französischen Spezialitäten, die gelegentlich zur Degustation kommen. Passende Begleiter sind Auberginen und Zucchini vom Grill, Baccalà, marinierte Sardellen und vor allem Mamma Rosas **Anchovis**, die mit **Salsa Verde** und **Salsa Rossa** serviert werden.
In den Regalen stehen die Flaschen in Reih und Glied: An die hundert verschiedene Weiß- und Rotweine, vor allem aus der Garfagnana und der Gegend um Lucca, die eine oder andere »Perle« für den Connaisseur sowie einige Sauternes. Als krönenden Abschluß lassen Sie sich unbedingt den »Diavoletto« kredenzen, eine Art Rumtopf aus verschiedenen Likören mit Maraschinokirschen.

Das »Vecchio Mulino« ist zugleich auch ein Laden, in dem Sie die besten traditionellen Erzeugnisse der Gegend kaufen können. Empfehlenswert sind – neben vielen anderen – die in Gläsern erhältlichen Produkte des Guts Podere Braccicorti: Dinkel-, Weizen-, Mais- und Kastanienmehl sowie Bohnen und Dinkel.

Castiglion Fiorentino La Foce

17 km südlich von Arezzo, S.S. 71

Antica Trattoria la Foce

NEU

Restaurant – Pizzeria
Via della Foce, 29
Tel. 05 75 / 65 81 87
Ruhetag: Montag
Betriebsferien: 15. Okt. – 15. Nov.
80 Plätze + 50 im Freien
Preise: 30 – 35 000 Lire, ohne Wein
Kreditkarten: AE
Abends geöffnet, Wo.ende auch mittags

Diese Trattoria liegt etwa 600 Meter hoch, genau am Foce-Paß, dessen Namen sie auch trägt: auf den ersten Blick eine der typischen Pizzerie für hungrige Ausflügler, umgeben von üppigem Grün und mit einer schönen Laube im Freien. Kenner wissen jedoch, daß sich hinter diesem unscheinbaren Äußeren eines der meistgeschätzten Restaurants für Regionalküche dieses Landstrichs verbirgt.
Marco, Daniela, Massimo und Barbara führen das »La Foce« mittlerweile seit zehn Jahren, und es ist ihnen gelungen, ihr qualitativ hochklassiges Speisenangebot ganz nach der traditionellen Küche auszurichten. Beginnen wir mit den Antipasti: Neben dem üblichen gemischten Aufschnitt gibt es auch leckere **Crostini mit Leber**. Bei den Primi haben uns insbesondere die traditionellen **Pici mit Wildschwein- oder Hasenragout** und die Pici (dicke handgemachte Spaghetti) oder Tagliatelle **mit Entenragout** zugesagt, die in der warmen Jahreszeit auch mit einem **Sugo aus Gänseklein** auf den Tisch kommen. Hervorheben möchten wir auch die Tagliatelle mit frischen Steinpilzen, die aus der Umgebung stammen. Bei den Hauptgerichten dreht sich fast alles ums Fleisch: Von hoher Qualität ist das **Wildschwein in umido**, während die **Tagliata al pepe e rosmarino** (für die – wie auch für alle übrigen Gerichte mit Rind und Kalb – ausschließlich das Fleisch von Chianina-Rindern verwendet wird) eine wahre Hymne an Kräuter und Gewürze ist. Auch der Hase in umido und das Filet mit grünem Pfeffer sind eine kleine Sünde wert.
Der Weinkeller beschränkt sich auf einige Rotweine aus der Toskana und eine Handvoll gängiger Weißweine.

Im Oleificio Primo Amatucci im Ortsteil Noceta 63 wird ein herausragendes Olivenöl extravergine hergestellt und verkauft.

Castiglione della Pescaia

22 km westlich von Grosseto

Osteria nel Buco

Osteria
Via del Recinto, 11
Tel. 0564/934460
Ruhetag: Montag
Betriebsferien: 15. November – 15. Dez.
40 Plätze
Preise: 20 – 35 000 Lire, ohne Wein
Keine Kreditkarten
Geöffnet 18 – 24 Uhr

Steht Ihnen der Sinn nach waschechten Spezialitäten aus der Maremma und einer ausgelassenen Atmosphäre mit guter Musik, dann sind Sie im »Buco« genau richtig. Diese traditionelle Osteria liegt im Souterrain eines jener mittelalterlichen Häuser, die sich an die turmbewehrte Stadtmauer schmiegen, hinter der das Städtchen Castiglione della Pescaia früher einmal Schutz fand.
Als Appetitanreger bekommen Sie hier leckere Antipasti wie Anchovispaste, in der Gegend gezogenes Gemüse, typischen Aufschnitt und traditionelle Bruschette, wie **den Pagnone mit Blumenkohl**. Die geschmackliche Vielfalt der Maremma kann sich jedoch am besten in den Primi entfalten, wo es eine Minestra contadina mit Dinkel, eine **Acquacotta** oder die Lauch- und **Krebssuppe** gibt. Tortellone, Pappardelle mit Wildschweinragout und Pici sind hier hausgemacht. Bei den Hauptgerichten überzeugten uns insbesondere die Bocconcini del Prete (ein Schweinegulasch nicht nur für Priester!), die Scottiglia, das Lammragout und die **Fische »del buco«**, ein Potpourri des besten Fangs dieser Gegend in einer Vielfalt, die weder gezüchtet noch tiefgefroren erhältlich ist: Da gibt es beispielsweise Aluzze in guazzetto, Salpen, Serrafisch und Umberfisch vom Grill. Zum Abschluß dann schließt der Pecorino in Asche mit Erdbeerbaum- und Rosmarinhonig den Magen, begleitet vom letzten Becher Morellino.
Die Weinkarte ist sehr gut sortiert, führt jedoch nur Gewächse aus der Toskana. Gedeck und Service sind im Preis eingeschlossen.

Bacchusjüngern empfehlen wir die Enoteca von Luciano Lenzi in Castiglione della Pescaia, Piazza Orsini 18: Eine riesige Auswahl von über 2000 Weinen aus Italien und dem Ausland teilt sich hier geduldig den knappen Raum.

Cecina

36 km südlich von Livorno, S.S. 1

Antica Cecina

Trattoria
Via Cavour, 17
Tel. 0586/681528
Ruhetag: Sonntag
Betriebsferien: unterschiedlich
40 Plätze
Preise: 30 – 35 000 Lire, ohne Wein
Alle Kreditkarten
Mittags und abends geöffnet

Im Zentrum von Cecina liegt diese kleine und nette Trattoria. Sie erinnert an die Lokale vergangener Zeiten, in denen sich die Reisenden auf der Via Aurelia bei einem Glas Wein und einem warmen Gericht stärkten. Der klassische Schanktresen, die Marmortische, die passenden Möbel stehen immer noch da, aber Roberto Celati und seine Frau Roberta lassen mit ihrem Angebot an ausgesuchten Weinen und Speisen frischen Wind durch diese Räume wehen. Ihre Leidenschaft für den Wein sorgt für ein gutes Angebot mit örtlichen, toskanischen und piemontesischen Namen. Die Küche vereint livornesische Tradition mit Eigenschöpfungen. Man ißt hier **Minestra di farro**, **Stoccafisso alla livornese**, **Cacciucco mit Tintenfischen** verschiedener Größe, aber neben diesen Livorneser Spezialitäten gibt es auch Gerichte aus anderen Regionen, wie Pasta con le Sarde, Gnocchi al pesto mit Tomaten und grünen Bohnen. Von den Primi schmeckten uns auch die **Tagliolini al baccalà** und die Zwiebelsuppe mit Scampi, die von der Experimentierfreude des Kochs zeugt. Die Hauptgerichte sind von den Jahreszeiten abhängig, wir probierten z. B. **Baccalà süß-sauer**, **Kutteln**, Schmorbraten und Gesottenes mit Zwiebeln, was hier »francesina« heißt. Überzeugend auch die Desserts: Torta di ricotta e fragole, Latte alla portoghese, Schokoladen- oder Birnenkuchen, Tarte Tatin.
Im August ist nur abends geöffnet.

Im nahe gelegenen **Cinquantina** hat sich die Firma Belfiore auf die Verarbeitung von Tomaten spezialisiert, die es hier in jeder nur erdenklichen Version zu kaufen gibt.

Chiusi

77 km südöstlich von Siena,
Ausfahrt A 1 oder S.S. 326

La Solita Zuppa

Restaurant
Via Porsenna, 21
Tel. 0578/21006
Ruhetag: Dienstag
Betriebsferien: Februar
40 Plätze
Preise: 25 – 45 000 Lire, ohne Wein
Kreditkarten: alle
Mittags und abends geöffnet

Die Legende besagt, daß genau hier, im Herzen der archäologischen Ausgrabungsstätten etruskischer Gräber, König Porsenna auf seinem goldenen Wagen schlummere: Chiusi ist leicht zu erreichen, es liegt nur vier Kilometer hinter der Mautstelle an der Autostrada del Sole gleich neben dem gleichnamigen See mit seiner reichen Fauna. Die beiden quirligen Wirte, Roberto Pacchieri und Luana Fabrizi, wußten die Atmosphäre und den besonderen Charme einer Osteria zu erhalten.
Auch das Speisenangebot ist stets sehr ausgewogen: Es orientiert sich an bodenständiger, traditioneller Kost, die in der Küche umgesetzt wird, ohne daß sie sich dabei je wiederholen würde. Doch beginnen wir mit den **Suppen**, dem Aushängeschild der »Solita Zuppa«: Natürlich sind es nicht immer die gleichen, ganz im Gegenteil, hier herrscht Vielfalt! Zubereitet werden sie im Holzofen, serviert dann im Tontopf, und darin finden sich dann Linsen und Eßkastanien, Auberginen, Zucchini mit frischem Basilikum, **Rotkohl**, **Kichererbsen** und **Steinpilze** sowie manch andere Leckerei mehr – je nach Jahreszeit und Gusto der Köche. Oder ist Ihnen vielleicht Pasta asciutta lieber? Dann können Sie sich für **Pici** und **Gnudi** mit wechselnden Saucen entscheiden oder auch für frische Pasta wie Tagliolini mit Ingwer und grüne Tagliatelle mit gelbem Paprika. Bei den Hauptgerichten gibt Fleisch den Ton an, entweder traditionell wie bei der **Scottiglia**, der Schweinshaxe aus dem Ofen, der **Trippa alla fiorentina**, dem **Wildschwein in Salmì** und dem Lammragout, oder in ausgefalleneren Zusammenstellungen, wie bei den Bocconcini di Maiale (Schweinegeschnetzeltem) mit Äpfeln und der mit weißem Fleisch gefüllten Kalbsbrust.
Dazu werden hauptsächlich toskanische Weine ausgeschenkt.

Chiusi della Verna Corezzo

57 km nordöstlich von Arezzo, S.S. 71

Corazzesi

Trattoria
Ortsteil Corezzo
Tel. 0575/518012
Ruhetag: Dienstag, nicht im Sommer
Keine Betriebsferien
150 Plätze
Preise: 30 – 40 000 Lire
Keine Kreditkarten
Mittags und abends geöffnet

Im Herzen des Casentino liegt im Valle Santa, das bekannt ist für die hier gezüchtete alteingesessene, sehr geschätzte Rinderrasse, eine Handvoll Häuser: Wir sind im Weiler Corezzo. Der Massentourismus ist noch nicht bis hierher vorgedrungen, und wer sich bis hierher wagt, hat eine oft nervenaufreibende Fahrt über kurvige Serpentinenstraßen bis auf die Gipfel des Verna hinter sich. Das Restaurant fällt sofort ins Auge, sobald man in dem kleinen Weiler ankommt.
Das Speisenangebot ist das ganze Jahr über gleich – wir sind ja auch ziemlich hoch droben, und auch im Sommer ist es hier frisch, wenn nicht gar kühl – und völlig durchdrungen von den kulinarischen Traditionen des Casentino. Wenn Sie zufällig hier einkehren, empfehlen wir Ihnen die **Tortellini in Hühnerbrühe** oder die **Ravioli mit frischer Ricotta**, deren Teig Signora Franca von Hand ausrollt. Oft verläßt sie auch die Küche und kommt auf einen kleinen Schwatz an die Tische. Rechtzeitig vorbestellen müssen Sie allerdings, wenn Sie sich die beliebtesten Spezialitäten des Hauses (wie beispielsweise **Kartoffeltortelli alla piastra** oder **Scottiglia dei nonni**) schmecken lassen wollen. Bei den Hauptgerichten nimmt Wild – unter anderem **Reh** und **Wildschwein in Sauce** – den ihm gebührenden Platz ein, und im Herbst ist dann die Zeit der Steinpilze gekommen. Das Angebot an Dolci reicht von Obstkuchen über Crostate und Zuppa Inglese bis hin zu Panna Cotta und dem traditionellen **Lattaiolo**, einem Milchkuchen.
Der Hauswein kommt vom Faß, anspruchsvollere Gaumen können auch unter einigen toskanischen Flaschenweinen wählen.

Ein Abstecher zu Gabriele Matteucci im Ortsteil **Canvecchio** (6 km von Corezzo entfernt), Via Canvecchio 26, ist für Käseliebhaber ein absolutes Muß.

Cortona

28 km südlich von Arezzo, S.S. 71

Osteria del Teatro

NEU

Osteria
Via Maffei, 5
Tel. 05 75 / 63 05 56
Ruhetag: Mittwoch
Betriebsferien: 15.–30. November
30 Plätze
Preise: 35 – 40 000 Lire, ohne Wein
Kreditkarten: alle
Mittags und abends geöffnet

In Cortona weinten viele Feinschmecker der alten »Buca di San Francesco«, der vielleicht letzten traditionellen Osteria, so manche Träne nach – doch nachdem nun die »Osteria del Teatro« in denselben Räumen ihre Pforten eröffnet hat, gibt es wieder Anlaß zur Freude. Das Lokal liegt mitten im historischen Stadtzentrum, und gleich neben dem kleinen Eingang finden Sie auch das Speisenangebot gut und sichtbar angeschrieben (Preise inklusive Gedeck). Das Innere des Lokals ist rustikal, aber sehr gepflegt, an den Wänden hängen Erinnerungsfotos der vielen Schauspieler, die nach ihrem Auftritt im nahegelegenen Teatro Signorelli hier einkehrten. Das Speisenangebot umfaßt ein breites Spektrum kulinarischer Spezialitäten dieser Gegend und wandelt sich mit dem Wechsel der Jahreszeiten. Zum Auftakt gibt es ein beachtliches »Antipasto dell'Osteria«, ein kleines Tablett mit Frittata, Aufschnitt, Dinkelsalat und zahlreichen anderen appetitlichen Häppchen. Unter den täglich frisch zubereiteten Primi empfehlen wir Ihnen die **Cappelletti mit Wirsing und Trüffeln**, die **Strozzapreti alla boscaiola**, die **Pappardelle mit Hasenragout** und im Sommer **Ravioli mit Kürbisblüten**. Alternativ dazu bringt die Küche auch rustikale, traditionelle Suppen auf den Tisch. Dazu gesellen sich dann die Secondi: **Wildschwein mit Polenta**, die Bistecca Fiorentina und die **Straccetti al Chianti** sind mehr als einen Versuch wert, und wer Leichteres bervorzugt, der möge das Filet (mit grünem Pfeffer oder Trüffeln) kosten. Die große Auswahl an leckeren, hausgemachten Dolci rundet die Mahlzeit würdig ab.
Die Weinkarte umfaßt verschiedene toskanische Rotweine aus der Gegend, während die Schnäpse mit einer eigenen Karte aufwarten. Der freundliche und eifrige Service sorgt dafür, daß es Ihnen bestimmt an nichts fehlt.

Cutigliano Pianosinatico

41 km nordwestlich von Pistoia, S.S. 66

Silvio – La Storia a Tavolo

Restaurant
Via Brennero, 181 – 183
Tel. 05 73 / 62 92 04 und 62 92 74
Ruhetag: Dienstag
Betriebsferien: 1.–15. Okt. u. 2. Maiwoche
50 Plätze
Preise: 30 000 Lire, ohne Wein
Kreditkarten: alle
Mittags und abends geöffnet

Hungrige Bergfexe werden hier mit einem Degustationsmenü verwöhnt, das es in sich hat: Zum Auftakt kommt ein Antipasto auf den Tisch, das je nach Saison aus verschiedenen phantasievoll belegten Crostini und kleinen gefüllten Focacce besteht, aus Wurstwaren von den besten Metzgern der Provinz, **gratiniertem Gemüse** oder frischen Salaten. Darauf folgt eine Kostprobe der fünf verschiedenen Primi, die Silvio täglich zusammenstellt aus seinem Fundus von über 400 (!) verschiedenen Rezepten: Besonders gelungen sind die köstliche **Acquacotta**, der Dinkel mit Pilzen, die **Tortelli mit Ricotta und Brennesseln**, die Spaghetti mit Steinpilzen und Pinienkernen und die Tagliatelle mit Rotwein, Zwiebeln, Basilikum, Origano oder anderem. Die nächste Wahl steht dann bei den Hauptgerichten an: Soll es der originelle **Polso di Vitella mit Koriander** sein, ein zartes Rindersteak, das mit Pilzen, Trüffeln oder aromatischen Kräutern stets anders serviert wird, oder doch lieber gebratenes oder geschmortes Fleisch? Zur rechten Jahreszeit können Sie auch stets in den verlockend duftenden **Steinpilzen** des Abetone schwelgen – sie sind sogar Thema eines kompletten Menüs. Die Süßspeisen schmücken sich dann samt und sonders mit Waldfrüchten: Keine Crostata, Bayerische Creme oder Obstsalat, die ohne sie auskämen. Im Winter dagegen ist die große Zeit der Kastanien gekommen, die Ihren Gaumen mit Schokolade und Sahne kitzeln.
Die Weinkarte harmoniert wunderbar mit dem Speisenangebot und umfaßt junge Weine aus ganz Italien – was nicht heißen soll, daß Andrea Vannucci nicht auch gerne einen der zahlreichen großen Riserva-Weine hervorragender Jahrgänge entkorken würde.

Empoli

32 km südwestlich von Florenz, S.S. 67

La Panzanella

Trattoria
Via dei Cappuccini, 10
Tel. 05 71 / 92 21 82
Ruhetag: Samstagmittag, Sonntag
Betriebsferien: 2 Wo. im August, 1 Wo. [Weihn.
40 Plätze + 20 im Freien
Preise: 35 000 Lire, ohne Wein
Alle Kreditkarten
Mittags und abends geöffnet

Wenn Sie einen unnachahmlichen **Passato di fagioli mit Steinpilzen** und selbstgemachten Nudeln genießen wollen, müssen Sie ins »La Panzanella« nach Empoli fahren. In der familiären Atmosphäre des Lokals, das bei Gourmets in ganz Italien bekannt ist, wird man Ihnen die klassischen Gerichte der traditionellen toskanischen Küche servieren. Von den Vorspeisen empfehlen wir Ihnen den hervorragenden **Fritto misto von Gemüse**, aber auch die toskanische Salami, die Sbriciolona und die heimische Spalla. Danach können Sie zwischen Pappa al pomodoro, einer Ribollita oder einer Dinkelminestra mit Linsen wählen, in der Saison gibt es ein **Passato von Artischocken mit Graupen**. Die Auswahl an Secondi reicht von **Bollito misto** (mit Kapaun, Zunge, Magro und Zampa), zu dem eine leichte, schmackhafte Salsa verde gereicht wird, über Bistecca fiorentina, **Spezzatino mit Steinpilzen**, **Stracotto alla fiorentina** und eine ganz vorzügliche **Trippa** und **Lampredotto** bis hin zu den ganz außergewöhnlichen **Weinbergschnecken**, und zwar die sogenannten »marinelle«. Beschließen können Sie das Mahl mit Tiramisù, das Enricos Tochter Antonella zubereitet hat. Die Weinkarte ist nicht sehr umfangreich, bietet aber gute Marken, und auch der offene Hauswein ist empfehlenswert. Im Sommer ist das Lokal auch samstags abends geschlossen.

Die Gegend um **San Miniato** (8 km entfernt) ist für ihre weißen Trüffel (Tuber magnatum pico) bekannt. Sollten Sie an näheren Informationen oder an Einkaufsadressen interessiert sein, können Sie sich an die Associazione Tartufai delle Colline Samminiatesi (Tel. 05 71 / 4 20 14) wenden. Im November finden hier ein Trüffelfest und ein Trüffelmarkt statt.

Fauglia

22 km südöstlich von Pisa, S.S. 206

La Gattaiola

Trattoria
Vicolo San Lorenzo, 2 – 4
Tel. 0 50 / 65 08 52
Ruhetag: Montag
Betriebsferien: unterschiedlich
70 Plätze + 60 im Freien
Preise: 40 – 45 000 Lire, ohne Wein
Kreditkarten: alle
Mittags und abends geöffnet

Sag mir, wann du kommst, und ich sage dir, was du ißt – das scheint das Motto von Patrizio Morini zu sein, dem Wirt und Küchenchef des »Gattaiola«, das er in den Kellerräumen eines historischen Gebäudes im Ortszentrum betreibt. Ein Motto, das sich auch sein Kompagnon Francesco Betrò zu eigen gemacht hat, dessen ganze Leidenschaft es ist, ständig neue Zutaten der Umgebung und Weine für seine Gäste im Speisesaal aufzustöbern. Daher variiert das ganz auf den Wechsel der Jahreszeiten abgestimmte Speisenangebot ständig, je nachdem, welche frischen Basisprodukte aus den umliegenden reichen Feldern und Gärten gerade verfügbar sind. Doch kommen wir zu den Antipasti, die mit Gemüsetortini, Kroketten oder Kartoffelauflauf mit Pilzen oder Trüffeln aufwarten; auch Bruschette, Crostini, leckere Wildkanapees und natürlich hervorragende Wurstwaren vom Metzger gehören dazu. Unter den Primi locken Köstlichkeiten wie **Crespelle mit wildem Spargel**, Tagliolini mit Zicklein und Minze oder mit weißen Trüffeln und **Tagliatelle mit Wildragout**. Bei den Secondi macht dann die große Auswahl die Entscheidung wirklich schwer: Wir haben das Zicklein mit Kräutern, das **rote Rebhuhn mit Granatapfel** und das **in der Hülle gebratene Wildschwein mit Pilzen** in ebenso guter Erinnerung wie die Tauben mit Weinblättern und die mit Trüffeln gefüllte Kalbfleischtasche. A propos Trüffeln: Zur Saison veredelt diese Köstlichkeit fast alle Gerichte, von der Vorspeise bis hin zum Käse (von dem es eine gutsortierte Auswahl an Schafs- und Ziegenkäse sowie Ricotta gibt). Krönender Abschluß sind schließlich die Dolci: **Ciambellone**, Schiacciate und Crostate mit Obst.
Die umfangreiche Wein- und Spirituosenkarte ist Francescos Werk, der seine Errungenschaften in einem hübschen Kellerraum aufbewahrt.

Acquacotta

NEU

Trattoria
Via dei Pilastri, 51 r
Tel. 055/242907
Ruhetag: Dienstagabend, Mittwoch
Betriebsferien: 3 Wo. im Juli/August
70 Plätze
Preise: 35 – 40 000 Lire
Kreditkarten: CartaSi, MC, Visa
Mittags und abends geöffnet

Betritt man das »Acquacotta«, so sieht man an den Tischen neben den obligaten Touristen auch so manchen Florentiner sitzen – ein Umstand, der hoffnungsfroh stimmt. Das Lokal selbst mit seinen drei kleinen, relativ ruhigen Speisesälen steht für eine gleichbleibend gute, unverfälschte toskanische Küche mit täglich neuen, schmackhaften Akzenten.
Beginnen Sie mit einem kleinen Streifzug durch die Antipasti: Neben dem klassischen Aufschnitt und Crostini wird im Sommer auch **Dinkelsalat** oder Panzanella serviert. Bei den Primi spielt natürlich, wie schon der Name des Lokals vermuten läßt, **Acquacotta** die Hauptrolle; daneben können Sie die Zuppa povera mit Brot und Pilzen kosten, **Risotto alla fiorentina** mit Ragù und Erbsen, aber auch Penne mit Sugo, Ravioli mit Ricotta und Spinat oder **Pappardelle mit Pilzen** (zur Saison), die ohne Sahne und Tomaten zubereitet werden. Bei den Secondi haben Sie die Qual der Wahl zwischen **Bollito misto** mit Salsa verde, Kaninchen oder **gebratenem Hähnchen**, Rindergulasch mit Kartoffeln oder der mehr als üppigen **Fiorentina**, die Sie – angesichts ihrer Ausmaße – eigentlich nur zu zweit bestellen sollten! Auch Fisch fehlt hier nicht: Täglich werden neue Variationen zubereitet, wie die gekochten Gamberetti mit enthülsten Bohnen oder – für robuste Mägen – das Bauchfleisch vom Thunfisch mit Zwiebelchen. Im Winter ergänzt zudem **Baccalà alla livornese** den Speisezettel.
Beschließen Sie die Mahlzeit mit traditionellen Cantuccini (einem Gebäck) und einem Glas Vin Santo; wer noch genügend Luft hat, läßt sich auf ein Zuccotto (Biskuitkuppel mit Sahne und Schokolade) oder das mit Schlagsahne gefüllte Biskuitgebäck mit kandierten Früchten und Rosinen ein. Zum Essen selbst trinkt man einen ordentlichen Hauswein oder einen der toskanischen Flaschenweine.

Al Tranvai

NEU

Trattoria
Piazza Torquato Tasso, 14 r
Tel. 055/225197
Ruhetag: Samstag und Sonntag
Betriebsferien: 3 Wochen im August
42 Plätze + 10 im Freien
Preise: 23 – 25 000 Lire
Keine Kreditkarten
Mittags und abends geöffnet

Das »Tranvai« liegt in San Frediano, dem volkstümlichsten Viertel von Florenz, das Vasco Pratolini in seinen Romanen verewigt hat. Noch heute arbeiten in den unverwechselbaren Werkstätten zahlreiche Handwerker und denken trotz all der Mühen, die dem Handwerk im Stadtzentrum bereitet werden, nicht im Traum daran, etwa an den Stadtrand auszuweichen. Das täglich wechselnde Speisenangebot hat sich ganz und gar der traditionellen Gastronomie verschrieben. Zum Auftakt gibt es verschiedene Crostini, darauf folgen **Pappa al pomodoro**, **Ribollita** (im Winter) oder Panzanella (im Sommer). Auch für Pastaliebhaber ist gesorgt: Sie können in Tagliatelle mit Fleischragout, mit Pesto oder Tomaten und frischem Basilikum schwelgen. Bei den Hauptgerichten empfehlen wir die **Innereien**, die zugleich auch die Spezialität des Hauses sind: Lamminnereien, Trippa alla fiorentina, Hühnermägen in Sauce und Lampredotto, gekochte Kaldaunen vom Rinderlabmagen, mit verschiedenen Saucen. Mögliche Alternativen sind das **Francesina**, Kesselfleisch mit Zwiebeln, oder auch Fleischbällchen in Tomatensauce. Lassen Sie sich keinesfalls die üppigen, schmackhaften Beilagen entgehen.
Der aus Montespertoli stammende Hauswein ist durchaus empfehlenswert; wem das nicht genügt, der kann auf einige Flaschenweine aus dem Chianti ausweichen. Zum Abschluß sollten Sie ein Stück der hausgemachten Apfel-, Feigen-, Nuß- oder Birnenkuchen kosten und dazu einen Kaffee trinken, der von den liebenswürdigen Bedienungen in kauzigen Blechtassen serviert wird.

Der Name Rivoire, Piazza della Signoria 4 r, steht seit über einem Jahrhundert für exquisite Schokolade, gefüllte Pralinen, Nougatcreme und Schokolade mit Sahne.

Baldini

Trattoria
Via il Prato, 96 r
Tel. 055/287663
Ruhetag: Samstag und Sonntagabend
Betriebsferien: Aug., 10 Tage an Weihn.
100 Plätze
Preise: 35 – 40 000 Lire
Kreditkarten: alle
Mittags und abends geöffnet

Bereits Giuseppe Garibaldi, Held der Einigung Italiens, beehrte das »Baldini« mit seinem Besuch, was zugleich einen Rückschluß auf die Gründung dieser Trattoria Mitte des letzten Jahrhunderts zuläßt. Gilt Ihr Interesse neben der Küche auch der Geschichte, so finden Sie hier beides. Gehen Sie vom historischen Stadtzentrum aus zum beliebten Parco delle Cascine, der grünen Lunge der Stadt, die regelmäßig von Ausflüglern auf der Suche nach Ruhe und Ungestörtheit gestürmt wird.
Die Vorspeisen bestehen in der Regel aus Crostini und Aufschnitt. Als Primo serviert man klassische toskanische Minestra, insbesondere **Pappa al pomodoro** und Ribollita, aber auch hausgemachte **Kartoffelgnocchi** mit Tomaten- oder Pilzsauce, Risotti oder Tagliatelle mit Fleischragout. Bei den Hauptgerichten können Sie mit dem **Fritto** rein gar nichts falsch machen: Hähnchen, Hirn und Kaninchen mit Kürbisblüten und Kartoffeln als Beilage. Zur Auswahl stehen aber auch gegrillte Steaks oder Filet und eine weitere Spezialität des Hauses, das **Controfiletto vom Rind**, eine kräftige Scheibe vom Rippenstück, die im Ofen gegart und innen rosa serviert wird.
Auf jedem Tisch steht eine Korbflasche mit Wein, aus der man sich selbst einschenkt; die Auswahl an Flaschenweinen ist eher klein. Desserts gibt es nur wenige, aber das Tiramisù ist ausgezeichnet. Wenn Sie im Sommer kommen, ist das Lokal auch am Sonntagmittag geschlossen.

Unweit des Lokals liegt das Kloster Santa Maria Novella (Via della Scala 16), in dem auch eine Apotheke mit reichem Heilkräuterangebot betrieben wird und in der man nach Originalrezepten gebrautes Chinarindenelixier, Rabarbaro, Liquore Mediceo, Alchermes und Heiltees erstehen kann.

Da Burde

Trattoria
Via Pistoiese, 6 r – 154 n
Tel. 055/317206
Ruhetag: Sonntag
Betriebsferien: August
150 Plätze
Preise: 35 – 40 000 Lire
Kreditkarten: AE, CartaSi, Visa
Nur mittags geöffnet

Das »Da Burde« liegt am nördlichen Stadtrand von Florenz in einer der verkehrsreichsten Straßen der Stadt, und die altehrwürdige Osteria ist so etwas wie Dreh- und Angelpunkt des ganzen Stadtteils: Hier können die Einheimischen auch Tabakwaren und Lebensmittel einkaufen. Hinter dem Ausschank tun sich vier Räume auf, adrett eingerichtet mit Gemälden in lebhaften Farben und in Würde angestaubten Flaschen. Warme Gerichte werden eigentlich nur mittags serviert, in Ausnahmefällen auch einmal zu vorgerückter Stunde; abends jedoch werden nur große Gruppen von mindestens 50 Leuten nach vorheriger Anmeldung bewirtet.
Eine Speisekarte gibt es nicht, weshalb Sie sich an einen der Wirte werden halten müssen, der die Tagesgerichte in reinstem Florentinisch aufzählt. Aber keine Angst, Sie liegen in jedem Falle richtig: Das Angebot umfaßt ausschließlich traditionelle toskanische Spezialitäten. Beginnen Sie also mit dem üblichen Aufschnitt und **Crostini**, und gehen Sie dann über zu **Ribollita**, Pappa al pomodoro oder verschiedenen Minestre, wie der mit Dinkel. Dann sollten Sie zu Penne mit Sugo oder **Spaghetti al Sugo finto** übergehen, die nicht etwa fingiert, sondern nur fleischlos mit Tomaten und Gemüse auf den Tisch kommen. Lassen Sie jedoch Platz für das Hauptgericht, wenn Sie die gigantische **Bistecca fiorentina** bestellen: Das butterzarte, saftige Fleischstück wird auf der Holzglut zubereitet. Auch **Bollito misto** mit Salsa verde oder Mayonnaise sowie Gulasch stehen auf dem Speisezettel, daneben **Kutteln** und Schmorbraten. Die Dolci zum Nachtisch, wie Tiramisù und Crostata, sind zwar kein Feuerwerk an Phantasie, dafür jedoch hervorragend zubereitet.
Die Auswahl an Weinen ist eher klein: ein offener Hauswein und einige wenige gute toskanische Flaschenweine.

Da Nerbone

Trattoria
Mercato Centrale di San Lorenzo
Tel. 055/219949
Ruhetag: Sonntag
Betriebsferien: August
30 Plätze
Preise: 20 – 25 000 Lire
Keine Kreditkarten
Geöffnet: 7 – 14 Uhr

Spüren Sie gerne den Pulsschlag der Stadt und verabscheuen Lokale mit Folkloreimitat? Dann drängt sich das »Nerbone« geradezu auf, und sei es auch nur, um die bunte Schar von Menschen zu beobachten, die sich dort schon in den frühen Morgenstunden an der Theke einfindet, um sich mit einer kleinen Mahlzeit aufzuwärmen. Wer schon zeitig all seine Kräfte beisammen hat, kann bereits zum Frühstück die florentinische Fast-food-Spielart kosten und ein Panino mit Lampredotto bestellen (in der eigenen Brühe gekochte Innereien vom Rind mit viel Pfeffer oder pikanter Sauce). Bis zur Mittagszeit bleibt es dann dabei, aber nun werden die Klassiker aufgetischt: **Minestra mit Reis und Kohl** und Pasta e fagioli; am Mittwoch und Samstag ist Schmorbratentag, weshalb selbst die Pasta mit Schmorbratensauce serviert wird. In der schönen Jahreszeit machen einige Suppen Platz für sommerliche Salate mit Fleisch und Panzanella. Anschließend geht man über zu im Tiegel geschwenkten **Polpette di »pelliccia«** (mit viel Kartoffeln und wenig »ciccia«, also Fett) und zum klassischen **Bollito** mit Salsa Verde, der gelegentlich mit Zwiebeln angedünstet wird. Als Beilagen dazu gibt es jeweils Fagioli all'uccelletto und Petersilienkartoffeln. Freitags dann ist Fischtag, und die Küche bringt leckere **Tintenfische mit Erbsen** und **Baccalà in zimino** (mit blanchiertem und dann in der Pfanne geschwenktem Gemüse) auf den Tisch. Als Hauswein wird ein guter Chianti Classico angeboten, der aus dem Anbaugebiet um Riecine stammt; alternativ dazu können Sie nach dem »mezzo e mezzo« fragen.
Im »Nerbone« ist der Gast auch gleich Kellner: Man holt seinen Teller an der Theke ab, durchquert den Gang und begibt sich in den Verzehrbereich mit seinen kleinen Tischen, dessen Umzäunung kleine gußeiserne Säulen sowie weiße Kacheln Marke Küchenstolz zieren.

Da Sergio

Trattoria
Piazza San Lorenzo, 8 r
Tel. 055/281941
Ruhetag: Sonn- und Feiertage
Betriebsferien: August
70 Plätze
Preise: 25 – 30 000 Lire
Keine Kreditkarten
Nur mittags geöffnet

Der Markt befindet sich im Herzen der Stadt, und hinter so mancher ehrbaren Fassade verbirgt sich eine Touristenfalle, in der es zwar keine traditionellen Gerichte gibt, dafür aber ellenlange Rechnungen. Bei »Sergio« kann Ihnen all das nicht passieren! Hier bekommen Sie ein Menü mit fünf oder sechs traditionellen Gerichten, die je nach Jahreszeit wechseln. Die klassischen Gemüsesuppen sind komplett vertreten, Ribollita und Pappa al pomodoro ebenso wie **Dinkelsuppe**; die Pasta wird ohne großen Aufwand mit Tomaten oder Fleischragout serviert, und im Sommer gibt es zum Auftakt auch Panzanella. Bei den Secondi dann weitere Klassiker: **Bollito**, **Trippa alla fiorentina** oder gebratener Schweinerücken nach toskanischer Art. Wenn Sie ein wenig mehr anlegen möchten, dann empfehlen wir Ihnen die **Bistecca alla fiorentina** vom reinrassigen Chianina-Rind – nach allen Regeln der Kunst abgehangen und butterzart. Von Dienstag bis Donnerstag gibt es auch Fischgerichte: Neben traditionellen toskanischen Spezialitäten wie Seppie in zimino und **Baccalà alla livornese** bietet die Küche auch gebratenen Wolfsbarsch oder Anglerschwanz-Fisch mit Kartoffeln. Der Hauswein wird in Karaffen serviert, Sie können sich aber auch für einen Flaschenwein aus dem Chianti entscheiden. Die Desserts beschränken sich auf Biscottini (Kleingebäck) aus Prato, die in Vin Santo getaucht werden. Und noch ein kleiner Hinweis zum Schluß: Sergios Stammgäste kommen gerne ausgehungert wie die Wölfe, denn sie kennen Sergios Komplettmenüs!

In der Salumeria Stenio del Panta, Via Sant'Antonino 49 r, die bereits seit Beginn des Jahrhunderts besteht, gibt es Fischkonserven (Stockfisch und Baccalà), Anchovis, Hering, Thunfisch und Reis aus Italien und dem Orient.

Il Cibreo

Restaurant – Osteria
Piazza Ghiberti, 35
Tel. 055/2341100
Ruhetag: Sonntag und Montag
Betriebsferien: letzte Juliwoche u. Aug.
25 Plätze
Preise: 35 000 Lire
Kreditkarten: alle
Mittags und abends geöffnet

Gut besucht ist das »Cibreo« immer, und Reservierungen werden hier, anders als im gleichnamigen Restaurant gleich daneben, nicht angenommen: Kommen Sie also frühzeitig, oder Ihr Tisch ist schon besetzt. Kürzlich erhielt die Osteria eine Schönheitskur, die Küche wurde erweitert und der alte Holzofen ausrangiert – doch bestimmt nicht deswegen allein fliegen die Gäste nach wie vor auf das »Cibreo«, und das trotz seines fast zwanzigjährigen Bestehens. Das Erfolgsrezept der Firma Vitali e Picchi ist so durchschlagend, daß schon unzählige Male versucht wurde, die Gerichte und das Service-System zu imitieren – ohne Erfolg, das Lokal bleibt eine Art »blaue Mauritius« der Gastronomie.
Haben Sie erst einmal einen Tisch erobert (den Sie fast immer mit anderen Gästen teilen), so versuchen Sie das Antipasto des Tages: **Salat mit Pecorino und jungen Saubohnen oder Nüssen**, Tomatencreme oder Ricottaauflauf. Bei den Primi werden Sie auf Pasta verzichten müssen, doch das leckere **pikante Fischpüree**, die Kürbiscreme mit Amaretto und die schmackhaften toskanischen Suppen wie **Ribollita** im Winter und Pappa al pomodoro im Sommer trösten Sie sicherlich darüber hinweg. Die Auswahl an Secondi ist groß: Empfehlenswert sind unter anderen **Palombo alla livornese**, **gefüllte Ente aus dem Ofen**, Fleischbällchen mit Ricotta und Kalb oder Salsicce mit Bohnen und Rotkohl. Zum Abschluß können Sie dann zwischen Cremespeisen wie Panna Cotta und Bayerischer Creme oder der leckeren **Schokoladentorte** wählen.
Als passende Begleiter zu Ihrer Mahlzeit wird man Ihnen die guten Hausweine empfehlen, darunter ein roter Rufina; oder Sie wählen von der gutbestückten Weinkarte.

Mario

Trattoria
Via della Rosina, 2 r
Tel. 055/218550
Ruhetag: Sonntag
Betriebsferien: August
50 Plätze
Preise: 22 000 Lire
Keine Kreditkarten
Nur mittags geöffnet

Ein Mittagessen bei »Mario« ist genau das richtige für Nachzügler, die erst spät ans Mittagessen denken können und sich dann nicht mit einem Panino zufriedengeben wollen, sondern Appetit auf traditionelle florentinische Küche haben. Das Lokal ist klein und immer gut besucht: Schon morgens wird hier Wein zu belegten Broten mit Aufschnitt ausgeschenkt, und ab Mittag werden die hungrigen Gäste mit dampfenden **Gemüsesuppen**, **Pappa al pomodoro** und **Minestra di Pane** verköstigt.
Das Speisenangebot wechselt täglich: Neben toskanischer Minestra werden auch Ravioli mit Tomatensauce oder Tortellini al Sugo serviert. Montags und donnerstags gibt es **Kutteln**, im Winter in Sugo und im Sommer als Salat mit Knoblauch und Petersilie. Alternativ dazu können Sie Bollito oder Kalbsbraten aus dem Ofen wählen. Lassen Sie sich im Winter das Wildbret, wie **Rehbock in umido** oder geschmortes Wildschwein, nicht entgehen. Freitags kommt Fisch auf den Tisch: **Baccalà** alla livornese oder, je nachdem, was auf dem Markt erhältlich ist, auch fangfrische Fische, die auf dem Herd oder in der Form im Ofen gegart und mit Artischocken oder Kartoffeln angerichtet werden.
Neben dem Hauswein können Sie einen der wenigen, aber sehr guten Flaschenweine trinken. Den Kaffee müssen Sie dann woanders einnehmen – denn wie in jeder toskanischen Trattoria, die etwas auf sich hält, klingt die Mahlzeit auch hier mit Cantuccini und Vin Santo aus.

Machen Sie einen Abstecher zur Salumeria Ciatti & Figli, Via Panicale 19 r: In großen Marmorbecken werden dort Kichererbsen, Baccalà und Stockfisch eingeweicht, die Regale quellen über von Konserven, und Mehl und Getreide werden aus Säcken verkauft.

Osteria de' Benci

NEU

Trattoria
Via de' Benci, 13 r
Tel. 055/2344923
Ruhetag: Sonntag
Betriebsferien: August
50 Plätze + 30 im Freien
Preise: 40 000 Lire
Kreditkarten: alle
Mittags und abends geöffnet

Haben Sie die zwar schicken, aber seelenlosen Touristenabfütterungsstationen satt? Sind Sie auf der Suche nach einem guten Essen in familiärer, ursprünglicher Atmosphäre? Dann ist das »de' Benci« gleich neben Santa Croce genau die richtige Adresse für Sie.
Obgleich hier die Moderne Einzug gehalten hat, erinnert doch noch alles an die Osterie früherer Tage – die Teller, die zu jedem Gang ausgetauscht werden, die gelbe Papierbahn anstelle des Tischtuchs, die Marmortischchen. Zum Auftakt gibt es klassische toskanische Antipasti wie **Crostini** und Aufschnitt, aber auch den seltenen **Maul- und Innereiensalat**, die heißbegehrten Crostini mit Thunfischsalat oder die **Frittata con gli Zoccoli**, mit Speck. Unter den Primi empfehlen wir die würzigen, in Rotwein gekochten Spaghetti, die **Gemüsesuppen** und die Pasta asciutta mit Fleischragout. Bei den Hauptgerichten dreht sich dann nahezu alles um **Gegrilltes**, aber auch das delikate Roastbeef und der Schmorbraten sind beileibe keine Mauerblümchen, und zum Abschluß rundet eine ordentliche Auswahl an frischem Käse mit Salat die Mahlzeit ab. Wer Süßem zugetan ist, sollte insbesondere dem hausgemachten **Apfelkuchen** sein Herz schenken.
Eine Weinkarte suchen Sie hier vergebens, doch Flaschenweine, insbesondere toskanische, gibt es in Hülle und Fülle. Gehen Sie nur in den ersten Raum, und suchen Sie sich in den Regalen Ihre Marke aus – Sie werden mit Sicherheit zufrieden sein.

Die grün-goldenen Wägelchen der Kuttelstände sind mittlerweile recht selten geworden im Straßenbild. Palmiro Pinzauti auf der Piazza de' Cimatori ist einer der besten verbliebenen Kuttelverkäufer – lassen Sie sich bei ihm bedenkenlos auf ein leckeres Panino mit Lampredotto ein.

Tre Soldi

NEU

Trattoria
Via Gabriele D'Annunzio, 4 r–a
Tel. 055/679366
Ruhetag: Freitagabend und Samstag
Betriebsferien: August
50 Plätze + 50 im Freien
Preise: 35 000 Lire
Kreditkarten: alle, außer DC
Mittags und abends geöffnet

Möchten Sie den zahllosen Pizzerie im Stadtzentrum ausweichen, ohne deshalb gleich aufs Land zu fahren? Genau dort, wo Sie es am wenigsten vermuten würden, tut sich ein sicheres Refugium für Ihren Sonntagsausflug auf: Beim Stadion in der Nähe des Campo di Marte. Dort kehren die Angestellten aus den naheliegenden Büros täglich in ihrer Mittagspause ein, und abends dann zeigt das Lokal seine zweite Stärke: Nun sind Pärchen und fröhliche Gruppen die Gäste, die auf ein »etwas anderes Abendessen« hier einkehren.
Beginnen Sie mit gemischtem Aufschnitt, und bestellen Sie dann die leckeren »Spaghettini di cavallo« mit Öl, Zitrone und Schnittlauch oder den schmackhaften warmen Salat mit Wacholder. Die Auswahl an Primi ist überraschend groß – Sie können beispielsweise die traditionelle **Dinkelsuppe** mit »Pavese« kombinieren, einer kurzen Pasta, die mit Basilikum und Pinienkernen in der Pfanne geschwenkt wird. Eine große Auswahl an Grillgerichten erwartet Sie dann bei den Secondi: Selbstverständlich gibt es die **Fiorentina**, aber **frische Pancetta vom Schwein** oder Rindersteak mit Pilzen (in der Saison) sind ebenso empfehlenswert; und wer will, kann sich auch für das Schweinefilet mit Kreuzkümmel und Zitrusfrüchten oder für das Rinderfilet mit Leber und Madeira entscheiden. Die Desserts wechseln regelmäßig: Die Auswahl ist zwar nicht besonders üppig, aber Naschkatzen werden trotzdem fündig – der Käsekuchen mit Himbeergelatine und die Fonduta mit Schokolade sind wirklich lecker.
Weinliebhabern stehen nur wenige toskanische Flaschenweine zur Wahl – aber verlassen Sie sich ruhig auf den offenen Hauswein, denn er hält, was das Lokal verspricht.

Neue und alte Weinstuben in Florenz

Die Florentiner sind ein eiliges Völkchen, jedenfalls in puncto Essen. Und so gehört der Snack von alters her zum vertrauten Straßenbild. Sei es mittags oder abends – der Florentiner ißt gern zügig, bleibt ihm doch so noch ein wenig Zeit, um ein kleines Schwätzchen mit dem Nebenmann zu halten, der gerade ebenfalls seinen Hunger stillt. Wohl aus diesem Grund wurde das traditionelle Panino mit Lampredotto (in der eigenen Brühe mit viel Pfeffer gekochte Rinderinnereien) erfunden, das bei Wind und Wetter auf der Straße vor dem Stand des Kuttelverkäufers zu essen ist – natürlich eilig. Dieselbe Denkweise macht den Erfolg der Weinstuben aus: Die Osterie alten Schlages, in deren oftmals engen, überfüllten Räumen sich die Gäste mehr um ihre Freunde und Gespräche kümmerten als darum, Speisen und Wein nachzubestellen, kämpfen mittlerweile ums Überleben.
Die meisten von ihnen bekamen ein modernes Gesicht und unternehmungslustige Wirte, die einen neuen Kurs einschlagen: Sie verjüngen und verschönern die ehedem schmucklosen Räume, sorgen für ordentliche Weine und dazu passende Gläser und locken die Kundschaft mit gefüllten Panini, Crostini, Ribollita und ausgewählten Käse- und Wurstsorten. Die Generation der neuen Weinhändler hat nicht nur frisch gewagt, sondern auch gewonnen.

All'antico Vinaio

Via de' Neri, 65 r
Tel. 055/282738
Ruhetag: Sonntag
Betriebsferien: August
Geöffnet 8 – 20 Uhr

NEU

Schon das nicht gerade anmutige Schild erinnert an einen bestimmten Stil der siebziger Jahre, und die Inneneinrichtung verstärkt diesen Eindruck dann noch. Doch lassen Sie sich von derlei Marginalien nicht beeindrucken: Diese Osteria an der Via de' Neri ist eine sichere Adresse für unternehmungslustige Bacchusjünger. Kehren Sie hier getrost auf zwei Scheiben toskanisches Brot mit Aufschnitt und ein Glas Wein an der Theke ein, und für ganze 5–6000 Lire können Sie gestärkt Ihre Stadtbesichtigung fortsetzen.

Balducci

Via de' Neri, 2 r
Tel. 055/216887
Ruhetag: Sonntag
Betriebsferien: unterschiedlich
Geöffnet 9 – 19 Uhr

Gehen Sie über den Ponte alle Grazie Richtung Piazza Santa Croce, und halten Sie an der ersten Kreuzung links: Dort finden Sie eine modern eingerichtete Weinstube, die insbesondere zur Mittagszeit ein buntes Volk anzieht. Wer Glück hat, findet einen Platz an einem der wenigen Tische oder auf einem der Hocker an der Bar. Das »Balducci« bietet eine bodenständige Küche: Neben Teigwaren gibt es Bruschetta, kalte Gerichte und einen ordentlichen Wein. Rechnen Sie mit durchschnittlich 15000 Lire.

Cantinetta dei Verrazzano

Via de' Tavolini, 18 – 20
Tel. 0 55 / 26 85 90
Ruhetag: Sonntag
Keine Betriebsferien
Geöffnet 8 – 20 Uhr

Suchen Sie mitten im Stadtzentrum ein ruhiges Plätzchen zum Ausruhen nach dem Flanieren zwischen Dom und Palazzo Vecchio, dann sind Sie hier genau richtig. Das »Verrazzano« bietet diverse Gerichte zum Verzehr vor Ort, aber auch zum Mitnehmen: Spezialbrote, Schiacciata, Kichererbsen- und Kastanienmehlfladen und Focacce. Auch eine Enoteca mit Weinen des Mutterhauses ist angegliedert, die mit diversen Häppchen aufwartet: Wurstwaren von Falorni, Wildschweinschinken mit Birnen oder Schweinerücken mit feingeschnittenen, in Kräutern marinierten Steinpilzen; daneben Käse wie reifen Pecorino mit Olivenbrot oder mit Apfel-Quitten-Mus. Schließlich gibt es auch leckere hausgemachte Dolci und an der Bar auch noch einen hervorragenden Espresso. Für einen Imbiß sollten Sie hier 7–9000 Lire kalkulieren.

Casa del Vino

Via dell'Ariento, 16 r
Tel. 055/215609
Ruhetag: Sonntag
Betriebsferien: August
Geöffnet 8.30 – 20 Uhr

NEU

Die Geschäfte am San-Lorenzo-Markt haben einen Vorteil: Sie liegen etwas abseits von der Hauptstoßrichtung der Touristenmasssen. Und so bekommen Sie beim Betreten dieses Lokals, das hauptsächlich von Einheimischen frequentiert wird, eine kleine Vorstellung vom wahren Geist dieser Stadt. Gianni Migliorini, mit Leib und Seele Wirt, hat hier mit viel Einsatz und Sachkenntnis eine richtige »Weinboutique« geschaffen. Zu den an der Theke ausgeschenkten Weinen gibt es Panini mit Finocchiona (Wurst mit Fenchel), toskanische Crostini und toskanisches Brot mit Mortadella. Mit 5–6 000 Lire für einen Imbiß im Stehen oder auf einem der Barhocker sind Sie dabei.

Enoteca de' Giraldi

NEU

Via de' Giraldi, 4 r
Tel. 0 55 / 21 65 18
Ruhetag: Sonn- und Feiertage
Betriebsferien: unterschiedlich
Geöffnet 11 – 16, 18 – 1 Uhr

Das »Giraldi«, ein wenig abseits von den klassischen Trampelpfaden der Touristen gelegen, ist ein wahrer Hort der Ruhe im turbulenten Zentrum von Florenz. Anita Hauser und Andrea Moradei, Weinhändler der neuen Generation, bieten in ihrem Lokal weniger bekannte Gewächse aus der Toskana an und zeigen dabei eine kleine Schwäche für die Weine von den Inseln und der Meeresküste. Passende Begleiter sind sorgfältig ausgewählte Käse- und Wurstsorten, Salate und kalte Gerichte. Süßes gibt es auch, ebenso wie Dessertweine und Spirituosen. Das alles hat seinen Preis – im Durchschnitt 30 000 Lire für ein Essen.

Enoteca la Barrique

NEU

Via del Leone, 40 r
Tel. 0 55 / 22 41 92
Ruhetag: Montag
Betriebsferien: eine Woche im August
Geöffnet 16.30 – 1 Uhr

Das »Barrique« liegt im San-Frediano-Viertel. Der vorige Inhaber betrieb hier einen Lebensmittelladen, aber Pierpaolo Raspa und Roberto Meucci haben die Atmosphäre der ursprünglichen Weinstube wieder aufleben lassen. Am Eingang steht ein Tresen für die Laufkundschaft, dahinter entdeckt man ein paar Tischchen und eine Tafel mit dem Tagesmenü (30–35 000 Lire). Man hat die Wahl zwischen Primi mit Gemüse der Saison, verschiedenen Salaten und einer Auswahl an toskanischen und französischen Käsesorten. Die Karte mit den Weinen, die auch offen ausgeschenkt werden, ist gut sortiert.

Fiaschetteria

NEU

Via de' Neri, 17 r
Tel. 0 55 / 21 74 11
Ruhetag: Sonntag
Betriebsferien: unterschiedlich
Mittags und abends geöffnet

Die Via de' Neri gilt verdientermaßen als sündige Meile für Wein- und Küchenfreunde. Die »Fiaschetteria« bietet die typische Atmosphäre einer guten alten Osteria: Versuchen Sie unbedingt die Ribollita, und sei es nur als Kostprobe! Eine Mahlzeit kostet hier 30 000 Lire.

Fiaschetteria

NEU

Via degli Alfani, 70 r
Tel. 0 55 / 23 96 400
Ruhetag: Sonntag
Betriebsferien: unterschiedlich
Geöffnet 9 – 19 Uhr

Viele Studenten der nahen Universität bevölkern das stets ein wenig im Halbschatten liegende Lokal zwischen den Vorlesungen. Zur Mittagszeit geht es dann recht lautstark zu, denn hier bekommen Sie für 15 000 Lire einen warmen Primo mit Salat, dazu ein Glas Rotwein aus dem ganz ordentlichen Angebot.

Fuori Porta

Via Monte alle Croci, 10 r
Tel. 0 55 / 2 34 24 83
Ruhetag: Sonntag
Betriebsferien: 2 Wochen im August
Geöffnet 12 – 0.30 Uhr

Diese Florentiner Enoteca ist schon heute Legende und ein entsprechend beliebter Treffpunkt – ein schönes Beispiel für eine restaurierte, auf Qualität bedachte Osteria im Stadtviertel San Niccolò, der »Rive gauche« von Florenz. Die Weinkarte führt mehr als 600 Etiketten (sowie eine umfangreiche Kollektion von Spirituosen und schottischem Whisky), die in fünftägigem Turnus auch an der Theke ausgeschenkt werden. Den kleinen Hunger stillen Crostini, in Öl eingelegtes Gemüse, Wurstwaren aus der Gegend und Käse, auch aus Frankreich. Mittags dann gibt es auch einige Primi. Den Abschluß bilden Schokoladen- und Zitronenkuchen, Käsekuchen und Crostata mit frischem Obst. All dies ist für 15–20 000 Lire zu haben.

Gonnelli

NEU

Via Palazzuolo, 124 r
Tel. 0 55 / 29 22 87
Ruhetag: Sonntag
Betriebsferien: August
Geöffnet 8–20 Uhr

Nur wenige Schritte vom Bahnhof entfernt gelangen Sie in eine Straße wie aus einer anderen Zeit: Hier repariert der Mechaniker seine Fahrräder noch auf der Straße, die Menschen kennen sich seit Jahr und Tag, und das Leben spielt sich direkt auf der Straße ab. Natürlich fügt sich das »Gonnelli« harmonisch in diesen Rahmen ein: So mancher Gast kehrt hier nur ein, um sich in ein Schwätzchen bei einem Gläschen und vielleicht sogar einem Panino zu vertiefen. Der Imbiß kostet dann 5–6 000 Lire.

L'Antico Noè

Volta San Piero, 6 r
Tel. 055/2340838
Ruhetag: Montag
Betriebsferien: unterschiedlich
Geöffnet 10 – 20 Uhr

NEU

Bei Noè können Sie Ihren Hunger mit großzügig gefüllten Panini stillen, und den Durst erwarten toskanische Weine von guter Qualität. Ein willkommener Imbiß für 6 000 Lire, bevor Sie Ihren Spaziergang fortsetzen: Denn Sitzplätze gibt es keine, und hinter Ihnen hat sich bereits eine lange Schlange gebildet.

Le Volpi e l'Uva

Piazza dei Rossi, 1 r
Tel. 055/2398132
Ruhetag: Sonn- und Feiertage
Betriebsferien: eine Woche im August
Geöffnet 10 – 20 Uhr

NEU

Dieses Lokal ist unschwer zu finden: Vom Ponte Vecchio aus sind es nur wenige Schritte, und schon hat man die Meute der Touristen hinter sich gelassen. Hier können Sie in Käsehäppchen schwelgen, in kleinen, mit Thunfisch gefüllten Tramezzini und Panini mit Trüffelpaste. Weinliebhaber finden eine treffliche Auswahl an Abfüllungen von Kleinerzeugern, die anderswo kaum erhältlich sind. Wem der Sinn nach Neuem steht, muß einfach hier einkehren: Emilio, seines Zeichens Weinexperte, und der Sommelier Riccardo sagen Ihnen gerne, warum.

Quasigratis

Via de' Castellani, 25 r
Tel. 055/264128
Ruhetag: Sonntag
Betriebsferien: unterschiedlich
Geöffnet 10 – 20 Uhr

NEU

Dieses Weinlokal ist ein authentisches Relikt aus alter Zeit, in dem Sie gekochte Eier, Panini mit Aufschnitt und einen Wein bekommen, der aus der Strohflasche in kleine Gläser, sogenannte Rasini (was soviel bedeutet wie »randvoll«), ausgeschenkt wird. Warum das so ist? Nun, früher wollten die Gäste eben ihr Glas bis zum Rand gefüllt bekommen! Ihr Gläschen und die Appetithappen kosten Sie etwa 6 000 Lire – im Stehen.

Vini

Piazza dell'Olio, 15 r
Tel. 055/2396616
Ruhetag: Sonntag
Betriebsferien: unterschiedlich
Geöffnet 9 – 19 Uhr

NEU

Am Eingang die Schanktheke und einige Stehplätze, die Treppe hinunter tun sich dann zwei große Gaststuben mit gemauerten Wänden auf, in denen Sie einige unverfälschte toskanische Gerichte bekommen. Der Service ist nicht unbedingt der freundlichste, aber für ein Mittagessen sind hier nur um die 25 000 Lire fällig.

Vini

Via de'Cimatori
Kein Telefon
Ruhetag: Sonntag
Betriebsferien: unterschiedlich
Geöffnet 8 – 20 Uhr

NEU

Am Tresen, der auf die Straße hinausgeht, bekommen Sie Panini unterschiedlichster Art, aber auch nur mit Wurstwaren und toskanischem Käse belegt. Am Tresen werden gute Weine ausgeschenkt, und so ist das Lokal schon morgens Ziel einer bunten Gästeschar; am Nachmittag dann entspannt sich die Lage etwas. Ein Imbiß kostet 6 000 Lire.

Zanobini

Via Sant'Antonino, 47 r
Tel. 055/2396850
Ruhetag: Sonntag
Betriebsferien: unterschiedlich
Geöffnet 8 – 19.30 Uhr

NEU

Das »Zanobini« liegt in der engen, aber stets von Menschen wimmelnden Straße, die den Bahnhof mit dem Markt von San Lorenzo verbindet. Schon in den frühen Morgenstunden finden sich hier Dutzende von Gästen auf einen Plausch und ein Gläschen im Stehen ein (Essen ist hier Nebensache). Die Auswahl an Flaschenweinen ist groß, und auch gute Spirituosen sind erhältlich.

Follonica

44 km nordwestlich von Grosseto, S.S. 1

La Osteria

NEU

Osteria
Via Santini, 4
Tel. 0566/42142
Ruhetag: Montag, nicht im August
Betriebsferien: im Oktober
25 Plätze + 10 im Freien
Preise: 30 000 Lire, ohne Wein
Kreditkarten: die bekannteren
Mittags und abends geöffnet

Die modern eingerichtete »Osteria« ist ein Treffpunkt für alle jungen Leute aus der Gegend, oder – besser gesagt – für all diejenigen, deren Geschmacksnerven sich einfach nicht an Fast food gewöhnen wollen: Da sind doch ein gutes Glas Wein und die einfachen, schmackhaften Gerichte aus Glorias Küche schon etwas anderes! Der zweite im Bunde ist Riccardo, der mit seiner Gloria dieses bezaubernde Lokal mit den kleinen, gemütlichen Räumen führt und es innerhalb kurzer Zeit zu einer guten Adresse für Freunde einer bodenständigen, an den Jahreszeiten ausgerichteten Küche gemacht hat, die auf innovative und schwungvolle Weise neu umgesetzt wird.
Beginnen Sie also mit den **Crostini Maremmani**, mit Gemüse der Saison oder einer Schiaccina (kleines Fladenbrot) mit Gemüse, und gehen Sie erst dann über zu den interessanten Angeboten an Primi: Empfehlenswert fanden wir hier die **Gemüsesuppen** der Saison (es ist unschwer zu erkennen, daß jahreszeitlich stets neu zusammengestellte Gerichte Glorias und Riccardos Steckenpferd sind), die **Spaghetti mit Venusmuscheln** und die Penne »all'Osteria«. Bei den Hauptgerichten haben Sie die Wahl zwischen **Kaninchen all'Agrodolce** und saftigen Scheiben besten Maremma-Fleisches, die in Begleitung echter, handgeschnittener und kroß fritierter Kartoffelfritten oder auch pikanter Kuchen auf den Tisch kommen. Zum Abschluß sollten Sie keinesfalls der Mascarponecreme widerstehen!
Zu den Stärken des Lokals gehören zweifellos auch die Weine: Riccardo ist mit Leib und Seele Sommelier und bietet Ihnen eine gepflegte Auswahl an Flaschenweinen von der Meeresküste (besonders aus der Maremma und Bolgheri) bis in den Chianti, aber auch aus anderen toskanischen Weinbaugebieten.

Follonica

44 km nordwestlich von Grosseto, S.S. 1

Santarino

Trattoria
Piazza XXIV Maggio, 21
Tel. 0566/41665
Ruhetag: Dienstag
Betriebsferien: Ende Sept. / Anf. Okt.
60 Plätze
Preise: 35 – 40 000 Lire, ohne Wein
Kreditkarten: die wichtigen
Mittags und abends geöffnet

Follonica im Herzen der Maremma ist nach dem Hauptort die größte Ansiedlung der Provinz von Grosseto. Der Bauboom der 60er Jahre hat dieses Städtchen entstellt, so daß Zement und Häuser fast die herrlichen macchiabewachsenen Hügel hinter Follonica verdecken. Einzig typische Ecke des Ortes ist der Marktplatz, und hier finden Sie auch unsere Trattoria, vielleicht die einzige, die überlebt hat. Im Familienbetrieb arbeiten Santarino, seine Frau Anna, die Töchter Tiziana und Cinzia sowie die beiden Originale Liria und Orazio als Mitarbeiter. Die Fischgerichte sind die eigentliche Spezialität im »Santorino«; der Fisch ist immer frisch und wird manchmal direkt bei den Fischern gekauft. Der **gekochte Tintenfisch** als Antipasto ist die Spezialität des Hauses: weich und wohlschmeckend, mit Olivenöl und Peperoncino angemacht. Die besten Primi sind: **Spaghetti alle vongole veraci** mit Paprikaschoten oder Hummer, die **Fischsuppe** und die Gnocchetti alle arselle. Das wahre Vergnügen aber sind die Hauptgerichte: Seebarsch, Goldbrasse, gekocht oder in Alufolie, Hummer, gekocht oder mit hausgemachter Majonnaise. Dann gibt es noch eine ganz knusprige **Frittura di paranza**, bei der man das Meer wirklich schmeckt. Das »Santarino« hat keine Weinkarte. Zu den Fischgerichten gibt es einen offenen Weißen aus der Maremma, der nicht zu verachten ist. Die Räumlichkeiten sind belebt, wie sich das für die einzige Trattoria im Ort gehört. Es kommt gemischtes Publikum, das die Vorzüge des »Santarino« kennt.

In den Markthallen von Follonica empfiehlt sich die Pescheria Pallino mit ihrem ausgezeichneten Fischangebot.

Gaiole in Chianti
San Regolo
26 km nordöstlich von Siena, S.S. 408

Il Carlino d'Oro

NEU

Trattoria
Ortsteil San Regolo, Via Brolio
Tel. 05 77 / 74 71 36
Ruhetag: Montag
Betriebsferien: letzte Juliwoche
60 Plätze
Preise: 25 000 – 30 000 Lire, ohne Wein
Keine Kreditkarten
Nur mittags geöffnet

Zu den wenigen empfehlenswerten Adressen in Chianti Classico gehört das »Carlino d'Oro« der Familie Fabbri, die seit über dreißig Jahren diese altehrwürdige Trattoria in der Nähe von Brolio betreibt. Die Einrichtung ist gemütlich, der Service flink und aufmerksam, das Speisenangebot bietet eine klassisch familiäre Kost, und die abschließende Rechnung ist ein Lichtblick.
Für dieses schlichte Wunder zeichnen Mamma Marisa und ihre Schwiegertochter Roberta verantwortlich, die über Töpfe und Pfannen wachen. Ihre Kreationen sind allesamt schmackhaft und lecker, beginnend bei den **toskanischen Crostini** mit klassischer Hähnchenleberfarce und den Primi, wie **Ribollita**, **Bohnensuppe** und **Pappardelle mit** Wildschwein- oder **Hasenragout**. Bei den Secondi können wir Ihnen den **Fritto misto mit Hähnchen und Kaninchen** und die Bistecca alla fiorentina ebenso empfehlen wie die gemischten Grillteller mit Rind, Schwein oder Kleinvieh, zu denen eine gute Flasche Chianti schmeckt. Ach, und da wären natürlich auch noch Ihre beiden Vollblut-Gastgeber im Saal: Carlino, der Namensgeber des Lokals, und Filius Fabrizio, die stets auf dem Sprung sind, jeden Wunsch ihrer Gäste zu erfüllen.
Und noch eine Anmerkung: In San Regolo können Sie nach einem ausgiebigen Mahl auch in einer der schmucken Kammern gleich neben dem Restaurant übernachten.

Die Salumeria / Gastronomia Porciatti in **Radda in Chianti**, Piazza IV Novembre 1, (15 km von Gaiole, 25 km von San Regolo entfernt) verkauft hervorragende toskanische Wurstwaren (rohe Salami, Salsicce, Soppressawürste und den klassischen Buristo) sowie leckere fertig gekochte Gerichte.

Gallicano
Ponte di Campia
35 km nördlich von Lucca, S.S. 12 u. S.S. 445

Al Ritrovo del Platano

NEU

Hotel – Trattoria
Via Provinciale, 8
Tel. 05 83 / 76 61 42 und 76 60 39
Ruhetag: Mittwoch
Betriebsferien: November
30 Plätze
Preise: 30 000 – 40 000 Lire
Kreditkarten: alle
Mittags und abends geöffnet

Der berühmte Dichter Giovanni Pascoli war hier täglicher Stammgast, und er war es auch, der den Namen der Trattoria ersann, der sie noch heute ziert. Und auch das reizende Städtchen Barga, der Fluß Serchio und Pascolis Haus sind ganz in der Nähe – Anlaß genug für einen Besuch, wie wir meinen.
Das Lokal entstand in einem alten Gebäude, das gegen Ende des 19. Jahrhunderts von Carlo Da Prato, dem in die USA ausgewanderten Schöpfer von Gipsstatuetten, erbaut wurde, bevor es in einen Gemischtwarenladen mit Lebensmitteln umgewandelt wurde. Heute jedoch bietet Ihnen Gigi hier wieder sorgfältig zubereitete und servierte traditionelle Spezialitäten der Gegend, wie leckere **Gemüsekuchen** mit Gemüse der Saison, lokale Wurstwaren und exzellente **Forellen** aus dem Serchio, die wir Ihnen als Hauptgang wärmstens ans Herz legen. Bei den Primi fanden wir die **Gemüsesuppe** mit Feldgemüse ebenso empfehlenswert wie die **Minestrone mit Dinkel**, die **mit Kürbis gefüllten Ravioli** mit Butter und Salbei und die hausgemachte Pasta (Tagliatelle und Maccheroni), deren Weizen- oder Dinkelmehl aus der alten Wassermühle von Biagio stammt.
Für Naschkatzen gibt es klassische Süßspeisen wie Apfeltorte, Pasimata und Befana-Kekse. Selbst für Musikliebhaber ist etwas geboten: Gabriele, der Sohn des Wirts, veranstaltet und moderiert einmal im Monat fröhliche Tafelrunden zu Jazzmusik. Und wer möchte, kann anschließend in einem der 15 gemütlichen Gästezimmer übernachten.

Greve in Chianti
Strada in Chianti
20 km südlich von Florenz, S.S. 222

Da Padellina

NEU

Trattoria
Corso del Popolo, 54
Tel. 055/858388
Ruhetag: Donnerstag
Betriebsferien: 10.–30. August
90 Plätze
Preise: 40 000 Lire
Keine Kreditkarten
Mittags und abends geöffnet

Diese äußerlich unscheinbare Trattoria gibt ihre Reize erst auf den zweiten Blick preis: Der eintretende Gast erblickt zunächst auf einer großen Buchstütze Dantes berühmte »Divina Commedia«. Dabei handelt es sich beileibe um keine simple Dekoration, sondern um die große Passion des Wirts, der auf Wunsch seiner Gäste daraus ganze Abschnitte aus dem Gedächtnis rezitiert und damit die Tagesereignisse kommentiert oder einfach nur Stimmung in den Saal bringt.
Eine weitere Passion des »Padellina« gilt wohl der **Bistecca**, denn so bilderbuchmäßig wie hier bekommt man sie so gut wie nirgends: riesig, saftig, zart und schmackhaft, und – als ob all das nicht bereits genügte – auch noch zu einem mehr als angemessenen Preis. Aber bevor Sie hineinbeißen, können Sie sich noch an vielen anderen Köstlichkeiten gütlich tun, wie **Fettunta** (getoastetem Brot mit Knoblauch, Salz und Olivenöl aus eigener Herstellung), leckerem Aufschnitt, darunter die **Sbriciolona**, und Crostone, einer gerösteten Brotschnitte mit Mozzarella, Tomaten und Origano; dann den **Pappardelle mit Wildschweinragout**, Ente oder Hase, Penne sul gallo (mit Hähnchen) und **Ribollita**. Wer die innen rosige Fiorentina nicht so schätzen sollte, kann sich auch für Peposo alla fornacina (Kalbsgulasch aus dem Backofen) entscheiden, **Tordi in umido** (Drosseln in Sauce), Eisbein aus der Pfanne, **Nana arrosto** (gebackene Ente) oder Schweinerücken. Und wenn hier schon echt toskanische Küche zelebriert wird, dann darf natürlich auch der hausgemachte **Zuccotto** (halbgefrorener Biskuit mit Sahne und Schokolade) zum Dessert nicht fehlen; daneben gibt es auch Cassata und Biskuit. Ein passender, ebenso originalgetreuer Begleiter zu Ihrem Schmaus sollte eine gute Flasche Chianti Classico sein: Hier haben Sie die Qual der Wahl unter den namhaften Marken der Gegend.

Greve in Chianti
Montefioralle
30 km südlich von Florenz, S.S. 222

Taverna del Guerrino

NEU

Trattoria
Via Montefioralle, 39
Tel. 055/853106
Ruhetag: Mo., Di. u. Mittw.mittags
Betriebsferien: im Februar
40 Plätze + 40 im Freien
Preise: 30 – 35 000 Lire, ohne Wein
Keine Kreditkarten
Mittags und abends geöffnet

In Greve in Chianti, genauer gesagt im pittoresken Ortsteil Montefioralle, finden Sie diesen kleinen Familienbetrieb: zwei Gaststuben, die auf die sanft geschwungenen Weinberge des Chianti Classico hinausgehen, und die schöne Küche, in der Signora Gabriella traditionelle toskanische Gerichte zaubert. Um sie herum ist die ganze Familie Niccolai geschäftig im Lokal zugange.
Auf den Tisch kommt in der »Taverna del Guerrino« reine, unverfälschte Regionalküche, die mit hausfraulicher Schlichtheit zubereitet wird. Bei den Antipasti finden wir **Fettunta** mit Oliven, toskanische Crostini, Salsiccia vom Wildschwein und – im Sommer – eine echte, rustikale **Panzanella**. Spaghetti mit Wildschweinragout oder alla contadina, **Ribollita** und Bohnenpüree als Primi leiten über zu den besonderen Spezialitäten des Hauses: dem Fleisch der Chianina-Rinder, **Rosticciana** (Schweinekotelett) und Bistecca vom Schwein. Für die hohe Fleischqualität bürgt Stefano Bencistà von der Metzgerei Falorni, der gewissenhaft nur das Beste liefert. Allein schon die umwerfende **Bistecca alla fiorentina** lohnt eine Fahrt hierher, doch verdiente ein solcher Hochgenuß eine bessere Auswahl an Rotweinen aus diesem erstklassigen Anbaugebiet.
Der Service ist geschwind und aufmerksam, und besonders erwähnenswert finden wir den löblichen Umstand, daß der Gast auch nur ein einzelnes Gericht bestellen kann.
Wenn Sie im Winter hier Station machen möchten, vergessen Sie nicht, daß das Lokal nur von Donnerstag bis Sonntag geöffnet ist.

In **Greve Capoluogo**, Piazza Matteotti 69–70, residiert der legendäre Falorni, unübertroffener Meister in der Herstellung von Fleisch, Schinken und leckeren Würsten.

Grosseto

Il Canto del Gallo 

Osteria
Via Mazzini, 29
Tel. 05 64 / 41 45 89
Ruhetag: Sonntag
Betriebsferien: zwischen Okt. und Nov.
28 Plätze
Preise: 35 – 40 000 Lire, ohne Wein
Keine Kreditkarten
Nur abends geöffnet

Der »Hahnenschrei«, wie der Name auf deutsch lautet, ist ein zwar nur kleines, aber ausgemacht feines Lokal, in dessen kleinen Räumlichkeiten sich Schlemmer durch ein nicht enden wollendes Potpourri an Gaumenfreuden kosten können.
Nadias phantasievolle Kreationen überzeugen insbesondere bei den Gemüsegerichten: Hirsesuppe mit Salbei, **Pappa col pomodoro**, **Frittatina mit Kräutern**, die delikaten **Lasagnette mit Gemüse der Saison** und geschmortes Gemüse stimmen Sie ein auf Fleischgerichte, denen hier ebenfalls der gebührende Platz eingeräumt wird; nicht ganz zufällig wohl, ist doch die Rosticciana das kulinarische Aushängeschild dieser Region. Lassen Sie sich vom geschmorten Haus- und Wildschwein überzeugen, oder noch besser von der **Grigliata mista** mit Lamm, Kalb, Schwein und Wildschwein, die in liebevollen Häppchen mit verlockendem, ebenfalls gegrilltem Sommergemüse bunt garniert auf den Tisch kommt. Gleichermaßen persönlich und liebevoll zubereitet sind die **toskanischen Crostini**, die gemeinsam mit typischen Wurstwaren als Appetitanreger gereicht werden. Die Pasta ist natürlich hausgemacht: Von Crespolini (eine Variante der gefüllten Nudeltäschchen) über Tagliatelle bis hin zu **Gnocchi**, mit Sugo vom **Wildschwein nach Jägerinnenart** serviert, ist für jeden Geschmack etwas dabei. Frische Zubereitung ist hier ein Leitmotiv, und das gilt auch für die Dolci: Köstliche **Sorbets**, Früchtemousse oder Ricottamousse mit Schokoladensauce verlocken zum Naschen. Die Weinkarte ist spezialisiert auf lokale Erzeugnisse.

Die Schweinemetzgerei Leo Chiti in der Via dei Barberi 16 verkauft erstklassige Spezialitäten der Maremma: Lenden- und Filetstücke vom Wildschwein, in Öl eingelegte Geflügelleber, Finocchiona, Wildschweinschinken und Wildbret-Saucen.

Livorno

Cantina Nardi 

Enoteca mit Ausschank und Küche
Via Cambini, 6 – 8
Tel. 05 86 / 80 80 06
Ruhetag: Sonntag
Betriebsferien: 3 Wochen im August
35 Plätze + 20 im Freien
Preise: 30 000 Lire, ohne Wein
Kreditkarten: AE, Visa
Nur mittags geöffnet

Die »Cantina« im Einkaufszentrum von Livorno verlassen wir immer wieder hochzufrieden: Hier bekommt man schmackhafte, bodenständige Gerichte, der Service ist flink und aufmerksam, die Auswahl an Flaschenweinen aus der Toskana und anderen Regionen ist groß, und zudem sind die in den Regalen dekorativ der Bacchanten harrenden Flaschenweine fast alle auch glasweise zu haben. Dieses Jahr unterzog sich die »Cantina Nardi« überdies einer kleinen Schönheitskur: Anstelle der Papiertischdecken prangen auf den Holztischen nun karierte Stofftischdecken.
Wir sind im Reich der Familie von Nadio Nardi, die täglich ein Menü offeriert, das aus lediglich zwei bis drei Primi und ebenso vielen Secondi besteht: schlicht, aber schlichtweg gelungen! Je nach Jahreszeit stehen als Primi Pappa al pomodoro, **heiße Brühe mit Fisch**, Minestrone mit Reis, **Pasta e fagioli**, Spaghetti alla Carbonara oder Risotto mit Meeresfrüchten auf dem Speisezettel. Darauf folgen der klassische **Cacciucco** (Fischsuppe), Kutteln, **Baccalà** oder **Stockfisch alla livornese** und Steaks, Lamm von der Holzglut, Francesina (Fleisch mit Zwiebeln), Salsicce mit Bohnen und andere Spezialitäten. Gut sind auch die hausgemachten Dolci: Crostata mit Obst, Castagnaccio und zum süßen Abschluß Obstsalat. Erfreulich niedrig fällt die Rechnung aus, insbesondere in Anbetracht der guten Qualität und des stets schlüssigen Speisenangebots.

Nehmen Sie sich Zeit für einen Shopping-Bummel im überdachten Mercato centrale bei den Scali Sassi: Dort finden Sie viele Stände, deren Angebot von frischem Fisch und Wurstwaren über Fleisch aus der Maremma bis hin zu einer Vielzahl von Getreidesorten reicht.

Livorno

Enoteca Doc

Enoteca mit Ausschank und Küche
Via Goldoni, 40 – 44
Tel. 0586/887583
Ruhetag: Montag
Betriebsferien: im August
60 Plätze
Preise: 30 – 35 000 Lire, ohne Wein
Kreditkarten: alle
Geöffnet: 12 – 3 Uhr

Ganz Livorno harrt geduldig seit Jahr und Tag der Restaurierung und Wiedereröffnung des seit langem geschlossenen Teatro Goldoni. In der Innenstadt, ganz in der Nähe der Piazza Cavour, können Sie sich mit so manchem Einheimischen in der »Enoteca Doc«, die einen munteren Farbtupfer ins Stadtbild setzt, darüber hinwegtrösten, daß dies wohl noch ein Weilchen dauern wird. Denn hier finden Sie eine schöne Auswahl an Flaschenweinen insbesondere aus der Toskana, aber auch aus anderen Weinbaugebieten Italiens und der Welt, daneben erlesene Spirituosen wie Grappe und Whiskys, die auch am Tresen ausgeschenkt werden, sowie Sekt und Champagner.
Der Reigen der Antipasti ist reichhaltig und macht neugierig auf mehr: Neben **Crostini**, **Crostoni** und Bruschetta mit Tomaten, Lardo oder Steinpilzen stehen Häppchen mit Foie gras, isländischem Lachs, mit Aufschnitt vom Pferdefleisch, Elch und Damhirsch auf dem Speisezettel. Die besondere Aufmerksamkeit der Wirte gilt erlesenen Käsespezialitäten wie Schafs- und Ziegenkäse sowie Gorgonzola; daneben werden stets zahlreiche verschiedene Salate und Schiacciatine (Fladen) sowie hervorragende Fleisch- oder Fisch-**Carpacci** angeboten. Darauf folgen jeweils vier Primi und drei Hauptgerichte, die wöchentlich neu zusammengestellt werden, wie die ausgezeichneten **frisch zubereiteten Spaghetti alla Pescatora**, die **Suppe mit toskanischen Steinpilzen**, das Rippenstück vom Rind und die Zucchini-Rucola-Quiche. Endgültig ins Schwärmen gerät man angesichts der vielen verschiedenen Dolci: Mousse, Crème brûlée und Ricottatörtchen. Die Preise sind angemessen, die Portionen großzügig, das Ambiente angenehm und der Service flott und herzlich. Wollen Sie sich selbst überzeugen, so empfehlen wir Ihnen eine Tischreservierung.

Il Tartufo

Restaurant
Via Oberdan, 70
Tel. 0586/884735
Ruhetag: Montag
Betriebsferien: Februar
40 Plätze + 35 im Freien
Preise: 30 – 35 000 Lire, ohne Wein
Kreditkarten: AE, Visa
Nur abends geöffnet

Ein wahrer Lichtblick in der eher etwas trüben gastronomischen Szene Livornos liegt nur wenige Schritte entfernt vom »Mercatino americano« an der Piazza XX Settembre: das »Tartufo«, ein Lokal, das sich zu einer sicheren Adresse gemausert hat. Das Innere ist einfach, aber schmuck: zwei kleine Speiseräume und eine Terrasse für die schöne Jahreszeit. Die Küche bietet Regionales, aber auch einige Klassiker, und der König des »Tartufo« ist naturgemäß die Trüffel, die die Wirtin Laura Cocchi in der Küche großzügig über diverse Gerichte raspelt.
Das Speisenangebot wechselt je nach Saison: In der kalten Jahreszeit wird mehr Fleisch aufgetischt, im Sommer dagegen Fisch. Zum Auftakt gibt es klassische Antipasti wie **Gemüseaufläufe**, gefolgt von den Primi: Tagliolini mit Trüffeln, aber auch **frische Pasta mit Miesmuscheln** oder Ravioli mit Kräutern und Mohnsamen. All dies kann mit Fisch kombiniert werden: Möchten Sie sich an dem frischen Lachssteak aus der Pfanne mit frischen Tomaten und Steinpilzen gütlich tun, oder soll es doch lieber **Stockfisch alla livornese** sein, **Guazzetto in bianco di molluschi** (eine Art Fischsuppe in bianco, also ohne Tomaten, ohne Grätenfische) oder fangfrischer Fisch des Tages? Auch Fleischliebhaber kommen nicht zu kurz: Sie können klassische **Tagliate**, Carpaccio, Filet oder Schnitzel wählen. Und auch mit den Desserts sind Sie gut beraten.
Der Weinkeller bietet eine zwar beschränkte, aber annehmbare Auswahl, und die absolut anständige Rechnung ist sozusagen das letzte »Bonbon«.

Hier noch zwei wertvolle Adressen, wenn Sie in Livorno die typische Cecina oder Farinata (Kichererbsenfladen) versuchen möchten: bei Cecco, Via Cavalletti 2, und in der Torteria Gagarin, Via del Cardinale 24.

Livorno

L'Ancora

Restaurant
Scali delle Ancore, 10
Tel. 05 86 / 88 14 01
Ruhetag: Dienstag
Betriebsferien: je 2 Wo. im Okt. u. Feb.
90 Plätze
Preise: 40 – 45 000 Lire, ohne Wein
Kreditkarten: alle
Mittags und abends geöffnet

NEU

Wir befinden uns im Venezia-Viertel, dem malerischen historischen Stadtzentrum, und auch dieses Restaurant atmet Atmosphäre. Das kommt nicht von ungefähr, denn die beiden Wirte mußten sich mächtig ins Zeug legen, um den großen Speisesaal mit seinen runden Ziegeldecken und -wänden auszubauen und Platz für die Tische zu schaffen. Der Erfolg ließ allerdings auch nicht lange auf sich warten: Abends ist das »Ancora« so gut wie immer ausgebucht.
In der Küche ist Ennios Frau Vera mit einem probaten Team zugange und bereitet die Spezialität des Restaurants: Fisch, Fisch und nochmals Fisch, allerdings in einer ungeheuren Vielfalt von unverfälschten, stets frischen Kreationen. Eröffnen Sie den Reigen mit dem **Antipasto misto**, einem Teller mit vielen kleinen Kostproben wie gefüllten Miesmuscheln, Zighe (Herzmuscheln), **Meeresfrüchtesuppe**, gefüllten Fleischbällchen, Anchovis und anderem mehr. Als Primo wird neben der klassischen **Carbonara di Mare** alles angeboten, was der Markt gerade frisch bietet: Heuschreckenkrebse, Taschenkrebse und Hummer. Vertrauen Sie beim Hauptgang ruhig der fachkundigen Beratung von Francesco und Ennio – wenngleich sie Ihnen die Wahl nicht leichtmachen werden mit ihren vielfältigen frischen Fischgerichten aus der Pfanne, dem Ofen oder vom Grill, die allesamt schlicht, aber sehr schmackhaft zubereitet sind. Auch an Krustentieren herrscht kein Mangel (auf Bestellung gibt es sogar Languste); insbesondere die klassischen Spezialitäten Livornos werden Sie begeistern, wie **Fritto di Paranza** (Fischteller), fritierte Sardellen und auf Bestellung **Cacciucco**. Für ein gelungenes Finale sorgen die hausgemachten Dolci, wie der leckere Käsekuchen oder die Crema Pasticcera mit Waldfrüchten. Eine Weinkarte suchen Sie hier vergeblich, auch wenn einige Weißweine angeboten werden.

Lucca

Buatino

Trattoria mit Zimmern
Via Gorgo Giannotti, 508
Tel. 05 83 / 34 32 07
Ruhetag: Sonntag
Betriebsferien: ca. 25. Juli – 20. Aug.
50 Plätze
Preise: 19 – 26 000 Lire, ohne Wein
Keine Kreditkarten
Mittags und abends geöffnet

Das »Buatino« hat seinen Namen von seinem legendären Gründer am Anfang des 20. Jh., heute ist Giuseppe Ferrua der Wirt, der – als Kind piemontesischer Eltern in Südamerika geboren und Lucca seit je gefühlsmäßig verbunden – perfekt die Atmosphäre einer traditionellen Osteria zu erzeugen versteht. Die Trattoria liegt unmittelbar außerhalb der Mauern im Viertel Giannotti, das die ländlichen und zugleich aristokratischen Traditionen Luccas verkörpert. Der Charakter des Restaurants wie der der Pension (es gibt sechs Zimmer) entspricht dieser Umgebung, doch macht sich auch Unternehmungsgeist bemerkbar: von den Bildern an den Wänden, die ständig neu ausgewählt werden, bis zu den Kabarett- oder Jazzabenden, die mehrmals wöchentlich stattfinden. Die Küche liefert all die bodenständigen, traditionellen Gerichte von bester Qualität, die Speisekarte wechselt mit den Jahreszeiten. Zu den Spezialitäten gehören **Farro** (Dinkel) **alla garfagnina**, **Farinata**, Pancotto, danach gibt es **Kaninchen auf Jägerart**, Rovelline in salsa, **Baccalà alla livornese**, **bardiertes Perlhuhn**, **Kräuterkuchen** mit »Becchi«. Sommers bringt man auch einige »frischere« Sachen auf den Tisch. Die recht ordentliche Weinkarte bietet eine gute Auswahl toskanischer und Luccheser Erzeugnisse.

Die Cioccolateria Caniparoli (Via San Paolino) ist für exzellente Qualität ihrer Produkte berühmt. Die Enoteca Petroni in der Via Beccheria verfügt über ein großes Angebot guter italienischer und ausländischer Weine. Buccellati kauft man seit je bei Tadeucci an der Piazza San Michele.

Lucca
Gattaiola
4 km südöstlich vom Stadtzentrum

Il Mecenate

NEU

Trattoria
Via della Chiesa, 707
Tel. 05 83 / 51 21 67
Ruhetag: Montag
Betriebsferien: Januar
70 Plätze + 70 im Freien
Preise: 35 – 40 000 Lire
Kreditkarten: alle
Abends geöffnet, an Sonn- und Feiertagen auch mittags

Umgeben von sanften Hügeln, grünen Gärten und prächtigen Renaissance-Villen, liegt eine ehemalige Stallung – darin das »Mecenate«, eine Reminiszenz an die Architektur und den Charme der bäuerlichen Kultur Luccas.
Das Speisenangebot setzt nach wie vor auf frische Saisonware: In der kalten Jahreszeit wird leckere hausgemachte Pasta angeboten, insbesondere **Tordelli** und **Tacconi**, aber auch **Tagliatelle mit Taubenfleisch** sowie **Zuppa alla frantoiana,** eine köstliche Suppenspezialität aus Lucca mit Gemüse, Feld- und Küchenkräutern. Das saftige, einfach unwiderstehliche **Milchferkel aus dem Ofen** ist weiterhin unangefochtener König unter den Hauptgerichten, aber Sie können sich natürlich auch für Schweinefilet mit Trüffeln oder – wenn Sie gerne kulinarische Entdeckungsreisen unternehmen – für die Straußensteaks mit Koriander entscheiden. Ein wahrer Gaumenschmaus sind auch die Beilagen, von den Kartoffeln bis zum Gemüse der Saison, und die Dolci sind hier selbstverständlich hausgemacht. In der schönen Jahreszeit können Sie sich im angenehm kühlen Hof mit sommerlich leichten Gerichten verwöhnen lassen: marinierte Zunge, **gepökeltes Fleisch** mit heißem Rosmarinbrot, herrliche Wurstwaren aus der Garfagnana, Spaghetti mit Tomaten und Minze, Testaroli (Lasagne mit Basilikum) und wiederum köstliches Fleisch, dessen Krönung das **gebratene Lamm** ist. Im Winter können Sie von den Tischen des Mecenate aus aufbrechen zu kulinarischen Stippvisiten in die Küchen ferner Länder – dann setzen die Wirte nämlich ihre in vielen Winkeln der Welt gesammelten Erfahrungen in exotische Gerichte wie Matambre al Tataki um.

Die Cacioteca in der Via Fillungo 242 bietet eine exzellente Auswahl an erlesenen Käsesorten von Großhändlern oder auch direkt vom Erzeuger.

Magliano in Toskana
28 km südöstlich von Grosseto, S.S. 322 u. 323

Antica Trattoria Aurora

Trattoria
Via Chiasso Lavagnini, 12 – 14
Tel. 05 64 / 59 20 30 und 59 27 74
Ruhetag: Mittwoch
Betriebsferien: Nov., 3 Wo. im Jan./Feb.
50 Plätze + 80 im Freien
Preise: 40 – 45 000 Lire, ohne Wein
Kreditkarten: alle, außer DC
Mittags und abends geöffnet

Die einladende Trattoria ist mit viel Liebe zum Detail eingerichtet, und ihre streng regional ausgerichtete Küche wird Sie sicherlich überzeugen.
Zum Auftakt gibt es diverse Antipasti (leckere **Karotten mit Pesto**, gemischte Crostini und **Auberginen in Salsa**), aber erst bei den Primi entfaltet sich die kulinarische Tradition der Maremma so richtig: Da müssen Sie sich entscheiden zwischen **Acquacotta**, **Tortelli mit Wildschwein** oder Kürbis und Minze, Lunghini mit Kaninchen und wildem Wacholder oder Pappardelle mit Entenragout, und diese Entscheidung fällt, wie wir bezeugen können, ziemlich schwer. Auch die Hauptgerichte halten, was die Primi versprechen – mit traditionellen Gerichten wie **Padellata Maremmana** (gemischtem Fleisch vom Kaninchen, Huhn und Zicklein aus der Pfanne) und Kaninchen mit Zwiebeln aus dem Ofen. Das Lamm, die **gegrillten Steaks** und das Perlhuhn mit Zitrone wären natürlich auch eine Kostprobe wert.
Besondere Erwähnung gebührt ferner den von Lucio liebevoll zusammengestellten **Käsespezialitäten** aus Schafs- und Ziegenmilch, die mit Feigenmarmelade oder Kastanienhonig serviert werden. Und beim süßen Finale kann die Küche noch einmal zulegen mit der exquisiten Mousse au Chocolat, der **Ricottamousse mit Johannisbeeren** oder den köstlichen selbstgebackenen Cantucci.
Die Weinkarte entspricht dem Niveau der Gerichte und bietet lokale und regionale Erzeugnisse; wer will, kann allerdings auch den anständigen Hauswein bestellen.

Bei Karl Egger in **San Donato di Albinia** (40 km), Via Podere La Serra, bekommen Sie verschiedene Mehl- und Nudelsorten aus Weizen, Gerste und Dinkel, die ausschließlich aus biologischem Anbau stammen, und daneben auch naturbelassenes Obst und Gemüse.

Manciano Saturnia

56 km südöstlich von Grosseto, S.S. 322

Club Bacco e Cerere

Osteria
Via Mazzini, 4
Tel. 05 64 / 60 12 35
Ruhetag: Dienstag und Mittwoch
Betriebsferien: 20. Juli – 20. August
30 Plätze + 24 im Freien
Preise: 35 000 Lire, ohne Wein
Alle Kreditkarten
Mittags und abends geöffnet

»Piccini« war der erste, der vor etwa zehn Jahren hier in Saturnia eine Enoteca eröffnete, die nicht nur eine interessante Auswahl an lokalen und regionalen Weinen, sondern auch heimische Spezialitäten, wie Käse, Wurst, Salse, Sughi, und viele andere Köstlichkeiten anbot. Die Vielfalt und die Qualität des Angebots machten das Lokal schnell zu einer beliebten Adresse, und so lag es auf der Hand, daß es im Laufe der Zeit zu einer Trattoria ausgebaut wurde. Gehen wir nun einmal in den ersten Stock hinauf. Hier ist das Reich von Ida und Federico, Ehefrau bzw. Sohn Piccinis: einige wenige Sitzplätze, ein gemütliches Ambiente, sorgfältig gedeckte Tische. Das Speisenangebot setzt vor allem auf die bewährten Klassiker der Maremma, die gelegentlich, je nach Angebot der jeweiligen Jahreszeit, etwas abgewandelt werden: **Acquacotta** (klassisch oder mit Ricotta), Dinkelsuppe, **Pappardelle alla lepre** (Ida bereitet sie nach einem eigenen Rezept zu, das sie streng geheimhält). In der Saison gibt es Spaghetti mit Kürbis. Von den Secondi empfehlen wir Ihnen das **Lamm** – als **Ragout** oder a scottadito – und das **Wildschwein**, die mit Beilagen der Saison serviert werden; bemerkenswert sind auch Arista al latte und die mit hervorragendem Olivenöl gewürzten gegrillten Gemüse. Einige Desserts und eine gute Auswahl an lokalen und toskanischen Weinen aus der Enoteca einen Stock tiefer runden das Angebot ab.

Auf dem Gutshof Fedeletto im Ortsteil **Piano di Cirigano** hat das Caseificio Sociale von Manciano einen Laden eingerichtet. Wir empfehlen Ihnen die Caciotte, den Ginestrino di Maremma, den Pecorino aus Manciano und vor allem den echten Pecorino toscano, frisch sowie gereift.

Manciano

56 km südöstlich von Grosseto, S.S. 322

Da Paolino

Trattoria
Via Marsala, 41
Tel. 05 64 / 62 93 88
Ruhetag: Montag
Betriebsferien: unterschiedlich
55 Plätze + 40 im Freien
Preise: 35 – 40 000 Lire, ohne Wein
Kreditkarten: die wichtigen
Mittags und abends geöffnet

Ein schönes hölzernes Schild draußen und ein vertrauenerweckender Kamin am Eingang verheißen dem Gast einen angenehmen Aufenthalt in dieser ältesten Trattoria in Manciano. Sie wurde jüngst von Marino, dem jungen, enthusiastischen Wirt, sorgfältig und intelligent restauriert und mit einer großen neuen Küche ausgestattet. Die Speisekarte führt jedoch dankenswerterweise unverändert die schon bisher bewährten und begehrten Dinge. Fangen wir mit den klassischen **Tagliolini** alla Paolino mit Salsiccia, Erbsen und Artischocken an, mit Pilz- und **Bauernsuppe**, Gnocchi mit Kürbis- oder Pilzcreme, Tortellini oder Pappardelle. Unter den Fleischspeisen zu finden sind **geschmortes Wildschwein**, **Spanferkel »in porchetta«**, schmackhaftes gebratenes Perlhuhn, Huhn und Lamm. Eine fast unbekannte, aber sehr interessante Spezialität ist Ricotta ubriaca (»besoffener Ricotta«) als Abschluß des Mahls, die aus heimischen Rohstoffen erster Qualität zubereitet wird. Das Weinangebot beschränkt sich auf einen ehrlichen offenen Hauswein und einige Flaschen aus der Umgebung.
Vergessen Sie nicht, sich auch den Ort anzusehen, der über eine beeindruckende sienesische Festung und bemerkenswerte Reste der mittelalterlichen Bebauung verfügt.

Marciana · Isola d'Elba Castello

27 km von Portoferraio + Fähre von Piombino

Osteria del Noce

NEU

Trattoria
Via Madonna, 27
Tel. 05 65 / 90 12 84
Ruhetag: Dienstag, nicht im Sommer
Betriebsferien: 10. Oktober – Ostern
30 Plätze + 40 im Freien
Preise: 50 000 Lire, ohne Wein
Kreditkarten: alle, außer AE
Mittags und abends geöffnet

Die Insel Elba im toskanischen Archipel fasziniert ihre Besucher immer wieder mit ihrer prächtigen Landschaft, die dortige Gastronomie jedoch ist leider ziemlich weit entfernt von einem Faszinosum. Doch zu Ihrem und unserem Glück haben wir dann doch diese ligurisch angehauchte Trattoria entdeckt (Alberto, der Wirt, stammt aus Sestri Levante). Hier hat der Gast vom ersten Augenblick an das beruhigende Gefühl, wirklich professionell umsorgt zu werden.

Gleich zu Beginn erleben wir eine erste angenehme Überraschung: Einen Aufpreis für das Gedeck gibt es nicht, dafür kann man für nur 1000 Lire nach Herzenslust selbstgebackenes Brot essen. Bei den Antipasti fanden wir die Sardellen mit Zitrone und den Crostino mit kleinen Muscheln ebenso gelungen wie den geräucherten Schwertfisch, das Sauté aus Herz- und Miesmuscheln und – besonders in der Nebensaison – die **Cima alla genovese** (gefüllte Kalbsbrust). Machen Sie sich nun einen Eindruck von den schmackhaften Primi, wie der rustikalen **Bohnensuppe mit Muscheln**, und wenn Sie weniger ausgefallene, dafür aber nicht weniger leckere Gerichte vorziehen, entscheiden Sie sich einfach für Spaghetti mit Meeresfrüchten oder alla bottarga (mit Thunfisch- oder Meeräscheneiern), Sedanini all'ortolana (mit Gemüse) oder den delikaten Reis mit Nero di Seppia. Sie sind bereit für die Secondi? Dann haben Sie eine grandiose Auswahl an fangfrischen Fischen, **fritiert** oder **mit Kartoffeln und Oliven im Ofen gebacken**. Oder Sie schwelgen in **Acciugata al forno**, kleinen Tintenfischen mit Kräutersauce und Erbsen, in Buridda (Fischsuppe) mit jungem Oktopus oder **Knurrhahn mit wildem Fenchel**. Den süßen Abschluß bilden dann eine Ricottamousse, Tiramisù und Amarettodessert. Neben den bescheidenen offenen Weinen gibt es auch einige annehmbare Flaschenweine.

Massa Marina

4 km vom Stadtzentrum

Circolo della Vela

NEU

Restaurant des Segelclubs
Viale Vespucci, 84
Tel. 05 85 / 24 45 44
Ruhetag: Mo. und Di., nicht im Sommer
Betriebsferien: 15. Oktober – 15. März
30 Plätze + 40 im Freien
Preise: 30 – 35 000 Lire, ohne Wein
Keine Kreditkarten
Abends geöffnet, im So. auch mittags

Der »Circolo della Vela« liegt zu Füßen der Brücke über den Fluß Frigido und nur zweihundert Meter vom Zentrum von Marina di Massa entfernt – Stammlokal der Segelsportler und seit einigen Jahren (insbesondere in der schönen Jahreszeit) auch eine beliebte Anlaufstelle für Freunde anspruchsvoller Küche.

Auf dem Speisenzettel steht hier wieder hauptsächlich Fisch, zum größten Teil direkt aus dem Meer. Die Vorspeisen reichen von warmem Meeresfrüchtesalat über **Cozze alla genovese**, Miesmuscheln mit Tomaten, Basilikum und Pinienkernen bis hin zu frischen oder marinierten Anchovis. Empfehlenswerte Primi sind insbesondere die **Tagliolini mit Jakobsmuscheln**, die Bavette mit Heuschreckenkrebsen oder Granceola (Meerspinnen), aber auch die klassischen Spaghetti mit Venusmuscheln; daneben locken **Suppe mit Krustentieren** und Risotto mit Meeresfrüchten. Als Hauptgang schmecken dann Goldbrasse all'acqua pazza, also im Weinsud, Pescatrice allo zenzero (Anglerfisch mit Ingwer) und gefüllte Miesmuscheln. Bei den Nachspeisen schließlich fällt die Wahl zwischen den vielen von Mirca zubereiteten Desserts nicht gerade leicht: Bayerische Creme, Crostata mit Creme und frischer Obstsalat machen eine Entscheidung schwer und das Leben angenehm.

Der Wein fällt all dem gegenüber deutlich ab. So schwer die Wahl bei den Süßspeisen fällt, so rasch ist sie beim Wein getroffen: Es gibt nur zwei, den Hauswein, einen Frizzantino, der eher bescheiden daherkommt, und einen sehr anständigen Weißwein von den Colli di Luni.

Die Eisdiele Eugenio in **Ronchi** (2 km), Via Pisa, verkauft köstliches Eis aus eigener Herstellung. Und in der Bar-Enoteca Gauguin, ebenfalls in Ronchi in der Via Magliano, gibt es ein gutes Sortiment von Weinen aus Italien und dem Ausland.

Massa

Il Passeggero

NEU

Restaurant
Via Alberica, 1
Tel. 05 85 / 48 96 51
Ruhetag: Sonntag
Betriebsferien: August
90 Plätze
Preise: 30 – 35 000 Lire
Kreditkarten: alle
Mittags geöffnet, Fr. + Sa. auch abends

Mitten im Zentrum eröffnete Familie Rustighi vor rund fünfzig Jahren im Kellergeschoß eines alten Palastes an der Piazza Aranci eine Osteria, die sich im Laufe der Jahre zu einem mittlerweile sehr geschätzten Restaurant unter der Leitung der jungen Wirtsleute Alessandra und Lorenza mauserte. Unverändert blieb eigentlich nur die ausgezeichnete Küche.
Haben Sie sich in einem der gemütlichen, auch im Sommer angenehm kühlen Speisesäle niedergelassen, können Sie schon gleich zur Tat schreiten: Lokale Wurstwaren, darunter ein exquisiter **Lardo di Colonnata**, und verschiedene Crostini bilden den Auftakt. Als Primi folgen dann Gemüsesuppen, Dinkel mit Bohnen, die typischen **Tordelli mit Pilzsauce** und das eine oder andere vom Meer inspirierte Gericht, wie das delikate Risotto mit Krabben. Auch bei den Hauptgerichten haben Sie die Wahl zwischen Fleisch und Fisch (wobei ersteres oft das Rennen macht): Versuchen Sie doch einfach den **Färsenbraten** – wenn der nicht auf der Zunge zergeht! Alternativ dazu können Sie natürlich auch die butterweichen, schmackhaften **Calamari in umido** wählen. Cremespeisen, Zuppa Inglese und Tiramisù beschließen die Mahlzeit; ganz besonders begeistert hat uns der unübertroffene Käsekuchen mit Erdbeeren.
Die Wahl des passenden Weines fällt wie so oft nicht ganz leicht, denn auch in diesem netten Lokal hat sich der Gedanke noch nicht durchsetzen können, eine Weinkarte zusammenzustellen. Lassen Sie sich also beraten – dann bekommen Sie eine zwar begrenzte, aber insgesamt recht annehmbare Auswahl lokaler Gewächse aufgezählt.

In der Gastronomia Valeria, Via Fermi 1, sind Delikatessen und fertig zubereitete Gerichte zum Mitnehmen erhältlich.

Massa Marittima

50 km nordwestlich von Grosseto, S.S. 439

Da Tronca

Osteria
Vicolo Porte, 5
Tel. 05 66 / 90 19 91
Ruhetag: Mittwoch
Betriebsferien: Dezember bis Februar
50 Plätze
Preise: 30 – 35 000 Lire, ohne Wein
Kreditkarten: CartaSi, Visa
Nur abends geöffnet

Massa Marittima ist einen Besuch wert. Der Ort ist reich an Kunstschätzen und besitzt noch ein intaktes Stadtgefüge, das vom Wohlstand der einst reichsfreien Stadt zeugt. Man kann hier auch gemütlich bummeln, in den kleinen Goldschmiedeläden stöbern, ein Zeugnis der einst wichtigen Bergbautätigkeit, die den Wohlstand dieser Stadt am Nordabhang der Colline Metallifere begründete. Die Osteria »Tronca« fügt sich gut in dieses Bild ein. Sie strahlt familiäre und gemütliche Atmosphäre aus, ihre alten Speisezimmer besitzen eine rustikale Eleganz. Sie wird mit viel Herzlichkeit von Tronca, einem echten Original, sowie seinem Bruder Moreno geführt. Die Küche bietet die klassischen Gerichte, die man in einer Osteria erwartet, und einige ausgefallenere Zubereitungen: Crostini maremmani, Wurst und Käse, dann **Zuppa dell'osteria**, Kichererbsensuppe, **Kürbistortelli** mit Walnußsauce, Tagliatelle mit Rosenkohl und Speck, Sfrigoli mit Artischocken, **Timbate von frischem Gartengemüse**, **Trippa alla maremmana**, Ossobuco mit feinen Erbsen. Außer einer intelligenten Auswahl von Weinen aus der Maremma sind auch die großen Gewächse der Toskana und anderer italienischer Regionen zu finden. Bei Tronca werden diese Weine – das Angebot wechselt täglich – auch glasweise ausgeschenkt.

Massa Marittima

50 km nordwestlich von Grosseto, S.S. 439

Taverna Vecchio Borgo

Restaurant
Via Parenti, 12
Tel. 05 66 / 90 39 50
Ruhetag: Sonntagabend, Montag
Betriebsferien: Januar
50 Plätze
Preise: 45 – 50 000 Lire, ohne Wein
Kreditkarten: alle
Mittags und abends geöffnet

Nur ein paar Schritte von der Piazza Garibaldi liegt die »Taverna Vecchio Borgo« in fachkundig restaurierten antiken Räumlichkeiten mit passend darauf abgestimmter Einrichtung.
Claudio und seine Gattin Grazia, er im Speisesaal und sie in der Küche, verwöhnen ihre Gäste mit einem ganz klaren gastronomischen Konzept: Ihr Speisenangebot ist abwechslungsreich und vielseitig und setzt sehr vor allem auf Erzeugnisse aus der Gegend wie auf saisonale Produkte. Als Antipasto werden Ihnen die klassischen Crostini mit Milz und Geflügelleber serviert, Bruschetta mit frischen Tomaten und eine leckere Auswahl an Wurstwaren. Dem schließen sich dann die Primi an: Da gibt es **Dinkelsuppe,** Acquacotta mit Trüffeln, **mit Pilzen und Ricotta gefüllte Cappellotti**, über die ein wenig Trüffel geraspelt wird, oder auch Ravioli mit Rucola-Ricotta-Füllung, Nüssen und Basilikum. Ein schmackhaftes Hauptgericht ist das Grillfleisch, das mitten in einem der beiden Speisesäle im Kamin auf der Holzglut brutzelt; ansonsten schmeckt auch die Tagliata fiorentina mit Steinpilzen oder frischem Gemüse. Und zur Saison stehen dann Wildgerichte im Vordergrund: Ist den Waidmännern reiche Beute beschert, gibt es **Wildschwein in umido** mit schwarzen Oliven, **Fasanenfilets mit Vin Santo** und **Steaks vom Damhirsch** mit Wacholderbeeren von der Holzglut. Auch Süßes gibt es je nach Saison: Ricotta-Mousse mit Waldbeeren oder Kastanien oder auch Sahnegefrorenes mit Nußkrokant und heißem Schokoladenguß. Zu jedem Gericht kann Ihnen Claudio den passenden Tropfen von seiner Weinkarte empfehlen: Sie ist sorgfältig zusammengestellt und insbesondere mit toskanischen Rotweinen wie Chianti, Brunello di Montalcino, Nobile di Montepulciano und Morellino di Scansano gut bestückt.

Massarosa
Piano di Mommio

23 km nordwestlich von Lucca

Coluccini

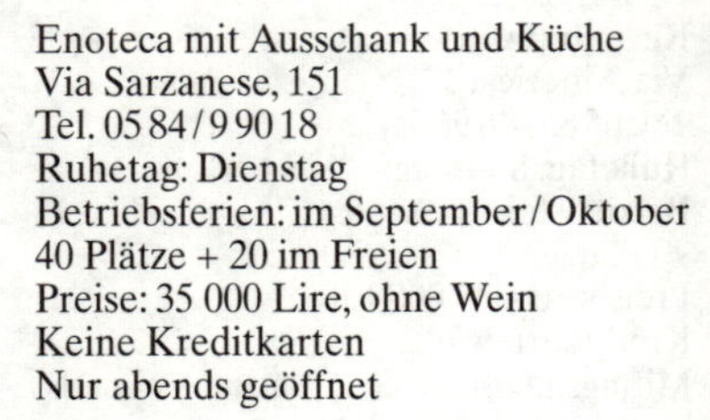

Enoteca mit Ausschank und Küche
Via Sarzanese, 151
Tel. 05 84 / 9 90 18
Ruhetag: Dienstag
Betriebsferien: im September / Oktober
40 Plätze + 20 im Freien
Preise: 35 000 Lire, ohne Wein
Keine Kreditkarten
Nur abends geöffnet

Bis Mauro Cima kam, war das namenlose »Coluccini« eine einfache Bar auf dem Lande, doch der leidenschaftliche Weinliebhaber machte schon bald eine gutsortierte Enoteca »con mescita e cucina«, mit Speis und Trank, daraus. Sein Weinkeller birgt Spitzenweine aus Italien und dem Ausland, und Mamma Mara sorgt in der Küche dafür, daß die Gäste bei soviel Klasse keinen Hunger leiden müssen. Groß ist die Auswahl zwar nicht – drei Antipasti, zwei Primi und zwei Hauptgerichte –, doch sie wechselt täglich. Und wer will, bekommt auch eine Pizza.
Die zur Verkostung ausgeschenkten Weine genügen zweifellos auch höchsten Ansprüchen – wählen Sie einfach aus der umfangreichen Weinkarte, oder entscheiden Sie sich für einen Tropfen aus den Sortimenten »Vino del mese« (Wein des Monats) und »Vini d'autore« (Spitzenweine). Dazu können Sie sich, wenn Sie die Auswahl hungrig gemacht hat, Mamma Maras Gerichte schmecken lassen: **Crostini mit Leber**, **Lardo di Colonnata**, mit kaltgepreßtem Olivenöl verfeinerte **Gemüsesuppen**, Pfefferfilet und Gulasch mit Brechbohnen. Möchten Sie keine komplette Mahlzeit, so genießen Sie zu Ihrem Wein doch einfach die **Spezialitäten vom Käsebrett**: Englischer Stilton und französischer Roquefort sind hier ebenso vertreten wie frischer Pecorino vom Schäfer gleich »um die Ecke«. Und sollte es Sie nach Süßem gelüsten, so versuchen Sie einfach die hausgemachten Kuchen mit Gemüse, Marmelade oder Schokolade!
In der schönen Jahreszeit können Sie dies alles auch im Freien genießen. Wenn Sie sichergehen möchten, einen der wenigen Tische zu ergattern, sollten Sie besser vorbestellen; für 1998 sind jedoch Renovierungsarbeiten vorgesehen, bei denen die Enoteca erweitert und dabei gleich auch funktioneller gestaltet werden soll.

Molazzana Alpe di Sant'Antonio

46 km nordwestl. von Lucca, S.S. 12 u. E 445

La Betulla

Ferienbauernhof
Ortsteil Alpe di Sant'Antonio
Tel. 05 83 / 76 00 52
Ruhetag: Montag, nicht im Sommer
Betriebsferien: im März
40 Plätze
Preise: 25 – 30 000 Lire
Kreditkarten: CartaSi
Mittags und abends geöffnet

Wir sind im Herzen des Regionalparks Apuanische Alpen, am Fuße der stolzen Königin der gesamten Bergkette, der Pania della Croce. Grüne Kastanienhaine, so weit das Auge reicht, und mittendrin unser Bauernhof mit der Birke, »La Betulla«, zu dem es ein zwar weiter, aber lohnender Weg ist: Die unberührte Landschaft und die Herzlichkeit der Wirtsleute werden Ihnen sofort das Gefühl vermitteln, in eine Welt gefunden zu haben, die es eigentlich gar nicht mehr gibt.
Bei Lia und Stefano Bresciani, die Sie zu jeder Tageszeit herzlich willkommen heißen, können Sie sich auch mit kleineren Gerichten oder einem Imbiß stärken. Auf den Tisch kommen ausschließlich eigene Erzeugnisse: selbst hergestellte **Käse- und Wurstwaren** mit ausgezeichnetem Brot und Focacce aus dem eigenen Holzofen. Wenn Sie hier zu Mittag essen möchten, sollten Sie vorbestellen, damit die Köchin ihre einfachen, aber schmackhaften Spezialitäten rechtzeitig zubereiten kann: **Dinkelsuppe** oder hausgemachte Maccheroni, **Tordelloni** alla Garfagnana und Maispolenta sowie **Torte salate**, pikante Kuchen. Im Winter serviert sie Ihnen auch **Infarinata** und Polenta aus Kastanienmehl (**Neccio**). Das Fleisch der Tiere aus eigener Zucht ist stets überaus zart und schmackhaft, und auch die Süßspeisen stehen dem in nichts nach – besonders das Dessert mit Ricotta und der ganz außergewöhnliche **Castagnaccio** (Kuchen aus Kastanienmehl). Dazu trinkt man den von Stefano ausgewählten offenen Hauswein aus der Gegend; einige Flaschenweine aus zuverlässigen Kellereien sind ebenfalls zu bekommen.
Wer einige Tage entspannen und schöne Wanderungen in die Apuanischen Alpen unternehmen möchte, findet im Nebenhaus, wo einige ansprechend restaurierte Zimmer bereitstehen, eine bequeme Unterkunft.

Montaione Sughera

49 km südwestlich von Florenz

Fossetti

NEU

Osteria
Via Sughera, 38
Tel. 05 71 / 67 70 00
Ruhetag: Montag
Betriebsferien: 15. Aug. – 1. Sept.
50 Plätze + 20 im Freien
Preise: 25 – 30 000 Lire, ohne Wein
Keine Kreditkarten
Mittags und abends geöffnet

In dieser Hügellandschaft zwischen San Gimignano und Montaione sind Sie weit weg von der alles heimsuchenden Touristenplage und können auf kaum befahrenen Landstraßen in aller Ruhe das herrliche Panorama genießen – lediglich ein paar andere Deutsche könnten Ihre Wege kreuzen. Hier hält sich tapfer das »Fossetti«, ein fröhlicher Familienbetrieb, der gleichzeitig Lebensmittelladen, Bar und Trattoria ist, in die die Einheimischen noch auf eine Partie Karten und ein Schwätzchen einkehren, dazu ein Gläschen trinken und gut essen, ohne dafür gleich ein Vermögen auszugeben.
Sie beginnen mit Wurstwaren, Crostini, Fettunta, Oliven und eingelegtem Gemüse. Die Primi werden mit bewährten, nach bester hausfraulicher Tradition von der Köchin zubereiteten Saucen serviert: **Fleischragout**, Hasen- oder **Wildschweinragout** verleihen den Tagliatelle und **Pappardelle** Geschmack. Alternativ können Sie Ihre Pasta – je nach Jahreszeit – auch mit frischer Tomaten- oder Pilzsauce bestellen, und **Minestrone** und Suppen stehen ebenfalls auf dem Speisezettel. Bei den Hauptgerichten dreht sich alles ums Fleisch: Bistecca vom Rind oder Schwein vom Grill, verschieden zubereitetes Hähnchen, Kaninchen oder Perlhuhn und insbesondere Wildbret: Spezialitäten wie **Lepre in salmì** (Hasenragout), **gebackener Fasan**, Wildschwein und **Daino** (Damhirsch) **in umido** sind der ganze Stolz der Familie. Und sollten Sie nun noch ein wenig Appetit verspüren, greifen Sie am besten zu dem leckeren Pecorino aus der Gegend; unverbesserliche Naschkatzen hingegen müssen sich abschließend mit Cantuccini oder Crostate begnügen, natürlich hausgemacht.
Der offen in der klassischen Strohflasche servierte Tischwein ist anständig, dazu ein feines Sortiment von überwiegend toskanischen Gewächsen (aus dem Chianti).

Montalcino
Sant'Angelo in Colle
48 km südöstl. v. Siena, S.S. 2, 8 km v. Montalc.

Il Pozzo

Bar – Trattoria
Ortsteil Sant'Angelo in Colle
Tel. 05 77 / 86 40 15
Ruhetag: Dienstag
Betriebsferien: unterschiedlich
25 Plätze
Preise: 30 – 40 000 Lire, ohne Wein
Kreditkarten: die bekannteren
Mittags und abends geöffnet

Die Trattoria »Il Pozzo« pflegt die überlieferte Traditionen toskanischer Kochkunst, jedoch nicht ohne sie in ganz persönlichen Gerichten zu variieren. Die Zutaten wie Olivenöl, Wein, Fleisch und Gemüse sind von bester Qualität, der Service ist flott und aufmerksam, und der Weinkeller kann mit den besten Erzeugnissen dieses renommierten Weinbaugebiets aufwarten. Dabei bleibt die Trattoria jedoch stets ihrem Genre treu, so daß der Gast weiß, was auf den Tisch kommt: Deftige Gerichte und üppige Portionen, die jedoch nichts von der lustlosen Routine haben, die in so manchem Lokal dieser Art leider anzutreffen ist. Und so können Sie sich nach den klassischen **Crostini** mit Milz oder Sugo weitere unvergängliche Klassiker wie die dampfende **Ribollita** und **Pinci** schmecken lassen, **Pappardelle mit Hasenragout**, Acquacotta oder auch Zwiebelsuppe. Darauf folgt reichlich Grillfleisch von der Holzglut: **gebratene Tauben** vom Spieß auf toskanische Art, **Cinghiale alla cacciatora**, Kaninchen mit Zwiebeln oder auch **Scottiglia**, ein Schmortopf mit verschiedenem Fleisch. Und zum süßen Abschluß haben Sie die Wahl zwischen traditionellen Dolci aus Montalcino oder Crostate mit Apfel und Marmelade, Tiramisù, Ricottamousse und Mantovana (Mandeltorte).

Die Fattoria dei Barbi e del Casato di Francesca Colombini Cinelli, 4 km von Montalcino entfernt, ist eine altehrwürdige Brunello-Kellerei mit Restaurant und Ladengeschäft, in dem Sie leckere Wurstwaren, Schafskäse, Ricotte und Olivenöl extravergine probieren und mitnehmen können. Und in **Castelnuovo dell'Abate** (9 km) wartet die Trattoria mit Bar und Laden von Sassetti und Lanzini mit erstklassigen Käse- und Wurstwaren wie Capocollo, Schinken, Finocchiona, Buristo, Soppressata und toskanischer Salami.

Montalcino
Poggio alle Mura
50 km südöstl. v. Siena, S.S. 2, 10 km v. Montal.

Pieve di San Sigismondo

NEU

Restaurant mit Wirtsstube und Enoteca
Ortsteil Poggio alle Mura, 222
Tel. 05 77 / 86 60 26
Ruhetag: Dienstag
Betriebsferien: 15. Januar – 1. Februar
40 Plätze
Preise: 30 – 35 000 Lire
Kreditkarten: CartaSi, Visa
Mittags und abends geöffnet

An der Provinzstraße, die Montalcino mit Tavernelle und Poggio alle Mura verbindet, liegt das »San Sigismondo« in einer überwältigenden Berglandschaft: vis-à-vis der Monte Amiata, das Orcia- und das Ombronetal, ringsherum Weingärten und immergrüne Wälder. Hier hat die San Sigismondo srl, ein dynamisches Unternehmen, ein großes Landhaus (zu dem auch eine romanische Kirche gehört, die Teil der Diözese von Montalcino ist) zu neuem Leben erweckt: Das Gutshaus, die Ställe und Scheunen wurden einwandfrei restauriert und beherbergen jetzt im Erdgeschoß eine Enoteca und den Speisesaal des Restaurants, während im Obergeschoß vier komfortable Gästeappartements entstanden sind. Die Küche ist konsequent regional ausgerichtet, und so finden sich unter den Antipasti natürlich wieder **Crostini**, Bruschetta und toskanische **Wurstwaren**. Als ersten Gang können Sie **Bohnensuppe**, Getreidesuppe, handgemachte **Pinci** oder **Lasagne** mit Pilzen oder Spargel bestellen, an die sich die Hauptgerichte anschließen: **Brasato al Brunello**, **Kutteln**, Wildschwein, verschiedene Braten und Grillspezialitäten. Und zum Abschluß empfehlen wir neben den typischen lokalen Dolci auch die phantasievoll zusammengestellten kleinen Kostproben von den hausgemachten Desserts, die hier für gewöhnlich angeboten werden, wie Tiramisù, Ricotta- und Schokoladenmousse, Bayerische Creme mit Waldbeeren und Crostate.

Wem das Dessert-Potpourri im »Pieve« Appetit auf mehr typisch lokales Naschwerk (Ossi di morto, Sospiri, Amaretti, Brutti e Buoni) gemacht haben sollte, wird in der Bar-Pasticceria Torello Ticci Lardori in **Torrenieri** (9 km) und in der Bottega del Pane in **Buonconvento** (13 km) fündig.

Montecarlo

15 km östlich von Lucca, S.S. 435

Alla Taverna di Mario

Trattoria
Piazza Carrara, 12 – 13
Tel. 05 83 / 2 25 88
Ruhetag: Montag
Betriebsferien: unterschiedlich
70 Plätze + 50 im Freien
Preise: 40 000 Lire, ohne Wein
Kreditkarten: alle
Mittags und abends geöffnet

Der frühere Wirt, Mario Maionchi, ist leider nicht mehr unter uns. Er hatte seine Seele der Gastronomie verschrieben, und die Professionalität und freundliche Art, mit der er am Hauptplatz des kleinen Orts eine sichere Adresse für Einheimische und durchreisende Fremde geschaffen hatte, werden wir so schnell nicht vergessen. Doch glücklicherweise haben andere sein Erbe angetreten: Drei begeisterte junge Wirte, Emanuela, ihr Ehemann Benedetto Simens und der unermüdliche Tim, übernahmen Küche, Speisesaal und die Terrasse auf der pittoresken Piazza und setzen nun unbeirrt den Weg fort, den der frühere Wirt eingeschlagen hatte.
Das Speisenangebot bietet zur Einstimmung klassische Crostini und toskanischen Aufschnitt, aber auch saisonale Spezialitäten auf der Basis von Pilzen und Wildbret sowie leckere Terrinen, wie die mit Tauben und Haselnüssen. Bei den Primi empfehlen wir insbesondere die schmackhaften gefüllten Teigwaren wie Tortelli mit Kürbis oder Radicchio und die **Ravioli mit Brennesseln**, aber auch die traditionellen Klassiker wie **Zuppa alla frantoiana** und Pancotto. Dazu gesellen sich **Ferkel aus dem Bratrohr** und **Kaninchen mit Oliven** oder alla cacciatora; wenn Sie jedoch ein einfach zubereitetes Gericht vorziehen, in dem der feine Geschmack des toskanischen Fleisches richtig zur Geltung kommt, sollten Sie sich für die köstlichen Steaks und Filetstücke vom Grill entscheiden.
Die gutsortierte Weinkarte umfaßt manch edlen Tropfen aus ganz Italien und – erfreulicherweiese einen vollständigen Überblick über die Weine aus Montecarlo und den Hügeln um Lucca.

Montecarlo Cercatoia

19 km östlich von Lucca, S.S. 435

Da Baffo

NEU

Ferienbauernhof
Via della Tinaia, 6
Tel. 05 83 / 2 23 81
Ruhetag: Montag
Betriebsferien: Oktober – März
50 Plätze, alle im Freien
Preise: 30 – 35 000 Lire
Keine Kreditkarten
Abends geöffnet, mitt. auf Vorbestell.

Das mittelalterliche Städtchen Montecarlo erreichen Sie über eine unbefestigte Straße, die Sie durch Olivenhaine und Weingärten hinauf in die Hügel führt. Dort oben dann, im Ortsteil Cercatoia, müssen Sie eher auf Ihren pfadfinderischen Instinkt als auf mögliche Hinweisschilder vertrauen. Haben Sie den Weg zum »Baffo« jedoch erst einmal gefunden, wird Sie Familie Carmignani (sie sind auch bekannte Winzer) begeistert und ausnehmend herzlich in ihrer ehemaligen Meierei, die sie vor gut zehn Jahren zu einem Ferienbauernhof umgebaut hat, in Empfang nehmen. Hier können Sie verschiedensten Persönlichkeiten aus der Welt der Kunst, des Schauspiels und des Weins begegnen.
»Baffo« und der ungestüme »Fuso« werden Sie unter freiem Himmel mit Mamma Antoniettas traditioneller bäuerlicher Kost aus Lucca verwöhnen. Die schweren rustikalen Tische sind mit gelben Papierbögen gedeckt, das Menü ist fest. Doch beginnen wir mit den **Wurstwaren**: Schinken, Mezzina, toskanische Salami und Lardo werden mit Pecorinokäse, Oliven und Crostini serviert. Als ersten Gang empfehlen wir die typische **Zuppa alla frantoiana** mit Bohnen, Rotkohl, Gemüse der Saison und altbackenem Brot, die lauwarm mit hochwertigem Olivenöl aus eigener Pressung und einer Prise schwarzem Pfeffer serviert wird; weitere Kreationen Mamma Antoniettas sind **Tagliolini mit Bohnen**, das exquisite **Kaninchen alla cacciatora mit Oliven**, Salsiccia und Bohnen und das kroß gebratene **Pollo fritto**.
Zu Ihrer Mahlzeit kommen natürlich die guten Weine aus eigener Herstellung auf den Tisch, auch der Vin Santo, in den Sie Ihre **Cantuccini** eintauchen sollten. Fragen Sie lieber nicht nach einem Kaffee zum Abschluß, den bekommen Sie im Dorf.

Montelupo Fiorentino Pulica

25 km südwestlich von Florenz, S.S. 67

La Laterna

NEU

Trattoria
Via Pulica, 117
Tel. 0571/542021
Ruhetag: Donnerstag
Betriebsferien: 10.–30. August
90 Plätze + 100 im Freien
Preise: 35 – 40 000 Lire, ohne Wein
Kreditkarten: AE, CartaSi
Mittags und abends geöffnet

In den winzigen Ortsteil Pulica, der hoch oben über Montelupo Fiorentino thront, verirrt sich selten jemand zufällig, auch wenn sich ein Abstecher hierher durchaus lohnt. Auf Ihrem Weg dorthin müssen Sie sich durch ziemlich verwirrende Hinweisschilder hindurchkämpfen: Folgen Sie von Montelupo aus den Straßenschildern Richtung Turbone, und fahren Sie weiter bis auf den Gipfel – Sie werden belohnt mit einer herrlichen Aussicht über das gesamte Tal bis hin zum fernen Florenz, das von hier aus nur zehn Autominuten entfernt ist. Im »Lanterna« finden Sie dann unter einem Dach die Trattoria, eine Bar sowie einen Lebensmittel- und Tabakladen. Die »Laterne« ist eben eine traditionelle ländliche Trattoria, die die Einheimischen mit allem Notwendigen versorgt.
Und wirklich, der Speisezettel präsentiert waschechte toskanische Küche: einfach, aber mit liebevoller Sorgfalt zubereitet. Als Vorspeise werden **lokale Wurstwaren** wie Finocchiona, Salami, Schinken und Spalla gereicht sowie **Crostini** mit Hühnerleber oder Sugo, auf Brot oder gebratenen Polentascheiben. Bei den Primi dürfen natürlich **Pappardelle mit Wildschwein- und Hasenragout** ebensowenig fehlen wie **Tagliatelle mit Steinpilzen**, aber das wahre Aushängeschild des Hauses sind **Pappa al pomodoro** und die **Ribollita**. Und zum Hauptgang können Sie neben dem **Wildbret** auch eine **Griglia** wählen, die alleine schon die Auffahrt lohnt: Dampfend vom Grill bekommen Sie dann neben Klein- und Federvieh (Hühnern, Perlhuhn, Kaninchen und Tauben) auch die absolut klassische Bistecca alla fiorentina.
Dazu genießt man einen zwar nicht sehr anspruchsvollen, aber passablen Hauswein, der in Strohflaschen an den Tisch gebracht wird; daneben können Sie aus einer ausreichenden Anzahl von guten Weinen wählen, die zumeist aus der Toskana stammen.

Montepulciano Tre Berte

60 km südöstlich von Siena, S.S. 146

Tiziana

NEU

Restaurant
Strada Statale 326, 156
Tel. 0578/767760
Ruhetag: Mo., nicht im Apr. und Okt.
Betriebsferien: 15.–31. Juli
150 Plätze
Preise: 30 – 35 000 Lire, ohne Wein
Keine Kreditkarten
Mittags und abends geöffnet

Das »Tiziana« liegt im kleinsten Ortsteil von Montepulciano, und trotz seines eher anonymen Aussehens hat seine Küche so viel zu bieten, daß wir es letztes Jahr neu in unseren Führer aufgenommen haben. Auch in dieser Ausgabe bekommt das Lokal wieder seine wohlverdiente Erwähnung – und das nicht nur wegen seiner herrlichen **Pici**, den rustikalen handgemachten Spaghetti mit einem Sugo, der seinesgleichen sucht, sondern auch wegen aller anderen, stets gelungenen Variationen traditioneller Küchenkunst – auf diesem Gebiet macht den Wirten so schnell niemand etwas vor. Hier finden Sie noch echt toskanische Hausmannskost, die den Abstecher ins »Tiziana« wirklich lohnt, neben weniger klassischen Gerichten, die Sie getrost übergehen können.
Kommen wir nun zum Speisenangebot: Versuchen Sie die **Ribollita** und die Tagliatelle mit Fleischragout, die als Primi angeboten werden, und gehen Sie dann über zum köstlichen **gebratenen Geflügel** (Perlhuhn, Hähnchen und Ente) und zu **Kaninchen**, die allesamt aus der Zucht der Wirtsleute stammen und ein köstlich duftendes, schmackhaftes Fleisch liefern, wie man es so gut wie nirgendwo mehr findet. Eine Weinkarte werden Sie hier vergebens suchen, was in einem so bedeutenden Weinbaugebiet wie dem Montepulciano an grobe Unterlassung grenzt; angeboten werden jedoch je zwei gute Nobili und Rossi di Montepulciano sowie ein mehr als anständiger Hauswein.

Im Antico Caffè Poliziano in Montepulciano, Via di Voltaia nel Corso 25, können Sie inmitten von Spiegeln unter Stuckdecken Tee, Tramezzini, Aperitive und seit diesem Jahr auch verschiedene warme Gerichte genießen.

Montescudaio

62 km südlich von Pisa, S.S. 206,
10 km von Cecina, S.S. 68

Il Frantoio

Restaurant
Via della Madonna, 11
Tel. 05 86 / 65 03 81
Ruhetag: Montag
Betriebsferien: Januar
50 Plätze
Preise: 40 000 Lire, ohne Wein
Kreditkarten: alle
Abends geöffnet, im Winter an Sonn- und Feiertagen auch mittags

Im historischen Ortszentrum von Montescudaio liegt das »Frantoio« – wie der Name bereits sagt, in einer alten Ölmühle, wie sie früher in jeder Ortschaft zu finden waren.
In dem kleinen, einladenden Lokal lernen Sie eine Küche kennen, die von den Küchentraditionen der Toskana geprägt ist und neben Fleisch- auch Fischgerichte führt. Als Antipasti bekommen Sie beispielsweise erstklassige **Wurstwaren** von einem Metzger des Ortes, Crostini, Fischsalat, Birnen mit Taleggio und Carpaccio aus Bresaola. Darauf folgen dann Pasta mit Gemüse der Saison, »Lasagne del frantoio« mit Steinpilzen und Fleisch, **Tagliatelle mit Scampi**, **schwarze Tagliolini mit Meeresfrüchten** oder Gemüsesuppe mit Fisch. Lassen Sie sich keinesfalls die **Bistecca alla fiorentina** entgehen, ist sie doch Giorgios eigentliches Meisterstück! Im Winter dreht sich dann alles ums **Wildbret**, insbesondere Wildschwein und Fasan, und wenn die Pilzsucher erfolgreich waren, gibt es **Steinpilze** in allen möglichen Variationen. Aber auch Fischliebhaber kommen nicht zu kurz: Allmorgendlich zieht es den Wirt zurück ans Meer, wo er ihn persönlich fangfrisch bei den Fischern in Cecina Mare in Empfang nimmt – die Rezepte, die er nicht verrät, hat er wohl auf den sieben Weltmeeren zusammengetragen. Toskanischer Pecorino und Käse aus Frankreich und dem Piemont runden die Mahlzeit ab, und den süßen Abschluß bilden Barbaras leckere Dolci wie Schokoladenrolle, Latte alla portoghese (Karamelcreme), Panna Cotta oder leckeres, hausgemachtes Halbgefrorenes.
Der Weinkeller birgt eine gute Auswahl an toskanischen Erzeugnissen, darunter auch die Spitzenweine unter den DOC-Qualitätsweinbaugebieten der Küste um Livorno: Montescudaio, Bolgheri und das Val di Cornia.

Montespertoli Lucardo

35 km südwestlich von Florenz

C'era una Volta

Osteria
Via Certaldese, 11
Tel. 05 71 / 66 91 62 und 66 95 78
Ruhetag: Dienstag
Betriebsferien: 7. Januar – 14. Februar
66 Plätze + 16 im Freien
Preise: 35 – 40 000 Lire, ohne Wein
Kreditkarten: die bekannteren
Mittags geöffnet, im Sommer und an Wochenenden auch abends

Federico Cicaldo, Luigi Nesi, Enrico Alessandri und die Köchin Isabella Neerman verwöhnen ihre Gäste mit bewährter traditioneller toskanischer Küche, die sie mit einer Prise Kreativität und Innovationsfreude abschmecken. Ihr besonderes Augenmerk gilt dabei den Zutaten und geschmacklichen Möglichkeiten der jeweiligen Saison.
Hat sich der hungrige Gast mit klassischem **Aufschnitt** eingestimmt, geht es mit den Primi weiter, die das gesamte Spektrum der Spezialitäten dieser Gegend abdecken: von den **Pappardelle mit Kaninchen-, Hasen- oder Wildschweinragout** bis hin zu den **Tagliatelle mit Steinpilzen** – in der Pilzsaison, versteht sich. Auch Gegrilltes wird ganz groß geschrieben: Steaks, Hühnchen, Kaninchen, verschiedenes Geflügel und Lamm (das auch in einer speziellen, sonst kaum mehr auffindbaren Zubereitung auf den Tisch kommt: als **Coratella alla Salvia**, ein Innereienragout). Auch Ossobuco, Kutteln und Gulasch dürfen nicht unerwähnt bleiben, ebensowenig wie das wirklich exquisite **Fritto** mit Hähnchen, Kaninchen, Hirn, Kalbsinnereien und Gemüse. Und wer anschließend noch Appetit auf Süßes hat, der kann sich neben den klassischen toskanischen Desserts auch für die Eigenkreationen der Köchin mit Joghurt und Obst entscheiden: zwar keine Regionalküche, aber eine exquisite Küche!
Neben dem eigens für das Lokal abgefüllten Hauswein aus der Gegend gibt es eine Weinkarte, auf der Sie eine gute Auswahl an Rotweinen – vor allem aus der Toskana – und Weißweine finden, die teilweise auch aus anderen Anbaugebieten stammen. Und wenn Sie eine kleine Erinnerung mitnehmen möchten, so bietet Ihnen die zwar kleine, aber einladende und gutsortierte Enoteca der Osteria eine noch größere Auswahl.

Montopoli in Val d'Arno

33 km östlich von Pisa, S.S. 67

Trattoria dell'Orcio Interrato

Trattoria
Piazza San Michele, 2
Tel. 05 71 / 46 68 78
Ruhetag: Mo., winters auch So.abend
Betriebsferien: 2 Wo. im August
25 Plätze + 50 im Freien
Preise: 38 – 40 000 Lire, ohne Wein
Alle Kreditkarten
Mittags und abends geöffnet

Außer dem Restaurant »Quattro Gigli« mit ihrer Renaissance-Küche hat die Familie Puccioni diese Trattoria eingerichtet, in der die lokalen volkstümlichen Eßtraditionen gepflegt werden; dazu kommt ein überwältigendes Angebot an Wein. In der Küche regiert souverän Fulvia, ihr Ehemann Luigi kümmert sich um den Service, den Weinkeller und die Suche nach historischen Rezepten. Als Vorspeisen bietet man Salumi aus örtlicher Produktion an, die »Sassi« aus Montopoli, Crostini in Kaninchenbrühe, Salat aus Pecorino, Champignons und Pinienkernen. Dann macht man weiter mit Lasagnotti di terziere, Pici all'ova sperse, Rustici all'etrusca con funghi, Nudeln mit Safran und Zucchini oder mit den klassischen **Suppen** aus Graupen, Bohnen oder Kichererbsen; hier bekommt man auch den seltenen Brodo di giuggiole. Populäre Secondi wie Brot mit Gemüse oder die Ricciolotta mit Safran und Eiern (ein kräftiges Kuttelgericht) wechseln sich mit Feinerem ab, etwa Hühnchen in Zitronensauce oder Perlhuhn auf ländliche Art. In der Saison gibt man dem Wild den gebührenden Platz (**Tortellacci mit Schnepfenfleisch**, **Pappardelle mit Hase**, **Wildschwein mit Oliven**, **Hase süßsauer**), ebenso der **weißen Trüffel** aus Montopoli und San Miniato. Bei den Dolci brilliert man mit Ventoline mit Anis, Pandolce, Schiacciata di pasqua und den Cantuccini. Zum Schluß genießen Sie einen hervorragenden Vin Santo oder einen hausgemachten Likör. Die Weinkarte umfaßt ganz Italien und auch die großen Gewächse, weiterhin viele Liköre und Schnäpse.

In **San Miniato** (10 km; Via Augusto Conti, 18–20) stellt die Macelleria e Norcineria Sergio Falaschi ausgezeichnete Fleisch- und Wurstwaren her; zu haben sind hier auch Erzeugnisse mit Trüffeln und fertige Gerichte.

Murlo La Befa

33 km südlich von Siena

La Befa

Osteria
Ortsteil La Befa
Tel. 05 77 / 80 62 55
Ruhetag: Mittwoch
Betriebsferien: September
60 Plätze + 30 im Freien
Preise: 30 000 Lire
Keine Kreditkarten
Mittags und abends geöffnet

Wie auf dem Lande heute noch oftmals üblich, findet man auch im »La Befa« alles unter einem Dach: Es ist Osteria, Bar und Bürgersaal zugleich. Wappnen Sie sich mit Geduld, wenn Sie diesen winzigen Weiler erreichen wollen, denn Sie werden von Murlo aus zehn Kilometer über eine meist unbefestigte Straße holpern müssen.
Machen Sie es sich also im hinteren Gästeraum bequem (im Eingangsbereich befindet sich die Bar), und stimmen Sie sich mit klassischem toskanischem Aufschnitt ein – bereits dafür sollten Sie einen gesunden Appetit mitbringen, denn die Portionen sind üppig. Weiter geht es mit köstlicher **Steinpilzsuppe**, mit Pilzrisotto, den delikaten **Tagliatelle al Ragù** oder mit **Wildschweinragout**, Ravioli mit Ricotta und Spinat oder auch – im Sommer – mit Tortelloni mit rohem Schinken in einer Sauce aus Schinken und Tomaten. Auch bei den Hauptgerichten dreht sich alles um Wild und Pilze – lassen Sie also noch Luft für das kräftige **Wildschwein in umido**, das mit herrlichen **Steinpilzkappen vom Grill** serviert wird, oder für das ebenso schmackhafte **Reh in umido**. Wenn dann die Schonzeit begonnen hat und die Pilzsaison vorbei ist, bleiben Ihnen ja noch die Grillgerichte: Fleischspieße, gebratenes Schweinekotelett und Schweine- oder Kalbssteaks.
Mag der Wirt auch Brunello heißen, Sie sollten sich lieber nicht auf die Weine aus dem nahen Montalcino freuen: Der offene Rotwein hat zwar Körper, ist allerdings gewöhnungsbedürftig und ganz gewiß kein würdiger Ersatz.

Bei Alfiero Quercioli im Ortsteil **Vescovado di Murlo** (1,6 km entfernt), Via Benocci 2, bekommen Sie einen der beliebtesten Bienenhonige der Toskana. Und in der Bottega del Pane in **Buonconvento** (5 km), Via Grisaldi, gibt es dazu neben toskanischem Brot auch leckere Dolci aus Siena.

Palazzuolo sul Senio

62 km nordöstlich von Florenz

Bottega dei Portici

Osteria – Enoteca mit Ausschank und Küche
Piazza Garibaldi, 3
Tel. 055 / 8 04 65 80
Ruhetag: Montag, nicht im Sommer
Betriebsferien: unterschiedlich
25 Plätze
Preise: 35 – 40 000 Lire, ohne Wein
Kreditkarten: alle
Mittags und abends geöffnet

In der »Bottega dei Portici« atmet man noch heute den Charme der Osterie früherer Zeiten. Bereits der Auftakt macht Appetit auf mehr, mit Crostini, Bruschetta, Schinken vom Damhirsch, Reh und Hirsch sowie **Steinpilzsalat**. Weiter geht es mit klassischen Gerichten wie **Ribollita**, **Acquacotta**, Pappa al pomodoro, Panzanella und Brotgnocchi. Auch frische Eierteigwaren werden serviert, mit Kräutersaucen oder Schafsricotta und famosen Käsesorten von Franco Lecca sowie, wenn es die Jahreszeit erlaubt, auch mit **Pilzen** und Trüffeln. Dazu gesellen sich dann die Hauptgerichte: Rindersteak auf Florentiner Art, Rippenstücke und **Bistecca Fiorentina** werden mit leckeren Bohnen serviert, die nach Art der Maremma in der Strohflasche gekocht werden. Kaum ist er ausgereift, wird Sie Francesco mit seinem köstlichen, raren **Fossa-Käse** verwöhnen, der frisch aus den Tuffsteinhöhlen von Sogliano in der Romagna kommt, oder mit dem ebenso einzigartigen Formaggio di Botte (einem im Faß gereifter Käse). Das süße Finale dann bieten Luanas Vollkornkekse, Crostate mit Waldbeeren, Ricotta und Maroni. Im Weinkeller lagern über dreihundert verschiedene Flaschenweine. Das Angebot reicht vom einfachen Cagnina über einen wappenstarrenden Sassicaia bis hin zu ausländischen Tropfen wie einigen Spitzenjahrgängen aus Bordeaux und dem einen oder anderen Wein aus Übersee.

Die »Bottega« führt auch ein schönes Sortiment von Ricotta und Käse, Dolci und Gebäck, Wurstwaren, Olivenöl, Honig, in Öl eingelegten Pilzen, Fruchtsirup und Konserven aus dem toskanisch-romagnolischen Apennin. Und im Ortsteil **Quataldo** 76 züchten Cristina und Francesco Lecca in ihrem Betrieb Lozzole Schafe, aus deren Milch sie exquisiten Schafskäse herstellen.

Pescia
Monte a Pescia

28 km südwestlich von Pistoia, S.S. 435

Monte a Pescia

Restaurant
Via del Monte Ovest, 1
Tel. 05 72 / 47 68 87
Ruhetag: Mittwoch
Betriebsferien: 2 Wo. im Juli u. 2 im Okt.
100 Plätze + 25 im Freien
Preise: 45 000 Lire, ohne Wein
Kreditkarten: die bekannteren
Mittags und abends geöffnet

Der winzige Weiler Monte a Pescia blickt von einem Hügel aus ins Land, nur wenige Autokilometer vom Zentrum von Pescia entfernt; folgen Sie auf der Provinzstraße nach Lucca einfach den Hinweisschildern. In dem charakteristischen Speiseraum steht ein eindrucksvoller Kamin, auf dessen Glut Roberto schmackhaftes **Grillfleisch** wie **Rindersteak**, Schweinekotelett, Salsiccia, **Pollo al mattone** (Huhn aus dem Römertopf), Kaninchen und auch heimische Tauben zubereitet. Beginnen wir jedoch bei den Antipasti: Hier werden neben Wurstwaren und Crostini leckere **Fettunte** aufgetischt (geröstetes, mit Öl und Knoblauch bestrichenes Brot, auf Wunsch auch mit Tomaten). Die Primi locken mit Dinkel- und Gemüsesuppen sowie allerlei hausgemachter Pasta. Die eigentliche Spezialität des Hauses jedoch sind die klassischen **Maltagliati**, eine Art Gnocchi mit Ricotta und Mangold, die mit zerlassener Butter und Salbei serviert werden (ein wahrer Gaumenschmaus!) oder auch mit Tomaten und Basilikum oder Pilzsauce. Auch bei den Dolci setzt die Küche auf Tradition und jahreszeitlich Passendes mit leckeren Obst-Crostate, den klassischen toskanischen Cantuccini mit Vin Santo und dem nicht direkt originellen, hier jedoch wirklich köstlichen Tiramisù. Im Winter gibt es für Naschkatzen den klassischen **Neccio**, einen Kastanienmehlfladen, der wie ehedem auf Kastanienblättern zubereitet und mit Ricotta serviert wird – lassen Sie ihn sich nicht entgehen! Die ziemlich unbekümmert zusammengestellte Weinkarte sollten Sie lieber gleich übergehen und statt dessen lieber auf den anständigen offenen Hauswein setzen.

Die Enoteca Wine Club in **Pescia** (5 km), Via Amendola 19, ist einen Abstecher wert: Abends gibt es hier Crostoni und andere Kleinigkeiten, die die Unterlage bilden für italienische Spitzenweine.

Pienza Monticchiello

59 km südöstlich von Siena, S.S. 146

Taverna di Moranda

Restaurant
Via di Mezzo, 13
Tel. 05 78 / 75 50 50
Ruhetag: Montag
Betriebsferien: 15. 1. – 15. 2.
40 Plätze
Preise: 40 – 50 000 Lire, ohne Wein
Kreditkarten: alle außer DC
Mittags und abends geöffnet

Monticchiello sonnt sich im Glanz von Pienza, ist aber einen Besuch wert. Etwas versteckt liegt die Taverna di Moranda, seit 1993 dynamisch geführt von Massimo und Françoise, die sich in mehreren Ländern Erfahrung und Kompetenz erworben haben. Der Service ist korrekt, und das Speisenangebot steht ganz im Zeichen der örtlichen Tradition. Dank Massimos Einfallsreichtum wird die Speisekarte, die sich auf die Angebote der Jahreszeit stützt, noch um so manche kulinarische Neuheit bereichert. Im Anschluß an Sfogliatina mit Pecorino und Schinken oder eine Crostata mit Pilzen folgt eine reiche Auswahl an Primi: Taglierini, **Tagliatelle mit Entenragout** und Tortelloni mit Ricotta, Pinienkernen und Majoran und eine vorzügliche **Zuppa di farro**. Den Teig für die Pasta zieht Françoise selbst aus. Unter den Secondi finden Sie **gegrilltes Lamm**, Entenbrust mit Kräutern, Rinderfilet in Balsamessig und die klassische **Bistecca alla fiorentina**. Pecorino aus Pienza und Françoises selbstgemachte Desserts beschließen das Mahl. Die Weinkarte führt die großen Namen von Montalcino, Montepulciano und aus dem Chianti sowie Interessantes aus anderen Gegenden Italiens und des Auslands. Die Preise steigen etwas, v. a. zur Pilzzeit. Voranmeldung ist immer nötig.

Im Herzen des schönen **Pienza** (6 km) hält die Bar-Pasticceria Dolce Sosta, Corso Rossellino 87, vorzügliche Süßigkeiten und Eis bereit. Die Azienda Agricola San Polo stellt einen ausgezeichneten Pecorino her, den man in der Via Gozzante 49 kaufen kann. In **Trequanda** (20 km) gibt es bei der Fattoria Belsedere Wurst und Käse – ein lohnender Umweg!

Pieve Fosciana

52 km nordwestlich von Lucca, S.S. 445 u. 324

Il Pozzo

NEU

Restaurant
Via Europa, 2 a
Tel. 05 83 / 66 63 80
Ruhetag: Mittwoch
Betriebsferien: im November
200 Plätze
Preise: 35 – 40 000 Lire
Kreditkarten: alle
Mittags und abends geöffnet

Düfte, Geschmack und die Farben der Garfagnana auf den Tisch bringen – so ließe sich die Küchenphilosophie des Teams im »Pozzo« um Giordano Andreucci und Maurizio Romei beschreiben. Giordano ist ein erfahrener Sommelier und hat nur qualitativ hochwertige Tropfen in seinem Weinkeller, die aus der Toskana, Gesamtitalien, Frankreich und Deutschland stammen.
Zum Auftakt gibt es warme Gerichte, die nach alten Zeiten schmecken, wie **Zuppa Garfagnina**, **Dinkelsuppe** oder Steinpilzsuppe; wer es weniger flüssig mag, kann auch die hausgemachte Pasta wählen (im Sommer schmecken die Ravioli mit Ricotta-Borretsch-Füllung und frischem Gemüse einfach köstlich). Dazu gesellen sich deliziöse **Braten** aus dem Holzofen, aus dem auch die Focacce und pikanten Kuchen stammen. Sie können sich aber auch für die gemischten Grillteller, das Rindersteak mit Kräutern, Bistecca alla Fiorentina und im Herbst für in der Folie gegartes Rinderfilet mit Steinpilzen entscheiden. Oder sollten es doch lieber **Pilze** sein, alla griglia, fritti oder accomodati? Kurzum: Sie sehen schon, daß sich in den Gerichten des »Pozzo« alle Köstlichkeiten finden, mit denen Mutter Natur die Garfagnana so großzügig bedacht hat, selbstverständlich auch in den Nachspeisen: Mürbeteigkuchen mit Ricotta oder Honig.

Die Bar Ariosto in **Castelnuovo di Garfagnana** (3 km), Piazza Umberto I, ist einen Abstecher mehr als wert: Probieren Sie die Cocktails mit Waldbeerenlikören oder die ausgezeichneten Frucht- und Gemüsesäfte. Wer es hochprozentiger mag, für den gibt es erstklassige Grappe und Schnäpse.

Piombino

82 km südlich von Livorno, S.S. 1

Osteria Carugi

Restaurant
Via Francesco Ferrer, 10
Tel. 05 65 / 22 44 22 und 22 60 56
Ruhetag: Sonntag
Betriebsferien: im November
40 Plätze + 30 im Freien
Preise: 35 – 40 000 Lire, ohne Wein
Kreditkarten: CartaSi
Mittags und abends geöffnet

Die Osteria Carugi war einst eine typische Weinschenke, in der man einen kleinen Imbiß oder ein einfaches warmes Essen bekommen konnte. Vor rund zwölf Jahren wurde sie in ein Restaurant umgewandelt, und seit 1992 wird sie von vier Leuten geführt: Marcella und Alessandra sind für die Küche, Luca und Cristiana für die Bedienung zuständig. In das kleine Lokal mit den alten Marmortischen und den hübschen Bildern von Piombino an den Wänden kommt man, um die einfachen und ursprünglichen Spezialitäten der etruskischen Küste zu kosten. Im Winter orientiert man sich an dem, was die Landwirtschaft zu bieten hat: **Dinkel- oder Kichererbsensuppe**, hausgemachte **Gemüselasagne**, **Brennesseltortelli**, **Pappardelle mit Wildschweinragout** und üppiger **Wildschweinbraten**. Im Sommer dagegen ißt man vornehmlich Meeresgerichte: **Spaghetti ai frutti di mare**, Goldbrassen und Seebarsch aus dem Rohr, aromatische **Sardellen vom Grill**. Klassische Süßspeisen wie **Ricottatorte** oder Apfelkuchen beschließen das Mahl. Man trinkt offenen Hauswein oder Flaschenweine aus der Toskana, darunter einige große Namen und auch der lokale Val di Cornia DOC. Im Sommer kann man in einer hübschen Laube in der Fußgängerzone essen.

Eine nachmittägliche Erfrischung ist das ausgezeichnete Eis der Gelateria Montebianco, Via Copernico 23 – 25.

Pisa

La Grotta

Osteria – Restaurant
Via San Francesco, 103
Tel. 0 50 / 57 81 05
Ruhetag: Sonntag
Betriebsferien: Aug., 10 Tage an Weihn./Neujahr
40 Plätze
Preise: 40 000 Lire, ohne Wein
Keine Kreditkarten
Mittags und abends geöffnet

Halb Osteria, halb Restaurant: So präsentiert sich das »La Grotta«. Hauptattraktion ist hier die reichhaltige, ständig erweiterte Weinkarte mit ihren über 300 Flaschenweinen, und auch Dessertweine werden offen ausgeschenkt.
Das Ambiente ist rustikal, die unverputzten Steinwände sollen den Gast an eine Grotte erinnern. Die Küche hat sich die Traditionen der Toskana auf die Fahnen geschrieben, und das Speisenangebot wechselt häufig. Greifen wir also das eine oder andere aus dem reichhaltigen Spektrum der Antipasti heraus, mit denen Augusto Cava und Daniela Gentili ihre Gäste verwöhnen: Crostini und Wurstwaren, Panzanella, Hühnchensalat, frischer Pecorino und rohes Gemüse in Balsamico-Essig, Pökelzunge in pikanter Sauce und eine Kostprobe von der **Bruschetta**. Ganz traditionell auch die Primi: **Pasta e fagioli**, **Rigatoni al Sugo intordellato** (mit Fleischragout, Ricotta und Mangold), mit Artischocken gefüllte Ravioli in Auberginen-Tomaten-Sauce oder frische Spaghettoni mit einer Sauce aus Salsiccia, Tomaten, Safran und reifem Ricotta. Ihr ganzes Können entfaltet die Küche jedoch erst bei den Fleischgerichten: Schwelgen Sie in **gebratenen** und in einer Tomatensauce mit Kapern **geschwenkten Koteletts**, der Gran Padellata del Maremmano (Maremma-Pfanne aus drei Fleischsorten mit Salsiccia und eingekochtem Gemüse), Kuttelbällchen mit Fagioli all'uccelletto (Bohnen in Tomaten-Salbei-Sauce) und der »Francesina« (gekochtem entbeintem Fleisch, das im Tiegel mit Zwiebeln, Peperoncino und Tomatensauce gedünstet wird). Lassen Sie die Mahlzeit mit den leckeren Käsespezialitäten (unter anderem aus Frankreich) ausklingen, und wenn es noch etwas Süßes sein darf, dann warten Kuchen mit Bischeri, **Reiskuchen alla carrarina** oder Torrone-Halbgefrorenes mit Zabaionesauce.

La Mescita

NEU

Trattoria
Via Cavalca, 2
Tel. 050/544294
Ruhetag: Montag
Betriebsferien: 2 Wochen im August
35 Plätze
Preise: 38 000 Lire, ohne Wein
Keine Kreditkarten
Nur abends geöffnet

Wir sind mitten in der Altstadt von Pisa, malerisch bunt ist das Treiben auf der Piazza delle Vettovaglie mit ihrem Lebensmittelmarkt, und an einer der Ecken des Platzes steht zu lesen: »La Mescita«. Ein winziges Lokal, in dem noch heute Ziegelsteinbögen aus dem 15. Jahrhundert zu bewundern sind, die dank einer umsichtigen Restaurierung bestens erhalten sind. Die Betreiber haben ein paarmal gewechselt, doch seitdem erneut der frühere Wirt Franco Manna hier das Ruder wieder übernommen hat (er betrieb hier früher bereits einen Weinausschank), erstrahlt das »La Mescita« in neuem Glanz. Die Küche setzt auf frische Gemüse und Kräuter, die auf dem nahen Markt mühelos zu haben sind, und bodenständige Standardgerichte der Region. Also Gemüse satt bei den Antipasti, Primi und insbesondere den Secondi: Da gibt es **Stockfisch mit Erbsen**, einen Baccalà mit Bohnen und Kichererbsen, **Lamm aus der Pfanne mit Blumenkohlauflauf** und **Hähnchen auf toskanische Art** (in umido mit Oliven). Den Abschluß bildet dann – nein, kein Gemüse natürlich, sondern Obst: Birnen in Wein zum Beispiel, aber auch andere hausgemachte Dolci wie Crema Pasticcera, Crème caramel mit Amaretto und **Kuchen mit Bischeri**. Der Weinkeller birgt ein großes Sortiment an Erzeugnissen aus der Toskana, aber auch aus ganz Italien.
Der freundliche, flinke Service und das gemütliche Ambiente sorgen dafür, daß im »Mescita« eine richtig familiäre Atmosphäre herrscht. Jeden Abend ab 23 Uhr bietet das Lokal auch einen Enoteca-Ausschank, bei dem ein gutes Angebot an italienischen und französischen **Käsesorten** und traditionelle **toskanische Wurstwaren** die Unterlage für einen feinen Tropfen Wein oder für die Degustation verschiedener, offen ausgeschenkter Weine bilden.

Osteria dei Cavalieri

Osteria
Via San Frediano, 16
Tel. 050/580858
Ruhetag: Samstagmittag, Sonntag
Betriebsferien: August
50 Plätze
Preise: 45 000 Lire, ohne Wein
Kreditkarten: AE, DC, CartaSi
Mittags und abends geöffnet

Auch wenn die Osteria modern ist, fügt sie sich dennoch perfekt in die historische Umgebung zwischen der Piazza dei Cavalieri und der Universität ein. Die Einrichtung ist einfach, aber gepflegt, und die Herzlichkeit der beiden Wirte schafft ein Ambiente, in dem man sich sofort wohl fühlt. Das Lokal ist zweifach ausgerichtet. Mittags kommen hauptsächlich Universitätsangehörige, die ein Tellergericht wie Baccalà, gegrillte Totani mit Gemüseklößchen oder Perlhuhn aus dem Rohr bevorzugen. Am Abend wird die Karte reichhaltiger und bietet typisch toskanische Gerichte, die mit Phantasie und Geschmack variiert werden. Die Nachspeise kommt zwar zuletzt, wenn Sie aber die Spezialität des Hauses, das Soufflé al Grand Marnier versuchen wollen, sollten Sie es gleich bestellen, die Zubereitung dauert nämlich eine halbe Stunde. Nach einem Käseauflauf mit einer Creme aus Borlotti-Bohnen und Trüffeln oder **Pasta fritta mit rohem Schinken** bekommen Sie als Primi ausgezeichnete frische Nudeln (**Tagliolini** oder Fusilli) mit **Kaninchen-Spargel-Ragout** und Ricotta. Im Sommer variiert man mit Fischspezialitäten: Tagliolini mit Hühnerfleisch und Bohnen, schwarzer Reis mit Tintenfischen. Als Hauptgerichte zu empfehlen sind ein Beefsteak mit Steinpilzen oder Pioppini, das **Lamm »Scottadito«**, die Spießchen mit Hirn, Bohnen mit Pioppini-Pilzen und **frischer Fisch vom Grill**. Auf der Weinkarte finden Sie eine große Auswahl toskanischer Weine und einige Weine aus anderen Regionen Italiens.

Via Borgo Stretto 44 ist die Adresse des traditionsreichen Caffè Salza, wo es salziges und süßes Gebäck aus Piemont gibt.

Pisa · Mortellini

8 km vom Stadtzentrum,
1 km von der Ausfahrt A 12 Pisa-Süd entfernt

Re di Puglia

Ferienbauernhof
Via Aurelia Sud, 7
Tel. 0 50 / 96 01 57
Ruhetag: Montag
Betriebsferien: unterschiedlich
80 Plätze + 70 im Freien
Preise: 40 000 Lire, ohne Wein
Keine Kreditkarten
Abends geöffnet

Je nach Saison sind die Öffnungszeiten des Restaurants unterschiedlich: Montag ist stets Ruhetag, und im Winter bleibt die Küche auch am Dienstag kalt; zum Mittagessen kann man nur am Sonntag hier einkehren, aber nicht im Sommer. Das Lokal ist ländlich rustikal, seine Leitung dynamisch und sympathisch, die Zutaten – insbesondere das erstklassige Fleisch – werden, wie gesagt, von der Kooperative selbst erzeugt.
Die Küche orientiert sich an der toskanischen Tradition, wie unschwer bereits die Antipasti verraten: gemischte **Schinken** und **Ziegenkäse**, Lardo di Colonnata, in Essig oder Öl eingelegtes Gemüse und Bruschetta. Weiter geht es mit hausgemachten Tagliatelle, kurzer **Pasta mit Ragout vom Hammel**, Kaninchen oder Ziege und Zwiebelsuppe. Unumstrittener Herr über die Hauptgerichte ist der Grill: In der kalten Jahreszeit kommt er in den wunderschönen Kamin mitten im Speisesaal, im Sommer dann steht er draußen im Freien. Erstklassiges rotes und weißes **Fleisch**, das **auf der Holzglut** gegart wird, Gemüse der Saison und leckere Käse – das allein ist bereits Ihren Abstecher hierher wert. Und dann erst der Anblick des vor Ihren Augen gebratenen Grillguts und die Düfte, die es verströmt ... Ja, und interessant ist dann auch noch die **Tagliata vom Schwein**.
Auch die Desserts sind samt und sonders hausgemacht: Weder die köstlichen **Birnen in Wein mit Mandelsauce**, die Bayerische Creme mit Obst der Saison noch die diversen Kuchen dürfte man sich eigentlich entgehen lassen. Weinliebhaber entscheiden sich für einen offenen Hauswein oder eines der toskanischen Gewächse, von denen es eine recht annehmbare Auswahl gibt.

Pisa

Taverna Kostas

Restaurant
Via del Borghetto, 39
Tel. 0 50 / 57 14 67
Ruhetag: Sonntagmittag, Montag
Betriebsferien: August
50 Plätze
Preise: 40 000 – 45 000 Lire, ohne Wein
Kreditkarten: die bekannteren
Mittags und abends geöffnet

Das »Kostas« liegt ein wenig abseits von der Altstadt, dafür aber um so näher an den großen Verbindungsstraßen, die nach Pisa führen; noch heute erinnert das alte Wirtshausschild am Eingang mit seiner griechischen Namensinschrift an den früheren Wirt. Reminiszenzen an die Ägäis gibt es hier jedoch nicht mehr viele, dafür um so mehr an das Tyrrhenische und das Ionische Meer – genauer gesagt, an die Küche Kalabriens, die hier von den Gebrüdern Ferrò gekonnt zubereitet und im Speisesaal von Signora Laura serviert wird.
Zum Auftakt gibt es Bruschetta mit Meeresfrüchten und rohem Olivenöl oder Artischockentörtchen mit Ziegenkäse, die überleiten zu **roten Tagliolini mit Rotbarsch** oder mit Heuschreckenkrebsen und Kürbisblüten, Ravioli mit Wirsing oder Käsecreme oder auch zu den schmackhaften **Gemüsesuppen**. Darauf folgt für gewöhnlich **fritiertes weißes Fleisch und Gemüse der Saison**, aber auch das **Controfiletto al Chianti**, das **Kaninchen mit Kräutern**, das Fischfilet all'acqua pazza (im Weinsud) und die Tiella di Mare (gesottene und überbackene Tintenfische und Oktopusse).
Besondere Erwähnung verdienen auch die **Dolci**, die auf einer eigenen Liste geführt werden. Eigentlich sollte man hier von allem naschen – von den heißen Blätterteigtaschen mit Apfel- oder Ricottafüllung ebenso wie von der Schokoladentorte in Orangensoße oder der Birnentarte. Bacchusjünger finden eine sorgfältig zusammengestellte Weinkarte mit einer guten Auswahl an toskanischen und italienischen Gewächsen.

Fertige lokale Spezialitäten, von der Zuppa Pisana bis zum Stockfisch mit Kartoffeln, bekommen Sie in zwei empfehlenswerten Feinkostgeschäften: bei den Brüdern Simi in der Via San Martino 6 und in der Gastronomia Gratin, Via Crispi 66.

Pistoia
Castagno di Piteccio
10 km vom Stadtzentrum

Da Ildo

Trattoria
Via di Castagno, 34
Tel.05 73 / 4 21 37
Ruhetag: Mittwoch, nicht im Sommer
Betriebsferien: je 10 Tage im Nov. u. Jan.
60 Plätze
Preise: 30 – 35 000 Lire, ohne Wein
Kreditkarten: CartaSi, Visa
Mittags und abends geöffnet, im Winter auf Vorbestellung

Der kleine Weiler Castagno di Piteccio liegt im weiten Rund der Kastanienhaine auf den ersten Ausläufern des Apennins, die gleich nördlich von Pistoia aus der Ebene emporsteigen. Er ist ein beliebtes Ziel für ruhesuchende, aber auch für kunstsinnige Touristen. Die geschmackvoll eingerichtete Trattoria »Da Ildo« empfängt ihre Gäse mit einem schmucken kleinen Speisesaal und schönem Kamin, in dem einige Holzscheite darauf zu warten scheinen, daß im Winter Necci (Kastanienmehlfladen) auf ihnen zubereitet werden.
Das Speisenangebot harmoniert vollkommen mit dem Ambiente, es setzt ganz auf unverfälschte Traditionen und einfache Zubereitung. Zunächst werden Ihnen erstklassige heimische Wurstwaren mit heißen Schiacciatine angeboten, **Fettunta** – mitunter mit Bohnen – und die klassischen **Crostini** mit Milz und Geflügelleber. Als Primo können Sie sich dann **Dinkelsuppe**, Pasta e Fagioli, **Pilzrisotto** und Pasta al Ragù oder alla Boscaiola schmecken lassen, die überleiten zum Hauptgang: Auf den stets glühenden Holzscheiten des Grills braten die verschiedensten Fleischsorten, vom Hähnchen und **Kaninchen** über **Rosticciana** (Schweinekotelett) und Salsicce bis hin zu Kalbs- oder Schweinelendchen, aber auch die delikaten Filets vom Baccalà. Als Beilagen gibt es Bohnen, die mit handgepreßtem Öl angemacht sind, und kurz in Öl geschwenktes Gemüse mit Knoblauch. Die Dolci sind nach Hausfrauenart einfach zubereitet, und im Winter kommt köstlich duftender **Kastanienfladen** mit Ricotta auf den Tisch.
Im Weinkeller lagern einige toskanische Weine, insbesondere aus dem Anbaugebiet des Chianti Classico. Und wenn Sie an einem schönen Sommernachmittag im »Da Ildo« einkehren, darf es auch nur ein kleiner Imbiß mit leckeren Focacce und Wurstwaren sein.

Pistoia
Gello
2 km vom Stadtzentrum

La Limonaia

Trattoria
Via di Gello, 9
Tel. 05 73 / 40 04 53 und 40 10 35
Ruhetag: Montagabend und Dienstag
Betriebsferien: unterschiedlich
100 Plätze + 40 im Freien
Preise: 35 – 45 000 Lire, ohne Wein
Kreditkarten: alle
Mittags und abends geöffnet

In einer ehemaligen Orangerie an der Umgehungsstraße von Pistoia liegt das »Limonaia«, gleich hinter der Abzweigung Richtung Abetone.
Für einen gelungenen Aufenthalt sorgen die Kreationen von Annarosa: Eigentlich schwört sie ja auf die Traditionen der Toskana, doch läßt sie es sich nicht nehmen, hin und wieder ihre Gäste mit zwar eigenwilligen, aber um so wohlschmeckenderen Gerichten zu überraschen. So hat sie uns mit hauchzartem Schweinefilet in Trüffelsauce überrascht, mit Vollkornspaghetti »della belva« in einem Sugo mit Zucchini und Lachs oder auch Spaghetti mit Meeresalgen. Nach diesen kreativen Ausflügen kehrt sie dann wieder auf bewährte Pfade zurück: Mit leckeren Crostini zu erstklassigem Aufschnitt, **Ravioli in Kräutersauce** (das streng geheime Rezept zu diesem Gericht ist der ganze Stolz des »Limonaia«), **Zuppa Lombarda**, Dinkelsuppe oder **Kichererbsensuppe mit Pilzen** und Straccetti della Nonna. Dazu gesellen sich Spezzatino in bianco, also ohne Tomaten (mit Rosmarin, Knoblauch und Zitrone), **Hähnchen alla Limonaia**, Lammkoteletts, süßsaures Kaninchen mit kleinen Zwiebeln, gegrillte Forelle oder die **gebackenen Frösche**, eine Hommage an die Tradition. Zur richtigen Jahreszeit kommen auch Wildbret und verschieden zubereitete **Steinpilze** auf den Tisch: im Salat, fritiert oder vom Grill. Das Mahl klingt aus mit Zitronen- oder Haselnußkuchen, dem »Cornuto« (Amarettocreme mit heißem Schokoladenguß), dem Negretto und einem köstlichen heißen Schokoladensoufflé mit Cremeeis und Minzsirup. Weinsuchende finden auf der Weinkarte Trost bei guten toskanischen Tropfen.

Das altehrwürdige Café Valiani im Baptisterium der Kirche San Giovanni Fuoricivitas in **Pistoia** wartet mit leckeren Kuchen und aromatischem Kaffee auf.

Pistoia

Lo Storno

NEU

Osteria
Via del Lastrone, 8
Tel. 05 73 / 2 61 93
Ruhetag: Sonntag
Betriebsferien: Aug. und 1. – 10. Januar
50 Plätze + 20 im Freien
Preise: 20 – 30 000 Lire
Keine Kreditkarten
Mittags geöffn., Do. – Sa. auch abends

Das »Storno« kann auf eine lange, bewegte Geschichte zurückblicken, wie ein Dokument aus dem Jahre 1395 beweist: Damals hieß es »Albergo della Campana« und wurde von dem Bäckermeister Domenico di Bruna geleitet. Verbrieft ist dies alles in einer Lizenz der Gemeinde von der Jahrhundertwende, die auch bezeugt, daß das »Storno« die einzige noch erhaltene mittelalterliche Trattoria in Pistoia ist.
Antipasti bietet er zwar nicht, die Süßspeisen beschränken sich auf einige wenige schlichte Dolci (diverse Kekse mit Vin Santo, Crostate und frisches Obst der Saison), und ein Hauswein aus den umliegenden Weinbergen muß genügen – doch dieses strenge gastronomische Konzept entpuppt sich bei den Primi und Secondi plötzlich als trügerisch und stürzt den Gast in die Qual der Wahl: Das Speisenangebot richtet sich nach dem Kalender, und in bestimmten Fällen wechselt es sogar täglich. Im Winter wärmt sich der hungrige Gast mit nahrhaften Gerichten wie **Pappa al Pomodoro**, Bohnen mit Dinkel, **Ribollita**, Pasta mit Kichererbsen (Samstag), **Trippa alla Fiorentina**, Stockfisch (Donnerstag), Lampredotto und Geflügelklein (Donnerstag/Freitag), Baccalà in umido mit Polenta oder fritiert mit Kichererbsen (Freitag/Samstag) und **Rosticciana**. An heißen Sommertagen hingegen wird frische, leichte Kost aufgetischt, wie Mafaldine (gezackte Bandnudeln) alla Corsara mit Zucchini und Scampi, Drosseln (die dem Lokal auch den Namen gaben!) auf Gärtnerinnenart oder mit Gnocchi, aber auch Polenta mit Pilzen, Schnitzel mit frischen Artischocken, **Baccalà mit Lauch**, **Calamari in Kräutersauce**, Kaninchen mit Oliven und gebackenem Scamorzakäse.

Bei Sauro und Assunta, Piazza Della Sala, bekommen Sie typische lokale Spezialitäten wie Weine, Pasta, Olivenöl, Pilze, Kekse und in Öl eingelegtes Gemüse.

Pitigliano

74 km südöstlich von Grosseto

Il Tufo allegro

NEU

Trattoria
Vicolo della Costituzione, 1
Tel. 05 64 / 61 61 92
Ruhetag: Dienstag
Betriebsferien: im Januar und im Juli
25 Plätze
Preise: 30 000 Lire
Kreditkarten: alle
Mittags und abends geöffnet

Pitigliano ist nicht nur atemberaubend schön, sondern auch ein bedeutendes landwirtschaftliches Zentrum und Heimat des gleichnamigen Weißweins, der unter anderem dafür bekannt ist, daß er mit Rücksicht auf die hier seit Menschengedenken lebende große jüdische Gemeinde einem koscheren Herstellungsverfahren unterzogen wird. Und mitten im jüdischen Ghetto finden Sie dann auch das »Tufo allegro«, ein – wie der Name bereits vorwegnimmt – in den Tuffstein gegrabenes, ausgemacht munteres kleines Lokal.
Stimmen Sie sich ein mit **frischem Ziegenkäse** und Crostini mit Gemüse oder dem aromatischen Carpaccio vom Wildschwein. Als ersten Gang können Sie die klassische **Acquacotta** wählen, aber auch Nudelfreunde kommen nicht zu kurz: Lassen Sie sich einfach die **gelben Pappardelle mit Lammragout** oder die Tagliolini – mit Oliven oder del Casaro, mit ganz frischer **Ricotta** – schmecken. Auch die Hauptgerichte sind einfach, aber schmackhaft: gebratenes Milchferkel, **Trippa in umido** oder Lamm. Freitags (nicht im Sommer) kommen auch Pasta mit Kichererbsen und Baccalà in umido – der jüdische Klassiker par excellence – auf den Tisch. Die Desserts locken schließlich mit einer bemerkenswerten, locker-leichten Ricotta-Mousse, aber auch mit Nußtorte, Crostata mit Honig und Zimt und mit Orangenduft parfümierter Creme. Passend zu Ihrem Menü können Sie neben dem guten lokalen Hauswein auch interessante Erzeugnisse aus der Toskana, Umbrien und dem Lazio bestellen.

Die Erboristeria von Costanza Giunti in der Nähe der Synagoge, Via Zuccarelli 31, verkauft wie in alten Zeiten Kräuter für Aufgüsse und Absude, die extra für Sie abgefüllt werden, Kosmetika, natürliche Gewürze und Aromen, Honig und Marmeladen.

Podenzana
Casa Borsi

15 km nordöstlich von La Spezia, S.S. 62/A 15

Mileo dal 1922

Trattoria
Ortsteil Casa Borsi, 20
Tel. 01 87 / 94 50 96
Ruhetag: Mo.abend, Dienstag
Betriebsferien: 15.–31. Aug., Weihn.
70 Plätze + 70 im Freien
Preise: 35–40 000 Lire, ohne Wein
Kreditkarten: EC, MC, Visa
Mittags und abends geöffnet

Zuallererst: Wie findet man das Mileo? Von La Spezia fährt man auf der S.S. 62 nicht hinauf nach Aulla und dann nach Podenzana, sondern zunächst nur bis Ceparana; von hier sind es noch 4 km. Wahrzeichen dieses ruhigen, ländlichen Orts ist ein offener Kamin, an dem zu allen Jahreszeiten – im Sommer ißt man draußen unter einem Dach – kunstgerecht Fleisch und Gemüse gebraten wird: Lamm, Zicklein, Kalbsbrust, **Bistecca alla fiorentina**, **Rosticciana vom Schwein**, Zucchini und Auberginen. Verschmähen Sie aber nicht die anderen Gerichte aus ligurisch-lunigianischer Tradition: **Gemüsekuchen**, Sgabei, Tagliatelle mit Pesto und Pilzen, Ravioli mit Fleischragout, **Dinkelsuppe mit Olivenöl**, Kaninchen gebacken oder nach Jägerart. Winterliche Abwechslungen sind Stockfisch, gekocht oder »accomodato« (mit Gemüsen, Tomaten, Pilzen und Wein geschmort). Die hausgemachten Süßspeisen sind hervorragend, probieren Sie die **Crostate mit Marmelade**. Auch der Wein ist selbst produziert: Die Inhaber kaufen Trauben in der Toskana und im Piemont und keltern ihren Wein mit modernsten Anlagen (auf Wunsch zu besichtigen).

Pontassieve
Montebonello

26 km östlich von Florenz, S.S. 67

La Casellina

Osteria
Via Colognolese, 28
Tel. 0 55 / 8 39 75 80
Ruhetag: Mo., im Winter auch Dienstag
Betriebsferien: unterschiedlich
80 Plätze + 100 im Freien
Preise: 40 000 Lire, ohne Wein
Kreditkarten: CartaSi, Visa
Mittags und abends geöffnet

In einem alleinstehenden Haus mitten im Grünen, umrahmt von den Weinbergen des Chianti Rufina, liegt die Osteria »La Casellina«. Um dorthin zu gelangen, fahren Sie gleich nach Pontassieve in Richtung Mugello, biegen in Rufina dann links ab und halten Ausschau nach der Straße Richtung Montebonello. Sind Sie glücklich angekommen, so werden all Ihre Mühen belohnt, denn Stefano Frassinettis beachtliche Weinkarte ist eine Huldigung an die Weine der Toskana; daneben führt sie jedoch auch Erzeugnisse aus sämtlichen Anbaugebieten Italiens.
Hier wird es sorglosen Schlemmern ebenso recht gemacht wie verwöhnten Gaumen. Den Reigen eröffnen schmackhafte **Crostini mit Lamminnereien** oder Rotkohl und Pecorino sowie Kuttelsalat, zu denen erstklassiger Aufschnitt gereicht wird (herausragend ist die Sbriciolona, eine Art Crostone mit Mozzarella und Tomaten, die mit Nußbrot gegessen wird). In der kalten Jahreszeit kommen **Farinata mit Rotkohl** und winterlich zubereitete Tagliatelle auf den Tisch, **Kartoffel-Tortelli mit Pecorino** (die zu jeder Jahreszeit gerade recht sind), während sich die Gäste im Sommer auch auf ein einziges Gericht beschränken können, beispielsweise Reis mit Fleisch und Gemüsebeilage oder üppige Salate. **Gnocchi** gibt es das ganze Jahr über, nur die Gemüsesorten, mit denen sie zubereitet werden, wechseln. Lassen Sie aber noch ein wenig Luft für Stefanos köstliche **Fritti** und Delikatessen wie Spezzatino di Sorra (Kalbs- bzw. Rindergulasch, das mit Paprika in Rotwein gekocht wird), Scamerita mit Lorbeer oder **gefüllten Hühnerhals**. Und zum Abschluß können Sie dann noch kleine Kastanientrüffeln mit weißer Schokolade oder – zur Saison – Bayerische Creme mit Pfirsichen in Rotwein oder Cupella all'Uva bianca, Waffeln mit Traubensauce bestellen.

Pontedera

21 km südöstlich von Pisa, S.S. 67

Aeroscalo Ristoro

NEU

Restaurant
Via Roma, 8
Tel. 05 87 / 5 20 24
Ruhetag: Montag
Betriebsferien: August
50 Plätze
Preise: 40 000 Lire, ohne Wein
Kreditkarten: die bekannteren
Mittags und abends geöffnet

Die Entstehung des »Aeroscalo Ristoro« läßt sich auf die Jahrhundertwende datieren, danach ging es von einer Generation auf die nächste über. Bis 1925 lag das Lokal direkt neben einem Landeplatz für Luftschiffe, und so war es Stammlokal von Offizieren und Flugschülern: Auch der Weltenbummler Norge kehrte vor seinem Aufbruch zum Nordpol auf einen letzten Umtrunk hier ein. Vor rund zehn Jahren dann wurde das Restaurant von Grund auf restauriert, zog in neue, großzügigere Räumlichkeiten um und erhielt eine ebenfalls neue, gediegene Einrichtung. Ein Familienbetrieb ist es jedoch geblieben: Francesco Marianelli und eine Tochter bedienen im Saal, seine Frau und die andere Tochter sind in der Küche zugange. Das Speisenangebot ist toskanischer Tradition verpflichtet und schöpft aus dem reichen Schatz überlieferter Rezepte, was dem Gast – je nach Jahreszeit – wechselnde Primi wie Pappardelle mit Hasenragout, **Bucatini mit Drosseln**, **Risotto mit Turteltauben**, Tagliatelle mit Ringeltaubenragout oder Ravioli alla Toskana in einer Sauce mit Fasan und Trüffeln beschert. Als Hauptgerichte kommen dann Grillspezialitäten auf den Tisch, ein verteufelt gutes **Pollo alla diavola**, Braten vom Spieß, **Cinghiale in dolce e forte** (geschmortes Wildschwein mit kandierten Früchten und Obst), Gemüseaufläufe mit Hühnerklein und **Ente mit grünen Bohnen**, aber auch Stockfisch mit Kartoffeln und – der Kreis schließt sich – **Polpi all'inferno**, ein höllisch guter Oktopus. In der schönen Jahreszeit ist frischer Fisch sehr gefragt und wird dementsprechend ins Angebot aufgenommen – merklich geprägt von der Küchenkultur Pisas und Livornos.
Eine süße Versuchung sind die hausgemachten Dolci: Zuppa Inglese, Crostate, Tiramisù und Castagnaccio. Der Weinkeller schließlich bietet noch zu wenige gute Erzeugnisse.

Pontremoli

56 km von Massa,
40 km von La Spezia, S.S. 330 oder A 15

Da Bussè

Osteria
Piazza Duomo, 31
Tel. 01 87 / 83 13 71
Ruhetag: Freitag
Betriebsferien: 1.–20. Juli
45 Plätze
Preise: 35 – 40 000 Lire, ohne Wein
Keine Kreditkarten
Mittags geöffn., am Wochende a. abends

Früher oder später werden die winzigen pittoresken Räumlichkeiten des »Bussè«, dessen Namenspatron mit bürgerlichem Namen Piero Bertocchi hieß, verdientermaßen in die Annalen des zauberhaften Städtchens Pontremoli eingehen, das in puncto Kultur schon einiges vorzuweisen hat – wird hier doch unter anderem der bedeutende Literaturpreis Premio Bancarella verliehen. Auch Bussès Erben, Antonietta, Ida und Luciano, bieten eine Küche, die fernab von Modeströmungen oder sonstigen spleenigen Einfällen tief in der altehrwürdigen Kultur der Lunigiana wurzelt.
Hohe Küchenkunst bereits bei der **Torta d'erbi**, einem Kräuterkuchen. Dann überzeugende Primi mit **Testaroli** oder Tagliatelle mit Pesto, **Turdéi**, Tortelli mit Kräutern und Ricotta, Gnocchi und Ravioli mit Fleischragout oder Tomatensauce und der schmackhaften **Lasagne Mes-Cie**, die mit Kastanienmehl verknetet und mit Öl und pikantem Pecorino serviert wird. Pilze werden Sie hier nicht bekommen – und das aus Prinzip, denn der Koch duldet sie nur frisch aus dem Wald auf dem Tisch. Zu jeder Jahreszeit angeboten werden dagegen schmackhafte **Fleischrouladen**, der im Tontopf geschmorte **Arrosto nel testo** und Lamm, Kaninchen nach Jägerart sowie Bohnen und Kartoffeln. Den Naschkatzen unter Ihnen sei der Sonntag ans Herz gelegt, wenn die Küche mit ihrer festlichen Mascarponetorte auftrumpft; ansonsten stillen Haselnuß- und Mandeltorte oder auch ein frisch zubereiteter Obstsalat mit Waldhimbeeren Ihre Lust auf Süßes.
Im Weinkeller lagern einige Flaschen, die alternativ zum offenen Hauswein zur Wahl stehen. Kaffee gibt es nicht, und die Stammgäste nutzen diesen Umstand gerne für einen kleinen Verdauungsspaziergang zum Caffè degli Svizzeri auf der Piazza im Schatten des charakteristischen Campanone.

Pontremoli

56 km von Massa,
40 km von La Spezia, S.S. 330 oder A 15

Trattoria del Giardino (ex Bacciottini)

Osteria
Via Ricci Armani, 13
Tel. 01 87 / 83 01 20
Ruhetag: Sonntagabend, Montag
Betriebsferien: 15.–30. Juni, einige Tage [im Jan. u. März
30 Plätze
Preise: 45 000 Lire, ohne Wein
Keine Kreditkarten
Mittags und abends geöffnet

Ganz in der Nähe der Piazza del Comune lädt in einem alten Herrenhaus im historischen Stadtzentrum von Pontremoli ein geschichtsträchtiges Lokal, dessen Äußeres noch ganz den Charme alter Zeiten bewahrt hat, den müden Wanderer zur Rast: halb Osteria mit Ausschank am Tresen, wo man den ganzen Tag über einen Schoppen Wein mit einem Häppchen fritiertem Baccalà oder Gemüsetorte bekommt, und halb Trattoria, wo hungrige Gäste sich mit einem von der Küche Pontremolis inspirierten Gericht stärken. Der jetzige Wirt, Raffaello Bacciottini, Sproß einer stolzen Wirtsfamilie, führt das Lokal mit tatkräftiger Unterstützung seiner Gattin Clara. Vor einigen Jahren haben die beiden ihre Räumlichkeiten einer Verjüngungskur unterzogen, die ihnen bestens bekommen ist: Man sitzt heute bedeutend luftiger und komfortabler.
Mittags und abends werden hier als Antipasti beispielsweise Heringsfilets und marinierte Sardellen aufgetragen, marinierte und in Öl eingelegte Gemüse und **Kräuterkuchen**. Favorit bei den Primi sind die **Testaroli** (Lasagneart mit einem leichten Pesto), das kulinarische Wahrzeichen der Lunigiana, sowie **Ravioli d'Erbi**, also mit einer Füllung aus Mangold und verschiedenen Wildkräutern, die – nebenbei bemerkt – eine der tragenden Säulen bodenständiger Küche in diesem Landstrich sind. Bei den Secondi empfehlen wir insbesondere den **Stockfisch in umido** und die **Frittelle di Baccalà**, die mit wirklich einzigartigem **fritiertem Gemüse** der Saison, Salbei und Zwiebeln gereicht werden.
Der Weinkeller birgt eine annehmbare Auswahl an italienischen Erzeugnissen, nur der Hauswein - ein weißer Montecarlo – dürfte noch verbessert werden.

Neben der Osteria hat Raffaello einen Verkaufs- und Degustationsraum für typisch lokale Produkte eingerichtet.

Portoferraio (Elba)

Fähre von Piombino

Emanuel

Restaurant
Ortsteil Enfola
Tel. 05 65 / 93 90 03
Ruhetag: Mittwoch, nicht im Sommer
Betriebsferien: Okt. bis März
50 Plätze + 50 im Freien
Preise: 45 – 50 000 Lire, ohne Wein
Kreditkarten: EC, MC, Visa
Mittags und abends geöffnet

Dies ist keine Empfehlung für eine einfache Trattoria, sondern für ein schönes Restaurant. Wir nehmen das Lokal trotzdem in unseren Führer auf, weil die Gastronomie auf Elba meist nur darauf aus ist, Touristen zu schröpfen, ohne eine entsprechende Gegenleistung zu bieten. Das »Emanuel« ist dagegen wirklich eine zuverlässige Adresse. Emanuele Ridi hatte in der schönen Baia di Enfola als Thunfischfänger seine Karriere begonnen und dann mit seiner Frau ein typisches Lokal gegründet. Alberto Zanoli, ein echter Mailänder, und Anna Lauria aus der Lombardei behielten den Namen des Gründers bei, als sie das Lokal vor etwa zehn Jahren übernahmen. Man ißt in einem kleinen Garten im Schatten eines uralten Feigenbaums und blickt auf das Meer hinaus. Die Umgebung ist zauberhaft, die Fischküche mit Maßen kreativ. Essen Sie Cozze all'elbana, Tintenfisch mit dicken Bohnen an Balsamessig, **lauwarmen Salat von Meeresfrüchten**, Carpaccio vom geräucherten Schwertfisch, warme Antipasti, sorgfältig zubereitete Primi wie Linguine alla gallinella, **Taglierini alle triglie** oder mit Bottarga, Risotto alle zucchine und Vongole. Das Angebot an Fischen vom Grill ist hervorragend. Wer lieber Fleisch ißt, dem sei die Tagliata al rosmarino oder die Costata ai ferri empfohlen. Wunderbar leicht geraten die Desserts von Amos Rota, u. a. Eiscreme von Kokos oder Pistazien, eine Cassatina von Pinienkernen mit Pfirsich und schöne Fruchtsorbets. Die herrliche Weinkarte listet die besten Erzeugnisse der Insel und zahlreiche Rotweine auf. Interessant auch die Auswahl an Hochprozentigem.

Prato

La Vecchia Cucina di Soldano

NEU

Trattoria
Via Pomeria, 23
Tel. 05 74 / 3 46 65
Ruhetag: Sonn- und Feiertage
Betriebsferien: August
70 Plätze
Preise: 25 – 30 000 Lire
Keine Kreditkarten
Mittags und abends geöffnet

Heute finden wir das »La Vecchia Cucina di Soldano« nur zwei Schritte von der Piazza San Marco und vom Castello dell'Imperatore entfernt, wo es sich an die mittelalterliche Wehrmauer schmiegt, die die Stadt einst umschloß. Beim Eintreten fällt zunächst die traditionelle Einrichtung auf: Fotos und Erinnerungsstücke an den Wänden, auf den Tischen schlichte karierte Tischdecken und eine Flucht kleiner Speiseräume. An den Tischen dann Stammkundschaft: Eilige Geschäftsessen um die Mittagszeit und abends ausgelassen schmausende Familien.
Doch kommen wir zu den Speisen: Als Appetitanreger werden schmackhafte Crostini (ganz traditionell mit Geflügelleber oder phantasievoll mit Pilzen oder Tomaten) serviert, die Ihren Gaumen auf die deftigen Primi einstimmen: **Ribollita**, Minestra mit Kichererbsen und herrliche **Tagliolini mit Bohnen**. Unter den Hauptgerichten verdienen die Spezialitäten des Hauses besondere Erwähnung: die **Francesina** (mit Zwiebeln angedünstetes Kesselfleisch), der Schmorbraten Brasato alla Pratese und die ausgefallenen **gefüllten Sedanini**, das kulinarische Aushängeschild Pratos. Die Desserts sind selbstverständlich hausgemacht, und im Weinkeller lagert eine anständige Auswahl vorwiegend toskanischer Flaschenweine.

Das Biscottificio Antonio Mattei in der Via Ricasoli 20–22 backt für Sie Biscotti, Cantuccini, Brutti e Buoni (Eiweiß-Mandel-Kekse) und Kuchen. In der Via del Sassoli (ganz in der Nähe des Bogens in der Via Frascati) können Sie in der Gelateria Fior di Latte leckere Sorbets mit Limoncello und Trauben oder Sojaeis kosten. Wer es herzhafter mag, besucht das Salumificio Fratelli Conti in der Via di San Giusto: Sie verkauft Mortadella aus Prato, erstklassige Salami, rohen Schinken, Finocchiona und Capocchia.

Pratovecchio

46 km nördlich von Arezzo, S.S. 71 u. S.S. 310

La Tana degli Orsi

Restaurant – Enoteca
Via Roma, 1
Tel. 05 75 / 58 33 77
Ruhetag: Mittwoch
Betriebsferien: November
25 Plätze + 20 im Weinkeller
Preise: 15 – 40 000 Lire, ohne Wein
Keine Kreditkarten
Nur abends geöffnet

Die »Tana degli Orsi«, die Bärenhöhle, finden wir im historischen Ortskern: Die tüchtigen Wirtsleute Simone und Caterina haben eine Hälfte des Lokals zu einer »Cantineria«, einem Weinkeller, ausgebaut, was insbesondere bei jungen Gästen großen Anklang findet. Hier können Sie **Focacce** probieren, die über Zerreichenholz gegart wurden, exzellente Käse- und Wurstsorten (lassen Sie sich insbesondere den **Prosciutto aus dem Casentino** nicht entgehen!), aber auch Eiertaglierini mit geschmolzenem Taleggio und schwarzen Trüffeln und die leckeren **gefüllten Teigwaren** (aus handgezogenem Teig), wie Ravioloni mit Büffelmozzarella und Auberginen, mit Kichererbsen und Pancetta gefüllte Tortelli mit Tomaten und Rosmarin oder Cappellacci mit Steinpilzen und Fossakäse. Im Restaurantbereich hingegen ist die Auswahl dank Simones jugendlichem Elan größer und innovativer: Die Blätterteigtäschchen mit Feigen und Fossakäse verraten dieselbe Raffinesse wie die **gefüllten Kürbisblüten** und die **Ravioli mit Borretsch**. Und bei den **Kartoffeltortelli mit Flußkrebsen** erweckt die Köchin ein altertümliches Rezept aus dem Casentino zu neuem Leben.
Kurz und gut, hier genießen Sie Gerichte, die dem Lauf der Jahreszeiten folgen, in angenehm ruhiger, familiärer Atmosphäre. Abgerundet wird Ihr Aufenthalt durch das große Weinsortiment – bei rund 300 Erzeugnissen aus ganz Italien ist bestimmt auch für Sie das richtige dabei!

In der Via Garibaldi 55 können Sie beim jungen Gianni (genannt »Giubbino«, das »Jankerl«) Schinken aus dem Casentino und verschiedene gesalzene Wurstwaren erstehen, alles garantiert von Schweinen aus heimischer Mast.

Rosignano Marittimo

28 km südöstlich von Livorno, S.S. 206

La Gattabuia

Trattoria
Via Gramsci, 32
Tel. 05 86 / 79 97 60
Ruhetag: Dienstag
Betriebsferien: im Januar
30 Plätze + 30 im Freien
Preise: 45 000 Lire, ohne Wein
Kreditkarten: CartaSi, MC, Visa
Abends geöffnet, am So. auch mittags

Im »Gattabuia« sind bereits seit einigen Jahren Spinella und Alberto am Werk, sie in der Küche und er im Speisesaal. Die zwar kleine, aber einladend gemütliche Trattoria mit ihren Gewölbedecken aus Ziegelstein liegt in einem alten Palazzo mitten im historischen Stadtzentrum, und an heißen Sommertagen können die Gäste in den kühlen Schatten des schönen Gartens fliehen.
Die Küche setzt im wesentlichen auf traditionelle toskanische Spezialitäten. Beginnen wir also mit der leckeren Auswahl an Antipasti: Um das Meer kreisen thematisch der Salat mit Schwertfisch, der Carpaccio mit Räucherfilets und die **Muscheln mit Safran**, während **Crostini** und Aufschnitt feste Wurzeln im Erdreich haben. Darauf folgen die von Woche zu Woche wechselnden Primi, die je nach Jahreszeit aus frischen Produkten zusammengestellt werden. Wir greifen hier nur einige aus dem breiten Spektrum heraus: **schwarze Spaghetti**, Tagliatelle mit kleinen Tintenfischen und Artischocken oder mit Venusmuscheln und Zucchini (die Pasta ist natürlich hausgemacht), Zwiebelsuppe oder **Tortelli mit Spinat und Ricotta**. Auch zum Hauptgang haben Sie die Wahl zwischen Fleisch und Fisch – den Alberto täglich höchstselbst bei den Fischern von Vada besorgt. Spinella bringt ihn dann gegrillt, mit Gemüse im Ofen gebacken oder gedünstet auf den Tisch. Oder möchten Sie doch lieber Fleisch? Dann entscheiden Sie sich für das **Bistecca alla fiorentina** oder (während der Jagdsaison) eines der vielen **Wildgerichte** wie Wildschwein, Rebhuhn und Fasan. Toskanischer Käse und hausgemachte Desserts beschließen dann die Mahlzeit: Caffè in forchetta (Kaffeepudding), Apfeltorte, Pinolata und – natürlich – Cantuccini mit Vin Santo.
Weinliebhaber finden ein kleines, aber gepflegtes Angebot mit den besten Gewächsen der Umgegend.

Rosignano Marittimo Castiglioncello

21 km südlich von Livorno, S.S. 1 oder A 12

Nonna Isola

NEU

Trattoria
Via Aurelia, 556
Tel. 05 86 / 75 34 92
Ruhetag: Montag, nicht im August
Betriebsferien: Oktober – März
45 Plätze
Preise: 50 000 Lire, ohne Wein
Kreditkarten: CartaSi, Visa
Mittags und abends geöffnet

Als die Strände von Castiglioncello noch unberührt vor sich hinträumten, den heutigen Wald von Sonnenschirmen und die badeschlappenbewehrten Touristenschwärme noch nicht kannten, als noch die Fuhrleute die gute alte Via Aurelia hinaufzockelten, da war das »Nonna Isola« bereits eine gastronomische Institution, die gute Küche versprach.
Die Küche ist ganz und gar saisonal ausgerichtet und setzt vor allem auf fangfrischen Fisch und traditionell einfache, bekömmliche Zubereitungsarten – dafür steht Signora Maria Luisa, Enricos Mutter, mit ihrer großen Erfahrung ein. Zum Auftakt empfehlen wir das **Antipasto misto di Pesce**, kleine Kostproben mit Anchovis, Makrele, Garnelen und Sardinen, das Appetit macht auf die Pasta: mit Oktopus und Meeresfrüchten, Tomaten und Basilikum oder mit Anchovis (als klassische **Acciugata**, ein einfaches, aber schmackhaftes Gericht der Küstenbewohner). Sie können aber auch ein Risotto wählen. Und zum Hauptgang gibt es herrlichen **Fritto** (**mit Paranza**, also Fisch, Crognoli und Sardellen), **Triglie alla Livornese**, Garnelenspieße, Calamari mit gedämpftem Gemüse, kleine, mit Ricotta und Spinat gefüllte Calamari mit Tomaten, **Novellame** (eine Spezialität aus kleinen Tintenfischen, in der Pfanne mit Petersilie, Knoblauch und frischen Tomaten kurz angebraten) oder auch Scampi mit Brechbohnen und frischen Tomaten. Tüpfelchen auf dem i sind schließlich die leckeren hausgemachten Desserts. Der einzige »Schönheitsfehler« ist der Weinkeller, der mit dem Niveau der Küche leider nicht ganz mithalten kann.

In ganz Italien sind Eisliebhaber ganz wild auf Gefrorenes von »Dai Dai« – wollen Sie den Betrieb mit eigenen Augen sehen, fahren Sie nach Castiglioncello in die Via del Sorriso 8, wo Sie es auch probieren und / oder kaufen können.

San Casciano in Val di Pesa
16 km südlich von Florenz, Ausf. Schnellstraße

Cantinetta del Nonno

Osteria – Trattoria
Via IV Novembre, 18
Tel. 055/820570
Ruhetag: Mittwoch
Betriebsferien: im August
35 Plätze + 20 im Freien
Preise: 35 000 Lire, ohne Wein
Keine Kreditkarten
Mittags und abends geöffnet

An der nördlichen Grenze des Chianti Classico klammert sich inmitten von Weingärten das Städtchen San Casciano an die Kuppe eines Hügels. Möchten Sie dem Ort die gebührende Ehre erweisen und mit all Ihren Sinnen unverfälschte toskanische Eßkultur erfahren, so empfehlen wir Ihnen einen Besuch in der »Cantinetta del Nonno«. Wie viele in Ehren ergraute Osterie der Toskana beherbergt auch dieses Lokal unter seinem Dach eine Bar und ein kleines Lebensmittelgeschäft; den drei jungen Wirtsleuten, Siria, Salvatore und Maurizio, ist es gelungen, einerseits die ursprüngliche Atmosphäre zu erhalten, andererseits aber den Service, die Auswahl und Zubereitung der Speisen und die Weinkarte zu verbessern.
Machen Sie es sich also an einem der robusten alten Holztische im Speisesaal bequem – sie sind schon aufgedeckt, sorgfältig und ohne jeden überflüssigen Firlefanz. Es geht los mit klassisch **toskanischen Crostini**, die mit lokalen Wurstwaren serviert werden. Dazu gesellen sich dann die Primi: Pappardelle mit Ragù oder Tomaten, eine gehaltvolle **Minestra mit Bohnen** oder auch **Pappa col Pomodoro**. Bei den Hauptgerichten – die wie das übrige Speisenangebot dem Lauf der Jahreszeiten folgen – können Sie sich für **Kaninchen nach Jägerinnenart**, Lingua in dolce e forte (süß-pikante Zunge) oder die klassischen **Kutteln in Sugo** entscheiden. Feinschmeckern, die den »schnellen Fisch aus der Ostsee« vorziehen, empfehlen wir den **Baccalà mit Tomaten**.
Wie der Name des Lokals bereits ankündigt, ist auch für Bacchusjünger gesorgt: Die umfangreiche Weinkarte listet eine Menge interessanter Gewächse aus dem Chianti auf. Und in der schönen Jahreszeit können Sie Ihre Mahlzeit auf der kleinen Terrasse im Schatten der Pergola genießen.

San Casciano in Val di Pesa
16 km südlich von Florenz, Ausf. Schnellstraße

Matteuzzi

Trattoria
Via Certaldese, 8
Tel. 055/828090
Ruhetag: Dienstag
Betriebsferien: im August
50 Plätze + 20 im Freien
Preise: 30 – 35 000 Lire
Kreditkarten: AE
Mittags geöffnet, Do., Sa. u. So. auch abends

Planen Sie einen Abstecher ins »Matteuzzi«, so fahren Sie von San Casciano aus in Richtung Montespertoli-Certaldo bergab. Nach wenigen Minuten schon sehen Sie ein Lebensmittelgeschäft, hinter dessen unscheinbarem Äußeren sich ein schmucker, erst vor wenigen Jahren renovierter Speisesaal versteckt. Die Geschichte des Lokals ähnelt der vieler anderer toskanischer Landgasthäuser: Zunächst waren sie für die Einheimischen Lebensmittelgeschäft, Bar und Tabakladen in einem; um die Mittagszeit dann schauten gelegentlich Freunde des Hauses vorbei, die auch Hunger hatten und eine Schüssel dampfender Suppe bekamen; das sprach sich in Windeseile herum, die Schar hungriger Freunde und Bekannter wurde rasch größer, und schließlich wird aus dem Haus mit seinen vielen Gästen ein richtiges Gasthaus unter familiärer Leitung. Die Wirte unserer Trattoria, die die Stammgäste unter dem Namen »Osteria al rotto Ponte« kennen, stellt seit eh und je die Familie Matteuzzi. Mittlerweile verwöhnt hier die zweite Generation in Gestalt von Cristina und Alessandro die Gäste mit klassischen Spezialitäten: Zur Einstimmung gibt es **toskanische Crostini** (mit Hühnerleberfarce), dann **Ribollita**, **Penne mit Sauce** oder einfache, aber schmackhafte Spaghetti mit einer Sauce aus selbstgezogenen Tomaten. Als Hauptgericht werden Ihnen unsere Wirtsleute die klassische **Fiorentina** empfehlen, wohlschmeckende Alternativen gibt es allerdings auch: das Rindergulasch beispielsweise, den »legendären« **Baccalà alla fiorentina** und einen Schweine- oder Kalbsbraten. Auch Vegetarier werden begeistert sein von den kunterbunten gemischten Salaten und den gekochten oder mit Tomaten angedünsteten Bohnen. Passend dazu gibt es einige Flaschenweine aus dem Chianti, die Sie dem Hauswein vorziehen sollten.

San Gimignano

38 km nordwestlich von Siena

Osteria delle Catene

Trattoria
Via Mainardi, 18
Tel. 05 77 / 94 19 66
Ruhetag: Mittwoch
Betriebsferien: Jan. u. einige Tage i. Dez.
38 Plätze
Preise: 35 – 40 000 Lire, ohne Wein
Kreditkarten: alle
Mittags und abends geöffnet

Für weniger als 50 000 Lire in San Gimignano auszugehen ist mittlerweile schier unmöglich. Das ist der Grund, warum wir vor einigen Jahren die Eröffnung eines Lokals enthusiastisch begrüßten, das sich vorgenommen hat, unter der Leitung von Gino und Virgilio neue Maßstäbe zu setzen. Die »Osteria delle Catene« hat sich in wenigen Jahren zu einem Treffpunkt für Feinschmecker aus der Gegend und für Touristen mit Geschmack entwickelt, nicht zuletzt auch wegen der Herzlichkeit und des Sachverstands der beiden jungen Wirte.
Beginnen wir mit zwei Klassikern, die hier vorbildlich zubereitet werden: der samtenen **Ribollita** und dem exquisiten **Schmorbraten vom Chianina-Rind**. Wer es außergewöhnlicher mag, entscheidet sich für die Suppe mit Safran nach einem Rezept aus dem Mittelalter oder die sommerleichten Spaghetti mit Zucchini, Salsiccia und Peperoncino. Für anspruchsvolle Gaumen hält Gino köstlich duftendes **Kaninchen in Vernaccia** bereit, das Sie mit zweierlei **Bohnen all'Uccelletto** kombinieren könnten. Die Küche ist ein Spiegel der Jahreszeiten, und so möchten wir Ihnen – sofern die Zeit gekommen ist – ganz besonders das **Schwein mit Artischockensprossen** sowie die köstliche **Nana** (Ente) **mit Rotkohl** ans Herz legen. Die Weinkarte entspricht dem Niveau des Lokals, sowohl die Weißweine, unter denen der Vernaccia di San Gimignano den Ton angibt, als auch die Rotweine, die mit Spitzentropfen aus dem Chianti, Brunello und Nobile di Montepulciano aufwarten. Und zum Abschluß dann wird Gino gerne eine gute Flasche Vin Santo für Sie entkorken.

Ein sicherer Tip für Weine und Olivenöle aus der Toskana: In der Via San Matteo, der Hauptstraße, liegen zwei Enoteche, das »Da Gustavo« und das »Casa del Caffè«.

San Quirico d'Orcia
Bagno Vignoni

49 km südlich von Siena, S.S. 2 / 146

Osteria del Leone

Osteria
Via dei Mulini, 3
Tel. 05 77 / 88 73 00
Ruhetag: Montag
Betriebsferien: 15. – 30. November
60 Plätze + 30 im Freien
Preise: 40 000 Lire, ohne Wein
Kreditkarten: alle außer DC
Mittags und abends geöffnet

Es lohnt sich, den zurückhaltenden Charme von Bagno Vignoni, einem kleinen mittelalterlichen Ort mit einem Thermalbad mittendrin, zu entdecken: einige große Palazzi, zwei Kurhotels und einige Bars – und die Osteria del Leone. Alles nicht überkandidelt, versteht sich. Die Osteria, die wir Ihnen empfehlen, verfügt über ein geradliniges Ambiente und eine lebendige, sympathische Atmosphäre; die kleinen Speiseräume schließen sich hinter dem Tresen am Eingang an. Seit einigen Jahren sorgen Giancarlo Diodati und Maurizio Vageroli gleichzeitig für Kontinuität und neues Leben in der Küche. Als Antipasti kommen **Crostoni mit Milzpaste** oder Speck, toskanische Wurst und Schinken sowie Bruschetta. Als Primi dann Pici, **Pappardelle mit Hasen- oder Wildschweinragout**, Nudeln mit Gemüsen der Saison oder eine der Suppen, die immer angeboten werden (**Brotsuppe**, Pilzsuppe, Zuppa dell'osteria). Als Hauptgang gibt es **Baccalà alla livornese**, **Trippa** und Bistecca **auf Florentiner Art** sowie ein Schmorgericht aus der Maremma, die **Scottiglia vom Huhn**. Sehr gut sind aber auch Kaninchen mit Pinienkernen, die **Ente mit Trauben** oder wildem Fenchel und das Wildschwein. Die Weinkarte umfaßt außer großen Toskanern eine Reihe guter Vini da tavola. Von Mitte November bis Ende Januar sollte man unter der Woche anrufen, um sicherzugehen, daß die Osteria geöffnet hat.

In Bagno Vignoni gibt es ein »Barrino«, ein kleines Café, das mit seiner ruhigen, gepflegten Atmospäre sehr gut zu dem Ort paßt. In **Lucignano d'Asso** (15 km) wird auf dem schönen Bauernhof (auch Azienda agrituristica) Lucignanello Bandini ein gutes Olivenöl produziert.

Sansepolcro

35 km nordöstlich von Arezzo, S.S. 73

Da Ventura

NEU

Trattoria mit Gästezimmern
Via Aggiunti, 30
Tel. 05 75 / 74 25 60
Ruhetag: Samstag
Betriebsferien: 1.–20. Aug., 10 Tage n. [Dreikönig
40 Plätze
Preise: 45 – 50 000 Lire, ohne Wein
Kreditkarten: alle
Mittags und abends geöffnet

Sansepolcro, der Geburtsort des Malers Piero della Francesca, ist für jeden Reisenden mit Interesse für die Meister der Renaissance ein Muß: Kunst und Geschichte, wohin Sie blicken, und kulinarische Traditionen verschiedener Regionen in glücklicher Symbiose. Gleich vier Regionen sind es, die die Küche des »Ventura« im historischen Ortskern inspirieren: Toskana, Marken, Romagna und Umbrien. Giuliano, der Patron, wählt sorgfältig die besten lokalen Erzeugnisse für die Küche aus, und dabei gilt seine ganze Leidenschaft Pilzen und Trüffeln, mit denen Elia allerlei verschiedene Gerichte verfeinert.
Wenn Sie sich mit Bruschetta oder (im Sommer) mit **Panzanella** einstimmen, können Sie gleich das von Giuliano selbst erzeugte hervorragende Olivenöl kosten – wählen Sie dazu nach Belieben aus dem guten Angebot an Wurstwaren vom Schwein in Öl, die ebenfalls aus eigener Herstellung stammen. Zur Saison (und jenseits des obengenannten Preislimits) bekommen Sie auch einen köstlichen **Eiersalat mit weißen Trüffeln**. Als erster Gang werden **Tagliatelle**, Ravioli, Tortellini, Gemüsesuppen und **Bohnensuppe** serviert; den kulinarischen Gipfel erklimmen Sie anschließend mit der **Bistecca alla Fiorentina** vom echten Chianina-Rind. Etwas Besonderes ist auch das weiße Fleisch aus dem Ofen oder der Pfanne: Da gibt es **Kaninchen**, Ente und **Tauben**. Im Frühjahr steht Lamm auf dem Speisezettel und im Winter dann Spanferkel aus dem Ofen sowie ein schönes Büffet mit **Kesselfleisch**: Backe, Zunge, Lende und Muskelfleisch. Sie können aber auch für den schlichten, schmackhaften Polpettone (Hackbraten) optieren.
Lassen Sie das Mahl mit Keksen oder Crostate und dem hauseigenen Vin Santo ausklingen.

Santa Fiora

65 km nordöstlich von Grosseto

Il Barilotto

Trattoria
Via Carolina, 24
Tel. 05 64 / 97 70 89
Ruhetag: Mittwoch
Betriebsferien: November
70 Plätze
Preise: 30 – 45 000 Lire, ohne Wein
Kreditkarten: AE, CartaSi, DC
Mittags und abends geöffnet

Ruhig und würdevoll säumen die alten Palazzi aus schwarzem Vulkanstein die engen, schattigen Gassen im historischen Ortskern von Santa Fiora, und wer sich ein wenig umtut, kann so manchen versteckten Winkel und allerlei Interessantes entdecken. Eine dieser Entdeckungen könnte die Trattoria »Il Barilotto« sein, die von ihrem unternehmungslustigen Wirt Pierangelo mit sicherer Hand geführt wird.
Zur Wahl stehen drei Festpreismenüs für 25 – 35 000 Lire, Getränke inklusive, mit den interessantesten und beliebtesten Gerichten der traditionellen Regionalküche. Sie können aber auch »à la carte« speisen und zwischen den vielen Spezialitäten des Hauses wählen. Passender Begleiter ist stets eine gute Flasche Wein aus dem preislich und qualitativ ansprechenden Sortiment, das die lakonische Weinkarte teilweise aufführt. Empfehlenswert bei den Primi fanden wir die **Acquacotta**, die **Tagliatini mit Kichererbsen**, die erstklassige, handgezogene Pasta, aus der Ravioli, Tortelli, Lunghetti und Pappardelle entstehen, sowie im Winter **Polenta** aus Mais- oder Kastanienmehl. Das Fleisch (Schwein, Rind, **Lamm** und **Wildschwein**, aber auch Hühnchen und Kaninchen) wird so zubereitet, daß Geschmack und zarter Biß aufs beste zur Geltung kommen. Und bei den Beilagen laufen in der Saison Pilze allem übrigen den Rang ab (versuchen Sie unbedingt die **Porcini trifolati**, marinierte Steinpilze!): Sie werden in so vielen Variationen angeboten, von der Suppe bis zum Gebratenen, daß man sich daraus ohne weiteres ein ganzes Menü zusammenstellen könnte. Hausgemacht sind auch die Desserts, vom Tiramisù über Mandel-Cantuccini bis zu den typischen Süßspeisen mit Maronen und Ricotta.

Scansano
Bivio di Montorgiali

19 km südöstlich von Grosseto, S.S. 322

Franco e Silvana

Trattoria
Via Scansanese
Tel. 0564/580214
Ruhetag: So.abend (n. i. Sommer), Mo.
Betriebsferien: erste Septemberhälfte
50 Plätze + 30 im Freien
Preise: 40 – 45 000 Lire
Keine Kreditkarten
Mittags und abends geöffnet

Eine Handvoll Häuschen, die sich an der Straße von Grosseto nach Scansano aneinanderreihen, und ringsherum die weite Maremma – dichte, wildreiche Wälder, durch die sich kleine Straßen schlängeln, die wiederum gerade dort, wo man es am wenigsten erwartet hätte, zu den besten Trattorie führen, in unserem Fall zum Lokal »Franco e Silvana«. Hinter einer anonymen Bar versteckt sich im Inneren ein gemütlicher Speisesaal, in dem es sich ungestört tafeln läßt; im Sommer stehen die Tische im Freien, im Schatten der dichten Kletterpflanzen, wo die Gäste Schutz finden vor der drückenden Sommerhitze der Maremma.
Zum Auftakt gibt es ein ordentliches Sortiment an Antipasti: gratinierte Stabmuscheln und **kleine Meerschnecken**, **Cozze alla Marinara** (Miesmuscheln in Tomaten) und **Alici con la cipolla** (Anchovis mit Zwiebeln). Dazu schmecken **Tagliatelle mit Venusmuscheln und Steinpilzen**, Tagliolini mit Scampi, Krabben und Rucola oder die klassischen Spaghetti mit Meeresfrüchten oder allo Scoglio, mit allem, was die Klippen hergeben. Beim Hauptgang sagten uns die **Frittura di Paranza** (Fischteller), die Scampi vom Grill und der **gegrillte Fisch** besonders zu.
Der einzige offen ausgeschenkte Tafelwein kann mit dem kulinarischen Niveau nicht mithalten, weshalb wir Ihnen empfehlen, nachdrücklich (was auch für die Speisekarte gilt!) die Weinkarte zu verlangen, in der einige recht annehmbare Tropfen zu finden sind.

Auf dem Ferienbauernhof des Biobauern Mario Santi in **Montorgiali** bekommen Sie frische und eingelegte Artischocken – seine Spezialität – sowie verschiedene in Öl eingelegte Gemüse.

Scansano

29 km südöstlich von Grosseto, S.S. 322

La Cantina

NEU

Osteria
Via della Botte, 1
Tel. 0564/507605 und 599237
Ruhetag: Dienstag, nicht im Sommer
Betriebsferien: zweite Novemberhälfte
90 Plätze
Preise: 40 000 Lire, ohne Wein
Kreditkarten: CartaSi, Visa
Mittags und abends geöffnet

In der »Cantina« ist die ganze Familie mit an Bord, von der Mamma bis zu den Enkeln – und Kapitän Alessandro ist nicht nur Chef des Hofs und der Ölmühle, sondern auch Wirt.
Die Küche der Maremma schmeckt man hier schon bei den phantasiereichen **Crostini** durch, zu denen man die ausgezeichneten Wurstwaren der Gegend und Bruschetta bestellen kann. Dann folgt Entscheidung auf Entscheidung: Soll es als erster Gang **Suppe** der Saison sein (verlockend die Suppe mit Ricotta oder Dinkel und Acquacotta) oder lieber hausgemachte Pasta wie **Pappardelle all'Acquacotta** sowie mit Hasen- oder Wildschweinragout, die **Tagliolini alle Animelle** (Innereien) oder doch die Gemüsesuppe mit Tagliolini und Kichererbsen? Bei den Hauptgerichten dann dreht sich (fast) alles ums Fleisch: **Lamm** in Bargaglino oder aus der Pfanne, Kaninchen in umido oder die erstklassige, echte **Bistecca** von Jungrindern aus der Maremma, die den gefeierten Chianina-Rindern in nichts nachstehen. Hausgemachte Dolci beschließen die Mahlzeit: Crostate mit Marmelade oder Ricotta, Mantovana mit Zitronen, Ricottacreme und Mürbgebäck. Und wie schon erwähnt, auch Bacchusjünger kommen nicht zu kurz: In der Enoteca erwarten Sie zahlreiche Weine aus der Gegend und ganz Italien zu sehr anständigen Preisen sowie (ab 9.30 Uhr morgens bis in die Nacht) Verkostungen und Snacks.

Familie Bargagli wird sich sicher freuen, Sie auch in ihrem Betrieb Provveditore im Ortsteil **Salaiolo** (5 km) begrüßen zu können: Dort verkauft sie Olivenöl extravergine aus der Maremma.

Scansano Pomonte

40 km südöstlich von Grosseto, S.S. 322

Verdiana

Trattoria
Ortsteil Pomonte – Villaggio
Tel. 05 64 / 59 91 84
Ruhetag: Mittwoch
Betriebsferien: unterschiedlich
30 Plätze + 30 im Freien
Preise: 40 – 45 000 Lire, ohne Wein
Keine Kreditkarten
Mittags und abends geöffnet

Pomonte ist ein winziger Flecken in der Maremma, von Saturnia und Scansano etwa gleich weit entfernt, in dem wir Ihnen eine vorzügliche Adresse für traditionelle Küche verraten können. In der kalten Jahreszeit spendet der große Kamin gemütliche Wärme, in den Sommermonaten wird im kühlen Schatten der Laube getafelt.
Die Kreationen des »Verdiana« verströmen den Duft feiner Feldkräuter: In den leckeren **Mezzelune** erschnuppern geschulte Nasen Borretsch und Thymian, wildwachsende Bärwurz in den **Tortelli aus Kastanienmehl mit Wildschweinfarce** und erneut Borretsch sowie Brennesseln in den Grieß-Ricotta-Gnocchi – unverfälschte Gerichte, mit denen Mamma Miranda ihre Gäste beglückt, allerdings nicht ohne Sergios phantasievolle Kapriolen. Die Antipasti sind – wie sollte es auch anders sein – ausgesprochen einfallsreich: Neben den klassischen Crostini gibt es den kleinen Antipasto mit Birnen, Pecorino und geräuchertem Ziegenschinken, **Frittatine mit Minze** oder interessante, aromatische Salate. Beim Fleisch folgen **Kaninchen mit Zwiebeln**, **Tauben mit Olivenfüllung** oder Wildschweinsteak in einer Marinade aus Apfelessig und Gewürzen. Und zum Abschluß wartet Mamma Miranda noch einmal mit delikaten Leckereien auf: Ricottamousse, Latte alla Portoghese (Karamelcreme) und Zitronen- oder Apfelsorbets; für kräftigere Gaumen hält sie schmackhafte Parrina-Ziegenkäse bereit. Passend dazu wird ein gelungener Überblick über die Gewächse der Gegend geboten, der vor allem auf Morellino und Bianco di Pitigliano setzt, ergänzt durch einige Erzeugnisse aus dem Ausland.

Das Caseificio Carlucci in **Pomonte** verkauft nicht weit entfernt von der Trattoria reife und mittelalte Caciotta (Schafskäse) sowie aromatisierte Käse.

Semproniano

61 km östlich von Grosseto

Il Mulino

Restaurant
Via Roma, 112
Tel. 05 64 / 98 71 17
Ruhetag: Mo. – Do., nicht Aug. / Sept.
Betriebsferien: unterschiedlich
22 Plätze
Preise: 35 – 40 000 Lire, ohne Wein
Kreditkarten: alle außer DC
Mittags und abends geöffnet

Pina und Giampaolo aus Rom haben sich in die Maremma verliebt und 1990 ihre Koffer sowie ihre in der Hauptstadt gesammelte gastronomische Erfahrung gepackt und sind umgezogen. An die Tür ihres kleinen »Mulino« haben sie eine Art Steckbrief ihres Lokals gehängt, den sie von Zeit zu Zeit mit allen möglichen Neuigkeiten ergänzen. Zwar wird im Saal mit römischem Akzent gesprochen, die Sprache der Küche hat jedoch toskanische Wurzeln und wird mit individuellen Prägungen und Innovationen weiterentwickelt. Wir haben jüngst (von den Primi) Fettucine mit Huhn und Granatapfelsauce gegessen, Brennessel-Tortelli mit Mohn, **Pappardelle mit Kaninchenragout** und »Passions-Gnocchi« (Gnocchi mit Roten Beten). Je nach Jahreszeit gibt es Girello mit Artischocken, Cremesuppe von Kartoffeln, Lauch und Trüffeln und eine interessante Gemüseroulade in Folie. Unter den eher traditionellen Gerichten zu finden sind **Ribollita** und **Acquacotta**, Spaghetti alla fornaia (mit Pecorino, Walnüssen und Basilikum), Kalbsnuß, Filet in Morellino-Sauce, **Scottiglia vom Perlhuhn**, Schweinsroulade mit Pecorino. Bei den Dolci findet jeder etwas nach seinem Geschmack: Brombeer- oder Heidelbeerkuchen, Apfel- oder Pfirsichstrudel, Fruchteis, Panna cotta mit Kaffee, Crêpes. Auf der Weinkarte überwiegen lokale und generell toskanische Produkte, daneben gibt es einige Flaschen aus Norditalien.

Seravazza
Ripa di Versilia
37 km nordwestlich von Lucca

Da Giannino

NEU

Enoteca mit Ausschank und Imbiß
Via De Gasperi, 160
Tel. 0584/769430
Ruhetag: Donnerstag, nicht im Sommer
Betriebsferien: 10 Tage im Nov. u. 1 Wo. [im April
30 Plätze
Preise: 35 000 Lire, ohne Wein
Kreditkarten: alle
Mittags und abends geöffnet

Früher war das »Giannino« eine alte Landgaststätte, doch dann übernahmen es Mario und Gianluca Bigotti und verwandelten es in eine einladende Wine Bar, in der man einkehrt, um in netter Gesellschaft bei einem guten Glas Wein ein paar angenehme Stunden zu verbringen. Der Weinkeller ist dementsprechend auch die Stärke des Lokals: Hier lagern über 600 Sorten aus ganz Italien (bevorzugt aus dem Piemont und der Toskana) und dem Ausland, darunter auch Spitzenweine aus Frankreich und Australien. Wenn Sie während der üblichen Essenszeiten mittags (und vor allem abends) hier vorbeischauen, gibt es auch einige warme und kalte Gerichte. Da jedoch keine Terrasse vorhanden ist und die wenigen Tische heiß begehrt sind, empfehlen wir Ihnen, falls Sie eine komplette Mahlzeit planen, lieber vorher zu reservieren.
Doch kommen wir nun zur – ausnahmslos hausgemachten – Pasta: **Tordelli mit Fleischragout**, Tagliatelle mit Pilzen und Foie Gras und **Gnocchi mit Schnittlauch und Gorgonzola** stehen ebenso auf dem Küchenzettel wie weitere Gerichte, die je nach Jahreszeit und nach Laune der Köchin, Mamma Leonella, immer wieder wechseln. Etwas weniger variantenreich, aber ebenso lecker ist die Auswahl an Secondi (nur Fleisch): Rippenstück vom Angusrind, Entenbrust in Balsamico-Essig oder Schweinefilet mit Gorgonzola. Wer keinen Marathon, sondern nur einen kurzen Sprint einlegen will, für den gibt es appetitanregende Häppchen zum Wein und eine leckere Auswahl französischer und italienischer **Käse**; und Leckermäuler erhalten zum Abschluß Ricotta-Crostata oder Schokoladendessert in Orangensauce.

Serravalle Pistoiese
Ponte di Serravalle
9 km östlich von Pistoia

Da Marino 1920

NEU

Trattoria
Via Provinciale Lucchese, 102
Tel. 0573/51042
Ruhetag: Dienstag
Keine Betriebsferien
60 Plätze + 80 im Freien
Preise: 50 000 Lire, ohne Wein
Kreditkarten: alle
Mittags und abends geöffnet

Das »Marino« hat einen beachtlichen Qualitätssprung gemacht: Die Weine sind allesamt gepflegt (die ausgezeichnete Weinkarte bietet nicht nur toskanische Tropfen), die Einkäufe gut durchdacht, die Arbeit ist straff durchorganisiert (in der Küche sind die Zuständigkeiten klar verteilt, je ein Mitarbeiter kümmert sich um die Antipasti, die Primi und so weiter, bis hin zu den Nachspeisen und der wirklich unvergleichlichen Patisserie), und das Speisenangebot klar gegliedert: Neben der Speisekarte gibt es ein Fischmenü zu 55 000 Lire und ein toskanisches Menü zu 50 000 Lire. Gelüstet es Sie vielleicht nach **Fisch**? Dann empfehlen wir die nahezu fettfreie, in Olivenöl kroß ausgebackene **Frittura**. Beim typischen Menü erklimmen Sie nach und nach über Crostini, hausgemachte Maccheroni, **Gemüse-Ricotta-Gnocchi**, Ribollita, **Kohlsuppe** und **toskanischen Fritto misto** den Gipfel der Genüsse: eine riesige Scheibe **Bistecca Fiorentina** vom Chianina-Rind, die aus dem Ofen oder vom Grill am Stück oder auch als Tagliata auf den Tisch kommt. Absolute Krönung des Mahls ist jedoch die bereits erwähnte **Patisserie**, von der Sie noch lange schwärmen werden: Bayerische Creme, Cialde (Waffeln), kleine Crostate, Mousse, Sorbets und Kekse mit einer umwerfenden Creme.
Bei der Auswahl des passenden Weins berät Sie Edoardo, während Maurizio Sie unaufdringlich, aber wieselflink umsorgt. Für 1998 ist zusätzlich eine Enoteca mit Ausschank geplant.

Bei Gori in **Nievole** (1 km) können Sie sich mit Olivenöl, Gemüse, Obst und typischen Delikatessen eindecken. Und im Zentrum von **Montecatini** (8 km) backt Stefano Desideri nicht nur die heißesten Cialde der ganzen Stadt, sondern auch zwei weitere Leckereien aus Montecatini: Brigidini und Berlingozzo.

Castelvecchio

Restaurant
Via Castelvecchio, 65
Tel. 05 77 / 4 95 86
Ruhetag: Dienstag
Betriebsferien: unterschiedlich
35 Plätze
Preise: 35 – 40 000 Lire, ohne Wein
Kreditkarten: alle
Mittags und abends geöffnet

Egal, ob Sie à la carte speisen oder sich für das Degustationsmenü entscheiden, in jedem Falle werden Sie hier mit einer abwechslungsreichen Küche verwöhnt, die – wenngleich sie fest in der Toskana verwurzelt ist – gerne Ausflüge in die kulinarischen Traditionen weiterer italienischer und sogar ausländischer Landstriche unternimmt. Als erster Gang werden Ihnen Suppen nach alten Originalrezepten serviert, wie **Ginestrata**, **Carabaccia** und Acquacotta, begleiget von Teigwaren wie **Pici mit Kaninchenragout** oder mit Schmorbratensauce. Nicht minder delikat sind die Hauptgerichte: Das vielseitige Angebot an Gemüsegerichten wird Vegetariern das Herz im Leibe hüpfen lassen, doch auch für Fleischliebhaber ist gesorgt – für sie hält die Küche phantasievolle Gerichte wie **Taube in Brotkruste**, Innereien oder Soufflé vom Rind bereit. Die besondere Vorliebe des Chefs für Gemüse und Biokost zeigt sich jeden Mittwoch an den speziellen Vegetariermenüs. Klassisch schließen die Desserts mit Crostate, Mousse und Bayerischer Creme mit Obst.
Die Weinkarte ist gut bestückt: Einen großen Raum nehmen die toskanischen Rotweine, darunter auch Jahrgangsweine, ein, aber auch andere interessante Gewächse aus den besten Weinbaugebieten Italiens sind zahlreich vertreten. Kurz und gut, hier sind alle Voraussetzungen für einen gelungenen Abend erfüllt.

Auf dem Weg hinunter von den Quattro Cantoni zur Piazza del Campo bietet die Antica Drogheria Manganelli exquisite Dolci aus Siena aus eigener Herstellung sowie eine große Auswahl an Weinen und Likören. Und die Enoteca San Domenico in der Via del Paradiso 56 ist ein Paradies für toskanische, italienische und ausländische Weine, Schnäpse, Delikatessen und Naschereien.

Hosteria del Carroccio

NEU

Trattoria
Tel. 05 77 / 4 11 65
Ruhetag: Mittwoch
Betriebsferien: Februar
40 Plätze + 20 im Freien
Preise: 30 – 40 000 Lire, ohne Wein
Kreditkarten: EC, MC, Visa
Mittags und abends geöffnet

Das Wahrzeichen des »Carroccio« ist der von vier Maremmaochsen gezogene Karren, der beim historischen Palio-Rennen den Cencio auf die Piazza fährt, die heißumkämpfte Trophäe, um die die einzelnen Stadtviertel miteinander wetteifern: Just dieses Gespann zieht dann an dem darunterliegenden Gebäude vorbei in die Arena ein. Folglich war die Namensfindung auch nicht ganz so schwer, als Renata Toppi vor sieben Jahren im Untergeschoß eines mittelalterlichen Palazzo in dieser berühmten Ecke von Siena ihr Lokal eröffnete.
Achten Sie bei der Lektüre der Speisekarte aufmerksam auf traditionelle Spezialitäten: **Pici mit Brotkrumen**, Ribollita und Tagliatelle mit Steinpilzen bei den Primi leiten über zu Hauptgerichten wie **Tegamata di Maiale** (Schweinefleischtopf), Salsicce mit Bohnen, **Sieneser Gulasch** oder **Weinbergschnecken mit Kräutern**. Wenn Sie sich darauf erst einstimmen möchten, können Sie neben klassischen Wurstwaren aus Siena auch den delikaten **Pecorino mit Honig** probieren, der mit Vin Santo allerdings auch einen würdigen Ausklang bildet. Zum Abschluß gibt es dann klassische Dolci aus Siena oder auch leckere selbstgebackene Kuchen.
Auch ein Degustationsmenü ist erhältlich: Gemischte Vorspeise, je zwei Kostproben zum ersten und zweiten Gang, Beilage und Dessert für zusammen 45 000 Lire, einschließlich Hauswein. A propos Wein: Die Weinkarte bietet auch eine kleine, aber gute Auswahl an toskanischen Erzeugnissen, insbesondere aus dem Chianti Classico.

In der Nuova Pasticceria di Iasevoli, Via Dupré 37, werden mit die besten Konditoreiwaren von Siena gebacken und verkauft: Cantuccini, Pan dei Santi, Cavalluci, Ricciarelli und Panforte.

Siena

Il Grattacielo

Osteria
Via de' Pontani, 8
Tel. 0577/289326
Ruhetag: Sonntag
Betriebsferien: unterschiedlich
15 Plätze
Preise: 18 – 20 000 Lire
Keine Kreditkarten
Geöffnet: 8 – 14, 17 – 20 Uhr

Zu den Essenszeiten braucht man im »Grattacielo« schon ein wenig Glück, um einen der wenigen und daher heißbegehrten Tische zu erobern. Diesen altehrwürdigen Ausschank empfehlen wir insbesondere all jenen »Slow«-Reisenden, die am späten Vormittag oder nachmittags ein nettes Plätzchen weitab von den Touristenrudeln suchen, um die volkstümlichste, ursprünglichste Seite Sienas kennenzulernen. Hier sind Sie an der richtigen Adresse, um bei einem Schwätzchen so manche muntere Anekdote oder offene Frage zwischen den Vierteln mitzudiskutieren, während kleine Imbisse aufgetischt werden: erstklassiger **Pecorino** oder typische Wurstwaren aus Siena, **Buristo**, Salami und **Salsiccioli**, die man nirgendwo sonst so schmackhaft bekommt.
Der kräftige rote Hauswein läßt sich gut trinken, insbesondere dann, wenn man dem Durst mit den Anchovis in Pesto noch etwas nachhilft. Im Sommer dann geht nichts über den **Condito**, einen aromatischen, üppigen Salat mit Tomaten, Thunfisch und allem, was sich die Wirtin, Maria Pia, dazu ausdenkt oder der Gast sich wünscht. Zur mittäglichen Essenszeit dann füllt sich das enge Lokal mit Angestellten und Händlern, die – wie magisch angezogen vom Duft des **Arista** (Schweinerücken) und der warmen Gerichte, die dann angeboten werden – hier traditionsgemäß ihre Mittagspause verbringen.
Und noch eins: Falls Sie unter Klaustrophobie leiden, sollten Sie Ihren Fuß nicht über die Schwelle dieses Lokals setzen, denn wie der ironische Name schon besagt, riskieren hier auch normalwüchsige Gäste, mit ihrem Kopf an der Decke entlangzuschrammen.

In der altehrwürdigen Gastronomia Morbidi, Via Banchi di Sopra 75, produzieren und verkaufen die Erben des Ladens Wurstwaren und Käse, frische Pasta und regionale Gerichte.

Signa
Sant'Angelo a Lecore

16 km westlich von Florenz, S.S. 67

Antica Trattoria di' Tramway

Osteria
Via Pistoiese, 355
Tel. 055/8778203
Ruhetag: Mittwoch
Betriebsferien: August
75 Plätze
Preise: 20 – 40 000 Lire, ohne Wein
Keine Kreditkarten
Mittags und abends geöffnet

An der Via Pistoiese erwartet Sie ganz in der Nähe der Villa Poggio a Caiano aus der Zeit der Medici Familie Bacchereti in ihrem »Tramway«. In Töpfen und Pfannen rührt Koch Remo, während im Saal der joviale Marcello die Gäste umsorgt – Trumpfas der beiden sind ihr sympathisches Wesen und ihr wahrlich beeindruckender Speisenzettel. Die Küche ist traditionell ausgerichtet, mit ausgemacht großzügigen Portionen im Stile der Trattorie aus guter alter Zeit; es gibt zwar keine Speisekarte, aber Marcello wird Sie gerne bei der Wahl Ihres Tagesmenüs beraten.
Da wäre also das toskanische Antipasto mit Crostini und Wurstwaren, die Appetit machen auf **Penne mit Schafsragout** (eine absolut empfehlenswerte Spezialität der Gegend!) sowie – alternativ – auf Pappardelle mit Hasenragout oder **Maccheroncetti al Sugo di Germano** (mit Wildente). Bei den Secondi heißt es dann Fleisch, Fleisch und nochmals Fleisch: **Wildbret**, Schaf, Hase oder **Kutteln** in umido oder auf der Holzglut gegrillt, darunter auch eine schmackhafte **Fiorentina**. Der Freitag jedoch bleibt fleischlos, und es gibt Cacciucco oder Baccalà alla Livornese.
Schließlich kommen die hausgemachten Dolci nach Rezepten vom Land: Apfelkuchen, Torta della Nonna und die toskanischen Cantuccini aus Prato, die in Vin Santo zu tunken sind. Der Hauswein ist nicht übel, und für wen es etwas mehr sein soll, der bestellt zu stets angemessenen Preisen einen der ordentlichen toskanischen Flaschenweine von der etwas rustikalen Weinkarte, die leider keinen Aufschluß über die verfügbaren Jahrgänge gibt.

Sinalunga

45 km südöstlich von Siena

Da Forcillo

NEU

Hotel – Restaurant
Via Gramsci, 7
Tel. 0577/630102
Ruhetag: Montag
Betriebsferien: unterschiedlich
90 Plätze + 20 im Freien
Preise: 35 000 Lire, ohne Wein
Kreditkarten: alle
Mittags und abends geöffnet

Hoch droben klammert sich die Ortschaft Sinalunga an den Fels und wacht aus der Vogelperspektive über die sanft dahingebreiteten Weingärten und Olivenhaine der Valdichiana. Der Ort ist aus einer bäuerlichen Siedlung hervorgegangen und pflegt eine geschmacksintensive, üppige volkstümliche Küche. Und genau diese Zutaten finden Sie in der Küche des Restaurants »Da Forcillo« wieder, wo sie von Signora Angela und ihren beiden Söhnen Fabio und Stefano mit viel Hingabe zubereitet werden. Auf Anfrage bekommen Sie einen Platz im Untergeschoß, der malerischen »Buca del Forcillo«, in der ein mächtiger Kamin und zahlreiche bäuerliche Gerätschaften das richtige Lokalkolorit einfangen. Dort wird Ihnen Angela akkurat – und sehr gefühlvoll – nicht nur ihr Speisenangebot aufzählen, sondern auch immer wieder die Zutaten und Zubereitungsarten detailgenau beschreiben. Daraufhin schwärmen dann ihre Söhne aus, die sich in Küche und Saal abwechseln, und Tante Mili, die stets für jeden Schabernack zu haben ist.
Beginnen Sie am besten mit den Wurstwaren von lokalen Kleinerzeugern, die Sie einstimmen auf die Primi: Gerichte, die den Duft der Ackerkrume atmen, wie Minestrone, Acquacotta, **Pasta mit Kichererbsen**, Pasta e Fagioli, **Pici all'Aglione e Rucola** oder Ravioli mit Pilzen und Trüffeln. Bei den Hauptgerichten überzeugt das erstklassige **Chianina-Fleisch** ebenso wie **Kutteln**, **Geflügelleber** und Schweinerücken, wer dagegen kein Fleisch mag, muß sich mit dem schmackhaften Baccalà alla Livornese begnügen. Die nach Hausfrauenart zubereiteten Süßspeisen sind einfach, aber lecker: Panna Cotta, Sbrisolona (Bröselkuchen) und Crostate mit Marmelade.
Es gibt nur einen offenen Hauswein, Hochprozentiges dagegen gibt es in großer Auswahl: Probieren Sie unbedingt Angelas vielgerühmten Nußlikör!

Terranuova Bracciolini Badiola

34 km nördlich von Arezzo, S.S. 69

Hosteria Costachiara 

NEU

Trattoria
Via Santa Maria, 129
Tel. 055/944318
Ruhetag: Dienstag
Betriebsferien: 15. – 31. August
50 Plätze + 50 im Freien
Preise: 35 000 Lire, ohne Wein
Kreditkarten: Visa
Mittags und abends geöffnet

Diese Trattoria erreichen Sie über eine kleine Eisenbrücke, die sich über den Sturzbach Borro delle Cave spannt: ein schönes Beispiel für die Art und Weise, wie zu Zeiten des Großherzogtums Toskana die Wasser gezähmt wurden.
Die Wirtsleute werden Ihnen sogleich ein Menü vorschlagen, das strikt die kulinarischen Traditionen der Gegend widerspiegelt. Eröffnen Sie das Mahl mit verschiedenen Appetithäppchen wie gegrilltem Gemüse, gratinierten Tomaten, Omeletts, Dinkelsalat und im Sommer **Panzanella**. Eine regelrechte Offenbarung unter den Primi sind die **Pappardelle mit Tauben- und Perlhuhnragout**, aber auch die mit Kaninchen und Wildschwein brauchen sich nicht zu verstecken. In der schönen Jahreszeit kommt die **Pasta** meist mit frischem Gemüse angerichtet auf den Tisch (probieren Sie unbedingt die Variation **mit Basilikum und Pinienkernen**!), während in den Suppentellern vornehmlich Pasta e Fagioli und Dinkelsuppe dampfen. Das berühmteste Gericht des Hauses ist der **Arrosto girato**, ein Braten, der die altehrwürdigen Bratspieße zu neuen Ehren bringt; Sie können aber auch für die Fritture (Gebackenes) optieren – Kaninchen, Hähnchen oder Frösche. Auf Bestellung gibt es **Schnecken in Sugo** und (während der Weinlese) phänomenale **Wachteln in Wein**, die außerhalb der Lesezeit all'agresto (in einem säuerlichen Saft aus unreifen Trauben) zubereitet werden. Desserts nach Hausfrauenart runden den Schmaus ab: Crostata mit Brombeeren, Panello der Saison oder Cenci und Frittelle (Krapfen).
Was den Wein anbelangt, so kann Ihnen Betti neben dem aus der Fattoria auch einige gute toskanische Erzeugnisse anbieten.

Terranuova Bracciolini
Penna Alta
37 km nordöstlich von Arezzo

Il Canto del Maggio

Osteria
Ortsteil Penna Alta, 30 b
Tel. 055/9705147
Ruhetag: Montag, Okt. – Mai Di. u. Mi.
Betriebsferien: Januar
40 Plätze + 40 im Freien
Preise: 40 – 50 000 Lire, ohne Wein
Kreditkarten: alle
Mittags und abends geöffnet

Wer kommt schon auf die Idee, in einem verwunschenen, von nahezu allen Seelen verlassenen Weiler ein Restaurant zu eröffnen? Dazu gehört nicht nur ein gerüttelt Maß an Begeisterung für heimisches Brauchtum und Kultur, sondern auch der unbändige Wille, diese zu neuem Leben zu erwecken. Ein Kunststück, das Mauro Quirini gelang. Bei den Antipasti hatten es uns besonders die **lauwarmen Bohnen** angetan, aber sein Meisterstück serviert der kochende Wirt mit den prächtigen Primi: Da locken schmackhafte **Ravioli mit Brennesseln in Nußsauce** oder Spaghetti alla Penna Alta (duftende Gaumenfreude aus dem Gemüsegarten) und ein köstliches **Entenragout**. Bei den Hauptgerichten triumphiert der **Peposo alla Fornacina** (eine Art Gulasch aus gewürztem Rindfleisch nach einem Rezept aus dem 15. Jahrhundert, das stundenlang vor der Öffnung der Ziegelbrennöfen von Fornacia del Brunelleschi vor sich hinköchelte). Besonderes Augenmerk verwendet der Koch auch auf das Klein- und Federvieh: **Taube mit Trauben**, **ausgelöstes Kaninchen mit Kräutern** und Perlhuhn mit Trüffeln. Die Wirtstochter Simona verwöhnt dann mit zarter Hand und köstlichen Dolci die Leckermäuler: Optieren Sie für Schokoladenkuchen und Crostate mit Marmelade, zu denen der gute Vin Santo paßt. Das breite Sortiment an Hochprozentigen mit Kräuter- und Fruchtaroma rundet das Mahl schließlich ab.
Die Weinkarte wurde merklich verbessert und bietet nun viele sorgfältig ausgewählte Flaschenweine überwiegend toskanischer Erzeuger, zu denen sich auch einige gute Flaschen aus anderen Regionen gesellen. Und noch eine Neuerung: Unterhalb der Osteria wurde eine hübsche Enoteca eingerichtet, in der Sie sich zu Wurstwaren und Käse ein gutes Glas Wein gönnen können.

Uzanno
Castello
30 km südwestlich von Pistoia

Bigiano

Restaurant
Via Bardelli, 5
Tel. 0572/476341 und 478775
Ruhetag: Dienstag
Betriebsferien: unterschiedlich
105 Plätze + 90 im Freien
Preise: 40 000 Lire, ohne Wein
Kreditkarten: die bekannteren
Mittags und abends geöffnet

Das »Bigiano« finden Sie in einer verträumten kleinen Ortschaft, einer der ältesten im Valdinievole, in der die Zeit stillzustehen scheint. Hier erwarten Sie Ottavio Bartolini, seine Schwester Loretta und seine Gattin Velia (beide in der Küche) auf ein Diner bei Kerzenschein vor der großen, schönen Glasfront im gemütlichen Speisesaal.
Die Küche ist typisch toskanisch, baut auf frische Produkte der Gegend und folgt dem Lauf der Jahreszeiten, wagt aber auch eigene Wege. Bei den Antipasti möchten wir das Traditionellere mit Oliven vom »Poggio« namentlich erwähnen, ferner die gemischten Crostini und Wurstwaren; wahlweise können Sie allerdings auch den schmackhaften **Pecorino aus dem Ofen mit Trüffeln** oder Nüssen kosten oder die Salate mit Pilzen oder Artischocken und Granakäse. Anschließend geht man über zu den Primi: Bohnensuppe, Panzanella und **Farinata mit Kohl** oder hausgemachte Pasta, wie die **Kastanienravioli mit Nüssen**, die Tagliolini mit Kürbisblüten und die klassischen Pappardelle mit Hasenragout. Auf die Primi folgen dann die Hauptspeisen mit hervorragenden, je nach Saison unterschiedlich angerichteten Tagliate, **Bistecca Fiorentina**, **Stockfisch mit Mangold**, Wildschwein aus dem Tiegel und **Cioncia**, ein Gericht mit Kalbsbacke in umido nach einem alten Rezept. Und wenn es die Jahreszeit erlaubt, kommen Spargel alla Parmigiana, fritierte oder marinierte **Steinpilze** vom Grill, Trüffeln und Wild auf den Tisch. Die Desserts sind hausgemacht: Da gibt es Crostate, Cantuccini, Kuchen (besonders lecker mit Ricotta) und den traditionellen **Castagnaccio mit Ricotta**.
Ottavio ist auch ein begeisterter Sommelier und hat eine Weinkarte mit ausgewählten Tropfen aus der Region und ganz Italien zusammengestellt. Selbst für Hochprozentiges gibt es eine eigene Karte.

Viareggio

24 km westlich von Lucca, S.S. 1 oder A 12

La Darsena

Trattoria
Via Virgilio, 172
Tel. 05 84 / 39 27 85
Ruhetag: Sonntag
Betriebsferien: 25. Dez. – 7. Januar
30 Plätze
Preise: 35 – 50 000 Lire, ohne Wein
Keine Kreditkarten
Mittags und abends geöffnet

Sie sind gerade in Viareggio und haben Lust auf frischen Fisch? Dann können wir mit einer zuverlässigen und recht günstigen Adresse aufwarten: dem »Darsena«. Sicher, auch hier machen sich die höheren Marktpreise für fangfrischen Fisch bemerkbar – Fischschlemmen für eine Handvoll Lire, wie wir es früher kannten, gehört bedauerlicherweise endgültig der Vergangenheit an. Wer Krustentiere wählt, muß sich auf eine höhere Rechnung gefaßt machen, aber wenn man sich mit je einem guten Primo und Secondo begnügt (im wesentlichen fritiert oder gegrillt), kommt man mit 35 000 Lire aus – Getränke extra. Die kleine Trattoria ist vor allem um die Mittagszeit gut besucht (die Erweiterungsarbeiten sollen 1998 abgeschlossen sein).
Die Düfte, die die Küche verströmt, sind die besten Appetitanreger für die zahlreichen Meeresspezialitäten aus garantiert frischen Zutaten: Das **Antipasto di Mare** richtet sich nach der Jahreszeit und dem Fang, die **Spaghetti allo Scoglio**, mit Arselle (Venusmuscheln) oder Meeresfrüchten und die **Bavette mit kleinen Calamari**, Barben oder Anchovis sind so großzügig portioniert, daß eigentlich kein Hunger mehr aufkommen dürfte. Wer allerdings noch immer Appetit hat, dem legen wir den Fisch des Tages ans Herz (wird auf Bestellung zubereitet), und vor allem die **Frittura di Paranza**, fritierte Meeresfrüchte und Fisch, zu der Sie ein Glas Wein aus Montecarlo trinken sollten, den Giulio neben einer kleinen Auswahl an Flaschenweinen für Sie bereithält.

Lohnend ist anschließend ein Abstecher in die Gelateria Mario, Via Petrolini 1, auf ein Fruchtsorbet, Creme, Halbgefrorenes oder das Obsteis. Naschkatzen sollten dann weiterziehen in die Antica Pasticceria Gambalunga, Via Sant' Andrea 34, wo sie Sachertorte, Kekse und Pralinen erwarten.

Viareggio

24 km westlich von Lucca, S.S. 1 oder A 12

Osteria N. 1

Trattoria
Via Pisano, 140
Tel. 05 84 / 38 89 67
Ruhetag: Montag
Keine Betriebsferien
50 Plätze + 40 im Freien
Preise: 25 – 35 000 Lire
Keine Kreditkarten
Mittags und abends geöffnet

Die »Osteria Nr. 1« ist eine klassische Küstentrattoria: Hier werden Ihnen fangfrischer Fisch, einfache Rezepte und traditionelle Küche geboten. Sie finden sie in einer ruhigen Nebenstraße im Bereich des ehemaligen Fluggeländes. Das Ambiente ist angenehm gemütlich, und die auf einer Tafel angeschriebenen Gerichte wechseln täglich, je nach Saison und Fangergebnis. Die beiden Wirtinnen Imma und Carla warten ihren Gästen mit **Oktopus mit Mangold**, **Spaghetti con i Nicchi** (Venusmuscheln) oder mit Bianchetti (Glasfischchen) auf, daneben gibt es **Cacciucco alla Viareggina**, **marinierten Baccalà**, Ribollita und im Winter kräftige **Suppen** aus Bohnen, Gerste oder Dinkel. Die Süßspeisen sind Immas Werk: Herrliche Cremedesserts wie Latte alla Portoghese, Panna Cotta, Tiramisù und **Scarpaccia**, ein typisches Dessert aus Viareggio mit Zucchini.
Zur Mittagszeit bekommen Sie für 15 000 Lire ein Festpreismenü mit Primo, Hauptgericht und Beilage, einem Viertel Wein und Mineralwasser; abends dann gibt es eine größere Auswahl an Gerichten. Donnerstags finden oft Themenabende statt, bei denen die Regionalküchen Italiens im Mittelpunkt stehen.
Der Weinkeller ist mittlerweile etwas besser sortiert: Neben dem Hauswein gibt es nun auch eine kleine Auswahl an Flaschenweinen aus der Gegend und aus der Lunigiana. Für den Abend sollten Sie unbedingt einen Tisch reservieren, während die Wartezeiten mittags höchstens einige Minuten betragen.

Der Angolo della Pasta, Via Pisano 1, ist eine ausgezeichnete Adresse für erstklassige frische Teigwaren: Hier werden Spezialitäten wie Fleischtortellini à la Bolognese und Ricottaravioli geboten. Und die Enoteca Di Vino in Vino, Via Garibaldi 5, bietet auf engem Raum gute italienische Weine und Hochprozentiges.

Villa Basilica Biecina

24 km nordöstlich von Lucca

Da Aldo

Trattoria
Via delle Cartiere, 175
Tel. 05 72 / 4 30 08
Ruhetag: Sonntag
Betriebsferien: 2 Wochen im August
70 Plätze
Preise: 35 000 – 40 000 Lire, ohne Wein
Keine Kreditkarten
Mittags und abends geöffnet

Fährt man die Via delle Cartiere von Collodi nach Boveglio entlang, kommt man automatisch durch den kleinen Ortsteil Biecina, wo gleich an der Straße die Trattoria »Da Aldo« zum Verweilen einlädt. Sie wird seit über dreißig Jahren von der Familie Flosi geführt und bietet dem hungrigen Gast in beschaulicher, familiärer Atmosphäre eine unverfälschte, in Hinblick auf die Auswahl und Suche der besten heimischen Produkte durchaus phantasievolle toskanische Küche. Inzwischen hilft die ganze Familie im Lokal mit: der Patron Aldo, seine Frau Raffaella, Filius Giorgio in der Küche und sein Bruder Mirco im Speisesaal. Zum Lokal gehören auch eine Bar und ein Lebensmittelladen.
Den Reigen eröffnen hier Schinken, Lardo, **Biroldo**, Soppressata und Salami, die mit **Fettunte** serviert werden (besonders delikat mit weißem Speck), mit Crostini und lecker eingelegtem Gemüse – natürlich ebenfalls alles hausgemacht. Der Nudelteig wird hier von Hand mit dem Nudelholz auf einem Marmortisch ausgerollt und zu schmackhaften Primi verarbeitet, unter anderem locken **Maccheroni** mit Pilzsauce oder Fleischragout oder **mit Fleisch** oder Pilzen **gefüllte Tortelli**. Ach ja, die **Pilze**: Lassen Sie sich keinesfalls die köstlichen kleinen Wichtel aus den umliegenden Wäldern entgehen, wenn Sie in der richtigen Jahreszeit reisen – sie werden hier auf alle nur erdenklichen Arten zubereitet! Als Hauptspeisen können wir beispielsweise das aromatische **Wildschwein mit schwarzen Oliven** oder den Damhirsch in umido empfehlen, Sie können aber auch das leckere Fritto Misto mit Fleisch und Gemüse der Saison wählen. Und zum Dessert gibt es ausschließlich hausgemachte Naschereien, von Cantucci über Crostate bis hin zu Krapfen mit Kastanienmehl und Reis. Bestellen Sie ruhigen Gewissens den anständigen Chianti des Hauses.

Villafranca in Lunigiana Mocrone

46 km nordöstlich von Massa

Gavarini

Restaurant
Via Benedicenti, 50
Tel. 01 87 / 49 31 15
Ruhetag: Mittwoch, nicht im Sommer
Keine Betriebsferien
70 Plätze + Bankettsaal
Preise: 35 000 Lire, ohne Wein
Kreditkarten: CartaSi
Mittags und abends geöffnet

Mocrone ist einer der mittelalterlichen Orte der toskanischen Lunigiana, eines Landstrichs mit guterhaltenen Zeugnissen der Geschichte (Mocrone z. B. verfügt über eine sehenswerte Burg). Wenn Sie vor dem Gavarini stehen, werden Sie eines der vielen verlotterten ländlichen Lokale befürchten – doch keine Angst, es erwartet Sie eine Überraschung. Hinter der kleinen Bar öffnet sich ein ganz mit hellem Holz ausgekleideter Speiseraum, im Sommer wird er zum schönen Gartenatrium geöffnet. Erlesene Gastlichkeit verbindet sich hier mit reinster Hausfrauenküche. Unter den Vorspeisen finden Sie ausgezeichnete lokale Salumi und in Öl oder Essig eingelegte Gemüse aus eigener Produktion. Zur Jahreszeit wird **Pasta aus Kastanienmehl** serviert, einer der wichtigsten Schätze der lunigianischen Küche, daneben gibt es Fleischravioli mit einem duftenden Ragout, **Chicchere** (eine Art grüne Gnocchi) mit Pilzsauce, **Testaroli** mit Pesto oder Ragout. Bei den Secondi können sich Fleischliebhaber an **Lamm** oder Schwein vom Rost, **gefülltem Kaninchen** und zur entsprechenden Zeit an geschmortem **Wildschwein mit Polenta** gütlich tun. Hausgemachte Torte alla frutta, alla crema oder mit Walnüssen beschließen das Mahl. Einziger Wein ist ein offener, herber, ehrlicher Landwein, doch die gute Küche, der angenehme Rahmen und die ebenso angenehme Rechnung machen den Aufenthalt sehr empfehlenswert.

Die uralte Salumeria Drovandi (Piazza Vittoria, 8) bietet ausgezeichnete Wurst und Schinken aus eigener Produktion (Mortadella, Salsicce, Spalla). Man sollte auch der Konditorei Leoncini in **Selva di Filetto** (Via del Menhir, 22) einen Besuch abstatten.

Volterra

66 km südöstlich von Pisa, S.S. 68 und S.S. 206 oder S.S. 439

Da Badò

Trattoria
Borgo San Lazzaro, 9
Tel. 05 88 / 8 64 77
Ruhetag: Mittwoch
Betriebsferien: 1.–15. Juli / 1.–10. Sept.
50 Plätze
Preise: 30 000 Lire
Keine Kreditkarten
Nur mittags geöffnet

Abends werden Sie hier keine Menschenseele antreffen, denn Familie Badò kocht traditionsgemäß nur mittags für ihre Gäste; dann allerdings kocht sie für Sie nach einer Handvoll Rezepten, die schon seit vielen Generationen eifersüchtig gehütet werden, einige einfache bodenständige Gerichte. Das »Badò« ist eines dieser Lokale, in denen man immer weiß, woran man ist: Seit undenklichen Zeiten in sich selbst ruhend und fest verwurzelt in der regionalen Eßkultur. Haben Sie die Stadt auf den Spuren der Etrusker erkundet und die gut erhaltenen mittelalterlichen Bauwerke besichtigt, finden Sie in diesem Lokal unverfälschte Kost.
Wie gesagt, das Speisenangebot ist überschaubar, aber die bewährten Gerichte werden von den Brüdern Aldo und Franco Babò und ihren Gattinnen Loriana und Paola wahrhaft meisterlich zubereitet. Zu den interessantesten Primi zählen sicherlich die **Zuppa alla Volterrana**, die **Pappardelle alla Lepre** und – falls gerade verfügbar – **Kutteln**. Bei den Hauptgerichten entfaltet sich dann die Kochkunst der erfahrenen Gastronomen erst so richtig: **Cinghiale in umido** und das aromatisch-delikate **Kaninchen nach Art des Hauses** werden Sie begeistern. Im Herbst werden auch zahlreiche Gerichte mit **Pilzen** aus den Wäldern um Volterra angeboten – beispielsweise **Tagliatelle mit Steinpilzen**.
Und für Naschkatzen gibt es abschließend köstlich duftenden Mandel- oder Amarettokuchen frisch aus dem Ofen.
Die Auswahl an Weinen ist ein wenig schwachbrüstig, auch wenn sie alles in allem akzeptabel ist: Der Menüpreis beinhaltet einen offenen, süffigen Chianti, der zum gesamten Menü paßt.

Bei Isiano Baroncini, Via Ricciarelli 35, finden Sie ausgezeichnete Wurstwaren.

Volterra

66 km südöstlich von Pisa, S.S. 68 und S.S. 206 oder S.S. 439

Trattoria del Sacco Fiorentino

Trattoria – Enoteca
Piazza XX Settembre, 18
Tel. 05 88 / 8 85 37
Ruhetag: Freitag
Betriebsferien: 15. 11.–30. 03. u. 10 Tage im Juni
50 Plätze
Preise: 20 – 40 000 Lire
Kreditkarten: alle
Mittags und abends geöffnet

Der Name erinnert an die tragischen Geschehnisse des Jahres 1472, als das Heer Lorenzo de' Medicis unter dem Kommando des Herzogs von Urbino Volterra besetzte: Es massakrierte die Einwohner, setzte die Häuser in Brand und plünderte die Stadt. Vom Waffenlärm jener blutigen Tage ist nurmehr das Schild dieses einladenden, doch ausgemacht gemütlichen Lokals übriggeblieben, das in zwei Hälften den verschiedenen Bedürfnissen seiner Gäste nachkommt: Trattoria im ersten Saal, Enoteca im zweiten.
In der Trattoria erwartet die Gäste ein interessantes, teilweise sogar ausgezeichnetes Speisenangebot: In der schönen Jahreszeit können Sie sich beispielsweise mit frischen Tagliatelle in einer Carbonara aus Zucchini und Basilikum oder auch **mit Gnocchi und jungem Gemüse** einstimmen, während **Trüffel**gerichte das ganze Jahr über auf der Karte geführt werden. Anschließend empfehlen wir Ihnen das **Kaninchen in Knoblauchsauce mit Vin Santo** und das mit Zabaione und Vernaccia panierte Rückenstück. Die interessantesten Vorschläge haben wir jedoch in der Enoteca gekostet: Speisen, die durch und durch geprägt sind von der bodenständigen Regionalküche. Da gibt es ausgezeichnete Primi wie die **Gemüsesuppe** und die **Penne mit pikantem toskanischem Käse**, auf die **Salsicce und Bohnen** oder Fleisch und Gemüse vom Grill folgen. Darüber hinaus werden natürlich auch »Piatti del Vino« angeboten, Häppchen zum Wein mit einer großen Auswahl an Focacce, toskanischem Aufschnitt und Käse. Besonders reichhaltig und überaus ansprechend ist natürlich das Weinangebot.
Der Weinkeller mit seinen über hundert verschiedenen Erzeugnissen bietet neben den besten regionalen Tropfen auch eine kleine, aber feine Auswahl von Gewächsen aus dem Piemont, dem Friaul und Umbrien.

UMBRIEN

Lago Trasimeno
Magione
PERUGIA
Nocera Umbra
Assisi
Paciano
Spello
Cannara
Foligno
Bevagna
Gualdo Cattaneo
Trevi
Campello sul Clitunno
Norcia
Giano dell'Umbria
Todi
Spoleto
S. Anatolia di Narco
Orvieto
Avigliano Umbro
Montecchio
A1
Terni
Stroncone
Narni

Assisi

24 km östlich von Perugia, S.S. 147 und S.S. 75

Pallotta

NEU

Trattoria – Hotel
Via San Rufino, 4
Tel. 075/812649
Ruhetag: Dienstag
Betriebsferien: 2 Wo. Ende Jan./Anf. [Feb.
60 Plätze
Preise: 35 – 45 000 Lire, ohne Wein
Kreditkarten: alle
Mittags und abends geöffnet

Im Herzen von Assisis Altstadt, nur wenige Schritte von der Piazza del Comune und der Basilica di Santa Chiara aus dem 13. Jahrhundert entfernt, liegt hinter dikken, mittelalterlichen Mauern und schweren Steinbögen verborgen die Trattoria »Pallotta«. In den sorgsam restaurierten Räumlichkeiten befand sich bereits in den ersten Nachkriegsjahren ein Schanklokal, das dann in den sechziger Jahren zu einer Trattoria ausgebaut wurde. Die Küche ist das Reich von Margherita Balducci, die sich bei der Zubereitung der Tagesgerichte von den frischen Produkten der Region und der jeweiligen Jahreszeit inspirieren läßt. Familienoberhaupt Walter mit den Kindern Stefano und Stefania dagegen bedienen die Gäste an den schlicht und geschmackvoll gedeckten Tischen.
Machen Sie sich Appetit mit den Bruschette, den umbrischen Wurstwaren oder der **Torta al testo** (einer Art Fladenbrot) mit Gemüse. Bei den Primi können Sie dann wählen zwischen **Strangozzi alla Pallotta**, speziellen Tagliatelle ohne Ei, die mit einer pikanten Creme aus Pilzen und schwarzen Oliven serviert werden, oder Ravioloni mit zerlassener Butter und Salbei, **Dinkelsuppe** mit Gemüse oder Cappelletti in Brühe. Bei den Secondi schließlich kommt Margheritas Kochkunst so richtig zur Entfaltung: Probieren Sie unbedingt den **Timballo mit Taubenfleisch**, die **Lamminnereien** mit Rosmarin, das mit wildem Fenchel gefüllte Kaninchen, das **Perlhuhn alla ghiotta**, den Auflauf mit Artischockensprossen oder auch das Huhn nach Jägerinnenart.
Die Weinkarte bietet zwar keine große Auswahl, doch finden Sie darin die Namen einiger weniger ordentlicher Weingüter wie Bigi, Antinori, Lungarotti und Rocca di Fabbri.

In der Via Fontebella 20 bieten die Fratelli Sensi in ihrer Pasticceria allerlei süße Spezialitäten der Gegend.

Assisi

24 km östlich von Perugia, S.S. 147 und S.S. 75

Piazzetta dell'Erba

NEU

Osteria
Via San Gabriele dell'Addolorata, 15 b
Tel. 075/815352
Ruhetag: Montag
Betriebsferien: 10. – 30. Januar
48 Plätze + 25 im Freien
Preise: 20 – 30 000 Lire, ohne Wein
Kreditkarten: alle
Mittags und abends geöffnet

Im Mittelalter war die »Piazzetta delle erbe«, der Grünmarkt, wichtiger Umschlagplatz für frische Lebensmittel und Vorräte. War Markttag, herrschte dann inmitten Tausender Düfte ein buntes, vielstimmiges Treiben. Wie jede andere italienische Stadt hatte und hat auch Assisi ihre »Piazzetta dell'erba«, unweit des Minerva-Tempels und der San Rufino Kathedrale, wo man etwas von dieser alten Marktatmosphäre wieder aufleben lassen möchte. Das etwas andere Menü dieser Osteria wird in einem ansprechenden Rahmen mit karierten Tischdecken und Baststühlen präsentiert: Neben der Karte mit den Tagesspezialitäten (ein Primo, ein paar Secondi, Beilagen und Desserts) gibt es eine reichliche Auswahl an Primi, die im wöchentlichen Rhythmus angeboten werden. Darunter finden Sie dann beispielsweise eine lauwarme Gemüse-Minestrone, Orecchiette mit Zucchini, Kutteln, Spaghetti mit Kräutern, **dicke Bohnen mit Schweineschwarte**, Maltagliati mit Venusmuscheln, Spaghetti mit Trüffeln, **Maccheroni mit Gänseragout** oder Tagliatelle mit Steinpilzen – lauter Gerichte, die sich dem Lauf der Jahreszeiten anpassen. Und während Sie darauf warten, daß das gewünschte Gericht in der Küche fertig zubereitet wird, können Sie ja vielleicht noch eine Bruschetta (mit Tomaten, Öl und Knoblauch oder mit Pilzen) oder ein paar **Crostoni** und Crostini bestellen. Es gibt natürlich auch einen Vorspeisenteller des Hauses sowie das traditionelle Fladenbrot, die **Torta al testo**, mit Schinken, Kräutern, Wurst, Pecorino und Spanferkel. Wer will, kann in diesem Lokal auch nur ein einziges Gericht bestellen oder sich allein an der leckeren Torta al testo satt essen. Zum Abschluß gibt es dann einige hausgemachte Süßspeisen sowie Gebäck zum Eintauchen in den Vin Santo. Ein gutes Dutzend an Flaschenweinen von zuverlässigen Erzeugern der Region steht für Sie bereit.

Avigliano Umbro

29 km nordwestlich von Terni, S.S. 3 bis

La Posta

Trattoria
Via Matteotti, 11
Tel. 07 44 / 93 39 27
Ruhetag: Di., Okt. – März auch Montag
Betriebsferien: 1. – 20. Sept. und im Jan.
30 Plätze + 30 im Freien
Preise: 35 000 Lire, ohne Wein
Kreditkarten: Visa
Nur abends, an Sonn- u. Feiertagen auch mittags geöffnet

NEU

Im Laufe der Jahre haben Piero und Paola Venturini ihr Lokal, das 1986 im Zentrum des kleinen Dorfes Avigliano ursprünglich als Gelateria und Pasticceria eröffnet wurde, ganz allmählich umgewandelt. Irgendwann haben sie beschlossen, neben ihrer Tätigkeit als Konditoren auch zunächst vorwiegend vegetarisch geprägte warme Gerichte anzubieten. Heute erwartet Sie eine recht stattliche Auswahl an Gerichten, die sich sowohl an der traditionellen Küche als auch an den Jahreszeiten ausrichten. Neben hausgemachter Pasta gibt es Schweinefleisch aus eigener Schlachtung, und hin und wieder sogar Fisch.
Doch nun einige der Spezialitäten, die Ihnen hier serviert werden: als Antipasto beispielsweise köstliche Pizzette mit frischen Tomaten und Rosmarin oder mit Waldpilzen und Pecorino, Crostini mit Trüffeln oder einfach nur Schinken und Salami. Unter den Primi ragt die **Cremesuppe mit Linsen aus Castelluccio** hervor, dazu gesellen sich die dicke Suppe aus Kichererbsen sowie allerlei verschiedene **Pastasorten** (Fettuccine, Ravioli, Maltagliati) **mit Auberginen, Zucchini und Ricotta salata** oder mit Steinpilzen, aber auch Orecchiette mit Tomaten und Scamorza. Weiter geht es dann mit **Pollo in padella** – Huhn können Sie allerdings auch fritiert oder in Paprikaschoten haben –, Taube als Ragout oder als Braten, **kurz angebratenem Lamm** oder Lammbraten, Schweineleber oder **Schweinefilet mit Kastanien**, Würsten mit dicken Bohnen, Schweinebraten aus dem Ofen oder Polenta mit einem Sugo aus Schweinefleisch oder aus Wildschwein. Und bei den Desserts sitzen Sie hier ja an der Quelle: meisterlich zubereitetes Eis oder als Alternative Bavarese mit Waldfrüchten, verschiedene Obstkuchen, Eiercreme oder Nußkuchen.
Die Weinkarte umfaßt eine Auswahl der besten umbrischen Weine und einige Flaschen aus anderen Regionen.

Bevagna

38 km südöstlich von Perugia

Da Nina

Restaurant
Piazza Garibaldi, 6
Tel. 07 42 / 36 01 61
Ruhetag: Dienstag
Betriebsferien: 15. – 31. Juli
120 Plätze + 20 im Freien
Preise: 30 – 35 000 Lire, ohne Wein
Kreditkarten: alle
Mittags und abends geöffnet

Das direkt an der Piazza Garibaldi gelegene Restaurant ist sowohl im Eingangsbereich als auch in dem geräumigen Speisesaal noch immer etwas altbacken im Stil der frühen sechziger Jahre eingerichtet. Wenn Sie Platz genommen haben, werden Sie allerdings feststellen, daß sich die vielen Stammgäste an diesem doch schon ziemlich in die Jahre gekommenen Ambiente überhaupt nicht stören, im Gegenteil: Vor allem an den Wochenenden geht es so lebhaft zu, daß Sie sich rechtzeitig telefonisch ankündigen sollten.
Quinto Gasparroni und seine Frau servieren zum Auftakt knusprige Pizzette mit Zwiebeln und ausgezeichnete lokale Wurstwaren, bevor es mit den schmackhaften Primi weitergeht: **Stringozzi** mit Fleischragout oder **mit Trüffeln**, Gnocchi mit Ricotta-Füllung, Penne mit Gartengemüse, **Pappardelle mit Steinpilzen**, Cappelletti und Rigatoni all'amatriciana. Die saftigen Fleischgerichte bei den Secondi sind allesamt ein Gedicht – ob Sie sich nun für die **geschmorte Taube**, die **Kalbshaxe aus dem Rohr**, das Kaninchen nach Jägerinnenart oder den **Gänsebraten mit Linsen** entscheiden. Meistbestelltes Dessert sind die Crostata und die Torta di ricotta. Das Weinangebot beschränkt sich auf lokale Erzeugnisse, die allerdings ausgemacht süffig sind.
Ein ganz besonderer Grund, nach Bevagna zu kommen, ist der »Mercato delle Gaite« in der letzten Juniwoche, wenn das ganze Städtchen ein mittelalterliches Spektakel inszeniert: Vor den malerischen Kulissen der Altstadtpalazzi präsentiert dann jedes Stadtviertel (die sogenannten »Gaite«) sein eigenes Handwerk und Gewerbe. Ein solches Fest hat natürlich auch für Touristen seinen Reiz, die bei dieser Gelegenheit die Kultur und die Menschen hierzulande hautnah kennenlernen können.

Campello sul Clitunno Pettino

68 km südöstlich von Perugia

Pettino Da Palmario

Trattoria
Ortsteil Pettino Colle
Tel. 07 43/27 60 21
Ruhetag: Dienstag
Keine Betriebsferien
120 Plätze + 80 im Freien
Preise: 40 – 45 000 Lire
Keine Kreditkarten
Mittags und abends geöffnet

Giovanni Chiacchierinis Lokal steht ganz im Zeichen der **Trüffel**, die es hier das ganze Jahr über gibt: Mit einem wirklich phänomenalen Spürsinn stöbert Giovanni die versteckten edlen Knollen auf. Ob nun als schwarze Trüffel im Sommer und Winter oder als weiße Trüffel im Frühling – man serviert sie hier zu **Stringozzi** oder **Tagliatelle**, aber auch **Lamm** oder kleine Omeletts werden **getrüffelt**. Daß es jedoch nicht immer Trüffel sein muß, beweisen die vorzüglichen **Pappardelle mit Hasen- oder Wildschweinragout** (in der Saison dann mit wildwachsendem Waldspargel und Pilzen) und bei den Secondi das **Fleisch vom Holzkohlengrill**, die Rinderlende mit Steinpilzen, das Wildschweinragout und die **Lamminnereien**. Abgerundet wird die Mahlzeit mit einem hervorragenden reifen **Pecorino**, der auch als nachmittäglicher Imbiß – neben Wurst, eingemachtem Gemüse und Omeletts – ein wahrer Genuß ist. Die Süßspeisen geben sich eher schlicht nach Hausfrauenart: Tiramisù, Ricotta-Kuchen, Mürbeteigkuchen mit Obst sowie die traditionelle Rocciata, ein Blätterteiggebäck mit Rosinen.
Die Weinkarte führt neben guten lokalen Weinen (unter anderem Rosso und Sagrantino di Montefalco) auch einige Namen aus anderen Regionen.
Und wie Sie nun hierherfinden? Ganz einfach: In Campello biegen Sie in die schmale Straße ein, die sich den Monte Serano hinaufschlängelt, und wenn Sie den Colle Pian Fienile hinter sich haben, befinden Sie sich in rund 1000 Meter Höhe mitten im umbrischen Bergland, und das Örtchen Pettino liegt vor Ihnen.

Im Dorf gibt es zwei gute Adressen für das Extravergine-Öl: Eredi Gradassi in der Via Virgilio 2 und Marfuga in der Via San Francesco 19.

Cannara

31 km südöstlich von Perugia

Perbacco

Osteria
Via Umberto I, 14
Tel. 07 42/72 04 92
Ruhetag: Montag
Betriebsferien: 20. Juli – 20. August
50 Plätze
Preise: 35 000 Lire, ohne Wein
Keine Kreditkarten
Nur abends geöffnet

Die Osteria wurde anläßlich der Zwiebelmesse von 1994 im Zentrum von Cannara eröffnet (die »Sagra della cipolla« findet jeden Herbst statt) und konnte sich schnell als beliebter Treffpunkt etablieren. Heute bietet Ernesto Panziani – unterstützt von Mamma Giovanna und Signora Anna Rita – in seiner modernen Weinbar außer kleinen kalten Sachen zum Wein auch habhaftere Gerichte aus der regionalen Tradition an. Das Speisenangebot wechselt mit den Jahreszeiten, und so ißt man beispielsweise **Tagliatelle mit Gänse- oder Hühnerklein**, **Polenta mit Schweinerippchen**, Gnocchi mit Hammelragout und verschiedene Suppen. Dienstags und freitags gibt es meist auch **Baccalà mit Rosinen und Pinienkernen**, samstags Kutteln. Als Hauptgericht bietet man traditionsgemäß die »unedlen« Teile vom Schwein, so die Pajata am Spieß, Schweinsfüßchen mit Kräutersauce, Schweinshaxe. Man kann aber auch **Täubchen**, Pollo alla cacciatora, **Ente im Kräutermantel**, Perlhuhn aus der Pfanne bekommen. Beinahe hätten wir die köstlichen Antipasti vergessen: verschiedene Wurstwaren, **Tarta con lardo al testo**, Pizza pasquale, Bruschette mit Tomaten. Zum Abschluß reicht man eine schöne Auswahl an Käse (Pecorino aus Umbrien, französischen Käse).

Foligno

37 km südöstlich von Perugia, S.S. 75

Il Bacco felice

Enoiteca mit Ausschank und Imbiß
Via Garibaldi, 73 – 75
Tel. 07 42 / 34 10 19
Ruhetag: Montag
Keine Betriebsferien
20 Plätze
Preise: 20 – 25 000 Lire, ohne Wein
Kreditkarten: die bekannteren
Geöffnet 11 – 15, 17 – 23 Uhr

Kehren Sie doch nach einem kleinen Bummel durch die Via Garibaldi auf ein Glas Wein und einen kleinen Imbiß im »fröhlichen Zecher« ein: In diesem Lokal kann man nämlich sowohl eine gute Flasche Wein mit einem Stück Käse und einem kleinen Teller in Öl eingelegtes Gemüse (von Salvatore höchstpersönlich zubereitet!) bekommen als auch einige warme Gerichte, die jedoch vorbestellt werden müßten.
Salvatore, der nicht bloß ein tüchtiger Gastronom, sondern wirklich die Seele des Lokals ist, verwendet besonders viel Liebe auf sein **Käse**sortiment, zu dem einige würzige lokale Pecorini zählen, ferner Caciocavalli aus dem Molise und die umwerfenden, in Öl eingelegten Caprini aus Nocera Umbra. Besonderes Lob verdienen auch das **Brot**, das von den besten Bäckereien Folignos und der Umgebung stammt, und die vorzüglichen **Wurstwaren** aus Norcia und anderen Gegenden in allen möglichen Formen und Varianten (Culatello, Schinken und Soppressa). Die warme Küche bietet neben **Suppen** mit allerlei Hülsenfrüchten – Platterbsen, Linsen, Saubohnen, Dinkel und Gerste – auch regionale Spezialitäten wie das **in der Kasserolle geschmorte Kaninchen** oder, auf Wunsch, auch die Coda alla vaccinara (geschmorter Ochsenschwanz) sowie die **Lumache alla folignate** (Schnecken mit Tomaten und Kräutern). Wie von einer Enoiteca auch nicht anders zu erwarten, zeigt sich die Weinkarte bestens bestückt: Neben regionalen Spitzenweinen finden sich auch so manche interessante Tropfen.

Salumeria Olivieri, Via Mazzini 66: Neben all den ausgezeichneten Wurstwaren aus eigener Herstellung finden Sie hier auch die Ciavuscolo. Das Brot dazu kaufen Sie dann am besten in der Bäckerei Checcucci, Via Gramsci 51, wo es diverse lokale Backspezialitäten gibt.

Giano dell'Umbria

55 km südöstlich von Perugia, S.S. 3 bis

Rifugio San Gaspare

NEU

Restaurant
Ortsteil Torretta
Tel. 07 42 / 9 01 89 – 03 37 / 65 32 69
Ruhetag: Mo., nicht von April bis Okt.
Betriebsferien: Ende September
170 Plätze + 70 im Freien
Preise: 35 – 40 000 Lire, ohne Wein
Keine Kreditkarten
Mittags und abends geöffnet

Das »Rifugio San Gaspare« thront in den Monti Martani auf 1000 Meter Höhe in herrlicher Lage: Von hier aus kann man den Blick einerseits hinunter nach Todi und ins Tibertal schweifen lassen, andererseits Richtung Assisi, Trevi und Montefalco bis hin ins südliche Valle Umbra. Seit mehr als dreißig Jahren zieht es die Gäste ins »Rifugio«, und seine heutige Inhaberin, Signora Tina, führt das Restaurant mit Hilfe ihres Mannes und ihrer von den Eltern geerbten Begeisterungsfähigkeit.
Prägendes Element der Inneneinrichtung ist Stein, doch unübersehbar ist auch der Kamin, der in Angelos Zuständigkeitsbereich fällt. Im Sommer, wenn die Ausflügler auf eine Brotzeit hier einkehren, wird die große Veranda geöffnet und eine der Spezialitäten des Lokals serviert: die hervorragende **Torta al testo**. Dazu gibt es **Schinken**, in Öl eingelegtes Gemüse und **Pecorino**. Neben diesem mehr oder weniger kleinen Imbiß, der gegebenenfalls auch noch mit Bruschette erweitert werden kann, können Sie sich hier auch warme Gerichte aussuchen, die natürlich stets dem Wechsel der Jahreszeiten folgen. Schmackhaft sind beispielsweise das **kurz angebratene Lamm mit Serpillo**, einem intensiv duftenden, wilden Thymian, sowie das **gegrillte Fleisch**. Thymian spielt dann wieder bei den **Tagliolini mit frischen Tomaten** eine Rolle, die Sie statt der Tagliatelle mit dem Hühnerklein-Ragout nehmen können. Und im Winter haben neben der obligaten Polenta auch **Hülsenfrüchte** und Gemüse Hochsaison, die mit dem Extravergine-Öl von lokalen Erzeugern angemacht werden. Und natürlich gibt es auch **Trüffel und Pilze** – zu Pasta wie zu Fleisch. Der offene Hauswein stammt aus den Hügeln um Montefalco und trinkt sich angenehm.

Gualdo Cattaneo

44 km südöstlich von Perugia

Rotolone

Bauernhof
Ortsteil Le Macchie
Tel: 07 42 / 9 19 92
Kein Ruhetag
Keine Betriebsferien
70 Plätze + 100 im Freien
Preise: 40 000 Lire, ohne Wein
Keine Kreditkarten
Mittags und abends geöffnet

Das »Burgenland« von Gualdo Cattaneo gehört zu den schönsten Gegenden Umbriens. Der Besuch der kleinen mittelalterlichen Städtchen wird Sie auch in die Hügelregion zwischen Gualdo und Bevagna führen, wo Sie in Le Macchie in diesem Bauernhof einkehren können. Gegenüber liegt Montefalco, ringsherum erstrecken sich Weinberge, Olivenhaine, Wiesen und Wälder, in denen Pilze und Trüffeln wachsen. Die insgesamt 56 ha Grund beschäftigen Rita Benincasa, ihren Mann Piero und die Söhne Marco und Roberto rund um die Uhr. Dennoch finden sie Zeit, in ihrem Restaurant traditionelle Spezialitäten anzubieten, die sie aus den Erzeugnissen ihres Betriebes zubereiten. Im gemütlichen, rustikal gehaltenen Speisesaal gibt es **Zuppa di farro**, Minestra d'orzo, Tagliatelle und **Gnocchi mit Hammelragout**. Es folgen schmackhafte Fleischgerichte, wie der **Gänsebraten**, die geschmorte Ente, **Täubchen**, Grillplatten und Schweinebraten. Aus eigenem Garten kommen die Zutaten – Salat, Gemüse – für die leichten Gerichte der warmen Jahreszeit. Im Herbst gibt es **Pilze** und **Wild** (Hirsch, Wildschwein, Wildhase) und natürlich **Trüffeln**. Auch die Weine kommen, wie das wohlschmeckende Öl und der Honig, vom Hof. Kündigen Sie Ihren Besuch rechtzeitig an.

Auf dem Bauernhof können Sie Wein, Olivenöl extravergine, Honig und je nach Saison auch Schweinefleisch, Obst und Gemüse kaufen.

Magione · San Feliciano

20 km östlich von Perugia, S.S. 75 bis oder Anschluß A 1

Rosso di Sera

NEU

Osteria
Via Fratelli Papini, 81
Tel. 0 75 / 8 47 62 77
Ruhetag: Dienstag
Betriebsferien: November
30 Plätze + 30 im Freien
Preise: 35 000 Lire, ohne Wein
Kreditkarten: AE, Visa
Mittags und abends geöffnet

In der Trattoria »Rosso di Sera« erwartet Sie nun ein frisches, jugendliches und geschmackvoll eingerichtetes Ambiente, und wenn Sie im Sommer gemütlich draußen auf der großen Terrasse über dem See sitzen, werden Sie gar nicht merken, wie die Zeit vergeht. In der Küche sind Federica und Annina zugange, im Speisesaal Sabrina – eine reine Frauenmannschaft also.
Stellen Sie sich nicht ausschließlich auf Fisch aus dem See ein, denn die Küche birgt täglich neue Überraschungen und hie und da auch Fleisch. Wenn es einen frischen Fang aus dem See gegeben hat, müssen Sie unbedingt die **Barschfilets** probieren, sowohl im kleinen Salat als auch **zu Tagliatelle**. Wenn nicht, trösten Sie sich mit den Strigoli mit Auberginen und reifer Ricotta, der **Kichererbsensuppe mit Quadrucci** oder den Tagliatelle mit Fleischragout. Bei den Secondi findet sich neben einem unwahrscheinlich leckeren weißen Speck aus dem Valtellina auch ein **mit Kräutern gefülltes Kaninchen**, das ebenso köstlich schmeckt wie die mit Croutons **gefüllte Taube** und die Kalbszunge mit grüner Sauce. Der **Tegamaccio**, wohl das traditionsreichste Gericht der umbrischen Küche, wird nur auf Vorbestellung zubereitet.
Als Dessert können Sie sich eine Crostata oder eine Torta di ricotta bestellen, doch es gibt auch Mousse au chocolat und im Sommer Sorbets. Und aus dem gut bestückten Weinkeller bietet Sabrina jeden Tag eine neue kleine Auswahl an umbrischen und toskanischen Weinen zum Verkosten an.

In **Monte del Lago** (6 km) am Trasimener See befindet sich in der Via della Strage 8 die Azienda dei Fratelli Palombaro, wo Sie ein erstklassiges kaltgepreßtes Extravergine-Öl aus der Ölmühle Castel di Zocco kaufen können.

Montecchio Melezzole

68 km nordwestl. v. Terni, 40 km v. Orvieto

Semiramide

Restaurant – Pizzeria
Via Pian dell'Ara, 1
Tel. 07 44/95 10 08
Ruhetag: Dienstag
Betriebsferien: 3 Wo. im Sept.
65 Plätze + 50 im Freien
Preise: 30 – 35 000 Lire
Keine Kreditkarten
Mittags und abends geöffnet

Die Trattoria »Semiramide«, die den ausgefallenen Namen der Köchin trägt, liegt in einem kleinen, von Kastanienwäldern umrahmten mittelalterlichen Dorf in 620 Meter Höhe. In ihrem adretten, blitzsauberen Lokal weiß Semiramide die unendlich reichen Schätze der Berge geschickt zu nutzen, und so entsteht aus Pilzen, Spargel, Kastanien, Wild und Schaffleisch ein ganzes Repertoire an schmackhaften traditionellen Gerichten.
Hier wird selbst das Brot für die **Crostini** (mit Hühnerleberpastete) und Bruschette (mit schwarzen Trüffeln), die Ihnen Antonio Pantaleoni servieren wird, im Holzofen gebacken, ebenso wie die Kuchen für den Nachtisch und die Pizza am Abend. Interessant sind auch die Suppen, angefangen von der Suppe mit Nudeln und dicken Bohnen über die mit Kichererbsen, Kastanien und Saubohnen bis hin zur **Acquacotta** aus Hühnerbrühe und Eier-Tagliolini. Doch auch die hausgemachte Pasta ist nicht ohne: Ravioli mit Ricotta und Spinat, **Manfrigoli mit Spargel**, Tagliatelle mit einem Sugo aus Hühnerleber oder mit Steinpilzen und Trüffeln, aber auch **Pappardelle mit** Wildschwein-, Enten oder **Hasenragout**. Im Sommer finden sich sowohl der Kürbis als auch seine Blüten in Gesellschaft von Tagliatelle und Farfalle wieder, wenn er nicht zu kleinen Omeletts verarbeitet wird. Anschließend gibt es rösche Hähnchen und delikate Kaninchen am Spieß, mit Paprikaschoten in der Pfanne geschmort, aus dem Rohr mit Kartoffeln, mit einer Kräuterfüllung oder nach Jägerinnenart. Die bunte Palette an Secondi ist damit jedoch bei weitem noch nicht ausgeschöpft, und so geht es weiter mit Schweinekoteletts, Lammbraten, dem **Perlhuhn alla leccarda**, Hammel und **Tauben am Spieß** oder geschmort.
Zu den hausgemachten Desserts zählen köstliche Aniskringel, Crostata, süße Ravioli mit Ricotta-Füllung sowie Tartufini aus Kastanienmehl.

Narni Moricone

13 km westlich von Terni, S.S. 3

Da Sara

Trattoria
Strada Calvese, 55/57
Tel. 07 44/79 61 38
Ruhetag: Mittwoch
Beriebsferien: im Sommer
60 Plätze + 25 im Freien
Preise: 35 – 40 000 Lire, ohne Wein
Keine Kreditkarten
Mittags und abends geöffnet

Nur eine Handvoll Häuser zählt Moricone, das 7 km vom mittelalterlichen Narni entfernt inmitten der Wälder und Olivenhaine der umbrischen Hügellandschaft liegt. Und dort finden Sie diese typische ländliche Trattoria mit einer großen Tenne, auf der das Federvieh frei umherläuft, und einen großen Gemüsegarten, aus dem die Zutaten für die Küche kommen. Und tatsächlich greift Sara bei der Zubereitung der traditionellen Gerichte vorwiegend auf eigene Erzeugnisse zurück. Die Speisekarte reicht Ihnen Signor Raviso, Saras Sohn (sie ist die Gründerin dieses Lokals, das seit etwa dreißig Jahren besteht). Die Gerichte sind einfach, aber mit Sorgfalt zubereitet, selbst das Brot und das Öl stammen aus eigener Produktion. Die Küche ist das Reich von Signora Anna, die die verschiedenen Nudeln selbst zubereitet: die **Manfrigoli**, die man mit **Pilzen**, mit wildem Spargel, mit Artischocken oder mit Öl, Knoblauch und Peperoncino bekommt, die **Pappardelle alla lepre** oder al cinghiale oder auch die gefüllten Teigtaschen, wie Ravioli, Tortelli oder Cannelloni. Vielleicht gibt es aber gerade auch eine schmackhafte Polenta mit Salsiccia oder mit Pilzen. Bei den Secondi reicht die Auswahl von Pollo alla cacciatora oder Huhn mit Paprikaschoten über Wild (sehr zu empfehlen sind Taube und **Fasan alla leccarda**) und Perlhuhn bis hin zu **Fleisch vom Rost**. Der Sagrantino di Montefalco oder auch ein anderer umbrischer Wein eignet sich sehr gut als Begleiter zu den Speisen.

Das mit Creme, Sahne oder Schokolade gefüllte Gebäck und die Festtagskuchen der Konditorei Evangelisti in **Narni**, an der Piazza Garibaldi in der Nähe des Doms, sind sehr zu empfehlen.

Narni Testaccio

15 km westlich von Terni, S.S. 3

Il Cavallino

Trattoria
Via Flaminia Romana, 220
Tel. 07 44 / 76 10 20
Ruhetag: Dienstag
Betriebsferien: 2. Julihälfte
65 Plätze + 80 im Freien
Preise: 35 – 40 000 Lire, ohne Wein
Alle Kreditkarten
Mittags und abends geöffnet

Hier in Umbrien ist die Palette traditioneller Gerichte nicht sehr groß, doch im »Cavallino« in Testaccio, 2 km von Narni entfernt, wird echt und bodenständig nach dem jahreszeitlichen Angebot gekocht, wobei die Sorgfalt auch die einfachsten Zutaten adelt. Das Schwergewicht liegt auf den Primi und dort bei den Gemüsen; dazu kommen manchmal teurere Ingredienzen wie schwarze Trüffeln und Steinpilze. Auf dieser Linie führt Fabrizio Bussetti den vom Großvater übernommenen Familienbetrieb weiter, wobei Angebot und Service verbessert wurden, die Preis-Qualitäts-Relation jedoch so angenehm blieb wie bisher. Unter den zahlreichen Primi findet man **Pappardelle mit Sugo vom Hasen oder Wildschwein,** die typischen **Ciriole mit Tomaten und Peperoni** sowie handgemachte Fettuccine (auf Bestellung), außerdem Pasta e ceci oder Pasta e fagioli. Donnerstags gibt es besonders zarte und schmackhafte **Gnocchi mit Hammelragout**. Die Spezialität des Hauses aber ist der wunderbare **Palombaccio con la leccarda**, d. h. Wildtaube mit einer Sauce aus dem Bratfond und den Innereien. Alternativen wären Pollo alla cacciatora, **Fleisch vom Grill**, Bistecca fiorentina. Die Desserts, Tiramisù und Zuppa inglese, sind hausgemacht. Die Weinkarte führt außer regionalen Produkten zu sehr moderaten Preisen auch einige gute Namen aus dem Piemont und der Toskana.

In **Vigne di Narni** (6 km) macht Francesco Farni nach alten Methoden ein sehr gutes Olivenöl.

Nocera Umbra Colle

20 km nördlich von Foligno, S. S. 3

Cantina della Villa

Trattoria
Ortsteil Colle di Nocera
Tel. 07 42 / 81 06 66
Ruhetag: Mittwoch, nicht im Sommer
Keine Betriebsferien
140 Plätze
Preise: 30 – 40 000 Lire
Keine Kreditkarten
Mittags und abends geöffnet

Villa della Cupa ist ein vielseitiger landwirtschaftlicher Betrieb, in dem man im Rahmen eines Programms der Universität Perugia experimentelle Tierzucht (Hirsche, Rehe, Wildschweine) betreibt und auf 50 Hektar eigenem Grund Öl, Hülsenfrüchte, Gemüse und heilkosmetische Kräuter anbaut. Professor Franco Rambotti, der Koordinator dieses wissenschaftlichen Projekts, erklärt, daß man ein integriertes landwirtschaftliches Modell anstrebt, das auch in anderen Teilen der Region rentabel wäre. Die Küche ist charakterisiert durch eine umsichtige Verwendung der Erzeugnisse des Betriebs und aus der Gegend. Man beginnt mit der **Grescia** mit verschiedenen Füllungen und den Suppen aus Hülsenfrüchten: **passierten Ackerbohnen** oder **Linsen**. Es werden auch einige Nudelgerichte angeboten: Bigoli (ein Teig aus Ricotta und Spinat), **Tagliatelle mit Wachtelragout** oder Polenta aus dem Ofen mit Käse. Die **Pajata**, die **Schweinefüße mit Bohnen** und Hirsch-, Reh- und Wildschweinzubereitungen sorgen unter den Secondi für Abwechslung. Zum Dessert wird eine Ricottaspeise gereicht. Trotz der schönen alten Weinfässer im Keller entspricht der Wein nicht der Qualität der Speisen.

In der »Cantina della Villa« kann man die Produkte des Betriebs kaufen: Getreide und Hülsenfrüchte (Linsen, Dinkel, Ackerbohnen), Schafskäse, abgehangene Wurst, Honig, Marmeladen.

Nocera Umbra
Costa
20 km nördlich von Foligno, S. S. 3

La Costa

Bauernhof
Ortsteil Costa, 3
Tel. 07 42 / 81 00 42
Kein Ruhetag
Betriebsferien: unterschiedlich
22 Plätze
Preise: 40 000 Lire, ohne Wein
Alle Kreditkarten
Mittags und abends geöffnet

Alles und noch mehr, so könnte man den Wirt Edoardo beschreiben, denn er ist geistreich, gesprächig, äußerst zuvorkommend. Dasselbe Motto gilt aber auch für seinen Hof, wo er ausgezeichnetes Olivenöl preßt, mit umweltverträglichen Verfahren u. a. Kichererbsen, Linsen, Gerste und Weizen anbaut und Wild züchtet. Das Bauernhaus inmitten der 40 ha Besitz stammt aus dem 13. Jahrhundert und wurde stilgerecht restauriert. In einem der Räume hat man einen Laden mit Konfitüren, eingemachten Gemüse, Saucen und Öl aus eigener Herstellung eingerichtet. Und diese Köstlichkeiten bekommt man auch im Restaurant serviert. Die Küche verwendet wilde Kräuter, Pilze und Trüffeln (Edoardo hat eine ausgezeichnete Nase dafür) und stellt daraus jeden Tag ein neues Angebot zusammen. Hier nur einige Beispiele: **Brennesselgnocchi** mit wildem Spargel, handgemachte **Tagliatelle mit Bohnenkraut**, Hirschbraten »alla Rita« mit wilden Kräutern und Wacholder, **Kaninchen in Kräutern**, **Frittata mit Taubenragout**, **Trüffeln**. An Sommerabenden wird auch gegrillt und die **Crescia**, die umbrische Variante der Pizza, gebacken. Ein Stück Crostata oder Pocciata oder eine Handvoll Gebäck mit einem Glas Vin Santo oder Vernaccia di Serrapetrona bilden den krönenden Abschluß. Die Weine stammen ausschließlich aus Umbrien.

Im Haus kann man Konfitüren, eingemachtes Gemüse, Saucen und Öl aus eigener Herstellung kaufen.

Norcia
Castelluccio
97 km südöstlich v. Perugia, 30 km v. Norcia

Taverna Castelluccio

NEU

Trattoria mit Hotel
Via dietro la Torre, 8
Tel. 07 43 / 82 11 00
Ruhetag: Mittwoch, nicht im Sommer
Betriebsferien: 15. Jan. – 1. März
45 Plätze + 30 im Freien
Preise: 30 – 40 000 Lire, ohne Wein
Kreditkarten: MC, Visa
Mittags und abends geöffnet

Von Norcia ist Castelluccio zwar gut 30 km entfernt, doch gehört dieses kleine, mitten im Nationalpark der Monti Sibillini gelegene Dorf immer noch zum Gemeindegebiet der Stadt. In einer zauberhaften Gebirgslandschaft wie dieser ranken sich natürlich Sagen und Legenden um die zahlreichen Wunderwerke der Natur.
Castellana liegt in imposanter Höhe, direkt gegenüber dem Monte Vettore, von wo aus man das ganze Tal überblicken kann. Im oberen Teil des Dorfes befindet sich die von Giuseppe und dessen Schwester Sonia geführte »Taverna«, in der sich stets etliche Flugsportbegeisterte einfinden. Die Einrichtung des Lokals ist schlicht und die Küche eisern bodenständig, doch dafür bietet Ihnen der überaus sympathische Peppe einen perfekten Service. Nach einem gehaltvollen Antipasto aus Käse, einer Schlachtplatte oder Lamminnereien tun sich unter den Primi neben den Tortelloni mit Ricotta und den **Stringozzi alla norcina** – aus hausgemachtem Nudelteig – auch die **Dinkelsuppe** sowie die berühmte **Linsensuppe** aus Castelluccio hervor. Bei den Secondi machen dann **Hammel vom Holzkohlengrill**, **Linsen mit Wurst**, Polenta mit Pilzen sowie **Omeletts mit Trüffeln** das Rennen. Schließlich dann Mamma Giannas Rezepte bei den Desserts: Torta di ricotta, Zuppa inglese oder zum Eintauchen in den Vin Santo Tozzetti.
Die im Keller lagernden Rot- und Weißweine stammen von den Weingärten Umbriens und der Marken weit unten im Tal. Und genehmigen Sie sich zum Schluß unbedingt noch einen Schluck von Peppes zahlreichen Grappe.

Wenn Sie Linsen aus kontrolliert biologischem Anbau kaufen wollen, sollten Sie sich direkt an die Hersteller wenden, die allesamt im Dorf ansässig sind: Comunanza Agraria, Cooperativa della lenticchia di Castelluccio, Società Pian Grande.

Orvieto

72 km nordwestlich von Terni, Ausfahrt A 1

I sette Consoli

Restaurant
Piazza Sant'Angelo, 1 a
Tel. 07 63 / 34 39 11
Ruhetag: Mittwoch
Betriebsferien: unterschiedlich
30 Plätze + 30 im Freien
Preise: 30 – 50 000 Lire, ohne Wein
Kreditkarten: CartaSi, EC, MC, Visa
Mittags und abends geöffnet

Daß wir Ihnen dieses Lokal wärmstens empfehlen, falls Sie sich einmal hier in der Gegend aufhalten sollten, hat mehrere Gründe: erstens die sorgsam ausgesuchten Zutaten, zweitens eine bodenständige Küche, die ständig besser wird, drittens einen mit unzähligen Weinen und Spirituosen bestückten Keller und viertens die Gewissenhaftigkeit, die hier auf jedes noch so kleine Detail verwandt wird. Und – ein wohl nicht ganz unwesentlicher Faktor – das sehr ausgeglichene Preis-Leistungs-Verhältnis.
Neben dem Degustationsmenü zu 45 000 Lire (oder zu 50 000 Lire mit den dazu passenden Weinen) können Sie hier auch à la carte speisen. Als Antipasto empfiehlt sich ein Salat aus frischen Sardellen, Zwiebeln, Rosinen und Pinienkernen oder aus einem in Balsamico-Essig marinierten Kaninchen, **gefüllte Kürbisblüten** auf einem mit Öl aus Pietracampana angemachten Kürbis-Püree oder kleine Gemüseaufläufe auf passierten Tomaten. Unter den zahlreichen Primi finden sich dann Pasta mit Kichererbsen, Tagliatelle mit Basilikum, Kirschtomaten und Knoblauch, **Pappardelle mit Entenragout**, Tortelli mit Flußkrebsen, marinierten Zwiebeln und Tomaten oder Gnocchi mit Zucchine und Poleiminze, an die sich die Secondi mit gefülltem Kaninchen, gefülltem Gänsehals, Auberginenauflauf, Schweinefilet mit wildem Fenchel, Kalbshaxe aus dem Rohr mit Kartoffeln, **geschmorte Artischocken** und **gefüllte Tauben** anschließen. Beachtlich ist auch das **Käsesortiment**.
Bei den Desserts wird Ihnen die Wahl wiederum nicht leicht gemacht, denn Sie müssen sich entscheiden zwischen Bavarese mit Kaffee und Weincreme, einer »Königssalami«, Apfeltorte mit Zimt, Cassata all'italiana, Blätterteigkuchen, Schokoladencreme und sogar hausgemachtem Eis. Und zum Kaffee sollten Sie unbedingt die Brutti ma buoni bestellen.

Orvieto

72 km nordwestlich von Terni, Ausfahrt A 1

La Grotta

Trattoria
Via Luca Signorelli, 5
Tel. 07 63 / 34 13 48
Ruhetag: Dienstag
Betriebsferien: Januar
60 Plätze
Preise: 45 – 50 000 Lire, ohne Wein
Kreditkarten: alle
Mittags und abends geöffnet

In Franco Tittocchia hat dieses traditionsreiche Lokal in unmittelbarer Nähe des Doms wirklich einen Wirt wie aus dem Bilderbuch: Mit seiner unübersehbaren, langen weißen Schürze ist er stets ein charmanter und aufgeweckter Unterhalter, der jedoch ganz genau weiß, daß zu einem perfekten Wirt neben einem tadellosen Service auch ein strenges Auge auf den Einkauf der Lebensmittel gehört.
Seine Küche bietet ein breites Spektrum an sorgfältig zubereiteten, bodenständigen Gerichten, angefangen bei den **Bruschette** mit weißer Trüffel (in der Saison) und Hering mit Brokkoli oder mit dicken Bohnen. Die sich anschließenden Primi machen einem die Wahl zur Qual: Da gibt es **Kichererbsensuppe** mit Eier-Tagliolini, Stracciatella in Hühnerbrühe, Gemüsesuppe mit Parmesan, Pappardelle mit Hase oder Wildschwein, **Ombrichelle mit frischem Gemüse**, Tagliatelle mit Auberginen und Risotto mit gelbem Kürbis. Ebenso einladend sind die Secondi: Kaninchen mit Kapern oder mit grüner Sauce, gekochter Schweinefuß, »nervi di Franco« (Knorpel vom Schwein), gekochtes Huhn in Extravergine-Öl, **gebratene Tauben mit schwarzen Oliven** oder Taubenragout, gebratenes Zicklein, **Kaninchen mit Kräuterfüllung**, ausgebackene Koteletts vom Zicklein, Entenbraten, geschmortes Wildschwein, **Innereien vom Zicklein**, ein schmackhafter Baccalà alla pizzaiola und – natürlich – auch der Ossobuco mit Erbsen. Lassen Sie sich dann zum Abschluß von Bruna verwöhnen, die zwar im Gegensatz zu ihrem Mann eher zurückhaltend ist, nicht jedoch bei ihren Süßspeisen: Zuppa inglese und Torten mit Kastanien, Nüssen oder Äpfeln. Die Weine sind vortrefflich ausgewählt: vom typisch lokalen Orvieto über Flaschen aus ganz Italien bis hin zu ausländischen Erzeugnissen. Beachtlich auch die Auswahl an Spirituosen mit diversen Sorten Grappa, Rum und Whisky.

Orvieto

72 km nordwestlich von Terni, Ausfahrt A 1

La Volpe e l'Uva

Trattoria
Via Ripa Corsica, 1
Tel. 07 63/34 16 12
Ruhetag: Montag u. Dienstag
Betriebsferien: Januar
50 Plätze
Preise: 28 – 35 000 Lire, ohne Wein
Kreditkarten: alle
Mittags und abends geöffnet

Als ausgezeichnete Kennerin der kulinarischen Traditionen hierzulande bietet Ihnen Maria Gina Brozzi echt bodenständige Küche, mit anderen Worten einfache Rezepte und frische Zutaten. Das gemütliche Lokal »La Volpe e l'Uva« geht also auf dem Weg, den es einmal eingeschlagen hat, unbeirrt weiter und bietet stets abwechslungsreiche und schmackhafte Gerichte, die dem Lauf der Jahreszeiten folgen. Es ist daher nicht einfach zu sagen, welche Gerichte nun zu den häufigsten zählen, doch vielleicht fangen Sie mit einem abgehangenen **weißen Speck und Saubohnen-Mus** an, mit einem Zucchini-Carpaccio oder gar mit Heringsrogen und dicken Bohnen. Bei den Primi zählen Gnocchetti mit Kaninchen-Sugo, Tagliatelle mit Saubohnen und Artischocken, eine **Platterbsensuppe mit Panunto**, Bigolotti mit Tomaten, Rosmarin und Pecorino, Bohnensuppe mit Barsch und eine ganze Reihe gefüllter Pasta zu den regelmäßigen Angeboten. Unbedingt probieren sollten Sie die **Enten-Tortelli** mit Orangen oder die Kürbisblüten-Tortelli mit zerlassener Butter, Salbei und Sardellen oder auch die Tortelli mit Kürbis und Kartoffeln. Unter der Rubrik Secondi finden Sie dann vielleicht mit Hackfleisch und Ricotta gefüllte Wirsing-Rouladen, **Aal mit Zwiebeln und Paprika**, gefüllten Schweinebraten, Pollo al tegame oder **geschmorten Baccalà**. Zum Dessert serviert Ihnen Maria Gina gerne frisch aufgeschnittene Kuchen wie die Torta caramellata mit Feigen und Zitronen, den Hefekranz mit Zimt, die Crostate mit frischem Obst und auch die traditionellen Festtagskuchen. An der Auswahl an Ölen und Weinen gibt es nichts auszusetzen. Neben dem heimischen Orvieto werden Flaschenweine aus dem ganzen Land angeboten, die man sich hier wirklich leisten kann.

Orvieto

Trattoria dell'Orso

Trattoria
Via della Misericordia, 18/20
Tel. 07 63/34 16 42
Ruhetag: Mo. abend, Dienstag
Betriebsferien: unterschiedlich
60 Plätze
Preise: 45 – 50 000 Lire, ohne Wein
Kreditkarten: die wichtigen
Mittags und abends geöffnet

Wir befinden uns in einer der ältesten Trattorie Orvietos, wo das Ambiente nahezu unverändert geblieben ist: Die Tische sind ganz einfach gedeckt, nur Skulpturen und Gemälde einiger ortsansässiger Künstler verleihen dem Lokal eine feine Note. Die Wirte, Gabriele und Giro, haben diese Trattoria nach einem langen Aufenthalt in den USA übernommen und führen sie im Zeichen der lokalen Küchentradition, mit Anklängen an die Küche der Abruzzen. Als Antipasto bekommen Sie unter anderem **Crostini mit Wildpastete** und saisonfrisches Gemüse. An Suppen besteht eine breite Auswahl: Suppe mit Bohnen und Calamari, Gerstensuppe, Suppe mit Kartoffeln und Karotten, Kardenbrühe; weitere Primi sind eine phantasievolle Pasta all'ortolana und aromatische Ravioli mit Eiercreme, Nudeln mit Steinpilzen oder Trüffeln, außerdem einige Risotti (mit Zucchini oder Radicchio) und **Spaghetti alla chitarra mit Entenragout**. Die breite Auswahl der Secondi umfaßt klassisch Umbrisches wie **Kaninchen mit Artischockenfüllung**, **mit Trüffel und Kräutern gefüllte Taube**, Perlhuhn ebenfalls mit Trüffeln, Lamm in Wacholder, Lorbeer und Kümmel sowie **Lammfrikassee**. Die Desserts sind hausgemacht: Zitronencreme mit frischem Obst, Schokoladenmousse oder »Caciunitti« (süße Ravioli aus der Pfanne). Die Weinkarte enthält eine anständige Auswahl an Flaschen aus Orvieto.

Die Gastronomia Carraro am Corso Cavour bietet lokale Delikatessen. Schon das Geschäft ist sehenswert.

In derselben Straße, Nr. 21, befindet sich die Konditorei Montanucci, das älteste und feinste Café Orvietos. Es besteht seit 1917 und hat eine einzigartige Einrichtung.

Paciano

38 km westlich von Perugia, S. S. 599

La Locanda della Rocca

Trattoria mit Pension
Via Roma, 4
Tel. 075/830236
Ruhetag: Dienstag, nicht im August
Betriebsferien: 10. Januar – 10. Februar
45 Plätze
Preise: 45–50000 Lire, ohne Wein
Alle Kreditkarten
Mittags und abends geöffnet

Von Paciano ist es nicht weit zu den schilfbewachsenen Ufern des Trasimener Sees, ins Val di Chiana und zum Monte Amiata, wo man herrlich wandern kann. Paciano ist ein hübsches mittelalterliches Städtchen mit einem ganz besonderen Charme, weshalb Luigi Buitoni und seine Frau Caterina hier eine kleine Pension und Trattoria eröffneten. Die sieben Gästezimmer und der Speisesaal (im Sommer kann man im Freien sitzen) sind elegant und doch familiär gehalten. Das kulinarische Angebot setzt sich aus traditionellen Regionalgerichten zusammen, die mit Rohstoffen aus dem eigenen Betrieb zubereitet werden. Man beginnt mit einem Gemüseauflauf mit Karottencreme, Bruschette mit Olivenöl aus Paciano, Crostini mit Wild. Rustikal schmecken die **Pici all'aglione**, die Gnocchi al pomodoro, die ausgezeichneten hausgemachten **Tortelli** und die Farfalle alla Norma. Aus dem nahen Val di Chiana kommt das erstklassige Rindfleisch, das als **Tagliata di manzo al rosmarino** oder als **Filetto al vino rosso** zubereitet wird. Die Süßspeisen orientieren sich an alten bäuerlichen Rezepten, so die **Crostata** mit Marmeladenfüllung und der Ciambellone. Die Weinkarte nennt Erzeuger aus der Gegend.

Vor den Toren von Paciano macht der Molino Popolare del Trasimeno ein hervorragendes Olivenöl (Direktverkauf).

Perugia

Aladino

Restaurant – Enoteca
Via della Prome, 11 – Porta Sole
Tel. 075/5720938
Ruhetag: Montag
Betriebsferien: August
50 Plätze + 20 im Freien
Preise: 30 – 45 000 Lire, ohne Wein
Kreditkarten: alle
Nur abends geöffnet

Im Hintergrund sehen Sie gerade noch einen Teil des Doms mit dem mächtigen Standbild Julius III., und hinter Ihnen grenzt dann die an Dante erinnernde Porta Sole die Altstadt ab: ein ehrwürdiger Rahmen, in den sich das Ambiente des »Aladino« harmonisch einfügt. Marco Sciamanna, Inhaber und zugleich Wirt des Lokals, kredenzt Ihnen in seinem mitreißenden Keller Weine aus allen Ecken der Welt, selbst wenn Sie nur ein Gläschen probieren möchten.
In der Küche wird zweigleisig gefahren: Für die umbrischen Traditionen ist Marcos Frau Loredana zuständig, während seine Mutter Maria in ihren Gerichten sardische Jugenderinnerungen aufleben läßt. So finden Sie auf der Speisenkarte beispielsweise die traditionellen sardischen Brotsorten Carasau und Frattau, Gnocchetti sardi, Culingiones (Nudeltaschen), Spaghetti mit Meeräschenrogen, Wildschweinbraten auf sardische Art sowie Lamm mit Artischocken und Minze. Daneben setzen sich inzwischen allerdings immer mehr lokale Rezepte durch: **Rigatoni alla norcina mit Ricotta und Trüffeln**, Tagliatelle mit Pilzen und Trüffeln, **Dinkel-Polenta** mit einer Sauce aus Steinpilzen, **Suppe aus dicken Bohnen und Kraut**, Schweinelendchen mit Äpfeln und **gefüllte Taube**. Weniger interessant sind dagegen die Gerichte internationaler Prägung. Erwähnenswert hingegen ist der gute Käse, vom Pecorino verschiedenster Reifegrade über Käse aus dem Piemont bis hin zu französischen Sorten.
Die Süßspeisen gehören dann wieder zu Marcos Ressort. Und dazu reicht er erstklassige Dessertweine.

Die Salumeria Temperini, Corso Cavour 30, verkauft klassische umbrische Wurstspezialitäten aus eigener Herstellung: Coppa, Mazzafegati, Salsiccia und Prosciutto.

Cesarino

NEU

Trattoria
Via della Gabbia, 13
Tel. 075/5736277
Ruhetag: Mittwoch
Betriebsferien: unterschiedlich
50 Plätze + 45 im Freien
Preise: 35 000 Lire, ohne Wein
Kreditkarten: alle
Mittags und abends geöffnet

Begonnen hat alles in den dreißiger Jahren mit einem Weinausschank und einer Bratküche, zwanzig Jahre später wurde dann hier eine der ersten Pizzerie eingerichtet, und heute gehört das »Cesarino« zu den zuverlässigen Adressen für die echte Küche Perugias und ein gutes Glas Wein. Gemeinsam mit seinen Brüdern Massimo und Mauro kümmert sich hier Palmiero Milletti um die Gäste, während Mamma Ornella, eine wahre Meisterin in Sachen hausgemachter Pasta, in der Küche zugange ist. In den zwei Speiseräumen des kleinen Lokals geht es stets herzlich und ohne Hektik zu, und von den begehrten Plätzen auf der Veranda können Sie sogar im Winter die Aussicht auf die Fontana Maggiore und den Corso Vannucci genießen: Zentraler geht es wohl wirklich nicht.
Die Küche verarbeitet nur frische Zutaten der jeweiligen Jahreszeit, an denen in dieser Gegend wahrlich kein Mangel herrscht: Probieren Sie im Winter die vorzüglichen **Tagliatelle mit Steinpilzen und Trüffeln** oder dann im Sommer die Rigatoni. Während Sie auf Ihre Bestellung warten, können Sie sich die Zeit bei einer **Schiacciatina di cipolla** oder einer **Schinkentorte** (gibt es auch mit Käse und Rucola) vertreiben. Das Fleisch ist erste Wahl und die Krönung natürlich das Chianina-Rind: Vom Holzkohlengrill kommen **Steaks** mit Rucola, Rosmarin oder frischen Tomaten. Darüber hinaus gibt es **kurz angebratenes Lamm**, gegrilltes Hähnchen, **Kaninchen**, **Entenbraten**, **Taube** und sonstiges Geflügel.
Die süße Spezialität des Hauses heißt **Satellite**, ein halbgefrorenes Eis mit Sahne und Meringe. Auf der stattlichen Weinkarte finden sich neben umbrischen Weinen die besten Lagen aus dem Trentino, Friaul, Piemont sowie aus der Lombardei und der Toskana. Und Whiskeyfreunde können sich hier durch 120 Sorten nippen.

Perugia

Il Gufo

Trattoria
Via della Viola, 18
Tel. 075/5734126
Ruhetag: Sonntag und Montag
Betriebsferien: Ende Aug. – Anf. Sept.
35 Plätze + 20 im Freien
Preise: 40 000 Lire, ohne Wein
Keine Kreditkarten
Geöffnet 20 – 1 Uhr

In einem malerischen Winkel der Altstadt Perugias, unweit des eleganten Zentrums, haben sich zwei junge Leute – Michael aus Deutschland und Luca aus Bologna – zusammengetan, um den Gästen ihres Lokals beste italienische Küchentradition anzubieten. Hier sitzt man wirklich gerne bis spät in die Nacht hinein.
Die Speisekarte wechselt häufig und richtet sich nach dem jeweiligen Angebot auf dem Frischmarkt, doch seien Sie versichert, daß immer nur einwandfreie Gerichte die Küche verlassen. Das wären dann beispielweise **Ravioli mit Ricotta und roten Rüben**, Maltagliati aus Buchweizen mit Oliven und Kartoffeln oder **Maccheroni alla chitarra mit Paprika-Mus und Pecorino**. Dazu gesellen sich eher umbrisch geprägte Gerichte wie Linsensuppe oder Kartoffelsuppe mit Lauch. Im Sommer werden dann Tagliatelle mit Trüffeln oder Strette alla romagnola aufgetischt. Unter den Secondi finden sich etliche aufwendigere Zubereitungen wie das **Schweinefilet in Balsamico-Essig**, das **Wildschwein mit wildem Fenchel** oder die in Rotwein geschmorte Entenbrust mit Thymian und Honig.
Aus den Hügeln Bolognas hat Luca einen **Pudding aus Kartoffeln und Mandeln** mit nach Umbrien gebracht, der mittlerweile zu den süßen Rennern des Lokals zählt. Nicht zu verachten allerdings auch die Mousse au chocolat sowie die in Rotwein gekochten Birnen mit Schokoladensauce. Die Weinkarte liest sich zwar vorwiegend umbrisch, doch sind auch Toskana, Piemont, Friaul und sogar Frankreich gut vertreten.

Die Enoteca Giò, Via Ruggero d'Andreotto 19, bietet eine große Auswahl an Weinen und Delikatessen aus der ganzen Welt. Traditionell umbrische Süßwaren wie Pinocchiata, Ciaramicola und Torciglioni finden Sie hingegen in der Pasticceria Sandri, Corso Vannucci 32.

Sant'Anatolia di Narco

31 km südöstlich von Perugia, S.S. 75

Da Franchina Ripanti

Trattoria
Via della Stazione, 2
Tel. 07 43 / 61 31 44
Ruhetag: Dienstag, nicht im Sommer
Betriebsferien: unterschiedlich
50 Plätze
Preise: 25–30 000 Lire, ohne Wein
Keine Kreditkarten
Mittags und abends geöffnet

Schade, daß das wunderschöne Valnerina, eine etwas entlegene, aber hochinteressante Gegend Umbriens, kein entsprechendes gastronomisches Profil besitzt. Zwar mangelt es nicht an Trattorie und Restaurants, doch das Angebot ist meist banal und das Leistungsniveau gering, im Gegensatz zu den Preisen, die mit Hilfe der Trüffeln aus Norcia hochgetrieben werden. Auch die Trattona von Franchina Ripanti – samstags und sonntags auch Pizzeria – gehört dazu. Was dieses Lokal jedoch empfehlenswert macht, ist die strenge Unterscheidung zwischen der echten schwarzen Norcia-Trüffel und dem billigeren Scorzone, der im Sommer wächst. Auf der Karte wird angegeben, welche Trüffelart verwendet wird, und danach richtet sich der Preis. Die **Tagliatelle al tartufo** kosten 25 000 Lire, sind sie jedoch mit Scorzone angerichtet, kosten sie weit weniger. Weiter gibt es **Ravioli di ricotta**, Agnolotti mit Fleischsauce oder Käse und Rucola, Trüffelomelett und – genauso gut – Strangozzi mit Spargel. **Tagliatelle al ragù** (mit einer herzhaften Bauernsauce) und eine fabelhafte **Lammkeule vom Spieß**, die man allerdings vorbestellen sollte. Zu Beginn der Mahlzeit eine ausgezeichnete, knusprige Pizzetta mit Rosmarin und Schinken. Das Weinangebot ist besser geworden und umfaßt eine Reihe guter regionaler Erzeugnisse.

Spello

31 km südöstlich von Perugia, S.S. 75

Il Cacciatore

Trattoria
Via Giulia, 42
Tel. 07 42 / 65 11 41 und 30 16 03
Ruhetag: Montag
Betriebsferien: 10.–30. 11., 2 Wo. im Juli
100 Plätze + 70 im Freien
Preise: 35–40 000 Lire
Kreditkarten: alle außer DC
Mittags und abends geöffnet

Wenn Sie durch die Porta Consolare in die Altstadt von Spello gefahren sind, dann fahren Sie die Straße hinauf, die erst Consolare, dann Cavour, Garibaldi und hinter der zentral gelegenen Piazza della Repubblica Via Giulia heißt. Dort steht die Trattoria »Il Cacciatore«, die auf mehrere hundert Jahre Tradition zurückblicken kann. Sie war immer im Besitz einer einzigen Familie, und heute ist Gioacchino Cruciani für sie zuständig. Sein Sohn Bruno und Vittorio, der bereits seit 40 Jahren in den Diensten des Hauses steht, kümmern sich um die Gäste. In der Küche wirtschaftet Signora Cruciani zusammen mit Luca, Francesco und der umbrischen Köchin Chiarina, ebenfalls seit langem hier beschäftigt. Die Spezialitäten sind einfach, aber nicht banal, so wie es die umbrische Tradition verlangt: **Pappardelle al sugo d'oca**, hausgemachte Tagliatelle mit Fleischragout oder Pilzen, Erbsen und Schinken, Ravioli al pomodoro bilden den Auftakt zu **Agnello a scottadito**, **gefüllten Zucchini**, panierten Majoranschnitzeln, **Faraona alla ghiotta** und Crostini sowie **geschmorten Tauben**. Zu trinken gibt es einige gute Weine aus der Gegend, wie den Montefalco Sagrantino und Grechetto. Von der Sommerterrasse hat man einen sagenhaften Blick auf die umbrische Landschaft – selbst der Regisseur Michelangelo Antonioni war so sehr davon begeistert, daß er sich in der Gegend ein Haus gekauft hat.

Spello

31 km südöstlich von Perugia, S.S. 75

La Cantina

Restaurant
Via Cavour, 2
Tel. 07 42 / 65 17 75 – 65 21 22
Ruhetag: Mittwoch
Keine Betriebsferien
60 Plätze
Preise: 35 – 40 000 Lire, ohne Wein
Kreditkarten: alle
Mittags und abends geöffnet

Eine stattliche Auswahl an Weinen – darunter auch diverse Spitzenweine –, die perfekt beherrschte Kunst, Weine und Gerichte aufeinander abzustimmen, sowie eine vielseitige und schmackhafte Küche machen Orias, Adrianos und Faustos Lokal zu einer wirklich empfehlenswerten Adresse. Ein Bild, das abgerundet wird durch das ansprechende Ambiente.
Bei den Primi gibt es zum einen die Pasta mit verschiedensten Gemüse-Sughi für Weißweinfreunde wie beispielsweise **Taglierini mit Bergspargel**, Penne mit Artischocken, Tagliatelle alle primizie (mit Artischocken, Spargel, frischen Saubohnen und Kürbisblüten), Mezzemaniche oder Fusilli mit Pecorino und Basilikum. Wer dagegen auf Rotwein schwört, entscheidet sich für Spaghetti mit Trüffeln, **Tagliatelle mit Steinpilzen** oder sonstige Pasta mit Taube, Gans oder Hammel, vielleicht ja auch für die Steinpilzsuppe. Bei den Secondi haben Sie die Wahl zwischen **geschmorter Taube**, **Spanferkel im Rohr**, Kaninchen im Kräutermantel, Lammragout mit Artischocken und Rinderschmorbraten mit Sagrantino. Die eigentlichen Spezialitäten des Lokals sind allerdings die **Grillgerichte**: Steaks, Filets, die Bistecca vom Chianina-Rind und das kurz angebratene Lamm. Das Tagesmenü, das um die frischen Zutaten der jeweiligen Jahreszeit und der Gegend (Kräuter und Gewürze sowie ein in Farbe und Duft intensives Extravergine-Öl) kreist, könnte dann noch weitere Überraschungen für Sie bereithalten. Eine ganz ausgefallene süße Spezialität, die in die Zeit vor Allerheiligen und Weihnachten gehört, sind die Maccheroni dolci: Fettuccine aus Hartweizengrieß, geschichtet mit Kakao, Zimt, Zucker, Walnüssen und Alkermes-Likör.

Das Frantoio Cianetti, Via Bulgarella 10, zeichnet sich durch sein besonderes Extravergine-Öl aus.

Spello Collepino

36 km südöstlich von Perugia, S.S. 75

Taverna di San Silvestro

Osteria
Via Collepino, 14
Tel. 07 42 / 65 12 03
Ruhetag: Donnertag, nicht im Sommer
Keine Betriebsferien
90 Plätze + 60 im Freien
Preise: 35 – 40 000 Lire, ohne Wein
Kreditkarten: alle außer DC
Mittags und abends geöffnet

Nur fünf Kilometer vom malerischen Spello entfernt, liegt in Collepino die »Taverna San Silvestro«, die Fabio Spintarelli vor ein paar Jahren von der Familie Paolucci übernommen hat. Das kulinarische Angebot seines Lokals hat sich im wesentlichen den eng mit den Jahreszeiten verflochtenen traditionellen Eigentümlichkeiten dieser Gegend verschrieben, doch verschließt sich Fabio auch den moderneren Einflüssen nicht ganz (so verarbeitet er beispielsweise auch Angus-Rind).
Gemüse, Pasta, Fleisch und Wild gehören jedenfalls zu den Hauptzutaten in der Küche, angefangen beim frühlingsfrischen Land-Salat mit Rapunzel und einem bunten Strauß heimischer Kräuter, der mit einem äußerst schmackhaften, selbst hergestellten Extravergine-Öl angemacht ist. Typische Gerichte dann auch bei den Primi wie **Strangozzi mit Trüffeln** neben weniger gewohnten Zubereitungen wie gefüllten Agnellotti mit Artischocken-Sugo. Im Herbst und Winter bricht dann bei den Secondi die Wildsaison an, und Sie bekommen **Vögelchen am Spieß** sowie **Wildschwein- und Hasenragout**. Ein sehr bodenständiges Gericht sind auch die **gegrillten Schnecken**, die von den Bauern der Umgebung geliefert werden. Ebenfalls auf der Holzkohle werden Huhn, Perlhuhn und sogar **Pecorino**-Käse gegrillt. Selbst Gans findet sich manchmal unter den Gerichten der Speisekarte. Zum Weinangebot gehört so mancher gute Tropfen aus Umbrien und anderen Regionen, denen sich ständig neue hinzugesellen.
Abschließend sei noch erwähnt, daß das Lokal in den Monaten Januar, Februar und März nur von Freitag bis Sonntag geöffnet ist, an den übrigen Tagen nur auf Vorbestellung.

Spoleto

66 km südöstlich v. Perugia, S.S. 75 und S.S. 3

Pecchiarda

NEU

Trattoria
Vicolo San Giovanni, 1
Tel. 07 43 / 22 10 09
Ruhetag: Donnerstag, nicht im Sommer
Keine Betriebsferien
80 Plätze + 100 im Freien
Preise: 35 000 Lire
Kreditkarten: CartaSi, Visa
Mittags und abends geöffnet

Zufällig werden Sie wohl nie hierherfinden, denn das »Pecchiarda« liegt ganz versteckt hinter der Stadtmauer des alten Spoleto und hat nicht einmal ein Schild. Doch lassen Sie sich doch den Weg einfach erklären: Zu Fuß können Sie die Via Porta Fuga hinuntergehen, die dann in den Vicolo San Giovanni mündet; mit dem Auto hingegen müssen Sie die Via Martiri della Resistenza entlangfahren, bis Sie auf die Via Posterla treffen. Hier landen Sie dann in einem einfachen Lokal mit traditioneller Küche, die sich mit Haut und Haaren dem Extravergine-Öl aus eigener Herstellung verschrieben hat.
Das Speisenangebot ist den Jahreszeiten angepaßt, und da gibt es dann **Püree aus Saubohnen und Kichererbsen**, **Gnocchi mit Ricotta-Füllung**, **Suppen mit Dinkel und Platterbsen** oder **Stringozzi**. Lassen Sie sich als Secondo das **Lamm vom Holzkohlengrill** oder das **Huhn alla Pecchiarda** schmecken, das zunächst ausgelöst, dann mit Hackfleisch und Artischocken gefüllt und schließlich in Scheiben serviert wird. Im Winter hat Roberto dann seine Quellen, wo er auch so manches ausgezeichnete Stück **Wild** besorgen kann. Zum Abschluß gibt es eine **Crescionda**, die Spezialität Spoletos, eine **Kastaniencreme** oder eine schöne Auswahl an **Crostate**. Eine Weinkarte erübrigt sich hier: Man trinkt einen von Renato Rivoli höchstpersönlich produzierten Weiß- oder Rotwein aus den Colli Spoletini, auf die er ebenso stolz ist wie auf sein Öl.

In der Nähe der Piazza del Mercato, in der Via Arco di Druso 22, bietet die Salumeria Padrichelli eine leckere Auswahl an lokalen Spezialitäten: Wurstwaren, Hülsenfrüchte, knusprige Brote oder Schiacciate mit Pecorino und Schinken sowie frische und eingelegte Trüffel.

Spoleto

66 km südöstlich von Perugia, S.S. 3/75

Sportellino

Restaurant
Via Cerquiglia, 4
Tel. 07 43 / 4 52 30
Ruhetag: Donnerstag
Betriebsferien: Juli
100 Plätze
Preise: 40 – 45 000 Lire
Alle Kreditkarten
Mittags und abends geöffnet

Wenn die Wild- und Pilzsaison anbricht, dann gibt es für die Bewohner von Spoleto nur noch eines: eine Mahlzeit im »Sportellino«. Mehr brauchen wir über die Qualität und den Ruf dieses Restaurants nahe der Piazza Garibaldi wohl nicht zu sagen. Wir wollen Ihnen dennoch ein paar Zusatzinformationen an die Hand geben. Zum Beispiel, daß der umtriebige Wirt mit Spitznamen »Sportellino« heißt und es ein Vergnügen ist, mit ihm ins Gespräch zu kommen – wenn man seinen schweren Dialekt versteht. Ein Vergnügen ist es außerdem, die traditionellen Speisen zu probieren. Als Antipasti gibt es gute **Wurstwaren** aus der Gegend, in Öl eingelegte **Pilze** und Gemüse, schwarze Oliven, Hülsenfrüchte. Als Primo sollten Sie sich dann unbedingt die **Stringozzi** (kurze, grobe Bandnudeln aus Mehl oder Grieß und Wasser) mit Fleischragout, wildem Spargel oder Pilzen (»sanguinosi« oder »galluzzi«, die in den Wäldern der Umgebung gesammelt werden) oder aber die **Gnocchi mit Fleischragout** bestellen. Zum Hauptgang gibt es **Costarelle di maiale alla brace**, gemischte Bratenplatten und Pilze und eben **Wild** in jeder Form bis hin zu Schnepfen. Beschließen Sie Ihre Mahlzeit mit hausgemachten Desserts oder klassischen **Maronen**. Die Weine stammen aus eigener Herstellung.

Stroncone

9 km südlich von Terni

Taverna di Portanova

Trattoria
Via Portanova, 1
Tel. 07 44 / 6 04 96
Ruhetag: Mittwoch
Betriebsferien: Jan. / Febr., 15. – 31. Juli
80 Plätze
Preise: 35 000 Lire, ohne Wein
Kreditkarten: CartaSi, MC, Visa
Abends, Fei. auch mittags geöffnet

Die Spezialität der Taverna kommt aus einem Franziskanerinnenkloster: Die »Zuppa di Suor Anita« ist eine kräftige **Suppe aus verschiedenen Getreidesorten und Hülsenfrüchten** und wird in einem ausgehöhlten Brotlaib serviert. Wenn man die Suppe ausgelöffelt hat, rundet die Brotrinde den Genuß ab. Die übrigen Spezialitäten der »Taverna«, die übrigens in Gewölben aus dem 14. Jahrhundert untergebracht ist, stammen aus dem bewährten Repertoire von Elisa und Milli Vierucci: die verschiedensten handgemachten Nudelsorten, viel Gegrilltes. Von den Primi sind zu empfehlen: Minestra di Farro, **Ciriole con funghi**, die **Pasta alla chitarra**, Gnocchetti di farina con ceci (auf Vorbestellung). Gegrillt wird nicht nur Fleisch, sondern auch Käse: **Recorino** und **Scamorza**. Zur passenden Jahreszeit bekommt man auch Gemüse aus der Gegend: Spargel im Frühjahr, **Trüffeln** und **Pilze** im Herbst (z. B. ein raffiniertes Steinpilztörtchen), Salate im Winter. Ein schönes Sortiment hausgemachter Dolci & Torcetti, Ciambelline mit Sagrantino, Honigwaffeln mit Schlagsahne, Honigtörtchen mit heißer Schokoladensauce. Das Weinangebot ist mit Flaschen aus Umbrien, dem restlichen Italien, aber auch aus Frankreich und Kalifornien mehr als zufriedenstellend. Die Trattoria ist nur an Feiertagen auch mittags geöffnet und dann entsprechend voll.

Malvetani, Vicolo San Lorenzo 25, stellt in kleinen Mengen gutes Olivenöl her. Direktverkauf im Betrieb.

Ausgezeichnete Würste und Schinken gibt es bei Giulia Contessa im Ortsteil **Colle** Nr. 4.

Terni

La Piazzetta

NEU

Restaurant
Via del Leone, 34
Tel. 07 44 / 5 81 88
Ruhetag: Sonntag
Betriebsferien: 2 Wo. Mitte August
35 Plätze + 20 im Freien
Preise: 40 – 50 000 Lire, ohne Wein
Kreditkarten: alle
Mittags und abends geöffnet

In einem der wenigen von den Bombardements des Zweiten Weltkriegs verschont gebliebenen Stadtviertel von Terni erwartet Sie dieses kleine Lokal, das früher als Pub und seit einem Jahr nun als Restaurant betrieben wird. Um Ihr Wohl wird sich der junge Inhaber Paolo Sensi kümmern, während Massimo Granati – eigentlicher Beruf: Vermessungstechniker, Berufung: Koch – für das leibliche Wohl der zahlreichen Gäste sorgt. Zu den jüngst gekosteten Gerichten gehören bei den Vorspeisen Taubensalat mit Gemüse in Balsamico-Essig, **Pizzola ternana mit Gemüse** sowie marinierte Forellenfilets auf Bohnenpüree. Beim nächsten Gang wird es wieder klassischer mit einer Riesenauswahl an Nudelgerichten: Pasta mit Kichererbsen, **Pappardelle mit Taubenragout**, mit Stockfischmus gefüllte Kartoffel-Ravioli auf Tomaten, Ciriole mit Knoblauch, Olivenöl und Peperoncini auf passierten Brokkoli, Gnocchi mit Tintenfisch und Garnelen sowie Tagliatelle mit einem Ragout aus Flußfischen. Als Secondo werden dann in großzügigen Portionen **Sarde al beccafico** (gefüllt und ausgebacken) **mit geschmorten Auberginen** aufgetragen, ferner Lamm nach Jägerinnenart mit einem Kartoffel-Trüffel-Fladenbrot, **in Rotwein geschmorte Schweinshaxe** sowie Bollito, Innereien und **Fische aus dem See**.
Nicht zu verachten das Käsesortiment und ebensowenig die Süßspeisen, darunter Mamma Marcellas Mokka-Torte, die Crostate, die **Crescionda** aus Spoleto und das neapolitanische Feingebäck. Sehr gut die regionalen Weine, daneben auch so manche Flasche aus dem übrigen Italien.

In der Enoteca Vino Vino, Corso Vecchio 201, finden Sie neben italienischen und ausländischen Weinen allerlei Leckereien. Auserlesene umbrische Trüffel dann bei Massarini, Via della Biblioteca 8.

Todi
Ponte Naia
48 km südlich von Perugia, S.S. 3 bis

La Mulinella

NEU

Restaurant
Ponte Naia, 29
Tel. 075/8944779
Ruhetag: Mittwoch
Betriebsferien: November
60 Plätze + 60 im Freien
Preise: 30 000 Lire
Keine Kreditkarten
Mittags und abends geöffnet

Geschichte, Kunst, Kultur und Landschaft – es gibt viele gute Gründe, einen Abstecher nach Todi einzuplanen, und einen kulinarischen obendrein: Bereits seit 1964 befindet sich in Ponte Naia, dem unten im Tal gelegenen und 3 km von der Stadtmitte entfernten Sportzentrum, das Restaurant »Mulinella«, dessen Küche mit den gastronomischen Traditionen der Heimat Jacopo da Todis tief verwurzelt ist.
Für Signora Irma Pericolini war und ist es immer noch selbstverständlich, Brot und Pasta selbst herzustellen. Jeden Tag gibt es ein neues Menü, mittags mit zwei Primi und zwei Secondi und abends dann mit ein paar Gerichten mehr. Nach diversen Crostini geht es sofort mit den **Tagliatelle** weiter, die sie entweder **mit** Fleisch- oder **Gänseragout** oder auch mit Pilzen anbietet. Ebenfalls zu Pilzragout gibt es **braune Gnocchi**. Bei den Secondi dreht sich dann alles um das liebe Federvieh: in der Pfanne geschmortes Huhn, am Spieß **gebratene Taube** und mit Trauben gefüllter Truthahn. Darüber hinaus können Sie auch das vorzügliche **Lamm** »alla Mulinella« mit Steinpilzen oder in der entsprechenden Saison mit Artischocken kosten, oder die saftigen Bocconcini alla ghiotta aus Schweinefleisch. Auch die Süßspeisen sind eine von Irmas diversen Leidenschaften, und so wird Sie Ihnen gerne einen Apfel- oder Pinienkernkuchen kredenzen, aber auch ein Tiramisù oder den Riccio al caffè.
Im Weinkeller lagern neben dem offenen Hauswein auch der eine oder andere gute Flaschenwein aus Umbrien sowie als Digestif ein hausgemachter Nocino.

In **Todi** verkauft die Enoteca dell'Accademia dei Convivanti, Via San Bonaventura 11, Qualitätsweine verschiedenster Herkunft. Hülsenfrüchte, Getreide, Käse und Gemüse aus biodynamischem Anbau gibt es in der Fattoria L'Arco im Ortsteil **Cordigliano** 19.

Trevi
Pigge
54 km südöstlich von Perugia, S.S. 3

Taverna del Pescatore

Restaurant
S.S. Flaminia, km 139
Tel. 0742/780920
Ruhetag: Mittwoch, nicht im Sommer
Betriebsferien: 1 Wo. im Januar
50 Plätze + 100 im Freien
Preise: 40 – 45 000 Lire, ohne Wein
Kreditkarten: alle
Mittags und abends geöffnet

Wenn Sie auf der Via Flaminia (S.S. 3) von Foligno Richtung Spoleto fahren, sollten Sie nach ungefähr fünfzehn Kilometern, gleich hinter Trevi, unbedingt rechts nach Pigge abbiegen: Hier erwartet Sie in himmlischer Ruhe, an den klaren Quellwassern des Clitunno, ein behaglich eingerichtetes Lokal mit ausgezeichneter Küche.
Der Fluß ist natürlich wichtigster Inspirationsquell, aus dem täglich neue Menükompositionen hervorsprudeln. Zum Auftakt könnten Sie beispielsweise den bunten Salat aus Artischocken, Flußkrebsen und Forellen oder die lockere Schiacciatina aus jungen Kartoffeln mit Flußkrebsen antreffen, anschließend vielleicht die köstlichen **Tagliatelle mit Flußfischen**, Taglierini mit Forellenfilets und schwarzer Trüffel sowie **knusprig fritierte Süßwasserkrebse und Froschschenkel**. Die Küche läßt jedoch auch den traditionellen Gerichten Umbriens und damit einer klar erdgebundenen Küche genügend Raum. Erwähnenswert sind da beispielsweise die **Strangozzi mit Spinat und Ricotta**, die – wie die Pasta insgesamt – hausgemachten **Tagliatelle mit Tauben-Sugo**, die Kartoffel-Gnocchi mit Innereien vom Schwein und Pecorino, die Omeletts mit schwarzen Trüffeln aus Norcia, die **Koteletts vom Chianina-Rind**, die Schweinelende mit Gemüse sowie die Poularde mit wildwachsenden Kräutern.
Wirklich auserlesen sind die Käsesorten und die Desserts, und auch die persönlich zusammengestellten Öle und Weine haben ein beachtliches Niveau. Unter den Weinen sind sogar die besten Lagen aus Italien und dem Ausland vertreten.

An der Via Flaminia (bei km 141) verkauft die Cooperativa Agricola Tervi eines der besten Extravergine-Öle der gesamten Region, das aus Oliven der Sorten Frantoio, Leccino und Moraiolo gepreßt wird.

MARKEN

Adria
Gabicce Mare
Pesaro
A14
Novafeltria
San Leo
Sant'Agata Feltria
Fano
Urbino
Cartoceto
Saltara
S. Costanzo
Lunano
Isola del Piano
Senigallia
Urbania
Borgo Pace
Acqualagna
ANCONA
Jesi
Camerata Picena
Cagli
Arcévia
Castelbellino
Serra San Quirico
Cupramontana
Sassoferrato
Macerata
Matelica
Esanatoglia
S. Severino
Porto Sant'Elpidio
Castelraimondo
Serrapetrona
Camerino
Petritoli
Montefalcone Appennino
Cupra Marittima
Amandola
Ripatransone
Grottammare
Comunanza
Offida
S. Benedetto del Tronto
Visso
Montemonaco
Ascoli Piceno
Maltignano

Acqualagna

43 km südwestlich von Pesaro, S.S. 3,
13 km von Urbino

Lampino

Trattoria
Via Risorgimento, 30
Tel. 07 21 / 79 86 74
Ruhetag: Dienstag
Betriebsferien: 2 Wo. im August
100 Plätze
Preise: 40 – 50 000 Lire, ohne Wein
Kreditkarten: alle außer DC
Nur mittags geöffnet, abends auf Vorbestellung

Sollte auch Ihnen das Essen und der Service eines Lokals wichtiger sein als dessen Einrichtung, dann können wir das »Lampino« nur wärmstens empfehlen. Es liegt in Acqualagna, im apenninischen Hinterland von Pesaro, mitten im Reich der **Trüffel**: Ob als weiße Trüffel, Sommertrüffel, Wintertrüffel oder Bianchetto – die edle Knolle verfeinert hier das ganze Jahr über die Gerichte der Signora Cesira Marini, deren Töchter Susanna und Maura in der Küche fleißig mithelfen.
Probieren Sie sie doch einfach mit Tagliatelle oder – da kann sich der Trüffelgeschmack besonders gut entfalten – in der Kombination mit **Passatelli** und in den **Crostini** mit Omelett. Die Trattoria »Lampino« bietet jedoch noch so manches mehr aus dem reichen und vielfältigen Küchenschatz der Marken: beispielsweise **Tortelloni mit Steinpilzen und Spargel**, köstliche Spaghetti mit Kürbisblüten, Tagliatelle mit Südtiroler Speck und Spinat, ein in Rosmarin, Petersilie und Extravergine-Öl mariniertes **Lamm** vom nahen Montenerone sowie perfekt gegrilltes Fleisch. Keinesfalls entgehen lassen sollten Sie sich den **Magrello**, geschmolzenen Käse, der mit Trüffeln serviert wird. Zum Dessert serviert man hier deftige Apfel- oder Heidelbeerkuchen und dazu den ehrwürdigen Vin Santo.
Erfreulicherweise wird hier nicht nur auf den Service und die Ausstattung des Speisesaals immer mehr Wert gelegt, sondern auch auf das Weinangebot, in dem inzwischen zahlreiche gute regionale Weine vertreten sind.

In der Nähe des Lokals, in der Via Risorgimento 26, hat die Firma Marini-Azzolini ihren Sitz. Sie ist in weiten Teilen Italiens für ihre frischen und eingelegten Trüffeln und Pilze sowie ihre kleinen, mit Trüffeln abgeschmeckten Delikatessen, bekannt.

Amandolo

42 km nordwestlich von Ascoli Piceno, S.S. 78

Grand Hotel Paradiso

Hotelrestaurant
Piazza Umberto I, 7
Tel. 07 36 / 84 74 68 – 84 77 26
Ruhetag: Dienstag
Betriebsferien: November
200 Plätze
Preise: 40 000 Lire, ohne Wein
Kreditkarten: CartaSi
Mittags und abends geöffnet

Das von der Familie Curi geleitete Restaurant ist zwar in einem nicht gerade als romantisch zu bezeichnenden Hotel untergebracht, doch wird Ihnen das ziemlich egal sein, wenn Sie erst einmal im Speisesaal sitzen und das herrliche Panorama genießen, das sich vor Ihren Augen auftut. Die ruhige Lage lädt sogar ein, ein paar erholsame Ferientage mit der ganzen Familie hier oben zu verbringen.
Aus dem mit den Jahreszeiten wechselnden Menü seien hier nun einige Gerichte vorgestellt, die uns seit unserem letzten Besuch in guter Erinnerung geblieben sind: verschiedenerlei Wurst und Crostini als Antipasto, **Lamminnereien alla rustica**, **Tagliatelle mit Fleischragout**, Tomaten oder mit Steinpilzen, Trüffel-Risotto, gemischter Braten, Forelle, **Fritto misto all'ascolana** (mit gefüllten Oliven, Artischocken, Zucchine, Frischkäse und Lammkoteletts), Saltimbocca alla romana, Kutteln sowie **Lamm**, Schwein und Hammel vom Grill. Als Beilage gibt es Gemüse der Saison und als Nachtisch hausgemachte Süßspeisen (Zuccotto, Biskuit mit Creme und Schokolade und hin und wieder die traditionellen, kleinen **Pfannkuchen**) oder im Sommer Eis.
Das Weinangebot mit seinen wenigen Flaschen Rosso Piceno hinkt dem Speisenangebot leider etwas hinterher. Wundern Sie sich nicht, wenn die Rechnung bei **Pilz**- und **Trüffelgerichten** etwas höher ausfällt – irgend jemand muß sie ja suchen.

In den Monti Sibillini wird traditionell guter Schafs- und Kuhmilchkäse erzeugt, der bei Marino Marchese in **Monte San Martino** (20 km), Ortsteil Barchetta, oder in der Cooperativa La Sibilla in **Pian di Contro** erhältlich ist.

Ancona Montacuto

5 km von der Stadtmitte

Da Sardella

Trattoria
Via Trave, 105
Tel. 071/898218
Ruhetag: Dienstag
Betriebsferien: Febr. und 1 Wo. im Sept.
40 Plätze + 40 im Freien
Preise: 35 – 45 000 Lire, ohne Wein
Keine Kreditkarten
Nur abends, an Sonn- u. Feiertagen u. auf Vorbestellung auch mittags geöffn.

Stockfisch all'anconetana, das ist nicht nur das traditionelle Gericht der Hauptstadt der Marken schlechthin, sondern auch Zeuge einer Zeit, in der ein blühender Handel die Fischereiflotte Anconas bis zur Ostsee führte: In den Küchen Anconas dann wurde der Stockfisch mit einfachen aber wirkungsvollen Mitteln – langsam in Gemüse, Öl und Wein schmoren – verfeinert. Diese kleine Exkurs leitet natürlich – Sie werden es schon erraten haben – zu einem der Trümpfe der Trattoria »Da Sardella« mitten im Naturpark des Monte Cònero über.
Geschätzt wird Otello Carlonis Lokal jedoch auch für seine unverfälschten Fleischgerichte nach Rezepten aus der Gegend: die hausgemachten **Tagliatelle mit einem Sugo aus Fleisch und Hühnerklein**, das lockere **Fritto aus Fleisch und Gemüse** (mit zartem Lammfleisch, knusprigen Zucchine und mildem Rahmkäse), die Vincisgrassi, die **Gnocchi mit dem Sugo der Junggans**, das **Hühnerragout mit Tomaten**, die gefüllte Taube sowie das im Ofen gebratene Kaninchen. Signora Luisa Galeazzi, Otellos Frau, kocht Ihnen selbstverständlich auch Fischgerichte, doch müßten Sie vorher mit ihr absprechen, ob Sie die **Fischsuppe** nach der Art Anconas, die **Frittura di Paranza**, Tagliatelle mit Fisch-Sugo sowie Mies- und Venusmuscheln oder einfach nur gegrillten Fisch wünschen.
Auf die regionalen Weine ist Verlaß, insbesondere auf den Verdicchio und den Rosso Cònero. Im Winter können Sie hier allerdings nur auf Vorbestellung essen.

In der Via Poggio 131 erzeugt Amelia Guglielmi ausgezeichneten Honig. Sie stellt ihre Bienenstöcke in Lavendel- und Heilpflanzenfeldern auf. Es gibt hier auch Lavendel zu kaufen, der auch im Haus und im Kleiderschrank den Duft der Campagna verströmt.

Ancona

Gino

Hotelrestaurant
Piazza Roselli, 26
Tel. 071/43310
Ruhetag: Sonntag
Betriebsferien: 23. – 31. Dez.
180 Plätze + 35 im Freien
Preise: 40 – 45 000 Lire
Alle Kreditkarten
Mittags und abends geöffnet

Täglich eine wirklich gute und frische Küche des Meeres zu vernünftigen Preisen zu bieten, und dies für eine nicht unbeträchtliche Anzahl von Gästen – diesen Anspruch erfüllen heute nur noch wenige Lokale. Das »Gino« in Ancona ist eine solche Ausnahme, denn hier bekommt man gute Qualität zu ebenso anständigen Preisen. Sie finden das Lokal genau vis-à-vis des Bahnhofs im Erdgeschoß des gleichnamigen Hotels. Es verfügt über mehrere kleine Speisesäle, die bis zu 180 Personen aufnehmen können, und ist seit vielen Jahren für seine traditionellen Fischgerichte bekannt. Signor Umberto bezieht seinen Fisch ausschließlich von Fischern seines Vertrauens. So halten sich die Preise im Rahmen, und er kann stets für absolut frische Produkte garantieren. Den Rest besorgt Signora Pierina in der Küche: gemischte Vorspeisen mit Venusmuscheln, kleinen Tintenfischen, Scampi und **Moscioli** aus Ancona, hausgemachte **Tagliatelle mit Meeresfrüchten**, Spaghetti con sugo di pesci e crostacei di scoglio, zarte, schmackhafte **Fritture** oder Arrostiti misti gehören zu den erlesenen Gerichten. Und auf Vorbestellung bekommt man auch einen **Brodetto di pesce** (Fischsuppe) nach Anconetaner Art.
Auf der kleinen, aber überaus anständigen Weinkarte finden Sie die passenden Begleiter (v. a. Verdicchio).

In der Via Rodi 15 sollten Sie einmal den Feinkostladen von Bernardo und Dina Marinelli besuchen. Dort bekommen Sie gute Wurst und ausgewählte Käsespezialitäten und zum »Mitnehmen« täglich frisch zubereitete Speisen (Trippa und Stoccafisso all'anconetana, Wild, Coniglio in porchetta, Sughi).

Ancona
Poggio
11 km von der Stadtmitte

Il Laghetto

NEU

Restaurant
Via Portonovo
Tel. 071/801183
Ruhetag: Montag, nicht im Sommer
Betriebsferien: Mitte Jan. – Mitte März
80 Plätze
Preise: 45 – 50 000 Lire, ohne Wein
Kreditkarten: alle
Mittags und abends geöffnet

Wenn Sie an dem bezaubernden kleinen Strand von Portonovo angekommen sind, sehen Sie auch schon zu Ihrer Rechten den kleinen See, der dem Fischrestaurant den Namen gegeben hat. Wenn Sie Ihr Auto gleich nach dem See abstellen, sehen Sie vis-à-vis ein Gebäude aus dunklem Holz, das weitgereiste Gäste an ein Wirtshaus in Amsterdam erinnern wird, während andere darin eher einen ganz banalen Schuppen an einem Adriahafen vermuten. Trauen Sie sich nur hinein, denn drinnen werden Sie sofort bemerken, wie harmonisch das Ambiente des Lokals sich in diese Landschaft fügt.
Die Küche atmet die kühle Brise der Klippen, und so bietet man Ihnen gleich zu Beginn Meeresschnecken und die **in Kräutern geschmorten Raguse**, Miesmuscheln alla tarantina, eine **Muschelsuppe mit Vongole und fasolari**, marinierte Sardellen sowie **Tintenfische mit Tomaten und Erbsen**. Des weiteren folgen Spaghetti mit Venusmuscheln (ohne Tomatensauce) oder mit Miesmuscheln, **Ciabattoni allo scoglio** (mit Meeresfrüchten), Tagliatelle alla pescatora oder mit Scampi oder Maccheroncini mit Scampi und Zucchine. Lassen Sie jedoch noch etwas Platz für den **fritierten Fisch**, die Fischsuppe mit Scampi, den Petersfisch, den Umber und die Zahnbrasse aus dem Rohr oder auch für die Fische auf dem gemischten Grillteller oder den Spießchen. Die hausgemachte, in ihrer Einfachheit unübertroffene Ciambella, ist der krönende Abschluß für dieses Mahl aus Neptuns Reich. Auf der Weinkarte finden Sie neben anderen vor allem Gewächse aus den Marken.

In der Nähe des Flughafens Raffaello Sanzio in Falconara hat Roberto Bartolini eine kleine, aber gut bestückte Enoteca eingerichtet, in der es neben einer reichen Auswahl regionaler Weine auch kulinarische Spezialitäten gibt.

Ancona

La Cantineta

Trattoria
Via Gramsci. 1 c
Tel. 071 / 20 11 07
Ruhetag: Sonntag
Betriebsferien: August
50 Plätze
Preise: 30 – 35 000 Lire, ohne Wein
Keine Kreditkarten
Mittags und abends geöffnet

Die Atmosphäre, die man beim Betreten dieser traditionellen Anconetaner Trattoria (die bei Einheimischen als »da Peverieri« bekannt ist) zu spüren glaubt, ist dieselbe wie die in dem wunderbaren Film von Ettore Scola »Le Bal«: Draußen ändert sich die Welt dramatisch, drinnen, in einer zeitlosen Situation, tanzt man weiter, wie man es seit je gewohnt ist. Das einfache, bescheidene Ambiente bewahrt den volkstümlichen Charakter eines Treffpunkts von Hafenarbeitern und Handwerkern. In zwei Speiseräumen – einer mit dem Tresen, der andere ist ruhiger – wird eine definitiv »alltägliche« Küche serviert: **Tagliatelle mit Thunfisch-Sugo**, überbackene Gemüse, Braten, **Vincisgrassi** (eine Spezialität der Marken: breite Nudeln mit Béchamelsauce, mit Zimt und Nelken gewürzt), **Frittura di Pesce** (allabendlich) mit Tintenfischen, Sardinen und »zanchette« (kleinen Seezungen) aus lokalem Fang. Für das Gericht der Stadt schlechthin, den **Stoccafisso all'anconetana**, jedoch ist das Lokal geradezu ein Tempel; dessen Ritual wird jeden Freitag gefeiert, auf Bestellung auch an anderen Tagen. Paolo Peverieri, der die »Cantineta« in den 50er Jahren gründete, wird von Alessandro und Silvana im Service und von Olivia und Davinia in der Küche unterstützt. Das Weinangebot ist, seit je, auf einen ordentlichen offenen Verdicchio beschränkt. Nach dem Essen obligatorisch ist der »turchetto«, ein Gebräu aus Kaffee, Rum, Zucker und Zitronenschale als hervorragender Digestif.

Die »Casa del Formaggio« (Piazza Kennedy, 10–11), nur wenige Schritte von der Cantineta, verfügt über ein riesiges Angebot an Käse und Feinkost.

Ancona
Poggio
11 km von der Stadtmitte

Mafalda

Trattoria
Ortsteil Poggio-Monte Cònero
Tel. 071/801175 [So.abend
Ruhetag: Mi., nicht im So.; im Winter
Betriebsferien: die letzte Wo. im Juni u. die ersten 2 Wo. im Juli
45 Plätze
Preise: 35 – 45 000 Lire
Keine Kreditkarten
Mittags und abends geöffnet

Mit den kulinarischen Kostbarkeiten der Gegend um den grandiosen Monte Cònero wußte man in diesem Lokal schon immer sehr geschickt umzugehen, ganz gleich, ob es sich nun um Fisch, Fleisch oder Gemüse handelt. Die Lücke, die sich nach dem Tod von Signora Mafalda vor ein paar Jahren aufgetan hatte, wird nun von Tochter Marilena Brugiavini und Schwiegertochter Luisa ausgefüllt, die sowohl den familiären Stil des Lokals als auch die Besonderheiten der Küche ganz im Sinne Signora Mafaldas weiterführen. Remo besorgt den Fisch fangfrisch bei den Fischern der Gegend und kann Ihnen auch so manches Wissenswerte über die verschiedenen Muscheln und Krebse sagen, während der Vater Ihnen den Wein dazu serviert.
Zum Auftakt gibt es gleich einmal Meeresfrüchte in allen Varianten, die Sie am besten in der leckeren **Insalata di frutti di mare** durchprobieren können. Weiter geht es mit Gnocchi oder hausgemachten **Tagliatelle** mit »weißem« oder »rotem« Fisch-Sugo, bevor es dann schließlich zur **Frittura di Paranza** oder einem gemischten Teller mit gebratenen Fischen übergeht. Den **Brodetto all'anconetana**, die Fischsuppe, müßten Sie vorbestellen. Sehr zu empfehlen (allerdings nur im Winter) ist auch der mit Sardellen, Kapern, Oliven und Brotkrume **gefüllte Stockfisch**. Ein weitere glückliche Symbiose zwischen Meer und Festland sind die mit Kalbfleisch **gefüllten Miesmuscheln**. Da die Zubereitung allerdings etwas aufwendiger ist, müßten Sie auch dieses Gericht vorbestellen. Außerdem gibt es **Lamm mit Wacholderbeeren** und **Kaninchen mit Rosmarin**. Diese und einige andere auf dem Cònero wildwachsende Kräuter geben den Gerichten ihre ganz spezielle Note.
Klein, aber fein ist die Auswahl an Flaschenweinen, darunter einige Weißweine aus den Marken und der Rosso Cònero.

Ancona
Poggio
11 km von der Stadtmitte

Osteria del Poggio

Osteria
Ortsteil Poggio, 57
Tel. 071/801382 – 801100
Ruhetag: Mittwoch
Betriebsferien: im Januar
50 Plätze
Preise: 35 – 40 000 Lire
Keine Kreditkarten
Mittags und abends geöffnet

Diese nette Osteria im Parco del Cònero ist einen kleinen Exkurs in die Geschichte wert. Sie wurde in den 20er Jahren von den Großeltern des heutigen Inhabers Maurizio Fiorini gegründet. Damals handelte es sich um ein kleines Gasthaus mit Fremdenzimmern, Gemischtwaren- und Tabakhandlung. Hier hörten die Bewohner von Poggio zum erstenmal Radio, hier sahen sie zum erstenmal fern. Maurizio – ein passionierter Tangotänzer, der auch Kurse organisiert – hat dann 1995 die Osteria wieder im alten Stil eingerichtet. In Marisa Palma fand Maurizio die ideale Mitarbeiterin, denn ihre freundliche Art und ihre langjährige Erfahrung garantieren die tadellose Führung der Osteria. In den vier hübschen Speisezimmern ißt man nach der Art der Marken: hervorragenden **Aufschnitt aus Cònero**, grüne Bohnen mit Minze, gratiniertes Gemüse, **Sardoni alla griglia**, **Tagliatelle con moscioli** (Miesmuscheln), **Schweinerippchen vom Grill**, Scroccafusi und Crostata als Dessert. Oftmals findet man auf der Speisekarte auch **Stoccafisso all' anconetana**, **Tintenfisch mit Erbsen**, Baccalà con cipolle, Hackbraten und hausgemachten Russischen Salat, **Pecorino**, Formaggio di fossa, Mugelle. Die ausgezeichneten Cavatelli mit Gemüse oder Fischsauce sind eine Hommage an die Molise, Marisas Heimat. Auf Vorbestellung wird ein komplettes Fischmenü serviert. Zum Schluß kann man zwischen Fruchtsorbets, Scroccafusi und Mürbeteigkuchen wählen. Das schöne Weinsortiment konzentriert sich auf die besten Erzeuger der Region.

Ancona

Teatro Strabacco

Osteria mit Ausschank und Küche
Via Oberdan, 2
Tel. 071/54213–56748
Ruhetag: Montag
Keine Betriebsferien
180 Plätze
Preise: 30 – 45 000 Lire, ohne Wein
Kreditkarten: alle
Mittags und abends geöffnet

Seit rund zwanzig Jahren gibt es nun schon diese Osteria mitten im alten Zentrum von Ancona, ganz in der Nähe des Corso principale mit den alten Buchbindereien sowie dem Gebäude des Regionalparlaments. Doch die Vielseitigkeit von Danilo Tornifoglias Lokal ist ungetrübt, und so bekommen Sie hier zu den üblichen Essenszeiten warme Küche, während Sie auf eine Flasche Wein und ein paar Knabbereien auch noch spätabends vorbeischauen können. All das geht nicht etwa zu Lasten der Küche, im Gegenteil: Dinkelbrot, Extravergine-Öl, frische Pasta, Crescia sfogliata, Grappa sowie sorgfältig ausgesuchte Käse und Wurst stammen aus eigener Herstellung.
Auf der abwechslungsreichen Speisekarte finden Sie zahlreiche Fischgerichte wie **Spaghetti mit Sardinen**, mit Krebsen oder mit Thunfischkaviar oder Zuppa scorzona, die nur aus Mollusken zubereitet wird, des weiteren **Stockfisch all'anconetana, Fischsuppe** (die es bei entsprechendem Fischangebot fast immer gibt), **fritiertes** oder gegrilltes **Gemüse**, **kurz angebratene Sardinen**, gemischten **fritierten Fisch**, auf der Holzkohle **gegrilltes Lamm** sowie ein Steak von der Kuh. Interessant schmecken die Cappellacci mit einer Füllung aus Bohnencreme oder der Raviolo aus einem Teig mit grünen Walnußschalen, der mit Fleisch und Trüffeln gefüllt wird. Lassen Sie sich den **höhlengereiften Pecorino** nicht entgehen, zu dem ein lauwarmer heimischer Honig gereicht wird. Lecker sind auch Nadia Gabbarinis täglich wechselnde Süßspeisen. Der schon jetzt gut bestückten Weinkarte gesellen sich laufend weitere Flaschen hinzu.

In der Enoteca Anconavini, Via Damiano Chiesa 19, finden Sie eine reiche Auswahl an Weinen und Schnäpsen. Eine Adresse für Feinschmecker ist die Gastronomia Camilletti im Mercato Maratta.

Arcevia

60 km nordwestlich von Ancona, S.S. 76

Pinocchio

NEU

Restaurant
Via Ramazzani Vici, 135
Tel. 0731/97288
Ruhetag: Mittwoch
Betriebsferien: unterschiedlich
25 Plätze
Preise: 35 000 Lire, ohne Wein
Kreditkarten: CartaSi, Visa
Mittags und abends geöffnet

Arcevia liegt etwas abseits von der Marschrichtung der sommerlichen Touristenströme, und dabei lohnt es nicht nur, die zahlreichen Schlösser in dieser waldreichen Umgebung näher zu erkunden, sondern auch den Ort Arcevia selbst. Und wer dann müde und hungrig nach so viel Kultur eine Einkehr sucht, der sollte dieses kleine, im Keller eines alten Palazzo eingerichtete Restaurant aufsuchen, dessen Küche im Gegensatz zu dem kleinen Lügenbold, den es im Wappen führt, hält, was sie verspricht.
Dafür stehen die jungen Inhaber Romolo und Luisa Sagrati ein: Er ist für die Küche verantwortlich, während sie sich in dem winzigen Saal rührend um die Gäste kümmert. Die schmackhaften Gerichte, die hier angeboten werden, sind bodenständig und auf die frischen Zutaten der jeweiligen Jahreszeit ausgerichtet. Von dem täglich wechselnden Menü führen wir hier bunt durcheinander wenigstens ein paar Gerichte an: auserlesene Käse- und Wurstsorten als Vorspeise, dazu Gemüse oder Hülsenfrüchte, **Tagliatelle al ragù** oder mit Pilzen und Trüffeln (in der Saison), Polenta, Cannelloni, Pasta e fagioli, Kichererbsensuppe, **gebratenes Kaninchen** oder Kaninchen mit Tomaten, Wildschwein- oder **Taubenragout**, **gebratene Gans** oder Ente sowie den Schmorbraten in Rotwein. Im Winter dreht sich in dem riesigen Kamin am Eingang des Speiseraums ein Spieß mit einem **Lamm** oder mit Wild.
Die Weinkarte umfaßt vorrangig regionale Flaschenweine. Ebenso erfreulich wie die gute Qualität der Speisen fällt zum Schluß die Rechnung auf.

Einen ausgezeichneten Honig bekommen Sie sowohl bei Delfina Pietragostini im Stadtteil Avacelli als auch bei Bruno Terzoni und Domenico Carlucci im nahe gelegenen Dorf **Piticchio** (6 km).

Ascoli Piceno
Piagge
6 km von der Stadtmitte

C'era una Volta

Trattoria
Ortsteil Piagge, 236
Tel. 07 36 / 26 17 80
Ruhetag: Dienstag
Keine Betriebsferien
40 Plätze + 40 im Freien
Preise: 30 – 35 000 Lire
Keine Kreditkarten
Nur abends, So. auch mittags geöffnet

In diesem Lokal könnte einem wirklich das Herz aufgehen: Bereits seit der ersten Ausgabe gehört es zum eisernen Bestand unseres Führers, und bei jedem unserer Besuche waren wir verzaubert von seiner stets gleichbleibenden, vertrauten Atmosphäre.
Unter den Gerichten, die Tonino Camaioni und seine Frau Luciana (mit der Unterstützung ihrer beiden Söhne) anbieten, seien hier die »Klassiker« genannt: Beginnen Sie mit **Kutteln**, Wurstwaren, **Lamminnereien**, **Polenta** mit Käse und Steinpilzen oder mit einem Wurst-Sugo (ab dem Herbst) oder einer schmackhaften **Cotica abbiturata** (ausgekochte Schwarte mit Majoran, Tomaten und Pecorino). Es geht weiter mit den leckeren **Dinkel- oder Lauchsuppen**, Tagliatelle mit Steinpilzen, **Tacconi mit Kichererbsen**, Gnocchi mit Ricotta- oder Fleischfüllung (eine persönliche Kreation, die es inzwischen zum Stammgericht des Lokals gebracht hat), und an lauen Sommerabenden schmecken einfache Spaghetti mit Tomaten und Basilikum am besten. Unter den Secondi findet man **Ragout vom Lamm oder vom Schwein**, »toten« Tauben- oder Perlhuhnbraten, gefüllten Schweinefuß mit Linsen sowie **fritierte Lammkoteletts und Oliven** mit gemischtem Salat. Im Sommer dann kommen eingemachtes Gemüse, Pecorino mit Birnen und manchmal gefüllte Zucchine auf den Tisch. Mit einem hausgemachten Dessert können Sie das Mahl beschließen, während Sie sich bei den Weinen bedenkenlos für den offenen Hauswein entscheiden können, auch wenn es daneben einige Flaschen aus dem Piceno gibt.

Die sicherste Adresse für die zarten Oliven aus Ascoli, sowohl in Salz als auch gefüllt und fertig zum Fritieren (oder frisch fritiert), ist die Gastronomia Enoteca Migliori, Piazza Arringo 2 in **Ascoli Piceno** (6 km).

Ascoli Piceno
Piagge
6 km von der Stadtmitte

Cefelò

NEU

Trattoria
Ortsteil Piagge, 275
Tel. 07 36 / 25 45 25
Ruhetag: Dienstag
Betriebsferien: im September
40 Plätze + 30 im Freien
Preise: 30 000 Lire, ohne Wein
Keine Kreditkarten
Mittags und abends geöffnet

Fast zur Stadtbesichtigung gehört auch ein Besuch im Caffè Meletti, einem der schönsten historischen Lokale Italiens, dessen Renovierung mit dem Erscheinen dieses Führers hoffentlich beendet sein wird. Wollen Sie anschließend dann auch die echte und unverfälschte Küche Ascolis kennenlernen, dann sollten Sie die kleine Anreise in Kauf nehmen und ins »Cefelò« hinauffahren, das in 700 Meter Höhe auf dem Weg nach Colle San Marco liegt.
In dieser traditionellen Familien-Trattoria wird Sie Roberto de Angelis erwarten, der Ihnen neben den gefüllten und fritierten **Olive ascolane** als Antipasti auch gratiniertes Gemüse der Saison, gute lokale Wurstwaren und Pecorino-Käse servieren wird. Besondere Erwähnung unter den Primi verdienen dann die **Tagliatelle mit Steinpilzen**, die mit Ricotta oder Fleisch gefüllten Ravioli mit einem Sugo aus gemischtem Hackfleisch oder aus Tomaten und die Spaghetti mit wildem Spargel (im Frühjahr). Im Winter gehört der **Baccalà** zu den Klassikern des Lokals: Ihm zu Ehren wurde eigens ein Degustationsmenü zusammengestellt, das wirklich alles andere als abgegriffen schmeckt. Das ganze Jahr über finden Sie **Lamm** und **Berghammel**, die, wie auch einige sehr gute Stücke vom Rind und Schwein, auf der Holzkohle gegrillt werden. In der Saison dann Pilze oder Artischocken als Beilage zum Filet. Aushängeschild des Lokals ist und bleibt jedoch das göttliche **Fritto all'ascolana**. Löblich das Weinangebot, das sich nicht nur auf lokale Erzeugnisse beschränkt.

Die Arlecchino Wine Bar, Via Mari 16–2, ist ein gutes Beispiel für die gelungene Modernisierung eines vielbesuchten Lokals von Ascoli: Neben guten Weinen gibt es hier hin und wieder kleine Gerichte und manchmal sogar themenbezogene Veranstaltungen.

Ascoli Piceno Annunziata

1 km von der Stadtmitte

Incontri

Restaurant
Via Fortezza Pia, 3
Tel. 07 36 / 25 22 27
Ruhetag: Dienstag
Betriebsferien: April u. Okt.
40 Plätze + 30 im Freien
Preise: 25 – 35 000 Lire, ohne Wein
Keine Kreditkarten
Nur abends geöffnet

Auf dem bewaldeten Hügel Annunziata, der über die Stadt Ascoli wacht, hat seit einigen Jahren der Kulturverein »Incontri« in einem gemütlich renovierten Bauernhaus eine neue Bleibe gefunden.
Zum Auftakt werden hier gefüllte und fritierte **Olive ascolane** aus eigener Herstellung gereicht, anschließend gibt es allerlei gratiniertes, fritiertes oder in der Pfanne gebratenes Gemüse (in der Saison sollten Sie sich die Kürbisblüten nicht entgehen lassen) oder auch einen sehr leckeren **gebackenen Pecorino** sowie lokale **Wurstwaren**. Eine der Stärken des Lokals sind die hausgemachten Nudeln, von den Strozzapreti mit verschiedensten Gemüsesaucen über die Kürbis-Tortelli und die **Tagliatelle** mit wildem Fenchel bis hin zu einem **Pasticcio di maccheroni**, der wohl auch in Pellegrino Artusis legendärem, bereits 1907 erschienenem Standardwerk »La scienza in cucina« Aufnahme gefunden hätte und hier nach einem Rezept des traditionsreichen Caffè Meletti zubereitet wird. Ein köstliches **gefülltes Kaninchen** sowie auf der Holzkohle gegrilltes **Lamm- und Hammelfleisch** gehören zu den am häufigsten angebotenen Secondi. Daneben gibt es auch einmal einen Schmorbraten, ein Steak mit Cognac oder den einzigartigen Schweinebraten mit Waldkräutern, Tomaten und Reis.
Die Desserts (Schokoladen-Mandel-Kuchen oder Semifreddo mit Haselnüssen) sind hausgemacht, während sich das Weinsortiment nicht nur auf heimische Erzeugnisse beschränkt. Trinken Sie zum Abschluß noch ein Gläschen selbstgebrauten Limoncello.

Der Forno Tranquilli in der Via dei Conti 10 in **Ascoli Piceno** besteht bereits seit 1930. Empfehlenswert sind neben den vielen Brotsorten auch die Piconi Pasquali, die mit Pecorino unterschiedlicher Reifegrade gefüllt sind.

Borgo Pace

73 km südwestlich von Pesaro, S.S. 73 bis

La Diligenza Da Rodolfo

Trattoria
Piazza del Pino, 9 – 15
Tel. 07 22 / 8 91 24
Ruhetag: Mittwoch, nicht im Sommer
Betriebsferien: September
60 Plätze
Preise: 40 000 Lire, ohne Wein
Kreditkarten: die bekannteren
Mittags und abends geöffnet

Wohl niemand würde den winzigen Ort Borgo Pace kennen, der zwischen den Wildwassern Meta und Auro bescheiden an der Straße von Urbino nach Umbrien vor sich hindöst, gäbe es da nicht dieses Hotelrestaurant: Da es bis zu den Serpentinen des Passo di Bocca Trabaria nicht mehr weit ist, legten einst die Postillione hier eine Rast ein und wechselten ihre Pferde. Das kulinarische Angebot ist schlicht, grundehrlich und bodenständig. Mag das dem einen oder anderen anspruchsvolleren Gaumen zu banal klingen, dann sollte er im Herbst hierher kommen, wenn sich die Feinschmecker einfinden, um Wild, Pilzen und weißer **Trüffel** zu frönen. Die rustikale Einrichtung ist zwar etwas altmodisch, doch tut das der Gemütlichkeit in keiner Weise Abbruch, ist doch auch der Service zuvorkommend und höflich.
Nach den herkömmlichen Antipasti mit verschiedenerlei Wurst und Crostini mit Leberpastete kann man zu den leckeren Primi übergehen, die mit ihren Cappelletti in Brühe, den Tagliatelle al ragù, den **Ravioli mit Pilzen** oder den grünen Gnocchi ebenfalls ganz auf Tradition setzen. Als Secondo gibt es mit **Kräutern gefülltes Kaninchen**, Huhn nach Teufelsart, **Wildschweinragout**, **geschmorte Taube**, gemischte Grillteller oder eben Wild. Zum Abschluß empfiehlt sich eine hausgemachte Cremespeise.
Auf der Weinkarte finden sich vorwiegend offene Weine aus den Colli Pesaresi, die dem Vergleich mit der schmackhaften und gepflegten Küche nicht unbedingt standhalten. Doch so verbesserungswürdig das Weinangebot auch sein mag, einer ist es gewiß nicht: der hausgemachte Nocino. Insgesamt ein sehr empfehlenswertes Lokal, in dem sich auch Ihr Geldbeutel wohl fühlen wird – es sei denn, Sie bestellen sich Trüffel.

Cagli

25 km südlich von Urbino,
62 km südlich von Pesaro, S.S. 3

Guazza

Bar – Restaurant
Via Mochi, 6–8–10
Tel. 07 21 / 78 72 31
Ruhetag: Freitag
Betriebsferien: Juli
60 Plätze
Preise: 35 – 40 000 Lire, ohne Wein
Keine Kreditkarten
Nur mittags geöffnet

Die Trattoria »Guazza« am Ortseingang von Cagli kennt man hier eher unter dem Namen ihres Inhabers Fernando Luchini, vor allem jedoch wegen des guten Rufs, der seinen Gerichten vorauseilt. Die Küche bezieht ihre sorgsam ausgesuchten Zutaten von kleinen Produzenten aus der Gegend, und Sie können sicher sein, daß sie von Könnern weiterverarbeitet werden. Beginnen Sie mit einem kleinen Sortiment Crostini (köstlich die mit Steinpilzen), um dann gleich mit den Tagliatelle mit Steinpilzen weiterzumachen oder den im Ofen überbackenen Nudeln wie den **Vincisgrassi** mit Fleischragout – das traditionelle Gericht Caglis, das Sie sich nicht entgehen lassen sollten. Hervorzuheben sind auch die **mit Kartoffeln gefüllten Tortelli** mit einer Tomaten-Zwiebel-Sauce und die **Pappardelle** mit Hasenragout. Neben dem klassischen im Ofen gebratenen Kaninchen sei noch ein weiteres sehr beliebtes Gericht erwähnt, der **Fricò alla cacciatora**: in Wein und Essig mariniertes Lamm-, Kaninchen- und Hühnerfleisch, das mit Knoblauch in der Pfanne angebraten wird. Für einen ausgefalleneren Geschmack werden hin und wieder **im Ofen gebratene Schnecken** angeboten, und auf Vorbestellung gibt es **Federwild**: Drosseln, Fasane, Schnepfen oder Enten. Pecorino oder hausgemachte Süßspeisen wie die Crostata mit Brombeermarmelade beenden das Menü, zu dem Sie den weißen Hauswein oder auch Flaschenweine aus der Toskana und dem Piemont bestellen können.

🧀 Der landwirtschaftliche Betrieb von Roberto Del Romano auf dem Weg zum Monte Paganuccio bietet Schafs- oder frischen Ziegenkäse mit oder ohne Kräuter sowie Dinkel und Gemüse aus biologischem Anbau. Auch die Genossenschaft Petrano in der Via Flaminia 4 hält sich bei der Verarbeitung ihrer verschiedenen Käsesorten an alte handwerkliche Methoden.

Camerata Picena

15 km von Ancona

La Taverna dei Guelfi

NEU

Restaurant
Piazza Vittorio Veneto, 56
Tel. 0 71 / 7 49 98 99
Ruhetag: Montag
Betriebsferien: Ende Juli – Anf. Aug.
45 Plätze
Preise: 25 – 35 000 Lire, ohne Wein
Kreditkarten: CartaSi, EC, MC
Mittags und abends geöffnet

Bevor Sie sich in Camerata Piceno Ihrem leiblichen Wohl widmen, sollten Sie doch noch einen kleinen Abstecher zu der nahe gelegenen Zisterzienser-Abtei Santa Maria in Castagnola aus dem 12. Jahrhundert machen. Um das Kloster herum bauten die Mönche jahrhundertelang Tabak an, den sie dank eines entsprechenden Privilegs auch gleich weiterverarbeiteten. Aus dem Jahr 1612 hingegen stammt das innerhalb der Befestigungsmauern gelegene Quartier der Guelfen, in dem vor ein paar Jahren diese Taverne eröffnet wurde. Geführt wird sie von Maurizio Pergolini, hier allseits nur »Titti« genannt, dem die jungen und dynamischen Demetrio, Fabio, Nadia und Valeria tatkräftig zur Seite stehen. In dem originalgetreu restaurierten Speisesaal, in dem sogar die kleinen Fenster erhalten geblieben sind, werden die Holztische statt mit normalen Tischdecken rustikal mit Strohpapier gedeckt: eine nette Art, die hier gebotene unverfälschte Küche der Marken zu präsentieren. Die Antipasti zum Auftakt bestehen aus Wurst und eingelegtem Gemüse, wozu manchmal auch **Cresce** (schmackhafte kleine Fladen, traditionell auch zu gesottenem Gemüse) gereicht werden. Es folgen **Tagliatelle mit dicken Bohnen** sowie einige weitere Nudelsorten mit Gemüse, und anschließend gibt es Kutteln, gegrilltes Fleisch, Lamm und **im Ofen gebratene Schweinshaxe**. Auf Vorbestellung werden auch Fischgerichte zubereitet. Bei den Desserts finden Sie den klassischen **Ciambellone**, den Traditionskuchen der Marken schlechthin, daneben einige Obstkuchen, Semifreddi oder Gebäck. In dem alten Weinkeller lagert ein stattliches Sortiment an Flaschenweinen aus den Marken und anderen Regionen.

Camerino

49 km südwestlich von Macerata, S.S. 77

Osteria dell'Arte

NEU

Osteria
Via Arco della Luna, 7
Tel. 07 37 / 63 35 58
Ruhetag: Freitag
Betriebsferien: 10 Tage im Januar
45 Plätze
Preise: 30 – 45 000 Lire, ohne Wein
Kreditkarten: DC, Visa
Mittags und abends geöffnet

Diese traditionsreiche und erst kürzlich mit viel Geschmack renovierte Osteria liegt im ehemaligen Judenviertel des hübschen Städtchens Camerino, das übrigens mit einigen kunsthistorischen Sehenswürdigkeiten wie dem Dom und der alten Kirche San Venanzio aufwarten kann. Daneben gibt es hier eine berühmte kleine Universität und einen prächtigen botanischen Garten. Paolo Turchetti und Anna Maria Servili, die Inhaber des Lokals, bieten Ihnen eine regionale, vom Lauf der Jahreszeiten vorgegebene Küche, die jedoch auch für durchdachte Neuschöpfungen stets offen ist.
Nach einigen schmackhaften, kleinen Vorspeisen (Wurst, kleine Ricotta-Aufläufe mit Basilikum-Sauce und salzige Gemüsetorten) werden Sie dann vielleicht die **Dinkelsuppe mit dicken Bohnen und Majoran** probieren wollen, die **Campofiloni mit Enten-** oder **Taubenragout,** die **Garganelli mit wildem Fenchel** oder auch die Strangozzi mit Paprikaschoten. Hervorzuheben bei den Secondi sind insbesondere die Gerichte mit Ziegen- und Lammfleisch, die typisch sind für diese Gegend: klassisch **kurz angebraten**, in Stückchen **geschmort mit Trüffeln** oder auch in einer etwas ausgefalleneren Variante mit Honig und Balsamico-Essig. Erwähnt werden sollte ebenfalls das **entbeinte und anschließend panierte Kaninchen** mit einem Zwiebel-Apfel-Törtchen und das **Kaninchenragout** mit Majoran. Daneben finden sich auch interessante vegetarische Gerichte sowie Süßwasserfische, insbesondere Forelle. Große Auswahl beim Käse, darunter der in der Höhle gereifte Pecorino, zu dem Honig oder eingedickter Traubenmost serviert wird. Die hausgemachten Desserts richten sich ebenfalls nach den Jahreszeiten.
Im Weinkeller lagern ausgesuchte regionale Weine sowie einige Flaschen aus dem übrigen Italien, deren Preise durchaus angemessen sind.

Cartoceto

26 km südlich von Pesaro, S.S. 423

Osteria del Frantoio

NEU

Osteria
Via San Martino, 5
Tel. 07 21 / 89 82 86
Ruhetag: Montag
Keine Betriebsferien
30 Plätze + 40 im Freien
Preise: 35 000 Lire, ohne Wein
Keine Kreditkarten
Nur abends geöffnet

Die reizende kleine Gemeinde Cartoceto hat als regionale Hauptstadt des Extravergine-Öls Ruhm erlangt. Ein gut ausgeschilderter Weg führt Sie zur Osteria, die auf eine abwechslungsreiche Geschichte zurückblicken kann: Anfang des 18. Jahrhunderts wurde in der alten Ölmühle ein Theater mit dem klangvollen Namen »Theater des Triumphes« eingerichtet, und als dann Paolo Bonazzelli vor ein paar Jahren die Ölmühle wieder funktionstüchtig machte, nannte er sie als Hommage an das alte Theater »Ölmühle des Triumphes«. Und sozusagen als Präsentierteller für sein Extravergine-Öl hat er in den Innenräumen der Mühle diese Osteria gegründet. Beim Essen spielt natürlich das Olivenöl die Hauptrolle, ob bei den Bruschette mit Tomaten zum Auftakt oder beim Bohnensalat mit Käse, den Truthahnspießchen oder fritierten Zucchine, der **Misticanza** (ein Salat aus wilden Kräutern) und den Auberginen mit karamelisierten Zwiebeln, nicht zu vergessen die leckere **Piadina mit gesottenem Gemüse**. Danach folgen **Suppen, aus dicken Bohnen**, Kichererbsen, gemischten Hülsenfrüchten oder Dinkel, und Pasta: grüne **Passatelli** mit Olio reggiolo, **Tacconi mit Saubohnen**, **Vincisgrassi**, Tagliolini mit Pilzen sowie Trofiette mit Pesto. Für 35 000 Lire wird hier auch ein Degustationsmenü angeboten, zu dem neben den Antipasti und zwei verschiedenen Primi auch Crostate und leckere – natürlich mit Öl gebackene – Kekse mit cremigem Eis gehören.
Die edlen Tropfen stammen allesamt vom Weingut Umani Ronchi in den Marken.

Drei Adressen für das gute Öl von Cartoceto: zunächst der Frantoio del Trionfo in der obengenannten Osteria, dann der Frantoio della Rocca, Via Pandolfi 1, und die Cooperativa olivicola Cartoceto in der Via Bellaria 2.

Castelbellino

42 km südwestlich von Ancona, S.S. 76

Tamburo battente

NEU

Osteria
Piazza San Marco, 10
Tel. 07 31/70 40 83
Ruhetag: Dienstag
Betriebsferien: Mitte August
60 Plätze + 40 im Freien
Preise: 30 000 Lire
Keine Kreditkarten
Nur abends geöffnet

Dieses Dorf hieß ursprünglich Morro Panicale, bevor es dann den Namen des hier im 13. und 14. Jahrhundert errichteten Schlosses der Ghibellinen, Castelbellino eben, übernehmen mußte. Von dem Schloß selbst ist so gut wie nichts mehr erhalten, bis auf ein paar Überreste auf einer Erhebung, von der aus das gesamte Esinotal überblickt werden kann, eine der schönsten Kulturlandschaften der gesamten Region. Im Ort zurück, finden Sie in einer kleinen Gasse gleich bei der Piazza eine witzige, jugendliche Osteria, die sich eigentlich nicht so richtig als Restaurant bezeichnen läßt, wären da nicht die Atmosphäre und Küche, die eindeutig »slow« und bodenständig sind.
Angelo, Gino und Lolita bieten Ihnen hier eine ganze Reihe leckerer Crostini und Bruschette, danach, je nach Jahreszeit, vielleicht **Tagliatelle mit Waldreben**, den **Ciavarro** (eine Suppe aus Gemüse und Hülsenfrüchten), **Tagliatelle mit Borlotto-Bohnen**, Spaghetti »crudaiola« mit Tomaten und Basilikum, Fusilli mit Oliven oder Tortiglioni mit Pfeffer. Als Secondo gibt es auf der Holzkohle gegrillten **Hammel**, gekochtes Fleisch in grüner Sauce, **Hähnchen nach Jägerinnenart**, **Pilotto** (Schwein mit Äpfeln), Gemüse-Ratatouille und Polenta mit allerlei Saucen. Ein- bis zweimal in der Woche wird Fisch angeboten. Auf der Weinkarte stehen einige lokale Weine, unter anderem Verdicchio und Lacrima di Morro d'Alba.

In **Moie** di Maiolati Spontini (3 km) finden Sie bei Vittorio Piccioni in der Via Vallati 19 die inzwischen seltenen Lonzini di fichi, eine Süßigkeit aus getrockneten, gepreßten und anschließend mit Mandeln und Rum gefüllten Feigen.

Castelraimondo Contrada Santangelo

43 km südwestlich von Macerata, S.S. 361

Il Giardino degli Ulivi

Bauernhof
Ortsteil Santangelo, 54
Tel. 07 37 / 64 21 21 und 64 04 41
Ruhetag: Dienstag
Betriebsferien: November und Januar
60 Plätze
Preise: 40 – 45 000 Lire, ohne Wein
Kreditkarten: CartaSi, Visa
Mittags und abends geöffnet

Dieser Agriturismo liegt auf einer Anhöhe unterhalb des Monte Gemmo, in der Nähe des Valle Esina. Die herrliche Straße, die Sie von Castelraimondo hierher führt, führt Sie vorbei an Eichen, Olivenbäumen, Ginsterbüschen, Weinbergen und alten Bauernhäusern: Halten Sie sich zunächst in Richtung Matelica, und biegen Sie dann links Richtung Castel Santa Maria ab.
Ganz der Natur verschrieben hat sich auch die Familie Cioccoloni, bei der Produkte verarbeitet werden, die auf den eigenen 19 Hektar Land geerntet oder bei benachbarten Bauernhöfen erworben wurden. Signora Maria Pia hält sich bei der Zubereitung ihrer Gerichte an die unverfälschte Tradition der Marken, während ihr Mann und die Tochter für die Bedienung der Gäste zuständig sind. Unter den zahlreichen und häufig wechselnden Gerichten finden sich beispielsweise eine **Terrine aus Kaninchenleber, Bauchspeck, Salbei und Essig** in der Brotkruste, daneben ausgezeichnete lokale Wurstwaren, Omeletts mit frischem Gemüse oder Trüffeln, gekochte Zunge mit grüner Sauce, Käse mit Birnen, mit Majoran gewürzte **Kutteln**, **Tagliolini** entweder in Brühe oder mit Lamm-Sugo, Suppen aus Dinkel, Gerste, Saubohnen und Zichorie, Cappelletti in Gemüsebrühe, **Pencianelle mit Artischocken**, Lasagnette mit Ricotta und Mangold, Ente in Weichselsauce, **Polenta mit Schweinerippchen und Gemüse**, **Perlhuhn** süß-sauer sowie Truthahn in der Kruste. Doch damit nicht genug, es gibt auch noch Süßes: verschiedene Mürbeteigkuchen mit Marmelade, Ricotta oder Obst oder den Ciambellone mit Orangenschale und Schokolade. Die Weinkarte bietet nicht nur einen schönen Überblick über die regionalen Weine, sondern hat auch eine sehr persönliche Note. Und wenn Sie nach einem richtig opulenten Essen nicht mehr weiterfahren wollen, stehen Ihnen hier zum Übernachten fünf Zimmer zur Verfügung.

Comunanza

33 km nordwestlich von Ascoli Piceno, S.S. 78

Roverino

Trattoria – Hotel
Viale Ascoli, 10
Tel. 07 36 / 84 42 42 – 84 45 49
Ruhetag: Sonntag
Betriebsferien: Oktober
100 Plätze
Preise: 35 000 Lire, ohne Wein
Kreditkarten: CartaSi
Mittags und abends geöffnet

Hotelrestaurants wird – mitunter nicht ganz zu Unrecht – mißtrauisch begegnet, dienen sie doch gerne dazu, Touristen, Ge-schäftsleute oder sonstige Reisende mit hastig zubereiteten Gerichten in aller Schnelle abzufüttern. Nicht so bei Giuseppe Cutini, der zwar sein Lokal hübsch und gemütlich renoviert hat, von der Philosophie seiner bodenständigen Küche jedoch kein Jota abgewichen ist. Darüber wacht in der Küche nicht zuletzt auch der gestrenge Onkel Danilo, der mit Leib und Seele dafür einsteht, daß hier eine unverfälschte und traditionelle Kost zubereitet wird.
Das kulinarische Angebot richtet sich nach dem Angebot des Marktes und den Produkten, die bei kleinen Erzeugern in den Monti Sibillini aufzutreiben sind. Wie in vielen Trattorie üblich, gibt es hier bestimmte Gerichte nur an bestimmten Wochentagen (donnerstags Gnocchi, freitags Stockfisch, samstags Kutteln), doch abgesehen davon bietet die Speisekarte regelmäßig Antipasti mit lokalen Wurstwaren, **Pecorino** oder **Omeletts mit Pilzen** oder **Trüffeln**, Primi mit **Tagliatelle**, gefüllter Pasta oder allerlei Risotti bis hin zu den Secondi mit gegrilltem oder gebratenem Fleisch, **gebratenem Baccalà** oder Stockfisch mit Kartoffeln. Außerdem noch Lamm, **Hammel** und im Herbst **Wild**. Nur die wenigen, größtenteils nicht einmal hausgemachten Süßspeisen wollen sich in diesen erfreulich bunten Reigen nicht so ganz einpassen.
Die Zusammenstellung der Weinkarte ist zwar noch nicht vollständig abgeschlossen, doch finden sich bereits einige interessante Gewächse. Für ein Essen mit einer Flasche Wein müssen Sie 45 000 Lire einplanen, die Sie als Trüffelliebhaber natürlich überschreiten werden.

Im Prosciuttificio Ecilio Prosperi, Via Pascali, wird hochwertiger Schinken verkauft.

Cupra Marittima

41 km nordöstl. von Ascoli Piceno, S.S. 4 u. 16

Oasi degli Angeli

NEU

Bauernhof
Ortsteil Sant'Egidio, 50
Tel. 07 35 / 77 85 69
Ruhetag: von Okt. bis Mai: Mo.–Do.; nicht im Sommer
Keine Betriebsferien
32 Plätze
Preise: 35 000 Lire, ohne Wein
Keine Kreditkarten
Nur abends, im So. auch mittags geöffn.

Bereits letztes Jahr, als wir diese »Oase« in unseren Führer aufnahmen, haben wir darauf hingewiesen, daß wir gegenüber Agriturismo-Betrieben eher skeptisch sind, haben wir doch schon so manche unerfreuliche Erfahrung machen müssen. Wir schrieben damals aber auch, daß dieses Lokal einen sehr positiven Eindruck auf uns gemacht hatte, denn sowohl die Qualität seiner Küche als auch die herzliche Gastlichkeit und die Art und Weise, wie hier das Agriturismo-Konzept umgesetzt wurde, waren überzeugend. Und siehe da: Ein Jahr später wurde dieser erste Eindruck in jeder Weise bestätigt.
Das Lokal besteht aus zwei niedlichen, schlicht gehaltenen Räumen, in denen einzig der Wein deutliche Akzente setzt. Er wird übrigens selbst erzeugt, wie Öl, Gemüse und Fleisch auch. Alle restlichen Zutaten stammen von kleinen Betrieben aus der Gegend. Aus dem abwechslungsreichen und den Jahreszeiten angepaßten Angebot seien hier stellvertretend für alle die vortrefflichen, lauwarm und mit einem Schuß Öl sowie Basilikum servierten **Ricottine** genannt, aber auch die kleinen Aufläufe mit Kohl und die Wurstwaren von Meisterhand. Marco und Elena haben in Signora Settimia, Elenas Mutter, eine wahre Pasta-Spezialistin in der Küche: Von ihr stammen hausgemachte Köstlichkeiten wie **Tagliatelle mit Enten**- oder **Taubenragout**, Tagliolini mit Artischocken, **Ravioli mit einer Füllung aus Pecorino und Zwiebeln** oder aus Ricotta und Saubohnen, **Timballo** mit Gemüse oder mit Fleischsauce. Dazu gesellen sich Secondi wie **Huhn ncip-nciap**, in der Pfanne gebratenes Perlhuhn oder Kaninchen, gefüllte Tauben oder **Lamm alla cacciatora**.
Lassen Sie sich keinesfalls die hausgemachten Süßspeisen entgehen (Apfelkuchen, Amaretti oder Zuppa inglese). Die Weinkarte hat Persönlichkeit und wird ständig erweitert.

Cupramontana

47 km südwestlich von Ancona, S.S. 76

Anita

Trattoria
Via Fabio Filzi, 7
Tel. 07 31 / 78 03 11
Ruhetag: Dienstag, nicht im Sommer
Betriebsferien: 10 Tage im Oktober
75 Plätze
Preise: 30 – 40 000 Lire
Keine Kreditkarten
Mittags und abends geöffnet

Oben angekommen in dieser kleinen Hauptstadt des Verdicchio dei Castelli di Jesi, die ihren Namen einem vorrömischen, der Göttin Cupra geweihten Tempel verdankt, sollten Sie zunächst einmal den weiten Blick über das Herzland der Marken genießen, der sich von hier aus vor Ihnen auftut. Weinliebhabern empfehlen wir dann auch noch einen Sprung in das interessante Weinetiketten-Museum im Palazzo Leoni. Um die Ecke werden Sie im Vicolo Filzi eine alte Osteria entdecken, die bereits seit ewigen Zeiten existiert: Im vorigen Jahrhundert unter dem Namen »Osteria della Moretta« bekannt, wurde sie 1948 von den jetzigen Inhabern übernommen, die sie »Anita« tauften. Jolanda und Donatello haben ihr Lokal inzwischen vergrößert und damit die Osteria auch räumlich von der Trattoria abgetrennt.
Man beginnt hier mit den Wurstwaren, die aus eigener Herstellung stammen (Lonze, Salsicce, Schinken und Salami), um nach dieser kleinen Stärkung dann zu den Primi überzugehen: leckere **Tagliatelle mit Hühnerklein** oder in der Saison mit Pilzen, **Vincisgrassi**, **Pappardelle mit** Hasen- oder **Entenragout**, **gefüllte Gnocchi** und Tortelloni in Sahnesauce (natürlich handgefertigt). Unter den Secondi ist die ausgezeichnete **Taube** hervorzuheben, die es uns **geschmort** wie gebraten angetan hat, dann Pollo alla cacciatora, **mit Kräutern gefülltes und gebratenes Kaninchen**, Lamm und **Hammel vom Holzkohlengrill**, gemischte Grillplatten sowie in der entsprechenden Jahreszeit **Drosseln am Spieß** und andere Wildgerichte, die allerdings nur auf Vorbestellung zubereitet werden.
Als krönenden Abschluß müssen Sie unter allen Umständen Signora Jolandas köstliches Mascarpone-Dessert probieren. Auf der Weinkarte dreht sich hier natürlich alles um den Verdicchio.

Esanatoglia

51 km westlich von Macerata,
17 km südlich von Fabriano

La Cantinella

NEU

Restaurant
Corso Italia, 9 – 13
Tel. 07 37 / 88 95 85
Ruhetag: Donnerstag
Betriebsferien: unterschiedlich
120 Plätze + 20 im Freien
Preise: 35 – 40 000 Lire, ohne Wein
Keine Kreditkarten
Mittags und abends geöffnet

Wollen Sie die Marken abseits der Touristenströme an der Küste kennenlernen und sich einmal ganz ihren zahlreichen kulturellen wie auch kulinarischen Attraktivitäten widmen, dann empfehlen wir Ihnen einen Tagesausflug nach Esanatoglia. Hier im Quellgebiet des Flusses Esino haben sich nicht nur jahrhundertealte Rezepte und Traditionen erhalten, sondern man trifft auch noch einige selten gewordene Handwerke wie Kürschner und Kupferschmiede an, oder auch kleine Werkstätten, in denen schmiedeeiserne oder andere kunsthandwerkliche Objekte hergestellt werden. Auch das »Cantinella« kann mit Tradition aufwarten: Aus dem Jahre 1891 stammt die erste Lizenz, die damals auf die Urgroßmutter des heutigen Besitzers ausgestellt wurde.
Je nach Saison gibt es hier die verschiedensten Antipasti, unter denen die warmen besondere Erwähnung verdienen. Auf keinen Fall entgehen lassen sollten Sie sich die durchwegs handgemachte Pasta der Signora Giuseppa: Crespelle, **Tagliatelle**, **Cappellacci** und Gnocchi mit allerlei traditionellen Saucen. Als Alternative gibt es Suppen aus Gemüse und Hülsenfrüchten. Besondere Erwähnung unter den Secondi verdienen die **Flußkrebse nach Teufelsart**, die köstliche **Frittura all'ascolana**, die gemischten Grillplatten mit Fleisch und Gemüse sowie das Kalb mit Steinpilzen und Trüffeln. Spätestens jetzt kommt der Käse mit einem hervorragenden höhlengereiften Pecorino sowie vielen weiteren berühmten italienischen und sogar französischen Sorten. Ebenso ausgezeichnet sind die Wurstwaren. Die hausgemachten Süßspeisen reichen von den **Crostate** über die Frappés bis hin zu allerlei Cremespeisen. Sommelier ist hier Isabella, die Tochter Giuseppas, die vorzugsweise regionale Weine zum Essen empfiehlt, allerdings auch noch so manche Flasche aus anderen Anbaugebieten Italiens für Sie bereithält.

Fano

12 km südöstlich von Pesaro,
S.S. 16 oder Ausfahrt A 14

Al Pesce azzurro

Selbstbedienungsrestaurant
Viale Adriatico, 48
Tel. 07 21 / 80 31 65
Ruhetag: Montag
Betriebsferien: 1. Oktober – 30. April
400 Plätze
Preise: 16 000 Lire
Keine Kreditkarten
Mittags und abends geöffnet

Von Mai bis Oktober hat dieses gutbesuchte Selbstbedienungsrestaurant in der Hafengegend von Fano für Sie geöffnet, das vor zehn Jahren von der Fischervereinigung Coomarpesca als Initiative ins Leben gerufen wurde: So gibt es hier schmackhafte Gerichte mit Sardellen, Sardinen, Bastardmakrelen und vielerlei anderen Fischen, die allesamt nach volkstümlichen, überlieferten Rezepten aus Fano zubereitet werden.
Für ganze 16 000 Lire bekommen Sie hier zwei Antipasti, einen Primo, einen Secondo und einen ordentlichen Bianchello del Metauro dazu. Unter den täglich wechselnden Gerichten gebührt ein Ehrenplatz den in ihrer Einfachheit unerreichten **Sardoni a scottadito**, ganz kurz auf der Holzkohle gegrillten Anchovis, neben denen sich **fritierte Sardellen** und Sardinen finden, kleine in Kräutern **geschmorte Meeresschnecken**, marinierte Sardellen, gratinierte Kammuscheln, ein Sardellen-Omelett, **Sardoncini alla menta** sowie das **Gratinato all'azzurro** (nach einem aufwendigen, den Vincisgrassi nicht unähnlichen Rezept). Und das ist beileibe noch nicht alles: **Strozzapreti mit Venusmuscheln**, Penne in Sardinen-Sugo, **Tintenfisch mit Erbsen** (ein kleiner Farbtupfer im monochromen Blau), gekochter fangfrischer Fisch mit einer grünen Sauce und schließlich Suri (Bastardmakrelen) »alle Sante«, also in einer Art himmlischen Brühe. Kurzum: Dieses Lokal sucht in Italien seinesgleichen.

Bei Coomarpesca können Sie das ganze Jahr über frischen Blaufisch bekommen. Die Gastronomia Il Cantinone in der Via Arco di Augusto 60–62 bietet eine Auswahl an Delikatessen aus den Marken und dem übrigen Italien an. Gerardo Bilancionis Käse ist morgens auf dem Markt an der Piazza Andrea Costa und nachmittags in der Via del Fiume 50 erhältlich.

Gabicce Mare
Gabicce Monte

15 km nördlich von Pesaro, S.S. 16

Osteria della Miseria

Osteria
Via Mandorli, 2
Tel. 05 41 / 95 83 08
Ruhetag: Montag
Betriebsferien: Juli bis Mitte August
80 Plätze
Preise: 25 – 35 000 Lire
Keine Kreditkarten
Nur abends geöffnet

Guido Iosa stammt eigentlich aus Bologna, doch sein Steckenpferd, dem Verfall preisgegebenen Orten und vergessenen Stimmungen neues Leben einzuhauchen, hat ihn hierher geführt und nicht mehr gehen lassen. Angeboren ist wohl auch seine Vorliebe für Weine, insbesondere für körperreiche Rotweine, die er höchstpersönlich auf den Weingütern ausfindig macht. Und ist er nicht auf Bacchus' Spuren unterwegs, dann stellt er auserlesenen, vorwiegend toskanischen **Wurstwaren** und **Käse** nach, darunter zahlreiche höhlengereifte Sorten.
Auf der regelmäßig wechselnden Speisekarte finden Sie stets nur wenige vom jeweiligen Marktangebot abhängige Gerichte, die Ihnen die Wahl zwischen traditioneller und innovativer Küche lassen. Besonders schmackhaft sind die **Kutteln**, doch auch die mit Käse gefüllten **Tortelloni** in Pesto, die schlichten Rigatoni mit Tomaten und Basilikum, die **Maltagliati mit dicken Bohnen**, die leckere **Dinkelsuppe** mit Kichererbsen und dicken Bohnen, die **Acquacotta**, die Tomatencremesuppe sowie die **Strozzapreti** mit Gemüse (leider sind die Nudeln nicht hausgemacht) haben eine Kostprobe verdient. Als weiteren Gang sind nun verschiedene Wurstaufschnitte zu empfehlen, darunter ein guter Schinken und die Lonza in der Piadina, sowie die Crostini mit weißem Speck oder mit Olivenpaste. Besonderes Augenmerk gilt neben den Ölen auch den Desserts: Die hervorragenden Marmeladen für die Crostate (aus Orangen oder Heidelbeeren) stammen von benediktinischen Trappistenschwestern.
Insgesamt ein Lokal, in dem eine Flasche Wein in geselliger Runde wichtiger ist als ein mehrgängiges Sterne-Menü.

In **Cattolica** (3,5 km) bietet die Enoteca Oinos, Viale Bovio 54, eine schöne Auswahl an Weinen aus der Emilia und der Romagna.

Grottammare San Giacomo

40 km nordöstlich v. Ascoli Pic., S.S. 16 / A 14

A Casa da Angelo

Bauernhof
Contrada San Giacomo, 26
Tel. 07 35 / 63 17 30
Ruhetag: Mo., Di., Mi.
Betriebsferien: unterschiedlich
45 Plätze + 60 im Freien
Preise: 30 – 35 000 Lire
Keine Kreditkarten
Nur abends, So. auch mittags geöffnet

Von Grottammare erreicht man den Bauernhof, wenn man bis zum Val Tesino fährt und hinter dem Fußballfeld den Hinweisschildern folgt. Nach etwa einem Kilometer steht man dann vor dem Lokal von Angelo Cencetti und seiner Familie. In der Tat zeichnen seine Töchter Sandra und Patrizia für die Küche verantwortlich. Hier und da schmeckt man heraus, daß die Familie aus Umbrien stammt, doch in der Hauptsache gibt es hervorragend zubereitete Spezialitäten aus dem Piceno. Essen Sie zum Auftakt **Focacce** mit gutem Schinken, Fritelle mit Saisongemüse (besonders gut) oder Pecorino von kleinen kambrischen Käsereien. Wählen Sie dann aus den handgemachten Nudeln Ravioli mit Tomaten oder Butter und Salbei, **Tagliatelle** mit Fleischsauce, **Tacconi con fagioli**, Tagliolini cacio e pepe. Bestellen Sie als Hauptgericht **Coniglio in porchetta**, **Pollo alla cacciatora**, gemischte Braten aus dem Holzofen oder das umbrische Perlhuhn »alla leccarda«. Versäumen Sie nicht, sich als Beilage eine **Mesticanza** aus dem hauseigenen Gemüsegarten oder die im Holzofen gratinierten Gemüse zu bestellen. Empfehlenswert sind schließlich auch die hausgemachten Desserts wie Crostata mit Marmelade aus eigener Herstellung, Apfelküchlein, Biskuitkuchen mit Cremefüllung. Zu trinken gibt es einen offenen Wein aus der Gegend; den Mistrà, der Ihnen als Digestif angeboten wird, macht Angelo selbst. Wer keinen Alkohol trinken möchte, kann Kräutertees aus eigenem Anbau bekommen.

In **Acquaviva Picena** (11 km) stellt Eliseo d'Andrea guten Pecorino her. Sein Betrieb liegt in der Via Forole 43.

Grottammare

40 km nordöstlich von Ascoli Piceno, S.S. 16 oder A 14

Il Grillo

NEU

Restaurant
Via De Gasperi, 14
Tel. 07 35 / 58 11 03
Ruhetag: Montag, nicht im Sommer
Betriebsferien: Nov. – Mitte Feb.
65 Plätze
Preise: 50 – 55 000 Lire
Kreditkarten: Visa
Mittags und abends geöffnet

Bereits vor einigen Jahren war uns die einfache und gepflegte Küche dieses direkt am Strand auf halbem Wege zwischen Grottammare und San Benedetto del Tronto gelegenen Lokals aufgefallen.
Mittlerweile wurde Platz für weitere Tische geschaffen, die auf den kleinen Innenraum und die helle, freundliche Veranda mit Blick aufs Meer, in der man auch an kühlen Tagen behaglich warm sitzt, verteilt wurden. Neben dem Inhaber Francesco Lacché kümmern sich seine Frau, seine Schwägerin sowie Lorena Voltattorni in diesem Familienbetrieb um das Wohl ihrer Gäste.
Zum Auftakt gibt es üblicherweise marinierte Sardellen, **in wildem Fenchel geschmorte Schnecken** (Bomboletti, wie sie hier heißen), Oktopus-Salat, ein Süppchen aus Venus- und Miesmuscheln sowie die köstlichen, mit weißem Fisch gefüllten und anschließend fritierten Oliven. Gibt es Tellmuscheln, dann sollten Sie sie unbedingt einmal mit Spaghetti probieren. Stets auf der Karte zu finden sind dagegen die Mezzemaniche mit Scampi-Sauce, die **Spaghetti mit der Tinte der Tintenfische** oder mit Taschenkrebs-Sauce und der Risotto alla marinara bei den Primi und bei den Secondi die **Frittura di Paranza**, der **Seeteufel in Tomaten** und ein gemischter Grillteller. Vorbestellt werden müßte wegen der üppigen Zutaten die **Fischsuppe** alla San Benedetto. Klein, aber fein die Auswahl an erschwinglichen Flaschenweinen.

Im nahe gelegenen **San Benedetto del Tronto** (2 km) gibt es bei Piccola Bontà, Via Montebello 62, erstklassigen Pecorino und Ricotta, die aus dem eigenen Betrieb in der Villa Cesa stammen.

Grottammare

40 km nordöstlich von Ascoli Piceno,
S.S. 16 oder A 14

Locanda Borgo Antico

Restaurant
Via Santa Lucia, 1
Tel. 07 35 / 63 43 57
Ruhetag: Dienstag, nicht im Sommer
Betriebsferien: 1. – 15. Okt.
60 Plätze + 40 im Freien
Preise: 40 – 50 000 Lire
Kreditkarten: BA, CartaSi
Nur abends geöffnet

Das »Borgo Antico« finden Sie in einer schmalen »rua« (Gasse), die von dem erhöht gelegenen alten Ortskern Grottammares zum ehemaligen Waschplatz hinunterführt. Von hier oben genießen Sie eine herrliche Aussicht, und an lauen Sommerabenden können Sie auch noch zu vorgerückter Stunde auf einen Dämmerschoppen hier vorbeischauen. Wir empfehlen Ihnen natürlich in diesem gemütlichen Lokal auch der Küche die Ehre zu erweisen, deren Künste Sie am besten überblicken, wenn Sie sich für das Degustationsmenü zu 40 000 Lire entscheiden.
Doch nun zum abwechslungsreichen Speisenangebot aus ausgesuchten Zutaten: Beginnen Sie vielleicht mit einem **Antipasto marchigiano**, einem **Gemüse-Fricandò**, einer Perlhuhn-Terrine mit Kräutern, der Polenta mit Kaninchenragout, einer Sfogliatina aus Buchweizen mit Auberginen oder aus Sesam mit Ricotta und Kirschtomaten. Bei den Primi finden sich Ravioloni mit Gemüseragout, Dinkel mit Fondue und Sommertrüffel, Kartoffel-Gnocchi, **Tortellacci mit Ricotta**, Tagliolini mit Trüffel sowie mit Baccalà gefüllte Ravioli (Sie können übrigens auch ein ganzes Menü rund um den **Baccalà** bestellen). Unter den Secondi sticht das **Fritto aus Lamm, Oliven und Frischkäse** hervor, daneben gibt es Huhn in Aspik, **Spießchen vom Hammelfleisch**, mit Kräutern geschmortes Kaninchen, Rindfleisch in Rosmarin, Huhn mit Radicchio und Trüffel und Filets von erstklassigem Fleisch, die wirklich vorzüglich zubereitet sind (mit Paprikaschoten, Trüffeln oder Balsamico-Essig).
Bemerkenswert nicht nur die reiche Auswahl an lokalem **Käse**, sondern auch der Weinkeller, der in einer Höhle im Fels untergebracht ist.

Grottammare

40 km nordöstlich von Ascoli Piceno,
S.S. 16 oder A 14

Osteria dell'Arancio

Osteria
Piazza Peretti
Tel. 07 35 / 63 10 59
Ruhetag: Mittwoch, nicht im Sommer
Keine Betriebsferien
40 Plätze + 30 im Freien
Preise: 50 000 Lire, ohne Wein
Kreditkarten: CartaSi, Visa
Nur abends geöffnet

Die Osteria in der alten Oberstadt von Grottammare liegt direkt an der bezaubernden Piazza Peretti, und kaum daß Sie in unübersehbaren Lettern »Generi alimentari, tabacchi, vino« lesen, sind Sie angekommen. Trotz der jüngst erfolgten Renovierung wurde dieses Ladenschild erhalten, obwohl es hier schon lange keine Zigaretten mehr gibt. Dafür finden Sie in diesem reizenden Lokal neben erstklassigen, vom Wirt höchstpersönlich ausgesuchten Lebensmitteln, die in einem eigens dafür eingerichteten kleinen Raum auch verkauft werden, eine schier unermeßliche Auswahl an Weinen, die wohl weit über die Grenzen der Marken hinaus einmalig ist. Und – auch das ist natürlich nicht unerheblich – Sie können hier ganz vortrefflich speisen.
Das vielfältige, ganz der Tradition verpflichtete Menü wechselt häufig, und daher sind die nun folgenden Vorschläge nur als Vorgeschmack dessen zu verstehen, was Sie hier alles erwartet. Als Antipasto gibt es da Wurstwaren und Käse, aber auch kleine **Ricotta- oder Gemüsetörtchen** (mit Sommer- oder Wintergemüse), anschließend **Tagliatelle**, Maltagliati, Gnocchi und Tortelloni mit den verschiedensten Saucen sowie Suppen aus Hülsenfrüchten oder Getreide. Weiter geht es dann mit Kaninchen in Tomaten, **süß-saurem Perlhuhn**, **Kalbfleisch-Bocconcini** und gefülltem Truthahn. Wer an dieser Stelle noch etwas Platz hat, hält sich an die wirklich feine Auswahl an in- und ausländischen **Käsesorten** und krönt den Abend mit Crostata mit Marmeladen oder Crema catalana. Wenn Sie sich allerdings die Qual der Wahl ersparen wollen, bestellen Sie sich doch einfach das Tagesmenü (Festpreis): Da bekommen Sie dann stets die typischsten Gerichte und den jeweils dazu passenden Wein. Und wenn die Rechnung keine Rolle spielt, lassen Sie sich von Michele einen Wein von der Karte empfehlen.

Isola del Piano

36 km südwestlich von Pesaro,
24 km östlich von Urbino

Alce Nero

Bauernhof
Via Montebello, 1
Tel. 07 21 / 72 01 26
Ruhetag: Montag, nicht im Sommer
Betriebsferien: 7. Jan. – 15. Feb.
60 Plätze
Preise: 35 000 Lire, ohne Wein
Kreditkarten: CartaSi, DC, Visa
Mittags und abends geöffnet

Die köstlichen **Gemüsetorten**, kleinen Hirsebällchen oder teils aus Vollkornmehl hergestellten Nudeln mit einem Sugo aus Auberginen, Zucchine, frischen Tomaten und Basilikum stammen samt und sonders aus dem hauseigenen biologischen Anbau. Selbstverständlich sind auch **Tagliatelle**, Gnocchi und Ravioli hausgemacht. Etwas ganz Besonderes sind dann die **Suppen**: Überzeugen Sie sich selbst, und bestellen Sie die Dinkelsuppe, die nicht nur durch ihre schmackhaften Zutaten, sondern insbesondere durch deren gekonnte Zubereitung beeindruckt. Auf Vorbestellung gibt es auch einen ausgezeichneten Braten, mit wildem Fenchel **geschmortes Kaninchen**, Kalbfleisch vom Grill oder gefüllte **Taube aus dem Rohr**. Nach der vorzüglichen **Ricotta-Torte** oder auch der Torta californiana sollten Sie unbedingt noch den Kaffee mit Anis und den Amaro di Montebello probieren, dessen Ingredienzen natürlich aus kontrolliert ökologischem Anbau stammen, wie übrigens auch der Wein, der ohne alle Zusatzstoffe und den Einsatz von Pestiziden erzeugt wird.
Da die Gerichte stets frisch zubereitet werden, sollten Sie Ihre Ankunft unbedingt ankündigen. Und wer gleich ein paar Tage bleiben will, kann sich in einem der Zimmer einquartieren: Einige liegen im Gebäude des Restaurants selbst, die übrigen befinden sich im nahe gelegenen, sehr schön restaurierten Konvent Montebello.

Die Pasta, die Sie in der Azienda Alce Nero vielleicht gekostet haben, wird aus Getreide von den zur Genossenschaft gehörenden Anbauflächen hergestellt. Neben Pasta können Sie hier auch passierte Tomaten oder Tomatensaucen, Fruchtkonfitüren, Hülsenfrüchte, Getreide und Trockenobst kaufen.

Jesi

29 km südwestlich von Ancona, S.S. 76

Forno Ercoli

NEU

Osteria
Piazza Nova, 8
Tel. 07 31 / 5 69 60
Ruhetag: Montag
Betriebsferien: unterschiedlich
60 Plätze
Preise: 10 – 20 000 Lire, ohne Wein
Keine Kreditkarten
Geöffnet 19.30 – 1 Uhr

Es klingt wohl etwas ungewöhnlich, doch in Jesi selbst, dem der berühmteste Qualitätswein der Marken, der Verdicchio dei Castelli di Jesi, seinen Namen verdankt, wird kein Wein erzeugt. Doch man muß ja keinen Wein erzeugen, um ihn zu mögen, und so macht Jesi in der Verbrauchsstatistik diese schmähliche Schlappe wieder wett und plaziert sich im regionalen Durchschnitt, der wiederum landesweit absolut Spitze ist.
Eine der zuverlässigsten und dazu auch noch sehr leicht zu findenden Adressen ist das »Forno Ercoli«: Es genügt, von der malerischen Piazza Federico II zur winzigen Piazza Nova hinunterzugehen, und schon sind Sie am Ziel. Der Name des Lokals kündet tatsächlich von einer alten Bäckerei, in deren Räumlichkeiten die Osteria eingerichtet wurde. Heute dreht sich hier alles um den Wein, zu dem Sie hier nicht mehr als Wurstwaren, Käse, Gemüse und Kuchen erwarten dürfen. Doch machen Sie es sich in einem der drei netten Räume zwischen Säulen und Backsteinwänden gemütlich, und suchen Sie sich in aller Ruhe aus der bestens bestückten Weinkarte einen guten Tropfen aus: Vielleicht einen Cru vom Verdicchio dei Castelli di Jesi oder vom Verdicchio di Matelica, einen Lacrima di Morro d'Alba oder eben einen der zahlreichen Weine aus anderen Regionen Italiens.
Das Wurstsortiment reicht von heimischen Spezialitäten wie **Ciavuscoli** und Lonzini bis zu toskanischen Erzeugnissen. Groß ist die Auswahl auch beim Käse, dessen Zugpferd der lokale **Pecorino** ist. Zu den kleinen Leckerbissen, die Sie hier immer vorfinden, gehören die **gefüllte Crescia**, Bruschette, **Crostini mit Leberpastete**, eingemachte Sardellen und Gemüse (zum Teil mit scharfem Peperoncino), verschiedene belegte Brötchen und, als süßer Abschluß, hausgemachte Kuchen oder Pecorino mit Honig oder Senffrüchten.

Lunano Brugneto

54 km südwestl. von Pesaro, 13 km v. Urbino

La Gatta

Restaurant – Pizzeria
Ortsteil Brugneto, 13
Tel. 07 22 / 7 01 84 – 7 01 17
Ruhetag: Montag u. Dienstag
Betriebsferien: November
100 Plätze + Festsaal
Preise: 35 – 40 000 Lire, ohne Wein
Kreditkarten: alle
Mittags und abends geöffnet

Um in das in imposanter Lage hoch über dem Fogliatal erbaute Brugneto zu gelangen, müssen Sie von Pesaro aus mit ungefähr 50 km Wegstrecke rechnen, von Urbania oder Carpegna allerdings sind es mit dem Auto nur ganze zehn Minuten. Wie weit die Anfahrt jedoch auch sein mag, sie lohnt sich allein schon wegen der prachtvollen Landschaft. Sind Sie erst einmal angekommen, erwartet Sie Lucio Pompili, einer der brillantesten Gastronomen der Marken. Sein Lokal ist in einem Gutshof aus dem 18. Jahrhundert untergebracht. In den Sommermonaten dann kann man abends sogar unter Arkaden speisen.
Zu den traditionellen Gerichten gehören handgefertigte Pasta und in der Saison reichlich Pilze und Trüffeln, für die dieser Landstrich bekannt ist. Zum Auftakt gibt es Bruschette mit erstklassigen Wurstwaren und Käsesorten, geräucherten Hering in Öl aus Leccino, **Sardellen mit Zwiebeln in Öl** aus der Ölmühle, Crostini mit frischem Gemüse sowie in Balsamico-Essig mariniertes Fleisch. Anschließend dann **Kartoffel-Pappardelle mit Erbsen und Tomaten**, Rigatoni mit Eiern und Wurst, in Scheiben aufgeschnittene Cresce mit dicken Bohnen oder **Suppe mit Schweineschwarten und Kichererbsen**. Bei den Secondi erwarten Sie dann gegrillter Käse mit Gemüse, **Kaninchen in gaggiotto** (in einem Tontopf gegart), Grillhähnchen und Patate alla cenere (junge Kartoffeln in der Schale auf der Holzglut gegart). Und zum Abschluß bringen Ihnen dann Gigia oder Gigi die klassische **Ciambella** – wenn Küchenchef Remo Vitali nicht gerade eine Zuppa Inglese, einen **Zabaione** mit Pistazien oder einen Obstkuchen für Sie bereithält. Vor allem an den Wochenenden ist hier auch Pizza sehr gefragt, die zum Teil recht ausgefallen belegt ist. Im Weinkeller lagert ein ordentliches Sortiment regionaler Flaschen.

Macerata

Da Rosa

Trattoria
Via Armaroli, 17
Tel. 07 33 / 26 01 24
Ruhetag: Sonntag
Betriebsferien: Ende Juli / Anf. Aug.
50 Plätze
Preise: 35 – 45 000 Lire, ohne Wein
Kreditkarten: alle
Mittags und abends geöffnet

Im Herzen von Macerata, nur wenige Schritte von der Piazza della Libertà entfernt, finden Sie Elio Vincenzettis Trattoria »Da Rosa«, einen Familienbetrieb mit der richtigen Mischung aus Moderne und Volkstümlichkeit. Modern deswegen, weil man sich flexibel an die unterschiedlichen Bedürfnisse der Gäste anpaßt (so bleibt beispielsweise in der Mittagspause meistens weniger Zeit als beim abendlichen Diner) und ein Auge auf den Wein hat. Volkstümlich, weil man hier fest in der Küchentradition der Marken verwurzelt ist. Da das Menü täglich wechselt, seien hier nur einige der interessantesten Gerichte genannt: **Lamminnereien** mit Eiern und Zitrone, Fleisch-Cappellacci in geschmolzenem Käse mit schwarzer Trüffel, Tagliatelle mit frischem Saisongemüse, **Pasta e fagioli**, **Pappardelle mit Entenragout**, **Taccu** und **Pinciarelli** (mit Thunfisch, mit Tomaten und Basilikum, mit Saubohnen oder Pesto), Gnocchi und Polenta, Passatelli in Brühe sowie **Vincisgrassi**. Bei den Secondi gibt es vorrangig Fleischgerichte wie geschmorte oder **gebratene Junggans**, **gefüllte Taube**, Kutteln, **in der Kasserolle geschmortes Lamm mit Saubohnen, getrüffeltes Kalbfleisch** in Stücken oder gegrillte Leber. Neben dem **Stockfisch** gibt es hin und wieder auch frischen Fisch all'acqua pazza (vom Wein »beschwipst«). Der köstliche höhlengereifte **Pecorino** ist ein Muß.
Auf der Weinkarte finden sich eine große Auswahl an guten Lagen aus den Marken und dem übrigen Italien sowie einige ausgezeichnete Dessertweine, die zum Blätterteig oder den anderen hausgemachten Süßspeisen passen.

Die Enoteca-Bar Mercurio, Galleria del Commercio 3, bietet eine gute Auswahl an Weinen und Spirituosen sowie selbstgemachte Süßigkeiten an.

Macerata Mozzavinci

Le Case

NEU

Restaurant
Ortsteil Mozzavinci, 16
Tel. 07 33/23 18 97
Ruhetag: Montag
Betriebsferien: August
150 Plätze
Preise: 40 – 45 000 Lire
Kreditkarten: alle
Mittags und abends geöffnet

Bis ins 10. Jahrhundert läßt sich die Geschichte dieses Gehöfts in Mozzavinci unweit von Macerata zurückverfolgen, das heute in ein ländliches Gasthaus verwandelt wurde. In den beiden Hauptgebäuden hat man neben dem Restaurant auch zwei Aufenthaltsräume eingerichtet. Die Mannschaft besteht aus Marcello Giosué, dem Inhaber des Ganzen, dessen Tochter Flavia, Roberto (Service) sowie dem eigentlichen Küchenpersonal, das sich aus Massimo, Giampaolo und Samuele zusammensetzt und auf dessen Konto auch Brot, Wurstwaren, Marmeladen und die frische Pasta gehen. Selbst ein gut Teil des hier verwendeten Fleisches stammt aus eigener Zucht. Das Menü ist voll und ganz an den Jahreszeiten ausgerichtet, weshalb Sie hier gerade im Sommer zahlreiche Gemüsegerichte kosten können.
Doch nun zur Bestandsaufnahme des Angebots: Beginnen Sie mit den hausgemachten Wurstwaren oder der überbackenen Ricotta mit Zucchine und Rinderschinken, dann haben Sie die Wahl zwischen **Penciarelle** (einer typischen Pasta aus Macerata) mit Fleisch-Sugo und Pecorino oder mit Trüffeln, **Ravioloni mit Ricotta und höhlengereiftem Pecorino**, **Gerstensuppe mit Steinpilzen**, Pappardelle mit Wildschwein-Sugo, **Maltagliati mit Kichererbsen** oder **Gnocchi mit einem Ragout von der Junggans**. Als Secondi werden dann der traditionelle gemischte Grillteller, gegrillte Wildschweinkoteletts, Spanferkel oder mit Ricotta gefüllte **Perlhuhnbrust** angeboten, während einige leckere Süßspeisen den Abschluß bilden, zu denen ganz klassisch der selbsterzeugte Vin cotto gereicht wird: Mürbeteigkuchen mit Marmelade und Pinienkernen, Walnußtorte sowie Crêpes mit Sahne und einer Sauce aus Waldfrüchten. Auch ein kleines Sortiment an vorwiegend aus den Marken stammenden Flaschenweinen ist erhältlich.

Macerata

Osteria dei Fiori

Osteria
Via Lauro Rossi, 61
Tel. 07 33/26 01 42
Ruhetag: Sonntag
Betriebsferien: 15. Aug. – 15. Sept.
30 Plätze + 15 im Freien
Preise: 30 – 40 000 Lire, ohne Wein
Kreditkarten: AE, DC, Visa
Mittags und abends geöffnet

Lassen Sie Ihren Wagen am besten in der Nähe des Sferisterio stehen, der sommerlichen Arena, in der neben Opern auch andere hochkarätige musikalische Veranstaltungen stattfinden, und gehen Sie von dort aus die Treppe hinauf, die mitten auf die Piazza von Macerata führt. Unmittelbar vor dem Teatro Lauro Rossi sehen Sie dann die »Osteria dei Fiori«.
Auf der Speisekarte finden Sie bodenständige, von Igina und ihren Assistenten Letizia und Paolo teils neu aufgelegte Gerichte. Als Vorspeise gibt es da beispielsweise **Panzanella** und **Ciavuscolo** (eine sehr schmackhafte Streichwurst), Salamino und in Öl eingelegtes Gemüse; bei den Zwischenspeisen können Sie wählen zwischen **Tagliatelle mit Gänsefleischragout**, Campofiloni mit Fleischragout, **Vincisgrassi**, **Kichererbsensuppe**, Tagliatelle aus Vollkornmehl mit frischen Tomaten, Strigoli al sugo finto sowie Risotto mit Gartengemüse. Eher winterliche Secondi sind dann das **in Rosso Cònero geschmorte Rind**, die Hühnchenbrust mit Gewürzkräutern sowie die **in Kräutern geschmorten Schnecken**, während man im Sommer dann zu leichteren Gerichten wie Salat, Carpaccio, Orecchiette mit Gemüse, Saubohnen und gefüllten Zucchine übergeht. Sehr gefragt ist auch das **Fritto misto** aus Fleisch und Gemüse, das in der Pfanne geschwenkte Gemüse der Saison oder die ausgelöste **Taube** mit Füllung. Zum Abschluß gibt es leckere hausgemachte Desserts wie Blätterteigkuchen mit Äpfeln, Semifreddi, Mousse au chocolat oder Panna cotta. Unter den regionalen Weinen finden sich vornehmlich Produkte kleiner Erzeuger.

Cioccolateria Marangoni, Corso Cavour 159: Die Gebrüder Marangoni bieten hier verführerische Pralinen, Torrone und Ostereier aus eigener Herstellung.

Maltignano

8 km östlich von Ascoli Piceno,
S.S. 4 oder Spange E 55

L'Arco

NEU

Trattoria
Via IV Novembre, 63 – 65
Tel. 07 36 / 30 44 90
Ruhetag: Mittwoch
Betriebsferien: 15. – 30. August
60 Plätze
Preise: 20 – 35 000 Lire
Kreditkarten: CartaSi, Visa
Mittags und abends geöffnet

Bis ins 18. Jahrhundert hinein war der kleine Ort Maltignano an der Salzstraße, die dann weiter in die Abruzzen führte, von mächtigen Burgmauern umschlossen, deren Tor stets verriegelt blieb. An diese trutzige Vergangenheit erinnern noch die Via delle Mura, die um das Dorf herum führt, sowie die Via dei Bastioni, auf der man einst zur Burg hinaufritt. An der Hauptstraße, gleich neben einer traditionellen Osteria, in der nur Wein ausgeschenkt wird, finden Sie dann die saubere und schlichte Trattoria »L'Arco«, die von den Brüdern Stefano und Piero di Martini geführt wird, während die Küche vom Erfahrungsschatz der Mutter und der Tanten lebt. Neben den unverfälschten, bodenständigen Gerichten wird hier auch Pizza aus dem Holzofen angeboten.
Als Vorspeise serviert man üblicherweise allerlei Crostini und wirklich gute hausgemachte **Olive ascolane** mit leckerer Füllung. Je nach Saison können Sie sich dann zwischen **Tagliatelle mit Steinpilzen**, Gramigna alla norcina (mit Wurst, Trüffeln und Pecorino) oder **Timballo**, einem Nudelauflauf, entscheiden. Sehr zu empfehlen ist hier auch das komplette **Baccalà**-Menü, das jedoch sinnvollerweise vorbestellt werden sollte: Den Antipasto bildet ein gekochter Stockfisch mit Sauce, dann erscheint er wieder als Sugo für die Pasta und schließlich gibt es ihn mit Kichererbsen geschmort oder auch gebraten. Weitere empfehlenswerte Secondi sind der vorzügliche Braten vom **Lamm** oder **Perlhuhn**, der Kalbsbraten mit Erbsen und Spinat sowie das **Fritto misto**, bei dem noch einmal die berühmten Olive ascolane ihren Auftritt haben. Trinken Sie zum Essen den offenen Wein des Hauses, und nachdem Sie sich auch noch eine hausgemachte Torta mimosa gegönnt haben, lassen Sie sich die Rechnung bringen. Auch wenn Sie Ihren Augen kaum trauen, es ist so: Die Preise sind hier fast unverschämt bescheiden.

Matelica

45 km westlich v. Macerata, 19 km v. Fabriano

Al Teatro

NEU

Restaurant – Enoteca
Corso Umberto I, 7
Tel. 07 37 / 8 31 88
Ruhetag: Mittwoch
Betriebsferien: 1. – 13. August
100 Plätze
Preise: 30 – 40 000 Lire, ohne Wein
Kreditkarten: CartaSi, Visa
Mittags und abends geöffnet

Unweit der zentral gelegenen Piazza Mattei, deren bauliche Schönheiten bereits die Nähe zu Umbrien verraten, wartet das kunsthistorisch interessante Museum Piersanti auf Ihren Besuch. Hier können Sie sogar goldene Fässer bewundern, in denen der bereits in früheren Jahrhunderten vielgerühmte Verdicchio di Matelica die Reise in den Vatikan antrat. Zwischen Museum und Piazza liegen dann in einem Gebäude aus dem 15. Jahrhundert die hübschen Räume dieses Restaurants, das auch noch spätabends als Enoteca und Café zahlreiche Gäste anlockt.
Die Küche bewegt sich zwischen regional geprägten und eigenen Gerichten, die jedoch allesamt ausschließlich aus Zutaten der Region zubereitet werden. Ferner wird hier größter Wert darauf gelegt, zu jedem Gericht auch den richtigen Wein anbieten zu können. Unter den eindeutig der Küchenkultur der Marken zuzuordnenden Gerichten seien hier die **Maltagliati mit dicken Bohnen** genannt, die hausgemachten Tagliatelle mit Steinpilzen oder Trüffeln, das **mit Kräutern gefüllte Kaninchen**, das **getrüffelte Spanferkel** sowie das ausgezeichnete **Perlhuhn**. Zu den weniger typischen Gerichten, die dennoch eine Kostprobe lohnen, gehören die mit schmackhaften Kräutern oder Spargel und Ricotta gefüllten Ravioli, die Gnocchi mit Radicchio sowie der »Piatto dell'Architetto«.
Wenn Sie nur auf einen guten Wein vorbeischauen wollen, erhalten Sie dazu Wurstwaren, Käse oder hausgemachte Kuchen. Die Auswahl an Weinen aus den Marken ist beachtlich.

In ihrem Feinkostgeschäft in der Via De Gasperi 67 verkauft Ines Spurio die erstklassigen Wurstwaren, die ihr Mann selbst erzeugt.

Matelica Pianné

45 km westlich von Macerata

Il Camino

NEU

Restaurant
Ortsteil Pianné
Tel. 07 37/8 59 86
Ruhetag: Montag
Keine Betriebsferien
60 Plätze + 40 im Freien
Preise: 30 – 40 000 Lire, ohne Wein
Kreditkarten: alle, außer AE
Mittags und abends geöffnet

Das »Il Camino« liegt inmitten einer großzügigen Gartenanlage mit hohen Bäumen, Wiesen und einem Spielplatz, auf dem Ihre Kinder herumtoben können, während Sie sich auf einer schattigen Bank zurücklehnen. Und dieses kleine Paradies im Grünen ist gar nicht weit von der Stadtmitte Matelicas entfernt, es genügt, ein paar Kilometer Richtung Monte San Vicino zu fahren.
In einem etwas ländlichen, aber doch sehr gemütlichen Ambiente empfangen Sie dann ausgesprochen nette Wirtsleute, und der Kamin, dem das Lokal seinen Namen verdankt, wird eine Ihrer ersten Entdeckungen in den Gasträumen sein. Fabio und Ivana backen nicht nur ihr Brot selbst (mit Mehl aus biologischem Anbau), sondern fertigen auch die **Pasta** ausschließlich in Handarbeit an. Besonders lecker ist beispielsweise die mit **Wild** oder heimischer Ricotta gefüllte Pasta, aber auch die Tagliatelle sowie die **Pasta e fagioli** haben es in sich. In den Suppen finden sich häufig Hülsenfrüchte aus dem umliegenden Bergland: Bohnen, Kichererbsen, Linsen und Platterbsen. Unter den Secondi sticht ein für das Landesinnere der Marken typisches Gericht hervor, ein **mit Kräutern gefülltes Kaninchen**, dem die **Flußkrebse** in nichts nachstehen. Unter gar keinen Umständen dürfen Sie auf Ivanas meisterlich zubereitete **Cresciafogliata** verzichten, ein typischer Kuchen aus dem Bergland der Provinz Macerata.
Auch wenn auf der Weinkarte einige große regionale und italienische Flaschenweine angeboten werden, sollten Sie den Verdicchio di Matelica nehmen, der ausgezeichnet zu Fisch und hellem Fleisch paßt.

Von Fabriano aus kommend finden Sie gleich am Ortsanfang von Matelica die Enoteca Belisario in der Via Merloni: Hier gibt es neben einem erlesenen Angebot an italienischen und ausländischen Flaschen.

Montefalcone Appennino

42 km nordwestlich von Ascoli Piceno

Da Quintilia Mercuri 

Trattoria
Via Corradini, 9
Tel. 07 34/7 91 58
Kein Ruhetag
Keine Betriebsferien
20 Plätze
Preise: 35 – 40 000 Lire
Keine Kreditkarten
Mittags und abends geöffnet

Wir geben gerne zu, daß Quintilia Mercuris Trattoria zu unseren Lieblingslokalen in den Marken zählt, denn einen Ort wie diesen findet man so leicht nicht wieder: Hier fühlen Sie sich wirklich in längst vergangene Tage zurückversetzt, ohne daß auch nur das geringste verkrampft oder aufgesetzt wirkte – die Gastfreundschaft, mit der Ihnen hier Gerichte von stets gleichbleibender Qualität aufgetischt werden, kommt einfach von Herzen.
In einem der beiden kleinen Räume, die neben der eigentlichen Osteria liegen, empfängt Sie Signora Quintilia mit ein paar Crostini (mit Hühnerleber, Wurst oder Trüffel) oder kleinen Gemüseomeletts, anschließend wird Sie Ihnen **Gnocchi mit Fleisch-Sugo** bringen oder **Tagliatelle mit einem Sugo aus Hühnerklein**, Schweinehack oder Erbsen, handgemachte **Ravioli** mit Sugo, mit zerlassener Butter und Salbei oder auch mit Trüffeln aus den Monti Sibillini, Bohnensuppe oder **Vincisgrassi**, die allerdings ebenso vorbestellt werden müssen wie die Cannelloni, der köstliche Baccalà und der Stockfisch, die entweder mit Tomaten und Kartoffeln geschmort oder süßsauer zubereitet werden. Lassen Sie sich bei den Secondi das vortreffliche in **Kräutern geschmorte Kaninchen** nicht entgehen, doch eigentlich genauso lecker sind das **Fritto** aus Lammfleisch, Artischocken, Rahmkäse, Oliven und Äpfeln, die in einem geschlossenen Topf gebratene **Taube** (in arrosto morto), das in der Pfanne geschmorte Huhn und der Lammbraten. Und zum krönenden Abschluß gibt es hausgemachte Süßspeisen oder Kekse wie die Crema al Mascarpone oder die Mandeltorte. Die Weine, wie auch der im Preis inbegriffene Mistrà, sind ordentlich und stammen von lokalen Erzeugern.

In **Monte San Martino** (15 km) bekommen Sie einen umwerfend guten Pecorino oder Ricotta (Tel. 07 33/66 04 68).

Montemonaco La Cittadella

41 km nordwestlich v. Ascoli Piceno, S.S. 78

La Cittadella dei Sibillini

Bauernhof
Ortsteil La Cittadella
Tel. 07 36 / 85 63 61
Kein Ruhetag
Betriebsferien: Nov. bis April
80 Plätze
Preise: 35 000 Lire, ohne Wein
Kreditkarten: CartaSi
Mittags und abends geöffnet

Wird man so rührend gastfreundlich empfangen wie bei Familie Antognozzi, fühlt man sich einfach sofort wie zu Hause. Ihre Bedienung übernimmt Silvio, der sich auch um die Weine kümmert, und bekocht werden Sie von seiner Mutter, Signora Andreina. Das Speisenangebot ist auf die mit reichlich Appetit gesegneten Bergsteiger ausgerichtet, die hier gerne einkehren oder gar in einem der fünfzehn zur Verfügung stehenden Zimmer übernachten. Klein, aber fein zeigt sich der Weinkeller, mit besonderem Augenmerk auf die besten Flaschenweine der Marken.
Die Küche unterliegt dem Wechsel der Jahreszeiten, und so gibt es dann im Frühjahr und im Sommer Gemüse satt, während im Herbst und Winter die **Pilz-** und **Trüffel**zeit kommt. Im allgemeinen beginnt ein Menü im »Cittadella« mit verschiedenen Antipasti – köstlichen **Wurstwaren**, einer Pizza mit Kräuterfüllung, **Lamminnereien mit Zwiebeln** oder Omeletts mit Gemüse, Pilzen oder Wurst. Anschließend gibt es eine ansprechende Auswahl an Primi, wie Budelletti (aus einem Teig aus Mehl und Wasser) mit Kinnbackenspeck oder Pecorino, Gnocchi mit Fleischragout oder mit Tomaten, Polenta, **Pappardelle** mit Wildschwein- oder **Entenragout**, Pasta e fagioli und **Vincisgrassi**. Unter der Rubrik Fleischgerichte wären das in der Pfanne geschmorte oder auf der Holzkohle gegrillte Lamm zu nennen, das Huhn mit Paprikaschoten, ein **mit Kräutern gefülltes Kaninchen** sowie **geschmorte Füßchen und Schwänzchen vom Schwein**. In diesem reichhaltigen Speisenkatalog werden natürlich auch Süßspeisen geführt: hausgemachte Crostate oder Kuchen mit Anis. Und damit auch die Verdauung zufrieden arbeitet, gibt es zum Schluß ein mit Enzian oder Lakritze aromatisiertes Schnäpschen.

Novafeltria

75 km westlich von Pesaro,
31 km südwestlich von Rimini, S.S. 258

Due Lanterne

Hotelrestaurant
Via Ca' del Vento Torricella, 215
Tel. 05 41 / 92 02 00
Ruhetag: Montag
Betriebsferien: Januar
40 Plätze + 40 im Freien
Preise: 40 000 Lire, ohne Wein
Kreditkarten: alle
Mittags und abends geöffnet

Das Montefeltro ist ein Grenzgebiet, in dem die Kulturen, Traditionen und gastronomischen Gepflogenheiten der Marken, der Romagna und der Toskana ineinander übergehen. Das Städtchen Pennabilli, nur ein Katzensprung von Novafeltria entfernt, hat Fellinis Drehbuchautor Tonino Guerra zu seiner Wahlheimat auserkoren: Er ließ hier einen Garten der »vergessenen Früchte« anlegen und dem aus der Romagna stammenden Regisseur zu Ehren einen Gedenkstein aufstellen. Zur näheren Erkundung dieser und anderer Sehenswürdigkeiten ist das »Due Lanterne« der ideale Ausgangspunkt: Es bietet nicht nur ein paar Zimmer zum Übernachten, sondern auch eine einfache und gute Küche, die mit den lokalen Zutaten sehr behutsam umzugehen versteht.
Während der schönen Jahreszeit können Sie hier als Vorspeise Schinken mit Feigen oder mit einem kleinen Salbei-Fladen probieren, und im Herbst und Winter werden Sie dann Carpaccio mit Trüffeln, Pilz-Salat oder Tagliatelle mit weißer Trüffel begeistern. Besondere Erwähnung unter den Primi verdienen die **Tagliatelle mit Pilzen** sowie die schlichten und schmackhaften Spaghetti alla crudaiola (mit Tomaten, Sardellen, Basilikum und Salbei), doch gibt es daneben auch **Gemüse-Ravioli** mit Spinat und Ricotta sowie **Kürbis-Tortelli**. Das **Fleisch** stammt von den Weiden im nahe gelegenen Maciano und schmeckt nicht nur gegrillt, sondern auch im Ofen gebraten vorzüglich. Auf Vorbestellung werden Ihnen die aus dem Piemont stammenden Inhaber des Lokals auch einen **Fritto misto** aus ihrer alten Heimat servieren. Zum Abschluß gibt es eine leckere **Sahne-Mousse** oder die wohlbekannte Zuppa inglese.
Der gut bestückte Weinkeller birgt hervorragende Flaschenweine aus dem ganzen Land, in der Überzahl jedoch sind die Weine aus dem Piemont, den Marken und der Romagna.

Offida

24 km nordöstlich von Ascoli Piceno

Rosa dei Venti

Bauernhof
Via Tesino, 261 a
Tel. 07 36 / 88 92 01
Ruhetag: Dienstag, nicht im August
Betriebsferien: 20. Sept. – 20. Okt.
60 Plätze
Preise: 30 – 35 000 Lire, ohne Wein
Keine Kreditkarten
Mittags und abends geöffnet

Die Piazza del Popolo, die Kirche Santa Maria della Rocca und natürlich auch der erstklassige Rosso Piceno Superiore sind immer eine Reise wert. Und just um diesen Rotwein, der aus Sangiovese- und Montepulciano-Trauben gekeltert wird, etwas näher kennenzulernen, gibt es kaum eine bessere Adresse als das »Rosa dei Venti«, wo dazu auch die passenden Gerichte aus dem Hinterland Picenos serviert werden. Spontane Gastfreundlichkeit, reichlich Zutaten aus eigener Herstellung sowie ein solider Familienbetrieb sind die erfolgreichen Ingredienzen dieser Azienda agrituristica auf den Hügeln oberhalb von Offida. Beginnen Sie mit Gemüse, Wurstwaren und frischem Pecorino aus eigener Herstellung, denn die **gefüllten, fritierten Olive** all'ascolana können Sie auch noch im Fritto misto, als Beilage oder gar im Duett mit den **Cremini fritti** genießen. Doch zunächst sind die Primi an der Reihe, und da gibt es Tagliatelle oder **Pappardelle** mit Fleischragout, Pilzen oder Tomaten, **Maccheroncini di Campofilone** mit Fleischragout und hin und wieder Gnocchi. Danach folgen **Kaninchen im Kräutermantel**, Huhn, Lamm und Hammel vom Grill, gemischte Bratenplatte und natürlich die typische **Frittura ascolana** (mit Oliven, Frischkäse, Lamm und Artischocken). Den ausgezeichneten Stockfisch all'offidana (mit Kartoffeln und Oliven geschmort) gibt es allerdings nur auf Vorbestellung. Beschließen können Sie das Mahl mit einem hausgemachten Dessert und, gemäß hiesiger Sitte, mit einem Gläschen Mistrà. Besonders müden Schlemmern stehen auch einige Zimmer zur Verfügung.

Die Bäckerei Pierantozzi e Amabili, Via Roma 34, bietet zwei typische Spezialitäten von Offida an: Funghetti und Chichì, kandiertes Brot, Kranzkuchen mit eingedicktem Traubensaft und Pizza mit Käse.

Pedaso

50 km nordöstlich von Ascoli Piceno,
S.S. 4 und 16 oder Ausfahrt A 14

Locanda del Faro

Osteria
Via Cristoforo Colombo, 3
Tel. 07 34 / 93 31 74
Ruhetag: Mittwoch
Betriebsferien: unterschiedlich
50 Plätze
Preise: 25 – 30 000 Lire, ohne Wein
Keine Kreditkarten
Nur abends, an Sonn- und Feiertagen auch mittags geöffnet

Nach drei Jahren Betrieb scheint diese Osteria zu einer eigenen Linie gefunden zu haben. In einem ehemaligen Kellergewölbe eingerichtet, wurden die Räumlichkeiten nun wieder ihrer ursprünglichen Bestimmung zugeführt, nämlich der Lagerung von Wein, Wurst und Käse (neben dem berühmten Höhlenkäse finden Sie Käsesorten aus ganz Italien). Zu den bereits reichlich vorhandenen regionalen Tropfen gesellen sich ständig neue Flaschenweine, auch aus ganz Italien, hinzu. Käse wird hier von Beatrice Tomassetti sowie der Mutter Fabrizios auch für die Zubereitung einiger Gerichte gern verwendet, wie beispielsweise die **geräucherte Ricotta zu Tagliatelle aus Dinkel** oder der Primo sole (ein Weichkäse), der zusammen mit wildwachsenden Kräutern in den Truthahn gefüllt wird. Zum weiteren Angebot des Lokals gehören **Maccheroncini di Campofilone** mit einem Ragout aus Hühnerklein, Taccù (Teigflecken) mit dicken Bohnen, »gedroschene« Tagliolini della trebbiatura mit Bauchspeck in einer flüssigen Sauce, dann Ceppe, die typische Pasta aus dem Val Vibrata mit Hammelragout, die **Minestra aus Dinkel** oder Gerste, **fritiertes Lamm und Gemüse**, **Polenta mit einer Sauce aus Meeresschnecken**, **Rigatoni marinari** und noch einige weitere Fischgerichte. Stets auf der Karte finden Sie Lamm und **Hammel vom Rost**, doch häufig gibt es auch Kaninchen mit Kräutern, Polenta mit Schweinerippchen und freitags **Baccalà**. Zu den hausgemachten Desserts empfiehlt sich ein passendes Gläschen Wein.

Maurizio Digiuni bietet in seinem in der Via Mentana zentral gelegenen Feinkostgeschäft in **San Benedetto del Tronto** (16 km) neben kulinarischen Spezialitäten erster Wahl auch erlesene Weine an.

Antica Osteria La Guercia

Osteria
Via Baviera, 33 – Ecke Piazza del Popolo
Tel. 07 21 / 3 34 63
Ruhetag: Sonntag
Betriebsferien: an den wichtigeren Feiertagen
60 Plätze + 40 im Freien
Preise: 25 – 35 000 Lire
Keine Kreditkarten
Mittags und abends geöffnet

In einer Seitenstraße der Piazza del Popolo erwartet Sie die älteste Osteria von Pesaro, die schon seit ewigen Zeiten von der Familie Bettini geführt wird. Nach einer notwendigen Renovierung strahlen nun die Fresken in neuem Glanz, auf denen zu sehen ist, wie der Wein gelesen und gekeltert wird, um dann, nach einer langen Reifezeit in großen Holzfässern, endlich in bacchantischen Trinkgelagen genossen zu werden. Daneben schmückt sich das Haus mit einer Original-Decke aus dem 16. Jahrhundert und im Kellergeschoß mit Mosaiken, die sogar noch aus römischer Zeit (1. Jahrhundert v. Chr.) stammen.
Man serviert Ihnen hier ein typisch lokales Menü, doch sind wir nicht ganz sicher, ob auch wirklich alle Gerichte frisch zubereitet werden (dieser Verdacht kam uns, als wir die Maltagliati mit Kichererbsen und Venusmuscheln probierten). Als Antipasto gibt es neben **Bruschette** und **Crostini** ausgezeichnete **Wurstwaren**, zu denen man **Piadine** reicht. Unter der hausgemachten Pasta verdienen die **Strozzapreti** della Guercia (mit Tomaten, Bauchspeck und Peperoncino) besondere Erwähnung, daneben die Gnocchi mit Tomaten, Basilikum und Mozzarella sowie die Polenta. Eine große Auswahl tut sich bei den Secondi nicht auf, doch das leckere **Spanferkel** tröstet Sie bestimmt darüber hinweg. Den Abschluß bilden ordentliche Süßspeisen, besonders gelungen sind die Crostate.
Die Weinkarte umfaßt gute Flaschenweine, die, wie die Speisen auch, zu einem sehr günstigen Preis angeboten werden.

Die Enoteca Vino Vip, Viale Verdi 78, ist eine zuverlässige Adresse für Weine und Spirituosen. Besuchen Sie auch den alten Kräutermarkt, der nur hundert Meter von der Osteria in einem Kreuzgang aus dem 14. Jahrhundert untergebracht ist.

Pesaro

Il Bragozzo

NEU

Restaurant
Strada delle Marche, 154
Tel. 07 21 / 39 14 72
Ruhetag: Sonntag, nicht im Sommer
Betriebsferien: 23. Dez. – 8. Jan.
100 Plätze + 80 im Freien
Preise: 40 – 50 000 Lire, ohne Wein
Kreditkarten: alle
Mittags und abends geöffnet

Es gab eine Zeit, vor allem in den 60er Jahren, in der die Fernfahrer-Restaurants en vogue waren, denn man ging nicht ganz zu Unrecht davon aus, daß sich die Fernfahrer auf ihren langen Strecken stets die günstigsten Lokale mit der besten Küche für ihre Mittagspause aussuchten. Dieses kleine Präludium soll Sie darauf einstimmen, was Sie bei diesem Lokal an der Adriatica, der Staatsstraße zwischen Pesaro und Fano, erwartet, das von außen – mögen uns die tüchtigen Wirtsleute Bragozzo soviel Offenheit nicht übelnehmen – wirklich wie ein typisches Fernfahrerlokal aussieht. Dieser erste Eindruck ändert sich auch noch nicht beim Betreten des Lokals, doch bei Tisch dann werden Sie von Gabriele Uguccioni und seiner Mannschaft für Ihr Vertrauen mit den köstlichsten Gerichten belohnt: **Guazzetto mit Scampis**, Rochen mit Peperoncino oder **Heuschreckenkrebs mit Petersilie**, und das wäre erst der Auftakt. Weiter geht's mit Pennette mit Garnelen und Basilikum, Tagliolini mit Scampi und Spargel, **Maccheroncini mit Canocchie** (einer anderen Art der Heuschreckenkrebse), **Spaghetti alle Poveracce** (kleine Venusmuscheln aus der Adria), Spaghetti alla chitarra mit Meeresfrüchten oder feurige Strozzapreti. Weitere Überraschungen erwarten Sie dann bei den Secondi. Da gibt es dann im Rohr gebratenen **Seeteufel** oder Steinbutt mit Kartoffeln, **Spießchen mit Tintenfischen**, in Gemüse gegarte Goldbrasse, fritierte Krabben und Tintenfische oder gemischten gebratenen Fisch. Auch für einen passenden Wein und feines Öl ist hier gesorgt. Im Sommer dann wird jeden Freitag **Fischsuppe** gekocht.
Für 60 000 Lire bekommen Sie ein Degustationsmenü vom Feinsten, doch für ein ganz normales Essen, bei dem Sie ebenso herzlich wie aufmerksam bedient werden, bezahlen Sie viel weniger.

Pesaro

Il Cantuccio di Leo

Enoteca mit Ausschank und Küche
Via Perfetti, 18
Tel. 0721/68088
Ruhetag: Mittwoch
Betriebsferien: 3 Wo. im Juli
80 Plätze
Preise: 40 – 45 000 Lire, ohne Wein
Kreditkarten: alle
Nur abends, bis 2 Uhr geöffnet

In dieser Enoteca mitten im Zentrum von Pesaro kann man einen wirklich gelungenen Abend verbringen: Sie essen hier bei Kerzenlicht in gemütlicher Atmosphäre, Massimo Giorgi wird Sie überaus nett und zuvorkommend bedienen, und die Küche, die zunächst nebenher betrieben wurde, entwickelt sich ständig weiter.
Das Speisenangebot folgt dem Rhythmus der Jahreszeiten und hält sich zwar einerseits an die lokalen Küchentraditionen, insbesondere bei der Auswahl heimischer Zutaten, andererseits jedoch liebäugelt es auch mit anderen Regionen, vor allem der Toskana. Die Antipasti sind allesamt eine Kostprobe wert: Crostini mit der lokalen **Salsiccia**, **Pecorino aus Urbino** vom Grill mit Walnüssen, Hühnersalat in Balsamico-Essig oder Carpaccio vom Filet mit Trüffeln und Parmesan. Anschließend gibt es **Brennessel-Ravioli** (mittlerweile ein Klassiker) in einer Erbsen-Sauce, Spinat-Gnocchetti mit Pilzen, Caserecci mit Wurst und Safran, Gnocchi mit Karottencreme, **Wildschweinterrine** mit Steinpilzen, **Kaninchen-Salat**, Entenbrust mit Moscato und Kapern, Steak vom Chianina-Rind mit Trüffeln und Steinpilzen, Kalbskotelett mit Kapern oder **Lamm** mit Rosmarin.
Die Enoteca ist bis spät in die Nacht geöffnet, so daß Sie auch nach einem Theaterabend auf eine Flasche Wein und ein Häppchen (**Wurstwaren** und Käse gibt es reichlich) hier einkehren können: Den richtigen Wein finden Sie in der umfangreichen Karte bestimmt. Und – dulcis in fundo – auch die Süßigkeiten (Semifreddo mit Nougatgeschmack, Crema catalana oder Orangentorte mit einer Sauce aus Moscato-Wein) sind eine kleine Sünde wert.

Nur 200 m vom Lokal entfernt locken weitere Süßigkeiten: Die Pasticceria Alberini finden Sie unter den Arkaden gegenüber der Kirche Sant'Agostino.

Pesaro
Novilara
7 km vom Stadtzentrum

Il Pergolato dalla Maria

Trattoria
Piazzala Cadorna, 5
Tel. 0721/287210
Ruhetag: Dienstag
Betriebsferien: 10. – 22. September
150 Plätze + 80 im Freien
Preise: 30 – 35 000 Lire, ohne Wein
Keine Kreditkarten
Mittags und abends geöffnet

Von Pesaro aus fahren Sie nach Novilara, einer herrlich über Pesaro gelegenen Ortschaft; unterhalb der Mauern finden Sie den »Pergolato«, ein einladendes ländliches Haus. Im Sommer ißt man unter einer kuriosen Kreuzung aus Feigenbaum und Pappel, im Winter im gemütlichen Speisesaal im ersten Stock. Neben seiner Schönheit verfügt das Hinterland über interessante historische Zeugnisse; im Tal, auf das man vom »Pergolato« schaut, wurden bedeutende Nekropolen entdeckt. Die Küche ist entschieden nach der alten Manier der Marken. Das (nicht sehr variantenreiche) Menü wird mit Antipasto aus Prosciutto, Salame, Lonzo (nicht berauschend) und Käse mit guter Piadina eröffnet, dann gibt es sehr feine **Tagliatelle mit Bohnen** (eine Spezialität des Hauses) oder mit Ragout. Auf Vorbestellung werden **Cappelletti**, Cannelloni und Nudeln aus dem Ofen serviert. Auch die Zahl der Secondi ist begrenzt: Immer angeboten wird gut zubereitetes **Grillfleisch vom Rost** (Schwein, Hammel, Rind), begleitet von Gemüse der Saison, die in Öl geschmort oder auch gegrillt werden. Unter den Dolci zu empfehlen ist die hausgemachte Crostata, danach ein Glas Moretta, den traditionellen Kaffee der Fischer mit Anis und Rum. Eine Weinkarte ist nicht nötig, denn es gibt nur einen weißen und einen roten – selbstgekelterten – Hauswein, nichts für feine Gaumen, doch ein guter Begleiter zu dem kräftigen Essen.

Pesaro

Pane e Vino

NEU

Osteria
Piazza Matteotti, 3
Tel. 07 21 / 6 75 10
Ruhetag: Montag
Betriebsferien: 4 Wo. im Sommer
20 Plätze
Preise: 30 000 Lire, ohne Wein
Keine Kreditkarten
Nur abends ab 17 Uhr geöffnet

Der junge Paolo del Prete, der Sie in seiner Osteria im Erdgeschoß des Palazzo Baldassani, unmittelbar vor den Toren der Altstadt, erwartet, hat in gastronomischer Hinsicht eine klare Entscheidung getroffen: an wenigen Tischen (alles in allem vier) eine gepflegte Küche mit einem Hauch Phantasie und guten Weinen. Kurzum, er setzt auf Qualität. Und daß es nicht nur bei vollmundigen Theorien bleibt, davon konnten wir uns bei unseren verschiedentlichen Besuchen stets aufs neue überzeugen.
Neben einem auserlesenen Sortiment an Wurst und Käse werden Ihnen als Vorspeise auch **Kirschtomaten mit Ziegenkäse** vom Monte Paganuccio und **Ricotta** oder Melone mit geräuchertem Schinken gereicht. Im Herbst werden Sie dann unter den Primi die **Gnocchetti mit Butter** und der edlen **weißen Trüffel** (nur im November) vorfinden sowie eine Polenta auf dem Hackbrett. Im Sommer können Sie zwischen Spaghetti mit Knoblauchsauce und Fettuccine di Campofilone mit rohem Knoblauch, Zwiebeln, Parmesan und Parmaschinken wählen, während in der Übergangszeit köstliche **Passatelli mit Artischocken und höhlengereiftem Pecorino**, **Tagliolini in der Tinte von Tintenfischen mit Tomaten und Paprikaschoten** sowie Tortellacci mit verschiedenem Pecorino und Pilzen angeboten werden. Einladend ist auch das Repertoire der Secondi mit einem hervorragenden, nach Hagebutten duftenden **Ochsenfilet in Barolo** oder dem in Verdicchio geschmorten Kalbsbraten mit Champignons. Und die Desserts zum Schluß – Haselnußtörtchen mit einer Zabaione-Creme, Zuppa inglese oder Cantucci – lassen selbst die schwierigsten Feinschmecker dahinschmelzen.
Unter den Weinen, die es alle auch glasweise gibt, finden Sie nur das Beste vom Besten aus den Marken und dem übrigen Italien, und das zu vernünftigen Preisen.

Petritoli

48 km nordöstlich von Ascoli Piceno

Osteria de le Cornacchie

Osteria
Via del Forno, 10
Tel. 07 34 / 65 87 07
Ruhetag: Dienstag, nicht im Sommer
Betriebsferien: unterschiedlich
75 Plätze
Preise: 30 – 35000 Lire
Keine Kreditkarten
Abends, Fei. auch mittags geöffnet

Anfang der achtziger Jahre haben Sergio Federici und seine Frau eine Osteria in Räumen eröffnet, wo früher ein alter Ofen aus der Zeit der Jahrhundertwende stand. Von der Straße, die von der Piazza herunterführt, gelangt man direkt in ein Speisezimmer mit etwa zwanzig Plätzen. Im hinteren Gastraum, an den auch die Küche angeschlossen ist, stehen noch einmal ein paar Tische. Die Vorspeisen der Osteria sind berühmt: **Ciavuscoli von Fleisch und Leber**, Lende, Coppa, Salami, Schinken. Typische Antipasti für die Gegend sind die **Trippa piccante**, **Schweinsfüße**, Bohnen in Sauce, die **Innereien vom Lamm** mit Peperoncino, **Polenta** mit dicken Bohnen oder mit Schweinefleisch. Zu den Primi, die die Festtagsküche der inneren Marken reflektieren, zählen Maltagliati mit Erbsen, **Gnocchi**, **Pappardelle mit Entenragout**. Als Secondo können Sie **Kalbshaxe** mit Kartoffeln essen. Angesichts der doch recht üppigen Speisen sollte man sich nach dem Essen einen **Mistrà**, den typischen Anisschnaps aus den Marken, gönnen. Auch das Weinangebot ist (diesmal leider) traditionell mit einem »vino del contadino«. Unter der Woche nur abends geöffnet.

Metzgerei Pino Cocciò, Via Tornabuoni 15, ganz in der Nähe: ausgezeichnete Würste, Ciavuscoli, Schinken, Salami und Speck. Ganz besonders hervorragend ist die Coppa.

Wurstwaren ohne Farb- und Konservierungsstoffe, aus rein handwerklicher Herstellung gibt es bei Macelleria Passamonti, Via Leopardi in **Monte Vidon Combatte** (4 km).

Porto San Giorgio

60 km nordöstl. v. Ascoli Pic., S.S. 4 / A 14

Damiani e Rossi

Trattoria
Via della Misericordia, 1
Tel. 07 34 / 67 44 01
Ruhetag: Donnerstag, nicht im Sommer
Betriebsferien: unterschiedlich
45 Plätze + 45 im Freien
Preise: 45 000 Lire, ohne Wein
Keine Kreditkarten
Abends, So. auch mittags geöffnet

Nach dem Ausscheiden von Giuseppe Rossi setzt Aurelio Damiani allein die glückliche Geschichte dieser Trattoria fort. Sie ist weiterhin eine sichere Größe für alle, die auf der Suche nach einer neu gestalteten, leichteren Territorialküche auf der Basis des jahreszeitlichen Angebots sind. Das Menü ist zwar festgelegt, enthält aber viele Variationsmöglichkeiten, dazu wählt man einen von drei Weinen. Sommers kann man draußen mit Blick auf die Hügel von Fermo speisen. Zum Menü gehören Salumi aus Passamonti, wunderbarer **Ciavuscolo** und ebensolche Hühnerleber, Trippa, **Truthahn aus dem Dampf** mit kleinem Salat und Aceto balsamico, **Gemüsetimbales** (die im Winter mit Fonduta und Trüffel angereichert werden), mit Ricotta gefüllte und fritierte Kürbisblüten, Fritto misto von Gemüse, Risotto mit Spargel und Pilzen, **Nudeln mit Ragout von Kaninchen, Taube oder Ente**, Raviolo mit Ricotta, Ei und weißer Trüffel, geschmorte Taube, **Lamm** aus dem Ofen, **Kaninchen mit Paprika**, Beefsteak, frischer und höhlengereifter Käse, Ziegenkäse aus der Region. Als Nachspeise bietet Aurelio eine keineswegs banale Zuppa inglese an, außerdem Fruchtomelette, Bayerische Cremes von Himbeeren oder Zitrone, Crostata und Ciambellone mit Zabaione. Wer einen anderen Wein trinken will als den zum Menü gehörenden, wird in der mit guten regionalen, anderen italienischen sowie ausländischen Weinen reich bestückten Cantina sicher fündig. Große Auswahl an Schnäpsen.

Porto Sant'Elpidio

69 km nordöstlich von Ascoli Piceno, S.S. 4 und S.S. 16 oder A 14

Papillon

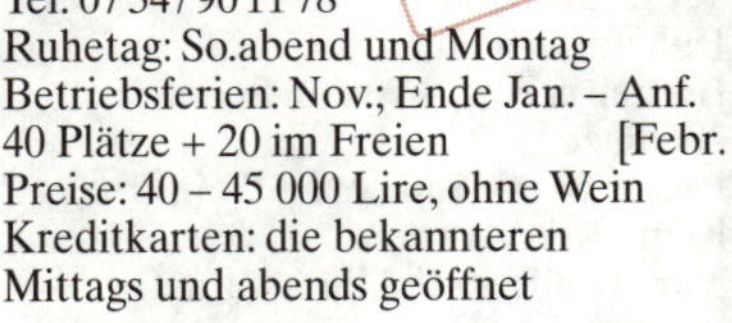

Trattoria
Via Trieste, 1
Tel. 07 34/90 11 78
Ruhetag: So.abend und Montag
Betriebsferien: Nov.; Ende Jan. – Anf. [Febr.
40 Plätze + 20 im Freien
Preise: 40 – 45 000 Lire, ohne Wein
Kreditkarten: die bekannteren
Mittags und abends geöffnet

In Porto Sant'Elpidio hat sich die Schuhfabrikation in den letzten Jahrzehnten zu einem blühenden Wirtschaftszweig entwickelt, während der Fremdenverkehr demgegenüber leider etwas zurückgegangen ist. Natürlich finden sich Restaurants mit dem üblichen stereotypen Menü nach wie vor, doch wäre es wünschenswert, wenn sich diesem Angebot einige weitere traditionsbewußtere Fischlokale hinzugesellten, wie beispielsweise das direkt an der Strandpromenade von Porto Sant'Elpidio gelegene »Papillon«. Bereits die bescheidene, schlichte Einrichtung unterscheidet es von so manch anderem Strandlokal – ein kleiner Speiseraum und im Sommer Tische im Freien –, doch wirklich aus der Masse heben diesen Familienbetrieb Rosalba, Manuela, Marco und Giuseppe mit ihrer volkstümlichen, schmackhaften Zubereitung der Gerichte.
So finden Sie hier zum Beispiel die höchst seltene **Leber vom Seeteufel** oder eine vorzügliche **Frittura von Krebsen und Zucchine**, einen Salat mit Tintenfischen, Rochen und Heuschreckenkrebsen sowie nur ganz kurz angebratene Sardinen. Nicht minder schmackhaft sind die Primi wie **Spaghetti mit Sardinen**, **Tagliatelle mit einem Sugo vom Rotbarsch**, Spaghetti mit Venusmuscheln, Tagliatelle mit Artischocken und Garnelen oder auch Gnocchetti mit Seebarbe und Radicchio. Die **Tintenfische mit Mangold** können Sie je nachdem, wie groß Ihr Hunger ist, als zweiten Gang, als einziges Hauptgericht oder als Vorspeise bestellen, allerdings nur in der jeweiligen Saison. Dasselbe gilt für die Seebarbe in Alufolie, die über Dampf gekochten Flundern und kleinen Petersfische, die Zahnbrassen und die gemischten gegrillten oder fritierten Fischplatten. Ein paar Flaschenweine, die Sie dazu trinken können, sind stets vorhanden. Der Service ist zwar ein wenig schlicht, dafür jedoch ausgesprochen aufmerksam.

Ripatransone
San Savino
38 km nordöstlich von Ascoli Piceno

San Savino

Restaurant
Ortsteil San Savino
Tel. 07 35 / 9 03 29
Ruhetag: Mittwoch, nicht im Sommer
Betriebsferien: unterschiedlich
100 Plätze + 40 im Freien
Preise: 30 – 35 000 Lire, ohne Wein
Keine Kreditkarten
Mittags und abends geöffnet

Es freut uns jedesmal, wenn wir feststellen können, daß sich auch in jenen Lokalen, die nun schon seit Jahren zum festen Inventar unseres Führers gehören, so manches weiterbewegt und sowohl auf die Küche als auch auf den Service immer mehr Ernsthaftigkeit verwandt wird. Das gilt insbesondere für die etwas abseits gelegenen Osterie, auf deren Entdeckung wir besonders stolz sind: zum Beispiel das »San Savino«, das in dem gleichnamigen Flecken am Wegekreuz der Straßen nach Offida, San Benedetto del Tronto, Grottammare und Ripatransone liegt.
Das Lokal hält sich treu an das kulinarische Repertoire des Hinterlands von Piceno, und auf die täglich wechselnde Besetzung des Menüs wird stets mit einem nett beschrifteten »Programmzettel« hingewiesen. Begonnen wird hier üblicherweise mit verschiedenerlei Pilzgerichten, **gefüllten und fritierten Oliven** (die Sie jedoch ebenso als Beilage, in größerer Portion als ganzes Hauptgericht oder in Begleitung von Frischkäse, Hirn, Zucchine und **fritiertem Lamm** bestellen können) oder mit **Lamminnereien**. Bei den deftigen Primi finden Sie am Freitag die **Rigatoni mit Stockfisch-Sugo** vor, an anderen Tagen vielleicht Rigatoni mit Lamm, Tagliatelle oder **Campofiloni** mit Fleischragout, **Timballo**, **Vincisgrassi**, Gnocchi mit Pilzen oder Pappardelle mit einem Junggans-Sugo. Sehr zu empfehlen sind bei den Secondi das Lammkarree und die auf Holzkohle **gegrillten Pilze**, doch auch das **mit Kräutern gefüllte Kaninchen**, die Lamm- und Hammelkoteletts, der gemischte Grillteller sowie der Stockfisch.
Eine größere Auswahl haben Sie inzwischen bei den Flaschenweinen, die jedoch immer noch zum größten Teil aus dem Piceno stammen. Und zum Abschluß sollten Sie ein Schlückchen Mistrà einplanen, der Ihnen auch in einem »caffè corretto« serviert wird.

Saltara
Calcinelli
28 km südlich von Pesaro, S.S. 3

La Posta Vecchia

Restaurant – Pizzeria
Via Flaminia, 18 – 20
Tel. 07 21 / 89 78 00
Ruhetag: Montag
Betriebsferien: unterschiedlich
200 Plätze + 80 im Freien
Preise: 35 – 40 000 Lire, ohne Wein
Alle Kreditkarten
Mittags und abends geöffnet

Wenn ein Restaurant zugleich Pizzeria ist, sieht man sich gleich die Ausstattung genauer an: Die große Zahl von Tischen sind in zwei Räume aufgeteilt, die daher einigermaßen ruhig sind. Die Bedienung ist freundlich, das Ambiente teils »rustikal«, teils elegant. In der ehemaligen Poststation können Sie angenehm und ohne Furcht vor Enttäuschungen speisen, mit Freunden, mit der Familie oder in trauter Zweisamkeit. Die einfache Küche folgt den regionalen Traditionen. Die guten Crostini werden je nach Jahreszeit mit **Trüffel**, anderen **Pilzen** oder mit Tomaten und Basilikum garniert. Bei den Primi sind die **Maltagliati mit Bohnen** und die unterschiedlich aromatisierten Tagliatelle zu nennen: im Herbst mit der wertvollen weißen Trüffel von Acqualagna, im Sommer mit Steinpilzen. Ausgezeichnet sind die **Gnocchi mit Entensugo**, eine hiesige Spezialität. Wir waren auch von einer schmackhaften Dinkelsuppe mit Gemüse angetan, eines der wenigen Gerichte, die die Gleise der Tradition verlassen. Überraschung unter den Secondi war die Trüffelpizza aus dem Holzofen. Aus der Küche kommen altehrwürdige Gerichte wie **Coniglio in porchetta**, **gefüllte Taube** und eine tadellose **Grillplatte vom Lamm**. Unter den Dolci sind besonders die ländlichen Crostate mit Marmelade aus lokaler Produktion oder die typische Ciambella zu empfehlen. Das gute Weinangebot umfaßt Etiketten aus der Gegend und aus dem übrigen Italien; einige sind zu teuer, doch insgesamt ist die Höhe der Rechnung in Ordnung.

Die Metzgerei Getullo Perlino (Via Villafranca, 4) verkauft exzellentes Fleisch und traditionelle Wurstsorten.

San Benedetto del Tronto

33 km östlich von Ascoli Piceno, S.S. 16 o. A 14

Lelii

Bar – Restaurant
Via Roma, 81
Tel. 07 35 / 58 73 20
Ruhetag: Sonntag, nicht im Sommer
Betriebsferien: November
80 Plätze
Preise: 30 – 40 000 Lire, ohne Wein
Kreditkarten: CartaSi, DC, Visa
Mittags und abends geöffnet

Bei einem Bummel durch die kleinen Gassen zwischen dem Bahnhof und der an der Adria entlangführenden Staatsstraße bekommen Sie eine Vorstellung davon, wie San Benedetto del Tronto noch im vergangenen Jahrhundert ausgesehen hat: Die niedrigen Häuschen, in denen die Fischer mit ihren Familien lebten, prägten damals das Stadtbild und tun es in gewisser Weise noch heute.
Die Trattoria »Lelii« dürfte nirgendwo anders stehen, und das nicht nur in architektonischer, sondern auch in kulinarischer Hinsicht: ein treuer Wächter guter alter Traditionen wie zum Beispiel der **Fischsuppe**, bei der mit Paprikaschoten und Essig nicht gegeizt wird (die müßten Sie allerdings vorbestellen, weil sie normalerweise nur freitags zubereitet wird). Hervorragend schmecken auch die handgefertigten Tagliolini alla marinara, die **Spaghetti mit Scampi** oder **alle vongole dell'Adriatico** und frischen Tomaten, Rigatoni allo scoglio sowie einige weitere schmackhafte Gemüse-Fisch-Kreationen wie die Strozzapreti mit Spargelspitzen und Meeresfrüchten oder die Orecchiette mit Sprossenbrokkoli und Fisch. Aldo, dessen Frau Maria Pia nebst Tochter Nadia tüchtig mithilft, läßt Ihnen anschließend die Wahl zwischen so manchem Secondo: die höchst seltenen kleinen **Seehechte in Zuppetta marinara**, **Wolfsbarsch mit schwarzen Oliven** und Kartoffeln, **Seeteufel in Weißwein**, Seebarbe süß-sauer sowie **fritierte** und gebratene **Fischplatten**. Die Weine stammen vorrangig aus den Provinzen Teramo und Ascoli Piceno, die Preise sind vernünftig und der Service familiär.

Gleich in der Nähe des Lokals »Lelii«, in der Via Mentana 73, finden Sie im renovierten Laden des Spaccio di vino e cucina auserlesene Lebensmittel und Weine.

San Benedetto del Tronto

33 km östlich von Ascoli Piceno, S.S. 16 o. A 14

Molo Sud

Bar – Restaurant
Via Tamarici
Tel. 07 35 / 58 73 25
Ruhetag: Montag
Betriebsferien: 1 Wo. im Sept. u. zwischen Weihnachten und Neujahr
40 Plätze + 40 im Freien
Preise: 40 – 50 000 Lire, ohne Wein
Keine Kreditkarten
Mittags und abends geöffnet

In diesem kleinen Fischrestaurant werden Ihnen je nach Angebot im Hafen als Antipasto marinierte Sardellen, in Peperoncino und wildem Fenchel **geschmorte Meeresschnecken**, kleine **Heuschreckenkrebse** sowie kleine, gekochte Oktopusse mit grüner Sauce angeboten, daneben eine Zuppetta di cozze e vongole, eine Insalata di mare, **Scampetti mit Tomaten** sowie **Kutteln vom Seeteufel**, die Sie – falls vorhanden – unbedingt einmal probieren sollten. Bei den Primi finden sich am häufigsten **Spaghetti im schwarzen Saft der Tintenfische** oder auch mit Meeresfrüchten und mit Scampi, **Penne mit Meeresheuschrecken**, Risotto ai frutti di mare, **Fischsuppe** sowie Tagliatelle mit rotem Sugo. Und als Secondo wird man Ihnen jederzeit eine gemischte Bratenplatte und die **Frittura** mit kleinen Tintenfischen, kleinen Hechten und kleinen Seezungen anbieten können. Da die berühmte **Fischsuppe aus San Benedetto** ziemlich aufwendig in der Zubereitung ist, müßten Sie sie vorbestellen.
Das Weinangebot ist um ein paar gute Tropfen aus den Marken und Abbruzzen erweitert worden.

Das Caffè Arlesiani in der Via Curzi 37 ist eine der besten Adressen für Torten, Gebäck und Eis; es bietet jedoch auch vom Kaffee bis zu Spirituosen und Wein allerhand Verführerisches. In der Via XX Settembre 50 wartet ein breitgefächertes Angebot an Milchprodukten und Käse im Casa del Parmigiano auf Sie.

San Costanzo

23 km südöstlich von Pesaro, 11 km von Fano

Da Rolando

Restaurant
Corso Matteotti, 123
Tel. 0721/950990
Ruhetag: Mittwoch
Betriebsferien: Mitte Juni – Mitte Juli
40 Plätze
Preise: 35 – 50 000 Lire
Kreditkarten: AE, CartaSi
Mittags und abends geöffnet

Bei den Tafelrunden, die sich an so manchem Abend in Rolando Ramoscellis Lokal einfinden, kommen einem unwillkürlich die Filme des Komikers Ugo Tognazzi in den Sinn. Es kann hier jedoch auch sehr ernsthaft zugehen, beispielsweise wenn sich die Mitglieder des »Club Sotterraneo« hier treffen: Da kommen dann Architekten, Wissenschaftler und begeisterte Laien zusammen, die sich mit der Erforschung der unterirdischen Welt in den Marken beschäftigen – stellen Sie sich jetzt allerdings keinen Zirkel von Höhlenforschern vor, denn dieser Verein beschäftigt sich mit unterirdischen Anlagen, die von Menschenhand geschaffen wurden und unter anderem zur Aufbewahrung von Lebensmitteln und Wein dienten oder noch immer dienen. Als vielseitig interessierter Mensch hat Rolando sogar ein bemerkenswertes Kochbuch mit regionalen Rezepten herausgebracht.
Aus diesem Repertoire wird Rolandos Frau dann schöpfen, wenn sie für Sie tätig wird: Da gibt es beispielsweise die **Minestra mit Saubohnen und Kinnbackenspeck** (die auch, da sie traditionellerweise im Mai gekocht wird, »Maggiola« heißt) und zahlreiche weitere Suppen mit frischem Saisongemüse. Dazu gesellen sich **Tagliatelle mit einem Ragout aus Hühnerklein** oder mit Pilzen und Trüffeln, **Pancotto mit Pilzen**, Polenta mit Taube (die berühmte **»Taube im Bett«**), Fricò mit Fleisch und Gemüse, Wildragout sowie Huhn und Kaninchen in tausend verschiedenen Arten. Im Weinkeller lagern Flaschen, die bei lokalen und regionalen Erzeugern persönlich ausgesucht wurden.

In **Fano** (11 km) gibt es im Caffè Centrale, Corso Matteotti 102 – 104, traditionelles Festtagsgebäck: im Winter Walnußbrot und die Crescia mit Käse zu Ostern.

San Leo

26 km südwestlich von Rimini, S.S. 258

La Rocca

Hotelrestaurant
Via Leopardi, 16
Tel. 0541/916241
Ruhetag: Montag, nicht im Sommer
Betriebsferien: Nov. – Jan.
100 Plätze
Preise: 40 000 Lire, ohne Wein
Kreditkarten: AE, Visa
Mittags und abends geöffnet

San Leo ist vor allem für seine Festung bekannt, in der Graf Cagliostro festgehalten wurde. Das Örtchen liegt auf einem riesigen Felsblock, der nur über eine Straße, die man in den Felsen geschlagen hat, zugänglich ist. Und genau am höchsten Punkt San Leos liegt das »La Rocca«. Von der großen Terrasse des Lokals, auf der man im Sommer seine Mahlzeit einnehmen kann, genießt man eine wirklich herrliche Aussicht. Ein Besuch des Lokals lohnt sich besonders im Herbst, wenn Trüffel und Pilze Hochsaison haben.
Die Geschwister Rossi, die das Lokal führen, haben die Liebe zur guten, einfachen Küche und die Sorgfalt, mit der sie die traditionellen Gerichte des Montefeltro zubereiten, von ihren Eltern geerbt. Unter den Antipasti zu erwähnen das marinierte Fleisch vom Angus mit Trüffeln und Kräutern, das Carpaccio vom geräucherten Hirsch, der gekochte Schinken und die Salami vom Strauß (!). Sehr außergewöhnlich, auch was ihre Namen anbelangt, sind einige Primi: **Tortelloni di San Leo** in Öl aus Cartoceto und Formaggio di fossa, **Nudelauflauf** alla Cagliostro, **Lamm mit Sangiovese und Ingwer**, Strozzapreti alla Felice Orsini oder mit Saisongemüse. Ganz typisch, zumindest was die Zutaten anbelangt, sind auch die **Passatelli mit Steinpilzen** und mit Formaggio di fossa. Als Hauptgericht empfehlen wir Ihnen besonders das **Zungenstück vom Angusrind**, das nur ganz kurz gebraten und mit Knoblauch und Rosmarin gewürzt wird. Der Weinkeller ist gut bestückt mit Weinen aus ganz Italien und einigen französischen Marken. Daneben gibt es außerdem eine reiche Auswahl an Schnäpsen.

Die Bäckerei der Familie Giorgini in San Leo stellt ihr Brot und Gebäck noch auf ganz traditionelle Weise her.

San Leo

73 km westlich von Pesaro,
26 km südwestlich von Rimini, S.S. 258

Locanda San Leone

NEU

Bauernhof
Strada Sant'Antimo, 102
Tel. 05 41/91 21 94
Ruhetag: Montag u. Dienstag
Betriebsferien: unterschiedlich
70 Plätze + 50 im Freien
Preise: 50 000 Lire
Kreditkarten: alle, außer DC
Nur abends geöffnet, an Sonn- und Feiertagen auch mittags

Verlassen Sie die Staatsstraße bei Secchiano di Novafeltria, fahren Sie Richtung San Igne di San Leo hinauf, und achten Sie dabei auf das Schild, das Sie dann zu diesem bezaubernden Bauernhof führt: eine vollständig restaurierte Mühle aus dem 17. Jahrhundert, in der neben einem kleinen Hotel (mit sechs Zimmern sowie einer stilvoll eingerichteten Suite) auch ein Restaurant entstanden ist. Das beliebte Ausflugsziel im Valmarecchia liegt idyllisch inmitten von hohen Bäumen und einem Weingarten, neben dem es sogar ein Freiwildgehege gibt. Für die Restaurierung, Leitung und künftigen Projekte zeichnen Daniela und Giancarlo verantwortlich, während die Arbeiten in der Küche von Chefkoch Marco Rossi überwacht werden, einem aus Rimini stammenden Lehrer. Seine gepflegten Gerichte sind rustikal und doch raffiniert. Positiv fällt auf, daß es hier weder Friteuse noch Tiefkühltruhe gibt, dafür um so mehr frische Produkte aus eigenem Anbau. Auf die jahreszeitlich unterschiedlichen Antipasti folgen Primi mit frischgemachten Eiernudeln – **Tagliatelle** mit Gemüse oder Steinpilzen und Höhlenkäse, **Tortelli** oder **Gemüsesuppen**. Für die Secondi wie Bistecca fiorentina, **Manzo »al bastone di quercia«** oder gegrillte Fleischröllchen wird erstklassiges Rindfleisch verwendet, daneben gibt es **Galletto al mattone** (Hähnchen im Römertopf), verschiedenerlei Braten und für Gemüsefreunde **Fricandò** sowie ein vegetarisches Gericht. In der Saison dann **Trüffel** und heimische **Pilze**.
Das »Fantasma del Mulino«, das Mühlengespenst, entpuppt sich als Dessert: Panna cotta mit Karamel-Sauce. Die Weine aus eigenem Anbau sind anständig, doch entsprechen sie nicht dem Niveau der Gerichte. Sie können auf einige gute Flaschenweine ausweichen, die auf einer Karte zu lesen sind, die beständig erweitert wird. Zu dem festen Menü für 50 000 Lire wird der Hauswein serviert.

San Severino Marche

30 km südwestlich von Macerata, S.S. 77

Due Torri

NEU

Restaurant
Via San Francesco, 21
Tel. 07 33/64 54 19
Ruhetag: Montag
Betriebsferien: 1 Wo. an Weihnachten
100 Plätze
Preise: 40 000 Lire, ohne Wein
Kreditkarten: alle
Mittags und abends geöffnet

Wenn Sie von der Stadtmitte aus in den mittelalterlichen Ortskern hinaufgehen, stoßen Sie ganz automatisch auf das kleine Hotel »Due Torri« mit seinen zwanzig ruhigen Zimmern und seinem hellen, hübsch eingerichteten Restaurant, das fest in Händen der Familie Severini ist: Mutter Giovanna und Vater Mario sind in der Küche zugange, und Sohn Paolo kümmert sich um die Gäste.
Die Küche ist im wesentlichen bodenständig und bietet allerlei leckere **Bruschette**, ausgezeichnete hausgemachte Wurstwaren, handgefertigte Pasta mit Fleischragout, Pilzen, Trüffeln, Wildschwein oder Gemüse, daneben Risotti mit Steinpilzen, dicke Bohnen mit Schweineschwarte und an Festtagen auch vorzügliche **Vincisgrassi**. Reich ist die Auswahl an Secondi, vom gegrillten Fleisch oder Käse zu den verschiedensten Braten, von Omeletts über Fritto misto und **Baccalà in Tomaten** bis hin zu den **in Kräutern geschmorten Schnecken**, zu denen es jeweils saisonale Beilagen gibt. Hausgemachte Desserts runden das traditionelle kulinarische Angebot mit seinen klaren, kräftigen Geschmacksnoten ab. Der Weinkeller beschränkt sich, abgesehen von einigen Ausblicken in die angrenzenden Regionen, im wesentlichen auf die Marken. Auch eine kleine Auswahl an Extravergine-Ölen ist im Speisesaal aufgestellt.
Zum Schluß sei hier noch die Bottega dell'Africano erwähnt, die dem Krämerladen des Großvaters zu Ehren in einer Ecke des Lokals eingerichtet wurde: Hier kann man allerhand feine lokale Produkte kaufen, die Paolo mit Sachverstand zusammenträgt.

Sant'Agata Feltria
Monte Benedetto

45 km südwestlich von Rimini, S.S. 258

Antenna dal Morino

Trattoria
Via Monte Benedetto, 32
Tel. 0541/929626
Ruhetag: Montag, nicht im Juli u. Aug.
Betriebsferien: 8.–15. Sept.
80 Plätze
Preise: 50 000 Lire
Keine Kreditkarten
Mittags und abends geöffnet

Es gibt wohl nicht viele Lokale, die sich schon seit nahezu einem halben Jahrhundert auf das Wirken ein und derselben Köchin verlassen können – das »Antenna« allerdings hat dieses Glück. All die kulinarischen Schätze des Montefeltro verwandeln ihre Rezepte mit viel Geschick in schmackhafte Speisen: Pilze, Trüffel, Kräuter, Waldfrüchte, frisches und gepökeltes Fleisch von Stallhasen und Geflügel sowie höhlengereifter Käse.
Zu den schlichten Antipasti gehören die mit **Ricotta und Kräutern gefüllten Kürbisblüten**, kleine Omeletts mit Schnittlauch und Pfefferminze sowie Crostini. Die selbstverständlich handgemachte Pasta lockt beispielsweise mit **grünen Tortelloni mit Trüffeln**, Tagliatelle oder **Tagliolini mit Pilzen** oder Cappelletti in Brühe. Alternativ dazu können Sie sich in der entsprechenden Jahreszeit für eine kräftige Pilz-Cremesuppe entscheiden. Bei den Secondi hält sich das Angebot ebenfalls an traditionelle Vorgaben: **Schinken aus dem Rohr**, Lammkeule mit Gemüse aus dem Rohr und allerlei Braten und Filets (vom Rind) mit Steinpilzen – Gerichte, die vom immensen Sachverstand ihrer Schöpferin und frischen Zutaten künden. Das Tüpfelchen auf dem i ist der **mit Kastanien gefüllte Fasan**, der Ihnen allerdings nur im Herbst und auf Vorbestellung serviert werden kann. Das Ende Ihres schmackhaften, üppigen Mahls versüßen dann noch die Crostatina mit Waldbeeren, flambierte Kastanien oder Crème caramel mit Fruchtsauce. Neben dem eher bescheidenen Hauswein wären ein paar Tropfen mehr zur Auswahl wünschenswert.

In **Sant'Antimo** gibt es in der Azienda Agricola Fracassi neben ausgezeichnetem Frischfleisch auch Wurst und Käse vom Feinsten zu kaufen.

Sassoferrato

70 km westlich von Ancona,
19 km nördlich von Fabriano

Hostaria della Rocca

NEU

Restaurant – Pizzeria
Via Cardinale Albornoz, 3
Tel. 0732/95444
Ruhetag: Dienstag
Keine Betriebsferien
80 Plätze + 30 im Freien
Preise: 30 – 35 000 Lire, ohne Wein
Kreditkarten: alle
Mittags und abends geöffnet

Um in die »Hostaria della Rocca« zu gelangen – vielleicht nach einem kleinen Umweg über die beeindruckenden Grotte di Frasassi –, müssen Sie in Sassoferrato in die Oberstadt hinauffahren, die sich um eine alte, im Jahre 1368 unter dem streitbaren Kardinal Albornoz errichtete Feste drängt. Die Räumlichkeiten des Lokals sind in den ehemaligen Stallungen untergebracht, und im Sommer sind auch im hübschen, kleinen Burghof Tische gedeckt. Vor ein paar Jahren haben Peppe und Alessandro hier ein Ambiente geschaffen, in dem alles an eine gute, alte Trattoria erinnert, auch die Küche, die nach bewährter lokaler Tradition dem Rhythmus der Jahreszeiten und ihrer Gaben folgt.
Probieren Sie also gleich einmal die mit Gemüse gefüllten **Saccottini**, die wunderbaren **Tacconi** (Pasta aus Maismehl) mit Hülsenfrüchten und Wurst oder die traditionellen **Tagliatelle mit Lammragout**. Unter den Secondi wird Ihnen das **in Tomaten geschmorte Lamm** bestimmt ebenso ausgezeichnet schmecken wie das **Kaninchen** mit Artischocken oder die **Hackfleischbällchen** mit Kräutern. Lassen Sie sich bei den Desserts von Peppe beraten, denn die Süßspeisen wechseln von Tag zu Tag. An Weinen wird er Ihnen neben einigen regionalen Lagen auch so manch anderen italienischen und ausländischen Tropfen kredenzen können. Sollten Sie zufällig an einem Mittwochabend hier einkehren, dann können Sie bei einem Glas Wein, knuspriger **Fornarina** (hauchdünnem Pizzateig) und der köstlichen **Salami aus Fabriano** (neben anderen Wurstwaren aus den Marken) mittelalterlichem Minnesang lauschen.

In **Fabriano** (18 km) finden Sie in der Via Cialdini 5–7 das Salumificio Caio Bilei mit seinen erstklassigen Wurstwaren.

Senigallia

26 km nordwestlich von Ancona, S.S. 16 / A 4

La Via Granda

Osteria
Via Pisacane, 30
Tel. 071 / 63481
Ruhetag: Dienstag
Betriebsferien: Juni – September
100 Plätze
Preise: 30 – 50 000 Lire
Kreditkarten: DC, Visa
Mittags und abends geöffnet

»La Via Granda« – benannt nach dem einheimischen Namen der Via Pisacane – bleibt den Sommergästen versagt, denn von Juni bis September bleibt die Osteria geschlossen. Die heimeligen Räumlichkeiten dieses Renaissancepalazzos sind auch eher etwas für die kühlere Jahreszeit. Seele des Betriebes ist Küchenchef Mariano Faraoni, der sich mit Mauro Uliassi die Verantwortung für den Betrieb teilt. Typische Regionalgerichte findet man auf der schlichter gehaltenen Mittagskarte (das Menü zu 30 000 Lire), während abends individuelle und interessante Spezialitäten aufgetischt werden: **Polentina mit Ragout von Salsiccia oder von Ente**, dicke Bohnensuppe, gedämpftes Kaninchen mit Kräutern, geräucherte Schweinelendchen an Balsamico-Essig gibt es als Vorspeisen. Es geht weiter mit **Gnocchi al formaggio di fossa** oder **al sugo di papera**, Agnolotto ai broccoli, **Tagliatelle mit Fleischragout und Wachtelbohnen**, Strangozzi mit schwarzen Trüffeln, Tagliatelline con fonduta. Als Hauptspeise sind das **Grillfleisch**, das Steinpilz-Kaninchen in Rotwein, die Lammkoteletts mit Estragon, die **Entenbrust** mit Kartoffeln und Steinpilzen sehr beliebt. Zum Abschluß reicht man ein Käsetablett mit Mostarda und Obst oder warmen Apfelkuchen, Semifreddo von Ananas oder Haselnüssen, Blätterteiggebäck und Kekse. Das Weinangebot ist gut und nicht nur auf die Region beschränkt.

Die Enoteca Galli, Via Pisacane 15, gehört zu den bestsortierten Weinhandlungen der Region. Neben Wein und Spirituosen führt sie auch Nudeln, Essig, Öl und Feinkost.

Senigallia

26 km nordwestlich von Ancona,
S.S. 16 oder Ausfahrt A 14

Osteria del Teatro

NEU

Osteria
Via Fratelli Bandiera, 70
Tel. 071 / 60517
Ruhetag: Mittwoch, nicht im Sommer
Betriebsferien: im Juni
50 Plätze
Preise: 25 000 Lire, ohne Wein
Keine Kreditkarten
Nur abends geöffnet

Nomen est omen – Kultur wird auch in diesem Lokal groß geschrieben, denn seine Inhaber, das junge Paar Marco Pasqualini und Caterina Pajalunga, denen Luigi Montanari hilfreich zur Seite steht, veranstalten vorwiegend in den Wintermonaten neben Dichterlesungen auch Kunstausstellungen. Daß bei soviel Engagement auch das Ambiente munter und aufgeschlossen ist, versteht sich von selbst. Sowohl die Anzahl der Tische als auch das kulinarische Angebot sind überschaubar, und die Weine, die in reicher Auswahl vorhanden und sogar im Ausschank erhältlich sind, haben Charakter. Für einen guten Tropfen ist hier also stets gesorgt.
Zum Auftakt gibt es verschiedene Crostini und neben **lokalen Wurstwaren** auch Spezialitäten aus dem Aostatal und der Toskana. Anschließend gibt es je nach Jahreszeit **hausgemachte Pasta mit Kichererbsen** oder dicken Bohnen, Maltagliati, Strozzapreti und Ravioli mit Wurst-, Gemüse- oder Pilz-Sugo, **Polenta mit Sugo** oder mit Käse (natürlich ein Wintergericht) und im Sommer Pastasciutta mit Auberginen, Paprikaschoten oder Pesto alla genovese. Außerdem stehen zahlreiche Salate, kalte Platten, salzige Käsetorten, sautierte Gemüsesorten, die Pizza mit Käse sowie eine Riesenauswahl an gefüllten Piadine bereit (letztere bekunden nicht nur die Herkunft der Inhaber, sondern bestätigen auch eine Redensart, der zufolge die Romagna in Senigallia beginnt), um dem eigentlichen Zugpferd des Lokals, dem **Käsesortiment**, Gesellschaft zu leisten: junger und reifer Pecorino aus den Hügeln der Marken, Höhlenkäse, Büffelmilch-Provole und -Scamorze aus Sorrent sowie Käse von den Bergalmen des Piemont, der Lombardei und des Aostatals. Und für Naschkatzen stehen hausgemachte Ricotta-Torten, Bavaresi, Crostate oder einfach nur Kekse bereit.

Senigallia

26 km nordwestlich von Ancona,
S.S. 16 oder Ausfahrt A 14

Osteria del Tempo perso

NEU

Osteria
Via Mastai, 53
Tel. 071/60345
Ruhetag: Donnerstag
Betriebsferien: unterschiedlich
60 Plätze
Preise: 35 – 45 000 Lire, ohne Wein
Kreditkarten: alle
Mittags und abends geöffnet

Diese in der Altstadt Senigallias gelegene Osteria, die nicht nur von außen schön anzuschauen, sondern auch innen gemütlich eingerichtet ist, erlebt – seitdem sie vor zwei Jahren von Giancarlo Greganti übernommen wurde – eine Phase des Aufschwungs. Das verdankt sie unter anderem der Küche, die dem vielversprechenden Simone Belardinelli anvertraut wurde und sich seitdem nicht mehr nur der Tradition verpflichtet fühlt. Sie können hier auch spätabends noch ein paar Kleinigkeiten bekommen oder nur auf ein Glas Wein und einen kleinen Plausch vorbeischauen – Weine gibt es nämlich mehr als genug.
Unter den Antipasti, die natürlich je nach Saison variieren, finden sich Mozzarella-Häppchen mit Tomaten-Paste, Schinken und Spargel, gemischtes Gemüse vom Grill, Geflügelsalat mit Pinienkernen und Parmesan sowie **Crostini mit weißem Speck**. Bei den leckeren Primi stellt sich angesichts ihrer Fülle wirklich die Qual der Wahl: Da gibt es hausgemachte **Cappelletti mit Wurst** und Gemüse, **Chitarrine mit Steinpilzen** oder **mit Höhlenkäse**, **Maltagliati mit Lauch**, **Tagliatelle** mit einem Sugo aus Fleisch oder Gemüse (besonders empfehlenswert das Rezept mit Artischocken und Safran), Karotten-Gnocchetti mit Poleiminze oder Kartoffel-Lasagnette mit einem leichten Pesto, während die Secondi mit einem **Kalbsschnitzel** mit aromatischen Kirschtomaten, mit Lammkeule mit Kräutern, **im Rohr gebratener Kalbshaxe mit Polenta**, Kaninchenrücken mit Basilikumfüllung sowie allerlei Filets aufwarten.
Nicht nur die Weine sind hier sorgfältig ausgesucht, sondern auch die feinen Extravergine-Olivenöle.

Senigallia

26 km nordwestlich von Ancona,
S.S. 16 oder Ausfahrt A 14

Osteria della Posta

NEU

Osteria
Via Cavour, 26
Tel. 071/60810
Ruhetag: Sonntag, nicht im Sommer
Betriebsferien: 15. – 30. September
45 Plätze + 15 im Freien
Preise: 30 – 35 000 Lire, ohne Wein
Kreditkarten: alle
Mittags und abends geöffnet

Daß diese hübsche Stadt an der Küste der Marken bereits im vergangenen Jahrhundert als Badeort bekannt war, hatte sie der hier schon damals regelmäßig stattfindenden Mustermesse zu verdanken. Und nach einer Zeit, in der der Massentourismus die gesamte Küste überrollt hatte, scheint man sich nun in gastronomischer Hinsicht auf die Qualität zurückzubesinnen. Ein Beispiel dafür bietet die »Osteria della Posta«, die sich, wie der Name unschwer verrät, unweit der Hauptpost befindet. Nach einem Besitzerwechsel führen inzwischen Alberto Cecchini und seine ganze Familie (Signora Cecchini in der Küche und die beiden Töchter Sabrina und Michela beim Service) mit neuem Schwung das Lokal.
In dem ruhigen Speiseraum (im Sommer verfügt das Lokal auch über Tische im Freien) werden auf einer gut sichtbaren kleinen Tafel jeweils zwei oder drei traditionelle Gerichte empfohlen. Wenn Sie sich allerdings die Entscheidung nicht abnehmen lassen wollen, können Sie auch aus der Karte wählen, und da finden Sie beispielsweise die **in Kräuter geschmorten Meeresschnecken**, Venus- und Miesmuschelsuppe, Tagliolini alla marinara, Risotto oder Ciavattoni (dicke Rigatoni) mit Meeresfrüchten, mit Poleiminze gewürzte **Kutteln alla romana**, **Stockfisch all'anconetana**, der lange in reichlich Verdicchio geschmort wird, scharfe Scampi, Spießchen mit Garnelen und Calamari, **kurz angebratene Sardoncini**, gemischten Fisch vom Grill, in der Saison einen **Hasen nach Jägerinnenart** und andere Gerichte mehr, die sich alle durch ihre unverfälschte Zubereitung auszeichnen.
Das gute Weinangebot verdankt seine Zusammenstellung auch Albertos Töchtern, die seit kurzem ihr Herz für die Geheimnisse des Rebensaftes entdeckt haben.

Serrapetrona

26 km südwestlich von Macerata, S.S. 77

La Cantinella

NEU

Trattoria
Piazza Santa Maria, 3
Tel. 07 33 / 90 81 12 – 90 83 10
Ruhetag: Dienstag
Betriebsferien: Ende Aug. – Anf. Sept.
35 Plätze
Preise: 35 000 Lire
Keine Kreditkarten
Mittags und abends geöffnet

Ein wirklich eigenwilliger Wein, dieser Vernaccia di Serrapetrona. Abgesehen von dem Namen, der vom vulgärlateinischen Vernaculum (was soviel wie Mundart bedeutet) abgeleitet ist und seinen bodenständigen Charakter unterstreicht, hat er mit den anderen beiden DOC-Weinen, dem Vernaccia di Oristano und dem Vernaccia di San Gimignano, überhaupt nichts gemein. Hierzulande ist der Vernaccia nämlich ein roter Schaumwein, den es secco oder amabile gibt. Die Besonderheit seiner Herstellung liegt darin, daß dem bereits vergorenen Wein im Dezember der frisch gepreßte Most getrockneter Vernaccia-Trauben beigemischt und dadurch eine zweite Gärung herbeigeführt wird.
In der traditionellen Trattoria »Cantinella« können Sie sich einen vollständigen Überblick über die lokale Produktion dieses Weines verschaffen – die Namen der Hersteller lassen sich ohnehin an einer Hand abzählen. Doch ist der Vernaccia nicht alles, was Roberta Bettuccis Lokal, in dem auch Ehemann Adriano mithilft, zu bieten hat.
Groß ist das Speisenangebot zwar nicht, doch dafür tadellos und unverfälscht. So finden Sie hier ausgezeichnete hausgemachte Wurstwaren wie die leckere **Ciavuscolo**, eingelegte Paprikaschoten und Artischocken oder die **gefüllten und fritierten Oliven**. Wer hier Stammgast ist, entscheidet sich am liebsten immer wieder für die unübertroffenen **Tagliatelle mit dem Sugo vom Hühnerklein** – höchstens im Herbst könnten dann die Tagliatelle mit **schwarzer Trüffel** oder mit Pilzen noch verlockender sein. Bei den Secondi machen dann ebenfalls die gute Qualität der Zutaten sowie das immer richtige Gespür der Signora Roberta den kleinen Unterschied aus, ob es nun das Fleisch vom Grill ist oder die gegrillte **Leber**. Und zum Abschluß empfiehlt sich ein deftiger hausgemachter **Ciambellotto** oder eine Zuppa inglese.

Serrapetrona Borgiano

26 km südwestlich von Macerata, S.S. 77

Osteria dei Borgia

Osteria
Ortsteil Borgiano
Tel. 07 33 / 90 51 31
Ruhetag: Montag
Betriebsferien: unterschiedlich
60 Plätze
Preise: 25 – 35 000 Lire
Keine Kreditkarten
Nur abends geöffnet

Den Geschwistern Sandro und Stefania Quadraroli gebührt reichlich Lob: Ihrem Einsatz allein ist es zu verdanken, daß diese traditionelle Osteria mit dem einst dazugehörigen Lebensmittelgeschäft in dem kleinen Ortsteil Borgiana erhalten werden konnte. Hier kehrte man einst auf ein Glas Vernaccia ein, dem von Serrapetrona natürlich, dem einzigen roten in Italien, und aß dazu heimische Wurstwaren (allen voran die leckeren **Ciavuscoli**, aus Fleisch oder aus Leber, die man aufs Brot streichen konnte) sowie nach Hausfrauenart eingelegtes Gemüse.
Das Lokal hat sich im großen und ganzen nicht verändert, denn für die Bodenständigkeit und Qualität der einfach zubereiteten Gerichte sorgt nach wie vor Mamma Maria. Nur daß es jetzt den Lebensmittelladen nicht mehr gibt, daß sich zu dem kräftigen Vernaccia inzwischen so manch anderer guter Tropfen aus ganz Italien hinzugesellt hat und die abendlichen Stammgäste jünger geworden sind. Im Obergeschoß hat man nun auch zwei Speiseräume eingerichtet, in denen man auf Vorbestellung im Menü mit traditionellen Gerichten aus den Marken schwelgen kann.
Unten im eigentlichen Lokal kann man jederzeit auf einen Imbiß vorbeikommen oder bis spätabends gemütlich bei einer Flasche Wein und Wurstwaren, **Crostini mit Trüffel**, in Öl eingelegtem Gemüse, Käse, Gebäck und Hefekranz sitzen. Was die warme Küche betrifft, so können wir Ihnen versichern, daß Signora Maria nicht nur Expertin für Vincisgrassi ist, sondern auch für **Tagliatelle mit Hühnerklein**, **in Kräutern geschmortes Kaninchen**, für in der Pfanne **gebratene Taube** und Huhn sowie für gemischte Bratenplatten. Ein wirklich unvergeßliches Erlebnis!

53 km südwestlich von Ancona, S.S. 76

La Pianella

NEU

Restaurant
Via Gramsci
Tel. 07 31 / 8 61 88
Ruhetag: Montag
Betriebsferien: Januar
50 Plätze
Preise: 35 – 40 000 Lire
Kreditkarten: alle
Mittags und abends geöffnet

Wir befinden uns im südwestlichen Teil des Anbaugebiets des Verdicchio dei Castelli di Jesi, in unmittelbarer Nähe der Höhlen von Frasassi. Hier in diesem Grenzland zu Umbrien kann sich Raul Ballarini nicht nur auf erstklassige lokale Zutaten stützen, sondern auch auf eine reiche Küchentradition, die er als langjähriger Mann vom Fach entsprechend gekonnt umsetzt. Das Lokal »La Pianella« liegt, wie auch der gleichnamige Ort, in rund 500 Meter Höhe mitten in einem uralten Pinienhain, der auch im Sommer stets angenehme Kühle verspricht. Für eine warme Stube im Winter sorgt dann der Kamin, in dem natürlich auch die leckeren Grillgerichte entstehen. Hier fängt man am besten mit rustikalen Omeletts an, mit sautierten Wiesenkräutern (für die Ballarini eine Art Experte ist), **Kutteln**, dicken Bohnen, heimischen Wurstwaren, Ricotta und Pecorino, doch gibt es auch Wildgerichte unter den Vorspeisen, beispielsweise die Fasanterrine mit Wacholder oder die **Wildschwein-Crostini**. Anschließend bietet sich die handgefertigte Pasta an wie die **Tagliatelle mit Entenragout**, Kartoffel-**Gnocchi**, **Pappardelle mit Rebhuhn-Ragout** oder auch die unkomplizierten Cappellacci in zerlassener Butter und Parmesan. Das Fleisch für die Secondi stammt aus den Marken, sei es nun Rind oder **Gans**, **Zicklein** oder **Spanferkel**, Perlhuhn oder Lamm. Probieren Sie auch einmal die von Ballarini persönlich ausgesuchten Köstlichkeiten wie Höhlenkäse, Marmeladen oder auch den Agresto, eine Art Balsamico-Essig, der in den Marken Tradition hat. Und Heimatverbundenheit gilt auch der Weinauswahl.

Schmeckt Ihnen Schafskäse, dann sollten Sie unbedingt einen Abstecher nach **Montecarotto** (19 km) in die Azienda Chessa, Contrada San Nicola 18, machen.

Serra San Quirico

53 km südwestlich von Ancona, S.S. 76

Le Copertelle

Restaurant
Via Leopardi, 3
Tel. 07 31 / 8 66 91
Ruhetag: Dienstag
Keine Betriebsferien
85 Plätze
Preise: 40 – 45 000 Lire
Kreditkarten: alle
Mittags und abends geöffnet

Daß Serra San Quirico schon so nahe an Umbrien liegt, zeigt sich auch an der Küchentradition dieses vorapenninischen Grenzlands, in der die Stile der beiden Regionen fließend ineinander übergehen. Das im hübschen historischen Ortskern des Dorfes gelegene Restaurant »Le Copertelle« ist in einem ehemaligen Bauernhaus aus dem 15. Jahrhundert untergebracht, das wiederum über dem gedeckten Wehrgang der alten Befestigungsmauern errichtet worden war. Besitzer des Lokals ist die Familie Orazi mit Felice, Rosalba und deren Söhnen Fausto und Sergio, die alle miteinander nach Kräften dazu beitragen, Ihnen hier nicht nur sorgfältig ausgesuchte Zutaten, sondern auch handgefertigte Pasta anzubieten.
Im Menü werden Sie dann neben Strozzapreti mit Pilzen vom Monte Murano auch **Gnocchi mit Höhlenkäse** entdecken, neben Spaghetti mit Flußgarnelen, **Tagliatelle mit Trüffeln**, Tortelloni mit Steinpilzen, Ravioli mit Morcheln und Steinpilz-Suppe auch **Pappardelle mit Gans** und **Dinkel mit consigli** (eine Art Leimkraut, das hier in den Bergen wächst). Vielleicht entscheiden Sie sich anschließend für die **Taube**, die leckeren **Kutteln**, die **Schweinshaxe** mit Gemüse, das Schweinefilet mit Höhlenkäse, gegrillte Steinpilze oder gar für das **Zicklein** aus dem Rohr, das direkt von befreundeten Berghirten stammt. Doch es geht noch weiter mit **geschmorten Schnecken**, Wildschwein nach Jägerinnenart und gefülltem Kaninchen. Falls vorhanden, empfehlen wir Ihnen wärmstens den **Stufato di pecora** nach einem alten Rezept der Wanderhirten aus dem Apennin.
Das ansprechende Weinangebot umfaßt Flaschen aus den Marken und aus anderen Regionen. Zu den Desserts (die mit Sapa, einem eingedickten Traubensaft, sind eine Sünde wert) gehört dann Weichselwein, das traditionelle Festtagsgetränk in diesem Teil der Marken.

Urbanio

52 km von Pesaro,
17 km südwestlich von Urbino, S.S. 73 bis

Osteria del Cucco

Osteria
Via Betto de'Medici, 9
Tel. 07 22 / 31 74 12
Ruhetag: Montag
Betriebsferien: 2 Wo. im Feb., 2 Wo. im Juni
25 Plätze
Preise: 30 – 35 000 Lire
Keine Kreditkarten
Mittags und abends geöffnet

Die Reise von der Küste in den Apennin lohnt allein schon wegen dieser urwüchsigen Osteria. Die alten Schwarzweißfotos, die die Wände im »Cucco« zieren, erzählen die Geschichte eines Lokals, das sich seine Ursprünglichkeit bewahren konnte. Und noch bevor Sie das erste Gericht probiert haben, werden Sie bereits von der gemütlichen Atmosphäre hier ebenso begeistert sein wie von Ihrer herzlichen Gastgeberin Donatella.
Im Menü dann überschlagen sich beinahe die Ereignisse. Sämtliche Gerichte sind ausschließlich aus frischen Produkten der jeweiligen Jahreszeit zubereitet, allen voran Gemüse und Kräuter. Doch zunächst zu den Antipasti: Da können Sie neben köstlichen Wurstwaren eine **Crostata di peperoni** kosten, einen Spinatstrudel, ein kleines Omelett mit Gemüsecreme, einen **Salat mit höhlengereiftem Pecorino und schwarzen Trüffeln** oder Crostini mit Zucchini und Höhlenkäse. Bei den Primi triumphiert ebenfalls das Gemüse: **Cappellacci mit Spargel**, Fusilli mit Minze-Blättchen und frischer Ricotta, **Gnocchi mit Ratatouille** sowie sautierte Tagliolini mit wilden Kräutern. Etwas robuster zwar, aber keineswegs schwer sind dann die Secondi: **Frittata mit Pilzen**, mit Gemüse und Kräutern gefülltes Rindfleisch, Frittata mit Kürbisblüten, **Perlhuhn** mit Wacholderbeeren nach Jägerinnenart und mit Kräutern gefülltes Kaninchen. Die Desserts lassen – dank eingehender Recherchen – die alten Rezepte der Gegend wieder aufleben: Castagnaccio, Bostrengo, Cicerchiata und Crostate.
Es gibt keine Weinkarte, doch paßt in dieses Lokal, in dem mehr als Ihr Hunger gestillt wird, ein schlichtes Glas Rotwein am besten.

Bei Ravaldo und Lino Longhi im Corso Vittorio Emanuele 59 können Sie das ganze Jahr über Pilze und Trüffel kaufen.

Urbania

52 km von Pesaro,
17 km südwestlich von Urbino, S.S. 73 bis

Taverna del Buongustaio

Osteria
Via delle Cererie, 4
Tel. 07 22 / 31 94 11
Ruhetag: Samstag
Betriebsferien: August
20 Plätze
Preise: 20 – 25 000 Lire
Keine Kreditkarten
Mittags geöffn., abends auf Vorbestell.

Mitten im Herzen des einstigen Casteldimonte, das seit dem 17. Jahrhundert Urbania heißt, finden Sie dieses einzigartige Lokal: Das Menü umfaßt weder Vornoch Nachspeisen, und wenn Sie hier nach 20 Uhr zu Abend essen wollen, werden Ihnen die Inhaber, Familie Rossi, schlicht und einfach sagen, daß das nicht mehr möglich ist. Und dennoch sollten Sie, ohne groß zu zögern, im »Buongustaio« einkehren, wenn Ihnen der Sinn nach wirklich typischer Küche in ihrer ursprünglichsten Form steht.
Es geht also los mit **Tagliatelle**, Lasagne und **Tortelloni**, die – und das versteht sich hier wohl von selbst – hausgemacht sind und mit Fleischragout, Steinpilzen oder dicken Bohnen (nach alter Tradition sowohl aus der Romagna als auch aus den Marken) serviert werden – noch vor nicht allzu langer Zeit Sonntagsgerichte für die Menschen dieses Landstrichs. Auch bei den Secondi finden Sie ausschließlich traditionsgebundene Speisen wie **Lamm** oder Rindersteak vom Grill, **Polpettine mit Fleischragout**, Huhn in Paprikaschoten sowie **geschmorte Taube in der Kasserolle**, zu denen als Beilage frisches Gemüse gereicht wird. Das Wort »Innovation« ist hier ein Tabu, alles, was zählt, ist der Erfahrungsschatz der Köchin, die Sie auf einen aufregenden kulinarischen Streifzug durch die unverfälschte, mitunter recht deftige Küche der Marken einlädt.
Mehr als einen eher bescheidenen offenen Hauswein gibt es nicht, doch Sie werden sich bei den Rossis trotzdem wie zu Hause fühlen. Mit dem Abendessen (bitte unbedingt vorbestellen!) sind Sie hier bereits zu einer Stunde fertig, zu der man in anderen Lokalen gerade erst damit beginnt. Doch das ist auch kein Beinbruch: Sie können ja einen kleinen nächtlichen Verdauungsspaziergang durch die ruhigen Gäßchen Urbanias, des Lieblingsorts der Herzöge aus dem Montefeltro, wagen.

Urbino

L'Angolo divino

NEU

Osteria
Via Sant'Andrea, 14
Tel. 07 22 / 32 75 59
Ruhetag: Mittwoch
Betriebsferien: Oktober
40 Plätze
Preise: 30 – 45 000 Lire, ohne Wein
Kreditkarten: die bekannteren
Mittags und abends geöffnet

Von der Piazza Rinascimento – eine der schönsten Mittelitaliens – sind es nur einige wenige Schritte hinunter zu dieser netten Osteria. Früher befand sich hier nur ein Stand, an dem man sich eine Crescia holte – hier in dieser Gegend praktisch so etwas wie die Pizza für Neapel –, und mit einem Gemüse- oder Wurstbelag reichte das dann auch schon als kleines Abendessen aus. Das in einem alten Palazzo untergebrachte Lokal besteht heute aus einem unteren und einem oberen Speiseraum, deren Sichtmauerwerk und Holzbalken sehr hübsch anzusehen sind.
Die Gerichte, die hier angeboten werden, entspringen einer zum Teil schon in Vergessenheit geratenen Tradition der Schule von Urbino. Probieren Sie doch einmal die **Taiulin sal lard** (Tagliolini mit weißem Speck) oder die **Spaghetti sa la mulica del pan** (mit Bröseln, einem weiteren Armeleuteessen früherer Zeiten). Nach einem richtig bäuerlichen Auftakt mit Wurst und gegrilltem oder gebratenem Gemüse finden Sie neben den bereits genannten Primi am häufigsten Tagliolini mit Lamm-Sugo, **Maltagliati mit Kichererbsen** oder Bohnen sowie ein dickes **Tomatenmus** und Polenta. Zu den beliebtesten Secondi zählen in der Pfanne gegarte **Schweineinnereien**, dicke Bohnen mit Schweineschwarte, Wurst und Schweinekotelett vom Holzkohlengrill, zu denen Ihnen dann als Beilage pundor alla gussutta (**auf der Holzglut gegrillte Tomaten** mit weißem Speck und Fenchel) aufgetischt werden. Das gute Weinangebot dagegen hält sich nicht so strikt an lokale Traditionen.

Echten Weinliebhabern empfehlen wir die Via Raffaello: bei der Hausnummer 54 die Enoteca Magìa Ciarla und bei 41 dann das Caffè Raffaello.

Visso

67 km südwestlich von Macerata, S.S. 209

Da Richetta

Trattoria
Piazza Garibaldi, 7
Tel. 07 37 / 93 39
Ruhetag: Montag
Betriebsferien: Mitte Okt. – Mitte Nov.
50 Plätze
Preise: 35 000 Lire, ohne Wein
Keine Kreditkarten
Mittags und abends geöffnet

Den Reiz, der von den geschichtsträchtigen Mauern, von Toren und Gäßchen mittelalterlicher Städtchen wie Visso ausgeht, wird Ihnen weder eine Broschüre des Fremdenverkehrsverbands noch irgendein Kunstreiseführer so richtig vermitteln können, den muß man schon selbst hautnah erleben. Und hier mitten im Naturpark der Monti Sibillini locken obendrein kulinarische Schätze wie Schaffleisch, Pilze, Trüffel, Forellen und frisches Gemüse. Bei aller Schlichtheit des Lokals geht es darin recht lebhaft zu, und die Küche läßt sich durch keinerlei modische Einfälle von ihrer starken Bindung an die Traditionen abbringen. Dafür steht die Familie Bianchi ein, die sich die Aufgaben in Küche und Speisesaal aufteilt. Lassen Sie sich bei der Auswahl der Speisen und auch der Weine am besten von Orazio fachmännisch beraten.
Als Antipasto wird er Ihnen dann vielleicht die **Wurstwaren** und die schwarzen, mit Pecorino und Fenchel gewürzten Oliven empfehlen, anschließend eine **weiße Polenta** mit ausgebratenem Bauchspeck oder mit Fleischragout, **Linsensuppe** und **Spaghettini mit schwarzer Trüffel** (der besten aus den Monti Sibillini) sowie als Secondo die alles überragenden Grillplatten mit Schaffleisch (und dem **Junghammel** als Krönung), Forellen aus dem Nera oder fritiertes Lamm.
Ebenso erfreulich wie die kleine Auswahl an Weinen sind die vernünftigen Preise, vorausgesetzt, Sie übertreiben nicht mit den Trüffeln. Wegen der großen Nachfrage am Sonntag wird hier mittags in zwei Schichten gegessen.

Eine gute Adresse für Wurstwaren aus dem Hinterland von Macerata, insbesondere die weiche Ciavuscolo, ist die Macelleria Angelo Calabrò, Piazza Capuzi 49. Pecorino gibt es in **Aschio** (5 km) bei Achille Benedetti und im Ortsteil **Cupi** (12 km) bei Giulio Ricci.

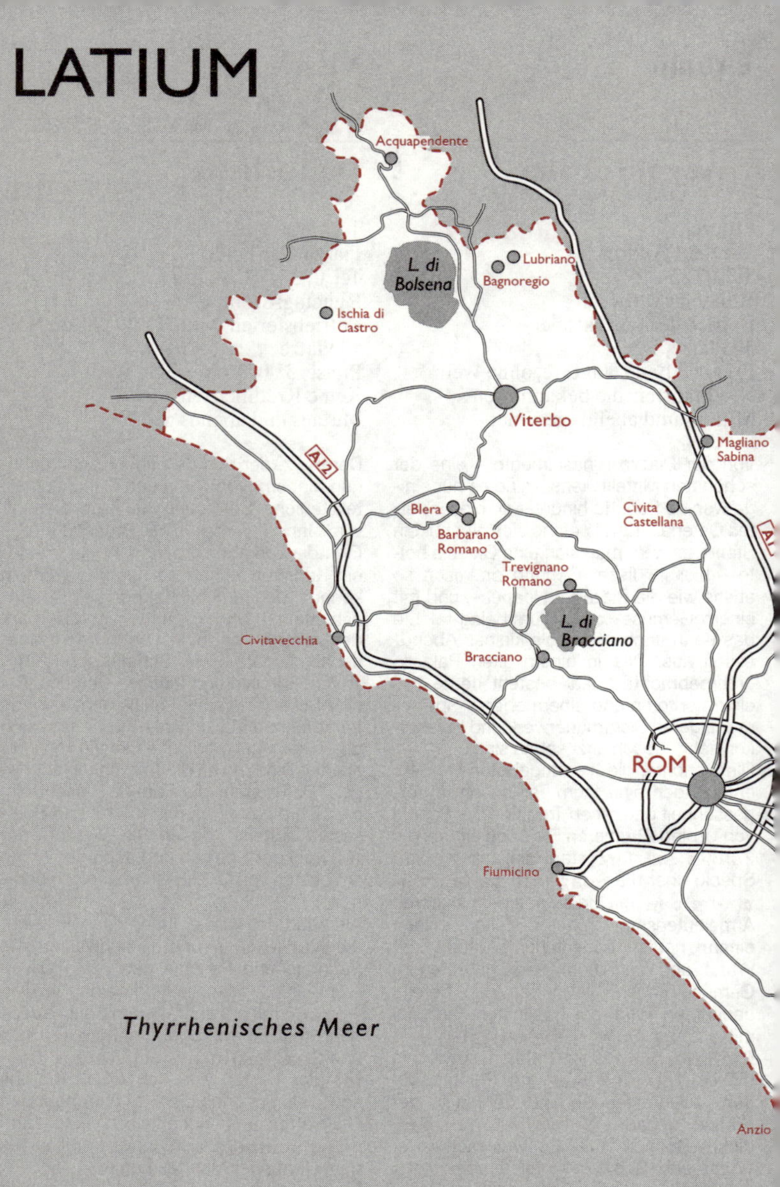

Thyrrhenisches Meer

Accumoli
Amatrice
Morro
Reatino
Rieti
Cantalupo
in Sabina
Petrella Salto
Castel
di Tora
A24
A25
A24
ascati
ottaferrata
Marino
Albano
enzano
Roma
Fumone
Frosinone
A2
Morolo
Sermoneta
Bassiano
Latina
tuno
Priverno
Pontinia
Campodimele
Monte
San Biagio
Fondi
Terracina
Formia
Minturno
Ponza

Accumoli Libertino

69 km nordöstlich von Rieti, S.S.4

Pica

NEU

Hotelrestaurant
Ortsteil Libertino
Tel. 07 46 / 8 09 24
Ruhetag: Dienstagabend
Keine Betriebsferien
150 Plätze + 30 im Freien
Preise: 30 – 40 000 Lire
Keine Kreditkarten
Mittags und abends geöffnet

Die alte, erst kürzlich renovierte Trattoria liegt an der Fernstraße Salaria, nahe der Grenze zwischen Latium und den Marken. Wir befinden uns im Herzen des Zentral-Apennin in einer herrlichen Bergkulisse. Die Monti della Laga wurden erst vor kurzem zum Naturpark erklärt. Accumoli ist ein bäuerlicher Ort. Er steht gastronomisch im Schatten des nahen Amatrice, um so angenehmer die Überraschung, hier die Trattoria Pica zu entdecken. Die eher unpersönliche Außenfassade läßt nichts erahnen vom warmen Innenambiente in Naturstein. Und auch die Küche ist etwas Besonderes, gemessen an den sonst eher derben Kochtraditionen des Ortes.
Neben Riesenportionen Carbonara oder **Amatriciana** gibt es hier auch **Fettucine al radicchio di campagna** oder Lasagne alla norcina, verfeinert und angereichert mit Trüffeln, und neben den klassischen Hauptgerichten vom **Lamm** oder Zicklein (gebraten und gegrillt) auch zarte Bachforellen, in der Folie gegart oder mit Weißweinsoße. Auf Bestellung bekommt man hier die inzwischen selten gewordenen **Gamberi di fiume**, Flußkrebse. Sie werden in einer köstlichen . Fischsuppe oder mit Fettucine serviert. Auch Gerichte auf Meeresfischbasis dürfen nicht fehlen. Vor allem freitags kommt der frische Fisch aus dem nahen San Benedetto del Tronto. Die Preise sind anständig. Die Getränkekarte bietet eine gute Auswahl an regionalen Qualitätsweinen, vor allem aus den Abruzzen und den Marken. Wer sich noch ein bißchen dem Zauber der Landschaft hingeben will, kann im angeschlossenen kleinen Hotel übernachten. Die Zimmer sind gemütlich und ruhig.

Acquapendente Trevinano

65 km nordwestlich von Viterbo, S.S. 2

Da Gianfranco

Trattoria
Via Burbon del Monte, 39
Tel. 07 63 / 71 70 42
Ruhetag: Montag
Betriebsferien: unterschiedlich
100 Plätze + 50 im Freien
Preise: 30 – 35 000 Lire, ohne Wein
Keine Kreditkarten
Mittags und abends geöffnet

Fährt man auf der Via Cassia von Viterbo nach Siena, stößt man in der Nähe von Acquapendente auf einen Wegweiser nach Trevinano. Wenn Sie einen Tag in der freien Natur verbringen möchten, raten wir Ihnen, dem Hinweisschild zu folgen, denn Sie sind hier im Naturschutzgebiet rund um den Monte Rufeno, wo Sie zu Fuß, mit dem Mountainbike oder zu Pferd herrliche Ausflüge machen können. Wenn Sie zur Blütezeit, die von April bis zum Ende des Sommers dauert, hierherkommen, können Sie auf vorgezeichneten Wegen über dreißig verschiedene wilde Orchideenarten bewundern und kennenlernen (aber nicht pflücken!). Innerhalb des Naturschutzgebietes gibt es auch einige umgebaute Bauernhäuser, in denen man übernachten kann.
Und noch etwas sollten Sie sich nicht entgehen lassen: bei Gianfranco zu essen. Hervorragend sind die **Steinpilze**, die hier in der Umgebung wachsen: Köstlich sind sie, wenn man sie einfach nur fritiert, vorzüglich schmecken sie aber auch in einem **Risotto** oder als Beilage zu **Fettuccine**, und einen Hauch von Raffinesse haben sie, wenn man sie als Suppe zubereitet. Und nicht zu vergessen das **Wild**: Pappardelle mit Wildschwein oder Gans oder **Gnocchi alla lepre** als Primi und als Secondi Reh in salmi, **Wildschweingulasch** oder Wildschwein süß-sauer. Zur Wahl stehen aber noch weitere hervorragende Fleischgerichte vom Grill. Und als Dessert bereitet Gianfrancos Frau, sie stammt aus Neapel, eine echte **Pastiera**, aber auch gewohnte Süßspeisen wie Tiramisù, Zuppa inglese und Panna cotta zu. Ein guter weißer und ein guter roter Hauswein sowie einige Flaschen Rosso und Brunello di Montalcino lassen die Weinkarte nicht vermissen.

Aquapendente Tevinano

65 km nordwestlich von Viterbo, S.S. 2

La Monaldesca

Restaurant – Pension
La Monaldesca, 44
Tel. 0763/717078
Ruhetag: von April bis Sept. Mittwoch, sonst Montag bis Freitag
70 Plätze
Preise: 30 000 Lire, ohne Wein
Keine Kreditkarten
Mittags und abends geöffnet

Im äußersten Norden der Provinz Viterbo, zwischen der Toskana und Umbrien, liegt der Naturpark Monte Rufeno. Man kann dort übernachten oder ein paar Tage in den wunderschön restaurierten Bauernhäusern verbringen. In einem von ihnen, das einst auch als Poststation diente, ist das »La Monaldesca« untergebracht. Adio und Patrizia (die Köchin) betreuen zusammen mit anderen Mitarbeitern die Gäste. Die Wanderungen durch den Park, die entspannende Atmosphäre und die frische Luft machen Appetit auf die einfache und schmackhafte Regionalküche: Alle Nudeln sind von Hand gemacht, wählen Sie also zwischen Ravioli mit Trüffel, schwarzen Fettuccine mit Steinpilzen, den klassischen **Pappardelle mit Wildschweinragout** und den sehr empfehlenswerten **Pici all'aglione**. Gut schmecken außerdem der Brennesselrisotto und die Suppen (Pilze und Linsen, Kichererbsen und Dinkel). Auch die Fleischgerichte entsprechen den Traditionen der Gegend: Wild, z.B. Perlhuhn, **Capriolo in salmì** und **Cinghiale in agrodolce**, oder aber Grillfleisch von Mastbetrieben aus der Umgebung. Die Desserts – etwa Zuppa inglese oder die Tozzetti, die man in süßen Aleatico stippt – sind hier natürlich hausgemacht. Man trinkt den offenen Wein von einem Erzeuger in der Nähe oder regionale Flaschenweine.

Albano Laziale

24 km südöstlich von Rom, S.S. 7

Antica Abbazia

NEU

Restaurant – Pizzeria
Via San Filippo Neri, 19
Tel. 06/9323187
Ruhetag: Montag
Betriebsferien: zu Weihnachten
80 Plätze
Preise: 40 000 Lire, ohne Wein
Kreditkarten: alle
Mittags und abends geöffnet

Endlich gibt es auch für Albano einen gastronomischen Tip. Zu verdanken haben wir das Annalisa Vinciguerra und ihrem Bruder Massimo. Sie haben dieses Lokal, das auf den Grundmauern einer alten Abtei aus dem 18. Jahrhundert (deren Überreste eine Besichtigung wert sind) steht, übernommen und renoviert. Die Küche bietet beste regionale Traditionen (angereichert mit interessanten persönlichen Neuerungen), großer Wert wird dabei auf die Qualität der Produkte gelegt: Brot, Fleisch und Gemüse kommen aus dem Ort, Wurstwaren und Käse auch aus anderen Gegenden.
Als Vorspeisen gibt es Gerichte aus Meeresfrüchten, aber auch **Mozarella di bufala** oder frischen Bauchspeck aus Colonnata. Anschließend Tonnarelli mit Auberginen oder Zucchini und geräuchertem Büffel-Mozarella, **Orecchiette mit ramoracci** (eine Art wilde Broccoletti), **Fettuccine ai porcini**, **Buccatini all'amatriciana,** Fleisch-Tortelli mit Walnußsoße, Spaghetti mit Venusmuscheln. Und schließlich Filets, Schnitzel und straccetti oder **Lamm** und manchmal Fisch. Als Alternative gibt es eine gute Pizza.
Annalisas Desserts sollte man sich nicht entgehen lassen. Die Getränkekarte ist noch im Aufbau. In der Zwischenzeit ist der selbstgekelterte Wein von Annalisas Vater durchaus empfehlenswert.

Amatrice

66 km nordöstlich von Rieti, S.S. 577

La Conca

Hotelrestaurant
Via della Madonella, 24
Tel. 07 46 / 82 67 91
Kein Ruhetag
Keine Betriebsferien
150 Plätze + 30 im Freien
Preise: 30 – 35 000 Lire
Keine Kreditkarten
Mittags und abends geöffnet

Die Amatriciana soll hier im Ort ihren Ursprung haben. Ganze Generationen römischer Trattorien haben mit diesem Gericht ihr Glück gemacht, Wanderschäfer haben es schließlich über die ganze italienische Halbinsel verbreitet. Das Rezept ist ganz einfach: in den Sugo gehören Tomaten, »Guanciale« (Wangenspeck) und Peperoncino. Im gemütlichen Restaurant dieses hübschen Hotels wird die klassische Version der Amatriciana serviert. Beeindruckend die große, ordentliche und voll einsehbare Küche sowie die Herzlichkeit der Wirtsleute.
Es gibt hervorragende Vorspeisen mit Wurstaufschnitt und in Öl eingelegten oder gratinierten Gemüsen aus dem hauseigenen Garten. Bei den Primi raten wir neben der bereits erwähnten **Amatriciana** zu hausgemachten Fettuccine, zu den **Rigatoni alla gricia** (das ist eine Amatriciana ohne Tomaten und Peperoncino) oder zur Carbonara. Als Hauptgerichte gibt es Fleisch vom Rind und vom Schwein, vor allem aber ausgezeichnete gegrillte Lammkoteletts (**Abbacchio alla scottadito**), das Spezialgericht des Hauses. Je nach Marktangebot und Saison fehlt auch der frische Fisch nicht auf der Speisekarte. Und den Abschluß sollte man sich mit den kalten und warmen Nachspeisentellern der Hausherrin versüßen.
Das Ganze kostet – samt Dolce, Caffè und Hauswein – bis zu 35 000 Lire. Entscheiden Sie selbst, ob sich da ein Wochenende an diesem kühlen Ort (Amatrice liegt 950 Meter über dem Meeresspiegel) inmitten herrlicher Wälder nicht lohnen könnte.

Die Cooperativa Produttori Latte Amatrice, **Ortsteil Ponte Sommati**, bietet hervorragende Käse und typische Frischkäse-Produkte.

Anzio

57 km südlich von Rom, S.S. 207 oder S.S. 601

La Vecchia Osteria

Restaurant
Via Gramsci, 103
Tel. 06 / 9 84 61 00
Ruhetag: Di., nicht im Juli und August
Betriebsferien: im Winter
30 Plätze
Preise: 45 000 Lire, ohne Wein
Keine Kreditkarten
Mittags und abends geöffnet, im Aug. nur abends

Der Hafenort Anzio mit den Überresten der Villa des römischen Kaisers Nero an der »Riviera del Ponte« (der Westküste also), mit seinem einst so prunkvollen Spielcasino und den Villen am Meer mit ihren herrlichen Gartenanlagen ist von jeher ein Sonntags- und Ferienziel der Römer. Hier bekommen sie besonders guten Fisch – der Fischmarkt von Anzio gehört zu den wichtigsten an der Küste Latiums.
Die »Vecchia Osteria« ist das richtige Lokal für alle, die »cucina marinara«, die Meeres-Küche, lieben. Das kleine hübsche Lokal liegt in einem ruhigen Wohnviertel, ein paar hundert Meter vom Meer entfernt und wird von den Schwestern Palomba geführt. In den letzten Jahren hat ihre Küche qualitativ beachtliche Fortschritte gemacht. Sie ist einfach, schmackhaft, wechselt täglich und basiert vor allem auf dem, was die Fischer von Anzio gerade frisch gefangen haben. Wir empfehlen besonders die **Polpette di pesce**, die **Fischsuppe**, die typischen **Spaghetti con alici e pecorino**, die saftigen überbackenen **Linguine**, die krokanten fritierten Fische, **Schwertfisch mit Tomaten und Oregano** (spada alla pizzaiola) sowie eine reiche Auswahl weiterer Fischgerichte, deren Zubereitung sich auch nach den Wünschen der Gäste richtet.
Gute Nachspeisen, vor allem Gebäck und Torten, runden das Angebot ab. Die Weine sind einfach, zum Teil auch Massenware.

Pizzeria del Latte, Via del Latte 4: Pizza, Brot und Gebäck.

Antichi Sapori, Piazza Garibaldi 30: Feingebäck, Mehl, Käse und Wurstwaren.

Enoteca del Gatto, Via XX Settembre 21: Wein und Spirituosen.

Bagnoregio

30 km nordöstlich von Viterbo

Il Fumatore

Restaurant
Piazza Marconi, 5
Tel. 07 61 / 79 26 42
Ruhetag: Freitag
Betriebsferien: je 1 Wo. im Juli u. Sept.
60 Plätze
Preise: 30 – 40 000 Lire
Kreditkarten: alle außer AE
Mittags und abends geöffnet, im Winter nur mittags

»Il Fumatore« befindet sich in der Altstadt von Bagnoregio, nur ein paar Schritte von der Kathedrale entfernt. Im kleinen und gemütlichen Restaurant teilen sich Nello und Piera die Arbeit in Service und Küche. Die Atmosphäre ist familiär, die Küche bodenständig und geprägt vom Angebot der Saison und dem, was gerade im Gemüsegarten wächst. Versuchen Sie zum Beispiel die **Fettucine all'ortolana** (mit Gemüsen also), zarte Pennette al fumatore mit frischen Tomaten, Basilikum und Mozzarella, **Tagliolini mit Steinpilzen und Trüffeln,** Maccheroni della nonna. Bei den Secondi empfehlen wir im Frühjahr **Coratella d'agnello** (Lamminnereien), im Winter Wildschwein mit Polenta oder **Kaninchen im Kräutermantel**. Als Alternativen gibt es **Agnello al buglione** (Lammbraten) oder Schweinebraten in Biersoße. Die Desserts werden von Piera zubereitet: Zuppa Inglese, Apfelkuchen und die typischen **Tozzetti** mit Haselnüssen und Mandeln, die man zum Vin Santo ißt. Trinken Sie den offenen weißen oder roten Hauswein oder die Flaschenweine aus der Gegend.
Vor oder nach dem Essen sollte man Civita di Bagnoregio besuchen. Zur Zeit der Etrusker war es eine blühende Stadt. Heute ist nur ein kleines Dorf hoch oben auf einem Tuffsteinfelsen übriggeblieben, das leider langsam, aber sicher abbröckeln dürfte. Nehmen Sie auf jeden Fall den Fotoapparat mit, denn das Tal mit den eindrucksvollen Steilfelsen und den wenigen verbliebenen Häusern ist eine wirklich eindrucksvolle Kulisse.

Barbarano Romano

30 km südlich von Viterbo, S.S. 2

La Pacchiona

NEU

Osteria
Via Vittorio Emanuele, 37
Tel. 07 61 / 41 46 33
Ruhetag: Dienstag
Keine Betriebsferien
40 Plätze
Preise: 30 000 Lire
Keine Kreditkarten
Mittags und abends geöffnet

Nonna Agostina war wirklich eine Persönlichkeit. Sie war ebenso scharfsinnig und redselig wie klein und zierlich von Statur und wurde von allen scherzhaft mit Spitznamen »Pacchiona« gerufen. Im Dialekt der Toskana heißt das soviel wie: vor Gesundheit strotzende, wohlgenährte Frau. In ihrer Osteria trafen sich die Alten aus dem Dorf, die Bauern kamen nach der Arbeit und manchmal auch der Dorfpfarrer, um zusammen das Tagesgeschehen zu erörtern. Dazu trank man stets einen halben Liter Wein vor dem großen steinernen Kamin.
Die alte Dame lebt nicht mehr. Aber ihr Sohn Ennio und dessen Ehefrau in der Küche haben alles so gelassen wie zu Nonna Agostinas Zeiten: Als Vorspeisen reichen sie Wurstwaren aus der Gegend (hervorragend der **gepfefferte Schinken**), und die hausgemachten **Fettucine** sind gewissermaßen Pflichtprogramm. Auf dem Kamingrill werden knackige **Würste, Schweinekoteletts** sowie **Rindersteaks** zubereitet. Käse aus der Gegend und Ciambelle und Plätzchen, die man in den naturbelassenen Wein eintunkt, runden das Angebot ab. Natürlich, wer rechtzeitig vorbestellt, bekommt sogar Ravioli und Gemüsesuppe, verschiedene Braten oder ein frisches **Bauernhuhn mit Oliven**, das einem das Wasser im Mund zusammenlaufen läßt. Wenn Sie aber die echte Slow-Atmosphäre genießen wollen, jenseits von Zeit und Ort, dann sollten Sie sich mit der Demut des fremden Reisenden zur »Pacchiona« innerhalb der alten Stadtmauern begeben, mit einem »buon giorno« – wie einst üblich – alle Anwesenden im Wirtsraum begrüßen und an einem der langen Gemeinschaftstische das gerade angebotene Tagesgericht genießen. Wenn Sie anderes im Sinn haben, sollten Sie vielleicht gar nicht erst kommen.

Bassiano

21 km nordöstlich von Latina

Belvedere

NEU

Restaurant
Piazza Giacomo Matteotti, 13
Tel. 07 73 / 35 50 71
Ruhetag: Dienstag
Keine Betriebsferien
100 Plätze
Preise: 35 – 40 000 Lire, ohne Wein
Keine Kreditkarten
Mittags und abends geöffnet

Die Brüder Vincenzo und Mauro Porcelli führen seit Jahren das Restaurant, in dem die regionale Küche großgeschrieben wird, wo die Produkte aus der Gegend aber auch zu neuen Rezepten verarbeitet werden. In der Küche regiert die Signora Fatina. Da gibt es dann zum Beispiel als Vorspeise **Frittatine di zucchine aus Fasaneneiern**. Die Fasane stammen aus eigener Zucht. Weitere empfehlenswerte Antipasti aus eigener Herstellung sind die Gemüse unter Öl oder der zarte Bassiano-Schinken. Entsprechend der Philosophie des Hauses sind auch die Paste selbstgemacht: **Strozzapreti** und **Gnocchi al ragù**, Cannelloni mit Ricotta und Spinat, Fettucine mit Steinpilzen, **Tagliolini mit Trüffeln und Walnüssen**. Trüffeln und Steinpilze kommen aus den Wäldern von Norma (der herrliche Naturpark von Ninfa ist nicht weit und lohnt einen Abstecher) und werden auch für andere Gerichte verwendet, etwa für den ausgezeichneten **Scamorza ai funghi**. Als Secondi empfehlen wir **gegrillte Lammkoteletts, Spanferkel**, Perlhuhn oder Kalbsbraten, allesamt Gerichte, für die gute Ausgangsprodukte verwendet wurden und deren Zubereitung von Sicherheit und Erfahrung zeugen.
Es gibt traditionelle Desserts, zum Beispiel Obstkuchen, Amaretti mit Mandeln, Tozzetti mit Walnüssen und Honig, aber auch einen herrlichen **Strudel mit Kürbismarmelade**, den man unbedingt probieren sollte. Die Weinkarte ist gepflegt und wird ständig erweitert.

Pietro Lambiasi, Via Valvisiolo 2: ausgezeichnetes Brot, trockenes Gebäck und Pizza.

Blera

25 km südwestlich von Viterbo, S.S. 2

La Torretta

Trattoria
Piazza Giovanni XXIII, 9
Tel. 07 61 / 47 91 89
Ruhetag: Mittwoch
Betriebsferien: September
55 Plätze + 100 im Freien
Preise: 25 – 30 000 Lire, ohne Wein
Keine Kreditkarten
Mittags und abends geöffnet

Das antike Städtchen Blera liegt auf einem Tuffsteinfelsen, umgeben von noch fast unberührter Natur, wo man überall auf Bäche und alte Brücken stößt, auf archäologische Ausgrabungsstätten und Nekropolen aus der Zeit der Etrusker und der Römer. In die Gegenwart versetzt wird man dagegen auf der Piazza (die Bleraner nennen sie »nova«, die »Neue«). Hier befindet sich »La Torretta«, eine Trattoria, die wir wegen ihrer bodenständigen Küche empfehlen.
Clemente und Alessandra, unterstützt von den Eltern, führen dieses einfache und gemütliche Lokal. In der Küche verwenden sie das ausgezeichnete Olivenöl der Gegend, das »Extravergine dei Colli Etruschi«, sowohl für die Zubereitung der traditionellen Gerichte also auch für die Salatsaucen. Aber nun zu den Speisen selbst: Bei den Primi schmeckten uns besonders die handgemachten Stratte und die **Fettuccine** aus Weichweizenmehl und Eiern; mit den gleichen Zutaten werden Lasagne und Cannelloni bereitet (als Zutaten schwarze Trüffel und Steinpilze aus der Gegend). Aus reinen Steinpilzen ist die **Zuppa di funghi**, außerdem gibt es die **Pezzata,** ein altes Rezept der Gegend, und Acquacotta (Suppe aus wilden Gemüsen und Brot). Als Secondi gibt es vor allem Fleischgerichte. Das Fleisch stammt von Weidetieren aus der Maremma. Den Spitzenplatz hält hier natürlich die **Bistecca** alla brace, die mit wildwachsendem Salat serviert wird. Erwähnenswert sind auch die gegrillten Lammkoteletts, die Wildschweinkoteletts, das **Kaninchen in salmì** und das **Wildschwein alla cacciatora.** Zum Abschluß Obstkuchen, Panna Cotta mit Waldbeeren, köstliche Amaretti und **Tozzetti mit Schokolade und Haselnüssen**. Neben dem Hauswein werden auch einige interessante Flaschenweine aus dem nördlichen Latium sowie aus anderen Regionen Italiens angeboten.

Bracciano

39 km nordwestlich von Rom, S.S. 493

Vino e Camino

Enoteca mit Ausschank und Küche
Via delle Cantine, 11
Tel. 06/99803433
Ruhetag: Montag
Betriebsferien: eine Woche im August
25 Plätze + 20 im Freien
Preise: 35 000 Lire, ohne Wein
Kreditkarten: alle
Nur abends geöffnet

NEU

Wir freuen uns, diesen Gastronomie-Tip bestätigen zu können: Die Geschwister Cristina und Massimo Baroni haben ihr Lokal mit Geduld und Ausdauer zu einem echten Treffpunkt am Lago di Bracciano gemacht. Denn in dieser herrlichen Gegend ist die Qualität der gastronomischen Landschaft ansonsten nicht immer berauschend. Im Kamin, der der alten Weinhandlung den Namen gibt, brennt immer ein Feuer. Das geschmackvoll renovierte Lokal befindet sich in den engen Gassen im Zentrum von Bracciano, zu Füßen des erhabenen Schlosses (für Besucher geöffnet). Cristina beweist mit ihrer Küche, daß der Kamin nicht nur ein Einrichtungsgegenstand ist. Auf dem leichten Holzfeuer bereitet sie ihre Suppen (besonders gelungen die **Bohnen**- und die **Zwiebelsuppe**) und die Bistecche alla **fiorentina.** Aber auch die **Porchetta**, die ein Metzger des Ortes in einem antiken Holzofen zubereitet, ist erwähnenswert. Je nach Jahreszeit und Marktlage gibt es kalte Salate mit Cuscus oder Dinkel, das Carasau (eine Brotspezialität aus Sardinien), gefüllte Kartoffeln und geräuchertes Ochsenfleisch. Außerdem gibt es ausgezeichnete Wurstwaren und Käse, wie etwa den **Caprino** des Gutshofs Parrina, der warm und mit Honig serviert wird. Das Weinangebot ist beachtenswert, darunter auch einige kaum bekannte Tropfen aus allen Regionen Italiens zu angemessenen Preisen; viele Sorten Grappa und andere Spirituosen. Im Sommer wird im Freien gegessen, in einer der Gassen des historischen Stadtzentrums. Von Oktober bis Mai ist die Enoteca am Wochenende auch zu Mittag geöffnet.

Campodimele

85 km südöstlich von Latina, S.S.7 und 82

La Longevità

Restaurant
Corso Trento e Trieste, 37
Tel. 0771/598289
Kein Ruhetag
Keine Betriebsferien
150 Plätze + 150 im Freien
Preise: 30 – 35 000 Lire, ohne Wein
Kreditkarten: AE, CartaSi
Mittags und abends geöffnet

NEU

Campodimele, ein abgelegenes kleines Dorf an der Provinzgrenze zu Frosinone, hält einen wichtigen Rekord: Es ist eines der Dörfer mit der höchsten Lebenerwartung in ganz Italien. Das wurde wissenschaftlich erforscht, und man schließt nicht aus, daß die Ernährung hierbei eine wichtige Rolle spielt. Und jetzt verstehen wir auch den Namen des Lokals, das der spritzige Germano Sepe mit solcher Begeisterung führt: Longevità, Langlebigkeit. Es gibt weder Ruhetag noch Betriebsferien, geöffnet wird von mittags bis in die späten Nachtstunden (lediglich am Nachmittag zwei Stunden Ruhepause). »La Longevità« verfügt über eine Bar (mit kalten Imbiß-Gerichten und hervorragender Eiscreme), eine Pizzeria, eine Enoteca mit reicher Spirituosenauswahl, einen Saal für Empfänge sowie einen Garten.
In der Küche wird Tradition gepflegt. Nach der Vorspeise aus Wurstaufschnitt und Eingelegtem sollte man unbedingt die Pasta probieren. Sie wird hier – wie fast überall in der Provinz von Latina – nur mit Wasser und Mehl gemacht und heißt **laina.**
Es gibt sie mit verschiedenen Saucen, aber auch in der Suppe, zum Beispiel mit Platterbsen. Die Wildschweinfüllung veredelt die hervorragenden Cannelloni, und das **Ziegenragout** paßt gut zu Gnocchi und Fettuccine. **Ziege und Wildschwein** gibt es auch als Hauptgericht, ebenso gut verarbeitetes Schweinefleisch aus der Gegend. Köstlich auch die **Schnecken**, die hier ideale Lebensbedingungen haben. Zum Abschluß sollten Sie sich ein Dessert oder ein Eis gönnen.
Germano Sepe, Sommelier und Weinhändler, verwendet viel Sorgfalt auf seine Weine und bemüht sich, seinen Gästen, die häufig noch auf offene Weine schwören, auch edlere Tropfen näherzubringen.

Cantalupo in Sabina

42 km südwestlich von Rieti, S.S. 313

Aida al Grottone

Osteria
Piazza Garibaldi, 16
Tel. 07 65 / 51 45 52
Ruhetag: Dienstag
Betriebsferien: unterschiedlich
40 Plätze + 15 im Freien
Preise: 30 – 40 000 Lire
Keine Kreditkarten
Mittags und abends geöffnet

Das Tibertal zu Füßen und den Monte Soratte am Horizont – bei Cantalupo geht die beeindruckende Landschaft der Sabina ganz langsam in die sanfteren umbrischen Hügel über. Die Osteria liegt an der Dorf-Piazza, ganz in der Nähe des Palazzo Cammuccini aus dem 17. Jahrhundert. 1919 wurde sie von Aida Papi eröffnet, und heute gilt sie bereits als historisches Lokal. Es ist beliebt bei Leuten aus der Kulturszene, die sich gern in die Gegend hier zurückziehen, aber auch bei vielen Römern. Das Lokal wird heute von Francesca Papi in der dritten Generation geführt. Das Ambiente ist einfach und rustikal, von der schönen Veranda hat man einen herrlichen Ausblick auf die Umgebung.
Die Küche ist der Tradition der Gegend verbunden. Besonderen Wert legt man auf die Qualität der Grundstoffe. So etwa des ausgezeichneten Olivenöls extra vergine aus der Sabina, das in die Tunken und Saucen der vielen **Nudelgerichte** gehört. Zum Beispiel zu den handgemachten Fettuccine, Lasagne, Strozzapreti und Maltagliati. Wildkräuter würzen die Frittate und die **Fritelli**: Borretsch, Kürbisblüten mit Mozzarella und Sardellen, Ricotta. Unter den Hauptgerichten sollten Sie das **Bergzicklein** probieren, das **Kaninchen alla cacciatora** und das Perlhuhn. Im Winter empfehlen wir dampfende **Polenta con broccoli e salsicce**. Die Osteria ist bekannt für ihre guten hausgemachten **Desserts**: Ricotta- und Obstkuchen, Früchtekompott, Ciambelline (mit und ohne Anis) und frische Fruchtsorbets. Die Weinauswahl beschränkt sich auf einen bianco und einen rosso aus der Gegend sowie einige umbrische Tropfen.

Castel di Tora

36 km südöstlich von Rieti, S.S. 4

La Riva del Lago

NEU

Restaurant
Via Turanense, 17
Tel. 07 65 / 71 62 72
Ruhetag: Di.abend u. Mi., im So. kein Ruhetag
Betriebsferien: unterschiedlich
28 Plätze + 15 im Freien
Preise. 35 – 45 000 Lire, ohne Wein
Kreditkarten: alle
Mittags und abends geöffnet

Das kleine hübsche Lokal liegt am Ufer des künstlichen Sees von Turano. Nur wenige Kilometer von der Hauptstadt Rom entfernt taucht man hier ein in das satte Grün der Natur. Der See liegt zwischen bewaldeten Bergen und ist ein Anglerparadies.
Der junge Valeriano Federici hat die Pizzeria von den Mutter übernommen und völlig umgekrempelt: Er hat die Hotelfachschule von Rieti absolviert, achtet sehr auf einen gepflegten Service, erneuert geschickt die Einrichtung und setzt jetzt in der Küche auf typische **Fischgerichte** (Seefisch). Bemerkenswert die **Tonarelli con sugo di pesce**, die **Forellenfilets mit grünen und schwarzen Oliven**. Die **Antipasti** heißen hier »lago e monti« und bestehen neben Fisch auch aus Schinken und Käsesorten aus den nahen Bergen. Bei den Secondi empfehlen wir Fleischgerichte von Rind und Ziege, bei den Primi die Raviolini mit Butter und Salbei, die **Fettuccine mit Steinpilzen** und die **Pappardelle mit Trüffeln**. Beachtlich die Desserts: Neben Panna cotta und Tiramisù gibt es gute Kuchen mit Waldbeeren oder aus Dinkel, Ricotta und Schokolade. Auf der Weinkarte steht das akzeptable Erzeugnis einer Winzergenossenschaft aus der Sabina, zu den Fischgerichten gibt es aber auch bessere weiße Flaschenweine aus anderen Regionen Italiens.

Civita Castellana

37 km südöstlich von Viterbo, S.S. 3

La Giaretta

Restaurant
Via Ferretti, 108
Tel. 0761/533 98
Ruhetag: Montag
Betriebsferien: 7. – 28. August
70 Plätze
Preise: 35 – 40 000 Lire
Kreditkarten: alle
Mittags und abends geöffnet

Civita Castellana ist heute vor allem für seine Töpferkunst berühmt, aber die Bronzearbeiten, Geschmeide und Gefäße, die im Archäologischen Museum im Forte di San Gallo il Giovane zu sehen sind, zeugen von der insgesamt reichen Vergangenheit der Stadt. Wenn Sie durch die Straßen der Altstadt streifen, sollten Sie sich die Kirche San Francesco, den großen Glockenturm von Santa Maria del Carmine und vor allem den Dom mit seinem herrlichen Portikus und die Mosaiken, von Cosmaten im 13./14. Jh. gefertigt, ansehen. Um für eine Besichtigungstour gerüstet zu sein, sollten Sie eine Einkehr im »La Giaretta« einplanen. In der Familientrattoria ist Telemaco für die Bedienung zuständig, Fabio und Marisa zeichnen für die Küche verantwortlich, aus der der Jahreszeit entsprechend schmackhafte und bodenständige Gerichte kommen. Die Grundstoffe kommen aus der Gegend, bisweilen sogar aus dem Gemüsegarten: so z. B. die Artischocken, die zum **Girello di vitello** oder alla parmigiana serviert werden, oder die Rucola, die in den **Gnocchi di patate** Verwendung findet. Aus den Wäldern kommen die Pilze für die **Zuppa di porcini** oder die **Lammkeule** mit Steinpilzen. Sie können auch **Pasta e ceci**, **Strozzapreti all'amatriciana** und gegrilltes Fleisch bekommen. Zum Abschluß serviert man hausgemachte Süßspeisen wie Crostata, Tiramisù, Zuppa inglese und knusprige **Tozzetti**. Die Weinauswahl ist nicht groß, aber gut.

Civitavecchia

71 km nordwestlich von Rom, S.S.1 oder A12

L'Angoletto

Trattoria
Via Guglielmotti, 2 – Ecke Viale della Vittoria
Tel. 0766/328 25
Ruhetag: Montag
Betriebsferien: Januar und Juli
60 Plätze
Preise: 45 – 50 000 Lire, ohne Wein
Kreditkarten: AE, CartaSi, Visa
Mittags und abends geöffnet

Fabrizio Ciccaglioni, Ehefrau Patrizia und Mamma Milva in der Küche sind der beste Beweis dafür, daß man im gastronomischen Familienbetrieb – vor allem in der Provinz – ein hohes Niveau erreichen kann. Das gemütliche Lokal liegt in der Nähe der Hafenpromenade, bietet flinken und aufmerksamen Service und hat einen gutbestückten Weinkeller, aus dem Fabrizio einem zielsicher immer den passenden Tropfen empfiehlt.
In der Küche wird viel Wert auf die Frische der Grundmaterialien gelegt. Und obwohl die Köchin der Tradition verhaftet ist, wandelt sie die Rezepte oft interessant ab. Zum Einstieg sollte man unbedingt den ausgezeichneten **geräucherten Thunfisch mit grünen Tomaten** probieren. Unter den Primi empfehlen wir die klassischen Tagliolini alla pescatora und die schmackhaften überbackenen **Ravioli in Krebssauce**. Bei den Secondi darf hier natürlich die **Fischsuppe** nicht fehlen. Aber auch die diversen Fritture oder die **Tintenfische** (in eigener Tinte oder **in Weißweinsauce**) sind ein Genuß. Die Desserts macht Patrizia selbst: Tiramisù und Nußtorte sind besonders gut. Und zum Abschluß wollen wir den **Käsewagen** und die reiche Auswahl an Spirituosen nicht vergessen. »L'Angoletto« muß man inzwischen wohl in die Kategorie »Restaurants« einordnen, auch vom Preisniveau her. Wir empfehlen es vor allem jenen Lesern, die die Qualität – und damit den Preis – bestimmter Grundmaterialien zu schätzen wissen.

Enoteca Camiletti (Via Leonardo, 1) und La Rosa (Via Bernini, 54): In den beiden Enoteche gibt es 400 verschiedene Weine, Spumanti und Champagne, außerdem den Grappa di Traiano aus der Gegend.

Civitavecchia

71 km nordwestlich von Rom, S.S.1 oder A12

La Bomboniera

Restaurant
Corso Marconi, 50
Tel. 07 66 / 2 57 44
Ruhetag: Montag
Betriebsferien: zum Monatswechsel [Aug. / Sept.
40 Plätze + 40 im Freien
Preise: 40 – 50 000 Lire, ohne Wein
Kreditkarten: alle
Mittags und abends geöffnet

Von Civitavecchia starten die Fährschiffe nach Sardinien. Und aus Sardinien kommen auch die Wirtleute Bussu, die 1981 oberhalb des alten Hafens dieses hübsche kleine Lokal eröffnet haben. In der Küche werden sardische Rezepte gemischt mit Fischgerichten (die vielen kleinen Fischer dieses Küstenstreifens sind noch sehr aktiv).
Giovanna steht in der Küche, Giulio und Tochter Michela machen den Service. Die Gerichte sind ausgezeichnet, allen voran die Antipasti: gefüllte Sardellen, die sardische **burrida**, gefüllte Miesmuscheln, **Torte salate** (gefüllt mit Sardellen oder mit Tintenfisch und Oliven). Es folgen die Primi, darunter **Fisch-Raviolini** mit Safran und Meeresfrüchten, die Risotti, die **Fettucine bianche e nere** mit Spargel und Venusmuscheln, die Gnochetti »pappa e citti«; bei den Secondi empfehlen wir Fischgerichte wie Sarago (Brasse) alla Vernaccia und Filetti di orata (Goldbrasse) mit Paprikaschoten und Tomaten, aber auch Fleischspeisen wie **Spanferkel** oder Lamm vom Grill oder **Milchlamm**. Zum Abschluß gibt es hausgemachte Desserts: **Sebadas** (große fritierte Ravioli mit Honigüberzug), Pannacotta-Kuchen, Eis mit Amaretti, Anghelu ruju und eine ganze Reihe sardisches Gebäck wie Pane de sapa, die Papassini und die Casadinas. Fischsuppe gibt es nur auf Vorbestellung, ebenso das Spanferkel nach sardischen Rezepten.
Auf der gutbestückten Weinkarte stehen – natürlich – vor allem sardische Gewächse (rot und weiß), aber auch einige gute Tropfen aus anderen Teilen Italiens. Weiter gibt es Grappe und den selbstgemachten Myrtenlikör (aus selbstgezupften Beeren!).

Fiumicino

28 km südwestlich von Rom

Da Nevio

NEU

Restaurant
Viale delle Meduse, 185 c
Tel. 06 / 65 02 52 58
Ruhetag: Montag
Betriebsferien: unterschiedlich
50 Plätze + 20 im Freien
Preise: 40 – 45 000 Lire, ohne Wein
Kreditkarten: alle
Mittags und abends geöffnet

Fiumicino liegt an der Tibermündung und ist ein beliebtes Ausflugsziel der Römer. Sie kaufen hier den »pesce« direkt auf den Fischerbooten oder an einem der vielen Stände auf der Hafenmole. Der größte Teil des Fangs wird natürlich nach Rom oder auch in weiter entlegene Städte verkauft sowie an die vielen Restaurants und Trattorien in Fiumicino selbst. Dort gibt es dann meist Riesenportionen an Antipasti und Fischgerichten aller Art, aber die Qualität läßt häufig viel zu wünschen übrig. Um so positiver fällt das Restaurant von Nevio auf. Dort gibt es einwandfreie Gerichte ohne große Schnörkel, eine gute Mischung aus Phantasie, Schlichtheit und absolut frischen Zutaten.
Sehr einladend sind die **Antipasti** (die fast ein ganzes Menü ersetzen können): fritierte und gratinierte heimische Schalen- und Muscheltiere aller Art (cozze, moscardini, fasolari), Calamari mit Zucchini und auch Austern. Bei den Nudelgerichten empfehlen wir **Paglia e fieno mit Scampis** und **Tagliolini mit Steinpilzen und Krebsen**. Gerade bei den Primi zeigt sich das Können des Kochs, der nicht jeden Geschmack mit Rahm oder Knoblauch-Petersilien-Saucen überdeckt. Weniger empfehlenswert sind unserer Meinung nach das Risotto alla pescatora (vor allem in der Version ohne Tomaten) und die Ricotta-Spinat-Ravioli mit Scampi-Creme. Hervorragend dagegen wieder die **gegrillte Fischplatte** oder auch die Fischgerichte aus dem Ofen (variieren je nach Angebot auf dem Fischmarkt). Desserts: sehr gut die Sorbets und die warmen Cornetti mit Akazienhonig. Die Weinauswahl ist klein, aber gut. Der Preis für ein komplettes Menü ist absolut angemessen.

Fondi

56 km südöstlich von Latina, S.S. 7

Il Selciato

NEU

Restaurant
Via Amante, 7
Tel. 0771/500556
Ruhetag: Montag
Betriebsferien: im Nov. und im März
55 Plätze
Preise: 45 000 Lire, ohne Wein
Kreditkarten: CartaSi
Mittags und abends geöffnet

Das gepflegte Lokal wurde erst vor gut einem Jahr in einer der kleinen Gassen rund um den Corso Appio Claudio eingerichtet. Und wenn es hält, was es am Anfang verspricht, dürfte es ein voller Erfolg werden.
Davide und Sylvie Fusco, jung, aber bereits sehr erfahren, empfangen die Gäste mit Stil im Speisesaal (dank der hohen Decke konnte eine Galerie eingezogen werden fürs eher »intime« Dinner). Die Speisekarte wechselt wöchentlich. Unter der Rubrik Antipasti können Sie da zum Beispiel die gute **Fischsuppe** finden, die Calamaretti vom Grill oder die Vol au vent aus Polenta und Tintenfisch. Das alles gibt's in guter Qualität und großzügigen Portionen. Bei den Primi bereitet Küchenchef Alessandro Nardoni die typischen Gerichte des Ortes zu, zum Beispiel **Pettole e fagioli** und **Strozzapreti mit Ziegenragout**. Aber er ist auch kreativ: bei seinen Seebarsch-Ravioli mit Venusmuscheln und Zucchini etwa, den **Tortelli ai vecchi sapori** (mit Kürbis, Walnüssen und Radicchio), den Tonnarelli mit Limonen und Mazzancolle. Typische Hauptgerichte der Gegend sind **Agnello al ginepro** (Wacholder-Lamm), Schnecken mit Mentuccia (einer Art wilder Minze) oder **Tripetta alla fondana** (Kutteln). Von mehr Phantasie zeugt die Zubereitung von Fisch (er kommt zum Beispiel im Kartoffel-Artischocken-Mantel auf den Tisch). Hervorragend ist der Rombo (Steinbutt) al Mediterraneo oder mit Rosinen und Pinienkernen.
Zum Abschluß Obstkuchen oder eine Panna cotta. Die Weinauswahl ist gut (Davide macht eine Ausbildung als Sommelier), die Flaschenpreise sind kaum höher als im Laden.

In dem kleinen Ort gibt es gleich zwei gute Käse-, Wurst- und Weinläden: Enoteca Izzi (von Sandro Panella), Corso Claudio 14, und Enoteca Faiola (von Tonino Faiola), Corso Italia 38.

Formia

76 km südlich von Latina, S.S.7

Sirio

NEU

Restaurant
Viale Unità d'Italia
Tel, 0771/790047
Ruhetag: Mo.abend und Dienstag, im Sommer auch Di.- und Mi.mittag
Betriebsferien: 2 Wochen im November
50 Plätze + 35 im Freien
Preise: 45 000 Lire, ohne Wein
Kreditkarten: alle
Mittags und abends geöffnet

Claudio und Stefano Ferrari sind in diesem eleganten Lokal voll in ihrem Element. Claudio sorgt sich um die hochzufriedenen Gäste im Saal, und Stefano verwendet in der Küche nur beste Produkte der Gegend.
Als Antipasti empfehlen wir die ausgezeichneten **Fritelle di bianchetti** (Weißlinge) und die aus der örtlichen Muschelzucht stammenden gefüllten **Cozze**. Einwandfrei sind bei den Primi die **Tagliolini mit Speck und Schafskäse** oder (in der Saison) **mit schwarzen Trüffeln**, ebenso die beliebten **Fisch-Ravioli**. Versuchen Sie bei den Hauptgerichten die »einfachen« Rezepte: **Alici e scarola**, die Ricciola mit Steinpilzen oder den San Pietro con i galletti (St.-Peter-Fisch mit Pilzen). Bei den Fleischgerichten werden vorzügliche Medaillons mit Balsamico-Essig oder **Filets mit Lebersauce** gereicht. Leider viel zu selten gibt es das herzhafte Fleisch vom Maremma-Rind, bei dem die Gebrüder Ferrari ihre Koch- und Servierkunst voll unter Beweis stellen können. Einen so gut bestückten Käsewagen wie bei »Sirio« findet man heute in Mittel- und Süditalien nur noch ganz selten. Und bei den Desserts sollte man die Mousse al cioccolato Peyrano, das Halbgefrorene mit Torrone oder Kaffee und Schokoladensauce oder die Apfeltorte mit Heidelbeermarmelade versuchen.
Viele der guten Flaschenweine werden auch glasweise ausgeschenkt. Und natürlich gibt es Spirituosen von hoher Qualität.

Seit mehr als dreißig Jahren verkauft die Familie Di Paola in der Via Vitruvio 326 ausgezeichnetes Gebäck, Tee, Kaffee und eine erlesene Auswahl an Wein und Spirituosen.

Frascati

21 km südöstlich von Rom, S.S. 215

Enoteca Frascati

Restaurant – Enoteca
Via Armando Diaz, 42
Tel. 06 / 9 41 74 49
Ruhetag: Sonntag
Betriebsferien: August
45 Plätze
Preise: 35 000 Lire, ohne Wein
Kreditkarten: CartaSi, Visa
Nur abends geöffnet

1990 wurde die Enoteca im Zentrum von Frascati eröffnet. Inzwischen hat sie sich in ein echtes Restaurant verwandelt, in dem jedoch weiterhin viel Wert auf das gute Weinangebot gelegt wird. Heute gilt die »Enoteca Frascati« als eines der besten Lokale für Weinproben in der Gegend. Auf der Karte stehen etwa 500 Gewächse aus ganz Italien, die Preise sind angemessen. Ebenfalls im Angebot: eine gute Auswahl an Spirituosen. Der große ruhige Speisesaal hat Atmosphäre. Die Geschäftsführer Fabrizio, Bruno und Mauro servieren stilvoll, was die Ehefrauen Paola, Piera und Paola in der Küche gezaubert haben, und empfehlen die jeweils passenden Tropfen dazu.
Zum Einstieg gibt es eine reiche Auswahl an **Wurst** und Wurstaufschnitt, **Crostini** mit hausgemachten Pasteten und Gemüsen. Bei den Primi werden vor allem Rezepte aus Rom und den Castelli (der Gegend um Frascati) verwendet: **Penne all'arrabbiata,** Spaghetti con le zucchine und diverse **Suppen** (mit Dinkel, Linsen und Zwiebeln). Empfehlenswerte Hauptgerichte: **Pollo ai peperoni** oder **Abbacchio** (Lamm) **alla cacciatora.** Auch Spezialitäten aus anderen Regionen Italiens (und der Welt) gibt es hier: Pasta alla bottarga (Nudeln mit Fischeier-Soße), Schmorbraten mit Barolo, Filet mit Radicchio, Gulasch und Chili. Interessant das Angebot an italienischen und französischen **Käsesorten**. Die Desserts stammen aus eigener Herstellung: Besonders gut ist die **Ricotta-Mousse**. Dazu empfiehlt Fabrizio die geeigneten Dessert-Weine.

An der Piazza del Mercato 4 bekommen Sie bei Renata Purificato typisches Gebäck aus Frascati (u. a. Ricotta- und Obstkuchen und die »pupazze frascatine«, trockenes Honiggebäck in Figurenform).

Frascati

21 km südöstlich von Rom, S.S. 215

Zarazà

Osteria
Via Regina Margherita, 21
Tel. 06 / 9 42 20 53
Ruhetag: Mo., März – Nov. a. So.abend
Betriebsferien: August
35 Plätze + 30 im Freien
Preise: 40 000 Lire, ohne Wein
Kreditkarten: Visa
Mittags und abends geöffnet

Samstag Trippa, Donnerstag Gnocchi: Bei Zarazà wird der traditionelle Wochenspeiseplan noch eingehalten. Trotzdem sind Sie hier nicht in einer der üblichen Weinkneipen gelandet, von denen es in Frascati nur so wimmelt. Mario Bronzini hat das Lokal schon vor einiger Zeit von Vater Gino übernommen. Auch wenn der Frascati-Hauswein noch an die alten Zeiten erinnert (und der einzige Schwachpunkt ist), so ist die Küche hoch zufriedenstellend: deftige römische Rezepte, bei denen die erstklassigen Zutaten aber zu leichten Gerichten verarbeitet werden. Die Karte wechselt je nach Wochentag: Am Dienstag gibt es Bollito misto con tortellini in brodo, am Mittwoch **Ripasso di bollito con ramoracce** (Suppenfleisch mit Wildgemüse), am Donnerstag Gnocchi, am Freitag **Pasta e ceci** oder **Baccalà** (Stockfisch) und am Samstag **Trippa alla romana** (Kutteln mit Minze und Schafskäse). Als Primo empfehlen wir **Pasta all'amatriciana**, **alla gricia** (die Amatriciana ohne Tomaten), Pasta carbonara, Fettucine mit Artischocken oder Zucchini und die ausgezeichneten Gemüsesuppen (vor allem die **Platterbsensuppe**). Anschließend dann **gegrillte Lammkoteletts** (abbacchia), Straccetti mit Ruchetta, **Coda alla vaccinara** (Ochsenschwanz), Coratella (Innereien) mit Artischocken und Pollo con i peperoni.
Brunos Frau Piera macht hervorragende Desserts: Schokoladen-Kartoffel-Kuchen, Crostate, Panna cotta und Zabaione- und Schokoladen-Eis.
All das wird im Sommer im Freien serviert, bei einem atemberaubenden Blick über die römische Ebene und einem tiefroten Sonnenuntergang.

In Frascati gibt es zwei gute Bäckereien: Ceralli (Piazza Bambocci, 15) und Molinari (Via Garibaldi, 2). Hier gibt es Brot aus dem Holzofen und das typische Gebäck der Gegend.

Frosinone

Bar Enoteca Celagni

Enoteca mit Ausschank und Imbiß

NEU

Via Aldo Moro, 401
Tel. 07 75 / 25 03 83
Ruhetag: Sonntag
Betriebsferien: 2 Wochen im August
30 Plätze + 20 im Freien
Preise: 10 – 15 000 Lire
Kreditkarten: AE, DC, Visa
Nur mittags geöffnet

Für alle, die rasch und doch mit Ruhe einen kleinen Imbiß einnehmen wollen, gibt es in der Hauptstraße des modernen Frosinone die Enoteca Celani. Das Lokal ist mehr als eine Bar. Hierher kommt man zum Frühstücken, zum Mittagessen, man kauft Wein, Spirituosen und gastronomische Qualitätsprodukte wie Schokolade, Gebäck oder Balsamessig. Die Bar, die Antonio einst von seinem Vater geerbt hatte, ist längst fester Treffpunkt für einen Kreis von Freunden und Stammkunden, die dem Inhaber voll vertrauen, wenn es um önologische Fragen oder einfach nur ums Mittagessen geht.
Ums Essen kümmert sich Mamma Vincenza. Sie bereitet schmackhafte **Frittate**, Hähnchen- oder Zucchini-Salat, Gamberetti mit Mais und eine große Auswahl an Panini und **Focacce.** Ob sie das Panino mit Mozzarella und Tomaten, mit Lachs oder Käse belegt, Vincenza verwendet grundsätzlich nur erstklassige Produkte und leichte Zutaten. Die Kuchen (wenn sie nicht ohnehin aus eigener Herstellung stammen) kommen aus einer der besten Konditoreien der Stadt. Aber die wirkliche Stärke des Lokals ist der Wein. Man bekommt ihn im Glas und immer richtig temperiert. Auf der Weinkarte stehen rund 200 der besten italienischen Tropfen, außerdem einige hochwertige aus dem Ausland. Besonders angetan haben es Antonio dabei die großen Rotweine aus der Bordeaux-Gegend und der Champagne. Die Preise sind korrekt, und die Weine werden in der kürzlich renovierten Cantina fachgerecht gelagert.

Frosinone

Hostaria Tittino

Restaurant
Vicolo Cipresso, 2 – 4
Tel. 07 75 / 25 12 27
Ruhetag: Sonntag
Betriebsferien: die letzt. 3 Aug.wochen
50 Plätze
Preise: 45 – 50 000 Lire, ohne Wein
Kreditkarten: alle
Mittags und abends geöffnet

»Tittino« hieß der Vater des jetzigen Wirts Nicola Spaziani Testa. Daß das Lokal im Zentrum von Frosinone auf eine fünfzigjährige erfolgreiche Geschichte zurückblicken kann, liegt nicht zuletzt am zuverlässigen Speisenangebot. In letzter Zeit ist man hier jedoch von der einfachen zur gehobenen Küche übergegangen. Den alten Grundsätzen ist man aber treu geblieben: Gerichte je nach Jahreszeit und Marktlage sowie großes Können des Kochs. Nicola kauft persönlich die jeweils frischen Grundstoffe ein. Das Angebot variiert daher stark. Mal dominieren die Meeresfrische bei den Primi und Secondi (Penette mit Spargel und Venusmuscheln, Linguine mit Venusmuscheln und Zucchini oder Schalentiere vom Grill), mal gibt der Garten den Ton an. Die Antipasti sind fast immer schnelle Rezepte: Bruschetta, Spinatkuchen, gefüllte Zucchini, Ricotta oder gefülltes Pizzabrot mit Sardellen und Mozzarella. Bei den Primi bestechen die **»Fini fini« mit Steinpilzen**, die Ravioli mit Pilzen und Trüffeln oder die **Gnocchi al pesto di ruchetta e pinoli**. Die Secondi: Bollito, **Agnello alla scottadito** (gegrilltes Lamm), Filetto all'aglio e rosmarino, Straccetti all'aceto balsamico con peperoni und weicher Fagottino (eine Art Roulade) mit Mozzarella und Schinken.
Die hausgemachten Desserts sind ganz ordentlich: Versuchen Sie den **Mürbeteigkuchen mit Cremefüllung und Pinienkernen**, die Schokoladentorte oder das Tiramisù. Auch um die Weine kümmert sich Nicola selbst. Das Angebot wird ständig um gute Tropfen bereichert. Das Restaurant ist gepflegt und gemütlich, der Service sehr aufmerksam.

Consorzio Provinciale Olivicoltori, Via Brighindi 39: Hier erhalten Sie die Adressen, bei denen Sie das kaltgepreßte und ungefilterte Olivenöl extravergine aus der Ciociaria kaufen können. Das Öl hat in der Ciociaria besonders wenig Säure.

Frosinone

Pane e Vino

Enoteca mit Ausschank und Küche
Via Tiburtina, 11
Tel. 07 75 / 87 20 70
Ruhetag: Sonntag
Betriebsferien: 2 Wochen im August
40 Plätze
Preise: 15 – 25 000 Lire
Kreditkarten: alle
Mittags, am Freitag auch abends geöffnet. Samstag nur abends.

Natia und Germano haben lange gebraucht, bis sie die Hausfrauen des Viertels davon überzeugen konnten, daß ein Laden mit dem Namen »Pane e Vino« keineswegs nur eine Bäckerei ist. Nach vier Jahren haben sie es nun wirklich geschafft. Ihr Lokal ist bekannt für hochwertige Speisen und für erstklassige Weine, die man hier nicht nur zu angemessenen Preisen kaufen, sondern auch verkosten kann (immer wieder gibt es auch Abendveranstaltungen zu einem bestimmten Wein-Thema). Natia kocht, und Germano kümmert sich um die mehr als 400 Weinsorten. Der Speiseraum ist hübsch und gemütlich, Regale mit Wein- und Ölflaschen sorgen für die richtige Atmosphäre.
Hier kann man schlicht eine Platte mit Aufschnitt oder Käse essen (zum Beispiel die guten **Schafskäse** aus dem nahen Val Cumino oder den **Mozzarella di bufala** aus Amaseno) und dazu einen der vielen Weine trinken, die es auch offen gibt. Es gibt aber auch köstliche warme Gerichte. Die Speisekarte wechselt täglich. Im Sommer stehen darauf zum Beispiel **Bucatini con polpi e olive**, im Winter dagegen häufiger **Taglioni con ragù d'anatra** (mit Entenragout) oder **Polenta al taleggio e tartufo nero con verze**. Als gelungene Alternative gibt es die für die Gegend typische Gemüsesuppe, in der auch ein Schinken-Knochen mitgekocht wurde. Empfehlenswerte Secondi: Schweineschnitzel mit Sherry, **Castrato** in umido (Hammelbraten); schließlich eine Vielzahl guter Salate und Tomino alla piastra (gebackener Käse).
Bei den Desserts kommt Natias kulinarische Begabung erst richtig zum Ausdruck: Versuchen Sie eines ihrer **Semifreddi** (Halbgefrorenes). Gut auch die Panna cotta und die Crostate.

Fumone

20 km nordöstlich von Frosinone

La Taverna del Barone

NEU

Trattoria
Via del Ponte, 4
Tel. 07 75 / 4 96 55
Ruhetag: Montag
Keine Betriebsferien
70 Plätze
Preise: 30 000 Lire
Keine Kreditkarten
Mittags und abends geöffnet

Wer nach Fumone kommt, denkt meist auch an die düsteren Ereignisse in der Burg des Ortes. Hier starb einst Papst Celestino V. in bitterer Gefangenschaft. Die mittelalterlichen Gassen im Zentrum sind noch perfekt erhalten und versetzen einen in längst vergangene Zeiten. Ähnlich ist die Atmosphäre in der einzigen Trattoria im Dorf, die von Sergin (dem »barone«) und Liliana geführt wird. Die gastronomische Monopolstellung und der Hang der Wirtsleute zur Folklore (an Wochenenden und Feiertagen wird in Ciociaria-Tracht serviert) ließen zunächst nichts Gutes erahnen. Aber dann überzeugten uns bei unseren wiederholten Besuchen doch die rustikale Natürlichkeit und die ehrlichen Preise. Als Vorspeisen gibt es hier stets Antipasti di montagna und **Maltagliati coi fagioli**. Das Nudelgericht dagegen wechselt täglich: Da gibt es zum Beispiel Tagliatelle mit Gartengemüse (im Frühjahr), **Sagne nere** (Vollkornnudeln) mit Tomaten, deftige **Strozzapreti al sugo di castrato** (mit Hammelfleisch-Sauce) oder **Fettucine con porcini**. Als Hauptgericht wird in der Regel Gebratenes gereicht (vom Schwein oder Hammel) oder **Pollo alla ciociara** und Würste. Die Beilagen bestehen aus Kartoffeln und Salat, als Nachtisch gibt es Cantucci, die man in den eher charakterlosen offenen Hauswein taucht. Speisen und Getränke werden mit einer orginellen Winde zum Gast transportiert, die perfekt zum Rest der bäuerlichen Einrichtung und zu den jahrhundertealten Deckenbalken paßt. Das Menü hat übrigens einen Festpreis, und festgelegt ist auch die Auswahl der Getränke.

In der Bäckerei Moriconi (an der Provinzstraße nach Atri, Abzweigung Fumone) wird erstklassiges Holzofenbrot aus Natursauerteig hergestellt.

Genzano di Roma

29 km südöstlich von Rom, S.S. 7

La mia Gioia

Osteria
Via Ronconi, 9
Tel. 06/9396143
Ruhetag: Mittwoch
Betriebsferien: zum Monatswechsel [Juli/August
40 Plätze
Preise: 30 – 40 000 Lire, ohne Wein
Keine Kreditkarten
Ab 17 Uhr geöffnet

Genzano ist das Dorf mit der berühmten »infiorata«, der Blumenprozession. Die Trattoria erinnert an längst vergangene Zeiten: Das Brunnenwasser kommt aus einer großen Steinfratze, die Wände sind verziert mit Alltagsszenen des bäuerlichen Lebens und mit landwirtschaftlichen Gerätschaften. Wirt Orlando Bonifazi schwört auf Tradition und auf eine an die Jahreszeiten gebundene Küche.
Die Antipasti werden hier in Weidenkörben serviert, aus denen man sich selbst bedient. Da gibt es dann **Coppiette di cavallo** (getrocknetes Pferdefleisch, gewürzt mit Peperoncino und Kräutern), Bruschetta mit Öl aus den Castelli, gute Wurstwaren und herrliche gebackene Gemüse. Besonders typische Gerichte sind die **Minestra di cicerchie** mit Pinienkernen, der **Riso della nonna** (mit frischen Tomaten, Knoblauch und Mentuccia), Spaghettini mit wildem Spargel, schmackhafte Rigatoni con pajata (mit Därmen vom Milchkalb). Außerdem **Coda alla vaccinara** (Ochsenschwanz), Schienali (Rückenstücke), Hirn, Nieren, Leber, cardini co' e spuntature (Artischockensprossen mit Schweinerippchen und Mentuccia), Filetspitzen mit Büffel-Scamorza, **Ciammaruche** (Schnecken **mit Tomaten und Mentuccia** – eine wahre Köstlichkeit!), gebackener Baccalà mit wildem Fenchel, Abbacchio alla svinatora und gute Pferdesteaks vom Rost. Als Beilagen werden u.a. wilde Gemüsesorten wie Ramoracce und Burraggini (paniert und mit Sardellen und Mozzarella gebacken) serviert.
Die Auswahl an regionalen Weinen ist klein und erlesen, es gibt aber auch offenen Hauswein.

Panificio Franca Ferruzzi, Via Belardi 13: ausgezeichnetes Brot aus Genzano, Pizza bianca, eine Art Vollkornbrot und viel gutes Gebäck (Ciambelle al vino, Tozzetti, Mandel-, Nuß- und Honigplätzchen).

Grottaferrata

20 km südöstlich von Rom, S.S. 511

La Briciola di Adriana

Restaurant
Via Gabriele d'Annunzio, 12
Tel. 06/9459338
Ruhetag: Sonntagabend und Montag
Betriebsferien: August
35 Plätze + 15 im Freien
Preise: 50 000 Lire, ohne Wein
Keine Kreditkarten
Mittags und abends geöffnet

»La Briciola« ist sicher eine der interessantesten gastronomischen Adressen in den Castelli Romani. Seit Adriana Montellanico vor vier Jahren die Weinhandlung ihres Vaters in Rom verlassen hat und in die Castelli übergesiedelt ist, setzt sie auf Qualität der Produkte.
Ihr hübsches Lokal ist klein und dezent-rustikal eingerichtet. Die Küche ist schlicht und der Tradition verhaftet, die Gerichte sind leicht und äußerst geschmackvoll. Adriana verwendet grundsätzlich nur frische Gemüse, Salate und Kräuter der Saison. Probieren Sie im Frühjahr unbedingt die **Misticanza** (ein Salat aus wilder Rughetta, Löwenzahn, Rapunzel, Pimpinelle, Dill), die als Antipasto zusammen mit Nervetti, mit **Zucchine alla velletrana** oder mit einer hervorragenden **Vignarola** di carciofi, fave e piselli (geschmorte Artischocken, Saubohnen und Erbsen) serviert wird. Sehr zu empfehlen sind die **Ravioli con baccalà** (oder auch mit Ricotta), die Tagliolini »alla briciola« sowie die Gemüse- und Nudelsuppen. Ausgezeichnet als Hauptgerichte sind **Baccalà in guazzetto**, **Perlhuhn mit Trüffeln**, Lammgerichte, Kalbsrouladen oder das Spezzatino di filetto con peperoni. In der Saison gibt es hervorragende **Pilzgerichte**, und auch die deftige römische Küche steht bei Adriana immer wieder auf der Speisekarte. Köstlich sind die Nachspeisen, die die Hausherrin selbst zubereitet. Die Weinkarte ist klein, aber gut.

Panificio Cerquozzi, Via del Pratone 88: gutes Brot und Gebäck (Ciambelle, Mandel-, Schokoladen- und Honig-Tozzetti, Crostate, Pangiallo und Panpepato).

Ischia di Castro

41 km nordwestlich von Viterbo

Ranuccio II

Trattoria
Piazza Immacolata, 27
Tel. 07 61 / 42 51 19
Ruhetag: Donnerstag
Keine Betriebsferien
50 Plätze
Preise: 50 000 Lire, ohne Wein
Kreditkarten: die bekannteren
Mittags und abends geöffnet

Von der eher anonymen und stets überfüllten Dorfkneipe im Erdgeschoß darf man sich nicht abschrecken lassen. Im Obergeschoß befindet sich ein schöner Speisesaal mit herrlicher Aussicht. Miriam Mareschi betreut die Gäste, Mariella und Vincenzo herrschen in der Küche. Mit viel Phantasie aktualisieren sie die reichhaltigen alten Rezepte dieser geschichtsträchtigen Gegend zwischen Tuscia und Maremma.
Aber nun zum Gastronomischen: Kaninchen-**Crostini** und Wildschweinschinken sind empfehlenswerte Antipasti, danach eine Acquacotta oder eine **Zuppa di sedani** (Selleriesuppe mit Zimt – ein altes Rezept aus der Renaissance) und als Primo die guten **Gnudi di ricotta** oder die Ombrichelli mit Spargel. Als Hauptgericht empfehlen wir **Cinghiale** (Wildschwein) **a bujone**, außerdem **Trippa** mit Bohnen und Thymian oder Entenbrust mit Weichselkirschen. In der Saison gibt es **Pilzgerichte** aller Art. Zum Abschluß kann man aus einem guten Käseangebot wählen (toskanische Ziegen- und Schafskäse mit Honig). Feine Desserts: das Semifreddo al torrone, die Ricotta-Mousse mit Aprikosensauce und Blätterteig. Immer wieder lassen sich die Köche auch durch die guten Produkte aus der näheren Umgebung inspirieren. Da entstehen dann zum Beispiel die Tagliolini alla menta, das marinierte Kaninchen mit aromatisiertem Olivenöl, das Schweinfilet in Pecorino-Sauce oder das Filet mit Morellino (guter Wein der Gegend).
Miriam serviert fast ausschließlich Weine aus der Toskana, Umbrien und dem nördlichen Latium zu anständigen Preisen.

Azienda agricola Bartoccini, Via Caporossi 8: hervorragender Honig. Macelleria norcineria Federico Mattucilli: Fleisch und gute Auswahl an Wurstwaren.

Latina

5 km außerhalb der Stadt

Assunta

NEU

Trattoria
Via Pontina, km 74,5
Tel. 07 73 / 24 19 40
Ruhetag: Sonntag und Dienstagabend
Betriebsferien: 5. – 25. August
45 Plätze
Preise. 35 000 Lire, ohne Wein
Kreditkarten: AE, CartaSi, DC
Mittags und abends geöffnet

Daß Anna Beltrani ihr Lokal ausgerechnet am Sonntag zumacht, beweist: Sie hat es nicht nötig, um Ausflugs-Kundschaft zu werben. Längst ist ihre Enoteca-Trattoria ein wichtiger Treffpunkt für die Feinschmecker der Gegend. Sie kaufen hier im Laden herrliche Weine, gute Wurstwaren und ausgefallene Käsesorten (von den Burrate bis zu Höhlenkäse). Und natürlich speisen Sie in der angeschlossenen Trattoria.
Da gibt es eine reiche Auswahl an Crostini (besonders gut mit Pastete) und gute Primi: **Linsensuppe**, Risotto mit Radicchio und Trüffeln, **Artischocken-Lasagne** und die immer hervorragenden **Pennette con zucchine e salsicce.** Unter den Hauptgerichten empfehlen wir das köstliche Roastbeef all'inglese, aber auch die eher regionaltypischen Gerichte wie **Coscio di castrato al forno** (Hammelkeule), gefüllte Taube oder ausgelöstes Perlhuhn. Im Sommer gibt es auch Fischgerichte; immer gut: der gegrillte Schwertfisch. Die Käseauswahl ist exzellent, bei den Desserts sollte man das Limonen-Sorbet oder den **Ananasschaum** kosten. Ein besonders Kompliment verdienen Auswahl und professionelle Behandlung der Weine – kein Wunder, schließlich gibt es vier Sommeliers in der Familie Beltrani!

Domenico Giacobini bietet in seiner Bar am Corso Matteotti 202 (in Latina) eine reiche Auswahl wirklich guter Weine. Die Preise sind der Qualität angemessen.

Latina Borgo Fàiti

8 km von der Stadtmitte

La Locanda del Bere

Restaurant
Via Foro Appio, 64
Tel. 07 73 / 25 86 20 und 61 86 20
Ruhetag: Sonntag
Betriebsferien: 2 Wochen im August
30 Plätze
Preise: 45 – 50 000 Lire
Kreditkarten: alle
Mittags und abends geöffnet

Zum Restaurant von Maurizio und Caterina Mangoni (das uns immer besser zu werden scheint) gehören auch eine sehr gut bestückte Enoteca und ein Probierstübchen. Selbst eilige Touristen machen hier gern eine gastronomisch-angenehme Pause.
Zu den **Antipasti dell'enoteca** gehören mindestens sechs bis acht verschiedene Köstlichkeiten aus dem Meer und dem Garten. Unter den vielen Primi empfehlen wir: **Tortelli mit Artischocken** oder mit einer Füllung aus Käse und Birnen, Gnocchi mit Spargel und Krebsfleisch, Pasta e fagioli mit Trüffeln, **Bigoli mit Wildschweinragout** und Graupensuppe. Neu auf der Karte: die **Linguine al coccio** (mit einem interessanten Fischragout). Obwohl das Restaurant im Landesinneren liegt, gibt es hier immer herrlich frischen Fisch (die Wirtsleute kommen aus dem Küstenort Terracina!): gegrillten Schwertfisch, **Baccalà mit Trüffeln** und auch geräucherte Fischgerichte. Uns schmeckten jedoch die originellen Fleischgerichte besonders gut: Fesa alle erbe (Kalbskeule mit Kräutern), **Arista al taleggio** (Schweinsrücken mit Käse), **Stinco di vitello al forno** (Kalbshaxen), Trippetta (Kutteln), **Coda alla vaccinara**. In der Saison gibt es hervorragende **Steinpilze mit Polenta.** Zum Abschluß werden herrliche Käseplatten, Desserts, Obst und Eis gereicht (die Wahl fällt wirklich schwer). Der Wein wird in wertvollen Kristallgläsern kredenzt und krönt das köstliche Mahl. Manchmal liegt die Rechnung dann auch über den 50 000 Lire pro Kopf, aber es lohnt sich.

Latina Borgo Sabotino

10 km von der Stadtmitte

La Padovana

Trattoria
Via Vetiche, 1
Tel. 07 73 / 64 80 81
Ruhetag: Mittwoch und Sonntagabend
Keine Betriebsferien
150 Plätze + 70 im Freien
Preise: 40 – 45 000 Lire, ohne Wein
Kreditkarten: alle
Mittags und abends geöffnet

Die Konsequenz, mit der Grazielle und Daniele Mangoni der Linie der früheren Wirtes Lino Mangoni treu geblieben sind, verdient wirklich ein großes Lob. Es gibt noch immer keine Pizza (obwohl man im großen Garten damit im Sommer sicher viele junge Leute anlocken könnte) und – trotz der Nähe zum Meer – keinen Fisch. Zum Ausgleich bekommt man hier beim Menü mit Festpreis auch die feinen Trüffeln von Campoli und einen guten Wein (natürlich nicht die Spitzensorten der Vitrine, wie etwa Bricco Rocche, Tignanello oder Sassicaia, Jahrgang 1985!).
Die Trüffeln stehen hier im Mittelpunkt vieler Rezepte, so auch beim **gebratenen Entenei**, beim **Ricotta al forno** oder beim **Baccalà al tartufo**, einer ausgesprochenen Köstlichkeit. Aber der Reihe nach: Die Antipasti vom Büffet sind stets frisch. Bei den Primi bestechen Pasta e fagioli, **Minestra di farro, Ceci e Cannellini**, **Tortelli al pesto con pistacchi e menta,** Pappardelle mit Sugo aus Ziegenfleisch. Bei den Hauptgerichten empfehlen wir den **Schweinerücken mit Balsamessig und Kastanien**, den Schweinebraten mit Steinpilzen oder die gebratene Gans mit Wacholdersauce. Dann gibt es die traditionellen Gerichte: **Stinco di capra** (eine Art Ziegenhaxe), Pajata (Därme vom Milchkalb), Ziegenbraten und Frösche und Schnekken. Die köstlichen Desserts macht die Signora Graziella selbst: Crostate, Meringate, Mousse und Crème caramel.
Die Weine sind ausgezeichnet. Auch nach dem Wechsel der Wirtsleute ist »La Padovana« weiterhin ein sicherer Gastronomie-Tip für die Gegend rund um die Pontina.

Lubriano

33 km nördlich von Viterbo

Vecchio Mulino

Trattoria
Via Marconi, 25
Tel. 07 61 / 78 05 05 und 78 04 81
Ruhetag: Montag, nicht im Sommer
Betriebsferien: unterschiedlich
60 Plätze + 10 im Freien
Preise: 35 000 Lire, ohne Wein
Keine Kreditkarten
Mittags und abends geöffnet

Am Rande eines kleinen Platzes mit schönen Pinien, direkt gegenüber der Barockkirche Madonna del Poggio, liegt die Trattoria »Vecchio Mulino«, die tatsächlich in der alten Dorfmühle untergebracht ist. Von hier genießt man einen wunderbaren Blick auf Civita di Bagnoregio und das darunterliegende Tal. Nur zehn Gäste kommen jeweils in den Genuß des Panoramas, wenn sie einen Platz auf der Sommerterrasse ergattern. Die anderen müssen sich mit einem Platz in den drei Speisezimmern bescheiden – und können sich dafür ganz auf die herrlichen Spezialitäten von Giuseppe und Maria Manetti konzentrieren. Die Küche läßt die Florentiner Abstammung der beiden Wirtsleute durchschmecken, aber es gibt auch Gerichte aus der Umgebung. Giuseppe trägt Crostini mit Hühnerlebern, **Fagioli all'uccelletto**, Pappa con pomodoro, Kuttelsalat mit Petersilie und Knoblauch auf. Auch bei den Primi viele toskanische Spezialitäten: **Carabaccia** (eine Zwiebelsuppe), Ribollita, **Polenta incatenata** mit Schwarzkohl oder aber Brennesseltortelli mit Butter und Zimt, Kartoffeltortelli mit Käse und Penne mit mildem Paprika. Schmackhaft fallen die Fleischgerichte aus: Fritto vom Huhn und Kaninchen, Stracotto alla florentina, **Filetto in arrosto morto** mit Maronen, Pattona (geschmorte Schweinerippchen mit Kastanienpolenta), Coniglio porchettato. Es gibt auch Fisch, so z. B. **Renken mit Rosmarin**, geschmorte Calamari mit Spinat und scharfer Tomatensauce (freitags). Schiacciata alla fiorentina mit blauen Trauben, **Castagne ubriache**, Torta di crema mit Pinienkernen bilden den süßen Abschluß. Man trinkt roten und weißen Wein aus der Gegend und aus der Toskana.

Magliano Sabina Madonna degli Angeli

54 km westlich von Rieti

Ristorante degli Angeli

NEU

Restaurant
Ortsteil Madonna degli Angeli, 1
Tel. 07 44 / 9 13 77 und 9 18 92
Ruhetag: Sonntagabend und Montag
Betriebsferien: 1. – 20. August
170 Plätze + 100 im Freien
Preise: 35 – 45 000 Lire, ohne Wein
Kreditkarten: alle
Mittags und abends geöffnet

Wer sich Rom von Norden her nähert, dem empfehlen wir, die Autobahn bei Magliano Sabina zu verlassen. Hier wartet auf den Slow-Reisenden das »Ristorante degli Angeli«. Den Namen hat das Lokal von der nahen Wallfahrtskirche übernommen. Küchenchef und Sommelier Mauro Marciani fühlt sich der gastronomischen Tradition der Sabina verbunden. Zum Einstieg gibt es **Aufschnitt** und Schinken aus eigener Herstellung, aber auch ganz frischen Käse. Die Nudelgerichte, allesamt hausgemacht, wechseln je nach Saison: **Fettuccine ai funghi**, Strozzapreti mit Spargel, Tagliolini mit Trüffeln, **Maltagliati al sugo con olive.** Freitags gibt es frischen Fisch. Wir bevorzugen aber trotzdem die Fleischgerichte (das Fleisch kommt zum Großteil vom eigenen Bauernhof): hervorragenden **Abbacchio** (Lamm) gibt es in verschiedenen Varianten, und die **Porchetta** des Hauses ist sogar bei einem Gastronomie-Wettbewerb ausgezeichnet worden. Eine Köstlichkeit zum Schluß sind die typischen Desserts der Sabina, die Mauros Schwester herstellt: **Ciambelletti di magro**, Zuppa inglese, Pan di Spagna mit Marmelade.
Wenn man sich mit dem ganz annehmbaren Hauswein begnügt, ist der Preis für ein Mehrgänge-Menü wirklich niedrig. Wählt man dagegen einen der Spitzenweine, steigt die Rechnung entsprechend. Einziger Wermutstropfen im »Ristorante degli Angeli«: die häßlichen Fenster, die so gar nicht zum rustikalen Gebäude passen wollen. Aber die Herzlichkeit der Wirtsleute und der gute Service machen auch das wieder gut.

Marino

22 km südwestlich von Rom

Cantina Colonna

NEU

Restaurant
Via Carissimi, 32
Tel. 06 / 93 66 03 86
Ruhetag: Mittwoch
Betriebsferien: 2 Wochen im August
50 Plätze
Preise: 40 – 45 000 Lire, ohne Wein
Kreditkarten: alle
Abends geöffn., am Wo.ende auch mitt.

Marino ist wohl einer der schönsten Orte der Castelli Romani. Viele meinen allerdings, die ganze Gegend sei eigentlich nichts anderes als das dichtbesiedelte Hinterland Roms. Wie dem auch sei: Die »Cantina Colonna« ist auf alle Fälle ein idealer Zufluchtsort, nur wenige Schritte von der zentralen Piazza entfernt. Wirt Umberto Paolucci führte früher mal ein großes Restaurant. In der »Cantina« hat er sich jetzt wieder aufs kleine besonnen, aufs Bodenständige und Gemütliche. Großen Wert legt er auf die Qualität der Grundstoffe, die er je nach Jahreszeit wählt.
Schon der Einstieg ist vielversprechend: gegrillte Gartengemüse, Frittatine, Wurstwaren und Schinken sowie frische Käse (Ovoline und Scamorza). Dann kommen die Primi: hausgemachte Nudeln alla **carbonara**, all'**amatriciana** oder mit **Regaje** (Innereien vom Huhn). Weiter gibt es Gnocchi, Ravioli und – vor allem im Winter – die Spezialität des Hauses: herzhafte **Suppen (mit Hülsenfrüchten** oder **Dinkel**). Bei den Hauptgerichten dominiert das Fleisch: meisterhafte **Grillplatten**, **Coda alla vaccinara** (Ochsenschwanz), Zicklein, Schweinerippchen und Huhn mit Paprikaschoten. Als Alternative empfehlen wir den Baccalà. Während der Saison gibt es fabelhafte Pilzgerichte (Porcini, Galletti und Tartufi). Ein Tip für das Frühjahr: Sie sollten unbedingt die **Misticanza di erbe di campo** (Wildsalate) mit Knoblauch und Sardellen probieren. Zum guten Abschluß gibt es hausgemachte Kuchen und zarte Walderdbeeren. Der offene Hauswein ist aus dem Ort, aber es gibt auch einige gute Flaschenweine.

Minturno Scauri

85 km südlich von Latina, S.S. 7

L'Anfora

Restaurant – Pizzeria
Via del Golfo, 50
Tel. 07 71 / 61 42 91
Ruhetag: Dienstag, nicht im Sommer
Betriebsferien: unterschiedlich
35 Plätze
Preise: 35 – 40 000 Lire, ohne Wein
Kreditkarten: AE, DC, Visa
Mittags und abends geöffnet

Dieses Lokal scheint bei unseren Lesern (im In- und Ausland) großen Anklang zu finden. Jedenfalls erzählte uns Wirt Marco Coviello, daß viele Sommerurlauber lange im voraus anrufen, um jene Fischspezialitäten zu bestellen, die normalerweise nicht auf der Speisekarte stehen: die köstliche **Zuppa di pesce** zum Beispiel, die **Linguine alle cicale**, die **Spaghetti al granchio peloso** oder die herrlichen **Cannelloni di mare** (am Wochenende gibt es die jetzt immer). Aber keine Angst. Auch jene Gerichte, die ständig auf der Karte stehen, sind ausgezeichnet; die **Tonarelli all'orcio** (mit Scampi, die mit Trüffeln aromatisiert werden) zum Beispiel oder die **Fusilli mit Venusmuscheln und Kürbisblüten**.
Bei den Hauptgerichten kann man sich auf die Frische des Fisches absolut verlassen. Es gibt ihn häufig im Sud (all'acqua pazza). Empfehlenswert auch die **Crostacei gratinati** (gratinierte Schalentiere) oder der **Schwertfisch in der Folie gebacken**. Vor allem im Winter gibt es Fleischgerichte vom Grill. Als Dessert werden Obst- und Käsekuchen und gute Semifreddi gereicht. Die Weinkarte ist sicher zu verbessern, auch wenn es darauf inzwischen ein paar ganz gute Weißweine gibt.
Eine angenehme Überraschung ist zum Abschluß die Rechnung: Die Preise wurden schon seit Jahren nicht erhöht und stehen wirklich in angemessenem Verhältnis zur Qualität.

Monte San Biagio

53 km südöstlich von Latina, S.S. 7

Hostaria della Piazzetta

Trattoria
Viale Littoria, 13
Tel. 07 71 / 56 67 93
Ruhetag: Dienstag
Keine Betriebsferien
45 Plätze
Preise: 30 – 35 000 Lire, ohne Wein
Keine Kreditkarten
Mittags und abends geöffnet

Die Trattoria von Flaviano und Luisa Rizzi ist umgezogen. Auch wenn sie weiterhin im alten Ortszentrum liegt, kann man sie jetzt ein bißchen leichter erreichen. Die Größe des Lokals und vor allem die Qualität der Küche sind aber gleich geblieben. Die Wirtsleute haben sich weder von der Pizza-Welle noch von anderen gastronomischen Moden überrumpeln lassen. Neben einigen neuen Rezepten gibt es hier die traditionsreichen Gerichte, deren Zutaten oft gar nicht so leicht zu finden sind.
Erwähnenswert sind da zum Beispiel das **Risotto con le tinche** (Schleienrisotto), die **Froschsuppe** und die **Linguine ai gamberetti di lago** (mit Süßwassergarnelen). Weitere Spezialitäten sind die Suppen: die **Pittìa e fasuoli** (eine Suppe aus Sojanudeln, Wasser, Mehl und roten Bohnen) und die **Zuppa di fagioli con l'erba pazza** (Bohnensuppe mit wilden Kräutern, die Flaviano selbst sammelt). Empfehlenswert auch die Fettuccine mit wildem Spargel und bei den Hauptgerichten die **Rane fritte** (fritierte Frösche), Schnecken, Coratella und Trippetta sowie die **Abbuot** (Eingeweide vom Milchlamm). Wer's lieber etwas normaler will: Es gibt gutes **Lamm und Zicklein** aus der Gegend und Schweinswürste sowie Braciole coi peperoni all'aceto. Als Beilagen empfehlen wir gebackenen Kürbis, die Fagioli dell'occhio oder die Misticanza di verdure (gemischte Gemüse). Und zum Abschluß Ziegenkäse oder das trockene Gebäck des Hauses. Das Weinangebot ist nicht groß. Aber Flaviano ersteht immer wieder ein paar interessante Tropfen, die wunderbar zur Küche passen.

Morolo

18 km westlich von Frosinone

La Mola

NEU

Trattoria
Via recinto delle mole, 67
Tel. 07 75 / 22 90 59
Ruhetag: Montag
Betriebsferien: je 1 Wo. im Sept. u. Jan.
50 Plätze
Preise: 30 000 Lire
Keine Kreditkarten
Mittags und abends geöffnet

Der Eingang des Lokals wird vom riesigen Mühlstein beherrscht (der »Mola« eben). Die dicken Holzbalken und die alten Zahnräder erinnern an eine Fotografie aus vergangenen Zeiten. Sogar das Mühlbächlein plätschert noch munter vor sich hin. Die Trattoria ist leicht zu finden, man muß nur der Dorfstraße folgen. Die Wirtsleute Marocco haben sich voll der traditionellen Küche verschrieben. Maria Teresa macht in der Küche fast alles selbst, Ehemann Umberto und die Töchter Pina und Michela kümmern sich um die Gäste im Speisesaal.
Die Speisekarte ist klein und ändert sich nur minimal im Laufe der Jahreszeiten. Als Antipasti gibt es Wurstwaren, vielerlei Gemüse, Bruschette con patè misti, Pecorino aus dem Ort und im Winter auch Baccalà. Bei den Primi kommt Maria Teresas Kochkunst voll zur Geltung. Die Tagliolini und auch die **Sagne** (nur aus Wasser und Mehl) macht sie selbst, dazu gibt es dann Sugo aus Fleisch oder Gemüse. An kalten Tagen sollte man die reichhaltigen Gemüsesuppen probieren (besonders gut ist die **Kichererbsensuppe**). Die Fleischgerichte werden im Ofen oder auf dem Grill zubereitet und sind als Hauptgericht sehr zu empfehlen. Hier in der Ciociaria gehören natürlich Braten vom **Lamm** und vom Schwein zu den Klassikern, aber auch die **Arrosticini** (kleine Lammspießchen) sind sehr lecker.
Die Desserts sind hausgemacht. Auf dem Nachspeisenteller finden wir zum Beispiel Crostata und winzige **Ciambelline al vino**. Schade, daß der offene Weißwein aus dem Ort ein bißchen langweilig schmeckt und daher mit der guten Küche so gar nicht mithalten kann.

Morro Reatino Casette

19 km nördlich von Rieti, S.S. 521

Da Maria

Restaurant
Ortsteil Casette, 16
Tel. 07 46 / 63 80 74
Ruhetag: Dienstag
Betriebsferien: November
100 Plätze + 40 im Freien
Preise: 35 – 40 000 Lire, ohne Wein
Keine Kreditkarten
Mittags und abends geöffnet

Bei »Maria« einzukehren ist geradezu ein Muß für jeden, der über die Sabiner Berge fährt, um den prächtig erhaltenen mittelalterlichen Ort Labro zu besuchen. Wenn es Ihnen gefällt, können Sie hier sogar übernachten, denn zum Lokal gehören – neben einem gepflegten Garten – auch drei kleine Ferienappartements.
Maria Baldi, die Inhaberin des Restaurants, hat ihr ganzes Leben in der Küche zugebracht. Zunächst für die vorüberziehenden Jäger und später für ganze Urlauberscharen hat sie seit jungen Jahren ihre unverfälschten und herzhaften Gerichte gekocht. Heute helfen ihr Sohn Franco und Schwiegertochter Rosarita. Franco, dem gelernten Sommelier, verdanken wir auch die gepflegte Weinkarte. Er sorgt stets für den passenden Tropfen zu den Gerichten.
Auf der Speisekarte stehen einige Fischgerichte, beispielsweise die Frittelle con le vongole, die Gnocchetti verdi con gamberetti oder die Goldbrasse in Zitronensauce. Der ideale Zeitpunkt, Marias Küche kennenzulernen, ist jedoch der Herbst, wenn es frische **Trüffeln** (aus dem Valle del Salto) oder **Wild** gibt. Beides ist Grundlage vieler Rezepte. Klassische Speisen dieser Bergwelt sind die deftigen **Suppen**, der **Capretto arrosto** oder **Brodettato** (Zicklein gebraten oder gekocht), die verschiedenen Schafskäse und Würste. Weniger überzeugen konnten uns dagegen die Pappardelle alla garibaldina (sie verdanken ihren Namen dem Volkshelden Giuseppe Garibaldi, der sich in Morro eine Nacht aufgehalten haben soll), für die das Lokal eigentlich bekannt geworden ist.
Auf der Weinkarte finden wir Erzeugnisse aus allen Teilen Italiens. In der Gegend um Morro Reatino selbst gibt es keine überzeugenden Winzer.

Nettuno

60 km südlich von Rom

Da Rodo

Trattoria
Via Santa Maria, 31
Tel. 06 / 9 88 11 54
Ruhetag: Mittwoch
Betriebsferien: November
60 Plätze
Preise: 35 – 40 000 Lire
Keine Kreditkarten
Mittags und abends geöffnet

Nettuno ist – neben Anzio – einer der hübschesten Küstenorte rund um Rom. Stimmungsvoll ist die Altstadt mit den Gassen, den kleinen Plätzen und den Stufen zum Touristenhafen. Einladend ist auch die Promenade am Meer mit den alten Villen und den modernen Wohnhäusern.
Etwas abgelegen liegt die Trattoria »Da Rodo« (davor gibt es einen großen Parkplatz). Sehr zur Freude der Stammgäste hat sich in den letzten dreißig Jahren nicht viel verändert in dem gut eingeführten Lokal: In den beiden schlicht eingerichteten Speisezimmern ißt man guten Fisch zu anständigen Preisen. Mit echter Herzlichkeit sorgt die junge Laura Piergotti für die Gäste. Sie wird im Service von Ehemann Stefano und Vater Massimo unterstützt; Mamma Annamaria hilft dem Inhaber, Aurelio Rodo, in der Küche.
Die echte Stärke des Lokals sind die frisch zubereiteten Antipasti: zarte **fritierte Sardellen**, Lumachine de mare, sautierte Mies- und Venusmuscheln, Cannolicchi, gegrillte Maiskolben und Lachsbrötchen. Bei den Primi geben die Meeresfrüchte den Ton an: **Spaghetti alle vongole**, alla pescatora, mit kleinen Tintenfischen oder mit Tintenfischschwärze. Auch bei den Hauptgerichten sollten Sie heimischen Fisch wählen: Grätenfische, Schalentiere oder die ausgezeichnete **Zuppa di pesce** (Riesenportion Fischsuppe – muß allerdings vorbestellt werden). Trinken Sie am besten den Wein aus der Gegend, zum Beispiel den Cacchione. Er ist zwar nicht Spitzenklasse, hat aber Charakter und paßt gut zu den Gerichten der Trattoria.

Petrella Salto
Cupaiolo San Martino

25 km südöstlich von Rieti, S.S. 578

Valle del Salto

Bauernhof
Ortsteil Cupaiolo San Martino
Tel. 07 46 / 52 61 80
Ruhetag: Dienstag
Keine Betriebsferien
240 Plätze
Preise: 30 – 35 000 Lire
Keine Kreditkarten
Mittags und abends geöffnet

Die absolute Hauptrolle spielt hier die **Trüffel**: weiße und schwarze Trüffel, Winter- und Sommertrüffel sowie »uncinato«. Und das ist auch kein Wunder. Denn das Restaurant wurde von den 15 Gründungsmitglieder der Trüffelsucher-Genossenschaft »Valle del Salto« eröffnet. 30 Hektar Land haben sie für die Trüffelzucht urbar gemacht. Jedes Jahr ernten sie hier rund 80 Doppelzentner Trüffel, die frisch, getrocknet oder in Form von Saucen verkauft werden.
In der Küche bilden sie die Grundlage für die Gerichte von Luigi Buzzi und dessen Ehefrau Maria Fornari. Schon die Antipasti duften danach: Frittatine und Crostini al tartufo oder **Bohnen mit Trüffeln**. Von den Primi sind besonders die Fettuccine, die Gnocchi, die **Fleisch-Tortelli** und die Ricotta-Ravioli **mit Trüffeln** zu empfehlen. Die Auswahl der Secondi reicht von getrüffelter Forelle mit Ei bis zum Occhio di bue mit Trüffelspänen und vom Kalbsbraten bis zur **Schweinelende** (natürlich ebenfalls mit dem allgegenwärtigen Pilz verfeinert). Aber es gibt auch »Nichtgetrüffeltes«: einen ausgezeichneten **Schinken**, frische und gelagerte Schafskäse und hausgemachten Nachtisch (Ciambelle und Crostate). Neben dem Hauswein gibt es auch noch eine kleine Auswahl italienischer Flaschenweine. Der Bauerhof verfügt über zehn Fremdenzimmer und eine Reitanlage.

Auf dem Bauernhof können Sie frische Trüffeln, Trüffelkonserven und eine ganze Reihe von Erzeugnissen kaufen, die mit dem wertvollen Aroma angereichert wurden.

Pontina

30 km südlich von Latina, S.S. 7

Capocavallo

NEU

Trattoria – Pizzeria
Strada del Confine, 29
Tel. 07 73 / 85 34 57 und 85 34 88
Ruhetag: Mittwoch, im Sommer nie
Betriebsferien: im Oktober
250 Plätze + 50 im Freien
Preise: 30 – 35 000 Lire, ohne Wein
Keine Kreditkarten
Abends geöffnet, im So. auch mittags

»Capocavallo« ist ein Tip für alle, die – vor allem im Sommer – an der Küste von Latina Urlaub machen, und hat so seine Vor- und Nachteile. Von der Staatsstraße Appia kommend nimmt man die Migliara 55 und folgt dem Wegweiser nach Frasso. Nach ein paar Kilometern sehen Sie schon das große Lokal. Im Sommer kann man auch zu Mittag essen, aber eigentlich ist erst abends wirklich was los. Da kommen die Touristen, um hier die beste Pizza der Umgebung zu essen (das finden zumindest die Fans der römischen Pizza; die hat einen dünnen Teig und ist knusprig). Erwarten Sie sich kein ausgefallenes und intimes Dinner: Man sitzt an langen Tischen mit anderen zusammen. Giovanbattista Silvaggi und sein Gehilfe Piergiulio haben die Massen aber mit viel Herzlichkeit und Professionalität stets gut im Griff. Alles beginnt mit den obligatorischen Antipasti: Käse, Sottoli, Wurstaufschnitt, milde **Porchetta** und **Mozzarelline di bufala** (aus der Umgebung) und dazu eine gute warme Focaccia. Wenn Sie trotz der Menge noch nicht satt sind, können Sie jetzt die bereits erwähnte Pizza wählen oder sich für die recht ordentliche Trattoria-Küche entscheiden: Fettuccine, Ravioli und Gnocchi sind hausgemacht, dazu gibt es Pilz- oder Tomaten-Sugo. Die Spaghetti gibt es **all'amatriciana**, alla carbonara und all'arrabbiata. Als Hauptgerichte gibt es Fleischteller vom Rind und vom Schwein. Das Fleisch kommt aus der Umgebung und wird vor allem gegrillt. Versuchen Sie auch die **Capra al sugo** (Ziege), die hier im Sommer komischerweise besser schmeckt als im Winter.
Zum Lokal gehören zwei schöne Swimmingpools und ein kleines Fußballfeld. Die sind natürlich Anziehungpunkt für Familien und junge Leute. Daher empfiehlt es sich zu reservieren.

Ponza

Fähre von Anzio, Formia oder Terracina + 6 km

La Lanterna

NEU

Trattoria
Corso Pisacane
Kein Telefon
Kein Ruhetag
Betriebsferien: Oktober
25 Plätze
Preise: 30 – 35 000 Lire, ohne Wein
Keine Kreditkarten
Mittags und abends geöffnet

Wer in der »Lanterna« essen will, hat keine andere Wahl: Er muß rechtzeitig vorbeikommen und einen der wenigen Tische reservieren, denn die Trattoria hat immer noch keine Telefon. Der Wirt Silverio Aprea wirkt auf den ersten Blick mürrisch, ist in Wirklichkeit aber sehr freundlich. Persönlich erklärt er schon bei der Reservierung, was den Inselfischern diesmal ins Netz gegangen ist und wie demnach die Speisekarte für den Abend ausfällt.
Silverios Ehefrau kocht nur ganz frische Ware. Daher gibt es nie viel Auswahl, um so besser ist aber die Qualität. Die **Spaghettini al pomodoro fresco** oder **alle vongole** sind stets im richtigen Maß »al dente« und von schier unübertroffener Schlichtheit. Weitere empfehlenswerte Primi: der Reis mit Fischsauce oder die Zuppe di legumi (mit Kichererbsen oder mit Platterbsen). Als Hauptgerichte gibt es (je nach Tagesfang): Pezzogna in bianco, **Polpette di pesce in umido** (Fischklößchen), **gefüllte** oder **fritierte Calamari** mit gemischtem Salat. Erstaunlicherweise ist die Cotoletta alla milanese (eine Art Wienerschnitzel) bei den Inselbewohnern besonders beliebt. Vielleicht sind sie es leid, immer nur Fisch zu essen. Die Fisch-Hauptgerichte kosten übrigens 10 – 12 000 Lire. Wer dazu den ganz ordentlichen offenen Hauswein trinkt, dürfte also insgesamt nicht mehr als 30 – 35 000 Lire ausgeben. Angesichts der guten Küche und der wenigen Tische ist es an Sommerabenden daher oft gar nicht so einfach, in der »Lanterna« einen Platz zu ergattern.

Ponza
Le Forna

Fähre von Anzio, Formia oder Terracina + 6 km

Punta Incenso

Trattoria
Via Calacaparra
Tel. 07 71 / 80 85 17
Ruhetag: Dienstag, im Sommer nie
Keine Betriebsferien
70 Plätze + 30 im Freien
Preise: 45 000 Lire, ohne Wein
Keine Kreditkarten
Mittags und abends geöffnet

In der letzten Ausgabe haben wir den Ponzabesuch für die Nebensaison vorgeschlagen. Diesmal wollten wir prüfen, ob die »Punta Incenso« vielleicht auch an einem hektischen Samstagabend im Juli zu empfehlen ist. Sie ist es! Auch wenn der Laden voll ist, kümmern sich Mamma Anna (in der Küche) und die Söhne Damiano, Girolamo und Guglielmo aufmerksam um ihre Gäste und bieten keineswegs die einfallslose »Touristenküche«.
Die Speisekarte ändert sich nie. Aber das ist – angesichts der Güte und Frische der Grundstoffe – in diesem Fall ein Vorteil: Den Fisch fangen die Brüder Vitiello selbst, und das Gemüse kommt aus dem eigenen Garten. Bei den Antipasti sollten Sie unbedingt die **Alalunga sott'olio** (kleine Thunfischart mit besonders gutem Fleisch) probieren; bei den Primi empfehlen wir **Spaghetti alla bottarga di pesce spada** (mit Schwertfischrogen) oder alla granseola (mit Meerspinne). In der Saison gibt es die herrlichen **Minestre** mit den Cicerchie (Platterbsen) oder den **Lenticchie** (Linsen) der Insel, die den berühmten Hülsenfrüchten der Nachbarinsel Ventotene ernste Konkurrenz machen. Probieren Sie bei den Secondi unbedingt **Inselfisch**: Ricciola (Goldschwanzmakrele), Pagello (Meerbrasse), Spara und Pezzogna, je nach Tageslaune des Kochs im Ofen zubereitet, mit Kräutern, im Sud oder auf dem Grill.
Zur Wahl stehen schließlich neapolitanische Desserts, etwa die Pastiera oder der Casatiello. Die Weinkarte wurde deutlich verbessert. Neben dem üblichen offenen Hauswein gibt es jetzt auch ein paar weiße Flaschenweine.

Die Cooperativa Unipesca in der Via Banchina ist die Fischhandlung am Hafen. Hier gibt es täglich frischen Fisch. Und der Signor Vitiello verkauft in der Via Schiavone (Ortsteil Le Forna) Trauben und die ausgezeichneten Linsen der Insel.

Priverno
Ceriaria
30 km östlich von Latina, S.S. 7

Antica Osteria Fanti

NEU

Restaurant
Ortsteil Ceriara, 26 – auf der S.S. 156,
Tel. 07 73 / 92 40 15 km 28,550
Ruhetag: Donnerstag
Betriebsferien: 16. – 31. Aug. und 25./26. [Dez.
40 Plätze + 15 im Freien
Preise: 40 000 Lire, ohne Wein
Kreditkarten: DC, Visa
Mittags und abends geöffnet

Ein wirklich schönes Restaurant. Und nach den Veränderungen, die Tommaso de Massimi im Speisesaal und Ehefrau Annunziata in der Küche durchgeführt haben, dürfte es auch sehr erfolgreich werden. Das Lokal gibt es bereits seit 1929. Großmutter Luisa machte damals eine Tabakhandlung samt Osteria auf. Noch heute gibt es viele alte, traditionelle Gerichte, jedoch angereichert mit Eleganz und Kreativität.
Gutes Beispiel ist – bei den Antipasti – der **Baccalà di Nonna Luisa**, ein einfaches Gericht, bei dem der Fisch auf dem mit Trüffelöl getränkten Brot serviert wird. Bei den Primi: die **Bazzoffia**, eine wunderbare Suppe aus Artischocken, Saubohnen und Erbsen, die mit Ei, Öl und Pecorino gebunden wird, oder die **Zuppa di fagioli e farro**, die **Tortelli mit Artischocken** oder **mit Kastanien und Bohnen**, die Farfalle mit Wurst und Käse. **Büffelfleisch**, Spezialität der Gegend, bietet die Grundlage für einige gute Hauptgerichte, etwa für die **Bocconcini (im Krautwickel und mit Trüffeln)** oder als Schmorbraten. Aber wir empfehlen auch die Entenbrust mit Apfelsalat und die gegrillten Tomini (Käse). Hervorragend bestückt ist auch der Wagen mit dem Wurstaufschnitt und dem Käse (allen voran der Castelmagno, der Formaggio di fossa und der Pecorino di Pienza).
Die Signora Annunziata bäckt selbst Brot (fragen Sie nach dem »falia«, dem typischen Brot von Priverno) und macht auch die Desserts selbst: Blätterteig, **Pandorini alle prugne** (mit Pflaumen) und die Bavarese al caffè. Massimo kümmert sich um die gute Weinkarte. Der Service ist sehr aufmerksam.

Falls Sie die Abtei von Fossanova besuchen, sollten Sie beim Caseificio La Pisana, Via Marittima 11, vorbeischauen. Dort gibt es frische Ricotta und Mozzarella di bufala.

Rieti

Il Bistrot

Restaurant – Enoteca
Piazza San Rufo, 25
Tel. 07 46 / 49 87 98
Ruhetag: Sonntag und Montagmittag
Betriebsferien: 20. Okt. – 10. Nov.
40 Plätze + 30 im Freien
Preise: 35 – 40 000 Lire, ohne Wein
Kreditkarten: alle
Mittags und abends geöffnet

Das Ambiente ist rustikal, hat aber viel Charme. In den drei kleinen Speisesälen (einfach und gepflegt) kümmert sich Nazzareno Bianchetti um die Gäste. Rita Galassetti steht mit Begeisterung in der Küche. Sie benutzt nur frische Produkte aus der Region, aus dem Garten wie aus dem Meer. Daraus zaubert sie dann gute Fischgerichte und Gemüse, Nudeln und fantasievolle Saucen nach alten und modernen Rezepten. Einer der Pluspunkte des »Bistrot« sind die Preise, die nie überzogen wirken. Wer das erste Mal kommt und sich einen Gesamteindruck verschaffen möchte, sollte das Menü zum Festpreis von 35 000 Lire wählen.
Es ist gar nicht so einfach, die Speisekarte zu beschreiben, denn die ändert sich je nach Jahreszeit. Bei den Antipasti findet man beispielsweise Storione (Stör) con zucchine alla brace, Vol au Vent mit Fisch und Artischocken mit Spargelsauce, außerdem **Tortino di baccalà** mit Polenta und jungen Kartoffeln. Bei den Primi bestechen die **Vertuti** (eine Suppenspezialität des Ortes mit Gerste und Hülsenfrüchten), die **Gnocchi di ricotta e ortica** (mit Ricotta und Brennesseln) oder mit Trüffeln, die **Pizziconi** (eine Art kleine Gnocchi aus Mehl, wie sie in Contigliano typisch sind) mit Miesmuscheln, Tomaten und Basilikum, die Maltagliati mit Tintenfisch und Bohnen oder auch mit Spargel. Bei den Hauptgerichten empfehlen wir den **Rombo** (Steinbutt) **alla piastra**. Gut und hausgemacht sind die Desserts. Auf der reichhaltigen Weinkarte stehen auch einige ausländische Erzeugnisse.

Torrefazione Olimpia, Viale Matteucci 88: Sandro Faraglia röstet und verkauft ausgezeichnete Kaffeemischungen. Sie werden auch zum Ausschank angeboten.

Rieti

La Pecora nera

NEU

Restaurant
Via del Terminillo, 33
Tel. 07 46 / 49 76 69
Ruhetag: Sonntag
Betriebsferien: unterschiedlich
60 Plätze + 30 im Freien
Preise: 35 – 40 000 Lire
Kreditkarten: alle
Mittags und abends geöffnet

Man verläßt das Zentrum von Rieti und nimmt die Straße hinauf auf den Monte Terminillo. Die Einkehr im Restaurant »La Pecora nera« am Stadtrand lohnt sich, vor allem wegen des gutbestückten Weinkellers. Hier lagern beste italienische, aber auch französische und österreichische Tropfen. Kredenzt werden die dann mit viel Stil (und immer in den richtigen Gläsern) von Wirt Evandro De Marco, dem Schwiegersohn Pietro, der Tochter und der Ehefrau: alle haben Sommelier gelernt.
Am Herd regiert Evandro. Schon in den 60er Jahren erlernte er die gehobene römische Küche. Er bereitet Terrinen mit Wild und Pilzen (im Sommer auch mit Fisch), **Käsefondue**, **Tonnarelli mit Waldpilzen**, Knoblauch, Öl und Peperoncino, Kürbis-Tortelli mit Spargel-Pesto und im Herbst die Hausspezialitäten: **Zuppa di porcini e castagne** und **Agnello scottadito** (gegrilltes Lamm). Zum Abschluß gibt es hausgemachte Desserts: Torta di limone und Delizia ai due cioccolati. Natürlich steht noch viel mehr auf der Speisekarte: Truthahn zum Beispiel, Lamm, heimisches Kalb und jetzt auch Straußenfleisch. Neben dem großen Speisesaal gibt es auch einen kleineren Raum und für den Sommer eine überdachte Veranda.

Forno Sorgi, Via San Rufo 37: Hier gibt es gutes Brot (mit Milch, aber ohne Salz), Focacce und die typische Oster-Pizza der Sabina.

Roma · Alberone – Appio San Giovanni

Al Ponte della Ranocchia

Osteria
Circonvall. Appio, 29, Ecke Via Tola, 58
Tel. 06 / 7 85 67 12
Ruhetag: Sonntag
Betriebsferien: unterschiedlich
35 Plätze + 15 im Freien
Preise: 40 000 Lire, ohne Wein
Kreditkarten: alle
Mittags und abends geöffnet

Im Oktober 1994 übernahmen Mara Spirricariello und Sandro Venantini die alte Osteria am Ponte della ranocchia (Name der Brücke im römischen Volksmund: Alberone). An den hellen Wänden hängen schöne Lithographien und Zeichnungen, die Küche ist vom Gastraum einsehbar, Tische und Stühle sind aus Holz.
Mara kocht vor allem nach alten Rezepten der römisch-hebräischen Küche. Im Sommer steht zum Beispiel Guanciale (Wangenspeck) con l'aceto auf der Karte, bei den Primi **Spaghetti al pesto di olive** oder ein frisches Taboulè, im Winter die **Ruota del faraone.** Bei diesem typisch hebräischen Osterrezept handelt es sich um Fettuccine, die wie zu einem Rad geformt und mit Bratensoße, Gänseschinken, Rosinen und Pinienkernen serviert werden. Das Rad soll an die ägyptischen Kampfwagen erinnern. Bei den Secondi empfehlen wir: **Vitella all'ebraica** (das typische Sabbatgericht, das bereits am Vortag zubereitet und kalt serviert wird), **Insalata di baccalà** San Giovanni mit Fenchel oder den köstlichen **Baccalà in agrodolce.** Im Winter gibt es Pasta e broccoli, Kichererbsensuppe mit Venusmuscheln oder Dinkel- und Linsensuppe mit Reis und Endivie, Fusilli mit Broccoli, Speck und Semmelbröseln, Linguine della ranocchia oder al ragù di pescatrice sowie Sardellen mit Endivie. Ebenfalls auf der Karte die typischen Innereien: **Coratella di abbacchio con carciofi**, **Trippa** und Animelle (Kalbsgekröse). Große Auswahl an Beilagen. Die Desserts können noch besser werden.
Der offene Wein ist in Ordnung, es gibt aber auch ein paar gute Flaschenweine aus der Region, die schoppenweise serviert werden.

Enoteca Altobelli, Via Furio Camillo 10: gute internationale Weinkarte. Interessant auch das Angebot der Enoteca Arte del Bere, Via Tuscolana 232.

Roma Maccarese

26 km außerhalb der Stadt

Da Baffo

NEU

Trattoria
Via Muratella, 627
Tel. 06/6678068
Ruhetag: Freitag
Betriebsferien: August
100 Plätze
Preise: 35 000 Lire, ohne Wein
Keine Kreditkarten
Mittags und abends geöffnet

Die Trattoria »Da Baffo« ist längst ein wahrer Tempel für begeisterte Fleischesser. Sie liegt etwas abseits in Maccarese, nicht weit von Fregene entfernt. Schon von weitem sieht man die Türmchen und die vielen Parabolantennen, mit denen Wirt Enzo Jacovacci (alias Baffo) Fernsehprogramme aus aller Welt empfängt und dann dank der ständig eingeschalteten, im ganzen Lokal verstreuten Bildschirme ausstrahlt. Das Fleischstück wählt man sich an einem gekühlten Thresen gleich neben dem Eingang zum Speisesaal selbst aus.
Das Rind-, Kalb- und Schweinefleisch ist bester Qualität und kommt aus Dänemark. Da gibt es dann **Filetti, Bistecche**, Costate, Würste oder das inzwischen berühmte **»Intervento«** (das Filetendstück samt Knochen, insgesamt etwa zwei Kilo Fleisch). Das gewählte Stück wird vom Knochen befreit und vom Chef selbst auf einem eigens angefertigten drehbaren Grill zubereitet. Wenn Sie Lust auf Nudeln haben: Immer auf der Karte stehen **Pennette all'arrabiata**, am Donnerstag Gnocchi, am Samstag Ravioli und am Sonntag Ravioli und **Fettuccine**. Im Saal bedienen – flink und aufmerksam – die Söhne von Baffo.
Das beschränkte Weinangebot ist verzeihlich, auch weil man sich einen guten Tropfen von zu Hause selbst mitbringen darf, ohne den Wirt damit irgendwie zu beleidigen.

Roma Testaccio

Da Felice

Trattoria
Via Mastro Giorgio, 29
Tel. 06/5746800
Ruhetag: Sonntag
Betriebsferien: August
60 Plätze
Preise: 30 000 Lire, ohne Wein
Keine Kreditkarten
Mittags und abends geöffnet

»Da Felice« ist wohl das exklusivste Lokal der Stadt. Es gibt kein Wirtshausschild draußen, und drinnen wird nur aufgenommen, wer die strenge Augenkontrolle des Wirtes Felice übersteht. Wenn man Ihnen nicht schon von weitem ansieht, daß Sie ein guter Esser sind, haben Sie wenig Chancen. Auf allen Tischen steht hier vorsorglich ein »Reserviert«-Schildchen. Und daneben der Teller mit herrlichen kleinen Würsten, der Ihnen möglicherweise umsonst das Wasser im Munde zusammenlaufen läßt, falls Sie die Gunst Felices nicht erringen konnten.
Man muß ihm verzeihen, diesem mürrischen römischen Wirt. Denn seine Trattoria bietet mit die beste römische Küche der Stadt. Und auch für seine Eigenheiten gibt es eine Erklärung. Er ist nicht mehr der jüngste, arbeitet nur soviel wie nötig und erwartet von seinen Gästen volle Anerkennung für seine Mühen. Reichlich, herzhaft und gut sind seine Gerichte. Allen voran die **Bucatini cacio e pepe** (nur mit Käse und Pfeffer; immer wieder eine Güteprobe für die römischen Wirte). Dann gibt es **Bucatini all'amatriciana** oder **alla carbonara**, **Rigatoni con la pajata** (mit Gedärm vom Milchkalb), Fettucine al sugo di involtini und die ausgezeichnete Pasta con le lenticchie. Auch die Secondi sind eine Hommage an die römische Tradition: Pollo coi peperoni, Coda alla Vaccinara, **Trippa alla romana**, **Abbacchio** (Lamm), Carciofi (Artischocken) alla romana, **Saltimbocca** und gedünsteter Tintenfisch mit Sauce.
Zu trinken gibt es einen einfachen Hauswein und ein paar Flaschenweine.

Macelleria Boattini, Via Bodoni 21: Die Metzgerei gehört zur Genossenschaft der Fleischerzeuger und verkauft hochwertiges Rind- und Kalbfleisch.

Angela Mea, Piazza Testaccio 3: ausgezeichnete frische Nudeln.

Roma Testaccio

Da Oio a Casa mia

NEU

Trattoria
Via Galvani, 43 – 45
Tel. 06 / 5 78 26 80
Ruhetag: Sonntag
Betriebsferien: 2 Wo. zu Weihnachten
40 Plätze + 60 im Freien
Preise: 40 000 Lire
Kreditkarten: alle
Mittags und abends geöffnet

»Echt römische Küche« steht auf der Visitenkarte. Und ausnahmsweise stimmt das auch mal. In diesem schlichten und sauberen Lokal der Familien Starace und Pervasetti in Testaccio gibt es keine falsch verstandene Volkstümelei und keine Aufschneiderei. Der Service ist wenig förmlich, auf den karierten Tischdecken liegen weiße Deckchen gegen die Flecken, die Gläser ähneln Bechern. In ihnen trinkt man den Weißen oder den Roten des Hauses. Der kommt aus den Castelli und ist – ebenso wie die wenigen Flaschenweine – ziemlich gewöhnlich.
Die traditionelle römische Küche dagegen ist von guter Qualität. Mit den Antipasti wird hier nicht viel Zeit verschwendet. Probieren Sie trotzdem die Zunge oder die ausgezeichneten **Nervetti**. Reichlich ist die Auswahl bei den Primi: **Rigatoni**, Spaghetti und **Tonnarelli** werden mit **Sugo di pajata** (Gedärm vom Milchkalb) serviert oder mit Ochsenfleisch, als **Cacio e pepe** (mit Käse und Pfeffer), als Carbonara, Amatriciana oder alla **gricia** (Amatriciana ohne Tomaten). Zu den **Suppen**: Minestra di **arzilla** (Rochen), Pasta e ceci, Pasta e patate. Ganz in der Küchentradition von Testaccio (mit den vielen Schlachtereien) gibt es außerdem **Coda alla vaccinara**, **Animelle** (Kalbsgekröse) **in padella, Pajata** sowohl mit Sugo als auch alla cacciatora, Trippa und Kalbsspitz aus dem Ofen mit Kartoffeln. Die wenigen Desserts sind nicht sehr originell (Panna cotta, Crème caramel, Torta della nonna), besser der Fruchtsalat oder die Pfirsiche in Wein.
Man kann auch im Freien essen, mit Blick auf die Platanen der Via Galvani, und bekommt gelegentlich das Sirenenkonzert der nahen Feuerwehrkaserne mitgeliefert.

Roma Garbatella

Da Vittorio

NEU

Restaurant
Via Mario Musco, 29 – 31
Tel. 06 / 5 40 82 72 und 54 14 65
Ruhetag: Samstagabend und Sonntag
Betriebsferien: August
55 Plätze
Preise: 40 000 Lire, ohne Wein
Kreditkarten: die bekannteren
Mittags und abends geöffnet

Roberto Sassaroli ist der Präsident des Alberto-Sordi-Fanclubs. Aber im Gegensatz zum etwas lärmenden Film-Image seines Idols »Albertone nazionale« ist der Wirt ein sympathischer und bescheidener Mann. Mit Stil und Herzlichkeit kümmert er sich um die Gäste. Mamma Giovanna steht in der Küche dieses typischen Stadtteilrestaurants. Die Wände sind beklebt mit Postern und Plakaten der Sordi-Filme (Signor Roberto besitzt natürlich die komplette Kollektion).
Die Küche ist anständig, ohne Schnörkel und stets auf die Qualität der Grundmaterialien bedacht. Wie in den Osterie von einst gibt es einige Gerichte nur zu bestimmten Wochentagen. Im Angebot: **Gnocchi**, **Amatriciana**, Carbonara, Ravioli, Lasagne, Fettuccine und Spaghetti alle vongole bei den Primi und bei den Secondi das Bollito, **Coda alla vaccinara, Abbacchio, Trippa**, Filetti und Saltimbocca. Der Fisch (es gibt ihn nur wirklich frisch) kommt in der Regel vom Rost: Calamari, Gamberoni, Rombo (Steinbutt), Dentice (Zahnbrasse), Spigola (Wolfsbarsch), Orata (Goldbrasse), Sardinen, Forelle und Schwertfisch. Als Alternativen **Baccalà al forno con patate e olive**, Frittura, Seppie (Tintenfisch) in umido. Im Winter gibt es eine herzhafte **Polenta con spuntature** e salsicce. Die Desserts sind hausgemacht.
Der Wirt ist ein Weinliebhaber. Und deshalb gibt es auch eine erstaunlich gute Weinkarte.

Enoteche, die Osterie unserer Zeit

Das Vergnügen, in kleiner oder größerer Runde ein Gläschen Wein zu trinken, vielleicht sogar ein Häppchen dazu zu essen, wenn ein leerer Magen sich meldet, ist ein Genuß, dem man heutzutage nur mit wahrer Engelsgeduld nachgehen kann. Wir sind nämlich von Lokalen umzingelt, die es darauf angelegt haben, uns mit dem Ausschank von Erfrischungsgetränken und Bier zu peinigen. Sich in einer Großstadt wie Rom auf die Suche nach Weinhandlungen oder Weinstuben zu begeben stellt sich dann doch nicht als unmögliches Unterfangen heraus: Viele grundlegende Traditionen sind erhalten geblieben, auch wenn sie entstaubt und der heutigen Zeit angepaßt wurden. Sicher, es ist nicht mehr möglich, sich die römischen Weine in alten Trinkgefäßen mit den antiken Hohlmaßen munden zu lassen. Sie sind mittlerweile Museumsstücke, Gerätschaften vergangener Tage, die an die Zeiten erinnern, als Rom noch dem Papst gehörte oder als es gerade frisch zur Hauptstadt eines noch jungen Italien ausgerufen worden war. Die römischen Enoteche, die wir für Sie ausgesucht haben, sind oft modern eingerichtet, haben ein freundliches, helles Ambiente, und der Service ist normalerweise aufmerksam und flink. Auch die Angebotspalette und die Qualität der Weine haben nur noch ziemlich wenig oder rein gar nichts mit denen der alten Weinhandlungen gemein. Und das, sprechen wir es ruhig aus, muß jeden vor Erleichterung aufatmen lassen, der sich noch erinnern kann, wie niedrig der Standard in den volkstümlichen Osterie der Hauptstadt bis vor kurzem noch war. Es herrschte zwar eine sympathische Atmosphäre, doch im allgemeinen waren die Osterie nur dazu da, den Durst der Gäste mit namenlosen Weinen oder gar angeblichen Vini dei Castelli zu löschen. In den modernen Osterie dagegen versucht man, zumindest in den meisten Fällen, ohne Pedanterie Weinkenntnisse und die Liebe zum Wein zu vermitteln, indem das Beste aus der einheimischen und internationalen Produktion zur Auswahl gestellt wird.

Al Bistro

NEU

Enoteca mit Ausschank und Küche
Via dei Banchi Vecchi, 104 a
Tel. 06/6865274
Ruhetag: Mittwoch
Betriebsferien: im August und Nov.
Mittags und abends geöffnet

Auf einer Tafel am Eingang stehen die Tagesgerichte, die Ines Bertini mit Geschick und Phantasie zubereitet. Um die Gäste kümmern sich Wirt Jean Kurt, ein nach Rom verpflanzter Schweizer, und Ehefrau Maria Chiara. Das Lokal hat zwei kleine Speiseräume, im Sommer kann man auch in einem hübschen Hof sitzen. Die Küche ist teils traditionell, teils modern. Die Weinkarte ist gepflegt und enthält auch gute Erzeugnisse weniger bekannter Hersteller.

Bottega del Vino di Anacleto Bleve

Enoteca mit Küche
Via Santa Maria der Pianto, 9a–11
Tel. 06/6865970
Ruhetag: Sonntag
Betriebsferien: drei Wochen im Aug.
Geöffnet 12.30 – 15.30 Uhr

Die Enoteca von Anacleto Bieve im Herzen des jüdischen Ghettos gehört mit ihrer umfangreichen Auswahl an in- und ausländischen Weinen, Spirituosen, Ölen und anderen Leckereien sicher zu den bestsortierten Weinhandlungen der Stadt. Jeden Tag außer am Wochenende kann man um die Mittagszeit in die »Bottega del Vino« einkehren und zu einer Flasche oder auch nur einem Glas Wein verschiedene kalte Speisen essen. Das Angebot reicht von Nudelsalaten über zahlreiche Blattsalate bis zu Wurstwaren, Käse, geräuchertem Fisch und anderen Gerichten, die ständig wechseln. Anacieto ist nämlich oft in ganz Italien unterwegs und besucht neue Kellereien. Bei dieser Gelegenheit versorgt er sich auch gleich mit kulinarischen Spezialitäten, die er im Geschäft anbietet.

Cavour 313

Enoteca mit Küche
Via Cavour, 313
Tel. 06/6785496
Ruhetag: Sonntag (nur im Sommer)
Betriebsferien: August
Geöffnet 12.30 – 14.30, 19.45 – 0.30 Uhr, samstags nur abends

Diese historische Enoteca liegt ganz in der Nähe der Fori imperiali. Sie wird von fünf jungen weinbegeisterten Leuten betrieben. In diesen Räumen wurden früher Öl und Wein verkauft. Heute sitzen Mengen von jungen Leuten an Vierertischen, die entweder einen Imbiß oder eine warme Mahlzeit einnehmen und sich mit der Welt des Bacchus vertraut machen. Der Kuchen mit Käse und Lachs schmecken ausgezeichnet, ebenso die verschiedenen Salate und die Ziegenkäse aus Sardinien oder Piemont. Probieren Sie auch die ausgezeichnete Salami aus L'Aquila oder den Schinken aus der Maremma. Die umfangreiche Weinkarte ist mit sehr viel Sorgfalt nach Regionen zusammengestellt.

Cul de Sac 1

Enoteca mit Küche
Piazza Pasquino, 73
Tel. 06 / 68 80 10 94
Ruhetag: So. mittag, Mo. mittag
Keine Betriebsferien
Geöffnet 12.30 – 15, 18.30 – 0.30 Uhr

Zusammen mit dem »Cavour 313« ist dies die erste römische Enoteca der neuen Generation und Beispiel für viele Nachahmungen. Das »Cul de Sac« ist freundlich und gemütlich. Die vielen Gäste finden in dem länglichen Lokal allerdings kaum Platz. Wer warten muß, geht am besten ein paar Runden auf der nahe gelegenen Piazza Navona spazieren. Die Karte nennt über 700 Weine und ist damit sicher die umfangreichste, die man in Rom zu Gesicht bekommen kann. Das freundliche und fachkundige Personal hilft einem gerne bei der Auswahl eines passenden Tropfens. Aber die eigentliche Überraschung ist das für ein Weinlokal außergewöhnlich gute Speisenangebot. Die Palette von kalten Speisen ist unübersehbar, besonders zu erwähnen Käse, Salumi, Pâtés, Aufläufe und Kuchen von Gemüse. Wer Ausgefallenes liebt, kann sich Stockfischmus oder den »Topik«, einen Auflauf aus Kichererbsen, Kartoffeln, Rosinen und Pinienkernen, bestellen.

Ferrara

Enoteca mit Küche
Via del Moro, 1a
Tel. 06 / 5 80 37 69
Ruhetag: Di., im Sommer So.
Keine Betriebsferien
Abends, im Winter auch
Sonntagmittag geöffnet

Dieses ansprechende Lokal im Herzen von Trastevere zeichnet sich durch die kompetente und freundliche Führung der Schwestern Lina und Mary Paolilli aus. Die Weinkarte ist sehr sorgfältig zusammengestellt und trägt die Handschrift Linas, renommierte Sommelière, die hier auch Veranstaltungen mit den Erzeugern organisiert. Das Speisenangebot braucht sich ebenfalls nicht zu verstecken. Man ißt Suppen mit Hülsenfrüchten, Radicchio al forno, gefüllte Scamorza. Außerdem reicht man Wurst- und Käseplatten, eingelegtes Gemüse sowie ausgezeichnete hausgemachte Süßspeisen. Wenn Sie all diese Gerichte miteinander kombinieren, haben Sie für etwa 40 – 45 000 Lire eine komplette Mahlzeit (ohne Wein).

Il Cantiniere di Santa Dorotea

Enoteca mit Küche
Via di Santa Dorotea, 9
Tel. 06 / 5 81 90 25
Ruhetag: Dienstag
Betriebsferien: August
Geöffnet ab 19.30 Uhr bis spätnachts

Nach einer kurzen Unterbrechung wurde die Enoteca di Santa Dorotea von Alberto Costantini wiedereröffnet. Er hat in kurzer Zeit aus diesem Lokal einen Treffpunkt für Weinkenner einerseits und für junge Leute andererseits gemacht, die sich langsam an die Welt des Weines herantasten möchten. Im Eingangsraum steht ein langer Tresen, an dem man seinen Wein (oder auch sein Bier) trinken kann. An den kleinen Tischen werden Wein und Speisen serviert: Zwiebelsuppe, Pasta e fagioli, Käse- und Fleischfondue, Wurstplatten und Räucherfisch. Dazu trinkt man dann einen von den 350 Weinen auf der gut sortierten Karte, die wirklich alle Ansprüche zufriedenstellt. Etwa 30 Weine werden turnusgemäß offen ausgeschenkt. Darunter ist immer auch ein absoluter Spitzenwein.

Il Goccetto

Enoteca mit Küche
Via dei Banchi Vecchi, 14
Tel. 06 / 6 86 42 68
Ruhetag: Sonntag
Betriebsferien: August
Geöffnet 10.30 – 14, 16.30 – 21.30 Uhr

Sergio Ceccarellis »Il Goccetto« ist nicht nur eine der bestsortierten Enoteche, sondern auch ein nettes Lokal, in dem man gemütlich beisammensitzen, guten Wein trinken und einen leckeren Happen zu sich nehmen kann. Sergio ist ein großer Weinkenner, immer bereit zu einem Gespräch mit seinen Gästen. Etwa vierzig Weine werden regelmäßig ausgeschenkt. Das

Angebot wird ständig erneuert und umfaßt Weine aus sämtlichen Regionen Italiens und auch einige französische Weine. Dazu kann man köstliche Kanapees, eine Portion »Torta rustica« mit Auberginen, Zucchini oder Lachs, eine Käse- oder Wurstplatte essen. Das Geschäft ist normalerweise bis 21.30 Uhr geöffnet. Auf Vorbestellung bekommt man bei Sergio auch ein umfangreicheres Angebot an kalten Speisen und kann noch länger bleiben.

Il Brillo Parlante
Enoteca mit Ausschank und Küche
Via della fontanella, 12
Tel. 06/3243334 – 3235017
Ruhetag: Sonntagmittag
Keine Betriebsferien
Geöffnet 12 – 15, 19 – 1 Uhr

NEU

Eine gute Neuigkeit unter den Wine-Bars. Roberto Marchetti dürfte mit seiner Enoteca, die neben dem Restaurant Valentino des Hotels Valadier liegt, einigen Erfolg haben. Im oberen Stockwerk befinden sich Ausschank und Schnellimbiß; unten gibt es einen Holzofen und einen Grill, und man bekommt Pizza und Fleischgerichte. Die Auswahl an Nudelgerichten, Wurstwaren und Käse ist gut. Man ißt auf Papiertischdecken und trinkt aus großen Gläsern. Auf der Weinliste: rund tausend Flaschen aus den wichtigsten Weinregionen der Welt.

Kottabos
Il Gioco del Vino
Enoteca mit Ausschank und Küche
Via Fienaroli, 30 a
Tel. 06/5897196
Ruhetag: Sonntag
Betriebsferien: August
Geöffnet 19 – 24 Uhr

NEU

Marco Biancolini und Rita Muzi führen diese Enoteca. Sie liegt in einer der schönsten Winkel Trasteveres und ist inzwischen Treffpunkt für eingefleischte Weinliebhaber. Im »Kottabos« gibt es warme Primi (Suppen und Nudelgerichte), Salate, Käse, Wurstwaren, Geräuchertes und andere Leckereien. Auf der Weinkarte stehen auch Erzeugnisse kleinerer, noch unbekannter Winzer. Der Service ist wenig formell, die Atmosphäre ist herzlich, und auch Wein-Neulinge fühlen sich hier wohl

---

L'Angolo di Vino
Enoteca mit Ausschank und Küche
Via Balestra, 12
Tel. 06/6864413
Ruhetag: Montagmittag
Betriebsferien: zwei Wochen im August
Geöffnet 12 – 14, 19 – 23.30 Uhr

NEU

1945 eröffnete die Großmutter von Massimo Crippa ganz in der Nähe von Campo di Fiori und Piazza Farnese einen Laden »Vini e oli«. Der Enkel hat ihn in diese Wine-Bar verwandelt. Massimo wird heute unterstützt von den Brüdern und von Vater Franco. Sie gehen mit Begeisterung ans Werk. Dank der rustikalen Schlichtheit der Räume und der schönen Umgebung haben sie schon viele Kunden gefunden. Die Regale sind voll mit Weinflaschen, und auf der Speisekarte stehen einige warme Gerichte (Suppen, Nudelgerichte und Pizze rustiche) sowie eine große Auswahl an Salaten und Wurstwaren, Käse und vieles mehr. Die Weinkarte wurde in den letzten Monaten stark erweitert, zu jedem Gericht gibt es den richtigen Tropfen.

Marchetti
Enoteca mit Küche
Via del Pantheon, 36
Tel. 06/6784017
Ruhetag: Sonntag, Mo.mittag
Betriebsferien: 7. – 31. August
Geöffnet 11 – 15, 17.30 – 23 Uhr

Roberto Marchetti besitzt zusammen mit seinen Geschwistern bereits zwei Enoteche in der Hauptstadt, doch vor kurzem machte er aus einem »Vini e oli« gleich beim Pantheon eine dritte Enoteca auf. Auf kleinem Raum kann man zahlreiche Weine glasweise probieren und hervorragenden Käse sowie Aufschnitt aus Italien und Frankreich dazu essen. Das Weinangebot ist wirklich sehr gut. Roberto stellt die Weine, die zum Ausschank kommen, immer wieder neu zusammen und bringt auch absolute Spitzenerzeugnisse unter: Barolo und Brunello, große Franzosen (z. B. Mouton-Rothschild, Lynch-Bages, Palmer) werden mit der richtigen Temperatur und in den richtigen Gläsern serviert.

Quattrochiacchiere
Enoteca
Via Chiabrera, 61
Tel. 06/5431291
Ruhetag: Sonntag
Geöffnet 9.30 – 14.30 Uhr, Fr./Sa. auch abends

NEU

Das kleine hübsche Lokal in der Nähe von San Paolo wird von Rosella Guido geführt.

Es erstreckt sich über zwei Stockwerke. Man kann ausgewählte Weine und gute Desserts für zu Hause kaufen. Wer hier essen möchte, kann aus einer kleinen, aber gepflegten Karte wählen: ausgezeichnete Wurstwaren und Käse aus dem In- und Ausland, leicht modernisierte Gerichte der traditionellen römischen Küche wie Zuppa di fave e cicoria (Suppe mit Saubohnen und Zichorie), Orecchiette di grano e orzo con pomodoro, basilico e cacioricotta. Zum Schluß gute Desserts, vor allem die Crostata aus Grieß und Pinienkernen sowie das Gebäck der »Bottega del Pane di Buonconvento« (findet man selten in Rom). Ausgezeichnet das Angebot italienischer und ausländischer Spirituosen.

Semidivino

Enoteca mit Küche
Via Alessandria, 230
Tel. 06/44 25 07 95 und 44 25 09 66
Ruhetag: Samstagmittag und Sonntag
Betriebsferien: August
Geöffnet 13 – 15.30, 20 – 1 Uhr

Enoteche und Trattorie sind heute in Rom die rechtmäßigen Erben der alten Osterie. Im Sinne dieser Tradition kann das »Semidivino« in diesem Führer erwähnt werden, auch wenn weder das Ambiente noch die Küche besonders typisch für diese Stadt sind. Farshid Nourai ist Iraner, Italien seine Wahlheimat. Er ist ein fachkundiger Sommelier und ein einfallsreicher Wirt. Sein Angebot an über 300 italienischen und ausländischen Weinen ist ausgezeichnet. Bei Farshid kann man bis zu später Stunde hauptsächlich kalte Speisen essen: Fisch, salzige und süße Kuchen, persischer Kaviar ist ebenfalls manchmal zu haben.

Simposio

Enoteca mit Ausschank
Piazza Cavour, 16
Tel. 06/3 21 15 02
Ruhetag: Samstagmittag, Sonntag
Betriebsferien: August
Geöffnet 11.30 – 15, 18.30 – 1 Uhr

Piero Costantini, selber Erzeuger eines ausgezeichneten Frascati, hat seine berühmte Enoteca erweitert und das »Simposio« eröffnet. Es ist das bisher letzte einer Reihe von Lokalen, die eine sorgfältige Auswahl der Speisen mit dem Vergnügen verbinden, ein Glas guten Weines zu kosten. Dazu kann man eine Kleinigkeit essen. Es gibt geräucherten Fisch oder Fleisch, verschiedene Arten Carpaccio, Salate, Wurstwaren und eine immense Vielfalt an Käsesorten aus Italien, Frankreich, England und der Schweiz. Nur im Winter stehen warme Gerichte auf der Karte: Suppen, Aufläufe, Crêpes oder Strudel. Die Desserts werden von der Firma Dolceroma bezogen. Diese ganzen Leckereien können Sie im Stehen an der Theke kosten oder sich in einem der beiden kleinen Speiseräume bequem niederlassen.

Tastevin

NEU

Enoteca mit Ausschank und Küche
Via Ciro Menotti, 16
Tel. 06/3 20 80 56
Ruhetag: Sonntag, Montagabend und Samstagmittag
Betriebsferien: August
Geöffnet 9.30 – 15.30, 19 – 24 Uhr

Diese kleine, aber hübsche und wohlorganisierte Wine-Bar liegt in der Nähe der Piazza Mazzini. Nicola, Stefano und Massimo halten für die Essensgäste (mittags und abends) eine reiche Auswahl an Salaten, Wurstwaren, Käse, geräuchertem Fisch und stets auch ein warmes Tagesgericht bereit (wechselt je nach Wochentag). Auf der Weinkarte stehen über hundert verschiedene Namen. Die italienischen Weine sind alle glasweise zu bekommen. Auch bei den französischen Flaschen (vor allem aus der Gegend um Bordeaux) stimmt das Qualitäts-Preis-Verhältnis. Im »Tastevin« kann man übrigens auch nur ein Gläschen trinken oder eine Flasche für zu Hause erstehen. Ein- bis zweimal im Monat werden themabezogene Abende organisiert. Die Preise sind korrekt.

Trimani Wine Bar

Enoteca mit Küche
Via Cernaia, 37 b
Tel. 06/4 46 96 61
Ruhetag: Sonntag
Betriebsferien: 2 Wo. im August
Geöffnet 11.30 – 15, 17.30 – 0.30 Uhr

Als logische Fortführung der legendären Enoteca Trimani gedacht, ist diese »Wine Bar« wegen ihres erstklassigen Angebots zu empfehlen, das von den besten Erzeugnissen Italiens über eine kluge Auswahl französischer Spitzenerzeugnisse bis zu Weinen aus Kalifornien und anderen Ländern reicht. Man kann am Tresen trinken oder sich an einem der Tischchen in den beiden klimatisierten Räumen niederlassen. Dazu gibt es kalte Speisen (Wurstwaren und Käse, Räucherfisch) und einige warme Gerichte der Saison oder aus dem Meer.

Roma
Largo Argentina

Enoteca Corsi

Osteria
Via del Gesù, 88
Tel. 06/6790821
Ruhetag: Sonntag
Betriebsferien: August
80 Plätze
Preise: 20–25 000 Lire, ohne Wein
Kreditkarten: AE, CartaSi, DC, Visa
Nur mittags geöffnet

Schade, daß die Enoteca nur mittags geöffnet ist. Denn in der Altstadt zwischen Largo Argentina und Piazza Venezia findet man nicht leicht so interessante Lokale mit so günstigen Preisen. Die Tradition der Osteria bleibt auch unter der neuen Führung gewahrt, denn Agostino Faiella arbeitete bereits seit dreißig Jahren als Angestellter im Betrieb. In Küche und Service bleibt also alles beim alten. Das Lokal, das noch ein altes »Vini e oli« umfaßt, ist in zwei unterschiedlich große Speiseräume aufgeteilt, die schlicht, aber ansprechend gehalten sind. Dort ißt man traditionelle Gerichte, die modern, d.h. leicht und bekömmlich, zubereitet werden (viele Angestellte, Beamte und Politiker verbringen hier ihre Mittagspause). Die Primi sind wirklich gut: Gemüserisotto, Pasta e patate, Pasta e fagioli, **Zuppa di ceci**, Minestra di farro, **Penne all'arrabbiata**, **Spaghetti alla carbonara** oder all'amatriciana. Zum Hauptgang kann man wählen zwischen **Trippa alla romana** oder **Huhn mit Paprika**, Kalbsbrust aus dem Ofen, Panatina oder Saltimbocca, und freitags gibt es **Baccalà in guazzetto**. Zum Abschluß gibt es Tozzetti mit Vin Santo. Wer nur auf einen kleinen Imbiß einkehren will, kann sich an Salat, Käse und Aufschnitt, geräuchertem Hering, Cima alla genovese und Vitello tonnato gütlich tun. Zu trinken gibt es offenen Hauswein oder zu anständigen Preisen Flaschenweine aus der Weinhandlung.

Moriondo e Gariglio, Via dei Pie' di Marmo 21–22, stellt raffiniertes Schokoladenkonfekt, Fruchtgelees, kandierte Früchte, Marzipan und Fondant her. Salzige Köstlichkeiten gibt es in der Salsamenteria Carilli, Via Torre Argentina 11–12.

Roma
Parioli

Fauro

Trattoria
Via Fauro, 44
Tel. 06/8083301
Ruhetag: Sonntag
Betriebsferien: 15.–31. August
40 Plätze + 40 im Freien
Preise: 40 000 Lire, ohne Wein
Kreditkarten: CartaSi, DC, Visa
Mittags und abends geöffnet

Die Parkplatzsuche im hektischen Reichenviertel Parioli lohnt sich. Denn »Fauro« (Inhaber Franco Zambelli) ist eine der wenigen römischen Trattorie, in der es wirklich ganz frischen Fisch gibt, und den auch noch gut gekocht und zu anständigen Preisen.

Als Einstieg sollte man unbedingt die **marinierten Fische** probieren (ausgezeichnet der Kaulbarsch) oder die herzhaften **Aguglie in saor** (Hornhecht süßsauer). Auch die Primi inspirieren sich am Meer: klassische Spaghetti con vongole oder scampi, Tonnarelli con muggine (Meeräsche) e verdure und die **Schiaffoni con coda di rospo e gamberi.** Ein herrliches Hauptgericht ist der **Tonno grigliato in salmoriglio** (in würziger Sauce aus Origano, Knoblauch, Petersilie und Zitronensaft), Guazetto di gallinella e cozze (Roter Knurrhahn und Miesmuscheln im Sud), Coda di rospo (Seeteufel) con verdure gratinate, Sfizio di polpo sowie die klassischen **Alici in tortiera con verdure**. Auch typische römische Fleischgerichte sind zu haben. Auf der kleinen Weinkarte stehen einige interessante Tropfen.

Küche und Service sind einfach, aber gepflegt. Der Speisesaal ist allerdings ein bißchen klein, und die Desserts sind etwas langweilig. Trotzdem empfehlen wir dieses Lokal als einen Lichtblick der römischen Gastronomie.

Bei Crescenzi, Via Schiapparelli 21, gibt es Obst, Kräuter, Frühgemüse, exotische Früchte. Golosia, Viale Romania 11b, stellt Schokoladenkonfekt aller Art und an Ostern das »Ei des Kolumbus« mit vielen Überraschungen her. Die Enoteca Bulzoni, Viale Parioli 36, wartet mit einer schönen Auswahl an italienischen und ausländischen Weinen auf.

Roma
Appio San Giovanni

Gioco liscio

Osteria mit Ausschank und Küche
Via Voghera, 10 – 12
Tel. 06 / 7 01 28 11
Ruhetag: Montag
Betriebsferien: 10. – 31. August
40 Plätze + 20 im Freien
Preise: 25 – 30 000 Lire
Keine Kreditkarten
Mittags geöffnet, Fr. u. Sa. auch abends

Der Stadtteil Appio war bis vor einigen Jahrzehnten so eine Art »Dorf in der Stadt«, mit eigenem kulturellem Leben, mit eigenen Festen, Märkten und Sportveranstaltungen. Wichtige Treffpunkte waren damals die Osterie mit Ausschank, die heute fast alle verschwunden sind. Die Osteria »Gioco liscio« ist noch so ein Lokal. Am Herd steht Signora Franca, und ihr Mann Renato kümmert sich um die Gäste im Speisesaal und gibt Tips für die Bestellung besonders typischer Gerichte der römischen Küche, die hier in Riesenportionen serviert werden: **Minestrone di pasta e broccoli, Rigatoni con la pajata** (falls der Metzger seines Vertrauens die Gedärme des Milchkalbs gerade frisch im Angebot hat), **Tonnarelli cacio e pepe**, Bucatini all'amatriciana und am Donnertag – wie in Rom üblich – Gnocchi. Die Hauptgerichte wechseln ebenfalls nach dem römischen Wochenkalender: Jeden Samstag gibt es **Trippa** oder je nach Jahreszeit auch Rouladen mit Erbsen, Pajata vom Kalb, gekochtes Rindfleisch und die klassische **Coda alla vaccinara** und den Baccalà alla romana. Nach der Jahreszeit richten sich auch die Beilagen: zum Beispiel Artischocken und Broccoletti mit Kartoffeln in der Pfanne gebraten. Die ausgezeichneten **Schnekken** gibt es nur zum Stadtteilfest San Giovanni, da werden sie nämlich traditionell in den Wiesen und Feldern eingesammelt.
Der offene Wein aus den Castelli ist annehmbar, aber nichts Besonderes; es gibt aber auch ein paar mittelgute Flaschenweine.

Nur frisches Saisonobst wird für das Eis und die Sorbets der Gelateria »Il Gelato di San Crispono«, Via Acaja 56, verwendet.

Roma
San Lorenzo

Il Dito e la Luna 

Osteria
Via dei Sabelli, 51
Tel. 06 / 4 94 07 26
Ruhetag: Sonntag
Betriebsferien: 2 Wo. im Aug., 1 Wo. zum Jahreswechsel
80 Plätze
Preise: 45 000 Lire, ohne Wein
Keine Kreditkarten
Nur abends geöffnet

Man pflegt hier das Image der modernen Osteria: moderate Preise, einfache Papiertischdecken (jeder Wein jedoch im richtigen Glas), »pane e coperto« im Preis inbegriffen, großes und gutes Weinangebot und jeden Monat ein anderer Flaschenwein im Schoppen zum Probieren. All das läßt einen dann auch verzeihen, daß es manchmal ein bißchen voll ist und der Service dadurch etwas langsam.
In der Küche herrscht Mino Grassadonia. Er bereitet aus stets frischen Grundmaterialien vor allem sizilianische Gerichte. Bei unserem letzten Besuch gab es Insalata con acciughe e arancia, Insalata di salmone, ein köstliches **Flan di cipolle di Tropea** und als Primi schmackhafte Tagliolini mit Pinienkernen, Rosinen, Sardellen und Orangen, **Tonarelli mit Gemüse** und **Tagliolini mit Tintenfischschwärze**. Überzeugt haben uns die **sizilianischen Rouladen** und das **Cuscus di pesce e verdure**, etwas weniger dagegen das Kaulbarschschnitzel und die Käseplatte. Die Desserts könnten eine ganze Extraseite in diesem Buch füllen. Besonderes Lob verdienen die **Mousse al cioccolato** und der **Blätterteig mit warmen Birnen**, beides ganz frisch zubereitet. Gut sind auch die klassischen Semifreddi di torrone auf heißer Schokoladenauce, die Pastiera, die gefrorene Zabaione mit Pistazien und Himbeersauce.
Große Auswahl bietet die Weinkarte. Häufig gibt es themenbezogene Weinproben, bei denen man sehr edle Tropfen zu wirklich niedrigen Preisen bekommt.

Auf dem Stadtteilmarkt von San Lorenzo (Largo degli Osci, zwischen Piazza dell'Immacolata und Via Tiburtina) gibt es herrliche Obst- und Gemüsestände.

Roma Trastevere

La Gensola

Osteria
Piazza della Gensola, 15
Tel. 06 / 5 81 63 12
Ruhetag: Samstagmittag und Sonntag
Betriebsferien: 20 Tage im August
50 Plätze
Preise: 45 – 50 000 Lire
Keine Kreditkarten
Mittags und abends geöffnet

»La Gensola« befindet sich im schönen alten römischen Stadtteil Trastevere, zwischen der Tiberinsel und der Piazza in Piscinula. Die Osteria hat eine lange Geschichte: Bereits 1684 soll sie unter gleichem Namen hier existiert haben. Und aus dem Jahr 1837 stammt ein Stich von Bitler Blunck, auf dem eine fröhlich Gruppe dänischer Künstler in geselliger Runde in der »Gensola« beisammensitzt. Dennoch gibt es in dieser alteingesessenen Kneipe keine römische, sondern seit 13 Jahren sizilianische Küche. Die Brüder Micalizzi, die heutigen Inhaber, stammen nämlich aus Naxos in Sizilien.
Man beginnt mit einer leckeren Auswahl an Vorspeisen: Sautè di frutti di mare, **Caponata,** gebratene Auberginen und Zucchini und gratiniertes Gemüse. Bei den Primi empfehlen wir die **Pasta alla Norma con melanzane,** die Pasta con broccoli und die **Spaghetti mit Sardinen** (in der sizilianischen Variante, also mit ein bißchen Tomaten). Weiter gibt es ausgezeichnete **Sarde e beccaficu,** sehr gute **Involtini di pesce** und **Pesce spada alla pizzaiola.** Auch die Fleischgerichte (Rouladen oder Kalbsschnitzel) werden nach sizilianischen Rezepten gekocht. Das gleiche gilt für die Desserts: **Cannoli** und **Cassata**, zu denen es einen guten Zibibbo (starker Dessertwein) gibt. Auf der Weinkarte stehen einige italienische Massenweine und ein paar durchschnittliche sizilianische Erzeugnisse.

Dolceroma, Portico d'Ottavia 20 b: Hier gibt es tolle österreichische, aber auch nordamerikanische Süßspeisen: Sachertorte, Strudel und Mozarttorte ebenso wie Cheese Cake, Lemon Pie und Carrot Cake.

Roma · Trionfale – Piazzale Clodio

Osteria dell'Angelo

Trattoria
Via G. Bettolo, 24
Tel. 06 / 3 72 94 70
Ruhetag: Samstagmittag und Sonntag
Betriebsferien: 3 Wochen im August
50 Plätze und 40 im Freien
Preise: 35 000 Lire
Keine Kreditkarten
Mittags und abends geöffnet

Immerhin acht Jahre lang blieb der abendliche Menü-Festpreis von 30 000 Lire unverändert. Jetzt hat Angelo ganze 5 000 Lire draufgeschlagen (Wasser und Hauswein sind da übrigens inklusive. Zu Mittag werden die Gerichte allerdings einzeln bezahlt). Daß Wirt Angelo Croce einmal Rugby-Spieler war, ist nicht zu übersehen: Das Lokal ist voll mit Fotos seiner Sportkarriere. Die Osteria ist gemütlich und »caciarona« (wie es die Römer nennen, wenn es ein bißchen laut zugeht), der Service ist locker, aber aufmerksam. Bei Angelo finden Sie einige der besten und heute rarsten Rezepte der römischen Küche.
Zum Beispiel den **Pesce finto** (eine Creme aus Thunfisch, Kartoffeln und sauer Eingelegtem), den es zusammen mit kleinen Würsten, Bohnen, Cannelini und Kräuterbrot als Antipasto gibt. Dann hat man die Wahl zwischen vier bis fünf Primi: **Tonnarelli cacio e pepe**, Gnocchi di patate, Pasta all'amatriciana und **Minestra di arzilla e broccoli** (aus Rochen und Broccoli; nur am Dienstag und Freitag und nur in der Saison). Typisch römisch sind auch die Rigatoni con pajata (mit Gedärm vom Milchkalb), die ausgezeichnete Trippa alla romana und die **Coda alla vaccinara**. Versuchen sollten Sie auch das Spezzatino alla picchiapò, den **Abbacchio brodettato** (heute fast nicht mehr zu finden in den Osterie), das Filetto di maiale in porchetta oder den **Baccalà alla romana**. Zum Schluß gibt es Ciambelline und Romanella, und zu all dem natürlich Hauswein.

La Tradizione, Via Cipro 8: eine der besten Adressen Roms für den Einkauf von Käse, Wurst und Gastronomieprodukten. In der Via Sabotino 21 – 29 gibt es in der Pasticceria Antonini ausgezeichnete Dolci und Gelati. Und in der Viale delle Milizie 7 befindet sich das Emporium Naturae mit Bio- und Pflanzenprodukten.

Roma San Lorenzo

Tram Tram

Osteria
Via dei Reti, 44 – 46
Tel. 06 / 49 04 16
Ruhetag: Montag
Betriebsferien: 10. – 22. August
45 Plätze + 20 im Freien
Preise: 35 – 40 000 Lire, ohne Wein
Kreditkarten: CartaSi, MC, Visa
Mittags und abends geöffnet

Seit mindestens 60 Jahren gibt es diese Osteria schon an der Ecke Via dei Reti/Via dei Piceni. Früher aßen hier die Handwerker und Arbeiter des Viertels, heute ist der Stadtteil San Lorenzo Sitz der römischen Uni, und es kommen vor allem Professoren und Studenten. Entsprechend hat sich das Lokal verändert. Die Einrichtung ist moderner geworden (aber immer noch gemütlich), und junge Leute bedienen heute im Speisesaal (wobei die erfahrene Mamma immer noch in der Küche am Herd steht und so die alte Tradition hochhält).
Geführt wird das »Tram Tram« von der Familie Di Vittorio. Die Signora Rosanna kocht, und die Töchter Antonella und Fabiola kümmern sich um die Gäste. Römische Rezepte sind hier die Grundlage für **Rigatoni con la pajata**, Orecchiette con i broccoli oder alla norma, **Straccetti, Coratella d'abbacchio** (Lamminnereien), **Abbacchio a scottadito** oder Pajatina di agnello alla griglia. Fisch wird häufig als Zutat zu den Primi verwendet: Gnocchetti alla pescatora, Tonnarelli zucchine e gamberi, Linguine alla Cernia (mit Kaulbarsch). Gute Fisch-Secondi: Alici fritte, Polpi alla Luciana, Fasolari e canolicchi gratinati, Baccalà alla pizzaiola. Typische Beilagen: **Carciofi alla romana,** Fave (Saubohnen) e cicoria, Puntarelle con alici. Zum Abschluß gibt es herrliche Süßspeisen, hausgemachte Zitronencreme, Zabaione und Panna cotta.
Auf der Weinkarte stehen etwa 100 gute Marken aus den verschiedensten Regionen Italiens (aus dem Piemont ebenso wie aus dem Friaul). Auffallend wenige (wenn auch von sehr guter Qualität) kommen übrigens aus der Region Latium.

Roma San Lorenzo

Uno e Bino

NEU

Osteria
Via degli Equi, 58
Tel. 06 / 4 46 07 02
Ruhetag: Montag
Betriebsferien: August
36 Plätze
Preise: 40 000 Lire, ohne Wein
Kreditkarten: alle
Nur abends geöffnet

Wer in Rom mal etwas anderes essen will als immer nur Cacio e pepe oder Coda alla vaccinara, der sollte in diese neue Osteria kommen. Bis Anfang 97 befand sich hier ein kleines vegetarisches Restaurant. Gianpaolo Gravina, einer der früheren Inhaber, hat jetzt die Philosophie der Küche geändert, die Weinkarte erweitert und dank eines zusätzlichen kleinen Speiseraums auch die Zahl der Tische erhöht. Der neue junge Küchenchef ist Antonio Giaconnella. Zusammen mit Gloria bereitet er jetzt Gerichte zu, in denen nur frische Zutaten, vor allem viele Kräuter, verwendet werden. Die Küche ist hier stark von der jeweiligen Jahreszeit abhängig.
Als Antipasti gibt es zum Beispiel Sarde in saor (also süßsauer), Rochen in Zitrussauce mit Aspik aus kleinen roten Tomaten oder Ententerrine. Bei den Primi empfehlen wir die **Passatina di tonnarelli con melanzane**, geräucherten Provola-Käse und Fusilli mit Pilzen, Krebsfleisch, Tomaten und Safran; bei den Secondi sollten Sie die Parmigiana di melanzane in crosta probieren sowie das Seebarbenfilet mit Tomaten und Bohnen oder das **Kaninchenfilet mit Olivensauce und Bohnen**. Zum Schluß die hausgemachten Nachspeisen: sehr gute Bavarese di pesche al Moscato (mit Minzesauce) und die Torte aus Bitterschokolade mit Orangencreme.
Die Weinkarte wird ständig verbessert, obwohl sie bereits jetzt 160 verschiedenen Marken auflistet. Giampaolo wird Ihnen persönlich den richtigen Tropfen zum richtigen Gericht empfehlen und seine jüngsten Entdeckungen bei in- und ausländischen Weinen verraten. Alle Weine kommen auch glasweise zum Ausschank.

Roma
Ostiense – San Paolo

Zampagna

Trattoria
Via Ostiense, 179
Tel. 06/5742306
Ruhetag: Sonntag
Betriebsferien: August
40 Plätze
Preise: 25 000 Lire, ohne Wein
Keine Kreditkarten
Nur mittags geöffnet

Seit nunmehr siebzig Jahren gibt es die »Trattoria Zampagna« vor den Toren der Basilica di San Paolo. Die Signora erinnert sich noch gut an die Zeiten, als sie mit dem Fahrrad durch die jetzt von Wohnblocks und dem Verkehr verwüsteten Gegenden spazierenfuhr. »Nach so vielen Jahren braucht man etwas Ruhe«, und deshalb wird im Lokal nur ein Mittagessen serviert. Wer jedoch zur Mittagszeit seine »Beine unter einem Tisch ausstrecken« will, kann hier statt der üblichen belegten Panini im Stehen angemessene Stärkung finden. Donnerstags gibt es die ausgezeichneten **Gnocchi di patate**, weniger gut, aber immer noch anständig schmecken die **Fettuccine alla »gricia«**, also mit Speckschwarte und Pecorino. Als Hauptgericht dann **Coda alla vaccinara**, geschmorte Rouladen, gekochtes Rindfleisch, **Kutteln auf römische Art**. Kurz, sehr urwüchsige Küche und, wenn man so will, noch bodenständiger und einfacher als anderswo. Wer ins »Zampagna« kommt, sollte also nicht allzu hohe Ansprüche stellen: Manchmal gibt es nicht einmal einen Nachtisch. Vom offenen weißen Hauswein ist abzuraten, bestellen Sie lieber einen der wenigen Flaschenweine, die zur Auswahl stehen.

Enoteca Quadrozzi (Via Ostiense, 34) führt Weine, Spirituosen und andere Köstlichkeiten. Ausgezeichnete Milchprodukte, darunter aromatischen Büffelmozzarella, bekommt man bei Reginella d'Abruzzo (Via Chiabrera, 58 a).

Sermoneta

17 km nordöstlich von Latina

La Taparita

NEU

Restaurant
Via Romana Vecchia
Tel. 0773/318417
Ruhetag: Montag
Keine Betriebsferien
150 Plätze + 150 im Freien
Preise: 40 000 Lire, ohne Wein
Kreditkarten: CartaSi
Mittags und abends geöffnet

Dieses Lokal ist nicht leicht zu finden. Es liegt an einem alten Fuhrweg unterhalb der Ortschaft Sermoneta. Einmal angekommen, können Sie sich aber in einem herrlichen Garten oder auf der großen Veranda von der Suche erholen. Vom Namen des Lokals (die Taparita ist bekanntlich eine kürbisähnliche Frucht aus Venezuela) sollten Sie sich nicht beirren lassen: Die Küche der Signora Lina hat absolut nichts Exotisches, sondern ist ganz solide und bodenständig.

Das beweisen schon die hauptsächlich fritierten Antipasti. Als Primi gibt es dann **Strozzapreti mit Artischocken und Würsten** oder die **Pappardelle mit Wildschwein-Sugo.** Junges Wildschwein aus der Umgebung gibt es auch zur Polenta, und bei den Hauptgerichten stehen **Lamm** und **Spanferkel** auf der Karte. Im Herbst gibt es Steinpilze und Wild, im Sommer täglich frischen und gut zubereiteten Fisch von der nahen Küste bei Latina. Mit dem Käsewagen gibt man sich wirklich Mühe (auch wenn die Auswahl nicht groß ist). Als Dessert gibt es Zitronen-, Ananas- und Mandelkuchen.

Linas Sohn Paolo lernt gerade als Sommelier. Er kümmert sich um die Weinkarte und bedient zusammen mit Bruder Mauro im Speisesaal. Wer hier in Ruhe speisen möchte, muß sich an Sommerabenden leider auch mit Pizzabetrieb abfinden. Und im Frühjahr werden hier viele Familienfeste gefeiert – die Wirtsleute bemühen sich aber, die Zahl der »banchetti« so gering wie möglich zu halten.

Terracina

40 km südöstlich von Latina, S.S.148

Bottega Sarra 1932

NEU

Trattoria
Via Villafranca, 34
Tel. 07 73 / 70 20 45
Ruhetag: Mo., im So. nur Mo.mittag
Betriebsferien: unterschiedlich
35 Plätze
Preise: 40 – 45 000 Lire, ohne Wein
Keine Kreditkarten
Mittags und abends geöffnet

Die Trattoria von Luigi Sarra und Ehefrau Mimma liegt im historischen Stadtkern von Terracina, nicht weit von der spätbarocken Chiesa del Purgatorio entfernt. In ihrer Küche dreht sich alles um den Fisch aus dem nahen Meer und um frisches Gemüse. Die Herkunft der Wirtsleute aus den Abruzzen läßt sich bei Rezepten und Zubereitung oft nicht ganz verleugnen.
Reichhaltig und alles andere als banal sind die häufig wechselnden Antipasti: **Crostini della »Bottega«** (neuerdings werden sie mit einer ausgezeichneten süßen Sauce kredenzt sowie mit Gorgonzola und Provola), **Pezzelle di melanzane** (sehr beliebt) sowie im Sommer diverse Fischvorspeisen. Es folgen als Primi die **Vermicelli alla gricia**, hausgemachte Gnocchi, diverse Minestre (u. a. **Pasta e fagioli** und **Pasta e ceci**) oder im Sommer Nudelgerichte mit Fischzutaten (**Trenette mit Fischrogen, Paccheri in Tintenfischsauce** oder Linguine mit Tintenfisch). In der kalten Jahreszeit empfehlen wir als Secondo **Ziegenbraten**, gebratene Schweinshaxe oder Kaninchen mit Paprikaschoten und Pinienkernen. Ansonsten natürlich Fisch. Der kommt allerdings nur auf die Karte, wenn er ganz frisch ist.
Einen gelungenen Abschluß des Menüs bildet sicher die **Crema allo zabaione** mit Amaretti und Kakao oder eines der vielen Sorbets, eine Mousse oder eine Bavarese. Die Weinkarte ist gut, die Preise darauf vernünftig.

Terracina

40 km südöstlich von Latina, S.S. 148

La Ciprea

NEU

Restaurant
Via San Francesco Nuovo, 1
Tel. 07 73 / 70 39 21
Ruhetag: Mittwoch
Betriebsferien: unterschiedlich
40 Plätze + 60 im Freien
Preise: 40 – 45 000 Lire, ohne Wein
Kreditkarten: CartaSi, Visa
Mittags und abends geöffnet

Danilo Mastracco hat sich bei der Umgestaltung des Lokals viel Mühe gegeben. Speisesaal und Garten wurden verschönert, in der Küche steht jetzt die Signora Annamaria, und um den guten Service kümmert sich der junge Andrea. Auch gastronomisch hat sich eine neuen Linie durchgesetzt: bodenständig, aber weiterhin interessant. Bei den Antipasti gibt es zum Beispiel **Kartoffelomelett mit Sardellen,** Bauernomelett, Crostini (geröstete Brote) alla Ciprea oder Schwertfisch-Carpaccio. Weiter geht es dann mit den Primi: ausgezeichnete **Zuppa di farro** (Dinkelsuppe), **Pappardelle alla Ciprea** (mit Steinpilzen und Krebsen), Fusilli mit Sardinen, **Cavatelli mit kleinen Tintenfischen und Erbsen**, Gnocchi mit Brennesselsauce. Bei den Secondi triumphiert natürlich der Fisch, vor allem die Fischgerichte aus dem Ofen (gern erinnern wir uns noch heute an einen überbackenen Barsch auf Gemüsen). Auch Krustentiere fehlen nicht auf der Speisekarte (zum Beispiel **Scampi all'orchidea**). Und auf Bestellung gibt es Scheiben vom **Meeraal** (grongo) sowie **Muräne im Sud**. Bei den Fleischgerichten ist die Karte noch im Aufbau, aber sicher wird sie ein paar angenehme Überraschungen bieten. Auf der Weinkarte stehen dazu ein paar ausgezeichnete italienische Rotweine.
Bei den Desserts dominiert das Obst, sowohl bei den Crostate als auch bei den Cremespeisen. Lobenswert die Aufmerksamkeit des Personals.

Antico Forno Terracinese di »Tabbaccone«, Via Alighieri 10: Antonio Ruggiero verkauft in seiner Bäckerei die traditionellen Köstlichkeiten der Gegend, von Brot bis Pizza, vom typischen Ostergebäck bis zu einfachen Ciambelle.

Terracina

40 km südöstlich von Latina, S.S. 148

Rifugio Olmata

Trattoria
Via Olmata, 88
Tel. 0773/700821
Ruhetag: Mittwoch
Keine Betriebsferien
40 Plätze + 20 im Freien
Preise: 35 000 Lire, ohne Wein
Keine Kreditkarten
Mittags und abends geöffnet

Wir haben es schon in früheren Ausgaben erwähnt: Die Spezialität der Trattoria sind Pilze. Giovanni Di Bartolo sammelt sie selbst, und Ehefrau Franca verwandelt sie meisterhaft in allerlei Gerichte, von den Antipasti bis zu den Beilagen. Hier gibt es seltene und teuere Pilzsorten wie Steinpilz und Kaiserling, aber auch die einfachen wie Hallimasch oder Mazza di Tamburo. Und das alles – gemessen am Grundmaterial – zu Spottpreisen.
Nachdem wir die Pilzgerichte erwähnt haben, wollen wir aber auch den Rest der Küche loben. Die Primi sind schon fast klassisch: **Pennette mit wildem Spargel**, **Pasta con la mollica** (mit einer Paste aus Semmelbrösel, Sardellen und Kapern), **Tagliatelle mit Hasenragout**, Gnocchi mit Ragout, Farfalle mit Auberginen und Venusmuscheln. Letztere gibt es vor allem im Sommer, wenn die Kundschaft Fisch wünscht. Den gibt es dann auch bei den Secondi, vor allem aus dem Rohr. Bei den Hauptgerichten spielt aber eigentlich Fleisch die wichtigste Rolle: **Ziegenschmorbraten, Trippetta alla romana**, Perlhuhn, Lamm, Schwein, während der Saison aber auch Wildschwein und andere Wildgerichte.
Wenn Sie Glück haben, gibt es auf der Käsekarte den guten Caciocavallo aus Ragusa und auf der Weinkarte den ausgezeichneten Cerasuolo aus Vittoria, dem Heimatdorf von Giovanni, aus dem er seit Jahren Nachschub holt. Ansonsten können Sie sich auch mit dem ganz annehmbaren offenen Cesanese begnügen oder mit einem anderen Roten von der kleinen Weinkarte.

Bar Enoteca del Porto, Via del Porto 2; An kleinen gemütlichen Tischen gibt es kalte und warme Snacks, die Luigi Ghidetti zubereitet; ausgezeichnet sind die Weine, die man hier probieren und kaufen kann.

Trevignano Romano Acquarella

45 km nordwestlich von Rom, S.S. 2

L'Acquarella

NEU

Restaurant
Via Trevignano, km 6
Tel. 06/9985131
Ruhetag: Dienstag
Betriebsferien: 15. Nov. – 15. Dez.
60 Plätze + 150 im Freien
Preise: 45 – 50 000 Lire, ohne Wein
Kreditkarten: die bekannteren
Mittags und abends geöffnet

Seit den 50er Jahren schon wird das Lokal am Lago di Bracciano von der Familie Stefanelli geführt. An den Wänden hängen noch die alten Fotos aus der Zeit, als hier vor allem Jäger und die wenigen Durchreisenden einkehrten. Heute gehörten zum Restaurant auch ein schöner Garten (ideal für Familien mit Kindern) und eine große Sommerterrasse.
Auf der Karte steht vor allem Fisch (aus dem Meer und aus dem See). Da gibt es dann also Antipasti di mare, aber auch hervorragende **Bruschette** und einen ausgezeichneten, handgeschnittenen **Schinken**. Bei den Primi sollten Sie die Tagliatelle, die Gnocchetti und die Cannelloni versuchen oder die verschiedenen **Brotspezialitäten** (zum Beispiel die Rosmarin-Focaccia). Gute Fischgerichte sind **Coregone** (der typische Fisch aus dem Lago di Bracciano; wird im »Acquarella« im Holzofen gebraten) und **Barschfilets**. Auf Bestellung gibt es **Zuppa di pesce** (mit Fischen aus Meer und See) oder Zwiebel- und Gemüsesuppe. Wenn es in den umliegenden Wäldern geregnet hat, stehen Pilze auf der Karte. Bei den Fleischgerichten empfehlen wir das zarte **Kalbfleisch mit Olivenöl extra vergine** (vom Ort) und die Tagliata aus dänischem Rind. Der Schäfer nebenan liefert den täglich frischen Ricotta und die Caciotta. Die Desserts sind rustikal: Brombeerkuchen, Ciambelle, Tozzetti und Rognose.
Auf der Weinkarte stehen nur einige der vorrätigen Marken. Wirt Matteo (er ist Sommelier) gibt gerne Auskunft über besondere Schätze des Weinkellers.

Viterbo
Bagnaia
4 km vom Stadtzentrum

Biscetti

NEU

Restaurant
Via Gandin, 11
Tel. 07 61 / 28 82 52
Ruhetag: Donnerstag
Betriebsferien: im Juli
170 Plätze + 50 im Freien
Preise: 35 – 40 000 Lire, ohne Wein
Kreditkarten: alle
Mittags und abends geöffnet

Bagnaia und Viterbo sind längst zusammengewachsen. Trotzdem hat sich Bagnaia ein bißchen Dorfcharakter erhalten. Auf der antiken Piazza steht noch der charakteristische Dorfbrunnen; da sind die historischen Stadtmauern und der hohe alte Schloßturm. Hoch oben thront Villa Lante, eines der architektonischen Schmückstücke Latiums. Die alte Sommerresidenz der Bischöfe und Kardinäle ist berühmt für ihre herrlichen italienischen Gärten und für die schönen Brunnen. Wenn wir von dort zurückgehen, hinter der Brücke links und gleich wieder rechts, kommen wir zum Restaurant »Biscetti«.
Wirt Gastone steht am Herd, seine Frau und die Töchter helfen im Speisesaal. Es gibt die typischen Gerichte der Gegend: **Crostini mit Wildpastete** und Steinpilzen, fritierte Kürbisblüten und **Panzanella** als Antipasti. Hundertprozentig hausgemacht sind die Nudeln für die Primi: herrliche **Fettuccine mit Steinpilzen** (vom Monte Amiata) und mit Trüffeln oder Brennessel-Agnolotti mit Bresaola und Rucola. Bei den Hauptgerichten gibt es Rind- und Schweinefleisch, Omelette mit Trüffeln und im Winter auch **Wildschwein** mit Wacholderbeeren und **Lamm mit Balsamessig.** Als Nachtisch: Zuppa inglese, Apfelkuchen, Panna cotta und Crostate.
Neben Weinen aus der Region gibt es auch einige Tropfen aus anderen Teilen Italiens (vor allem aus dem Piemont).

Viterbo

La Torre

Enoteca mit Küche
Via della Torre, 5
Tel. 07 61 / 22 64 67
Ruhetag: Sonntag
Betriebsferien: August
50 Plätze
Preise: 45 000 Lire, ohne Wein
Kreditkarten: alle
Mittags und abends geöffnet

Die Enoteca »La Torre« liegt im historischen Stadtkern von Viterbo und ist seit Jahren ein Anziehungspunkt für Liebhaber guter Küche und guter Weine. Auf der Weinkarte stehen immerhin 300 Erzeugnisse aus dem In- und Ausland. Sie lagern in einem schönen Felsenkeller. Wirt Carlo Zucchetti wird Ihnen gern den passenden Tropfen empfehlen. Ehefrau Fulvia Pagliaccia bereitet in der Küche traditionelle Gerichte mit einem außergewöhnlichen Schuß Kreativität.
Zum Einstieg gibt es **Omelett mit Kräutern** oder mit Ziegenkäse, als Primi **Agnolotti** mit verschiedenen Füllungen (Ente, Wildschwein, Artischocken und Kastanien), Cannelloni, **Crema di farro** (eine Art Dinkelpüree) oder **Zuppa di ceci e castagne**. Als Secondo empfehlen wir den **Coregone in der Folie**, die gebackenen Barschfilets, **Seehecht** oder die mit Kaninchenfleisch gefüllten Kürbisblüten. Die Desserts sind eine der Stärken des Lokals: Panna cotta, Bavarese mit Waldbeeren, Torrone-Mousse mit Haselnußcreme, Strudel und Crostata.
Mittags kann man hier bereits für 25 000 Lire einen Primo und einen Secondo essen, abends ißt man »alla carta«, oder man bestellt ein ziemlich reichhaltiges Probe-Menü.

Salumeria Cencioni, Via Cairoli 18: Wurst, Käse und andere Spezialitäten aus der Gegend und dem übrigen Italien.

Auf dem Corso Italia 11 sollten Sie dem Gran Caffè einen Besuch abstatten: Zwischen goldgerahmten Spiegeln und echten Kaffeehaustischchen gibt es herrlich duftenden Kaffee und köstliches Ricotta-Gebäck.

ABRUZZEN UND MOLISE
Adria
Controguerra
Colonnella
Alba Adriatica
Torano Nuovo
Corropoli
Valle Castellana
Giulianova
Roseto degli Abbruzzi
Teramo
Pineto
Silvi
Campotosto
Isola del Gran Sasso
A24
Pescara
Castel del Monte
Pizzoli
S.Stefano di Sessanio
Ortona
Chieti
Calascio
L'AQUILA
S. Pio delle Camere
A14
San Valentino in Abruzzo C.
Guardiagrele
Ovindoli
Gagliano Aterno
Casoli
Massa d'Albe
Carsoli
Pacentro
San Salvo
Avezzano
Sulmona
A25
Pizzoferrato
Rivisondoli
Scanno
Pescasseroli
Pineto
Silvi
Città Sant'Angelo
Pescara
Loreto Aprutino
Civitella Casanova
Chieti
Carpineto della Nora
Pescosansonesco
Rocca monte piano
San Valentino in Abruzzo C.
Caramanico Terme
Guardiagrele
Adria
Termoli
A14
Campomarino
S. Giacomo degli Schiavoni
Guglionesi
San Pietro Avellana
Agnone
Vastogirardi
Carovilli
Frosolone
Isernia
CAMPOBASSO
Cantalupo nel Sannio
Ferrazzano
Bojano

Agnone

43 km nördlich von Isernia, S.S. 651

Da Casciano

NEU

Trattoria
Viale Marconi, 29
Tel. 08 65 / 775 11
Ruhetag: Dienstag, nicht im Sommer
Betriebsferien: im November
75 Plätze
Preise: 30 – 35 000 Lire
Keine Kreditkarten
Mittags und abends geöffnet

Eine kulinarische Reise durch das Molise können Sie in einer alten Mühle antreten. Das »Casciano« wird seit langem von ein und derselben Familie betrieben, die jetzigen Wirte entstammen der zweiten und dritten Generation: Ercole kümmert sich im Saal um die Gäste, während Filius Guido ein wahrer Kochkünstler ist. Ihre Auswahl an Wurstwaren und Käse genügt jedem Anspruch: **Soppressata** (Schweinskopfsülze), **Capocollo**, Schinken, Salsiccia, **Burrino** (mit Butter gefüllter Büffelkäse) und Caciocavallo werden allesamt nach traditionellen Verfahren hergestellt. Als Primi folgen **Tacconi** (viereckige Nudelblätter) **mit Tomaten und Basilikum**, Tagliatelle mit Trüffeln oder Steinpilzen (je nach Saison) oder **Tubettoni con Nodi di Trippa di Maiale** (in feine Streifen geschnittene Lammkutteln mit Knoblauch, Petersilie und Peperoncino), eines der Aushängeschilder des Lokals. Empfehlenswerte Hauptgerichte sind danach **Torcinelli** (Lamm- oder Schweineinnereien) von der Holzglut, **Lamm sotto la Coppa**, also in der Glut gegart, gemischtes Schweinefleisch vom Grill oder eine saftige Tagliata vom Rind mit Steinpilzen und Trüffeln.
Erwähnenswert ist auch das knusprige Brot, das – wie auch die meisten Fleischgerichte – im Holzofen gebacken wird. Und zum Abschluß sollten Sie sich die hausgemachten **Ostie** (Oblaten) nicht entgehen lassen, die mit Nüssen, Schokolade, Honig und gekochtem Most gefüllt werden. Der dazu angebotene Wein beschränkt sich auf eine kleine Auswahl lokaler Erzeugnisse.

Alba Adriatica

34 km nordöstlich von Teramo, S.S. 80 und 16

Il Gambero

NEU

Restaurant
Viale Marconi, 1
Tel. 08 61 / 71 27 28
Ruhetag: Montag
Betriebsferien: 2 Wo. im Sept. u. Jan.
45 Plätze
Preise: 45 – 50 000 Lire, ohne Wein
Keine Kreditkarten
Mittags und abends geöffnet

Das »Gambero« hat äußerlich nichts, was die Blicke auf sich ziehen könnte, ja man könnte fast daran vorbeigehen, ohne es überhaupt zu bemerken. Doch sein unscheinbares Äußeres wird ausgeglichen durch die Mund-zu-Mund-Propaganda der zufällig hierher geratenen und anschließend immer wieder zurückkehrenden Feinschmecker (insbesondere der Fischliebhaber), denen die hohe Qualität der hier angebotenen Meeresspezialitäten, die sich auf heimische, absolut frische Zutaten und auf wenige, aber raffinierte Rezepte stützen, viel wichtiger ist als die äußere Verpackung. Und so wurde das »Gambero« zu einem Geheimtip. In der kalten Jahreszeit speist man an einigen Tischen im kleinen Saal direkt am Eingang, in der sich auch die Bar befindet, und im Sommer auf der zum Strand hin gelegenen Terrasse.
Doch wenn dann das Essen kommt, wird es spannend: Zunächst wären da die unzähligen Antipasti, die je nach Fangergebnis täglich wechseln, die Sie sich auf gar keinen Fall entgehen lassen dürfen (Sie können damit sogar den Hauptgang bestreiten): **fritierte kleine Krebse**, gesottene Scampi, **marinierte Sardellen**, **Suppe mit Mies- und Venusmuscheln**, **kleine Meerschnecken** in umido mit wildem Fenchel, in Essig marinierte kleine Scampi oder **Codine di Rospo** (Anglerfischschwanz) **in Weißwein mit Rosmarin**. Ebenso verlockend sind die **Spaghetti mit kleinen Calamari und Scampi** in bianco oder mit wenigen frischen Tomaten, die **Mezze Maniche** (eine Art Pasta) **con Sugo di Scampi**, die diversen Grillplatten, die **Frittura di Paranza** (fritierte Meeresfrüchte) und die Fische in guazzetto, also in delikater Sauce.
Neben vortrefflichen abruzzischen Erzeugnissen hat er auch verschiedene namhafte Tropfen aus anderen Regionen Italiens anzubieten.

Avezzano

52 km südlich von L'Aquila,
S.S. 5 bis oder Ausfahrt A 25

Il Gioco dell'Uva

Enoteca mit Ausschank und Imbiß
Corso Garibaldi, 133
Tel. 08 63 / 2 54 41
Ruhetag: Montag
Keine Betriebsferien
42 Plätze
Preise: 10 – 35 000 Lire
Kreditkarten: CartaSi
Nur abends geöffnet

In der Altstadt von Avezzano haben wir gleich an der Kreuzung Via Corradini/Via Garibaldi eine gute Adresse für Sie, wenn Sie in entspannter Atmosphäre ein gutes Glas Wein genießen möchten: das »Gioco dell'Uva«. Gegründet hat es Corrado Giampietro, ein passionierter Weinliebhaber, der sein Steckenpferd zum Beruf machte: Gemeinsam mit anderen Teilhabern entdeckte er eine Marktnische im gastronomischen Spektrum Avezzanos (die Stadt ist sicherlich nicht gerade führend in der Weinkultur) und wollte ein einladendes Plätzchen schaffen, in dem Bacchusjünger Zuspruch und Stärkung finden. Und so bietet er neben Wein (seine Weinkarte umfaßt über zweihundert Gewächse aus Italien und dem Ausland, die Preisaufschläge sind mehr als angemessen) auch kalte Gerichte an, die schlicht ausgezeichnet sind. Der über zwei Stockwerke gehende äußere Rahmen ist gemütlich und dennoch raffiniert mit Terrakottafliesen und Kastanienholz eingerichtet, während dimmbare Leuchten ein unaufdringliches Licht auf die wenigen Tische werfen und für eine entspannte Atmosphäre sorgen.
Erlesen ist hier nicht nur die Auswahl an Weinen, sondern auch an die **Käsesorten** (der beliebteste Snack zum Wein): Formaggella aus Sannio, ein runder Weichkäse; Fossakäse aus Sogliano, Pecorino aus den Abruzzen in verschiedenen Reifegraden, Cacio Marcetto (scharfer Schafskäse) und diverse Ziegenkäse sind würdige Vertreter der Region und der Apenninen, aber auch Bitto aus dem Veltlin ist ebenso zu haben wie Toma, Bruss, reifer Brescianelle und Bettelmatt. Lecker sind auch die Dolci: Mürbegebäck vom Konditor, **Mohnkuchen**, Crêpes mit Obstkompott oder Strudel sind süße Begleiter zum Dessertwein. Auch für Kaffee und Tee gibt es fachkundig zusammengestellte Karten, die mehr sind als nur reines Beiwerk.

Bojano

24 km südwestlich von Campobasso, S.S. 17

Filomena

Osteria
Via Garibaldi, 16
Tel. 08 74 / 77 30 78
Ruhetag: Montag
Betriebsferien: Juli
50 Plätze
Preise: 25 – 30 000 Lire, ohne Wein
Keine Kreditkarten
Mittags geöffnet, Fr./Sa. auch abends

In Bojano wurde jahrhundertelang Weidewechsel betrieben, eine besondere Art der Weidewirtschaft, bei der das Vieh über größere Strecken bis zur nächsten Wiese zog. So ergab es sich von selbst, daß die Erzeugnisse der Weidewirtschaft das kulinarische Wahrzeichen dieses Landstrichs sind; und in der Osteria »Filomena«, die seit über 25 Jahren von der gleichen Familie geführt wird, werden sie tadellos zubereitet.
Daß die Küche rein territorial geprägt ist, schmeckt man bei den selbst hergestellten Wurstwaren (besonders schmackhaft die **Soppressata**) ebenso wie bei der handgezogenen Pasta, die auf verschiedene Weise zubereitet wird: als **Orecchiette mit Rapsspitzen** (oder im Sommer mit wildwachsender Rucola), **Taccozze** (viereckige Nudelplatten) **mit Bohnen, Spaghetti alla Chitarra** (vom Nudelbrett) mit Fleischsugo, **Cavatelli** mit Gemüse oder gemischter Fleischsauce, Kartoffelgnocchi (donnerstags) oder **Tagliatelle mit Steinpilzen**. Wenn genügend Fische ins Netz gingen, kommen auch **Forellen** aus dem nahen Biferno auf den Tisch – al cartoccio (in der Hülle) oder von der Holzglut. Meist in der Wochenmitte stehen auch **gebratene Torcellini** (Eingeweide) auf dem Speisezettel, stets jedoch die Braten vom Schwein, Kalb oder Lamm und die leckeren **Scamorze alla brace**. Zum Abschluß können Sie unter hausgemachten Desserts wie Crostata mit Nüssen, Äpfeln und Marmelade, Tiramisù und Pastiera wählen.
Der kleine Weinkeller bietet Erzeugnisse aus dem Molise, aber auch aus den benachbarten Regionen.

Antonio Puisone in der Via San Bartolomeo 31 stellt Mozzarella aus Milch von Milchvieh heimischer Weiden her. Bei Pasta Bernardo, Corso Amatuzio 116 bekommen Sie etwa 70 Pastasorten.

Calascio

35 km östlich von L'Aquila, S.S. 17

Da Maria

Trattoria
Via della Sposa, 2
Tel. 08 62 / 93 02 25
Ruhetag: Montag
Betriebsferien: im Oktober
25 Plätze
Preise: 25 000 Lire, ohne Wein
Keine Kreditkarten
Mittags geöffnet, abends auf Vorbest.

Eine echte kleine Institution in der Altstadt von Calascio ist die Trattoria »Da Maria«, in der die Wirtin Maria Roscetti Gastfreundschaft und gastronomisches Berufsverständnis auf eine heutzutage selten gewordene Weise interpretiert und umsetzt. Maria führt das Lokal mit der tatkräftigen Unterstützung ihrer Tochter Francesca, und die beiden Damen umsorgen ihre Gäste an den gerade mal vier Tischen mit familiärer Herzlichkeit und stets gleicher Begeisterung. Den hungrigen Gast erwartet keine große Auswahl, dafür jedoch eine gediegene familiäre Kost. Wenn für den Abend keine Reservierungen vorliegen, schließt Maria einfach ihr kleines Lokal.
Zum Auftakt können Sie heimische **Wurstwaren** kosten (exzellenten Schinken von Ciro oder **in Öl eingelegte Salsicce**), selbst hergestellte Pecorini in verschiedenen Reifegraden und diverse Milchprodukte. Dann plötzlich stehen **Ravioli mit frischer Ricotta** (von Schaf oder Ziege) und einer leichten Tomaten- oder Gemüsesauce auf dem Tisch, hausgemachte **Tagliatelle mit Bohnen** oder **Lammragout**, Kartoffel**gnocchi**, Fettuccine mit Pilzen, **Minestra mit Pacchelle und Linsen** aus Santo Stefano di Sessanio oder mit **Linsen und Salsicce**. Dieselben Linsen gehen auch mit Lamm eine schmackhafte Verbindung ein, das schon immer der König unter den Hauptgerichten war. Besondere Spezialitäten des Hauses sind jedoch nach wie vor das **Lamm aus dem Ofen mit Kartoffeln** und das **Zicklein von der Holzglut**. Alternativ können Sie zu schmackhaften Bistecche, gebratenen Salsicce, Wurstwaren oder Käse greifen. Der Weinkeller umfaßt neben dem selbstgekelterten Hauswein auch Montepulciano, Cerasuolo und Trebbiano d'Abruzzo von einem guten heimischen Erzeuger.

Campobasso

San Pietro

Trattoria
Rione San Pietro, 17 – 19
Tel. 08 74 / 6 58 26
Ruhetag: Sonntag
Betriebsferien: 3 Wo. im August
65 Plätze
Preise: 25 – 30 000 Lire
Kreditkarten: AE, CartaSi
Mittags und abends geöffnet

Das »San Pietro« ist ein zwar unprätentiöses, dafür aber bewährt zuverlässiges Lokal. Alberto Nardoia bewirtet Sie hier mit erstklassigen Rohwaren wie dem hochwertigen Schweinefleisch aus dem Schlachthof seines Bruders. Alberto Nardoia kümmert sich, unterstützt von Antonietta Sforza (Pasta) und Antonio (im Saal), um den gleich am Eingang zum Speisesaal thronenden Grill – so weiß der hungrige Gast sofort, was ihm geboten wird.
Die Küche hält unter anderem **Cavatelli mit Molisaner Ragù** oder Broccoli bereit, **Maccheroni alla Chitarra** mit gemischtem Fleischragout, **Fusilli mit Gemüsesaucen**, Pasta »San Pietro« mit Pilzen und Schinken, Spaghetti alla Carbonara sowie **Tubetti** (oder Sagnette) **mit Bohnen**. Zum Hauptgang wird im wesentlichen erstklassiges **Fleisch von der Holzglut** aufgetragen: Lamm, Schwein, Kalb und Hühnchen werden wie gesagt vor Ihren Augen zubereitet und mit gekochtem Gemüse, Kartoffeln und Salat serviert. Sie mögen keine Grillgerichte? Dann bestellen Sie einfach vor und lassen sich Kalb mit Erbsen und Schinken vom Herd auftragen.
Die Weine stammen aus der Region, wobei den Erzeugnissen der Kellereien Di Majo Norante und Nuova Cliternia (beide aus Campomarino) der gebührende Vorrang eingeräumt wird.

Bei Palazzo, Via Ziccardi 5, ist der letzte noch in Betrieb stehende Holzofen Campobassos zu bewundern: Leckerbissen sind neben den verschiedenen Brotsorten die Pizze mit Tomaten. Die Kafferösterei Torrefazione Camardo, Via Marconi 29, ist seit Jahrzehnten eine zuverlässige Adresse für Kaffeefreunde: Die hier angebotenen Kaffeemischungen genügen auch höchsten Ansprüchen.

Campomarino

69 km nordöstlich von Campobasso, S.S. 647

Nonna Rosa

Trattoria
Via Biferno, 11
Tel. 08 71 / 53 99 48
Ruhetag: Dienstag, nicht Juli / August
Betriebsferien: 1. – 15. Oktober
25 Plätze
Preise: 35 – 40 000 Lire
Keine Kreditkarten
Mittags und abends geöffnet

Das hübsche Städtchen in der Nähe von Termoli ist wie die Nachbarorte Ururi und Porto Cannone als albanische Kolonie entstanden. An den Hügeln von Campomarino gedeihen dank des guten Klimas Oliven und Wein, und nicht ganz zufällig findet man hier auch die besten Ölmühlen und Kellereien der Region. Die Erzeugnisse können Sie in dieser Trattoria mitten im Ort kosten. Das Ambiente mit dem schönen Kamin und den Gewölbedecken wirkt behaglich und wird seit rund zehn Jahren von Giuseppe Labbate und seiner Mutter Rosa Scagliusi bewirtschaftet. Rosa stammt aus Apulien, und so erinnern ihre Spezialitäten manchmal an ihre Heimatregion. Als Antipasti wird sie Ihnen – neben hervorragender Salsiccia und Lonza aus örtlicher Produktion, Speck aus dem Trentino und toskanischen »Cacciatorini« aus Hirschfleisch – in Öl eingelegte Gemüse, **gebackene Fleischbällchen**, Rustici mit Zwiebeln, Friselle mit Öl und Tomaten, Pizza rustica mit Ricotta vorschlagen. Danach serviert sie Ihnen **Orecchiette mit Auberginen, Minestra von Bohnen und Chicorée**, **Fusilli con cacioricotta** oder Nudeln mit grünen Bohnen und Tomaten, **Zuppa di farro e ceci** und außergewöhnliche **Fave gratinate**. Gutes Grillfleisch gibt es dann zum Hauptgang (Steaks werden unter den Augen des Gastes geschnitten), aber auch **Käse** vom Holzkohlengrill ist zu empfehlen. Albanischen Ursprungs ist das **Agnello all'uovo**. Den Abschluß des Mahls bilden Englische Creme, Crostate mit Früchten und eine individuelle Variante des Tiramisù. Der Limoncello wird selbst hergestellt. Die Weine aus der Umgebung sind gut, die Preise sehr anständig.

In der Contrada Ramitello 4 stellt Di Majo Norante eine Vielzahl von hochwertigen Weinen, eingelegtes Gemüse, Saucen und Konfitüren her.

Campotosto

46 km nördlich von L'Aquila, S.S. 577

Barilotto

Trattoria – Pension
Via Roma, 18
Tel. 08 62 / 90 01 41
Ruhetag: Dienstag
Betriebsferien: Februar
50 Plätze + 20 im Freien
Preise: 30 000 Lire, ohne Wein
Keine Kreditkarten
Mittags und abends geöffnet

Campotosto ist aus mindestens drei Gründen ein lohnendes Ziel: Es bietet einen schönen See, leckere Mortadelline und die Poesie-Wettbewerbe, die die hiesigen Viehhüter an lauen Sommerabenden spontan veranstalten.
In der Küche des »Barilotto« dreht sich alles um den See und die Berge. Am überzeugendsten fanden wir hier die winterliche **Polenta mit Schweinerippchen**, Gnocchetti mit fleischloser Sauce, Pappardelle mit Hasenragout, **Sagnette mit Pilzen** (ohne Tomaten), **Tonnarelli** (handgezogene Maccheroni) **all'Amatriciana**, **Minestra mit Dinkel** oder Ciciaregli (kleine Gnocchetti), **Maltagliati mit Zucchini** und Timballo (Auflauf) mit Artischocken, Ricotta und Käse. Auf Vorbestellung können Sie auch Pasta mit Fisch aus dem See kosten, und **gegrillte Maräne** (um gleich beim Thema zu bleiben) ist auch stets zu haben. Wenn Sie anschließend lieber zu Fleisch übergehen möchten, legen wir Ihnen insbesondere das Schaffleisch ans Herz – vorneweg Hammel, Schaf und Lamm, die zumeist vom Grill serviert werden (auf Vorbestellung gibt es die köstliche **Pecora al Caldaro**, Schaffleisch aus dem Kessel). Besonders erwähnenswert sind überdies die **Coratella** (Innereien) **mit Zwiebeln** und die Wurstwaren: natürlich Mortadelline, aber auch pikante Salsicce »pazze« (Leberwürste).
Dazu werden einige regionale Weine gereicht. In der Hochsaison und am Wochenende ist eine Reservierung ratsam.

Im Ortsteil (6 km) stellt Berardi aus frischem heimischem Schweinefleisch leckere Wurstwaren her: Salami, Leberwürste und die traditionellen Mortadelline aus Campotosto.

Campotosto
Rio Fucino

41 km nördlich von L'Aquila, S.S. 577

Trattoria del Pescatore

Trattoria
Via Rio Fucino
Tel. 08 62 / 90 02 27
Ruhetag: Montag, nicht im So.
Keine Betriebsferien
30 Plätze + 40 im Freien
Preise: 25 – 35 000 Lire, ohne Wein
Keine Kreditkarten
Mittags und abends geöffnet

Campotosto liegt an den Ufern eines gleichnamigen Sees, der einer der größten Stauseen Italiens ist. Die Fische aus dem See kann man in der traditionellen »Trattoria del Pescatore« kosten.
Die Wirtin, Silvana Masci, erbte das Lokal von ihrer Mutter und führt es nun mit Hilfe von Nadia, Filomena und Pasquale Moretti: Ganz in der Tradition ihrer Großmutter, die weithin für ihre gute Küche bekannt war, konzentriert sie sich insbesondere auf die Süßwasserfische, bereichert sie jedoch um weitere Zutaten. Attraktionen der Trattoria sind neben Fisch die **Mortadelline von Campotosto** sowie die verschiedenartigen hausgemachten Eierteigwaren (Tagliatelle, **Maccheroni alla Chitarra**, Ravioli, Lasagne und Fusilli), die mit Fleischsauce, Seefisch oder Gemüse der Saison ausgemacht leckere Gerichte ergeben. Dann wären da auch die **Kartoffelgnocchi** mit gemischter Fleischsauce, Tomaten oder Brennesseln, die einen Versuch ebenso lohnen wie die Bucatini all'Amatriciana (ohne Tomaten heißen sie Gricia) und die **Cannelloni mit Ricotta und Gemüse**. Wie schon erwähnt ist die **Maräne** das ganze Jahr über zu haben, mariniert oder von der Holzglut mit Gemüse, oder Sie bestellen Schleien, Forellen oder Karpfen und hoffen, daß die Fische an dem Tag gut anbeißen. Fleischliebhaber entscheiden sich für das wohlschmeckende Fleisch der Weidetiere aus den Bergen (Lamm oder **Hammel**), das ihnen dann auf dem Grill zubereitet wird.
Die Weinauswahl ist nicht sehr groß.

Signora Francesca Cipriani verkauft in ihrem Laden in der Via Roma leckere, selbst hergestellte Mortadelline aus Campotosto.

Cantaluponel Sannio

20 km südöstlich von Isernia, S.S. 87

Trattoria del Riccio

Trattoria
Via Sannio, 7
Tel. 08 65 / 81 42 46
Ruhetag: Montag
Betriebsferien: je 10 Tage im Juni/Sept.
50 Plätze
Preise: 25 – 35 000 Lire
Keine Kreditkarten
Nur mittags geöffnet

In diese Trattoria mit schönem Ausblick auf die nahen Berge wird seit eh und je nur mittags eingekehrt, und seit eh und je wird eine stark regional orientierte Küche gepflegt.
Zur Einstimmung können Sie eine Kostprobe der erstklassigen heimischen **Wurstwaren** und der Käse (frischer oder reifer Scamorza und Schnittkäse) bestellen, die Sie einstimmen auf **Taccozzelle mit Zucchini** oder Tomatensauce, Pappardelle, Tagliatelle oder **Orecchiette mit Steinpilzen** (eine Art Symbiose der gastronomischen Traditionen Apuliens mit der Küche des lukanischen Berglandes), **Gnocchi mit Lammragout**, Laganelle mit Ricotta oder »ai Profumi del Sottobosco«, in deren Teig Trüffeln geknetet sind. Keinesfalls entgehen lassen sollten Sie sich (falls gerade auf dem Speisezettel) ein besonders traditionsreiches Rezept, das erst jüngst der Vergessenheit entrissen wurde: die geschmorte **Wirsingsuppe** mit Bohnen. Lecker und mit persönlicher Note präsentieren sich auch die mit Nüssen gefüllten **Ravioli mit Molisaner Trüffeln** – die Edelknolle (die direkt von Trüffelsuchern aus dem Umland bezogen wird) verfeinert sogar die **Bocconcini di Maiale** (Schweinehäppchen), eines der empfehlenswertesten Secondi. Sehr gut sind allerdings auch das leckere **Fleisch vom Grill** (insbesondere **Lämmchen**), der **Baccalà** (auf Vorbestellung) und das **Schwein mit Paprikaschoten** oder Äpfeln. Die Süßspeisen kommen natürlich ebenfalls aus der eigenen Backstube: traditionelle Biskuitpizza, Dolcetti (kleine Kuchen) mit Kokosnuß, Mousse mit Kaffee oder Schokolade. Daneben gibt es Honig mit Nüssen, Limoncino, Grappa und einen Amaro aus über zehn Kräutern, die einen angemessenen Punkt hinter diese überaus schmackhafte Mahlzeit setzen.
Neben selbst erzeugten Weinen steht auch ein kleines Sortiment von Weinen aus anderen Regionen zur Auswahl.

Canzano

15 km östlich von Teramo

La Tacchinella

NEU

Trattoria
Via Roma, 18
Tel. 08 61 / 55 51 07
Ruhetag: Montag, nicht im Sommer
Keine Betriebsferien
50 Plätze
Preise: 25 000 Lire, ohne Wein
Keine Kreditkarten
Mittags und abends geöffnet

Dieser kleine, reizende Ort nicht weit von Teramo lockt mit einem kulinarischen Wahrzeichen: dem Truthahn, der – wie sollte es anders sein? – »alla Canzanese« zubereitet wird, also gebraten und im eigenen Aspik angerichtet. Ähnlichkeiten mit und Unterschiede zu anderen Rezepten der Abruzzen für dieses Federvieh gibt es genug, um so etwas wie ein Copyright zu rechtfertigen.
Unbestrittener Tempel für dieses kulinarische Ruhmesblatt Canzanos ist die Trattoria »La Tacchinella«: ein angenehmes Lokal, mit viel Holz eingerichtet, mit einem jahrhundertealten Weinkeller, in dem vorwiegend regionale Weine zwischen duftenden Schinken lagern.
Im »Tacchinella« werden Sie mit einem unverfälschten, aber gepflegten Sortiment heimischer Spezialitäten verwöhnt. Den Auftakt machen Wurstwaren und in Öl eingelegtes Gemüse aus eigener Herstellung sowie der vorzügliche Schinken, der von lokalen Kleinerzeugern stammt und im anno 1200 gebauten Keller drei lange Jahre reift. Weiter geht es dann mit Fettucine mit Fleischbällchen, **Minestrone mit Maltagliati und Bohnen** mit Haxenschinken, Pasticcio verde (Gemüseauflauf mit einer Schicht Fleisch darin), **Timballo di Scripelle** (Pfannkuchenauflauf), den leckeren **Mazzarelle** aus Teramo (in Gemüseblätter eingewickelte Lamminnereien), mit dem berühmten **Truthahn alla Canzanese** – natürlich! –, einem Lamm oder verschiedenen Braten. Im Winter wird jeden Freitag ein Menü mit **Baccalà** angeboten. Zum süßen Abschluß empfiehlt der Wirt schließlich Boccone di Dama (Mandelgebäck) oder den typischen Storione aus Canzano. Die im Keller ruhenden Weine aus den Abruzzen passen gut zu den Gerichten, und zum Ausklang sollten Sie sich unbedingt Vino Cotto (heißen Wein) servieren lassen, der in dieser Gegend gerne im Familienkreise getrunken wird.

Caramanico Terme San Nicolai

53 km südwestlich von Pescara, S.S. 5

Da Lucia

Trattoria
Contrada San Nicolai, 2
Tel. 0 85 / 92 21 16
Ruhetag: Samstag, nicht im Sommer
Keine Betriebsferien
40 Plätze + 40 im Freien
Preise: 25 – 30 000 Lire
Keine Kreditkarten
Mittags und abends geöffnet

Caramanico wird bei Fremden zunehmend bekannter und beliebter, denn es ist der einzige Kurort der Abruzzen von Rang, und das bereits seit dem 16. Jahrhundert. In den letzten Jahren gesellte sich zu dem wertvollen Heilwasser aus der Quelle Santa Croce eine zweite Attraktion: der Parco della Maiella. Die Trattoria »Da Lucia« ist nicht unbedingt das, was man ein vornehmes Restaurant mit professionellem Service und Weinkarte nennen könnte: Das Flair ist absolut familiär, und das in mancherlei Hinsicht, über das Speisenangebot informiert Sie der Service, und die Bedienung ist gelegentlich etwas unsicher. Die unverfälschte Kochkunst von Signora De Novellis, die im Speisesaal von ihrer Tochter Noemi unterstützt wird, kann sich jedoch absolut sehen lassen.
Wählen Sie als Primo beispielsweise **Pappardelle mit Entenragout**, **Maccheroni alla Chitarra** mit gemischter Fleischsauce, Ravioli mit frischer Ricotta und Tomaten, **Timballo** in »bianco«, das heißt ohne Tomaten, aber mit verschiedenem Fleisch. Gelegentlich wartet die Köchin auch mit **Pasta und Kichererbsen** oder anderen Gemüsesuppen mit Hülsenfrüchten auf; auf Bestellung gibt es auch **Kartoffelgnocchi** mit gemischtem Fleischragout. Dazu gesellt sich so manche Hauptspeise: **Lamm vom Grill**, gemischte Braten, **Arrosticini** (kleine Spieße mit Schaffleisch) und Bruschetta, **Coniglio alla Cacciatora** oder **Agnello Cacio e Uova** (Lamm mit Käse und Ei). Den süßen Schluß bilden **Ferratelle** (hausgemachte kleine Kuchen aus Eiern, Wasser und Mehl).
Neben dem eher bescheidenen Hauswein bietet der Weinkeller eine kleine Auswahl an regionalen Erzeugnissen.

Familie de Angelis stellt ganz in der Nähe der Trattoria gute Käse und Schafsricotta her.

Carovilli

25 km nördlich von Isernia

Da Adriano

NEU

Trattoria
Via Napoli, 14
Tel. 08 65 / 83 86 88
Ruhetag: Dienstag
Betriebsferien: 3 Wo. im Sept.
40 Plätze
Preise: 30 – 35 000 Lire
Keine Kreditkarten
Mittags und abends geöffnet

Die kulinarischen Traditionen der Abruzzen und des Molise weisen zahlreiche Gemeinsamkeiten auf: An der Küste große Meeresküche vor allem mit Brühe, Guazzetto (geschmort mit viel Sauce) und Fischsuppen, im Binnenland, den Hügel- und vor allem in den Bergregionen dann verführerische erdverbundene Gerichte, in denen Schaffleisch und -käse eine wesentliche Rolle spielen. Als ob das noch nicht genügte, sind die Wälder beider Regionen auch noch reich an Trüffeln, neben denen kaum weniger schmackhafte Gemüse und Hülsenfrüchte die Phantasie der Köche zu volkstümlichen Rezepten anregen, die leider allzuoft ein unverdientes Schattendasein fristen.
Möchten Sie einige dieser Rezepte persönlich kosten, so machen Sie einen Abstecher zu Adriano Scarpitti in Carovilli: Kein Schild wirbt für seine Trattoria, doch hier können Sie sich einstimmen mit schmackhaften **Bruschette** mit Borlotti-Bohnen, Kartoffeln, Zwiebeln, Käse und lokaler Salsiccia. Darauf folgen **Minestra mit Gemüse und Sagne** (eine in dieser Gegend weitverbreitete Pasta), Polenta mit Kaninchen, Salsiccia und Paprikaschoten sowie **Chitarrine mit Trüffeln** oder Steinpilzen, handgezogen von Ehefrau und Schwiegermutter des Wirts, die in der Küche zugange sind. Und wen es nach einem ausgefallenen Secondo gelüstet, dem empfehlen wir die **Torcinelli** (Innereien) mit einer Füllung aus gekochten Eiern und Gewürzen und (im Mai/Juni) **Schnecken**, die in einer nach zahlreichen Kräutern duftenden Sauce serviert werden. Lamm-, Hammel- und Schweinefleisch von der Holzglut gibt es stets, neben denen auch das **Lamm** und das **Wildschwein aus dem Ofen** mit Kartoffeln sowie der **Kaninchensattel** mit Kartoffeln und Scamorza (wahlweise auch getrüffelt) Beachtung verdienen. Dazu bieten Ihnen die Wirte lokale Weine und leckere Süßspeisen nach Hausfrauenart.

Carpineto della Nora Versante al Bosco

42 km südwestlich von Pescara, S.S. 602

La Roccia

Trattoria
Contrada Versante al Bosco
Tel. 0 85 / 84 91 42
Ruhetag: Dienstag, nicht im Sommer
Betriebsferien: im Oktober
80 Plätze + 80 im Freien
Preise: 28 – 30 000 Lire mit Wein
Keine Kreditkarten
Mittags und abends geöffnet

Nur zwei Kilometer von der Altstadt von Carpineto entfernt gelangen wir zu unserer Trattoria.
Hier wirkt Signora Adele (mit tatkräftiger Unterstützung ihres Gatten und der Töchter Sonia und Cinzia): Sie ist hochgerühmte Meisterin in der Zubereitung örtlicher Spezialitäten wie den **Arrosticini**, die über großen Feuerstellen gegrillt werden. Diese kleinen Schaffleischspieße sind zwar so gut wie überall zu bekommen, aber im »Roccia« schmecken sie einfach anders! Ob das nun am Gras der Hochgebirgsweiden (wir sind auf der Pescara zugewandten Seite des Gran Sasso) oder am Quellwasser liegt, bleibt wohl Signora Adeles Geheimnis. Eine ebensolche Offenbarung sind die unverwechselbar guten Schinken, Lonza (eine Wurstart mit ausgelöster Lende), Pecorinokäse und **Salsicce vom Schwein** oder Wildschwein (auch in Öl eingelegt) aus eigener Herstellung. Danach sollten Sie zu Chitarrine mit Tomatensauce übergehen, **Ravioli mit Ricotta** (die von heimischen Schafhirten stammt) und Pecorino in Tomatensauce, **Gnocchi mit Schafsragout**, Pappardelle mit Entenragout, **Maccheroni alla Mugnaia** (mit Knoblauch, Öl und Peperoncino) oder gemischtem Fleischragout, **Tagliatelle mit Pilzen** sowie **Sagne e Fagioli**. Eine Hymne an die Almen sind dann auch der Hammel und die **Bistecchine vom Lamm** vom Kohlengrill. Auf Anfrage wartet die Signora auch mit besonderen Spezialitäten wie Kaninchen alla Cacciatora, Polenta mit Wild oder **Coatto** (geschmortem Schaffleisch) auf. Kosten Sie anschließend in jedem Falle auch noch ihre Desserts, denn sonst könnte Ihnen Wichtiges entgehen: zum Beispiel die **Torta farcita** mit Creme und Biskuit, der mit Alkermes-Likör getränkt wird, und im Sommer Obstkuchen.
Die Weinauswahl ist nicht sonderlich groß.

Carsoli

53 km südwestlich von L'Aquila, Ausfahrt A 25

Al Caminetto

NEU

Restaurant
Via degli Alpini, 95
Tel. 08 63/99 51 05
Ruhetag: Montag, nicht im August
Betriebsferien: 1.–15. Juli
250 Plätze
Preise: 40 – 45 000 Lire, ohne Wein
Kreditkarten: alle
Mittags und abends geöffnet

Wir verlassen Carsoli auf der Straße Richtung Tagliacozzo und gelangen in die Nähe der Grotte del Cervo (gleich bei der Autobahnausfahrt), wo Sie in ihrem »Caminetto« die Wirtsleute Fernando Anzini und Concetta Centofanti begrüßen. Die Speisen wurzeln fest in der Tradition der Abruzzen (besonders des Landesinneren und der Berge), was bereits die ausgemacht appetitlichen Antipasti unterstreichen, wie die typischen Wurstwaren und Gemüse oder die Bruschette mit Steinpilzen und edler Trüffel. Daraufhin stellt sich die quälende Frage nach der besten unter all den hausgemachten Pastasorten (in ausgefallenen, nur in dieser Gegend geläufigen Variationen), die mit schmackhaften Kombinationen und ungewöhnlichen Namen aufwarten: **Cordicelle cogli Dinguin** (Dinguin heißt im örtlichen Dialekt soviel wie Tunke), Maccaronacci Cogliu Pallacarne (mit Fleischragout und Bohnen), gehobelte Sagne, **Cecamariti** mit Maisgrieß und Gnocchi, ohne nun deswegen die **Polenta mit Schweinerippchen** oder die Salsicce völlig unerwähnt zu lassen. Verfeinert werden Pasta und andere Speisen überdies gerne mit **Trüffeln**, Kaiserlingen und lokalen Steinpilzarten. Auch die Hauptgerichte stehen ganz im Zeichen abruzzischer Traditionen: Ausgenommen die **Scamorze**, sind sie ein Hoheslied auf das schmackhafte Fleisch heimischer Tiere wie Hammel, **Zicklein**, **Lamm**, Rind und Kalb, das auf dem Grill zubereitet wird.
Fernando ist überdies passionierter Sommelier und verbessert seinen Weinkeller stetig: Neben Weinen aus den Abruzzen kann er mit einer vortrefflichen Auswahl regionaler und nationaler Tropfen aufwarten, behält dabei jedoch stets das Preis-Leistungs-Verhältnis im Auge.

Casoli Torretta

40 km südöstlich von Chieti, S.S. 81

La Taverna

Trattoria
Contrada Torretta, 41
Tel. 08 72/98 17 43
Ruhetag: Mittwoch
Betriebsferien: 10 Tage Sept./Okt.
40 Plätze
Preise: 20 – 25 000 Lire
Keine Kreditkarten
Mittags und abends geöffnet

Obwohl der offizielle Name dieser Trattoria »La Taverna« lautet, ist sie eigentlich nur unter dem Namen »La Torretta« bekannt, weil sie in der Nähe eines alten Wachturms liegt. Denken Sie daran, falls Sie nach dem Weg fragen sollten. Das Lokal liegt nicht weit vom Lago di Casoli in einer unberührten Gegend am Fuße der Maiella. Der Inhaber Carmine Ranieri wird Ihnen zunächst vielleicht etwas mürrisch erscheinen, aber sobald er feststellt, daß Sie gutes Essen zu schätzen wissen, wird er sein freundliches Wesen herauskehren und Sie mit dem einen oder anderen Leckerbissen verwöhnen. Dazu gehören z. B. **Pecorino di Gessopalena** sott' olio oder frische **Trüffeln**, die er direkt von den Trüffelsuchern aus der Gegend bezieht. Gute, frische Zutaten gibt es hier zuhauf, und so werden Carmine und seine Frau Giuseppina mit **Sagne di farro e ceci, Maccheroni alla chitarra** mit Lammragout, Pappardelle mit Trüffeln oder Wildschweinragout auffahren (die Nudeln werden trotz der Nachbarschaft einiger Nudelfabriken von Weltruf im Haus gemacht). Als Secondi reichen Sie Ihnen **Lammbraten**, **Forelle aus dem See in Folie**, **Spezzatino vom Wildschwein**, danach gibt es die traditionellen Süßspeisen der Abruzzen. Der Weinkeller ist nicht sehr stark bestückt, aber es gibt eine schönen Auswahl an Grappa und Likör.

In der Nähe der Trattoria, in **Gessopalena**, stellt die Cooperativa Nuova Agricoltura Pecorino (auch mit Trüffeln), Schafsricotta und Giuncata her.

Castel del Monte

41 km östlich von L'Aquila, S.S. 17 B

Il Gattone

Trattoria
Via Campo della Fiera, 9
Tel. 08 62 / 93 84 46
Ruhetag: Mittwoch
Keine Betriebsferien
100 Plätze
Preise: 30 000 Lire, ohne Wein
Keine Kreditkarten
Mittags und abends geöffnet

Castel del Monte, 1300 m hoch im Gran Sasso gelegen und überragt von dem beeindruckenden Monte Bolza, ist für sein mittelalterliches Stadtbild berühmt und im Sommer entsprechend touristisch frequentiert. Ihre gastronomische Spezialität ist der Cacio marcetto, ein cremiger, scharfer Schafskäse, der auf das Brot gestrichen wird. Auch den gibt es im »Gattone«, der in einem relativ neuen Gebäude am Ortseingang zu finden ist und durch seine sorgfältig zubereiteten traditionellen Gerichte beeindruckt. Beginnen Sie das Mahl mit erstklassigen Salame, Schinken und Pecorino oder mit einer **Coratella d'agnello** mit Paprika. Unter den Primi – die von Signora Lucia gemacht und von Tochter Michaela serviert werden – stechen **Surgi e foglie** (Minestra mit Rübensprossen und Teigwaren) und die **Strangolapreti** heraus, die mit Kichererbsen, Auberginen, Pilz- bzw. Lammsauce oder den »orapi« kombiniert werden, einem in der Gegend verbreiteten Wildgemüse. Die **Ciafrichigli**, eine weitere interessante Nudelsorte, werden für **Minestre mit Linsen** oder Bohnen verwendet. Die Secondi konzentrieren sich auf Fleisch vom Grill; **Lamm** und **Castrato** von Castel del Monte zählen zu den besten der Region. Dem stehen die hausgemachten Dolci mit **Ferratelle**, **Mosticcioli** und Ricotta-Crostata nicht nach. Der Wein stammt aus der Region (Montepulciano d'Abruzzo, Cerasuolo, Trebbiano). Schlußapplaus für die moderate Rechnung, insbesondere bei der Größe der Portionen.

Auf dem Bio-Bauernhof von Giulio Petronio (Via San Donato, 56) bekommt man ausgezeichneten Schafskäse (Ricotta, Frisch- und gereiften Käse) sowie Getreide und Hülsenfrüchte.

Castel del Monte

41 km östlich von L'Aquila, S.S. 17 B

La Pecora Nera

Osteria
Via Sant'Angelo, 7
Tel. 08 62 / 93 81 81
Ruhetag: Dienstag, nicht im Sommer
Betriebsferien: 15. – 30. September
80 Plätze
Preise: 20 – 30 000 Lire
Keine Kreditkarten
Mittags und abends geöffnet

Mitten in der Altstadt von Castel del Monte finden wir unsere Trattoria »Zum schwarzen Schaf«, die trotz des Namens mit einer Küche aufwartet, die in perfektem Einklang mit der lokalen Eßkultur steht. Auf dem Speisezettel finden sich **Coratella vom Lamm**, die mit in Essig eingelegten Paprikaschoten serviert werden, Wurstwaren und heimischer Käse wie der vorzügliche Cacio Marcetto, die als Brotaufstrich gegessen werden. Daneben zählen **Ciafrichigli** (Nudeleintopf) **mit Bohnen**, Surgi mit Gemüse, **Sagne und Kartoffeln**, **Fettuccine mit Pilzen** oder Ragù, Strangolapreti mit deftiger Fleischsauce und mit frischer Ricotta gefüllte Ravioli zu den beliebtesten Spezialitäten. Ganzer Stolz Signora Lucianas ist jedoch **Pecora al Cotturo**, das kulinarische Aushängeschild dieses Landstrichs – ein sehr zeitaufwendiges Gericht, das nur auf Vorbestellung zu bekommen ist. Vorzüglich – hinsichtlich der Fleischqualität wie auch der Zubereitung – sind ferner das Lamm von der Holzglut und **Capretto al Forno** (Braten vom Zicklein), doch auch wer Fleisch nicht so zugetan sein sollte, findet mit **fritiertem Pecorinokäse** und **Käsebällchen** eine denkbar würdige Alternative.

Zu all diesen wohlschmeckenden Gerichten können Sie diverse gute Flaschenweine aus der Region bestellen. Und mit Süßspeisen nach bester Hausfrauenart klingt Ihr Mahl schließlich aus: Tiramisù oder, besonders im Winter, Crostate mit Ricotta.

Bei Marinacci, Via della Pineta 13, bekommen Sie in kleinen Mengen Pecorino und Ricotta, die einen Abstecher wirklich wert sind. Dasselbe gilt für Käse und Schaffleisch der Gebrüder Mucciante.

Chieti Scalo

5 km von der Stadtmitte

Primavera

Trattoria
Viale Benedetto Croce, 69
Tel. 0871/560157
Ruhetag: Sonntag
Betriebsferien: um den 15. Aug., im Dez.
50 Plätze
Preise: 25 – 35 000 Lire, ohne Wein
Kreditkarten: alle
Mittags und abends geöffnet

Das »Primavera« in Chieti Scalo ist ein gemütliches Lokal mit reichlich Tradition, in dem der hungrige Gast auf eine gleichbleibend hohe Küchenqualität zählen kann. Daher ist es (insbesondere mittags) stets gut besucht von Leuten, die in der Nähe arbeiten, sowie Anhängern einer familiären, soliden Küche, die gelegentlich mit kulinarischen Leckerbissen überrascht. Ida Marcuccitti, die Inhaberin und Köchin, stammt aus San Vito Marina und pflegt noch heute beste Beziehungen zu den dortigen Fischern, die ihr den Fisch direkt vom Kutter noch vor der Versteigerung fangfrisch verkaufen. Im Speisesaal kümmert sich ihr Sohn zuvorkommend um die Gäste, in perfektem Einklang mit dem familiär gemütlichen Ambiente.
Die Küche des »Primavera« ist überwiegend vom Meer geprägt: Zum Auftakt werden marinierte und warme Vorspeisen serviert, darauf folgen dann **Chitarrine mit Krebssauce**, **Spaghetti in einer Sauce mit Heuschreckenkrebsen** oder mit Nero di Seppia, **Tacconi mit Scampi und Borretsch**, **Pasta alla Mugnaia** (nach Müllerinnenart) **mit Oktopus und Auberginen**, Anglerfisch aus dem Ofen mit Kartoffeln, Spaghetti mit Venusmuscheln aus der Adria, Tintenfische mit Erbsen, Frittura di Calamaretti, Barben alla Livornese, **Fisch in Sauce** oder als **Fischsuppe** und **gefüllte Tintenfische** (völlig zu Recht eines der beliebtesten Gerichte). Wer es erdgebundener mag, der kann alternativ Sagne con Fagioli, Chitarrine mit Sugo und Lamm von der Holzglut wählen. Die Preise sind äußerst anständig: Primo und Hauptgericht mit Fisch (natürlich fangfrisch) bekommen Sie hier bereits für 30 000 Lire, und dazu einen Flaschenwein, den Sie aus dem kleinen Sortiment überwiegend regionaler Tropfen wählen können.

Città Sant'Angelo

17 km nordwestlich von Pescara, S.S. 16

La Locanda dell'Arte

Osteria
Vico II Santa Chiara, 7
Tel. 085/96669
Ruhetag: Sonntag, nicht im Sommer
Keine Betriebsferien
40 Plätze + 20 im Freien
Preise: 30 – 35 000 Lire
Kreditkarten: die bekannteren
Mittags und abends geöffnet

In der Altstadt von Città Sant'Angelo betreibt Danilo Oronzo im Palazzo Coppa Zuccari aus dem 17. Jahrhundert seine »Locanda dell'Arte«.
Das Aushängeschild der Osteria ist der Dinkel: Dieses Getreide verträgt auch ein rauheres Klima, weshalb es gerade in Bergregionen gerne angebaut wird. Hier wird natürlich abruzzischer Dinkel verwendet: Verschieden zubereitet (auch als Pasta) bildet er die Grundlage der meisten phantasievollen Gerichte. Zur Eröffnung gibt es Dinkelsalat mit viel Gemüse und Kräutern, leckere **Wurstwaren** aus den Abruzzen (Lonza, Mortadelline aus Campotosto und Ventricina) oder Käse (geräucherte Ricotta und **Schafskäse aus Farindola**), zu denen das ausgezeichnete Brot aus Sant'Eufemia gereicht wird. Als erster Gang kommt dann, wie bereits erwähnt, vor allem Dinkel auf den Tisch: **Dinkelsuppe** »della Locanda«, **Minestra mit Artischocken und Trüffeln**, **Farrotto con Misticanza** (Dinkelgericht mit wilden Kräutern), **Gnocchetti mit Ricotta und Safran** aus Civitaretenga, Pappardelle mit Enten- oder Wildschweinragout, **Chitarrina mit Trüffeln** oder Fleischsauce, Strozzapreti aus Dinkel mit Zucchini oder **Maltagliati mit Salami**. Als Secondo sind »Pesci di Collina«, also Forellen und Flußkrebse, zu empfehlen, Lamm von der Holzglut, **gefülltes Kaninchen**, Wildschwein mit Polenta und Trüffeln und Schweinebraten, und auf Vorbestellung oder zu besonderen Anlässen bekommt man gelegentlich auch **Mazzarelle** (Lamminnereien), im Mai **Virtù** (dicker Gemüseeintopf) oder Pizza mit fritierten Paprikaschoten.
Der Weinkeller bietet dazu eine Kollektion feiner Tropfen, und zum süßen Abschluß tischt die Küche – wie könnte es auch anders sein? – Desserts mit Dinkel auf. Ein weiterer Pluspunkt sind die (insbesondere mittags) anständigen Preise.

Civitella Casanova

42 km südwestlich von Pescara, S.S. 602

La Bandiera

Restaurant
Contrada Pastini, 32
Tel. 0 85 / 84 52 19 und 84 57 89
Ruhetag: Mittwoch
Betriebsferien: Jan./Febr. und im Juli
100 Plätze + 20 im Freien
Preise: 30 – 35 000 Lire, ohne Wein
Kreditkarten: die bekannteren
Mittags und abends geöffnet

Ohne auch nur den Anflug von Ermüdungserscheinungen schreibt dieses Lokal stetig weiter an seiner Erfolgsgeschichte, die vor gut zwanzig Jahren begann.
Die Küche der Abruzzen wird hier in höchster Vollendung geboten, und das beginnt bei der Qualität der Zutaten: Der freundliche, zuvorkommende Marcello ist äußerst wählerisch bei ihrer Beschaffung, und er kennt sich bei den kleinen Züchtern der Gegend ganz genau aus. Zur Eröffnung bekommen Sie hier **Crostini mit Schafsricotta**, einen bemerkenswerten Bergschinken, Salamini in Öl und **Salsicce mit Leber** und Peperoncino, die Sie zu Focacce nach bester Hausmacherart, **Cipollata** und Frittatine mit Paprika oder Spargel genießen können. Als Primi gibt es ausschließlich handgezogene Nudeln wie **Pappardelle mit Entenragout** in bianco, Chitarrine mit frischen Tomaten und Birkenpilzen, **Gnocchi mit Raps und Safran** oder **Sagne mit Kichererbsen**. Unbedingt versuchen sollten Sie auch den **Passato** (pürierte Suppe) **mit Saubohnen und wilder Zichorie**, die **Fracchiata** und – zur passenden Jahreszeit – **Polenta mit Drosselragout** oder mit Schweinerippchen. Doch die eigentliche Stärke des »La Bandiera« sind seine Fleischgerichte: Sie haben die Wahl zwischen **Hähnchen mit Paprikaschoten**, **Perlhuhn in Weißwein**, **Stockente in Sugo**, Zicklein aus der Pfanne oder Lamm vom Grill.
Zum krönenden Abschluß wartet die Küche schließlich mit köstlichem Gebäck (Dita degli Apostoli, »Apostelfinger«, und Amaretti) oder Schokoladentörtchen mit Creme auf. Auch der Keller ist mit seinen Weinen und Grappe tadellos bestückt, und das Preis-Leistungs-Verhältnis ist wirklich löblich.

Colonella Rio Moro

10 km von San Benedetto del Tronto, S.S. 16

Zenobi

Bauernhof
Contrada Rio Moro
Tel. 08 61 / 7 05 81
Ruhetag: Dienstag, nicht im Sommer
Betriebsferien: Ende Sept. / Anf. Okt.
50 Plätze
Preise: 30 000 Lire
Keine Kreditkarten
Mittags und abends geöffnet

Den Bauernhof erreichen Sie, indem Sie von der Statale Adriatica Richtung Colonnella abfahren. Hinter den Weinkellereien Cantina Sociale di Colonella und Lepore biegen Sie nach links in eine kurvenreiche Straße ein, die Sie direkt zum Bauernhof bringt. Das Haus wurde vor kurzem renoviert, der Speisesaal wirkt durch den alten Kamin recht rustikal. Signora Patrizia Corradetti, die den Betrieb zusammen mit ihrer Mutter Ada und ihrer Schwester Antonella führt, empfängt Sie zuvorkommend und freundlich. Sie stammt aus Offida auf der anderen Seite des Flusses Tronto und bietet deshalb nicht nur abruzzische Spezialitäten, sondern auch Gerichte aus ihrer Heimatregion Marken. Aus dem Angebot: **Ngrecciata** (Saubohnen, Erbsen, Artischocken, Bauchspeck), **Hühnerlebern mit Eiern**, gefüllte Olive all'ascolana, Spinatauflauf mit Eiern und Schinken als Vorspeise. Sonntags gibt es **Vincisgrassi** »weiß« (mit Béchamelsauce) oder mit Tomaten-Fleisch-Sauce, je nach Saison auch hausgemachte Tagliatelle mit Trüffeln. **Baccalà mit Rosinen**, **Stoccafisso con salsa agra**, **Agnello alla brace**, gebackenes oder gebratenes Saisongemüse, **Pecorino con fave** sind einige Beispiele von der Karte, die oft wechselt. Olivenöl extravergine und Wein (Trebbiano, Montepulciano und Cerasuolo) stammen aus eigener Herstellung.
Für das Wochenende ist frühzeitige Reservierung zu empfehlen.

Die Erzeugnisse des Bauernhofs, vor allem Öl und Wein, kann man vor Ort kaufen.

Controguerra

38 km von Teramo, 40 km von Ascoli Piceno

La Credenza

Bauernhof
Piane Tronto, 80
Tel. 08 61 / 8 97 57
Ruhetag: Montag
Betriebsferien: im Januar
40 Plätze + 20 im Freien
Preise: 30 000 Lire, ohne Wein
Keine Kreditkarten
Abends geöffnet, mittags auf Bestell.

Die Hügelkette, die sich am Südufer des Flusses Tronto dahinzieht, wurde kürzlich mit dem »DOC Controguerra«-Gütesiegel für verschiedene Sorten Wein geadelt, die nun die klassische Dreieinigkeit Montepulciano – Cerasuolo – Trebbiano d'Abruzzo bereichern. Zu den Erzeugern, die sich für diese Auszeichnung stark gemacht haben, gehört auch Camillo Montori, der seit eh und je mit hochwertigen Weinen experimentiert und zugleich Inhaber des Restaurants im Ferienbauernhof ist.
Nur wenige Meter von Camillos Weinkeller entfernt liegt das »Credenza«, ein schmuckes Lokal mit lockerer Atmosphäre, das er mit seiner Gattin Paola vor einigen Jahren eröffnet hat. Das Speisenangebot ist hier eher Nebensache und daher nicht sehr umfangreich – denn die Hauptrolle spielen unangefochten die vortrefflichen Weine der Kellerei Montori. Zum Auftakt kommen Wurstwaren auf den Tisch (Lonzino, **Ciavuscolo**, Salami und Schinken), Tartine mit Gemüse und dann **Pasta e Fagioli**, **Dinkel mit Kartoffeln**, **Minestra mit Linsen und Dinkel**, Teigwaren mit Gemüse der Saison (wie Penne mit Erbsen und Chitarre mit Artischocken) und gelegentlich Timballo (Auflauf) alla Teramana. Mit Gemüse der jeweiligen Saison, das auch einen Tisch in der Saalmitte schmückt, geht es weiter: **Saubohnen mit Pecorino** im Frühjahr, Zucchini mit Tomaten und marinierte oder würzige Auberginen im Sommer sowie in der Pfanne **gedünstete Zichorie**. Auch für Fleischliebhaber ist gesorgt: Sie können wählen unter **Stinco di vitello** (Kalbshaxe), **Tauben aus der Kasserolle**, Lamm- oder **Kaninchenragout**, Roastbeef, Schweinebraten und Truthahn. Und zum Ausklang gibt es stets schmackhafte **Pecorinokäse** und hausgemachte Desserts.

Camillo Montori erzeugt und verkauft neben Wein auch erstklassiges Olivenöl.

Corropoli Piane

33 km von Teramo, S.S. 259

Locanda della Tradizione Abruzzese

Restaurant – Pizzeria
Via Piane
Tel. 08 61 / 81 01 29
Ruhetag: Mittwoch, nicht im Sommer
Keine Betriebsferien
250 Plätze
Preise: 30 – 40 000 Lire
Keine Kreditkarten
Mittags und abends geöffnet

Jede Menge Platz und eine enge Bindung an das Val Vibrata – so könnte man diese »Locanda« charakterisieren. In der Küche wirtschaften unter der Leitung von Sandro Pazzaglia Signora Rita, die für die handgezogenen Nudeln verantwortlich ist, sowie Signora Anna Maria, eine gelernte Konditorin aus Salerno. **Lammgekröse** mit Paprika, Dinkelnudeln mit **Entenragout**, **Maccheroni alla chitarra** mit Tomatensauce, **Timballo di crespelle**, das alte **Virtù** sind einige von den Regionalgerichten, die man probieren muß. Dazu gesellt sich Risotto, für den Reis der berühmten Antica Riseria Ferron verwendet wird (mit Radicchio oder Steinpilzen). Von den Secondi empfehlen wir besonders **Agnello cace e ova**, das **Schaffleisch vom Kessel** (»alla caldara«), den Enten- oder Ziegenbraten (**Capra alla neretese**). Auch die »gewöhnlicheren« Spezialitäten, Lamm und Hammel vom Grill, sind nicht zu verachten. Die Desserts wechseln mit der Jahreszeit. Die Weinkarte ist mit den besten Gewächsen aus der Region und den bedeutendsten Weinbauregionen gut bestückt.
Man findet die »Locanda« in einem restaurierten Bauernhaus an der Straße, die von der Küste bei Alba Adriatica ins Val Vibrata hinaufführt (in der Nähe der Abzweigung nach Corropoli).

Auf dem Gut der Fratelli Cardelli, Via Colle 161, bekommt man erstklassiges Fleisch, Schafskäse, Oliven und Eiernudeln. Berühmt ist auch die Ventricina di maiale (eine Wurstspezialität des Hauses). In **Campli** (25 km) empfiehlt sich die Holzofenbäckerei Mancini an der Staatsstraße 8, Abzw. nach Campli, für ihr ausgezeichnetes Brot und ihren Kuchen.

Ferrazzano

4 km südlich von Campobasso

Da Emilio

Restaurant
Via Spensieri, 21
Tel. 08 74 / 41 65 76
Ruhetag: Dienstag
Betriebsferien: Juli
140 Plätze
Preise: 30 – 40 000 Lire, ohne Wein
Kreditkarten: AE, BA, Visa
Mittags und abends geöffnet

Nun besteht das Lokal schon seit fast vierzig Jahren und hat sich in all dieser Zeit verdientermaßen hohes Ansehen erworben: Um hier in Ferrazzano einzukehren, nehmen die Gäste immerhin eine Bergauffahrt bis auf etwa tausend Meter Höhe in Kauf. Unverändert bleiben – um zur Hauptsache, nämlich der Küche, zu kommen – die Aushängeschilder des Lokals, wie vor allem die Eierteigwaren nach Art der Romagna, eine kleine Hommage an die Heimat von Signora Carla.
Zur Einstimmung werden leckere Wurstwaren aus dem Molise aufgetragen: **Soppressata**, Salsiccia und Capocollo bereiten das Terrain für **Pappardelle mit** Hasen-, Wildschwein- oder **Entenragout**, **Polentaquiche mit Pilzen**, Käsegnocchi, **Ricottaravioli** mit Frühlingskräutern (oder mit Mandeln und Pinienkernen) und Garganelli, denen die Köchin hier mit Auberginen, Tomaten und Peperoncino eine schmackhaft südliche Note verleiht. Auch eine besondere Variation der »Margherite« ist Teil ihres Repertoires: Der Eiernudelteig wird zu Margeriten geformt und mit Mandeln und Pinienkernen gefüllt. Zum Hauptgang stehen fast immer die klassischen **Torcinelli** (Lamminnereien) auf dem Speisezettel, mageres Schweinefleisch, **gegrilltes Zicklein** oder **Lamm** und verschiedene gegrillte Fleischplatten. Stets weiter verbessert wird auch das leckere Sortiment an örtlichen **Käsesorten**: Pecorini von Kleinerzeugern, Caciocavalli in verschiedenen Reifegraden, Mozzarelle und Burrini (Butterkäse). Für Naschkatzen gibt es schließlich leckere handgemachte Dolci aus einer benachbarten Pasticceria.
Der Weinkeller wartet mit einem anständigen Sortiment an Rebensäften auf – eine Kostprobe wert ist der Wein aus den bodenständigen Tintiglia-Trauben, die Vincenzo aus ihrem Dornröschenschlaf erweckte.

Frosolone Colle dell'Orso

32 km östlich von Isernia, S.S. 618

La Tana dell'Orso

NEU

Bar – Restaurant
Ortsteil Colle dell'Orso
Tel. 08 74 / 89 07 85
Ruhetag: Dienstag
Betriebsferien: Jan. / Febr.
150 Plätze
Preise: 30 000 Lire, ohne Wein
Keine Kreditkarten
Mittags und abends geöffnet

Wollte man all die Reichtümer aufzählen, mit denen Mutter Erde das Landesinnere des Molise bedacht hat, so müßte man zweifellos mit Gemüse, Hülsenfrüchten und Obst beginnen: Paprikaschoten und Bohnen aus Boiano, weißer Sellerie und Fenchel, Erdbeeren und Feigen, Spinat und Zwiebeln aus Isernia, Aprikosen, Pfirsiche und Birnen. Darauf folgte dann eine Aufzählung der Schätze der Wälder, wie Trüffeln und Pilze, gefolgt von exquisiten Molkereiprodukten und Käse von prächtigen Weiden sowie erstklassige Wurstwaren (Ventricina, Soppressata und Salsiccia). Diese zweite »Sparte« mit den Spezialitäten der Berge liefert die Zutaten, aus denen Domenico Di Maria seine wohlschmeckenden Gerichte zubereitet, tatkräftig unterstützt von den tüchtigen Küchenhilfen und seinem Bruder Luigi im Speisesaal. Frosolone liegt an der Straße, die Isernia mit Boiano verbindet: Ein zauberhafter Flecken auf fast tausend Meter Höhe, umschlossen von dichten Wäldern und bekannt für seine Werkstätten, in denen von fleißigen Handwerkern Messer geschmiedet werden.
In der »Tana dell'Orso«, der »Bärenhöhle«, die auch über eine Reitbahn verfügt, können Sie sich an erlesenen Käsesorten, **Schafsricotta**, Manteca (Butterkäse) und Caciocavallo von heimischen Hirten, stärken. Dazu schmecken die gefüllten **Crespelle** mit Ricotta und Spinat, die **Fettuccine mit Trüffeln** und Steinpilzen und die **Tacconelle alla Molisana**, die Appetit machen auf die Hauptgerichte: Den Bärenhunger stillen erstklassiges Fleisch aus heimischer Zucht vom Grill beziehungsweise – alternativ zu oder als Fortsetzung Ihres kulinarischen Ausflugs in die Berge – Scamorze, traditionell hergestellte **Soppressate** und **Salsicce in Schweineschmalz**. Die Weine stammen meist aus der Gegend, aber auch diverse gute Tropfen aus anderen Anbaugebieten runden Ihre Mahlzeit ab.

Gagliano Aterno

51 km südöstlich von L'Aquila, S.S. 5 bis

Sotto le Finestre

NEU

Restaurant
Via Fontana, 3
Tel. 08 64 / 7 91 25
Ruhetag: Montag
Keine Betriebsferien
70 Plätze
Preise: 25 – 35 000 Lire, ohne Wein
Keine Kreditkarten
Mittags und abends geöffnet

Gagliano Aterno ist einer jener malerischen kleinen Flecken, in denen es so manches zu entdecken gibt, denn hier gehen architektonische und landschaftliche Schönheiten fließend ineinander über. Unser Restaurant fügt sich harmonisch in diesen reizvollen Rahmen ein: Es erwartet Sie in einem Gebäude von anno 1550, und einige Stilmöbel bilden einträchtig mit Zeitgenössischerem die geschmackvolle Inneneinrichtung. Hier empfängt Sie der Wirt Carlo Tonnarini persönlich und geleitet Sie an Ihren Tisch, während in der Küche Chefkoch Aurelio Moco seines Amtes waltet, dessen besonderes Augenmerk der Regionalküche gilt, insbesondere der Küche dieser Bergregion.
Fleisch und Gemüse stammen grundsätzlich aus der Gegend, die Pasta ist stets frisch, und das Speisenangebot orientiert sich an den Jahreszeiten. Der Naturpark Velino-Sirente, in dem Gagliano liegt, gehört zu den bedeutendsten Trüffel- und Steinpilzgebieten der Abruzzen: Oftmals werden die hier aufgestöberten Kostbarkeiten auf den bekannteren Pilzauktionen anderer Regionen versteigert. Sie jedoch können sie ganz frisch vor Ort auf den **Bruschette** (besonders lecker mit Ventricina und Radicchio) genießen. Trüffeln veredeln auch die **Chitarrine**, während die »**Pecorelle del Sirento**« sich als Agnolotti mit Hallimasch, Schinken und Spinat entpuppen. Schmackhaft sind auch die Gnocchi mit Fleischsugo, die Sagnette mit Bohnen und die Chitarrine mit Brennesseln in Butter und Salbei. Als Hauptgericht bringt der Koch gern **Lamm mit Feldkräutern** auf den Tisch, Kutteln, **Nuß vom Rind mit Lardo** und gegrilltes Gemüse. Naschen Sie zum Abschluß ruhig von den köstlichen hausgemachten Desserts (Reue wäre fehl am Platz): Crostate mit Schafsricotta und Äpfeln, Chantilly-Creme in Erdbeersauce und Mürbekekse. Vortrefflich auch das Weinsortiment.

Giulianova

25 km östlich von Teramo, S.S. 16
oder Ausfahrt A 14

La Medusa

NEU

Trattoria
Via Trieste, 175
Tel. 0 85 / 8 00 24 25
Ruhetag: Montag
Betriebsferien: 7.–27. Januar
50 Plätze
Preise: 45 – 50 000 Lire, ohne Wein
Kreditkarten: alle
Mittags und abends geöffnet

Haben Sie Lust auf fangfrischen, erstklassigen Fisch? Und halten sich gerade in Giulianova auf? Dann haben wir den richtigen Tip für Sie: Das »Medusa« zwischen der Strandpromenade und der Adriatica-Nationalstraße. Es ist ein Familienbetrieb und die Einrichtung nicht gerade elegant, aber dafür konzentriert man sich hier aufs Wesentliche: einfache, ursprüngliche Gerichte der traditionellen Meeresküche der Abruzzen in der Tradition Giulianovas.
In unserem Restaurant begrüßt Sie der junge Wirt Francesco Di Gialluca, der Sie – gelegentlich im munteren örtlichen Dialekt – über das Speisenangebot informieren wird. Sehr großzügig die Portionen bei den Vorspeisen: **Crudità di Mare** (rohe Meeresfrüchte), **Venus- und Miesmuscheln im Sud** oder gratiniert, Pilze mit Fischfüllung, Scampi und Venusmuscheln mit Tomaten, gesottene Scampi und marinierte Sardellen sind nur einige der angebotenen Leckereien. Dazu gesellen sich die Primi: **Risotto mit Calamari und Venusmuscheln**, Mezzi Rigatoni mit Scampi und frischen Tomaten oder **Orecchiette mit Meeresfrüchten**. Die beliebtesten Hauptgerichte sind danach Frittura di Paranza (fritierter Fischteller), gemischte Braten und Scampi alla Catalana. Deliziöse Zitronendesserts runden die Mahlzeit ab.
Der Weinkeller birgt ein anständiges Sortiment an Erzeugnissen aus den Abruzzen und einige gute Weine aus anderen Regionen. Die Rechnung krönt Ihren Aufenthalt mit einer angenehmen Überraschung: Sie beweist, daß gepflegte Speisen und hochwertige Zutaten (in unserem Fall der Fisch) durchaus zu maßvollen Preisen zu haben sind.

In der Salumeria Antonio, Via Nazario Sauro 120, erwartet Sie ein kleines Schlaraffenland voller Delikatessen: Käse, Wurstwaren, Olivenöl, Weine und Gerichte zum Mitnehmen.

Giulianova Lido

25 km östlich v. Teramo, S.S. 16 o. Ausf. A 14

Osteria dal Moro

Trattoria
Lungomare Spalato, 74
Tel. 085/8004973
Ruhetag: Mittwoch
Betriebsferien: im Sept./Okt. u. [Febr./März
55 Plätze
Preise: 45 – 50 000 Lire
Kreditkarten: alle außer DC
Mittag und abends geöffnet, Mo./Di. nur abends

Das Meer prägt hier maßgeblich Lebensrhythmus und Eßkultur. Möchten Sie sich selbst ein Bild machen, so empfehlen wir Ihnen einen Abstecher in die »Osteria dal Moro«: Sie finden sie direkt an der Strandpromenade südlich der Hauptstraße. Francesco und Chiara verwöhnen ihre Gäste mit weniger kostspieligen Fischen und Meeresfrüchten, vor Ort gefangen und stets garantiert frisch, aus denen volkstümliche Speisen zubereitet werden – und entsprechend maßvoll sind die Preise (Vorbestellung ist ratsam).
Unter den mittlerweile klassischen Antipasti des »Moro« haben wir die **Crudità del Mare** in ebenso guter Erinnerung wie **gefüllte Muscheln**, Bomboletti (kleine Seeschnecken) und Meeresschneckenragout, Scampi in Suppe oder all'arrabiata mit scharfem Peperoncino, **gefüllte Heuschreckenkrebse**, gratinierte Tintenfische mit Rosmarin, marinierte Sardellen und in der Pfanne geschwenkte kleine Calamari. Wenn es der Fang erlaubt, stehen daraufhin **Maltagliati mit Tellmuscheln** auf dem Speisezettel, **Spaghetti mit Tinte vom Tintenfisch**, bunte Quadrucci mit Suri (Blaufisch), kleinen Polypen und Tintenfischen in bianco, Mezzemaniche mit Sugo von Scampi aus der Adria, Risotti und Tagliatelle mit kleinen Kalmaren und Scampi und – vorwiegend im Winter – Orecchiette mit Broccoli und Fisch. Auch die Hauptgerichte sind ein ganz persönliches Dankeschön ans Meer: **Guazzetto al Pomodoro** (Fischsuppe mit Tomaten) oder auch in bianco mit Essig und Wein, **Seeteufel in Weinsud**, **Brodetto** (scharfe Fischsuppe) auf Vorbestellung, Mazzolina (Gründling) aus dem Backrohr mit Kartoffeln und gegrillter oder fritierter Fisch, die **Fritturine di Paranza**. Wählen Sie dazu einen Tropfen aus dem kleinen, aber feinen Weinsortiment, die Preisaufschläge sind angemessen.

Giulianova Lido

25 km östlich v. Teramo, S.S. 16 o. Ausf. A 14

Osteria della Stracciavocc

NEU

Osteria
Via Trieste, 159
Tel. 085/8005326
Ruhetag: Montag
Betriebsferien: 10 Tage im Oktober
55 Plätze + 15 im Freien
Preise: 50 – 55 000 Lire
Kreditkarten: die bekannteren
Mittags und abends geöffnet

Ihr Lebensraum sind die schlammigen Gründe der Adria, ihr Fleisch ist besonders wohlschmeckend und im Winter und Frühjahr am delikatesten, denn dann schließen sich die Weibchen um eine Koralle, die ihre köstlichen Eier empfängt. Einige Handbücher der Fischkunde oder der Meeresküche schließen ihren Steckbrief mit der Empfehlung, sie bereits geschält zu servieren. Wovon hier die Rede ist? Nun, wir lüften das Geheimnis: von den Heuschreckenkrebsen, die in Italien auch als Canocchie oder als Panocchie bekannt sind. In Giulianova werden sie wegen ihrer schützenden Schale auch Stracciavocc genannt. Heuschreckenkrebse zählen zu den Eckpfeilern der volkstümlichen Küche von Giulianova.
Lassen Sie sich also auf die schmackhafte, unverfälschte Küche des »Stracciavocc« ein – Sie werden es bestimmt nicht bereuen. Einstimmen können Sie sich beispielsweise mit Crudità di Mare (rohen Meeresfrüchten), **Tintenfisch mit Kartoffeln**, kleinen Scampi mit grünen Tomaten, marinierten Sardellen, **gefüllten Heuschreckenkrebsen** und **Guazzetto** (Fischsuppe) **mit Venus- und Miesmuscheln**. Auch die Primi – in der Regel kommen sie dampfend aus der Pfanne auf den Tisch – sind eine Gaumenfreude: **Rigatoni mit Glatthai und Anglerfisch**, Spaghetti mit Venusmuscheln, Mezze Maniche alla Marinara (mit Tomaten) oder mit Krustentierragout und **Tagliatelle mit Tintenfisch und Heuschreckenkrebsen**. Und die Hauptgerichte werden direkt am Tisch in der Backform serviert: Keineswegs versäumen sollten Sie den **Anglerfisch mit Kartoffeln und schwarzen Oliven** (auch der Wolfsbarsch wird so zubereitet), aber auch die leckeren Fischsuppen, Grillplatten und fritierten Fischteller sind ... eine Herausforderung!
Eine annehmbare Auswahl nicht nur regionaler Weine.

Guardiagrele

25 km südlich von Chieti, S.S. 263

Villa Maiella

Restaurant
Via Sette Dolori, 30
Tel. 0871/809362
Ruhetag: Montag
Betriebsferien: 15.–31. Juli
60 Plätze
Preise: 30 – 35 000 Lire, ohne Wein
Kreditkarten: CartaSi, Visa
Mittags und abends geöffnet

Bei Peppino Tinari und seiner Frau Angela in der »Villa Maiella« sind Sie in wirklich guten Händen. Seit letztem Sommer stehen den Gästen unter demselben Dach auch vierzehn komfortable Zimmer zur Verfügung.
Zur Einstimmung können Sie in dem warmen, gemütlichen Speisesaal die leckeren örtlichen **Wurstwaren** kosten, delikaten **Pilzsalat** (natürlich in der Saison), **Chitarrine mit Hammelragout** oder – insbesondere im Sommer – mit frischen Tomaten und Basilikum, **Pasta mit Schafsragout**, **Pappardelle mit Entenragout** und Tagliatelle mit Trüffeln oder Steinpilzen. Es geht weiter mit **Lamm mit Käse und Eiern**, **Capretto Brodettato** (Ragout vom Zicklein) und Kaninchen mit Maiella-Kräutern. Dem **Baccalà**, der hier nach Rezepten aus den Abruzzen, aber auch aus anderen Regionen gerne den Speisezettel bereichert, gilt die besondere Vorliebe des Wirts; eine Kostprobe wert ist auch die Pasta mit einem Sugo aus dem Fleisch dieses Fischs. Wenn Sie rechtzeitig vorbestellen, können Sie Ihren Gaumen auch mit kompletten Menüs aus fangfrischem Fisch verwöhnen. Den Abschluß bilden dann leckere heimische **Pecorini** und Naschwerk (auch mit Safran), das Angela mit viel Phantasie und Können für Sie zubereitet.
Bacchusjünger finden ein ständig erweitertes Sortiment guter Flaschenweine, auch aus anderen Regionen, zu erfreulich maßvollen Preisen. Doch den wahren Charme der »Villa Maiella« müssen Sie selbst ergründen.

Auf dem Bauernhof von Giacomo Santoleri, Via Piane di Caprafico, bekommen Sie hervorragendes Olivenöl extravergine, Dinkel (auch Dinkelpasta) und Gerste (für Suppen geeignete oder für Kaffee geröstete und gemahlene Körner).

Guglionesi

56 km nordöstlich von Campobasso, S.S. 483

Il Pagatore

Restaurant
Corso Conte di Torino, 71
Tel. 0875/680550
Ruhetag: Sonntag
Betriebsferien: 2 Wo. im Nov.
32 Plätze + 24 im Freien
Preise: 30 – 35 000 Lire
Keine Kreditkarten
Mittags und abends geöffnet

Guglionesi zählt zwar zu den Orten im Hinterland des Molise, liegt aber trotzdem sehr küstennah (bis Termoli sind es nur sieben Kilometer), und wir legen es Ihnen als lohnendes Ausflugsziel ans Herz – wegen des schlichten, stillen Zaubers dieses Städtchens, aber auch wegen seiner großartigen Eßkultur. Mitten im historischen Ortszentrum gelangen wir zum »Il Pagatore«.
Zum Auftakt werden Wurstwaren und Käse gereicht, die Appetit machen auf die einfache, aber wohlschmeckende hausgemachte Pasta aus Mehl und Wasser: **Cavatelli mit Ragù** auf Molisaner Art mit verschiedenem Fleisch, **Fusilli** mit Gemüse der Saison (wie Sprossen-Broccoli und Artischocken) oder Tomaten sowie Ravioli mit Auberginen in Basilikumcreme. Klassiker unter den Hauptgerichten sind **Kaninchen** mit oder ohne Tomaten (also in bianco), teils auch leicht scharf, sowie **Perlhuhn in Salsa** mit Paprikaschoten, **Kutteln in Sugo** (wenn der örtliche Metzger sie gerade ganz frisch vorrätig hat), Gulasch mit Steinpilzen (im Winter), **Lamm von der Holzglut** oder glasiert mit Rosmarin und Grillplatte mit verschiedenen Fleischsorten. Wer mag, kann auch für Caciocavallo oder Scamorza von der Holzglut optieren.
Hausgemachte Dolci runden die Mahlzeit ab, und im Weinkeller liegen Rot- oder Weißweine aus den Hügeln des Molise bereit.

Ein Leckerbissen sind die Spezialitäten in Öl von Colle Sant'Adamo (in Guglionesi bei Stipan Alimentari, Piazza Italia, erhältlich) und die Käsespezialitäten (Pecorini und Ricotte), die Di Giandomenico in der Contrada Castellana 2 herstellt und verkauft. Die Metzgerei Berchicci in **San Giacomo degli Schiavoni** (4 km), Largo del Tempio 23, stellt köstliche typische Wurstwaren her.

Guglionesi Malecoste

56 km nordöstlich von Campobasso, S.S. 483

Ribo

Restaurant
Contrada Malecoste
Tel. 08 75 / 68 06 55
Ruhetag: Montag
Keine Betriebsferien
60 Plätze
Preise: 40 – 50 000 Lire
Kreditkarten: die bekannteren
Mittags und abends geöffnet

Das wahrscheinlich herausragendste Lokal des Molise finden wir an der Straße von Termoli nach Guglionesi: das »Ribo«. Es hat uns von Beginn an so überzeugt, daß wir es sofort in unseren Führer aufnahmen, und im Laufe der Zeit haben die Wirte ein äußerst differenziertes Speisenangebot entfaltet, das von bodenständiger Regionalküche bis hin zum großen Degustationsmenü mit Fisch reicht. Die Preise differieren entsprechend, sind aber stets angemessen.

Kosten Sie zur Eröffnung den sagenhaften Crudo di Molluschi (rohe Meeresfrüchte), heimische Wurstwaren oder zarte Fritturina di Gianchetti, bevor Sie übergehen zu Dinkel mit Tintenfisch und Steinpilzen, **Minestra mit Dinkelpasta**, **Scampi und Krebsen**, **Rigatoni mit Lammragout** oder **Cavatelli mit Sprossen-Broccoli**. Danach können Sie in Calamari- und Scampispießchen schwelgen, **Barben alla Termolese**, Termoleser Fischsuppe (auf Anfrage) oder auch Wildschweinragout in Salmì, **Lamm vom Holzkohlengrill**, gefüllter Taube und **Scamorzakäse aus Vastogirardi vom Holzkohlengrill** (auf Wunsch wird er auch frisch serviert). Rundum überzeugend ist auch die Käseauslage mit ihrem erlesenen Angebot, das von Kleinerzeugern aus der Region und ganz Italien stammt. Das Mahl ergänzen Focacce und diverse leckere Brotsorten (aus Hartweizen, Dinkel und Soja), die allesamt im Hause hergestellt werden. Und zum krönenden Abschluß halten auch die Desserts so manche süße Überraschung bereit.

Die Weinkarte ist in Angebot und Preisen sehr ausgewogen. Sie sollten jedoch nicht vergessen, daß Ihre Rechnung das untere Limit von 40 000 Lire beträchtlich übersteigen kann, wenn Sie ein Komplettmenü mit Fisch oder Trüffeln bestellen.

Isernia

Taverna Maresca

Restaurant
Corso Marcelli, 186
Tel. 08 65 / 39 76
Ruhetag: Sonntag
Betriebsferien: im Aug., 2 Wo. an Weihnachten
65 Plätze
Preise: 35 – 40 000 Lire
Kreditkarten: AE, CartaSi, Visa
Mittags und abends geöffnet

Während an der Küste des Molise oftmals Fisch eine schmackhafte kulinarische Verbindung mit Gemüse und Hülsenfrüchten eingeht, wird im Binnenland gerne Schweinefleisch mit den Produkten aus dem Gemüsegarten kombiniert. Einige dieser traditionellen Spezialitäten sind leider mittlerweile in Vergessenheit geraten, die wenigen noch bekannten sollten Sie jedoch in der 1901 gegründeten »Taverna Maresca« probieren. Sie liegt zentral in der Via Marcelli und hat schon ganze Generationen von Einheimischen an Tischen und Herd gesehen.

Zum Auftakt werden sie Ihnen **Soppressata** und Salsiccia aus eigener Herstellung und leckere Mozzarelline auftragen. Darauf folgen dann Primi wie **Pasta e Fagioli**, **Sagne mit Artischocken**, **Tagliatelle mit Lammragout**, **Kichererbsen mit Taccozze** (hausgemachter Pasta) oder Lagane mit Bohnen, die Appetit machen auf den Hauptgang: **Lamm vom Holzgrill**, **Schweinekutteln** in Sugo, angebräunte **Lamminnereien** und **Kaninchen aus der Pfanne**. Auf Anfrage bereitet die Küche für Sie auch Spezialitäten wie **Polenta »Unta«** mit Fleischragout oder Bohnen, Baccalà in den verschiedensten Variationen (mit Tomaten, fritiert, gebraten oder in bianco, also gedünstet und mit Öl, Zitrone und Petersilie angemacht) zu: Der »schnelle Fisch aus der Ostsee« ist gewöhnlich jeden Mittwoch und Freitag zu haben. Käse wie Caciocavallo und Scamorza beschließen die Mahlzeit, zu der Sie überwiegend regionale Weine bestellen können.

Die Dolciaria Valentino, Contrada Pettoranello, bietet neben typischer Patisserie aus dem Molise auch die schokoladenüberzogenen Mostaccioli aus Mürbeteig und leckere handgeflochtene Treccine, Teigzöpfchen.

Isola del Gran Sasso d'Italia · San Pietro

37 km südl. von Teramo, S.S. 81, 150 u. 491

Il Mandrone

Trattoria
Ortsteil San Pietro
Tel. 08 61 / 97 61 52
Ruhetag: Di. u. Mi., nicht im August
Betriebsferien: je 3 Wo. im Nov. / Dez. u. [Jan. / Febr.
60 Plätze
Preise: 30 – 35 000 Lire, ohne Wein
Keine Kreditkarten
Mittags und abends geöffnet

Hier erwartet Sie wirklich ein kleines Paradies: Von der Isola del Gran Sasso aus fahren Sie hinauf zum Ortsteil San Pietro, der inmitten von sattem Grün von ganz hoch droben ins Land lugt, in Sichtweite des Parco del Gran Sasso und der Laga-Berge. Haben Sie sich an der wilden Schönheit dieser Landschaft satt gesehen, dann erwarten Sie Tafelfreuden in einem alten Gebäude, das vor rund zehn Jahren restauriert wurde: dem »Mandrone«, in dem eine Genossenschaft früher einen Ferienbauernhof betrieb. Heute empfangen Sie hier Marina und Raimondo, zwei ihrer Mitglieder – der Empfang ist freundlich und zuvorkommend, und ebenso angenehm ist auch das Lokal, in dem Sie sich sicher wohl fühlen werden: Atmosphäre, Küche und Gastlichkeit sind so, wie man sie sich an einem solchen Ort erhofft. Besonders löblich finden wir auch die Absicht der Wirtsleute, in absehbarer Zeit die Zahl der Gedecke zu verringern.
Doch kommen wir zum Speisenangebot: Stimmen Sie sich ein mit den erstklassigen **Wurstwaren**, Schinken und Pecorini, auf die leckere fritierte Kroketten mit Ricotta, Auberginen und Creme folgen. Wählen Sie daraufhin unter den klassischen Primi wie **Strongole alla Barcarola** (lange Pasta aus verschiedenen Mehlsorten mit achtzehn verschiedenen Kräutern von den Hängen des Gran Sasso) oder Sorprese del Pastore (»Schäfers Überraschung«, eine Art Ravioli mit Ricotta und Spinat aus dem Ofen). Zum Hauptgang verwöhnt Sie die Küche dann mit **Pecora a lu callare** (langsam geschmortem Schaffleisch, ein in der Tradition des Viehtriebs stehendes Gericht) oder **Lamm a coccetta** (aus dem Römertopf, in Sauce mit oder ohne Tomaten). Und wenn Sie Glück und die Wirte gerade ganz frischen Käse im Hause haben, sollten Sie unbedingt die leckere **Crostata mit Ricotta** kosten.
Die Weine – auch der offene Hauswein – kommen überwiegend aus der Gegend.

L'Aquila

Antiche Mura

NEU

Osteria
Via XXV Aprile, 2
Tel. 08 62 / 6 24 22
Ruhetag: Sonntag
Betriebsferien: unterschiedlich
65 Plätze + 20 im Freien
Preise: 35 – 45 000 Lire
Kreditkarten: CartaSi, Visa
Mittags und abends geöffnet

An der Einfallstraße, die von der Autobahn aus nach L'Aquila führt, erwartet Sie am Fuße der alten Stadtmauern in der Nähe des Gerichtsgebäudes das »Antiche Mura«. In alter Zeit war dies ein Zollhäuschen, in den dreißiger Jahren dann wurde es umgewandelt in einen »Vini e Cucina« und 1989 schließlich von den jetzigen Betreibern übernommen, die es mit viel Geschmack in eine der charakteristischsten Osterie der Stadt verwandelt haben.
Im Lokal verteilen sich sechs kleine Speisesäle auf zwei Ebenen, allesamt eingerichtet mit Möbeln, Drucken und Fotografien der »Arte Povera«, der Kunst der einfachen Bauern um die Jahrhundertwende. Die Tische sind geschmackvoll gedeckt, der Service ist freundlich, und der kleine Garten im Freien bietet in den heißen Monaten willkommene Frische. Die Wirte Antonello De Dominicis und Maurizio Videtta bieten ihren Gästen traditionell ländliche, leicht abgewandelte Gerichte.
Die Mahlzeit eröffnen Frittatine mit Kräutern, Wurstwaren und Käse, die mit Bruschetta gereicht werden. Darauf folgen für gewöhnlich **Kichererbsen mit Maronen**, Pasta e Fagioli, **Suppe mit Linsen** aus Santo Stefano, **Strangozzi mit Pecorino** und Spaghetti alla Chitarra mit Tomaten und Basilikum. Im Winter hält der Koch meist **Polenta mit Schweineragout** (mit Salsicce oder Rippchen) bereit. Bei den Hauptgerichten dreht sich fast alles ums Fleisch: Wir empfehlen Ihnen das **Kaninchen mit Safran** und die Fleischbällchen in umido mit Weißwein, zu denen gedämpftes oder in der Pfanne geschwenktes Gemüse gereicht wird.
Der Weinkeller bietet nur eine beschränkte Auswahl an regionalen sowie einigen italienischen Tropfen, der süffige Hauswein stammt von einem Winzer aus Ofena.

La Riviera, dort verkauft die Macelleria Giuliani traditionelle Wurstwaren aus L'Aquila.

La Cantina del Boss

Enoteca mit Ausschank und Imbiß
Via Castello, 3
Tel. 08 62 / 41 33 93
Ruhetag: Sa.nachmittag u. So.
Betriebsferien: 15. Juli – 15. Aug.
70 Plätze
Preise: 8 – 10 000 Lire
Keine Kreditkarten
Von morgens bis spätab. geöffnet

Die 99 Rohre des berühmten Brunnens von Tancredi da Pentima in der Altstadt von L'Aquila sind das besterhaltene Beispiel für diese Zahl, die hier geheimnisvollerweise immer wieder auftaucht: Man sagt, die Hauptstadt der Abruzzen sei ehedem von den Bewohnern von 99 in der Ebene verstreuten Burgen gegründet worden, die hier 99 Stadtviertel mit 99 Plätzen und – natürlich – 99 Kirchen bauten. Wir halten (und stehen damit wohl nicht alleine) auch die »Cantina del Boss« für »historisch«, denn diese vielbesuchte Osteria hat sich seit undenklicher Zeit ihren munteren Charme erhalten: Hier verkehren Arbeiter, Studenten und ein buntgemischtes Völkchen, die ohne Unterschied gutgelaunt diesen Schmelztiegel unterschiedlichster Menschen aufsuchen. Der »Boss« (der auf dem Wirtshausschild verewigt ist) war Mariano Massari, der Vater der jetzigen Betreiber Franco und Giorgio, dem dieser Spitzname von den Einheimischen 1931 nach seiner Rückkehr aus den USA verpaßt wurde.
Die Brüder Massari schenken nach wie vor einen sehr angenehmen offenen Wein und diverse gute Flaschenweine aus den Abruzzen und anderswoher aus, und sie halten einen alten Brauch in Ehren: Die »Brotzeit« kann man sich auch von zu Hause mitbringen. Für hungrige Gäste halten die sympathischen Nachfahren des »Boss« überdies Panini und **Focacce** bereit, die mit **Schinken**, **Wurst**, Thunfisch oder einer leicht pikanten **Frittata** belegt werden. Hervorzuheben ist noch die Überzeugung der Wirte (die sie auch in die Praxis umsetzen), daß es nur richtig sein kann, auch gewichtige Weine leichten Herzens anzubieten – ohne viel Brimborium und zu äußerst anständigen Preisen.

Die Bäckerei Eredi Celso Cioni, Via San Sisto 35, backt seit rund 70 Jahren herrlich wohlschmeckendes Brot, das sich erstaunlich lange frisch hält.

Trattoria del Giaguaro

NEU

Trattoria
Piazza Santa Maria Paganica, 4
Tel. 08 62 / 2 82 49
Ruhetag: Mo.abend u. Di.
Betriebsferien: 2 Wo. im Juli / Aug. u. an [Weihn.
60 Plätze
Preise: 30 – 35 000 Lire, ohne Wein
Kreditkarten: die bekannteren
Mittags und abends geöffnet

Über Geschichte und Gastronomie der Abruzzenhauptstadt (und die Berührungspunkte zwischen beiden) könnten wir ganze Bände füllen. Dennoch sollten Sie vor allem die Stadt besichtigen, um den Zauber der Altstadt zu entdecken oder um sich vielleicht von einem Passanten erklären zu lassen, warum sich in einigen alten Gebäuden, in den Kirchen und in den Ortsnamen die Zahl 99 ständig wiederholt. Verschiedene Straßen der Altstadt erinnern mit ihren Namen noch heute an die erfolgreichen Händler vergangener Jahrhunderte, als in L'Aquila der Handel mit Wolle und Safran blühte.
Sollten Sie Appetit verspüren, so empfehlen wir Ihnen eine Rast in der »Trattoria del Giaguaro« an einem der malerischsten Plätze der Stadt: Hier bekommen Sie wirklich typische Spezialitäten aus L'Aquila. Stimmen Sie sich ein mit Wurstwaren oder Schinken, und gehen Sie dann über zur hausgemachten Pasta (**Maccheroni a Chitarra**, Ricottaravioli, Gnocchi und Fettuccine) mit Fleisch oder Hammelragout oder zu Suppen mit Gemüse und Hülsenfrüchten. Versuchen Sie daraufhin das schmackhafte Fleisch aus heimischer Zucht (**Hammel**, Grillscheiben, **Lamm**, diverse Braten, Schnitzel und den äußerst beliebten **Ossobuco mit Gemüse**); wer möchte, kann sich auch für schmackhaften weichen Scamorzakäse entscheiden. Für Naschkatzen hält die Küche stets hausgemachte Crème Caramel oder leckeren Obstkuchen bereit. Eine besondere Spezialität des Lokals ist das **Obstkompott** nach einem alten, fast in Vergessenheit geratenen Rezept.
Der Keller birgt neben Weinen aus den Abruzzen auch ein kleines, durchschnittliches Sortiment italienischer Gewächse.

Die Schweineschlachterei Paolo Giuliani in der Altstadt, Via Patini 21, bietet typische, handwerklich hergestellte Wurstwaren.

Loreto Aprutino

24 km westlich von Pescara, S.S. 16 bis u. 151

La Bilancia

NEU

Trattoria
Contrada Palazzo, 10
Tel. 085/8289321
Ruhetag: Montag
Betriebsferien: 20. Dez. – 20. Jan.
150 Plätze
Preise: 30 – 35 000 Lire, ohne Wein
Kreditkarten: alle
Mittags und abends geöffnet

Wen es von der Küste weg steil hinauf nach Loreto Aprutino zieht, den umgibt sofort eine ausgesprochen entspannende Atmosphäre. Goldrichtig sind Sie hier, wenn Olivenöl und Wein Sie locken: In diesem seit Menschengedenken landwirtschaftlicher Tradition verpflichteten Landstrich, der zu den schönsten und bedeutendsten der ganzen Region zählt, finden Sie eine Vielzahl erstklassiger Produkte.
Sind Sie jedoch auf der Suche nach den rechten Gaumenfreuden, so ist eine Rast in der »Bilancia« ein Muß: Hier bekommen Sie nicht nur den nahezu legendären offenen Wein von Edoardo Valentini, sondern neben kostbarem Rebensaft und erstklassigem Olivenöl auch eine ursprüngliche Küche: **Pasta alla Mugnaia** (auf Müllerinnenart) mit Hammelragout und Pecorinokäse, Tagliatelle mit Pilzen, **Pappardelle mit Hasenragout**, Pasta e Fagioli, Pasta alla Chitarra mit Sugo finto (also fleischlos) oder Fleischragout, Ricottaravioli, Molinara mit Knoblauch, Öl und Peperoncino oder Suppen. Lassen Sie sich in der schönen Jahreszeit die Bucatini mit Durelli d'Oca und die **gebratene Gans** mit Kartoffeln nicht entgehen. Die meistbestellten Hauptgerichte sind vom **Lamm** sowie diverse Grillplatten; wer möchte, kann sich jedoch auch für gefülltes Kaninchen entscheiden, Lamm in Porchetta, Ricottabällchen, **Formaggio incerato** von mittlerem Reifegrad, Tagliata aus der Pfanne oder Schmorbraten.
Leckermäuler versüßen sich den Aufenthalt schließlich mit den Desserts nach Hausfrauenart (Crostate mit Ricotta oder Marmelade), denen – dulcis in fundo – eine sehr korrekte Rechnung folgt.

Es gibt verschiedene Direktverkaufsstellen für Olivenöl: Wir empfehlen Ihnen Le Magnolie in Contrada Fiorano und Bompensa in Contrada Collepalma.

Massa d'Albe Forme

52 km südl. von L'Aquila, A 24 u. 25 o. S.S. 5 bis

La Conca

NEU

Trattoria
Corso Umberto I, 30
Tel. 0863/510249
Ruhetag: Mittwoch
Betriebsferien: unterschiedlich
35 Plätze
Preise: 30 000 Lire
Keine Kreditkarten
Mittags und abends geöffnet

Lassen Sie den Mut nicht sinken, wenn Sie sich nach dem Eintreten in einer winzigen Bar wiederfinden: Sie sind völlig richtig! Denn im hinteren Teil des Raumes führt Sie eine Tür in den kleinen, aber gemütlichen Speisesaal dieser ländlichen Trattoria. Hier umsorgt Sie dann der ausgesprochen zuvorkommende Gregorio, der Sie bei der Wahl unter den Delikatessen traditionell abruzzischer Küche beraten wird, die seine Frau Rosalba am Herd zaubert. Lecker sind bereits die Antipasti: Cacio Marcetto (ein Würmerkäse, vor dem es dem einen oder anderen grausen mag – dabei ist er schlicht köstlich!), Ventricina (Wurst mit Bauchspeck), geräucherte Ricotta, Pancotto (Brotsuppe) und Wurstwaren, allesamt von Gregorio persönlich ausgesucht. Die Primi stehen dem in nichts nach: Wir empfehlen Ihnen **Mehlgnocchetti mit Kichererbsen und Auberginen**, **Surgitti** (eine Pasta) in Gemüsebrühe, Pasta e Fagioli, Pasta asciutta mit Surgitti und Kräutern aus der Pfanne und Cannelloni. Dazu passen dann Hauptgerichte wie Truthahn alla Canzanese (mit Aspik), **Schweineschulter mit Kräutern**, Kaninchen alla Cacciatora (nur auf Bestellung) und **Arrosticini di Pecora** (Spieße mit Schaffleisch). Schließlich bleibt die Qual der Wahl unter verschiedenen leckeren Desserts. Der Weinkeller könnte besser bestückt sein, aber die von Gregorio ausgesuchten Weine aus Montepulciano sind von guter Qualität und vor allem preiswert.
Abschließend noch ein Hinweis für Archäologie- und Geschichtsbegeisterte: Fährt man von Forme aus bergab Richtung Avezzano, liegt Alba Fucens auf dem Weg, eine interessante Stadt aus der Römerzeit. Weiter in Richtung L'Aquila erreicht man dann Ovindoli und die Hochebene Altopiano delle Rocche mit ihren Skiliften.

Ortona

29 km östlich von Chieti, S.S. 649 und 16

Cantina Aragonese

NEU

Restaurant
Corso Matteotti, 88
Tel. 085/9063217
Ruhetag: So.abend u. Mo.
Betriebsferien: unterschiedlich
80 Plätze
Preise: 40 000 Lire, ohne Wein
Kreditkarten: alle
Mittags und abends geöffnet

In der »Terravecchia«, der Altstadt von Ortona, liegt unweit vom Castello Aragonese und von der Basilika San Tommaso in einem ehemaligen Warenlager die »Cantina Aragonese«. Das Lokal wurde vor einigen Jahren eröffnet und wird heute von der sympathischen, dynamischen Danila Basti geführt. Erst kürzlich wurde auch der Straßenbelag erneuert, was die Gegend weiter aufwertet. In dem angenehm kühlen Lokal können Sie sich unter guterhaltenen alten Deckengewölben mit einer überwiegend vom Meer inspirierten Küche und je nach Fangergebnis täglich wechselnden Menüs verwöhnen lassen.
Greifen wir ruhig einige der verlockendsten Gerichte heraus: Zum Auftakt werden Ihnen Antipasti gereicht, wie Crudità di Calamaretti (kleine rohe Kalmare), Datteri di Mare (Pfahlmuscheln) und Austern, die Appetit machen auf die Primi: **Cavatelli mit Seeteufel** oder li Piluse (Krebsen), kleine Gnocchi mit Scampi-Sugo, Maltagliati mit Meeresfrüchten, **Dinkellinguine mit Krustentieren** und **Chitarrine mit Pilzen und Scampi**. Eine richtige kulinarische Rarität – allerdings nur auf Vorbestellung – ist der Stockfisch mit Broccoletti (Rübenkohl) nach einem ganz ausgefallenen, heute fast vergessenen Rezept; bekannter, aber deswegen nicht weniger interessant sind dann Rana Pescatrice (Seeteufel) aus dem Ofen, **gefüllte Tintenfische**, **Brodetto alla Ortonese** (Suppe) und die diversen gegrillten Fische. Die allesamt hausgemachten, tadellosen Dolci beschließen die Mahlzeit würdig.
Die Weinkarte umfaßt hauptsächlich regionale Erzeugnisse. Und noch ein Hinweis: Die »Cantina Aragonese« ist auch eine lohnende Anlaufstelle für Nachtschwärmer, die bei einer Flasche Wein vielleicht noch einen kleinen Kuchen oder ein leichtes Gericht genießen möchten.

Ovindoli

38 km südöstlich von L'Aquila, S.S. 5 bis

Il Pozzo

Restaurant
Via Monumento all'Alpino
Tel. 0863/710191
Ruhetag: Mittw., nicht an/vor Feiertagen u. im Sommer
Betriebsferien: 2 Wo. im Sept./Okt.
30 Plätze
Preise: 35 – 40 000 Lire, ohne Wein
Kreditkarten: CartaSi, Visa
Mittags und abends geöffnet

Hinter der Ortschaft Celano fährt man eine Straße entlang, die sich scheinbar ins Nichts windet: Hier im südwestlichen Teil der Abruzzen beginnt die Marsika, zu deren wichtigsten Ortschaften Ovindoli zählt. In der schönen Jahreszeit ist Ovindoli ideal für Ausflüge und zur Entspannung in frischer, ruhiger Atmosphäre. Vom Hauptplatz aus brauchen Sie nur ein kurzes Stück den Weg weiter entlangzufahren, der Sie durch einen Teil der Altstadt mit ihren typischen, guterhaltenen Steinhäusern geführt hat, und schon gelangen Sie zum »Pozzo«, einem hübschen kleinen Restaurant, das in einem solchen Steinhaus – eine der Wände besteht sogar aus nacktem Fels – untergebracht ist, wo Sie die Wirtsleute Davide Pompili und Liberata Sebastiani begrüßen.
Das gemütliche, einladende Lokal setzt vor allem auf hochwertige Erzeugnisse der Gegend wie Safran, Steinpilze und Trüffeln. Erstklassige Antipasti sind beispielsweise Ricotta, Käse und die selbst in Öl eingelegten Gemüse, auf die **Fettuccine mit Steinpilzen und Safran**, **Rigatoni mit Trüffeln**, ganz einfach, aber fachgerecht zubereitete Ravioli mit Tomaten, **Zwiebelsuppe mit Kartoffeln**, Suppe mit Steinpilzen oder **Bohnen und Linsen**, handgemachte Sagne, Ravioli mit frischer Ricotta oder **Screppelle 'mbusse**, köstliche Käsecrêpes in Fleischbrühe (vorbestellen!) folgen. Zum Hauptgang dann werden Lepre in Salmì (Hasenragout) gereicht, **Perlhuhn** mit Gemüse, gebratene **Lammkoteletts**, Truthahn mit Trüffeln, Auberginenrouladen, **Agnello Cac'e Ove** (Lamm mit Käse und Eiern) und Pilzcanapés.
Hausgemacht sind schließlich auch die Desserts, unter denen der Orangenkuchen besondere Erwähnung verdient. Dazu können Sie aus einem annehmbaren Weinsortiment wählen, das nicht nur regionale Erzeugnisse umfaßt.

Pacentro

8 km östlich von Sulmona

Taverna de li Caldora

Trattoria
Piazza Umberto I
Tel. 08 64 / 4 11 39
Ruhetag: Sonntagabend, Dienstag
Betriebsferien: 15. Jan. – 15. Febr.
60 Plätze
Preise: 40 000 Lire, ohne Wein
Alle Kreditkarten
Mittags und abends geöffnet

Das Markenzeichen von Pacentro und ebenso dieser hochgeschätzten Trattoria (Vorbestellung nötig, vor allem am Wochenende) ist die hervorragende Qualität von Fleisch und Milchprodukten. Wer zum Essen hierher kommt, weiß, daß er das Beste bekommt, und dies in einem der charakteristischsten Orte der Abruzzen; einst gehörte er den Caldora, nach denen das Lokal von Carmine Cercone benannt ist. Man findet es in einem über dem Tal gelegenen Palazzo des 16. Jahrhunderts, die Aussicht von hier ist stupend. Der relativ kleine Speiseraum ist gleichzeitig ein D'Annunzio-Museum mit Erinnerungsstücken, Handschriften und Fotos. Das Mahl könnte mit ausgezeichneten **Ricottine aus Ziegenmilch**, **Lammgekröse** mit Ei und Zitrone, Crostini mit **Leberwurst**, roten Bohnen aus Pacentro mit Trüffelaroma oder Frittatine eröffnet werden. Dann geht man über zu Fagottini mit Steinpilzen (eine Spezialität des Hauses), Raviolini mit Gemüse und Trüffel, **Chitarra-Nudeln mit Trüffel und Safran**, **Gnocchetti mit Kaninchensauce** oder Steinpilzsuppe. Unbedingt probieren muß man den **Marro** (Gekröse) und die gegrillten **Nierchen vom Lamm**, sehr gut sind aber auch Lammleber mit Lorbeer, gespickte **Lammkeule** mit Kräutern und das **Zicklein mit Käse und Ei**. Man schließt mit Englischer Creme mit Waldfrüchten, Apfel-Crostata, Ricotta mit Kaffee oder mit traditionellem Gebäck. Der Keller ist mit Wein und Spirituosen gut bestückt, und obligatorisch ist der von Carmine selbst hergestellte Ratafià.

Zwei Adressen für exzellenten Ziegen- bzw. Schafskäse: für ersteren Francesco Ciccone, Via des Castello, für letzteren (frisch und gereift) Loretta De Chellis in der Via Madonna di Loreto.

Pescara

Fattoria Fernando

Restaurant
Via Aremogna, 13
Tel. 085 / 28513
Ruhetag: Montag
Betriebsferien: im August
200 Plätze
Preise: 35 – 40 000 Lire, ohne Wein
Alle Kreditkarten
Mittags und abends geöffnet

Die »Fattoria Fernando« ist leicht vom neuen Bahnhof aus zu erreichen, von dem man in die Hügel hinaufgeht. Wäre nicht das große Schild, könnte man leicht an der Villa aus den 1950er Jahren vorbeilaufen, in der sich das höchst frequentierte Lokal befindet (trotz 200 Plätzen ist Anmeldung sinnvoll). Beliebt ist es durch die ausgezeichneten Fleischgerichte, was in einer Fischerstadt nicht selbstverständlich ist. Beginnen können Sie mit einer reichen Auswahl an Wurstspezialitäten, zu denen man selbst in Öl eingelegtes Gemüse bekommt, oder mit **Coratella d'agnelli** oder Käse (nicht den **Cacio marcetto** übergehen). Dann können Sie zu **Sagne con fagioli**, **Anelli alla pecorara**, Crêpes mit Steinpilzen und den klassischen **Chitarre mit Fleischsauce** oder mit Tomate und Basilikum übergehen. Lassen Sie – wenn er angeboten wird – den **Baccalà in umido** mit Kartoffeln und Kirschtomaten nicht aus. Die anderen Secondi sind, wie erwähnt, Fleischgerichte: **Haxe vom Kalb oder Schwein** aus dem Ofen, **Lamm alla porchetta** oder vom Grill, gute Steaks und, während der Saison, die Fleischgerichte mit **Pilzen**. Den Weinen gebührt, wie schon gesagt, große Anerkennung: Trebbiano, Cerasuolo und Montepulciano d'Abruzzo gibt es in reicher Auswahl, außerdem verschiedene gute Erzeugnisse, zum Teil sogar Spitzenweine, aus anderen Regionen.

Die Pandora Dolci Artigianali (Via Pisano, 33–35) macht herrlich anzusehende und noch besser schmeckende Dolci.

Weinliebhaber finden im Zentrum in der Enoteca-Osteria Visaggio, Via De Cesaris 44, ein schönes Sortiment an Flaschenweinen; auch eine Weinverkostung mit diversen Appetithappen wird mittags, nachmittags und am Abend angeboten.

Hostaria Roma

Trattoria
Via Trento, 86
Tel. 085/295374
Ruhetag: Sonntag
Betriebsferien: 2 Wo. Aug. / Sept.
40 Plätze
Preise: 25–30 000 Lire, ohne Wein
Keine Kreditkarten
Mittags und abends geöffnet

Vor ein paar Jahren ist das Familienteam der Hostaria Roma aus der Via Roma (die noch im Namen des Lokals erscheint) in die hundert Meter entfernte Via Trento umgezogen. Am kulinarischen Angebot des Lokals, das von der Tradition Pescaras geprägt ist, hat sich, und darauf legt Signora Delia Andreoli Wert, allerdings nichts verändert. Verändert haben sich nur die Räumlichkeiten, die jetzt heller und neuer sind. Im Speisesaal werden die Gäste von den beiden sympathischen Töchtern Stefania und Antonella begrüßt. Die Speisekarte wechselt täglich nach Angebot des Marktes. Häufig zu finden sind **Gemüseminestrone**, Pasta e fagioli oder **Chitarrine al sugo teramano** (mit Fleischbällchen), ein reichhaltiger **Timballo abruzzese** oder Cannelloni. Bei den Secondi hat man in der Regel die Wahl zwischen **Baccalà** (geschmort oder mit Paprika im Ofen gegart), **Rindsgulasch**, **Agnello cacio e uova** und gute **Polpette al sugo** (an ihnen läßt sich die Qualität einer Trattoria messen). Während das Lokal mittags gerne von Berufstätigen aus der Innenstadt besucht wird, trifft man abends eher Familien an, die das einfache, zuverlässige Angebot des Restaurants schätzen. Die wenigen, aber anständigen Weine, die offen oder flaschenweise angeboten werden, stammen von Erzeugern aus den Abruzzen und den Marken.

Vorbeischauen sollten Sie auch einmal im Lungomare Matteotti 11. Dort bekommen Sie den traditionellen Anicina dei Cavalieri demi-sec von Cavalierato di San Martino.

In der Chitarra Antica, Via Sulmona 2, können Sie einige Mitbringsel erstehen: Fiadoni (eine Art Ravioli) oder Panzerotti aus Mehl, Weißwein und Öl mit einer Füllung aus süßem Pecorino und Eiern.

Pescara

La Cantina di Jozz 

Trattoria
Via delle Caserme, 61
Tel. 085/690383
Ruhetag: Montag
Betriebsferien: 2 Wo. im Januar
100 Plätze
Preise: 25 – 35 000 Lire, ohne Wein
Kreditkarten: alle
Mittags und abends geöffnet

Das gastliche, typisch abruzzische Lokal liegt in einer ehemaligen Lagerhalle und wird heute von Fabrizio Cichella (in der Küche) und Peppino Di Girolamo (im Speisesaal) geführt. Seit zwanzig Jahren werden die Gäste bei »Jozz« mit einer an Akribie grenzenden detailgetreuen Regionalküche verwöhnt, die nach bewährtem Rotationsprinzip nicht nur saisonal, sondern täglich wechselt.
So werden hier Speisen gereicht wie der Carrello di bassa Corte (mit gebratenem Klein- und Federvieh), Chitarrine mit Waldpilzen, Linsen aus Santo Stefano und **Baccalà** all'Aquilana, Sfarrata (**Dinkelsuppe**), kurzgebratenes Lamm, Kartoffelgnocchi, **Polentina mit Kicher- und Platterbsen**, **Patate al Coppo** (im Kamin gebackene Kartoffeln), Bohnen mit Weinschößlingen und Risotto mit Hühnerklein. Freitags wartet die Küche mit **Maccheroni mit Fischragout** auf, samstags und sonntags mit Speisen, die in alter Zeit die Festtagstafeln schmückten, wie **Capra alla Neretese** (geschmorte Ziege in umido), **Timballo di Scrippelle** (Pfannkuchenauflauf), **Faraona al Centerbe** (Perlhuhn mit hundert Kräutern), Stockente mit Trauben und **Fiadoni** (eine Art Ravioli mit Pecorino).
Auch verschiedene Probiermenüs zu angemessenen Preisen werden angeboten, und zu jedem Gericht erfährt man dessen Kalorienzahl und die verschiedenen Kombinationsmöglichkeiten. Wen neben Kalorien auch Wein interessiert, der findet ein breites Spektrum der besten Erzeugnisse der Abruzzen.

D'Alessandro Dolcezze in der Via Fabrizi 209–213 bietet eine große Auswahl an sorgfältig ausgesuchten und ständig überprüften Spezialitäten an. Ebensogut ist das Sortiment an Weinen und Spirituosen.

La Lumaca

Circolo Arci
Via delle Caserme, 51
Tel. 085/4510880
Ruhetag: Dienstag
Betriebsferien: unterschiedlich
40 Plätze
Preise: 35 – 40 000 Lire
Kreditkarten: alle
Nur abends geöffnet

Wenige Jahre haben der »Lumaca« genügt, um ihren eigenen Stil zu entwickeln: Im Mittelpunkt steht der Wein, der gerne zum Anlaß für das eine oder andere Appetithäppchen genommen wird. Überdies wird stets ein Probiermenü angeboten, das Severinos Mutter nach Lust und Laune zusammenstellt. Der Speisezettel richtet sich nach dem Marktangebot: Zu den interessantesten und beliebtesten Gerichten zählen **Timballo** di Scrippelle (eine Art Pfannkuchenauflauf), **Kichererbsensuppe mit Steinpilzen** (ein Klassiker des Lokals), **Dinkel aus den Abruzzen mit Fischragout**, Kaninchen oder **Hähnchen aus der Pfanne**, Baccalà mit schwarzen Oliven, **Schnekken mit Minze**, Auberginen-Parmigiana (häufig im Sommer), Crêpes mit Pilzen und Trüffeln aus dem Gebiet des Flusses Sangro oder Salat mit junger Pute und Kartoffeln. **Polenta** mit Salsiccia oder Gemüse, die mittlerweile seltenen Fleischbällchen in Tomatensauce oder **fritierte** kleine **Fische** ergänzen das übliche Repertoire gemeinsam mit schmackhaften Milchprodukten, verschiedenen **Käsespezialitäten**, erstklassigen **Fiadoni** (salzig-süße raviolіähnliche Teigtäschchen mit Pecorinofüllung), Wurstwaren und liebevoll zubereiteten Desserts.
Der Weinkeller birgt ein sehr ansprechendes Sortiment von Flaschenweinen auch zum Mitnehmen – notabene, im obengenannten Preis ist ein Wein mittlerer Preisklasse mit eingeschlossen. Gut sind auch die erlesenen Olivenöle und die verschiedenen Schnäpse.

Die Pasticceria Camplone, Corso Umberto 36, verkauft Halbgefrorenes, Kuchen, Pralinen und Pâtisserie. Bei Bernardo auf Hausnummer 120 gibt es das leckerste Eis der Stadt.

Pescara

La Murena

Restaurant
Lungomare Matteotti, 1 – 3
Tel. 085/378246
Ruhetag: Sonntag
Betriebsferien: 23. Dez. – 2. Jan., Ostern, im Juli/Aug. (Fangverbot)
130 Plätze
Preise: 40 – 50 000 Lire, ohne Wein
Kreditkarten: die bekannteren
Mittags und abends geöffnet

Wenn Sie einen Spaziergang entlang der Uferpromenade machen, kommen Sie in der Nähe des Hafens auch am »Murena« vorbei. Wenn Sie überlegen, ob Sie hier einkehren, dürfen Sie sich kein charmantes kleines Lokal vorstellen: Die großzügigen, von außen relativ anonymen Räumlichkeiten wirken ziemlich standardmäßig, die Tische sind die einer bescheidenen Trattoria, und die Wände schmücken hie und da kleine gerahmte Fotos. Sie werden auch einige Plakate bemerken, die für das Fischgeschäft Murena in der benachbarten Via Verdi werben: Sie sind der Schlüssel zur Seele dieses Lokals und erklären im wesentlichen, warum wir das »Murena« in unseren Führer aufgenommen haben. Die Brüder Antonio und Mario Terra besitzen nämlich einige Fischerboote, die ihr Fischgeschäft und das Restaurant versorgen, und mit der tatkräftigen Hilfe ihres munteren, dynamischen Teams aus Verwandten und Mitarbeitern können sie mit traditionellen örtlichen Spezialitäten rund um die Schätze aus Neptuns Reich aufwarten, das sie gerade frisch aus ihren Netzen geholt haben. Freuen Sie sich also auf **Tintenfisch mit Kartoffeln**, die zum Auftakt gemeinsam mit marinierten Sardellen gereicht werden, rohen oder gekochten kleinen Scampi, kleinen **Meeresschnecken** in dicker Sauce mit wildem Fenchel und Suppe mit Mies- oder Venusmuscheln aus der Adria. Weiter geht es mit den Primi: **Rigatoni mit Scampi**, Risotto mit Tintenfisch, Venusmuscheln und Krabben, grünen Spaghetti mit Meeresfrüchten und schmackhaften Gnocchetti. In Pescara liebt man die **Fischsuppe** mit oder ohne Tomaten so, wie sie sein sollte, nämlich leicht pikant; daneben haben Sie die Qual der Wahl unter Fisch in allen Variationen. Der Weinkeller besteht im wesentlichen aus dem Hauswein, Sie bekommen aber auch einige bemerkenswerte abruzzische Weine.

Osteria dei Miracoli

NEU

Osteria – Circolo Arci
Corso Manthoné, 57
Tel. 085/66986
Ruhetag: Dienstag
Betriebsferien: Juli/August
50 Plätze
Preise: 25 000 Lire, ohne Wein
Keine Kreditkarten
Nur abends geöffnet

Lesen Sie sich in unserem Führer gerade in die Möglichkeiten ein, die Pescara bietet, so wird Sie möglicherweise die Häufung von Osterie zwischen dem Corso Manthoné und der Via delle Caserme erstaunen, zumal diese beiden parallel verlaufenden Straßen relativ kurz sind. Wir verraten Ihnen des Rätsels Lösung: Verschiedene Wirte, aber auch Handwerker und Händler haben sich nämlich entschieden, ihr Geschäft dort zu betreiben, wo bis vor einigen Jahrzehnten das eigentliche Zentrum Pescaras war: Heute schlägt hier dank der gastronomischen Wiederentdeckung dieser Ecke und der Abendveranstaltungen in den verschiedenen Lokalen das alte, ursprüngliche Herz der Stadt. Dies vorausgeschickt, möchten wir Ihnen nun die »Osteria dei Miracoli« vorstellen, die von Enrico Di Bartolomeo und Marcella Di Marcello geführt wird und in einem ehemaligen Weinkeller liegt, wo unter dem Kreuzgewölbe Wein ausgeschenkt wurde. Sie ist bis in den späten Abend hinein stets gut besucht von Bacchusjüngern, die hier zu ihrem Glas Wein auch Appetithäppchen naschen (daher ist Vorbestellung ratsam, wenn Sie sich einen Tisch sichern möchten). Die Küche folgt dem Ablauf der Jahreszeiten und bevorzugt als Zutaten Bioprodukte. Dazu hat der Koch in fast schon vergessenen Rezepten gestöbert und so einige traditionelle Gerichte der Vergessenheit entrissen: Minestra mit **Cardone** (spanischen Artischocken) **und Bohnen**, eine typische Spezialität der Region, verschieden angerichtete **Cencioni** (Pasta ohne Eier), **Laganelle mit Trüffeln**, **Baccalà alla Marinara**, Schweineschinken mit Pflaumen, Perlhuhn und verschiedenes hausgemachtes Gebäck (wie Uss' de le Murte, die den Cantuccini ähneln). Auf der Weinkarte finden sich die meisten hervorragenden Kellereien der Abruzzen, deren Erzeugnisse am Tresen auch offen ausgeschenkt werden.

Taverna 58

Trattoria
Corso Manthoné, 58
Tel. 085/690724
Ruhetag: Sonn- und Feiertage
Betriebsferien: August
50 Plätze
Preise: 30 – 45 000 Lire, ohne Wein
Kreditkarten: AE, DC, Visa
Mittags und abends geöffnet

Beim Lesen der Speisekarte werden Sie bereits bemerken, von welcher Vision Giovanni Marrone beseelt ist: Er möchte etwas von dem Charme wiederaufleben lassen, den Pescara vor den sechziger Jahren besaß, bevor ein ungezügelter Bauboom die Landschaft mit Beton überzog. Auf dem Corso Manthoné, an dem sich ehedem Werkstätten aneinanderreihten, erwartet den Gast heute in der stets gutbesuchten »Taverna 58« die ursprüngliche, unverwechselbare Atmosphäre einer Trattoria aus guter alter Zeit.
Sehr modern ist dagegen das differenzierte Speisenangebot: Die neueste Speisekarte umfaßt drei verschiedene Probiermenüs und verschiedene Gerichte »à la carte«. Greifen wir also das eine oder andere heraus: Da gibt es einen Salat mit Schafskäse von Farindola mit Birnen oder gedämpfter Kartoffel, **Paté von der Stockente**, **pikante Fregnacce** (typisch abruzzische Pasta) **mit fleischloser Sauce**, Chitarrina mit Pilzen und Trüffeln aus L'Aquila, **Risotto mit Schnecken** und **Dinkel mit gemischten grünen Salaten vom Feld**. Weiter geht es mit Hauptgerichten wie **Schaf aus dem Tiegel**, **gebackenem Baccalà** mit lauwarmen Tomaten, **Forellen** aus dem Tirino **mit Bohnen** (es gibt auch eine Speisekarte speziell für den Süßwasserfisch aus den Bergen), **Putenbrust mit gekochtem Most**, Hähnchen auf Canzaneser Art oder rohe Filets von Süßwasserfischen und Baccalà mit Zitronenöl. Und zum Abschluß haben Sie die Wahl zwischen **Pecorino marcetto** aus Campo Imperatore, heißer Zabaione, Glühwein und Ratafià-Likör. Die Weinkarte ist gepflegt, was auch für die Karte mit den Ölen gilt.

La Quercia, Viale Regina Margherita 63, führt Olivenöl extravergine aus heimischen Sorten, die von Hand gepflückt und kalt gepreßt werden.

Pescasseroli

10 km südöstlich von L'Aquila,
36 km südwestlich von Sulmona, S.S. 83

Plistia

Hotelrestaurant
Via Principe di Napoli, 28
Tel. 08 63 / 91 07 32
Ruhetag: Montag
Keine Betriebsferien
45 Plätze
Preise: 40 – 50 000 Lire
Kreditkarten: alle
Mittags und abends geöffnet

In einem schönen kleinen Palazzo aus örtlichem Naturstein liegt die älteste Herberge von Pescasseroli: das »Plistia«. Ins Restaurant gelangt man durch einen hübschen, üppig mit Blumen bewachsenen kleinen Innenhof; die Inneneinrichtung ist von schlichter Eleganz, die Möbel wurden von Handwerkern aus der Gegend gefertigt, und an den Wänden prangen alte Drucke. Die Atmosphäre ist gemütlich, die Tische schmücken Damastdecken.

Wohl wissend, daß die abruzzische Gastronomie sehr tief in der Tradition verwurzelt ist, sagen wir ruhigen Gewissens, daß nur wenige Lokale die ursprüngliche, traditionelle Regionalküche derart detailgetreu anbieten wie der dynamische Cicitto und seine Gattin Laura. Lassen Sie sich von ihnen auf eine wahre Schlemmertour durch das Probiermenü führen, doch seien Sie vorgewarnt: Es besteht aus sage und schreibe acht Gängen!

Je nach Jahreszeit verwöhnt Sie die Küche unter anderem mit **Pasta e Fagioli**, **Zuppa all'Armida** (aus drei verschiedenen Brühen, Fleischbällchen, Brötchen und Scamorza), grünen Codette mit Salsiccia und Erbsen, **marinierten Kartoffeln** (aus dem Ofen, mit Petersilie, Knoblauch und Pecorino), **handgemachter Pasta mit Kichererbsen** oder **Carratelli** mit wildem Spinat. Empfehlenswerte Hauptgerichte sind darauf **Cotturo** (langsam in würziger Brühe gegartes Lammfleisch), Leber mit Artischocken, **Lamm mit Lardo**, **Interiora** (Innereien) **con il Velo**, **Rouladen mit Salsiccia**, Rindfleisch auf abruzzische Art und **Lamm in Weinsauce**. Keineswegs versäumen sollten Sie abschließend die Dolci (Apfel- und Mandelkuchen oder Vanillecreme), die Signora Laura mit zarter Hand zubereitet.

Der Weinkeller ist gut bestückt und wird ebenso gut betreut, reich ist auch die Auswahl an Spirituosen. Der Service schließlich ist flott und freundlich.

Pescosansonesco

52 km südwestlich von Pescara, S.S. 5

Da Franco e Amalia

Trattoria
Via Cavour, 13
Tel. 085 / 8 88 92 67
Ruhetag: Montag, nicht im Sommer
Keine Betriebsferien
80 Plätze
Preise: 30 000 Lire
Keine Kreditkarten
Mittags und abends geöffnet

Unverändert ist erfreulicherweise seit Jahren die regional geprägte Küche Franco und Amalia Confalones, denen ihre Kinder fleißig zur Hand gehen. Beginnen Sie mit einem Streifzug durch die hauseigenen Erzeugnisse wie Bergschinken, Salsicce, Pecorino und in Essig eingelegtes Gemüse, und gehen Sie dann über zu **Ravioli mit Ricotta** aus Schafsmilch in Sugo, Pasta alla Pastora (mit Schinken, Pecorino und Prezzemolo mit oder ohne Tomaten), **Sagne e Fagioli**, **Gnocchi mit Stockentenragout**, Fettuccine mit Hasenragout, Sagne und Kichererbsen oder **Pappardelle mit Wildschweinragout**. Das **Wildschwein** findet sich auch in so manchem Hauptgericht – **auf Jägerinnenart** oder in umido. Wer möchte, kann sich auch für **Agnello in Porchetta** entscheiden (es wird in der Pfanne gebraten und mit wildem Fenchel gewürzt), Lamm aus dem Ofen mit Kartoffeln, gemischtes Grillfleisch oder insbesondere für **Pecora a la Callara** (im Kupferkessel), eine Spezialität der abruzzischen Hirten aus Schaffleisch, das entfettet, gesotten und dann mehrere Stunden mit verschiedenen Kräutern im Kupferkessel gegart wird (daher vorbestellen).

Hinweisen möchten wir auch auf weitere – löblicherweise ebenfalls bewußt »autark« erzeugte – Spezialitäten wie Brot und Wein (letzterer ein feuriger Montepulciano d'Abruzzo) sowie Käse- und Wurstwaren und in Öl eingelegtes Gemüse, alles aus eigener Herstellung.

In **Tocco Casauria** (10 km) bietet die Agrargenossenschaft la Ginestra ein schönes Sortiment an biologisch hergestellten Erzeugnissen: Konfitüren, Honig, Öl und Teigwaren. Bei Domenico Guardini, Via XX Settembre 30, bekommen Sie ein wunderbar frisches und fruchtiges Olivenöl.

Pineto Mutignano

48 km südöstlich von Teramo, S.S. 16 o. A 14

Al Bacucco d'Oro

Restaurant – Pizzeria
Via del Pozzo, 6
Tel. 085/936227
Ruhetag: Mittwoch, nicht im Sommer
Betriebsferien: unterschiedlich
55 Plätze + 40 im Freien
Preise: 25 000 Lire
Kreditkarten: CartaSi
Mittags und abends geöffnet

»Bacucco« (»Schwachkopf«) war der wenig schmeichelhafte Name einer kleinen Ortschaft zwischen Atri und Pineto, weshalb sie Mussolini 1923 in Arsita umbenennen ließ. Pierino Santarelli bekam diese Bezeichnung damals als Spitznamen, und als er später aus Arsita nach Mutignano umsiedelte, schmückte er damit auch sein Lokal. Es liegt in ländlicher Umgebung, und Sie erreichen es über eine Panoramastraße, die vom Meer zum Gran Sasso und dem Maiella-Massiv führt. Hier verwöhnen Pierino, seine Frau Isolina und die Kinder Milena, Morena, Ezio und Francesco die Gäste voller Engagement mit guter Regionalküche.
Zur Einstimmung gibt es heimischen Aufschnitt, frischen Pecorino, Cacio marcetto und Bruschetta mit Paprikaschoten und Sardellen oder Gemüse. Unter den Primi finden sich dann abwechselnd Gnocchi alla Pastorella (auf Schäferinnenart), Pasta alla Pecorara, alla Mugnaia oder alla Chitarra, Maltagliati mit Safran, pikante Vermicelli, Pappardelle mit Entenragout und Gemüsesuppen. Empfehlenswerte Hauptgerichte sind anschließend **Zicklein aus dem Rohr** mit Kartoffeln, **Lamm mit Käse und Ei**, **Coniglio alla Cacciatora**, Ziege und **Schaf alla Caldara** und **Mazzarelle** (Lamminnereien). Meist nur auf Vorbestellung bekommen Sie hingegen Kutteln, Hammel mit Bohnen, gebackenen Baccalà und Schnecken in umido. Wer möchte, kann sich auch für eine der leckeren Pizze entscheiden.
Zum Abschluß gibt es hausgemachte Desserts und äußerst sorgfältig ausgewählte abruzzische Weine passend zu Ihrer Mahlzeit.

Anna Maria di Furia stellt ausgezeichnetes eingelegtes Gemüse, Pecorino, Würste und einen Brotaufstrich (»Ventricina di maiale«) her. Fahren Sie dazu 15 km nach **Cermignano**, Azienda Agricola Capo D'Acqua, Contrada Scanzature.

Pizzoferrato

94 km südlich von Chieti, S.S. 81 und 652

Antica Taverna

NEU

Bauernhof
Via Fannini, 3
Tel. 0872/946255
Kein Ruhetag
Keine Betriebsferien
50 Plätze
Preise: 25 – 30 000 Lire
Keine Kreditkarten
Mittags und abends geöffnet

Im Parco della Maiella liegt an der Straße, die hinauf nach Pizzoferrato führt, der Ferienbauernhof »Antica Taverna«. Für Interessierte organisieren die Wirtsleute auch Trekkingtouren hoch zu Roß quer durch den Park und durch prächtige Buchenwälder. Zum Bauernhof gehören auch eine Meierei und eine alte Stallung, die heute das Restaurant mit seinen gut erhaltenen Wänden aus Naturstein beherbergt.
Das »Antica Taverna« ist ein reiner Familienbetrieb: Das Ergebnis kann sich sehen lassen. Die Pasta beispielsweise ist stets wunderbar frisch und bildet eines der Aushängeschilder des Lokals, gemeinsam mit dem erstklassigen **Käse**. Letzterer (vor allem der frische Käse aus Kuhmilch) wird auch fritiert oder gebacken serviert. Bei der Pasta überzeugten uns vor allem die **Taccozze mit Tomaten und Basilikum**, die Tagliatelle, die Pappardelle, die **Chitarrine**, die mit Ricotta gefüllten Ravioli in Fleischsauce sowie – zur passenden Jahreszeit – mit Steinpilzen oder den köstlichen örtlichen Trüffeln. Um die **Trüffel** dreht sich auch alles bei den Risotti, während bei den Hauptgerichten Fleisch dominiert, insbesondere das der auf dem Bauernhof gehaltenen Schafe: **Lamm** und **Hammel von der Holzglut**, aber auch Schwein und Kalb. Lecker und von hausfraulicher Schlichtheit ist das Gebäck, mit dem das Mahl schließlich ausklingt.
Die angebotenen Weine aus der Gegend sind würdige Begleiter zu Ihrer Mahlzeit.

Bei Signora Trozzi in **Pescocostanzo** (20 km) bekommen Sie erstklassige Mozzarella, Caciocavallo und frische Ricotta; sie verkauft sie direkt in ihrem Haus in der Via delle Pigne 10 nahe dem Hauptplatz. Die Pasticceria Colomba in der Via Roma ist ein lohnendes Ziel für Naschkatzen: Sie verkauft leckeres örtliches Gebäck.

Pizzoli Cermone

9 km nordwestlich von L'Aquila, S.S. 80

Delfina

Trattoria
Ortsteil Cermone
Tel. 08 62/46 17 94
Ruhetag: So.abend u. Mittw., nicht im [Sommer
Keine Betriebsferien
160 Plätze
Preise: 30 – 35 000 Lire
Kreditkarten: AE, Visa
Mittags und abends geöffnet

Die Berge rund um L'Aquila hüten ein Geheimnis, das nicht jeder kennt: Zu ihren natürlichen Schätzen gehört auch die – überwiegend schwarze – Trüffel. Noch so ein Geheimtip ist ein Restaurant, in dem Sie nicht nur die Edelknolle, sondern zudem unverfälschte lokale Bergküche bekommen: die nur einige Kilometer von L'Aquila entfernte Trattoria »Delfina«. Sie zu finden ist nicht schwer: Sie liegt an einem Feldweg, der bei Pizzoli von der Hauptstraße Richtung L'Aquila abzweigt.
Lassen Sie sich zum Auftakt einen Klassiker des Apennins servieren: die **Pagliata** (gereinigte Eingeweide vom Lamm »alla cacciatora«). Sie können sich jedoch auch für **Kutteln** (mit Tomaten und Peperoncino) entscheiden, **Bohnen in umido**, **Ventricina** vom Schwein, verschiedene Bruschette (mit Wildschwein, Trüffeln und Coratella – kleingeschnittenen Innereien – vom Lamm). Zu den beliebtesten Primi zählen dann **Fettuccine mit Trüffeln**, **Tagliatelle mit Pilzen** (Hallimasch oder Steinpilze), **Ravioli** alla Delfina mit **Salsicce und Safran**, Pappardelle alla Pecorara, Gnocchi mit Wildschweinragout, Pasta all'Amatriciana und **Bohnen mit Kutteln**. Dazu gesellen sich Secondi wie **Hammel in Rotwein**, Fleisch von der Holzglut und leckere geröstete Scamorza mit Steinpilzen oder Pecorino, ebenfalls von der Holzglut. Donnerstag und Freitag werden häufig Gerichte mit Fischen aus der Adria oder Baccalà angeboten.
Die Mahlzeit beschließen leckere hausgemachte Desserts wie Zuppa Inglese und Tiramisù, natürlich begleitet von selbst erzeugten Digestifs: Schnäpsen und Ratafià-Likör.

Die Azienda Machione, Via Villare, stellt handwerklich gefertigte, kleine Mengen Ricotta und andere Käsespezialitäten aus Schafsmilch her.

Rivisondoli

96 km von L'Aquila,
32 km südöstlich von Sulmona, S.S. 17

Giocondo

Restaurant
Via del Suffragio, 2
Tel. 08 64/6 91 23
Ruhetag: Dienstag, nicht im August
Betriebsferien: im Juni
40 Plätze
Preise: 35 – 45 000 Lire
Kreditkarten: alle
Mittags und abends geöffnet

Zum Auftakt werden hier leckere örtliche Wurstspezialitäten gereicht, woraufhin man übergeht zu Abotta pezzente (**Sagne** in viel Brühe mit Kartoffeln und Bohnen), **Pappardelle mit Ricotta und Broccoli**, **Taccozze mit Auberginen und Tomaten** oder mit Safran und Zucchini, Anellini mit Peperoni, Auberginen und Zucchini, **Polenta mit Broccoli und Salsiccia** oder Minestra mit **Cazzarielli und Bohnen**. Versäumen Sie keinesfalls die **Ravioli**, die es mit frischer heimischer Ricotta mit oder ohne Tomaten gibt, vor allem aber **süß** mit Muskat und Rosinen (besser vorbestellen!). Ein einzeln zu bestellendes Gericht ist der Graviule, ein großer Raviolo, der mit Maccheroni alla Chitarra, Pilzen, Erbsen und Pancetta gefüllt wird. Eines der typischsten Gerichte der Gegend ist **Pecora al cotturo** (entfettetes und mit Suppenkräutern gekochtes Schaffleisch), neben dem auch das Lamm Cacio e Uova (mit Käse und Ei) ebenso eine kleine Sünde wert ist wie die **Salsicce** aus Fleisch und **Leber** von der Holzglut. Von Mai bis Juli sollte man sich auch nicht den wilden Spinat entgehen lassen, der im Hochgebirge gepflückt und in der Pfanne gegart oder in Frittate eingebacken wird. Sehr empfehlenswert sind dann die Käsespezialitäten wie frischer und gebratener Scamorza oder **gebratener Pecorino mit Honig**. Leckermäuler gönnen sich zum Schluß noch Millefoglie (Blätterteigkuchen) mit Creme. Giocondos Auswahl an Weinen aus der Region und anderen Weinbaugebieten ist beachtlich.

In der Via Roma 30, also ganz in der Nähe, finden wir einen Ableger des »Giocondo«: Eno Giò bietet eine gute Auswahl an Weinen und Spezialitäten, vom Safran aus Navelli bis hin zu Trüffeln. Im Ortszentrum backt Mario Como in seinem Panificio leckere rustikale Pizza.

Roccamontepiano

25 km südlich von Chieti, S.S. 81

Osteria Brancaleone

NEU

Osteria
Via Terranova, 49
Tel. 08 71 / 7 75 71
Ruhetag: So.abend, Montag
Betriebsferien: Juli
55 Plätze
Preise: 25 – 30 000 Lire, ohne Wein
Keine Kreditkarten
Abends geöffnet, am So. auch mittags

Im kleinen Ortszentrum von Roccamontepiano, in dem alljährlich am 16. August ein reizvolles Volksfest stattfindet, zu dem die Einheimischen von nah und fern herbeiströmen, steht auch unsere Osteria »Brancaleone«, ein gelungenes Exemplar von einem neugegründeten Lokal, das sich perfekt in seine Umgebung einfügt. Die Osteria ist in einem Gebäude aus dem 17. Jahrhundert untergebracht und bietet ein stimmiges, absolut authentisch wirkendes Gesamtbild, in das sich auch die Terrasse für das sommerliche Abendessen unterm Sternenzelt harmonisch einfügt.
Das Speisenangebot, mit dem Maurizio Basile und Sabrina Di Renzo aufwarten, ist geprägt von einer gekonnten, vielfach zeitgemäßeren Neuinterpretation traditioneller Küche. Zur Einstimmung servieren sie frische Ricotta, Caponatina, Wurstwaren wie die berühmten **Mortadelline aus Campotosto** und Käsesalat, die Appetit machen sollen (und machen) auf die schmackhaften Primi: **Sagne mit Ricotta und Pecorino** oder mit Salsiccia und Trüffeln, **Sagnette mit Trüffeln und Salsiccia**, Risotto mit Geflügelleber, **Polenta mit Rüben und Bohnen**, Gnocchi mit Steinpilzen oder **Dinkelsuppe mit Kichererbsen und Pilzen**. Zum Hauptgang wird meist auf der Holzglut gegrilltes Fleisch – vor allem Lamm – aufgetragen, gelegentlich können Sie sich jedoch auch **Baccalà** oder Kaninchen aus dem Rohr schmecken lassen. Lecker sind auch die Desserts nach Hausfrauenart zum Abschluß eines rundherum schlüssigen Menüs.
Der Weinkeller bietet ein sorgfältig abgestimmtes Sortiment an abruzzischen Flaschenweinen und einige bedeutende Weine aus anderen Regionen. Ach ja, und die Preise: Die sind mehr als anständig, das Probiermenü kostet Sie ohne Wein sage und schreibe ganze 26 000 Lire.

Roseto degli Abruzzi

32 km östlich von Teramo, S.S. 81 und 150

Sapore di Mare

NEU

Trattoria
Via Manzoni, Ecke Via Leopardi
Tel. 0 85 / 8 99 81 37
Ruhetag: So.abend, Montag
Betriebsferien: September
40 Plätze
Preise: 50 – 55 000 Lire
Kreditkarten: CartaSi, DC
Mittags und abends geöffnet

Das ursprüngliche, gemütliche »Sapore di Mare« erwartet Sie im Zentrum dieses charmanten abruzzischen Touristenortes, der sich, als das Jahrhundert noch in den Kinderschuhen steckte, als einer der ersten dieser Region zu einem Bade- und Urlaubsziel entwickelte. Mitten durch den Ort zieht sich die Adriatica-Staatsstraße, und unsere Trattoria finden Sie in einer kleinen Nebenstraße auf der dem Ortskern zugewandten Seite, also nicht auf der Küstenseite, gut verborgen in dem dichten Geflecht kleiner Straßen und meist ein- bis zweistöckiger Gebäude.
Schnörkellose Rezepte und frische Zutaten aus der Gegend sind die Grundpfeiler ihrer schlichten, gutbürgerlichen Küche. Beginnen Sie mit gesottenen Scampi, marinierten Sardellen, **Vongolette in Zuppa** (mit echten Muscheln aus der Adria statt der ebenso guten, aber eben überall erhältlichen Venusmuscheln), Miesmuscheln oder (falls gerade erhältlich) mit dem sagenhaften **Fritti di Bianchetti**, also von Glasfischchen, die mit Petersilie und einem Hauch Knoblauch zu Klößchen geformt und dann in der Pfanne gebacken werden; Glasfischchen bekommen Sie auch in Essig-Öl-Marinade. Zu den häufig angebotenen Primi zählen dann **Tagliatelle mit Seezunge und Paprikaschoten**, Sedanini oder Penne mit Krebsragout, **Rigatoni mit Scampi** und Spaghetti mit Meeresfrüchten, die Appetit machen auf leckere **Fritture** (fritierte Tintenfische, jungen Kabeljau und Zanchetta, einen Fisch, der einer kleinen Seezunge ähnelt), Grillplatten, Scampi gebacken oder alla Catalana, also mit Tomaten und frischer Zwiebel.
Weinliebhaber haben dazu die Wahl unter einem Dutzend vorwiegend regionaler Flaschenweine. Und wenn es besonders hoch hergeht, dann bleibt das Lokal auch schon einmal am Sonntagabend geöffnet.

San Giocomo degli Schiavoni

63 km nordöstlich von Campobasso

Il Gatto con gli Stivali

NEU

Osteria
Via Roma, 4
Tel. 08 75 / 51 3 71
Ruhetag: Mittwoch
Betriebsferien: zweite Sept.hälfte
35 Plätze
Preise: 30 000 Lire
Kreditkarten: CartaSi
Nur abends geöffnet

Die Meeresküche Termolis heimst traditionsgemäß – und völlig zu Recht! – die meisten Lorbeeren für ihre Küche ein, doch auch das Hügelland des Molise wartet Feinschmeckern da und dort mit manch angenehmer Überraschung auf. In den letzten Jahren entstanden nämlich mitten in den Hügeln einige kleine Lokale, die die vorher sträflich vernachlässigte bodenständige Küche gekonnt neu interpretieren. Das neueste Beispiel hierfür finden wir am Hauptplatz von San Giacomo degli Schiavoni zwischen Termoli und Guglionesi: das »Gatto con gli Stivali«. Der »gestiefelte Kater«, in dem die Wirte Siponta Valente und Sandro Fiorentino ihren Gästen eine streng territorial geprägte Küche bieten, hat Räumlichkeiten gefunden, wie sie für diese Art von Lokal nicht besser getroffen sein könnten (zwei kleine, altehrwürdige Säle mit Tonnengewölbe und Terrasse).
Zum Auftakt werden stets **in Öl eingelegtes Gemüse** (Auberginen, Zucchini und Paprikaschoten) aus eigener Herstellung angeboten, **heimische Wurstwaren** (Soppressata, Salsiccia und Capocollo) und erstklassiger Käse aus dem Molise (vor allem Scamorza und Caciocavallo aus Agnone). Und wenn der erste Hunger gestillt ist, können Sie in aller Ruhe die **Gerstensuppe mit Pilzen** oder **Dinkel** genießen, **Sagne e Fagioli**, frische handgezogene Pasta mit verschiedenen Saucen (wie den kuriosen, dem Sprossen-Broccoli verwandten Tanne d'Asino oder mit Kartoffeln, Pilzen und Salsiccia oder Auberginen). Die Hauptgerichte warten dann mit schmackhaftem Fleisch aus heimischen Beständen auf: gemischtem Braten von der Holzglut und **Lamm nach Jägerinnenart** mit Tomaten oder vom Grill. Auch reife Käse sind zu haben, und zum Abschluß hausgemachte Desserts wie Crostate, Ricottarolle und Mandeldessert. Dazu passen die anständigen Weine aus der Gegend und maßvolle Preise.

San Pietro Avellana Masserie di Cristo

45 km nordwestl. von Isernia, S.S. 17 u. 652

Il Perticone

Bar – Trattoria
Ortsteil Masserie di Cristo, 35
Tel. 08 65 / 94 01 39
Kein Ruhetag
Betriebsferien: unterschiedlich
35 Plätze
Preise: 25 – 35 000 Lire
Keine Kreditkarten
Mittags und abends geöffnet

Hinter dem neuen Namen verbirgt sich hier ein alter Bekannter – die traditionelle Trattoria »Masserie di Cristo« – und gottlob derselbe familiäre Charme des Vorgängerbetriebs. Ein Wirtshausschild werden Sie vergebens suchen, als Anhaltspunkt könnte jedoch dienen, daß sich auch das öffentliche Telefon des kleinen Ortsteils in dem Lokal befindet. Doch obwohl es äußerlich so unscheinbar ist, wird es unter den Feinschmeckern der Umgebung als Geheimtip gehandelt – und das nicht von ungefähr!
Kosten Sie dann von den rein regional geprägten Spezialitäten wie der handgezogenen Pasta (**Cavatelli**, Orecchiette und Chitarrine) mit Gemüse und gemischtem Fleischragout, den **Tagliatelle** oder Crêpes **mit Trüffeln** (die in der Gegend zuhauf wachsen) oder den Pilzen oder im Ofen überbackenen Cannelloni und **Sagne al Forno** (im allgemeinen auf Vorbestellung). Es geht weiter mit köstlichen **Lammspießen** von der Holzglut, Forelle in Weißwein oder al Cartoccio (in der Hülle gegart), **Pecora al Caldaro**, **Polenta mit Salsiccia und Pancetta**, Zicklein aus dem Ofen oder 'Ncip-'Nciap (in Weißwein und Zwiebeln gesottenem Fleisch). Zur passenden Jahreszeit stellt die Küche sogar ein ganzes Menü auf der Basis von Trüffeln und Pilzen oder **Wild** zusammen – der umsichtige Gourmet sollte jedoch die Vorbestellung nicht vergessen.
Passende Begleiter zu dieser ansprechend soliden Küche sind einige Flaschenweine aus den Abruzzen und dem Molise und – wir erlauben es uns auch nur dieses eine Mal! – das wirklich ausgezeichnete Quellwasser.

Camillo D'Alleva in **San Pietro Avellana** (5,6 km), Corso Stazione, ist eine sichere Einkaufsadresse für Käsespezialitäten wie Scamorza, Burrino und Trecce (Zöpfchen) aus bester Milch der Gegend.

San Pio delle Camere Castelnuovo

23 km südöstlich von L'Aquila, S.S. 17

La Cabina

Restaurant
Via Aufinate, 1
Tel. 08 62 / 9 35 67
Ruhetag: Montag, nicht im August
Betriebsferien: Jan./Febr.
70 Plätze
Preise: 40 – 45 000 Lire, ohne Wein
Kreditkarten: EC, MC, Visa
Mittags und abends geöffnet

Die Gegend um Navelli ist bekannt dafür, daß hier erstklassiger Safran angebaut und auch in der Küche entsprechend großzügig eingesetzt wird. Dort, wo die Provinzen Pescara und L'Aquila aneinandergrenzen, erwartet uns zwischen Castelnuovo und der Schnellstraße zur Piana di Navelli das »Cabina«, dessen Küche sich dem Safran verschrieben hat, aber auch anderen Erzeugnissen der Berge wie Linsen, Kichererbsen und Bohnen.
Zur Einstimmung können Sie sich an Bruschetta mit Öl und Knoblauch, Trüffeln und Pilzen gütlich tun, um dann zum **Pasticcio di Farro** (einem risottoähnlichen Dinkelauflauf) mit Safran oder Steinpilzen überzugehen; Pastaliebhaber wählen unter Maltagliati, Tagliatelle, Chitarrine und **Crespelle mit schwarzer Trüffel**, aber auch **Dinkel**- und **Linsensuppe** sind zu haben. Sehr zu empfehlen sind auch Spezialitäten wie **Lamm von der Holzglut**, Schnitzel mit Trüffeln, **Fleischbällchen mit Safran** (auch mit Erbsen) oder Fleischspieße von der Holzglut. Interessant ist auch die Auswahl an heimischen Käse- und Wurstsorten – wählen Sie die Sorten mit Leber –, und versäumen Sie keinesfalls die Cojoni, die Hoden vom Maulesel.
Hausgemacht sind schließlich auch die Desserts, und der Weinkeller hält neben abruzzischen Spitzenerzeugnissen und manch feinem italienischem Tropfen eine recht umfangreiche Auswahl an Hochprozentigem für Sie bereit.

Eine wertvolle Adresse für Safran und andere hiesige Produkte finden Sie in **Civitaretenga** (8 km): Die Cooperativa Altopiano verkauft auch Linsen aus Santo Stefano di Sessanio, Bohnen aus Paganica und Saubohnen aus Sant'Elia. Safran bekommen Sie jedoch auch ganz einfach in der »Cabina«.

San Salvo

86 km südl. v. Chieti, S.S. 16, 11 km v. Vasto

Osteria delle Spezie

NEU

Osteria
Corso Garibaldi, 44
Tel. 08 73 / 34 16 02
Ruhetag: Mittwoch
Betriebsferien: unterschiedlich
45 Plätze
Preise: 25 – 40 000 Lire, ohne Wein
Kreditkarten: die bekannteren
Mittags und abends geöffnet

Im historischen Ortskern von San Salvo gelangen Sie zu diesem rustikal eingerichteten Lokal unter familiärer Leitung. Sein kulinarisches Leitmotiv sind die Erforschung und Bewahrung der lokalen Eßkultur: Lebensmittel werden in kleinen Mengen nach altbewährten Verfahren selbst hergestellt, und den Gast erwartet eine hervorragende Neuauflage der traditionellen Regionalküche.
Selbst hergestellt werden beispielsweise **Ventricina**, eine nach alter heimischer Tradition hergestellte Wurst (Achtung, die Ventricina aus dem Umland von Chieti hat nichts gemein mit der aus der Gegend von Teramano!), die bei den Gästen größten Anklang findet, oder auch Pecorinokäse, die in Olivenöl extravergine eingelegt werden. Zu den raffinierteren Gerichten zählen beispielsweise die **Fiadoncini di Pesce** (ravioliähnliche Pasta), die mit Sardellen und Pecorino oder mit Fisch und wildem Fenchel gefüllt werden. Die handgezogene Pasta wird vorwiegend mit Fischragout angerichtet: Versuchen Sie die **Chitarrine alla Pescatora**, die Tacconelle mit Scampi und Zucchini, die **Cavatelli mit kleinen Tintenfischen** und wilder Rucola (hier schmecken Sie Affinitäten zur nahen Küste Apuliens) sowie 'Ndrocchie (ähnlich wie Fusilli) mit Fischragout oder Meeresfrüchten. Zu den interessantesten Hauptgerichten zählt dann die **Fischsuppe** alla Vastese, die Sie allerdings vorbestellen müßten, während Grillplatten mit Fisch oder verschiedenem Fleisch stets verfügbar sind, zur passenden Jahreszeit dann mit Spargel und Artischocken.
Die Weinkarte umfaßt ein recht umfangreiches Sortiment guter Tropfen, das regelmäßig ergänzt wird. Sehr anständig sind die Preise.

Die Gelateria Caffè Roma, Corso Garibaldi 7, lockt mit leckerem heimischem Gebäck (Fiadoni und Pastiere, Mürbeteigkuchen) sowie selbstgemachtem Eis.

San Valentino in Abruzzo Citeriore

36 km südwestlich von Pescara, S.S. 5

Antichi Sapori

NEU

Trattoria
Contrada Cerrone, 4
Tel. 085/8541234
Ruhetag: Mittwoch, nicht im Sommer
Betriebsferien: unterschiedlich
80 Plätze + 20 im Freien
Preise: 25 000 Lire, ohne Wein
Keine Kreditkarten
Mittags und abends geöffnet

Das altehrwürdige »Antichi Sapori« finden Sie an der alten Provinzstraße, die von der Tiburtina Valeria nach San Valentino in Abruzzo Citeriore führt. Das Naturschutzgebiet Orfento und der Parco della Maiella liegen ganz in der Nähe, und aus diesen Gebieten stammt auch ein Teil der Erzeugnisse, die in der Küche des »Antichi Sapori« verarbeitet werden. Sie finden das kürzlich eröffnete Lokal in einem Gebäude, das aus weißen Natursteinen aus dem Maiella-Massiv erbaut wurde und für laue Sommerabende mit einem gemütlichen Bereich im Freien aufwarten kann.
Geführt wird die Trattoria von einer Gruppe von Jungunternehmern, die in der Gastronomie großgeworden sind und eine rein territorial ausgerichtete Küche pflegen. Zur Einstimmung werden Wurstwaren, Milchprodukte und lokale Käse gereicht, denen handgezogene Pasta folgt: Hervorheben möchten wir an dieser Stelle die Tagliatelle mit Steinpilzen, die **Tacconelle mit Kichererbsen und Baccalà**, die Ravioli mit Ricotta-Spinat-Füllung, die Dinkelsagne mit Tomaten und Basilikum sowie die diversen Minestre (mit Cazzarielli, **Dinkelsuppe mit Kürbis** oder Steinpilzen, **Gerstensuppe mit Bohnen** oder auch Linsensuppe). Bei den Hauptgerichten dreht sich dann fast alles ums Fleisch, vor allem ums **Lamm**, das gegrillt oder aus dem Rohr mit Kartoffeln angeboten wird, doch gibt es auch Perlhuhn, **Gans** (traditionell zur Dreschzeit) und Milchferkel.
Hausgemacht sind schließlich auch die Desserts: Naschkatzen empfehlen wir die traditionellen Bocconotti (kleine Mürbeteigkuchen, die nach dem Originalrezept mit Schokolade, gehackten Mandeln und gekochtem Most gefüllt werden), die Crostate mit Obst und die mittlerweile omnipräsente Panna Cotta. Der Weinkeller steuert zu Ihrem Mahl eine beachtliche Auswahl an Flaschenweinen bei, der Service ist aufmerksam und freundlich.

Santo Stefano di Sessanio

27 km östlich von l'Aquila, S.S. 17

Ostello del Cavaliere

Restaurant
Via della Giudea, 1
Tel. 0862/89679
Ruhetag: Do. abend, nicht im Sommer
Keine Betriebsferien
50 Plätze
Preise: 30 000 Lire, ohne Wein
Keine Kreditkarten
Mittags und abends geöffnet

Santo Stefano gehörte einst den Piccolomini und später den Medici und besitzt einen schönen runden Turm. Ähnlich wie in Calascio und Castel del Monte entstand auch hier die Ortschaft nach dem Bau eines Festungsturms, der gegen die Sarazenen schützen sollte. Wie überall am Gran-Sasso-Massiv kann man auch hier schöne Wanderungen zu Fuß oder zu Pferd unternehmen – und sich dann in einer gemütlichen Osteria regenerieren. Die dynamische Letizia Cucchiella setzt ihren Gästen im »Ostello« Spezialitäten aus der Gegend vor. Beginnen Sie also mit guten Wurstwaren und **Schinken**, dann können Sie sich eine Suppe mit **Linsen aus Santo Stefano**, die besonders aromatisch sind, **Tagliatelle ai funghi**, Quadrucci, **Taccozzelle** aus Eierteig, **Maccheroni mit Sugo von Schaffleisch** oder aber die Chitarre ricotta e limone schmecken lassen. In der Gegend wird Weidewirtschaft betrieben, und so gibt es zum Hauptgang wirklich hervorragendes **Lamm vom Grill** oder aus dem Rohr. Gut auch der **Pecorino**, der frisch oder gegrillt angeboten wird. Zu erwähnen ist vielleicht auch noch der Safran, der von der Familie Cucchiella angebaut und in der Küche verwendet wird. Das Weinangebot konzentriert sich auf einige Flaschenweine aus der Gegend. Die Desserts und Destillate sind hausgemacht.

Giampaolo Delia (Piazza Carlo Del Prete), Carmelo Fulgenzi (Via Cesare Battisti, 59) und Rosa Ciarrocca im Albergo Risi del Cavaliere (Via della Giudea, 5) verkaufen die typischen schwarzen Linsen aus der Gegend, die besonders reich an Eisen sind.

Scanno

93 km südöstlich von L'Aquila,
31 km von Sulmona, S.S. 479

La Volpe e l'Uva

NEU

Enoteca mit Ausschank und Imbiß
Piazza San Rocco, 6
Tel. 03 60 / 52 65 29
Ruhetag: Mittwoch, nicht im So.
Betriebsferien: Februar
25 Plätze + 60 im Freien
Preise: 20 000 Lire, ohne Wein
Keine Kreditkarten
11 – 4 Uhr geöffnet

In Scanno erwartet Sie einer der malerischsten Altstadtkerne der gesamten Region Abruzzen, an dessen Piazza Vecchia nun nach dreißigjährigem Dornröschenschlaf »La Volpe e l'Uva« zu neuem Leben erwacht ist. Durch eine behutsame Restaurierung, bei der Holz und Terrakotta harmonisch aufeinander abgestimmt wurden, ist hier ein derart behagliches Ambiente entstanden, daß die Enoteca innerhalb von wenigen Jahren nicht nur zu einer Pilgerstätte für Touristen mit feinen Gaumen, sondern sogar zu einem beliebten Treffpunkt der einheimischen Jugend geworden ist.
Ins »Volpe e l'Uva« kommt man, um Crêpes zu essen, die hier süß oder salzig angeboten werden, doch es gibt auch kalte Gerichte mit den besten Produkten lokaler Tradition: **Pecorini** und **Wurstwaren** in verschiedensten Reifegraden und mit allen erdenklichen Gewürzen, köstliche frische **Ricottine** und nicht zuletzt das **in Öl eingelegte Gemüse** werden Ihnen geschmacklich längst vergessene Genüsse wieder in Erinnerung rufen. Den kleinen Imbiß oder auch das Abendessen können Sie mit hausgemachten Torten oder Crostate beschließen.
Und zu alldem gibt es natürlich Wein – fragt sich nur welchen, denn die 150 auf der Karte aufgeführten Flaschenweine sind allesamt gut: Gemma Cirilli und Paolo Leone, die Inhaber, sind nicht nur wirkliche Weinkenner, sondern finden auch immer wieder einen kulinarischen Vorwand – beispielsweise eine Salami nach Hausmacherart oder einen lokalen Pecorino –, um einen feinen Tropfen zu entkorken. Sie können sich jedoch auch an die hervorragenden Spirituosen halten oder sich als Souvenir gleich etwas von den verlockenden Spezialitäten mit nach Hause nehmen: Blütenhonig aus Scanno, Marmelade, in Öl eingelegtes Gemüse und Konserven aus biologischem Anbau sowie heimische Süßigkeiten.

Silvi · Piomba Alta

28 km nördlich von Pescara, S.S. 16

Don Ambrosio

NEU

Osteria
Contrada Piomba, 49
Tel. 085 / 935 10 60
Ruhetag: Dienstag
Betriebsferien: unterschiedlich
85 Plätze
Preise: 35 – 40 000 Lire, ohne Wein
Kreditkarten: AE, DC, Visa
Mittags und abends geöffnet

Kommen Sie auf der Adriatica-Staatsstraße von Norden her gefahren, dann halten Sie sich nach der Ortsmitte von Silvi rechts, wo es nach Piomba Alta hinaufgeht: Hier werden Sie dann wiederum rechts das Schild dieses in einem alten Gutshof eingerichteten Lokals entdecken. Zum Auftakt erwartet Sie eine Fülle von Antipasti: Wirklich bemerkenswert ist bereits das **Käse**sortiment, das trotz eines reichen Repertoires an heimischen Sorten (Pecorini, Cacio marcetto und Caprini) auch noch mit Käse aus anderen Regionen aufwarten kann; daneben gibt es Gemüse sowie verschiedenste **Suppen mit Hülsenfrüchten**, zu denen Pizz'onte (kleine Pizze mit Olivenöl) gereicht werden, aber auch Bruschette und Wurstwaren. Weiter geht es dann mit **Dinkel-Gnocchetti** allo spizzico, den typisch regionalen Pastasorten von **Chitarra** bis Pappardelle mit Fleisch- oder Gemüse-Sugo, Ravioli alla Pecorara oder mit Trüffeln sowie Pasta e Fagioli. Das Repertoire an Hauptgerichten ist nicht weniger umfangreich: Neben heimischem Fleisch wie beispielsweise **Lamm vom Holzkohlengrill**, Ferkelbraten aus dem Rohr, **Ciffe Ciaffe** (mit Kräutern gewürztem Ragout aus verschiedenen Fleischsorten), gemischtem Grillteller und Rindersteaks werden auch Baccalà angeboten, gebratene **Scamorze**, gegrilltes Gemüse und **Patate al coppo** (in der Holzglut in der Schale geröstete Kartoffeln). Und zum Abschluß sind eine klassische Pizza dolce (gefülltes Biskuitgebäck) oder Mandelkekse stets zu haben.
Der gutsortierte Weinkeller räumt den besten regionalen Weinen gebührend Raum ein, aber auch Weine aus dem übrigen Italien sind vertreten. Im Sommer können Sie draußen unter einer Pergola speisen und den Blick aufs Meer genießen. Und wer will, kann in einem der fünf Zimmer auch übernachten (allerdings ohne Frühstücksmöglichkeit).

Sulmona

56 km südöstlich von L'Aquila, S.S. 17

Clemente

Restaurant
Vico del Vecchio, 11
Tel. 08 64 / 5 22 84
Ruhetag: Donnerstag
Keine Betriebsferien
80 Plätze
Preise: 25 – 30 000 Lire, ohne Wein
Kreditkarten: CartaSi, Visa
Mittags und abends geöffnet

Sind Sie bei Ihrem Bummel durch Sulmona auf einem bezaubernden kleinen Platz angekommen, den ein Brunnen aus dem 15. Jahrhundert und das mittelalterliche Aquädukt zieren, sind Sie bereits in unmittelbarer Nähe von Clemente Maioranos Lokal, in dessen Räumlichkeiten bereits sein Vater vor vierzig Jahren als Metzger und Winzer tätig war. Wie dieser fühlt sich auch Clemente mit den lokalen Traditionen aufs engste verbunden, doch gesellen sich bei ihm noch gründliche önologische Kenntnisse sowie eine ausgeprägte kulinarische Experimentierfreude hinzu.
Beginnen Sie mit den Wurstwaren aus eigener Herstellung (Salami und **Würste aus Leber** und Fleisch), kleinen Aufläufen mit Ricotta und Gemüse und Frittatine, um dann zu **Spaghetti mit Bauchspeck und Trüffeln**, Orecchiette alla Pecorara, **Chitarre mit Lammragout**, Clementine (pikanten Farfalle mit Schinken und Spinat), Gnocchetti und **Pappardelle mit Safran**, Dinkel- oder Gerstensuppe sowie schließlich **Tagliatelle mit Steinpilzen** oder Trüffeln überzugehen. Unter den Secondi finden sich dann vorwiegend Schaf- und Ziegenfleischgerichte: **im Rohr gebratenes Zicklein**, **Lammkeule mit Kräutern** sowie Lamm vom Holzkohlengrill, aus dem Rohr oder in der Saison mit schwarzen Trüffeln veredelt. Immer wieder gibt es auch Schweinebraten mit Kräutern und in der entsprechenden Jahreszeit auch Wildschwein und Reh. Zum Abschluß sind hausgemachte Desserts geboten, wie Crostate mit Ricotta, gefüllte Kichererbsen oder auch die Ostertorte Fiadona. Im Keller lagern nicht nur gute Weine, sondern auch zahlreiche Spirituosen.

Confetti Pelino, Via Introdacqua 55: zig verschiedene Konfektarten, die nach Originalrezepten und ursprünglichen Verfahren hergestellt werden.

Teramo

Antico Cantinone

Restaurant
Via Ciotti, 5
Tel. 08 61 / 2 48 8 63
Ruhetag: Sonntag
Betriebsferien: August / September
120 Plätze
Preise: 25 – 30 000 Lire, ohne Wein
Keine Kreditkarten
Mittags und abends geöffnet

Einige der raffinierten traditionellen Gaumenfreuden, deren sich Teramo rühmen kann, können Sie im »Cantinone« kennenlernen.
Die hier angebotenen Speisen richten sich ganz nach dem Lauf der Jahreszeiten: Im Herbst erwartet Sie **gebratener Baccalà mit Paprikaschoten**, im Frühling **Minestra mit Erbsen und Quadrucci** (eine Pasta), im Winter **Kichererbsensuppe mit Kastanien**. Ebenfalls im Winter wird auf Vorbestellung 'Ndocca 'Ndocca – mit Gewürzkräutern gekochte Knorpel und Schwarten vom Schwein – zubereitet. Immer wieder stehen **Fregnacce** auf dem Speiseplan, mittelgroße frische Pasta mit einem Sugo aus Salsiccia und Rindfleisch, **Truthahn alla Canzanese** (im Rohr gebraten und anschließend im eigenen Aspik angerichtet), schmackhafte **Mazzarelle** (kleingeschnittene Lamminnereien, die zusammen mit Knoblauch, Zwiebeln, Petersilie, Gemüseblättern und Peperoncino in Lammgedärme eingerollt werden), **Maccheroni alla Mugnaia** mit Gemüsesauce sowie **gratinierte Tiella**. Anfang Mai wird dann ganz traditionsgemäß **Virtù** (Tugenden) aufgetischt, eine Art Gemüseeintopf, der laut Rezept aus sieben verschiedenen Gemüsesorten und Gewürzkräutern, aus je sieben frischen und getrockneten Hülsenfrüchten, Nudelsorten und Fleischsorten zuzubereiten ist. Lassen Sie sich zum Abschluß den in Öl eingelegten Pecorino und auch die Pizza Dolce aus den Abruzzen nicht entgehen. Die Weine kommen aus der Region: Neben manch gutem Flaschenwein ist auch der offene Hauswein keineswegs zu verachten.

Die Käserei Fratelli De Remigis in **Coste Sant'Agostino** ist zwar mit modernster Technologie ausgestattet, doch die Verfahren zur Herstellung der Pecorini sind die altbewährten.

Teramo

Sotto le Stelle

Osteria
Via Nazario Sauro, 50
Tel. 0861/247126
Ruhetag: Sonntag
Betriebsferien: August
35 Plätze
Preise: 30 – 35 000 Lire, ohne Wein
Kreditkarten: alle
Mittags und abends geöffnet

Lassen Sie sich von der postmodernen Einrichtung der Osteria nicht abschrecken, denn die Eßkultur Teramos, wohl die berühmteste im Hinterland der Abruzzen, wird hier in unverfälschter Reinheit präsentiert.
Zu den Standardgerichten gehören die **Chitarre mit Fleischklößchen**, der **Timballo**, die **Suppe mit Saubohnen** (weitere Zutaten sind Mangold, Kartoffeln und Zucchini), die **Tagliatelle mit Pfifferlingen und Steinpilzen** oder auch die **Tagliolini mit Baccalà-Sugo**. Darüber hinaus gibt es behutsam innovative Gerichte wie die mit Wirsing gefüllten Ravioli oder, bei den Secondi, das Lammkarrée in Balsamico-Essig. Nach solchen kreativen Ausflügen wendet sich die Küche wieder heimatlichen Rezepten zu, beispielsweise den vortrefflichen **Mazzarelle** (in Endivien- oder Mangoldblätter eingewickelten Lamminnereien), **Kutteln** mit Bohnen oder frischen Tomaten, Majoran und Thymian oder auch in bianco mit frischen grünen Pfefferschoten und Majoran, Truthahn alla Canzanese, **Hammelragout**, Lammkoteletts, leckerem fritiertem jungem Pecorino oder **Baccalà**, der gebraten, fritiert, geschmort oder in Fischsuppe zubereitet wird.
Sehr gepflegt sind auch die Desserts nach bester Hausfrauenart, und bei den Weinen haben Sie die Wahl zwischen den besten abruzzischen Weinen, etlichen Spitzenweinen aus ganz Italien und sogar aus Kalifornien oder Frankreich (vor allem Sauternes).

In Marcello Perpentuinis Bar Centrale, Corso Cerulli 15, sollten Sie unbedingt einmal vorbeischauen, denn in ganz Italien wird sich Ihnen wohl selten eine solche Möglichkeit bieten, erlesenste Weine zu einem derart verlockenden Preis anzutreffen. Und damit Sie beim Weinverkosten nicht unter den Tisch fallen, bekommen Sie dazu auch schmackhafte Häppchen.

Termoli

68 km östlich von Campobasso, S.S. 87

Da Noi Tre

Trattoria
Corso Fratelli Brigida, 34
Tel. 0875/703639
Ruhetag: Montag, nicht im Sommer
Betriebsferien: 24. Dez. – 10. Jan.
60 Plätze
Preise: 35 – 40 000 Lire, ohne Wein
Kreditkarten: alle
Mittags und abends geöffnet

Die ältesten Fischer Termolis, die von jeher den alten Teil der Stadt bewohnen, erinnern sich noch gut an die Zeiten, als hier Tauschhandel praktiziert wurde: Fisch wurde gegen Kartoffeln, Salat und Tomaten eingetauscht, Muscheln gegen Weizen- und Maismehl oder gegen Hühner und Tauben. Auch wenn diese Form des Handels heute nicht mehr üblich ist, so konnte sich die hier beheimatete Küchenkultur, die zu den bedeutendsten der gesamten Adriaküste gehört, ihre traditionellen Wurzeln bewahren: Einerseits die Schlichtheit mancher Gerichte, andererseits die feierlich rituelle Zubereitung wieder anderer Gerichte wie der Fischsuppe.
Eine Kostprobe dieser schmackhaften und ehrlichen Meeresküche bietet Ihnen die familiär geführte Trattoria »Da Noi Tre« mitten im Zentrum von Termoli, die Pasqualino D'Ambrosio von seinem Vater geerbt hat. An lauen Sommerabenden können Sie auch im Freien speisen. Als Antipasto werden Ihnen beispielsweise der klassische **Crudo misto**, **Miesmuscheln alla marinara**, **Oktopussalat**, gratinierte Jakobsmuscheln oder auch marinierte Sardellen serviert – bedenken Sie allerdings, daß das Angebot während des meistens im Juli und August verhängten Fangverbots wesentlich kleiner ausfällt! Unter den Primi empfehlen wir dann **Fusilli mit Seeteufel**, Linguine mit Venusmuscheln, Risotto alla marinara oder auch Gnocchetti mit Scampi-Creme. Interessant ist der Petersfisch in umido, mit dessen Sauce auch Nudeln angerichtet werden. Zu den Secondi zählen des weiteren **Fischsuppe**, die – falls das Meer es erlaubt – meistens zu haben ist, **Fritturine di Paranza** und gemischte Grillteller.
Im Weinkeller lagern vorwiegend regionale Flaschen, doch auch der eine oder andere Tropfen aus dem übrigen Italien. Die Preise sind ausgesprochen anständig.

Torano Nuovo

31 km nordöstlich von Teramo,
24 km von Ascoli Piceno

La Sosta

Trattoria – Pizzeria
Via Regina Margherita, 34
Tel. 0861/82085
Ruhetag: Dienstag
Betriebsferien: 17. Aug. – Anf. Sept.
75 Plätze
Preise: 30 – 35 000 Lire, ohne Wein
Kreditkarten: MC, Visa
Mittags und abends geöffnet

Daß die Abruzzen zu denjenigen Regionen Italiens gehören, in denen die Eßkultur auch im häuslichen Bereich noch sehr stark gepflegt wird, liegt an der tiefen Heimatverbundenheit ihrer Menschen. Die Gastronomie ist ebenfalls stark regional geprägt, selbst wenn immer mehr Gasthäuser inzwischen nebenher auch eine Pizzeria betreiben, die mitunter sogar mit einem Holzofen aufwarten kann. Nach diesem Vorspann wissen Sie nun in etwa, was Sie im »La Sosta« erwartet.
Zu den interessantesten Gerichten zählen hier die **Lamminnereien** mit Tomaten und Peperoncino, **der Crespelle-Auflauf**, die gekochten **süßen Ravioli** (auf Vorbestellung), die **Spaghetti alla Pecorara** (mit Salsiccia in Sugo), die **Bohnen mit Schweineschwarte** im Winter oder auch die Chitarrine mit einem Sugo aus Fleischklößchen. Sehr gefragt sind darüber hinaus das **Ragout mit Ziegenfleisch** (hauptsächlich im Oktober und April), Lamm oder Zicklein, aber auch die Kalbshaxe. Wenigstens einmal die Woche gibt es **Kutteln** und Gnocchi, während Ihnen auf Vorbestellung auch köstliche **Mazzarelle** serviert werden: ursprünglich ein Gericht zur »Resteverwertung«, bei dem die kleingeschnittenen Lamminnereien mit Knoblauch, Peperoncino und Petersilie in Endivienblätter eingewickelt, mit den Lammgedärmen verschnürt und mit Lardo und einem Schuß Wein langsam geschmort werden. Was Sie nun unbedingt auch noch verwerten sollten, sind die **gefüllten und fritierten Oliven** sowie der wirklich herausragende **fritierte Pecorino**. Das Sortiment von durchwegs guten Weinen beschränkt sich nicht allein auf die Region.

In der Azienda Agricola Fiore, Contrada Villa Fiore, werden neben Dinkel (auch in Form von Kuchen, Keksen und Freselle) Öl, Salsicce, Ventricina vom Schwein und Konfitüren verkauft.

Valle Castellana · Colle

20 km nordwestlich von Teramo,
20 km südlich von Ascoli

Locanda Scuppoz

NEU

Trattoria
Ortsteil Colle
Tel. 0861/93186
Ruhetag: Mittwoch
Keine Betriebsferien
70 Plätze
Preise: 25 – 30 000 Lire
Keine Kreditkarten
Mittags und abends geöffnet

Umrahmt von dem grandiosen Panorama der Monti della Laga liegt inmitten des Castellanatals die »Locanda Scuppoz«. Empfangen werden Sie in der Stille der Wälder von einem kleinen Esel, der ganz gemächlich in seinem Gehege auf und ab läuft. In der Küche wirkt eine wahre Meisterin im Umgang mit Gewürzkräutern, Signora Lidia, der Tochter Cinzia assistiert, während sich die Söhne Nevio und Alves freundlich und aufmerksam um die Gäste kümmern.
Die Spezialitäten dieses Grenzlandes zwischen den Marken und den Abruzzen sind **Steinpilze**, Suppen und Polenta aus Dinkel, **Hammel vom Holzkohlengrill** sowie **Schaf alla callara**. Zum Auftakt werden Ihnen hervorragende lokale Wurstwaren, Pecorino von den hochgelegenen Almen des Castellanatals und Bruschette mit Pilzen aufgetischt. Als Primi folgen hausgemachte Tagliatelle, Ravioli und Gnocchi, die mit Steinpilzen angerichtet sind. Auf Anfrage bekommen Sie auch eine wirklich ausgezeichnete **Bohnensuppe mit Pilzen** oder Dinkel-Polenta. Zum Hauptgang haben Sie dann die Wahl zwischen diversen Fleischsorten vom Grill oder mit Kartoffeln gebratenen Pilzen.
Aus der eher kleinen Weinauswahl wird Ihnen Alves einen guten Montepulciano Monti empfehlen, der sich als Begleiter zu der deftigen Küche bestens eignet. Groß ist dagegen das Angebot an Likören, einem Steckenpferd von Papà Benito, der vor vielen Jahren nach seiner Rückkehr aus Deutschland eine kleine Schnapsbrennerei einrichtete. Hier produziert er nun vier verschiedene Sorten: Scuppoz, einen feinen Kräuterlikör, wirklich exzellent auch mit Zitrone, Sasumma, einen süßen Likör mit Anis und Kastanien, Savasu mit Rum und Kaffee sowie Sciantò, einen Schnaps aus Pilzen. Eingelegte Pilze oder Honig können Sie auch zum Mitnehmen kaufen.

Vasto

75 km von Chieti, S.S. 16

All'Hostaria del Pavone

NEU

Trattoria
Via Barbarotta, 15 – 17
Tel. 08 73 / 6 02 27
Ruhetag: Dienstag
Betriebsferien: 10. Jan. – 10. Feb.
50 Plätze
Preise: 35 – 45 000 Lire, ohne Wein
Kreditkarten: AC, MC, Visa
Mittags und abends geöffnet

Wenn Sie von der alten Oberstadt Vastos in Richtung Hafen hinuntergehen, liegt zu Ihrer Linken die Via Barbarotta, in der Sie die »Hostaria del Pavone« erwartet. In ihren Räumlichkeiten wurde einst Scapece hergestellt, eine schmackhafte Marinade aus Essig und Safran, in die fritierte kleine Fische eingelegt werden.
Zu den Aushängeschildern des Lokals gehört nun ebendieses **Scapece**, der nach der felsenfesten Überzeugung Antonio Palumbos – gemeinsam mit Nicola D'Ascenzo Inhaber des Lokals – von Vasto und nirgendwo sonst aus seinen Siegeszug in die Küchen der Region antrat. Doch auch etliche bodenständige Gerichte finden sich auf der Speisekarte, die uns schon fast zu voll erscheint, weshalb wir anregen würden, auf einige Gerichte, die mit der Identität dieses Lokals nun überhaupt nichts mehr zu tun haben, doch vielleicht zu verzichten.
Unter den Vorspeisen sind uns das in Öl eingelegte Gemüse, die Wurstwaren (insbesondere die Ventricina), die **mit Saubohnen gefüllten Tintenfische** und die **Cozze al Forno** (mit einer gewagten, aber sehr ausgewogenen Mischung aus Miesmuscheln, Tomaten und Käse) in Erinnerung geblieben. Wärmstens zu empfehlen bei den Primi sind Frascarelli (aus einem polentaähnlichen Teig) in Fischbrühe, Chitarrine alla Vastese, **Cavatelli mit Seeteufel**, Zuppa alla Contadina aus Getreide und Hülsenfrüchten sowie Spaghetti mit Meeresfrüchten. Unter den Secondi dominieren Fischgerichte wie beispielsweise Zuppa di Pelosi (Meereskrebse), **Rochen in umido** mit Tomaten und Basilikum, Steinbutt aus dem Rohr mit Kartoffeln und Paprikaschoten, eine Kostprobe wert ist aber auch das **Lamm mit** fritierten getrockneten **Paprikaschoten**. Hausgemacht sind zum süßen Abschluß die Mandelküchlein wie alle übrigen Desserts. Das Weinangebot entspricht dem guten Niveau der Küche.

Vastogirardi

35 km nordöstlich von Isernia, S.S. 650 u. 651

La Taverna

Trattoria
Via Mazzini, 13
Tel. 08 65 / 83 61 56
Ruhetag: Montag
Betriebsferien: unterschiedlich
40 Plätze
Preise: 30 – 35 000 Lire
Keine Kreditkarten
Mittags und abends geöffnet

Noch gänzlich unberührte Wälder breiten sich in den Tälern rund um Vastogirardi aus – eine ideale Weideflächen für braunes Fleckvieh, eine Kreuzung mit den »Schweizer Braunen«, deren Milch sich für die Herstellung von Käse besonders gut eignet. Es ist also kein Zufall, daß die **Caciocavalli**, Ricotte, Scamorze, Trecce und **Burrini** aus Vastogirardi im Molise zur ersten Garde gehören.
Auch in der rustikal eingerichteten »Taverna« gibt es erstklassige lokale Milchprodukte und Käse, ohne die kein Antipasto auf den Tisch kommt, daneben auch erlesene Wurstwaren wie die würzig-pikanten **Soppressate** oder Salsicce und ausgezeichnetes Schaffleisch. Daneben warten sie mit hausgemachter Pasta auf, die sie mit schmackhaften Saucen servieren: **Rigatoni mit** lokaler **Ricotta und Salsiccia**, **Cavatelli** mit dem typischen Ragout des Molise aus gemischtem Fleisch, Spaghetti mit Sardellen und Peperoncino oder auch **Gnocchi mit einer Sauce aus Kalbskutteln**. Lassen Sie unter keinen Umständen die **Lamminnereien** aus, die in der Pfanne mit einem Hauch von Peperoncino angebraten und sowohl als Antipasto als auch als Hauptgericht angeboten werden; ebenso empfehlenswert ist die **Pezzata**, ein Ragout aus Schaffleisch mit Kartoffeln (allerdings auf Vorbestellung). Weitere erwähnenswerte Secondi sind Lamm vom Holzkohlengrill, **Kutteln**, Filet mit Pilzen und gebratene Scamorza. Passender Begleiter zu dieser deftigen Bergkost sind die meist aus dem Molise stammenden Weine. – Noch ein Hinweis: Im Laufe des Jahres 1998 zieht das Lokal möglicherweise in eine andere Straße um.

Zwei wichtige Adressen im Ort, wo Sie hervorragende Caciocavalli, Burrini und Scamorze kaufen können: Basilio Scocchera, Via Re d'Italia 30, und Giancarlo Antenucci, Via Garibaldi 18.

APULIEN

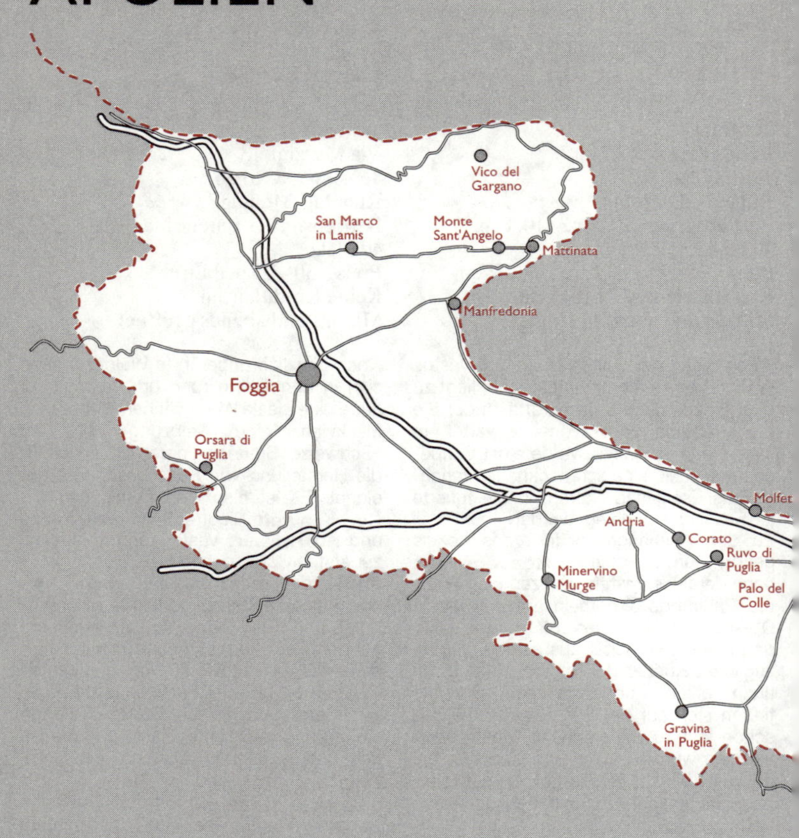

Vico del Gargano
San Marco in Lamis
Monte Sant'Angelo
Mattinata
Manfredonia
Foggia
Orsara di Puglia
Molfet
Andria
Corato
Ruvo di Puglia
Minervino Murge
Palo del Colle
Gravina in Puglia

Adria

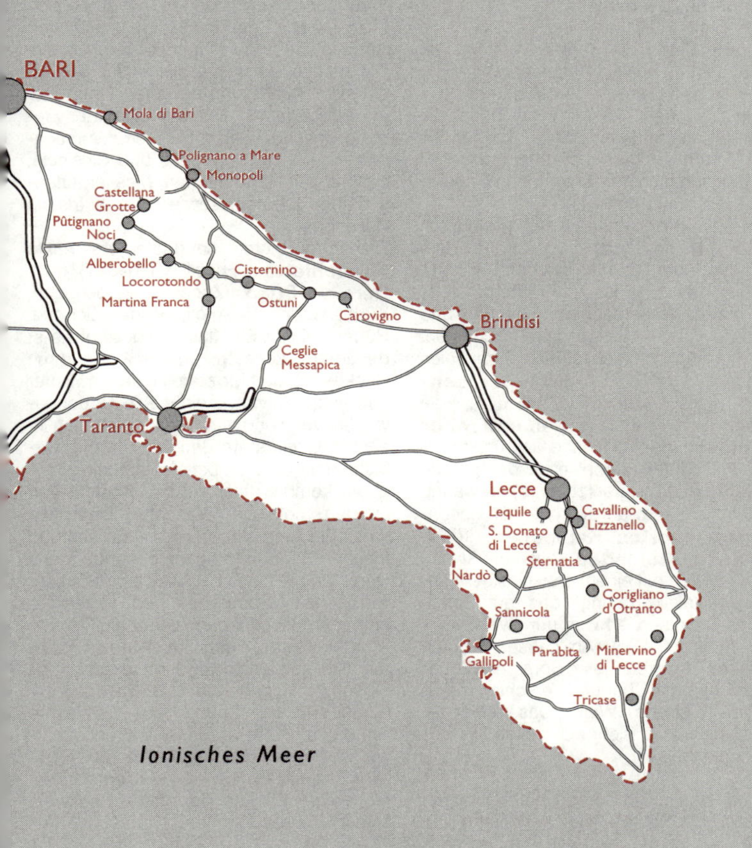
BARI
Mola di Bari
Polignano a Mare
Monopoli
Castellana
Grotte
Pûtignano
Noci
Alberobello
Locorotondo
Martina Franca
Cisternino
Ostuni
Carovigno
Brindisi
Ceglie
Messapica
Taranto
Lecce
Lequile
Cavallino
Lizzanello
S. Donato
di Lecce
Sternatia
Nardò
Corigliano
d'Otranto
Sannicola
Parabita
Gallipoli
Minervino
di Lecce
Tricase
Ionisches Meer

Alberobello Coreggia

55 km südöstl. von Bari, S.S. 100 u. 172 o. 634

Da Donato

Hotelrestaurant
Kreisstraße nach Selva di Fasano
Tel. 080/9324539
Ruhetag: Dienstag
Betriebsferien: September
120 Plätze + 50 im Freien
Preise: 30 – 40 000 Lire
Kreditkarten: Visa
Mittags und abends geöffnet

Die Gegend, in der sich der kleine Ort Coreggia befindet, gehört zweifelsohne zu den touristisch attraktivsten Teilen Apuliens: Die berühmten Trulli von Alberobello stehen praktisch vor der Haustür, und auch in das zauberhafte Valle d'Itria (mit noch mehr Trulli) sowie in die Höhlen von Castellana und die dunklen Wälder von Fasano ist es nur ein Katzensprung. Falls Sie hier nach einer Übernachtungsmöglichkeit suchen, können wir Ihnen die Familie Leogrande empfehlen. Lassen Sie sich jedoch von dem rustikalen Holzschild am Eingang nicht täuschen, denn innen ist das Lokal sehr gepflegt.
Zum Auftakt präsentieren sich die bunten **Antipasti** della casa: von gratiniertem Gemüse über Oliven, knusprig fritierte Kürbisblüten und kleine Kräuteromeletts bis hin zu eingemachtem Gemüse und Pizzette – um nur einiges herauszugreifen. Von den täglich wechselnden Primi seien hier stellvertretend das **Kichererbsenmus mit wilder Zichorie**, die **Orecchiette mit Tomaten und reifer Ricotta** sowie eine frische Gemüsesuppe (die im Winter durch eine dampfende **Fleischbrühe** ersetzt wird) erwähnt. Stattlich die Auswahl auch bei den Secondi: **geschmortes Kaninchen**, köstliche **Kuttel-Rouladen** sowie die klassischen Braten mit einem erstklassigen Rindersteak als Krönung, das auf einem heißen Stein serviert wird (für zwei Personen zu empfehlen). An hausgemachten Desserts erwarten Sie im Sommer Mürbeteigkuchen mit Obst und verschiedenerlei Ricotta-Kuchen im Winter. Das Weinangebot beschränkt sich auf einige wenige regionale Weine.

Im Pastificio in Coreggia, Via Girolamo 34, wird die Pasta – wie Orecchiette und Fricelli – noch mit den alten Zieheisen aus Bronze hergestellt. Teilweise werden Peperoncino, Tomaten oder Spinat in den Teig eingearbeitet.

Alberobello

55 km südöstlich von Bari, S.S. 100 und 172 oder 634

La Cantina

NEU

Trattoria
Vico Lippolis, 9
Tel. 080/9323473
Ruhetag: Dienstag
Betriebsferien: 23. Juni – 9. Juli
32 Plätze
Preise: 30 – 45 000 Lire
Kreditkarten: CartaSi, DC
Mittags und abends geöffnet

Das Lokal »La Cantina« liegt zwar nicht im alten Stadtteil der Trulli, doch immerhin an der heute wichtigsten Straße der Stadt. Sollten Sie Alberobello noch nicht kennen, so bietet sich von hier aus die nähere Erkundung der Altstadt an, bevor Sie sich anschließend gemütlich im Lokal von Antonio und Angela Lippolis niederlassen. Die beiden sind Spezialisten für bodenständige Küche und servieren Ihnen hier die kulinarischen Kostbarkeiten der Gegend: frisches Saisongemüse, Wurstwaren wie Lonza, Capocollo und Salsiccia, die hier von Hand mit dem Messer aufgeschnitten werden, sowie vielerlei frische Käsesorten.
Die Primi bieten handgefertigte Pasta (**Orecchiette**, Fricelli, Tagliolini) **mit Gemüse-Sugo** (Zucchini, Auberginen, Kürbisblüten, Brokkoli, wilde Zichorie, Rüben, Minze). Ein Klassiker des Lokals ist der überbackene **Zichorien-Auflauf** mit Hackfleisch und Mozzarella, der im Winter mit sivoni selvatici, einer Art Kardengewächs, verfeinert wird. Sehr appetitlich ist auch der geröstete Bauchspeck mit Kürbisblüten. Und selbst Artischockenliebhaber kommen hier auf ihre Kosten: Von all den möglichen Varianten legen wir Ihnen die **Artischocken** mit Erbsen und frischen Saubohnen ganz besonders ans Herz. Da im Gebiet um Alberobello sehr viel Viehzucht betrieben wird, finden Sie unter den Secondi dann vorrangig Fleisch: Pferdekoteletts, gegrillte **Fohlenfilets** mit Steinpilzen (in der entsprechenden Saison), Hackbraten, **Schaffleisch-Rouladen** mit Sauce, eine gemischte Bratenplatte mit Lammfleisch und Bratwurst wie auch die ausgezeichneten **Kutteln**, die **mit Kartoffeln** serviert werden. Mandelgebäck und der offene Hauswein sind im Preis inbegriffen.

In der Bar-Enoteca »Il Trulletto« finden Sie Rosolio mit Mandel-, Basilikum- u. Wassermelonenaroma.

Alberobello

55 km südöstlich von Bari, S.S. 100 und 172 oder 634

La Cucina dei Trulli

Trattoria mit Hotel
Piazza Ferdinando IV, 31
Tel. 080/72 15 11
Ruhetag: Dienstag
Keine Betriebsferien
150 Plätze
Preise: 25 – 30 000 Lire
Kreditkarten: alle
Mittags und abends geöffnet

Wenn Sie vor den Touristenmassen, die sich durch die denkmalgeschützte Zone der Trulli wälzen, die Flucht ergreifen wollen, ziehen Sie sich doch einfach in die etwas ruhigeren Gassen der Aia Piccola zurück. In einem Gebäude aus dem vergangenen Jahrhundert, das auch als Hotel fungiert, finden Sie dann eine der traditionsreichsten Küchen der gesamten Provinz: Das »Cucina dei Trulli« gibt es nämlich schon seit fast einhundert Jahren, und während all dieser Jahre ist es seinem kulinarischen Stil stets treu geblieben.
Gleich neben der Eingangstür ist eine große Tafel mit dem Menü angeschlagen, das sich zwar nicht sehr abwechslungsreich liest, doch einen guten Überblick über die Gastronomie hierzulande bietet. Zum klassischen Repertoire, das die Familie Lanzillotta nun schon seit Jahr und Tag mit unveränderter Sorgfalt zubereitet, gehören **Saubohnen-Püree mit wilder Zichorie**, **Orecchiette** mit Tomaten und Basilikum, Spaghetti alla pizzaiola mit Tomaten, Mozzarella und Oregano, **Suppen aus Hülsenfrüchten** (Linsen, Bohnen und Kichererbsen), eine **Kartoffelpfanne mit Reis und Miesmuscheln** sowie Lasagne al forno. Unter den Secondi finden Sie dann selbstverständlich Fleischgerichte wie Koteletts mit Tomatensauce, auf der Holzkohle gegrilltes **Schweine-** oder **Lammkotelett** sowie verschiedene Bratenplatten. Zum Abschluß gibt es ein paar hausgemachte Desserts zur Wahl. Den Weinen würde etwas mehr Zuwendung nicht schaden, denn zur Zeit muß man sich mit dem bescheidenen offenen Hauswein und einigen wenigen Flaschenweinen begnügen.

Die zum Besitz des landwirtschaftlichen Instituts gehörende Käserei Notarnicola ist wegen ihrer ausgezeichneten Käsespezialitäten sehr zu empfehlen (Via Cielo Cielo).

Andria Montegrosso

74 km nordwestlich von Bari, S.S. 98

Antichi Sapori

Trattoria
Piazza Sant'Isidoro, 9
Tel. 08 83/56 95 29
Ruhetag: Montag
Betriebsferien: Juli u. 1 Wo. im Nov.
40 Plätze
Preise: 30 000 Lire
Kreditkarten: alle
Mittags und abends geöffnet

In Feinschmeckerkreisen spricht sich der kleine Ort Montegrosso so allmählich herum, denn hier, in Pietro Zitos Trattoria, findet man noch eine Küche, die die kulinarischen Traditionen der Gegend in einer wirklich außergewöhnlichen Unverfälschtheit präsentiert.
Im »Antichi Sapori« beginnt man üblicherweise mit lokalen Wurstwaren, Ricottina, Paprikaschoten, überbackener Scamorza oder Artischockenherzen, die in ein hervorragendes Extravergine-Öl eingelegt sind. Je nach Jahreszeit können Sie dann zu einer **Kürbissuppe mit Pilzen** übergehen, aber es gibt auch **Gnocchi mit Rouladen-Sugo**, Suppen aus verschiedenen Hülsenfrüchten, Capunti mit Pilzen und Wurst (hauptsächlich im Winter), **Saubohnen-Püree mit wilder Zichorie**, Orecchiette und die dunklen **Strascinate** aus geröstetem Korn **mit Fleischra-gout** oder Kürbisblüten, Tomaten, Basilikum und Cacioricotta – und sonntags dann den **Timballo**, einen überbackenen Nudelauflauf mit Lammragout. Noch vielfältiger ist die Auswahl bei den Secondi mit **Lammkoteletts**, Salsiccia vom Holzkohlengrill, Hähnchen aus eigener Aufzucht, gebratener Geflügelleber, Lamm mit Pilzen und Kartoffeln, **gefülltem Kaninchen** und auf Vorbestellung sogar Spanferkel vom Holzkohlengrill. Stellas Süßspeisen – Biskuit mit Kaffee und frischem Obst oder Pralinen mit Schafs-Ricotta – sollten Sie sich nicht entgehen lassen. Auf der Weinkarte werden die besten Weine aus dem DOC-Anbaugebiet Castel del Monte geführt, während der Hauswein vom Weingut des Grafen Spagnoletti stammt.

In **Andria** (15 km), Via Gammarota 12, finden Sie bei den Brüdern Mucci eine Riesenauswahl an Süßwaren, die aus dem Werk in Trani stammen.

Andria

58 km nordwestlich von Bari, S.S. 98 oder Ausfahrt A 14

Au Coq d'Or

Osteria
Via Santa Maria dei Miracoli, 259
Tel. 08 83 / 29 13 61
Ruhetag: Montag
Betriebsferien: 10. – 20. August
90 Plätze + 90 im Freien
Preise: 40 000 Lire
Kreditkarten: alle
Mittags und abends geöffnet

Zu Andria und den Weinbergen, Olivenhainen und Mandelbäumen seiner Umgebung muß Friedrich II. wohl eine ganz besondere Beziehung gehabt haben, ließ er doch genau hier sein noch heute imposantes Castel del Monte errichten, das auch gerne als die »Krone Apuliens« bezeichnet wird.
Das kulinarische Angebot des »Coq d'dor« entspricht der lokalen Tradition, und die Zutaten durchlaufen eine sorgfältige Auslese. Unbedingt probieren sollte man hier die **Manteca**, die **Burratina** oder eine der übrigen köstlichen Frischkäsezubereitungen. Bei den Primi wird hier ein Repertoire von dreißig verschiedenen Gerichten geboten, die abwechselnd auf die Speisekarte gelangen, und so entstehen aus der handgefertigten Pasta einmal **Strascinati**, die **mit Sprossenbrokkoli und geröstetem Brot** serviert werden, ein andermal Cavatelli alla pescatora, **Trofiette mit Salsiccia und Pilzen**, Troccoli mit frischen Tomaten und würziger Ricotta, **Cavatelli mit den** wildwachsenden **Senapelli** oder Maccheroni mit Mies- und Venusmuscheln sowie kleinen Scampi. **Lamm** vom Grill oder aus dem Rohr ist dann die Spezialität des Hauses bei den Secondi, aber die Rinderrouladen mit Fleischragout stehen dem ebensowenig nach wie die Fischgerichte: Probieren Sie unbedingt die Goldbrasse in Weißwein. Und noch ein nicht zu unterschätzendes Detail: In der Küche wird ausschließlich Extravergine-Öl von bester Qualität verwendet. Äußerst zufriedenstellend auch die Weinkarte mit Weinen aus Apulien und ganz Italien.

Einige gute Adressen für Olivenöl: Pellegrino, Via Firenze 83, Contrada Spinata; Tenute Ulivi, Via Bovio 67 a; Azienda agricola Agrinatura, Via Pisani 8; Azienda agricola Conte Spagnoletti Zeuli, Contrada San Domenico; Azienda agricola Nunzio Liso, Via Poli 64.

Bari

Al Focolare da Emilio

NEU

Restaurant – Pizzeria
Via Principe Amedeo, 173
Tel. 080 / 5 23 58 87
Ruhetag: Montag u. So.abend
Betriebsferien: August
60 Plätze
Preise: 40 – 50 000 Lire
Kreditkarten: alle
Mittags und abends geöffnet

Der Fisch ist stets fangfrisch, die einfache Zubereitung ganz im Sinne der Tradition und der Preis – verglichen mit dem, was die anderen Lokale der Stadt für die inzwischen seltenen Kostbarkeiten des Meeres verlangen – alles andere als übertrieben.
Ein umwerfendes **Antipasto** mit ungefähr zehn kleinen – warmen und kalten – Kostproben wird wohl auch den letzten Fischmuffel eines besseren belehren. Und dann geht es mit den Primi auch gleich so weiter: **Tiella** alla barese oder eine handgefertigte **Pasta mit Meeresfrüchten**, Venus- oder Miesmuscheln, die hier wirklich vorbildlich zubereitet wird. Auch bei den Secondi dreht sich alles um Fisch, sei es nun der ausgezeichnete **Brodetto alla marinara** oder der gemischte Grillteller, seien es Wolfsbarsch, Marmorbrasse oder **mit schwarzen Oliven gebratene Ringelbrasse** oder auch die gebratenen Scampi und die Frittura di Paranza. Sergio gibt sich allerdings tolerant und bietet neben seinem geliebten Fisch weitere schmackhafte Gerichte wie Orecchiette mit Sprossenbrokkoli oder alla barese, Lammkoteletts, Schnitzel und Koteletts satt. Zum Abschluß werden Schokoladen-Soufflé, Feingebäck aus Ricotta und leckere Pralinen gereicht.
Abends gibt es neben dem Fischmenü auch Pizza. Das Weinangebot mit einigen guten regionalen und überregionalen Flaschen ist zufriedenstellend, nur fehlt leider noch eine Karte dazu.

Die beiden Bäckereien Panificio Veneto, Corso Cavour 125, und Panificio Marazia, Via Manzoni 217, zeichnen sich durch ihre hervorragenden Pizze, Brote und Focacce baresi aus. Im Salumaio, Via Piccinni 168, werden hochwertige Feinkostprodukte kleiner Erzeuger aus Apulien, der Basilikata und Kalabrien angeboten.

Bari
Borgo Antico

La Credenze

Restaurant
Arco Sant'Onofrio, 14
Tel. 080/5244747
Ruhetag: Mittwoch
Betriebsferien: unterschiedlich
120 Plätze
Preise: 30–45 000 Lire
Kreditkarten: alle
Mittags und abends geöffnet

Das Restaurant in der »Bare vecchie«, der Altstadt von Bari, hat zwei Eingänge (der zweite ist in der Via Verrone), aber die Piazzetta dell'arco di Sant'Onofrio ist so bekannt und zentral gelegen, daß Sie zwangsläufig daran vorbeikommen. Das »Credenze« mit seinen drei Gastzimmern, dem Tonnengewölbe, weißgetünchten Wänden und alten Steinfußböden zeigt, was eine gelungene Restaurierung leisten kann. Cosimo Balenzo hält, was auf der Fassade des Lokals versprochen wird: Die »Cucina tipica barese«, die echt Bareser Küche also, finden Sie hier tatsächlich. Als Antipasti gibt es »ccrude« (**rohe Muscheln und Fisch**), gegrilltes oder gedünstetes Gemüse der Saison (**Paprika** und Auberginen bzw. Rübensprossen und Gemüsezwiebeln), Tintenfischsalat und Bruschette mit Mozzarella. Dann folgen Primi wie **Tubettini mit Miesmuscheln**, **Orecchiette mit Blumenkohlröschen** oder **Cavatelli mit Bohnen**. Hauptgerichte sind Krebse, Scampi, Seebarsch oder Fleischgerichte wie gebratenes Lamm und die **Brasciole** (kleine Rouladen mit Pecorino, Speck und Knoblauch). Ein typisches Dessert ist Sporcamuss (Blätterteiggebäck mit warmer Crèmefüllung). Das Weinangebot könnte eine Verbesserung gut vertragen. Bisher enthält es neben dem weißen Hauswein ein paar ordentliche italienische Sorten.

Pescheria Colaianni, Via Pasubio 69, verkauft superfrischen Fisch aus der Adria und dem Tyrrhenischen Meer sowie Hochseefische. Die Enoteca De Pasquale (Via Marchese Montrone, 87) führt Weine aus Apulien, dem restlichen Italien und Frankreich, Liköre und Schnäpse.

Bari

La Taverna verde

NEU

Restaurant – Pizzeria
Largo Adua, 19
Tel. 080/5540870
Ruhetag: Sonntag
Betriebsferien: 2 Wo. Mitte August
120 Plätze
Preise: 35 – 45 000 Lire
Kreditkarten: alle
Mittags und abends geöffnet

Dieses Lokal befindet sich in einem der schönsten Palazzi der klassizistischen Neustadt, die wie ein Schachbrettmuster nach den Plänen Gioacchino Murats – einst König von Neapel und Schwager Napoleons – angelegt wurde. Seit über sechzig Jahren gehört es nun schon zum festen Bestand der Restaurationsbetriebe von Bari. Dort werden Sie übrigens eine in Sachen Qualität und Preis ähnlich konstante Küche so leicht nicht wiederfinden. Je nach Angebot auf dem Fischmarkt können Sie hier mit Crudità di mare (rohen Kostbarkeiten des Meeres) beginnen, oder auch mit **Zucchine alla poveraccia**, Auberginenauflauf, **überbackenen Miesmuscheln** mit Speck und einem hauchdünnen Fladenbrot mit Öl und Salz. Bei den Primi geht es weiter mit **Saubohnen und Zichorie mit roten Zwiebeln** aus Acquaviva, Orecchiette mit Sprossenbrokkoli, **Zichoriensuppe mit Schinken**, Cavatelli mit dicken Bohnen und Miesmuscheln, Spaghetti spezzati alla marinara oder ai frutti di mare oder auch der **Tortiera barese**. Die Hauptrolle bei den Secondi spielt fangfrischer Fisch, den Sie sich aus der Kühlvitrine aussuchen dürfen und der anschließend nach Ihren Wünschen gegrillt oder gebraten wird. Auch die **Fischsuppe** und, falls vorhanden, die zarte **Fritturina di Paranza**, sind eine Kostprobe wert.
Darüber hinaus wird auch Pizza aus dem Holzofen angeboten. Weine aus Apulien sind hier recht gut vertreten, daneben einige Lagen aus anderen Regionen – alles in allem ein recht ordentliches Angebot.

In dem traditionsreichen Feinkostgeschäft De Carne, Via Celefati 128, finden Sie sämtliche regionalen Spezialitäten, von der Salsiccia über Frischkäsezubereitungen und Öl bis hin zu Pasta sowie leckeren Fertiggerichten.

Osteria delle Travi

Osteria
Largo Chiurlia, 12
Tel. 03 30 / 84 04 38
Ruhetag: Montag
Betriebsferien: 1 Wo. Mitte August
80 Plätze
Preise: 25 – 30 000 Lire
Keine Kreditkarten
Mittags und abends geöffnet

Vom eleganten Corso Vittorio Emanuele aus müssen Sie nur die kleine Piazza Chiurlia überqueren, und schon sind Sie hinter dem Torbogen in der Altstadt. Hier tut sich dann eine ganz andere Welt auf. In dieser volkstümlichen »Osteria delle Travi«, die bereits seit 1838 die Zeiten überdauert hat und für die Einwohner Baris schon fast so etwas wie eine Kultstätte ist, dürfen Sie allerdings keinen jovialen Wirt erwarten, der Sie gleich mit einem Schulterklopfen begrüßt – man bedient Sie hier mit ernster, zurückhaltender Würde – gäbe es da nicht dieses verräterische verschmitzte Lächeln.
Angesichts der unzähligen frisch zubereiteten Antipasti, die auf einem langen Tisch aufgebaut sind, fällt die Wahl schwer: mit Brotkrume gefüllte gelbe Paprikaschoten, Zucchine alla poverella, **Bohnensalat mit den roten Zwiebeln aus Acquaviva** und so weiter und so fort. Wenn Sie sich einigermaßen zurückgehalten haben, können Sie dann zu den Primi übergehen: **Orecchiette mit Pferdefleischragout**, Pasta mit dicken Bohnen und Venusmuscheln oder Linguine alla pescatora. Sollten Sie nun immer noch ein wenig Platz übrig haben, empfehlen wir Ihnen die **Rouladen** aus Pferdefleisch, die gegrillten Tintenfischchen oder die **Frittura di Paranza**. Hier schmeckt alles so, als wäre es von einer tüchtigen Hausfrau der Altstadt zubereitet, und selbst der Biskuitkuchen mit Äpfeln scheint frisch aus dem Backrohr gezogen zu sein. Drücken Sie dafür beim Wein ein Auge zu, und begnügen Sie sich für diesen Abend mit dem ruppigen Rotwein des Hauses.

Gutes Eis gibt es bei Cremino, Viale Unità d'Italia 11 a. Biologische Produkte hingegen finden Sie im Germoglio, Via Puntignani 204: Pasta, Honig, Hülsenfrüchte, Käse und Sojasteaks sowie Vollkornkekse und Marmeladen.

Terranima

Osteria
ViaPutignani, 213 – 215
Tel. 080 / 5 21 97 25
Ruhetag: Sonntag
Betriebsferien: August
50 Plätze
Preise: 35 – 40 000 Lire, ohne Wein
Kreditkarten: alle
Mittags und abends geöffnet

Die Gerichte, die Ihnen hier im »Terranima« serviert werden, führen Sie regelrecht auf eine Zeitreise in die älteste Vergangenheit dieses Landstrichs: Hier fühlt man sich wie einst in Apulien bei Hofe.
Das täglich wechselnde Menü sieht vier verschiedene Antipasti vor, zwei Primi, zwei Secondi sowie Käse und Wein. Unter den Vorspeisen finden Sie die **Pepata di cozze**, den Tortino di zucchine, fritierte Paprikaschoten, Auberginenauflauf, fritierte Sardellen und die **Fritelle** (ausgebackene runde Hefeteigtaschen mit Tomaten und Mozzarella). Zu den Primi gehören dann **Sedanini mit Mangold und Saubohnen** oder mit rohem Gemüse, **Orecchiette mit Brokkoli** oder mit Fleischragout, Tagliatelle mit Miesmuscheln, Venusmuscheln und Zucchini, Fusilli mit gratinierten Tomaten, **Ciceri e tria** oder als Alternative auch Suppen aus Getreide oder Reis, Kartoffeln und Miesmuscheln. Die Gerichte bei den Secondi pendeln zwischen Küste und Hinterland: Wolfsbarsch und Goldbrasse aus dem Rohr, **Kaninchen mit Lampascioni-Zwiebeln** und Kartoffeln, Caldariello (in einem Kessel geschmortes Lamm mit Kräutern und Pilzen), im eigenen Saft gekochter Oktopus, **Frittura di Paranzelle**, Meerbarbe in der Folie, Braten mit Zitrusfrüchten sowie Schweinebraten mit Kastanien. Gönnen Sie sich zum Abschluß eine Crostata mit Zitronencreme, Bocconotti oder das meisterlich zubereitete Eis. Dazu können Sie einen apulischen Flaschenwein oder den offenen Hauswein trinken.

Stoppani in der Via Roberto da Bari 79 ist eine traditionsreiche Konditorei, in der es neben zahlreichen Spezialitäten auch Taralli glassati und österliches Gebäck aus Mandelteig gibt.

Brindisi

Trattoria Pantagruele

Restaurant
Via Salita di Ripalta, 1 – 3
Tel. 08 31 / 56 06 05
Ruhetag: im Winter So.abend u. Montag; im Juli u. Aug. Samstag u. Sonntag
Betriebsferien: 2 Wo. im August
60 Plätze
Preise: 45 000 Lire, ohne Wein
Kreditkarten: die bekannteren
Mittags und abends geöffnet

Angenehm schlicht ist das Ambiente mit seinen drei kleinen Räumen, und ausgewogen zwischen Land und Meer sind die Gerichte der bodenständigen Küche.
Die heimischen Vorspeisen mit ihren ausgemacht sorgfältig zusammengestellten Zutaten bestehen aus marinierten Sardellen, Schnecken, **Auberginen mit Basilikum**, Mozzarelline, **Saubohnen-Püree mit wilder Zichorie** oder im Winter mit gedünsteten Rüben, **fritierten Fleischklößchen** mit Estragon, warmem Meeressalat mit Zitronellgras oder Reis mit Miesmuscheln und Safran. Es geht weiter mit Linguine alle vongole oder alla bottarga, Fettuccine mit Kräutern, Conchiglie mit Miesmuscheln, Zucchini und Peperoncino, **Tubetti mit Mies- und Venusmuscheln**, Reis mit Miesmuscheln und Kartoffeln sowie **Tagliatelle mit Steinpilzen**. Das Feld der Secondi teilen sich Fisch- und Fleischgerichte: Fischsuppe, Wolfsbarsch mit Kräutern, **fritierte kleine Tintenfische** oder Sardellen, **Wild** (Wildschwein steht im Winter immer auf der Karte) oder Lende mit Johannisbeeren. Zu einem würdigen Abschluß tragen die hausgemachten Desserts bei: Babà al rum, Mousse aus Zabaione, Cannoli mit Ricotta-Füllung oder Mousse aus Joghurt mit Waldfrüchten. Auf der Weinkarte finden sich neben den besten Gewächsen des Salento auch einige Flaschen aus ganz Italien.

Apulische Brotspezialitäten gibt es bei Luigi Marangio, Via Mogadiscio 2 a, und im Panificio Donnicola, Via Battisti 5. Auch Il Fornaio Pasticciere, Corso Garibaldi 9, bietet eine interessante Auswahl. Heimisches Fleisch, erstklassige Wurstwaren aus ganz Italien, Konfitüren und eingelegtes Gemüse dann in der Via Indipendenza 25 bei L'arte della carne.

Carovigno

27 km nordwestlich von Brindisi, S.S. 605

Già sotto l'Arco

Restaurant
Corso Vittorio Emanuele, 71
Tel. 08 31 / 99 62 86
Ruhetag: Montag
Betriebsferien: Januar
80 Plätze
Preise: 30 – 40 000 Lire
Keine Kreditkarten
Mittags und abends geöffnet

Antipasti in schier unglaublicher Fülle sind ein wichtiger Bestandteil apulischer Küchenkultur, und an diese Tradition hält sich auch Signora Antonia, Mutter des tüchtigen Patrons Teodosio Buongiorno, die der Küche dieses Lokals vorsteht. Geschickt weiß sie mit den Zutaten und Gewürzkräutern umzugehen, und so entstehen dann ihre Focaccine fritte, Frischkäse, fritierte Kürbisblüten, kleine Kuttelrouladen, lauwarme Artischocken mit Zitrone, ihr selbst eingelegtes Gemüse in Öl oder die mit Ricotta und Minze gefüllten Kürbisblüten. Auch bei den Primi nimmt das Gemüse breiten Raum ein: Lagane mit Cardoncelli (Blätterpilzen), Saubohnen und wilder Zichorie, **Weizen mit Kichererbsen** und einem Schuß Olivenöl, eine **Suppe aus dicken Bohnen und Cavatelli** mit wildem Fenchel, **Orecchiette mit Sprossenbrokkoli** oder, in den Sommermonaten, mit köstlichen rohen Tomaten. Wirklich umwerfend schmecken auch **die Tagliatelle mit einem Ragout aus Stockfisch und Kichererbsen** und nicht minder dann bei den Secondi das **Lamm aus dem Rohr mit Kartoffeln**, die auf der Holzkohle gegrillten Röllchen aus Lamminnereien (**Turcinieddi**), Steaks, Filets und Rouladen aus Pferdefleisch, zu denen junge, auf der Holzglut gegrillte Kartoffeln in Schale gereicht werden, dann der Pilztopf mit Salsiccia und schließlich der **Kalbsbraten mit Fleischbällchen in Sauce**. An Desserts stehen abschließend die mit Feigenmarmelade gefüllten Fagottini aus Blätterteig, Mandelkuchen, Palline fritte (ebenfalls mit Feigenmarmelade) oder Focaccine aus Mürbeteig mit Birnenmarmelade zur Auswahl, zu denen man den hausgemachten Rosolio trinkt. Das Weinsortiment ist gut, bevorzugt werden natürlich die Weine aus dem Salento präsentiert.

Castellana Grotte

40 km südöstlich von Bari, S.S. 634

La Fontanina

Restaurant
Staatsstraße nach Alberobello
Tel. 080/4068010
Ruhetag: Montag, nicht im Sommer
Keine Betriebsferien
150 Plätze + 100 im Freien
Preise: 40 – 50 000 Lire, ohne Wein
Kreditkarten: alle
Mittags und abends geöffnet

Das Lokal liegt in der Umgebung der berühmten Karsthöhlen von Castellana an der Straße von Alberobello nach Locorotondo. Das schöne Meer ist nahe, was mit der angenehmen Lage in 300 m Höhe den Ort zu einem bevorzugten Touristenziel macht. Der Tourismus bringt Probleme, aber das Lokal der Brüder Alò ist zu empfehlen. Die Einrichtung des Restaurants ist rustikal, die Küche folgt den örtlichen Traditionen, erlaubt sich aber auch ein paar Abstecher in andere Gefilde. **Fritiertes Gemüse**, Tintenfischsalat, **gegrillte Mozzarella** und Funghi Cardoncelli sind die Vorspeisen, für deren Zubereitung Zutaten aus der Umgebung erforderlich sind. Von den Primi empfehlen wir Ihnen die **Orecchiette mit Rübensprossen**, **Pasta e fagioli**, Spaghetti mit frischen Tomaten, Basilikum und getrockneter Ricotta, als Hauptgericht sollten Sie das **gemischte Fleisch vom Grill** wählen, bei dem sich die **Zampina** mit ihrem intensiven Geschmack besonders hervortut. Das Brät der langen, dünnen Wurst besteht aus Kalb- und Schweinefleisch, geriebenem Pecorino und wird mit Pfeffer, Knoblauch, Weißwein und Fenchelsamen gewürzt. Im Sommer und sonst am Wochenende gibt es ein ordentliches Angebot an Fischgerichten wie Seebarsch alla marinara, Tintenfisch und Garnelen vom Grill. Zum Nachtisch kann man unter frischen Früchten wählen. Die interessante Weinkarte nennt einige gute apulische Namen.

Spezialität der Pasticceria Chantilly (Via Roma, 40) sind die Delizie alle mandorle. **Putignano** (6 km) ist nicht nur zur Karnevalszeit einen Besuch wert.
Schauen Sie einmal in der Feinkosthandlung Salumeria Bianco, am Corso Umberto I 100 vorbei!

Cavallino

5 km südlich von Lecce

Osteria del Pozzo vecchio

NEU

Osteria
Via Silvestro, 16
Tel. 0832/611649
Ruhetag: Montag
Betriebsferien: 10 Tage im Februar
120 Plätze + 120 im Freien
Preise: 25 – 35 000 Lire
Kreditkarten: alle
Nur abends, an Sonn- und. Feiert. auch mittags geöffnet

In vorchristlicher Zeit gehörte Cavallino zu den wichtigsten Zentren der Messapier, wie die damaligen Bewohner im südlichen Apulien genannt wurden. Zeugnisse aus jener fernen Zeit sind hier noch immer zu besichtigen, daneben weitere jüngeren Datums wie der Palast der Castromediano, im 16. Jahrhundert Feudalherrn hierzulande, aus deren Adelsgeschlecht auch der Archäologe und Gründer des Museums von Lecce, Sigismondo, hervorgegangen ist.
In einer der kleinen Straßen des Zentrums befand sich jahrelang ein Weindepot mit Ausschank, das Fernando Carlà dann irgendwann einmal vom Schwiegervater vererbt wurde. Hier gründete er die »Osteria del Pozzo vecchio« mit ihren drei schlicht eingerichteten Räumen und dem großen, teilweise überdachten Garten mit dem alten Brunnen in der Mitte gründete. Gemeinsam mit seiner Frau Adelaide hat er ein paar alte Rezepte ausgegraben, die nun im zweiwöchigen Turnus und je nach frischem Marktangebot neu aufgelegt werden. Die kulinarischen Klassiker der Gegend werden Sie allerdings zu jeder Zeit hier vorfinden, und dazu gehören die **Ciceri e tria**, die Cecamarati, die **Sagne incannulate al ragù** und die Orecchiette mit Rucola und Pecorino-Streifen. Bei den Secondi folgen dann gemischte Grillteller, Pferdefilet vom Rost, **Pferdefleischragout** sowie einige Gerichte von der Küste wie **Purpu a pignata** (im Tontopf geschmorter Oktopus) und gegrillte Tintenfische.
Die Süßspeisen sprengen dann zwar den traditionellen Rahmen, doch gereicht ihnen das keineswegs zum Nachteil: Da gibt es Panna cotta mit Schokolade oder Waldfrüchten sowie ein köstliches Tiramisù. Und mit seinen erstklassigen und auserlesenen Weinen ist das »Pozzo vecchio« wirklich einer der besten Weinkeller des gesamten Salento.

Ceglie Messapica

38 km westlich von Brindisi, S.S. 16 und 581

Cibus

Restaurant
Via Chianche di Scarano, 7
Tel. 08 31 / 38 89 80
Ruhetag: Dienstag, nicht im Sommer
Betriebsferien: 10 Tage im Juli
80 Plätze
Preise: 35 000 Lire
Kreditkarten: alle
Mittags und abends geöffnet

Restaurant, Bar und Enoteca zugleich – dieses »Cibus«, das in der Altstadt in den ehemaligen Stallungen eines Konvents aus dem 17. Jahrhundert untergebracht ist, verdient wirklich Anerkennung. In Ceglie erreicht die Gastronomie überhaupt ein recht hohes Niveau. Der dynamische Angelo Silibello nun gehört zur jüngeren Garde der tüchtigen Wirte dieses Städtchens: Vor drei Jahren konnte er Mamma Giovannina und Schwester Filomena als weitere Säulen für sein Projekt gewinnen, beim Bedienen dann helfen ihm auch einige junge Leute, damit er sich nebenbei um die Enoteca (der in den Fels gehauene Weinkeller ist wirklich sehenswert) kümmern und im Sommer in dem kleinen angrenzenden Hof auch noch Live-Musik organisieren kann.
Hausgemachte Pasta wie die **Sagna penta** mit gerösteter Brotkrume und würziger Ricotta ist hier natürlich eine Selbstverständlichkeit, daneben gibt es im Tontopf (pignata) geschmorte oder einfach mit Olivenöl oder gerösteten Zwiebeln angemachte Hülsenfrüchte (Kichererbsen, Platterbsen und dicke Bohnen), **Getreidesuppen mit Venusmuscheln** oder Kutteln sowie Gemüsesuppen mit frischen Nudeln. Am Wochenende ist Fisch an der Reihe mit einer sehr zu empfehlenden **Fischsuppe** sowie einem köstlichen Seeteufel. Normalerweise überwiegen jedoch die Fleischgerichte: auf der Holzkohle gegrillte **Lammkeule** und Bratenplatten, **mit Zwiebeln und Kartoffeln im Tontopf geschmortes Schaf** (im Sommer), Lamm und Zicklein mit Kartoffeln vom Rost, Rinderhaxe aus dem Rohr, Kaninchen mit Tomatenstreifen, Bratenstücke mit Tomatensauce sowie **Rouladen aus Lammkutteln**.
Ein Ehrenplatz gebührt abschließend der Torta di ricotta, und zum traditionellen Mandelgebäck serviert man Ihnen Signora Giovanninas Rosolio. Das Weinangebot ist hier sehr umfangreich.

Ceglie Messapica

38 km westlich von Brindisi, S.S. 16 und 581

Da Gino

NEU

Restaurant
Contrada Montevicoli, 57
Tel. 08 31 / 37 79 16
Ruhetag: Freitag
Betriebsferien: September
150 Plätze
Preise: 35 000 Lire, ohne Wein
Kreditkarten: AE, DC, Visa
Mittags und abends geöffnet

Nach Ceglie Messapica gelangt man, wenn man die an der Küste entlang führende Schnellstraße (S.S. 379) auf der Höhe von Ostuni verläßt und von dort aus noch weitere 11 km ins Landesinnere fährt. Bereits seit siebzehn Jahren betreibt hier Gino ein Restaurant, und daß es in Kennerkreisen eine gewisse Berühmtheit erlangt hat, ist wohl auch das Verdienst seines Küchenchefs Cosimo Ciniero.
Wenn zum Auftakt die Antipasti wie auf dem Laufsteg daherstolzieren, können Sie sich gleich eine Vorstellung von den Traditionen dieser Gegend machen. Und auch die Frische der Zutaten werden Sie sofort schmecken, ob nun bei den im Topf gegarten **Saubohnen mit Zwiebeln**, dem gebackenen Käse, dem in Öl eingelegten Gemüse oder der würzigen Ricotta. Als nächstes wären dann das **Grano pisato** mit Tomatensauce und Zwiebeln, die klassischen **Orecchiette mit Sprossenbrokkoli**, die **Kichererbsensuppe** oder die **Pasta mit Kartoffeln** an der Reihe. Dazu können Sie sich aus einem wirklich erstaunlichen Sortiment vorwiegend salentinischer Flaschenweine den passenden Tropfen heraussuchen und vielleicht auch die Wahl des Secondo darauf abstimmen: Hier gibt es dann Turcinelli (in Kutteln eingerollte Innereien), Lamm, gegrillte Würste, Koteletts vom Rind oder Kalb, **kleine Koteletts mit Kapern und Pecorino** und dazu eventuell Bratkartoffeln. Lassen Sie sich die Desserts nicht entgehen, vor allem nicht die vorzüglichen **Biscotti di Ceglie**.

Den berühmten Biscotto di Ceglie finden Sie nicht nur in den Trattorie des Städtchens, sondern auch in der Bar Centrale, Corso Garibaldi 27. Hier gibt es auch Eis und anderes Feingebäck.

Cisternino Caranna

52 km nordwestlich von Brindisi, S.S. 16

Il Capriccio

Restaurant – Pizzeria
Via della Libertà, 71
Tel. 080/9542553
Ruhetag: Mittwoch
Betriebsferien: im November
45 Plätze + 80 im Freien
Preise: 30–40000 Lire, ohne Wein
Keine Kreditkarten
Mittags und abends geöffnet

Der junge Inhaber und Küchenchef des »Capriccio« besitzt bereits jede Menge Erfahrung in der Gastronomie. Nach seiner Tätigkeit in Venetien kehrte er vor einigen Jahren nach Apulien zurück und übernahm dieses Lokal in Caranna, einem Gemeindeteil von Cisternino. Da Cisternino in den Hügeln, aber nicht weit vom Meer entfernt liegt, bietet Piero Semeraro Meeres- und Festlandspezialitäten an, die er nach der Tradition und doch mit einem frischen Touch zubereitet. Beginnen Sie Ihr Mahl mit **Melanzane a funghetto** (Auberginen mit Knoblauch und Petersilie), Scamorzine al forno, Formaggio piccante, Capocollo, Insalata di mare, marinierten Makrelen, gratinierten Miesmuscheln. Bestellen Sie danach Linguine ai frutti di mare, Nudelauflauf, Tagliatelle mit Steinpilzen, Linguine mit Kürbisblüten oder Miesmuscheln und Pesto, **Pappardelle mit Hasenragout**, Raviolacci (gefüllt mit Fleisch, Spinat und Wachteleiern), Spaghetti alla chitarra, **Cavatelli al pesce**. Zum Hauptgang haben Sie die Wahl zwischen **Zuppa di pesce**, Wolfsbarsch vom Grill und und Frittura mista. Zubereitungen mit Fleisch umfassen **Capriolo in umido**, **gefülltes Kaninchen**, Wildschweingulasch, Lepre in salmì, Hirschkotelett vom Grill, gemischte Bratenplatte und herrlich bunte Salate. Schließen Sie die Mahlzeit mit Apfelcrostata, Eis mit Waldfrüchten oder hausgemachten Semifreddi mit heißer Schokoladensauce ab. Trinken Sie dazu den offenen Wein aus der Gegend oder gute Flaschenweine.

Corato

45 km westlich von Bari, S.S. 98

Il Mulino

Restaurant
Via Castel del Monte, 135
Tel. 080/8723925
Ruhetag: Montag
Betriebsferien: im Januar
100 Plätze
Preise: 40 – 45 000 Lire, ohne Wein
Kreditkarten: CartaSi, Visa
Mittags und abends geöffnet

Die Gastronomie im Hinterland von Bari ist eigentlich eher auf die üblichen Sonntagsausflügler eingestellt als auf Gäste, die ganz gezielt auf Tradition und Qualität achten. Doch es gibt Ausnahmen: Auf dem Weg zum berühmten Schloß Friedrichs II. liegt beispielsweise dieses Lokal, das in einer ehemaligen Mühle untergebracht ist. Ganz im Sinne der Tradition beginnt man hier mit einem regelrechten Aufmarsch von **Antipasti** mit frischem Gemüse, Wurstwaren, Frischkäsen und Meeresfrüchten (zur Küste sind es ja nur wenige Kilometer). Als Primo können Sie sich dann etwas aus einer langen Reihe frischer Pastasorten auswählen, beispielsweise **Orecchiette** und **Cavatelli**, die mit Gemüse, Fleischragout oder in der Saison auch mit **Blätterpilzen** (Cardoncelli), den häufigsten Pilzen aus den Murge, gegessen werden. Sie können jedoch auch die weniger traditionellen Bigoli mit Hummer probieren, die bei den einheimischen Stammgästen sehr gefragt sind. Bei den Secondi werden Sie im allgemeinen Fleischgerichte vorfinden: **Lamm** oder **Zicklein** vom Grill oder **aus dem Rohr mit Kartoffeln und Pilzen**, Wildschweinschmorbraten oder geschmortes Kaninchen. Es wird jedoch auch Fisch angeboten, denn Nicola Diafera hat eine zuverlässige Quelle, die ihn mit Tintenfischen, Garnelen, Goldbrassen oder Wolfsbarschen beliefert. Die Desserts sind lecker und nach Hausfrauenart zubereitet, eher bescheiden dagegen ist die Weinauswahl mit nur einigen wenigen regionalen Flaschen.

In der Ölmühle von Giuseppe del Console, Piazza XX Settembre 2, wird das ganz spezielle Extravergine-Öl aus Corato hergestellt. Die Cooperativa Caseificio Pugliese, S.S. 98, bietet leckeren Mozzarella, Provola, Burrata und Ricotta aus Ziegenmilch von Malteser Ziegen.

Corigliano d'Otranto

23 km südöstlich von Lecce, S.S. 16

Anichirio

Trattoria
Via Capiterra, 5
Tel. 08 36 / 32 08 39
Ruhetag: Montag
Betriebsferien: Juli u. August
90 Plätze
Preise: 35 000 Lire
Kreditkarten: AE, MC, Visa
Nur abends geöffnet

»Anichirio« hieß der einstige Angestellte der zum Palazzo Barotta gehörenden Ölmühle, und so heißt nun auch diese Trattoria, deren massive Steinmauern noch immer den intensiven Duft des Olivenöls verströmen. Als Nicola Mangia sein Lokal hier eröffnete, hat er umsichtig auch die wirtschaftliche Realität dieses Landstrichs in seine Überlegungen mit einbezogen und sich für eine weniger anspruchsvolle Einrichtung, dafür aber für eine solide traditionelle Küche zu maßvollen Preisen entschieden. Die sorgfältig zubereiteten Gerichte gehen auf Carlas Konto, die die Zutaten entweder aus dem Gemüsegarten oder – wie das Fleisch – von Herstellern aus der Nachbarschaft bezieht.
Gemüse und lokale Wurstwaren bestimmen nicht nur die Antipasti, sondern auch die Primi: Da finden Sie Maccheroncini all'Anichirio, natürlich die Spezialität des Hauses, mit einer Gewürzsauce, **Sagne alla furese** (frische Pasta mit einem Sugo aus Kirschtomaten, Bratwurst und Lamm) oder mit Sprossenbrokkoli, **Maccheroni mit würziger Ricotta**, **Sagne incannulate** (gedrehte Lasagne) mit Tomaten, schwarzen Oliven, Wurst und Pilzen oder auch **Spaghetti mit Sardinen**. Zu den beliebtesten Secondi gehören **Ragout aus Pferdefleisch**, Rouladen und **Oktopus im Tontopf**, doch sehr schmackhaft sind auch das heimische Lamm, Schwein oder Kalb vom Holzkohlengrill.
Dem eiligen Gast serviert Carla köstliche 'nsurti, kleine Häppchen auf Weizen- oder Hirsebrot, die im Bedarfsfall auch ganz hervorragend zu einer guten Flasche Wein passen.

Die Officina Radici in **Melpignano** (3 km), Via Roma 75, ist ein kleiner Betrieb, der bei der Herstellung seiner Konserven, Konfitüren und Likören ausschließlich lokale Produkte verwendet.

Foggia

Chacaito

NEU

Restaurant
Via Arpi, 62
Tel. 08 81 / 70 81 04
Ruhetag: Sonntag
Betriebsferien: 2 Wo. im August
40 Plätze
Preise: 30 – 40 000 Lire, ohne Wein
Kreditkarten: CartaSi, Visa
Mittags und abends geöffnet

Wenn auch im Lokal noch hie und da ein Souvenir an Venezuela erinnert, so hält sich die Küche doch sehr an die Traditionen Apuliens.
Frische Zutaten der Jahreszeit, die gleich nebenan auf dem Markt eingekauft werden, prägen die Küche, in der Fisch und Gemüse gut aufeinander abgestimmt sind. Unter den Antipasti werden Sie neben gefüllten Auberginen, Peperonata, Tintenfischen mit Petersilie, Pepata di cozze oder Pilzen teilweise auch ganz muntere Kreationen antreffen, wie beispielsweise die mit Meeresfrüchten gefüllten Champignons. Empfehlenswerte Primi sind **Cavatelli**, **Kichererbsen und Venusmuscheln** oder Calamaretti, Caserecci mit Scampi und Zucchini, Lumache mit Krebsfleisch, Pappardelle alla Ciccialdo, **Troccoli alla foggiana** mit Pilzen und Tomaten, **Orecchiette mit wildem Fenchel** oder, auf Wunsch, auch Bruschetta mit Zichorien und Saubohnen. Bei den Fleischgerichten der Secondi tut man sich leicht, da gibt es nämlich entweder Filet oder Steak, dafür fällt die Wahl beim Fisch um so schwerer: in Teig ausgebackene Sardellen, fritierte Tintenfische, sautierte Mies- und Venusmuscheln oder im Rohr gebratener Petersfisch. Nur auf Vorbestellung kocht man Ihnen hier auch den **Cazzmarr**, ein typisches Gericht Nordapuliens: gefüllte Lamminnereien, die mit Kartoffeln im Rohr gebraten werden. Von guter Qualität sind die Käse, ganz besonders die Mozzarella di Salerno und der **Caciocavallo mit Zitrone**. Doch das war noch nicht alles, denn es kommen noch hausgemachte Süßspeisen wie Obstkuchen mit Sahne, karamelisierte Mandeln und Panna cotta. Beachtlich der Weinkeller, der es in kürzester Zeit geschafft hat, sich mit über hundert verschiedenen, zum Teil auch sehr edlen Flaschenweinen einzudecken.

Foggia
Borgo Incoronata
13 km von der Stadtmitte, S.S. 16

Conca d'Oro

NEU

Restaurant
Via Bari, km 683
Tel. 08 81 / 63 81 60
Ruhetag: Montag
Betriebsferien: 1 Wo. im August
60 Plätze + 60 im Freien
Preise: 40 – 45 000 Lire
Kreditkarten: alle
Mittags und abends geöffnet

In diesem ausgesprochen freundlichen Lokal mit seinen zwei Kaminen in den kleinen Speisesälen sowie dem englischen Rasen draußen im Garten, in dem im Sommer auch Tische aufgestellt werden, empfängt Sie Pietro Mastrolitto. Sie finden dieses Restaurant auf dem Weg von Foggia nach Bari, nur wenige Kilometer entfernt von einer vielbesuchten Wallfahrtskirche, dem Santuario dell'Incoronata.
Pietros Schwester und Signora Rita Damiano halten sich bei der Zubereitung der Speisen auch peinlichst genau an die traditionellen Rezepte Apuliens. Zum Essen wird Brot aus einer nahen Holzofen-Bäckerei gereicht. Gleich zur Ouvertüre gibt es dann die appetitlichen **Fritti misti** in Extravergine-Öl (Pizze, Artischocken, Kürbisblüten und Lampascioni-Zwiebeln), in der Pfanne sautiertes Gemüse, **mit Brotkrume und Kapern gefüllte Paprikaschoten** oder Auberginen in Stückchen. Bei den Primi triumphiert die hausgemachte Pasta: **Orecchiette mit Sprossenbrokkoli**, **Cavatelli mit Cardarelli-Pilzen** oder mit dicken Bohnen, Troccoli mit gebratenen Kirschtomaten oder **Pancotto alla foggiana**. Unter den Secondi, die es eher mit Fleisch halten, sticht ein **im Ofen gebratenes Zicklein** hervor, aber auch die Torcinelli (Leber, Herz, Nieren und andere Innereien, die mit Kutteln umwickelt werden), die Coratella in padella (Innereien von Lamm und Kaninchen, gibt es nur auf Vorbestellung), die **in Tomatensauce geschmorten Kutteln mit Kartoffeln** oder das Kalbsfilet in der Kruste sind eine Kostprobe wert. Zum Schluß gibt es eine einfache, aber solide Crostata mit Ricotta oder Marmelade.
Sowohl die Weine aus Apulien als auch die der angrenzenden Regionen sind eher spärlich vertreten, trösten Sie sich deshalb mit einem ausgezeichneten Limoncino oder einem ebenso erstklassigen Lorbeer-Likör.

Foggia

Da Pompeo (ehedem Giordano)

Trattoria
Vico al Piano, 14
Tel. 08 81 / 72 46 40
Ruhetag: Sonntag
Betriebsferien: 12. – 31. August
60 Plätze
Preise: 40 – 45 000 Lire, ohne Wein
Keine Kreditkarten
Mittags und abends geöffnet

In unmittelbarer Nähe des Teatro Giordano bietet Ihnen Pompeo Pillos hübsche Trattoria ein familiäres, gastliches Ambiente und eine gepflegte Küche. Ohne nun die Qualität der stets frischen Fischgerichte (Meeresfrüchte, im Rohr gebratener sowie gegrillter oder gepökelter Fisch; frische Pasta mit Scampi, Venusmuscheln oder Tintenfischen) schmälern zu wollen, ziehen wir es vor, Ihnen die traditionelle Küche vorzustellen.
Ein buntes Allerlei gleich schon bei den Antipasti: Kartoffelauflauf, **Paprikaschoten mit Sardellen, Kapern und Brotkrume**, dazu Pizzette oder das typische Brot aus Foggia, ferner Auberginen alla siciliana oder alla parmigiana. Als nächstes schließen sich die hervorragenden **hausgemachten Nudeln** an: Cavatelli, Orecchiette und Troccoli mit Fleisch-Sugo, Cacioricotta oder Pilzen, Gemüse und Sprossenbrokkoli. Vortrefflich schmecken auch **Pancotto** foggiano und die **Zichorien mit Saubohnen**, die mit geröstetem Brot und Extravergine-Öl aus eigener Herstellung serviert werden. Aus lokaler Produktion stammt das Fleisch für die Secondi: **Lamm mit Pilzen und Kartoffeln aus dem Rohr**, gemischte Lammplatte, Schwein und Kalb vom Holzkohlengrill sowie **gebratene Salsiccia**. Nicht entgehen lassen sollte man sich die Büffel-Provoline und den Caciocavallo aus Sannicandro Garganico im Käseangebot sowie die selbstgemachte Schweinskopfsülze. Abschließend wird zu Keksen aus Mürbeteig hausgemachter Rosolio gereicht.
Und nun zu den Preisen: Rechnen Sie für das Festland-Menü (ohne Wein) mit 40 – 45 000 Lire, beim Fischmenü dagegen wird die Rechnung auf etwa 60 000 Lire ansteigen. À la carte können Sie natürlich auch essen. Unter den fachmännisch ausgesuchten Weinen werden Sie auch Spitzenweine aus der Region und Gesamtitalien vorfinden.

Gallipoli

34 km südwestlich von Lecce, S.S. 101

Al Pescatore

NEU

Hotelrestaurant
Riviera Cristoforo Colombo, 39
Tel. 08 33 / 26 36 56
Ruhetag: Montag
Keine Betriebsferien
120 Plätze + 55 im Freien
Preise: 35 – 45 000 Lire
Kreditkarten: alle
Mittags und abends geöffnet

Gallipoli ist ein altes Fischerdorf, das sich nicht unbedingt danach sehnt, Touristenmetropole zu werden. Das heißt natürlich nicht, daß es hier keine Restaurants gebe, doch sind die meisten sehr edel und noch teuer. Eine erfreuliche Ausnahme von dieser Regel ist das »Pescatore« mit seinem kleinen Hotel (achtzehn Zimmer), das in einem Gebäude aus dem 18. Jahrhundert an den Bastionen der Altstadt untergebracht ist: Hier kocht Vincenzo Corciulo seinen berühmten Fisch.
Kosten Sie die **Zuppa gallipolina**, die mit fünf verschiedenen Fischarten in bianco, das heißt ohne Tomaten, zubereitet wird, den in der Kasserolle »ertränkten« Oktopus, den **Schwertfisch in pizzaiola** (im Sommer) oder das Fritto Misto vom Blaufisch. Darüber hinaus gibt es mächtige Grillteller mit Wolfsbarschen, Marmorbrassen, Rotbarben, Scampis und Sägebarschen. Unter den Primi finden Sie **Orecchiette alla gallipolina** mit würziger Ricotta oder zu Mus verarbeiteten Meeresfrüchten, Fusilli in Folie mit Meeresfrüchten und Riesengarnelen, Linguine mit Scampi oder Farfalle mit Garnelen. Ebenfalls aus dem Meer stammen die **Antipasti**: warmer Insalata mista, gekochter oder marinierter Oktopus, gratinierte und mit Tintenfischen und Kartoffeln marinierte kleine Sardellen, gekochte Meeresfrüchte, fritierte gefüllte Miesmuscheln oder kleine Bällchen aus Oktopusfleisch. Zu den klassischen Desserts des Hauses gehören Divino amore und Pasticciotto. Die Auswahl an Weinen aus dem Salento ist recht stattlich.

Hervorragende Meeresfrüchte bekommen Sie direkt am Hafen bei den Brüdern Quintana. In **Tuglie** (10 km), in der Via Moro 154, versteht sich Carlo Provenzano meisterlich auf die Herstellung des traditionellen Mandelgebäcks. Probieren sollten Sie auch sein Osterlamm, eine Skulptur zum Anbeißen.

Gravina in Puglia

58 km südwestlich von Bari, S.S. 96

Osteria di Salvatore Cucco

NEU

Osteria
Piazza Pellicciari, 4
Tel. 080 / 3 26 18 72
Ruhetag: So.abend und Montag
Betriebsferien: 15. – 25. August
50 Plätze
Preise: 35 – 40 000 Lire
Kreditkarten: alle
Mittags und abends geöffnet

Ganz in der Nähe des Naturspektakels von Gravina, im Erdgeschoß eines Hauses aus dem vergangenen Jahrhundert, hat Salvatore Cucco schon vor einigen Jahren seine Tätigkeit als Wirt aufgenommen. In seiner Osteria bietet er eine vielseitige Küche: Während die »fremden« Gäste eher die traditionellen Gerichte der Gegend bevorzugen, ist die jüngere unter der einheimischen Klientel auch den umbrisch-emilianisch beeinflußten Gerichten (Erinnerungen an Salvatores Wanderjahre) nicht abgeneigt. So finden Sie hier neben den **Tagliolini mit Zichorie** auch die Tortelloni aus Kürbis oder Walnüssen, neben den **Cavatelli mit Cardoncelli-Pilzen** die Passatelli in Sellerie-Creme und neben dem **Timballetto di cardoncelli** die Orecchiette mit Spargel oder mit Zucchine und Minze. Die Pasta wird natürlich bei allen Gerichten jeden Tag frisch zubereitet. Bei den Secondi gibt es ausschließlich Fleisch (im Sommer dann auch Miesmuscheln und Sardellen): Lamm, Salsiccia al forno, ein **Fritto misto aus Gemüse und Fleisch**, Steaks »vom Wirt« sowie Lammkoteletts mit Zucchine. Hausgemacht ist das Mandelgebäck zum Dessert. Neben dem offenen Wein stehen auch ein paar Flaschenweine aus Apulien bereit.

Das berühmte Brot aus **Altamura** (12 km) findet man hier in der Gegend recht häufig. Wenn Sie es backfrisch kaufen möchten, empfehlen wir Ihnen einige Bäckereien: Gaetano Altamura, Via del Carmine 2; Francesco Picerno, Corso Umberto I 15 (hier werden auch köstliche Focacce gebacken); Panetteria della Mura, Via Vittorio Veneto 24. Wenn Sie auch an Produkten vom Bauernhof interessiert sind, wenden Sie sich am besten an Salvatore Cucco in der Osteria.

Lecce

Cucina casereccia

NEU

Trattoria
Via Costadura, 9
Tel. 08 32 / 24 51 78
Ruhetag: So.abend und Montag
Betriebsferien: 30. Aug. – 15. Sept.
40 Plätze
Preise: 30 000 Lire
Keine Kreditkarten
Mittags und abends geöffnet

Es gibt weder ein Schild, noch kennt jemand den Namen der Straße, in der sich diese Trattoria befindet, obwohl sie eigentlich ganz zentral in der Nähe des Stadtparks liegt. Das spartanisch eingerichtete Lokal, in dem man so herzlich aufgenommen wird, ist binnen kürzester Zeit zu einem beliebten Treffpunkt geworden und zu einem richtigen kleinen Tempel salentinischer Küche. Erste Lorbeeren konnte Concetta Cantoro bereits ernten, als sie nach Übersee eingeladen wurde, um einer Feinschmeckerrunde aus New York und Boston die kulinarischen Spezialitäten von Lecce vorzustellen.

Und genau diese Gerichte können Sie nun hier kosten, und das auch noch für wenig Geld. Es geht los mit der **Taietrha** (so nennt man hier den Topf, in dem Kartoffeln, Miesmuscheln und Zucchini gekocht werden) mit **frischer Pasta und Gemüse**, das in der Pignata aus Ton gegart wird (Karden und Kartoffeln, »ertränkte« Sprossenbrokkoli, sautierter Blumenkohl, Wirsing mit Pecorino) oder Pasta fagioli Ciceri e Tria, einer Neuauflage des salentinischen Klassikers. Bei den Secondi finden Sie Fleischgerichte wie **Kalbskutteln**, im Schweinenetz gegrillte Kalbsleber, **Centopezze** (dicke Rouladen) in Brühe, Bratenstücke und **Ragout vom Jungpferd** sowie Lamm mit Kartoffeln und Zwiebeln.

Auch die Desserts – in Wein aufgekochte und anschließend mit Puderzucker bestäubte **Polpette fritte** sowie die dem Cantuccino aus Siena nicht unähnlichen **Quaresimali** – lassen keinen Zweifel an deren salentinischer Herkunft aufkommen. Greifen Sie beim Wein lieber gleich zu einem guten lokalen Flaschenwein, denn der offene Hauswein ist eher blaß.

Kosten Sie einmal die Cotognata, eine der unzähligen Süßigkeiten, die Lecce zu bieten hat (La Cotognata Leccese, Viale Marconi, 51).

Lequile

6 km südlich von Lecce, S.S. 101

San Martino di Terra d'Otranto

Restaurant
Staatsstraße 476, km 10
Tel. 08 32 / 65 72 83
Ruhetag: Dienstag, nicht im Sommer
Keine Betriebsferien
150 Plätze
Preise: 40 000 Lire
Kreditkarten: Visa
Mittags und abends geöffnet

Begonnen hat hier alles mit biologisch angebautem Gemüse und der Aufzucht von Kaninchen, Hühnern, Schweinen, Enten und Kühen. Inzwischen ist der aus dem 17. Jahrhundert stammende und mit viel Geschick restaurierte Bauernhof ein Lokal mit der wohl zuverlässigsten Küche des gesamten Salento: Enrico de Cristofaro und Enzo Ferara bieten Ihnen hier einfache Gerichte nach volkstümlicher Tradition, die mit absolut erstklassigen Ingredienzen zubereitet sind. Leicht zu finden ist es allerdings nicht, dieses »San Martino di Terra d'Otranto«, denn es ist überhaupt nicht ausgeschildert: Halten Sie sich an die obige Adresse, nur müssen Sie bei km 10 der Staatsstraße aufpassen, daß Sie nicht den schmalen Feldweg übersehen, der Sie dann zu einem sehr gemütlichen, rustikalen Ambiente in den ehemaligen Stallungen des Bauernhofs führt.

Wärmstens zu empfehlen ist der **Antipasto** mit Käse und Milchprodukten, Auberginen-Röllchen, gefüllten Paprikaschoten, in Öl eingelegtem Gemüse, Wurstwaren und den klassischen kleinen Pfannkuchen, die hier **Pittule** heißen. Anschließend bietet sich als Primo die echt salentinische, köstlich schmeckende **Menescia** an, eine Suppe aus Gemüse und Hülsenfrüchten, aber auch die **Orecchiette mit Gemüse** oder mit Tomaten-Sugo sind nicht ohne, ebensowenig wie die Tagliatelle, Pappardelle und die überbackene Pasta. Bei den Secondi finden Sie dann die **Turcinieddi** (Innereien) vom Lamm, die **Salsicce mit Paprikaschoten** sowie gegrilltes oder geschmortes Lamm. Auf Vorbestellung gibt es auch Spanferkel (der Anruf lohnt sich wirklich!). Zum Abschluß serviert man Käse oder hausgemachte Crostate di frutta. Klein, aber fein die Auswahl an regionalen Flaschen, die Sie sich als Alternative zum typisch salentinischen robusten Rosé des Hauses genehmigen können.

Lizzanello Capparica

12 km südöstlich von Lecce, S.S. 16

Fucazzeria da Francesco

Bauernhof
Kreisstraße nach Cavallino
Tel. 08 32 / 65 44 81
Ruhetag: Dienstag
Keine Betriebsferien
130 Plätze + 120 im Freien
Preise: 25 – 30 000 Lire
Keine Kreditkarten
Nur abends geöffnet, mitt. auf Vorbest.

Die »Fucazzeria« ist nicht nach Capparica umgezogen, nur haben wir Cäsar zurückgegeben, was Cäsar gehört, das heißt, was Lizzanello gehört: Der Bauernhof, in dem Francesco Conte dieses rustikale Lokal mit typisch salentinischer Küche eingerichtet hat, liegt nämlich auf dem Gemeindegebiet von Lizzanello, an der Kreisstraße, die nach Capparica und Cavallino führt.
Nachdem wir nun dieses kleine administrative Detail richtiggestellt haben, lassen Sie uns zu Francesco Conte zurückkehren, der seit nunmehr etlichen Jahren mit seinen bodenständigen Gerichten Furore macht. Allen voran mit den **Fucazze**, nach denen sogar das Lokal benannt wurde: Die mit Fleischklößchen gepaarten Fladen eröffnen hier nämlich traditionell ein jedes Mahl, für das man sich entschieden hat. In allen möglichen Arten sind sie zu haben, gefüllt mit schwarzen, entsteinten Oliven, Zwiebeln, Kapern oder Tomaten, Kapern und Oliven. Zu den Primi zählen dann die klassischen Gerichte der Gegend wie **Ciceri e Tria** und im Winter **Muersi fritti** – geröstetes Brot, Erbsen, Saubohnen, Sprossenbrokkoli und Peperoncino. Außerdem gibt es Hülsenfrüchte zu frischer Pasta: **Orecchiette** oder Cavatelli, Maccheroni oder **Sagne incannulate mit Sprossenbrokkoli** oder würziger Ricotta. Unter den Secondi finden Sie allerlei Fleischgerichte, angefangen beim **Pferdefleisch**, das **in Stückchen geschmort** oder als Koteletts vom Grill zu haben ist, ferner Lamm und Schwein vom Holzkohlengrill, Lammkutteln in einer Peperoncino-Sauce oder auch Auberginenauflauf.
Da Conte felsenfest davon überzeugt ist, daß seinen Gästen der abgefüllte Flaschenwein gar nicht zusagt, müssen Sie hier mit dem offenen Hauswein Marke Eigenanbau Vorlieb nehmen. Doch zu einem rustikalen Ambiente wie diesem gehört so etwas einfach dazu.

Lizzanello Li Mori

7 km südöstlich von Lecce

Li Mori

NEU

Trattoria – Pizzeria
Contrada Li Mori
Tel. 08 32 / 65 11 40
Ruhetag: Montag
Betriebsferien: 1. – 15. September
100 Plätze + 100 im Freien
Preise: 25 – 35 000 Lire
Kreditkarten: alle
Nur abends geöffnet, an Sonn- und Feiertagen auch mittags

Die kleine, unweit von Lecce gelegene Ortschaft Lizzanello ist berühmt für die Herstellung von Extravergine-Öl. Daß man das hiesige Olivenöl in ganz Italien kennt, ist dem jungen und dynamischen Gianni Calogiuri zu verdanken, der selbst zu den einheimischen Olivenölproduzenten zählt. Schon des öfteren ist es ihm gelungen, Feinschmecker und sonstige Interessierte aus dem In- und Ausland, die den Anbau und die Herstellungsverfahren des Olivenöls kennenlernen wollten, in diesen Winkel Apuliens zu locken.
Gleich außerhalb der Stadt kann man dann in der Trattoria Mori im Kreise jahrhundertealter Olivenbäume auch die Küche dieser Gegend schätzen lernen, die von Walter Cretì nach sämtlichen Regeln der – traditionellen – Kunst zubereitet wird. Dazu gehören die **Sagne incannulate** mit einem Sugo aus gemischtem Fleisch oder auch mit Tomaten, schwarzen Oliven, Wurst und Pilzen, **Ciceri e Tria**, Orecchiette mit Tomaten oder mit Sprossenbrokkoli. Bei den Fleischgerichten sollten Sie sich das **in Stückchen geschmorte Pferdefleisch** sowie das Pferdesteak und die Pferdewurst nicht entgehen lassen, daneben gibt es Lamm, Zicklein oder heimisches Rindfleisch vom Holzkohlengrill. Im Sommer werden des öfteren **Monaceddi** (kleine Schnecken) in Weißwein zubereitet, während es dann im Winter einen **im Tontopf geschmorten Hasen** alla pignata gibt.
Seitdem nun auch draußen unter dem großen Sonnensegel weitere hundert Personen untergebracht werden können, bieten Walter und sein Schwager Maurizio Elia, der für den Service zuständig ist, neuerdings auch Pizza in etlichen Variationen. Die Antipasti hingegen bestehen weiterhin unverändert aus Pittule, Fleischbällchen, Wurst und Frischkäse. Und im Weinkeller lagert so mancher gute Tropfen aus der Gegend.

Locorotondo

65 km südöstl. von Bari, S.S. 172 oder S.S. 604

Centro Storico

Trattoria
Via Eroi di Dogali, 6
Tel. 080/9315473
Ruhetag: Mittwoch
Betriebsferien: unterschiedlich
90 Plätze
Preise: 25 – 40 000 Lire
Kreditkarten: alle
Mittags und abends geöffnet

Gepflegte, leuchtend weiße Häuser, deren Wohnungen man vorbei an blumenbestandenen Fenstern über lange Balkone erreicht, gibt es nicht nur in der Altstadt von Locorotondo, sondern überall im Valle d'Itria. Und in einem dieser Häuser hat Giovanni Loparco wohl die gemütlichste Trattoria des ganzen Landstrichs eingerichtet. Im großen und ganzen bleibt er den kulinarischen Klassikern treu.
Zu den allseits bekannten Pasta-Gerichten (**Orecchiette mit Sprossenbrokkoli** oder mit Fleischragout, **Cavatelli mit Hülsenfrüchten** oder mit Bratwurst-Sugo) kommen im Winter noch Pasta e fagioli sowie **Ravioloni mit Artischockenfüllung** hinzu (Artischocken finden sich auch in manch anderem Gericht wieder). Bei den Secondi dann leisten dem Traditionsgericht von Locorotondo, der **geschmorten Kuttelroulade**, noch einige weitere Gerichte Gesellschaft: **gemischter Spieß** (mit Lamm, Schwein, Wurst und Leber), geschmorte Roulade mit Fleischklößchen, mit Gewürzkräutern gefüllte Kalbfleischtaschen und, wenn die richtige Zeit dafür gekommen ist, Rinderschmorbraten mit Steinpilzen. Als Antipasto wird hier eine Vielzahl **gegrillter Gemüsesorten** aufgetragen, daneben eine scharfe Wurst und eine kleine Auswahl lokaler Käsesorten.
Die Desserts – Tiramisù und Crème caramel – sind hausgemacht, ebenso wie der rote oder weiße Hauswein.

Fleisch von Tieren aus heimischer Zucht gibt es in der Metzgerei Gianfrate, Via Mercato Nuovo 10. Hier bekommen Sie auch fertige gnumeredde (Lammrouladen), die zu Hause nur noch gekocht werden müssen, sowie die besonders feine Salsiccia a punta di coltello, bei der das Fleisch nicht gemahlen, sondern in grob geschnittenen Stücken in den Darm gefüllt wird.

Manfredonia

39 km von Foggia, S.S. 89

Coppola rossa

Trattoria
Via dei Celestini, 13
Tel. 0884/582522
Ruhetag: So.abend und Montag
Betriebsferien: 15. – 30. Juni; 1. – 10. Jan.
48 Plätze
Preise: 40 – 45 000 Lire, ohne Wein
Keine Kreditkarten
Mittags und abends geöffnet

Sollte Ihre Reise Sie einmal durch Manfredonia führen, dann gehört die Besichtigung des 1256 von Manfred, dem unehelichen Sohn Friedrichs II., errichteten Kastells mit seinen drei runden Ecktürmen zum Pflichtprogramm. Und zur anschließenden Stärkung empfehlen wir Ihnen diese kleine und gemütliche Trattoria: Mag sie auch nicht zu den alteingesessenen Lokalen gehören, so bietet ihre Küche doch traditionelle, mit sorgsam ausgesuchten Ingredienzen zubereitete Gerichte, und abgesehen von den Jahreszeiten fließen auch die Traditionen dieses bedeutenden Fischereihafens mit ein.
Beginnen Sie also mit Miesmuscheln (gratiniert oder mit Sauce), Oktopus, hervorragenden **gefüllten Tintenfischen**, kleinen Tintenfischen, Sardellen und Austern, zu denen sich als weitere Vorspeisen Bruschette und allerlei Gemüse gesellen. Als nächstes sind dann Troccoli allo scoglio an der Reihe (mit Venusmuscheln, Tintenfischen, Kirschtomaten und Knoblauch), **Orecchiette mit Scampi und Rucola** oder nach Art des Hauses (mit Muscheln und Krebsen), **Quadrucci mit Seeteufel** oder auch die verführerisch leckere **Paella sipontina** mit Scampi, Mies- und Venusmuscheln, Paprikaschoten, Erbsen und noch so einigem mehr. Erwähnenswert unter den Secondi sind der gemischte Grillteller mit Fisch, die **Pepata di cozze**, die duftende **Frittura di agostinelle** (winzig kleine Meerbarben), der mit Kartoffeln **im Rohr gebratene Seeteufel**, doch alles andere überragen die berühmten **Meerbarben aus Manfredonia in Folie**. Von den soliden hausgemachten Desserts ist die Crostata di Ricotta besonders zu empfehlen, die zu einem Gläschen Limoncello noch besser schmeckt. Auf der kleinen Weinkarte findet sich zwar der eine oder andere gute Flaschenwein, doch wird hier meist der offene Hauswein, ein anständiger Locorotondo DOC, getrunken.

Manfredonia

39 km nordöstlich von Foggia, S.S. 89

Il Baracchio

NEU

Trattoria
Corso Roma, 38 – Ecke Via De Florio
Tel. 08 84 / 58 38 74
Ruhetag: Donnerstag
Betriebsferien: 10 Tage im Juli
70 Plätze
Preise: 40 – 50 000 Lire
Kreditkarten: alle
Mittags und abends geöffnet

Mitten in Manfredonia, der 1256 von dem glücklosen Stauferkönig Manfred gegründeten Stadt, erwartet Sie das »Baracchio«, bereits seit 1986 kein »Mittelmeer-Pub« mehr, sondern eine standesgemäße Trattoria. Von Anbeginn an stets mit den kulinarischen Traditionen dieses Landstrichs verbunden, bietet Ihnen die Küche vorwiegend Fischgerichte nach überlieferten Rezepten, unter die sich hin und wieder auch eigene Neuschöpfungen mischen. Das Lokal mit der offenen Küche gliedert sich in zwei Räume, von denen der eine Rauchern vorbehalten ist.
Sie können hier mit marinierten Sardellen, Oktopus-Salat, **schwarzen Tintenfischen**, Impepata di cozze oder **sautierten Meeresfrüchten** mit Bruschette beginnen und bei den Primi gleich mit Fisch weitermachen: Sehr zu empfehlen sind die **Linguine mit Meeresfrüchten**, die Spaghetti al cartoccio, die Tubettini mit Meeresschnecken, die **Troccoli mit schwarzer oder roter Tintenfisch-Sauce** oder die **Lasagne mit Kichererbsen und Venusmuscheln**. Bei den Secondi thront die **Grigliata di mare** inmitten der Frittura mista, dem Petersfisch aus dem Rohr, den mit Kartoffeln geschmorten Fischklößchen, den gefüllten Tintenfischen sowie den **Meerbarben aus Manfredonia in Folie**.
Zu sämtlichen Gerichten gibt es herrliches Gemüse aus Süditalien vom Grill. Lassen Sie sich zum Abschluß das heimische Naschwerk nicht entgehen, als da wären gefüllte Hostien, Peperati, Mandeln in Schokolade oder die Tarallini aus Manfredonia.

Zehn Kilometer außerhalb der Stadt, auf der Straße nach **San Giovanni Rotondo**, gibt es bei D'Apolito ein sehr gutes Extravergine-Öl, das ausschließlich mit Oliven aus der Gegend hergestellt wird, und in der Bar Centrale besonders empfehlenswertes Eis.

Martina Franca

30 km nördlich von Taranto, S.S. 172

Al Ritrovo degli Amici

NEU

Restaurant
Corso Messapia, 8
Tel. 0 80 / 4 83 92 49
Ruhetag: So.abend u. Mo., nicht im So.
Betriebsferien: unterschiedlich
40 Plätze + 18 im Freien
Preise: 35 – 50 000 Lire
Kreditkarten: alle
Mittags und abends geöffnet

In einer der faszinierendsten Gegenden Apuliens, dem Valle d'Itria, präsentiert sich Martina Franca dem Besucher wie eine stolze Königin!
Gönnen Sie sich doch nach einem Rundgang eine kleine Rast bei der reizenden Anna Ancona, die von der Modebranche zur Gastronomie übergesattelt ist. Als »Patronne« gebührt ihr aller Respekt, denn sie hat ein wirklich behagliches Lokal geschaffen (natürlich auf einem etwas höheren Niveau als das der volkstümlichen Trattoria), in dem Sie sich hervorragend zubereitete Gerichte schmecken lassen können: von traditionell lokalen über regionale bis hin zu kreativen Neuschöpfungen. Zum Auftakt serviert man erstklassige **Wurstwaren** aus Martina Franca, allen voran Capocollo und Schinken, sowie Fior di latte. Unter den Primi sind die **Kichererbsen mit Lagane** eine Kostprobe wert, aber auch die mit Ricotta und Spinat gefüllten Ravioloni in Walnußsauce, die **Lasagna mit geröstetem Brot** sowie in der entsprechenden Jahreszeit Fusilli oder Tagliatelle mit Pilzen. Köstliche Fleischgerichte erwarten Sie dann bei den Secondi: kurz angebratenes Lamm, Rindersteak, **Schmorbraten in Rotwein**, aber auch eine **gemischte Bratenplatte** mit Lamm sowie Salsiccia und Gnumerieddi (Lammrouladen).
Und zu einem würdigen Abschluß gehört der **Bocconotto** caldo: Bestellen Sie sich doch Ihr Stück am besten schon gleich zu Beginn! Sollte er inzwischen vielleicht ausgegangen sein, dann trösten Sie sich mit den anderen leckeren Süßspeisen wie Feigengebäck, mit Marmelade gefüllten Panzerotti aus Blätterteig oder der Ricotta-Creme mit Weizen. Im Weinkeller lagern große Rotweine aus der Region und dem ganzen Land, und ständig kommen neue hinzu. Die 50 000 Lire, die Sie hier einplanen müssen, werden Sie nicht bereuen – zumal Sie auch noch so nett und zuvorkommend bedient werden.

Martin Franca San Paolo

30 km nördlich von Taranto, S.S. 172

La Murgetta

Restaurant
S.S. 172, Zone F 1008
Tel. 080/70 00 16
Ruhetag: Mittwoch
Keine Betriebsferien
140 Plätze + 90 im Freien
Preise: 25 – 40 000 Lire
Kreditkarten: alle
Mittags und abends geöffnet

In unmittelbarer Nähe liegt Martina Franca mit seinen kleinen, weißgetünchten Häusern und den eleganten Barock-Gebäuden, etwas weiter weg dann der wunderschöne Pianelle-Park, das klimatische Heilbad San Paolo sowie der Monte Basile, der über dem Golf von Tarent thront. Sie befinden sich hier auf der höchsten Erhebung der südlichen, bereits zur Provinz Tarent gehörenden Murge, auf einer waldreichen Hochebene mit geradezu idealen Bedingungen für die Aufzucht von Ziegen, Schafen und Eseln und für die Herstellung von erstklassigem Fleisch, Milch und Käse. Und just hier nun haben Tommaso Taglienti und Domenico Scialpi nach langen Wander- und Lehrjahren im Trentino, auf Elba und an der adriatischen Küste ihr Restaurant »La Murgetta« eröffnet.
Der Teig für die **Orecchiette** und **Agnolotti**, die dann mit **Steinpilzen** serviert werden, entsteht unter den Händen von Mamma Angela. Sie können hier sogar verschiedenste Risotti kosten – ein für diese Gegend eher ungewöhnliches, doch ausgemacht sorgfältig zubereitetes Gericht: Es wird ausschließlich Vialone-Reis von bester Qualität verwendet. Bei den Secondi dürfen Sie dann zwischen Fisch oder Fleisch wählen. Wir haben uns für die Gerichte des Hinterlands entschieden, mit einer **gemischten Bratenplatte aus heimischem Fleisch** sowie dem mit Zwiebeln **geschmorten Zicklein**.
Das Mahl beschließt man dann am besten mit den klassischen lokalen Käsesorten wie Cacio und reifer Ricotta, denn die Auswahl an Desserts (Cremespeisen) ist nicht gerade üppig. Die lokalen Weine halten sich ebenso im Rahmen wie die Rechnung.

Giuseppe Simeone produziert auf seinem Bauernhof, der auf dem Monte Basile liegt, Ricotte, Cacio und verschiedene Sorten Schafskäse.

Martina Franca

30 km nördlich von Taranto, S.S. 172

Trattoria delle Ruote

Trattoria
Via Monticello, 1
S. S. nach Ceglie, km 4
Tel. 080/4 83 74 73
Ruhetag: Montag
Betriebsferien: 1 Wo. im September
35 Plätze
Preise: 45 – 50 000 Lire
Keine Kreditkarten
Mittags und abends geöffnet

Wem gebührt in der südlichen Murgia die Bezeichnung »Hauptstadt der Gastronomie« – Martina Franca oder Ceglie Messapico? Beide Städte können auf eine lange gastronomische Tradition zurückblicken, und in beiden gibt es interessante Lokale. Wie zum Beispiel die Trattoria von Peppino Ceci, die bereits seit dreißig Jahren besteht. Das einfach, aber geschmackvoll eingerichtete Lokal ist vier Kilometer von der Innenstadt entfernt in einem Trullo zu finden, einem dieser ungewöhnlichen apulischen Häuser. In der Küche wird der temperamentvolle Peppino von Grazia Caliauno unterstützt, um den Service kümmern sich die Kinder. Man bekommt hier eine Reihe heimischer Vorspeisen mit **in Essig und Öl eingelegtem Gemüse**, fritierten oder süß-sauer eingelegten Zucchini und verschiedenen **Wurstwaren**. Bei den Primi hat man in der Regel die Wahl zwischen **Fave e cicoria**, **Orecchiette und Cavatelli mit Fleischsauce und Cacioricotta** oder mit Rübensprossen und Fusilli mit Cacioricotta. Ganz typisch sind auch die Secondi mit Lamm vom Grill, Arrosto di carne mista, **Braciole al sugo**, Marretti (Innereien vom Lamm) und **Gnumeredde alla brace**. Anmeldung ist zu empfehlen, vor allem am Wochenende; denn wenn die Vorräte zur Neige gehen, schließt die Trattoria kurzerhand ihre Pforten. Der Weinberg neben dem Lokal liefert den Wein, den man Ihnen servieren wird.

Ein besonders gutes kaltgepreßtes Olivenöl bekommen Sie in der Ölmühle von Stefano Caroli im Ortsteil Trazzonara 526. Sehr zu empfehlen ist auch die Metzgerei der Brüder Ricci in der Via Cavour.

Mattinata Contrada Stinco

70 km nordöstlich von Foggia, S.S. 89

Montesacro

Bauernhof
Contrada Stinco
Tel. 08 84 / 55 89 41
Kein Ruhetag
Keine Betriebsferien
40 Plätze + 60 im Freien
Preise: 25 – 30 000 Lire, ohne Wein
Keine Kreditkarten
Mittags und abends geöffnet

Die Contrada Stinco liegt etwa zehn Kilometer vom Hauptort Mattinata entfernt in einem natürlichen Talkessel. Das flache Terrain ist mit Oliven- und Mandelbäumen bepflanzt und fällt zum Meer hin ab. Das Gut Montesacro bietet regionale Spezialitäten an, die mit Zutaten aus dem eigenen Betrieb zubereitet werden. **Käse** (Ricotta, Caprino, Caciocavallo, Provola, Mozzarella) und **Sottoli** (grüne Bohnen, Tomaten, Paprika, Zwiebeln, Zucchini, Oliven, Pilze, Kapern, Lampascioni) bilden den Löwenanteil der Antipasti, zu denen bisweilen auch noch Oktopus und, im Frühjahr, Frittatine agli asparagi e alla ricotta kommen. Die frischen **Orecchiette** sind dann als Primo angesagt. Sie werden mit frischer Tomatensauce, **Ragout vom Zicklein** oder mit Gemüse serviert. Versuchenswert sind außerdem **Pasta e fagioli** oder Pasta e ceci, Pancotto mit Feldkräutern. Zum Hauptgang wird Fleisch aus eigener Aufzucht angeboten: **Agnello alla brace**, Lammragout, Zicklein vom Rohr mit Kartoffeln, Torcinelli alla brace, **Tiella arraganata** aus dem Ofen. Fleischlose Alternativen wären gefüllte Zucchini und Auberginen, Lampascioni alla brace, gebackene Paprika oder Zucchini. Crostate, gefüllte Oblaten und verschiedene Süßspeisen auf Ricottabasis bilden den Abschluß. Der offene Hauswein ist akzeptabel. Sehr gut schmeckt der hausgemachte Limoncino. Im Januar und Februar ist Anmeldung obligatorisch.

Die Erzeugnisse von Montesacro kann man auf dem Hof oder in einem Ladengeschäft im Zentrum von **Mattinata** kaufen. Dort macht Bisceglia (Piazza Aldo Moro, 5) aus den auf dem Gargano heimischen Olearola-Oliven ausgezeichnetes Öl. Für »Süße« ist die Pasticceria Cinagularie (Corso Mattino, 6) das Paradies.

Minervino di Lecce Cocumola

42 km südöstlich von Lecce, S.S. 275

Da Cazzatino

Restaurant
Via Manzoni, 40
Tel. 08 36 / 95 44 55
Ruhetag: Dienstag, nicht im Sommer
Betriebsferien: Oktober
150 Plätze + 30 im Freien
Preise: 35 – 45 000 Lire
Kreditkarten: Visa
Mittags und abends geöffnet

Cocumola liegt auf halbem Wege zwischen Minervino di Lecce und Santa Cesarea Terme, einem der bekanntesten Thermalbäder Apuliens, und da die Küste nicht weit von hier ist, finden in Signora Fernanda Palumbos Lokal sowohl das Meer als auch das Festland Eingang in die Küche.

Die **Sagne ncannulate** alla leccese mit Fleischragout und würziger Ricotta konkurrieren hier mit **Tagliatelle ai frutti di mare**, die Orecchiette mit Rucola mit den Linguine agli scampi oder alle vongole, während die **Ciceri e Tria** einträglich mit den Tubettini mit Miesmuscheln und dicken Bohnen um Ihre Gunst werben. In diesem Stil geht es auch bei den Secondi weiter: Da gibt es einerseits die vier **Spezialitäten alla Pignata** (im Tontopf) – Kalbskutteln, Pferderouladen, in Stückchen geschmortes Pferdefleisch und Oktopus – sowie die **Turcinieddi** (Lamminnereien vom Holzkohlengrill), die köstlichen **Rouladen und Klößchen aus Pferdefleisch**, den gemischten Grillteller, das gegrillte Kotelett vom Kalb oder vom Jungpferd und in der entsprechenden Saison die Municeddhe, kleine geschmorte Schnecken. Andererseits dann die Fischgerichte, die jedoch bis auf den Schwertfisch (nicht allerdings die Rouladen) und den Spieß mit den Riesengarnelen wenigstens einen Tag vorher bestellt werden müßten: Dann kommen Sie beispielsweise in den Genuß einer leckeren Suppe mit den verschiedensten Fischsorten oder auch mit Scampi allein.

Der Weinkeller bietet offenen Wein in der Karaffe oder auch so manchen guten Flaschenwein aus dem Salento.

Das Pastificio Cavalieri, Via Garibaldi 64, in **Maglie** (11 km) produziert Nudeln nach einem Rezept aus dem Jahre 1918, bei dem nicht nur der Teig länger ruhen muß, sondern auch das anschließende Ausrollen ganz langsam vonstatten geht.

Minervino Murge

76 km südwestlich von Bari, S.S. 97

La Tradizione Cucina casalinga

NEU

Trattoria
Via Imbriani, 11
Tel. 08 83 / 69 16 90
Ruhetag: Donnerstag
Betriebsferien: unterschiedlich
40 Plätze
Preise: 30 – 45 000 Lire
Keine Kreditkarten
Mittags und abends geöffnet

Das dichtgedrängt an einem Hang liegende Städtchen Minervino wird gerne auch als Balkon der Murge bezeichnet, deren Ausläufer bis in die Basilikata hinüberreichen. In diesem Grenzland werden bäuerliche Traditionen noch sehr hochgehalten, wie auch die Gerichte in Giacomo Dinoias Trattoria beweisen. Sie finden hier dieselbe ausgezeichnete Küche vor, wie sie auch für die Bauernhäuser von Minervino typisch ist: eine zwar bescheidene Küche, die jedoch alles, was dieser karge Landstrich bietet, umzusetzen versteht, allem voran wildwachsende Kräuter und Gartengemüse.
Zu den traditionellen **Antipasti** zählen Panzerotti, Pecorini, Lampascioni-Zwiebeln, fritiertes und in Öl eingelegtes Gemüse, lokale Wurst und Ricotta fritta, an die sich dann **Strascinate** (eine hausgemachte Pasta, wie sie auch für die benachbarte Basilikata typisch ist) mit Sprossenbrokkoli und mit Kürbis anschließen. Ferner Cavatelli, die im Winter zu Hülsenfrüchten gegessen werden, sowie **Troccoli alla murgese** mit Olivenöl, Knoblauch und Peperoncino und in der Pilzsaison dann mit den Cardoncelli aus den Murge. Ebenfalls aus den Murge stammt das gute Fleisch für die Secondi, das auf der Holzkohle gegrillt wird: Besonders schmackhaft sind Lamm, Zicklein und Schaf. Eine Kostprobe wert sind auch das **Cutturiello vom Lamm** mit Sprossenbrokkoli, das Lamm mit Cardoncelli oder die **Pilze** allein, die hier mit pikanter Würze gegrillt, gebraten und fritiert serviert werden.
Unter den hausgemachten Desserts empfehlen sich die Ricotta-Creme oder das Tiramisù. Zum Essen wird der offene Hauswein gereicht, Sie können jedoch auch auf einen Flaschenwein aus dem Gebiet des Castel del Monte ausweichen.

Mola di Bari

21 km südöstlich von Bari, S.S. 16

Van Westerhout

NEU

Restaurant
Via De Amicis, 3 – 5
Tel. 080 / 474 69 89
Ruhetag: Dienstag
Keine Betriebsferien
100 Plätze
Preise: 50 000 Lire, ohne Wein
Kreditkarten: alle
Mittags und abends geöffnet

Was wollen Sie mehr als ein geschmackvoll im Stil der Jahrhundertwende eingerichtetes Lokal, einen Wirt vom Format eines Leonardo Amorusi und eine gute Küche? Das können Sie haben, denn Leonardo betreibt neben diesem Lokal zusammen mit anderen Teilhabern ein Restaurant in New York und neuerdings sogar eines in Dublin. Und da Leonardo darüber hinaus ein leidenschaftlicher Musikliebhaber ist, hat er nebenan gleich einen Jazzkeller eingerichtet.
Als Leonardo sich lang genug in der ganzen Welt herumgetrieben hatte, entschloß er sich mehr oder weniger spontan, ein Restaurant mit vorrangig traditioneller Küche zu eröffnen. Die Speisekarte bietet eine ganze Reihe von Gerichten des Festlands, wie die **Ricottine aus Schafsmilch**, **Catalogne in agro** (eine Art Mangold) und Pilze alla pizzaiola als Vorspeisen, Armoniche mit Artischocken und Spaghetti alla San Giovanna dann bei den Primi sowie Schnitzel und Filet vom Lamm als Secondo. Daß Sie sich hier allerdings an einem der lebhaftesten Fischereihäfen des süditalienischen Mittelmeers befinden, sollten Sie auch kulinarisch würdigen: Kosten Sie doch einmal die Allievi (noch ganz winzige junge Fische) und die **rohen Meeresfrüchte**, die **Cavatelli mit Mies- und Venusmuscheln** oder die **Fisch-Ravioli mit Garnelen-Creme**.
Je nach Angebot auf dem Fischmarkt können Sie dann entweder die frisch aus dem Meer gefischten kleinen Saraghi, die Umbern, Zahnbrassen und Meerbarben kosten, aber auch Goldbrassen und Wolfsbarsche aus Zuchtbetrieben.
Weniger traditionell, dafür aber sehr lecker sind die Desserts: Panna cotta mit Waldfrüchten, Zitronensorbet sowie köstliche Bocche di dama. Auf der Weinkarte, die immer noch erweitert wird, findet sich jetzt schon eine stattliche Auswahl an italienischen und ausländischen Tropfen.

Molfetta

25 km nordwestlich von Bari, S.S. 16

Bistrot

Restaurant
Corso Dante, 33
Tel. 080/3975812
Ruhetag: Mittwoch
Betriebsferien: August
60 Plätze
Preise: 35 – 45 000 Lire
Kreditkarten: alle
Mittags und abends geöffnet

Seit über zehn Jahren bietet das »Bistrot« eine mitunter recht phantasievolle und jedenfalls nie langweilige Küche, die stets qualitativ hochwertige frische Zutaten verwendet. Das Lokal ist in einem Gebäude aus dem 18. Jahrhundert an der breiten Hauptstraße, die den alten Ortskern von der Neustadt trennt, untergebracht. Hier erwartet Sie ein angenehm schlichtes Ambiente – breites Tonnengewölbe, Terrakotta-Boden und gelbe Tischdecken – und eine erfreulich vielseitige Speisekarte: Unter den Antipasti di mare finden Sie einen **Oktopus-Salat**, eine warme **Pepatella mit Miesmuscheln**, Garnelenschwänze mit Äpfeln und Zitronensauce oder die warme Fischsuppe mit Pilzen, Garnelen und Zitrusfrüchten. Sehr interessant ist auch die Auswahl bei den Primi mit Linguine agli scampi oder alle vongole, **Orecchiette mit Sprossenbrokkoli** sowie Risotto alla pescatrice oder aber mit Artischocken und Garnelen. Fisch beherrscht auch die Secondi: Lassen Sie sich keinesfalls den Seeteufel mit schwarzen Oliven entgehen, aber auch die mit Gemüse gefüllten Lachsröllchen und der **fritierte frische Fisch**, der hier auch gegrillt oder in Wein geschmort serviert wird, lohnen einen Versuch. Zum Abschluß gibt es hausgemachte Kuchen oder ein Tiramisù al limone. Kleine Auswahl an regionalen Flaschenweinen.

In der Pasticceria Barese, Via Cavalotti 15, finden Sie typisch süditalienische Süßwaren wie Bocconotti, Spume di mandorla, Cassatine und Mostaccioli. Leckeres Frucht- und Milchspeiseeis gibt es dann auf der Piazza Garibaldi in der Gelateria San Marco. Und eine besonders interessante Adresse ist das Oleificio Cooperativo di Molfetta, in dem Olivenöl erster Wahl hergestellt wird. Besonders zu empfehlen das Cru Goccia di Sole.

Monopoli

46 km südöstlich von Bari, S.S. 16

Perricci

NEU

Osteria
Via Orazio Comes, 1
Tel. 080/9372208
Ruhetag: Mittwoch
Betriebsferien: 2 Wo. Ende Jan./Anf. Feb.
50 Plätze
Preise: 25 – 30 000 Lire
Keine Kreditkarten
Mittags und abends geöffnet

Der Ausgangspunkt zu diesem kulinarischen Ziel ist der Largo Portavecchia: Gehen Sie von hier aus immer die alte Stadtmauer entlang, bis Sie auf das Schloß Karls V. treffen, und wenn Sie dann nach einem kurzen Stück durch die Via Orazio Comes die Küchendüfte in der Nase spüren, sind Sie vor dem »Perricci« angekommen. In Monopoli ist dies die einzige wirklich traditionsreiche Osteria.
Dieser bereits von der Urgroßmutter gegründete Familienbetrieb wird heute von Patrizio Dibello weitergeführt, der seine langjährigen gastronomischen Erfahrungen in den verschiedensten Teilen Italiens gesammelt hat und nun mit viel Geschick und Hingabe zwischen den Töpfen zugange ist, während sich seine Frau Maria überaus zuvorkommend um die Gäste kümmert.
Als kleine Appetitanreger gibt es Vorspeisen mit Fisch und anschließend – nach alter Fischertradition – Primi mit **Reis, Kartoffeln und Miesmuscheln** sowie Tubettini mit Miesmuscheln. Probieren Sie dann als Secondo unbedingt die köstliche **Frittura di Paranza**. Sollten Sie allerdings kein Fischfreund sein, dann können Sie auch ein Gemüse-Antipasto, Orecchiette mit Tomaten und **Bratenstücke vom Pferdefleisch in roter Sauce** wählen. Positiv fallen hier die guten lokalen Weine auf. Und bevor Sie das Lokal verlassen, wird Ihnen Signora Maria noch liebend gern ihren gutgekühlten Zitronenlikör zu kosten geben.

Onofrio Brunetti im Panificio L'Assunta (Contrada Sant'Antonio D'Aspola, 169) ist ein wahrer Meister in der Herstellung von Backwaren (Taralli, Friselle, Focacce) und sonstigem Feingebäck. Frischen und reifen Käse aus der Käserei Masi in Conversano sowie hochwertige Wurstwaren finden Sie bei Domenico Ruta in der Via Polignani 29.

Monopoli

46 km südöstlich von Bari, S.S. 16

Il Sagittario

Restaurant – Pizzeria
Contrada San Nicola, 42 a
Tel. 080/6900059
Ruhetag: Dienstag, nicht im Sommer
Betriebsferien: unterschiedlich
100 Plätze + 150 im Freien
Preise: 30 – 40 000 Lire, ohne Wein
Kreditkarten: alle
Mittags und abends geöffnet

Von der runden Aussichtsplattform direkt neben dem Restaurant können Sie zwischen den steil zum Meer abfallenden Felsklippen all die kleinen Sandbuchten überblicken, die im Sommer zu einem erfrischenden Bad einladen.
Wenn Sie dann nach dem Schwimmen hungrig geworden sind, können wir Ihnen dieses Lokal empfehlen, in dem Sie bestimmt ebenso erholsame Stunden verbringen werden. Die Leitung des Lokals haben Domenico Laterza (Service) und Vito Leuci inne, der sich als Mitglied der Vereinigung »Köche der Trulli und der Höhlen« dafür einsetzt, die traditionelle Küche Apuliens wieder aufzuwerten. Die typisch schlichten Gerichte der Gegend kommen bei den Primi so richtig zur Geltung, die natürlich aus frischem, hausgemachtem Teig zubereitet sind: Aus der großen Auswahl seien hier stellvertretend die **Orecchiette scure alla contadina** (mit Tomaten, Rucola und dünnen Streifen Cacioricotta) und die **Cavatelli alla pescatora** herausgegriffen. Unter den Secondi finden Sie **gegrillte Fischplatten** und gutes heimisches Fleisch (insbesondere **Lamm**), das ebenfalls auf der Holzkohle gegrillt wird. Und als Alternative für all jene, denen drei Gänge zuviel sind, wird hier auch noch eine richtige Holzofen-Pizza serviert. Beschließen Sie das Mahl dann mit einem Spumone (Schaumgefrorenes) oder den verführerischen Köstlichkeiten der »Pasticceria Chantilly« aus Castellana Grotte, die hier im »Sagittario« auch zum Mitnehmen angeboten werden.
Der Weinkeller ist eine Hochburg regionaler Weine, in der sich auch der eine oder andere gute lokale Wein findet.

Die Salumeria Esposito von Pino Nebbia, Via Magenta 4, führt regionale Spezialitäten erster Wahl: Taralli, Biscotti, Ricotta aus Sahne sowie ausgezeichnete Gerichte zum Mitnehmen.

Monte Sant'Angelo

55 km nordöstlich von Foggia, S.S. 272

Da Costanza

Trattoria
Via Garibaldi, 67
Tel. 0884/561313
Ruhetag: Freitag, nicht im Sommer
Betriebsferien: im Winter
60 Plätze + 60 im Freien
Preise: 30 – 35 000 Lire
Keine Kreditkarten
Mittags und abends geöffnet

Die seit 1912 fast unverändert gebliebene Trattoria liegt gegenüber der Wallfahrtskirche S. Michele, dem Hauptanziehungspunkt dieser kleinen, hoch oben im Gargano-Gebirge gelegenen Ortschaft. Über eine kleine Treppe gelangt man hinunter in das Lokal, wo den Gast eine familiäre Atmosphäre empfängt; im ehemaligen Weinkeller des Lokals hat man einen zweiten, etwas eleganteren Speisesaal eingerichtet. Die Küche steht ganz im Zeichen der Tradition des Gargano: hausgemachte Nudeln (**Orecchiette**, **Troccoli**) mit **Ragù di brasciole** mit Tomate, frischem Basilikum und Cacioricotta oder aber **mit Rübensprossen und Sardellen**. Im Winter gibt es Rübensprossen, Blumenkohl, **Bohnen und Baccalà** oder **Pasta mit Saubohnen und Gemüse**. Bei den Secondi sind besonders das Lamm, die Salsicce und das Kalb- und Schweinefleisch alla brace zu empfehlen, zu denen man Auberginen oder geröstete Paprikaschoten, heimische Oliven, kleine, in Öl eingelegte Artischocken, Schnittbohnen oder **gefüllte Auberginen** bekommt. Und zum Abschluß gibt es typisches heimisches Mandelgebäck und dazu einen Zitronenlikör, den Signora Costanza selbst macht. Als Begleiter wird ein anständiger offener Locorotondo-Wein angeboten.

Die Bäckerei Taronna ganz in der Nähe der Trattoria bietet neben frischen Nudeln auch typische Spezialitäten wie den Pane di Monte Sant'Angelo, gefüllte Oblaten, Scaldatelli, Taralluzzi mit Zucker, Mandeln in Schokolade, Mostacciuoli und Pupurati an. Marina Rinaldi (Piazza Basso) verkauft selbstgemachten Limoncino in hübschen handbemalten Fläschchen und den Limolivo, einen angenehmen Magenbitter aus Olivenblättern und Zitronen.

Monte Sant'Angelo

55 km nordöstlich von Foggia, S.S. 272

Medioevo

NEU

Restaurant
Via Castello, 21
Tel. 08 84 / 56 53 56
Ruhetag: Montag, nicht im Sommer
Keine Betriebsferien
60 Plätze
Preise: 35 – 45 000 Lire
Kreditkarten: die bekannteren
Mittags und abends geöffnet

Unter den Antipasti empfehlen wir Ihnen die in Öl eingelegten Auberginen und Tomaten, die hausgemachten Wurstwaren, die marinierten Sardellen oder die **Frivolezze del Gargano**, zu denen ein köstliches Holzofenbrot gereicht wird. Dann kommen die Primi, und wieder fällt die Wahl nicht leicht: **Orecchiette** mit Sprossenbrokkoli oder mit Kürbisblüten, **Troccoli** ('ndrùccele) mit Tomaten und Cacioricotta oder **mit einem Ragout aus Tintenfisch und wildem Fenchel**, **Fettuccine** (lajine) mit Kichererbsen und Baccalà-Ragout oder **mit Steinpilzen**, Cavatelli mit Rucola und Kartoffeln sowie Pasta e fagioli mit Schweineschwarten und **Pancotto**. Bei den Secondi dann können Sie sich für Fleisch entscheiden – köstlich sind Lamm und Zicklein, die Rouladen alla contadina und die **Turcenidd** alla Medioevo –, aber auch für Fisch: Probieren Sie einfach die gegrillten Scampi und Tintenfische, und wenn Sie das nicht reizen sollte, die Suppe mit Taschenkrebsen oder mit Wolfsbarsch. Dazu gibt es leckere Beilagen wie goldgelb fritierte Kürbisblüten, gebratene Paprikaschoten oder auch Zucchine und Auberginen vom Grill. Lokale **Käse**sorten oder ein gegrillter Caciocavallo schließen dann den Magen. Doch halt: natürlich kommen auch Naschkatzen hier auf ihre Kosten mit feinen **Dolci** di Monte Sant'Angelo, Hostien mit Mandelfüllung, Mostaccioli und Peperati.
Ganz zum Schluß dann sollte es noch ein Gläschen von den hausgemachten Likören sein. Zum Essen bekommen Sie hier entweder den offenen Hauswein oder einen regionalen Flaschenwein.

In der Pasticceria-Gelateria 90, Corso Vittorio Emanuele 185, können Sie sich zusätzlich zu den sündhaft guten Hostien (ostie chjene) mit noch manch anderem Naschwerk versorgen.

Nardò
Santa Maria al Bagno

33 km südwestlich von Lecce, S.S. 101

Paglialunga

NEU

Restaurant
Via Lamarmora, 117
Tel. 08 33 / 57 30 18
Ruhetag: Montag, nicht im Sommer
Betriebsferien: Dezember
70 Plätze + 60 im Freien
Preise: 35 – 50 000 Lire
Kreditkarten: alle
Mittags und abends geöffnet

Entlang der ionischen Küste des Salento gehört Santa Maria al Bagno zu den beliebtesten Badeorten. Hier hat Fausto Paglialunga im Erdgeschoß eines Wohnhauses an der Strandpromenade, direkt gegenüber den Quattro Colonne – Turmruinen aus dem 16. Jahrhundert –, sein eigenes Restaurant eröffnet, nachdem er im elterlichen Betrieb ausreichend Erfahrung gesammelt hatte. Das modern eingerichtete Lokal mit dem Terrakottaboden und den unverputzten Wänden aus Stein wirkt ziemlich distinguiert, und anstelle der traditionellen Veranda erwartet Sie ein schmucker Pavillon.
Im Mittelpunkt der Küche steht Fisch, aber auch viel Gemüse und im Winter so manches interessante Gericht aus dem Landesinneren wie die **Cicoriata mit Schweinefleisch**, eine Suppe mit Wiesengemüse, aber auch Hülsenfrüchte mit hausgemachter Pasta oder in der Suppe. Unter den Gerichten der Küstenküche finden sich frische Pasta mit sautierten Stückchen der Rotbarbe, **Fusilli mit Seeigeln**, aber auch mit Garnelen und Zucchine oder im schwarzen Saft der Tintenfische, **Cavatelli mit Venusmuscheln und Walnüssen** sowie Mezzani mit Kürbisblüten und Venusmuscheln. Die verschiedensten fangfrischen Fische wie Saraghi und Nutrini oder auch Rotbarben, Wolfsbarsche, Goldbrassen und Garnelen werden entweder gegrillt oder all'acqua pazza (in Wein geschmort) angeboten, ferner die für diesen Küstenabschnitt typischen violetten **Garnelen vom Grill** (im Sommer) und ein Filet vom Sägebarsch mit einer Panade aus Bröseln und gemahlenen Mandeln. Auf Vorbestellung wird man Ihnen auch gerne die köstliche **Zuppa alla gallipolina** zubereiten.
Der Weinkeller steht der Küche in nichts nach: Neben den besten regionalen Gewächsen gibt es auch feine Flaschen aus der Toskana und aus Sizilien.

Noci

49 km südöstlich von Bari, S.S. 634

L'antica Locanda

Osteria
Via Spirito Santo, 49
Tel. 080 / 4 97 24 60
Ruhetag: So.abend und Dienstag
Betriebsferien: 3 Wo. Ende Juli/Anf. [Aug.
60 Plätze
Preise: 40 000 Lire, ohne Wein
Kreditkarten: alle
Mittags und abends geöffnet

Spezialitäten von Noci sind beispielsweise das mit Zwiebeln und Kartoffeln geschmorte Lamm, die Salsiccia in Sauce, die in Tomaten »ertränkten« Marretti (Innereien), ein Frikassee aus Kalb-, Lamm- und Kaninchenfleisch mit Pilzen, Artischocken und altem Brot, **geschmorte Kutteln** oder **Bratenstücke aus Pferdefleisch**, und auf dem Speisezettel der »Antica Locanda« mitten in der Altstadt fehlt nicht eines dieser leckeren Gerichte.
Mimmo wird es jedoch gewiß nicht dabei belassen und Ihnen noch einiges mehr aus seinem Repertoire tadellos zubereiteter Speisen anbieten, so beispielsweise als Antipasti hervorragende heimische Wurstwaren, **fritierte kleine Oktopusse**, Mozzarella, ausgebackenes Gemüse im Teigmantel, **fritierte Lampascioni-Zwiebeln** in Rosenform, gratinierte Pilze oder auch frischen Weichkäse. Unter den schmackhaften Primi erwähnen wir namentlich die **Farinella** (eine Suppe aus Gerste und Kichererbsen), die Artischockensuppe mit Ei, die **Orecchiette mit frischen Saubohnen**, mit Fleischragout oder mit frischen Tomaten und Cacioricotta, Capunti mit Wurst oder Kaninchenragout sowie Frusciddi, die typischen Maccheroncini dieser Gegend. Bei den Secondi werden auch Ihnen die saftigen Rippenstücke vom Schwein, das bereits oben erwähnte **Lamm im Tontopf mit Kartoffeln** und auch die **in Weißwein geschmorten Drosseln** unvergeßlich bleiben. Das mit hausgemachtem Rosolio zum Dessert gereichte Feingebäck stammt aus einer guten Konditorei in Noci. Die schöne Auswahl an vorwiegend süditalienischen Weinen überzeugt, ebenso wie der professionelle Service und die nette Atmosphäre dieses Lokals.

Wer Heißhunger auf etwas Süßes hat, kann ihn in der Via Petrone 32 im Gourmandise stillen.

Orsara di Puglia

44 km südwestlich von Foggia, S.S. 90

Peppe Zullo

Restaurant
Via Piano del Paradiso
Tel. 08 81 / 96 47 63
Kein Ruhetag
Betriebsferien: Nov. u. 15.–31. Jan.
40 Plätze + 100 im Freien
Preise: 45 – 50 000 Lire
Keine Kreditkarten
Mittags und abends geöffnet

Wenn Sie das Lokal nicht gleich finden, fragen Sie einfach nach dem »Messicano«, denn Peppe Zullo ist im Dorf nur unter diesem Namen bekannt. Die Räumlichkeiten sind zwar ländlich, aber nicht aufdringlich rustikal gehalten, von außen schmückt ein Laubengang das Lokal, von dem aus man einen schönen Blick auf das Städtchen genießen kann.
Peppes kulinarisches Angebot richtet sich an den Traditionen seiner Heimat aus, weshalb das von den Weiden der Daunia stammende Schaffleisch im Mittelpunkt steht. Beginnen Sie jedoch zunächst mit **wildem Spargel**, der mit Essig und Minze angemacht ist, Pilzen vom Grill, **Soppressata vom Wildschwein**, Capocollo, Auberginenröllchen oder Artischocken. Unter den Primi wären dann die **Cavatelli mit Cacioricotta**, die **Fusilli mit Spargel** oder Gartengemüse, die Pappardelle alla montanara (mit Pilzen) oder auch die **Orecchiette mit Wildschwein-Sugo** eine Kostprobe wert. Ganz ausgezeichnet ist das **Zicklein** mit Kartoffeln vom Holzkohlengrill, doch könnten Sie unter den Secondi ebensogut das Lamm mit Artischocken-Creme, das Wildschweinfilet oder auch die in würzigem Essig marinierte **Zickleinleber** wählen. Keinesfalls auslassen sollten Sie anschließend die von Peppe gepriesenen heimischen **Käse**sorten und ebensowenig die Desserts. In den Weinkeller haben schon einige stattliche regionale sowie zahlreiche italienische Flaschenweine Aufnahme gefunden, und täglich werden es mehr. Außerdem bietet Peppe ein beeindruckendes Rum- und Tequilasortiment. Reservieren Sie unbedingt rechtzeitig einen Tisch!

In der Pasticceria Fratelli De Angelis auf der Piazza San Pietro finden Sie feines Mandelgebäck, Mürbeteigkuchen und Eis aus eigener Herstellung.

Ostuni

35 km nordwestlich von Brindisi, S.S. 16

Osteria del Tempo perso

Osteria
Via Tanzarella, 47
Tel. 08 31 / 30 33 20
Ruhetag: Montag
Betriebsferien: 23. Dez. – 31. Jan.
100 Plätze
Preise: 30 – 35 000 Lire, ohne Wein
Kreditkarten: alle
Nur abends geöffnet

In einem der Häuser, die die verschlungenen Sträßchen der »weißen Perle« Ostuni säumen, finden Sie die »Osteria del Tempo perso«. Teo Carlucci hat hier in den Räumen einer ehemaligen Bäckerei den idealen Ort gefunden, um sich nach seiner langjährigen Tätigkeit als Hotelportier in seiner Heimat eine neue Existenz aufzubauen. Mit Hingabe führt er nun sein Lokal und bereitet mit akribischer Sorgfalt die traditionellen Gerichte Ostunis zu.
Zu den häufigsten Primi zählen hier **Suppe aus Weizen und Kichererbsen**, **Püree aus Saubohnen mit wilder Zichorie**, Buchweizen mit Tomaten und Basilikum, **Orecchiette mit Sprossenbrokkoli** oder mit Tomaten, Basilikum und Cacioricotta, **Timballo aus Eiern und Gemüse**, Fusilli mit Rucola und frischem Schafskäse oder **Pasta mit dicken Bohnen**. Mannigfaltig sind auch die Secondi: Probieren Sie das **Bratenstück mit Fleischbällchen in Sauce**, die **Kutteln in Brühe**, das **Kaninchen aus dem Rohr**, den gemischten Braten (Lamm, Leber und Wurst), den **gegrillten Caciocavallo** oder die in ihrer Einfachheit unerreichten bescheidenen **Brotklößchen**. Ausgezeichnet ist die Auswahl an Milchprodukten und Käse. Unter den hausgemachten Desserts werden Sie stets die klassische Ricotta-Torte und die Creme-Torte mit Pinienkernen vorfinden.
Neben dem anständigen, von einem salentinischen Weingut stammenden Hauswein finden Sie auch so manchen Spitzenwein aus der Region. Am Wochenende und Feiertags auch abends geöffnet.

Die allerbesten Burrate, Stracciatelle, Ricotte, Cacioricotte und Caciocavalli der ganzen Gegend finden Sie bei Masi, Corso Mazzini 195. Antichi Sapori di Puglia, Viale Pola 1, bietet Ihnen neben einer großen Auswahl an regionalen Spezialitäten auch Ziegenkäse aus der Masseria Carestia (mit dem umwerfenden Cacioricotta).

Palo del Colle

17 km südwestlich von Bari, S.S. 96

La Stalla del Nonno

Enoteca mit Ausschank und Küche
Via XXIV Maggio, 26 – 28
Tel. 080 / 62 95 98
Ruhetag: Sonntag
Betriebsferien: August
36 Plätze
Preise: 40 000 Lire
Keine Kreditkarten
Nur abends geöffnet

Ein langsam ansteigender Weg führt Sie zu der asymmetrischen, von kleinen Adelspalästen gesäumten Piazzetta hinauf, an der Sie ein schönes Beispiel des romanischen Kirchenbaus im 12. Jahrhundert bewundern können. Gleich hinter der Piazza befindet sich die Enoteca des Tommaso Amendolara, eines direkten Nachfahren des einstigen Besitzers dieser Stallungen, der bei der originellen Renovierung seiner Räumlichkeiten die ursprüngliche Struktur vollständig erhalten konnte.
Das Lokal ist besonders denjenigen zu empfehlen, die einmal qualitativ hochwertigere Weine probieren wollen, denn in diesem Landstrich gibt es dazu kaum Gelegenheit: Die überregionale Auswahl im »Stalla« ist wirklich beachtlich. Da Tommaso seinen Gästen gerne persönlich einen Wein empfiehlt, geizt er mit einer Karte seiner Schätze – lieber gibt er Ihnen den Schlüssel zum Keller in die Hand, wo Sie sich dann auch selbst und in aller Ruhe ein Tröpfchen aussuchen können. Zum Wein serviert er Ihnen dann Crostoni, gepökeltes Fleisch, lokale wie auch französische **Käse**sorten und auch so manches warme Gericht, vorwiegend aus Fleisch: Neben heimischen Speisen wie den **Gnumeredde** (Rouladen aus Innereien) und einem **Filet vom Fohlen** finden Sie sogar schottisches Angusrind oder Truthahn mit Honig (wir hoffen allerdings, daß diese fremden Einflüsse Exoten bleiben). Ganz traditionsgemäß – und lecker – sind dann wieder die in der Schale gebackenen jungen **Kartoffeln von der Holzglut**, die neben köstlichen Focacce und einem duftenden Landbrot als Beilage zu den Fleischgerichten serviert werden.

Im »Stalla del Nonno« können Sie nicht nur Weine, sondern auch gutes apulisches Olivenöl kaufen. Eine der besten Adressen für das Extravergine-Öl der Gegend ist die Azienda Tricarico, Piazza Dante 15.

Parabita

37 km südlich von Lecce, S.S. 476,
12 km von Gallipoli

Prima o poi

NEU

Restaurant
Via Vinci, 62
Tel. 08 33 / 59 50 06
Ruhetag: Samstag
Keine Betriebsferien
100 Plätze
Preise: 35 000 Lire
Kreditkarten: alle
Mittags und abends geöffnet

Nachdem er viele Jahre lang Restaurants in München und in der Romagna geleitet hatte, hat es den damals fünfzigjährigen Cesario Russo wieder in seine Heimat Parabita zurückgezogen, wo er sein eigenes Lokal eröffnet hat. Im Laufe seiner Wanderjahre scheint Flexibilität zu einer wichtigen Tugend für ihn geworden zu sein, denn das Konzept seines Lokals lautet Beweglichkeit: So bietet er mittags, wenn die Tische vorwiegend von den Angestellten einer großen Bank und zweier Ämter belegt sind, die schnelle Küche eines Selbstbedienungsrestaurants oder einer Pizzeria, während er dann abends mit Hilfe seiner Tochter Lia (Service) und Sohn Antonio (Küche) die Räumlichkeiten in ein Restaurant verwandelt, das mit einer der besten bodenständigen Küchen der Gegend nebst einigen Gerichten aus dem übrigen Italien aufwarten kann.
So gibt es hier neben der **Tiedda** (ein Gericht mit Reis, Kartoffeln und Miesmuscheln) und den Suppen mit Hülsenfrüchten im Winter auch ein Risotto mit Basilikum oder Radicchio und geschmorte **Schweinefleischstückchen**, neben Gerichten aus nördlicheren Gefilden – wohl der bayerische Einfluß – wie der Schweinshaxe oder dem Wirsing mit Schweinefleisch auch klassischen **Pferdefleischbraten** und ein geschmortes Füßchen vom Jungschwein. Da Gallipoli praktisch vor der Haustür liegt, wird Ihnen Familie Russo bei rechtzeitiger Vorbestellung auch eine köstliche Zuppa alla gallipolina zubereiten. **Gratinierte Miesmuscheln**, **Meeressalate** und Garnelen mit Auberginen sind dagegen jederzeit verfügbar. Zum Dessert gibt es Tiramisù und Crostate mit Fruchtmarmeladen. Der Weinkeller ist mit den besten Flaschenweinen des Salento bestückt.
Insgesamt gesehen ein recht außergewöhnliches Lokal, empfehlenswert auch als Alternative zur wesentlich teureren Küche an der Küste.

Polignano a Mare

38 km südöstlich von Bari, S.S. 16

Antichi Sapori

Bar – Restaurant
Via Castellana, 1 a
Tel. 080 / 6 94 22 33
Ruhetag: Mittwoch, nicht im Sommer
Betriebsferien: November
150 Plätze + 50 im Freien
Preise: 30 – 35 000 Lire, ohne Wein
Kreditkarten: DC
Mittags und abends geöffnet

Der historische Ortskern von Polignano thront stolz auf der unmittelbar aus dem Meer aufsteigenden, über zwanzig Meter hohen zerfurchten Felsenküste, in die die Brandung unzählige Grotten hineingefressen hat. In der »Grotta palazzese« – in diesem Fall ein Restaurant – konnte sich Pasquale Gravina die nötige Erfahrung aneignen, um sich dann mit Hilfe seiner Tochter Anna Maria Grazia selbständig zu machen.
Die Primi im »Antichi Sapori« sind gleichbedeutend mit **Saubohnen und Zichorie**, **Cavatelli mit Kichererbsen**, Spaghetti alla sangiuannino (Kapern, Sardellen, frische Tomaten und Basilikum), **Tubettini mit Miesmuscheln**, Farfalline mit Seeigeln, Strozzapreti mit Venusmuscheln sowie **Reis, Kartoffeln und Miesmuscheln**. Sie können zunächst jedoch auch eine Vorspeise bestellen, wie zum Beispiel **gefüllte Tintenfische**, mit Knoblauch und Minze **marinierte** Sardellen und **Oktopusse** oder Paprikaschoten mit Kapern, Käse und Oregano. Zu den interessantesten Secondi zählen dann **Fischsuppe** (mit Drachenkopf, Meeresheuschrecken und Venusmuscheln), **Fleischrouladen in Sugo** mit Provolone oder Schmorbraten. Keinesfalls zu vernachlässigen sind die leckeren **Burrate**, und auch über das Gemüse sollten Sie nicht einfach so hinweggehen, denn die Auberginen, Zichorien, Sprossenbrokkoli und Kartoffeln, die von den Feldern rund um Polignano a Mare stammen, werden hier nicht nur als Beilagen, sondern auch in deftigen Gemüseaufläufen angeboten. Auf der kleinen Weinkarte findet sich auch der eine oder andere gute Flaschenwein.

Gleich drei gute Adressen: Gelateria artigianale Cremeria 110, Via Sarnelli 110; Salumeria Maiellaro, Piazza Garibaldi 50 (auch Weine und Delikatessen); Pescheria Simone Paolo Vincenzo, Via Cerere 19.

Puntignano

42 km südöstlich von Bari, S.S. 100 und 172

Il Cantinone

NEU

Trattoria
Via San Lorenzo, 1
Tel. 080 / 4 91 33 78
Ruhetag: Mittwoch
Betriebsferien: 2 Wo. im Juli, 1 Wo. an [Weihn.
100 Plätze
Preise: 40 000 Lire, ohne Wein
Kreditkarten: alle
Mittags und abends geöffnet

Rauschende Feste im Winter (in Putignano beginnt der Karneval, der zu den traditionsreichsten Italiens zählt, bereits am 26. Dezember), ein Füllhorn die Gärten, wenn es dann wärmer wird, und wenn sich der Sommer schließlich dem Ende zuneigt, geht es zur Freude der Bacchanten an die Weinlese. Diesem munteren Zyklus huldigt auch das »Cantinone«, das in dem jahrhundertealten Weinkeller eines herrschaftlichen Gebäudes untergebracht ist: Der offene Rotwein, der im Lokal ausgeschenkt wird, lagert hier in großen Kastanienholzfässern. Daneben verfügt Domenico Convertini, der Wirt unserer Trattoria, auch über eine interessante Weinkarte mit einer stattlichen Auswahl an Weinen aus der Region und dem ganzen Land. Die Küche fühlt sich der Tradition verpflichtet und bezieht ihre Zutaten so gut wie ausschließlich aus der Gegend.
Ein kleines Antipasto (Frischkäse, hausgemachte Wurst und Gemüse) leitet zu den Primi über, bei denen Sie frische Pasta wie **Vollkorn-Orecchiette mit Tomaten** und Bratenstückchen oder mit Sprossenbrokkoli und Sardellen sowie **Fricelli in Tomatensauce** vorfinden, daneben Getreidesuppe mit Cavatelli und Hülsenfrüchten. Auf dem Grill mitten im Saal brutzeln **Steaks vom Jungrind**, große Stücke Rindfleisch mit Rucola (Minimum für zwei Personen), Leberscheibchen mit Lorbeer, Salsiccia a punta di coltello, **Lammrouladen** und das Fleisch für die gemischten Platten. Als Alternative gibt es auch geschmorte Gerichte wie die Kuttelrouladen vom Lamm, den Rinderrostbraten alla barese oder die **Drosseln mit Pilzen**. Die hausgemachten Desserts – Crostata mit Obst, Torta della nonna mit Mandeln und Panna cotta – versüßen den Abschluß.

Im honorigen Pastificio Sbiroli, Via Conversano 40, wird die Pasta immer noch ganz traditionell hergestellt.

Ruvo di Puglia

33 km westlich von Bari, S.S. 98

L'Angolo divino

NEU

Enoteca mit Ausschank und Küche
Corso Giovanni Jatta, 11
Tel. 080 / 82 85 44
Ruhetag: Montag
Betriebsferien: unterschiedlich
40 Plätze
Preise: 20 – 30 000 Lire
Keine Kreditkarten
Nur abends geöffnet

In Ruvo di Puglia eine gut eingeführte Pizzeria in eine Enoteca mit Ausschank umzuwandeln ist ein ziemlich wagemutiges Unterfangen. Doch Giulio und Catarina Cantatores Risikobereitschaft wurde belohnt, denn innerhalb kürzester Zeit ist das von ihnen ebenso fachmännisch wie hingebungsvoll geführte Lokal an der Hauptstraße des Ortes zu einer regelrechten Pilgerstätte für Weinliebhaber geworden.
Die Weinkarte führt mehr als zweihundert Flaschenweine, neben den bekanntesten Namen auch weniger bekannte mit einem erstaunlich günstigen Verhältnis von Qualität und Preis. Im Mittelpunkt stehen natürlich die besten Kellereien der Region. Zu einem Glas Wein werden Ihnen hier stets die verschiedensten heimischen oder sonstwo in Italien ausfindig gemachten Spezialitäten gereicht, wie beispielsweise das wirklich vorbildliche **Käse**sortiment: Hier finden Sie von der Büffel-Mozzarella über allerlei Pecorini bis hin zum Castelmagno aus dem Piemont so ziemlich alles, wonach Ihnen der Sinn steht – ganz zu schweigen von der **Ricotta aus den Murge**, die schlicht ein Muß ist. Auch bei den **Wurstwaren** finden sich neben lokalen Sorten »Exoten« wie die aus den nördlicheren Regionen Italiens stammenden Coppa, Capocollo und Soppressa. Wem das zu wenig ist, der entscheidet sich für das feste Menü mit gleich drei passenden Weinen zu 30 000 Lire, das je nach Jahreszeit aus **gefüllten Kürbisblüten**, gegrilltem oder mit Essig zubereitetem Gemüse, **Auberginenauflauf** oder -röllchen sowie **kleinen Torten aus Reis und Spinat** besteht, und im Winter dann findet sich auch schon einmal ein Spieß oder ein Grillteller mit Lammfleisch und Bratwurst. Und zu den Dessertweinen gibt es natürlich auch eine Crostata oder eine **Torta di noci**.

Ruvo di Puglia

33 km westlich von Bari, S.S. 98

Ristor

NEU

Restaurant
Via Alberto Mario, 38
Tel. 080/81 37 36
Ruhetag: Montag
Keine Betriebsferien
40 Plätze
Preise: 40 – 50 000 Lire
Kreditkarten: alle
Mittags und abends geöffnet

Besonders attraktiv ist die Lage hier am Ortsrand von Ruvo nun wirklich nicht, und trotzdem bietet dieses modern eingerichtete Lokal im Erdgeschoß eines Wohnhauses eine traditionelle Küche, die hier in der Gegend weit und breit ihresgleichen sucht. Die Familie Saulle hat sich weder von den Verlockungen vergänglicher Moden noch von ihrem langen Aufenthalt in Frankreich beeinflussen lassen, um Ihnen heute in ihrem Lokal die typische Küche dieses Landstrichs, die ausschließlich mit den frischen Zutaten der jeweiligen Jahreszeit arbeitet, zu servieren.
Das gut eingespielte Familienteam besteht aus Vater Vincenzo und Mutter Anna in der Küche sowie Sohn Matteo im Speisesaal. In dem abwechslungsreichen Angebot finden Sie neben Fisch auch Gerichte aus dem Landesinneren. Ganz traditionsgemäß werden zum Auftakt die Vorspeisen mit allerlei selbst eingelegtem Gemüse, **Bruschetta mit würziger Ricotta**, Ricottina aus Schafsmilch, in Salz eingelegten und fritierten Oliven (auch mit Peperoncino) oder Saisongemüse aufgefahren. Bei den Primi reicht die Auswahl von den klassischen **Orecchiette mit Fleischragout und reifer Ricotta** bis hin zu den Suppen mit Hülsenfrüchten, an die sich die köstlichen **Kutteln nach apulischer Art** (mit Peperoncino) oder ein ganz zartes **Lamm aus den Murge vom Holzkohlengrill** anschließen. Entscheiden Sie sich dann beim Dessert für das Mandelgebäck. Deutlich verbessert wurde das Weinangebot, das nun mit den besten Weinen aus der Region und so manchem edlen Tropfen aus dem übrigen Italien aufwarten kann. Und auch das ist erwähnenswert: Abends können Sie einfach nur auf eine gute Flasche Wein und einen kleinen Imbiß vorbeikommen.

San Donato de Lecce

11 km südlich von Lecce, S.S. 476

Da Bruna

Restaurant – Pizzeria
Via Risorgimento, 8
Tel. 08 32/65 82 07
Ruhetag: Montag
Betriebsferien: September
45 Plätze + 30 im Freien
Preise: 40 000 Lire, ohne Wein
Keine Kreditkarten
Nur abends geöffnet

Inzwischen muß sich Bruna De Giovanni in ihrem Anfang der neunziger Jahre am Stadtrand von San Donato eröffneten Lokal nicht mehr um alles alleine kümmern, denn sie kann auf die tatkräftige Unterstützung ihrer Kinder zählen: Tochter Rosanna kümmert sich um die Gäste, Sohn Stefano steht am Pizzaofen.
Neben den typischen Gerichten des Salento verläßt – auf Wunsch der einheimischen Gäste – so manches Mal auch ein Gericht aus dem übrigen Italien die Küche. So findet man unter den Primi einerseits die traditionellen **Ciceri e tria** (Kichererbsen mit einer teils gebratenen, teils in Wasser gekochten Pasta), Sagne incannulate (gedrehte Lasagne) mit würziger Ricotta und **Cecamariti** (Trockenerbsen, wildwachsendes Gemüse und geröstetes Brot), andererseits auch Kartoffel-Gnocchetti mit Steinpilzen, Penne mit Paprikaschoten, Lasagne al forno und **mit Ricotta und Spinat gefüllte Ravioli** mit einem Fleischragout. Davor haben Sie vielleicht als Appetitanreger schon **Pittule** und etwas von dem überbackenen Gemüse gekostet. Stellen Sie sich bei den Secondi dann ganz auf Fleisch ein, das hier für gewöhnlich – wie Lamm, Schwein, Kalb und Bratwurst – gegrillt serviert wird. Doch es gibt auch im Tontopf geschmortes **Pferdefleisch**, **mit Kartoffeln im Rohr gebratenes Lamm** oder kurz in Öl angebratene Truthahnstückchen mit Paprikaschoten, geräuchertem Bauchspeck und Weißwein. Gönnen Sie sich dann zum Dessert ein leckeres Eis, das von Vito Perrone, Brunas Mann, höchstpersönlich hergestellt wird.
Ist die Küche also nach wie vor empfehlenswert und solide, waren wir bei unserem letzten Besuch vom Weinangebot doch ziemlich enttäuscht: Niemand scheint sich für zuständig gefühlt zu haben, die aufgebrauchten Vorräte wieder aufzufüllen. Samstagabend ist eine Tischreservierung ratsam.

San Marco in Lamis Borgo Celano

35 km nördlich von Foggia

Il Sombrero

Bar – Restaurant
Corso del Popolo, 20
Tel. 08 82 / 83 21 92
Ruhetag: Mittwoch
Keine Betriebsferien
70 Plätze
Preise: 30 000 Lire
Keine Kreditkarten
Mittags und abends geöffnet

Von San Marco in Lamis fährt man Richtung San Giovanni Rotondo hinauf. An der Straße werden Sie rechter Hand das Schild des Lokals entdecken, auf dem unter dem kuriosen Namen auch noch »La cucina di casa mia« geschrieben steht – was auch weitaus besser zu den Absichten des Restaurants paßt als die lateinamerikanische Kopfbedeckung.
Giovanni Nardella betreut seine Gäste persönlich, während Frau Arcangela und Vater Michele – er ist der Grillspezialist – für die Speisenzubereitung zuständig sind. Auf dem Grill wird hauptsächlich Fleisch, bei Vorbestellung oder entsprechendem Marktangebot auch Fisch gegart. Das Angebot an **Gemüse und Käse** ist ebenfalls umfangreich: Lampascioni (Zwiebel der wilden Hyazinthe), Zucchini, Fenchel, frischer oder mittelalter Caciocavallo, in Öl eingelegte Pilze. Zur passenden Jahreszeit gibt es die Salicornie, eine Art Meeresspargel. Von den Primi empfehlen wir Ihnen die **Spaghetti alla chitarra** und die **Orecchiette mit Fleischsugo**, die **Bohnensuppe**, Pasta e fagioli, würzigen Minestrone di montagna, **Pancotto**, Stracci (eine Art Cannelloni) mit Fleischragout und Mozzarella gefüllt. Wie erwähnt, essen Sie zum Hauptgang **Fleisch vom Grill**, Torcinelli, Zicklein aus dem Ofen mit Kartoffeln und Lampascioni, sehr gut sind auch die **Cozze alla brace** sowie die Barben, Zahn- und Goldbrassen vom Rost. Der ehrliche Wein paßt gut zur schmackhaften Küche.

Die Bäckerei San Matteo in **San Marco in Lamis**, Via della Chiesa, bietet herrliche Brotspezialitäten und Feingebäck.

Sannicola

32 km südlich von Lecce

La Casina del Doganiere

NEU

Restaurant
Via Sferracavalli
Tel. 08 33 / 23 20 72
Ruhetag: Montag
Keine Betriebsferien
80 Plätze + 150 im Freien
Preise: 30 – 40 000 Lire
Keine Kreditkarten
Mittags und abends geöffnet

Sowohl Mino Calò, Schöpfer des ruhmreichen »Rosa del Golfo«, als auch der aus Mjere stammende Michele Calò kaufen zur Herstellung ihrer hervorragenden Weine regelmäßig die besten Trauben der in Sannicola wachsenden Negro-amaro- und Malvasia-nera-Reben auf. Diesem kleinen Ort würde wohl niemand besondere Aufmerksamkeit schenken, gäbe es hier nicht diese alten Weinstöcke, die wesentlich an der Erzeugung der besten Weine Apuliens und des Salento beteiligt sind – Weine, die Sie allesamt auf der Karte in Lucio Noceras Restaurant wiederfinden werden, das gleich außerhalb des Stadtkerns in einem von schattigen Pinien umstandenen älteren Haus untergebracht ist. In diesem ländlichen Ambiente finden im Sommer 80 Personen im Innenraum und in dem großen Garten weitere 150 Personen Platz.
Auf den Tisch kommt hier Mamma Graziellas solide Hausfrauenküche mit **Antipasti** wie den Pittule, Auberginenröllchen, gebratenen Paprikaschoten und Kartoffelpizza, an die sich dann bei den Primi die hausgemachte Pasta wie **Orecchiette** und **Minchiariddi** (gedrehte Maccheroncini) mit Tomaten und einer mittelreifen, scharfen Ricotta schianta anschließen. Daneben stehen jedoch auch Spaghetti alla pizzaiola (mit Sardellen, schwarzen Oliven, Kapern und Semmelbröseln) sowie Tubettini mit Miesmuscheln oder dicken Bohnen zur Auswahl. Das **in der Pignata geschmorte Pferdefleisch** sollten Sie bei den Secondi ins Auge fassen, aber ein Pferdefilet vom Rost, der gemischte Grillteller, das im Rohr gebratene Lamm und das eine oder andere Fischgericht (schließlich ist das Meer nur einen Katzensprung entfernt) wie **Oktopus alla pignata** oder fritiert und Riesengarnelen am Spieß machen die Wahl nicht leichter.

Sternatia

15 km südöstlich von Lecce, S.S. 16

Lu Puzzu

Trattoria – Pizzeria
Via Piave, 39
Tel. 08 36 / 66 66 77
Ruhetag: Montag, nicht im Sommer
Betriebsferien: September
40 Plätze
Preise: 25 000 Lire
Keine Kreditkarten
Nur abends geöffnet

Uccio, der Inhaber und Koch dieser Trattoria, ist auch Pizzica-Tänzer und erfahrener Tamburello-Spieler. Es ist also einigermaßen selbstverständlich, daß seine Küche von ebenjener Unverfälschtheit, Intensität und Volkstümlichkeit gekennzeichnet ist, die auch für die Pizzica typisch ist. **Ciceri e tria** (gebratene Nudeln mit Kichererbsen), **Kartoffelkroketten** (die auch Panzarotti heißen), **Pferdegulasch in Tomatensauce**, **Orecchiette aus Kartoffelteig**, **Spaghetti mit Miesmuscheln**, gemischte Platten mit Braten, Würsten oder auch mit Fisch – all diese Speisen sind nicht zuletzt deshalb besonders wohlschmeckend, weil sie kunstfertig auf der Holzkohlenglut gegart werden. Wie in allen anderen Dörfern des Salento, die griechischen Ursprung haben (in Sternatia wird Griechisch heute noch gesprochen und unterrichtet), ist der Umgang mit der Holzkohlenglut eine regelrechte Kunst: Im benachbarten Ort Calimera wird die Köhlerei mit Eichenholz wie jedes andere traditionsreiche Handwerk von einer Generation zur anderen weitervererbt. Spezialität des Hauses ist der klassische **Sanguinaccio**, für den die Bewohner von Brindisi einer Legende zufolge eine Säule der Via Appia opferten. Zu empfehlen ist auch ein robustes winterliches Gericht, die **Kutteln mit Kartoffeln**. Sowohl die offenen als auch die Flaschenweine sind respektabel. Anmeldung ist sinnvoll.

In **Calimera** (5 km) stellt der Forno Di Mitri (Via Sottonente Stro, 42) in einem alten Steinofen typisches Brot und Gebäck her.

Taranto

Da Mimmo

NEU

Osteria
Via Giovinazzi, 18
Tel. 099 / 4 59 37 33
Ruhetag: Mittwoch
Betriebsferien: zweite Augusthälfte
70 Plätze + 30 im Freien
Preise: 20 – 35 000 Lire
Kreditkarten: alle
Mittags und abends geöffnet

Bei Ihrer ersten Begegnung wird Ihnen Cosimo Manarini vielleicht ziemlich zugeknöpft vorkommen, doch weicht diese anfängliche Zurückhaltung ganz allmählich seiner eigentlich ausgesprochen liebenswürdigen Art, und wenn Sie dann erst einmal seine unverfälschte Küche gekostet haben, die er zu einem äußerst günstigen Preis anbietet – ja dann ... Dann werden Sie Mimmo, wie er von seinen Freunden genannt wird, stets in guter Erinnerung behalten, wie all seine anderen zufriedenen Gäste und wir auch. So kommt es denn auch nicht von ungefähr, daß die Tische in diesem mitten in der Stadt gelegenen Lokal, das auch Familien gerne aufsuchen, so gut wie immer belegt sind. Allerdings können Sie sich bei »Mimmo« keinen Tisch im voraus reservieren!
Ohne Unterlaß verlassen die Küche Auberginenaufläufe (Vorspeise), Spaghetti oder **Tubettini mit Miesmuscheln**, **Orecchiette mit Sprossenbrokkoli** (im Winter) oder mit Basilikum, Tomaten und Cacio (im Sommer), fritierte Garnelen, Tintenfische und Calamari, gegrillte Fischplatten, gefüllte Calamari, im Ofen gebratene Marmorbrassen und Wolfsbarsche oder auch der im Mittelmeer heimische **Sarago mit schwarzen Oliven**. Zur Grundausstattung gehört ferner stets ein Primo aus dem Rohr: Lasagne, Maccheroni oder Reis. Unter den Fleischgerichten wären noch der gemischte Spieß, die **Kalbsroulade in Fleischragout** und die **Polpette** zu nennen. Zum Dessert gibt es entweder Gateau alla crema oder Schokoladenkuchen.
Wie in alten Zeiten (die Trattoria war früher ein Weinkeller mit Ausschank) kredenzt man hier lokalen Wein aus Sava neben dem roten Vulture di Martino di Rionero.

Im Zentrum von Taranto, Corso Umberto I 67, bietet Carmine Zollo apulische Milchprodukte und Wurstwaren vom Feinsten.

Tricase Lucugnano

54 km südöstlich von Lecce, S.S. 275

Jolanda

Trattoria
Via Montanara, 2
Tel. 08 33 / 78 41 64
Ruhetag: Mittwoch, nicht im Aug.
Keine Betriebsferien
50 Plätze + 90 im Freien
Preise: 30 000 Lire
Keine Kreditkarten
Mittags und abends geöffnet

Lucugnano liegt an der Staatsstraße, die Lecce mit Santa Maria di Leuca verbindet. Der Hauptort Tricase und der Weiler Lucugnano unterscheiden sich erheblich voneinander, und das gilt auch für die Ernährungsgewohnheiten. Denn die Küche Lucugnanos stützt sich auf ganz einfache Lebensmittel wie Hülsenfrüchte, Gemüse und Pferdefleisch. Eine Kostprobe dieser Küche bekommen Sie im Lokal von Jolanda Ferramosca. Die einzige Schwierigkeit ist nur, das Lokal zu finden. Es liegt zwar in der Ortsmitte, es gibt aber kein Schild, und die kleine Gasse, in der sich das Haus befindet, wird von der imposanten Villa Girolamo Comis, eines Dichters und Barons aus Lucugnano, verdeckt. Im Sommer wird die Gasse für den Verkehr geschlossen, damit Jolanda Tische im Freien aufstellen kann. Die Nudeln (nach Ansicht vieler Gäste die besten auf der ganzen Halbinsel) sind stets hausgemacht. Es kann vorkommen, daß das Lokal geschlossen hat, weil die Nudeln ausgegangen sind. Die Auswahl reicht von **Sagne incannulate** über Orecchiette und Lasagne bis hin zu Cavatelli. Dazu gibt es je nach Jahreszeit **Ragù von Pferdefleisch**, Gemüse oder Hülsenfrüchte. Auf dem Herd steht stets ein Topf mit **Carne ferrata** (vom Pferd), das man als Hauptgericht bekommt. Es ist ganz hervorragend. Sehr zu empfehlen sind aber auch die Gnumeredde, die **Costatine di agnello alla brace** und der **gegrillte Filetto di cavallo**. Lassen Sie aber unbedingt noch Platz für die hervorragenden Desserts. Beim Wein beschränkt man sich auf einen offenen heimischen Wein (der Rosato ist der bessere). Im August ist nur abends geöffnet.

Vico del Gargano

101 km nordöstlich von Foggia,
70 km von Manfredonia

Il Federiciano da Miki

NEU

Restaurant
Via Chiesa Madre, 10
Tel. 08 84 / 99 48 79
Ruhetag: Mittwoch
Betriebsferien: 15. – 30. Sept. u. 10. – 25. [Jan.
50 Plätze
Preise: 40 – 50 000 Lire, ohne Wein
Kreditkarten: alle
Mittags und abends geöffnet

Im Schloß von Vico del Gargano – einem kleinen Städtchen in idealer Lage zwischen Meer und Foresta Umbra –, das um 1200 errichtet wurde, haben neben den Normannen auch die Staufer und Aragonier ihre Spuren hinterlassen. In seinen erst kürzlich restaurierten Mauern befindet sich dieses Restaurant.
Giovanni de Felice und Vater Peppino werden Ihnen hier neben Kostbarkeiten aus Neptuns Reich auch die Dianas und des Waldes anbieten, das heißt also gleich zu Beginn Antipasto di mare (Miesmuscheln, Tintenfische im eigenen Saft, Sardellen oder Meeresfrüchte) oder Antipasto di terra (überbackene Zwiebeln, Zwiebeln mit dicken Bohnen, gratinierte Auberginen und Paprikaschoten, rote Karotten und Pilze). Bei den Primi können Sie wählen zwischen Spaghetti mit Walnüssen oder mit Miesmuscheln, **Cicatielli mit Miesmuscheln und Baccalà**, Lagane mit Kichererbsen, Miesmuscheln und Garnelen, Tagliolini alla don Filì (mit kleinen Oktopussen und schwarzen Oliven), **Spaghetti mit Steinpilzen und Venusmuscheln**, Cicatielli oder Risotto mit Pilzen, Orecchiette mit Sprossenbrokkoli, Zichorien und Saubohnen oder auch Fusilli mit einem Ragout vom Wildschwein oder Reh. Besondere Erwähnung unter den Secondi verdient die **Zuppa di cozze** alla Peppino (mit geröstetem Brot, Tomaten und allerlei Gewürzen), des weiteren Tintenfische, Marmorbrassen oder Rotbarben vom Grill, im Rohr gebratener Fisch, Fischsuppe (auf Vorbestellung), gegrilltes Lamm, Pferdefilets und schließlich auch ein ganz köstlicher **Caciocavallo**. Bei den abschließenden Desserts finden Sie neben der Torta della casa einen Dolce di Rosetta und Crustoli. Die Auswahl an regionalen Weinen ist stattlich, dazu gesellt sich noch der eine oder andere Tropfen aus Italien.

KAMPANIEN

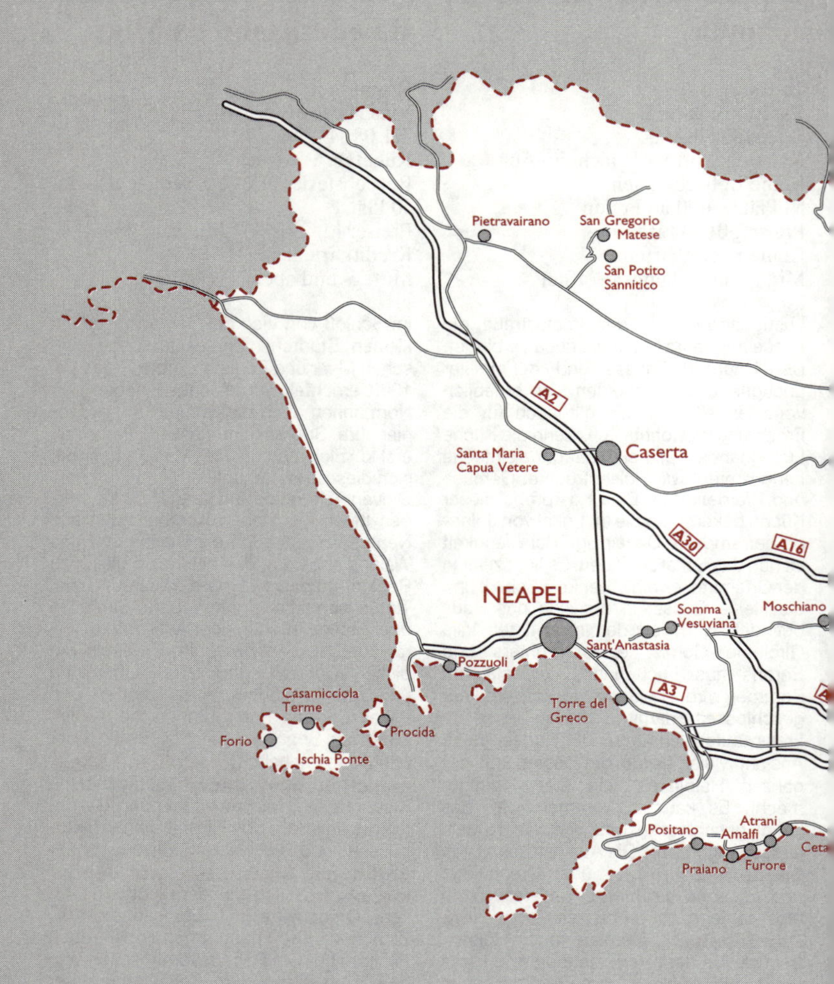
Pietravairano
San Gregorio Matese
San Potito Sannitico
A2
Santa Maria Capua Vetere
Caserta
A30
A16
NEAPEL
Somma Vesuviana
Moschiano
Sant'Anastasia
Pozzuoli
A3
Torre del Greco
Casamicciola Terme
Procida
Forio
Ischia Ponte
Positano
Atrani
Amalfi
Praiano
Furore
Thyrrhenisches Meer

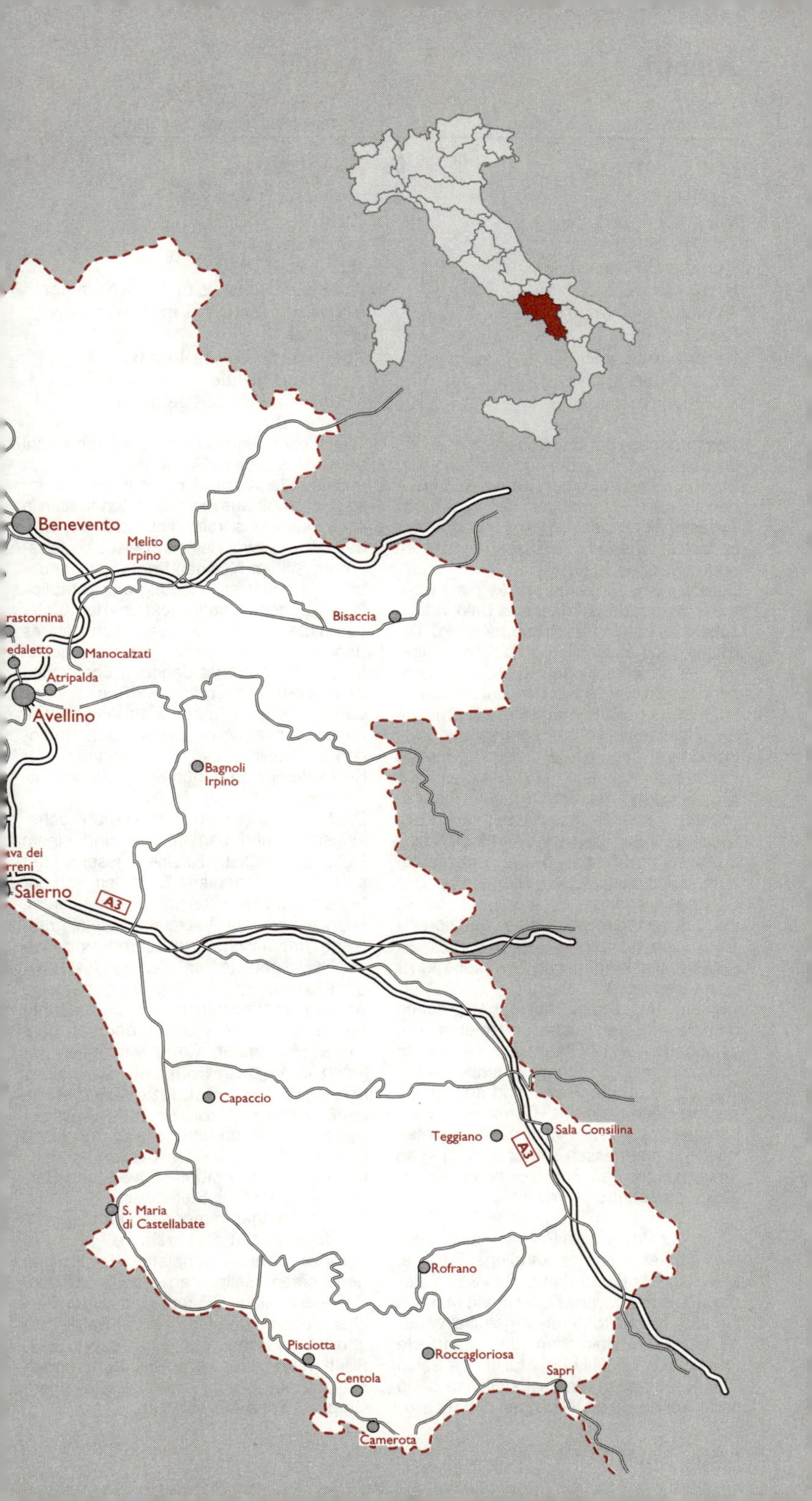
Benevento
Melito
Irpino
Bisaccia
rastornina
edaletto
Manocalzati
Atripalda
Avellino
Bagnoli
Irpino
ava dei
rreni
Salerno
A3
Capaccio
Teggiano
Sala Consilina
A3
S. Maria
di Castellabate
Rofrano
Pisciotta
Roccagloriosa
Sapri
Centola
Camerota

Amalfi

22 km von Salerno, S.S. 163

Da Gemma

Trattoria
Via Fra' Gerardo Sasso, 9
Tel. 089/871345
Ruhetag: Mittwoch
Betriebsferien: 15. Jan.–15. Feb.
40 Plätze + 60 im Freien
Preise: 55 000 Lire, ohne Wein
Kreditkarten: alle
Mittags und abends geöffnet, im Aug. nur abends

Das »Gemma« gehört nach wie vor zu den ältesten und beliebtesten Lokalen der Stadt, und es ist immer wieder eine Freude, sich im Sommer auf der schattigen Terrasse niederzulassen und von dort aus in das Gäßchen Via Fra' Sasso mit seinen engen Treppen zu lugen.
Bereits beim Eintreten weckt die Fischtheke Vorfreude auf das, was bald virtuos zubereitet auf den Tisch kommen wird. Die Küche setzt ausschließlich auf Spezialitäten der amalfitanischen Küste und Kampaniens. Da gibt es warmen Tintenfischsalat, fritierte gefüllte Sardellen, **Fischsuppe** (üblicherweise für mindestens zwei Personen), **Paccheri** (großformatige Pasta) aus Gragnano mit **Garnelen und Anglerfisch** (oder Schwertfisch); Fleischliebhaber können ausweichen auf **Fettuccine alla Genovese** mit Schmorbratensauce oder **Braciola** (Fleischroulladen). Auch zum süßen Abschluß haben Sie dann wieder die Wahl: Soll es Crostata mit Zitronenmarmelade sein, traditionelle Torta Caprese oder **Melanzana al Cioccolato**, die kulinarische Symbiose einer jahrtausendealten Eßkultur?
Die hervorragenden Weine entsprechen dem Niveau der Küche und bieten eine gelungene Auswahl italienischer sowie ein vollständiges Sortiment kampanischer Tropfen. Auch die Preise sind angesichts der reizvollen Lage des »Gemma« und der hauptsächlich auf Fisch ausgerichteten Küche angemessen, auch wenn das Preislimit unseres Führers dabei geringfügig überschritten wird.

In der Pasticceria Pansa, Piazza Duomo, gibt es glasierte kandierte Früchte, Mandelgebäck und den Likör »Villa Paradiso«. Die Pasticceria Duomo, Via Mastolo il Duca, führt Profiteroles (gefüllte Windbeutel), Zitronenkuchen und kandierte Früchte, im La Valle dei Mulini, Via Salita Chiarito, erhalten Sie ausgefallenen Sirup und Likör sowie erstklassigen Limoncello.

Atrani

22 km südwestlich von Salerno, S.S. 163

'A Paranza

Trattoria
Via Dragone, 1–2
Tel. 089/871840
Ruhetag: Dienstag, nicht im Sommer
Betriebsferien: 2 Wo. im November
60 Plätze
Preise: 50 000 Lire, ohne Wein
Kreditkarten: alle
Mittags und abends geöffnet

Gleich nach der kleinen Piazza von Atrani erwartet Sie das »'A Paranza«. Der Wirt und Gründer Andrea Proto hat das ehemalige Schlachthaus mit seiner Runddecke in ein einladendes, reizvolles Lokal verwandelt und die zwei kleinen Speisesäle liebevoll im Stil der hiesigen Fischer eingerichtet. Das Lokal ist eindeutig ein Lichtblick im gastronomischen Spektrum der Küste, das leider häufig mehr verspricht, als es dann zu halten bereit ist – die hier angebotene Fischküche ist dagegen über jeden Zweifel erhaben. Ergänzt wird sie überdies durch eine gute Auswahl an Weinen. Die umfangreiche Weinkarte ist nach Regionen aufgeteilt, wobei die Erzeugnisse der Küste den ihnen gebührenden Raum einnehmen.
Die Speisekarte ist unglaublich abwechslungsreich und beginnt mit rund einem Dutzend Antipasti, die einer besser als der andere sind: marinierte Sardellen, von der Schale befreite Sconcigli (Krustentieren), Garnelen aus der Reuse mit Rucola, gratinierte Tintenfische und Scampi, mit Provola-Käse gefüllte Sardellen und **Frittelle di Bianchetti** (in Teig ausgebackene winzige Glasfischchen). Das allein könnte bereits den Appetit stillen, doch es geht weiter! Als ersten Gang empfehlen wir Ihnen dann **Cavatielli mit Garnelen aus der Reuse**, **Scialatielli mit Meeresfrüchten**, **Tubetti mit Anglerfisch** oder Knurrhahn, Ravioli mit Fisch und Ricotta sowie – zur passenden Jahreszeit – »Mari e Monti« (Meere und Berge), ein Gericht mit Steinpilzen.
Falls Ihr Hunger immer noch nicht gestillt ist, dann kosten Sie doch die Frittura di Paranza (fritierte Fischplatte), die üppigen gemischten Grillplatten mit Tintenfisch, Riesengarnelen, Scampi und roten Furchenkrebsen, den Fisch in der Salzkruste und die Fischsuppe oder **Cassuola**, Fisch in der Kasserolle. Das Mahl runden ein Limoncello oder eine ausgezeichnete Grappa (reiche Auswahl!) ab.

Atripalda

4 km östlich von Avellino

Valleverde

Trattoria mit Fremdenzimmern
Via Pianodardine, 112
Tel. 08 25 / 62 61 15
Ruhetag: Sonntag
Betriebsferien: August
60 Plätze
Preise: 30 – 35 000 Lire, ohne Wein
Keine Kreditkarten
Mittags und abends geöffnet

Das »Valleverde« ist einfach und zwanglos, seine Küche kompromißlos traditionell mit kräftiger Kost in üppigen Portionen für seine Stammgäste und Gelegenheitsbesucher. Küchenchef ist Zia Pasqualina, am Herd und bei der Leitung des Lokals tatkräftig unterstützt von ihrer Schwiegertochter Vincenza. Es gibt jedoch noch einen weiteren guten Grund, um hier eine Rast einzulegen: Der Weinkeller birgt ein vortreffliches Sortiment an Flaschenweinen, das Rino und Sabino, Sohn und Enkel der Köchin und beide passionierte Weinliebhaber, liebevoll zusammengetragen haben. Seit diesem Jahr können sie zudem mit einer interessanten Neuerung aufwarten: Eine Ecke des Lokals mit nur rund zwanzig Plätzen wurde in eine kleine Enoteca umgewandelt, wo Sie vornehmlich Weine aus Irpinia, aber auch aus anderen Anbaugebieten ganz Italiens verkosten können; auch Hochprozentiges und Olivenöl sind zu haben.
Doch gehen wir zum kulinarischen Teil über. Zunächst erwartet Sie eine vielfältige Auswahl an Primi: Da gibt es hausgemachte Pasta, wie die **Fusilli mit Fleischragout**, Orecchiette und **Cavatelli mit Broccoli**, Gemüsesuppen mit Raps und Kartoffeln, Accio (Sellerie) mit Baccalà und Kartoffeln oder die **Suppe mit Baccalà und Origano**. Im Winter können Sie sich fast immer an einem dampfenden Teller **Minestra Maritata** wärmen, der zahlreiche Zutaten Aroma verleihen: junger Scarola-Salat (wilder Lattich), junge Karden, Zichorie, Wirsing, Rotkohl, Cotechino, Per'e Puorco, Pancetta und Schweineschwarte. Dazu gesellen sich schmackhafte Secondi wie **Kaninchen** und **Pollo alla Cacciatora** aus eigener Aufzucht oder **Braciole di Cotica** (Schweineschwartenrouladen). Heimische Käse wie Pecorino und Caciotta beschließen die Mahlzeit.

Avellino

Antica Trattoria Martella

Trattoria
Via Chiesa Conservatorio, 10
Tel. 08 25 / 3 11 17
Ruhetag: Sonntagabend und Montag
Betriebsferien: August, Weihnachtszeit
80 Plätze
Preise: 40 – 50 000 Lire, ohne Wein
Kreditkarten: alle
Mittags und abends geöffnet

Das »Martella« finden Sie im Herzen der Altstadt von Avellino, der Hauptstadt der geschichtsträchtigen Region Irpinia, gegenüber vom Palazzo Caracciolo, in dem einstmals Gericht gehalten wurde. Enrico (Ricuccio) Della Bruna eröffnete 1921 einen Weinkeller, der dann von Generation zu Generation weitervererbt wurde, bis ihn sein Enkel Enrico übernahm und in die Fußstapfen seines gleichnamigen Großvaters trat, nicht allerdings ohne seinen Cousin Giuseppe, der ihm dabei tatkräftig zur Seite steht. Die Küche ist sehr traditionell ausgerichtet und verwendet ausschließlich hochwertige Zutaten.
Die Traditionen der Irpinia schmecken Sie bereits in den Antipasti: Soppressata, Ricotta von heimischen Erzeugern, Käse aus der Ebene, Aufläufe und Pizze mit Gemüsefüllung. Dazu gesellen sich Primi wie breite Gnocchi, Cicatielli mit Broccoli, Fusilli und Tagliatelle mit Trüffeln; wer will, kann sich jedoch auch für **Kutteln** entscheiden. Als Hauptgang kommt Fleisch von der Holzglut auf den Tisch, Lamm, Kalb oder **Coniglio alla Cacciatora**. Vorzüglich schmeckt auch das Gemüse der Beilagen, insbesondere Spaccati mit Pepaine (ein Gericht mit der typischen Paprikaschote aus der Gegend). Je nach Jahreszeit werden auch **Mugliatielli paesani** (gefüllte Lamminnereien), **Zuppa di Soffritto** und Schweineleber serviert.
Ab und an wagt sich Enrico auch an Fischgerichte. Hervorragende Dolci beschließen das Mahl, und der lokale Wein (Greco und Taurasi) sowie die Auswahl an italienischen Flaschen werden auch die Bacchusjünger zufriedenstellen.

Das Antico Torronificio Fratelli Nardone in **Dentecane** (Ortsteil Pietradefusi, 20 km von Avellino), Via Roma 195, stellt Leckereien her wie »Pannardini«, »Pannardone« und »Pannardelli«, Nougat, Bitterschokolade und likörgetränkten Biskuit.

Avellino

Malaga

Restaurant
Via Francesco Tedesco, 347
Tel. 08 25 / 62 60 45 und 62 60 19
Ruhetag: Dienstag
Betriebsferien: unterschiedlich
120 Plätze
Preise: 40 – 50 000 Lire
Kreditkarten: alle
Mittags und abends geöffnet

Ein Fischrestaurant mitten in den Bergen, in der Hauptstadt der Irpinia? Zunächst erscheint das paradox, oder doch zumindest eigenwillig. Doch wir empfehlen Ihnen das Lokal von Sabatino und Edda auch weiterhin guten Gewissens, denn die überwiegend vom Meer inspirierte Küche, die hier geboten wird, lohnt wirklich einen Besuch. Die Zutaten sind stets frisch und von bester Qualität, und das vielfältige Speisenangebot wird von seiner Frau Edda in der Küche fachgerecht zubereitet. Greifen wir einige Beispiele heraus: Zur Einstimmung gibt es **Meeresfrüchtesalat**, Sauté mit Meeresfrüchten oder **marinierte Sardellen**, gefolgt von Primi, in denen sich gelegentlich Meer und Festland ein Stelldichein geben – wie bei Pasta e Fagioli mit Miesmuscheln oder bei den Rigatoni mit Kürbis und Lachs. Sie können jedoch auch **Fusilli mit Krebsfleisch** wählen, Linguine oder **Pennette mit Meeresfrüchten** oder Scampi, **Tubettoni mit Knurrhahn**, Scialatielli mit Meeresfrüchten und die klassischen Spaghetti mit Muscheln oder al cartoccio (in der Hülle gegart). Eine delikate Ergänzung hierzu sind Wolfsbarsch oder Goldbrasse aus dem Ofen, gemischter **Grillteller** und köstlich duftende **Fritture**. Wer das Festland dem Fisch vorzieht, für den ist ebenfalls gesorgt: Mit klassischen Spezialitäten aus Avellino wie **Minestra maritata** oder hausgemachter Pasta mit Gemüse und Broccoli.
Passender Begleiter zum Fisch ist der bedeutendste Weißwein dieser Gegend, der Greco; Sie können aber auch zu Fiano, Coda di Volpe oder einem der gut sortierten italienischen Flaschenweine greifen.

In der Altstadt von Avellino, Via del Gaizo 12 – 14, schenken Angela und Gigi Landolfo in ihrer gemütlichen Wine Bar »Evoè« hervorragende Weine aus Italien und dem Ausland aus. Dazu gibt es köstliche kalte Spezialitäten.

Bagnoli Irpino Laceno

49 km südöstlich von Avellino

Lo Spiedo

Trattoria
Via Serroncelli
Tel. 08 27 / 6 80 73
Ruhetag: Dienstag, nicht im Sommer
Betriebsferien: 2 Wochen im Juli
150 Plätze
Preise: 30 – 40 000 Lire, ohne Wein
Kreditkarten: alle außer AE
Mittags und abends geöffnet

Berge und Meer kommen in Kampanien zusammen, von der Küste ist man per Auto in weniger als einer Stunde im Schnee der Irpinia. Da vergißt man für einen Moment den Fisch und freut sich auf die traditionelle Küche des Hinterlandes, vor allem auf die schwarzen Trüffeln, die hier auf dem Altopiano del Laceno ideale Bedingungen vorfinden. Nicola, früher Bäcker, hat seine Feinschmecker-Trattoria den wertvollen Knollen gewidmet. In der Saison beginnt man mit einem königlichen Salat von Trüffeln, Steinpilzen und Parmigiano oder Crostini mit Trüffel; man macht weiter mit Ravioli, Gnocchi oder Rührei, alles mit duftenden Trüffelscheiben aromatisiert. Alternativ kann man als Antipasto eine Fungata bekommen (frische Pilze in feinen Scheiben mit Béchamel und Sahne auf Tatar, warm serviert); als Primo Spaghettoni mit lokalem Mozzarella und Speck, **Tagliatelle mit Steinpilzen** oder Wildschwein, **Ciambotta** mit Kartoffeln, Kürbisblüten, Paprika und Tomaten oder auch den **Scieddu**, ein Ragout aus magerem und fettem Wurstbrät mit Käseklößchen, Eiern und hausgemachten Nudeln. Das **Fleisch** (Lamm, Kalb, Huhn) stammt aus regionaler Produktion und wird meist auf dem **Grill** oder an dem großen Spieß am Eingang des Lokals zubereitet. Die Weinkarte führt eine Reihe sehr guter DOC-Erzeugnisse aus der Region auf, außerdem einen unverfälschten Aglianico di Montemarano und einen Coda di Volpe.

In **Montella** (8 km) produziert und verkauft das Caseificio Granese (Piazza Matteotti, 4) den typischen Caciocavallo der Irpinia und seine Variante, den Burrino.

Bisaccia

68 km nordöstlich von Avellino

Grillo d'Oro

Trattoria mit Zimmern
Via Mancini, 195
Tel. 08 27 / 8 92 78
Ruhetag: Montag
Keine Betriebsferien
40 Plätze
Preise: 25 – 30 000 Lire
Keine Kreditkarten
Mittags und abends geöffnet

Luigi alias Louis hat sein Leben in der Gastronomie verbracht. Bereits als Kind arbeitete er im Familienbetrieb in der Nähe des Doms mit. Das Lokal wurde 1872 als Weinkeller eröffnet, später zur Osteria und schließlich zur Locanda umgebaut. Auch heute noch, in seinen Siebzigern, führt er glänzend seinen »Grillo« zusammen mit den beiden erwachsenen Söhnen, von denen einer als Schriftsteller recht renommiert ist. In der Küche steht seine Frau Flora, während sein Sohn Vito mitbedient. Spezialität des Hauses ist die sommerliche Gemüsesuppe, die nach einem alten Rezept »Zuppa dell' Ottocento« genannt wird. Hervorragend auch die anderen Suppen aus Zichorie oder Zucchini sowie die hausgemachten Nudelgerichte (Orecchiette, Marcannali und **Cavatielli**), die mit einer leichten Sauce aus Fleisch, Olivenöl, Tomaten und Basilikum gereicht werden. Ausgezeichnet die **Ciambotta** aus Kartoffeln, Tomaten und Paprika, die man sich vielleicht nach einem Antipasto mit ländlichen Salumi oder gebratener Hühnerleber mit Tomate und Paprika servieren läßt. Zum Hauptgang gibt es dann superzartes **Lamm vom Grill**, phänomenalen Coniglio alla cacciatora oder die Hausspezialität **gefüllte Tauben**. Flora macht keine Desserts, dafür offerieren Louis und Vito einen guten Limoncello zum Abschluß. Bei den Weinen muß man sich mit einem Rotwein aus der Gegend begnügen oder einen DOC-Flaschenwein aus der Region bestellen.

Camerota Marina

121 km südöstlich von Salerno, S.S. 562

Cantina del Marchese 

Osteria
Via del Marchese, 15
Tel. 09 74 / 93 25 70
Ruhetag: Donnerstag, nicht im Sommer
Betriebsferien: Oktober
70 Plätze
Preise: 20 – 25 000 Lire
Keine Kreditkarten
Nur abends geöffnet

Wie können wir die »Cantina del Marchese« wohl am treffendsten beschreiben? Als Taverne, als Weinkeller oder als Osteria aus einer anderen Zeit, die auch bei jungem Publikum Anklang findet? Nun, das Lokal ist von allem ein bißchen und alles zugleich: Es erwartet Sie ein rustikales Ambiente mit sympathisch zwangloser Atmosphäre, in dem der Wein aus großen Fässern fließt. Hin und wieder können Sie sich auch mit einer heißen Suppe stärken oder mit einer hausgemachten Pasta mit Lagane und Kichererbsen oder Cavatielli. Öfter gibt es rustikale Vollkornpizza, Kuchen mit Gemüsefüllung und erstklassige Käse- und Wurstwaren. Dann und wann wartet die Küche mit **Ciambotta** (einer Art Ratatouille), gefüllten Auberginen und insbesondere mit **Maracucciata** auf, einer Art Polenta aus heimischem Gemüse und Getreide wie dem Maracuoccio, dem sie ihren Namen verdankt, sowie mit Ciaurella mit Saubohnen, Mangold, Kartoffeln und wildem Fenchel oder Scarola 'mbuttunata, einem Salat, der mit Brotkrümeln, Kapern, Oliven und Sardellen gefüllt und im Topf geschmort wird.
Die »Cantina del Marchese« (die, bevor sie der jetzige Wirt, Mario Coccorese, übernahm, ursprünglich ein einfacher Weinkeller war, in dem Malvasia, Trebbiano und Aglianico ausgeschenkt und dazu der eine oder andere Imbiß gereicht wurden) bietet zwar keine große Auswahl, dafür aber ist die Qualität der stets sorgfältig zubereiteten Speisen ausgezeichnet.
Die Küche öffnet erst abends, während tagsüber nur der Ausschank in Betrieb ist. Es lohnt sich, den »Keller des Marquis« am Hafen zu suchen!

In der Ölmühle von Fortunata Salerno im Ortsteil **Licusati** (10 km von Marina di Camerota entfernt) wird mit Steinpressen aus den selbst angebauten Pisciotta-Oliven ein hervorragendes Olivenöl extravergine gewonnen.

Capaccio Paestum

45 km südöstlich von Salerno, S.S. 18

La Pergola

Restaurant
Via Nazionale
Tel. 08 28 / 72 33 77
Ruhetag: Montag
Betriebsferien: September
40 Plätze + 50 im Freien
Preise: 40 000 Lire, ohne Wein
Kreditkarten: alle
Mittags und abends geöffnet

Das »Pergola« liegt in einer Gegend, die oft und gerne von Touristen besucht wird, aber auch in puncto Landwirtschaft und Gastronomie einiges zu bieten hat: Berühmt sind ihre Büffelzucht, der aus der Büffelmilch hergestellte Mozzarella und die endlosen Artischockenfelder. Aus all diesen Zutaten macht die Regionalküche schmackhafte Gerichte, und die Wirtsleute Alfredo und Silla Longo sind Meister ihres Fachs.
Die Antipasti bieten neben Büffelmozzarella auch rustikale Kuchen, Pilzsalate und Garnelen sowie eine außergewöhnliche Parmigiana (überbackener Gemüseauflauf) mit Artischocken, die Appetit macht auf die Primi: handgemachte **Fusilli** aus Felitto **mit zwei Sorten Ricotta**, Spaghetti mit Venusmuscheln und wildem Spargel oder Schiacciatine mit Fischragout und Artischocken. Die Secondi entführen den Gast dann im wesentlichen in Neptuns Reich, von den Sardellen über **Schwertfisch auf Zwiebelbett** aus Tropea und den fritierten Fischteller bis hin zu den **Anglerfischfilets aus dem Ofen**. Aber auch vegetarische Kost wird geboten (wie die traditionelle, leckere **Parmigiana mit Auberginen und Schokolade**) oder Fleischgerichte: Probieren Sie die von Hand messerspitz geformte **Salsiccia** in umido oder das **Lamm mit Artischocken**. Ab September dann tischen Ihnen die Wirtsleute auch **Pilzgerichte** wie Cavatelli mit Steinpilzen und Venusmuscheln oder Crespelle mit Steinpilzen auf. Und zum krönenden Abschluß gibt es Halbgefrorenes (aus Torroncino oder Zabaione), Kuchen und Crostate mit Obst.
Silla, die auch eine leidenschaftliche Sommelière ist, hat eine umfangreiche Weinkarte zusammengestellt, die neben Erzeugnissen aus der Region – auch von weniger bekannten Kleinerzeugern – Flaschen aus dem Friaul und Sizilien aufführt.

Capaccio Paestum

45 km südöstlich von Salerno, S.S. 18

Tenuta Seliano

Bauernhof
Via Seliano – Ortsteil Borgonuovo
Tel. 08 28 / 72 36 34 und 72 45 44
Kein Ruhetag
Betriebsferien: Nov. und 7.–31. Jan.
50 Plätze + 100 im Freien
Preise: 40 – 50 000 Lire
Keine Kreditkarten
Mittags und abends geöffnet

Cecilia Baratta ist überall: Sie züchtet Büffel und Pferde, baut Oliven, Weizen und Artischocken an und empfängt ihre Gäste auf dem Ferienbauernhof mit spontaner Gastfreundschaft. Nur wenige Kilometer entfernt von den berühmten Tempeln und der Akropolis inmitten der fruchtbaren Ebene von Paestum erwartet Sie im Landhaus der Adelsfamilie Bellelli ein Ambiente, in dem Sie sich auf Anhieb wohl fühlen: ein mit Möbeln aus dem Haupthaus eingerichtetes Gästehaus mit dreizehn gemütlichen Zimmern, ein schöner Garten mit Swimmingpool und ein Patio, kurzum ein Ferienbauernhof mit Niveau.
Wenn Sie Signora Cecilias Kochkünste erproben möchten, sollten Sie stets vorbestellen. Sie wird Sie dann mit ihrer unvergleichlichen **Mozzarella** und verschiedenen **Büffelfleisch**gerichten – geschmort, als Gulasch oder Braten – verwöhnen. Doch auf der Speisekarte findet sich natürlich mehr: **Pastaauflauf**, **Spaghetti mit Paprikaschoten und Eiern**, sommerlich-leichte Fusilli mit Tomaten und Auberginen, **Sartù di Riso** (überbackener Reisauflauf), im Frühjahr Suppen mit Gemüseeinlagen aus der Ebene und herrliche **Artischocken** und im Sommer leichte Salate. Zum Abschluß schließlich sollten Sie sich weder die hausgemachten Crostate mit Obst der Saison noch die Baisers und verschiedenen Cremespeisen wie Panna cotta und Pudding aus Büffelmilch entgehen lassen – schade nur, daß man sich entscheiden muß. Im Weinkeller lagern fast ausschließlich DOC-Qualitätsweine aus dem Cilento, aber auch die restliche Region und Sizilien sind vertreten.

Leckeren Mozzarella, Ricotta und Büffelkäse bekommen Sie in folgenden Käsereien: Barlotti, Via Torre di Paestum, Tel. 08 28 / 81 11 46; Cooperativa Rivabianca, S.S. 18, km 94; und Vannullo, S.S. 18.

Caserta

Le Colonne

NEU

Restaurant
Via Nazionale Appia, 7 – 13
Tel. 08 23 / 46 74 94
Ruhetag: Dienstag
Betriebsferien: 2 Wochen im August
70 Plätze
Preise: 40 – 50 000 Lire, ohne Wein
Kreditkarten: die bekannteren
Mittags geöffnet, abends auf Vorbestell.

Der Name »Caserta« läßt sofort an das glanzvolle Königsschloß der Bourbonenkönige mit dem vielleicht schönsten Schloßpark Italiens denken. Und wirklich ist die ausgedehnte Anlage so imposant, daß es kaum möglich ist, in Caserta gewesen zu sein und sie nicht gesehen zu haben – ebensowenig wie dem aufmerksamen Besucher das kleine Jugendstil-Lokal gleich daneben entgehen wird, in dessen gediegener Einrichtung mit dem stilvollen Besteck und Tafelgeschirr man sich wie zu Gast in einer anderen Zeit fühlt, diskret umsorgt von einem Service, der einfühlsam auf die Wünsche der Gäste eingeht.
Die Wirtsleute Loreto und Rosanne Marziale verwandeln gekonnt die Produkte der Gegend in traditionelle, tadellos zubereitete Speisen. Beginnen Sie mit der **Minestra 'mmaretata** mit Zichorie oder **Nodi di Tagliolini mit Büffelricotta und Spargel**. Schwer fällt dann die Wahl unter den Secondi: Soll es **Büffelschmorbraten** mit Pilzen oder Aglianico-Wein oder Mozzarella alla Pizzaiola sein oder doch lieber gratinierte Meeresmuschel mit Zitrone, Musillobällchen (vom Baccalà), Blaufischterrine mit Spinat und Schnittlauch oder eines der vielen anderen (teils auch erdgebundenen) Gerichte, die je nach Jahreszeit und Marktangebot wechseln? Dann kommt das süße Finale, und wieder herrscht quälende Vielfalt an Dolci aus der hauseigenen Patisserie – wir fanden die **Zitronencreme in Krokant** am verführerischsten.
Als passende Begleiter werden Weine aus der Gegend und Kampanien sowie namhafte italienische Marken angeboten.

Fahren Sie über die Haupteinfallstraße, die Staatsstraße Appia, in die Stadt, dann sehen Sie im Ortsteil **Casagiove** am Straßenrand die Enoteca La Botte, in der Sie viele hochwertige Erzeugnisse finden.

Cava de' Tirreni

7 km nordwestlich von Salerno

Le Bistrot

NEU

Restaurant
Corso Umberto I, 203
Tel. 089 / 34 16 17
Ruhetag: Montag
Betriebsferien: 10. – 24. August
50 Plätze
Preise: 30 – 45 000 Lire, ohne Wein
Keine Kreditkarten
Mittags und abends geöffnet

Das pittoreske »Bistrot« liegt in einem ursprünglich mittelalterlichen, dann im 16. Jahrhundert restaurierten Palazzo unter den altehrwürdigen Arkaden des Corso Principale – vielleicht das einzige Beispiel für Arkadenbauweise in einer süditalienischen Stadt. Das Lokal ist in Cava de' Tirreni schon lange als Hort der Gastfreundschaft bekannt, und seit etwas mehr als einem Jahr nun auch für seine traditionell einfache, schmackhafte Küche. Als Fabio Pannullo (im Speisesaal) und Rita Lamberti (die dem Koch tatkräftig mit zur Hand geht) nach langen Lehr- und Wanderjahren und Erfahrungen in den verschiedensten Gaststätten dieses Lokal übernahmen, verwirklichten sie sich einen lange gehegten Traum. Das Ambiente ist eher untertrieben, mit einem Hauch von Eleganz gehalten, und der Service liebenswürdig, zuvorkommend und akkurat. Bereits der Auftakt wird Sie begeistern: Frische Milchprodukte, nach denen Fabio unermüdlich auf der Suche ist – wie die duftige, sahneweiche **Ricotta** oder die **Treccine di Mozzarella** (Mozzarellazöpfchen) aus Tramonti –, leiten über zu delikater Fischmousse. Dazu gesellt sich dann der erste Gang: hausgemachte Pasta, die traditionsgemäß oftmals mit Fisch und Gemüse serviert wird. Versuchen Sie beispielsweise die **Pettole** (hausgemachte Pasta) **mit Kichererbsen und Vongole**, die **Trofie mit Meeresfrüchten** oder das Risotto di Mare. Und als Hauptgang können Sie neben Tagliata vom Rind und Pfefferfilets auch fangfrischen Fisch des Tages wählen: Wolfsbarsch aus dem Ofen, Goldbrasse und – in der entsprechenden Jahreszeit – Tintenfisch. Die Mahlzeit beschließen leckere Dolci aus renommierten Konditoreien der Stadt.
Der Weinkeller ist nicht sonderlich üppig ausgestattet, wartet aber mit einigen guten Gewächsen aus Kampanien, der Toskana, dem Piemont und Venetien auf.

Cava de' Tirreni

7 km nordwestlich von Salerno

Taverna Scacciaventi

NEU

Osteria
Corso Umberto I, 38 – 40
Tel. 089/443173
Ruhetag: Montag
Betriebsferien: 10.–21. August
66 Plätze
Preise: 25 – 45 000 Lire
Keine Kreditkarten
Nur abends geöffnet

In der »Taverna Scacciaventi« wird nicht bestellt. Wie kommt also der hungrige Gast zu seinem Recht? Die Lösung dieses Rätsels heißt Peppe Servillo, von Beruf Wirt. Schon beim Eintreten stürmt er Ihnen mit einem offenen Lächeln entgegen. Sein vor lauter Geschäftigkeit stets leicht gerötetes Gesicht erinnert an die rotwangigen Landsmänner auf den Gemälden Brueghels, und den Pinselstrich eines Malers hätte auch die übrige Szenerie verdient.
Wie gesagt, hier wird nicht bestellt. Denn Peppe wird sich zunächst kundig machen, wieviel Appetit Sie mitgebracht haben, um Ihnen dann postwendend eine solche Vielzahl an köstlichen **Antipasti** aufzutischen, daß Sie damit ohne weiteres eine komplette Mahlzeit zusammenstellen könnten: Cocktailtomaten, kleine Mozzarelle, fritierte und mit Scamorza gefüllte Auberginen, mit Kürbisblüten gefüllte Frittelle, fritierte Sardellen, eingelegte Oliven, in Scheiben geschnittener Scamorza und Ricotta. Wenn Sie dann noch Luft haben, wartet er mit schmackhaften erdverbundenen »Assaggi«, kleinen Kostproben der Primi, auf, die ohne Fisch auskommen: **Scarpariello**, **gefüllte Gnocchi**, **Kichererbsensuppe mit Steinpilzen** oder Linsen und Broccoli, **Minestra Maritata** und Parmigiana, um nur einige zu nennen. Und falls Sie dann die Waffen noch immer nicht gestreckt haben, lassen Sie sich bodenständige Gerichte wie Tagliata, Steak und – in der Saison – **Pilze** auftischen sowie (falls gerade verfügbar) frischen Fisch, **Pepate di Cozze** und Sauté mit Meeresfrüchten auftragen.
Die Auswahl an Weinen beschränkt sich bisher fast ausschließlich auf den offenen Hauswein – etwas wenig für ein Lokal dieses Niveaus, zumal die Taverna durch den anliegenden Raum um einen »Weinkeller« ergänzt wird, in dem man Wurstwaren und Käse bei einem Glas Wein schnabulieren kann.

Centola
Palinuro

110 km südöstlich von Salerno

Sant' Agata

Bauernhof
Ortsteil Sant'Agata
Tel. 0974/931716
Kein Ruhetag
Betriebsferien: Januar
30 Plätze + 20 im Freien
Preise: 35 000 Lire
Keine Kreditkarten
Nur abends geöffnet

Unterwegs auf der Straße nach Marina di Camerota biegt man zwei Kilometer nach dem Ortsschild von Palinuro links ab (Hinweisschild) und fährt eine Steigung hinauf. Den Bauernhof finden Sie in ausgesprochen reizvoller Lage an der Mündung des Flusses Mingardo, umgeben von seinen zwei Hektar Land mit jahrhundertealten Olivenbäumen, Wein- und Gemüsegärten und Feigenkakteen. Für übernachtungswillige Gäste stehen sieben Zimmer mit Bad und aufs Meer gehender Terrasse bereit sowie die Küche, die üblicherweise für die Feriengäste aktiv wird. Möchten Sie sich von Signora Elena De Rosa bekochen lassen, sollten Sie daher besser vorher anrufen, fragen, wie der Speisezettel für den Tag aussieht, und das Menü mit ihr absprechen. Filius Lello und seine Frau haben mit der Landwirtschaft und Viehzucht zwar eigentlich alle Hände voll zu tun, organisieren aber trotzdem für die Gäste auch Bootsausflüge an die schönen Strände des Buondormire und in die Grotten von Palinuro.
Was auf dem Bauernhof erzeugt wird, kommt hier auch in den Topf und wird zu einfachen, aber schmackhaften Spezialitäten verarbeitet. Die meiste Pasta ist hausgemacht: Tagliatelle, Gnocchi, Rondelle (aufgeschnittene Pastarolle aus dem Ofen), **Tagliolini in Putenbrühe** (besser vorbestellen!), **Maccheroniauflauf mit Auberginen**, **Laine und Kichererbsen** oder Fusilli. Anschließend können Sie sich an einem knusprigen **Hähnchen aus dem Ofen**, an Kaninchen oder Tauben gütlich tun; es gibt aber auch Schwertfisch, **gefüllten Tintenfisch**, **fritierte Sardellen** und Sardellenbällchen. Das (gefüllt besonders leckere!) Gemüse ist ebenfalls eine Kostprobe wert: Es wird mit dem erstklassigen, auf dem Hof erzeugten Olivenöl zubereitet. Die aus eigener Herstellung stammenden Rot- und Weißweine sind unverfälscht und wohlschmeckend.

Cetara

8 km westlich von Salerno

Acquapazza

Osteria – Trattoria
Corso Garibaldi, 38
Tel. 089/261606
Ruhetag: Montag, nicht im Sommer
Betriebsferien: Januar
20 Plätze + 10 im Freien
Preise: 45 000 Lire, ohne Wein
Kreditkarten: CartaSi
Mittags und abends geöffnet

Das Fischerdorf Cetara ist weithin bekannt für seine alteingesessene Fischindustrie: Heute wie gestern zieht von hier aus täglich die Flotte von Thunfischfängern und Fischerbooten aufs Meer hinaus. Berühmt sind die Sardellen, der sogenannte »Prosciutto di Mare«, die entweder in den Fabriken eingesalzen und in Konserven abgefüllt oder zur sogenannten »Colatura di Alici« (Sardellensauce) weiterverarbeitet werden, einer der ältesten Spezialitäten der amalfitanischen Küste. Im »Acquapazza« finden Sie eine Küche, die sich ganz der Wahrung und Pflege dieser Tradition verschrieben hat. Das winzig kleine, aber sehr liebevoll eingerichtete Lokal mit seinen zwanzig Plätzen (Reservierung ist hier ein Muß!), das im Sommer unter den alten Bogengängen anbaut und Platz für zehn weitere Gäste schafft, liegt am Ortsende, fast schon am Meer.
Ein wahres Füllhorn an Antipasti eröffnet den Reigen: **marinierte Sardellen**, **Thunfischrogen**, geräucherter Thunfisch, Sardellen in Öl, geräucherte und mit Sardellen gefüllte kleine Provolone-Käse. Wählen Sie dann die **Linguine con Colatura di Alici** oder die **Tubetti mit Fischsuppe**. Und wenn Sie noch weiteren Appetit haben, können Sie zum Hauptgang Petersfisch, Pescatrice all'Acquapazza (Mittelmeerlotte in Weinsud) oder **fritierte Sardellen** bestellen. Verlockend sind auch die Dolci: **Delizie al Limone** (runde Kuchen mit Zitronenaroma) und Signora Patrizias selbstgebackene Kuchen runden jede Mahlzeit ab. Gennaros Vorliebe gilt mit Fug und Recht den Weißweinen aus Kampanien, deren beste Sorten er in seinem Keller hütet.

Thunfisch in Öl sowie in Salz oder Öl eingelegte Sardellen gibt es bei der Pescheria Battista Delfino, Via Umberto I 78, oder bei der Pescheria San Pietro, Via Umberto I 72.

Furore San Giacomo

6 km von Salerno, S.S. 163 und S.S. 366

Hostaria di Bacco

Hotel – Restaurant
Via G.B. Lamia, 9
Tel. 089/830360, 830352
Ruhetag: Freitag, nicht im Sommer
Betriebsferien: an Weihnachten
100 Plätze + 30 im Freien
Preise: 45 000 Lire, ohne Wein
Kreditkarten: alle
Mittags und abends geöffnet

»Furore« heißt nicht nur der herrliche Fjord zwischen Amalfi und Positano mit seinem malerischen Fischerdörfchen, sondern auch unser kleines Dorf, das sich an die Flanken der Lattari-Berge klammert, mit seinen verstreuten Häuschen und den in halber Höhe die Küste entlangführenden Spazierwegen mit einem atemberaubenden Meeresblick. Das Restaurant bietet einen großzügigen Speisesaal mit Terrasse und Meeresblick, und auch ein sympathisches Hotel gehört dazu.
Die beiden Köchinnen warten mit einer ursprünglichen, dem Lauf der Jahreszeiten folgenden Küche auf, die die bäuerliche Welt mit der Weite des Meeres zu vereinen weiß. Beginnen Sie mit den verlockenden **Crostini mit Sardellen und Kirschtomaten a piennolo**, und versuchen Sie dann unbedingt die hausgemachte Pasta wie die **Scialatielli mit Meeresfrüchten**, die **Cavatielli mit Kapern** aus Furore oder die **Linguine con la Colatura di Alici**. Das beliebteste Hauptgericht sind die **kleinen Tintenfische mit Kartoffeln**, Sie können jedoch auch unter zahlreichen Fleisch- und Fischgerichten wählen. Einfach exquisit sind die Milchprodukte aus dem nahen Agerola, und zum süßen Abschluß empfehlen wir Ihnen **Babà al Nanassino** (einen hausgemachten Kaktusfeigenlikör) oder die **Dolcetti aus Mandelteig** mit Kaktusfeigen, zu denen es einen nach einem alten Familienrezept ebenfalls aus Kaktusfeigen hergestellten Likör gibt.
Auf der Weinkarte finden Sie Erzeugnisse aus Furore, die erst jüngst mit dem Qualitätssiegel »DOC COSTA D'AMALFI« geadelt wurden (sie stammen von Marisa Cuomo ganz in der Nähe).

Im Panificio del Leone, Via Summonte 10, bekommen Sie Backwaren wie die ciambellaähnlichen Taralli sowie traditionelle Freselle (trockenes Brot zum Einweichen).

Ischia
Forío

90 Min. Fähre von Neapel + 10 km von Ischia

Da Peppina

Trattoria – Pizzeria
Via Bocca, 23
Tel. 081/998312
Ruhetag: Mittwoch, nicht im Sommer
Betriebsferien: Mitte Dez. – Mitte März
70 Plätze + 120 im Freien
Preise: 35 – 40 000 Lire, ohne Wein
Kreditkarten: CartaSi, Visa
Nur abends geöffnet

Mitten in einer der schönsten Landschaften der Insel, auf einem kaum einsehbaren Hügel oberhalb des Strandes von Citara, liegt das »Da Peppina« (lassen Sie sich bei der Reservierung gleich von Sebastiano und Rita d'Ambra den Anfahrtsweg erklären, so verfahren Sie sich nicht): ein gemütliches, originelles Lokal, dessen zwanglose Einrichtung fröhliche Akzente setzt. Der Service ist flink und freundlich, und die einfache, traditionell ausgerichtete Küche setzt vor allem auf Zutaten aus dem Gemüsegarten und Fleisch.

Lassen Sie sich zur Einstimmung die leckeren diversen **Schinken** schmecken, die Appetit machen auf die Primi: Raviololoni mit Nüssen (in der Sauce und der Füllung), Tagliatelle mit Pilzen, Minestra und Suppeneinlagen mit Gemüse aus den umliegenden Gärten oder diverse gerollte Omeletts mit Gemüsefüllung. Auch bei den Secondi dominiert Bodenständiges, beim berühmten **Kaninchen à la Ischia** ebenso wie beim »Porchettato«, dem Fleisch von der Holzglut oder den Fleischspießen, jeweils begleitet von Paprikaschoten, Zucchini, Auberginen und Tomaten. Sie können zwar auch für Fisch optieren, aber nur dann, wenn die Wirte fangfrischen hiesigen Fisch haben auftreiben können. Lecker auch die Käse, deren König natürlich der **Mozzarella** ist. Eigenwillig sind die Pizzas, die zumeist »bianche«, also ohne Tomaten auf den Tisch kommen, dafür aber mit Zwiebeln, Rucola, gegrilltem Gemüse und (in der Saison) mit Trüffeln.

Dazu werden überwiegend lokale Weine kredenzt, neben dem offenen Hauswein auch einige Flaschen von Erzeugern der Insel.

Eine Adresse für Naschkatzen ist die Gelateria von Elio und Stani Del Deo in Forío, Via Castellaccio 35: Sie sind bekannt für ihr herrliches selbstgemachtes Eis, vor allem das Obst- und Likörеis.

Ischia
Casamicciola Terme

90 Min. Fähre von Neapel + 6 km von Ischia

Il Focolare di Loretta e Riccardo d' Ambra

Trattoria
Via Cretaio, 68
Tel. 081/980604
Ruhetag: Mittwoch, nicht im Sommer
Betriebsferien: zweite Nov.hälfte
100 Plätze
Preise: 45 000 Lire, ohne Wein
Keine Kreditkarten
Abends geöff., Frei. bis So. auch mittags

Der Name »Focolare« (heimischer Herd) kündet bereits von Gemütlichkeit, die beiden Wirtsleute haben sich mit ihrer vielköpfigen Familie mit Leib und Seele der Gastronomie verschrieben und stehen damit für die Grundwerte unserer Slowfood-Philosophie ein: Wiederentdeckung und Würdigung lokaler Eß- und Weinkultur durch laufend neue Gerichte, saisonbezogene Sonderveranstaltungen (z.B. über Schnecken, Pilze oder Getreide), die Wiederentdeckung heimischer Spezialitäten, die in Vergessenheit geraten sind, und der Erfahrungsaustausch mit Köchen aus anderen Regionen Italiens.

Das Speisenangebot orientiert sich fast ausschließlich an der erdverbundenen Küche Ischias (Fisch gibt es nur auf Bestellung). Bei der überwiegend hausgemachten Pasta dominieren Conchiglie, **Tagliatelle mit Pilzen** oder frischen Tomaten, **Mezzanelli selvatici alla Pecorara** (mit Wildkräutern verknetete Teigwaren mit Pecorino) und die leckeren **Pietre di Tufo verde** (eine Art Gnocchi). Eine wahre Augen- und Gaumenweide sind auch die Gemüsegerichte aus der mitten im Speisesaal aufgestellten Gemüsetheke. Besondere Erwähnung verdienen ferner die Steinpilze aus den örtlichen Kastanienwäldern im Südwesten der Insel, die es im Spätsommer und Herbst gibt, aber auch alles übrige ist stets frisch, schmackhaft und sorgfältig zubereitet: vom **Coniglio all'Ischitana** und den Salsicce über Baccalà, Frösche aus der Pfanne und **Schnecken in umido** bis hin zum Fleisch vom Chianina-Rind (letzteres läßt die Rechnung etwas höher ausfallen).

Und was schlummert im Weinkeller Passendes? Neben den besten Erzeugnissen der Insel auch einige Spitzen-Rotweine aus anderen Regionen, insbesondere aus der Toskana.

Ischia
Forío
90 Min. Fähre von Neapel + 10 km von Ischia

Il Melograno

Restaurant
Via Mazzella, 110 – Cava dell'Isola
Tel. 081/998450
Kein Ruhetag
Betriebsferien: November – Februar
35 Plätze + 35 im Freien
Preise: 50 000 Lire, ohne Wein
Kreditkarten: alle außer DC
Mittags und abends geöffnet

Ein schönes Restaurant, dieses »Melograno«, das vor kurzem von Giovanni und Libera Jovine aus der Taufe gehoben wurde: Ihre Küche zeichnet sich durch die Frische und Qualität der fachkundig ausgewählten Meeresfrüchte und Fische ebenso wie durch die phantasievolle, professionelle Art aus, mit der die tüchtige Signora Libera diese Zutaten in ständig neue originelle Kreationen verwandelt.
Überaus schmackhafte Vertreter der zahlreichen Antipasti sind der **Salat mit Knurrhahn und Adlerfisch** mit Sellerie sowie die gedämpften Tintenfische mit Artischocken, als Primo dann können Sie sowohl Pasta (wie Spaghetti mit Broccoli und Meeresfrüchten) als auch Gemüse (wie die **Auberginenrolle mit Provola und kleinen Tomaten**) bestellen. Die unglaubliche Vielfalt der Fischgerichte wird Ihnen spätestens beim zweiten Gang die Wahl schwermachen: Soll es **Goldbrassenfilet mit Rosmarin**, Lotte mit Auberginen und Tomaten, **gedämpfter Adlerfisch mit Kartoffeln und Poleiminze**, Tagliata vom Thunfisch sein oder doch lieber Suppe ohne Grätenfische? Die Köchin unternimmt jedoch auch gerne Ausflüge in die bodenständige Küche, die auf der Insel eine oftmals unterschätzte Tradition hat: Das schmackhafte **Kaninchen all'Ischitana** ist wirklich mehr als nur eine Alternative zum Fisch.
Das Aushängeschild von Signora Libera sind jedoch die Dolci: **Cannolo quadrato** (gefülltes Röhrengebäck), Cannoncino alla crema (cremegefülltes Gebäck), **Scaglia di sfoglia** (Blätterteiggebäck), Obstsorbets oder weißes Schokoeis mit Waldfrüchten stürzen selbst den sattesten Gast in Gewissenskonflikte. Im Weinkeller lagern sämtliche Erzeugnisse der Insel, eine gute Auswahl italienischer Weine, hausgemachte Liköre sowie eine feine Auslese von Spitzenschnäpsen.

Manocalzati
7 km nördlich von Avellino

Antichi Sapori

NEU

Trattoria – Pizzeria
Via Calzisi
Tel. 0825/675441
Ruhetag: Montag
Betriebsferien: unterschiedlich
65 Plätze + 80 im Freien
Preise: 25 – 35 000 Lire, ohne Wein
Keine Kreditkarten
Mittags und abends geöffnet

Manocalzati ist gar nicht so weit weg von Avellino, und unweit von Manocalzati liegt mitten auf dem Land auch das »Antichi Sapori«. Bei Hereinbrechen der Dunkelheit flammen im Umland Tausende von Lichtern auf, die nicht nur die Landschaft verzaubern, sondern auch die geschlossene Veranda, von der aus Sie alle umliegenden Dörfer überblicken können, und das familiäre Ambiente tut ein übriges dazu, um Ihren Aufenthalt in dem schnörkellos eingerichteten, aber blitzblanken und gepflegten Lokal wirklich gemütlich zu gestalten.
Sie können Pizza bestellen (Bruno Cataldo bäckt vorzügliche Pizze wie die »Antichi Sapori«, die Pizza mit Zucchini und Auberginen oder mit Broccoli und Wurst) oder sich den Kochkünsten Signora Lucianas anvertrauen: In der kalten Jahreszeit wartet sie mit **Fusilli mit Mugliatielli** (Lamminnereien), Kutteln mit Bohnen, **Lagane** (einer Pastasorte ohne Eier) **mit Ciceri** (Kichererbsen) oder Orecchiette mit Broccoli auf. Im Sommer hingegen sind die **Ravioli** mit Ricotta und Spinat unangefochtener Spitzenreiter, und wer einen guten Magen hat, kann sich auch die deftige Pasta e Fagioli mit Cotechino schmecken lassen. Bei den Secondi gilt ihre ganze Liebe den **Braten von der Holzglut** und dem **Kaninchen auf Jägerinnenart**.
Der Wein wird noch etwas stiefmütterlich behandelt: Neben dem offenen heimischen Wein gibt es Taurasi und Greco di Tufo – und mehr nicht. Darüber werden Sie aber die Nachspeisen – wie Crostata mit Creme und hausgemachte Amarena – schnell hinwegtrösten. Und: Die jungen Wirte Utilia und Benedetto Capone haben schon ganz konkrete Vorstellungen, wie sie das Ambiente noch runder gestalten können.

Melito Irpino

41 km nordöstlich von Avellino, A 16

Trattoria di Pietro

Osteria
Corso Italia, 8
Tel. 08 25 / 47 20 10
Ruhetag: Mittwoch
Betriebsferien: im September
90 Plätze
Preise: 35 – 45 000 Lire
Keine Kreditkarten
Mittags und abends geöffnet

Bereits die Begrüßung stimmt erwartungsvoll: Empfangen und an Ihren Tisch geleiten wird Sie Enzo, Sohn und Mitstreiter des Padrone Pasquale Di Pietro. Kaum daß Sie Platz genommen haben, türmen sich auf Ihrem Tisch auch schon vom Chef persönlich zubereitete Soppressata und Salsiccia, eine leichte Bruschetta, köstliche hausgemachte Focaccia und in Öl eingelegte Auberginen.
Ein vielversprechender Anfang, der jedoch wirklich erst der Anfang ist, denn anschließend kommt die Küche erst so richtig in Fahrt! Es geht weiter mit Spezialitäten, die Anita und Teresa – Pasquales und Enzos bessere Hälften – mit flinker Hand in der Küche zubereitet haben. Die Primi sind ein Hohelied auf deren Kochkunst: hausgemachte Pasta mit Ragù nach einem eigenen Rezept, **Cecatielli mit Pulieio** (ein in der Gegend wildwachsendes Kraut), mit Broccoli oder Gemüse, Kartoffelsuppe mit grünen Bohnen, **gefüllte Kürbisblüten**, **Minestra maritata** mit verschiedenem Gemüse, Schweineschwarte und Schinken, Pennette mit Spargel und **Ciambottella** (hausgemachte Fusilli mit Tomaten, Kräutern, Basilikum und Chilischoten). Weiter geht es mit **Lamm**- und Kalbfleisch **von der Holzglut** vom Bauern aus der Gegend, Hähnchen und **Kaninchen auf Jägerinnenart**, Mugliatielli (Lamminnereien) aus dem Ofen, gefüllter Pancetta mit Sugo, Kutteln und Suppe, Kaninchengulasch mit Ei oder auch verschieden zubereitetem Baccalà und phantasievollen Frittate.
Und die Grappe aus der Region, dem Val d'Aosta und dem Trentino, die in den Vitrinen der Speisesäle schmucke Akzente setzen, schmecken ebenso gut, wie sie aussehen.

Moschiano Santa Cristina

15 km südwestlich von Avellino

Santa Cristina

Restaurant
Via Nazionale
Tel. 0 81 / 8 24 03 83
Ruhetag: Montag
Keine Betriebsferien
200 Plätze + 140 im Freien
Preise: 30 000 Lire, ohne Wein
Keine Kreditkarten
Mittags und abends geöffnet

Antonietta Russo und Antonio Moschiano haben ihr Lokal unmittelbar nach dem Ende des Zweiten Weltkrieges eröffnet und bieten seitdem typische Gerichte aus ihrem Tal: traditionelle bäuerliche Alltagskost ebenso wie raffiniert zubereitete Festtagsküche mit üppigeren Dekorationen und erleseneren Zutaten. Als Appetitanreger bekommen Sie Wurstwaren vom Schwein, **frischen Pecorino**, Haselnüsse, Maronen und Olivenöl extravergine auf Brot aus dem eigenen Ofen: Folgen Sie einfach blind Antoniettas Vorschlägen.
Die ausschließlich hausgemachte Pasta kommt in verschiedener Gestalt mit einem Sugo aus frischen Tomaten oder mit Ragù auf den Tisch; die **Tubetti** werden mit zarten Erbsen verfeinert, und das **Pasta e Fagioli** ist schlicht meisterlich. Zur passenden Jahreszeit veredeln die **Pilze** vom Monte Partenio diverse Gerichte. Fleischliebhaber können wählen zwischen dem röschen weißen Fleisch von freilaufenden Tieren oder über Oliven- oder Kastanienholz gegrilltem **Lamm** und **Schwein**. Auch **Aal** wird angeboten.
Der dazu angebotene Hauswein wird von Antonio selbst hergestellt, und mehr gibt es nicht. Im Winter ist das Lokal nur am Samstag und Sonntag geöffnet, an den übrigen Wochentagen können Sie allerdings auf Vorbestellung auch zum Mittagessen hier einkehren.

Castello

Osteria
Via Santa Teresa a Chiaia, 38
Tel. 081/400486
Ruhetag: Sonntag
Betriebsferien: August
38 Plätze
Preise: 15 – 30 000 Lire
Kreditkarten: AE
Mittags und abends geöffnet

Im Chiaia-Viertel, unweit der eleganten Via dei Mille, gibt es seit Anfang der 1990er Jahre diese nette Osteria. Über dem kleinen Eingang wölbt sich ein Ziegelsteinbogen, die Einrichtung ist einfach, die Wände sind mit Holz verkleidet, und auf den Tischen liegen rot-weiß karierte Tischdecken. Hier empfangen die jungen Inhaber, Carmine und Marisa Castello (daher der Name), ihre Gäste mit großer Herzlichkeit und mit einem bewährten Angebot: Mittags gibt es vor allem für jene, denen nur die kurze Mittagspause zum Essen zur Verfügung steht ein kleineres und einfaches Speisenangebot, doch abends wird die Speisekarte erweitert. **Pasta con fagioli e cozze**, Mezzanelli alla Castello (mit Zucchini, gekochtem Schinken, Basilikum und Käse) oder allo scarpariello (mit frischen Tomaten, Peperoni und Basilikum) und **Risotto con friarielli** (Brokkoli) sind einige der Primi. Unter den Secondi finden Sie Fagotto alla fiamma (gefülltes Kalbfleisch mit einer Sauce aus Sahne und Cognac), Carpaccio, Filetto alla Castello (mit Schinken, geschmolzenem Käse und Spargelcremesauce), **Scamorza arrostita und gebratene Calamari**. Besondere Aufmerksamkeit verdienen die Desserts, darunter neben der **Pastiera** und der Torta caprese auch ein köstlicher **Zeppolone**, der mit Crema und Sauerkirschen gefüllt ist. Dazu kann man gute kampanische Flaschenweine oder einige anständige Erzeugnisse aus anderen Regionen trinken. Das Preis-Leistungs-Verhältnis ist ausgezeichnet.

Wenn Sie gerne »na tazzulella a caffè« schlürfen oder sich mit echtem Arabica-Kaffee eindecken möchten, sollten Sie in der Kaffeerösterei Marino in der Via dei Mille 57 vorbeischauen.

Da Sica

Trattoria
Via Bernini, 17
Tel. 081/5567520
Ruhetag: Donnerstag
Betriebsferien: 20. Aug. – 10. September
40 Plätze
Preise: 25 – 30 000 Lire, ohne Wein
Kreditkarten: alle
Mittags und abends geöffnet

In der Trattoria »Da Sica« – ganz in der Tradition früherer Osterie – kehrt seit vielen Jahren eine treue Stammkundschaft aus dem Wohnviertel Vomero ein.
Die Küche orientiert sich vorbehaltlos an regionalen Spezialitäten. Peppe wird Sie beraten und Ihnen rustikale Pizze empfehlen (ganz ausgezeichnet mit wildem Lattich oder Paprikaschoten), Tortano napoletano (mit Schweineschmalz und -grieben) und die hervorragende **Frittata mit Zwiebeln**. Darauf folgen klassisch neapolitanische Primi, die hier nach allen Regeln der Kunst zubereitet werden: Pasta alla genovese oder mit Fleischragout, **Pasta e Fagioli**, Gemüsesuppe und Minestra mit Kichererbsen. Lassen Sie sich im Winter keinesfalls die nahrhafte **Zuppa e' suffritto** entgehen, eine kräftige Suppe mit Schweineinnereien, während Sie im Sommer die schmackhaften fritierten **jungen Meerbarben** kosten müssen. Doch weiter geht es mit den Secondi: Neben den traditionellen Fleisch- und Fischgerichten werden auch **glasierte und fritierte, mit Mozzarella gefüllte Sardellen** nach einem alten Originalrezept des Cilento angeboten. Ein absoluter Gaumenschmaus erwartet Sie schließlich bei den Süßspeisen: die klassische neapolitanische Ostertorte **Pastiera** (mit Ricotta, kandierten Früchten und Orangenaroma).
Die gute Auswahl an kampanischen Weinen entspricht dem ausgezeichneten Niveau der Gerichte.

Machen Sie einen Abstecher in die Bar Bellavia in der Via Luca Giordano 158, in der Sie köstliches Naschwerk bester neapolitanischer und sizilianischer Tradition bekommen. Unverbesserliche Schlemmer zieht es weiter in die Friggitoria Vomero, Via Cimarosa 44, hin zu Cannoli (Cremerollen), Kroketten, Hefegebäck, Reisbällchen, Polenta und fritiertem Gemüse sowie gefüllten und normalen Pizze.

Da Tonino

Osteria
Via Santa Teresa a Chiaia, 47
Tel. 0 81 / 42 15 33
Ruhetag: Sonntag
Betriebsferien: August
50 Plätze
Preise: 15 – 17 000 Lire, ohne Wein
Keine Kreditkarten
Mittags geöffnet, Okt. – März auch Sa.abend

NEU

Das »Tonino« in der Via Santa Teresa a Chiaia, einer Parallelstraße der Via dei Mille, präsentiert sich als typischer Vertreter traditioneller neapolitanischer Weinkeller, der sogenannten »Vini e Cucina« (Wein und Küche), in denen das einfache Volk schlichte warme Gerichte bekam, wenn es denn, aus welchen Gründen auch immer, außer Haus essen mußte. Die seit 1880 von der Familie Canfora geführte Osteria (immerhin eine der ältesten Neapels!) wußte sich natürlich im Laufe der Zeit auch dem Wandel des Lebensstils anzupassen. Die jetzigen Betreiber heißen Tonino Canfora (der im Speisesaal zum Essen auch scharfsinnige Bonmots serviert) und Nina, seine Frau, die am Herd die Spezialitäten der sogenannten »Cucina povera«, der einfachen Küche Neapels, zubereitet: **Pasta und Kichererbsen**, Pasta mit Kohl, **Pasta mit Linsen** und Reis mit Bohnen; darauf folgen Fleisch mit Ragù oder alla Pizzaiola und Rouladen sowie die urneapolitanische, köstliche **Genovese**. Je nach Marktangebot kommt auch Blaufisch auf den Tisch (zubereitet nach einem einfachen Rezept, das den frischen Eigengeschmack des Fisches vollständig erhält) sowie **Baccalà** und **Stocco** (Stockfisch).
Ein buntes Völkchen geht hier ein und aus, das sich aus Selbständigen, Angestellten, Arbeitern, Leuten aus dem Showbiz und Politikern rekrutiert, und dennoch entsprechen äußerer Rahmen und Preise immer noch denen einer klassischen »Vini e Cucina«. Weinliebhaber finden hier neben dem annehmbaren Hauswein aus dem Binnenland um Neapel auch zahlreiche Flaschenweine aus verschiedenen Regionen Italiens – bestimmt ist auch für Sie der richtige dabei.

Die Bar Ascensione, Piazzetta Ascensione 2, verkauft ausgezeichnetes Eis sowie Spezialitäten wie Tiramisù, Tartufi, Fantasia di Gelato und Halbgefrorenes.

Il Gobbetto

Restaurant
Via Sergente Maggiore, 8
Tel. 0 81 / 41 14 83
Ruhetag: Sonntag
Betriebsferien: im August
40 Plätze
Preise: 25 – 35 000 Lire
Alle Kreditkarten
Mittags und abends geöffnet

Das beleuchtete Schild des »Gobbetto« ist eins der tausend Reklameschilder von »Toledo«. Aber vielleicht wissen Sie ja schon längst, daß das die richtige Straße unter den vielen treppenartig aufsteigenden Gassen in den sogenannten Quartieri Spagnoli ist, dem Gassengewirr um die Via Toledo, in dem die Soldaten der spanischen Bourbonenkönige hausten. Es ist Tradition, daß die Künstler, die im nahe gelegenen Teatro San Carlo auftreten, nach den Proben oder der Vorstellung hierherkommen, was die Hunderte von Fotos mit Widmungen bezeugen, die die Wände bedecken. Die Küche ist im wesentlichen traditionell, auch wenn sie, zwischen Omeletts, Gemüse und Fritiertem, jeden Geschmack zu befriedigen sucht. Empfehlen möchten wir die verschiedenen neapolitanischen Suppen auf der Basis von Gemüse und Nudeln, die **Maccheroncelli aumm-aumm** (Auberginen, Schinken, Tomate und Salsiccia in onomatopoetischer Mischung) oder allo scarpariello, **Pennette scinè** (mit Bauchspeck, Tomaten, Basilikum und Käse) und die ausgezeichnete Minestra mit Linsen und Spinat, den fritierten Fisch und einen guten, in Öl eingelegten Capocollo. Zum Abschluß noch ein Stück von der Pastiera oder ein anderes traditionelles Dolce. Der annehmbare Hauswein kommt aus der Region Terzigno, außerdem gibt es einige gute Produkte aus dem Süden.

In der Via Chiaia 154 liegt eine der letzten Acquafrescai der Stadt, wo man für ein paar Münzen Mineralwasser, frisch gepreßte Zitrussäfte und verschiedene Getränke bekommt.

Grandoni

Restaurant
Corso Novara, 11–11 a
Tel. 081/5540181
Ruhetag: Sonntag
Betriebsferien: ca. 7.–20. August
80 Plätze
Preise: 20–25 000 Lire, ohne Wein
Alle Kreditkarten
Mittags und abends geöffnet

Signora Anna Maria begrüßt die Gäste mit freundlichem Lächeln, Signor Angelo ist der Koch und Patron des Restaurants. Gern verläßt er auch einmal seinen Arbeitsplatz in der Küche, um mit den Gästen – meist Richter, Anwälte und Beamte, die vom nahe gelegenen Gerichtshof herüberkommen – zu plaudern. Als Antipasto bietet er ihnen Fritture (**Crocché**, gefüllt mit Kartoffeln und Ricotta), Pizza, Lachs, marinierte Sardellen und **Capocollo** aus den Marken, wo er ein weiteres Restaurant besitzt. Die Primi sind einfach und schmackhaft: **Pasta e fagioli** (wirklich ausgezeichnet), Spaghetti alle vongole, Gnocchetti alla sorrentina und **Lasagne mit Fisch**. Im Winter gibt es manchmal auch die traditionelle Zuppa e' suffritto (mit Schweineinnereien). Auf Bestellung wird die Minestra maritata gemacht, mit all den traditionellen Zutaten, doch deutlich leichter. Zum Hauptgang reicht man Fleisch und Fisch von erster Güte. Gut schmeckten uns Spezzatino und Brasato, ausgezeichnet die fritierten Sardellen und die Goldbrasse vom Rohr. Als Beilagen serviert man verschiedene Klassiker und für wagemutige Leute ländliche Pizze. Desserts sind Angelos Leidenschaft, und so zaubert er eine wirklich gute **Pastiera**, Blätterteiggebäck, Zuppa inglese und Eis aus frischen Zutaten. Gute Auswahl an Weinen aus Kampanien, dazu einige ordentliche Produkte aus dem sonstigen Italien.

Die Officine Gastronomiche Partenopee, Via Rampe Brancaccio 32, sind eine ausgezeichnete Adresse für Liköre, Marmelade, Rosolio (Rosenlikör) und Grappa aus handwerklicher Herstellung. Bei Panna, Zucchero & Cannella, Via Croce 50, unweit des Klosters Santa Chiara, bekommt man die besten italienischen und ausländischen Schokoladen, Konfekt, Lakritz, Liköre und Rosolio.

La Cantina di Triunfo

Enoteca mit Ausschank und Küche
Riviera di Chiaia, 34
Tel. 081/668101
Ruhetag: Sonn- und Feiertage
Betriebsferien: August
44 Plätze
Preise: 40 – 45 000 Lire, ohne Wein
Kreditkarten: AE, CartaSi, Visa
Nur abends geöffnet

Die »Cantina di Triunfo« in der Gegend von Torretta (so heißt der Küstenstrich an der Riviera di Chiaia) ist eine traditionsreiche Institution: Aus der Taufe gehoben wurde sie 1890 von Carmine Triunfo, dem Großvater des heutigen Wirts, der dort zunächst einen Ausschank betrieb. Sein Enkel hat neben dem Namen auch das Lokal geerbt und verkauft dort weiterhin Asprinio, Coda di Volpe, Greco di Tufo, Taurasi und andere kampanische Weine, die er direkt von den Erzeugern bezieht. Am Tresen wie an den Tischen kann man jedoch auch andere gute Flaschenweine verkosten. Der Ausschank ist den ganzen Tag über geöffnet; am Abend kann man zu seinem Gläschen auch die leckeren Speisen von Signora Tina (Carmines tüchtiger Frau) genießen. Sie bekocht die Gäste vorwiegend mit volkstümlichen neapolitanischen Gerichten: **Vermicelli alle vongole fujute** (Knoblauch, Öl, Tomaten und ein Spritzer Meerwasser, ohne eine einzige Muschel), **Tagliatelle mit Tintenfischen und Artischocken**, Risotti, **Timballi di Magro** (Gemüseaufläufen), überbackenen Bohnen mit Fiordilatte und Béchamel, im Zitronenblatt gratinierten Garnelen, ausgebackenem frischem Ziegen-Caciotta mit Pancetta, Kirschtomaten, Oliven und Basilikum, Kabeljau Saint-Cloud (mit in Öl angebratenen Zwiebeln und Petersilie), Fische im Weinsud und schließlich **Crema fritta** (fritierte Vanillecreme, garniert mit Haselnußcreme und Schokolade). Zum süßen Abschluß gibt es traditionelle Dolci wie Struffoli (Honiggebäck) und zu Ostern Pastiera.

Die Cremeria D'Angelo, Via Galiani 4, bietet ein großes Angebot an Molkereiprodukten und erlesenen Käsesorten. Die Pasticceria Girasole, Via Posillipo 362 a, bäckt köstliche Cannoli und Sfogliatelle.

La Chiacchierata

Trattoria
Piazza Matilde Serao, 37
Tel. 081/41 14 65
Ruhetag: Sonntag
Betriebsferien: August
50 Plätze
Preise: 30 – 35 000 Lire, ohne Wein
Kreditkarten: alle
Nur mittags geöffnet, am Freitag auch abends

Im Herzen der Altstadt Neapels, ganz in der Nähe des Teatro San Carlo und des Palazzo Reale, gelangen wir zu diesem sympathischen Lokal, in dem Herzlichkeit wie gute Küche zu Hause sind.
Beginnen Sie mit verschiedenen Vorspeisen wie den Cubetti di Tortano (salzigem Kuchen), den exquisiten **Mozzarelline in Carrozza** (Mozzarella im Schlafrock) oder Auberginenröllchen. Die ganze Fülle ihrer Phantasie entfaltet Signora Anna dann bei den Primi: Kosten Sie die **Rigatoni mit Fleischragout und Ricotta** oder die **Penne alla Genovese** (Genua zum Trotz mit rein neapolitanischer Schmorbratensauce), den Fettuccine-Auflauf mit Artischocken, die ländlich verlockende **Zuppa di Spollichini** mit frischen Bohnen sowie Pasta und Kartoffeln mit Provola-Käse. Im Winter dampfen dann heiße, gehaltvolle Gerichte in den Tellern, wie **Orecchiette mit Kichererbsen** oder **Zuppa forte** mit Schweineinnereien. Doch sparen Sie sich noch ein wenig Appetit auf! Denn die Köchin wäre sicherlich beleidigt, wenn Sie ihr **Misto di Ragù**, die klassischen **Melanzane alla Parmigiana**, die hausgemachten **Salsicce** und **Cassuolette** vom Tintenfisch und Calamari in einer Sauce aus frischen Tomaten achtlos übergingen. Den Abschluß bilden dann, so Sie noch können, wirklich herrliche Desserts wie **Pastiera**, **Cannoli** oder Crostate mit Obst.
Wenn Sie zur Winterszeit hier einkehren, dann vergessen Sie nicht, den Fragolino (Erdbeerlikör) aus Posillipo zu bestellen.

Im historischen Café Gambrinus am Anfang der Via Chiaia können Sie sich quer durch das ganze Spektrum an traditionellem neapolitanischem Gebäck und vorzüglichem Eis wie dem klassischen Spumone schlemmen.

La Mattonella

Osteria
Via Nicotera, 13
Tel. 081/41 65 41
Ruhetag: So. abend, nicht im Sommer
Betriebsferien: 2 Wo. Mitte August
35 Plätze
Preise: 25 – 30 000 Lire, ohne Wein
Keine Kreditkarten
Mittags und abends geöffnet

Vier Generationen haben seit dem 1. Weltkrieg diese Wirtschaft in der Via Nicotera (oberhalb der Ponte Chiaia) betrieben, die anfangs nur als einfacher Weinausschank fungierte. Damals soll man zwei große Marmortresen vorgefunden haben, was als Indiz dafür gilt, daß hier früher Klippfisch verkauft wurde. Bestätigt wird diese Vermutung durch die Verkleidung des Raumes bis unter die Decke mit Majolika. Bis heute bestimmen die beruhigenden Blautöne der Kacheln (aus der Fabrik Salvatore Delle Donne, die bis 1890 bestand) das Flair das Lokals. Die Küche ist traditionell: Ziti al ragù, **Maccheroni imbottiti**, Spaghetti mit Tintenfisch und Oktopus, Hülsenfrüchte mit Teigwaren oder Gemüse (z.B. eine ausgezeichnete **Pasta e ceci** oder Linsen mit Spinat) als Primo. Unter den sehr schmackhaften Hauptgerichten nennt die Karte **Baccalà fritto**, Fleischklößchen, Alici in tortiera, Mozzarella in carrozza (zwischen zwei Weißbrotscheiben fritierter Mozzarella), Ragout, **Polpetielli all'ischitana**. Als Nachtisch Torroni, Baci aus San Marco dei Cavoti oder ligurische Amaretti von Sassello. Der Wein – offen oder Flaschen – kommt aus Kampanien.

Prodotti Guida, Via dei Mille 46, ist Eisdiele, Bar, Feinkosthandlung und Imbißgeschäft. Nicht nur die Cornetti und Panini, auch Käse und Milchprodukte sind empfehlenswert. Dolce Idea (Via Solitaria, 28) offeriert raffinierte Pralinen aus eigener Produktion.

Masaniello

Restaurant – Pizzeria
Via Donnalbina, 28
Tel. 0 81 / 5 52 88 63
Ruhetag: Sonntag
Betriebsferien: August
90 Plätze
Preise: 40 – 45 000 Lire, ohne Wein
Kreditkarten: AE, DC
Mittags und abends geöffnet

Die Altstadt von Neapel ist reich an Adelspalästen aus dem 15. bis 18. Jahrhundert. Im ehemaligen Stall eines dieser Palazzi – zu sehen sind noch Tonnengewölbe und Mauerwerk aus »piperno«, dem grauen Vulkangestein der Gegend – wurde dieses hübsche Lokal eingerichtet. Geführt wird es von der Familie Tiene: Signora Angela, ihre beiden Töchter und die Schwiegertochter Giulia in der Küche, der herzliche Signor Enzo mit Sohn Antonio und Schwiegersohn Gino kümmern sich um die Gäste. Man kocht fast ausschließlich nach volkstümlicher Tradition, ohne Zugeständnisse an Modisches, wobei auf Qualität und Echtheit der Rohmaterialien besonders geachtet wird. Winters werden **Pasta mit Kartoffeln und Provola** (die große Spezialität des Hauses) und die **Zuppa di soffritto** angeboten, ein habhaftes Gericht aus Schweineinnereien mit viel Peperoni. Sommers wird Leichteres und Frischeres aufgetischt, wie Linguine mit Pecorino, Zucchini, Kürbisblüten oder Muscheln, oder auch Tubetti mit Rucola, Miesmuscheln und Tomaten. Als Secondo sind Lamm in Wermut, fritierter oder geschmorter **Baccalà**, gebratene Calamri oder eine einfache, aber gute Frittata zu haben. Auch die Süßspeisen sind traditionell: Probieren Sie die Babà oder die echte **Pastiera napoletana**. Beim Wein können Sie aus allen DOCs Kampaniens, Erzeugnissen aus dem übrigen Italien und aus Frankreich wählen. Großes Angebot an guten Grappe.

Die alteingesessene Pasticceria-Gelateria Scaturchio an der Piazza S. Domenico Maggiore ist für ihre Pastiera, Babà, Cassata, Struffole und den Rocco (aus Mandeln und Nüssen) bekannt. Ihre große Spezialität ist der Ministeriale, ein Schokoladenmedaillon mit Likörfüllung (lassen Sie sich die nette Anekdote zu den Medaillons erzählen).

Neapel

Vadinchenia

NEU

Restaurant
Via Pontano, 21
Tel. 0 81 / 66 02 65
Ruhetag: Sonntag
Betriebsferien: August
70 Plätze
Preise: 40 – 50 000 Lire, ohne Wein
Kreditkarten: alle
Nur abends geöffnet

Im September 1994 beschloß der Unternehmensberater Saverio Petrocelli »auszusteigen« und verkündete: »Vadinchenia« (ich gehe nach Kenia). Gesagt, getan: Mit der Eröffnung dieses Lokals gab er endlich seiner Leidenschaft für die Küche Kampaniens (wo er lebt) und der Basilikata (seiner Heimat) nach. Das also erwartet Sie im »Vadinchenia«, das Exotik nur im Namen pflegt, während die Küche sich an den beiden obengenannten Regionen orientiert, die zwar Nachbarn, aber in Geschichte und Tradition doch sehr verschieden sind.
Unter den Antipasti locken Gemüseaufläufe, Bruschette mit Kirschtomaten und **marinierter Mussillo** (Baccalà), die Appetit machen auf die Primi: **Linguine mit Sardellen und Paprikaschoten** oder alla Puttanesca di mare, Cavatelli alla Crudaiola (mit Basilikum, Knoblauch, Olivenöl, Kirschtomaten und Pecorino), **Paccheri** (großformatige Pasta) **aus Gragnano mit Ragù und Ricotta**, Ziti (eine Art Maccheroni) alla Genovese und Lagane e Ceci, ein Pastagericht mit Kichererbsen. Lassen Sie jedoch noch ein wenig Luft für die leckeren **Salsicce aus Moliterno**, gemischtes Fleisch mit Ragù, gefüllten Kalmar, **gefüllte Sardellen**, im Backteig fritierten Mussillo, Scarola mbuttonata (gefüllten wilden Lattich) oder das **Pignatiello** (Pfännchen) **mit gefülltem Provola-Käse**. Darüber hinaus gibt es stets eine kleine, aber erlesene Auswahl an Käsespezialitäten, darunter auch den raren, exquisiten Pecorino aus Moliterno. Das Mahl klingt aus mit den Dolci des Hauses: **Pastiera**, Cassata, Halbgefrorenes mit Honig und Dörrobst oder Kastanieneis in Portweinsauce.
Bacchusjünger finden ein Sortiment von über 150 Flaschenweinen aus den diversen Regionen Italiens sowie einige ausländische Spitzenweine aus Frankreich und Übersee. Auch Hochprozentiges gibt es in reicher Auswahl.

Pizza: Fast food all'italiana

In den Vereinigten Staaten bietet sie dem Hamburger Paroli. Man findet sie überall, und sie ist so fest in den täglichen Eßgewohnheiten der Amerikaner verankert, daß dort Otto Normalverbraucher keinen Zweifel hegt, es könne sich nicht um eine amerikanische Erfindung handeln. Um den wahren Sachverhalt zu klären, bedurfte es des Gerichts in San Francisco. Nach langwierigen Konsultationen dicker Wälzer und eingehender »Feldforschung« vor Ort, d. h. bei Tisch, erging im Namen des Volkes folgendes Urteil: Die Pizza wurde vor etwa 2000 Jahren in Italien geboren, als Tochter der griechischen »picea«, eines Fladenbrots, das auf einem glühenden Stein gebacken wurde und das mit der Pitta verwandt ist, diesem flachen Brot, das im Mittleren Osten weit verbreitet ist.

In der Form, wie man heute die Pizza kennt, wurde sie zwischen dem 16. und der ersten Hälfte des 19. Jahrhunderts in Neapel geboren. Von dort aus trat sie ihren Siegeszug um die ganze Welt an. Mittlerweile hat sie auch den letzten Winkel dieser Welt erreicht und ihn mit beeindruckender Schnelligkeit und Gründlichkeit kolonisiert.

Was sind die Gründe für diesen Erfolg? Sicher, Pizza schmeichelt dem Gaumen durch den ausbalancierten Geschmack der Zutaten, die im übrigen ad infinitum variiert werden können. Aber vielleicht ist sie doch wegen ihres Aussehens so beliebt und der Vorstellung von Geselligkeit, die sie hervorruft. Form und Farbe lassen Fröhlichkeit aufkommen, und die typischen Merkmale der Wirtschaften, die extra zum Verzehr der Pizze errichtet wurden, verweisen auf einen Ritus, der auf angenehme Art und Weise immer unverändert bleibt. In früherer Zeit ein »Arme-Leute-Essen, ein Gericht für die Eiligen, Nahrung für Herumtreiber«, heute jedoch zum Symbol für mediterrane Länder avanciert, bleibt die Pizza das Aushängeschild vieler Lokale der Stadt, in der sie erfunden worden ist. Wir haben aus der großen Anzahl empfehlenswerter Pizzerie ein gutes Dutzend ausgesucht.

Bellini

Via Costantinopoli, 79/80
Tel. 081/45 97 74
Ruhetag: Sonntagabend
Betriebsferien: 10 Tage im August
Geöffnet 12–16 und 19–1 Uhr,
Juli/August nur abends

Vor der Pizzeria »Bellini« ist ein Verkaufsstand aufgeschlagen, an dem man wie in alten Zeiten Pizza zum Mitnehmen kaufen kann: Im Stehen kann man dort schnell eine Pizza »a portafoglio« essen, d.h. zweimal gefaltet, wie es die vielen Studenten des Konservatoriums und der Kunstakademie zu tun pflegen. Im Innern des Lokals, wo etwa 80 Personen Platz finden, holen die Gebrüder Tommasino die Pizze aus dem Ofen und bringen sie an die Tische. All den Variationen zum Trotz bleiben die klassische Margherita, die Napoletana, die Bellini (mit Mozzarella, Pilzen und Schinken) sowie die Pescatora die besten. Zum Trinken gibt es außer Bier offene Weine aus Kampanien, einige Flaschen Qualitätsweine (Corvo und roter Vermentino) und die üblichen Pizzeria-Tropfen wie Pinot Grigio und Galestro. Die billigste Pizza kostet 5 000 Lire, die teuersten 8 000–10 000.

Brandi

Salita Sant' Anna di Palazzo, 1/2
Tel. 081/41 69 28
Kein Ruhetag
Betriebsferien: drei Tage um den 15. 8.
Geöffnet 12–15.30 und 19.30–2 Uhr

»Antica pizzeria della Regina d'Italia Brandi«: So lautet der vollständige Name, der auf dem Schild der ältesten Pizzeria Neapels prangt. Im 19. Jahrhundert geht sie in den Besitz der Familie Brandi über und wird in der zweiten Hälfte des Jahrhunderts auf den Namen der Königin von Italien umgetauft. Wie es dazu kam? Als Ihre Königliche Hoheit, die damals in Capodimonte residierte, die Eßgewohnheiten ihrer Untertanen kennenlernen und ihre Speisen probieren wollte, wurde Don Raffaele Esposito (mit einer Brandi verheiratet) beauftragt, eine Pizza für die Königin zu backen. Das war die Geburtsstunde der Pizza Margherita – so erzählt man es sich wenigstens –, denn der Pizzabäcker wollte sie in den Nationalfarben Weiß, Rot und Grün gestalten und wählte dafür Tomaten, Mozzarella und Basilikum aus. Mit so einer ruhmreichen Vergangenheit ist die Familie

Brandi täglich auf dem Posten. Außer der Margherita zu nennen: all'ortolana (Gemüse), pescatora (Frutti di mare), mit Cicinielli oder gar mit Lachs. Dazu trinkt man gezapftes Bier oder Wein aus Kampanien, Friaul, dem Veneto oder Trentino. Im Sommer werden auch einige Tische draußen aufgestellt.

Capasso

Via Porta San Gennaro, 2
Tel. 081/456421
Ruhetag: Dienstag
Keine Betriebsferien
Geöffnet 9.30–16 und 19.30–1 Uhr

Die Geschichte dieser Pizzeria ist mit dem Schicksal von Mattia Preti, einem berühmten neapolitanischen Maler des 17. Jahrhunderts verbunden. In der Tat schmückt ein Fresko dieses Malers die Porta San Gennaro, wo sich der Eingang zur Pizzeria befindet. Heutzutage kann man das Fresko bewundern, auch wenn es dringend einer Restaurierung bedarf. Und der Pizzabäcker Capasso ist in den Reihen derjenigen, die sich für ebendiese Restaurierung stark machen. Sprechen wir aber von der Pizza, die man hier in der traditionellen, guten Ausführung bekommt. Die beste ist die mit frischen Tomaten. Außer Pizza gibt es Beilagen und Fritiertes (Kroketten, Arancini, Zeppoline). Die Preise bleiben im Rahmen des Üblichen; die teuerste ist die Pizza »fantasia« mit einem Berg Gemüse drauf. Man trinkt Bier, alkoholfreie Getränke, aber auch Wein, den offenen aus der Gegend oder eher gewöhnlichen in Flaschen.

Ciro a Santa Brigida

Via Santa Brigida 71/74
Tel. 081/5524072
Ruhetag: Sonntag
Betriebsferien: 1 Woche um den 15. 8.
Geöffnet 12.30–16 und 19.30–2 Uhr

Dies ist eines der besten und elegantesten Restaurants der Stadt, doch nach wie vor wird hier Pizza gemacht. Sie wird aus den gleichen Zutaten geknetet und auf die gleiche Art und Weise gebacken wie vor zweihundert Jahren. Die Preise reichen von 7000 Lire für die einfachste Marinara bis zu 12000 Lire für die Spezialität des Hauses, die Pizza d'oro mit rohem Schinken, frischen Tomaten und Büffelmozzarella anstelle der normalen Mozzarella, wobei sich die Preise selbstverständlich ohne Service verstehen. Sehr beliebt sind die »Ripieni«, die sich bei näherem Hinsehen als umgetaufte »Calzoni« (Hosen) entpuppen. Wem die Kombination Pizza und Bier oder Pizza und Cola nicht taugt, der kann auch ordentlichen Wein bestellen. Das Ambiente ist gediegen, aber nicht steif, die Atmosphäre herzlich.

Da Armando

Piazzetta Nilo, 16
Tel. 081/5521271
Ruhetag: Sonntag
Betriebsferien: August
Mittags und abends geöffnet

Fast direkt gegenüber der Statue des Nilgotts und neben der Kirche Sant'Angelo a Nilo (in der das einzige Werk Donatellos in der Stadt zu bewundern ist) liegt diese kleine, traditionelle und einfache Pizzeria. Mittags essen hier die Dozenten und Studenten von der nahen Universität die ausgezeichneten Pizze: Marinara, Margherita, Capricciosa, die klassische gefüllte Pizza und die ebenfalls gefüllte Pizza Armando, für die man einen besonders großen Appetit braucht. Die Preise liegen zwischen 6000 und 8000 Lire. Außer Pizza kann man auch Kartoffelkroketten, die in Neapel Panzarotti heißen, essen. Man trinkt Bier oder Wein aus Friaul.

Da Michele

Via Cesare Sersale, 1/3
Tel. 081/5539204
Ruhetag: Sonntag
Betriebsferien: 8.–28. August
Geöffnet 8–23.30 Uhr

Die gute Tradition eines altertümlichen Restaurationsbetriebes, in dem man bereits in der Frühe eine Stärkung zu sich nehmen kann, hat die Pizzeria »Da Michele« beibehalten. Doch nicht nur das: Während ein Großteil der gleichfalls Pizzerie genannten Lokale sich im Lauf der Zeit in veritable Restaurants oder Rosticcerie verwandelt haben, sind die Brüder Salvatore, Antonio und Luigi der Grundidee treu geblieben und servieren nur Pizza, entweder am Tisch oder zum Mitnehmen. Darüber hinaus sind sie Verfechter der Einfachheit, weshalb sie nur klassische Versionen zubereiten und auf jeden modischen Firlefanz verzichten. Was wirklich zählt, ist die Qualität der Zutaten. Auch die Calzoni sind nicht unnötig aufgepeppt: Ein duftender Teig umschließt einzig Mozzarella. Die Preise sind äußerst niedrig, sie bewegen sich um die 5000 Lire. Vielleicht erhalten Sie hier sogar die preiswerteste Pizza der Stadt. Zu trinken gibt es außer Erfrischungsgetränken nur Bier.

Di Matteo

Via Tribunali, 94
Tel. 081/455262
Ruhetag: Sonntag
Betriebsferien: 14 Tage im August
Geöffnet 9–24 Uhr

In einer der belebtesten Straßen der Altstadt führt Salvatore Di Matteo seine Pizzeria-Friggitoria. Wenn Sie vormittags vorbeikommen und einen robusten Magen haben, sollten Sie unbedingt die Pizza fritte probieren. Sie wird in der Pfanne gebraten und nicht im Ofen gebacken. Sie ist gefüllt mit Ricotta, Mozzarella, Tomaten und Grieben. Ansonsten sind die klassischen Pizzasorten und einige Varianten des Hauses zu haben. Die Preise liegen zwischen 3000 Lire für eine einfache Margherita und 15000 Lire für die doppelt große Pizza gigante. Trinken Sie Bier oder lokalen Wein, die anderen Weine sind weniger empfehlenswert. (Selbst der amerikanische Präsident Bill Clinton ließ sich hier bereits seine Pizza schmecken.)

Ettore

Via Santa Lucia, 56
Tel. 081/7640498
Ruhetag: Sonntag
Betriebsferien: August
Geöffnet 12.30–15.30 und 19–24 Uhr

Nur etwa 60 Plätze, Tische im Freien und viele Stammgäste führen dazu, daß das Lokal mittags und abends überfüllt ist. Reservieren Sie also rechtzeitig. Sie werden dann schnell bedient und können aus verschiedenen traditionellen Pizze wählen (Capricciosa, Romana, Marinara, Margherita mit frischen Tomaten sind besonders zu empfehlen) oder einen Pagnottiello, eine gefüllte Pizza mit Büffelmozzarella und rohem Schinken, bestellen. Zu trinken gibt es deutsches Bier vom Faß und Weine aus Kampanien, Sizilien und der Toskana. Bei den Flaschenweinen zahlen Sie nur die Menge, die Sie tatsächlich trinken.

Gorizia

Via Bernini, 29/31
Tel. 081/5782248
Ruhetag: Mittwoch
Betriebsferien: August
Geöffnet 9–16 und 18–2 Uhr

Ganz Neapel feierte 1916 die Einnahme der Stadt Görz, und daher rührt noch der Name dieser Pizzeria. Und »Gorizia« nennt sich auch die köstliche Spezialität des Hauses, die mit Tomatenfleisch, Artischocken und Parmesan serviert wird. Die anderen Pizze sind traditioneller Prägung. Es gibt auch prall gefüllte Calzoni – der Gast kann die Füllung selbst bestimmen (Ricotta, Provola, Mozzarella, Schinken, Salami). Zwischen 5000 und 9000 Lire zahlt man (ohne Gedeck) für eine Pizza und trinkt einen Wein aus Kampanien oder dem übrigen Italien dazu. Man kann auch im Freien essen.

Lombardi a Santa Chiara

Via Benedetto Croce, 59
Tel. 081/5520780
Ruhetag: Sonntag
Betriebsferien: 5.–25. August
Geöffnet 10.30–15.30 und 19–24 Uhr

120 Jahre gibt es das Lokal schon. Im Laufe seines Bestehens hat es ganze Generationen von Studenten, Leuten aus der Nachbarschaft und Feinschmecker verköstigt, die alle die köstlich einfache Komposition aus Teig, Mozzarella, Öl und Basilikum schätzten. Auch heute machen die Wirte des »Lombardi« nach wie vor eine einfache Pizza. Dennoch ist die Auswahl umfangreich, und neben den klassischen Sorten gibt es auch die »Pizza Lombardi« mit geräucherter Provola, geriebenem Pecorino und Basilikum. Die Weine stammen aus dem Veneto und Kampanien. Es gibt auch einen offenen Hauswein aus Gragnano-Trauben.

Novecento

NEU

Via Scura, 4–5
Tel. 081/5521634
Ruhetag: Mittwoch
Betriebsferien: August
Mittags und abends geöffnet

Das »Novecento« ist zwar klein, aber bestens eingeführt unter eher öffentlichkeitsscheuen Weinliebhabern, Intellektuellen und Künstlern sowie den Bewohnern des Stadtviertels Pignasecca, das zu den volkstümlichsten Vierteln Neapels zählt. Die Einrichtung ist sehr schlicht gehalten, dafür können Sie dem Pizzabäcker bei der Zubereitung Ihres Teigfladens über die Schulter sehen, den es hier in allen erdenklichen Formen gibt: von der einfachen Marinara über die klassische Margherita bis hin zu zahlreichen Variationen. Sie bekommen auch andere Spezialitäten wie Kartoffelkroketten, Reisbällchen, Mozzarella in Carrozza (im Schlafrock), Frittura all'Italiana und auf Wunsch auch ein leckeres Spaghettigericht. Neben zahlreichen Biersorten ist für Weiß- und Rotwein aus den Weinbergen um Pompeji gesorgt. Und noch ein vorsorglicher Hinweis: Der Pizzabäcker ist fanatischer Fußballfan (natürlich für Neapel!), und wenn er neben der Arbeit gelegentlich im Fernsehen eine Fußballübertragung verfolgt, sollten Sie darauf gefaßt sein (auch wenn er dies energisch bestreitet!), daß Ihre Pizza ergebnisabhängig gelingt.

Port' Alba
Via Port' Alba, 18
Tel. 081/459713
Ruhetag: Mittwoch
Betriebsferien: 1 Wo. um den 15.8.
Geöffnet 9–16 und 19–2 Uhr

Das Lokal liegt zwischen dem Conservatorio Musicale, der Via Costantinopoli mit ihren Antiquitätenläden und dem Liceo Vittorio Emanuele. Es wurde bereits 1830 von Ambrosio gegründet und seither innerhalb der Familie weitervererbt. Die Hauspizza heißt »Port' Alba« und wird mit Meeresfrüchten und frischen Tomaten garniert. Natürlich gibt es auch die klassischen Sorten. Man trinkt verschiedene Biere oder gute Flaschenweine aus Kampanien und anderen Regionen. Ganz eilige Gäste können auch im Stehen essen. Die Pizza kostet zwischen 5000 und 10000 Lire.

Sorbillo
Via Tribunali, 35
Kein Telefon
Ruhetag: Sonntag
Betriebsferien: August
Geöffnet 12.30–15 u. 19.30–22.30 Uhr

Diese Pizzeria in der Via Tribunali hat schon seit 1934 den Beinamen »di donna Esterina«, so der Name der Inhaberin. Esterina bedient persönlich ihre Gäste und regelt auch den Besucherandrang. Denn das Lokal ist wirklich winzig und verfügt nur über fünf oder sechs kleine Marmortischchen. Deshalb müssen die Gäste oft zusammenrücken, was auf wundersame Weise auch immer wieder gelingt. Wie viele der alten Pizzerie hat das Lokal keine Küche, sondern nur einen Backofen. Und da es im Handwerkerviertel (San Gregorio Armeno) und in der Nähe der Universität liegt, sind die Preise sehr niedrig.

Starita
Via Materdei, 27
Tel. 081/5441485
Ruhetag: Sonntag
Betriebsferien: 14 Tage im August
Geöffnet 9.30–16.30 u. 18.30–23 Uhr

Das »Starita« liegt im Materdei-Viertel, nur wenige Schritte vom legendären »Basso«, wo die Szene des Films »L'Oro di Napoli« mit Sophia Loren als schöner Pizzaverkäuferin und Ehebrecherin gedreht wurde. Seit nunmehr 60 Jahren bekommt man hier die beste neapolitanische Pizza. Das einfache, kleine Lokal wird überwiegend von Bewohnern des Viertels besucht und liegt, weitab der Touristenströme, auf halbem Weg zwischen dem Zentrum und dem Vomero. Doch die verwendeten Zutaten (Ricotta aus Sardinien und aus Rom, frische Milchprodukte und – selbst im Winter – frisches Basilikum) und der sympathische, freundliche Pasquale, der die Pizze in den Ofen schiebt und auch bedient, immer mit Begeisterung und Aufmerksamkeit bei der Sache ist, machen das Lokal zu einer Adresse, die man nur wärmstens empfehlen kann. Außer der Pizza margherita, die klassisch mit frischen Tomaten und geriebenem Parmigiano zubereitet wird, sollte man unbedingt auch die gefüllte Pizza »alla Starita« probieren (außen eine Pizza capricciosa, innen Salami, Ricotta, Mozzarella und Pilze). Außerdem bekommt man hier selbstverständlich auch alle klassischen Pizze und eine kleine Auswahl an Fritti (Kroketten, Arancini usw.).

Umberto
Via Alabardieri, 30/31
Tel. 081/418555
Ruhetag: Montag
Betriebsferien: August
Geöffnet 12–15 und 19.30–1 Uhr

In einer Seitenstraße der eleganten Piazza Martiri gelegen, hält das »Umberto« noch treu an der Tradition fest. Seine Kundschaft, hauptsächlich Neapolitaner, ist nicht auf der Suche nach exotischen Genüssen, sondern schätzt die guten klassischen Pizze, auf denen Mozzarella, frische Tomaten, Gewürze und Gemüse besonders gut zur Geltung kommen. Die »gewagteste« Variante bei Umberto ist die mit rohem Schinken und Rucola, wobei die frischen Salatblättchen erst ganz zum Schluß, wenn die Pizza bereits aus dem Ofen gezogen wurde, auf den heißen Teig kommen. Da das »Umberto« auch normalen Restaurantbetrieb hat, ist die Weinauswahl gut: außer dem offenen Hauswein etwa hundert Etiketten, wobei Kampanien besonders qualifiziert vertreten ist.

Ospedaletto d’Alpinolo

8 km nördlich von Avellino, S.S. 374 D

Osteria del Gallo e della Volpe

NEU

Osteria
Piazza Umberto I, 12
Tel. 08 25 / 69 12 25
Ruhetag: Montag
Betriebsferien: 1.–15. Juli
50 Plätze
Preise: 30 – 40 000 Lire, ohne Wein
Kreditkarten: AE, MC, Visa
Mittags und abends geöffnet

Mitten im Ort ein steil ansteigendes enges Gäßchen. Darin zwei einfache, mit den umliegenden Häusern harmonierende Eisentüren und ein blitzblankes Schild. Innen dann zahlreiche liebevolle Details, von den Bildern an den Wänden bis zu dem unaufdringlichen Stil, in dem die Tische gedeckt sind: In dieser Osteria erwartet Sie eine gepflegte Küche, die das auf den Tisch bringt, was die Natur gerade bietet. Hauptlieferant für sämtliche Grundzutaten – Kräuter, Käse, Fleisch und Obst – ist der Parco del Partenio am Fuße der Wallfahrtsstätte von Montevergine. Im Lokal kümmern sich Marisa, die Inhaberin, und ihr Ehemann Antonio munter plaudernd um die Gäste.
Das umfangreiche, stets wechselnde Speisenangebot richtet sich immer nach dem Ablauf der Jahreszeiten. Zur Einstimmung werden neben **Frittatine di Vitaglie** (spargelähnlichen Strauchspitzen) auch gegrillte Auberginen aufgetischt. Empfehlenswert bei den Primi sind die **Ravioli mit Büffelricotta und Artischocken**, die handgemachten Gnocchi mit Wildschweinragout, die Caserecce mit Zucchini und die **Fettuccine mit wildem Fenchel**. Dazu gesellen sich dann die Secondi: Lassen Sie unter gar keinen Umständen das **Wildschwein mit Maronen** aus (Ospedaletto ist berühmt für diese Baumfrüchte), aber auch **Mogliatielli** (Lamminnereien), Kaninchen und Hähnchen mit Sugo oder mit grünen Paprikaschoten sind einen Versuch wert – wie schließlich der Baccalà »alla Pertecara« mit Knoblauch, Öl und Peperoncino. Im Winter dampfen dann Kutteln, Soffritto und Polenta mit Gemüse auf dem Tisch, Schweinerücken mit Äpfeln und eine umwerfende **Minestra maritata**.
Die äußerst sorgfältig zusammengestellte Karte mit regionalen Weinen vor allem aus der Irpinia rundet das ansprechende Bild ab.

Pietrastornina Ciardelli Inferiore

19 km nördlich von Avellino, S.S. 374

Da Zia Margherita

Osteria
Via P. Ciardiello, 13 a–b
Tel. 08 25 / 99 31 01
Ruhetag: Montag und Dienstag
Betriebsferien: 1–2 Wochen im Sept.
40 Plätze
Preise: 30–35 000 Lire
Keine Kreditkarten
Nur abends geöffnet

Das Lokal der Familie Rossi liegt 450 Meter über dem Meeresspiegel an den Hängen des Partenio. Ciardelli Inferiore ist 5 km vom Hauptort Pietrastornina entfernt, wo jeweils im August eine interessante Majolika-Ausstellung mit Künstlerwettbewerb stattfindet. Von hier aus hat man einen herrlichen Rundblick. Architektonisch interessant sind die ländlichen Herrschaftssitze, von denen es hier in der Gegend nur so wimmelt. Die Einrichtung des »Zia Margherita« ist ausgesprochen schlicht, und die Küche bietet – sommers wie winters – die typischen Gerichte der Hügel und Bergregionen der Irpinia. Man beginnt mit einer schönen gemischten Vorspeise mit **Wurstspezialitäten** aus der Gegend, mit Käse, Sottaceti und einer Bruschetta mit Cagliata und einer Latte di pecora, die gerade zu fermentieren beginnt. Anschließend hat man die Wahl zwischen **Spaghetti con i ciurilli** (Zucchiniblüten) oder verschiedenen hausgemachten Pastagerichten, wie **Lagane** mit Bohnen und Orecchiette oder Fusilli, die auf verschiedenste Weise zubereitet werden. Fleisch, vor allem **Schaffleisch**, ist die Grundlage der meisten Secondi: Die »edleren« Teile werden in der Regel auf der Holzglut oder als Spieße zubereitet, aber zur Schlichtheit des Ambientes passen auch gut die **Mugliatielli** (gefüllte Innereien vom Lamm). Zu trinken gibt es eine Reihe von Weinen aus allen DOC-Bereichen Kampaniens, auch der lokale offene Wein ist nicht zu verachten.

Pietravairano

45 km nordwestlich von Caserta, S.S. 7 und A 2, Ausfahrt Caianello

La Caveja

NEU

Restaurant
Via Santissima Annunziata, 10
Tel. 08 23 / 98 48 24
Ruhetag: Sonntagabend, Montag
Betriebsferien: 1 Wo. an Weihnachten
30 Plätze
Preise: 50 000 Lire
Kreditkarten: AE, BA
Mittags und abends geöffnet

In einem ehemaligen Bauernhaus, das sehr geschmackvoll und umsichtig restauriert wurde, finden Sie alles unter einem Dach: den Patio mit Garten, eine Pizzeria, großzügige Speisesäle und ein Pub, das bei jungem Publikum großen Anklang findet. Wir empfehlen Ihnen einen Besuch in der ehemaligen Stallung, die heute als Speisesaal dient: gemütlich, warm und hübsch eingerichtet, mit einem Prunkstück von einem Steinherd und nur dreißig Gedecken.
Hier wird Signora Nadia dafür sorgen, daß Sie sich ganz wie zu Hause fühlen, und Ihnen ein Degustationsmenü der Saison vorschlagen; in der Küche hingegen sind der Chef des Hauses, Berardino Lombardo, und sein Partner Lino Rotondo zugange. Kosten Sie also deren Kreationen wie **Pizzelle con Sciorilli** (kleine fritierte Pizze mit Kürbisblüten), Frittatine mit Gemüse, handgeschnittenen heimischen Schinken, **Pancotto** (Brotsuppe) von Anno dazumal mit feinstem Olivenöl extravergine sowie je nach Jahreszeit wechselnde deftige Suppen. Daran schließt sich der Reigen der Primi an mit Pettole (Pasta) und Kichererbsen, **Wasser-Mehl-Gnocchetti mit Sugo di Tracchie** (handgemacht von Zia Caterina), Minestra maritata und – am Sonntag – ein ausgezeichnetes **Ragout**, das im Römertopf vor sich hinköchelt. Freitags kommt **Baccalà** aus der Kasserolle oder fritiert auf den Tisch; ansonsten hält die Küche **Agnello del Matese** (mit Artischocken im Ofen gebackenes Lamm) bereit, Schweinefleisch aus heimischer Zucht und frische oder gereifte **Ziegen- und Schafskäse**. Zum süßen Abschluß werden Crostate mit Äpfeln gereicht, Delizia al Limone oder Scauratielli.
Die Weinkarte hält eine umfassende Auswahl regionaler und italienischer Tropfen zu maßvollen Preisen bereit. Im Preis des Degustationsmenüs (50 000 Lire) sind zwei Weine nach Wahl eingeschlossen.

Pisciotta

96 km südöstlich von Salerno, S.S. 447

Perbacco

Osteria
Contrada Marina Campagna, 5
Tel. 09 74 / 97 38 49
Kein Ruhetag
Betriebsferien: Okt. – Juni, ab Ostern am Wo.ende geöffnet
15 Plätze + 70 im Freien
Preise: 25 – 45 000 Lire, ohne Wein
Kreditkarten: alle
Mittags und abends geöffnet

Im Schutze eines monumentalen, tausendjährigen Olivenbaums und mit einem herrlichen Ausblick aufs gleißende Meer präsentiert sich dieses erholsame Lokal im Herzen des Cilento. Eugenio und Vito Puglia haben mit viel gutem Geschmack ein kleines Bauernhaus restauriert, kleine Mäuerchen gezogen und dann mit blühenden Geranien verschönert: So schufen sie ein »slowes« Lokal in der Überzeugung, daß Gastlichkeit eine so vollkommene Umsetzung der Reichtümer einer Region zu sein habe, daß sie die Gäste staunen macht (»Perbacco!« eben, zu deutsch »potz Blitz!«).
Die Einrichtung ist zweckmäßig: rustikale Tische, Stühle mit Strohgeflecht und Deckchen aus Strohpapier. In den Gläsern jedoch entdeckt man die Enoteca, in den Tellern das Restaurant, und der Service sorgt unaufdringlich dafür, daß Sie sich bis zum letzten Bissen wohl fühlen. Eugenio (an den Kochtöpfen) und Vito (zuständig für Wein und Speisesaal) verwöhnen ihre Gäste, unterstützt von ihrem Mitarbeiterteam, mit einem sehr überschaubaren Speisenangebot, das samt und sonders auf den Erzeugnissen dieses Landstrichs basiert: Gemüsetortini, **in Zitrone marinierte Sardellen**, Meeresfrüchtesalate, **auf Olivenholz gegrillte Fische** und Fleisch aus der Gegend, herrlich frische **Fischsuppen** (auch im Weinsud) und insbesondere originelle Primi aus Teigwaren, die mit Gemüse und Fisch angerichtet werden – wie die leckeren **Spaghetti mit Anchovis und Friarielli** (kleinen grünen Paprikaschoten) oder die **Ricotta-Malfatti mit Krabben**. Danach folgt eine mannigfaltige Auswahl an **»Käse** unter freiem Himmel« (aus der Milch von Weidevieh), und auch die Desserts des Hauses sind eine Kostprobe wert.
Die Weinkarte bietet eine fast komplette Auswahl an hochwertigen regionalen Erzeugnissen sowie zahlreiche italienische Tropfen.

Positano Montepertuso
45 km westlich von Salerno, S.S. 163

Donna Rosa

NEU

Restaurant
Via Montepertuso, 97–99
Tel. 089/81 18 06
Kein Ruhetag
Betriebsferien: unterschiedlich
45 Plätze + 16 im Freien
Preise: 35 000 Lire, ohne Wein
Kreditkarten: alle
Mittags und abends geöffnet

Möchten Sie dem Trubel in den überlaufenen Badeorten an der amalfitanischen Küste entgehen? Dann sehen Sie sich doch einfach einmal in Montepertuso um, einem kleinen Ortsteil, der sich oberhalb von Positano an den Berg schmiegt. An der kleinen Piazza erwartet Sie dort im »Donna Rosa« mit seinem gepflegten, schmucken und diskreten Ambiente eine ausgesucht freundliche Atmosphäre: kleine Tische in den ebenfalls kleinen Gasträumen, dann ein Tresen und die einsehbare Küche; und auf der ebenso kleinen, von einer Laube überschatteten Sommerterrasse mit Ausblick auf die bezaubernde kleine Ortschaft Nocelle noch ein paar zusätzliche Tische. Das Lokal hat schon verschiedene Betreiber erlebt, aber mit den jetzigen Wirtsleuten fährt es wohl am besten.

Für die Kochtöpfe zuständig ist ein junger Chefkoch, der die Spezialitäten der Küste um einige »auswärtige« Gerichte bereichert: Da stimmen Meeresfrüchtesalat, **Kartoffeln mit Tintenfisch**, **Tagliatelle mit Meeresfrüchten** oder mit Steinpilzen und Garnelen, Ravioli mit Auberginenfüllung in Nußsauce und die traditionelle Pasta e Fagioli oder **Pasta mit Kichererbsen** ein auf die Secondi: Hier haben Sie die Wahl zwischen fangfrischem Fisch des Tages in einfacher Zubereitung (im Weinsud oder vom Grill), **Riesengarnelen alla Mediterranea** und **Alici in Tortiera** (Sardellenauflauf) oder delikater **Fischsuppe** und gegrilltem Fleisch. Zum süßen Abschluß werden hausgemachte Dolci gereicht, wie Mascarpone mit Erdbeeren, Bayerische Creme, Obstcrostate und Torta Caprese.

Im Weinkeller lagern gute Erzeugnisse von der Küste sowie einige aus der Region und ganz Italien; er dürfte allerdings noch verbessert werden, um dem Niveau des Speisenangebots vollständig zu entsprechen. Die maßvolle Rechnung ist lobend hervorzuheben.

Pozzuoli Monterusciello
21 km westlich von Neapel

La Cucina Flegrea

Restaurant – Pizzeria
Via Monterusciello, 20
Tel. 081/5 24 74 81
Ruhetag: Montag
Betriebsferien: August
80 Plätze
Preise: 40 – 50 000 Lire, ohne Wein
Kreditkarten: alle
Mittags und abends geöffnet

»Flegreische Felder« nannten die alten Griechen das westlich an Neapel grenzende Sumpfland vulkanischen Ursprungs, und typisch neapolitanisch ist auch die Spezialität der »Cucina Flegrea«: **Pizza**, Pizza und nochmals Pizza. Betreiber und Aufmachung haben gewechselt, Gabriella Aiello heißt die neue Wirtin, und Giuseppe Aiello bäckt die leckeren Teigfladen wahrhaft meisterlich. Viele Jahre lang hat er in den besten Pizzerie der Altstadt von Neapel gearbeitet und dabei die Pizzabäckerei zur Meisterschaft entwickelt. Bemerkenswert sind insbesondere die Pizza mit wildem Lattich, die Pizza Primavera mit Erbsen, Zucchini und Schinken und die traditionelle Napoletana. Der Koch mit seiner langjährigen Erfahrung zaubert auch am Herd gekonnt Gerichte, die die meistverbreiteten Standardgerichte mit einigen Spezialitäten der kampanischen Küche verbinden: Als Antipasto oder Beilage offeriert er beispielsweise Oktopus alla Luciana, Muschelsauté, Parmigiana mit Auberginen und marinierte Zucchini a Scapece. Als ersten und zweiten Gang legen wir Ihnen die Fischgerichte ans Herz (das Fleisch können Sie getrost übergehen, es sei denn, Sie wählen Filet oder gegrilltes Fleisch): **Orecchiette mit Miesmuscheln**, Linguine mit Scampi, Risotto alla Pescatora und ein von Aiello höchstpersönlich erfundenes Gericht: **Linguine al cartoccio** (also in der Hülle), die bereits sämtliche neapolitanischen Restaurants erobert haben. Darauf können Sie sich die delikaten **Calamari alla Pulcinella** schmecken lassen, die mit Meeresfrüchten, Eiern und Käse gefüllt werden, Riesengarnelen-Spieße, Wolfsbarsch in Weinsud oder Salzkruste, Goldbrasse aus dem Ofen, fritierten Fischteller und Grigliata mista. Schließlich gibt es noch die Dolci: teils »pizzeriamäßig«, teils hausgemacht. Die Weinkarte umfaßt eine gute Auswahl kampanischer Tropfen.

Praiano

35 km von Salerno, S.S. 163

La Brace

Restaurant
Via Capriglione, 146
Tel. 089/874226
Ruhetag: Mi., nur Okt. – März
Keine Betriebsferien
75 Plätze + 60 im Freien
Preise: 50 000 Lire ohne Wein
Alle Kreditkarten
Mittags und abends geöffnet

Nach verschiedenen Aufenthalten im Ausland und in berühmten Hotels der Gegend hat Giannino Irace 1975 eine Belgierin geheiratet und sich in Praiano niedergelassen. Das Lokal liegt zwischen Amalfi und Positano malerisch an der Felsküste und bietet einen atemberaubend schönen Ausblick bis zu den Faraglioni von Capri. Der Service ist professionell, die Weine, die Sie bereits am Eingang bewundern können, sind gepflegt. Die Mittelmeerküche bietet auch ausgesprochen regionale Spezialitäten wie **Spaghetti mit Venusmuscheln**, die gefüllten Tintenfische mit Kartoffeln, die Cappellini con gamberetti und im Winter die **Pappardelle mit Hasenragout**. Der Fisch wird nicht nur fritiert oder gegrillt, sondern auch in Salzkruste angeboten. In der Küche sind Vittorio Fusco und Tonino Laudano zugange, die Süßspeisen obliegen der Mutter des Inhabers, die Käse und Obstkuchen oder Mandel- und Zitronentorte bäckt.
Nach einem genüßlichen Mahl können Sie noch in der Werkstatt des Instrumentenbauers Pasquale Scala (Via Roma, 57) vorbeischauen, der alle italienischen Gesangsgrößen versorgt.

Tutto per tutti, Via Umberto I: Bei Gaetano Marino können Sie kleine Tomaten, neue Kartoffeln und Zitronen kaufen.

Das 7 km entfernte **Agerola** ist für seine Käseherstellung berühmt: Luigi Ciotti, Via Belvedere 35; Fior di Agerola, Via Galli 74; Agerolina, Via Tutti i Santi 6, stellen Scamorza und Caciocavallo, Fior di latte in Form von Bällchen, Zöpfchen und Knoten her.

Procida Chiaiolella

50 Min. Fähre von Neapel + 3 km von Procida

Crescenzo

Restaurant – Pizzeria – Hotel
Via Marina Chiaiolella, 33
Tel. 081/8967255
Kein Ruhetag
Keine Betriebsferien
120 Plätze + 50 im Freien
Preise: 40 000 Lire, ohne Wein
Kreditkarten: alle
Mittags und abends geöffnet

Procida ist eine kleine Insel in hinreißender Lage zwischen der flegreischen Küste und der Insel Ischia, leicht zu erreichen sowohl von Neapel als auch von Pozzuoli. Wenn Ihre Fähre angelegt hat, steuern Sie den kleinen Hafen von Chiaiolella an: Dort steht das »Crescenzo«, das seinen Namen dem Oberhaupt der vielköpfigen Wirtsfamilie verdankt.
Der hungrige Gast beginnt beispielsweise mit einer großzügigen Portion Spaghetti oder Linguine mit **Sughi di Pesce** (mit Heuschreckenkrebsen, Scampi, Seeigeln, Muscheln und anderen Meeresfrüchten), oder Sie lassen sich die neueste Kreation des Chefs schmecken: Spaghetti mit Meeresfrüchten und Friarielli (Gemüse). Auch die **Risotti** kommen **alla Marinara** oder alla Pescatora (mit Fisch und Meeresfrüchten) auf den Tisch, doch Erdverbundenes kann ebenfalls bestellt werden, wie beispielsweise die **Zuppa di Spolichini freschi** (Bohnensuppe) und andere Suppen mit Gemüse und Hülsenfrüchten. Bei den Secondi findet der Dialog zwischen Festland und Meer seine Fortsetzung: Neben Fischbällchen, **Schwertfischkoteletts** und **Schnitzeln vom Degenfisch** wartet der Koch auch mit seinem gefeierten **Kaninchen auf Jägerinnenart** (nach einem Rezept Ischias) oder mit Rosmarin auf. Abends wird dann im Holzofen eingeheizt, und es gibt Pizze, die klassisch oder mit viel Phantasie belegt werden.
Die Weine stammen von der Insel oder vom benachbarten Ischia, doch auch andere süditalienische Lagen sind würdig vertreten. Versäumen Sie am Ende nicht, das Mahl mit einem Gläschen Limoncello abzurunden, der im Hause aus den duftenden Zitronen Procidas hergestellt wird. Und wer nun müde ist, der kann sich in aller Ruhe in eines der kleinen, aber freundlichen Gästezimmer im Obergeschoß zurückziehen.

Roccagloriosa Acquavena

140 km südlich von Salerno, S.S. 18

U Trappitu

NEU

Restaurant – Pizzeria
Via del Mare, 51
Tel. 09 74 / 98 01 67
Ruhetag: Montag, nicht im Sommer
Betriebsferien: November
180 Plätze
Preise: 30 – 35 000 Lire
Keine Kreditkarten
Mittags und abends geöffnet

Alberto Petrillo ist ein gastronomisches Urgestein: Zwanzig lange Jahre war er auf der Wanderschaft und sammelte Erfahrungen in der Emilia, in Ligurien und in Deutschland. 1987 war es dann soweit: Gemeinsam mit seiner Gattin Vincenza Petraglia übernahm er die Trattoria »U Trappitu«, die er ländlich rustikal in perfekter Symbiose mit der sie umgebenden Landschaft gestaltete. Und selbst der Ausbau, der reichlich zusätzlichen Platz geschaffen hat, war dem besonderen Charme des Gebäudes in keiner Weise abträglich.
Unter den vielfältigen, je nach Saison wechselnden Vorspeisen empfehlen wir Ihnen **Soffritto mit Polenta** und **gepfefferte Ricotta mit Olivenöl aus dem Ofen**. Am beliebtesten allerdings ist traditionsgemäß die hausgemachte Pasta: **Laganelli mit frischen Pilzen**, Fusilli mit Lamm- oder Hammelragout und gefüllte Teigwaren (unter denen es uns insbesondere die leckeren **Maccaroni chieni** angetan hatten, eine Art Riesenravioli mit einer Füllung aus Ricotta, Eiern und Käse). Zum Hauptgang wartet die Küche mit einem weiteren Klassiker des Cilento auf: **Fleisch von der Holzglut**, wie Lamm, Zicklein und Salsicce, ausschließlich von Erzeugern der Gegend. Auf Wunsch ist auch Fisch erhältlich, den sollten Sie allerdings rechtzeitig vorbestellen. Und zum Schluß das süße Muß: die hausgemachten Dolci wie Zuppa Inglese, Tiramisù und verschiedene Crostate.
Der lokale offene Hauswein ist nicht schlecht, anspruchsvolle Gaumen jedoch werden im Weinkeller fündig, der eine Auswahl von Flaschenweinen aus Kampanien (Mastroberardino, D'Ambra, Cilento DOC, Solopaca) und ganz Italien birgt. Ein von Olivenbäumen überschatteter Parkplatz darf als weiterer Pluspunkt gewertet werden.

Rofrano Contrada San Menale

126 km südöstlich von Salerno, 37 km von Sapri, S.S. 18

Da Cono

NEU

Trattoria
Via Molino Vecchio
Tel. 09 74 / 95 24 61
Ruhetag: Montag
Keine Betriebsferien
120 Plätze + 80 im Freien
Preise: 25 – 30 000 Lire
Keine Kreditkarten
Mittags und abends geöffnet

Wenn Sie sich ins Cilento hineinwagen, werden Sie wohl einige Mühe haben, ein wirklich vertrauenswürdiges Lokal zu finden: Zwar kann dieser Landstrich mit hervorragenden landwirtschaftlichen Produkten und einer soliden, jahrhundertealten Eßkultur aufwarten, doch werden die Rezepte eifersüchtig im Familienkreis gehütet: Gaststätten wachsen hier folglich nicht gerade auf den Bäumen. Allerdings gibt es Versuche, die lohnen, beispielsweise ein Abstecher zu Cono und Angela Caputo. Ihr Lokal liegt mitten auf dem Land, versteckt zwischen den hohen, schattenspendenden Kastanien und anderen Bäumen, die das Vallone della Resta mit seinem Wildbach Faraone in eine grüne Oase verwandeln. Es erwarten Sie ein zwangloser Service, überwiegend lokale Weine und knusprige Fleischgerichte »nach Art des Hauses« sowie schmackhafte Spezialitäten aus dem Cilento.
Die gemischten **Antipasti** sind eher Standard: Käse, Bauernschinken, in Öl eingelegte Auberginen, kleine Salame und überaus schmackhafte Oliven. Vielfalt herrscht dann allerdings bei den Primi, mit leckerer hausgemachter Pasta wie Fusilli, Ravioli, Gnocchi mit dickem Fleischragout oder anderen, jahreszeitlich wechselnden Saucen. Auch die traditionellen **Lagane mit Kichererbsen oder Bohnen** hält die Küche allzeit bereit und – auf Vorbestellung – eine ganz außerordentliche **Minestra mit Kartoffeln und wilden Artischocken**. Bei den Hauptgerichten dreht sich, wie im Cilento üblich, alles ums Fleisch: knuspriges Hähnchen und **Zicklein von der Holzglut** oder aus dem Ofen sowie **Kaninchen** vom Bauernhof, das **gefüllt**, mit Fleischragout oder **auf Jägerinnenart** auf den Tisch kommt. Und wer Süßes liebt, beschließt die Mahlzeit mit lokalen Leckereien wie (zur passenden Jahreszeit) **Bucchinott'**, einer Art Raviolo mit Maronenfüllung.

Sala Consilina Trinità

96 km südöstlich von Salerno, S.S. 19

La Pergola

Hotel – Restaurant
Ortsteil Trinità, 239
Tel. 0975/45054
Kein Ruhetag
Keine Betriebsferien
20 Plätze + 100 im Bankettsaal
Preise: 25 – 35 000 Lire
Kreditkarten: AE, DC
Mittags und abends geöffnet

Die alte Staatsstraße 19 führt durchs Vallo di Diano bis nach Kalabrien; wir folgen ihr bis in die Nähe der prächtigen Certosa di Padula, wo wir zum »Pergola« gelangen. Das heutige Lokal war ursprünglich eine Poststation und wurde erst in der Nachkriegszeit zu einer Trattoria ausgebaut, bis dann Familie Puglia später das Hotel und den Bankettsaal angebaut hat.
Zunächst wird Peppino eine von ihm persönlich hergestellte **Soppressata** auftischen, wie es sie anderswo kaum mehr gibt. Stellen Sie sich auf eine strikt saisonale Küche ein, und verlassen Sie sich bedenkenlos auf Peppinos einschlägige Kenntnisse: handgemachte Spaghetti mit Mandeln, Pinienkernen und Rosinen, wie sie zur Fastenzeit üblich waren, oder Pasta soffritta in bianco, also ohne Tomaten, die mit Peperoni gedünstet wird – in Kombination mit Auberginen von der Holzglut und lokalem Käse wie gebratenem **Caciocavallo** bilden sie die großzügige traditionelle Vorspeise. Eine Hauptrolle spielt danach die hausgemachte Pasta: **Fusilli in Ragout vom Hammel** oder Schwein oder – im Sommer – mit frischem Basilikum, **Cavatielli** und **Ravioli mit Schafsricotta**. Die fruchtbaren Felder des Tales liefern die Zutaten zu den Minestre mit wildwachsendem Gemüse und für die winterliche **Pasta e Fagioli**, die in der schönen Jahreszeit durch ein leckeres Risotto mit frischen Bohnen ersetzt werden kann. Zum Hauptgang werden dann Kutteln (hier heißen sie »Centopezzi«) mit Sugo aufgetragen, **Gulasch mit Kartoffeln**, Forellen im Weinsud und (zur passenden Jahreszeit) **Pilze**.
Für Naschkatzen bietet Maria Obstcrostate, Cremekuchen und sizilianische Cannoli (gefüllte Gebäckrollen) an. Passend zum Essen sind Aglianico aus dem Cilento oder von den Hängen des Vulkans Vùlture, und zum Ausklang sollten Sie sich noch einen hausgemachten Zitronen-, Basilikum- oder Fenchellikör genehmigen.

Salerno

Antica Pizzeria del Vicolo della Neve

Pizzeria – Trattoria
Vicolo della Neve, 24
Tel. 089/225705
Ruhetag: Mittwoch
Betriebsferien: um den 15. 8. u. Weihn.
100 Plätze
Preise: 20–30 000 Lire
Kreditkarten: AE, DC, Visa
Nur abends geöffnet

Nach wie vor baumeln von den hölzernen Deckenbalken riesige Bündel Knoblauch und Peperoncini, der Fußboden besteht aus Terrakottafliesen, die Küche schmücken kupferne Tiegel und ein alter hölzerner Kühlschrank, die Wände dann Fresken von Grassi. Eine Speisekarte gibt es nicht: Bei der Auswahl Ihres Menüs ist Ihnen der Service gerne behilflich, aber werfen Sie unbedingt auch einen Blick in die Vitrine, wo gut gekühlt in kupfernen Tiegeln verschiedene in Öl eingelegte Gemüse und die Antipasti locken.
Das »Vicolo della Neve« bietet nicht nur leckere Pizze und eine erstklassige **Calzone mit wildem Lattich** aus dem Holzofen (aufgepaßt, sie werden Ihnen auf dampfenden Tabletts serviert!), sondern überdies schon immer die klassische Küche Salernos in großzügigen Portionen. Erwähnen möchten wir hier die exquisite Pasta e Fagioli, die **Ciambotta** (eine Art Ratatouille mit Kartoffeln, Paprikaschoten und Auberginen), den **Baccalà in Cassuola**, die **Schwartenrouladen** und die pikante **gefüllte Milz**, den bekanntesten Vertreter Salernitaner Küche. Und wer aufmerksam in die Vitrine blickt, wird noch weitere Spezialitäten entdecken wie die Parmigiana aus Auberginen, **gefüllte Peperoni**, **Scarola ’mbuttunata** (gefüllten wilden Lattich) und andere Gemüsebeilagen der Saison.
Verzagen Sie nicht, wenn Sie nicht auf Anhieb Platz finden! Denn der flotte Service sorgt schon dafür, daß Sie nicht allzulange warten müssen.

Im Alimento Manzoni (Via De Granita 11 und Corso Garibaldi 244) finden Sie alles unter einem Dach: Brot- und Keksbäckerei, Konditorei und Enoteca, die auch Grappa und Liköre führt, darunter Limoncello aus Amalfi. Aromatischen Kaffee, Aperitifs und guten Martini gibt es im Caffè dei Mercanti in der gleichnamigen Straße.

Hostaria il Brigante

Osteria – Trattoria
Via Fratelli Linguiti, 4
Tel. 089/22 65 92
Ruhetag: Montag
Betriebsferien: August
40 Plätze
Preise: 20 – 25 000 Lire, ohne Wein
Kreditkarten: AE
Abends geöff., mittags auf Vorbestell.

Im Herzen der Altstadt, ganz in der Nähe der Strandpromenade neben dem romanischen Dom, finden Sie das »Brigante« in einem Palazzo, der zu einem Konvent aus dem 17. Jahrhundert gehörte. Hier zelebriert Sandro Donnabella Gastfreundschaft mit wissenschaftlicher Akribie: Er gräbt mit Vorliebe alte kampanische und lukanische Rezepte aus und vereint zumindest kulinarisch Meere und Berge. Kreativer Motor der Küche ist seine Frau Antonia, und was sie dort leistet, läßt sich sehen: Dem Rhythmus der Jahreszeiten folgend kommen alte Rezepte in abgewandelter Form zu neuen Ehren. Der äußere Rahmen ist rustikal, zwanglos und sympathisch.
Im Sommer eröffnen »Candele« alla Genovese (Pasta mit Zwiebeln, Tintenfischen und Calamari) den Reigen, **N'Segne** (frische Pasta) **mit Mangold und Meeresfrüchten** und **Sangiovannara** (Maltagliati mit Gemüse und Ragout), die es das ganze Jahr über gibt. In der kalten Jahreszeit hingegen kommen **Oktopusse mit Linsen** oder **Lagane mit Kichererbsen und Baccalà** auf den Tisch. Sie sind neugierig auf die altertümlichen Spezialitäten des Hauses? Dann wird Ihnen Sandro **Cioncia** (pikante Kalbszunge) und anschließend **Baccalà mit Kürbis**, geschmorten Blaufisch, Scottiglia oder geschmortes Kalb mit Kapern vorschlagen. Wer es etwas leichter mag, kann sich für eine oder mehrere der Gemüsebeilagen entscheiden (lassen Sie sich die Frittata campagnola nicht entgehen!) und den delikaten Ziegenkäse aus dem Cilento.
Ein wenig Luft lassen sollten Sie jedoch noch für das Süße zum Schluß: Panna Cotta, Käsekuchen oder Migliaccio (Ricottakuchen), je nach Jahreszeit.
Rot- und Weißwein werden Ihnen in Krügen serviert. Das Preis-Leistungs-Verhältnis ist ausgezeichnet.

Salerno

La Botte piccola

Restaurant
Traversa E. da Corbilia, 7
Tel. 089/25 41 01
Ruhetag: Sonntag
Betriebsferien: August
24 Plätze + 10 im Freien
Preise: 45 000 Lire, ohne Wein
Kreditkarten: AE, CartaSi, DC, Visa
Abends geöffnet, mitt. auf Vorbestell.

Das »Fäßchen«, wie der Name übersetzt lautet, ist eine zwar winzige – 24 Stühle, jeder ein Unikat –, aber gastronomisch hochinteressante Adresse in Salerno. Das Lokal bietet seinen Gästen bodenständige Regionalküche, und seit diesem Jahr gibt es auch eine Neuerung: den Fisch. Meerestiere wurden hier bisher nicht angeboten (obwohl das Mittelmeer nur fünfzig Meter vom »Botte piccola« entfernt ist), doch nun haben sich die Wirtsleute eines besseren besonnen. Hüterinnen alter Rezepte und traditioneller Garmethoden sind hier Mamma Carmela und Mamma Virginia, während die Sprößlinge, Patrizia und Mario, erfolgreich die besten Zutaten der Gegend zusammensuchen. Pasta, Brot und Dolci sind hier alle hausgemacht. Zu den Primi zählen **Laganelle alla Genovese**, **Orecchiette mit Schwertfisch**, Spaghetti mit Tomaten und frischem Basilikum, Fusilli, Gnocchetti und Ravioli mit delikaten Gemüsesaucen, die Appetit machen auf die Hauptgerichte: Klassiker wie **Lamm mit Wacholder**, Kaninchen mit Kräutern, **gegrillten Capocollo vom Schwein**, **Baccalà mit Kartoffeln** in umido, Calamari und **gefüllte Sardellen**, die typisch sind für das Cilento. Dazu wird stets schmackhaftes warmes Brot mit eingebackenen Kräutern und Oliven gereicht. Bei den köstlichen Dolci schließlich haben Naschkatzen die freie Auswahl: Soll es Halbgefrorenes sein oder Crostata mit Obst, Zitronen- oder Orangencreme?
In der Küche wacht Patrizia über die Zubereitung der Speisen, während Mario für den Speisesaal und den gepflegten Weinkeller verantwortlich zeichnet. Er kann mit gepflegten Weinen aus Kampanien, aber auch aus dem Friaul, der Toskana und dem Piemont aufwarten.
Da die Plätze hier stets heißbegehrt sind, ist eine Reservierung ratsam: Lassen Sie Ihren Besuch in diesem netten Lokal nicht an Platzmangel scheitern!

Salerno

Santa Lucia

Restaurant – Pizzeria m. Gästezimmern
Via Roma, 182
Tel. 089 / 22 56 96
Ruhetag: Montag
Betriebsferien: 1. – 12. Januar
80 Plätze + 40 im Freien
Preise: 35 000 Lire, ohne Wein
Kreditkarten: alle
Mittags und abends geöffnet

Das »Santa Lucia« zählt zu den klassischen Adressen Salernos: Es kann sich rühmen, daß sich in seinen Mauern nicht nur ganz Salerno ein Stelldichein gibt, sondern auch so manche bedeutende Persönlichkeit es mit einem Besuch beehrte. Signora Elvira hütet die Erinnerung an diese Gäste in einem dicken Album voller Andenken und Widmungen, und stolz erzählt sie bei Tisch von den Bekanntschaften, die sie in all den langen Jahren ihrer Tätigkeit machen konnte. Hinter den Kulissen verteilt sie dann mütterliche Ratschläge an die tüchtige Küchenbrigade, und ihre beiden Söhne Gabriele und Gennaro sorgen dafür, daß das Lokal die selbstgesetzten Maßstäbe treu erfüllt: hochwertige Weine, eine vom Meer inspirierte Küche und ein familiäres Ambiente.
In Verbindung mit dem schlichten, unverfälschten Geschmack der Pasta dreht sich hier alles um Fisch in allen möglichen Varianten: **Gnocchi alla Sorrentina**, **Pennette mit Heuschreckenkrebsen** (oder **mit gelbem Kürbis**), Spaghetti mit Venusmuscheln (die besonders kleinen und schmackhaften der Küste von Salerno), **Linguine mit Nero di Seppia** und **Pizzelle di Cicinielli** (fritierte kleine Pizza mit Glasfischchen). Die Küche verhilft auch einem ausnehmend guten, allerdings sehr aufwendigen alten Rezept zu neuen Ehren: **gefüllter Milz**. Als Hauptgang passen dazu dann beispielsweise gesottene kleine Tintenfische und Oktopusse. Abends schiebt der Koch verlockende Pizze und Calzone (gefüllte Pizze) in den Holzofen, und als Desserts gibt es hausgemachte Dolci wie Crostata mit Feigen und Schokoladenhäppchen mit gehackten Mandeln.
Das »Santa Lucia« finden Sie gleich gegenüber vom Rathaus in einem ehemaligen Zeughaus aus langobardischer Zeit, in dem mittlerweile über dem Restaurant insgesamt neun gemütliche Gästezimmer eingerichtet wurden.

San Gregorio Matese

55 km nördlich von Caserta,
S.S. 87 und S.S. 158 DIR

San Donato

NEU

Restaurant
Strada Statale, 158
Tel. 08 23 / 91 91 61
Ruhetag: Dienstag
Betriebsferien: November
50 Plätze
Preise: 30 – 35 000 Lire
Keine Kreditkarten
Mittags und abends geöffnet

San Gregorio liegt in einem wilden, hinreißenden Landstrich, und natürlich hat dies schon manch einer vor uns und Ihnen entdeckt: Da wäre zum Beispiel Achille Del Giudice, 1861 – 1890 Senator des Königreichs Italien, der sich in luftiger Höhe über dem Orsaratal sein Jagddomizil erbauen ließ. Hier hat die Contessa Ninetta Gaetani, letzte ihres Geschlechts, eines der interessantesten Gerichte aus der Taufe gehoben, das die Wirte Vittorio und Addolorata in dem mittlerweile zum Restaurant der gehobeneren Kategorie avancierten ehemaligen Jagdhaus präsentieren: die **Panzerotti della Contessa**. Diese Teigwaren werden mit Ricotta, römischem Pecorino, roter Bete und Tomatenfilets gefüllt und mit wilder Muskatnuß und Thymian aus dem Park gewürzt. Und bleiben wir ruhig gleich bei den Primi: Weitere Spezialitäten des Hauses sind Schiaffoni oder **Pàccheri**, eine großformatige Pasta, die mit Fleischragout, Scamorza und Origano angerichtet wird, Torcioni (mit Ricotta gefüllte Teigwaren) und die **Risotti** oder **Tagliatelle** mit Pilzen aus den umliegenden Bergen. Empfehlenswert ist auch der **Timballo**, ein Auflauf mit **Steinpilzen**, der nicht von ungefähr »la Delizia del Matese« getauft wurde.
Höhepunkt der Secondi ist zweifelsfrei das **gebratene Lamm** von der Holzglut: Man sagt, daß San Gregorio die kampanische Gemeinde mit der größten Zahl an Schafen sei. Ein ganz besonderer Leckerbissen des »San Donato« ist die **Soppressata** (Schweinskopfsülze) aus dem Matese-Massiv: in Öl und Schweineschmalz eingelegte Filet- und Schinkennuß mit Pfefferkörnern und Lardo, auch als Vorspeise ein wahrer Genuß. Und zum Abschluß gibt es noch vor dem obligaten Limoncello die flache, aber einfach himmlische **Pastiera** Matesina. Die passenden Rot- und Weißweine stammen aus Castelvenere di Solopaca.

San Potito Sannitico

44 km nördlich von Caserta, S.S. 265

Quercete

NEU

Bauernhof
Via Nazionale per Gioia
Tel. 0823/913881 oder 911520
Ruhetag: Montag und Dienstag
Keine Betriebsferien
70 Plätze + 30 im Freien
Preise: 40 000 Lire, ohne Wein
Kreditkarten: CartaSi, Visa
Mittags und abends geöffnet

Zu Füßen des Matese-Bergmassivs finden Sie, eingebettet in eine wundervolle, noch völlig unberührte Landschaft, einen ganz besonderen Ferienbauernhof: das »Quercete«. Seit Jahren erzielt man hier durch die Verknüpfung von High-Tech-Lösungen (im Genzentrum) und traditionellen Zuchtverfahren hervorragende Ergebnisse bei der Aufzucht einer besonderen Schafrasse, des Laticauda-Schafs. Diese Tiere mit ihrem kurzen Fettschwanz wurden gegen Ende des 18. Jahrhunderts von den Bourbonen aus Nordafrika importiert. Ihr aromatisches Fleisch (das fast keine Kaprinsäure enthält) wird bevorzugt in der Küche des »Quercete« verwendet, in der auch sonst nur hochwertige Zutaten aus dem familieneigenen Betrieb mit Tierzucht und Gemüsegarten verarbeitet werden.
Die stets freundliche und kompetente Signora Paola Ricci umsorgt die Gäste in dem geschmackvoll eingerichteten, einladenden Speisesaal, während Rosario Boccarosa über die Töpfe wacht. Zum Auftakt wartet er mit dem prächtigen »Antipasto Quercete« auf, das Appetit macht auf Primi wie Panzerotti mit Steinpilzen, **Cavatelli mit Hammelragout** und Risotto mit Brennesseln oder wildem Spargel. Bei den Hauptgerichten dreht sich, wie bereits erwähnt, nahezu alles um das Laticauda-Schaf: So gibt es **Lammkeule aus dem Ofen**, gebraten oder mit Kräutern, **Lammkotelett in der Kruste**, Soffritto mit gedünsteter gehackter Leber und geschmorte Schulter. Ausgezeichnet sind auch die **Ricotta infornata** und die köstlichen Käsespezialitäten für jeden Geschmack. Zum Abschluß können Sie dann die Mousse au chocolat löffeln, aber auch eine Crostata mit Waldfrüchten und Halbgefrorenes mit Erdbeeren aus eigenem Anbau. Gut sind auch die vorwiegend aus der Region stammenden Weine. Und wenn Sie übernachten möchten, stehen Ihnen komfortable Chalets zur Verfügung.

Sant'Anastasia

12 km östlich von Neapel, S.S. 268

'E Curti

Osteria – Restaurant
Via Padre Michele Abete, 4
Tel. 081/8972821
Ruhetag: Sonntag
Betriebsferien: August
40 Plätze
Preise: 35 – 50 000 Lire, ohne Wein
Keine Kreditkarten
Mittags und abends geöffnet

Die örtliche Viehzucht setzt vornehmlich auf Lamm und Zicklein, deren Fleisch man im »'E Curti« auf ebenso traditionelle wie appetitliche Weise zuzubereiten weiß. Der Speisesaal ist schlicht gehalten, mit weißgetünchten Wänden und antikem Mobiliar. Carmine Ciriello ist Ihr Berater bei der Auswahl des Menüs und des dazu passenden Rebensafts, der wahlweise aus eigenem Anbau, von den bedeutendsten Kellereien Kampaniens oder auch aus anderen Regionen Italiens stammen kann. In der Küche bereitet Signora Assunta mit ihrer Schwester Angela traditionelle örtliche Spezialitäten zu: **Milchlamm** aus dem Ofen mit Erbsen in der Kupferform (Keule), von der Reisigglut (Koteletts) oder mit Tomatensauce (Schulter) und im Winter dann den kaum auszusprechenden, aber hervorragend schmeckenden **'Ntrugliatielli** (Darm vom Milchlamm mit Staudensellerie). Alternativ dazu gibt es »Funghi di Pioppo«, in der Pfanne geschwenkte Birkenpilze mit Cocktailtomaten vom Vesuv und Peperoncino (die größten auch vom Reisiggrill) und – im Winter – **Minestra maritata** mit fünf Sorten Gemüse, die mit gemischtem Fleisch in der Brühe gegart werden. Die Fischgerichte richten sich nach dem Marktangebot und kosten Sie ohne Wein höchstens 50 000 Lire, die Fleischgerichte fallen wesentlich günstiger aus.
Gönnen Sie sich zum Abschluß in jedem Falle noch ein Stück von dem leckeren **Ricottakuchen** und ein Gläschen Nocino (Walnußlikör), der nach einem alten Familienrezept hergestellt wird.

Im Caseificio Fratelli Beneduce in Madonna dell'Arco, Via Romani 6, können Sie eine ganz vorzügliche Ricotta erstehen, die ihr feines Aroma dem traditionellen Weidewechsel und dem handwerklichen Geschick der Käser rund um den Vesuv verdankt.

Santa Maria Capua Vetere

7 km westlich von Caserta

Ninfeo

Restaurant
Via Cappabianca
Tel. 08 23 / 84 67 00
Ruhetag: Montag
Betriebsferien: 2 Wo. im Aug. u. an [Weihn.
60 Plätze
Preise: 35 – 45 000 Lire, ohne Wein
Kreditkarten: die bekannteren
Mittags und abends geöffnet

Antonio Leonelli war früher bei der Marine als Luftfahrtingenieur tätig, doch dann machte er sein Hobby zum Beruf: Er ließ sich zum Sommelier und Koch ausbilden und eröffnete gegenüber vom Gerichtsgebäude sein »Ninfeo«. Dort bietet er traditionelle Gerichte, die nur aus frischen heimischen Saisonprodukten zubereitet werden, allerdings immer mit einer ganz persönlichen Note, die erst ihre Originalität ausmacht.
Halten Sie sich nicht lange mit den Antipasti auf, sondern versuchen Sie lieber gleich die bemerkenswerten Primi: **Stringozzi mit Steinpilzen**, schwarze Fettuccine mit Pesto, Rigatoni mit Krabben, **Pasta und Kartoffeln mit Tintenfisch** und **Linguine allo Scoglio**. Als Hauptgerichte folgen **Marzucca** (mit Fisch und Meeresfrüchten, Tubetti – Röhrennudeln – und Kürbisblüten), fritierter Wolfsbarsch, gemischte **Fischplatten vom Grill**, Moscardini al Tegamino (kleine Calamari im Tiegel), Bistecca alla Fiorentina und Büffelmozzarella. Zum Dessert sollten Sie sich den Kuchen mit Waldbeeren oder mit Orangen nicht entgehen lassen – wären da nicht auch noch der Sospiro d'Angelo (Engelsseufzer) und die neapolitanische **Pastiera**! Eine schwere Wahl, die Ihnen Antonio jedoch mit seinem selbstgemachten Limoncello versüßt.
Weinliebhaber können neben dem ausgezeichneten Asprinio d'Aversa aus Cicala unter verschiedenen Erzeugnissen aus dem Osten Kampaniens und der Irpinie wählen.
Santa Maria Capua Vetere, das Sie am besten über die Ausfahrt Caserta-Nord der Autobahn Neapel – Rom ansteuern, ist auch aus kunsthistorischer Sicht sehr interessant.

Santa Maria di Castellabate

66 km südlich von Salerno, S.S. 18 und 267

La Taverna del Pescatore

NEU

Osteria
Via Lamia
Tel. 09 74 / 96 02 27
Ruhetag: Montag, nicht im Sommer
Betriebsferien: Jan. / Febr.
50 Plätze
Preise: 15 – 30 000 Lire, ohne Wein
Keine Kreditkarten
Nur abends geöffnet

Vom alten Fischerdorf Santa Maria di Castellabate im Nationalpark Cilento schwärmen die Fischer noch heute in ihren Barken und Kähnen zum Fang aus und kehren mit den edelsten Fischen beladen an Land zurück. Diese ständige Verfügbarkeit hochwertiger Fischsorten ermöglicht es Franco Romano, dem Wirt der »Taverna«, seine Gäste mit einer ebenso hochwertigen Küche zu verwöhnen, die mehr von der akribischen Zubereitung als von aufwendigen Rezepten lebt. Der Weinkeller ist klein, aber bestens sortiert.
Nach zwanzig Jahren als Restaurant mit einer traditionellen, ganz auf Fischspezialitäten basierenden Küche präsentiert sich das Lokal nun in neuem Gewand: Halb Wine Bar, halb Osteria, bietet es heute ein reduziertes Speisenangebot, was natürlich mehr Zeit für eine sorgfältige Zubereitung der Speisen läßt. Abend für Abend werden zu den offenen Weinen drei Probiermenüs angeboten. Es geht los mit **gefüllten Sardellen**, Ciambinotto (**Sardellenauflauf**) und Salat mit Scongigli, einer hiesigen Meeresfrucht. Je nach Fang ergebnis wartet dann die **Pasta** des Hauses **mit Sughi di Mare** auf (Saucen mit Meeresfrüchten, Nero di Seppia, Garnelen oder **Schwertfischeiern** – der frische Rogen ist ein wahrer Leckerbissen!). Nicht unerwähnt bleiben soll auch ein altes Rezept aus der Küstenküche: butterweiche **Totani** (Kalmare) **mit Kartoffeln**. Süß und verführerisch sind schließlich Andreas frische, stets wechselnde Dolci: Sehr empfehlenswert sind der Zitronenkuchen und die Delizie alla Frutta (runde Kuchen), ausgezeichnet die Mousse mit Sahne und Erdbeeren oder mit Pfirsichen und Ananas.
Bacchusjünger können auf der Weinkarte unter rund fünfzig kampanischen und italienischen Erzeugnissen wählen – überwiegend zum Fisch passende Weißweine, aber auch gute Rotweine sowie ein rundes Dutzend Süß- und Likörweine.

Sapri

146 km südöstlich von Salerno

'A Cantina i Mustazzo

Trattoria
Piazza Plebiscito, 27
Tel. 09 73 / 39 20 66
Ruhetag: Mittwoch
Betriebsferien: Ende September
30 Plätze + 130 im Freien
Preise: 15 – 25 000 Lire
Keine Kreditkarten
Mittags und abends geöffnet

Im Schutze der Kirche San Vito erwartet Sie in Sapri das »Mustazzo«: ein kleiner, warmer Speisesaal für die kalte Jahreszeit und eine großzügige Pergola für den Sommer.
Saverio Cetrangolo betreibt das Lokal gemeinsam mit Guglielmina und Olga; seine besondere Vorliebe gilt Ingredienzen aus der Gegend wie Korn aus Caselle in Pittari, Öl aus Torraca, Ziegenricotta aus San Costantino und Moliterno und den typischen Streifen Kuhmozzarella in der Mortella aus Rofrano. Guglielmina wacht darüber, daß Traditionsverbundenheit und Charakter des kulinarischen Angebots keinen Schaden nehmen – mit Erfolg, was sich beispielsweise an ihrer handgefertigten Pasta zeigt –, während Saverio für die stolze Auswahl an Primi (27 an der Zahl) verantwortlich zeichnet, die er abwechselnd auf den Tisch bringt: Wir empfehlen Ihnen die **Lagane mit Kichererbsen**, Fusilli und **Cavatielli** mit zahlreichen Saucen je nach Saison, **Arrovigliata** und **Ravioli mit Schafsricotta**. Dazu gesellen sich weitere regionale Spezialitäten wie **gefüllter wilder Lattich** (Scarola) oder Scarola mit Bohnen, **Fagottino Cilentano** (mit Tagliatelle gefüllte Auberginen), Kaninchen in umido, **Fleisch alla Pizzaiola**, **gefüllte Calamari** und schmackhafte Gerichte mit Stockfisch oder Baccalà sowie mit Zicklein und Hähnchen vom Bauern.
Auch für Leckermäuler ist bestens gesorgt: Versäumen Sie nicht die Crostate mit Obst oder den Kuchen mit Äpfeln und Nüssen. Das Mahl beschließt ein Gläschen Limoncino, Heidelbeerlikör, Kaktusfeigenlikör oder »Acqua della Battaglia« (»Schlachtenwasser«, ein Tresterschnaps für wackere Kämpfer).

Somma Vesuviana

20 km östl. von Neapel, S.S. 268, Ausfahrt A 16

La Fregola

NEU

Restaurant
Via Santa Maria a Castello, 45
Tel. 081 / 8 93 22 29
Ruhetag: Montag
Betriebsferien: 1. – 15. November
60 Plätze
Preise: 45 – 50 000 Lire, ohne Wein
Kreditkarten: alle
Mittags und abends geöffnet

Eine Straße mit prachtvollem Ausblick verbindet das Ortszentrum von Somma Vesuviana mit dem Wallfahrtsort Santa Maria a Castello. Über ebendiese Straße gelangen Sie auch zum »Fregola«, das sich mit seiner rustikalen, aber komfortablen Einrichtung (mit Klimaanlage für den Sommer) als ideale Einkehr für Spaziergänger empfiehlt, die nach einer munteren Wanderung über die Wege des Parco Nazionale del Vesuvio Appetit auf eine gute Mahlzeit bekommen haben. Es begrüßt Sie das Ehepaar Gino Leoni und Paola La Marca, deren Speisenangebot eine gelungene Symbiose von Ginos sardischen und Paolas kampanischen Wurzeln ist. Wir müssen uns leider auf einen kurzen Überblick beschränken: Einstimmen können Sie sich mit der deutlich sardisch angehauchten **Fregola con Vongole** (handgemachter Hartweizenpasta) oder mit Linguine mit Fischrogen. Zum Hauptgang haben Sie die Wahl zwischen Fleisch und Fisch, so daß für jeden etwas Passendes dabei ist: Versuchen Sie das **gebackene Ferkel** und den **Wolfsbarsch in Vernaccia**, und wenn im Spätsommer zum Halali geblasen wird, sollten Sie auch dem **Wild** (insbesondere Hirsch und Wildschwein) die gebührende Beachtung schenken. Bayerische Creme mit Waldbeeren vom Monte Somma beschließt die Mahlzeit. Jetzt fehlt nur noch ein Filuferru oder ein mit Myrten, Erdbeerbaum, Karden oder Kaktusfeigen aromatisierter Schnaps, die Gino gemeinsam mit Limoncello und Fragolino höchstpersönlich herstellt.
Gut ist auch die Auswahl an Weinen aus Sardinien und Kampanien.

Die Azienda La Campagnola von Rallo Michela, Via Pigno 153, stellt nach alter Tradition der Bauern, die die Ernte ihrer Gemüsegärten für den Winter einmachen, in Öl eingelegtes Gemüse her: Auberginen, Pilze, Artischocken und Tomaten.

Teggiano

90 km südlich von Salerno, A 3

Osteria Sant'Andrea

NEU

Trattoria
Via Sant'Andrea
Tel. 09 75 / 7 92 01
Ruhetag: Montag
Betriebsferien: 20. Dez. – 20. Januar
65 Plätze
Preise: 30 – 35 000 Lire
Kreditkarten: AE, Visa
Mittags geöff., abends auf Vorbestell.

In einem der schönsten Landstriche Italilens beschlossen 1995 drei befreundete Paare, den großen Schritt zu wagen und einen Ort zu suchen, an dem fröhliche Geselligkeit und althergebrachte heimische Kulturgüter unter einem Dach ein neues Zuhause finden sollten: die Geburtsstunde unserer Osteria mit ihrer rustikal schlichten Einrichtung, in der die »Einfache-Leute-Küche« wieder zu gebührenden Ehren kommt.
Zur Einstimmung werden dem Gast ausgewählte klassische Wurstspezialitäten und guter **Caciocavallo** von heimischen Erzeugern gereicht, begleitet von exquisiten Appetithäppchen und von in Öl eingelegtem Gemüse (in Erinnerung blieben uns insbesondere die **Sciuscelloni**, fritierte süße Paprikaschoten). Doch dann kommt die Stunde der hausgemachten Pasta: Bei **Parmitielli** (einer Art riesige Orecchiette, die am Palmsonntag gegessen werden, mit Ragù und salziger Ricotta), **Filati mit Kichererbsen** (Fadennudeln, dem Aushängeschild des Lokals), **Lagane e Fagioli**, Ravioli mit Kuhricotta und den klassischen Fusilli können Sie sich selbst ein Bild machen von der Küche des »Sant'Andrea«, die hausfrauliche Qualitätsansprüche mit viel Liebe fürs Detail zu verbinden weiß. Gehen Sie dann über zu **Minestra mit wildwachsendem Gemüse** der Saison oder auch Bohnen mit Coria (Schweineschwarte). Als Hauptgang folgen Braten in Sugo, **Baccalà alla Teggianese**, Kutteln, **Soffritto mit Kartoffeln** oder **Ciambotta** aus Teggiano mit geschmorten Kartoffeln, Paprikaschoten, Auberginen und Salsiccia.
Passender Begleiter zu diesem einzigartigen Mahl wie aus früheren Tagen ist der einfache Hauswein: ein zu allem passender Aglianico.

Torre del Greco

12 km südlich von Neapel, S.S. 18

Casa Rossa 1888

NEU

Restaurant
Via Mortelle, 128
Tel. 081 / 8 83 15 49
Ruhetag: Montag
Keine Betriebsferien
200 Plätze + 60 im Freien
Preise: 40 – 45 000 Lire, ohne Wein
Kreditkarten: die bekannteren
Mittags und abends geöffnet

Schon der erste Eindruck stimmt optimistisch, denn das Panorama, das sich von hier auftut, ist einfach überwältigend: Seewärts schweift der Blick über den gleißenden Golf bis hin nach Capri, auf der anderen Seite dann bis zum Parco Nazionale del Vesuvio. Früher gab es hier nur eine einzige Einkehr: die kleine, aber renommierte »Casa Rossa« von Don Raffaele und Donna Carmela Pinto, in der sich ein buntgemischtes Völkchen von Seeleuten, Bauern und Fremden einzufinden pflegte. In den fünfziger Jahren dann wurde das 1888 gegründete Lokal zu einem weltmännischen Restaurant.
Heute findet die jahrhundertealte Gastfreundschaft eine Fortsetzung: mit typisch neapolitanischer Küche, die gelegentlich auch um frische Akzente bereichert wird. Zum Auftakt empfehlen wir Ihnen die ausgezeichneten **Frittelle mit Meeresalgen**, den **Gratin mit Meeresfrüchten** oder den ungewöhnlichen **Fagottino in Foglia di Fico**: Mozzarella und Schinken werden in ein duftendes Feigenblatt eingewickelt und die solcherart entstandene Roulade über der Holzglut gegart. Schwelgen Sie daraufhin in Primi wie Rigatoni mit Fisch und Meeresfrüchten, Weizengnocchetti allo Scoglio, **Conchiglie di Venere** (eine mit Fisch gefüllte Pasta) und **Polipetti in Cassuola** (Tintenfischchen in der Kasserolle), auf die Fischgerichte in allen Variationen folgen: von der Holzglut, al Cartoccio (in der Hülle gegart) oder im Weinsud.
Zum krönenden Abschluß sollten Sie sich die leckeren Süßspeisen des Hauses nicht entgehen lassen, die von Erdbeeren in Zitronengranatina (mit Eisstückchen) über **Pastiera** mit Weizen bis zur Delizia al Limone (Zitronenkuchen) für jeden Geschmack etwas bieten. Weinliebhaber können neben dem hiesigen Lacryma Christi auch einen kampanischen Tropfen aus dem ordentlichen Sortiment wählen.

BASILIKATA

Melfi
Avigliano
POTENZA
Picerno
Pignola
Castelmezzano
Accettura
Matera
Bernalda
Marsicovetere
Nova Siri
Francavilla in Sinni
S. Severino Lucano
Terranova di Pollino
Maratea
Viggianello
Rotonda
Thyrrhenisches Meer
Ionisches Mee

Accettura

82 km südwestlich von Matera, S.S. 277

Pezzolla

Restaurant
Via Roma, 21
Tel. 08 35 / 67 50 08
Ruhetag: Samstag, nicht im Sommer
Betriebsferien: November
40 Plätze + 20 im Freien
Preise: 30 – 40 000 Lire
Keine Kreditkarten
Mittags und abends geöffnet

Nachdem Sie die Basentana, eine der drei Schnellstraßen, die das Innere der Region mit dem Meer verbinden, verlassen und die weiten Serpentinen und den prächtigen, gepflegten Wald von Gallipoli durchfahren haben, erreichen Sie das Dorf Accettura. Im Erdgeschoß einer alten, an der Hauptstraße des Ortes gelegenen Villa, in einem großen Saal mit einsehbarer Küche befindet sich eines jener Lokale, die der Gastronomie der Gegend neue Impulse gegeben haben. Wir sind hier in den Dolomiti Lucane, dem – wir wünschen es sehr – zukünftigen Nationalpark Basilikata. So überrascht es auch nicht, daß man hier für die Zubereitung der Speisen nur die guten, unverfälschten heimischen Zutaten verwendet.
Unbedingt zu empfehlen sind die Wurst aus eigener Herstellung und die selbstgemachten Paste, die man vor Ihren Augen zubereitet und die mit Ragout (an Festtagen) oder Gemüse serviert werden. Wenn Sie an einem Sonntag kommen, sollten Sie auch einmal die **Orecchiette mit ragù di involtini** oder die **Manate ai funghi** probieren, und an den Wochentagen empfehlen wir Ihnen die **Cavatelli alla sangiovannara** (Tomate, Basilikum, Kapern, Knoblauch und Paprikaschoten). Anschließend ist die Reihe an gegrilltem oder **gebratenem Lamm** oder **Milchkitz**, Innereien vom Lamm am Spieß oder gefülltem Schweinefleisch oder Huhn. Zum Abschluß gibt es einige gute, hausgemachte Desserts. Die Auswahl an Weinen ist zwar nicht sehr groß, bietet aber auch einige Aglianico-Erzeugnisse.

Die ausgezeichnete, von Signora Isa selbst hergestellte Wurst (Capocollo, Soppressata, Salsiccia mit Fenchel und Peperoncino), aber auch ausgesuchte Käsespezialitäten und in Öl eingelegtes Gemüse werden im Restaurant auch zum Kauf angeboten.

Avigliano Frusci

26 km nordwestlich von Potenza, S.S. 7

Pietra del Sale

NEU

Restaurant
Ortsteil Pietra del Sale
Tel. 09 71 / 8 70 63
Ruhetag: Montag
Keine Betriebsferien
40 Plätze
Preise: 35 – 45 000 Lire, ohne Wein
Kreditkarten: die bekannteren
Mittags und abends geöffnet

Das Genossenschaftswesen funktioniert auch in der Basilikata: Dieses Restaurant, das in einem abgelegenen Bauernhaus in ländlicher Umgebung eingerichtet wurde, wird von der Kooperative »Futura Frusci« geführt, und das mit gutem Erfolg. Das belegen auch die zahlreichen Besucher, die sich hier einfinden, obwohl das Lokal nicht ganz einfach zu erreichen ist. Folgen Sie am besten der Beschilderung zur Wallfahrtskirche Madonna del Carmine. Es gibt kein Wirtshausschild, und abends macht nur ein schwaches Licht darauf aufmerksam, daß sich hier ein Gebäude befindet. Doch der Rahmen ist großartig: Das Restaurant ist zwar mit spartanischer Schlichtheit eingerichtet, doch auf den Tischen stehen schöne Gläser, und ein aufmerksamer Kellner überreicht Ihnen sofort die Speisekarte.
Die Küche mit traditionellen Gerichten der Gegend und Zutaten, die vom Bauernhof der Kooperative stammen, ist gut. Den Auftakt bilden Käse (Caciocavallo, Pecorino), Salsiccia, Schinken und in Öl eingelegtes Gemüse. Anschließend folgen frische Paste: **Strascinate mit Wildschweinragout**, Orecchiette alla federiciana (mit Fleischsauce und gemischten, gehackten Kräutern), Orecchiette und **Fusilli mit Wurst und Pilzen**. Gewöhnlich werden Strascinate, Orecchiette und Fusilli auf einem Teller serviert. Die Mitglieder der Kooperative züchten Wildschweine, Schafe und Ziegen, und so bekommt man hier auch **Wildschweingulasch** oder marinierte und gegrillte Wildschweinkoteletts, **gegrilltes Milchkitz** und Lamm, aber auch **Mugnulatidd** (gewürzte Lamminnereien im Darm) al forno und **Cuturidd** (gekochtes Lammfleisch mit Kräutern). Und zum Nachtisch gibt es Mustazzuol aviglianesi und Crostate mit Ricotta oder mit Waldfrüchten. Der Wein stammt aus eigener Erzeugung, es werden aber auch Aglianico-del-Vulture-Weine angeboten.

Avigliano Sarnelli

26 km nordwestlich von Potenza, S.S. 7

Vecchio Lume

Trattoria
Ortsteil Sarnelli
Tel. 0971/870 80
Ruhetag: Freitag
Betriebsferien: September
100 Plätze
Preise: 30–40 000 Lire
Kreditkarten: AE, CartaSi, Visa
Mittags und abends geöffnet

Hier kommt man nicht zufällig vorbei. Sarnelli ist ein winziger Ortsteil in den Bergen nördlich von Potenza, der abseits der Hauptverkehrsstraßen liegt. Unter den Fenstern des »Vecchio Lume« fährt die Schmalspurbahn vorbei, die Potenza und Bari verbindet. Eine Handvoll Häuser drängen sich dicht um die imposante Burg des Stauferkönigs Friedrich II., deren ältester Teil die hübsche Trattoria von Angelo Sabbia beherbergt. Nachdem man die kleine Bar durchquert hat, läßt man sich im modern eingerichteten Speisesaal nieder und genießt die Küche von Mamma Angela. Die Antipasti sind in einer Theke angerichtet, von der man sich selbst bedient: fritiertes und geröstetes Gemüse, köstliche Würste (ein typisches Produkt Lukaniens) und ein ebenso guter Caciocavallo. Danach können Sie mit **Orecchiette alla pecorara** (mit ausgereifter, salziger Ricotta), **Strascinati** al ragù oder, während der Saison, **mit Steinpilzen**, mit Fusilli auf Bäuerinart, Pasta e fagioli oder **Cautarogn mit Brotteig und Paprikaschoten** fortfahren. Groß ist die Auswahl bei den Secondi mit gegrilltem **Lamm**, **Wildschwein ai profumi di bosco**, **Baccalà all'avigliananese**, Kalbfleisch mit Salbei und Rosmarin, Kaninchen mit Kräutern und Hähnchen alla crema di menta. Die hausgemachten Desserts sind einfach: eine leckere Spuma di ricotta al caffè und Obst- oder im Winter Ricottakuchen.
Eine angenehme Überraschung bietet der Weinkeller, in dem nur die besten Aglianico-del-Vulture-Weine lagern.

In der Käserei Pian della Spina, Via Piano della Spina, in **Filiano** (9 km) finden Sie die besten Latticini, ausgereifte Käse, Caciocavallo, den außergewöhnlichen Pecorino aus Filiano und viele andere heimische Milchprodukte.

Bernalda

44 km südöstlich von Matera, S.S. 407

Da Fifina

Trattoria
Corso Umberto, 63
Tel. 0835/543134
Ruhetag: Sonntag, nicht im August
Betriebsferien: September
50 Plätze + 50 im Freien
Preise: 30 000 Lire
Keine Kreditkarten
Mittags und abends geöffnet

Nachdem Sie einen Tag in Metaponto auf den Spuren der »Magna Grecia« zwischen außergewöhnlichen archäologischen Funden wie den fünfzehn noch unversehrten Säulen des dorischen Tempels, den sogenannten Tavole Palatine, und den Ruinen der drei Apollo, Hera und Athene gewidmeten Tempel verbracht haben, können Sie die Wanderung angenehm mit einem Abendessen in der Trattoria »Da Fifina« an der Hauptstraße von Bernalda beschließen. Eine Adresse, die wir all jenen empfehlen, die die Klassiker der heimischen Küche und die ausgezeichneten Erzeugnisse der Gegend, die man nicht zufällig auch „Klein-Kalifornien« nennt, kennenlernen möchten.
Seit mehr als vierzig Jahren bereitet Signora Serfina Sferruzzi, genannt Fifina, ihre frischen Paste (Orecchiette, Cavatelli, Spaghetti, Lagane) zu, die sie je nach Jahreszeit mit Bohnen, Rucola, Tomaten oder Auberginen aus dem eigenen Garten oder mit heimischem Käse, etwa Cacioricotta, serviert. Probieren Sie, im Sommer, vor allem einmal die **Orecchiette mit Auberginen** oder alla contadina. Im Winter sollten Sie sich dagegen die **Cavatelli mit Miesmuscheln und Bohnen** nicht entgehen lassen. Aber auf dem fruchtbaren Boden gedeihen nicht nur Obst und Gemüse, es gibt hier auch kleine Zuchtbetriebe, die vorzügliches Fleisch anbieten, das Fifina auf die unterschiedlichste Weise zu schmackhaften Gerichten wie köstlichen **Involtini di melanzane**, **Braciole alla materana**, **gemischtem, geschmortem Fleisch** (Fleischklöße, Kotelett, Lamm), Grillwurst und Lammbraten verarbeitet. Von Zeit zu Zeit wird auch frischer Fisch aus dem Ionischen Meer angeboten: Seebarsch all'acqua pazza, im Ofen gegarte Goldbrassen mit Oliven und fritierte Fische.
Dazu trinkt man den offenen Hauswein oder das ein oder andere Erzeugnis aus Apulien.

Castelmezzano

42 km südöstlich von Potenza, S.S. 407

Al Becco della Civetta

NEU

Osteria
Vicolo I Maglietta, 7
Tel. 09 71 / 98 62 49
Ruhetag: Dienstag
Keine Betriebsferien
40 Plätze + 15 im Freien
Preise: 40 – 50 000 Lire
Keine Kreditkarten
Mittags und abends geöffnet

Um hierher zu gelangen, muß man sich über die engen Straßen der Dolomiti Lucane quälen. Seinen Namen hat das Lokal, das etwas weiter im Inneren des Dorfes liegt, von einem der charakteristischen Felsen am Ortseingang. Was die junge, sympathische Signora Antonietta, die bis vor einigen Jahren Jura studierte, hierherführte, war insbesondere ihre grenzenlose Begeisterung für die kulinarische Tradition. Und so bietet sie in ihrem kleinen Lokal, das man in einer ehemaligen Brauerei eingerichtet hat, seit einigen Jahren eine unverfälschte Küche mit vorzüglichen, sorgfältig ausgewählten Zutaten an, die weder Moden noch Tiefkühlkost zuläßt.
Als Vorspeise serviert man Ihnen unter anderem ausgezeichnete Wurst – **Salsiccia** und Soppressata – aus eigener Herstellung. Danach kommen mit feinster **Ricotta gefüllte Ravioli mit Sauce**, **Cavatelli mit Brotteig und Walnüssen** und **Minestre** aus Weizen und dicken Bohnen oder mit Feldfrüchten (großartig die Minestra **mit Zichorie, Bohnen, Fenchel und Fleischbällchen**). Im Winter entdecken Sie neben dem Kamin, der sich unmittelbar hinter dem Eingang befindet, Töpfe, in denen **Lamm mit Kartoffeln**, eine der besonderen Spezialitäten des Lokals, in der Glut vor sich hin schmort. Außerdem werden als Secondi noch Soffritto, Hülsenfrüchte mit Speck, gefülltes Huhn mit Rosinen und nicht zu vergessen **Maiale e peperoni all'aceto**, ein süß-saures Gericht, das man vorwiegend in den Bergen ißt, angeboten. Erkundigen Sie sich auch nach den herrlichen **Käse**spezialitäten, die von den umliegenden Bauernhöfen stammen. Und zum Abschluß empfehlen wir Ihnen die mit Oregano aromatisierten Crostol', ein klassisches Hochzeitsgebäck.
Neben Weinen aus heimischer Produktion finden Sie auch einige Aglianico-del-Vulture-Erzeugnisse.

Francavilla in Sinni Contrada Scaldaferri

135 km südöstlich von Potenza, S.S. 92 und 653

Fontana del Tasso

Bauernhof
Ortsteil Scaldaferri, 40
Tel. 09 73 / 64 45 36 – 03 68 / 3 93 39 01
Ruhetag: Dienstag
Betriebsferien: im Herbst
50 Plätze + 20 im Freien
Preise: 30 – 35 000 Lire
Keine Kreditkarten
Mittags und abends geöffnet

Das »Fontana del Tasso« ist ein hübsches Lokal in den Bergen, an der Straße zum Pollino-Nationalpark. Geführt wird es von einer jungen Familie, die ein altes Bauernhaus hübsch renoviert und darin zwei gemütliche Speisesäle eingerichtet hat.
Die Antipasti werden in Form verschiedener kleiner Kostproben serviert: ein gemischter Wurstteller, **gefüllte Scamorza** (mit Kichererbsen, Zucker, Zimt und Kakao), verschiedene Sottoli, Pane cotto mit Oregano, Knoblauch, Tomate und Butter, **Focaccia »Fontana del Tasso«** (Mehl aus Hülsenfrüchten, Öl, Salz und Pfeffer), Soffritto mit Lamm und Milchkitz, Eier mit säuerlichem Kuhkäse, Ricotta aus Kuhmilch und fritierte Holunderblüten. Die Paste werden ganz traditionsgemäß von Hand gemacht, und man bekommt stets mindestens zwei Kostproben: **Rascatielli mit** Gemüse- oder **Fleischsauce** mit fester Ricotta und getrockneten Paprikaschoten, Ravioli di ricotta mit Salsiccia oder Salbei, Lagane mit Bohnen, **Fusilli mit Brotteig und gemahlenen, getrockneten Paprikaschoten**. Als Secondi werden ausschließlich Fleischgerichte angeboten: Milchkitz, Lamm, Hähnchen, Perlhuhn, Kaninchen und Schweinefleisch, das im Ofen oder auf der Holzglut gegart wird. Das Fleisch stammt aus Zuchtbetrieben des Pollino-Nationalparks. Und zum Abschluß sollten Sie sich von einer typischen Süßspeise verführen lassen, die aus **Ricotta aus Kuhmilch und Maulbeermarmelade** hergestellt wird: einfach unübertrefflich. Der Weinkeller bietet lediglich einige Erzeugnisse der Region.

Im Geschäft der Eheleute Palazzo, Corso Garibaldi 5, in **Senise** (10 km) bekommen Sie den »Zafarano di Senise« (gemahlene, rote Peperoncini), der nicht nur wegen seines Aromas und seines Geschmacks, sondern auch wegen seiner heilenden Eigenschaften geschätzt wird.

Maratea Castrocucco

141 km südwestlich von Potenza, A 3 und S.S. 585

La Tana

Hotelrestaurant
Ortsteil Castrocucco, 26
Tel. 09 73 / 87 72 88
Ruhetag: Donnerstag, nicht im Sommer
Betriebsferien: 15. – 31. Januar
130 Plätze
Preise: 40–50 000 Lire
Kreditkarten: alle
Mittags und abends geöffnet

Der herrliche Küstenstreifen mit seinen Klippen, Buchten, Grotten und verborgenen kleinen Stränden, die hübschen, dichtgedrängten Häuser von Maratea und die Gastlichkeit der Bewohner Lukaniens üben eine große Anziehungskraft aus. Und sollten die Schönheiten der Natur allein nicht ausreichen, bemüht sich Aldo Salerno, der Wirt dieses netten Lokals, darum, die Touristen mit seiner schmackhaften, leichten Küche zufriedenzustellen, die neben einer Vielzahl von Fischgerichten einige heimische Klassiker, aber auch eher unbekannte und internationale (vielleicht um den Wünschen der steigenden Zahl ausländischer Gäste gerecht zu werden?) Gerichte bietet.
Den Auftakt bildet eine große Platte mit **Antipasti di mare** (marinierte Sardellen und Lachs, Miesmuscheln, Krabben, Tintenfische und herrliche Calamari mit Lachsfüllung). Es folgen Risotto alla pescatora, **Linguine mit Seeigelfleisch**, mit Venusmuscheln oder allo scoglio. Als Secondi werden unter anderem gegrillte Goldbrasse und Schwertfisch, **Seebarsch all'acqua pazza**, Meeresfrüchte, Riesengarnelen, **Misto del pescatore alla griglia** und eine Insalatina di polpi angeboten. Wer keinen Fisch mag, der kann nach **Ravioli alla lucana** (mit Ricotta und Tomatensauce) oder Steinpilzrisotto zwischen gegrilltem Lamm, gebratenem Schweinekotelett, Salsiccia al cartoccio und Kalbslendenbraten wählen. Als Beilage wird das sonnengereifte Gemüse des Südens serviert: Auberginen (gebraten oder in Olivenöl gegart), Tomaten, gebratene Paprikaschoten und Ciaudedda. Die Desserts sind anständig, die Weinkarte ist gut sortiert.

In **Marina di Maratea** (7 km), Il Patriarca: Hier bietet Osvaldo Palermo Rosoli (vor allem Marathia aus Zitrone), Amaro di Maratea, Limoncello und Kräutertees aus eigener Herstellung an.

Maratea · Porto

129 km südwestlich von Potenza, A 3 und S.S. 585

Vincenzo a Mare

NEU

Trattoria
Via Grotte, 26
Tel. 09 73 / 87 60 02
Ruhetag: Montag, nicht im Sommer
Keine Betriebsferien
20 Plätze + 70 im Freien
Preise: 35 – 50 000 Lire
Keine Kreditkarten
Mittags und abends geöffnet

Das Versprechen »Bei Vincenzo a Mare kommt nur frischer Fisch auf den Tisch«, mit dem diese typische Trattoria im kleinen, nur aus wenigen Häusern bestehenden Vorort von Maratea für sich wirbt, hält Vincenzo Schettino ganz gewiß ein. Lassen Sie sich also ein angenehmes Mittag- oder Abendessen mit Ausblick auf das Meer nicht entgehen, das Sie in einem Lokal einnehmen, in dem alles getan wird, um die Gäste zufriedenzustellen, und in dem man Ihnen mit Sicherheit nur frischen und gut zubereiteten Fisch zu angemessenen Preisen servieren wird.
Beginnen kann man mit einer köstlichen **Insalata di mare mit Rucola und Garnelen**, einem Garnelencocktail oder marinierten Sardellen. Immer auf der Karte zu finden sind Primi mit Fischbeilagen wie Spaghetti alle vongole, **Mezzirigatoni mit Miesmuscheln**, Risotto alla pescatora, **Linguine mit kleinen Tintenfischen** oder **Garnelen**. Die Secondi – **gegrillter Schwertfisch**, **fritierte Krabben und Tintenfische**, Rotbarben und Kabeljau, **gegrillte Riesengarnelen** und kleine, fritierte Fische – wechseln je nach Jahreszeit und Angebot des Marktes, sind aber stets von ausgezeichneter Qualität. Auf Vorbestellung bekommen Sie auch eine Pezzogna ai ferri für zwei Personen. Beschließen können Sie das Mahl mit Babà alla crema oder einer Zitronentorte.
Als Begleiter werden einige wenige, aber gute Weine aus Lukanien und Kampanien angeboten.

In der Pasticceria Panza, Via Angiporto Cavour 9, finden Sie leckere, mit Kirschen, Schokoladen- oder Kirschcreme gefüllte Bocconotti, feines Gebäck mit Pistazien, Zitrone, Zitronat, al caffè oder mit Haselnüssen und die nahrhaften Mustaccioli aus Zucker, Mehl, Honig und Schokolade.

Maratea · Massa

129 km südwestlich von Potenza,
A 3 oder S.S. 585

Zu Pascali

NEU

Trattoria
Via Varacia, 4
Tel. 09 73 / 87 02 42
Kein Ruhetag
Betriebsferien: von Oktober bis Ostern
110 Plätze
Preise: 30 – 40 000 Lire
Keine Kreditkarten
Mittags und abends geöffnet

Wer glaubt, in Maratea bekomme man nur Fisch zu essen, befindet sich im Irrtum. Um eine unverfälschte Festlandsküche zu finden, müssen Sie nur die steil über dem Meer verlaufende Panoramastraße hinauffahren, die zum Berg mit der großen Christusstatue führt. So gelangen Sie zum kleinen Ortsteil Massa, wo Sie am Ende der Straße das »Zu Pascali« finden. Lassen Sie sich vom Ambiente (draußen wie drinnen eher anonym, die Einrichtung konventionell) nicht täuschen, denn die Familie Bacchiglione wird Sie herzlich und aufmerksam empfangen, und es erwarten Sie typisch lukanische Speisen.
Von den Vorspeisen empfehlen wir Ihnen die **Wurst** (Pancetta, Schinken, Soppressata di cinghiale, roher Cotechino aus Schweineschwarte und Peperoncino), den **Käse** (Ricotta und Caciocavallo) und die eingelegten Auberginen. Bei den Primi haben Sie die Wahl zwischen **Lagane e ceci** mit Gambone di prosciutto, **Orecchiette mit Wildschweinragout und Pilzen**, **Ravioli** (mit Ricotta und Salsiccia gefüllt), Pennette mit wildem Spargel, Bucatini mit Cotechino, Fusilli mit Fleischsauce und Gnocchi al pomodoro. Bei den Secondi dominieren traditionelle bäuerliche Fleischgerichte: gegrillte Kalbsleber, **Gliommarelli** (Innereien vom Lamm oder Milchkitz, mit Petersilie und Knoblauch gewürzt), Soffritto di cinghiale in umido, gegrilltes Milchkitz oder Hähnchen, **gebratenes Wildschwein** mit Oliven und Pilzen, **Kaninchen alla boscaiola**. Typisch und reichlich die Beilagen wie **Zucchini mit Minze**, **Ciambotta** oder gefüllte Auberginen und Paprikaschoten. Das Brot ist selbstgebacken. Den Abschluß bilden ein Dessert mit Walnüssen, ein Zitronenkuchen und vielleicht auch ein kleiner Likör.
Der Weinkeller bietet einen anständigen, preiswerten roten Hauswein und einige Aglianico-del-Vulture-Erzeugnisse.

Marsicovetere
Villa d' Agri

47 km südlich von Potenza,
S.S. 94, 95 und 276

Osteria del Gallo

NEU

Osteria
Largo nazionale, 2
Tel. 09 75 / 35 20 45
Ruhetag: Dienstag, nicht im Sommer
Keine Betriebsferien
120 Plätze
Preise: 35 000 Lire
Kreditkarten: alle
Mittags und abends geöffnet

Unmittelbar hinter Villa d'Agri wird die Straße immer schmaler und kurvenreicher und windet sich nach Marsicovetere hinauf. Dann wird sie noch unwegsamer und führt die Hänge des schönen Monte Volturnio hinauf, von dessen Gipfel man auf den lukanischen Apennin und weiter auf die Murghe und den Gargano blickt. Unweit der wenigen Häuser von Villa d'Agri entspringt der Fluß Agri. Bekannt ist das Land hier für die Sarconi-Bohne. Dort hat sich die »Osteria del Gallo« – eine Mischung aus Osteria, Ausschank und Pizzeria – zu einem Treffpunkt für junge Leute und Familien entwickelt.
Auf der Karte finden Sie **Gemüsesuppen**, Orecchiette, Strascinati und Fusilli mit Fleischsaucen oder mit Gemüse, Hülsenfrüchten oder auch mit Steinpilzen, Risotti mit schwarzen Trüffeln oder mit Pilzen, **Strozzapreti mit Steinpilzen** und Agnolotti mit Trüffeln. Als Secondi werden selbstverständlich Fleischgerichte angeboten: **in der Holzglut gegartes Lamm**, Grigliata del percora (Schweinefleisch und Schweinswürste), **Grigliata mista del pastore** (Lamm, Schaf, Huhn), Kalbsragout mit Gemüse der Saison, Gallina alla brace und gelegentlich auch gegrilltes Hähnchen.
Die hausgemachten Desserts – Castagnaccio, Pastiere di ricotta, Apfel- und Pfirsichkuchen – werden meist aus heimischen Produkten hergestellt. Die Brüder Dandrea und die Mädchen, die sich um den Service kümmern, werden Sie herzlich und freundlich empfangen. Es gibt eine gute Auswahl an Bieren und gute Aglianico-del-Vulture-Weine.

In **Sarconi** (20 km), Ortsteil Sciaura, bietet Vincenzo Bulfaro Lamm, Milchkitz und Kalbfleisch aus eigener Herstellung an. Im August und September bekommen Sie hier außerdem ganz frisch die berühmten Sarconi-Bohnen.

Il Terrazzino sui Sassi

Restaurant
Vico San Giuseppe, 7
Tel. 08 35 / 33 25 03
Ruhetag: Di.abend
Keine Betriebsferien
100 Plätze
Preise: 35–50 000 Lire
Kreditkarten: alle
Mittags und abends geöffnet

Das Restaurant von Umberto Giasi und Eustachio Persia ist wirklich einzigartig: Man blickt direkt auf die Sassi (insbesondere den Sasso Barisano), und das Lokal ist auf mehreren Ebenen angeordnet. Die Speisesäle (ein zentraler und zwei kleinere, gemütlichere), die im Weinkeller eines Palazzo aus dem 18. Jahrhundert eingerichtet wurden, sind nach der erst kürzlich abgeschlossenen Renovierung noch behaglicher geworden.
Die Küche ist das Reich von Santo De Bernardi und Signora Jolanda. Den Auftakt bilden heimische Erzeugnisse wie in Öl eingelegtes Gemüse, Käse und Wurst (versuchen Sie unbedingt einmal die Salsiccia in cartoccio). Als Primi werden **Pasta e cicerchie**, »Foglie d'ulivo« (kleine, grüne Nudeln in der Form von Olivenblättern, die mit wilder Rucola und Tomate zubereitet werden), **Orecchiette al tegamino**, Grano e ceci, **Patate e zucchine,** Auberginengratin, Pasta e fagioli und Purè di **fave e cicoria** angeboten. Etwas ganz Besonderes sind die **Cialledd'** (altbackenes Brot, Öl, Oliven, Eier, Gemüse und Tomaten – ein typisch bäuerliches Gericht) und die »Scorze di castagn« (Nudeln aus Kastanienmehl) mit Pilzen. Groß ist die Auswahl bei den Secondi: in der Holzglut gegartes Fleisch, Rouladen und gebratene Scamorza, Gnumarieddi (Lamminnereien) al forno oder alla brace und Salsiccia. Gelegentlich werden auch Fischgerichte angeboten. Sollte sie gerade auf der Karte stehen, lassen Sie sich die **Pecora alla materana** nicht entgehen. Den Abschluß bilden hausgemachte Desserts, von denen besonders der Kirschkuchen und die **Strazzate**, ein heimisches Gebäck, zu empfehlen sind.
Dazu trinkt man den offenen Hauswein oder einige gute Aglianico-del-Vulture-Erzeugnisse.

Matera

Trattoria lucana

Trattoria
Via Lucania, 48
Tel. 08 35 / 33 61 17
Ruhetag: Sonntag, nicht im Sommer
Betriebsferien: 20. Aug. – 10. Sept.
70 Plätze
Preise: 30 – 40 000 Lire
Kreditkarten: CartaSi, DC, Visa
Mittags und abends geöffnet

Viele kommen der Sassi wegen nach Matera, doch nur wenige möchten auch die kulinarischen Klassiker der Gegend kennenlernen. Wenn Sie unserer Einladung folgen wollen, empfehlen wir Ihnen diese Trattoria, in der seit mehr als fünfzig Jahren die Familie Sanrocco die typische, unverfälschte Küche Lukaniens anbietet. Die sorgfältige Auswahl der Zutaten, ein Speisenangebot, das sich nach den Jahreszeiten richtet, und eine Zubereitung, die professionelles Können erkennen läßt, das sind die Faktoren, die den Erfolg des Lokals ausmachen.
Groß ist die Auswahl bei den Vorspeisen: **gefüllte Paprika**, geröstetes Gemüse, **gebratene Ricotta** (dazu gibt es während der kalten Jahreszeit fritierte Oliven und Peperoni cruschi) und natürlich die unverzichtbaren lukanischen Wurstspezialitäten. Immer auf der Karte zu finden sind, auch wenn es sich ursprünglich um ein weihnachtliches Gericht handelt, die **Pettole**, eine heimische Köstlichkeit aus ausgebackenem Hefeteig. Der Lauf der Jahreszeiten bestimmt auch das Angebot bei den Primi: Im Sommer bekommt man frische **Orecchiette** alla crudaiola oder alla materana und im Winter die nahrhafteren **Cavatelli al tegamino** oder mit Pilzen und Salsiccia und Pasta mit Hülsenfrüchten. Abwechslungsreich ist auch das Angebot an Fleischgerichten, das von **Pferdekotelett** bis zu **gebratenem Lamm mit Kartoffeln** reicht. Im Winter gibt es vielfach auch einen guten Pecorino oder eine gegrillte Scamorza. Die Desserts sind hausgemacht. Zu trinken gibt es – leider – nur einen offenen Aglianico.

Il Buongustaio von Samuele Olivieri, Piazza Vittorio Veneto 1, bietet Spezialitäten aus der Gegend und aus Italien sowie eine gute Auswahl an Weinen, vor allem aus Süditalien, an.

Melfi Foggianello

63 km nordöstlich von Potenza, S.S. 93

Farese

NEU

Hotelrestaurant
Via Foggianello, 1
Tel. 09 72 / 23 64 78
Ruhetag: Donnerstag
Betriebsferien: November
300 Plätze
Preise: 30–35 000 Lire
Kreditkarten: alle
Mittags und abends geöffnet

Unter der Woche wohnen hier viele Techniker des Fiatwerks in Melfi und der Firma Agip in Candela. Außerdem ziehen die nur wenige Kilometer entfernten Kraterseen von Monticchio, das Kastell von Melfi und der Pesole-See viele Touristen, vor allem aus Deutschland, an. Es tut sich also etwas in diesem Winkel der Basilikata, wo sich inzwischen durch die Schaffung neuer Arbeitsplätze auch die Kaufkraft erhöht hat. Für den beherzten Wirt Pasquale Farese ein Grund, sein altes Lokal zu renovieren und gleichzeitig ein schönes, modernes, sauberes und komfortables Hotel zu errichten.
Im großen Speisesaal wechselt sich Pasquale mit den Kindern Antonella und Daniele ab, die Ihnen freundlich und professionell die klassischen Gerichte Lukaniens servieren: einfache, schmackhafte Speisen, bei denen man das Beste aus dem zu machen versteht, was das zwar faszinierende, aber karge Land an Aroma und Geschmacksvielfalt bietet. **Fusilli ai funghi**, Orecchiette della nonna, Ravioli mit Ricottafüllung und der traditionelle **Pancotto alla melfitana** sind die häufigsten Primi. Von den Secondi sind vor allem die verschiedenen Braten und das **Lamm alla cacciatora** zu empfehlen. Die besondere Spezialität dieser Gegend ist das schmackhafte **Schweinefilet mit Paprikaschoten und Perlzwiebeln**.
Den Abschluß bilden Gebäck und ein Limoncello, die Signora Graziella selbst herstellt. Und das alles für 30–35 000 Lire, inklusive dem offenen, heimischen Wein, der angenehm zu trinken ist.

Nova Siri Marina

86 km südlich von Matera, S.S. 380 und 106

Ai tre Limoni

Restaurant
Viale Siris, 134
Tel. 08 35 / 87 71 78
Ruhetag: Montag
Betriebsferien: November
70 Plätze
Preise: 40–50 000 Lire
Kreditkarten: AE, EC, Visa
Mittags und abends geöffnet

Der Landstreifen, der parallel zum Ionischen Meer entlang der Straße nach Reggio verläuft, ist einer der fruchtbarsten der Region. Südfrüchte, Obst- und Gemüseanbau waren die wichtigsten Säulen der heimischen Wirtschaft, die seit einigen Jahren auch durch die Schaffung von Infrastruktur für den Badetourismus und die Nutzung ihrer herrlichen Sandstrände einen wirtschaftlichen Neuanfang versucht.
Fast am Anfang der langen Allee, die zum Meer führt, finden Sie das moderne Restaurant »Ai tre Limoni«. Die Fotos berühmter Persönlichkeiten aus Theater und Politik, die vor allem im Sommer hierherkommen, um Vito Cantarellas Küche zu genießen, zeugen vom guten Ruf des Lokals. Eine Küche, die Gerichte des Festlands und vor allem des Meeres vereint. Nach einer reichen Auswahl an Antipasti mit Meeresfrüchten und Gemüse folgen **Spaghetti mit Sardinen und Oliven**, mit Meeresfrüchten und, auf Vorbestellung, ausgezeichnete **Fischsuppen**. Als Secondi werden Drachenkopf, Seeteufelschwanz, Heuschreckenkrebse, Tintenfisch, Riesengarnelen und Scampi angeboten, die auf unterschiedliche Art zubereitet sind. Aber auch das Festland ist angemessen vertreten: dicke Bohnen, Zichorie, **Kürbissuppe** und Paste mit Gemüse der Saison. Und zum Abschluß gibt es Obst nach Belieben und das eine oder andere gute Dessert. Im Winter bekommt man häufig auch eine gute Ricotta. Der Weinkeller ist nicht sehr groß, bietet aber einige anständige heimische Erzeugnisse.

Picerno

21 km westlich von Potenza,
S.S. 94 oder Ausfahrt A 3

Re Alessio

Restaurant – Pizzeria
Autobahnkreuz der Basentana,
Ausfahrt Picerno
Tel. 09 71 / 71 22 00
Ruhetag: Montag
Betriebsferien: Oktober
60 Plätze + 50 im Freien
Preise: 40 000 Lire
Kreditkarten: die bekannteren
Mittags und abends geöffnet

Auf dem Kamm eines langen, schmalen Hügels gelegen, ist Picerno schon von weitem zu sehen, und über die Basentana ist der Ort von Potenza aus leicht zu erreichen. In einem gemütlichen, rustikalen Lokal werden Sie die angenehme Bekanntschaft von Rocco Sagarese, alias »Re Alessio«, machen, der berühmt ist für seinen **Schinken**. Seine Auswahl umfaßt über 25 Sorten verschiedener Herkunft, Reife und natürlich unterschiedlichen Geschmacks. Besonderer Beliebtheit erfreuen sich der Hirsch-, der Enten-, der Truthahn-, der Straußen- und der Gänseschinken. Dazu werden Bruschette und ein Rotwein aus eigener Erzeugung gereicht.
Anschließend fahren Sie mit den Primi fort: **Orecchiette mit Brot und Knoblauch**, Manate (eine frische lukanische Pasta) mit Kürbisblüten oder mit Paprikaschoten und Rucola (die echte Rucola muralis), **Strascinati mit Hasenragout**, Ravioli, gefüllt mit heimischer Ricotta, und dazu Spargel. Die Secondi – in der Holzglut gegartes oder **gebratenes Milchkitz** und Lamm, Masthähnchen, Manzo ai frutti di bosco, Straußenfleisch ai cinque pepi – werden aus hervorragendem Fleisch hergestellt, das ausschließlich von örtlichen Erzeugern stammt. Wenn man mindestens einen Tag im voraus vorbestellt (die Mühe lohnt sich), bekommt man auch ein Fondue mit verschiedenen Fleischsorten.
Die Auswahl an Desserts ist nicht sehr groß, dafür hält die Weinkarte, die erst kürzlich verbessert wurde, einige gute Aglianico-del-Vulture-Erzeugnisse bereit.

Die Wurst der Lucana Salumi, Via Gramsci 127, zeichnet sich durch guten Geschmack und sorgfältige Zubereitung aus. Besonders zu empfehlen sind die würzige, aromatische Lucanica, die Soppressate und der Schinken.

Pignola Lago di Pignola

10 km von Potenza, S.S. 92

La Fattoria sotto il Cielo

Bauernhof
Ortsteil Petrucco
Tel. 09 71 / 42 01 66
Ruhetag: Mittwoch
Keine Betriebsferien
70 Plätze + 50 im Freien
Preise: 40 –50 000 Lire
Kreditkarten: alle
Mittags und abends geöffnet

In einem hübschen Bauernhaus nur zehn Kilometer von Potenza entfernt, umgeben von endlosen grünen Wäldern und Wiesen, befindet sich das Lokal der Familie Di Lorenzo. Obstbäume, üppige Gemüsegärten und eine Schafzucht mit über dreihundert Tieren liefern die Zutaten für die Küche. Während sich Gigi um die Landwirtschaft kümmert, ist Signora Delia, die in der Küche von ihrem Mann Rochy unterstützt wird, für die Zubereitung der typischen Speisen der Gegend verantwortlich.
Beginnen kann man mit einer milden **fritierten Toma** in Pfannkuchenteig, **Timballetti di patate**, geschmortem oder in Öl eingelegtem Gemüse, in der Holzglut gegarten Pilzen und einer Peperonata. Als Primi werden frische, hausgemachte Paste mit Saucen der Saison gereicht: im Sommer Tagliatelle mit Tomate, Mozzarella, Basilikum und Schnittbohnen oder Risotto mit Zucchini und Ricotta, im Winter **Cavatelli alla pecorara**, Caserecce alla rustica (mit Gemüse) und mit frischer Ricotta gefüllte Ravioli. Als Secondi gibt es deftige, schmackhafte, bisweilen auch pikante Gerichte. Versuchen Sie einmal das **Lamm** und den Hammel, die alla brace oder arragnato (sehr scharf) angeboten werden. »Arragnato« ist auch der **Lammkopf**, während das Schweinefleisch auf der Holzglut zubereitet und mit in Essig eingelegten Paprikaschoten serviert wird. Nicht entgehen lassen sollten Sie sich auch die Pecorini und die frische Ricotta. Den köstlichen Abschluß bilden ein kleiner Ricotta-Auflauf mit Honig und Minze, ein Savarin mit Crema di frutta fresca und Beignets mit Pistaziencreme.
Die Weinkarte, die laufend erweitert wird, bietet eine reiche Auswahl aus der Region und dem übrigen Italien.

Im Laden neben dem Restaurant kann man gute Pecorini, Ricotte, frische Tome und Schweinswürste kaufen.

Antica Osteria Marconi

NEU

Osteria
Viale Marconi, 233 – 235
Tel. 09 71 / 5 69 00
Ruhetag: So.abend und Montag
Betriebsferien: 10. – 20. August
40 Plätze + 25 im Freien
Preise: 35–40 000 Lire
Kreditkarten: alle außer DC
Mittags und abends geöffnet

Die immer größere und bessere Auswahl an Weinen, der Empfang durch das gut eingespielte Ehepaar Franco und Rosella Rizzuti, die gepflegte, regional geprägte Küche (das ein oder andere neue Gericht, wie zum Beispiel das Schweinefleisch all'Aglianico mit Wacholderbeeren und Honig, stört dabei überhaupt nicht, sondern ist vielmehr eine Bereicherung) machen dieses einfache, klassische Lokal zu einer empfehlenswerten Osteria. Außerdem hat man hier auch die Möglichkeit, eine gute Flasche Wein zu trinken und dazu einen kleinen Imbiß zu sich zu nehmen – ein Angebot, das in Zukunft noch ausgebaut werden soll.
Man beginnt mit hausgemachter **Salsiccia** und **Soppressata**, einer Insalatina di cardoncelli e cacio und Omelett mit Kräutern und Gemüse. Es folgen die frischen Paste, zu denen verschiedene Saucen gereicht werden. Versuchen Sie einmal die **Pasta con la mollica und Paparul crusc**, den leckeren, getrockneten und fritierten Paprikaschoten. Als Primi werden außerdem eine Minestra aus dicken Bohnen und wilder Zichorie, Grano al ragù mit Pecorino, Ravioli mit Wildgemüse und Ravioli mit Kichererbsen angeboten. Weiter geht es mit den Secondi, von denen wir Ihnen besonders den **Baccalà mit Paparul crusc**, das Lamm mit Kräutern im Brotteig und die **Basciola al sugo** (Kalbsrouladen mit Petersilie, Pecorino, Pinienkernen und Sultaninen) empfehlen. Gelegentlich werden auch Fischgerichte und mit Trüffeln verfeinerte Speisen angeboten. Man beschließt das Mahl mit lukanischen Gebäckspezialitäten und klassischen Cremedesserts, von denen Sie unbedingt einmal die Spuma di ricotta al caffè versuchen sollten.
Hervorragend die außergewöhnliche Weinkarte. Außerdem werden auch Grappe, Whiskys und Cognacs angeboten.

Potenza

Zi Ming

Trattoria
Contrada Botte, 2
Tel. 09 71 / 44 29 84
Ruhetag: Montag
Betriebsferien: unterschiedlich
80 Plätze
Preise: 20 – 30 000 Lire
Kreditkarten: DC, Visa
Mittags und abends geöffnet

Daß sich diese nette Trattoria so großer Beliebtheit erfreut, hat mehrere Gründe: Die Küche hält sich streng an die Traditionen der Gegend, man findet hier problemlos einen Parkplatz, und man bezahlt nie mehr als 30 000 Lire. Lange Jahre betrieb Domenico Santarsiero (ebenjener Zi Ming) hier am Stadtrand, an der Straße nach Rionero, einen Weinausschank. Es war seine Tochter Angela Maria, die zunächst ein paar warme Gerichte anzubieten begann. Man beginnt hier mit einer **Ciambotta** (mit Paprika, Ei und gut abgehangener Salami) oder mit Schinken, Salami, Quark und selbst in Öl eingelegtem Gemüse. Im Anschluß daran folgen die hausgemachten Primi (**Orecchiette**, Strascinate, Fusilli, Ravioli). Dazu gibt es Pilze, verschiedene Fleischsaucen oder **Rape e fagioli**. Für die **Pasta e ceci** verwendet man hier vorzugsweise Lagane. Und sonntags bekommt man außerdem **Rigatoni al forno** (am besten vorbestellen). Die häufigsten Secondi sind gebratenes Lamm, Schweine- und Rindfleisch, Salsiccia arrostita, **Schweinefleisch mit Paprikaschoten**, Huhn (gebraten, alla milanese oder alla valdostana), Rouladen und gemischter Braten. Probieren Sie auch den guten Schafskäse in verschiedenen Reifegraden. Die Weine stammen von lokalen Erzeugern (wir sind in der Nähe des Vulture).

Von den zahlreichen Brotsorten der Panetteria Giovanna Salvatore, Contrada Poggio Cavallo 84b, die alle im Holzofen gebacken werden, empfehlen wir Ihnen besonders die »Rucoli« mit Tomate, Paprikaschote oder Zwiebel, die »Panelle«, die »Sigarette di mandorle«, die »Zeppole al forno«, die Kekse aus Avigliano und die Taralli mit Olivenöl.

Rotonda

141 km südöstlich von Potenza

Da Peppe

Restaurant
Corso Garibaldi, 13
Tel. 09 73 / 66 12 51
Ruhetag: Montag
Keine Betriebsferien
70 Plätze
Preise: 25–45 000 Lire, ohne Wein
Kreditkarten: alle
Mittags und abends geöffnet

Rotonda ist zweifellos einer der besten Ausgangspunkte für Ausflüge in den Parco del Pollino, denn er bietet viele Übernachtungs- und Einkehrmöglichkeiten. An der Hauptstraße des kleinen Ortes finden Sie das gepflegte Restaurant von Peppe De Marco.
In der Küche werden nur heimische Zutaten der jeweiligen Jahreszeit verwendet: Wildkräuter, Gemüse, Pilze, Fleisch. Den Auftakt bilden traditionell **Pilze aus dem Parco del Pollino**, in Öl eingelegte Zucchini, heimische Wurst und Käse (darunter die ausgezeichnete gegrillte **Ricotta** »del pastore«). Als Primi werden **Lagane e fasuli**, Ravioli di magro mit Brennnesseln, **Fusilli al sugo di agnello** oder mit Steinpilzen, **Torciglioni mit Kräutern aus dem Parco del Pollino** und **Minestra di patate e fagiolini** angeboten. Bei den Secondi das wirklich köstliche Dreigestirn Reh, Wildschwein und Schwein. So finden wir hier **Capretto in padella** mit Paprikaschoten und Perlzwiebeln, gemischtes Grillfleisch, Zafarane e cruschi (**fritierte Paprikaschoten**) und als »neues« Gericht, mit dem Peppe sich für modische Tendenzen öffnet, Kaninchenkoteletts mit Balsamico und Kastanienhonig. Ein Semifreddo alle mandorle con crema di caffè oder eine Panna cotta mit Waldfrüchten beschließen das Mahl. Freitags ist Fischtag, dann gibt es fangfrischen Fisch in unterschiedlichen Zubereitungsarten.
Im Weinkeller lagern die besten Erzeugnisse der Region, der Service ist korrekt und liebenswürdig. Versuchen sollten Sie schließlich auch noch die selbst in Schnaps eingelegten Erdbeeren und Himbeeren.

Lohnend ist auch ein Besuch bei Raimondo an der Piazza Vittorio Emanuele 14. Hier finden Sie verschiedene Brotsorten und Biscottini mit Milch oder Weißwein und Fenchelsamen.

San Severino Lucano Taverna Magrano

146 km südöstlich von Potenza

La Taverna del Brigante

Trattoria mit Fremdenzimmern
Ortsteil Taverna Magnano, 15
Tel. 09 73 / 57 62 84
Ruhetag: Dienstag, nicht im Sommer
Betriebsferien: Ende Feb. bis Anf. März
60 Plätze
Preise: 15 – 30 000 Lire
Keine Kreditkarten
Mittags und abends geöffnet

Früher kam man zur Jagd und zum Angeln hierher, denn unmittelbar hinter der Taverne führte ein kurzer Weg zum Fluß Peschera, einem der bezauberndsten Winkel des Parco del Pollino. Fischen und Jagen sind inzwischen glücklicherweise verboten, und heute kommt man hierher, um an den Exkursionen teilzunehmen, die die Cooperativa Gaia das ganze Jahr über organisiert. In ihren Händen liegt auch die Leitung der »Taverna«, die nach einer gelungenen Renovierung auch über einige moderne, kleine Fremdenzimmer verfügt.
Die Küche setzt auf die traditionellen Gerichte der Bergbauern Lukaniens, die aus den kargen, einfachen Zutaten hergestellt werden. Nach einem typisch lukanischen Antipasto (ausgezeichnet die Sottoli) sollten Sie unbedingt die hausgemachten Paste probieren: **Orecchiette** und Fusilli, die je nach Angebot des Gemüsegartens, des Waldes oder des Marktes **mit Steinpilzen** oder mit Sauce serviert werden, **Minestre mit Hülsenfrüchten**, vor allem Linsen, oder die Rascateddi (eine kurze heimische Nudel) mit gerösteter Brotkrume. Die Auswahl bei den Secondi ist nicht sehr groß. Auf Nummer Sicher gehen Sie mit der Forelle oder mit dem unverzichtbaren **Lamm** und **Milchkitz** al forno oder alla brace. Das Fleisch stammt ebenso wie der **Käse** – insbesondere der Caciocavallo, aber auch der ein oder andere anständige Pecorino – von Hirten aus der Umgebung. Köstliche Mürbeteigkuchen mit Waldfrüchten beschließen ein deftiges Mahl, das man in einem schlichten, schnörkellosen Ambiente einnimmt und zu dem Sie den ein oder anderen guten Aglianico-Wein trinken können.

In **Agromonte di Latronico** (28 km), Ortsteil Cornelata 1, verarbeitet und verkauft die Cooperativa Valpollino die typischen Produkte des Parco del Pollino.

Terranova di Pollino

154 km südöstlich von Potenza, S.S. 598 u. 92

Luna rossa

Restaurant
Via Marconi, 18
Tel. 09 73 / 9 32 54
Ruhetag: Mittwoch, nicht im Sommer
Betriebsferien: 10 Tage im Januar
50 Plätze + 50 im Freien
Preise: 35 – 40 000 Lire, ohne Wein
Kreditkarten: alle
Mittags und abends geöffnet

Es ist kaum möglich, Federicos Speisenangebot vollständig aufzulisten. Lassen Sie sich am besten von ihm beraten. Unter dem Titel »La storia a tavola« (Gerichte mit Geschichte) werden beispielsweise alte Gerichte, wie der **Ingrattanato** (gehackte Kutteln mit Ei, Käse und Fleischbrühe), der **Mischiglio** (eine Pasta aus Bohnen-, Gersten-, Kichererbsen- und Auszugsmehl mit kleinen Tomaten und Lorbeer) oder die Ferrazzuoli mit Sultaninen und Brotkrume, aufgelistet. Man eröffnet das Mahl mit heimischer Wurst, Käse, einer Insalata di trippa oder Pan fritto al pomodoro, der sommerlichen Bruschetta, und geht anschließend zu den Primi mit Ferrazzuoli (Fusilli), Rascatielli (Cavatelli), Tapparelle (Strascinati) über, die alla lucana, alla brigante, mit fritierten Kräutern oder ai sapori del Pollino serviert werden. Bei den Fleischgerichten ragt besonders die **Coscia della sposa** (Zickleinkeule am Spieß, auf dem Backstein gegart; nur auf Vorbestellung) hervor, sehr zu empfehlen sind aber auch das Milchkitz mit Kräutern und der **Agnello al pecorino**. Lassen Sie sich aber auch die Beilagen und den Käse und auch einige Desserts, wie zum Beispiel den Pecorino mit Orangenblütenhonig, die **Scamorza con crema di castagne** oder die Mousse di castagne, nicht entgehen. Als Begleiter stehen gute Weine aus der Region und dem übrigen Italien zur Verfügung.

Bei Lucaniantica, Via Dante 85, bekommen Sie Wurst, Käse, Sottoli, Hülsenfrüchte, Gewürze und Liköre. Und die Cooperativa Bel Pollino, Via Convento 74, bietet Ziegenkäse mit Honig oder Wildkräutern, Honig und Liköre aus Waldfrüchten an.

Viggianello · Falascoso

188 km südöstlich von Potenza,
14 km von Viaggianello

L'Oasi

Bar – Trattoria mit Fremdenzimmern
Ortsteil Falascoso, 6
Tel. 73 / 57 62 92
Ruhetag: Dienstag
Betriebsferien: unterschiedlich
60 Plätze + 60 im Freien
Preise: 25 – 30 000 Lire
Keine Kreditkarten
Mittags und abends geöffnet

Der Parco del Pollino ist inzwischen realisiert, nun geht es allerdings darum, das richtige Gleichgewicht zwischen Massentourismus und Landschaftsschutz zu finden. Seit einigen Jahren wird das Gebiet von Gastronomiebetrieben überschwemmt, die eher für hungrige Sonntagsausflügler und nicht für anspruchsvolle Gäste geeignet sind. Eine Ausnahme stellt dieses Lokal dar, das auch über einige Fremdenzimmer verfügt und wo man nun schon seit Jahren eine einfache Küche anbietet, die sich streng nach dem Lauf der Jahreszeiten richtet.
Abgesehen von der unverzichtbaren Pizza bieten Mimma und Tonino Sansone die typischen Speisen der Gegend an. Nach der Vorspeise mit Wurst (Soppressata, Schinken, Salsiccia) fährt man mit hausgemachten Paste (Fusilli, Orecchiette und Rascatielli – letztere auch in der klassischen Version mit gerösteten Brotwürfeln) fort, die je nach Jahreszeit mit Zucchini, Pilzen, Auberginen oder Paprikaschoten serviert werden. Empfehlenswert sind auch die **Tagliatelle al ragù di coniglio**, und auf keinen Fall entgehen lassen sollten Sie sich die **Panzerotti con castagne**. Häufig auf der Speisekarte zu finden sind schließlich noch Kartoffelgnocchi mit frischen Tomaten, **Ravioli mit Ricottafüllung** und Steinpilzen und **Bohnen mit Schweineschwarte**. Bei den Secondi gibt es keinen Zweifel: Hier sind das gegrillte **Lamm** oder **Milchkitz** unschlagbar. Beschließen können Sie das Mahl mit einem guten, hausgemachten Dessert, und als Begleiter hält der Weinkeller eine anständige Auswahl an Aglianico-Weinen bereit.

Bei der Cooperativa agricola La Pedalese, Via Pezzo La Corte, bekommt man Hülsenfrüchte, Getreide und Obst aus biologischem Anbau sowie ausgezeichnete Schweinswürste.

KALABRIEN

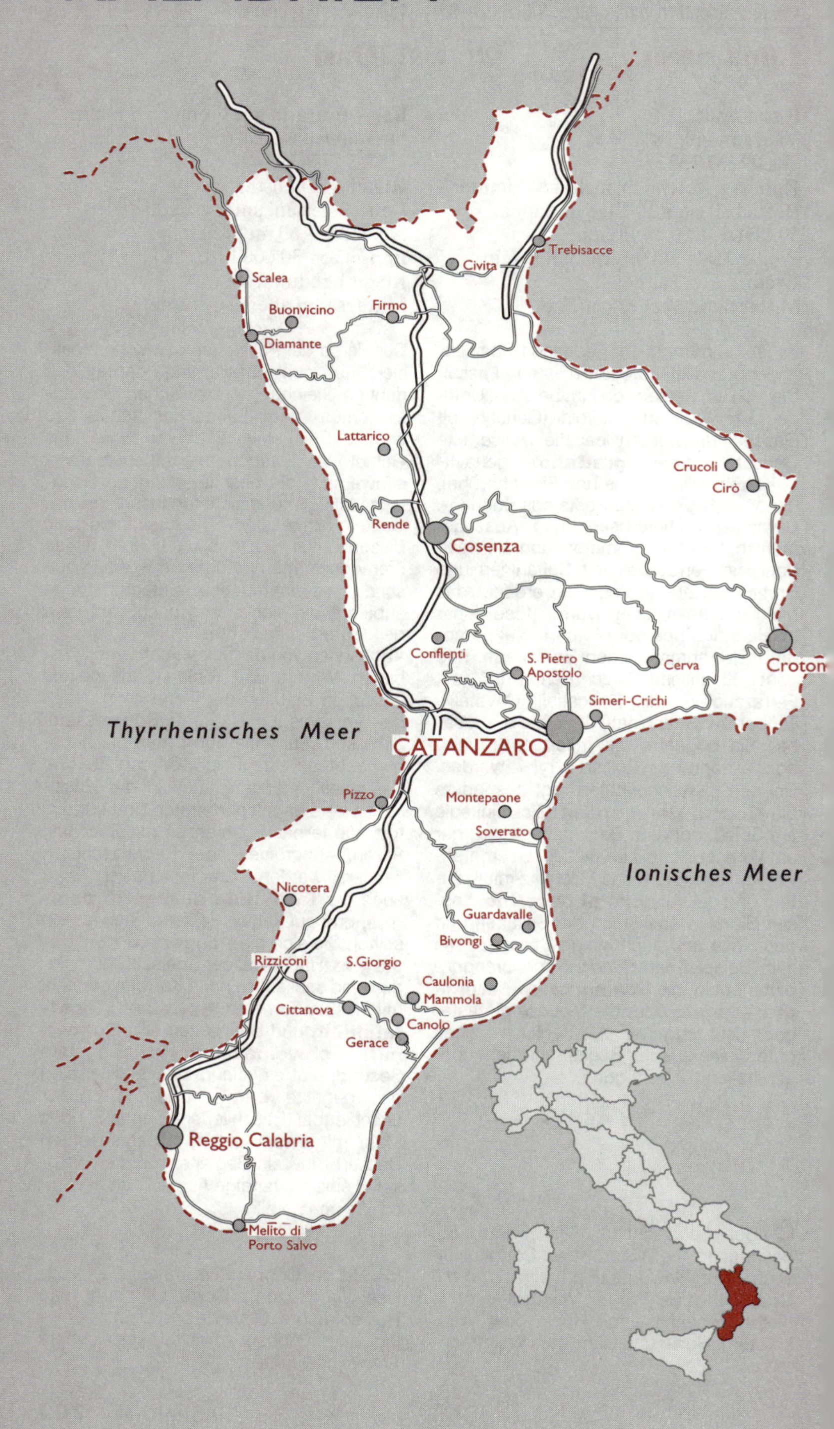

Trebisacce
Civita
Scalea
Firmo
Buonvicino
Diamante
Lattarico
Crucoli
Cirò
Rende
Cosenza
Conflenti
S. Pietro
Apostolo
Cerva
Croton
Simeri-Crichi
Thyrrhenisches Meer
CATANZARO
Pizzo
Montepaone
Soverato
Ionisches Meer
Nicotera
Guardavalle
Bivongi
Rizziconi
S.Giorgio
Caulonia
Mammola
Cittanova
Canolo
Gerace
Reggio Calabria
Melito di
Porto Salvo

Bivongi
Lavaria

150 km nordöstl. von Reggio Calabria, S.S. 110

La Vecchia Miniera

Restaurant
Ortsteil Perrocalli
Tel. 09 64 / 73 18 69
Ruhetag: Montag
Keine Betriebsferien
200 Plätze + 70 im Freien
Preise: 30 000 Lire
Keine Kreditkarten
Mittags und abends geöffnet

Das Restaurant befindet sich in einer ehemaligen Bergbausiedlung, am Fuße der Hochebene Serre, in der früher Molybdän, ein weißes Metall, abgebaut wurde. Die Küche ist einfach und verwendet, der kulinarischen Tradition des Stilarotals folgend, nur wenige, unverfälschte Zutaten.
Neben den traditionellen Vorspeisen, wie in Öl eingelegten getrockneten Tomaten und Auberginen, Oliven, Waldpilzen und Capocollo, bietet man auch selbstgemachte **Soppressate** von Schweinen aus eigener Aufzucht, eine kalabresische Spezialität. Die nachfolgende **Pasta** ist, wie es der Tradition entspricht, hausgemacht und wird mit dem Strohhalm in Form gebracht, dazu gibt es eine würzige Sauce aus **Ziegenragout**. Bei den Secondi hat man die Qual der Wahl. **Forellen** aus dem nahe gelegenen Teich, **in der Folie**, vom Grill oder in Sauce geschmort – probieren Sie insbesondere die Trota arraganata in würziger Sauce –, während der Jagdsaison **Wildschwein** und im Winter vor allem unterschiedlichst zubereitetes Schweinefleisch. Außerdem reichhaltige **Grillplatten**, mit Spießchen, Kotelettes und Karbonaden und für den, der es mag, einfache und doch schmackhafte Gerichte aus Innereien vom Schwein. Als Beilage reicht man im Tontopf gegartes Bohnengemüse. Hausgemachte Nachspeisen (Tiramisù) gibt es nur selten, auch bei den Weinen muß man sich mit einem offenen Roten begnügen.
Nach dem Essen sollten Sie noch einen Spaziergang zum wunderschönen Marmarico-Wasserfall unternehmen.

Buonvicino

86 km nordöstlich von Cosenza,
S.S. 108 u. S.S. 118

Il Mulino

Bauernhof
Ortsteil Maucera
Tel. 09 85 / 8 51 88
Kein Ruhetag
Betriebsferien: September bis Juni
100 Plätze
Preise: 35 – 40 000 Lire
Keine Kreditkarten
Mittags und abends geöffnet

Der Hof steht in einem 1500 Quadratmeter großen Garten voller Bäume und Blumen, die ihr Wasser von dem Bach erhalten, der früher die Mühle antrieb – daher auch der Name. Die Tische sind so angeordnet, daß man sowohl in Gesellschaft als auch allein essen kann. Die schattige Lage, die angenehme Luft, das rustikale Geschirr mit Bechern und Tellern aus Ton und nicht zuletzt die herzliche Art des Besitzers, Nino, der mit Erklärungen und Tips zur Seite steht, werden von vielen geschätzt.
Die Küche ist absolut authentisch, angefangen bei den scharfen **Frittelle** (Peperoncino ist ein wichtiger Bestandteil der kalabresischen Küche) bis hin zu den schmackhaften, selbstgemachten Nudelgerichten wie **Lagana mit Kichererbsen** oder mit Bohnen, **Fusilli mit Hackfleischsauce** und in der Saison Tagliatelle mit Steinpilzen. Bei den Secondi kommt der Holzofengrill zum Einsatz: gegrillte Würste und Schweinefleisch, Freilandhühner und geschnetzelte Schweineinnereien und dazu als Beilage Gemüse aus dem Ofen. Zur Jagdsaison wird das Angebot um **Wildgerichte** erweitert. Eine Reservierung ist dringend ratsam.

Canolo
Canolo Nuova

80 km nordöstlich von Reggio Calabria

Da Cosimo

Trattoria
Via Strada XVI
Tel. 0964/385931 und 385965
Ruhetag: Freitag, nicht im August
Betriebsferien: im September
80 Plätze + 30 im Freien
Preise: 25–35000 Lire
Keine Kreditkarten
Mittags und abends geöffnet

Vom Ionischen Meer kommend, erreicht man Canolo, wenn man von Siderno nach Agnana hinauffährt. Man erreicht den Ort aber auch vom Tyrrhenischen Meer aus. Dann muß man die Autostrada del Sole an der Ausfahrt Giola Tauro verlassen und in Richtung Cittanova fahren. Nach etwa fünfzehn Kilometern Fahrt durch die schönen Wälder und die noch vollkommen unberührten Hochebenen des Aspromonte erreicht man schließlich Canolo Nuova, das 1951 neu aufgebaut wurde, nachdem eine Überschwemmung den alten Ort nahezu vollkommen zerstört hatte. In seinem hübschen, einfachen Lokal bietet Cosimo Staltari seinen Gästen nicht nur ausgezeichnete kalabrische Spezialitäten, sondern er versorgt die, die diesen bezaubernden, unberührten Winkel des Aspromonte entdecken wollen, auch auf sympathische Weise mit Ratschlägen. Apropos kalabrische Spezialitäten – hier dürfen natürlich **Pilze**, Auberginen, in Öl eingelegte **gedörrte Tomaten**, Pecorino und **Capocollo** und verschiedene Salumi nicht fehlen. Unter den Primi sind die **Tagliatelle di fagioli** mit Ragù besonders zu empfehlen, ein Gericht, das den ärmsten Bauern als Nahrung diente. Da sie kein Weizenmehl hatten, verwendeten sie für den Teig ein Mehl aus Bohnen, Kichererbsen oder anderen Hülsenfrüchten. Ausgezeichnet sind die **Grigliata di carne** miste, die nach den Regeln der Kunst auf der Holzglut zubereitet werden (probieren Sie Wachteln), sehr gut ist aber auch das kleine Schweineschnitzel mit Orange. Wer nicht ausgiebig essen möchte, kann sich mit der üppigen Brotzeit stärken, die Cosimo ebenfalls anbietet.

Catanzaro

Da Pepè

Osteria
Vico 1 – Piazza Roma, 6
Kein Telefon
Ruhetag: Sonntag
Keine Betriebsferien
40 Plätze
Preise: 25000 Lire
Keine Kreditkarten
Geöffnet 8.30–15, 17.30–23 Uhr

Früher einmal gab es in diesem Teil der Stadt sehr viele der typischen »Putiche«, in denen sich die Männer zum Kartenspiel oder auf ein Glas Wein mit Freunden trafen. Viele dieser Lokale haben inzwischen ihre Pforten geschlossen. Pepè ist einer der wenigen, die trotz der gestiegenen Ansprüche der Gäste, die heute angesichts eines einfachen Gerichts wie des **Morzello** die Nase rümpfen, an der Tradition festhalten. Hier wird der Morzello noch genauso zubereitet wie vor hundert Jahren: in einem großen Kochtopf vor dem Eingang, so daß der Geruch der kochenden Kalbsinnereien durch die Straße zieht und die Passanten Appetit bekommen. Neben dem Morzello gibt es hier noch weitere, ebenso schmackhafte Gerichte, wie **Scilatelle**, eine vorzügliche **Pasta chjna**, Minestre aus Hülsenfrüchten wie Bohnen und Kichererbsen, aber auch aus Rüben und Zichorie. Sehr viel Sorgfalt verwendet Signora Gioconda auf die Zubereitung der **gefüllten Auberginen**, den Baccalà, der mit zuckersüßen Kartoffeln serviert wird, und auf die **Stigghjolata** (geschmorte Kalbsinnereien), die man aber nur auf Vorbestellung bekommt. Wie in fast allen süditalienischen Restaurants wird auch hier leider keine der phantastischen heimischen Süßspeisen angeboten. Zum Glück ist allerdings die Weinauswahl etwas besser: Neben einem offenen Wein gibt es auch einige Flaschen Cirò.

Bei Sandro Lanzo in der Via Daniele 10–12 bekommen Sie ganz frischen Mozzarella, Pecorino in verschiedenen Reifegraden, in Öl eingelegte Auberginen, gedörrte Tomaten und Oliven.

Catanzaro

Da Salvatore

Osteria – Pizzeria
Salita I del Rosario, 28
Tel. 09 61 / 72 43 18
Ruhetag: Montag
Betriebsferien: im August
60 Plätze
Preise: 20 000 Lire
Keine Kreditkarten
Mittags und abends geöffnet

Vom byzantinischen Ursprung Catanzaros ist heute nicht mehr viel erhalten. Und auch bei Tisch gibt es keinerlei fremde Einflüsse: Jedes Gericht ist eigenständig, kein Rezept gleicht dem anderen. Das Lokal wurde vollständig renoviert und mit einer Klimaanlage ausgestattet (was man im Sommer dankbar verzeichnet). Das Speisenangebot besteht im wesentlichen aus verschiedenen guten Pizze, die mit viel Einfallsreichtum zubereitet werden, und den klassischen Gerichten Catanzaros, darunter vor allem ebenjener **Morzello**. Bei den Primi empfehlen wir Penne alla lupara (eben scharf wie ein Gewehrschuß) oder eine **Lasagne**, die man nur riechen muß, und schon findet sie reißenden Absatz. Hausgemachte Nudeln sind ebenfalls immer zu bekommen. Hier lohnen vor allem die **Scilatelle** und die Kartoffel- oder **Spinatgnocchi** einen Versuch. Die Reihe der Secondi beginnt mit Salsiccia alla Palanca (benannt nach dem Fußballer, der hier in Catanzaro zu einer Legende geworden ist) und setzt sich, je nach Jahreszeit, mit Rouladen, **gratinierten Sardellen** oder Sardellenröllchen, Zucchiniauflauf, **Fritelle di bianchino** (der junge Heringsfisch wird andernorts auch »Bianchetto« genannt) und **Baccalà**, fritiert oder aus der Pfanne, fort. Wirklich außergewöhnlich sind die **fritierten Zucchiniblüten**, die im Frühling angeboten werden: Die anständige Rechnung tröstet darüber hinweg, daß es keinen Nachtisch gibt. Gelegentlich bekommt man höchstens einmal Tiramisù, das allerdings nicht sehr aufregend ist. Bei den Weinen findet man eine kleine Auswahl heimischer Erzeugnisse.

Catanzaro Chiattine

La Fattoria

NEU

Restaurant
Via Magna Grecia, 83
Tel. 09 61 / 78 00 64 und 78 28 09
Ruhetag: Montag
Keine Betriebsferien
100 Plätze + 100 im Freien
Preise: 40 – 45 000 Lire
Kreditkarten: alle
Mittags und abends geöffnet

Dicke Mauern und intensive Gerüche: im »La Fattoria« spürt man noch den Zauber und die ländlich ruhige Atmosphäre der alten Ölmühle, die 1969 zum Restaurant umgebaut wurde. Nach langem Aufenthalt in Turin und kurzen Intermezzi in verschiedenen anderen italienischen Städten ist Giuseppe Siriani in seine ursprüngliche Heimat zurückgekehrt und bietet nun in seinem Lokal, unterstützt von Salvatore Valia, beste kalabresische Küchentradition. Die täglich wechselnden Vorspeisen nimmt man sich selbst vom Buffet: heimischen Wurstaufschnitt, Carpaccio von geräuchertem Schwertfisch, Cicinella – eine Art Sardine, Scardariata und Antipasto di mare. Als Primi gibt es verschiedene **Nudeln** – Spaghetti, Bavette, Vermicelli, Pennette, Fettuccine – und Risotti, die entweder mit **Sughi di mare** (Tintenfisch, Krebs und Kürbisblüten, Mies- und Venusmuscheln) oder Saucen mit schwarzer Trüffel, Steinpilzen, Korallentomaten und Basilikum serviert werden. Darüber hinaus gibt es Scilatelle und deftige Pasta e ceci. Auch bei den Hauptspeisen ist Fisch stark vertreten. Sie haben die Wahl zwischen gebratenen Scampi, gegrillter Schnitte vom Ricciola, fritierter Cicinella, **Tonno arriganato**, gratiniertem Filet vom Spatola, **Fritelle di bianchino** sowie Seebarsch in Acqua pazza oder Goldbrasse vom Grill. Im Anschluß bietet man eine gute Auswahl heimischer **Käse**, wie Pecorino, Provola silana, Mozzarella di San Vito Jonio, Scarmorza und Ricotta vom Schaf, die es auch gebacken und geräuchert gibt. Den Schluß machen Torta al limone, Kuchen, Eis und Sorbets. Die Weinkarte ist zwar nicht klein, könnte aber etwas sorgfältiger in der Auswahl sein.

Catanzaro: Putiche und Morzello

U morzeddu oder Morzello, wie er in der italienischen Hochsprache heißt, ist die kulinarische Spezialität Catanzaros schlechthin. Er ist so typisch für diese Stadt, daß man ihn in den benachbarten Städten Nicastro oder Cosenza schon nicht mehr bekommt. Es handelt sich dabei um ein schmackhaftes warmes Gericht, das auf ganz besondere Art und Weise serviert wird. Schon frühmorgens wird in einem großen Topf ein sehr scharfer Sugo angesetzt, der bei ganz leiser Flamme einkochen muß. In den Sugo kommen Oregano, ein Lorbeerblatt und die typischen Zutaten für den Morzello: Innereien vom Kalb (Lunge, Milz, Zunge usw.) und deftige Kutteln. Wenn dieser Sugo nach zwei bis drei Stunden fertig ist, wird der Morzello in ein Pittabrot gefüllt und gegessen. So erklärt sich auch sein Name, denn vom Pittabrot beißt man große Stücke ab. Den Morzello kann man auch auf andere Arten zubereiten. Anstelle von Kalbsinnereien verwendet man ungebratenes Schweinefleisch, was an kalten Winterabenden besonders gut schmeckt, oder nur Kutteln. Für den traditionsgemäß fleischlosen Freitag gibt es auch Morzello mit Stockfisch. Der Ort, an dem der Morzello verzehrt wird, heißt Putica – die süditalienische Form der Kneipe. Es ist schwer, eine Putica zu finden, denn meistens weisen keine eigenen Schilder auf sie hin. Am besten folgt man dem betörenden Geruch, der aus dem Kessel steigt. Um den Appetit der Passanten anzuregen, stellt man den Kessel, in dem der Morzello kocht, oft in die Nähe der Tür oder legt ein altes Pittabrot vor die Tür, das auf die Spezialität hinweist. Traditionsgemäß ißt man ihn bereits von den Vormittagsstunden an. Die Putica selbst ist schlicht eingerichtet: ein Tresen, wo Wein ausgeschenkt wird, drei oder vier Tische. Früher bekam man in diesen Kneipen nichts anderes als Morzello, vielleicht noch eine Scheibe Pecorino oder Soppressata und ein paar Oliven zu essen. Heute entwickeln sich auch die Putiche zunehmend zu einfachen Speiselokalen mit einem etwas erweiterten Speisenangebot und etwas ansprechenderer Einrichtung.
Schade, daß einige traditionelle Putiche in moderne Sandwich-Bars umfunktioniert wurden. In den Putiche, die wir Ihnen hier vorstellen, ist es einfach, mit den Arbeitern und Angestellten, mit schuleschwänzenden jungen Leuten und Rentnern oder mit Intellektuellen, die in Italien das gute Essen durchaus nicht als dekadent-bürgerlich ansehen, ins Gespräch zu kommen.

Da Filippo
Osteria
Via Domenico Marincola Pistoia, 247
Tel 09 61/75 10 67
Ruhetag: Samstag
Keine Betriebsferien
Geöffnet 8 – 22 Uhr

Hier spürt man noch die echte Atmosphäre aus früheren Zeiten Das Lokal liegt im Stadtteil Fondachello mit seinen besonders steilen Gassen. Im Winter ißt man hier Morzello mit Schweinefleisch, auf Vorbestellung gibt es auch Baccalà. Filippo und sein Bruder Tommaso machen auch eine ausgezeichnete Bohnensuppe mit Peperoncino, Spezzatino mit Erbsen und Pollo alla diavola. Man zahlt zwischen 7 000 und 15 000 Lire.

Da Santo
Trattoria
Via Scesa Poerio, 4
Kein Telefon
Ruhetag: Sonntag
Keine Betriebsferien
Geöffnet 9 – 22 Uhr

Um zu Santo zu gelangen, sollten Sie am besten nach der Bottega von »u Ciaciu« fragen. Er ist Künstler und Autodidakt, und die Einheimischen hegen eine Art Haßliebe zu ihm, denn er realisiert seine Kunstprodukte mit Abfallprodukten, wie Alteisen oder Blech, die er auf der Straße findet. In der Nähe seiner Bottega, vor der er seine Kunstwerke aufgestellt hat, liegt auch unsere Trattoria. Der Morzello, den Sie hier bekommen, ist außergewöhnlich schmackhaft und zugleich leicht und bekömmlich. Als Alternative bietet Santos Frau Patrizia ausgezeichnete frische Gerichte mit Hülsenfrüchten und Gemüse an. Die Weine stammen von örtlichen Erzeugern, die Preise sind durchschnittlich (zwei Portionen Morzello kosten etwa 15 000 Lire).

Da Teresa

Osteria
Via degli Angioini, 81
Kein Telefon
Ruhetag: Sonntag
Betriebsferien: 1. – 15. September
Geöffnet 8 – 15, 18 – 21 Uhr

Wenn die jungen Leute früher baden gehen wollten, fuhren sie mit der Standseilbahn ans Meer. Heute fährt diese Bahn leider nicht mehr. Damals war die Bahn oft so voll, daß sie in der Höhe des Stadtteils Sala die steile Strecke nicht mehr schaffte und die Fahrgäste zu Fuß weitergehen mußten. An dieser Stelle steht auch das »Teresa«. Die Wirtin und ihr Mann Stefano, ein waschechter Neapolitaner, haben vor ein paar Jahren diese alte Putica übernommen und ein Speiselokal daraus gemacht. Großen Erfolg haben sie mit ihren Hülsenfrüchten, die mit Zichorie und Peperoncino serviert werden. Herrlich duften der Baccalà mit Oliven und die gebratene Salsiccia mit Kartoffeln und Paprika. Auf Vorbestellung kann man auch die typische Pasta chjna bekommen. Der offene Wein ist angenehm, es gibt aber auch Cirò. Kostenpunkt: rund 20 000 Lire.

La Stella del Sud

Osteria
Via Cilea, 44
Kein Telefon
An Feiertagen geschlossen
Betriebsferien: 15. Juli – 31. Aug.
Geöffnet 9 – 14, abends nach Anmeldung

Dies ist eine der berühmtesten und meistbesuchten Putiche der ganzen Stadt. Der Wirt Nuccio ist ein sympathischer und sehr direkter Mensch. Er hat das Gastgewerbe in die Wiege gelegt bekommen, haben doch bereits seine Eltern dieses schlichte Lokal in der Unterstadt geführt. Der gute Ruf ist auch nicht unberechtigt. Der Morzello wird noch nach dem alten Rezept zubereitet, und jeden Freitag gibt es Morzello aus Stockfisch. In den Wintermonaten steht gebratenes Schweinefleisch auf der Speisekarte. Man trinkt Wein aus der Gegend, zu dem auch ein Antipasto alla calabrese vorzüglich schmeckt. Man zahlt etwa 3 500 Lire für einen Morzello in der Pitta im Stehen, gemütlich am Tisch verzehrt kostet er 7 000 Lire.

Palazzo Turco

Trattoria
Via Alessandro Turco, 14
Tel. 09 61 / 74 51 79
Ruhetag: Sonntag
Keine Betriebsferien
Geöffnet 9 – 22 Uhr

Die neugestaltete Piazza Matteotti, die bereits als architektonischer Schandfleck bezeichnet wurde, ist der Platz, an dem Sie sich orientieren können, um zum »Palazzo Turco« zu gelangen. »U morzeddu« (Morzello) ist die Spezialität von Lina und Salvatore. Tag für Tag wählen sie die Innereien dafür aus, bereiten sie vor, würzen und kochen sie mit der gleichen Sorgfalt wie die anspruchsvolleren Gerichte. Dazu gibt es Hülsenfrüchte (Saubohnen, Kichererbsen, grüne Bohnen) und verschiedenes Gemüse. Eine ausgezeichnete Alternative ist die wirklich gute, schmackhafte, manchmal recht scharfe Salsiccia arrosto. Die Preise sind erfreulich günstig: zwei Portionen Morzello kosten zwischen 9 000 und 15 000 Lire.

Caulonia
Contrada Carrubara

120 km nordöstlich von Reggio Calabria

Da Giglio

Osteria
Ortsteil Carrubara, 20
Tel. 09 64 / 86 15 72
Ruhetag: Mittwoch, nicht im Sommer
Keine Betriebsferien
25 Plätze + 25 im Freien
Preise: 20 – 25 000 Lire
Keine Kreditkarten
Mittags und abends geöffnet

Caulonia gehört zu den zahlreichen Küstenorten, die mit modernen Neubauten die Landschaft verschandeln. Vom ursprünglichen Stadtbild ist in Caulonia inzwischen fast nichts mehr erhalten. Heute siecht der alte Ort auf seinem Hügel, von dem man eine herrliche Aussicht hat, dahin und ist nahezu vollkommen verlassen. Trotzdem lohnt das Städtchen mit seinen engen Gäßchen und Kirchen noch immer einen Besuch. Und nach Ihrem Rundgang sollten Sie bei Giglio einkehren. Sein Lokal, eine der letzten Osterie des Ortes, liegt in der Straße, die zum Meer führt. Mehr als dreißig Jahre verkaufte Papà Ilario hier Wein, bis der Sohn Giglio und seine Frau Natalina beschlossen, auch eine Küche einzurichten, in der sie selbstverständlich die traditionellen Speisen zubereiten. Seither kann man hier nicht nur ein Glas Wein trinken, Karten spielen oder sich mit Freunden treffen, sondern auch Natalinas Küche genießen. Die Vorspeisen sind, wie auch das Brot, selbstgemacht: Je nach Angebot der Jahreszeit bestehen sie aus **fritierten Zucchiniblüten**, gefüllten, gerösteten Paprikaschoten und hausgemachten **Freselle** mit frischen Tomaten, Öl und Peperoni. Und anschließend können Sie die ebenfalls hausgemachten Nudeln mit Sugo della cervella oder Schweineragout probieren. Die besonderen Spezialitäten unter den Secondi sind **Kutteln mit Kartoffeln**, **Stockfisch**, Fleischklöße und der schmackhafte panierte, fritierte **Baccalà**, der anschließend geschmort und mit Kartoffeln serviert wird. Und der Hauswein ist auch nicht schlecht. Es ist ratsam, einen Tisch zu bestellen.

Cerva

45 km nordöstlich von Catanzaro, S.S. 109

Mundial 82

NEU

Trattoria – Pizzeria
Via Daniele, 221
Tel. 09 61 / 93 94 81 und 93 95 10
Ruhetag: Dienstag, nicht im Sommer
Keine Betriebsferien
50 Plätze
Preise: 35 000 Lire
Keine Kreditkarten
Mittags und abends geöffnet

Umgeben von dichtem Kastanienwald, weit weg von den trostlosen Neubauten der Ionischen Küste, liegt der kleine Ort Cerva, ein wahrer Hort der Erfrischung an sommerlichen Hundstagen. Um hierhin zu kommen, fahren Sie auf der Staatsstraße 109 nach Sersale und von dort geht es hinauf in das zauberhafte Gebiet der Sila Piccola. Nach ein paar Kilometern gelangt man in den Nationalpark von Gariglione: ein mediterraner Pinienwald, der weiter oben von Rotbuchen und in der Nähe des Gipfels von Silbertannen abgelöst wird. Eine ruhige Landschaft, die man nur schwer mit den aufregenden und lauten Tagen der spanischen Fußballweltmeisterschaft von 1982 in Zusammenhang bringen kann, die dem Lokal, das genau zu dieser Zeit eröffnete, den Namen gegeben hat.
Absolute Spezialität des Hauses sind die **Steinpilze** aus dem umliegenden Bergwald. Man bekommt sie roh, fritiert oder in Sauce praktisch zu jedem Gericht, natürlich nur in der Saison. Den Anfang macht ein köstlicher **Pilzsalat**, der in anderen Jahreszeiten durch deftige, ebenfalls vorzügliche kalabresische Antipasti ersetzt wird. Danach geht es weiter mit Steinpilzen zu **Tagliatelle** (auch gut mit Peperoni), zu Schnitzel oder zu vorzüglichem **Freilandkaninchen**, das auch **auf Försterinnenart** serviert wird. Oder man bestellt einen Teller mit fritierten oder gegrillten **Steinpilzen und Kaiserschwamm**, zu denen einfache Pommes frites gereicht werden.
Die Nachspeisen sind, abgesehen von Cuzzupa und traditioneller **Pitta 'nchiusa**, letztere allerdings nur in der Weihnachtszeit, eher durchschnittlich. Der Wein stammt aus der Gegend.

Cirò

40 km nördlich von Crotone, S.S. 106

L'Aquila d'Oro

NEU

Trattoria
Via Sant'Elia
Tel. 09 62 / 3 85 50
Ruhetag: Montag
Betriebsferien: 10 Tage im Sep./Okt.
44 Plätze + 20 im Freien
Preise: 30 000 Lire
Keine Kreditkarten
Mittags und abends geöffnet

Auch wenn Sie eigentlich keinen Hunger haben – die riesige Auswahl, die das junge Brautpaar Salvatore Vizza und Elisabetta Cariati seinen Gästen anzubieten hat, wird Sie eines besseren belehren. Wenn Sie also die kulinarischen Spezialitäten der Region kennenlernen möchten und sich in der Gegend von Cirò – das in den Bergen, nicht das am Meer – aufhalten, sollten Sie unbedingt diese kleine, etwas außerhalb der Stadt gelegene Trattoria aufsuchen: ein einfaches, geradezu spartanisch eingerichtetes Lokal, mit einsehbarer Küche. Wurstplatte mit Salsiccia, Soppressata, Capocollo und Pancetta, frische Ricottine und gereifte Käse, Paprika und Kartoffeln, Sardellen und Paprika, kleingehackte grüne Oliven und Maiotica (in Pfannkuchenteig ausgebackene Holunderblüten): eigentlich genug für eine komplette Mahlzeit, hier aber lediglich **Antipasti**. Danach geht es weiter mit Primi wie **Maccheroni a ferretto mit Ziegenragout** oder **Cavatelli** alla cirotana **mit einer Sauce aus Schweinefleisch und Kalbfleischklößchen**. Als Hauptspeise werden duftender Ziegenlammbraten mit Ofenkartoffeln, **Kaninchen nach Försterinnenart**, auf Holzglut gebratene Schweinesteaks und Koteletts sowie Zicklein nach Genueser Art mit geschmorten Zwiebeln und Kartoffeln aufgetragen. Für Freunde maritimer Gerichte gibt es Tintenfisch mit Kartoffeln.
Leider werden keine Nachspeisen angeboten, und beim Trinken muß man sich mit dem Hauswein begnügen. Am Samstag und Sonntag gibt es Pizza, daher empfiehlt es sich, für andere Gerichte an diesen Tagen vorzubestellen.

Im Ortsteil **Quattromani** hat sich die Fattoria San Francesco auf die Herstellung von Obst- und Gemüsespezialitäten spezialisiert. Unter anderem gibt es Steinpilzcreme, Auberginen und Oliven in Pilzcreme und Kastaniensirup.

Cittanova

66 km nordöstl. von Reggio Calabria, S.S. 111

La Mora

Restaurant – Pizzeria
Via Florimo, 3
Tel. 09 66 / 66 19 69
Ruhetag: Montag
Betriebsferien: 1.–20. Juli
250 Plätze + 20 im Freien
Preise: 30–35 000 Lire, ohne Wein
Kreditkarten: die wichtigen
Mittags und abends geöffnet

Wo die Ebene von Gioia Tauro anzusteigen beginnt, leiten riesige Ölbaumhaine zu den Wäldern von Aspromonte über. Nach unzähligen Kehren taucht Cittanova in der Ruhe seiner Bergwälder auf: Hier hält die Familie Salvadore seit vielen Jahren die traditionelle Küche Kalabriens lebendig. Das Ambiente ist so, wie man es von einem solchen Lokal verlangt, mit hübscher Einrichtung und bequemen Stühlen. Scheinbar eine Nebensächlichkeit, doch Luciano hält daran fest, daß man ein gutes Essen nur entspannt genießen kann. Und so beginnt man mit **frischen Ricottine**, Auberginen und den gedörrten Tomaten in Öl, dem einzigen echt kalabrischen Antipasto. Die Pasta wird von Signora Teresa gemacht: Tagliatelle, **Maccarruni mit Pilzsauce**, Pesce stocco (Stockfisch) oder sehr aromatischem **Ziegenragout**. Auch unter den Hauptgängen ist **Stockfisch** zu finden, der in Cittanova wegen des weichen Einweichwassers besonders gut wird; serviert wird er »a ghiotta« mit kleinen Tomaten oder als Salat. Ausgezeichnet auch die **Ventriceddi** in Sauce, die mit Bröseln, Kapern, weißen Oliven, Petersilie und Pecorino gefüllt sind. Unter den Nachspeisen sind der **Käsekuchen**, dem man den amerikanischen Ursprung ansieht, und das sehr leichte Tiramisù nicht zu verachten. In puncto Wein muß man sich mit einem Selbstgekelterten zufriedengeben. Wer kein ganzes Menü einnehmen will, kann hier auch einfach eine Pizza essen; besonders zu empfehlen die Tropeana mit den typischen süßen Zwiebeln aus Tropea, Paprika und kalabrischer Salami.

Civita

72 km nördlich von Cosenza, S.S. 105

Agorà

Restaurant
Piazza del Municipio, 30
Tel. 09 81 / 7 34 10
Ruhetag: Montag
Betriebsferien: November
140 Plätze + 80 im Freien
Preise: 30 000 Lire
Kreditkarten: alle außer AE
Mittags und abends geöffnet

Das kleine Dorf Civita hockt am Hang des Bergmassivs Pollino. Diese Gemeinde wurde vor über fünfhundert Jahren von albanischen Familien gegründet. Diese Albaner fanden nach dem Tod von Skanderbeg, einem Heerführer im Krieg gegen die Türken, Zuflucht in Italien. Schon bei einem Spaziergang durch die engen und gewundenen Gassen, unter Häusern mit malerischen Kaminen, fasziniert die altertümliche Atmosphäre. Im »Agorà« erwartet Sie das Erlebnis der albanischen Küche, kombiniert mit den ausgeprägten Spezialitäten des Pollino. Jeden Tag gibt es frische Nudeln: **Fusilli** (»rraskatjci«) und **Gnocchetti** (»stràngula«), von Hand aus Mehl, Eiern, Salz und reinstem Frischwasser geknetet, werden mit einer Sauce aus **Wurstbrät** oder **Ziegenragout** angerichtet. Andere, aufwendigere Zubereitungen wie Innereien (**»gnumeredde«**), gegrillter Kopf vom Zicklein (»ammuddicati«) und der Zickleinbraten aus dem Holzofen mit Kräutern müssen im voraus bestellt werden. Das Fleisch wird täglich frisch von den Schafhirten des Pollino geliefert. Zum Abschluß der Mahlzeit gibt es einen Kranzkuchen (»kulaci«) und die »petullat«, typisch albanische Krapfen aus weichem Brotteig, auch kalabrische Taralli und ein ordentliches Tiramisù. Man trinkt hauptsächlich Weine aus der Umgebung, aber auch aus Sizilien und dem Veneto.

In **Castrovillari** (13 km) sollte man in der Caffetteria Rotondaro, Piazza del Municipio 5/6, einkehren. Spezialität sind die Cassatelle, ein fritiertes und gezuckertes Blätterteiggebäck mit einer Füllung aus Ricotta und Traubenkonfitüre. Ebenfalls in Castrovillari bekommt man ausgezeichnetes Olivenöl bei Francesco Bianco, Via Idria.

Conflenti Contrada Muraglie

55 km nordwestlich von Catanzaro, S.S. 19

Le Muraglie

Trattoria
Ortsteil Muraglie
Tel. 09 68 / 6 43 67
Ruhetag: Montag
Keine Betriebsferien
50 Plätze + 20 im Freien
Preise: 30 000 Lire
Keine Kreditkarten
Mittags und abends geöffnet

Nur wenige Kilometer von der Ausfahrt Altilia Grimaldi der Autobahn Salerno – Reggio Calabria entfernt, ist diese Trattoria in Muraglie leicht zu erreichen. Der Ort liegt mitten im Parco Nazionale della Calabria, und wenn Sie sich draußen niederlassen, können Sie den Blick auf die Sila Piccola genießen: Es ist die Gegend Kalabriens, die Giacomo Casanova in seinen Erinnerungen wegen ihres »duftenden, aphrodisierenden Weins« preist. Die Küche der Trattoria bietet die typische kalabrische Hausmannskost, die einfach, doch sehr schmackhaft ist. Im Speisesaal empfangen Sie Armando und seine beiden Kinder, Massimiliano und Daniele, die Küche ist das Reich von Ehefrau Matilde. Man beginnt mit einer reichhaltigen, hausgemachten gemischten Vorspeise, die ansprechend serviert wird. Anschließend bemerkenswerte selbstgemachte **Nudeln**, entweder mit einer sehr schmackhaften Sauce mit **Soppressata und schwarzen Oliven**, mit aromatischen Steinpilzen oder in einer Gemüsesuppe. Als Secondo kann man Masthuhn oder **Wildkaninchen** mit Tomaten und Oliven, außerdem auch vorzügliche **Lammkoteletts** und eine ausgezeichnete Salsiccia alla brace genießen. Die berühmten **Mostaccioli** di Conflenti bilden den krönenden Abschluß, und wundern Sie sich nicht, wenn man Ihnen, vor allem im Frühjahr, statt Obst frische dicke Bohnen mit Pecorino serviert. Gut sind auch der Wein und der Grappa aus eigener Erzeugung.

In **Soveria Mannelli** (16 km) kann man bei Luna Funghi ausgezeichnete Pilz- und Gemüseprodukte erstehen.

Crucoli Torretta

54 km von Crotone, S.S. 106

Al Ficodindia

NEU

Restaurant
Viale Kennedy
Tel. 09 62 / 3 46 37
Ruhetag: Montag
Betriebsferien: 15. – 30. September
40 Plätze + 50 im Freien
Preise: 30 – 45 000 Lire
Keine Kreditkarten
Mittags und abends geöffnet

Wenn Sie gerne wissen möchten, was man sich unter Kaviar aus Crucoli vorstellen muß – in Giuseppina Parrillas »Al Ficodindia« können Sie das Geheimnis lüften: **Frisch geschlüpfte Sardinen** werden in Süßwasser abgewaschen, abgetrocknet und danach fünf Monate lang unter einer Salzschicht, zusammen mit scharfem Peperoncino und einer Lake aus Wasser, Salz und wildem Fenchel, eingelegt. Eine seltene Spezialität, die Signora Giuseppina zusammen mit Gerichten aus Kalabrien, der Toskana und Latium in ihrem Restaurant anbietet. Auch dieses Rätsel ist schnell gelöst: Der Ehemann, ebenfalls in der Küche tätig, stammt aus der Toskana, und vor ihrer Rückkehr in Giuseppinas Heimatstadt Crucoli lebten die Bellugis für einige Jahre in Rom. Mit der äußerst sympathischen Tochter Elisabetta, die sich mit großer Herzlichkeit um die Gäste kümmert, ist die Familie komplett.
Man beginnt also mit diesem außerordentlichen »Kaviar« sowie mit **Frittellini di bianchetti**, Sardellenpaste mit würzigem Paprika, Oregano und Knoblauch, Friselle mit kleinen Tomaten, Mozzarellaröllchen mit Sardinen, Capocollo und Soppressata. Dazu reicht man helles Fladenbrot. Im Anschluß folgen frische Teigwaren wie **Bigoli mit Miesmuscheln** oder Steinpilzen, überbackene **Ravioloni di ricotta** mit Spinat und Linguine mit Venusmuscheln. Fisch und Fleisch auch bei den Secondi: rote, würzige Salsiccia vom Grill mit geröstetem Brot, **Galletto alla diavolo** oder Maritimes wie **Gamberoni rossi alla marinara**, marinierte oder gegrillte Tintenfische, **fritierte Calamari**, Garnelen, Merluzzetti, oder was es sonst noch auf dem Fischmarkt gibt. Das Angebot an Nachspeisen ist einfach: im Sommer **Fichi d'India** (um dem Namen nicht Lügen zu strafen), im Winter Kuchen. Dazu trinkt man vor allem Cirò.

Diamante

76 km westlich von Cosenza, S.S. 18

La Guardiola

NEU

Restaurant – Pizzeria
Via lungomare Riviera Bleu
Tel. 09 85 / 87 67 59
Ruhetag: Dienstag, nicht im Sommer
Betriebsferien: 1. Nov. – 31. März
100 Plätze
Preise: 40 000 Lire, ohne Wein
Kreditkarten: alle
Mittags und abends geöffnet

Diamante ist ein kleiner Ort an der Tyrrhenischen Küste, der dank seiner schönen Lage und der Tüchtigkeit seiner Einwohner einen angenehmen Aufenthalt erlaubt. Naturliebhaber können durch den schönen Parco del Corvino wandern, Kulturinteressierte besuchen die Altstadt, die für ihre Wandgemälde bekannt ist, auf denen Szenen aus der Geschichte und dem kalabresischen Alltag zu sehen sind. Diamante ist aber auch für den Peperoncino bekannt. Daraus entstand die originelle Idee, eine Peperoncino-Akademie ins Leben zu rufen.
Die Brüder Claudio und Pino Perrone, die das »La Guardiola« führen, sind eigentlich Berufsfischer, die, statt Fische zu verkaufen, diese lieber selbst zubereiten wollten. Zum Essen nimmt man auf einer der beiden Meeresterrassen Platz und schon kann es losgehen mit den köstlichen Antipasti di mare: **Frittelle mit Meeresalgen**, Meeresfrüchtesalat, Sardellenklößchen, fritierte oder marinierte Sardellen. Bei den Primi hat man die Wahl zwischen Spaghetti und **Linguine mit Sardellen**, mit gemischten Meeresfrüchten, **mit Wrackbarsch** oder gefärbt mit Oktopustinte. Gut sind auch die Secondi wie **Stufato di alici alla diamantese** (ein altes Rezept, das die Zusammengehörigkeit von Sardellen und Peperoncino noch einmal unterstreicht), kleine Tintenfische in Wein, **Wrackbarsch in Sauce** und weitere, verschieden zubereitete Fischarten, stets mit einer Prise Peperoncino. Zum Abschluß gibt es hausgemachte Obstkuchen und Tiramisù. Auf der Weinkarte findet sich eine kleine Auswahl lokaler und italienischer Erzeugnisse.

Die Accademia del peperoncino in der Via Amendola 3 informiert, wirbt und verkauft. An der Strandpromenade, unweit des Restaurants, bekommen Sie in der Gelateria Pierino verschiedene Granite (z. B. aus Zeder) und Eissorten, darunter

Firmo · Contrada Piano dello Schiavo

60 km nördlich von Cosenza, S.S. 19/A 3

La Capricciosa

Trattoria
Via Angelo Viscardi
Tel. 0981/940297
Ruhetag: Montag
Betriebsferien: September
80 Plätze + 30 im Freien
Preise: 35 000 Lire
Kreditkarten: AE, Visa
Mittags und abends geöffnet

Bei diesem Namen denkt man eher an eine Pizzeria und bestimmt nicht an eine Trattoria wie diese. Wir befinden uns mitten in dem Gebiet der albanischen Minderheit Kalabriens, die zwar noch ihre Muttersprache spricht, aber die gastronomische Tradition der Heimat allmählich vergißt. Sehr zu loben ist also die Initiative der Gebrüder Longo, die versuchen, die ältesten Gerichte der albanischen Bauern aufzuwerten. Im Betrieb ist die gesamte Familie eingespannt: Signora Giulia mit Tochter und Schwiegertochter kochen, während Carmine und Saverio bedienen und gerne von Gebräuchen und Überlieferungen erzählen. Die Primi sind echte Köstlichkeiten. An erster Stelle steht die **Shërthedlja**, »gedrückte« Nudeln, die eine stundenlange Bearbeitung erfordern: Die Köchin steht jeden Morgen um fünf auf und zerdrückt den Teig geduldig nach uraltem Ritual mit den Fingerkuppen so oft, bis er weich ist. Am besten schmecken diese Nudeln mit Bohnen. Ebenso einzigartig ist die **Dromësa**. Mit einem in Wasser getauchten Oreganozweig wird Mehl so lange besprengt, bis sich viele Klümpchen bilden, die dann durch ein Sieb passiert werden. Die Klümpchen werden wie Risotto gekocht, dazu gibt es einen Sugo aus Tomaten, Zwiebeln und Basilikum. Unter den Secondi ist die **Cruseki** zu erwähnen, ein Gericht aus getrockneten Paprikaschoten, die in Öl ausgebacken und mit Tomaten und gekochten Bohnen angerichtet werden. Fleisch wird meist auf dem Grill gebraten oder geschmort, als Spezzatino von Kaninchen, Huhn, Schwein. Glanzpunkte unter den Dolci sind Honig und die **Canariculie**. Zu trinken gibt es Rotwein aus eigenem Anbau oder Flaschenweine aus der Region (Cirò, Savuto).

Gerace

12 km von Locri, S.S. 106

Lo Sparviero

Trattoria
Via Luigi Cadorna, 3
Tel. 0964/356826
Ruhetag: Montag
Betriebsferien: im Oktober
90 Plätze
Preise: 25–30 000 Lire
Kreditkarten: die wichtigen
Mittags und abends geöffnet

Gerace ist ein bezaubernder mittelalterlicher Ort mit engen, gepflasterten Gäßchen, gotisch-byzantinischen und barocken Kirchen und herrschaftlichen Palazzi. In einem dieser alten Gebäude ist auch der »Sparviero« untergebracht. Das Lokal besteht nur aus einem einzigen einfachen Raum mit einem wunderschönen Gewölbe, das auf mächtigen Steinpfeilern ruht. Im Eingangsbereich stehen Gefäße mit in Öl eingelegten Auberginen, getrockneten Pilzen und Tomaten, bei deren Anblick einem das Wasser im Munde zusammenläuft. Und dann gibt es da die Fässer, aus denen der Wein gezapft wird, den Claudio Galluzzo selbst erzeugt. Eine besondere Spezialität unter den Vorspeisen ist der **Biscotto a caponata** (ein geröstetes Brot, das mit Wasser getränkt und mit Öl, Salz, Essig und Tomatenstückchen gewürzt wird). Außerdem werden noch gedörrte Tomaten, **fritierte Kürbisblüten** und fritierte Pilze angeboten. Die **Maccarruni i casa** werden ganz traditionell mit Sugo von Ziegenfleisch serviert. Ganz ausgezeichnet sind auch die Melanzane allo sparviero (aufgerollte Auberginenscheiben, mit Nudeln gefüllt). Im Winter gibt es gewöhnlich mittwochs die **Zuppa di fagioli** mit Gemüse und Kartoffeln. Unter den Secondi ragen vor allem die Lammkoteletts alla brace und der **Stockfisch** hervor, der fritiert und anschließend mit Tomaten püriert wird. Der Wein wird, wie schon gesagt, aus den Fässern im Eingangsbereich des Lokals gezapft: ein guter Roter aus heimischen Trauben.

Gerace

12 km von Locri, S.S. 106

La Tavernetta

Trattoria
Straße Locri – Antonimina
Tel. 09 64 / 35 60 20
Ruhetag: Dienstag, nicht im Sommer
Keine Betriebsferien
50 Plätze + 50 im Freien
Preise: 30 – 35 000 Lire
Keine Kreditkarten
Mittags und abends geöffnet

Am einfachsten kommen Sie nach Azzuria, wenn Sie die Straße nehmen, die von Locri hinauf nach Gerace führt. Wenn Sie im Ortskern angelangt sind, biegen Sie in Höhe des Krankenhauses nach links ab, später nach Antonimina. Von hier sind es noch drei Kilometer bis nach Azzuria, und an einem schönen Balkon sehen Sie dann auch gleich das Schild der Trattoria. Die »Tavernetta« verfügt über zwei Speiseräume, einen größeren mit einem kleinen Kamin und einen zweiten, intimeren, in dem man nur zu Abend essen kann. Die Inhaberin, Maria Pierina Cavallo, bereitet die Spezialitäten der Gegend mit großer Sorgfalt zu. Besonders typisch sind die Vorspeisen, die man in jedem guten kalabrischen Haushalt findet: Auberginen, gedörrte, in Öl eingelegte Tomaten, **Capocollo** und verschiedene Wurstsorten. Unter den hausgemachten Primi finden Sie **Maccarruni** alla tavernetta mit einer leckeren Sauce aus Tomaten, Basilikum, Capocollo, Auberginen und gesalzenem Ricotta. Bei der Zubereitung des Fleischs wird kein großer Aufwand getrieben: Die Schweine- oder **Lammkoteletts** werden einfach auf der Holzglut gebraten. Versuchen sollten Sie auch die **Ventriceddi i piscistoccu** (Stockfischinnereien), die mit Brotkrumen gefüllt und anschließend im Tontopf geschmort werden. Wie in Süditalien üblich wird auch hier dem Wein leider kein größerer Wert beigemessen. Zu einem so schmackhaften Speisenangebot hätte gut ein (auch einheimischer) ordentlicher Flaschenwein gepaßt, doch bekommt man nur offenen Hauswein. Im Winter kann man mittags nur nach Voranmeldung essen.

Guardavalle · Marina

66 km südlich von Catanzaro,
S.S. 19 P. und S.S. 106

Mamma Assunta

Trattoria
Via Pietro Nenni
Tel. 09 67 / 8 61 21
Kein Ruhetag
Betriebsferien: Okt. – Mai
60 Plätze im Freien
Preise: 23 000 Lire
Keine Kreditkarten
Mittags und abends geöffnet

Das Lokal ist nur in den Sommermonaten in Betrieb, und um sicherzugehen, daß auch geöffnet ist, sollte man unbedingt vorher anrufen. Bei Mamma Assunta wird im Freien gegessen, in einer bezaubernden, sonnengeschützen Laube mit wunderschönem Blick auf das Ionische Meer. Die Küche bietet echte Hausmannskost: einfache Gerichte, die besonders intensiv schmecken, weil man für ihre Zubereitung ausschließlich sonnengereiftes Gemüse und das Fleisch freilaufender Tiere von kleinen Erzeugern verwendet.
Den Anfang machen typische kalabresische Antipasti: **wilde Artischocken**, in Öl eingelegte, gedörrte Tomaten, Paprika, Auberginen, Würste und andere heimische Spezialitäten. Besonders gut sind die **mit Minze gefüllten Zucchini**. Danach gibt es hausgemachte Pasta, darunter hervorragende **Scilatelle mit Ziegenragout**, Kartoffelgnocchi und duftende Pasta e fagioli. Probieren sollte man auch die **Saubohnen mit Schweineschwarte**. Besonders zu empfehlen bei den Secondi sind Huhn und verschieden zubereitetes Schweinefleisch und natürlich die Gemüsegerichte, darunter traditionelle **gefüllte Auberginen**, Paprikaschoten und appetitliche, ausgebackene Artischocken.
Die Atmosphäre ist einfach und familiär, die Bedienung herzlich. Leider entspricht der Wein nicht ganz dem guten Essen, man muß sich, wie so oft in Kalabrien, mit dem offenen Hauswein begnügen.

Lattarico

30 km nordwestlich von Cosenza A3 oder S.S. 19

Il Cantuccio

Trattoria
Via Palazzello
Tel. 03 30 / 67 63 56 und 09 84 / 93 51 17
Ruhetag: Dienstag
Keine Betriebsferien
50 Plätze + 30 im Freien
Preise: 30 – 32 000 Lire
Keine Kreditkarten
Mittags und abends geöffnet

Diese Trattoria ist ein ideales Ziel für einen angenehmen Tag auf dem Lande. Ein ruhiger Ort, mitten im Grünen, wo man mit der Familie oder Freunden zum Essen geht und anschließend mit der Pferdekutsche durch den Wald hinauf in die Berge fahren kann.
Das »Il Cantuccio« bietet eine klassische-traditionelle Küche, somit darf ein reichhaltiges **Antipasto** mit Gemüse und Käse nicht fehlen. Zur Auswahl stehen appetitliche Auberginenbällchen, fritierte Kürbisblüten und süße Zwiebeln aus Tropea, gehackte Oliven und heimischer Pecorino. Danach folgen handgemachte **Fusilli mit Lammragout** oder »alla zingara« mit Salsiccia und Oregano, Tagliatelle mit Steinpilzen und Lagane mit Kichererbsen und Bohnen. Von den Secondi sollten Sie unbedingt die **Mazzacorde** alla cosentina probieren – köstliche Röllchen aus Lamminnereien, ein altes Gericht, das man nur selten bekommt. Ausgezeichnet sind auch die Hackfleischbällchen aus dem Rohr sowie Gegrilltes vom Lamm, Schwein, Kaninchen und Huhn. Urheber dieser Köstlichkeiten ist Michele Lombardo, Inhaber Gianni Carnevalle kümmert sich um den Service. Getrunken wird ein Rotwein aus eigener Herstellung.
Man erreicht das Lokal, indem man die Autobahn Salerno – Reggio Calabria bei Monalto Rose verläßt und anschließend den Wegweisern nach Lattarico folgt. Bevor Sie sich jedoch auf den Weg begeben, sollten Sie, vor allem unter der Woche, vorher telefonisch abklären, ob auch wirklich geöffnet ist.

Mammola

94 km nordöstlich von Reggio Calabria, Superstrada oder S.S. 281

Santa Barbara

Trattoria – Pizzeria
Ortsteil Santa Barbara
Tel. 09 64 / 41 44 01
Ruhetag: Mittwoch, nicht im Sommer
Betriebsferien: 15. Nov. – 15. Dez.
60 Plätze + 80 im Freien
Preise: 25 – 30 000 Lire
Keine Kreditkarten
Mittags und abends geöffnet

Wenn Sie unweit von Gioiosa Ionica auf die Superstrada fahren, die das Ionische mit dem Tyrrhenischen Meer verbindet, entdecken Sie das interessante Museum Moderner Kunst, das der Maler Nick Spatari und seine Frau eingerichtet haben. Kunstwerke verschiedener Art sind drinnen und draußen ausgestellt und fügen sich vollkommen in die Landschaft ein. Aber kommen wir zu unserem eigentlichen Ziel, der Trattoria der rührigen Freundinnen Rosa und Nunzia. Das Lokal ist gleichbedeutend mit **Stockfisch**. Der ist hier eine Institution und wird in allen nur erdenklichen Zubereitungsformen serviert. Versuchen Sie ihn als Salat oder gegrillt oder geschmort mit Kartoffeln. Er dient auch als Grundlage für die Sauce zu den Bucatini. Weitere Spezialitäten sind die **Spaghetti »alla corte d'Assise«** mit einem frischen, scharfen und aromatischen Sugo, **alla carbonara** und das ausgezeichnete **Kaninchen in Weißwein**, außerdem Lammkoteletts und frische gebratene Salsiccia. Es gibt auch verschiedene Arten von Pizza, uns haben die mit Thunfisch und mit Paprika am besten geschmeckt. Man trinkt offenen Wein aus der Gegend oder kalabrische Flaschenweine. Das Lokal mag zwar ein wenig nüchtern wirken, im Sommer kann man aber im Freien essen.

Melito di Porto Salvo
Annà

33 km südöstl. v. Reggio Calabria, S.S. 106

Casina dei Mille

Hotelrestaurant
Strada Statale Jonica 106
Tel. 09 65/78 74 34
Ruhetag: So. abend, nicht im Sommer
Betriebsferien: 21. – 30. Dezember
120 Plätze
Preise: 40 – 45 000 Lire, ohne Wein
Alle Kreditkarten
Mittags und abends geöffnet

Garibaldi hat hier in der Gegend auf seinem Weg zur Eroberung der beiden Sizilien für einigen Aufruhr gesorgt. Eine bleibende Erinnerung ist eine Kanonenkugel, die noch heute über einem Balkon des Gebäudes aus dem 18. Jahrhundert steckt, in dem das Restaurant untergebracht ist. Genau hier übernahm Garibaldi nach seiner Landung am 19. August 1860 die Befehlsgewalt. Heute ist die »Casina dei Mille« eine historische Gedenkstätte unter der Obhut des Denkmalschutzamtes. Die Wände des Restaurants schmücken Darstellungen der Heldentaten Garibaldis, den Antonio Romeo, der Inhaber, leidenschaftlich verehrt. Während er seine Spezialitäten serviert, kann er Ihnen auch alle Fragen über den Helden und seine Taten beantworten. Beginnen können Sie das Mahl mit **geräuchertem Schwertfisch**, Ricottine und Mozzarelle, Crostini mit **Bianchetti al peperoncino** oder ganz einfach mit einem Salat aus verschiedenem gekochtem Gemüse. Im Sommer gibt es frischen Fisch, der als Beilage zu **Spaghetti** (besonders gut **mit Venusmuscheln**) oder als Hauptgericht serviert wird. So zum Beispiel Seewolf alla marinara oder Knurrhahn in brodetto. Im Winter geben dagegen **Lamm** und **Zicklein** den Ton an, die auf der Holzglut, aber auch auf verschiedene andere Arten zubereitet werden. Und von den Primi seien hier stellvertretend nur die **Maccarruni i casa mit Ragout vom Schwein** genannt. Im »Casina« steht eine außergewöhnlich gute Auswahl sizilianischer (Corvo, Regaleali) und kalabrischer Weine (der gute Cirò von Librandi) zur Verfügung.

Montepaone · Lido

26 km südlich von Catanzaro, S.S. 19 P. und 106

Il Cantuccio

NEU

Restaurant
Via di Vittorio, 6
Tel. 09 67/2 20 87
Ruhetag: Mittwoch
Betriebsferien: Okt./Nov.
40 Plätze + 80 im Freien
Preise: 35 – 40 000 Lire
Kreditkarten: alle
Mittags und abends geöffnet

Wie die meisten Orte an der Ionischen Küste Kalabriens ist auch Montepaone ursprünglich auf einem Hügel in 350 Meter Höhe errichtet worden, als sichere Festung vor den Überfällen der Korsen und Sarazenen. In den letzten Jahrzehnten hat sich die Gastronomie, angezogen von einem Meer, das zu den saubersten Italiens zählt, immer mehr Richtung Küste verlagert, wo schließlich, rund um den Bahnhof, der Ortsteil Lido entstand.
Hier, in der Nähe des Gemeindestadions, befindet sich das Restaurant »Il Cantuccio«. Es steht unter der sachkundigen Leitung von Bruno und Franca Nisticò. Obwohl an der Küste gelegen, bietet man hier vor allem traditionelle Gerichte aus dem Hinterland. Fisch spielt nur eine untergeordnete Rolle, etwa bei den Vorspeisen (Austern und Nachen oder kleine fritierte Fische). Nichtssagende Gerichte, wie die übliche Insalata di caprese (Mozzarella und Tomaten) oder Ausflüge in die internationale Küche, wie beim Champagnerrisotto, beeinträchtigen dabei die grundsätzliche kulinarische Linie nicht, die ganz auf ländliche Gerichte setzt, die gekonnt verfeinert werden.
Den Anfang machen **Auberginen** – das Gemüse Kalabriens –, die auf verschiedene Arten zubereitet werden: als Rouladen, gefüllt, vom Grill mit wilder Minze oder als Auflauf. Außerdem fritierte Kürbisblüten oder Paprika mit Kartoffeln. Danach folgen verschiedene Nudelgerichte, wie Linguine »al Cantuccio«, Fettuccine mit Steinpilzen, **Scilatelle mit Ziegenragout** oder **Gnocchi al Cantuccio** mit einer Sauce aus gedörrten Tomaten. Traditionell sind auch die Fisch- und Fleischgerichte zum Hauptgang: Baccalà fritto, Stockfisch und Kartoffeln, **Tiana** (Ziegen- oder Lammfleisch mit Artischocken, Erbsen und Kartoffeln) und deftige **Trippa alla calabrese**. Die Auswahl an Weinen beschränkt sich auf einige Flaschenweine aus der Umgebung.

Nicoterra Scalo Ferroviario

108 km südwestlich von Catanzaro,
5 km von Nicoterra

Da Vittoria

Trattoria
Via Stazione, 16
Tel. 09 63 / 81 35 8
Kein Ruhetag
Keine Betriebsferien
30 Plätze + 50 im Freien
Preise: 25 – 30 000 Lire
Keine Kreditkarten
Mittags und abends geöffnet

Das Lokal, das wir hier empfehlen, ist etwas speziellerer Natur, und wir geben Ihnen den Rat, sich nicht am Service zu stören und ein Auge zuzudrücken. Ein Heer älterer Frauen, angeführt von der Inhaberin Vittoria, ist in der Küche beschäftigt und verspricht wahrheitsgemäß: »Hausmannskost, typische Gerichte, angemessene Preise« – so das Reklameschild. Nehmen Sie Platz, und genießen Sie in aller Ruhe und in üppigen Portionen die Spezialitäten der Köchin, die die Rezepte der Regionalküche auf sehr bekömmliche Weise interpretiert.
Bei rechtzeitiger Vorbestellung bekommt man **mit Spaghetti gefüllte Auberginenröllchen**, die zusammen mit Sauce und Käse im Ofen überbacken werden, **Pasta 'ncasata**, ein Nudelauflauf mit Käse, Hackfleisch und Eiern, der ebenfalls im Ofen überbacken wird, und würzige **Pasta struncatura ccu nduja**, Nudeln, die mit »'nduja«, einer Streichwurst aus Innereien, Schweinefett und sehr viel Peperoncino, serviert werden. Die Tageskarte bietet außerdem verschiedene Nudelgerichte mit frisch zubereiteten Saucen und frischen Fisch. Gemüse, vor allem Auberginen und die süßen roten Zwiebeln aus Tropea, ist wichtiger Bestandteil für eine Reihe weiterer Gerichte, darunter auch die gefüllten **Auberginenschnitzel**, die paniert und anschließend fritiert werden.
Zu den hausgemachten Nachspeisen – Kekse, Mürbeteigkuchen und weiche Torroncini – serviert man eisgekühlten Vecchio Amaro del Capo.

Die Brennerei Frattelli Caffo, Via Matteotti, **Limbadi** (6 km von Nicotera) produziert verschiedene Spezialitäten, darunter den Magenbitter Vecchio Amaro del Capo aus den typischen Heilkräutern Kalabriens, den Pippo Caffo erfunden hat.

Pizzo Marinella

11 km nordöstlich von Vibo Valentia, S.S. 18

A Casa Janca

NEU

Bauernhof
Via Riviera Prangi
Tel. 09 63 / 26 43 64
Ruhetag: Mittwoch, nicht im Sommer
Betriebsferien: Nov., Jan. und Feb.
50 Plätze + 100 im Freien
Preise: 35 000 Lire
Kreditkarten: alle
Mittags und abends geöffnet

Auf einem Abhang zur Bucht von Sant'Eufemia hin, rund um die Aragona-Burg aus dem 15. Jahrhundert (in der 1815, auf Veranlassung des Bourbonen Ferdinand IV. Gioacchino Murat, König von Neapel, erschossen wurde), liegt das alte Fischerdorf Pizzo, in dessen Meer man angeblich den besten Thunfisch der Welt fängt. Zweihundert Meter von der Küste Riviera Prangi entfernt beginnen die Zitrus- und Gemüseplantagen, aus denen die Zutaten für das gute Restaurant von Rita Callipo stammen. Die waschechte Kalabresin führt das Lokal äußerst liebevoll und bedient in der traditionellen Tracht der Gegend, um den bei ihr angestellten Mädchen »ein Beispiel zu geben«.
Gewürzt wird in der Küche vor allem mit Peperoncino und den roten Zwiebeln von Tropea. Man beginnt mit den üblichen traditionellen Vorspeisen der Gegend sowie einer ungewöhnlichen **Mousse di ricotta al peperoncino**, einer ureigenen Kreation des Chefs. Danach folgen hausgemachte Nudelgerichte wie klassische **Filija** alla tropeana oder **Struncatura** (ein Teig aus Grieß- und Johannisbrotmehl) **alla bottarga di tonno**, Penne mit würziger Thunfischsauce, im Tontopf gekochte Bohnen mit rohen Zwiebeln und traditionelle **Zuppa di cipolle rosse** aus Tropea. Als Hauptgericht wiederum **Frittate di cipolla** sowie Hähnchen, Kaninchen und Schweinefleisch aus eigener Aufzucht.
Das Meer vor der Haustür, gibt es hier – ungewöhnlich für einen Bauernhof – auch einfachen Fisch wie Sardinen und Sardellen. Zum Nachtisch reicht man hausgemachte Süßspeisen. Die Weinauswahl sieht auch einige kalabresische Flaschenweine vor. Zum Schluß noch ein Hinweis auf die köstlichen Zitrusmarmeladen und den Limoncello.

Reggio Calabria Bocale Secondo

13 km südlich vom Stadtzentrum

La Baita

Restaurant
Viale Paolo Renosto
Tel. 0965/677576
Ruhetag: Dienstag, nicht im Sommer
Betriebsferien: 15. Sept. – 15.Okt.
60 Plätze + 30 im Freien
Preise: 40 000 Lire, ohne Wein
Kreditkarten: alle
Nur abends geöffnet

Wenn Sie vor dem Lokal, das direkt am Strand liegt, ankommen, werden Sie vielleicht Ihren Augen nicht trauen: Sie finden hier nämlich kein typisches Strandlokal vor, sondern eine Berghütte. Die Liebe der Familie Riggio zu den Bergen ist nämlich so groß, daß sie hier, nahe der Straße von Messina, ein Stück Alpen nachempfand.
Ihre Küche hingegen ist ganz der heimischen Tradition verhaftet. Auberginenrouladen, gefüllte Zucchini, **Tortiera di alici**, Caponata mit Auberginen, Paprikaschoten und Kartoffeln, köstliche **fritierte Kürbisblüten** sind nur einige der Vorspeisen. Gut sind die Gnocchetti al pesto, werden aber vielleicht noch von den Spaghetti mit Seeigeln und den superben **Linguine mit Fischsauce** übertroffen. Fisch, der immer fangfrisch von den heimischen Fischern geliefert wird, bekommt man auch gebraten oder in der Folie gegart, darunter hervorragenden **Mupi** (ein Fisch, ähnlich der Zahn- oder Rotbrasse), Seebarsch und **Schwertfisch**. Dazu kommt eine reichhaltige Auswahl verschiedener heimischer Wurst- und Käsesorten. An Weinen finden sich Flaschenweine aus der Region und ein interessanter Falanghina del Taburno aus der gleichnamigen Kellerei. Auf Vorbestellung wird auch am Sonntagmittag geöffnet.

In der Via Tommasini 26 stellt Giuseppe Fazia verschiedene Holzofenbrote – mit Öl, Butter oder Milch – her. Bei Antonio Pellicanò in der Via Aspromonte 15a bekommen Sie gedörrte, in Öl eingelegte Tomaten und Auberginen. Empfehlenswert sind auch seine mit Peperoncino gewürzten Soppressate, der Capocollo, Pecorino und ganz vorzügliche Rosamarina, eine Art kalabresischer »Kaviar«.

Reggio Calabria

Taverna degli Ulivi

Trattoria – Pizzeria
Via Eremo Botte, 32
Tel. 0965/891461
Ruhetag: Sonntag
Keine Betriebsferien
60 Plätze + 50 im Freien
Preise: 30 000 Lire
Keine Kreditkarten
Nur abends geöffnet

Die kalabresischen Hausfrauen sind die Hüterinnen eines alten, einfachen und beinahe in Vergessenheit geratenen Rezepts: Hartweizenmehl wird mit Wasser zu einem Teig verknetet, in Stücke zerteilt und um Stricknadeln gewickelt. Auf diese Weise hergestellte **Maccarruni i casa** sind auch die Spezialität der hier vorgestellten Trattoria. Man serviert sie entweder mit einer Hackfleisch- oder mit Auberginensauce.
Der Großteil der Speisen wird von der tüchtigen Köchin Nuccia zubereitet, Agostino, der Inhaber, ist für das auf Holzofenglut gebratene Fleisch zuständig. Alle Gerichte, angefangen bei den Vorspeisen – hausgemachte **Soppressata** und **Capocollo**, frischer Pecorino, in Öl eingelegte Tomaten und Auberginen – entstammen der traditionellen kalabresischen Küche. Bei den Primi schmecken, neben den bereits erwähnten Maccarruni, auch die Tagliatelle gut, die mit verschiedenen Saucen serviert werden. Bei den Secondi sind vor allem die traditionellen **Braciolette alla calabrese** – Rouladen aus Fisch (in der Regel Schwertfisch) oder Fleisch vom Schwein, Kalb oder Pferd – und selbstverständlich das **Grillfleisch** von Agostino zu empfehlen. Außerdem gibt es, außer montags, Pizza.
Dazu trinkt man offenen Hauswein oder sucht sich auf der Karte einen der italienischen Flaschenweine aus. Die »Taverna« liegt im oberen Teil der Stadt, in der Nähe des Klosters, in dem eine Statue der Madonna, Schutzheilige der Stadt, aufbewahrt wird.

Torrone Giuseppe Malavanda, Via Santa Catarina 85 – 91: Seit Jahren ist dieses Unternehmen spezialisiert auf die Herstellung von Mandelpaste. Berühmt sind auch die Torroncini mit Mandarine oder Honig, knackiger Torrone mit Vanille, zarter mit Orangenaroma, und noch viele andere mehr.

Rende
Santa Rosa

10 km nordwestlich von Cosenza

Il Setaccio Osteria del Tempo Antico

Restaurant
Ortsteil Santa Rosa, 62
Tel. 09 84 / 83 72 11
Ruhetag: Sonntag
Betriebsferien: 10. – 20. August
70 Plätze + 30 im Freien
Preise: 30 – 40 000 Lire
Kreditkarten: die bekannteren
Mittags und abends geöffnet

Ein Stück ländliches Ambiente inmitten moderner Wohnblöcke und Umgehungsstraßen erwartet Sie in diesem Lokal. Ähnlich wie bei einem »Setaccio«, sprich Sieb, werden hier kalabresische Rezepte ausgewählt und getestet, bevor sie ins Repertoire aufgenommen werden. Organisiert wird das Ganze mit viel Erfahrung und Liebe von Domenico Ziccarelli, der auch den Service leitet und den Kellnern zur Hand geht. Das Lokal ist in einem Landhaus aus dem 18. Jahrhundert untergebracht, mit Holzbalken und einem schönen Ofen aus Gußeisen und Porzellan. Treten Sie also ein, und entdecken Sie die regionalen Spezialitäten.
Traditionell bereits die Vorspeisen: Geröstete Paprikaschoten, gegrillte Auberginen, Steinpilzsalat, fritierte Kürbisblüten, Spargel und Artischocken stehen, je nach Marktangebot, auf dem Programm. Danach folgen handgemachte Nudeln wie **Tagliatelle mit Lammragout** oder, je nach Jahreszeit, mit Zucchiniblüten und mit Steinpilzen. Außerdem **Lagane mit Kichererbsen** oder mit Bohnen. Das **Fleisch** – Schwein, Lamm, Huhn, Kaninchen und Kalb – kommt **vom Holzofengrill**, der mit Eichen- und Orangenbaumholz gefeuert wird, um den Gerichten ein weicheres Aroma zu geben. Zur Jagdsaison gibt es Wild – **Wildschwein**, **Hase**, Reh, Hirsch – und im Winter Schweinehaxe aus dem Rohr. Auch Fisch ist zu haben. Die Spezialität des Hauses sind Lachsforelle mit Steinpilzen und **Stockfisch** mit Tomaten und Kartoffeln. Zum Dessert gibt es selbstgebackenen Apfelkuchen, Crostate di frutta und Feigen.
Dazu trinkt man den selbstgekelterten Hauswein oder einen Flaschenwein aus der Region. Hausgemacht sind auch Limoncello, Nuß- und Zedernlikör.

Rizziconi

62 km nordöstlich von Reggio Calabria, A 3 oder S.S. 18

Osteria Campagnola della Spina

Trattoria
Ortsteil Audelleria, 2
Tel. 09 66 / 58 02 23
Ruhetag: Montag
Betriebsferien: 16. Aug. – 20. Sept.
60 Plätze + 30 im Freien
Preise: 30 000 Lire
Keine Kreditkarten
Nur am Mittag geöffnet

In der Ebene von Gioia Taura steht inmitten von Olivenhainen diese schöne Trattoria, die von allen nur »Da Spina« genannt wird. Sie ist zu allen Jahreszeiten nur mittags geöffnet und wird hauptsächlich von Arbeitern und Angestellten besucht, die in der Gegend arbeiten. Im Sommer kann man auch draußen, im Schatten einer wunderschönen Pergola, essen. Die tüchtige Signora Rosina kümmert sich um die Küche, ihr Mann und ihr Schwager besorgen die flinke und dennoch herzliche Bedienung.
Man beginnt mit absolut frischen **Ricottine**, die in kleinen Weidenkörbchen serviert werden, und geht dann über zu **Soppressata**, Capocollo und den in Öl eingelegten gedörrten Tomaten und Auberginen. Als Primi folgen von Rosana handgemachte Nudeln, zu denen eine Sauce mit Artischocken oder – in der Saison – mit Steinpilzen serviert wird. Im Winter findet man stets Bohnen-, Rüben- oder **Kichererbsensuppe**. Besonders zu empfehlen bei den Hauptgerichten sind **Salsiccia alla brace**, Schweinekoteletts und gebratene Leber. Am Freitag gibt es geschmorten **Stockfisch** sowie Innereien vom Stockfisch, die mit Brotkrümeln, hellen Oliven, Kapern, Petersilie und geriebenem Pecorino gefüllt und ähnlich wie Rouladen zubereitet werden. Im Sommer zusätzlich **Schwertfisch vom Rost**.
Dazu trinkt man offenen Wein aus der Gegend und zum Abschluß hausgemachten Limoncello oder Nußlikör. Für größere Gruppen sollte man vorbestellen.

San Giorgio Morgeto

75 km nordöstl. v. Reggio Calabria, S.S. 111

La Scaletta

Trattoria
Via Florimo, 14
Tel. 09 66 / 94 63 90
Ruhetag: Dienstag, nicht im Sommer
Keine Betriebsferien
80 Plätze + 40 im Freien
Preise: 30 – 35 000 Lire
Kreditkarten: die wichtigen
Mittags und abends geöffnet

San Giorgio Morgeto befindet sich in herrlicher Hügellage über der fruchtbaren Ebene von Gioia Tauro. Der kleine Ort ist einer der schönsten Kalabriens: Er hat einen interessanten Kern mit großen mittelalterlichen Palazzi und prächtigen Portalen, zwischen denen sich enge Gäßchen hindurchschlängeln, Unterführungen, die an unterirdische Gänge erinnern, und die charakteristischen kleinen Plätze und Freitreppen. Und ganz oben auf dem Hügel steht die Ruine einer einstmals imposanten Burg. Fast in Ortsmitte, am Ende einer alten Steintreppe, liegt das Haus mit Veranda, das die Trattoria beherbergt. Geführt wird sie von den tüchtigen, engagierten Brüdern Ligato. Ihr Speisenangebot ist sehr einfach und umfaßt einige wenige, aber ausgesprochen typische Gerichte der Gegend. Man beginnt mit dem üblichen, doch ganz vorzüglichen in Öl eingelegten Gemüse (gedörrte Tomaten, Auberginen), Capocollo (die besondere Spezialität des Hauses) und ganz frischen Ricottine und kann dann mit hausgemachten **Maccarruni** oder Tagliatelle fortfahren, die mit Pilzen oder, im Winter, mit **Ziegenragout** serviert werden. Der **Stockfisch**, der roh als Salat oder klassisch **a ghiotta** (geschmort) mit Kartoffeln, Tomaten, Zwiebel, Oliven, Kapern und Peperoncino als Hauptgericht angeboten wird, ist ganz vorzüglich. Ausgezeichnet und auf den Punkt gegart ist auch das Fleisch, insbesondere das Lamm und das **Zicklein vom Holzkohlengrill**. Der etwas derbe Hauswein aus heimischen Trauben ist recht anständig.

San Pietro Apostolo

26 km nordöstlich von Catanzaro, S.S. 19

Giuseppe Celli

Trattoria
Ortsteil Pasqualazzo, 52
Tel. 09 61 / 99 40 55 und 99 46 43
Ruhetag: Mittwoch, nicht im Sommer
Keine Betriebsferien
100 Plätze + 150 im Freien
Preise: 20 – 35 000 Lire
Keine Kreditkarten
Mittags und abends geöffnet

Vor fünfzig Jahren fing die Familie Celli mit einem Marktstand an, an dem sie offenen Wein und Gulasch verkaufte, dann folgte die Eröffnung eines Lebensmittelgeschäftes, das zu einer Osteria umgebaut wurde. Heute leitet Signora Ines mit ihrer Schwiegermutter Angiolina die Trattoria. Am schönen Kamin, der in der Mitte des Gastraums steht, wird das Fleisch – hauptsächlich Schweinswürste und Schweineleber – gegrillt. Ansonsten bietet die Küche einfache, aber schmackhafte Gerichte aus der Gegend um die Sila: **Minestra maritata**, zubereitet aus Fleischklößchen, wildem Gemüse und Hülsenfrüchten, und **Vajanata ccu frittuli**, ein Bohneneintopf, der mit Schweineschwarte gekocht wird. Die Zutaten stammen in der Regel aus eigener Herstellung, so daß sich das Angebot mit den Jahreszeiten ändert: im August und September frisches oder in Öl eingelegtes Gemüse, im Oktober Eßkastanien und von November bis März Fleisch. Andere Spezialitäten kann man das ganze Jahr über essen. Dazu gehören das **Antipasto casereccio** mit Capocollo, Soppressata, in Öl eingelegtem Gemüse und Pecorino, die hausgemachten Nudeln mit Kalbs- oder Schweineragout, das **Kaninchen mit schwarzen Oliven**, die hervorragenden Ofenkartoffeln und frisches oder gedörrtes Obst.
Als Dessert Obst- und Nußkuchen, köstliches Maronenparfait oder Fritelle di castagne aus Kastanienmehl, Rosinen, Nüssen, Likör und Gewürzen. Dazu trinkt man Wein aus eigener Herstellung.

In **Carlopoli** (6,5 km), Via Bellavista 76, stellt der Betrieb Fratelli Gentile seit Generationen ausgezeichnete Provola, »mbutirri« (Provola und Butter), geräucherte Ricotta und köstliche »Juncate« her. Außerdem kann man dort Pecorino verschiedener Reifegrade von Schäfern aus der Sila kaufen.

Scalea

92 km nordwestlich von Cosenza,
50 km südlich von Lagonegro, S.S.18

La Rondinella

Restaurant
Via Vittorio Emanuele III, 31
Tel. 0985/91360
Ruhetag: Sonntag, nicht im Sommer
Betriebsferien: November
30 Plätze + 50 im Freien
Preise: 35 – 50 000 Lire, ohne Wein
Kreditkarten: die bekannteren
Mittags und abends geöffnet

Das alte Scalea ist stufenförmig angelegt. In der Ortsmitte, mit Blick auf das Amphitheater, liegt der Palazzo der Fürsten Spinelli und gegenüber das »La Rondinella«. Im Sommer stehen die Tische auf der Piazzetta, im Inneren herrscht die typische Atmosphäre alter kalabresischer Häuser. Sehr zahlreich sind die raffinierten Vorspeisen: fritierte Zucchiniblüten, Tomaten, Paprikaschoten, Baccalà, Rosamarina (nur für kräftige Gaumen zu empfehlen) und appetitliche, selbst in Öl eingelegte Auberginen, Pilze und Oliven. Unvergleichlich die **Wurst**: Capocollo, Schinken und hausgemachte Soppressata. Sehr zu empfehlen sind auch die **Ciciri arragnati** (gekochte Kichererbsen, die anschließend mit Oregano in der Pfanne geschwenkt werden) und die Mollica di pane mit Chili, der auf Anfrage auch durch milderen Peperoni ersetzt wird. Unter den Primi ragen besonders die **Linguine al baccalà** heraus, gut sind aber auch die **Lagane mit Kichererbsen**, **Fusilli mit Ziegenragout**, Gnocchi, Tagliatelle mit Pilzen oder mit Artischocken und Puffbohnen. Ebenfalls ein Genuß sind die **Spaghetti mit Sardellen** und die »Pasta grattata« mit einer Sauce aus Artischocken und Peperoncino. Aus der reichen Auswahl an Secondi seien hier nur das Grillfleisch und der **Baccalà** erwähnt, den man al forno oder mit Erbsen, mit Kartoffeln oder auch fritiert mit »Pipi Vruschi« (in der Sonne getrocknete Chilischoten, die kurz in der Pfanne geschwenkt werden) bekommt. Den Schluß machen verschiedene Kuchen und **Polpette di ricotta** (Quarkbällchen), eine Spezialität, die man sich nicht entgehen lassen sollte. Eine Weinkarte gibt es nicht. Als Alternative zum roten und weißen Hauswein stehen einige gute Cirò-Weine zur Verfügung.

In der Via Don Minzoni 12 bietet der bekannte Pastificio La Golosa ein reichhaltiges Angebot an Teigwaren.

Simeri-Crichi Apostolello

6 km nordöstlich von Catanzaro

La Bottegaccia

Trattoria
Ortsteil Apostolello
Tel. 0961/799185
Ruhetag: Montag, nicht im Sommer
Keine Betriebsferien
70 Plätze + 20 im Freien
Preise: 25 – 30 000 Lire, ohne Wein
Keine Kreditkarten
Mittags und abends geöffnet

Zwei Besonderheiten hat dieses Lokal vor den Toren Catanzaros: Erstens wird alles, was man Ihnen hier serviert, von Signora Anna und ihrem Mann selbst gemacht, was Sie auch schmecken. Zweitens stammt alles aus der unverfälschten traditionellen Regionalküche. Beginnen Sie also mit einem Antipasto aus Pecorino, Salsiccia und Soppressata und jeder Menge **eingelegtem Gemüse** (z. B. die köstlichen runden, scharfen Peperoni, gefüllt mit Thunfisch und Aromaten). Als Primo können Sie **Scilatelle**, d. h. handgezogene Nudeln, oder die traditionelle **Pasta chjna**, im Rohr überbacken und gefüllt mit Hackfleisch, Salami und Provola-Käse, wählen. Oder Sie nehmen die herrliche **Zuppa di fagioli neri**, schwarze Bohnensuppe, die mit Olivenöl und Peperoni nach Laune gewürzt wird. Von den Secondi empfehlen wir die **Tiana e caprettu** (Ziegenlamm) mit Kartoffeln, Artischocken und Erbsen oder die langsam über dem Kaminfeuer gegrillte Salsiccia mit Kartoffeln und Paprika. Wie von einer »Bottegaccia« zu erwarten, gibt es hier auch den **Morzella**. Der Wein ist derb und kommt aus der Gegend. Wenn man zuviel davon trinkt, kann er gefährlich werden. Das Lokal ist normalerweise montags geschlossen, doch wenn Sie in der Gegend sind, probieren Sie es trotzdem; es könnte sein, daß der Wirt eine Ausnahme macht.

Soverato

32 km südlich von Catanzaro, S.S. 106

Ristorante dell'Hotel Riviera

Hotelrestaurant
Via Regina Elena, 4 – 6
Tel. 09 67 / 2 57 38
Ruhetag: Montag
Betriebsferien: 20. Dez. – 10. Jan.
45 Plätze
Preise: 40 – 50 000 Lire
Keine Kreditkarten
Mittags und abends geöffnet

Im oberhalb gelegenen alten Stadtteil finden sich einige kulturhistorische Schätze, wie etwa die in der Kathedrale aufgestellten Marmorskulpturen aus dem 16. Jahrhundert. Der neuere Teil liegt direkt am Golfo di Squillace, einer der schönsten Buchten Italiens. Soverato ist ein Fischerort, und so basiert auch die Küche dieses Lokals auf Fischgerichten. Eine Küche, die allerdings nichts mit den üblichen Touristenfallen zu tun hat. Hier serviert man ausnahmslos heimischen, fangfrischen Fisch, der von vertrauenswürdigen Fischern angeliefert wird. Man bekommt in der Regel einfache Fischarten (z.B. Meerbarbe, Surici, Coccio) und bisweilen Edelfische wie Brasse, Gold- oder Zahnbrasse, die tiefgefroren anderswo häufig auf der Karte zu finden sind.
Professor Piero Chiaravallotti, ein Sprachlehrer, der das Lokal mit Unterstützung seiner Mutter führt, ist berühmt für seine phantasievollen Antipasti, die in üppigen Portionen aufgetragen werden. Zu den köstlichsten gehören wohl der **gratinierte Baccalà**, die **Sardellen- und Schwertfischröllchen** sowie pikant eingelegte oder gratinierte Artischockenherzen und Zwiebeln. Aber auch die Primi stehen dem in nichts nach: bemerkenswerte Penne alla pirata mit Meeresfrüchten, **Farfalle mit Sardinen**, **Linguine mit Baccalà**, Gnocchi mit Krebsen und als Besonderheit die Pasta alla Tognazzi, eine Hommage an den Schauspieler und Feinschmecker Ugo Tognazzi. Und noch ein Tip: Bei all der Vielfalt sollten Sie unbedingt die hausgemachten **Spaghetti mit Knoblauch, Öl und Peperoncino** probieren. Als Dessert können wir Ihnen die Panna cotta empfehlen.
Der Keller bietet eine ordentliche Auswahl an Weinen aus Kalabrien und den übrigen Regionen.

Trebisacce

88 km nordöstlich von Cosenza, S.S. 106

Trattoria del Sole

Trattoria
Via Piave, 14 b
Tel. 09 81 / 5 17 97
Ruhetag: Sonntag, nicht im Sommer
Keine Betriebsferien
35 Plätze + 50 im Freien
Preise: 25 – 35 000 Lire, ohne Wein
Kreditkarten: CartaSi
Mittags und abends geöffnet

Trebisacce liegt über der Küste des Ionischen Meers, und in der Trattoria del Sole wechselt sich der Duft von frischem Fisch, mal delikat und fein, mal kräftig und robust, mit dem der habhaften Gerichte des Binnenlandes ab. Das Lokal ist bescheiden und einladend, versteckt zwischen den Häusern des Dorfs und im Sommer geschmückt mit leuchtenden Zöpfen von roten Pfefferschoten, die in der Sonne trocknen. Das Meeresmahl beginnt mit dem sog. »caviale dei poveri« (Kaviar der Armen), den **Bianchetti**. Das sind soeben geschlüpfte Fischchen, die von Mamma Filomena sorgfältig in Olivenöl mariniert und mit zerstoßenen roten Peperoni gewürzt werden. Dann als Primo eine reichhaltige und sehr aromatische **Fischsuppe** (alternativ Spaghetti mit Venus- und Miesmuscheln oder Pennette bzw. Orecchiette mit Garnelen und Rucola). Hauptgericht können ein Seebarsch im Salz, verschiedene **gegrillte Fische** oder eine **Frittura di paranza** (kleine Fischchen; »was im Netz hängenbleibt«) sein. All das hat sein gutes Pendant in den »landgebundenen« Gerichten. Herrliche Antipasti sind hausgemachte Salami, Ziegenkäse, Oliven, Auberginen, gedörrte Tomaten; unter den Primi zu empfehlen die **Striglie mit Zickleinsugo** und die Penne mit Bauchspeck, Auberginen und Mozzarella. Das **Zicklein** aus dem Ofen ist ein ausgezeichneter Hauptgang. Man beschließt mit hausgemachten Crostate, der Spezialität von Rosa, der Tochter des Inhabers Vincenzo Pinelli; probieren Sie die mit Ricotta oder Ananas. Man trinkt überwiegend den offenen Hauswein (weiß, rot oder Rosato), es gibt aber auch einige Flaschen aus anderen Regionen.

SIZILIEN

MITTELMEER

Thyrrhenisches Meer

Acate

34 km nordwestlich von Ragusa, S.S. 115

Il Carrubo

NEU

Bauernhof
Ortsteil Bosco Grande Canalotti
Tel. 09 32 / 98 90 38
Ruhetag: Montag
Keine Betriebsferien
250 Plätze
Preise: 30 000 Lire
Keine Kreditkarten
Mittags und abends, im Sommer nur abends geöffnet

Das Lokal von Serena Carfi und ihrem Bruder Salvatore befindet sich in einem bezaubernden Bauernhaus in einem Winkel Siziliens, den zu entdecken sich unbedingt lohnt. Die Gerichte, die Serena mit Leidenschaft zubereitet, basieren auf klassischen, heimischen Rezepten.
Den Auftakt bilden mit Tomaten, Sardellen und Käse gefüllte **Scacce** oder zartes, fritiertes Gemüse. Anschließend geht man zu den hausgemachten **Paste** über, die mit einem guten **Ragù di maiale** oder einfach nur mit einer Tomatensauce, Auberginen und salziger Ricotta serviert werden. Bei den Secondi, die alle einen Versuch wert wären, hat man die Qual der Wahl. Wir empfehlen Ihnen die Insalata di carne mit Portulak, die **Ammucca ammucca** (eine mit Auberginen und Käse gefüllte Kalbsroulade), die Pancetta und die Schweineleber mit Zwiebel. Sie können sich aber auch für das klassische **Kaninchen alla stimpirata** oder die deftigen gefüllten Schweinekoteletts entscheiden. Den Abschluß bilden eine Reihe hausgemachter Desserts, unter denen besonders die **Blätterteigtaschen mit Ricottafüllung** hervorragen. Bei den Weinen steht eine kleine Auswahl sizilianischer Marken zur Verfügung.
Da es sich hier um einen Bauernhof mit Restaurantbetrieb handelt, und zwar um einen der wenigen, die sich dieser Art von Gastronomie mit vollem Engagement widmen, ist es unbedingt erforderlich, sich eine gewisse Zeit im voraus anzumelden. Wer seinen Urlaub in diesem verträumten Eckchen Siziliens verbringen möchte – der Hof verfügt auch über einige Fremdenzimmer.

Acireale

17 km nordöstlich von Catania, S.S. 114

La Brocca d'u cinc'oru

Restaurant
Corso Savoia, 49 a
Tel. 0 95 / 60 71 96 und 7 64 81 55
Ruhetag: So.abend und Montag
Im Juli u. Aug. findet der Betrieb auf dem Campingplatz La Timpa statt
50 Plätze
Preise: 45 – 50 000 Lire
Kreditkarten: AE
Mittags und abends geöffnet

Das »Brocca d'u cinc'oru« hat zwei verschiedene Gesichter, denn im Juli und August zieht das gesamte Team ans Meer, auf den Campingplatz La Timpa (Ortsteil Santa Maria La Scala, Tel. 0 95 / 7 64 81 55) um, wo man auf der großen Terrasse, die einen herrlichen Ausblick bietet, neben der Festlandsküche auch Gemüse und Meeresfrüchte genießen kann. Dort gibt es jede Menge Plätze, im Ofen backen die Pizze, und spätabends werden die Tische beiseite gerückt, und der Platz verwandelt sich in einen regelrechten Ballsaal. Einziger Wermutstropfen: Die guten Weine bleiben »zu Hause«. Während des übrigen Jahres erwarten Sie die klassischen und gepflegten Räume des alten Palazzotto in Acireale. Dort werden Sie herzlich empfangen und können sich an Salvatore Licciardellos durchweg traditioneller Küche erfreuen, für die er nur heimische Produkte der jeweiligen Jahreszeit verwendet.
Bei den Antipasti sind sowohl das Festland als auch das Meer vertreten. Die Auswahl an Primi reicht von **Pasta e fagioli** über Spaghetti mit Brotkrume und Sardellen, **Maccheroncini incaciati** (mit Tomate, Ei, Schinken und Käse und im Ofen überbacken) und Spaccatelle mit Sardinen und Fenchel bis hin zum »edlen« Nudel- oder **Reisauflauf**. Bei den Secondi richtet sich das Angebot nach der jeweiligen Jahreszeit. Deshalb werden Ihnen hier neben einigen typischen Fisch- oder Fleischgerichten – darunter auch **fritierte Blaufische** – Frittatine, gekochtes Gemüse und **Pilze** serviert. Als Dessert gibt es von April bis zum Ende des Sommers die **Torta di melanzane**, bei der Auberginen mit Pistazien, Mandeln und Schokolade kombiniert werden.
Die Weinkarte bietet interessante Erzeugnisse nicht nur aus Sizilien.

Bei Gelati Costarelli, Piazza Duomo 21, bekommen Sie gute, klassische Eissorten und Eisspezialitäten.

Agrigento
San Leone
7 km von der Stadtmitte

Leon d'Oro

NEU

Restaurant
Viale Emporium, 102
Tel. 09 22 / 41 44 00
Ruhetag: Montag
Betriebsferien: 10. Okt. – 6. Nov.
70 Plätze + 100 im Freien
Preise: 35 000 Lire, ohne Wein
Kreditkarten: alle
Mittags und abends geöffnet

Agrigent ist nicht nur die Stadt der großartigen Tempelbauten, die wegen ihrer Einmaligkeit in jedem Fall zum Pflichtprogramm gehören, sondern ist auch eine lebendige Stadt, die ungeahnte Überraschungen bereithält. So können Sie beispielsweise zur Strandpromenade gehen, die nur wenige Minuten vom historischen Stadtkern entfernt ist. Dort finden Sie dieses Restaurant, das von der tüchtigen Familie Collura geführt wird, die hier die klassische sizilianische Küche anbietet. Signora Ivonne kann bereits auf eine dreißigjährige Erfahrung als Köchin zurückblicken, und Sohn Totò kümmert sich mit großer Freundlichkeit um den Service, wo ihn sein Bruder Vittorio, ein Experte in Sachen Wein, unterstützt.
Das Speisenangebot umfaßt sowohl Meeres- als auch Festlandsgerichte. Gut sind die Vorspeisen, bei denen besonders die **Insalata calda al limone**, der Salat mit Artischocken, Garnelen, Miesmuscheln, Pilzen und Zitronenschnitzen, die **fritierten Fische** aus dem nahe gelegenen Porto Empedocle und die Involtini di melanzane hervorragen. Bei den Primi sollten Sie sich die traditionellen **Cavati all'agrigentina** mit Ragù di maiale, Auberginen und frischen Tomaten nicht entgehen lassen. Ebenso gut sind aber auch die **Tagliatelle mit Languste** und einer Spur Tomate, die Penne carciofi e ricotta und der Risotto alla crema di scampi. Bei den Secondi hat man die Wahl zwischen frischen Fisch- (**Schwertfischröllchen**, Seezunge, Riesengarnelen oder Pesce al cartoccio agli aromi) und Fleischgerichten (**Involtini alla siciliana** oder **Castrato di agnello a scottadito**). Den krönenden Abschluß bilden ein Semifreddo alle mandorle oder ein Tiramisù.
Die interessante Weinkarte bietet neben örtlichen Erzeugnissen auch eine schöne Auswahl an Marken aus Sizilien und dem übrigen Italien, und beim Nachschenken ist man überaus großzügig.

Bagheria
16 km südöstlich von Palermo, Ausfahrt A 19

Don Ciccio

Trattoria
Via del Cavaliere, 87
Tel. 0 91 / 93 24 42
Ruhetag: Mittwoch und Sonntag
Betriebsferien: August
80 Plätze
Preise: 30 000 Lire, ohne Wein
Kreditkarten: alle
Mittags und abends geöffnet

Ein Relikt aus alter Zeit, wo man unerschütterlich an der Tradition festhält. Hier wird nur nach alten Rezepten (und was für Rezepte!) gekocht, und das Speisenangebot weicht nur selten von den schmackhaften Gerichten ab, derentwegen schon die Fuhrleute auf dem Weg nach Bagheria hier einkehrten. Herausragend: die **Pasta con le sarde** mit Ragout alla siciliana oder **mit Broccoli arriminati**, die mit Sultaninen und statt mit Käse mit gerösteter, geriebener Brotkrume zubereitet werden. Dieses Gericht wird Ihnen Santino Castronovo, der Sohn Don Ciccios, in seinen neuen Räumen servieren, die nur etwa hundert Meter entfernt vom ehemaligen Lokal in der Via Fuxa liegen. Außerdem werden seit kurzem als weitere Primi Pasta e fagioli und Cannelloni al ragù angeboten, aber die Pasta con le sarde sucht noch immer ihresgleichen.
Es sei angemerkt, daß hier, der Tradition des Hauses folgend, weder Vor- noch Nachspeisen serviert werden. Genießen Sie also in vollen Zügen den **Thunfisch alla mentuccia**, den Hackbraten mit Erbsen, die panierte Leber, die schmackhaften Involtini alla Don Ciccio, die **Bistecca alla palermitana**, die einfachen, aber köstlichen **Sarde arrosto** mit Öl und Zitrone oder die **Schwertfischröllchen**.
Man beschließt das Mahl mit Orangen und Bananen in Marsala, einem Ovetto sodo, zu dem man einen Zibibbo trinkt, oder mit einem Gläschen Vino mandorlato. Der bescheidene Weinkeller hält einen anständigen und kräftigen offenen Hauswein und einen Colomba Platino aus Salaparuta bereit.

In der Gelateria Anni Venti, Via Mattarella 13, finden Sie 120 verschiedene Eissorten, darunter »Baghiera«, eine köstliche Mischung aus Zitrusfrüchten, »Anni Venti« (Sahne und Biskuit) und natürlich Hörnchen mit Eiscremefüllung.

Belmonte Mezzagno

17 km südöstlich von Palermo

Italiano

NEU

Trattoria
Via Kennedy, 80
Tel. 0 91 / 8 72 03 97 und 8 73 63 34
Ruhetag: Dienstag
Betriebsferien: August
45 Plätze
Preise: 40 000 Lire
Keine Kreditkarten
Mittags und abends geöffnet

Wenn Sie in der Innenstadt von Palermo nicht im Verkehr steckenbleiben, sind Sie in nur zwanzig Minuten in diesem Dorf im Hinterland, wo die Familie Italiano seit langem eine gemütliche Trattoria betreibt. Die Küche ist im wesentlichen von den Traditionen der Gegend geprägt, wenn man sich auch ab und an einen exotischen Ausflug gestattet. Deshalb kann man hier ohne weiteres im Degustationsmenü – das für gewöhnlich aus zwei Primi, drei Secondi und einem Dessert besteht – auch eine gute Paella valenciana finden.
Aber keine Sorge, wer die traditionelle Küche sucht, der bekommt hier selbstverständlich auch frische **Tagliatelle** mit den köstlichen heimischen Pilzen, **Makkaroni mit Broccoli arriminati** oder mit wildem Fenchel und die ausgesprochen typischen Gemüseminestre. Ganz klassisch sind auch die Secondi, bei denen man zwischen **Agnello al forno** mit Kartoffeln, einer mit aromatischen Kräutern gefüllten Schweinshaxe oder einem **Caprettino in tegame** wählen kann. Den Abschluß bildet der unverzichtbare **Cannolo mit Ricotta**, die von der nahe gelegenen Piana degli Albanesi kommt.
Die Portionen sind reichlich, und dazu steht eine schöne Auswahl italienischer und ausländischer Weine zur Verfügung, die Luigi, der Gründer dieser sympathischen Trattoria und Freund guter Weine, zusammengestellt hat.

Calascibetta

7 km nördlich von Enna, S.S. 290

La Brace

NEU

Trattoria
Strada Statale 290 (Longodardi)
Tel. 09 35 / 3 46 99
Ruhetag: Montag
Betriebsferien: August
100 Plätze
Preise: 28 000 Lire, ohne Wein
Keine Kreditkarten
Mittags und abends geöffnet

Diese typische Trattoria befindet sich in der Nähe der Ausfahrt Enna der Autobahn Catania – Palermo und ist über die Staatsstraße 290 in Richtung Calascibetta in nur wenigen Minuten zu erreichen. Der Ort »Kalat-Scibet« mit seiner arabischen Burg hat sich seinen bezaubernden mittelalterlichen Stadtkern bewahrt und liegt auf einem 900 Meter hohen Berg, von dem aus man einen herrlichen Blick bis zum Vulkankegel des Ätna genießt.
Unmittelbar am Ortseingang finden Sie dieses ganz einfache Lokal, wo man Ihnen neben guten sizilianischen Gerichten auch den einen oder anderen Klassiker aus dem übrigen Italien (zum Beispiel bei den Antipasti) serviert. Auf dick mit Käse belegte Bruschette folgen eine bemerkenswerte **Zuppa di fagioli**, **Maccheroni alla Norma**, Tagliatelle mit Pilz- und Fleischsauce oder auch **Cavati al sugo di maiale**. Groß ist die Auswahl bei den Secondi, die alle auf der Holzglut gegart werden. Sie reicht von einem guten **Arrosto misto di agnello** über Wachteln, Schweinekotelett und Bistecca alla fiorentina bis zur schmackhaften heimischen **Bratwurst**. Das Speisenangebot sieht aber auch Fischgerichte (die Fische stammen aus dem benachbarten Licata) vor, und zu bestimmten Zeiten bekommen Sie auch leckere Gerichte mit Pilzen aus den umliegenden Wäldern.
Außergewöhnlich das Angebot an Desserts, das von selbstgemachten Krapfen mit Ricottafüllung bis hin zu Obsttorten reicht. Die gute Weinkarte bietet anständige sizilianische und interessante piemontesische und toskanische Erzeugnisse.

Caltanissetta

Cortese

NEU

Restaurant
Viale Sicilia, 166
Tel. 09 34 / 59 16 86
Ruhetag: Montag
Betriebsferien: 14 Tage im August
65 Plätze
Preise: 40 000 Lire, ohne Wein
Kreditkarten: die bekannteren
Mittags und abends geöffnet

Caltanissetta ist ein kleines, eher modernes Städtchen, das auf den ersten Blick keine besonderen Attraktionen bereithält. Interessant ist es auch nicht so sehr wegen seiner Baudenkmäler, sondern vielmehr wegen des herrlichen Hügelpanoramas (wir befinden uns hier am Fuße des Monte San Giuliano) und der Kupfer-, Kalisalz- und Magnesiumminen, deren Geschichte im Museo Mineralogico dokumentiert ist. Aber auch von der guten Gastronomie sollten Sie sich, wenn Sie einmal hierherkommen, einen Eindruck verschaffen, für die das mitten im Zentrum gelegene »Cortese« ein Paradebeispiel liefert.
Ihr Können stellt die Küche besonders bei den zahlreichen sizilianischen Klassikern unter Beweis, deren Geschmacksvielfalt sich bereits bei den Vorspeisen zeigt: **Caponata**, **Thunfisch süß-sauer**, fritierter Spargel und Pilze. Man fährt fort mit ausgezeichneten **Cavatelli alla siciliana** mit Ragù di maiale oder Papardelle alla Norma, denen aber auch der Risotto ai funghi, eher ein Gericht der Bergbauern, in nichts nachsteht. Bei den Secondi wechseln sich Meeres- und Festlandsgerichte ab: Von ersteren empfehlen wir Ihnen die Zahnbrasse al forno, die Riesengarnelen und die **Calamari fritti agli aromi**. Bei den Fleischgerichten ragen besonders die **gefüllte Kalbsroulade**, die **Involtini alla nissena** und das heimische Hammelfleisch hervor. Zum Abschluß gibt es eine schöne Auswahl an Käsen und Desserts, darunter auch die unverzichtbare – ganz vorzügliche – **Torta di ricotta**.
Beendet wird jede Mahlzeit mit einem Amaro Averna, dem Stolz des Ortes. Die bescheidene Weinkarte könnte angesichts des Niveaus des Lokals mit Sicherheit noch erweitert werden.

Capo d'Orlando Certari

84 km westlich von Messina, S.S. 113 oder A 20

La Tettoia

Trattoria
Ortsteil Certari, 80
Tel. 09 41 / 90 21 46
Ruhetag: Montag, nicht im Juli u. Aug.
Betriebsferien: 15. – 30. Sept.
80 Plätze + 130 im Freien
Preise: 30 – 40 000 Lire, ohne Wein
Keine Kreditkarten
Mittags und abends geöffnet

Mit großer Höflichkeit und Gastfreundschaft werden Sie die Inhaber dieser auf halber Höhe des Hügels gelegenen Trattoria empfangen, von der aus Sie einen einmaligen Blick aufs Meer genießen und in der Sie im Sommer nach einem heißen Tag am Strand Abkühlung finden. Der Service ist ungezwungen, die Weine (ein heimischer offener Wein und einige sizilianische Marken) und Speisen trägt Ihnen Salvatore mündlich vor. Er ist für den Speisesaal zuständig, während Signora Rosaria in der Küche »das Zepter schwingt«.
Von dort kommen als erstes Bruschette auf den Tisch, die nur mit einem besonders aromatischen Olivenöl zubereitet werden. Dazu gesellt sich ein Teller mit heimischem Käse und Wurst mit Auberginen, Tomaten, Oliven, einer Sardelle und einer ausgezeichneten **Caponata**. Bei den Primi haben die hausgemachten **Makkaroni** ihren großen Auftritt, die hier wie dicke Spaghetti aussehen. Dazu gibt es verschiedene Fisch- und Fleischsaucen (versuchen sollten Sie unbedingt den Sugo di maiale). Sehr gut ist aber auch der **Makkaroniauflauf** mit Ricotta. Bei den Secondi ragen besonders die **Grillgerichte** mit Fleisch (Hähnchen, ein bemerkenswerter **Hammel**, Koteletts, Rouladen) oder Fisch (insbesondere Tintenfisch) hervor.
Selbstgemachte Desserts bekommen Sie hier in der Regel nicht, Sie können das Mahl aber mit frischem Obst und dem einen oder anderen guten Likör beschließen.

Capo d'Orlando lohnt auch wegen seines guten Eises einen Besuch. Die Bar des Hotelrestaurants La Tartaruga (Strandpromenade San Gregorio 70) ist bekannt für ihr Schokoladeneis. Empfehlenswert sind außerdem die Bar delle Poste (Via Tripoli II Tronco 6 bis), das Caffè del Corso (Via Francesco Crispi 31) im Zentrum und La Conchiglia (Via Trazzera Marina 150) im Ortsteil Piana.

Castelbuono

89 km südöstlich von Palermo, S.S. 286

Al Vecchio Palmento

Restaurant
Via Fama, 2
Tel. 09 21 / 67 20 99
Ruhetag: Montag
Betriebsferien: 20. – 30. Sept.
120 Plätze + 200 im Freien
Preise: 35 – 45 000 Lire
Keine Kreditkarten
Mittags und abends geöffnet

Im zauberhaften Ambiente eines Gebäudes aus dem 18. Jahrhundert führt Antonio Mogàvero, ein ausgesprochener Feinschmecker, dieses Lokal. Zusammen mit seiner Frau Maria Antonietta und dem Küchenchef Antonio Buonadonna bietet er die typische Küche der Madonie, vor allem bringt er aber die alten Familienrezepte wieder zu neuen Ehren. Angefangen beim Olivenöl, stammt alles, was hier auf den Tisch kommt, von Antonios Bauernhof: der aromatische **rohe Schinken** und die Schweine- oder Wildschweinwurst, die köstlichen **Caciottine**, die Auberginen und die in Öl eingelegten Paprikaschoten. Zu den hausgemachten **Tagliatelle** gibt es **Hammelragout** oder Spargelsauce mit Ricotta oder Schafskäse. Und den »Foglie di bosco« (dreieckige Teigtaschen) verleiht eine Sauce mit Hasenfleisch erst den richtigen Geschmack. Während der Saison sollten Sie den Koch bitten, seine herrliche **Pilzsuppe** für Sie zu kochen (die Pilze werden hier aber auch noch auf tausend andere Arten zubereitet). Im Anschluß daran können Sie mit **gefülltem Perlhuhn**, einem **Rebhuhn** aus der Pfanne, gebratenem Hühnchen oder einer üppigen Grigliata di arrosti misti von der Holzglut fortfahren. Und zum Abschluß gibt es ein ausgezeichnetes Tiramisù oder eine **Testa di turco**: Hauchdünne Teigblätter werden mit einer Creme aus Milch, Eiern, Kakao und Zimt gefüllt und anschließend fritiert. Der Weinkeller bietet neben den besten sizilianischen Erzeugnissen auch einige toskanische und piemontesische Marken.

Zwei gute Adressen, bei denen Sie typische Spezialitäten finden, sind die Bar-Pasticceria der Brüder Fiasconaro an der Piazza Margherita und die Bar-Pasticceria der Brüder Pinsino, Salita al Monumento 7.

Castelbuono

89 km südöstlich von Palermo, S.S. 113 u. 286

Nangalarruni

NEU

Restaurant
Via Alberghi, 5
Tel. 09 21 / 67 14 28
Ruhetag: Mittwoch
Betriebsferien: unterschiedlich
50 Plätze + 80 im Freien
Preise: 35 – 45 000 Lire, ohne Wein
Keine Kreditkarten
Mittags und abends geöffnet

Als Naturfreund und dank der herrlichen Wälder rund um Castelbuono gelingt es Giuseppe Carollo zu jeder Jahreszeit, eine überraschende Auswahl an **Pilzen** anzubieten, die das Speisenangebot (selbstverständlich in positivem Sinne) beherrschen, das überdies zu wirklich anständigen Preisen angeboten wird. Nicht selten kann man ihn mit Stammgästen angeregt über seine große Leidenschaft – die Pilze natürlich – diskutieren hören. Auch wenn das Lokal heute eher einem guten Restaurant gleicht, ist es nach wie vor eine gute Adresse für eine abendliche Einkehr.
Zum Auftakt gibt es **Carpaccio di equino** mit Steinpilzen oder Röhrlinge mit Taleggiowürfelchen, einen **Salat aus** fünf verschiedenen **Pilzen** oder Pfifferlinge mit Pecorinospänen und Basilikum. Sie können sich aber auch für die gratinierten Steinpilze entscheiden, zu denen ein köstlicher marinierter Wildschweinschinken und heimische schwarze Oliven gereicht werden. Danach kann man mit hausgemachten **Fettuccine** fortfahren, die – wie sollte es anders sein – **mit Steinpilzen, frischer Ricotta und Spargel** serviert werden. Immer auf der Karte zu finden sind die Pappardelle mit Wildschweinragout und geriebener Ricotta salata. Herrlich die Fleischgerichte, die im Holzofen zubereitet werden: **Milchkitz** und ein köstliches **Spanferkel** mit gebratenen Pfifferlingen. Und auch bei den Secondi finden wir wieder Pilze, diesmal gebraten oder in Folie gegart. Gut sind auch die Salsicce, die gegrillten Bistecche di maiale und der Bruciuluna (eine Art Hackbraten). Schließlich gibt es noch eine interessante Auswahl an Desserts, die von einem ausgezeichneten Panettone bis hin zu Cose chini reicht.
Gut ist das Angebot an Weinen mit einer Auswahl der besten sizilianischen Erzeugnisse und Spitzenweinen aus der Toskana und dem Piemont.

Castelmola
Ogliastrello Castelmola

53 km südwestlich von Messina,
S.S. 114, 4 km von Taormina

Chicchirichì

NEU

Restaurant – Pizzeria
Ortsteil Ogliastrello Castelmola
Tel. 09 42 / 2 82 01
Ruhetag: Mittwoch, nicht im Sommer
Keine Betriebsferien
140 Plätze + 200 im Freien
Preise: 35 000 Lire
Kreditkarten: die bekannteren
Mittags und abends geöffnet

An der Straße von Taormina nach Castelmola, die viele bezaubernde Abschnitte hat und einen herrlichen Ausblick auf das Meer bei Mazzarò und Naxos bietet, erwartet Sie ein einfaches Lokal mit einer schönen, großen Terrasse für die Sommerabende. Kommen Sie doch einmal hierher, wenn Sie bereits die Gastronomie im nur knapp vier Kilometer entfernten Taormina und der Umgebung, dem elegantesten und teuersten Teil der sizilianischen Küste, kennengelernt haben. Hier finden Sie ein gutes Preis-Leistungs-Verhältnis und eine unverfälschte Küche. Das Lokal wird von Pippo Grasso und seiner Familie geführt. Pippo ist ein fröhlicher, stets gutaufgelegter und mit einer guten Portion natürlicher Herzlichkeit ausgestatteter Wirt, bei dem sich die Gäste sofort wohl fühlen.
Zahlreich und gut sind die traditionellen Gerichte, aber wer hierher kommt, hat in der Regel schon ein ganz bestimmtes Gericht im Kopf, nämlich einen großen Teller mit den vorzüglichen, hausgemachten **Makkaroni**, die **mit Tomatensauce, salziger Ricotta,** Auberginen und Basilikum oder mit einem Ragù di vitello serviert werden. Seinen Ruf verdankt das Lokal zum großen Teil den frischen Paste, aber auch dem vorzüglichen, gut gewürzten **Grillfleisch** (Kalb, Schwein, Bratwurst, Hähnchen, Lamm, Wachteln), zu dem man einen einfachen, kräftigen, offenen Hauswein trinkt. Man kann sich aber auch für einen anderen sizilianischen Klassiker, die **Pepata di cozze**, oder für die **Schwertfischröllchen** entscheiden. Das Eis und die Cassata siciliana bereitet Pippos Schwiegertochter Alfina selbst zu.
Wer kein komplettes Menü einnehmen möchte, für den steht eine gute Auswahl an Pizze zur Verfügung.

Castrofilippo
Torre

24 km nordöstlich von Agrigent, S.S. 122

Osteria del Cacciatore

NEU

Osteria
Ortsteil Torre
Tel. 09 22 / 82 98 24
Ruhetag: Mittwoch
Keine Betriebsferien
60 Plätze + 100 im Freien
Preise: 25 000 Lire
Keine Kreditkarten
Mittags und abends geöffnet

Castrofilippo, ein Dorf im Valle dei Templi, ist durch die Auswanderung nahezu entvölkert und liegt nur wenige Kilometer vom belebten Zentrum von Canicattì entfernt. Nicht weit von hier wurden zwei große italienische Literaten – Pirandello und Sciascia – geboren. Und nicht zuletzt gibt es hier auch interessante gastronomische Adressen.
Salvatore Alessi und seine Familie sind in neue, komfortablere und funktionalere Räume umgezogen. Wir liebten den alten Speisesaal und den winzigen Platz im Freien, wo im Sommer ein paar Tische standen und Salvatore an warmen Abenden zu seiner Ziehharmonika griff und sizilianische Melodien spielte. Doch auch im neuen Lokal haben wir den gewohnten zuvorkommenden und freundlichen Service wiedergefunden, und das Speisenangebot ist ebenfalls unverändert. Und schließlich tröstet uns auch, daß sich Signora Antonia weiterhin um die Zubereitung der Paste und der **Scacciate**, die dann mit Öl, Sardellen und schwarzen Oliven gefüllt werden, und der **Fuazza**, der traditionellen Agrigenter Pizza, kümmert. Versuchen sollten Sie aber auch die Arrotolata di spinaci mit Oliven, die **Tagliatelle mit Tomatensauce** oder die verschiedenen Minestre mit Cavati, den typischen Nudeln der Gegend. Anschließend können Sie sich dem schmackhaften **gegrillten Hammelfleisch**, den Bistecche di maiale, der Bratwurst, den Wachteln oder dem Kaninchen in tegame hingeben. Und zum Nachtisch bekommt man eine einfache Pizza alle mele.
Große Weine werden Sie hier vergebens suchen, doch der offene Hauswein ist anständig.

Catania

Al Gabbiano

NEU

Trattoria
Via Giordano Bruno, 128
Tel. 0 95 / 53 78 42
Ruhetag: Sonntag
Betriebsferien: August
80 Plätze
Preise: 35 – 40 000 Lire
Kreditkarten: die bekannteren
Mittags und abends geöffnet

In diesem Lokal beschränkt man sich auf das Wesentliche: Die Einrichtung ist einfach, vielleicht etwas zu nüchtern, auf den Tischen Tischdecken und darüber Mitteldecken aus Papier. Das gilt auch für die Küche, aus der absolut unverfälschte Gerichte aus der kulinarischen Tradition Catanias kommen, für die nur frischer Fisch und Gemüse der Saison verwendet werden. Und hier noch ein Tip: Gehen Sie ein kleines Stück zu Fuß, und fahren Sie nicht bis unmittelbar vor das »Al Gabbiano«, denn in der schmalen Straße in der Nähe des Handelszentrums werden Sie nur schwer einen Parkplatz finden.
Rohes, geröstetes oder gegrilltes Gemüse eröffnet den Reigen der Speisen, die von Parmigiana alla caponata über **Puppetti** (Klößchen) **di muccu** oder **di patati** mit Alivi cunzati (weiße oder schwarze Oliven mit Giardiniera, Knoblauch, Sellerie und Petersilie) und gerösteten Paprikaschoten bis hin zu gegrillten Auberginen reichen. Ein appetitanregender Auftakt, der den Gaumen auf die folgenden Genüsse des Meeres vorbereitet. Von den Primi empfehlen wir Ihnen besonders die köstlichen, frischen **Spaghetti alle vongole**, **al nero di seppia** oder **mit Seeigeln**. Frisch gefangener Fisch spielt auch die absolute Hauptrolle bei den stets reichlich bemessenen Secondi. Im Sommer sollten Sie unbedingt die ausgezeichneten **Sparacanaci fritti** probieren.
Die Auswahl an Desserts ist anständig. Eine Weinkarte gibt es nicht, und es stehen nur einige wenige Marken zur Verfügung. Die Höhe der Rechnung hängt vom Fisch ab, sie übersteigt allerdings nur selten den Betrag von 40 000 Lire.

Catania

La Lampara

NEU

Restaurant
Via Pasubio, 49
Tel. 0 95 / 38 32 37
Ruhetag: Mittwoch
Betriebsferien: August
50 Plätze
Preise: 40 000 Lire
Kreditkarten: Visa
Mittags und abends geöffnet

Wir sind hier ganz in der Nähe des bedeutendsten Geschäftsviertels der Stadt, an der Grenze zum Vorort Ognina, in dem früher viele Fischer lebten, für die »a lampara« (Leuchte zum Nachtfischen) ein wichtiges Arbeitsutensil war, das wohl auch diesem kleinen, netten Restaurant seinen Namen gegeben hat. Geführt wird es von Alfio (der sich um den Service kümmert) und seinem Sohn Giuseppe, der bei seinem Vater mit Erfolg in die Lehre gegangen ist und heute das Ruder in der Küche fest in der Hand hat.
Empfangen werden Sie mit einigen einfachen, aber leckeren Appetithäppchen und Vorspeisen aus der Tradition der Fischer und Bauern. Bei den Primi reicht die Auswahl von einfachen Spaghetti mit Venusmuscheln bis hin zu den aufwendigeren **Linguine al sapore di mare**. Je nach Jahreszeit gibt es aber auch noch weitere interessante Gerichte wie **Rigatoni alla Norma**, Pappardelle al pesto und – hier sind wir wieder beim Meer – **Spaghettini mit Seeigeln**. Der Fisch (von der Brasse bis zum Seebarsch) und das Fleisch zeichnen sich durch besondere Frische und Qualität aus. Beim Dessert haben wir uns auf ein vorzügliches Zitronensorbet beschränkt.
Leider gibt es hier keine Weinkarte, es stehen aber unter anderem die besten Erzeugnisse der Region zur Verfügung. Besondere Erwähnung verdienen die große Höflichkeit und Professionalität des Personals.

Ganz in der Nähe, in der Via Messina 255 / Ecke Via Asiago, müssen Sie unbedingt in der Salumeria-Gastronomia Scollo vorbeischauen. Giuseppe und Lorenzo haben die besten Erzeugnisse der Gegend und Produkte aus dem Piemont zusammengetragen. Gut sind auch die traditionellen Fertiggerichte: Die Siciliane bekommt man allerdings nur im Winter, wenn es Schafskäse gibt.

Catania

Trattoria Casalinga

Trattoria
Via Biondi, 19
Tel. 095/311319
Ruhetag: Sonntag
Betriebsferien: 15. – 31. August
50 Plätze
Preise: 25 000 Lire, ohne Wein
Kreditkarten: Visa
Nur mittags geöffnet

Zahlreiche Stammgäste, die sich mit Plastiktischdecken und einfachen Gläsern begnügen, kommen regelmäßig in dieses kleine Lokal in ausgesprochen zentraler Lage, und das vor allem wegen der Küche und der Atmosphäre, die die Familie Mannino verbreitet. Ihre Unverfälschtheit verdanken die Gerichte der sorgfältigen Auswahl der Zutaten, die der Vater auf dem Markt einkauft und bei denen er ausschließlich auf Erzeugnisse der jeweiligen Jahreszeit zurückgreift.
Wenn Sie am Tisch Platz nehmen, finden Sie dort schon den »Vacilettu«, eine große Keramikschüssel mit eingelegten Oliven und Peperoncini, mit denen Sie sich bei der Auswahl des Menüs schon einmal Appetit holen können. Anschließend können Sie eine der leckeren Suppen bestellen. **Bohnensuppe** gibt es das ganze Jahr über, andere Gerichte mit Hülsenfrüchten bekommt man hingegen nur im Winter. Im Sommer wird häufig **Fisch**, vor allem Blaufisch, angeboten. Von den Gemüsegerichten empfehlen wir Ihnen besonders die Peperonata und die **Involtini di melanzane**. Auf die Frage nach einem Dessert wird Ihnen der Wirt vielleicht ganz unbefangen antworten, daß man darauf in seiner Trattoria keinen Wert lege, und Ihnen statt dessen »die besten Früchte Italiens« anbieten.
Bei den Weinen hat man die Wahl zwischen dem offenen Hauswein und einigen sizilianischen Marken.

Die Bar-Chiosco Costa, Piazza Santo Spirito, hält die alte Tradition des »Acquafrescaio« hoch: Hier gibt es Limonaden, Sirup, Säfte und Mandelmilch. Wer gerne ein Glas Wein in angenehmer Gesellschaft trinkt, ist im »Il carato«, Via San Gaetano 1, gut aufgehoben. Dort bekommt man an den Wochenenden abends guten Wein, und sonntags wird sogar ein ganzes Menü angeboten.

Cefalù

66 km östlich von Palermo, A 19

La Brace

Restaurant
Via XXV Novembre, 10
Tel. 0921/23570
Ruhetag: Montag
Betriebsferien: 15. Dez. – 15. Jan.
45 Plätze
Preise: 35 000 Lire, ohne Wein
Kreditkarten: alle
Mittags und abends geöffnet

Wundern Sie sich nicht über die Nationalität der Wirtsleute – ein Ehepaar »aus Übersee«, das seit zwanzig Jahren mit wachsendem Erfolg dieses nette, kleine Restaurant ganz in der Nähe der Kathedrale führt. Er, Dietmar Beckers, ist Holländer, und sie, Thea De Haan, stammt aus Indonesien. Aber die Zutaten und die sizilianischen Rezepte, die sie gelegentlich etwas abwandeln, bereiten ihnen keinerlei Schwierigkeiten. Die einfachen, aber schmackhaften Speisen werden nur mit hochwertigen Zutaten und großer Hingabe zubereitet.
Den Auftakt bilden eine Vielzahl verschiedener **Bruschette** (mit Oliven, mit Crema di melanzane, Räucherlachs oder Honig und grünem Pfeffer), ein Salat aus Artischockenherzen und Controfiletto in agrodolce mit Auberginen. Danach fährt man ganz traditionell mit Spaghetti all'aglio e peperoncino oder mit den aufwendigeren **Involtini di pasta e melanzane** fort. Als Secondi werden Fleisch- (versuchen Sie einmal die **Involtini di carne e verdura**, die Rindfleischspießchen mit Senf, den **Filetto delle Madonie mit salziger Butter** oder die Kalbfleischspießchen) und Fischgerichte (wie zum Beispiel Schwertfischspießchen) angeboten. Den Abschluß bilden ausgezeichnete Desserts wie **Cannoli siciliani**, Panna cotta und Mousse al limone oder auch eine auf der Holzglut gegrillte Banane mit Likör.
Die Weinkarte wird laufend erweitert und bietet eine gute Auswahl an Erzeugnissen aus der Region und dem übrigen Italien. Preiswert und gut sind die Festpreismenüs.

Cesarò

118 km südwestlich von Messina,
A 18, S.S. 185 und 120

Villa Miraglia

Trattoria mit Fremdenzimmern
Bosco della Miraglia
Tel. 0 95 / 69 65 85
Kein Ruhetag
Keine Betriebsferien
40 Plätze + 100 im Freien
Preise: 35 000 Lire, ohne Wein
Keine Kreditkarten
Mittags und abends geöffnet

NEU

Fast ein Stück Schweiz mit Wiesen, Wäldern und Bergen mitten in Sizilien, 1274 Meter über dem Meeresspiegel. Sie gelangen dorthin, wenn Sie vom Meer bei Sant'Agata di Militello die Straße hinter dem Dorf San Fratello hinauffahren, die sich bis in 1524 Meter Höhe den Femmina-Morta-Paß hinaufschlängelt und dann nach Cesarò hinunterführt. Das Lokal ist zugleich ein hübscher Gasthof mit fünf sehr schönen Fremdenzimmern – ideal, um dort ein Wochenende zu verbringen. Ein Besuch lohnt aber auch, um die typisch sizilianische Küche dort zu genießen. Im Speisesaal empfängt Sie der überaus sympathische und aufmerksame Calogero Sinitò, die Küche ist das Reich von Giuseppe Scaravilli.
Den Auftakt bilden **Wurst** aus Sant'Angelo di Brolo und Provola aus Floresta. Es folgen sättigende, schmackhafte Primi, die in großzügigen Portionen serviert werden: **Makkaroni mit Steinpilzen** oder die klassische Pasta al forno mit einer guten Fleischfüllung. Bei den Secondi hat man die Qual der Wahl. Wir empfehlen Ihnen das **Lamm** oder das **Milchkitz** – alla brace oder al forno. Gut sind aber auch das **Wildkaninchen in agrodolce** und das heimische Spanferkel. Man schließt mit den süßen Leckerbissen aus Cesarò und Randozzo. Als Begleiter gibt es allerdings nur den heimischen offenen Wein und einige sizilianische Marken.
Ein Lokal, das man nicht nur wegen seiner Küche, sondern auch wegen der Landschaft kennenlernen sollte.

Chiaramonte Gulfi Piano dell'Acqua

25 km nordöstlich von Ragusa, S.S. 514

Le Mole

Restaurant
Ortsteil Chiara
Tel. 09 32 / 92 60 66
Ruhetag: Montag
Keine Betriebsferien
110 Plätze + 300 im Freien
Preise: 35 000 Lire, ohne Wein
Keine Kreditkarten
Mittags und abends geöffnet

Ein schöner Bauernhof im Hinterland von Ragusa wurde in ein typisches Restaurant umgebaut, neuerdings kamen einige Appartements dazu (30 Betten; Halbpension 85 000 Lire, Vollpension 100 000 Lire). Fabio Ventura liebt es – in guter sizilianischer Tradition, unterschiedliche kulinarische Einflüsse zu amalgamieren –, die regionale Küche in ihrer armen wie in ihrer adligen Version mit ausländischen, vorzugsweise spanischen Ideen aufzulockern. Alles, was Signora Gabriella auf den Tisch bringt, verströmt herrliche Düfte: im Ofen **gebackene Ricotta** auf einem Zitronenblatt, **geschmorte dicke Bohnen** mit Schnittlauch, junger oder gereifter Pecorino, paniertes **gebackenes Gemüse**, in **der Asche getrocknete schwarze Oliven**; dazu noch warmes Brot nach ländlicher Tradition. Die hausgemachte Pasta umfaßt u.a. **Rigatoni mit Truthahnsauce**, **Ricotta-Ravioli mit Sugo von Schweinefleisch**, Quadrucci in Hühnerbrühe. Bei den Hauptgerichten wechselt man zwischen Lamm, Schwein und Kleinvieh im Winter und Fisch im Sommer. Selbstgemacht sind auch die Dolci: **Cannoli mit Ricotta**, **Cassata**, Biancomangiare (Blancmanger). Sehr angenehm sind die beiden angebotenen lokalen Rotweine, Cerasuolo di Vittoria und Frappato.

In der Gegend um Chiaramonte wird gutes Olivenöl erzeugt. Gute Adressen sind Paolo Calafiore (Via Sant'Amabile Guastalla, 106) und der Bauernhof Poggio di Bortolone (Ortsteil Bortolone, 19), der auch einen guten Cerasuolo di Vittoria macht.

Erice

14 km nordöstlich von Trapani

Monte San Giuliano

Restaurant
Vicolo San Rocco, 7
Tel. 09 23 / 86 95 95
Ruhetag: Montag
Betriebsferien: 3. – 14. 11., 7. – 15. 1.
70 Plätze + 100 im Freien
Preise: 40 – 50 000 Lire, ohne Wein
Kreditkarten: alle
Mittags und abends geöffnet

Erice, das sind gewundene, mittelalterliche Gäßchen, plötzlich auftauchende kleine Plätze, begrünte Höfe. Blumen, Sträucher und Sonnenschirme draußen vor dem Restaurant, von wo aus man in der Ferne die Ägadischen Inseln und die ehemaligen Salinen von Nubia erkennen kann. Zwei tüchtige Partner, Andrea Coppola und Matteo Giurlanda, servieren Ihnen zunächst **Thunfischrogen** mit Zitrone, Carpaccio di pesce spada, eine Insalatina di mare oder was sonst der Fischmarkt täglich bietet. Danach fährt man mit **Busiati** (hausgemachte Paste) **al pesto trapanese**, mit **Pasta con le sarde,** Pasta alla Norma und Caserecce fort, die mit Seeigelfleisch, Garnelen und Thunfisch-Bottarga serviert werden. Man kann sich aber auch für den **Cuscus alla trapanese** mit verschiedenen Fischsorten entscheiden. Im Winter gibt es außerdem Pasta alla Paolina mit Brokkoli. Bei den Secondi überwiegen ebenfalls Fischgerichte wie gebratene Meerbarben, Cernia alla marinara, **Schwertfisch** mit Gemüse und natürlich **gegrillte Fische**, die mit dem guten Olio extravergine aus Castelvetrano verfeinert werden. Wer lieber Fleisch ißt, für den gibt es, vor allem im Winter, Lamm, Schmorbraten und Schweinekoteletts. Den Abschluß bildet das feine Kleingebäck aus Erice, zu dem man einen der zahlreichen Marsala-Weine trinken kann. Der Weinkeller ist zwar nicht sehr groß, hält aber die besten sizilianischen Erzeugnisse bereit.

Das typische Gebäck aus Erice vereint Marzipan mit Schokolade, Zitrone, Rum, Zitronat und vielem anderem mehr. Hier einige Adressen: Maria Grammatico, Via Vittorio Emanuele 14 (sie verschickt ihre Erzeugnisse – nur an Privatpersonen – in ganz Italien); Antica Pasticceria del Convento, Via Guarnotta 1; Bar-Pasticceria Edelweiss, Piazza Umberto 4 (versuchen Sie einmal die Granita di limone).

Favignana (Ägadische Inseln)

20 Min. Tragflächenboot von Trapani

Egadi

Hotelrestaurant
Via Colombo, 17
Tel. 09 23 / 92 12 32
Kein Ruhetag
Betriebsferien: Okt. – Mitte Mai
50 Plätze
Preise: 50 000 Lire
Kreditkarten: Visa
Nur abends geöffnet

»Alsdann erstreckt sich da querab vom Hafen eine flache Insel, weder nah am Land der Kyklopen noch weit ab, eine bewaldete, und darauf leben unendliche wilde Ziegen.« Das war das Favignana, wie es Homer in seiner »Odyssee« beschrieb. Und genau hier, oberhalb der Thunfischlaichgründe, liegt eines der beliebtesten und bekanntesten Fischrestaurants der Gegend, das von den beiden tüchtigen Frauen Maria und Giovanna Guccione geführt wird. Die überaus freundliche und versierte Maria, die sich um den Speisesaal kümmert, engagiert sich darüber hinaus auch in Politik, Kultur und Fremdenverkehr. Und Giovanna, die für die Küche zuständig ist, sorgt dafür, daß die Qualität des Restaurants stets gleichbleibend gut ist. Fangen wir also an mit **Frittelle mit frisch geschlüpftem Fisch**, Thunfischcarpaccio mit Kräutern, mariniertem rohem Fisch und **frischem Rogen vom Thunfisch** (hier in Favignana wird der Thunfisch noch nach einem jahrtausendealten Brauch geschlachtet). Danach folgen Lasagne ai frutti di mare, Spaghetti mit Thunfisch, **Nudeln mit Napfschnecken**, Fettuccine al ragù di polpo, und wer etwas mehr ausgeben möchte, der kann sich für **Frascatole** (eine Art Couscous, der in Langustenbrühe gekocht wird) oder für Crêpes mit Thunfisch- und Garnelencreme entscheiden. Anschließend läßt sich mit frischem **Thunfisch** und **Schwertfisch** in verschiedensten Zubereitungsarten, geschmortem Zackenbarsch oder mit Seezunge fortfahren. Und zum Abschluß die Desserts: **Cassatelle di ricotta**, heimische Feigen und Maulbeeren und Zitronenlikör. Auf der Weinkarte finden Sie neben dem Hauswein alle sizilianischen Qualitätsweine. Rechtzeitige Anmeldung ist ratsam; Sie können hier auch in komfortablen Zimmern übernachten.

Floridia
Fegotto

15 km westlich von Syrakus, S.S. 124

Da Nunzio Bruno

Trattoria
Ortsteil Fegotto
Tel. 09 31 / 94 93 01
Ruhetag: Montag
Betriebsferien: 1. – 10. September
30 Plätze + 60 im Freien
Preise: 35 000 Lire
Keine Kreditkarten
Mittags und abends geöffnet

Fotograf, Maler, Miniaturmaler, begeisterter Beobachter von Volksbräuchen – Nunzio Bruno hat im Laufe einiger Jahrzehnte auf Bauernhöfen und in den Dörfern Siziliens Tausende von Arbeitsutensilien und Gegenständen des täglichen Lebens von Tagelöhnern, Hirten und Handwerkern zusammengetragen. Zu besichtigen sind diese interessanten Zeugnisse der bäuerlichen Kultur der Insel im Museum von Cozzu zu cola, das nur drei Kilometer von Floridia entfernt und von Syrakus aus in etwa zwanzig Minuten zu erreichen ist.
Das Museum von Nunzio und seiner Frau 'Nzina, zwei reizenden Personen, ist seit Jahren Ziel vieler Besucher, zumal man dort auch alte Gerichte der bäuerlichen Küche genießen kann, wie zum Beispiel **Frasquàtili** (eine Suppe, fast eine Art Polenta, aus Brokkoli) und **U cazzamarru** (Gemüse, das in Stroh eingewickelt in der Holzglut gegart wird). Armeleutegerichte, denen sich Nunzio und 'Nzina beinahe wie Forscher nähern. Von den Primi empfehlen wir Ihnen die Pasta mit sieben Gemüsen, die **Cavateddi al basilico**, die **Linguine all'origano** und die Spaghetti alla carrettiera. Bei den Secondi ragen vor allem das Hähnchen mit Kräuterfarce, die Polpette al profumo d'arancia, das Omelett mit wildem Spargel, die Beilagen mit Zichorie und Borretsch, die gerösteten Auberginen und Paprikaschoten und einige leckere Schafskäse hervor. Von den Desserts sind besonders die **Cuddureddi**, süße Kringel mit einer Füllung aus Mandeln, Honig und Quittenmarmelade, und im Sommer ein phantastischer Salat aus sizilianischen Früchten zu empfehlen.
Der offene, heimische Wein ist anständig, man könnte den Weinkeller allerdings noch um einige sizilianische Flaschenweine ergänzen. Denken Sie daran, daß es sich hier nicht um ein »normales« Restaurant handelt und man sich deshalb vorher telefonisch anmelden und vorbestellen muß.

Gallodoro

12 km von Taormina

Noemi

Restaurant
Via A. Manzoni, 8
Tel. 09 42 / 3 71 62
Ruhetag: Di., im Aug. nur mittags
Betriebsferien: Juli
200 Plätze
Preise: 40 000 Lire
Alle Kreditkarten
Mittags und abends geöffnet

Effiziente Bedienung und warmherziger Empfang in einem schlichten Ambiente mit Blick über das wunderbare Meer bei Letojanni machen einen Aufenthalt im »Noemi« sehr angenehm. Mario Stracuzzi (Spitzname: Noemi) bietet traditionelle Gerichte dieser Gegend, meisterhaft zubereitet mit hiesigen Produkten. Als Vorspeisen gesellen sich Wurst, typische Käsesorten und Oliven zu **Auberginenrollen** und **Caponatina**; auf Pilze aus der Gegend folgt sodann die **Tuma fritta**, eine Köstlichkeit aus Käse. Die Parade der Antipasti setzt sich mit zartem Kalbsbraten oder mit **Peperoni al pesto** fort. Unter den Primi geben wir den **Maccheroncini alla Noemi**, einer Variante der Pasta alla Norma, den Vorzug. Gegrillte Fleischrouladen, Bratwurst und Hammelfleisch sind immer zu bekommen, aber man findet auch **Polenta mit Fleischbällchen**, **Bratwurst mit Bohnen** und ausgezeichneten Braten. Die Mahlzeit wird schließlich abgerundet mit Ricottakuchen oder Bianco e Nero, d.h. kleinen Windbeuteln mit Sahnefüllung und Schokoladenüberzug. Das Weinangebot beschränkt sich auf einen akzeptablen offenen Hauswein.

Im 12 km entfernten **Taormina** kauft man in der Pasticceria Rugantino, Corso Umberto 102, Spezialitäten mit dem Aroma von Orangenblüten: Torroncini, Torrone, Honig. Probieren Sie auch die Pignolata.

Gangi
Rainò

117 km südöstlich von Palermo, S.S. 120

Villa Rainò

NEU

Hotelrestaurant
Ortsteil Rainò
Tel. 09 21 / 64 46 80
Kein Ruhetag
Keine Betriebsferien
70 Plätze + 70 im Freien
Preise: 35 000 Lire, ohne Wein
Kreditkarten: alle
Mittags und abends geöffnet

Gönnen Sie sich doch einmal ein Wochenende im wunderschönen Dorf Gangi mitten in den Madonie. Der Ort liegt zwar etwas abseits der üblichen Touristenrouten, aber wenn Sie dort haltmachen, können Sie im hübschen, winzigen Gasthof von Aldo Conte übernachten, einem Landhaus mit zehn ausgesprochen schönen und komfortablen Fremdenzimmern. Das angeschlossene Restaurant wird von der Aldos tüchtiger Schwester Pina geführt, und seine Frau Nina kümmert sich um den Service und die Rezeption.
Die Preise sind günstig (bei Vollpension zahlt man nicht mehr als 100 000 Lire), man kann dort aber auch nur ein traditionelles Mittag- oder Abendessen einnehmen. Das reichhaltige Speisenangebot stützt sich ausschließlich auf heimische Zutaten, die nach alten Rezepten der Gegend zubereitet werden. Beginnen kann man beispielsweise mit einer ausgezeichneten, ganz frischen **Ricotta** oder einer Mozzarella aus örtlicher Erzeugung, mit Frittatine mit Gemüse und den großen, leckeren Oliven. Von den Primi sind besonders die Pasta mit verschiedenem Gemüse, die **Involtini di melanzane mit Pesto** und die **Spaghetti mit Ricotta**, Zimt und Kräutern zu empfehlen. Bei den Secondi finden wir selbstverständlich vorwiegend Fleischgerichte. Versuchen Sie einmal das **Spanferkel mit Kräutern** oder den **Hammel al sugo**, denen aber auch der große Bollito mit Rind-, Kalb- und Hühnerfleisch in nichts nachsteht. Den Abschluß bilden vorzügliche **Desserts mit Ricotta** oder ein Mandelparfait.
Das Tüpfelchen auf dem i ist neben dem freundlichen Service auch das umfangreiche Sortiment sizilianischer Weine.

Graniti
Muscianò

63 km südwestl. von Messina, A 18 o. S.S. 114

Paradise

Trattoria
Ortsteil Muscianò
Tel. 09 42 / 4 74 00
Ruhetag: Montag, nicht im Sommer
Betriebsferien: 14 Tage im November
120 Plätze + 70 im Freien
Preise: 30 000 Lire, ohne Wein
Keine Kreditkarten
Mittags und abends geöffnet

Die Landschaft um Graniti, das nur wenige Kilometer von der Alcantara-Schlucht, von Naxos und Taormina entfernt liegt, ist einmalig. Das »Paradise« im Ortsteil Muscianò ist wahrscheinlich eher als Diskothek und nicht so sehr als Trattoria bekannt, trotzdem tut Sara D'Amore ihr Bestes, um die kulinarischen Erwartungen ihrer Gäste nicht zu enttäuschen. Und meist gelingt ihr das auch.
Nachdem man sich im gemütlichen Speisesaal niedergelassen hat, kommen aus der Küche zunächst ausgezeichnete Antipasti auf den Tisch, die ganz im Zeichen der Tradition des Ätna-Gebiets stehen: in Öl eingelegtes Gemüse, **geschmortes Gemüse**, **frische**, **überbackene Ricotta**, kurz angebratenes Wildgemüse, Wurst und Peperonata. Bei den Primi hat man die Wahl zwischen den bemerkenswerten Penne »Paradise« mit Auberginen, Paprikaschoten, Fontina und Pecorino, **Maccheroncini** della casa, die im Winter **mit Schweinefleischragout** und im Sommer mit Tomate und Basilikum serviert werden, und verschiedenen Gemüsesuppen. Es folgen eine Reihe von Fleischgerichten, darunter neben den üblichen Grigliate auch die beiden wohl interessantesten Gerichte des Lokals, **Kaninchen in agrodolce** und der schmackhafte **Falsumagru**, eine große, mit Wurst, Pecorino und Ei gefüllte Fleischscheibe. Auf Vorbestellung bereitet man auch Fischgerichte für Sie zu. Man beschließt das Mahl mit hausgemachten Desserts, darunter, im Winter, auch **Cannoli di ricotta**.
Der offene Hauswein ist relativ anständig, und die Preise und die sympathische Herzlichkeit werden Sie dafür entschädigen, daß es keine bedeutenderen Weine gibt.

Linosa (Pelag. Inseln)

7 Std. Fähre von Porto Empedocle,
1 Std. Schnellboot von Lampedusa

Errera

NEU

Restaurant
Via Scalo Vecchio
Tel. 09 22 / 97 20 41
Kein Ruhetag
Betriebsferien: Oktober bis Mai
35 Plätze + 40 im Freien
Preise: 40 000 Lire, ohne Wein
Keine Kreditkarten
Nur abends geöffnet

Eine Stunde Fahrt mit dem Schnellboot von Lampedusa, und man ist an einem kleinen Ort von ergreifender Schönheit. Es ist die kleine Insel Linosa mit ihren ruhigen Stränden, ihrem klaren Wasser, den flachen, pastellfarbenen Häusern, stacheligen Feigenkakteen, zarten wilden Lilien und ein paar hundert Einwohnern. Hier finden Sie, nur wenige Schritte vom Meer entfernt, das Restaurant der Fischerfamilie Errera, eine sichere Adresse auf der Insel. Neben dem Fischfang empfängt die Familie auch Gäste und zeigt Touristen die Insel. Giuseppe bedient im Speisesaal und im Sommer auch draußen im Freien. Caterina, die für die Küche zuständig ist, versteht es hervorragend, die Fische der Insel und das unvergleichlich schmackhafte Gemüse zuzubereiten, sie kocht einzigartige Suppen und stellt köstliche Torten her. Eine ausgezeichnete Küche, die nur mit streng ausgesuchten Zutaten arbeitet, die stets ganz frisch zubereitet werden.
Zum Auftakt bietet die Speisekarte eine leckere **Insalata di mare**, Tintenfische und Fischrogen. Vorzügliche Fischsaucen (mit Bernsteinmakrelen oder dem seltenen **Schwertfischrogen**) werden zu den **Spaghetti** serviert. Unbedingt versuchen sollten Sie die außergewöhnliche **Linsensuppe** (die Linsen sind hier viel kleiner und haben einen ganz eigenen Geschmack). Als Secondi gibt es Aiole, Schwertfisch, Bernsteinmakrelen und Seebarsch, die auf unterschiedliche Weise zubereitet und mit köstlichen **Beilagen** wie Auberginen und Salaten mit heimischen Kapern und Tomaten serviert werden.
Gut sind auch die leckeren Desserts. Versuchen Sie nur einmal die Torta al limone oder alla crema, die Cassata siciliana oder eine frische **Granita mit Maulbeersirup**. Im Weinkeller lagern einige sizilianische Marken, die zu angemessenen Preisen angeboten werden. Das gilt im übrigen auch für die gesamte Rechnung.

Lipari (Äolische Inseln) Pianoconte

Fähre von Messina oder Milazzo + 5 km

La Ginestra

Restaurant
Via Stradale, 10
Tel. 090 / 9 82 22 85
Ruhetag: Mittwoch, außer im Sommer
Betriebsferien: Februar
180 Plätze + 200 im Freien
Preise: 45 000 Lire, ohne Wein
Kreditkarten: alle außer DC
Mittags und abends geöffnet

Wenn Sie Ihren Urlaub auf Lipari verbringen, sollten Sie wenigstens einmal nach Pianoconte hinauffahren und im »La Ginestra« einkehren. Falls Sie kein Auto zur Verfügung haben, können Sie auch den kostenlosen Transportservice der Wirtsleute in Anspruch nehmen. Das Lokal befindet sich in schöner Lage, und mit den Inhabern, Giacomo Biviano und seiner Frau Marisa, werden Sie sich auf Anhieb verstehen. Unser Favorit unter den Primi sind die Reginelle dell'ortolano, das ist hausgemachte Pasta mit Tomate, Schwertfisch, Garnelen, Pinienkernen und Minze. Ebenso gut sind aber auch die Fettuccine mit Gemüse oder Krabben oder mit Thunfisch und Auberginen oder auch der Risotto mit Meeresfrüchten oder mit Kürbis und Gamberetti di nassa. Bemerkenswert sind auch die wenigen Fleischgerichte wie das **Kaninchen in agrodolce**, eine Spezialität der Insel und des Hauses, und der ausgesprochen gelungene Filetto all'arancia. Einen Versuch lohnen aber auch der **Scorfano a ghiotta** (Drachenkopf mit Tomate, Kapern und Oliven) oder alla brace und die mit Auberginen gefüllten **Schwertfischröllchen**. Zum Dessert – **Crostate** mit Früchten der Saison (gegen Ende des Sommers mit **Kaktusfeigen**), die mit Ricotta überbacken und kandierten Früchten garniert werden – trinkt man einen Rosolio, den Giacomo selbst herstellt.
Ein gut bestückter Weinkeller (150 Weine und zahlreiche Grappe) und ein hervorragender Service runden das Bild einer wirklich empfehlenswerten Adresse ab.

Die Bar-Pasticceria Subba in **Lipari**, Via Vittorio Emanuele 92, wurde 1930 gegründet. Hier bekommen Sie feinstes Gebäck aus eigener Herstellung, außerdem Cannoli, Eis, Granite aus frischen Früchten und die »Pasta paradiso« mit Mandeln und Zitronat.

Lipari (Äolische Inseln)

Fähre von Messina oder Milazzo

La Piazzetta

NEU

Restaurant
Piazza Monfalcone, 13–17
Tel. 090/9812522
Ruhetag: Montag, nicht im Sommer
Keine Betriebsferien
50 Plätze + 130 im Freien
Preise: 35–40000 Lire
Kreditkarten: alle
Mittags und abends geöffnet

Nino Subba, ein waschechter »Insulaner«, Künstlersohn und anerkannte Autorität auf dem Gebiet der sizilianischen Backkunst, widmet sich auch mit Begeisterung der Wiederentdeckung und Pflege der traditionellen Küche seiner Heimat. Und so hat sich sein Lokal, das in einem bezaubernden Winkel im Zentrum von Lipari liegt, inzwischen in die Reihe der vielen hübschen Attraktionen, die die Insel bietet, eingereiht.
Als Primo empfehlen wir Ihnen die **Linguine ai sapori eoliani** (Tomaten, Kapern, Oliven, Basilikum), die **Pennette alla vulcanico** (Tomate, Ricotta, Basilikum und Peperoncino) und die **Linguine ai quattro laghi** (Tomate, Miesmuscheln, Venusmuscheln, Garnelen und Krebsfleisch). Ausgezeichnet als Vorspeise der **Crudo di gamberi alla mentuccia**, einen Versuch lohnen aber auch die **Gamberetti** di nassa **all'arancia**. Bei den Secondi verdienen die **Totani ca muddica** besondere Erwähnung, ein sehr altes Gericht aus den Tentakeln von Tintenfischen, Semmelbröseln, Zwiebeln und frischer Tomate, das mit einer Handvoll Kapern (wie könnten sie auch fehlen!) und ein paar Käsestückchen verfeinert wird. Sehr zu empfehlen sind auch die **Schwertfischröllchen alla liparota** und von den Fleischgerichten das **Kaninchen in agrodolce**, ein weiteres typisches Gericht der Insel, bei dem das Fleisch mit Torrone in Wein gegart wird.
Zu den **Desserts** muß man angesichts des zuvor Ausgeführten eigentlich nichts mehr sagen. Anständig ist die Auswahl an vorwiegend sizilianischen Weinen.

Die Pasticceria Subba, Via Vittorio Emanuele II 92, bietet neben den obengenannten Gebäckspezialitäten eine herrliche Pasta paradiso mit Mandeln und Zedratzitrone an. Im Sommer bekommen Sie hier außerdem eine köstliche Mandelmilch und Granite.

Marettimo (Ägadische Inseln)

60 Min. Tragflächenboot von Trapani

Il Veliero

Trattoria
Via Umberto, 22
Tel. 0923/923195
Kein Ruhetag
Keine Betriebsferien
50 Plätze + 50 im Freien
Preise: 35–40000 Lire, ohne Wein
Keine Kreditkarten
Mittags und abends geöffnet

Die Ägadischen Inseln sind einen Besuch wert, auch wegen der Trattoria »Il Veliero« in Marettimo. Der familiäre, freundliche Empfang durch Peppe Bevilacqua, das frische Lüftchen auf der Terrasse und vor allem die mediterrane Küche von Signora Paolina, die aus der Gegend stammt, erklären den Erfolg des Lokals. Grundmaterial ist hier natürlich allerfrischester Fisch aus den Gewässern des Archipels, der nach den Traditionen der Inseln und der Westküste Siziliens zubereitet wird. Zunächst haben Sie die Qual der Wahl zwischen **Pasta al pesto trapanese** (dessen Originalrezept auch die Insel Favignana für sich beansprucht), der aus Tomatencoulis, Pinienkernen oder Mandeln, Basilikum, Petersilie, Knoblauch, Sellerie und Öl gemacht wird, und **Pasta mit Tintenfischtinte, mit Thunfisch- oder Meeräschen-Bottarga**, Sardinen oder Thunfischragout. Außerdem gibt es **Couscous** in trapanesischer Variante mit einer Ghiotta von Fisch, Seebarschsuppe und (auf Bestellung) eine bemerkenswerte Hummerbrühe mit Nudeln. Aus dem Meer sind auch die Secondi: Barsche, Brassen und Tintenfische vom Grill, Frittura di pesce azzurro (diverse Heringsfische). Zum Abschluß Feigen- und anderes Kleingebäck oder eine Torta siciliana. Die Weine aus Sizilien sind gute Begleiter des Essens.

Der Markt La Chiazza in **Trapani** ist einen Besuch wert, vor allem wegen des frischen Fischs und der Thunfischprodukte: Mosciame, Salamelle und Tonnina (in Salamoia eingelegtes Fleisch).

Marsala
Digerbato

31 km südwestlich von Trapani, S.S. 115

Volpara

NEU

Bauernhof
Ortsteil Digerbato
Tel. 09 23 / 98 45 88
Ruhetag: Montag
Keine Betriebsferien
400 Plätze + 250 im Freien
Preise: 30–35 000 Lire, ohne Wein
Kreditkarten: alle
Mittags und abends geöffnet

Wissen Sie, was »Zabbina« ist? Etwas ganz Einfaches, wie das bei vielen genialen Dingen der Fall ist. **Zabbina** ist die ganz frische, noch warme Ricotta. Und auf diesem Bauernhof gibt es einen Raum (den Sie einmal besichtigen sollten), in dem ein Käser den Käse aus Ziegenmilch herstellt und gleich danach die Ricotta. Duftend, warm und süß wird sie Ihnen dann noch vor dem Essen serviert. Und schließlich findet man hier das, was sich die meisten von uns unter einem Bauernhof mit Bewirtung vorstellen. Gewiß, die Zahl der Plätze und die Räume sind noch etwas zu groß, aber die Tische sind mit karierten Tischtüchern gedeckt, und der Hof liegt mitten im Grünen.
Wenn Sie eher wenig essen, sollten Sie wissen, daß die Portionen hier sehr reichlich bemessen sind und man schon bei den Antipasti eine große Auswahl hat: Oliven, Bruschette mit Tumma (frischem Ziegenkäse) und Salsiccia ergäben allein schon eine komplette Mahlzeit. Damit sollten Sie sich aber nicht begnügen und mit den hausgemachten Paste fortfahren, die mit Ragù di salsiccia und Qualeddru, einem heimischen Wildkraut, serviert werden. Und anschließend sollten Sie sich auch noch das wunderbare **Lamm al forno mit Kartoffeln** gönnen oder sich von den köstlichen **auf der Holzglut gegarten Artischocken** verführen lassen. Und beschließen sollten Sie das Mahl mit einer der typischen Gebäckspezialitäten der Gegend: **Cappidduzzi**, Pastelle fritte mit Ricottafüllung, die man noch ganz warm ißt, und Cannoli mit Ricotta und Schokolade.
Der Weinkeller bietet eine gepflegte Auswahl vorwiegend heimischer Erzeugnisse. Das Lokal befindet sich in der Nähe des Schießstandes und gehört demselben Eigentümer wie das »Delfino« (ebenfalls in Marsala).

Menfi
Porto Palo

87 km nordwestlich von Agrigento, S.S. 115

Vittorio

Restaurant mit Zimmern
Piazza Porto Palo
Tel. 09 25 / 7 83 81
Ruhetag: So.abend, Mo.abend, nicht im [So.
Betriebsferien: 22. Dez. – 5. Jan.
150 Plätze + 100 im Freien
Preise: 50 000 Lire
Kreditkarten: alle außer DC
Mittags und abends geöffnet

Auf den ersten Blick erscheint Porto Palo recht nichtssagend. Doch sobald man den kleinen Hügel überschritten hat, der das Wohngebiet vom Meer trennt, sieht man den herrlichen Golf vor sich liegen. Und genau hier liegt das »Vittorio«, am Rande eines Strandes, der noch sauber und unberührt ist. Das einfache Lokal ist im typischen Stil der 60er Jahre eingerichtet, besticht aber durch die herrliche Lage und die schöne Terrasse. Der Inhaber, Vittorio Brignoli, ist ein »Nordlicht«, das es in den Süden verschlagen hat. Die Liebe zu der echten Sizilianerin Francesca zog ihn aus Bergamo hierher, heute arbeitet die ganze große Familie im Restaurant.
Nach ausgezeichneten Bruschette beginnt das eigentliche Menü, das hier mündlich vorgetragen wird, mit hausgemachten Primi, unter denen sich besonders die **Scogliera mit Vongole**, Miesmuscheln oder Garnelen und die **Busjate al nero di seppia** hervortun. Von den Secondi sollten Sie die **Sardinen a beccafico**, den **süß-sauren**, **entgräteten Dorsch** oder eine herrliche **Grigliata aus frischem Fisch** bestellen. Sie können sich aber auch für einen üppigen Couscous oder, sofern verfügbar, eine **Languste in bianco**, d.h. mit Öl, Chilischote und etwas Weißwein zubereitet, entscheiden. Desserts (mit Mandeln, Feigen und Honig) werden nur im Winter angeboten, und die einzig verfügbaren Weine stammen von der benachbarten Kellerei Settesoli. Wenn vom üppig bemessenen festgelegten Menü etwas übrigbleibt: Es wird Ihnen gern eingepackt.

Modica

14 km südöstlich von Ragusa

Fattoria delle Torri 

Trattoria
Vicolo Napolitano, 17
Tel. 09 32 / 75 12 86
Ruhetag: Montag
Betriebsferien: unterschiedlich
64 Plätze
Preise: 40 000 Lire, ohne Wein
Kreditkarten: alle
Mittags und abends geöffnet

Die Gerichte der »Fattoria delle Torri« erzählen von langen Reisen, Eroberungen und Kriegen. Der Wirt, Peppe Barone, hat die alten Frauen von Modica befragt und alte Dokumente durchforscht und auf diese Weise Rezepte wiederentdeckt, die bereits in Vergessenheit geraten waren. Und er hat den Weg der Gewürze, Kräuter und Früchte zurückverfolgt, die zum Teil aus Arabien, Spanien und dem fernen Mexiko stammen.
So geht beispielsweise das Rezept für die Bitterschokolade aus Modica (die man sonst nirgends findet) auf die Azteken zurück und gelangte mit den spanischen Eroberern nach Italien. Peppe verwendet sie in verschiedenen winterlichen Gerichten, wie Rindfleisch und **Hase al cioccolato**. Aus den arabischen Ländern kommt der Sesam, mit dem der **Kartoffelauflauf** bestreut wird. Das Rezept für das **Schweinefleisch in Weinblättern** (ein Herbstgericht) brachten die Soldaten bei ihrem Rückzug von der griechischen Grenze vom Balkan mit. Im Frühjahr bekommen Sie **mit Bohnenpüree gefüllte Ravioline** und Kopfsalat mit frischer, geschlagener Ricotta, und im Sommer gibt es **Thunfisch mit Zwiebeln**, Safran und Korinthen, **Hähnchen** mit Pistazien **gefüllt** und Goldmakrele mit Zitronellgras und dazu in der Pfanne geschmortes Gemüse. Arabische Anklänge finden wir bei den Desserts: **Meloneneis** mit Jasminblütenwasser aromatisiert und mit frischen Blüten bestreut und Cubaita, ein Gebäck aus Honig, Mandeln und Sesam.
Der Weinkeller ist sehr gut bestückt mit Schnäpsen, Rosoli und italienischen Weinen. Nach dem Umzug in ein schönes, im historischen Stadtkern gelegenes Haus aus dem 18. Jahrhundert wird man in einem kleinen, gemütlichen Raum mit kleinen Tischen und einer Schanktheke empfangen, an der man eine Kleinigkeit essen und dazu ein Glas Wein trinken kann.

Modica Frigintini

14 km südöstlich von Ragusa

Maria Fidone

NEU

Trattoria
Via Gianforma, 6
Tel. 09 32 / 90 11 35
Ruhetag: Montag
Keine Betriebsferien
100 Plätze
Preise: 25 000 Lire
Keine Kreditkarten
Mittags und abends geöffnet

Dieses kleine Lokal, das Sie unbedingt einmal besuchen sollten, liegt in einem ländlichen Vorort nur wenige Kilometer von Modica entfernt. Es war ursprünglich eine Rosticceria und ist heute eine nette und preiswerte Trattoria. Ein Besuch lohnt sich in jedem Fall, vor allem wenn Sie auf der Durchreise hier vorbeikommen.
Aus der Rosticceria kommen leckere, gefüllte **Scacce** (salzige Kuchen), Tomasini mit Ricotta und Salsiccia und Arancini. Sehr gut fanden wir die **Ravioli mit Ricotta, Majoran und Sugo di maiale**, eine wirkliche Spezialität des Hauses. Vorzüglich sind auch die Pasta al forno, die Cavatelli mit Schweineragout und die **Minestra aus getrockneten Bohnen**, Öl und Peperoncino. Danach ist die Reihe an den herzhaften Secondi, bei denen besonders das **gefüllte Hähnchen** hervorragt. Gut sind aber auch der Maiale al forno und das **Kaninchen alla stimpirata**. Einfache Hausmannsgerichte, auf die zum Schluß noch ein köstlicher Zitronen- oder Mandelpudding folgt. Die Weine, wir erwähnten es bereits, sind die schwache Seite des Lokals, denn es gibt hier lediglich einen offenen Hauswein. Aber für 25 000 Lire kann man auch nicht mehr verlangen. Wenn Sie allerdings von allen Speisen probieren, zahlen Sie einige tausend Lire mehr. Aber Sie werden es gerne tun, denn Sie bekommen dafür alles, was die traditionelle, volkstümliche Küche von Modica zu bieten hat, und dazu noch einen freundlichen Service und einige kleine Köstlichkeiten, wie zum Beispiel das selbstgebackene Brot.

In **Modica** (10 km) bietet Giorgio Cannata, Via Marchesa Tedeschi 32, eine schöne Auswahl heimischer Erzeugnisse an. In der Antica Dolceria Bonajuto, Corso Umberto I 159, finden Sie die herrlichen Süßwaren aus Modica: 'Mpanatigghie, Frutta martorana, außerdem Orangen- und Zitronenlimonade.

Naso Fiumara

84 km westlich von Messina, A 20

Bontempo

NEU

Restaurant
Ortsteil Fiumara
Tel. 0941/961188
Ruhetag: Montag
Keine Betriebsferien
600 Plätze + 300 im Freien
Preise: 45 000 Lire, ohne Wein
Kreditkarten: alle
Mittags und abends geöffnet

Offen gestanden waren wir zunächst etwas unschlüssig, ob wir dieses Mega-Restaurant am Rande der Provinz Messina in unseren Führer aufnehmen sollten. Schließlich haben wir uns aber doch dafür entschieden, denn das riesige Lokal, das in den sechziger Jahren gegründet und später nach und nach erweitert wurde, ist alles in allem angenehm und bietet eine gepflegte Küche. Erkundigen Sie sich bei der Reservierung aber am besten, ob nicht gerade eine große Tischgesellschaft erwartet wird. Zu finden ist das Lokal ganz leicht, denn in der Umgebung wimmelt es nur so von auffälligen Hinweisschildern.
Im Speisesaal bedient Gabriella, und in der Küche wirkt Giuseppe, der Sohn von Signor Bontempo, zusammen mit Carmelo, dem Schwiegersohn. Es gibt hier weder eine Speise- noch eine Weinkarte, aber die Auswahl an italienischen Weinen ist gut. Das Menü, das Ihnen automatisch serviert wird, besteht aus drei Primi, drei Secondi, drei Beilagen und einen Dessert – die Portionen sind alles andere als bescheiden.
In der Regel beginnt man mit einem zwar nicht ganz so typischen, aber guten Reisauflauf und Erbsen mit Speck. Traditionell geht es dann weiter mit Cannelloni und **Involtini di maccheroni**, das sind dicke, selbstgemachte Spaghetti mit Tomatensauce, die mit Ricotta überbacken werden und dann mit dünnen, fritierten Auberginenscheiben umwickelt werden. Als Secondo wird meist auf der Holzglut gegartes Fleisch serviert: **Pollo schiacciato**, Lamm und die vorzüglichen Involtini siciliani mit Semmelbröseln und Käse. Je nach Jahreszeit bekommt man auch Fisch, meist vom Grill, auf dem auch die Langusten gegart werden. Als Beilagen werden Oliven, Salat, Kartoffeln und vor allem eine herrliche **Caponata** gereicht. Den Abschluß bildet eine zwar sehr süße, aber gute Torta di gianduia mit Sahne.

Palermo

Ai Cascinari

Trattoria
Via D'Ossuna, 43–45
Tel. 091/6519804
Ruhetag: Montag
Betriebsferien: 1 Woche im August
52 Plätze
Preise: 25–30 000 Lire, ohne Wein
Keine Kreditkarten
Mittags und abends geöffnet

Wir empfehlen dieses Lokal ganz in der Nähe des Flohmarkts aus Überzeugung, denn es ist die einzige Trattoria der Stadt, wo man es noch richtig versteht, die traditionellen Gerichte der palermitanischen Küche zuzubereiten, und das mit hervorragenden Zutaten.
Fusilli al ragù di tonno, **Bucatini mit Sardinen**, Spaghetti ai frutti di mare oder 'a malanisi (Tomatenmark, Pinienkerne und geröstete Brotkrume), **Rigatoni con broccoli in tegame**, Spaghetti 'a la glassa (mit Kartoffeln und Caciocavallo) oder mit Tomate, fritierten Auberginen und Basilikum, sind die Primi, die im Wechsel angeboten werden. Nahezu unverzichtbar bei den Secondi fritierte Calamari und Garnelen und **gegrillter Schwertfisch**. Je nach Angebot des Marktes bekommt man aber auch andere Fischgerichte. Und auch auf Fleisch muß man nicht verzichten: **Involtini alla siciliana**, **Bistecca impanata** alla palermitana, Bollito. Immer im Angebot die reichhaltige Insalata alla palermitana mit gekochten Kartoffeln, grünen Bohnen, Tomaten, gerösteten Zwiebeln, Sardellen und weißen Oliven. Die gepflegte Weinkarte bietet neben den besten sizilianischen Erzeugnissen auch verschiedene Weine aus dem übrigen Italien. Und zum Nachtisch gibt es ausgezeichnetes frisches Obst.
Hinter dem Namen des Lokals und des Viertels verbirgt sich ein gut Teil der Geschichte des palermitanischen Proletariats. Denn im Zweiten Weltkrieg machte der Cortile Cascino als eines der ärmsten und heruntergekommensten Viertel Palermos Schlagzeilen. Ein amerikanisches Filmteam drehte einen Dokumentarfilm über die menschenunwürdigen Lebensbedingungen der Bewohner, der auch über den großen Teich gelangte. Inzwischen leben viele der früheren Bewohner nicht mehr, andere sind in die Neubauviertel am Stadtrand gezogen, nur ein paar alte Leute sind noch hier anzutreffen.

Bye Bye Blues

Restaurant
Via del Garofalo, 23
Tel. 091/6841415
Ruhetag: Montag, nicht im Sommer
Betriebsferien: zweite Novemberhälfte
40 Plätze + 50 im Freien
Preise: 40 000 Lire, ohne Wein
Kreditkarten: die bekannteren
Nur abends, im Winter auch So.mittag geöffnet

Was wir an diesem »Bye Bye Blues«, das an der Straße zwischen Palermo und Mondello liegt, am meisten schätzen, ist gewiß nicht der Name, sondern vielmehr das ausgezeichnete Preis-Leistungs-Verhältnis. Als ausgesprochen angenehm empfinden wir auch die Atmosphäre, die an ein kleines Restaurant erinnert, die freundliche, liebenswerte Bedienung von Antonio und Patrizia und die einfachen, phantasievollen Speisen.
Da das Speisenangebot häufig wechselt, wollen wir hier nur die Gerichte nennen, die am häufigsten auf der Karte zu finden sind. Sehr gute Vorspeisen sind der **Carpaccio di pesce spada**, die eingelegten Riesengarnelen, der Seebarschauflauf mit Safransauce, die hausgemachte Leberpastete, die Torta di cipolle al formaggio und die **gratinierten Miesmuscheln**. Ansehnlich die Auswahl an Primi: **Pasta e ceci**, **Bavette mit frischen Sardellen und wildem Fenchel**, Ravioli di spigola, Spaghetti mit Meerbarbenfilets oder mit Sardellen und Pomodorini, **Fettuccine al ragù di pesce spada** mit Minze und Auberginen und Caserecce mit Wurstragout und Ricotta. Bei den Secondi Gerichte aus der Festlands- und der Meeresküche: herrliche **gefüllte Calamari**, **Zuppa di frutti di mare** (vorzüglich), Involtini alla siciliana, **Tonno al ragù**, Schwertfisch mit Kräutern, Baccalà e ceci und als Fleischgerichte Ossobuco und Schweinshaxe. Außergewöhnlich sind Patrizias Desserts: Mousse al croccantino, Torten mit bitterer Orangenmarmelade und Joghurt, **Gelatina di agrumi** mit Zimt und Karamel und das typisch sizilianische **Meloneneis**.
Im gut sortierten Weinkeller lagern neben sämtlichen großen sizilianischen Weinen auch eine große Auswahl an Erzeugnissen aus dem übrigen Italien und die eine oder andere Marke aus neuen Anbaugebieten in aller Welt.

Capricci di Sicilia

Restaurant
Via Istituto Pignatelli, 6/Ecke Piazza Sturzo
Tel. 091/327777
Ruhetag: Montag
Betriebsferien: 14 Tage im August
80 Plätze + 40 im Freien
Preise: 40 000 Lire, ohne Wein
Kreditkarten: die bekannteren
Mittags und abends geöffnet

Dieses gute Restaurant in der sizilianischen Hauptstadt, ganz zentral in unmittelbarer Nähe der Piazza Politeama gelegen, ist zu einer wertvollen Adresse für eine ganze Reihe treuer Stammgäste geworden. Die Küche von Enzo Eterno und Claudio Morreale ist fest in der Tradition der Region verwurzelt und zeigt eine sichere Hand bei der Zubereitung und eine gleichbleibend gute Qualität.
Die Speisekarte bietet die besten Gerichte der klassischen palermitanischen Küche, angefangen bei einfachen Vorspeisen wie **Formaggi fritti**, **Ricottabällchen** und gefüllten Auberginen. Bei den Primi stellen die beiden Wirte ihr ganzes Können unter Beweis. Die Ergebnisse sind hervorragend, und so finden Sie hier eine Reihe bemerkenswerter Speisen, einige davon auch aus der Meeresküche: **Pasta con sarde**, Spaghetti mit Seeigeln, **Caserecce mit Meeresfrüchten und Caciocavallo aus Ragusa**, Bucatini al ragù di tonno, **Pasta all'anciova**, Pasta con broccoli, Spaghetti mit Wurstragout und frischer Ricotta. Groß ist die Auswahl auch bei den Secondi, unter denen besonders der **Lattume di tonno**, der Tonno al ragù, die **Schwertfischröllchen alla brace**, der **Falsomagro alla palermitana** und die fritierten Fische hervorragen. Den Abschluß bilden ausgezeichnete Desserts wie Cassata siciliana (auch eine ungewöhnliche, unwiderstehliche **Cassatella di ricotta**), Semifreddi – al caffè oder al cioccolato – und Biancomangiare. Und als Begleiter stehen die besten sizilianischen Weine zur Verfügung.

Da Filippo, Via Stabile 19, ist eines der besten Wurstwarengeschäfte der Stadt. Hier finden Sie außer einem hervorragenden Crudo, verschiedenen Wurstsorten und ausgezeichnetem Brot auch eine große Auswahl an Käse und eine kleine Enoteca.

Da Rosario

Restaurant
Via Giacomo Cusmano, 25
Tel. 0 91 / 6 11 23 30 und 32 29 92
Ruhetag: Sonntag
Betriebsferien: August
55 Plätze
Preise: 40 000 Lire, ohne Wein
Kreditkarten: die bekannteren
Mittags und abends geöffnet

Um in das Restaurant von Rosario Beninati, das ganz in der Nähe des Zentrums von Palermo liegt, zu gelangen, muß man die Glocke läuten. Zum Auftakt sollten Sie die beiden warmen **Antipasti mit Krustentieren** oder mit Meeresfrüchten oder den ausgezeichneten marinierten Thun- und Schwertfisch probieren. Ganz im Zeichen der Tradition der Insel stehen die zahlreichen Primi, die allerdings gelegentlich mit ungewöhnlichen Beilagen serviert werden: Pasta alla neonata oder alle sarde, **Tagliolini mit Miesmuscheln, Tomate, Basilikum und Caciocavallo**, Linguine mit Garnelen und Artischocken oder mit Seeigeln, Risotto allo zafferano mit Calamari und Venusmuscheln. Mit stets frischem Fisch geht es anschließend weiter: Schwertfisch- und **Zackenbarschröllchen**, **gratinierte Meerbarben mit Minze und Kapern**, **kleine, gefüllte Tintenfische** und panierte Riesengarnelen, gebratener Weißfisch. Es gibt aber auch **Involtini alla siciliana** und Bocconcini di carne mit Käse oder zu einer dicken Wurst geformten Strumpfbandfisch.
Rosarios Sohn Berto hilft bei der Zubereitung der Desserts: Semifreddi – al pistacchio mit Waldbeerensauce, al mandarino mit Johannisbeersauce oder al caffè caldo – **Cassata al forno**, **Cannoli**, Cassata siciliana, Orangen- und Mandarinenmousse oder Mousse al caffè. Selbstgemacht sind auch die Liköre, die man Ihnen gut gekühlt zum Abschluß des Mahls serviert.
Eine Weinkarte gibt es nicht, aber die Auswahl ist groß und umfaßt unter anderem beste sizilianische Erzeugnisse.

In der Pasticceria-Confetteria I peccatucci di Mamma Andrea, Via Principe di Scordia 67, bekommen Sie Mandelgebäck, das nach traditionellen Rezepten hergestellt wird, eingemachtes Obst, Rosoli und Ratafià.

Palermo

I Grilli

NEU

Restaurant
Largo Cavaliere di Malta, 2
Tel. 0 91 / 33 41 30
Ruhetag: Montag
Betriebsferien: Juli bis Sept.
50 Plätze
Preise: 40 000 Lire, ohne Wein
Kreditkarten: AE, DC
Nur abends geöffnet

Unsere sympathischen »Grillen« – Giovanni Manfredi und Vanni Runfola – führen mit Begeisterung und großem Erfolg dieses Lokal, das mitten im historischen Stadtkern an einem wunderschönen Platz hinter der Kirche San Domenico, der größten Kirche der Stadt, liegt. Der Speisesaal befindet sich im ersten Stock eines bezaubernden alten Palazzo: gedämpftes Licht, ein freundlicher, korrekter Service und vorzügliche Speisen.
Angebot und Geschmack der Küche spiegeln den allgemeinen Charakter des Lokals wider: Hier werden die verschiedensten heimischen Erzeugnisse mit äußerst interessanten Ergebnissen zu leichten, phantasievollen Speisen verarbeitet. Man beginnt mit ungewöhnlichen **Cremes** und Mousses aus Thunfisch, Fenchel und Blattsalat oder Thunfisch, Kapern, Oliven und Tomaten. Als Primi werden **Ravioli mit Crema di melanzane und Minze** (vorzugsweise im Sommer) oder frische Panzerotti mit Spinat-Ricotta-Füllung und einer Sauce aus Spinat, grünen Oliven und Oregano angeboten. Wer das Traditionelle sucht, wird sich für einen Klassiker, wie die **Pasta al ragù di tonno** fresco, entscheiden. Anderenfalls sollten Sie einmal den **Risotto mit Schwertfisch**, Kürbis und Fenchelsamen, eine neue Kreation des Kochs, probieren. Als Secondo empfehlen wir Ihnen die ausgezeichneten, mit Auberginen und Minze gefüllten **Involtini di tonno**, den Tonnetto al forno mit Zitrone und Gewürzen und das **Schwertfischragout** mit Fenchel. Den krönenden Abschluß bilden hausgemachte Desserts: Cassata siciliana, ein herrlicher **Zimtpudding**, Biancomangiare mit Pistazien und schwarzer Reis, der mit Kakao, gerösteten Mandeln und Zucker in Milch gekocht wird.
Der Weinkeller bietet neben guten sizilianischen Erzeugnissen auch Marken aus anderen Regionen.

Osteria Fratelli Lo Bianco

Osteria
Via Emerico Amari, 104
Tel. 091/585816
Ruhetag: Sonntag
Betriebsferien: unterschiedlich
100 Plätze
Preise: 20–25000 Lire
Keine Kreditkarten
Mittags und abends geöffnet

Die Trattoria der Brüder Lo Bianco ist ein traditionsreiches Lokal, das Einheimischen noch unter dem Namen »Al tavernone« bekannt ist. Sie liegt unweit des Hauptzugangs zum Hafen und ist nur wenige hundert Meter von der zentralen Piazza Politeama entfernt. Schon von jeher ist sie eine beliebte Adresse der Arbeiter, die ihr Mittagessen noch nicht mit einem Panino bestreiten und sich regelmäßig hier einfinden. Ein flinker Service, freundliche Kellner und die typisch palermitanische Küche machen die Neonbeleuchtung und die sehr einfach gedeckten Tische wett. Als Gleiche unter Gleichen und ohne Ansehen der sozialen Zugehörigkeit sitzen Arbeiter, Touristen, Angestellte, Akademiker, Bankangestellte und Künstler nebeneinander an den großen Tischen und warten darauf, daß Signor Barone sein Angebot vorträgt: **Pasta chi vruocculi arriminata** (mit Brokkoli), **Pasta canc'ova** (mit Rosinen), Pasta alla glassa, Pasta chitinniruma und noch viele andere schmackhafte Pastagerichte. Bei den Secondi hat man die Wahl zwischen Fleisch (**Bistecca impanata alla palermitana**, Hackbraten, **gebratenes Lamm**) und Fisch (**Nunnata**, Maccarrunieddu, Trighiola und Braciole oder **Involtini vom Schwertfisch**). Dazu sollten Sie unbedingt die herrlichen Bratkartoffeln versuchen. Zum Abschluß gibt es frisches Obst der Saison oder eine Macedonia (Obstsalat). Als Begleiter steht nur ein offener Wein zur Verfügung. Und die wirklich überaus anständige Rechnung bezahlen Sie dann bei einem der Brüder. Er schaut besonders griesgrämig drein und verabschiedet nur den Gast mit einem Lächeln oder einem Handschlag, der eine komplette Mahlzeit eingenommen hat.

Palermo

Osteria Paradiso

Trattoria
Via Serradifalco, 23
Kein Telefon
Ruhetag: Sonntag
Betriebsferien: 20. – 31. August
35 Plätze
Preise: 25–40000 Lire
Keine Kreditkarten
Nur mittags geöffnet

Ganz im Sinne von Slow food geht die Familie Corona, die dieses Lokal am Ende der Via Dante, unweit der zentral gelegenen Piazza Politeama, seit 1957 führt, ihr Leben wirklich geruhsam an. Von ihren Gästen dazu aufgefordert, das Lokal doch auch abends zu öffnen, lehnte die Familie dies mit der Begründung ab, sie wolle nicht ihr ganzes Leben der Arbeit opfern. Dafür ißt man hier überaus preiswert. Der Fisch, der in den meisten Gerichten eine Hauptrolle spielt, kommt aus der berühmten Fischhandlung »Santa Rita«, die nur wenige ausgewählte Lokale Palermos beliefert. Sie können das Mahl mit **gekochtem Oktopus** mit Zitrone oder mit kleinen fritierten Fischen beginnen. Ganz gemächlich geht man dann zu den Primi über: exzellente **Pasta mit Sardinen**, frisch geschlüpftem Fisch, Brokkoli und Rosinen, **Pasta alla taratina mit Miesmuscheln**, **Pasta c'anciuova** (dazu werden Sardellen, Tomatenmark, Rosinen und Brotkrume in der Pfanne goldgelb angebraten), Pasta mit Tomaten und Auberginen oder auch mit Ragù alla siciliana. Die Auswahl an Secondi ist reich und vielfältig: Meerbarben, Meeräschen, Calamari, **Riesengarnelen**, Sardinen, Thunfisch. Man bekommt aber auch Fleischgerichte, wie **Panata alla palermitana**, Ragout, **Involtini alla siciliana** und Bollito mit Kartoffeln. Zum Nachtisch gibt es lediglich frisches Obst. Die Auswahl an Weinen – ein offener Hauswein und einige sizilianische Flaschenweine – ist bescheiden.

Das Panificio Ingrassia (Via Dante, 42) macht ausgezeichnetes Brot und traditionelles Gebäck. Eine große Auswahl an Weinen (zu moderaten Preisen) hat L'Enoteca Picone (Via Marconi, 36).

Piccolo Napoli

Trattoria
Piazzetta Mulino a vento, 4
Tel. 091/320431
Ruhetag: Sonntag
Betriebsferien: 15. – 30. August
50 Plätze
Preise: 30 – 40 000 Lire, ohne Wein
Kreditkarten: AE, CartaSi
Mittags, Fr., Sa. auch abends geöffnet

Mitten im Borgo Vecchio, einem der historischen Märkte Palermos, betreibt die Familie Corona seit mehr als vierzig Jahren dieses Lokal. Die Trattoria ist stets mit Stammgästen bevölkert, denn sie wissen, daß sie hier, unweit der Piazza Politeama, ein ausgezeichnetes Essen bekommen, das überdies mit großer Liebenswürdigkeit und Aufmerksamkeit serviert wird. Die Küche bietet ausschließlich traditionelle Gerichte, die man hier meisterhaft zuzubereiten versteht. So zum Beispiel eine vorzügliche Insalata di mare, **Seeigel**, gekochten Tintenfisch, **Frittella di fave e piselli** oder rohen, frisch geschlüpften Fisch. Und auch die Primi stehen dem in nichts nach: **Pasta al nero di seppia**, Pasta mit Sardinen oder aus der Pfanne mit Brokkoli, **Spaghetti mit Seeigeln** oder Garnelen. Das Meer liefert auch die Tintenfische, Krebse, Zackenbarsche, Sardinen und Kleinfische (kleine Meerbarben, Seebarsche, Meeräschen), die als duftende **Frittura** auf den Tisch kommen. Die Spezialität des Hauses ist ein **gebratener Schwertfisch**, der vor dem Kochen zwei Stunden in Milch eingelegt und so noch zarter wird. Sollten Sie Fleisch bevorzugen, bekommen Sie hier von Involtini über **Panata** bis hin zu Bollito alle klassischen Fleischspeisen der Insel. Und zum Nachtisch gibt es neben einer vielfältigen Auswahl an frischem Obst auch eine **Cassata** siciliana und Schokoladenkuchen. Auf der Weinkarte finden Sie die Namen der besten sizilianischen Erzeuger – z.B. Corvo und Regaleali –, aber auch einige unbekanntere Marken.

Die Pasticceria Scimone, Via Miceli 18b / Ecke Via Imera, ist für ihre sehr guten palermitanischen Gebäckspezialitäten zu moderaten Preisen bekannt.

Santandrea

NEU

Trattoria
Piazza Sant'Andrea, 4
Tel. 091/334999
Ruhetag: Dienstag
Betriebsferien: unterschiedlich
65 Plätze + 80 im Freien
Preise: 40 000 Lire, ohne Wein
Kreditkarten: alle
Mittags und abends geöffnet

Mitten in der Vucciria, dem arabischen Markt Palermos, hinter einem schönen, barocken Platz, läßt es sich an Sommerabenden wirklich angenehm speisen.
Die Küche ist durch und durch von der heimischen Tradition geprägt. Das zeigt sich schon bei den wunderbar zarten **Polpette di sarde**, den Brokkoli im Pfannkuchenteig, den **geschmorten Auberginen** und der fritierten Ricotta mit würzigen Salamistückchen. Und selbstverständlich fehlen auch die beiden Klassiker, Panelle und Cazzilli (Kartoffelkroketten), nicht. Danach kommen gute **Spaghetti mit Seeigelfleisch** oder mit Weißfisch auf den Tisch. 'C anciova ist eine sehr eigenwillige Variante der **Pasta con le sarde**, bei der zusätzlich noch kleine Tintenfische und Garnelen verwendet werden. Als Secondo empfehlen wir Ihnen die **gegrillten Fische**, vor allem die Rotbarben und Goldbrassen, es werden aber auch Schwertfischröllchen, Sarde a beccafico, gefüllter Tintenfisch und in Olivenöl **fritierte Weißfischbällchen** angeboten. Sie können sich aber auch für ein Fleischgericht oder eine reichhaltige **Grigliata di verdure** entscheiden. Umfangreich und interessant ist die Auswahl bei den Desserts, die allesamt hausgemacht sind. Sie reicht von Semifreddo all'arancia über **Cannoli** und **Cassate siciliane** bis hin zu Biancomangiare, Schokoladen- oder Erdbeermousse.
Das Angebot des kleinen Weinkellers könnte noch verbessert werden. Die tüchtige Olimpia bedient Sie flink, und die Qualität ist stets gleichbleibend gut.

In der Casa del raviolo e del tortellino, Via Montalbo 1 f, bekommen Sie ausgezeichnete, mit frischer Ricotta, mit Spinat oder Zackenbarsch- und Langustenfleisch gefüllte Ravioli, ganz frische Makkaroni und Rigatoni, außerdem Gewürze und Fertigsaucen.

U Pani ca' Meusa

Pani ca' meusa Porta Carbone
Via Cala, 48 (am Yachthafen)
Focacceria Basile
Piazza Nascé, 5
Focacceria Carmelo Basile
Via Ilardi, 22
Focacceria Politeama
Piazza Ruggero Settimo, 11
Antica Focacceria San Francesco
Via Paternostro, 58
Focacceria Testagrossa
Corso Calatafimi, 91

Mit Fast food haben wir bekanntlich nicht viel im Sinn. Doch in Palermo kann man den kleineren Hunger zwischendurch mit einer interessanten Version des Hamburgers stillen: Die Innereien vom Kalb waren für die immer hungrigen Palermitaner seit je der Imbiß für jede Tageszeit. Sie kosten nicht viel, sind gleichwohl nahrhaft und leicht zu bekommen. »U pani ca' meusa« ist ein Brötchen mit Kalbsmilz, aber neben der Milz finden auch Speiseröhre (in kleine Stückchen geschnitten), Lunge und Leber ihren Platz. Wichtig ist auch das Brot, das man dafür nimmt. Traditionsgemäß nimmt man die »Vastedda«, ein rundes Brötchen mit weichem und frischem Teig. Für den Imbiß werden die Innereien gekocht und ein paar Minuten in zerlassenem Schmalz gebraten, bevor man sie in die Vastedda füllt. Verlangt man sein Brot »schetta«, so ist es mit Zitronensaft beträufelt, »maritata« heißt »mit Käse«. Die Imbißstuben gibt es in allen Teilen der Stadt. Hier können wir Ihnen nur ein paar Adressen nennen, die wir aber alle mehrmals getestet haben.

Palermo

U Sfinciuni

Hier können Sie Sfinciuni genießen:

Focacceria Basile
Via Bara all'Olivella
Piazza Nascé, 5
Pizzeria Bellini
Piazza Bellini, 6
Pizzeria Astoria
Via Libertà, 145

Hier können Sie die besten Sfinciuni kaufen:

Panificio Ferracane
Via Cataldo Parisio, 92
Via Mariano Accardi, 48
Panificio Pollicino
Via Ugo Vassi, 43
Panificio Graziano
Via Del Granatiere, 11
Via Emilia, 80–82

Von den vielen traditionellen Gaumenfreuden Siziliens hat Palermo mehr als eine hervorgebracht. Die »Sfinciuni« erfreuen sich besonders bei denen großer Beliebtheit, die etwas Einfaches und Preiswertes essen möchten. Während Panetterie oder Pizzerie heute die verschiedensten Varianten dieses Brotes anbieten, bereitet man es in den palermitanischen Haushalten noch immer nach dem Originalrezept und mit den typischen Originalzutaten des Mittelmeerraums zu: Man stellt zunächst aus Brotmehl, in Milch aufgelöster Bierhefe und Olivenöl eine Art Brotlaib her. Dazu müssen die Zutaten – möglichst auf einer Marmorplatte – einige Minuten zu einem gleichmäßigen Teig verarbeitet werden, der anschließend eine geraume Zeit gehen muß. Die »cunza«, der Belag, beginnt mit einer Schicht Sardellen, die auf dem gegangenen Teig zerdrückt werden, darüber wird frische Tomate verteilt, die zuvor mit reichlich Zwiebel kurz in Olivenöl angebraten wurde. Darauf folgen hauchdünne Streifen eines gerade erst reifen Käses und – wenn man mag – schwarze Oliven. Damit das Ganze eine schöne Kruste bekommt, wird es zum Schluß noch mit Paniermehl und geriebenem Käse bestreut. Dann noch etwas Öl und Oregano, das Brot bei 180° C in den Ofen und … guten Appetit.

Pantelleria · Favarotta

6 Std. mit der Fähre von Trapani,
5 Std. von Marsala

Favarotta

NEU

Trattoria
Ortsteil Favarotta
Tel. 09 23 / 91 53 47
Ruhetag: Mittwoch
Betriebsferien: unterschiedl. (im Wint.)
40 Plätze + 40 im Freien
Preise: 35 000 Lire, ohne Wein
Keine Kreditkarten
Mittags und abends geöffnet

Diese ländliche Trattoria liegt ganz in der Nähe des Meeres bei Gadir, eingebettet in eine herrliche Mittelmeerlandschaft mit Weinbergen, in denen die Zibibbo-Traube angebaut wird, und Kapernsträuchern. Der Wirt Gabriele, ein unkomplizierter, sympathischer Mann mit glücklicher Hand, betreibt auch etwas Landwirtschaft. Deshalb stammen viele der Zutaten für seine Speisen aus dem eigenen Gemüsegarten.
So zum Beispiel die Auberginen, Zucchini und Paprikaschoten, aus denen die **Caponata** und die Peperonate hergestellt werden, mit denen Sie das Mahl eröffnen können oder die als Beilagen gereicht werden. Als Antipasti werden außerdem Gemüse der Saison und eine leckere Sfoglia aus Kichererbsenmehl mit Kartoffeln, Zwiebeln, Kapern und Eiern angeboten. Bei den Primi haben Sie die Wahl zwischen **Spaghetti con il pesto pantesco** (Tomate, Knoblauch, Mandeln und Basilikum), Ravioli di ricotta mit Tomatensauce oder außergewöhnlichen **Ravioli mit Tuma und Minze**. Einfach, aber unverfälscht und ausgewogen im Geschmack sind auch die Secondi, die ganz im Zeichen der heimischen Tradition stehen. Versuchen Sie beispielsweise einmal das **Kaninchen**, das nach örtlichem Brauch **süß-sauer** zubereitet wird, und den **Couscous mit Fisch, Fleisch und Gemüse**. Wer gerne Fisch ißt, der kann je nach Angebot des Marktes zwischen Schwertfisch, Zahnbrasse, Zackenbarsch, fritierten Fischen oder **Calamari**, die man hier auch **gefüllt** bekommt, wählen. Beschließen können Sie das Mahl mit Mostaccioli, süßen Ravioloni und den typischen »Baci«, zu denen man Ihnen einen heimischen Zibibbo serviert.

Ein gutes Frühstück bekommen Sie bei El Tikirriki, Via Borgo Italia 2–3: warme Hörnchen, Brioches, Granite mit Fruchtsirup und Frappés mit Kaffee.

Piazza Armerina Bellia

38 km südöstlich von Enna, S.S. 192

Al Fogher

Restaurant
Ortsteil Bellia, 1 – S.S. 117 bis
Tel. 09 35 / 68 41 23
Ruhetag: Montag
Betriebsferien: 1. – 15. August
80 Plätze + 30 im Freien
Preise: 40 000 Lire, ohne Wein
Kreditkarten: die bekannteren
Mittags und abends geöffnet

Kurz vor Piazza Armerina, in einem grünen, mit Bäumen bestandenen Tal, finden Sie dieses gute, nett und behaglich eingerichtete Restaurant. Die zehn Jahre, die der Wirt Angelo in Frankreich, Holland, Deutschland und im Veneto verbracht hat, haben ihn geprägt, und er ist eine echte Persönlichkeit: lebhaft, selbstsicher und tüchtig, und das auch bei der Auswahl der Weine. Häufig empfängt er selbst die Gäste im Speisesaal.
Die Speisekarte ist beeindruckend, vielleicht etwas zu umfangreich: ein Reigen von Gerichten, der Tradition und Innovation, Fleisch und Fisch, typische und weniger typische Rezepte vereint. Allein zwei Rubriken der Speisekarte sind ausschließlich Carpacci, Fleisch- und Fischgerichten gewidmet. Man beginnt mit einem **Salat aus Garnelen und Bottarga aus Favignana**, **Lumache a burro aromatico**, geräuchertem heimischem Wildschweinfilet oder verschiedenen kleinen, warmen Antipasti mit Fisch und fährt anschließend mit Primi wie Farfalle agli aromi, Ravioli al magro mit Fenchel und Pinienkernen, Tagliolini mit Steinpilzen, Pappardelle al sugo di lepre und aromatischen **Orecchiette mit Basilikum und Auberginen** fort.
Bei den Secondi haben Sie die Wahl zwischen Lamm al forno, Schweinefleisch mit Wacholder, Kalbsschnitzeln al Marsala vergine, **Kaninchen mit wildem Fenchel** oder all'aceto balsamico, Aal al Cerasuolo di Vittoria, schmackhaften **Involtini siciliani**, Forellenfilets mit Oliven und Pinienkernen, in Folie gegartem Seebarsch oder **Involtini di spada e gamberoni**. Den Abschluß bilden Panna cotta, Mousse au chocolat, Bayerische Creme, Erdbeertorte und Torta gelato.
Interessant die Weinkarte, die laufend erweitert wird und die neben großen sizilianischen und italienischen Erzeugnissen auch einige ausländische Marken bietet.

Piazza Armerina Contrada Paratore

38 km südöstlich von Enna, S.S. 192

Mosaici

Hotelrestaurant
Ortsteil Paratore, 11
Tel. 09 35 / 68 54 53 und 68 60 54
Kein Ruhetag
Betriebsferien: 20. Nov. – 25. Dez.
350 Plätze + 30 im Freien
Preise: 30 000 Lire, ohne Wein
Keine Kreditkarten
Mittags und abends geöffnet

Hier in Piazza Armerina sollten Sie zunächst einmal die berühmte Villa del Casale mit ihren wertvollen Mosaiken aus der Römerzeit besichtigen und dann, ganz in der Nähe, das »Mosaici« aufsuchen. Nach Ihrem Ausflug in die Vergangenheit finden Sie hier eine unverfälschte und schmackhafte Landküche, die man Ihnen mit höflicher Liebenswürdigkeit servieren wird. Das Lokal, das seit über zwanzig Jahren von der Familie Battiato geführt wird, gehört zu einem hübschen, kleinen Hotel, das wegen seiner Gediegenheit und der geschmackvollen Einrichtung in einen renommierten französischen Hotelführer aufgenommen wurde. In unserem Führer möchten wir Ihnen die hervorragenden Vorspeisen empfehlen, wie die **getrockneten Tomaten mit Oliven** und die ausgezeichnete Insalata di mare. Unter den Primi verdienen ein außergewöhnlicher **Pasticcio di lasagne**, der besonders zart und wohlschmeckend ist, und eine Variante der Pasta con le sarde, die hier mit Tomaten serviert wird, besondere Anerkennung. Daneben gibt es aber auch noch weitere Nudelgerichte, wie **Pasta alla Norma**, Pasta mit Auberginen und Basilikum, mit Ricotta oder mit Ricotta und Tomate. Bei den Secondi kann man zwischen Fleisch (**Lamm**, Rouladen, **Hammel**, Salsiccia und paniertem Fleisch) oder ausgezeichnetem Fisch, zum Beispiel fritierten Sardinen und **Cicirello**, wählen. Und zum Abschluß gibt es Cannoli und **Mandelgebäck**. Der Weinkeller beschränkt sich auf einen Hauswein und einige gute sizilianische Erzeugnisse.

Die Pasticceria Giuseppe Restivo in der Via Mazzini 21 bietet ausgezeichnete Torroni, Mandelgebäck, Cannoli und Cassatine an.

Pozzallo

33 km südöstlich von Ragusa

Trattoria dello Stadio

Trattoria
Via dello Stadio, 22
Tel. 09 32 / 95 36 97
Ruhetag: Montag
Betriebsferien: November
200 Plätze
Preise: 40 – 45 000 Lire
Keine Kreditkarten
Mittags und abends geöffnet

Für die Bewohner des Hinterlandes ist und bleibt Pozzallo »Petriniuri« (schwarze Steine) ihr bevorzugtes Ferienziel, wo man den ganzen Sommer über baden kann. Die Einheimischen fangen ihren Fisch mit kleinen Booten unmittelbar vor der Küste. Es gibt hier also stets fangfrischen Fisch, und davon profitiert die heimische Küche. So auch in der »Trattoria dello Stadio«, die sich ausschließlich auf Meeresfrüchte stützt und Tag für Tag eine große Zahl von Gästen anzieht; sie alle lassen sich nicht davon abschrecken, daß weder die Gegend mit dem Stadion noch das Gebäude besonders einladend wirken. Die besonderen Spezialitäten der Köchin sind ein **süß-saurer Rochen** und ein Oktopussalat. Mit ihm oder aber auch mit den typisch sizilianischen **Sarde a beccafico** können Sie das Mahl beginnen. Weiter empfehlen wir Ihnen den **Risotto mit Meeresfrüchten** oder die **Frittura di paranza**. Die »paranza« ist eigentlich ein Fischernetz, das zum Fang der großen Fische verwendet wird. Hier bezeichnet der Name aber die kleinen, weniger wertvollen Fische, die ebenfalls im Netz hängenbleiben und später als fritierte Fische angeboten werden. Als Begleiter bietet der Weinkeller die bekanntesten sizilianischen Marken.

Nach dem Essen sollten Sie sich in der Pasticceria Torrisi in der Via Torino 58 noch ein gutes Eis oder eine Granita gönnen.

Ragusa Ibla
4 km von der Stadtmitte

Antica Macina

NEU

Restaurant
Via Giusti, 129
Tel. 09 32/24 80 96 und 62 12 87
Ruhetag: Montag
Betriebsferien: im September
120 Plätze + 80 im Freien
Preise: 40–45 000 Lire, ohne Wein
Kreditkarten: die bekannteren
Mittags und abends geöffnet

Wenn wir von Ibla, dem ältesten Teil Ragusas, sprechen, müssen wir natürlich in erster Linie das historische Zentrum mit seinen prächtigen Barockbauten erwähnen. Zwischen dem Besuch einer Kirche und eines der vielen Palazzi sollten Sie sich aber auch eine Einkehr bei Gianni Sortino und seiner Frau Maria gönnen.
Die Familie Sortino pflegt auch eine phantasievolle Küche. Das sollten Sie aber nicht weiter beachten und statt dessen bei Michele und Ariano, die für den Service zuständig sind, zuerst einmal eine typische heimische Vorspeise bestellen, etwa eine **Gelatina di maiale**, eingelegte Oliven, gedörrte Tomaten, **gegrillten Caciocavallo** oder eine Peperonata. Da bei Pozzallo und Donnalucata das Meer fast vor der Haustür liegt, werden als Vorspeisen außerdem ganz köstliche **Salate mit Meeresfrüchten**, leckere Weißfischbällchen, marinierter Schwertfisch und eine luftige **Fritturina di pesce azzurro** angeboten.
Bei den Primi hat man die Qual der Wahl: Zuppa di maccu, **Ravioloni mit Ricottafüllung und Ragù di maiale**, **Spaghetti mit Weißfisch**, Krabben und Borretsch oder Gnocchetti al pesce spada. Danach fährt man am besten mit einem **Pesce cotto al sale** (Dorade, Seebarsch, Brassen) oder mit einer unvergeßlichen **Fischsuppe** fort, die mit Pastateig bedeckt im Holzofen gegart und in Tongeschirr serviert wird. Einen Versuch lohnen aber auch die **gegrillte Salsiccia aus Modica**, das gefüllte Schweinekotelett oder das herrliche **geschmorte Lamm mit Ricotta**. Ausgesprochen raffiniert sind die Desserts, unter denen besonders die heimischen Gebäckspezialitäten und die **Cassatina fritta** mit warmer Orangencreme hervorragen.
Die gute Weinkarte bietet eine ausgewogene Auswahl an Erzeugnissen aus der Gegend und dem übrigen Italien.

Ragusa Donnafugata
18 km von der Stadtmitte

Del Castello

Trattoria
Vitale del Castello
Tel. 09 32/61 92 60
Kein Ruhetag
Keine Betriebsferien
70 Plätze + 100 im Freien
Preise: 25 000 Lire
Alle Kreditkarten
Mittags und abends geöffnet

Wir befinden uns in der Gegend, in der Luchino Visconti einige Außenszenen des »Leoparden« drehte, und gerade der Name »Donnafugata« gibt Anlaß zu verschiedenen Vermutungen. Nach einer Auslegung geht dieser Name auf Königin Bianca von Navarra zurück, der angeblich die Flucht aus dem Schloß gelang, in dem sie gefangengehalten wurde; eine andere bezieht sich auf einen französischen Visconte und Clementina, die eine »fuitina« (eine ehrenrettende vorgeschützte Entführung) veranstalteten. Fester auf dem Boden der Tatsachen steht unsere Trattoria. Unkompliziert sind die Gerichte Signora Lucias, die der Küchentradition der Provinz Ragusa entsprechen. Die Antipasti gehören zum Besten, was man in dieser Gegend kosten kann, und umfassen Brotteigfladen (**»Scacce«**) mit Füllungen aus Tomaten, Auberginen, Ricotta und Wurst oder Zwiebeln und Petersilie, außerdem appetitanregende **»Matalughi«**, in Olivenöl ausgebackenen und mit Salz und Oregano bestreuten Brotteig. Unter den Primi möchten wir die Ravioli di ricotta und die handgemachten **Cavati mit Rindfleisch- oder Schweinefleischragout** empfehlen. Als Secondi bekommt man nur Fleisch: **gefüllte Schweinelende** (mit Fleisch, Käse und Eiern), Lamm aus dem Rohr, Bratwurst, **Kaninchen alla stimpirata**. Zu allem wird Frischgemüse aus den nahen Feldern als Beilage gereicht und ein eher bescheidener offener Wein. Zum Dessert die typischen **Ravioli fritti**.

Guten Käse aus handwerklicher Herstellung, Wurst und eingelegtes Gemüse gibt es in **Ragusa** in der Casa del Formaggio (Corso Italia, 330) und bei Tre G (Via Marianna Schininà, 159).

Ragusa
Marina da Ragusa
24 km von der Stadtmitte

Da Carmelo

Trattoria
Lungomare Andrea Doria
Tel. 09 32 / 23 99 13
Ruhetag: Montag, Aug. nur mittags
Betriebsferien: Ende Okt. / Anf. Nov.
70 Plätze
Preise: 45 – 50 000 Lire, ohne Wein
Kreditkarten: alle außer DC
Mittags und abends geöffnet

Seine berufliche Laufbahn begann Carmelo vor mehr als dreißig Jahren als Schiffskoch. Später arbeitete er über zehn Jahre lang in den besten Strandlokalen Liguriens und der Romagna. Doch mit dem Herzen blieb er stets in Sizilien. Und so kehrte er eines Tages in die Heimat zurück und machte sich in diesem kleinen Vorort an der Küste von Ragusa selbständig. Carmelo macht einen etwas griesgrämigen Eindruck, Sie können ihn aber günstig stimmen, wenn Sie ihm Ihre Zufriedenheit zeigen. Das Lokal ist sehr einfach und ganz mit Holz eingerichtet, besticht aber durch die unmittelbare Strandlage. Der Gedanke, dort einen Sommerabend zu verbringen, wird Ihnen sicher gefallen. Die Küche ist wie der Koch: deftig und handfest, sozusagen »barock«. Das Adjektiv ist in der Küchensprache zwar nicht gerade üblich, charakterisiert aber vor allem den **Bollito di mare** – der nur so in Krusten- und Weichtieren schwelgt – besonders treffend. Fangfrischer Fisch spielt selbstverständlich auch in allen anderen Gerichten die Hauptrolle. So zum Beispiel in Primi wie **Tagliolini mit Meerbarbenfilet**, Spaghetti mit Thunfischsauce (manche essen die Sauce sogar ohne die Nudeln!) und **Fettuccine mit Schwertfisch, Auberginen und Minze**. Aber damit noch nicht genug: Die Speisekarte bietet außerdem **Sardinen** in agrodolce oder **a beccafico**, **gratinierte Miesmuscheln**, Meerbarben al crudo, **Zackenbarsch mit Meeresfrüchten**, Drachenfisch mit Knoblauchcreme, Fritto misto und viele andere Fischgerichte. Weniger erlesen und umfangreich ist die Auswahl an Weinen. Hier muß man sich ausschließlich mit sizilianischen Marken begnügen.

Ragusa
Giubiliana

Eremo della Giubiliana

NEU

Hotelrestaurant
Ortsteil Giubiliana
Tel. 09 32 / 66 91 19
Ruhetag: Montag
Keine Betriebsferien
80 Plätze + 250 im Freien
Preise: 45 000 Lire
Kreditkarten: die bekannteren
Mittags und abends geöffnet

Ursprünglich war dies einmal ein Kirchenlehen, dessen geistlicher und weltlicher Herrschaftsbereich sich auf die gesamte Umgebung erstreckte. Heute, nach der originalgetreuen Restaurierung, ist ein Großteil des ehemaligen Klosters wieder in seiner ursprünglichen Schönheit und in den sanften Farben, wie sie für die Gegend um Ragusa typisch sind, hergestellt. Drinnen serviert man Ihnen in einem außergewöhnlich angenehmen Rahmen eine reiche Auswahl heimischer Köstlichkeiten.

Ganz traditionsgemäß beginnt man mit einer leckeren Auswahl an heimischem Käse und **Scacce**, die **mit Ricotta und Wurst**, Gemüse und Oliven oder Tomaten und Caciotta gefüllt sind. Die Scaccia ist eine Spezialität aus Modica, die aus selbstgemachtem Brotteig hergestellt wird, der zu dünnen Kreisen ausgerollt, mit einer Füllung belegt und anschließend wie ein Strudel aufgerollt wird. Es gibt eine Vielzahl von Varianten, und sie sind eine beliebte Vorspeise in dieser Gegend. Danach sollten Sie die zarten **Ravioli di ricotta** mit Ragù di maiale oder die frischen Cavatelli probieren, zu denen eine gute Tomatensauce mit Basilikum serviert wird und die ganz klassisch mit geriebener, salziger Ricotta überbacken werden. Als Secondi werden eine ausgesprochen gelungene **Lammkeule** mit wildem Fenchel, **gefülltes Schweinekotelett**, unübertroffene **Arrosti misti** und Kaninchen alla portoghese angeboten. Man schließt mit Cassatelle di ricotta fritte und typischen Gebäckspezialitäten aus Ragusa.

Im schönen Weinkeller, der in einer mittelalterlichen Krypta untergebracht ist, lagern die besten sizilianischen Erzeugnisse. Das Lokal verfügt auch über einige hübsche Fremdenzimmer, die im Wohntrakt des Klosters eingerichtet wurden.

Ragusa Ibla

4 km vom Stadtzentrum

La Rusticana

Trattoria
Via XXV Aprile, 68
Tel. 09 32 / 22 79 81
Ruhetag: Dienstag
Betriebsferien: im Oktober
60 Plätze + 60 im Freien
Preise: 25 – 30 000 Lire
Alle Kreditkarten
Mittags und abends geöffnet

Mitten im barocken Stadtteil Ibla, zwischen Domplatz und Giardino Ibleo, liegt die alte Trattoria. Bevor der Wirt die Innenräume renovierte, um die Einrichtung angenehmer und zweckmäßiger zu gestalten, war dieses Lokal ein etwas chaotischer »Taubenschlag« mit dem entsprechenden Charme. Die Wände waren mit Zeichnungen und Parolen vollgekritzelt und zeugten vom überwiegend sozialen und politischen Engagement der Gäste. Aber die Zeiten haben sich auch für das »Rusticana« geändert. Sie wirkt heute etwas anonymer, aber immer noch sehr nett. Das Essen ist dagegen in seinem traditionellen Charakter unverändert. Im »Rusticana« sind alle Speisen von gutem Niveau. Den Ausgangspunkt bilden **Schweinefleisch in Aspik** und verschiedene Pilzzubereitungen. Im Mittelpunkt stehen die hausgemachten Nudeln (**Cavati** und **Pappardelle**) mit vielen verschiedenen Saucen: **Sugo finto**, Sugo mit Schweinefleisch, Sugo mit Wildkaninchen; ansonsten **Suppen aus Hülsenfrüchten** mit aromatischem Wildgemüse. Das Fleisch ist in dieser Gegend hauptsächlich vom Schwein, das nach alter ragusanischer Art restlos verwertet wird: in der Sauce mit Kartoffeln, im Rohr gebraten oder als Wurst. Die Weinkarte ist ärmlich und der Nachtisch spärlich. Trotz der Renovierung ist die Stimmung nach wie vor die einer alten Osteria im wunderschönen Zentrum eines alten Dorfes.

Die Pasticceria Di Pasquale, Corso Vittorio Veneto 104, stellt sehr gutes, typisch ragusanisches Gebäck her: mit Mandeln, mit »Schneeflocken« oder Kekse.

Randazzo

69 km nordwestlich von Catania, A 18 oder S.S. 114 und 120

Veneziano

Trattoria
Via Romano, 8 a
Tel. 0 95 / 7 99 13 53 und 92 14 18
Ruhetag: So.abend und Montag
Betriebsferien: Weihnachten
90 Plätze
Preise: 35 – 40 000 Lire
Kreditkarten: die bekannteren
Mittags und abends geöffnet

Pilze, Kaktusfeigen, wilder Spargel, Obst und Kräuter gedeihen ohne größeres Zutun an den Hängen des Ätna, auf einem Boden, der gerade durch die Vulkanausbrüche zu den fruchtbarsten Italiens zählt. Um in den Genuß dieser Früchte zu kommen, sollten Sie einmal die Trattoria »Veneziana« besuchen, einen Familienbetrieb, der vor allem wegen seines behaglichen Ambientes und des guten Preis-Leistungs-Verhältnisses zu empfehlen ist. Angefangen bei den Vorspeisen finden Sie in allen Gerichten den typischen Geschmack der Gegend. Man beginnt mit **Steinpilzen** (sie sind die besondere Spezialität des Lokals und werden Sie durch die ganze Mahlzeit begleiten), Rohkostsalat oder in Öl eingelegtem Gemüse, getrockneten Tomaten oder Ricotta al forno. Anschließend ist die Reihe an **Tagliolini mit wildem Spargel**, **Suppen aus Hülsenfrüchten** (gut sind die Bohnen- und die Kichererbsensuppe) und Pilzen, Spaghetti alla Norma und Rigatoni mit Pilzsauce. Steinpilze finden Sie auch bei den Secondi: gebratene Provola mit Funghi trifolati, gebratene Pilze, Polpette di asparagi selvatici und als Beitrag des Meeres der klassische **Stockfisch alla messinese**.
Bei den Desserts sollten Sie sich für die **Mostaccioli** mit Kaktusfeigenfüllung, die Cannoli di ricotta oder den Mandorlato mit Schokoladensauce entscheiden. Die Wirte, Salvatore und Massimo Monferte, haben außerdem einen schönen Weinkeller mit Qualitätserzeugnissen aus der Region und dem übrigen Italien angelegt.

Die Pasticceria-Gelateria Santo Musumeci, Piazza Santa Maria 9 – 10, ist eine gute Adresse für heimische Gebäckspezialitäten, Mandel- und Ricottagebäck.

Salemi
San Ciro

42 km südöstlich von Trapani, S.S. 113

Il Castello

NEU

Restaurant
Ortsteil San Ciro, 530
Tel. 09 24 / 98 10 55
Ruhetag: Montag
Keine Betriebsferien
190 Plätze + 200 im Freien
Preise: 35 000 Lire
Kreditkarten: CartaSi, DC
Mittags und abends geöffnet

Salemi ist ein ruhiges, von grünen Weinbergen umrahmtes Bauerndorf ganz in der Nähe der archäologischen Ausgrabungsstätten von Segesta und Selinunte. Hier in der Gegend übernahm General Giuseppe Garibaldi am 14. Mai 1860, zur Zeit des Risorgimento, im Auftrag König Vittorio Emanueles II. die Herrschaft über Sizilien. Das »Castello« ist im ehemaligen Wohnhaus einer wohlhabenden Familie untergebracht und wird gemeinsam geführt von Maurizio D'Andrea Sansone, einem Arzt und Feinschmecker, Antonio Lombardo, dem Küchenchef, und Salvo Barresi und Vincenzo Schillaci, die die zahlreichen Gäste begrüßen und für den Service zuständig sind. Das ausgesprochen gute und typische Speisenangebot richtet sich nach dem Lauf der Jahreszeiten. Den Auftakt bilden zum Beispiel **Polpettine di ricotta fritta**, gebratene und mit Mozzarella gefüllte Pilze oder herrliche, mit Kalbfleisch und heimischer Ricotta gefüllte **Involtini di tuma**. Danach folgen Pennettine con ragù di maiale und Ricotta, die klassischen **Busiati mit Sugo di agnello**, der mit frischem Fenchel verfeinert wird, oder Trenette mit einem ganz außergewöhnlichen Pesto. Ausgezeichnet das **auf der Holzglut gegarte Lamm** und der **Hammel**, einen Versuch lohnen aber auch die zarten Kalbfleischspießchen und die aromatische Salsiccia. Oder möchten Sie lieber etwas anderes? Guter Fisch kommt direkt von den Fischern aus Mazara del Vallo. Und beschließen sollten Sie das Mahl mit den unvergeßlichen **Cannoli di ricotta**.
Dazu trinkt man den offenen Hauswein. Außerdem hält der kleine Weinkeller noch einige anständige sizilianische Erzeugnisse bereit.

San Giovanni La Punta

9 km nördlich von Catania

Il Giardino di Bacco

Restaurant
Via Piave, 3
Tel. 0 95 / 7 51 27 27
Ruhetag: Montag
Keine Betriebsferien
40 Plätze + 50 im Freien
Preise: 35 – 45 000 Lire
Kreditkarten: alle
Nur abends, an Sonn- u. Feiertagen auch mittags geöffnet

Ein altes Haus am Fuße des Ätna, ein gepflegter Garten mit kleinen Bäumen und Zierpflanzen, auf den Tischen Kristallgläser und Keramikgeschirr aus Caltagirone und Santo Stefano di Camastra. Im »Giardino di Bacco« erkennt man, daß Salvatore Trischitta Wert auf Stil legt. Er bietet hier eine klassische Küche an, die er zum Teil originell abwandelt und für die nur die besten heimischen Zutaten verwendet werden.
So können Sie neben Provole aus Casal Floresta auch Suppizzata aus Ucria und Ricotta aus Maniace genießen. Aber auch **wildwachsendes Gemüse**, das man kaum mehr kennt, kommt in Polpette und Aufläufen zu Ehren. Daneben findet man neu aufbereitete Rezepte, wie den Carpaccio di pesce spada mit Minze oder die köstliche Steinpilzsuppe, und Gerichte, die schon fast in Vergessenheit geraten sind, wie der **Cannellone ai frutti di mare** mit Miesmuscheln und Brotkrume. Wenn die Bohnen reif sind, bekommen Sie hier außerdem eine seltene Köstlichkeit, die **Pasta di casa mit Krabben und Salsa verde** (die Sauce ist eine deftige, breiige Suppe aus frischen dicken Bohnen). Gut sind auch die Agnolotti alla Bellini und die **Fagottini di tuma**. Anschließend fährt man mit einem **Beccafico di pesce spada mit Steinpilzen** oder, wenn Sie lieber Fleisch essen, einem **Filetto alle castagne** oder Rinderrouladen ai fiori di Zagara fort. Und zum Nachtisch gibt es **Mustazzola**, Canestrini alla crema, Cassata und unvergleichliches Pistazien- und Walnußeis aus Bronte.
Der Weinkeller bietet lediglich einige sizilianische Weiß- und eine Auswahl italienischer Rotweine.

Sant'Alfio

30 km nördlich von Catania, S.S. 114

Casa Perrotta

Bauernhof
Ortsteil Perrotta
Tel. 095/968928
Ruhetag: Dienstag, nicht im Sommer
Keine Betriebsferien
90 Plätze + 150 im Freien
Preise: 35–40 000 Lire
Keine Kreditkarten
Nur abends, im Sommer an den Wochenenden auch mittags geöffnet

NEU

Ein typisch sizilianisches Bauernhaus in 700 Meter Höhe, von dem aus man einen herrlichen Blick auf das Meer und den höchsten Vulkan Europas genießt: Das ist der Rahmen, in den dieser Bauernhof eingebettet ist und wo Sie neben einem durchweg traditionellen Speisenangebot auch ein ansprechendes Ambiente finden (sehen Sie sich unbedingt den alten Weinkeller mit den riesigen Fässern an, der heute nicht mehr benutzt wird). Und in der schönen Jahreszeit kann man auch draußen sitzen. Die Leitung, die Rosario Romeo anvertraut wurde, der von einigen Schülern der Hotelfachschule unterstützt wird, ist freundlich und korrekt.
Beginnen Sie das Mahl mit einer guten **Caponata di melanzane**, einer gebratenen Tuma siciliana oder den raffinierten **fritierten Sardellenbällchen** und fahren danach mit einer Reihe von Primi fort, die Sie, sofern es Ihr Appetit zuläßt, auch alle durchprobieren können: **Maccheroni alla taorminese** (mit Tomaten und Zucchini), Spaghetti mit Steinpilzen und **Risotti mit Kräutern**, die auf dem schwarzen, vulkanischen Boden der Gegend gedeihen.
Hoffentlich sind Sie jetzt noch nicht satt, denn nun kommt eine großartige **Frittura mista** mit Wachteln, Hammel, Salsiccia oder köstlichen, mit Zitronenblättern umwickelten **Polpette** auf den Tisch. Und zum Schluß sollten Sie sich keinesfalls die Wassermelone mit Minze, die Pfirsiche in Weißwein und den Biancomangiare mit Mandeln entgehen lassen, zu denen man einen selbstgemachten Rosolio trinkt.
Und vergessen Sie nicht zu reservieren.

Sciacca

62 km nordwestlich von Agrigento, S.S. 115

Hostaria del Vicolo

Osteria mit Enoteca
Vicolo Sammaritano, 10
Tel. 0925/23071
Ruhetag: So. abend, Mo. abend
Betriebsferien: 15.–31. Oktober
36 Plätze
Preise: 45–55 000 Lire, ohne Wein
Alle Kreditkarten
Mittags und abends geöffnet

In der Altstadt Sciaccas, ganz in der Nähe des Palazzo Steripinto, liegt die »Hostaria del Vicolo«. Sie wurde 1985 von Antonio Benivegna eröffnet, der zuvor in der Schweiz und in Deutschland Erfahrungen gesammelt hatte. Seine Visitenkarte sind freundliche Umgangsformen und ein ausgeprägter Sinn für Gastlichkeit. Während Antonio die Gäste empfängt und sich um den Service kümmert, arbeitet Franco Gobbati in der Küche. Er macht umfassenden Gebrauch von den heimischen Kräutern wie Salbei, Oregano und Rosmarin. Neben eher phantasievollen Speisen finden wir auch Fisch- und Gemüsegerichte der traditionellen Mittelmeerküche, etwa **Tagliatelle con scampi e zucchine** (ein Klassiker), die mit frischer Ricotta zubereitet werden und deshalb besonders leicht sind, aber auch für die **Seezunge** in Weißwein mit Oregano, Petersilie und Fleisch von reifen Tomaten oder für den ungewöhnlichen Risotto mit Radicchio und Krebsen, der mit Orange aromatisiert wird. Dies alles sind Gerichte, die nur im Sommer angeboten werden, denn die Speisekarte wechselt mit den Jahreszeiten. Besondere Erwähnung verdient ein Dessert, das Sie nur hier bekommen: die **Uova murine**, eine Art Crêpes mit Mandeln und Schokolade, die mit Sahne und kandiertem Kürbis gefüllt sind. Das Rezept stammt aus dem 16. Jahrhundert und wurde von Nonnen erfunden, die sich hier in Sciacca in Klausur befanden. Auf der Weinkarte finden Sie die besten sizilianischen Erzeugnisse, denn Benivegna betreibt auch eine gut bestückte Enoteca (nur abends geöffnet). Im Sommer gibt es auf der benachbarten Piazza Matteotti Konzerte.

Scigli Donnalucata
24 km südlich von Ragusa

Vecchio Fienile

NEU

Restaurant
Strada Provinciale 18, km 4
Tel. 09 32 / 93 03 77
Ruhetag: Mittwoch, nicht im Sommer
Betriebsferien: 14 Tage im November
120 Plätze + 300 im Freien
Preise: 40 000 Lire
Kreditkarten: die bekannteren
Mittags und abends geöffnet

Aus einem alten Heuschober wurde nach dem gelungenen Umbau ein gemütliches Lokal ganz aus Stein und Holz, in dem sich die Winterabende angenehm verbringen lassen. Im Sommer nimmt man sein Abendessen hingegen im schönen, kühlen, mediterranen Garten ein. Pasqualino Leone und Salvatore Lo Presti beraten die Gäste bei der Auswahl der Tagesangebote, während Franco Sgarlata in der Küche die Speisen zubereitet, die sich heute besonderer Beliebtheit erfreuen: sehr viel Fisch mit Gemüse, einige traditionelle Pastagerichte mit durchaus phantasievollen Saucen und Füllungen, die sich nach dem Angebot der Jahreszeit richten, kurz gegartes Fleisch (wie zum Beispiel beim Filetto al vino bianco mit Steinpilzen). Die Zutaten stammen vielfach aus dem Mittelmeerraum (wir haben beispielsweise frische Lachse mit Zitrusfrüchten probiert), und es gibt einige gute, klassische Desserts, wie Meloneneis und **Biancomangiare mit Mandelmilch**.
Empfehlenswert sind die **Vellutata di cozze** und die Meeresfrüchte, die Spaghetti mit Miesmuscheln und Pilzen, die **Tagliatelle mit Venusmuscheln und Zucchini** oder auch die Cavati mantecati mit Gemüse. Gut sind auch der Seeteufel in Safransauce, der **Pesce in guazzetto**, die **Fischsuppen** und die gegrillten Riesengarnelen.
Das Lokal wartet auch mit einem guten Weinkeller und einer anständigen Auswahl an Schnäpsen auf. Angesichts der verwendeten Zutaten ist das Preis-Leistungs-Verhältnis ausgewogen.

Siracusa Ortigia

Archimede

Restaurant
Via Gemmellaro, 8
Tel. 09 31 / 6 97 01
Ruhetag: Sonntagabend
Betriebsferien: unterschiedlich
140 Plätze
Preise: 40 – 50 000 Lire
Kreditkarten: alle
Mittags und abends geöffnet

Von der zentral gelegenen Piazza Archimede gelangt man zur Via Cavour, dem früheren Böttcherviertel. Von dort aus sind es nur wenige Schritte zum »Archimede«, das 1935 vom Vater des heutigen Besitzers gegründet wurde. Antonio Zammitti führt dieses traditionsreiche Restaurant nun schon seit Jahrzehnten. Ein Lokal, das man aufgrund seiner Ausstattung (Damasttischtücher und historische Stadtansichten), seines Service (Vorspeisenbüffet, zwei Berufskellner) und seiner Küche (die gute und einige weniger interessante Gerichte bietet) als klassisch bezeichnen könnte.
Nach den Vorspeisen, darunter Salate mit Meeresfrüchten und gegrilltes oder fritiertes Saisongemüse, gehen Sie zu Primi wie **Spaghetti al nero di seppia**, mit Seeigeln oder **alla siracusana** (mit gedünsteten Sardellen und gerösteter Brotkrume), Tagliatelle all'Archimede mit Schwertfisch, Basilikum und frischer Tomate und **Orecchiette alla maruzzella** mit feingehackten Tintenfischen, Calamari und Garnelen über. Groß ist auch die Auswahl bei den Secondi: Schwertfisch mit Salmoriglio, **Zuppa dello Jonio**, heimische, gebratene Krabben al sauté di frutti di mare, Zahnbrasse al forno mit Orangensaft.
Die Weinkarte umfaßt alle großen Erzeuger Siziliens, einige gute Schaumweine und den Moscato di Siracusa. Bei den Desserts kann man zwischen Obsttorten und **Cassata di ricotta** wählen, die hier nicht in der klassischen, palermitanischen Version mit kandierten Früchten zubereitet wird.

Zwei gute Adressen für traditionelle sizilianische Süßwaren sind die Antica Drogheria Coloniale Nardi, Via del Consiglio Regionale 9 (Torroncini, kandierte Früchte, Geleefrüchte, Marzipan), und die Pasticceria Marciante, Via Maestranza 39 (Torroni siciliani und Marzipan mit Zitrusfrüchten).

Siracusa Ortigia

Darsena

NEU

Restaurant
Riva Garibaldi, 6
Tel. 0931/66104
Ruhetag: Mittwoch
Keine Betriebsferien
80 Plätze + 50 im Freien
Preise: 35–45 000 Lire
Kreditkarten: alle
Mittags und abends geöffnet

Unter Stammgästen und den Bewohnern von Syrakus heißt dieses Lokal »Da Januzzo« nach dem Besitzer, der schon am frühen Morgen die Fischer aufsucht, um die besten Fische auszuwählen, und der dafür bekannt ist, daß er bei den Krustentieren äußerst pingelig ist. Das Restaurant liegt in Ortigia, dem zauberhaften, historischen Zentrum der Stadt. Mangels Hinweisschildern ist es zwar etwas schwer zu finden, aber die Suche lohnt sich. Die kleinen Boote, die unter dem Ponte Nuovo und entlang dem Hafenbecken vertäut sind, geben den angemessenen Rahmen für dieses nette Lokal ab, das ganz in Pastellfarben gehalten ist. Das Vorspeisenbüffet bietet neben traditionellen sizilianischen Speisen auch einige Eigenkreationen mit Gemüse der Saison. Versuchen Sie einmal die **marinierten Sardellen** oder den eingelegten Schwertfisch und den ungewöhnlichen, aber guten Garnelencocktail. Ein typisches Primo sind die **Conchigliette alla Darsena** mit Fisch und Zucchini – eine gelungene Kombination aus Fisch und Gemüse, die sich auch in vielen anderen Primi wiederfindet. **Fisch** steht auch bei den Secondi an erster Stelle. Er ist stets frisch und wird so zubereitet, daß das Aroma und der Geschmack zur Geltung kommen. Klassische Desserts (Cassata, Tiramisù) und ein gutes Zitronensorbet beschließen das Mahl.
Die Weinkarte bietet eine Auswahl guter Erzeugnisse der Region. Am Wochenende ist es ratsam vorher zu reservieren.

Süßwaren mit Torrone und Marzipan und andere typische Erzeugnisse finden Sie in der Pasticceria Artale, Via Landolina 32, in der Nähe des Doms. In der Pasticceria Brancato, Via Grottasanta 219, bekommen Sie eine herrliche Zitronentorte. Ausgezeichnetes Eis bieten das Gran Caffè del Duomo gegenüber der Kathedrale und die Gelateria La Voglia Matta, Corso Umberto 34, an.

Siracusa Ortigia

Il Porticciolo da Piero

NEU

Trattoria
Via Trento, 22
Tel. 0931/61914
Ruhetag: Montag
Betriebsferien: zweite Oktoberhälfte
70 Plätze + 60 im Freien
Preise: 40 000 Lire, ohne Wein
Kreditkarten: alle außer AE
Mittags und abends geöffnet

Überquert man die Brücke, die das Festland mit der Insel Ortigia verbindet, gelangt man zum alten Markt von Syrakus, auf dem Morgen für Morgen (außer sonntags) ein buntes, hektisches Treiben herrscht. Und in einer der angrenzenden Straßen finden Sie die Trattoria »Il Porticciolo da Piero«, die Sie wegen ihrer guten Meeresküche, ihres schlichten Ambientes und der anständigen Preise einmal besuchen sollten. Piero Moscuzza hat das Lokal vor etwa fünfzehn Jahren eröffnet und wird dort von seinen Kindern und professionellem Küchenpersonal unterstützt. Das Speisenangebot umfaßt typische heimische Vorspeisen wie **Sardellenröllchen**, gratinierte Miesmuscheln, gegrilltes und fritiertes Gemüse (zum Beispiel Zucchini und Auberginen) und die unerläßliche Gardiniera con olive. Von den Primi haben uns besonders die **Linguine mit Languste** und die leckeren, **mit Scampi gefüllten Ravioli in salsa di gamberetti** geschmeckt. Wer ganz einfach zubereiteten, gebratenen oder in Meerwasser gekochten Fisch genießen möchte, der hat nur die Qual der Wahl. Wer es hingegen etwas raffinierter möchte, der sollte die köstlichen **Schwertfischröllchen** probieren. Und wer keine Angst vor Blähungen hat, der sollte die **Tunnina a sarausana**, eine schöne Scheibe Thunfisch, die mit sehr viel Zwiebel und Tomatenstückchen in der Kasserolle gegart wird, versuchen.
Als Begleiter stehen einige gute sizilianische Flaschenweine zur Verfügung, und den Abschluß bilden frisches Obst, ein Stück Kuchen und ein Gläschen Limoncello.

Trapani

Trattoria del Porto

Trattoria
Via Ammiraglio Staiti, 45
Tel. 09 23 / 54 78 22
Ruhetag: Montag
Betriebsferien: 20.–30. Dez.
60 Plätze + 50 im Freien
Preise: 35–40 000 Lire, ohne Wein
Kreditkarten: CartaSi
Mittags und abends geöffnet

Der Name des Lokals weist Ihnen bereits den Weg: Sie müssen in Richtung Hafen fahren, und zwar zu der Anlegestelle, von der die Schiffe zu den Ägadischen Inseln auslaufen. Nur wenige Schritte entfernt erwarten Sie die handfesten, unverfälschten Gaumenfreuden der »Trattoria del Porto«. Felice ist inzwischen gestorben, doch seine Kinder und seine Frau haben sein Erbe angetreten und führen die Küche in seinem Sinn weiter. Als Vorspeisen gibt es superfrische **Seeigel**, **Insalata di mare**, Caponata und alles, was der Markt an frischen Dingen bietet. Anschließend können Sie mit herrlichen Primi fortfahren: **Pasta mit Thunfischrogen**, mit **Pesto alla trapanese** oder mit Miesmuscheln alla tarantina. Sehr zu empfehlen sind auch die **Busiati** all'isolana mit Schwertfisch oder mit Meeresfrüchten, darunter auch Garnelen und Scampi. Der Klassiker Trapanis, der **Cuscus di pesce**, wird hier meisterhaft, jedoch mit einem leicht maghrebinischen Einschlag zubereitet, denn die Familie Piacentino hat lange Jahre in Nordafrika gelebt. Danach werden köstliche **gefüllte Tintenfische**, verschiedene Fischgerichte (je nach Angebot des Marktes zum Beispiel Zackenbarsch, Meerbarbe oder Polpettine von soeben geschlüpften Fischchen) und einige Fleischgerichte angeboten. Bei den Desserts (frisches Obst, ein selbstgemachtes Mandelparfait und industriell gefertigtes Eis) und den Weinen – ein offener Hauswein und einige gute Qualitätsweine – würde man sich eine etwas bessere Auswahl wünschen. Das Preis-Leistungs-Verhältnis ist gut, der Service, um den sich Patrizia kümmert, ist flink und freundlich.

Ausgezeichnetes Eis bekommen Sie bei Sebastiano Compagno in der Via Roma 15, Spezialität ist das Jasmineis.

Trecastagni

12 km nördlich von Catania

Uliveto

NEU

Restaurant
Via Perni, 4
Tel. 0 95 / 7 80 69 88
Ruhetag: Mo., im Winter auch So.abend
Keine Betriebsferien
150 Plätze + 200 im Freien
Preise: 40 000 Lire, ohne Wein
Kreditkarten: EC, MC, Visa
Nur abends, im Winter sonntags nur mittags geöffnet

Der Name des Dorfes täuscht, Sie sollten hier also keine Kastanienwälder erwarten. Höchstwahrscheinlich leitet sich der Name des Ortes vielmehr von »tre casti agni« her, womit die drei Märtyrer Alfio, Cirino und Filadelfo, die Schutzpatrone des Dorfes, gemeint sind. Nachdem man ein Gewirr von Häusern und kleinen Villen hinter sich gelassen hat, fährt man zu diesem Ort hinauf, der sich bis heute sein ursprüngliches Gesicht bewahrt hat und wo man noch einige alte Winkel mit Torbögen aus Lavagestein, Trockenmauern, Lauben, Feigen- und Olivenbäumen findet. Und in einer solchen Idylle liegt auch dieses Restaurant, das bis vor zwei Jahren ein privater Klub war. Man glaubt sich hier in ein kleines Museum versetzt.
Der Rechtsanwalt Giuseppe Perni überwacht Küche und Restaurant, sein Sohn berät Sie vortrefflich bei der Auswahl der richtigen Weine zu den Speisen, die nach alten Rezepten zubereitet werden und je nach Jahreszeit wechseln. Ausgezeichnet die **Arancini mit Käse und Gemüse**, die Siciliane mit Tuma und Sardellen, die **Maccaruni 'ncaciati** und die Cavatelli mit Mandeln, Safran, Ricotta und Wildkräutern. Wenn sie gerade angeboten werden, sollten Sie sich auch die **Calamari al forno** mit Zitronenblättern, die **Sarde a beccafico** und das süß-saure Kaninchen nicht entgehen lassen. Bei den Desserts sollten Sie sich an das Eis, vor allem das Pistazien- und das Ricottaeis, halten. Außerdem bekommt man aber auch Gebäck und Cremedesserts. Besondere Erwähnung verdient der außergewöhnliche Honig, der in vielen Gerichten Verwendung findet.
Dazu trinkt man einen Weiß- oder Rotwein aus dem Ätna-Gebiet oder sucht sich etwas aus der kleinen, aber anständigen Weinkarte aus.

Mamma Lia

Trattoria
Via San Giacomo, 1
Tel. 091/8449594
Kein Ruhetag
Betriebsferien: November bis März
50 Plätze
Preise: 40–50 000 Lire
Kreditkarten: die bekannteren
Mittags und abends geöffnet

Ustica ist zweifellos einmalig in seiner Art. Eine gute Adresse für Naturliebhaber, für Freunde seines herrlichen Wassers oder für all jene, die Ruhe abseits der üblichen Touristenwege suchen. Eine gute gastronomische Adresse ist das Lokal von Mamma Lia, das zudem noch eine schöne Aussicht bietet.
Jeden Tag steht Pino, einer der Söhne von Signora Lia, im Morgengrauen auf, um bei den Fischern, die gerade vom Fang zurückkommen, den Fisch einzukaufen. Der Fisch, den man Ihnen serviert, ist so frisch, daß er sich, wie man hier zu sagen pflegt, »noch bewegt«. Außerdem wird er vorbildlich zubereitet. Bestellen Sie sich also Frattaglie di pesce in insalata, **süßsaure Thunfischbällchen**, **Spaghetti mit** Bernsteinmakrelen- oder **Meeräschenrogen**, Carpaccio vom Schwertfisch mit Kapernsauce, Fagottini di pesce spada mit Brotteig und Gewürzen, **Fischsuppen** und den ausgezeichneten Couscous. Sie können sich aber auch für die **Orecchiette mit Auberginenpesto** und reichlich Basilikum, die **Linsensuppe** all'usticese, den gegrillten Käse oder die Auberginen-Caponata entscheiden. Und versüßt wird Ihnen das Ganze mit einem Melonen-, Feigen- oder Pfirsicheis. Das Weinangebot ist ausgesprochen gut, vor allem was die Weißweine aus der Region und dem übrigen Italien betrifft. Die vorherige Reservierung ist unerläßlich.

Unbedingt besuchen sollten Sie die fleißige Familie Natale, die im Innenhof einer alten Mühle in der Via Petriere ausgezeichnete heimische Spezialitäten verkauft, die zum großen Teil aus eigener Herstellung stammen: eingelegte Tomaten, Auberginen-Caponata, Kapern in Salzlake, Thunfisch in Öl, außerdem Linsen und Bohnen von der Insel.

Ustica

75 Min. mit dem Schnellboot von Palermo

Mario

Trattoria
Piazza Umberto I, 21
Tel. 091/8449280
Ruhetag: Montag, nicht im Sommer
Betriebsferien: Januar
50 Plätze + 45 im Freien
Preise: 35–45 000 Lire
Kreditkarten: die bekannteren
Mittags und abends geöffnet

Das saubere Meer vor Ustica – nicht von ungefähr hat man hier den ersten Meeresnationalpark Italiens eingerichtet – zieht seit je Freunde des Wassersports und Naturliebhaber an, die ihren Urlaub auf dem Boot oder unter Wasser verbringen.
Und dann ist da noch Mario. Seine Trattoria, die genau gegenüber der weißen Kirche liegt, ist leicht zu finden, denn man muß eigentlich nur den Düften folgen, die seiner Küche entströmen. Den intensivsten Geruch verbreitet natürlich der Fisch, der in den meisten Gerichten die Hauptrolle spielt. Was sollen wir Ihnen empfehlen? **Spaghetti ai frutti di mare**, al nero di seppia oder auch mit einem einfachen Pesto aus Tomaten, Basilikum und Knoblauch, **Schwertfischröllchen**, gefüllt mit Brotteig und verschiedenen Gewürzen, Calamari al forno oder aber **Thunfisch in Öl**? Es gibt hier aber nicht nur Fischgerichte. Sehr zu empfehlen sind auch der gegrillte Käse oder die vorzügliche **Linsensuppe**.
Die Weine – klassische Marken, aber als Besonderheit auch der Albanella, der einzige Weißwein, der auf dem vulkanischen Boden der Insel gedeiht – stammen ausschließlich aus Sizilien. Ein einfaches Lokal, das einem aber wegen des ungezwungenen Service, seines gemütlichen Ambiente und der guten heimischen Küche in Erinnerung bleiben wird.

In der Bar Centrale, Piazza Umberto I 8, bekommen Sie ausgezeichnete Cassate, Tronchetti, Eistorten, hervorragendes sizilianisches Gebäck und unvergleichliche Mandelkekse. Ganz vorzüglich sind auch die Blätterteighörnchen, die man zum Frühstück bekommt.

Villafrati

20 km südöstlich von Palermo, S.S. 121

Mulinazzo

Restaurant
S.S. 121, Palermo – Agrigento, km 237,5
Tel. 091/8724870
Ruhetag: So.abend und Montag
Betriebsferien: 15. – 28.2., 15. – 31.7.
60 Plätze + 80 im Freien
Preise: 45–50 000 Lire, ohne Wein
Kreditkarten: CartaSi, Visa
Mittags und abends geöffnet

Wir empfehlen dieses »große« Lokal (mit einer Trattoria hat es nicht viel gemein) immer wieder gerne. Und das nicht nur, weil es eine Adresse ist, für die uns unsere Leser dankbar sein werden (das Preis-Leistungs-Verhältnis ist nach wie vor gut), sondern auch weil die beiden tüchtigen Wirtsleute zu den ersten gehörten – das war 1993 –, die wir entdeckten und verfolgen konnten, wie sie mit ihrer Küche zunehmend erfolgreicher wurden.
Grazianos Küche schmeckt nach Mittelmeer, auch wenn hier und da Anklänge an die französische Küche zu verzeichnen sind, eine Reverenz an seine Frau Sabine, eine Gastwirtstochter aus Lothringen. Das zeigt sich schon bei den Antipasti: Thunfischcarpaccio mit etwas Öl und Zitronensaft, lauwarmem Schwertfisch mit Rosmarin, **Polpette di sarde mit Minze**, Salat aus Krustentieren und Gemüse, Insalata genovese mit Bottarga und Riesengarnelen, Seebarschauflauf mit Kartoffeln und Steinpilzen. Weiter geht es mit **Tagliatelle mit Auberginen und Basilikum**, Ravioli di pesce al pesto leggero, Fettuccine mit Rotbarben und Fenchel mit Scampi und Zucchini oder **Timballo di tagliolini con triglie e finocchietto**. Bei den Secondi finden wir ausschließlich Fisch (Rotbarben, Riesengarnelen, Meeräschen und Hummer, die nach heimischen Rezepten zubereitet und auf provenzalische Art verfeinert werden). Besonders zu empfehlen sind hier die **Involtini con caponata croccante**. Bei den Desserts können es die Schokoladencharlotte und die warme Sfoglia mit Vanille durchaus mit den typisch sizilianischen **Cassatine di ricotta** aufnehmen. Der gut bestückte Weinkeller bietet die besten Erzeugnisse der Gegend.

Die Oasi Bar, Viale Europa 144 a, in **Villabate** (10 km) ist eine Pasticceria-Gelateria-Rosticceria, in der man sämtliche Spezialitäten Siziliens findet.

Vittoria Scoglitti

38 km westlich von Ragusa, S.S. 115

Sakalleo

Restaurant
Piazza Cavour, 12
Tel. 0932/871688
Ruhetag: Mittwoch, nicht im Sommer
Betriebsferien: im Herbst
45 Plätze + 35 im Freien
Preise: 50000 Lire, ohne Wein
Alle Kreditkarten
Mittags und abends geöffnet

Scoglitti liegt nur wenige Kilometer von den Resten der antiken griechischen Siedlung Kamarina entfernt. Da es entlang der Küste über viele Kilometer nicht eine einzige Bucht gibt, ist der dortige Hafen auch heute noch die einzige Anlaufstelle für die Boote, die man früher in der lokalen Mundart »Sakalleo« nannte und die zur Schwammfischerei verwendet wurden. Das Restaurant ist im ersten Stock eines kleinen, alten Palazzo untergebracht. Pasquale Ferrara, der Inhaber, ist ein Original. Man muß ihn nicht lange bitten, und schon erzählt er zwischen den einzelnen Gängen, die er persönlich serviert, von seinen Reisen, seinen ungezählten Berufen, der Liebe zu seiner Lebensgefährtin und unersetzlichen Mitarbeiterin Pinuccia und seiner Leidenschaft für gutes Essen. Und die Sommerabende enden nicht selten draußen auf der Terrasse bei den Klängen der Gitarre. Die Küche ist spezialisiert auf Fischgerichte, die der Kenner Pasquale je nach Angebot des Marktes variiert. Bestellt wird bei ihm nicht, sondern die Speisen werden unaufgefordert so lange aufgetragen, bis der Gast nicht mehr kann. Das Angebot reicht von köstlichen **Vorspeisen mit Meeresfrüchten**, **Fischsuppe** und **Couscous** bis hin zu verschiedenen Fischgerichten aus einfachen Fischen, die wegen ihrer phantasievollen Zubereitung und ihrer Geschmacksvielfalt stets aufs neue überraschen. Die Auswahl an Wein und Distillati ist klein, aber gut.

SARDINIEN

La Maddalena
Palau
Arzachena
S. Antonio di Gallura
Olbia
Sassari
Buddusò
Alghero
Padria
Nuoro
Dorgali
Oliena
Flussio
Macomer
Magomadas
Cuglieri
Sarule
Orgosolo
Baunei
Sorgono
Cabras
Tortolì
Oristano
Terralba
Mogoro
Iglesias
CAGLIARI
Calasetta
Giba
Santadi
Teulada

Thyrrhenisches Meer

MITTELMEER

Alghero

30 km südwestlich von Sassari, S.S. 291

La Singular

NEU

Restaurant
Via Arduino, 45
Tel. 079/982098
Ruhetag: Montag, nicht im Sommer
Betriebsferien: unterschiedlich
70 Plätze
Preise: 35 000 Lire
Keine Kreditkarten
Mittags und abends geöffnet

Das kleine Lokal liegt zentral in einem Gäßchen der Altstadt, die im Moment durch Handwerksbetriebe, Geschäfte, Bars und Restaurants neu belebt wird. Im Inneren des Sandsteingebäudes befindet sich ein einzigartiger Speiseraum mit Tonnengewölbe, dessen Wände mit sardischem Kunsthandwerk und maritimen Wandgemälden dekoriert sind. Am Ende des Saals befindet sich die Barecke, die für die Gäste des Restaurants reserviert ist.
Die Küche nimmt Anleihen bei allen Spezialitäten der Insel: man bietet Meeresküche, aber auch typische Gerichte aus dem Hinterland. So kann man sein Menü mit **Antipasti di mare**, aber auch mit verschiedenen Würsten, **Animelle e cervella fritte** (Bries und Hirn) oder gebratenen Innereien vom Lamm beginnen. Danach gibt es **Spaghetti alla bottarga** (Rogen) oder alle vongole, Risotto mit Meeresfrüchten, **Culurgiones ogliastrini** (Kartoffeltäschchen, gefüllt mit Ricotta oder Käse), Malloreddus alla campidanese, Gemüse-, Kichererbsen- und Bohnensuppe. Bei den Secondi waren besonders gut die **gegrillte Fischplatte**, im Ofen gegarte Goldbrasse und **Lamm aus der Pfanne**. Beim Käseangebot dominieren Schafskäse, die man auch gebraten essen kann. Die Auswahl an Desserts beschränkt sich in der Regel auf vorgefertigte Produkte. Neben offenem Hauswein bekommt man einige gute Flaschenweine aus der Region.

An der Piazza Civica 23 sollten Sie das Feinkostgeschäft Il Ghiotto besuchen. Sie bekommen dort zahlreiche heimische Spezialitäten: Süßwaren, Likör, Wein, Wurst und Käse.

Alghero

30 km südwestlich von Sassari, S.S. 291

Machiavello

NEU

Osteria
Via Cavour, 7 – Bastioni Marco Polo, 57
Tel. 079/980628
Ruhetag: Dienstag, nicht im Sommer
Betriebsferien: Januar
70 Plätze
Preise: 35 – 40 000 Lire
Kreditkarten: alle
Mittags und abends geöffnet

Eine schöne Osteria mitten in der Altstadt, mit zwei typischen Eingängen: Der eine führt auf den alten Schutzwall, mit Blick auf die Bucht, der andere in den gemütlichen, gemauerten Speisesaal mit schmiedeeisernen Leuchtern, einer Balkonbar, kleinen Tischchen und dem unverzichtbaren Fernsehgerät (leider haben sich auch andere allzu moderne Accessoires in die Einrichtung verirrt). Die einfachen Tische sind mit Papiertischdecken und rot-weiß karierten Stoffservietten gedeckt. Die Leitung wurde einer Gruppe junger Leute anvertraut, die, angeführt von Flaminio Fonnesu und Marcello Mortello, erfolgreich dabei sind, neue Wege in der Gastronomie einzuschlagen.
Man kocht einfache, gekonnt zubereitete Gerichte, die sich am Jahresrhythmus orientieren: An Weihnachten und an Ostern gibt es spezielle Menüs und im Sommer drei verschiedene Fischmenüs. Probieren Sie zum Auftakt doch **Bruschette miste** und danach mit Ricotta gefüllte **Ravioli dei bastioni** in einer Sauce aus frischen gewürfelten Tomaten, frisch geschälten Garnelen und Rauke. Empfehlenswert sind auch die Fusilli alla crudaiola, die **Bohnensuppe mit Wurst** und die Gnocchetti alla Cavour mit Wurst und Gorgonzola. Bei den Secondi dominiert Fisch – **Schwertfisch vom Grill**, fritierte Calamari –, es gibt aber auch gebratenes **Pferdesteak** oder Saltimbocca alla Macchiavello. Zum Dessert ein cremiges Tiramisù, Sebada al miele und hausgemachte Kuchen. Das Weinangebot ist eher bescheiden: offene Hausweine und ein paar Flaschenweine aus der Umgebung.

In der Pasticceria Da Ciro, in der Via Sassari 35, finden Sie ein großes Sortiment an frischem Gebäck, darunter eine Reihe neapolitanischer Spezialitäten.

Arzachena
Porto Cervo
131 km nordöstlich von Sassari

I Frati Rossi

Trattoria
Alto Pevero – Pantogia
Tel. 0789/94395
Ruhetag: Montag, im So. nur mittags
Betriebsferien: Januar
40 Plätze + 80 im Freien
Preise: 45 000 Lire
Kreditkarten: die bekannteren
Mittags und abends geöffnet

Nachdem Sie die Provinzstraße nach Porto Cervo verlassen haben, fahren Sie nach der Abzweigung von Piccolo Pevero den Pantogia-Hügel hinauf. Nach wenigen Kilometern erreichen Sie, den Wegweisern folgend, die Trattoria »I Frati Rossi«. Ein hübsches Lokal mit moderner Einrichtung und einer Veranda mit Blick auf Landschaft und Meer. Gabriele Baldareschi und Graziella Traverso führen das Lokal mit viel Engagement und lassen sich dabei von ihren eigenen Traditionen – Gabriele stammt aus der Toskana, Graziella aus Ligurien – inspirieren. Noch entscheidender ist aber das tägliche Marktangebot: Die Fischgerichte sind immer absolut frisch und werden exzellent zubereitet.
Gabriele ist für den Service zuständig und wird Sie bei der Auswahl beraten. Man beginnt mit Antipasti di mare, darunter Sardellen, Tintenfischsalat, köstlicher **Bottarga in insalata** mit kleinen Tomaten und an manchen Tagen auch Austern aus der Bretagne. Bei den Primi können wir die ausgezeichneten **Spaghetti neri**, mit leicht würzigen Tintenfischstücken, aber auch die klassischen sardischen **Culingiones** (Kartoffelravioli mit Käse) und **Barbaricina** (Maccheroni mit Tomaten, frischem Schafskäse und Speck) empfehlen. Fisch dominiert bei den Secondi: Schwertfisch, Scampi und Riesengarnelen vom Grill, gedünsteter Hummer. Daneben gibt es aber auch Gerichte aus dem sardischen Hinterland, wie **geschmortes Lamm** mit Oliven und wildem Fenchel. Zum Abschluß hervorragenden Schafskäse, auch gebraten, und Kuchen mit karamelisierten Äpfeln oder einen leichten Obstsalat mit Orangen, Nüssen und Maraschinolikör.
Eine Weinkarte fehlt zwar, aber man bekommt durchaus einige gute Flaschenweine aus der Region.

Arzachena
Porto Cervo
131 km nordöstlich von Sassari

Il Pomodoro

Restaurant – Pizzeria
Piazza Cervo
Tel. 0789/92207
Kein Ruhetag
Keine Betriebsferien
190 Plätze + 160 im Freien
Preise: 35–40 000 Lire, ohne Wein
Alle Kreditkarten
Mittags und abends geöffnet

An der überlaufenen Costa Smeralda liegt dieses große Restaurant, das im Sommer, wenn man auch im Freien ißt, bis zu dreihundert Personen aufnehmen kann, dabei aber trotzdem ein gutes Essen zu anständigen Preisen bietet. Man kann hier wählen zwischen einer Pizza aus dem Holzofen und zwei verschiedenen Menüs mit Meeresfrüchten, einem »italienischen« und einem typisch sardischen, die ohne Wein zwischen 25 000 und 40 000 Lire kosten. Die Vorspeisen holt man sich von einem Buffet, auf dem Wurst und Gemüse in den verschiedensten Varianten (in Öl oder in Essig eingelegt, roh und fritiert, in der Pfanne geschwenkt oder als Kuchen) angeboten werden. Anschließend folgen einige typische Primi, wie hausgemachte **Gnocchi sardi mit Wildschweinsauce**, Ravioli di ricotta oder **Zuppa gallurese**. Wahlweise gibt es aber auch Pastagerichte vom Festland, wie zum Beispiel Spaghetti mit Archenmuscheln, Trenette mit Zucchini und Venusmuscheln, Penne all'arrabbiata und Tagliatelle al profumo di bosco. Bei den Secondi kehrt man dann wieder auf die Insel zurück. Versuchen Sie einmal den **Porceddu** und das **gebratene Lamm**, gegrillte Bistecca fiorentina oder eine Grigliata mista. Den Duft des Meeres verströmen dagegen Spieße mit heimischen Riesengarnelen und Calamari fritti. Und zum Abschluß geht man noch einmal zum Buffet, um sich mit Käse und Süßem, z. B. einer **Seada**, oder hausgemachten Torten zu bedienen. Auf der Getränkekarte finden Sie einige Weine aus der Gegend.

In der Via Firenze 1 in **Arzachena** (18 km von Porto Cervo) gibt es eine kleine Fischhandlung, die eine gute Auswahl an frischen Meeresfrüchten und Bottarga bereithält.

Baunei
Golgo

81 km südöstlich von Nuoro, S.S. 125

Golgo

NEU

Restaurant
Ortsteil Golgo
Tel. 03 37 / 81 18 28
Kein Ruhetag
Betriebsferien: von Oktober bis Ostern
180 Plätze + 70 im Freien
Preise: 40 000 Lire, ohne Wein
Keine Kreditkarten
Mittags und abends geöffnet

Die phantastische Hochebene von Golgo bietet einen Ausblick auf die höchsten Gipfel des Gennargentu bis hin zum Meer. Ebenso phantastisch ist dieses Restaurant: Das Herz geht einem auf, wenn man sieht, wie hier Traditionen gepflegt werden. Das gilt für draußen wie für drinnen, wo man die ehemalige Hirtenunterkunft in ihrem ursprünglichen Zustand, mit Steinmauern, geneigtem Strohdach, großem Kamin und Hirtenwerkzeug an den Wänden, belassen hat. Das »Golgo« wird von einer Gemeinschaft junger Leute geführt, die hauptberuflich als Schafzüchter arbeiten. Küche und Service – die Kellner tragen Tracht – halten ebenfalls streng an den alten Traditionen fest.

Nach einem würzigen, zarten Schinken zum Auftakt geht es weiter mit deftigem, aber wohlschmeckendem **Formaggio piccante** und bitter schmeckenden Oliven. Danach folgen **Culurgiones** aus Kartoffeln und Käse oder **Schiacciaus** (Gnocchi) mit Tomaten und gereiftem Schafskäse. Die Speisenfolge, die mündlich vorgetragen wird, sieht auch **Pane frattau** (in Schafsbrühe eingeweichtes, sardisches Hirtenbrot mit Sauce, Schafskäse und Eiern im Schlafrock) und Ravioli di ricotta vor. Die Spezialität unter den Hauptgerichten ist **Ziegenfleisch**, gekocht oder gebraten. Zum Schluß gibt es wiederum Käse und hervorragende Desserts. An Getränken findet man einige wenige Weine aus Sardinien und Quellwasser, das aus den Bergen kommt.

Man erreicht das »Golgo« von Baunei aus (etwa acht Kilometer), auf einer sehr schmalen, aber asphaltierten Straße.

Auf der Hauptstraße von Baunei, der Orientale Sarda, bekommt man in der Pasticceria Artigiana, in Haus Nummer 53, typisches Gebäck wie Biscotti, Pabassine und frische Pasta.

Buddusò · Padru

76 km von Sassari,
62 km südwestlich von Olbia, S.S. 389

Fratelli Mutzu

NEU

Bauernhof
Ortsteil Sa Serra
Tel. 07 89 / 4 91 66
Kein Ruhetag
Keine Betriebsferien
60 Plätze
Preise: 35 – 40 000 Lire
Keine Kreditkarten
Mittags und abends geöffnet

Das Lokal liegt inmitten der Hügel entlang der Strecke Olbia–Buddusò, auf einem 50 Hektar großen Hof, auf dem man auch Ferien machen kann. Man züchtet Schweine, Hühner, Schafe und Kühe und baut Gemüse, Obst und sogar Wein an: alle erwirtschafteten Produkte finden anschließend im Restaurant Verwendung. Der Hof und das dazugehörige Restaurant werden von vier gut aufeinander eingespielten Ehepaaren geführt, die einen mit einem Glas Moscato begrüßen. (Zu Beginn eines Essens vielleicht nicht gerade das richtige, aber als Zeichen der Gastfreundschaft durchaus.) Die vier Brüder kümmern sich um den Service, die dazugehörigen Ehefrauen leiten die Küche. Auf dem Tisch stehen bereits Quellwasser und offener Rotwein, im Brotkorb liegen heimisches Fladenbrot und herrlich duftende, warme Moddizzola aus Mehl und Kartoffeln, frisch aus dem Backofen.

Man beginnt mit einer Reihe verschiedener Antipasti aus **Pilzen**, die **mit Feldminze** gewürzt werden, kleinen Artischocken mit Thymian, süß-sauer eingelegten Auberginen und Paprika sowie heimischen Würsten. Bei den Primi findet man eine leichte **Zuppa gallurese**, **Ravioli di ricotta mit wildem Mangold** und Gnocchi mit Sauce: alles frisch zubereitet. Braten vom Schwein, **geschmortes oder gekochtes Schaf** mit Kartoffeln und Zwiebeln, Fleisch und Würste vom Grill und dazu mit wilden Kräutern gewürzte **Kartoffeln aus dem Ofen** stehen bei den Secondi zur Auswahl. Wenn Sie dann noch Appetit haben, probieren Sie den frischen Schafskäse oder eine süße Sebada al miele. Zur Verdauung bietet man einen Myrten- oder einen Zitronenlikör.

Eier, Wurst, frisches Brot und Wein können Sie direkt am Hof kaufen.

Cabras

10 km nordwestlich von Oristano, S.S .131

Il Caminetto

Restaurant
Via Battisti, 8
Tel. 07 83 / 39 11 39
Ruhetag: Montag, nicht im August
Betriebsferien: November
150 Plätze
Preise: 40 000 Lire, ohne Wein
Kreditkarten: alle
Mittags und abends geöffnet

Man befindet sich hier weder am Meer noch im Landesinneren: große Lagunen, in denen das Fischfangrecht bis vor wenigen Jahren noch durch ein strenges Feudalsystem geregelt war, prägen Landschaft und Küche. Im »Caminetto« in Cabras, dem Zentrum der Gegend, weiß man die Großzügigkeit der Lagunen optimal zu nutzen. Hier haben Sie die Möglichkeit, einmalig guten Fisch zu essen. Das Lokal ist häufig überfüllt, und die Tisch stehen etwas eng aufeinander, aber das Essen enttäuscht nie. Es gibt köstliche **Merca** (in Salzwasser gekochte Meeräsche, die anschließend abgetrocknet und, in Kräuter gewickelt, kalt serviert wird), **Bottarga** (Meeräschenrogen, gesalzen und gedörrt), zart fritierte **Seeanemonen** und **Pisci affumau** (geräucherte Meeräsche). Aber das ist noch längst nicht alles, es gibt auch noch hervorragende **Burrida** (Katzenhaischeiben in würziger Tomatensauce), **Aal in Brotteig** und natürlich jede Menge weiterer frischer Fische, die von der Genossenschaft »Cooperative dei Pescatori« geliefert werden, sowie wunderbaren **Hummer** aus den heimischen Fanggründen (nur zur entsprechenden Jahreszeit). Es fehlt also an nichts, und dank der Aufmerksamkeit der Inhaber läßt auch der Service nichts zu wünschen übrig. Die Weine kommen von der Insel, die Preise sind zivil.

Jeglichen Fisch bekommen Sie im Fischgeschäft von Vittorio Mirai in der Via Roma 33. Frische, selbstgemachte Nudeln, süße Sebadas und typisch sardisches Feingebäck finden Sie im Geschäft Da Annalisa am Corso Italia.

Cagliari

Crackers

Trattoria
Corso Vittorio Emanuele, 195
Tel. 0 70 / 65 39 12
Ruhetag: Mittwoch
Betriebsferien: 20. Aug. – Anf. Sept.
55 Plätze
Preise: 30 – 40 000 Lire
Kreditkarten: die wichtigen
Mittags und abends geöffnet

Eine ungewöhnliche, aber geglückte Verbindung von sardischer und piemontesischer Küche treffen wir hier an. Das liegt wohl daran, daß die Familie Cinus zwanzig Jahre lang in Turin gelebt hat. Das Lokal befindet sich mitten in der Altstadt Cagliaris, in der Nähe der antiken römischen »Casa Tigellio« auf halber Höhe des Corso Vittorio Emanuele. Und dort gehen die kulinarischen Traditionen dank der Aufmerksamkeit und Sorgfalt der Wirtsleute, der Geschwister Margherita und Roberto, ihre gelungene Verbindung ein. So bekommt man hier neben einer großen Vielzahl an Risotti, die zum Beispiel mit wildem Spargel und **Steinpilzen** aus dem Hinterland zubereitet werden, auch **Pani frittau** (mit frischer Tomate), **Malloreddus** und Ravioli, die man hier nach Art des Campidano zubereitet. Bemerkenswert sind die Gerichte mit Meeresfrüchten, vor allem die **Fischsuppe**, die frischen **Frutti di mare**, die **Grigliata mista** mit Tintenfisch und Krebsen und der besonders leichte **Fritto misto**. Neben typisch sardischen Fleischgerichten und piemontesischen Brasati sind auch einige jahreszeitlich geprägte Fleischspezialitäten zu empfehlen, wie zum Beispiel **Wild**, zu dem man hier gedämpftes und gratiniertes Gemüse aus dem Mittelmeerraum serviert. Ein weiterer Pluspunkt für dieses hübsche Lokal ist die schöne Auswahl an Weinen und Schnäpsen, die aus sardischer und piemontesischer Erzeugung stammen.

Sa Carapigna, Via Monte Mixi 10, bietet eine Riesenauswahl herrlicher Sorbets unterschiedlichster Geschmacksrichtungen (von Kaktusfeige bis Basilikum), außerdem bekommen Sie hier Zuccotti, Meringate und Zuppa inglese.

Lillicu

Trattoria
Via Sardegna, 78
Tel. 070/652970
Ruhetag: Sonntag
Betriebsferien: 10. – 31. August
100 Plätze
Preise: 35 – 40 000 Lire, ohne Wein
Kreditkarten: die wichtigen
Mittags und abends geöffnet

Die Trattoria befindet sich direkt am Hafen von Cagliari. Der Wirt Emilio Zucca bedient seine Gäste selbst, wechselt ein paar Worte mit ihnen und läßt sich wie alle waschechten Einwohner von Cagliari gern zu einem witzigen Schlagabtausch herbei. Zum Vergnügen seiner Gäste singt er auch ab und zu berühmte Schlager aus den fünfziger Jahren. Er hat fast sein ganzes Leben in der Osteria verbracht. Anfangs arbeitete er unter dem damaligen Wirt Lillicu, heute gehört ihm das Lokal. Das Speisenangebot setzt sich aus den typischen Spezialitäten Cagliaris zusammen: **Polpicini affogati** (kleine geschmorte Oktopusse), **Seppie con piselli**, **Burrida** (hier gedünsteter und in Walnuß-Essig-Knoblauch-Marinade eingelegter Katzenhai), **Zuppa di pesce**, gebratener Fisch, Fritto misto mit Seeanemonen, Stoccafisso alla Lillicu (nur von September bis Mai). Der **Hummer** wird hier nur mit Öl und Zitronensaft serviert und schmeckt besonders kräftig. Zahlreiche Fleischgerichte auf **Lamm**basis; weder die **Frittura aus Lamminnereien**, die hier »longus«, »mannareddus« und »laccetti« heißen, noch die »treccia« sollte man sich entgehen lassen. **Filet** oder Steak **vom Pferd** und der klassische **Porcetto**. An Wein gibt es den offenen Hauswein und eine Reihe guter Flaschen aus der Zone. Die Preise sind in Ordnung, bei edlen Fischen oder Krustazeen jedoch deutlich höher.

In der Gastronomia-Rosticceria Pignatta in der Via Goldoni 38 a finden Sie eine reiche Auswahl an typisch sardischen Speisen. Das Gut Zedda Piras (Via Clusa, 125), das älteste auf Sardinien (gegründet 1854), bietet auch eine Reihe interessanter Liköre an.

San Crispino

Restaurant
Corso Vittorio Emanuele, 190
Tel. 070/651853
Ruhetag: Montag
Betriebsferien: im Juli oder August
90 Plätze
Preise: 30 – 45 000 Lire
Kreditkarten: AE, CartaSi, Visa
Mittags und abends geöffnet

Das Stampace-Viertel, das ursprüngliche Stadtgebiet des antiken Cagliari, hat sich bis heute sein mittelalterliches Aussehen bewahrt. Von der Piazza Yenne im Herzen des Viertels geht der Corso Vittorio Emanuele aus. An dieser Straße betrieben Romano Casulas, Salvatore und Franco Muras im Laufe der Jahre verschiedene Restaurants, bis sie schließlich ins Haus Nummer 190, in ein größeres, gemütlicheres Lokal umzogen, wo man sie auch heute noch antrifft. Die drei Inhaber überlegten noch, welchen Namen sie dem Restaurant geben sollten, als sie bei den Renovierungsarbeiten in einer Nische eine Heiligenfigur des San Crispino entdeckten. Die Speisesäle wurden mit massiven Holztischen und -stühlen eingerichtet, und die riesige Küche vertraute man dem erfahrenen Romano an. Dort entstehen nun Gerichte mit geräuchertem Schwertfisch, Bottarga aus Meeräschenrogen, **Culingiones** a spighitta cun patatas e casu axedu oder casu e fita und die leicht säuerlichen Ravioli mit einer Füllung aus Kartoffeln, Minze und frischem Käse, die Romanos achtzigjährige Schwiegermutter Anna von Hand zubereitet. Des weiteren empfehlen wir Ihnen: **Cozze e orziadas** (fritierte Seeanemonen), **gegrilltes Eselsfleisch**, Braciola ai funghi, Scaloppe alla Vernaccia, Kalbsbries, gebackenes Hirn, **Zuppetta di frutti di mare**, **gebratenen Aal** und fritierte Muräne. Gut ist die Auswahl an sardischen Weinen, und ausgezeichnet sind die Desserts, wie zum Beispiel die typischen **Sebadas** oder die Panna cotta mit Kirschen.

Calasetta
Isola di Sant'Antioco

10 km von Sant'Antioco

Da Pasqualino

Trattoria
Via Roma, 99
Tel. 07 81 / 8 84 73
Ruhetag: Dienstag
Betriebsferien: Februar
70 Plätze
Preise: 35 – 40 000 Lire, ohne Wein
Kreditkarten: die bekannteren
Mittags und abends geöffnet

Auf der Insel Sant'Antioco spürt man noch die ligurisch-tabarkischen Einflüsse des nahen Carloforte: nicht nur in der Architektur – die kleinen, niedrigen Häuser erinnern bereits an arabische Siedlungen –, sondern auch was Küche und Eßgewohnheiten betrifft. Im »Pasqualino« können Sie sich davon überzeugen. Annamaria Zucca kümmert sich aufmerksam und mit sicherer Hand um die Zubereitung der lokalen Spezialitäten, Ehemann Pasqualino bewirtet die Gäste.
Zum Auftakt sollten Sie **Mosciame** und **Bottarga** vom Thunfisch probieren, den köstlichen Meeresfrüchtesalat oder **geräucherten Thunfisch**. Auch bei den Primi spielt das Meer die Hauptrolle. Versuchen Sie **Pilau**, ein Gericht aus in Brühe gegartem Hartweizengrieß und Hummersauce, **Cascà**, eine sardische Variante des arabischen Kuskus, oder die reichhaltige und überaus schmackhafte **Fischsuppe** oder alternativ einfach gegrillten Fisch und Hummer in Sauce. Wer Fleisch den Vorzug gibt, bekommt auf Vorbestellung **Spanferkel**. Zum Dessert reicht man Ihnen **Pardulas** alla ricotta, Tiramisù oder **Sebadas**. Dazu gibt es sardischen Wein aus den bedeutenden Kellereien, aber auch offenen Hauswein.

In der Pescheria Poma, Via Roma 53, finden Sie von der einfachsten Sardine bis hin zum edelsten Krustentier alles, was das Meer zu bieten hat, und das garantiert frisch.

Cuglieri

40 km nördlich von Oristano, S.S. 292

Desogos

Trattoria
Via Cugia, 6
Tel. 07 85 / 3 91 98
Ruhetag: Montag, nicht im Sommer
Keine Betriebsferien
90 Plätze
Preise: 40 000 Lire
Keine Kreditkarten
Mittags und abends geöffnet

Diese alte Trattoria, früher die einzige Einkehrmöglichkeit in Cuglieri, hat die Zeiten überdauert und sich dabei nur wenig verändert. Der Speisesaal ist noch immer derselbe: einfach, sauber und einladend, mit einem schönen Kamin, auf den Tischen bunte Decken und frische Blumen und an den Wänden alte Gerätschaften aus der Landwirtschaft. Geführt wird das Lokal von den drei Schwestern Rina, Andreina und Pina unter Anleitung von Mamma Rita.
Die Gerichte wechseln täglich, so daß man auf eine Karte verzichtet – vertrauen Sie auf die Empfehlungen der Inhaber. Bei den Antipasti hat man die Wahl zwischen mindestens zehn verschiedenen Gerichten, darunter **Su pane frissu in sa petta imbinada,** Kichererbsen mit wildem Fenchel oder **Panadine** di Cuglieri aus Oliven, Hackfleisch, Erbsen, Taubenbohnen, Artischocken und ein wenig Speck. Für die Primi werden nur frische Teigwaren verwendet. Probieren Sie **Gnocchetti mit Wildschweinsauce** oder **Ravioli, gefüllt mit Ricotta und wildem Mangold**. Bei den Hauptgerichten dominiert Fleisch. Je nach Jahreszeit finden Sie geschmortes Wildschwein mit Oliven, **Lamm** aus der Bratpfanne und verschiedene Braten. Zum Abschluß gibt es Käsespezialitäten wie gebratenen Pecorino, Su casizzolu aus Kuhmilch und im Herbst Sa fresa de atunzu und sardische Süßspeisen: Pabassinos, Tiriccas und **Coronas de pichiritto** (fritierte Teigbällchen mit Honig). Dazu trinkt man offenen Rot- oder Weißwein aus der Karaffe.

Typische sardische Süßspeisen bekommt man bei Barbara Perria am Corso Umberto: Pabassinos, Sospiri, Pardulas und Amaretto-Makronen.

Dorgali
Ispinigoli
32 km östlich von Nuoro, S.S. 129 und 125

Ispinigoli

NEU

Hotelrestaurant
Strada Statale, 125, km 210
Tel. 07 84 / 9 42 93 und 9 52 68
Kein Ruhetag
Betriebsferien: November
250 Plätze + 50 im Freien
Preise: 40 000 Lire, ohne Wein
Kreditkarten: die bekannteren
Mittags und abends geöffnet

Nur fünf Autominuten vom Meer entfernt, ganz in der Nähe der gleichnamigen Grotte, wird man in diesem Hotelkomplex wieder mit der Ruhe des Hinterlandes belohnt. Wenn es Sie reizt, die Landschaft zu Fuß oder auf dem Pferd zu erkunden, hilft Ihnen der Inhaber, Pietro Mula, gern mit den notwendigen Informationen weiter. Für den guten und herzlichen Service im Restaurant sind die übrigen Mitglieder der Familie Mula zuständig. Bitten Sie ruhig um einen Platz im zweiten, etwas kleineren und gemütlicheren Speisesaal, und machen Sie Gebrauch von dem günstigen, mehrgängigen Degustationsmenü zu 36 000 Lire (ohne Wein). Die Karte bietet sowohl Maritimes – in der Hauptsache **gegrillten Fisch** und **Krustentiere** – als auch Fleischgerichte: **Bries**, **gebratene Innereien**, fritiertes Hirn und selbst eingelegtes Gemüse als Antipasti. Anschließend gibt es **Maccarones furriaos**, Maccarones de punzu und Pane frattau und zum Hauptgang verschiedene Braten vom **Spanferkel**, **Lamm**, Zicklein und Kalb sowie gebratene Würste. Verschiedene traditionelle Süßspeisen und **Aranciata** ogliastrina beschließen das Menü. Auf der Weinkarte finden sich zahlreiche bekannte Marken aus der Region und dem übrigen Italien, aber auch der Wein aus der lokalen Genossenschaftskellerei ist nicht zu verachten. Und noch etwas Positives: Auf jedem Tisch finden Sie eine Flasche guten Öls aus der Genossenschaftsmühle in Dorgali.

Hervorragendes Olivenöl bekommen Sie bei der Genossenschaftsmühle Olearia in **Dorgali** (6 km), in der Via Fleming 4.

Flussio
75 km westlich von Nuoro, S.S. 129 bis

Da Riccardo

Trattoria
Via Nazionale, 4
Tel. 07 85 / 3 47 52
Ruhetag: Dienstag, nicht im Sommer
Betriebsferien: Oktober
60 Plätze
35 – 45 000 Lire, ohne Wein
Keine Kreditkarten
Mittags und abends geöffnet

Vielleicht nicht gerade die schönste, aber immer noch die beste kulinarische Adresse der Hochebene von Planargia. Mit viel Engagement und Ernsthaftigkeit haben Riccardo und Graziella das Gesicht dieser Trattoria verändert: keine Bar und keine Pizzeria, sondern einfach nur noch ein Ort, an dem man eine einfache, traditionelle Küche pflegt, die sich an der Jahreszeit orientiert und nur die frischesten Zutaten verwendet.
Wenn Sie zu zweit sind, können Sie das Degustationsmenü zu 35 000 Lire inklusive Getränke wählen, oder Sie lassen sich von Riccardo vertrauensvoll beraten. Als Antipasti gibt es köstliche Meeresfrüchte, Salat aus gefüllten Tintenfischen oder wilden Spargel. Danach frische, hausgemachte Nudeln mit Tintenfisch, **Zuppa di fagioli e cozze** und hervorragende **Spaghetti mit Seeigelrogen**, eine wahre Delikatesse. Im Herbst dominieren **Pilzgerichte**. Bei den Hauptgerichten sollte man die Riesengarnelen mit Myrte, **gegrillte Fischplatte** oder **Fischtopf mit Hummer** probieren. Für Fleischliebhaber gibt es **Spanferkel vom Holzofen**, gewürzt mit frischen Myrtenzweigen. Neben den üblichen Nachspeisen wie Sebada bekommt man hier auch eine geräucherte und gesalzene Ricotta mit Honig.
Im Weinkeller finden sich einige gute sardische Flaschenweine und ein offener Hauswein, und zum Abschluß gibt es einen von Graziella selbstgemachten Myrtenlikör.

In der Via Nazionale 2 kann man im Panificio Dettori typische Brotsorten und traditionelles Feingebäck kaufen.

Giba

69 km südwestlich von Cagliari

La Rosella

Hotelrestaurant
Via Principi di Piemonte, 35
Tel. 07 81 / 96 40 29
Ruhetag: Sonntag
Betriebsferien: unterschiedlich
120 Plätze
Preise: 35–40 000 Lire
Kreditkarten: die wichtigen
Mittags und abends geöffnet

Lucia Pennisi wollte das Restaurant, das ihr Schwiegervater 1946 gegründet hatte, gerne weiterführen. Ihr Können und ihr Wissen hat sie bereichert, indem sie mit Schäfern, Fischern und Hausfrauen sprach, die ihr die Rezepte vieler typischer Speisen verrieten. Ihre Begeisterung hat sie auch auf ihre Töchter Stefania, Rita und Francesca übertragen, die ihr im Speisesaal und in der Küche zur Hand gehen. Die Küche ist geprägt von den kulinarischen Traditionen des Sulcis: **Tallarinus** mit Wildkräutern und Ziegenragout, Treccia mit Artischocken, **Kichererbsen mit Lamm- oder Jungschweinefuß**. Unwiderstehlich sind die hausgemachten Teigwaren, wie **Gnocchetti** mit Ricotta salata und frischer Salsiccia oder Raviolini mit Ziegenragout. Das gilt auch für ein einfaches, altes Gericht der Hirten und Bauern, den **su mazzamurru**, der dem Pancotto ähnlich ist. Das Speisenangebot folgt hier stets dem Lauf der Jahreszeiten. Im Winter gibt es Suppen aus Hülsenfrüchten und Gemüsesuppen, **Lamm- und Ziegenschmorbraten**, Grive mit Linsen, geschmortes Wildschwein. Im Sommer Fischgerichte, gemischte Grillplatten, Langusten und Muschelsuppen mit Crostini. Zum Abschluß sollten Sie die süßen, fritierten Raviolini mit Ricotta- oder Käsefüllung oder das traditionelle Gebäck probieren: Pardule, Pabassinos, Gueffos und Amaretti. Eine vielseitige, leichte und schmackhafte Küche – auch dank der hochwertigen Zutaten (allen voran das Olio di Oliva extravergine). Die Auswahl der Weine beschränkt sich auf Erzeugnisse aus der Region und dabei vor allem auf Weine aus der Umgebung. Beschließen können Sie das Mahl mit einem Myrtenlikör oder einem Limoncello. Zum Restaurant gehören auch eine Bar und dreizehn komfortable Fremdenzimmer.

Iglesias Nebida

58 km westlich von Cagliari, S.S. 130

Pan di Zucchero

Trattoria mit Zimmern
Via Centrale, 365
Tel. 07 81 / 4 71 14
Ruhetag: Montag
Betriebsferien: im Dezember
130 Plätze
Preise: 35–45 000 Lire, ohne Wein
Kreditkarten: alle außer DC
Mittags und abends geöffnet

Eine herrliche Küstenstraße mit bezaubernder Aussicht führt direkt zu dieser einmalig schön gelegenen Trattoria mit Blick aufs Meer, aus dem der seltsame Felsen mit dem Namen »Pan di Zucchero« herausragt. Das Ambiente ist einfach und behaglich, die Atmosphäre angenehm familiär. Hier gibt der Fisch den Ton an (was natürlich die Rechnung höher macht). Gut sind die Vorspeisen: Insalata di mare, köstliche **Schnecken in Salsetta rossa**, eingelegte Sardinen, **Archen- und Miesmuscheln in zuppetta**. Unter den Primi finden Sie einen ausgezeichneten **Riso alla pescatora**, bemerkenswert sind aber auch die Gnocchetti alle carrettiera. Sehr ungewöhnlich, aber durchaus empfehlenswert sind auch die Penne alla Vernaccia. Gut sind auch die **Nudeln** mit Languste (im Sommer), mit Mies- und Archenmuscheln oder **mit Bottarga**. Unter den Secondi finden Sie einen ausgezeichneten, unübertroffen leichten Fritto misto. Ebenso bemerkenswert sind die Grigliate miste di pesce mit Krebsen und Calamari, der gebratene Fisch oder der Fisch in Vernaccia. Für die, die lieber Fleisch essen, werden **Beefsteaks vom Pferd**, Bistecchine von der Ziege und vom Schaf und gebratene Schweinekoteletts angeboten. Zu bestimmten Jahreszeiten bekommt man außerdem Ziegenkitz oder **Spanferkel** (letzteres nur für Gruppen). Zum Schluß können Sie das Mahl noch mit sardischen Käsespezialitäten – Pecorini in verschiedenen Reifegraden oder Caprini – krönen. Und als Dessert empfiehlt der Küchenchef Tiramisù all'ananas. Außerdem gibt es noch eine Zuppa inglese, **Sebadas** und typisches sardisches Kleingebäck. Neben einem offenen Wein werden auch einige Flaschenweine angeboten.

La Maddalena

117 km von Sassari + Fähre nach Palau

Mangana

NEU

Restaurant
Via Mazzini, 2
Tel. 07 89 / 73 84 77
Ruhetag: Mittwoch, nicht im Sommer
Betriebsferien: 20. Dez. – 20. Jan.
45 Plätze + 45 im Freien
Preise: 45 – 50 000 Lire
Kreditkarten: alle
Mittags und abends geöffnet

Meer und gallurisches Festland liefern die Zutaten, traditionelle sardische Rezepte bilden den Rahmen in diesem Hafenrestaurant, dessen Küche und Ambiente eher an eine Trattoria erinnern: ein kleiner Gastraum mit eng zusammengerückten Tischen und großen Bildern an der Wand. Verzichten Sie auf die Tagliatelle mit Sahne und Myrte – der Koch unternimmt bisweilen kleine Ausflüge ins Exotische –, und widmen Sie sich lieber dem **Polpo con il crostino**, den gratinierten Mies- und Archenmuscheln, den Austern mit Zitrone oder dem köstlichen Crostino di pane fritto con le uova di granseola. Als Primi gibt es Spaghetti alla Vernaccia oder mit Krebsen, traditionelle **Chiusoni galluresi** und **Culurgiones** oder, im Herbst, Kartoffelgnocchi mit Pilzen. Eine große Auswahl an verschieden zubereitetem **Fisch** (in Salzwasser gekocht, gegrillt oder im Backofen mit Vernaccia) bilden den Hauptgang, wobei die Rechnung bei Edelfischen etwas höher ausfallen kann. Günstiger sind große und kleine Tintenfische, wie **Seppiette in tegame** mit einer leicht würzigen Sauce. Wer Fleisch den Vorzug gibt, findet gebratenes Lamm und Spanferkel. Als Nachtisch gibt es Ravioloni aus Ricottateig, gefüllt mit Myrtenmarmelade. Dazu eine kleine, aber gute Auswahl sardischer Weine.

Die besten Teigwaren der Insel findet man bei »Sa Busa« von Gian Felice Canu, in der Via Indipendenza, in Morticciola: Gnocchetti, Ravioli, gefüllt mit Ricotta oder mit Orangenschale aromatisiertem Käse, Tagliatelle und Maccarrones de busa.

Macomer

54 km westlich von Nuoro, S.S. 129

Su Talleri

NEU

Restaurant
Corso Umberto I, 228
Tel. 07 85 / 7 16 99
Ruhetag: Sonntag, nicht im Sommer
Betriebsferien: am 15. 8., 1 Woche an Weihn.
80 Plätze
Preise: 40 000 Lire, ohne Wein
Kreditkarten: die bekannteren
Mittags und abends geöffnet

Wenn Sie in Macomer auf der Suche nach einem ruhigen Plätzchen sind, um ein paar regionale Spezialitäten zu probieren, wird Ihnen das »Su Talleri« gefallen. Gleich hinter der Eingangsbar liegt der Speisesaal mit großem Fenster hinaus auf den Corso. Um den Service kümmert sich der erfahrene Wirt, Sandro De Martis, in der Küche steht seine Frau Angela Maria, eine junge und engagierte Köchin.
Das Speisenangebot orientiert sich an der Jahreszeit und dem, was der Markt bietet. Probieren Sie zum Auftakt die **Wurstplatte** mit Bauchspeck, Pancetta, Salsiccia, Schinken und die selbst eingelegten Gemüse: Oliven, Artischocken, Auberginen, Bohnen. Danach die täglich frisch zubereiteten Teigwaren, etwa die hervorragenden **Ravioli di ricotta** mit frischen Tomaten und Pecorino oder die Gnocchetti mit Schinken und Pecorino al profumo di Vernaccia. Beim Hauptgang hat man die Wahl zwischen Fleisch- und Fischgerichten. Es gibt eine **Grigliata** del Montiferru mit Pancetta, Kalbfleisch, Würsten und Leber, Lammkotelett mit wildem Thymian, Kalbsfilet in Cannonau mit Steinpilzen oder aber Tintenfischsalat mit frischen Tomaten und Kräutern, Penne mit Miesmuscheln und Kürbisblüten und **Spaghetti alla bottarga**. Eine gute Auswahl an **Käse**: Fiore sardo, Pecorino sardo, Caprini del Gerrei in verschiedenen Reifegraden, Caciocavallo und im Herbst Fresa di Macomer sowie traditionelle sardische Nachspeisen wie Seadas, Tiliccas und Ruggiolos, beschließen das Mahl. Auch die Weinkarte, mit hochwertigen Flaschen aus dem In- und Ausland, die man auch glasweise bekommt (zu anständigen Preisen), läßt keine Wünsche offen.

Il Fornaio von Leonardo Atzori in der Via Sicilia 13 hält eine große Auswahl an frischen Teigwaren und traditionellem sardischem Kleingebäck wie Gueffos, Casadinas, Sospiri und Papassinos bereit.

Magomadas · Marina

81 km westl. von Nuoro, S.S. 129 u. S.S. 129 bis

Pisturri

NEU

Bauernhof
Ortsteil Pisturri
Tel. 07 85 / 3 55 30
Kein Ruhetag
Keine Betriebsferien
40 Plätze + 20 im Freien
Preise: 35 000 Lire
Keine Kreditkarten
Mittags und abends geöffnet

Die sympathische Cristina Tilocca sprüht vor Ideen und Zukunftsplänen. Kurz vor Abschluß ihres Architekturstudiums entschloß sie sich, gemeinsam mit Bruder Fabio (zuständig für die Braten) und Mutter Rita (eine Expertin im Zubereiten köstlicher traditioneller Dolci aus der Planargia), zu dem Unternehmen »Ferien auf dem Bauernhof«. Zur Begrüßung bekommt man einen hervorragenden Malvasia aus der Umgebung, und dann kann es losgehen mit den traditionellen Gerichten: verschiedene in den Wintermonaten **eingelegte Gemüse**, wie Bohnen, wilde Artischocken, Pilze und Oliven, Würste, hausgemacht oder von kleinen Erzeugern in der Nähe gekauft, sowie **Schafs-, Kuh- und Ziegenkäse** verschiedener Reifegrade machen den Anfang. Danach folgen Gemüsesuppe, **Bohnensuppe mit wildem Fenchel**, Kichererbsensuppe oder **Tagliatelle mit Wildschweinragout**, **Ravioli di ricotta** mit Zitronenaroma und wildem Mangold, Gnocchetti mit Ragout aus Lamminnereien. Die Hauptgerichte variieren ständig. Man findet **Schafsfleisch mit Kartoffeln und Zwiebeln**, Ziegen- und Schweinebraten, geschmortes Lamm, **Piedini in gelatina**, Treccia mit Erbsen oder in Malvasia geschmortes Schafsfleisch. Zum Schluß gibt es zahlreiche Nachspeisen: Pabassinos, Tiriccas, Paldulas, Amaretti, Tippulas (im Frühjahr) und hervorragende **Raviolini fritti**, gefüllt mit Quittenmarmelade und gehackten Mandeln. Dazu trinkt man von dem roten Hauswein und zum Abschluß noch ein Gläschen Myrtenlikör oder Filuferru. Es empfiehlt sich zu reservieren, auch was die wenigen Gästezimmer betrifft.

In **Bosa** (12 km), Viale Repubblica, produziert und verkauft Costantino Brisi die besten Honigsorten Sardiniens: Corbezzolo, Distel, Asfodelo, Eukalyptus und Rosmarin.

Mogoro Bivio Mogoro

35 km südlich von Oristano, S.S. 131

Da Egisto

Restaurant
Strada Statale 131, km 62,5
Tel. 07 83 / 99 02 86
Ruhetag: Dienstag
Betriebsferien: 10 Tage Ende Sept.
120 Plätze
Preise: 30 – 40 000 Lire, ohne Wein
Kreditkarten: die bekannteren
Mittags und abends geöffnet

Entlang der Schnellstraße zwischen Cagliari und Oristano ist das Restaurant »Da Egisto« der Treffpunkt aller Lkw-Fahrer. Denken Sie nun aber bitte nicht an eine öde Allerweltstrattoria – auch wenn die Einrichtung eher spartanisch ist, die Küche verdient Anerkennung.
Die schmackhaften Gerichte, die die Familie Orru auftischt, werden aus den Rohstoffen der Gegend zubereitet. Das Fleisch stammt in der Regel von Tieren, die auf den Wiesenhängen des nahen Monte Arci aufgezogen wurden, der frische, hochwertige Fisch kommt aus den nahen Lagunen bei Marceddì. Probieren Sie ein paar der traditionellen Fleischgerichte, die auf Vorbestellung extra zubereitet werden (ansonsten bekommt man zwar ebenfalls schmackhafte, aber eher alltäglichere Gerichte): **Musetto di maiale**, Treccia con piselli, Lammstelzen, gebraten oder in Salsa rossa geschmort. Bei den Primi sollten Sie auf keinen Fall die **Ravioli dolci** in einer Sauce aus Escas (kleine Stücke verschiedener Fleischsorten) und Pecorino versäumen, die eigenhändig von Mamma Eleonora zubereitet werden. Köstlich sind auch **Spanferkel** und gebratenes oder geschmortes Lamm mit aromatischen Kräutern. Aber auch **Fisch**, **Muscheln** und **Krustentiere**, in diversen Antipasti oder gegrillt als Hauptgericht, sind nicht zu verachten.
Die guten Weine, wie könnte es anders sein, stammen hauptsächlich aus Sardinien, liegt doch die Genossenschaftskellerei von Mogoro genau gegenüber und die von Marrubiu nicht weit entfernt.

In der Käserei Se. Pi. in **Marrubiu** (15 km), S.S. 131, km 76,1, stellt Tottore Sedda ausgezeichneten Schafskäse her. Geschätzt, auch auf dem Festland, sind Caciotte, Fioretto und vor allem der Fiore Sardo, den Tottore bei einem Schäfer kauft und dann reifen läßt.

Da Giovanni

Trattoria
Via IV Novembre, 9 – Piazza Satta
Tel. 07 84 / 3 05 62
Ruhetag: Sonntag
Keine Betriebsferien
100 Plätze
Preise: 35 000 Lire
Kreditkarten: AE, CartaSi, Visa
Mittags und abends geöffnet

Gegenwärtig ist das Restaurant von Gianni und Piero Musini noch in einem alten, renovierten Haus mit Blick auf die Piazza Satta untergebracht, aber der Umzug in eine attraktivere Umgebung ist für Ende 1997 geplant. Das kulinarische Angebot ist ausgeprochen traditionell, bei jedem Gericht spürt man das Anliegen, die über Jahre vernachlässigte nuoresische Küche wiederzuentdecken: eine Küche, die zwar arm an Zutaten, aber reich an Aromen und Gewürzen ist. Schinken, gebratenes Bries, **kalt aufgeschnittenes, gekochtes Lamm**, serviert mit Petersilie, Knoblauch und Öl, Würste und Testa in casetta sind nur einige der Vorspeisen, an die sich eine Reihe von Primi anschließen. Eines der typischsten davon bleibt **su filindeu**: ein hauchdünn ausgezogener Pastateig, der in zwei oder drei Schichten übereinandergelegt, anschließend in Hammelfleischbrühe gekocht und mit frischem Schafskäse serviert wird. Gut sind aber auch Tagliatelle mit Pilzen oder Wildschweinragout, Risotto all'antunna, **Ravioli di ricotta**, traditionelle **Merca** mit gesalzenem Käse und Kartoffeln, Gnocchetti alla sarda mit einer Sauce aus Salsiccia und Hühnchenfleisch. Bei den Hauptgerichten sollten Sie in Weißwein geschmortes Wildschwein, Treccia con piselli oder **gemischte Braten** mit Spanferkel, Kalbfleisch, Lamm und Zicklein probieren. Im Anschluß gibt es hervorragende, gebratene Schafskäse oder **su casizzolo** (ein Kuhmilchkäse mittleren Reifegrades), die jeweils mit Honig verfeinert werden und schließlich Nachspeisen wie Sebada, Origliette und **Aranciata**. In der Regel trinkt man den offenen Hauswein, aber es gibt auch eine gute Auswahl sardischer Markenweine.

Die Inhaber (S.A.N. in der Via Costituzione 50) stellen auch hervorragende Honigsorten her, darunter Asfodelo-, Lavendel-, Eukalyptus-, Corbezzolo- und Distelhonig.

Il Rifugio

NEU

Trattoria – Pizzeria
Vicolo del Pozzo, 4
Tel. 07 84 / 23 23 55
Ruhetag: Mittwoch
Betriebsferien: unterschiedlich
70 Plätze
Preise: 40 000 Lire
Kreditkarten: die bekannteren
Mittags und abends geöffnet

Ein Lokal, das seinen Charakter als Trattoria bewahrt hat. Jugendliche, Handelsvertreter, Angestellte aus den umliegenden Geschäften und Feinschmecker kommen in das von Saverio Nanu geführte Lokal, das in einer kleinen Gasse in der Altstadt, nicht weit entfernt von der Madonna delle Grazie liegt. Die Einrichtung, mit Tischen und Bänken entlang den Wänden, ist einladend und gepflegt. Vor allem junge Leute kommen am Abend gern hierher, um sich bei einer Holzofenpizza zu treffen.
Lassen Sie Krabbencocktail, Pennette mit Lachs oder Gorgonzola, die nichts mit traditioneller Küche zu tun haben, links liegen, und wenden Sie sich lieber den bodenständigen Vorspeisen zu: würzigem Schinken, schmackhafter Salsiccia und in Öl eingelegtem Gemüse. Köstlich sind auch die Primi, darunter Culurgiones und **Maccarones al rifugio**, die aus einem ähnlichen Teig wie die Orecchiette hergestellt werden und in einer Sauce mit kleinen Tintenfischen und Parmesankäse, oder noch besser mittelaltem Pecorino, serviert werden. Bei den Hauptgerichten sind **Pferdesteak** mit Pinzimonio (rohes Wurzelgemüse), **Trippa alla paesana**, kleine Tintenfische in Sauce oder Scaloppe al rifugio zu empfehlen, oder Sie probieren eines der Tagesgerichte, die sich am Markangebot orientieren, wie zum Beispiel Risotto mit Artischocken, Ravioli alle nuorese oder Polpetti alla diavola. Danach lassen Sie sich vom **Käse**, vor allem heimischem Pecorino und casizzolu aus Kuhmilch, verführen. Die Desserts sind nicht sonderlich aufregend: Panna cotta, Tiramisù und Crème caramel.
Die Auswahl an Weinen ist dürftig und bietet lediglich ein paar gute sardische Flaschenweine.

In der Vico Giusti, Ecke Via Chironi, finden Sie in der Pasticceria von Maria Francesca Frogheri typisch nuoresisches Feingebäck wie Pistiddu und Cuori.

Olbia

103 km nordöstlich von Sassari, S.S. 199

Barbagia

Restaurant – Pizzeria
Via Galvani, F 8
Tel. 07 89 / 5 16 40
Ruhetag: Mittwoch, nicht im Sommer
Betriebsferien: unterschiedlich
90 Plätze + 40 im Freien
Preise: 40 – 45 000 Lire, ohne Wein
Kreditkarten: alle
Mittags und abends geöffnet

Nehmen Sie im großzügigen, rustikalen Speisesaal (im Sommer auch draußen) Platz, und verzichten Sie auf die Holzofenpizza, auch wenn Sie gut ist. Hier haben Sie die Möglichkeit, neben typischer Meeresküche zahlreiche, hervorragend zubereitete Gerichte aus der Mandrolisai und der Barbagia, dem urwüchsigen Hinterland Sardiniens, zu genießen. Der Service untersteht dem Wirt Giuseppe Loddo, Mitinhaberin Gianfranca Pulloni regiert in der Küche.
Beginnen Sie mit einem reichhaltigen **Misto sardo**, ein interessanter Exkurs in die traditionelle Küche: gegrilltes oder in Tomaten gekochtes Gemüse, kleine Leckerbissen aus Lamm- und Schweineinnereien (Hirn, Därme, Nierchen, Bries), Pecorino, Oliven, Salami, würzige Pecorinocreme und dazu duftendes, unwiderstehliches **pane carasau**, beträufelt mit bestem Olivenöl. Bemerkenswert sind auch die hausgemachten Primi wie **Maccarrone de busa**, Furriaos und Malloreddus oder su pane frattau, su filindeu und **culurgiones de patata**. Danach schmecken klassische Braten vom Schwein, Lamm oder Spanferkel, süßsauer geschmortes **Wildschwein** und **sa prupurza** aus Schweinefleischstückchen, die bei der Schlachtung übrigbleiben und mit Zwiebeln, Lorbeer und Weißwein in der Pfanne gebraten werden. Unter den Nachspeisen sollten Sie vielleicht **Cugligliones** probieren, süße Teigtäschchen mit einer Füllung aus Mandeln und Honig. Auf der Weinkarte finden Sie die besten Erzeuger Sardiniens, zum Abschluß trinkt man einen Klaren oder klassischen Myrtenlikör.

In der Via Aldo Moro 119 bietet die Enoteca Buioni ein breitgefächertes Angebot an Weinen, Likören, Ölen und Feinkostwaren zu angemessenen Preisen.

Olbia

103 km nordöstlich von Sassari, S.S. 199

Compai Giuanni

Osteria
Via dei Lidi, 15
Tel. 07 89 / 5 85 84
Ruhetag: Samstag u. Sonntag
Betriebsferien: Oktober
45 Plätze
Preise: 25 – 30 000 Lire
Kreditkarten: AE
Mittags und abends geöffnet, freitags u. im Winter nur mittags

Giovanni Ortu, der Vater des jetzigen Inhabers Pasqualino, gründete die Osteria 1931 in einem Viertel, in dem sich die Händler trafen und anschließend auf ein warmes Essen bei ihm vorbeischauten. Die Adresse hat sich mittlerweile geändert, aber nicht nur der Name, sondern auch alles andere, so versichern jedenfalls die ältesten Stammgäste, ist noch immer wie vor 60 Jahren. Man betritt den Speiseraum durch eine Bar, die aber nur während der Mittagszeit in Betrieb ist. Inhaber Pasqualino und die Söhne Massimo und Paolo bedienen, Ehefrau Domenica und Tochter Gabriella stehen am Herd und kochen eine kleine Auswahl schneller Gerichte.
In der Hauptsache gibt es Fritiertes – Calamari, Garnelen, Muräne oder **Fritto misto** – und Geschmortes (**Tintenfische** oder Aal **mit Erbsen**): keine Edelfische, aber dafür mit Sicherheit frisch. Auf Bestellung und wenn auf dem Markt erhältlich, kann man auch eine Fischsuppe bekommen. Daneben gibt es einige Gerichte aus dem Hinterland, wie die selbstgemachte, mit Peperoncino und Lorbeer gewürzte Salsiccia (frisch oder abgehangen), zu der man Oliven reicht, **Pasta e fagioli**, Spaghetti mit Fleischsauce, Spezzatino di patate, **Lammbraten mit Oliven** und auf Vorbestellung **Zuppa gallurese**. Auch wenn Sie die klassischen **Sebadas** probieren möchten, empfiehlt es sich, vorher anzurufen. Dazu trinkt man einen ordentlichen Hauswein, rot oder weiß.

Sa Busa in der Via Trieste 29 stellt frische Teigwaren her. Außer der Sorte, die dem Laden den Namen gab, sollten Sie die Ravioli (mit Käse-, Ricotta- oder Gemüsefüllung), die Tagliatelle und die Pappardelle probieren.

Oliena

12 km südöstlich von Nuoro

CK

Trattoria mit Fremdenzi. – Pizzeria
Via Martin Luther King, 2–4
Tel. 07 84 / 28 80 24
Ruhetag: Montag, nicht im Sommer
Keine Betriebsferien
350 Plätze
Preise: 35 000 Lire, ohne Wein
Kreditkarten: die bekannteren
Mittags und abends geöffnet

Im »CK«, der seltsame Name rührt von den Initialen der beiden Inhaber her, kann man eine hervorragende Holzofenpizza essen oder aber sich an bodenständigen Gerichten aus der olianesischen Küche laben, die im Dialekt auf der Speisekarte aufgelistet werden – aber keine Sorge, die Inhaber erklären Ihnen gerne, welche Spezialitäten sich hinter den geheimnisvollen Namen verbergen. Cenceddu (Vincenzo) und Ehefrau Tonina sind die Künstler in der Küche, Mitinhaber Killedu (Pietro) kümmert sich um die Bar.
Auf eine große Auswahl an Vorspeisen wie Capocollo, Testa in casetta, Leber vom Lamm, Innereien aus der Pfanne, Pecorinocreme, vrughe acra (geronnene Milch) und Olivenpaste auf geröstetem Brot folgen als Primi Gnocchi und hervorragende, frische Teigwaren, darunter **Maccarones de punzu**, **de hurta** und de busa, oder **Zuppa barbaricina**. Wenn Sie es deftig mögen, sollten Sie **su pratu de cassa** probieren, ein Gericht aus Wildbret und dicken Kartoffelscheiben, gewürzt mit Wildkräutern. Ebenfalls auf der Karte zu finden ist **su mathamene**, zubereitet aus Innereien vom Lamm oder Kalb, su parasambene, Blutwurst und im Herbst verschiedene **Pilzgerichte**, wie z. B. Trotelle di Fonni mit Steinpilzen. Vor dem Nachtisch – Sebadas, köstliche **Aranciata olianese** oder Quittenmus – sollten Sie sich eine Crema piccante oder frische Ricotta mit bitterem Honig bestellen. Dazu gibt es eine gute Auswahl an Weinen, vornehmlich aus der näheren Umgebung.

Im Salumificio Puddu, im Ortsteil **Obuddai**, gibt es Schinken, Salami, Salsicciotti, sardische Salsiccia, Bauchspeck, Coppa und Capocollo von garantiert bester Qualität.

Oliena

12 km südöstlich von Nuoro

Monte Maccione

NEU

Hotelrestaurant
Ortsteil Monte Maccione
Tel. 07 84 / 28 83 63
Kein Ruhetag
Betriebsferien: unterschiedlich
200 Plätze + 70 im Freien
Preise: 20 – 42 000 Lire, ohne Wein
Kreditkarten: Visa
Mittags und abends geöffnet

Das Hotel liegt ruhig und zurückgezogen am Fuße des Sopramontegebirges, umgeben von schattenspendenden Wäldern, und ist nur über eine etwas schwierige, kurvenreiche Straße zu erreichen. Es wird geführt von einer Gruppe junger Leute, die sich seit Jahren um den Naturschutz verdient macht. Die Küche ist von den starken Düften und Aromen der Gegend geprägt.
Man beginnt mit deftigen Antipasti wie **su mathameneddas** (gebratene Innereien vom Schwein), Bries aus der Pfanne, Testa in cassetta (Hirn aus der Schale) oder hausgemachtem Schinken, Würsten, Oliven und Coppa. Danach folgen traditionelle Primi wie **Angelottos de hasu** (Käseravioli) oder **de rehottu** (mit Ricotta), Maccarrones a busa und a bocciu, **Patata e minestra hin frue** (Kartoffelsuppe mit frischem, ein wenig säuerlichem Käse) und pane frattau. Wenn Sie jetzt noch Hunger haben, erwarten Sie die Spezialitäten des Hauses: Schweinespießchen, **Kaninchen in Cannonau**, geschmortes Wildschwein und **Lammkotelett**.
Hervorragende Käse und eine ordentliche Auswahl an Weinen machen das Angebot komplett. Wer nicht à la carte essen möchte, hat die Wahl zwischen verschiedenen festen Menüs, deren Preis zwischen 20 000 und 42 000 Lire liegt.
Die Leitung des Hotels organisiert auch Gruppenausflüge in den Naturpark von Gennargentino.

Bei Anna P in der Viale Italia 100 bekommt man typisch sardisches Feingebäck wie Ciambellas, Gueffos, Aranzada, Casadinas und Korikkedos.

Orgosolo Settiles

25 km südlich von Nuoro

Ai Monti del Gennargentu

Hotelrestaurant
Ortsteil Settiles
Tel. 07 84 / 40 23 74
Kein Ruhetag
Betriebsferien: im Winter
350 Plätze + 100 im Freien
Preise: 45 000 Lire, ohne Wein
Kreditkarten: die bekannteren
Mittags und abends geöffnet

Ein Lokal, in dem man in passender Umgebung die authentische Küche der Barbaglia kosten kann: einem runden, rustikal eingerichteten Speisesaal mit zentraler Feuerstelle für die Zubereitung der Fleischgerichte. Maria Giovanna Ruggiu, die das Werk ihrer Eltern fortsetzt, bietet täglich eine vielseitige und schmackhafte Küche, in der die Rohstoffe der Umgebung vortrefflich zum Einsatz kommen.
Profitieren Sie von ihren Anregungen, und beginnen Sie mit einer reichhaltigen Auswahl an **Antipasti**, angefangen bei duftendem Schinken über würzige Salsiccia bis hin zu in Öl eingelegten Hülsenfrüchten und Gemüse. Bei den Primi haben Sie die Wahl zwischen verschiedenen **Suppen** mit Kichererbsen, Linsen, Maroni oder Gemüse sowie **pane frattau**, su filindeu und **Maccarrones urriaos**. Die Auswahl an Hauptspeisen läßt ebenfalls keine Wünsche offen. Zu empfehlen sind gemischte Braten, klassische **Vitella al miele** oder köstlicher Ziegenlammbraten mit Kräutern. Auch Käseliebhaber kommen auf ihre Kosten: Probieren Sie sa frue, einen leicht säuerlichen Frischkäse, oder die zahlreichen selbstgemachten **Pecorini**. Dazu reicht man frisch gebackene Focacce di Orgosolo und einen kräftigen Inselrotwein.
Das Lokal liegt wenige Kilometer von der Ortschaft entfernt auf der Hochebene von Monte Corrasi, in einer landschaftlich bezaubernden Ecke, die man zu Fuß oder auf dem Pferd erkunden kann.

Die Inhaber des Restaurants stellen auch Käse und Honig her, die man direkt dort kaufen kann.

Oristano

Craf

Restaurant
Via del Castro, 34
Tel. 07 83 / 7 06 69
Ruhetag: Sonntag
Keine Betriebsferien
45 Plätze
Preise: 40 – 45 000 Lire
Kreditkarten: alle außer AE
Mittags und abends geöffnet

Mitten in der Altstadt, auf deren Straßen und Plätzen man noch die Atmosphäre vergangener Zeiten spürt, in einem Gebäude aus dem 17. Jahrhundert, liegt diese kleine, von Salvatore Pippia geführte Trattoria. Die kürzlich vorgenommene Renovierung war wohl durchdacht: Seien es die freigelegten Ziegel der Tonnengewölbe, die Einrichtung oder die schönen Drucke an den Wänden, alles zusammen schafft eine wunderbare Atmosphäre.
Die Küche bietet überwiegend Gerichte aus dem Hinterland, die Spezialitäten stammen aus dem nahen Monte Ferru, der Heimat Salvatores: in der Saison **Pilze**, gebraten oder gegrillt, in Öl eingelegter Hallimasch, oder typische, heimische **Wurstwaren** wie Grandua (Speck), Sattizzu (Bratwurst), Bogadura (durchwachsener Bauchspeck) und Bresaola aus Fohlenfleisch. An Primi gibt es eine leckere, im Ofen **gratinierte Pilzsuppe**, Raviolini und **Culurgiones** ogliastrini, danach folgt schmackhaftes Grillfleisch vom Hammel, Fohlen, Schwein und vor allem **Esel** (auch mit Pilzen geschmort). Außerdem gibt es porceddu (Spanferkel) und crabittu (Zicklein), die mit gegrilltem Gemüse oder Pilzen serviert werden. Im Sommer erweitert sich die Karte um einige appetitliche, fangfrische Fischgerichte. Zum Schluß gibt es köstliche Nachspeisen wie Amaretti, Gueffus und Padruas.
Neben dem ordentlichen Hauswein finden sich einige sardische Markenweine, hinterher schlürft man noch einen Filuferru.

Die Pasticceria Crem Rose in der Via Cagliari 422 bietet neben einer großen Auswahl an Teigwaren, Tramezzini, süßen und deftigen Torten, auch die gesamte Palette an traditionellem Feingebäck, raffiniert zubereitet von Konditormeister Luigi Masala.

Oristano

Da Gino

Trattoria
Via Tirso, 13
Tel. 07 83 / 7 14 28
Ruhetag: Sonntag
Betriebsferien: 3 Wochen im August, Anfang September und Anfang Januar
40 Plätze
Preise: 35 – 40 000 Lire, ohne Wein
Kreditkarten: CartaSi, Visa
Mittags und abends geöffnet

NEU

Die bei den Einwohnern beliebte Trattoria liegt nur wenige Schritte vom Torre di Mariano II entfernt. In den dreißiger Jahren von Angelo Cuccu als Osteria »de su maresciallu« eröffnet, wurden hier anfänglich nur Wein und einige Gemüsegerichte angeboten. Tochter Anna Maria und Schwiegersohn Gino änderten später den Namen in »Da Gino« und erweiterten das Speisenangebot um einige Wild- und Fischgerichte.
Heute führt Enkel Nazzaro Pusceddu das Lokal. Er bietet weiterhin traditionelle Gerichte, fügte aber auch einige neue Rezepte hinzu, die sich teilweise auch an den Bedürfnissen seiner jungen und häufig eiligen Kundschaft orientieren. So bietet die Küche hauptsächlich schnelle Gerichte auf der Basis fangfrischer Fische aus den Lagunen und der nahen Küste. Dazu kommen, je nach Jahreszeit, Pilze, Artischocken und Spargel. Von den Primi sollten Sie **Spaghetti alle orziadas** (Seeanemonen), Pennette mit Seeigel oder **Fregua mit Archenmuscheln** probieren. Hervorragende Hauptspeisen sind im Ofen **gebratener Fisch** mit Kartoffeln sowie ein besonders zart und leicht zubereiteter **Fritto misto**, der zusätzlich durch die Beigabe von **Orziadas** geadelt wird. Zur entsprechenden Jahreszeit sollten Sie auf keinen Fall die berühmte **Languste alla Gino** versäumen, ein echter kulinarischer Höhepunkt. Die Auswahl an Wein beschränkt sich auf einige sardische Flaschenweine, das Ambiente ist angenehm, der Service unkompliziert und freundlich.

Die Käserei Marcello Cuozzo in der Via Cagliari 23 produziert hervorragenden frischen und gereiften Schafs- und Kuhmilchkäse, den man auch gebraten essen kann.

Padria

60 km südl. von Sassari, S.S. 131 und 292 Dir

Da Zia Giovanna

Trattoria
Via Sulis, 11 – Via Aspruni, 35
Tel. 0 79 / 80 70 74
Ruhetag: Samstag
Betriebsferien: 10 Tage im Dezember
50 Plätze
Preise: 30 000 Lire
Kreditkarten: Visa
Nur mittags geöffnet, am Abend auf Vorbestellung

Bis vor einigen Jahren führte Signora Giovanna das Lokal und kümmerte sich, ganz die gute Hausfrau, auch um die Küche. Inzwischen hat Enkel Gianfranco Cappai das Lokal übernommen, und trotz eines kleinen Ausbaus herrscht hier immer noch eine familiäre Atmosphäre, in der viele Berufstätige gerne ihre Mittagspause verbringen. Es lohnt sich, die Staatsstraße 131 kurz zu verlassen, denn hier kann man einfache und bodenständige Gerichte probieren, die täglich aus frischen Zutaten zubereitet werden. Da die Gerichte je nach Marktangebot täglich wechseln, sollten Sie sich vom Wirt beraten lassen.
Wir bekamen als Antipasti eingelegtes Gemüse und dazu Coppa, Schinken, Würste und Oliven. Danach **Ravioli di ricotta**, Spaghetti mit Fleisch- oder frischer Tomatensauce, Raviolone mit Tomaten sowie Suppen aus Hülsenfrüchten oder Gemüse. Auch die Hauptspeisen orientieren sich streng an der Jahreszeit. Es gab **Cordula con piselli**, gebratene oder in Weißwein geschmorte **Trattalia** (Innereien), Spanferkel und geschmortes Wildschwein. Hervorragend waren auch die kleinen, mit Gemüse und kleinen Fleischstückchen gefüllten **Panadine**. Zum Abschluß reichte man guten Pecorino und süße **Sebada al miele**.
Zu trinken gibt es einen ordentlichen Rotwein aus der näheren Umgebung. Erwarten Sie aber keinen überflüssigen Komfort: Die Einrichtung ist spartanisch, mit Tischen und Stühlen aus Schichtstoffplatten, aber der Service ist freundlich, und die Preise sind anständig.

Palau

117 km nordöstlich von Sassari, S.S. 133

Zio Nicola

NEU

Restaurant – Pizzeria
Riva dei Lestrigoni, 1
Tel. 07 89 / 70 85 20
Ruhetag: Mittwoch
Betriebsferien: unterschiedlich
90 Plätze + 110 im Freien
Preise: 45 000 Lire, ohne Wein
Kreditkarten: alle
Mittags und abends geöffnet

Idealerweise kommt man im Sommer hierher, wenn man die etwas nüchternen Innenräume verlassen kann, um sein Essen draußen einzunehmen: windgeschützt, im Schatten einer dichten Laube und mit Blick auf den Hafen. Die vorgelagerten Inseln vor Augen, können Sie bei »Zio Nicola« hervorragenden, nach allen Regeln der Kunst zubereiteten Fisch kosten, der von den sehr jungen und herzlichen Kellnern ungewöhnlich höflich serviert wird.
Krake, Tintenfische, Garnelen, Sardellen, Mies- und Archenmuscheln tauchen bereits im Antipasto di mare auf und stimmen den Gaumen auf die vielfältigen Primi ein. Hier seien insbesondere die **Spaghetti alla bottarga** oder **mit Hummersauce** sowie der Risotto alla pescatore, randvoll mit Meeresfrüchten (allerdings wäre hier unser Rat, auf tiefgekühlte Produkte zu verzichten, selbst auf Kosten der Vielfalt), erwähnt. Bei den Secondi gefiel besonders gut ein prächtiger **Fritto misto di pesce**, leicht und meisterhaft zubereitet. Die Qualität der Pizze, die zusätzlich zu den Fischgerichten ununterbrochen gebacken werden, machen dieses Lokal zu einem beliebten Ziel unterschiedlichster Gäste: Ausländische Touristen, Angehörige der amerikanischen Marine von Palau, aber auch ortsansässige Familien mit einer Kinderschar im Schlepptau kommen gern hierher.
Im Weinkeller findet sich eine ordentliche Auswahl sardischer Gewächse, und zum Abschluß kann man ein Glas Myrtenlikör trinken.

Santadi

65 km südwestlich von Cagliari,
S.S. 130 u. S.S. 293

Mauritania

Restaurant
Via Veneto, 11
Tel. 07 81 / 95 54 55
Ruhetag: Montag, nicht feiertags
Keine Betriebsferien
230 Plätze + 70 im Freien
Preise: 35 – 45 000 Lire, ohne Wein
Kreditkarten: CartaSi, MC, Visa
Mittags und abends geöffnet

Santadi ist ein Landwirtschaftszentrum, in der Mitte durch den Riu Mannu geteilt und dominiert von der Kirche San Nicolò, die aus dem 19. Jahrhundert stammt. 20 km entfernt liegt der Hafen von Teulada und in 13 km Entfernung der 10 000 ha große Wald von Pantaleo. Im Ort, der geschützt auf einer Anhöhe liegt, findet sich, noch aus der Zeit der Phönizier, die Festung Pani Loriga mit Akropolis, Weihestätte, Resten der Stadtmauer und Wohnhäuser und einem Friedhof.
Im Zentrum der Altstadt baute Michelangelo Fodde vor mittlerweile mehr als zwanzig Jahren die alte Kornkammer seines Großvaters zu einem Restaurant um. Die schöne Balkendecke blieb erhalten, und die Einrichtung erfolgte ganz im sardischen Stil, mit schweren Holztischen und geflochtenen Stühlen.
Trotz der Größe des Lokals und der Anzahl der Plätze ist die Küche im Ansatz traditionell, und Koch und Geschäftsführer Benito Atzeni legt bei der Zubereitung und der Auswahl seiner Zutaten eine große Sorgfalt an den Tag. Das Angebot umfaßt würzigen Wildschweinschinken, Grive (Tauben) al mirto, **Tagliatelle mit Hasenragout**, **Lamm und Ziege aus der Pfanne**, gebratene Rivea (Innereien und Därme), Treccia mit Erbsen, **Wildschwein in Rotweinsauce** und zuweilen Schnecken. Aber auch Fisch aus den Küstengewässern bei Pino und Teulada ist zu haben. Probieren Sie **Languste** alla Mauritania oder eine gemischte **Grillplatte**. Die Nachspeisen, etwa klassische Sebadas, sind hausgemacht. Der Weinkeller bietet ausschließlich sardische Gewächse, darunter gute Flaschen aus der Fattoria Mauritania, die ebenfalls dem Inhaber Michelangelo gehört.
Ein Degustationsmenü gibt es bereits für 30 – 35 000 Lire, wer alles probieren möchte, muß etwa 40 – 45 000 Lire anlegen.

Sant' Antonio di Gallura

26 km nordwestlich von Olbia

Da Agnese

Restaurant – Pizzeria
Via Brunelleschi, 12
Tel. 079/669185
Ruhetag: Freitag, nicht im Sommer
Betriebsferien: Oktober
80 Plätze + 70 im Freien
Preise: 38–40000 Lire, ohne Wein
Keine Kreditkarten
Mittags und abends geöffnet

Typische Gerichte der regionalen Küche, dazu nicht ganz so ausgefallene Speisen, die aber mit der gleichen Sorgfalt und Liebe zubereitet werdend – das ist das gastronomische Vermächtnis, das Agnese ihrer Tochter Maria Maddalena hinterlassen hat und das diese in ihrem seit Jahrzehnten berühmten Lokal klug zu hüten und zu vermehren weiß. Nachdem man im hellen Saal oder auf der Veranda Platz genommen hat, beginnt man sein Mahl mit einer Aufschnittplatte (Schinken, Coppa und andere hausgemachte Wurstwaren), um dann die **mit Essig aromatisierte Auberginenterrine**, die Pilze oder die Paprika zu kosten. Auf Vorbestellung erhalten Sie auch einen Antipasto di mare. Als Primo gibt es täglich frisch hergestellte Nudeln: Gnocchi al sugo und **Ravioli mit Ricottafüllung**, oder Sie probieren die klassische **Zuppa gallurese**, die Spezialität der Gegend. Auf der Karte finden Sie unter den Primi Risotto auf sardische Art mit Schweinefleisch und Zwiebeln. Bei den Secondi ist die Schlachtplatte ausgesprochen lecker (Lamm, **Porceddu** und Salsiccia). Vom Herbst bis in den Frühling erhält man **Zicklein**, entweder im Rohr gebraten oder am Spieß. Andere übliche Hauptgerichte sind Kalbsgulasch mit Kartoffeln, Lammfleisch in der Pfanne gebraten und magerer Kalbsbraten. Gut schmecken die je nach Jahreszeit unterschiedlichen Gemüsebeilagen. Dulcis in fundo: **Sebada** mit bitterem Honig und die noch typischeren »Acciuleddi 'e meli«, ein Mürbeteiggebäck in Zopfform mit warmem Honig übergossen. Pizza gibt es am Samstag und Sonntagabend. Dem recht ordentlichen Hauswein leisten auf der Karte einige – zusätzlich zu Buche schlagende – Flaschen der besten Kellereien aus dem Norden der Insel Gesellschaft.

Sarule

30 km südwestlich von Nuoro, S.S. 128

Da Cannone

Trattoria
Via Togliatti, 2
Tel. 0784/76075
Ruhetag: Freitag
Keine Betriebsferien
150 Plätze + Bankettsaal
Preise: 25–30000 Lire, ohne Wein
Keine Kreditkarten
Mittags und abends geöffnet

Es wäre schön, wenn es in den kleinen Dörfern Sardiniens noch mehr von diesen einfachen Gasthäusern gäbe. Das »Da Cannone« wird seit gut zehn Jahren von Giovanna Boneddu und ihren beiden Töchtern Lucia und Tonuccia geführt. Die Küche der Signora Giovanna beschränkt sich auf wenige Gerichte aus den einfachen Zutaten, die in der Gegend zu bekommen sind. In diesem Landstrich wird viel Weidewirtschaft betrieben. Deshalb muß man hier einfach die köstlichen Schinken und die deftigen Salsicce probieren, die Giovannas Mann Cannone selbst macht. Spezialität des Hauses ist sicher der **Pane frattau**. Ebenso gut schmecken aber auch die **Ravioli** und **Malloreddus**, die jeden Tag frisch zubereitet werden. Als Secondo ißt man verschiedene Fleischgerichte, wie **Spanferkel**, **Lamm** und Zicklein als Braten oder vom Grill. Auf Vorbestellung bekommt man im Winter auch **Cinghiale in umido**. Der Pecorino stammt von den Schäfern im Ort und schmeckt auch gebraten sehr gut. **Sebada**, Orangenkrokant und **Casarina**, das beste sardische Dolce, reicht man zum Dessert. Man trinkt Weine aus der Gegend und den offenen Hauswein. Die Bedienung ist freundlich und aufmerksam. Sehr gutes Preis-Leistungs-Verhältnis.

Sassari

Da Gesuino

NEU

Trattoria – Pizzeria
Via Torres, 17 g
Tel. 079/27 33 92
Ruhetag: Sonntag
Keine Betriebsferien
150 Plätze
Preise: 40 000 Lire, ohne Wein
Kreditkarten: alle
Mittags und abends geöffnet

Früher gab es in Sassari zahlreiche Trattorien, die im ständigen Wettstreit lagen, wer die besten Schnecken oder das perfekteste Eselsfleisch zubereitet. Obgleich die meisten davon verschwunden sind, kann man in einigen Trattorien und Restaurants diese traditionellen Gerichte wiederfinden, auch wenn die meisten in den letzten Jahren gezwungen waren, sich den neuen Eßgewohnheiten anzupassen.
Bei Gesuino bekommt man am Abend neben zahlreichen Pizze, die im oberen Speisesaal serviert werden, auch einige authentische Gerichte aus der heimischen Küche, die je nach Jahreszeit wechseln. Immer ein Genuß sind **Ravioli di ricotta** in frischer Tomatensauce oder hausgemachte **Gnocchi sardi**. Daneben gibt es einige Meeresspezialitäten wie Meereshäppchen mit Zitrone, **Muscheltopf mit Vermentino**, gedünstete Meerbrasse mit Öl und Zitrone sowie Goldbrasse mit Oliven aus dem Ofen. Sehr zu empfehlen sind außerdem gebratene **Monzette** (Schnecken) und kleine Schnecken in Tomaten- oder grüner Sauce sowie **Cordula di agnello** (Innereien vom Lamm) mit jungen Erbsen, **Fettine di asinello** alla sassarese und süß-sauer eingelegte Lammstelze. Mittwochs steht gebratenes Spanferkel auf der Karte. Interessant sind auch die gegrillte Fleischplatte und das Granpremio, ein Pferdesteak mit Knochen, angerichtet mit Knoblauch und Petersilie. Bei den Käse sollten Sie Pecorino und Weichkäse aus Kuhmilch probieren. Die Desserts sind hausgemacht: Tiramisù, Panna cotta, Kuchen und weitere Süßspeisen. Dazu trinkt man Weine von der Insel. Die Bedienung ist familiär und sehr freundlich.

Die Kaffeerösterei Mokador im Hochhaus, auf der Höhe der Cavalotti, bietet hervorragende Kaffeemischungen und leckere Appetithäppchen zum passenden Wein, den Tore Martinez aussucht.

Sorgono

71 km südwestlich von Nuoro, S.S. 128

Da Nino

Hotelrestaurant
Corso IV Novembre, 26
Tel. 0784/60127
Ruhetag: Sonntag, nicht im Sommer
Betriebsferien: Januar
100 Plätze + Festsaal
Preise: 40 000 Lire
Kreditkarten: alle
Mittags und abends geöffnet

Der Weg zu diesem Restaurant ist umsäumt von beeindruckenden Korkeichen, Kastanienbäumen und Weinberghängen: Vorboten künftiger Genüsse. Im Lokal angekommen, sollten Sie sich dem kompetenten und sympathischen Wirt Toto anvertrauen, der Ihnen ein reichhaltiges Menü zu einem festen Preis anbieten wird. Man beginnt mit einer Reihe von Antipasti, wie süß-sauer eingelegten Zwiebeln, in Öl eingelegten Auberginen, getrockneten Tomaten und verschiedenen Pilzen, **Frattaglie d'agnello** aus der Pfanne oder Leberstückchen, die in Weißwein mit Zwiebeln und Lorbeer angedünstet werden. Danach folgen zahlreiche hausgemachte Nudelgerichte, Eintöpfe und Suppen. Probieren Sie **Ravioli mit Kartoffeln und wilder Minze** (oder mit Spinat und Spargel), **Raviolone mit wildem Mangold**, Bucatini mit Schinken und Salsiccia, **Culurgiones** mit Kartoffeln, Minze und Weichkäse oder **Bohnensuppe**, Pilzsuppe und **Ampazzu**, eine typische Gemüsesuppe. Interessant sind auch die deftigen Secondi, darunter Arrosto misto mit Salsiccia, Spanferkel und Lamm, Wildschwein in Sauce, **Pecora alla Sarda**, Kalbsgulasch mit frischen Bohnen oder getrüffelte Steinpilze mit Ofenkartoffeln. Hervorragend ist auch der gereifte Pecorino von den ortsansässigen Schäfern. Zum Nachtisch gibt es Obstkuchen und sizilianische Cannolo (gefüllte Röllchen), eine Reminiszenz an die Heimat der Wirtsfamilie.
An Weinen werden lediglich offene Rotweine kleiner Erzeuger oder aus der nahen Kellerei Mandrolisai angeboten. Der Service ist flink und familiär, die Preise angemessen.

In **Atzara** (5 km) verkauft die passionierte Imkerin Manuela Meloni verschiedene ausgezeichnete Honigsorten, darunter Kastanienhonig und den sehr seltenen Salsapariglia.

Terralba

23 km südlich von Oristano, S.S. 131 u. 126

Cibò Quibò

Restaurant – Pizzeria
Via Marceddì, 193
Tel. 07 83 / 8 37 30
Ruhetag: Dienstag
Betriebsferien: an Weihnachten
90 Plätze + 30 im Freien
Preise: 45 000 Lire, ohne Wein
Kreditkarten: die bekannteren
Mittags und abends geöffnet

Ein nettes, sympathisches Lokal, wie die vier jungen Geschwister Saba selbst, die ihre Gäste mit großer Liebenswürdigkeit empfangen und ihnen einen angenehmen Aufenthalt bieten. Die traditionelle Küche steht hier zwar nicht im Mittelpunkt, ist jedoch mit einigen jahreszeitlichen Angeboten vertreten. In erster Linie werden frische, unverfälschte Produkte aus der Umgebung in neue, kreative Rezeptideen umgesetzt.
Dennoch erinnern einige der Kreationen, auch die ungewöhnlicheren, an altbekannte Gerichte. So etwa der **Salat mit Bottarga und Schafskäse**, die **Malloreddus mit Rucola und Safran** oder die Maccheroncini in Fischsauce. Je nach Jahreszeit ändert und erweitert sich das Angebot, vor allem im Sommer, wenn viel heimisches Gemüse und Fisch auf dem Markt sind. Dann finden Sie **Meerbarbe in einer Sauce aus Archenmuscheln**, verschiedene **Krustentiere** und Fischfilets sowie eine große Palette gegrillter oder gedünsteter Gemüse auf der Karte. Man kann sich aber auch an die traditionellen Gerichte aus dem Hinterland halten und sich an **Wildschwein in Sauce**, köstlichen Tappadas (Schnecken) oder mariniertem Flußaal gütlich tun – allerdings sollte man hierfür rechtzeitig vorbestellen. Zum Nachtisch serviert man hervorragende Desserts wie Erdbeermousse, Panna cotta oder Mokkacreme mit Blätterteiggebäck. Am Abend gibt es Holzofenpizza.
Neben Weinen aus den Kellereien der näheren Umgebung bietet die Karte auch eine gute Auswahl sardischer Markenweine.

Im Salumificio Ma. gi. ca. (im Ortsteil Is Banguis von **Marrubiu**, etwa 7 km entfernt) können Sie ausgezeichnete Wurstwaren wie Salsicce, Salami, Lonze, Coppe, Schinken und hervorragende Testa in casetta kaufen.

Teulada

62 km südwestlich von Cagliari, S.S. 195

Antica Trattoria del Vico

Trattoria
Vicolo Martiri, 10
Tel. 0 70 / 9 27 07 01
Ruhetag: Dienstag, im So. nur mittags
Betriebsferien: unterschiedlich
35 Plätze
Preise: 45 – 50 000 Lire, ohne Wein
Keine Kreditkarten
Mittags und abends geöffnet

Palmiro Arrus hat in zahlreichen Küchen im Ausland Erfahrungen gesammelt und bei seiner Rückkehr dieses alte Lokal im Ortszentrum übernommen. Unterstützt von seiner Frau, die für die Bewirtung zuständig ist, hat er nach und nach sein kulinarisches Angebot ganz auf traditionelle, bodenständige Rezepte ausgerichtet, die er mit sicherer Hand zubereitet. Dabei verfällt er nicht in Routine, sondern bringt seine Karte immer wieder auf den neuesten Stand. Bei unserem letzten Besuch probierten wir Hammel in weißem Nuragus, **Esel vom Grill**, Pappardelle mit Vernaccia und Salsiccia sowie einzigartige **»regula sa sulcitana«**, eine Art Couscous mit Fisch.
Fisch ist überhaupt sehr beliebt, man findet gegrillte **Fischplatte**, **Zuppe di pesci da scoglio** oder raffiniert mit Schafskäse gratinierten Petersfisch. Ansonsten gibt es Bodenständiges wie selbstgemachten **Schinken aus Lamm- oder Ziegenfleisch** und in Öl eingelegtes Gemüse – Spargel und wilde Zwiebelchen – als Antipasti. Danach deftige **Bohnensuppe** mit kleinen »Stolpersteinen« in Form von Wildschweinstückchen, die man in den wildreichen Wäldern rund um Teulada jagt, und als Hauptgericht **Ziegengeschnetzeltes** mit Kartoffeln oder **Cordula** mit Erbsen. Unter den guten, traditionell sardischen Nachspeisen sind besonders die Pardulas zu empfehlen, kleine Teigkörbchen, die mit frischem Käse gefüllt sind. Auch die Weinkarte beschränkt sich auf sardische Gewächse, offen oder als Flaschenweine.

Tortolì

90 km südöstlich von Nuoro, S.S. 389 u. 198

Da Lenin

NEU

Restaurant
Via San Gemiliano, 19
Tel. 07 82 / 62 44 22
Ruhetag: Sonntag, nicht im Sommer
Betriebsferien: 20. Dez. – 20. Jan.
70 Plätze + 80 im Freien
Preise: 40 – 45 000 Lire
Kreditkarten: alle, außer DC
Mittags und abends geöffnet

Der Eingang des Lokals, das an einer Straße liegt, die zum Meer führt, ist nicht leicht zu finden, und auch die Einrichtung ruft Verwunderung hervor: falsche Pflanzen, schwarz lackierte Tischchen, rosa Tischdecken und nackte, weiße Wände. Aber dank der Freundlichkeit des Kellners entsteht beim Bestellen ein erstes Gefühl von Wärme, und was aus der Küche kommt, schafft es vollends, den Gast wieder zu versöhnen.
Man beginnt mit handgeschnittenem Schinken oder maritimen Vorspeisen wie Tintenfischsalat, **Crostini di bottarga**, gratinierten Miesmuscheln und heimischen Austern. Unter den Primi finden sich **Culurgiones** ogliastrini al pomodoro, Gnocchetti neri mit Lachs, mit Bottarga oder Spargel gefüllte Ravioli, **gebratene Nudeln mit Krebsen** und andere frische Teigwaren mit Krustentieren. Danach folgen gegrillter oder **gebratener Fisch**, Hummer, Riesengarnelen und Cozze alla marinara. Eine Spezialität sind die kleinen **Tintenfische** und köstliches, gegrilltes Gemüse. Auch die Dessertauswahl läßt keine Wünsche offen, besonders gut waren die Schokoladen- und Obstkuchen. Die Weinauswahl beschränkt sich dagegen leider auf einige wenige Erzeugnisse aus der Umgebung.
Das Lokal wird geführt von dem Ehepaar Mura; er ist, zusammen mit zwei Kellnern, für die Bewirtung zuständig, sie leitet die Küche.

Die Bar La Piazetta auf dem Corso Umberto 30 führt über zwanzig gute Eissorten und Semifreddi.

Tortolì

90 km südöstlich von Nuoro, S.S. 389 u. 198

Lo Spiedo d'Ogliastra

NEU

Restaurant
Via Zinnìas, 23
Tel. 07 82 / 62 38 56
Kein Ruhetag
Keine Betriebsferien
600 Plätze
Preise: 30 000 Lire
Kreditkarten: alle
Mittags und abends geöffnet

Die handwerkliche Holztür mit Buntglas läßt auf ein durchschnittlich großes Lokal schließen, was es auch bis vor ein paar Jahren war. Inzwischen haben die Geschwister Marci ihre Räumlichkeiten erweitert und bieten nun gleichzeitig verschiedene Bewirtungsmöglichkeiten. Im Grunde genommen orientiert sich die Küche jedoch noch immer an der heimischen Tradition. Natürlich hat der elegante Speisesaal mit den erlesenen Möbeln und Samtvorhängen wenig mit einer Osteria im eigentlichen Sinne zu tun, aber die übrigen Räume sind einfacher – teilweise sogar zu einfach –, mit planlos aufgestellten Tischen und einem Kühlregal in der Mitte. Das Lokal bietet eine feste und eine täglich wechselnde Tageskarte.
Salami, Schinken und Würste, Käse, Ricotta und in Öl eingelegte Hülsenfrüchte und Gemüse stammen aus eigener Herstellung und eröffnen den Reigen. Probieren Sie vor allem den casu agedu, einen Frischmilchkäse. Unter den Primi finden sich hervorragende **Ravioli di ricotta**, **Culurgiones** ogliastrini, gefüllt mit Kartoffeln und Minze, Malloreddus mit Ragout aus Salsiccia, Pennette mit Auberginen, Spaghetti mit Mies- und Venusmuscheln und schwarzes Tintenfischrisotto. Die Spezialität des Hauses sind **gebratene Salsiccia**, **Spanferkel** und Lamm sowie eine gute Auswahl an **Käse**. Im Sommer erweitert sich das Angebot um zahlreiche, verschieden zubereitete Fischgerichte. Bei den Nachspeisen sollten Sie Sebadas und fritierte Ravioletti probieren. Auf der Weinkarte finden sich gute regionale Erzeuger.

Die Inhaber des Restaurants betreiben in der Via Monsignor Virgilio 108 einen gut sortierten Feinkostladen, in dem man hervorragende Schinken, Würste und Käse kaufen kann.

ITALIENISCH-DEUTSCHES GLOSSAR

A

abbacchio Milchlamm
a caramella (Nudeln) in Bonbonform
acciughe Sardellen
accomodato geschmort
aceto Essig
aceto balsamico Balsamessig
acquacotta Gemüsesuppe mit Weißbrotscheiben
acquasale Tomatensuppe mit Gurken, Oregano und Brotscheiben
affettato Aufschnitt
affumicato geräuchert
aglio Knoblauch
agnello Lamm
agnolotti gefüllte Nudeltäschchen
agrodolce süßsauer
al cartoccio in Alufolie
al forno im Ofen gegart
al nero di seppia mit der Tinte vom Tintenfisch
al verde mit Gemüse- oder Kräutersauce
alici Sardellen
all'abruzzese auf abruzzesische Art, d.h. scharf
all'agro sauer
all'amatriciana Tomatensauce mit Speck
all'arrabbiata mit scharfer Sauce
all'uccelletto Tomatensauce mit Knoblauch, Salbei und Öl
alla barcaiola Tomatensauce mit Fisch
alla boscaiola Tomatensauce mit Kräutern und Pilzen
alla cacciatora Tomatensauce mit Pilzen
alla campagnola Tomatensauce mit Gemüsen
alla carbonara Sauce aus Eiern, Speck und Parmesan
alla chitarra Nudelform mit quadratischem Querschnitt, die auf einem mit Stahldrähten bespannten Holzrahmen geschnitten wird
alla diavola scharf gewürzt
alla marinara Tomatensauce mit Knoblauch, Sardellen, Oliven und Kapern oder mit Meeresfrüchten
alla norcina mit Parmesan, Pecorino und Salsiccia
alla parmigiana Tomaten-Hackfleisch-Sauce, mit Käse überbacken
alla pecorara mit Schaffleisch
alla pescatora mit Fisch oder Meeresfrüchten
alla pizzaiola Tomatensauce
alla puttanesca Tomatensauce mit Oliven
alla scottadito kurz gebraten
alla valdostana mit Käse und Schinken
alla erbe mit Kräutern
allo scoglio mit Meeresfrüchten
amaretti Bittermandelmakronen
anatra Ente
anguilla Aal
animelle Bries
anolini Nudelart
antipasti Vorspeisen
aole kleine Süßwasserfische
aragosta Languste
arancini di riso Reisbällchen in Orangenform
arista Schweinenacken
arrosto Braten
astice Hummer

B

babà in Likör getränktes Hefegebäck
baccalà Klippfisch, Stockfisch
baccalà *mantecato* Stockfischmus
bagna caoda Sardellensauce
bagnet heiße Sauce
barbabietola rote Bete
batsoà gebackene Schweinsfüße
battuto feingehacktes Gemüse und Speck
bavette schmale Bandnudeln
berlingozzo Kranzkuchen
biancomangiare Süßspeise aus Mehl und Mandelmilch
bigoli schmale Bandnudeln
biroldo eine Art Preßsack
biscotti Kekse
bistecca Schnitzel, Steak
blecs Teigflecken
bodin eine Art Blutwurst

bologna Wurst, Mortadella
bollito (misto) (verschiedene Sorten) gesottenes Fleisch
bonet gekochter Schokoladenpudding
bottarga getrockneter und gesalzener Fischrogen
braciola Lendensteak, Rostbraten
branda cujon Mus aus gedünstetem Klippfisch und Kartoffeln mit Knoblauch und Petersilie
branzino Wolfsbarsch
brasato in Wurzelgemüse und Rotwein geschmorter Rinderbraten
bresaola luftgetrockneter Rinder- oder Pferdeschinken
brodetto (di pesce) Fischsuppe
brodo Brühe
bross pikante Käsespezialität
brovada Rübengericht
bruscandoli Hopfensprossen
bruschetta geröstete Brotscheiben mit Olivenöl, Knoblauch, Tomaten
bucatini schmale Röhrennudeln
buccellato Hefekranz
buridda (auch burrida) Fischsuppe mit Gemüse und Pilzen bzw. mit Krustentieren
burrata Käsespezialität
burro Butter
busecca Kuttelsuppe

C

cacciucco deftige (Fisch-)Suppe
cacio Schnittkäse
caciocavallo Schnittkäse
cacioricotta mittelreifer Hartkäse aus Schafsmilch
caciotta Käsesorte
caffè corretto Espresso mit Schnaps
caffè in forchetta Halbgefrorenes oder Cremespeise mit Kaffeegeschmack
calamari Tintenfische
camoscio Gemse
canederli Knödel, Nockerl
cannellini kleine weiße Bohnen
cannelloni gefüllte Röhrennudeln
cannoli mit Ricotta gefülltes Gebäck
cantucci(ni) Mandelgebäck
cappon magro Fisch-Gemüse-Salat
capocollo geräucherte Schweinswurst, Halsgrat
cappellacci, cappelletti gefüllte Nudeltäschchen in Hutform
capra Ziege
capretto Zicklein
capriolo Reh
capunti Nudelart (Mittel- und Süditalien)
carbonata gebratenes oder gegrilltes Fleisch
carciofi Artischocken
cardi Distelgewächse
carne Fleisch
carne cruda Tatar
carne in buglione geschmortes Fleisch mit Knoblauch, Chilischoten, Rosmarin und Tomaten
carne salada gepökeltes und mariniertes Fleisch
caseoûla Eintopf mit Wirsing und Schweinefleisch
casoncelli gefüllte Nudeltäschchen
casônsei gefüllte Nudeltäschchen
cassata Süßspeise mit kandierten Früchten
castagnaccio Fladen aus Kastanienmehl
castelmagno Käsesorte aus Piemont
castrato Hammel
cavallo Pferd
cavatelli Nudelart; auch Klößchen
cavolo Kohl
ceci Kichererbsen
cefalo Meeräsche
cernia Zackenbarsch
chiocciole Weinbergschnecken
ciabuscolo streichfähige Wurst
ciacapreti Spaghettiart
ciambella Kranzkuchen
ciambotta Gemüseragout
cibreo Frikassee aus Hühnerklein
cicatielli Nudelart (Süditalien)
ciceri e tria Nudeln mit Kichererbsen (Apulien)
ciccioli Grieben
cicheti verschiedene kleine Happen
cima (alla genovese) gefüllte Kalbsbrust
cime di rapa Rübensprossen
cinghiale Wildschwein
ciriole Nudelart
civet Wein- und Gemüsesauce für Wildgerichte
cjarsons Teigtaschen (oft mit Rosinen)
coda Schwanz
coda alla vaccinara Ochsenschwanz mit Tomaten und Sellerie
conchiglie Muscheln
coniglio Kaninchen

coppa luftgetrockneter Halsgrat
coppa di testa Preßkopf
coratella Innereien (vom Lamm)
cordula geflochtene Innereien und Därme vom Lamm
coregone Renke
corzetti Nudelart
costata Kotelett
cotechino Kochwurst
cotiche Schwarten
cotto gekocht
cozze Miesmuscheln
crema Creme, Pudding
crema fritta ausgebackene Creme-würfel
crescentine in der Pfanne gebackene Teigfladen
crescionta Schokoladenpudding
crespelle Pfannkuchen
crocchette Kroketten
crostacei Krustentiere
crostata Mürbeteigkuchen
crostini geröstete Brotscheiben
crudo roh
cuculli Pfannküchlein aus Kicher-erbsen
culatello zarter luftgetrockneter Schinken
culingiones Kartoffelravioli

D

dentice Zahnbrasse
di magro fleischlose Füllung für Nudeln
ditalini kurze Röhrennudeln
DOC Denominazione di origine con-trollata (eine staatlich geprüfte Herkunftsbezeichnung für Wein)
dolci Süßspeisen, Mehlspeisen

E

erbe Kräuter

F

fagiano Fasan
fagioli dicke Bohnen
fagioli al fiasco in einer Korbflasche gegarte Bohnen
fagottelli gefüllte Teigtäschchen
falso magro gefüllte Kalbsroulade
faraona Perlhuhn
farfalle, farfallone Nudeln in Schmetterlingsform
farinata Fladen aus Kichererbsenmehl
farro Dinkel, Emmer
fava Saubohne
fegato Leber
fettuccine Bandnudeln (vor allem in Latium)
fettunta geröstetes Brot mit Öl und Knoblauch
finferlo Pfifferling
finanziera Gericht aus Innereien (meist Hühnerklein)
finocchiona Wurst mit Fenchelsamen
fiocchetto besonders zarter Schinken
focaccia Fladenbrot
focaccette ausgebackene, süß oder salzig gefüllte Teigtaschen
folpeti kleine Tintenfische
fonduta zerlassener Käse, Käsecreme
fontina ein norditalienischer Hartkäse (Aostatal)
formaggio di fossa Käse, der in Tuffsteinhöhlen reift
fregola in Brühe gegarter Hartweizen-grieß
frico karnische Käsespezialität aus geschmolzenem und erstarrtem Käse
friggione gedünstetes Gemüse
frisceu Fritiertes (Fisch oder Gemüse)
frittata Omelett
frittelle Krapfen, Pfannkuchen, Beignets, auch: im Teigmantel gebackenes Gemüse
fritto misto fritiertes/r Fleisch oder Fisch
frittura Fritiertes
frittura di paranza gemischte fritierte Fische
frutta Obst
frutti di mare Meeresfrüchte
funghi Pilze
fusilli Spiralnudeln

G

gallette Crackers, Kekse
galletto Stubenküken
gamberetti Garnelen
gambero Krebs

garmugia deftige Gemüsesuppe
gelato Speiseeis
germano Wildente
germogli Sprossen
ghiotta kräftige Sauce
giardiniera verschiedene eingelegte Gemüse
gioielli di toro Stierhoden
giuncata Wurstspezialitäten aus Latium
gnocchetti verdi Spinatklößchen
gnocchi Klößchen, kleine hohle Nudeln
gnocchi di patate Kartoffelklößchen
gonfiotti gefüllte Nudeln
gramigna kurze Fadennudeln
grana parmesanähnlicher Hartkäse
granelli kleine Nudeln
granita Eisgetränk
grano saraceno Buchweizen
grappa Schnaps, Likör
gremolata Würzpaste aus Knoblauch, Petersilie, Sardelle und Zitrone
grigliata Gegrilltes
guazzetto Ragout
gubana Hefekuchen

I

imbottito gefüllt
impepata di cozze Miesmuscheln mit Petersilie, Zitrone und Pfeffer
in bianco natur, mit Butter oder in Weißwein
in cagnone mit zerlassener Butter und Parmesan
in carpione in einer Marinade aus Essig und Gewürzen
in guazzetto geschmort und mit Sauce
in porchetta mit Kräutern gefüllt und geschmort
in potacchio Kurzgebratenes mit Rosmarin und Tomaten
in rosso mit Tomatensauce
in salmì sauer geschmort
in umido gedünstet, geschmort
insaccati Wurstwaren
insalata Salat
intingolo dicke Sauce, Ragout
involtini Röllchen, Rouladen

J

jota kräftige Suppe aus Hülsenfrüchten, Kohl und Schweineschwarten

K

krumiri Mürbeteigkekse aus Piemont

L

lagane breite Bandnudeln
lardo (luftgetrockneter) Speck
lampascioni Zwiebelart
latte brûlé Milchspeise
lattuga Kopfsalat
laurino Lorbeerschnaps
legumi Hülsenfrüchte
lepre Hase
lesso Gesottenes
limoncello Zitronenlikör (Neapel)
linguine schmale Bandnudeln
lombata Kotelett
luccio Hecht
luganiga deftige Wurst
lumache Schnecken

M

macedonia Obstsalat
maiale Schwein
malfatti Klößchen aus Spinat und Ricotta
malloreddus Safranklößchen
maltagliati rautenförmige Nudeln
mantovana Biskuitkuchen
manzo Rindfleisch
marinata Marinade
marubini gefüllte Nudeltäschchen
mattone, mattonella Schokoladendessert
mazzarelle Lamminnereien mit Kräutern und Gemüse
mbusse mit Schafskäse gefüllte Pfannkuchen
melanzane Auberginen
ment(ucci)a Minze
merluzzo Kabeljau
mes-ciua Eintopf aus Getreide und Hülsenfrüchten

milza Milz
minestra Gemüsesuppe
minestra di fagioli Bohnensuppe
minestra di orzo Gerstensuppe
minestra maritata Suppe aus verschiedenen Fleisch- und Gemüsesorten
minestrone Gemüsesuppe mit Reis oder Nudeln
missoltini eingelegte Alsen
misticanza gemischter Salat, Mischgemüse
mistrà Anislikör, Anisschnaps
mocetta Gemsenschinken
mondeghili Hackfleischbällchen
monfettini hauchdünne Teigtäschchen
montasio oberitalienische Käsesorte
moscardini eine Tintenfischart
moscato Muskatellerwein
mostaccioli Mürbeteiggebäck
mostarda in Meerrettich-Senfsauce eingelegte kandierte Früchte
murazzano Schafskäse aus Piemont
musetto Wurst aus Schweinskopf

N

neccio Fladen aus Kastanienmehl
nervetti Knorpel
nocciola Haselnuß
noce Walnuß
nocino Walnußlikör

O

oca Gans
olio extravergine Öl aus erster Pressung
olive all'ascolana ausgebackene gefüllte Oliven
ombrichelle Bandnudeln
orecchiette runde Nudeln
ortica Brennessel
orzet Gerstensuppe
ossobuco Kalbshaxe
ossocollo Halsgrat
ovoli Kaiserlinge (Pilzart)

P

pagello Meerbrasse
paglia e fieno „Heu und Stroh", gelbe und grüne Bandnudelnester
pagliata Teil der Kalbsgedärme
pajata Ragout aus Innereien
pancetta Bauchspeck
pane Brot
pane frattau Fladenbrot mit Tomaten und Eiern
panettone Hefekuchen
panigacci hauchdünne Fladen aus Weizenmehl
paniscia, panissa Reisgericht oder Kichererbsenbrei mit Wurst
panna cotta Sahnedessert
panpepato Kuchen, je nach Region mit Honig, Mandeln, kandierten Früchten und Gewürzen
pansoti gefüllte Nudeltäschchen
panzanella Weißbrot mit Olivenöl, Basilikum und verschiedenen Gewürzen
panzerotti gefüllte Teigtäschchen
pappa al pomodoro Brei aus Tomaten und Weißbrot
pappardelle breite Bandnudeln
parmigiana Auberginenauflauf
Parmigiano (Reggiano) Parmesan
passatelli Nudelart
passato Püree
passito Dessertwein aus getrockneten Trauben
pasta Nudeln
pasta al forno Nudelauflauf
pasta e ceci Nudeln mit Kichererbsen
pasta e fagioli Bohnensuppe mit Nudeln
paste 'd melia Gebäck aus Maismehl
pasticceria Gebäck, Konditorei
pasticcio Auflauf, Pastete
pastiera napoletana Mürbeteigkuchen mit Ricotta-Obst-Füllung
pastissada Ragout (aus Pferdefleisch)
patate Kartoffeln
pecora Schaf
pecorino reifer Schafskäse
penne kurze Röhrennudeln
peperone Paprika
peperonata Paprikagemüse
peperoncino Chilischote
pesce Fisch
pesce stocco Stockfisch
pesto Kräutersauce mit Basilikum, Pinienkernen, Pecorino und Knoblauch
peverada Pfeffersauce
piadina Fladenbrot
piccione Taube

pici handgemachte Nudeln, Spaghetti
picula ad caval Pferdefleisch
pignata Tontopf
pinza Hefegebäck
pinzimonio Rohkost, die in Olivenöl gedippt wird
pisarei e fasò Nudelspezialität, Teigwaren mit Bohnenkernen
piselli Erbsen
pizzoccheri Nudeln aus Buchweizenmehl
polenta Maisbrei
polenta taragna Maisbrei mit verschiedenen Käsesorten
polipo, polpo Oktopus
pollo Huhn
polpette (Hackfleisch-)Bällchen
polpettone Hackbraten
pomodoro Tomate
porchetta Spanferkel
porchettato mit Kräutern gefüllt und geschmort
porcini Steinpilze
primo erster Gang
prosciutto Schinken
provola, provolone Käsesorte
puledro Fohlen
punta (di vitello) (Kalbs-)Brust

Q

quadrucci Nudelart
quaglia Wachtel

R

rana Frosch
rana pescatrice Seeteufel
rapa Rübe
raviggiolo toskanischer Schafskäse
ravioli gefüllte Nudeltäschchen
razza Rochen
ribollita toskanische Bohnen-Kohl-Suppe
ricotta quarkähnlicher Frischkäse
rigatino Bauchspeck
rigatoni Röhrennudeln
ripieno gefüllt, Füllung
risi e bisi venezianisches Reisgericht mit Erbsen
riso Reis
risotto Reisgericht
robiola Frischkäse mit leichtem Hefegeschmack
roccaverano Ziegenkäse aus Piemont
rognone Niere
rosolio Rosenlikör
rosticciana gebratenes oder gegrilltes Schweinekotelett

S

sagne abruzzische Nudelart
salama Kochwurst aus Schweinefleisch
salame Salami
salame d'la duja / oja Salami, die unter einer Fettschicht haltbar gemacht wird
salmoriglio Sauce aus Olivenöl, Knoblauch und Kräutern
salsa Sauce
salsiccia Wurst
saltato gebraten
salumi Wurst und Schinken
sanguinaccio eine Art Blutwurst
saor, savor Marinade aus Öl, Essig und Zwiebeln
sarde Sardinen
sardenaira Hefeteigkuchen
sbira Kuttelsuppe
sbrisolona Mandelkuchen
scamorza (geräucherter) Käse
schiacciata toskanisches Fladenbrot
Schlutzkrapfen gefüllte Nudelteigtaschen
scottadito frisch vom Grill, aus der Pfanne
scottiglia verschiedene Sorten Fleisch vom Grill
sebada süße Ravioli mit Honig
secondo zweiter Gang
selvaggina Wild
semifreddo Halbgefrorenes
seppia Tintenfisch
seupa valpellinese kräftige Suppe mit Gemüse, Speck und Brotscheiben
sfoglia(ta) Blätterteig
soffritto gedünstetes Gemüsehack
soma d'aj geröstetes Brot mit Knoblauch, Öl und Speck
sopa coada Taubensuppe
soppressa, soppressata scharfe Wurst, preßsackartige Wurst
sottaceti sauer eingelegtes Gemüse
sottoli in Öl eingelegtes Gemüse

spalla cotta Vorderschinken
speck Tiroler Speck, Räucherschinken
spezzatino Ragout, Gulasch
spinaci Spinat
spumante Schaumwein
spuntatura Rippchen, auch: Innereien vom Lamm
squaquerone Frischkäse
stinco Haxe
stoccafisso Stockfisch
stocche alla genovese Stockfisch auf Genueser Art
stracchino Weichkäse, auch: reifer Käse
stracotto Schmorbraten
strangolapreti kleine Klößchen aus Spinat, Brot, Eiern, Mehl
strascicati in der Pfanne gebratene Nudeln
stravecchio lange gereift, gelagert
strichetti Nudeln (Romagna), Kipfel (Friaul)
stringozzi Röhrennudeln
strozzapreti s. strangolapreti
struccole Kuchen, Strudel
stufato Schmorbraten
sugo reiche, dicke Sauce
suppli Reisbällchen mit Käsefüllung
surbir d'agnoli Nudelsuppe mit Rotwein

T

tabulone Schmorbraten, meist vom Esel oder Pferd
tacchino Truthahn
taleggio Käsesorte
tagliata di manzo Rindersteak, großes Fleischstück
tagliatelle Bandnudeln (vor allem in Oberitalien)
taglierini Fadennudeln
tagliolini schmale Bandnudeln
tajarin handgeschnittene Bandnudeln (Piemont)
taralli Gebäckkringel
tartrà eine Art Soufflé, salziger Pudding
tartufo Trüffel
tartufato mit Trüffeln
tecia Pfanne
tegamaccio Fischsuppe
testaroli Lasagne mit Basilikum und Öl
tiella Pfanne, Auflauf (meist mit Kartoffeln und Miesmuscheln)
timballo Auflauf
tinca Schleie
toma norditalienischer Hartkäse
tonnarelli Röhrennudeln
tonco de pontesèl Eintopf aus Innereien mit Polenta
torcinelli Innereien vom Lamm
torcolo (Weihnachts-)Kuchen
torronata Nougat
torrone eine Art türkischer Honig mit Mandeln
torta Kuchen, Torte
torta al testo Fladenbrot
torta pasqualina „Osterkuchen", salziger Kuchen mit Eiern und Gemüsen
tortel Kartoffelauflauf
tortellacci gefüllte Nudeltäschchen
tortelli gefüllte Nudeltäschchen
tortiera napoletana Auflauf
tortino salziger Kuchen
totano eine Tintenfischart
tramezzino belegtes Brot
trattalia Innereien vom Jungschwein und / oder Lamm
treccia wörtl. Zopf, geflochtene Lamminnereien
trenette schmale Bandnudeln
trifolato mit Knoblauch und Petersilie
triglia Seebarbe
trippa Kutteln
trofie eine Art Spätzle (Ligurien)
tronchetti Kekse
trota Forelle
tubettini kurze Röhrennudeln
turcinieddi Lamminnereien

U

ubriaco in Weinsauce
uccelli scappati Kalbsplätzchen mit Salbei
umbricelli Bandnudeln
uvetta Rosine

V

ventresca Thunfisch-Bauchfleisch
verdura Gemüse
vermicelli Fadennudeln
verzata Wirsinggericht
vin santo Dessertwein

vincisgrassi Lasagne mit Ragout aus Hühnerklein, Lamminnereien und Béchamel
vitello Kalb
vitello tonnato Kalbfleisch in Thunfischsauce
vongole Venusmuscheln

Z

zabaione Weinschaumcreme
zampa Pfote
zampone mit Wurstbrät gefüllter Schweinsfuß
zimino Sauce aus Knoblauch, Zwiebeln, Tomaten, Weißwein und Gewürzen
zucca Kürbis
zuccotto Charlotte
zuppa Suppe, Eintopf; in Zusammensetzung auch Biskuit
zuppa di soffritto kräftige Suppe aus Innereien
zuppa inglese Süßspeise
zuppa lombarda Bohnensuppe mit Brot

Ortsregister

C

H

I

J

K

L

M

R

S

T

MITARBEITER UND AUTOREN

Redaktionsrat: Silvio Barbero, Gigi Gallareto, Serena Milano, Simona Luparia, Carlo Petrini, Gigi Piumatti, Giovanni Ruffa, Piero Sardo

Koordination: Antonio Attorre, Enrico Azzolin, Paolo Battimelli, Carlo Casti, Giulio Colomba, Mirella Filigno, Carlo Macchi, Marino Marini, Nereo Pederzolli, Maurizio Pescari, Pasquale Porcelli, Nanni Ricci, Diego Soracco, Maria Grazia Tomaello, Gabriele Varalda

Aostatal: Stefano Barbarino, Guido Zublena

Piemont: Loredana Aprato, Silvio Arena, Paola Bertinotti, Edi Bevilacqua, Maura Biancotto, Bruno Boveri, Dario Bragaglia, Raimonda Bresciani, Luigino Bruni, Walter Cambieri, Luigi Carbonero, Bruno Chionetti, Gigi Gallareto, Armando Gambera, Maurizio Gily, Michele Manna, Tullio Mussa, Fausto Natta, Filippo Parodi, Franco Pippione, Gigi Piumatti, Marco Puglia, Giovanni Ruffa, Alessandro Santero, Piero Sardo, Renato Sardo, Sergio Sardo, Cinzia Scaffidi, Lorena Sivieri, Franco Turaglio, Gabriele Varalda, Eric Vassallo

Tessin: Marco Barana, Renato Cabrini, Giorgio Canonica, Luca Cavadini, Tonci Kocsis

Lombardei: Alberto Alfani, Annabella Bassani, Giuliano Boni, Graziano Brambilla, Carlo Casti, Giorgio Ferrazzi, Luca Gelosi, Anna Goffi, Carlo Leidi, Marino Marini, Francesca Molteni, Giacomo Mojoli, Ermanno Nobile, Luca Nobile, Fabrizio Paganini, Enrico Radicchi, Vanni Ruggeri, Alberto Segalini, Gilberto Venturini, Laura Zimonti

Südtirol: Georg Holzer, Gianni Mantoanello, Christine Mayr, Nereo Pederzolli, Herbert Taschel, Christoph Tscholl

Trentino: Alda Baglioni, Carlo Bleggi, Enzo Merz, Nereo Pederzolli, Mauro Valentini, Sergio Valentini, Alessandro Vadagnini, Marco Zani

Venetien: Enrico Azzolin, Daniele Battaggia, Luisa Bellina, Valerio Belotti, Gino Bortoletto, Luigi Boscolo, Gianni Breda, Delia Lora, Franco Mezzavilla, Giovanni Napol, Roberto Padoan, Giuliano Passarella, Nereo Pederzolli, Angelo Peretti, Giancarlo Riganelli, Manuela Sanson, Michela Scibilia, Mariagrazia Tomaello, Nilla Turri, Galdino Zara

Friaul: Lorenzo Amat, Piero Bertossi, Bruno Bevilacqua, Eleonora Carletti, Giulio Colomba, Egidio Fedele Dell'Oste, Alberto Fiascaris, Palmiro Galasi, Luciano Marcolini, Renzo Marinig, Bepi Pucciarelli, Emilio Savonitto, Armando Scatà, Massimo Toffolo, Pier Paolo Zanchetta

Julisch-Venetien: Bruno Bevilacqua, Piero Bertossi, Eleonora Carletti, Alberto Fiascaris, Sergio Nesich

Slowenien: Toni Gomiščček

Ligurien: Alessandro Bardi, Walter Bordo, Ettore Casagrande, Cristina Cavallo, Sandro De Filippi, Paolo Gianpieri, Franco Lanata, Salvatore Marchese, Gianni Mascia, Gabriella Molli, Barbara Schiffini, Diego Soracco

Emilia: Barbara Ansaloni, Alberto Bettini, Paolo Dorati, Marco Epifani, Alberto Adolfo Fabbri, Lorenza Masetti, Ermanno Nobile, Pier Giorgio Oliveti, Mario Papani, Stefano Pizzamiglio, Carlo Possa, Valentino Ramelli, Corrado Ugolini, Massimo Volpari

Romagna: Giancarlo Melandri, Serena Milano, Renzo Pari, Graziano Pozzetto, Maurizio Toia

Toskana: Sergio Barni, Simona Bartolini, Marco Bechi, Mario Benvenuti, Carlo Bernardini, Riccardo Bertocci, Mario Bigotti, Jean-Pierre Dell' Amico, Fabrizio Calastri, Franco Colaiuta, Clara Divizia, Luca Fabbri, Roberto Fanicelli, Stefano Ferrari, Paolo Fiaschi, Lucia Fioroni, Lucia Franciosi, Carlo Gazzarrini, Ernesto Gentili, Fiorella Lenzi, Giovanna Licheri, Carlo Macchi, Maddalena Mazzeschi, Salvatore Marchese, Beppe Martini, Marco Mucci, Paolo Panconi, Enzo Pedreschi, Nicola Perullo, Saverio Petrilli, Nanni Ricci, Leonardo Romanelli, Massimo Rusci, Barbara Schiffini, Sandra Soldani, Andrea Vannucci, Alessandro Venturi, Elisabetta Zambruno

Umbrien: Eugenio Guarducci, Gianni Marchesini, Alfredo Molendi, Coriolano Nunzi, Maurizio Pescari, Carlo Taticchi

Marken: Antonio Attorre, Emidio Bachetti, Domenico Battistoni, Silvio Brocani, Renzo Ceccacci, Valerio Chiarini, Davide Eusebi, Osvaldo Galli, Massimo Pierini, Serenella Randelli

Latium: Enrico Amatori, Stefano Asaro, Paolo Battimelli, Dionisio Castello, Roberto Casullo, Silvano Celant, Dario Coletti, Maurizio Di Ianni, Mirella Filigno, Gabriele Fontana, Daniele Maestri, Domenico Mariani, Marco Oreggia, Luca Pagni, Fabrizio Russo, Fabio Turchetti, Franco Vergaro

Abruzzen und Molise: Antonio Attorre, Tiziana Capocasa, Marco Casolanetti, Massimo Di Cintio, Sergio Di Loreto, Raffaele Grilli, Lello Mattoscio, Bruna Musso, Eleonora Rossi, Fabio Turchetti, Stefano Valentini, Colombo Vincenzi, Fabio Zanzucchi

Apulien: Michele Bruno, Paolo Costantini, Giuseppe Incampo, Vito Mancini, Michele Pizzillo, Pasquale Porcelli, Enzo Vernieri

Kampanien: Francesco Abbate, Giancarlo Capacchione, Francesco Colonnesi, Bruno De Conciliis, Gaetano Marrone, Gabriele Matarazzo, Giuseppe Nota, Pier Giorgio Oliveti, Carlo Palmieri, Eugenio Puglia, Vito Puglia, Sabatino Santacroce, Emilio Savonitto

Basilikata: Edi Bevilacqua, Gerardo Cosenza, Giuseppe Incampo, Francesco Martino, Franco Pippione, Pasquale Porcelli, Michele Pizzillo

Kalabrien: Giuseppe Antonini, Daniela Battaglio, Piergiorgio Caruso, Enzo Monaco, Michele Pizzillo

Sizilien: Nino Aiello, Antonio Davì, Giancarlo Losicco, Carmelo Maiorca, Pippo Privitera

Sardinien: Gilberto Arru, Anna Paola Murtas.

Geheimtips für Genießer
BERLIN
Kunst und Kneipen an Spree und Havel
SLOW FOOD
edition spangenberg bei Droemer Knaur

Geheimtips für Genießer
MÜNCHEN
Lebensgefühl unter weißblauem Himmel
Neuauflage
SLOW FOOD
edition spangenberg bei Droemer Knaur

Geheimtips für Genießer
MADRID
Tapas bei Flamenco-Rhythmen
SLOW FOOD
edition spangenberg bei Droemer Knaur

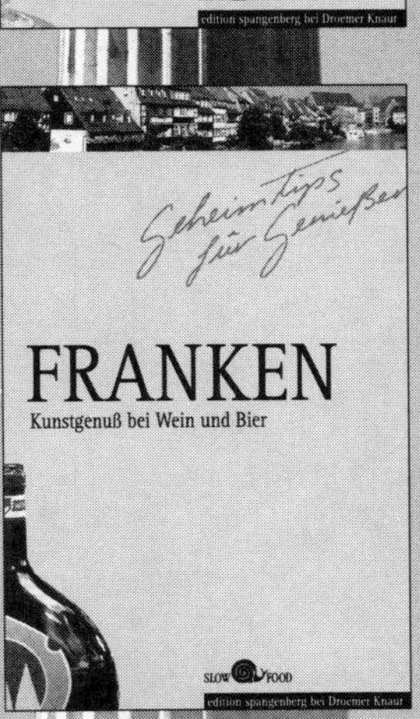
Geheimtips für Genießer
FRANKEN
Kunstgenuß bei Wein und Bier
SLOW FOOD
edition spangenberg bei Droemer Knaur

Geheimtips für Genießer
WACHAU
Weinreisen an Donau und Kamp
SLOW FOOD
edition spangenberg bei Droemer Knaur

Kommen Sie jetzt in den Genuß

Immer mehr Menschen erkennen, daß Essen und Trinken Teil unserer Kultur sind. Darum unterstützen immer mehr Menschen SLOW FOOD. Denn die internationale SLOW-FOOD-Bewegung setzt sich für die Achtung der Lebensrhythmen der Menschen und der Natur als Ursprung aller Nahrung ein; für die Verbreitung hochwertiger Lebensmittel, die naturnah mit sinnvollen Methoden erzeugt werden; für das Bewußtsein, daß jedes Land, jede Region und jede Jahreszeit eine Vielfalt von Nahrungsmitteln hervorbringen.

Darum machen bei SLOW FOOD alle mit: Produzenten und Händler, Winzer und Gastronomen, Verbände und Journalisten – und viele, viele private Genießer.

Mit der Anmeldung zur Bewegung SLOW FOOD International bekommen Sie automatisch Ihre Mitgliedskarte und ohne weitere Kosten die viermal im Jahr erscheinende Zeitschrift »Slow« zugeschickt. Die Mitgliedskarte gibt Ihnen die Möglichkeit, Rabatte und Vorteile, die unseren Mitgliedern exklusiv vorbehalten sind, weltweit zu nutzen. Außerdem werden Sie regelmäßig über SLOW-FOOD-Veranstaltungen in Ihrer Region informiert.

Ja, ich möchte in den Genuß kommen und werde Mitglied bei der Bewegung Slow Food International.

____
Name

____
Vorname

____
Firma

____
Straße

____
Postleitzahl/Ort

____
Land/Region

____
Telefon/Fax

____
Beruf

____
Datum/Unterschrift

Jahresbeitrag: DM 120,–, öS 650,–, sFr. 120,–.
Die Mitgliedschaft gilt 1 Jahr. Sie kann danach jederzeit und ohne Angabe von Gründen gekündigt werden.

Zahlungsart:

☐ Überweisung auf das italienische Postscheckkonto von SLOW FOOD beim Ufficio postale di Bra (Cn) – sede N°. 23-31 Konto-Nr. 17 251 125 (Überweisungsdurchschlag liegt bei.)

☐ Visa / Master Card

☐ American Express

☐ Karten-Nr.:

____

____
Ablaufdatum

____
Ort/Datum

____
Unterschrift

Bitte diesen Coupon kopieren und einfach in einen frankierten Umschlag stecken oder faxen an: SLOW FOOD INTERNATIONAL OFFICE, VIA DELLA MENDICITA ISTRUITA 14, I-12042 BRA (CN), TEL.: 00 39 172 41 12 73, FAX 00 39 172 42 12 93